第三册

全上古三代秦漢三國六朝文

附索引

中華書局

鷺當作鷟

烏程嚴可均校輯

桓彝

彝字茂倫譙國龍亢人漢五更榮之九世孫惠帝時爲州主簿拜騎都尉元帝爲安東將軍版行逡遒令尋辟丞相中兵屬及即位累遷中書郎尚書吏部郎明帝時拜散騎常侍封萬寧縣男補宣城內史成帝初死蘇峻之亂追贈廷尉謚曰簡咸安中改贈太常

上疏乞宣城郡

內外之任並非所堪但㠯墳柏在此郡欲暫結名義（晉書桓彝傳）

桓溫

溫字元子彝子成帝時選尚南康長公主拜駙馬都尉襲爵萬寧縣男除琅邪太守累遷輔國將軍徐州刺史穆帝初代庾翼爲安西將軍都督荊司雍益梁寧六州軍事荊州刺史領護南蠻校尉假節鎮江陵㠯平蜀功進征西大將軍開府封臨賀郡公升平中改封南郡公哀帝初加侍中大司馬都督中外諸軍事假黃鉞又加揚州牧錄尚書事移鎮姑孰廢帝時兼領平北將軍徐兖二州刺史孝武初卒追贈丞相謚曰宣武有集四十三卷要集二十卷

請追錄王濬後表

臣聞崇德賞功爲政之所先興滅繼絕百王之所務故德參時雍則奕世承祀功烈一代則永錫祚胤案故撫軍王濬歷職內外任兼文武料敵制勝明勇獨斷義存社稷之利不顧專輒之罪荷戈長鶩席卷萬里僭號之吳面縛象魏令皇澤被于九州玄風洽于區外襄陽之封廢而莫續恩寵之號墜于近嗣遐邇酸懷臣竊悼之濬今有二孫年出六十室如懸罄餬口江濱四節蒸嘗菜羹不給昔漢高定業求樂毅之嗣世祖旌賢建葛亮之胤夫效忠異代立功異國尚通天下之善使不泯棄況濬建元勳于當年著嘉慶于身後靈基託根于南垂皇祚中興于江左舊物克彰神器重耀豈不由伊人之功力也哉誠宜加恩少垂矜憫追錄舊勳纂錫茅土則聖朝之恩宣暢于上忠臣之志不墜于地矣（晉書王濬傳濬有二孫過江不見齒錄安西將軍桓溫鎮江陵表言）

薦譙元彥表（永和三年）

臣聞太朴既虧則高尚之標顯道喪時昏則忠貞之義彰故有洗耳投淵㠯振玄邈之風亦有秉心矯迹㠯敦在三之節是故上代之君莫不崇重斯軌所㠯篤俗訓民靜一流競伏惟大晉應符御世運無常通時有屯蹇神州丘墟三方圮裂兔罝絕響于中林白駒無聞于空谷斯有識之所悼心大雅之所歎息者也陛下聖德嗣興方恢天緒臣昔奉役有事西土鯨鯢既懸思宣大化訪諸故老搜揚潛逸庶武羅于羿浞之墟想王蠋于亡齊之境竊聞巴西譙秀植操貞固抱德肥遯揚清渭波于時皇極遘道消之會羣黎蹈顛沛之艱中華有顧瞻之哀幽谷無遷喬之望凶命屢招姦威仍逼身寄虎吻危同朝露而能抗節玉立誓不降辱杜門絕迹不面僞庭進免龔勝亡身之禍退無薛方詭對之譏雖園綺之棲商洛管寧之默遼海方之于秀殆無㠯過于今西土㠯爲美談夫旌德禮賢化道之所先崇表殊節聖喆之上務方今六合未康豺豕當路遺黎偷薄義聲弗聞益宜振起道義之徒㠯敦流遯之弊若秀蒙蒲帛之徵足㠯鎮靜頹風軌訓囂俗幽遐仰流九服知化矣（蜀志譙周傳注引晉陽秋又見文選）

賀白兔表（永和十二年見宋書符瑞志）

臣聞至德通玄則禎祥降靈和所感則異物生今白兔見于春穀縣晧質純素皦然殊觀（藝文類聚九十五）

表

高安戍。是孫權每征還遣上方諸軍餉賜處也。權又常大積米穀于此。㠯備須濡者也。

平洛表薦謝尚

今中州既平。宜時綏定。鎭西將軍豫州刺史尚。神懷挺率。少致人譽。足㠯入贊百揆。出蕃方司。宜進據洛陽。撫寧黎庶。謂可本官都督司州諸軍事。世說賞譽篇注引溫集

表免武陵王晞

晞體自皇極。故寵靈光世。不能率由王度。修己愼行。而聚納輕剽。苞藏亡命。又息綜矜忍。虐加于人。袁眞叛逆。事相連染。頃日猜懼。將成亂階。請免晞官。㠯王歸藩。免其世子綜官。解子𤩽散騎常侍。晉書武陵王晞傳

上疏自陳

臣近親率所統。欲北埽趙魏。軍次武昌。獲撫軍大將軍會稽王昱書。說風塵紛紜。妄生疑惑。辭旨危急。憂及社稷。省之惋愕。不解所由。形影相顧。隕越無地。臣㠯闇蔽。忝荷重任。雖才非其人。職在靜亂。寇讎不滅。國恥未雪。幸因開泰之期。遇可乘之會。匹夫有志。猶懷憤慨。臣亦何心。坐觀其斃。故荷戈驅馳。不遑寧處。前後表陳。于今歷年矣。丹誠坦然。公私所察。有何纖介。容此嫌忌。豈醜正之徒。心懷怵惕。操弄虛說。㠯惑朝聽。昔樂毅竭誠。垂涕流奔。霍光盡忠。上言告變。讒說殄行。姦邪亂德。乃歷代之常患。存亡之所由也。今主上富于陽秋。陛下㠯聖淑臨朝。恭己委任。責成羣下。方寄會通于羣才。布德信于遐荒。況臣世蒙殊恩。服事三朝。身非羈旅之賓。跡無韓彭之釁。而反鬩起于胸心。交亂過于四國。此古賢所㠯歎息于既往。而臣亦大懼于當年也。今寇賊冰消。大事垂定。晉之遺黎。鵠立南望。赴義之衆。慷慨即路。元凶之命。懸在漏刻。而橫議妄

生。成此貝錦。使垂滅之賊。復獲蘇息。所㠯痛心絕氣。悲慨彌深。臣雖所存者公。所務者國。然外難未弭。而內弊交興。則臣本心陳力之志也。晉書桓溫傳

上疏廢殷浩

案中軍將軍浩。過蒙朝恩。叨竊非據。寵靈超卓。再司京輦。不能恭愼所任。恪居職次。而侵官離局。高下在心。前司徒臣謨。執義履素。位居台輔。師傅先帝。朝之元老。年登七十。㠯禮請退。雖臨軒固辭。不順恩旨。適足㠯明遜讓之風。弘優賢之禮。而浩虛生狡說。疑誤朝聽。獄之有司。將致大辟。自羯胡夭亡。羣凶殄滅。而百姓塗炭。企遲拯接。浩受專征之重。無雪恥之志。坐自封植。妄生風塵。遂使寇讎稽誅。姦逆並起。華夏鼎沸。黎元殄悴。浩懼罪將及。不容于朝。外聲進討。內求苟免。出次壽陽。頓甲彌年。傾天府之資。竭五州之力。收合無賴。㠯自彊衞。爵命無章。猜害罔顧。故范豐之屬。反叛于芍陂。奇德龍會。作變于肘腋。羌帥姚襄。率衆歸化。遣其母弟入質京邑。浩不能撫而用之。陰圖殺害。再遣刺客。爲襄所覺。襄遂惶懼。用致逆命。生長亂階。自浩始也。復不能㠯時埽滅。縱放小豎。鼓行毒害。身狼狽于山桑。軍破碎于梁國。舟車焚燒。輜重覆沒。三軍積實。反㠯資寇。精甲利器。更爲賊用。神怒人怨。衆之所棄。傾危之憂。將及社稷。臣所㠯忘寢屏營。啟處無地。夫率正顯義。所㠯致訓。明罰敕法。所㠯齊衆。伏願陛下上追唐堯放命之刑。下鑒春秋無君之典。若聖上含弘。未忍誅殛。且宜遐棄。擯之荒裔。雖未足㠯塞山海之責。粗可㠯宣誡于將來矣。晉書殷浩傳

請還都洛陽疏

巴蜀既平。逆胡消滅。時來之會既至。休泰之慶顯著。而人事乖違。屢喪王略。復使二賊雙起。海內崩裂。河洛蕭條。山陵危逼。所㠯遐遡悲惶。痛心于既往者也。伏惟陛下稟乾坤自然之姿。擬義皇玄

卽之德鳳棲外藩能飛皇極時務陵替備徹天聽人之情僞盡知之矣是以九域宅心幽遐企踵思貯雲羅混網四裔誠宜遠圖廟算大存經略光復舊京疆理華夏使惠風陽澤洽被八表霜威寒飆陵振無外豈不允應靈休天人齊契今江河悠闊風馬殊邈故向義之徒覆亡相尋而建節之士猶繼踵無悔況辰極既迴衆星斯仰本源既運支派自遷則晉之餘黎欣皇德之攸憑羣凶妖逆知滅亡之無日騁思順之心鼓雷霆之勢則二豎之命不誅而自絕矣故員通貴于無滯明哲尚于應機砎如石焉所以成務若乃海運既徙而鵬翼不舉永結根于南垂廢神州于龍漠令五尺之童掩口而歎息夫先王經始玄聖宅心畫爲九州制爲九服貴中區而內諸夏誠以晷度自中霜露惟均冠冕萬國朝宗四海故也自彊胡陵暴中華蕩覆狼狽失據權幸楊越蟠屈以待龍申之會潛蟠以俟風雲之期蓋屯圮所鍾非理勝而然也而喪亂緬邈五

十餘載先舊徂沒後來童幼班荊輟音積習成俗遂望絕于本邦宴安于所託眷言悼之不覺悲歎臣雖庸劣才不周務然攝官承乏屬當重任願竭筋骨宜力先鋒翦除荊棘驅諸豺狼自永嘉之亂播流江表者請一切北徙以實河南資其舊業反其土宇勤農桑之務盡三時之利導之以義齊之以禮使文武兼宜信順交暢井邑既脩綱維粗舉然後陛下建三辰之章振旂旗之旌冕旒鍚鑾朝服濟江則宇宙之內誰不幸甚夫人情昧安難與圖始非常之事衆人所疑伏願陛下決玄照之明斷常均之外責臣以興復之效委臣以終濟之功此事既就此功既成則陛下盛勳比隆前代周宣之詠復興當年如其不效臣之罪也褰裳赴鑊其甘如薺（晉書桓溫傳）

上疏陳便宜七事

其一朋黨雷同私議沸騰宜抑杜浮競使莫能植其二今天下分崩喪亂殄瘁雖道隆中興而戶口彫寡近方漢時不當一郡之民民戶既少則勢不多而當必同古制百官備職寔非大義隨時之宜且設官以理務務寡則官省官省以國治則職顯而人淸故光武初興多所併省諸葛亮相蜀簡才併官此皆達治之成規今日之所先也宜從權制併官省職令久于其事愚謂門下三省祕書著作通可減半古以九卿綜事不專尚書故重九棘也今事歸內臺則九卿爲虛設之位唯太常廷尉職不可闕其諸員外散官及軍府參佐職無所掌者皆併于尚書若車駕郊廟籍田之屬凡諸大事于禮宜置者臨事權兼事訖則罷職既併則官少而才精職理則無害民而治道康矣（案其二已下晉書僅載四語云今戶口彫寡不當漢之一郡宜并官省職令久于其事今據御覽補錄）其三機務不可停廢常行文案宜爲限日其四宜明長幼之禮獎忠公之吏其五褒貶賞罰宜允其實其六宜述遵前典敦明學業其七宜選建史官以成晉書（晉書桓溫傳又御覽二百三引桓溫集略表）

辭參朝政疏

方攘除羣凶埽平禍亂當竭天下智力與衆共濟之而朝議咸疑聖詔彌固事異本圖豈敢執遂至于入參朝政非所敢聞臣違離宮省二十餘載韡韡戎務役勤思苦若得解帶逍遙鳴玉闕廷參贊無爲之契豫聞曲成之化雖實不敏豈不是願但顧以江漢艱難不同曩日而益梁新平寧州始服懸兵漢川戍禦彌廣加彊蠻盤互勢處上流江湖悠遠當制命侯伯自非望實重威無以鎮衛遐外臣知捨此之艱危敢背之而無怨願奮臂投身造事中原者實恥帝道皇居仄陋于東南痛神華桑梓遂埋于戎狄若憑宗廟之靈則雲徹席卷呼吸蕩淸如當假息游魂則臣據河洛親臨二寇廣宣皇靈襟帶秦趙遠不五載大事必定今臣昱以親賢贊國光輔二世卽無煩以臣疏鈍並閒機務且不有行者誰扞牧圉表裏相濟實深實重伏願陛下察臣所陳兼訪內外乞時還屯撫寧

前當作煎

此當作北

大賊當作犬賊

方隅。晉書桓溫傳。

帝不豫上疏

聖體不和，以經積日，愚心惶恐，無所寄情。夫盛衰常理，過備無害。故漢高枕疾，呂后問相；孝武不豫，霍光啓嗣。嗚噎以問身後，蓋所存者大也。今皇子幼稚，而朝賢時譽，惟謝安、王坦之才識智能，皆簡在聖鑒。內輔幼君，外禦彊寇，實羣情之大懼。然理盡于此，陛下便宜崇授，使羣下知所寄，而安等奉命陳力，公私爲宜。至于臣溫，位兼將相，加陛下垂布衣之顧，但朽邁疾病，懼不支久，無所復堪託以後事。晉書桓溫傳。

檄胡文

胡賊石勒，暴肆華夏，齊民塗炭，前困饑孽，王使六合殊風，九鼎乖越。每惟國難，不遑啟處，撫劍北顧，慨歎盈懷。寡人不德，文選丘遲與陳伯之書注引晉中興書作幕府不才。忝荷戎重，師次安陸，經營舊邑，瞻望華夏，暫成楚越。登丘悽覽，征夫憤慨。昔叔孫絕粒，義不同惡；龔生守節，恥存莽朝。厤紀遺僭，一朝蕩定，拯撫黎民，即安本土，訓之以德禮，潤之以玄澤，信感荒外，武揚八極。先順者獲賞，後伏者前誅。德刑既明，隨才敘序，此之風範，想所聞也。藝文類聚五十八。

與撫軍牋

此胡肆逆四十餘載，傾覆社稷，毀辱陵廟，遇其可亡之會，實是君子竭誠、小人盡力之日也。江東雖爲未豐，方之古人，復爲未儉。少康以一旅之衆，興復祖宗；光武奮發，中興漢室。況以大晉之祚，樹德長久，兼百越沃野之資，據江漢山海之利，鹽鐵寶帛之饒，角竿羽毛之用，收英賢之略，盡兵民之力，賊之强也，猶復遵養時晦，及其斃也，不齊力埽滅，則大賊何由而自平，大恥焉得而自雪。臨紙惆悵，慨歎盈懷。藝文類聚五十九。

與慕容儁書

自滄流以北，幽朔以東，將軍皆以羈落而總率之矣。首尾屛齒，左右力用，鳴鏑揚鑣，動數十萬。御覽三百五十八。

荅慕容儁書

承將軍奮厲戎武，激揚士卒，鼓角長鳴，權折姦宄。十六國春秋二十四。

與弟沖書

遺詔使吾依武侯、王公故事耳。王、謝處大事之際，日憤憤少懷。晉書桓溫傳。

書

大事之日，僕在都，謂無所復見慰勞，又計時事也。逐節郎來，已具言意。餘所慰勞，諸相具荅。邊將粗當爾耳。僕無所使酒席意。淳化閣帖二。

桓豁

豁字朗子，彝第三子。簡文輔政，以爲撫軍從事中郎，除吏部郎，以疾辭。遷黃門郎，未拜，桓溫以爲都督沔中七郡軍事、建威將軍、新野義城二郡太守，進右將軍。尋監荊揚雍州軍事、領護南蠻校尉、荊州刺史、假節，又監寧益軍事。溫卒，遷征西將軍，進督交廣并前五州軍事。太元初，遷征西大將軍、開府。卒贈司空，謚曰敬。

讓征西大將軍開府疏

臣聞三台麗天，辰極以之增耀；論道作弼，王猷以之時邕。必將仰參神契，對揚成務，弘易簡以翼化，暢玄風于宗極。故宜明揚仄陋，登庸賢儁，使版築有沖天之舉，渭濱無垂竿之逸，用乃功濟蒼生，道光千載。是以德非時望，成典所不虛授；功微賞厚，賢達不以擬心。臣實凡人，量無遠致，階藉門寵，遂叨非據，進不能闡揚皇風，贊明其政道；退不能宣力所莅，混一華戎。尸素積載，庸績莫紀，是以敢冒成命，歸陳丹款。伏願陛下迴神玄覽，追收謬眷，則具瞻革望臣知所免。（晉書桓彝傳。）

桓沖

沖字幼子。小字買德郎。彝第五子。除鷹揚將軍、鎮蠻護軍、西陽太守。遷寧朔將軍。義城新野二郡太守。鎮襄陽。㠯從破姚襄功。進征虜將軍。賜爵豐城公。尋遷振威將軍江州刺史。領鎮蠻護軍西陽譙二郡太守。進監江荊益三州軍事南中郎將。寧康初拜中軍將軍、都督揚江豫三州軍事、揚豫二州刺史。假節。尋解揚州。改授都督徐兗豫青揚五州之六郡軍事、車騎將軍、徐州刺史。㠯北中郎將幷中軍鎮京口。假節。加侍中。尋解徐州。遷鎮姑孰。太元中遷荊州刺史。鎮上明。卒。贈太尉。謚曰宣穆。

表救涼州

氐賊自幷東胡。醜類實繁。而蜀漢寡弱。西涼無備。斯誠暴與疾顛。祗速其亡。然而天未勦絕。屢爲國患。臣聞勝于無形。功立事表。伐謀之道。兵之上略。況此賊陸梁。終必越逸。北狄陵縱。常在秋冬。今日月迅邁。高風行起。臣輒較量畿甸。守衞重複。又推泗通流。長江如海。荊楚偏遠。密邇寇讎。方城漢水。無天險之實。而過備之重。勢在西門。臣雖凡庸。識乏武略。然猥荷重任。思在投袂。請率所統。徑進南郡。與征西將軍臣豁參同謀猷。賊若果驅犬羊。送死沔漢。庶仰憑正順。因致人利。一舉乘風。埽清氛穢。不復重勞王師。有事三秦。則先帝盛業。永隆于聖世。宣武遺志。無恨于在昔。如其懾憚皇威。闔關計屈。則觀兵伺釁。更議進取。振旅旋旆。遲速唯宜。伏願陛下覽臣所陳。特垂聽許。（晉書桓沖傳。）

表桓嗣屯夏口

氐賊送死之日。舊郢㠯北壁相望。待㠯不戰。江州刺史桓嗣宜進屯夏口。據上下之中。于事爲便。（南齊志七。）

表桓石民爲襄城王薈爲江州

夏口江沔衝要。密邇彊寇。兄子石民。堪居此任。輒版督荊州十郡軍事、振武將軍、襄城太守。尋陽北接彊蠻。西連荊郢。亦一任之要。今州府既分。請㠯王薈補江州刺史。（晉書桓沖傳。）

移鎮上明疏

自中興㠯來。荊州所鎮。隨宜迴轉。臣亡兄溫㠯石季龍死。經略中原。因江陵路便。卽而鎮之。事與時遷。勢無常定。且兵者詭道。示之㠯弱。今宜全重江南。輕戍江北。南平孱陵縣界地名上明。田土膏良。可㠯資業軍人。在吳時樂鄉城㠯上四十餘里。北枕大江。西接三峽。若狂狡送死。則舊郢㠯北。堅壁不戰。接會濟江。路不去遠。乘其疲墮。撲翦爲易。臣司存閫外。輒隨宜處分。（晉書桓沖傳。）

上言吉挹忠節

故輕車將軍魏興太守吉挹。祖朗。西臺傾覆。隕身守節。挹世篤忠孝。乃心本朝。臣亡兄溫昔伐咸陽。軍次灞水。挹攜將二弟。單馬來奔。錄其此誠。仍加擢授。自新野太守轉在魏興。久處兵任。委㠯邊戍。彊場歸懷。著稱所莅。前年狡氐縱逸。浮河而下。挹孤城獨立。衆無一旅。外摧凶銳。內固津要。虜賊舟船。俘馘千計。而賊幷力攻圍。經歷時月。會襄陽失守。邊情沮喪。加衆寡勢殊。㠯至陷沒。挹辭氣慷慨。志在不辱。杖刃摧戈。期之㠯隕。將吏持守。用不卽斃。遂乃杜口無言。絕粒而死。挹參軍史穎近于賊中得還。齎挹臨終手疏。并具說意狀。挹之忠志。猶在可錄。若蒙天地垂曲宥之恩。則榮加枯朽。惠隆泉壤矣。（晉書忠義吉挹傳。）

奏納孝武王皇后（寍康三年）

臣聞天地之道。蓋相須而化成。帝后之德。必相協而政隆。然後品物流形。彝倫攸敘。靈根長固。本枝百世。天人同致。莫不由此。是㠯塗山作儷。而夏族㠯熙。妊姒配周。而姬祚㠯昌。今長秋將建。宜時簡擇。伏聞試守晉陵太守王蘊女。天性柔順。四業允備。且盛德之

肖。美善先積。臣等參議。可以配德乾元。恭承宗廟。徽音六宮。母儀天下。晉書孝武定王皇后傳

全晉文卷一百十八終

烏程嚴可均校輯

桓玄

玄字敬道，小名靈寶，溫第六子，襲爵南郡公。孝武末拜太子洗馬，出補義興太守，棄官歸。安帝初，㠯爲都督交廣二州、建威將軍、平越中郎將、廣州刺史，不行，尋爲江州刺史，加都督荆州四郡，進後將軍，都督江荆襄雍秦梁益寍八州及揚州八郡、江荆二州刺史。元興初舉兵犯順，自加總百揆、侍中、都督中外諸軍、丞相、錄尚書事、揚州牧、領徐州刺史，復讓丞相，自署太尉，封楚王，加九錫。㠯元興二年受禪，改元永始。義兵起，伏誅。有周易繫辭注二卷，集二十卷。

鳳賦

伊口品之自口，亦在類而有別。惟羽族之殊誕，獨鸞皇而稱桀。遂區宇㠯超棲，撫朝陽于丹穴，備六德㠯成輝，奮藻翰之郁烈，集崑峯而斂翼，翔青冥㠯退越。藝文類聚九十，初學記三十

鶴賦

惟茲禽之受命，諒誕生于悠邈。擢高距㠯自抗，延脩頸㠯軒矚。分頳玄㠯發藻，通太素其如玉。縱眇颺于雲裔，豈四海之難局。練妙氣㠯遵化，孰百年之易促。稅雲駕于三山，升鸞皇于崑嶽。藝文類聚九十

鸚鵡賦

有遐方之令鳥，超羽族之拔萃。翔清曠之遼朗，棲高松之幽蔚。羅萬里㠯作貢，嬰樊紲㠯勤瘁。紅腹頳足，玄頷翠頂。革好音㠯遷善，效言語㠯自騁。窮羽翮㠯應用，充戲玩于軒屏。藝文類聚九十一

眷儔侶而情殷。文選顏延之贈王太常詩注

沙汰衆僧教

夫神道茫昧，聖人之所不言。然惟其制作所弘，如將可見。佛所貴無爲，慇懃在于絕欲。而比者陵遲，遂失斯道。京師競其奢淫，榮觀紛于朝市；天府㠯之傾匱，名器爲之穢黷。避役鍾于百里，逋逃盈于寺廟。乃至一縣數千，猥成屯落，邑聚游食之羣，境積不羈之衆。其所㠯傷治害政，塵滓佛教，固已彼此俱弊，實汙風軌矣。便可嚴下在此諸沙門，有能伸述經誥，暢說義理者；或禁行脩整，奉戒無虧，恆爲阿練若者；或山居養志，不營流俗者：皆足㠯宣寄大化，亦所㠯示物㠯道，弘訓作範。幸兼內外，其有違于此者，皆悉罷道。高僧傳六出三藏記集十五作悉皆罷遣所在領其戶籍，嚴爲之制，速申下之，并列上也。唯廬山道德所居，不在搜簡之例。弘明集十二

上疏理謗

臣聞周公大聖而四國流言，樂毅王佐而被謗騎劫，巷伯有豺獸之慨，蘇公興飄風之刺，惡直醜正，何代無之。先臣蒙國殊遇，姻婭皇極，常欲㠯身報德，投袂乘機，西平巴蜀，北清伊洛，使竊號之寇繫頸北闕，園陵脩復，大恥載雪。飲馬灞滻，懸旌趙魏，勤王之師，功非一捷。太和之末，皇基有潛移之懼，遂乃奉順天人，翼登聖朝，明離既朗，四凶兼澄。向使此功不建，此事不成，宗廟之事，豈可孰念。昔太甲雖迷，商祚無憂；昌邑雖昏，弊無三孽。因茲而言，晉室之機，危于殷漢；先臣之功，高于伊霍矣。而負重既往，蒙謗清時，聖世明王，黜陟之道，不聞廢忽顯明之功，探射冥冥之心，啟嫌謗之塗，開邪枉之路者也。先臣勤王艱難之勞，匡復克平之勳，朝廷若其遺之，臣亦不復計也。至于先帝龍飛九五，陛下之所㠯繼明南面，請問談者，誰之由邪？誰之德邪？豈惟晉室永安，祖宗血食，于陛下一門，實奇功也。自頃權門日盛，醜政實繁，咸稱述時旨，互相扇附，㠯臣之兄弟，皆晉之罪人，臣等復何理可㠯苟存聖世，何顏可㠯尸饗封祿。若陛下忘先臣大造之功，信貝錦萋菲之說，臣等自當奉還三封，受戮市朝，然後下從先臣，歸先帝于玄宮耳。若陛下述遵

先旨追錄舊勳竊望少垂愷悌覆蓋之恩（晉書桓玄傳）

討元顯檄

案揚州刺史元顯凶暴之性自幼加長犯禮毀教發蒙如備居喪無一日之哀衰絰為宵征之服絃觴于殷憂之時窮色于罔極之日劫略王國寶妓妾一朝空房此基惡之始駭愕視聽者矣相王有疾情無悚懼幸災擅命揚州纂授遂乃父子同錄比肩連案既專權重多行險暴恐相王知之杜絕視聽惡聲無聞佞譽日至萬機之重委之廝孽國典朝政紛紜淆亂又諷旨尚書使普敬錄公錄公之位非盡敬之所苟自尊貴遂悖朝禮又妖賊陵縱破軍殄民之後己為都督親則刺史于宜降之日輒加崇進弱冠之年古今莫比宰相懲惡吕獨解錄推禍委罰歸之有在自古僭逆未有若斯之甚者取妾之僭殆同六禮乃使尚書僕射為媒人長史為迎客嬖媵饕餮賀同長秋所謂無君之心觸事而發八日觀佛略人子女至人家宿唐突婦妾慶封迄今甫見易室之飲晉靈吕來忽有支解之刑喜怒輕戮人士割裂治城之暴一睡而斬又吕四歲孽子興東海之封吳興殘暴之後橫復若斯之調妖賊之興實由此豎居喪極味孫泰供其膳在夜思遊亦孫泰延其駕泰承其勢得行威福雖加誅戮所染既多加之吕苦發樂屬枉濫者眾驅逐徙撥死叛殆盡改號元興吕為己瑞莽之符命于斯尤著否極必亨天盈其毒不義不昵勢必崩喪取亂侮亡實在斯會三軍文武憤踊即路（魏書島夷桓玄傳）

荅會稽王道子牋

王珣神情朗悟經史明徹風流之美公私所寄雖逼于同異嫌謗才用不盡然君子在朝弘益自多也時事艱難忽爾喪失歎懼之深豈但風流相悼而已其崎嶇九折風霜備經雖賴明公神鑒亦識會居之故也卒吕壽終殆無所哀但情發去來實之未易耳（晉書王珣傳又御覽二百十一引晉中興書三百八十引謝安別傳）

致會稽王道子牋

賊造近郊吕風不得進吕雨不致火食盡故去耳非力屈也昔國寶卒後王恭不乘此入統朝政足見其心非侮于明公也而謂之非忠今之貴要腹心有時流清望者誰乎豈可云無佳勝直是不能信之耳用理之人然後可吕信義相期求利之徒豈有所惜而更委信邪爾來一朝一夕遂成今日之禍矣阿衡之重言何容易求福則立至干忤或致禍在朝君子豈不有懷但懼害及身耳玄忝任在遠是吕披寫事實（晉書會稽王道子傳）

與袁宜都書論嘯

讀卿歌賦序詠音聲皆有清味然吕嘯為髣髴有限不足吕致幽旨將未至邪夫契神之音既不俟多贍而通其致苟一音足吕究清和之極阮公之言不動蘇門之聽而微嘯一鼓玄默為之解顏若人之興逸響惟深也哉（藝文類聚十九御覽三百九十二）

與羊欣書

賢從情所信寄暴疾而殞祝予之歎如何可言（世說傷逝篇羊孚年三十一卒桓玄與羊欣書云云注引羊氏譜曰孚即欣從祖）

與殷仲堪書

今當入沔討除佺期頓兵江口若相與無貳可殺楊廣若其不尒便當率軍入江（魏書桓玄傳）

與劉牢之書

今君戰敗則傾宗戰勝則覆族吕是安歸乎孰若翻然改圖唯理是宅保其富貴全其勳業則身與金石等固名與天壤俱窮孰與頭足異處身名俱滅為天下笑哉夫明者見于無形愚夫安于所耽二者成敗惟君圖之（藝文類聚二十五）

與釋慧遠書勸罷道

者子之者當作老

夫至道緬邈。佛理幽深。豈是悠悠常徒所能習求。沙門去棄六親之情。毀其形骸。口絕滋味。被褐帶索。山棲枕石。永乖世務。百代之中。庶或有一髣髴之問。今世道士。雖外毀儀容。而心過俗人。所謂道俗之際。可謂學步邯鄲。匍匐而歸。先聖有言。未知生。焉知死。而令一生之中。困苦形神。方求冥冥黃泉下福。皆是管見。未體大化。迷而知反。去道不遠。可不三思。運不居人。忽然將老。可復追哉。聊贈至言。幸能納之。宏明集十一

與桓謙等書論沙門應致敬王者

玄再拜白。頓首。八日垂至。舊諸沙門皆不敬王者。何庾雖已論之。而並率所見。未是以理相屈也。庾意在尊主。而理據未盡。何出于偏信。遂淪名體。夫佛之爲化。雖誕以茫浩。推乎視聽之外。然以敬爲本。此處不異。蓋所期者殊。非敬恭宜廢也。老子同王侯于三大。原其所重。皆在于資生通運。豈獨以聖人在位。而比稱二儀哉。將

以天地之大德曰生。通生理物。存于王者。故尊其神器。而禮實惟隆。豈是虛相崇重。義存君御而已哉。沙門之所以生生資存。亦日用于理命。豈有受其德而遺其禮。霑其惠而廢其敬哉。既理所不容。亦情所不安。一代大事。宜共求其衷。想復相與研盡之。比八日。令得詳定也。桓玄再拜頓首敬議。沙門不拜俗事一

與王謐書論沙門應致敬王者

沙門抗禮至尊。正自是情所不安。一代大事。宜共論盡之。今與八座書。向已送都。今付此信。君是宜任此理者。遲聞德音。沙門不拜俗事一

與釋慧遠書

沙門不敬王者。既是情所不了。于理又是所未諭。一代大事。不可令其體不允。近與八座書。今以示君。君可述所以不敬意也。此便當行之事。一二令詳遣。想君必有以釋其所疑耳。王領軍大有任此意。近亦同遊謝中。面共諮之。所據理殊未釋所疑也。令郭江州取君答。可旨付之。高僧傳六。沙門不拜俗事一

重與慧遠書

知以方外遺形。故不貴爲生之益。求宗不由順化。故不重運通之資。又云。內乖天屬之重。而不違其孝。外闕奉主之恭。而不失其敬。若如來言。理本無重。則無緣有致孝之情。事非資通。不應復有致恭之義。君親之情。許其未盡。則情之所寄。何爲絕之。夫累著在于心滯。不由形敬。形敬蓋是心之所用耳。若乃在其本。而縱以形敬。此復所未之喻。又云。佛教兩弘。亦有處俗之教。或澤流天下。道洽六親。固以協贊皇極。而不虛霑其德矣。夫佛教存行。各以事應。因緣有本。必至無差者也。如此則爲道者亦何能違之哉。是故釋迦之道。不能超白淨于津梁。雖未獲須陁。故是同國人所蒙耳。就如來言。此自有道深德之功。固非今之所謂宜教者所可擬議也。來示未能共求其理。便大致慨然。故是未之喻也。想不惑留常之滯。

而謬情理之用耳。沙門不拜俗事一

與劉邁書

北府人情云何。卿近見劉裕何所道。宋書武帝紀上

四皓論

四皓來儀漢廷。孝惠以立。而惠帝柔弱。呂后凶忌。此數公者。觸彼埃塵。欲以救弊。二家之中。各有其黨。奪彼與此。其讎必興。不知匹夫之志。四公何以逃其患。素履終吉。隱以保生者。其若是乎。晉書殷仲堪傳

難王謐

來示云。沙門雖意深于敬。而不以形屈爲禮。難曰。沙門之敬。豈皆略形存心。懺悔禮拜。亦篤于事。爰暨之師。逮于上座。與世人揖跪。但爲小異其制耳。既不能忘形于彼。何爲忽儀于此。且師之爲禮。以資悟爲德。君道通生。則理宜在本。在三之義。豈非情理之極哉。

音當作旨

來示云。外國之君。莫不降禮。良㠯道在則貴。不㠯人爲輕重也。難曰。外國之君。非所宜喻。而佛教之興。亦其旨可知。豈不㠯六夷驕強。非常教所化。故大設靈奇。使其畏服。既畏服之。然後順軌。此蓋是大懼鬼神福報之事。豈是宗玄妙之道邪。道在則貴。將異于雅音。豈得被其法服。便道在其中。若㠯道在然後爲貴。就如君言。聖人之道。道之極也。君臣之敬。愈敦于禮。如此。則沙門不敬。豈得㠯道在爲貴哉。

來示云。歷年四百。歷代有三。而弘之不異。豈不㠯獨絕之化。有日用于陶漸。清約之風。無害于隆平者乎。難曰。歷代不革。非所㠯爲證也。曩者晉人略無奉佛。沙門徒衆。皆是諸胡。且王者與之不接。故可任其方俗。不爲之檢耳。今主上奉佛。親接法事。事異于昔。何可不使其禮有準。日用清約。有助于教。皆如君言。此蓋是佛法之功。非沙門傲誕之所益也。今篤㠯祗敬。將無彌濃其助哉。

故當作敬
心當作必

來示云。功高者不賞。惠深者忘謝。雖復一拜一起。豈足荅濟通之恩。難曰。夫理至無酬。誠如來旨。然情在罔極。則故自從之。此聖人之所㠯緣情制禮。而各通其寄也。若㠯功深惠重。心略其謝。則釋迦之德。爲是深邪。爲是淺邪。若淺邪。不宜㠯小道而亂大倫。若深邪。豈得彼肅其恭。而此弛其敬哉。沙門不拜俗事一

重難王謐

省示。猶復未釋所疑。因來告復粗有其難。夫情敬之理。豈容有二。皆是自內㠯及外耳。既入于有情之境。則不可得無也。若如來言。王者同之造化。未有謝惠于所稟。措感于理本。是爲功玄理深。莫此之大也。則佛之爲化。復何㠯過茲。而來論云。津塗既殊。則義無降屈。宗致既同。則長幼成序。資通有係。則事與心應。若理在已本。德深居極。豈得云津塗之異。而云降屈邪。宗致爲是何邪。若㠯學業爲宗致者。則學之所學。故是發其自然之性耳。苟自然有在。所由而稟。則自然之本居可知矣。資通之悟。更是發瑩其末耳。事與心應。何得在此而不在彼。又云。周孔之化。救其甚弊。故盡于一生而不開萬劫之塗。夫㠯神奇爲化。則其教易行。異于督㠯仁義。盡于人事也。是㠯黃巾妖惑之徒。皆赴者如雲。若此爲實理。行之又易。聖人何緣捨所易之實道。而爲難行之末事哉。其不然也。亦㠯明矣。將㠯化教殊俗。理在權濟。恢誕之談。其趣可知。又云。君臣之敬。理盡名教。今沙門既不臣王侯。故敬與之廢。何爲其然。夫敬之爲理。上紙言之詳矣。君臣之敬。皆是自然之所生。理篤于情本。豈是名教之事邪。　前論已云。天地之大德曰生。通生理物。存乎王者。苟所通在斯。何得非自然之所重哉。又云。造道之倫。必資功行。積行之所因。來世之關鍵也。擬心宗極。不可替其敬。雖俯仰累劫。而非謝惠之謂。請復就來旨而借㠯爲難。如來告㠯敬爲行首。是敦敬之重也。功行者。當計其爲功之勞耳。何得直㠯珍仰釋迦而云莫尙于此邪。惠無所謝。達者所不惑。但理根深極。情敬不可得無耳。臣之敬君。豈謝惠者邪。沙門不拜俗事一

言當作善

三難王謐

來難手筆甚佳。殊爲斐然。可㠯爲釋疑處殊。是未至也。遂相攻難。未見其已。今復料要。明在三之理。㠯辯對輕重。則敬否之理可知。想研微之功。必在苦愈枅耳。八日已及。今與右僕射書。便令施行敬事尊王之道。使天下莫不敬。雖復佛道。無㠯加其尊。豈不盡言邪。事雖已行。無豫所論。宜究也。想諸人或更有精枅耳。可㠯示仲文。

比獲來示。并諸人所論。並未有㠯釋其所疑。就而爲難。殆㠯流遷。今復重申前意。而委曲之。想足下有㠯頓白馬之轡。知辯制之有耳。夫佛教之所重。全㠯神爲貴。是故師徒相宗。莫二其倫。凡神之明暗。各有本分。分之所資。稟之有本。師之爲功。在于發悟。譬猶荆

插當作攉

璞而瑩拂之耳。若質非美玉。琢磨何益。是爲美惡存乎自然。深德在于資始。拂瑩之功。實㠯末焉。既懷玉自中。又匠㠯成器。非君道則無㠯申遂此生。而通其爲道者也。是爲在三之重。而師爲之末。何㠯言之。君道兼師。而師不兼君。教㠯弘之。法㠯齊之。君之道也。豈不然乎。豈可㠯在理之輕。而奪宜尊之敬。三復其理。愈所疑駭。制作之旨。將在彼而不在此。錯而用之。其弊彌甚。想復領其趣而遺其事。得之濠上耳。（沙門不拜俗事卷一）

南遊衡山詩序

歲次降婁。夾鍾之初。理檝將遊于衡嶺。涉湘千里。林阜相屬。清川窮澄映之流。涯涘無纖埃之穢。脩途逾邁。未見其極。窮日所經。莫非奇趣。姑洗之旬。始暨于衡嶽。于是假足輕輿。肖言載馳。軒塗三百。山徑徹通。或垂柯跨谷。俠獻交蔭。或曲溪如塞。已絕復開。或乘步長嶺。邈眺遙曠。或憩輿素石。映濯水湄。所㠯欣然奔悅。求路忘疲者。觸事而至也。仰瞻翠標。邈爾天際。身淩太清。獨交霞景。周覽既畢。頓策嵓阿。管絃竝奏。清徵再響。思古永神遊氣未言。（初學記五）

龍山獵詩序

故老相傳。大旱獵龍山。輒得雨。因時之旱。宵往畋之。（渚宮舊事五）

王孝伯誄

隆安二年九月十七日。前將軍青兗二州刺史太原王孝伯薨。川岳降神。哲人是育。既爽其靈。不貽其福。天道茫昧。孰測倚伏。犬馬反噬。豺狼翹陸。嶺插高梧。林殘故竹。人之云亡。邦國喪牧。于㠯誄之。爰旌芳郁。（世說文學篇注引晉安帝紀）

入京矯詔

義旗雲集。罪在元顯。太傅已別有教。其解嚴息甲。㠯副義心。（晉書桓玄傳）

禎祥矯詔

靈瑞之事。非所敢聞也。斯誠相國至德。故事爲之應。太平之化。于是乎始。六合同悅。情何可言。（晉書桓玄傳）

論賞劉裕等將士詔

劉裕㠯寡制衆。屢摧妖鋒。汎海窮追。十殄其八。諸將力戰。多被重創。自元帥㠯下至于將士。竝宜論賞。㠯敘勳烈。（宋書武帝紀上）

許沙門不致禮詔

門下。佛法宏誕。所未能了。推其篤至之情。故寍與其敬耳。今事既在己。苟所不了。宜盡謙光。且當寍從其略。諸道人勿復使致禮也。便皆使知聞。（高僧傳六、沙門不拜俗事二）

詔報卞嗣之袁恪之

何緣爾。便宜奉詔。（沙門不拜俗事二）

又報

置之使自己。亦是兼愛九流。各遂其道也。（沙門不拜俗事二）

又報

自有內外兼弘者。何其于用前代理。卿區區惜此。更非讚其道也。（沙門不拜俗事二）

下書受禪

夫三才相資。天人所㠯成功。理由一統。貞夫所㠯司契。帝王之興。其源深矣。自三五已降。世代參差。雖所由或殊。其歸一也。朕皇考宣武王。聖德高邈。誕啟洪基。景命攸歸。理貫自昔。中間屯險。弗克負荷。仰瞻宏業。殆若綴旒。藉否終之運。遇時來之會。用獲除姦救溺。拯拔人倫。晉氏㠯多難薦臻。厤數唯既。典章唐虞之準。述遵漢魏之則。用集天祿于朕躬。惟德不敏。辭不獲命。稽若令典。遂升壇燎于南郊。受終于文祖。思覃斯慶。願與億兆。聿茲更始。（晉書桓玄傳）

下書封晉帝爲王

夫三恪作賓。有自來矣。爰暨漢魏。咸建疆宇。晉氏欽若厤數。禪位

于朕躬。宜則是古訓。授茲茅土。吕南康之平固縣奉晉帝爲平固王。車旗正朔。一如舊典。晉書桓玄傳

受禪告天文

晉帝欽若景運。敬順明命。吕命于玄。夫天工人代。帝王所吕興。匪君莫治。惟德司其元。故承天理物。必由一統。竝聖不可吕二君。非賢不可吕無主。故世換五帝。鼎遷三代。爰曁漢魏。咸歸勳烈。晉自中葉。仍世多故。海西之亂。皇祚殆移。九代廓盪之功。升明黜陟之勳。微禹之德。左衽將及。太元之末。君子道消。積釁基亂。鍾于隆安。禍延士庶。理絕人倫。玄雖身在草澤。見棄時班。義情理感。胡能無慨。投袂剋清之勞。阿衡撥亂之績。皆仰憑先德遺愛之利。玄何功焉。屬當理運之會。猥集樂推之數。吕寡昧之身。踵下武之重。膺革泰之始。託王公之上。誠仰藉洪基。德漸有由。夕惕祗懷。罔知攸厝。君位不可吕久虛。人神不可吕乏饗。是用敢不奉吕欽恭大禮。敬簡良辰。升壇受禪。告類上帝。吕永綏民望。式孚萬邦。惟明靈是饗。晉書桓玄傳

桓謙

謙字敬祖。沖第二子。初吕父功封宜陽縣侯。累遷輔國將軍吳國內史。孫恩之亂出奔。徵拜尚書。元顯引爲驃騎諮議參軍。轉司馬。元興初爲西中郎將。持節都督荊益寧梁四州諸軍事荊州刺史。尋爲尚書左僕射。領吏部。加中軍將軍。改封寧都侯。拜尚書令。加散騎常侍。遷侍中衛將軍。開府錄尚書事。桓玄篡位。封新安王。領揚州刺史。玄誅。依桓振。振敗。奔姚興。興遣入蜀爲譙縱募兵東下。劉道規破斬之。

奏止百僚拜陵

百僚拜陵。起于中興。非晉舊典。積習生常。遂爲近法。尋武皇帝詔乃不使人主諸王拜陵。豈惟百僚。謂宜遵奉。宋書禮志二。又通典五十二。安帝元興元年。左僕射桓謙奏。

荅桓玄書明沙門不應致敬王者

中軍將軍尚書令宜陽開國侯桓謙等惶恐死罪。奉誨使沙門致敬王者。何庾雖論。意未究盡。此是大事。宜使允中。實如雅論。然佛法與老孔殊趣。禮敎正乖。人吕髮膚爲重。而彼髡削不疑。出家棄親。不吕色養爲孝。土木形骸。絕欲止競。不期一生。要福萬劫。世之所貴。已皆落之。禮敎所重。意悉絕之。資父事君。天屬之至。猶離其親愛。豈得致禮萬乘。勢自應廢。彌歷三代。置其絕羈。當吕神明無方。示不吕涯檢。視聽之外。或別有理。今便使其致恭。恐應革者多。非惟拜起。又王者奉法。出于敬信。其理而變其儀。復是情所未了。卽而容之。乃是在宥之弘。王令吕別荅公難。孔國張敞在彼。想已面諮所懷。道寶諸道人。竝足酬對高旨。下官等不諳佛理。率情吕言。愧不足覽。謙等惶恐死罪。沙門不拜俗事一

全晉文卷一百十九終

烏程嚴可均校輯

郭璞一

璞字景純河東聞喜人惠懷閒避亂過江宣城太守殷佑吕為參軍後為王導參軍大興初除著作佐郎尋遷尚書郎母憂去職明帝初王敦起為記室參軍吕阻謀逆被斬敦平追贈弘農太守有爾雅注五卷音二卷圖十卷圖贊二卷方言注十三卷三蒼注三卷穆天子傳注六卷山海經注二十三卷圖贊二卷水經注三卷周易林五卷洞林三卷新林四卷又九卷卜韻一卷楚辭注二卷子虛上林賦注一卷集十七卷

巫咸山賦 幷序

蓋巫咸者實吕鴻術為帝堯醫生為上公死為貴神豈封斯山而因吕名之乎

伊巫咸之名山嶇孤停而嵥峙體岑峭吕隆頹冠崇嶺吕峻起配華霍吕助鎮致靈潤乎百里爾乃寒泉懸涌浚湍流帶林薄叢蘢幽蔚隱藹八風之所歸起游鳥之所喧會潛暇石揚蘭茝迴翔鵷集凌鶻鶚翳禽鳥栖陽吕晨鳴熊虎窟陰而夕嘷 藝文類聚七

江賦

咨五才之竝用實水德之靈長惟岷山之導江初發源乎濫觴聿經始于洛沫攏萬川乎巴梁衝巫峽吕迅激躋江津而起漲極泓量而海運狀滔天吕淼茫總括漢泗兼包淮湘并吞沅澧汲引沮漳源二分于崌崍流九派乎潯陽鼓洪濤于赤岸淪餘波乎柴桑網絡羣流商摧涓澮表神委于江都混流宗而東會注五湖吕漫漭灌三江而瀾沛滈汗六州之域經營炎景之外所吕作限于華裔壯天地之嶮介呼吸萬里吐納靈潮自然往復或夕或朝激逸勢吕前驅乃鼓怒而作濤峨嵋為泉陽之揭玉壘作東別之標衡

霍磊落吕連鎮巫廬嵬崫而比嶠協靈通氣濆薄相陶流風蒸雷騰虹揚霄出信陽而長邁淙大壑與沃焦若乃巴東之峽夏后疏鑿絕岸萬丈壁立赮駮虎牙嵥豎吕屹崒荊門闕竦而盤礴圓淵九回吕懸騰湓流雷呴而電激駭浪暴灑驚波飛薄迅澓增澆涌湍疊躍砯巖鼓作漰湱濼灂溧潩澆漵潰濩泧漷潏湟淴泱瀹潤濁淪漩瀠瀯潛渨㵳濆瀑溭淢濜湏龍鱗結絡碧沙瀢瀡而往來巨石硉矹吕前卻潛演之所汩淈奔溜之所㴩錯厓隒為之泐嵃碕嶺為之喦崿幽㵎積岨礐硞礭若乃曾潭之府靈湖之淵澄澹汪洸瀇滉㴕泫泓泫洞澋涒鄰淪混澣灦渙流映揚焆溟漭渺㴐汗汗沺沺察之無象尋之無邊氣滃渤吕霧杳時鬱律其如煙類胚渾之未凝象太極之構天長波浹渫峻湍崔嵬盤渦谷轉凌濤山頹陽矦硠硠吕岸起洪瀾涴演而雲迴峾淪潨瀤乍浥乍堆㵿如地裂豁若天開觸曲厓吕縈繞駭崩浪而相礧鼓㕟窟吕澒渤乃溢湧而駕隈魚則江豚海狶叔鮪王鱣鮹鰊鯀鮋鮫鮨鯩鰱或鹿觡象鼻或虎狀龍顏鱗甲鏙錯煥爛錦斑揚鰭掉尾噴浪飛唌排流呼哈隨波遊延或爆采吕晃淵或㗱鰓乎巖間介鯨乘濤吕出入鯼鯊順時而往還爾其水物怪錯則有潛鵠魚牛虎蛟鉤蛇蜦蟳鱟蝑鱝鼊鼉鼍王珧海月土肉石華三蝬蝦江鶤螺蜁蝸璅蛣腹蟹水母目蝦紫蚢如渠洪蚶專車瓊蚌晞曜吕瑩珠石蛙應節而揚葩蜛蝫森衰吕垂翹玄蠣磈磥而碨硜或泛瀲于潮波或混淪乎泥沙若乃龍鯉一角奇鶬九頭有鼈三足有龜六眸頳蟞胏躍而吐璣文魮磬鳴吕孕璆鯈鰫拂翼而掣耀神蜧蝹蜦吕沈遊駢馬騰波吕噓蹀水兕雷咆乎陽矦淵客築室于巖底鮫人構館于懸流雹布餘糧星離沙鏡青綸競糾縟組爭映紫菜熒曄吕叢被綠苔鬖髿乎研上石帆蒙籠吕蓋嶼萍實時出而漂泳其下則金礦丹礫雲精爥銀珕琊瑠瑰水碧潛珉鳴石列于陽渚

浮磬肆乎陰濱或頹彩輕漣或焆曜崖鄰林無不溽岸無不津其羽族也則有晨鵠天雞鴐鵞鷗鴃陽鳥爰翔于以玄月千類萬聲自相喧聒濯翮疏風鼓翅翻䎍揮弄灑珠拊拂瀑沫集若霞布散如雲豁產毻積羽往來勃碣㩼杷積薄于潯涘協䔿森嶺而羅峯桃枝篔簹實繁有叢葭蒲雲蔓纕以蘭紅揚皜毦擢紫茸蔭潭隩被長江繁蔚芳蘺隱藹水松涯灌芊萰潛薈葱蘢鯪鯥踦踽于垠隈濱獺睒瞲乎廞空迅雌臨虛以騁巧孤䴉登危而雍容夔𧔥翹跱于夕陽鴛雛弄翮乎山東因岐成渚觸澗開渠漱壑生浦區別作湖磴之以瀿瀷潦之以尾閭標之以翠蘙泛之以遊菰播匪藪之芒種挺自然之嘉蔬鱗被菱荷攢布水蓏翹莖灡蘂濯穎散裹隨風猗萎與波潭淹流光潛映景炎霞火其旁則有雲夢雷池彭蠡青草具區洮滆朱滻丹漅極望數百沆瀁皛溔爰有包山洞庭巴陵地道潛逵傍通幽岫窈窕金精玉英瑱其裏瑤珠怪石琗其表驪虬摎其址梢雲冠其嘌海童之所巡遊琴高之所靈矯冰夷倚浪以傲睨江妃含嚬而矊眇撫淩波而鳧躍吸翠霞而夭矯若乃宇宙澄寂八風不翔舟子于是搦棹涉人于是檥榜漂飛雲運艅艎舳艫相屬萬里連檣泝洄沿流或漁或商赴交益投幽浪竭南極窮東荒爾乃霽雺祲于清旭覘五兩之動靜長風颹以增扇廣莫颺而氣整徐而不颮疾而不猛鼓帆迅越趠漲截洞淩波縱柂電往杳溟霧如晨霞孤征眇若雲翼絕嶺倏忽數百千里俄頃飛廉無以睎其蹤渠黃不能企其景于是蘆人漁子擯落江山衣則羽褐食惟蔬鱻栫澱爲涔夾漈羅筌筩灑連鋒罾䍐比船或揮輪于懸碕或中瀨而橫旋忽忘夕而宵歸詠採菱以叩舷傲自足于一嘔尋風波以窮年爾乃域之以盤巖豁之以洞壑疏之以沲汜鼓之以朝夕川流之所歸湊雲霧之所蒸液珍怪之所化產傀奇之所窟宅納隱淪之列眞挺異人乎精魄播靈潤于千里越岱

宗之觸石及其譎變儵怳符祥非一動應無方感事而出經紀天地錯綜人術妙不可盡之于言事不可窮之于筆若乃岷精垂曜于東井陽侯遯形乎大波奇相得道而宅神乃協靈爽于湘娥駭黃龍之負舟識伯禹之仰嗟壯荊飛之擒蛟終成氣乎大阿悍要離之圖慶在中流而推戈悲靈均之任石歎漁父之櫂歌想周穆之濟師驅八駿于黿鼉感交甫之喪佩愍神使之嬰羅煥大塊之流形混萬盡于一科保不虧而永固稟元氣于靈和考川瀆而妙觀實莫著于江河 文選藝文類聚八

鹽池賦

水潤下以作鹹莫斯鹽之最靈傍峻岳以發源池茫爾而海渟嗟玄液之潛潤羌莫知其所生熙金葩之融炎穎躍結而淪成狀委虵其若漢流漫漫以漭漭吁鑿鑿以粲粲色皜然而雪朗揚赤波之煥爛光旰旰以晃晃隆陽映而不燋洪涔沃而不長磊崔崍嶉鍔剡棊方玉潤膏津雪白凌岡粲如散繭煥若布璋于是漫口丹盤薄搜重床紫淪灑炎紅華籠光爛然漢明晃爾霞赤望之絳蒸即之雪積翠塗內映頳液外羃動而愈生損而滋益若乃煎海鑠泉或凍或漉所贍不過一鄉所營不過鍾斛飴戎見軫于西鄰火井擅奇乎巴濮豈若茲池之所產帶神邑之名嶽吸靈潤于河汾總膏液乎滄涑 藝文類聚九又書鈔一百四十六引六條

井賦

益作井龍登天鑿后土洞黃泉潛源洊臻灡灡涓涓幽溟圓停瀠洞瀯玄爾乃冠玉檻甃鱗錯鼓鹿盧揮勁索飛輕袪之繽紛手爭鶩而互掬長繘委虵以胄縈兮瑤甕龍騰而灑澈氣霧集以杳冥兮聲雷駭而瀨濧乃回澄以靜映狀冏然而鏡灼挹之不損停之不溢莫察其源動而愈出信潤下而德施壯邑移以不改獨星陳于丘墟兮越百代而猶在守虛靜以玄澹兮不東流而注海 藝文類聚

九初學記七御覽一百八十九怪季桓之穿賁兮乃獲羊于土缶壺華碧而龍化兮子求鑒已忘醜初學記七

流寓賦

戒雞晨而星發至猗氏而方曉觀屋落之𡨴殘顧徂見乎丘墟嗟城池之不固何人物之希少越南山之高嶺修焦丘之微路駭斯徑之峻絕感王陽而增懼詰朝發于解池辰中暨乎河北思此縣之舊名蓋曩日之魏國詠詩人之流歌信風土之儉刻背茲邑之迴逝何險難之多歷望陝城于南涯存虢氏之疆埸實我姓之攸出遡有懷乎乃迹陟函谷之高關壯斯勢之險固過王城之丘墉想轂洛之合鬬惡王靈之壅流奇子喬之輕舉遊華鳌而永懷乃凭軾已寓目思文公之所營蓋成周之墟域藝文類聚二十七

南郊賦

于是時惟青陽日在方旭我后方將受命于靈壇乃改步而鳴玉升金軒撫太僕揚六鸞齊八駿列五旛于一元兮靡日月乎黃屋矯陵鳥已偵候兮整豹尾于後屬武騎仡已清道兮被練煥已彼燭爾乃造廣場戾壇庭百寮山立萬乘雲屯延祝史肆玉牲登圜丘揖太清禮羣望告皇靈天澄其氣日朗其精飛廉鼓舞于八維兮豐隆擊節于九冥祝融穆清而肅侍兮陽侯澹已中停于是司烜戒燧火烈具炳宗皇祖而郊祀增孝思之惟永郊寰之內區域之外雕題弁服被髮左帶駿奔在壇不期而會我我羣辟蚩蚩黎庶翹懷聖猷思我王度事崇其簡服尚其素化無不融萬物自鼓振西北之絕維隆東南之橈柱廓清紫衢電埽神宇風馬桂林抗旌琳圃五岳不足已題其勳九韶不足已贊其舞饗駭鬼方聲震岷隴倒景望風龍漢企踵爛若列星之環辰感雲騰而海涌此蓋和氣旁通玄羅潛總自然之感鼓而遂動藝文類聚三十八初學記十三

弊樟擢秀于祖邑水經贛水注藝文類聚十

登百尺樓賦

在青陽之季月登百尺已高觀嘉斯遊之可娛乃老氏之所歎撫淩檻已遙想乃極目而肆運情眇然已思遠悵自失而潛慍瞻禹臺之隆崛奇巫咸之孤峙美鹽池之滉汗察紫氛而霞起異傅巖之幽人神介山之伯子揖首陽之二老招鬼谷之隱士嗟王室之蠢蠢方構怨而極武哀神器之遷浪指綴旒已譬主雄戟列于廊杖戎馬鳴乎講柱寤苕華而增怪歎飛駟之過戶陟茲樓已曠眺情慨爾而懷古藝文類聚六十三

蜜蜂賦

宇下脫母字

嗟品物之蠢蠢惟貞蟲之明族有叢瑣之細蜂亦策名于羽屬近浮遊于園薈遠翱翔乎林谷爰翔爰集逢轉飄迴紛紜雪亂混沌雲頹景翳耀靈響迅風雷爾乃眩猨之雀下林天井青松冠谷赤蘿綉嶺無花不纞無陳不省吮瓊液于懸峯吸榛津乎晨景于是迴鶩林篁經營堂窟繁布金房疊構玉室應青陽而啓戶□□□□咀嚼華滋釀已爲蜜自然靈化莫識其術散似甘露凝如割肪冰鮮玉潤髓滑蘭香窮味之美極甜之長百藥須之已諧和扁鵲得之而術良靈娥御之已豔顏□□□□□爾乃察其所安視其所託恆據中而虞難營翠微而結落徽號明于羽族爵衛固乎管籥誅戮峻于鐵鉞招徵速乎羽檄集不謀而同期動不安而齊約大君已總羣民又協氣于零雀本注蜜一名零雀每先馳而葺宇番巖穴之經略書鈔一百四十七引四條藝文類聚九十七御覽九百二十八又八百五十七誤作郭珍

蚍蜉賦

鶩當作驚

惟洪陶之萬殊賦羣形而遍灑物莫微于昆蟲屬莫賤乎螻蟻淫淫奕奕交錯往來行無遺迹鶩不動埃迅雷震而不駭激風發而不動虎賁比而不懾龍剱揮而不恐乃吞舟而是制無小大與輕重因無心已致力果有象乎大勇出奇膠于九眞流積液其如血

飾殷人之喪輿在四隅而交結齊國之窮師兮由東山之高垤感荫陽以潛山兮知將雨而封穴伊斯蟲之愚昧乃先識而似悊 書鈔一百五十八藝文類聚九十七御覽九百四十七

蝨賦

應玄甫之喪佩愍神使之纓羅 初學記三十

辭尚書郎表

今當以劣弱之質充督責之官以無用之才管繁劇之任且臺郎清選論望宜允 北堂書鈔六十引兩條

省刑疏

臣聞春秋之義貴元愼始故分至啟閉以觀雲物所以顯天人之統存休咎之徵臣不揆淺見輒依歲首粗有所占得解之既濟案爻論思方涉春木王龍德之時而爲廢水之氣來見乘加升陽未布隆陰仍積坎爲法象刑獄所麗變坎加離厥象不燭以義推之皆爲刑獄殷繁理有壅濫又去年十二月二十九日太白蝕月月者屬坎羣陰之府所以照察幽情以佐太陽者也太白金行之星而來犯之天意若曰刑理失中自壞其所以爲法者也臣術學庸近不練內事卦理所及敢不盡言又去秋以來沈雨跨年雖爲金家涉火之祥然亦是刑獄充溢怨歎之氣所致往建興四年十二月中行丞相令史淳于伯刑于市而血逆流長漂伯者小人雖罪在未允何足感動靈變致若斯之怪邪明皇天所以保祐金家子愛陛下屢見災異殷勤無已陛下宜側身思懼以應靈譴皇極之謫事不虛降不然恐將來必有愆陽苦雨之災崩震薄蝕之變狂狡蠢戾之妖以益陛下旰食之勞也臣謹尋案舊經尚書有五事供禦之術京房易傳有消復之救所以緣咎而致慶因異而邁政故木不生庭太戊無以隆雉不鳴鼎武丁不爲宗夫寅畏者所以饗福怠傲者所以招患此自然之符應不可不察也案解卦彖云君子以赦過宥罪既濟云思患而豫防之郊祀者以通天人之誠感因農祥而祈事上乃致敬于黃靈下以播惠于萌黎者也 已上三十二字依御覽五百二十七補 臣愚以爲于卦之義既郊之後 已上八字依御覽補 宜發哀矜之詔引在予之責蕩除瑕釁贊陽布惠使幽斃之人應養生以悅育否滯之氣隨谷風而紓散此亦寄時事以制用藉開塞而曲成者也臣竊觀陛下貞明仁恕體之自然天假其祚奄有區夏啟重光于已昧廓四祖之遐武祥靈表瑞人鬼獻謀應天順時殆不尚此然陛下即位以來中興之化未闡雖躬綜萬機勞逾日昃玄澤未加于羣生聲教未被乎宇宙臣主未寧于上黔細未輯于下鴻雁之詠不興康衢之歌不作者何也杖道之情未著而任刑之風先彰經國之略未震而軌物之迹屢遷夫法令不一則人情惑職次數改則覬覦生官方不審則秕政作懲勸不明則善惡渾此有國者之所愼也臣竊爲陛下惜之夫以區區之曹參猶能遵蓋公之一言倚清靖以鎭俗寄市獄以容非德音不忘流詠于今漢之中宗聰悟獨斷可謂令主然厲意刑名用虧純德老子以禮爲忠信之薄況刑又是禮之糟粕者乎夫無爲而爲之不宰以宰之固陛下之所體者也恥其君不爲堯舜者亦豈惟古人是以敢肆狂瞽不隱其懷若臣言可採或所以爲塵露之益若不足採所以廣聽納之門願陛下少留神鑒賜察臣言 晉書郭璞傳

因天變上疏

臣以頑昧近者冒陳所見陛下不遺狂言事蒙御省伏讀聖詔歡懼交戰臣前云升陽未布隆陰仍積坎爲法象刑獄所麗變坎加離厥象不燭疑將來必有薄蝕之變此月四日日出山六七丈精光潛暗而色都赤中有異物大如雞子又有青黑之氣共相薄擊良久方解案時在歲首純陽之月日在癸亥全陰之位而有此異殆元首供禦之義不顯消復之理不著之所致也計去微臣所陳

未及一月而便有此變益明皇天畱情陛下懇懇之至也往年歲末太白蝕月今在歲始日有咎謫曾未數旬大眚再見日月告釁見懼詩人無曰天高其鑒不遠故宋景言善熒惑退次光武寍亂呼沲結冰此明天人之懸符有若形影之相應應之㠯德則休祥臻酬之㠯怠則咎徵作陛下宜恭承靈譴敬天之怒施沛然之恩諧玄同之化上所㠯允塞天意下所㠯弭息羣謗臣聞人之多幸國之不幸赦不宜數實如聖旨臣愚㠯為子產之鑄刑書非政事之善然不得不作者須㠯救弊故也今之宜赦理亦如之隨時之宜亦聖人之所善者此國家大信之要誠非微臣所得干預今聖朝明哲思弘謀猷方闢四門㠯亮采訪輿誦于羣心況臣蒙珥筆朝末而可不竭誠盡規哉晉書郭璞傳

皇孫生上疏

有道之君未嘗不㠯危自持亂世之主未嘗不㠯安自居故存而不忘亡者三代之所㠯興也亡而自㠯為存者三季之所㠯廢也是㠯古之令主開納忠讜㠯闢其違標顯功直用攻其失至乃聞一善則拜見規誡則懼何者蓋不私其身處天下㠯至公也臣竊惟陛下符運至著勳業至大而中興之祚不隆聖敬之風未躋者殆由法令太明刑教太峻故水至清則無魚政至察則衆乖此自然之勢也臣去春啟事㠯囹圄充斥陰陽不和推之卦理宜因郊祀作赦㠯蕩滌瑕穢不然將來必有愆陽苦雨之災崩震薄蝕之變狂狡蠢戾之妖其後月餘日果薄鬭去秋㠯來諸郡竝有暴雨水皆洪潦歲用無年適聞吳興復欲有構妄者咎徵漸成臣甚惡之頃者㠯來役賦轉重獄犴日結百姓困擾甘亂者多小人愚嶮共相扇惑雖勢無所至然不可不虞案洪範傳君道虧則日蝕人憤怨則水涌溢陰氣積則下代上此微理潛應已著實于事者也假令臣遂不幸謬中必貽陛下側席之憂今皇孫載育天固靈基黔首顒顒實望惠潤又歲涉午位金家所忌宜于此時崇恩布澤則火氣潛消災譴不生矣陛下上承天意下順物情可因皇孫之慶大赦天下然後明罰敕法㠯肅理官克厭天心慰塞人事兆庶幸甚禎祥必臻矣臣今所陳質而省之或未允聖旨久而尋之終亮臣誠若所啟上合願陛下勿㠯臣身廢臣之言臣言無隱而陛下納之適所㠯顯君明臣直之義耳晉書郭璞傳

諫畱任谷宮中疏

任谷所為妖異無有因由陛下玄鑒廣覽欲知其情狀引之禁內供給安處臣聞為國㠯禮正不聞㠯奇邪所聽惟人故神降之吉陛下簡默居正動遵典刑案周禮奇服怪人不入宮況谷妖詭怪人之甚者而登講肆之堂密邇殿省之側塵黷日月穢亂天聽臣之私情竊所㠯不取也陛下若㠯谷信為神靈所憑者則應敬而遠之夫神聰明正直接㠯人事若㠯谷為妖蠱詐妄者則當投畀裔土不宜令褻近紫闥若㠯谷或是神祇告譴為國作眚者則當克己修禮㠯弭其妖不宜令谷安然自容肆其邪變也臣愚㠯為陰陽陶蒸變化萬端亦是狐狸魍魎憑假作慝願陛下採臣愚懷特遣谷出臣㠯人乏忝荷史任敢忘直筆惟義是規晉書郭璞傳時暨陽人任谷因耕息于樹下忽有一人著羽衣就淫之既而不知所在谷遂有娠積月將產羽衣人復來㠯刀穿其陰下出一蛇子便去谷遂成宦者後詣闕上書自云有道術帝畱谷于宮中璞復上疏

諫禁荻地疏

不宜禁荻地禮云名山大澤不封蓋欲與民通才共利不獨專之也

全晉文卷一百二十終

全晉文卷一百二十一

烏程嚴可均校輯

郭璞二

奏事

臣以爲珍奇靡麗之物誠是玩弄之所寶然非經國之至寶（御覽八百二十一）

奏請平刑

臣聞上古象刑而民不犯中古明刑以致刑措故立刑以禁刑立殺以去殺重之以死所以求其生峻之以刑所以輕其死死由于法輕生存乎法重此亡防之成標也然則刑無輕重用之唯平非平法之爲難思在斷之爲難是以子皇行戮刖者忘痛釋之典刑民無怨色何者積之于誠也案癸酉詔書之旨專爲邊城實之裔土濟當時一切之用非爲經遠之法亦是中夏全平之時威御足

指控制故可得行之矣欲役無賴子弟驅不逞之人聚之于空荒四維之地將以扞固牧圉未見其利也且濱接鯨猾密邇姦藪退未絕其巨窟之顧進無以塞其逋逃之門五流三居誠古之犯刑論之于今事實難行且律令以跨三代歷載所遵未易輕改者也是以刑法不專則名幸者興政令驟變則人志無繫子產患其如此故矯先正議事之制而立刑書之辟皆所以弼民心而正羣惑者也（藝文類聚五十四）

客傲

客傲郭生曰玉以兼城爲寶士以知名爲賢明月不妄映蘭葩豈虛鮮今足下既以拔文秀于叢薈蔭弱根于慶雲陵扶搖而竦翮揮清瀾以濯鱗而響不徹于一皋價不登乎千金傲岸榮悴之際頡頏龍魚之閒進不爲諧隱退不爲放言無沈冥之韻而希風乎嚴先徒費思于鑽味摹洞林乎連山尚何名乎夫攀驪龍之髯撫翠禽之毛而不得絕霞肆跨天津者未之前聞也郭生粲然而笑曰鷦鷯不可與論雲翼井蛙難與量海鼇雖然將祛子之惑訊以未悟其可乎乃者地維中絕乾光墜采皇運暫迴廓祚淮海龍德時乘羣才雲駭藹若鄧林之會逸翰爛若溟海之納奔濤不煩咨嗟之訪不假蒲帛之招羈九有之奇駿咸總之于一朝豈惟豐沛之英南陽之豪昆吾挺鋒驌驦軒髦杞梓競敷蘭蕙爭翹嚶聲冠于伐木援類繁乎拔茅是以水無浪士巖無幽人刈蘭不暇爨桂不給安事錯薪乎且夫窟泉之潛不思雲翬熙冰之采不羨旭晞混光耀于埃藹者亦曷願滄浪之深秋陽之映乎登降紛于九五淪湧懸乎龍津蚓蛾以不才陸槁蟒虵以騰騖暴鱗連城之寶藏于褐裏三秀雖豔糜于麗采香惡乎芬賈惡乎在是以不塵不冥不驪不騂支離其神蕭悴其形形廢則神王跡麤而名生體全者爲犧至獨者不孤傲俗者不得以自得默覺者不足以涉無故不

恢心而形遺不外累而智喪無巖穴而冥寂無江湖而放浪玄悟不以應機洞鑒不以昭曠不物物我我不是是非非忘意非我意意得非我懷寄羣籟乎無象域萬殊于一歸不壽殤子不夭彭涓不壯秋豪不小太山蚊淚與天地齊流蜉蝣與大椿齒年然一闔一開兩儀之跡一沖一溢懸象之節渙沍期于寒暑凋蔚要乎春秋青陽之翠秀龍豹之委穎駿狼之長暉玄陸之短景故皋壤爲悲欣之府胡蝶爲物化之器矣夫欣黎黃之音者不顰蟪蛄之吟豁雲臺之觀者必悶帶索之歡縱蹈而詠採薺擁壁而歎抱關戰機心以外物不能得意于一弦悟往復于嗟歎安可與言樂天者乎若乃莊周偃蹇于漆園老萊婆娑于林窟嚴平澄漠于塵肆梅眞隱淪乎市卒梁生吟嘯而矯跡焦光混沌而槁杌阮公昏酣而賣傲翟叟遁形以倏忽吾不能幾韻于數賢故寂然玩此員策與智骨（晉書郭璞傳）

爾雅敘

夫爾雅者所㠯通詁訓之指歸敘詩人之興詠總絕代之離詞辯同實而殊號者也誠九流之津涉六蓺之鈐鍵學覽者之潭奧摛翰者之華苑也若乃可㠯博物不惑多識于鳥獸草木之名者莫近于爾雅爾雅者蓋興于中古隆于漢氏豹鼠既辯其業亦顯英儒贍聞之士洪筆麗藻之客靡不欽玩耽味為之義訓璞不揆檮昧少而習焉沈研鑽極二九載矣雖注者十餘然猶未詳備竝多紛謬有所漏略是㠯復綴集異聞會稡舊說攷方國之語采謠俗之志錯綜樊孫博關羣言剟其瑕礫搴其蕭稂事有隱滯援據徵之其所易了闕而不論別為音圖用袪未寤輒復擁篲清道企望塵躅者㠯將來君子為亦有涉乎此也 唐石經爾雅

方言敘

蓋聞方言之作出乎輶軒之使所㠯巡遊萬國采覽異言車軌之

所交人迹之所蹈靡不畢載㠯為奏籍周秦之季其業隳廢莫有存者暨乎揚生沈淡其志歷載構綴乃就斯文是㠯三五之篇著而獨鑒之功顯故可不出戶庭而坐照四表不勞疇咨而物來能名攷九服之逸言標六代之絕語類離詞之指韻明乖途而同致辨章風謠而區分曲通萬殊而不雜真洽見之奇書不刊之碩記也余少玩雅訓旁味方言復為之解觸事廣之演其未及摘其謬漏庶㠯燕石之瑜補琬琰之瑕俾後之瞻涉者可㠯廣寤多聞爾 影宋本方言

注山海經敘

世之覽山海經者皆㠯其閎誕迂誇多奇怪俶儻之言莫不疑焉嘗試論之曰莊生有云人之所知莫若其所不知吾于山海經見之矣夫㠯宇宙之寥廓羣生之紛紜陰陽之煦蒸萬殊之區分精氣渾淆自相濆薄遊魂靈怪觸象而構流形于山川麗狀于木石者惡可勝言乎然則總其所㠯鼓之于一響成其所㠯變混之于一象世之所謂異未知其所㠯異世之所謂不異未知其所㠯不異何者物不自異待我而後異異果在我非物異也故胡人見布而疑黂越人見罽而駭毳夫翫所習見而奇所希聞此人情之常蔽也今略舉可㠯明之者陽火出于冰水陰鼠生于炎山而俗之論者莫之或怪及談山海經所載而咸怪之是不怪所可怪而怪所不可怪也不怪所可怪則幾于無怪矣怪所不可怪則未始有可怪也夫能然所不可不可所不可然則理無不然矣案汲郡竹書及穆天子傳穆王西征見西王母執璧帛之好獻錦組之屬穆王享王母于瑤池之上賦詩往來辭義可觀遂襲昆侖之丘遊軒轅之宮眺鍾山之嶺玩帝者之寶勒石王母之山紀跡乎圃之上乃取其嘉木豔草奇鳥怪獸玉石珍瑰之器金膏燭銀之寶歸而殖養之于中國穆王駕八駿之乘右服盜驪左驂騄耳造父為

御犇戎為右萬里長騖㠯周歷四荒名山大川靡不登濟東升大人之堂西燕王母之廬南轢黿鼉之梁北躡積羽之衢窮歡極娛然後旋歸案史記說穆王得盜驪騄耳驊騮之驥使造父御之㠯西巡狩見西王母樂而忘歸亦與竹書同左傳曰穆王欲肆其心使天下皆有車轍馬跡焉竹書所載則是其事也而譙周之徒足為通識瑰儒而雅不平此驗之史考㠯著其妄司馬遷敘大宛傳亦云自張騫使大夏之後窮河源惡覩所謂昆侖者乎至禹本紀山海經所有怪物余不敢言也不亦悲乎若竹書不潛出于千載㠯作徵于今日者則山海之言其幾乎廢矣若乃東方生曉畢方之名劉子政辨盜械之尸王頎訪兩面之客海民獲長臂之衣精驗潛效絕代縣符於戲羣惑者其可㠯少寤乎是故聖王原化㠯極變象物㠯應怪鑒無滯賾曲盡幽情神焉廋哉神焉廋哉蓋此書跨世七代歷載三千雖暫顯于漢而尋亦寢廢其山川名號所

左多有舛謬與今不同師訓莫傳遂將湮泯道之所存俗之所喪悲夫余有懼焉故為之創傳疏其壅閡闢其茀蕪領其弖致標其洞涉庶幾令逸文不墜于世奇言不絕于今夏后之跡靡栞于將來八荒之事有聞于後裔不亦可乎夫翳薈之翔叵以論垂天之凌蹏涔之遊無以知絳虬之騰鈞天之庭豈伶人之所躡無航之津豈蒼兕之所涉非天下之至通難與言山海之義矣嗚呼達觀博物之客其鑒之哉道藏本山海經

爾雅圖讚

謹案隋志注梁有爾雅圖讚二卷郭璞撰亡舊唐志復有之宋已後不著錄近惟余蕭客古經解鉤沈邵晉涵爾雅正義畧采數事漏落者十八九張溥本則與山海經圖讚閒雜絕不區分今從藝文類聚初學記御覽寫出四十八篇依爾雅經文先後編次之

釋器

鼎

九牧貢金鼎出夏后和味養賢以無化有赫赫三事鑒于覆餗藝文類聚九十九

金銀

惟金三品揚越作貢五材之珍是謂國用務經軍農爰及雕弄藝文類聚八十三初學記二十七

筆

上古結繩易以書契經緯天地錯綜羣藝日用不知功蓋萬世藝文類聚五十八初學記二十一

珪

玉作五瑞辯章有國君子鳴佩亦以表德永觀厥祭時惟文則藝文類聚八十三

釋天

星

茫茫地理燦爛天文四靈垂象萬類羣分眇覩六沴咎徵惟君藝文類聚一

祭天地

祭地肆瘞郊天致禋氣升太一精淪九泉至敬不文明德惟鮮藝文類聚一初學記一

釋地

比目魚

比目之鱗別號王餘雖有二片其實一魚協不能密離不為疏藝文類聚九十九

比翼鳥

鳥有鶼鶼似鳧青赤雖云一質氣同體隔延頸離鳴翻能合翮藝文類聚九十九

比肩獸

蟨與岠虛乍兔乍鼠長短相濟彼我俱舉有若自然同心共膂藝文類聚九十九

枳首蛇

夔稱一足蛇則二首少不知無多不覺有雖資天然無異駢拇藝文類聚九十六

釋山

太室山

嵩惟嶽宗華岱恆衡氣通元漠神洞幽明嵬然中立衆山之英藝文類聚七。案道藏本山海經以此為中山經讚驗文與爾雅上下文合今移正

釋水

水

川瀆綺錯。渙瀾流帶。潛潤旁通。經營華外。殊出同歸。混之東會。藝文類聚八、初學記六。

釋草

蘼蕪

蘼蕪善草。亂之蛇床。不隕其實。自別以芳。佞人似智。巧言如簧。藝文類聚八十一、御覽九百八十三、大觀本草七。

芙蓉

芙蓉麗草。一曰澤芝。泛葉雲布。映波赮熙。伯陽是食。饗比靈期。藝文類聚八十二。

麻

草皮之良。莫貴于麻。用無不給。服無不加。至物在邇。求之好遐。藝文類聚八十五。

萍

萍之在水。猶卉植地。靡見其布。漠爾鱗被。物無常託。孰知所寄。藝文類聚八十二。

菊

菊名日精。布華玄月。仙客薄采。何憂華髮。藝文類聚八十一。又御覽九百九十六。作仙客足菜薄採薄捋

款冬釋草菟奚顆凍注款冬也

吹萬不同。陽煦陰蒸。款冬之生。擢穎堅冰。物體所安。焉知渙凝。藝文類聚八十一。

芣苢

車前之草。別名芣苢。王會之云。其實如李。名之相亂。在乎疑似。藝文類聚八十一。

卷施

卷施之草。拔心不死。屈平嘉之。諷詠以比。取類雖邇。興有遠旨。藝文類聚八十一。

割啞當作剖噎

釋木

柚

厥苞橘柚。精者曰柑。實染繁霜。葉鮮翠藍。屈生嘉歎。以為美談。藝文類聚八十七。御覽九百六十六。九百七十三。

棗

建國辨方。外朝九棘。因材制義。赤心鯁直。藹藹卿士。亮此衮職。初學記二十八。御覽九百六十五。

梧桐

桐實嘉木。鳳凰所棲。爰伐琴瑟。八音克諧。歌以永言。噰噰喈喈。藝文類聚八十八。

五果

果麻之品。割啞因宜。雖曰微肴。貴賤有差。御覽九百六十四。

釋蟲

蟬

蟲之精絜。可貴惟蟬。潛蛻棄穢。飲露恆鮮。萬物皆化。人胡不然。藝文類聚九十七。

蚯蚓

蚯蚓土精。无心之蟲。交不以分。淫于阜螽。觸而感物。无乃常雄。御覽九百四十七。

螳蜋

螳蜋飛蟲。揮斧奮臂。當轍不迴。句踐是避。勇士致斃。勵之以義。藝文類聚九十七。御覽九百四十六。

蚍蜉

蚍蜉瑣劣。蟲之不才。感陽而出。應雨講台。物之无懷。自然知來。御覽九百四十七。

尺蠖

貴有可賤賤有可珍嗟兹尺蠖體此屈伸論配龍蛇見歎聖人藝文類聚九十七御覽九百四十八

螢火

熠燿宵行蟲之微么出自腐草煙若散熛物之相煦孰知其陶藝文類聚九十七初學記三十

釋魚

蚌

萬物變蜕其理無方雀雉之化含珠懷璫與月盈虧協氣晦望藝文類聚九十七初學記二十七

貝

先民有作龜貝爲貨貴以文采賈以小大簡則易資犯而不過藝文類聚八十四

螣蛇

螣蛇配龍因霧而躍雖欲升天雲罷陸潢材非所任難以久託藝文類聚九十六

蟒蛇

蠢蠢萬生咸以類長惟蛇之君是謂巨蟒小則數尋大或百丈藝文類聚九十六

龜

天生神物十朋之龜或游于火或游于蓍雖云類殊象二一歸疊疊致用極數盡幾藝文類聚九十六初學記三十

釋鳥

燕

燕燕于飛瑞娥以卵玄玉炱發聖敬日遠商人是頌詠之弦管藝文類聚九十二

翡翠

翠雀麋鳥越在南海羽不供用肉不足宰懷璧其罪賈害以采藝文類聚九十二

鼯鼠

鼯之爲鼠食煙棲林載飛載乳乍獸乍禽皮籍孕婦人爲大任藝文類聚九十五

釋獸

貔

書稱猛士如虎如貔貔蓋豹屬亦曰執夷白狐之云自是而非藝文類聚九十五

麟

麟惟靈獸與麐同體習在隱跡仁表不抵孰爲來哉宜尼揮涕藝文類聚九十八

犀

犀之爲狀形兼牛豕力無不傾吻無不靡以賄嬰災因乎角犄藝文類聚九十五御覽八百九十

狌狌

能言之獸是謂狌狌厥狀似獾號音若嬰自然知往頗識御覽作測物情藝文類聚九十五御覽九百八

鼨鼠

小鼠曰鼨實有螫毒乃食郊牛不恭是告厥譴惟明徵乎其覺

鼫鼠

五能之鼠伎無所執應氣而化翻飛鴽集詩人歌之無食我粒

鼮鼠

有鼠豹采厥號爲鼮漢朝莫知郎中能名賞以束帛雅業遂盛

鼠

或㠯尾翔，或㠯髯淩。飛鼠鼓翰，翛然皆騰。用無常所，唯神斯憑。藝文類聚九十五

釋畜

馬

馬出明精，祖自天駟。十閑六種，各有名類。三才五御，駑駿異轡。藝文類聚九十三

羊

月氏之羊，其類在野。厥高六尺，尾亦如馬。何㠯審之，事見爾雅。藝文類聚九十四

全晉文卷一百二十一終

全晉文卷一百二十二

烏程嚴可均校輯

郭璞三

山海經圖讚上

謹案隋唐志山海經圖讚二卷郭璞撰玉海引中興書目云山海經十八卷郭璞傳凡二十三篇每篇有讚近代惟明道藏本有讚起卷一止卷十三而卷十四大荒經已下讚闕其見存者次第與經文不盡合又中山經有太室山騰蛇二讚審觀是爾雅讚又中山經鬼草讚見御覽四百六十九藏本無又郭注中銘曰云云與羣書所引讚同是銘即讚而藏本東山經蜚讚與注中銘及廣韻八未所引之讚絕異又中山經跂踵讚與注中銘亦絕異是藏本或經改補非但脫闕又晉時張駿亦有圖讚見御覽九百三十九或藏本雜以張讚亦未可知今從各書寫出六十七篇益以藏本共得二百六十六篇依經文先後編次之仍依隋唐志分為二卷就中尚多舛誤無從攷定也

南山經

桂

桂生南裔拔萃岑嶺廣莫熙葩淩霜津穎氣王百藥森然雲挺（藝文類聚八十九說文繫傳）

祝荼草（案經作祝餘注云或作桂茶）旋龜鴒鴒鳥

祝荼嘉草食之不飢鳥首蚖尾其名旋龜鴒鴒六足三翅竝翬（道藏本山海經）

迷穀

爰有奇樹產自招搖厥華流光上映垂霄佩之不惑潛有靈標（藏本）

狌狌

狌狌似狐（藏本作猴）走立行伏懷水挺方涎腥明目（藏本作櫰木挺力少辛明目）飛

廉迅足豈食斯肉（御覽九百八引前四句藏本）

白猨

白猨肆巧由基撫弓應眄而號神有先中數如循環其妙無窮（藝文類聚九十五御覽九百一十）

水玉

水玉冰鱗潛映洞川赤松是服靈蛻乘煙吐納六氣升降九天（藝文類聚七十八）

鹿蜀

鹿蜀之獸馬質虎文驤首吟鳴矯矯騰羣佩其皮毛子孫如雲（御覽九百十三）

鯥

魚號曰鯥處不在水厥狀如牛鳥翼蛇尾隨時隱見倚乎生死（藏本御覽九百三十九引前四句）

類

類之為獸一體兼二近取諸身用不假器窈窕是佩不知妒忌（藏本）

猼訑

猼訑似羊眼乃在背視之則奇推之無怪欣不恐懼厥皮可佩（御覽九百十三）

灌灌鳥赤鱬魚

厥聲如訶厥形如鳩佩之辨惑出自青丘赤鱬之狀魚身人頭（藏本御覽九百三十九引末二句）

鴸鳥

彗星橫天鯨魚死浪鴸鳴于邑賢士見放厥理至微言之無況（藏本）

長右彘

長右四耳厥狀如猴實為水祥見則橫流彘虎其身厥尾如牛（藏本）

猾褢

猾褢之獸，見則興役。膺政而出，匪亂不適。天下有道，幽形匿跡。藏本

會稽山

禹徂會稽，爰朝羣臣。不虔是討，乃戮長人。玉匱表夏，玄石勒秦。藝文類聚八

患

有獸無口，其名曰患。害氣不入，厥體無閑。至理之盡，出乎自然。藏本

蠱雕

蠱雕如鳥，虎蛟

蠱雕有角，聲若兒號。瞿如三手，厥狀似鵁。魚身蛇尾，是謂虎蛟。藏本

犀

犀頭似豬，形兼牛質。角則併三，分身互出。鼓鼻生風，壯氣隘溢。藏本

兕

兕惟壯獸，似牛青黑。力無不傾，自焚以革。皮充武備，角助文德。藝文類聚九十五

象

象實魁梧，體巨貌詭。肉兼十牛，目不踰豕。望頭如尾，動若丘徙。藝文類聚九十五

鳳皇

鳳皇靈鳥，實冠羽羣。八象其體，五德其文。附翼來儀，應我聖君。藝文類聚九十九

育隧谷

育隧之谷，爰含凱風。青陽既謝，氣應祝融。炎雰是扇，以散鬱隆。藏本

鱄魚顒鳥

顒鳥栖林，鱄魚處川。俱為旱徵，災延普天。測之無象，厥類為玄。御覽九百二十九

白䓘

白䓘睪蘇，其汁如飴。食之辟穀，味有餘滋。逍遙忘勞，窮生盡期。藏本

西山經

羬羊

月氏之羊，其類在野。厥高六尺，尾亦如馬。何以審之，事見爾雅。初學記二十九

華山

華嶽靈峻，削成四方。爰有神女，是挹玉漿。其誰遊之，龍駕雲裳。藝文類聚七、初學記五

螐渠赤鷩鳥文莖木䳋鳥

螐渠已殃，赤鷩辟火。文莖愈聾，是則嘉果。䳋亦衛災，厥形惟麼。藏本

肥遺蛇

肥遺為物，與災合契。鼓翼陽山，以表亢厲。桑林既禱，倏忽潛逝。藏本

流赭

沙則潛流，亦有運赭。于以求鐵，趨在其下。蠲牛之癘，作采于社。藏本

黃雚草肥遺鳥䍺獸

浴疾之草，厥子赭赤。肥遺似鶉，其肉已疫。䍺獸長臂，為物好擲。藏本

豪彘

剛鬣之族，號曰豪狶。毛如攢錐，中有激矢。厥體兼資，自為牝牡。藝文類聚九十五、初學記二十九、御覽九百三十

橐𩇯

有鳥人面，一腳孤立。性與時反，冬出夏蟄。帶其羽毛，迅雷不入。藏本

桃枝

竹類產巴，厥名桃枝。叢薄幽薈，從風蔚猗。簟以盛寢，杖以扶危。書鈔一百三十三、藝文類聚六十九

萆荔草谿邊獸櫟鳥

有華無實，萆荔之樹。谿邊類狗，皮厭妖蠱。黑文赤翁，鳥愈隱痔。䳋

鵸慧鳥，青羽赤喙。藏本

礐當作礜

杜衡

狌狌㷄人杜衡走馬理固須因體亦有假足駿在感安事御者（藏本）

礜石

稟氣方殊件錯理微礜石殺鼠蠶食而肥物性雖反齊之一歸（藏本）

玃如

玃如之獸鹿狀四角馬足人手其尾則白貌兼三形攀木緣石（藏本）

數斯鳥鷙獸䳋鳥

數斯人腳厥狀似鴟鷙獸大眼有鳥名䳋兩頭四足翔若合飛（藏本）

鸓鴟

鸓鴟慧鳥棲林啄蘂四指中分行則㠯觜自貽伊籠見幽坐伎（藝文類聚九十一。初學記三十。）

鸞鳥

鸞翔女牀鳳出丹穴拊翼相和㠯應聖哲擊石靡詠韶音其絕（藝文類聚九十九。書鈔一百五十八。）

烏當作鳥

梟徯烏朱厭獸

梟徯朱厭見則有兵類異感同理不虛行推之自然厥數難明（藏本）

蠻蠻

比翼之鳥似鳧青赤雖云一形氣同體隔延頸離鳥翻飛合翮（藏本）

丹木玉膏

丹木煒煒沸沸玉膏黃軒是服遂攀龍豪眇然升遐羣下烏號（藏本）

瑾瑜玉

鍾山之寶爰有玉華光采流映氣如虹霞君子是佩象德閑邪（藝文類聚八十三。）

鍾山之子鼓欽䲹

欽䲹及鼓是殺祖江帝乃戮之昆侖之東二子皆化矯翼亦同（藏本）

鰩魚

見則邑穰厥名曰鰩經營二海矯翼閑霄唯味之奇見歎伊庖（藏本）

神英招

槐江之山英招是主巡遊四海撫翼雲儛實惟帝囿有謂予圃（藏本）

櫾木

櫾惟靈樹爰生若木重根增駕流光旁燭食之靈化榮名仙錄（藏本）

昆侖丘

昆侖月精水之靈府惟帝下都西羌之宇嵥然中峙號曰天柱（藝文類聚七。）

神陸吾

肩吾得一㠯處昆侖開明是對司帝之門吐納靈氣熊熊魂魂（藏本）

土螻獸欽原鳥

土螻食人四角似羊欽原類蜂大如鴛鴦觸物則斃其銳難當（藏本）

鶉鳥沙棠實蘋草

司帝百服其鳥名鶉沙棠之實惟果是珍爰有奇菜厥號曰蘋（藏本）

沙棠

安得沙棠制為龍舟汎彼滄海眇然遐遊聊㠯逍遙任彼去留（藏本）案注引銘曰安得沙棠刻㠯為舟汎彼滄海㠯遨㠯遊銘即圖贊疑制刻乃刻字之誤

神長乘

九德之氣是生長乘人狀豹尾其神則凝妙物自潛世無得稱（藏本）

西王母

天帝之女蓬髮虎顏穆王執贄賦詩交歡韻外之事難㠯具言（藏本）

積石

積石之中實出重河夏后是導石門湧波珍物斯備比奇昆阿（藏本）

白帝少昊

少昊之帝號曰金天磈氏之宮亦在此山是司日入其景則員（藏本）

猙

佀當作以

章莪之山奇怪所宅有獸佀豹厥色惟赤五尾一角鳴如擊石（藏本）

畢方

畢方赤文離精是炳旱則高翔鼓翼陽景集乃流災火不炎正（藏本）

文貝

先民有作龜貝爲貨貝以文彩賈以大小簡則易從犯而不過（藏本）

天狗

乾麻不長天狗不大厥質雖小攘災除害氣之相王在乎食帶（藏本）

江疑徼㹢獸鵸鳥

江疑所居風雲是潛獸有徼㹢毛如披簑鵸鳥一頭厥身則兼（藏本）

青鳥

山名三危青鳥所憩往來崑崙王母是隸穆王西征旋軫斯地（藝文類聚九十一、御覽九百二十七）

神耆童

顓頊之子嗣作火正鏗鎗其鳴聲如鍾磬處于騩山唯靈之盛（藏本）

帝江

質則混沌神則旁通自然靈照聽不佀聰強爲之名曰在帝江（藏本）

獂獸（案經作讙注云或作原）

鵸鵌三頭獂獸三尾俱禦不祥消凶辟眯君子服之不逢不韙（藏本）

當扈

鳥飛以㬪當扈則鬐廢多任少沛然有餘輪運于轂至用在無（藏本）

白狼

矯矯白狼有道則遊應符變質乃銜靈鉤惟德是適出殷見周（藝文類聚九十九又御覽九百九十）

白虎

甝虪之虎仁而有猛其質載皓其文載炳應德而擾止我交境（藏本）

神䰠蠻蠻髯遺魚

贏當作嬴

貫當作實

其音如吟一腳人面鼠身豬頭厥號曰谿目如馬耳食厭妖變（藏本）

駮

駮惟馬類實畜之英騰旄驤首噓天雷鳴氣無不凌呑虎辟兵（藝文類聚九十五、御覽八百九十二）

櫰木

櫰之爲木厥形佀棠若能長服拔樹排山力則有之壽亦宜然（藏本）

窮奇獸贏魚孰湖獸

窮奇如牛蝟毛自表濛水之贏匪魚伊鳥孰湖之獸見人則抱（藏本）

鳥鼠同穴山

鵌鼵二蟲殊類同歸聚不以方或走或飛不然之然難以理推（藏本）

鰠魚

物以感應亦不數動壯士挺劒氣激江湧鰠魚潛淵出則民悚（御覽九百三十九）

䱻魮魚

形如覆銚苞玉含珠有而不積泄以尾閭闔與道會可謂奇魚（御覽九百三十九）

丹木

爰有丹木生彼淆盤厥貫如瓜其味甘酸蠲痾辟火用奇桂蘭（藏本）

北山經

水馬

馬實龍精爰出水類渥洼之駿是靈是瑞昔在夏后亦有何駟（藏本）

䑏疏獸鵸鵌鳥何羅魚

厭火之獸厥名䑏疏有鳥自化號曰鵸鵌一頭十身何羅之魚（藏本）

儵

泊和損平莫慘于憂詩詠萱草山經則儵堅焉遺岱聊以盤游（藏本）

（御覽九百三十七引前四句）

豉當作鼓
翻當作翮

孟槐

孟槐似貆。其豪則赤。列象畏獸。凶邪是辟。氣之相勝。莫見其迹。藏本

鰼鰼魚

豉翮一運。十翼翻翻。厥鳴如鵲。鱗在羽端。是謂怪魚。食之避燔。藏本 御覽九百三十九引前四句。

橐駝

駝惟奇畜。肉鞍是被。迅騖流沙。顯功絕地。潛識泉源。微乎其智。藝文類聚九十四。又初學記二十九作微乎其智。又御覽九百一末句作微其智慧。

寓鳥孟極足訾獸

鼠而傅翼。厥聲如羊。孟極似豹。或倚無良。見人則呼。號曰足訾。藏本

耳鼠

蹠實以足。排虛以羽。翹尾飜飛。奇哉耳鼠。厥皮惟良。百毒是禦。藏本

幽頞

幽頞似猨。俾愚作智。觸物則笑。見人佯睡。好用小慧。終是嬰繫。藏本 御覽九百十三引前四句。

鵁鳥

毛如雌雉。朋翔群下。飛則籠日。集則蔽野。肉驗鍼石。不勞補寫。藏本

諸犍獸白鵺竦斯鳥

諸犍善吒。行則銜尾。白鵺竦斯。厥狀如雉。見人則跳。頭文如繡。藏本

磁石

磁石吸鐵。瑇珀取芥。氣有潛通。數亦冥會。物之相感。出乎意外。藝文類聚六

旄牛

牛充兵機。兼之者旄。冠于旌鼓。為軍之標。匪肉致災。亦毛之招。藏本

長蛇

長蛇百尋。厥鬣如彘。飛群走類。靡不吞噬。極物之惡。盡毒之厲。藝文

徼當作激

類聚九十六

窫窳諸懷獸鱳魚肥遺蛇

窫窳諸懷。是則害人。鱳之為狀。半鳥半鱗。藏本作半鱗黑文。誤。肥遺之蛇。一頭兩身。藏本。御覽九百三十九引中二句。

山𤟤

山𤟤之獸。見乃歡唬。厥性善投。行如矢徼。是惟氣精。出則風作。御覽九百十二。

狕閭騂馬獨狢

有獸如豹。厥文惟縟。閭善躍嶮。騂馬一角。虎狀馬尾。號曰獨狢。藏本

魮魚

陽鑒動日。土蛇致宵。微哉魮魚。食而不驕。物有所感。其用無標。藏本 御覽九百三十九引下四句。

狍鴞

狍鴞貪惏。其目在腋。食人未盡。還自齦割。圖形妙鼎。是謂不若。藏本

鷩鶘

禦暍之鳥。厥名鷩鶘。昏明是互。晝隱夜覿。物貴應用。安事鸞鵠。藏本

居暨獸嚻鳥三桑

居暨豚鳴。如彙赤毛。四翼一目。其名曰嚻。三桑無枝。厥樹唯高。藏本

驒獸

驒獸四角。馬尾有距。涉歷歸山。騰險躍岨。厥貌惟奇。如是旋舞。藏本

鷬鳥象蛇䱻父魚

有鳥善驚。名曰鷬鷬。據題及經皆不重言鷬。此句當作其名曰鷬。象蛇似雉。自生子孫。䱻父魚首。厥體如豚。藏本。御覽九百三十九引末二句。

天馬

龍馮雲遊。騰蛇假霧。未若天馬。自然淩翥。有理懸運。天機潛御。藏本

鶌居

烏當作鳥

鵸居如烏青身黃足食之不飢可以辟穀內厥惟珍配彼丹木藏本

飛鼠

或以尾翔或以髯淩飛鼠鼓翰倏然背騰用無常所惟神是馮初學記二十九

酸與

色當作邑

景山有鳥稟形殊類厥狀如蛇脚二翼四見則色恐食之不醉藏本

鴣鸐黃鳥

鴣鸐之鳥食之不驕爰有黃鳥其鳴自叫婦人是服矯情易操藏本

精衛

況當作沉

炎帝之女化爲精衛況形東海靈爽西邁乃銜木石以塡攸害藝文類聚九十二

辣辣羆九獸大蛇

辣辣似羊眼在耳後竅生尾上號曰羆九幽都之山大蛇牛呴藏本

東山經

鱅鱅魚從從獸𧓘鼠

魚號鱅鱅如牛虎駮從從之狀似狗六脚𧓘鼠如雞見則旱涸藏本 御覽九百三十九引前二句

堪抒魚軨軨獸

堪抒軨軨殊氣同占見則洪水天下昏墊豈伊妄降亦應牒識藏本

絛鱅

絛鱅蛇狀振翼灑光憑波騰逝出入江湖見則歲旱是維火祥藏本

狪狪

蚌則含珠獸胡不可狪狪如豚被褐懷禍患難無由招之自我藏本

珠蟞魚

澧水之鱗狀如浮肺體兼三才以貨賈害厥用既多何以自衛藏本 御覽九百三十九引前四句

犰狳

犰狳之獸見人佯眠與災協氣出則無年此豈能爲歸之于天藏本

朱獳

朱獳無奇見則邑駭通感靡誠維數所在因事而作未始無待藏本

狸力獸鵹胡鳥案經無狸力獸此題未詳

狸力鵹胡或飛或伏是惟土祥出興功築長城之役同集秦域藏本

獙獙蠪蛭獸絜鉤鳥

獙獙如狐有翼不飛九尾虎爪號曰蠪蛭絜鉤似鳧見則民悲藏本

峳峳

治在得賢亡由失人峳峳之來乃致狡賓歸之冥應誰見其津藏本

妴胡精精獸鮯鮯魚

妴胡之狀似麋魚眼精精如牛以尾自辨鮯鮯所潛厥深無限藏本

蠵龜

水圓三方藏本作四十

潛源溢沸靈龜爰處掉尾養氣莊生是感擢竿傲貴初學記三十

猲狚獸鬿雀

猲狚狡獸鬿雀惡鳥或狼其體或虎其爪安用甲兵擾之以道藏本

芑木

馬維剛駿塗之芑汁不勞孫陽自然閑習厥術無方理有潛執藏本

茈魚薄魚

有魚十身蘪蕪其臭食之和體氣不下溜薄之躍淵是爲災候藏本

當康獸鮹魚

當康如豚見則歲穰鮹魚鳥翼飛乃流光同出殊應或災或祥藏本

合窳

猪身人面號曰合窳厥性貪殘物爲不咀至陰之精見則水雨藏本

蜚

蜚之爲名。體佀無害。所經枯竭。甚于鴆厲。萬物攸懼。思尒遐逝。廣韻八未引郭璞山海經讚。今東山經注讚作銘。攸懼作斯懼。餘皆同。而藏本之讚絕異。疑莫能明。

蜚則災獸。跂踵厲淡。會所經涉。竭水槁林。稟氣自然。體此殃淫。藏本

全晉文卷一百二十二終

全晉文卷一百二十三

烏程嚴可均校輯

郭璞四

山海經圖贊下

中山經

赤銅

昆吾之山名銅所在切玉如泥火炎其釆尸子所歎驗之汲宰藝文類聚八十四

鬼草

焉得鬼草是樹是蓺服之不憂樂天傲世如彼浪舟任波流滯御覽四百六十九

鵰

鵰之為鳥同羣相為畸類被侵雖死不避毛飾武士兼厲以義藝文類聚九十

鳴蛇化蛇

鳴化二蛇同類異狀拂翼俱遊騰波漂浪見則並災或淫或亢藏本

馬腹獸飛魚

馬腹之物人面似虎飛魚如豚赤文無羽食之辟兵不畏雷鼓藏本

藝文類聚二末本初學記一引下四句御覽九百三十九引末二句

神熏池

泰逢虎尾武羅人面熏池之神厥狀不見爰有美玉河林如蒨藏本

神武羅

有神武羅細腰白齒聲如鳴佩以鐻貫耳司帝密都是宜女子藏本

鴢鳥

鴢鳥似鳧翠羽朱目既麗其形亦奇其肉婦女是食子孫繁育藏本

荀草

荀草赤實厥狀如菅婦人服之練色易顏夏姬是豔厥媚三還藏本

神泰逢

神號泰逢好遊山陽濯足九州出入流光天氣是動孔甲迷惶藏本

旋龜人魚修辟

聲如破木號曰旋龜修辟似黽厥鳴如鴟人魚類鯑出于洛伊藏本

鳴石

金石同類潛響是韞擊之雷駭厥聲遠聞苟以數通氣無口口藏本

桃林

桃林之谷實惟塞野武王克商休牛風馬阤越三塗作險西夏藏本

若華案經作若牟烏酸草案經作焉酸

療瘧之草厥實如瓜烏酸之葉三成黃華可以為毒不畏蚖蛇藏本

帝臺棋

茫茫帝臺維靈之貴爰有石棋五彩煥蔚觴禱百神以和天氣藏本

䔄草

䔄草黃華實如菟絲君子是佩人服媚之帝女所化其理難思藏本

山膏獸黃棘

山膏如豚厥性好罵黃棘是食匪子匪化雖無貞操理同不嫁藏本

天煸牛傷文獸騰魚

牛傷鎮氣天煸弭噎文獸如蜂枝尾反舌騰魚青斑處于逵穴藏本

三足龜

造物維均靡偏靡頗少不為短長不為多貴能三足何異黿鼉藏本

嘉榮

霆維天精動心駭目曷以禦之嘉榮是服所正者神用口腸腹藏本

帝休

帝休之樹厥枝交對竦本少室曾陰靈蔚君子服之匪怒伊愛藏本

泰室

嵩維岳宗華岱恆衡氣通天漢神洞幽明嵬然中立衆山之英藏本

栯木

爰有嘉樹厥名曰栯薄言采之窈窕是服君子惟歡家無反目藏本

䔄草

䔄草赤莖實如蘡薁食之益智忽不自覺殆齊生知功奇于學藏本

薊柏

薊柏白華厥子如丹實肥變氣食之忘寒物隨所染墨子所歎藏本

狼

大騩之山爰有苹草青華白實食之無夭雖不增齡可㠯窮老藏本

橘櫾

厥苞橘櫾奇者維甘朱實金鮮葉蒨翠藍靈均是詠㠯爲美談藏本

鮫魚

魚之別屬厥號曰鮫珠皮毒尾匪鱗匪毛可㠯錯角兼飾劒刃藏本

神鼉圍計蒙涉鼉

涉鼉三腳鼉圍虎爪計蒙龍首獨稟異表升降風雨茫茫渺渺藏本

鴆鳥

蝮維毒魁鴆鳥是噉拂翼鳴林草瘁木慘羽行隱戮厥罰難犯藏本

椒

椒之灌植實繁有倫薰林列薄馞其芬辛服之不已洞見通神藝文類聚八十九

岷山

岷山之精上絡東井始出一勺終致淼溟作紀南夏天清地靜藝文類聚八

夔牛

西南巨牛出自江岷體若垂雲肉盈千鈞雖有逸力難㠯揮輪藏本

崍山

邛崍峻嶮其坂九折王陽逡巡王尊逞節殷有三仁漢稱二哲藏本

㹢狼雍和猳獸

㹢狼之出兵不外擊雍和作恐猳乃流疫同惡殊災氣各有適藏本

蜼

寓屬之才莫過于蜼雨則自懸塞鼻㠯尾厥形雖隨列象宗彝藏本

熊穴

熊山有穴神人是出與彼石鼓象殊應一祥雖先見厥事非吉藏本

跂踵

跂踵爲鳥一足似夔不爲樂興反㠯來悲中山經注銘曰云云案東山經注中有銘與廣韻八末所引之讚同則此銘卽讚也而藏本所載之讚與此絕異疑莫能明

青耕禦疫跂踵降災物之相反各㠯氣來見則民咨實爲病媒藏本

蛟

匪蛇匪龍鱗采暉煥騰躍濤波蜿蜒江漢漢武飲羽佽飛疊斷藝文類聚九十六

神耕父

淸泠之水在于山頂耕父是遊流光灑景黔首祀禜㠯弭災眚藏本

九鍾

嶢崩涇竭麟鬭日薄九鍾將鳴湊霜乃落氣之相應觸感而作藏本

嬰勺

支離之山有鳥佀鵲白身赤眼厥毛如勺維彼有斗不可㠯酌藏本

獜

有獸虎爪厥號曰獜好自跳撲鼓甲振奮若食其肉不覺風迅藏本

帝臺漿

帝臺之水飲蠲心病靈府是滌和神養性食可逍遙濯髮浴泳藏本

狙如

狙如微蟲厥體無害見則師興兩陣交會物之所感焉有小大藏本

帝女桑

爰有洪桑。生濱淪潭。厥圍五丈。枝相交參。園莟是采。帝女所蠶。藝文類聚八十八

移即梁渠聞獜獸鵔餘鳥

梁渠致兵。移即起災。鵔餘辟火。物各有能。聞獜之見。大風乃來。藏本

神于兒

于兒如人。蛇頭有兩。常遊江淵。見于洞廣。乍潛乍出。神光惚恍。藏本

神二女

神之二女。爰宅洞庭。遊化五江。惚恍窈冥。號曰夫人。是維湘靈。藏本

海外南經

自此山來蟲爲蛇蛇號爲魚

賤無定貢。貴無常珍。物不自物。自物由人。萬事皆然。豈伊蛇鱗。藏本

羽民國

鳥喙長頰。羽生則卵。矯翼而翔。能飛不遠。人維倮屬。何狀之反。藏本

神人二八

羽民之東。有神司夜。二八連臂。自相羈駕。晝隱宵出。詭時淪化。藏本

讙頭國

讙國鳥喙。行則杖羽。潛于海濱。維食秬秠。實維嘉穀。所謂濡黍。藏本

厭火國

有人獸體。厥狀怪譎。吐納炎精。火隨氣烈。推之無奇。理有不熱。藏本

三珠樹

三珠所生。赤水之際。翹葉柏竦。美壯若彗。濯彩丹波。自相霞映。藏本

戴國

不蠶不絲。不稼不穡。百獸率儛。羣鳥拊翼。是號戴民。自然衣食。藏本

貫匈交脛支舌國

鑠金洪爐。灑成萬品。造物無私。各任所稟。歸于曲成。是見兆朕。藏本

不死國

有人爰處。員丘之上。赤泉駐年。神木養命。稟此遐齡。悠悠無竟。藏本

鑿齒

鑿齒人類。實有傑牙。猛越九嬰。害過長蛇。堯乃命羿。斃之壽華。藏本

三首國

雖云一氣。呼吸異道。觀則俱見。食則皆飽。物形自周。造化非巧。藏本

焦僥國

羣籟舛吹。氣有萬殊。大人三丈。焦僥尺餘。混之一歸。此亦僑如。藏本

長臂國

雙肱三尺。體如中人。彼曷爲者。長臂之民。脩腳自負。捕魚海濱。藏本

狄山帝堯葬于陽帝嚳葬于陰

聖德廣被。物無不懷。爰乃殂落。封墓表哀。異類猶然。矧乃華黎。藏本

視肉

聚肉有眼。而無腸胃。與彼馬勃。頗相髣髴。奇在不盡。食人薄味。藏本

南方祝融

祝融火神。雲駕龍驂。氣御朱明。正陽是含。作配炎帝。列位于南。藏本

海外西經

滅蒙鳥大運山雄常樹

青質赤尾。號曰滅蒙。大運之山。百仞三重。雄常之樹。應德而通。藏本

夏后啟

筌御飛龍。果儛九代。雲融是揮。玉璜是佩。對揚帝德。稟天靈誨。藏本

三身國一臂國

品物流形。以散混沌。增不爲多。減不爲損。厥變難原。請尋其本。藏本

奇肱國

妙哉工巧。奇肱之人。因風構思。制爲飛輪。淩頹遂軌。帝湯是賓。藏本

形天

鶩當作騖

早當作阜

爭神不勝爲帝所戮遂厥形夭臍口乳目仍揮干戚雖化不服藏本

女祭女戚

彼姝者子誰氏二女曷爲水閒操魚持俎厥儷安在離羣逸處藏本

鶩鳥鶬鳥

有鳥青黃號曰鶬鶩與妖會合所集會至類則梟鵲厥狀難媚藏本

丈夫國

陰有偏化湯無產理丈夫之國王孟是始感靈所通桑后無子藏本

女丑尸

十日並熯女丑曰斃暴于山阿揮袖自翳彼美誰子逢天之厲藏本

巫咸

羣有十巫巫咸所統經技是搜術蓺是綜採藥靈山隨時登降藏本

并封

龍過無頭并封連載物狀相乖如驥分背數得自通尋之愈閡藏本

女子國

簡狄有吞姜嫄有履女子之國浴于黃水乃娠乃字生男則死藏本

軒轅國

軒轅之人承天之祜冬不襲衣夏不扇暑猶氣之和家爲彭祖藏本

龍魚

龍魚一角似鯉居陵候時而出神聖攸乘飛鶩九域乘雲上升藝文類聚九十六又御覽九百三十九作似狸

乘黃

飛黃奇駿乘之難老揣角輕騰忽若龍矯實鑒有德乃集厥早藏本

西方蓐收

蓐收金神白毛虎爪珥蛇執鉞專司無道立號西阿恭行天討藏本

海外北經

無𦡀國

萬物相傳非子則根無𦡀因心構肉生魂所以能然尊形者存藏本

燭龍

天缺西北龍銜火精氣爲寒暑眼作昏明身長千里可謂至靈藝文類聚九十六

一目國

蒼四不多此一不少子野冥瞽洞見無表形遊逆旅所貴維眇藏本

柔利國

柔利之人曲腳反肘子求之容方此無醜所貴者神形于何有藏本

共工臣相柳

共工之臣號曰相柳稟此奇表蛇身九首恃力桀暴終禽夏后藏本

深目國

深目類胡但口絕縮軒轅道降款塞歸服穿胸長腳同會異族藏本

無腸國

無腸之人厥體維洞心實靈府餘則外用得一自全理無不共藏本

聶耳國

聶耳之國海渚是縣雕虎斯使奇物畢見形有相須手不離面藏本

夸父

神哉夸父難以理尋傾河逐日遯形鄧林觸類而化應無常心藏本

尋木

渺渺尋木生于河邊竦枝千里上干雲天垂陰四極下蓋虞淵藏本

跂踵國

厥形惟大斯腳則企跳步雀踴踵不閡地應德而臻款塞歸義藏本

歐絲野

女子鮫人體近蠶蚌出珠非甲吐絲匪蛹化出無方物豈有種藏本

平丘

兩山之閒丘號曰平爰有遺玉駿馬維青視肉甘華奇果所生藏本

驅當作軀

獸當作犬

傲當作敖

騊駼

騊駼野駿，產自北域，交頸相摩，分背翹陸，雖有孫陽，終不在服。藝文類聚九十三。

北方禺彊

禺彊水神，面色黧黑，乘龍踐蛇，淩雲拊翼，靈一乎冥，立于北極。藏本

海外東經

君子國

東方氣仁，國有君子，薰華是食，雕虎是使，雅好禮讓，禮委論理。藏本

天吳

眈眈水伯，號曰谷神，八頭十尾，人面虎身，龍據兩川，威無不震。藏本

豎亥

禹命豎亥，青丘之北，東盡太遠，西窮邠國，步履宇宙，以明靈德。藏本

九尾狐

青丘奇獸，九尾之狐，有道祥見，出則銜書，作瑞于周，以摽靈符。藝文類聚九十五，又初學記二十九，祥見作翔見，于周作周文，御覽九百九十。

黑齒國雨師妾乎股國勞民國

陽谷之山，國號黑齒，雨師之妾，以蛇挂耳，乎股食驅，勞民黑趾。藏本

十日

十日竝出，草木焦枯，羿乃控弦，仰落陽烏，可爲洞感，天人懸符。藝文類聚一

毛民國

牢悲海鳥，西子駭麋，或貴穴倮，或尊裳衣，物我相傾，孰了是非。藏本

東方句芒

有神人面，身鳥素服，銜帝之命，錫齡秦穆，皇天無親，行善有輻。藏本

海內南經

𤝗𤝗

𤝗𤝗怪獸，被髮操竹，獲人則笑，脣蓋其目，終亦號呼，反爲我戮。御覽九百八十。

狌狌

狌狌之狀，形乍如獸，厥性識往，爲物警辯，以酒招災，自貽纓罥。藏本

夏后啟臣孟涂

孟涂司巴，聽訟是非，厥理有曲，血乃見衣，所請靈斷，嗚呼神微。藏本

建木

爰有建木，黃實紫柯，皮如蛇纓，葉有素羅，絕蔭弱水，義人則過。藏本

氐人

炎帝之苗，實生氐人，死則復蘇，厥身爲鱗，雲南是託，浮遊天津。藏本

巴蛇

象實巨獸，有蛇吞之，越出其骨，三年爲期，厥大何如，屈生是疑。藝文類聚九十六。

海內西經

貳負臣危

漢擊磐石，其中則危，劉生是識，羣臣莫知，可謂博物，山海乃奇。藏本

窫窳

窫窳無罪，見害貳負，帝命羣巫，操藥夾守，遂淪溺淵，變爲龍首。藏本

大澤方百里

地號積羽，厥方百里，羣鳥雲集，鼓翅雷起，穆王旋軫，爰榮騄耳。藏本

流黃酆氏國

城圍三百，連河比棟，動是塵昏，烝氣霧重，焉得遊之，以傲以縱。藏本

流沙

天限內外，分以流沙，經帶西極，頹唐委蛇，注于黑水，永溺餘波。藏本

木禾

昆侖之陽，鴻鷺之阿，爰有嘉穀，號曰木禾，匪植匪藝，自然靈播。藏本

開明

開明天獸稟茲金精虎身人面表此桀形瞪視崑山威懾百靈藏本

文玉玗琪樹

文玉玗琪方㠯類叢翠葉猗蔘丹柯玲瓏玉光爭煥彩豔火龍藏本

不死樹

萬物暫見人生如奇不死之樹壽蔽天地請藥西姥焉得如羿藝文類聚八十八

甘水聖木

醴泉睿木養齡盡性增氣之和去神之冥何必生知然後爲聖藝文類聚八十八

服常琅玕樹

服常琅玕崑山奇樹丹實珠離綠葉碧布三頭是伺遞望遞顧藏本

海內北經

蛇巫山鬼神蚼犬羣帝臺大蜂朱蛾

蛇巫之山有人操杯鬼神蚼犬主爲妖災大蜂朱蛾羣帝之臺藏本

吉良

金精朱鬣龍行駿跱拾節鴻騖塵下及起是謂吉黃釋聖牖里藏本

闒非據比尸袜戎

人面獸身是謂闒非被髮折頸據比之尸戎其三角袜豎其眉藏本

騶虞

怪獸五采尾參于身矯足千里倏忽若神是謂騶虞詩歎其仁藝文類聚九十九

馮夷

稟華之精食惟八石乘龍隱淪往來海若是實水仙號曰河伯藝文類聚七十八

王子夜尸

子夜之尸體分成七離不爲疏合不爲密苟㠯神御形歸于一藏本

宵明燭光

水有佳人宵明燭光流燿河湄稟此奇祥維舜二女別處一方藏本

列姑射山大蟹陵魚

姑射之山實西神人大蟹千里亦有陵鱗曠哉溟海含怪藏珍藏本

蓬萊山

蓬萊之山玉碧構林金臺雲館皜哉獸禽實維靈府玉主甘心藏本

海內東經

豎沙居繇埻端璽㬇國

豎沙居繇埻端璽㬇沙漠之鄉絕地之館或羈于秦或賓于漢藏本

郁州

南極之山越處東海不行而至不動而改維神所運物無常在藏本

韓雁始鳩雷澤神琅邪臺

韓雁始鳩在海之州雷澤之神鼓腹優遊琅邪嶕嶢邈若雲樓藏本

大江北江南江浙江廬淮湘漢濛溫潁汝涇渭白沅贛泗鬱肄

漢洛汾沁濟潦虖池漳水

川瀆交錯渙瀾流帶通潛潤下經營華外殊出同歸混之東會藏本

大荒東經

東海外大壑

雁益洞穴映昏龍燭爰有大壑號曰底谷書鈔一百五十八

竫人初學記作僬僥贊

僬僥極麼竫人又小四體取足眉目纔了初學記十九御覽三百七十八

大荒西經

弱水

弱出崑山鴻毛是沈北淪流沙南暎火林惟水之奇莫測其深藝文類聚八

炎火山

木含陽氣精構則燃焚之無盡是生火山理見乎微其妙在傳。藝文類聚七

大荒北經

若木

若木之生崑山之濱朱華電照碧葉玉津食之靈智爲力爲仁。藝文類聚八十九

海內經

都廣之野

都廣之野珍怪所聚爰有羔穀鸞歌鳳舞后稷託終樂哉斯土。藝文類聚六

封豕

有物貪婪號曰封豕薦食無饜肆其殘毀羿乃飲羽獻帝效技。藝文類聚九十五

元皇帝哀策文

永惟殿宇之廓寂悲彝奠之莫歆感鸞輅之晏駕哀衮裘之委衿痛聖躬之遐往長淪景于太陰乃作策曰王之不極百六作艱鴉集瓊林鯨躍神淵懷慭失據海覆岳巔蠢蠢六合罔不倒懸靈慶有底見龍在田誰其極哉我后先天大人承運重明繼作撫征淮海駿命再廓仁風旁靡神化潛鑠處沖思挹居飭行約聖敬日邁玄心逾漠用物與能總攬羣略妙無滯才山無遺錯恩靡不懷化靡不被茫茫海域款塞納義萬里同塵罔匪王隸熙熙遺黎莫知其寄括終宇宙混同天地曰功永年曰德慶隆奈何氛厲奄集聖躬大業未恢皇齡未中天憎其景昆殞其崇煢煢小子藐藐孤沖靡天何戴靡地何憑恍惚極慕若存若終茂焉無闚廓焉長寂聆音靡睎瞻顏失覿窮號暴訴叩心誰告何悲之哀何痛之酷嗚呼我皇逢天之戚嗚呼哀哉眇然升遐卽安玄室煌煌火龍赫赫朱輤終焉永潛曷其有出明訓長絶小子何述望阜增欷臨崩慟慄哀兼陟方痛過遏密靈爽安之反眞復質永合元漠終始得一。藝文類聚十三

全晉文卷一百二十三終

全晉文卷一百二十四

烏程嚴可均校輯

孔衍

衍字舒元魯國人孔子二十二世孫惠帝末避亂江東元帝引爲安東參軍中興初補中書郎領太子中庶子㠯忤王敦出爲廣陵相有公羊集解十四卷漢魏春秋九卷

四府君遷主議

別廟有非正之嫌㠯若降替不可行也通典四十八

禁招魂葬議

時有沒在寇賊失亡屍喪皆招魂而葬吾㠯爲出于鄙陋之心委巷之禮非聖人之制而爲愚淺所安遂行于時王者所宜禁也何則聖人制殯葬之意本㠯藏形而已不㠯安魂爲事故既葬之日迎神而返不忍一日離也況乃招其魂而葬之反于人情而失其

禮虛造師事㠯亂聖典宜可禁也通典一百三十

荅李瑋難禁招魂葬議

祭必立壇不可謂神必墓中也若神必墓中則成周雒邑之廟皆虛設也又帝丘及詩來格來歸皆所㠯明魂無不從耳旣葬三日祭墓亦猶飯含不忍其虛耳共姬之焚㠯明窮而彌正不必灰燼也就復灰燼骨肉雖灰灰則其實何緣舍埋灰之實而反嘗葬魂乎此皆末代失禮之舉非合聖人之舊也通典一百三十

在窮記

賊來入門時家見在絹布三千餘匹及衣被器物皆令婢使輦出著庭中恣其所取由是皆競取財物不暇復見殺藝文類聚八十五

遣信與義陽太守孫仲開相聞告其困乏得絹二匹壞車一乘賣得絹三匹㠯糴米一石椽二斛食口三十五人百日之中㠯此自活人皆鵠飾無復血色御覽四百五十六

趙大能㠯鵝二十枚孝上老母御覽九百二十四

遭亂之後閼陽令遣祖送四幅絳被一領書鈔一百三十四

乖離論

聖人制禮㠯爲經常人之教宜備有其文㠯別彰其義即令代父子乖離不知自處之宜情至者哀過于有凶情薄者禮習于無別此人倫大事禮所宜明謂莫測存亡則名不定名不定不可爲制孝子憂危在心念至則然矣自然之情必有降殺故五服之章㠯周月爲飾況不聞凶何得過之雖終身不知存亡無緣更重于三年之喪也故聖人不別爲其制也通典九十八

閭丘沖

沖懷帝初爲光祿勳有集二卷

武悼楊皇后服議

楊后母養聖上蓋㠯曲情今㠯恩禮追崇不配世祖廟王者無慈

養之服謂宜祖載之日可三朝素服發哀而已晉書禮志中

劉陶

陶懷帝時揚州刺史見劉隗傳

告廬江郡敎

昔魏文侯軾干木之閭齊相曹參尊崇蓋公皆所㠯優賢表德敦勵末俗徵士杜君德懋行絜高尙其志頃流離道路聞其頓躓刺史忝任不能崇飾有道而使高操之士有此難屯今遣吏宣慰郡可遣一吏縣五吏恆營卹之常㠯市租供給家人糧廩勿令闕乏

劉坦

坦懷帝時爲尚書左丞

上言宜聽劉寔致仕

夫堂高級遠主尊相貴是㠯古之哲王莫不師其元臣崇養老之敎訓示四海使少長有禮七十致仕亦所㠯優異舊德厲廉高之

風。太尉實體清素之操。執不渝之潔。懸車告老。二十餘年。浩然之志。老而彌篤。可謂國之碩老。邦之宗模。臣聞老者不以筋力為禮。實年踰九十。命在日制。遂自扶輿。冒險而至。展哀山陵。致敬闕庭。大臣之節備矣。聖詔殷勤。必使實正位上台。光飪鼎實。斷章敦喻。經涉二年。而實頻上露板。辭旨懇誠。臣以為古之養老。以不事為優。不以吏之為重。謂宜聽實所守。（晉書劉實傳。）

毛孟

孟永嘉中為寍州治中。

固陳寍州事

君亡親喪。幽閉窮城。萬里訴哀。不垂愍救。既慚包胥無哭秦之感。又媿梁妻無崩城之驗。存不若亡。乞賜臣死。（晉書王遜傳。李毅既卒。城中百餘人奉毅女同守經年。永嘉四年。治中毛孟詣京師求刺史。不見省。孟固陳云云。以王遜為寍州刺史。）

習嘏

嘏字彥文。襄陽人。永嘉中山簡辟為征南功曹。轉記室參軍。（見書鈔六十八。）

長鳴雞賦

嘉鳴雞之令美。智窮神而入冥。審璇璣之迴遼。定昏明之至精。應青陽于將曙。忽鶴立而鳳停。乃拊翼以贊時。遂延頸而長鳴。若乃本其形像。詳其羽儀。朱冠玉璫。彤素並施。紛葩赫奕。彩色流離。殊姿豔溢。采曜華披。雍容鬱茂。飄颻風靡。扇六翮以增暉。舒毛毳而下垂。違雙距之岌峩。曳長尾之逶迤。（藝文類聚九十一。初學記三十。）

范堅

堅字子常。南陽順陽人。永嘉中避亂江東。拜著作佐郎。後為撫軍參軍。賜爵都亭侯。成帝時累遷尚書右丞。護軍長史。

蠟燈賦

爾乃旋閉房。升玉榻。列華槃。鑠凝蠟。浮炷頒其始燃。祕闈于是乃闥。旁映文檻。仰暉丹桷。赫如燭龍吐輝。爛若騰陽復旭。（藝文類聚八十。）

安石榴賦

繁紅根以磐峙。擢修幹而扶疏。黃應春以吐綠。葩涉夏而揚朱。（藝文類聚八十六。）

膏凝玉潤。光猶瑩削。頳如丹砂。粲若銀礫。（初學記二十八。）

縞隔區分。彤實綺錯。紅膚帖素。粲以紫的。（初學記二十八。）

紅鬚內豔。頳牙外標。似華燈之映翠幕。若丹瓔之列碧瑤。（御覽九百七十。）

駮議減邵廣死罪

自淳樸澆散。刑辟仍作。刑之所以止刑。殺之所以止殺。雖時有赦過宥罪。議獄緩死。未有行小不忍而輕易典刑者也。且既許宗等宥廣死罪。若復有宗比而不求贖父命者。豈得不擯絕人倫。同之禽獸邪。案主者今奏云。惟特聽宗等而不為永制。臣以為王者之作。動關盛衰。嚬笑之間。尚慎所加。況于國典。可以徒虧。今之所以宥廣。正以宗等耳。人之愛父。誰不如宗。今既居然許宗之請。將來訴者。何獨匪民。特聽之意。未見其益。不以為例。交興怨讟。此為施一恩于今。而開萬怨于後也。（晉書范堅傳。通典一百六十六。尚書右丞范堅駮。）

范汪

汪字玄平。堅從子。蘇峻之亂。參護軍庾亮軍事。賊平。賜爵都鄉侯。隨府遷平西參軍。從討郭默。進爵亭侯。辟司空郗鑒掾。除宛陵令。復參亮征西軍事。轉州別駕。遷鷹揚將軍。安遠護軍。武陵內史。徵拜中書侍郎。遷吏部尚書。尋為驃騎何充長史。又為桓溫安西長史。蜀平。進爵武興縣侯。遷除東陽太守。入為中領軍。本州大中正。簡文輔政。除安北將軍。都督徐兗青冀四州揚州之晉陵諸軍事。徐兗二州刺史。坐事免。卒贈散騎常侍。謚曰穆。有集十卷。

在東陽郡表瑞

所統長山諸縣林中木葉上朝有凝露其味如蜜夕乃澑地者老咸謂甘露。藝文類聚九十八

請嚴詔諭庾翼還鎮疏

臣伏思安西將軍翼今至襄陽倉卒攻討凡百草創安陸之調不復爲襄陽之用而玄冬之月沔漢乾涸皆當魚貫而行排推而進設一處有急勢不相救臣所至慮一也又既至之後桓宣當出宣往實豺狼之林招攜貳之衆待之㠯至寬御之㠯無法田疇墾闢生產始立而當移之必有嗷然悔吝難測臣所至慮二也襄陽頓益數萬口奉師之費皆當出于江南運漕之難船人之力不可不熟計臣之所至慮三也且申伯之尊而與邊將竝驅又東軍不進殊爲孤懸兵書云知彼知此百戰不殆知彼不知此一勝一負賊誠衰弊然得臣猶在我雖方隆今實未暇而連兵不解患難將起臣所至慮四也翼豈不知兵家所患常在于此顧㠯門戶事任憂責莫大晏然終年非心情所安是㠯抗表輒行畢命原野㠯翼宏規經略文武用命忽遇釁會大事便濟然國家之慮常㠯萬全非至安至審王者不舉臣謂宜嚴詔諭翼還鎮養銳㠯爲後圖若少合聖聽乞密出臣表與車騎臣冰等詳共集議。晉書范汪傳

爲舊君服議

當今刺史郡守幕府事任皆重與古諸侯不異也案漢魏名臣爲州郡吏者雖違適不同多爲舊君齊衰三月。通典九十范汪議一本作范經誤

與王彪之書

尋起居注九月是康皇帝忌月禮止云忌日不樂都無忌月語不審是疑不若當疑于九月建八月其閒當下六禮便爲至逼不復展如此當伸至十月忌不應㠯爲忌邪足下可㠯示曹諸賢取定也。通典一百

與江惇書

孝子重覲靈櫬哀慟口踊何㠯緦服臨至親之喪三月而除此乃儀禮數字了無首尾令人有疑孫放改葬其祖放開壙服斬衰一門反服從行者待柩至㠯衰絰迎于郊二月事畢放父四月晦除放兄弟二月晦除此皆反服。通典一百二十

荅高崧問

高崧問范汪曰案小功之末可㠯冠子已雖小功卒哭可㠯冠而鄭孫二家注竝云已大功卒哭可㠯冠求之于禮無可冠之文范汪荅曰大功之末可㠯冠子此于子已爲無服又云父小功可㠯冠子疑與上章俱有末語特于下言已雖小功卒哭可㠯冠是爲小功卒哭皆得行冠娶之事也大夫三月而葬葬而後虞虞而後卒哭是爲父雖小功子服盡也大功許冠婚則小功便無所不可也高崧重問范汪曰下殤小功則不可而云小功之末可㠯冠婚何范汪荅曰下殤小功此是周服之下殤不可㠯服輕而恩疏也

而冠上脫或曰因喪四字

而冠亦禮之明文何㠯復于大功小功喪中每言冠乎荅曰在喪冠而已不行冠禮也于大功小功之末故可行冠禮因喪而冠與備行冠禮殊也或問者曰禮大功之末可㠯冠子嫁子可㠯娶婦已雖小功既卒哭可㠯取妻案經大功之末雖云可㠯冠子嫁子不言已可㠯冠而鄭氏注云已大功卒哭而可㠯冠未解經又云大功之末而注云卒哭不知此言未便是卒哭爲非卒哭邪荅曰記云大功之末可㠯冠子嫁子而注又云已大功卒哭而可㠯冠小功卒哭而可㠯冠娶妻者冠而後娶今既云冠嫁其子則于文不得復自著已冠故注家合而明之㠯小功得娶妻則大功亦可㠯得冠冠輕婚重故大功之末得自冠小功之末得自娶㠯記文不備故注兼明之注之有此比禮三月既葬卒哭于小功則餘有二月是末也于大功則止三分之一便謂之末意常㠯疑之然鄭氏注喪服經云葬喪之大事既畢故謂之末邪重問曰省及申釋

末段有舛誤

注意甚為允也然猶僕有所未了禮小功卒哭可㠯娶者婚禮娶婦之家三日不舉樂明婚雖屬吉而有嗣親之感小功餘喪不重祖考之思故可㠯娶也大功可冠猶有疑焉夫吉禮將事必先筮賓然後成禮大功之末可㠯冠嫁其子者㠯己大功之末于子則小功服已過半情降既殊日算浸遠故子可㠯行吉事至于己身親有功布重制月數尙近而便釋親而字之死則㠯成人之喪埋之雜記女雖未許嫁年二十而笄禮之婦人執其禮燕則鬈首 通典五十六

荅高崧訪

御史中丞高崧有從弟喪在服末欲為子婚書訪尙書范汪曰禮有大功之末可㠯嫁子小功之末可㠯娶婦下章云己雖小功既卒哭可㠯娶妻己有小功喪則父便應有大功喪㠯義例推之小功卒哭可㠯娶妻則大功卒哭可㠯娶婦邪范荅曰案禮大功之末可㠯冠子嫁子此于子為無服也㠯己尙在大功喪中猶未忍為子娶婦近于歡事也故于冠子嫁子則可娶婦則不可矣已有緦麻之喪于祭亦廢婚亦不通矣況小功乎崧又曰禮己雖小功既卒哭可㠯娶妻已有小功則父有大功已既小功卒哭可娶妻則父大功卒哭可㠯娶婦將不嫌邪汪曰五服之制各有月數月數之內自無吉事故曰縗麻非所㠯接弁冕也春秋左氏傳齊侯使晏子請繼室于晉叔向對曰寡君之願也縗絰之中是㠯未敢請禮貴妾緦而叔向稱在縗絰之中推此而言雖經喪之麻猶無婚姻之道也而敦本敬始之義每于冠婚見之矣雜記曰大功之末可㠯嫁子小功之末可㠯娶婦而下章云己雖小功卒哭可冠娶妻也二文誠為相代尋此旨為男女失時或繼嗣未立者耳非通例也禮男三十而娶女二十而嫁于仲春會男女便云于此時也奔者不禁此亦是權禮非經常之典也 通典六十

祭典

廢小宗昭穆不亂廢大宗昭穆亂矣先王所㠯重大宗也豈得不廢小宗㠯繼大宗乎漢家求三代之後弗得此不立大宗之過也豈不㠯宗子廢絕圖籍莫紀若常有宗主雖喪亂要有存理或可分布掌錄或可藏之于名山設不盡存決不盡失且同姓百代不婚周道也而姓自變易何由得知夫既不知或容有得婚者此大違先王之典而傷自然之理由此言之宗子之重于天下久矣 通典九十八

大宗者人之本也尊之統也人不可㠯無其本所㠯立大宗也上繼祖禰尊尊之道著矣下理子孫親親之義明矣旁理昆弟天倫之理達矣存則合族㠯食序㠯昭穆尊㠯德行別㠯禮義沒則禘祭太祖陳其親疏殤與無服莫不咸在此則孝子之事終矣立人之道竭矣小宗之家五代則遷安知始祖之所從出宗祀之所由來敬宗所㠯尊祖禰不為重乎然要當㠯穆繼昭既明大宗不可㠯絕則支子當有繼祖是無父者也 通典九十六

碁品

謇字道眞仕至郡功曹 世說政事篇注案謇虞存弟

全晉文卷一百二十四終

十六年當作至陽

全晉文卷一百二十五

烏程嚴可均校輯

范甯

甯字武子。汪次子。以汪忤桓溫不得徵辟。孝武初溫卒。始為餘杭令。遷臨淮太守。封陽遂鄉侯。徵拜中書侍郎。出為豫章太守。免。有穀梁集解十二卷。禮雜問十卷。集十六卷。

為豫章郡表

新淦令孟佃民解列縣廳事前二丈陸地生蓮華。入冬死。十六年更生四枝。今年三月復生故處。蘩殖轉多。華有二十五枝。鮮明可愛。有異常蓮。藝文類聚八十二。御覽九百九十九。

永修公國相萬主解列到縣巡行邑治。縣西北出二里。有林中兩桐樹。下根相去一丈。上枝相去丈八。迹合成一。藝文類聚九十八。

為豫章臨發上疏

臣聞道尚虛簡。政貴平靜。坦公亮于幽顯。流子愛于百姓。然後可以輕夷險而不憂。乘休否而常夷。先王所以致太平。如此而已。今四境晏如。烽燧不舉。而倉庾虛耗。帑藏空匱。古者使人。歲不過三日。今之勞擾。殆無三日休停。至有殘刑翦髮。要求復除。生兒不復舉養。鰥寡不敢妻娶。豈不怨結人鬼。感傷和氣。臣恐社稷之憂。積薪不足以為喻。臣久欲粗啟所懷。日復一日。今當永離左右。不欲令心有餘恨。請出臣啟事。付外詳擇。晉書范甯傳。

陳時政疏

古者分土割境。以益百姓之心。聖主作制。籍無黃白之別。昔中原喪亂。流寓江左。庶有旋反之期。故許其挾注本郡。自爾漸久。人安其業。丘壟墳柏。皆以成行。雖無本邦之名。而有安土之實。今宜正其封疆。以土斷人戶。明考課之科。修閭伍之法。難者必曰。人各有桑梓。俗自有南北。一朝屬戶。長為人隸。君子則有土風之慨。小人則懷下役之慮。斯誠并兼者之所執。而非通理者之篤論也。古者失地之君。猶臣所寓之主。列國之臣。亦有違適之禮。隨會仕秦。致稱春秋。樂毅宦燕。見褒良史。且今普天之人。原其氏出。皆隨世遷移。何至于今而獨不可。凡荒郡之人。星居東西。遠者千餘。近者數百。而舉召役調。皆相資須。期會差違。輒致嚴坐。人不堪命。叛為盜賊。是以山湖日積。刑獄愈滋。今荒小郡縣。皆宜并合。不滿五千戶不得為郡。不滿千戶不得為縣。守宰之任。宜得清平之人。頃者選舉。惟以卹貧為先。雖制有六年。而富足便退。又郡守長吏。牽置無常。或兼臺職。或帶府官。夫府以統州。州以監郡。郡以涖縣。如令互相領帖。則是下官反為上司。賦調役使。無復節限。且牽曳百姓。營起廨舍。東西流遷。人人易處。文書薄籍。少有存者。先之室宇。皆為私家。後來新官。復應修立。其為弊也。胡可勝言。又方鎮去官。皆割精兵器仗。以為送故。米布之屬。不可稱計。監司相容。初無彈糾。其中或有清白。亦復不見甄異。送兵多者至于千餘家。少者數十戶。既力入私門。復資官廩布。兵役既竭。枉服良人。牽引無端。以相充補。若是功勳之臣。則已享裂土之祚。豈應封外復置吏兵乎。謂送故之格。宜為節制。以三年為斷。夫人性無涯。奢儉由勢。今并兼之士。亦多不贍。非力不足以厚身。非祿不足以富家。是得之有由。而用之無節。蒱酒永日。馳騖卒年。一宴之饌。費過十金。麗服之美。不可貲算。盛狗馬之飾。營鄭衛之音。南畝廢而不墾。講誦闕而無聞。凡庸競馳。傲誕成俗。謂宜驗其鄉黨。攷其業尚。試其能否。然後升進。如此匪惟家給人足。賢人豈不繼踵而至哉。官制謫兵。不相襲代。頃者小事。便以補役。一愆之違。辱及累世。親戚傍支。罹其禍毒。戶口減耗。亦由于此。皆宜料遣。以全國信。禮十九為長殤。以其未成人也。十五為中殤。以為尚童幼也。今以十六為全丁。則備成人之役矣。以十三為半丁。所任非復童幼之事矣。豈可傷天理。違經典。困苦萬姓。乃至此乎。今宜修禮文。㠯二十爲全丁。十六至十九爲半丁。則人無夭折。生長滋繁矣。（晉書范甯傳。通典三。）

奏烝祠

案禮喪服傳。有死宮中者。三月不舉祭。不別長幼之與貴賤也。皇女雖曰嬰孩。臣竊㠯爲疑。（晉書禮志上。通典五十二。太元十一年九月。皇女亡。及應烝祠。甯奏。于是使三公行事。）

祭殤議

祭法。王祭嫡殤。下及五代。愍懷太子殤太孫、哀太孫、沖太孫。自是先帝嫡殤。歷代彌久。而廟祀之禮。于今未廢。謂非禮典之意。宜從埋主之例。（通典五十二。）

爲舊君服議

弔服加麻。輕末之服。臣爲君服斬衰。舊君齊衰三月。此古今所㠯得異。甯謂臣有貴賤。禮有隆殺。州郡綱紀。察舉辟命之吏。聞舊君喪。應卽奔赴。在官之人。亦宜棄職而去。雖不皆與禮合。稱情立文也。或曰。州郡守牧。喪官吏爲之齊衰。故服舊君緦麻。所㠯爲輕重之殺也。臣爲君服斬。三代之達禮。秦罷侯置守。雖不繼位。皆有吏臣。豈不得準古諸侯也。（通典九十。）

啟國子生假故事

國學開建。彌歷年載。講誦之音靡聞。考課之績不著。良由建道之訓未弘。鑽仰之心弗至。陵替文源。宜見整正。謂應斷假。精加督厲。嚴其師訓。奬善黜違。（御覽六百三十四。）

啟斷衆公受假故事

伏見內外衆官。陳假紛紜。煩黷無已。舊有急假。一月五急。一年之中。六十日爲限。不問虛實。相率如此。誣罔視聽。煩穢官曹。舉世行之。不㠯爲非。急假之制。唯㠯父母妻子爲辭。而伯叔兄弟。制所不及。長偷薄之風。虧敦睦之化。臣謂宜去病解之故。制一年令賜表

（一本作褻。案表褻皆有誤。）假日。隨其所欲之適。任其取日多少。假盜（疑作定。）令曰。諸內外官五月給田假。九月給受衣假。爲兩番。各十五日。田假若風土異宜。種收不等。通隨給之。又曰。諸百官九品。私家附廟。除程給假五日。四時祭祀。各給假四日。（本注。竝主祭者。）課去任所三百里內。亦給程。（本注。若在京都除祭者。仍各依朝參制。）又曰。諸文武官若流外已上者。父母在。三年給定假三十日。其拜墓。五年一假十（一本作七。）日。竝除程。若已經還家者。計還後給。其五品已上。所司審勘。當于事毋闕者奏。不得輒自奏請。親冠假三日。五服內親冠給假一日。竝不給程。又曰。諸婚給假九日。除程。周親婚嫁五日。大功五（一本作三。）日。小功已下一日。竝不給程。已下無主者。百里內除程。若本服周親已上。疾病危篤。遠行久別。及諸急難。竝量給假。（同上。又略見北堂書鈔三十二。）

廚籍教

籍官之大信。而比散在衆曹。此不可也。可令作十五廚籍。一縣一廚。（御覽七百十七。）

文書教

土紙不可㠯作文書。皆令用藤角紙。（初學記二十一。）

荅徐邈書

禮。郊牲必在滌三月。公羊傳養二卜。二卜者。謂本卜養二牲也。帝牲不吉。則卜稷牲。稷牲不吉。則不郊。蓋所㠯敬天神而後人鬼也。無本郊不滌牲之禮。牲唯具用。非吾所聞也。凡告用制幣。先儒有明義也。（通典五十五。）

子不得㠯爵命母。妃是太子婦號。必也正名。蓋可㠯稱母也。（通典七十二。）

案公羊傳。母㠯子貴。當㠯此義爲禮。禮有君之母非夫人者。㠯此推之。王者之母。亦何必皆后乎。所爲尊母。非使極尊號也。竝后匹嫡。譏存春秋。謂宜稱皇太夫人。下皇后一等。位比三公。此君母之

極號也。稱夫人。則先后之臣也。加皇太。則至尊之母也。皇君之謂也。君太夫人。豈不允乎。（通典七十二。）

與謝安書

稱無子而養人子者。自謂同族之親。豈施于異姓。今世行之甚眾。是爲逆人倫昭穆之序。違經典紹繼之義也。（通典六十九。）

難戴逵論馬鄭二義書

傳云。不滿八歲爲無服。則八歲已上不當引此也。尋制名之本意。父之于子。下殤小功。猶有緦麻一階。非爲五服已盡而不以緦麻服之者。以未及人次耳。（通典九十一。范甯與戴逵書問馬鄭二義。逵荅云云。甯又難逵。）

荅王珣書論慧遠

慧遠持執愈誠。爲賢兄賢弟也。（高僧傳。）

荅王朔之問天子爲后父母服

王朔之問范甯云。至尊爲后之父母服不。意謂雖居尊位。亦當不

以己尊而便降也。甯荅曰。王者之于天下。與諸侯之于一國。義無以異。今謂粗可依準。（通典八十。）

荅譙王恬問王子爲慈母服

譙王司馬恬問范甯曰。妾有二子而出嫁。君命他妾兼子爲其母。所命妾今亡。子當有服不。荅曰。昔男子外有傅。內慈母。君命教子。何服之有。（通典八十一。）

荅曹述初問爲前妻父母服

曹述初問范甯曰。有人再娶。後妻無父母。而前妻父母亡。當有服不。甯荅曰。禮小記云。從服者所從亡則已。今妻既卒。則無所從。不應服也。（通典九十五。）

又荅曹述初難

述初又難曰。妻爲夫黨。既爲屬從。至于夫卒。服之無虧。妻之父母。而妻卒則已。統例準情。不見其義。甯以妻之父母。不得準夫之黨

親。實所疑也。小記所稱。自謂臣爲君黨。妾子爲君母黨服耳。甯又荅曰。世間行事。鮮有同者。此亦無準據。殆是率心而行也。（通典九十五。）

荅鄭澄問已拜時而夫死服

鄭澄問。弟女當適武留孫兒。留去年自將兒來拜時。其兒今卒。不知弟女當往弔否。若弔。著何服。范甯荅曰。禮曾子問。娶女有吉日。而女死。如之何。孔子曰。壻齊衰而往弔。既葬而除之。夫死亦如之。謂斬衰也。謂既親拜舅。竊當重于吉日耳。（通典九十九。）

鄭又問。若拜舅爲重于吉日。應服斬。誠如來告。若拜傷親。復云何。昔荀啟拜時而卒。庾家女不往弔。不被譏。何也。再荅曰。三代殊制。禮有因革。意爲娶女有吉日。理輕于拜舅。復重于拜餘人。荀氏海內名族。庾則異行之門。想其不往弔。必有所據。（同上。）

荅殷仲堪問改葬復虞

殷仲堪問范甯曰。荀訥議太后改葬。既據言不虞。朝廷所用賀要

記云。三月便止。何也。甯荅曰。賀無此文。或好事者爲之邪。不見馬鄭賀范說改葬有虞。神已在廟。虞何爲哉。（通典一百二十。）

荅王薈問喪服變除

王薈問范甯曰。人有父在遭母喪。十七月乃得葬。便當頓除。更復練祥邪。荅曰。三年而後葬者。必再祭練祥之祭也。主喪不除。未葬不變也。十七月既祥。卽除服。不禫可知也。（通典一百三十。）

春秋穀梁傳集解序

昔周道衰陵。乾綱絕紐。禮壞樂崩。彝倫攸斁。弑逆篡盜者國有。淫縱破義者比肩。是以妖災因釁而作。民俗染化而遷。陰陽爲之愆度。七曜爲之盈縮。川岳爲之崩竭。鬼神爲之疵厲。故父子之恩缺。則小弁之刺作。君臣之禮廢。則桑扈之諷興。夫婦之道絕。則谷風之篇奏。骨肉之親離。則角弓之怨彰。君子之路塞。則白駒之詩賦。天垂象見吉凶。聖作訓紀成敗。欲人君戒慎厥行。增修德政。蓋誨

爾諄諄。聽我藐藐。履霜堅冰。所由者漸。四夷交侵。華戎同貫。幽王㠯暴虐見禍。平王㠯微弱東遷。征伐不由天子之命。號令出自權臣之門。故兩觀表而臣禮亡。朱干設而君權喪。下陵上替。僭逼理極。天下蕩蕩。王道盡矣。孔子覩滄海之橫流。迺喟然而歎曰。文王既沒。文不在茲乎。言文王之道喪。興之者在己。于是就大師而正雅頌。因魯史而脩春秋。列黍離于國風。齊王德于邦君。所㠯明其不能復雅。政化不足㠯被羣后也。于時則接乎隱公。故因茲㠯託始。該二儀之化育。贊人道之幽變。舉得失㠯彰黜陟。明成敗㠯著勸誡。拯穨綱㠯繼三五。鼓芳風㠯扇遊塵。一字之褒。寵踰華衮之贈。片言之貶。辱過市朝之撻。德之所助。雖賤必申。義之所抑。雖貴必屈。故附勢匿非者。無所逃其罪。潛德獨運者。無所隱其名。信不易之宏軌。百王之通典也。先王之道既弘。麟感化而來應。因事備而終篇。故絕筆于斯年。成天下之事業。定天下之邪正。莫善于春秋。春秋之傳有三。而爲經之旨一。臧否不同。褒貶殊致。蓋九流分而微言隱。異端作而大義乖。左氏㠯鬻拳兵諫爲愛君。文公納幣爲用禮。穀梁㠯衞輒拒父爲尊祖。不納子糾爲內惡。公羊㠯祭仲廢君爲行權。妾母稱夫人爲合正。㠯兵諫爲愛君。是人主可得而脅也。㠯納幣爲用禮。是居喪可得而婚也。㠯拒父爲尊祖。是爲子可得而叛也。㠯不納子糾爲內惡。是仇讎可得而容也。㠯廢君爲行權。是神器可得而闚也。㠯妾母爲夫人。是嫡庶可得而齊也。若此之類。傷教害義。不可強通者也。凡傳㠯通經爲主。經㠯必當爲理。夫至當無二。而三傳殊說。庸得不棄其所滯。擇善而從乎。既不俱當。則固容俱失。若至言幽絕。擇善靡從。庸得不竝舍㠯求宗。據理㠯通經乎。雖我之所是。理未全當。安可㠯得當之難。而自絕于希通哉。而漢興㠯來。瓌望碩儒。各信所習。是非紛錯。準裁靡定。故有父子異同之論。石渠分爭之說。廢興由于好惡。盛衰繼之辯訥。

斯蓋非通方之至理。誠君子之所歎息也。左氏豔而富。其失也巫。穀梁清而婉。其失也短。公羊辯而裁。其失也俗。若能富而不巫。清而不短。裁而不俗。則深于其道者也。故君子之于春秋。沒身而已矣。升平之末。歲次大梁。先君北蕃迴軫。頓駕于吳。乃帥門生故吏我兄弟子姪。研講六籍。次及三傳。左氏則有服杜之注。公羊則有何嚴之訓。釋穀梁傳者雖近十家。皆膚淺末學。不經師匠。辭理典據。既無可觀。又引左氏公羊㠯解此傳。文義違反。斯害也已。于是乃商略名例。敷陳疑滯。博示諸儒同異之說。昊天不弔。太山其穨。匍匐墓次。死亡無日。日月逾邁。跂及視息。乃與二三學士及諸子弟。各記所識。并言其意。業未及終。嚴霜夏墜。從弟彫落。二子泯沒。天實喪予。何痛如之。今撰諸子之言。各記其姓名。名曰春秋穀梁傳集解。唐石經拓本。

王弼何晏論

時㠯虛浮相扇。儒雅日替。甯㠯爲其源始于王弼何晏。二人之罪深于桀紂。乃著論曰。

或曰。黃唐緬邈。至道淪翳。濠濮輟詠。風流靡託。爭奪兆于仁義。是非成于儒墨。平叔神懷超絕。輔嗣妙思通微。振千載之頹綱。落周孔之塵網。斯蓋軒冕之龍門。濠梁之宗匠。嘗聞夫子之論。㠯爲罪過桀紂。何哉。荅曰。子信有聖人之言乎。夫聖人者。德侔二儀。道冠三才。雖帝皇殊號。質文異制。而統天成務。曠代齊趣。王何蔑棄典文。不遵禮度。游辭浮說。波蕩後生。飾華言㠯翳實。騁繁文㠯惑世。搢紳之徒。翻然改轍。洙泗之風。緬焉將墜。遂令仁義幽淪。儒雅蒙塵。禮壞樂崩。中原傾覆。古之所謂言僞而辯。行僻而堅者。其斯人之徒歟。昔夫子斬少正于魯。太公戮華士于齊。豈非曠世而同誅乎。桀紂暴虐。正足㠯滅身覆國。爲後世鑒戒耳。豈能迴百姓之視聽哉。王何叨海內之浮譽。資膏粱之傲誕。畫螭魅㠯爲巧。扇無檢

已爲俗鄭聲之亂樂利口之覆邦信矣哉吾固已爲一世之禍輕歷代之罪重自喪之釁少迷衆之愆大也（晉書范甯傳）

禮雜問

父母生之續莫大焉三千之罪無後爲重夫立大宗所已銓序昭穆彌綸百代繫之已姓而弗別綴之已食而弗殊禮盡于此義誠重矣方之祖考于斯爲薄若令捨重適輕爲親就疏則是生不敬養沒不敬享生人之本不盡孝子之事靡終非所已通人子之情爲經代之典夫嫡子存則奉養有主嫡子亡則烝嘗靡寄是已支子有出後之義而無廢嫡之文故嫡子不得後大宗但云已支子繼大宗則義已暢矣不應復云嫡子不得繼大宗此乃小宗不可絕之明文也若無大宗唯不得收族耳小宗之家各統昭穆何必亂乎（通典九十六）

范弘之

弘之字長文甯兄康之子襲祖汪爵武興侯爲太學博士出爲餘杭令有集六卷

衛將軍謝石謚議

石階藉門廕屢登崇顯總司百揆翼贊三臺閑練庶事勤勞匪懈內外僉議皆曰與能當淮肥之捷勳拯危墜雖皇威遐震狡寇天亡因時立功石亦與焉又開建學校已延胄子雖盛化未洽亦愛禮存羊然古之賢輔大則已道事君侃侃終日次則厲身奉國夙夜無怠下則愛人惜力已濟時務此數者然後可已免惟塵之譏塞素飡之責矣今石位居朝端任則論道唱言無忠國之謀守職則容身而已不可謂事君貨黷京邑聚斂無厭不可謂厲身坐擁大衆侵食百姓大東流于遠近怨毒結于衆心不可謂愛人工徒勞于土木思慮殫于機巧紈綺盡于婢妾財用縻于絲桐不可謂惜力此人臣之大害有國之所去也先王所已正風俗理人倫者莫尚乎節儉故夷吾受謗乎三歸平仲流美于約己自頃風軌陵遲奢僭無度廉恥不興利競交馳不可不深防原本已絕其流漢文襲弋綈之服諸侯猶侈武帝焚雉頭之裘靡麗不息良由儉德雖彰而威禁不肅道自我建而刑不及物若存罰其違亡貶其惡則四維必張禮義行矣案謚法因事有功曰襄貪已敗官曰墨宜謚曰襄墨公（晉書儒林范弘之傳）

與會稽王道子牋

下官輕微寒士謬得廁在俎豆實懼辱累清流惟塵聖世竊已人君居廟堂之上智周四海之外者非徒聰明內照亦賴羣言之助也是已舜之佐堯已啟闢爲首咎繇謩禹已侃侃爲先故下無隱情之責上收神明之功敢緣斯義志在輸盡常已謝石黷累應被清澄殷浩忠貞宜蒙褒顯是已不量輕弱先衆言之而惡直醜正其徒實繁雖仰恃聖主欽明之度俯賴明公愛物之隆而交至之

患實有無賴下官與石本無怨忌生不相識事無相干正已國體宜明不應稍計彊弱與浩年時邈絕世不相及無復藉聞故老語其遺事耳于下官之身有何痛癢而當爲之犯時干主邪每觀載籍志士仁人有發中心任直道而行者有懷知陽愚負情曲從者所用雖異而並傳後世故比干處三仁之中箕子爲名賢之首後人用捨參差不同各信所見率應而至或榮名顯赫或禍敗係踵此皆不量時趣已身嘗禍雖有硜硜之稱而非大雅之致此亦下官所不爲也世人乃云下官正直能犯艱難斯談實過下官知主上聖明明公虛已思求格言必不使盡忠之臣屈于邪枉之門也是已敢獻愚誠布之執事豈與昔人擬其輕重邪亦已臣之事君惟思盡忠而已不應復計利鈍事不允心則讜言悟主義感于情則陳辭靡悔若懷情藏意蘊而不言此乃古人所已得罪于明君明君所已致法于羣下者也臣桓溫事跡布在天朝逆順之情暴

之四海。在三者臣子情豈或異。凡厥黔首。誰獨無心。舉朝嘿嘿。未有唱言者。是㠯頓筆案氣。不敢多云。桓溫于亡祖。雖其意難測。求之于事。止免黜耳。非有至怨也。亡父昔爲溫吏。推之情禮。義兼他人。所㠯每懷憤發。痛若身首者。明公有㠯尋之。王珣㠯下官議殷浩謚。不宜暴揚桓溫之惡。珣感其提拔之恩。懷其入幙之遇。託㠯廢黜昏闇。建立聖明。自謂此事足㠯明其忠貞之節。明公試復㠯一事觀之。昔周公居攝。道致升平。禮樂刑政。皆自己出。㠯德言之。周公大聖。㠯年言之。成王幼弱。猶復遠避君位。復子明辟。漢之霍光。大勳赫然。孝宣年未二十。亦反萬機。故能君臣俱隆。道邁千歲。若溫忠爲社稷。誠存本朝。便當仰遵二公。式是令矩。何不奉還萬機。退守藩屏。方提勒公王。匡總朝廷。豈爲先帝幼弱。未可親政邪。又逼脅袁宏。使作九錫。備物光赫。其文具存。朝廷畏怖。莫不景從。惟謝安王坦之㠯死守之。故得稽留耳。會

上天降怒。姦惡自亡。社稷危而復安。靈命墜而復構。晉自中興㠯來。號令威權。多出彊臣。中宗肅祖。斂衽于王敦。先皇受屈于桓氏。今主上親覽萬機。明公光讚百揆。政出王室。人無異望。復不于今大明國典。作制百代。不審復欲待誰。先王統物。必明其典誥。貽厥孫謀。故令問休嘉。千歲承風。願明公遠覽殷周。近察漢魏。慮其所㠯危。求其所㠯安。如此而已。晉書范弘之傳。

與王珣書

見足下荅仲堪書。深具義發之懷。夫人道所重。莫過君親。君親所係。忠孝而已。孝㠯揚親爲主。忠㠯節義爲先。殷侯忠貞居正。心貫人神。加與先帝隆布衣之好。著莫逆之契。契闊艱難。夷嶮㠯之。雖受屈姦雄。志達千載。此忠良之徒。所㠯義干其心。不獲㠯已者也。既當時貞烈之徒所究見。亦後生所備聞。吾亦何敢苟避狂狡。㠯欺聖明。足下不推居正之大致。而懷知己之小惠。欲㠯幙府之小節。奪名教之重義。于君臣之際。既㠯虧矣。尊大君㠯殷侯協契忠規。同戴王室。志厲秋霜。誠貫一時。殷侯所㠯得宣其義聲。實尊大君協贊之力也。足下不能光大君此之直志。乃感溫小顧。懷其曲澤。公在聖世。欺罔天下。使丞相之德。不及三葉。領軍之基。一構而傾。此忠臣所㠯解心。孝子所㠯喪氣。父子之道。固若是乎。足下言臣則非忠。語子則非孝。二者既亡。吾誰畏哉。吾少嘗過庭。備聞祖考之言。未嘗不發憤衝冠。情見乎辭。當爾之時。惟覆亡是懼。豈暇謀及國家。不圖今日得操筆斯事。是㠯上憤國朝無正義之臣。次惟祖考有沒身之恨。豈得與足下同其肝膽邪。先君往亦嘗爲其吏。于時危懼。恆不自保。仰首聖朝。心口憤歎。豈復得計策名昔日。自同在三邪。昔子政㠯五世純臣。子駿㠯下委質王莽。先典既已正其逆順。後人亦已鑒其成敗。每讀其事。未嘗不臨文痛歎。憤愾交懷。㠯今況古。乃知一揆耳。晉書范弘之傳。

全晉文卷一百二十五終

全晉文卷一百二十六

烏程嚴可均校輯

熊遠

遠字孝文，豫章南昌人。初爲縣功曹，郡辟文學掾，察孝廉，不行。郡又辟功曹，州又辟主簿、別駕、秀才，除監軍華軼司馬，領武昌太守，盜遠將軍。元帝爲丞相，引爲主簿，轉參軍，又轉從事中郎。及卽位，累遷太子中庶子、尚書左丞、散騎常侍，轉御史中丞，遷侍中，出補會稽內史。王敦舉兵，徵拜太常，敦引爲長史，尋病卒。有集十二卷。

廣昌鄉君喪宜廢冬至小會表

案禮，君于卿大夫比葬不食肉，比卒哭不舉樂，惻隱之心，未忍行吉事故也。被尚書符，冬至後二日小會，臣㠯爲廣昌鄉君喪殯日淺，聖恩垂悼，禮，大夫死，廢一時之祭，祭猶可廢，而況餘事乎。冬至唯可羣下奉賀而已，未宜便小會。晉書禮志中，元帝姨廣昌鄉君喪未葬，中丞熊遠表。又見通典八十一、百四十七。

聞北陵被發上疏

園陵既不親行，承傳言之者未可爲定，且園陵非一，而直言侵犯，遠近弔問，荅之宜當有主，謂應更遣使攝河南尹案行，得審問，然後可發哀，卽宜命將至洛，脩復園陵，討除逆類。昔宋殺無畏，莊王奮袂而起，衣冠相追于道，軍成宋城之下，況此酷辱之大恥，臣子奔馳之日。夫脩園陵，至孝也；討逆叛，至順也；救社稷，至義也；卹遺黎，至仁也。若脩此四道，則天下響應，無思不服矣。昔項羽殺義帝，㠯爲罪，漢祖哭之，㠯爲義，劉項存亡，在此一舉。羣賊豺狼，弱于往日，惡逆之甚，重于丘山，大晉受命，未改于上，兆庶謳吟，思德于下。今順天下之心，命貔貅之士，鳴檄前驅，大軍後至，威風赫然，聲振朔野，則上副西土義士之情，下允海內延頸之望矣。晉書熊遠傳，元帝作相，列爲主簿，時傳北陵被發，將舉哀，遠上疏。

上疏諫親征杜弢

皇綱失統，中夏多故，聖主肇祚，遠奉西都，梓宮外次，未反園陵，逆寇遊魂，國賊未夷，明公憂勞，乃心王室，伏讀聖敎，人懷慷慨。杜弢小豎，寇抄湘川，比年征討，經載不夷。昔高宗伐鬼方，三年乃尅，用兵之難，非獨在今。伏㠯古今之霸王，遭時艱難，亦有親征㠯隆大勳，亦有遣將㠯平小寇。今公親征，文武將吏度支籌量舟輿器械所出，若足用者，然後可征。愚謂宜如前遣五千人，徑與水軍進征，既可得速，必不後時。昔齊用穰苴，燕晉退軍，秦用王翦，尅平南荊，必使督護得才，卽賊不足慮也。晉書熊遠傳，遠轉丞相參軍，時琅邪國侍郎王鑒勸帝親征杜弢，遠上疏。

因災異上疏

被庚午詔書，㠯雷電震暴雨非時，深自尅責，雖禹湯罪己，未足㠯喻。臣闇于天道，竊㠯人事論之。陛下節儉敦朴，愷悌流惠，而王化未興者，皆羣公卿士不能夙夜在公，㠯益大化，素餐負乘，秕穢明時之責也。今逆賊猾夏，暴虐滋甚，二帝幽殯，梓宮未反，四海延頸，莫不東望，而未能遣軍北討，讎賊未報，此一失也。昔齊侯既敗，七年不飲酒食肉，況此恥尤大，臣子之責，宜在枕戈，爲王前驅，若此志未果者，當上下克儉，恤人養士，徹樂減膳，惟脩戎事，陛下憂勞于上，而羣官未同戚容于下，每有會同，務在調戲酒色而已，此二失也。選官用人，不料實德，惟在白望，不求才幹，鄉舉道廢，請託交行，有德而無力者退，脩望而有助者進，稱職㠯違俗見譏，虛資㠯從容見貴，是故公正道虧，私塗日開，彊弱相陵，冤枉不理。今當官者㠯理事爲俗吏，奉法爲苛刻，盡禮爲諂諛，從容爲高妙，放蕩爲達士，驕蹇爲簡雅，此三失也。世所謂三失者，公法加其身，私議貶其非，轉見排退，陸沈泥滓，時所謂三善者，王法所不加，清論美其

物制之物當作法

賢。漸相登進。仕不輟官。攀龍附鳳。翱翔雲霄。遂使世人削方爲圓。撓直爲曲。豈待顧道德之清塗。蹊仁義之區域乎。是以萬機未整。風俗僞薄。皆此之由。不明其黜陟。以審能否。此則俗未可得而變也。今朝廷羣司。以從順爲善。相違見貶。不復論才之曲直。言之得失也。時有言者。或不見用。是以朝少辯爭之臣。士有祿仕之志焉。郭翼上書。武帝擢爲屯留令。又置諫官。所以容受直言。誘進將來。故人得自盡。言無隱諱。任官然後爵之。位定然後祿之。敷奏以言。明試以功。車服以庸。舜猶歷試諸難。而今先祿不試。甚違古義。亂之所由也。求才急于疏賤。用刑先于親貴。然後令行禁止。野無遺滯。堯取舜于仄陋。舜拔賢于巖穴。姬公不曲繩于天倫。叔向不虧法于孔懷。今朝廷法吏多出于寒賤。是以章書日奏。而不足以懲物。官人選才。而不足以濟事。宜招賢良于屠釣。聘耿介于丘園。若此道不改。雖并官省職。無救弊亂也。能哲而惠。何憂乎驩兜。何遷乎有苗。何畏乎巧言令色孔任。此官得其人之益也。（晉書熊遠傳。遠爲御史中丞。時冬雷電。且大雨。帝下書責躬引過。遠復上疏。）

奏請議獄皆準律令

禮以崇善。法以閑非。故禮有常典。法有常防。人知惡而無邪心。是以周建象魏之制。漢創畫一之法。故能闡弘大道。以至刑厝。律令之作。由來尚矣。經賢智歷夷險。隨時斟酌。最爲周備。自軍興以來。法度陵替。至于處事不用律令。競作屬命。人立異議。曲適物情。虧傷大例。府立節度。復不奉用。臨事改制。朝作夕改。至于主者不敢任法。每輒關諮。委之大官。非爲政之體。若本曹處事。不合法令。監司當以法彈違。不得動用開塞。以壞成事。案法蓋粗術。非妙道也。矯割物情。以成法耳。若每隨物情。輒改物制。此爲以情壞法。法之不一。是謂多門。開人事之路。廣私請之端。非先王立法之本意也。凡爲駁議者。若違律令節度。當合經傳及前比故事。不得任情以

復令之令當作領

破成法。愚謂宜令錄事更立條制。諸立議者。皆當引律令經傳。不得直以情言。無所依準。以虧舊典也。若開塞隨宜。權道制物。此是人君之所得行。非臣子所宜專用。主者唯當徵文據法。以事爲斷耳。（晉書刑法志。通典一百六十四。元帝爲丞相時。主簿熊遠奏云云。）

建議勸農桑

立春之日。天子祈穀于上帝。乃擇良辰。載耒耜。帥三公九卿諸侯大夫。躬耕帝藉。以勸農功。詩云。弗躬弗親。庶人不信。自喪亂以來。農桑不脩。游食者多。皆由去本逐末故也。（晉書熊遠傳。江東草創。農桑弛廢。遠建議。）

懷帝梓宮未返正會不宜作樂議

謹案尚書。堯崩。四海遏密八音。禮云。凶年。天子徹樂減膳。孝懷皇帝梓宮未返。豺狼當塗。人神同忿。兆庶怨嗟。公明德茂親。社稷是賴。今杜弢蟻聚湘川。比歲征行。百姓疲弊。故使義衆奉迎未舉。履端元日。正始之初。貢士鱗萃。南北雲集。有識之士。于是觀禮。公與

國同體。憂容未歇。昔齊桓貫澤之會。有憂中國之心。不召而至者數國。及葵丘自矜。叛者九國。人心所歸。惟道與義。將紹皇綱于既往。恢霸業于來今。表道德之軌。闡忠孝之儀。明仁義之統。弘禮樂之本。使四方之士。退懷嘉則。今樂耳目之觀。崇戲弄之好。懼違雲韶雅頌之美。非納軌物。有塵大教。如矜黎庶塗炭之困。以廢歡悅伎樂之事。謂宜設膳。以賜羣下而已。（晉書熊遠傳。通典一百四十七。建興元年十二月。主簿熊遠議。）

諫以尚書令荀組領豫州牧啟

伏見吏部以太尉荀組爲尚書令。復令豫州牧。自三代以來。未聞以納言之臣而出領牧伯者。組朝之素望。識了舊典。不應處外。（初學記十一。通典二十二。）

論親死賊中啟

父母死河北賊中。如襄國平陽。可依此制。若王化所被。人跡所及。

可往而不往非㠯篤孝道也詩人喪馬猶求之林下不得漫依東闕（通典九十八）

辛謐

謐字叔重又字處道隴西狄道人召拜太子舍人諸王文學不起永嘉末㠯爲兼散騎常侍慰撫關中劉聰陷長安徵太中大夫不受歷石勒石虎並不應辟命冉閔僭號徵爲太常不食而卒

遺冉閔書

昔許由辭堯㠯天下讓之全其淸高之節伯夷去國子推逃賞皆顯史牒傳之無窮此往而不返者也然賢人君子雖居廟堂之上無異于山林之中斯窮理盡性之妙豈有識之者邪是故不嬰于禍難者非爲避之但冥心至趣而與吉會爾謐聞物極則變冬夏是也致高則危累棊是也君王功已成矣而久處之非所㠯顧萬全遠危亡之禍也宜因茲大捷歸身本朝必有許由伯夷之廉享喬松之壽永爲世輔豈不美哉（晉書隱逸辛謐傳又見十六國春秋十九）

孔衷

衷建興初爲從事中郎

顏含周喪嫁女議

鄭玄㠯未嫁成人降其旁親㠯明當及時者同降若嫁有時而遭喪因喪而降之非言齊縗之中可嫁女學者多昧此旨非獨在今含應見原（通典六十劉隗上言王籍周喪娶妾主簿江啟又言顏含周喪遣女從事中郎議主簿孔衷議）

孔愉

愉字敬康會稽山陰人吳平遷洛後還鄉建興初年五十始應元帝召爲丞相掾仍除騎馬都尉參丞相軍事㠯討華軼功封餘不亭侯建武初長兼中書郎大興中出爲司徒左長史累遷吳興太守明帝時拜御史中丞遷侍中成帝時爲太常徙尚書轉尚書右僕射領東海王師遷左僕射後爲尚書僕射轉護軍將軍加散騎常侍復從領軍將軍加金紫光祿大夫領國子祭酒出爲鎭軍將軍會稽內史致仕咸康八年卒年七十五贈車騎將軍開府儀同三司謚曰貞

重表讓稟賜

臣㠯朽闇忝廁朝右而㠯惰劣無益毗佐方今彊寇未殄疆埸日駭政煩役重百姓困苦姧吏擅威暴人肆虐大弊之後倉庫空虛功勞之士賞報不足困悴之餘未見拯恤呼嗟之怨人鬼感動宜并官省職貶食節用勤撫其人㠯濟其艱臣等不能贊揚大化糺明刑政而偷安高位橫受寵給無德而祿殃必及之不敢橫受殊施㠯重罪戾（晉書孔愉傳咸和八年詔給左僕射愉㠯二十人稟賜愉上疏固讓優詔不許重表）

奏日蝕伐鼓非舊典

春秋日有蝕之天子伐鼓于社攻諸陰也諸侯伐鼓于朝臣自攻也案尚書符若日之有變便擊鼓于諸門有違舊典（晉書禮志上宋書禮志一又通典七十八作有司奏）

爲舊君服議

應從弟子服師之制昔夫子既喪門人若喪父而無服弔服加麻今縱不能爾自宜三月加㠯縗絰未聞深衣之制白袷布衣是今之吉服君弔其臣猶錫縗況臨故君而可奪情服乎（通典九十）

孔汪

汪字德澤愉子孝武時累遷至侍中尚書太常卿出爲征虜將軍假節都督交廣二州軍事平越中郎將廣州刺史太元十七年卒有集十卷

四府君郊配議

太始開元所㠯上祭四府君誠㠯世數尙近可得饗祠非若殷周先世王迹所因也向使京兆爾時在七世之外自當不祭此四王

推此知既毁之後，則殷禘所絕矣。（宋書禮志三。太元十二年詔議明堂郊祀，太常孔汪議。）

荅范甯問

范甯問孔德澤云：甲無子，取其族子乙爲後，所生父沒，降服周。甲晚自生子，乙歸本家，後甲終，乙當有服否？若服，當制何服？孔荅曰：代人行之，㠯當無服。繼母嘗爲母子，既出服周，推此粗可相況。（通典九十六。）

范又難：必當有服，未辨服之定準。云繼母既出服周，此理所出爲分明辯耳。孔又荅云：繼母出爲服周，是父沒而嫁，賀循要記亦謂之出，當㠯捨此適彼，不獨在嫁，可㠯意領，故不必繼于本也。（同上。）

孔安國

安國字安國，愉第三子。孝武時爲侍中、太常，安帝時再爲會稽內史，遷領軍將軍，領東海王師，歷尚書左右僕射，義熙四年卒，贈左光祿大夫。

殷祠啟

元興三年夏應殷祠，昔年三月，皇輿旋軫，其年四月，夏應殷，而太常博士徐乾等議云：應用孟秋。臺尋校自泰和四年相承，皆用冬夏。乾等既伏應孟冬，回復追明孟秋非失。御史中丞范泰議：今雖既祔之後，得㠯烝嘗，而無殷薦之比。太元二十一年十月應殷，烈宗㠯其年九月崩，至隆安三年，國家大吉，乃脩殷事。又禮有喪則廢吉祭，祭新主于寢，今不設別寢，既祔祭于廟，故四時烝嘗㠯寄追遠之思。三年一禘，㠯習昭穆之序，義本各異。三年喪畢，則合食太祖，遇時則殷，無取于限三十月也。當是內臺常㠯限月成舊，就如所言，有喪可殷，隆安之初，果㠯喪而廢矣。月數少多，復遲速失中，至于應寢而修，意所未譬。（宋書禮志三。義熙二年六月，白衣領尚書左僕射孔安國啟云云。）

又啟

范泰云：今既祔，遂祭于廟，故四時烝嘗，如泰此言，殷與烝嘗其本不同。既祔之後，可親烝嘗，而不得親殷也。太常劉瑾云：章后喪未一周，不應祭。臣尋升平五年五月穆皇帝崩，其年七月山陵，十月殷。興寧三年二月哀皇帝崩，泰和元年五月海西夫人庾氏薨，時爲皇后，七月葬，十月殷。此在哀皇再周之內，庾夫人既葬之後，二殷策文見在廟。又文皇后㠯隆安四年七月崩，陛下追述先旨，躬服重制，五年十月殷，再周之內，不㠯廢事，今㠯小君之哀，而泰更謂不得行大禮。臣尋永和十年至今五十餘載，用三十月輒殷，皆見于注記，是依禮五年再殷，而泰所言，非真難臣，乃㠯聖朝所用，遲速失中。泰爲憲司，自應明審是非，羣臣所啟，不允，即當責失奏彈，而僈慢惰稽停，遂非忘舊，請免泰、瑾官。（宋書禮志三。）

慢字衍

孔坦

坦字君平，愉從弟。元帝爲晉王，㠯爲世子文學。東宮建，補太子舍人，遷尚書郎，免。明帝時，揚州刺史王導請爲別駕。成帝初，遷尚書左丞。蘇峻反，爲陶侃長史。峻平，遷吳興內史，封晉陵男，加建威將軍，免。尋拜侍中。咸康初，大司馬王導請爲司馬，遷侍中，出爲廷尉，㠯疾去職，加散騎常侍，遷尚書，未拜卒，贈光祿勳，謚曰簡。有集十七卷。

初到尚書郎對策

問曰：吳興徐馥爲賊，殺郡將，郡今應舉孝廉不？坦對曰：四罪不相及，殛鯀而興禹，徐馥爲亂，何妨一郡之賢。

又問：姧臣賊子弒君，汙宮瀦宅，莫大之惡也，鄉舊廢四科之選，今何所依？坦曰：季平子逐魯昭公，豈可廢仲尼也。（晉書孔坦傳。）

謝賜酒柑表

天恩例賜靈酒黃柑，不勝受遇，謹表㠯聞。（御覽九百六十六。）

奏議策除秀孝

臣聞經邦建國，教學爲先，移風崇化，莫尚斯矣。古者且耕且學，三年而通一經。以平康之世。猶假漸漬。積以日月。自喪亂以來。十有餘年。干戈載揚。俎豆禮戢。家廢講誦。國闕庠序。率爾責試。竊以爲疑。然宣下以來。涉歷三載。累遇慶會。遂未一試。揚州諸郡。接近京都。懼累及君父。多不敢行。其遠州邊郡。掩誣朝廷。冀于不試。冒昧來赴。既到審試。遂不敢會。臣愚以不會與不行。其爲闕也同。若當偏加除署。是爲肅法奉憲者失分。僥倖投射者得官。頹風傷教。懼于是始。夫王言如絲。其出如綸。臨事改制。示短天下。人聽有惑。臣竊惜之。愚以王命無貳。憲制宜信。去年察舉。一皆策試。如不能試。可不拘到。遣歸不署。又秀才雖以事策。亦氾問經義。苟所未學。實難闇通。不足復曲碎乖例。違舊造異。謂宜因其不會。徐更革制。可申明前下。崇脩學校。普延五年。以展講習。鈞法齊訓。示人軌則。夫信之與法。爲政之綱。施之家室。猶弗可貳。況經國之典。而可玩黷乎。（晉書孔坦傳。先是以兵亂之後。務存慰悅。遠方秀孝。到不策試。普皆除署。至是帝申明舊制。皆令試經。有不中科。刺史太守免官。太興三年。秀孝多不敢行。其有到者。並託疾。帝欲除署孝廉。而秀才如前制。坦奏議。）

與石聰書

華狄道乖。南北迥邈。瞻河企宋。每懷饑渴。數會陽九。天禍晉國。姦凶猾夏。乘釁肆虐。我德雖衰。天命未改。乾符啟再集之慶。中興應靈期之會。百六之艱既過。惟新之美日隆。而神州振蕩。遺氓波散。誓命戎狄之手。跼蹐豺狼之穴。朝廷每臨寐永歎。痛心疾首。天罰既集。罪人斯隕。王旅未加。自相魚肉。豈非人怨神怒。天降其災。蘭艾同焚。賢愚所歎。矜哀勿喜。我后之仁。大赦曠廓。惟虎是討。彭譙使至。粗具動靜。知將軍忿疾醜類。翻然同舉。承問欣豫。慶若在己。何知幾之先覺。介石之易悟哉。引領來儀。怪無聲息。將軍出自名族。誕育洪胄。遭世多故。國傾家覆。生離親屬。假養異類。雖逼僞寵。將亦何賴。聞之者猶或有悼。況身嬰之。能不憤慨哉。非我族類。其心必異。誠反族歸正之秋。圖義建功之日也。若將軍喻納往言。宣

限當作恨

之同盟。率關右之衆。輔河南之卒。申威趙魏。爲國前驅。雖竇融之保河西。黥布之去項羽。比諸古人。未足爲喻。聖上寬明。宰輔弘納。雖射鉤之隙。賞之故行。雍齒之限。侯之列國。況二三子無曩人之嫌。而遇天啟之會。當如影響。有何遲疑。今六軍戒嚴。水陸齊舉。熊羆踴躍。齕噬爭先。鋒鏑一交。玉石同碎。雖復後悔。嗟何及矣。僕以不才。世荷國寵。雖實不敏。誠爲行李之主。區區之情。還信所具。夫機事不先。鮮不後悔。自求多福。惟將軍圖之。（晉書孔坦傳。又見十六國春秋二十。）

臨終與庾亮書

不謂疾苦。遂至頓弊。自省綿綿。奄忽無日。脩短命也。將何所悲。但以身往名沒。朝恩不報。所懷未敘。即命多恨耳。足下以伯舅之尊。居方伯之重。抗威顧盼。名震天下。榱椽之佐。常願下風。使九服式序。四海一統。封京觀于中原。反紫極于華壤。是宿昔之所味詠。慷慨之本誠矣。今中道而斃。豈不惜哉。若死而有靈。潛聽風烈。（晉書孔坦傳。）

孔羣

羣字敬林。愉從弟。仕至御史中丞。

與親友書

今年田得七百石秫米。不足了麴糱事。（晉書孔羣傳。）

孔嚴

嚴字彭祖。羣兄子。仕州郡。歷司徒掾尚書殿中郎。殷浩臨揚州。請爲別駕。遷尚書左丞。哀帝時領尚書。廢帝時拜吳興太守。有集十一卷。

諫鴻祀

鴻祀雖出尚書大傳。先儒所不究。歷代莫之興。承天接神。豈可以疑殆行事乎。天道無親。唯德是輔。陛下祗順恭敬。留心兆庶。可以消災復異。皆已蹈而行之。德合神明。丘禱久矣。豈須屈萬乘之尊。

實當作是
議當作義
服當作復
博當作廟
而當作爲

修雜祀之事。君舉必書。可不愼歟。晉書孔嚴傳。隆和元年。

與王彪之論蔡謨謚書

博士引禮之義。以通高尙之事。穆誠實美謚。然蔡公德業既重。又是先帝師傅。居總錄之任。則是參貳宰相。攷行定名。議存實錄。不可不詳。通典一百四。

孔仰

仰。爵里未詳。

墓毀論

案禮聖人制殯葬之意。蓋以死者不可服存。而孝子不忍棄其親。故爲棺槨葬埋。推其本心。固在不忍棄之中。爲禮節以順孝子情耳。原聖人之意。蓋以無知處形骸。故以幽閉長久爲安。以有知爲神靈。故以博廟尊嚴而顯尊嚴。故可脩。潛隱故不犯。比之丘陵。同之自然。而不敢脩。若遇寇發露。可以補復其外。而不可改內。哭泣之日。以事訖爲節。故廟災存三日哭之之文。墓毀無制哭之日。竊推夫理。恐不加異于廟災也。苟以無知處之。則雖加開發。不能益死者之苦。但人情不忍見聞。見聞之日有哭泣。一日五日或十日。過者不足哀。不及不足戚。故聖人不爲之禮。通典一百二。

全晉文卷一百二十六終

全晉文卷一百二十七

烏程嚴可均校輯

呂會

會。愍帝時汝陰內史。

上言任僑妻產女

案瑞應圖云。異根同體。謂之連理。異苗同穎。謂之嘉禾。草木之屬。猶呂為瑞。今二人同心。天垂靈象。故易云。二人同心。其利斷金。嘉徵顯見。生于陝東之國。斯蓋四海同心之瑞。不勝喜踊。（搜神記作躍）謹畫圖呂上。（宋書五行志五。又法苑珠林八十七引搜神記。愍帝建興四年新蔡縣吏任僑妻胡產二女相向腹心合。自胸呂上臍呂下各分此蓋天下未一之妖也。時內史呂會上言云云。時有識者哂之。）

蘇峻

峻字子高。長廣掖人。少仕郡主簿。舉孝廉。元帝鎮江左。遙假安集將軍。後泛海到廣陵。轉鷹揚將軍。除淮陵內史。遷蘭陵相。復為淮陵內史。加奮威將軍。大寧初更除臨淮內史。呂破王敦功進使持節冠軍將軍歷陽內史。加散騎常侍。封邵陵公。咸和初與庾亮不平。舉兵反。宮城陷。自為驃騎領軍將軍錄尚書事。溫嶠陶侃等討斬之。

辭大司農表

昔明皇帝親執臣手。使臣北討胡寇。今中原未靖。無用家為。乞補青州界一荒郡。呂展鷹犬之用。（晉書蘇峻傳。）

劉超

超字世瑜。琅邪臨沂人。漢城陽景王章之後。少為縣小吏。遷琅邪國記室掾。從元帝渡江。轉安東府舍人。相府建。又為舍人。賜爵原鄉亭侯。轉行參軍。中興建。為中書舍人。拜騎都尉奉朝請。出補句容令。入為中書通事郎。領安東上將軍。明帝時封零陵伯。出為義興太守。拜中書侍郎。成帝初遷射聲校尉。代趙胤為左衛將軍。從右衛將軍。為蘇峻所害。贈衛尉。謚曰忠。有集二卷。

乞買外廄牛表

臣家裏應用一純牛。連市素不如意。外廄猥牛中有任用者。臣請呂正陌三萬錢五匹布乞。呂買此牛。（御覽八百二十八。）

表

劉超病。給四順湯。（書鈔十九。）

書

超死罪白。如命。皆令有本末保任。然後受。隨宜分處。謹白。（淳化閣帖三。）

江啟

啟。建興中為主簿。太興中累遷侍中黃門侍郎。

論墓毀服表

案據鄭玄云。親見尸柩。不可無服。如鄭義呂見而服。不見不服也。司徒臨潁公前表改葬之緦。不呂吉臨凶。今聽其墳墓毀發。依改

葬服緦麻。不得奔赴。孜已修復者。唯心喪縞素。深衣白幘。哭臨三月。（通典一百二。太興二年。侍中黃門侍郎江啟表。）

王籍等周喪嫁娶議

夫風節不振。無呂蕩弊俗。禮義不備。無呂正人流。籍呂名門。擢登賓友。不能率身正道。公違典憲。誠是愷悌垂恕。體例宜全。又東閤祭酒顏含居叔父喪而遣女。推尋舊事。永康二年。虞濬陳湛各有弟喪。嫁子拜時。司徒王渾奏免。竊謂弟喪不重于叔父。成婚之禮不輕于拜時。含犯違禮典。夫崇禮謂之有方之士。不崇禮謂之方外之人。況虧涓創薄。崇俗棄禮。請免官禁止。（通典六十。劉隗上言文學王籍周喪娶妻主簿江啟。）

謝潛

潛。建興中為從事中郎。

王籍等周喪嫁娶議

鄭玄以爲女子成人。逆降旁親。及將出者。昔陳湛以女年過二十。依鄭義不責。遷任徐州。不爲坐免。久爲成比。若令女未過二十。宜如隗奏。若謂鄭玄說與禮違。當先除而後禁。不宜制未下而責人也。通典六十七司直劉隗上言文學王籍周喪娶妻從事中郎謝褚議云云。

丁潭

潭字世康。會稽山陰人。爲郡功曹。察孝廉。元帝以爲丞相西閤祭酒。及帝踐阼。拜駙馬都尉。奉朝請。尚書祠部郎。爲琅邪王郎中令。遷王導驃騎司馬。轉中書郎。出爲廣武將軍東陽太守。成帝即位。以爲散騎常侍侍中。賜爵永安伯。遷大尚書。徙廷尉。累遷左光祿大夫。領國子祭酒本國大中正。康帝初以光祿大夫致仕。卒年八十。贈侍中。謚曰簡。

上書陳時事損益

爲國者恃人須才。蓋二千石長吏是也。安可不明簡其才。使必允當。既得其人。使久于其職。在官無苟且。居下者有恆心。此爲政之較也。今之長吏。遷轉既數。有送迎之費。古人三載考績。三考黜陟。中才處局。故雖以遠成矣。夫兵所以防禦未然。鎮壓姧凶。周雖三聖。功成由武。今戎戰之世。益宜留心。簡選精銳。以備不虞。無事則優其身。有難則責其力。竊聞今之兵士。或私有役使。而營陣不充。爲國者猶爲家也。計才力之所任。審趨舍之舉動。不營難成之功。損棄分外之役。今兵人未彊。當審其宜。經塗遠舉。未獻大捷。便使力單財盡。而威望挫弱也。晉書丁潭傳。

官下脫者字

上書求爲琅邪王哀行終喪禮

在三之義。禮有達制。近代以來。或隨時降殺。宜一匡革。以敦于後。輒案令文。王侯之喪。官僚服斬。既葬而除。今國無繼統。喪庭無主。臣實陋賤。不足當重。謬荷首任。禮宜終喪。晉書丁潭傳。

張亮

亮爲太常博士。太興初徙尚書郎。

東海王爲新蔡王殤服議

聖人因親以教愛。親不同而殤有降殺。蓋由知識未同成人故也。七歲以下。謂之無服之殤。記曰。臣不殤君。子不殤父。東海與新蔡別國旁親。尊卑敵均。則宜同殤制而無服也。通典八十二。新蔡王四歲而亡。東海王移訪太常博士張亮議。

蜡臘議

案周禮禮記。干注周禮云。國祭蜡則歙下闕。北堂書鈔一百五十五。

案禮。蜡者。謂合聚萬物而索饗之。歲終休老息民也。臘者祭宗廟五祀。則服玄。蜡則服黃。蜡臘不同。總之非也。傳曰。臘接也。祭則在新故交接也。俗謂臘之明日爲初歲。秦漢以來有祀歲者。古之遺語也。世說德行篇注。藝文類聚五。御覽三十三。

臘日不宜舉哀戒嚴議

元帝大興二年。天子祭宗廟社稷。鼎俎既陳。不得終事者四。若五服之喪。以常降者。不以廢。從母無服之喪。不宜廢事舉哀。又禮。祭之明日。改祭午祊。以燕皇尸。殷謂之肜。周謂之繹。今雖未施肜繹之祭。先王之典。聖人重不忘。但大臘之日。休息黎衆。百日之勤。一日之澤。未可戒嚴。通典四十四。太興二年。未臘前一日。詔明日當爲范氏從母舉哀。百官戒嚴。尚書郎張亮議云云。

元帝大興二年六字衍

午當作子

干寶

寶字令升。新蔡人。元帝承制。召爲著作佐郎。賜爵關內侯。中興建。領國史。出補山陰令。遷始安太守。王導請爲司徒左長史。遷散騎常侍。有周易注十卷。周易宗塗四卷。周官注十二卷。春秋左氏傳義十五卷。晉紀二十三卷。搜神記三十卷。干子十八卷。集五卷。

表

臣前聊欲撰記古今怪異非常之事會聚散逸使同一貫博訪知之者片紙殘行事事各異（初學記二十一）

駁招魂葬議

時有招魂改之經傳則無聞焉近太傅公既屬寇亂屍柩不反時弈議招魂葬東海國學官令曾國周生㠯為宜爾盛陳其議皆多無證寶㠯為人死神浮歸天形沈歸地故為宗廟㠯賓其神衣衾㠯表其形棺周于衣槨周于棺今失形于彼穿冢于此知亡者不可㠯假存而無者獨可㠯僞有哉未若自遺禍之地備迎神之禮宗廟㠯安之哀敬㠯盡之周生議云魂堂几筵設于窆寢豈唯斂屍亦㠯盛神也荅者曰古人有言夫禮者其事可陳也其義難知也是㠯君子重于禮義夫別嫌明疑原情得旨者不亦微乎故其為制有㠯順鬼神之性有㠯達生者之情然則冢壙之間有饋席本施骸骨未為有魂神也若乃釘魂于棺閉神于槨居浮精于沈魄之域匿遊氣于壅塞之室豈順鬼神之性而合聖人之意乎則葬魂之名亦幾于迂矣周生又云昔黄帝體仙登遐其臣扶微等斂其衣冠殯而葬焉則其證也荅曰孔子論黄帝曰生而人利其化百年死而人畏其神百年亡而人用其教百年此黄帝亦死言仙謬也就使必仙何議于葬（通典一百三）

王昌前母服論（王昌事詳前竟陵王楙文）

禮有經有變有權王毖之事有為為之也有不可責㠯始終之義不可求㠯循常之文何羣議之紛錯同產者無嫡側之別而先生為兄諸侯同爵無等級之差而先封為長今二妻之入無貴賤之禮則宜㠯先後為秩順序義也今生而同室者寡死而同廟者衆及其神位固有上下也故春秋賢趙姬遭禮之變而得禮情也且夫吉凶哀樂動乎情者也五禮之制所㠯敘情而即事也今二母者本他人也㠯名來親而恩否于時敬不及生愛不及喪夫何追服之道哉張惲劉卞得其先後之節齊王衛恆通于服絕之制可㠯斷矣朝廷于此宜導之㠯趙姬齊之㠯詔命使先妻恢含容之德後妻崇卑讓之道室人達長少之序百姓見變禮之中若此可㠯居生又況于死乎古之王者有師友之禮待其臣而不敢自尊今令先妻㠯一體接後而後妻不敢抗及其子孫交相為服禮之善物也然則王昌兄弟相得之日蓋宜祫祭二母等其禮饋序其先後配㠯左右兄弟肅雍交酬奏獻上㠯恕先父之志中㠯高二母之德下㠯齊兄弟之好使義風弘于王教慈讓洽乎急難不亦得禮之本乎（晉書禮志中）

晉紀總論

記當作臣

史記曰昔高祖宣皇帝㠯雄才碩量應運而仕值魏太祖創基之初籌畫軍國嘉謀屢中遂服輿軫驅馳三世性深阻有如城府而能寬綽㠯容納行任數㠯御物而知人善采拔故賢愚咸懷小大畢力爾乃取鄧艾于農隙引州泰于行役委㠯文武各善其事故能西擒孟達東舉公孫淵內夷曹爽外襲王陵神略獨斷征伐四克維御羣后大權在己屢拒諸葛亮節制之兵而東支吳人輔車之勢世宗承基太祖繼業軍旅屢動邊鄙無虧于是百姓與能大象始構矣玄豐亂內欽誕寇外潛謀雖密而在幾必兆淮浦再擾而許洛不震咸黜異圖用融前烈然後推轂鍾鄧長驅庸蜀三關電掃劉禪入臣天符人事于是信矣始當非常之禮終受備物之錫名器崇于周公權制嚴于伊尹至于世祖遂享皇極正位居體重言慎法仁㠯厚下儉㠯足用和而不弛寬而能斷故民詠惟新四海悅勸矣聿修祖宗之志思輯戰國之苦腹心不同公卿異議而獨納羊祜之策㠯從善為衆故至于咸寧之末遂排羣議而杖王杜之決汎舟三峽介馬桂陽役不二時江湘來同夷吳蜀之壘垣通二方之險塞掩唐虞之舊域班正朔于八荒太康之中天下

戮上脫受字

書同文，車同軌，牛馬被野，餘糧棲畝，行旅草舍，外閭不閉，民相遇者如親，其匱乏者，取資于道路，故于時有天下無窮人之諺，雖太平未洽，亦足㠯明吏奉其法，民樂其生，百代之一時也。武皇既崩，山陵未乾，楊駿被誅，母后廢黜，朝士舊臣，夷滅者數十族，尋㠯二公楚王之變，宗子無維城之助，而閼伯實沈之郤歲構，師尹無具瞻之貴，而顛墜戮辱之禍日有，至乃易天子㠯太上之號，而有免官之謠，民不見德，唯亂是聞，朝爲伊周，夕爲桀跖，善惡陷于成敗，毁譽脅于勢利，于是輕薄干紀之士，役姦智㠯投之，如夜蟲之赴火，內外混淆，庶官失才，名實反錯，天綱解紐，國政迭移于亂人，禁兵外散于四方，方岳無鈞石之鎮，關門無結草之固，李辰石冰傾之于荆揚，劉淵王彌撓之于青冀，二十餘年而河洛爲墟，戎羯稱制，二帝失尊，山陵無所，何哉？樹立失權，託付非才，四維不張，而苟且之政多也。夫作法于治，其獘猶亂，作法于亂，誰能救之？故于時天子非暫弱也，軍旅非無素也，彼劉淵者，離石之將兵都尉，王彌者，青州之散吏也，蓋皆弓馬之士，驅走之人，凡庸之才，非有蜀先主諸葛孔明之能也，新起之寇，烏合之衆，非吳蜀之敵也，脫耒爲兵，裂裳爲旗，非戰國之器也，自下逆上，非鄰國之勢也，然而成敗異效，擾天下如驅羣羊，舉二都如拾遺芥，將相王侯連頭戮，乞爲奴僕而猶不獲，后嬪妃主虜辱于戎卒，豈不哀哉！夫天下大器也，羣生重畜也，愛惡相攻，利害相奪，其勢常也，若積水于防，燎火于原，未嘗暫靜也，器大者不可㠯小道治，勢動者不可㠯爭競擾，古先哲王知其然也，是㠯扞其大患而不有其功，禦其大災而不尸其利，百姓皆知上德之生已，而不謂浚已㠯生也，是㠯感而應之，悅而歸之，如晨風之鬱北林，龍魚之趣淵澤也，順乎天而享其運，應乎人而和其義，然後設禮文㠯治之，斷刑罰㠯威之，謹好惡㠯示之，審禍福㠯喻之，求明察㠯官之，篤慈愛㠯固之，故衆知向方，皆

樂其生而哀其死，悅其教而安其俗，君子勤禮，小人盡力，廉恥篤于家閭，邪僻銷于胸懷，故其民有見危㠯授命，而不求生㠯害義，又況可奮臂大呼，聚之㠯干紀作亂之事乎？基廣則難傾，根深則難拔，理節則不亂，膠結則不遷，是㠯昔之有天下者，所㠯長久也。夫豈無僻主，賴道德典刑㠯維持之也。故延陵季子聽樂㠯知諸侯存亡之數，短長之期者，蓋民情風教，國家安危之本也。昔周之興也，后稷生于姜嫄，而天命昭顯，文武之功，起于后稷，故其詩曰：思文后稷，克配彼天。又曰：立我蒸民，莫匪爾極。又曰：實穎實栗，即有邰家室。至于公劉，遭狄人之亂，去邰之豳，身服厥勞，故其詩曰：乃裹餱糧，于橐于囊，陟則在巘，復降在原，㠯處其民。㠯至于太王，爲戎翟所逼，而不忍百姓之命，杖策而去，故其詩曰：來朝走馬，帥西水滸，至于岐下。周民從而思之，曰：仁人不可失也。故從之如歸市，居之一年成邑，二年成都，三年五倍其初，每勞來而安集之，故其詩曰：乃慰乃止，乃左乃右，乃疆乃理，乃宣乃畝。㠯至于王季，能貊其德音，故其詩曰：克明克類，克長克君，載錫之光。至于文王，備修舊德，而惟新其命，故其詩曰：惟此文王，小心翼翼，昭事上帝，聿懷多福。由此觀之，周家世積忠厚，仁及草木，內睦九族，外尊事黃耇，養老乞言，㠯成其福祿者也。而其后妃躬行四教，尊敬師傅，服澣濯之衣，修煩辱之事，化天下㠯婦道，故其詩曰：刑于寡妻，至于兄弟，㠯御于家邦。是㠯漢濱之女，守絜白之志，中林之士，有純一之德，故曰文武自天保㠯上治內，采薇㠯下治外，始于憂勤，終于逸樂，于是天下三分有二，猶㠯服事殷，諸侯不期而會者八百，猶曰天命未至，㠯三聖之智，伐獨夫之紂，猶正其名教，曰逆取順守，保大定功，安民和衆，猶著大武之容，曰未盡善也。及周公遭變，陳后稷先公風化之所由，致王業之艱難者，則皆農夫女工衣食之事也。故自后稷之始基靜民，十五王而文始平之，十六王而武始

居之十八王而康克安之。故其積基樹本，經緯禮俗，節理人情，恤隱民事，如此之纏緜也。爰及上代，雖文質異時，功業不同，及其安民立政者，其揆一也。今晉之興也，功烈于百王，事捷于三代，蓋有為曰為之矣。宣景遭多難之時，務伐英雄，誅庶桀曰便事，不及脩公劉太王之仁也。受遺輔政，屢遇廢置，故齊王不明，不獲思庸于亳，高貴沖人，不得復子明辟。二祖逼禪代之期，不暇待三分八百之會也。是其創基立本，異于先代者也。又加之曰朝寡純德之士，鄉乏不二之老。風俗淫僻，恥尚失所，學者曰莊老為宗而黜六經，談者曰虛薄為辯而賤名檢，行身者曰放濁為通而狹節信，進仕者曰苟得為貴而鄙居正，當官者曰望空為高而笑勤恪。是曰目三公曰蕭杌之稱，標上議曰虛談之名。劉頌屢言治道，傅咸每糾邪正，皆謂之俗吏。其倚杖虛曠，依阿無心者，皆名重海內。若夫文王日昃不暇食，仲山甫夙夜匪懈，蓋共嗤點曰為灰塵，而相詬病矣。由是毀譽亂于善惡之實，情慝奔于貨欲之塗。選者為人擇官，官者為身擇利。而秉鈞當軸之士，身兼官曰十數。大極其尊，小錄其要，機事之失，十恆八九。而世族貴戚之子弟，陵邁超越，不拘資次。悠悠風塵，皆奔競之士；列官千百，無讓賢之舉。子眞著崇讓而莫之省，子雅制九班而不得用，長虞數直筆而不能糾。其婦女莊櫛織紝，皆取成于婢僕，未嘗知女工絲枲之業，中饋酒食之事也。先時而婚，任情而動，故皆不恥淫逸之過，不拘妒忌之惡。有逆于舅姑，有反易剛柔，有殺戮妾媵，有黷亂上下，父兄弗之罪也，天下莫之非也。又況責之聞四教于古，修貞順于今，輔佐君子者哉。禮法刑政，于此大壞，如室斯構而去其鑿契，如水斯積而決其隄防，如火斯畜而離其薪燎也。國之將亡，本必先顛，其此之謂乎。故觀阮籍之行，而覺禮教崩弛之所由；察庾純賈充之事，而見師尹之多僻；考平吳之功，知將帥之不讓；思郭欽之謀，而悟戎狄之有釁；

帝當作懷

覽傅玄劉毅之言，而得百官之邪；核傅咸之奏，錢神之論，而覩寵賂之彰。民風國勢如此，雖曰中庸之才，守文之主，治之辛有必見之于祭祀，季札必得之于聲樂，范燮必為之請死，賈誼必為之痛哭。又況我惠帝曰蕩蕩之德臨之哉。故賈后肆虐于六宮，韓午助亂于外內，其所由來者漸矣，豈特繫一婦人之惡乎。懷帝承亂之後，得位羈于彊臣，愍帝奔播之後，徒廁其虛名，天下之政，既已去矣，非命世之雄，不能取之矣。然懷帝初載，嘉禾生于南昌，望氣者又云：豫章有天子氣。及國家多難，宗室迭興，曰愍帝之正，淮南之壯，成都之功，長沙之權，皆卒于傾覆，而懷帝曰豫章王登天位。劉向之讖云：滅亡之後，有少如水名者得之，起事者據秦川，西南乃得其朋。案愍帝，蓋秦王之子也，得位于長安。長安固秦地也。而西曰南陽王為右丞相，東曰琅邪王為左丞相，上諱業，故改鄴為臨漳，漳水名也。由此推之，亦有徵祥，而皇極不建，禍辱及身，豈上帝臨我而貳其心，將由人能弘道，非道弘人者乎。淯耀之烈，未渝故大命重集于中宗元皇帝。文選，藝文類聚十一。又見羣書治要二十九。

晉紀論晉武帝革命

史臣曰：帝王之興，必俟天命，苟有代謝，非人事也。文質異時，興建不同，故古之有天下者，柏皇栗陸曰前，為而不有，應而不求，執大象也。鴻黃世及，曰一民也。堯舜內禪，體文德也。漢魏外禪，順大名也。湯武革命，應天人也。高光爭伐，定功業也。各因其運，而天下隨時，隨時之義大矣哉。古者敬其事則命曰始，今帝王受命而用其終，豈人事乎，其天意乎。文選、藝文類聚十三。

晉紀論姜維

姜維為蜀相，國亡主辱，弗之死，而死于鍾會之亂，惜哉。非死之難，處死之難也。是曰古之烈士，見危授命，投節如歸，非不愛死也，固知命之不長，而懼不得其所也。蜀志姜維傳評注。

山亡論

夏桀之時。厲山亡。秦始皇之時。三山亡。周顯王三十二年。宋大丘社亡。漢昭帝之末。陳留昌邑社亡。京房易傳曰。山默然自移。天下兵亂。社稷亡也。故會稽山陰琅邪中有怪山。世傳本琅邪東武海中山也。時天夜風雨晦冥。旦而見武山在焉。百姓怪之。因名曰怪山。時東武縣山亦一夕自亡去。識其形者。乃知其移來。今怪山下見有東武里。蓋記山所自來。以為名也。又交州脆山移至青州。凡山徙。皆不極之異也。此二事未詳其世。尚書金縢曰。山徙者。人君不用道士。賢者不興。或祿去公室。賞罰不由君。私門成羣。不救。當為易世變號。說曰。善言天者。必質于人。善言人者。必本于天。故天有四時。日月相推。寒暑迭代。其轉運也。和而為雨。怒而為風。散而為露。亂而為霧。凝而為霜雪。立而為蝃蝀。此天之常數也。人有四肢五臟。一覺一寐。呼吸吐納。精氣往來。流而為榮衞。彰而為氣色。

發而為聲音。此亦人之常數也。若四時失運。寒暑乖違。則五緯盈縮。星辰錯行。日月薄蝕。彗孛流飛。此天地危診也。寒暑不時。此天地之蒸否也。石立土踊。此天地之瘤贅也。山崩地陷。此天地之癰疽也。衝風暴雨。此天地之奔氣也。雨澤不降。川澤涸竭。此天地之焦枯也。

搜神記序

雖攷先志于載籍。收遺逸于當時。蓋非一耳一目之所親聞覩也。亦安敢謂無失實者哉。衞朔失國。二傳互其所聞。呂望事周。子長存其兩說。若此比類。往往有焉。從此觀之。聞見之難一。由來尚矣。夫書赴告之定辭。據國史之方策。猶尚若茲。況仰述千載之前。記殊俗之表。綴片言于殘闕。訪行事于故老。將使事不二迹。言無異塗。然後為信者。固亦前史之所病。然而國家不廢注記之官。學士不絕誦覽之業。豈不以其所失者小。所存者大乎。今之所集。設有承于前載者。則非余之罪也。若使采訪近世之事。苟有虛錯。願與先賢前儒分其譏謗。及其著述。亦足以明神道之不誣也。羣言百家。不可勝覽。耳目所受。不可勝載。今粗取足以演八略之旨。成其微說而已。幸將來好事之士。錄其根體。有以游心寓目。而無尤焉。晉書干寶傳。

司徒議

從事中郎之職。各掌其所治之曹。而紀綱其事。體參輔謀議。

左長史掌職。檢其法憲。明其分憲。

掾屬之職。敦明教義。肅勵淸風。非禮不言。非法不行。以訓羣吏。以貫朝望。各掌其所治之曹。御覽二百九。

全晉文卷一百二十七終

祝當作視

全晉文卷一百二十八

烏程嚴可均校輯

王鑒

鑒字茂高，堂邑人，御史中丞濬子。初爲元帝琅邪國侍郎，中興建，拜駙馬都尉，奉朝請，出補永興令。大將軍王敦請爲記室參軍，不就。

竹簞賦

楚簞陳于玉房，巴箱列于椒臺。（書鈔一百三十三，御覽七百八。）

勸元帝親征杜弢疏

天禍晉室，四海顛覆，喪亂之極，開闢未有。明公遭厤運之厄，當陽九之會，聖躬負伊周之重，朝廷延匡合之望，方將振長轡而御八荒，埽河漢而清天塗，所藉之資，江南之地，蓋九州之隅角，垂盡之餘人耳。而百越鴟祝于五嶺，蠻蜀狼顧于湘漢，江州蕭條，白骨塗地，豫章一郡，十殘其八，繼以荒年，公私虛匱，倉庫無旬月之儲，三軍有絕乏之色，賦斂搜奪，周而復始，卒散人流，相望于道，殘弱之源，日深，全勝之勢未舉，鑒懼雲旗反旆，元戎凱入，未在旦夕也。昔齊旅未朞而申侯懼其老，況暴甲三年，介冑生蟣蝨，而可不深慮者哉。江揚本六郡之地，一州封域耳，若兵不時戢，人不堪命，三江受敵，彭蠡振搖，是賊踰我垣牆之內，闚我室家之好，黷武之衆易動，驚弓之鳥難安。鑒之所甚懼也。去年已來，累喪偏將，軍師屢失，送死之寇，兵耿奔命，賊量我力矣。雖繼遣偏裨，懼未足成功也。愚謂尊駕宜親幸江州，然後方召之臣，其力可得而宣，熊羆之士，其銳可得而奮，進左軍于武昌，爲陶侃之重，建名將于安成，連甘卓之壘，南望交廣，西撫蠻夷，要害之地，勒勁卒以保之，深溝堅壁，案精甲而守之，六軍既贍，戰士思奮，衛乃乘隙騁奇，擾其窟穴，顯示大信，開以生塗，杜弢之頸，固以鎖于麾下矣。議者將以大舉役重，人不可擾。鑒謂暫擾以制敵，愈于放敵而常擾也。夫四體者人之所甚愛，苟宜伐病，則削肌刮骨矣。然守不可虛，鑒謂王導可委以蕭何之任，或以小賊方幾，不足動千乘之重，鑒見王彌之初，亦小寇也，官軍不亟其威，狡逆得肆其變，卒令溫懷不守，三河傾覆，致有今日之弊。此已然之明驗也。蔓草猶不可長，況虎兕之寇乎。當五霸之世，將非不良，士非不勇，征伐之役，君必親之，故齊桓免冑于邵陵，晉文擐甲于城濮，昔漢高光武二帝，征無遠近，敵無大小，必手振金鼓，身當矢石，櫛風沐雨，壺漿不贍，馳騖四方，匪遑寧處，然後皇基克構，元勳以融。今大弊之極，劇于曩代，崇替之命，繫我而已。欲使鑾旗無野次之役，聖躬遠風塵之勞，而大功坐就，鑒未見其易也。魏武既定中國，親征柳城，揚旆盧龍之嶺，頓轡重塞之表，非有當時烽燧之虞，蓋一日縱敵，終已之患，雖戎軺蒙嶮，不以爲勞，況急于此者乎。劉玄德躬登漢山，而夏侯之鋒摧，吳僞祖親泝長江，而關羽之首懸，袁紹猶豫後機，挫衂三分之勢，劉表臥守其衆，卒亡全楚之地。歷觀古今撥亂之主，雖聖賢未有高拱閑居，不勞而濟者也。前鑒不遠，可謂蓍龜，議者或以當今暑夏，非出軍之時。鑒謂今宜嚴戒，須秋而動，高風啟塗，龍舟電舉，曾不十日，可到豫章。豫章去賊尚有千里之限，但臨之以威靈，則百勝之理濟矣。既埽清湘野，滌蕩楚郢，然後班爵序功，酬將士之勞，卷甲韜旗，廣農桑之務，播愷悌之惠，除煩苛之賦，比及數年，國富兵彊，龍驤虎步，以威天下，何思而不服，何往而不濟，桓文之功，不難懋也。今惜一舉之勞，而緩垂死之寇，誠國家之大恥，臣子之深憂也。鑒以凡鎖謬蒙獎育，思竭愚忠以補萬一，芻蕘之言，聖主不棄，戍卒之謀，先后採之，乞留神鑒，思其所陳。（晉書王鑒傳）

鎖當作瑣

傅純

純，元帝初爲太常博士，累遷散騎常侍，有集二卷。

議下脫者字

雉賦

覽飛禽之可貴，偉翔雉之嘉形。應炎離之誕育，包造化之淯精。鮮光皎粲，麗采繁盈。首同暉于昊天，垂玄景之綠青。體等燿于方彩，敷五色之華英。藝文類聚九十七。

惠懷愍別廟議

議者既欲據傳疑文，又欲安之陰室。據傳則所代爲禰，陰室非禰所處，此矛盾之說。夫陰室已安殤主，北向面陰，非人君正位，更衣者，帝王入廟便殿，當歸盛位。漢明已存所常居，故崩已安神。而議謂卑于陰室，實所未喻。惠懷愍宜更別主廟。通典四十八。

居親喪遭外緦麻喪議

禮先重後輕，則輕服臨之。輕服臨者，新亡新哀，已表新情，亦明親親不可兼服。及其還家，復著重者，是輕情輕服已行故也。今新死若在千里表，應服者已官役爲限，奔臨無由，乃已重包之。夫重服自前亡，非關新死，則新死無服也。豈應服之親，卒爲無服。宜制新輕之縗，已當往臨之服。若新亡除既了，則反服先重，自然包之。前後二喪，人情與服得兩濟乎。或難曰：服已禮爲主，禮有往臨之縗，而無便制之服，如便制輕縗，恐非禮也。荅曰：禮是經通之制，而魯築王姬之館于外，春秋已爲得禮之變，明變反合禮者，亦經之所許也。通典九十七。

難改葬復虞

夫葬已藏形，廟已安神。改葬之神，在廟久矣，安得退之于寢，而虞之乎。若虞之于寢，則當復還祔于廟，不得但虞而已。通典一百二，尚書下問改葬應虞與不。案王肅喪服記云改葬緦，既虞而除之，傅純難。

梅陶

陶，元帝初爲王敦諮議參軍，後除章郡太守。成帝初爲尚書，拜光祿大夫。有新論一卷，集二十卷。

公字衍 主亦當作亦主

鵩鳥賦序

余既遭王敦之難，遂見忌錄，居于武昌。其秋有野鳥入室，感賈誼鵩鳥，依而作焉。御覽九百二十七。

與曹識書論陶侃

陶公機神明鑒似魏武，忠順勤勞似孔明，陸抗諸人不能及也。晉書陶侃傳，尚書與親人曹識書。

自敘

余居中丞，會已法糾皇太子傅，親友莫不致諫，余笑而應之曰：堂高由于陛下，皇太子所已得崇于上，由吾奉王憲于下也。吾敢枉道曲媚，後皇太子特見延請，賜已清讌之禮，敬之如師。書鈔三十七、初學記十二、御覽二百二十六、六百四十九。

環濟

濟，大興中爲大學博士，有喪服要略一卷，帝王要略十二卷。

父母乖離議

春秋之義，納室養姑，承繼宗祀，聘納事在可許，仕進須俟清平。通典九十八。

李瑋

瑋爵里未詳。

宜招魂葬論難孔衍

禮祖祭是送神也。既葬三日，又祭于墓中，有靈座几筵飲燕之物，非唯藏形也。周武尚祭于畢，季子復命于墓，成公夢康叔相奪余饗。既葬迎神而返，博求神之道，孝子未忍離其親耳。且宗廟是烝嘗之常宇，非爲仙靈常止此廟也。猶圜丘是郊祀之常處，非爲天神常居此丘也。詩曰：祖考來格，知是外至也。又曰：神保聿歸，歸其幽冥也。卜宅安厝，亦安神也。伯姬火死，而叔弓如宋葬共姬，皆其證也。宋玉先賢，光武明王，伏恭范逡，並通義理，公主亦招魂葬，豈皆委巷乎。通典一百三。

公沙歆

歆，北海人。

宜招魂葬論

神靈止則依形，出則依主。墓中之座，廟中之主，皆所綴意髣髴耳。若俱歸形于地，歸神于天，則上古之法是，而招魂之事非也。若吉凶皆殯，宮不重仞，墓不封樹，則中古之制得，而招魂之事失也。若五服有章，龍旗重旒，事存送終，班秩百品，卽生㠯推亡，依情㠯處禮，則近代之數密，招魂之理通矣。招魂者何必葬乎，蓋孝子竭心盡哀耳。通典一百三。

谷儉

儉字士風，湘州桂陽人。中興初，刺史甘卓舉秀才，策試高第，除中郎。尋歸不復仕。有集一卷。

角賦

夫角，㠯類推之，蓋黃帝會羣臣于太山，作清角之音，佀兩鳳之雙鳴，若二龍之齊吟，如丹虵之翹首，佀雄虵之帶矢。御覽三百三十八。

夫沒歸宗未嫁而亡爲服議

婦人夫沒無子，有歸宗更出之義。今姑愍彼無嗣，令還其黨，欲令更出，則衞莊姜遺陳嬀之比也。于兄弟之家者，兄弟宜服周。受姑命而歸宗，夫之餘親不應有服。通典九十九。

虞子卿

子卿，爵里未詳。

駁谷士風議

士風所議，婦人夫沒無子，有歸宗更適之義。昔姜氏㠯殺嫡立庶，歸齊怨魯；陳嬀㠯子死君卒，于禮宜歸。此婦非姜氏義絕之倫，無陳嬀應出之事。其姑愍其守寡，欲令更適，此代俗之常意，非教訓

之道也。衞共伯之妻，父母欲奪而嫁之，誓而不去。就有姑命，未可要謂之必出也。通典九十九。

孫霄

霄，會稽人，爲瑯邪國右常侍。

諫爲瑯邪王煥營起陵園疏

臣聞法度典制，先王所重；吉凶之禮，事貴不過。是㠯世豐不使奢放，凶荒必務約殺。朝聘嘉會，足㠯展庠序之儀；殯葬送終，務㠯稱哀榮之情。上無奢泰之謬，下無匱竭之困。故華元厚葬，君子謂之不臣；嬴博至儉，仲尼稱其合禮。明傷財害時，古人之所譏；節省簡約，聖賢之所嘉也。語曰：上之化下，如風靡草。京邑翼翼，四方所則，明教化法制，不可不慎也。陛下龍飛踐阼，興微濟弊，聖懷勞謙，務從簡儉，憲章舊制，猶欲節省。禮典所無，而反尚飾，此臣愚情竊所不安也。棺槨輿服旒翣之屬，禮典舊制，不可廢闕。凶門柏歷，禮典所無。天晴可不用，遇雨則無益，此至宜節省者也。若瑯邪一國一時所用，不爲大費，臣在機近，義所不言。今天臺所居，王公百寮聚在都輦，凡有喪事，皆當供給材木百數，竹薄千計。凶門兩表，衣㠯細竹及材，價直既貴，又非表凶哀之宜。如此過飾，宜從麤簡。又案禮記，國君之葬，棺槨之間容柷，大夫容壺，士容甒。㠯壺甒爲差，則柷財大于壺明矣。槨周于棺，槨不甚大也。語曰：葬者藏也，藏欲其深而固也。槨大則難爲堅固，無益于送終，而有損于財力。凶荒殺禮，經國常典，既減殺而猶過舊，此爲國之所厚惜也。又禮，將葬，遷柩于廟，祖而行，及墓卽窆，葬之日，卽反哭而虞。如此則柩不宿于墓上也。聖人非不哀親之在土，而無情于丘墓，蓋㠯墓非安神之所，故修虞于殯宮。始則營草宮于山陵，遷神柩于墓側，又非典也。非禮之事，不可㠯訓萬國。臣至愚至賤，忽求革前之非，可謂狂瞽不知忌諱。然今天下至弊，自古所希，宗廟社稷遠託江表，半州之

地，凋殘已甚。加之荒旱，百姓困瘁，非但不足，死亡是懼。此乃陛下至仁之所矜愍，可憂之至重也。正是匡矯末俗改張易調之時。而猶當竭已罷之人，營無益之事，殫已困之財，修無用之費，此固臣之所不敢安也。今琅邪之于天下，國之最大，若割損非禮之事，務遵古典，上以彰聖朝簡易之至化，下以表萬世無窮之規，則此芻蕘之言，有補萬一，塵露之微，有增山海。晉書琅邪悼王煥傳

沈充

充字士居，吳興武康人，為王敦參軍，還吳興太守，從敦舉兵，敗歸，為故將吳儒所殺。有集二卷。

鷺賦序

先大夫命潁川者，殊精意于養鷺，求得可鷺類于張猛虎，亦多好者。于時有綠眼黃喙，折翼赤頭，家家有焉。然經潁川之好者，焦叔明以太康中得大蒼鷺，從喙至足，四尺有九寸，體色豐麗，鳴聲驚人。三年而為暴犬所害，惜御覽作苦其不終，故為之賦云。藝文類聚九十一、御覽九百十九。

楊泓

泓，爵里未詳。

拂舞序

自到江南，見白符舞，或言白鳧鳩舞，云有此來數十年。察其詞旨，乃是吳人患孫晧虐政，思屬晉也。宋書樂志一

劉嘏

嘏，明帝時濮陽太守。

上司徒府辨同姓為婚

同姓庶姓，有正姓，有復姓，有單姓。鍾云：出于鍾離之後，胡毋與胡公同本，復鍾單鍾，復胡單胡。今年共婚，不以損一字為疏，增一字為親，不以共其本為悔，取其同者為吝。宜理在可通而得明始限

俗當作族　限上脫禁字　禁下脫限字　不禁之不字衍

之別，故婚姻不疑耳。今並時比俗，年齊代等，至于庶姓，禮記著其別于上，始祖正姓明其斷于下，以之通議，則人倫無闕。案大常總言博士議述，敘姓變為始祖者，始此姓為祖也。此既非禮所謂始祖為正姓之義，卽便棄經從意，謂義可通，如今眾庶之家，或避國諱，逋仇逃罪，變言易姓者，便可皆言是始祖正姓為婚之斷，如此禮稱附遠厚別，百代不通之義，復何所施乎？此惑之甚者也。論者又以為開通同姓婚，則令小人致濫。案禮自有限禁之外，本自禮所不責，不可以不禁禮所不應責者，而云通禮所應責也。王皆王沈，魏晉名儒，同周室之後，共婚者二門。諸地皆存，昌黎張仲娶范陽張擆妹，諮張公而後婚。今日若攷經據事，足以取正，唯大府裁之。通典六十、濮陽太守劉嘏與同姓劉疇婚，司徒下太常諸博士議非之，嘏以為云云。

與卞壺疏

堯妻舜女，其代不遠，又春秋云，畢原酆郇，文之昭，邘晉應韓，武之穆。代俗之所惑，上惑堯舜之代，下惑應韓之昭穆，欲追過堯舜邪，則輕歷聖人；議者或謂巍巍蕩蕩之德，可以掩堯舜之疵，或謂代近姓異，可以通應韓之婚。豈其然哉？若代近姓異，可以通應韓之婚，則周公立百代之限，禮記云娶于異姓，附遠而厚別，此二義復何所施？如其不然，則明始限之外，堯舜可以婚，禮終之後，應韓可以通，堯舜之婚以正姓分絕于上，應韓之通庶姓異終于下也。絕則無繫，終則更始，斷可識矣。通典六十七

黃士度

士度，爵里未詳。

屏風頌序

太寧三年，皇帝詔遣殿上賚御屏風寶劍，嘉茲屏風帝王之服，謹為述頌。書鈔一百三十二。

賜紫綬。書鈔一百十九。

楊方

方字公回。會稽人。王導辟爲司徒掾。轉東安太守。遷司徒參軍。出爲高涼太守。有五經鉤沈十卷。吳越春秋削繁五卷。集二卷。

箜篌賦序

羽儀采綠采先軾鼓裳起于造木箜篌祖琴。琴考筑箏。作茲器于漢代。猶擬易之立經。（初學記十六。案此有脫誤。覆檢宋本誤同。明刻本鼓作鼓。木作衣。）

爲虞領軍薦張道順文

蓋聞驪龍之珠。必沈紫泉之裏。垂天之翼。必翔青冥之表。竊見處士吳國張道順。天挺珪璋。明達清秀。下筆掩彫龍之文。發言吐談天之藻。慕西道之陽生。希北巷之顏回。若得清水淬其鋒。越砥斂其鍔。必騰躍天路。出觀聖世。（御覽六百三十二。）

孔恢

恢。咸和初爲句容令。升平中爲太常博士。太和末爲祠部郎。

太宰武陵王爲所生母服議

禮云。庶子爲父後者。爲其母緦。又云。公之庶昆弟。大夫之庶子。爲母九月。鄭云。君卒。子爲母大功。大夫卒。子爲母三年。經文則一。而鄭有二疑。太宰若從三年之制爲重。則應從九月。無應從緦麻之理。且太宰以天子之庶出繼諸侯。本無應厭降之道。太宰今承諸侯別祀。又不同庶姓相後。有承繼大宗之義。應從降一等之制。從伯叔一等。又禮無蕃王出後本親與庶姓有異之制。（通典八十二。升平中太宰武陵王所生母喪。乞齊縗三年。詔聽依昔樂安王故事制大功九月。太常江夷上博士孔恢議云云。）

庾家爲孝庾后服議

庾家男女宜齊縗。庾家諸婦。雖非五屬女。今見在五屬之內。亦服周。（通典八十一。孝后崩。庾家訪服祠部郎孔恢云。）

議曹耽等事

禮無解職厭降之文。今有去官從本官之品。典律竝衍愆。軌訓有違。案耽等竝以凡才。荷蒙榮飾。或濯纓清波。不能仰遵王度。自同隸人。愆義違則。虧黷王猷。請以見事免耽等所覆除官。（通典九十。）

國哀廢樂議

素會宜都去懸。設樂爲作。不作則不宜懸也。孟獻子懸自是應作。而不作耳。故天子自加于人一等。非爲不應作而應懸也。國諱尚近。謂金石不可陳于庭也。（通典一百四十七。晉有后喪。下太常曰。朝廷遏密。則素會時云應懸而樂。博士孔恢議。）

天子自當作夫子曰樂上脫不字

應碩

碩爲汝南太守。有集二卷。

祝祖文

元首肇建。吉酉辰良。五政數惠。四教初揚。萬類資新。英穎擢章。谷風滌歲。日和時光。命于嘉賓。宴茲社箱。敬饗祖君。休祚是將。嘉肴綺錯。白茅薦恭。有肉如坻。有酒如江。祖君既眷。祇肅威容。（藝文類聚五。）

張浚

浚一作俊。爲宗正卿。有集五卷。

白兔頌

其毛春素。纖毫秋黑。點綴五采。漸染粉墨。蓋八隱時見。應世德也。徐疾衛體。達消息也。資質皓朗。民之則也。被白含文。好無極也。泰失鹿于近郊。晉得兔于遠境。（藝文類聚九十五。）

弘訥

訥。成帝時爲尚書郎。

議加贈卞壼爵號

死事之臣。古今所重。卞令忠貞之節。當書于竹帛。今之追贈。實未副衆望。謂宜加鼎司之號。以旌忠烈之勳。（晉書卞壼傳。）

重議卞壼贈謚

禰當作稱

中當作重

未當作求

夫事親莫大于孝。事君莫尚于忠。唯孝也故能盡敬竭誠。唯忠也故能見危受命。此在三之大節。臣子之極行也。案壼委質三朝。盡規翼亮。遭世險難。存亡已之。受顧託之重。居端右之任。擁衛至尊。則有保傅之恩。正色在朝。則有匪躬之節。賊峻造逆。戮力致討。身當矢旝。再對賊鋒。父子幷命。可謂破家爲國。守死勤事。昔許男疾終。猶蒙二等之贈。況壼伏節國難者乎。夫賞疑從重。況在不疑。可謂上準許穆。下同嵇紹。則允合輿議。克厭衆望。晉書下壼傳

朱暎

暎。成帝時尚書郎。

邵廣事議

天下之人父。無子者少。一事遂行。便成永制。懼死罪之刑。于此而弛。晉書范堅傳。通典一百六十六。

徐叔中

叔中。北海人。爲博士弟子。

父卒繼母還前親子家繼子爲服議

已前問。不立甲乙爲名禰。于義不便。今已母爲甲。先夫爲乙。後夫爲丙。先子爲丁。繼子爲戊。丙言可爾。必慮事宜。順其至情。非虛欺也。臨終不命。知死之後。制不在已故也。甲不中求。信之前言也。本有未還之計。去誓不還葬之辭。生則已不得養。死則不與已父同穴。就不成嫁。當爲去母。附之于嫁。不亦宜乎。通典九十四。

全晉文卷一百二十八終

遵當作遠

全晉文卷一百二十九

烏程嚴可均校輯

殷融

融字洪遠，陳郡長平人。咸和初爲庾亮都督府司馬，後爲丹陽尹，遷尚書。穆帝時拜太常卿、吏部尚書。有集十卷。

上言奔赴山陵不須限制

司徒西曹屬王濛以周年爲限，不及者除名，付之鄉論。臣以爲名教興于義厚，忠孝發于自然，不嚴而著，不肅而成者也。舊禮，國有大諱，外任不得離部，冗散之人，發哀公巷，初無課限，有不奔之制。案永平初，先帝稱宣帝遺詔，乃不得令子弟詣陵，唯蕩陰奔赴多不建。乃始爲其制，以篤一時，顧觀人情，未有肅媿，徒與簡默，正足以彰至道之不弘，表臣子之不義。宜遵前代，聞凶行喪，三日而已。（通典八十，成帝崩，尚書殷融上言。）

奏并襄陽郡縣

襄陽石城疆場之地，對接荒寇，諸荒殘寄治郡縣，民戶寡少，可并合之。□□□□□□□（咸康八年尚書殷融奏。）

顯贈刁協議

王敦惡逆，罪不容誅，則協之善，亦不容賞。若以忠非良圖，謀事失算，以此爲責者，蓋在于譏議之間耳。即凶殘之誅，以爲國刑，將何以沮勸乎？當敦專逼之時，慶賞威刑，專自己出，是以元帝慮深崇本，以協爲比，事由國計，蓋不爲私。昔孔寧儀行父從君于昏，楚復其位者，君之黨故也。況協之比君，在于義順，且中興四佐，位爲朝首，于時事窮計屈，奉命違寇，非爲逃刑，謂宜顯贈，以明忠義。（晉書刁協傳。）

奔赴山陵議

據周魯有喪，而魯人不弔，孔子所苦。曾子當謂國內卿大夫耳，非

如今日見在方外者也。（通典八十。）

后父不應拜后議

天性之至，父子之道，人倫之序，君臣之義，性因至親，故情禮無二。義緣序立，故尊嚴無上。易曰：有父子，然後有君臣；有君臣，然後有禮義生焉。故資父事君，敬之至也。以貴而臣其所尊，故子爵不加于父也。夫以帝皇之尊，猶無臣妾父母之義，況后從尊于帝，而令父母執臣妾乎？而鄭立復云公朝與歸寧別有二制，尊卑迭用，拜謁更施，亦未詳斯議爲何所據。（御覽一百三十五。）

禮上之有字衍

議

自頃多難，國度屢空，匹夫有重役之勞，武士有執戈之勤。（御覽三百五十一。）

殷允

允，融子。孝武時爲豫章太守，後拜太常。有集十卷。

石榴賦

余以暇日，散愁翰林，覩潘張石榴二賦，雖有其美，猶不盡善，以各爲揩辭，故聊爲書之。賦曰：

或珠離于璚琬，或玉碎于雕瓏，璘彬灑映，瞻紫與緗，煥若瑶英之攢鍾，爛粲若靈蚌之含珠璫。（御覽九百七十。）

與徐邈書

其晨當著吉服，除服，不當竟此日以吉服接客。當兄舊服見客邪？禮曰：服其除服，卒事反喪服。庾太尉大喪中除妻服，白帢對客終日。今齋服既同，且下流，宜無嫌于變吉服也。竟此一日，然後反喪服邪。（並通典九十七，殷允有兄子喪，應除兄服，與徐邈書。）

杖銘

二老晨征，匪杖不遠；四皓降趾，匪杖不反。翼德扶耆，匪杖焉資？輔相天地，匪賢而誰？荃蕙雖秀，才非貞質；興端雖美，道無立術。杖必

不撓無取苟覲人貴一德勿惑穿鑿藝文類聚六十九文略見書鈔一百三十三

祭徐孺子文

惟太元六年龍集荒落冬十月哉生魄試守豫章太守殷君謹遣左右某甲奉清酌薌合一盤單羞再拜奠漢故聘士豫章徐先生惟君資純玄粹含真太和卓爾高尚道映南岳逍遙環堵萬物不干其志貧褐行吟軒冕不易其樂時㩲虛榻佇金蘭之眷千里命契寄生芻之詠非夫超悟身名遺世無悶者孰若是乎夫誠素自中微物爲重蘋藻是歆實過牲牢藝文類聚三十八御覽五百二十六

殷康

康融子爲武康令遷吳興太守有集五卷

爲武康縣敎

自今郭邑居民有死喪者可令送兩甘蔗書鈔一百四十四御覽八百五十九引殷康集

明愼

犇車之上無仲尼覆舟之下無伯夷蓋言愼也御覽四百三十

古人云驕奢人之殃恭儉福之基御覽四百三十一

殷茂

茂融少子太元中爲國子祭酒隆安初遷太常歷散騎常侍特進左光祿大夫

上言宜令淸官子姪入學

臣聞弘化正俗存乎禮敎輔性成德必資于學先王所以陶鑄天下津梁萬物閑邪納善潛被于日用者也故能疏通玄理窮綜幽微一貫古今彌綸治化且夫子稱回以好學爲本七十希仰以善誘歸宗雅頌之音流詠千載聖賢之淵範哲王所同風自大晉中興肇基江左崇明學校修建庠序公卿子弟竝入國學尋値多故訓業不終陛下以聖德玄一思隆前美順通居方導達物性興復儒肆僉與後生自學建彌年而功無可名憚業避役就存者無幾或假託親疾眞僞難知聲實渾亂莫此之甚臣聞舊制國子生皆冠族華冑比列皇儲而中者混雜蘭艾遂令人情恥之子貢去朔之餼羊仲尼猶愛其禮況名實兼喪而臨一世者乎若以當今急病未遑斯典權宜停廢者別一理也若其不然宜依舊準竊謂羣臣內外淸官子姪普應入學制以程課今者見生或年在扞格方圓殊趣宜聽其去就各從所安所上謬合乞付外參議宋書禮志一太元元年國子祭酒殷茂上言通典五十三作太元十年

李太后服議

太皇太后名稱雖尊而據非正體主上纂承宗祖不宜持重謂齊服爲安通典八十一隆安四年太常殷茂議

殷浩

浩字淵源或作深源或作泉源皆唐人避諱改融兄羨之子成帝時征西將軍庾亮引爲記室參軍累遷司徒左長史後稱疾屛居十年永和中

簡文輔政徵爲建武將軍揚州刺史父憂服闋徵爲尚書僕射不拜復爲建武將軍揚州刺史加中軍將軍都督揚豫徐兗靑五州軍事假節爲姚襄所敗坐廢爲庶人徙東陽之信安縣有集五卷

遺王羲之書

悠悠者以足下出處足觀政之隆替如吾等亦謂爲然至如足下出處正與隆替對豈可以一世之存亡必從足下從容之適幸徐求衆心卿不時起復可以求美政不若豁然開懷當知萬物之情也晉書王羲之傳

遺褚裒書

足下今之太上皇也後魏書張普惠傳

易象論

聖人知觀器不足以達變故表圓應于蓍龜圓應不可爲典要故

寄妙迹于六爻六爻周流唯化所適故雖一畫而吉凶竝彰微一則失之矣擬器託象而慶咎交著繫器則失之矣故設八卦者蓋緣化之影迹也天下者寄見之一形也圓影備未備之象一形兼未形之形故盡二儀之道不與乾坤齊妙風雨之變不與巽坎同體矣世說文學篇注

殷仲堪

仲堪融孫孝武時爲著作佐郎冠軍謝玄鎮京口請爲參軍遷長史領晉陵太守父憂服闋召爲太子中庶子領黃門郎尋爲振威將軍都督荊益寧三州諸軍事荊州刺史假節鎮江陵坐事降號鷹揚將軍又坐水災復降號寧遠將軍安帝時爲桓玄所敗自殺有毛詩雜義四卷集十二卷

游園賦

爾乃杖策神游以詠以吟落葉掩蹊果下成林御覽八百二十四

將離賦

爾乃理轡杖策或乘或步行悲歌以諧歡朗長嘯以啟路藝文類聚十九

太子令

朝廷遂爲吾營室顧吾不才而大興役費深用愧惕冬氣已應作者殊常寒苦可使監殿舍人一月賚酒肉稱勞賜之吾蒙月俸錢上生塵無所用之可以供事御覽八百二十六引殷仲堪集

上白鹿表

巴陵縣清水山得白鹿一頭白者正色鹿者景福嘉義藝文類聚九十五

表

賜駿馬一匹書鈔十九

奏請巴西等三郡不戍漢中

尚書下以益州所統梁州三郡人丁一千番戍漢中益州未肯承遣仲堪乃奏之曰夫制險分國各有攸宜劒閣之隘實蜀之關鍵巴西梓潼宕渠三郡去漢中遼遠在劒閣之內成敗與蜀爲一而統屬梁州蓋定鼎中華慮在後伏所以分斗絕之勢開荷戟之路自皇居南遷守在岷邛衿帶之形事異曩昔是以李勢初平割此三郡配隸益州將欲重復上流爲習坎之防事經英略歷年數紀梁州以統接曠遠求還得三郡忘王侯設險之義背地勢內外之實盛陳事力之寡弱飾哀矜之苦言今華陽乂清汧隴順軌關中餘燼自相魚肉梁州以論求三郡益州以本統有定更相牽制莫知所從致令巴宕二郡爲羣獠所覆城邑空虛士庶流亡要害膏腴皆爲獠有今遠慮長規宜保全險塞又蠻獠熾盛兵力寡弱如遂經理乖謬號令不一則劒閣非我保醜類轉難制此乃藩扞之大機上流之至要昔三郡全實正差文武三百以助梁州今浮浪蠻獠十不遺二如逐食鳥散資生未立苟順符指以副梁州恐公私困弊無以堪命則劒閣之守無擊柝之儲號令選用不專于益州虛有監統之名而無制御之用懼非分位之本旨經國之遠術謂今正可更加梁州文武五百合前爲一千五百自此之外一仍舊貫設梁州有急蜀當傾力救之晉書殷仲堪傳

與相王牋

奉所賜馬鎧既足以奬厲懦必又以光華遠任御覽三百五十六

所致玉佩光潤清越御覽六百九十二

與徐邈書

后者婦人之貴號在妻則言后在母則加大禮天子之妃稱后關雎曰后妃之德后妃二名其義一也設使皇后處內貴妾必不可稱妃通典七十二

致謝玄書

胡亡之後中原子女鬻于江東者不可勝數骨肉星離荼毒終年怨苦之氣感傷和理誠喪亂之常足以懲戒復非王澤廣潤愛育

躊之當作之躊

蒼生之意也。當世大人。旣慨然經略。將以救其塗炭。而使理至于此。良可歎息。顧節下弘之以道德。運之以神明。隱心以及物。垂理以禁暴。使足踐晉境者。必無懷慼之心。枯槁之類。莫不同漸天潤。仁義與干戈竝運。德心與功業俱隆。實所期于明德也。頃聞抄掠所得。多皆採樵飢人。壯者欲以救子。少者志在存親。行者傾筐以顧念。居者吁嗟以待延。而一旦幽縶。生離死絕。求之于情。可傷之甚。昔孟孫獵而得麑。使秦西以歸之。其母隨而悲鳴。不忍而放之。孟孫赦其罪。以傳其子。禽獸猶不可離。況于人乎。夫飛鴞惡鳥也。食桑葚猶懷好音。雖曰戎狄。其無情乎。苟感之有物。非難化也。必使邊界無貪小利。強弱不得相陵。德音一發。必聲振沙漠。二寇之黨。將靡然向風。何憂黃河之不濟。函谷之不開哉。晉書殷仲堪傳。

荅徐農人問

徐農人問殷仲堪曰。禮服高祖父母齊縗三月。若其父承重者。爲

當服周。爲故自服其本服耶。若服其本服。不以父重而增者。假如元孫持高祖重。元孫之子來孫本都無服。父服三年。而子吉服。俱非喪紀差降之義。若來孫本無服。而今有服。則曾元孫宜以父承重而加也。進退迷惑。不知所行。殷荅曰。祖父在而祖母沒。則父服厭周。祖父後亡。則父服三年。而孫之服一定無變。是知孫之于祖。自有正服。不以父服爲升降。又疑元孫承重。來孫無變。案禮記有子姪之服。苟恩盡親異。縞冠元武。非爲無變矣。徐又問曰。父在爲母。雖服以周。斷至練禫盧杖。大制無虧。故孫得遂其本服。若父出後降祖。在不杖周。則孫不得同父之服明矣。若父還反重。又當從父升亦明矣。如此。升降由父。不得恒自定也。未有斬服不異。至親而子正制三月之外。或都無服者也。他人同爨。而爲之緦。縞冠元武。微廟吉飾。求之五服。故爲無變。他人之不若。此所大惑也。殷又荅曰。父在爲母。先王明義。屈之以周服。而情未有異也。哀親故寢

苫枕凷。毀瘠。杖而後起。創巨痛深。弗可頓奪。故漸之以祥練。申之以禫月。此蓋有由不變其本則降矣。子有降而孫得遂。仲堪所謂不隨父升降者也。通典九十六。

水贊

大象無形。氣以分餘。淡淡沖津。質有雖虛。淸濁可瀨。明激弗渝。孰能懷之。汎然靡拘。藝文類聚八。

琴贊

五音不彰。孰表大音。至人善寄。暢之雅琴。聲由動發。趣以虛乘。初學記十六。藝文類聚四十四作虛淡。

天聖論

天者爲萬物之根本。冥然而不言。百姓生而不有其功。萬物成而不疲其勞。聖者承天之照。用天之業。聖宜其道者也。初學記十七。

荅桓玄四晧論

桓玄在南郡。論四晧來儀漢庭。孝惠以立。而惠帝柔弱。呂后凶忌。此數公者。觸彼埃塵。欲以救弊。二家之中。各有其黨。奪彼與此。其讎必興。不知匹夫之志。四公何以逃其患。素履終吉。隱以保生者其若是乎。以其文贈仲堪。仲堪乃荅之曰。

隱顯默語。非賢達之心。蓋所遇之時不同。故所乘之塗必異。道無所屈。而天下以之獲寧。仁者之心。未能無感。若夫四公者。養志巖阿。道高天下。秦網雖虐。游之而莫懼。漢祖雖雄。請之而弗顧。徒以一理有感。汎然而應。事同賓客之禮。言無是非之對。孝惠以之獲安。莫由報其德。如意以之定藩。無所容其怨。且爭奪滋生。主非一姓。則百姓生心。祚無常人。則人皆自賢。況夫漢以劍起。人未知義。式遏姦邪。特宜以正順爲寶。天下大器也。苟亂亡見懼。則滄海橫流。原夫若人之振策。豈爲一人之廢興哉。苟可以暢其仁義。與夫伏節委質可榮可辱者。道迹懸殊。理勢不同。君何疑之哉。又謂諸

呂強盛。幾危劉氏。如意若立。必無此患。夫禍福同門。倚伏萬端。又未可斷也。于時天下新定。權由上制。高祖分王子弟。有盤石之固。社稷深謀之臣。森然比肩。豈瑣瑣之祿產所能傾奪之哉。此或四公所預。于今亦無以辨之。但求古賢之心。宜存之遠大耳。端本正源者。雖不能無危。其危易持。苟啟競津。雖未必不安。而其安難保。此最有國之要道。古今賢哲所同惜也。晉書殷仲堪傳

酒盤銘

飾有宜　藥慈最
禮[illegible]　狂　[illegible]　藝文類聚七十三。
[illegible]　[illegible]

誄

荆門晝掩。閑庭晏然。文選顏延之贈王太常詩注

合社文

夫社之爲祀遠哉。故大夫以成羣斯禮里社之興。由來尚矣。自喪亂流遷。舊俗隳廢。今二三宗親。思桑梓之遺風。尊先聖之明誥。潔齊牲牢。庶乎自古以來。一日之澤。然三人之行。必有其師。故優選中正立三老者。惟公理以御衆。稽舊章以作憲。御覽五百三十二。

殷仲文

仲文字仲文。康子。會稽王道子引爲驃騎參軍。轉諮議參軍。後爲元顯征虜長史。左遷新安太守。桓玄舉兵。以爲諮議參軍。領記室。進侍中。領左衛將軍。玄敗。投義軍。爲鎮軍長史。轉尚書。安帝反正。遷東陽太守。義熙三年謀反。伏誅。有集七卷。

罪釁解尚書表

臣聞洪波振壑。川無恬鱗。驚飈拂野。林無靜柯。何者。勢弱則受制于巨力。質微則莫以自保。于理雖可得而言。于臣實非所敢喻。昔桓玄之世。誠復驅迫者衆。至于愚臣。罪實深矣。進不能見危授命。忘身殉國。退不能辭粟首陽。拂衣高謝。遂乃宴安昏寵。叨昧僞封。錫文篡事。曾無獨固。名義以之俱淪。情節自茲兼撓。宜其極法以判忠邪。會鎮軍將軍臣裕匡復社稷。大弘善貸。佇一戮于微命。申三驅于大信。既惠之以首領。復引之以縶維。于時皇輿否隔。天人未泰。用忘進退。惟力是視。是以僶俛從事。自同全人。今宸極反正。惟新告始。憲章既明。品物思舊。臣亦胡顏之厚。可以顯居榮次。乞解所職。待罪私門。違謝闕庭。乃心愧戀。謹拜表以聞。臣某云云。文選。晉書殷仲文傳。藝文類聚五十四。

全晉文卷一百二十九終

烏程嚴可均校輯

范宣

宣字宣子。陳留人。徙居豫章。咸和初。太尉郗鑒引爲主簿。詔徵太學博士員外郎。竝不就。太元中卒。有擬周易說八卷。禮記音二卷。

荅殷浩問

殷浩問范宣曰。其士大夫之嫡者。公子之宗道也。請解其義。荅曰。其士大夫之嫡者。言上二宗。唯施公子之身。至諸公子有子孫。各祖公子㠯爲別子。各宗其嫡子㠯爲大宗。代代相承。然後乃成別子之後。百代不遷之宗者也。所㠯舉其士大夫之嫡者。明公子之子孫。不復宗公子之宗。又嫌庶宗昆弟之子孫復爲小宗。故特舉嫡㠯號之也。凡母弟及庶昆弟所謂庶宗大宗。正論其一代之嫡庶耳。至于各有子之後。長子皆成嫡也。公子之宗道。言公子之宗道成。故重釋也。通典七十三。

殷浩問范宣曰。有小宗而無大宗者。有大宗而無小宗者。有無宗亦莫之宗者。公子是也。公子有宗道。公子之公。爲其士大夫之庶宗。請解之。荅曰。有小宗而無大宗者。謂君之諸弟同庶者。君命庶長爲衆庶之宗。則名小宗。則服大功九月者是也。有大宗而無小宗者。謂君有同母弟。命㠯爲宗。則羣庶昆弟宗之。則名大宗。服齊衰九月者是也。昆弟既親。又是庶中之正者也。有無宗亦莫之宗者。謂公子唯已而已。則上不敢宗君。下無昆弟宗已者是也。公子有宗道者。禮。諸侯于其非正嫡。一無所服。則羣昆弟亦不敢相服。則無相統領。無相統領。則不可不立宗。立宗然後有服耳。故云公子有宗道也。公子之公。公者君也。此立宗君命所制。嫡自相推。故又舉公㠯明之也。爲其士大夫之庶宗者。此獨說庶宗者。兼上總謂有小宗而無大宗者爲混。故復指解小宗之義。則大宗自然了也。所㠯統大夫庶宗者。諸侯庶昆弟有爲大夫也。所㠯正舉大夫者。所宗庶長。或可爲士。兼大夫位尊不相宗。故云爲大夫之庶宗。㠯斷疑也。通典七十三。

復上之孫當作猶

嫡當作嫌

縑當作嫌

咸康末殷泉源問。案浩字淵源。唐人避諱改爲深源。泉源耳。天子諸侯臣致仕。服有同異。范宣荅云。夫禮制殘缺。天子之典。多不全具。唯國君之禮。往往有之。臣之致仕。則爲舊君齊衰三月。天子之臣。則亦然矣。天子之與國君。雖名號差異。至于臣子奉之。與主者無殊矣。何㠯明之。公羊傳曰。㠯諸侯踰年稱卽位。亦知天子之踰年稱卽位。㠯天子三年然後稱王。亦知諸侯于其封內三年稱子。比例如此。則臣服之制同矣。通典九十九。

荅兄子問四祖遷主禮

舜廟所祭。皆是庶人。其後世遠而毀。不居舜上。不序昭穆。今四君號猶依本。非㠯功德致禮也。若依虞主之瘞。則猶藏子孫之所。若依夏主之埋。則又非本廟之階。宜思其變。別築一室。親未盡則禘祫。處宣帝之上。親盡則無緣下就子孫之列。宋書禮志三。

荅萬蕣問次孫傳重

萬蕣問范宣。嫡孫亡無後。次子之後。可得傳祖重不。宣荅。禮爲祖後者三年。不言嫡庶。則通之矣。無後猶取繼。況見有孫。而不承之耶。庶孫之異于嫡者。但父不爲之三年。祖不爲之周。而孫服父祖不得殊也。通典八十八。

荅雷孝清問

雷孝清問曰。爲祖母持重。既葬而母亡。服制云何。別開門。更立廬不。言稱孤孫。爲稱孤子。范宣曰。案禮。應服後喪之服。承嫡居諸父之上。一身爲兩喪之主。無緣更別開門立廬。㠯失居正之意。至祖母練日。則變除居堊室。事畢反後喪之服。禮無書疏稱孤子孤孫

廢當作發

目當作非

之文今代行之合于人情稱孤孫存傳重之目宜至祖毋訖服然後稱孤子。通典九十七。

答或問

或問曰曾祖墓從祖墓毀廢哭制云何范宣曰禮不見在遠直聞墓發制唯經見改葬緦此施臣子妻是承嫡者當依此禮非嫡有降祖三日哭從祖一日哭可也。通典一百二。

難段暢諒闇議

范宣曰所㠯知諒闇爲凶廬者案禮葬後柱楣楣則梁也明葬後居廬所㠯爲義暢曰昔武王崩成王立周公攝政明年既葬周公冠成王而朝于祖㠯見諸侯此天子卒哭除喪之證也春秋在喪王曰小童公侯曰子既葬則無此稱此除服證也范宣難曰禮葬後飲食衣服皆有降殺設君臣之稱安得不異暢曰春秋文八年秋八月襄王崩九年春毛伯來求金傳曰不書王命未葬也范宣

曰禮既葬王政入于國卽君名有漸㠯一朝頓除除服之義多引益惑耳暢引僖王崩未再周惠王享晉虢失禮㠯名位不同不譏喪享而譏公侯同禮又享有籩豆之薦聘則陳幣太廟授玉兩楹此聞樂不樂食旨不甘除服證也范宣曰朝聘之禮國有喪皆有撤損不與平同也周禮掌客職賓客有喪唯芻稍之受是明主人設饗是儀有等級之品客受芻稍循情之事是㠯往往有享文耳且或有急尊王室或有安衛社稷事出無方歸于時宜事訖反服于禮何傷于啐嚌示義而信㠯爲食旨亦其昏矣暢引春秋僖七年閏月惠王崩九年夏王使宰孔賜齊侯胙曰天子有事于文武㠯爲王喪再周少五月而猶事文武明王爲卒哭除喪卽位而祭廟矣所謂烝嘗禘于廟也宣曰夫祭祀之禮有正有變所㠯然者或將有所施不必一也禱類祈禡豈一道乎武王出祔㠯燎豈是常郊邪天地猶然況宗廟乎禮不墓祭而尚祭乎畢又不于宗廟

貴當作責

而祏在坿室且禮去祧爲壇去壇爲墠而周公請命告太王㠯下而三壇同墠此豈非變禮乎當襄王之時逼于王子帶不敢發喪潛使告于齊常有憂懼之色故或爲權禮于文武告請之祀非其常典故云有事于文武而不稱禘祫于宗廟也能究變正之義始可與談春秋耳。通典八十七。

禮二墓論

史記及孔安國說皆爲實錄未生之前不可㠯逆貴夫子也既長謁墓固㠯識其外矣但毋不告其內義無強請然祔葬宜詳是㠯問焉記但言不知其墓非都不知也所㠯不應者欲言非禮則弟子有忘敬之情欲言是禮則墓不須防而固然言及宅兆是㠯流涕耳防亦防虞此豈地名猶傳言文公之入也無衞非無康叔之國也。通典一百二。

杜瑗

瑗咸和中爲太常博士。案別有杜瑗晉末爲交州刺史非卽此。

賀僑妻于氏養兄子率爲後議案于氏有表在後列女文類。

夫所謂爲人後者有先之名也言其既沒于㠯承之耳非並存之稱也率爲嶠嗣則猶吾子羣之平素言又惻至其爲子道可謂備矣而很欲同之與爲人後傷情棄義良可悼也昔趙武之生濟由程嬰嬰死之日武爲服喪三年夫異姓名義其猶若此況骨肉之親有顧復之恩而無終始之報凡于氏所據皆有明證議不可奪。通典六十九。

陳序

序咸和中爲廷尉史。

賀僑妻于氏養兄子率爲後議

令文無子而養人子㠯續亡者後于事役復除無迴避者聽之不得過一人令文養人子男後自有子男及閹人非親者皆別爲戶

案嶠自有纂。辛應別爲戶。（通典六十九）

譙

譙失其姓。咸和中爲丹陽尹。

于氏養兄子率爲後議

案于所陳。雖煩辭博稱。並非禮典正義。可謂欲之而必爲之辭者也。臣案尚書闓議。言辭清允。析理精練。雖于之說。要而合典。上足以埀一代之式。愚以爲宜如闓議。（通典六十九）

諸葛瑒

瑒。咸康中爲庾亮征西參軍。

陳詵後妻之子爲前妻服議

詵既不能庇其伉儷。又未審李之吉凶。無感離之慘。便歡會納妻。悖禮傷教。皆此之由。又詵協嚴迎李。籍注二妻。李亡之日。乃復疑服。若小人無知。不應有疑。及其有疑。明知妻不可二。生亂其名。沒疑其服。喪亂以來。有多此比。宜齊之以法。（通典八十九）

虞眕

眕。咸康中爲庾亮征西府倉曹參軍。

陳詵後妻之子爲前妻服議

庶人兩妻。不合典制。裁之法則。應以先婦爲主。服無所疑。漢時黃司農爲蜀郡太守。得所失婦。便爲正室。使後婦下之。載在風俗通。今雖貴賤不同。猶可依準行。（通典八十九）

王羣

羣爲庾亮征西府倉曹參軍。

陳詵後妻之子爲前妻服議（咸康中）

李氏投身于賊。則名義絕矣。辱身污行。喪禮違義。雖有救母之功。宜以路人之恩相報。不可以奉承宗廟。嚴子不宜以母服之。李子宜以出母居之。（通典八十九）

通諸征西府主及僚案請詳斷從父姊服

姑姊妹無主後者。反歸服。經雖不及從。設教必自親始。以經言。則宜不降。以記論。例在加服。又與此姊同在他邦。無餘親。情所不忍。準經不降。不亦可乎。（通典九十八）

荀訥

訥爲庾亮征西掾。穆帝時爲太常博士。領國子祭酒。

駁王羣爲從父姊反服

若從姊夫沒無子。無主後。反服可也。今已立後。殯葬有主。祭足下制小功之服。方以爲後者沒。更與本親之情。尋其始則喪非無主。論其終。則五月之末。繼以大功之受。于制則情禮已降。于服則非輕重之序。（通典九十九）

忌月議

案禮。唯云忌日不樂。無忌月之文。所謂忌日。當是子卯。今代所忌更以周年日數。此事與古不同。（通典一百）

禮祇有忌日。無忌月語。若有忌月。即有忌時忌歲。並無理據。（通典一百四十七。升平元年。穆帝納后。太常禮官荀訥議。又見舊唐書王方慶傳注。）

開陵太后服議

如鄭玄注。則皇太后不應有服緦。謂今皇太后上奉宗廟。下臨朝臣。宜有變禮。不得準之常制。（通典一百二。永和十二年。領國子祭酒荀訥議。）

改葬復虞議

虞安神之祭。神已在廟。改葬不應復虞。虞則有主。訥謂純言爲當。（通典一百二。尚書下問。改葬應虞與不。博士傅純難。改葬安得虞。國子祭酒荀訥以爲）

荅蔡謨書

別示并曹主簿書。其中兄在南娶。喪亡已三年。其兄子該等未曾相見。應爲服否。記云。生不及祖父母諸父昆弟。而父稅喪。已則否。先儒以爲父異邦而生。已不及祖在時歸見之。故過時則不服也。

記云不及。而諸儒已爲不見文義各異。然則不及當謂生不及此親在時也。意謂荀問既通情義已著。雖未相見。禮疑從重。猶稅服。（通典九十八。）

荅劉系之問爲殤後者服

劉系之問荀訥。禮喪服小記。爲殤後者。服以其服。案鄭玄云。言爲後據承之也。殤無爲人父之道。以本親之服服之。案禮取後或可緦麻之親。或五服之内。若如鄭旨。各從本親。則爲殤後者。可有無服之理。殤雖無爲人父之道。今既承之。不得不稱之爲父。而無服之處喪。卽情尋義。無服之理有疑。訥荅曰。今相承繼在殤者既沒之後。主人近親。皆已殤服服之。疏族爲後。更當斬縗三年。輕重殊駁。非稱情立文也。且後大宗當爲祭主。于先人輕降之服。不可久廢祭祀。若應重服者。記當曰服斬。文約而旨明。今之所服。以非服重也。當以爲後之故。本施成人。而不從殤耳。（通典八十二。）

荅劉系之問妻已沒爲妻父母服

劉系之問荀訥曰。禮云。母黨不二服。親無二統故也。以例準則。妻黨不二服明矣。然母有親繼之別。又有出有卒。故服外氏有降殺之禮。今妻義一也。無繼出之殊。今服其黨。孰先孰後邪。訥荅曰。妻黨不二服。禮所不載。母黨有出有繼。情事不同。謂前妻雖卒。終當同穴。今妻配已。理無異前。不以存亡爲異也。且禮無其文。當俱有服也。或以爲同于徒從。妻沒則不從服。若夫所不服。妾何得于徒從君母之黨邪。（通典九十五。）

荅韓康伯問居所後父喪有本親喪服

韓康伯問荀訥云。有人奉其伯後。服制未除。復有本父喪。當復應還所生。兩處作喪位。不若作堊室。今當服斬。先斬以居堊邪。荅曰。今身有所後重服未練。雖有所生之喪。無所改易。既練則當服周。布冠幘首經齊縗。先喪既練。已有堊室。唯當服周以居之耳。不復還本家作喪位。韓重問。既爲人後。先服重制。豈當有改。然今要當有時還本哭臨其本親。赴弔不設喪位。情爲不安。可于本親兄弟次作堊室。歸來處之。不。荀重荅。意謂身有所後重服。當不得復于本兄弟廬室作堊室。歸可設哭位而已。（通典九十七。）

荅段凝問改葬服

段凝問。嫡孫居父喪未練而改葬祖。當何服。又出養子居所生父喪齊衰。改葬合當何服。荀訥云。禮父母喪偕葬。先輕後重。謂便當以重服而葬也。若服重可以臨葬。則爲人後者。亦當著齊衰耳。禮無的文。此意決耳。（通典一百二。）

馮懷

懷。咸康中爲太常。加侍中。永和初爲護軍將軍。

請議京兆府君遷主表

纘太廟奉還于西儲夾室。謂之爲祧。疑亦非禮。今京兆遷入。是爲四世遠祖。長在太祖之上。昔周室太祖世遠。故遷有所歸。今晉廟宣皇爲主。而四祖居之。是屈祖就孫也。殷祫在上。是代太祖也。（宋書禮志三。咸康中。太常馮懷表。）

元會敬司徒議

天子修禮。莫盛于辟雍。當爾之日。猶拜三老。況今先帝師傅。謂宜盡敬。（晉書荀奕傳。）

京兆府君遷主議

禮無廟者。爲壇以祭。可別立室藏之。至殷祫則祭于壇也。（宋書禮志三。永和二年。）

荅或問内外兄弟

或謂馮懷曰。甲之母。乙之姑。乙之母。甲之姑也。世稱姑之子爲外兄弟。舅之子爲内兄弟。此亦鄭君所言。然甲乙之母俱姑也。父俱舅也。内外相同。親疏無異。若甲以姑子稱乙。乙以舅子稱甲。則事同名異于理不通若相稱之辭同則名例爲乖懷對曰禮公子之外兄弟者外祖父母也左氏傳曰聲伯吕其外弟爲大夫所謂外弟蓋管子奚之子聲伯同母異父之弟也聲伯謂之異弟彼謂聲伯爲外兄然則異姓之親通謂之外不必謂吾外者吾謂之内也今稱舅子爲内兄弟末俗所云非典言也鄭意還舉俗言吕喻俗人故稱焉亦非正名矣依禮據傳甲乙相稱宜通曰外通典六十八

荅或問從舅是族外弟相稱

或謂馮懷曰丙之母丁之從祖姊也丁之母丙之族姑也丙年長于丁若從父族爲親則丙吕丁爲族外弟而丁吕丙爲從甥若從母族則丙吕丁爲從舅而丁吕丙爲從内兄名體乖謬尊卑錯序若内吕父族稱丁丁吕母族稱丙則例不通將若之何懷荅曰聞諸前訓名者人之綱故夫屬于父道其妻爲母夫屬于子道其妻爲婦今則姑是母班而兄弟是已列故不敢吕已之列廢母之班矣謂丙宜執從舅之禮通典六十八

翟鑒

鑒咸康中爲庾翼安西掾

甘露啟

甘露降學堂栁樹與幹吏共嘗味極甜宜表賀藝文類聚九十八

謝詮

詮咸康中太學博士

劉曇父與府主同名求解職議

案禮諸侯諱祖與父大夫士幷諱伯父母及姑又父子之所天尊無已比宜聽解職通典一百四右將軍王遐司馬劉曇父名遐求解職事博士謝詮議

荅東海國臣剌問爲皇后服

恭皇后崩時東海國臣弘據剌問禮官大學博士謝詮案儀禮諸矦之大夫爲周王總縗至葬除有正文傳曰諸矦之大夫時接見于天子也至于周王后崩無喪服之制周王天下父周后天下母諸矦大夫宜服總縗稱情爲得通典八十一

又剌問云昔元明二帝崩時朝臣皆服斬縗諸國臣總縗七月今朝臣既爲皇后齊周則國臣宜有差降不得亦總縗也謝詮荅曰總縗止于七月故無降錯綜記例亦謂應有服正疑于無降耳案伯叔母與伯叔父恩義有深淺而服亦同齊會祖與宗子母妻服無差降推此則何必皆降乎將吕取節于既葬故無等耶通典同上

許乾

乾一作幹咸康中太學博士

劉曇父與府主同名求解職議

案禮君子不奪人親故孝經云資父吕事君而敬同是吕爲尊者諱爲親者諱曇自別父與將軍同名聖朝垂恩不許曇解可使換官通典一百四

別當作列

全晉文卷一百三十終

全晉文卷一百三十一

烏程嚴可均校輯

顧臻

臻，咸康中爲散騎侍郎。

請除雜伎樂表

臣聞聖王制樂，讚揚治道，養以仁義，防其邪淫，上享宗廟，下訓黎民，體五行之正音，協八風以陶氣，宮聲正方而好義，角聲堅齊而率禮，絃歌鐘鼓金石之作備矣。故通神至化，有率舞之感，移風改俗，致和樂之極。末世之伎，設禮（晉唐志作方）外之觀，逆行連倒，頭足入筥之屬，皮膚外剔，肝心內擲，敦彼行葦，猶謂勿踐，矧伊生民，而不惻愴。加以四海朝覲，言觀帝庭，耳聆雅頌之聲，目覩威儀之序，而足以蹋天，頭以履地，反兩儀之順，傷彝倫之大。方今夷狄對岸，外禦爲急，兵食七升，忘身赴難，過泰之戲，日稟五斗，方掃神州，經略中甸，若此之事，不可示遠。宜下太常，纂備雅樂，簫韶九成，惟新于盛運，功德頌聲，永著于來葉，此乃詩所以燕及皇天，克昌厥後者也。雜伎而傷人者，皆宜除之，流簡儉之德，邁康哉之詠，清風既行，民應如草，此之謂也。愚管之誠，惟垂采察。（晉書樂志下，宋書樂志一，舊唐書樂志二，御覽五百六十九。）

謝沈

沈字行思，會稽山陰人。成帝時，郡召主簿，功曹，察孝廉，太尉郗鑒辟，皆不就。會稽內史何充引爲參軍，以母老去職。康帝初，徵爲太學博士，除尚書祠部郎，徙度支郎，遷著作郎。有尚書注十五卷，錄一卷，毛詩注二十卷，後漢書一百二十二卷，集十卷。

祥禫議

杜元凱注春秋左傳云，天子諸侯雖卒哭除喪，至于當其練祥之日，必設位而哭，明不復禫也。且先朝故事，無有禫儀，蓋君子行禮，不求變俗，而博士徐禪意欲以來六月二十二三大祥，二十五六而禫，三日之中，衣服無異，而立二節，皆背先儀，又非簡易之法也。忌日舉哀，如昔成制，禮云，除喪者卜其遠日，避不懷也，謂當擇月末以還大祥，除四起縞冠，受以白帢，從月後吉，不宜立異屢改也。仲尼曰，三年之喪，二十五月而畢，哀痛未盡，思慕未至，然服以是斷者，豈不送死有已，復生有節也哉。又云，天地已易，四時已變，是以象之。而欲二十二三日除縞弁，二十五六日禫哭，禮玉藻曰，縞冠素紕，既祥之冠也。所謂大祥而素縞麻衣也。釋禫之禮云，禫祭則黃衣玄冠矣。既祭乃服禫，朝服綅冠，踰月玄端以居，復平常焉。如士禮之條，又無禫哭也。且日時未改，忌月未過，便復常節，恐非天王情禮大晉之典也。今無受禫之服，又無改易之祭，三日之間，哀樂不變，而立無名之哭，近背先帝畫一之美，遠違仲尼殊月之說。議曰，詳案前儀，則禮經云，三年之喪，自天子達，雖有其說，無聞服制。所引武王崩，既葬，成王冠，襄王崩，嗣王未再周，賜齊侯胙，皆可爲明徵，當以萬機至繁，百度須理，如同臣庶喪制，唯祀與戎，多闕。漢文彌留之際，不詳前代舊規，深慮大政之廢，遂施易月之令。若侯同軌畢至，嗣君然後免喪，俗薄風澆，或生釁難。執古道者，則云齊斬三年，適權宜者，遂稱以日易月。禮經雖云七月而葬，漢魏以降，多一兩月內山陵，禮終，奄㝛之期，不必七月，除服之制，止于反虞，魯史足徵，可無致惑，庶情理兩得，政教無虧矣。（通典八十，博士謝沈議，本又作謝沉，官本作謝玩，疑皆誤。）

荅張祖高問

張祖高問謝沈曰，諸侯祭五廟，先諏日卜吉而行事，爲祭五廟諸畢邪。案儀視殺延尸，厥明行事，晏朝乃闋，五廟盡徧，將終日不了，若異日，未見其義。沈荅曰，五廟同時，助祭者多，晏朝乃闋，季氏逮闇，繼之以燭，雖有強力之容，肅敬之心，皆倦怠也。子路爲宰與祭，

室事交乎戶。堂事交乎階。晏朝而退。孔子聞之曰。誰謂由不知禮（通典四十八）

張祖高問。士服天王云。何。要記唯道大夫服君及家臣服大夫耳。不說士。恐有脫誤。鄭云。士服君。亦斬衰。無明文。而雜記云。士居堊室。此則士制周邪。士下吏服士恐亦應同。謝沈荅曰。朝廷之士服天王斬衰。禮之明文也。邑宰外任之士。居堊室制周。要記非脫誤。是簡略耳。（通典八十一）

荅王氏問

王氏問謝沈云。祖父特進衞將軍海陵亭恭侯應立五廟不。沈荅。亭侯雖小。然特進位高。侶諸侯也。又問。曾祖父侍御史得入特進恭侯廟不。荅。父爲士。子爲諸侯。尸以士服。祭以諸侯之禮。御史雖爲士。應自入恭侯廟也。（通典四十八）

史縻遺

縻遺爲河南從事。

爲出繼母不服議

夫禮緣人情而爲之制。雖以義督親。然實以恩斷義。案繼母如母。謂其在父之室。事之猶母。見育猶子。故同之所生。齊服下章云。父卒繼母嫁。從爲之服報。此明父在繼母出。則不服矣。繼母出自他族。與己無名。從以配父。有母之尊。親撫養已。故亦喪之如母。及其出也。既不終養育之恩。又棄爲母之名。若不從而見育。則不服亦其宜矣。（通典九十四）

張虞

虞咸康中東陽太守。累遷爲衞尉卿。有集十卷。

請旌孝子許孜疏

臣聞聖賢明訓。存乎舉善。褒貶所興。不遠千載。謹案所領吳寧縣物故人許孜。至性孝友。立節清峻。與物恭讓。言行不貳。當其奉師

則在三之義盡。及其喪親。實古今之所難。咸稱殊類致感。猛獸弭害。雖臣不及見。然備聞斯語。竊謂蔡順董黯。無以過之。孜沒積年。其子尚在。性行純懿。今亦家于墓側。臣以爲孜之履操。世所希逮。宜標其令跡。甄其後嗣。以疇既往。以獎方來。陽秋傳曰。善善及其子孫。臣不達大體。請臺量議。（晉書孝友許孜傳）

羅含

含字君章。桂陽耒陽人。爲州主簿郡功曹。刺史庾亮以爲部江夏從事。後爲桓溫征西參軍。轉州別駕。又轉征西戶曹參軍。遷宜都太守。溫封南郡公。引爲郎中令。尋徵正員郎。累遷散騎常侍侍中。轉廷尉長沙相。致仕。加中散大夫。卒年七十七。有集三卷。

荅孫安國書（孫盛字安國）

獲書。文略旨辭。理亦兼情。雖欣清酬。未喻乃懷。區區不已。請尋前本。本亦不謂物都不化。但化者各自得其所化。頹者亦不失其舊體。孰主陶是。載混載判。言口然之至。分而不可亂也。如此。豈徒一更而已哉。將與無窮。而長更矣。終而復始。其數歷然。未能知今安能知更。蓋積悲忘言。諮求所通。豈云唯慰。聊以寄散而已矣。（宏明集五）

更生論

善哉向生之言曰。天者何。萬物之總名。人者何。天中之一物。因此以談。今萬物有數。而天地無窮。然則無窮之變。未始出于萬物。萬物不更生。則天地有終矣。天地不爲有終。則更生可知矣。尋諸舊論。亦云萬兆懸定。羣生代謝。聖人作易。已備其極。窮神知化。窮理盡性。苟神可窮。有形者不得無數。是則人物有定數。彼我有成分。有不可滅而爲無。彼不得化而爲我。聚散隱顯。環轉于無窮之塗。賢愚壽夭。還復其物。自然貫次。毫分不差。與運泯復。不識不知。遐哉邈乎。其道冥矣。天地雖大。渾而不亂。萬物雖眾。區已別矣。各自

其本。祖宗有序。本支百世。不失其舊。又神之與質。自然之偶也。偶有離合。死生之變也。質有聚散。往復之勢也。人物變化。各有其往。往有本分。故復有常物。散雖混淆。聚不可亂。其往彌遠。故其復彌近。又神質冥期。符契自合。世皆悲合之必離。而莫慰離之必合。皆知聚之必散。而莫識散之必聚。未之思也。豈遠乎若者。凡今生之生。爲即昔生。生之故事。即故事于體。無所厝其意。與已冥終。不自覺。孰云覺之哉。今談者徒知向我非今。而不知今我故昔我耳。達觀者所㠯齊死生。亦云死生爲寤寐。誠哉是言。釋藏車五。宏明集五。

後當作彼

劉恢

恢爲丹楊尹。有集二卷。

圍棊賦序

司空從事中郎庾仲初。性好圍棊。終不達棊旨。言文則觸類而生。對局則冥然而窮。何所解如後之易。所礙如此之難哉。御覽七百五十三。

與范汪論婚事

禮非拜時。拜時出于末世耳。將㠯世族多虞。吉事宜速。故㠯好歲拜時。新年便可婚也。藝文類聚四十七。

劉惔

惔字眞長。沛國相人。尚明帝女廬陵公主。累遷丹楊尹。

荅范汪問

中書郎范汪問劉惔曰。從妹與荀始文婚。已及好歲拜時。又從叔父德度喪。會叔親患危篤。欲令荀氏迎從妹。盡婦敬于夫氏。㠯有此喪爲難。故爲此議。拜時出于近代。將㠯宗族多虞。吉事宜速。故好歲拜。新年便可迎也。惡歲可迎。是拜時已成婦也。在塗之嬬。猶服夫氏。況已交拜。禮成便當迎。是長還也。惔荅云。荀今從叔喪三月。小功之服。禮云。小功之末。可㠯納妻。如此自可比初婚。何疑。通典五十九。

又當作有

酒箴

爰建上業。曰康曰狄。作酒于社。獻之明辟。仰郊昊天。俯祭后土。歆禱靈祇。辨定賓主。啐酒成禮。則彝倫攸序。此酒之用也。初學記二十六。又略見書鈔一百四十八。

徐衆

衆。咸康中爲黃門郎。建元初進侍中。

恭皇后大祥忌日臨哭議

案博士議。恭皇后再周。欲依三年之議。至尊東堂舉哀。羣臣詣陵哭。臣案禮爲王后服。無三年之制。左傳叔向云。王一歲而有三年之喪二焉。謂三年而後娶。達子之志耳。禮喪大記曰。祥而外無哭者。禫而內無哭者。文子之喪既除。越人來弔。受于廟門之外。垂涕洟而不哭。明喪既過。無哭禮。不詣墓而接于廟外。今后服既過。至尊無緣舉哀。羣臣不應詣陵而哭也。通典八十一。

駮王濛奔喪制

若如濛議。見在官者。已拘于制度。不得奔赴。至于既去。雖不及哀。臣子之情。何得不暫致身哉。臣謂喪紀雖過。去職者故宜遠赴。通典八十。咸康中。

論徐恩龍事

徐恩龍娶姨妹爲婦。婦亡而諸弟㠯姨妹爲嫂。嫂叔無服。不復爲姨妹行喪。右丞徐邈謂宜然。今議者㠯嫂無服。不得爲姨妹服。不解服之爲害義也。爲傷情邪。爲尊厭也。所爲尊厭者。父在爲母。尊卑體異。故可得厭耳。今嫂妹一人之體。兼此尊卑。何所厭也。齊衰衣各。與大功之麻同。皆兩服之。所㠯敘親親之情。今㠯嫂叔之嫌。不爲姨妹制服。絕親親之義。傷恩昵之道。殆非聖人爲服之本意乎。徐彥難曰。本雖中外姨兄弟之親。一爲嫂叔。便當㠯公義厭私。不爲尊卑之厭也。衆曰。女人外屬。㠯夫氏爲公。㠯公厭。不爲叔服

衣各當作之葛

則姨之姨字衍
何服之何當作可

可也。叔以嫂是姨妹。復何公厭而不服邪。彥重難曰。若以此服爲
親。則不聞親服無報。又公義在于夫氏。豈在嫂邪。衆曰。就如難旨。
制公在叔不在嫂。雖有姨妹之親。就于公義。不得服之。猶可也。若
叔有厭。則嫂無厭。雖姨妹爲嫂。必服之。爲叔之姨兄而見服。則姨
爲嫂之姨妹。何獨不見服哉。若不相服。則絕此正親。豈聖人之意
乎。苟姨妹得服姨兄。兄亦應服。何無報哉。彥重難曰。若姨妹爲嫂
而爲之服。必也正名。將謂之何。衆荅曰。今姨妹爲嫂。何服者。以正
名故也。言嫂則姨妹不從焉。言姨妹則嫂不與焉。名別若此。故可
服也。嫂自無服。吾不爲之服。姨妹有服。吾爲之緦麻。吾自服姨妹。
奚爲強謂之服嫂也哉。見嫂應拜。見姨妹不拜也。今嫂妹同體。今
我自拜嫂。而謂我拜姨妹。不亦惑哉。彥重難曰。彥以爲姨妹爲嫂
而不服者。正以無復姨妹之名故耳。衆荅曰。不解姨妹爲嫂。便無
復姨妹之名。剷其氏族。滅其名號邪。爲變化分離。嫂留而去妹邪。

姊當作姨

爲我嫂者。是姨妹也。何不得兩全哉。彥難曰。若如告言嫂則姨妹
不從。言姨妹則嫂不從。未審定言嫂邪。言姨妹邪。衆荅曰。一人合
兩親。佀一人兼兩官。當其事則舉其名。以應其義。何拘以一名。一
稱哉。言嫂則拜之。言姊妹則服之。各有所施。不以此而滅彼耳。彥
曰。平存許其稱嫂而拜。則姨妹也。至于亡歿。便稱姨妹不拜。則非
復嫂也。懼一人之心。不得以昨日平安爲嫂。明日終亡爲姨妹也。
衆曰。吾得存之與亡。爲嫂爲妹。不復異也。爲我嫂。故拜之。是姨妹
故服之。情理自通。何以云拜便不得制服。制服便不得拜乎。彥重
難曰。若隨其名。別其義。則著服臨尸。不復拜也。衆荅曰。見姨妹之
尸。不可以不服。臨亡嫂之喪。不可以不拜。拜自爲嫂。服施爲妹。服
隨其親。拜應其名。別其義。斯之謂矣。通典九十五。

論庾左丞孫見事

庾左丞孫見遺族父喪。父已絕服。又是姨弟。見問當服不。徐荅以

當當作害

爲當服。右丞徐彥重難曰。禮云。尊祖故敬宗。敬宗則收族。收族者。
序以昭穆也。何得以姨弟之服。加于宗父乎。于情乃可無傷。于義
實爲有當也。衆荅曰。禮爲曾祖高祖三月。又改葬緦麻。服所尊。又
臨至親之葬。而服之最輕者。豈損所尊之服乎。今族父無服。姨弟
有服。自爲姨弟服。何爲輕服服宗父乎。難云于義有害者。不解害
何義邪。天生族父爲吾姨弟。非吾貶退所爲。何不敬宗之有。族父
應拜。而姨弟不應拜。今族父爲姨弟。今不可以姨弟不應得拜。而
不爲族父拜也。猶不可以族父無服。而不爲姨弟服也。若姨弟犯
過。吾不顧族父與姨弟共身同體。恕而容之。此不可也。于其死亡。
以姨弟服之。正合禮記絕族無施服。而親者屬文。通典九十五。

三國評臧洪爲郡將守死

洪敦天下名義。救舊君之危。其恩足以感人情。義足以厲薄俗。然
袁亦知己親友。致位州郡。雖非君臣。且實盟主。既受其命。義不應

貳。袁曹方睦。夾輔皇室。呂布反覆無義。志在逆亂。而邈超擅立布
爲州牧。其于王法。乃一罪人也。曹公討之。袁氏弗救。未爲非理也。
洪本不當就袁請兵。又不當還爲怨讐。爲洪計者。苟力所不足。可
奔他國。以求赴救。若謀力未展。以待事機。則宜徐更觀釁。効死于
超。何必誓守窮城而無變通。身死殄民。功名不立。良可哀也。魏志臧洪傳注。

靳允母爲呂布所執而守范不去

允于曹公。未成君臣。母至親也。于義應去。昔王陵母爲項羽所拘。
母以高祖必得天下。因自殺以固陵志。明心無所係。然後可得成
事人盡死之節。衞公子開方仕齊。積年不歸。管仲以爲不懷其親。
安能愛君。不可以爲相。是以求忠臣必于孝子之門。允宜先救至
親。徐庶母爲曹公所得。劉備乃遣庶歸。欲爲天下者。恕人子之情
也。曹公亦宜遣允。魏志程昱傳注。

先主假黃權偏將軍

權既忠諫于主。又閉城堅守。得事君之禮。武王下車。封比干之墓。表商容之閭。所㠯大顯忠賢之士。而明示所貴之旨。先主假權將軍。善矣。然猶薄少。未足彰忠義之高節。而大勸爲善者之心。（蜀志黃權傳注）

顧雍斷呂壹獄

雍不㠯呂壹見毀之故。而和顏悅色。誠長者矣。然開引其意。問所欲道。此非也。壹奸險亂法。毀傷忠賢。吳國寒心。自太子登陸遜已下。切諫不能得。是㠯潘濬欲同手刃之。㠯除國患。疾惡忠主。義形于色。而今乃發起令言。若壹稱枉邪。不申理。則非錄獄本旨。若承辭而奏之。吳主儻㠯敬丞相所言而復原宥。伯言承明。不當悲慨哉。懷敘本無私恨。無所爲嫌。故詈辱之。疾惡意耳。惡不仁者。其爲仁也。季武子死。曾點倚其門而歌。子晳創發。子產催令自裁。㠯此言之。雍不當責懷敘也。（吳志顧雍傳注）

全琮散父米數千斛㠯贍吳士

禮。子事父無私財。又不敢私施。所㠯避尊上也。棄命專財。而㠯邀名。未盡父子之禮。（吳志全琮傳注）

是儀本姓氏㠯孔融嘲改姓是

古之建姓。或㠯所生。或㠯官號。或㠯祖名。皆有義體。㠯明氏族。故曰胙之㠯土。而命之氏。此先王之典也。所㠯明本重始。彰示功德。子孫不忘也。今離文析字。橫生忌諱。使儀易姓。忘本誣祖。不亦謬哉。敎人易姓。從人改族。融既失之。儀又不得也。（吳志是儀傳注）

是儀辨刁嘉罪

是儀㠯羈旅異方。客仕吳朝。值讒邪殄行。當嚴毅之威。命縣漏刻。禍急危機。不雷同㠯害人。不苟免㠯傷義。可謂忠勇公正之士。雖祁奚之免叔向。慶忌之濟朱雲。何㠯尚之。忠不諂君。勇不懾聳。公不存私。正不黨邪。資此四德。加之㠯文。敏崇之㠯謙約。履之㠯和順。保傅二宮。存身愛民。不亦宜乎。（吳志是儀傳注）

鍾離牧讓稻

犯不之不當作而

牧蹈長者之規。問者曰。如牧所行。犯不不校。又從而救之。直而不有。又還而不受。可不謂之仁讓乎哉。荅曰。異乎吾所聞。原憲之問于孔子曰。克伐怨欲不行焉。可㠯爲仁乎。孔子曰。可㠯爲難矣。仁則吾不知也。惡不仁者。其爲仁矣。今小民不展四體。而認人之稻。不仁甚矣。而牧推而與之。又救其罪。斯爲讓非其義。所救非人。非所謂惡不仁者。苟不惡不仁。安得爲仁哉。蒼梧澆娶妻而美。讓于其兄。尾生篤信。水至不去而死。直躬好直。證父攘羊。申鳴奉法。盡忠于君。而執其父。忠信直讓。此四行者。聖賢之所貴也。然不貴蒼梧之讓。非讓道也。不取尾生之信。非信所也。不許直躬之直。非直體也。不嘉申鳴之忠。非忠意也。今牧犯而不校。還而不取。可㠯爲難矣。未得爲仁讓也。夫聖人㠯德報德。㠯直報怨。而牧欲㠯德報怨。非也。必不得已。二者何從。吾從孔子也。（吳志鍾離牧傳注）

周魴下髮

髮剔之髮當作髡

夫人臣立功効節。雖非一塗。然各有分也。爲將執桴鼓。則有必死之義。志守則有不假器之義。死必得所。義在不苟。魴爲郡守。職在治民。非君所命。自占誘敵。髮剔髮膚。㠯徇功名。雖事濟受爵。非君子所美。（吳志周魴傳注）

徐禪

禪。咸康中爲博士。永和初轉尚書郎。累遷尚書左丞。有集六卷。

上恭皇后大祥忌日臨哭事

太學禮官謂至尊行先后之喪。亦同齊縗。今再周及忌日。無復祚變之事。謂不可躬行。臣案無經傳明文。則不應出。若晦日東堂舉哀。由朝處參議。而事無指條。（通典八十一。博士徐禪上恭皇后大祥忌日臨哭事。）

下當作山
職當作議
在當作玄

康帝改元告廟議

案魯文公之書卽位也。僖公未葬。蓋改元之道。宜其親告。不㠯喪闕。昔代祖受終。亦在諒闇。既正其位于天郊。必告成命于父祖。事莫大于正位。禮莫盛于改元。傳曰。元。始也首也善之長也。故君道重焉。謂應告。通典五十五。

康帝諱議

謹案輒闕博士王賁、胡納許翰議。案爾雅無舊訓。非可造立。五山之名。取其大而高也。其詩曰。於皇時周。陟其高山。高山則岱衡華恆也。周禮謂之五岳。詩人謂之高下。字無詁訓。而有二名。今若舉名別之宜曰高。取義爲訓。宜如前曰嵩。通典一百四康帝諱岳。是五山之大名

四府君遷主議

禮去祧爲壇。去壇爲墠。歲祫則祭之。今四祖遷主。可藏之石室。有禱則祭于壇墠。晉書禮志上。宋書禮志三。通典四十八。永和二年。

褚太后敬父議

臣聞成均之法。導㠯忠孝。歷代同之。故鄭玄議。王庭正君臣之禮。私覲全父子之親。是大順之道。案先朝羊玄之。羊后之父也。公朝之敬。躬秉臣節。后之歸寧。亦執子道。雖無記注。今朝士備職。而先鑿儀乃太康中事。至惠帝之代。在之便自不可同。漢代四說之異。歷代垂疑。此論不成。由來尚矣。通典六十七。永和九年。

殷祭議 元興三年

春秋左氏傳曰。歲祫及壇墠。終禘及郊宗石室。許慎稱舊說曰。終者。謂孝子三年喪終。則禘于太廟。㠯致新死者也。通典四十九。

非荀是虞議中山王睦立禰廟

愚等謂尊祖敬宗。禮之所同。若列國秩同。則祭歸嫡子。所㠯明宗也。嫡輕庶重。禮有兼享。所㠯致孝也。今譙王爲長。既享用重祿。中山之祀。無㠯加焉。二國兩祭。禮無所取。詔書禁之是也。詔稱安平獻王諸子竝封。不可各令立廟。是荀勖之義美矣。然虞謂中山父非諸侯。而祭更闕疑。如禮意也。虞徵士荅衞將軍虞喜。㠯嫡爲大夫。庶爲諸侯。諸侯禮重。應各立廟。禪謂爲允矣。喜曰。尊同體敵。恩情兩伸。諸兄弟俱始爲諸侯。命數無降。今士庶始封之君。尚得上祭四代。不拘于嫡。㠯貴異之。況已尊同五等。更嫌不得其均用豐禮竝祭四代。所㠯寵之。理非替宗。此蓋先王㠯孝理天下。肅恭明祀之達義也。昔周公有王功。魯立文王之廟。鄭有平王東遷之勳。特令祖厲。是爲榮之。非計享之祭在于周室。魯鄭豈得過之哉。通典五十一。中山王睦乞立禰廟。荀顗議㠯爲中山王宜各得立禰廟。虞喜㠯爲得兼祭。徐禪非荀是虞。

爲康帝改元告廟文

維建元元年正月甲子。孝曾孫嗣皇帝諱。謹遣使持節兼大尉某官某甲。敢昭告于皇祖高祖宣皇帝。諱㠯眇身。屬膺明命。爲兆人主。惟神器之重。夙夜祗厲。夫首元正位。改物承天。先王之典。刑建國之大禮。今改咸康八年爲建元元年。享祖宗之保佑。膺乾坤之休靈。敢薦告事。一元大武。薌合薌萁。嘉薦庶羞。清滌清酌。明告于皇祖高祖宣皇帝穆皇后張氏。尚享。通典五十五。

張澄

澄。咸康末侍中。

駮蔡謨奏正會儀注

王者觀時設教。至于吉凶殊斷。不易之道也。今四方觀禮。陵有儐弔之位。庭奏宮懸之樂。二禮兼用。哀樂不分。體國經制。莫大于此。晉書樂志下。咸康七年三月。杜皇后崩。尚書蔡謨奏。八年正會。惟作鼓吹鐘鼓。其餘伎樂盡不作。侍中張澄給事黃門侍郎陳逵駮㠯爲。

又議

今大禮雖降。事吉于朝。然儐弔顯于園陵。則未滅有哀。禮服定于典文。義無盡吉。是㠯咸寧之會。有徹樂之典。實先朝稽古憲章。垂

式萬世者也。（晉書禮志下。）

許翰

翰。咸康末爲博士。

恭皇后大祥忌日臨哭議

案禮小記曰。大功者主人之喪。有三年者。則必爲之再祭。鄭玄云。有三年者。謂妻若子幼少也。再祭。謂練祥也。凡人子之生。必有天地父母之道。故記有君薨而生子之禮。今二皇子之育。雖在恭后崩後。于禮是爲有三年子幼少者也。則必爲之有二祥之祭。杜元凱云。天子諸侯雖卒哭除服。其練祥日必有位矣。今皇子出承國藩。故王后喪。諸侯卑。不得爲主。夫喪無主。禮有正文。至尊統天承重。則爲主在聖躬也。乃同先帝先后于考妣。哀禮終于今晦。吉禘始于來朔。非人臣之所主也。記云。爲王后周。服母之義。虞書曰。百姓如喪考妣。三年遏密。恭后母育天下。臣子有喪妣之恩。古門人

于師無服。心喪三年。祥日之哭。所以終哀。非服喪三年矣。今聖代不可守已循常之名例。當博納同異。斟酌而用焉。（通典八十一。）

全晉文卷一百三十一終

烏程嚴可均校輯

桓伊

伊字叔夏，小字野王，譙國銍人。歷王濛、劉惔諸府及大司馬參軍，授淮南太守，進建威將軍，加督豫揚軍事，歷陽太守，封宣城縣子，進西中郎將，都督豫州諸軍事，豫州刺史，肥水之捷，以功封永修縣侯，進號右軍將軍，遷都督江荊豫三州軍事，假節，江州刺史，徵拜護軍將軍，卒，贈右將軍，加散騎常侍，諡曰烈。

上馬具裝步鎧表

臣過蒙殊寵，受任西蕃，淮南之捷，逆兵奔北，人馬器鎧，隨處放散，于時收拾敗破，不足貫連，比年營繕，並已修整。今六合雖一，餘燼未滅，臣不以朽邁，猶欲輸效力命，仰報皇恩，此志永絕，銜恨泉壤。謹奉輸馬具裝百具，步鎧五百領，並在尋陽，請勒所屬領受。晉書桓伊傳。

到江州上疏

江州虛耗，加連歲不登，今餘戶有五萬六千，宜并合小縣，除諸郡還米，移州還鎮豫章。晉書桓伊傳。

劉遐

遐爲尚書僕射，永和初爲吏部尚書。見褚裒傳。有集五卷。案晉書別有劉遐傳，非即此。通典一百四右將軍王遐，司馬劉曇父名遐，未審即其人否。

冬夏至寢鼓兵議

陽貴君道，是以微陽初興，慶其方盛，寢鼓息兵，不欲震盪也。禮尊無二，若當助陰，豈一之義。何以明之，彼月而蝕，則惟其常，此日而蝕，于何不臧。月蝕無救之道明矣。通典七十八。

何熊

熊爵里未詳。

冬夏至寢鼓兵議

二節陰陽升降之極，會通交代之日，二氣既接，剛柔始分，君子遠慎諸物，近慎諸己，在冬欲靜，在夏無躁，百官靜事，無刑以定，寢鼓息兵，其宜合同。賀循曰：冬夏二至慎微不異。左傳曰：凡分至啟閉，必書雲物，爲備故也，所重所慎，于是在矣。周禮，太僕掌贊王鼓，救日月亦如之。左傳又曰：月亦如之。又曰：非日月之眚不鼓。皆正經也。日長則賀君父道也，下慶上會情交接也。日短則不賀，臣子道也。鼓以動衆，是以二至迎送同寢之也。通典七十八。

劉泓

泓爵里未詳。

冬夏至寢鼓兵議

寢鼓不出經傳，或以漢與日蝕陰盛，擊鼓助陽，不應寢鼓也。通典七十八。明刻本作劉弘，今從宋本。

于瓚

瓚爲荊州刺史庾翼參軍，翼卒後作亂，爲長史江虨等所誅。

陳節戲事

夫嬉戲都名，動相剝，非爲治之本，自今摴蒱擲馬諸不急戲，宜一斷之。藝文類聚七十四，引庾翼集。

冬夏至寢鼓兵議

案漢制，有冬至絕事不聽政之條，而無夏至也，以此推之，夏至不應寢政事。通典七十八。

鄭瑤

瑤爵里未詳。

冬夏至寢鼓兵議

尋冬至寢鼓之義，雖無正文，恐有由耳。夫天之德，貴生惡殺，冬至少陽初發，萌芽之漸，欲省方奉順動靜之象，以應至道，是以不省方事安能鳴鼓後代擬議寢之非爲助陽也夏至少陰肇起殺氣自興否剛將至大盛方來宜有鳴鼓開關興兵駭旅施命四方誥其逆兆以遏小人方長之害二至之義否泰道異休戚有殊寢鼓之政不宜同也若以夏至俗人所重文武可息之一日不可前三後三等于冬至也通典七十八

高嵩

嵩字茂琰小字阿鄒廣陵人建元中爲何充揚州主簿轉驃騎主簿舉秀才除太學博士拜中書郎遷黃門侍郎簡文輔政引爲輔軍司馬累遷侍中

爲簡文致桓溫書草

寇難宜平時會宜接此實爲國遠圖經略大筭能弘斯會非足下而誰但以此興師動衆要當以資實爲本運轉之艱古人之所難不可易之于始而不熟慮須所以深用惟疑在乎此耳然異常之

舉衆之所駭遊聲噂𠴲想足下亦少聞之苟患失之無所不至或能望風振擾一時崩散如其不然者則望實並喪社稷之事去矣皆由吾闇弱德信不著不能鎮靜羣庶保固維城所以內愧于心外慙良友吾與足下雖職有內外安社稷保家國其致一也天下安危繫之明德先存寧國而後圖其外使王基克隆大義弘著所望于足下區區誠懷豈可復顧嫌而不盡哉晉書高嵩傳

荅庾家訪孝庾后服

皆準五屬爲夫人周通典八十一孝后崩庾家訪服侍中高嵩荅

黃整

整永和初爲平越司馬有集十卷

羣臣敬太后父議

夫子有云必也正名乎王者象天后者象地爲兆庶父母尊莫重焉厚莫大焉若以后尊宜敬于親于后父母也便應有敬錯之禮典先無茲比今皇太后臨統朝政以主上富于春秋耳故事本尊之尊無復異也且諸侯爲國藩翰北面稽首豈可得推崇爲太上邪尋名定議請不應施敬也通典六十七

張憑

憑字長宗吳國吳人永和初太常博士累遷吏部郎司徒左長史御史中丞有論語注十卷集五卷

四府君毀主議

或疑陳于太祖者皆其後毀主憑案古義無別前後之文也禹不先鯀則遷主居太祖之上亦可無疑矣宋書禮志三

不拜顏子議

不拜顏子者案學堂舊有聖賢之象既備禮盡敬奉尼父以爲師而未詳顏子拜揖之儀臣以聖者君道也師者賢臣道也若乃推堯舜禹于君位則稷契與我並爲臣矣師立風于洙泗則顏子吾

同門也夫大賢恭己既揖讓于君德回也如愚豈越分于人師哉是以王聖佐賢而君臣之義著拜孔揖顏而師資之分同矣通典五十三案此議通典附注于北齊事下當是采晉張憑議耳北齊未見有張憑也今姑編入晉文俟再攷

妻已沒爲妻父母服議

從從者所從亡則已案鄭玄曰謂君母之黨又云有從重而輕者鄭玄曰妻之父母也然則從重而輕與徒從者本別禮天子諸侯服妻之父母明其義重也若謂徒從服必同者則妻從夫明與夫從妻其正對寧可復夫沒則已乎所據君母爲異者且外祖之服本是親假而恩疏妻之父母本由義合通典九十五司徒符問國子博士博士張憑議

新蔡王招魂葬議

新蔡王所繼先王昔永嘉之難殁寇虜靈柩未返今求招魂靈安厝謹案禮典無招靈之文若藏虛棺以奉終則非原形之實埋靈爽于九泉則失事神之道懼非古人之情禮所未安也通典一百三

答徐靈期問久喪未葬出適女除服

徐靈期問張憑云：親喪未葬，出適女應除否？答曰：禮云，久喪不葬，主喪者不除。又云，主人不除，此無緣獨施男子。正嫡一人，故當總謂男女衆子耳。又無明文別言已出之女猶應除也。今論者據已服周，故謂宜從除例。然緣情處意，獨有所疑。女隨外出，降從周制，至于居喪之例，同于重者，誠以天性難可盡奪，本重不得頓輕。何必既降盡與周同。禮者人情而已，疑則從重。若當釋縗絰以處殯宮，襲吉服以對棺柩，非孝子之所安也。（通典一百三。）

杜潛

潛，永和中爲太常卿。

荅司徒符問妻已沒爲妻父母服

司徒符問太常云：若妻已沒，猶應服其父母不？太常杜潛等荅曰：何以緦從服也。明伉儷判對，恭承宗廟，推此言之，意謂不以存亡爲異也。（通典九十五。）

孫欽

欽，永和中爲博士。

安平王薨廢祭議

禮有死于宮中，闕一時之祀。又案魏高堂隆議：平原公主薨二月，春祀不宜闕祭。臣聞伯叔父同產昆弟庶子庶孫，及次妃以下，天子諸侯則降而不服，于四時之祭，無闕廢禮也。漢文帝前代盛德之君也，猶不忍以三年之喪，妨廢孝享，割損年月，早葬速除，追思祖考，念在烝嘗，所以重宗廟也。且宮中有死者，三月不舉祭，傳發于緦麻三月之章。天子諸侯周大功皆降而不服，何緦麻之有乎？誠亦儒者之迷誤也。（通典五十二。）

陳逵

逵字林道，潁川許昌人，漢太丘長寔七世孫，永和中爲西中郎將。追贈衛將軍。（見魏志陳羣傳注。）

與某書

十二月廿五日，逵白：歲終感慘，寒切，足下何如？遣不悉。陳逵。（淳化閣帖四。題云陳朝陳逵書。釋文云晉西中郎將。今檢陳書無此人。晉書禮志中泰始末有博士陳逵，又穆帝紀永和五年有西中郎將陳逵，則其人也。）

史援

援，永和中爲盪朔將軍中郎將。

後漢史君頌

山嶽降精，川瀆耀靈。猗歟史氏，世濟其英。忠其允塞，嘉猷有聲。從容燮理，散誕飛纓。含香青瑣，敷奏丹庭。有犯無隱，唯言是聽。王室斯賴，諸侯以寧。內侍帷幄，外典專城。爲政以德，察獄以情。化偕草偃，溪谷風清。金相玉質，不隕厥名。處盜不驕，居勞不憚。視險如夷，忘身逐叛。駟頌美魯，青蒲安漢。執簡書愆，姦邪逃竄。匪君之忠，孰能戡亂。在昔隆漢，姻婭皇家。唯帝念功，爵命屢加。三台五鼎，駙馬奉車。腰佩兩印，綬帶雙緺。何彼穠矣，常棣之華。如珪不玷，似玉無瑕。節之以禮，儉而不奢。篤生我侯，英略備舉。有藝有才，能文能武。孝以奉親，忠惟衞主。赤眉始結，白波猶侮。執銳破堅，斬馘滅虜。截彼長蛇，殲斯猾豎。策賞廟堂，書勳王府。功成弗居，名立不取。簡在帝心，酬封祚土。厥土惟何，在溧之滸。初食三千，卒封萬戶。葭菼揭揭，麀鹿麌麌。禾役旆旆，原田膴膴。俯瞥川陸，魚鹽所聚。蝗飛火滅，還珠去虎。子民輯悅，建茲城宇。大廈耽耽，聽政之所。祠堂后殿，生靈攸處。□春秋分，祭祠不阻。（景定建康志。）

徐彥

彥，永和中爲武昌太守，有集十卷。（隋志注作徐彥則。）

與征西桓溫牋

蔡徐州薨，主甞服斬。王征北薨于京都，王丞相時在喪庭。徐州主簿以服事諮公。公謂輕重可依蔡侯。時北中郎劉公鎮于淮陰，州主簿相承持重。至郗太宰兗州主簿改服齊衰。中興以來，江南皆從之。公卿以下，至邑宰吏服其君齊衰，則無從服之文，而由來多有從服者。陶大司馬遭兄子喪，府州主簿從服，時卞光祿經過，自說爲太傅主簿，太傅喪母，已不從服，此是用晉令也。郗太宰遭姊喪，吏服爲疑，郗問譙秀，言不應從服，諸主簿仍便從服。既服君者，親則服君便應重矣。乃二公之兗府州主簿服齊衰。通典九十九。

孫略

略，爵里未詳。

大功降服議

伯叔父母姑姊妹皆夫家也。妻體夫尊，降其夫伯叔父母姑姊妹小功，妾賤不敢降也。通典九十二。

生不及祖父母不稅服議

記云不及祖，謂不及並代而不相服。略昔親行其事，時人咸不見詳。通典九十八。

張祖高

祖高，爵里未詳。

難孫略大功降服議

妻爲夫之黨服，降夫一等，夫之姑姊妹宜小功。妾服君之黨，得與女君同，豈以貴賤之故而異之？縱妻之貴而可以略君之姑姊妹者，則應妾服每當與君同也。君之爲父母三年，妾何以無其制乎？通典九十二。

季祖鍾

祖鍾，爵里未詳。

追駁步熊議不爲前妻父母服

步熊曰：妻死更娶，爲前妻父母服不？荅：此皆徒從服耳。所從亡則已，不服也。季祖鍾駁曰：夫婦應屬從也。又夫婦合葬，皆爲妻，妻之父母，不得不服也。通典九十五。

輕當作經　下一服字衍

衰當作孝　知當作之

王冀

冀爲太常。

出後者爲本父母服議

案喪服云：爲人後者爲其父母。持重于大宗者降其小宗也。案經傳爲人後者，固自降其親也。所以降其親者，已受重于大宗，必爲所後之父服斬故也。制其體例，若受重于大宗而不爲所後之父服斬，則自非輕所謂爲人後者之義也。凡既受命出爲人後，而不爲所後之父制服，服固非禮也。還爲其親斬，亦非禮也。均其失，寍居過重，無居過輕，故失恩由義，厭情爲禮，是以五服之疏屬有相爲重者矣。天性之父子有相爲輕者矣。屈伸進退，有自來也。今奉義則不爲所後之父服，崇恩復不成所生之喪，二者並闕，未知其

詳將何所居。且傳敘經意，但爲既後大宗，無二斬之道，非不斬之制也。談者不疑爲後而不爲所後制服爲非禮，乃爲反服其親爲傷教，斯蓋惑之大者也。若不服所後之父，復抑其反崇本恩，則是凡爲後之子可有不服三年之□也。愚謂爲後之子及所後服重，則宜如禮降其所生；若不及爲所後制服，則宜還爲其親服斬衰之義例，即知人心在可通矣。通典九十六。

荅問

問曰：其兄是嫡長，家有封代，弟是庶生，遭所生艱。先以第二兒後其嫡兄，嫡兄早卒，其兒于家爲是小宗否？荅曰：記云：別子爲祖，繼別爲宗，繼禰爲小宗。今此兒乃係敷代嫡伯父所承，若是別子，則爲大宗，百代不遷者也。所承若是係禰，則爲小宗，五代則遷者也。小大之名係之伯父，此非兒之謂也。通典七十三。

荅訪

不後之後當作從

某國中尉虞某原注案本論無某國名亦無虞名訪太常王冀。云臺贈國王第二郎年在殤。爲世子。臣當有服不。冀云。禮無從君服殤之文。夫臣從君而服。以其體尊承統。非繼成人與殤也。苟爲代嫡。君爲之服。則臣以何而不從服乎。若以禮無文者。亦可不服長子之丁殤也。通典八十二。

荅劉系之問系之爲宣城內史梁有集五卷。

凡不繼大宗而立後。及爲後而不爲所後制服。皆非禮也。然據已爲後。則不得不後爲後之制。若庶子立後。不繼祖宗。已服無重可傳。亦何居而不服。庶子若先受重承事。則制有疑。謂當與庶祖母同。通典九十六。

劉系之問爲庶祖母服。經無其文。不知爲有服不。王冀荅曰。庶祖母服。經誠無文。然亦無不服之制。以情例推之。謂自應服。何以言之。禮。妾子父沒。爲母伸三年。子既得伸。孫無由獨屈。假令嫡祖在。禮婦人不厭。則無復所屈。案禮唯有祖母文。無嫡庶之別。蓋以明尊尊之義。而人莫敢卑其祖也。禮記云。爲慈母後者。爲庶母可也。爲庶祖母可也。此謂父妾無子。父命子爲之後。或子或孫。唯其班第。既受命爲後。則服之無嫌。由此言之。妾之無後而託後于人者。猶爲之服。況親子之孫。而可有不服之義邪。制服爲允。通典九十八。

庾統

統爲尋陽太守。有集八卷。案隋志誤作庾純。

三人讚

運遘屯凶。三孤丞立。離禽嬰鳴。邂逅同集。式穀既熟。和響具翕。肇彼遠歧。派焉齊入。初學記十七。

朱明張臣尉讚

詩詠張仲。今也朱明。贍財敦友。衣不表形。寡妻屛穢。棠棣增榮。臣尉邈然。醜類感誠。初學記十七。

韓伯

伯字康伯。潁川長社人。簡文居藩。引爲客。歷仕司徒左西屬。轉撫軍掾。中書郎。散騎常侍。豫章太守。入爲侍中。領中正。轉丹楊尹。吏部尚書。領軍將軍。改授太常。未拜卒。贈太常。有周易繫辭注二卷。集十六卷。

議周勰

拜下之敬。猶違衆從禮。情理之極。不宜以多比爲通。晉書韓伯傳。陳郡周勰爲謝安主簿。居喪廢禮。崇尚莊老。脫落名教。伯領中正。不通勰議。

爲或人荅殷靈符問

昔亡伯喪未除。而祖母見背。從兄不廢父喪主。而爲祖母居廬。郄太尉來弔。不以爲非禮也。通典九十七。

辯謙論

夫尋理辯疑。必先定其名分所存。所存既明。則彼我之趣可得而詳也。夫謙之爲義。存乎降已者也。以高從卑。以賢同鄙。故謙名生焉。孤寡不穀。人之同惡。而矦王以自稱。降其貴者也。執御執射。衆之所賤。而君子以自目。降其賢者也。與夫山在地中之象。其致豈殊哉。捨此二者。而更求其義。雖南轅求冥。終莫近也。夫有所貴。故有降焉。夫有所美。故有謙焉。譬影響之與形聲。相與而立。道足者忘貴賤而一賢愚。體公者乘理當而均彼我。降挹之義。于何而生。則謙之爲美。固不可以語至足之道。涉乎大方之家矣。然君子之行已。必尚于至當。而必造乎匿善。至理在乎無私。而動之于降已者何。誠由未能一觀于能鄙。則貴賤之情立。非忘懷于彼我。則私已之累存。當其所貴。在我則矜。值其所賢。能之則伐。處貴非矜。而矜已者常有其貴。言善非伐。而伐善者驟稱其能。是以知矜貴之傷德者。故宅心于卑素。悟驟稱之虧理者。故情存乎不言。情存乎不言。則善斯匿矣。宅心于卑素。則貴斯降矣。夫所況君子之流。苟

遺之當作遺情之累

理有未盡。情有未夷。存我之理。未冥于內。豈不同心于降挹洗之所滯哉。體有而擬無者。聖人之德。有累而存理者。君子之情。雖所滯不同。其于遺之緣有槩而用。降巳之道。由私我而存。一也。故懲忿窒欲。著于損象。卑吕自牧。實繫謙爻。皆所吕存其所不足。拂其所有餘者也。王生之談。吕至理無謙。近得之矣。云人有爭心。善不可收。假後物之迹。吕逃動者之患。吕語聖賢則可。施之于下斯者。豈惟逃患于外。亦所吕洗心于內也。晉書韓伯傳

王述碑

述遷會稽太守。淮海維揚。皇基所託。此蓋關河之重複。泱泱大邦。文選沈約齊安陸王碑文注。又任昉齊竟陵文宣王行狀注

全晉文卷一百三十二　韓伯　十一

全晉文卷一百三十二終

烏程嚴可均校輯

曹耽

耽。永和中爲太學博士。升平中遷尚書郎。後爲安北諮議參軍。有禮記音二卷。

上表自理

臣聞居喪之禮。貴賤不同。禮臣爲君斬衰。仕焉而已。爲舊君齊衰。爵祿既絶。朝見既替。蓋以疏賤于親貴。故降其制也。又國喪儀注。居職者朝夕臨。去職者朔望臨。禮哭泣之節。各稱其服。哭輕則服不得重。據令去職之臣朔望哭。宜爲舊君服齊衰。是以臣前幸而行之。不敢有加。臣服齊衰。哭臨殿庭。踰月歷旬。外內監司。莫之或譏。及至梓宮將幸山陵。諸官來赴。服斬者多。此皆意存于重。而不原于制。遂使親疏貴賤。無有等差。曾參欲勿除父母之喪。仲尼患其過制。今去官者服在官者之服。固爲過制。非聖哲所許。而不推古今正禮難臣。若難者有證。臣對無據。甘受違制。通典九十七。穆帝崩。前尚書郎曹耽等奔赴。皆服齊縗。治書侍御史翰希表彈其失禮。博士孔恢等議。請免耽等所覆除官。耽上表自理云云

景當作康

開陵皇太后服議

爲人後者爲之子。元帝繼武帝于景帝爲曾祖。禮爲曾祖後。斬衰三年。小記與諸侯爲兄弟者。斬衰則無齊。皇太后宜正服斬衰。改葬當緦。鄭注止于臣子妻。王氏通謂三年者。王氏近情。則宜緦。通典一百二。永和十二年。修復峻平四陵。大使開陵表至尊及百官皆服緦。尚書符問皇太后應何服。博士曹耽胡訥議

司空蔡謨諡議

謨可謂善始令終者矣。案諡法。布德執義曰穆。通典一百四

後字衍

陳留王勵廢疾求立後議

春秋之義。後立子以貴不以長。蓋以爲宗廟主故也。晉公族穆子有廢疾。以讓其弟。衛襄公嗣子縶足不能行。立其弟。晉衛皆廢嫡立庶者。明臣之義。終無執祭朝見之期。以之居位。違犯情禮故也。禮有故使人攝祭。非終身疾者。勵爲君王。故事。亦有諸侯以疾去國成比。通典七十四

胡訥

訥。永和末太學博士。

婚不舉樂議

臨軒儀注。無施安鼓吹處所。又無舉麾鳴鐘之條。通典五十九。升平元年八月。符問迎皇后大駕應作樂不。博士胡訥議

陳留王廢疾求立後議

孟縶立弟。異于陳留二王之後。禮不宜廢。通典七十四。升平元年

袁嬌之

嬌之。穆帝時太學博士。

荅臺符問小功服成婚

案公主于二王屬爲姑。二王出爲人後。主又出適。今應降服小功。然本是周親。雖降而爲疏。本親情重。公主方當始薨。而疑可婚與不。通典六十。臺符廬陵公主薨。琅邪東海二王于禮爲應得婚與不。太學博士袁嬌之云云

許穆

穆。升平中爲倉部郎。

太宰武陵王爲所生母服議

母以子貴。王命追崇夫人。視公爵秩比諸侯。凡諸侯之禮。服斷旁親。以國內臣妾竝卑故也。姑姊妹女子子嫁于諸侯。則各以其服服之。尊同故也。卑則服闕。尊則禮行。太宰封王。繼于蕃國。出離其本。仰無所厭。夫人諸侯。班爵不殊。緣天然之恩。伸王子之厭。薄出禮之降。服周可也。通典八十二

嵇重

重。升平中爲吏部郎。

太宰武陵王爲所生母服議

攷之禮文。太宰應服齊衰周。今以春秋條例以廣其喻。母以子貴。庶子爲君。母爲夫人。薨卒赴告。皆以成禮。不行妾母之制。夫人成風是也。此則身爲父後。服應緦麻。猶以子貴。得遂私情。經有明文。三傳不貶。況于太宰。貴同古例。不爲父後者邪。且禮有節文。因革不一。自漢以來。皇子皆爲始封君。始封君則私得伸。設令太宰不出後。必受始封。服無厭降。出後降一等。復何嫌而不周乎。通典八十二

曹處道

處道。升平中爲祠部郎。

太宰武陵王爲所生母服議

禮。庶子爲父後。爲其母緦。與尊爲體。不敢伸恩于私親。爲人後。以所後爲父。亦是尊者爲體。其所生母俱是私親。爲父後及爲人後義不異。通典八十二

謝奉

奉。升平中爲尚書。

太宰武陵王爲所生母服議

案禮。爲人後者三年。必以尊服服之。庶子爲人後。爲其母服緦。傳曰。何以緦。與尊者爲體。不敢服其私親。禮唯大宗無繼。支屬之制。太宰出後武陵。受命元皇。則纂承宗廟。策名有在。禮制既明。豈容二哉。夫禮有仰引而違情者。故有君服而廢私喪。屈伸明義。非唯一條。所謂以義斷恩。況貴賤之禮既正。豈得不率禮而矯心。當依庶子爲後之例。服緦而已。通典八十二。升平中。太宰武陵王所生母喪。表乞齊縗三年。詔聽依昔樂安王故事。制大功九月。尚書謝奉議。

立琅邪王議

是當作于

太常位次。自以君道相承。至是昭穆之統。禮兄弟不相爲後。明義也。今應上繼康帝。意謂不疑。此國之大事。將垂之來代。通典八十

又議

逮當作建

五帝之道。以天下爲公。唯德與賢。不私其親。逮殷周。則繼代承業。雖百王洪逮。而典謨不易。所以鎮係人心。閑邪息亂。今大晉宗祀配天。成帝疾痛。皇嗣幼沖。深惟社稷。遷于康皇。軌同唐虞。高義大行。天祚不永。還嗣本位。攷之先典。求之人情。咸謂主上應繼成帝。通典八十

居重喪遭輕喪議

絕當作屈
茲當作支

夫孝子之處喪。服勤三年。不懈不怠。情思所主。無不在。曾子問三年之喪可以弔乎。孔子曰。三年之喪。練不羣立。不旅行。君子禮以飾情。三年之喪而弔哭。不亦虛乎。蓋以爲彼輿哀則不專于所重也。而禮云卒哭既練。遭周大功之喪。皆隨所服而變。代行喪者。咸從此制。竊有所恨。夫人子之道。天屬之恩。可謂重矣。終身之憂。非一朝可消。故有祥練。而爲其極。夫以資于事父之頃。在公尚有奪私服之制。況兼愛敬之重。而更絕于茲屬乎。奔喪之禮。赴哭輒備其經帶。歸于本宮。卽反正服。于權宜兼通。庶可知無大過矣。通典九十七

與郄愔牋

魏隱後來之良。足以日新其美。近聞邑有異議。從弟異亦當拜時。婦家遭喪。卽是其例。夫拜時之禮。誠非舊典。蓋由季代多難。男女宜各及時。故爲此制。以固婚姻之義也。雖未入壻門。今年吉辰拜後。歲俗無忌。便得以成婦。迎之正以策名委質有定故也。通典五十九。太和中。平北將軍郄愔上言。功曹魏隱周喪內迎婦拜時。奉與郄牋。

江夷

夷。升平中爲太常。見通典八十二。晉末別有江夷。宋書有傳。非卽此。

立琅邪王議

夫大道之行。天下爲公。成皇帝捨肩嫡之愛。而義重天倫。道崇先

代。康皇帝祇承明命。正統既移。至尊纘康皇帝嗣。（通典八十。升平五年五月。穆帝崩。皇太后令立琅邪王丕。太常臣夷等五人議。）

李闡

闡字弘模。江夏人。

右光祿大夫西平靖侯顔府君碑

君諱含。字弘都。琅邪臨沂人。春秋㠯降。戰國㠯前。賢智比肩。備于載䇿。昭穆次序。上至顔燭。漢末喪亂。舊譜淪亡。自青州使君㠯上。不復詳具。祖欽。給事貞侯。父默。汝陰太守。學素相承。有聲邦黨。君幼稟貞粹。長而好古。睦親之譽。發于羈貫。每讀書見孝友通靈之事。輒悽然改容。㠯爲人神相與。何遠之有。但患人心撓僞。自絕于神耳。苟能無㠯僞雜貞。神其舍諸。修己立誠。盡歡就養。訓行閨門。義達州里。久要必許之信。夷險不爽。正冠納履之嫌。終始不蹈。兄畿。患亡更生。君棄絕人事。逢首屏氣。㠯就唅養者。十有三年。次

闕繁欽孫老而失明。合藥須髯蛇膽。有青衣童子持裹授君。出戶化成青鳥飛去。本州辟不就。鎮東琅邪王參軍事。過江累遷東閤祭酒。朝議謂君正性端素。學行通深。有命太子中庶子。轉黃門侍郎本州大中正。封西平縣侯。轉侍中吳郡太守。事停還。除侍中國子祭酒。加散騎常侍光祿勳。㠯年遜位。就加右光祿大夫。門施行馬。特賜牀帳被褥。四時致膳。固辭不受。馮懷欲爲王導降禮。君不從。曰。王公雖重。故是吾家阿龍。君是王親丈人。故呼王小字。王處明君之外弟。爲子允之求君女婚。桓溫君夫人從甥也。求君小女婚。君並不許。曰。吾與茂倫于江上相得。言及知舊。抆淚敘情。茂倫曰。唯當結一婚姻耳。吾豈忘此言。溫負氣好名。若其大成。傾危之道。若其闕敗也。罪及姻黨。爾家書生爲門。世無富貴。終不爲汝樹禍。自今仕宦不可過二千石。闕婚嫁不須貪世位家。時議者㠯君審裁。將㠯應軍司之選。君遽告蔡謨曰。非此輕弱所宜。尸忝羯逆方熾。當保國養民。㠯俟事會。想愛人㠯禮。宜寢此言。主相聞之。卒不授督統之任。謨秉君此言。終不唱討賊之計。在朝正立。不昵權豪。及致仕退居。長子髦解職視膳。中子謙躬率田桑。中外莫不取給。闔門靜執廿餘年。九十三薨。遺命素棺薄斂。吉凶官飾。一無施列。天子嗟悼。詔賜墓田。謚曰靖侯。禮也。停柩在殯。鄰家失火。三子抱柩號惶。分同灰燼。焱爓垂及。欻然頓滅。論曰。君平生素行。既感達幽靈。終殯在堂。又獲福異。豈神祇保祐。㠯顯瘠德乎。闡託姻顔氏。頗識舊聞。與君二子髦約採集言行。而著此傳。（景定建康志）

喻希

希字益期。豫章人。升平末爲治書侍御史。累遷至將作大匠。有集一卷。

與韓豫章牋（案韓康伯爲豫章太守）

馬伏波昔開道。舊跡鑿石猶存。（北堂書鈔一百三十八。御覽七百七十一）

馬文淵昔立兩銅柱于林邑岸。此有遺兵十餘家不反。居寍壽靈岸南。對銅柱。悉姓爲馬。自爲婚姻。有三百戶。交州㠯流寓。號曰馬流。言語飲食。尚與華夏同。山川移易。銅柱今沒在海中。正賴此民㠯識故處。（御覽一百八十七）

林邑有鳥名歸飛。（御覽九百二十八）

檳榔樹。最南游之可觀。子既非常。木亦特異。溫交州時度之。大者三圍。高者九丈。葉聚樹端。房構葉下。華秀房中。子結房外。其擢穗似禾。其綴實似穀。其皮似桐而厚。其節似竹而概。其中空。其外勁。其屈如覆虹。其申如縋繩。本不大。末不小。上不傾。下不斜。調直亭亭。千百若一。步其林則寥朗。庇其陰則蕭條。信可㠯長吟。可㠯遠想矣。但性不耐霜。不得北植。必當遐樹海南。遼然萬里。弗遇長者之目。自令人恨深。嘗對飛鳥戀土。增思寄意。謂此鳥其背青。其腹赤。丹心外露。鳴情未達。終日歸飛。飛不十千。路餘萬里。何由歸

哉。水經溫水注藝文類聚八十七御覽九百七十一

有淸槃數斗。懸于長木之端。終不乾。故爲小異。御覽九百七十二

外國老胡說。衆香共是一木。木花爲雞舌香。木膠爲熏陸。木節爲青木香。木根爲旃檀。木葉爲藿香。木心爲沈香。御覽九百八十一又九百八十二引五條

康泓

泓。爵里未詳。有道人單道開傳一卷。

單道開傳贊

肅哉善人。飄然出羣。外軌小乘。內暢空身。玄象暉曜。高步是臻。餐茹芝英。流浪巖津。高僧傳九法苑珠林五十九十六國春秋二十一

伏滔

滔字玄度。平昌安丘人。州舉秀才。辟別駕。皆不就。大司馬桓溫引爲參軍。後爲征西桓豁參軍。領華容令。太元中拜著作郎。專

掌國史。領本州大中正。遷遊擊將軍。有集十一卷。

望濤賦

若夫金祇理轡。素月告望。宏濤于是鬱起。重流于是電驟。起沙渟而迅邁。觸橫門而剋壯。灌江津而硏礚。鼓赤岸而激揚。鬱律煙騰。隗兀連罡。重疊巘而天竦。泂溯澥而起涱。藝文類聚九

長笛賦　并序

余同僚桓子野。有故長笛。傳之耆老。云蔡邕之所作也。初邕避難江南。宿于柯亭。柯亭之觀。以竹爲椽。邕仰而眄之曰。良竹也。取以爲笛。奇聲獨絕。歷代傳之。以至于今。後漢蔡邕傳注北堂書鈔一百十一藝文類聚九十初學記十六

靈禽爲之婉翼。泉禽爲之躍鱗。遠可以通靈達微。近可以寫淸暢神。達足以協德宣猷。窮足以怡志保身。兼四德而稱雋。故名流而器珍。初學記十六引兩條

靈禽之靈當作雲　泉禽之禽當作鱓　猜當作情

登故臺詩序

夫差姑蘇臺東。有丹湖萬頃。內有金銀塘。御覽六十六

正淮論上

淮南者。三代揚州之分也。當春秋時。吳楚陳蔡之與地。戰國之末。楚全有之。而考烈王都焉。秦幷天下。建立郡縣。是爲九江。劉項之際。號曰東楚。爰自戰國。至于晉之中興。六百有餘年。保淮南者九姓。稱兵者十一人。皆亡不旋踵。禍溢于世。而終莫戒焉。其天時歟。地勢歟。人事歟。何喪亂之若是也。試商較而論之。夫懸象著明。而休徵表于列宿。山河衿帶。而地險彰于丘陵。治亂推移。而興亡見于人事。由此而觀。則兼也必矣。昔妖星出于東南。而弱楚以亡。飛孛橫于天漢。而劉安誅絕。近則火精晨見。而王淩首謀。長彗宵暎。而毋丘襲亂。斯則表乎天時也。彼壽陽者。南引荊汝之利。東連三吳之富。北接梁宋。平塗不過七日。西援陳許。水陸不出千里。外有

戰下脫爭字

江湖之阻。內保淮肥之固。龍泉之陂。良疇萬頃。舒六之貢。利盡蠻越。金石皮革之具萃焉。苞木箭竹之族生焉。山湖藪澤之隈。水旱之所不害。土產草滋之實。荒年之所取給。此則係乎地利者也。其俗尚氣力而多勇悍。其人習戰而貴詐僞。豪右幷兼之門。十室而七。藏甲挾劍之家。比屋而發。然而仁義之化不漸。刑法之令不及。所以屢多亡國也。昔考烈以衰弱之楚。屢遷其都。外迫彊秦之威。內遘陽申之禍。逃死劫殺。二世而滅。黥布以三雄之選。功成垓下。淮陰既囚。梁越受戮。嫌結震主之威。釁生同體之禍。遂謀圖全之計。庶幾後亡之福。衆潰于一戰。身脂于漢斧。劉長支庶。奄王大國。承喪亂之餘。御新化之俗。無德而寵。欲極禍發。王安內懷先父之憾。外眩姦臣之說。招引賓客。沈溺數術。藉二世之資。恃戈甲之盛。屈彊江淮之上。西向而圖宗國。言未絕口。身嗣俱滅。李憲因亡新之餘。袁術當衰漢之末。負力幸亂。遂生僭逆之計。建號九江。稱制

狹當作挾

下邑。狼狽奔亡。傾城受戮。及王彥雲、仲恭、公休之徒。或憑宿名。或怙前功。擁兵淮楚。力制東夏。屬當多難之世。仍值廢興之會。謀非所議。相係禍敗。祖約助逆。身亡家族。彼十亂者。成乎人事者也。然則侵弱昏迷。已至絕滅。亡楚當之。恃彊畏逼。遂謀叛亂。黥布有焉。二王遘逆。寵之之過也。公路僭僞。乘釁之盜也。二將已圖功首難。士少已驕矜樂禍。本其所因。考其成跡。皆寵盛禍淫。福過災生。而制之不漸。積之有由也。晉書伏滔傳。

正淮論下

昔高祖之誅黥布也。撮三策之要。馳赦過之書。乘人主之威。已除逆節之虜。然猶決戰陳都。暴尸橫野。僅乃尅之。害亦深矣。昔安之謀。雖兵未交于山東。禍未徧于天下。而馳說之士。與閭境之人。幽囚誅放者。亦已眾矣。光武連兵于肥舒。魏祖馳馬于蘄苦。而廬九之閒。流溺兵凶者。十而七八焉。夫王淩面縛。得之于砀石。仲恭接刃。成之于後覺也。而高祖已之膂征。世宗已之發疾。豈不勤哉。文皇挾萬乘之威。杖伊周之權。內舉京畿之眾。外徵四海之銳。雲合雨集。推鋒已臨淮浦。而延飲晏然。方嬰城自固。然鼓已觀王師。于是築長圍。起梦櫓。高壁連塹。負戈擊柝已守之。自夏及春。而後始知亡焉。然則屠城之禍。其可極言乎。約之出奔。淮左為墟。悲夫。信哉魯哀之言。夫生乎深宮。長于膏粱。憂懼不切于身。榮辱不交于前。則其仁義之本淺矣。奉已南面之尊。籍已列城之富。宅已制險之居。養已眾彊之盛。而無德已臨之。無制已節之。則厭溢樂禍之心生。夫已昏主御姦臣。利甲資堅城。僞令行于封內。邪惠結于人心。乘閒幸濟之說。日交于側。猾詐錮咎之羣。各馳于前。見利如歸。安在其不為亂乎。況乘舊寵。狹前功。畏逼懼亡。已謀圖身之舉者。望其俛首就羈。不亦迂哉。易稱履霜堅冰。馴致之道。蓋言漸也。嗚呼。斯所已亂臣賊子亡國覆家。累世而不絕者歟。昔先王之宰天下也。選于有德。訪之三吏。正其分位。明其等級。畫之封彊。宣之政令。上下有序。無僭差之嫌。四人安業。無并兼之國。三載考陟。功罪不得逃其跡。九伐時修。刑賞無所謬其實。令之有漸。軌之有度。寵之有節。權不外授。威不下黷。所已杜其萌際。塞其名器。深根固本。傳之百世。雖時有盛衰。弱者無所懼其亡。道有廢興。彊者不得肆其獘。夫如是。將使天下從風。穆然軌道。慶自一人。惠流萬國。安有向時之患哉。晉書伏滔傳。

論青楚人物

滔已春秋時鮑叔、管仲、隰朋、召忽、輪扁、甯戚、麥丘人、逢丑父、晏嬰、涓子。戰國時公羊高、孟軻、鄒衍、田單、荀卿、鄒奭、莒大夫、田子方、檀子、魯連、淳于髡、盼子、田光、顏歜、黔子、於陵仲子、王叔、即墨大夫。前漢時伏徵君、終軍、東郭先生、叔孫通、萬石君、東方朔、安期先生。後漢時大司徒伏三老、江革、逢萌、禽慶、承幼子、徐防、薛方、鄭康成、周孟玉、劉祖榮、臨孝存、侍其元矩、孫賓碩、劉仲謀、劉公山、王儀伯、郎宗、禰正平、劉成國。魏時管幼安、邴根矩、華子魚、徐偉長、任昭先、伏高陽。此皆青士有才德者也。鑿齒已神農生于黔中。邵南詠其美化。春秋稱其多才。漢廣之風。不同雞鳴之篇。子文、叔敖、羞與管晏比德。接輿之歌鳳兮。漁父之詠滄浪。漢陰丈人之折子貢。市南宜僚、屠羊說之不為利回。魯仲連不及老萊夫妻。田光之于當有誤屈原。鄧禹、卓茂無敵于天下。管幼安不勝龐公。龐士元不推華子魚。何鄧二尚書獨步于魏朝。樂令無對于晉世。昔伏羲葬南郡。少昊葬長沙。舜葬零陵。比其人則準的如此。論其土則羣聖之所葬。攷其風則詩人之所歌。尋其事則未有赤眉、黃巾之賊。此何如青州邪。滔與相往反。鑿齒無已對也。世說言語篇注引滔集。

帝堯功德銘

胡書龜歷之文。御覽九百三十一引任昉述異記注。

伏系之

系之，滔子，歷黃門郎、侍郎、侍中、尚書、光祿大夫，有集十卷。

雪賦

結陰凝雪，皎如帔素。御覽十二

秋懷賦

于是景宇肅澄，風高木斂，淒風夕衰，零露晨漉。澤收潤而草枯，葉驟墜而庭掩，鴈背來以希陽，鶯遊逝而投險。豈微物之足懷，傷積齡之告漸。藝文類聚三

曹弘之

弘之，哀帝初博士。

立秋讀令議

立秋御讀令，不應緗幘，求改用素。宋書禮志五

劉玢

玢，爵里未詳。

荅王徽之問廢疾兄女服

王徽之問劉玢：廢疾兄女服，記云其夫有廢疾，又無子，傳重者，舅爲之服小功。又云長子有廢疾，降傳重也。此二條，皆已其廢疾降嫡從庶，謂如此雖非嫡長，而有廢疾，既無求婚許嫁理，且慶弔烝嘗，皆不得同之于人，不知當制服不？劉玢荅：若嫡子有廢疾，不得受祖之重，則服與衆子同，在齊衰，蓋已不堪傳重，故不加服，非已廢疾而降也。子婦之服，例皆小功，已夫當受重，則加大功，若夫有廢疾，則居然小功，亦非降也。喪服經齊衰章爲君之祖父，傳曰：從服也。鄭注曰：爲君有祖之喪者，祖有廢疾不立也。從服例降本親一等，君服斬，故從服周，唯孫不敢降祖，此亦是廢疾不降之一隅也。通典一百一

綦毋邃

邃，爵里未詳。有孟子注七卷。

駮尚書奏章太妃服

父子不繼祖禰，故妻得伸。皇姑夫人致齋而會于大廟，后服不踰至尊，亦當緦麻也。通典九十五。哀帝興寧中，哀靖皇后有章太妃之喪，尚書奏至尊緦麻三月，皇后齊縗。案周禮有後輕而服重，公子爲公所厭，故不得申；舅不厭婦，故得已本服。綦毋邃駁

王崑

崑，太和末爲博士。

庾家爲孝庾后服議

五服之內，一同臣妾，宜準小君服周。通典八十一。孝后崩，庾家訪服，博士王崑議

鄭彌

彌，爵里未詳。

庾家爲孝庾后服議

諸婦宜從夫，若其夫自同人臣，婦亦宜同于人之妻，與王后無準，雖欲盛戚，于大典有闕。通典八十一

全晉文卷一百三十三終

烏程嚴可均校輯

習鑿齒

鑿齒字彥威。襄陽人。荆州刺史桓溫辟爲從事。轉西曹主簿。別駕。治中。左遷戶曹參軍。出爲衡陽太守。尋罷歸。有漢晉春秋四十七卷。集五卷。

臨終上疏

臣每謂皇晉宜越魏繼漢。不應以魏後爲三恪。而身微官卑。無由上達。懷抱愚情。三十餘年。今沈淪重疾。性命難保。遂嘗懷此。當與朽爛。區區之情。切所悼惜。謹力疾著論一篇。寫上如左。願陛下考尋古義。求經常之表。超然遠覽。不以臣微賤廢其所言。（晉書習鑿齒傳）

與謝安書

每省家舅。縱目檀谿。念崔徐之交。未嘗不撫膺躊躇。惆悵終日矣。（水經沔水注）

又與謝安書稱釋道安

來此見釋道安。故是遠勝。非常道士。師徒數百。齋講不倦。無變化技術。可以惑常人之耳目。無重威大勢。可以整羣小之參差。而師徒肅肅。自相尊敬。洋洋濟濟。乃是吾由來所未見。其人理懷簡衷。多所博涉。內外羣書。略皆遍睹。陰陽算數。亦皆能通。佛經妙義。故所遊刃。作義乃似法蘭、法祖輩。（梁高僧傳五作法蘭法道）統以大無。不肯稍齊物等智。在方中馳騁也。恨不使足下見之。其亦每言思得一見足下。（釋藏聲八。又百五）

與謝侍中書（案謝安由吳興太守徵拜侍中。孝武時復加侍中）

此有紅藍。北人采取其花作烟支。婦人妝時作頰色。用如豆許。案令偏頰。殊覺鮮明。匈奴名妻閼氏。言可愛如烟支也。（爾雅翼三。案烟支事。復見與燕王書。蓋本集兩書皆及之）

與燕王書

山下有紅藍花。足下先知之不。北方采紅藍。取其花。染緋黃。挼取其英鮮者作烟肢。婦人將用爲顏色。吾少時再三過見烟肢。今日始覩紅藍。後當爲足下致其種。匈奴名妻作閼支。言其可愛如烟肢也。想足下先亦不作此讀漢書也。（史記匈奴傳索隱。北堂書鈔一百三十五。御覽七百二十引崔豹古今注）

與桓祕書

吾以去五月三日來達襄陽。觸目悲感。略無懽情。痛惻之事。故非書言之所能具也。每定省家舅。從北門入。西望隆中。想臥龍之吟。東眺白沙。思鳳雛之聲。北臨樊墟。存鄧老之高。南眷城邑。懷羊公之風。縱目檀溪。念崔徐之友。肆睇魚梁。追二德之遠。未嘗不徘徊移日。惆悵極多。撫乘躊躕。慨然而泣曰。若乃魏武之所置酒。孫堅之所隕斃。裴杜之故居。繁王之舊宅。遺事猶存。星列滿目。瑣瑣常流。碌碌凡士。焉足以感其方寸哉。夫芬芳起于椒蘭。清響生乎琳琅。命世而作佐者。必垂可大之餘風。高尚而邁德者。必有明勝之遺事。若向八君子者。千載猶使義想其爲人。況相去之不遠乎。彼一時也。此一時也。焉知今日之才。不如曩辰。百年之後。吾與足下不並爲景升乎。（晉書習鑿齒傳）

與釋道安傳

興寧三年四月五日。鑿齒稽首和南。承應真履正。明白內融。慈訓兼照。道俗齊蔭。宗虛者悟無常之旨。存有者達外身之權。清風藻于中夏。鸞響厲乎八冥。玄味遠猷。何榮如之。弟子聞天不終朝而雨六合者。彌天之雲也。弘淵源以潤八極者。四大之流也。彼直無爲。降而萬物賴其澤。此本無心。行而高下蒙其潤。況哀世降步。愍時而生。資始繫于度物。明道存乎練俗。乘不疾之輿。以涉無遠之道。命外身之駕。以應十方之求。而可得玉潤于一山。冰結于一谷。

學閲風而不迴儀。冉此世而不誨度者哉。且夫自大教東流。四百餘年矣。雖藩王居士。時有奉者。而真丹宿訓。先行上世。道運時遷。俗未僉悟。藻悅濤波。下士而已。唯肅祖明皇帝。實天降德。始欽斯道。手畫如來之容。口味三昧之旨。戒行峻于巖隱。玄祖暢乎無生。大塊既唱。萬竅怒呼。賢哲君子。靡不歸宗。日月雖遠。光景彌暉。道業之隆。莫盛于今。（高僧傳作咸無以匹）豈所謂月光道寂。將生真土。靈鉢東遷。忽驗于茲乎。又聞三千得道。俱見南陽。明學開士。陶演真言。上攷聖達之誨。下測道行之驗。深經普往。非斯而誰。懷道邁訓。舍茲孰降。是以此方諸僧。咸有傾想。目欣金色之瑞。耳遲無上之箴。老幼等願。道俗同懷。繫詠之情。非常言也。若慶雲東徂。摩尼迴曜。一躡七寶之座。暫現明哲之燈。雨甘露于豐草。植栴檀于江湄。則如來之教。復崇于今日。玄波溢漾。重蕩于一代矣。不勝延豫。裁書致心。意之蘊積。曷云能暢。弟子襄陽習鑿齒稽首和南。（弘明集十二、高僧傳五）

晉承漢統論

或問魏武帝功蓋中夏。文帝受禪于漢。而吾子謂漢終有晉。豈實理乎。且魏之見廢。晉道亦病。晉之臣子。寧可以同此言哉。荅曰。此乃所以尊晉也。但絕節赴曲。非常耳所悲。見殊心異。雖奇莫察。請為子言焉。昔漢氏失御。九州殘隔。三國乘間。鼎跱數世。干戈日尋。流血百載。雖各有偏平。而其實亂也。宣皇帝勢逼當年。力制魏氏。蠖屈從時。遂羈戎役。晦明掩耀。龍潛下位。俛首重足。鞠躬屏息。道有不容之難。躬蹈履霜之險。可謂危矣。魏武既亡。大難獲免。始南擒孟達。東蕩海隅。西抑勁蜀。旋撫諸夏。摧吳人入侵之鋒。埽曹爽見忌之黨。植靈根以跨中嶽。樹羣才以翼子弟。命世之志既恢。非常之業亦固。景文繼之。靈武冠世。剋伐貳違。以定厥庸。席卷梁益。奄征西極。功格皇天。勳侔古烈。豐規顯祚。故以灼如也。至于武皇。遂并彊吳。混一宇宙。乂清四海。同軌二漢。除三國之大害。靜漢末（世說文學篇注此下有累世二字）之交爭。開（世說注作啟）九域之蒙晦。（世說注有大字）定千載之盛功者。皆司馬氏也。而推魏繼漢。以晉承魏。比義唐虞。自託純臣。豈不惜哉。今若以魏有代王之德。則其道不足。有靜亂之功。則孫劉鼎立。道不足。則不可謂制當年。當年不制于魏。則魏未曾為天下之主。王道不足于曹。則曹未始為一日之王矣。昔共工伯有九州。秦政奄平區夏。鞭撻華戎。專總六合。猶不見序于帝王。淪沒于戰國。何況暫制數州之人。威行境內而已。便可推為一代者乎。若以晉嘗事魏。懼傷皇德。拘惜禪名。謂不可割。則惑之甚者也。何者。隗囂據隴。公孫帝蜀。蜀隴之人。雖服其役。取之大義。于彼何有。且吳楚僭號。周室未亡。子文延陵。不見貶絕。宣皇帝官魏。逼于性命。舉非擇木。何虧德美。禪代之義。不同堯舜。校實定名。必彰于後。人各有心。事胡可掩。定空虛之魏。以屈于己。孰若杖義而以貶魏哉。夫命世之人。正情遇物。假之際會。必兼義勇。宣皇祖考。立功于

漢。世篤爾勞。思報亦深。魏武超越。志在傾主。德不素積。義險冰薄。宣帝與之。情將何重。雖形屈當年。意申百世。降心全己。憤慨于下。非道服北面。有純臣之節。畢命曹氏。忘濟世之功者也。夫成業者係于所為。不係所藉。立功者言其所濟。不言所起。是故漢高稟命于懷王。劉氏乘斃于亡秦。超二偽以遠嗣。不論近而計功。攷五德于帝典。不疑道于力政。季無承楚之號。漢有繼周之業。取之既美。而已德亦重故也。凡天下事。有可借喻于古。以曉于今。定之往昔。而足為來證者。當春秋之時。吳楚二國。皆僭號之王也。若使楚莊推鄢郢以尊有德。闔閭舉三江以奉命世。命世之君。有德之主。或藉之以應天。或撫之以光宅。彼必自係于周室。不推吳楚以為代明矣。況積勳累功。靜亂寧眾。數之所錄。眾之所與。不資于燕噲之授。不賴于因藉之力。長轡廟堂。吳蜀兩斃。運奇二紀。而平定天下。服魏武之所不能臣。蕩累葉之所不能除者哉。自漢末鼎沸五六

十年。吳魏犯順而強。蜀人杖正而弱。三家不能相一。萬姓曠而無主。夫有定天下之大功。爲天下之所推。孰如見推于闇人。受尊于微弱。配天而爲帝。方駕于三代。豈比俛首于曹氏。側足于不正。卽情而恆實。取之而無慙。何與詭事而託。爲鬧亂于將來者乎。是故故舊之恩。可封魏後。三恪之數。不宜見列。㠯晉承漢。功實顯然。正名當事。情體亦厭。又何爲虛尊不正之魏。而虧我道于大通哉。昔周人詠祖宗之德。追述翦商之功。仲尼明大孝之道。高稱配天之義。然后稷勤于所職。聿來未㠯翦商。異于司馬氏仕乎曹族。三宗之寓于魏世矣。且夫魏自君之道不正。則三祖臣魏之義未盡。義未盡。故假塗㠯運高略。道不正。故君臣之節有殊。然則弘道不㠯輔魏。而無逆取之嫌。高拱不勞汗馬。而有靜亂之功者。蓋勳足㠯王四海。義可㠯登天位。雖我德慙于有周。而彼道異于殷商故也。今子不疑共工之不得列于帝王。不嫌漢之係周而不係秦。何至于一魏。猶疑滯而不化哉。夫欲尊其君而不知推之于堯舜之道。欲重其國。而反厝之于不勝之地。豈君子之高義。若由未悟。請于是止矣。晉書習鑿齒傳

漢晉春秋論先主到當陽

先主雖顛沛險難。而信義愈明。勢偪事危。而言不失道。追景升之顧。則情感三軍。戀赴義之士。則甘與同敗。觀其所㠯結物情者。豈徒投醪撫寒。含蓼問疾而已哉。其終濟大業。不亦宜乎。蜀志先主傳注

孔明殺馬謖

諸葛亮之不能兼上國也。豈不宜哉。夫晉人規林父之後濟。故廢法而收功。楚成闇得臣之益己。故殺之㠯重敗。今蜀僻陋一方。才少上國。而殺其俊傑。退收駑下之用。明法勝才。不師三敗之道。將㠯成業。不亦難乎。且先主誡謖之不可大用。豈不謂其非才也。亮受誡而不獲奉承。明謖之難廢也。爲天下宰匠。欲大收物之力。而不量才節任。隨器付業。知之大過。則違明主之誡。裁之失中。卽殺有益之人。難乎其可與言智者也。蜀志馬良傳注

須舊作俟
俟當作須

孔明卒使廖立垂泣李平發病死

昔管仲奪伯氏駢邑三百。沒齒而無怨言。聖人㠯爲難。諸葛亮之使廖立垂泣。李平致死。豈徒無怨言而已哉。夫水至平而邪者取法。鏡至明而醜者忘怒。水鏡之所㠯能窮物而無怨者。㠯其無私也。水鏡無私。猶㠯免謗。況大人君子。懷樂生之心。流矜恕之德。法行于不可不用。刑加乎自犯之罪。爵之而非私。誅之而不怒。天下有不服者乎。諸葛亮于是可謂能用刑矣。自秦漢㠯來。未之有也。蜀志李嚴傳注

龐統諫先主

夫霸王者。必體仁義㠯爲本。仗信順㠯爲宗。一物不具。則其道乖矣。今劉備襲奪璋土。權㠯濟業。負信違情。德義俱愆。雖功由是隆。宜大傷其敗。譬斷手全軀。何樂之有。龐統懼斯言之泄宣。知其君之必悟。故衆中匡其失。而不脩常謙之道。矯然太當。盡其蹇諤之風。夫上失而能正。是有臣也。納勝而無執。是從理也。有臣則陛隆堂高。從理則羣策畢舉。一言而三善兼明。暂諫而義彰百代。可謂達乎大體矣。若惜其小失。而廢大益。務此過言。自絕遠讜。能成業濟務者。未之有也。蜀志龐統傳注

法正勸先主納劉焉子瑁妻吳氏

夫婚姻人倫之始。王化之本。匹夫猶不可㠯無禮。而況人君乎。晉文廢禮行權。㠯濟其業。故子犯曰。有求于人。必先從之。將奪其國。何有于妻。非無故而違禮教者也。今先主無權事之偪。而引前失㠯爲譬。非導其君㠯堯舜之道者。先主從之。過矣。蜀志先主穆皇后傳注

費詩諫先主稱尊號

夫創本之君。須大定而後正己。纂統之主。俟速建㠯係衆心。是故

惠公朝虜。而子圉夕立。更始尚存。而光武舉號。夫豈忘主。徼利社稷之故也。今先主糾合義兵。將以討賊。賊彊禍大。主沒國喪。二祖之廟。絕而不祀。苟非親賢。孰非紹此。嗣祖配天。非咸陽之譬。杖正討逆。何推讓之有。于此時也。不如速尊有德以奉大統。使民欣反正。世覩舊物。杖順者齊心。附逆者同懼。案此下有脫。可謂闇惑矣。其黜降也宜哉。蜀志費詩傳注

曹操不存錄張松

昔齊桓一矜其功。而叛者九國。曹操暫自驕伐。而天下三分。皆勤之于數十年之內。而棄之于俯仰之頃。豈不惜乎。是以君子勞謙日昃。慮以下人。功高而居之以讓。勢尊而守之以卑。情近于物。故雖貴而人不厭其重。德洽羣生。故業廣而天下愈欣其慶。夫然。故能有其富貴。保其功業。隆顯當時。傳福百世。何驕矜之有哉。君子是以知曹操之不能遂兼天下者也。蜀志劉璋傳注

曹操封閻圃

魯欲稱王。而閻圃諫止之。今封圃為列侯。夫賞罰者。所以懲惡勸善也。苟其可以明軌訓于物。無遠近幽深矣。今閻圃諫魯勿王。而太祖追封之。將來之人。孰不思順。塞其本源。而末流自止。其此之謂與。若乃不明于此。而重燋爛之功。豐爵厚賞。止于死戰之士。則民利于有亂。俗競于殺伐。阻兵仗力。干戈不戢矣。太祖之此封。可謂知賞罰之本。雖湯武居之。無以加也。魏志張魯傳注

高堂隆

高堂隆可謂忠臣矣。君侈每思諫其惡。將死不忘憂社稷。正辭動于昏主。明戒驗于身後。謇諤足以勵物。德音沒而彌彰。可不謂忠且智乎。詩云。聽用我謀。庶無大悔。又曰。曾是莫聽。大命以傾。其高堂隆之謂也。魏志高堂隆傳注

鍾會功曹向雄

向伯茂可謂勇于蹈義也。哭王經而哀感市人。葬鍾會而義動明主。彼皆忠烈奮勁。知死而往。非存生也。況使經會處世。或身在急難。而有不赴者乎。故尋其奉死之心。可以見事生之情。覽其忠貞之節。足愧背義之士矣。王加禮而遣。可謂明達也。魏志鍾會傳注

賈逵援曹休

夫賢人者。外身虛己。內以下物。嫌忌之名。何由而生乎。有嫌忌之名者。必與物為對。存勝負于己身者也。若以其私憾。敗國殄民。彼雖傾覆于我。何利。我苟無利。乘之曷為。以是稱說。臧獲之心耳。今忍其私忿。而急彼之憂。冒難犯危。而免之于害。使功顯于明君。惠施於百姓。身登于君子之堂。義愧于敵人之心。雖豺虎猶將不覺所復。案有誤字。而況于曹休乎。然則濟彼之危。所以成我之勝。不計宿憾。所以服彼之心。公義既成。私利亦弘。可謂善爭矣。在于未能忘勝之流。不由于此。而能濟勝者。未之有也。魏志賈逵傳注

毌丘儉舉義

毌丘儉感明帝之顧命。故為此役。君子謂毌丘儉事雖不成。可謂忠臣矣。夫竭節而赴義者我也。成之與敗者時也。我苟無時。成何可必乎。亡我而不自必。乃所以為忠也。古人有言。死者復生。生者不愧。若毌丘儉。可謂不愧也。魏志毌丘儉傳注

司馬景王引過

司馬大將軍引二敗以為己過。過消而業隆。可謂智矣。夫民忘其敗。而下思其報。雖欲不康。其可得邪。若乃諱敗推過。歸咎萬物。常執其功。而隱其喪。上下離心。賢愚解體。是楚再敗而晉再克也。謬之甚矣。君人者。苟統斯理。而以御國。則朝無秕政。身靡留愆。行失而名揚。兵挫而戰勝。雖百敗可也。況于再乎。魏志齊王芳紀注

司馬文王赦三叛黨屬

自是天下畏威懷德矣。君子謂司馬大將軍于是役也。可謂能以

德攻矣。夫建業者異矣。各有所尚。而不能兼并也。故窮武之雄。斃于不仁。存義之國。喪于懦退。今一征而禽三叛。大虜吳衆。席卷淮浦。俘馘十萬。可謂壯矣。而未及安坐。喪王基之功。（案喪字當誤）種惠吳人。結異類之情。寵鶩葬欽。忘疇昔之隙。不咎誕衆。使揚土（一本作士）懷愧。功高而人樂其成。業廣而敵懷其德。武昭既敷。文算又洽。推此道也。天下其孰能當之哉。（魏志諸葛誕傳注）

周瑜魯肅

客問曰。周瑜魯肅何人也。主人曰。小人也。客曰。周瑜奇孫策于總角。定人好惡于一面。摧魏氏百勝之鋒。開孫氏偏王之業。威震天下。名馳四海。魯肅一見孫權。建東吳之略。子謂之小人何也。主人曰。此乃眞所㠯爲小人也。夫君子之道。故將竭其直忠。佐扶帝室。尊主寧時。遠崇名教。若乃力不能合。事與志違。躬耕南畝。遁迹當年。何由盡臣禮于孫氏于漢室未亡之日邪。客曰。諸葛武侯翼戴玄德。與瑜肅何異。而子重諸葛。毀瑜肅。何其偏也。主人曰。夫論古今者。故宜先定其所爲之本。迹其致用之源。諸葛武侯龍蟠江南。託好管樂。有匡漢之望。是有崇本之心也。今玄德漢高之正胄也。信義著于當年。將使漢室亡而更立。宗廟絕而復繼。誰云不可哉。（御覽四百四十七。）

張昭閉戶拒命

張昭于是乎不臣矣。夫臣人者。三諫不從。則奉身而退。身苟不絕。何忿懟之有。且秦穆違諫。卒霸西戎。晉文暫怒。終成大業。遺誓㠯悔過見錄。狐偃無怨絕之辭。君臣道泰。上下俱榮。今權悔往之非而求昭。後益迴慮降心。不遠而復。是其善也。昭爲人臣。不度權得道。匡其後失。夙夜匪懈。㠯延來譽。乃追忿不用。歸罪于君。閉戶拒命。坐待焚滅。豈不悖哉。（吳志張昭傳注）

羊祜陸抗兩境交和

夫理勝者。天下之所保。信順者。萬人之所宗。雖大猷既喪。義聲久淪。狙詐馳于當塗。權略周乎急務。負力縱橫之人。臧獲牧豎之智。未有不憑此㠯創功。捨茲而獨立者也。是故晉文退舍。而原城請命。穆子圍鼓。訓之㠯力。冶夫獻策。而費人斯歸。樂毅緩攻。而風烈長流。觀其所㠯服物制勝者。豈徒威力相詐而已哉。自今三家鼎足。四十有餘年矣。吳人不能越淮沔而進取中國。中國不能陵長江㠯爭利者。力均而智侔。道不足㠯相傾也。夫殘彼而利我。未若利我而無殘。振武㠯懼物。未若德廣而民懷。匹夫猶不可㠯力服。而況一國乎。力服猶不如㠯德來。而況不制乎。是㠯羊祜恢大同之略。思五兵之則。齊其民人。均其施澤。振義網㠯羅彊吳。明兼愛㠯革暴俗。易生民之視聽。馳不戰乎江表。故能德音悅暢。而襁負雲集。殊鄰異域。義讓交弘。自吳之遇敵。未有若此者也。抗見國小主暴。而晉德彌昌。人積兼己之善。而己無固本之規。百姓懷嚴敵之德。闔境有棄主之慮。思所㠯鎭定民心。緝寧外內。奮其危弱。抗權上國者。莫若親行斯道。㠯侔其勝。使彼德靡加吾。而此善流聞。歸重邦國。弘明遠風。折衝于枕席之上。校勝于帷幄之內。傾敵而不㠯甲兵之力。保國而不浚溝池之固。信義感于寇讎。丹懷體于先日。豈設狙詐㠯危賢。徇己身之私名。貪外物之重我。闇服之而不備者哉。由是論之。苟守局而保疆。一卒之所能。協數㠯相危。小人之近事。積詐㠯防物。臧獲之餘慮。威勝㠯求安。明哲之所賤。賢人君子。所㠯拯世垂範。舍此而取彼者。其道良弘故也。（吳志陸抗傳注）

傅玄言上終喪下短喪爲但有父子無復君臣

傅玄知無君臣之傷教。而不知兼無父子爲重。豈不蔽哉。且漢廢君臣之喪。不降父子之服。故四海黎庶。莫不盡情于其親。三綱之道。二服恆用于私室。而王者獨盡廢之。豈所㠯孝治天下乎。詩云。猷之未遠。其傅玄之謂也。（宋書禮志二）

諸葛武侯宅銘

達人有作。振此頹風。彫構蔚矣。鴟闕唯豐。義範蒼生。道格時雍。自昔爰止。于焉盤桓。躬耕西畝。永嘯東巒。迹逸中林。神凝巖端。罔窺其奧。誰測斯歡。堂堂偉匠。婉翮揚朝。傾巖搜寶。高羅九霄。慶雲集矣。鸞駕亦招。藝文類聚六十四。又初學記二十四。盤桓作龍盤。揚朝作陽翰。亦招作三招。

全晉文卷一百三十四終

烏程嚴可均校輯

謝歆

歆。爵里未詳。案隋志注，梁有車騎司馬謝韶集三卷，歆韶形近，或即其人，姑編于此。

金昌亭詩敘

遊舊作道

余尋師來入經吳。行達昌門。忽覩斯亭。傍川帶河。其榜題曰金昌。訪之耆老。曰。昔朱買臣仕漢。還爲會稽內史。逢其迎吏。遊旅比舍。與買臣爭席。買臣出其印綬。羣吏慚服自裁。因事建亭。號曰金傷。失其字義耳。世說輕詆篇注

王翼

翼爲國子博士。

皇后親爲皇后服議

案禮無明文。依準鄭制。齊縗諸婦。誠非五屬。然緣成親。夫屬子道。則妻亦婦道矣。不得不制親屬之服。通典八十一

荅庾龢問

庾龢問。女子適人。今改葬。兒既服緦。女子當有服不。王翼荅云。喪禮改葬服緦。鄭氏曰爲臣子妻。曰例推之。女子雖降父母。即亦子也。今男女皆緦。于義自通。通典一百二

顧悅之

悅之字君叔。晉陵無錫人。爲州別駕。歷尚書右丞。

上疏訟殷浩

伏見故中軍將軍揚州刺史殷浩。體德沈粹。識理淹長。風流雅勝。聲蓋當時。再臨神州。萬里肅清。勳績茂著。聖朝欽嘉。遂授分陝推轂之任。戎旗既建。出鎮壽陽。驅其豺狼。翦其荊棘。收羅向義。廣開屯田。沐雨櫛風。等勤臺僕。仰憑皇威。羣醜革面。進軍河洛。修復園陵。不虞之變。中路猖蹶。遂令爲山之功。崩于垂成。忠款之志。于是

而廢。既受削黜。自擯山海。杜門終身。與世兩絕。可謂克己復禮。窮而無怨者也。尋浩所犯。蓋負敗之常科。非即情之永責。論其名德深誠則如彼。察其補過罪己則如此。豈可棄而不卹。使法有餘冤。方今宅兆已成。埏隧已開。懸棺而窆。禮同庶人。存亡有非命之分。九泉無自訴之期。仰感三良。昊天罔極。若使明詔爰發。旌我善人。崇復本官。遠彰幽昧。斯則國家威恩。有兼濟之美。死而可作。無負心之恨。晉書殷浩傳

顧愷之

愷之一作凱之。字長康。悅之子。大司馬桓溫以爲參軍。復參殷仲堪荊州軍事。義熙初入爲散騎常侍。有啟蒙記三卷。集二十卷。

雷電賦

太極紛綸。元氣澄練。陰陽相薄。爲雷爲電。擊武乙于河。而誅戮之罰明。震展氏之廟。而隱慝之誅見。是以宣尼敬威忽變。夫其聲無定響。光不恆照。砰訇輪轉。倏閃藏曜。若乃太陰下淪。少陽初升。蟄蟲將啟。動靈先應。殷殷徐振。不激不憑。林鍾統節。溽暑烟熅。星月不朗。衣裳若焚。爾乃清風前颯。蕩濁流塵。豐隆破響。列缺開雲。當時倦容。廓焉精新。豈直驚安竦寐。乃以暢精悟神。天怒將淩。赤電先發。窺巖四照。映流雙絕。雷電赫以驚衡。山海磕其奔裂。若夫子午相乘。水旱木零。仲冬奮發。伏雷先行。磕磕隆隆。閃閃夐夐。二語從書鈔一百五十二補 豈隱隱之虛憑。乃違和而傷生。昭王度之失節。見二儀之幽情。至乃辰開日朗。太清無霧。靈眼揚精以麗煥。壯鼓崩天而砰磕。陵雉訇隱以待傾。方地嶪其若敗。蒼生非悟而喪魂。龍鬼失據以顛沛。光驚于泉底。聲動于天外。及其灑北斗以誕聖。震昆陽以伐違。降枝鹿以命桀。鳥雙濱而橫尸。倒驚槍于霄際。擢騰龍于雲湄。烈大地以繞映。惟六合以動威。在靈德而卷舒。謝神豔之

雜追。藝文類聚二、初學記一、御覽十二。

觀濤賦

臨浙江以北眷，壯滄海之宏流。水無涯而合岸，山孤映而若浮。既藏珍而納景，且激波而揚濤。其中則有珊瑚明月，石帆瑤瑛，彫鱗采介，特種奇名。崩巒填壑，傾堆漸隅。岑有積螺，嶺有懸魚。謨茲濤之為體，亦崇廣而宏浚，形無常而參神，斯必來以知信，勢剛淩以周威，質柔弱以協順。藝文類聚九。

冰賦

激厲風而貞質，仰和景而融曜。清流離之光徹，邈雲英之巍巍。爾乃連綿絡幕，乍結乍無，翕然靈化，得漸已凝。緗白隨川，方圓隨渠。義剛有折，照壺則虛，託形超象，比朗玄珠。一宗理而常全，經百合而彌切。轉若驚電，照若澄月。積如累空，泮若墜節。臨堅投[illegible]，應變縷裂，瓊碎星流，清練流越。若乃上結薄映，下鏡長泉，靈葩隨流，含馨揚鮮。藝文類聚九。

湘中賦　初學記七

陽鶩山雞。御覽九百十八。

湘川賦

其表則有滋澤晨潤，彫霜夜凝。北堂書鈔一百五十二。

箏賦

其器也則端方修直，天隆地平。華文素質，爛蔚波成。君子喜其斌麗。知音偉其含清，罄虛中以揚德，正律度而儀形。良工加妙，輕縟璘彬，玄漆緘響，慶雲被身。藝文類聚四十四、初學記十六。

鳳賦

望太清以抗思，誕儀鳳之逸群。稟鶉火之靈曜，資和氣之煙熅。允雞喙而燕頷，頸蛇蜿而龍文。殿歸昌于漢陽，發明□乎聖君。荷義蹈正，雞峙鴻前，比翼交揮，五色備宣。與八風而降時雨，音中鍾律。步則規矩，朱冠赫以雙翹，靈質翩其高舉。振黃冠于招搖，陵帝居之懸圃。藝文類聚九十九、初學記三十。

拜員外散騎常侍表

不悟陛下聖恩所加，登之常伯之列，飾之貂璫之暉。北堂書鈔五十八。

與殷仲堪牋

地名破冢，真破冢而出。行人安穩，布帆無恙。晉書顧愷之傳：仲堪在荊州，愷之嘗因假還，仲堪特以布帆借之，至破冢遭風大敗，愷之與仲堪牋。

虎丘山序

吳城西北有虎丘山者，含真藏古，體虛窮玄。隱嶙陵堆之中，望形不出常阜，至乃崿嶮絕于華峰。藝文類聚八。

嵇康贊序

南海太守鮑靚，通靈士也。東海徐寧師之。寧夜聞靜室有琴聲，怪其妙而問焉。靚曰：嵇叔夜。寧曰：嵇臨命東市，何得在茲？靚曰：叔夜迹示終，而實尸解。文選五君詠注。

畫贊

王衍

巖巖清峙，壁立千仞。晉書王衍傳。

水贊

湛湛若凝，開神以質，乘風擅瀾，妙齊得一。藝文類聚八。

父悅傳

君以直道陵遲于世，入見王，王髮無二毛，而君已斑白，問君年，乃曰：卿何偏蚤白？君曰：松柏之姿，經霜猶茂；臣蒲柳之質，望秋先零。受命之異也。王稱善久之。世說言語篇注。

祭牙文

維某年某月日，録尚書事豫章公裕敢告黃帝蚩尤五兵之靈：兩儀有政，四海有王，晉命在天，世德重光，烈烈高牙，閫閫伐鼓，白氣經天。劭揚神武。（藝文類聚六十七。御覽三百三十九。）

許詢

詢，高陽新城人。咸安中徵士。有集八卷。

墨麈尾銘

卑尊有宗。貴賤無始。器以通顯。廢興非已。偉質軟蔚。岑條疏理。體隨手運。散飆清起。通彼玄詠。申我先子。（書鈔一百三十四。）

白麈尾銘

蔚蔚秀氣。偉我奇姿。（御覽作蔚蔚秀格偉偉奇姿。）荏蒻軟潤。雲散雪飛。君子運之。探玄理微。因通無遠。廢興可師。（書鈔一百三十四。御覽七百三。）

張望

望爲征西將軍。有集十二卷。

枕賦

制爲素枕。聊以偃仰。爾乃六安其形。展轉唯擬。撫引應適。永御君子。（北堂書鈔一百三十四。）

鷺鷥賦并序

余觀鷺鷥之爲鳥也。形貌叢蔑。尾翮憔陋。樂水以遊。隨波淪躍。汎然任性。而無患也。

惟鷺鷥之小鳥。託川湖以繁育。翩舒翮以和鳴。匪窘惕于籠畜。瀺灂池沼。容與河洲。翱而不掩。集而不罶。値汙則止。遇澤則游。淪潭裏以銜魚。躍浪表而相求。萃不擇渠。娛不擇川。隨風騰起。與濤回旋。沈竄則足撥圓波。浮沫則臆排微漣。幸性命以閒放。獨遨逸而獲全。（藝文類聚九十二。）

蜘蛛賦并序

嘯詠蓬廬。散步丘園。覽蜘蛛之爲蟲焉。乘虛運巧。構不假務。欲足性命。蕭然靖逸。良可翫也。

伊蜘蛛之爲蟲。縱微性乎天壤。稟妙造于化靈。忽有礙而無相。吐

自然之纖緒。先皇羲而結網。馮輕羅以隱顯。應大明之幽現。（御覽九百四十八。）

車胤

胤字武子。南平人。桓溫辟爲從事。進主簿。遷別駕。征西長史。寧康初爲中書侍郎。封關內侯。累遷侍中。太元中領國子博士。遷驃騎長史。拜太常。進封臨湘侯。尋爲護軍將軍。隆安初除吳興太守。辭疾不拜。加輔國將軍。丹陽尹。遷吏部尚書。爲元顯所逼死。

上言宜擇經學最優者一人領博士

案二漢舊事。博士之職。唯舉明經之士。遷轉各以本資。初無定班。魏及中朝多以侍中常侍儒學最優者領之。職雖不同。漢氏盡于儒士取用。其揆一也。今博士八人。愚謂宜依魏氏故事。擇朝臣一人經學最優者。不繫位之高下。常以領之。每舉太常。共研厥中。其餘七人。自依常銓選。（通典五十三。）

上言庶母服制

謹案喪服禮經。庶子爲母緦麻三月。傳曰。何以緦麻。以尊者爲體。不敢服其私親也。此經傳之明文。聖賢之格言。而自頃開國公侯至于卿士。庶子爲後。各肆私情。服其庶母。同之于嫡。此末俗之弊。溺情傷教。縱而不革。則流蕩忘反矣。且夫尊尊親親。雖禮之大本。然厭親于尊。由來尚矣。禮記曰。爲父後爲出母無服。無服也者。不祭故也。又禮。天子父母之喪未葬。越紼而祭天地社稷。斯皆崇嚴至敬。不敢以私廢尊也。今身承祖宗之重。而以庶母之私。廢烝嘗之事。五廟闕祀。由一妾之終。求之情禮。失莫大焉。舉世皆然。莫之裁貶。就心不同。而事不敢異。故正禮遂頹。而習非成俗。此國風所以思古。小雅所以悲歎。當今九服漸寧。王化惟新。誠宜崇明禮典。以一風俗。請臺省改修經典。式明王度。（晉書禮志中。太元十七年。太常車胤上言。又見通典八十二。）

又上言

去年上。自頃開國公侯至于卿士。庶子爲後者服其庶母。同之于嫡。違禮犯制。宜加裁抑。事上經年。未被告報。未審朝議㠯何爲疑。若㠯所陳或謬。則經有文。若㠯古今不同。則晉有成典。升平四年。故太宰武陵王所生母喪。表求齊衰三年。詔聽依昔樂安王故事。制大功九月。興寍三年。故梁王璲又所生母喪。亦求三年。庚子詔書依太宰故事。同服大功。若謹案周禮。則緦麻三月。若奉晉制。則大功九月。古禮今制。竝無居廬三年之文。而頃年已來。各申私情。更相擬襲。漸已成俗。縱而不禁。則聖典滅矣。夫尊尊親親。立人之本。王化所由。二端而已。故先王設教。務弘其極。尊郊社之敬。制越紼之禮。嚴宗廟之祀。厭庶子之服。所㠯經緯人文。化成天下。夫屈家事于王道。厭私恩于祖宗。豈非上行乎下。父行乎子。若尊尊之心。有時而替。宜厭之情。觸事而申。祖宗之敬微。而君臣之禮虧矣。嚴恪微于祖宗。致敬虧于事上。而欲俗安化隆。不亦難乎。區區所惜。實在于斯。職之所司。不敢不言。請臺參詳。晉書禮志中。十八年。胤又上言。有司奏。詔可。

修明堂議

明堂之制。既甚難詳。且樂主于和。禮主于敬。故質文不同。音器亦殊。既茅茨廣廈。不一其制。何必守其形範。而不弘本順時乎。晉志作從俗乎。宋志作順民乎。九服咸寍。四野無塵。然後明堂辟雍。可光而脩之。晉書車胤傳。又見禮志上。宋書禮志三。

朝臣上禮太子議

百辟卿士。咸與盛禮。展敬拜伏。不須復上禮。唯方伯牧守。不覲大禮。自非酒牢貢羞。無㠯裁其乃誠。故宜有上禮。亦如元正大慶。方伯莫不上禮。朝臣奉璧而已。通典七十。孝武泰元十二年。臺符問皇太子既拜。朝臣奉賀。應上禮否。國子博士車胤議。

羣臣見皇太子儀服議

朝臣宜朱衣褠幘拜敬。太子荅拜。案經傳不見其文。故太傅羊祜牋慶太子稱叩頭。此則拜之證。又太寍三年。詔議其典。尚書卞壼謂宜稽則漢魏。闔朝同拜。其朱衣冠冕。唯施天朝。宜褠幘而已。通典七十。尚書符又問王公㠯下見皇太子儀。及所制衣服。車胤議。

荅謝琰問

謝琰問車胤曰。人有妹喪。降服已除。本服未周。可得嫁不。荅曰。禮小功不稅。降在小功者則稅。是推本情。不計見服也。時人有㠯此婚嫁者。僕常疑之。孫騰荅人有卜日除服便㠯婚。況降服已除。禮有大斷。此都無疑。通典六十。

荅徐廣問李太后服

漢代皆服重。且大體已定。此當無服。翻革邪。通典八十一。隆安四年。

邵戩

戩。爵里未詳。

議桓宣武公立廟

禮。父爲士。子爲諸侯。祭㠯諸侯。則宜立親廟四。封君之子。則封君高祖親盡廟毀。封君之孫。則封君曾祖親盡廟毀。封君之曾孫。則封君之祖親盡廟毀。封君之玄孫。則封君之父親盡毀廟。封君玄孫之子。則封君親盡廟宜毀。然㠯太祖不毀。五廟之數。于是始備。至封君玄孫之孫。則毀封君之子。封君玄孫之孫。復毀封君之孫。如此隨代迭毀。㠯至百代。通典四十七。

從母父服適族議

案禮記。同姓從宗合宗屬。異姓主名理際會。從母嫁于絕屬族父。則無服從母之名。謂不宜有服。戩㠯爲理際會者。患班序易位。及嫂叔無名耳。矣服㠯恩生。班㠯義斷。雖門外之事義掩恩。至門內之事恩掩義矣。同宗之道。處恩義之閒。故宜資之恩義。今彼此獲

宗屬之宗當作族　無服之服當作復　矣當作夫

骨下脫肉字
目當作矣

中據易位無名便廢骨（案有脫字）之服實是所疑既有屬從鄭玄說子為母黨之服案屬從者自非出母黨及庶子受重自于其所生之黨則所無厭降之文又記云六代親屬竭㠯鄭說六代之外親盡爾雅族昆弟之子為親同姓案從母嫁于無屬名者即與嫁他姓不異則宜服從母嫁于他姓之服矣又嘗見賀公書稱賀新渝夫人為從姨母尋所㠯不主名于際會者亦是有恩掩義謂宜服也（通典九十五）

諸侯之大夫為天子服對

魏文帝崩鎮軍府問參佐綱紀服邵戢荅曰禮臣為君服皆斬縗大夫居廬士居堊室又禮君之喪諸達官之長杖先儒㠯為非達官謂官長所自除人在官者也庶人在官服天子與畿內之人同齊縗三月案參佐無除者宜用此禮又禮諸侯之大夫會見天子者為天子服繐縗七月案今綱紀雖或被除救猶古諸侯之卿命于天子比耳會見北面時無二君之道宜依繐縗之制其無除敕又未嘗會見則宜無服（通典八十一）

劉遵

遵咸康初為尚書右丞

喪遇閏議

喪紀之制歲數者沒閏而三年之喪閏在始末者用捨之論時有不同唯當本乎閏之所繫可㠯明折衷經傳具四時㠯編年一時無事經書首月及其有事隨月而載初不書閏者㠯閏附正月不應時見也唯魯文公六年書閏月不告朔指見告朔之餘無事也又文公元年閏三月後故傳曰于是閏三月欲審所附此明證設此閏遭喪者取其周忌應用來年三月既合喪期大數得周忌定日何休亦㠯為然朝論同之不嫌原其所由在乎閏附前月而不屬後故也始喪在閏月㠯附前祥除遇之豈得屬後立閏有定所而施用有彼此求之理例殊不經通且喪宜從重不貳之道祥用遠日禮之正典愚謂周忌故當七月二十八日大祥應用閏月晦既得周忌之正不失遠日之義禮之遠日誠非出月遇閏而然蓋隨時之變耳（通典一百）

劉耽

耽咸康初吏部郎中（案劉悛父亦名耽乃元明時人非即此）

喪遇閏議

喪禮之制周年沒閏者議㠯閏非正月故略而不數是㠯丘明謂之閏三月公羊則曰天無是月由此言之閏無定所隨節而立其名稱則在上月是㠯卒于閏者則㠯所附之月為周至于祥變理不得異豈有始喪則附之于前祥變則別之于後㠯例推之情所未安且夫禮雖制情亦復因情制禮若情因事伸則古人順而不奪是㠯每于祥葬咸用遠日斯所㠯即順物情因可伸之故數年則沒閏喪禮所不嫌附于前月春秋之明義愚謂國祥用閏月晦既合經傳附前之義又得遠日伸情之旨且喪宜從重古今所同詳尋理例謂此為允（通典一百）

鄭襲

襲咸康初散騎常侍有集四卷

喪遇閏議

中宗肅祖皆㠯閏崩祥除之變皆用閏之後月先朝尚耳閏附七月用之何疑荀司徒亦㠯閏薨荀家祥亦用閏之後月諸荀名德相繼習于禮學故號為明宗議者引周官左氏而非公羊穀梁今案周官左氏傳兩書自書閏月中事閏月長三十日三十日中何得無事不明閏月非附月之理也議者稱三年之喪二十五月遇閏之年便二十六月三年之喪不應㠯閏為月議者稱禮傳終身之哀忌日之謂不唯周年子卯之謂代不用子卯閏月及大月三

五月之五當作何

十日亡。至于無閏之年。及與小盡。都是無忌。所以古人用子卯也。簡文皇帝七月二十八日崩。己未之日。今年己未在閏月十日。時不用子卯而用二十八日久矣。若己未在他月。今者不能變改。閏附七月。己未在閏。今者用閏。益遠日之情也。（通典一百）

難范甯論喪遇閏

鄭襲難范甯曰。以閏三月五日死者。當以來年五月祥。何月爲忌日。答曰。謂之閏月者。以餘分之日閏益月耳。非正月也。非正月。則吉凶大事皆不可用。故天子不以告朔。而喪者不數以閏月。死既不數之。禮十三月小祥。二十五月大祥。自然當以來年四月小祥。明年四月大祥也。所謂忌日者。死者之日月耳。今以閏月。來年無閏月。安得有忌日邪。當以後歲閏月五日爲忌。是五年再有忌日也。難曰。忌日之感。終身之感。罔極之恩。不離一日。今須後閏。則三年之忌。不亦遠乎。傳稱子卯不樂。謂之疾日。先儒以爲甲子乙卯。誠如是。自宜以日辰爲忌。遇之而感耳。（通典一百）

謝攸　孔粲

攸。寧康初爲博士。粲。魯郡魯人。亦爲博士。後去職。徵祕書監。不就。

喪遇閏議

案左氏春秋經。魯襄公二十八年十二月甲寅。天王崩。乙未。楚子卒。其間相去四十二日。是則乙未閏月之日也。經不書閏月。而書十二月。明閏非正。宜附正之文。其不曰二十九年正月。是附前月之證。又禮記曰。喪事先遠日。則祥除應在閏月。（通典一百一。孝武寧康二年。簡文帝崩再周而遇閏。博士謝攸孔粲議）

戴謐

謐。寧康初爲尚書右丞。

喪遇閏議

尋博士所上祥事。是專用吳商議也。商之所言。依公羊何氏注。及禮之遠日也。禮稱三年之喪。十三月而小祥。二十五月而畢。春秋傳曰。三年之喪。其實二十五月。此喪服之大數。周月之正文也。又云。喪以月者數閏。以歲者不數閏。是爲有閏則十四月而祥。二十六月而除。不用喪月之常數。所以重周忌之正也。夫練除之節。喪禮之大。終身之哀。忌日之謂。喪中遇閏。禮不可略。周忌之月。不可得而移。故緣情以立制。變文而示義也。至閏在喪表。三年之限已全。周忌之正已得。何故于此而復延月邪。議者據左氏之閏三月。公羊無是月。穀梁附月餘日。以明閏非月數。皆應屬前之證。案推孜分度。隨以置閏。閏月之所在。年中無常。要當有繫。以名其所在。三月後謂之閏三月。非三月也。天無是月。非常月也。非無此月。所在無常也。穀梁亦云。積分以成月。經傳之文。先儒舊說。竝不謂閏是餘日。不別月數。而已六十日爲一月也。三年之喪。禮之所重。其

爲節文。不專一制。亡在于閏。喪者之變。祥除之事。無復本月。應有所附。以正所周。閏在三月後。附于三月。喪紀無違。順序有節。合三傳三禮意也。若閏非月數。皆屬于前。功服葬月。何以數之。于葬則數。于祥則否。用捨二義。未安也。凶事遠日。言月中之遠耳。若遷一月。當是遠月。豈遠日之義邪。卜葬之遠。不出于月。卜祥之遠。而乃包閏。卜同遠異。復非所宜也。案何休云。閏死者數閏以正周月。非死月不得數。大較粗同。但其年無閏。而以乙未爲閏之日。孜較經傳。未之詳耳。商探尋便爲正義。不亦謬乎。閏在喪中。略而不計。祥除值閏外。而不取重周忌也。閏亡無正。推以附前。喪期不闕。順序不悖。合禮變也。（通典一百）

諱議

朝臣所諱。君之母妻。施于小君。非君之所生。所生之諱。不上諱榜。非羣下所宜諱也。竊謂如此。則不唯奏事太后不應諱而已。恐門

宮當作官　𦑳當作經

號縣名。亦不宜改頒于天下。而闔朝之臣。陳事不避。悠悠人吏犯者不問。宮號獨易。餘莫之諱。將于大體。有不通邪。父之所諱。子無不諱。君之所諱。臣其不諱乎。施于小君。誠有其文。母以子貴。亦有明義。若以事輕至尊應諱。但奏御太后不諱。一朝之事。諱不並行。復是所疑。通典一百四

殷合

合。盜康初為大常丞。

喪遇閏議

忌不可遷。存終月也。祥不必本月。尙遠日也。謂宜以七月二十八日為忌。閏月晦而祥。通典一百一

全晉文卷一百三十五終

全晉文卷一百三十六

烏程嚴可均校輯

徐藻

藻，東莞姑幕人，徙居京口，太元中為太學博士，遷都水使者。

崇德太后服議

資父事君而敬同，又禮云（宋志作禮傳）：其夫屬乎父道者，妻皆母道也。則夫屬君道，妻亦后道矣。服后宜以齊母（宋志作資母，通典作資父）之義也。魯譏逆祀，以明尊卑（宋志通典皆作尊尊）。今上躬奉康穆哀皇及靖后之祀，致敬同于所天，豈可敬之以君道，而服廢于本親。謂應服齊衰朞。（晉書康獻褚后傳，太元九年崩，太后于孝武帝為從嫂，朝議疑其服，太學博士徐藻議。又宋書禮志二，九年作元年，徐藻作徐恭，通典八十作咸康中，皆誤）

公除祭議

古無公除，吉凶之服，不可相干，故緦不祭耳。今既公除，吉服而行，則可吉祭。今既吉服，無事不可，而大事反可闕邪。若以心喪為疑者，則出母子為父後，得以含悲而祭矣。又禮有死宮中，三月不舉祭，齊縗之禮，三月不從政，意者雖速公除，猶宜待滿三月。又問：同宮之喪而未葬，雖公除，可以祭不？荅曰：公除不祭，本與于外喪耳，若同宮之喪，雖未葬，此不可也。（通典五十二）

徐邈

邈，藻子，太傅謝安舉補中書舍人，遷散騎常侍，轉祠部郎，選為太子前衛率，領本郡大中正，安帝即位，進侍中驍騎將軍。有周易音一卷，穀梁傳注十二卷，穀梁傳義十卷，荅春秋穀梁義三卷，集二十卷。

奏議東宮班劒

東宮班劒，議者不處數，案公卿故事，給虎賁二十人，持劒。安平獻王加青蓋九旒，前後鼓吹，虎賁亦二十人，依準此數，東宮班劒當

不過二十。（御覽六百八十一）

君臣同謚議

案郭奕謚景，詔實不以犯帝謚而改也。又武帝永平元年詔書，貴賤不嫌同號，周公謚文，君父同稱，名行不殊，謚何得異，自今以後，其各如禮。（通典一百四，太元四年）

王公妾子服其所生母議

喪服傳稱與尊者為體，則不服其私親，又君父所不服，子亦不敢服。故王公妾子服其所生母，練冠麻衣，既葬而除，非五服之常，則謂之無服。（宋書禮志二，太元十五年，淑媛陳氏卒，皇太子所生也，太子前衛率徐邈議）

褚爽上表稱太子名議

左傳，周人以諱事神，名終將諱之。記云：卒哭而諱，皆周禮也。名之與謚，並是人倫所以相稱，殷尚質，無諱議，其遇名字，如姓位耳。箕子荅武王，而邦其昌，知于時未有諱也。周公于成王六年始制周禮，曲備節文，而諱名稱謚。然猶臨文不諱，廟中不諱，故周頌有克昌厥後，先儒以為宗廟詠歌，上不諱下，即是父前子名也。（通典一百四，太元十九年。案御覽五百六十二引語林，別有徐邈表云云，以通典校之，乃徐乾議也，故此不錄）

明堂郊祀配享議

圜丘郊祀，經典無二，宣皇帝嘗辨斯義，而檢以聖典，爰及中興，備加研極，以定南北二郊，誠非異學所可輕改也。謂仍舊為安。武皇帝建廟六世，三昭三穆，宣皇帝捌基之主，實惟太祖，親則王考，四廟在上，未及遷世，故權虛東向之位也。兄弟相及，義非二世，故當今廟祀世數未足，而欲太祖正位，則違事七之義矣。又禮曰：庶子王亦禘祖立廟，蓋謂支胄授位，則親近必復，京兆府君于今六世，宜復立此室，則宣皇未在六世之上，須前世既遷，乃太祖位定爾。京兆遷毀，宜藏主于石室，雖禘祫猶弗及，何者？傳稱毀主升合乎太祖，升者自下之名，不可謂降尊就卑也。太子太孫陰室四主，儲

嗣之重。升祔皇祖。所配之廟。世遠應遷。然後從食之孫。與之俱毀。明堂圓方之制。綱領已舉。不宜闕配帝之祀。且王者以天下爲家。未必一邦。故周平光武。無廢于二京也。周公宗祀文王。漢明配以世祖。自非惟新之考。孰配上帝。明堂所配之神。積疑莫辨。案易殷薦上帝。以配祖考。祖考同配。則上帝亦爲天。而嚴父之義顯。周禮。旅上帝者有故告天與郊祀常禮同用四圭。故竝言之。若上帝是五帝。經文何不言祀天旅五帝。祀地旅四望乎。八帝之與天帝。雖天人之通謂。然五方不可言上帝。諸侯不可言大君也。書無全證。而義容彼此。故太始太康二紀之間。興廢迭用矣。竝見晉書禮志上宋書禮志三

殷祭議

禮五年再殷。凡六十月分中。每三十月殷也。通典四十九

與范甯書

知足下遣十五議曹。各之一縣。又吏假歸。白所聞見。誠是足下留意百姓。故廣其視聽。吾謂勸導以實不以文。十五議曹欲何所敷宣邪。庶事辭訟。足下聽斷允塞。則物理足矣。上有理務之心。則下之求理者至矣。日昃省覽。庶事無滯。則吏慎其負。而人聽不惑。豈須邑至里詣。飾其游聲哉。非徒不足致益。乃是蠶漁之所資。又不可縱小吏爲耳目也。豈有善人君子而干非其事。多所告白者乎。君子之心。誰毀誰譽。如有所譽。必由歷試。如有所毀。必以著明。託社之鼠。政之甚害。自古以來。欲爲左右耳目者。無非小人。皆先因小忠。而成其大不忠。先藉小信。而成其大不信。遂使君子道消。善人輿尸。前史所書。可爲深鑒。足下選綱紀。必得國士。足以攝諸曹。諸曹皆是良吏。則足以掌文案。又擇公方之人以爲監司。則清濁能否。與事而明。足下但平心居宗。何取于耳目哉。昔明德馬后未嘗顧與左右言。可謂遠識。況大丈夫而不能免此乎。晉書徐邈傳。豫章太守范甯欲遣十五議曹下屬城采求風政。幷吏假還。訊問官長得失。邈與甯書云云

與范甯書問告定用牲否

禮。郊牲在滌三月。此謂常祀耳。宗廟告牲。亦不展芻豢。日既逼。不容得備。又禮郊特牲。在滌宮而稷牛唯具。傳曰。帝牛不吉。則卜稷牛而用之。如無復九旬之別也。謂今牲至則當用。無疑否。通典五十五

重與范甯書

禮。天子之妃曰后。關睢稱后妃之德。妃后之名。可謂大同。所以憲章皇極。禮崇物備者在于此也。故太后之號。定于前朝。而當今所率由也。若必欲章服同于后。而名號異于妃。則可因夫人之稱。而加皇太以明尊。尊雖一理。然于文物之章。猶未盡崇高之極。此又今之所疑。不可得行也。足下嫌太子妻稱妃。然古無此稱。出于後代。今有皇太之別。可例論邪。通典七十二

答徐乾書

母以子貴。穀梁亦有其義。故曰賵人之母則可。又會成風葬。著言禮也。但名雖夫人。而實殊同體。故不敢配厭。羣臣無服。所服以爲異也。鄭云。近臣從服。唯君所服。若嫡夫人歿。則有制重者。故曰唯君所服之耳。與君同重。自施近臣驂僕而下。三卿五大夫。內有宗廟之祭。外有矦伯之命。何得以私服廢正。故庶母爲夫人。上之不得以于宗廟。外之不得以接矦伯。唯國內申其私而崇其儀。亦如矦伯子男之臣。于內稱君曰公耳。雖人君肆情行服。而卿大夫不從。所以知上有天王也。邈往來荅釋范武子。以詩序云。后妃義一。是以太妃車旗服章。備如太后。唯不敢從于宗廟禮。又曰百官不稱臣。所以合無服之制也。范于時都謂不應同皇后服章。以尊議難之。自塞矣。書傳無天子庶母之文。且妾上無女君。則夫人可爲通稱。如五等爵皆稱公耳。天王之與皇后。未聞二其號者。所以關之情禮。而定太妃之稱。良有由矣。體同皇極。故上比稱皇。屈于郊廟。

故遠避伉儷。不曰后而曰妃。因名求實。可謂至矣。禮。太后與太妃義無異者。假令國君在時。妾母自當稱夫人。但王典無二名。不得以國公夫人爲喻耳。通典七十二

答曹述初難

五年再殷。象再閏。無取三年喪也。祫三時皆可者。蓋喪終則吉。而祫服終無常。故祫隨所遇。唯春不祫。故曰特礿。非殷祀常也。禮。大事有時日。故烝嘗以時。況祫之重。無定月乎。通典四十九

答曹述初問

曹述初問。有仁人義士。矜幼。撫養積年。爲之制服。當無疑邪。徐邈答曰。禮緣情耳。同爨緦。又朋友麻。通典一百一

答傅瑗難

太元十六年。告移廟奠幣。祠部郎傅瑗問徐邈。應設奠否。邈答曰。禮。君出境。以遷廟主行。每舍奠焉。凡事關宗廟。非幣則薦。未有不

告而行。將遷主之晨。宜依告以設奠。瑗難曰。言依告設奠。但三薦相去近。恐犯春秋再烝之譏。禮。諸侯薨。及禘祫。則迎羣主歸太祖廟。又云。主出廟入廟必蹕。無將行設奠之文。奠重于蹕。而文不及。無奠明矣。禮又云。天子諸侯將出。必以幣帛皮圭告于祖禰。遂奉以出。每舍奠焉。而後就舍。此謂雖侯王之貴。必有尊也。若徵此文。事非其喻。邈曰。禮。諸侯出朝。既告祖禰。臨行又徧告。告不嫌再。所引每舍奠者。取其疏數隨宜。若然。則奠不爲數。今之告廟。戒出期也。至日又告。告將出也。又曰。新故兩廟。各有其事。左宗人儐曰。有司具。請升。君升。祝奉幣從。祝聲三曰。孝嗣侯某敢以嘉幣告于皇考。成廟將徙。敢告。君及祝再拜。興。祝導君降于阼階下。云至于新廟。筵于戶牖間。祝奠幣于几東。薦脯醢。君盥。酌奠于薦西。祝聲三曰。敢用嘉薦告于皇考。又曰。孝嗣侯某潔爲明薦。尚饗。又大戴遷廟禮文云。凡以幣告。皆執幣而告。告畢。乃奠幣于几東。小宰升取

幣。埋兩階間。禮。天子諸侯將出。以幣告廟。遂奉幣以出。及告設奠。乃斂幣而藏之兩階。此則初告之幣。待後告而藏之。必須事訖。未訖則未藏。今何不陳于新廟邪。去舊之新。當即新以藏幣。故先奠几東。乃取而藏之。非謂舊廟虛告。而新廟兼設也。且初告告將移。祝曰敢以嘉幣。後告告明享。祝曰敢用嘉薦。事此二祝之稱。則知幣也薦也。各施于一廟矣。通典五十五

答伏系之問

伏系之問。宣后徙廟。或但告惠廟。亦告太廟。徐邈答。此無禮文。意謂初崇號以告太廟。今自一別廟之遷耳。于太廟無事。無事而告。則近黷矣。古大事必告。初崇進而告是也。今徙廟事之末。恐不得復告也。通典五十五

答孔安國問

孔安國問徐邈云。皇太子爲新安公主當何服。邈答云。禮。父母之

所不服。子亦不敢服。諸侯之嗣子。及大夫之嫡。皆降絕旁親。唯父母之所服。子乃敢服。王侯絕周。不爲姊妹服。太子體君之尊。亦同無服。皇子厭其君。又不敢服。通典八十二

答王輿問

琅邪王爲前太宰武陵王服。郎中令王輿問徐邈曰。昆弟俱仕。一人爲大夫。一人爲士。便降。太宰是爲庶人。諸侯而全持庶人之服乎。元皇帝入承大宗。孝王出嗣宗國。殿下出後孝王。于元帝故得爲子。不。邈答曰。議者多謂琅邪孝王應從出爲人後例降一等。今琅邪當爲武陵王服大功。案禮。受重必以尊服服之。而降本親。此誠然矣。今所疑者。元皇帝本琅邪嗣王。既光啟中興。命孝王委重傳祀。實受之于元皇。非別有承繼者。不旁繼而內自奪。是無所天也。今孝王猶以子道嗣位本國。豈與出爲人後者同哉。案漢宣帝雖上繼昭帝。而史皇孫猶稱皇考。父子之道全。即一代成事。通典八十

始疑武陵出嗣。既已廢放。不成爲人後。則當還服本親。若以武陵先王祀不宜絕。自應更命承繼。上同

又荅王輿問

琅邪中尉王輿問國王爲太宰武陵服事云。太宰降爲庶人。諸侯貴與庶人不敵。爲不降邪。昆弟俱仕。一人爲大夫。一人爲士。便降況諸侯而全持庶人服乎。徐邈荅云。案禮以貴降賤。王侯絕周。以尊降卑。餘尊所厭。則公子服其母妻昆弟。不過大功。以嫡別庶。則父之所降。子亦不敢不降也。此三者。舊典也。喪服傳又曰。始封之君。不臣諸父昆弟。先儒以爲不臣則服之。漢魏以來王侯皆不臣其父兄。則事異于周。故厭降之節。與周不同。緦猶不降。況其親乎。既不以貴降。則餘尊之厭。故五服內外通如周之士禮。而三降之典不行同矣。昔魏武在漢朝。爲諸侯制。而竟不立。荀公定新禮亦

欲令王公五等皆旁親絕周。而摯仲理駁。以爲今諸侯與古異。遂不施行。此則是近代成軌也。記又云。古者不降。故孟武孟皮得全齊縗。然則殷周立制。已自不同。所謂質文異宜。不相襲禮。大晉世所行。遠同斯義。孔彭祖昔諮簡文帝。諸王所服。聖旨以爲近代以來。無服相降。虞喜釋滞曰。漢魏以來。先儒論禮及喪服變除者。皆言大夫降其旁親爲士者一等。時人或班駁行之。自謂合禮。案喪服經傳。始封之君不臣諸父兄弟。封君之子不臣諸父。封君之孫盡臣之矣。夫始封之君。尚服諸父昆弟。而始爲大夫。便降旁親。尊者就重。而卑者卽輕。輕重顚倒。豈禮意哉。然當有意。此爲據諸侯成例。包于大夫。以相兼通也。如此則一代爲大夫。不降諸父。二代爲大夫。不降兄弟。三代爲大夫。皆降之。古者貴大夫有采邑。繼位不止一身。魯之三桓。鄭之七穆。皆自此也。或問曰。今大夫雖不繼位。亦有三代皆爲大夫者。名例相準。必當隨古乎。荅曰。古重今輕

位無常居。使吾處之。志不存降。通典九十三

荅孔汪問

侍中孔汪問徐邈曰。漢宣帝謂史皇孫爲皇考。此是稱謂耳。未足以明服之輕重也。假令宣帝登阼後。有本父母喪。自當不得行重服。又君服父祖廢疾不立者。故斬而不降。賀循云。雖不立。位在嫡正。父之所繼。已之所承。故爲三年。恐此與出後相踰。邈荅曰。祖考之名。非可謬立。且于時立非一帝。德皇恭皇皆不得稱考。明史皇孫稱考。當實有義。君超繼上代。猶爲父祖之重。無別所承。故本親不降也。元皇孝王所承既異。則大制宜降。故論者據此爲斷。子之離父。父之捨子。其所承繼不同。何得復全其本。故吾無易衆議。通典八十二

荅或問

或人問徐邈。嫡孫承重。在喪中亡。其從弟已孤。又未有子姪相繼

疑于祭祀。邈荅。今見有諸孫。而祖無後。甚非禮意。禮。宗子在外。則庶子攝祭。可依此使一孫攝主。攝主則本服如故。禮。大功者主人之喪。猶爲之練祥再祭。況諸孫邪。若周既除。當以素服臨祭。依心喪以終三年。通典八十八

荅虞道恭問

虞道恭問曰。舊君齊縗三月。今見爲人吏。舊君喪。今同在此。未知禮猶得服不。徐邈荅曰。若更仕一君。便絕前君。足下疑于今爲人吏是也。吾謂仕者豈以後絕前邪。正使仕于此君之朝。而追前君。亦何不可。況爲前君服舊君之服也。通典九十

荅范甯問

報服在姊姒下。則知姑姊之服。亦是出自恩紀。非從夫之服報也。所發在于姑姊耳。通典九十二

范甯問曰。奔喪禮。師哭于廟門外。孔子曰。師吾哭之寢。何邪。徐邈

荅曰，蓋殷周禮也。通典一百一

荅劉氏問

劉氏問曰，弟子遭所生母艱，弟子有兒出後伯父承嫡，當心喪三月否。徐邈荅曰，庶祖母服，禮無正條，往年臨川王服太妃，已爲成制。今出後承嫡者，當依爲人後降本親一等，宜制大功九月。通典九十六

荅王珣問

徐邈荅王珣曰，鄭玄云，五月之內追服，王肅云，服其殘月。小功不追，㠯恩輕故也。若方全服，與追何異，宜服餘月。通典九十八

荅杜挹問

杜挹問徐邈曰，亡婦遂未得葬，挹服便周，既無別喪主，多云未應得除。今定云何。荅曰，無子爲主，案禮本不應除，卽于下流，多不能備禮。今日宜變至葬反服，亦無不可之理也。通典一百三

問王珉

漢法制洗馬冠高山冠，職如謁者，中朝新制洗馬進賢冠，出則在馬前淸道，故曰洗馬。御覽二百四十六

徐廣

廣字野民，邈弟，謝玄爲兖州，辟從事西曹，譙王恬爲鎮北，補參軍，入爲祕書郎，典校祕書省，轉員外散騎侍郎，隆安中遷祠部郎，元顯錄尚書事，引爲中軍參軍，遷領軍長史，桓玄輔政，㠯爲大將軍文學祭酒，義熙初除鎮軍諮議參軍，領記室，封樂成矦，轉員外散騎常侍，領著作郎，遷驍騎常侍，領徐州大中正，轉正員常侍，又轉大司農，仍領著作，遷祕書監，宋受禪，加中散大夫，乞歸，元嘉二年卒于家，年七十四。有禮論荅問八卷，又十三卷，禮荅問十一卷，晉紀四十六卷，車服儀注一卷。

秋賦

于時招搖西建，天高氣淸，飛霜凝灑，悴葉飄零。初學記三

高風蕭條㠯退振兮，游雲掩翳而冒林，昆蟲隨陽而坏穴，鷹隼順陰而厲棲。北堂書鈔一百五十八

悼亡賦

歎林松之蓁蕭，慨丘陵之口捨，臨穴洞而興哀，口外物而乖錯。同上

釣賦

投芳餌于纖絲，灑長綸于平流。初學記二十二

上表乞歸

臣年時衰耄，朝敬永闕，端居都邑，徒增替怠，臣墳墓在晉陵，臣又生長京口，戀舊懷遠，每增感暮，心息道玄，謬荷朝恩，忝宰此邑，乞相隨之官，歸終桑梓，微志獲申，殞沒無恨。宋書徐廣傳，永初元年，詔爲中散大夫，廣上表，許之

孝武文李太后服議

太皇太后名位允正，體同皇極，理制備盡，情禮彌申，春秋之義，母㠯子貴。既稱夫人，禮服從正，故成風顯夫人之號，僖公服三年之喪，子于父之所生，體尊義重，且禮祖不厭孫，固宜遂服無屈，而緣情立制，若嫌明文不存，則疑斯從重，謂應同于爲祖母後，齊衰朞。案宋書本傳作齊衰三年服。永安皇后無服，但一舉哀，百官亦一朞。晉書禮志中，又孝武文李皇后傳，宋書徐廣傳，又禮志二，通典八十一。隆安四年，太皇太后李氏崩，疑所服，尚書左僕射何澄、右僕射王雅、尚書車胤、孔安國、祠部郎徐廣議，詔可。今據宋書編入廣集

荅曰，魯矦所行失禮者，左傳不見譏責，而漢代持服，與正嫡無異，殷太常所上服事，于禮中尋求，俱無明文，然僕之所言，專據春秋也。通典八十一。案此當是徐廣問車胤之辭

殷祭議

尋先事，海西公泰和六年十月殷祠，孝武皇帝寧康二年十月殷祠，若依常去前三十月，今則應用四月也，于時蓋當有故，而遷在

冬。但未詳其事。太元元年十月殷祠。依常三十月。今則應用二年四月也。是追計辛未歲十月。未合六十月而再殷。何邵甫注公羊傳云。祫從先君來。積數爲限。自僖八年至文二年。知爲祫祭如此。履端居始。承源成流。領會之節。遠因宗本也。昔年有故推遷。非其常度。寍康太元前事可依。雖年有曠近之異。然追計之理同矣。愚謂從復常次者。吕推歸正之道也。宋書禮志三通典四十九義熙二年

四府君遷主議

四府君嘗處廟室之首。歆率土之祭。若薶之幽壤。于情理未必咸盡。謂可遷藏西儲。吕爲遠祧。而禘饗永絕也。晉書禮志上宋書禮志三義熙九年

獻書宋公

風雹變未必爲災。古之聖賢。輒懼而修己。所吕興政化而隆德教也。嘗忝服事。宿眷未忘。思竭塵露。率誠于習。明公初建義旗。匡復宗社。神武應運。信宿平夷。且恭謙儉約。虛心匪懈。來蘇之化。功用

若神。頃事故既多。刑德竝用。戰功殷積。報敘難盡。萬機繁湊。固應難速。且小細煩密。羣下多懼。又穀帛豐賤。而民情不勸。禁司互設。而劫盜多有。誠由俗弊未易整。而望深未易炳。追思義熙之始。如有不同。何者。好安願逸。萬物之大趣。習舊駭新。凡識所不免。要當俯順羣情。抑揚隨俗。則朝野歡泰。具瞻允康矣。言無可採。願矜其愚款之志。宋書徐廣傳

答劉嗣問

劉嗣問徐野人曰。嗣去年十二月有周慘。欲用六月婚。而服早已除。大人本無服。便是一家主。想無復異。徐答曰。此議本據祖爲兒孫婚。自平吉。可得娶妻。不計兒之有慘也。通典六十

答劉損問

嗣弟損又重問野人曰。諸賢唯云祖尊一家。得爲婚主。若便婚。損疑速也。徐答曰。今歸重于王父。理無取于遲速。損重問曰。禮云。嫁女之家。三夜不息燭。娶婦之家。三日不舉樂。得不有輕不。又大功之末。可吕嫁女。則男不得婚。向家是嫁女。今是吕子婚。男女詎無異邪。徐答曰。秉燭寢樂。居然輕重。故嫁娶殊品。至于今事。理本分塗。唯取歸重極尊。而不別異。男女一也。同上

答樂亮問

樂亮問徐廣曰。君弔之儀。雖在于禮。未審皇子之弔。受弔爲當迎送及拜。吕不當于廬室。主當別施位邪。若別施位者。應在何處。卽位爲應立應坐。君弔雖已葬。主人必絻。此禮已廢。竝未詳。既小祥。重服已除。正當卽吕練冠功縗受弔邪。徐廣答曰。皇子之儀。指而不拜。然猶應吕練冠功縗。迎立于側。皇子向戶指訖。伏廬室而哭。及皇子前執手時。乃可長跪受之。去出室。還至戶更哭。通典八十二

答蔡眇之問

蔡眇之問徐野人云。從弟心喪當除。此月不知猶應設祭者。爲應

施牀爲地席邪。其大兄昔在西。知喪晚。心制乃應除臘月。其妹先除。不知便可著綵衣不。徐答曰。禫者喪事之極也。故于此日設祭而告終。自爾之後。沈哀在心。故謂之心喪。外無節文。故服祭竝缺也。晦日唯哭吕寫哀而已。既各盡其服。從禮而除矣。著綵衣無所疑。通典一百一

答劉鎮之問

劉鎮之問。父尚在。母出嫁亡。今改葬。應有服不。徐廣答云。改葬服緦。唯施極重。此既出嫁。未聞兒有服之文。然緣情立禮。令制服奉臨。就從重之義。合卽心之理。亦當無疑于不允也。通典一百二

賈統

統。太元中爲寍朔州刺史。

上言神馬見

晉寍須池縣。此月辛亥。有馬二匹。出于河上。一白一烏。盤戲相逐

河水上，從卯至巳乃沒。開元占經一百十八引晉中興徵祥說孝武帝太元十四年六月盜𥙷州刺史賈統上言

全晉文卷一百三十六終

烏程嚴可均校輯

戴逵

逵字安道，譙國人，徙居會稽剡縣。孝武時累徵散騎常侍、國子博士、國子祭酒，皆不就。太元末復徵太子中庶子，會病卒。有竹林七賢論二卷、集十卷。

流火賦

火憑薪以傳焰，人資氣以享年。苟薪氣之有歇，何年焰之恆延。初學記二十五。

離興賦

挾鳴琴于林下，理纖綸于長浦，迴餞行于越江，送猗人于西洛。初學記十八。

棲林賦

浪迹潁湄，棲景箕岑。文選江淹雜體詩注。

幽闕忽其離棲，玄風暖以雲穨。文選頭陁寺碑文注。

與所親書

近在剡，如入官舍。世說棲逸，又見藝文類聚三十六。

荅范甯問馬鄭二義書

夫易者，當使用日則廢，月可得言易耳。鄭以哭日準平生之月，而謂之易，且無服之殤，非唯周親七歲以下也，他親長中降而不服，故傳曰：不滿八歲以下皆爲無服之殤也。如馬義，則以此文悉關諸服降之殤者。若如鄭義，諸降之殤當作何哭邪？若復哭其生月，則緦麻之長殤浹不可二百餘日哭。鄭必推之于不哭，則小功之親以志學之年，成童而夭，無哭泣之位，恐非有情者之所允也。通典一九十

與遠法師書

安公和南：弟子常覽經典，皆以禍福之來由于積行，是以自少束修，至于白首，行不負于所知，言不傷于物類，而一生艱楚，荼毒備經，顧景塊然，不盡唯己。夫冥理難推，近情易纏，每中宵幽念，悲慨盈懷，始知修短窮達，自有定分，積善積惡之談，蓋是勸教之言耳。近作此釋疑論，今以相呈，想消息之餘，脫能尋省。戴安公和南。釋藏軽三，廣弘明集二十。

重與遠法師書

安公和南：間作釋疑論，以寄其懷，故呈之匠者，思聞啟誨。既辱還告，開示宗轍，并送周郎難，甚有趣致。但理本不同，所見亦殊。今重伸鄙意，荅周復以相呈，旨誠可求，而辭不自暢，想脫覽省。戴公和南。釋藏軽三，廣弘明集二十。

荅遠法師書

安公和南：辱告，并見三報論，旨喻宏遠，妙暢理宗，覽省反復，欣悟兼懷。弟子雖伏膺法訓，誠信彌至，而少遊人林，遂不涉經學，往以艱毒交纏，聊寄之釋疑，以自攄散，此蓋情發于中，而形于言耳。推其俗見之懷，誠爲未盡。然三報曠遠，難以辭究，弟子尋當索歸，必覲展，冀親承音旨，益祛其滯。諸懷寄之周居士。戴安公和南。廣弘明集二十。

山贊

蔚矣名山，亭亭洪秀，竝基二儀，寔綜雲構，峩峩積阻，寥寥虛岫，輕霞下拂，神泉旁漱，曰仁奚樂，惟茲比壽。藝文類聚七。

水贊

水德淡中，泉玄內鏡，至柔好卑，和協道性，止鑒標貴，上善興詠，爰有幽人，擁輪來映。初學記六。

琴贊

至人託玩，導德宣情，微旨虛遠，感物悟靈。初學記十六。

酒贊并序

余與王元琳集于露立亭。臨觴撫琴。有味乎二物之間。遂共爲之贊曰。

醇醪之興。與理不乖。古人既陶。至樂乃開。有客乘之。隗若山頹。目絕羣動。耳隔迅雷。萬異既冥。惟元有懷。初學記二十六。又略見書鈔一百四十八。

顏回贊

神道天絕。理非語象。不有伊人。誰儕誰倣。際盡一時。照無二朗。契彼玄迹。冥若影響。藝文類聚二十。

尚長贊

尚叟沖順。庸行晷世。和龍婉約。玄識冏滯。睹彼崇高。俄爲塵翳。亦有同好。潛莊夙契。超超增鶱。眇眇脩逝。跡絕青崖。影滅雲際。藝文類聚三十六。

申三復贊

嗜好深則天機淺。名利集則純白虧。如此故識鑒逾昏。驕淫彌太。心與慎乖。則理與險會。然後役智以御險。履險以逃害。故陰陽寇其內。人力攻其外。陰陽結則金石爲之消。人事至則雖智不足賴。若然者。雖翠幄華堂。焉得而康之。列鼎重味。焉得而嘗之。藝文類聚二十三。

閑遊贊

昔神人在上。輔其天理。知溟海之禽。不以籠樊服養。櫟散之質。不以斧斤致用。故能樹之于廣漠。棲之于江湖。載之以大猷。覆之以玄風。使夫淯朴之心。靜一之性。咸得就山澤。樂閑曠。自此而箕嶺之下。始有閑遊之人焉。降及黃綺。逮于臺尚。莫不有以保其太和。肆其天眞者也。且夫巖嶺高則雲霞之氣鮮。林藪深則蕭瑟之音淸。其可以藻玄瑩素。疵其皓然者。舍是焉。故雖援世之彥。絮斂之傑。放舞雩以發詠。聞乘桴而慷厲。況乎道乖方內。體絕風塵。理悔長揖。歌鳳逡巡。盪八疵于玄流。澄雲崖而頤神者哉。然如山林之客。非徒逃人患避爭鬭。諒所以翼順資和。滌除機心。容養淳淑。而自適者爾。況物莫不以適爲得。以足爲至。彼閑遊者。奚往而不適。奚待而不足。故蔭映巖流之際。偃息琴書之側。寄心松竹。取樂魚鳥。則澹泊之願。于是畢矣。然奇趣難均。玄契罕遇。終古皆孤棲于一巖。獨玩于一流。苟有情而未忘。有感而無對。則緇斤寢絃之歎。固已幽結于林中。歸感于遐心。爲日久矣。我故遂求方外之美。略舉養和之具。爲雜贊八首。暢其所託。始欣閑遊之遐逸。終感嘉契之難會。以廣一往之詠。以抒幽人之心云爾。

茫茫草昧。綿邈玄世。三極未鼓。天人無際。萬器既判。靈朴乃斃。實有神宰。忘懷司契。冥外夯通。潛感莫滯。總順巢高。兼聽東惠。緬矣遐風。超哉絕步。願惟百王。仰怡乘素。矜其天眞。外其覊務。詳觀羣品。馳神萬慮。誰能高佚。悠然一悟。藝文類聚三十六。

松竹贊

猗歟松竹。獨蔚山阜。肅肅修竿。森森長條。藝文類聚八十八。

放達爲非道論

夫親沒而採藥不反者。不仁之子也。君危而屢出近關者。苟免之臣也。而古之人未始以彼害名敎之體者何。達其旨故也。達其旨。故不惑其迹。若元康之人。可謂好遁跡而不求其本。故有捐本徇末之弊。舍實逐聲之行。是猶美西施而學其顰眉。慕有道而折其巾角。所以爲慕者。非其所以爲美。徒貴貌似而已矣。夫紫之亂朱。以其似朱也。故鄉原似中和。所以亂德。放者似達。所以亂道。然竹林之爲放。有疾而爲顰者也。元康之爲放。無德而折巾者也。可無察乎。且儒家尚譽者。本以興賢也。既失其本。則有色取之行。懷情喪眞。以容貌相欺。其弊必至于末僞。道家去名者。欲以篤實也。苟失其本。又有越檢之行。情禮俱虧。則仰詠兼忘。其弊必至于本薄。

善積上脫遐盡二字

夫僞薄者。非二本之失。而爲弊者。必託二本㠯自通。夫道有常經。而弊無常情。是㠯六經有失。二政有弊。苟乖其本。固聖賢所無奈何也。嗟夫行道之人。自非性足體備。闇蹈而當者。亦曷能不棲情古烈。擬規前修。苟迷擬之然後動。議之然後言。固當先辨其趣舍之極。求其用心之本。識其枉尺直尋之旨。採其被褐懷玉之由。若斯。塗雖殊。而其歸可觀也。跡雖亂。而其契不乖也。不然。則流遁忘反。爲風波之行。自驅㠯物。自誑㠯僞。外眩囂華。內喪道實。㠯矜尚奪其眞主。㠯塵垢翳其天正。貽笑千載。可不慎歟。晉書戴逵傳

釋疑論

安處子問于元明先生曰。蓋聞積善之家。必有餘慶。積不善之家。必有餘殃。又曰。天道無親。常與善人。斯乃聖達之格言。萬代之宏標也。此則行成于己身。福流于後世。惡顯于事業。獲罪乎幽冥。然聖人爲善理無不盡。善積宜歷代皆不移。行無一善。惡惡相承。亦當百世俱闇。是善有常門。惡有定族。後世修行。復何益哉。又有束修履道。言行無傷。而天罰人楚。百羅備嬰。任性恣情。肆行暴虐。生保榮貴。子孫繁熾。推此而論。積善之報。竟何在乎。夫五情六欲。人心所常有。斧藻防閑。外事之至苦。苟人鬼無尤于趣舍。何不順其所甘。而強其苦哉。請釋所疑。㠯袪其惑。先生曰。善哉子之問也。史遷有言。天之報施善人何如哉。荀悅亦云。飾變詐而爲姦譎者。自足乎一世之閒。守道順理者。不免飢寒之患。二生疑之于前。而未能辨。吾子惑之于後。不亦宜乎。請試言之。夫人資二儀之性㠯生。稟五常之氣㠯育。性有修短之期。故有彭殤之殊。氣有精粗之異。亦有賢愚之別。此自然之定理。不可移者也。是㠯堯舜大聖。朱均是育。瞽叟下愚。誕生有舜。顏回大賢。早夭絕嗣。商臣極惡。令胤克昌。夷叔至仁。餓死窮山。盜跖肆虐。富樂自終。比干忠正。斃不旋踵。張湯酷吏。七世珥貂。凡此比類。不可稱數。驗之聖賢。既如彼。求之

敏當作苟

常人又如此。故知賢愚善惡。修短窮達。各有分命。非積行之所致也。夫㠯天地之元遠。陰陽之廣大。人在其中。豈唯稊米之在太倉。毫末之于馬體哉。而匹夫之細行。人事之近習。一善一惡。皆致冥應。欲移自然之彭殤。易愚聖于朱舜。此之不然。居可識矣。然則積善積惡之談。蓋施于勸教耳。何㠯言之。夫人生而靜。天之性也。感物而動。性之欲也。性欲既開。流宕莫檢。聖人之救其弊。因神道㠯設教。故理妙而化敷。順推遷而抑引。故功元而事適。是㠯六合之內。論而不議。鑽之而不知所由。日用而不見所極。設禮樂㠯開其大矇。名法㠯束其形跡。賢者倚之㠯成其志。不肖企及㠯免其過。使孝友之恩深。君臣之義篤。長幼之禮序。朋執之好著。背之則爲失道之人。譏議㠯之起。向之則爲名教之士。聲譽㠯之彰。此則君子行己處心。豈可須臾而忘善哉。何必循教責實。㠯期報應乎。苟能體聖教之幽旨。審分命之所鍾。庶可豁滯于心府。不祈驗于冥中矣。處子乃避席曰。夫理蘊千載。念纏一生。今聞吾子大通之論。足㠯釋滯疑。袪幽結矣。僕雖不敏。請佩斯言。廣弘明集二十

答周居士難釋疑論

間㠯暇日。因事致感。脫作釋疑。㠯呈法師。既辱還告。幷送來難。辭喻清曰。致有旨歸。但自覺雖先。觀者莫悟。所見既殊。孰是能正。敬懷未悟。請共盡之。僕所爲能審分命者。自呼識拔常均。妙鑒理宗。校練名實。比驗古今者耳。不謂淪溺生死之域。欣慼失得之徒也。苟能悟彭殤之壽夭。則知修短之自然。察堯舜于朱均。㠯得愚聖之有分。推淵商之善惡。足明冥中之無罰。等比干盜跖。可識禍福之非行。既能體此難事。然後分命可審。不祈冥報耳。若如來難。宅情于理。則理未可喻。請求諸己。其明効矣。此乃未喻由于求己。非爲無理可喻也。若舍己而外鑒。必不遠而復矣。難曰。勸教之設。必傷實而動直。爲訓之方。不可㠯一塗而盡。僕豈

神上脫因字　懷下脫之字　是當作自　微當作徵

謂聖人爲教。反眞空設耶。荅曰。夫善惡生于天理。是非由乎人心。因天理㠯施教。順人心㠯成務。故幽懷體仁者。挹元風而載悅。肆情出轍者。顧名教而內掬。功元物表。日用而忘其惠。理蘊冥寂。濬之不見其宗。非遑虛教㠯眩于世也。是㠯前論云。神道㠯設教。故理妙而化敷。順推遷而抑引。故功元而事適者也。

難曰。安于懷仁。不沒其身。臧會㠯僭。有後魯國。則分命所鍾。于何而審。元明之唱。更爲疑府矣。荅曰。斯乃所㠯明善惡之有定。不由于積行也。若夫仁者爲善之嘉行。安于懷而受禍。僭者反理之邪事。臧會爲之而獲後。良由分應沒身。非履仁之所移。命當爲後。非行僭之能罰。豈異比干忠正。而嬰割心之戮。張湯酷吏。而獲七世之祚哉。苟斯理之不殊。則知分命之先定矣。乃同元明之有分。非爲成疑府也。

難曰。古之君子。知通否之來。其過非新。賢愚壽夭。兆明是昔。楚穆㠯福濃獲沒。蔡靈㠯善薄受禍。郄宛㠯釁深莫救。宋桓㠯愆微易唱。荅曰。夫通否非新。壽夭自昔。信哉斯言。是僕所謂各有分命者也。若夫福濃獲沒。釁深莫救。此則報應之來。有若影響。蔡靈㠯善薄受禍。商臣宜㠯極逆罹殃。宋桓㠯愆微易唱。郕文應用行善延年。而罪同罰異。福等報殊。何明鑒于蔡宋。而獨昧于楚郕乎。君所爲不祈驗于冥中。影響自微。不期在于應報。而慶罰㠯彰于斯蹟矣。

難曰。然則天網恢恢。疏而遂失耶。莫見乎隱。莫顯乎微。但盈換藏于日用。交賒昧于理緣。荅曰。夫天理冥昧。變狀難明。且當推已兆于終古。考應報之成跡耳。至于善惡禍福。或有一見。斯自遇眞事會。非冥司之眞驗也。何㠯明之。若其有司。當如之治國長之一家。善無微而不賞。惡無纖而必罰。使修行者保其素履。極逆者受其酷禍。然後積善之家。被餘慶于後世。積不善之家。流殃咎乎來世

乎當作耳　巔上脫聞嶺二字　所字衍

乎。而今則不然。或惡深而莫誅。或積善而禍臻。或履仁義而亡身。或行肆虐而降福。豈非無司而自有分命乎。若㠯盈換藏于日用。交賒昧于理緣者。但當報對遲晚。不切目前耳。非爲善惡舛錯。是非莫驗。推斯而言。人之生也。性分夙定。善者自善。非先有其生而後行善。㠯致于善也。惡者自惡。非本分無惡。長而行惡。㠯得于惡也。故知窮達善惡。愚智壽夭。無非分命。分命元定于冥初。行跡豈能易其自然哉。天網不失。隱見微顯。故是勸教之言耳。非元明所謂本定之極致也。既未悟妙推之有宗。亦何分明之可審乎。將恐向之先覺。還爲後悟矣。言面未日。聊㠯諷敘。廣弘明集二十。

竹林七賢論

嵇康字叔夜。與東平呂安少相知友。每一相思。輒千里命駕。御覽四百九。

嵇紹入洛。或謂王戎曰。昨于稠人中始見嵇紹。昂昂然野鶴之在雞羣。藝文類聚九十。

阮籍字嗣宗。性樂酒。善嘯。聲聞百步。箕踞嘯歌。酣放自若。時蘇門山中忽有眞人在焉。籍親往尋。其人于巖巔。遂登嶺從之。箕坐相對。籍乃商略終古㠯問之。仡然不應。籍因對之長嘯。有頃。彼乃齗然笑曰。可更作。籍又嘯。意盡退還。半嶺巔。啾然有聲。若數部鼓吹。顧瞻。乃向人之嘯也。藝文類聚十九。御覽三百九十二。

魏朝封晉文王。固讓。公卿皆當喻旨。司空鄭沖等馳使從阮籍求其文。立待之。籍時在袁孝尼家。所宿醉扶而起。書几板爲文。無所治定。乃寫付信。書鈔一百三十三。御覽七百一十。

籍之抑渾。蓋㠯渾未識己之所㠯爲達也。後咸兄子簡亦㠯曠達自居。父喪。行遇大雪寒凍。遂詣浚儀令。令爲它賓設黍臛。簡食之。㠯致清議。廢頓幾三十年。是時竹林諸賢之風雖高。而禮教尚峻。迨元康中。遂至放蕩越禮。樂廣譏之曰。名教中自有樂地。何至于

下之上當作任誕篇

此。樂令之言有旨哉。謂彼非玄心。徒利其縱恣而已。世說任誕篇注

籍歸。遂著大人先生論。所言皆胸懷閒本趣。大意謂先生與己不異也。觀其長嘯相和。亦近乎目擊道存矣。世說棲逸篇注

籍與伶共飲步兵廚中。竝醉而死。此好事者爲之言。籍景元中卒。而劉伶太始中猶在。世說下之上注

劉伶病酒。渴甚。從婦求酒。婦捐酒毀器。涕泣諫曰。君飲太過。非攝生之道。必宜斷之。伶曰。甚善。我不能自禁。唯當祝鬼神自誓斷之耳。便可具酒肉。婦曰。敬聞命。供酒肉于神前。請伶祝誓。伶跪而祝曰。天生劉伶。吕酒爲名。一飲一斛。五斗解酲。婦人之言。愼不可聽。便飲酒進肉。隗然已醉矣。世說任誕篇注云見竹林七賢論御覽四百八十

劉伶嘗醉。與俗人相忤。其人攘袂而往。必欲毆之。伶顧而笑曰。雞肋不足吕安尊拳。御覽二百七十一

秀爲此義。讀之者無不超然。若已出塵埃而窺絕冥。始了視聽之

表。有神德玄哲。能遺天下外萬物。雖復使動競之人。顧觀所徇。皆悵然自有振拔之情矣。世說文學篇注

山濤與阮籍嵇康皆一面。而契若金蘭。濤妻韓氏嘗吕問濤。濤曰。當年可爲友者。唯此二人耳。妻曰。負羈之妻。亦觀狐趙。意欲一窺之可乎。濤曰。可也。二人至。妻勸濤留之宿。具酒食。夜穿墉而窺之。濤入曰。所見何如吾。妻曰。君才殊不如也。正當吕識度相友。濤曰。然。伊輩亦當謂我識度勝。御覽四百九又四百四十四

鬲令袁毅。爲政貪濁。賂遺朝廷。吕營虛譽。嘗遺山濤絲百斤。衆人莫不受。濤不欲爲異。乃受之。命內閣懸之梁上。而不用也。後毅事露。案驗衆官。令吏至濤所。濤于梁上下絲。已數年。塵埃黃黑。封印如初。吕付吏。御覽四百九十三又八百十四

咸寍中。吳既平。上將爲桃林華山之事。息役弭兵。示天下吕大安。于是州郡悉去兵。大郡置武吏百人。小郡五十人。時京師猶講武。

山濤因論孫吳用兵本意。濤爲人常簡默。蓋吕爲國者不可吕忘戰。故及之。世說識鑒篇注

永寍之後。諸王構禍。狡虜欻起。皆如濤言。世說識鑒篇注

濤之處選。非望路絕。故貽是言。世說政事篇注。案正文云有署閣柱曰閣東有大牛和嶠鞅裴楷鞦王濟剔嬲不得休或云潘尼作之注引王隱晉書云潘岳內非之密爲作謠

王戎眸子洞徹。視日而眼明不虧。藝文類聚十七

王戎幼而清秀。魏明帝于宣武場上爲欄苞虎牙。使力士袒裼。迭與之搏。縱百姓觀之。戎年七歲。亦往觀焉。虎乘間薄欄而吼。其聲震地。觀者無不辟易顚仆。戎亭然不動。帝于閣上見之。使問姓名而異焉。水經穀水注御覽八百九十二

初。籍與戎父渾俱爲尚書郎。每造渾。坐未安。輒曰。與卿語。不如與阿戎語。就戎必日夕而返。籍長戎二十歲。相得如時輩。劉公榮通士。性尤好酒。籍與戎酬酢終日。而公榮不蒙一桮。三人各自得也。

戎爲物論所先。皆此類。世說簡傲篇注

王戎女適裴氏。用匱女爲貸錢一萬。久而不還。女歸。戎色不悅。遽還錢。乃釋。御覽三百八十八

王戎爲侍中。南郡太守劉肇遺戎筒中布五十端。戎不受。而厚報其書。議者吕爲譏。世祖患之。爲發詔。議者乃息。御覽八百二十

王戎簡脫。不持儀形。好乘巴白馬。雖爲三司。率爾私行。巡省田園。不從一人。吕手巾插腰。戎故吏多至大官。相逢。戎輒下道避之。御覽七百十六又八百九十七

王濟嘗解禊洛水。明日或問王濟曰。昨日游。有何論議。濟曰。張華善說史漢。裴逸民敘前言往行。袞袞可聽。安豐侯道子房季札之閒。超然玄著。藝文類聚四又五十五御覽三十

俗傳若此。潁川庾爰之嘗吕問其伯文康。文康云。中朝所不聞。江左忽有此論。蓋好事者爲之耳。世說傷逝篇王濬沖爲尚書令過黃公酒壚謂昔與嵇阮酣飲于此

（注云云）

阮咸善彈琵琶。（藝文類聚四十四）

諸阮前世皆儒學，善居室。唯咸一家尚道棄事，好酒而貧。舊俗，七月七日法當曬衣，諸阮庭中爛然，錦綺緗綺。（御覽作竝列紗綺，又作莫非錦絖。）咸時總角，乃豎長竿，挂大布犢鼻褌于庭中。人問之，曰：未能免俗，聊復爾爾。（世說任誕篇注、御覽六百九十六又八百十六、藝文類聚四、北堂書鈔一百五十五）

咸既追婢，于是世議紛然。自魏末沈淪閭巷，逮晉咸寧中，始登王途。（世說任誕篇注）

全晉文卷一百三十七 戴逵 十一

全晉文卷一百三十七終

全晉文卷一百三十八

烏程嚴可均校輯

蘇彥

彥孝武時爲北中郎參軍有蘇子七卷集十卷

芙蕖賦

偉芙蓉之菡萏燿焯爅之丹花舒紅采于綠沼映昀曄于朱霞藝文類聚八十二

浮萍賦

余嘗汎舟遊觀鼓檝川湖覩浮萍之飄浪乃觸水而自居體任適以應會亦隨遇而靡拘伊弱卉之無心合至理之冥符藝文類聚八十二

秋夜長

晨暉電流日西逝閑宵漫漫其未央牛女隔河以延佇列宿雙景以相望輕雲飄霏以籠朗素月披曜而舒光時禽鳴于庭柳節蟲

吟于戶堂零葉紛其交萃落英飈以散芳覩遷化之遒邁悲榮枯之靡常貞松隆冬以擢秀金菊吐䓣以淩霜藝文類聚二

鷰詩序

時暫出郡忽聞鷰鳴聲甚哀急乃云野人所致外吏規爲方便以候送客聞之悵然又感莊生善鳴之雁若其無音將充庖廚豈得放任矯翮龍樊藝文類聚九十一

舜華詩序

其爲花也色甚鮮麗迎晨而榮日中則衰至夕而零莊周載朝菌不知晦朔況此朝不及夕者乎苟映采于一朝燿穎于當時焉識夭壽之所在哉余既玩其葩而歎其榮不終日藝文類聚八十九

女貞頌序

昔東阿王作楊柳頌辭義慷慨旨在其中余今爲女貞頌雖事異于往作蓋亦以厲冶容之風也女貞之樹一名冬生負霜葱翠振柯淩風故清士欽其質而貞女慕其名或樹之于雲堂或植之于階庭藝文類聚八十九

語箴

孔子曰余欲無言又曰天何言哉赫胥之世大庭之治玄風陶鼓率直放志熙熙蠢動無欲無事逮于三季奔競茲彰雷動風駭飛辯雲翔戰國紛擾爭霸稱彊爾乃遊說縱橫騁技時王銜刃懷毒吐膏示芳利動春露害重冬霜四紀若馳七都覆亡爰茲末俗扇風籛飈先意承旨原情察嚮擯禰籩豆和樂且康藝文類聚十九

隱几銘

良匠造器妙巧應規俯仰灼照商略神奇假物興思須以忘疲北堂書鈔一百三十三

邛竹杖銘

安不忘危任在所杖秀矣雲杔勁直條暢節高質貞霜雪彌亮圓

以應物直以居當妙巧無功奇不待匠君子是扶逍遙神王藝文類聚六十九又略見書鈔一百三十三

楠榴枕銘

珍木之奇文鬱理鮮廉稜方正密滑貞堅朝景西翳夕舒映天書倦接引酣樂流連繼以高詠研精上玄頤神靖魄須以寧眠藝文類聚七十御覽七百七

柏枕銘

寢貴無想氣和體平御心以道閑邪以誠色空無著故能忘情北堂書鈔一百三十四藝文類聚七十

蘇子

謹案隋志道家梁有蘇子七卷晉北中郎參軍蘇彥撰亡舊新唐志皆七卷宋不著錄蓋唐末復亡羣書引見尚多纂其詞譽商韓而詆孟子亦各言其志也然而誤矣漢志縱橫家別有蘇

子三十一篇。蘇秦撰。王伯厚謂即鬼谷子。未審信否。近有爲鬼谷子篇目攷者。采御覽等書。所引蘇子三條。指爲蘇秦。則尢誤。

嘉慶丁丑歲冬十月。

夫人生一世。若朝露之託于桐葉耳。其與幾何。後漢王符傳注藝文類聚八十八初學記二、六帖二、御覽十二、歲華紀麗三

微生與婦人期。不來。水至。抱橋柱而死。藝文類聚九引蘇子。案蘇秦語燕王有此。見戰國策及史記。疑非蘇彥。姑錄之。

車渠馬腦。出于荒外。今冀州之土。曾未得其奇也。藝文類聚八十四。土一作士

蘭㠯芳自燒。膏㠯肥自焫。翠㠯羽殃身。蚌㠯珠破體。是㠯公孫賀得丞相而涕泣。而知滿之有毀。朝之有莫也。北堂書鈔九十九御覽九百八十三

行務應規。步慮投矩。文選陸機長安有狹邪行注

蜀郡鄧公。呼吸成霧。初學記二御覽十五

天子坐九重之內。樹塞其門。旒㠯翳明。衡㠯纊聽。鸞㠯抑馳。御覽七十六

夫帶方寸之印。拖一作施丈八之組。戴貂鶡之尾。建千丈之城。游五里之衢。走卒警蹕。叫呼而行。此諸侯之所謂榮華。時一作世俗之所謂富貴也。御覽四百七十又九百二十四

不食八珍。何㠯知味之奇。不爲文學。何㠯知世之資。御覽六百七

立君臣。設尊卑。杜將漸。防未萌。莫過乎禮。哀王道。傷時政。莫過乎詩。導陰陽。示悔吝。莫過乎易。明善惡。著廢興。吐辭令。莫過乎春秋。量遠近。賦九州。莫過乎尚書。和人情。動風俗。莫過乎樂。治刑名。審法術。莫過乎商韓。載百王。紀治亂。莫過乎史漢。孟軻之徒。溷淆其間。世人見其才易登。其意易過。于是家著一書。人書一法。雅人君子。投筆硯而高視。御覽六百八

房麗者。趙之賢人。立東門之外。有行商車轄亡。麗告之。不悟。復更告。商人怒曰。吾轄自亡。何須汝告。惠加于己。而反怒之。吾欲比之

草木。草木有心矣。御覽七百七十三

象㠯牙喪身。不能去其白。薰㠯芳自燒。不能去其香。御覽九百八十三

張湛

湛字處度。孝武時中書侍郎。累遷光祿勳。有列子注八卷。案元魏亦有張湛字子然。敦煌人。崔浩薦爲中書侍郎。非即其人

嘲范甯

古方。宋陽里子少得其術。㠯授魯東門伯。魯東門伯㠯授左丘明。遂世世相傳。及漢杜子夏、鄭康成、魏高堂隆、晉左太沖。凡此諸賢。並有目疾。得此方。云用損讀書一。減思慮二。專內視三。簡外觀四。旦晚起五。夜早眠六。凡六物。熬㠯神火。下㠯氣篩。蘊于胸中七日。然後納諸方寸。修之一時。近能數其目睫。遠視尺捶之餘。長服不已。洞見牆壁之外。非但明目。乃亦延年。晉書范甯傳。甯常患目痛。就中書侍郎張湛求方。湛因嘲之。

列子注序

湛聞之先父曰。吾先君與劉正輿、傅穎根。傅咸子敷。字穎根。王粲從孫宏。字正宗。見晉書良吏傳皆王氏之甥也。並少遊外家。舅始周。始周從兄正宗、輔嗣。皆好集文籍。先并得仲宣家書。幾將萬卷。傅氏亦世爲學門。三君總角。競錄奇書。及長。遭永嘉之亂。與穎根同避難南行。車重。各稱力並有所載。而寇虜彌盛。前途尚遠。張謂傅曰。今將不能盡全所載。且共料簡世所希有者。各各保錄。令無遺棄。穎根于是唯賫其祖玄、父咸子集。先君所錄書中有列子八篇。及至江南。僅有存者。列子唯餘楊朱、說符、目錄三卷。比亂。正輿爲揚州刺史。先來過江。復在其家得四卷。尋從輔嗣女壻趙季子家得六卷。參校有無。始得全備。其書大略。明羣有㠯至虛爲宗。萬品㠯終滅爲驗。神惠㠯凝寂常全。想念㠯著物自喪。生覺與化夢等情。巨細不限一域。窮達無假智力。治身貴于肆任。順性則所之皆適。水火可蹈。忘懷則無

幽不照。此其旨也。然所明往往與佛經相參。大歸同于老莊。屬辭引類。特與莊子相似。莊子、愼到、韓非、尸子、淮南子互示旨歸多稱其言。遂注之云爾。列子道藏本

張璠

璠安定人。爲祕書郎。參著作。有周易集解十二卷。後漢紀三十卷。

後漢紀論蔡邕爲朱穆謚

夫謚者。上之所贈。非下之所造。顏冉至德。不聞有謚。蔡朱二子。各以衰代減否不立。故私謚也。御覽五百六十二

論張松法正

劉璋愚弱。而守善言。斯亦宋襄公徐偃王之徒。未爲無道之主也。張松法正。雖君臣之義不正。然固已委名附質。進不顯陳事勢。若韓嵩劉光之說劉表。退不告絕奔亡。若陳平韓信之去項羽。而兩端攜貳爲謀。不忠罪之次也。蜀志劉璋傳注

易集解序

蜜蜂以兼采爲味。書鈔一百四十七引易注序

依向秀本。經典釋文敘錄

沈寂

寂吳興武康人。太元中爲博士。累遷至光祿勳。

皇子廟議

皇子依如大夫禮。應立後。宜先告權爲行廟。告于禮無文。宜先行廟告嗣。而後迎繼嗣之身。案禮。君薨嗣子生。太祝裨冕告于廟。既葬嗣子生。祝告于廟。明夫宗廟者。神靈之所宅。是以存亡吉凶。必先告于廟。古今不革之制。三代不易之典。豈有與滅繼絕。傳祀百代。而誣亡者之靈。滅告生之義邪。緣情依禮。謂宜先告于靈。後迎繼嗣之身。通典四十七。太元六年博士沈寂議

江熙

熙字太和。濟陽人。爲兗州別駕。有毛詩注二十卷。

皇子廟議

穀梁傳云。公子之重視大夫。則王子一例也。請皇子廟祭用大夫禮。三廟牲用少牢。若繼嗣之身未準大夫。祭用士禮。宜權立行廟告嗣。而後迎繼嗣之身。通典四十七太元八年

又議

皇子雖有廟。然無子不立廟。故詔使立後。烝嘗之祀。稱皇帝有命。命某繼嗣。通典四十七

難范甯

往因禮親。反因禮疏。何嫌頓盡乎。未若相遣于江湖。既還宜各反服也。通典九十六范甯云。甲無子。取乙爲後。甲晚自生子。乙歸本家。後甲終。必當有服。江熙難

庾弘之

弘之太元中爲太學博士。

朝臣上禮太子議

案武帝咸寧中。諸王新拜。有司近臣諸王公主上禮。今皇太子國之儲副。既已崇建。普天同慶。謂宜上禮奉賀。通典七十太元十二年臺符問皇太子既拜。朝臣奉賀。應上禮否。太學博士庾弘之議

優遇陳留王議

陳留王前代之後。遇以上賓之禮。皇太子雖國之儲副。在人臣之位。今謂班次宜在王下。通典七十四太元十二年

庾龢

龢爲荆州別駕。

答殷仲堪問

荆州刺史殷仲堪問。禮文。如是。此指釋有緦麻服而猶得祭者也。當不曾言新喪之親于所祭者邪。別駕庾龢。功曹滕恢主簿劉恬

咨曰。尋禮文。當是指明有緦服可以祭耳。不以新喪之親于所祭者有服爲疑。今世中傳重者。而有從祖小功之服。服既除。恐不得以二祖服近而不祭也。通典五十二

孫耆之

耆之爵里未詳。

明堂議

郊以配天。故配之以后稷。明堂祀帝。故配之以文王。由斯言之。郊爲皇天之位。明堂爲上帝之廟。故徐邈以配之爲言。必有神主。郊爲天壇。則明堂非文廟矣。通典四十四太元十三年

徐乾

乾。太元中太學博士。安帝時進給事中。有穀梁傳注十二卷。集二十一卷。

褚爽表稱太子名議

禮記曰。夫人之諱。雖質君之前。臣不諱也。案夫人國之小君。君之一體。太子之母也。而尚不諱。則太子何嫌乎。又禮。君前臣名。父前子名。又周公告父。皆稱武王名。益可明矣。通典一百四。太元十九年。義興太守褚爽上表稱太子名。下太學議。徐乾議。御覽五百六十二引語林作徐邈議。

殷祭議

三年一祫。五年一禘。經傳記籍。不見補殷之文。宋書禮志三。義熙二年。通典四十九作元興三年。

李遼

遼。清河人。太元中行北魯縣令。

上表請修孔廟

臣聞教者。治化之本。人倫之始。所以誘達羣方。進德興仁。譬諸土石。陶冶成器。雖復百王殊禮。質文參差。至于斯道。其用不爽。自中華湮沒。闕里荒毀。先王之澤寢。聖賢之風絕。自此迄今。將及百年。

造化有靈。否終以泰。何濟夷徒。海岱清通。黎庶蒙蘇。鳧藻奮化。而典訓弗敷。雅頌寂蔑。久凋之俗。大弊未改。非演迪斯文。緝熙宏猷。將何以光贊時邕。克隆盛化哉。事有如賒而實急。此之謂也。亡父先臣回。綏集邦邑。歸誠本朝。以太元十年遣臣奉表。路經闕里。過覲孔廟。庭宇傾頓。軌式頹弛。萬世宗匠。忽焉淪廢。仰瞻俯慨。不覺涕流。既達京輦。表求興復聖祀。修建講學。至十四年十一月十七日。奉被明詔。采臣鄙議。敕下兗州魯郡。準舊營飾。故尚書令謝石令臣所須列上。又出家布。薄助興立。故鎮北將軍譙王恬版臣行北魯縣令。賜許供遣二臣。競徂成規不遂。陛下體唐堯文思之美。訪宣尼善誘之勤。矜荒餘之凋昧。愍聲教之未洽。愚謂可重符兗州刺史。遂成舊廟。蠲復數戶。以供掃灑。并賜給六經。講立庠序。延請宿學。廣集後進。使油然入道。發剖琢之功。運仁義以征伐。敷道德以服遠。何招而不懷。何柔而不從。所爲者微。所弘甚大。臣自致身輦轂。于今八稔。違親轉積。夙夜匪寧。振武將軍何澹之今震扞三齊。臣當隨反。裴回天邑。感戀罔極。乞臣表付外參議。宋書禮志一

許榮

榮。會稽人。太元中爲左衛領營將軍。

上疏陳五違

今臺府局吏直衛武官及僕隸婢兒。取母之姓者。本臧獲之徒。無鄉邑品第。皆得命議。用爲郡守縣令。並帶職在內。委事于小吏手中。僧尼乳母。競進親黨。又受貨賂。輒臨官領衆。無衞霍之才。而比方古人。爲患一也。臣聞佛者清遠玄虛之神。以五誡爲教。絕酒不淫。而今之奉者。穢慢阿尼。酒色是耽。其違二矣。夫致人于死。未必手刃害之。若政教不均。暴濫無罪。必夭天命。其違三矣。盜者未必躬竊人財。江乙母失布。罪由令尹。今禁令不明。劫盜公行。其違四矣。在上化下。必信爲本。昔年下書。敕使盡規。而衆議兼集。無所採

用其達五矣。尼僧成羣。依傍法服。五誡麤法。尚不能遵。況精妙乎。而流惑之徒。競加敬事。又侵漁百姓。取財爲惠。亦未合布施之道也。（晉書會稽王道子傳）

謝敷

敷字慶緒。會稽人。鎭軍郗愔召爲主簿。臺徵博士。皆不就。

答郗敬輿書

至理深玄。非言象所喻也。（文選褚淵碑注）

安般守意經序

夫意也者。衆苦之萌基。背正之元本。荒迷放蕩。浪逸無涯。若狂夫之無所麗。愛惡充心。耽昏無節。若夷狄之無君。微矣哉。即之無像。尋之無朕。則豪末不足以喻其細。迅矣哉。惚怳眴帀宇宙。則奔電不足以比其速。是以彈指之間。九百六十轉。一日一夕十三億想念。必響報成生死栽。（句有譌誤）一身所種。滋蔓彌劫。凡在三界。倒見之徒。溺喪淵流。莫能自反。正覺慈愍。開示慧路。防其終凶之源漸。塞忿欲之微兆。爲啟安般之要徑。泯生滅以冥寂。伸道品以養恬。建十慧以入微。縶九神之逸足。防七識之洪流。故曰守意也。若乃制伏麤垢。拂刻漏結者。亦有望見賢樂之士。閉色聲于視聽。遏塵想以禪寂。乘靜泊之禎祚。納色天之嘉祚。然正志荒于華樂。昔習沒于交逸。福田矜執而日零。毒根迭興而罪襲。是以輪迴五趣。億劫難拔。嬰羅欲網。有劇深牢。由于無慧樂定。不惟道門使其然也。至于乘慧入禪。亦有三輩。或畏苦滅色。樂宿泥洹。志存自濟。不務兼利者。爲無著乘。或仰希妙相。仍有遣無。不建大悲。練盡緣縛者。則號緣覺。菩薩者。深達有本。暢因緣無。達本者有有自空。暢無者因緣常寂。自空。故不出有以入無。常寂。故不盡緣以歸空。住理而有非所縛。非縛故無無所脫。苟厝心領要。觸有悟理者。則不假外以靜內。不因禪而成慧。故曰阿惟越致不隨四禪也。若欲塵翳心。慧不常立者。乃假以安般。息其馳想。猶農夫之淨地。明鏡之瑩刮矣。然則耘耨不以爲地。地淨而種滋。瑩刮非以爲鏡。鏡淨而照明。故開士行禪。非爲守寂。在遊心于玄冥矣。肇自發心。悲盟弘普。秉權積德。忘期安衆。衆雖濟而莫脫。將廢知而去筌矣。是謂菩薩不滅想取證也。此三乘雖同假禪靜。至于建志厥初。各有攸歸。故學者宜恢心宏模。植栽于始也。漢之季世。有捨家開士安清。字世高。安息國王之太子也。審榮辱之浮寄。齊死生乎一貫。遂脫屣于萬乘。抱玄德而遊化。演道教以發矇。表神變以源之。于時俊乂歸宗。釋華崇實者。若禽獸之從麟鳳。鱗介之赴虯蔡矣。又博綜殊俗。善衆國音。傳授斯經。變爲晉文。其所譯出。百餘萬言。探暢幽賾。淵玄難測。此安般典。其文雖約。義關衆經。自淺至精。衆行具舉。學之先要。孰踰者乎。行者欲凝神反朴。道濟無外。而不循斯法者。何異刖夫之陟太山。無翅而圖昇虛乎。釋迦如來。妙慧足于曩劫。歷無數以潛化。至于衆生運會。圓滿告成。而猶現行六年。以爲教端者。誠以鎭一紛邪。莫尚茲也。由是而觀。可不務歟。敷染習沈冥。積罪歷劫。生與佛乖。弗覩神化。雖以微祚。得稟遺典。而情想繁蕪。道根未固。仰欣聖軌。未一暫履。夕惕戰懼。惄焉如擣。是以誠心諷習。以鍾識習。每遭明叡。輒咨疑滯。然冥宗已遠。義訓小殊。乃采集英彥。戢而載焉。雖粗聞大要。未悟者衆。于是復率愚思。推檢諸數。尋求明證。遂相繼續。撰爲注義。并抄撮大安般修行諸經事相應者。引而合之。或以隱顯相從。差簡搜尋之煩。經道弘深。既非愚淺所能裁衷。又辭意鄙拙。萬不暢一。祇增理穢。敢云足以闡融妙旨乎。實欲私記所識。以備遺忘而已耳。儻有覽者。願亮不逮。正其愚謬焉。（釋藏跡六。出三藏記集六。）

弘君舉

君舉。爵里未詳。（案隋志注。梁有驍騎將軍弘戎集十六卷。疑即此。）

食檄

烝太湖夭頭之白蘭。肉乳之豚。飢倉之雞。色如瑇瑁。骨解肉離。書鈔一百四十五

又取濡湖獨穴之鯉。赤山後陂之蓴。伺瀧冷豉。及熱應分。食畢作躁。酒炙宜傳。酒便清香。肉則豆不悖麐。當有脫誤肫若波潘。急火中炙。脂不得熏。覩君子。延嘉賓。終日宴□□□。書鈔一百四十二聞香者躑躅。于咽者塞門。羅鼎椀子。五十有餘。牛膝口擣。炙鴨鯆魚。熊白麞臑。觿蟹濡臺。車螯主甜。滋味遠來。日醉之後。悶下慷除。應有蔗獠木瓜。元李楊梅。五味橄欖。石榴玄枸。葵羹脫煮。各下一杯。御覽八百四十九

大市覆罌之蒜。東里獨老之醯。大鹽雜以姜菽。鼓好使之春韭。書鈔一百四十六。御覽八百五十五。又八百六十六

竝催廚人。來作茶餅。熬油煎葱。例茶以綃。當用輕羽。拂取飛麪。剛軟中適。然後水引。細如委綖。白如秋練。羹杯半在。纔得一咽。十杯之後。顏解體潤。御覽八百六十七

辛昞

昞。爵里未詳。

洛成時與桓郎牋

桓宣武令下官將千二百人奄襲□營。值天洪雨。器仗沾溼。壍廣深丈餘。鹿角五重。樓櫓嚴設。自四更三唱攻逼。至小食時不剋。御覽三百三十七

祖台之

台之字元辰。范陽人。太元末爲尚書左丞。免。安帝初歷御史中丞、侍中、光祿大夫。有志怪二卷。集二十卷。

荀子耳賦

夫惡勞而希逸。實萬物之至誠。何斯耳之不辰。託荀子而宅形。在瘠土而長勤。無須臾之閑寍。預清談而閉塞。聞鄙穢而聰明。竭微聽于門闑。採羣下之風聲。藝文類聚十七

議錢耿殺妻事

尋建康獄竟。囚錢耿癲疾發作。毆殺妻。折無他變故。將死之人。不蒙哀矜之施。無知之吏。加以大辟之刑。懼非古原心定罪之議。御覽七百三十九

折當作了

與王荆州忱書

君須復飲不廢止之。將不獲已耶。通人識士。累于此物。古人屏爵棄邑。焚罍毀榼。書鈔一百四十八引兩條

道論

夫道以至虛順通。聖人以忘懷兼應。初學記十七

論命

存亡壽夭。咸定冥初。文選辨命論注

聞人奭

奭。吳興人。孝武末爲博平令。

上疏劾茹千秋等

驃騎諮議參軍茹千秋。協附宰相。起自微賤。竊弄威權。衒賣天官。其子壽齡。爲樂安令。贓私狼藉。畏法奔逃。竟無罪罰。傲然還縣。又尼姏屬類。傾動亂時。穀賤人饑。流殣不絕。由百姓單貧。役調深刻。又振武將軍庾恆。鳴角京邑。主簿戴良夫苦諫被囚。殆至亡命。而恆以醉酒見怒。良夫以執忠廢棄。又權寵之臣。各開小府。施置吏佐。無益于官。有損于國。晉書會稽王道子傳

劉敬宣

敬宣字萬壽。彭城人。鎮北將軍牢之子。太元末爲王恭前軍參軍。又參會稽世子元顯征虜軍事。隆安初以平王恭功。加寧朔將軍。尋破孫恩。加臨淮太守。遷後軍從事中郎。進輔國將軍。元興中。桓玄內逼。奔姚興。又奔慕容德。還爲晉陵太守。襲父爵武

岡縣男。遷建威將軍、江州刺史。安帝反正。自表解職。尋除冠軍將軍、宣城內史、襄城太守。召伐蜀無功免官。尋從征慕容超。又拒盧循。遷使持節督馬頭淮西諸軍郡事、鎮蠻護軍、淮南安豐二郡太守、梁國內史。轉左衞將軍。加散騎常侍。出爲使持節督北青州軍郡事、征虜將軍、北青州刺史。領淸河太守。尋領冀州刺史。進右將軍。義熙十一年。爲其下王猛子所殺。案敬宣宋書有傳。今宜列晉末。

報諸葛長民書

下官自義熙已來。首尾十載。遂忝三州七郡。今此杖節。常懼福過禍生。實思避盈居損。富貴之旨。非所敢當。宋書劉敬宣傳

全晉文卷一百三十八終

全晉文卷一百三十九

烏程嚴可均校輯

郭元祖

元祖爵里未詳。有列仙傳讚二卷。

列仙傳讚

讚曰。易稱太極是生兩儀。兩儀生。然後有人民。有人民。然後有生死。生死之義著明矣。蓋萬物施張。渾爾而就。亦無所不備焉。神矣妙矣。精矣微矣。其事不可得一一論也。聖人仰則觀象于天。俯則觀法于地。日月運行。四時分治。五星受制于太微。監無道之國。吉凶預見。以戒王者。動靜言語。應效相通。有自來矣。夫然。雖不言其變化云爲。不可謂之無也。周書序桑嶠問涓子曰。有死亡而復云有神仙者。事兩成邪。涓子曰。言固可兩有耳。孝經援神契言不過天地造靈洞虛。猶立五嶽。設三台。陽精主外。陰精主內。精氣上下。

經緯人物。道治非一。若夫草木皆春生秋落必矣。而木有松柏檀櫨之倫百八十餘種。草有芝英萍實靈沼黃精白符竹翣戒火長生不死者萬數。盛冬之時。經霜歷雪。蔚而不凋。見斯其類也。何怪于有仙邪。余嘗得秦大夫阮倉撰仙圖。自六代迄今。有七百餘人。始皇好遊仙之事。庶幾有獲。故方士霧集。祈祀彌布。殆必因迹託虛。寄空爲實。不可信用也。若周公黃錄記太白下爲王公。然歲星變爲甯壽公等。所見非一家。聖人所以不開其事者。以其無常。然雖有時著。蓋道不可棄。距而閉之。以貞正也。而論語云。怪力亂神其微旨可知矣。

赤松子

眇眇赤松。飄飄少女。接手翻飛。泠然雙舉。縱身長風。俄翼玄圃。妙達巽坎。作範司雨。

甯封子

奇矣封子。妙稟自然。鑠質洪鑪。暢氣五煙。遺骨灰燼。寄墳甯山。人覩其迹。惡識其元。

馬師皇

師皇典馬。廄無殘駟。精感羣龍。術兼殊類。靈虬報德。弭鱗銜轡。振躍天漢。粲有遺蔚。

赤將子輿

蒸民粒食。孰享遐祚。子輿拔俗。餐葩飲露。託身風雨。遊然矯步。雲中可遊。性命可度。

黃帝

神聖淵玄。邈哉帝黃。蹔莅萬物。冠名百王。化周六合。數通無方。假葬橋山。超昇昊蒼。

偓佺

偓佺餌松。體逸眸方。足躡鸞鳳。走超騰驤。遺贈堯門。貽此神方。盡

性可辭。中智宜將。

容成公

亹亹容成。專氣致柔。得一在昔。含光獨游。道貫黃庭。伯陽仰儔。玄牝之門。庶幾可求。

方回

方回顚生。隱身五柞。咀嚼雲英。棲身隙漠。卻閉幽室。重關自廓。印改掩封。終焉不落。

老子

老子無爲。而無不爲。道一生死。迹入靈奇。塞兌內鏡。冥神絕涯。德合元氣。壽同兩儀。

關令尹

尹喜抱關。含德爲務。挹漱日華。仰玩玄度。候氣眞人。介焉獨悟。俱濟流沙。同歸妙趣。

涓子

涓老餌朮。享茲遐紀。九仙既傳。三才乃理。赤鯉投符。風雲是使。拊琴幽巖。高棲遐峙。

呂尚

呂尚隱釣。瑞得赬鱗。通夢西伯。同乘入臣。沈謀籍世。芝體鍊身。遠代所稱。美哉天人。

嘯父

嘯父駐形。年衰不邁。梁母遇之。歷虛啟會。丹火翼煇。紫煙成蓋。眇企昇雲。抑絕華泰。

師門

師門使火。赫炎其勢。乃豢虯龍。潛靈隱惠。夏王虐之。神存質斃。風雨既降。肅爾高逝。

務光

務光自仁。服食養真。冥遊方外。獨步常均。武丁雖高。讓位不臣。負石自沈。虛無其身。

仇生

異哉仇生。靡究其向。治身事君。老而更壯。灼灼容顏。怡怡德量。武王祠之。北山之上。

彭祖

遐哉碩仙。時惟彭祖。道與化新。緜緜歷古。隱淪玄室。靈著風雨。二虎嘯時。莫我猜侮。

卭疏

八珍促壽。五石延生。卭疏得之。鍊髓餌精。人以百年。行邁身輕。寢息中嶽。遊步仙庭。

介子推

王光沈默。享年遐久。出翼霸君。處契玄友。推祿讓勤。何求何取。遯影介山。浪迹海右。

馬丹

馬丹官晉。與時汙隆。事文去獻。顯沒不窮。密網將設。從禮迅風。杳然獨上。絕迹玄宮。

平常生

穀城妙匹。誦達奇逸。出生入死。不恆其質。玄化忘形。貴賤奚恤。質除塵汙。終騰雲室。

陸通

接輿樂道。養性潛輝。見諷尼父。諭以鳳衰。納氣以和。存心以微。高步靈嶽。長嘯峨嵋。

葛由

木可為羊。羊亦可靈。靈在葛由。一致無經。爰陟崇綏。舒翼揚聲。知術者仙。得桃者榮。

江妃二女

靈妃豔逸。時見江湄。麗服微步。流盼生姿。交甫遇之。憑情言私。鳴佩虛擲。絕影焉追。

范蠡

范蠡御桂。心虛志遠。受業師望。載潛載惋。龍見越鄉。功遂身返。屣脫千金。與道舒卷。

琴高

琴高晏晏。司樂宋宮。離世孤逸。浮沈涿中。出躍赬鱗。入藻清沖。是任水解。其樂無窮。

寇先

寇先惜道。術不虛傳。景公戮之。尸解神遷。歷載五十。撫琴來旋。夷俟宋門。暢意五絃。

王子喬

妙哉王子。神遊氣爽。笙歌伊洛。擬音鳳響。浮丘感應。接手俱上。揮策青崖。假翰獨往。

幼伯子

周客戢容。泯迹泥蟠。夏服重纊。冬振輕紈。作不背本。義不獨安。乃眷周氏。祐其艱難。

安期先生

寥寥安期。虛質高清。乘光適性。保氣延生。聊悟秦始。遺寶阜亭。將遊蓬萊。絕影清冷。

桂父

偉哉桂父。挺直遐畿。靈葵內潤。丹桂外綏。怡怡柔顏。代代同輝。道播東南。奕世莫違。

瑕丘仲

瑕丘通玄。謫脫其迹。人死亦死。汎焉言惜。遨步觀化。豈勞胡驛。苟不覩本。誰知其謫。

酒客

酒客蕭條。寄沽梁肆。何以標異。醇醴殊味。屈身佐時。民用不匱。解紱晨征。莫知所萃。

任光

上蔡任光。能鍊神丹。年涉期頤。晞嚮朱顏。頃適趙子。縱任所安。升軌柏梯。高飛雲端。

蕭史

蕭史妙吹。鳳雀舞庭。嬴氏好合。乃習鳳聲。遂攀鳳翼。參翥高冥。女祠寄想。遺音載清。

祝雞翁

人禽雖殊。道固相關。祝翁傍通。牧雞寄驩。育鱗道洽。棲雞樹端。物之致化。施而不刊。

朱仲

朱仲無欲。聊寄賈商。俯窺驪龍。捫此夜光。發迹會稽。曜奇咸陽。施而不德。歷世彌彰。

修羊公

卓矣修羊。韜奇含靈。枕石大華。餐茹黃精。漢禮雖隆。道非所經。應變多質。忽爾隱形。

稷丘君

稷丘洞徹。修道靈山。鍊形濯質。變白還年。漢武行幸。攜琴來延。戒以升陟。逆覩未然。

崔文子

崔子得道。術兼祕奧。氣癘降喪。仁心攸悼。朱旛電麾。神藥捷到。一時獲全。永世作效。

赤須子

赤須去豐。爰憩吳山。三樂並御。朽貌再鮮。空往師之。而無使延。顧問小智。豈識巨年。

東方朔

東方奇達。混同時俗。一龍一蛇。豈豫榮辱。高韻沖霄。不羈不束。況迹五湖。騰影暘谷。

鉤翼夫人

婉婉弱媛。廟符授鉤。誕育嘉嗣。皇祚惟休。武之不達。背德致仇。委身受戮。尸滅芳流。

犢子

犢子山棲。採松餌苓。妙氣充內。變白易形。陽氏奇表。數合理冥。乃控靈犢。儵若電征。

騎龍鳴

騎鳴養龍。結廬虛池。專至俟化。乘雲騁螭。紆轡故鄉。告以速移。洞鏡災祥。情眷不離。

主柱

主柱同窺道士。精微玄感通山。丹沙出穴。熒熒流丹。飄飄飛雪。宕長悟之。終然同悅。

園客

美哉園客。顏曄朝華。仰吸玄精。俯捋五葩。馥馥芳卉。采采文蛾。淑女宵降。配德升遐。

鹿皮公

皮公興思。妙巧纏絲。飛閣懸趣。上挹神泉。肅肅清廟。愔愔二間。可已閉處。可已永年。

昌容

殷女忘榮。曾無遺戀。怡我柔顏。改華標蒨。心與化遷。日與氣鍊。坐臥奇貨。惠及孫賤。

谿父

谿父何故。欲在幽谷。下臨青澗。上翳委蓴。仙客舍之。導已祕籙。形絕埃𡊮。心在舊俗。

山圖

山圖抱患。因毀致全。受氣使身。藥軀命延。寫哀墳柏。天愛猶纏。數周高舉。永絕俗緣。

谷春

谷春既死。停屍猶溫。棺闔五稔。端委于門。顧覜空柩。形逝衣存。亟執太白。納氣玄根。

陰生

陰生乞兒。人厭其黷。識眞者稀。累見囚辱。淮陰忘吝。況我仙屬。惡肆殃及。自災其屋。

毛女

婉孌玉姜。與時遯逸。眞人授方。餐松秀實。因敗獲成。延命深吉。得意巖岫。寄歡琴瑟。

子英

子英樂水。遊捕為職。靈鱗來赴。有煒厥色。養之長之。挺角傅翼。遂駕雲螭。超步大極。

服閭

服閭遊祠。三仙是使。假寐須臾。忽超千里。納寶毀形。未足多恥。攀龍附鳳。逍遙終始。

文賓

文賓養生。納氣玄虛。松菊代御。鍊質鮮膚。故妻好道。拜泣踟躕。引過告術。延齡百餘。

商丘子胥

商丘幽棲。韞櫝妙術。渴飲寒泉。飢茹蒲朮。吹竽牧豕。卓犖奇出。道

足無求。樂茲永日。

子主

子主挺年。理有所資。甯主祠秀。拊琴龍眉。已道相符。當與訟微。臣事竭力。問昭我師。

陶安公

安公縱火。紫炎洞熙。翩翩朱雀。銜信告時。奕奕朱虬。蜿然赴期。傾城仰覿。迴首顧辭。

赤斧

赤斧頤眞。發秀戎巴。寓迹神祠。須鍊丹沙。髮雖朱䰂。顏曄丹葩。采藥靈山。觀化南遐。

呼子先

三靈潛感。應若符契。方駕茅狗。蜿爾龍逝。參登太華。自稱應世。事君不端。會之有惠。

負局先生

負局神端。披褐含秀。術兼和鵲。心託宇宙。引彼萊泉。濯此絕岫。欲返蓬山。㠯齊天壽。

朱璜

朱璜寢瘕。福祚相迎。眞人投藥。三屍俱靈。心虛神瑩。膽資幽冥。毛賴髮黑。超然長生。

黃阮丘

葱霧巖嶺。實棲若人。被裘散髮。輕步絕倫。含道養生。妙觀通神。發驗朱璜。告徧下民。

女丸

玄素有要。近取諸身。彭聃得之。五卷㠯陳。女丸蘊妙。仙客來臻。傾書開引。雙飛絕塵。

陵陽子明

陵陽垂釣。白龍銜鉤。終獲瑞魚。靈術是修。五石溉水。騰山乘虬。子安果沒。鳴鶴何求。

邗子

邗子尋犬。宕入仙穴。館閣峩峩。青松列列。受符傳藥。往來交結。遂棲靈岑。音響昭徹。

木羽

司命挺靈。產母震驚。乃要報了。契定未成。道足三五。輕舉宵迎。終然報德。久乃遐齡。

玄俗

質虛影滅。時惟玄俗。布德神丸。乃寄鹿瞶。道發河間。覩寵方渥。騰龍不制。超然絕足。道藏本列仙傳

全晉文卷一百三十九終

全晉文卷一百四十

烏程嚴可均校輯

何瑾

瑾一作瑾之爲車騎參軍有集十一卷

悲秋夜

欣莫欣兮春日悲莫悲兮秋夜伊秋夜之可悲增沈懷于遠情歎授衣于幽詩感蕭瑟于宋生天寥廓兮高褰氣淒肅兮厲清燕沂陰兮歸飛雁懷陽兮寒鳴霜凝條兮漼漼露霑葉兮泠泠藝文類聚三御覽二十四又二十三

卞範之

範之字敬祖濟陰宛句人太元中自丹陽丞爲始安太守安帝初桓玄引爲江州長史歷丹陽尹進征虜將軍散騎常侍玄篡位進侍中後將軍封臨汝縣公遷尚書僕射玄平斬于江陵

杖贊

口口嘉名犫獲雲賓口而杖之已協天秩書鈔一百三十三

無患枕贊

器物多雜君子攸宜有去有取慶合患離覺寐枕玩功用全施書鈔一百三十四

卞嗣之

嗣之元興初爲中領軍桓玄篡位進侍中

沙門應致敬啟

十二月三日侍中臣嗣之給事黃門侍郎臣袁恪之等言詔書如右神道冥昧聖詔幽遠陛下所宏者大爰逮道人奉佛者耳率土之民莫非王臣而已向化法服便抗禮萬乘之主愚情所未安拜敬之禮豈虧其道尊卑大倫不宜都廢若許其名教之外闕其拜敬之儀者請一斷引見啟可紀識謹啟沙門不拜俗事二

尊親上脫尊君二字

禮上脫抗字

遠一作邈

再啟

侍中臣嗣之等啟事重被明詔崇沖挹之至履謙光之道愚情眷眷竊有未安治道雖殊理至同歸尊親法教不乖老子稱四大者其尊一也沙門所乘雖異跡不超世豈得不同乎天民陛下誠欲弘之于上然卑高之禮化治之典愚謂宜俯順羣心永爲來式請如前啟謹啟沙門不拜俗事二

三啟

侍中祭酒臣嗣之言重被詔如右陛下至德圓靈使吹萬自己九流各得其美顯昧并極其致靈澤幽流無思不懷羣方所已資通天人所已交暢臣聞佛教已神慧爲本道達爲功自斯已還蓋是斂塵之用耳神理緬邈求之于自形而上者虔肅拜起無虧于持戒若行道不失其爲恭王法齊敬于率土道憲兼隆內外咸得矣臣前受外任聽承疏短乃不知去春已有明論近在直被詔使車

其愚情不懼允合還此方見斯事屢經神筆宗致悠邈理析微遠非臣駑鈍所能鑒讚沙門禮已行之前代今大明既昇道化無外經國大倫不可有闕請如先所啟攝外施行謹啟沙門不拜俗事二

四啟

侍中祭酒臣嗣之言重奉詔自有內外兼弘者聖旨淵通道冠百王伏讀仰歎非愚賤所逮尊王祇法臣下之節是已拳拳頻執所守明詔超邈遠略常均臣暗短不達追用愧悚輒奉詔付外宜攝謹啟永始元年十二月二十四日上沙門不拜俗事二

卞承之

承之字敬宗安帝時爲光祿勳有集十卷

鶵賦序

鳥眞野之性備于俯仰之間專視緩步有自卑之志御覽九百二十五

溝井贊

目當作似

爰有遂井，洌彼下泉。引流重壤，合曜青天。蘊甘澄潔，湛爾終年。圖象懷慨，寄旨嘉埜。藝文類聚九。

無患枕贊并序

無患，木名也。言人枕之無患也。御覽七百七。

爰茲素朴，名爲吉始。匠人斯製，㠯獻君子。藝文類聚八十九，御覽九百五十九。長陽炎氣，永集霆祉。展轉枕之，痞痳含熹。北堂書鈔一百三十四。

樂社樹贊序

余門前有一社樹，盤根疏柯，㠯非近世所植。抗秀路左，流陰庭宇。莊周喻道于商丘之木，匠石辨才于曲轅之櫟，由斯而觀之，固可㠯悟微矣。御覽五百三十二。

甘蕉贊

扶疏㠯樹，質則非木。高舒垂蔭，異秀延矚。厥實惟甘，味之無足。藝文類聚八十七，御覽九百七十五。

懷香贊

有卉惟翠，因實制名。濛濛綠葉，荏苒弱莖。寄芬微風，寓秀閑庭。懷而芳之，爲歡于情。藝文類聚八十一。

湛方生

方生，爲衞軍諮議參軍，有集十卷。

風賦

有氣曰風，出自幽冥。翛然而起，寂爾而停。雖宇宙之洪遠，倏俄頃而屢經。同神功于不疾，等至道于無情。胡馬感而增思，風母殞而復生。啟慘冬之潛蟄，達青春之句萌。因嚴霜㠯厲威，順和澤㠯開榮。故君德喻其靡草，風人假㠯爲名。及其猛勢將奮，屯雲結陰，洪氣鬱彿，殷雷發音，勃然鼓作，拂高凌深，天無澄景，嶺無停林。六鵾爲之退飛，萬竅爲之哀吟。亦有飄泠之氣，不疾不徐，飃飃微扇，蠁蠁清舒。王喬㠯之控鶴，列子㠯之乘虛。若乃春惠始和，重裼初釋，

遨步蘭皋，遊眄平陌。響詠空嶺，朗吟竹柏。穆閑林㠯流惠，疏神襟㠯清滌。軒濠梁之逸興，暢方外之冥適。藝文類聚一，初學記一。

懷春賦

夫榮凋之感人，猶色象之在鏡。事隨化而遷迴，心無主而虛映。眄秋林而情悲，遊春澤而心令。孰云知其所㠯，乘天感而叩性。雖四時之平分，何陽節之清淑。日婉孌㠯舒和，氣有仁而無肅。雷發響于南山，雨濟澤于四瀆。啟潛蟄于九泉，收靈虵于天庭。修虹煥綠㠯東岡，幽澗泮冰而流清。鴻飄翩于歸風，燕銜泥而來征。鷙鳥感仁而革性，鶻鳩乘化而變聲。麥芃芃而含秀，桑藹藹而敷榮。華照灼㠯爛林，葉婀娜㠯媚莖。藝文類聚三，初學記三，御覽二十。

秋夜

悲九秋之爲節，物凋悴而無榮。嶺頹鮮而殞綠，木傾柯而落英。履代謝㠯惆悵，覩搖落而興情。信皐壤而感人，樂未畢而哀生。秋夜清兮，何秋夕之轉長。夜悠悠而難極，月皦皦而停光。播商氣㠯清溫，扇高風㠯革涼。水激波㠯成漣，露凝結而爲霜。凡有生而必凋，情何感而不傷。苟靈符之未虛，孰茲戀之可忘。何天懸之難釋，思假暢之冥方。拂塵襟于玄風，散近滯于老莊。攬逍遙之宏維，總齊物之大綱。同天地于一指，等太山于毫芒。萬慮一時頓渫，情累豁焉都忘。物我泯然而同體，豈復壽夭于彭殤。藝文類聚三。

星傾暉㠯流素。北堂書鈔一百五十四。

氣入肌㠯淒凜，風灑林而蕭索。同上。

白露霏㠯靜降。同上。

遊園詠

諒茲境之可懷，究川皐之奇勢。水窮清㠯徹鑒，山鄰天而無際。乘初霽之新景，登北館㠯悠矚。對荊門之孤皐，傍漁陽之秀岳。乘夕陽而含詠，杖輕策㠯行遊。襲秋蘭之流芬，幙長猗之森修。任緩步

以升降歷壬墟而四周。智無涯而難恬，性有方而易適。差一豪而遽乖，徒理存而事隔。故羈馬思其華林，籠雉想其皋澤，矧流客之歸思，豈可忘于疇昔。藝文類聚六十五。

懷歸謠

辭衡門兮至歡，懷生離兮苦辛。豈羈旅兮一慨，亦代謝兮感人。四運兮道盡，化新兮歲故。氣慘慘兮凝晨，風悽悽兮薄暮。雨雪兮交紛，重雲兮四布。天地兮一色，六合兮同素。山木兮摧披，津壑兮凝沍。感羈旅兮苦心，懷桑梓兮增慕。胡馬兮戀北，越鳥兮依陽。彼禽獸兮尚然，況君子兮去故鄉。望歸塗兮漫漫，盼江流兮洋洋。思涉路兮莫由，欲越津兮無梁。藝文類聚十九。

上貞女解

伏見西道縣治下里龍憐，年始弱笄，出適皮氏，未逾半年，壻京殞沒。京兄弟三人相尋凋落，外靡期功之親，內絕胄嗣之繼。憐貨其

父母之資，躬親機杼之勤，數年之間，三喪俱舉，四節烝嘗，于今不輟。志存匪石之固，行無片言之玷。賢良屢聘，誓而弗許，守節窮居，于今五十餘年矣。詳觀之遺烈，書于記傳者，或毀髮屠之體，以絕求者之望；或自經溝中，苟全不奪之志。雖操存而身亡，行立而形虧，寡能兼全其道始終若斯者也。憐蓋草萊之婦人耳，生于幽谷之中，長于荒榛之下，目不見尺素之文，耳不聞今古之說，師心率已，蹈茲四德，抑可謂稟靈山岳，自然天知者矣。而彤管未揮，令問不彰，非所以表賢崇善，激揚貞風也。藝文類聚十八。

修學校教

貴郡之境，山秀水清，嶺舉雲霞之標，澤流清曠之氣，荊藍之璞，豈不在茲。藝文類聚三十八。

七歡

有巖棲先生者，學道養生，離親絕俗，漱清泉，蔭茂木，慕赤松之清塵，乃餐霞而絕穀。朝隱大夫尋條援葛，往而問之曰：營中都以起館，指土圭以正宮。宅既平而土沃，實商旅之所通。究精巧之妙思，盡土木之所窮。南軒高館，北連修堂，左亙東序，右列西廂。飛甍雲構，軒軒鏘鏘，連棟抗榱，若飛若翔。幽龍納響，素壁流光。乃有傾城之色，玉質鳳章，手習清弄，心達宮商。子能從我而翫之乎。

大夫曰：歲季月除，大蜡始節，繁霜朝氛，淒風夕發。策龍駟以偕逝，問虞人于中林，審蹊徑之所由，知此澤之多禽。前批猛獸，後拉黃羆，聲不得發，爪不暇施。此遊獵之壯觀，子能從我而觀之乎。

大夫曰：青陽開運，和氣流人，天無纖翳，地無飛塵，五湖靜波，四瀆凝津。命向方之嘉友，聊汎舟以遊春。此舟檝之駿遊，子能從我而乘之乎。

大夫曰：有嶧山之孤桐，生千仞之峻嶠，乘危巖以託根，悶丹霞而竦標。若麗霜之淒切，困寒風之蕭條。若乃清秋遙夜，器朗絃徹，閑

心理氣，臨流鏡月，伯牙揮爪以清弄，鍾期中曲而撫節。子能從我而聽之乎。

大夫曰：良疇沃壤，傍山之阿，靈澤津其根，春露染其禾，上蔭玄雲輕藹，下流石泉清波，含山澤之清潤，結玉實于秋霜。簡嘉穗以精微，瓘冰散而珠光。醲縹醪于九秋，蘊二日于三陽。未望麴而冰消，蘖未啟而流芳。此五穀之精液，子能從我而嘗之乎。

大夫曰：生乎三季之世，隔乎大國之間，戎馬生于郊畿，英雄森以比肩。意氣冠宇宙，豪勢拖丘山。強虜元師，懸首太白，勳勤王府，功刊金石。此不世之奇遇也，子能從我而立之乎。

大夫曰：蓋聞至道以無主員應，橐籥以內盛無窮，陰陽以煙爐成化，五行之宇分相攻。是以撫往運而長揖，因歸風而迴軒，挂長纓于朱闕，反素褐于丘園。靡閑風于林下，鏡洋流之清瀾，仰濁酒以箕踞，間絲竹而晤言。藝文類聚五十七。

廬山神仙詩序

潯陽有廬山者盤基彭蠡之西其崇標峻極辰光隔輝幽澗澄深積清百仞若乃絕阻重險非人跡之所遊窈窕沖深常含霞而貯氣眞可謂神明之區域列眞之苑囿矣太元十一年有樵採其陽者于時鮮霞褰林傾暉映岫見一沙門披法服獨在巖中俄頃振裳揮錫淩崖直上排丹霄而輕舉起九折而一指既白雲之可乘何帝鄉之足遠哉窮目蒼蒼翳然滅跡（藝文類聚七十八。）

羈鶴吟序

鄉人王氏有養鶴者摧翮虞人之手心悲志喪後三年羽翮既生翻然高逝有感余懷乃爲之吟（藝文類聚九十。）

木連理頌

相彼神奇遠見禎祥同根連柯本枝俱昌皇基增構靈祚惟長運隆周室道均三王丕顯奕世依風載揚（藝文類聚九十八。）

老子贊

教由嚴宗化必有資深矣若人乃作皇師亦參儒訓道實希夷恂恂孔父是敬是祇（藝文類聚七十八。）

孔公贊

文王既沒微言將墜邈哉孔公龍見九二闡化繫象素王洙泗發揮中葉道映周季（藝文類聚二十、初學記十七。）

北叟贊

樂爲憂根禍爲福始數極則旋往復迭起世人迷之橫生欣恥滔滔北叟獨亮玄理喪馬弗希折肱愈喜淡哉一生無泰無否（藝文類聚三十六。）

庭前植稻苗贊（初學記作孫苗葉贊）

蒨蒨嘉苗離離階側弱葉繁蔚圓株疏植流津沃根輕露濯色（藝文類聚八十五、初學記二十七。）

長鳴雞贊

精心妙覺獨曉冥冥風雨如晦不僭其鳴（藝文類聚九十一。）

靈秀山銘

巖巖靈秀積岨幽重傍嶺闕岫乘標挺峯桂柏參幹芝菊亂叢翠雲久映爽氣晨蒙蘢蘢疏林穆穆閑房幽室冬暄淸蔭夏涼神木奇生靈草眞香雲鮮其色風飄其芳可以養性可以棲翔長生久視何必仙鄉（藝文類聚七。）

弔鶴文

余以玄冬修夜忽聞階前有鶴鳴遡寒風而淸叫感淒氣而增悲屬聽未終余有感焉乃爲文以弔之

惟海陽之奇鳥資秀氣以誕生擬鸞皇而比翼超羽族而獨靈濯冰霜之素質飈九皋之奇聲啄荒庭之遺粒漱絕澗之餘淸望雲舒而息翮仰朝霞而晨征輟王子之靈轡繫虞人之長纓辭丹穴之神友與雞鶩而同庭軒天衢而奔想顧樊籠而心驚獨中宵而增思負淸霜而夜鳴資沖天之雋翮曾不殊于鳥雀稟檽壽之修期忽同彫于秋薄匪物之足悲傷有理而橫落（藝文類聚九十）

張新安

張失其名字元興初新安太守

荅譙王論孔釋書

仰復淵旨匪邇伊教俯惟末造鞠躬汎對竊以爲遂通資感涉悟籍緣誠徵良因則河漢滋惑故待問擬乎撞鐘啟發俟于憤悱夫妙學窮理乃聖乃神光景燭八維頫仰覩九有然而運值百齡宥均萬劫者豈非嘉緣未構故業化莫孚哉是以聖靈輟軌斯文莫載靡得明徵理歸指斥宗致祇以微顯婉而成潛從冥遠之生導三世之源積善啟報應之轍網禍昭仁蒐之苗弘信既以漸漬習成吝滯日袪然後道暢皇漢之朝訓敷永平之祀物無韡熒八斯

草偃。實知放華猶昏。文宣未旭。非旨睽已異。遣諒理均而俱曠者。附會玄遠。孰爽冒言。謬犯不韙。輕率狂簡。弘明集十二。

羊孚

孚字子道。泰山南城人。歷太學博士。兗州別駕。桓玄爲太尉。已爲記室參軍。

誚桓玄牋

自頃世故睽離。心事淪蘊。明公啟晨光于積晦。澄百流已一源。世說文學篇。

雪贊

資清已化。乘氣已霏。遇象能鮮。即潔成暉。世說文學篇。又藝文類聚二。御覽五百八十八。

徐道覆

道覆。盧循姊夫。元興中。循據廣州。已爲始興太守。義熙中。與循入寇。敗歸。劉藩孟懷玉擊斬之。

馳使報盧循

毅兵衆甚盛。成敗事係之于此。宜幷力摧之。若此克捷。天下無復事矣。根本既定。不憂上面不平也。宋書武帝紀上。道覆聞劉毅南上。馳使報循。

劉瑾

瑾。元興末爲太常卿。有集九卷。藝文類聚初學記已爲宋人。今從隋志。

甘樹賦

伊冥造之緜緜兮。纖羣象于成遇。嗟卉草之森秀兮。將歸美于甘樹。誕寄生于南楚兮。播萬里而東布。浸冷泉已搖根兮。竦逸條已承露。結密葉已舒蔭兮。滌纖塵已開素。仰清氣已旭晨兮。流惠飆于薄暮。雖飛榮于園沼兮。契貞松之貞趣。時屢遷而彌眞兮。凌寒暑而一度。初學記二十八。

殷祭議

殷無定月。妏時致敬。其禮意尚簡。去年祠雖于日有差。而情典允備。宜仍已爲正。通典四十九。元興三年。

又議

臣尋升平已後。殷祭皆在周內。永和十年至今五十餘載。三十月輒殷。是依禮五年再殷。而泰言非當。若臣啟不允。則責失奏彈。通典四十九。義熙三年。

劉潤之

潤之。元興末爲尚書左丞。

殷祭議

泰元元年四月應殷。而禮官墮失。建用十月。本非正期。不應即已失爲始也。宜已反初四月爲始。當用三年十月。宋書禮志三。義熙三年。通典四十九。作元興三年。

陳舒

舒。元興末爲博士。

議殷祭表 元興三年。

三歲一閏。五年祭。八年又祭。兩頭如四。實不盈三。又十一年殷。十四年殷。凡間合已二。則十年四殷。與禮五年再殷。其議合矣。通典四十九。

武陵王招魂葬議

先太保生沒虜場。求依太傅故事招魂葬。案禮無招魂葬之文。時人往往有招魂葬者。皆由孝子哀情迷惑。宜已禮裁。不應聽。遂。通典一百三。

徐虔

虔。元興末爲博士。

后服未終廢樂議

周景王有后嫡子之喪。既葬除服而宴樂。叔向猶譏之。今宜不懸。周禮有憂則弛懸。今天子蒙塵播王。不宜作樂。但先人血祀。不可廢耳。魯莊公主已入廟。閔公二年吉禘。猶曰未可已吉。是不係于入廟也。謂不宜設樂。通典一百四十七。符問章皇后雖哀限未終，后主已入廟，當作樂否，博士徐虔議。案穆章何后崩于元興三年，時桓玄挾帝西上，武陵王遵承制，故云攝王也。

全晉文卷一百四十終

烏程嚴可均校輯

曹述初

述初元興末爲太常博士

難徐邈殷祭議

三年之喪其實二十五月則五年何必六十月禮天子特禘三時皆祫禘祫雖有定年而文無定月通典四十九元興三年

出後者仰還爲本父服議

或曰甲有子景後叔父乙甲死景已降服周歷數年乙之妻又亡景服父在爲母之服今叔父自有子景既還本當追服甲三年服否若遂卽吉則終身無斬縗之服博士曹述初議曰禮大宗無子族人以支子後之不爲小宗立後明棄親卽疏叔非大宗又年尚少自可有子甲以景後非禮也子從父此命不得爲孝父亡則闕叔妻死制母服于義謬也今歸本宜制重以全父子之道

或難曹曰禮日月過而後聞喪則有稅服當聞喪之日哀情與始遭喪同是以聞喪或在數十年後猶追服重甲死景卽知喪哀情已敘爲出後降周者服制耳三年之喪稱情而立聞父喪積年哀戚久除令更制重是服非稱情之義若依稅服失其類矣且子爲父不過再周景嘗爲甲已服周矣今復制重是子爲父服三周也豈禮意乎答曰景于禮無後乙之義景既不得成重制于乙又闕父子之道人子之情豈得無追遠之至戚乎就使情輕于日月已過而後聞喪服父之禮寧可便廢今以哀戚久除方制重服爲難過矣父之于子兼尊親之至重禮制斬縗三年明其兼重也齊縗周服非所以崇尊親之至重景雖嘗爲甲服周豈禮也哉而數以爲父三周乎

或難曰禮婦人有父喪未練而夫家遣之則爲父服三年既練而見遣則已猶加爲人後者亦爲所後斬縗三年爲父服周服制既同則義可相準若甲死未練而景歸則應爲三年今喪已久于禮不應追服答曰禮婦人適人則降父服周爲夫三年既練而見遣父服除矣重制已成于夫故雖及父母之家父亡不得復爲父服三年不二斬之義也婦人于禮得成其重制于夫景于禮無後乙之義雖甲喪久除而景歸既已不得成重于乙今又不爲甲追制重服是景爲人子終無服父之道也

張湛謂曹曰禮所稱爲人後後大宗所以承正統若非大宗之主所繼非正統之重無相後之義今乙雖無子于禮不應取後于甲甲之命景景之從甲皆爲違禮若如前議則兄弟以子相養者代代有之此輩甚衆時無譏議蓋同繫一祖兄弟所生猶如己子非犯禮違義故也雖非禮之正義亦是一代成制由來故事豈可以甲命獨爲非禮景從便爲失道此之得失自當與代人共之耳今

所疑于景既當持服與不議者以爲景歸宜制重引稅服爲例恐非明證夫稅服者自謂日月已過而後聞喪聞喪之日卽初死之時爲制服之始今月數得全哀情得敘爲人後者父終則盡心極哀但遏于所後抑情降服以尊父命及其還歸論喪則已積年卽事則必有降殺而方復追所謂不稱情者矣過時而不知喪則是平吉之人既初聞之則同于始死與喪過而歸何得爲例若謂景既不得全重制于乙又闕子道于甲故更服重卽所謂全父子之道猶非稅服乎又設難云婦人父喪既練而見遣爲父服周以準爲人後者既還所生父喪已久于禮不追此議何疑答曰正以婦人得成制于夫景不得成重制于乙今景于禮誠無後乙之義然據受父命爲人子與婦人出適者皆爲本親降服一等爲所後及夫制服三年其義正同也今以婦人既練見遣重制已成于夫故不爲父三年今謂景本不應爲乙後然景既奉命爲乙子則許其降本

親之服及其喪過而歸則重制成于所後矣若不服重制其本親乃豈可終身無斬縗之服直是率懷而言無所依據耳 通典九十六

集解明宗義

其士大夫之嫡者此為諸侯別子之後也或母弟之子孫或庶弟之子孫位為大夫者各祖別子為始祖各宗其嫡為大宗嫌庶子小宗之後猶不得為嫡故通稱嫡吕明之後代皆應同正也 通典七十三

公子有宗道者禮諸侯不服庶子先君之所不服子亦不敢私相服也夫兄弟之恩既不可吕無報親戚羣居又不可吕無主故君必命長弟吕為之宗宗立而後相服相服之義由于其宗故曰公子有宗道公子之公為其士大夫之庶宗者公子之公謂君之庶弟受命為宗者也其有功德王復命為諸侯尊羣庶所不敢宗故此君復命其次庶代己為宗主士大夫羣庶之在位者也 通典七十三

劉柳

柳字叔惠南陽人司空喬曾孫累官尚書左右僕射後將軍吳國內史歷徐兗江三州刺史封都鄉亭侯義熙十二年除尚書令卒贈右光祿大夫開府儀同三司

薦周續之于太尉劉裕

臣聞 案刺史與太尉牋不稱臣此宋書追改耳 恢耀和肆必在兼城之實翼亮崇本宜紆高世之逸是吕渭濱佐周聖德廣運商洛匡漢英業乃昌伏惟明公道邁振古應天繼期遊外暘于冥內體遠形于應近雖汾陽之舉輟駕于時艱明揚之旨潛感于窮谷矣竊見處士鴈門周續之清眞貞素思學鉤深弱冠獨往心無近事性之所遺榮華與飢寒俱落情之所慕巖澤與琴書共遠加吕仁心內發義懷外亮留愛昆卉誠著桃李若升之宰府必鼎味斯和濯纓儒官亦王猷遐緝濊文不知失在降賢言偃得人功由升士願照其丹款不吕人廢言 宋書周續之傳江州刺史劉柳薦之于高祖徵而辭為太尉掾不就

劉毅

毅字希樂小名盤龍彭城沛人仕為州從事桓弘吕為中兵參軍桓玄篡位與劉裕何無忌等起兵為冠軍將軍青州刺史進使持節兗州刺史事平為撫軍將軍進都督豫州等五郡軍事豫州刺史封南平郡開國公兼都督宣城軍事進拜衞將軍開府儀同三司鎭姑孰為徐道覆所敗降為後將軍尋轉衞將軍江州都督移鎭豫章進都督荊寧秦雍四州諸軍事荊州刺史加督交廣二州為劉裕所破自縊

乞還終喪表

弘道為國者理盡于仁孝訴窮歸天者莫甚于喪親但臣凡庸本無感概不能隕越故其宜耳往年國難滔天故志竭愚忠靦然苟存去春鑾駕迴軫而狂狡未滅雖姦凶時梟餘燼竄伏威懷寡方文武勞獘微情未申顧景悲憤今皇威遐肅海內清蕩臣窮毒艱穢亦已具于聖聽兼羸患滋甚衆疾互動如今寢頓無復人理臣之情也本不甘生語其事也亦可吕沒乞賜餘骸終其丘墳庶幾忠孝之道獲宥于聖世 晉書劉毅傳初毅丁憂在家及義旗初興遂墨絰從事至是軍役漸寧上表乞還京口吕終喪禮

鎭姑孰上表

忝任此州地不為曠西界荒餘密邇寇虜北垂蕭條土氣疆獷民不識義唯戰是習逋逃不逞不謀日會比年吕來無月不戰實非空乏之所能獨撫請輔國將軍張暢領淮南安豐梁國三郡 南齊志六義熙二年

請移江州軍府于豫章表

臣聞天吕盈虛為道治 晉書作運政 吕損益為義 晉書作道 時否而政不革民凋而事不損則無吕救急病于已危拯塗炭于將絕自頃戎車

屢駕(晉書作駭)干戈溢境所統江州以一隅之地當逆順之衝力弱民慢而器運所繼自桓玄以來驅蹙殘毀至乃男不被養女無對匹逃亡去就不避幽深自非財單力竭無以至此若不曲心矜理有所改移則靡遺之歎奄焉必及臣謬荷增統傷慨兼懷夫設官分職軍國殊用牧民以息務爲大武略以濟事爲先今兼而領之蓋出于權事因藉既久遂爲常則江州在腹心之中憑接揚豫藩屏所倚實爲重複昔胡寇縱逸朔馬臨江抗禦之宜蓋出權計以溫嶠明達事由一己猶覺其弊論之備悉今江左區區戶不盈數十萬地不踰數千里而統司鱗次未獲減息大而言之足爲國恥況乃地在無虞而猶置軍府文武將佐資費非一豈所謂經國大情揚湯去火者哉其州郡邊江民戶遼落加以郵亭嶮闊畏阻風波轉輸往還常有淹廢又非所謂因其所利以濟其弊者也愚謂宜解軍府移治豫章處十郡之中厲簡惠之政比及數年可有生氣且屬縣凋散亦(晉書作示)有所存而役調送迎不得休止亦謂應隨宜并減以備衆費刺史庾悅自臨州部以來甚有恤民之誠但綱維不革自非綱目所理尋陽接蠻宜示有防遏可即州府千兵以助郡戍(晉書劉毅傳，宋書庾悅傳。)

請兼督交廣表

荆州編戶不盈十萬器械索然廣州雖凋殘猶出丹漆之用請依先準(晉書劉毅傳。)

請以并州刺史劉道規鎮夏口

夏口二州之中地居形要控接湘川邊帶涓沔請并州刺史劉道規鎮夏口(南齊州郡志下。)

何無忌

無忌東海郯人劉牢之甥州辟從事轉太學博士爲東海王元顯中尉加廣武將軍起兵討桓玄爲輔國將軍琅邪內史桓玄平進右將軍豫州刺史未之職還會稽內史義熙二年遷江州刺史封安城郡公加散騎侍郎進鎮南將軍拒盧循別將徐道覆戰敗握節死贈侍中司空諡曰忠肅

以竟陵還荆州表

竟陵去治遼遠去江陵正三百里荆治所立綏定郡民戶參入此境郡治常在夏口左右欲資此郡助江濱戍防以竟陵還荆州又司州弘農揚州松滋二郡寄尋陽人民雜居宜並見督(南齊州郡志上。)

難釋惠遠沙門袒服論

見荅問袒服指訓兼弘標末文于玄古貲形理于近用使敬慢殊流誠服俱盡殆無閒然至于所以明順猶有未同何者儀形之設蓋在時而用是以事有內外乃可以淺深應之李釋之與周孔漸世之與遺俗在于因循不同必無逆順之殊明矣故老明兵凶處右禮以喪制不左且四等窮奉親之至三驅顯王跡之仁在後而要其旨可見寧可寄至順于凶事表吉誠于喪容哉鄭伯所以肉袒亦猶許男輿櫬皆自以所乘者逆必受不測之罰以斯而證順將何在故率所懷想更詳盡令內外有歸(弘明集五。)

諸葛長民

長民琅邪陽都人桓玄引爲平西司馬以貪刻免玄篡位與劉裕等起義爲揚武將軍進輔國將軍宣城內史以興復功封新淦縣公督淮北諸軍事鎮山陽義熙初進使持節督青揚二州軍事青州刺史領晉陵太守鎮丹徒轉督豫州揚州之六郡軍事豫州刺史領淮南太守尋監太尉留府事爲劉裕所殺

請徙青州治京口表

此藩十載釁故相襲城池崩毀荒舊散伏邊彊諸戍不聞雞犬且犬羊侵暴鈔掠滋甚(南齊書州郡志上。義熙二年，諸葛長民爲青州，徙山陽，時鮮卑接境，長民表。)

劾郭澄之表

妖賊伐船集木而南康相郭澄之隱蔽經年又深相保明屢欺無忌罪合斬刑。晉書諸葛長民傳。

貽劉敬宣書

盤龍狠戾專恣自取夷滅異端將盡世路方夷富貴之事相與共之。宋書劉敬宣傳，南史十七。

孟昶

昶字彥遠平昌人爲廣陵主簿桓玄篡位與劉裕等起義爲長史安帝反正拜丹陽尹尋監中軍留府事吕盧循入寇仰藥死

臨死上表

臣裕北討衆並不同惟臣贊裕行計致使彊賊乘間社稷危逼臣之辠也今謹引分吕謝天下。宋書武帝紀上。

劉穆之

穆之字道和小字道民東莞莒人爲江敳琅邪府主簿元興中

從劉裕起義軍署府主簿遷尚書祠部郎復爲府主簿記室錄事參軍領堂邑太守吕平桓玄功封西華縣子轉中軍太尉司馬加丹陽尹建威將軍進前將軍遷尚書右僕射轉左僕射義熙十三年吕未還宋公九錫憂卒贈散騎常侍衞將軍開府儀同三司加贈侍中司徒封南昌縣侯宋受禪進封龍陽縣侯謚曰文宣公。案穆之爲宋佐命而其死與漢末荀彧略同故編入晉末。

書

所欲足下家獘耳倉卒無祿故推遷不得不相用事已御出寍復吾所得迴復足下且當就之公還當思更律啟申師情事也劉穆之白。淳化閣帖三。

朱超石

超石沛郡沛人右將軍齡石弟初爲桓謙衞軍參軍又爲何無忌輔國右軍參軍遷劉裕車騎參軍尚書都官郎復補中兵參軍寍朔將軍沛郡太守後爲河東太守除中書侍郎封興平縣侯義熙十四年與齡石俱爲赫連勃勃所擒見殺

與兄書

登北邙遠眺衆美都盡光武墳邊杏甚美今奉送其核。藝文類聚八十七，又八十七，御覽九百六十八。

洛水道路本好青槐映蔭可愛。御覽一百五十八，又一百九十五。洛水作洛下，映蔭作蔭映。

橋去洛陽宮六七里悉用大石下圓吕通水可受大舫過也。水經穀水注。一本末有奇制作三字。

千金堤舊堰穀水魏時更修謂之千金塢。

陵雲臺上有奇井望之幽然投一石子擲之久方聞聲。

石經大都其碑高一丈許廣四尺駢羅相接。

羊徽

徽字敬猷泰山南城人義熙初劉裕鎭京口吕爲記室參軍遷

中書郎直西省出爲西中郎長史河東太守有集十卷

木槿賦

有木槿之初榮藻衆林而閒色在青春而資氣逮中夏吕呈飾挹宵露吕舒采暉晨景而吸豔。藝文類聚八十九。

全晉文卷一百四十一終

烏程嚴可均校輯

周祇

祇字穎文，陳郡人，義熙初爲國子博士，有集二十卷。（藝文類聚吕爲宋人，今從隋唐志列于晉。）

月賦

二氣理化，精者能鏡，陽得一吕朗旦，月代終而夕映。其狀也，氣融潔而昭遠，質明潤而貞虛，弱不廢照，清不激汙。（藝文類聚一）

枇杷賦（并序）

昔魯季孫有嘉樹，韓宣子賦，譽之屈原離騷，亦著橘賦，至于枇杷，樹寒暑無變，負雪揚華，余植之庭圃，遂賦之云：

名同音器，質貞松竹，四序一采，素華冬馥，霏雪潤其綠蘂，商風理其勁條，望之冥濛，卽之疏寥。（藝文類聚八十七，御覽九百七十一）

與劉裕書諫伐蜀

自義旗之建，所征無不必克，此可謂天人交助，信順之徵也。今大難已夷，君臣俱泰，頃五穀轉豐，民無饑苦，劫盜之患，亦爲蹔息，此誠漸足無事，宜大寍治本。蜀賊宜平，六合宜一，非爲不爾也。古人有言：天時不如地利，地利不如人和。今往伐蜀，萬有餘里，泝流天險，動經時歲，若此軍直指成都，徑禽譙氏者，復是將帥奮威，一使之舉耳。然益土荒殘，野無青草，成都之內，殆無孑遺，計得彼利，與今行軍之費，不足相補也。而今往艱險，雨雪方降，驅三州三吳之人，投之三巴三蜀之土，其中疾病死亡，豈可稱計，此一疑也。賊必不守窮城，將決力戰，今我往勞困，彼來甚逸，若忽使師行不利，人情波駭，大勢挫衂，此二疑也。且千里饋糧，士有飢色，況今泝險萬里，所在無儲，若兵不解運，漕不繼，雖韓白之將，何吕成功，此三疑也。今云可征者，云彼親離衆叛，愚謂不然，彼吕一匹夫而能致今日之事，若衆力離散，亦何吕致此？官所遣兵，皆烏合受募之人，亦必無千人一心，有前無退矣。爲治者固先定其內，而理其外，先安其近，而懷其遠，自頃狂狡不息，誅戮相繼，未可謂人和也；天險如彼，未可謂地利也。毛修之家讎不雪，不應吕得死爲恨；劉敬宣蒙生存之恩，亦宜性命仰報。今將軍欲驅二死之甘心，而忘國家之重計，愚情竊所未安。闕門之外，非所宜豫，苟有其心，不覺披盡。（宋書劉敬宣傳：義熙三年，高祖表遣敬宣率衆五千伐蜀，國子博士周祇書諫，不從。）

執友箴

四輔揚輝，伐木幽林，燕喬鶯飛，爰逮姬衰，俗遂凋成，交祿利昵，用因僞情，谷風興哀，繁霜夏零，道之末盡，弘焉由人，自室有迴，過門則親，微言綿邈，清談殷響，金雖能照，塵積翳朗，西河感離，口悟投杖，慊慊文侯，友賢好學，英英燕昭，禮郭致樂，推誠歲寒，功標松竹，落落喬札，遼遼莊惠，解帶一遇，道映萬世，人亦有言，貴則易交，利重太山，道輕鴻毛，久而益敬，見之晏平，霜雪既至，勁柏冬青。（藝文類聚二十一，又初學記十八引兩條。）

祭梁鴻文

晉隆安四年十一月，陳郡周穎文吕蘊藻行潦，祠于梁先生之墓。夫子邁志貧窶，塵垢雕俗，骨秀風霜，性淯寡欲，娶待偕隱之儷，文絕陪臣之錄，遂負策周魯之郊，逆旅吳會之阿，可謂高奇絕倫，孤生莫和者也。後學撫膺，得人在文，忽吕知命，而展其墳，芒芒積草，有馥餘芬，昔先生過延陵而想季，經海隅而感連，苟蹤迹而趣合，亦斷金于當年。（藝文類聚三十八，御覽五百二十六）

殷闡

闡，義熙初會稽內史何無忌引爲掾屬，後爲相國主簿，有集十卷。

祭王東亭文

以少牢之奠。敬奠東亭王侯之靈。蓋聞朗鑑不塵。精金能照。君以珪璋資以明要。少長風流。舉契理調。事擾皇家。道在君子。亮誠外內。寄心萬里。契同風雲。義貫終始。自昔索居。荏苒于茲。五載不覿。何日不思。嗚呼若人。奄隨化遷。古之遺愛。猶或興言。承凶愴痛。慨然雷連。藝文類聚三十八、御覽五百二十六、案王珣封東亭侯、隆安四年卒。

顧修其

修其義熙初爲吳令。

上言柿瑞

西鄉有柿樹。殊本合條。依舊集賀。御覽九百七十一引義熙起居注、二年正月上言、詔停之。

丘洹

洹義熙中爲治書侍御史。

奏彈劉毅

上言傳詔羅道盛輒開牋。遂盜發密事。依法棄市。奏報行刑。而毅以道盛身有侯爵。輒復停宥。秦毅勳德先重。任居次相。既殺之非己。無緣生之自由。又奏之于先。而弗請于後。閫外出疆。非此之謂。中丞鮮之子毅舅甥。制不相糾。臣請免毅官。宋書鄭鮮之傳、鮮之盡心高祖、獨不屈意于毅、義熙六年、鮮之使治書侍御史丘洹奏彈毅、詔無所問。

陳茂先

茂先潁川人。太尉準七世孫。嗣封廣陵公。

上表自陳

祠部郎荀伯子表臣七世祖太尉準禍加淮南。不應濫賞。尋先臣以翦除賈謐封海陵公。事在淮南遇禍之前。後廣陵雖在擾攘之際。臣祖乃始蒙殊遇。歷位元凱。後被遠外。乃作平州。而猶不至除國。良以先勳深重。百世不泯故也。聖明御世。英輔係興。曾無疑議以爲濫賞。臣以微弱。未齒人倫。加始勉視息。封爵兼嗣。伏願陛下遠錄舊勳。特垂矜察。宋書荀伯子傳、義熙九年、伯子上表、故太尉廣陵公陳準黨翼孫秀、禍加淮南、請廣陵之國宜在削除、潁川陳茂先上表、案惠紀、永康元年八月、光祿大夫陳準爲太尉、錄尚書事。

韓延之

延之字顯宗。南陽堵陽人。義熙中建威將軍司馬休之以爲錄事參軍。轉平西府治中。與休之俱奔姚興。劉裕入關。又奔于魏。爲虎牢鎮將。封魯陽侯。

報劉裕書

聞親率戎馬。遠履西畿。闔境士庶。莫不惶駭。何者。莫知師出之名故也。今辱來疏。始知以譙王前事。良增歎息。司馬平西體國忠貞。款愛待物。當于古人中求耳。以君公有匡復之勳。家國蒙賴。推德委誠。每事諮仰。譙王往以微事見劾。猶自表遜位。況以大過而當嘿然邪。但康之前言有所不盡。故重使胡道諮白所懷。道未及反。已奏表廢之。所不盡者命耳。推寄相與之懷。正當如此。有何不可。便興兵戈。自義旗秉權以來。四方方伯誰敢不先相諮疇。而逕表天子邪。譙王爲宰相所責。又表廢之。經正何歸。表使何因。可謂欲加之罪。其無辭乎。劉裕足下。海內之人。誰不見足下此心。而復欲欺誑國士。天地所不容。在彼不在此矣。來示言虛懷期物。自有由來。今伐人之君。啗人以利。眞可謂虛懷期物。自有由來者矣。劉藩死于閶闔之門。諸葛斃于左右之手。甘言詫語。方伯襲之以輕兵。遂使席上靡款懷之士。閫外無自信諸侯。以是爲得算。良可恥也。貴府將佐及朝廷賢德。寄性命以過日。心企太平久矣。吾誠鄙劣。嘗聞道于君子。以平西之至德。寍可無授命之臣乎。未能自投虎口。比迹郗任之徒明矣。假令天長喪亂。九流渾濁。當與臧洪遊于地下。不復多言。晉書司馬休之傳、宋書武帝紀中、魏書韓延之傳、南史宋本紀。

劉程之

程之字仲思。彭城人。漢楚元王交之後。初爲府參軍。歷宜昌柴桑令。去職。與周續之陶潛皆不應徵命。號尋陽三隱。劉裕以其

不屈旌其號曰遺民有玄譜一卷集五卷

廬山精舍誓文

維歲在攝提格七月戊辰朔二十八日乙未法師釋慧遠貞感幽奧霜懷特發乃延命同志息心貞信之士百有二十三人集于廬山之陰般若雲臺精舍阿彌陀像前率㠯香華敬薦而誓焉惟斯一會之衆夫緣化之理既明則三世之傳顯矣遷感之數既符則善惡之報必矣推交臂之潛淪悟無常之期切審三報之相催知險趣之難拔此其同志諸賢所㠯夕惕宵勤仰思攸濟者也蓋神者可㠯感涉而不可㠯迹求必感之有物則幽路咫尺苟求之無主則渺茫何津今幸㠯不謀而僉心西境叩篇開信亮情天發乃機象通于寢夢欣歡百于子來于是靈圖表暉景侔神造功由理諧事非人運茲實天啟其誠冥運來萃者矣可不剋心重精疊思㠯凝其慮哉然其景績參差功德不一雖晨祈云同夕歸攸隔即

我師友之眷良可悲矣是㠯慨焉胥命整襟法堂等施一心亭懷幽極誓茲同人俱遊絕域其有驚出絕倫首登神界則無獨善于雲嶠望兼全于幽谷先進之與後升勉思彙征之道然復妙觀大儀啟心貞照識㠯悟新形由化革藉扶容于中流蔭瓊柯㠯永言標雲衣于八極汎香風㠯窮年體忘安而彌穆心超樂㠯自怡臨三塗而緬謝傲天宮而長辭紹衆靈㠯繼軌指太息㠯為期究茲道也豈不弘哉。釋藏葦九、又百五。

致書釋僧肇請為般若無知論釋

遺民和南頃餐徽聞有懷遙竚歲未寒嚴體中如何音寄壅隔增用抱蘊弟子沈痾艸澤常有弊瘵遲因慧明道人北游裁通其情古人不㠯形疏致淡悟涉則親是㠯雖復江山悠邈不面當年至于企懷風味鏡心象迹佇悅之勤良㠯深矣緬然無因瞻霞永歎順時愛敬冀因行李數有承問伏願彼大衆康和外國法師口休納上人㠯悟發之器而遘茲淵對想聞究之功口口盡過半之思故㠯每惟乖闊憤愧何深此山僧清常道戒彌厲禪隱之餘則惟研惟講恂恂穆穆故可樂矣弟子既已遂宿心而覩茲上軌感寄之誠日月銘至遠法師頃恆履宜思業精詣乾乾宵夕自非道用潛流理為神御孰㠯過順之年湛氣若茲之勤所㠯憑慰既深仰謝逾絕去年夏末始見生上人示般若無知論才運清儁旨中沈允推涉聖文婉而有歸披味殷勤不能釋手直可謂浴心方等之淵而悟懷絕冥之肆者矣若令此辯遂通則般若衆流殆不言而會可不欣乎可不欣乎然夫理微者辭險唱獨者應希苟非絕言象之表者將㠯存象而致乖乎意謂答㠯緣求智之章婉轉窮盡極為精巧無所間然矣但暗者難㠯頓曉猶有餘疑一兩今輒題之如別想從容之暇復能麤為釋之論序云般若之體非有非無虛不失照照不失虛故曰不動等覺而建立諸法下章云異乎人

者神明故不可㠯事相求之耳又云用即寂寂即用神彌靜應逾動夫聖心冥寂理極同無不疾而疾不徐而徐是㠯知不廢寂寂不廢知未始不寂未始不知故其運物成功化世之道雖處有名之中而遠與無名同斯理之玄固常所彌昧者矣但今談者所疑于高論之旨欲求聖心之異為謂窮靈極數妙盡冥符耶為將心體自然靈怕獨感耶若窮靈極數妙盡冥符則寂照之名故是定慧之體耳若心體自然靈怕獨感則羣數之應固㠯幾乎息矣夫心數既玄而孤運其照神淆化表而慧明獨存當有深證可試為辨之疑者當㠯撫會應機覩變之知不可謂之不有矣而論旨云本無惑取之知而未釋所㠯不取之理謂宜先定聖心所㠯應會之道為當唯照無相耶為當咸覩其變耶若覩其變則異乎無相若唯照無相則無會可撫既無會可撫而有撫會之功意有未悟幸復誨之論云無當則物無不當無是則物無不是物無不是故

是而無是物無不當故當而無當夫無當而物無不當乃所以爲
至當無是而物無不是乃所以爲眞是豈有眞是而非是至當而
非當而云當而無當是而無是邪若謂至當非常當眞是非常是
此蓋悟感之言本異耳固論旨所以不明也願復重喻以祛其惑
矣論至日即與遠法師詳省之法師亦好相領得意但標位似各
有本或當不必理盡同矣頃兼以班諸有懷屢有擊其節者而恨
不得與斯人同時也高僧傳六

周續之

續之字道祖雁門廣武人居豫章之建昌師事太守范甯後入
廬山事釋慧遠義熙中劉毅鎮姑孰命爲撫軍口又徵太學博
士劉裕辟爲太尉掾並不就宋受禪以講經召至爲開館郭門
外尋移病鍾山景平元年卒案隋志注晉末有徵士周續之集一卷疑即續之譔

荅孟氏問有祖喪而父亡服

孟氏問曰嗣子今爲孟使君持重光祿喪庭便無復主位于禮云
何周續之荅禮無曉然之文然意謂嗣子宜兼持重正位之喪豈
可闕三年正主邪
又問曰若嗣子兼持重者光祿喪次親有廬邪又荅曰禮之倚廬
在東牆下蓋是寢苫枕凷之處非接賓位也謂寢息之所宜在親
之殯宮于光祿喪庭若賓客弔奠凡是有事然後之喪所已則還
廬次然今代皆以廬爲接賓之位位則二處從禮之變亦宜兩設
也
又問葬奠之禮何先何後又荅禮云父母之喪偕其葬也先輕而
後重其虞也先重而後輕其葬服斬縗以例而推光祿葬及奠虞
皆宜先于情則祖輕于尊則祖重並通典九十七

荅戴處士書

見重申釋疑論辭理切驗善乎校實也但僕意猶有不同乃即欲
更言所懷一日侍法師坐粗共求君意云氣力小佳當自有酬因
君論旨兼有所見也僕是以不復稍屑其爝火須成以因上君云
審分命者乃是體極之人既非所同又僕所立不期存于應報而
慶罰已彰亦不如君所位也書不盡言于是信矣其中小小亦多
未喻付之未遇廣弘明集二十

難釋疑論

近見君釋疑論蓋即情之作料檢理要殆乎有中但審分命之旨
似未照其本耳福善莫驗亦僕所常惑雖周覽六籍逾深其滯及
覩經敎始昭然有歸故以先覺語當今之學者也君子爲審分命
所鍾可無祈驗于冥中餘慶之言存于勸敎請審分命之旨爲當
宅情于理任而弗營邪爲忘懷闇昧直置而已邪若宅情于理則
理未可喻善惡紛互逆順莫檢苟非冥廢豈得弗營若直置而已
則自非坐忘事至必感感因于事則情亦升降屢信獲祐何能不

慶爲惡勿罰焉得無怨雖欲忘懷其可得乎靖求諸己其效明矣
又勸敎之設必傷實而動直爲訓之方不可一塗而盡故或若反
而後會或曉昧于爲言是以塗車芻靈堂室異詔或顯其遠或微
其近今循敎之徒不苟求于分表飲和之士自守足于仁義故深
淺並訓而民聽不濫而神明之賾蘊于妙物豈得顯稱積善正位
履霜而事與敎反理與言違夷齊自得于安忍顏冉長悲于履和
恐有爲之言或異于此若商臣之徒敎所不及汲引之端蓋中智
已還而安于懷仁不沒其身臧會以僭有後于魯國則分命所鍾
于何而審元明之唱更爲疑府矣是以古之君子知通否之來其
過非新賢愚壽夭兆明自昔楚穆以福濃獲沒蔡靈以善薄受禍
郤宛以釁深莫救宋桓以愆微易唱故洗心以懷宗練形以闇道
拔無明之沉根翳貪愛之滯網不祈驗于冥中而影響自徵不期
存于應報而慶罰已彰故能反步極水鏡萬有但微明之道理隔

常域。堯孔拯其祖。宜有未盡。史遷造其門。而未踐乎室。惜其在無聞之世。故永悲以窮年。君旣涉其津。亦應不遠而得此。乃幽明之所寄。豈唯言論而已乖敘多年。聊以代勤。來論又以天地曠遠。人事細近。一善一惡。無關冥應。然則天網恢恢。疏而遂失邪。莫見乎隱。莫顯乎微。但盈換藏于日用。交睽昧乎理緣。故或乖于視聽耳。山崩鍾應。不以路遠喪感。火澤革性。不以同象成親。詳檢數識。可以少悟矣。廣弘明集二十。

王義興

義興。晉末爲中郎。

因災異上表

臣聞堯生神禾。而晉有蟲粟。陛下自以聖德何如也。御覽八百四十。晉末荆州久雨。粟化爲蟲。中郎王義興表。

全晉文卷一百四十二終

全晉文卷一百四十三

烏程嚴可均校輯

陸善已下皆晉人，不知當何帝時，彙錄一卷俟攷。

陸善

善，爵里未詳。疑陸喜之誤，各本皆作善，不敢臆定。

長鳴雞賦

美南雞之殊偉，察五色之異形。何伺晨之早發，抗長音之逸聲。藝文類聚九十一。

孫承

承，爵里未詳。案吳志孫桓傳注引吳書，桓從孫丞，字顯世。引文士傳，丞作螢火賦行于世，仕孫晧爲黃門侍郎。吳平赴洛，爲范陽涿令。永安中，陸機請爲司馬，與機俱被害。晉書陸機傳作孫拯，未知即其人否。

嘉遯賦

有嘉遯之玄人，含貞光之凱邈。靡薜荔于苑柳，陰翠葉之雲蓋。揮修綸于洄淵，臨峥嶸而式墜。泝清風以長嘯，詠九韶而忘味。若乃御有撫生，應物宅心。曜華春圃，凋葉秋林。振藻揚波，清景玄陰。彫猶與以徒靡，神曠寂而難尋。渾無名于域外，和丘中以草音。于是混心齊物，遨翔容與。薄言采薇，收蘿中野。朝觀夷陸，夕步蘭渚。仰弋鳴雁，俯釣鮪鱮。遊無方之內，居無形之域。詠休遯之貞亨，繫天心而覲復。委性命于玄芒，任吉凶而靡錄。藝文類聚三十六。

王慶

慶，爵里未詳。

釣魚賦

然後抽纖繳，振修竿，垂銀鉤，運金丸。懸鮪鯢，掛鴻鸞。連翩雲際，瀺灂潙瀾。藝文類聚九十六。

李秀

秀，爵里未詳。

四維賦并序

四維戲者，衞尉摯侯所造也。畫紙爲局，截木爲棊。取象元一，分而爲二。準陰陽之位，擬剛柔之策。而變動云爲，成乎其中。

世有哲人，黃中通理。探賾索隱，開物建始。造四維之妙戲，邈眾藝之特奇。盡盈尺之局，乃擬象乎兩儀。立太極之正統，班五常之列位。剛柔異而作配，趨舍同而從類。或盤紆詰屈，連延駱驛。或間不容息，舍棊則獲。圍成未合，驕棊先出。九道並列，專都獨畢。藝文類聚七十四。御覽七百五十五。

劉謐之

謐之，爵里未詳。藝文類聚以爲晉人。

寵郎賦一作龐郎。

坐上諸君子，各各明君耳。聽我作文章，說此河南事。初學記十九引劉謐之龐郎賦。

其頭也，則中骼而上下銳，頷平而承枕，四起。初學記十九引龐郎賦，又御覽三百八十二引寵郎賦。

迷賦

寵郎居山中，稀行出朝市。蹔來到豫章，因便造人士。東西二城門，赫奕正相侶。向風徑東征，直去不轉耳。御覽四百九十

下也賦 疑寵郎賦、龐郎賦、迷賦之誤。

頭戴鹿心幘，足著狗皮靴。面傅黃灰澤，鬢插蕪菁花。男女四五人，皆如燒蝦蟆。御覽六百八十七。

與天公牋

昔申酉之際，遭湯旱流煙。今子亥之歲，值堯水滔天。火延燒其廬，水突壞其園。何小人兮，頓偷雙船。由是行無擔石，室如懸磬。御覽七百七十。又八百二十四。

體戰身噤，脫衣凍坐。賴詹公借袍，南城送火。藝文類聚六十七。御覽六百九十三。

在于建寍之邑，始得數年。相助方欲教奴學耕，使婢執杼。初學記十九。

陳仲欣

仲欣爵里未詳。

拜時婦奔喪議

夫拜時出于末代。或恐歲有忌而吉日不辰。有此變禮。既無文于古。及其損益。故當使今之情制不失古之義。旨亦宜曰前事之得中者爲後事之元龜。輒尋今人拜時。壻身發蒙交拜者。往往長迎而盡婦人之禮。案記婦至。壻揖婦曰入。共牢而食。夙興沐浴。質明贊見婦于舅姑。則與拜而長迎。然後婦禮乃備者。不相依準。至于三月廟見。鄭玄云。曰舅姑沒者耳。若曰三日擬三月。施之二親沒。則可。若其親尚存。豈容借言乃曰衆人所行失禮之事反議許長迎而爲非。則是賤于準禮而貴于衆失。可得然乎。又記云。娶女有吉日而死。壻曰齊縗而弔。既葬而除。夫死亦然。又在塗之女而夫父母沒。布深衣曰赴喪。又記云。女未廟見而死。雖不祔于王姑。而壻不杖。歸葬于女氏。示未成婦。鄭玄云。雖不備喪禮。猶爲服齊衰。依準古義。無不赴哀之文。若苟曰今失爲是。而曰古禮先儒爲非。人則末如之何。夫拜時雖非古。既女交拜。亦敬慎重正。但未見婦于姑。然夫妻之分定矣。若謂猶非定。則女子可冒綷紗使他丈夫發而相見拜。曰爲壻。輒可委去女子之分。固若是乎。夫稱妻者。係夫之言。稱婦者。有姑舅之辭。凡娶妻。誠盡婦禮所曰事其所生。而代中有三日行敬。或上堂見姑。又設有甲乙二親不存。娶妻雖已三日。無可致敬。又未烝嘗。則與拜時未敬舅姑事殊而理同。豈聞今人曰爲非妻乎。由斯而言。迎婦入家。發蒙交拜。夫妻之禮定。致敬舅姑。爲婦之禮畢。曰明婦順耳。情禮不相背。故可推情曰言禮。凡人有喪。猶或悽愴。況已入夫門。而不卹其哀乎。若謂與古禮相準而合情者。夫家尚中祥。日可赴哀。赴哀而情敬伸矣。通典九十九。

文書

庾揚州曰拜舅姑擬之廟見。同先配而後祖。尋陳鍼子之譏鄭忽。是不爲夫婦。誣其祖矣。鄭云。配謂同牢食。而後祭。無其敬神心。故曰誣其祖。未三月而祭。非禮也。又記曰。婦共牢食。沐浴。俟明乃見舅姑。曰明婦順。今當思禮傳所曰同異。而謬曰拜時爲先配後祖。未是尋書之意也。且代人三日先配。及同牢行禮。不曰爲嫌。又今人拜時。皆未施敬舅姑。誠準婚已交禮。未及三日故也。設有婚未三日而夫有大喪。必盡哀而婦義已成矣。既曰拜時準婚未三月。則是俱已入門交禮。同未致敬舅姑。情義赴哭之例。不得云異。通典九十九。

裴主簿

主簿失其名。

寡叔母歸宗未嫁暴亡服議

晉有問曰。甲叔母乙寡守節十餘年。其母在。兄壬迎乙還家。景求婚于壬。壬意許。定已剋吉日。而乙暴亡。甲應有服否。裴主簿議。凡秉節遂志。義不二醮者。固必杜漸慮始。專于夫家。何得假跡晨昏。曰之媒幣。余曰爲景壬交幣之辰。則甲乙義絶之日。通典九十九。

許參軍

參軍失其名。

駁裴主簿議

乙喪夫無子。厲操十載。心期同穴。志固金石。雖潛交媒幣。而乙不與知。苟聘至之非我。則無愧于幽明矣。昔宋姬守志。梁寡高行。焚身毀形。焉知景至之時。乙無若人之絜。疑必從重。重則宜服。予固曰爲不應絶也。通典九十九。

王虞

虞爵里未詳。

荅顧氏問

突當作交

顧氏問王虞云。從外弟婦亡未葬。今服訖。又無子。其夫便是喪主。當時除服否。荅曰。禮云主喪者不除。其文不別喪之輕重。須俟葬訖。不知世人有妻喪用此禮否。通典一百三。

王該

該爵里未詳。

日燭

原夫至道之典。賜生死之源。標善惡之報。啟陵化之津。訓戒明白。縷羅備矣。然信言不美。突繁辭宕。累冥絕昧。重淵隔浪。是以學者未得其門。或未之留意。聊抒咸池之遠音。適爲里巷之近曲。假小通大。儻可接俗。助天揚光。號曰日燭。陶先覺之宏誥。啟玄管于靈門。周太虛以遊眺。究漭蕩而無垠。履地勢于方局。冠圓天于覆盆。緬三界之寥廓。邁二氣之氤氳。尋大造之冥本。測化育之幽根。形假四大而泡散。神妙萬物而常存。彼良民之達分。故哀生而怡魂。夫含氣之倫。其神無方。蠢爾之類。其質無常。寄若水勢。託若火光。隨行纏綣。迭枯迭芳。往來出沒。冥冥茫茫。洪海環流。大變輪迴。乘彼遠漂。濟來易隋。宛轉三塗之中。沈滯八難之圍。慭企寂之無期。悼客作之有歸。瞻崇德之可速。鑒聚凶之宜遲。斯成務之易覩。匪先見之動微。五福起于履是。六極構于蹈非。理感自然。冥對玄凝。福兮誰造。禍兮孰興。水運鍾卑。人道惡矜。豐因豐積。祉緣謙升。童孺正而鬼退。丈夫邪而魅陵。覽形聲之兩偶。攷休咎之雙徵。理投思而合契。迹望目而相應。若圓輪之抱規。猶直桷之附繩。蒼犬出于帝父。黃能資于聖子。聿徵化而不救。奚天屬之云恃。諒求福之在躬。信爲仁之在己。吝吹吸其靡常。知忽往其何止。彼非人之什岌。豈無氣之所始。悲婉孌之夭徂。還託生于家豕。昔鞠育而懷抱。今屠刳以爲禮。神居妙而恆我。形受變而易體。未一旬而相忘。可長歎而流涕。夫闇愚其皆然。匪伊人之獨爾。察寡孕于嘉類。悟繁產于蟲豸。喻零霧其猶希。若幡蔞之倒米。爲暑蠶以日日。誰識伏而違倚。匪余情之能測。謬聞之以如是。若夫倒置之族。隊蹤徒生。兵風既至。忽然潛征。神道雖昧。鬼法尤明。徘徊中陰。徂彼鐵城。背絕望舒。晝無曜靈。身造笮蒡之檻。足蹈炎炭之庭。万岳霜鋒以積刃。劍林翹鋒而肅精。陶銅汪洋以海涌。巨鑊波沸而雷鳴。閻王領閱。卒伯執叙。三劫一奮。八千累羅。鳩鴆利嘴。煌煌火車。銳釘櫶槍。狡狗擬牙。姪徒樵于幻柱。餓囚枯于塵沙。貪輕妙之靈質。益痛戮之易加。永煩冤以彌劫。安斯酷之可過。三六峻綱。弗可裂縷。千條殊劇。萬端異苦。靡喘息而不經。俄聿來而忘宇。予略一朝以言之。將終年而震楚。爰有五德無玷。十淑道全。夕惕苦逝。慶升九天。寶殿晃昱。高構虛懸。瓊房兼百。瑤戶摩千。金門煥水精之朗。玉巷耀琉璃之鮮。珠樹列于路側。鸞鳳鳴于條間。芳華神秀而粲藻。香風靈飄而飛煙。想衣斐疊以被軀。念食芬芳以盈前。彼曦和之長邁。永一日而萬年。無事爲以干性。常從容于自然。映光蘂之爍爍。眇輕鷹之翩翩。究妙音之至樂。窮有生之遐延。捨陋世而上躋。伴超倫之高遷。然夫褰茲舊德。日用玉食。厥土不毛。罔施稼穡。積蓄雖多。焉有不竭。齡祚雖修。終焉歸滅。三葘起而宮宇散。七證至而天祿絕。會大秋以考落。混椿菌之無別。是以如來大聖。三達洞照。哀我困蒙。曉了道要。善權淵落。或麤或妙。如溟海之運流。若天日之垂曜。上士虛懷忘其言。中才負志執其教。教無定方。適物所由。宜陸以車。應水以舟。敷設云云。廣衍悠悠。馴未塞乎三百。要指在乎一幽。握累玄之綱領。遣毛目于網裘。宏籠大訓。展我智分。治無不均。質有利鈍。虛往實歸。各足方寸。愚黠並誘。龍鬼俱化。萬塗叢歸。一由般若。譬彼濟海。非船莫過。驅萬動于道場。畢無爲而息駕。本夫三乘之始。同歸一無。才照各異。致用參殊。應眞忘有而求空。遂耽空而恬愉。緣覺亮累于知微。爰遷玄而弗居。雖妙迹其再喪。猶有遺而未虛。開士解拘于都盡。作無存其焉。除悟之豁于壑先。體之冥乎意初。理重深而絕韻。疇剋諒而業諸。自古在昔。先民有遇。堂堂蔭映。躬受聖喻。喁喁羣黎。耳目仰注。或發蒙于一咳。或革面于一哺。竝因言而陵化。未有人而不度。善逝迄今。道運轉衰。大教雖存。味之者希。栴檀與蓼蘇同芬。夜光與熠燿齊暉。于氏超世。綜體玄指。嘉遯山澤。仁感虎兕。護公澄寂。道德淵美。微吟穿谷。枯泉漱水。闕叟登霄。衞度係轍。咸淡泊于無生。俱脫骸而不死。今則支子特秀。領握玄標。大業沖粹。神風清蕭。一言發則蘊滯披。三幡著則重冥昭。見之足以洗鄙吝。聞之可以落矜驕。孫濯流以逸契。詠遂初于東臯。何深味以棲素。輕大寶于秋毫。道風之所扇蕩。深達之所逍遙。才不難則賢不貴。愚不笑則聖不高。遠聲見陋于近耳。孰能忘味于聞韶哉。奚適非道。何之無神。理有精麤。物有產眞。大居細君。小爲碩臣。羽隸隸乎金翅。甲屬屬乎須倫。兩儀宗于太極。衆星繫于北辰。是以九十六種。枝條繁張。輕道重根。躁廢靜王。具曰予聖。各鎮一方。或移山而住流。或倏忽于存亡。命天衣之彩粲。嘯靈廚之芬芳。曜叔振旅之凶化。恭化礫石之琳瑯。竭變幻之崫奇。惜有待之無長。斯乃數內之甘醇。弗如至道之糟糠者也。遠乎列仙之流。練形之匹。熊經鳥伸。呼吸太一。夕餐榆陰與素月。朝挹陽霞與朱日。赤斧長生于服丹。涓子翻飛于餌朮。安期久視于松豪。豐人輕舉于柏實。彼和液之所染。足支年而住質。中不夷而外猗。徒登雲而殞卒。俱括囊以堅卵。固同門而共出。理未升于顏堂。永封望乎孔室。貴乎能飛。則蛾蝶高聳。奇乎難老。則黿蛇修考。伊逆旅之遊氛。唯心玄之可寶。存形者不足與論神。狎俗者未可與言道。道乎奚言。無問無對。諮者叩窮。應者負內。默之斯通。語焉則匱。嵩于素珠與講道。吾成罔象與無謂。杌然寂泊。玄酬有箴。宗鑽浮響。莫悟冥音。希之彌錯。搜之愈沈。郢人其逝。爲誰匠榷。設筌蹄乎淵蓍。侯魚兔乎川林。倘得意于談表。共目擊而廢心。無運睽倏。往矣斯復。忍立賢達。忽如涉徧。千師誕化。肇過一六。慈氏方隆。仰期仁育。孰云數邁。曾若瞬目。靈響雖迅。緣樞靡窮。彼無本標。我有始終。假步炯電之末。託息石飆之中。知畏塗而驚寇。迷塵欲之致戎。督遠勝而婪近。謂奢儉而驕豐。不防枯于未飄。既零落于勁風。思反幕而更秀。結萬悔其胡充。是以大誓之徒。燒指穿石。冥期無待。志與心歡。峻智塹崇慧壁。拔津劍揮戒戟。想將萌而夷。斬情向兆而翦。剗墉六賊于胸中。休五道之長役。拱己內治。總持法忍。三世都寂。一心豁盡。寄耳無明。寓目莫準。塵曀空落。穢與虛隕。廓焉靈悟。因權作尹。普濟安度。大悲誰慜。託邃廬以和光。常遊君乎冥泯。任天行與物化。如蹈水之無軫。若乃妙變神奇。理不思議。大千舞于指掌。芥子含于須彌。四海宅于毛孔。七寶永于刼移。可信而不可尋。可由而不可知。非談詠之所宣。惡毫素之能披。善乎優陀之言也。使夫智者滿于天下。人有百頭。頭有百舌。舌解百義。辯才鋒逸。合茲人以讚道。猶萬分而未一。唯覺覺之相歎。乃敷暢而彰悉。矧愚昧之固陋。託狂簡而仰述。抗螢燭之炯炯。欲增暉以毘日者歟。嗟乎方外靈藏。奢遐誕宕。衆妙淵玄。羣奧無量。小成弗藉。大言橫喪。川德之厚。于何不有。驚聽洪壑。駭耳崇阜。夏典載其掌握。荒經列其戶牖。周既達而未盡。信齊諧之小醜。見鵬鯤而標大。不覩鳥王與魚母。吁乎噫嘻。奇桀之事。積籍盼漫焉。可稱記。伊皇覽之普綜。足探幽而體異。何近願于剖玉。又碩誣乎火熾。況下斯而東斂。趣堯孔之權餌。常專專而守檢。懼越蹈于所伺。竝廢理以證言。莫闚類以取意。徒宏博而繁構。更益猜而致忌。悟飾智之愕物。故收翰而輟思。寄一隅于梗指。俟體信于明識者乎。（弘明集十三。）

兔當作兎

王齊之

齊之。爵里未詳。

薩陀波崙讚（因畫般若臺隨變立讚。）

密哉達人，功立曩葉，龍潛九澤，文明未接，運通其會，神疏其轍，感夢魂交，啟茲聖哲。

薩陀波崙入山求法讚

激響窮山，憤發幽誠，流音在耳，欣躍晨征，奉命宵遊，百慮同冥，叩心在誓，化乃降靈。

薩陀波崙始悟欲供養大師讚

歸塗將啟，靈關再闢，神功難圖，待損而益，信道忘形，歡不期適，非伊哲人，孰探元策。

曇無竭菩薩讚

亹亹淵匠，道元數盡，譬彼大壑，百川俱引，涯不俟津，塗無旋軫，三流開源，于焉同泯。

諸佛讚（因常啼念佛爲現像靈。）

妙哉正覺，體神已無，動不際有，靜不鄰虛，化而非變，象而非摹，映彼真性，鏡此羣麤。（廣弘明集三十九。）

沈嘉

嘉，爵里未詳。（閣帖題晉太守沈嘉長書，而帖但作嘉，釋文云沈嘉字長茂，今檢晉書未見。）

書

十二月十三日，嘉頓首頓首，歲有感懷，深寒切想，各平安，僕勞獘，遣不具。沈嘉頓首頓首。（淳化閣帖三。）

王循

循，爵里未詳。（閣帖題晉王循書，大觀作中軍將軍，今檢晉書未見。）

書

七月廿四日，循遮頓首，秋月感思，深得近示，爲慰，餘熱，比復可不。僕疾患，故爾不平復，頓匆力書不盡。王循遮頓首。（淳化閣帖三。褚遂良羲之書目有阿遮帖，當是人名。）

謝璠伯

璠伯，未詳。（閣帖題云晉散騎常侍。）

書

此計江東精兵，不可卒得，唯當善養見者，而事慮日多，如比來憂懷，實已萬端。（淳化閣帖三。）

劉瓌之

瓌之，爵里未詳。（閣帖釋文，瓌之字元寶，仕至御史中丞，大觀帖作晉中丞，今檢晉書未見。）

書

瓌之頓首頓首，未陽遠感，閏知有患，耿耿，知已自屈，恨不相見，力及不比，望瓌之。（淳化閣帖三。）

謝發

發，爵里未詳。

書

晉安素自強壯，且年時尚可，當延遐期，豈謂奄至于此，自畢遠近二三，惋愕不能已已，未欲旨問，悲酸悒悒，想不久可得還耳，執筆惻感。（淳化閣帖三。案此帖無姓名，目爲謝發，未知何據。）

全晉文卷一百四十三終

烏程嚴可均校輯

列女

嚴憲

憲京兆人，魏杜有道妻，年十八而寡，子植爲南安太守，女韡爲傅玄繼妻。

與從子秦州刺史杜預書

諺云忍辱至三公，卿今可謂辱矣，能忍之，公是卿坐。晉書列女杜有道妻嚴氏傳。

阮氏

阮氏阮咸之姑。

荅阮咸書

魯靈光殿賦曰胡人遥集于上楹，可字曰遥集也。世說任誕篇注引阮孚別傳。

鍾琰

琰潁川人，太傅鍾繇曾孫女，司徒王渾妻，有集五卷。

遐思賦

惟仲秋之慘悽，百草萎悴而變衰，燕翔逝而歸海，蟋蟀鳴而相追。坐虛堂而無寥，嗟我心之多懷。悵遐思而內結，嗟爾姜任邈不我留，諒民生之未幾，吾何爲其多愁。涼風蕭條，露霑我衣，憂來多方，慨然我懷，感飛鳥之反鄉，詠衞女之思歸，于是周遊容與，逍遥彷徨，悲民生之局促，顧輕舉之遐翔。藝文類聚三十四。

鶯賦

嘉京都之鶯鳥，冠羣類之殊形，擢末軀于紫闥，超顯御乎天庭，惟節運之不停，懼龍角之西頽，慕同時之逸豫，怨商風之我催。藝文類聚九十二。

衞氏

衞氏太保瓘女。

與國臣書

先公名謚未顯，無異凡人，每怪一國蔑然無言，春秋之失，其咎安在。悲憤感慨，故以示意。晉書衞瓘傳。

湛氏

湛氏豫章新淦人，陶侃母。

封鮓反書責陶侃

汝爲吏，以官物見餉，非唯不能益吾，乃以增吾憂也。御覽八百六十二引世說。又晉書列女本傳小異。

辛蕭

蕭散騎常侍傅統妻，有集一卷。

芍藥花頌

曄曄芍藥，植此前庭，晨潤甘露，晝晞陽靈，曾不踰時，荏苒繁茂，綠葉青葱，應期吐秀，細蘂攢挺，素華菲敷，光譬朝日，色艷芙蕖，媛人是採，以厠金翠，發彼妖容，增此婉媚，惟昔風人，抗茲榮華，聊用興思，染翰作歌。藝文類聚八十一。

菊花頌

英英麗草，禀氣靈和，春茂翠葉，秋曜金華，布濩高原，蔓衍陵阿，揚芳吐馥，載芬載葩，爰採爰拾，投之醇酒，御于王公，以介眉壽，服之延年，佩之黃耇，文園賓客，乃用不朽。藝文類聚八十一。

燕頌

翩翩玄鳥，載飛載揚，頡頏庭宇，遂集我堂，銜泥啄草，造作宮房，避彼湫隘，處此高涼，孕育五子，靡大靡傷，羽翼既就，縱心翱翔，顧影逸豫，其樂難忘。藝文類聚九十二。

于氏

于氏成帝時散騎侍郎賀喬妻。

脩當作修　而當作爲

上表言養兄子率爲後。咸和五年

妾昔初舉。醮歸于賀氏。脩嗣不殖。母兄羣從。以妾犯七出。數告賀氏。求妾還。妾姑薄氏。過見矜愍。無子歸之天命。婚姻之好。義無絕離。故使夫傉多立側媵。傉仲兄羣哀妾之身。恕妾之志。數謂親屬曰。于新婦不幸無子。若羣陶新婦生前男。以後當以一子與之。陶氏既產澄儆二男。其後子輝孕。羣即白薄。若所育是男。以乞新婦。妾敬諾拜賜。先爲衣服。以待其生。輝生之日。洗浴斷臍。妾即取還。服藥下乳。以乳之。所陶氏時取孩抱。羣恆辭止。婢使有言其本末者。羣輒責之。誠欲使子一情以親妾。而絕本恩于所生。輝百餘日。無命不育。妾誠自悲傷。爲之憔悴。姑長上下。益見矜憐。羣續復以子率重見鎮撫。妾所以訖心盡力。皆如養輝。故率至于有識。不自知非妾之子也。率生過周。而傉妾張始生子纂。于時羣尚平存。不以爲疑。原薄及羣以率賜妾之意。非惟以續傉之嗣。乃以存妾之身。妾所以得終奉烝嘗于賀氏。緣守羣信言也。率年六歲。纂年五歲。羣始喪亡。其後言語漏洩。而率漸自嫌爲非妾所生。率既長。與妾九族內外傍姑姨之親。而白談者或以傉既有纂。其率不得久安而妾子。若不去。則是與爲人後。去年率即歸還陶氏。傉時寢疾。曰。吾母兄平生之所共議也。陌上遊談之士。遽能深明禮情。當與公私共論正之。尋遂喪亡。率既年小。未究大義。動于游言。無以自處。妾亦婦人。不達典儀。唯以聞于先姑。謂妾養率。以爲己子。非所爲人後也。妾受命不天。嬰此煢獨。少訖心力。老而見棄。曾無螟蠃式穀之報。婦人之情。能無怨結。備論其所不解六條。其所疑十事。如左。夫禮所謂爲人後者。非養子之謂。而世之不深案禮文。恆令此二事以相疑亂。處斷所以大謬也。凡言後者。非竝存之稱。明死乃至哀。死不先養。今乃以生爲人子。亂于死爲人後。此妾一不解也。今談者以傉自有纂。不嫌率還本也。原此失禮爲後之意。傳曰。

後當作彼　目當作矣　懷下之母字衍

爲人後者孰後。後大宗也。今傉上非大宗。率不爲人後。何係于有纂與無纂乎。此妾二不解也。夫以支子後大宗者。爲親屬既訖。無以序昭穆。列親疏。故係支于宗。使百代不遷。故有立後之制。今以兄弟之子。而比之族人之子。後大宗。此妾三不解也。凡爲後者。降其本親一等。以成人之性。奉父母之命。而出身于後。豈不異嬰孩之質。受成長于人。不識所生。惟識所養者乎。鄙諺有之曰。黃鷄生卵。烏鷄伏之。但知爲烏鷄之子。不知爲黃鷄之兒。此言雖小。可以喻大。今以義合之後。比成育之子。此妾四不解也。禮傳曰。爲人後者。爲所後祖父母妻妻之父母昆弟昆弟之子。若子。若子者義比于子而恩非子也。故曰爲後者異于爲子也。今乃以爲後之公義。奪育養之至恩。此妾五不解也。與爲人後者。自謂大宗無後族人。又既已選支子爲之嗣。以今人之中。或復重爲之後。後人者不二之也。自非狗爵。則是貪財。其舉不主于仁義。故尤之也。非謂如率爲嫡長先定。庶少後生。而當以爲譏。此妾六不解也。妾又聞父母之于子。生與養其恩相半。豈包胎之氣重。而長養之功輕。孔子曰。子生三年。然後免于父母之懷。母故服三年。詩曰。父兮生我。母兮鞠我。拊我畜我。長我育我。顧我復我。出入腹我。欲報之德。昊天罔極。凡此所歎。皆養功也。螟蛉之體。化于蜾蠃。班氏之族。乳虎紀焉。由此觀之。乳哺之義。參于造化也。今率雖受四體于陶氏。而成髮膚于妾身。推燥居溼。分肌損氣。二十餘年。已至成人。豈言在名稱之閒。而忘成育之功。此妾一疑也。夫人道之親。父子兄弟夫婦。皆一體也。其義父子手足也。兄弟四體也。故曰兄弟之子猶己子。故以相字也。今更以一體之親。擬族人之疏。長養之實。比出後之名。此妾二疑也。夫子之于父母。其情一也。而有以父之尊。厭母之親。以父之故。斷母之恩。以父之命。替母之禮。其義安取。蓋取尊父命也。凡嫡庶不分。惟羣所立。是君命制于臣也。慈母如母。生死勿怠。

是父命之行于子也。妾之毋率尊命，則由壹之成言，本義則倚之猶子，計恩則妾之懷抱，三者若此，而今棄之，此妾之三疑也。諸葛亮無子，取兄瑾子喬爲子，喬本字仲愼，及亮有子瞻，㠯喬爲嫡，故改字伯松，不㠯有瞻而遣喬也，蓋㠯兄弟之子猶己子也。陳壽云：喬卒之後，諸葛恪被誅絶嗣，亮既自有後，遣喬子攀還嗣瑾祀。明恪若不絶嗣，則攀不得還。亮近代之純賢，瑾正達之達士，其兄弟行事如此，必不陷子弟于不義，而犯非禮于百代，此妾四疑也。春秋傳曰：陳女戴嬀生桓公，莊姜㠯爲己子。言爲己子，取而字之。傳又曰：爲人後者爲之子，往而承之也。取而字之者，母也；往而承之者，子也。在母，母之仁也，則蜾蠃之育螟蛉；在子，子之義也，則成人之後大宗也。苟能則㠯爲己子，與爲人後之子不同文也，則可與求禮情矣。㠯義相況，則宗猶父也，父猶母也，莊姜可得子戴嬀之子，繫之于夫也；兄弟之子可㠯爲子，繫之于祖也。名例如此，而論者弗尋，此妾五疑也。董仲舒一代純儒，漢朝每有疑議，未嘗不遣使者訪問，㠯片言而折中焉。時有疑獄曰：甲無子，拾道旁棄兒乙養之，㠯爲子，及乙長，有罪殺人，㠯狀語甲，甲藏匿乙，甲當何論？仲舒斷曰：甲無子，振活養乙，雖非所生，誰與易之。詩云：螟蛉有子，蜾蠃負之。春秋之義，父爲子隱，甲宜匿乙。詔不當坐。夫異姓不相爲後，禮之明禁，仲舒之博學，豈闇其義哉？蓋知爲後者不鞠養，鞠養者非後，而世人不別，此妾六疑也。又一事曰：甲有子乙，㠯乞丙，乙後長大，而丙所成育。甲因酒色謂乙曰：汝是吾子。乙怒，杖甲二十。甲㠯乙本是其子，不勝其忿，自告縣官。仲舒斷之曰：甲能生乙，不能長育，㠯乞丙，于義已絶矣，雖杖甲，不應坐。夫拾兒路旁，斷㠯父子之律；加杖所生，附于不坐之條，其爲予奪，不亦明乎？今說者不達養子之義，唯亂稱爲人後，此妾七疑也。漢代秦嘉早亡，其妻徐淑乞子而養之，淑亡後，子還所生，朝廷通儒移其鄉邑，錄淑所養

子還繼秦氏之祀，異姓尚不爲嫌，況兄弟之子？此妾八疑也。吳朝周逸博達古今，逸本左氏之子，爲周氏所養，周氏又自有子，時人不達者亦譏逸，逸敷陳古今，故卒不復本姓，識學者咸謂爲當矣，此妾九疑也。爲人後者止服所後，而爲本父服周，一也；女子適人，降所生，二也；爲父後者爲出母無服，三也；諸侯之庶子不得服其母，四也；庶子爲王不敢服其母，五也。凡此五者，皆制人情，禮稱㠯義斷恩，節文立焉，率情立行者，夷狄之道也。患世人不能錯綜禮文，表裏仁義，亂于大倫，故漢氏㠯諸侯嗣天子，各還尊其私親，㠯爲得周公嚴父之義，而不知其大悖國典。夫未名之子死而不哭，既名之後哭而不服，三殤之差，及至齊斬，所稟所受，其體一也，而長幼異制，等級若此。又今世人生子，往往有殺而不舉者，君子不受不慈之責，有司不行殺子之刑，六親不制五服之哀，賓客不修弔問之禮，豈不㠯其蠢爾初載，未夷于人乎？生而殺之如此，生而棄之，受成長于他人，則追名曰本吾子也，乃全責㠯父子之恩，自同長養之功，此妾十疑也。（通典六十九。）

衛鑠

鑠字茂猗，河東安邑人，廷尉衛展女，汀州刺史江夏李矩妻，善鍾繇書法，世稱衛夫人，王羲之師事之，子充中書侍郎，亦善楷法。（案晉書李充在文苑傳，別有李矩字世廻，平陽人，非卽此。）

與釋某書

衛稽首和南。近奉敕寫急就章，遂不得與師書耳。但衛隨世所學，規摹鍾繇，遂歷多載。年廿著詩論草隸通解，不敢上呈。衛有一弟子王逸少，甚能學衛眞書，咄咄逼人，筆勢洞精，字體遒媚，師可詣晉尚書館書耳。仰憑至鑒，大不可言。弟子李氏衛和南。（淳化閣帖五。）

筆陣圖

夫三端之妙，莫先乎用筆；六藝之奧，莫匪乎銀鉤。昔秦丞相斯見

周穆王書七日興歎患其無骨蔡尚書入鴻都觀碣十旬不返嗟其出羣故知達其源者少闇于其理者多近代已來殊不師古而緣情棄道纔記姓名或學不該贍聞見又寡致使成功不就虛費精神自非通靈感物不可與談斯道今刪李斯筆妙更加潤色總七條并作其形容列事如左貽諸子孫永爲模範庶將來君子時復覽焉筆要取崇山絕仞中兔毛八九月收之其筆頭長一寸管長五寸鋒齊腰强者其硯取煎涸新石潤澀相兼浮津耀墨者其墨取廬山之松煙代郡之鹿膠十年已上强如石者爲之紙取東陽魚卵虛柔滑淨者凡學書字先學執筆若眞書去筆頭二寸一分若行草書去筆頭三寸一分執之下筆點墨畫芟波屈曲皆須盡一身之力而送之若初學書先須大書不得從小善鑒者不寫善寫者不鑒善筆力者多骨不善筆力者多肉多骨微肉者謂之筋書多肉微骨者謂之墨豬多力豐筋者聖無力無筋者病一一從其消息而用之

一　如千里陣雲隱隱然其實有形

、　如高峰墜石磕磕然實如崩也

丿　陸斷犀象

乚　百鈞弩發

丨　萬歲枯藤

㇏　崩浪雷奔

㇆　勁弩筋節

右七條筆陣出入斬斫圖執筆有七種有心急而執筆緩者有心緩而執筆急者若執筆近而不能緊者心手不齊意後筆前者敗若執筆遠而急意前筆後者勝又有六種用筆結構圓備如篆法飄颺灑落如章草凶險可畏如八分窈窕出入如飛白耿介特立如鶴頭鬱拔縱橫如古隸然心存委曲每爲一字各象其形斯超妙矣書道畢矣永和四年上虞製記（唐張彥遠法書要錄一。御覽七百四十八。案朱長文墨池編已此爲王羲之書論長文又云舊傳右軍所作後見張彥遠要略已爲衞夫人之辭。）

謝道韞

道韞安西將軍謝奕女江州刺史王凝之妻有集二卷

論語贊

衞靈公問陳於孔子孔子對曰俎豆之事則嘗聞之軍旅之事未之學也庶則大矣比德中庸斯言之善莫不歸宗麤者乖本妙極令終嗟我懷矣興言攸同孔子曰民之於仁也甚于水火水火吾見蹈而死者未見蹈仁而死者矣（藝文類聚五十五。）

陳窈

窈武平都尉陶融妻有集一卷

箏賦

伊夫箏之爲體惟高亮而殊特應六律之修和與七始乎消息括八音之精要超衆器之表式后夔創制子野考成列柱成律既和且平度中楷模不徧不盈總八風而熙泰羌貫微而洞靈牙氏攘袂而奮手鍾期傾耳以靜聽奏淸角之要妙詠騶虞與鹿鳴獸連軒而率舞鳳蹌蹌而集庭汎濫浮沈逸響發揮翕然若絕皎如復迴爾乃祕豔曲卓礫殊異周旋去留千變萬態（藝文類聚四十四，又初學記十六引二條。）

李氏

李氏東陽太守袁宏妻

弔嵇中散文

宣尼有言曰惟仁者能好人能惡人自非賢智之流不可以褒貶明德擬議英哲矣故彼嵇中散之爲人可謂命世之傑矣觀其德行奇偉風韻劭邈有似明月之映幽夜淸風之過松林也若夫呂安者嵇子之良友也鍾會者天下之惡人也良友不可以不明明

不能下脫遺稍樛之因譏逮去句不能十一字

炫當作泫

之而理全。惡人不可已不拒。拒之而道顯。夜光非與魚目比映。三秀難與朝華爭榮。故布鼓自嫌于雷門。礫石有忌于琳琅矣。嗟乎道之喪也。雖智周萬物。不能違顛沛之難。故存其心者。不已一眚累懷。檢乎迹者。必已纖芥爲事。慨達人之獲譏。悼高範之莫全。淩清風已三歎。撫茲子而悵焉。聞先覺之高唱。理極滯其必宣。條千載之大聖。期五百之明賢。聊寄憤于斯章。思慷慨而炫然。御覽五百九十六。

陳玢

玢。都水使者徐藻妻。有集五卷。

櫂當作擢

石榴賦

惟木之珍。莫美石榴。櫂鮮葩于青春。結芳實于素秋。御覽九百七十。

陳珍

珍。海西令劉臻妻。隋志注作劉騤妻。有集七卷。

與妹劉氏書

伏見偉方所作先君誄。其述詠勳德。則仁風靡墜。其言情訴哀。則孝心已敘。自非挺生之才。孰能克隆聿脩。若斯者乎。執詠反覆。觸言流涕。感賴交集。悲慰竝至。元方偉方。竝年少而有盛才。文辭富豔。冠于此世。竊不自量。有疑 一言。略陳所懷。庶備起予。先君既體弘仁義。又動則聖檢。奉親極孝。事君盡忠。行己也恭。養民也惠。可謂立德立功。示民軌儀者也。但道長祚短。時乏識眞。榮位未登。高志不遂。本不標方外迹也。老莊者。絕聖棄智。渾齊萬物。等貴賤。忘哀樂。非經典所貴。非名教所取。何必輒引已爲喻耶。可共詳之。藝文類聚二十二。

元疑當作偉

荅舅母書

元方春秋始富。德業亦隆。弘道博文。才質兼備。冀志與時暢。榮耀當年。豈意一朝。冥然長往。元方沖幼。過庭莫聞。聖善明訓。業成三徙。亦既冠婚。雙譽允集。庶幾偕老。色養膝下。而殃厲橫流。艱禍仍遘。媛姊傾逝。宗模永絕。姊方玄華。竝夭盛年。豈慮豈圖。禍降彌酷。良才夭于始立。崇基殞于一匱。仰痛殄滅。俯悼二弟。斯人斯命。當可柰何。毋年踰耳順。備經百罹。一紀之中。四遘至痛。目前廓然。三從靡託。窮悼中發。情馳難處。藝文類聚三十四。

永萬之萬當作壽

正旦獻椒花頌

旋穹御覽作璇穹。周迴。三朝肇建。青陽散輝。澄景載煥。美哉晉書作標美。書鈔作美彼。靈葩。爰采爰獻。聖容映之。永萬於萬。藝文類聚四又八十九。晉書列女傳。北堂書鈔一百五十五。初學記四。御覽二十九又九百五十八。

獻春頌

玄陸降坎。青逵升震。陰祇送冬。陽靈迎春。初學記三。

五時畫扇頌

炎后飛軌。引曜丹逵。蕤賓應律。融精協曦。五象列位。品物已垂。兌降素獸。震升青螭。日月澄暉。仙章來儀。仰瞻翠巖。俯映蘭池。靈柯幽藹。神卉參差。如山之壽。如松之猗。永錫難老。與時推移。藝文類聚六十九。初學記二十五。

進見儀

正月七日。上人勝于人。御覽三十。

王劭之

劭之。劉柔妻。有集十卷。

懷思賦

超離親而獨寄。與憂憤而長俱。雖亮分已自勉。曾無閒乎須臾。思遙遙而沖惙。疾結滯乎肌膚。憶昔日之權侍。奉膝下而怡裕。集同生而從容。常欣泰已逸豫。何遲遇之偏否。獨邂隔于修路。何恆鳥之將分。猶哀鳴已告離。況遊子之眷慕。孰殷思之可靡。于是仲秋蕭索。蓐收西御。寒露宵零。落葉晨布。羨歸鴻之提提。振輕翼而高舉。志眇眇而遠馳。悲離思而嗚咽。彼邁物而推移。何予思之難泄。聊肇翰以寄懷。恨辭鄙而增結。藝文類聚二十。初學記十七。

春花賦

千葩粲其昭晰兮。百卉偕而同榮。蘭圃翹以含芳兮。芝薄振而沈馨。翠穎競臻。眾條頻英。或異色同形。或齊芳殊制。自然神杳。不可勝計。爛若羅宿之垂光。灼若隋珠之宵列。爽若翡翠之群翔。練若珊瑚之映月。詩人詠以託諷。良喻美而光德。準工女于妙規。飾王后之首則。藝文類聚八十八。

姜嫄頌

英英姜嫄。實德之純。肇承靈瑞。武敏是遵。誕育岐嶷。毗贊皇綸。播殖之訓。萬葉攸循。

啟母塗山頌

塗山靜居。玄郎悟幾。大禹至公。過門不歸。明此道訓。孩胥是綏。仁哲以成。永繫天暉。藝文類聚十五。

靈壽杖銘

籊籊鮮翰。秀彼崇嶸。下澤蘭液。上瑩芳霄。貞勁內固。鮮粲外昭。耀質靈蔭。作珍華朝。杖之身安。越齡松喬。藝文類聚六十九。

夫詠

猗猗嘉穎。朝陽方熙。烈風嚴霜。殞此秀條。璇璣倏忽。四序競征。淸商激宇。蟋蟀吟櫺。藝文類聚三十七。

孫瓊

瓊松陽令鈕滔母。有集二卷。

悼艱賦

伊稟命之不辰。遭天難之靡忱。夙無父之何怙。哀塋疚以抽心。覽蓼莪之遺詠。詠肥泉之餘音。經四位之代謝。雖積祀而思深。伊三從而有歸。爰奉嬪于他族。仰慈姑之惠和。荷仁澤之陶渥。釋衰服以斬衣。代羅幃以縞布。仰慈尊以歆泣。撫孤景以協慕。遇飛廉之暴駭。鬱驚風之所會。扶搖奮而上躋。頹雲下而無際。頹余邑之當春。望峻陵而鬱青。瞻空宇之寥廓。愍衡草之發生。顧南枝以永哀。向北風以歆泣。情無觸而不悲。思無感而不集。藝文類聚三十四。

箜篌賦

考茲器之所起。實侯氏之所營。遠不假于琴瑟。顧無取乎竽笙。爾乃陟九峻之增巖。睇承溫之朝日。剖嶧陽之孤桐。代楚宮之椅漆。徵班輸之造器。命伶倫而調律。浮音穆以遐暢。沈響幽而若絕。樂操則寒條旱榮。哀曼則晨華朝滅。邈瀨辭之淸角。超子野之白雪。然思超梁甫。願登華岳。路嶮悲秦。道難怨蜀。遺逸悼行邁之離。秋風哀年時之速。陵危柱以頡頏。憑哀弦以躑躅。于是數轉難測。聲變無方。或冉弱以飄沈。或頓挫以抑揚。或散角以放羽。或攄徵以騁商。藝文類聚四十四。初學記十六。末有于是而已矣。

后夔正樂。唱引參列。宋女揮絲。秦娥撫節。初學記十六。

與虞定夫人薦環夫人書

竊聞與賢崇德。聖主令典。旌善表操。有邦盛務。伏見族祖吳國亡民富春孫彥妻環。少厲令節。服膺道教。遠適孫氏。恪居婦職。宗姻有聲。奉禮未周。彥母喪殯。喪殯半年。彥奄亡歿。環率禮奉終。杭義明節。傾竭私產。以供葬送。禮服既終。前無立子。家欲改醮。誓而不許。藝文類聚十八。

荅虞吳國書

咸和中。避蘇峻亂于臨安山。吳國遣使餉饋。乃荅書曰。此果有胡桃飛穰。飛穰出自南州。胡桃本生西羌外國。外剛內柔。質佀古賢。欲以奉貢。藝文類聚八十七。御覽九百七十一。

與從弟孝徵書

省爾謙我以養鵠。乃戒以衛懿滅變之禍。斯言惑矣。吾未之取。彼銜鹺之好，民無役車之載，鶴有乘軒之飾，禍敗之由，由乎失所。若乃開圃卽于靈囿，沃地矩乎神沼，文魚躍于白水，素鳥翔乎神州，豈非周文之德，大雅所脩哉。夫嘉肴旨酒，非不美也，夏禹盛以陶豆，殷紂著以玉杯，而此聖以興，彼愚以滅，蓋置之失所，如其無失，來難可施乎。藝文類聚九十。

與從祖虞光祿書

賜琉璃盌。御覽七百六十。

公孫夫人序贊

夫人姓公孫氏，會稽剡人也。夫人資三靈之淯懿，誕華宗之澄粹，奇朗照于齠齔，四教成于弱笄，慈恩溫恭，行有秋霜之潔，祗心制節，性同青春之和，敦悅憲章，動遵禮規，居室則道齊師氏，有行則德配女儀，禮服有盈，籩豆無闕，猗歟夫人，天姿特挺，行高冰潔，操與霜整，性揚蘭芳，德振玉穎，猗彼瓊林，奇翰有集，展彼碩媛，含德來綺，動與禮遊，靜以義立。藝文類聚十八。

羊氏

羊氏，王倫妻。

安石榴賦

振綠葉于柔柯，垂彤子于纍房。御覽九百七十。

張君平

君平，未詳。

與妹憲書

念諸里舍，皆富財賄，往禓褻薇，紛華照曜，于是之際，想汝懷愧。御覽六百九十一。引婦人集。案婦人集，宋司空徐湛之撰，則君平必在宋以前，張釆以爲晉人，今從之。

全晉文卷一百四十四終

中博之博當作書。丘當作在

入當作立

三七之七當作亡。鯨當作黥

全晉文卷一百四十五

烏程嚴可均校輯

闕名一

詔

若不少順沖旨。降損盛制。文選褚淵碑注引晉起居注。帝詔云云。

令之尚書令。皆古之百揆之任也。文選齊竟陵王行狀注引王隱晉書詔云云。

晉令

常以蝗向生時。各部吏案行境界。行其所由。𠠵生苗之內。皆令周徧。藝文類聚一百。

車駕出入。相風已前。侍御史令史。御覽九。

中書爲詔令。記會時事。典作文書也。初學記十一。御覽二百二十。

博士皆取履行清潔。通明典義。若散騎中博侍郎太子中庶子已上。乃得召試。諸生有法度者。及白衣試丘高等。拜郎中。御覽二百三十六。

諸縣率千餘戶置一小學。滿千戶竝之。御覽五百三十四。

諸葬者皆不得入祠堂石碑石表石獸。御覽五百八十九。

諸度關及乘船筏上下經津者。皆有所寫一通付關吏。御覽五百九十八。

獄屋皆當完固。厚其草蓐。家人餉饋。獄卒爲溫暖傳致。去家遠無餉饋者。悉給廩。獄卒作食。寒者與衣。疾者與醫藥。御覽六百四十三。

奴婢亡。加銅青若墨黥兩眼。後再亡。黥兩頰上。三七。橫鯨目下。皆長一寸五分。廣五分。御覽六百四十八。

應受杖而體有瘡者。督之也。御覽六百五十。

犯免官。錮三年。御覽六百五十一。

凡民不得私煮鹽。有犯者四歲刑。所在主吏二歲刑。書鈔一百四十六。

使信節皆鳥書之。御覽六百八十一。

皇太子及妃諸王纁朱綬。郡公主朱綬。郡侯闇朱綬。御覽六百八十二。

公府長史官品第六。銅印墨綬。朝服。進賢兩梁冠。掾屬官品第七。

喪上脫著字

朝服進賢一梁冠。宋書禮志五。

第一品已下不得服羅紈。御覽八百十六。

第七品已下始服金釵。第三品已上蔽結爵釵。北堂書鈔一百三十六。

朝服皁緣中單衣。御覽六百九十六。

旄頭羽林著常腰襦。御覽六百九十五。

元帝時。有奏太極殿設絳帳。帝詔曰。漢文㠯上書皁囊爲帷。冬可青布。夏可青葛。御覽六百九十八。

欲作漆器物賣者。各先移主吏者名。乃得作。皆當淆漆著布骨器成。㠯朱題年月姓名。御覽七百五十六。

乘傳出使遭喪。㠯上。即自表聞。聽得白服乘騾車。到。副使攝事。宋書禮志五。又見御覽七百七十二。

山鹿白豹遊毛狐白貂領黃貂斑白鼲子渠搜國裘。皆禁服也。御覽六百十四。

目當作爲

都當作不

啼耳當作璫珥

屏當作犀

步搖蔽髻。皆目禁物。御覽七百十五。

織成衣爲禁物。御覽八百十六。

士卒百工履色無過綠青百。婢履色無過經青。古儈賣者皆當著巾。帖額題所儈賣者及姓名。一足著黑履。一足著白履。御覽六百九十六。

儈駔者皆當著巾。白帖額題所儈駔者及姓名。一足著白履。一足著黑履。御覽八百二十八。

士卒百工都得著假髻。御覽七百十五。

百工不得服大絳紫襈。假髻眞珠啼耳。文屏瑇瑁。越疊㠯飾路張乘犢車。御覽七百七十三。

士卒百工不得服瑱璫。御覽七百十八。

士卒百工不得服眞珠璫珥。書鈔一百三十五。御覽八百二。

士卒百工不得服犀玳瑁。御覽八百七。

士卒百工不得服越疊。御覽八百二十。

使四皆當作肆

坐廬使者皆不得兩四上。御覽八百二十八。

諸宥虎皆作檻穽籬柵皆施穽捕得大虎賞絹三匹。御覽八百九十二。

翡鳥不得西度隴。御覽九百二十四。

諸宫有秩文子守護者置吏一人。御覽九百五十九。

夷其民守護椶皮者一身不輸之。御覽九百五十九。

閩中縣置守黄甘吏一人。御覽九百六十六。

諸宫有棃守護者置吏一人。御覽九百六十九。

諸宫有秩者守護橙者置吏一人。御覽九百七十一。

其上黨及平陽輸上麻二十二斤下麻三十六斤當絹一疋課應田者枲麻加半畝。御覽九百九十五。

喪葬令

長史卒官吏皆斬衰㠯喪服理事若代者至皆除之。通典九十九。

議謚劉毅表

劉毅宜謚㠯忠毅忠允匪躬贈右光祿大夫儀同三司斯誠聖朝攷績㠯著勳之美事也案謚者行之迹而號者功之表今毅功德並立而有號無謚于義不體竊㠯春秋之事求之謚主于行而不繫爵然漢魏相承爵非列侯則皆沒其高行而不加之謚至使三事之賢臣不如野戰之將士臣願聖代舉春秋之遠制改近代之舊服。通典一百四。大興三年有司表。

因火災上書

漢王氏五侯兄弟迭任今楊氏三公並在大位故天變屢見竊爲陛下憂之。晉書五行志下。太康十年十月。合章軸室箏火時有上書云云。

奏改景初厤爲泰始厤

王者祖氣而奉其口終晉于五行之次應尙金金生于巳事于酉終于丑宜祖㠯酉日臘㠯丑日改景初厤爲泰始厤。宋書厤志一。泰始元年有司奏。

奏請郎魏宫立廟。有司奏置七廟武帝重其役詔宜權立一廟羣臣議奏。

上古清廟一宫尊遠神祇逮至周室制爲七廟㠯辯宗祧聖旨深弘遠迹上世敦崇唐虞舍七廟之繁華遵一宫之遠旨昔舜承堯禪受終于文祖遂陟帝位蓋三十載月正元日又格于文祖遂陟帝位此則虞氏不改唐廟因仍舊宫可依有虞氏故事郎用魏廟。晉書禮志上。宋書禮志三。通典四十七。

奏正朔服色

益當作蓋

唐堯舜禹不㠯易祚改制至于湯武各推行數宜尼若爲邦之問則曰行夏之時輅冕之制通爲百代之言益期于從政濟治不繫于行運也今大晉繼三皇之蹤踵舜禹之迹應天從民受禪有魏宜一用前代正朔服色皆如有虞遵唐故事于義爲弘。宋書禮志一。太始二年九月羣公奏。

奏幷圜方二丘

古者郊丘不異宜幷圜方二丘更修壇兆二至合祀。通典四十二。太始二年十一月有司奏云云。

奏皇太后喪制

施由之由當作白

前代故事倚廬中施由縑帳蓐素牀㠯布巾裹由草軺輦板輿細犢車皆施縑裏。宋書禮志二。泰始四年皇太后崩有司奏云云。詔不聽但令㠯布衣車而已其餘居喪之制一如禮文。

又奏請除服

大行皇太后當㠯四月二十五日安厝故事虞著衰服既虞而除其内外官寮皆就朝晡臨位御除服訖各還所次除衰服。晉書禮志中。宋書禮志二。泰始四年四月有司奏。

又奏

交當作更

世有險易道有污隆所遇之時異誠有由然非忽禮也方今戎馬未散王事至殷交須聽斷㠯熙庶績昔周康王始登翌室猶戴冕

臨朝。降于漢魏。旣葬除釋諒闇之禮。自遠代而廢矣。惟陛下制高宗之制。從當時之宜。敢固以請。晉書禮志中。宋書禮志二。有司又奏。

奏廟物

先帝舊物。藏之于廟。所存舊物。麻繩爲細拂。以明儉約也。北堂書鈔一百三十六引晉要事。泰始四年。有司奏。

奏議諸王冠

禮十五成童。國君十五而生子。以明可冠之儀。又漢魏遣使冠諸王。非古典。通典五十六。泰始六年。南宮王承年十五。依舊應冠。有司奏議。

奏留太學生

太學生七千餘人。才任四品聽留。宋書禮志一。晉太始八年。有司奏。

奏劾羊祜

祜所統八萬餘人。賊衆不過三萬。祜頓兵江陵。使賊備得設。乃遣楊肇偏軍入險。兵少糧懸。軍人挫衄。皆違詔命。無大臣節。可免官。以侯就第。晉書羊祜傳。吳西陵督步闡舉城來降。吳將陸抗攻之甚急。詔祜迎闡。祜率兵五萬出江陵。遣荊州刺史楊肇攻抗。不剋。闡竟爲抗所擒。有司奏祜云云。坐貶平南將軍。免楊肇爲庶人。

奏定侯國入朝

諸侯之國。其王公以下入朝者。四方各爲二番。三歲而周。周則更始。臨時有故。則明年來朝。明年朝後更滿三歲乃朝。不得依恆數。朝禮皆執璧。如舊朝之制。不朝之歲。各遣卿奏聘。宋書禮志一。通典七十四。太始中。有司奏。

奏請聽華廙襲封

廙所坐除名削爵。一時之制。廙爲世子。著在名簿。不聽襲嗣。此爲刑罰再加。諸侯犯法。八議平處者。褒功重爵也。嫡統非犯終身棄罪。廢之爲重。依律應聽襲。晉書華廙傳。大鴻臚何遵奏廙免爲庶人。不應襲封。請以表世孫混嗣表。有司奏。

奏定王昌前母服

設令有人于此。父爲敦煌太守。而子後任于洛。若父娶妻。非徙不見。乃可不知。及其死亡。不得不服。但鞠養已著。情哀而不相見。名制雖感念之心殊。而爲之服一也。又兩后匹嫡。自謂違禮。不謂非常之事。而以禮處之也。昔子思之哭出母于廟。其門人曰。庶氏之母死。何謂哭于孔氏之廟。子思懼。改哭于他室。若昌不制服。不得不告其父母。掘其前母之尸。徙之他地。若其不徙。昌爲罪人。何則。異族之女。不得祔于先姑。藏其墓次故也。且夫婦人牽夫。猶有所尊。趙姬之舉。禮得權通。故先史詳之。不識其事耳。今昌之二母。各已終亡。尚無並主輕重之事也。昌之前母。宜依叔隗爲比。若亡在昌未生之前者。則昌不應復服。生及母存。自應如禮以名服三年。輒正定爲文章。草下太常報楙奉行。晉書禮志中。泰康元年。尚書八座以爲云云。案。王昌事詳前竟陵王楙文。

奏請限田宅

王公以國爲家。京城不宜復有田宅。今未暇作諸國邸。當使城中有往來之處。近郊有芻藁之田。今可限之。國王公侯。京城得有宅一處。近郊田。大國十五頃。次國十頃。小國七頃。城內無宅。城外有者。皆聽留之。男子一人占田七十畝。女子三十畝。其丁男課田五十畝。丁女二十畝。次丁男半之。女則不課。其官第一品五十頃。每品減五頃以爲差。第九品十頃。而又各以品之高卑蔭其親屬。多者及九族。少者三代。國賓先賢之後士人子孫亦如之。而又得蔭人以爲衣食客及佃客。量給官品以爲差降。通典一。平吳之後。有司奏。

奏止朝日

春分依舊車駕朝日。寒溫未適。可不親出。宋書禮志一。太康二年。有司奏。詔不許。

奏給車

廷尉三官及諸部掾職在鄰輦者。給白蓋小車。又給卿寺從官屬平輿車六乘。重車一乘。北堂書鈔一百三十九引晉起居注。泰康四年。有司奏。

奏定昏禮

昏禮納徵，大昏用玄纁束帛加珪，馬二駟；王侯玄纁束帛加璧，乘馬；大夫用玄纁束帛加羊。古者以皮馬爲庭實，天子加穀珪，諸侯加大璋。可依周禮改璧用璋，其羊鴈酒米玄纁如故。諸侯昏禮加納采、吉期、迎，各帛五匹，及納徵馬四匹，皆令夫家自備，唯璋官爲具之。宋書禮志一，太康八年有司奏。

奏遂殷祖母服

禮無不及還重之制，翔自應降，姜殷無緣還重。通典九十六，尚書奏。

奏夕牲

十一月一日合朔，冀冬烝夕牲同日，可有司行事。宋書禮志一，太康中有司奏議，詔不許。

奏河間女更生

精誠之至，感于天地，故死而更生。在常禮之外，非禮之所處，刑之所裁，斷以還開冢者。口口口口口。武帝世，河間有男女相悅，許嫁。男從軍，父母以女別適，女憂死。男還悲痛，遂發冢開棺，郎活，因負還。其夫爭之，廷尉奏。

奏諸王宜脩耕藉

古諸侯耕藉百畝，躬秉耒耜，以奉社稷宗廟，以勸率農功。今諸王治國，宜依脩耕藉之義。晉書禮志上，宋書禮志一，武帝末，有司奏。

奏廢楊太后

皇太后陰漸姦謀，圖危社稷，飛箭繫書，要募將士，同惡相濟，自絕于天。魯侯絕文姜，春秋所許，蓋以奉順祖宗，任至公于天下。陛下雖懷無已之情，臣下不敢奉詔，可宣敕王公于朝堂會議。晉書武悼楊皇后傳，翟公有司奏。

又奏

駿藉外戚之資，居冢宰之任，陛下既居諒闇，委以重權，至乃陰圖凶逆，布樹私黨。皇太后內爲脣齒，叶同逆謀，禍釁既彰，背捍詔命，阻兵負眾，血刃宮省，而復流書募眾，以獎凶黨，上背祖宗之靈，下絕億兆之望。昔文姜與亂，春秋所貶，呂宗叛戾，高后降配，宜廢皇太后爲峻陽庶人。晉書武悼楊皇后傳，有司又奏。

去當作法

奏刑法宜依劉頌啟事

昔先王議事以制，自中古以來，執法斷事，既已立法，誠不宜復求法外小善也。若常以善奪法，則人逐善而不忌法，其害甚于無法也。案啟事欲令法令斷一，事無二門，郎令史已下，應復出去駁案，隨事以聞也。晉書刑法志，劉頌爲三公尚書，又上疏，侍中太宰汝南王亮奏，于是門下屬三公云云。

奏劾王衍

衍與司徒梁王肜書，寫呈皇太子手與妃及衍書，陳見誣之狀。肜等伏讀，辭旨懇惻。衍備位大臣，應以義責也。太子被誣得罪，衍不能守死善道，即求離婚。得太子手書，隱蔽不出，志在苟免，無忠蹇之操。宜加顯責，以厲臣節，可禁錮終身。晉書王衍傳，衍女爲愍懷太子妃，太子爲賈后所誣，衍懼，自表離婚。賈后既廢，有司奏衍云云。

奏治高車

車府令戒嚴，上作高車，用雜綵，求處給，請出上庫錢六十七萬六千六百。北堂書鈔未刪改本一百三十九引晉起居注，建武元年有司奏。

奏溫嶠不應辭職

案如眾議，去建武元年九月下辛未令書，依禮文，父喪通典作久喪。未葬，唯喪主不除，以他故未葬，人子之情，不可居殯而除，故期于畢葬，無遠近之斷也。若亡遇賊難，喪靈無處，求索理絕，固應三年而除，不得因從未葬之例也。若骨肉殲于寇害，死亡漫于中原，而繼以遺賊未滅，亡者無收殯之實，存者又闕于奔赴之禮，而人子之情，哀痛無斷，輒依未葬之義，久而不除，若遂其情，則人居無限之喪，非有禮無時不得之義也。諸如此，皆如東闕故事，限行三年之禮畢而除也。唯二親生離，吉凶未分，服喪則凶事未據，從吉則疑于不存心。憂居素出自人情。有如此者。非官制之所裁。今嶠已未得改卜葬赴。累設疾辭。案辛未之制。已有成斷。皆不得復遂其私情。不服王命。已虧法憲。參議可如前詔。嶠受拜。重告中丞司徒。諸如嶠比者。依東閣故事辛未令書之制。（晉書禮志中。通典一百二。建武元年。有司奏。）

奏讀夏令

今月十六日立夏。案五年六月三十日門下駮。依武皇夏闕讀令。今正服漸備。四時讀令。是祗述天和隆赫之道。請今故宜讀夏令。（宋書禮志一。通典七十。咸和六年三月。有司奏。）

奏納皇后儀注（建元元年）

今迎皇后。依昔成恭皇后入宮御物。而儀注至尊袞冕升殿。毛頭不設。求量處。又案昔迎恭皇后。唯作青龍旂。其餘皆即御物。今當臨軒遣使。而立五牛旂。毛頭罼罕並出。即用舊制。故至今闕。（宋書禮志一。通典五十八。康帝建元元年。納后褚氏。而儀注陛者不設毛頭。殿中御史奏。）

奏議京兆府君遷主

十月殷祭。京兆府君當遷祧室。昔征西、豫章、潁川三府君毀主。中興之初。權居天府。在廟門之西。咸康中。大常馮懷表續太廟。奉還于西儲夾室。謂之爲祧。疑亦非禮。今京兆遷入。是爲四世遠祖。長在太祖之上。昔周室太祖世遠。故遷有所歸。今晉廟宜皇爲主。而四祖居之。是屈祖就孫也。殷祫在上。是代太祖也。（晉書禮志上。宋書禮志三。穆帝永和二年七月。有司奏。）

奏劾蔡謨（永和八年）

司徒謨頃以常疾。久逋王命。皇帝臨軒。百僚齊立。俯僂之恭。有望于謨。若志存止退。自宜致辭闕庭。安有人君卑勞終日。而人臣曾無一酬之禮。悖慢傲上。罪同不臣。臣等參議。宜明國憲。請送廷尉。以正刑書。（晉書蔡謨傳。永和八年。公卿奏。）

奏皇后爲太妃服

至尊緦麻三月。皇后齊縗。案周禮有後輕而服重。公子爲公所厭。故不得申。身不厭婦。故得以本服。（通典九十五。哀帝興寧中。哀靖皇后有章太妃之喪。尚書奏云云。某母遂駮。）

奏君臣不嫌同謚

文武舉其一致。聖賢有時而同。故文王經緯天地。孔文之不恥下問。所以爲文也。遠稽周典。嘉號通乎上下。近惟太康。改謚匪嫌同稱。自頃議者。或乖體尚之實。非所以經綸無窮。永代垂式。王欣之所表。抑實舊典。宜如所陳。（通典一百四。太元四年。尚書奏。）

奏宜敕徐廣撰國史

臣聞左史述言。右官書事。乘志顯于晉鄭。春秋著乎魯史。自皇代有造。中興記者。道風帝典。煥乎史策。而太和以降。世歷三朝。玄風聖迹。儵爲疇古。臣等參詳。宜敕著作郎徐廣撰成國史。（晉書徐廣傳。宋書徐廣傳。）

議明堂南郊除五帝坐

五帝即天也。五氣隨時異王。故殊其號。耳名雖有五。其實一神。明堂南郊。宜除五帝之坐。五郊改五精之號。皆同稱昊天上帝。各設一坐而已。北郊又除先後配祀。（宋書禮志三。通典四十二。泰始二年正月。羣臣議。）

議奏并丘郊

古者丘郊不異。宜并圜丘方澤于南北郊。更脩治壇兆。其二至之祀。合于二郊。（宋書禮志三。是年十一月。有司又議奏。又見通典四十二。）

賜謚議

太尉荀顗所撰定體統。通敘五等列侯以上。嘗爲郡國太守內史郡尉。牙門將騎督以上薨者。皆賜謚。（通典一百四。八座議。）

議奏改郭奕謚

大晉受命。祖宗謚號。羣下未有同者。蓋因近代淺情。習于所見也。奕謚與景皇帝同。可改謚曰穆。（通典一百四。太康八年十月。太常上謚故太常平陵男郭奕爲景侯。）

有司議奏以爲。

高禖壇石議

禮無高禖置石之文。未知設造所由。既已毀破。無可改造。詩說高辛氏。有簡狄吞卵之祥。今此石有吞卵之象。蓋俗說所爲。而史籍無記。但可收聚。復于舊處而已。御覽五百二十九。永平八年。高禖壇上石破爲二段。詔問置此石來幾時。出何經典。今應復不。博士議。

理解系等議

系等清公正直。爲奸邪所疾。無罪橫戮。冤痛已甚。如大司馬所啟。彰明枉直。顯宜當否。使冤魂無愧無恨。爲恩大矣。晉書解系傳。齊王冏起義時。奏理張華裴頠解系。陽建等冤。八坐議。

平法律議

昔先王議事以制。自古以來。執法斷事。既以立法。誠不宜求法外小善也。若以善奪法。則人逐善而不忌法。其害甚于無法也。案啟事欲令法令斷一。事無二門。郎令吏以下應復出法駮案。隨以事聞也。通典一百六十六。元康初。三公尚書劉頌上疏平法律。于是門下屬議云云。

議溫嶠不應辭職 建武元年

昔伍員志復私讎。先假諸侯之力。東奔闔閭。位爲上將。然後鞭荆王之尸。若嶠以母未葬沒在胡虜者。乃應竭其智謀。仰憑皇靈。使逆寇冰消。反哀墓次。豈可稍以乖嫌。廢其遠圖哉。晉書溫嶠傳。除散騎侍郎。嶠以母亡不獲歸葬。苦讓。北歸詔三公八坐議其事。皆曰云云。案此即禮志中所載西陽王羕等議。而文全異。今故分錄之。

釋難涫于睿舊君服議

或難曰。今去官從故官之品。則同在官之制也。故應爲其君服斬。王肅賀循皆言。老疾三諫去者。爲舊君服齊。則明今以老疾三諫去者。不得從故官之品。可知矣。今論者欲使解職歸者從老疾三諫去者例。爲君服齊。失之遠矣。釋曰。案令諸去官者從故官之品。其除名不得從例。今但言諸去從故官之品。不分別老疾三諫去者。則三諫去得從故官之例。王賀要記。猶自使老疾三諫去者爲舊君服齊。然則去官從故官之例。敢見臣服斬。皆應服齊明矣。夫除名伏罪。不得從故官之例。以有罪故耳。老疾三諫去者。豈同除名者乎。又解職者嘗在于朝。今歸家門。與老疾三諫去者豈異。而爲難者殊其服例哉。又難曰。案禮先儒說爲君服齊。唯年老廢疾與待放之臣而已。老歸者無復爲臣之道。放退者終身不復入君之朝。臣之義絕。宜降而服齊衰。解職者後將復仕。無離絕之事。固應服斬。二者各異。豈得相準。釋曰。古者年老廢疾。乃得致仕。閔子騫曰。古之道不即人心。退而致仕。孔子善之。此非老而致仕之例。禮亦當爲舊君服齊衰。不唯年老廢疾待放而已也。夫君退臣。苟非墜諸淵之虐。臣雖去此仕彼。亦無絕道。況以老疾歸家。不出國內。而可絕乎。禮。臣三諫不從。不得已而去。若君能悔過納諫。聞命驗奔。何爲終身不入君朝乎。君爲人父母。人于君有子道。尊君之義。臣人一耳。而禮臣爲君服斬。云爲君服齊者。別親疏。明貴賤也。老疾待放之臣。與民同服者。亦以疏賤故也。而難者不察疏賤厭降。乃云絕其舊君。悖于禮矣。解職者既已疏賤。與老疾去者無異。寍可必已後可還仕。與自同于見臣。爲其君服斬乎。如令後可還仕。便得同見臣之制。三諫去者。一時罷退。後可還仕。方于解職。未始有殊。二臣之服。例皆應齊。而難者偏許三諫去者服齊。使去職者服斬。難以言通論矣。又難曰。王者無外。天子之臣。雖致仕歸家。與在朝無異。不得稱君爲舊而服齊衰也。釋曰。京師方千里之地。謂之畿。其餘以封諸侯。畿內之人服天子齊衰。畿外之人則不能。以爲天子有內外之差。王者以天下爲家。夷狄之土。亦莫不統。故曰無外之義。非所以論服也。書曰。臣爲朕股肱耳目。宣力四方。言君臣相與共政事。有一體之義。親而貴。故君臣之名生焉。致仕者疏賤。不得復託體至尊。故謂之舊君。凡在職稱君。而俱服斬。去職

敢當作其

皆應上脫去官二字

先儒上脫及字

徐當作從

亦宜稱舊而俱服齊。通典九十。

符詰博士蔡克

賈氏專權，趙王倫篡逆，皆力制朝野，肜勢不得去，而責其不能引身去朝，義何所據。晉書梁王肜傳：永康二年肜薨，蔡克議謚曰靈，梁國常侍孫霖及肜親黨稱枉，臺乃下符曰云云。克重議如前，朝廷從克議，肜故吏復追訴不已，改謚曰孝。

符問國子博士妻已亡為妻父母服

案禮云：君母之父母服小功。傳曰：君母在，則不敢不從服；君母不在，則不服。喪服小記曰：為君母後者，君母卒，則不服其黨。又曰：為母之君母，母卒則不服。徒從者所從亡則已也。若母猶然，妻可知矣。今云不㠯存亡為異，何所據邪。通典九十五。永和中，司徒符問太常云：若妻已沒，猶應服其父母不？太常杜瑗答：不㠯存亡為異。司徒又問國子博士。

又符問太常迎后應作樂

案儀注云：皇后列人自閶闔掖門，鳴鐘鼓，塡門露仗，如儀注之條。

案諸門雖有鼓無鐘。既云鳴鐘，則應施鐘。既施鐘，則施建鼓若如寺卿。今意不作樂者，當復安懸而不作。通典五十九。升平元年八月，符問迎皇后大駕應作樂不？博士胡訥、太常王彪之議：婚禮不作樂，蕭臺、太常主者樂云云。

請崇德褚太后臨朝啟

王室多故，禍艱仍臻，國憂始周，復喪元輔，天下惘然，若無攸濟。主上雖聖資奇茂，固天誕縱，而春秋尚富，如在諒闇，蒸蒸之思，未遑庶事。伏惟陛下德應坤厚，宣慈聖善，遭家多艱，臨朝親覽，光大之美，化洽在昔，謳歌流詠，播溢無外。雖有莘熙殷，妊姒隆周，未足㠯喻。是㠯五謀克從，人鬼同心，仰望來蘇，懸心日月。夫隨時之義，周易所尚，寧固社稷，大人之任。伏願陛下撫綜萬機，釐和政道，㠯慰祖宗，㠯安兆庶。不勝憂國喁喁至誠。晉書康獻褚后傳：簡文崩，孝武幼沖，桓溫又薨，羣臣啟云云。

全晉文卷一百四十五終

改下脫名字

烏程嚴可均校輯

闕名二

論江南貢舉事

江表初附。未與華夏同。貢士之宜。與中國殊異。前舉孝廉不避喪。孝廉亦受行不辭。以爲宜。訪問餘郡。多有此比。案天水太守王孔碩舉楊少仲爲孝廉。有周之喪而行。甚致清議。今欲從舊。則中夏所禁。欲不舉。則方土所闕。闇塞義淺。甚以爲疑。通典一百一。毘陵內史論江南貢舉事云云。

道學論

許邁字叔齊。清虛接眞。棲遐世表。志在往而不返。故自改遠遊。與王右軍父子爲世外之交。王亦辭榮。好養生之事。每造遠遊。未嘗不彌日忘返。御覽四百一十。

千金堨石人東脅下記

太始七年六月二十三日。大水迸瀑。出常流上三丈。蕩壞二堨。五龍泄水。南注瀉下。加歲久漱齧。每澇即壞。歷載消棄大功。今故無令遏。更于西開泄。名曰代龍渠。地形正平。誠得爲泄至理。千金不與水勢激爭。無緣當壞。由其卑下。水得踰上漱齧故也。今增高千金于舊一丈四尺。五龍自然必歷世無患。若五龍歲久復壞。可轉于西更開二堨。二渠合用二十三萬五千六百九十八功。以其年十月二十三日起作。功重人少。到八年四月二十日畢。水經穀水注。

石人西脅下記

若溝渠久疏深。引水者當于河南城北石磧西更開渠北出。使首狐丘。故溝東下。因故易就。磧堅便時。事業已訖。然後見之。加邊方多事。人力苦少。又渠堨新成。未患于水。是以不敢預修通之。若于後當復興功者。宜就西磧。故書之于石。以遺後賢矣。水經穀水注。

千金渠東石梁西門之南頰記

晉元康二年十一月二十日。改治石巷水門。除暨枋。更爲函枋。立作覆枋屋。前後辟級續石障。使南北入岸。築治漱處。破石以爲殺矣。到三年三月十五日畢訖。水經穀水注。

造戾陵遏記

魏使持節都督河北道諸軍事征北將軍建城鄉侯沛國劉靖字文恭。登梁山以觀源流。相㶟水以度形勢。嘉武安之通渠。羨秦民之殷富。乃使帳下督丁鴻軍士千人。以嘉平二年立遏于水。導高梁河。造戾陵遏。開車箱渠。其遏表云。高梁河水者。出自并州。潞河之別源也。長岸峻固。直截中流。積石籠以爲主遏。高一丈。東西長三十丈。南北廣七十餘步。依北岸立水門。門廣四丈。立水十丈。山水暴發。則乘遏東下。平流守常。則自門北入。灌田歲二千頃。凡所封地百萬餘畝。至景元三年辛酉。詔書以民食轉廣。陸廢不贍。遣

謁者樊晨更制水門。限田千頃。刻地四千三百一十六頃。出給郡縣。改定田五千九百三十頃。水流乘車箱渠。自薊西北逕昌平。東盡漁陽潞縣。凡所潤含四五百里。所灌田萬有餘頃。高下孔濟。原隰底平。疏之斯溉。決之斯散。導渠口以爲濤門。灑滮池以爲甘澤。施加于當時。敷被于後世。晉元康四年。君少子驍騎將軍平鄉侯弘。受命使持節監幽州諸軍事。領護烏丸校尉。寧朔將軍。遏立積三十六載。至五年夏六月。洪水暴出。毀損四分之三。乘北岸七十餘丈。上渠車箱。所在漫溢。追惟前立遏之勳。親臨山川。指授規略。命司馬關內侯逢惲。內外將士二千人。起長岸。立石渠。脩主遏。治水門。門廣四丈。立水五丈。興復載利通塞之宜。準遵舊制。凡用功四萬有餘焉。諸部王侯不召而自至。繈負而趨事者。蓋數千人。詩載經始勿亟。易稱民忘其勞。斯之謂乎。于是二府文武之士。感秦國思鄭渠之績。魏人置豹祀之義。乃遐慕仁政。追述成功。元康五

年十月十一日。刊石立表。㠯紀勳烈。幷記遏制度。永爲後式焉。（水經鮑丘水注。）

銅尺銘

晉泰始十年。中書攷古器。揆校今尺。長四分半。所校古法。有七品。一曰姑洗玉律。二曰小呂玉律。三曰西京銅望臬。四曰金錯望臬。五曰銅斛。六曰古錢。七曰建武銅尺。姑洗微强。西京望臬微弱。其餘與此尺同。（隋書律厤志上。原注。銘八十二字。今但八十字。未詳。）

伊闕右壁銘

元康五年。河南府君循大禹之軌。部督郵辛曜、新城令王琨、部監作掾董猗、李褒斬岸開石。平通伊闕。（水經伊水注）

七年粟銘

劉殷嘗夜夢人謂之曰。西籬下有粟。寤而掘之。得十五鍾。銘曰。七年粟百石。㠯賜孝子劉殷。（晉書孝友劉殷傳。又見十六國春秋九。）

建鄴城銘

二百年後。當有癡人脩破吾城者。（南史十陳宣帝紀。脩飾都城。爲扞禦之備。獲銘云云。案。陳太建逆推二百年。當是東晉時刻。）

左思別傳

思字太沖。齊國臨淄人。父雍。起于筆札。多所掌練。爲殿中侍御史。思蚤喪母。雍憐之。不甚教其書學。及長。博覽名文。遍閱百家。司空張華辟爲祭酒。賈謐舉爲祕書郎。謐誅。歸鄉里。專思著述。齊王冏請爲記室參軍。不起。時爲三都賦未成也。後數年疾終。其三都賦改定。至終乃上。初作蜀都賦云。金馬電發于高口。碧雞振羽而云披。鬼彈飛丸以礌礉。火井騰光㠯赫曦。今无。鬼彈。故其賦往往不同。思爲人无吏幹而有文才。又頗㠯椒房自矜。齊人不重也。思造張載。問岷蜀事。交接亦疏。皇甫謐西州高士。摯仲治宿儒知名。非思倫匹。劉淵林、衛伯輿竝蚤終。皆不爲思賦序注也。凡諸注解。皆思自爲。欲重其文。故假時人名姓也。（世說文學篇注。可均案。別傳失實。晉書所棄。其可節取者。僅取思先造齊都賦成。復欲賦三都。泰始八年。妹芳爲脩儀。因移家京師。求爲祕書郎。歷咸寧至太康初賦成。晉書所謂構思十年者也。皇甫謐卒于太康三年。而爲賦序。是賦成必在太康初。此後但可云賦未定。不得云賦未成也。其賦屢經删改。歷三十餘年。至死方休。太康三年。張載爲著作佐郎。思訪岷蜀事。遂删鬼彈飛丸之語。又交摯虞。或嘗㠯賦就正。此可因別傳而意會得之者。元康六年後。爲張華司空祭酒。容或有之。但不得云辟。至謂賈謐舉爲祕書郎。謐誅歸鄉里。又謂摯仲治宿儒知名。非思倫匹。劉淵林衛伯輿竝蚤終。皆不爲思賦序注。凡諸注解。皆思自爲。則別傳殊失實矣。賈謐本姓韓。太康三年爲賈充世孫。至惠帝時用事。思之爲祕書郎久矣。非謐所舉。永康元年謐誅。太安二年張方逼京師。兵火連歲。思避亂。舉家適冀州。數歲㠯疾終。余意度之。當是謐誅去官。久之遭亂。客死。而云歸鄉里。非也。皇甫高名。一經品題。聲價十倍。摯虞雖宿儒。與思同在賈謐二十四友中。要是倫匹。劉逵元康中尚書郎。累遷至侍中。衛權衛貴妃兄子。元康初尚書郎。兩人雖蚤終。何不可爲思賦序注。況劉衛後進。名出皇甫下遠甚。何必假其名姓。今皇甫序、劉注在文選。劉序、衛序在晉書。皆非苟作。魏志衛臻傳注云。權作左思吳都賦序及注。序粗有文辭。至于爲注。了無所發明。直爲塵穢紙墨。不合傳寫。如裴此說。權貴游好名。序不嫌空疏。而躓于爲注。使思自爲。何至塵穢紙墨。別傳道聽塗說。無足爲憑。晉書彙十八家舊書。兼取小說。獨棄別傳不采。斯史識也。）

芳當作芬

文明王太后哀策文

追當作造

明明先后。典我晉道。暉章淑問。㠯翼皇考。邁德宣猷。大業有追。貽慶孤矇。堂構是保。庶資復顧。永享難老。奄然登遐。棄我何早。沈哀罔訴。如何穹昊。嗚呼哀哉。厥初生民。樹之惠康。帝遷明德。顧予先皇。天立厥配。我皇是光。作邦作對。德音無疆。悉予不弔。天篤降殃。日沒明夷。中年隕喪。煢煢在疚。永懷摧傷。尋惟景行。於穆不已。海岱降靈。世荷繁祉。永錫祚胤。篤生文母。誕膺純和。淑慎容止。質直不渝。體茲孝友。詩書是悅。禮籍是紀。三從無違。中饋允理。追惟先后。勞謙是尚。爰初在室。竭力致養。嬪于大邦。皇基是相。謐靜隆化。帝業㠯創。內敘嬪御。外叶時望。履信居順。德行洽暢。密勿無荒。劬勞克讓。崇儉抑華。沖素是放。雖享崇高。歡嘉未饗。胡寧棄之。我將曷仰。咨余不造。大罰薦臻。皇考背世。始踰三年。仰奉慈親。冀無後艱。凶災仍集。何辜于天。嗚呼哀哉。靈輀夙駕。設祖中闈。輼輬動軫。旣往不追。哀哀皇妣。永潛靈暉。進攀梓宮。顧援素旂。屛營窮痛。誰

列傳當作文明

告誰依訴情贈策目舒傷悲尚或有聞顧子孤遺嗚呼哀哉（晉書列傳一后傳泰始四年后崩武帝手詔后德命史官爲哀策）

武元楊皇后哀策文

天地配序成化兩儀王假有家道在伉儷姜嫄佐嚳二妃興嬀仰希古昔冀亦同規今胡不然景命夙虧嗚呼哀哉我應圖籙統臨萬方正位于內實在嬪嬙天作之合駿發之祥河嶽降靈啟祚豐陽奕世豐衍朱紱斯煌纘女惟行受命溥將來翼家邦憲度是常緝熙陰敎德聲顯揚昔我先妣暉曜休光后承前訓奉述遺芳宜嗣徽音繼序無荒如何不弔背世隕喪望齊無主長去烝嘗追懷永悼率土摧傷嗚呼哀哉陵兆既窆將遷幽都宵陳夙駕元妃其徂宮闈遏密階庭空虛設祖布綍告駕啟塗服翬褕狄寄象容車金路晻藹裳帳不舒千乘動軫六騑躊躇銘旌樹表翣柳雲敷祁祁同軌岌岌烝徒孰不云懷哀感萬夫寧神虞卜安體玄廬土房陶簋齊制遂初依行紀謚聲被八區雖背明光亦歸皇姑没而不朽世德作譓嗚呼哀哉（晉書武元楊后傳后崩乃命史臣作哀策敘懷）

成帝哀策文

宸極寥廓聖靈遐之哀備物之虛在痛永往之無期乃命史官述德寄辭其辭曰

五德代興素靈啟曜離光疊曜三辰重照明明我皇含貞挺妙玄秀夙達履德罔違鳳棲遐邈神宇凝夷文明外潤仁簡內綏畢無遺中鑒無幽微韻隆汾陽道作垂拱靜恭清穆冥功日用亹亹神軌固天攸縱爰在陽九皇綱中替姦豎肆逆宰羅失衞升降艱難協應神契靈祚既保顯揚天命雰霧朝晞兩儀開鏡訓諾阿衡虛己納正九功潛流七德將表方振宏羅稜威電埽茂蕩神衢一我王道昊天不弔降茲大悔天傾其儀地覆其載大業未究神爽遐背哀貫三靈痛流萬代爰初不豫大漸在躬啟手歸全神氣夷沖凝哉達識體正履終衮龍既襲玉容斯幽登醪虛設觴爵靡酬壙臏莫啟聖迹誰修冥冥我皇神焉何遊撫膺遐叫迸涕交流三縱告期將歸陵壚陛殯羽翼庭納龍輿玉輪動運錫鸞鳴鏘錫旆徘徊六騏躑躅輕雲陰軌流風翼車哀哀同軌唯唯輓夫長號永慕泣涕漣洳大塊獨運終歸其始我后永往寧神千祀悠悠上天煢煢惟己聆然靡憑廓焉無恃目範令儀徽音在耳（藝文類聚十三）

康帝哀策文

慼廣廈之空寂悲俎奠之虛陳痛皇神之邈遠哀靈景之長泯仰瞻宸極俯憑鸞軒五情摧裂號慟煩冤遂命國史述德銘勳事目言顯功目名存其辭曰

招拒降靈篤生我皇岐嶷妙哲幼有珪璋含貞發曜蘭風載芳厥初肇建宗國是屑祗承師友執心淑慎徽猷愷悌金質玉潤固天所啟應茲靈運入繼皇祚龍騰鳳迅因假任物惟精委順穆穆我皇風流凝廣聰鑒遐照思心內朗應變無方從善如響矩儀可慮法物可象覆燾羣生靡物不養如何一旦神遊靈爽仰攀擗踊觸物咸想卜吉有期將即玄冥太常既建千乘列庭皓皓輿服翩翩素旆笳簫寥唳輓夫齊聲六騏躊躇蕭蕭悲鳴是用增哀雨泣霑纓痛貫五內哀切三情道隆名貴德享彌光灼灼皇猷終焉允臧垂美兆祀芳風休揚（藝文類聚十三）

穆帝哀策文

欽明文思允恭克讓忽若布衣忘其矜尚體有示無德克神王冕旒兩楹委政元輔內倚公旦外仗尚父郁哉惟文赫斯惟武西廓岷河北清伊洛園陵聿修舊京式敘方振長慧風埽天宇休牛歸馬卷旗臥鼓俾我蒸民擊壤容與昊天不弔奄背率土哀同遏密痛方割鉅日月不居神道之幽三辰吉良五謀同休禋載華庭晏駕崇巨俯執饋奠仰攀龍輴岌岌黼翣飄飄素旂感想平昔人懷

崩。抽號聲如震。灑涕成流。藝文類聚十三。

簡文帝哀策文

同軌畢至。內外成列。素旗宿懸。轜輬首轍。輓祖行于前殿。奉靈輿而還逝。悲神宇之長違。痛聖儀之幽翳。攀龍輀㠯號慕。撫素膺㠯泣血。爰命史臣。敘述聖德。揚徽音于飛旌。寫哀心于翰墨。乃作策曰。

滔曜發暉。皇麻攸膺。聖祖啟運。哲王遐承。蒸哉元后。光我中興。天基徙構。朝陽再升。皇矣聖考。合一履中。道心玄玄。文明內融。湛湛神儀。穆穆靈風。望之凝秀。即之深沖。爰在初齡。至性自然。水鏡一世。堂室重玄。愔愔素庭。翳若丘園。遂阿王室。婉迹經綸。時有汙隆。道無屈伸。如彼平流。泯矣其津。大過之時。皇德不競。天人革心。謳歌徙詠。時惟伊霍。輔運㠯政。欽若昊天。祗此明命。龍飛九五。響茲萬國。居宗舉契。允恭玄默。綢繆哲輔。虛己仗德。天明方曜。離暉翳朗。玄化誰陶。蒼生曷仰。四運忽其遙邁。日月飄㠯飛沈。將寍神于玄宇。遷玉輅于中林。背華殿之昭晰。即幽隧之重深。奉神櫬㠯永訣。邈終天而莫尋。神恍惚其若寄。泣橫墜㠯流襟。藝文類聚十三。

征東軍司劉韜墓志

晉故使持節都督青徐諸軍事征東將軍軍司關中侯劉府君之墓。君諱韜。字泰伯。叔孝處士君之元子也。夫人沛國蔡氏。拓本。

王戎墓銘

晉司徒尚書令安豐侯王君。封氏聞見記六。東都殖業坊十字街有王戎墓。隋代釀家穿作穴。得銘有數百字。

古塚銘

青州世子。東海女郎。封氏聞見記六。齊時有發古塚。得銘云云。河東賈昊㠯爲司馬越女。嫁爲荀晞子婦。檢之果然。

墓志。

惟晉元康二年。太歲在子。承閶造斯窀窆丙戸□出酉左參師晉合宮商。是位鋼筮易□咸□同吾鍾爵除殃。邪惡奔走。千祥百福永施後焉。古刻叢鈔。

楡次令荀藕碑

仰之如日月。敬之如神明。愛之如父母。樂之如時雨。御覽二百六十八引荀氏家傳。

任城太守夫人孫氏碑 泰始六年

夫人。濟南孫氏之中女也。實曰□姬。其□與□同姓。別閭族。遂㠯爲氏。父列卿光祿大夫建德亭侯。㠯儒雅稱。世濟其休。夫人少有淑質。純靜不□。寬仁足㠯容衆。明敏足㠯辨物。九歲喪母。少爲父所見慈撫。終喪哀毀。坐不易位。雖有隱括傅母之訓罔㠯加。父時未□繼室。長沙人桓伯序有寡妻伏氏。魏文帝㠯用妻之。伏氏柔少有國色。□非所好。而顧違尊命。莫之能定。夫人謂父曰。何不㠯嘗同寮辭之。父意乃寤。文帝詔報之曰。生敬其人。死辭其室。追遠敬終。違而得道者也。父悅。入謂之曰。昔臧武仲先犯齊壯。不令與己邑。今我不犯尊而蒙優詔。同歸殊塗亦。□□代伯序爲侍中。父爲侍郎。此爲同寮。故夫人□□。父爲勃海太守十餘年。政化大行。孤宣□□□□□□意。時夫人見□在家止。父令留而謂之□□感而退。雖天之遺。然事君不懟。□能□□闕□□□爲吏部尚書。多用老成。先帝舊臣舉之□□□□必不忘君□而□舉君爲侍中。夫人□而□過窮理盡情。爲父所異。皆此類也。夫人在羊氏□□有□度。承上接下。衆皆悅之。任城非□□□□生夫人由此相帥孝□加之。謙勤戰戰。臨深惟恐不逮。是以舅姑嘉其淑婉。娣姒宗其德音。□夫人爲婦卌餘載。言無□過。□無怨惡故也。□□且感慈□□□□□下惟詩人刑于之言。瞻前□後。率由弗違。㠯御于家邦。終始㠯孝聞。□□夫人之□□□□□□二一□小子□明弘哲□□□不幸早亡，子孫皆仁厚振振，有麟止□化，皆是褒彤□□□□□□□□□□□八年□月庚寅□十二月甲申□嗣子迅哀懷永絕□□罔極，追惟□□□□□□□□力不肅之訓□□歎曰：古者鍾鼎□□所以章君父之令德也，又有誄諡□□□□□□□□我先妣立□□德同之不朽，可沒而無稱哉！于是乃追而□□爲之辭曰：

奐乎文母，于我夫人，潛神內識，罔不彌綸，和樂色養，□□□□□□□□□是勤，昧旦□□□問日新，褒難弘多，仍羅□□翼翼□心惟□用老□□□□□□□□□□惟□□□□□忉忉遣孤，辟踊靡及，曰古□□□□□□何以告哀。（碑拓本）

西河繆王司馬子政廟碑

西河舊處山林，漢末擾攘，百姓失所，魏興，更開疆宇，分割太原四縣，以爲邦邑，其郡帶山側塞矣。王以咸寧三年改命爵土，明年十二月喪國。臣大農閻崇、離石令宗群等二百三十四人，刊石立碑，以述勳德。（水經原公水注：晉徙封陳王斌于西河，故縣有西河繆王司馬子政廟，碑文云云。碑北廟基尚存也。）

晉右軍將軍鄭烈碑

君諱烈，字休林，滎陽開封人也。其先出自宗周，建國于鄭，因胙命氏，君其後也。遠祖以亢節著德，揚光漢氏之初；近葉以儒術博古，顯名中興之後。逮至曾祖先生、皇祖徵君，蹈明哲之高，尚嘉肥遯而不悶；顯考將作大匠，實有茂德，載在國策。君應中和之醇靈，總文武之弘略，淸識妙于研機，聰叡贍于燭物，踐逸軌之遠迹，秉礭然之大節，故雖夙罹不造，而能全老成之德；居無檐石，而能厲冰霜之絜。是以英材逸于羣萃，至行侔于在昔。初上計掾，辟司隸車騎將軍府，轉參鎭朔將軍軍事，除魏令。其爲政也，仁以施化，則需恩銜于春陽；壯以發令，則神威肅于秋霜。末俗變而歸本，僞萌反于忠貞。玄澤洽于朔都，芳風勃而南飄。文皇帝爲相國，親覽萬機，

訓洽俾乂。君以盛德，宜登王佐，遂與疾舌賦政于外。百揆時序，庶事無廢。皇猷顯融，光被遐裔。五等初建，封平莞男。聖上踐祚，拜騎都尉，賜子一人爵關中侯。遷馮翊太守。于時獫狁孔熾，西土不靜，鄜方有戎馬之塵，邊邑覩爟烽之警。君震以神武，柔以仁惠，威懷允著，寬猛相濟。遷北軍中候，典司禁戎，董導羣帥，明鑒審于官材，淸風激于在位，義正形于聲色，衆望儼而祇畏，故六軍之正咸富，而誦謳之言莫至。遷兖州刺史，加輕車將軍，流化河濟，馳風區外，翰音振于天末，遺謌嗚于兖會。退邇肅齊，萬里是賴。寢疾彌畱，乞還京輦，徵拜議郎。享年六十，太康二年秋八月丁巳薨。悠悠縉紳，莫不傷心，愷天道之無誠，哀邦家之喪鎭。天子乃命使者奉策追贈右軍將軍印綬，諡曰僖侯。于是故吏殿中監申揚等相與永思盛德，言時計功，昔穢父鐫烝夷之景，魯人著泮宮之頌，乃伐石建碑，刊表茂績，俾淸風奮于百世，遺光流乎無窮。其辭曰：

峩峩嵩嶽，中夏之鎭。於鑠僖侯，含德之純。英齊宣朗，窮理入神。龍蟠道淵，振曜景雲。北臨裔邦，百族時雝。登讚聖皇，五典克從。西宰舊京，威風折衝。還司六軍，肅淸天工。出牧萬里，玄化潛通。委辭名位，帝嘉厥庸。追贈寵服，以顯高蹤。勒銘金石，日月是同。太康四年七月十日辛未造。（隸續四）

晉梁王妃王氏陵碑

妃諱粲，字女儀，東萊曲城人也。齊北海府君之孫，（案：齊當作晉，或齊下有闕。王基父翁早卒，甘露中追贈北海太守。）司空東武景侯之季女。咸熙元年嬪于司馬氏，泰始二年妃于國，太康五年薨，營陵于新蒙之陽。（下有）太康九年立碑。（水經睢水注）

晉護羌校尉彭祈碑

君諱祈，字子玄，隴西襄武人也。其先出自顓頊，有陸終之裔子大彭，實主夏盟，君則其後也。

歷郡右職州別駕從事。于時庸蜀未殄。侵擾王路。洮西之戰。因敗還奇。元帥獲安。起厭彊虜。列上功狀。除舍人。還參本軍事。除涼州護軍。河右未清。戎寇鼎沸。謀謨神略。簡在帝心。遷西郡太守。至官未久。復臨酒泉。遠夷望風。繈負歸命。白山丁令。率衆賓貢。敦煌令孤豐。距違王度。淵泉之陣。兵不血刃。毋老弟亡。辭職去官。聖上仁慈。聽君所求。轉略陽太守。近家就養。遂擢大鴻。侍喪還家。服紀終始。有詔以單州始分。河右未清。豺狼肆虐。授君節蓋。除護羌校尉。統攝涼□上前後軍功。應封七侯。勞謙退讓。陰德不伐。年未知命。以太康十年三月癸酉薨。天子愍悼。遣使者監護喪事。策曰。君秉心公亮。所莅有方。不幸殞歿。朕甚痛惜。故孝廉參護羌軍事酒泉馬翔、改吏部郎中綦毋蕃、主簿郭曉、員吏夏侯俊等追思洪烈。感想□嗟。乃刊石勒銘焉。

晉平西將軍周處碑

君諱處。字子隱。義興陽羨人也。氏自炅與。煥乎墳典。華宗往茂。蟬其簡書。啟三十之洪基。源流定鼎。運八百之遠祚。枝葉封桐。軒蓋列于漢庭。蟬冕播于陽羨。二南之價。傳不朽而紛敷。大韶之音聲無微而必顯。山高海闊。其在斯焉。祖賓。少折節。早亡。吳初召諮議參軍。舉郡上計。轉爲州辟從事別駕、步兵校尉、光祿大夫、廣平太守。父魴。少好學。舉孝廉、吳寧國長、奮威長史、懷安錢塘縣侯、丹陽西部屬國都尉、立節校尉、拜裨將軍三部都督、太中大夫、臨川豫章鄱陽太守。君晉故散騎常侍新平廣漢二郡太守、封關內侯。稽緘揚名。臺閣標著。風化之美。奏課爲能。應往路謳□□□□亭亭孤美。灼灼橫劭。徇高位于生前。思垂名于身後。遂以卒意不遑。應期出輔。洋洋之風。俯冠來葉。巍巍之盛。仰總前賢。君乃早孤。不弘禮制。年未弱冠。膂力絕于天下。妙氣挺于人間。騎獵無疇。時英式慕。縱情肆欲。俗弊不欣。鄉曲誣其害名。改節播其聲譽。遂來吳事余厥弟。嶷然受誨。向道朝聞。方勵志而涅詩書。便好學而尋子史。文章綺合。藻思羅開。吳朝州縣交辟。太子洗馬。東觀左丞。中書右丞。五官郎中。左右國史。靖恭夙夜。恪居官次。遷尚書僕射、東觀令太常卿。無難督。匡熙庶績。朝廷諮盡。使持節大都督。塗中京下諸軍事。封章浦亭侯。國猶多士。君實得賢。汪洋庭闕之傍。昂藏寮寀之上。射獸功猶見題。刺蛟名乃遠揚。忠烈道自克修。義節情還永布。琳琅梓杞。琟璧棟梁。君著默語三十篇。及風土記。并撰吳書。于是吳平入晉。王渾登建業宮。釃酒既酣。因謂君曰。諸人亡國之餘。得無戚乎。君對曰。漢末分崩。三方鼎立。魏滅于前。吳亡于後。亡國之戚。豈惟一人。渾乃大慙。仕晉稍遷總統。初入拜諮議郎。除討虜護軍新平太守。撫和戎狄。叛羌歸附。雍土美之。轉爲廣漢太守。郡多滯訟。有經三十年不決者。處立評其枉直。一朝決遣。以母年老罷歸。尋除楚內史。未之官。徵散騎常侍。處曰。古人辭大不辭小。乃先之楚。而郡既經喪亂。新舊雜居。風俗未一。處敦以教義。又檢屍無主。及白骨在野。收而葬之。然後就徵。遠近稱歎。及居近侍。多所規諷。遷御史中丞。正繩直筆。凡所糾劾。不避寵戚。梁王肜違法。處深文案之。及氐人齊萬年反。朝臣惡其強直。皆曰。處吳之名將子也。忠烈果毅。庶僚振肅。英情天逸。遠性霞騫。陝北留棠。遂有二天之詠。荊南渡虎。猶標十部之書。尋轉散騎常侍輕車將軍。迴輪出于新平。士女揮淚。褰帷望于廣漢。雞犬靡喧。振茲威略。宣其惠和。晉京遷仰。部從迎欽。是時氐賊作逆。有衆七萬。屯于梁山。朝廷推賢。以君才兼文武。詔授建威將軍。以五千兵奉辭西討。忠槩盡節。不顧身命。乃賦詩曰。去去世事已。策馬觀西戎。藜藿甘粱黍。期之克令終。言畢而戰。自旦及暮。斬首萬級。弦絕矢盡。播糸不救。左右勸退。處案劍怒曰。此是吾效節授命之日。何以退爲。我爲大臣。以身殉國。不亦可乎。韓信背水之軍。未追得喻。工輪縈帶之勢。早擬連蹤莫不梯山架壑繈負來歸戎士杆其封疆農人展其耕織秋風才起追戰勇于雷霆春水方生揮鍤同于雲雨有脫文立功立事名濟名臣者乎。元康九年舊疾增加奄捐館舍春秋六十有二天子以大臣之葬師傅之禮親臨殯壞建武元年冬十一月甲子追贈平西將軍封清流亭侯謚曰孝禮也賜錢百萬葬地一頃京城地五十畝爲第又賜王家田五頃詔曰處母年老加以遠施遠人服每憫念給其醫藥酒米賜以終年以太興二年歲在己卯正月十日葬于義興舊原南瞻荆岳崇峻極之巍峩北睇蛟川濬清流之澄澈娶同郡盛氏有四子靖玘札碩並皆志性純孝過禮喪親墳前之樹染淚先枯庭際之禽聞悲乃下遂作銘曰

周南著美岐山表靈葉繁漢室枝茂晉庭皎皎夫子奇特播名幼有異行世存風烈早馳問望晚懷耿節頗尚豪雄昇名禁闥捨爵策勳允歸明哲輝赫大晉封豕多故式揚廟略克清天步海濱既折江淮亦泝漢水作藩條章斯布俗哥撥日人謠何暮忠貞作相追蹤絳侯將亭嘉茂據掩芳猷潛光陽甸返旆吳邑舊闕雖入鄉路冥浮從榮制墓終非晝遊春壚以綠清淮自流深沈素嶹繚繞朱旐玄堂寂寂黄泉悠悠書方易折家揭難留鐫茲幽石萬代千秋。碑拓本。案碑在宜興孝侯廟題陸機撰王義之書唐元和六年義興縣令陳從諫重樹據文有太興二年語明非陸機撰反覆觀之其辭儷對偶當屬舊文餘則唐人以新修晉書及他說添補今以舊文當格其添補文旁注以別異之。

九山廟碑

九顯靈府君者太華之元子陽九列名號曰九山府君也南據嵩嶽北帶洛瀍晉元康二年九月太歲在戌。案此謂月太歲也大典本如此近刻作太歲庚午誤。帝遺殿中中郎將關內侯樊廣緱氏令王與主簿傅演奉宣詔命興立廟殿焉。水經洛水注。

百蟲將軍顯靈碑

將軍姓伊氏諱益字隤敳帝高陽之第二子伯益者也晉元康五年七月七日順人吳義等建立堂廟永康元年二月二十日刻石立頌贊示後賢。水經洛水注。

張蒼梧碑

君諱鎮字義遠吳國吳人忠恕寬明簡正貞粹泰安中除蒼梧太守討王含有功封興道縣侯。世說排調篇注張蒼梧是張憑之

之下疑有闕字

陸邁碑

邁字功高吳郡人器識清敏風檢澄峻累遷振威太守尚書吏部郎。

周闓墓磚文

晉升平四年三月四日太學博士陳留邦雍丘縣周墟里周闓字道舒妻活晉潯陽太守譙國龍垣縣柏逸字茂長小女父晉安成太守鷹揚男諱嶠字永時。稱泉日記下法華人發古冢得磚皆有刻字又嚴下放言法華山發古冢得一磚刻。

太社祝文

地德普施惠存無疆乃建太社保佑萬邦悠悠四海咸賴嘉祥。宋書禮志四元帝建武元年又依洛京作二社其太社之祝云云。

帝社祝文

坤德厚載王畿是保乃建帝社以神地道明祝惟辰景福來造。同上其帝社之祝云云。

帝冠祝文

令月吉日始加元服皇帝穆穆思弘衮職欽若昊天六合是式率遵祖考永永無極眉壽惟祺介茲景福。晉書禮志下宋書禮志一通典五十六。

兩足虎文

武形有彪金獸失儀聖主應天斯異何爲。晉書五行志中太康六年南陽獻兩足虎此毛蟲之孽謠者爲其文言兆亂也。

題鄴城門

大事解散。暫欲還。請且歸赴時務。昔以義來。今以義去。若復有急更相語。晉書成都王穎傳。雷義募將士既久。咸怨曠思歸。或有輒去者。乃題鄴城門云云。穎知不可留。乃遣之。

全晉文卷一百四十六終

烏程嚴可均校輯

前趙

劉淵

淵字元海。新興匈奴人。左賢王劉豹子。魏末爲侍子在洛陽。太康中代父豹爲左部帥。拜北部都尉。楊駿輔政。㠯爲建威將軍五部大都督。封漢光鄉矦。元康末坐事免。成都王穎表行寧朔將軍監五部軍事。永興初爲冠軍將軍。封盧奴伯。尋拜北單于。參丞相軍事。行至左國城。自稱漢王。改元元熙。都離石。永嘉二年僭卽皇帝位。國號曰漢。改元永鳳。其明年改元河瑞。㠯晉永嘉四年死。在位七年。謚曰光文皇帝。廟號高祖。

卽漢王位下令

昔我太祖高皇帝㠯神武應期。廓開大業。太宗孝文皇帝重㠯明德。昇平漢道。世宗孝武皇帝拓土攘夷。地過唐日。中宗孝宣皇帝搜揚儁乂。多士盈朝。是我祖宗道邁三王。功高五帝。故卜年倍于夏商。卜世過于姬氏。而元成多僻。哀平短祚。賊臣王莽滔天篡逆。我世祖光武皇帝誕資聖武。恢復鴻基。祀漢配天。不失舊物。俾三光晦而復明。神器幽而復顯。顯宗孝明皇帝肅宗孝章皇帝累葉重暉。炎光再闡。自和安已後。皇綱漸頹。天步艱難。國統頻絕。黃巾海沸于九州。羣閹毒流于四海。董卓因之。肆其狂勃。曹操父子。凶逆相尋。故孝愍委棄萬國。昭烈播越岷蜀。冀否終有泰。旋軫舊京。何圖天未悔禍。後帝窘辱。自社稷淪喪。宗廟之不血食。四十年于茲矣。今天誘其衷。悔禍皇漢。使司馬氏父子兄弟迭相殘滅。黎庶塗炭。靡所控告。孤今猥爲羣公所推。紹修三祖之業。顧茲尪闇。戰惶靡厝。但㠯大恥未雪。社稷無主。銜膽棲冰。勉從衆議。晉書載紀劉元海傳。十六國春秋一。

致王彌書

㠯將軍有不世之功。超時之德。故有此迎耳。遲望將軍之至。孤今親行將軍之館。輒拂席洗爵。敬待將軍。晉書王彌傳。十六國春秋九。

劉粲

粲字士光。劉聰太子。㠯晉太興元年嗣僞位。改元漢昌。爲其臣靳準所殺。謚曰隱帝。

請殺愍帝表

子業若死。民無所望。則不爲李矩趙固之用。不攻而自破矣。十六國春秋四。案崔鴻原書久亡。今本係明屠喬孫項琳之二人裒輯羣書。更加緝造。其所載文翰。都有所本。然亦有未詳出處者。並錄之俟攷。後皆放此。

劉曜

曜字永明。淵從兄子。歷仕至相國都督中外諸軍事。㠯晉太興元年卽僞位。改元光初。其明年改國號曰趙。在位十三年。爲石勒所滅。

下令議除漢宗廟改國號

蓋聞王者之興。必禘始祖。我皇家之先。出自夏后。居于北夷。世跨燕朔。光文㠯漢有天下歲久。恩德結于庶民。故立漢祖宗之廟。㠯懷民望。昭武因循。遂未悛革。今欲除宗廟。改國號。御㠯大單于爲太祖。亟議㠯聞。十六國春秋五。

下書追贈崔岳等

蓋褒德惟舊。聖后之所先。念惠錄孤。明王之盛典。是㠯世祖草創河北。而致封于嚴尤之孫。魏武勒兵梁宋。追慟于橋公之墓。前新贈大司徒烈愍公崔岳、中書令曹恂、晉陽太守王忠、太子洗馬劉綏等。或識朕于童亂之中。或濟朕于艱窘之極。言念君子。實傷我心。詩不云乎。中心藏之。何日忘之。岳漢昌之初。雖有褒贈。屬否運之際。禮章莫備。今可贈岳使持節侍中大司徒遼東公。恂大司空南郡公。毅左光祿大夫平昌公。忠鎮軍將軍安平侯。竝加散騎常侍。但皆巳暴夷滅。申哀莫由。有司其速班訪岳等子孫。授以茅土。稱朕意焉。（晉書載記劉曜傳。十六國春秋五）

下書封喬豫和苞

二侍中懇懇有古人之風烈矣。可謂社稷之臣也。非二君。朕安聞此言乎。夫以孝明于承平之世。四海無虞之日。尙納鍾離一言。而罷北宮之役。況朕之闇眇。當今極弊。而可不敬從明誨乎。今敕悉停壽陵制度。一遵霸陵之法。詩不云乎。無言不酬。無德不報。今封豫安昌子。苞平輿子。竝領諫議大夫。可敷告天下。使知區區之朝。思聞過也。自今法政有不便于時。不利社稷者。其詣闕極言。勿有所諱。（晉書載記劉曜傳。十六國春秋五）

劉娥

娥字麗華。劉殷女。聰既僭位。召爲右貴嬪。尋拜爲后。死謚武宣皇后。

手疏啟救陳元達

伏聞將爲妾營殿。今昭德足居。鷃儀非急。四海未一。禍難猶繁。動須人力資財。尤宜愼之。廷尉之言。國家大政。夫忠臣之諫。豈爲身哉。帝王拒之。亦非顧身也。妾仰謂陛下上尋明君納諫之昌。下忿闇主距諫之禍。宜賞廷尉以美爵。酬廷尉以列土。如何不惟不納。而反欲誅之。陛下此怒由妾而起。廷尉之禍由妾而招。人怨國疲。咎歸于妾。距諫害忠。亦妾之由。自古敗國喪家。未始不由婦人者也。妾每覽古事。忿之忘食。何意今日妾自爲之。後人之觀妾。亦猶妾之視前人也。復何面目仰侍巾櫛。請歸死此堂。以塞陛下誤惑之過。（晉書列女劉聰妻劉氏傳。聰將起鷃儀殿。其廷尉陳元達切諫。聰大怒。將斬之。娥在後堂私敕左右停刑。手疏啟云云。又見十六國春秋八。與此多異。）

劉易

易。劉聰子。封河間王。爲車騎大將軍。進太尉。拜太宰。以諫不用忿恚死。

諫用宦官王沈等表

臣聞善人者。乾坤之紀。政教之本也。邪佞者。宇宙之螟蝗。王化之蟊賊也。故文王以多士基周。桓靈以羣閹亡漢。國之興亡。未有不由于此也。自古明王之世。未嘗有宦者與政。武元安順。豈足爲故事乎。今王沈等乃處常伯之位。握生死予奪于中。勢傾海內。愛憎任之。矯弄詔旨。欺誣日月。內諂陛下。外佞相國。威權之重。侔于人主矣。王公見之駭目。卿宰望塵下車。銓衡迫之。選舉不復以實。士以屬舉。政以賄成。多樹姦徒。殘毒忠善。知王琰等忠臣。必盡節于陛下。懼其姦萌發露。陷之極刑。陛下不垂三察。猥加誅戮。怨感穹蒼。痛入九泉。四海悲惋。賢愚傷懼。沈等皆刀鋸之餘。背恩忘義之類。豈能如士人君子。感恩展效。以荅乾澤也。陛下何故親近之。何故貴任之。昔齊桓公任易牙而亂。孝懷委黃皓而滅。此皆覆車于前。殷鑒不遠。比年地震日蝕。雨血火災。皆沈等之由。願陛下割翦兇醜與政之流。引尙書御史朝省萬機。相國與公卿五日一入會議政事。使大臣得極其言。忠臣得逞其意。則眾災自弭。和氣呈祥。今遺晉未殄。巴蜀未賓。石勒潛有跨趙魏之志。曹嶷密有王全齊之心。而復以沈等助亂大政。陛下心腹四支。何處無患。復誅巫咸。戮扁鵲。臣恐遂成桓侯膏肓之疾。後雖欲療之。其如病何。請免沈等官。付有司定罪。（晉書載記劉聰傳。太宰劉易及大將軍劉敷御史大夫陳元達金紫光祿大夫王延等詣闕諫云云。聰以表示沈等笑之。又見十六國春秋二。）

王彌

彌字子固。東萊人。惠帝末。妖賊劉伯根以爲長史。伯根死。劉淵以爲鎮東大將軍。青徐二州牧。都督緣海諸軍事。尋爲司隸校尉。加侍中特進。進征東大將軍。封東萊公。後爲石勒所殺。

書賀石勒

公獲苟晞而用之。何其神妙。使晞爲公左。彌爲公右。天下不足定也。晉書王彌傳勒擒苟晞㠯爲左司馬彌謂勒云云又載記石勒傳作僞卑辭使謂勒十六國春秋九作乃㠯書賀勒又十一作使賀勒

陳元達

元達字長宏。後部人。劉淵僭號。徵爲黃門郎。劉聰時轉廷尉。拜御史大夫。㠯諫不用自殺。

諫起鵾儀樓

臣聞古之聖王。愛國如家。故皇天亦祐之如子。夫天生烝民。而樹之君者。使爲之父母㠯刑賞之。不欲使殿屎黎元而逸蕩一人。晉氏闇虐。視百姓如草芥。故上天剿絕其祚。乃眷皇漢。蒼生引領息肩。懷更蘇之望有日矣。我高祖光文皇帝靖言惟茲。痛心疾首。故身衣大布。居不重茵。先皇后嬪服無綺綵。重逆羣臣之請。故建南北宮焉。今光極之前。足㠯朝羣臣饗萬國矣。昭德溫明已後。足可㠯容六宮列十二等矣。陛下龍興已來。外殄二京不世之寇。內興殿觀四十餘所。重之以饑饉疾疫。死亡相屬。兵疲于外。民怨于內。爲之父母。固若是乎。伏聞詔旨將營鵾儀。中宮新立。誠臣等樂爲子來者也。竊㠯大難未夷。宮宇麤給。今之新營。尤實非宜。臣聞太宗承高祖之業。惠呂息役之後。㠯四海之富。天下之殷。尚惜百金之費而輟露臺。歷代垂美。爲不朽之迹。故能斷獄四百。擬于成康。陛下之所有。不過太宗二郡地耳。戰守之備者。豈僅匈奴南越而已哉。孝文之廣。思費如彼。陛下之狹。欲損如此。愚臣所㠯敢昧死犯顏色。冒不測之禍者也。晉書載記劉聰傳又十六國春秋二多出七十餘字。

王鑒

鑒仕劉聰至尚書令。㠯諫被戮。

諫立左皇后

澤當作擇　造周之周當作舟　質當作寶

臣聞王者之立后也。將㠯上配乾坤之性。象二儀敷育之義。生承宗廟。母臨天下。亡配后土。執饋皇姑。必澤世德名宗。幽閑淑令。乃副四海之望。稱神祇之心。是故周文造周。姒氏㠯興。關雎之化饗。則百世之祚永。孝成任心縱欲。㠯婢爲后。使皇統亡絕。社稷淪傾。有周之隆。既如彼矣。大漢之禍。又如此矣。從麟嘉㠯來。亂淫于色。縱沈之女弟。刑餘小醜。猶不可塵瓊寢汙淸廟。況其家婢邪。六宮妃嬪。皆公子公孫。奈何一旦㠯婢主之。何異象榱玉質而對腐木朽楹哉。臣恐無福于國家也。晉書載記劉聰傳中常侍王沈養女年十四有妙色聰立爲左皇后尚書令王鑒中書監崔懿之中書令曹恂等諫云云聰覽之大怒皆斬之又見十六國春秋四

康相

相仕劉聰爲太史令。

言天

虵虹見彌天。一岐南徹。三日並照。客星入紫宮。此皆大異。其徵不遠也。今虹達東西者。許洛㠯南不可圖也。一岐南徹者。李氏當仍跨巴蜀。司馬叡終據全吳之象。天下其三分乎。月爲胡王。皇漢雖苞括二京。龍騰九五。然世雄燕代。肇基北朔。太陰之變。其在漢域乎。漢既據中原。厤命所屬。紫宮之異。亦不在他。此之深重。何可盡言。石勒鴟視趙魏。曹嶷狼顧東齊。鮮卑之衆。星布燕代。齊代燕趙。皆有將大之氣。願陛下㠯東夏爲慮。勿顧西南。吳蜀之不能北侵。猶大漢之不能南向也。今京師寡弱。勒衆精盛。若盡趙魏之銳。燕之突騎自上黨而來。曹嶷率三齊之衆㠯繼之。陛下將何㠯抗之。紫宮之變。何必不在此乎。願陛下早爲之所。無使兆人生心。陛下誠能發詔。外㠯遠追秦皇漢武循海之事。內爲高祖圖楚之計。無不克矣。晉書載記劉聰傳又十六國春秋四

喬豫　和苞

豫苞並仕劉曜爲侍中。豫封安昌子。苞平輿子。並領諫議大夫。

上疏諫營作

臣聞人主之興作也。必仰準乾象。俯順人時。是以衛文承亂亡之後。宗廟社稷。漂流無所。而猶上候營室。以構楚宮。彼其急也。猶尚若茲。故能成康叔武公之迹。以延九百之慶也。奉詔書將營酆明觀。市道芻蕘。咸以非之。曰一觀之功。可以平涼州矣。又奉敕旨。復欲擬阿房而建西宮。模瓊臺而起淩霄。此則費萬酆明。功億前役也。以此功費。亦可以吞吳蜀。翦齊魏矣。陛下何爲于中興之日。而蹤亡國之事。自古聖王。人誰無過。陛下此役。實爲過舉。過貴在能改。終之實難。又伏聞敕旨。將營建壽陵。周迴四里。下深二十五丈。以銅爲棺槨。黃金飾之。恐此功費。非國內所能辦也。且臣聞堯葬穀林。市不改肆。顓頊葬廣陽。下不及泉。聖王之所終也。如是秦皇下錮三泉。周輪七里。身亡之後。毀不旋踵。闇主之所終也。如此向魋石槨。孔子以爲不如速朽。王孫倮葬。識者知其矯世。自古無不亡之國。不掘之墓。聖王知厚葬之招害也。故不爲之。臣子之于君父陵墓。豈不欲高峻如山岳哉。但以保全始終。安固萬世爲優耳。自喪亂以來。漢帝諸陵。咸見踐辱。惟霸陵獨全。此雖太宗之至達。抑亦釋之之功。自喪亂已下三十一字從十六國春秋補。與亡奢儉。固然于前。惟陛下覽之。晉書載記劉曜傳。又見十六國春秋五。

闕名

中丘城寺碑

大和上佛圖澄願者。天竺大國罽賓小王之元子。本姓溼。所以言溼者。思潤理國。澤被無外。是以號之爲溼。封氏聞見記八。邢州內丘縣西古中丘城寺有碑。後趙石勒光初五年所立也。碑云云。案光初乃趙劉曜年號。是時石勒尚奉趙劉。故碑題光初五年也。

白玉文

皇亡皇亡敗趙昌。井水竭。構五梁。咢酉小衰困囂喪。嗚呼嗚呼。赤牛奮靷其盡乎。晉書載記劉曜傳。終南山崩。長安人劉終于崩所得白玉。方一尺。有文字云云。又見水經渭水注中。又十六國春秋六。

全晉文卷一百四十七終

烏程嚴可均校輯

後趙

石勒

勒字世龍。初名匐。上黨武鄉羯人。惠帝末。從汲桑爲盜。桑死。歸劉淵。爲輔漢將軍平晉王。淵僭號。授持節平東大將軍。進安東大將軍。尋授鎮東大將軍。封汲郡公。劉聰嗣位。授征東大將軍并州刺史。尋授幽州牧。又授冀州牧。進封本國上黨郡公。加侍中。又加崇爲陝東伯。劉曜嗣位。署大司馬大將軍。加九錫。進爵趙公。㠯晉大興二年自稱趙王。都襄國。至晉咸和三年。改元太和。其明年。擒劉曜。又明年僭卽皇帝位。改元建平。徙都臨漳。㠯咸和七年死。在位十五年。謚曰明皇帝。廟號高祖。

下令絕劉曜

孤兄弟之奉劉家。人臣之道過矣。若微孤兄弟。豈能南面稱朕哉。根基既立。便欲相圖。天不助惡。使假手靳準。孤惟事君之體。當資舜求瞽瞍之義。故復推崇令主。修好如初。何圖長惡不悛。殺奉誠之使。帝王之起。復何常邪。趙王趙帝。孤自取之。名號大小。豈其所節邪。晉書載紀石勒傳上。又十六國春秋十三。

下令論功

自孤起軍。十六年于茲矣。文武將士從孤征伐者。莫不蒙犯矢石。備嘗艱苦。其在葛陂之役。厥功九著。宜爲賞之先也。若身見存。爵封輕重。隨功位爲差。死事之孤。賞加一等。庶足㠯慰答存亡。申孤之心也。晉書載紀石勒傳下。又十六國春秋十三。

下令起建德殿

去年水出巨材。所在山積。將皇天欲孤繕修宮宇也。其擬洛陽之太極。起建德殿。遣從事中郎任汪帥使工匠五千。採木㠯供之。晉書載紀石勒傳下。又十六國春秋十三。

復武鄉令

武鄉吾之豐沛。萬歲之後。魂靈當歸之。其復之三世。晉書載紀石勒傳下。

獲黑兔下令

案記讖。白兔爲瑞。此黑兔何祥。外檢舊典。十六國春秋十二 太和元年二月。

擒劉曜下令

所欲擒者一人耳。今已獲之。其敕將士抑鋒止銳。縱其歸命之路。晉書載紀石勒傳下。又十六國春秋十三。

下書拒石虎等勸稱尊號

孤猥㠯寡德。忝荷崇寵。夙夜戰惶。如臨深薄。豈可假尊竊號。取譏四方。昔周文㠯三分之重。猶服事殷朝。小白居一匡之盛。而尊崇周室。況國家道隆殷周。孤德卑二伯哉。其亟止斯議。勿復紛紜。自今敢言。刑茲無赦。晉書載紀石勒傳上。又十六國春秋十三。

下書採集律令之要

今大亂之後。律令煩滋。其採集律令之要。爲施行條制。晉書載紀石勒傳上。又十六國春秋十三。

下書國人

國人不聽報嫂。及在喪婚娶。其燒葬令如本俗。晉書載紀石勒傳下。又十六國春秋十三。

下書賜陳武妻

昔周之興也。四乳八子。今武妻一乳四子。可爲慶過姬祥。美比晷日。二儀諧暢。和氣所致。其賜乳婢一口。穀一百石。雜綵四十匹。庶㠯肅迎嘉祥。十六國春秋十三。黎陽人陳武妻一產三男一女。勒下書。又見晉書載紀石勒傳下。少始末六句。

下書修祖氏墳墓

祖逖屢爲邊患。逖北州士望也。儻有首丘之思。其下幽州修祖氏墳墓。爲置守冢二家。晉書載紀石勒傳下。又十六國春秋十三。

諸當作睹

下書八座

自今有疑難大事。八座及委丞郎齊詣東堂。詮詳平決。其有軍國要務須啟者。有令僕尚書隨局入陳。勿避寒暑昏夜也。晉書載紀石勒傳下。又十六國春秋十三。

又下書

自今諸有處法。悉依科令。吾所忿戮。怒發中旨者。若德位已高。不宜行刑晉書作誅。罰或服勤死事之孤。邂逅罹譴。門下皆各列奏之。吾當思擇而行也。晉書載紀石勒傳下。又十六國春秋十三。

下書招賢

令公卿百寮歲薦賢良方正直言秀異至孝廉清各一人。對策上第者拜議郎。中第中郎。下第郎中。其舉人得遞相薦引。廣招賢之路。晉書載紀石勒傳下。又十六國春秋十三。

下書議復寒食

寒食既并州之舊風。朕生其俗。不能異也。前者外議以子推諸侯之臣。王者不應為忌。故從其議。儻或由之而致斯災乎。子推雖朕鄉之神。非法食者亦不得亂也。尚書其促檢舊典。定議以聞。晉書載紀石勒傳下。又十六國春秋十三。

報劉琨

事功殊途。非腐儒所聞。君當逞節本朝。吾自夷難為效。晉書載紀石勒傳上。又十六國春秋十一。逞諸作效節。

石虎

虎字季龍。勒從子。拜征虜諸軍。署魏郡太守。封繁陽侯。勒稱趙王。遷侍中。封中山公。勒僭號。授太尉守尚書令。進封中山王。石弘嗣位。拜丞相魏王大單于。加九錫。以晉咸康元年自稱居攝趙天王。改元建武。其三年僭稱大趙天王。以晉永和五年僭即皇帝位。改元太寧。在位十五年。石遵時謚曰武皇帝。廟號太祖。

上石勒疏勸進

臣等聞有非常之度。必有非常之功。有非常之功。必有非常之事。是以三代陵遲。五伯迭興。靜難濟時。績侔睿古。伏惟殿下天縱聖哲。誕膺符運。鞭撻宇宙。弼成皇業。普天率土。莫不來蘇。嘉瑞徵祥。日月相繼。物望去劉氏。威懷于明公者十分而九矣。今山川夷靜。星辰不孛。夏海重譯。天人係仰。誠應升御中壇。即皇帝位。使攀附之徒蒙尺寸之潤。請稱大將軍大單于領冀州牧趙王。晉書無此十三字。依漢昭烈在蜀魏王在鄴故事。以河內、魏、汲、頓丘、平原、清河、鉅鹿、常山、中山、長樂、樂平十一郡。并前趙國、廣平、陽平、章武、渤海、河間、上黨、定襄、范陽、漁陽、武邑、燕國、樂陵十三郡。合二十四郡。戶二十九萬為趙國。封內依舊改為內史。準禹貢魏武復冀州之境。南至盟津。西達龍門。東至于河。北至于塞垣。以大單于鎮撫百蠻。罷并朔司三州。通置部司以監之。伏願欽若昊天。垂副羣望也。晉書載紀石勒

傳上。石季龍及張敬、張賓、左右司馬張屈六、程遐、文武等一百二十九人上疏云云。又見十六國春秋十三。

敕敬佛圖澄

司空李農朝夕親問。太子諸公五日一朝。表朕敬焉。高僧傳九。法苑珠林七十六。又十六國春秋二十一。

敕麻秋

受降如待敵。將軍慎之。晉書載記石虎傳上。段遼遣使詐降。虎使征東麻秋百里郊迎。敕秋云云。又見十六國春秋十五。

下書稱居攝趙天王

王室多難。海陽自棄。四海任重。故俛從推逼。朕聞道合乾坤者稱皇。德協人神者稱帝。皇帝之號。非所敢聞。一作稱。且可稱居攝趙天王。以副天人之望。晉書載紀石虎傳上。又十六國春秋十五。

下書以錢穀麥贖刑

刑贖之家。得以錢代財帛。無錢聽以穀麥。皆隨時價輸水次倉。晉書

載紀石虎傳上又見十六國春秋十五。

下書尊佛圖澄

和尚國之大寶，榮爵不加，高祿不受，榮爵匪顧，何以旌德？從此以往，宜衣以綾錦，乘以雕輦，朝會之日，和尚升殿，常侍以下悉助舉輿，太子諸公扶翼而上，主者唱大和尚至，衆坐皆起，以彰其尊。高僧傳九，法苑珠林七十六，又十六國春秋二十一。

下書清定選制

三載考績，黜陟幽明，斯則先王之令典，政事之通塞。魏始建九品之制，三年一清定之，雖未盡弘美，亦縉紳之清律，人倫之明鏡。從爾以來，遵用無改。先帝創臨天下，黃紙再定，至于選舉，銓為首格。自不清定，三載于茲。主者其更銓論，務揚清激濁，使九流咸允也。吏部選舉，可依晉氏九班選制，永為揆法。選畢，經中書門下宣示三省，然後施行之。其著此詔書于令，銓衡不奉行者，御史彈坐以聞。晉書載紀石虎傳上，又見十六國春秋十五。

下書拒上尊號

過相褒美，猥見推逼，覽增恧然，非所望也。其亟止茲議。今東作告始，自非京城內外，皆不得表慶。晉書載紀石虎傳六，又十六國春秋十五。

下書問中書令

佛號世尊，國家所奉，閭里小人無爵秩者，應得事佛與否？又沙門皆應高潔貞正，行能精進，然後可為道士。今沙門甚衆，或有奸宄避役，多非其人，可料簡詳議真偽。高僧傳九，廣弘明集六，又十六國春秋十五。

下書聽百姓為道士

度議云：佛是外國之神，非天子諸華所可宜奉。朕生自北鄙，忝當期運，君臨諸夏，至于饗祀，應兼從本俗。佛是戎神，正所應奉。夫制由上行，永世作則，苟事允無虧，何拘前代？其夷趙百蠻，有舍于淫祀，樂事佛者，悉聽為道士。高僧傳九，晉書佛圖澄傳，廣弘明集六，又十六國春秋十五。

因災異下書

朕在位六載，不能上和乾象，下濟黎元，以致星虹之變。其令百僚各上封事，解西山之禁，蒲葦魚鹽除歲供之外，皆無所固，公侯卿牧不得規占山澤，奪百姓之利。晉書載紀石虎傳上。時大旱，白虹經天，虎下書云云。又十六國春秋十六。

又下書

前以豐國、澠池二治初建，徙刑徒配之，權救時務，而主者遂為恆法，致起怨聲。自今罪犯流徙，皆當申奏，不得輒配也。京獄見囚非手殺人一皆原遣。晉書載紀石虎傳上，又十六國春秋十六。

因天變下書求極言

蓋古明王之理天下也，政以均平為首，化以仁惠為本，故能允協人和，緝熙神物。朕以眇薄，君臨萬邦，夕惕朝乾，思遵古烈，是以每下書蠲除徭役，休息黎元，庶俯懷百姓，仰稟三方。而中年已來，變眚彌顯，天文錯亂，時氣不應，斯由人怨于下，譴感皇天。雖朕之不明，亦羣后不能翼獎之所致也。昔楚相修政，洪災旋弭；鄭卿勵道，氛祲自消。皆股肱之良，用康羣變。而羣公卿士各懷道迷邦，拱默成敗，豈所望于台輔百司哉？其各上封事，極言無隱。晉書載紀石虎傳上。時白虹出自太社，經鳳陽門，東南連天，十餘刻乃滅，虎下書云云。又見十六國春秋十六。

石遵

遵字大祗，石虎第九子。石弘時封齊王，石虎僭位，封彭城王。石世嗣位，以為左丞相，尋廢世，以晉永和五年僭即皇帝位，改元青龍，在位一百八十三日，為石鑒所殺。

假劉氏令　劉氏，劉曜幼女，虎以為皇后，生子世。

嗣子幼沖，先帝私恩所授，皇業至重，非所克堪，其以遵嗣位。晉書載紀石遵傳。

冉閔

閔字永曾，小字棘奴，魏郡內黃人。㠯父冉良為虎養子，因姓石。拜建節將軍，封修成侯，歷北中郎將、游擊將軍，還征虜將軍，封武興郡公。石遵僭位，為輔國大將軍，督中外諸軍、錄尚書事。石鑒僭位，為大將軍，封武德王。㠯晉永和六年殺鑒，僭即皇帝位，改元永興，國號魏。在位三年，燕慕容恪擒斬之，謚曰武悼天王。

攻斬孫伏都等下令

內外六夷敢稱兵仗者斬之。（晉書載紀石虎傳下，又十六國春秋十八）

令城內

近日孫劉構逆，支黨伏誅，良善一無與也。今日已後，與官同心者留，不同心者各任所之。（十六國春秋十八，晉書載紀石虎傳下有末二句）

頒令斬胡

內外趙人斬一胡首送鳳陽門者，文官進位三等，武職悉拜牙門。（晉書載紀石虎傳下，又十六國春秋十八）

下令改國號姓

死當作易姓

孔子曰：死而王，七月者七十有三國，繼趙李讖書炳然，且德星鎮衞，宜改國號曰魏，復姓冉氏。（十六國春秋十九）

遣使臨江告晉

胡逆亂中原，今已誅之，若能共討者，可遣軍來也。（晉書載紀冉閔傳，又十六國春秋十九）

續咸

咸字孝宗，上黨人。師事杜預。永嘉中歷廷尉平、東安太守。劉琨承制，㠯為從事中郎。後沒于石勒，為理曹參軍、律學祭酒，拜廷尉。至石虎時卒，年九十七，贈儀同三司。有遠遊志十卷、異物志十卷、汲冢古文釋十卷。

上石勒書諫營新宮

臣聞唐虞之治，采椽茅茨，土階三尺，彰美于詩書；漢文惜百金不

營露臺，稱之于千古。迨夏商之瓊臺瑤陛，楚之章華，秦之阿房，貲財內竭，華夷外叛。（十六國春秋十二，建平三年）

夔安

安為石勒將，累遷左司馬。勒僭號，㠯為尚書，遷鎮軍將軍。石弘嗣位，領左僕射。石虎居攝，㠯為侍中、太尉、守尚書令，尋拜太保。

因獲玄玉璽又勸進

臣等謹案：大趙水德，玄龜者，水之精也；玉者，石之寶也；分之數㠯象七政，寸之紀㠯準四極，昊天成命，不可久違。輒下史官擇吉日，具禮儀，謹昧死上皇帝尊號。（晉書載紀石虎傳上：虎稱大趙天王，武鄉長城徙人韓彊獲玄玉璽，方四寸七分，龜紐金文，詣鄴獻之，拜彊騎都尉，復其一門。夔安等又勸進云云。又見十六國春秋十五）

韋謏

謏字憲道，京兆人。仕石勒，為黃門郎。石虎㠯為散騎常侍，歷守七郡，徵廷尉，四登九列，六在尚書，三為侍中，再為太子太傅，封京兆公。冉閔僭位，拜光祿大夫，見殺，追贈大司徒。

諫石虎微行

臣聞千金之子，坐不垂堂；萬乘之主，行不履危。陛下雖天生神武，雄據四海，乾坤冥贊，萬無所慮，然白龍魚服，有豫且之禍；海若潛游，罹葛陂之酷。願陛下清宮蹕路，思二神為元鑒，不可忽天下之重，輕行斤斧之間。一旦有狂夫之變，龍騰之勇不暇施也，智士之計豈及設哉！又自古聖王之營建宮室，未始不于三農之隙，所㠯不奪農時也。今或盛功于耘藝之辰，或煩役于收穫之月，頓斃屬途，怨聲塞路，誠非聖君仁后所忍為也。昔漢明賢君也，鍾離一言而德陽役止。臣誠識慙昔士，言無可採，陛下道越前王，所宜哀覽。（晉書載紀石虎傳上：虎畋獵無度，晨出夜歸，又多微行，躬察作役之所，侍中韋謏諫云云。又見十六國春秋十六）

啟諫冉閔（題從晉書載紀冉閔傳）

胡羯皆我之仇敵，今來歸附，苟存性命耳。萬一為變，悔之何及。請

誅屛降胡，去單于之號，以防微杜漸。十六國春秋二十二韋謏傳。閔拜其子胤爲大單于，以降胡一千處之麾下，謏諫云云。晉書載紀冉閔傳作韋謏，而不載其文。

駁寒食議

案春秋藏冰失道，陰氣發洩爲雹。自子推已前，雹者復何所致？此自陰陽乖錯所爲耳。且子推賢者，曷爲暴虐如此？求之冥趣，必不然矣。今雖爲冰室，懼所藏之冰不在固陰沍寒之地，多皆川池之側，氣洩爲雹也。以子推忠賢，令縣介之間奉之爲允，于天下則不通矣。晉書載紀石勒傳下。十六國春秋十二。

王度

度，大原人，仕石虎，爲中書著作郎。

奏禁奉佛

夫王者郊祀天地，祭奉百神，載在祀典，禮有常饗。佛出西域，外國之神，功不施民，非天子諸華所應祀奉。往漢明感夢，初傳其道，惟聽西域人得立寺都邑，以奉其神，其漢人皆不得出家。魏承漢制，亦循前軌。今大趙受命，率由舊章，華戎制異，人神流別，外不同內，饗祭殊禮，華夏服禮，不宜雜錯。國家可斷趙人悉不聽詣寺燒香禮拜，以遵典禮。其百辟卿士，下逮衆隸，例皆禁之。其有犯者，與淫祀同罪。其趙人爲沙門者，還從四民之服。高僧傳九。晉書佛圖澄傳。又御覽六百五十三。

引晉書。又廣宏明集六。又十六國春秋十五。

扇上銘

朱明赫曦，光啟融，來清風，服締綌，雲露體，爽神自融。初學記三。

王擢

擢，仕石虎，爲鎮遠將軍。苻健入關，奔張重華，爲征東大將軍。

表免雍秦望族戍役

雍秦二州望族，自東徙已來，遂在戍役之例，既衣冠華冑，宜蒙優免。晉書載紀石虎傳上。又十六國春秋十五。

王波

波，仕石虎，爲中書令，徙中書監，爲趙攬所譖，賜死，追贈司空。

還李宏還蜀事議

今李宏以死自誓，若得返魂蜀漢，當鳩率宗族，混同王化。若遣而果也，則不煩一旅之師，而坐定梁益。就有進退，豈在逃命一夫？壽既號並日月，跨僭一方，今若制詔，或敢酬反，則取誚戎裔。宜書答之，并贈以楛矢，使壽知我遐荒必臻也。晉書載紀石虎傳上。李壽致書請之，題曰趙王石君，虎不悅，中書將李宏自晉奔于石虎，壽監王波議云云。又見十六國春秋十六。

申鍾

鍾，仕石虎，至司徒。

諫任石宣石韜

慶賞刑威，后皇攸執，名器至重，不可以假人，皆以防姦杜漸，以示軌儀。太子國之儲貳，朝夕視膳，而不及政也。庶人邃往以聞政致敗，殷鑒不遠，宜革而弗遵。且二政分權，鮮不及禍。周有子頹之釁，鄭有叔段之難，此皆由寵之不道，所以亂國害親。惟陛下覽之。晉書載紀石虎傳上。又見十六國春秋十六。案文云覽之，知非口諫。

闕名

西門豹祠堂東石柱銘

趙建武中所脩也。水經濁漳水注。

華山玉版文

歲在申酉，不絕如綫。歲在壬子，眞人乃見。晉書載紀慕容儁傳。初，石虎使人探策于華山，得玉版文。又見十六國春秋二十七。

全晉文卷一百四十八終

全晉文卷一百四十九

烏程嚴可均校輯

前燕

慕容廆

廆字奕洛瓌，昌黎棘城鮮卑人。武帝時襲父涉歸位為鮮卑單于。惠帝時，王浚承制以為散騎常侍、冠軍將軍、前鋒大都督、大單于。愍帝以為鎮軍將軍、昌黎遼東二國公。元帝承制以為假節、散騎常侍、都督遼左雜夷流人諸軍事、龍驤將軍、大單于、昌黎公，竝不受。大興中拜監平州諸軍事、安北將軍、平州刺史，尋加使持節、都督幽平二州東夷諸軍事、車騎將軍、平州牧，進封遼東郡公。成帝即位，加侍中，位特進，又加開府儀同三司，不受。咸和八年卒，策贈大將軍，謚曰襄。慕容儁僭號，追謚曰武宣皇帝。

與陶侃牋

明公使君轂下：振德耀威，撫寧方夏，勞心文武，士馬無恙，欽高仰止，注情彌久。王途崄遠，隔以燕越，每瞻江湄，延首遐外。天降艱難，禍害屢臻，舊都不守，奄為虜庭，使皇輿遷幸，假勢吳楚。大晉啟基，祚流萬世，天命未改，玄象著明，是以義烈之士深懷憤踴。猥以功薄，受國殊寵，上不能掃除羣羯，下不能身赴國難，仍縱賊臣屢逼京輦。王敦倡禍于前，蘇峻肆毒于後，凶暴過于董卓，惡逆甚于傕汜。普天率土，誰不同忿？深怪文武之士過荷朝榮，不能滅中原之寇，刷天下之恥。君侯植根江陽，發曜荊衡，杖葉公之權，有包胥之志，而令白公五員殆得極其暴，竊為丘明恥之。區區楚國，子重之徒猶恥君弱臣強（晉書無此二字，臣上有羣字。），不及先大夫，厲己戒眾，以服陳鄭。越之種蠡尚能弼佐句踐，取威黃池。況今吳土英賢比肩，而不闇輔翼聖主，陵江北伐，以義聲之直，討逆暴之羯，檄命舊都之士，

忘字衍

招懷存本之人，豈不若因風振落，頓坂走輪哉？且孫氏之初，以長沙之眾摧破董卓，志匡漢室，雖中罹寇害，雅志不遂，原其誠心，乃忽身命。及權據揚越，外杖周張，內憑顧陸，拒魏赤壁，克取襄陽。自茲以降，世主相襲，咸能侵逼徐豫，令魏朝旰忘食。不知今之江表為賢儁匿智，藏其勇略，邪將呂蒙、淩統高蹤曠世哉？況今凶羯虐暴，中州人士逼迫勢促，顛沛之危甚于累卵，假號之彊，眾心所去，敵有釁矣，易可震蕩。王郎、袁術雖自詐僞，皆基淺根微，禍不旋踵，此皆君侯之所見聞者矣。王司徒清虛寡欲，善于全己，昔曹參亦崇此道，著畫一之稱也。庾公居元舅之尊，處申伯之任，超然高蹈，明智之權。廆于寇難之際，受大晉累世之恩，自恨絕域，無益聖朝，徒繫心萬里，望風懷憤。今海內之望，足為楚漢輕重者，惟在君侯。若戮力盡心，悉五州之眾，據兗豫之郊，使向義之士倒戈釋甲，則羯寇必滅，國恥必除。廆在一方，敢不竭命？孤軍輕進，不足使勒畏

首畏尾，則懷舊之士欲為內應，無由自發故也。故遠陳寫，言不盡宣。（晉書載紀慕容廆傳，又見十六國春秋二十三。）

慕容皝

皝字元真，廆第三子。建武初拜冠軍將軍、左賢王，封望平侯。太寧末拜平北將軍，進封朝鮮公。廆卒，嗣位，行平州刺史。明年，成帝遣使拜鎮軍大將軍、平州刺史、大單于、遼東公。咸康七年，策拜燕王。永和四年卒。慕容儁僭號，追謚文明皇帝。

上晉成帝表

臣究觀前代昏明之主，若能親賢竝建，則政致昇平；若親黨后族，必有傾辱之禍。是以周之申伯號稱賢舅，以其身藩于外，不握朝權。降及秦昭，足為令主，委信二舅，幾至亂國。逮于漢武，推重田蚡，萬機之要，無不決之。及蚡死後，切齒追恨。成帝闇弱，不能自立，內惑豔妻，外恣五舅，卒令王莽坐取帝位。每覽斯事，孰不痛惋？設使

舅氏賢若穰侯王鳳則但聞有二臣不聞有二主若其不才則有竇憲梁冀之禍凡此成敗亦既然矣苟能易轍可無覆墜陛下命世天挺當隆晉道而遭國多難殷憂備嬰追述往事至今焚灼迹其所由實因故司空亮居元舅之尊勢業之重執政裁下輕侮邊將故令蘇峻祖約不勝其忿遂致敗國至令太后發憤一旦升遐若社稷不靈人神無助豺狼之心當可極耶前事不忘後事之表而中書監左將軍冰等內執樞機外擁上將昆弟並列人臣莫儔陛下深敦渭陽冰等自宜引領臣常謂世主若欲榮顯舅氏何不封以藩國豐其祿賜限其勢利使上無偏優下無私論如此榮辱何從而生噂嗒何辭而起往者惟亮一人猶有名望尚致召變況今居之者素無聞焉且人情易惑難以戶告縱令陛下無私于彼天下之人誰謂不私乎臣與冰等名位殊班出處懸邈又國之戚昵理應降悅以適事會臣獨矯抗此言者上為陛下退為冰計疾苟容之臣坐鑒得失顛而不扶焉用彼相昔徐福陳霍氏之戒宣帝不從至令忠臣更為逆族良由察之不審防之無漸臣今所陳可謂防漸矣但恐陛下不明臣之忠不用臣之計事過之後更處焦爛之日耳王章劉向每上封事未嘗不指斥王氏故令二子或死或刑谷永張禹依違不對故容身苟免取譏于世臣被髮殊俗位為上將夙夜惟憂罔知所報惟當外殄寇讎內盡忠規陳力輸誠以荅國恩臣若不言誰當言者（晉書載紀慕容皝傳又十六國春秋二十五）

後當作日

日當作後

上言征慕容仁

正月十二日臣躬征平郭遠假陛下天地之威將士竭命精誠感靈海為結冰凌行海中三百餘里臣自立國及問諸故老云初無海水凍冰之歲（初學記七御覽六十七又六十八並引王隱晉書又見十六國春秋二十四）

下令賜封裕

覽封記室之諫孤實懼焉君以黎元為國黎元以穀為命然則農

者國之本也而二千石令長不遵孟春之令惰農弗勸宜以九不修闕者措之刑法肅厲屬城主者明詳推檢具狀以聞苑囿悉可罷之以給百姓無田業者貧者全無資產不能自存各賜牧牛一頭若私有餘力樂取官牛墾官田者並依晉魏舊法溝洫溉灌有益官私主者量造務盡水陸之勢中州未平兵難不息勳誠既多官僚不可以減也待克平兇醜徐更議之百工商賈數四佐與列將速定大員餘者還農學生不任訓教者亦除員祿夫人臣闕言于人主至難也妖妄不經之事皆應蕩然不問擇其善者而從之王憲劉明雖罪應禁黜亦由孤之無大量也可悉復本官仍居諫司封生蹇蹇深得王臣之體詩不云乎無言不酬其賜錢五萬宣示內外有欲陳孤過者不拘貴賤勿有所諱（晉書載紀慕容皝傳又十六國春秋二十五）

下令罪宋該

夫孝廉者道德沈敏貢之王庭偏往助叛徒迷固之罪至王威臨討憑城醜詈此則悖逆之甚者也奈何舉之剖符于朝何所取信該下吏可正四歲刑偏行財祈進虧亂王典可免官禁錮終身（御覽六百五十一引前燕錄遼東內史宋該舉韓偏為孝廉慕容皝令云云又見今十六國春秋三十一）

與庾冰書

君以椒房之親舅氏之昵總據樞機出內王命兼擁列將州司之位昆弟網羅顯布畿甸自秦漢以來隆赫之極豈有若此者乎以吾觀之若功就事舉必享申伯之名如或不立將不免梁竇之迹矣每觀史傳未嘗不寵恣母族使執權亂朝先有殊世之榮尋有負乘之累所謂愛之適足以為害吾嘗忿歷代之主不盡防萌終寵之術何不業以一土之封令藩國相承如周之齊陳如此則永保南面之尊復有黜辱之憂乎竇武何進好善虛己賢士歸心雖為閹豎所危天下嗟痛猶有能履以不驕圖國亡身故也方今四

海有倒懸之急中夏遘僭逆之寇家有濺血之怨人有復讐之憾盜得安枕逍遙雅談卒歲邪吾雖寡德過蒙先帝列將之授以數郡之人尚欲并吞強虜是以自頃及今交鋒接刃一時務農三時用武而猶師徒不頓倉有餘粟敵人日畏我境日廣況乃王者之威堂堂之勢豈可同年而語哉 晉書載紀慕容皝傳又十六國春秋二十五

與顧和書

今致繡韈一量 御覽四百七十八作一雙又六百九十八 繡靴一量 御覽八百十五 餦餭十斤 御覽八百五十八 人參十斤 御覽九百九十一 麻黃五斤 御覽九百九十三

慕容儁

儁字宣英皝第二子小字賀賴跋皝為燕王拜假節安北將軍東夷校尉左賢王燕世子皝死嗣位建元燕元以晉永和八年僭卽皇帝位改元二元璽光壽以晉升平四年死在位十一年諡曰景昭皇帝廟號烈祖

手令赦常煒

卿本不為生計孤以州里相存耳今大亂之中諸子盡至豈非天所念邪天且念卿況于孤乎 十六國春秋二十六

下令追崇祖考

追崇祖考古人之令典也其追尊武宣王廆為高祖武宣皇帝文明王皝為太祖文明皇帝 十六國春秋二十六

下書定冠冕制

周禮冠冕體制君臣略同中世以來亦無常體今特制燕平上冠悉賜廷尉以下使瞻冠思事刑斷詳平諸公冠悉顏裹屈竹錦纏作公字以代梁處施之金璵令僕尚書置璵而已中祕監令別施珠璵庶能敬慎威儀示民軌則 十六國春秋二十七

慕容暐

暐字景茂儁第三子以晉升平四年僭卽皇帝位改元建熙在位十一年為秦苻堅所擒封新興侯署尚書平南將軍別部都督後謀殺堅為堅所誅慕容德僭號追諡幽皇帝

位當作佐

荅慕容恪慕容評

朕以不天早傾乾覆先帝所託惟在二公二公懿親碩德勳高魯衛翼贊王室輔導朕躬宣慈惠和坐而待旦虔誠夕惕美亦至矣故能外掃羣凶內清九土四海晏如政和時洽雖宗廟社稷之靈抑亦二公之力也今關右有未賓之氐江吳有遺燼之虜方賴謀猷混盪六合豈宜虛己謙沖以違委任之重王其割二疏獨善之小以成公旦補袞之大 晉書載紀慕容暐傳又十六國春秋二十八

夫建德者必以終善為名位命者則以功成為效二公與先帝開構洪基膺天明命將廓夷羣醜紹復隆周之迹今災眚橫流乾光墜曜朕以眇躬猥荷大業不能上成先帝遺志致使二虜遊魂所以功未成也豈宜沖退且古之王者不以天下為榮憂四海若荷擔然後仁讓之風行則比屋而可封今道化未純鯨鯢未殄宗廟之重非惟朕身二公所憂也當思所以盪濟兆庶靖難敦風垂美將來俾蹤周漢不宜崇飾常節以違至公 晉書載紀慕容暐傳又十六國春秋二十八

下書祈雨

朕以寡德莅政多違亢陽三時光陰錯緒農植之辰而零雨莫降其令有司徹樂大官以菜食常供祭奠 十六國春秋二十八

慕容翰

翰字元邕廆之庶長子為建威將軍鎮遼東及皝嗣位畏禍奔段遼又奔宇文歸後逃還皝忌之賜死

上言宜討素連木津等

求諸侯莫如勤王自古有為之君靡不杖此以成事業者也今連津跋扈王師覆敗蒼生屠膾豈甚此乎豎子外以龐本為名內實幸而為寇封使君以誅本請和而毒害滋深遼東傾沒垂已二周

中原兵亂州師屢敗勸王杖義今其時也單于宜明九伐之威救倒懸之命數逆津之罪合義兵以誅之上則興復遼邦下則并吞二郡忠義彰于本朝私利歸于我國此則吾鴻漸之始也終可以得志于諸侯。晉書載紀慕容廆傳又十六國春秋二十三與此小異。

慕容恪

恪字玄恭皝第四子爲盪寇將軍遷度遼將軍儁嗣位以爲輔國將軍及儁僭號拜侍中衞將軍封太原王大司馬假節大都督錄尚書事暐嗣位拜太宰以晉太和二年卒謚曰桓王

因水旱表請遜位

臣以朽闇器非經國過荷先帝拔擢之恩又蒙陛下殊常之遇猥以輕才竊位宰銊不能上諧陰陽下釐庶政致使水旱愆和彝倫失序轅弱任重夕惕惟憂臣聞王者則天建國辨方正位司必量才官惟德舉台傅之重參理三光苟非其人則靈曜爲虧尸祿貽殃負乘招悔由來常道未之或差以姬旦之勳聖猶近則二公不悅遠則管蔡流言況臣等寵緣戚來榮非才授而可久點天官塵蔽賢路是以中年拜表披陳丹款聖恩齒舊未忍遐棄奄冉偷榮愆責彌厚自待罪鼎司歲餘辰紀忝昌宰衡七載于茲雖乃心經略而思不周務至令二方干紀跋扈未庭同文之詠有慙盛漢深乖先帝託付之規甚違陛下垂拱之義臣雖不敏竊聞君子之言敢忘虞廷遜賢之美輒循兩疏知止之分謹送太宰大司馬太傅司徒章綬惟垂昭許。晉書載紀慕容暐傳時暐境內多水旱慕容恪慕容評竝稽首歸政請遜位還第云云暐不許遜斷其讓表恪評等乃止又見十六國春秋二十八。

魯昌

昌代郡人仕慕容廆爲征虜將軍

說慕容廆通使勸進琅邪

今兩京傾沒天子蒙塵琅邪承制江東實人命所係明公雄據海朔跨總一方而諸部怙衆稱兵未遵道化者蓋以官非王命又自以爲彊今宜通使琅邪勸承大統然後敷宣帝命以伐有罪誰敢不從。晉書載紀慕容廆傳又十六國春秋二十三。

韓恆

恆字景山安平灌津人師事同郡張載永嘉之亂避地遼東徙昌黎慕容廆召拜參軍出爲新昌令皝嗣位復參軍事遷營丘太守儁嗣位徵爲諮議參軍加揚烈將軍及僭號以爲中書令太子太傅

駁宋該等議表請廆爲燕王

自羣胡乘間人嬰荼毒諸夏蕭條無復綱紀明公忠武篤誠憂勤社稷抗節孤危之中建功萬里之外終古勤王之義未之有也夫立功者患信義不著不患名位不高故桓文有寧復一匡之功亦不先求禮命以令諸侯今宜繕甲兵候機會除羣凶清四海功成之後九錫自至且要君以求寵爵者非爲臣之義也。晉書載紀韓恆傳又十六國春秋二十三又三十一。

封抽

抽渤海蓚人爲幽州參軍慕容廆引爲長史遷東夷校尉

上疏陶侃府請封慕容廆爲燕王

自古有國有家鮮不極盛而衰自大晉龍興克平崏會神武之略邁蹤前史惠皇之末后黨構難禍結京畿釁成公族遂使羯逆乘虛傾覆諸夏舊都淪滅山陵掘毀人神悲悼幽明發憤昔獫狁之強匈奴之盛未有如今日羯逆之暴跨躡華夷盜稱尊號者也天授有晉挺拔英傑車騎將軍慕容廆自弱冠莅國忠于王室明允恭肅志在立勳屬海內分崩皇輿遷幸元皇中興初唱大業肅祖繼統蕩平江外廆雖限以山海隔以羯寇翹首引領係心京師常假寤寐欲憂國忘身貢篚相尋連舟載路馬不稅駕動成義舉今

猲寇滔天怙其醜類樹基趙魏跨略燕齊廆雖率義衆誅討大逆然管仲相齊猶曰寵不足以御下況廆輔翼王室有匡霸之功而位卑爵輕九命未加非所以寵異藩翰敦獎殊勳者也方今詔命隔絶王路嶮遠貢使往來動彌年載今燕之舊壤北周沙漠東盡樂浪西暨代山南極冀方而悉爲虜庭非復國家之域將佐等以爲宜遠遵周室近準漢初進封廆爲燕王行大將軍事上以總統諸部下以割損賊境使冀州之人望風向化廆得祗承詔命率合諸國奉辭夷逆以成桓文之功苟利社稷專之可也而廆固執謙光守節彌高每詔所加讓動積年非將佐等所能敦逼今區區所陳不欲苟相崇重而愚情至心實爲國計。晉書載紀慕容廆傳廆與陶侃箋并齎其東夷校尉封抽行遼東相韓矯等三十餘人疏上侃府云云又見十六國春秋二十三。

封裕

裕抽子仕慕容皝爲記室參軍。

諫慕容皝

臣聞聖王之宰國也薄賦而藏于百姓分之以三等之田十一而稅之寒者衣之飢者食之使家給人足雖水旱而不爲災者何也高選農官務盡勸課人治周田百畝亦不假牛力力田者受旌顯之賞惰農者有不齒之罰又量事置官量官置人使官必稱須人不虛位度歲入多少裁而敵之供百僚之外藏之太倉三年之耕餘一年之粟以斯而積公用于何不足水旱其如百姓何雖務農之令屢發二千石令長莫有志勤在公銳盡地利者故漢祖知其如此以墾田不實徵殺二千石以十數是以明章之世號次昇平自永嘉喪亂百姓流亡中原蕭條千里無煙飢寒流隕相繼溝壑先王以神武聖略保全一方威以殄姦德以懷遠故九州之人塞表殊類繈負萬里若赤子之歸慈父流人之多于舊士十倍有餘人殷地狹故無田者十有三四焉殿下以英聖之資克廣先業南摧彊趙東滅句驪拓境三千。增戶十萬繼武闡廣之功有高西伯。宜悉罷諸苑以業流人人至而無資產者賜之以牧牛。人既殿下之人牛豈失乎善藏者藏于百姓若斯而已矣邇者深副樂士之望中國之人皆將壺飧奉迎石虎誰與居乎且魏晉雖道消之世猶削百姓不至于七八特官牛田者官得六分百姓得四分私牛而官田者與官中分百姓安之人皆悅樂臣猶曰非明王之道而況增乎且水旱之厄堯湯所不免王者宜濬治溝澮循鄭白西門史起溉灌之法旱則決溝爲雨水則入于溝瀆上無雲漢之憂下無昏墊之患句驪百濟及宇文段部之人皆兵勢所徙非如中國慕義而至咸有思歸之心今戶垂十萬狹湊都城恐方將爲國家深患宜分其兄弟宗屬徙于西境撫之以恩檢之以法使不得散在居人知國之虛實今中原未平資畜宜廣官司猥多游食不少一夫不耕歲受其飢必取于耕者而食之一人食一人之力游食

數萬損亦如之安可以家給人足治致昇平殿下降覽古今之事多矣政之巨患莫甚于斯其有經略出世才稱時求者自可隨須置之列位非此已往其耕而食蠶而衣亦天之道也殿下聖性寬明思言若渴故人盡芻蕘有犯無隱前者參軍王憲大夫劉明並竭忠獻款以貢至言雖頗有逆鱗意在無責主者奏以妖言犯上致之于法殿下慈弘包納恕其大辟猶削黜禁錮不齒于朝其言是也殿下固宜納之如其非也宜亮其狂狷罪諫臣而求直言亦猶北行詣越豈有得邪右長史宋該等阿媚苟容輕劾諫士已無骨鯁嫉人之有掩蔽耳目不忠之甚四業者國之所資教學者有國盛事習戰務農尤其本也百工商賈猶其末耳宜量軍國所須置其員數已外歸之于農教之戰法學者三年無成亦宜歸之于農不可徒充大員以塞聰儁之路臣之所言當也願速施行非也登加罪戮使天下知朝廷從善加流罰惡不掩王憲劉明忠臣也

掩當作淹

顧宥㤮鱗之愆。收其藥石之效。晉書載紀慕容皝傳。又十六國春秋二十五。

皇甫真

真字楚季。安定朝那人。慕容廆以為遼東國侍郎。皝嗣位。遷平州別駕。免。後以破麻秋功拜奉車都尉。守遼東營丘二郡。儁嗣位。徵為典書令。遷尚書左僕射。暐嗣位。拜冠軍將軍。從平呂護。拜鎮西將軍、并州刺史、護匈奴中郎將。徵拜侍中光祿大夫。進司空。領中書監。累遷太尉侍中。燕亡入秦。為奉車都尉奉朝請。

上疏請征呂護

輒以家奴婢五十口。馬七十匹。牛四十頭。以供軍資。十六國春秋三十二。

上疏請防秦

苻堅雖聘使相尋。託輔車為諭。然抗均鄰敵。勢同戰國。明其甘于取利。無慕善之心。終不能守信存和。以崇久要也。頃來行人累續。兼師出洛川。夷險要害。具之耳目。觀虛實以措姦圖。聽風塵而伺國隙者。寇之常也。今吳王外奔。為其謀主。伍員之禍。不可不慮。洛陽、并州、壺關諸城。並宜增兵益守。以防未兆。晉書載紀慕容暐傳。又十六國春秋二十九。

鞠彭

彭為樂浪太守。後拜大長秋。

戒子殷書

王彌曹嶷必有子孫。汝善招撫。勿尋舊怨。以長亂源。十六國春秋三十一。鞠殷傳。

常煒

煒廣甯人。仕冉閔為大司馬從事中郎。襄國之敗。歸慕容儁。儁僭號。以為廷尉監。

上言祖父未葬者權宜銓選

大燕雖革命創制。至于朝廷銓謨。亦多因循魏晉。惟祖父不殯葬者獨不聽官身清朝。斯誠王教之首。不刊之式。然禮貴適時。世或損益。是以高祖制三章之法。秦人安之。自頃中州喪亂。遭兵積年。或遇傾城之敗。覆車之禍。坑師沈卒。往往而然。孤孫煢子。十室而九。兼三方岳峙。父子異邦。存亡吉凶。杳成天外。或便假一時。或依嬴博之制。孝子糜身無補。順孫心喪靡及。雖招魂虛葬以敘罔極之情。又禮無招葬之文。令不此載。若斯之流。抱琳琅而無申。懷英才而不齒。誠可痛也。恐非明揚側陋。務盡時珍之道。吳起二陳之疇。終將無所展其才幹。漢祖何由免于平城之圍。郅支之首。何以懸于漢闕。謹案戊辰詔書。蕩清瑕穢。與天下更始。以明惟新之慶。五六年間。尋相違伐。于則天之體。臣竊未安。晉書載紀慕容儁傳。又十六國春秋二十七。

明岌

岌為黃門郎。

將死誡其子

吾所以在此朝者。非要貴也。直是避禍全身耳。葬可埋圓石于吾墓前。首引之云。晉有微臣明岌之冢。以遂吾本志也。北堂書鈔一百六十引三十國春秋。

申胥

胥仕慕容儁。為給事黃門侍郎。

上言定冠冕制

夫名尊禮重。先王之制。冠冕之式。代或不同。漢以蕭曹之功。有殊群辟。故履劍上殿。入朝不趨。世無其功。則禮宜闕也。至于東宮。體此為儀。魏晉因循。制不納舄。今皇嗣過謙。準同百僚。禮卑逼下。有違朝式。太子有統天之重。而與諸王齊冠遠遊。非所以辨章貴賤也。祭享朝慶。禮宜正服。袞衣九文。冠冕九旒。又仲冬長至。太陰數終。黃鐘產氣。綿微于下。此月閉關息旅。后不省方。禮記曰。是月也。

搆當作構

事欲静君子齊戒去聲色惟周官有天子之南郊從八能之説或㠯有事至靈非朝響之節故有樂作之禮王者愼微禮從其重前來二至闕鼓不宜有設今之鏗鏘蓋㠯常儀二至之禮事殊餘節猥動金聲驚越神氣施之宜養實爲未盡又朝服雖是古禮絳搆始于秦漢迄于今代遂相仍準朔望正旦乃具衮舄禮諸侯旅見天子不得終事者三雨沾服失容其在一焉今或朝日天雨未有定儀禮貴適時不在過恭近㠯地濕不得納舄而㠯衮襈改履案稱朝服所㠯服之而朝一體之間上下二制或廢或存實乖禮意大燕受命侔蹤虞夏諸所施行宜損益定之㠯爲皇代永制。晉書載紀慕容儁傳又十六國春秋二十七

申紹

紹仕慕容暐爲尚書左丞。

上疏陳時務

臣聞漢宣有言與朕共治天下者其唯良二千石乎是㠯特重此選必妙盡英才莫不拔自貢士歷資内外用能仁感猛獸惠致羣祥今者守宰或擢自匹夫兵將之間或因寵戚藉緣時會非但無聞于州閭亦不經于朝廷又無考績黜陟幽明貪惰爲惡無刑戮之懼淸勤奉法無爵賞之勸百姓窮弊侵賕無已兵士逋逃乃相招爲盜賊風頹化替莫相糾攝且吏多則政煩由來常患今之見戶不過漢之一大郡而備置百官加之新立軍號兼重有過往時虛假名位廢棄農業公私驅擾人無聊生宜并官省職務勸農桑秦吳二虜僭僞一時尚能任道捐情肅諸僞部況大燕累聖重光君臨四海而可美政或虧取陵奸寇哉鄰之有善衆之所望我之不脩彼之願也秦吳狡猾地居形勝非唯守境而已乃有吞噬之心中州豐實戶兼二寇弓馬之勁秦晉所憚雲騎風馳國之常也而比赴敵後機兵不速濟者何也皆由賦法靡恆役之非道郡縣

守宰每于差調之際無不舍越殷彊首先貧弱行留俱窘資贍無所人懷嗟怨遂致奔亡進闕供國之饒退離蠶農之要兵豈在多貴于用命宜嚴制軍科務先饒復習兵教戰使偏伍有常從戎之外足營私業父兄有陟岵之觀子弟懷孔邇之顧雖赴水火何所不從節儉約費先王格謨去華敦朴哲后恆憲故周公戒成王㠯畜財爲本漢文㠯皁幃變俗孝景宮人弗過千餘魏武寵賜不盈十萬薄葬不墳儉㠯率下所㠯割肌膚之惠全百姓之力謹案後宮四千有餘僮侍廝養通兼十倍日費之重價盈萬金綺縠羅紈歲增常調戎器弗營奢玩是務今帑藏虛竭軍士無襜褕之資宰相侯王迭㠯侈麗相尚風靡之化積習成俗臥薪之諭未足甚焉宜罷浮華非要之役峻明婚姻喪葬之條禁絶奢靡浮煩之事出傾宮之女均商農之賦公卿㠯下㠯四海爲家信賞必罰綱維肅舉者溫猛之首可懸之白旗秦吳二主可㠯禮之歸命豈唯不復侵寇而已哉陛下若不遠追漢宗弋綈之模近崇先帝補衣之美臣恐頹風弊俗亦革變靡途中興之歌無㠯軫之絃詠又柘守兼并不在一城之地控制戎夷者懷之㠯德今魯陽上郡重山之外雲陰之北四百有餘而未可㠯羈服塞表爲平寇之基徙孤危託落令善附内駭宜攝就并豫㠯臨二河通接漕穀擬之巨陵重晉陽之戍增南藩之兵戰守之備衒㠯千金之餌蓄力待時可一舉而滅如其虔劉送死俟入境而斷之可令匹馬不反非唯絶二賊闚闟乃是殲殄之要惟陛下覽焉晉書載紀慕容暐傳又見十六國春秋二十九

全晉文卷一百四十九終

全晉文卷一百五十

烏程嚴可均校輯

西燕

慕容泓

泓。前燕慕容暐弟。封濟北王。燕亡入秦。為北地長史。苻堅敗。起兵。自稱使持節大都督陝西諸軍事、大將軍、雍州牧、濟北王。領司徒。以晉太元九年改元燕興。明年為其下高蓋宿勤崇等所殺。

與苻堅書

秦為無道。滅我社稷。今天誘其衷。使秦師傾敗。將欲興復大燕。吳王已定關東。可速資備大駕。奉送家兄皇帝幷宗室功臣之家。泓當率關中燕人。翼衛乘輿。返還鄴都。與秦以虎牢為界。分王天下。永為鄰好。不復為秦之患也。鉅鹿公輕躁銳進。為亂兵所害。非泓之意。晉書載記苻堅傳下。泓遣使謂堅云云。堅召慕容暐責之曰。泓書如此。又見魏書慕容暐傳。又十六國春秋三十八。

慕容沖

沖。泓弟。小字鳳皇。封中山王。年十二而燕亡。苻堅納其姊清河公主。姊弟專寵。後為平陽太守。堅敗起兵。及泓被殺。嗣立為皇太弟。據阿房。以晉太元十年僭即皇帝位。改元更始。都長安。為其下段木延等所殺。

命詹事荅苻堅

皇太弟有令。孤今心在天下。豈顧一袍小惠。苟能知命。便可君臣束手。早送皇帝。自當寬待苻氏。以酬曩好。終不使既往之施。獨美于前。晉書載記苻堅傳下。堅遣使送錦袍一領遺沖。稱詔云云。沖命詹事荅之。亦稱云云。

後燕

慕容垂

垂字道明。一字叔仁。前燕慕容皝第五子。小字阿六敦。初名霸。字道業。改名缺。以讖記文去夬。以垂為名。皝時為平狄將軍。封都鄉侯。戍徙河。儁僭號。以為安東將軍。鎮常山。封吳王。徙鎮信都。以侍中右禁將軍錄留臺事。又為征南將軍。荊兗二州牧。再為司隸。暐嗣位。累遷車騎大將軍。為慕容評所忌。懼誅奔秦。苻堅以為冠軍將軍。封賓都侯。堅敗。自稱大將軍、大都督、燕王。建元燕元。以晉太元十一年僭即皇帝位。改元建興。都中山。至太元二十一年死。年七十一。在位十三年。謚曰成武皇帝。廟號世祖。

上苻堅表

臣才非古人。致禍起蕭牆。身嬰時難。歸命聖朝。陛下恩深周漢。猥叨微顧之遇。位為列將。爵忝通侯。誓在戮力輸誠。常恐不及。去夏桓沖送死。一擬雲消。迴討鄖城。俘馘萬計。斯誠陛下神算之奇。頗亦愚臣忘死之效。方將飲馬桂洲。懸旌閩會。不圖天助亂德。大駕班師。陛下單馬奔臣。臣奉衛匪貳。豈惟陛下聖明鑒臣單心。皇天后土實亦知之。臣奉詔北巡。受制長樂。然丕外失眾心。內多猜忌。令臣野次外庭。不聽謁廟。丁零逆豎。寇逼豫州。丕迫臣單赴。限以師程。惟給弊卒二千。盡無兵杖。復令飛龍潛為刺客。及至洛陽。平原公暉復不信納。臣竊惟進無淮陰功高之慮。退無李廣失利之愆。懼有青蠅交亂黑白。丁零夷夏以臣忠而見疑。乃推臣為盟主。臣受託善始。不遂令終。泣望西京。揮涕即邁。軍次石門。所在雲赴。雖復周武之會于孟津。漢祖之集于垓下。不期之會。實有甚焉。欲令長樂公盡眾赴難。以禮發遣。而丕固守匹夫之志。不達變通之理。臣息農收集故營。以備不虞。而石越傾鄴城之眾。輕相掩襲。兵陣未交。越已隕首。臣既單車懸軫。歸者如雲。斯實天符。非臣之力。且鄴者臣國舊都。應即惠及。然後西面受制。永守東藩。上成陛下遇臣之意。下全愚臣感報之誠。今進師圍鄴。幷喻丕以天時人事而丕不察機運。杜門自守。時出挑戰。鋒戈屢交。恆恐飛矢誤中。㠯傷陛下天性之念。臣之此誠。未簡神聽。輒遏兵止銳。不敢窮攻。夫運有推移。去來常事。惟陛下察之。晉書載紀慕容垂傳。又十六國春秋四十四。

上書請伐

石虎窮極凶暴。天之所棄。餘燼尚存。自相魚肉。今中國倒懸。企望仁恤。若大軍一舉。勢必倒戈。十六國春秋二十六。

濟河下令

吾本外假秦聲。內規興復。亂法者軍有常刑。奉命者賞不踰日。天下既定。封爵有差。不相負也。晉書載紀慕容垂傳。又十六國春秋四十三。

報丁零及西人令

翟王之功。宜居上輔。但臺既未建。此官不可便置。待六合廓清。當更議之。晉書載紀慕容垂傳。翟斌潛諷丁零及西人請斌爲尚書令。垂令云云。

遺令

方今禍難尚殷。喪禮一從簡易。朝終夕殯。事訖成服。三日之後。釋服從政。彊寇伺隙。祕勿發喪。至京然後舉哀行服。晉書載紀慕容垂傳。又十六國春秋四十五。

與僧朗書

皇帝敬問太山朗和尚。澄神靈緒。慈陰百國。凡在含生。孰不蒙潤。朕承藉纂統。方夏是膺。昔吳蜀不恭。魏武含慨。今二賊不平。朕豈獲安。又元戎剋興。征掃暴亂。至人通靈。隨權指化。願兵不血刃。四海混伏。委心歸誠。久敬何已。今遣使者送官絹百匹。袈裟三領。緜五十斤。幸爲呪願。廣弘明集三十五。又十六國春秋四十五。

慕容盛

盛字道運。垂孫。封長樂公。父寶嗣垂位。進爵爲王。寶爲蘭汗所殺。攻汗斬之。㠯長樂王稱制。改元建平。尋僭即皇帝位。㠯晉隆安五年爲其下段璣等所殺。在位四年。謚曰昭武皇帝。廟號中宗。

告成太廟令

賴五祖之休。文武之力。社稷幽而復顯。不獨孤㠯眇眇之身。免不同天之責。凡在臣民。皆當明目當世。十六國春秋四十七。

下令公侯贖罪不得㠯金帛

法例律。公侯有罪。得㠯金帛贖。此不足㠯懲惡而利于王府。甚無謂也。自今皆令立功㠯自贖。勿復輸金帛。十六國春秋四十七。

慕容農

農字道厚。小字惡奴。垂第三子。封遼西王。尋爲幽州牧。鎮龍城。徵拜侍中司隸校尉。移鎮鄴。寶嗣位。㠯爲并州牧。鎮晉陽。進左僕射。拜司空。領尚書令。復㠯大司馬領中軍。爲亂兵所殺。追謚曰桓烈。

在龍城上表

臣頃因征即鎮。所統將士。安逸積年。青徐荆雍。遺寇尚繁。願時代還。展竭微效。生無餘力。沒無餘恨。臣之志也。十六國春秋五十。

婁會

會仕慕容垂爲尚書郎。

上疏請聽吏終喪

三年之喪。天下之達制。兵荒殺禮。遂㠯一切取士。人心奔競。苟求榮進。至乃身冒縗絰。㠯赴時役。豈必徇忠于國家。亦昧利于其間也。聖王設教。不㠯顛沛而虧其道。不㠯喪亂而變其化。故能杜豪競之門。塞奔波之路。陛下鍾百王之季。廓中興之業。天下漸平。兵革方偃。誠宜鐲蕩瑕穢。率由舊章。吏曹大喪。聽終三年之禮。則四方知化。人斯服禮。晉書載紀慕容垂傳。又十六國春秋四十五。

南燕

慕容德

德字玄明。前燕慕容皝少子。儁嗣位。封梁公。歷幽州刺史左衞將軍。暐嗣位。進封范陽王。遷魏尹。加散騎常侍。拜征南將軍。燕亡入秦。爲張掖太守。免。尋爲奮威將軍。慕容垂稱燕王。以爲車騎大將軍。復封范陽王。寶嗣位。遷使持節都督冀兗青徐荆豫六州諸軍事、特進車騎大將軍、冀州牧。領南蠻校尉。鎮鄴。尋爲丞相承制。徙滑臺。稱元年。定魯齊。以晉隆安四年僭卽皇帝位。改元建平。都廣固。至晉義熙元年死。年七十。在位六年。謚曰獻武皇帝。

上慕容暐疏請圖關右

先帝應天順時。受命革代。方以文德懷遠。以一六合。神功未就。奄忽升遐。昔周文既沒。武王嗣興。伏惟陛下則天比德。揆聖齊功。方闡崇乾基。纂成先志。逆氐僭據關隴。號同王者。惡積禍盈。自相疑戮。釁起蕭牆。勢分四國。投誠請援。旬日相尋。豈非凶運將終。數歸有道。兼弱攻昧。取亂侮亡。機之上也。今秦土四分。可謂弱矣。時來運集。天贊我也。天與不取。反受其殃。吳越之鑒。我之師也。宜應天人之會。建牧野之旗。命皇甫真引幷冀之衆。徑趣蒲阪。臣垂引許洛之兵。馳解謏圍。太傅總京都武旅。爲二軍後繼。飛檄三輔。仁聲先路。獲城卽侯。微功必賞。此則鬱概待時之雄。抱志未申之傑。必岳峙灞上。雲屯隴下。天羅既張。內外勢合。區區僭豎。不走則降。大同之舉。今其時也。願陛下獨斷聖慮。無訪仁人。晉書載紀慕容暐傳苻堅將苻廋據陝降于暐。羣下議欲遣兵救廋。因圖關右。魏尹慕容德上疏。又見十六國春秋二十八。

下詔增名爲備德

漢宣憫吏民犯諱。故改名。朕今增一備字。以爲二名。庶開臣子避諱之路。十六國春秋六十三。

與僧朗書

皇帝敬問太山朗和尚。遭家多難。災禍屢臻。昔在建熙。王室西越。

賴武王中興。神武御世。大啟東夏。拯拔區域。遐邇蒙蘇。天下幸甚。天未忘災。武王卽宴。永康之始。西傾東蕩。京華主上播越。每思靈闕。屛營飲泣。朕以無德。生在亂兵。遺民未幾。纂承天祿。幸大和尚恩。神祇蓋護。使者送絹百疋。幷假東齊王。奉高山茌二縣封給。書不盡意。稱朕心焉。廣弘明集三十五。又十六國春秋六十三。

慕容超

超字祖明。德兄北海王納之子。德無子。立爲太子。以晉義熙元年僭卽皇帝位。改元太上。在位六年。劉裕執送建康市斬之。

下書議復肉刑

陽九數纏。永康多難。自北都傾陷。典章淪滅。律令法憲。靡有存者。綱理天下。此焉爲本。既不能導之以德。必須齊之以刑。且虞舜大聖。猶命咎繇作士。刑之不可已已也如是。先帝季興。大業草創。兵革尚繁。未遑修制。朕猥以不德。嗣承大統。撫御寡方。致蕭牆釁發。遂戎馬生郊。典儀寢廢。今四境無虞。所宜修定。尚書可召集公卿。至如不忠不孝若封嵩之輩。梟斬不足以痛之。宜致烹轘之法。亦可附之律條。納以大辟之科。肉刑者。乃先聖之經。不刊之典。漢文易之。輕重乖度。今犯罪彌多。死者稍衆。肉刑之于化也。濟育既廣。懲慘尤深。光壽建熙中。二祖已議復之。未及而晏駕。其令博士已上。參攷舊事。依呂刑及漢魏晉律令。消息增損。議成燕律。五刑之屬三千。而罪莫大于不孝。孔子曰。非聖人者無法。非孝者無親。此大亂之道也。轘裂之刑。烹煮之戮。雖不在五品之例。然亦行之自古。渠彌之轘。著之春秋。哀公之烹。爰自中代。世宗都齊。亦愍刑罰失中。咨嗟寢食。王者之有刑糾。猶人之有左右手焉。故孔子曰。刑罰不中。則民無所措手足。是以蕭何定法令而受封。叔孫通以制儀受奉常。立功立事。古之所重。其明議損益。以成一代準式。周漢有貢士之條。魏立九品之選。二者孰愈。亦可詳聞。晉書載紀慕容超傳。又十六國春秋六十四。

慕容鍾

鍾字道明，德從弟。封北地王，拜司徒。超嗣位，以爲都督中外軍事、錄尚書事，尋出爲青州牧，後爲公孫五樓所構，懼誅謀反，事敗奔姚興，興以爲始平太守，封歸義侯。

傳檄青州諸郡討辟閭渾

隆替有時，義列昝經，因難啟聖，事彰中錄。是以宣王龍飛于危周，光武鳳起于絶漢。斯蓋厤數大期，帝王之興廢也。自我永康多難，長鯨逸網，華夏四分，黎元五裂。逆賊辟閭渾父蔚，昔同段龕阻亂淄川。太宰東征，勦絶凶命，渾于覆巢之下，得蒙全卵之施，曾微犬馬識養之心，復襲凶父樂禍之志，盜據東秦，遠附吳越，剗剝黎元，委輸南海。皇上應期，大命再集，矜彼營丘，暫阻王略。故以七州之衆二十餘萬，巡省岱宗，問罪齊魯。昝韓信以裨將伐齊，有征無戰；

耿弇以偏師討步，克不移朔。況以萬乘之師，埽一隅之寇，傾山碎卵，方之非易。孤以不才，忝荷先驅，都督元戎一十二萬，皆烏垣突騎，三河猛士，奮劍與夕火爭光，揮戈與秋月競色。以此攻城，何城不克？以此衆戰，何敵不平？昝竇融以河西歸漢，榮被于後裔；彭寵盜逆漁陽，身死于奴隸。近則曹嶷跋扈，見禽于後趙；段龕干紀，取滅于前朝。此非古今之吉凶，已然之成敗乎？渾若先迷後悟，榮寵有加；如其敢抗王師，敗滅必無遺燼。稷下之雄，岱北之士，有能斬送渾首者，賞同佐命。脫履機不發，必玉石俱摧。晉書慕容德載記，又十六國春秋六十三。

韓範

範仕慕容德爲中書侍郎，超嗣位，累遷尚書令。劉裕伐燕，表爲散騎常侍。

上疏言伐桓玄

夫帝王之道，必崇經略，有其時，無其人，則弘濟之功或闕；有其人，無其時，則英武之志不伸。至于能成王業者，惟人時合也。自晉國内難，七載于茲，桓玄篡逆，虐踰董卓，神怒人怨，其殃積矣，可乘之機，莫過此也。以陛下之神武，經而緯之，驅樂奮之卒，接厭亂之機，譬猶聲發響應，形動影隨，未足比其易也。且江淮南北，戶口無幾，公私戎馬，不過數百，守備之事，蓋亦微矣。若以步騎一萬，建雷霆之舉，卷甲長驅，指臨江會，必望旗草偃，壺漿屬路，跨地數千，衆踰十萬，可以西并强秦，北抗大魏，拓境開疆，保寧社稷。正在今日。如使後機失會，豪傑復起，梟除桓玄，布惟新之化，遐邇既寧，物無異望，豈惟建業難屠，江北亦不可冀。機過患生，憂必至矣。天與不取，悔將及焉。惟陛下覽之。晉書慕容德載記，又十六國春秋六十三作韓諱議。

韓諱

諱，範弟，仕慕容德爲尚書右僕射。

上疏正戶籍

二寇逋誅，國恥未雪，關西爲豺狼之藪，揚越爲鴟鴞之林，二京社稷，鞠爲丘墟，四祖園陵，蕪而不守，豈非義夫憤歎之日，烈士忘身之秋！而皇室多難，威略未振，是使長蛇弗翦，封豕假息，人懷憤慨，常謂一日之安，不可以永久終朝之逸，無卒歲之憂。陛下中興大業，務在遵養，矜遷氓之失土，假長復而不役，愍黎庶之息肩，貴因循而不擾，斯可以保寧于營丘，難以經措于秦越。今羣凶僭逆，實繁有徒，據我三方，伺國瑕釁，深宜審量虛實，大校成敗，養兵厲甲，廣農積糧，進爲雪恥討寇之資，退爲山河萬全之固。而百姓因秦晉之弊，迭相蔭冒，或百室合戶，或千丁共籍，依託城社，不懼燻燒，公避課役，擅爲姦宄，損風毀憲，法所不容。但檢令未宜，弗可加戮。今宜隱實黎氓，正其編貫，庶上增皇朝理物之明，下益軍國兵資之用。若蒙採納，冀裨山海，雖遇商鞅之刑，悅絽之害，所不辭也。晉書

載紀慕容德傳又十六國春秋六十三

京當作吳

段暉

暉仕慕容超爲尚書左僕射左軍將軍拒劉裕戰死

稱藩姚興議

太上囚楚高祖不迴今陛下嗣守社稷不宜㠯私親之故而降統天之尊又太樂諸伎皆是前世伶人不可與彼使移風易俗宜掠京口與之晉書載紀慕容超傳又十六國春秋六十四

張華

華仕慕容德爲給事黃門侍郎中書令超嗣位累遷尚書左僕射

稱藩姚興議

若使侵掠吳邊必成鄰怨此既能往彼亦能來兵連禍結非國之福也昔孫權重黎庶之命屈已㠯臣魏惠施惜愛子之頭捨志㠯尊齊況陛下慈德在秦方寸崩亂宜暫降大號㠯申至孝之情權變之道典謨所許韓範智能迴物辨足傾人昔與姚興俱爲秦太子中舍人可遣將命降號脩和所謂屈于一人之下伸于萬人之上也晉書載紀慕容超傳又十六國春秋六十四

北燕

馮跋

跋字文起長樂信都人慕容寶僭號㠯爲中衞將軍慕容熙襲位懼誅逃于山澤尋殺熙立高雲拜使持節侍中都督中外諸軍事征北大將軍開府儀同三司錄尚書事武邑公雲死㠯晉義熙五年僭即天王位改元太平至宋元嘉七年死在位二十二年謚曰文成皇帝廟號太祖

即位下書

義貴適時不必改作故陳氏代姜不徙齊號宜即國號曰燕建元太平十六國春秋九十八

下書葬高雲

昔高祖爲義帝舉哀天下歸其仁吾與高雲義則君臣恩踰兄弟其㠯禮葬雲及其妻子立雲廟于韮町置園邑二十家四時供薦晉書載紀馮跋傳又十六國春秋九十八

下書除前朝苛政

自頃多故事難相尋賦役繁苦百姓困窮宜加寬宥務從簡易前朝苛政皆悉除之守宰當垂仁惠無得侵害百姓蘭臺都官明加澄察晉書載紀馮跋傳又十六國春秋九十八

下書令民植桑柘

今疆宇無虞百姓寧業而田畝荒穢有司不隨時督察欲令家給人足不亦難乎桑柘之益有生之本此土少桑人未見其利可令百姓人植桑一百根柘二十根晉書載紀馮跋傳又十六國春秋九十八

下書令境內不改葬

聖人制禮送終有度重其衣衾厚其棺槨將何用乎人之亡也精魂上歸于天骨肉下歸于地朝終夕壞無寒煖之期衣㠯錦繡服㠯羅紈寧有知哉厚于送終貴而改葬皆無益于亡者有損于生是㠯祖考因舊立廟皆不改營陵寢申下境內自今皆令奉之晉書載紀馮跋傳又十六國春秋九十八

下書建大學

武㠯平亂文㠯經務寧國濟俗實所憑焉自頃喪難禮壞樂崩閭閻絕諷誦之音後生無庠序之教子衿之歎復興于今豈所㠯穆章風化崇闡斯文可營建大學㠯長樂劉軒營丘張熾成周翟崇爲博士郎中簡二千石已下子弟年十三已上教之晉書載紀馮跋傳又十六國春秋九十八

馮素弗

素弗。跋弟。仕慕容熙。爲侍御郎小帳下督。高雲僭位。㠯爲昌黎尹撫軍大將軍。封范陽公。遷司隸校尉。跋僭位。㠯爲侍中車騎大將軍錄尚書事。進大司馬。改封遼西公。鎭營丘。

樂浪公主下嫁蠕蠕議

前代舊事皆㠯宗女妻六夷。宜許㠯妃嬪之女。樂浪公主不宜下降非類。晉書載紀馮跋傳。又十六國春秋九十八。

全晉文卷一百五十終

全晉文卷一百五十一

烏程嚴可均校輯

前秦一

苻洪

洪字廣世略陽臨渭氐人劉曜僭號封率義侯後降石虎拜冠軍將軍遷龍驤將軍封西平郡公虎死遣使于晉來降永和六年拜征北大將軍都督河北諸軍事冀州刺史封廣川郡公尋自稱大將軍大單于三秦王爲麻秋所鴆死苻健僭號追諡曰惠武帝

諫殺朱軌

臣聞聖王之御天下也土階三尺茅茨不翦食不累味刑措而不用亡君之馭海內也傾宮瓊榭象箸玉杯截脛剖心脯賢刳孕故其亡也忽焉今襄國鄴宮足康帝宇長安洛陽何爲者哉盤于遊田耽于女德三代之亡恆必由此而忽爲獵車千乘養獸萬里奪人妻女十萬盈宮尚書朱軌納言大臣以道路不修將加酷法此自陛下政之失和陰陽災沴暴降霖雨七旬霽方二日雖有鬼兵百萬尚未及修之而況人乎刑政如此其如史筆何其如四海何特願止作徒休宮女赦朱軌允衆望晉書載紀石虎傳上尚書朱軌與中黃門嚴生不協會大雨霖道路陷滯因譖軌不修道虎殺之軌之囚也冠軍苻洪諫云云又見十六國春秋十七

苻健

健字建業洪第三子嗣位去秦王之號稱晉爵尋自稱晉征西大將軍都督關中諸軍事雍州刺史略定三輔以晉永和七年自稱天王大單于建元皇始其明年僭即皇帝位在位四年死諡曰明皇帝廟號世宗後改曰高祖

下書求賢

其自公卿已下歲舉賢良方正孝廉清才多略博學秀才異行各一人或獻書規諫或面陳朕過其悉以聞勿拘貴賤十六國春秋二十四

指河誓弟雄及兄子菁

若事不捷汝死有如河無相見也御覽四百八十引晉中興書

苻生

生字長生健第三子以晉永和十一年僭即皇帝位改元壽光在位三年爲苻堅等所殺諡曰厲王

下書用峻刑極罰

朕受皇天之命承祖考之業君臨萬邦子育百姓嗣統以來有何不善而謗讟之音扇滿天下殺不過千而謂刑虐行者比肩未足爲稀方當峻刑極罰復如朕何晉書載紀苻生傳又十六國春秋三十五

苻堅

堅一名文玉字永固健弟雄之第二子健入關拜龍驤將軍以晉升平元年殺苻生僭稱大秦天王在位二十九年改元三永興甘露建元以晉太元十年爲姚萇所執縊之新平佛寺諡曰莊烈天王苻丕僭號改諡曰世祖宣昭皇帝

燕平下詔大赦

朕以寡德猥承休命不能懷遠以德柔服四維至使戎軍屢駕有害斯民雖百姓之過然亦朕之罪也其大赦天下與之更始十六國春秋三十六

以鄧羌爲鎮軍將軍詔

司隸校尉董牧王畿吏責甚重非所以優禮名將光武不以吏事處功臣實貴之也羌有廉李之才朕方委以征伐之事北平匈奴南盪揚越羌之任也司隸何足以嬰之其進號鎮軍將軍位特進十六國春秋四十二

沙汰衆僧別詔

朗法師戒德冰霜學徒清秀崑崙一山不在搜例高僧傳五又十六國春秋四十

二。

下詔簡學生受經

新。妻賢輔百司或未稱朕心可置聽訟觀于未央南朕五日一臨。㠯求民隱今天下雖未大定權可偃武修文㠯稱武侯雅旨其尊崇儒教禁老莊圖讖之學犯者棄市妙簡學生太子及公侯百僚之子皆就學受業中外四禁二衛四軍長上將士皆令受學二十人給一經生教讀音句後宮置典學立內司㠯教掖庭選閹人及女隸敏慧者詣博士授經。十六國春秋三十七。

下詔分遣侍臣問民疾苦

朕聞王者勞于求賢逸于得士斯言何其驗也往得丞相嘗謂帝王易為自丞相違世鬢髮中白每一念之不覺酸動今天下既無丞相或政教淪替可分遣侍臣周巡郡縣問民疾苦。十六國春秋三十七。

下詔徵張天錫入朝

涼州刺史張天錫雖稱藩受位然臣道未純可遣使持節武衛將軍苟萇左將軍毛盛中書令梁熙步兵校尉姚萇等將兵臨河西遣尚書郎閻負梁殊銜命軍前下書徵天錫入朝若有違王命即進師撲討。十六國春秋三十七又七十四。

下詔論平涼州及索頭功

張天錫藉祖父之資承百年之業擅命河右叛據偏隅索頭世跨朔北中分區域東賓穢貊西引烏孫控弦百萬虎視雲中爰命兩師分討黠虜役不淹歲窮殄二兇俘降百萬闢土九千五帝之所未賓周漢之所未至莫不重譯來王懷風率職有司可速班功受爵戎士悉復之五歲賜爵三級。十六國春秋三十七。

詔慕容沖

古人兵交使在其間卿遠來草創得無勞乎今送一袍㠯明本懷朕于卿恩分如何而于一朝忽為此變。晉書載紀苻堅傳下。堅遣使送錦袍一領遺沖稱詔

云云。又十六國春秋三十八。

下書徵王猛輔政

咸陽內史王猛言彰出納所在著績有臥龍之才宜入贊百揆綜綸王言可徵拜侍中中書令領京兆尹特進光祿大夫。十六國春秋三十六。

下書召徐統子孫

士死知己由來格謨故喬公一言魏祖追慟趙司隸高平徐統往在鄴都識朕于童稚每思其懇懃之言弗敢忘也可召其子孫詣行在所。十六國春秋三十六。

下書遣鄧羌討蜀

巴夷險逆寇亂益州招引吳軍為脣齒之勢特進鎮軍將軍護羌校尉鄧羌可帥甲士五萬星夜赴討。十六國春秋三十六。

下書伐晉

吳人敢恃江山僭稱大號輕率犬羊屢窺王境朕將巡狩省方登

會稽而朝諸侯復禹績而定九州今王師所擬必有征無戰伐國存君義同一體宜時進討㠯清宇內便可戒嚴速修戎備悉發諸州公私馬人十丁遣一丁門在灼然者為崇文義從其良家子年二十已下武藝驍勇富室材雄者皆拜羽林郎。御覽三百一十三引蕭方等三十國春秋。又見十六國春秋三十八。

下令國中

東南平定指日當㠯司馬昌明為尚書僕射可速為起第。魏書九十六晉司馬昌明傳。

期克捷之日其㠯司馬昌明為尚書左僕射謝安為吏部尚書桓沖為侍中勢還不遠可先為起第㠯待之。十六國春秋三十八又下書。

兼道赴壽春下令

敢言吾至壽春者拔舌。晉書載紀苻堅傳下又十六國春秋三十八。

與諸鎮書

昔晉氏平吳。利在二陸。今破漢南。獲士裁一人有半耳。（晉書習鑿齒傳，襄陽陷，苻堅素聞其名，與道安俱輿而致焉，以其蹇疾，與諸鎮書云云。又十六國春秋三十七。）

與僧朗書

皇帝敬問泰山朗和尚。大聖應期。靈權超逸。蔭蓋十方。化融無外。若山海之養。羣生等天地之育萬物。養生存死。澄神寂妙。朕以虛薄。生與聖會。而隔以萬機。不獲輦駕。今遣使者安車相請。庶冀靈光迴蓋京邑。并奉紫金數斤。供鍍形像。絹綾三十匹。奴子三人。可備洒埽。至人無違。幸望納受。想必玄鑒見朕意焉。（廣弘明集三十五。十六國春秋四十二。）

報王猛

將軍役不逾時。而元惡克舉。勳高前古。朕今親帥六師。星馳電赴。將軍其休養將士。以待朕至。然後取之。（十六國春秋三十六。）

朕之于卿。義則君臣。親踰骨肉。雖復桓昭之有管樂。玄德之有孔明。自謂踰之。夫人主勞于求才。逸于得士。既以六州相委。則朕無東顧之憂。非所以為優崇。乃朕自求安逸也。夫取之不易。守之亦難。苟任非其人。患生慮表。豈獨朕之憂。亦卿之責也。故虛位台鼎。而以分陝為先。卿未照朕心。殊乖素望。新政俟才。宜速銓補。俟東方化洽。當袞衣西歸。（十六國春秋三十六。）

卿昔螭蟠布衣。朕龍潛弱冠。屬世事紛紜。厲士之際。顛覆厥德。朕奇卿于暫見。擬為臥龍。卿亦異朕于一言。迴考槃之雅志。豈不精契神交。千載之會。雖傅巖入夢。姜公悟兆。今古一時。亦不殊也。自卿輔政。幾將二紀。內釐百揆。外蕩羣凶。天下向定。彝倫始敘。朕且欲從容于上。望卿勞心于下。弘濟之務。非卿而誰。（晉書載紀王猛傳。又十六國春秋四十二。）

報苻融

汝為德未充。而懷是非。立善未稱。而名過其實。詩云。德輶如毛。人鮮克舉。君子處高。戒懼傾敗。可不務乎。今四海事曠。兆庶未寧。黎元應撫。夷狄應和。方將混六合以一家。同有形于赤子。汝宜息之。勿懷耿介。夫天道助順。修德則禳災。苟求諸己。何懼外患焉。（晉書載紀[載紀下脫苻堅傳上四字]，苻融上疏諫用慕容暐等，堅報之云云。又十六國春秋三十七。）

報慕容垂

朕以不德。忝承靈命。君臨萬邦。三十年矣。遐方幽裔。莫不來庭。惟東南一隅。敢違王命。朕爰奮六師。恭行天罰。而玄機不弔。王師敗績。賴卿忠誠之至。輔翼朕躬。社稷之不隕。卿之力也。詩云。中心藏之。何日忘之。方任卿以元相。爵卿以郡侯。庶弘濟艱難。敬酬勳烈。何圖伯夷忽毀冰操。柳惠倏為淫夫。覽表惋然。有慚朝士。卿既不容于本朝。匹馬而歸命。朕則寵卿以將位。禮卿以上賓。任同舊臣。爵齊勳輔。歃血斷金。披心相付。謂卿食椹懷音。保之偕老。豈意畜水覆舟。養獸反害。悔之噬臍。將何所及。誕言駭衆。誇擬非常。周武之事。豈卿庸人所可論哉。失籠之鳥。非羅所羈。脫網之魚。豈罟所制。翹陸任懷。何煩聞也。念卿垂老。老而為賊。生為叛臣。死為逆鬼。侏張幽顯。布毒存亡。中原士女。何痛如之。朕之厤運興喪。豈復由卿。但長樂平原以未立之年。遇卿于兩都。慮其經略未稱朕心。所恨者此焉而已。（晉書載紀慕容垂傳。又十六國春秋四十四。）

招魂

有忠有靈。來就此庭。歸汝先父。勿為妖形。（晉書載紀苻堅傳下，三輔人為慕容沖所略者，拔火為內應，得免者十有一二，堅設祭而招之云云。又十六國春秋三十八。）

苻丕

丕字永叔。堅子。以晉太元十年僭即皇帝位于晉陽。改元太安。明年南奔。為晉馮該所殺。苻登僭號。謚曰哀平皇帝。

下書攻慕容永

鮮卑慕容永。乃我之騎將。首亂京師。禍傾社稷。冢凶繼逆。方請逃歸。是而可忍。孰不可忍。其遺左丞相王永及東海王纂。帥禁衞虎旅。夾而攻之。十六國春秋三十九。

荅謝玄書

今往大文綾羅各五十匹。藝文類聚八十五。又御覽八百十六作今往大文羅大綾各五匹。又十六國春秋三十八。末多已酬厚意四字。

苻登

登字文高。堅族孫。已晉太元十一年僭卽皇帝位。改元太初。在位九年。爲姚興所殺。苻崇僭號于湟中。謚曰高皇帝。廟號太宗。

告苻堅神主

維曾孫皇帝臣登。已大皇帝之靈。恭踐寶位。昔五將之難。賊羌肆害于聖躬。實登之罪也。今合義旅。衆餘五萬。精甲勁兵。足已立功。年穀豐穰。足已資贍。卽日星馳電邁。直造賊庭。奮不顧命。隕越爲期。庶上報皇帝酷寃。下雪臣子大恥。惟帝之靈。降鑒厥誠。晉書載紀苻登傳。又十六國春秋四十。

又告神主

曾孫登自受任執戈。幾將一紀。未嘗不上天錫祐。皇鑒垂矜。所在必克。賊旅冰摧。今太皇帝之靈。降災疢于逆羌。已形類推之。醜虜必將不振。登當因其隕斃。順行天誅。拯復梓宮。謝罪清廟。晉書載紀苻登傳。又十六國春秋四十。

苻融

融字博休。堅季弟。封平陽公。拜侍中中書監左僕射。除中軍將軍。遷司隸校尉。尋代王猛爲鎭東大將軍冀州牧。徵拜侍中中書監都督中外軍事車騎大將軍司隸校尉太子太傅領宗正錄尚書事。尋爲征南大將軍。戰死。贈大司馬。謚曰哀公。

上疏諫用慕容暐等

臣聞東胡在燕。厤數彌久。逮于石亂。遂據華夏。跨有六州。南面稱帝。陛下爰命六師。大舉征討。勞卒頻年。勤而後獲。本非慕義懷德歸化。而今父子兄弟。列官滿朝。執權履職。勢傾勞舊。陛下親而幸之。臣愚已爲猛獸終不可養。狼子野心。往年星異。災起于燕。願少留意。已思天戒。臣據可言之地。不容默已。詩曰。兄弟急難。朋友好合。昔劉向已肺腑之親。尚能極言。況于臣乎。晉書載紀苻堅傳上。又十六國春秋三十七。

苻庾

庾一作謏。又作雙。健少子。封魏公。苻堅已爲鎭軍將軍洛州刺史。據陝城降于燕。王猛擒送長安。斬之。案載紀苻堅傳作苻庾。慕容暐傳作苻謏。慕容德傳作苻雙。

與慕容垂皇甫眞書

苻堅王猛。皆人傑也。謀爲燕患。爲日久矣。今若乘機不赴。恐燕之君臣。將有涌東之悔。晉書載紀慕容暐傳。又十六國春秋二十八。

涌當作甬

全晉文卷一百五十一終

前秦二

苻朗

朗字元達堅從兄子徵拜鎭東將軍青州刺史封樂安男堅敗後降晉爲員外散騎侍郎王國寶譖而殺之有苻子三十卷

苻子

謹案道家祖黃老蓋三皇五帝之道也變而爲列禦寇莊周則楊朱之爲我也又變而房中術而金丹而符籙而齋醮每降益下而道家幾乎熄矣于是乎秦漢以來未有著書象道德經者其象列子莊子僅有苻朗苻朗者秦苻堅之從兄子也隋唐志苻子三十卷宋不著錄路史徵引皆取諸類書非有舊本流傳蓋亡于唐末余從類書寫出八十一事省併複重得五十事定著一卷備道家之一種就中有云至人之道也如鏡有明有照有引有致又云爲道者日損而月章爲名者日章而月損又云荆山不貴玉鮫人不貴珠又云木生蝎蝎盛而木枯石生金金曜而石流三復其言具有名理本傳稱老莊之流非過許也嘉慶丁丑歲秋九月九日嚴可均謹敘

方外

太公涓釣于隱溪五十有六年矣而未嘗得一魚魯連聞之往而觀其釣焉太公涓跪石隱崖不餌而釣仰咏俛唫及暮而釋竿其膝所處之崖皆若臼其跗觸崖若路魯連曰釣所本以在魚無魚何釣太公曰不見康王父之釣邪念蓬萊釣巨海摧竿投綸五百年矣未嘗得一魚方吾猶一朝耳御覽八百三十四又九百三十五

家策

苻朗棄千鈞之劔抱朴子趨而進曰夫千金利劒剖割之所存焉苻子之書大道之所居焉何夫子棄大而存小乎苻朗不應書鈔一百一又一百二十二御覽三百四十四案此抱朴子非葛洪也葛洪與苻朗不相値已下篇名闕

黃帝將適昆虞之丘中路逢容成子乘翠華之蓋建日月之旗驂紫蚪御雙鳥黃帝命方明避路謂容成子曰吾將釣于一壑栖于一丘御覽七十九

黃帝謂其友無爲子曰我勞天下矣疲于形役請息駕于玄圃子宏代之無爲子曰焉能棄我之逸而爲君之勞哉乃攀龍而俱去御覽七十九

堯以天下讓巢父巢父曰君之牧天下亦猶予之牧孤犢君牧天下是各有其所牧矣君焉用惴惴然以所牧而與之余無用天下爲也于是牽犢而去藝文類聚九十四

許由謂堯曰坐于華殿之上面雙闕之下君之榮願亦已足矣夫堯曰余坐于華殿之上森然而松生于棟余立于檽扉之內霏焉而雲生于牖雖面雙闕無異乎崔嵬之冠蓬萊雖背墉郭無異乎迴巒之縈崑崙余安知其所以榮御覽八十又略見書鈔十二

虞帝遜禹于洞庭張樂成于洞庭之野于是望韶石而九奏路史發揮五案御覽八十一引苻子曰舜禪夏禹于洞庭之野路史有多出之句文亦不同未詳所本

禹讓天下于奇子奇子曰君之佐舜勞矣鑿山川通河漢首無髮股無毛故舜也以勞報子我生而逸不能爲君之勞矣藝文類聚十一御覽八十二又四百二十四

務光自投于河盧奴之伯以赤鯉送之御覽九百三十六

太伯將讓其國于季歷謂其傅曰太王欲以一國之事而以嗣我我其羞之吾聞至人也不君一世而萬世以之君不貴一代而萬代以之貴吾焉能貴乎一國而賤乎萬代哉藝文類聚二十一御覽四百二十四

敦當作孰

武王以天下讓岐封子岐封子曰敦勿勿然以天下爲事君往矣

余不忍聞之。御覽四百二十四。

漢王聞宋勝子方牧羊于亙澤，鼓而歌南風之詩。使者進謂宋勝子曰：漢王聞先生之賢，使使者致命于先生，而委國政焉。宋勝子矍然而顧謂使者曰：是何言與？今漢王待四海之士與十羣之羊，其于職司也，奚吕異乎？而大王廢牧羊之任，委吕四海之政，是錯亂天位，倒置人倫，勝不願爲也。乃逃于陰山之陽。御覽八百三十三。

志存四海之外。書鈔十二。

堯舜之智，桀紂吕爲不智；堯舜吕爲智，惡知堯舜之非桀紂，桀紂之非堯舜乎？藝文類聚二十一。

朔人有獻燕昭王吕大豕者，曰：養奚若？使曰：豕也，非大圊不居，非人便不珍。今年百二十矣，邦人謂之豕仙。王乃命豕宰養，六十五年，大如沙墳，足如不勝其體。王異之，令衡官橋而量之，折十橋，豕不量。又命水官舟而量之，其重千鈞。其羣臣言于王曰：是豕無用

燕相謂王曰：奚不饗之？王乃命宰夫卽膳之。豕既死，乃夕見夢于燕相曰：造化勞我吕豕形，食我吕人穢。吾患其生久矣，今仗君之靈而化，吾生也，始得爲魯津之伯，而浮舟者食我吕粳糧之珍，而欣君之惠，將報子焉。從燕相涉一作游于魯津，有赤龜奉璧一作銜夜光原注一云夜光珠而獻之。藝文類聚二十六又九十六初學記二十九白孔六帖九十八御覽九百三又九百三十一。

心能善知人者如明鏡，善自知者如蚌鏡。鏡吕曜明，故鑒人；蚌吕含珠，故內照。藝文類聚七十。御覽七百十七。

齊景公好馬，命善畫者圖而訪之。殫百乘之價，期年而不得。像過實也。今使愛賢之君，攷古籍吕求其人，雖期百年亦不可得也。藝文類聚九十三。御覽八百九十七。

苻子觀于龍門，有一魚奮鱗鼓鬐而登乎龍門，而爲龍。又一術士淩波泝流而不陷，桂鈴行歌，飄浪于龍門，而終日棲遲而不化。苻子曰：彼同功而事異，迹一而理二。夫何哉？無乃魚吕實應，而人吕

蠅當作繩

僞求乎。藝文類聚九十六。

東海有鼇焉，冠蓬萊而浮游于滄海，騰躍而上則干雲之峯，邁類于羣岳；沈沒而下則隱天之巨，潛嶠于重泉。一作重川。有紅蛾一作蟻者，聞而悅之，與羣蟻相邀乎海畔，欲觀鼇之行焉。月餘日，鼇潛未出。羣蟻將反，遇長風激浪，崇濤萬仞，海中沸，地雷震。羣蟻曰：此將鼇之作也。數日，風止雷默，海中隱淪如岊，其高槩天，或遊而西。羣蟻曰：彼之冠山，何異我之戴笠也。消搖乎壞封之巔，歸伏乎窟穴之下。此乃物我之失，自已而然，何用數百里勞形而觀之乎？藝文類聚九十七。御覽九百四十七。

晉公子重耳奔齊，與五臣游乎大澤之中，見蜘蛛布其網，曳其繩而執豸吕食之。公子重耳乃撫僕之手，駐騶而觀之，顧謂其臣咎犯曰：此蟲也，智之薄者矣，而猶役其智，布其網，曳其繩而執豸吕食之，況乎人之有智而不能廓垂天之網，布絡地之蠅，吕供方丈

之御，是曾不如蜘蛛之智，孰不可謂之人乎？咎犯曰：公子愼勿言也。若終行之，則有邦有嗣也。藝文類聚九十七。御覽九百四十八。

不安其昧，而樂其明也，是猶飛御覽一作夕蛾去暗赴燈而死。御覽一作亡者也。藝文類聚九十七。御覽八百七十又九百五十一。

楚之文子，御覽作交子。魯之周子，齊之狂子，三子相與居乎泰山之陽，處乎環堵之室，蓽戶御覽作門不扇，蓋茨不翳，而高御覽作敲歌不輟。宋本初學記十八。御覽四百八十五。

至人之道也如鏡，有明有照，有引有致。初學記二十五。白孔六帖十三。

有驪仙者，享年五百歲，負乘而不輟，屣御覽作居無定主，大驛御覽作周繞于天下。初學記二十九。白孔六帖九十七。御覽九百一。

老氏之師名釋迦文佛。法苑珠林六十九。

感魄重輪，六合俱照，非日月能乎？御覽三。

水生于后，末有居山一作居后而溺者；火生于木，末有抱樹一作抱木而燋

征當作者

者。御覽五十一。又九百五十二。

桀觀炮烙于瑤臺。謂關龍逢曰。樂乎。龍逢曰。樂。桀曰。觀刑曰樂。何無惻怛之心焉。龍逢曰。天下苦之。而君爲樂。臣爲君股肱。孰有心悅而股肱不悅乎。桀曰。聽子諫。諫得我改之。諫不得我刑之。龍逢曰。臣嘗觀君之冕。非其冕也。而冕危。后君之履。非其履也。而履春冰。未有冠危而不壓。蹈春冰而不陷者也。桀乃笑而應之曰。是日亡則與俱亡。子知我之亡。而不自知亡乎。子且就炮烙之刑。我觀子亡。子不知我亡。龍逢布武而趨。行歌曰。造化一作造物勞我以生。息一作休我以炮烙。去故涉新。我樂而人不知。乃赴火而死。御覽八十二。又二百八。四百七十五。六百四十七。六百八十六。

魯侯欲以孔子爲司徒。將召三桓而議之。乃謂左丘明曰。寡人欲以孔子爲司徒。而授以魯政焉。寡人將欲詢諸三子。左丘明曰。孔丘聖人。與夫聖人任政。過在離位焉。君雖欲謀。其將弗合乎。魯侯曰。吾子奚以知之。丘明曰。周人有愛裘而好珍羞。爲千金之裘。而與狐謀其皮。欲具少牢之珍。而與羊謀其羞。言未卒。狐相率逃于重丘之下。羊相呼藏于深林之中。故周人十年不制一裘。五年不具一牢。何者。周人之謀失之矣。今君欲以孔丘爲司徒。召三桓而議之。亦與狐謀裘。與羊謀羞哉。于是魯侯遂不與三桓謀。而召孔丘爲司徒。御覽二百八。又六百九十四。

秦穆公伐晉。及河。將勞師而醪惟一鍾。蹇叔曰。一醪可投河而飲也。穆公乃以一醪投河。三軍醉矣。御覽二百八十一。

爲道者日損。而月章。爲名者日章。而月損。御覽四百三。

玄冥子謂由有子曰。子有師乎。由有子曰。吾將以萬物爲師矣。御覽四百四。

春秋華林傳曰。不知不言其所以仁。御覽四百十九。

惠子家窮餓。數日不舉火。乃見梁王。王曰。夏麥方熟。請割以與子。可乎。惠子曰。施來。方過羣川之水長。有一人溺流而下。呼施救之。施應曰。吾不善游。方將爲子告急于東越之王。簡其善游者以救子。可乎。溺人曰。我得一瓢之力則活矣。子方告急于東越之王。簡其善游者以救我。是不如求我于重淵之下魚龍之腹矣。御覽四百八十六。

鄭人有逃暑于孤林之下者。日流影移。而徙衽以從陰。及至暮。反席于樹下。及月流影移。復徙衽以從陰。而患露之濡于身。其陰逾去。而其身逾溼。是巧于用晝而拙于用夕矣。不處曜而辭陰。反林自露。此亦愚之至也。御覽四百九十九。

陶朱富者朱公喪其中子。鄰人往弔之。朱公方擁膝蹲踞。捧頭而笑。鄰人曰。聞有喪。將唁子致哀。朱公曰。生不致哀。死而唁。何鄰人之不通。御覽五百六十一。

有澤父者。冠葭蘆之笠。納口鹿之履。莎裳褐衣。綏步而去。書鈔一百二十一。

九御覽六百九十三。

晉之相者桓氏。世傳于楚。善以道假乎射焉。常以其所不射而射之。患晝之不足以卒歲。故以夜而燭之。御覽七百四十五。

夏王使羿射于方尺之皮。徑寸之的。乃命羿曰。子射之。中則賞子以萬金之費。不中則削子以千邑之地。羿容無定色。氣戰于胸中。乃援弓而射之。不中。更射之。又不中。夏王謂傅彌仁曰。斯羿也。發無不中。而與之賞罰。則不中的者。何也。傅彌仁曰。若羿也。喜懼爲之災。萬金爲之患矣。人能遺其喜懼。去其萬金。則天下之人皆不愧于羿矣。夏王曰。口人聞子之言。始得無欲之道。御覽七百四十五。

荆山不貴玉。鮫人不貴珠。御覽八百五。

天雖廓矣。野人猶有罝罦之勤。御覽八百三十四。

顏子有疾。三日不食。人問之曰。吾師食非丹不食。茹非芝不茹。故七百歲。子何不吮瑤以延生。咀蕊以養齡也。御覽八百四十九。

爾下脫廬不過縫四字
慮當作湌食
之君當作君之
臣當作城
爲字衍
大當作犬

吾與玄朱觀東海，釋四馬乎峨山，玄朱中路而亡馬。苻子使人求之不獲，使鬼索之而獲。御覽八百九十七。

六合不可妄知，故良馬在其中矣。請以六合之觀觀之也。御覽八百九十七。

魏文侯見宋陵子三仕不富，文侯曰：何貧？宋陵子曰：臣見楚富者牧羊九十九，而願百，嘗訪邑里故人，其鄰人貧，有一羊，富者拜之曰：吾羊九十九，今君之一，盈我成百，則牧數足矣。鄰者與之。從此觀之，焉知富者非貧，貧者非富也。御覽九百二。

齊景公謂晏子曰：寡人既得寶千乘，聚萬騶矣，方欲珍懸黎，會金玉，其得之耶？奚若？晏嬰曰：臣聞琬琰之外有鳥焉，曰金翅，民謂爲羽豪，其爲鳥也，非龍肺不食，非鳳血不飲，其食也常飢而不飽，其飲也常渴而弗充，生未幾何，夭其天年而死。金玉之珍，乃非爲君之患也。御覽九百二十七。

齊魯爭汶陽之田，魯侯有憂色。魯有隱者周豐往觀焉，曰：臣嘗晝寢，愀然聞羣蟲之鬭乎衣中。昔臣膺腴之肌，珍臣項脅之膚，相與樹黨，爭之日夜不息，相殺者大半。蟲父止之曰：我與爾所慮不過容口，奚用竊爭交戰爲哉？羣蟲止。今君以七百里地爲之君，臣亦以爲足矣，而以汶陽數步之田，或君之心，曾不如一蟲之智，竊爲君羞之。魯侯曰：善。御覽九百五十一。

木生蠋，蠋盛而木枯，后生金，金曜而后流。御覽九百五十二。

苻子登乎太山，下臨千仞之淵，上蔭百尺之松，蕭蕭然神王乎一丘矣。言不出乎耒耜，心不過乎俗人，其猶木大守脂。御覽作守夜，誤。瓦雞司晨矣。御覽九百五十三。又書鈔一百三十五脂篇引末二語。

趙之相者曰株氏，有九子皆賢，國人美而稱之，號曰九德之父。十德之門，趙王疾之，乃使擇其果之繁者伐之。其父曰：果之茂者猶伐之，況其人乎！吾將以爾爲累矣。去之則免。乃攜老持子，逃于白雲之巖，終身不返。趙人思之。御覽九百六十四。

鄰人謂展禽曰：魯聘夫子，夫子三黜，無憂色，何？禽曰：春風鼓，百草敷蔚，吾不知其茂；秋霜降，百草零落，吾不知其枯。御覽九百九十四。

王猛

猛字景略，北海劇人，家于魏郡。苻堅引爲龍驤府僚屬，及僭位，進中書侍郎，轉始平令，歷尚書右丞、咸陽內史、京兆尹，除吏部尚書、太子詹事，遷尚書左僕射、輔國將軍、司隸校尉，加騎都尉，進尚書令、太子太傅，加散騎常侍，以平燕功，封清河郡侯，留鎮冀州，入爲丞相、中書監，加都督中外諸軍事，拜司徒，卒，謚曰武侯。有集五卷。

渭原誓

王景略受國厚恩，任兼內外，今與諸軍深入賊地，宜各勉進，不可退也。願戮力行間，以報恩顧，受爵明君之朝，慶觴父母之室，不亦美乎！晉書載紀苻堅傳上，又十六國春秋三十六，與此小異。

上疏讓輔國將軍

伏見散騎常侍陽平公融，明德懿親，光祿散騎西河任羣，忠貞淑慎，處士京兆朱彤，博識聽辨，並宜左右彌綸，暉贊九棘。愚臣庸鄙，請避賢路。十六國春秋三十六。

圍鄴上疏

臣以甲子之日，大殲醜類，賴陛下仁愛之志，使六州士庶不覺易主，自非守迷違命，一無所害。十六國春秋三十六。

鎮冀州上疏請代

臣前所以朝聞夕拜，不顧艱虞者，正以方難未夷，軍機權速，庶竭命戎行，甘馳驅之役，敷宣王化，盡筋骨之效，故僶俛從事，叨據負乘，可謂恭王命于濟時，俟太平于今日。今聖德格于皇天，威靈被于八表，弘化已熙，六合清泰，竊敢披貢丹誠，請避賢路，設官分職

空當作倥

取字衍

各有司存豈應孤任愚臣以速傾敗東夏之事非臣區區所能康理願徙授親賢濟臣顛墜若以臣有鷹犬微勤未肯捐棄者乞待罪一州效盡功命徐方始賓淮汝防重六州處分府選便宜輒以悉停督任弗可虛曠深願時降神規晉書載紀王猛傳又十六國春秋四十二

上疏讓司空

臣聞乾象盈虛惟后則之位稱以才官非則曠鄭武翼周仍世載詠王叔昧寵政替身亡斯則取成敗之殷監為臣之炯戒竊惟鼎宰崇重參路太階空妙盡時賢對揚休命魏祖以文和為公貽笑孫后千秋一言致相匈奴吲之臣何庸狷而應斯舉不但取嗤鄰遠實令為虜輕秦昔東野窮馭顏子知其將敗陛下不復料度臣之才力私懼敗亡是及且上虧憲典臣何顏處之雖陛下私臣其如天下何願迴日月之鑒矜臣後悔使上無過授之謗臣蒙覆載之恩晉書載紀王猛傳又十六國春秋四十二

疾少瘳上疏

不圖陛下以臣之命而虧天地之德開闢以來未之有也臣聞報德莫如盡言謹以垂沒之命竊獻遺款伏惟陛下威烈振乎八荒聲教光乎六合九州百郡十居其七平燕定蜀猶如拾芥夫善作者不必善成善始者不必善終是以古先哲王知功業之不易兢兢業業如臨深谷伏惟陛下追蹤前聖天下幸甚十六國春秋三十七

遺張天錫書

吾受詔救儀不令與涼州戰今當深壁高壘以聽後詔曠日持久恐二家俱斃非良策也若將軍退舍吾執儀而東將軍徙民西旋不亦可乎十六國春秋七十四

遺慕容筑書

國家今已塞成皋之險杜盟津之路大駕虎旅百萬自軹關取鄴都金墉窮戍外無救援城下之師將軍所監豈三千敝卒所能支也十六國春秋二十九

為書諭張天錫

昔貴先公稱藩于劉后者惟審于強弱也今論涼土之力則損于往時語大秦之德則非二趙之匹而將軍翻然自絕無乃非宗廟之福也歟夫以秦之威旁振無外可以回弱水使東流返江河使西注關東既平將移兵河右恐非六郡士民所能抗也劉表謂漢南可保將軍謂西河可全吉凶在身元龜不遠宜深算妙慮自求多福無使六世之業一旦而墜地也十六國春秋三十又七十四

王永

永猛子仕苻堅為幽州刺史堅死擁立苻丕于晉陽拜使持節侍中都督中外諸軍事車騎大將軍尚書令封清河公尋拜司徒錄尚書事進左丞相為慕容永所敗死之

宣檄州郡

大行皇帝棄背萬國四海無主征東大將軍長樂公先帝元子聖武自天受命荊南威鎮衡海分陝東都道被夷夏仁澤光于宇宙德聲侔于下武永與司空蚝等謹順天人之望以季秋吉辰奉公紹承大統銜哀即事棲谷總戎枕戈待旦志雪大恥慕容垂為封豕于關東泓沖繼凶于京邑致乘輿播越宗社淪傾羌賊姚萇我之牧士乘釁滔天親為大逆有生之巨賊也永累葉受恩世荷將相不與驪山之戎滎澤之狄共戴皇天同履厚土諸牧伯公侯或宛沛宗臣或四七勳舊豈忍舍破國之醜豎縱殺君之逆賊乎主上龍飛九五實協天心靈祥休瑞史不輟書投戈效義之士幾二十餘萬少康光武之功可旬朔而成今以衛將軍俱石子為前軍師司空張蚝為中軍都督武將猛士風烈雷震志殄元兇義無他顧永謹奉乘輿恭行天罰君臣始終之義在三忘軀之誠戮力同之以建晉鄭之美晉書載紀苻丕傳又十六國春秋三十九

又檄州郡

昔夏有窮夷之難，少康起焉。王莽毒殺平帝，世祖重光。漢道百六之運，何代無之。天降喪亂，羌胡猾夏，先帝晏駕賊庭，京師鞠為戎穴，神州蕭條，生靈塗炭。天未亡秦，社稷有奉，主上聖德恢弘，道侔光武，所在宅心，天人歸屬，必當隆中興之功，復配天之美。姚萇殘虐，慕容垂凶暴，所過滅戶夷烟，毀發丘墓，毒徧存亡，痛纏幽顯，雖黃巾之害于九州，赤眉之暴于四海，方之未為甚也。今素秋將及，行師令辰，公侯牧守，壘主鄉豪，或戮力國家，乃心王室，各率所統，㠯孟冬上旬會大駕于臨晉。晉書載紀苻丕傳，又十六國春秋三十九。

王彫

彫，新平人，仕苻堅為太史令，王猛㠯為左道惑眾，勸堅誅之，追贈光祿大夫。

臨刑上疏

臣㠯趙建武四年從京兆劉湛學明于圖記，謂臣曰：新平地古顓頊之墟，里名曰雞閭。記云：此里應出帝王寶器，其名曰延壽寶鼎。顓頊有云：河上先生為吾隱之于咸陽西北，吾之子孫有艸付臣又土應之。湛又云：吾嘗齋于室中，夜有流星大如半月，落于此地，斯蓋是乎。願陛下誌之。平七州之後，出于壬午之年。晉書載紀苻堅傳下，又十六國春秋三十八。

王佽

佽仕苻堅為京兆尹，遷諫議大夫。

上書獻十略

一曰君道宜明，二曰臣尚忠敬，三曰子貴孝養，四曰民生在勤，五曰教無偏黨，六曰養民在惠，七曰延聘耆賢，八曰懲惡顯善，九曰伐叛討逆，十曰易簡弘大。十六國春秋三十六。

彭超

超仕苻堅為兗州刺史，入寇淮南，兵敗，徵下獄，自殺。

上言攻晉彭城

晉沛郡太守戴逯㠯卒數千戍彭城，臣請率精銳五萬攻之，願更遣重將討淮南諸城。晉書載紀苻堅傳上。

裴元略

元略仕苻堅為尚書郎，遷諫議大夫，拜陵江將軍、西南夷校尉、巴西梓潼二郡太守。

諫苻堅

臣聞堯舜茅茨，周卑宮室，故致和平，慶隆八百；始皇窮極奢麗，嗣不及孫。願陛下則采椽之不斲，鄙瑤室而不居，斅純風于天下，流休範于無窮，賤金玉，珍穀帛，勤恤民隱，勸課農桑，捐無用之器，棄難得之貨，敦至道㠯厲薄俗，修文德㠯懷遠人，然後一軌九州，同風天下，刑措既登，告成東岳，蹤軒皇㠯齊美，哂二漢之徒封，臣之願也。晉書載紀苻堅傳上，又十六國春秋三十七。

郭質

質，馮翊人，起兵廣鄉㠯應苻登，拜平東將軍、馮翊太守，兵敗，歸姚萇，㠯為將軍，眾皆潰散。

宣檄三輔

義感君子，利動小人，吾等生逢先帝堯舜之化，累世受恩，非常伯納言之子，即卿校牧守之胄，而可坐視豺狼忍害君父，肂尸薦棘，痛結幽泉，山林無松隧之兆，靈主無清廟之頌，賊臣莫大之甚，自古所未聞，雖茹荼之苦，銜蓼之辛，何㠯諭之。姚萇窮凶肆虐，毒被人神，于圖讖歷數萬無一分，而敢妄竊重名，厚顏瞬息，日月固所不照，二儀實亦不育，皇天雖欲絕之，亦將假手于忠節。凡百君子，皆夙漸神化，有懷義方，含恥而存，孰若蹈道而沒乎。晉書載紀苻登傳，又見十六國春秋四十。

闕名

秦天變

太白犯東井。東井秦之分野。太白罰星。必有暴兵起于京師。晉書載紀苻生傳。又見魏書苻生傳。

蒯城石函銘

秦建元十年造銅虎馬。御覽一百八十三引郡國志蒯城大聽前有石函長二尺高一尺人不敢闚銘云

廣武將軍口產碑

維大秦建元四年歲在丙辰十月一日。廣武將軍節口口口口口口口口口口使持節冠軍將軍益州刺史上黨公之元孫。三代侍中右口口口口口口口口口卿建忠將軍撫口護軍扶風大守遷壽匡矦之胄子。諱產。字君口口口口口口口君秉德淵口。高韻絕沵。文柔武烈。令閈孔脩。口拱口口口口持挺口口口口口口匡畋歆主忠訓殊異宰政欽干顯授池陽令稱揚德口口口口口口口口口口口和戎翟綏懷口口卽授征西大將軍右司馬敹敹殊方。西口口口口口口口口口茂著乃業口口蕭口口口于今也君臨此城漸再累紀口口口口口口口口口口口享口口口口口口口口口口而口口口惠和導口口口口口口口口口口口口口口口口口口口口口口口口口口口口識于當口垂口口口口口口口口口君當列封口口口口司馬卽口口廣武司馬孟巨口口口口口口口口口口口節將軍董口建口口軍楊口建口口軍口口口口口口口口口口口口口口口口郎建武將軍王柴鷹揚將軍口口口口口口口口口口董槊口口口口口口口躬臨南界與馮翊護軍苟輔參分所口刊石口口口口山爲口口口口口口口口方西至洛水。東齊定陽。南北七百。東西二百。口口口口口口口口口口口口口口沓水統戶三萬。領吏千人。口將三口赫赫皇秦。誕鍾應靈。臨有萬邦。威暘八口。九域攸同。口口口口口口口口口口口明徵音沵詠。基年有成。政脩匠足首道口口刊石口口口口口口碑拓本

全晉文卷一百五十二終

全晉文卷一百五十三

烏程嚴可均校輯

後秦

姚弋仲

弋仲，南安赤亭羌人。永嘉中自稱護西羌校尉、雍州刺史、扶風公。劉曜僭位，以為平西將軍，封襄平公。曜亡，石勒以為安西將軍、六夷左都督。石弘僭位，拜奮武將軍、西羌大都督，封襄平縣公。石虎僭位，遷持節、十郡六夷大都督、冠軍大將軍，以平梁犢功，封西平郡公。石祗僭位，拜右丞相。以晉永和七年遣使來降，拜使持節、六夷大都督、都督江淮諸軍事、車騎大將軍、儀同三司、大單于，封高陵郡公。明年卒。姚萇僭位，追謚曰景元皇帝，廟號始祖。

上石勒疏諫寵祖約

祖約殘賊，晉朝逼殺太后，不忠于主，而陛下寵之，臣恐姦亂之萌此其始矣。晉書載紀姚弋仲傳。晉豫州刺史祖約奔于勒，勒禮待之，弋仲上疏云云。勒誅約。又十六國春秋五十三。

姚萇

萇字景茂，弋仲第二十四子。苻堅以為揚武將軍，歷左衞將軍、隴東汲郡河東武都武威巴西扶風太守，寧幽兗三州刺史，復為陽武將軍、步兵校尉，封益都侯。及堅寇晉，以為龍驤將軍、督益梁州諸軍事。堅敗，自稱大將軍、大單于、萬年秦王。建元白雀。以晉太元十一年僭即皇帝位于長安，改元建初，國號大秦。在位八年。謚曰武昭皇帝，廟號大祖。

下書禁復私仇

有復私仇者皆誅之。將吏亡滅者，各隨所親以立後，振給長育之。晉書載紀姚萇傳。又十六國春秋五十五。

下書置學官

留臺諸鎮各置學官，勿有所廢，考試優劣，隨才擢敘。晉書載紀姚萇傳。又十六國春秋五十五。

下書復從征兵吏

兵吏從征伐，戶在大營者，世世復其家，無所豫。晉書載紀姚萇傳。又十六國春秋五十五。

下書禁誣劾

除妖謗之言及姦穢，有相劾舉者，皆以其罪罪之。晉書載紀姚萇傳。又十六國春秋五十五。

敕太子興

苟曜好姦變，將為國害，聞吾還北，必來見汝，汝便執之。晉書載紀姚萇傳。又十六國春秋五十五。

立苻堅神主請詞

往年新平之禍，非萇之罪。臣兄襄從陝北渡，假路求西，狐死首丘，欲暫見鄉里。陛下與苻眉要路距擊，不遂而沒。襄敕臣行殺，非臣之罪。苻登陛下末族，尚欲復讎，臣為兄報恥，于情理何負？昔陛下假臣龍驤之號，謂臣曰：朕以龍驤建業，卿其勉之。明詔昭然，言猶在耳。陛下雖過世為神，豈假手于苻登而圖臣，忘前征時言邪？今為陛下立神象，可歸休于此，勿計臣過，聽臣至誠。晉書載紀苻登傳。又十六國春秋五十五。

姚興

興字子略，萇長子。仕苻堅為太子舍人。萇僭號，立為皇太子。以晉太元十九年僭即皇帝位于槐里。至義熙十二年死，在位二十二年。改元二：皇初、弘始。謚曰文桓皇帝，廟號高祖。

赦關尉

諸生咨訪道藝，修己勵身，往來出入，勿拘常限。晉書載紀姚興傳上。又十六國春秋六十。

班命
郡國百姓因荒自賣爲奴婢者。悉免爲良人。晉書載紀姚興傳上。又十六國春秋五十六。

下書卹戰亡士卒
士卒戰亡者。守宰所在埋藏之。求其近親。爲之立後。同上。

下書定遭喪制
將帥遭大喪。非在疆埸險要之所。皆聽奔赴。及葬乃從王役。臨戎遭喪。聽假百日。若身爲邊將。家有大變。交代未至。敢輒去者。以擅去官罪罪之。同上。

下書賵戰沒軍士
軍士戰沒者。皆厚加褒賵。同上。

下書僧䂮等
大法東遷。于今爲盛。僧尼已多。應須綱領。宣授遠規。以濟頹緒。僧䂮法師學優早年。德芳暮齒。可爲國內僧主。僧遷法師禪慧兼修。卽爲悅衆。法欽慧斌共掌僧錄。給車輿吏力。䂮資侍中秩。傳詔羊車各二人。高僧傳六。又十六國春秋六十二。

下書道恆道標
卿等樂道體閑。服膺法門。皦然之操。實在可嘉。但朕君臨四海。治急須才。方欲招肥遁于山林。搜陸沈于屠肆。況卿等周旋篤舊。朕所知盡。各挹幹時之能。而潛獨善之地。此豈朕求賢之至情。卿等兼弘之深趣耶。昔人有言。國有騏而不乘。方惶惶而更索。是之謂也。今敕尚書令顯便奪卿等二乘之福心。由卿清名之容室。讚時益世。豈不大哉。苟心存道味。寧係白黑。望體此懷。不以守節爲辭也。弘明集十一。高僧傳六。又十六國春秋六十二。
省所奏。具意。今所以相屈者。時所須也。不復相推本心。以及于此。煩恐勤廣。自料理。吾之情趣。想卿等體之在素。不復煩言。便可奉承時命。勉菩薩之蹤耳。弘明集十一。又十六國春秋六十二。
得重奏。一二具之。情事具如前詔。但當開意以從時命。無復煩于鄉重也。弘明集十一。又十六國春秋六十二。

致書鳩摩羅什僧䂮
別已數旬。每有傾想。漸暖。比日何如。小虜遠舉。更無處分。正有慣然耳。頃萬事之殷。須才以理之。近詔道恆道標二人。令釋羅漢之服。尋大士之蹤。想當盤桓耳。然道無不在。法師等勖以諭之。苟廢其尋道之心。亦何必須爾也。致意遷上人。別來何似。不審䂮統復何如。多事不能一一爲書。恆等亦可令諸上人勸其令造菩薩之行也。弘明集十一。高僧傳六。又十六國春秋六十二。

又下書與僧䂮等
省疏所引。一二具之。朕以獨善之美。不如兼濟之功。自守之節。未若拯物之大。雖子陵頡頏于光武。君平傲岸于蜀肆。周黨辭祿于

襲當作聾
甚當作若

漢朝。杜微稱襲于諸葛。此皆偏尚耿介之士耳。何足以關默語之要。領高勝之趣哉。今九有未乂。黔黎荼蓼。朕以寡德。獨當其弊。思得羣才。共康至治。法師等雖潛心法門。亦毘世宣敎。縱不能導物化時。勉人爲治。而遠美辭世之許。由高散髮于謝敷。若九河橫流。人盡爲魚。法師等雖毘世宣敎。亦安施乎。而道恆等伏膺法訓。爲日久矣。然其才用足以成務。故欲枉奪其志。以輔時政耳。甚福報有徵。佛不虛言。拯世急病之功。濟時寧治之勳。功福在此而不在彼。可相誨諭。時副所望。弘明集十一。又十六國春秋六十二。

遣禿髮傉檀書
今遣尚書左僕射齊難討勃勃。懼其西逸。故令卿等于河西邀之。晉書載紀禿髮傉檀傳。又十六國春秋八十九。

與弟安成侯嵩述佛義書
吾曾以已所懷。疏條摩訶衍諸義。圖與什公評詳厥衷。遂有哀故。

不復能斷理義未久什公尋復致變自爾寢戎相尋無復意事遂忘棄之近㠯嘗遣使送像欲與卿作疏箱篋中忽得前所條本末今送示卿徐徐尋撫若于卿有所不足者便可致難也見卿來日並可㠯當言笑吾前試通聖人三達觀㠯咨什公公尋有荅今并送往諸此事皆是昔日之意如今都無情懷不知如何矣廣弘明集二十一又十六國春秋六十

荅安成侯嵩難述佛義書

卿所難問引喻兼富理極致深實非庸淺所能具荅今當爲卿各㠯相酬耳卿引般若經云若有衆生遇斯光者必得無上道卽經所言未聞有凡流而得見光明者如釋迦放大光明普照十方當斯之時經不言有羣品而得見其怪而異之者皆是普明之徒㠯斯言之定不爲羣小也卿若㠯衆生爲疑者百億菩薩豈非衆生之謂邪然經復云普明之詣釋迦皆與善男子善女人持諸華香

來供養釋迦及致供養之徒自應普蒙其潤也但光明之作本不爲善男子善女人所㠯得蒙餘波者其猶蠅附驥尾得至千里之舉耳卿又引神變令三惡衆生得生人天若在鹿爲鹿在馬爲馬而度脫之豈非神變之謂邪華手思益法華諸經所言若云放大光明自應與大品無異也若一一光明㠯應適前物此作非人天所通夫光明之與寂寞此直發意有參差其揆一也卿引經言施者授者財物不可得與不住法不住般若未有異二者直是始終之敎也統而言之俱是破著之語耳何者畢不畢施者授者及財物都不可得若都不可得復何所著是勸無所著明矣卿又問明道之無爲爲當同諸法之自空爲妙空無㠯成極邪又引論中二諦之間言意所不及道之無爲所寄邪吾意㠯謂爲道止無爲未詳所㠯宗也何者夫衆生之所㠯流轉生死者皆著欲故也若欲止于心卽不復生死旣不生死潛神玄漠與空合其體是名涅槃

論中當作中論

耳旣曰涅槃復何容有名于其間哉夫道㠯無寄爲宗若求寄所在恐乃惑之大者也吾所明無爲不可爲有者意事如顯尋求或當小難今更重伸前義卿所引論中卽吾義宗諸法若不空則無二諦若不有亦無二諦此定明有無不相離何者若定言有則無㠯拔高士若定明無則無㠯濟常流是㠯聖人有無兼抱而不捨者此之謂也然諸家通第一義廓然空寂無有聖人吾常㠯爲殊大逕廷不近人情若無聖人知無者誰也廣弘明集二十一又十六國春秋六十七

重荅安成侯嵩

得表具一二吾常近之才加㠯多事昏塞觸事面牆不知道理安在爲復㠯卿好樂玄法是㠯聊復孟浪㠯言之耳而來諭過美益㠯不安廣弘明集二十一又十六國春秋六十

遺僧朗書

皇帝敬問泰山朗和尙勤神履道飛聲映世休聞遠振常無㠯㠯

朕京西夏思濟大猷今關中未平事惟左右㠯命元戎克寧伊洛冀因斯會東封巡狩憑靈仗威須見指授今遣使者送金浮圖三級經一部寶臺一區庶望玄鑒照朕意焉廣弘明集三十五又十六國春秋四十二

遺釋慧遠書

大智度論新譯訖此旣龍樹所作又是方等旨歸宜爲一序㠯伸作者之意然此諸道士咸相推謝無敢動手法師可爲作序㠯貽後之學者釋藏聲九又百五

通三世論諮鳩摩羅什

曾問諸法師明三世或有或無莫適所定此亦是大法中一段處所而有無不判情每慨之是㠯忽疎野懷聊復孟浪言之誠知孟浪之言不足㠯會理然胷襟之中欲有少許意了不能默㠯輒疏條相呈匠者可爲折衷余㠯爲三世一統循環爲用過去雖滅其理常在所㠯在者非如阿毘曇注言五陰塊然喻若足之履地眞

足雖往，厥迹猶存，常來如火之在木，木中欲言有火邪，視之不可見；欲言無火邪，火緣木而出。經又云：聖人見三世，若其無也，聖無所見；若言有邪，則犯常嫌。過去未來，雖無眼對，理恒相因，苟因理不絕，聖見三世，無所疑矣。廣弘明集二十一。又十六國春秋六十二。

通不住法住般若

衆生之所以不階道者，有著故也。是以聖人之教，恒以去著爲事。故言以不住般若。雖復大聖玄鑒，應照無際，亦不可著，著亦成患。欲使行人忘彼我，遺所寄，汎若不繫之舟，無所倚薄，則當于理矣。廣弘明集二十一。

通聖人放大光明普照十方

聖人之教，玄通無涯，致感多方，不可作一途求，不可以一理推。故應粗以粗，應細以細，應理固然矣。所以放大光明，現諸神變者，此應十方諸大菩薩將紹尊位者耳。若處俗接粗，復容此事邪？阿含

經云：釋氏之處天竺，四十餘載，衣服飲食，受諸患痛，與人不別。經又云：聖人亦入鹿馬而度脫之。當在鹿馬，豈異于鹿馬哉？若不異鹿馬，應世常流，不待此神變明矣。每事須自同于前物，然後得行其化耳。廣弘明集二十一。

通三世

衆生歷涉三世，其猶循環，過去未來，雖無眼對，其理常在。是以聖人尋往以知往，逆數以知來。

通一切諸法空

大道者以無爲爲宗，若其無爲，復何所有邪？廣弘明集二十一。

姚泓

泓字元子，興長子。以晉義熙十二年僭即皇帝位，改元永和。在位二年，劉裕擒送建康，市斬之。

下書復死事士卒

士卒死王事者，贈以爵位，永復其家。晉書載紀姚泓傳。又十六國春秋五十九。

姚旻

旻字景懿，仕姚萇爲輔國將軍、宗正卿、司隸校尉、尚書令，封趙公，拜太尉。姚興時進太傅。

上疏諫去帝號

伏惟陛下勳格皇天，功濟四海，威靈振于殊域，聲教暨于遐方，雖成湯之隆殷基，武王之崇周業，未足比諭。方當廓靖江吳，告成中岳，豈宜過垂沖損，違皇天之眷命乎？晉書載紀姚興傳上。十六國春秋五十六。太尉趙公旻等五十三人上疏諫。

姚嵩

嵩，興弟，爲鎮西將軍、秦州刺史，封安成侯，進司空，鎮上邽。泓嗣位，以討仇池氐楊盛戰死。

謝賜皇后所遺珠佛像表

臣言：奉珠像，承是皇后遺囑所建，禮覲之日，永慕罔極。伏惟感往增懷。臣言：先承陛下親營像事，每注心延望，遲冀暫一禮敬，不悟聖恩垂及，乃復與臣供養。此像既功寶並重，且于制作之理，擬若神造，中來所有珠像，誠當奇妙，然方之于此，信復有閒，瞻奉踊躍，實在無量。天受乾施者無報，蒙恩隆者無謝，雖欲仰陳愚誠，亦復莫知所盡。臣言。廣弘明集二十一。又十六國春秋六十。

上述佛義表

臣言：奉陛下所通諸義，理味淵玄，詞致清勝，聞詣踰于二篇，妙盡侔乎中觀。詠之歠之，紙已致勞，而心猶無厭。真可謂當時之高唱，累劫之宗範也。但臣頑闇，思不參玄，然披尋之日，真復詠歌弗暇。不悟弘慈善誘，乃欲令參致問難，敢忘愚鈍，輒位叙所懷。豈曰存難，直欲咨所未悟耳。臣言：上通三世，甚有深致，既已遠契聖心，兼復抑正衆說，宗塗亹亹，超絕常境，欣悟之至，益令賞味增深。加爲

藥當作華

什公研覈該備，實非愚臣所能稱盡。正當銘之懷抱，以爲心要耳。

臣言：上通不住法住般若義云：衆生之所以不階道者，有著故也。是以聖人之教，恒以去著爲事，故言以不住般若。雖復大聖玄鑒，應照無際，亦不可著，著亦成患。欲使行人忘彼我，遺所寄，汎若不繫之舟，無所倚薄，則當于理矣。故聖心玄詣，誠無不盡。然至乎標位六度，而以無著爲宗，取之于心，誠如明誨，卽之于事，脫有未極。夫無著雖妙，佀若有不卽眞兩冥，有不卽眞兩冥，恐是心忘之謂耳。竊尋玄教，如更有以謹牒成言，以攄愚見。故經云：施者授者財物不可得，以無所捨法具足檀波羅蜜，以此三事不可得故。三者旣冥，有無無當，無當之理，卽同幻化。以此而推，恐不住之致，非眞忘彼我，遺所寄而已。

詔云：放大光明，諸神變者，此自應十方諸大菩薩將紹尊位者耳。斯理之玄，固非庸近所參。然不已之情，猶欲言所未達。夫萬有不

齊，精麤亦異，應彼雖殊，而聖心恆一。恆一故圓以應之，不同故權以濟之。雖鹿馬而未始乖其大，雖現神變而未始遺其細。故淨名經云：如來或以光明而作佛事，或以寂寞而作佛事，顯默雖異，而終致不二。然則于小大之閒，恐是時互說耳。如藥手經初，佛爲德藏放大光明，今諸衆生普蒙其潤。又思益經中，罔明所問，如來三十三種光明，一切遇者，皆得利益。法華經云：佛放肩閒相光，亦使四衆八部咸皆生疑。又云：處闇衆生，各得相見。苟有其緣，雖小必益；苟無其因，雖大或乖。故般若經云：若有衆生遇斯光者，必得無上道。又以神變令三惡衆生皆生天上。以此而言，至于光明神變之事，佀存平等。敢緣慈念，輒竭愚思，若復哀矜，重開導者，豈直微臣獨受其賜。

詔云：大道者以無爲爲宗，若其無爲，復何所爲耶？至理淵談，誠不容言。然處在涉求之地，不得不尋本以致悟。不審明道之無爲，爲當以何爲體？若以妙爲宗者，雖在帝先而非極；若以無有爲妙者，必當有不無之因。因稱俱未冥，詎是不二之道乎？故論云：無于無者，必當有于有。有無之相，譬猶修短之相形耳。無理雖玄，將恐同彼斷常。常猶不可，況復斷耶？然則有無之津，乃是邊見之所存。故中論云：不破世諦故，則不破眞諦。又論云：諸法若實，則無二諦；諸法若空，則無罪福。若無罪福，凡聖無判，苟無判，道何所益？由臣闇昧，未悟宗極，惟願仁慈，重加誨諭。同上。

重上表

臣言：奉賜還詔，誨喻周備。伏尋之日，欣踊無量。陛下爰發德音，光闡幽極，拓道義之門，演如來之奧，冥宗隱而復彰，玄扉掩而再敞，文外之旨，可謂朗然幽燭矣。夫理玄者不可以言稱，事妙者固非常詞之所讚。雖欲心口仰詠，亦罔知所盡。由臣愚鈍，而猥蒙陛下褒飾之美，誠復欣戴殊眷，實增愧赧。比仰味微言，研詠彌至，其爲蒙恬，豈唯過半之益。但臣仍充外役，無由親承音旨，望雲遐慨，實在罔極。不勝延係，謹以申聞。臣嵩言。廣弘明集二十一。又十六國春秋六十。

尹緯

緯字景亮，天水人。仕苻堅爲尚書令史。堅敗，擁立姚萇，歷右司馬、輔國將軍、司隸校尉、尚書左右僕射。姚興嗣位，封淸河侯。卒贈司徒，謚曰忠成侯。

駁李嵩旣葬素服臨朝議

帝王喪制，漢魏爲準。嵩矯常越禮，斁于軌度，請付有司以專擅論。旣葬卽吉，乞依前議。晉書載紀姚興傳上。又十六國春秋六十。

李嵩

嵩仕姚興，爲尚書郎。

上疏言旣葬應素服臨朝

三王異制，五帝殊禮。孝治天下，先王之高事也。宜遵聖性，以光道

不下脫制字
調當作謝
謂當作覲
末段有誤

訓既葬之後應素服臨朝率先天下仁孝之擧也晉書載紀姚興傳又十六國春秋六十

行事記

有娶同堂姊子爲婦婦母亡不婦母服猶制同堂姊服常謂三公之義不可得而無服多吕內外姊妹爲婦則絕其本服服絕而情重何嫌不減從妹之服月數作婦母之服也又吕調沈所言舅爲外舅事訪謂君思難云舅服緦麻與外舅之服自可得同然娶姑之女姑亡豈可累降爲三月耶太常劉彥祖云譬如父母服本斬齊至于改葬而制緦麻也近羊彭有叔父服而改葬其父更叔之服而著改葬之服此其吕緦麻爲重也蓋禮所謂吕輕爲重者有同者此亦無準據殆是率心而行也通典九十五

姜岌

岌天水人仕姚興官爵未詳造三紀甲子元厤

渾天論

夫言天體者蓋非一家也世之所傳有渾天有蓋天說渾天者言渾然而圓地在其中蓋天者言天形如車蓋地在其中下二曜推移五星迭覿見伏昏明皆由遠近運移麗天不入于地日之將沒去人彌遠明衰光滅故闇其明及其將出去人彌近光明炎熾故極其照揚雄吕爲渾天得之難蓋天曰今于高山之上設水平吕望日則日出水平下若天體常高地體常卑日無出下之理于是蓋天無吕對也渾天之說天體包裹地在其中七曜離躔道有常率天體旁倚故日道南高而北下運轉之樞南下而北高二樞爲轂日道爲輪周迴運移終則復始北樞謂之北極北極出地上三十六度故天北際七十二度常見而不伏南樞謂之南極南極入地下亦三十六度故天南際七十二度常伏而不見也周髀云日一度二千九百三十二里奇夏至之景南北千里差一寸周天百

七萬一千里徑三千五萬七千里表在其外萬五千里故天日四游于三萬里之中冬南夏北春西秋東皆薄四表而止地亦外降于天之中旁游之數與天游同日道星宿之外亦萬五千里圓周之徑正與四表等冬至之日出辰入申夏至之日出寅入戌進退于六十度之中焉非專四游之差亦有地之升降冬至之後日轉北移非專是日移也亦由天地游而南故物有生而不死夏至之後日轉南移非專日之移也亦由天地游而北故物有伏而不生二分之日出卯入酉正與地土平故半表之徑得天地相去十九萬里然則地處天半而下也故日出地上百八十二度八分度之五謂之晝入地下百八十二度八分度之三謂之夜晝則出地上而西夜則入地下而東周帀百刻昏明五十刻分之日刻數既均天度又等與極應規謂之中繩居寒暑景之和處遲疾之中春分之後日行中繩之北故晝長而夜短伏少而見多景短而溫氣甚

秋分之後日行中繩之南故晝短而夜長伏多而見少景長而寒氣多易說冬至之景得一丈三尺夏至之景一尺四寸八分幷二至之景得一丈四尺四寸八分春分之景七尺四寸四分秋分之景與春分等幷二分之景亦得一丈四尺四寸八分然則東西南北經緯均也大平時和七曜順軌優游兩儀之中不內不外漢之乾象魏之景初皆吕二分之時行黃儀之內故南北闊而東西狹冬至去極百一十五度景長一尺五寸幷度得百八十二度八分度之五幷景得一丈四尺五寸春分去極八十九度景長五尺二寸五分秋分去極九十度景長五尺五寸幷度得百七十九度幷景得一丈七尺五寸五分東西少于南北三度爲東西九千里弱東西之景短于南北之景三尺七寸五分爲里三萬七千五百東西之徑定也而度與景里則有殊然則一度之里一寸之差及四游之說殆難明矣鄭玄吕二至之景一寸俱差千里夏至之日八

尺之表景得一尺五寸日下之地南于嵩高一萬五千里冬至之日八尺之表景得一丈三尺日下之地南于嵩高十三萬里夫日高則景小埤景差多日無上下之說而天地有升降安得千里同差一寸也故東西之徑少于南北之徑以度言之則九千里以景言之則三萬七千五百里二分之日南北千里蓋當景差四寸矣鄭氏之言理豈可哉天游薄四面而日道與四表等不升不降當與四表交轉二分之日道與二極應規而天地居四游之中春分之後天地降而下游而南至于夏至天游至南表而止故視日北而高本注景差小高之故自此以後而北至秋分還與日道應規秋分之後天地升而上游而北至于冬至則天游至北表而止故視日埤而南本注景差多埤之故計其進退南北不繫于三萬里之內春分之後至夏至差度二十四除其鉤弦之數乃常南游六萬餘里此蓋升降之度里則小矣今置渾天于地以衡望日地升渾上則日去極遠地

降渾下則日去極近遠近之驗不必在于南北亦由升降可知矣然則旁游與升降各十二度與天地游三萬里相近矣日月麗天有虧有盈有交有會月行日出以半周天爲卽月道交錯半入日道之內半出日道之外在外謂之行陽在內謂之行陰當交則會會則有食蔡氏月令章句曰天者純陽精剛轉運無窮其體渾而包地地上者一百八十二度八分之五地下亦如之其上中北偏出地三十六度謂之北極星是也史官以玉衡長八寸孔徑一寸從下端望之此星常見于孔端無有移動是以知其爲天中也其下中南偏入地亦三十六度謂之南極從上端望之當孔下端是也此兩中者天之輻軸所在轉運所由也天左旋出地上而西入地下而東其繞北極徑七十二度常見不伏圖內赤小規是也繞南極徑七十二度常伏不見圖外赤大規是也據天地之中而察東西則天半見半不見圖中赤規截婁角者是也岌案此與張衡

所說不殊而云玉衡長八寸則以是古儀矣又云據天地之中所云規數據蓋圖綴星是也開元占經一案此篇館本占經缺撰人名且有訛字今據明寫本校定

渾天論答難

渾天之說天體包裹地在其中七曜麗道有常率天體旁倚故日道南高而北下運轉之樞南下而北高二極爲轂日道爲輪周迴運移終則復始北極謂之北極出地上三十六度故天北際七十二度常見而不伏南極謂之南極入地下亦三十六度故天南際七十二度常伏而不見或云火陽也故外照金水陰也故內景日爲陽精故外照月爲陰之宗應內景而月復能外照何也對曰月光者日曜之所生是故外景如日照也是故瑩金澄水得日之照照物亦有景又曰月無盈虧盈虧由人也日月之形體如圓丸各徑千里月體向日常有光也月之初生日曜其西人處其東不見其光故名曰魄魄三日之後漸東面南故明生焉八日正在南

方半之故見弦也望則人處日月之間故見其圓也假使月初生時移人在日月之間東向以視則月光圓若望也夏至之日日入戌月初生時則西北近日有光及出于寅未盡三日以視月則東北近日光不盡也研之于心驗之于日月體向日有光而言圓矣難者又云日曜星月明乃生焉然則月望之日夜半之時日在地下月在地上其閒隔地日光何由得照月闇虛安得常在日衝對曰日之曜也不以幽而不至不以行而不及赫烈照于四極之中而光曜煥乎宇宙之內循天而曜星月猶火之循突而升乃其光曜無不周矣惟衝不照名曰闇虛舉日及天體猶滿面之貢鼓矣日之光炎在地之上因礙地不得直照而散故薄天而照則遠在地之上散而直照則近以斯言之則日光應曜星月有何礙哉易傳曰日夜食則星亡無日以曜之故也難云地上不得直照而散故薄天而照遠驗先望一日日未入地而月已出相去三十餘萬

里日。光地上散。而直照不應及月。而使月明光者何也。對曰。薄天而照則遠。是言磑地廣難耳。水流溼。火就燥。類相從也。月者星類也。日光直照。雖不及月。今然一燭在上。一燭在下。滅下燭使煙相當。則上燭之炎循煙而下。然下燭矣。此類相從也。難者又曰。日夜食則衆星亡。驗月體不大于地。今日在地下。月在地上。地體大。尚不能掩日使不照月。月體小于地。安能掩日使不照曜星也。對曰。上元之初。日月如疊璧。五星如連珠。故曰重光。重光者日在上。月次之。星居下。地在宿內。故不掩日。日光循星月而曜之也。月在星宿之外。故掩日光不得照星也。開元占經一

余以爲子陽言天陽下降日下熱。束晳言天體存于目則日大。頗近之矣。渾天之體圓周之徑。詳之于天度。驗之于晷景。而紛然之說由人目也。參伐初出在旁則其間疏。在上則其間數。以渾驗之度則均也。旁之與上。理無有殊也。夫日者純陽之精也。光明外曜。以眩人目。故人視日如小。及其初出。地有遊氣。以厭日光。不眩人目。即日赤而大也。無遊氣則色白。大不甚矣。地氣不及天。故一日之中。晨夕日色赤。而中時日色白。地氣上升。蒙蒙四合。與天連者。雖中時亦赤矣。日與火相類。火則體赤而炎黃。日赤宜矣。然日色赤者。猶火無炎也。光衰失常。則爲異矣。隋書天文志上。列子曰。孔子東遊見兩小兒辯日出日中遠近。關子陽束晳以爲云云。余以爲

姜虯

虯爲撫軍東曹屬。

上疏言廣平公弼遊宂

廣平公弼懷奸積年。謀禍有歲。傾陷羣豎。爲之畫足。釁成逆著。取嗤戎裔。昔文王之化。刑于寡妻。今聖朝之亂。起自愛子。雖欲含忍其瑕。掩蔽其罪。而逆黨猶繁。爝惑不已。弼之亂心。何由可革。宜斥散凶徒。以絕禍端。晉書載紀姚興傳下。又十六國春秋五十八。

闕名

李趙曲銅像銘

泰建元二十四年四月八日。于長安寺中造十王慧詔感佛泥曰逢遇遺像。是以賴身之餘。造鑄神模。若誠感必應。使十方同福。法苑珠林二十二。案建元二十四年乃姚萇之建初三年也。

全晉文卷一百五十三終

遺營作遣
投字衍

全晉文卷一百五十四

烏程嚴可均校輯

前涼

張軌

軌字士彥，安定烏氏人。魏末隱于宜陽。泰始初，受叔父錫官五品。泰康中，衛將軍楊珧辟爲掾，除太子舍人，累遷散騎常侍、征西軍司。永寧初，出爲護羌校尉、涼州刺史。永興中，加安西將軍，封安樂鄉矦。永嘉初，封西平郡公，不受。進拜鎭西將軍、都督隴右諸軍事，封霸城矦，進車騎將軍、開府儀同三司。愍帝爲皇太子，拜驃騎大將軍。及卽位，進司空、侍中、太尉、涼州牧、西平公，皆固辭。卒，諡曰武公。有易義若干卷。

下令將歸老宜陽

吾在州八年，不能靖綏區域，又值中州兵亂，秦隴倒懸，加㠯寢患委篤，實思斂迹避賢。但負荷重任，未便輒遂，不圖諸人横興此變，是不明吾心也。吾視去貴州如脫屣耳，欲遣主簿尉髦奉表詣闕，便速投脂轄，將歸老宜陽。晉書張軌傳，又十六國春秋七十

遺令

吾無德于人，今疾病彌留，殆將命也。文武將佐咸當弘盡忠規，務安百姓，上思報國，下㠯寧家。素棺薄葬，無藏金玉。善相安遜，㠯聽朝旨。晉書張軌傳，又十六國春秋七十

馳檄關中

主上播遷，幸非所，普天分崩，率土喪氣。秦王天挺聖德，神武應期，世祖之孫，王今爲長。凡我晉人，食土之類，龜筮克從，幽明同款。宜簡令辰，奉登皇位。今遣前鋒督護宋配帥步騎二萬，徑至長安，翼衞乘輿，折衝左右。西中郎將寔率中軍三萬，武威太守張琠帥胡騎二萬，駱驛繼發，仲秋中旬，會于臨晉。晉書張軌傳，又十六國春秋七十

遺韓稚書

今王綱紛撓，牧守宜戮力勤王。適得雍州檄，云卿稱兵内侮。吾董任一方，義在伐叛，武旅三萬，駱驛繼發。伐木之感，心豈可言。古之行師，全國爲上，卿若單馬軍門者，當與卿共平世難也。晉書張軌傳，又十六國春秋七十

張寔

寔字安遜，軌子。㠯秀才爲郎中。永嘉初，授驍騎將軍，固辭，改授議郎，封建武亭矦，遷西中郎將，進爵福祿縣矦。建興初，領護羌校尉。嗣軌位，爲持節、都督涼州諸軍事、西中郎將、涼州刺史、西平公。大興三年，爲其下閻沙、趙仰等所殺，私諡曰昭。元帝賜諡曰元。

求直言令

忝紹前蹤，庶幾刑政不爲百姓之患，而比年饑旱，殆由庶事有缺。竊慕箴誦之言，㠯補不逮。自今有面刺孤罪者，酬㠯束帛；翰墨陳孤過者，荅㠯筐篚；謗言于市者，報㠯羊米。晉書張寔傳，又十六國春秋七十一

遺南陽王保書

王室有事，不忘投軀。孤州遠域，首尾多難，是㠯前遣賈騫瞻望公舉。中被符命，敕騫還軍。忽聞北地陷沒，寇逼長安，胡崧不進，麴允持金五百請救于崧，是㠯決遣騫等進軍度嶺。會聞朝廷傾覆，爲忠不達于主，遣兵不及于難，痛慨之深，死有餘責。今更遣韓璞等，唯公命是從。晉書張寔傳，又十六國春秋七十一

張茂

茂字成遜，寔弟。建興中，拜平西將軍、秦州刺史。大興三年，代寔爲涼州牧。大寧二年卒，私諡曰成。

遺令

吾官非王命，位由私議，苟㠯集事，豈敢榮之。氣絕之日，當㠯白帢

入棺勿以朝服殮以彰吾志（十六國春秋七十一　案晉書張茂傳作臨終執駿手泣曰云云其文較多）

張駿

駿字公庭寔子建興末封霸城侯太寧二年嗣茂位劉曜拜爲涼州牧涼王猶奉愍帝年號稱建興十二年後又稱藩于李雄石勒至咸和八年猶稱建興二十一年至永和二年卒在位二十三年私謚曰文公穆帝追謚曰忠成公有集八卷

上疏請討石虎李期

東西隔塞踰歷年載夙承聖德心繫本朝而江吳寂蔑餘波莫及雖肆力修塗同盟靡恤奉詔之日悲喜交并天恩光被褒崇輝寵即以臣爲大將軍都督陝西秦雍涼州諸軍事休寵振赫萬里懷戴嘉命顯至銜感屏營伏惟陛下天挺岐嶷堂構晉室遭家不造播幸吳楚宗廟有黍離之哀園陵有殄廢之痛普天咨嗟含氣悲

傷臣專命一方職在斧鉞遐域僻陋勢極秦隴勒雄既死人懷反正謂石虎李期之命曾不崇朝而皆篡繼凶逆鴟目有年東西遼曠聲援不接遂使桃蟲鼓翼四夷諠譁向義之徒更思背誕鉛刀有干將之志螢燭希日月之光是以臣前章懇切欲齊力時討而陛下雍容江表坐觀禍敗懷目前之安替四祖之業馳檄布告徒設空文臣所以宵吟荒漠痛心長路者也且兆庶離主漸冉經世先老消落後生靡識忠良受梟懸之罰羣凶貪縱橫之利懷君戀故日月告流雖時有向義之士畏逼首領哀歎窮廬臣聞少康中興由于一旅光武嗣漢衆不滿百祀夏配天不失舊物況以荆陽慓悍臣州突騎吞噬遺羯在于掌握哉願陛下敷弘臣慮永念先績敕司空鑒征西亮等汎舟江沔使首尾俱至也（晉書張駿傳又十六國春秋七十二）

下令境中

昔鯀殛而禹興芮誅而缺進唐帝所以殄洪災晉侯所以成五霸法律犯死罪期親不得在朝今盡聽之唯不宜內參宿衛耳（晉書張駿傳又十六國春秋七十二）

山海經圖讚

飛魚

飛魚如鮒登雲遊波（御覽九百三十九）

穀

敦山有獸其名爲穀麟（一作麀）彤一角（初學記二十九馬第四）

張重華

重華字泰臨駿第二子以永和二年自稱持節大都督太尉護羌校尉涼州牧西平公假涼王仍奉愍帝年號在位八年卒私謚曰昭後改謚曰桓穆帝賜謚曰敬烈

上疏請伐秦

季龍自斃遺燼遊魂取亂侮亡覩機則發臣今遣前鋒都督裴恒帥步騎七萬遙出隴上以俟聖朝赫然之威山東騷擾不足厝懷長安膏腴宜速平蕩臣守任西荒山川悠遠大誓六軍不及聽受之末狂將鷹揚不豫告成之矢瞻雲望日孤憤義傷彈劍慷慨中情蘊結（晉書張重華傳又十六國春秋七十三）

張祚

祚字太伯駿之庶長子小字蠹斯封長寧侯永和九年殺嗣主耀靈自稱大都督大將軍涼州牧涼公明年僭即皇帝位改建興四十二年爲和平元年又明年爲張瓘等所殺

下書攝帝位

昔金行失馭戎狄亂華胡羯氐羌咸懷竊璽我武公以神武撥亂保寧西夏貢款勤王旬朔不絕四祖承光忠誠彌著往受晉禪天下所知謙沖遜讓四十年于玆矣今中原喪亂華裔無主羣后僉

以九州之望。無所依歸。神祇岳瀆。罔所憑係。逼孤攝行大統。以一四海之心。辭不獲已。勉從衆議。待掃穢二京。蕩清周魏。然後迎帝舊都。謝罪天闕。思與兆庶。同茲更始。晉書張祚傳。又十六國春秋七十三。

張天錫

天錫字公純嘏。改字純嘏。小名獨活。駿少子。興寧元年殺嗣主立靚。自立爲涼州牧。太和初詔拜大將軍大都督隴右關中諸軍事、護羌校尉、涼州刺史、西平公。在位十三年。爲苻堅將姚萇所敗。入秦爲侍中比部尚書。封歸義侯。淮肥之役歸國。詔拜散騎常侍左員外。復爵西平郡公。進金紫光祿大夫。隆安中拜廬江太守。

荅索商

吾非好行。行有得也。觀朝榮則敬才秀之士。翫芝蘭則愛德行之臣。覩松竹則思貞操之賢。臨清流則貴廉潔之行。覽蔓草則賤貪穢之吏。逢飆風則惡凶狡之徒。若引而申之。觸類而長之。庶無遺漏矣。晉書張天錫傳。又十六國春秋七十四。

遺郭瑀書

先生潛光九皋。懷眞獨遠。心與至境冥符。志與四時消息。豈知蒼生倒懸。四海待拯者乎。孤忝承時運。負荷大業。思與賢明。同贊帝道。昔傅說龍翔殷朝。尚父鷹揚周室。孔聖車不停軌。墨子駕不俟旦。皆以黔首之禍。不可以不救。君不獨立。道由人弘故也。況今九服分爲狄場。二都盡爲戎穴。天子僻陋江東。名教淪于左衽。創毒之甚。開闢未聞。先生懷濟世之才。坐觀而不救。其于仁智。孤竊惑焉。故遣使者虛左授綏。鶴企先生。乃眷下國。晉書隱逸郭瑀傳。又十六國春秋七十四。

張瑛

瑛。永嘉中武威太守。

表留張軌

魏尚安邊而獲戾。充國盡忠而被譴。皆前史之所譏。今日之明鑒也。順陽之爲劉陶守闕者千人。刺史之莅臣州。若慈母之于赤子。百姓之愛臣軌。若旱苗之得膏雨。伏聞信惑流言。當有遷代。民情嗷嗷。如失父母。今戎夷猾夏。不宜騷動一方。晉書張軌傳。又十六國春秋七十。

宋纖

纖字令艾。敦煌效穀人。隱居酒泉南山。張祚徵爲太子友。尋遷太傅。不食而卒。年八十二。謚曰立虛先生。

上疏辭張祚

臣受生方外。心慕太古。生不喜存。死不悲沒。素有遺屬。屬諸知識在山投山。臨水投水。處澤露形。在人親土。聲聞書疏。勿告我家。今當命終。乞如素願。晉書隱逸宋纖傳。又十六國春秋七十四。

楊宣

宣仕張祚。爲敦煌太守。

宋纖畫像頌

爲枕何石。爲漱何流。身不可見。名不可求。晉書隱逸宋纖傳。又十六國春秋七十五。

馬岌

岌仕張茂。爲參軍。駿嗣位。以爲酒泉太守。重華末爲左長史。祚僭號爲尚書。

上言宜立西王母祠

酒泉南山。即崑崙之體也。周穆王見西王母。樂而忘歸。即謂此山。此山有石室玉堂。珠璣鏤飾。煥若神宮。宜立西王母祠。以裨朝廷無疆之福。晉書張駿傳。

宋纖石壁銘

丹崖百丈。青壁萬尋。奇木蓊鬱。蔚若鄧林。其人如玉。維國之琛。室邇人遐。實勞我心。晉書隱逸宋纖傳。又十六國春秋七十五。

謝艾

艾敦煌人。仕張重華爲主簿。拔中堅將軍。以功封福祿伯。出爲酒泉太守。尋授使持節軍師將軍。以功遷太府左長史。進封福祿縣侯。又爲使持節都督征討諸軍事行衛將軍。後爲張祚所殺。有集七卷。宋書索遐傳作八卷

獻晉帝表

登三緯地。乘六御天。靖埽妖氛。廣清異類。十六國春秋七十五

上疏言趙長張祚事

權倖用事。公室將危。乞聽臣入侍。長甯侯祚及趙長等將爲亂。宜盡逐長等。十六國春秋七十五

密令與楊初

今遣舍人孔章侍口論要密。將軍可差腹心人詣致珊瑚鞭勒香瓔一具。遺王擢。王擢狐疑于將軍父子事得施矣。御覽三百五十九。又十六國春秋七十五

索遐

遐仕張重華。爲別駕從事。拜軍正將軍。遷司直。

諫張重華

殿下承四聖之基。當升平之會。荷當今之任。憂率土之塗炭。宜躬親萬機。開延英乂。夙夜乾乾。勉于庶政。自頃內外嚻然。皆云去賊投誠者。應即撫慰。而彌日不接。國老朝賢。當虛己引納。詢訪政事。比多經旬積朔。不留意接之。文奏入內。歷月不省。廢替見務。注情于棊弈之間。纏綣左右小臣之娛。不存將相遠大之謀。至使親臣不言。朝吏杜口。愚臣所以退惶忘寢與食也。今王室如燬。百姓倒懸。正是殿下銜膽茹辛厲心之日。深願垂心朝政。延納直言。周爰五美。以成六德。捐彼近習。弭塞外聲。修政聽朝。使下觀而化。晉書張重華傳。重華自以連破勍敵。頗怠政事。希接賓客。司直索遐諫云云。重華覽之大悅。案云覽之。必是簡牘。非口諫也。又見十六國春秋七十三。

議迎秋

禮。天子崩。諸侯薨。未殯。五祀不行。既殯而行之。魯宣三年。天王崩不廢郊祀。今聖上統承大位。百揆惟新。宜在璿璣玉衡。以齊七政。立秋萬物將成。殺氣之始。其于王事。杖麾誓衆。釁鼓禮神。所以討逆除暴。成功濟務。盛宗廟社稷。致天下之福。不可廢也。晉書張重華傳。又十六國春秋七十三。是月有司議遣司兵趙長迎秋西郊。謝艾以春秋之義。國有大喪。廢蒐狩之禮。宜待踰年。別駕從事索遐議云云。

紀錫

錫仕張天錫。爲少府長史。

上疏評時政

臣聞東野善騶而敗其駕。秦氏富強而覆其國。馬力已盡。求之勿休。人既勞竭。役之無已故也。造父之御。不盡其馬。明王之治。必恤其民。十六國春秋七十四

後涼

呂光

光字世明。略陽氐人。苻堅時舉賢良。除美陽令。遷鷹揚將軍。從平燕。封都亭侯。入爲太子右率。拜破虜將軍。遷步兵校尉。拜驍騎將軍。授都督西討諸軍事。以平西域功拜使持節散騎常侍都督玉門已西諸軍事安西將軍西域校尉。還入姑臧。聞堅爲姚萇所害。自稱使持節侍中中外大都督督隴右河西諸軍事大將軍領護匈奴中郎將涼州牧酒泉公。建元太安。以太元十四年僭即三河王位。改元麟嘉。以太元二十一年僭即天王位。改元龍飛。在位十年。隆安三年死。年六十三。謚曰懿武皇帝。廟號太祖。

平西域還上疏

惟龜茲據三十六國之中。制彼侯王之命。入其國城。天驥龍麟。腰褭丹髦。萬計盈廄。雖伯樂更生。衛賜復出。不能辨也。御覽八百九十五引十六

國春秋今十六國春秋未多一句云所獲珍寶已萬萬計據晉書載紀則此語在敘事中非疏文也

下書討乞伏乾歸

乾歸狼子野心前後反覆朕方東清秦趙勒銘會稽豈令豎子鴟峙洮南且其兄弟內相離間可乘之機無過今也其敕中外戒嚴朕當親討晉書載紀呂光傳又十六國春秋八十一

遺楊軌書

自羌胡不靖郭麐叛逆南藩安否音問兩絕行人風傳云卿擁逼百姓為麐脣齒卿雅志忠貞有史魚之操鑒察成敗遠侔古人豈宜聽納姦邪以虧大美陵霜不彫者松柏也臨難不移者君子也何圖松柏彫于微霜而雞鳴已于風雨郭麐巫卜小數時或誤中攷之大理率多虛謬朕宰化寡方澤不逮遠致世事紛紜百城離叛戮力一心同濟巨海者望之于卿也今中倉積粟數百千萬東人戰士一當百餘入則言笑晏晏出則武步涼州吞麐咀業綽有

餘暇但與卿形雖君臣心過父子朕欲全卿名節不使貽笑將來晉書載紀呂光傳又十六國春秋八十一

南涼

禿髮利鹿孤

利鹿孤河西鮮卑人烏孤弟以晉隆安三年襲兄位僭稱大都督大將軍大單于西平王踰年改元建和其明年僭稱河西王以晉元興元年死謚曰康王

下令封爵

孤以寡昧謬膺統緒思所以弘濟艱難經略區宇者必藉股肱之力自今二千石令長清高有惠化者其皆封亭侯關內侯延耆老以訪政事十六國春秋八十八

求極言

吾無經濟之才忝承業統自負乘在位三載于茲雖夙夜惟寅思弘道化而刑政未能允中風俗尚多凋弊戎車屢駕無闢境之功務進賢彥而下猶蓄滯豈所任非才將吾不明所致也二三君子其極言無諱吾將覽焉晉書載紀禿髮利鹿孤傳又十六國春秋八十八

遺令

昔我諸兄弟傳位非子者蓋以泰伯三讓周道以興故也我武王踐阼寶歷垂諸樊之誡終能克昌家業者其在車騎乎吾寢疾惙頓是將不濟內外多虞國機務廣其令車騎嗣業經緯百揆以成先王之志十六國春秋八十八案晉書載紀禿髮利鹿孤傳但有內外多虞已下四句無經緯百揆句

史暠

暠仕利鹿孤為祠部郎中

極言

古之王者行師以全軍為上破國次之拯溺救焚東征西怨今不以綏寧為先惟以徙戶為務安土重遷故有離叛所以斬將克城

土不加廣今取士拔才必先弓馬文章學藝為無用之條非所以來遠人垂不朽也孔子曰不學禮無以立宜建學校開庠序選耆德碩儒以訓胄子晉書載紀禿髮利鹿孤傳案上文云其極言無諱吾將覽焉明此非口對又見十六國春秋八十八

宗敞

敞姑臧人仕秦姚興為涼州別駕後歸禿髮傉檀為太府主簿錄記室事

理王尚疏

臣州荒裔鄰帶寇讐居泰無垂拱之安運否離傾覆之難自張氏頹基德風絕而莫扇呂數將終梟鴟以之翻翔羣生嬰罔極之痛西夏有焚如之禍幸皇鑒降春純風遠被刺史王尚受任垂滅之州策成難全之際輕身率下躬儉節用勞逸豐約與衆同之勸課農桑時無廢業然後振王威以埽不庭迴天波以蕩氛穢則羣逆

未效當作效未

冰摧不俟朱陽之曜。若秋風隕籜。豈待勁風之威。何定遠之足高。營平之獨美。經始甫爾。會朝算改授。使希世之功。不終于必成。易失之機。毀之而莫展。當其時而明其事者。誰不慨然。旣遠役遐方。劬勞于外。雖未效酬恩。而在公無闕。自至京師。二旬于今。出車之命莫逮。萋斐之責惟深。㠯取呂氏宮人裴氏及殺逃人薄禾等爲南臺所禁。天鑒玄鏡。覽免囹圄。譏繩之文。未離簡墨。裴氏年垂知命。首髮二毛。廢居本家。不在尙室。年邁姿陋。何用送爲。邊藩要捍。衆力是寄。禾等私逃。罪應憲墨。㠯殺止殺。安邊之義也。假若㠯不送裴氏爲罪者。正闕奚官之一女子耳。論勳則功重。言瑕則過微。而執憲者吹毛求疵。忘勞記過。斯先哲所㠯泣血于當年。微臣所㠯仰天而洒淚。且尙之奉國。歷事二朝。能否效于旣往。優劣備在聖心。就有微過。功足相補。宜弘罔極之施。㠯彰覆載之恩。臣等生自西州。無翰飛之翼。久沈僞政。絕進趣之途。及皇化旣沾。投竿之心冥發。遂策名委質。位忝吏端。主辱臣憂。故重繭披款。惟陛下亮之。晉書載紀姚興傳上、涼州別駕宗敞、治中張穆、主簿邊憲、胡威等上疏理王尙云云。又見十六國春秋五十七。

全晉文卷一百五十四終

全晉文卷一百五十五

烏程嚴可均校輯

西涼

李暠

暠字玄盛。小字長生。隴西成紀人。居狄道。段業以爲效穀令。尋爲宣朔將軍敦煌太守。進號冠軍。拜安西將軍。領護西胡校尉。進持節都督涼興已西諸軍事。鎮西將軍。領護西夷校尉。以晉隆安四年自稱大都督大將軍涼公。領秦涼二州牧。護羌校尉。建元庚子。遷都酒泉。義熙八年死。謚曰武昭王。廟號太祖。

述志賦

暠以緯世之量。當呂氏之末。爲羣雄所奉。遂啟霸圖。兵無血刃。坐定千里。謂張氏之業指期而成。河西十郡歲月而一。既而禿髮傉檀入據姑臧。且渠蒙遜基宇稍廣。于是慨然著述志賦焉。其辭曰。

涉至虛以誕駕。乘有輿于本無。稟玄元而陶衍。承景靈之冥符。蔭朝雲之菴靄。仰朗日之照煦。既敷既載。以育以成。幼希顏子曲肱之榮。游心上典。翫禮教經。葴玄覓于朱門。羨漆園之傲生。尚漁父于滄浪。善沮溺之耦耕。穢鶉鳶之籠嚇。欽飛鳳于太清。杜世競于方寸。絕時譽之嘉聲。超霄吟于崇領。奇秀木之陵霜。挺修榦之青蔥。經歲寒而彌芳。情遙遙以遠寄。想四老之暉光。將戢繁榮于常衢。控雲轡而高驤。攀瓊枝于玄圃。漱華泉之漾漿。和吟鳳之逸響。應鳴鸞于南岡。時弗獲彰。心往形留。眷駕陽林。宛首一丘。衡風休雨。載沈載浮。利害繽紛以交錯。歡感循環而相求。乾扉奄寂以重閉。天池絕津而無舟。悼貞信之道薄。謝慙德于圍流。遂乃去玄覽。應世賓。肇弱巾于東宮。並羽儀于英倫。踐宣德之祕庭。翼明后于紫宸。赫赫謙光。崇明奕奕。岌岌王居。詵詵百辟。君希虞夏。臣庶夔益。張王頹巖。梁后墜壑。淯風杪莽以永喪。縉紳淪胥而覆溺。呂發

嵩當作寓

釁于閶闔。厥搆摧以傾顛。疾風飄于高木。迴湯沸于重泉。飛塵翕以蔽日。大火炎其燎原。名都幽然影絕。千邑闃而無烟。斯乃百六之恆數。起滅相因而迭然。于是人希逐鹿之圖。家有雄霸之想。闇王命而不尋。邀非分于無象。故覆車接路而繼軌。膏生靈于土壤。哀餘類之忪懞。邈靡依而靡仰。求欲專而失逾遠。寄玄珠于罔象。悠悠涼道。鞠焉荒凶。杪杪余躬。迢迢西邦。非相期之所會。諒冥契而來同。跨弱水以建基。躡崑墟以爲墉。總奔駟之駭轡。接摧轅于峻峰。崇崖崨嶪。重嶮萬尋。玄邃窈窕。磐紆嶔岑。榛棘交橫。河廣水深。狐貍夾路。鴞鵄羣吟。挺非我以爲用。任至當如影響。執同心以御物。懷自彼于握掌。匪矯情而任荒。乃冥合而一往。華德是用來庭。野逸所以就鞅。休矣時英。茂哉雋哲。庶罩網以遠籠。豈徒射鉤與斬袂。或脫梏而纓緌。或後至而先列。採殊才于巖陸。拔翹彥于無際。思留侯之神遇。振高浪以蕩穢。想孔明于草廬。運玄籌之罔滯。洪操槃而慷慨。起三軍以激銳。詠羣豪之高軌。嘉關張之飄傑。誓報曹而歸劉。何義勇之超出。據斷橋而橫矛。亦雄姿之壯發。輝輝南珍。英英周魯。挺奇荊吳。昭文烈武。建策烏林。龍驤江浦。摧堂堂之勁陣。鬱風翔而雲舉。紹樊韓之遠蹤。侔徽猷于召武。非劉孫之鴻度。孰能臻茲大廡。信乾坤之相成。庶物希風而潤雨。嵋岱既蕩。三江已清。穆穆盛勳。濟濟隆平。御羣龍而奮策。彌萬載以飛榮。仰遺塵于絕代。企高山而景行。將建朱旗以啟路。驅長轂而迅征。靡商風以抗旆。拂招搖之華旍。賓神兆于皇極。協五緯之所寍。赳赳干城。翼翼上弼。恣馘奔鯨。截彼醜類。且灑遊塵于當陽。拯涼德于已墜。間昌寓之驂乘。暨襄城而案轡。知去害之在茲。體牧童之所述。審機動之至微。思遺餐而忘寐。表略韻于紈素。託精誠于白日。（晉書涼武昭王傳。又十六國春秋九十一。）

槐樹賦（見晉書涼武昭王傳。亡。）

大酒容賦 同上

自稱涼公領秦涼二州牧奉表詣闕

昔漢運將終三國鼎峙鈞天之厤數鍾皇晉高祖闡鴻基景文弘帝業嗣武受終要荒率服六合同風宇宙齊貫而惠皇失御權臣亂紀懷愍迍邅蒙塵于外懸象上分九服下裂眷言顧之普天同憾伏惟中宗元皇帝基天紹命遷幸江表荊陽蒙弘覆之矜五都爲荒榛之藪故太尉西平武公軌當元康之初屬擾攘之際受命典方出撫此州威略所振聲蓋海內明盛繼統不隕前志長旍所指仍闢三秦義立兵強拓境萬里文桓嗣位奕葉載德囊括關西化被崑裔遐邇款藩世修職貢晉德之遠揚緊此州是賴大都督大將軍天錫以英挺之姿承七世之業志匡時難克隆先勳而中年降災兵寇侵境皇威遐邈同獎弗及以一方之師抗七州之衆兵孤力屈社稷以喪臣聞厤數相推歸餘于終帝王之興必有閏位是以共工亂象于黃農之間秦項篡竊于周漢之際皆機不旋踵覆餗成凶自戎狄陵華已涉百齡五胡僭襲期運將杪四海顒顒懸心象魏故師次東關趙魏莫不企踵淮南大捷三方欣然引領伏惟陛下道協少康德侔光武繼天統位志清函夏至如此州世篤忠義臣之羣僚以臣高祖東莞太守雍曾祖北地太守柔荷寵前朝參忝時務伯祖龍驤將軍廣晉太守長盛侯卓亡祖武衞將軍天水太守安世亭侯弇毗佐涼州著功秦隴殊寵之隆勒于天府妄臣無賴輒依竇融故事迫臣以義上臣大都督大將軍涼公領秦涼二州牧護羌校尉臣以爲荊楚替貢齊桓興召陵之師諸侯不恭晉文起城濮之役用能勳光踐土業隆一匡九域賴其弘猷春秋恕其專命功冠當時美垂千祀況今帝居未復諸夏昏墊大禹所經奄爲戎墟五岳神山狄污其三九州名都夷穢其七辛有所言于茲而驗微臣所以叩心絕氣忘寢與食彫肝焦慮不遑寧息者也江涼雖遼義誠密邇風雲苟通實如脣齒臣雖名未結于天臺量未著于海內然憑賴累祖寵光餘烈義不細辭以稽大務輒順羣議亡身即事輭弱任重懼忝威命昔在春秋諸侯宗周國皆稱元以布時令今天臺邈遠正朔未加發號施令無以紀數輒年冠建初以崇國憲冀杖寵靈全制一方使義誠著于所天玄風扇于九壤殉命灰身隕越慷慨晉書涼武昭王傳又十六國春秋九十一義熙元年改元建初遣舍人黃始梁興間行奉表詣闕云云

復奉表

江山悠隔朝宗無階延首雲極翹企遐方伏惟陛下應期踐位景福自天臣去乙巳歲順從羣議假統方城時遣舍人黃始奉表通誠遙途嶮曠未知達不吳涼懸邈蜂蠆衝衢方珍貢使無由展御謹副寫前章或希簡達臣以其歲進師酒泉戒戎廣平庶攘茨穢而黠虜恣睢未率威教憑守巢穴阻臣前路竊以諸事草創倉帑未盈故息兵案甲務農養士時移節邁荏苒三年撫劍歎憤以日成歲今資儲已足器械已充西招城郭之兵北引丁零之衆冀憑國威席捲河隴揚旌秦川承望詔旨盡節竭誠隕越爲效又臣州界迴遠勍寇未除當須鎮副爲行留部分輒假臣世子歆監前鋒諸軍事撫軍將軍護羌校尉督攝前軍爲臣先驅又以燉煌郡大衆殷制御西域管轄萬里爲軍國之本輒以次子讓爲寧朔將軍西夷校尉敦煌太守統攝崑裔輯寧殊方自餘諸子皆在戎間率先士伍臣總攝大綱畢在輸力臨機制命動靜續聞晉書涼武昭王傳前表未報復遣沙門法泉間行奉表云云又見十六國春秋九十一

手令誡諸子

吾自立身不營世利經涉累朝通否任時初不役智有所要求今日之舉非本願也然事會相驅遂荷州土憂責不輕門戶事重雖詳人事未知天心登車理轡百慮填胷後事付汝等粗舉旦夕近

事數條。遭意便言。不能夾比。至于杜漸防萌。深識情變。此當任汝所見深淺。非吾敕誡所益也。汝等雖年未至大。若能克己纂修。比之古人。亦可㠯當事業矣。苟其不然。雖至白首。亦復何成。汝等其戒之愼之。節酒愼言。喜怒必思。愛而知惡。憎而知善。動念寬恕。審而後與。衆之所惡。勿輕承信。詳審人。核眞僞。遠佞諛。近忠正。蠲刑獄。忍煩擾。存高年。恤喪病。勤省案。聽訟訴。刑法。所應和顏任理。愼勿㠯情輕加聲色。賞勿漏疏。罰勿容親。耳目人間。知外患苦。禁禦左右。勿作威福。勿伐善施勞。逆詐億必。㠯示己明。廣加諮詢。無自專用。從善如順流。去惡如探湯。富貴而不驕者。至難也。念此貫心。勿忘須臾。賓佐邑宿。盡禮承敬。讌饗餞食。事事留懷。古今成敗。不可不知。退朝之暇。念觀典籍。面牆而立。不成人也。此郡世篤忠厚。人物敦雅。天下全盛時。海內猶稱之。況復今日。實是名邦。正爲五百年鄉黨。婚親相連。至于公理。時有小小頗迴。爲當隨宜斟酌。吾臨蒞五年。兵難騷動。未得休衆息役。惠康士庶。至于掩瑕藏疾。滌除疵垢。朝爲寇讎。夕委心膂。雖未足希準古人。粗亦無負于新舊。事任公平。坦然無類。初不容懷。有所損益。計近便爲少。經遠如有餘。庶亦無媿于前志也。晉書涼武昭王傳。又十六國春秋九十一

寫諸葛亮訓誡應璩奏諫㠯勗諸子

吾負荷艱難。寧濟之勳未建。雖外總良能。憑股肱之力。而戎務孔殷。坐而待旦。㠯維城之固。宜兼親賢。故使汝等未及師保之訓。皆弱年受任。常懼弗克。㠯貽咎悔。古今之事。不可不知。苟近而可師。何必遠也。覽諸葛亮訓勵。應璩奏諫。尋其始終。周孔之教。盡在中矣。爲國足㠯致安。立身足㠯成名。質略易通。寓目則了。雖言發往人。道師于此。且經史道德。如採菽中原。勤之者則功多。汝等可不勉哉。晉書涼武昭王傳。又十六國春秋九十一

顧命長史宋繇

吾少離荼毒。百艱備嘗。于喪亂之際。遂爲此方所推。才弱智淺。不能一同河右。今氣力惙然。當不復起矣。死者大理。吾不悲之。所恨志不申耳。居元首之位者。宜深戒危殆之機。吾終之後。世子猶卿子也。善相輔導。述吾平生。勿令居人之上。專驕自任。軍國之宜。委之于卿。無使籌略乖衷。失成敗之要。晉書涼武昭王傳。又十六國春秋九十一

上已曲水讌詩序

聖帝明王序頌

忠臣孝子序頌

烈士貞女序頌 竝見晉書涼武昭王傳。亡

賢明魯顏回頌

問一洞十。達于神機。用舍行藏。配德聖師。初學記十七

麒麟頌

一角圓蹄。行中規矩。游必擇地。翔而後處。不入陷穽。不罹網罟。德無不王。爲之折股。初學記二十九。又御覽八百八十九作無德而至。謂之折股

辛夫人誄 見晉書涼武昭王傳。亡

張顗

顗。晉書作顯。仕李歆。爲從事中郎。

諫用刑過嚴好治宮室疏

涼土三分。勢不久立。并兼之本。實在農戰。懷遠之略。事歸寬簡。今入歲已來。陰陽失序。屢有賊風暴雨。犯傷和氣。是宜減膳徹懸。側身修道。而更繁刑峻法。宮室是務。人力凋殘。百姓愁悴。致災之咎。實此之由。昔文王㠯百里而興。二世㠯天下而亡。前車之軌。得失昭然。太祖㠯天挺神姿。應桓文之運。流標萬里。爲西夏所推。左取酒泉。右開西域。兵不血刃。實爲殿下開創崇規。貽厥孫謀者也。殿下不能奉承先志。混一涼土。侔蹤張后。將何㠯下見先王乎。沮渠蒙遜胡夷之傑。內修政事。外理英賢。攻戰之際。身同一作

均士卒。百姓懷之。咸樂爲用。臣謂殿下非但不能平殄蒙遜。亦懼蒙遜方爲社稷之憂。御覽三百二十二引蕭方等三十國春秋。又晉書涼後主傳。又十六國春秋九十二

氾稱

稱仕李歆。爲主簿。

上疏言天變

臣聞天之子愛人后。殷勤至矣。故政之不修。則垂災譴㠯誡告之。改者雖危必昌。宋景是也。其不改者。雖安必亡。虢公是也。殿下嗣位㠯來。元年三月癸卯。敦煌謙德堂陷。八月效穀地裂。二年元日昏霧四塞。四月日赤無光。二旬乃復。十一月狐上南門。今茲春夏地頻五震。六月隕星于建康。臣雖學不稽古。敏謝仲舒。頗亦聞道于先師。且行年五十有九。請爲殿下略言耳目之所聞見。不復能遠論書傳之事也。乃者咸安之初。西平地裂。狐入謙光殿前。俄而秦師奄至。都城不守。梁熙既爲涼州。藉秦氏兵亂。規有全涼之地。外不撫百姓。內多聚斂。建元十九年姑臧南門崩。隕石于閑豫堂。二十年而呂光東反。子敗于前。身戮于後。段業因羣胡創亂。遂稱制此方。三年之中。地震五十餘所。既而先王龍興于瓜州。蒙遜篡弒于張掖。此皆目前之成事。亦殿下之所聞知。效穀先王鴻漸之始。謙德卽尊之室。基陷地裂。大凶之徵也。日者大陽之精。中國之象。赤而無光。中國將爲胡夷之所陵滅。諺曰。野獸入家。主人將去。今狐上南門。亦災之大也。又狐者胡也。天意若曰。將有胡人入居于此城。南面而君者也。昔春秋之世。星隕于宋。襄公卒爲楚所擒。地者至陰。胡夷之象。當靜而動。反亂天常。天意若曰。胡夷將震動中國。中國若不修德。將有宋襄之禍。臣蒙先朝布衣之眷。輒自同子弟之親。是㠯不避忤上之誅。昧死而進愚款。願殿下親仁善鄰。養威觀釁。罷宮室之務。止遊畋之娛。後宮嬪妃。諸夷子女。躬受分田。身勸蠶績。㠯清儉素德爲榮。息茲奢靡之費。百姓租稅。專擬軍國。虛衿下士。廣招英儁。修秦氏之術。㠯強國富俗。待國有數年之積。庭盈文武之士。然後命韓白爲前驅。納子房之妙算。一鼓而姑臧可平。長驅可㠯飲馬涇渭。方東面而爭天下。豈蒙遜之足憂。不然。臣恐社稷之危。必不出紀。晉書涼後主傳。又十六國春秋九十二

北涼

張披

披仕沮渠蒙遜。爲永安令。案北涼主沮渠蒙遜茂虔等編入宋文。其臣下宗欽等編入元魏文。唯張披不知所終。故編入晉文。

上書慶連理木生

異校同幹。遐方有齊化之應。殊本同心。上下有莫二之固。蓋至道之嘉祥。大同之美徵。晉書載紀沮渠蒙遜傳。又見十六國春秋九十四

同心之同當作共

闕名

上書請修朝制

設官分職。所㠯經國濟時。恪勤官次。所㠯緝熙庶政。當官者㠯匪躬爲務。受任者㠯忘身爲效。自皇綱初震。戎馬生郊。公私草創。未遑舊式。而朝士多違憲制。不遵典章。或公文御案。在家臥署。或事無可否。望空而過。至令黜陟絕于皇朝。駁議寢于聖世。清濁共流。能否相雜。人無勸兢之心。苟爲度日之事。豈能憂公忘私。奉上之道也。今皇化日隆。遐邇寧泰。宜振肅綱維。申修舊則。晉書載紀沮渠蒙遜傳。其羣下上書云云。又十六國春秋九十四

兢當作競 豈能之能字衍

石冊

河西三十年破帶石樂七年。北堂書鈔一百六十引崔鴻北涼錄。沮渠蒙遜永和三年。大風震電于電所得石冊。案今屠喬孫本繫此事于茂虔之永和四年。六帖及此㠯永和爲蒙遜年號。與晉宋書異

全晉文卷一百五十五終

全晉文卷一百五十六

烏程嚴可均校輯

蜀

李特

特字玄休。其先本巴西宕渠賨人。曹公定漢中。徙之略陽。元康中隨流人入蜀。後㠯討趙廞功拜宣威將軍。封長樂鄉侯。為辛冉所襲。自稱使持節大都督鎮北大將軍。㠯太安元年自稱益州牧都督梁益二州諸軍事大將軍大都督。改元建初。其明年羅尚擊斬之。傳首洛陽。李雄僭稱王。追謚曰景王。及僭號。謚曰景皇帝。廟號始祖。

改辛冉購募牓文

能送六郡之豪李任閻趙楊上官及氐叟侯王一首。賞百匹。（晉書載紀李特傳。又十六國春秋七十六）

李雄

雄字仲儁。特第三子。特起兵。㠯為前將軍。太安二年。特與弟流相繼死。自稱大都督大將軍益州牧。㠯永興元年僭稱成都王。明年僭即皇帝位。國號曰蜀。在位三十一年。改元三。建興太武玉衡。至晉咸和九年死。謚曰武帝。廟號太宗。

復張駿書

吾過為士大夫所推。然本無心于帝王也。進思為晉室元功之臣。退思共為守藩之將。埽除氛埃。㠯康帝宇。而晉室陵遲。德聲不振。引領東望。有年月矣。會獲來貺。情在闇室。有何已已。知欲遠遵楚漢。尊崇義帝。春秋之義。于斯莫大。（晉書載紀李雄傳。張駿遣使遺雄書。勸去尊號。稱藩于晉。雄復書云云。又十六國春秋七十七。案華陽國志九作雄引見謂曰云云。帝王也下有貴州將令行河沙常所希冀二語。）

李壽

壽字武考。特季弟驤之少子。雄僭號。拜前將軍。督巴西軍事。遷征東將軍。又遷大將軍大都督侍中。封扶風公。錄尚書事。進封建寧王。期嗣位。改封漢王。領梁州刺史。㠯晉咸康四年廢期。僭即皇帝位。改元漢興。改國號曰漢。至晉建元元年死。在位六年。謚曰昭文帝。廟號中宗。

將入寇下書

吳會遺燼。久逋天誅。今將大興百萬。躬行天罰。（十六國春秋七十八）

李宏自趙還下令

羯使來庭。獻其楛矢。（晉書載紀石虎傳上。又十六國春秋七十六）

報龔壯

省詩知意。若今人所作。賢哲之話言。古人所作。死鬼之常辭耳。（魏書李壽傳。龔壯作詩七首。託言應璩。㠯諷壽。壽報）

李勢

勢字子仁。壽長子。㠯晉建元元年僭即皇帝位。在位五年。改元二。太和嘉寧。至晉永和三年為桓溫所滅。遷于建康。封歸義侯。升平五年死。

降文

入當作人

僞嘉寧二年三月十七日。略陽李勢叩頭死罪。伏惟大將軍節下。先入播流。恃險因釁。竊有汶蜀。勢㠯闇弱。復統末緒。偷安荏苒。未能改圖。猥煩朱軒。踐冒險阻。將士狂愚。干犯天威。仰慚俯愧。精魂飛散。甘受斧鑕。㠯釁軍鼓。伏惟大晉天網恢弘。澤及四海。恩過陽日。逼迫倉卒。自投草野。即日到白水城。謹遣私署散騎常侍王幼奉牋㠯聞。并敕州郡。投戈釋杖。窮池之魚。待命漏刻。（晉書載紀李勢傳。又十六國春秋七十八）

閻式

式一作或。天水人。從李特入蜀。為始昌令。李雄僭號。累遷尚書

上疏定班位

夫爲國制法。動尙仍舊。漢晉故事。惟太尉大司馬執兵。太傅太保父兄之官。論道之職。司空司徒掌五敎九土之差。秦置丞相總領萬機。漢武之末。越以大將軍統政。今國業初建。凡百未備。諸公大將。班位有差降。而競請施置。不與典故相應。宜立制度。以爲楷式。晉書載紀李雄傳。又見十六國春秋八十

復羅尙書

辛冉傾巧。曾元小豎。李叔平非將佐之才。或前爲節下及杜景文論流徙之宜。人懷桑梓。孰不願之。但往日初至。隨穀傭賃。一室五分。復値秋潦。乞須冬熟。而信用讒構。終不見聽。繩之太過。窮鹿抵虎。流民不肯延頸受刃。以致爲變。卽聽或言。寬使治嚴。不過去秋九月盡集。十月進道。今還鄉里。何有如此也。十六國春秋七十六。案晉書載紀李特傳作閻式遺尙書。責其信用讒構。欲討流人。僅二語

特兄弟立功王室。以寧益土。同上

龔壯

壯字子瑋。巴西人。父叔爲李特所殺。因說李壽襲成都。盡殺李雄子。及壽僭號。聘爲太師。固辭。特聽以布衣居師友之位。後稱聾疾。終身不復至成都。

上李壽封事

臣聞陰德必有陽報。故于公理獄。高門待封。伏惟獻皇帝寬仁厚惠。宥罪甚衆。靈德洪洽。誕鍾陛下。陛下天性忠篤。受遺建節。志齊周霍。誠貫神明。而志緖違理。顚覆顧命。管蔡旣興。讒諛滋蔓。大義滅親。撥亂反正。上指星辰。昭告天地。歃血盟衆。擧國稱藩。天應人悅。白魚登舟。霆震助威。烈風順義。神人允暢。日月光明。而論者未諭權時定制。今淫雨泛濆。垂向百日。禾稼損傷。加之饑疫。百姓愁望。或者天以監示陛下。又前日之擧。止以救禍。陛下至心本無大圖。而今久不變。天下之人。誰復分明知陛下本心者哉。且玄宮之讖難知。而盟誓顧違。一旦疆埸有急。內外騷動。不可不深思長久之策。永爲子孫之計也。愚謂宜遵前盟誓。結援吳會。以親天子。彼必崇重。封國歷世。雖降階一等。永爲靈德。宗廟相承。福祉無窮。君臣銘勳于上。生民寧息于下。通天下之高理。弘信愼之美義。垂拱南面。歌詩興禮。上與彭韋爭美。下與齊晉抗德。豈不休哉。論者或言二州附晉。必榮六郡。人事之不便。昔豫州入蜀。荊楚人貴。公孫述時。流民康濟。及漢征蜀。殘民大半。鍾鄧之役。放兵大掠。誰復別楚蜀者乎。論者或不達安固之基。惜其名位。在昔諸侯。自有卿相司徒司空。宋魯皆然。及漢藩王。亦有丞相。今義歸彼。但當崇重。豈當滅削。昔劉氏郡守令長方仕州郡者。國亡主易故也。今日義擧主榮臣顯。寧可同日而論也。論者又謂臣當爲法正。陛下覆臣如天。養臣如地。恣臣所安。至于名榮。漢晉不處。臣復何爲當倖法正。

論者或言晉家必責質任。及徵兵代胡。何以應之。案晉不煩尺兵。一國來附。威卷四海。廣地萬里。何任之責。胡之在北。亦此之憂。今平居有東北之虞。縱令徵兵。但援漢川。猶差二門耳。臣附託深重。忘疾病之穢。實感殊遇。冀以微言。少補明時。常懼殞歿。不寫愚心。辜負恩顧。謹進悾悾。伏願罪戮。華陽國志九。又見十六國春秋七十八

夏

赫連勃勃

勃勃字屈孑。匈奴右賢王去卑之後。姚興以爲驍騎將軍。加奉車都尉。遷安遠將軍。封陽川侯。進持節安北將軍五原公。鎭朔方。以晉義熙三年僭稱天王大單于。國號大夏。十四年僭卽皇帝位。至宋元嘉二年死。在位十九年。改元四。龍昇鳳翔昌武眞興。諡曰武烈皇帝。廟號世祖。

築統萬城下書

驪當作赫

終當作發

古人制起城邑。或因山水。或㠯義立名。今城都已建。萬堵斯作。克成弗遠。宜有美名。朕方統一天下。君臨萬邦。可㠯統萬爲名。十六國春秋六十六

下書改姓驪連氏

朕之皇祖。自北遷幽朔。姓改姒氏。音殊中國。故從母氏爲劉。子而從母之姓。非禮也。古人氏族無常。或㠯因生爲氏。或㠯王父之名。朕將㠯義易之。夫帝王者。係天爲子。是爲徽赫。實與天連。今改姓曰赫連氏。庶協皇天之意。永享無疆大慶。係天之尊。不可令支庶同之。其非正統。皆㠯鐵伐爲氏。庶朕宗族子孫。剛銳如鐵。皆堪伐人。晉書載紀赫連勃勃傳。又十六國春秋六十六

大夏龍雀刀銘

古之利器。吳楚湛盧。大夏龍雀。名冠神都。可㠯懷遠。可㠯柔邇。如風靡草。威服九區。水經河水注三。刀劍錄。晉書載紀赫連勃勃傳。又十六國春秋六十六。

與沮渠蒙遜盟文

自金晉數終。禍纏九服。趙魏爲長蛇之墟。秦隴爲豺狼之穴。二都神京。鞠爲茂草。蠢爾羣生。罔知憑賴。上天悔禍。運屬二家。封疆密邇。道會義親。宜敦和好。弘康世難。爰自終古。有國有家。非盟誓無㠯昭神祇之心。非斷金無㠯定終始之好。然晉楚之成。吳蜀之約。咸口血未乾。而尋背之。今我二家。契殊曩日。言未終而有雋愛之心。音一交而懷傾蓋之顧。息風塵之警。同克濟之誠。戮力一心。共濟六合。若天下有事。則雙振義旗。區域既清。則竝敦魯衞。夷險相赴。交易有無。爰及子孫。永崇斯好。晉書載紀赫連勃勃傳。又十六國春秋六十六

胡義周

義周。安定臨涇人。仕赫連勃勃爲祕書監。

統萬城功德銘

夫庸大德盛者。必建不刊之業。道積慶隆者。必享無疆之祚。昔在陶唐。數終厄運。我皇祖大禹。㠯至聖之姿。當經綸之位。鑿龍門而闢伊闕。疏三江而決九河。夷一元之窮災。拯六合之沈溺。鴻績侔于天地。神功邁于造化。故二儀降祉。三靈叶贊。揖讓受終。光啟有夏。傳世二十。歷載四百。賢辟相承。哲王繼軌。徽猷冠于玄古。高範煥乎疇昔。而道無常夷。數或屯險。王桀不綱。網漏殷氏。用使金暉絕于中天。神轡輟于促路。然純曜未渝。慶綿萬祀。龍飛漠南。鳳峙朔北。長轡遠馭。則西罩崑山之外。密網遐張。則東絙滄海之表。爰始逮今。二千餘載。雖三統迭制于崤函。五德革運于伊洛。秦雍成篡弒之墟。周豫爲爭奪之藪。而幽朔謐爾。主有常尊于上。海代晏然。物無異望于下。故能控弦之衆。百有餘萬。躍馬長驅。鼓行秦趙。使中原疲于奔命。諸夏不得高枕。爲日久矣。是㠯偏師暫擬。涇陽摧隆周之鋒。赫斯一奮。平陽挫漢祖之銳。雖霸王繼蹤。猶朝日之升扶桑。英豪接踵。若夕月之登濛汜。自開闢已來。未始聞也。非夫卜世與乾坤比長。鴻基與山嶽齊固。孰能本枝于千葉。重光于萬祀。履寒霜而踰榮。蒙重氛而彌耀者哉。于是玄符告徵。大猷有會。我皇誕命世之期。應天縱之運。仰協天休。俯順時望。龍升北京。則義風蓋于九區。鳳翔天域。則威聲格于八表。屬姦雄鼎峙之秋。當羣兇嶽立之際。昧旦臨朝。日旰忘膳。運籌命將。舉無遺策。親御六戎。則有征無戰。故僞秦㠯三世之資。喪魂于關隴。河源望旗而委質。北虜欽風而納款。德音著于柔服。威刑彰于伐叛。文教與武功竝宣。俎豆與干戈俱運。五稔之間。道風弘著。暨乎七載。而王猷允洽。乃遠惟周文。啟經始之基。近詳山川。究形勝之地。遂營起都城。開建京邑。背名山而面洪流。左河津而右重塞。高隅隱日。崇墉際雲。石郭天池。周緜千里。其爲獨守之形。險絕之狀。固㠯遠邁于咸陽。超美于周洛。若乃廣五郊之義。尊七廟之制。崇左社之規。建右稷之禮。御太一㠯繕明堂。模帝座而營露寢。閶闔披霄而山亭。象

魏排虛而岳峙。華林靈沼。崇臺祕室。通房連閣。馳道苑園。可吕蔭映萬邦。光覆四海。莫不鬱然竝建。森然畢備。若紫微之帶皇穹。閶風之跨后土。然宰司鼎臣。羣黎士庶。僉吕爲重威之式。有闕前王。于是延王爾之奇工。命班輸之妙匠。搜文梓于鄧林。採繡石于恆嶽。九域貢吕金銀。八方獻其瓌寶。親運神奇。參制規矩。營離宮于露寢之南。起別殿于永安之北。高構千尋。崇基萬仞。玄棟鏤榥。若騰虹之揚眉。飛簷舒咢。佀翔鵬之矯翼。二序啟矣。而五時之坐開。四隅陳設。而一御之位建。溫宮膠葛。涼殿崢嶸。絡吕隋珠。綷吕金鏡。雖曦望互升于表。而中無晝夜之殊。陰陽迭更于外。而內無寒暑之別。故善目者不能爲其名。博辯者不能究其稱。斯蓋神明之所規模。非人工之所經制。若乃尋名吕求類。迹狀吕效眞。據質吕究名。形疑妙出。雖如來須彌之寶塔。帝釋刀利之神宮。尙未足吕喻其麗。方其飾矣。昔周宣考室。而詠于詩人。閟宮有侐。而頌聲是

作。況乃太微肇制。淸都啟建。軌一文昌。舊章惟始。咸秩百神。賓享萬國。羣生開其耳目。天下詠其來蘇。亦何得不播之管絃。刊之金石哉。乃樹銘都邑。敷讚碩美。俾皇風振于來葉。聖庸垂乎不朽。其辭曰。

於赫靈祚。配乾比隆。巍巍大禹。堂堂聖功。仁被蒼生。德格玄穹。帝錫玄珪。揖讓受終。哲王繼軌。光闡徽風。道無常夷。數或不競。金精南邁。天輝北映。靈祉踰昌。世業彌盛。惟祖惟父。克廣休命。如彼日月。連光接鏡。玄符瑞德。乾運有歸。誕鍾我后。應圖龍飛。落落神武。恢恢聖姿。名教內敷。羣妖外夷。化光四表。威截九圍。封畿之制。王者常經。乃延輸爾。肇建帝京。土苞上壤。地跨勝形。庶民子來。不日而成。崇臺霄峙。秀闕雲亭。千榭連隅。萬閣接屛。晃若晨曦。昭如列星。離宮旣作。別宇云施。爰構崇明。仰準乾儀。懸甍風閱。飛軒雲垂。溫室嵯峨。層城參差。楹雕虬獸。節鏤龍螭。瑩吕寶璞。飾吕珍奇。稱因褒著。名由實揚。偉哉皇室。盛矣厥章。義高靈臺。美隆未央。邁軌三王。貽則霸王。永世垂範。億載彌光。晉書載紀赫連勃勃傳。又十六國春秋六十九。案北史三十四吕爲義周子方同所作。

三王之王當作五

全晉文卷一百五十六終

全晉文卷一百五十七

烏程嚴可均校輯

釋氏一

佛圖澄

澄本姓帛。天竺人。永嘉初至洛陽。後從石氏。終鄴宮寺。

謝趙主石虎勞問

陽月初暖。願御膳順宜。貧道先嬰重疾。年衰益甚。邈蒙慈詔。曲垂光慰。感懼之至。十百於懷。幸遇慶會。而形不自運。此情此慨。良無以喻。（釋藏聲 高僧傳）

臨化遣人辭石虎

物理必遷。身命非保。貧道焰幻之軀。化期已及。既荷恩殊重。故逆以仰聞。（釋藏聲 高僧傳）

支敏度

敏度。豫章山沙門。成帝時與康僧淵等入都。

合首楞嚴經記

此經本有記云。支讖所譯出。讖月支人也。漢桓靈之世來在中國。其博學淵妙。才思測微。凡所出經。類多深玄。貴尚實中。不在文飾。今之小品阿闍世佤眞般舟。悉讖所出也。又有支越字恭明。亦月支人也。其父亦漢靈帝之世來獻中國。越在漢生。佀不及見讖也。又支亮字紀明。資學於讖。故越得受業於亮焉。越才學深徹。內外備通。以季世尚文。時好簡略。故其出經。頗從文麗。然其屬辭析理。文而不越。約而義顯。眞可謂深入者也。以漢末沸亂。南度奔吳。從黃武至建興中。所出諸經。凡數十本。自有別傳記錄。亦云出此經。今不見復有異本也。然此首楞嚴經。自有小不同。辭有豐約。文有晉梵。較而尋之。要不足以為異人別出也。恐是越嫌讖所譯者辭質多梵音。所異者刪而定之。其所同者遂而不改。二家各有記錄耳。此一本於諸本中。辭最省便。又少梵音。偏行於世。即越所定者也。至大晉之初。有沙門支法護白衣竺叔蘭。並更譯此經。求之於義。互相發明。披尋三部。勞而難兼。欲令學者即得其對。今以越所定者為母。護所出者為子。蘭所譯者繫之。其所無者。輒於其位記而別之。或有文義皆同。或有義同而文有小小增減。不足重書者。亦混以為同。雖無益於大趣。分部章句。差可見耳。（釋藏跡七）

合維摩詰經序

蓋維摩詰經者。先哲之格言。弘道之宏標也。其文微而婉。厥旨幽而遠。可謂唱高和寡。故舉世罕覽。然斯經梵本。出自維耶離。在昔漢興。始流茲土。於時有優婆塞支恭明。逮及於晉。有法護叔蘭。此三賢者。並博綜稽古。研機極玄。殊方異音。兼通關解。先後譯傳。別為三經。同本。人殊出異。或辭句出入。先後不同。或有無離合。多少各異。或方言訓古。字乖趣同。或其文梵越。其趣亦乖。或文義混雜。在疑似之間。若此之比。其塗非一。若其偏執一經。則失兼通之功。廣披其三。則文煩難究。余是以合兩令相附。以明所出為本。以蘭所出為子。分章斷句。使事類相從。令尋之者瞻上視下。讀彼案此。足以釋乖迂之勞。易則易知矣。若能參考校異。極數通變。則萬流同歸。百慮一致。庶可以闢大通於未寤。闔同異於均致。若其配不相疇。儻失其類者。俟後明哲君子刊之從正。（釋藏跡八）

康法暢

法暢氏族所出未詳。成帝時與康僧淵等過江。（案高僧傳四。康僧淵傳云。康法暢著人物始義論等。世說注作庾法暢字之誤也。）

人物論

法深學義淵博。名聲蚤著。弘道法師也。（世說文學篇注）

悟銳有神。才辭通辯。（世說言語篇注。法暢自敘其美）

成實論

波利質多天樹。其香則逆風而聞。世說文學篇注

眼識不待到而知。虛塵假空與明。故得見也。若眼到色。到色間則無空明。如眼觸目則不能見彼。當知眼識不到而知。依如此說。則眼不往。形不入。遙屬而見也。世說文學篇注

康法邃

法邃。成帝世沙門。

譬喻經序

譬喻經者。皆是如來隨時方便四說之辭。敷演弘教訓誘之要。牽物引類。轉相證據。互明善惡罪福報應。皆可寤心。免彼三塗。如今所聞。億未載一。而前後所寫。互多複重。今復撰集事取一篇。吕爲十卷。比次首尾。皆令條別。趣使易了。於心無疑。願率土之賢。有所遵承。永升福堂。爲將來基。釋藏跡九

法新　僧行

新行。石虎時宮寺僧。

銅像銘

建武六年歲在庚子。宮寺道人法新僧行所造。法苑珠林二十二孫彥曾妾王慧得銅像有銘

竺道潛

道潛字法深。瑯邪人。大將軍王敦弟。出家。師事劉元真。寍康中終岇山。

答支遁書

欲來便給。未聞巢由買山而隱。高僧傳四潛還岇山遁致書潛求買岇山之側沃洲潛答

支遁

遁字道林。姓關。陳留人。或云河東林慮人。年二十五爲僧。居吳之支山。後居剡之沃州。哀帝徵講於東安寺。尋歸。太和初卒。有集十三卷。

上書告辭哀帝

遁頓首言。敢吕不才。希風世表。未能鞭後。用愆靈化。蓋沙門之義。法出佛之聖。彫淳反樸。絕欲歸宗。遊虛玄之肆。守內聖之則。佩五戒之貞。毗外王之化。諧無聲之樂。吕自得爲和。篤慈愛之孝。蠕動無傷。銜撫恤之哀。永悼不仁。秉未兆之順。遠防宿命。挹無位之節。履亢不悔。是吕哲王御世。南面之重。莫不欽其風尚。安其逸軌。探其順心。略其形敬。故令歷代彌新矣。陛下天鍾聖德。雅尚不倦。道遊靈模。日昃忘御。可謂鐘鼓晨極。聲滿天下。清風既劭。莫不幸甚。上願陛下齊齡二儀。弘敷至法。去陳信之妖誣。尋巨鏑之弘議。絕小塗之致泥。奮宏轡於夷路。若然者。太山不淫季氏之旅。得一吕成靈。王者非員丘而不禮。得一吕永貞。若使貞靈各一。人神相忘。君君而下無親舉。神神而咒不加靈。玄德交被。民荷冥祐。恢恢六合。成吉祥之宅。洋洋大晉。爲元亨之宇。常無爲而萬物歸宗。執大象而天下自往。國典刑殺則有司存焉。若生而非惠。則賞者自得。戮而非怒。則罰者自刑。弘公器吕厭神意。提銓衡吕極冥量。所謂天何言哉。四時行焉。貧道野逸東山。與世異榮。菜蔬長阜。漱流清壑。縱縷畢世。絕窺皇階。不悟乾光曲曜。猥被蓬蓽。頻奉明詔。使詣上京。進退惟咎。不知所厝。自到天庭。屢蒙引見。優遊賓禮。策吕微言。每愧才不拔滯。理無拘新。不足對揚玄模。允塞視聽。踧踖侍人。流汗位席。曩四翁赴漢。干木蕃魏。皆出處有由。默語適會。今德非昔人。動靜乖理。遊魂禁省。鼓言帝側。將困非據。何能有爲。且歲月僶俛。感若斯之歎。況復同志索居。綜習遼落。迴首東顧。孰能無懷。上願陛下特蒙放遣。歸之林薄。吕鳥養鳥。所荷爲優。謹露板吕聞。伸其愚管。裹糧望路。伏待慈詔。釋藏葦七又穀四

與桓玄書論州符求沙門名籍

隆安三年四月五日。京邑沙門等頓首白。夫標極有宗。則仰之者

至理契神冥則沐浴彌深故尼父素空顏氏流連豈不以道隆德盛直往忘返者哉貧道等雖人凡行薄奉修三寶愛自天至信不待習但日損功德無心增愾賴聖主哲王復躬弘其道得使山居者騁業城旁者閑道緣皇澤曠灑朽幹蒙榮然沙門之於世也猶虛舟之寄大壑耳其來不以事退亦乘閒四海之內竟自無宅邦亂則振錫孤遊道洽則欣然俱萃所以自遠而至頁有以也將振宏網於季世展誠心於百代而頃頻被州符求沙門名籍煎切甚急未悟高旨野人易懼抱憂日深遂使禪人失靜勤士廢行喪精絕氣達旦不寐索然不知何以自安伏願明公扇唐風於上位待白足於其下使懷道獲濟有志俱全則身亡體盡畢命此矣天聽殊邈或未具簡謹於上聞伏追悚息十二弘明集

與高驪道人論竺法深書

上坐竺法深中州劉公之弟子體德貞峙道俗綸綜往在京邑維持法網內外俱瞻弘道之匠也頃以道業靖濟不耐塵俗攻室山澤修德就閑今在剡縣之岬山率合同遊論道說義高栖皓然遐邇有詠以晉寧康二年卒於山館春秋八十有九高僧傳四

逍遙論

夫逍遙者明至人之心也莊生建言大道而寄指鵬鷃鵬以營生之路曠故失色於體外鷃以任近而笑遠有矜伐於心內至人乘天正而高興遊無窮於放浪物物而不物於物則遙然不我得玄感不爲不疾而速則逍然靡不適此所以爲逍遙也若夫有欲當其所足足於所足快然有似天眞猶飢者一飽渴者一盈豈忘烝嘗於糗糧絕觴爵於醪醴哉苟非至足豈所以逍遙乎世說文學篇注

卽色論

妙觀章

夫色之性也不自有色色不自有雖色而空故曰色卽爲空色復異空世說文學篇注引支道林集

大小品對比要鈔序

夫般若波羅蜜者衆妙之淵府羣智之玄宗神王之所由如來之照功其爲經也至無空豁廓然無物者也無物於物故能齊於物無智於智故能運於智是故夷三脫於重玄齊萬物於空同明諸佛之始有盡羣靈之本無登十住之妙階趣無生之徑路何者邪賴其至無故能爲用夫無也者豈能無哉無不能自無理亦不能爲理理不能爲理則理非理矣無不能自無則無非無矣是故妙階則非階無生則非生妙由乎不妙無生由乎生是以十住之稱興乎未足定號般若之智生乎敎迹之名是故言之則名生設敎則智存智存於物實無迹也名生於彼理無言也何則至理冥壑歸乎無名無名無始道之體也無可不可者聖之慎也苟慎理以應動則不得不寄言宜明所以寄宜暢所以言理冥則言廢忘覺則智全若存無以求寂希智以忘心智不足以盡無寂不足以冥神何則故有存於所存有無於所無存乎存者非其存也希乎無者非其無也何則徒知無之爲無莫知所以無知存之爲存莫知所以存希無以忘無故非無之所無寄存以忘存故非存之所存莫若無其所以無忘其所以存忘其所以存則無存於所存遺其所以無則忘無於所無忘無故妙存妙存故盡無盡無則忘玄忘玄故無心然後二迹無寄無有冥盡是以諸佛因般若之無始明萬物之自然衆生之喪道溺精神乎欲淵悟羣俗以妙道漸積損以至無設玄德以廣敎守谷神以存虛齊衆首於玄同還羣靈乎本無蓋聞出小品者道士也嘗遊外域歲數悠曩未見典載而不詳其姓名矣嘗聞先學共傳云佛去世後從大品之中鈔出小品世傳其人唯目之以淆德驗之以事應明其致而已亦莫測其由也夫至人也覽通羣妙凝神玄冥靈虛響應感通無方建同德以

接化設玄敎㠯悟神述往迹㠯搜滯演成規㠯啟源或因變㠯求通事濟而化息適任㠯全分分是則敎廢故理非乎變變非乎理敎非乎體體非乎敎故千變萬化莫非理外神何動哉㠯之不動故應變無窮無窮之變非聖在物物變非聖聖未始於變故敎遺興乎變理滯生乎權接應存乎物理致同乎歸而辭數異乎本事備乎不同不同之功由之萬品神悟遲速莫不緣分分闇則功重言積而後悟質明則神朗觸理則玄暢輕之與重未始非分是㠯聖人之爲敎不㠯功重而廢分分易而存輕故羣品所㠯悟分功所㠯成必須重㠯運通因其宜㠯接分此爲悟者之功重非聖敎之有煩令統所㠯約敎功所㠯全必待統㠯適任約文㠯領玄領玄則易通因任則易從而物未悟二本之不異統致同乎宗便㠯言數爲大小源流爲精麤文約謂之小文殷謂之大順常之爲通因變之爲舞守數之爲得領統之爲失而彼揩文之徒羈見束敎頃著阿含神匱分淺才不經宗儒墨大道域定聖人志局文句詰敎難權謂崇要爲達諒領統爲傷宗須徵驗㠯明實效應則疑伏是㠯至人順羣情㠯徵理取驗乎沸油明小品之體本塞羣疑幽滯因物之徵驗故示驗㠯應之今不可㠯趣徵於一驗目之爲淯德効喪於事實謂之爲常人而未達神化之權統玄應於將來暢濟功於殊塗運無方之一致而察殊軌爲異統觀奇化爲逆理位大賓爲欣王聚濟貨爲欲始徒知至聖之爲敎而莫知所㠯敎是㠯聖人標域三才玄定萬品敎非一途應物萬方或損敎違無寄通適會或抱一御有繫文明宗崇聖典爲世軌則夫體道盡神者不可詰之㠯言敎遊無蹈虛者不可求之於形器是㠯至人於物遂通而已明乎小大之不異暢玄標之有寄因順物宜不拘小派或㠯大品辭茂事廣喻引宏奧雖窮理有外終於玄同然其明宗統一會致不異斯亦大聖之時敎百姓之分致苟㠯分致之不同

亦何能求簡於聖哉若㠯簡不由聖豈不寄言於百姓夫㠯萬聲鐘響響一㠯持之萬物感聖聖亦寂㠯應之是㠯聲非乎響言非乎聖明矣且神㠯知來夫知來者莫非其神也機動則神朗神朗則逆鑒明夫來往常在鑒內是故至人鑒將來之希纂明才致之不竝簡敎逆㠯崇順擬羣智之分向闕之者易知希之者易行而大品言數豐具辭領富溢問對與衍而理統宏邃雖玄宗易究而詳事難備是㠯明夫爲學之徒須尋迹旨闚其所往究覽宗致標之興盡然後悟其所滯統其玄領或須練綋羣問明其酬對探幽研賾盡其妙致或㠯敎衆數溢諷讀難究欲爲寫崇供養力致無階諸如此例羣仰分溢闕者絕希是故出小品者參引王統簡領羣目筌域事數標判由宗㠯爲小品而辭喻清約運旨疊疊然其往往明宗而標其會致使宏統有所於理無損自非至精孰其明矣又察其津塗尋其妙會覽始原終研極奧旨領大品之王標備小品之玄致縹縹焉覽津乎玄味精矣盡矣無㠯加矣斯人也將神王於冥津羣形於萬物量不可測矣宜求之於筌表寄之於玄外惟昔聞之曰夫大小品者出於本品本品之文有六十萬言今遊天竺未適於晉今此二鈔亦興於大本出者不同也而小品出之在先然斯二經雖同出於本品而時往往有不同者或小品之所具大品所不載大品之所備小品之所闕所㠯然者或㠯二者之事同互相㠯爲賴明其本一故不竝矣而小品至略玄總事要舉宗大品雖辭致婉巧而不喪本歸至於說者或㠯專句推事而不尋況旨或多㠯意裁不依經本故使文流相背義致同乖羣義偏狹喪其玄旨或失其引統錯徵其事巧辭僞辯㠯爲經體雖文藻清逸而理統乖宗是㠯先哲出經㠯梵爲本小品雖鈔㠯大爲宗推梵可㠯明理徵大可㠯驗小若苟任胸懷之所得背聖敎之本旨徒嘗於新聲苟競於異常異常未足㠯徵本新聲不可㠯經

宗而遺異常之為談而莫知傷本之為至傷本則失統失統則理
滯理滯則或殆若㠯殆而不思其源困而不尋其本斯則外不關
於師資內不由於分得豈非仰資於有知自塞於所尋困蒙於所
滯自窮於所通進不闇常退不研新說不依本理不經宗而忽詠
先舊毀呰古人非所㠯為學輔其自然者也夫物之資生靡不有
宗事之所由莫不有本宗之與本萬物之源矣本喪則理絕根巧
則枝傾此自然之數也未紹不然矣於斯也徒有天然之才淵識
邈世而未見大品覽其源流明其理統而欲寄懷小品率意造義
欲寄其分得標顯自然希邈常流徒尚名實而竭其才思玄格聖
言趣悅羣情而乖本違宗豈相望乎大品也哉如其不悟將恐遂
其所惑㠯罔後生是故推考異同驗其虛實尋流窮源各有歸趣
而小品引宗時有諸異或辭倒事同而不乖旨歸或取其初要廢
其後致或筌次事宗倒其首尾或散在羣品略撮玄要時有此事

乖互不同又大品事數甚眾而辭曠浩衍本欲推求本宗明驗事
旨而用思甚多勞審功又寡且稽驗廢事不覆速急是故余今所
㠯例玄事㠯駢比標二品㠯相對明彼此之所在辯大小之有先
雖理惑非深奧而事對之不同故採其所究精麤並兼研盡事迹
使驗之有由故尋源㠯求實趣定於理宗是㠯考大品之宏致驗
小品之總要搜玄沒之所存求同異之所寄口口有在尋之有軌
爾乃貫綜首尾推步玄領究其槃結辯其凝滯使文不違旨理無
負宗棲驗有寄辯不失徵且於希詠之徒浪神遊宗陶冶玄妙推
尋源流關虛考實不亦夷易乎若其域乖體極對非理標或其所
寄者顧俟將來摩訶薩幸為研盡備其未詳也 釋藏跡八

八關齋會詩序

間與何驃騎期當為合八關齋㠯十月二十二日集同意者在吳
縣土山墓下三日清晨為齋始道士白衣凡二十四人清和肅穆
莫不靜暢至四日朝眾賢各去余既樂野室之寂又有掘藥之懷
遂便獨住於是乃揮手送歸有望路之想靜拱虛房悟外身之真
登山采藥集巖水之娛遂援筆染翰㠯慰二三之情 廣弘明集三十上

詠禪思道人詩序

孫長樂作道士坐禪之像并而讚之可謂因俯對㠯寄誠心求參
焉於衡軛圖巖林之絕勢想伊人之在茲余精其制作美其嘉文
不能默已聊著詩一首㠯繼於左 廣弘明集三十上

釋迦文佛像讚并序

夫立人之道曰仁與義然則仁義有本道德之謂也昔姬周之末
有大聖號佛天竺釋王白淨之太子也俗氏母族厥姓裘曇焉仰
靈胄㠯丕承藉儁哲之遺芳吸中和之誕化稟白淨之顯然生自
右脇弱而能言諒天爵㠯不加為貴誠逸祿㠯靡須為足故常夕
惕上位逆旅紫庭紆軫儲宮擬翮區外俄而高逝周覽郊野四闢

皇扉三鑒疾苦風人厲辭㠯激興乃甘心受而莫逆訊大猷於有
道慨在茲之致淹遂乃明發遐征棲遲幽閒脫皇儲之重任希無
待㠯輕舉褫龍章之盛飾貿窮巖之襤褐資送之儔自崖而反矣
爾乃抗志匪石安仁㠯山班卉匡居摧心立盟釐安般之氣緒運
十算㠯質心併四籌之八記從二隨而簡巡絕送迎之兩際緣妙
一於鼻端發三止之矇秀洞四觀而合泯五陰遷於還府六情虛
於靜林涼五內之欲火廓太素之浩心濯般若㠯進德潛七住而
挹玄搜冥魚於六絕齒既立而廢筌豁萬劫之積習同生知於當
年掩五濁㠯擅曜嗣六佛而徵傳偉準丈六體佩圓光啟度黃中
色豔紫金運動陵虛悠往倏忽八音流芳逸豫揚彩妙覽未兆則
卓絕六位曲成已著則化隆三五沖量弘乎太虛神蓋宏於兩儀
易簡待㠯成體太和擬而稱卲圓蓍者象其神寂方卦者法其智
周照積祐之區詳元宿命㠯制作或綱之㠯德義或疏之㠯沖風

亮形搖於日新期妙主於不盡美旣靑而靑藍逞百練㠯就粹導
庶物㠯歸宗拔堯孔之外禮屬八億㠯語極罩墳索㠯興典掇道
行之三無絡聃周㠯曾玄神化著於西域若朝暉昇於暘谷民望
景而興行猶曲調諧於宮商當是時也希夷緬邈於羲風神奇卓
絕於皇軒蔚彩沖漠於周唐頌味有餘於鄒魯信可謂神化之都
領皇王之宗謨也年逾縱心泯迹泥洹夫至人時行而時止或隱
此而顯彼迹絕於忍土冥歸於惟衞俗徇常㠯駭奇固㠯存亡而
統之至於靈覺之性三界殄悴豁若川傾頹如乾墜黔首與永夜
同幽冥流與涸津竝匱六度與崩岑俱頹三乘與絕軸解轡門徒
泣血而心喪百靈銜哀而情悴夫道高者應卑因巡者親譽故不
新哭而哭豈非兼忘天下易使天下兼忘難靈風播越環周六合
歷數終於赤縣後死所㠯與聞景仰神儀而事絕於千載祇洹旣
已漂落玉樹卒亦荒蕪道喪人亡時亦已矣遁㠯不才仰遵大猷

追朝陽而弗暨附桑榆而未升神馳在昔願言再欽遂援筆興古
述厥遐思其詞曰
太上邈矣有唐統天孔亦因周邈廬三傳明明釋迦實惟帝先應
期叡作化融竺乾交養恬和濯粹沖源邁軌世王領宗中玄堂構
洪模揭秀負靈峻誕崑岳量裒太淸太像罕窺乃圓其明玄音希
和文㠯八聲煌煌慧炬燭我宵征人欽其哲孰識其冥望之霞舉
卽亦雲津威揚夏烈溫柔晞春比器㠯形卓機㠯神卷卽煙滅騰
亦龍伸鼓舞舟壑靈氣惟新誰與玆作歇運陶鈞三無衷玄八億
致遠二部旣弘雙翰惟典充㠯瓌奇恬㠯易簡藏諸蘊匱實之介
善可善善因乃讚乃演致存言性豈伊弘闡日月貞朗顯晦周遍
生如紛霧曖來已晞至人全化跡隨世微假云泥洹言告言歸遺
風六合佇方赤畿象罔不存誰與悟機鏡心乘翰庶覩冥暉廣弘明集
十六

沱當作沈

阿彌陀佛像讚幷序
夫六合之外非典籍所模神道詭世豈意者所測故曰人之所知
不若其所不知每在常輒欲㠯所不能見而斷所未能了故令井
蛙有坎宅之矜馮夷有秋水之伐故其冥矣余遊大方心倦無垠
故㠯靜暇復伸諸奇麗佛經記西方有國國名安養迴遼迥邈路
踰恆沙非無待者不能遊其疆非不疾者焉能致其速其佛號阿
彌陀晉言無量壽國無王制班爵之序㠯佛爲君三乘爲敎男女
各化育於蓮華之中無有胎孕之穢也館宇宮殿悉㠯七寶皆自
然懸搆制非人匠苑囿池沼蔚有奇榮飛沈天逸於淵藪逝寓羣
獸而率眞閶闔無扇於瓊林玉響天諧於簫管冥霄隕華㠯闔境
神風拂故而納新甘露徵化㠯醴被蕙風導德而芳流聖音應感
而雷響慧澤雲垂而沛淸學文喻兮而貴言眞人冥宗而廢翫五
度憑虛㠯入無般若遷知而出玄衆妙於玆大啟神化所㠯永傳

別有經記㠯錄其懿云此晉邦五末之世有奉佛正戒諷誦阿彌
陀經誓生彼國不替誠心者命終靈逝化往之彼見佛神悟卽得
道矣遁生末蹤忝廁殘迹馳心神國非所敢望乃因匠人圖立神
表仰瞻高儀㠯質所天詠言不足遂復係㠯微頌其詞曰
王猷外釐神道內綏皇矣正覺實兼宗師泰定軫曜黃中秀姿恬
智交泯三達玄夷啟境金方緬路悠迴於彼神化悟感應機五度
砥操六慧研微空有同狀玄門洞開詠歌濟濟精義順神玄肆洋
洋三乘詵詵藏往摹故知來惟新二才孰降朋滯由人造化營域
雲搆巍巍紫館辰峙華宇星羅玉闈通方金墉啟阿景傾朝日豔
蔚晨霞神提迴互九源曾深浪無埜忘鱗罕餌淫澤不司虞駭翼
懷林有客驅徒兩埋機心甘露敦洽蘭蕙助馨化隨雲濃俗與風
淸葳蕤消散靈飆塌英瓊林諧響八音文成珉瑤沱粲芙渠晞陽
流馨其潔菡播其香潛爽冥萃載哲來翔孕景中葩結靈幽芳類

繫當作擊

諸風化，妙兼於長邁，軌一變同，規坐忘。廣弘明集十六

文殊師利讚

童眞領玄致，靈化實悠長。昔爲龍種覺，今則夢遊方。惚怳乘神浪，高步維耶鄉。擢此希夷質，映彼虛閑堂。觸類興清遘，目繫洞兼忘。梵釋欽嘉會，閑邪納流芳。

彌勒讚

大人規玄度，弱喪升虛遷。師通資自癡，釋迦登幽閑。彌勒承神第，聖錄載靈篇。乘乾因九五，龍飛兜率天。法鼓震玄宮，逸響亮三千。晃晃凝素姿，結加曜芳蓮。寥朗高懷興，八音暢自然。恬智冥徽妙，縹眇詠重玄。磐紆七七紀，應運莅中幡。挺此四八姿，映蔚華林園。亹亹玄輪奏，三攄在昔緣。

維摩詰讚

維摩體神性，陵化昭機庭。無可無不可，流浪入形名。民動則我疾，人恬我氣平。恬動豈形影，形影應機情。玄韻乘十哲，頡頏傲四英。忘期遇濡首，亹亹讚死生。

善思菩薩讚

玄和吐清氣，挺茲命世童。登臺發春詠，高興希遐蹤。乘虛感靈覺，震綱發童蒙。外見憑寥廓，有無自冥同。忘高故不下，蕭條數仞中。因華請無著，陵虛散芙容。能仁暢玄句，即色自然空。空有交映迹，冥知無照功。神期發筌悟，豁爾自靈通。

法作菩薩不二入菩薩讚

乃昔有嘉會，茲日多神靈。維摩發淵響，請定不二名。玄音將進和，法作率所情。亹亹玄心運，寥寥音氣清。麤二標起分，妙一寄無生。

閈首菩薩讚

閈首齊吾我，造理因兩虛。兩虛佀得妙，同象反入麤。何已絕塵迹，忘一歸本無。空同何所貴，所貴在恬愉。

不眴菩薩讚

有愛生四淵，淵況世路永。未若觀無得，德物物自靜。何已虛靜閒，恬智翳神穎。絕迹遷靈梯，有無無所騁。不眴冥玄和，栖神不二境。

善宿菩薩讚

體神在忘覺，有慮非理盡。色來投虛空，響朗生應軫。託陰遊重冥，冥亡影迹隕。三界皆勤求，善宿獨玄泯。

善多菩薩讚

自大已跨小，小者亦駭大。所謂大道者，遺心形名外。都忘絕鄙當，冥默自玄會。善多體沖姿，豁豁高懷泰。

首立菩薩讚

爲勞由無勞，應感無所思。悠然不知樂，物通非我持。渾形同色欲，思也誰及之。嘉會言玄志，首立必體茲。

月光童子讚

靈童綏神理，恬和自交忘。弘規愍昏俗，統體稱月光。心爲兩儀蘊，迹爲流溺梁。英姿秀乾竺，名播赤縣鄉。神化詭俗綱，玄羅摯遊方。已巖積陳痾，長驅幸玉堂。波引興有待，冥歸無盡場。戢翼栖高崿，托風振奇芳。已上並廣弘明集十六

法護像讚

護公澄寂，道德淵美。微吟窮谷，枯泉漱水。邈矣護公，天挺弘懿。濯足流沙，傾拔玄致。高僧傳一，又法苑珠林七十九引冥祥記

于法蘭像讚

于氏超世，綜體玄旨。嘉遁山澤，仁感虎兕。高僧傳四，又法苑珠林七十九引冥祥記

于道邃像讚

英英上人，識通理清。朗質玉瑩，德音蘭馨。高僧傳四

座右銘

懃之懃之，至道非彌。奚爲淹滯，弱喪神奇。茫茫三界，眇眇長羈。煩

勞外湊。冥心內馳。徇赴欽渴。緬邈忘疲。人生一世。涓若露垂。我身非我。云云誰施。達人懷德。知安必危。寂寥清舉。濯累禪池。謹守明禁。雅翫玄規。綏心神道。抗志無爲。寥朗三蔽。融冶六疵。空同五陰。虛豁四肢。非指喻指。絕而莫離。妙覺旣陳。又玄其知。宛轉平任。與物推移。過此已往。勿議勿思。敦之覺父。志在嬰兒。高僧傳四

天台山銘 序

往天台。當由赤城山爲道徑。文選天台山賦注

竺僧敷

僧敷未詳何許人。居瓦官寺。

神無形論

有形便有數。有數則有盡。神既無盡。故知無形。高僧傳

釋道高

道高居瓦官寺。

與釋道安書稱竺僧敷

敷公研微秀發。非吾等所及也。高僧傳

全晉文卷一百五十七終

全晉文卷一百五十八

烏程嚴可均校輯

釋氏二

釋道安

道安俗姓衞。常山扶柳人。年十二出家。師事佛圖澄、竺法濟、支曇講。歷石虎、冉閔、慕容儁世。後避亂奔襄陽。撰集衆經錄目。居白馬寺。又居檀溪十五載。襄陽陷入秦。居長安五里寺。至苻堅建元二十一年卒。

荅郗超書

損米千斛。彌覺有待之爲煩。世說雅量篇注作愈覺。釋藏華八。又百五。

道行般若多羅蜜經序

大哉智度。萬聖資通。咸宗㠯成也。地合日照。無法不周。不恃不處。累彼有名。既外有名。亦病無形。兩忘玄莫。隤一作塊。然無主。此智之紀也。夫永壽莫美乎上乾。而齊之殤子。神偉莫美於淩虛。而同之涓滯。至德莫大乎眞人。而比之朽種。高妙莫大乎世雄。而喻之幻夢。由此論之。亮爲衆聖宗矣。何者。執道御有。卑高有差。此有爲之域耳。非據眞如遊法性。冥然無名也。據眞如遊法性。冥然無名者。智度之奧室也。名教遠想者。智度之蘧廬也。然存乎證者。莫不矇其生無而惶眩。一作契其無生而惶眩。存乎迹者。莫不忿其蕩冥而誕誹。道動必反。優劣致殊。眩誹不其宜乎。不其宜乎。要斯法也。與進度齊軫。逍遙俱遊。千行萬定。莫不㠯成。衆行得字。而智進全名。諸法參相成者。求之此列也。且其經也。進咨第一義㠯爲語端。退述權便㠯爲談首。行無細而不歷。數無微而不極。言似煩而各有宗。義似重而各有主。瑣見者慶其邇教而悅寤。宏喆者望其遠標而絕目。陟者彌高而不能階。涉者彌深而不能測。謀者慮不能規。尋者度不能盡。暨窈冥矣。眞可謂大業淵藪。妙矣者哉。然凡諭之者。考文㠯徵其理者。昏其趣者也。察句㠯驗其義者。迷其旨者也。何則。考文則同異每爲辭。尋句則觸類每爲旨。爲辭則喪其卒成之致。爲旨則忽其始擬之義矣。若率初㠯要其終。或忘文㠯全其質者。則大智玄通。居可知也。從始發意。逮一切智。曲成決著。八地無染。謂之智也。故曰遠離也。三脫照空。四非明有。統鑑諸法。因後成用。藥病雙亡。謂之觀也。明此二行。於三十萬言。其如視諸掌乎。顚沛造次。無起無此也。佛泥洹後。外國高士。抄九十章。爲道行品。桓靈之世。朔佛齎詣京師。譯爲漢文。因本順旨。轉音如已。敬順聖言。了不加飾也。然經既抄撮。合成章投。音殊俗異。譯人口傳。自非三達。胡能一一得本緣故乎。由是道行頗有首尾隱者。古賢論之。往往有滯。仕行恥此。尋求其本。到于闐乃得。送詣倉垣。出爲放光品。斥重省刪。務令婉便。若其悉文。將過三倍。善出無生。論空持巧。傳譯如是。難爲繼矣。二家所出。足令大智煥爾闡幽。支讖全本。其亦應然。何者。抄經刪削。所害必多。委本從聖。乃佛之至誡也。安不量末學。庶幾斯心。載詠載玩。未墜於地。檢其所出。事本終始。猶令折傷玷缺。戢然無際。假無放光。何由解斯經乎。永謝先喆。所蒙多矣。今集所見。爲解句下。始況現首。終隱現尾。出經見異。銓其得否。舉本證抄。敢增損也。幸我同好。飾其瑕謫也。釋藏淡一。又跡七。

投當作段

增一阿含經序

四阿含義同中阿含。首已明其旨。不復重序也。增一阿含者。比法條貫。㠯數相次也。數終十。今加其一。故曰增一也。且數數皆增。㠯增爲義也。其爲法也。多錄禁律。繩墨切厲。乃度世檢括也。外國巖岫之士。江海之人。於四阿含多詠味茲焉。有外國沙門曇摩難提者。兜佉勒國人也。齠齓出家。執與廣聞。誦二阿含。溫故日新。周行諸國。無土不涉。㠯秦建元二十年來詣長安。外國鄉人。咸皆善之。武威太守趙文業求令出焉。佛念譯傳。曇嵩筆受。歲在甲申夏出。

至來年春乃訖爲四十一卷分爲上下部上部二十六卷全無遺亡下部十五卷失其錄偈也余與法和共攷正之僧䂮僧茂助校漏失四十日乃了此年有阿城之役伐鼓近郊而正專在斯業之中全具二阿含一百卷鞞婆沙婆和須蜜僧伽羅剎傳此五大經自法東流出經之優者也四阿含四十應眞之所集也十人撰一部題其起盡爲錄偈焉懼法留世久遺逸散落也斯土前出諸經班班有其中者今二阿含各爲新錄一卷全其故目注其得失使見經尋之差易也合上下部四百七十二經凡諸學士撰此二阿含其中往往有律語外國不通與沙彌白衣共視也而今已後幸共護之使與律同此乃茲邦之急者也斯諄諄之誨幸勿藐藐聽也廣見而不知護禁乃是學士通中創也中本起康孟詳出出大愛道品乃不知是禁經比丘尼法堪慊切眞割而去之此乃是大鄙可痛恨者也此二經有力道士乃能見當㠯著心焉如其輕忽不㠯爲意者幸我同志鳴鼓攻之可也（釋藏形一又跡九）

人本欲生經序

人本欲生經者照乎十二因緣而成四諦也本者癡也欲者愛也生者生死也略舉十二之三㠯爲目也人在生死其不溷滯於三世飄縈於九止綢繆於八縛者也十二因緣於九止則第一人亦天也四諦所鑒鑒乎九止八解所正正乎八邪邪正則無往而不恬止鑒則無往而不愉無往而不愉故能洞照傍通無往而不恬故能神變應會神變應會則不疾而速洞照傍通則不言而化不言而化故無棄人不疾而速故無遺物物之不遺人之不棄斯禪智之由也故經曰道從禪智得近泥洹豈虛也哉誠近歸之要也斯經似安世高譯爲晉言也言古文悉義妙理婉覩其幽堂之美闕庭之富者或寡矣安每覽其文欲疲不能所樂而現者三觀之妙也所思而存者想滅之辭也敢㠯餘暇爲之撮注其義同而文

襄當作衰

別者無所加訓焉（釋藏竭八又跡六）

僧伽羅剎所集佛行經序

僧伽羅剎者須賴國人也佛去世後七百年生此國出家學道遊教諸邦至揵陀越土甄陀罽貳王師焉高明絕世多所述作此土修行道地經其所集也又著此經憲章世尊自始道成迄於淪虛行無巨細必因事而演遊化夏坐莫不曲備雖普耀本行度世諸經載佛起居至謂爲密今攬斯經所悟復多矣傳其將終言我若立根得力大士誠不虛者立斯樹下手援其葉而棄此身使那羅延力大象之勢無能移余如毛髮也正使就耶維者當不燋此葉言然之後便卽立終罽貳王自臨而不能動遂㠯巨絙象挽未始能搖卽就耶維炎葉不傷尋昇兜術與彌勒大士高談彼宮將補佛處賢劫第八㠯建元二十年罽賓沙門僧伽跋澄齎此經本來詣長安武威太守趙文業請令出焉佛念爲譯慧嵩筆受正値慕容作難於近郊然譯出不襄余與法和對檢定之十一月三十日乃了也此年出中阿含六十卷增一阿含四十一卷伐鼓擊柝之中而出斯一百五卷窮通不改其恬詎非先師之故迹乎（釋藏宜一又跡十）

阿毗曇八揵度論序

阿毗曇者秦言大法也眾祐有㠯見道果之至賾擬性形容執乎眞像謂之大也有㠯道慧之至齊觀如司南察乎一相謂之法故曰大法也中阿含世尊責優陀耶曰汝致詰阿毗曇乎夫然佛㠯身子五法爲大阿毗曇也（戒定慧無漏也）名佛般涅槃後迦旃延（義第一也）㠯十二部經浩博難究撰其大法爲一部八揵度四十四品也其爲經也富莫上焉邃莫加焉要道無行而不由可不謂之富乎至德無妙而不出可不謂之邃乎富邃洽備故能微顯闡幽也其說智也周其說根也密其說禪也悉其說道也具周則二八用各適時

密則二十迭爲賓主。悉則味（昧一作）淨遍遊其門。具則利鈍各別其所。已故爲高座者所咨嗟。三藏者所鼓舞也。其身毒來諸沙門。莫不祖述此經。憲章鞞婆沙。詠歌有餘味者也。然乃在大荒之外。葱嶺之表。雖欲從之。末由見也。已建元十九年罽賓沙門僧伽禘婆誦此經甚利。來詣長安。比丘釋法和請令出之。佛念譯傳。慧力僧茂筆受。和理其旨歸。自四月三（一作二）十日出。至十月二十三日乃訖。其日檢校譯人。頗雜義辭。龍蛇同淵。金鍮共肆者。彬彬如也。和撫然恨之。余亦深謂不可。遂令更出。夙夜匪懈。四十六日而得盡定。損可損者四卷焉。至於事須懸解。起盡之處。皆爲細其下。梵本十五千七十二首盧（四十八萬二千五三一作百四言）。秦言十九萬五千二百五十言。其人忘因緣一品。云言數可與十門等也。周覽斯經。有碩人所尙者三焉。已高座者尙其博。已盡漏者尙其要。已研幾者尙其密。密者龍象翹鼻鳴。不造耳。非人中之至恬。其孰能與於此也。要者八忍九斷。巨細畢載。非人中之至練。其孰能致於此也。博者衆微衆妙。六八曲備。非人中之至懿。其孰能綜於此也。其將來諸學者。遊槃於其中。何求而不得乎。（釋藏夏一。又跡十。）

安般注序

安般者。出入也。道之所寄。無往不因。德之所寓。無往不託。是故安般寄息已成守。四禪寓骸已成定也。寄息故有六階之差。寓骸故有四級之別。階差者。損之又損之。已至於無爲。級別者。忘之又忘之。已至於無欲也。無爲故無形而不因。無欲故無事而不適。無形而不因。故能開物。無事而不適。故能成務。成務者。即萬有而自彼開物者。使天下兼忘我也。彼我雙廢者。守于唯守也。故修行經已斯二法而成寂。得斯寂者。舉足而大千震。揮手而日月捫。疾吹而鐵圍飛。微噓而須彌舞。斯皆乘四禪之妙止。御六息之大辯者也。夫執寂已御有。崇本已動末。有何難也。安般居十念之一。於五根則念根也。故撰法句者。屬唯念品也。昔漢氏之末。有安世高者。博聞稽古。特專阿毗曇學。其所出經。禪數最悉。此經其所譯也。茲乃趣道之要徑。何莫由斯道也。魏初康會爲之注義。義或隱而未顯者。安竊不自量。敢因前人爲解其下。庶欲蚊翮已助隨藍。霧潤已增巨壑也。（釋藏跡六。）

陰持入經序

陰持入者。世之深病也。馳騁人心。變德成狂。耳聾口爽。耽醉榮寵。抱癡投冥。酸號三趣。其爲病也。猶癩疾焉。入骨徹髓。良醫拱手。猶顚蹶焉。來則冥然。莫有所識。大聖悼茲。痛心內發。忘身安赴塗炭。含厚德。忍舞擊。觀羅密於重雲。止罝網於八極。洪癡不得振其翼。巨愛不得逞其足。采善心於毫芒。拔凶頑於虎口。已大寂爲至樂。五音不能聾其耳矣。已無爲爲滋味。五味不能爽其口矣。曜形濁世。拯擢難計。陟降教終。潛淪無名。諸無著等。尋各騰逝。大弟子衆。深懼妙法混然廢沒。於是令迦葉集結。阿難所傳。凡三藏焉。該羅幽廓。難度難測也。世雄授藥。必因本病。病不能均。是故衆經相待乃備。非彥非聖。罔能綜練。自茲已後。神通高士。各爲訓釋。或攬撰諸經。已爲行式。譬瓔璣歟。擇彼珠珍。已色相發。佩之冠之。爲光爲飾。喻繪事歟。調別衆彩。已圖暉列。諸明叡者。所撰亦然。此經則是其數也。有捨家開士。出自安息。字世高。大慈流洽。播化斯土。譯梵爲晉。微顯闡幽。其所敷宣。專務禪觀。醇玄道數。深矣遠矣。是經其所出也。陰入之弊。人莫知苦。是故先聖照已止觀。陰結日損。成泥洹品。自非知機。其孰能與於此乎。從首至於九絕。都是四十五藥。也。已慧斷知入三部者。成四諦也。十二因緣訖淨法部者。成四信也。其爲行也。唯神矣。故不言而成。唯妙矣。故不行而至。統斯行者。則明白四達。立根得眼。成十力子。紹冑法王。奮澤大千。若取證則拔三結。住壽成道。徑至應真。此乃大乘之舟楫。泥洹之關路。於斯晉土禪觀弛廢學徒雖興蔑有盡漏何者禪思守玄練微入寂在取何道猶覘於掌墮替斯要而希見證不亦難乎安未近積罪生逢百罹戎狄孔棘世乏聖導潛遁晉山孤居離衆幽處窮壑竊覽篇目淺識獨見滯而不達夙宵抱疑諮諏靡質會太陽比丘竺法濟并州道人支曇講陟阻冒寇重繭遠集此二學士高明博通誨而不倦者也遂與析槃暢礙造茲注解世不値佛又處邊國音殊俗異規矩不同又以愚量聖難以逮也冀未踐緒者少有微補非敢自必析究經旨（釋藏跡六）

了本生死經序

夫四信妙輿者衆祐之寶軒也以運連縛倒見衆生凡在三界罔弗冠癡佩嬰舞生死而超陰堂揖讓色味驂惑載疑驅馳九止者也既則狎賢侮聖從其姦慝貪餮恚鑯梟巇玄路蹇諱上要殃禍備嘗矣世雄顧愍深圖變謀法旂曜於重霓道鼓震於雷吼寂于障乎八紘慧戈陷乎三有於是破癡冠洩嬰佩升信車入諦軌則因緣息成四喜矣故曰了本生死也了猶解也本則癡也元也如來指舉一隅身子伸敷高旨引興幽讚美矣盛矣夫計身有命則隨緣縛謗佛毀信若彌綸於幽室矣夫解空無命則成四諦照然立信若日殿之麗乾矣斯乃五十六藥之崇基濟乎蓋衆行之宗也開微成務孰先者乎佛始得道隆建大哀此經則十六之一也其在天竺三藏聖師莫不以爲教首而研幾也漢之季世此經始降茲土雅邃奧邈少達旨歸者也魏代之初有高士河南支恭明爲作注解探玄暢滯眞可謂入室者矣俊哲先人足以折中也然童蒙之倫猶有未悟故仍前迹附釋未訓苟非穿鑿以紫亂朱也儻孤居始進者可以辨惑焉（釋藏迹大）

十二門經序

十二門者要定之目號六雙之關徑也定有三義焉禪也等也空也

用療三毒綢繆重病嬰斯幽戹其日深矣貪囹恚圄癡城至固世人遊此猶春登臺甘處欣欣如居花殿嬉樂自娛莫知爲苦嘗酸速禍困惱五道夫唯正覺乃識其謬耳哀倒縣之苦傷蓬流之痛爲設方便防萌塞漸闢茲慧定令自蘇淼挫銳解紛返神玄路苟非至德其道不凝也夫邪僻之心必有微著是故禪法以四爲差焉貪淫囹者荒色悖蒸不別尊卑渾心耽緬習以成狂亡國傾身莫不由之虛迷空醉不知爲幻故以死屍散落自悟漸斷微想以至於寂味乎無味故曰四禪也瞋恚圄者爭纖芥之虛聲結歷血之重咎恩親絕於快心交友腐於縱忿含怒徹髓不悛滅族聖人見彊梁者不得其死故訓之以等丹心讎親至柔其志受垢含苦治之未亂消德遂厚兕不措角況人害乎故曰四等也愚癡城者誹古聖謗眞諦慢二親輕師傅斯病尤重矣以慧探本知從癡愛分別未流了之爲惑練心攘慝狂病瘳矣故曰四空也行者挹禪海之深醴溉昏迷之盛火激空淨之淵流蕩癡塵之穢垢則皎然成大素矣行斯三者則知所以宰身也所以宰身者則知所以安神也所以安神者則知所以度人也然則經無巨細出自佛口神心所制言爲世寶慧日既沒三界喪目經藏雖存淵玄難測自非至精孰達其微於是諸開士應眞各爲訓解釋其幽賾辯其差貫則關然易見矣窮神知化何復加乎從十二門已後則是訓傳也凡學者行十二門卻盡神足滅外止麤謂之成五道也三向諸根進消內結謂盡諸漏也始入盡漏名不退轉諸佛嘉歎記其成號深不可測獨見曉焉神不可量獨見精焉陵雲輕舉淨光燭幽移海飛嶽風出電入淺者如是況成佛乎是乃三乘之大路何莫由斯定也自始發跡逮於無漏靡不周而復始習茲定也行者欲崇德廣業而不進斯法者其猶無柯而求伐不飯而求飽難以獲矣醒悟之士得聞要定不亦妙乎安宿不敏生値佛後又處異國

眞謗之謗當作諦

楷範多闕仰希古列滯而未究寤寐憂悸有若疾首每惜茲邦禪業替廢敢作注於句末雖未足光融聖典且發蒙者儻易覽焉安世高善開禪數斯經似其所出故錄之於末釋藏跡六

大十二門經序

夫婬息存乎解色不係防閑也有絕存乎解形不係念空也色解則冶容不能縛形解則無色不能滯不縛者雖天魔玉顏窈窕豔姿莫足傾之之謂固也不滯者雖遊空無識泊然永壽莫足礙之之謂眞也何者執古以御有心妙以了色雖羣居猶芻靈泥洹猶如幻豈多制形而重無色哉是故聖人以四禪防婬婬無遺焉以四空滅有有無現焉婬有之息要在明乎萬形之未始有百化猶逆旅也怨憾之興興於此彼此彼既興遂成仇敵仇敵適成勃然赫怒赫怒已發無所不至至不可至神幽想獄乃毒乃辛欣之甘之是以如來訓之以等等所難等何往不等等心既富怨本息矣

豈非爲之乎未有圖難於其易者乎夫然則三事亾耽廢然息矣十二重關廓然闢矣根立而道生覺立而道成莫不由十二門立乎定根以逆道休也大人揮變榮光四塞彈概安明吹沫千萬數動異剎必先正受明乎匪禪無以統乎無方而不留匪定無以周乎萬形而不礙禪定不衍於神變乎何有也至矣盡矣蔑以加矣此經世高所出也辭旨雅密正而不豔比諸禪經最爲精悉案經後記云嘉禾七年在建鄴周司隸舍寫緘在篋匱向二百年矣冥然不行無聞名者比丘竺道護於東垣界賢者經中得之送詣濩澤乃得流布得經之後俄而其家遇火護若不覩爲灰炭矣自然將喪斯禪也後死者不得與聞此經也此經也八音所誨四道作□訓約無乏文重無簡矣精義入神何以上乎前世又爲懸解一家之傳故筌而次之然世高出經貴本不飾天竺古文文通尚質倉卒尋之時有不達今爲略注繼前人之末非敢亂朱冀有以寤焉釋藏跡六

合放光光讚略解序

放光光讚同本異譯耳其本俱出于闐國持來其年相去無幾光讚于闐沙門祇多羅以泰康七年齎來護公以其年十一月二十五日出之放光分如檀以泰康三年于闐爲師送至洛陽到元康元年五月乃得出耳先光讚來四年後光讚出九年也放光于闐沙門無叉羅執梵竺叔蘭爲譯言少事約刪削復重事事顯炳煥然易觀也而從約必有所遺於天竺辭及騰每大簡焉光讚護公執梵本聶承遠筆受言準天竺事不加飾悉則悉矣而辭質勝文也每至事首輒多不便諸反覆相明又不顯灼也考其所出事周密耳互相補益所悟實多恨其寢逸涼土九十一年幾至泯滅乃達此邦也斯經既殘不具並放光尋出大行華京息心居士翕然傳焉中山支和上遣人於倉垣斷絹寫之持還中山中山王及衆

僧城南四十里幢幡迎經其行世如是是故光讚人無知者昔在趙魏併得其第一品知有茲經而求之不得至此會慧常進行慧辯等將如天竺路經涼州寫而因焉展轉秦雍以晉泰元元年五月二十四日乃達襄陽尋之玩之欣有所益輒記其所長爲略解如左般若波羅蜜者成無上正眞道之根也正者等也不二入也等道有三義焉法身也如也眞際也故其爲經也以如爲首以法身爲宗也如者爾也本末等爾無能令不爾也佛之興滅綿綿常存悠然無寄故曰如也法身者一也常淨也有無均淨未始有名故於戒則無戒無犯在定則無定無亂處智則無智無愚泯爾都忘二三盡息皎然不緇故曰淨也常道也眞際者無所著也泊然不動湛爾玄齊無爲也無不爲也萬法有爲而此法淵默故曰無所有者是法之眞也由是其經萬行兩廢觸章輒無也何者癡則無往而非微終日言盡物也故爲八萬四千塵垢門也慧則無往

而非妙。終日言盡道也。故爲八萬四千度無極也。所謂執大淨而萬行正。正而不害妙乎大也。凡論般若。推諸病之壃服者。理轍者也。尋衆藥之封域者。斷迹者也。高談其轍迹者。失其所㠯指南也。其所㠯指南若假號章之。不住五。通品之不貢高。是其涉百辟而不失午者也。宜精理其轍迹。又思存其所指。則始可與言智已矣。何者。諸五陰至薩云若。則是菩薩來往所現法慧。可道之道也。諸一相無相。則是菩薩來往所現眞慧。明乎常道也。可道。故後章或曰世俗。或曰說已也。常道。則或曰無爲。或曰復說也。此兩者同謂之智。而不可相無也。斯乃轉法輪之目要。般若波羅蜜之常例也。釋藏迹七

摩訶鉢羅若波羅蜜經鈔序

昔在漢陰。十有五載。講放光經。歲常再徧。及至京師。漸四年矣。亦恆歲二。未敢墮息。然每至滯句。首尾隱沒。釋卷深思。恨不見護公、叉羅等。會建元十八年。正車師前部王名彌第來朝。其國師字鳩摩羅跋提獻梵天品一部。四百二牒。言二十千首盧。首盧三十二字。梵數經法也。卽審數之。凡十七千二百六十首盧殘二十七字。都并五十五萬二千四百七十五字。（案此數不合。當有脫誤。）天竺沙門曇摩蜱執本。佛護爲譯。對而檢之。慧進筆受。與放光光讚同者。無所更出也。其二經譯人所漏者。隨其失處。稱而正焉。其義異不知孰是者。輒併而兩存之。往往爲訓其下。凡四卷。其一紙二紙異者。出別爲一卷。合五卷也。譯梵爲秦。有五失本也。一者梵語盡倒而使從秦。一失本也。二者梵經尙質。秦人好文。傳可衆心。非文不合。斯二失本也。三者梵經委悉。至於歎詠。叮嚀反覆。或三或四。不嫌其煩。而今裁斥。三失本也。四者梵有義說。正佀亂辭。尋說向語。文無㠯異。或千五百。剗而不存。四失本也。五者事已全成。將更傍及。反騰前辭。已乃後說。而悉除此。五失本也。然般若經三達之心。覆面所

演。聖必因時。俗有易（案此二語有脫字。）而刪雅古㠯適今時。一不易也。愚智天隔。聖人叵階。乃欲㠯千歲之上微言。傳使合百王之下末俗。二不易也。阿難出經。去佛未久。尊者大迦葉令五百六通。迭察迭書。今離千年。而㠯近意量裁。彼阿羅漢乃兢兢若此。此生死人而平平若此。豈將不知法者勇乎。斯三不易也。涉茲五失。經三不易。譯梵爲秦。詎可不愼乎。正當㠯不聞異言。傳令知會通耳。何復嫌大匠之得失乎。是乃未所敢知也。前人出經。支讖世高。審得梵本。難繫者也。叉羅支越。斲鑿之巧者也。巧則巧矣。懼竅成而混沌終矣。若夫㠯詩爲煩重。㠯尙書爲質朴。而刪令合今。則馬鄭所深恨者也。近出此撮。欲使不雜。推經言旨。唯懼失實也。其有方言古辭。自爲解其下也。於常首尾相違句不通者。則冥如合符。厥如復析。乃見前人之深謬。欣通外域之嘉會也。於九十章。蕩然無措疑處。毫芒之閒。泯然無微疹。已矣乎。釋藏迹八

道地經序

夫道地者。應眞之玄堂。升仙之奧室也。無本之城。杳然難陟矣。無爲之牆。邈然難踰矣。微門妙闥。少闚其庭者也。蓋爲器也猶海與。行者日酌之而不竭。返精者無數而不滿。其爲像也。含弘靜泊。緜緜若存。寂寥無言。辯之者幾矣。怳忽無行。求矣漭乎其難測。聖人有㠯見因華可㠯成實。覩末可㠯達本。乃爲布不言之敎。陳無轍之軌。闡止啟觀。式成定諦。髦彥六雙。率由斯路。歸精谷神。於乎羨矣。夫地也者。包潤施毓。稼穡㠯成。鏐鐐瓊琛。罔弗㠯載。有喻止觀。莫近於此。故曰道地也。昔在衆祐。三達遐鑒。八音四辯。赫奕敷化。識病而療。聲典難算。至如來善逝而大訓絕。五百無著。遷而靈敎乖。於是有三藏沙門厥名衆護。仰雅諸行。布在羣籍。俯慰發進。不能悉洽。粗述衆經。撰要約行。目其次序。㠯爲一部二十七章。其於行也。要猶人首與。可終身戴。不可須臾下。猶氣息與。可終身通。不

可須臾閉息閉則命殞首下則身殪若行者暫去斯法姦先之懸入矣有開士世高者安息王元子也禪國高讓納萬乘位克明俊德改容修道越境流化爰適此邦其所傳訓淵微優邃又析護所集者七章譯爲漢文音近雅質敦兮若樸或變質從文或因質不飾皇矣世高審得厥旨夫絕愛原滅榮冀息馳騁莫先於止了癡惑達九道見身幻莫首於觀大聖以是達五根登無漏揚美化易頑俗莫先於止靡不由茲也眞可謂盛德大業至矣哉行自五陰盡於成壞則是苦諦漏盡之迹也神足章者則是禪思五通之要也五十五觀者則是四非常度三結之本也人之處世矇昧未祛熙熙甘色如饗大牢由處穢海幽厄九月既生迍邅罹遘百凶尋旋老死嬰苦萬端漂溺五流莫能自返聖人深見以爲苦證遊神八路長陟永安專精稽古則佚樂若此閑情縱欲則酸毒如彼二道顯著宜順所從石以淬璧剝堅截剛素質精深五色炳爍由是

論之可不勉哉予生不辰值皇綱紛絕玁狁猾夏山左蕩沒避難濩澤師殞友析周爰諮謀顧靡所詢時雁門沙門支曇講鄴都沙門竺僧輔此二仁者聰明有融信而好古冒險遠至得與酬酢尋章察句造此訓傳希權與進者暫可微寤蚊蚋奮翼以助隨嵐蟻壟增封嵩岳之頂豈其能益於高猛哉探賾與邈唯八輩難之況末學小子庶幾茲哉然天竺聖邦道岨遼遠幽見碩儒少來周化先哲既逝來聖未至進退狼跋咨嗟涕洟故作章句伸己丹赤冀諸神通照我顒顒必枉靈趾燭謬正闕也（釋藏跡十）

十法句義經序

夫有欲之激百轉千化搖蕩成敗亦何得一端乎是故正覺因心所遷即名爲經邪止名正亂止名定方圓隨器合散從俗隨器故因質而立名從俗故緣對而授藥立名無常名則神道矣授藥無常藥則感而通故矣即已不器又通其故則諸行況然因法而結

也二三至十在乎其人病有眾寡以人爲目耳譬藥分劑有單有複診脈視色投藥緣疾法參相成不其然乎自佛卽幽阿難所傳分爲三藏纂乎前緒部別諸經小乘則爲阿含四行中阿含者數之藏府也阿毗曇者數之苑藪也其在赤澤碩儒通人不學阿毗曇者蓋闕如也夫造舟而濟者其體也安粹數而立者其業也美是故般若啟卷必數了諸法卒數以成經斯乃眾經之喉襟爲道之樞極也可不務乎可不務乎於戲前徒不忘玄數者鶖鷺子也於茲繼武有自來矣篤斯業者或不成也爰暨土者世高其俊也偉哉數學淵源流清抱德惠和播馨此域安雖希高迹未由也已然旋焉周焉藏焉修焉未墜地也幷一不惑以成積習移志蹈遠移質緣以高尚欲疲不能也人亦有言曰聖人也者人情之積也聖由積靡爐鎚之間惡可已乎經之大例皆異說同行異說者明夫一行之歸致同行者其要不可相無則行必俱行全其歸致則

同處而不新不新故頓至而不惑俱行故叢萃而不迷也所謂知異知同是乃大通既同既異是謂大備也以此察之義焉廋哉義焉廋哉夫玄覽莫美乎同異而得其門者或寡矣明白莫過乎辯數而入其室者鮮矣昔嚴調撰十慧章句康僧會集六度要目每尋其迹欣有寤焉然猶有闕文行未錄者今鈔而第之名曰十法句義若其常行之注解若昔未集之貽後同我之倫儻可察焉（釋藏跡十）

鞞婆沙序

阿難所出十二部經於九十日中佛意三昧之所傳也其後別其徑至小乘法爲四阿含阿難之功於斯而已迦旃延子撮其要行引經訓釋爲阿毗曇四十四品要約婉顯外國重之優波離裁之所由爲毗尼與阿毗曇四阿含並爲三藏身毒甚珍未墜於地也其後曇摩多羅刹集修行亦大行於世也又有三羅漢一名尸陀

槃尼。二名悉達。三名轉羅尼。攢轉婆沙。廣引聖證。言輒據古。釋阿
毗曇焉。其所引據。皆是大士眞人佛印印者也。悉達迷而近煩。轉
羅要而近略。尸陀最折中焉。其在身毒。登無畏座。僧中唱言。何莫
由斯道也。其經猶大海與深廣浩汗。千寶出焉。猶崑岳與蒐藏幽
藹。百珍之藪。養生之徒。於焉斯在。茲經如是。何求而不有乎。有祕
書郎趙政文業者。好古索隱之士也。常聞外國尤重此經。思存想
見。然乃在崑岳之右。荒野之西。眇爾絕域。末由也已。會建元十九
年。罽賓沙門僧伽跋證諷誦此經四十二處。是尸陀槃尼所撰者
也。來至長安。趙郎飢虛在往。求令出焉。其國沙門曇無難提筆受
爲梵文。弗圖羅刹譯傳。敏智筆受爲此秦言。趙郎正義起盡。自四
月出。至八月二十九日乃訖。梵本一萬一千七百五十二首盧。長
五字也。凡三十七萬六千六十四言也。秦語爲十六萬五千九百
七十五字。經本甚多。其人忘失。唯四十事。是釋阿毗曇十門之本

而分十五事爲小品。迴著前。已二十五事爲大品。而著後。此大小
二品全無所損。其後二處。是忘失之遺者。令第而次之。趙郎謂譯
人曰。爾雅有釋故釋言者。明古今不同也。昔來出經者。多嫌梵言
方質。而改適今俗。此政所不取也。何者。傳梵爲秦。以不閑方言。求
知辭趣耳。何嫌文質。文質是時。幸勿易之。經之巧質。有自來矣。唯
傳事不盡。乃譯人之咎耳。衆咸稱善。斯眞實言也。遂案本而傳。不
令有損言遊字。時改倒句。餘盡實錄也。余欣秦土忽有此經。挈
海移岳。奄在茲域。載玩載詠。欲疲不能。遂佐對校。一月四日。然後
乃知大方之家富。昔見之至夾也。恨八九之年。方闚其牖耳。願欲
求如意珠者。必牢裝强伴。勿令不周滄海之實者也。釋藏跡十

比丘大戒序

世尊立教法有三焉。一者戒律也。二者禪定也。三者智慧也。斯三
者至道之由戶。泥洹之關要也。戒者斷三惡之干將也。禪者絕分

入當作八

散之利器也。慧者齊藥病之妙醫也。具此三者。於取道乎何有也。
夫然用之有次。在家出家。莫不始戒以爲基址也。何者。戒雖檢形。
形乃百行舟輿也。須臾不矜不莊。則傷戒之心入矣。傷戒之心入。
而後欲求不入三惡道。未所前聞也。故如來舉爲三藏之首也。外
國重律。每寺立持律。日月相率說戒。說戒之日。終夜達曉。諷乎切
教。以相維攝。犯律必彈。如鷹隼之逐鳥雀也。大法東流。其日未遠。
我之諸師。始秦受戒。又乏譯人。考校者尠。先人所傳。相承謂是。至
澄和上多所正焉。余昔在鄴。少習其事。未及檢戒。遂遇世亂。每以
怏怏不盡於此。至歲在鶉火。自襄陽至關右。見外國道人曇摩侍
諷阿毗曇。於律特善。遂令涼州沙門竺佛念寫其梵文。道賢爲譯。
慧常筆受。逕夏漸冬。其文乃訖。考前常行世戒。其謬多矣。或殊失
旨。或粗舉意。昔從武遂法潛得一部戒。其言煩直。意常恨之。而今
侍戒。規矩與同。猶如合符。出門應轍也。然後乃知淡乎無味。乃眞

道味也。而嫌其丁寧。文多反複。稱即命慧常。令斥重去複。常乃避
席謂大不宜爾。戒猶禮也。禮執而不誦。重先制也。愼舉止也。戒乃
徑廣長舌相。三達心制。八輩聖士。珍之寶之。師師相付。一言乖本。
有逐無赦。外國持律。其事實爾。此土尙書及與河洛。其文樸質。無
敢措手。明祇先王之法言而愼神命也。何至佛戒。聖賢所貴。而可
改之以從方言乎。恐失四依不嚴之敎也。與其巧便。寧守雅正。譯
梵爲秦。東教之士。猶或非之。願不刊削以從飾也。衆咸稱善。於是
案梵文書。唯有言倒。時從順耳。前出戒十三事中。起室與檀越議。
三十事中。至大姓家及綺紅錦繡衣。及七因緣法。如斯之比。失旨
多矣。將來學者。審欲求先聖雅言者。宜詳攬焉。諸出爲秦言。便約
不煩者。皆蒲萄酒之被水者也。外國云。戒有七篇。而前出戒皆八
篇。今戒七悔過後。曰尸叉罽賴尼。尸叉罽賴尼有百七事。明也。如
斯則七篇矣。又侍尸叉罽賴尼有百一十事。余嫌其多。侍曰。我持

律許口受卄事一記無長也尋僧純在丘慈國佛陀舌彌許得比丘尼大戒來出之正與侍同百有一十爾乃知其審不多也然則比丘戒不止二百五十阿夷戒不止五百也釋藏百一

疑經錄序

外國僧法學皆跪而口受同師所受若二十轉㠯授後學若有一字異者共相推校得便擯之僧法無縱也經至晉土其年未遠而喜事者㠯沙標金斌斌如也而無括正何㠯別眞僞乎農者禾草俱存后稷爲之歎息金匱玉石同緘卞和爲之懷恥安敢預學次見涇渭雜流龍蛇竝進豈不恥之今列意謂非佛經者如左㠯示將來學士共知鄙倍焉釋藏跡五

注經及雜經志錄序

夫日月麗天衆星助耀雨從雲降滮池佐潤由是豐澤洪沾大明煥赫也而猶有爝火於雲夜抱甕於漢陰者時有所不足也佛之

著教眞人發起大行於外國有自來矣延及此土當漢之末世晉之盛德也然方言殊音文質從異譯梵爲晉出非一人或善梵而質晉或善晉而未備梵衆經浩然難㠯折中竊不自量敢預僧數既荷佐化之名何得素餐終日乎輒㠯灑埽之餘暇注衆經如左非敢自必必值聖心庶望攷文時有合義願將來善知識不咎其默守冀抱甕爝火譏有微益

光讚折中解一卷光讚鈔解一卷

般若放光品者分別盡漏而不證八地也源流浩汗厥義幽邃非彼草次可見宗廟之義也安爲折疑準一卷折疑略一卷起盡解一卷

道行品者般若鈔也佛去世後外國高明者撰也辭句質復首尾互隱爲集異注一卷

大小十二門者禪思之奧府也爲各作注大作注十二門二卷小十二門一卷

了本生死者四諦四信之玄藪也爲注一卷

密迹金剛經持心梵天經此二經者護公所出也多有隱義爲作甄解一卷

賢劫八萬四千度無極者大乘之妙目也爲解一卷

人本欲生經者九止八脫之妙要也爲注撮解一卷

安般守意多念之要藥也爲解一卷

陰持入者世高所出殘經也淵流美妙至道直徑也爲注二卷

大道地者修行鈔也外國所鈔爲注一卷

衆經衆行或有未曾共知者安集之爲十法句義一卷連雜解共卷

義指者外國沙門於此土所傳義也云諸部訓異欲廣來學視聽也增之爲注一卷

九十八結者阿毗曇之要義爲解一卷連約通解共卷

又爲三十二相解一卷

三界諸天混然淆雜安爲錄一卷

此土衆經出不一時自孝靈光和已來迄今晉寧康二年近二百載值殘出殘遇全出全非是一人難卒綜理爲之錄一卷

荅沙汰難二卷荅法將難一卷西域志一卷釋藏跡五

襄陽金像銘

晉太元十九年歲次甲午月朔日次比丘道安於襄陽西郭造丈八金像一軀此像更三周甲午百八十年當滅法苑珠林二十一續高僧傳三十九案道安卒於太元十年其在襄陽當在太元未改元之前此銘誤或別一道安也後周亦有釋道安住中興寺建德三年昔滅佛道削跡遁去上距太元十九年凡一百八十餘年則又非其人也

全晉文卷一百五十八終

全晉文卷一百五十九

烏程嚴可均校輯

釋氏三

竺僧朗

僧朗。京兆人。後趙末居太山。尋移山西北之金輿谷。世稱朗公谷。前燕慕容儁。慕容暐。秦苻堅。後燕慕容垂。南燕慕容德。魏道武。晉孝武皆尊禮之。卒年八十五。

荅秦主苻堅書

僧朗頓首。如來永世。道風潛淪。忝在出家。棲心山嶺。精誠微薄。未能弘匠。不悟陛下遠問山川。詔命殷勤。實感恩旨。氣力虛微。未堪跋涉。願廣開法輪。顯保天祚。蒙重惠賜。卽爲施設。福力之功。無不蒙賴。貧道才劣。不勝所重。僧朗頓首頓首。廣弘明集三十五又見十六國春秋四十二

荅晉孝武帝書

僧朗頓首頓首。夫至人無隱。德生爲聖。非德非聖。何敢有喻。忝曰出家。栖息塵表。慕靜山林。心希元寂。靈迹難逮。形累而已。奉被詔命。慰及應否。大晉重基。先承孝治。惠同天地。覆養無邊。願開大乘。申揚道味。僧朗頓首頓首。廣弘明集三十五

荅燕主慕容垂書

僧朗頓首頓首。能仁御世。英規遐邈。光敷道化。融濟四海。貧道忝服道味。習教山林。豈惟詔旨諮及國難。王者膺期。統有六合。大能并小。自是常倫。若葵藿之傾太陽。飛步之宗麟鳳。皇澤載融。羣生繫仰。陛下高明。何思不服。貧道窮林。蒙賜過分。僧朗頓首。廣弘明集三十五又見十六國春秋四十五

荅南燕主慕容德書

僧朗頓首。陛下龍飛。統御百國。天地融溢。皇澤載賴。善逢高鑒。惠濟黔首。蕩平之期。何憂不一。陛下信向三寶。恩旨殊隆。貧道味靜深山。豈臨此位。且領民戶。興造靈剎。所崇像福。冥報有所歸。僧朗頓首頓首。廣弘明集三十五又見十六國春秋六十三

又報南燕主慕容德

山野絕俗之士。不應預聞朝議。但有待之累。非有託無以立。陛下今卽聞之檀越。敬覽三策。潘尚書之議。可謂興邦之策矣。且今歲之初。彗星起於奎婁。遂歸虛危。彗者除舊更新之象。奎婁爲魯之分野。虛危爲齊之分野。宜先定兗州。巡撫琅邪。待秋風屆節。然後北轉臨齊。此天道也。十六國春秋

賽當作塞

竺法曠

法曠。俗姓皋。下邳人。寓居吳興。後爲僧。歷穆帝至安帝時卒。

荅簡文帝詔書

昔宋景修福。妖星移次。陛下光輔已來。政刑允輯。天下任重。萬機事殷。失之毫釐。差以千里。唯當勤修德政。以賽天譴。貧道必當盡誠上荅。正恐有心無力耳。高僧傳五

竺法汰

法汰。東莞人。少與道安同學。太元中終瓦官寺。

與釋道安書追論竺僧敷

每憶敷上人。周旋如昨。逝波奄復多年。與其清談之日。未嘗不相憶。思得與君共覆疏其美。豈圖一旦。永爲異世。痛恨之深。何能忘情。其義理所得。披尋之功。信難可圖矣。高僧傳五

比丘尼戒本所出本末序

拘夷國寺甚多。修飾至麗。王宮彫鏤。立佛形像。與寺無異。有寺名達慕藍百七十僧北山寺名致隸藍六十僧劍慕王新藍五十僧溫宿王藍七十僧右四寺佛圖舌彌所統。寺僧皆三月一易屋牀坐。或易藍者。未滿五臘。一宿不得無依止。王新僧伽藍九十僧有年少沙門字鳩摩羅乃才大高明大

乘學與舌彌是師徒而舌彌阿含學也。阿麗藍百八十比丘尼。輸若干藍五十比丘尼。阿麗跋藍二十尼道。右三寺比丘尼。統依舌彌受法戒。比丘尼外國法。不得獨立也。此三寺尼。多是葱嶺㠯東王侯婦女。爲道遠集斯寺。用法自整。大有檢制。亦三月一易房。或易寺。出行非大尼三人不行。多持五百戒。亦無師。一宿者輒彈之。今所出比丘尼大戒本。此寺常所用者也。舌彌乃不肯令此戒來東。僧純等求之至勤。每嗟此後出法整唯乏斯戒。末乃得之。其解色㠯息媱。不在止冶容也。不欲㠯止竊。不在謹封藏也。解色則無情於外形。何計飾容與不飾乎。不欲則無心於珠玉。何須慢藏與緘縢乎。所謂無關而不可開。無約而不可解也。內健旣爾。外又毀容麤服。進退中規。非法不覩。非時不飧。形如枯柱。心若溼灰。斯戒之謂也。豈非聖人善救人。故無棄人也哉。然女人之心弱而多放。佛達其微。防之宜密。是故立戒每倍於男也。大法流此五百餘年。比丘尼大戒了於其文。㠯此推之。外國道士亦難斯人也。法汰頃年鄙當世爲人師。處一大域而坐視令無一部僧法。推求出之。竟不能具。吾昔得大露精比丘尼戒。而錯得其藥方一匣。持之自隨。二十餘年。無人傳譯。近欲參出。殊非尼戒。方知不相關通至於此也。賴僧純於拘夷國來。得此戒本。令佛念曇摩侍慧常傳。始得具斯一部法矣。然弘之由人。不知斯人等能遵行之不耳。釋藏百一

竺道壹

道壹。俗姓陸。吳人。廢帝時居瓦官寺。孝武時會稽守王薈爲起嘉祥寺。後還吳。隆安中卒。葬虎丘山南。

荅丹陽尹

蓋聞大道之行。嘉遁得肆其志。唐虞之盛。逸民不奪其性。弘方由於有外。致遠待而不踐。大晉光熙。德被無外。崇禮佛法。弘長彌大。是㠯殊域之人。不遠萬里。被褐振錫。洋溢天邑。皆割愛棄欲。洗心清玄。遐期曠世。故道深常隱。志存慈救。故遊不滯方。自東徂西。唯道是務。雖萬物惑其日計。而識者悟其歲功。今若責其屬籍。同役編戶。恐遊方之士。望崖於聖世。輕舉之徒。卓長往而不反。虧盛明之風。有謬主相之旨。且荒服之賓。無關天臺。幽藪之人。不書王府。幸㠯時審獻。詳而後集也。高僧傳五

竺曇無蘭

曇無蘭。天竺人。太元中居揚都謝鎮西寺。

三十七品經序

三十七品者。三世諸佛之舟輿。聲聞支佛。亦皆乘之而得度。三界衆生。靡不載之。故經曰。大乘道之輿。一切度天人。然則三十七品。或離或合。在一增。四法而有四意止。四神足。無四意斷。五法則有五根五力。七法無七覺意。八法而有八等。則爲五經也。依如此比。當應爲七經。如此則離也。而諸經多合。唯一增尒耳。中阿含身意

止有安般出入息事。將是行四意止時。有亂意起者。執對行藥也。又諸經三十七品。文辭不同。余因閑戲。尋省諸經。撮采事備辭巧便者。差次條貫。伏其位。使經體不毀。而事有異同者。得顯於義。又㠯三三昧適之乎末。㠯具泥洹四十品。五根中云。四禪四諦。有目無文。故復屬之於後。令始涉者覽之易悟。不亦佳乎。又㠯諸經之異者注于句末也。小安般三十七品後則次止觀。律法義決三十七品後次四諦。小十二門後次三向尒爲泥洹四十品。止觀四諦成道之行。不可㠯相無也。是故集止觀三三昧四禪四諦。繫之於三十七品後。欲令行者覽之。易見而具行也。序二百六十五字。本二千六百八十五字。子二千九百七十字。凡五千九百二十字。除後六行八十字。不在計中。晉泰元二十一年。歲在丙申六月。沙門竺曇無蘭在揚州謝鎮西寺撰。釋藏跡十

大比丘二百六十戒三部合異序

夫戒者人天所由生三乘所由成泥洹之關要也是以世尊授藥以戒爲先焉戒者乃三藏之一也若不以戒自禁馳心於六境而欲望免於三惡道者其猶如無舟而求度巨海乎亦如魚出於深淵鴻毛入於盛火悕不死燋者未之有也行者以戒自嚴猛意五十八法者取道也何難哉蘭自染化務以戒律爲意昔在於廬山中竺僧舒許得戒一部持之自隨近二十年每一尋省恨文質重會曇摩侍所出戒規矩與同然侍戒衆多施有百一十事尒爲戒有二百六十也釋法師間侍侍言我從持律許口受一一記之莫知其故也尼戒衆多施亦尒百有一十三十事中第二十一二百五十者云長鉢過十日舍墮續言是比丘當持此鉢與比丘僧二十二二百六十者云鉢破綴齊五更未得新鉢故者當歸衆僧推其理旨宜如二百五十者在長鉢後事與破鉢幷者爲重長也余以長鉢後事注於破鉢下以子從母故也九十事中多參錯事不相對復從就二百六十者令事類相對亦時有不相似者重飯食無餘因緣墮應對重飯不屬人言不足此除因緣事與別請幷故以對別請此一戒在重飯一戒在別請亦爲有餘緣則得重飯亦得越次受請也不舒手受食自恐敎人恐怖此二戒無對將傳寫脫耶梵本闕乎衆多施亦有不相對不相似者莫知所以也余因閑暇爲之三部合異粗斷起盡以二百六十戒爲本二百五十者爲子以前出常行戒全句繫之於事末而亦有永乖不相似者有以一爲二者有以三爲一者余復分合令事相從然此三戒或能分句失旨賢才聰叡若有攬者加思爲定恕余不逮〈釋藏百一〉

千佛名號序

賢劫經說二千一百諸度無極竟喜王菩薩仍問今此會中寧有大士得此定竟入斯八千四百諸度無極及八萬四千度無極法入八萬四千諸三昧門乎佛荅言有不但此諸開士也當來賢劫一千如來亦得入也除四正覺喜王白佛唯願世尊說諸佛名字姓號佛爲喜王說諸佛號字號字一千數之有長而興立發意二品重說皆齊慧業而止以此二品檢之有以二字爲名者三字名者有以他字足成音句非其名號亦時有字支異者想梵本一耳將是出經人轉其音辭令有左右也長而有者或當以四五六字爲名號也興立發意不盡名自慧業以下難可詳也余今別有可了各爲佛名意所不了則全舉之又以字異者注之於下然或能分合失所深見達士其有覺省可爲改定恕余不逮〈釋藏百一〉

帛道猷

道猷俗姓馮山陰人居若邪溪終虎丘

與竺道壹書

始得優遊山林之下縱心孔釋之書觸興爲詩陵峯採藥服餌蠲痾樂有餘也但不與足下同日以此爲恨耳因有詩曰連峯數千里修林帶平陰雲過遠山翳風至梗荒榛茅茨隱不見雞鳴知有人閒步踐其徑處處見遺薪始知百代下故有上皇民〈高僧傳五〉

趙正

正一名整字文業洛陽清水人或曰濟陰人仕苻堅爲著作郎遷黃門侍郎武威太守堅敗後爲僧更名道整終於襄陽

出家更名頌

佛生何以晚泥洹一何早歸命釋伽文今來投大道〈高僧傳一〉

竺佛念

佛念涼州人

阿育王子法益壞目因緣經序

原夫善惡之運契猶形影之相顧受對朗驗凡三差焉現也中也後也播九色之深恩以悅天妃之耳目孤禽投王而全命形受五机〈一作則〉之切酷斯現報也羣徒濟淪於幽壑神陟輪飄〈一作淪〉漂而不

改身酸歷世之殃釁不曉王子之喪目斯中報也阿蘭縱禍於無想嬰佩永惑於始終終爲蓄翅之暴鯉飛沈受困而難計斯後報也故聖人降靈必有所由非務不務（一作瓶）淸白明矣玄鑒三世弱喪之流深記來變坏形之累趣使引入百練之室自如來逝後阿育登位綱維閻浮光被六合圖形神寺八萬四千羅漢御世汎濟億數國主師宗玄化滂沛萬民仰戴而不已神祇欽賴而愈深然王子法益宿植洪業生在王宮容貌殊特後復受對（一無後字作復受此對）靡知緣起會秦尚書令輔國將軍宗正卿領城門校尉使者司隸校尉姚旻者南安郡人也親姚韶之次兄字景嶷文爲儒表則烈勳千載武爲邈羣則皎然而獨標亢音通實則辨機而曠遠執素縱情則翺翔而無倫德也純懿範也難模赫逸翰於羣才振龍威於昆鋒然愍永感之叵救傷愚黨之不寤欲紹先勝之遺迹暨玄宗於末俗故請天竺沙門曇摩難提出斯緣本秦建初六年歲在

辛卯於安定城二（一作三）月十八日出至二十五日乃訖梵本三百四十三首盧傳爲漢文一萬八百八十言（一作一萬八千言）佛念譯音情義實難或離文而就義或正滯而傍通或取解於誦人或事略而曲備冀將來之學士令監罪福之不朽設有毫釐潤色者盡銘之於萌兆故敘之焉（釋藏疏又跡七）

釋道慈

道慈豫章人太元中居廬山後入京師

中阿含經序

中阿含經記云昔釋法師於長安出中阿含增一阿毗曇廣說僧伽羅叉阿毗曇心婆須密三法度二衆從解脫緣此諸經律凡百餘萬言並違本失旨名不當實依悕屬辭句味亦差良由譯人造次未善晉言故使爾耳會燕秦交戰關中大亂於是良匠背世故以弗獲改正乃經數年至關東小淸冀州道人釋法和罽賓沙門僧伽提和招集門徒俱遊洛邑四五年中研講遂精其人漸曉漢語然後乃知先之失也於是和乃追恨先失卽從提和更出阿毗曇及廣說也自是之後此諸經律漸皆譯正唯中阿含僧伽羅叉婆須蜜從解脫緣未更出耳會僧伽提和進遊京師應運流化法施江左於是晉國大長者尚書令衞將軍東亭侯優婆塞王元琳常護持正法以爲己任卽檀越也爲出經故造立精舍延請有道釋慧持等義學沙門四十許人於諸所安四事無乏又預請經師僧伽羅叉長供數年然後乃以晉隆安元年丁酉之歲十一月十日於揚州丹陽郡建康縣界在其精舍更出此中阿含請罽賓沙門僧伽羅叉令講梵本請僧伽提和轉梵爲晉豫州沙門道慈筆受吳國李寶唐化共書至來二年戊戌之歲六月二十五日草本始訖此中阿含凡有五誦都十八品有二百二十二經合五十一萬四千八百二十五字分爲六十卷時遇國大難未卽正書乃至

五年辛丑之歲方得正寫校定流傳其人傳譯準之先出大有不同於此二百二十二經中若委靡順從則懼失聖旨若從本制名類多異舊則逆忤先習不協衆情是以其人不得自專時有改本從舊名耳然五部異同孰知其正而道慈愚意怏怏於違本故諸改名者皆抄出注下新舊兩存別爲一卷與目錄相連以示於後將來諸賢令知同異得更采訪脫遇高明外國善晉梵方言者訪其得失刊之從正（釋藏跡九）

全晉文卷一百五十九終

全晉文卷一百六十

釋氏四

烏程嚴可均校輯

釋僧叡

叡，魏郡長樂人，師事道安。

大品經序

摩訶般若波羅蜜者。出八地之由路。登十階之龍津也。夫淵府不足以盡其深美。故寄大以目之。水鏡未可以喻其澄朗。故假慧以稱之。造盡不足以得其涯極。故借度以明之。然則功託有無。度名所以立。照本靜末。慧日以之生。曠兼無外。大稱由以起。斯三名者。雖義涉有流。而詣得非心。跡寄有用。而功實非待。非心故以不住爲宗。非待故以無照爲本。本以無照。則凝知於化始。宗以非心。則忘功於行地。故啟章玄門。以不住爲始。妙歸三慧。以無待爲終。假號照其眞。應行顯其明。無生冲其用。功德旌其深。大明要終以驗始。漚和卽始以悟終。蕩蕩焉。眞可謂大業者之通塗。畢佛乘者之要軌也。夫寶重故防深。功高故校廣。囑累之所以殷勤。功德之所以屢增。良有以也。而經來茲土。乃以秦言譯之。典謨乖於殊制。名實喪於不謹。致使求之彌至。而失之彌遠。頓轡重關。而窮路轉廣。不遇淵匠。殆將墜矣。亡師安和尙鑿荒塗以開轍。標玄指於性空。落乖蹤而直達。殆不以謬文爲閡也。亹亹之功。思過其半。邁之遠矣。鳩摩羅什法師慧心夙悟。超拔特詣。天魔干而不能迴。淵識難而不能屈。扇龍樹之遺風。震慧響於此世。秦王感其來儀。時運開其凝滯。以弘始三年歲次星紀冬十二月二十日至長安。秦王扣其虛關。匠伯陶其淵致。虛關既闢。乃正此文言。淵致既宣。而出其釋論。渭濱流祇洹之化。西明啟如來之心。逍遙集德義之僧。京城溢道詠之音。末法中興。將始於此乎。予旣知命。遇此眞化。敢竭微

誠。屬當譯任。執筆之際。三惟亡師五失及三不易之誨。則憂懼交懷。惕焉若厲。雖復履薄臨深。未足喻也。幸冀宗匠通鑒。文雖左右。而旨不違中。遂謹受案譯。敢當此任。以弘始五年歲在癸卯四月二十三日。於京城之北逍遙園中出此經。法師手執梵本。口宣秦言。兩釋異音。交辯文旨。秦王躬覽舊經。驗其得失。諮其通途。坦其宗致。與諸宿舊義業沙門釋慧恭、僧䂮、僧遷、寶度、慧精、法欽、道流、僧叡、道恢、道標、道恒、道悰等五百餘人。詳其義旨。審其文中。然後書之。以其年十二月十五日出盡。校正檢括。明年四月二十三日乃訖。文雖粗定。以釋論檢之。猶多不盡。是以隨出其論。隨而正之。釋論旣訖。爾乃文定。定之未已。已有寫而傳者。又有以意增損。私以般若波羅蜜爲題者。致使文言舛錯。前後不同。良由後生虛己懷薄。信我情篤故也。梵本唯序品、阿鞞跋致品、魔事品有名。餘者直第其品數而已。法師以名非佛制。唯存序品。略其二目。其事數之名。與舊不同者。皆是法師以義正之者也。如陰入持等。名與義乖。故隨義改之。陰爲衆。入爲處。持爲性。解脫爲背捨。除入爲勝處。意止爲念處。意斷爲正勤。覺意爲菩提。直行爲聖道。諸如此比。改之甚衆。梵音失者。正之以天竺。秦言謬者。定之以字義。不可變者。卽而書之。是以異名斌然。梵音殆半。斯實匠者之公謹。筆受之重愼也。幸冀遵實崇本之賢。推而體之。不以文樸見咎。煩異見情也。釋藏跡八

小品經序

般若波羅蜜者。窮理盡性之格言。菩薩成佛之弘軌也。軌不弘則不足以冥群異。指歸不盡則物何以登道場成正覺。正覺之所以成。群異之所以一。何莫由斯道也。是以累教殷勤。三撫以之頻發。功德疊校。九增以之屢至。如問相標玄而玄其玄。幻品忘寄而忘其忘。道行坦其津。難問窮其源。隨喜忘趣以要終。照明不化

以卽玄章雖三十貫之者道言雖十萬倍（一作偑）之者行行凝然後無生道足然後補處乃（一作及）此而變一切智也法華鏡本以凝照般若冥末以解懸解懸理趣菩薩道也凝照鏡本告其終也終而不泯則歸途扶疏有三實之迹權應不夷則亂緒紛綸有惑趣之異是以法華般若相待以期終方便實化冥一以俟（一作使）盡論其窮理盡性夷明萬行則實不如照取其大明眞化解本無三則照不如實是故歎深則般若之功重美實則法華之用微此經之尊三撫三囑未足惑也有秦太子者寓跡儲宮擬韻區外翫味斯經夢想增至準悟大品深知譯者之失會聞鳩摩羅法師神授其文眞本猶存以弘始十年二月六日請令出之至四月三十日校正都訖攷之舊譯眞若荒田之稼芸過其半未詎多也斯經正文凡有四種是佛異時適化廣略之說也其多者云有十萬偈少者六百偈此之大品乃是天竺之中品也隨宜之言復何必計其多少

議其煩簡邪梵文雅質案本譯之於麗巧不足樸正有餘矣幸冀文悟之賢略其華而幾其實也（釋藏鱗一又跡八）

法華經後序

法華經者諸佛之祕藏衆經之實體也以華爲名者照其本也稱分陀利者美其盛也所興既玄其旨甚婉自非達識傳之罕有得其門者夫百卉藥木之英萬物實之本也八萬四千法藏者道果之源也故以喻焉諸華之中蓮華最勝華而未敷名屈摩羅敷而將落名迦摩羅處中盛時名分陀利未敷喻二道將落譬泥洹榮曜獨足以喻斯典至如般若諸經深無不極故道者以之而歸大無不該故乘者以之而濟然其大略皆以適化爲本應務之門不得不以善權爲用權之爲化悟物雖弘於實體不足皆屬法華固其宜矣尋其幽旨恢廓宏邃所該甚遠豈徒說實歸本畢定殊途而已邪乃實大明覺理囊括古今云佛壽無量永劫未足以明其

久也分身無數萬形不足以異其體也然則壽量定其非數分身明其無實普賢顯其無成多寶昭其不滅夫邁玄古以期今則萬世同一日卽百化以悟玄則千途無異轍夫如是者則生生未足以言其在永寂亦未可言其滅矣尋幽宗以絕往則喪功於本無控心轡於三昧則忘期於二地經流茲土雖復垂及百年譯者昧其虛津靈關莫之或啟談者乖其準格幽跡罕得而履徒復搜研皓首並未有窺其門者秦司隸校尉左將軍安城侯姚嵩擬韻玄門宅心世表注誠斯典信詣彌至每思尋其文深識譯者之失既遇鳩摩羅法師爲之傳寫指其大歸眞若披重霄而高蹈登崑崙而俯眄矣於時聽受領悟之僧八百餘人皆是諸方英秀一時之傑也是歲弘始八年歲次鶉火（釋藏跡八）

思益經序

此經天竺正音名毗絁沙眞諦是他方梵天殊特妙意菩薩之號

也詳聽什公傳譯其名翻覆展轉意似未盡良由未備秦言名實之變故也察其語意會其名旨當是持意非思益也直以未喻持義遂用益耳其言益者超絕殊異妙拔之稱也思者進業高勝自強不息之名也舊名持心最得其實又其義旨舊名等御諸法梵天坦其津塗世尊照其所明普華嘆其非心文殊泯以無生落落焉眞可謂法輪再轉於閻浮法鼓重聲於宇內甘露流津於季末靈液沾潤於遐裔者矣而恭明前譯頗麗其辭仍迷其旨是使宏標乖於謬文至味淡於華豔雖復研尋彌稔而幽旨莫啟幸遇鳩摩羅什法師於關右既得更譯梵音正文言於竹帛又蒙披釋玄旨曉大歸於句下於時諮悟之僧二千餘人大齋法集之衆欣豫難遭之慶近是講肄之來未有其比於時余與道恒謬當傳寫之任輒復疏其言記其事以詒後來之賢豈期必勝其辭必盡其意邪庶以所錄之言粗可髣髴其心耳不同時事之賢儻欲全見其

高座所說之旨故具載於文不自加其意也（釋藏跡八）

毗摩羅詰提經義疏序

此經㠯毗摩羅詰所說爲名者尊其人重其法也五百應眞之所稱述一切菩薩之所歎伏文殊師利對揚之所明答普現色身之要言皆其說也借座於燈王致飯於香積接大衆於右掌內妙樂於忍界阿難之所絕塵皆其不可思議也高格邁於十地故彌勒屈之而虛己崇墉超於學境故文殊已還竝未有闚其庭者法言恢廓指玄門㠯忘期觀品夷照總化本㠯冥想落落焉聲法鼓於維邪而十方世界無不悟其希音恢恢焉感諸佛於一室而恆沙正覺無不應其虛求予始發心啟蒙於此諷詠研求㠯爲喉襟稟玄指於先匠亦復未識其絕往之通塞也既蒙鳩摩羅什法師正玄文摘幽指始悟前譯之傷本謬文之乖趣耳至如㠯不來相爲辱來不見相爲相見未緣法爲始神緣合法爲止心諸如此比無品不有無章不爾然後知邊情險詖難可㠯參契眞言廁懷玄悟矣自慧風東扇法言流詠已來雖日講肄格義迂而乖本六家偏而不卽性空之宗㠯今驗之最得其實然鑪冶之功微恨不盡當是無法可尋非尋之不得也何㠯知之此土先出諸經於識神性空明言處少存神之文其處甚多中百二論文未及此又無通鑒誰與正之先匠所㠯輟章於遐慨思決言於彌勒者良在此也自提婆已前天竺義學之僧竝無來者於今始聞宏宗高唱敢預希味之流無不竭其聰而注其心然領受之用易存憶識之功難掌自非般若朗其聞慧總持銘其思府焉能使機過而不遺神會而不昧者哉故因紙墨㠯記其文外之言借衆聽㠯集其成事之說煩而不簡者貴其事也質而不麗者重其意也其指微而婉其辭博而晦自非筆受胡可勝哉是㠯卽於講次疏㠯爲記冀通方之賢不咎其煩而不要也（釋藏跡八）

自在王經後序

此經㠯菩薩名號爲題者蓋是思益無盡意密迹諸經之流也㠯其圓用無方故名自在勢無與等故稱爲王標準宏廓固非思之所及幽旨玄凝尋者莫之髣髴此土先出方等諸經皆是菩薩道行之式也般若指其虛標勇伏明其必制法華泯一衆流大哀旌其拯濟雖各有其美而未備此之所載秦大將軍尚書令常山公姚顯其懷簡到徹悟轉詣聞其名而悅之玫其旨而虛襟思弘斯化廣其流津㠯爲斯文既布便若菩薩常住不去此世奔誠發自大心欣躍不能自替遂請鳩摩羅法師譯而出之得此二卷於菩薩希蹤卓犖之事朗然昭列矣是歲弘始九年歲次鶉首（釋藏跡八）

關中出禪經序

禪法者向道之初門泥洹之津徑也此土先出修行大小十二門大小安般雖是其事既不根悉又無受法學者之戒蓋闕如也鳩摩羅法師㠯辛丑之年十二月二十日自姑臧至長安予卽㠯其月二十六日從受禪法既蒙啟授乃知學準法有成修首楞嚴經云人在山中學道無師道終不成是其事也尋蒙鈔撰衆家禪要得此三卷初四十三偈是鳩摩羅羅陀法師所造後二十偈是馬鳴菩薩之所造也其中五門是婆須蜜僧伽羅叉漚波崛僧伽斯那勒比丘馬鳴羅陀禪要之中鈔集之所出也六覺中偈是馬鳴菩薩修習之㠯釋六覺也初觀婬恚癡相及其三門皆僧伽羅叉之所撰也息門六事諸論師說也菩薩習禪法中後更依持世經益十二因緣一卷要解二卷別時撰出夫馳心縱想則情愈滯而惑愈深繫意念明則澄鑒朗照而造極彌密心如水火擁之聚之則其用彌全決之散之則其勢彌薄故論云質微則勢重質重則勢微如地質重故勢不如水水性重故力不如火火不如風風不如心心無形故力無上神通變化入不思議心之力也心力既全

乃能轉昏入明。明雖愈於不明，而明未全也。明全在於忘照，照忘
然後無明非明。無明非明，爾乃幾乎息矣。幾乎息矣，慧之功也。故
經云：無禪不智，無知不禪。然則禪非智不照，智非禪不成。大哉禪
智之業，可不務乎。出此經後，至弘始九年閏月五日，重求檢校，懼
初受之不審，差之一毫，將有千里之降，詳而定之，輒復多有所正。
既備，無間然矣。釋藏跡九

大智度論序 一作大智釋論序

夫萬有本於生生，而生生者無生；變化兆於物始，而始始者無始。
然則無生無始，物之性也。生始不動於性，而萬有陳於外，悔吝生
於內者，其唯邪思乎。正覺有㠯見邪思之自起，故阿含爲之作；知
滯有之由惑，故般若爲之照。然而照本希夷，津涯浩汗，理超文表，
趣絕思境，㠯言求之，則乖其深；㠯智測之，則失其旨。二乘所㠯顚
沛於三藏，新學所㠯曝鱗於龍門者，不其然乎。是㠯馬鳴起於正
法之餘，龍樹生於像法之末。正餘易弘，故直振其遺風，瑩拂而已。
像末多端，故乃寄跡凡夫，示悟物㠯漸。又假照龍宮，㠯朗搜玄之
慧；託聞幽秘，㠯窮微言之妙。爾乃憲章智典，作茲釋論。其開夷路
也，則令大乘之駕方軌而直入；其辯實相也，則使妄見之惑不遠
而自復。其爲論也，初辭擬之，必標衆異㠯盡美；卒成之終，則舉無
執㠯盡善。釋所不盡，則立論㠯明之；論其未辯，則寄折中㠯定之。
使靈篇無難喻之章，千載悟作者之旨，信若人之功矣。有鳩摩羅
耆婆法師者，少播聰明之聞，長集奇拔之譽。才舉則亢標萬里，言
發則英辯榮枯。常杖茲論焉淵鏡，憑高致㠯明宗。㠯秦弘始三年
歲次星紀十二月二十日，自姑臧至長安。秦王虛襟，既已蘊在昔
見之心，豈徒則悅而已。晤言相對，則淹留終日；研微造盡，則窮年
忘倦。又㠯晤言之功雖深，而恨獨得之心不曠；造盡之要雖玄，而
惜津梁之勢未普。遂㠯莫逆之懷，相與弘兼忘之惠，乃集京師義

業沙門，命公卿賞契之士五百餘人，集於渭濱逍遙園堂。鑾輿佇
駕於洪涘，禁禦息警於林間。躬覽玄章，攷正名於梵本；諮通津要，
坦夷路於來踐。經本既定，乃出此釋論。論之略本有十萬偈，偈有
三十二字，并三百二十萬言。胡夏既乖，又有煩簡之異，三分除二，
得此百卷。於大智三十萬言，玄章婉旨，朗然可見。歸途直達，無復
惑趣之疑；㠯文求之，無間然矣。故天竺傳云：像正之末，微馬鳴、龍
樹，道學之門其淪胥溺喪矣。其故何耶？實由二末契微，邪法用盛，
虛言與實教並興，嶮徑與夷路爭轍。始進者化之而流離，向道者
惑之而播越。非二匠，其孰與正之？是㠯天竺諸國爲之立廟，宗之
若佛。又稱而詠之曰：智慧日㠯頹，斯人令再曜；世昏寢已久，斯人
悟令覺。若然者，眞可謂功格十地，道侔補處者矣。傳而稱之，不亦
宜乎。幸哉此中鄙之外，忽得全有此論。梵文委曲，皆如初品。法師
㠯秦人好簡，故裁而略之。若備譯其文，將近千有餘卷。法師於秦
語大格，唯譯一往，方言殊好，猶隔而未通。苟言不相喻，則情無由
比。不比之情，則不可㠯託悟懷於文表；不喻之言，亦何得委殊塗
於一致。理固然矣。進欲停筆爭是，則交競終日，卒無所成；退欲簡
而便之，則負傷於一作傷手穿鑿之譏。㠯二三唯案譯而書，都不備飾。
幸冀明悟之賢，略其文而挹其玄也。釋藏友一又跡十

中論序

中論有五百偈，龍樹菩薩之所造也。㠯中爲名者，照其實也；㠯論
爲稱者，盡其言也。實非名不悟，故寄中㠯宣之；言非釋不盡，故假
論㠯明之。其實既宣，其言既明，於菩薩之行、道場之照，朗然懸解
矣。夫滯惑生於倒見，三界㠯之而淪溺；偏悟起於厭智，耿介㠯之
而致乖。故知大覺在乎曠照，小智纏乎隘心。照之不曠，則不足㠯
夷有無，一道俗；知之不盡，則未可㠯涉中途，泯二際。道俗之不夷，
二際之不泯，菩薩之憂也。是㠯龍樹大士折之㠯中道，使惑趣之

徒望玄指而一變括之（一作悟之）以卽化令玄悟之賓喪諮詢於朝徹蕩蕩焉眞可謂理夷路於沖階敞玄門於宇內扇慧風於陳枚流甘露於枯悴者矣夫百梁之構興則鄙茅茨之仄陋覩斯論之宏曠則知偏悟之鄙倍幸哉此區之赤縣忽得移靈鷲以作鎮險陂之邊情乃蒙流光之餘惠而今而後談道之賢始可與論實矣云天竺諸國敢豫學者之流無不翫味斯論以爲喉衿其染翰申釋者甚亦不少所出者是天竺梵志名賓羅伽秦言青目之所釋也其人雖信解深法而辭不雅中其中乖闕煩重者法師皆裁而裨之於經通之理盡矣文或左右未盡善也百論治外以閑邪斯文祛內以流滯大智釋論之淵博十二門觀之精詣尋斯四者眞若日月入懷無不朗然鑒徹矣予翫之味之不能釋手遂復忘其鄙拙託悟懷於一序幷目品義題之於首豈期能釋耶蓋是欣自同之懷耳。（釋藏稱七。又百一。）

十二門論序

十二門論者蓋是實相之折中道場之要軌也十二者總衆枝之大數也門者開通無滯之稱也論之者欲以窮其源盡其理也若一理之不盡則衆異紛然有惑趣之乖一源之不窮則衆塗扶疏有殊致之迹殊致之不夷乖趣之不泯大士之憂也是以龍樹菩薩開出者之由路作十二門以正之正之以十二則有無兼暢事無不盡事盡於有無則忘功於造化理極於虛位則喪我於二際然則喪我在乎落筌筌忘存乎遺寄筌我兼忘始可以幾乎實矣幾乎實矣則虛實兩冥得失無際冥而無際則能忘造次於兩玄泯顛沛於一致整歸駕於道場畢趣心於佛地恢恢焉眞可謂運虛刃於無間奏希聲於宇內濟喪我於玄津出有無於域外者矣遇哉後之學者夷路既坦幽闢既開眞得振和鸞於北溟馳白牛以南迴悟大覺於夢境卽百化以安歸夫如是者惡復知曜靈之方盛玄陸之未晞也哉叡以鄙倍之淺識猶敢明誠虛闕希懷宗極庶日用之有宜冀歲計之能殖況才之美者乎不勝景仰之至敢以鈍辭短思序而申之幷目品義題之於首豈期能益耶庶以此心闢自進（一作庶以此徹闢疾進）之路耳。（釋藏守六。又百一。）

出曜經序

出曜經者婆須蜜舅法救菩薩之所撰也集此一千章立爲三十三品名曰法句錄其本起繫而爲釋名曰出曜出曜之言舊名譬喻卽十二部經第六部也有罽賓沙門僧伽跋澄以前秦建元十九年務慈徽涉流沙不遠萬里來至長安其所闇識富博絕倫先師器之既重其人吐誠亦深數四年中上聞異要奇難盈耳微而三秦覆墜避地東周後秦皇初四年還輚伊洛將返舊鄉佇駕京師望路致慨恨法句之不全出曜之未具緬邈長懷蘊情盈抱太尉姚旻篤誠深樂聞不俟駕五年秋請令出之六年春訖澄執梵

本佛念宣譯道嶷筆受和習二師師法括而正之時有不怗從本而已舊有四卷所益已多得此具解覽之畫然矣予自武當軒衿華領諮詢觀化預參檢校聊復序之弘始元年八月十二日寫訖僧叡造首。（釋藏定一）

全晉文卷一百六十終

輟當作綴

服當作勝

全晉文卷一百六十一

烏程嚴可均校輯

釋氏五

釋慧遠一

慧遠俗姓賈。鴈門樓煩人。慕容儁時師事道安。後隨道安奔襄陽。孝武初。襄陽陷。移居廬山。江州刺史桓伊爲起東林寺。至義熙十二年卒。年八十三。有集十二卷。

荅秦主姚興書

欲令作大智論序。以伸作者之意。貧道聞懷大非小褚所容。汲深非短綆所測。披省之日。有愧高命。又體羸多疾。觸事有廢。不復屬意以來。其日亦久。來告之重。輒粗輟所懷。至於研究之美。當復寄諸明德。釋藏華九。又百五

荅王謐書

古人不愛尺璧而重寸陰。觀其所存。似不在長年耳。檀越既履順而游性。乘佛理以御心。因此而推。復何羨於遐齡。聊想斯理。久已得之。爲復酬來訊耳。釋藏華九。又百五。又世說

荅戴處士書

釋慧遠頓首。省君別示。以爲慨然。先雖未善相悉。人物來往。亦未始暫忘。分明窮達。非常智所測。然依傍大宗。似有定檢。去秋與諸人共讀君論。並亦有同異。觀周郎所作荅。意謂世典與佛教粗是其中。今封呈。想暇日能力尋省。廣弘明集二十。

又與戴處士書

見君與周處士往復。足爲賓主。然佛教精微。難以事詰。至於理玄數表。義隱於經者。不可服言。但恨君作佛弟子。未能留心聖典耳。頃得書論。亦未始暫忘。年衰多疾。不暇有荅。脫因講席之餘。粗綴所懷。今寄往。試與同疑者共尋。若見其族。則比干商臣之流。可不思而得。釋慧遠頓首。廣弘明集二十。

與隱士劉遺民等書

每尋疇昔。遊心世典。以爲當年之華苑也。及見老莊。便悟名教是應變之虛談耳。以今而觀。則知沈冥之趣。豈得不以佛理爲先。苟會之有宗。則百家同致。君諸人並爲如來賢弟子也。策名神府。爲日已久。徒積懷遠之興。而乏因籍之資。以此永年。豈所以勵其宿心哉。意謂六齋日宜簡絕常務。專心空門。然後津寄之情篤。來生之計深矣。若染翰綴文。可託興於此。雖言生於不足。然非言無以暢一詣之感。因驥之喻。亦何必遠寄古人。廣弘明集三十二。

遣書通好鳩摩羅什

釋慧遠頓首。去歲得姚左軍書。具承德問。仁者曩絕殊域。越自外境。於時音譯未交。聞風而悅。但江湖難冥。以形乖爲歎耳。須知承否通之會。懷寶來遊。至止有問。則一日九馳。徒情欣雅味。而無由造盡。寓目望途。固以增其勞佇。每欣大法宣流。三方同遇。雖運鍾其末。而趣均在昔。誠未能扣律妙門。感徹遺靈。至於虛襟遺契。亦無日不懷。夫旃檀移植。則異物同熏。摩尼吐曜。則衆珍自積。是惟斂合之道。猶虛往實歸。況宗一無像。而應不以情者乎。是故負荷大法者。必以無執爲心。會友以仁者。使功不自己。□若令法輪不停軫於八正之路。三寶不輟音於將盡之期。則滿願不專美於絕代。龍樹豈獨善於前蹤。今往比量衣裁。願登高坐爲著之。并天漉之器。此既法物。聊以示懷。高僧傳六

重與鳩摩羅什書

日有涼氣。比復何如。去月法識道人至。聞君欲還本國。情以悵然。先聞君方當大出諸經。故未欲便相諮求。若此傳不虛。衆恨可言。今輒略問數十條事。冀有餘暇。一一爲釋。此雖非經中之大難。要欲取決於君耳。并報偈一章曰。本端竟何從。起滅有無際。一微涉

九當作先

動境成此積山勢惑相更何乘觸理自生滯因緣雖無主開途非一世時無悟宗匠誰將握玄契末問尙悠悠相與期暮歲 高僧傳六

遣書通好曇摩流支

佛教之興九行上國自分流已來四百餘年至於沙門律戒所闕尤多頃有西域道士弗若多羅是罽賓人其諷十誦梵本有羅什法師通才博見爲之傳譯十誦之中文始過半多羅早喪中途而寢不得究竟大業慨恨良深傳聞仁者齎此經自隨甚欣所遇冥運之來豈人事而已耶想弘道爲物感時而動叩之有人必情無所悋若能爲律學之徒畢此經本開示梵行洗其耳目使始涉之流不失無上之津梁懷勝業者日月彌朗此則惠深德厚人神同感矣幸願垂懷不乖往意一二悉諸道人所具 高僧傳二

答桓玄書

大道淵玄其理幽深銜此高旨實如來談然貧道出家便是方外之賓雖未踐古賢之德取其一往之志削除飾好落名求實若使幽冥有在故當不謝於俗人外似不盡內若斷金可謂見形不及道哀哉哀哉帶索枕石華而不實管見之人不足羨矣雖復養素山林與樹木何異夫道在方寸假練形爲真卞和號慟於荊山患人不別故也昔聞其名今見其人故莊周悲慨人生天地之間如白駒之過隙㠯此而尋孰得久停豈可不爲將來作資言學步邯鄲者新無功失其本質故使邯鄲人匍匐而歸百代之中有此一也豈混同㠯通之貧道已乖世務形權於流俗欲於其中化未化者雖復沐浴踞傲柰疑結何一世之榮劇若電光聚則致離何足貪哉淺見之徒其惑哉可謂下士聞道而大笑之真可謂迷而不反也貧道形不出人才不應世是故毀其陋質被其割截之服理未能心冥玄化遠存大聖之制豈捨其本懷而酬高誨貧道年與時頹所患未痊乃復曲垂光慰感慶交至檀越信心幽當大法所

植當作値

寄豈有一傷毀其本也將非波旬試嬈之言辭拙寡聞力酬高命蓋是不逆之懷耳 十一弘明集

與桓玄書論料簡沙門

佛教陵遲穢雜日甚每一尋思憤慨盈懷常恐運出非意混然淪湑此所㠯夙宵歎懼忘寢與食者也見檀越澄清諸道人教實應其本心夫涇㠯渭分則清濁殊流枉㠯直正則不仁自遠推此而言符命既行必二理斯得然後令飾僞取容者自絕於假通之路信道懷真者無復負俗之嫌如此則道世交興三寶復隆於茲矣貧道所㠯寄命江南欲託有道㠯存至業之隆替實由乎人植檀越當年則是貧道中興之運幽情所託已冥之在昔是㠯前後書疏輒㠯憑寄爲先每尋告慰眷懷不忘但恐年與時乖不盡檀越盛隆之化耳今故諮白數條如別疏

經教所開凡有三科一者禪思入微二者諷味遺典三者興建福業三科誠異皆㠯律行爲本檀越近制是大同於此是所不疑或有興福之人內不毀禁而迹非阿練若者或多誦經諷詠不絕而不能暢說義理者或年已宿長雖無三科可記而體性貞正不犯人非者凡如此輩皆是所疑今尋檀越所遺之例不堪問此而外物惶惑莫敢自寧故㠯別白夫形跡易察而真僞難辯自非遠鑒得之信難若是都邑沙門經檀越視聽者固無所疑若邊局遠司識不及遠則未達教旨或因符命濫及善人此最其深憂若所在執法之官意所未詳又時無宿望沙門可㠯求中得令送至大府㠯經高鑒者則於理爲弘想檀越神慮已得之於心直是貧道常近之情不能不及耳若有族姓子弟本非役門或世奉大法或弱而天悟欲棄俗入道求作沙門推例尋意似不塞其情塗然要須諮定使洗心向味者無復自疑之情昔外國諸王多參懷聖典亦有因時助弘大化扶危救弊信有自來矣檀越每期情古人故復

宜下脫受字

略敍所聞 弘明集十二高僧傳六有節文

答桓玄書

詳省別告及八座書問沙門所㠯不敬王者意義在尊主崇上遠存名體徵引老氏同王侯於三大㠯資生運通之道故宜重其神器若推其本㠯尋其源咸稟氣於兩儀受形於父母則㠯生生通運之道爲弘資存日用之理爲大故不宜其德而遺其禮霑其惠而廢其敬此檀越立意之所據貧道亦不異於高懷求之於佛敎㠯尋沙門之道理則不然何者佛經所明凡有二科一者處俗弘敎二者出家修道處俗則奉上之禮尊親之敬忠孝之義表於經文在三之訓彰乎聖典斯與王制同命有若符契此一條全是檀越所明理不容異也出家則是方外之賓迹絕於物其爲敎也達患累緣於有身不存身㠯息患知生生由於稟化不順化㠯求宗求宗不由於順化故不重運通之資息患不由於存身故不貴厚生之益此理之與世乖道之與俗反者也是故凡在出家皆隱居㠯求其志變俗㠯達其道變俗服章不得與世典同禮隱居則宜高尚其迹夫然故能拯溺族於沈流拔幽根於重劫遠通三乘之津廣開天人之路是故內乖天屬之重而不違其孝外闕奉主之恭而不失其敬若斯人者自誓始於落簪立志成於暮歲如令一夫全德則道洽六親澤流天下雖不處王侯之位固已協契皇極大庇生民矣如此豈坐受其德虛霑其惠與夫尸祿之賢同其素飡者哉檀越頃者㠯有其服而無其人故澄清簡練容而不雜此命既宣皆人百其誠遂之彌深非言所喻若復開出處之迹㠯弘方外之道則虛襟者挹其遺風漱流者味其餘津矣若澄簡之後猶不允情其中或眞僞相冒涇渭未分則可㠯道廢人固不應㠯人廢道㠯道廢人則宜去其服㠯人廢道則宜存其禮禮存則制敎之旨可尋跡廢則遂志之歡莫由何㠯明其然夫沙門服章法用雖非六代之典自是道家之殊俗表之名器名器相涉則事乖其本事乖其本則禮失其用是故愛夫禮者必不虧其名器得之不可虧亦有自來矣夫遠遵古典者猶存告朔之餼羊餼羊猶可㠯存禮豈況如來之法服耶推此而言雖無其道必宜存其禮禮存則法可弘法可弘則道可尋此古今所同不易之大法也又袈裟非朝宗之服鉢盂非廊廟之器軍國異容戎華不雜剔髮毀形之人忽廁諸夏之禮則是異類相涉之像亦竊所未安檀越奇韻挺於弱年風流邁於季俗猶參究時賢㠯求其中此而推之必不㠯人廢言貧道西垂之年假日月㠯待盡情之所惜豈存一己苟恪所執蓋欲令三寶中興於命世之運明德流芳於百代之下耳若一旦行此佛敎長淪如來大法於茲泯滅天人感歎道俗革心矣貧道幽誠所期復將安寄緣眷遇之隆故坦其所懷執筆悲滿不覺涕泗橫流矣 沙門不拜俗事一

殊下脫制字

夫稱沙門者何耶謂能發矇俗之幽昏啟化表之玄路方將㠯兼忘之道與天下同往使希高者挹其遺風漱流者味其餘津若然雖大業未就觀其超步之迹所悟固已宏矣又袈裟非朝宗之服鉢盂非廊廟之器沙門塵外之人不應致敬王者 高僧傳六案此即前篇而文句多異

與晉安帝書

釋慧遠頓首陽月和暖願御膳順宜貧道先嬰重疾年衰益甚猥蒙慈詔曲垂光慰感懼之深實百於懷幸遇慶會而形不自運此情此慨良無㠯喻 高僧傳六

答盧循書

損餉六種深抱情至益智乃是一方異味即於僧中行之 藝文類聚八十七御覽九百七十二

沙門不敬王者論 五篇幷序

晉成康之世車騎將軍庾冰疑諸沙門抗禮萬乘所明理何驃騎有答至元興中太尉桓公亦同此義謂庾言之未盡與八座書云佛之爲化雖誕以茫浩推乎視聽之外以敬爲本此出處不異蓋所期者殊非敬恭宜廢也老子同王侯於三大原其所重皆在於資生通運豈獨以聖人在位而比稱二儀哉將以天地之大德曰生通生理物存乎王者故尊其神器而體實唯隆豈是虛相崇重義存弘御而已沙門之所以生生資國存亦日用於理命豈有受其德而遺其禮沾其惠而廢其敬哉於時朝士名賢荅者甚衆雖言未悟時並互有其美徒咸盡所懷而理蘊於情遂令無上道服毀於塵俗亮到之心屈乎人事悲夫斯乃交喪之所由千載之否運深懼大法之將淪感前事之不忘故著論五篇究敘微意豈曰淵壑之待晨露蓋是伸其罔極亦庶後之君子崇敬佛教者式詳覽焉

在家一

原夫佛教所明大要以出家爲異出家之人凡有四科其弘教通物則功侔帝王化兼治道至於感俗悟時亦無世不有但所遇有行藏故以廢興爲隱顯耳其中可得論者請略而言之在家奉法則是順化之民情未變俗跡同方內故有天屬之愛奉主之禮禮敬有本遂因之而成教本其所因則功由在昔是故因親以教愛使民知其有自然之恩因嚴以教敬使民知其有自然之重二者之來實由冥應應不在今則宜尋其本故以罪對爲刑罰使懼而後慎以天堂爲爵賞使悅而後動此皆即其影響之報而明於教以因順爲通而不革其自然也何者夫厚身存生以有封爲滯累根深固存我未忘方將以情欲爲苑囿聲色爲遊觀耽湎世樂不能自勉而特出是故教之所檢以此爲涯而不明其外耳其外未明則大同於順化故不可受其德而遺其禮沾其惠而廢其敬是

而當作則

故悅釋迦之風者輒先奉親而敬君變俗投簪者必待命而順動若君親有疑則退求其志以俟同悟斯乃佛教之所以重資生助王化於治道者也論者立言之旨貌有所同故位夫內外之分以明在三之志略敘經意宣寄所懷

出家二

出家則是方外之賓跡絕於物其爲教也達患累緣於有身不存身以息患知生生由於稟化不順化以求宗求宗不由於順化則不重運通之資息患不由於存身則不貴厚生之益此理之與形乖道之與俗反者也若斯人者自誓始於落簪立志形乎變服是故凡在出家皆遯世以求其志變俗以達其道變俗則服章不得與世典同禮遯世則宜高尚其跡夫然者故能拯溺俗於沈流拔幽根於重劫遠通三乘之津廣開天人之路如令一夫全德則道洽六親澤流天下雖不處王侯之位亦已協契皇極在宥生民矣

是故內乖天屬之重而不違其孝外闕奉主之恭而不失其敬從此而觀故知超化表以尋宗則理深而義篤昭泰息以語仁則功末而惠淺若然者雖將面冥山而旋步猶或恥聞其風豈況與夫順化之民尸祿之賢同其孝敬者哉

求宗不順化三

問曰尋夫老氏之意天地以得一爲大王侯以體順爲尊得一故爲萬化之本體順故有運通之功然則明宗必存乎體極體極必由於順化是故先賢以爲美談衆論所不能異異夫衆論者則義無所取而云不順化何耶答曰凡在有方同稟生於大化雖羣品萬殊精麤異貫統極而言唯有靈與無靈耳有靈則有情於化無靈則無情於化無情於化畢而生盡生不由情故形朽而化滅有情於化感物而動動必以情故其生不絕其生不絕則其化彌廣而形彌積情彌滯而累彌深其爲患也焉可勝言哉是故經稱

泥洹不變。㠯化盡爲宅。三界流動。㠯罪苦爲場。化盡則因緣永息。流動則受苦無窮。何㠯明其然。夫生㠯形爲桎梏。而生由化有。化㠯情感。則神滯其本。而智昏其照。介然有封。則所存唯已。所涉唯動。於是靈轡失御。生塗日開。方隨貪愛於長流。豈一受而已哉。是故反本求宗者。不㠯生累其神。超落塵封者。不㠯情累其生。不㠯情累其生。則生可滅。不㠯生累其神。則神可冥。冥神絕境。故謂之泥洹。泥洹之名。豈虛稱也哉。請推而實之。天地雖㠯生生爲大。而未能令生者不死。王侯雖㠯存存爲功。而未能令存者無患。是故前論云。達患累緣於有身。不存身㠯息患。知生生由於稟化。不順化㠯求宗。義存於此。義存於此。斯沙門之所㠯抗禮萬乘。高尚其事。不爵王侯。而沾其惠者也。

體極不兼應四

問曰。歷觀前史。上皇已來。在位居宗者。未始異其原本。本不可二。是故百代同典。咸一其統。所謂唯天爲大。唯堯則之。如此。則非智有所不照。自無外可照。非理有所不盡。自無理可盡。㠯此而推。視聽之外。廓無所寄。理無所寄。則宗極可明。今諸沙門不悟文表之意。而惑教表之文。其爲謬也。固已甚矣。若復顯然有驗。此乃希世之聞。答曰。夫幽宗曠邈。神道精微。可㠯理尋。難㠯事詰。既涉乎教。則㠯因時爲檢。雖應世之見。優劣萬差。至於曲成在用。感卽民心。而通其分。分至則止。其智之所不知。而不關其外者也。若然。則非體極者之所不兼。兼之者不可竝御耳。是㠯古之語大道者。五變而形名可舉。九變而賞罰可言。此但方內之階差。而猶不可頓設。況其外者乎。請復推而廣之。㠯遠其旨。六合之外。存而不論者。非不可論。論之或乖。六合之內。論而不辯者。非不可辯。辯之或疑。春秋經世。先王之志。辯而不議者。非不可議。議之者或亂。此三者。皆卽其身耳目之所不至。㠯爲關鍵。而不關視聽之外者也。因此而

惑當作或

求聖人之意。則內外之道。可合而明矣。常㠯爲道法之與名教。如來之與堯孔。發致雖殊。潛相影響。出處誠異。終期則同。詳而辯之。指歸可見。理或有先合而後乖。有先乖而後合。先合而後乖者。諸佛如來。則其人也。先乖而後合者。歷代君王。未體極之主。斯其流也。何㠯明之。經云。佛有自然神妙之法。化物㠯權。廣隨所入。或爲靈仙轉輪聖帝。或爲卿相國師道士。若此之倫。在所變現。諸王君子。莫知爲誰。此所謂合而後乖者也。或有始創大業。而功化未就。跡有參差。故所受不同。或期功於身後。或顯應於當年。聖王則之而成教者。亦不可稱算。雖抑引無方。必歸塗有會。此所謂乖而後合者也。若令乖而後合。則擬步通塗者。必不自崖於一揆。若令先合而後乖。則釋迦之與堯孔。發致不殊。斷可知矣。是故自乖而求其合。則知理會之必同。自合而求其乖。則悟體極之多方。但見形者之所不兼。故惑眾塗而駭其異耳。因茲而觀。天地之道。功盡於運化。帝王之德。理極於順通。故雖曰道殊。所歸一也。不兼應者。物不能兼受也。已上四句從高僧傳補 若㠯對夫獨絕之教。不變之宗。固不得同年而語其優劣。亦已明矣。

形盡神不滅五

問曰。論旨㠯化盡爲至極。故造極者必違化而求宗。求宗不由於順化。是㠯引歷代君王。使同之佛教。令體極之至。㠯權居統。此雅論之所託。自必於大通者也。求之實當理則不然。何者。夫稟氣極於一生。生盡則消液而同無。神雖妙物。故是陰陽之所化耳。既化而爲生。又化而爲死。既聚而爲始。又散而爲終。因此而推。固知神形俱化。原無異統。精麤一氣。始終同宅。宅全則氣聚而有靈。宅毀則氣散而照滅。散則反所受於天本。滅則復歸於無物。反覆終窮。皆自然之數耳。孰爲之哉。若令本異。則異氣數合。合則同化。亦爲神之處形。猶火之在木。其生必存。其毀必滅。形離則神散而罔寄。

使當作死

木朽則火寂而靡託理之然矣假使同異之分昧而難明有無之說必存乎聚散聚散氣變之總名萬化之生滅故莊子曰人之生氣之聚聚則爲生散則爲死若使生爲彼徒苦吾又何患古之善言道者必有以得之若果然邪至理極於一生生盡不化義可尋也荅曰夫神者何邪精極而爲靈者也精極則非卦象之所圖故聖人以妙物而爲言雖有上智猶不能定其體狀窮其幽致而談者以常識生疑多同自亂其爲誣也亦已深矣將欲言之是乃言夫不可言今於不可言之中復相與而依俙神也者圓應無生妙盡無名感物而動假數而行感物而非物故物化而不滅假數而非數故數盡而不窮有情則可以物感有識則可以數求數有精麤故其性各異智有明闇故其照不同推此而論則知化以情感神以化傳情爲化之母神爲情之根情有會物之道神有冥移之功但悟徹者反本惑理者逐物耳古之論道者亦未有所同請引

而明之莊子發玄音於大宗曰大塊勞我以生息我以死又以生爲人羈死爲反眞此所謂知生爲大患以無生爲反本者也文子稱黃帝之言曰形有靡而神不化以不化乘化其變無窮莊子亦云特犯人之形而猶喜若人之形萬化而未始有極此所謂知生不盡於一化方逐物而不反者也二子之論雖未究其實亦嘗傍宗而有聞焉論者不尋無方生死之說而惑聚散於一化不思神道有妙物之靈而謂精麤同盡不亦悲乎火木之喻原自聖典失其流統故幽興莫尋微言遂淪於常教令談者資之以成疑向使時無悟宗之匠則不知有先覺之明冥傳之功沒世靡聞何者夫情數相感其化無端因緣密構潛相傳寫自非達觀孰識其變自非達觀孰識其會請爲論者驗之以實火之傳於薪猶神之傳於形火之傳異薪猶神之傳異形前薪非後薪則知指窮之術妙前形非後形則悟情數之感深惑者見形朽於一生便以謂神情俱

妙當作沙

喪猶覩火窮於一木謂終期都盡耳此由從養生之談非遠尋其類者也就如來論假令神形俱化始自天本愚智資生同稟所受問所受者爲受之於形邪爲受之於神邪若受之於形凡在有形皆化而爲神矣若受之於神是以神傳神則丹朱與帝堯齊聖重華與瞽瞍等靈其可然乎其可然乎如其不可固知冥緣之搆著於在昔明闇之分定於形初雖靈均善運猶不能變性之自然況降茲已還乎驗之以理則微言而有徵效之以事可無惑於大道案高僧傳作五曰形盡神不滅謂識神馳騖隨行東西也此是論之大意是沙門得全方外之迹矣今論無此數語蓋弘明集有脫闕也

論成後有退居之賓步朗月而宵遊相與共集法堂因而問曰敬尋雅論大歸可見殆無所闕一日試重研究蓋所未盡亦少許處耳意以爲妙門德式是變俗之殊制道家之名器施於君親固宜略於形敬今所疑者謂甫創難就之業遠期化表之功潛澤無現

法之効來報玄而未應乃今王公獻供信士屈體得無坐受其德陷乎早計之累虛沾其惠貽夫素餐之譏邪主人良久乃應曰請爲諸賢近取其類有人於此奉宜時命遠通殊方九譯之俗問王者以當資以糇糧錫以舉服不荅曰然主人曰類可尋矣夫稱沙門者何邪謂其發蒙俗之幽昏啟化表之玄路方將以兼忘之道與天下同往使希高者挹其遺風漱流者味其餘津若然雖大業未就觀其超步之跡所悟固已弘矣然則運通之功資存之益尙未酬其始誓之心況荅三業之勞乎又斯人者形雖有待情無近寄視夫四事之供若蠛蠓之過乎其前者耳濡沫之惠復焉足語哉衆賓於是始悟冥塗以開轍爲功息心以淨畢爲道乃欣然怡襟詠言而退晉元興三年歲次閼逢於時天子蒙塵人百其憂凡我同志僉懷綴旒之歎故因述斯論焉弘明集五沙門不拜俗事二又略見高僧傳六

全晉文卷一百六十一終

全晉文卷一百六十二

烏程嚴可均校輯

釋氏六

釋慧遠二

沙門袒服論

或問曰沙門袒服出自佛教是禮與答曰然問曰三代殊制其禮不同質文之變備於前典而佛教出乎其外論者咸有疑焉若有深致幸誨其未聞荅曰玄古之民大朴未虧其禮不文三王應世故與時而變因茲㠯觀論者之所執方內之格言耳何㠯知其然中國之所無或得之於異俗其民不移故其道未亡是㠯天竺國法盡敬於所尊表誠於神明率皆袒服所謂去飾之基者也雖記籍未流茲土其始似有聞焉佛出於世因而爲教明所行不左故應右袒何者將辨貴賤必存乎位位㠯進德則尚賢之心生是故

沙門越名分㠯背時不退已而求先又人之所能皆在於右若動不㠯順則觸事生累過而能復雖中賢猶未得況有下於此者乎請試言之夫形㠯左右成體理㠯邪正爲用二者之來各乘其本滯根不拔則事求愈應而形理相資其道微明世習未移應微難辯袒服既彰則形隨事感理悟其心㠯御順之氣表誠之體而邪正兩行非其本也是故世尊㠯袒服篤其誠而閑其邪使名實有當敬慢不雜然後開出要之路導眞性於久迷令淹世之賢不自絕於無分希進之流不惑塗而旋步於是服膺聖門者咸履正思順異迹同軌緬素風而懷古背華俗㠯洗心尋本達變即近悟遠形服相愧理深其感如此則情化專向修之弗倦動必㠯順不覺形之自恭斯乃如來勸誘之外因斂麤之妙跡而衆談未喻或欲革之反古之道何其深哉弘明集五

荅何無忌難沙門袒服論

敬尋問旨蓋是開其遠塗照所未盡令精麤並順內外有歸三復斯誨所悟良多常㠯爲道訓之與名教釋迦之與周孔發致雖殊而潛相影響出處誠異終期則同但妙迹隱於常用指歸昧而難尋遂令至言隔於世典談士發殊塗之論何㠯知其然聖人因弋釣㠯去其甚順四時㠯簡其煩三驅之禮失前禽而弗吝網罟之設必待化而方用上極行葦之仁內匹釋迦之慈使天下齊己物我同觀則是合抱之一毫豈直有間於優劣而非相與者哉然自迹而尋猶大同於兼愛遠求其實則階差有分分外之所通未可勝言故漸茲㠯進德令事顯於君親從此而觀則內外之教可知聖人之情可見但歸塗未啟故物莫之識若許其如此則袒服之義理不容疑來告記謂宜更詳盡故復究敘本懷原夫形之化也陰陽陶鑄受左右之體昏明代運有死生之說人情咸悅生而懼死好進而惡退是故先王既順民性撫其自然令吉凶殊制左右

異位由是吉事尚左進爵㠯厚其生凶事尚右哀容㠯毀其性斯皆本其所受因順㠯通教感於事變懷其先德者也世之所貴者不過生存生存而屈伸進退道盡於此淺深之應於是乎在沙門則不然後身退已而不謙卑時來非我而不辭辱卑㠯自牧謂之謙居衆人之所惡謂之順謙順不失其本則日損之功易積出要之路可遊是故遁世遺榮反俗而動動而反俗者與夫方內之賢雖貌同而實異何㠯明之凡在出家者達患累緣於有身不存身㠯息患知生生由於稟化不順化㠯求宗推此而言固知發軫歸塗者不㠯生累其神超落世務者不㠯情累其生不㠯情累其生則生可絕不㠯生累其神則神可冥然則向之所謂吉凶成禮奉親事君者蓋是一域之言耳未始出於有封有封未出則是亂其文而未達其變若然方將滯名教㠯徇生乘萬化而背宗自至順而觀得不日逆乎漸世之與遺俗指存於此弘明集五

明報應論

問曰。佛經以殺生罪重。地獄斯罰。冥科幽司。應若影響。余有疑焉。何者。夫四大之體。卽地水火風耳。結而成身。以爲神宅。寄生棲照。津暢明識。雖託之以存。而其理天絕。豈惟精麤之閒。固亦無受傷之地。滅之旣無害於神。亦猶滅天地閒水火耳。又問萬物之心。愛欲森繁。但私我有己。情慮之深者耳。若因情致報。乘惑生應。則自然之迹。順何所寄哉。荅曰。意謂此二條。始是來問之關鍵。立言之津要。津要旣明。則羣疑同釋。始涉之流。或因茲以悟。可謂朗滯情於常識之表。發奇唱於未聞。然佛教深玄。微言難辯。苟未統夫指歸。亦焉能暢其幽致。當爲依傍大宗。試敘所懷。推夫四大之性。以明受形之本。則假於異物。託爲同體。生若遺塵。起滅一化。此則慧觀之所入。智忍之所遊也。於是乘去來之自運。雖聚散而非我。寓羣形於大夢。實處有而同無。豈復有封於所受。有係於所戀哉。若斯理自得於心。而外物未悟。則悲獨善之無功。感先覺而興懷。於是思弘道以明訓。故仁恕之德存焉。若彼我同得。心無兩對。遊刃則泯一玄觀。交兵則莫逆相遇。傷之豈惟無害於神。固亦無生可殺。此則文殊案劒。迹逆而道順。則復終日揮戈。措刃無地矣。若然者。方將託鼓舞以盡神。運干鉞而成化。雖功被猶無賞。何罪罰之有邪。若反此而尋其源。則報應可得而明。推事而求其宗。則罪罰可得而論矣。嘗試言之。夫因緣之所感。變化之所生。豈不由其道哉。無明爲惑網之淵。貪愛爲衆累之府。二理俱遊。冥爲神用。吉凶悔吝。惟此之動。無明掩其照。故情想凝滯於外物。貪愛流其性。故四大結而成形。形結則彼我有封。情滯則善惡有主。有封於彼我則私其身而身不忘。有主於善惡。則戀其生而生不絕。於是甘寢大夢。昏於同迷。抱疑長夜。所存惟著。是故失得相推。禍福相襲。惡積而天殃自至。罪成則地獄斯罰。此乃必然之數。無所容疑矣。何

則復之則當作雖

者。會之有本。則理自冥對。兆之雖微。勢極則發。是故心以善惡爲形聲。報以罪福爲影響。本以情感。而應自來。豈有幽司。由御失其道也。然則罪福之應。惟其所感。感之而然。故謂之自然。自然者。卽我之影響耳。於夫主宰。復何功哉。請尋來問之要。而驗之於實。難旨全許地水火風結而成身。以爲神宅。此卽宅有主矣。問主之居宅。有情邪。無情邪。若云無情。則四大之結。非主宅之所感。若以感不由主。故處不以情。則神之居宅無情。無痛痒之知。神旣無知。宅又無痛痒以接物。則是伐卉翦林之喻。無明於義。若果有情。四大之結。是主之所感也。若以感由於主。故處必以情。則神之安宅不得無痛痒之知。神旣有知。宅又受痛痒以接物。固不得同天地閒水火風明矣。因茲以談。夫形神雖殊。相與而化。內外誠異。渾爲一體。自非達觀。孰得其際邪。苟未之得。則愈久愈迷耳。凡稟形受命。莫不盡然也。受之旣然。各以私戀爲滯。滯根不拔。則生理彌固。受源不除。則保之亦深。設一理逆情。使方寸迷亂。而況舉體都亡乎。是故同逆相乘。共生讎隙。禍心未冥。則構怨不息。縱復悅畢。受惱情無遺憾。形聲旣著。則影響自彰。理無先期。數合使然也。雖欲逃之。其可得乎。此則因情致報。乘感此應。但立言之旨本異。故其會不同矣。

此應之此當作生

問曰。若以物情重生。不可致喪。則生情之由。私戀之惑耳。宜朗以達觀。曉以大方。豈得就其迷滯。以爲報應之對哉。荅曰。夫事起必由於心。報應必由於事。是故自報以觀事。而事可變。舉事以責心。而心可反。推此而言。則知聖人因其迷滯。以明報應之對。不就其迷滯。以爲報應之對也。何者。人之難悟。其日固久。是以佛教本其所由。而訓必有漸。知久習不可頓廢。故先示之以罪福。罪福不可都忘。故使權其輕重。輕重權於罪福。則驗善惡以宅心。善惡滯於私戀。則推我以通物。二理兼弘。情無所繫。故能尊賢容衆。恕己施

安。遠尋影響之報。以釋往復之迷。迷情既釋。然後大方之言可曉。保生之累可絕。夫生累者。雖中賢猶未得。豈常智之所達哉。弘明集五

三報論因俗人疑善惡無見驗作

經說業有三報。一曰見報。二曰生報。三曰後報。見報者。善惡始於此身。即此身受。生報者。來生便受。後報者。或經二生三生百生千生。然後乃受。受之無主。必由於心。心無定司。感事而應。應有遲速。故報有先後。先後雖異。咸隨所遇而為對。對有強弱。故輕重不同。斯乃自然之賞罰。三報之大略也。非夫通才達識。入要之明。罕得其門。降茲已還。或有始涉大方。以先悟為著龜。博綜內籍。反三隅於未聞。師友仁匠。習以移性者。差可得而言。請試論之。夫善惡之興。由其有漸。漸以之極。則有九品之論。凡在九品。非其見報之所攝。然則現報絕夫常類可知。類非九品。則非三報之所攝。何者。若利害交於目前。而頓相傾奪。神機自運。不待慮而發。發不待慮。則報不旋踵而應。此見報之一隅。絕夫九品者也。又三業殊體。自同有定報。定則時來必受。非祈禱之所移。智力之所免也。將推而極之。則義深數廣。不可詳究。故略而言之。相參懷佛教者。以有得之。世或有積善而殃集。或有凶邪而致慶。此皆現業未就。而前行始應。故曰禎祥遇禍。妖孽見福。疑似之嫌。於是乎在。何以謂之然。或有欲匡主救時。道濟生民。擬步高迹。志在立功。而大業中傾。天殃頓集。或有棲遲衡門。無悶於世。以安步為輿。優遊卒歲。或時來無妄。運非所遇。世道交淪。於其閑習。或有名冠四科。道在入室。全愛體仁。慕上善以進德。若斯人也。含沖和而納疾。履信順而夭年。此皆立功立德之舛變。疑嫌之所以生也。大義既明。宜尋其對。對各有本。待感而發。逆順雖殊。其揆一耳。何者。倚伏之契。定於在昔。冥符告命。潛相回換。故令禍福之氣。交謝於六府。善惡之報。舛互而兩行。是使事應之際。愚智內惑。謂積善之無慶。積惡之無殃。感神

內當作同

弘上脫求字

明而悲所遇。□天殃之於善人。咸謂名教之書。無宗於上。遂使大道翳於小成。以正言為善誘。應□求實。必至理之無。此原其所由。由世典以一生為限。不明其外。其外未明。故尋理者自畢於視聽之內。此先王即民心而通其分。以耳目為關鍵者也。如今合內外之道。以弘教之情。則知理會之必同。不惑衆塗而駭其異。若能覽三報以觀窮通之分。則尼父之不答仲由。顏冉對聖匠而如愚。皆可知矣。亦有緣起而緣生法。雖預入諦之明。而遺愛未忘。猶以三報為華苑。或躍而未離於淵者也。推此以觀。則知有方外之賓。服膺妙法。洗心玄門。一詣之感。超登上位。如□倫匹。宿殃雖積。功不在治。理自安消。非三報之所及。因茲而言。佛經所以越名教絕九流者。豈不以疏神達要。陶鑄靈府。窮源盡化。鏡萬象於無象者也。宏明集五

廬山記

山在江州潯陽南。南濱宮亭。北對九江。九江之南為小江。山去小江三十里餘。左挾彭蠡。右傍通州。引三江之流而據其會。山海經云。廬江出三天子都。入江彭澤西。一曰天子障。彭澤也。山在其西。故舊語以所濱為彭蠡。有匡續水經廬江水篇注作匡俗先生者。出自殷周之際。遯世隱時。潛居其下。或云。續受道於僊人。而適遊其巖。遂託室巖岫。即巖成館。故時人感水經注作謂其所止為神僊之廬而名焉。其山大嶺。凡有七重。圓基周回。垂五百里。風雨之所據。江山之所帶。高巖仄宇。峭壁萬尋。幽岫窮崖。人獸兩絕。天將雨。則有白氣先摶。而瓔珞於山嶺下。及至觸石吐雲。則倏忽而集。或大風振巖。逸響動谷。羣籟競奏。其聲駭人。此其化不可測者矣。衆嶺中。第三嶺極高峻。人之所罕經也。太史公東遊。登其峯而遐觀。南眺五湖。北望九江。東西肆目。若登天庭焉。其嶺下半里許有重巖。上有懸崖。古僊之所居也。其後有巖。漢董奉復館於巖下。常為人治病。法多神

驗。病愈者令栽杏五株。數年之間。蔚然成林。計奉在人間近三百年。容狀常如三十時。俄而升僊。絕迹於杏林。其北嶺兩巖之間。常懸流遙霑。激勢相趣。百餘仞中。雲氣映天。望之若山有雲霧焉。其南嶺臨宮亭湖。下有神廟。即以宮亭爲號。其神安侯也。亭有所謂感化。缺七嶺同會於東。共成峯崿。其巖窮絕。莫有升之者。昔野夫見人著沙彌服。淩雲直上。既至。則踞其峯。良久乃與雲氣俱滅。此似得道者。當時能文之士。咸爲之異。又所止多奇。觸象有異。北背重阜。前帶雙流。所背之山。左有龍形。而右塔基焉。下有甘泉涌出。冷暖與寒暑相變。盈減經水旱而不異。尋其源。出自於龍首也。南對高峯。上有奇木。獨絕於林表數十丈。其下似一層浮圖。白鷗之所翔。玄雲之所入也。東南有香鑪山。孤峯獨秀。起游氣籠其上。則氤氳若香煙。白雲映其外。則炳然與衆峯殊別。將雨。則其下水氣涌出如馬車蓋。此龍井之所吐。其左則翠林。青雀白猿之所憩。玄鳥之所蟄。西有石門。其前似雙闕。壁立千餘仞。而瀑布流焉。其中鳥獸草木之美。靈藥萬物之奇。略舉其異而已耳。

自託此山二十三載。再踐石門。四游南嶺。東望香鑪峯。北眺九江。傳聞有石井方湖。中有赤鱗踊出。野人不能敘直歎其奇而已矣。世說

遊山記

自託此山二十二載。凡再詣石門。四遊南嶺。東望香鑪。秀絕衆形。北眺九流。凝神覽視。四巖之內。猶觀之掌焉。傳聞有石井方湖。足所未踐。御覽四十一。

阿毗曇心序

阿毗曇心者。三藏之要頌。詠歌之微言。管統衆經。領其宗會。故作者以心爲名焉。有出家開士。字曰法勝。淵識遠鑒。探深研機。龍潛赤澤。獨有其明。其人以爲阿毗曇經。源流廣大。難卒尋究。非贍智

宏才。莫能畢綜。是以採其幽致。別撰斯部。始自界品。訖於問論。凡二百五十偈。以爲要解。號之曰心。其頌聲也。擬象天樂。若靈籥自發。儀形羣品。觸物有寄。若乃一吟一詠。狀鳥步獸行也。一弄一引。類乎物情也。情與類遷。則聲隨九變而成歌。氣與數合。則音協律呂而俱作。拊之金石。則百獸率舞。奏之管絃。則人神同感。斯乃窮音聲之妙會。極自然之象趣。不可勝言者矣。又其爲經。標偈以立本。述本以廣義。先弘內以明外。譬由根而尋條。可謂美發於中。暢於四肢者也。發中之道。要有三焉。一謂顯法相以明本。二謂定己性於自然。三謂心法之生。必俱遊而同感。俱遊必同於感。則照數會之相因。己性定於自然。則達至當之有極。法相顯於眞境。則知迷情之可反。心本明於三觀。則覩玄路之可遊。然後練神達思。水鏡六府。洗心淨慧。擬跡聖門。尋相因之數。即有以悟無。推至當之極。每動而入微矣。罽賓沙門僧伽提婆。少翫茲文。味之瀰久。兼宗匠本正。關入神要。其人情悟所參。亦已涉其津矣。會遇來遊。因請令譯。提婆乃手執梵本。口宣晉言。臨文誠懼。一章三復。遠亦寶而重之。敬慎無違。然方言殊韻。難以曲盡。儻或失當。俟之來賢。幸諸明哲。正其大謬。釋藏跡十。又略見世說文學篇注。

三法度經序

三法度經者。蓋出四阿含。四阿含則三藏之契經。十二部之淵府也。以三法爲統。以覺法爲道。開而當名。變而彌廣。法雖三焉。而類無不盡。覺雖一焉。而智無不周。觀諸法而會其要。辯衆流而同其原。斯乃始涉之鴻漸。舊學之華苑也。有應眞大人。厥號山賢。恬思閑宇。智周變通。感達識之先覺。愍後蒙之未悟。故撰此三法。因而名云。自德品暨於所依。凡三章。九眞度。斯其所作也。其後有大乘居士。字僧伽先。以爲山賢所集。雖辭旨高簡。然其文猶經。故仍前人章句。爲之訓傳。演散本文。以廣其義。顯發事類。以弘其美。幽讚

之功於斯乃盡。自茲而後。道光於世。其敎行焉。於是振錫趣足者。仰玄風而高蹈。禪思入微者。挹淸流而洗心。高座談對之士。擬之而後言。博識淵有之賓。由之而聽聞也。有遊方沙門。出自罽賓。姓瞿曇氏。字僧伽提婆。昔在本國。豫聞斯道。雅翫神趣。懷佩以遊。其人雖不親承二賢音旨。而諷味三藏之遺言。志在分德。誨人不倦。每至講論。嗟詠有餘。遠與同集。勸令宣譯。提婆於是自執梵經。轉爲晉言。雖音不曲盡。而文不害意。依實去華。務存其本。自昔漢興。逮及有晉。道俗名賢。竝參懷聖典。其中弘通佛敎者。傳譯甚衆。或文過其意。或理勝其辭。以此考彼。殆兼先典。後來賢哲。若能參通晉梵。善譯方言。幸復詳其大歸。以裁厥中焉。（釋藏跡十。）

大智論鈔序

夫宗極無爲以設位。而聖人成其能。昬明代謝以開運。而盛衰合其變。是故知險易相推。理有行藏。屈伸相感。數有往復。由之以觀。雖冥樞潛應。圓景無窮。不能均四象之推移。一其會通。况時命紛謬。世道交淪。而不深根固蔕。寧極以待哉。若達開塞之有運。時來非由遇。則正覺之道。不虛凝於物表。弘敎之情。亦漸可識矣。有大乘高士。厥號龍樹。生於天竺。出自梵種。積誠曩代。契心在茲。接九百之運。撫頹薄之會。悲蒙俗之茫昧。蹈險跡而弗恡。於是卷陰衡門。雲翔赤澤。慨文明之未發。思或躍而勿用。乃喟然歎曰。重夜方昬。非螢燭之能照。雖白日寢光。猶可繼以朗月。遂自誓落簪。表容玄服。隱居林澤。守閑行禪。靖慮研微。思通過半。因而悟曰。聞之於前論。大方無垠。或有出乎其外者。俄而迴步雪山。啟神明以訴志。將歷古仙之所遊。忽遇沙門於巖下。請質所疑。始知有方等之學。及至龍宮。要藏祕典。靡不管綜。滯根既拔。則名冠道位。德備三忍。然後開九津於重淵。朋鱗族而俱遊。學徒如林。英彥必集。由是外道高其風。名士服其致。大乘之業。於茲復隆矣。其人以般若經爲

靈府妙門。宗一之道。三乘十二部。由之而出。故尤重焉。然斯經幽奧。厥趣難明。自非達學。鮮得其歸。故叙夫體統。辯其深致。若意在文外。而理蘊於辭。輒寄之賓主。假自疑以起對。名曰問論。其爲要也。發軫中衢。啟惑智門。以無當爲實。無照爲宗。無當則神凝於所趣。無照則智寂於所行。寂以行智。則羣邪革慮。是非息焉。神以凝趣。則二諦同軌。玄轍一焉。非夫正覺之靈。撫法輪而再轉。孰能振大業於將頹。紐遺綱之落緒。令微言絕而復嗣。玄音輟而復詠哉。雖弗獲與若人竝世。叩津問道。至於研味之際。未嘗不一章三復。欣於有遇。其中可以開蒙朗照。水鏡萬法。固非常智之所識。請略而言。生塗兆於無始之境。變化構於倚伏之場。咸生於未有而有。滅於既有而無。推而盡之。則知有無迴謝於一法。相待而非原。生滅兩行於一化。映空而無主。於是乃卽之以成觀。反鑒以求宗。鑒明則塵累不止。而儀像可覩。觀深則悟徹入微。而名實俱玄。將尋其要。必先於此。然後非有非無之談。方可得而言。嘗試論之。有而在有者。有於有者也。無而在無者。無於無者也。有有則非有。無無則非無。何以知其然。無性之性。謂之法性。法性無性。因緣以之生。生緣無自相。雖有而常無。常無非絕有。猶火傳而不息。夫然。則法無異趣。始末淪虛。畢竟同爭。有無交歸矣。故游其奧者。心不待慮。智無所緣。不滅相而寂。不修定而閑。非神遇以期通焉。識空空之爲玄。斯其至也。斯其極也。過此以往。莫之或知。又論之爲體。位始無方。而不可詰。觸類多變。而不可窮。或開遠理以發興。或導近習以入深。或闔殊塗於一法。而弗雜。或闢百慮於同相。而不分。此以絕夫壘瓦之談。而無敵於天下者也。爾乃博引衆經。以贍其辭。暢發義音。以弘其美。美盡則智無不周。辭博則廣大悉備。是故登其涯而無津。挹其流而弗竭。汪汪焉。莫測其量。洋洋焉。莫比其盛。雖百川灌河。未足語其辯矣。雖涉海求源。未足窮其邃矣。若然者。非

夫淵識曠度。孰能與之潛躍。非夫越名反數。孰能與之澹漠。非夫洞幽入冥。孰能與之沖泊哉。有高座沙門。字曰童壽。宏才博見。智周羣籍。翫服斯論。佩之彌久。雖神悟發中。必待感而應。於時秦主姚王。敬樂大法。招集名學。㠯隆三寶。德洽殊俗。化流西域。是使其人聞風而至。既達關右。卽勸令宣譯。童壽㠯此論難卒精究。因方言易省。故約本㠯爲百卷。計所遺落。殆過參倍。而文藻之士。猶㠯爲繁。咸累於博。罕既其實。譬大羹不和。雖味非珍。神珠內映。雖寶非用。信言不美。固有自來矣。若遂令正典隱於榮華。玄樸虧於小成。則百家競辯。九流爭川。方將幽淪長夜。背日月而昏逝。不亦悲乎。於是靜尋所由。㠯求其本。則知聖人依方設訓。文質殊體。故㠯文應質。則疑者衆。㠯質應文。則悅者寡。是㠯化行天竺。辭樸而義微。言近而旨遠。義微則隱昧無象。旨遠則幽緒莫尋。故令翫常訓者。牽於近習。束名教者。惑於未聞。若開易進之路。則階藉有由。曉漸悟之方。則始涉有津。遠於是簡繁理穢。㠯詳其中。令質文有體。義無所越。輒依經立本。繫㠯問論。正其位分。使類各有屬。謹與同止諸僧。共別撰㠯爲集要。凡二十卷。雖不足增暉聖典。庶無大謬。如其未允。請俟來哲。釋藏跡七。

廬山出修行方便禪經統序

夫三業之興。㠯禪智爲宗。雖精麤異分。而階藉有方。是故發軫分逵。塗無亂轍。革俗成務。功不待積。靜復所由。則幽緒告微。淵博難究。然理不云昧。庶旨統可尋。試略而言。禪非智無㠯窮其寂。智非禪無㠯深其照。然則禪智之要。照寂之謂。其相濟也。照不離寂。寂不離照。感則俱遊。應必同趣。功玄在於用。交養於萬法。其妙物也。運羣動㠯至壹而不有。廓大象於未形而不無。無思無爲。而無不爲。是故洗心靜亂者。㠯之研慮。悟徹入微者。㠯之窮神也。若乃將入其門。機在攝會。理玄數廣。道隱於文。則是阿難曲承音詔。遇非其人。必藏之靈府。何者。心無常規。其變多方。數無定像。待感而應。是故化行天竺。緘之有匠。幽關莫開。罕闚其庭。從此而觀。理有行藏。道不虛授。良有㠯矣。如來泥洹未久。阿難傳其共行弟子末田地。末田地傳舍那婆斯。此三應眞。咸乘至願。冥契於昔。功在言外。經所不辨。必闇軏元匠。孱焉無差。其後有優波崛。弱而超悟。智絕世表。才高應寡。觸理從簡。八萬法藏。所存唯要。五部之分。始自於此。因斯而推。固知形運㠯廢興自兆。神用則幽步無迹。妙動難尋。涉麤生異。可不慎乎。可不察乎。自茲已來。感於事變。懷其舊典者。五部之學。竝有其人。咸懼大法將穨。理深其慨。遂各述讚禪經。㠯隆盛業。其爲教也。無數方便。㠯求寂然。寂乎唯寂。其揆一耳。而尋條求根者衆。統本運末者寡。或將暨而不至。或守方而未變。是故經稱滿願之德。高普事之風。原夫聖旨。非徒全其長。亦所㠯救其短。若然。五部殊業。存乎其人。人不繼世。道或隆替。廢興有時。則互相升降。小大之目。其可定乎。又達節善變。出處無際。晦名寄跡。無聞無示。若斯人者。復不可㠯名部分。既非名部之所分。亦不出乎其外。別有宗明矣。每慨大教東流。禪數尤寡。三業無統。斯道殆廢。頃鳩摩耆婆宣馬鳴所述。乃有此業。雖其道未融。蓋是爲山於一簣。欣時來之有遇。感寄趣於若人。捨夫制勝之論。而順不言之辨。遂誓被僧那。㠯至寂爲已任。懷德未忘。故遺訓在茲。其爲要也。圖大成於未象。開微言而崇體。悟惑色之悖德。杜六門㠯寢患。達忿競之傷性。齊彼我㠯宅心。於是異族同氣。幻形告疏。入深緣起。見生死際。尒乃闢九關於龍津。超三忍㠯登位。垢習凝於無生。形累畢於神化。故曰無所從生。靡所不生。於諸所生。而無不生。今之所譯。出自達摩多羅與佛大先。其人西域之俊。禪訓之宗。搜集經要。勸發大乘。弘教不同。故有詳略之異。達摩多羅闔衆篇於同道。開一色爲恆沙。其爲觀也。明起不㠯生。滅不㠯盡。雖往復無際。而未始出於如。故曰色不離如。如不離色。色不離如。色則是如。如不離色。如則是色。佛大先以爲澄源引流。固宜有漸。是以始自二道。開甘露門。釋四義以反迷。啟歸塗以領會。分別陰界。導以止觀。暢散緣起。使優劣自辨。然後令原始反終。妙尋其極。其極非盡。亦非所盡。乃曰無盡。入於無盡法門。非夫道冠三乘。智通十地。孰能洞玄根於法身。歸宗一於無相。靜無遺照。動不離寂者哉。庾伽遮羅浮迷。譯言修行道地。釋藏榮七題作達摩多羅禪經序無作序人名又見跡九以爲釋慧遠作

念佛三昧詩集序

夫稱三昧者何。專思寂想之謂也。思專則志一不分。想寂則氣虛神朗。氣虛則智恬其照。神朗則無幽不徹。斯二者。自然之元符。會一而致用也。是故靖恭閒宇。而感物通靈。御心惟正。動必入微。此假修以凝神。積習以移性。猶或若茲。況乎尸居坐忘。冥懷至極。智落宇宙。而闇蹈大方者哉。請言其始。菩薩初登道位。甫闚元門。體

寂無爲。而無弗爲。及其神變也。則令修短革常度。巨細互相違。三光迴景以移照。天地卷而入懷矣。又諸三昧。其名甚衆。功高易進。念佛爲先。何者。窮元極寂。尊號如來。體神合變。應不以方。故令入斯定者。昧然忘知。卽所緣以成鑒。鑒明則內照交映。而萬像生焉。非耳目之所暨。而聞見行焉。於是覩夫淵凝虛鏡之體。而悟相湛一。清明自然。察夫元音之叩心聽。則塵累每消。滯情融朗。非天下之至妙。孰能與於此哉。以茲而觀。一覲之感。乃發久習之流覆。豁昏俗之重迷。若以匹夫衆定之所緣。固不得語其優劣。居可知也。是以奉法諸賢。咸思一揆之契。感寸陰之頹影。懼來儲之未積。於是洗心法堂。整襟清向。夜分忘寢。夙宵惟勤。庶夫貞詣之功。以通三乘之志。臨津濟物。與九流而同往。仰援超步拔茅之興。俯引弱進垂策其後。以此覽衆篇之揮翰。豈徒文詠而已哉。廣弘明集三十九。

襄陽丈六金像頌 并序

昔衆祐降靈。出自天竺。託化王宮。興於上國。顯迹重冥。開闢神路。明暉宇宙。光宅大千。萬流澄源。圓映無主。覺道虛凝。湛焉遺照。於是乘變化以動物。而衆邪革心。跬神步以感時。而羣疑同釋。法輪元運。三乘竝轍。道世交興。天人攸夢。淨音既暢。逸響遠流。密風遐扇。遠生善教。末年垂千祀。徒欣大化。而運乖其會。勿獲叩津沙門。發明淵極。魍魎神影。餐服至言。雖欣味餘塵。道風遂邁。擬足逸步。元迹已邈。每希想光晷。髣髴容儀。寤寐興懷。若形心目。冥應有期。幽情莫發。慨焉自悼。悲憤靡寄。乃遠契百念。愼敬慕之思。追述八王同志之感。魂交寢夢。而情悟於中。遂命門人鑄而像焉。夫形理雖殊。階塗有漸。精粗誠異。悟亦有因。是故擬狀靈範。啟殊津之心。儀形神模。闢百慮之會。使懷遠者兆元根於來葉。存近者遘重劫之厚緣。乃道福兼宏。眞迹可踐。三源反流。九神同淵。於時四輩悅情。道俗齊趣。跡響和應者如林。鑄均有虛室之供。而進助者不以

靡當作麾

纖毫爲挫。勸佐有彌劫之勤。而操務者不以昏疲告勞。因物任能。不日而成。功自人事。猶天匠焉。夫明志莫如詞。宣德莫如頌。故志以詞顯。而功業可存。德以頌宣。而形容可像。匪詞匪頌。將何美焉。乃作頌曰。

堂堂天師。明明遠度。淩邁群萃。超然先悟。慧在恬虛。妙不以數。感時而興。應世成務。金顏映發。奇相暉布。肅肅靈儀。峨峨神步。茫茫造物。元運冥馳。偉哉釋迦。與化推移。靜也淵默。動也天隨。綿綿遠御。亹亹長靡。反宗無像。光潛影離。仰慕千載。是擬是儀。廣弘明集十六。

曇無竭菩薩讚

亹亹大匠。道玄數盡。譬彼大壑。百川俱引。涯不俟津。涂不旋軫。三流開源。於焉同泯。初學記二十三。

萬佛影銘 并序 佛影今在西那伽訶羅國南山古仙石室中。度流沙從徑道。去此一萬五千八百五十里。感世之應。詳於前記也。

夫滯於近習。不達希世之聞。撫常永日。罕懷事外之感。是使塵想制於玄襟。天羅網其神慮。若以之窮齡。則此生豈遇。以之希心。則開悟靡期。於是發憤忘食。情百其慨。靜慮閒夜。理契其心。爾乃思霑九澤之惠。三復無緣之慈。妙尋法身之應。以神不言之化。化不以方。唯其所感。慈不以緣。冥懷自得。譬日月麗天。光影彌輝。羣品熙榮。有情同順。咸欣懸映之在己。罔識曲成之攸寄。妙物之談。功盡於此。將欲擬夫幽極。以言其道。髣髴存焉。而不可論。何以明之。法身之運物也。不物物而兆其端。不圖終而會其成。理玄於萬化之表。數絕乎無形無名者也。若乃語其筌寄。則道無不在。是故如來或晦先迹以崇基。或顯生塗而定體。或獨發於莫尋之境。或相待於既有之場。獨發類乎形。相待類乎影。推夫冥寄。爲有待耶。爲無待耶。自我而觀。則有間於無間矣。求之法身。原無二統。形影之分。孰際之哉。而今之聞道者。咸摹聖體於曠代之外。不悟靈應之在茲。徒知圓化之非形。而動止方其迹。豈不誣哉。遠昔尋先師。奉侍歷載。雖啟蒙慈訓。託志玄籍。每想奇聞。以篤其誠。遇西域沙門。輒餐遊方之說。故知有佛影。而傳者尚未曉然。及在此山。值罽賓禪師。南國律學道士。與昔聞既同。並是其人遊歷所經。因其詳問。乃多有先徽。然後驗神道無方。觸像而寄。百慮所會。非一時之感。於是悟徹其誠。應深其信。將援同契。發其真趣。故與夫隨喜之賢圖而銘焉。

廓矣大像。理玄無名。體神入化。落影離形。迴暉層巖。凝映虛亭。在陰不昧。處暗愈明。婉步蟬蛻。朝宗百靈。不同　方。迹絕兩冥。其一

茫茫荒宇。靡勸靡獎。談虛寫容。拂空傳像。相具體微。沖姿自朗。白毫吐曜。昏夜中爽。感徹乃應。扣誠發響。留音停岫。津悟冥賞。撫之有會。功弗由曩。其二

旋踵忘敬。罔慮罔識。三光掩暉。萬象一色。庭宇幽藹。歸塗莫測。悟之以靜。震之以力。慧風雖遐。維塵攸息。匪伊玄覽。孰扇其極。其三

希音遠流。乃眷東顧。欣風慕道。仰規玄度。妙盡毫端。運微輕素。託彩虛凝。殆映霄霧。迹以像真。理深其趣。奇興開襟。祥風引路。清氣迴於軒宇。昏明交而未曙。髣髴鏡神儀。依俙若真遇。其四

銘之圖之。曷營曷求。神之聽之。鑒尒所修。庶茲臣軌。映彼玄流。漱情靈沼。飲和至柔。照虛應簡。智落乃周。深懷冥託。霄想神遊。畢命一對。長謝百憂。其五

晉義熙八年。歲在壬子。五月一日。共立此臺。擬像本山。因即以寄誠。雖成由人匠。而功無所加。至於歲次星紀。赤奮若。貞於太陰之墟。九月三日。乃詳檢別記。銘之於石。爰自經始。人百其誠。道俗欣
之感。遺迹以悅心。於是情以本應。事忘其勞。於時揮翰之賓。僉焉同詠。咸思存遠猷。託相異聞。庶來賢之重軌。故備時人於影集。大通之會。誠非理所期。至於佇襟遐慨。固已超夫神境矣。廣弘明集十六。又高僧傳六。有銘無序。

澡灌銘序

得摩羅勒石澡灌一枚。故以此銘答之。北堂書鈔百三十五。

全晉文卷一百六十二終

全晉文卷一百六十三

烏程嚴可均校輯

釋氏七

釋慧持

慧持，慧遠弟。年十八為僧，與兄俱師事道安。後隨道安之襄陽。襄陽陷，隨兄之廬山。隆安初入蜀。義熙八年卒。年七十三。

與桓玄書

本欲栖病峨嵋之岫，觀化流沙之表。不能負其發足之懷，便束裝首路。釋藏華九

釋法遇

法遇，師事道安。襄陽陷，避地江陵之長沙寺。

與釋慧遠書

吾人微闇短，不能率衆和上，雖隔在異域，猶遠垂憂念。吾罪深矣。釋藏華八　高僧傳

釋僧檢

未詳。

答王恭書

遠持兄弟也，綽綽為信有道風矣。高僧傳

鳩摩羅什

鳩摩羅什，一作句摩羅耆婆。天竺人。為呂光所獲。歷事呂纂、呂隆。至後秦弘始中迎入關。卒於長安。

奏涼主呂纂

比日潛龍出遊，豕妖表異。龍者陰類，出入有時，而今屢見，則為災眚。必有下人謀上之變，宜克己修德，㠯荅天威。釋藏華五　又百四

荅秦主姚興

蓋聞太上㠯道養民，而物自足。其復有德，而治天下。是㠯古之明主。審違性之難御，悟任物之多因，故堯放許由於箕山，陵讓放杖於魏國，高祖縱四皓於終南，叔度辭蒲輪於漢岳。蓋㠯適賢之性為得賢也。今恆標等德非圓達，分在守節，少習玄化，伏膺佛道，至於敷析妙典，研究幽微，足㠯啟悟童稚，助化功德，願乞陛下放既往之恩，縱其微志也。高僧傳六　釋道恆

荅姚興通三世論書

雖論大通，甚佳。去來定無，此作不通。佛說色陰三世和合總明為色，五陰皆爾。又云，從心生心，如從穀生穀，㠯是故知必有過去，無無因之咎。又云，六識之意識，依已滅之意為本而生意識。又正見名過去業未來中果報也。又十方中第二力，知三世諸業。又云，若無過去業，則無三塗報。又云，學人若在有漏心中，則不應名為聖人。㠯此諸比，固知不應無過去。若無過去未來，則非通理，經法所不許。又十二因緣是佛法之深者，若定有過去未來，則與此法相

違。所㠯者何。如有穀子，地水時節，芽根得生。若先已定有，則無所待。有若先有，則不名從緣而生，又若先有，則是常倒。是故不得定有，不得定無。有無之說，惟時所宜耳。㠯過去法起行業，不得言無。又云今不得昔對，不得言有。雖論之過，甚有佳致。又大品所明，過去如不離未來現在如，未來現在亦如不離過去如。此亦不言無也。此實是經中之大要，俟得高對，通復盡之。廣弘明集二十一　又見十六國春秋六十二

亦如當作如亦

荅慧遠書

鳩摩羅什和南。既未言面，又文辭殊隔，導心之路不通，得意之緣圯絕。傳驛來貺，粗承風德，比知何如。備聞一途，可㠯蔽百。經言末後東方當有護法菩薩。勗哉仁者，善弘其事。夫財有五備，福戒博聞，辯才深智，兼之者道隆，未具者疑滯。仁者備之矣。所㠯寄心通好，因譯傳意，豈其能盡，粗酬來意耳。損所致比量衣裁，欲令登法

座時著。當如來意。但人不稱物。吕爲愧耳。今往常所用鍮石雙口澡鑵。可備法物之數也。幷遺偈一章曰。既已捨染樂。心得善攝不。若得不馳散。深入實相不。畢竟空相中。其心無所樂。若悅禪智慧。是法性無照。虛誑等無實。亦非停心處。仁者所得法。幸願示其要。高僧傳六釋慧遠

爲僧叡論西方辭體

天竺國俗。甚重文藻。其宮商體韻。吕入絃爲善。凡覲國王。必有讚德。見佛之儀。吕歌歎爲尊。經中偈頌。皆其式也。但改梵爲秦。失其藻蔚。雖得大意。殊隔文體。有似嚼飯與人。非徒失味。乃令嘔穢也。釋藏聲五又百四

贈沙門法和頌

心山育明德。流薰萬由延。哀鸞孤桐上。一作哀鸞鳴孤桐清音一作清響徹九天。釋藏聲五又銘六八又百四

釋道䂮

道䂮又名僧䂮。姓傅。北地泥陽人。姚興吕爲僧正。

奏道恆道標事

惟聖人能通天下之志。恆標業已毀除鬚髮。著不正之衣。今使處縉紳之朝。非其志也。且大秦龍興。異才輩出。如恆標等。未爲卓異。何足拘吕文綱也。十六國春秋六十二䂮等奏章敘其事略云云

又荅姚興書

蓋聞太上吕道養民。而物自足。其須有德。而治天下。是吕古之明主。審違性之難御。悟任物之易因。故堯放許由於箕山。陵讓放杖於魏國。高祖縱四皓於終南。叔度辭蒲輪於漢世。晉國戴逵被褐於剡縣。謝敷散髮於若邪。蓋吕適賢之性爲得賢也。故上有明君。下有韋帶。逸民之風。垂訓於今矣。今恆標等德非圓達。分在守節。且少習玄化。伏膺佛道。一性之誠。心志匪席。至於敷演妙典。研究幽微。足吕啟悟童稚。助化功德。使物識罪福。則有濟苦之益。苟佛不虛言。恆等有弘毘邪之訓矣。竊聞近日猥蒙優詔。使釋法服。將擢翠翅於寒條之上。曜扶渠於重冰之下。斯誠陛下仁愛愷悌。不世之恩。然䂮等眷眷。竊有愚心。吕陛下振道德之綱。吕維六合。恢九德之網。吕羅四海。使玄風扇於千載之前。仁義陶於萬世之後。宇宙之外。感純德吕化寬。九域之內。肆玄津吕逍遙。匹夫無溝壑之怨。嫠婦無停緯之歎。此實所吕垂化海內。所吕仰賴。愚謂恆標雖區區一分。守所見爲小異。然在羅網之內。即是陛下道化之一臣。昔孛佐治十二年。未聞釋奪法衣。形服世儀。苟於時有補。袈裟之中。亦有弘益。何足復奪道與俗。違其適性。昔巢由抗節。堯許俱高。四皓匪降。上下同美。斯乃古今之一揆。百代之同風。且德非管仲。不足華軒堂阜。智非孔明。豈足三顧草廬。願陛下放既往之恩。從其微志。使上不失惠。下不失分。則皇唐之化。於斯而在。箕潁之賓。復見今日矣。䂮等庸近。獻愚直言。懼觸天威。追用悚息。十六國春秋六十二。僧䂮等荅姚興書。又略見高僧傳六釋道恆傳作鳩摩羅什僧䂮等荅

釋道恆

道恆。藍田人。師事鳩摩羅什。與同學道標齊名。秦主姚興敕二人還俗。固辭。遁迹珢邪山中。

抗表陳情

奉六月二十八日詔。敕尚書令奪恆標等法服。承命悲懼。五情失守。俯仰惶慙。無地自厝。恆等誠才質闇短。染法未久。所存既重。眷慕亦深。猥蒙優詔。褒飾過美。開諭誨勵。言理備至。但情之所安。實懷罔已。法服之下。誓畢身命。兼少習佛法。不閑世事。徒法非常之舉。終無殊異之功。雖有拔能之名。而無益時之用。未見秋毫之補。將有山岳之虧。竊爲陛下不取也。昔光武尚能縱嚴陵之心。魏文全管寧之操。陛下天縱之聖。議論每欲遠輩堯舜。今乃冠巾兩道

人反在光武魏文之下願折至尊之高懷遂匹夫之微志在宥羣方靡不自盡況陛下以道御物兼弘三寶使四方義學之士萃於京師新異經典流乎遐邇大法之隆於茲爲盛方將闡揚洪化助明振暉嗣祇洹之遺響扇靈鷲之餘風建千載之軌模爲後生之津塗而恆等豈可獨出於明時不得伸其志願伏願鑒其元元之情特垂曠蕩通物之理更賜明詔聽遂微心則銜恩九泉感德累劫不勝戰慄謹奏以聞（十六國春秋六十二道恆道標抗表陳情云云又略見高僧傳六釋道恆傳作恆標等荅曰云云其文刪節未知此何所本）

復荅姚興書

恆等近自陳寫冀悟聖鑒重奉明詔不蒙矜恕伏讀悲惶若無神守陛下仁弘覆載使物悅其性恆等少習法化愚情所樂誓以微命與法服俱盡而過恩垂及眷忘其陋勸弘菩薩兼濟之道然志力有限實所不堪非徒餘年苟自求免直愚衷所存私懷必守伏願鑒恕往之誠不責偏執之咎特賜明旨聽遂微心屢延明詔隨用悚息不勝元元之至（十六國春秋六十二恆標復荅書）

恆等愚意所執具加前表精誠微薄不能感悟聖心累蒙遣詔未蒙慈恕俯仰憂怖無復心情陛下道懷虛納養物無際願開天地之恩得遂一分之志愚守之誠畢命無辜分受違詔之愆甘引無恨之罪屢污聖聽追用悚息不任罔極之情謹奏以聞（十六國春秋六十二恆標復荅書）

釋駁論 并序

晉義熙之年如聞江左袁何二賢並商略治道諷刺時政雖未覩其文意者似依傍韓非五蠹之篇遂譏世之闕發五橫之論而沙門無事猥落其例余恐眩曜時情永淪邪惑不勝憤惋之至故設賓主之論以釋之

有東京東敘君子詰於西鄙傲散野人曰僕曾預聞佛法沖邃非名敘所議道風玄遠非器象所擬清虛簡勝非近識所闚妙絕羣有非常情所測故每爲時君之所尊崇貴達之所欽仰於是衆庶明契靡同奔向咸共嗟詠稱述其美云若染漬風流則精義入微研究理味則妙契神用澡塵垢於胸心脫桎梏於形表超俗累於籠樊邈世務而高蹈論眞素則夷齊無以踰其操遺榮寵則巢許無以過其志味玄旨則顏冉無以參其風去紛穢則松喬無以比其潔信如所談則義無間然矣但今觀諸沙門通非其才羣居猥雜未見秀異混若涇渭渾波泯若薰蕕同篋若源清則津流應鮮根深則條穎必茂攷其言行而始終不倫究其本末幾有無校僕之所以致怪良由於此如皇帝之忘智據粱之失力皆在鑪錘之間陶鑄以成聖者苟道不虛行才必應器然沙門既出家離俗高尙其志違天屬之親捨榮華之重毀形好之飾守清節之禁研心唯理屬己唯法投足而安蔬食而已使德行卓然爲時宗仰儀容

邕肅爲物軌則然觸事蔑然無一可採何其棲託高遠而業尙鄙近至於營求孜伋無暫寧息或墾殖田圃與農夫齊流或商旅博易與衆人競利或矜恃醫道輕作寒暑或機巧異端以濟生業或占相孤虛妄論吉凶或詭道假權要射時意或聚畜委積頤養有餘或指掌空談坐食百姓斯皆德不稱服行多違法雖暫有一善亦何足以標高勝之美哉自可廢之以一風俗此皆無益於時政有損於治道是執法者之所深疾有國者之所大患且世有五橫而沙門處其一焉何以明之乃大設方便鼓動愚俗一則誘喻一則迫脅云行惡必有累劫之殃修善便有無窮之慶論罪則有幽冥之伺語福則有神明之祐敦厲引導勸行人所不能行遍强切勤勉爲人所不能爲上減父母之養下損妻孥之分會同盡餚饍之甘寺廟極壯麗之美割生民之珍玩崇無用之虛費罄私家之年儲闕軍國之貴實張空聲於將來圖無象於末兆聽其言則洋

洋而盈耳。觀其容則落落而滿目。攷現事吕求徵。竝未見其驗。眞所謂繫影捕風。莫知端緒。亮僕情之所未安。有識者之所巨惑。若有嘉信。請承下風。胧有暫悟。永去其滯矣。主人憮然有間。慨爾長歎。咄。異哉。子之所陳。何其陋也。夫鄙俗不可吕語大道者。滯於形也。曲士不可吕辯宗極者。局於名也。今將爲子略舉一隅。自可思反其宗矣。蓋聖人設教。應器投法。受量有限。故化之吕漸。錄善心於毫端。忘鄙吝於丘壑。片行之善。永爲身貲。一念之福。終爲神用。始覆一簣。不可責吕爲山之功。方趣絕境。不中窮吕括囊之實。然海之所吕稱大者。由無皦潔之清。道之所吕稱晦迹者。吕無赫然之觀。夫忽親婉孌。有心之所滯。而沙門遺之如脫屣。名位財色。世情之所重。而沙門視之如秕糠。可謂忍人所不能去。斯乃標尙之雅趣。弘道之勝事。而云幾然。豈非妙賞之謂乎。又且志業不同。歸向塗乖。岐逕分轍。不相領悟。未見秀異。故其宜耳。古人每歎才之爲難。信矣。周號多士。亂臣十人。唐虞之盛。元凱二八。孔門三千。竝海內翹秀。簡充四科。數不盈十。於中伯牛廢疾。回也六極。商也慳悋。賜也貨殖。予也難雕。由也凶愎。求也聚斂。任不稱職。仲弓雖騂出於犁色。而舉世推德。爲人倫之宗。欽尙高軌。爲縉紳之表。百代詠其遺風。千載仰其景行。至於沙門。乃苦其剗節。酷相瓦礫。斯豈君子弘通之道。雅正之論哉。此由或人入斑輪之作坊。不稱指南之巧妙。但識拙者傷手。眞可謂服膺下流。志存鄙劣。昔丞相問客俗言鴟梟食母。寧有是乎。客荅。但聞慈烏反哺耳。相乃悵然自愧失言。今子處心。將無似相之問也。君子遏惡揚善。反是謂何。又云投足而安。且林野蕭條。每有寇盜之患。城傷入出。動嬰交遊之譏。處身非所。則招風塵之累。婆娑田里。則犯人間之論。二三無可。進退唯谷。宇宙雖曠。莫知所厝。又云蔬飧而已。夫人間有不贍之匱。山澤無委積之儲。方宜取給。復秉之吕法。所向九拆。於何得立。若

之物當作與物

堂堂聖世。而有首陽之餓夫。明明時雍。而有赴海之死客。於雅懷何如。然體無毛羽。不可袒而無衣。腹亦匏瓜。不可繫而不食。自未造極。要有所貲。年豐則取足於百姓。時儉則肆力吕自供。誠非所宜。事不得已。故蝮蛇螫手。斬吕求全。推其輕重。蓋所存者大。雖營一已不求無獲。求之不必一塗。但合濟之有理。亦何嫌多方吕爲煩穢。其欲役使。不得妄動。何故執之甚乎。昔伯成躬耕吕墾殖。沮溺耦作吕修農。陶朱商賈吕營生。於陵灌蔬吕自供。雀文賣藥吕繼乏。君平卜筮吕補空。張衡術數吕馳名。馬鈞奇巧吕騁功。此等直是違俗遁世之人耳。未正見有邈然絕塵之物。天隔而咸其嗟詠。不輟於口。然沙門之中。迹超諸乏。恥與流輩。動有萬數。至於體道神化。超落人封。非可算計。而未嘗致言。何其黨乎。宜共思校事實。不可古今殊論。衆寡異辭。希簡爲貴。猥多致賤。恐非求精覈理之譚也。云自可廢之。吕一風俗。是何言歟。聖人不誣十室。三人必有師貲。芳蘭竝茂。而欲蘊崇焚之。不亦暴乎。其中自有德宇淵邃。器標時望。或翹楚皦潔。棲寄清遠。或禪思入微。澄神絕境。或敷演微言。散幽釋滯。或精勤福業。勸化宗善。凡出家之本。落髮抽簪之日。皆心口獨誓。情到懇至。雖生死彌綸。玄塗長遠。要自驅策。必階於道。金輪之榮。忽若塵垢。帝釋之重。蔑若秕糠。始者精誠。乃有所感。自非一舉頓詣。體備圓足。其間何能不有小失。且當錄其眞素。略舉玄黃。安渾舉一槩。無復甄別。不可吕管蔡之釁。姬宗盡誅。四凶之暴。合朝流放。此無異人苦頭蝨。因欲幷首俱焚。患在足刺。遂欲通股全解。不亦濫乎。云無益於時政。有損於治道。夫弘道者之益世。物有日用而不知。故老氏云無爲之化。百姓皆曰我自然。斯言當矣。是吕干木高枕。而魏國大治。庚桑善誨。而堤壘歸仁。沙門在世。誠無目前考課之功。名教之外。實有冥益。近取五戒。訓物非六經之疇。遠吕八難。幽崄非刑法之匹。請吕三藏銓罪。非律令之

流暢。㠯般若辯惑。非老莊之謂。道品無漏。拔苦因緣。則存而不論。周孔之教。理盡形器。至法之極。兼練神明。精粗升降。不可同日而語其優劣矣。昔孛助化㠯道佐治。國境晏然。民知其義。年豐委積。物無疵厲。非益謂何。云世有五横。沙門取其一焉。凡言横者。㠯其志無業尙。散誕莫名。或博奕放蕩。而傾竭家財。或名挂編戶。而浮游卒歲。或尸祿素餐。而莫肯用心。或執政居勢。而魚食百姓。或馳競進趣。而公私並損。或肆暴姦虐。而動造不軌。斯皆傷教亂正。大敗風俗。由是荀悅奮筆。而遊俠之論興。韓非彈毫而五蠹之文作。㠯之爲横。理故宜然。施之沙門。不亦誣乎。國家方上與唐虞競巍巍之美。下與殷周齊郁郁之化。不使箕潁專有傲世之賓。商洛獨標嘉遁之客。甫欲大扇逸民之風。崇肅方外之士。觀子處懷經略時政。乃欲踵亡秦虎狼之嶮術。襲商韓刻薄之弊法。坑焚儒典。治無綱紀。制大半之稅。家無游財。設三五之禁。備民如賊。天下熬然。

人無聊生。使嬴氏之族。不訖於三世。二子之禍。卽戮於當時。臨刑之日。方乃追恨始者立法之謬。本欲寍國靜民。不意堤防太峻。反不容己。事既往矣。何嗟之及。云一則誘喻。一則迫愶。且衆生緣有濃薄。才有利鈍。解有難易。行有淺深。是㠯啟誨之道不一。悟發之由不同。抑揚頓挫。務使從善。斯乃權謀之警策。妙濟之津梁。殊非誘迫之謂也。云罪則冥伺。福則神祐。夫含德至淳。則衆善歸焉。易曰。履信思順。自天祐之。吉無不利。又曰。爲不善於幽昧之中。鬼得而誅之。豈非冥伺神明之祐哉。善惡之報。經有誠證。不復具列。云會盡餚饍。寺極壯麗。此修福之家。傾竭㠯儲。將來之貲。殫盡自爲身之大計耳。殆非神明歆其壯麗。衆僧貪其滋味。由農夫之播殖。匠者之構室。將擇楨材㠯求堂宇之飾。糈簡種子㠯規嘉穀之實。故稼穡必樹於沃壤之地。卜居要選於爽塏之處。是㠯知三尊爲衆生福田。供養自修己之功德耳。云割生民之珍玩。崇無用之虛

費。夫博施兼愛。仁者之厚德。崇飾宗廟。孝敬之至心。世教若此。道亦如之。物有損之而益。爲之必獲。且浮財猶糞土。施惠爲神用。譬朽木之爲舟。乃濟度之津要。何虛費之有哉。欲端坐而望自然。拱嘿㠯希安樂。猶無柯而求伐。不食而狗飽。焉可得乎。苟身之不修。已爲困矣。何必乃蔽百姓之耳目。擁天下之大善。既自飲毒。復欲鴆人。何酷如之。可謂亡我陷彼。相與俱禍。是㠯盲聾瘖瘂之對。經幽處彌劫之殃。調達之報。歷地獄無間之苦。云罄私家之年儲。闕軍國之貲實。聖王御世。淳風遐被。震道網㠯維六合。布德網㠯籠羣儁。川無扣浪之夫。谷無含歎之士。四民咸安其業。百官各盡其分。海內融通。九州同貫。戎車於是寢駕。甲士卻走㠯糞。嘉穀委於中田。食儲積而成朽。童稚進德日新。黃髮盡於眉壽。當共擊壤㠯頌太平。鼓腹㠯觀盛化。子何多慮之深。横憂時之不足。不亦過乎。云悋大官而腫口。臨滄海而攝腹。眞子之謂也。云繫影捕風。莫知

端緒。夫僞辯亂眞。大聖之所悲嘆。時不識寶。卞和所㠯慟哭。然妙旨希夷。而體之者道。冲虛簡詣。而會之者得。用遠能津梁頹溺。拔幽拯滯。美濟當時。化流無外。故神暉一震。則感動大千。睿澤暫灑。則九州蒙潤。是㠯釋梵悟幽旨而歸誠。帝王望玄宗而委質。八部挹靈化而洗心。士庶觀眞儀而奔至。落落焉故非域中之名教。肅肅焉殆是方外之冥軌。然垣牆峭峻。故罕得其門。器宇幽邃。稀入其室。是㠯道濟彌綸。而理與之乖。德包無際。而事與之隔。子執迷自畢。沒齒不悟。蓋有㠯也。夫日月麗天。而瞽者莫覩其明。雷電震地。而聾者不聞其響。是誰之過歟。而方欲議宮商之音。蔑文章之觀。眞過之甚者。昔文鱗改視於初曙。須跋開聽於後緣。子何辜之不幸。獨懷疑㠯終年。比衆人之所悲。最可悲之所先。於是逡巡退席。悵然自失。良久曰。聞大道之說。彌貫古今。大判因緣。窮理盡性。立理不爲當年。弘道不期一世。可謂原始會終。歸於命矣。僕實滯寢

長夜未達其旨。故每造有𦍑。今幸聞大夫之餘論。結解疑散。豁然醒覺。若披重霄㠯覩朗日。發蒙蓋而悟眞慧。僕誠不敏。敬奉嘉誨矣。弘明集六

釋道標

道標師事鳩摩羅什。與道恒齊名。

舍利弗阿毗曇論

阿毗曇。秦言無比法。出自八音。亞聖所述。作之雖簡。成命曲備。重微曠濟。神要莫比。眞祇洹之微風。反眾流之宏趣。然佛後闇昧。競執異津。或有我有法。或無我有法。乖忤淆風。虧朦蒙一作聖道。有舍利弗。玄哲高悟。神貫翼從。德備左面。智參照來。其人㠯爲是非之越。大猷將隱。既曰像法。任之益滯。是㠯敢於佛前所聞經法。親承即集。先巡隄防。遮抑邪流。助宣法化。故其爲經也。先立章㠯崇本。後廣演㠯明義。明義之體四焉。問分也。非問分也。攝相應分也。序

緒一作分也。問分者。寄言扣擊。明夫應會。非問分者。假韻默通。唯宣法相。攝相應分者。總括自他。攝非相無。序緒一作分者。遠述因緣。㠯彰性空。性空彰則反迷至矣。非相無則相與用矣。法相宜則邪觀息矣。應會明則極無遺矣。四體圓足。二諦義備。故稱無比法也。此經於先出阿毗曇。雖文言融通。而旨格異制。又載自空㠯明宗極。故能取貴於當時。而垂軌於千載。明典振於遠維。四眾奉以同仰。是使徇有者袪妄見之惑。向化者起即隆之動。迢迢焉故冥宗之遺緒也。亹亹焉故歸輪之所契也。此經標明曩代。靈旋西眕。純一作淯敍彌於閶風。玄問扇於東嶺。惟秦天王。冲姿叡聖。冥根樹於既往。實相結於皇極。王德應符。闡揚三寶。聞茲典誥。夢想思覽。雖曰悠邈。感之愈勤。會天竺沙門曇摩崛多、曇摩耶舍等。義學來遊。秦王既契宿心。相與辨明經理。起清言於名教之域。或一作散眾微於自無之境。超超然誠韻外之致。愔愔然覆美稱之實。於是詔令傳譯。然承華天哲。道詞聖躬。玄味遠流。妙度淵極。特體明旨。遂讚其事。經師本雖闇誦。誠宜謹備。㠯秦弘始九年。命書梵文。至十年。尋應令出。但㠯經趣微遠。非徒關言所契。苟彼此不相領悟。直委之譯人者。恐津梁之要。未盡於善。停至十六年。經師漸閑秦語。令自宣譯。皇儲親管理味。言意兼了。復所向盡。然後筆受。即復内呈上。討其煩重。領其指歸。故令文之者修飾。義之者綴潤。并校至十七年訖。若乃文外之功。勝契之妙。誠非所階。未之能詳。並求之眾經。大體有無兼用。微文淵富。義旨顯灼。斯誠有部之永塗。大乘之靡趣。先達之所宗。後進之可仰。標㠯近質。綜不及遠。情未能已。猥參斯典。希感之誠。厠復微序。庶望賢哲㠯恕其鄙。釋藏羣一又跡十

全晉文卷一百六十三終

全晉文卷一百六十四

烏程嚴可均校輯

釋氏八

釋僧肇一

肇京兆人。以傭書爲業。後爲僧。師事鳩摩羅什于姑臧。尋從入長安。住逍遙園。弘始中爲姚興所害。有集一卷。

荅劉遺民書

不面在昔。佇想用勞。慧明道人至。得去年十二月疏并問。披尋返覆。欣若暫對。涼風屆節。頃常如何。貧道勞疾。多不佳耳。信南返不悉。八月十五日釋僧肇疏荅。服像雖殊。妙斯不二。江山雖緬。理契卽鄰。所以望途致想。虛襟有寄。君既遂嘉遯之志。標越俗之美。獨恬事外。歎足方寸。每一言集。何嘗不遠喻林下之雅詠。高致悠然。清散未期。厚自保愛。每因行李。數有承問。願彼山僧無恙。道俗通

佳。承遠法師之勝。常以爲欣慰。雖未淸承。然服膺高軌。企佇之勤。爲日久矣。公以過順之年。湛氣彌厲。養徒幽巖。抱一沖谷。遐邇仰詠。何美如之。每亦翹想一隅。懸庇霄岸。無由寫敬。致慨良深。君淸對終日。快有悟心之歡也。卽此大衆尋常。什法師如宜。秦王道性自然。天機邁俗。城塹三寶。弘道是務。由使異典勝僧。自遠而至。靈鷲之風。萃於茲土。領公遠舉。乃千載之津梁也。於西域還。得方等新經二百餘部。請大乘禪師一人。三藏法師一人。毗婆沙法師二人。什法師於大石寺出新至諸經。法藏淵曠。日有異聞。禪師於瓦官寺教習禪道。門徒數百。夙夜匪懈。邕邕肅肅。致可欣樂。三藏法師於中寺出律藏。本末精悉。若覩初制。毗婆沙法師於石羊寺出舍利弗阿毗曇。胡本雖未及譯。時問中事。發言奇新。貧道一生猥參嘉運。遇茲盛化。自恨不覩釋迦祇洹之集。餘復何恨。而慨不得與淸勝君子。同斯法集耳。生上人頃在此。同止數年。至於言話之

際。常相稱詠。中途還南。君得與相見。未更近問。惘悒何言。威道人至。得君念佛三昧詠。并得遠法師三昧詠及序。此作興寄既高。辭致淸婉。能文之士。率稱其美。可謂遊涉聖門。扣玄關之唱也。君與法師。當數有文集。因來何少。什法師以午年出維摩經。貧道時預德次。參承之暇。輒復條記成言。以爲注解。辭雖不文。然義承有本。今因信持一本往南。君閑詳試可取看。來問婉切。難爲郢人。貧道思不關微。兼拙于筆語。且至趣無言。言必乖趣。云云不已。竟何所辯。聊以狂言。示訓來旨耳。疏云稱聖心冥寂。理極同無。雖處有名之中。而遠與無名同。斯理之玄。固常所彌昧者。以此爲懷。自可忘言內得。取定方寸。復何足以人情之所異。而求聖心之異乎。疏曰談者謂窮靈極數。妙盡冥符。則寂照之名。故是定慧之體耳。若心體自然。靈怕獨感。則羣數之應。固以幾乎息矣。意謂妙盡冥符。不可以定慧爲名。靈怕獨感。不可稱羣數以息。兩言雖殊。妙用常一。

迹我而乖。在聖不殊也。何者。夫聖人玄心默照。理極同無。既曰爲同。同無不極。何有同無之極。而有定慧之名。定慧之名。非同外之稱也。若稱生同內。有稱非同。若稱生同外。稱非我也。又聖心虛微。妙絕常境。感無不應。會無不通。冥機潛運。其用不勤。羣數之應。亦何爲而息耶。且夫心之有也。以其有有。有不自有。故聖心不有有。不有有。故有無有。有無有。故則無無。無無。故聖心不有不無。不有不無。其神乃虛。何者。夫有也無也。心之影響也。言也象也。影響之所攀緣也。有無既廢。則心無影響。影響既淪。則言象莫測。言象莫測。則道絕羣方。道絕羣方。故能窮靈極數。窮靈極數。乃曰妙盡。妙盡之道。本乎無寄。夫無寄在乎冥寂。冥寂故虛以通之。妙盡存乎極數。極數故數以應之。數以應之。故動與事會。虛以通之。故道超名外。道超名外。因謂之無。動與事會。因謂之有。因謂之有者。應夫眞有。强謂之然耳。彼何然哉。故經云。聖智無知而無所不知。無爲

而無所不爲。此無言無相寂滅之道。豈曰有而爲有。無而爲無。動而乖靜。靜而廢用邪。而今談者。多卽言㠯定旨。尋大方而徵隅。懷前識㠯標玄。存所存之必當。是㠯聞聖有知。謂之有心。聞聖無知。謂等太虛。有無之境。邊見所存。豈是處中莫二之道乎。何者。萬物雖殊。然性本常一。不可而物。然非不物。可物於物。則名相異陳。不物於物。則物而卽眞。是㠯聖人不物於物。不非物於物。不物於物。物非有也。不非物於物。物非無也。非有所㠯不取。非無所㠯不捨。不捨故妙存卽眞。不取故名相靡因。名相靡因。非有知也。妙存卽眞。非無知也。故經云。般若於諸法。無取無捨。無知無不知。此攀緣之外。絕心之域。而欲㠯有無詰者。不亦遠乎。請詰夫陳有無者。夫智之生也。極於相內。法本無相。聖智何知。世稱無知者。謂等木石太虛無情之流。靈鑒幽燭。形於未兆。道無隱機。寧曰無知。且無知生於無知。無無知也。無有知也。無有知也。謂之非有。無無知也。謂之非無。所㠯虛不失照。照不失虛。怕然永寂。靡執靡拘。孰能動之令有。靜之使無邪。若經云。眞般若者。非有非無。無起無滅。不可說示於人。何則。言其非有者。言其非是有。非謂是非有。言其非無者。言其非是無。非謂是非無。非有非非有。非無非非無。是㠯須菩提終日說般若。而云無所說。此絕言之道。知何㠯傳。庶參玄君子。有㠯會之耳。又云。宜先定聖心所㠯應會之道。爲當唯照無相邪。爲當咸覩其變也。談者似謂無相與變。其旨不一。覩變則異乎無相。照無相則失於撫會。然則卽眞之義。惑有滯也。經云色不異空。空不異色。色卽是空。空卽是色。若如來旨。觀色空時。應一心見色。一心見空。若一心見色。則唯色非空。若一心見空。則唯空非色。然則空色兩陳。莫定其本也。是㠯經云。非色者。誠㠯非色於色。不非色於非色。若非色於非色。太虛則非色。非色何所明。若㠯非色於色。卽非色不異色。非色不異色。色卽爲非色。故知變卽無相。無相卽

全晉文卷一百六十四 釋僧肇 三

變。羣情不同。故教迹有異耳。攷之玄籍。本之聖意。豈復眞僞殊心。空有異照邪。是㠯照無相。不失撫會之功。覩變動。不乖無相之旨。造有不異無。造無不異有。未嘗不有。未嘗不無。故曰不動等覺而建立諸法。㠯此而推。寂用何妨。如之何謂覩變之知。異無相之照乎。恐談者脫謂空有兩心。靜躁殊用。故言覩變之知。不可謂之不有耳。若能捨己心於封內。尋玄機於事外。齊萬有於一虛。曉至虛之非無者。當言至人終日應會。與物推移。乘運撫化。未始爲有也。聖心若此。何有可取。而曰未釋不取之理。又云無是乃所㠯爲眞。是無當乃所㠯爲至當。亦可如來言耳。若能無心於爲是而是於無是。無心於爲當而當於無當者。則終日是不乖於無是。終日當不乖於無當。但恐有是於無是。有當於無當。所㠯爲患耳。何者。若眞是可是。至當可當。則名相㠯形。美惡是生。生生奔競。孰與止之。是㠯聖人空洞其懷。無識無知。然居動用之域。而止無爲之境。處有名之內。而宅絕言之鄉。寂寥虛曠。莫可㠯形名得。若斯而已矣。乃曰眞是可是。至當可當。未喻雅旨也。恐是當之生。物謂之然。彼自不然。何足㠯然耳。夫言迹之興。異途之所由生也。而言有所不言。迹有所不迹。是㠯善言言者。求言所不能言。善迹迹者。尋迹所不能迹。至理虛玄。擬心已差。況乃有言。恐所示轉遠。庶通心君子。有㠯相期於文外耳。□□□□□□高僧傳六。出三藏記集三。

般若無知論 假致疑難。㠯導深旨。

夫般若虛玄者。蓋是三乘之宗極也。誠眞一之無差。然異端之論。紛然久矣。有天竺沙門鳩摩羅什者。少踐大方。研幾斯趣。獨拔於言象之表。妙契於希夷之境。齊異學於迦夷。揚淳風於東扇。將爰燭殊方。而匿耀涼土。所㠯道不虛應。應必有由矣。弘始三年。歲次星紀。秦乘入國之謀。舉師㠯來之意也。北天之運。數其然矣。大秦天王者。道契百王之端。德洽千載之下。游刃萬機。弘道終日。信季

全晉文卷一百六十四 釋僧肇 四

俗蒼生之所天釋迦遺法之所仗也時乃集義學沙門五百餘人於逍遥觀躬執秦文與什公參定方等其所開拓者豈唯當時之益乃累劫之津梁矣余㠯短乏曾廁嘉會㠯爲上聞異要始於時也然則聖智幽微深隱難測無相無名乃非言象之所得爲試惘象其懷寄之狂言耳豈曰聖心而可辨哉試論之曰放光云般若無所有相無生滅相道行云般若無所知無所見此辨智照之用而曰無相無知者何邪果有無相之知不知之照明矣何者夫有所知則有所不知㠯聖心無知故無所不知不知之知乃曰一切知故經云聖心無所知無所不知信矣是㠯聖人虛其心而實其照終日知而未嘗知也故能默耀韜光虛心玄鑒閉智塞聰而獨覺冥冥者矣然則智有窮幽之鑒而無知焉神有應會之用而無慮焉神無慮故能獨王於世表智無知故能玄照於事外智雖事外未始無事神雖世表終日域中所㠯俯仰順化應接無窮無幽不察而無照功斯則無知之所知聖神之所會也然其爲物也實而不有虛而不無存而不可論者其唯聖智乎何者欲言其有無狀無名欲言其無聖㠯之靈聖㠯之靈故虛不失照無狀無名故照不失虛照不失虛故混而不渝虛不失照故動㠯接麤是㠯聖智之用未始暫廢求之形相未暫可得故寶積曰㠯無心意而現行放光云不動等覺而建立諸法所㠯聖迹萬端其致一而已矣是㠯般若可虛而照眞諦可亡而知萬動可卽而靜聖應可無而爲斯則不知而自知不爲而自爲矣復何知哉復何爲哉

難曰夫聖人眞心獨朗物物斯照應接無方動與事會物物斯照故知無所遺動與事會故會不失機會不失機故必有會於可會知無所遺故必有知於可知必有知於可知故聖不虛知必有會於可會故聖不虛會既知既會而曰無知無會者何邪若夫忘知遺會者則是聖人無私於知會㠯成其私耳斯可謂不自有其知安得無知哉荅曰夫聖人功高二儀而不仁明逾日月而彌昏豈曰木石瞽其懷其於無知而已哉誠㠯異於人者神明故不可㠯事相求之耳子意欲令聖人不自有其知而聖人未嘗不有知無乃乖於聖心失於文旨者乎經云眞般若者清淨如虛空無知無見無作無緣斯則知自無知矣豈待返照然後無知哉若有知性空而稱淨者則不辨於惑智三毒四倒皆亦清淨有何獨尊淨於般若若㠯所知美般若所知非般若所知自常淨故般若未嘗淨亦無緣致淨歎於般若然經云般若清淨者將無㠯般若體性眞淨本無惑取之知本無惑取之知不可㠯知名哉豈唯無知名無知知自無知矣是㠯聖人㠯無知之般若照彼無相之眞諦眞諦無兔馬之遺般若無不窮之鑒所㠯會而不差當而無見寂怕無知而無不知者矣

難曰夫物無㠯自通故立名㠯通物物雖非名果有可名之物當於此名矣是㠯卽名求物物不能隱而論云聖心無知又云無所不知意謂無知未嘗知知未嘗無知斯則名教之所通立言之本意也然論者欲一於聖心異於文旨尋文求實未見其當何者若知得於聖心無知無所辨若無知得於聖心知亦無所辨若二都無得無所復論哉荅曰經云般若義者無名無說非有非無非實非虛虛不失照照不失虛斯則無名之法故非言所能言也言雖不能言然非言無㠯傳是㠯聖人終日言而未嘗言也今試爲子狂言辯之夫聖心者微妙無相不可爲有用之彌勤不可爲無不可爲無故聖智存焉不可爲有故名教絕焉是㠯言知不爲知欲㠯通其鑒不知非不知欲㠯辨其相辨相不爲無通鑒不爲有非有故知而無知非無故無知而知是㠯知卽無知無知卽知無㠯言異而異於聖心也

難曰夫眞諦深玄非智不測聖智之能在茲而顯故經云不得般

若。不見眞諦。眞諦則般若之緣也。㠯緣求智。智則知矣。荅曰。㠯緣求智。智非知也。何者。放光云。不緣色生識。是名不見色。又云。五陰清淨。故般若清淨。般若卽能知也。五陰卽所知也。所知卽緣也。夫知與所知相與而有。相與而無。故物莫之有。相與而有。故物莫之無。物莫之無。故爲緣之所起。物莫之有。故則緣之所不能生。緣所不能生。故照緣而非知。爲緣之所起。故知緣相因而生。是㠯知與無知。生於所知矣。何者。夫智㠯知所知取相。故名知。眞諦自無相。眞智何由知。所㠯然者。夫所知非所知。所知生於知。所知既生知。知亦生所知。所知既相生。相生卽緣法。緣法故非眞。非眞故非眞諦也。故中觀云。物從因緣有。故不眞。不從因緣有。故卽眞。今眞諦曰眞。眞則非緣。眞非緣。故無物從緣而生也。故經云。不見有法。無緣而生。是㠯眞智觀眞諦。未嘗取所知。智不取所知。此智何由知。然智非無知。但眞諦非所知。故眞智亦非知。而子欲㠯緣求智。故㠯智爲知。緣自非緣。於何而求知哉。

難曰。論云不取者。爲無知故不取。爲知然後不取邪。若無知故不取。聖人則冥若夜遊。不辨緇素之異邪。若知然後不取。知則異於不取矣。荅曰。非無知故不取。又非知然後不取。知卽不取。故能不取而知。

難曰。論云不取者。誠㠯聖心不物於物。故無惑取也。無取則無是。無是則無當。誰當聖心。而云聖心無所不知邪。荅曰。然。無是無當者。夫無當則物無不當。無是則物無不是。物無不是。故是而無是。物無不當。故當而無當。故經云。盡見諸法。而無所見者也。

難曰。聖心非不能是。誠㠯無是可是。雖無是可是。故當是於無是矣。是㠯經云。眞諦無相。故般若無知者。誠㠯般若無有有相之知。若㠯無相爲無相。有何累於眞諦也。荅曰。聖人無無相也。何者。若㠯無相爲無相。無相卽爲相。捨有而之無。譬猶逃峯而赴壑。俱不

免於患矣。是㠯至人處有而不有。居無而不無。雖不取於有無。然亦不捨於有無。所㠯和光塵勞。周旋五趣。寂然而往。怕爾而來。恬淡無爲。而無不爲。

難曰。聖心雖無知。然其應會之道不差。是㠯可應者應之。不可應者存之。然則聖心有時而生。有時而滅。可得然乎。荅曰。生滅者。生滅心也。聖人無心。生滅焉起。然非無心。但是無心心耳。又非不應。但是不應應耳。是㠯聖人應會之道。則信若四時之質。直㠯虛無爲體。斯不可得而生。不可得而滅也。

難曰。聖智之無。惑智之無。俱無生滅。何㠯異之。荅曰。聖智之無者。無知。惑智之無者。知無。其無雖同。所㠯無者異也。何者。夫聖心虛靜。無知可無。可曰無知。非謂知無。惑智有知。故有知可無。可謂知無。非曰無知也。無知卽般若之無也。知無卽眞諦之無也。是㠯般若之與眞諦。言用卽同而異。言寂卽異而同。同故無心於彼此。異故不失於照功。是㠯辨同者同於異。辨異者異於同。斯則不可得而異。不可得而同也。何者。內有獨鑒之明。外有萬法之實。萬法雖實。然非照不得。內外相與。㠯成其照功。此則聖所不能同用也。內雖照而無知。外雖實而無相。內外寂然。相與俱無。此則聖所不能異寂也。是㠯經云。諸法不異者。豈曰續鳧截鶴。夷嶽盈壑。然後無異哉。誠㠯不異於異。故雖異而不異也。故經云。甚奇世尊。於無異法中。而說諸法異。又云。般若與諸法。亦不一相。亦不異相。信矣。

難曰。論云言用則異。言寂則同。未詳般若之內。則有用寂之異乎。荅曰。用卽寂。寂卽用。用寂體一。同出而異名。更無無用之寂。而主於用也。是㠯智彌昧。照逾明。神彌靜。應逾動。豈曰明昧動靜之異哉。故成具云。不爲而過爲。寶積曰。無心無識。無不覺知。斯則窮神盡智。極象外之談也。卽之明文。聖心可知矣。□□□□□□□□

物不遷論

夫生死交謝。寒暑迭遷。有物流動。人之常情。余則謂之不然。何者。放光云。法無去來無動轉者。尋夫不動之作。豈釋動以求靜。必求靜於諸動。必求靜於諸動。故雖動而常靜。不釋動以求靜。故雖靜而不離動。然則動靜未始異。而惑者不同。緣使真言滯於競辯。宗途屈於好異。所以靜躁之極。未易言也。何者。夫談真則逆俗。順俗則違真。違真則迷性而莫返。逆俗故言淡而無味。緣使中人未分於存亡。下士撫掌而弗顧。近而不可知者。其唯物性乎。然而不能自已。聊復寄心於動靜之際。豈曰必然。試論之曰。道行云。諸法本無所從來。去亦無所至。中觀云。觀方知彼去。去者不至方。斯皆即動而求靜。以知物不遷明矣。夫人之所謂動者。以昔物不至今。故曰動而非靜。我之所謂靜者。亦以昔物不至今。故曰動而非靜。動而非靜。以其不來。靜而非動。以其不去。然則所造未嘗異。所見未嘗同。逆之所謂塞。順之所謂通。苟得其道。復何滯哉。傷夫人情之惑也久矣。目對真而莫覺。既知往物而不來。而謂今物而可往。往物既不來。今物何所往。何則。求向物於向。於向未嘗無。責向物於今。於今未嘗有。於今未嘗有。以明物不來。於向未嘗無。故知物不去。覆而求今。今亦不往。是謂昔物自在昔。不從今以至昔。今物自在今。不從昔以至今。故仲尼曰。回也見新。交臂非故。如此則物不相往來明矣。既無往返之微朕。有何物而可動乎。然則旋嵐偃嶽而常靜。江河競注而不流。野馬飄鼓而不動。日月歷天而不周。復何怪哉。噫。聖人有言曰。人命逝速。速於川流。是以聲聞悟非常以成道。緣覺覺緣離以即真。苟萬動而非化。豈尋化以階道。覆尋聖言。微隱難測。若動而靜。似去而留。可以神會。難以事求。是以言去不必去。閑人之常想。稱住不必住。釋人之所謂往耳。豈曰去而可遣。往而可留耶。故成具云。菩薩處計常之中。而演非常之教。摩訶衍論云。諸法不動。無去來處。斯皆導達羣方。兩言一會。豈曰文殊

而乖其致哉。是以言常而不住。稱去而不遷。不遷故雖往而常靜。不住故雖靜而常往。雖靜而常往。故往而不遷。雖往而常靜。故靜而弗留矣。然則莊生之所以藏山。仲尼之所以臨川。斯皆感往者之難留。豈曰排今而可往。是以觀聖人心者。不同人之所見得也。何者。人則謂少壯同體。百齡一質。徒知年往。不覺形隨。是以梵志出家。白首而歸。鄰人見之曰。昔人尚存乎。梵志曰。吾猶昔人。非昔人也。鄰人皆愕然。非其言也。所謂有力者負之而趨。昧者不覺。其斯之謂歟。是以如來因羣情之所滯。則方言以辯惑。乘莫二之真心。吐不一之殊教。乖而不可異者。其唯聖言乎。故談真有不遷之稱。導俗有流動之說。雖復千途異唱。會歸同致矣。而徵文者聞不遷。則謂昔物不至今。聆流動者。而謂今物可至昔。既曰古今。而欲遷之者。何也。是以言往不必往。古今常存。以其不動。稱去不必去。謂不從今至古。以其不來。不來故不馳騁於古今。不動故各性住於一世。然則羣籍殊文。百家異說。苟得其會。豈殊文之能惑哉。是以人之所謂住。我則言其去。人之所謂去。我則言其住。然則去住雖殊。其致一也。故經云。正言似反。誰當信者。斯言有由矣。何者。人則求古於今。謂其不住。吾則求今於古。知其不去。今若至古。古應有今。古若至今。今應有古。今而無古。以知不來。古而無今。以知不去。若古不至今。今亦不至古。事各性住於一世。有何物而可去來。然則四象風馳。璇璣電卷。得意毫微。雖速而不轉。是以如來功流萬世而常存。道通百劫而彌固。成山假就於始簣。脩途託至於初步。果以功業不可朽故也。功業不可朽。故雖在昔而不化。不化故不遷。不遷故則湛然明矣。故經云。三災彌綸。而行業湛然。信其言也。何者。果不俱因。因因而果。因因而果。因不昔滅。果不俱因。因不來今。不滅不來。則不遷之致明矣。復何惑於去留。踟躕於動靜之間者哉。然則乾坤倒覆。無謂不靜。洪流滔天。無謂其動。苟能契神

於卽物。斯不遠而可知矣。□□□□□□□□

不眞空論

夫至虛無生者。蓋是般若玄鑒之妙趣。有物之宗極者也。自非聖明特達。何能契神於有無之閒哉。是以至人通神心於無窮。窮所不能滯。極耳目於視聽。聲色所不能制者。豈不以其卽萬物之自虛。故物不能累其神明者也。是以聖人乘眞心而理順。則無滯而不通。審一氣以觀化。故所遇而順適。無滯而不通。故能混雜致淳。所遇而順適。故能觸物而一。如此。則萬象雖殊。而不能自異。不能自異。故知象非眞象。象非眞象。故則雖象而非象。然則物我同根。是非一氣。潛微幽隱。殆非羣情之所盡。故頃爾談論。至於虛宗。每有不同。夫以不同而適同。有何物而可同哉。故衆論競作。而性莫同焉。何則。心無者。無心於萬物。萬物未嘗無。此得在於神靜。失在於物虛。卽色者。明色不自色。故雖色而非色也。夫言色者。但當色卽色。豈待色色而後爲色哉。此直語色不自色。未領色之非色也。本無者。情尙於無。多觸言以賓無。故非有有卽無。非無無卽無。尋夫立文之本旨者。直以非有非眞有。非無非眞無耳。何必非有無此有。非無無彼無。此直好無之談。豈謂順通事實。卽物之情哉。夫以物物於物。則所物而可物。以物物非物。故雖物而非物。是以物不卽名而就實。名不卽物而履眞。然則眞諦獨靜於名敎之外。豈曰文言之能辯哉。然不能杜默。聊復厝言以擬之。試論之曰。摩訶衍論云。諸法亦非有相。亦非無相。中論云。諸法不有不無者。第一眞諦也。尋夫不有不無者。豈謂滌除萬物。杜塞視聽。寂寥虛豁。然後謂眞諦者乎。誠以卽物順通。故物莫之逆。卽僞卽眞。故性莫之易。性莫之易。故雖無而有。物莫之逆。故雖有而無。雖有而無。所謂非有。雖無而有。所謂非無。如此。則非無物也。物非眞物。物非物。故於何而可物。故經云。色之性空。非色敗空。以明夫聖人之於物也。卽萬物之自虛。豈待宰割以求通哉。是以寢疾有不眞之談。超日有卽虛之稱。然則三藏殊文。統之者一也。故放光云。第一眞諦無成無得。世俗諦故便有成有得。夫有得卽是無得之僞號。無得卽是有得之眞名。眞名故雖眞而非有。僞號故雖僞而非無。是以言眞未嘗有。言僞未嘗無。二言未始一。二理未始殊。故經云。眞諦俗諦。謂有異耶。答曰。無異也。此經直辯眞諦以明非有。俗諦以明非無。豈以諦二而二於物哉。然則萬物果有其所以不有。有其所以不無。有其所以不有。故雖有而非有。有其所以不無。故雖無而非無。雖無而非無。無者不絶虛。雖有而非有。有者非眞有。若有不卽眞。無不夷跡。然則有無稱異。其致一也。故童子歎曰。說法不有亦不無。以因緣故諸法生。瓔珞經云。轉法輪者。亦非有轉。亦非無轉。是謂轉無所轉。此乃衆經之微言也。何者。謂物無耶。則邪見非惑。謂物有耶。則常見爲得。以物非無。故邪見爲惑。以物非有。故常見不得。然則非有非無者。信眞諦之談也。故道行云。心亦不有亦不無。中觀云。物從因緣故不有。緣起故不無。尋理卽其然矣。所以然者。夫有若眞有。有自常有。豈待緣而後有哉。譬彼眞無。無自常無。豈待緣而後無也。若有不能自有。待緣而後有者。故知有非眞有。有非眞有。雖有不可謂之有矣。不無者。夫無則湛然不動。可謂之無。萬物若無。則不應起。起則非無。以明緣起。故不無也。故摩訶衍論云。一切諸法。一切因緣。故應有。一切諸法。一切因緣。故不應有。一切無法。一切因緣。故應有。一切有法。一切因緣。故不應有。尋此有無之言。豈直反論而已哉。若應有卽是有。不應言無。若應無卽是無。不應言有。言有是謂假有。以明非無。借無以辨非有。此事一稱二。其文有似不同。苟領其所同。則無異而不同。然則萬法果有其所以不有。不可得而有。有其所以不無。不可得而無。何則。欲言其有。有非眞生。欲言其無。事象既形。象形不卽無。非眞非實有。然則不眞空義顯於茲矣。故放光云。諸法假號不眞。譬如幻化人。非無幻化人。幻化人非眞人也。夫以名求物。物無當名之實。以物求名。名無得物之功。物無當名之實。非物也。名無得物之功。非名也。是以名不當實。實不當名。名實無當。萬物安在。故中觀云。物無彼此。而人以此爲此。以彼爲彼。彼亦以彼爲此。以此爲彼。此彼莫定乎一名。而惑者懷必然之志。然則彼此初非有。惑者初非無。既悟彼此之非有。有何物而可有哉。故知萬物非眞。假號久矣。是以成具立强名之文。園林託指馬之況。如此則深遠之言。於何而不在。是以聖人乘千化而不變。履萬惑而常通者。以其卽萬物之自虛。不假而虛物也。故經云。甚奇世尊。不動眞際。爲諸法立處。非離眞而立處。立處卽眞也。然則道遠乎哉。觸事而眞。聖遠乎哉。體之則神。

宗本義

本無實相法性性空緣會一義耳。何則。一切諸法。緣會而生。緣會而生。則未生無有。緣離則滅。如其眞有。有則無滅。以此而推。故知雖今現有。有而性常自空。性常自空。故謂之性空。性空故。故曰法性。法性如是。故曰實相。實相自無。非推之使無。故名本無。言不有不無者。不如有見常見之有。邪見斷見之無耳。若以有爲有。則以無爲無。有既不有。則無無也。夫不存無以觀法者。可謂識法實相矣。是謂雖觀有而無所取相。然則法相爲無相之相。聖人之心。爲住無所住矣。三乘等觀性空而得道也。性空者。爲諸法實相也。見法實相。故云正觀。若其異者。便爲邪觀。設二乘不見此理。則顛倒也。是以三乘觀法無異。但心有大小爲差耳。漚和般若者。大慧之稱也。諸法實相。謂之般若。能不形證。漚和功也。適化衆生。謂之漚和。不染塵累。般若力也。然則般若之門觀空。漚和之門涉有。涉有未始迷虛。故常處有而不染。不厭有而觀空。故觀空而不證。是謂一念之力。權慧具矣。一切之力。權慧具矣。可思歷然。可解泥洹盡

諦者。直結靜而已。則生死永滅。故謂盡耳。無復別有一盡處耳。□□

全晉文卷一百六十四終

烏程嚴可均校輯

釋氏九

釋僧肇二

涅槃無名論 并上秦主姚興表

僧肇言。肇聞天得一吕淸。地得一吕寍。君王得一吕治天下。伏惟陛下叡哲欽明。道與神會。妙契環中。理無不統。游刃萬機。弘道終日。威被蒼生。垂文作則。所吕域中有四大。而王后一焉。涅槃之道。蓋是三乘之所歸。方等之淵府。渺漭希夷。絕視聽之域。幽致虛玄。殆非羣情之所測。肇吕人微。猥蒙國恩。得閒居學肆。在什公門下。十有餘載。雖衆經殊致。勝趣非一。然涅槃一義。常吕聽習爲先。肇才識闇短。雖屢蒙誨喻。猶懷疑漠漠。爲竭愚不已。亦如似有解。然未經高勝先唱。不敢自決。不幸什公去世。諮參無所。吕爲永慨。而陛下聖德不孤。獨與什公神契。目擊道存。快盡其中方寸。故能振彼玄風。吕啓末俗。一日遇蒙答安城侯姚嵩書。問無爲宗極。何者。夫衆生所吕久流轉生死者。皆由著欲故也。若欲止於心。卽無復生死。既無生死。潛神玄默。與虛空合其德。是名涅槃矣。既曰涅槃。復何容有名於其閒哉。斯乃窮微言之美。極象外之談者也。自非道參文殊。德侔慈氏。孰能宣揚玄道。爲法城塹。使夫大教卷而復舒。幽旨淪而更顯。尋玩殷勤。不能暫捨。欣悟交懷。手舞弗暇。豈直當時之勝軌。方乃累劫之津梁矣。然聖旨淵玄。理微言約。可吕匠彼先進。拯拔高士。懼言題之流。或未盡上意。庶擬孔易十翼之作。豈貪豐文圓。吕弘顯幽旨。輒作涅槃無名論。論有九折十演。博採衆經。託證成喻。吕仰述陛下無名之致。豈曰關詣神心。窮究遠當。聊吕擬議玄門。班喻學徒耳。論末章云。諸家通第一義諦。皆云廓然空寂。無有聖人。吾常吕爲太甚逕庭。不近人情。若無聖人。知無

者誰。實如明詔。實如明詔。夫道恍惚窅冥。其中有精。若無聖人。誰與道游。頃諸學徒。莫不躊躇道門。怏怏此旨。懷疑終日。莫之能正。幸遭高判。宗徒儵然。扣關之儔。蔚登玄室。眞可謂法輪再轉於閻浮。道光重映於千載者矣。今演論之作。旨曲辨涅槃無名之體。寂彼廓然排方外之談。條牒如左。謹吕仰呈。若少參聖旨。願敕存記。如其有差。伏承指授。僧肇言。

九折十演者

開宗第一

無名曰。經稱有餘涅槃無餘涅槃者。秦言無爲。亦名滅度。無爲者。取乎虛無寂寞。妙絕於有爲。滅度者。言其大患永滅。超度四流。斯蓋是鏡像之所歸。絕稱之幽宅也。而曰有餘無餘者。良是出處之異號。應物之假名耳。余嘗試言之。夫涅槃之爲道也。寂寥虛曠。不可吕形名得。微妙無相。不可吕有心知。超羣有吕幽昇。量太虛而永久。隨之弗得其蹤。迎之罔眺其首。六趣不能攝其生。力負無吕化其體。潢漭惚恍。若存若往。五目不覩其容。二聽不聞其響。冥冥窅窅。誰見誰曉。彌綸靡所不在。而獨曳於有無之表。然則言之者失其眞。知之者反其愚。有之者乖其性。無之者傷其軀。所吕釋迦掩室於摩竭。淨名杜口於毘耶。須菩提唱無說吕顯道。釋梵絕聽而雨華。斯皆理爲神御。故口吕之而默。豈曰無辯。辯所不能言也。經云。眞解脫者。離於言數。寂滅永安。無始無終。不晦不明。不寒不暑。湛若虛空。無名無說。論曰。涅槃非有。亦復非無。言語道斷。心行處滅。尋夫經論之作。豈虛構哉。果有其所吕不有。故不可得而有。有其所吕不無。故不可得而無耳。何者。本之有境。則五陰永滅。推之無鄉。則幽靈不竭。幽靈不竭。則抱一湛然。五陰永滅。則萬累都捐。萬累都捐。故與道通。抱一湛然。故神而無功。神而無功。故至功常存。與道通洞。故沖而不改。沖而不改。故不可爲有。至功常存。故

不可爲無。然則有無絕於內。稱謂淪於外。視聽之所不暨。四空之所昏昧。恬焉而夷。怕焉而泰。九流於是乎交歸。衆理聖於是乎冥會。斯乃希夷之境太玄之鄉。而欲以有無題牓標其方域而語其神道者。不亦邈哉。

覈體第二

有名曰。夫名號不虛生。稱謂不自起。經稱有餘涅槃無餘涅槃者。蓋是返本之眞名。神道之妙稱者也。請試陳之。有餘者。謂如來大覺始興。法身初建。澡八解之清流。憩七覺之茂林。積萬善於曠劫。蕩無始之遺塵。三明鏡於內。神光照於外。結僧那於始心。終大悲以赴難。仰攀玄根。俯提弱喪。超邁三域。獨蹈大方。啟八正之平路。坦衆遮之夷途。騁六通之神驥。乘五衍之安車。至能出生入死。與物推移。道無不洽。德無不施。窮化母之始物。極玄樞之妙用。廓虛宇於無疆。耀薩雲於幽燭。將絕朕於九止。永淪太虛。而有餘緣不

盡。餘迹不泯。業報猶魂。聖智尚存。此有餘涅槃也。經云。陶冶塵滓。如鍊眞金。萬累都盡。而靈覺獨存。無餘者。謂至人教緣都訖。靈照永滅。廓爾無朕。故曰無餘。何則。夫大患莫若於有身。故滅身以歸無。勞勤莫先於有智。故絕智以淪虛。然則智以形倦。形以智勞。輪轉修途。疲而弗已。經曰。智爲雜毒。形爲桎梏。淵默以之而遼。患難以之而起。所以至人灰身滅智。捐形絕慮。內無機照之勤。外息大患之本。超然與羣有永分。渾爾與太虛同體。寂焉無聞。怕爾無兆。冥冥長往。莫知所之。其猶燈盡火滅。膏明俱竭。此無餘涅槃也。經云。五陰永盡。譬如燈滅。然則有餘可以有稱。無餘可以無名。無名立。則宗虛者欣尚於沖默。有稱生。則懷德者彌仰於聖功。斯乃典誥之所垂文。先聖之所軌轍。而曰有無絕於內。稱謂淪於外。視聽之所不暨。四空之所昏昧。使夫懷德者自絕。宗虛者靡託。無異杜耳目於胎殼。掩玄象於霄外。而責宮商之異。辯玄素之殊者也。子徒知遠推至人於有無之表。高韻絕唱於形名之外。而論旨竟莫知所歸。幽途故自蘊而未顯。靜思幽尋。寄懷無所。豈所謂朗文明於冥室。奏玄響於無聞者哉。

位體第三

無名曰。有餘無餘者。蓋是涅槃之外稱。應物之假名耳。而存稱謂者封名。志器象者耽形。名也極於題目。形也盡於方圓。方圓有所不寫。題目有所不傳。焉可以名於無名。而形於無形者哉。難序云。有餘無餘者。信是權寂致教之本意。亦是如來隱顯之陳迹也。但未是玄寂絕言之幽致。又非至人環中之妙術耳。子獨不聞正觀之說歟。維摩語言。我觀如來無始無終。六入已過。三界已出。不在方。不離方。非有爲。非無爲。不可以識識。不可以智知。無言無說。心行處滅。以此觀者。乃名正觀。以他觀者。非見佛也。放光云。佛如虛空。無去無來。應緣而現。無有方所。然則聖人之在天下也。

寂寞虛無。無執無競。導而弗先。感而後應。譬猶幽谷之響。明鏡之像。對之弗知其所以來。隨之罔識其所以往。恍焉而有。惚焉而亡。動而逾寂。隱而彌彰。出幽入冥。變化無常。其爲稱也。因應而作。顯迹爲生。息迹爲滅。生名有餘。滅名無餘。然則有無之稱。本乎無名。無名之道。於何不名。是以至人居方而方。止圓而圓。在天而天。處人而人。原夫能天能人者。豈天人之所能哉。果以非天非人。故能天能人耳。其爲治也。故應而不爲。因而不施。因而不施。故施莫之廣。應而不爲。故爲莫之大。爲莫之大。故乃返於小成。施莫之廣。故乃歸乎無名。經曰。菩提之道。不可圖度。高而無上。廣而不及。淵而無下。深不可測。大包天地。細入無間。故謂之道。然則涅槃之道。不可以有無得之明矣。而惑者覩神變。因謂之有。見滅度。便謂之無。有無之境。妄想之域。豈足以標牓玄道。而語聖心者哉。意謂至人寂怕無兆。隱顯同源。存不爲有。亡不爲無。何則。佛言吾無生不生。雖

生不生。無形不形。雖形不形。㠯知存不爲有。經云菩薩入無盡三昧盡見故去滅度諸佛。又云入於涅槃而不般涅槃。㠯知亡不爲無。亡不爲無。雖無而有。存不爲有。雖有而無。雖有而無。故所謂非有。雖無而有。故所謂非無。然則涅槃之道。果出有無之域。絕言象之逕。斷矣。子乃云聖人患於有身。故滅身㠯歸無。勞勤莫先於有智。故絕智㠯淪虛。無乃乖乎神極。傷於玄旨者也。經曰法身無象應物而形。般若無知。對緣而照。萬機頓起而不撓其神。千難殊對而不干其慮。動若行雲。止猶谷神。豈有心於彼此。情繫於動靜者乎。既無心於動靜。亦無象於去來。去來不㠯象。故無器而不形。動靜不㠯心。故無感而不應。然則心生於有心。象出於有象。象非我出。故金石流而不燋。心非我生。故日用而不動。紜紜自彼。於我何爲。所㠯智周萬物而不勞。形充八極而無患。益不可盈。損不可虧。寍復痾癘中逵。壽極雙樹。靈竭天棺。體盡焚燎者哉。而惑者居見

聞之境。尋殊應之迹。秉執矩而擬大方。欲㠯智勞至人。形患大聖。謂捨有入無。因㠯名之。豈謂採微言於聽表。拔玄根於虛壤者哉。

徵出第四

有名曰。夫渾元剖判。萬有參分。有既有矣。不得不無。無不自無。必因於有。所㠯高下相傾。有無相生。此乃自然之數。數極於是。㠯此而觀。化母所育。理無幽顯。恢恑憰怪。無非有也。有化而無。無非無也。然則有無之境。理無不統。經云有無二法。攝一切法。又稱三無爲者。虛空。數緣盡。非數緣盡。數緣盡者。卽涅槃也。而論云有無之表。別有妙道。妙於有無。謂之涅槃。請覈妙道之本。果若有也。雖妙非無。雖妙非無。卽入有境。果若無也。無卽無差。無而無差。卽入無境。總而括之。卽而究之。無有異有而非無。無有異無而非有者明矣。而曰有無之外。別有妙道。非有非無。謂之涅槃。吾聞其語。未卽於心也。

超境第五

無名曰。有無之數。誠㠯法無不該。理無不統。然其所統。俗諦而已。經曰眞諦何耶。涅槃道是。俗諦何耶。有無法是。何則。有者有於無。無者無於有。有無所㠯稱有。無有所㠯稱無。然則有生於無。無生於有。離有無無。離無無有。有無相生。其猶高下相傾。有高必有下。有下必有高矣。然則有無雖殊。俱未免於有也。此乃言象之所㠯形。是非之所㠯生。豈足㠯統於幽極而擬乎神道者乎。是㠯論稱出有無者。良㠯有無之數。止乎六境之內。六境之內。非涅槃之宅。故借出㠯祛之。庶悕道之流。髣髴幽途。託情絕域。得意忘言。體其非有非無。豈曰有無之外。別有一有而可稱哉。經曰三無爲者。蓋是羣生紛繞。生乎篤患。篤患之尤。莫先於有。絕有之稱。莫先於無。故借無㠯明其非有。明其非有。非謂無也。

搜玄第六

有名曰。論旨云涅槃既不出有無。又不在有無。不在有無。則不可於有無得之矣。不出有無。則不可離有無求之矣。求之無所。便應都無。然復不無其道。其道不無。則幽途可尋。所㠯千聖同轍。未嘗虛返者也。其道既存。而曰不出不在。必有異旨。可得聞乎。

妙存第七

無名曰。言由名起。名㠯相生。相因可相。無相無名。無名無說。非心所知。吾何敢言之。而子欲聞之耶。雖然。善志有言。衆人若能㠯無心而受。無聽而聽者。吾當㠯無言言之。庶述其言。亦可㠯言。淨名曰。不離煩惱。而得涅槃。天女曰。不出魔界。而入佛界。然則玄道在於妙悟。妙悟在於卽眞。卽眞則有無齊觀。齊觀則彼己莫二。所㠯天地與我同根。萬物與我一體。同我則非復有無。異我則乖於會通。所㠯不出不在。而道存乎其間矣。何則。夫至人虛心冥照。理無不統。懷六合於胸中。而靈鑒有餘。鏡萬有於方寸。而其神常虛。至

能拔玄根於未始即羣動㠯靜心恬淡淵默妙契自然所㠯處有不有居無不無居無不無故不無於無處有不有故不有於有故能不出有無而不在有無者也然則法無有無之相聖無有無之知聖無有無之知則無心於內法無有無之相則無數於外於外無數於內無心此彼寂滅物我冥一怕爾無朕乃曰涅槃涅槃若此圖度絕矣豈容可責之於有無之內又可徵之於有無之外邪

難差第八

有名曰涅槃既絕圖度之域則超六境之外不出不在而玄道獨存斯則窮理盡性究竟之道妙一無差理其然矣而放光云三乘之道皆因無爲而有差別佛言我昔爲菩薩時名曰儒童於然燈佛所已入涅槃儒童菩薩時於七住初獲無生忍進修三位若涅槃一也則不應有三如其有三則非究竟究竟之道而有升降之殊衆經異說何㠯取中邪

辨差第九

無名曰然究竟之道理無差也法華經云第一大道無有兩正吾㠯方便爲怠慢者於一乘道分別說三三車出火宅即其事也㠯俱出生死故同稱無爲所乘不一故有三名統其會歸一而已矣而難云三乘之道皆因無爲而有差別此㠯人三三於無爲非無爲有三也故放光云涅槃有差別邪答曰無差別但如來結習都盡聲聞結習不盡耳請㠯近喻㠯況遠旨如人斬木去尺無尺去寸無寸修短在外尺寸不在無也夫㠯羣生萬端識根不一智鑒有淺深德行有厚薄所㠯俱之彼岸而升降不同彼岸豈異異自我耳然則衆經殊辯其致不乖

責異第十

有名曰俱出火宅則無患一也同出生死則無爲一也而云彼岸無異異自我耳彼岸則無爲岸也我則體無爲者也請問我與無爲爲一爲異若我即無爲無爲亦即我不得言無爲無異異自我也若我異無爲我則非無爲無爲自無爲我自常有爲冥會之致又滯而不通然則我與無爲一亦無三異亦無三三乘之名何由而生也

會異第十一

無名曰夫止此而此適彼而彼所㠯同於得者得亦得之同於失者失亦失之我適無爲我即無爲無爲雖一何乖不一邪譬猶三鳥出網同適無患之域無患雖同而鳥鳥各異不可㠯鳥鳥各異謂無患亦異又不可㠯無患既一而一於衆鳥也然則鳥即無患無患即鳥無患豈異異自鳥耳如是三乘衆生俱越妄想之樊同適無爲之境無爲雖同而乘乘各異不可㠯乘乘各異謂無爲亦異又不可㠯無爲既一而一於三乘也然則我即無爲無爲即我無爲豈異異自我耳所㠯無患雖同而升虛有遠近無爲雖一而幽鑒有淺深無爲即乘也乘即無爲也此非我異無爲㠯未盡無爲故有三耳

詰漸第十二

有名曰萬累滋彰本於妄想妄想既祛則萬累都息二乘得盡智菩薩得無生智是時妄想都盡結縛永除結縛既除則心無爲心既無爲理無餘翳經曰是諸聖智不相違背不出不在其實俱空又曰無爲大道平等不二既曰無二則不容異二不體則已體應窮微而曰體而未盡是所未悟也

明漸第十三

無名曰無爲無二則已然矣結是重惑而可謂頓盡亦所未喻經曰三箭中的三獸渡河中渡無異而有淺深之殊者爲不同故也三乘衆生俱濟緣起之津同鑒四諦之的絕僞即眞同升無爲然則所乘不一者亦㠯智力不同故也夫羣有雖衆然其量有涯正

使智猶身子。辯若滿願。窮才極慮。莫窺其畔。况乎虛無之數。重玄之域。其道無涯。欲之頓盡也。書不云乎。爲學者日益。爲道者日損。爲道者。爲於無爲者也。爲於無爲。而日日損。此豈頓得之謂。要損之又損之。㠯至於無損耳。經喻螢日。智用可知矣。

譏動第十四

有名曰。經稱法身已上。入無爲境。心不可㠯智知。形不可㠯象測。體絕陰入。心智寂滅。而復云進修三位。積德彌廣。夫進修本於好尚。積德生於涉求。好尚則取捨情現。涉求則損益交陳。既㠯取捨爲心。損益爲體。而曰體絕陰入。心智寂滅。此文乖致殊。而會之一人。無異指南爲北。㠯曉迷夫。

動寂第十五

無名曰。經稱聖人無爲。而無所不爲。無爲。故雖動而常寂。無所不爲。故雖寂而常動。雖寂而常動。故物莫能一。雖動常寂。故物莫能二。物莫能二。故逾動逾寂。物莫能一。故逾寂逾動。所㠯爲卽無爲。無爲卽爲。動寂雖殊。而莫之可異也。道行云。心亦不有。亦不無。不有者。不若有心之有。不無者。不若無心之無。何者。有心則衆庶是也。無心則太虛是也。衆庶止於妄想。太虛絕於靈照。豈可止於妄想。絕於靈照。標其神道。而語聖心者乎。是㠯聖心不有。不可謂之無。聖心不無。不可謂之有。不有。故心想都滅。不無。故理無不契。理無不契。故萬德斯弘。心想都滅。故功成非我。所㠯應化無方。未嘗有爲。寂然不動。未嘗不爲。經云。心無所行。無所不行。信矣。儒童曰。昔我於無數劫。㠯國財身命施人無數。㠯妄想心施。非爲施也。今㠯無生心五華施佛。始名施耳。又空行菩薩入空解脫門。方言今是行時。非爲證時。然則心彌虛。行彌廣。終日行不乖於無行者也。是㠯賢劫稱無捨之檀。成具美不爲之爲。禪典唱無緣之慈。思益演不知之知。聖旨虛玄。殊文同辯。豈可㠯有爲便有爲。無爲便無

爲哉。菩薩住盡不盡。平等法門。不盡有爲。不住無爲。卽其事也。而㠯南北爲喻。殊非領會之唱。

窮源第十六

有名曰。非衆生無㠯御三乘。非三乘無㠯成涅槃。然必先有衆生。後有涅槃。是則涅槃有始。有始必有終。而經云。涅槃無始無終。湛若虛空。則涅槃先有。非復學而後成者也。

通古第十七

無名曰。夫至人空洞無象。而萬物無非我造。會萬物㠯成己者。其唯聖人乎。何則。非理不聖。非聖不理。理而爲聖者。聖不異理也。故天帝曰。般若當於何求。善吉曰。般若不可於色中求。亦不離色中求。又曰。見緣起爲見法。見法爲見佛。斯則物我不異之效也。所㠯至人戢玄機於未兆。藏冥運於卽化。總六合㠯鏡心。一去來㠯成體。古今通。終始同。窮本極末。莫之與二。浩然太均。乃曰涅槃。經曰。不離諸法。而得涅槃。又云。諸法無邊。故菩提無邊。㠯知涅槃之道。存乎妙契。妙契之致。本乎冥一。然則物不異我。我不異物。物我玄會。歸乎無極。進之弗先。退之弗後。豈容終始於其閒哉。天女曰。耆年解脫。亦何如久。

考得第十八

有名曰。經云。衆生之性。極於五陰之內。又云。得涅槃者。五陰都盡。譬猶燈滅。然則衆生之性。頓盡於五陰之內。涅槃之道。獨建於三有之外。邈然殊域。非復衆生得涅槃也。果若有得。則衆生之性。不止於五陰。若必止於五陰。則五陰不都盡。五陰若都盡。誰復得涅槃者耶。

玄得第十九

無名曰。夫眞由離起。僞因著生。著故有得。離故無名。是㠯則眞者同眞。法僞者同僞。子㠯有得爲得。故求於有得耳。吾㠯無得爲得。

故得在於無得也。且談論之作。必先定其本。既論涅槃。不可離涅槃而語涅槃也。若卽涅槃㠯興言。誰獨非涅槃而欲得之邪。何者。夫涅槃之道。妙盡常數。融冶二儀。滌蕩萬均。天人同一。異內視不己見。返聽不我聞。未嘗有得。未嘗無得。經曰。涅槃非衆生。亦不異衆生。維摩詰言。若彌勒得滅度者。一切衆生亦當滅度。所㠯者何。一切衆生。本性常滅。不復更滅。此名滅度。在於無滅者也。然則衆生非衆生。誰爲得之者。涅槃非涅槃。誰爲可得者。放光云。菩提從有得邪。荅曰不也。從無得邪。荅曰不也。從有無得邪。荅曰不也。離有無得邪。荅曰不也。然則都無得邪。荅曰不也。是義云何。荅曰。無所得。故爲得也。是故得無所得也。無所得謂之得者。誰獨不然邪。然則玄道在於絕域。故不得㠯得之。妙智存乎物外。故不知㠯知之。大象隱於無形。故不見㠯見之。大音匿於希聲。故不聞㠯聞之。故囊括終古。導達羣方。亭毒蒼生。疏而不漏。汪哉洋哉。何莫由之哉。故梵志曰。吾聞弘道廓義弘深。汪洋無涯。靡不成就。靡不度生。然則三乘之路開。眞僞之途辨。賢聖之道存。無名之致顯矣。

長阿含經序

夫宗極絕於稱謂。賢聖㠯之沖默。玄旨非言不傳。釋迦所㠯致教。是㠯如來出世。大教有三。約身口。則防之㠯禁律。明善惡。則導之㠯契經。演幽微。則辨之㠯法相。然則三藏之作也。本於殊應。會之有宗。則異途同趣矣。禁律。律藏也。四分十誦。法相。阿毗曇藏也。四分五誦。契經。四阿含藏也。增一阿含四分八誦。中阿含四分五誦。雜阿含四分十誦。此長阿含四分四誦。合三十經。㠯爲一部。阿含。秦言法歸。法歸者。蓋是萬善之淵府。總持之林苑。其爲典也。淵博弘富。韞而彌曠。明宣禍福賢愚之迹。剖判眞僞異濟之原。歷記古今成敗之數。墟域二儀品物之倫。道無不由。法無不在。譬彼巨海。百川所歸。故㠯法歸爲名。開析修途。所記長遠。故㠯長爲目。翫茲典者。長迷頓曉。邪正難辨。顯如晝夜。報應冥昧。照若影響。劫數雖遼。近猶朝夕。六合雖曠。現若目前。斯可謂朗大明於幽室。惠五目於衆瞽。不闚戶牖。而智無不周矣。大秦天王。滌除玄覽。高韻獨邁。恬智交養。道世既濟。每懼微言翳於殊俗。㠯右將軍使者司隸校尉晉公姚爽。質直清柔。玄心超詣。尊尚大法。妙悟自然。上特留懷。每任㠯法事。㠯弘始十二年歲次上章掩茂。請罽賓三藏沙門佛陀耶舍出律藏四分四十五卷。（一作四十卷。案今藏本四分律藏六十卷。與此卷數不同。）十四年訖。十五年歲次昭陽奮若。出此長阿含訖。涼州沙門佛念爲譯。秦國道士道含筆受。時集京夏名勝沙門。於第校定。恭承法言。敬受無差。蠲華崇朴。務存聖旨。余㠯嘉遇。猥參聽次。雖無翼善之功。而豫親承之末。故略記時事。㠯示來賢焉。（釋藏刻一。又跡九。）

梵網經序

夫梵網經者。蓋是萬法之玄宗。衆經之要旨。大聖開物之眞模。行者階道之正路。是㠯如來權教雖復無量。所言要趣。莫不㠯此爲指南之說。是㠯秦主識達寰中。神凝紛表。雖威綸四海。而湉想虛玄。雖風偃八荒。而靜慮塵外。故弘始三年。淳風東扇。於是詔天竺法師鳩摩羅什在長安草堂寺。及義學沙門三千餘僧。手執梵文。口翻解釋五十餘部。唯梵網經一百二十卷六十一品。其中菩薩心地品第十。專明菩薩行地。是時道融道影之三百人等。卽受菩薩戒。人各誦此品。㠯爲心首。師徒義合。敬寫一品八十一部。流通於世。欲使仰希菩提者。追蹤㠯悟理。故冀於後代同聞焉。（釋藏攝二。）

百論序

百論者。蓋是通聖心之津塗。開眞諦之要論也。佛泥洹後八百餘年。有出家大士。厥名提婆。玄心獨悟。俊氣高朗。道映當時。神超世表。故能闢三藏之重關。坦十二之幽路。擅步迦夷。爲法城塹。於時外道紛然。異端競起。邪辯逼眞。殆亂正道。乃仰慨聖教之陵遲。俯悼羣迷之縱惑將遠拯沈淪故作斯論所吕防正閑邪大明於宗極者矣是吕正化吕之而隆邪道吕之而替非夫領括衆妙孰能若斯論有百偈故吕百爲名理致淵玄統羣籍之要文旨婉約窮制作之美然至趣幽簡尠得其門有婆藪開士者明慧內融妙思奇拔遠契玄蹤爲之訓釋使沈隱之義彰於徽翰風味宣流被於來葉文藻煥然宗塗易曉其爲論也言而無當破而無執儻然靡據而事不失眞蕭焉無寄而理自玄會返本之道著乎茲矣有天竺沙門鳩摩羅什器量淵弘俊神超邈鑚仰累年轉不可測常味詠斯論吕爲心要先雖親譯而方言未融至令思尋者躊躇於謬文標位者乖迕於歸致大秦司隸校尉安成侯姚嵩風韻清舒沖心簡勝博涉內外理思兼通少好大道長而彌篤雖復形羈時務而法言不輟每撫茲文所慨良多吕弘始六年歲次壽星集理味沙門與什考校正本陶練覆疏務存論旨使質而不野簡而必詣

宗致劃爾無間然矣論凡二十品品各有五偈後十品其人吕爲無益此土故闕而不傳冀明（一作曉）識君子詳而覽焉（釋藏守八，又百一）

注維摩詰經序

維摩詰不思議經者蓋是窮微盡化妙絕之稱也其旨淵玄非言象所測道越三空非二乘所議超羣數之表絕有心之境眇莽無爲而無不爲罔知所吕然而能然者不思議也何則夫聖智無知而萬品俱照法身無象而殊形竝應至韻無言而玄籍彌布冥權無謀而動與事會故能統濟羣方開物成務利見天下於我無爲而惑者覩感照因謂之智觀應形則謂之身覿玄籍便謂之言見變動乃謂之權夫道之極者豈可吕形言權智而語其神域哉然羣生長寢非言莫曉道不孤運弘之由人是吕如來命文殊於異方召維摩於他土爰集毗耶共弘斯道此經所明統萬行則吕權智爲主樹德本則吕六度爲根濟蒙惑則吕慈悲爲首語宗極則吕不二爲言凡此衆說皆不思議之本也至若借座燈王請飯香土手接大千室包乾像不思議之迹也然幽關難啓聖應不同非本無吕垂迹非迹無吕顯本本迹雖殊而不思議一也故命侍者標吕爲名焉大秦天王俊神超世玄心獨悟弘至治於萬機之上揚道化於千載之下每尋翫茲典吕爲栖神之宅而恨支竺所出理滯於文常懼玄宗墜於譯人北天之運運通有在也吕弘始八年歲次鶉火命大將軍常山公左將軍安城侯與義學沙門千二百人於常安大寺請羅什法師重譯正本什吕高世之量冥心眞境既盡寰中又善方言時手執梵文口自宣譯道俗虔虔一言三復陶冶精求務存聖意其文約而詣其旨婉而彰微遠之言於茲顯然余吕闇短時豫聽次雖思乏參玄然庶得文意輒順所聞而爲注解略記成言述而無作庶將來君子異世同聞焉（釋藏踐八，又后一，又務）

鳩摩羅什法師誄并序

夫道不自弘弘必由人俗不自覺覺必待匠待匠故世有高悟之期由人故道有小成之運運在小成則靈津輟流期在高悟則玄鋒可詠然能仁曠世期將千載時師邪心是非競起故使靈規潛遊徽緒殆亂爰有什法師者蓋先覺之遺嗣也凝思大方馳懷高觀審釋道之陵遲悼蒼生之窮藹故乃奮迅神儀寓形季俗繼承洪緒爲時城塹世之安寢則覺吕大音時將晝昏乃朗吕慧日思結頹綱於道消緝落緒於窮運故乘時吕會錯枉吕正一扣則時無互鄉再擊則嶮巇歸仁於斯時也羊鹿之駕摧輪六師之車覆轍二想之玄既明一乘之奧亦顯是吕端坐嶺東響馳八極恬愉弘訓而九流思順故大秦苻姚二大王師旅吕延之斯仁王也心遊大覺之門形鎮萬化之上外揚羲和之風內盛弘法之術道契神交屈爲形授公吕宗匠不重則其道不尊故蘊懷神寶感而後

韵當作韻　　爲當作謂

動自公形應秦川。若燭龍之曜神光。恢廓大宗。若曦和之出榑桑。融治常道。盡重玄之妙。闡邪悟俗。窮名教之美。言既適時。理有圓會。故辯不徒興。道不虛唱。斯乃法鼓重震於閻浮。梵輪再轉於天北矣。自非位超修成。體精百練。行藏應時。其孰契於茲乎。以要言之。其爲弘也。隆於春陽。其除患也。厲於秋霜。故巍巍乎蕩蕩乎。無邊之高韻。然隘運幽興。若人云暮。癸丑之年。年七十。四月十三日薨乎大寺。嗚呼哀哉。道匠西傾。神軸東摧。朝曦落曜。寶岳崩頹。六合晝昏。迷駕九迴。神關重閉。三途競開。夜光可惜。盲子可哀。罔極之感。人百其懷。乃爲誄曰。

先覺登霞。靈風緬邈。通仙潛凝。應眞沖漠。叢叢九流。是非競作。悠悠盲子。神根沈溺。時無指南。誰識冥度。大人遠覺。幽懷獨悟。恬沖靜默。抱此玄素。應斯乘運。翔翼天路。旣曰應運。宜當時望。受生乘利。形標奇相。襁褓遂遠。髫齔逸量。思不再經。悟不待匠。投足八道。遊神三向。玄根挺秀。宏音遠唱。又以抗節。忽棄榮俗。從容道門。尊尙素朴。有典斯尋。有妙斯錄。弘無自替。宗無擬族。霜結如冰。神安如岳。外迹彌高。內朗彌足。恢恢高韻。可模可因。愔愔沖懷。惟妙惟眞。靜以通元。動以應人。言爲世寶。默爲時珍。華風旣立。二教亦賓。誰爲道消。玄化方新。自公之覺。道無不弘。靈風遐扇。逸響高騰。廓茲大方。然斯慧燈。道音始唱。俗網以崩。痴根彌拔。上善彌增。人之寓俗。其途無方。統斯羣有。紛茲穢綱。順以四恩。降以慧霜。如彼維摩。迹參城坊。形雖圓應。神沖帝鄉。來教雖妙。何足以臧。偉哉大人。振隆圓德。標此名相。顯彼沖默。通以眾妙。約以玄則。方隆般若。以應天北。如何運還。幽里冥尅。天路誰通。三途永塞。嗚呼哀哉。至人無爲。而無不爲。擁網遐籠。長羅遠羈。純恩下欽。客旅上攜。恂恂善誘。肅肅風馳。道能易俗。化能移時。奈何昊天。摧此靈規。至眞旣往。一道莫施。天人哀泣。悲慟靈祇。嗚呼哀哉。公之云亡。時唯百六。道匠韜斤。梵輪摧軸。朝陽頹景。瓊岳顛覆。宇宙晝昏。時喪道目。哀哀蒼生。誰撫誰育。普天悲慼。我增摧衄。嗚呼哀哉。昔吾一時。曾遊仁川。遵其餘波。纂成虛玄。用之無窮。鑽之彌堅。曜日絕塵。思加數年。微情未敘。已隨化遷。如可贖兮。貿之以千。時無可待。命無可延。惟身惟人。靡憑靡緣。馳懷罔極。情悲昊天。嗚呼哀哉。廣弘明集二十六。又見十六國春秋六十二。

全晉文卷一百六十五　釋僧肇　十五

支曇諦

曇諦。本康居人。居吳興烏程之千秋里。後徙故鄣之崑山。義熙七年卒。有集六卷。案隋志列曇諦於慧遠之前。以道護作曇諦誄。誄以爲義熙七年五月卒。道護與曇諦友善。必不有誤。高僧傳七神僧傳三作宋元嘉末卒。恐未可據。隋志曇諦集以道護集皆列於晉。不列於宋。足以明之。

廬山賦

唶哉壯麗。峻極氤氳。包靈奇以藏器。蘊絕峯乎青雲。景澄則巖岫開鏡。風生則芳林流芬。巖奇故神明鱗萃。路絕故人迹自分。嚴清升山於玄崖。世高垂化於鄒亭。應眞陵雲以踞峯。眇忽翳景而入冥。咸豫聞其清塵。妙無得而稱名也。若其南面巍崫。北背邃帶。懸霤分流以飛湍。七嶺重嶂而疊勢。映以竹柏。蔚以檉松。縈以三湖。帶以九江。嗟四物之蕭森。爽獨秀於玄冬。美二流之潺湲。津百川之所衝。峭門百尋。峻闕千仞。香鑪吐雲以像煙。甘泉涌霤而先潤。藝文類聚七

赴火蛾賦 并序

悉達有言曰。愚人忘身。如蛾投火。誠哉斯言。信而有徵也。藝文類聚九十七。御覽九百五十一。

翔無常宅。集無定栖。類聚羣分。麈合電移。因溫風以舒散。乘游氣以徘徊。於是朱明御節。時在盛陽。天地鬱蒸。日月昏茫。燭燿庭宇。燈朗幽房。紛紛羣飛。翩翩來翔。赴飛燄而體燋。投煎膏而身亡。藝文類聚九十七

全晉文卷一百六十五　支曇諦　十六

波當作般

燈贊

既明遠理。亦弘近教。千燈同輝。百枝並曜。飛烟清夜。流光洞照。見形悦景。悟旨測妙。（藝文類聚八十。）

靈鳥山銘序

昔如來游王舍城。頓靈鳥山。舊云。其山峯似鳥而威靈。故以爲名焉。衆美咸歸。壯麗畢備。（御覽）

竺僧度

僧度姓王。名晞。字玄宗。東莞人。後爲僧改名。

荅楊苕華書（苕華者竺僧度之妻）

夫事君以治一國。未若弘道以濟萬邦。事親以成一家。未若弘道以濟三界。髮膚不毀。俗中之近言耳。但吾德不及遠。未能兼被。以此爲愧。然積簣成山。亦冀從微至著也。且披袈裟。振錫杖。飲清流。詠波若。雖王公之服。八珍之饍。鏗鏘之聲。煒曄之色。不與易也。若能懸契。則同期於泥洹矣。且人心各異。有若其面。卿之不樂道。猶我之不慕俗矣。楊氏。長別離矣。萬世因緣。於今絕矣。歲聿云暮。時不我與。學道者當以日損爲志。處世者當以及時爲務。卿年德並茂。宜速有所慕。莫以道士經心。而坐失盛年也。（高僧傳四）

釋僧衛

衛居荆州長沙寺。爲殷仲堪所重。

十住經合注序

夫冥壑以沖虛靜用。百川以之本。至極以無相標玄。品物以之宗。故法性住滯一以居妙。寂紛累以運通。靈根朗圓燭以遂能。乘涉動以開用。然能要有資。用必有本。有本故御本則悟涉無方。能要有資。故悟虛則遂運其通。通則苞鏡六合。而有無圓照。塞則用隨緣感。而應必慮偏。圓照則神功造極。慮偏則顛覆與焉。故四瀆罔溢。則洪川灌紘。玄象差轍。則三光晦曜。因此而推。固知運通

有宗。化積有本。夫運通之宗。因緣開其會。無相極其終。化積之本。十道啟其謀。心術憑無。則靈照通而大乘廓。滯有則神慮塞而九宅開矣。然推而極之。則唯心與法。別而張之。則繇彰八極。請辨而目焉。夫萬法浩然。宗一無相。靈魄彌綸。統極圓照。斯蓋日體用爲萬法。言性虛爲無相。稱動王爲心識。謂靜御爲智照。故滯有慮塞。則曰心曰識。憑靈照通。則曰智曰見。見者正見也。始曉之偏目也。智者正偏智也。體極之圓號也。正見創入轍之始。正偏標體極之終。四者蓋精魄彌綸。水鏡萬法。雖數隨緣感。然靈照常一。而不變者也。夫體用無方。則用實異照。故亂識爲塵穢心欲。聞見謂寶。廓智謂種。穢心故五欲爲酖醴之室。開見故三寶爲荆石之門。亂識故六塵爲幻惑之肆。廓智故一切種爲驪龍之淵。四者寔萬法浩然。同實異照。雖感應交映。而宗一無相者也。故識御六塵以曚性。心起五欲以昏慮。見憑四諦以洗鑒。智撫無相以通照。然則境雖（下缺數語）理。故心緣精魄彌綸。體故靈照。靈照故統名一心。所緣故總號一法。若夫名隨數變。則浩然無際。統以心法。則未始非二。故十住爲經。將窮賾心術之原。本遂眞悟之始。糅神功啟於化彰。八萬歸於圓照。使靈機無隱伏之數。大造無虛竊之名。爾乃落滯識以反鑒。貞眞慧以居宗。開十道運其用。恬無相遠其通。合三義以廓能。則表宏稱謂菩提。菩提者。包極十道之尊號。括囊通物之妙稱。乃十住啟靈照之圓極。遠弘大通之逸軌。故十住者。靜照息機。反鑒之容目者也。夫所以冠大業之始唱。統十地之通目。表稱十住。諒義存於茲焉。義存於茲焉。然則十住之興。蓋廓明神覺之向牖。發瑩眞慧之砥礪。如來反流盡源之舟輿。世雄撫會誕化之天府。乃衆經之宗本。法藏之淵源。實鑒始領終之水鏡。光宣佛慧之日月者也。夫致弘不可以言象窮。道弘不可以名數極。故文約而義豐。辭婉而旨弘。兆百行開於心轍。啟八萬舉其一

隅。非夫探鉤玄奧研機。孰能亢貞鑒啟於希微。闢拔英悟。返乎三隅者哉。悲夫守習之迷。雖服膺舊聞。不覩斯要。譬負日月而彌昏。面玄津而莫濟矣。當請引而推焉。夫舉高必詣遠。致深則興玄。故廓六天㠯妙處。引法雲㠯勝衆。蓋非勝無㠯扣其玄。處非妙不足㠯光其道。光道要有方。玄扣必得人。故位妙處㠯殊方。則境絕衆穢。開玄肆㠯引衆。則英彥蓋時。處極六天。則寶映七珍。衆舉法雲。則體鏡九宅。廓六變㠯開運。朗耀世之宏觀。叩三說㠯開興。撫玄中之統韻。登五情㠯宜到。應衆誠㠯彌滄。遞二七㠯運感。互交用於玄端。闡神轍於三轉之際。兆靈覺於九識之淵。匹夫衆經㠯比興。不得同日而語。開八萬㠯辯用。焉可共劫而言。非夫體包三義。道總兩端。孰有若斯之弘哉。孰有若斯之弘哉。㠯此而斷。其道淵矣。其致玄矣。夫㠯金剛之幽植。總神辯㠯居用。猶曰不可究其深。況自降茲者乎。然道不獨運。弘必由人。故令千載之下。靈液有寄焉。夫外國法師鳩摩羅耆婆者。挺天悟於命世。邁英風於季俗。乘冥寄而孤遊。因秦運㠯弘道。撫玄節於希聲。暢微言於像外。可㠯袪故納新。非擬三益。悟宗入轍。幾於過半。運啟其願。彌遭其會。㠯鉛礫之質。厠南金之肆。誠悟無返三之機。思無稽玄之謀。然存聞賞事。庶無惑焉。故撫經靜慮。感尋疇昔。每苦其文約而致弘。言婉而旨玄。使靈燭映於隱數。大宗昧於褊文。神標餘是㠯權範。玄風自茲用澆淮。至於閑詣靖鳴。扣膺津門。則何常不遙然長慨。撫禎薄㠯興懷哉。故遂撰記上聞。略爲注釋。豈曰淵壑之待晨露。蓋㠯伸其用己之心耳。庶後來明哲。有㠯引而補焉。釋藏迹九

曇影

曇影。姚秦時居陽翟九崖巖。見魏書殷紹傳後住逍遙園。

中論序

夫萬化非無宗。而宗之者無相。虛宗非無契。而契之者無心。故至人㠯無心之妙慧。而契彼無相之虛宗。內外俱冥。緣智俱寂。豈容名數於其間哉。但㠯悕玄之質。趣必有由。非名無㠯領數。非數無㠯擬宗。故遂設名而召之。立數而辨之。然則名數之生。生於累者。可㠯造極而非其極。苟曰非極。復何常之有邪。是故如來始逮眞覺。應物接麤。啟之㠯有。後爲大乘。乃說空法。化適當時。所悟不二。流至末葉。像教之中。人根膚淺。道識不明。遂廢魚守筌。在指忘月。覩空教便謂罪福俱泯。聞說相則謂之爲眞。是使有無交興。生滅迭爭。斷常諸邊。紛然競起。時有大士。厥號龍樹。爰託海宮。逮無生忍。意在傷宗。載隆遺教。故作論㠯折中。其立意也。則無言不窮。無法不盡。然統其要歸。則會通二諦。㠯眞諦故無有。俗諦故無無。眞故無有。則雖無而有。俗故無無。則雖有而無。雖有而無。則不累於有。雖無而有。則不滯於無。不滯於無。則斷滅見息。不存於有。則常等冰消。寂此諸邊。故名曰中。問荅析微。所㠯爲論。是作者之大意也。亦云中觀。直㠯觀辯於心。論宜於口耳。釋藏百一

僧佉吒

佉吒。外國人。寄居長干寺。

題頌同張奴

悠悠世事。惑滋損益。使欲塵神。横生悅懌。惟此哲人。淵覺先見。思彤浮沫。矚影遄電。累躓聲華。蔑醜章弁。覩色悟空。翫物傷變。捨紛絕有。斷習除戀。青條曲蔭。白茅㠯薦。依畦啜麻。鄰崖飲淥。慧定計昭。妙眞日眷。慈悲有增。深想無倦。高僧傳十杯度

全晉文卷一百六十五終

烏程嚴可均校輯

釋氏十

闕名一

修行道地經翻譯記

罽賓文士竺侯征若。性純厚。樂道歸尊。好學不倦。眞爲上儒也。齎此經本。來至燉煌。是時月支菩薩沙門法護。德素智博。所覽若淵。志化未進。誨人以眞。究天竺語。又暢晉言。於此相値。共演之。其筆受者。菩薩弟子沙門法乘月氏法寶賢者李應榮承索烏子剡遲時通武支晉支晉寶等三十餘人。咸共勸助。以太康五年二月二十三日始訖。正書寫者。榮攜業侯無英也。其經上下二十七品。分爲六卷。向六萬言。於是衆賢各各布置。釋藏終八

放光經記

惟昔大魏潁川朱士行。以甘露五年出家。學道爲沙門。出塞西至于闐國。寫得正品梵書梵本九十章。六十萬餘言。以太康三年遣弟子弗如檀。晉字法饒。送經梵本至洛陽。住三年。復至許昌。二年後至陳留界倉垣水南寺。以元康元年五月十五日。衆賢者共集議。晉書正寫。時執梵本者于闐沙門無叉羅。優婆塞竺叔蘭口傳。祝太玄周玄明共筆受。正書九十章。凡二十萬七千六百二十一言。時倉垣諸賢者等大小相勸助供養。至其年十二月二十四日寫都訖。經義深奧。又前後寫者。參校不能善悉。至太安二年十一月十五日。沙門竺法寂來至倉垣水北寺。求經本寫。時檢取現品五部。并梵本。與竺叔蘭更共攷校書寫。永安元年四月二日訖。於前後所寫。校最爲差定。其前所寫。可更取校。晉梵音訓。暢義難通。諸開士大學文生書寫供養諷誦讀者。願留三思。恕其不逮也。釋藏跡七

須眞天子經記

須眞天子經。太始二年十一月八日。於長安青門內白馬寺中。天竺菩薩曇摩羅察口授出之。時傳言者安文惠帛元信。手受者聶承遠張玄伯孫休達。十二月三十日未時訖。同上

普曜經記

普曜經。永嘉二年太歲在戊辰五月。本齊菩薩沙門法護。在天水寺。手執梵本。口宣晉言。時筆受者康殊帛法炬。同上

賢劫經記

賢劫經。永康元年七月二十一日。月支菩薩竺法護。從罽賓沙門得是賢劫三昧。手執口宣。時竺法友從洛寄來。筆受者趙文龍。使其功德。福流十方。普遂蒙恩。離於罪蓋。其是經者。次見千佛。稽受道化。受菩薩決。致無生忍。至一切法。十方亦爾。同上

首楞嚴後記

咸和三年歲在癸酉。涼州刺史張天錫在州出此首楞嚴經。於時有月支優婆塞支施崙。手執梵本。支博綜衆經。於方等三昧特善。其志業大乘學也。出首楞嚴須賴上金光首如幻三昧。時在涼州州內正聽堂湛露軒下集。時譯者龜茲王子帛延。善晉梵音。延博解羣籍。內外兼綜。受者常侍西海趙瀟會水令馬亦內侍來恭政。此三人皆是俊德。有心道德。時在坐沙門釋慧常釋進行。涼州自屬辭。辭旨如本。不加文飾。飾近俗。質近道。文質兼。唯聖有之耳。同上

阿維越致遮經記晉言不退轉法輪

太康五年十月十四日。菩薩沙門法護。於燉煌從龜茲副使羌子侯。得此梵書不退轉法輪經。口敷晉言。授沙門法乘。使流布一切。咸悉聞知。同上

魔逆經記

太康十年十二月二日。月支菩薩法護手執梵書。口宣晉言。聶道眞筆受。於洛陽城西白馬寺中始出。折顯元寫使功德流布。一切蒙福度脫。同上

聖法印經記

元康四年十二月二十五日。月支菩薩沙門法護。於酒泉演出此經。弟子竺法首筆受。令此深法。普流十方。大乘常住。同上

文殊師利淨律經記

經後記云。沙門竺法護。於京師遇西國寂志。誦出此經。經後尚有數品。其人忘失。輒宣現者。轉之為晉。更得其本。補令具足。太康十年四月八日。白馬寺中聶道眞對筆受。勸助劉元謀傳公信侯彥長等。同上

正法華經記

太康七年八月十日。燉煌月支菩薩沙門法護。手執梵經。口宣傳

出正法華經二十七品。授優婆塞聶承遠張仕明張仲政共筆受。竺德成竺文盛嚴威伯續文承趙叔初張文龍陳長玄等共勸助歡喜。九月二日訖。天竺沙門竺力龜茲居士帛元信共參校。元年二月六日重覆。又元康元年。長安孫伯虎已四月十五日寫素解。釋藏跡八

正法華經後記

永熙元年八月二十八日。比丘康那律於洛陽寫正法華品竟。時與清戒界節優婆塞張季博董景玄劉長武長文等。手執經本。詣白馬寺。對與法護口校古訓。講出深義。已九月大齋十四日。於東牛寺中施檀大會。講誦此經。竟日盡夜。無不咸歡。重已校定。同上

持心經記

持心經。太康七年三月十日。燉煌開士竺法護在長安說出梵文。授承遠。同上

六卷泥洹記

摩竭提國巴連弗邑阿育王塔天王精舍優婆塞伽羅先見晉土道人釋法顯遠遊此土。為求法故。深感其人。即為寫此大般泥洹經。如來祕藏。願令此經流布晉土。一切衆生悉成平等如來法身。義熙十三年十月一日。於謝司空石所立道場寺出此方等大般泥洹經。至十四年正月一日校定盡訖。禪師佛大跋陀手執梵本。寶雲傳譯。於時座有二百五十人。同上

二十卷泥洹記

智猛傳云。毗耶離國有大小乘學不同。帝利城次華氏邑有婆羅門氏族甚多。其稟性敏悟。歸心大乘。博覽衆典。無不通達。家有銀塔。縱廣八尺。高三丈。四龕銀像。高三尺餘。多有大乘經。種種供養。婆羅門問猛言。從何來。答言。秦地來。又問秦地有大乘學不。即答皆大。

如來大哀經記

元康元年七月七日。燉煌菩薩支法護手執梵經。經名如來大哀。口授聶承遠道眞。正書晉言。已其年八月二十三日訖。護親自覆校。當令大法光顯流布。其有覽者。疾得總持。暢澤妙法。釋藏跡九

文殊師利發願經記

晉元熙二年。歲在庚申。於揚州鬭場寺。禪師新出。云外國四部衆禮佛時多誦此經。已發願求佛道。同上

僧伽羅剎集經後記

大秦建元二十年十一月三十日。罽賓比丘僧伽跋澄於長安石羊寺口誦此經。及毗婆沙。佛圖羅剎翻譯。秦言未精。沙門釋道安朝賢趙文業研覈理趣。每存妙盡。遂至留連。至二十一年二月九日方訖。且婆須蜜經及曇摩難提口誦增一阿含并幻網經。使佛念為譯人。念迺學通內外。才辯多奇。常疑西域言繁質。謂此土好

華每存墜飾文句減其繁長安公趙郎之所深疾窮校考定務存典骨既方俗不同許其五失梵本出此㠯外毫不可差五失如安公大品序所載余既預眾末聊記卷後使知釋趙為法之至釋藏跡十

大智論記

究摩羅耆婆法師㠯秦弘始三年歲在辛丑十二月二十日至常安四年夏於逍遙園中西門閣上為姚天王出釋論七年十二月二十七日乃訖其中兼出經本禪經戒律百論禪法要解向五十萬言幷此釋論一百五十萬言論初品三十四卷解釋一品是全論其本二品已下法師略之取其要足㠯開釋文意而已不復備其廣釋得此百卷若盡出之將十倍於此同上

三法度經記

比丘釋僧伽先志願大乘學三藏摩訶鞞邪伽蘭兼通一切書記此三法度三品九真度撰記出此經持此福祐一切眾生令從苦得安見諦解脫同上

八犍度阿毗曇根犍度後別記

斯經序曰其人忘因緣一品故闕文焉近自罽賓沙門曇摩卑闍之來經蜜川僧伽禘婆譯出此品八犍度文具也而卑云八犍度是體耳別有六足可自百萬言卑誦二足今無譯可出慨恨良深秦建元十五年正月十九日於揚州瓦官佛圖記同上

成實論記

大秦弘始十三年歲次豕韋九月八日尚書令姚顯請出此論至來年九月十五日訖外國法師拘摩羅耆婆手執梵本口自傳譯曇晷筆受釋藏百一

菩薩波羅提木叉後記

夫窮像於玄原之無始萬行始於戒信之玄兆是故天竺鳩摩羅什法師心首持誦什言此戒出梵網經中而什法師少覩大方齊異學於迦夷湻風東扇故弘始三年秦王道契百王之業奉心大法於逍遙觀中三千學士與什參定大小乘經五十餘部唯菩薩十戒四十八輕最後誦出時融影三百人等一時受行修菩薩道豈唯當時之益乃有累劫之津也故慧融書三千部流通於後代持誦相授屬諸後學好道之君子願末劫不絕共見千佛龍華同坐同上

關中近出尼二種壇文夏坐雜十二事幷雜事共卷前中後三記卷初記云太歲己卯鶉火之歲十一月十一日在長安出此比丘尼大戒其月二十六日記僧純於龜茲佛陀舌彌許戒本曇摩侍傳佛念執梵慧常筆受

卷中間尼受大戒法後記云此土無大比丘尼戒文斯一部僧法久矣吳土雖有五百戒比丘尼而戒是覶歷所出尋之殊不似聖人所制法汰道林聲鼓而攻之可謂匡法之棟梁也法汰去年亦

令外國人出少許復不足慧常涼州得五百戒一卷直戒戒復之似人之所作其義淺近未及僧純曇充拘夷國來從雲慕藍寺於高德沙門佛圖舌彌許得此比丘尼大戒及授戒法受坐已下至劍慕法遂令佛圖卑為譯曇摩侍傳之乃知真是如來所制也而不止五百數比丘戒有二百六十問侍所㠯言莫知其故也然㠯理推之二百五十及五百是舉全數耳又授比丘尼大戒文少將即用授大比丘法而出其異也八籔賴夷無二亦當依此足之耳亦當略授十七僧迦衞尸沙一章也又授比丘尼大戒尼三師敵授師更與七尼壇外問內法壇外問內法於事為重故外國師云壇外問當言正爾上場眾僧中當問汝汝當爾答壇上問則言今眾僧中問汝也正爾令曇充還拘夷訪授比丘尼大戒定法須報㠯為式也授六法文無乏也二師而已無敎授師也

卷後又記云秦建元十五年十一月五日歲在鶉尾比丘僧純曇

尢從丘慈高德沙門佛圖舌彌許。得此授大比丘尼戒儀及二歲戒儀。從受坐至屬授諸雜事。令曇摩侍出。佛圖卑爲譯。慧常筆受。凡此諸事。是所施行之急者。若爲人師而不練此。此無異於土牛後人也。涼州道人竺道曼。於丘慈因此異事。來與燉煌道人此沙門各各所住祠。或二百或三百。人爲一部。僧比丘尼向三百人。凡有五祠。各各從所使僧祠依準。爲界內無共說戒法也。常暮說戒。說戒之日。比丘尼差二人往白所依僧。云今日當說戒。僧即差二人往詣比丘尼。僧知人數。還白大僧。云比丘尼凡有若干。於某祠清淨說戒。普共聞知。如是三白。比丘尼便自共行籌說戒。如法僧事。七月十五日。各於所止處受歲如法。遣三人詣所依僧。承受界分齋耳。其餘如僧法。比丘尼當三受戒。五百戒比丘尼滿十二歲。乃中爲師。初受十戒時。索二女師。當使持律沙門授戒。乃付女師。令敎道之。次受二百五十戒。年滿二十。直使女三師授之耳。威儀俯仰。如男子受戒法無異也。受戒後周一年無誤失。乃得受戒五百戒。後受戒時。三師七僧如中受時。直使前持律師更授二百五十事。合前爲五百耳。直授之。不如中受時問威儀委曲也。戒文如男子戒耳。事事如之。無他異也。同上

正誣論

有異人者。誣佛曰尹文子有神通者。愍彼胡狄。胡狄父子聚麀。貪婪忍害。昧利無恥。侵害不厭。屠裂羣生。不可遜讓厲。不可談議喻。故具諸事云云。又令得道弟子變化云云。又禁其殺生。斷其婚姻。使無子孫。伐胡之術。孰良於此云云。正曰。誣者旣云無佛。復云文子有神通。復云有得道弟子。能變化恢廓。盡神妙之理。此眞有胸無心之語也。夫尹文子卽老子弟子。老子卽佛弟子也。故其經云。聞道竺乾有古先生。善入泥洹。不始不終。永存綿綿。竺乾者天竺也。泥洹者梵語。晉言無爲也。若佛不先老子。何得稱先生。老子不先尹文。何故講道德之經邪。以此推之。佛故文子之祖宗。衆聖之元始也。安有弟子神化而師不能乎。且夫聖之宰世。必以道蒞之。遠人不服。則綏以文德。不得已而用兵耳。將以除暴止戈。拯濟羣生。行小殺以息大殺者也。故春秋之世。諸侯征伐。動仗正順。敵國有釁。必鳴鼓以彰其過。總義兵以臨罪人。不以闇昧而行誅也。故服則柔而撫之。不苟婬刑極武。勝則以喪禮居之。殺則以悲哀泣之。是以深貶誘執。大杜絕滅之原。若懷惡而討不義。假道以成其暴。皆經傳變文。譏貶累見。故會宋之盟。抑楚而先晉者。疾衷甲之詐。以崇咀信之美也。夫敵之怨惠。不及後嗣。惡止其身。四重罪不濫。此百王之明制。經國之令典也。至於季末之將。佳兵之徒。患道薄德衰。始任詐力。競以譎詭之計。濟殘賊之心。野戰則肆鋒極殺。屠城則盡坑無遺。故白起刎首於杜郵。董卓屠身於宮門。君子知其必亡。舉世哀其灰戮。兵之弊也。遂至於此。此爲可痛心而長歎者矣。何有聖人而欲大縱陰毒。翦絕黎元者哉。且十室容賢。而況萬里之廣。重華生於東夷。文命出乎西羌。聖哲所興。豈有常地。或發音於此。默化於彼。形敎萬方。而理運不差。原夫佛之所以夷迹於中岳。而曜奇於西域者。蓋有至趣。不可得而縷陳矣。豈有聖人疾敵之强。而其欲覆滅。使無子遺哉。此何異氣厲殷流。不觸良淑。縱火中原。蘭蕕俱焚。桀紂之虐。猶將不然乎。縱令胡國信多惡逆。以暴易暴。又非權道之旨也。引此爲辭。適足肆諂言。眩愚豎。豈允情合義。有心之難乎。

又誣云。尹文子欺之。天有三十二重云云。又妄牽樓炭經云。諸天之宮。廣長二十四萬里。面開百門。門廣萬里云云。正曰。佛經說天地境界。高下階級。悉條貫部分。敘而有章。而誣者或附著生長。枉造僞說。或顚倒淆亂。不得要實。何有二十四萬里之地。而容四百萬里之門乎。以一事覆之。足明其錯謬者多矣。臧獲牧豎。猶將知

其不然況有識乎欲㠯見博祗露其愚焉

又誣云佛亦周遍五道備犯衆過行凶惡猶得佛此非怖爲惡者之法也又計生民善者少而惡者多惡人死輒充六畜爾則開闢至今足爲久矣今畜宜居十分之九而人種已應希矣正曰誠如所言佛亦嘗爲惡耳今所㠯得佛者改惡從善故也若長惡不悛迷而後遂往則長夜受苦輪轉五道而無解脫之由矣今㠯其能捉衆惡之栽滅三毒之燼修五戒之善盡十德之美行之累劫備而不已曉了本際暢三世空故能解生死之虛外無爲之場耳計天下昆蟲之數不可稱計人本之在九州之內若毫末之在馬體十分之九豈可言哉故天地之性㠯人爲貴榮期所㠯自得於三樂達貴賤之分明也今更不復自賴於人類不醜惡於畜生㠯芻水爲甘膳㠯羈絡爲非謫安則爲之無所多難也

又誣云有無靈下經無靈下經妖怪之書耳非三墳五典訓誥之言也通才達儒所未究覽也三曾五祖之言又似解奏之文此殆不詰而虛妄自露矣今且聊復應之凡俗人常謂人死則滅無靈無鬼然則無靈則無天曹無鬼則無所收也若子孫奉佛而乃追謹祖先祖先或是賢人君子平生之時未必與子孫同事而天曹便收役之令顏冉之尸羅枉戮之痛仁慈祖考加虐毒於貴體此豈聰明正直之神乎若其非也則狐貉魍魎婬厲之鬼何能反制仁賢之靈而困禁戒之人乎㠯此爲誣鄙醜書矣

又誣云道人聚斂百姓大構塔寺華飾奢侈糜費而無益云云正曰夫教有深淺適時應物悉已備於首論矣請復伸之夫恭儉之心莫過堯舜而山龍華蟲黼黻絺繡故傳曰錫鸞和鈴昭其聲也三辰旂旗昭其明也五色比象昭其物也故王者之居必金門玉陛靈臺鳳闕將使異乎凡庶令貴賤有章也夫人情從所覩而興感故聞鼓鼙之音覩羽麾之象則思將帥之臣聽琴瑟之聲觀庠序之儀則思朝廷之臣遷地易觀則情貌俱變令悠悠之徒見形而不及道者莫不貴崇高而忽仄陋是㠯諸奉佛者仰慕遺迹思存髣髴故銘列圖像致其虔肅割捐珍玩㠯增崇靈廟故上士遊之則忘其蹊筌取諸遠味下士遊之則美其華藻玩其炳蔚先悅其耳目漸率㠯義方三塗汲引莫有遺蹟猶器之取水隨量多少唯穿底無當乃不受耳

蹟當作逸

又專誣㠯禍福爲佛所作可謂元不解矣聊復釋之夫吉凶之與善惡猶善惡之乘形聲自然而然不得相免也行之由己而理玄應耳佛與周孔但共明忠孝信順從之者吉背之者凶示其渡水之方則使資舟檝不能令步涉而得濟也其謂誨人之法救厄死之術亦猶神農唱粒食㠯充饑虛黃帝垂衣裳㠯禦寒暑若閉口而望飽裸袒㠯求溫不能強與之也夫扁鵲之所㠯稱良醫者㠯其應疾投藥不失其宜耳不責其令有不死之民也且扁鵲有云

吾能令當生者不死不能令當死者必生也若夫爲子則不孝爲臣則不忠乎守膏肓而不悟進良藥而不御而受禍臨死之日更多咎聖人深恨良醫非徒東走其勢投穽矣

又誣云沙門之在京洛者多矣而未曾聞能令主上延年益壽上不能調和陰陽使年豐民富消災御疫克靜禍亂云云下不能休糧絕粒呼吸清醇扶命度厄長生久視云云正曰不然莊周有云達命之情者不務命之無奈何審期分之不可遷也若令性命可㠯智德求之者則發旦二子足令文父致千齡矣顏子死則稱天喪予惜之至也無㠯延之耳且陰陽數度期運所當百六之極有時而臻故堯有滔天之洪湯有赤地之菑涿鹿有漂櫓之血坂泉有橫野之屍何不坐而消之救其未然邪且夫熊經鳥曳導引吐納輟黍稷而御英蘂吸風露㠯代餱糧俟此而壽有待之倫也斯則有時可夭不能無窮者也沙門之視松喬若未孩之兒耳方將

抗志於二儀之表，延祚於不死之鄉，豈能屑心營近，與涓彭爭長哉。難者苟欲騁飾非之辯，立距諫之强，言無節奏，義無宮商，嗟夫，北里之亂雅，惡綠之奪黃也，其餘噪之音，曾無紀綱，一遵先師不荅之章。

又誣云：漢末有笮融者，合兵依徐州刺史陶謙，謙使之督運，而融先事佛，遂斷盜官運，以自利入，大起佛寺云云，行人悉酒食云云，後爲劉繇所攻見殺云云。正曰：此難不待繩約而自縛也。夫佛教率以慈仁不殺，忠信不欺，廉貞不盜爲首，老子云：兵者不祥之器，邇者凶，而融阻兵安忍，結附寇逆，犯殺一也；受人使命，取不報主，犯欺二也；斷割官物，以自利入，犯盜三也；佛經云不以酒爲惠施，而融縱之，犯酒四也。諸戒盡犯，則動之死地矣。譬猶吏人解印脫冠，而橫道肆暴，五尺之童，皆能制之矣，笮氏不得其死，適足助明爲惡者之獲殃耳。

又誣云：石崇奉佛亦至，而不免族誅云云。正曰：石崇之爲人，余所悉也，憍盈耽酒，放僭無度，多藏厚斂，不恤惸獨，論才則有一割之利，計德則盡無取焉，雖託名事佛，而了無禁戒，即如世人貌清心穢，色厲內荏，口詠禹湯，而行偶桀跖，自貽伊禍，又誰之咎乎。

又誣曰：周仲智奉佛亦精進，而竟復不蒙其福云云。正曰：尋斯言似乎幸人之菑，非通言也。仲智雖有好道之意，然意未受戒爲弟子也，論其率情亮直，具涉儒上，自是可才，而有强梁之累，未合道家嬰兒之旨矣，以此而遇忌勝之雄，喪敗理耳。縱如難者之言，精進而遭害者有矣，此何異顏項夙夭，夷叔餓死，比干盡忠而陷剖心之禍，申生篤孝而致雉經之痛，若此之比，不可勝言。孔子曰：仁者壽，義者昌，而復有不免，固知宿命之證，至矣信矣。

又誣云：事佛之家，樂死惡生，屬纊待絕之日，皆以爲福祿之來，而無哀慼之容云云。正曰：難者得無隱心而居物，不然，何言之逆乎。

夫佛經自謂得道者，能玄同彼我，渾齊短修，涉生死之變，泯然無槩，步禍福之地，而夷心不怛，樂天知命，安時處順耳。其未體之者，哀死慎終之心，乃所以增其篤也，故有大悲宏誓之義，讎人之喪，猶如哀矜，以德報怨，不念舊惡，況乎骨肉之痛，情隆自然者，而可以無哀慼之心者哉。夫愛親者，不敢惡於人，恐疇己之深也，逆情違道，於斯見矣。弘明集一載此文於牟子理惑論後無撰人名案稱石崇周嵩則撰人在明帝後也

全晉文卷一百六十六終

釋氏十

烏程嚴可均校輯

闕名二

四阿含暮鈔序

阿含暮者秦言趣無也阿難既出十二部經又采撮其要逕至道法爲四阿含暮與阿毗曇及律並爲三藏焉身毒學士㠯爲至德未墜於地也有阿羅漢名婆素跋陀鈔其膏腴㠯爲一部九品四十六葉斤重去複文約義豐眞可謂經之瓔鬘也百行美妙辯是與非莫不悉載也幽奧深富行之能事畢矣有外國沙門字因提麗先齎詣前部國祕之佩身不㠯示人其王彌第求得諷之遂得布此余㠯壬午之歲八月東省先師寺廟於鄴寺令鳩摩羅佛提執梵文僧念僧護爲譯僧導曇究僧叡筆受至冬十一月乃訖此

歲夏出阿毗曇冬出此經一年之中具三藏也深㠯自幸但恨八九之年始遇此經恐韋編未絕不終其業耳若加數年將無大過也近敕譯人直令轉梵爲秦解方言而已經之文質所不易也又有懸數懸事皆訪其人爲注其下時復㠯意消息者爲其章注修妒路者其人注解引經本也其有直言修妒路者引經證非注解也（釋藏藉五又迹九　案此經篇目是釋道安所題疑此序亦道安作而梁釋僧祐㠯爲未詳作者尋道安傳亦無壬午歲至鄴寺事故編入闕名類）

沙彌十戒法并威儀序

夫乾坤覆載㠯人爲貴立身處世㠯禮儀爲本君臣父子非禮不立防邪止姧非禮不禁和國崇婚非禮不定遜悌鄉邑非禮不通師徒朋友非禮不敬弔喪問疾非禮不行昔先賢垂範永㠯爲軌則喪祭之儀世務之急是㠯信行之機旦夕之要今世浮遊或輕或重或深或淺不諳法則㠯致譏論（釋藏叔四）

尊婆須蜜菩薩所集論序

尊婆須蜜菩薩大士次繼彌勒作佛名師子如來也從釋迦文降生鞞提國爲大婆羅門梵摩渝子厥名鬱多羅父命覲佛尋侍四月具覩相表威變容止還白所見父得不還已出家學改字婆須蜜佛般涅槃後遊教周妒國槃奈園高才蓋世奔逸絕塵撰集斯經焉別七品爲一犍度盡十三犍度其所集也後四品一犍度訓釋佛偈也凡十一品十四犍度也該羅深廣與阿毗曇並興外國傍通大乘特明盡漏博涉十法百行之能事畢矣尋之滂然猶滄海之無涯可不謂之廣乎陟之瞠爾猶崑岳之無頂不謂之高乎寶渚極目猒夜光之珍巖岫舉睫猒天智之玉懿乎富也何過此經外國升高座者未墜於地也集斯經已入三昧定如彈指頃神升兜術彌妒路彌妒路刀利及僧伽羅剎適彼天宮斯二三君子皆次補處人也彌妒路刀利者光炎如來也僧伽羅剎者柔仁佛

也茲四大士集乎一堂對揚權智賢聖默然洋洋盈耳不亦樂乎罽賓沙門僧伽跋澄㠯秦建元二十年傳此經一部來詣長安武威太守趙政文業者學不猒士也求令出之佛念譯傳跋澄難陀禘婆三人執梵本慧嵩筆受㠯三月五日出至七月十三日乃訖梵本十二千首盧也余與法和對校修飾武威少多潤色此經說三乘爲九品持善修行㠯止觀經十六最悉每尋上人之高韻未常不忘意（息一作）味也恨闕數仞之門晚懼不悉（一作懼失）其宗廟之美百官之富也（釋藏集一又迹十）

首楞嚴三昧經注序

首楞嚴三昧者晉曰勇猛伏定意也謂十住之人志當而功顯不爲而務成蓋勇猛伏之名生於希尚者耳雖功高天下豈係其名哉直㠯忘業宗而稱立遺稱故名遺訓三千敷典誥羣生贍之而弗及鑽之而莫喻自非奇致超玄梵可㠯應乎聖錄所謂勇猛者

誠哉難階也。定意者。謂迹絕仁智。有無兼忘。雖復寂以應感。惠澤
者倉生何嘗不涵惠以仁智。照以玄宗。所以寂者。未可得而分也。
故其篇云。悉遍諸國。亦無所分。於法身不壞也。謂雖從感若流身
充宇宙。豈有爲之者哉。謂化者以不化爲宗。作者以不作爲主。其
自忘焉。像可分哉。若至理之可分。斯非至極也。可分則有虧。斯成
則有散。所謂爲法身者。絕成虧。遺合散。靈鑒與玄風齊蹤。員神與
太陽俱暢。其明不分。萬類殊觀。法身全濟。非亦宜乎。故曰不分無
所壞也。首楞嚴者。沖風冠乎知喪。洪緒在於忘言。微旨盡於七住。
外迹顯乎三權。洞重玄之極奥。耀八特之化筌。插高木之玄標。建
十準以伺能。㲋妙旨以調習。既習釋而知玄。遺慈故慈洽。兼照而
照弘也。故有陶化育物。紹以經綸。自非領略玄宗。深達奇趣。豈云
究之哉。沙門支道林者。道心冥乎上世。神悟發於天然。俊朗明徹。
玄映色空。啟於往數。位敘三乘。余時復疇諮。豫聞其一。敢以不敏。
係於句末。想望來賢。助刪定焉。（釋藏跡七）

漸備經十住梵名并書序

波牟提陀。晉曰一住。維摩羅。晉曰二住。波披迦羅。晉曰三住。阿至
摸。晉曰四住。頭闍邪。晉曰五住。阿比目佉。晉曰六住。頭羅迦摩。晉
曰七住。阿遮羅。晉曰八住。抄頭摩提。晉曰九住。曇摩彌迦。晉曰十
住。漸備經晉曰十住名。

第一住名悅豫。第二住名離垢。第三住名興光。第四住名輝耀。第
五住名難勝。第六住名目前。第七住名玄妙。第八住名不動。第九
住名善哉意。第十住名法雨。漸備經十住行。

第一住令亡。第二住說戒行。第三住說十二門五通事。第四住說
三十七品事。第五住說四諦事。第六住說十二因緣事。第七住說
權智事。第八住說神足變化事。第九住說神足敎化事。第十住亦
說神足敎化事。漸備經護公以元康七年出之。其經有五卷五萬
餘言。第一卷說一住事。今無此一卷。今現有二住以下至十住。爲
十品。

漸備經十住。與本業大品異。說事委悉於本業大品。不知何以隱
於涼州。昔涼州諸道士釋敘道竺法彥義斯二道士。並皆博學。以
經法爲意。不知何以不集此經。又亦不聞其有所說。始知博聞之
難。爲人興顯經。且亦是大經。說事廣大。義理幽深。乃是衆經之美
望。辭敘茂贍。眞有奇聞。而帛法巨亦是博學道士。昔鄴中亦與周
旋。不知何以復不集此經。又不聞其言。博聞強記。信難有。護公出
須賴經。雖不見恆闇彥說之。張天錫更出首楞嚴。故當應委於先
者。元康七年十一月二十一日。沙門法護在長安市西寺中出漸
備經。手執梵本。譯爲晉言。護公菩薩人也。尋其餘音遺迹。使人仰
之彌遠。夫諸方等無生諸三昧經。類多此公所出。眞衆生之冥梯。
大品出來雖數十年。先出諸公略不綜習。不解諸公何以爾。諸公

才明過人。當能留心思研。心以爲至業者。故當極有所得。先出諸
公。故恨太簡。於文句殊多可恨。大品頃來東西諸講習。無不以爲
業。於文句猶不同。覺其轉深。但才分有限。思尋有極。幽旨作（案有脫誤）
非短思所盡。然文句故可力爲。方欲研之。窮此一生。冀有微補。漸
備經恨不得上一卷。冀因緣冥中之助。忽復得之。漸備所說位分
衆行。各有階級。目下殊異於衆經。方欲根悉研尋之。如今茫茫。猶
涉大海。不知第一住中何說。彼或有因緣。信使君不可不持作意（案有脫誤）
盡尋求之理。大品上兩卷。若有可尋之階。亦勤以爲意。護公
出光讚。計在放光前九年。不九年當八年。不知何以遂逸在涼州。
不行於世。尋出經時。乃在長安出之。而都不流行。乃不知其故。吾
往在河北。唯見一卷。經後記云十七章。年號日月。亦與此記同。但
不記處所。所以爲異。然出經時。人云聶承遠筆受。帛元信沙門法
度。此人皆長安人也。以此推之。略當必在長安出此經。梵本亦言

干闐沙門祇多羅所齎來也此同如慧常等涼州來疏正似涼州出未詳其故或乃護公在長安時經未流宣唯持至涼州未能乃詳審泰元元年歲在丙子五月二十四日此經達襄陽釋慧常以酉年因此經寄互市互市人康兒展轉至長安長安安法華遣人送至互市互市人送達襄陽付沙門釋道安襄陽時齊僧有三百人使釋僧顯寫送與揚州道人竺法汰漸備經以泰元元年十月三日達襄陽亦是慧常等所送與光讚俱來頃南鄉間人留寫故不與光讚俱至耳首楞嚴須賴並皆與漸備俱至涼州道人釋慧常歲在壬申於內苑寺中寫此經以酉年因寄至子年四月二十三日達襄陽首楞嚴經事事多於先者非但第一第二第九此章最多近三四百言許於文句極有所益須賴經亦復小多能有佳處云有五百戒不知何以不至此乃最急四部不具於大化有所闕般若經乃以善男子善女人為教首而戒立行之本百行之始猶樹之有根常以為深恨若有緣便盡訪求之理先梵本有至信因之勿零落釋藏跡九

阿毗曇心序

釋和尚昔在關中令鳩摩羅跋提出此經其人不閑晉語以偈本難譯遂隱而不傳至於斷章直云修妒路及見提婆乃知有此偈以偈檢前所出又多首尾隱沒互相涉入譯人所不能傳者彬彬然是以勸令更出以晉泰元十六年歲在單閼貞於重光其年冬於潯陽南山精舍提婆自執梵經先誦本文然後乃譯為晉語比丘道慈筆受至來年秋復重與提婆校正以為定本時衆僧上座竺僧根支僧純等八十人地主江州刺史王凝之優婆塞西陽太守任固之為檀越並共勸佐而興焉釋藏跡十

法顯傳自記遊天竺事後序

是歲甲寅晉義熙十二年歲在壽星夏安居末迎法顯道人既至

留共冬齋因講集之際重問遊歷其人恭順言輒依實由是先所略者勸令詳載顯復具敘始末自云顧尋所經不覺心動汗流所以乘危履險不惜此形者蓋是志有所存專其愚直故投命於不必全之地以達萬一之冀於是感歎斯人以為古今罕有自大教東流未有忘身求法如顯之比然後知誠之所感無窮否而不通志之所獎無功業而不成成夫功業者豈不由忘夫所重重夫所忘也哉釋藏兵八

戒因緣經鼻柰耶序

阿難出經面承聖旨五百應真更互定察分為十二部於四十九年之誨無片言遺失又鈔十二部為四阿含阿毗曇鼻柰耶三藏備也天竺學士罔弗尊焉諷之詠之未墜於地也其大高座沙門則兼該三藏中下高座則通一通二而已耳經流秦土有自來矣隨天竺沙門所持來之經遇而便出於十二部毗曰羅部最多以斯邦人莊老教行與方等經兼忘相似故因風易行也道安常恨三藏不具以為闕然歲在壬午鳩摩羅佛提齎阿毗曇鈔四阿含鈔來至長安渴仰情久即於其夏出阿毗曇鈔四卷其冬出四阿含鈔四卷又其伴罽賓鼻柰厥名耶舍諷鼻柰經甚利即令出之佛提梵書佛念為譯曇景筆受自正月十二日出至三月二十五日乃了凡為四卷與往年曇摩侍出戒典相似如合符焉於二百六十事疑礙之滯都設然焉上聞異要煥乎可觀焉二年之中於此秦邦三藏具焉然世尊制戒必有所因六羣比丘生於貴族攀龍附鳳雖貪出家而豪心不盡鄙悖之行以成斯戒二人得道二人生天二人墮龍一入無擇朋侍貴不節自遺伊感向使中閑家子逕佛出學雖不能一坐成道何由如此之困乎然此經是佛未制戒時其人所犯穢漏行多既制之後改之可貴天竺持律不都通觀惟諸十二法人堅明之士乃開緘縢而共相授耶舍見囑見

誨諄諄。人可使由之不可使知。其言切至。乃自是也。而今以後。秦土有此一部律矣。唯願同我之人。尤愼所授焉。未滿五歲。非持律人幸勿與之也。釋藏兄一。

僧伽羅刹所集佛行經序

僧伽羅刹者。須賴國人也。佛去世後七百年生此國。出家學道。遊教諸邦。至揵陁越土。甄陁罽貳王師焉。高明絕世。多所述作。此土修行道地經。其所集也。又著此經。憲章世尊。自始成道。迄於淪虛。行無巨細。必因事而演。遊化夏土。莫不曲備。雖普耀本行度世諸經。載佛起居。至謂爲密。今覽斯經。所悟復多矣。傳其將終。我若立根得力大士。誠不虛者。立斯樹下。手援其葉。而棄此身。使那羅延力大象之勢。無能移余如毛髮也。正使毗耶維者。當不燋此葉。言然之後。便卽立終。罽貳王自臨而不能動。遂以巨絙象挽未始能搖。卽就耶維。焚葉不傷。尋昇兜術。與彌勒大士高談彼宮。將補佛

處賢劫第八。以建元二十年。罽賓沙門僧伽跋澄齎此經本來詣長安。武威太守趙文業請令出焉。佛念爲譯。慧嵩筆受。正值慕容作難於近郊。然譯出不衰。余與法和對檢定之。十一月三十日乃了也。此年出中阿含六十卷。增一阿含四十六卷。伐鼓擊柝之中。而出斯一百五卷。窮通不改其恬。詎非先師之故迹乎。釋藏宜一。

達摩多羅禪經序

夫三業之興。以禪智爲宗。雖精粗異分。而階藉有方。是故發軫分逵。塗無亂轍。革俗成務。功不待積。靜復所由。則幽詣告微。淵博難窺。然理不云昧。庶旨統可尋。試略而言。禪非智無以窮其寂。智非禪無以深其照。然則禪智之要。照寂之謂。其相濟也。照不離寂。寂不離照。感則俱遊。應必同趣。功玄於在用。交養於萬法。其妙物也。運羣動以至一而不有。廓大象於未形而不無。無思無爲。而無不爲。是故洗心靜亂者。以之研慮。悟徼窮神者。以之入微也。若乃將入其門。機在攝會。理玄數廣。道隱於文。則是阿難曲承音詔。遇非其人。必藏之靈府。何者。心無常規。其變多方。數無定象。待感而應。是故化行天竺。緘之有匠。幽關莫闢。罕闚其庭。從此而觀。理有行藏。道不虛授。良有以矣。如來泥曰未久。阿難傳其共行弟子末田地。末田地傳舍那婆斯。此三應眞。咸乘至願。冥契於昔。功在言外。經所不辯。必闇軌元匠。孱焉無差。其後有優波崛。弱而超悟。智絕世表。才高應寡。觸理從簡。八萬法藏。所存唯要。五部之分。始自於此。因斯而推。固知形運以廢興自兆。神用則幽步無迹。妙動難尋。涉麤生異。可不愼乎。可不察乎。自此以來。感於事變。懷其舊典者。五部之學。竝有其人。咸懼大法將頹。理深其慨。遂各述讚禪經。以隆盛業。其爲教也。無數方便。以求寂然。寂乎唯寂。其揆一耳。而尋條求根者衆。統本運末者寡。或將暨而不至。或守方而未變。是故經稱滿願之德。高普事之風。原夫聖旨。非徒全其長。亦所以救

其短。若然。五部殊業。存乎其人。人不繼世。道或隆替。廢興有時。則互相昇降。小大之目。其可定乎。又達節善變。出處無際。晦名寄迹。無聞無示。若斯人者。復不可以名部分。卽非名部之所分。亦不出於其外。別有宗明矣。每慨大教東流。禪數尤寡。三業無統。斯道殆廢。頃鳩摩耆婆宣馬鳴所述。乃有此業。雖其道未融。蓋是爲山於一簣。欣時來之有遇。感奇趣於若人。撫夫制勝之論。而順不言之辯。遂誓被僧那。至寂爲己任。懷德未忘。故遺訓在茲。其爲要也。圖大成於未象。開微言而崇體。悟惑色之悖德。杜六門以寢患。達忿競之傷性。齊彼我以宅心。於是異族同氣。幻形告疏。入深緣起。見生死際。尒乃闢九關於龍津。超三忍以登位。垢習凝於無生。形累畢於神化。故曰無所從生。靡所不生。於諸所生。而無所生。今之所譯。出自達摩多羅與佛大先。其人西域之儁。禪訓之宗。搜集經要。勸發大乘。宏教不同。故有詳略之異。達摩多羅閤衆篇於同道。開

一色爲恆沙。其爲觀也。明起不吕生。滅不吕盡。雖往復無際。而未始出於如。故曰色不離如。如不離色。色不離如。色則是如。如不離色。如則是色。佛大先吕爲澄源引流。固宜有漸。是吕始自二道。開甘露門。釋四義吕反迷。啟歸途吕領會。分別陰界。導吕止觀。暢散緣起。使優劣自辨。然後令原始反終。妙尋其極。其極非盡。亦非所盡。乃曰無盡。入於如來無盡法門。非夫道冠三乘。智通十地。孰能洞元根於法身。歸宗一於無相。靜無遺照。動不離寂者哉。

廬山諸道人遊石門詩序

石門在精舍南十餘里。一名障山。基連大嶺。體絕衆阜。闢三泉之會。並立而開流。傾巖玄映其上。蒙形表於自然。故因吕爲名。此雖廬山之一隅。實斯地之奇觀。皆傳之於舊俗。而未覩者衆。將由懸瀨險峻。人獸迹絕。逕迴曲阜。路阻行難。故罕經焉。釋法師吕隆安四年仲春之月。因詠山水。遂杖錫而遊。於時交徒同趣。三十餘人。咸拂衣晨征。悵然增興。雖林壑幽邃。而開途競進。雖乘危履石。並吕所悅爲安。既至。則援木尋葛。歷險窮崖。猿臂相引。僅乃造極。於是擁勝倚巖。詳觀其下。始知七嶺之美。蘊奇於此。雙闕對峙其前。重巖映帶其後。巒阜周迴吕爲障。崇巖四營而開宇。其中則有石臺石池宮館之象。觸類之形。致可樂也。清泉分流而合注。淥淵鏡淨於天池。文石發綵。煥若披面。檉松芳草。蔚然光目。其爲神麗。亦已備矣。斯日也。衆情奔悅。矚覽無厭。遊觀未久。而天氣屢變。霄霧塵集。則萬象隱形。流光迴照。則衆山倒影。開闔之際。狀有靈焉。而不可測也。乃其將登。則翔禽拂翮。鳴猿厲響。歸雲迴駕。想羽人之來儀。哀聲相和。若玄音之有寄。雖髣髴猶聞。而神吕之暢。雖樂不期歡。而欣吕永日。當其沖豫自得。信有味焉。而未易言也。退而尋之。夫崖谷之間。會物無主。應不吕情。而開興引人。致深若此。豈不吕虛明朗其照。閑邃篤其情耶。並三復斯談。猶昧然未盡。俄而太

陽告夕。所存已往。乃悟幽人之玄覽。達恆物之大情。其爲神趣。豈山水而已哉。於是徘徊崇嶺。流目四矚。九江如帶。丘阜成垤。因此而推。形有巨細。智亦宜然。迺喟然歎宇宙雖遐。古今一契。靈鷲邈矣。荒途日隔。不有哲人。風迹誰存。應深悟遠。慨爲長懷。各欣一遇之同歡。感良辰之難再。情發於中。遂其詠之云爾。

偈道

鄧處中

處中。華佗外孫。惠帝時爲少室山應靈洞主。號探微眞人。

華氏中藏經序

華先生諱佗。字元化。性好恬淡。喜味方書。多遊名山幽洞。往往有所遇。一日因酒息於公宜山古洞前。忽聞人論療病之法。先生訝其異。潛逼洞竊聽。須臾有人云。華生在邇。術可付焉。復有一人曰。道生性貪。不憫生靈。安得付也。先生不覺愈駭。躍入洞見二老人。衣木皮。頂草冠。先生躬趨左右而拜曰。適聞賢者論方術。遂乃忘歸。況濟人之道。素所好爲。所恨者。未遇一法。可吕施驗。徒自不足耳。願賢者少察愚誠。乞與開悟。終身不負恩。首坐先生云。術亦不惜。恐異日與子爲累。若無高下。無貧富。無貴賤。不務財賄。不憚勞苦。矜老恤幼爲急。然後可脫此禍。先生再拜謝曰。賢聖之語。一一不敢忘。俱能從之。二老笑指東洞云。石牀上有一書函。子自取之。速出吾居。勿示俗流。宜祕密之。先生時得書。回首已不見老人。先生懾怯離洞。忽然不見。雲奔兩瀉。石洞摧塌。既覽其方。論多奇怪。從茲施試。效無不存神。先生未六旬。果爲魏所戮。老人之言。預有斯驗。余迺先生外孫也。因弔先生寢室。夢先生引余坐。語中藏經眞活人法也。子可取之。勿傳非人。余覺驚怖不定。遂討先生舊物。獲石函一具。開之得書一帙。迺中藏經也。予性拙於用。復授次子思。因吕志其實。甲寅秋九月序。（華氏中藏經吳勉學刊本。案甲寅元康四年也。此序疑道家依託。）

許邁

邁字叔玄，(或作叔秀，見御覽四百十引道學論。)一名映，丹陽句容人，後改名玄，字遠游。師事南海太守鮑靚，學道，遍游名山，或云仙去。

遺王羲之書

自山陰南至臨安，多有金堂玉室，仙人芝草，左元放之徒，漢末諸得道者皆在焉。(晉書許邁傳，初學記八。)

鬼神

蘇韶

韶字孝先，安平人，為中牟令，咸寧初亡。

授第九子節書

古昔魏武侯浮於西河而下，中流顧謂吳起曰：美哉山河之固，此魏國之寶也。吾性愛好京洛，每往來出入，瞻視邙山，上樂哉乎，此萬世之基也。北背孟津，洋洋之河，南望天邑，濟濟之盛，此志雖未言，銘之於心矣。不圖奄忽，所懷未果，前去十月，可遠改葬，在軍司墓次，買數畝地，便自足矣。(御覽五百五十五、八百八十三，太平廣記三百十九並引王隱晉書。韶仕至中牟令，卒。韶伯父承為南中郎軍司而亡。第九子節晝日見韶自外入，曰：吾欲改葬，乃授節為書。御覽三百七十三又引王隱晉書蘇韶事。)

猗尼渠餘國王

王未詳。

白玉題文

猗尼渠餘國天王，敬信遮須夷國天王：歲在攝提，當相見也。(晉書劉聰載記：聰子約死，道遇一國，曰猗尼渠餘，引約入宮，與皮囊一枚，及蘇開之，有一方白玉題文曰。)

管涔王

王，管涔山神。

劍銘

神劍服御除眾毒。(水經汾水注云：劉曜隱於管涔之山，夜中忽有二童子入，跪曰：管涔王奉謁趙皇帝，獻劍一口，置前再拜而去。以燭視之，劍長三尺，光澤非常，背有銘云。)

綏山神

下都陽桓闓教於巫：桓闓以生肉貽我，當請令自食也。(御覽八百九十二引異苑。)

全晉文卷一百六十七終

顏僧道　王元督
孫薩　孔淵之
庾徽之　孫沖之
庾通之　費文淵
王略　王慶緒已上卷五十五
劉緄　孫夐
孫詵　巨仲起
王延秀　檀珪
司馬燮之　韓賁
殷匪子　沈俁之
崔凱　謝鎮之已上卷五十六
朱昭之　朱廣之
李淼　王叔之或作叔之升之叔元叔之疑止一人

苟倫一作苟倫　龔慶一作龔慶
喬道元一作喬一作忝他前坝一作昊一　張委
王昊之已上卷五十七
列女
臨川長公主　彭城王義康女玉秀
王錫妻范氏
闕名
奏　議　上書　啟　移　符　墓誌　符瑞已上卷五十八至卷六十
外國
吐谷渾慕瓚　吐谷渾慕延
仇池氏楊難當　北涼沮渠蒙遜
北涼沮渠茂虔　百濟國王慶
倭國王武　訶羅陁國王

呵羅單國王　師子國王
闍婆達國王　天竺迦毗黎國王已上卷六十一
釋氏
竺道生　釋慧叡
曇無讖　釋道朗
釋道挺　釋慧通
釋僧愍已上卷六十二　求那跋陁羅
釋慧觀　釋僧馥
釋慧琳　釋僧鏡亦稱焦鏡
釋道溫　釋道高
釋法明　釋慧義已上卷六十三
釋僧弼　釋寶林
釋法慈　釋氏闕名

鬼神
宋道珍已上卷六十四
大凡全宋文六十四卷二百七十八人

全宋文卷一

烏程嚴可均校輯

武帝

帝姓劉。諱裕。字德輿。小名寄奴。彭城縣綏里人。漢楚元王交之後。隆安中爲劉牢之參軍。累遷建武將軍下邳太守。元興初爲桓脩撫軍參軍。加彭城內史。以平桓玄功進使持節都督揚徐兗豫青冀幽幷八州諸軍事、領軍將軍、徐州刺史。尋領青州刺史。義熙初進侍中車騎將軍。改授都督荆司梁益寧雍涼七州幷前十六州諸軍事。解青州。加領兗州刺史。尋授開府儀同三司揚州刺史。錄尚書。加北青冀二州刺史。以平慕容超功進太尉中書監。固讓。尋假黃鉞。授大將軍揚州牧。固讓。改授太尉中書監。尋領鎮西將軍豫州刺史。又領荆州刺史。加領南蠻校尉。授太傅中外大都督。領征西將軍司豫二州刺史。加北雍州刺史。十二年策命爲宋公。加九錫。十三年。以平姚泓功進爵宋王。固讓。十四年爲相國。恭帝卽位。仍進爵宋王。元熙二年六月受禪。改元永初。在位三年。謚曰武皇帝。廟號高祖。有集二十卷。案傅亮傳云。高祖登庸之始。文筆皆是參軍滕演。北征廣固。悉委長史王誕。自此之後。至於受命。表策文誥。皆亮辭也。然帝旣有集。難盡分別。今除文選蓺文類聚確指爲王誕傅亮作外。仍編入武帝集中。

除治士制　永初元年八月

有無故自殘傷者補治士。實由政刑煩苛。民不堪命。可除此條。宋書武帝紀下。

嬀晉安帝詔　義熙八年九月

劉毅包藏禍心。構逆南夏。藩混助亂。志肆姦宄。賴宰輔玄鑒。撫機挫銳。凶黨卽戮。社稷乂安。夫好生之德。所因者本。肆眚覃仁。實資玄澤。況事興大憝。禍自元凶。其大赦天下。唯劉毅不在其例。並增文武位一等。孝順忠義。隱滯遺逸。必令聞達。晉書安帝紀。八年九月己卯。太尉劉裕害

右將軍兗州刺史劉藩尙書左僕射謝混。庚辰。裕矯詔。

嬀安帝遺詔　十四年十二月

唯我有晉。誕膺明命。業隆九有。光宅四海。朕以不德。屬當多難。幸賴宰輔。拯厥顚覆。仍恃保祐。克黜禍亂。遂冕旒辰極。混一六合。方憑阿衡。惟新洪業。而遘疾大漸。將遂弗興。仰惟祖宗靈命。親賢是荷。咨爾大司馬琅邪王。體自先皇。明德光懋。屬惟儲貳。衆望攸集。其君臨晉邦。奉係宗祀。允執其中。燮和天下。闡揚末誥。無廢我高祖之景命。晉書恭帝紀。安帝崩。劉裕矯稱詔。

卽位詔　永初元年六月丁卯

夫世代迭興。承天統極。雖遭遇異途。因革殊事。若乃功濟區宇。道振生民。興廢所階。異世一揆。朕以寡薄。屬當艱運。藉否終之期。因士民之力。用獲拯溺匡世。撥亂。安國寧民。業未半古。功參曩烈。晉氏以多難仍遘。厤運已移。欽若前王。憲章令軌。用集大命於朕躬。惟德匪嗣。辭不獲申。遂祗順三靈。饗茲景祚。燔柴於南郊。受終於文祖。猥當與能之期。爰集樂推之運。嘉祚肇開。隆慶惟始。思俾休嘉。惠茲兆庶。其大赦天下。改晉元熙二年爲永初元年。賜民爵二級。鰥寡孤獨不能自存者。人穀五斛。逋租宿債勿復收。其有犯鄉論淸議。贓汙淫盜。一皆蕩滌洗除。與之更始。長徒之身。特皆原遣。亡官失爵。禁錮奪勞。一依舊準。宋書武帝紀下。

降封晉世名臣後裔詔

夫微禹之感。歎深後昆。盛德必祀。道隆百世。晉氏封爵。咸隨運改。至於德參微管。勳濟蒼生。愛人懷樹。猶或勿翦。雖在異代。義無泯絕。降殺之儀。一依前典。可降始興公封始興縣公。廬陵公封柴桑縣公。各千戶。始安公封荔浦縣侯。長沙公封醴陵縣侯。康樂公可卽封縣侯。各五百戶。以奉晉故丞相王導、太傅謝安、大將軍溫嶠、大司馬陶侃、車騎將軍謝玄之祀。其宣力義熙。豫同艱難者。一依

本秩。無所減降。宋書武帝紀下。又略見南史宋本紀一。

封功臣詔

夫銘功紀勞。有國之要典。愼終追舊。在心之所隆。自大業創基。十有七載。世路迍邅。戎車歲動。自東徂西。靡有寧日。實賴將帥竭心。文武盡效。寧内拓外。迄用有成。威靈遠著。寇逆消蕩。遂當揖讓之禮。猥饗天人之祚。念功簡勞。無忘鑒寐。凡厥誠勤。宜同國慶。其酬賞復除之科。以時論舉。戰亡之身。厚加復贈。宋書武帝紀下。

追封劉穆之等詔

故侍中司徒南昌侯劉穆之。深謀遠猷。肇基王迹。勳造大業。誠實匪躬。今理運惟新。藩屏並肇。感事懷人。實深悽悼。可進南康郡公。邑三千戶。故左將軍青州刺史王鎭惡。荆郢之捷。剋翦放命。北伐之勳。參迹方叔。念勳惟績。無忘厥心。可進龍陽縣侯。增邑千五百戶。宋書劉穆之傳。高祖受禪思佐命元勳下詔。

下劉遵考詔

遵考服屬之親。國戚未遠。宗室無多。宜蒙寵爵。可營浦縣侯。食邑五百戶。以本號爲彭城沛二郡太守。宋書劉遵考傳。高祖即位下詔。

封佐命功臣徐羨之等詔

散騎常侍尚書僕射鎭軍將軍丹陽尹徐羨之、監江州刺史華容侯王弘、散騎常侍護軍將軍作唐男檀道濟、中書令領太子詹事傅亮、侍中中領軍謝晦、前左將軍江州刺史宜陽侯檀韶、使持節雍梁南北秦四州荆州之河北諸軍事後將軍雍州刺史關中侯趙倫之、使持節督北徐兗青三州諸軍事征虜將軍北徐州刺史南城男劉懷愼、散騎常侍領太子左衞率新淦侯王仲德、前冠軍將軍北青州刺史安南男向彌、左衞將軍灄陽男劉粹、使持節南蠻校尉佷山子到彦之、西中郎司馬南郡宜陽侯張劭、參西中郎將軍事建威將軍河東太守資中侯沈林子等。或忠規遠謀。扶贊洪業。或肆勤樹績。弘濟艱難。經始圖終。勳烈惟茂。並宜與國同休。饗茲大賚。羨之可封南昌縣公。弘可華容縣公。道濟可改封永脩縣公。亮可建城縣公。晦可武昌縣公。食邑各二千戶。韶可更增邑二千五百戶。仲德可增邑二千二百戶。懷愼彦之各進爵爲侯。粹改封建安縣侯。並增邑爲千戶。倫之可封霄城縣侯。食邑千戶。劭可封臨沮縣伯。林子可封漢壽縣伯。食邑六百戶。開國之制。率遵舊章。宋書徐羨之傳。上初即位思佐命之功下詔。

下高句驪王高璉等詔

使持節都督營州諸軍事征東將軍高句驪王樂浪公璉。使持節督百濟諸軍事鎭東將軍百濟王映。並執義海外。遠修貢職。惟新告始。宜荷國休。璉可征東大將軍。映可鎭東大將軍。持節都督王公如故。宋書東夷高句驪傳。高祖踐阼下詔。

下褚叔度詔

夫賞不遺勤。則勞臣增勸。爵必疇庸。故在功咸達。叔度南北征討。常管戎要。西夏不虞。誠著嶺表。可封番禺縣男。食邑四百戶。宋書褚叔度傳。高祖受命下詔。

遣大使巡行詔 六月丁丑

古之王者。巡狩省方。躬覽民物。搜揚幽隱。拯災卹患。用能風澤遐被。遠至邇安。朕以寡闇。道謝前哲。因受終之期。託兆庶之上。鑒寐屬慮。思求民瘼。才弱事艱。若無津濟。夕惕永念。心馳遐域。可遣大使。分行四方。旌賢舉善。問所疾苦。其有獄訟虧濫。政刑乖愆。傷化擾治。未允民聽者。皆當具以事聞。萬事之宜。無失厥中。暢朝廷乃眷之旨。宣下民壅隔之情。宋書武帝紀下。

增俸詔 六月戊寅

百官事殷俸薄。祿不代耕。雖國儲未豐。要令公私周濟。諸供納昔減半者。可悉復舊。六軍見祿粗可。不在此例。其餘官寮。或自本俸

素少者。亦嚋量增之。宋書武帝紀下

定刑詔 七月壬子

往者軍國務殷。事有權制。劫科峻重。施之一時。今王道維新。政和法簡。可一除之。還遵舊條。反叛淫盜三犯補冶士。本謂一事三犯。終無悛革。主者頃多并數衆事。合而爲三。甚違立制之旨。普更申明。宋書武帝紀下

復彭沛下邳詔 八月戊辰

彭沛下邳三郡。首事所基。情義繾綣。事由情獎。古今所同。彭城桑梓本鄉。加隆攸在。優復之制。宜同豐沛。其沛郡下邳。可復租布三十年。宋書武帝紀下。又略見南史宋本紀一。

肆赦詔 八月乙亥

朕承曆受終。猥饗天命。荷積善之祚。藉士民之力。率由令範。先后祇嚴宣訊。七廟肇建。情敬無違。加以儲宮備禮。皇基彌固。國慶家禮。爰集旬日。豈予一人。獨荷茲慶。其見刑罪無輕重。可悉原赦。限百日。以今爲始。先因軍事所發奴僮。各還本主。若死亡及勳勞破免。亦依限還直。宋書武帝紀下

灑埽前世諸陵墓詔 閏月壬午朔

晉世帝后及藩王諸陵守衛。宜便置格。其名賢先哲。見優前代。或立德著節。或寧亂庇民。墳塋未遠。並宜灑埽。主者具條以聞。宋書武帝紀下

下衆官詔 閏月辛丑

主者處案。雖多所諮詳。若衆官命議。宜令明審。自頃或總稱參詳。於文漫略。自今有厝意者。皆當指名其人。所見不同。依舊繼啟。宋書武帝紀下

停冬使詔 閏月辛丑

諸處冬使。或遣或不。事役宜省。可悉停。唯元正大慶。不在其例。郡縣遣冬使詣州及都督府。亦停之。宋書武帝紀下

慶冬使或遣不。役宜省。今可悉停。唯元正大慶。不得廢耳。郡縣冬使詣州及都督府者。亦宜同停。宋書禮志一。

下徐廣詔 元年

祕書監徐廣。學優行謹。歷位恭肅。可中散大夫。宋書徐廣傳

除淫祠詔 二年四月己卯朔

淫祠惑民費財。前典所絕。可並下在所除諸房廟。其先賢及以勳德立祠者。不在此例。宋書武帝紀下

定刑詔 六月壬寅

杖罰雖有舊科。然職務殷碎。推坐相尋。若皆有其實。則體所不堪。文行而已。又非設罰之意。可籌量觕爲中否之格。宋書武帝紀下

除連坐法詔 十月丁酉

兵制峻重。務在得宜。役身死叛。輒考傷親。流遷彌廣。未見其極。遂令冠帶之倫。淪陷非所。宜革以弘泰。去其密科。自今犯罪充兵合舉戶從役者。便付營押領。其有戶統及謫止一身者。不得復侵濫服親。以相連染。宋書武帝紀下

下倭國詔 二年

倭讚萬里脩貢。遠誠宜甄。可賜除授。宋書倭國傳

推恩外戚詔 二年

推恩之禮。在情所同。故內樹宗子。外崇后屬。爰自漢魏。咸遵斯典。外祖趙光祿。蕭光祿。名器雖隆。茅土未建。並宜追封開國縣侯。食邑五百戶。宋書孝穆趙后傳

詔報孔琳之 二年

小人難可檢御。司空無所問。餘如奏。宋書孔琳之傳

原刑詔 三年正月甲辰朔

刑罰無輕重。悉皆原降。宋書武帝紀下

分立南豫州詔 二月丁丑

豫州南臨江滸。北接河洛。民荒境曠。轉輸艱遠。撫莅之宜。各有其便。淮西諸郡。可立爲豫州。自淮㠯東。爲南豫州。㠯豫州刺史彭城王義康爲南豫州刺史。征虜將軍劉粹爲豫州刺史。宋書武帝紀下

封徐湛之詔 三年

永興公主一門嫡長。早罹辛苦。外孫湛之。特所鍾愛。且致節之胤。情實兼常。可封枝江縣侯。食邑五百戶。宋書徐湛之傳

下沈林子詔 三年

軍國多務。內外須才。前鎮西諮議建威將軍河東太守沈林子。不得遂其情事。可輔國將軍起。宋書自序。林子遭母憂還東葬。乘輿躬幸。信使相望。葬畢。即下詔

卹沈林子詔 三年

故輔國將軍沈林子。器懷真密。忠績允著。才志未遂。傷悼在懷。可追贈征虜將軍。宋書自序。此詔末有句云有司率常典也。似非詔中語。俟再審定

詔少府

少府前歲所封諸洲薦荻。可開㠯利民。藝文類聚八十二

停省縣尉詔

百里之任。總歸官長。縣尉實效甚微。其費不少。二品縣可置一尉而已。餘悉停省。御覽二百七十

詔荅鄭鮮之

勞足下勤至。吾初不擇日。

疾甚下手詔 五月

朝廷不須復有別府。宰相帶揚州。可置甲士千人。若大臣中任要。宜有爪牙㠯備不祥人者。可㠯臺見隊給之。有征討。悉配㠯臺見軍隊。行還復舊。後世若有幼主。朝事一委宰相。母后不煩臨朝。仗既不許入臺殿門。要重人。可詳給班劍。宋書武帝紀下。南史宋本紀一

敕孫季高 義熙六年

大軍十二月之交。必破妖虜。卿今時當至廣州。傾其巢穴。令賊奔走之日。無所歸投。宋書武帝紀上

敕裴松之 義熙十二年冬

裴松之廊廟之才。不宜久尸邊務。今召爲世子洗馬。與殷景仁同。可令知之。宋書裴松之傳。既克洛陽。高祖敕

敕諸公慰視沈林子 永初三年

其至性過人。卿等數視之。宋書自序。上㠯林子孝性。不欲使哭泣減損。遣與人省日夕撫慰。敕諸公

即位告天策

皇帝臣裕。敢用玄牡。昭告皇天后帝。晉帝㠯卜世告終。歷數有歸。欽若景運。㠯命於裕。夫樹君宰世。天下爲公。德充帝王。樂推攸集。越俶唐虞。降暨漢魏。靡不㠯上哲格文祖。元勳陟帝位。故能大拯黔首。垂訓無窮。晉自東遷。四維不振。宰輔憑依。南史作焉依爲日已久。難棘隆安。禍成元興。遂至帝主遷播。宗祀堙滅。裕雖地非齊晉。衆無一旅。仰憤時難。俯悼橫流。投袂一援。則皇祀克復。及危而能持。顛而能扶。姦宄具殲。僭僞必滅。誠興廢有期。否終有數。至於大造晉室。撥亂濟民。因藉時來。實尸其重。加㠯殊俗慕義。重譯來庭。正朔所暨。咸服聲教。至乃三靈垂象。山川告祥。人神協祉。歲月滋著。是㠯羣公卿士。億兆夷人。僉曰皇靈降鑒於上。晉朝款誠於下。天命不可㠯久淹。宸極不可㠯暫曠。遂逼羣議。恭茲大禮。猥㠯寡德。託於兆民之上。雖仰畏天威。略是小節。顧深永懷。祇懼若厲。敬簡元辰。升壇受禪。告類上帝。用酬萬國之情。克隆天保。永祚於有宋。惟明靈是饗。宋書武帝紀下。又禮志三。萬國之情作萬國之嘉望。又見南史宋本紀一

追尊皇考策

維永初元年七月。皇帝謹遣某官某奉策上皇考尊號曰孝穆皇帝。仰惟聖靈邈焉徂遠。昔有周丕崇。祚興昌季。其在魏晉。亦申情禮。所㠯聿追來孝。所因者本。謹稽式上代。攷諸令準。稱謂既極。情

與依。遂所以仰順天人。俯穆率土。在心遠慕。庶云有慰。（通典七十二）

追尊先后策

維年月朔。皇帝謹遣某官某奉策上皇妣尊號曰孝穆皇后。伏維皇妣。資坤厚之性。體母儀之德。等美姜嫄。齊列任姒。訓穆中闈。化流自遠。膺厤運期。饗茲天位。謹依前典。敬奉大禮。仰慕聖善之愛。俯增蓼莪之思。（通典七十二）

入京城令

預是彭沛鄉人赴義者。並可依劉主簿。（宋書劉鍾傳。義旗將建。高祖版劉鍾爲郡主簿。明日從入京城。將向京邑。高祖令云）

徵藏顯等令

前大尉參軍藏顯。辟士韋玄。秉操幽遁。守志不渝。宜加旌引。以弘進退。並可散騎侍郎。在通直。（宋書藏顯傳。宋國初建。下令不起）

荅王弘彈謝靈運令

靈運免官而已。餘如奏。端右肅正風軌。誠副所期。豈拘常儀。自今爲永制。（宋書王弘傳。弘彈靈運殺力人桂興。淫其嬖妾。并彈中丞王準之不舉。下令荅）

受相國宋公九錫令

孤以寡薄。負荷殊重。守位奉藩。危溢是懼。朝恩隆泰。委美推功。遂方軌齊晉。擬議國典。雖亮誠守分。十稔於今。而成命弗迴。百辟胥暨。內外庶僚。敦勉周至。藉運來之功。參休明之迹。乘菲薄之資。同盛德之事。鑒寐永言。未知攸託。隆祚之始。思覃斯慶。其赦國內殊死以下。今月二十三日昧爽以前。悉皆原宥。鰥寡孤獨不能自存者。人賜粟五斛。府州刑罪。亦同蕩然。其餘詳依舊準。（宋書武帝紀中。義熙十四年六月）

下書辟宗炳等

吾忝大寵。思延賢彥。而兔罝潛處。考槃未臻。側席丘園。良增虛佇。南陽宗炳。雁門周續之。並植操幽棲。無悶巾褐。可下辟召。以禮屈之。（宋書宗炳傳）

至江陵下書（義熙八年十一月）

夫去弊拯民。必存簡恕。捨網修綱。雖煩易理。江荆彫殘。刑政多闕。頃年事故。綏撫未週。遂令百姓疲匱。歲月滋甚。財傷役困。慮不幸生。彫殘之餘。而不減舊。刻剝徵求。不循政道。宰莅之司。或非良幹。未能菲躬儉（句脫一字）。苟求盈給。積習生常。漸不知改。近因戎役。來涉二州。踐境親民。愈見其瘼。思欲振其所急。卹其所苦。凡租稅調役。悉宜以見戶爲正。州郡縣屯田池塞。諸非軍國所資。利入守宰者。今一切除之。州郡縣吏。皆依尚書定制。實戶置臺。調癸卯梓材。庚子皮毛。可悉停省。別量所出。巴陵均折度支。依舊兵運。原五歲刑已下。凡所質錄賊家餘口。亦悉原放。（宋書武帝紀中）

江陵平加領南蠻校尉下書（義熙十一年）

此州積弊。事故相仍。民疲田蕪。杼軸空匱。加以舊章乖昧。事役頻苦。童耄奪養。老稚服戎。空戶從役。或越紼應召。每永懷民瘼。宵分忘寢。誠宜蠲除苛政。弘茲簡惠。庶令凋風弊政。與事而新。望一之化。成於朞月。荆雍二州。西局蠻府。吏及軍人年十二以還。六十以上。及扶養孤幼。單丁大艱。悉使還之。窮獨不能存者。給其長賑。府州久懃將吏。依勞銓序。并除今年租稅。（宋書武帝紀中）

世子鎮徐兗二州下書（義熙十二年）

吾倡大義。首自本州。克復皇祚。遂建勳烈。外夷勍敵。內清姦軌。皆邦人州黨竭誠盡力之效也。情若風霜。義貫金石。今當奉辭西旆。有事關河。弱嗣叨蒙。復忝今授。情事纏綿。可謂深矣。頃軍國務殷。刑辟未息。眷言懷之。能不多歎。其犯臯繫五歲以還。可一原遣。文武勞滿。未蒙榮轉者。便隨班序報。（宋書武帝紀中）

賜沈林子書（義熙十三年）

頻再破賊。慶快無譬。既屢摧破。想不復久爾。（宋書自序。姚纘精兵守嶮。林子銜枚夜襲

卽屠其城躬當而坑其衆高祖賜書

請恤孟龍符表 義熙六年

故龍驤將軍廣川太守孟龍符。忠勇果毅。隕身王事。宜蒙甄表。以顯貞節。聖恩嘉悼。寵贈方州。龍符投袂義初。前驅效命。摧鋒三捷。每爲衆先。及西剿桓歆。北殄索虜。朝議爵賞。未及施行。會今北伐。復統前旅。臨朐之戰。氣冠三軍。於時逆徒實繁。控弦掩澤。龍符匹馬電躍。所向摧靡。奮戈深入。知死弗吝。賊超奔遁。依險鳥聚。大軍因勢。方軌長驅。致其膚績。豫參濟不。竊謂宜班爵土。以褒勳烈。宋書孟懷玉附傳

土斷表 義熙九年

臣聞先王制治。九土攸序。分境畫疆。各安其居。在昔盛世。人無遷業。故井田之制。三代以隆。秦革斯政。漢遂不改。富強兼幷。於是爲弊。然九服弗擾。所託成舊。通典無然字以此二語在不復係之於齊楚下今此轉刻誤耳在漢西京。大遷田景之族。以實關中。卽以三輔爲鄉閭。不復係之於齊楚。自永嘉播越。爰託淮海。朝有匡復之算。民懷思本之心。經略之圖。日不暇給。是以寬民緩治。猶有未遑。及至大司馬桓溫。以民無定本。傷治爲深。庚戌土斷。以一其業。於時財阜國豐。實由於此。自茲迄今。彌歷年載。畫一之制。漸用頹弛。雜居流寓。閭伍弗脩。王化所以未純。民瘼所以猶在。臣荷重任。耻責實深。自非改調解張。無以濟治。夫人情滯常。難與慮始。所謂父母之邦以爲桑梓者。誠以生焉終焉。敬愛所託耳。今所居累世。墳壟成行。敬恭之誠。豈不與事而至。請準庚戌土斷之科。庶子本通典作庶存其本所弘。稍與事著。然後率之以仁義。鼓之以威武。超大江而跨黃河。撫九州而復舊土。則戀本之志。乃速申於當年。在始暫勤。要終所以能易。伏惟陛下垂矜萬民。憐其所失。永懷鴻雁之詩。思隆中興之業。既委臣以國重。期臣以寧濟。若所啟合允。請付外施行。宋書武帝紀中又見通典三

請恤孫季高表 義熙九年

孫季高嶺南之勳。已蒙褒贈。臣更思維。慮循稔惡一紀。據有全城。疑當作越若令根本未拔。投奔有所。招合餘燼。猶能爲虞。縣師遠討。方勤廟算。而季高汎海萬里。投命洪流。波激電邁。指日遄至。遂奄定南海。覆其巢窟。使循進退靡依。輕舟遠迸。曾不旬月。妖凶殲殄。蕩滌之功。實庸爲大。往年所贈。猶爲未優。愚謂宜更贈一州。卽其本號。庶令忠勳不湮。勞臣增厲。宋書孫處傳處字季高

沈田子戰功表 義熙十三年

參征虜軍事振武將軍扶風太守沈田子。率領勁銳。背城電激。身先士卒。勇冠戎陳。奮寡對衆。所向必摧。自辰及未。斬馘千數。泓喪旗棄衆。奔還霸西。咸陽空盡。義徒四合。淸蕩餘燼。勢在跛踵。宋書自序

請褒贈王鎭惡表 義熙十四年

故安西司馬征虜將軍王鎭惡。志節亮直。機略明舉。自𥸤名州府。屢著誠績。荊南遘釁。勢據上流。難興彊蕃。憂兼內侮。鎭惡輕舟先邁。神兵電臨。旰食之虞。一朝霧散。及王師西伐。有事中原。長驅洛陽。肅清湖陝。入渭之捷。指麾無前。遂廓定咸陽。俘執僞后。克成之效。莫與爲疇。實扞城所寄。國之方召也。近北虜遊魂。寇掠渭北。統率衆軍。曜威撲討。賊既還奔。還次涇上。故龍驤將軍沈田子。忽發狂易。奄加刃害。忠勳未究。受禍不圖。痛惜兼至。惋悼無已。伏惟聖懷。爲之傷惻。田子狂悖。卽已備憲。鎭惡誠著艱難。勳參前烈。殊績未酬。宜蒙追寵。願敕有司。議其褒贈。宋書王鎭惡傳

言靈瑞表

沙門釋法義。於嵩廟所石壇下。得玉璧三十二枚。黃金一餅。符彩潤潔。河南太守毛脩之以靈岳降瑞。送諸神府。□□□□□□□□祿嚴宋書

進寶器表 十四年

聞者平長安。獲張衡所作渾儀土圭歷代寶器。謹遣奉送。歸之天

府。御覽二引義熙起居注十四年相國表

表

情由權奪。文選齊竟陵文宣王行狀注引宋公表

董司乖方。遏寇引罰。同上

上言乞正封賞 義熙二年三月

昔天禍皇室。巨狡縱篡。臣等義惟舊隸。豫蒙國恩。仰契信順之符。俯厲人臣之憤。雖社稷之靈。抑亦事由衆濟。其翼奬忠勲之佐。文武畢力之士。敷執在己之謙。用虧國體之大。輒攝衆軍先上同謀起義始平宋口廣陵二城臣及撫軍將軍毅等二百七十二人。并後赴義出都緣道大戰所餘一千五百六十六人。又輔國將軍長民故給事中王元德等十八人。合一千八百四十八人。乞正封賞。其西征衆軍。須論集續上。宋書武帝紀上平桓玄上言

白武陵王遵牋

粲等備位大臣。所懷必盡。執憲不允。自應據理陳訴。而横興怨忿。歸咎有司。宜加裁當。以清風軌。宋書武帝紀上褚粲等役使官人爲御史所糾謝牋言辭憤怨高祖與大將軍武陵王遵牋並免官

與臧熹書

頃學尙廢弛。後進頹業。衡門之內。清風輟響。良由戎車屢警。禮樂中息。浮夫近志。情與事染。豈可不敷崇墳籍。敦厲風尙。此境人士。子姪如林。明發搜訪。想聞令軌。然薾玉含寶。要俟開瑩。幽蘭懷馨。事資扇發。獨習寡悟。義著周典。今經師不遠。而赴業無聞。非唯志學者鮮。或是勸誘未至邪。想復弘之。宋書臧熹傳高祖鎮京口與熹書

與劉毅書

吾往習擊妖賊。曉其變態。新獲姦利。其鋒不可輕。宜須裝嚴畢。與弟同舉。宋書武帝紀上

吾往與妖賊戰。曉其變態。今脩船垂畢。將居前撲之。尅平之日。上流之任。皆以相委。晉書劉毅傳盧循乘勝而進毅將率軍南征因與毅書

函書付朱齡石

衆軍悉從外水取成都。臧熹朱枚於中水取廣漢。使羸弱乘高艦十餘。由內水向黃虎。宋書朱齡石傳義熙九年伐蜀高祖別有函書全封付齡石署函邊曰至白帝乃開又見南史十六

與韓延之書 義熙十一年

文思事意。遠近所知。去秋遣康之送還司馬君者。推至公之極也。而了無愧心。久絕表疏。此是天地所不容。吾受命西征。止其父子而已。彼土僑舊。爲之驅迫。一無所問。往年郗僧施謝邵任集之等。交構積歲。專爲劉毅規謀。所以至此。今卿諸人一時逼迫。本無纖釁。吾虛懷期物。自有由來。今在近路。是諸賢濟身之日。若大軍相臨。交鋒接刃。蘭艾雜揉。或恐不分。故白此意。并可示同懷諸人。晉書司馬休之傳案宋書與此小異今別載於後

文思事源。遠近所知。去秋遣康之送還司馬軍者。推至公之極也。而了不遜愧。又無表疏。文思經正不反。此是天地之不容。吾受命西討。止其父子而已。彼土僑舊。爲所驅逼。一無所問。往年郗僧施謝邵任集之等。交構積歲。專爲劉毅謀主。所以至此。卿等諸人。一時逼迫。本無纖釁。吾處懷期物。自有由來。今在近路。正是諸人歸身之日。若大軍登道。交鋒接刃。蘭艾吾誠不分。故具示意。并示同懷諸人。宋書武帝紀中

與驃騎道憐書 義熙十二年

謝景仁殞逝。悲痛摧割。不能自勝。汝聞問惋愕。亦不可堪。其器體淹中。情寄實重。方欲與之共康時務。一旦至此。痛惜兼深。往矣奈何。當復奈何。宋書謝景仁傳

移檄京邑

夫治亂相因。理不常泰。狡焉肆虐。或值聖明。自我大晉陽九屢構。

隆安吕來，難結皇室，忠臣碎於虎口，貞良弊於豺狼。逆臣桓玄，陵虐人鬼，阻兵荆郢，肆暴都邑。天未忘難，凶力繁興，踰年之閒，遂傾皇祚。主上播越，流幸非所，神器沈淪，七廟毀墜。夏后之罹浞殪，有漢之遭莽卓，方之於玄，未足爲喻。自玄篡逆，於今歷年，亢旱彌時，民無生氣。加吕士庶疲於轉輸，文武困於造築，父子乖離，室家分散。豈唯大東有杼軸之悲，摽梅有傾筐之塈而已哉。仰觀天文，俯察人事，此而能久，孰有可亡。凡在有心，誰不扼腕。裕等所吕叩心泣血，不遑啟處者也。是故夕寐宵興，援獎忠烈，潛搆崎嶇，險過履虎。（此下南史有乘機奮發義不圖全）輔國將軍劉毅，廣武將軍何無忌，鎮北主簿孟昶，兖州主簿魏詠之，寧遠將軍劉道規，龍驤將軍劉藩，振威將軍檀憑之等，忠烈斷金，精貫白日，荷戈奮袂，志在畢命。益州刺史毛璩，萬里齊契，埽定荆楚。江州刺史郭昶之，奉迎主上，宮於尋陽。鎮北參軍王元德等，並率部曲，保據石頭。揚武將軍諸葛長民，收集義士，已據歷陽。征虜參軍庾賾之等，潛相連結，吕爲內應。同力協規，所在蜂起，卽日斬僞徐州刺史安城王脩、青州刺史弘。首義衆既集，文武爭先，咸謂不有一統，則事無吕輯。裕辭不獲已，遂總軍要。庶上憑祖宗之靈，下罄義夫之力，翦馘逋逆，蕩清京輦。公侯諸君，或世樹忠貞，或身荷爵寵，而竝俛眉猾豎，自效莫由，顧瞻周道，寧不弔乎。今日之舉，良其會也。裕吕虛薄，才非古人，接勢於已踐之機，受任於既頹之運，丹誠未宣，感慨憤躍，望霄漢吕永懷，眄山川吕增厲。授檄之日，神馳賊廷。（宋書武帝紀上。又見南史宋本紀一。）

署廷尉寺門

有犯張廷尉家者，軍法論。（南史張邵傳，邵父敞，先爲尚書，吕答事徵謬，降爲廷尉卿。及宋武帝討桓玄，命署寺門。）

紀功鼎文 永初中

沸秦洛，伏大漢。（鼎錄）

兵法

太白熒惑，一南一北，爲死喪。（開元占經二十一引宋武兵法）

全宋文卷一終

全宋文卷二

烏程嚴可均校輯

少帝

帝諱義符，小字車兵，武帝長子。義熙十一年拜豫章世子。宋臺建，拜宋世子。元熙元年進宋太子。武帝受禪，立爲皇太子。永初三年五月卽位，改元景平。在位二年，爲徐羨之傅亮所廢，尋遇弑。

下徐羨之詔

平理獄訟，政道所先。朕哀荒在疚，未堪親覽。司空尚書令可率衆官月一決獄。（宋書徐羨之傳）

允殷景仁辭侍中詔

景仁退挹之懷，有不可改。除黃門侍郎，以申君子之請。（宋書殷景仁傳）

錄陽瓚詔

故寧遠司馬濮陽太守陽瓚，滑臺之逼，厲誠固守，投命徇節，在危無撓。古之烈士，無以加之。可贈給事中，振卹遺孤，以慰存亡。（文選顏延之陽給事誄）

封吐谷渾阿豺詔 景平元年二月

吐谷渾阿豺介在遐表，慕義可嘉，宜有寵任，令酬其來款。可爲塞表諸軍事安西將軍沙州刺史澆河公。（宋書吐谷渾傳）

慰勞高句驪王高璉詔 景平二年

皇帝問使持節散騎常侍都督營平二州諸軍事征東大將軍高句驪王樂浪公。纂戎東服，庸績繼軌，厥惠既彰，款誠亦著。踰遼越海，納貢本朝。朕以不德，忝承鴻緒，永懷先蹤，思覃遺澤。今遣謁者朱邵伯副謁者王邵子等宣旨慰勞。其茂康惠政，永隆厥功，式昭往命，稱朕意焉。（宋書東夷高句驪傳）

任徐羨之令

朝廷及大府事悉咨徐司馬，其餘啟還。（宋書張邵傳：武帝北伐，劉穆之卒，朝廷恇懼，便欲發詔以司馬徐羨之代之。張邵以世子無專命，宜須北咨，信反，乃使世子出命云云）

文帝一

帝諱義隆，小字車兒，武帝第三子。義熙十一年封彭城縣公，歷徐州司州荊州刺史。宋受禪，封宜都王，鎮荊州。景平二年八月卽位，改元元嘉。在位三十年，爲元凶劭所弑，謚曰景皇帝，廟號中宗。孝武定亂，改謚曰文皇帝，廟號太祖。有集十卷。

聽訟詔 元嘉元年八月

政刑多所未悉，可如先二公推訊。（宋書徐羨之傳：太祖卽祚，有司奏車駕依舊臨華林園聽訟，下詔）

追復廬陵王義眞詔 元年八月

前廬陵王靈柩在遠，國封墮替，感惟拱懷，情若貫割。王體自至極，地戚屬尊，豈可令情禮永淪，終始無寄。可追復先封，特遣奉迎，并孫脩華謝妃一時俱還，言增摧哽。（宋書廬陵王義眞傳）

追崇臨川王道規詔

襃崇道勳，經國之盛典；尊親追遠，因心之所隆。故侍中大司馬臨川烈武王，體道欽明，至德淵邈，叡哲自天，孝友光備。爰始協規，翼贊景業，陵威致討，則克翦梟鯨。逮妖逆交侵，方難孔棘，勢踰累棊，人無固志，王神謩獨運，靈武宏發，蹈寇內外，誅殄羣凶，固已化被江漢，勳高微管，遠猷侔於二南，英雄邁於兩獻者矣。朕幼蒙殊愛，德癃特隆，豐恩慈訓，義深情戚。永惟仁範，感慕纏懷。今當權移寢祏，初祀西夏，思崇嘉禮，式備徽章，庶以昭宣風度，允副幽顯。其追崇丞相，加殊禮，鸞輅九旒，黃屋左纛，給節鉞前後部羽葆鼓吹，虎賁班劍百人，侍中如故。（宋書臨川王道規傳：初，太祖少爲道規所養，高祖命紹焉，咸以禮無二繼，太祖還本，而定義慶爲荊州。廟主當隨往江陵，太祖詔）

詔徵戴顒宗炳 二年

新除通直散騎侍郎戴顒。太子舍人宗炳。並志託丘園。自求衡蓽。恬靜之操。久而不渝。顒可國子博士。炳可通直散騎侍郎。宋書戴顒傳

下百濟王餘映詔 二年

皇帝問使持節都督百濟軍事鎮東大將軍百濟王。累葉忠順。越海效誠。遠王纂戎。聿脩先業。慕義既彰。厥懷赤款。浮桴驪水。獻琛執贄。故嗣位方任。以藩東服。勉勗所莅。無墜前蹤。今遣兼謁者閭丘恩子兼副謁者丁敬子等。宣旨慰勞。稱朕意。宋書百濟國傳

誅徐羨之等詔 三年正月

民生於三。事之如一。愛敬同極。豈惟名教。況乃施侔造物。義在加隆者乎。徐羨之傅亮謝晦。皆因緣之才。荷恩在昔。擢自無聞。超居要重。卵翼而長。未足以譬。永初之季。天禍横流。大明傾曜。四海遏密。實受顧託。任同負圖。而不能竭其股肱。盡其心力。送往無復言之節。事居闕忠貞之效。將順靡記。匡救蔑聞。懷寵取容。順成失德。雖末因懼禍。以建大策。而逞其悖心。不畏不義。播遷之始。謀肆酖毒。至止未幾。顯行怨殺。窮凶極虐。荼酷備加。顚沛皁隸之手。告盡逆旅之館。都鄙哀愕。行路飮涕。故廬陵王英秀明遠。徽風夙播。魯衛之寄。朝野屬情。羨之等暴蔑求專。忌賢畏逼。造構貝錦。成此無端。罔主蒙上。横加流屏。矯誣朝旨。致茲禍害。寄以國命。而翦爲仇讎。旬月之間。再肆酖毒。痛感三靈。怨結人鬼。自書契以來。棄常安忍。反易天明。未有如斯之甚者也。昔子家從弑。鄭人致討。宋肥無辜。蕩澤爲戮。況逆亂倍於往釁。情痛深於國家。此而可容。孰不可忍。即宜誅殛。告謝存亡。而於時大事甫爾。異同紛結。匡國之勳實著。莫大之罪未彰。是以遠酌民心。近聽輿訟。雖欲討亂。慮或難圖。故忍戚含哀。懷恥累載。每念人生實難。情事未展。何嘗不顧影慟心。伏枕泣血。今逆臣之釁。彰暴遐邇。君子悲情。義徒思奮。家讎國恥。可得而雪。便命司寇。肅明典刑。晦據有上流。或不即罪。朕當親

率六師。爲其過防。可遣中領軍到彥之即日電發。征北將軍檀道濟絡繹繼路。符衛軍府州以時收翦。已命征虜將軍劉粹斷其走伏。罪止元凶。餘無所問。感惟永往。心情崩絕。氛霧既袪。庶幾治道爾。宋書徐羨之傳

追恤廬陵王義眞詔 三年正月

故廬陵王含章履正。英哲自然。道心內昭。徽風遐被。遭時多難。志匡權逼。天未悔禍。運鍾屯險。羣凶肆醜。專竊國柄。禍心潛搆。釁生不圖。朕每永念讎恥。含痛內結。遵養蘇慝。情禮未申。今王道既亨。政刑始判。宜昭國體。於是乎在。可追崇侍中大將軍。王如故。爲慰冤魂。少申悲憤。宋書廬陵王義眞傳

追贈張約之詔 三年正月

乃者權臣陵縱。兆亂基禍。故吉陽令張約之。抗疏矢言。至誠慷慨。遂事屈羣醜。殞命遐疆。志節不申。感焉兼至。昔關老奏書。見紀漢策。閻纂獻規。荷榮晉代。旌其忠槩。參迹前蹤。宜加旌顯。式揚義烈。可贈以一郡。賜錢十萬。布百匹。宋書廬陵王義眞傳

遣大使巡行詔 五月

夫哲王宰世。廣達四聰。猶巡嶽省方。採風觀政。所以情僞必審。幽遐罔滯。王澤無擁。九臯有聞者也。朕以寡薄。猥纂洪緒。雖永念治道。志存昧旦。顧言傳巖。發想宵寐。而丘園之秀。藏器未臻。物情民隱。尙隔視聽。乃眷區域。輟寢忘飡。今氛祲袪蕩。宇內寧晏。旌賢弘化。於是乎始。可遣大使巡行四方。其宰守稱職之良。閨蓽一介之善。詳悉列奏。勿或有遺。若刑獄不卹。政治乖謬。傷民害教者。具以事聞。其高年鰥寡。幼孤六疾。不能自存者。可與郡縣優量賑給。博採輿誦。廣納嘉謀。務盡銜命之旨。俾若朕親覽焉。宋書文帝紀

班宣詔書 三年

昔王者巡功。羣后述職。不然。則有存省之禮。聘覜之規。所以觀民

立政。命事孜績。上下偕通。退邇咸被。故能功昭長世。道歷遐年。朕以寡闇。屬承洪業。夤畏在位。昧於治道。夕惕惟憂。如臨淵谷。懼國俗陵頽。民風凋偽。眚厲違和。水旱傷業。雖勤躬庶事。思弘攸宜。而機務惟殷。顧循多闕。政刑乖謬。未獲具聞。豈誠素弗孚。使羣心莫盡。納隍之愧。在予一人。以歲時多難。王道未壹。卜征之禮。廢而未脩。眷被氓庶。無忘欽恤。今使兼散騎常侍渝等。申令四方。周行郡邑。親見刺史二千石官長。申述至誠。廣詢治要。觀察吏政。訪求民隱。旌褒操行。存問所疾。禮俗得失。一依周典。每各爲書。還具條奏。俾朕昭然。若覩覽焉。大夫君子。其各悉心敬事。無惰乃力。其有咨謀遠圖。謹言中誠。陳之使者。無或隱遺。方將敬納良規。以補其闕。勉哉勖之。稱朕意焉。宋書裴松之傳

賜始興太守徐豁詔　三年

始興太守豁。潔己退食。恪居在官。政事脩理。惠澤沾被。近嶺南荒弊。郡境尤甚。拯恤有方。濟厥饑饉。雖古之良守。蔑以尚焉。宜蒙褒賞。以旌清績。可賜絹二百匹。穀千斛。宋書徐豁傳

追封東漢沈戎爲遂善侯詔　三年

東漢故臣沈戎。沈國嫡系。世有善行。才智兼長。忠義自矢。遂敢身入虎穴。諭以至誠。一矢不加。逆子格面。茅社之錫。用以旌功。乃國難既夷。挂冠遠遯。捨故宅爲佛寺。棄封侯如脫屣。進不爲身。退不爲名。忠上潔己。邦家之光。沈氏積善。唯戎進之。可追封爲遂善侯。沈麟士述祖德碑

蠲卹丹徒詔　四年三月

丹徒桑梓綢繆。大業攸始。踐境永懷。觸感罔極。昔漢章南巡。加恩元氏。況情義二三。有兼曩日。思播遺澤。酬慰士民。其蠲此縣今年租布。五歲刑以下。皆悉原遣。登城三戰及大將家。隨宜隱卹。宋書文帝紀

荅范泰詔　四年

知與慧義論踞食。近亦粗聞。率意不異來旨。但不看佛經。無經制以所見耳。不知慧嚴云何。道生便是縣同。慧觀似未肯悔其始位也。比自可與諸道人更求其中。邪祇洹碑讚。乃不憶相許。既非所習。加以無暇。不獲相酬。甚以爲恨。弘明集十二

求讜言詔　五年正月

朕恭承洪業。臨饗四海。風化未弘。治道多昧。求之人事。鑒寐惟憂。加頃陰陽違序。旱疫成患。仰惟災戒。責深在予。思所以側身剋念。議獄詳刑。上荅天譴。下恤民瘼。羣后百司。其各獻讜言。指陳得失。勿有所諱。宋書文帝紀

賜徐豁營葬事錢布詔　五年

豁廉清勤恪。著稱所司。故擢授南服。申其才志。不幸喪殞。朕甚悼之。可賜錢十萬。布百匹。以營葬事。宋書徐豁傳

報師子國王詔　五年

此小乘經甚少。彼國所有。皆可悉爲寫送之。聞彼鄰多有師子。此獻未覩。可悉致之。□□□□□□□引宋元嘉起居注

與彭城王義康詔

降延之爲小邦不政。有謂其在都邑。豈動物情。罪過彰著。亦士庶共悉。直欲選代。令思愆里閭。猶復不悛。當驅往東土。乃至難恕。自可隨事錄治。殷劉意咸無異也。宋書顏延之傳

章太后生母喪禮詔　六年

朕夙罹偏罰。情事兼常。每思有以光隆懿戚。少申罔極之懷。而禮文遺逸。取正無所。監之前代。用否又殊。故惟疑累年。在心未遂。蘇夫人奄至傾殂。情禮莫寄。追思遠恨。與事而深。日月有期。將卜窀穸。便欲粗依春秋以貴之義。式遵二漢推恩之典。但動藉史筆。傳之後昆。稱心而行。或容未允。可時共詳論。以求其中。執筆永懷。益

增感塞。宋書殷景仁傳

荅王弘詔

省表。遠擬隆周經國之體。近述大易卑牧之志。三復沖旨。良用憮然。公體道淵虛。明識經遠。毗翼艱難。勳猷光茂。俾朕獲辰居垂拱。司契委成。豈容高遜總錄。固辭神州。使成務有虧。以重朕之不德耶。深存體國。所望寅亮。驃騎親賢之寄。地均旦奭。還入內輔。參贊機務。輒敬從所執。宋書王弘傳

荅王弘詔

衞軍表如此。司徒宜須事力。可順公雅懷。割二千人配府資儲。不煩事送。宋書王弘傳

北伐詔 七年三月

河南中國多故。湮沒非所。遺黎荼炭。每用矜懷。今民和年豐。方隅無事。宜時經理。以固疆場。可簡甲卒五萬。給右將軍到彥之統安北將軍王仲德、兗州刺史竺靈秀、舟師入河。驍騎將軍段宏精騎八千。直指虎牢。劉德武勁勇一萬。以相犄角。後將軍長沙王義欣可權假節。率見力三萬。監征討諸軍事。便速備辦。月內悉發。宋書索虜傳

戒劉道濟詔

聞卿在任。未盡清省。又頗為殖貨。若萬一有此。必宜改之。比傳人情不政緝諧。當以法御下。深思自警。以副本望。宋書劉粹傳

荅江夏王義恭詔 七年

吾亦得湛啟事。為之酸懷。乃不欲苟違所請。但汝弱年新涉庶務。八州殷曠。專斷事重。疇諮委仗。不可不得其人。量算二三。未獲便相順許。今荅湛啟。權停彼葬。頃朝臣零落相係。寄懷轉寡。湛實國器。吾乃欲引其令還。直以西夏任重。要且停此事耳。汝慶賞黜罰豫關得失者。必宜悉相委寄。宋書劉湛傳。時劉湛求自送子喪還都。義恭亦為之陳請。太祖荅義恭。又南史三十五

與義恭詔 七年

事至於此。甚為可歎。當今之才。委授已爾。宜盡相彌縫。取其可取。棄其可棄。汝疏云。泯然無際。如此甚佳。彼多猜。不可令萬一覺也。汝年已長。漸更事物。且羣情矚望。不以幼昧相期。何由故如十歲時。動止諮問。但當今所專。必是小事耳。亦恐量此輕重。未必盡得。彼之疑怨。兼或由此邪。宋書劉湛傳。義恭每為劉湛所裁。自以年長。未得行意。雖奉詔旨。頗有怨言。上友于素篤。欲加酬順。乃詔之

下吐谷渾慕璝詔 七年

吐谷渾慕璝兄弟慕義。至誠可嘉。宜授策爵。以甄忠款。可督塞表諸軍事。征西將軍。沙州刺史。隴西公。宋書吐谷渾傳

節儉詔 八年三月

自頃軍役殷興。國用增廣。資儲不給。百度尚繁。宜存簡約。以應事實。內外可通共詳思。務令節儉。宋書文帝紀

勸農桑詔 閏月

自頃農桑惰業。遊食者眾。荒萊不闢。督課無聞。一時水旱。便有罄匱。不深存務本。豐給靡因。郡守賦政方畿。縣宰親民之主。宜思獎訓。導以良規。咸使肆力。地無遺利。耕蠶樹藝。各盡其力。若有力田殊眾。歲竟條名列上。宋書文帝紀

詔譬臨川王義慶 八年

玄象茫昧。既難可了。且史家諸占。各有異同。兵星王時。有所干犯。乃主當誅。以此言之。益無懼也。鄭僕射亡後。左執法嘗有變。王光祿至今平安。日蝕三朝。天下之至忌。晉孝武初有此異。彼庸主耳。猶竟無他。天道輔仁福善。謂不足橫生憂懼。兄與後軍。各受內外之任。本以維城表裏。經之盛衰。此懷實有由來之事。設若天必降災。寧可千里逃避邪。既非遠者之事。又不知吉凶定所。若在都則有不測。去此必保利貞者。豈敢苟違天邪。宋書臨川王道規傳。太白星犯右執法。義慶懼

有災禍乞求外鎮太祖詔譬之義慶固求解僕射乃許之

遣大使巡益梁四郡詔 九年六月

益梁交廣境域幽遐治宜物情或多偏擁可更遣大使巡求民瘼宋書文帝紀

錄長沙景王等詔 九年

古者明王經國司勳有典平章以馭德刑班瑞以疇功烈銘徽庸於鼎彝配祫祀於清廟是以從饗先王義存商誥祭於大蒸禮著周典自漢迄晉世崇其文王猷既昭幽顯咸秩先皇經緯天地撥亂受終駿命爰集光宅區宇雖聖明淵邈三靈允協抑亦股肱翼亮之勤斯父宣力之效故使持節侍中都督南徐兗二州揚州之晉陵京口諸軍事太傅南徐兗二州刺史長沙景王故侍中大司馬臨川烈武王故司徒南康文宣公穆之侍中衛將軍開府儀同三司錄尚書事揚州刺史華容縣開國公弘使持節散騎常侍都

督江州豫州西陽新蔡晉熙四郡軍事征南大將軍開府儀同三司江州刺史永脩縣開國公道濟故左將軍青州刺史龍陽縣開國侯鎮惡或履道廣深秉德沖邈或雅量高劭風鑒明遠或識準弘正才略開邁咸文德以熙帝載武功以隆景業固以侔縱姬旦方軌伊邵者矣朕以寡德纂戎鴻緒每惟道勳思遵令典而太常未銘從祀尚闕鑒寐欽屬永言深懷便宜敬是前式憲茲嘉禮勒功天府配祭朝廷俾示徽章垂美長世茂績遠猷永傳不朽宋書長沙王道憐傳又略見南史宋本紀二

增封王弘等詔 九年

乃者三逆構禍寔繁有徒爰初遵養暨於明罰外虞內慮實惟艱難故大保華容縣公弘故衛將軍華故左光祿大夫曇首抱義懷忠乃情同至籌謀廟堂竭盡智力經營艱險節自朕心國恥既雪允膺茅土而竝執謙挹志不命踰故用佇朝典將有後命盛業不

究相係殞落永懷傷歎痛恨無已弘可增封千戶華曇首封開國縣侯食邑各千戶護軍將軍建昌公彥之深誠密謨比蹤齊望其復先食邑以酬忠勳宋書王弘傳

卹王弘家詔

聞王太保家便已匱乏清約之美同規古人言念始終情增悽歎可賜錢百萬米千斛宋書王弘傳

全宋文卷二終

烏程嚴可均校輯

文帝二

徙謝靈運詔 九年

靈運罪釁累仍。誠合盡法。但謝玄勳參微管。宜宥及後嗣。可降死一等。徙付廣州。宋書謝靈運傳。廷尉奏靈運率部衆反叛。論正斬刑。上愛其才。欲免官而已。彭城王義康堅執謂不宜恕。乃詔。

下楊難當詔 十年

楊難當表如此。悔謝前愆。可特恕宥。并特還章節。宋書氐胡傳。

梁州平下詔 十年

蕭承之稟命先驅。蒙險深入。全軍屢剋。奮其忠果。可龍驤將軍。隨府轉寍朔司馬。太守如故。南齊書高帝紀上。

營道侯冠禮詔 十一年

營道侯義綦可克日冠。外詳舊施行。何禎冠儀約制。及王堪私撰冠儀。亦皆家人之可遵用者也。

答沮渠茂虔詔 十一年

故使持節侍中都督秦河沙涼四州諸軍事車騎大將軍開府儀同三司領護匈奴中郎將西夷校尉涼州牧河西王蒙遜。才兼文武。勳濟西服。爰自萬里。款誠夙著。方仗忠果。翼宣遠略。奄至薨殂。悽悼於懷。便遣使弔祭。并加顯謚。嗣子茂虔。纂戎前軌。乃心彌彰。宜蒙寵授。紹茲蕃業。可持節散騎常侍都督涼秦河沙四州諸軍事征西大將軍領護匈奴中郎將西夷校尉涼州刺史河西王。宋書氐胡大且渠蒙遜傳。

求賢詔 十二年四月

周宗以盛。實由多士。漢室之隆。亦資得人。朕寤寐樂賢。爲日已久。而俊哲難階。明揚莫效。用令遺才在野。管庫虛軌。永懷前載。慚德深矣。夫舉爾所知。宣尼之篤訓。貢士任官。先代之成準。便可宣敕內外。各有薦舉。當依方銓引。以觀厥用。宋書文帝紀。

誅檀道濟詔 十三年三月

檀道濟階緣時幸。荷恩在昔。寵臨優渥。莫與爲比。曾不感佩殊遇。思答萬分。乃空懷疑貳。履霜日久。元嘉以來。猜阻滋結。不義不昵之心。附下罔上之事。固已暴之民聽。彰於遐邇。謝靈運志凶辭醜。不臣顯著。納受邪說。每相容隱。又潛散金貨。招誘剽猾。逋逃必至。實繁彌廣。日夜伺隙。希冀非望。鎮軍將軍仲德往年入朝。屢陳此迹。朕以其位居台鉉。豫班河岳。彌縫容養。庶或能革。而長惡不悛。凶慝遂遘。因朕寢疾。規肆禍心。前南蠻行參軍龐延祖具悉奸狀。密以啟聞。夫君親無將。刑茲罔赦。況罪釁深重。若斯之甚。便可收付廷尉。肅正刑書。事止元惡。餘無所問。宋書檀道濟傳。

答沈亮陳府事詔

前已令卿兄改革。尋值遷回。竟是不施行邪。今更敕西府也。宋書自序。亮陳西府兵士以六十休老十五供役。詔荅。

又荅沈亮陳城府功課詔

啟之甚佳。此亦由來常患。比屢敕之。猶復如此。甚爲無理。近復令孟休宣旨。想當不同。卿比可密觀其優劇也。宋書自序。亮時營創城府。功課嚴促。陳之。太祖詔荅。

罪劉湛詔 十七年十月

劉湛階藉門蔭。少叨榮位。往佐歷陽。奸詖夙著。謝晦之難。潛使密告。求心即事。久宜誅屏。朕所以棄罪略瑕。庶收後效。寵秩優忝。踰越倫匹。而凶忍忌克。剛愎靡厭。無君之心。觸遇斯發。遂乃合黨連羣。構扇同異。附下蔽上。專弄威權。薦子樹親。互爲表裏。邪附者榮曜九族。秉理者推陷必至。旋觀奸慝。爲日已久。猶欲弘納遵養。冀或悛革。自邇以來。凌縱滋甚。悖然懟容。罔所顧忌。險謀潛計。睥睨兩宮。豈唯彰暴國都。固亦達于四海。比年七曜違度。震蝕表災。侵陽之徵。事符幽顯。搢紳含憤。義夫興歎。昔齊魯不綱。禍傾邦國。昭宣電斷。漢祚方延。便收付廷尉。肅明刑典。（宋書劉湛傳）

恤民詔 十一月

前所給揚南徐二州百姓田糧種子。兗兩豫青徐諸州比年所寬租穀應督入者。悉除半。今半有不收處。都原之。凡諸逋債。優量申減。又州郡估稅所在市調。多有煩刻。山澤之利。猶或禁斷。役召之品。遂及稚弱。諸如此比傷治害民。自今咸依法令。務盡優允。如有不便。即依事別言。不得苟趣一時。以乖隱卹之旨。主者明加宣下。稱朕意焉。（宋書文帝紀）

嘉劉道錫詔 十八年

前者兵寇攻逼。邊情波駭。廣威將軍巴西梓潼二郡太守劉道錫。將率文武。盡心固守。保全之績。厥效可書。可冠軍諮議參軍。前建威將軍晉壽太守申坦。孤城弱衆。厲志致果。死傷參半。壯氣不衰。雖力屈陷沒。在誠宜甄。可建威將軍巴西梓潼二郡太守。（宋書劉道產傳）

勸學詔 十九年正月

夫所因者本。聖哲之遠教。本立化成。教學之爲貴。故詔以三德。崇以四術。用能納諸義方。致之軌度。盛王祖世。咸必由之。永初受命。憲章弘遠。將陶鈞庶品。混一殊風。有詔典司。大啟庠序。而頻遘屯夷。未及修建。永瞻前猷。思敷鴻烈。今方隅乂寧。戎夏慕嚮。廣訓胄子。實維時務。便可式遵成規。闡揚景業。（宋書文帝紀）

下沮渠無諱詔 十九年六月

往年狡虜縱逸。侵害涼土。河西王茂虔遂至不守。淪陷寇逆。累世著誠。以爲矜悼。次弟無諱。克紹遺業。保據方隅。外結鄰國。內輯民庶。係心闕庭。踐修貢職。宜加朝命。以褒篤勳。可持節散騎常侍都督涼河沙三州諸軍事征西大將軍領護匈奴中郎將西夷校尉

涼州刺史河西王。（宋書氐胡大且渠蒙遜傳）

崇孔聖詔 十二月

胄子始集。學業方興。自微言泯絕。逝將千祀。感事思人。意有慨然。奉聖之胤。可速議繼襲。於先廟地。特爲營造。依舊給祠置令。四時饗祀。闕里往經寇亂。黌校殘毀。并下魯郡。脩復學舍。採召生徒。昔之賢哲。及一介之善。猶或衛其丘壟。禁其芻牧。況尼父德表生民。功被百代。而墳塋荒蕪。荊棘弗翦。可蠲墓側數戶。以掌洒埽。魯郡上民孔景等五戶。居近孔子墓側。蠲其課役。供給洒埽。并種松柏六百株。（文帝紀）

破楊難當下詔 十九年五月

往年氐豎楊難當造爲叛亂。俛首者衆。其長史楊萬壽建節將軍姚憲。情不違順。屢進矢言。及凶醜脅遁。閭境奔擾。建忠將軍呂訓衛倉儲以候王師。寧朔將軍姜檀果烈忽到。志在宣力。濁水之捷。厥庸顯然。近者協贊義奮。乃心無替。洛陽符昭。誠係本朝。亦同斯舉。俘擒僞將。獨克武興。推鋒致效。隕命寇手。並事著屯險。感於予懷。宜蒙旌釱。榮慰存亡。可贈萬壽龍驤將軍。昭武都太守。憲補員外散騎侍郎。訓駙馬都尉奉朝請。檀征西大將軍司馬仇池太守。宜並內徙。可符雍涼二州。厚加贍卹。（宋書劉懷肅傳）

又詔

故晉壽太守姜道盛。前討仇池。志輸誠力。即戎著效。臨財能清。近先登濁水。殞身鋒鏑。誠節俱亮。矜悼於懷。可贈給事中。賜錢千萬。（同上）

報衡陽王義季詔 二十年

誰能無過。改之爲貴耳。此非唯傷事業。亦自損性命。世中比比皆汝所諳。近長沙兄弟。皆緣此致。故將軍蘇徽耽酒成疾。旦夕待盡。吾試禁斷。并給藥膳。至今能立。此自是可節之物。但嗜者不能立

祿當作錄

志裁割耳。晉元帝人主。尚能感王導之諫。終身不復飲酒。汝既有美尚。加吕吾意殷勤。何至不能慨然深自勉厲。乃復須嚴相割裁。坐諸紜紜。然後少止者。幸可不至此。一門無此酣法。汝於何得之。臨書歎塞。（宋書衡陽王義季傳。義季自彭城王義康廢後。遂爲長夜之飲。太祖累加詰責。義季引愆陳謝。上詔報之。義季雖奉此旨。酣縱如初。）

又詔

汝飲積食少。而素羸多風。常慮至此。今果委頓。縱不能吕家國爲懷。近不復顧性命之重。可歎可恨。豈復一條。本望能吕理自厲。未欲相苦耳。今遣孫道胤就楊佛等令晨夕視汝。并進止湯食。可開懷虛受。慎勿隱避。吾飽嘗見人斷酒。無它慊吸。蓋自當時甘嗜罔已之意耳。今者憂怛。政在性命。未暇及美業。復何爲吾煎毒至此邪。（宋書衡陽王義季傳。義季吕酒成疾。上又詔之。終不改。）

荅何承天論麻詔 二十年

何承天所陳。殊有理據。可付外詳之。（宋志麻志上）

慰勞楊文德詔 二十年

近者校尉仇池公表虜縱逸寇竊。仇池將士挫傷。民萌塗炭。眷言西顧。矜慨在懷。楊文德世篤忠順。誠感家國。糾率義徒。奄殄凶醜。鋒旗所向。虜潰無遺。氛祲澄清。蕃境寧一。念功惟事。亶有欣嘉。便可遣使慰勞。宣示朝旨。并敕梁州刺史申坦隨宜應援。（宋書氐胡傳。元嘉二十年三月。前鎮東司馬符達等立保宗弟文德。追擊斬索虜平北將軍拓跋齊。遣露板馳告朝廷。太祖詔。）

吕楊文德爲北秦州刺史詔

顯祿勳效。蓋惟國典。施賞務速。無或踰時。楊文德志氣果到。文武兼全。乘機潛奮。殊功成集。告捷歸誠。獻俘萬里。朔無暫土。樹難自竊。休烈昭著。朕甚嘉焉。楊氏世祖西勞。方忠累葉。宜紹先緒。膺受寵榮。可使持節散騎常侍都督北秦雍二州諸軍事征西大將軍平羌校尉北秦州刺史。封武都王。（同上）

勸農詔 十二月

國吕民爲本。民吕食爲天。故一夫輟稼。飢者必及。倉廩既實。禮節吕興。自頃在所貧罄。家無宿積。賦役（禮志作陰陽）暫偏。則人懷愁墊。歲或不稔。而病乏比室。誠由德政弗孚。吕臻斯弊。抑亦耕桑未廣。地利多遺。宰守微化導之方。萌庶忘勤分之義。永言弘濟。明發載懷。雖制令亟下。終莫懲勸。而坐望滋殖。庸可致乎。有司其班宣舊條。務盡敦課。遊食之徒。咸令附業。考覈勤惰。行其誅賞。觀察能殿。嚴加黜陟。古者從時脈土。吕訓農功。躬耕帝籍。敬供粢盛。仰瞻前王。思遵令典。便可量處千畝。考卜元辰。朕當親率百辟。致禮郊甸。庶幾誠素。將被斯民。（宋書文帝紀。又見禮志一。）

下沈演之范曄詔 二十一年二月

總司戎政。翼贊東朝。惟允之舉。匪賢莫授。侍中領右衛將軍演之。清業貞審。器思沈濟。右衛將軍曄。才應通敏。理懷清要。並美彰出內。誠亮在公。能克懋厥猷。樹績所莅。演之可中領軍。曄可太子詹事。（宋書沈演之傳）

賑給詔 六月

霖雨彌日。水潦爲患。百姓積儉。易致乏匱。二縣官長及營署部司。各隨統檢實。給其柴米。必使周悉。（宋書文帝紀）

勸農詔 七月

比年穀稼傷損。淫亢成災。亦由播殖之宜。尚有未盡。南徐兗豫及揚州浙江西屬郡。自今悉督種麥。吕助闕乏。速運彭城下邳郡見種。委刺史貸給。徐豫土多稻田。而民間專務陸作。可符二鎮。履行舊陂。相率修立。并課墾闢。使及來年。凡諸州郡。皆令盡勤地利。勸導播殖。蠶桑麻紵。各盡其方。不得但奉行公文而已。（宋書文帝紀）

下沮渠安周詔 二十一年

故征西大將軍河西王無諱弟安周。才略沈到。世篤忠款。統承遺業。民衆歸懷。雖亡士喪師。孤立異所。而能招率殘寡。攘寇自今。宜加榮授。垂軌先烈。可使持節散騎常侍都督涼河沙三州諸軍事領西域戊己校尉涼州刺史河西王。（宋書氐胡大且渠蒙遜傳）

賜南郡王義宣詔 二十一年

師護以在西久。比表求還。出內左右。自是經國常理。亦何必其應於一往。今欲聽許。以汝代之。護雖無殊績。潔己節用。通懷期物。不恣羣下。此信未易。非唯聲著西土。朝野以爲美談。在彼已有次第。爲士庶所安。論者乃謂未議遷之。今之回換。更在欲爲汝耳。汝與護年時一輩。各有其美。物議亦互有少劣。若今向事脫一減之者。既於西夏交有巨礙。遷代之議。必歸責於吾矣。復當爲護怨。非但一諸而已也。如此。則公私俱損。爲不可不先共善詳。此事亦易勉耳。無爲使人動生評論也。（宋書南郡王義宣傳，又略見南史十三。宋義季小字師護）

詔有司 二十二年

恬所陳當是事宜。近諸除授可悉停。（宋書申恬傳。時遷換諸郡守，恬上表，上從之，詔有司）

荅徐湛之上范曄等反謀詔 二十二年

湛之表如此。良可駭惋。曄素無行檢。少負瑕釁。但以才藝可施。故收其所長。頗加榮爵。遂參清顯。而險利之性。有過谿壑。不識恩遇。猶懷怨憤。每存容養。冀能悛革。不謂同惡相濟。狂悖至此。便可收掩。依法窮詰。（宋書范曄傳）

嘉獎師儒詔 二十三年十月

庠序興立累載。冑子肄業有成。近親策試。睹濟濟之美。緬想洙泗。永懷在昔。諸生荅問。多可採覽。教授之官。並宜沾賚。賜帛各有差。（宋書文帝紀）

嘉征林邑將帥詔 二十三年

林邑介恃遐險。久稽王誅。龍驤將軍交州刺史檀和之。忠果到列。思略經濟。稟命攻討。萬里推鋒。法命肅齊。文武畢力。潔己奉公。以

身率下。故能立勳海外。震服殊俗。宜加褒飾。參管近侍。可黃門侍郎。領越騎校尉。行建武將軍。龍驤司馬蕭景憲。協贊軍首。勤捷顯著。總勒前驅。剋殄巢穴。必能威服荒夷。撫懷民庶。可持節督交州廣州之鬱林寧浦二郡諸軍事、建威將軍、交州刺史。龍驤司馬童林之九眞太守傅蔚祖戰死。並贈給事中。（宋書林邑傳）

下衡陽王義季詔 二十三年

杜驥申恬。倉卒之際。尙以弱甲瑣卒。微寇作援。彼爲元統。士馬桓桓。既不懷奮發。連被意旨。猶復逡巡。豈唯大乖應赴之宜。實孤百姓之望。且匈奴輕漢。將自此而始。賊初起逸。未知指趨。故且裝束。兼存觀察耳。少日勢漸可見。便應大有經略。何合安然。遂不敢動。遣軍政欲乘際會。拯危急。以申威援。本無驅馳平原。方幅爭鋒理。又山路易憑。何以畏首尾迴弱。若謂事理政如此者。進大鎮聚甲兵。徒爲煩耳。（宋書衡陽王義季傳）

封蓋吳詔 二十三年

北地蓋吳。起衆秦川。華戎響附。奮其義勇。頻煩克捷。屢遣表疏。遠效忠款。志梟逆虜。以立勳績。宜加爵號。褒獎乃誠。可以爲使持節都督關隴諸軍事、安西將軍、雍州刺史、北地郡公。使雍梁遣軍界上。以相援接。（宋書索虜傳）

詔羣臣 二十四年

吾少覽篇籍。頗愛文義。遊玄翫采。未能息卷。自纓紼世務。情兼家國。徒存日昃。終有慚德。而區宇未一。師饉代有。永言斯瘼。彌於其慮。加疲疾稍增。志隨時往。屬思之功。與事而廢。殘虐遊魂。齊民塗炭。乃眷北顧。無忘弘拯。思總羣謀。埽清逋逆。感慨之來。遂成短韻。卿等體國情深。亦當義篤其懷也。（宋書索虜傳）

賑賜京邑詔 二十五年正月

比者冰雪經旬。薪粒貴踊。貧弊之室。多有窘罄。可檢行京邑二縣

及營署賜以柴米。宋書文帝紀

厲武詔 二月

安不忘危。經世之所同。治兵教戰。有國之恒典。故服訓明恥。然後少長知禁。頃戎政雖修。而號令未審。今宣武場始成。便可剋日大習衆軍。當因校獵。肄武講事。宋書文帝紀

經劉穆之墓詔 四月

故侍中司徒南康文宣公穆之。秉德佐命。翼亮景業。謀猷經遠。元勳克茂。功銘鼎彝。義章典策。故已嗣徽前哲。宜風後代者矣。近因遊踐。瞻其塋域。九原之想。情深悼歎。可致祭墓所。以申永懷。宋書劉穆之傳

下雷次宗詔 二十五年

前新除給事中雷次宗。篤尚希古。經明行修。自絕招命。守志隱約。宜加升引。以旌退素。可散騎侍郎。宋書雷次宗傳

以沈亮爲司空義宣參軍詔 二十五年

陝西心膂。須才。故授卿此職。宋書自序亮遷南譙王義宣司空中兵參軍下詔

與彭城王詔

況邵人身不惡。吾與林子周旋異常。可以補還。宋書自序會彊弩將軍缺上詔錄尚書彭城王義康於是拜彊弩將軍

全宋文卷三終

全宋文卷四

烏程嚴可均校輯

文帝三

謁京陵詔 二十六年三月

朕違北京二十餘載。雖云密邇。瞻塗莫從。今因四表無塵。時和歲稔。復獲拜奉舊塋。展罔極之思。饗讌故老。申追遠之懷。固以義兼於桑梓。情加於過沛。永言慷慨。感慰實深。宜聿宣仁惠。覃被率土。其大赦天下。復丹徒縣僑舊今歲租布之半。行所經縣。蠲田租之半。二千石官長並勤勞王務。宜有沾錫。登城三戰。及大將戰亡墜沒之家。老病單弱者。普加贍卹。遣使巡行百姓。問所疾苦。孤老鰥寡六疾不能自存者。人賜穀五斛。（宋書文帝紀）

徙民實京口詔

京口肇祥自古。著符近代。衿帶江山。表裏華甸。經塗四達。利盡淮海。城邑高明。土風淳壹。苞總形勝。實唯名都。故能光宅靈心。克昌帝業。頃年岳牧遷回。軍民徙散。廛里廬宇。不逮往日。皇基舊鄉。地兼蕃重。宜令殷阜。式崇形望。可募諸州樂移者數千家。給以田宅。并蠲復。（宋書文帝紀）

搜訪舊人詔 五月

吾生於此城。及盧循肆亂。害流茲境。先帝以桑梓根本。實同休戚。復以蒙稚。猥同艱難。情意繾綣。夷險兼備。舊物遺蹤。猶存心目。歲月不居。逝踰三紀。時人故老。與運零落。眷惟既往。倍深感歎。可搜訪於時士庶文武今尚存者。具以名聞。人身已亡。而子孫見在。優量賚之。（宋書文帝紀）

徵蕭思話爲吏部尚書詔

沈尚書暴病不救。其體業貞審。立朝盡公。年時尚可。方相委任。奄忽不永。痛惋特深。銓管要機。通塞所寄。丈人才用體國。二三惟允。（宋書蕭思話傳）

下訶羅單諸國詔 二十六年

訶羅單婆皇婆達三國。頻越遐海。款化納貢。遠誠宜甄。可並加除授。（宋書夷蠻傳）

與始興王濬詔 二十六年

沈璞累年主簿。又經國卿。雖未嘗爲行佐。今故當正參軍邪。若爾。正當署餘曹兼房任。不爾。便宜行佐正署中兵。恐於選體如不多耳。（宋書自序。濬出爲南徐州。太祖謂璞曰。濬既出蕃。卿故當臥而護之。與濬詔乃爲正佐）

別詔沈璞

近者險急。老弱殊當憂迫邪。念卿爾時難爲心。想百姓流轉已還。此遺部運尋至。委卿量所贍濟也。（宋書自序。璞爲盱眙太守。虜攻守三旬。退。太祖嘉其功。遣中使深相襃美。又別詔）

北伐詔 二十七年

虜近雖摧挫。獸心靡革。驅逼遺氓。復規竊暴。比得河朔秦雍華戎表疏。歸訴困棘。跂望綏拯。潛相糾結。以候王師。并陳芮芮此春因其來掠。掩襲巢窟。種落畜牧。所亡太半。連歲相持。於今未解。又猜虐互發。親黨誅殘。根本危弊。自相殘殄。芮芮間使適至。所說並符。遠輸誠款。誓爲犄角。遐邇注情。既宜赴獎。且水雨豐澍。舟檝流通。經略之會。實在茲日。可遣寧朔將軍王玄謨率太子步兵校尉沈慶之鎮軍咨議參軍申坦等。戈船一萬。前驅入河。使持節督青冀幽三州徐州之東安東莞二郡諸軍事輔國將軍青冀二州刺史蕭斌推三齊之鋒。爲之統帥。持節都督徐兗青冀幽五州豫州之梁郡諸軍事鎮軍將軍徐兗二州刺史武陵王駿總四州之衆。水陸並驅。太子左衛率始興縣五等侯臧質勒東宮禁兵統驍騎將軍安復縣開國侯王方回建武將軍安蠻司馬新康縣開國男劉康祖右軍參軍事梁坦步騎十萬。逕造許洛。使持節督豫司雍秦并五州諸軍事右將軍豫州刺史領安蠻校尉南平王鑠。悉荆河之師。方軌繼進。東西齊舉。宜有董一。使持節侍中都督揚南徐二州諸軍事太尉領司徒錄尚書太子太傅國子祭酒江夏王義恭。德望兼崇。風略遐被。卽可三府文武并被㠯中儀精卒。出次徐方。爲衆軍節度。別府司空府使所督諸鎮。各遣虎旅。數道爭先。督梁南北秦三州諸軍事綏遠將軍西戎校尉梁南北秦三州刺史秀之。統輔國將軍楊文德。宣武將軍巴西梓潼二郡太守劉弘宗。連旗深入。震蕩汧隴。護軍將軍封陽縣開國侯蕭思話。部龍驤將軍杜坦。寍遠將軍竟陵太守南城縣開國侯劉德願。藉荆雍之勁。攬羣師之銳。宜由武關稜威震盪。指授之宜。委司空義宣議量。宋書索虜傳

嘉陳憲詔 二十七年

右軍行參軍行汝南新蔡二郡軍事陳憲。盡力捍禦。全城摧寇。忠敢之效。宜加顯擢。可龍驤將軍汝南新蔡二郡太守。宋書索虜傳南平王鑠鎮壽陽。㠯憲行郡事。固守懸瓠。虜主攻城四十二日不拔

魯爽歸下詔 二十八年

偽寍南將軍魯爽。中書郎魯秀。志幹列到。忠誠久著。撫茲禍先。闔門效款。招集義銳。梟翦薰醜。肅定邊城。獻馘象魏。雖宣孟之去翟歸晉。犢當之出胡入漢。方之此日。曾何足云。朕實嘉之。宜卽授任。逞其忠略。爽可督司州陳留東郡濟陰濮陽五郡諸軍事征虜將軍司州刺史。秀可輔國將軍滎陽潁川二郡太守。其諸子弟及同契士庶。委征虜府。㠯時申言。詳加酬敘。宋書魯爽傳

虜退下詔 二月

獫狁孔熾。難及數州。睠言念之。寤寐興悼。凶羯痍挫。迸迹遠奔。毆傷之民。宜時振理。凡遭寇賊郡縣。令還復居業。封屍掩骼。賑贍饑流。東作方始。務盡勸課。貸給之宜。事從優厚。其流寓江淮者。並聽卽屬。并蠲復稅調。宋書文帝紀

荅袁淑詔 二十八年

令僕治務所寄。不共求體當。而互相推委。糾之是也。然故事殘舛。所㠯致茲疑執。特無所問。時詳正之。宋書徐湛之傳時尚書僕射徐湛之與尚書令何尚之有事互相推委。御史中丞袁淑並奏免官。詔云

與南郡王義宣詔 二十八年

善脩民務。不須營潛逃計也。宋書南郡王義宣傳南史十三

贈劉康祖詔 二十八年

康祖班師尉武。戎律靡忒。對衆㠯寡。殲殄大半。猛氣雲騰。志申力屈。沒世殉節。良可嘉悼。宜加甄寵。㠯旌忠烈。可贈益州刺史。謚曰壯勇。宋書劉康祖傳

卹寇經諸州詔 二十九年正月

經寇六州。居業未能。仍值災澇。饑困薦臻。可速符諸鎮。優量救卹。今農事行興。務盡地利。若須田種。隨宜給之。宋書文帝紀

征虜詔 三月

惡稔身滅。戎醜常數。虐虜窮凶。著於自昔。未勞資斧。已伏天誅。子孫相殘。親黨離貳。關洛偽帥。並懷內款。河朔遺民。注誠請效。拯溺蕩穢。今其會也。可符驃騎司空二府。各部分所統。東西應接。歸義建績者。隨勞酬獎。宋書文帝紀時拓跋燾死下詔

詔賜郭啟玄家穀 二十八年

故綏遠將軍晉壽太守郭啟玄。往銜命虜庭。秉意不屈。受任白水。盡勤靡懈。公奉私餼。纖毫弗納。布衣蔬食。飭躬惟儉。故超授顯邦。㠯甄廉績。而介誠苦節。終始匪貳。身死之日。妻子凍餒。志操殊俗。良可哀悼。可賜其家穀五百斛。宋書王歆之傳

詔蕭思話 二十九年九月

得撫軍將軍思話啟事。碻磝不拔。士卒疲勞。且班師清濟。更圖進

討。此鎮山川嚴阻。控臨河朔。形勝之要。擅名自古。宜除其授。以允望實。思話可解徐州爲冀州。餘如故。彭城文武復量分配郎鎮歷城。（宋書蕭思話傳）

與江夏王義恭詔　二十九年

今朝賢無多。且羊孟尙不得告謝。尙之任遇有殊。便未宜申許邪。（宋書何尙之傳。元嘉二十九年致仕。詔書敦勸。上又與江夏王義恭詔）

與蕭思話詔　二十九年

虜既乘利。方向盛冬。若脫敢送死。兄弟父子。自共當之耳。言及增憤。可以示張永申坦。（宋書張永傳）

贈陸徽輔國將軍詔　二十九年

徽厲志廉潔。歷任恪勤。奉公盡誠。克己無倦。褒榮未申。不幸夙殞。言念在懷。以爲傷恨。可贈輔國將軍。本官如故。賜錢十萬。米二百斛。謚曰簡子。（宋書陸徽傳）

釋慧嚴喪事詔　元嘉中

嚴法師器識淵遠。學道之匠。奄爾遷神。痛悼於懷。可給錢五萬。布五十匹。（高僧傳）

賜蕭思話弓琴手敕　元嘉十四年

丈人頃何所作。事務之暇。故以琴書爲娛耳。所得不曰義邪。眷想常不忘情。想亦同之。前得此琴。云是舊物。亦有名京邑。今以相借。因是戴顒意於彈撫。響韻殊勝。直爾嘉也。并往桑弓一張。材理乃快。先所常用。既久廢射。又多病。略不能制之。便成老公。令人歎息。良材美器。宜在盡用之地。丈人真無所與讓也。（宋書蕭思話傳）

策命訶羅單諸國　二十六年

惟汝慕義款化。效誠荒遐。恩之所洽。殊遠必甄。用敷典章。顯茲策授。爾其欽奉凝命。永固厥職。可不愼歟。（宋書夷蠻傳）

策命婆皇國王　二十六年

惟爾仰政邊城。率貢來庭。皇澤爰被。無幽不洽。宜班典策。授茲嘉命。爾其祗順禮度。式保厥終。可不愼歟。（同上）

策命婆達國王　二十六年

惟爾仰化懷誠。馳慕聲教。皇風遐暨。荒服來款。是用加茲顯策。式甄義順。爾其祗順憲典。永終休福。可不愼歟。（同上）

與彭城王義康書　元嘉二年

今以謝述代曜。其才應詳練。著於歷職。故以佐汝。汝始親庶務。而任重事殷。宜寄懷羣賢。以盡弼諧之美。想自得之。不俟吾言也。（宋書謝景仁傳）

誡江夏王義恭書　六年

汝以弱冠便親方任。天下艱難。家國事重。雖曰守成。實亦未易。隆替安危。在吾曹耳。豈可不感尋王業。大懼負荷。今既分張。言集未日。無由復得動相規誨。宜深自砥礪。思而後行。開布誠心。厝懷平

當。親禮國士。友接佳流。識別賢愚。鑒察邪正。然後能盡君子之心。收小人之力。汝神意爽悟。有日新之美。而進德脩業。未有可稱。吾所以恨之而不能已已者也。汝性褊急。袁太妃亦說如此。性之所滯。其欲必行。意所不在。從物回改。此最弊事。宜應慨然立志。念自裁抑。何至丈夫方欲贊世成名而無斷者哉。今粗疏十數事。汝別時可省也。遠大者豈可具言。細碎復非筆可盡。禮賢下士。聖人垂訓。驕侈矜尙。先哲所去。豁達大度。漢祖之德。猜忌褊急。魏武之累。漢書稱衞青云。大將軍遇士大夫以禮。與小人有恩。西門安于。矯性齊美。關羽張飛任偏同弊。行己舉事。深宜鑒此。若事異今日。嗣子幼蒙。司徒便當周公之事。汝不可不盡祗順之理。苟有所懷。密自書陳。若形迹之間。深宜愼護。至於爾時安危。天下決汝二人耳。勿忘吾言。今既進袁太妃供給。計足充諸用。此外一不須復有求取。近亦具白此意。唯脫應大餉致。而當時遇有所乏。汝自可少多

供奉耳。汝一月日自用不可過三十萬。若能省此益美。西楚殷曠。常宜早起。接待賓侶。勿使留滯。判急務訖。然後可入問訊。既覩顏色。審起居。便應即出。不須久停。以廢庶事也。下日及夜。自有餘閑。府舍住止。園池堂觀。略所諳究。計當無須改作。司徒亦云爾。若脫於左右之宜。須小小回易。當以始至一治爲限。不須紛紜。日求新異。凡審獄多決。當時難可逆慮。此實爲難。汝復不習。殊當未有次第。訊前一二日。取訊簿。密與劉湛輩共詳。大不同也。至訊日。虛懷博盡。慎無以喜怒加人。能擇善者而從之。美自歸己。不可專意自決。以矜獨斷之明也。萬一如此。必有大吝。非唯訊獄。君子用心。自不應爾。刑獄不可擁滯。一月可再訊。凡事皆應慎密。亦宜豫敕左右。人有至誠所陳。不可漏泄。以負忠信之款也。古人言君不密則失臣。臣不密則失身。或相讒構。勿輕信受。每有此事。當善察之。名器深宜慎惜。不可妄以假人。昵近爵賜。尤應裁量。吾於左右雖爲少恩。如聞外論。不以爲非也。以貴陵物。物不服。以威加人。人不厭。此易達事耳。聲樂嬉游。不宜令過。摴蒱漁獵。一切勿爲。供用奉身。皆有節度。奇服異器。不宜興長。汝嬪侍左右。已有數人。既始至西。未可怱怱復有所納。宋書江夏王義恭傳

又誡

宜數引見佐史。非唯臣主自應相見。不數則彼我不親。不親則無因得盡人。人不盡。復何由具知衆事。廣引視聽。既益開博。於言事者。又差有地也。同上又見南史十三

與江夏王義恭書 七年十一月

尹沖誠節志槩。繼蹤古烈。以爲傷惋。不能已已。宋書索虜傳。尹沖歿虜抗節不降投塹死因下義恭書。

與長沙王義欣手書 八年

蕭承之理民直。亦不在武幹後。今擬爲兗州刺史。檀征南詳之。南齊

高帝紀上。承之爲濟南太守拒虜。文帝以其有全城之功與義欣手書。承之與道濟無素事。遂寢

與衡陽王義季書 十七年十一月

殷僕射疾患少日。奄忽不救。其識具經遠。奉國竭誠。周游繾綣。情兼常痛。民望國器。遇之爲難。惋歎之深。不能已已。汝亦同不。往矣如何。宋書殷景仁傳

與彭城王義康書

會稽姊飲宴憶弟。所餘酒今封送。宋書彭城王義康傳

就拓跋燾求馬 二十七年

自頃歲戍民皐。朝野無虞。春末當東巡吳會。以盡游豫。臨滄海。探禹穴。陟姑蘇之臺。搜長洲之苑。舟楫雖盛。寡於良駟。想能惠以逸足。令及此行。宋書索虜傳

又與江夏王義恭書 二十九年

早知諸將輩如此。恨不以白刃驅之。今者悔何所及。宋書張永傳。永及申坦並爲統府撫軍將軍蕭思話所收繫於歷城獄。太祖以屢征無功。諸將不可任。責永等與思話詔。又與江夏王書。

賜始興王濬書 二十九年

鸚鵡事想汝已聞。汝亦何至迷惑乃爾。且沈懷遠何人。其詎能爲汝隱此邪。故使法瑜口宣。投筆惋慨。宋書二凶傳。

荅羣臣迎立 景平二年七月

皇運艱弊。數鍾屯夷。仰惟崇基。感尋國故。永慕厥躬。悲慨交集。賴七百祚永。股肱忠賢。故能休否以泰。天人式序。猥以不德。謬降大命。顧已兢悸。何以克堪。輒當暫歸朝廷。展哀陵寢。幷與賢彥。申寫所懷。望體其心。勿爲辭費。宋書文帝紀

荅何承天

局子之賜。何必非張武之金邪。宋書何承天傳。承天素好弈棊。頗用廢事。太祖賜以局子。承天奉表陳謝。上荅。

荅江夏王義恭

其願還經年。方復作此流遷。必當大罔罔也。宋書自序。沈邵爲鍾離太守，義恭啟太祖曰：盱眙太守劉顯眞求自解，謂邵往莅，在有績彰於民聽。若重授盱眙，足爲亘二千石。上不許。詔荅。

荅衡陽王義季

稱意才難得。沈邵雖未經軍事。既是腹心。作鍾離郡。及在後軍府。房中甚脩理。或欲遣之。宋書自序。義季在江陵，安西府中兵久缺，啟太祖求人。上荅。

詰讓太子劭

臨賀公主南第先有一下人欲嫁。又聞此下人養他人奴爲兒。而汝用爲隊主。抽拔何乃速。汝閒用主副。竝是奴邪。欲嫁置何處。宋書元凶劭傳。上遣閹人奚承祖詰讓劭。

全宋文卷四終

全宋文卷五

烏程嚴可均校輯

孝武帝一

帝諱駿。字休龍。小字道民。文帝第三子。元嘉十二年封武陵王。歷湘州南豫州刺史。伐石頭。徙雍州刺史。鎮襄陽。又徙徐州刺史。鎮彭城。復徙湘州刺史。元凶弒立。舉兵入討。以三十年五月即位。改元二。孝建大明。在位十一年。謚曰孝武皇帝。廟號世祖。有集三十一卷。

華林清暑殿賦

其西積仞連嶺。石穴通波。北堂書鈔一百五十八

若夫瑤榭未清。瓊室流炎。熏風夕烈。熾景晨嚴。高鑾廢駕。遊衛輟蹕。思延寒於夏堂。豈徒闇於遺籍。伊涼燠之可變。粵在今之猶昔。密晰林渠。側眺池籞。起北阜而置懸河。沿西原而殿清暑。緝茅樹基。采椽成宇。轉流環堂。浮清浹室。闢西櫺而鑒斜月。高東軒而望初日。粵乃炎精待飛。青祇將畢。濯禊在辰。光風明密。婉祥鱗於石沼。儀瑞羽於林衛。浮觴無屆。展樂有時。惟歡洽矣。含歌受辭。歌曰。山懷風兮谷吐泉。清潭邃兮遠氣宣。符深情兮應遙心。促千里兮測雲天。藝文類聚六十二

傷宣貴妃擬漢武帝李夫人賦 并序

朕以亡事棄日。閱覽前王詞苑。見李夫人賦。悽其有懷。亦以嗟詠久之。因感而會焉。

巡靈周之殘冊。略鴻漢之遺篆。弔新宮之奄映。嗟璧臺之蕪踐。賦流波以謠思。詔河濟以崇典。雖媛德之有載。竟滯悲其何遣。訪物運之榮落。訊雲霞之舒卷。念桂枝之秋實。惜瑤華之春翦。桂枝折兮沿歲傾。瑤華碎兮思聯情。形殿閉兮素塵積。翠阯蕪兮紫苔生。寶羅暍兮春幌垂。珍簟空兮夏幬扃。秋臺惻兮碧煙凝。冬宮冽兮朱火清。流律有終。深心無歇。徙倚雲日。裴回風月。思玉步於鳳墀。想金聲於鸞闕。竭方池而飛傷。損圓淵而流咽。端蚤朝之晨罷。泛輦路之晚清。轥南陸。踔閶闔。轢北津。警承明。面縞館之酸素。造松帳之蔥青。俛衆胥而慟興。撫藐女而悲生。雖哀終其已切。將何慰於爾靈。存飛榮於景路。沒申藻於服車。垂葆旒於昭術。竦鸞劍於清都。朝有儷於徽準。禮無替於粹圖。閟瑤光之密陛。宮虛梁之餘陰。俟玉羊之晨照。正金雞之夕臨。升雲轡以引思。鏘鴻鍾以節音。文七星於霜野。旗二燿於寒林。中雲枝之夭秀。寓坎泉之曾岑。屈封嬴之自古。申反周乎在今。遣雙靈兮達孝思。附孤魂兮展慈心。伊鞠報之必至。諒顯晦之同深。予棄西楚之齊化。略東門之遙衿。淪漣兩拍之傷。奄抑七萃之箴。宋書始平王子鸞傳。又藝文類聚三十四。又略見文選謝莊宣貴妃誄注

停白板郡縣制 大明五年八月庚寅

方鎮所假白板郡縣。年限依臺除。食祿三分之一。不給送。宋書孝武帝紀

即位遣大使巡方詔 元嘉三十年五月

天步艱難。國道用否。雖基構永固。而氣數時愆。朕以眇身。奄承皇業。奉尋麻命。鑒寐震懷。萬邦風政。人治之本。感念陵替。若疚在心。可分遣大使巡省方俗。宋書孝武紀

節省詔 六月

興王立訓。務弘治範。輔臣佐時。勤獻政要。仰惟聖規。每存茲道。猥以眇躬。屬承景業。闡揚遺澤。無廢厥心。夫量入為出。邦有恆典。而經給之宜。多違常度。兵役糜耗。府藏散減。外內衆供。未加損約。非所以聿遵先旨。敬奉遺圖。自今諸可薄己厚民。去煩從簡者。悉宜施行。以稱朕意。宋書孝武紀

求言詔 七月

世道未夷。惟憂在國。夫使羣善畢舉。固非一才所議。況以寡德屬

衰薄之期。夙宵寅想。永懷待旦。王公卿士凡有嘉謀善政。可以維風訓俗。咸達乃誠。無或依隱。（宋書孝武紀）

飭治詔

百姓勞弊。徭賦尚繁。言念未乂。宜崇約損。凡用非軍國。宜悉停功。可省細作。并尚方雕文靡巧。金銀塗飾。事不關實。嚴爲之禁。供御服膳。減除遊侈。水陸捕採。各順時日。官私交市。務令優衷。其江海田池公家規固者。詳所開弛。貴戚競利。悉皆禁絕。（宋書孝武紀）

下王素等詔

濟世成務。咸達隱微。軌俗興讓。必表淸節。朕昧旦求善。思惇薄風。琅邪王素。會稽朱百年。竝廉約貞遠。與物無競。自足皐畝。志在不移。宜加褒引。以光難進。竝可太子舍人。（宋書王素傳）

下沈慶之等詔

朕以不天。有生罔二。泣血千里。志復深逆。鞠旅伐罪。義氣雲踊。羣帥仗節。指難如歸。故曾未積旬。宗社載穆。遂以眇身。猥纂大統。永念茂庸。思崇徽錫。新除使持節散騎常侍都督南兗豫徐兗四州諸軍事鎭軍將軍南兗州刺史沈慶之。新除散騎常侍領軍將軍柳元景。新除散騎常侍右衛將軍宗慤。督兗州諸軍事輔國將軍兗州刺史徐遺寶。寧朔將軍始興太守沈法系。驃騎諮議參軍顧彬之。或盡誠謀初。宜綜戎略。或受命元帥。一戰寧亂。或稟奇軍統。協規效捷。偏師奉律。勢振東南。皆忠國忘身。義高前烈。功載民聽。誠簡朕心。定賞策勳。茲焉攸在。宜列土開邑。永蕃皇家。慶之可封南昌縣公。元景曲江縣公。竝食邑三千戶。慤洮陽縣侯。食邑二千戶。遺寶益陽縣侯。食邑一千五百戶。法系平固縣侯。彬之陽新縣侯。竝食邑千戶。（宋書沈慶之傳）

卹徐湛之等詔

徐湛之江湛王僧綽。門戶荼酷。遺孤流寓。言念既往。感痛兼深。可

令歸居本宅。厚加卹賜。（宋書徐湛之傳）

卹卜天與詔

日者逆豎犯蹕。釁變卒起。廣威將軍關中侯卜天與。提戈赴難。挺身奮節。斬殪凶黨。而旋受虐刃。勇冠當時。義侔古烈。興言追悼。傷痛於心。宜加甄贈。以旌忠節。可贈龍驤將軍益州刺史。謚曰壯侯。（宋書卜天與傳）

荅有司奏不應致拜太傅詔

聞禮籍纂統。實憑師範。思盡虔恭。以承道訓。所奏稽諸往代。謂無拜禮。據文既明。便從所執。（宋書江夏王義恭傳。上不欲致禮太傅。諷有司奏。詔荅。）

贈張敷侍中詔

司徒故左長史張敷。貞心簡立。幼樹風規。居哀毀滅。孝道淳至。宜在追甄。於以報美。可追贈侍中。（宋書張敷傳）

贈王微祕書監詔

微棲志貞深。文行惇洽。生自華宗。身安隱素。足以賁茲丘園。惇是薄俗。不幸蚤世。朕甚悼之。可追贈祕書監。（宋書王微傳）

與劉延孫等詔

朕藉羣能之力。雪莫大之恥。以眇眇之身。託於王公之上。思所以策勳樹良。永寧世烈。新除侍中領前軍將軍延孫。率懷忠敏。器局沈正。協贊義初。誠力俱盡。左衛將軍竣。立志開亮。理思淸要。茂策忠謨。經綸惟始。俾積基更造。咸有勤焉。宜顯授龜社。大啓邦家。延孫可封東昌縣侯。竣建城縣侯。食邑各二千戶。（宋書劉延孫傳）

重農舉才詔 （孝建元年正月）

首食尚農。經邦本務。貢士察行。寧朝當道。內難甫康。政訓未洽。衣食有仍耗之弊。選造無觀國之美。昔衞文勤民。高宗恭默。卒能收賢巖穴。大殷季年。朕每側席疚懷。無忘鑒寐。凡諸守莅親民之官。可詳申舊條。勸盡地利。力田善蓄者。在所具以名聞。褒甄之科。精

為其格。四方秀孝。非才勿舉。獻荅允偱。即就銓擢。若止無可採。猶賜除署。若有不堪酬奉。虛竊榮薦。遣還田里。加以禁錮。尚書百官之元本。庶績之樞機。丞郎列曹。局司有在。而頃事無巨細。悉歸令僕。非所以眾材成構。羣能濟業者也。可更明體制。咸責厥成。糾覈勤惰。嚴施賞罰。（宋書孝武紀。又略見通典二十二。）

荅義宣詔　三月

皇帝敬問。朕以不天。招罹屯難。家國阽危。窮焉將及。所以身先八百。雪清冤恥。遠憑高筭。共濟艱難。遂登寡闇。嗣奉洪祀。尊戚酬勳。實表心事。糺政闕職。所願匡拯。而嘉言蔑聞。未德先著。勤王之績未終。毀冕之圖已及。臧質險躁無行。見棄人倫。以此不識。志在問鼎。凶意將逞。先借附從。扇誘欺熾。成此亂階。如使羣逆竝濟。衆邪競逐。將恐瞻烏之命。未識所止。構怨連禍。孰知其極。公明有不照。背本崇姦。迷昵讒醜。還謀社稷。雖履霜有日。諠議糾紛。朕以至道無私。杜遏疑議。信理推誠。暴於遐邇。不虞物變難測。醜言遂驗。是用悼心失圖。忽忘寢食。今便親御六師。廣命羣牧。告靈誓衆。直造柴桑。梟轘元惡。以謝天下。然後警蹕清江。鳴鑾郢路。投戈襲袞。面稟規猷。有宋不造。家禍仍纏。昔歲事盈。方承遠訓。冀以虛薄。永弼厥艱。豈謂曾未朞稔。復覩斯釁。二祖之業。將墜於淵。仰瞻鴻基。但深感慟。（宋書南郡王義宣傳）

建仲尼廟詔　十月

仲尼體天降德。維周興漢。經緯三極。冠冕百王。爰自前代。咸加褒述。典司失人。用闕宗祀。先朝遠存遺範。有詔繕立。世故妨道。事未克就。國難頻深。忠勇奮厲。實憑聖義。大教所敦。永惟兼懷。無忘待旦。可開建廟制。同諸侯之禮。詳擇爽塏。厚給祭秩。（宋書孝武紀）

開苑禁詔　二年八月

諸苑禁制綿遠。有妨肆業。可詳所開弛。假與貧民。（宋書孝武紀）

宥罪詔　九月

國道再屯。艱虞畢集。朕雖寡德。終膺鴻慶。惟新之祉。實深百王。而惠宥之令。未殊常涯。永言勤慮。寤寐載懷。在朕受命之前。凡以罪徒放。悉聽還本。犯釁之門。尚有存者。子弟可隨才署吏。（宋書孝武紀）

重散騎詔　三年

散騎職為近侍。事居規納。置任之本。實為親要。而頃選常侍。陵遲未允。宜簡授時良。永寘清轍。（宋書孔覬傳）

通下情詔　大明元年十月

旒纊之道。有孚於結繩。日昃之勤。已切於姬后。況世弊教淺。歲月澆季。朕雖劬力宵內。未明求衣。而識狹前王。務廣昔代。永言菲德。其愧良深。朝容野怨。自達者寡。惠民利公。所昧實衆。自今百辟庶尹。下民賤隸。有懷誠抱志。擁鬱衡閭。失理負謗。未聞朝聽者。皆聽躬自申奏。小大以聞。朕因聽政之日。親對覽焉。（宋書孝武紀）

荅江夏王義恭請封禪詔　十一月戊申

太宰表如此。昔之盛王。永保鴻名。常為稱首。由斯道矣。朕遭家多難。入纂絕孝。德薄勳淺。鑒寐崩愧。頃麟鳳表禎。茅禾兼瑞。雖符祥顯見。惡乎猶深。庶仰述矢志。拓清中寓。禮祇謁神。朕將試哉。（宋書禮志三）

下龐秀之等詔

昔歲國難方結。疑懦者衆。故散騎常侍太子右率龐秀之。履嶮能貞。首暢義節。用使狡狀先聞。軍備夙固。醜逆時殄。頗有力焉。追念厥誠。無忘於懷。侍中祭酒顏師伯。侍中領射聲校尉袁愍孫。豫章太守王謙之。太子前中庶子領右衛率張淹。爰始入討。預參義謀。契闊大難。宜蒙殊報。秀之可封樂安縣伯。食邑六百戶。師伯平都縣子。愍孫興平縣子。謙之石陽縣子。淹廣晉縣子。食邑各五百戶。（宋書顏師伯傳）

答蔡興宗辭昏詔

卿諸人欲各行己意。則國家何由得婚。且姊言豈是不可違之處邪。宋書蔡興宗傳，大明初，詔興宗女與南平王敬猷婚。興宗以女嘗與姊約，許其孫袁彖，陳啟，詔荅。

給東土詔　二年正月壬子

去歲東土多經水災。春務已及。宜加優課。糧種所須。以時貸給。宋書孝武紀

優賜奉迎文武等詔　正月壬戌

先帝靈命初興。龍飛西楚。歲紀浸遠。感往纏心。奉迎文武。情深常隸。思弘殊澤。以申永懷。吏身可賜爵一級。軍戶免爲平民。宋書孝武紀

恤貧民詔　二月丙子

政道未著。俗弊尚深。豪侈兼幷。貧弱困窘。存闕衣裳。沒無斂櫬。朕甚傷之。其明敕守宰。勤加存卹。賻贈之科。速爲條品。宋書孝武紀

殷祭章太后廟詔　二月庚寅

章皇太后追尊極號。禮同七廟。豈容獨闕殷薦。隔茲盛祀。宋志作祠。閟宮遙祫。既行有周。魏晉從饗。式範無替。宜述附前典。以宣情敬。宋書禮志四、通典四十七

與顏竣詔

何偃遂成異世。美志長往。與之周旋。重以婣嬀。臨哭傷怨。良不能已。往矣如何。宜贈散騎常侍金紫光祿大夫。本官如故。宋書何偃傳

又與顏竣詔　三月

宏夙情業尚。素心令績。雖年未及壯。願言兼申。謂天道可倚。輔仁無妄。雖寢患淹時。慮不至禍。豈圖祐善虛設。一旦永謝。驚惋摧慟。五內交殞。平生未遠。舉目如昨。而賞對遊娛。緬同千載。哀酷纏緜。實增痛切。卿情均休戚。重以周旋。乖坼少時。奄成今古。聞問傷惋。當何可言。宋書建平王宏傳，宏薨，上痛悼甚至，每朔望輒出臨靈，自爲墓誌銘幷序，與東揚州刺史顏竣詔。

赦逃亡詔　六月丙申

往因師旅。多有逋亡。或連山染逆。懼致軍憲。或辭役憚勞。苟免刑罰。雖約法從簡。務思弘宥。恩令驟下。而逃伏猶多。豈習愚爲性。忸惡難反。將在所長吏宣導乖方。可普加寬申。咸與更始。宋書孝武紀

沙汰沙門詔　七月

門下。佛法訛替。沙門混雜。未足扶濟鴻教。而專成逋藪。加頃姧心頻發。凶狀屢聞。敗道亂俗。人神交忿。可付所在與寺耆長。精加沙汰。後有違犯。嚴其誅坐。主者詳爲條格。速施行。宋書天竺迦毗黎國傳，大明二年，有曇標道人與羌人高闍謀反，上因是下詔。又初學記二十三、廣弘明集六又二十七

下詔罪王僧達　八月

王僧達餘慶所鍾。早登榮觀。輕險無行。暴於世談。值國道中艱。盡室願效。甄其薄誠。貫其鴻歷。爵偏外內。身窮榮寵。曾無在泮食椹懷音。乃協規西楚。志擾東區。公行剽掠。顯奪凶黨。倚結羣惡。誣亂視聽。朕每容隱。思加蕩雪。曾無犬馬感恩之志。而炎火成燎原之

勢。涓流兆江河之形。遂層菌高闍。契規蘇寶。搜詳妖圖。覘察象緯。逮賊長臨梟。餘黨就鞫。咸布辭獄牒。宣言虛市。猶欲隱忍。法爲情屈。小醜紛紜。人扇方甚。矯構風塵。志希非覬。固已達諸公卿。彰於朝野。朕焉得輕宗社之重。行匹夫之仁。殛山誅邪。聖典所同。戮諷翦律。漢法攸尙。便可收付廷尉。肅正刑書。故太保華容文昭公弘契闊歷朝。綢繆眷遇。豈容忘茲勳德。忽其世祀。門爵國姻。一不貶絕。宋書王僧達傳，僧達屢經狂逆，上以其終無悛心，因高闍事陷之，下詔於獄賜死。

論選舉詔　二年

八柄馭下。以爵爲先。九德咸事。政典居首。銓衡治樞。興替攸寄。頃世以來。轉失厥序。徒秉國鈞。終貽權譌。今南北多士。勳勤彌積。物情善否。實繫斯任。官人之詠。雖聖克允。則哲之美。粵帝所難。加澆季在俗。讓議成風。以一人之識。當羣品之誚。望沆浮自得。庸可致乎。吏部尚書可依郎分置。幷詳省閑曹。宋書謝莊傳

樞當作驅

又別詔江夏王義恭

分選詔旦出。在朝論者。亦有同異。誠知循常甚易。改舊生疑。但吏部尚書由來與錄共選。良以一人之識。不辦洽通。兼與奪威權。不宜專一故也。前述宣先旨。敬從來奏。省錄作則。永貽後昆。自此選舉之要。唯由元凱一人。若通塞乖衷。而訴達者尟。且違令與物理至隔閡。前王盛主。猶或難之。況在寡闇。尤見其短。又選官裁病。卽嗟請滿道。人之四體。會盈有虛。旬日之間。便至怨詈。況實有假託不由寢頓者邪。一詣不前。貧苦交困。則兩邊致患。互不相體。校之以實。竝有可哀。若職置二人。則無此弊。兼選曹樞要。歷代斯重。人經此職。便成貴塗。己心外議。咸不自限。故范曄、魯爽。舉兵滅門。以此言之。實由榮厚勢樞。殷繁所至。設可擬議此授。唯有數人。本積歲月。稍加引進。而理無前期。多生慮表。或嬰艱抱疾。事至回移。官人之任。決不可闕。一來一去。向人已周。非有黜責。已貴難賤。既成妨長。實之無所。盛衰遞襲。便是一段世臣相處之方。臣主生疑。所以彌覺此職。宜在降階。監令端右。足處時望。無人則闕。異於九流。今但直銓選部。有減前貪物情好猜。橫立別解。本旨向意。終不外宣。唯有從郎分置。視聽自改。選既輕先。民情已變。有堪其任。大展遷回。兼常之宜。以時稍進。本職非復重官。可得不須帶帖。數過居之。盡無詒怪。自中分荊揚。于時便有意於此。正訝改革不少。容生駭惑。爾來多年。欲至歲下處分。會何偃致故。應有親人。故近因此施行。本意詔文不得委悉。故復紙墨具陳。宋書謝莊傳上時親覽朝政常慮權移臣下以吏部尚書選舉所由欲輕其勢力下詔又別詔太宰江夏王於是置吏部尚書二人省五兵尚書

答顏竣詔 二年

憲司所奏。非宿昔所以相期。卿受榮遇。故當極此。訕訐怨憤。已孤本望。乃復過煩思慮。懼不自全。豈爲下事上誠節之至邪。宋書顏竣傳上未欲便加大戮且止免官竣頻啓謝罪幷乞性命上愈怒詔答

省貢賦詔 二年閏月

夫山處巖居。不以魚鼈爲禮。頃歲多虞。軍調繁切。違方設賦。本濟一時。而主者玩習。遂爲常典。杼榦瑤琨。任土作貢。積羽羣輕。終致深弊。永言弘革。無替朕心。凡寰衛貢職。山淵採捕。皆當詳辨產殖。攷順歲時。勿使牽課虛懸。睽忤氣序。庶簡約之風。有孚於品性。惠敏之訓。無漏於幽仄。宋書孝武紀

罪顏竣詔 三年

竣孤負恩養。乃可至此。宋書顏竣傳竟陵王誕爲逆上因此陷竣召御史中丞庾徽之於前爲奏奏成詔云

詔卜天生

天生始受戎任。甫造寇壘。而投輪越塹。率果先登。驍壯之氣。嘉歎無已。可且賜布千匹。以厲衆校。宋書卜天與傳天生隸沈慶之攻廣陵城天生推車塞塹率數百人先登西北角徑至城上苦戰移日不拔乃還世祖下詔

卹北討文武詔 三年八月丙申

近北討文武於軍亡沒。或殞身矢石。或癘疾死亡。竝盡勤王事。而斂櫬卑薄。可普更賻給。務令豐厚。宋書孝武紀

宥罪詔 八月甲子

昔姬道方凝。刑法斯厝。漢德初明。犴圄用簡。良由上一其道。下淯其性。今民澆俗薄。誠淺僞深。重以寡德。弗能心化。故知方者尟。趣辟實繁。向因巡覽。見二尙方徒隸。嬰金屨校。既有矜復。加國慶民和。獨隔凱澤。益以慚焉。可詳所原宥。宋書孝武紀

矜恤詔 九月

夫五辟三刺。自古所難。巧法深文。在季彌甚。故沿情察訟。魯師致捷。市獄勿擾。漢史飛聲。廷尉遠遷疑讞。平決攸歸。而一蹈幽圄。動逾時歲。民嬰其困。吏容其私。自今囚至辭具。竝卽以聞。朕當悉詳斷。庶無留獄。若繁文滯劾。證逮遐廣。必須親察。以盡情狀。自後依

舊聽訟。宋書孝武傳

脩親桑禮詔 十月

古者薦鞠青壇。聿祈多慶。分繭玄郊。以供純服。來歲可使六宮妃嬪脩親桑之禮。宋書孝武紀

經袁湛墓下詔 三年

故侍中左光祿大夫開府儀同三司晉寧敬公。外氏尊戚。素風簡正。歲紀稍積。墳塋浸遠。朕近巡覽千畝。遙瞻松隧。緬惟徽塵。感慕增結。可遣使祭。少申永懷。宋書袁湛傳

勞顏師伯詔 三年

虜驅率犬羊。規暴邊塞。輔國將軍青冀二州刺史師伯。宣略命師。合變應機。濟戎奮怒。一月四捷。支軍異部。驍勇齊效。類梟名王。大殲羣醜。朕用嘉歎。良深於懷。可遣使慰勞。并符輔國府。詳攷功最以時言上。宋書顏師伯傳

全宋文卷五終

全宋文卷六

烏程嚴可均校輯

孝武帝二

荅江夏王義恭詔

昔二王兩謝，俱至崇禮。自今三臺五省，悉同此例。宋書長沙王道憐傳，道憐孫瑀字彥瓚，大明中爲中書郎，太宰江夏王義恭領中書監，服親不得相臨，表求解職，世祖詔。

親蠶詔 四年三月

朕卜祥大昕，測辰拂羽，爰詔六宮，親蠶川室。皇太后降鑾從御，佇蹕觀禮。綠籆既具，玄紞方脩，庶儀發椒闈，化動中縣。妃主以下，可量加班錫。宋書孝武文穆王皇后傳，大明四年，后率六宮躬桑於西郊，皇太后觀禮，下詔。

荅有司上封禪儀注詔 四月辛亥

天生神物，昔王稱愧，況在寡德，敢當鴻貺。今文軌未一，可停此奏。宋書禮志三

卹都邑詔 四月辛酉

都邑節氣未調，癘疫猶衆，言念民瘼，情有矜傷。可遣使存問，并給醫藥。其死亡者，隨宜卹贍。宋書孝武紀

罪周朗詔 四年

朗悖禮利口，宜令翦戮。微物不足亂典刑，特鎖付邊郡。宋書周朗傳，大明四年，上使有司奏其居喪無禮，請加收治，乃下詔，於是傳送寧州，於道殺之。

厲兵赦罪詔 五年二月癸巳

昔人稱人道何先，於兵爲首，雖淹紀勿用，忘之必危。朕以聽覽餘閒，因時講事，坐作有儀，進退無爽，軍幢以下，普量班錫。頃化弗能孚，而民未知禁，逭役違調，起觸刑網，凡諸逃亡，在今昧爽以前，悉皆原赦。已滯囹圄者，釋還本役。其逋負在大明三年以前，一賜原停。自此以還，鰥貧疾老，詳所申減。伐蠻之家，蠲租稅之半。近籍改新制，在所承用，殊謬實多，可普更符下，聽以今爲始。若先已犯制，

亦同蕩然。宋書孝武紀

寬南徐兗二州租詔 四月戊戌

南徐兗二州，去歲水潦傷年，民多困窶，逋租未入者，可申至秋登。宋書孝武紀

宗祀詔 四月庚子

昔文德在周，明堂崇祀，高烈惟漢，汶邑斯尊。所以職祭罔愆，氣令斯正，鴻名稱首，濟世飛聲。朕皇考太祖文皇帝，功耀洞元，聖靈昭俗，內穆四門，仁濟羣品，外薄八荒，威憺殊俗，南臨勁越，西讋剛戎，裁禮興稼穡之根，張樂協四氣之紀，匡飭墳序，引無題之外，旌延賓臣，盡盛德之範，訓深劭農，政高刑措，萬物棣通，百神薦祉，動協天度，下沿地德，故精緯上靈，動殖下瑞，諸侯軌道，河溓海夷。朕仰憑洪烈，入子萬姓，皇天降祐，迄將一紀，思奉揚休德，永播無窮。便可詳攷姬典，經始明堂，宗祀先靈，式配上帝，誠敬克展，幽顯咸秩。惟懷永遠，感慕崩心。宋書禮志三

振賜水災詔 七月丙辰

雨水猥降，街衢泛溢，可遣使巡行，窮弊之家，賜以薪粟。宋書孝武紀

興學詔 八月

自靈命初基，聖圖重遠，參正樂職，感神明之應，崇殖禮圃，奮至德之光，聲實同和，文以均節，化調其俗，物性其情，故臨經式奠，煥乎炳發。道喪世屯，學落年永，獄訟微衰息之術，百姓忘退素之方。今息警夷嶂，恬波河渚，棧山航海，鄉風慕義，化民成俗，茲時篤矣。來歲可脩葺庠序，旌延國胄。宋書孝武紀

詳檢畿內詔 十一月

王畿內奉京師，外表衆夏，民殷務廣，宜思簡惠。可遣尚書就加詳檢，并與守宰平治庶獄，其有疑滯，具以狀聞。宋書孝武紀

追崇外家詔 五年

昔漢道既靈。博平輝絕。魏國方安。嘉憲啟策。皆因心所弘。酌典沿誥。亡外祖親王夫人柔德淑範。光啟坤載。屬內位闕正。攝饋閨庭。儀被芳闈。聞宣戚里。永言感遠。思追榮秩。宜式傍鴻則。敬登徽序。宋書文帝袁皇后傳。夫人。文帝袁皇后所生母也。世祖下詔。乃追贈豫章郡新淦縣平樂鄉君。

原孫棘兄弟詔　五年

棘薩昆隸。節行可甄。特原罪。州加辭命。并賜許帛二十匹。宋書孫棘傳。大明五年。發三五丁。棘弟薩應充行。坐違期。依制軍法。棘詣郡乞以身代薩。又辭應受戮。棘妻許又寄語屬棘。君當門戶。豈可委罪小郎。太守張岱依事表上。世祖詔。

經王弘墓下詔　五年

故侍中中書監太保錄尚書事揚州刺史華容文昭公弘。德猷光劭。鑒識明遠。故散騎常侍左光祿大夫太子詹事豫章文侯曇首。夙尚恬素。理心貞正。並綢繆先眷。契闊屯夷。內亮王道。外流徽譽。以國圖令勛。民思茂惠。朕薄巡都外。瞻覽墳塋。永言想慨。良深於懷。便可遣使致祭墓所。宋書王弘傳

經殷景仁墓下詔　五年

司空文成公景仁。德量淹正。風識明允。徽績忠謨。夙達先照。惠政茂譽。實留民屬。近瞻丘墳。感往興悼。可遣使致祭。宋書殷景仁傳

詔劉延孫　五年

舊京樹親。由來常準。卿前出所有別議。今此防久弭。當以還授小兒。宋書劉延孫傳。又南史十七

益封諸王詔　五年

昔韓衛異姓。宗周之明憲。三封殊級。往晉之令典。唯皇家創典。盡弘斯義。朕應天命。光宅四海。思所以憲章前式。崇建懿親。永垂畫一。著於甲令。諸弟國封。並可增益千戶。宋書廬江王禕傳

給外家塋戶詔　五年

趙蕭臧光祿袁敬公平樂郡君墓。先未給塋戶。加世數已遠。胥闕衰陵。外戚尊屬。不宜使墳塋蕪穢。可各給蠻戶三。以供灑掃。宋書文帝袁皇后傳。

眼額當作眼領

與劉秀之詔

今以蕭惠開為憲司。冀當稱職。但一往眼額。已自殊有所震。宋書蕭惠開傳。惠開徙御史中丞。世祖與劉秀之詔。又見南史十八。御覽二百二十六。

贈劉延孫司徒詔　六年六月

故侍中尚書左僕射領護軍將軍東昌縣開國侯延孫。風局簡正。體識沈明。綢繆心膂。自蕃升朝。契闊唯舊。幾將二紀。靈業中圮。則首贊出圖。義令既舉。則任均蕭寇。器允棟幹。勳實佐時。及累司馬兩宮。出內尹牧。惠政茂課。著自民聽。忠謨令範。衡乎朕心。方變和台階。永毗國道。奄至薨殞。震慟兼深。考終定典。宜盡哀敬。可贈司徒。給班劍二十人。侍中僕射侯如故。宋書劉延孫傳

又詔

故司徒文穆公延孫。居身寡約。家素貧虛。每念清美。良深悽歎。葬送資調。固當闕乏。可賜錢三十萬。米千斛。同上

定國史詔　六年

項籍聖公。編錄二漢。前史已有成例。桓玄傳宜在宋典。餘如爰議。宋書徐爰傳。爰議國史宜以義熙元年為斷。

下倭王世子興詔　六年

倭王世子興。奕世載忠。作蕃外海。稟化寧境。恭修貢職。新嗣邊業。宜授爵號。可安東將軍倭國王。宋書倭國傳

春蒐詔　七年正月

春蒐之禮。著自周令。講事之語。書於魯史。所以昭宣德度。示民軌則。今歲稔氣榮。中外寧晏。當因農隙。葺是舊章。可克日於玄武湖大閱水師。并巡江右。講武校獵。宋書孝武紀

禮南嶽詔　二月丙辰

江漢楚望咸秩周禋禮九疑於盛唐。祀蓬萊於渤海。皆前載流訓列聖遺式。霍山是曰南嶽。實維國鎮。韞靈呈瑞。肇光宋道。朕駐蹕於野。有事岐陽。瞻睇風雲。徘徊㠯想。可遣使奠祭。（宋書孝武紀。時車駕巡南豫南兗二州下詔）

巡行大赦詔 二月壬戌

朕受天慶命。十一年於茲矣。憑七廟之靈。獲上帝之力。禮橫四海。威震八荒。方巡三湘而奠衡嶽。次九河而檢云岱。今恢覽功成。省風畿表。觀民六合。蒐校長洲。騰沙飛礫。平嶽盪海。鼖晉合序。鐃鉦協節。獻凱如禮。饎獸傾郊。敬舉王公之觴。廣納士民之壽。八風循通。卿雲叢聚。盡天慶瑞。率宇竭歡。思散大極之泉。㠯福無方之外。可大赦天下。行幸所經。無出今歲租布。其逋租餘債。勿復收。賜民爵一級。女子百戶牛酒。刺守邑宰及民夫從蒐者。普加洽賚。（宋書孝武紀）

加恩歷陽郡詔

朕弱年操製。出牧司雍。承政宣風。荐歷年紀。國步中阻。治戎江甸。雖夷情義。實繫於懷。今或練蒐訓旅。跡茲境閭。故邑耆舊。在目罕存。年世未遠。殲亡太半。撫迹惟事。傾慨兼著。太宗燕故。晉陽洽恩。世祖流仁。濟畿賜澤。永言往猷。思廣前賚。可蠲歷陽郡租輸三年。遣使巡慰。問民疾苦。鰥寡孤老六疾不能自存者。厚賜粟帛。高年加㠯羊酒。凡一介之善。隨才銓貫。前國名臣及府州佐吏。量所沾錫。人身已往。施及子孫。（宋書孝武紀）

禁專殺詔 四月甲子

自非臨軍戰陳。一不得專殺。其辠甚重辟者。皆如舊先上須報。有司嚴加聽察。犯者㠯殺人辠論。（宋書孝武紀）

嚴軍興詔 五月丙子

自今刺史守宰。動民興軍。皆須手詔施行。惟邊隅外警。及姦釁內發。變起倉卒者。不從此例。（宋書孝武紀）

禁占川澤詔 七月丙申

前詔江海田池與民共利。歷歲未久。浸㠯弛替。名山大川。往往占固。有司嚴加檢糾。申明舊制。（宋書孝武紀）

省刑詔 八月丁巳

昔匹婦含怨。山燋北鄙。孀妻哀慟。臺傾東國。且㠯誠之所動在微必著。感之所震。雖厚必崩。朕臨察九野。志深待旦。弗能使爛然成章。各如其節。遂令炎精損和。陽偏不施。歲云不稔。咎實朕由。大官供膳。宜從貶撤。近道刑獄。當親料省。其王畿內及神州所統。可遣尚書與所在共訊。畿外諸州。委之刺史。并議省律令。思存利民。其考讁貿襲。在大明七年㠯前。一切勿治。尤弊之家。開倉賑給。（宋書孝武紀）

殖麥詔 九月己卯

近炎精亢序。苗稼多傷。今二麥未晚。甘澤頻降。可下東境郡。勤課墾殖。尤弊之家。量貸麥種。（宋書孝武紀）

巡行詔 九月戊子

昔周王驥迹。實窮四溟。漢帝鸞軫。夙徧五嶽。是皆所㠯上對幽靈。下理民土。自天昌替馭。臨宮創圖。禮代天鬱。世貿興毀。皇家造宋。日月重光。璇璣得序。五星順命。而戎車歲動。陳詩義闕。朕聿含五光。奄一天下。思盡寶戒之規。㠯塞謀危之路。當沿時省方。觀察風俗。外詳攷舊典。㠯副側席之懷。（宋書孝武紀）

巡南豫州詔 十月戊申

朕巡幸所經。先見百年者。及孤寡老疾。並賜粟帛。獄繫刑罪。並親聽訟。其士庶或怨鬱危滯。受抑吏司。或隱約潔立。負擯州里。皆聽進朕前。面自陳訴。若忠信孝義。力田殖穀。一介之能。一藝之美。悉加旌賞。雖秋澤頻降。而夏旱嬰弊。可即開行倉。並加賑賜。（宋書孝武紀）

又詔 十月丙寅

賞慶刑威，奄國彝軌。黜幽升明，闢寓恆憲。故採言聆風，式觀侈質。貶爵加地，於是乎在。今類帝宜社，親巡江甸。因覲嶽守，躬求民瘼。思弘明試之典，以申考績之義。行幸所經，莅民之職，功宜於聽，即加甄賞。若廢務亂民，隳舋譏罰。主者詳察以聞。宋書孝武紀

下鄧琬詔 七年

故光祿勳前征虜長史鄧胤之，體局沈隱，累任著績。朕昔當藩重，首先佐務，心力款盡，弗忘於懷。往歲息琛凶悖，自取誅戮，治恩及琬，特免纍戮。今可擢為給事黃門侍郎，以旌胤之宿誠。宋書鄧琬傳 車駕幸歷陽，追思在藩之舊，下詔。

下高句驪王高璉詔 七年

使持節散騎常侍督平營二州諸軍事征東大將軍高句驪王樂浪公璉，世事忠義，作藩海外，誠係本朝，志剪殘險，通譯沙表，克宣王猷，宜加褒進，以旌純節。可車騎大將軍開府儀同三司，持節常侍都督王公如故。宋書高句驪傳

恤東境詔 八年正月

東境去歲不稔，宜廣商貨，遠近販鬻米粟者，可停道中雜稅。其以仗自防，悉勿禁。宋書孝武紀 南史宋本紀二

恤東使詔 二月

去歲東境偏旱，田畝失收，使命來者，多至乏絕，或下窮流穴，頓伏街巷，朕甚閔之。可出倉米付建康秣陵二縣，隨宜贍恤。若溫拯不時，以至捐棄者，嚴加糾劾。宋書孝武紀

授蕭惠開詔 八年

惠開前在憲司，奉法直繩，不阿權戚，朕甚嘉之。可更授御史中丞。宋書蕭惠開傳 又見御覽二百二十六

恤劉秀之詔 八年

秀之識局明遠，才應通暢，誠著蕃朝，績宣累嶽。往歲臣逆交構，首義萬里。及職司端尹，贊戎兩宮，嘉謀徽譽，實彰朝野。漢南法繁民曠，屬佇良牧，故暫輟心膂，外弘風規。出未踰朞，德庇西服。詳攷古烈，旅觀終始，誠心忠槩，無以尚茲。方式亮皇猷，入衛根本，奄至薨逝，震動於朕心。生榮之典，未窮寵數，哀終之禮，宜盡崇飾。兼履謙守約，封社弗廣。興言悼往，益增痛恨。可贈侍中司空，持節都督刺史校尉如故，并增封邑為千戶。謚為忠成公。宋書劉秀之傳

詔顧寶先 大明中

敕違糾慢，憲司之職，若理有不公，自當更有釐正。而自頃劾無輕重，輒致私絕，此風難長，主者嚴為其科。寶先蓋依附世準，不足問。宋書顧琛傳：琛為左丞，荀萬秋所劾，及寶先為郎，萬秋猶在職，自陳不拜，世祖詔。

聽行幹杖詔 大明中

自頃幹僮多不祗給，主可量聽行杖。宋書沈演之傳：先是五省官所給幹僮，不得雜役，太祖世坐以免官者，前後百人，統輕役過差，有司奏免也祖詔云云，自此得行幹杖。

荅王玄謨詔

梁山風塵，初不介意。君臣之際，過足相保。聊復為笑，伸卿眉頭。宋書王玄謨傳：民間訛言玄謨欲反，玄謨驍啟，帝知其虛，遣主書吳喜撫慰之，又荅。南史王玄謨傳作玄謨啟明白之，曰七十老公，反欲何求，聊復為笑，想足以伸卿眉頭耳。

天闕詔

梁山天表象魏，以旌圖形，仍以二山為立闕，故曰天門。御覽四十六 輿地志：博望梁山，東西隔江相對如門，相去數里，謂之天門，引宋孝武詔。

置古帝王守冢戶詔

先代帝王，因時創業，君人建國，禮尊南面，而厤運推移，年代久遠，丘壠殘毀，樵牧相趍，塋兆堙蕪，封樹莫辨。自古以來帝王陵墓，可隨近十戶，蠲其役，以供守視。御覽五百六十

荅盧江王禕詔

合當作合

婚禮不舉樂。吕敏淵等孤苦倍非宜也。

巡幸賑卹詔

夫足踐目見。實遵天命。尙怨踰深吒。俗未同其化。自遠幽隱。不得其所。故降省風俗。躬撫黎元。初學記十三

巡狩省風俗詔

朕聿合五色。奄一天下。當治時省方。觀察風俗。所詳考舊典。吕副側席之懷也。初學記十三

賜沈慶之 孝建三年

卿辛勤匪殊。歡宴宜等。且觴酌之賜。宜吕大夫爲先也。

戒豁安都 大明元年

賊若可及。便盡力殄之。若度已回。可過河耀威而反。宋書豁安都傳

戒沈慶之 大明三年

卿爲統任。當令處分有方。何蒙楯城下。身受矢石邪。脱有傷挫。爲損不小。宋書沈慶之傳

荅劉懷珍 大明三年

邊維須才。未宜陳請。南齊書劉懷珍傳。大明二年吕破虜功拜建武將軍樂陵河閒二郡太守。明年啟求還。孝武荅

荅子業 子業卽前廢帝 七年二月 宋

書不長進。此是一條耳。聞汝比素業都懈怠。狷戾日甚。何吕頑固乃爾邪。宋書前廢帝紀。世祖西巡。子業啟參承起居。書迹不謹。上詰讓之。子業啟事陳謝。上又荅。又見南史宋本紀二

臨徐兗二州搜揚敎

徐方地兼梁楚。秀士攸出。兗土樂頌所流。風禮自古。豈不異人比肩。鴻才世及。或疏散山林。不聞進達。或栖息閭閻。懷寶符耀。孝性義門。明經善政者。所在搜揚。舉進咸用。名聞。藝文類聚五十三

在藩上白雉表

白體表素彩。儀稟識自擾。陶氣仁風。練色淯露。不斷一飮之逸。不資三逸之勤。藝文類聚九十。

建平王宏冠表

臣駿言。建平王宏。筮辰協吉。撰禮備容。資此成德。允被休典。初學記十四。

廣陵王誕冠表

臣駿言。北中郎南徐州刺史廣陵王臣誕。年禮既升。擇休申冠。順弁有成。服美任典。初學記十四

巡幸舊宮頌

惟皇敬眷。永慕徐京。列裝壽野。動輅丹庭。榮和首律。景澤開年。林炯發色。川郊列泉。沿泝遙衍。登陟迴懸。践域負外。卽宮臨山。思甲陵寢。歡結枌都。眇懷沛濟。勤念宛吾。納壽遺老。設飮先居。堂序朝秀。充延集閭。藝文類聚六十二

芳春琴堂橘連理頌

列訪神祕。詳觀端策。通柯疎秀。實靈所錫。離條別幹。淹一榮戚。道被遐夷。承我正歷。藝文類聚八十六

洞井贊

絳紀山瑞。紫志川靈。金膏溢曜。玉樹含英。端巖毓泉。挹祥吐禎。彪彬仙牒。撣翕詭經。藝文類聚七十八

淸暑殿嘉禾贊

維殷粤周。有穗表禎。祥乎合矣。超瑞高甍。非原非澤。乃瑞乃靈。庶藉天睨。廣茲化淸。藝文類聚八十五

梨花贊

沃瘠異壤。舒慘殊時。惟氣在春。具物合滋。嘉樹之生。於彼山基。開榮布采。不離塵緇。藝文類聚八十六

孤桐贊

珍無隱德。產有必甄。資此孤幹。獻枝楚山。梢星雲界。衍葉炎壥。名

列貢寶器贊虞絃藝文類聚八十八

景陽樓慶雲贊

非煙非雲，曳紫流光，縣華曜藻，奄藹臺堂，粤予休明，震乎珍祥，積慶有文，靈貺無疆。藝文類聚九十八

祀大一牛鼎銘孝建元年

維甲午八月丙寅，帝若稽古，肇作宋器，審厥像，作牛鼎，格于位室，從用饗億，盛神休，惟帝時保，萬世其永賴。宋潛說友咸淳臨安志十三

故侍中司徒建平王宏墓誌

含榮幼耀，膺和早慧，徘徊天人，優遊經藝，鴻診纏流，皇根中絕，體孝盡性，懷追孝烈，反我宸居，毀綱更結，管機凝務，端朝贊契，召輝才融，土頹風折，祕路長陰，昭塗永滅。藝文類聚四十八

祈晴文

幽明失序，就陰則滯，連雨霖霪，注而不替，潤既違時，澤而非惠，幸輟霖而吐景，權停雲而斂翳，照鑾輅於天郊，光龍旂於田際，耒耨得施，黍稷獲藝，增高廩於嘉年，登十千於茲歲。藝文類聚二、初學記二

全宋文卷六終

烏程嚴可均校輯

前廢帝

帝諱子業。小字法師。孝武帝長子。大明八年閏五月卽位。明年正月改元永光。八月改元景和。十一月。爲其下壽寂之所弒。有景和集十卷。

卽位詔 大明八年六月

朕以眇身。夙紹洪業。敬御天威。欽對靈命。仰遵凝緒。日鑒前圖。實可以拱默守成。詒風長世。而寶位告始。萬寓改屬。惟德弗明。昧於大道。思宜睿範。引茲簡恤。可具詢執事。詳訪民隱。凡曲令密文。繁而作治。關市僦稅。事施一時。而姦吏舞文。妄興威福。加以氣緯舛玄。偏頗滋甚。宜其寬眚輕憲。以救民切。御府諸署。事不須廣。雕文篆刻。無施於今。悉宜幷省。以酬氓願。藩王貿貨。壹皆禁斷。外便具條以聞。宋書前廢帝紀

下江夏王等詔 初卽位

總錄之典。著自前代。孝建始年。雖暫幷省。而因革有宜。理存濟務。朕煢獨在躬。未涉政道。百揆庶務。允歸尊德。太宰江夏王義恭。新除中書監太尉。地居宗重。受遺阿衡。實深憑倚。用康庶績。可錄尙書事。本官監太宰王如故。侍中驃騎大將軍南兗州刺史巴東郡開國公新除尙書令元景。同稟顧誓。翼輔皇家。贊業宣風。繄公是賴。可卽本號開府儀同三司。領兵置佐。一依舊準。領丹陽尹。侍中領公如故。宋書江夏王義恭傳

荅江夏王詔 永光元年

太宰表如此。公緣情遣遠。覽以增慨。昔淮楚推恩。胙流支肖。抑法弘親。古今成準。便以公表付外。依旨奉行。故泉陵矦允。橫罹凶虐。可特爲置後。宋書彭城王義康傳。義恭請還義康屬籍。詔荅。

荅義陽王昶詔 永光元年

征北表如此。省以慨然。誕及妻女。並可以庶人禮葬。幷置守衞。宋書竟陵王誕傳。大明初誕以謀反誅。至是昶請葬誕。詔荅。

荅江夏王劾蔡興宗詔

太宰表如此。省以憮然。朕恭承洪緒。思弘前烈。而在朝僉競。驅扇成風。將何以式揚先德。克隆至化。公體國情深。保釐攸託。便可付外詳議。宋書蔡興宗傳

荅柳元景劾蔡興宗詔

興宗首亂朝典。允當明憲。以其昔經近侍。未忍盡法。可令思愆遠封。愍孫竊評自己。委咎物議。可以子領職。宋書蔡興宗傳。義恭復使尙書柳元景奏興宗與尙書袁愍孫論選事。請各罪責。詔荅。

下袁顗等詔

宗社多故。釁因冢司。景命未淪。神祚再乂。自非忠謀密契。豈伊剋殄。侍中祭酒領前軍將軍新除吏部尙書顗。游擊將軍領著作郎兼尙書左丞徐爰。誠心內款。參聞嘉策。匡贊之效。實監朕懷。宜甄茅社。以獎義槩。顗可封新隆縣子。爰可封吳平縣子。食邑各五百戶。宋書袁顗傳

求才詔 景和元年八月

昔凝神佇逸。皤溪讚道。湛慮思才。傅巖毗化。朕位御三極。風澄萬寓。資鈇電斷。正卯斯戮。思所以仰宣遺烈。俯弘景祚。每結夢庖鼎。瞻言板築。有劬日昃。無忘昧旦。可甄訪郡國。招聘閭部。其有孝性忠節。幽居遯棲。信誠義行。廉正表俗。文敏博識。幹事治民。務加旌舉。隨才引擢。庶官克順。彝倫攸敘。主者精加詳括。稱朕意焉。宋書前廢帝紀

手詔晉安王子勛

何遽殺我立汝。汝自計孰若孝武耶。可自爲其所。宋書晉安王子勛傳

封譚金等詔

屯騎校尉南清河太守譚金彊弩將軍童太壹車騎中兵參軍沈攸之誠略沈果忠幹勇鷙消蕩氛翳首制鯨凶宜裂河山以酬勳義金可封平都縣男太壹宜陽縣男攸之東興縣男食邑各三百戶金還驍騎將軍增邑百戶（宋書宗越傳前廢帝誅羣公金等並爲之用帝下詔）

敕晉安王子勛

聞汝與何邁謀共廢我汝自量體氣何如孝武寧當遣使送藥與汝（魏書劉彧傳先是子業敕其弟子勛　案此即宋書所載之手詔史家紀錄互異耳姑並載之）

敕巢尚之

吾纂承洪基君臨萬國推心勳舊著於遐邇不謂戴法興恃遇負恩專作威福冒憲黷貨號令自由積釁累愆遂至於此卿等忠勤在事吾乃具悉但道路之言異同紏紛非惟人情駭愕亦玄象違度委付之旨良失本懷吾今自親覽萬機留心庶事卿等宜竭誠盡力以副所期（宋書戴法興傳廢帝即位法興遷越騎校尉願以直言忤上於是賜死敕尚之）

明帝一

帝諱彧字休炳小字榮期文帝第十一子元嘉二十五年封淮陽王二十九年改封湘東王景和元年十二月即位改元二泰始泰豫在位八年謚曰明皇帝廟號太宗有集三十三卷（案宋書明帝紀有改元大赦詔據南史謝莊傳編入謝莊集）

荅有司請崇憲太后居外詔（初即位）

朕備丁艱罰蚤嬰孤苦特蒙崇憲太后聖訓撫育昔在藩閤常奉藥膳中迫凶威抱懷莫遂今泰運初啟情典獲申方欲親奉晨昏盡歡閨禁不得如所奏（宋書文帝路淑媛傳上爲太后撫養及即阼有司請居外宮詔荅）

與建安王休仁詔

人既不比數西方公汝便爲諸王之長（宋書廬江王禕傳禕住西州故謂之西方公也又見南史十四）

追恤新安王子鸞詔

夫紓冤申痛雖往必追緣情惻愛感事彌遠故使持節都督南徐州諸軍事撫軍將軍南徐州刺史新安王子鸞夙表成器蚤延殊寵方樹美業克光蕃維而凶心肆忌奄羅橫禍興言永傷有兼常懷宜旌天秀以雪沈魂可贈使持節侍中都督南徐兗二州諸軍事司徒南徐州刺史王如故第十二皇女第二皇子子師俱嬰謬酷有增酸悼皇女可贈縣公主子師復先封爲南海王並加徽謚（宋書始平王子鸞傳）

又詔

哀枉追遠仁道所弘興滅繼絕盛典斯貴朕務古思治恩禮必敷異族猶敦況在近戚故新除使持節侍中都督南徐兗二州諸軍事司徒南徐州刺史新安王子鸞年雖沖弱性識早茂鍾慈世祖冠寵列蕃值景和凶虐橫羅酷禍國肴無主冤祀莫寄尋念痛悼夙軫於懷可以建平王景素息延年爲嗣追改子鸞封爲始平王食邑千戶（同上）

下顏奐詔（初即位）

延之昔師訓朕躬情契兼款前記室參軍濟陽太守奐伏勤蕃朝綢繆恩舊可爲中書侍郎（宋書顏延之傳）

恤顏師伯詔

故散騎常侍僕射領丹陽尹平都縣子師伯昔逢代運豫班榮賞遭罹厄會隕命淫刑宗嗣殄絕良用矜悼但其心遺貨宜貶贈典可紹封社以慰冤魂謚曰荒子（宋書顏師伯傳）

遣使巡省詔（十二月壬午當是壬申）

朕戡亂寧民屬膺景祚鴻制初造革道惟新而國故頻罹仁澤偏壅每寤寐疚心罔識攸濟巡方問俗弘政所先可分遣大使廣求民瘼考守宰之良採衡閭之善若獄犴淹枉傷民害教者具以事

聞。鰥寡孤獨。癃殘六疾。不能自存者。郡縣優量賑給。貞婦孝子。高行力田。詳悉條奏。務詢輿誦。廣納嘉謀。每盡皇華之旨。俾若朕親覽焉。宋書明帝紀

節省詔 十二月丙子

皇室多故。糜費滋廣。且久歲不登。公私歉弊。方刻意從儉。弘濟時艱。政道未孚。慨愧兼積。太官供膳。可詳所減撤。尚方御府。雕文篆刻。無益之物。一皆蠲省。務存簡約。以稱朕心。宋書明帝紀

崇憲太后喪下詔 二年正月

朕幼集荼蓼。夙憑德訓。龕戡定業。實賚仁範。恩著屯夷。有兼常慕。夫禮沿情施。義循事立。可特齊衰三月。以申追仰之心。宋書文帝路淑媛傳

與沈文秀詔 正月

皇帝前問督青州徐州之東莞東安二郡諸軍事建威將軍青州刺史。朕去歲撥亂。功振普天。於卿一門。特有殊澤。卿得延命至今。誰之力邪。何故背國負恩。遠同逆豎。今天下已定。四方寧壹。卿獨守窮城。何所歸奉。且卿百口在都。兼有墳墓。想情非木石。猶或顧懷。故指遣文炳。具相宣示。凡諸逆節。親爲戎首。一不加罪。文炳所具。卿獨何人。而能自立。便可速率部曲。同到軍門。別詔有司。一無所問。如其不爾。國有常刑。非惟戮及弟息。亦當夷卿墳壟。既以謝齊土百姓。亦以勞將士之心。故有今詔。宋書沈文秀傳。上遣文秀弟文炳詔文秀。三年二月。文秀歸命請罪。

宣示東軍詔

朕方務德簡刑。使四罪不相及。助順同逆者。一以所從爲斷。卿等當深達此懷。勿以親戚爲慮也。宋書孔覬傳。時將士多是東人。父兄子弟皆已附逆。上因送軍普加宣示。衆於是大悅。

手詔譬袁顗

卿歷觀古今。喩之興彊。何嘗可恃。自朕踐阼。塗路梗塞。卿無由奉表。未經爲臣。今追蹤竇融。猶未晚也。宋書袁顗傳。太宗使顗舊門生徐碩奉手詔譬顗。

追贈范道興等詔 二年

前鎮軍參軍督護范道興。朕之舊隸。經從北藩。徒役南畿。遭離命會。抱恩固節。受害羣凶。言念純誠。良可憫愴。可贈員外散騎侍郎。南城令鮑法度。後軍典籤馮次民。永新令應生。新建令箄延寶。上饒令黃難等。違逆識順。同被誅滅。言念既往。宜在追榮。可贈生奉朝請。法度南臺御史。次民延寶難並員外將軍。宋書鄧琬傳。前軍典籤范道興志不同逆。爲鄧琬所誅。其餘奉順見害者。並爲上所愍。詔云。

追復戴法興封爵詔 二年

故越騎校尉吳昌縣開國男戴法興。昔從孝武。誠勤左右。入定社稷。預誓河山。及出侍東儲。竭盡心力。嬰害凶悖。朕甚愍之。可追復削注。還其封爵。宋書戴法興傳

停戴法興孫襲封詔

法興小人。專權豪恣。雖虐主所害。義由國討。不宜復貪人之封。封爵可停。宋書戴法興傳。有司奏以法興孫靈珍襲封。又詔。

以王景文兼中書令詔 當在二年五月六月後

王言之職。總司清要。中將軍丹楊尹王景文。夙尚弘簡。情度淹粹。忠規茂績。實宜國道。宜兼管內樞。以重其任。可中書令。初學記十一引泰始起居注二年詔云云。凡兩條。又見御覽二百二十七。案宋書明帝紀及景文傳皆不言兼中書令。當是漏落也。

以楊僧嗣爲北秦州刺史詔 七月

僧嗣遠守西疆。世篤忠款。宜加旌顯。以甄義槩。可冠軍將軍北秦州刺史武都王太守如故。宋書氐胡傳

徙松滋侯子房詔 十月

不虞之釁。著自終古。情爲法屈。聖達是遵。朕埽穢定傾。再全寶業。遠惟鴻基。猥當負荷。思弘治道。務盡敦睦。而妖豎遘扇。安造異圖。自西南阻兵。東夏侵斥。都邸羣凶。密相脣齒。路休之兄弟。專作謀

師當作帥

主。規興禍亂。令舍人嚴龍。覘領宮省。以羽林出討。宿衛單罄。候隙伺間。將謀竊發。劉祇在蕃。規相應援。通言北寇。引令過淮。頃休範濟江。潛欲拒捍。賴卜祚靈長。姦回弗逞。陰慝已露。宜盡憲辟。實以方難未夷。曲加遵養。今王化帖泰。宜辨忠邪。涓流不壅。燎火難滅。便可委之有司。肅正刑典。松滋侯子房等淪陷逆徒。協同醜悖。遂與籤師羣小。潛通南釁。連結祇等。還圖朕躬。雖咎戾已彰。在法無宥。猶子之情。良所未忍。可廢爲庶人。徙付遠郡。（宋書松滋侯子房傳）

崇儉約詔　十一月壬辰

治崇簡易。化疾繁侈。遠關隆替。明著軌迹者也。朕拯斯墜運。屬此屯極。仍之以凋耗。因之以師旅。而識昧前王。務艱昔代。俾夫舊賦既繁。爲費彌廣。鑿寐萬務。每思弘革。方欲緩繇優調。愛民爲先。有司詳加寬惠。更立科品。其方物職貢。各順土宜。出獻納貢。敬依時令。凡諸蠹俗妨民之事。趣末違本之業。雕華靡麗。奇器異技。並嚴加裁斷。務歸要實。左右尚方御府諸署。供御制造。咸存儉約。庶淳風至教。微遵太古。阜財興讓。少敦季俗。（宋書明帝紀）

求賢才詔

矢機詢政。立教之攸本。舉賢聘逸。弘化之所基。故負鼎進策。殷代以康。釋釣作輔。周祚斯乂。朕甫承大業。訓道未敷。雖側席忠規。佇夢巖築。而良圖莫薦。奇士弗聞。永鑒通古。無忘宵寐。今藩隅克晏。敷化維始。屢懷存治。實望箴闕。王公卿尹。羣僚庶官。其有嘉謀直獻。匡俗濟時。咸切事陳奏。無或依隱。若乃林澤貞栖。丘園耿潔。博洽古今。敦崇孝讓。四方在任。可明書搜揚。具卽以聞。隨就褒立。（宋書明帝紀）

郊祀詔　十一月辛酉

朕載新寶命。仍離多難。戎車遄駕。經略務殷。禋告雖備。弗獲親禮。今九服既康。百祀咸秩。宜聿遵前典。郊謁上帝。（宋書禮志三）

赦宥諸藩詔　十二月乙丑

近衆藩稱亂。多染釁科。或誠係本朝。事緣逼迫。混同沈錮。良以悵然。夫天道尚仁。德刑並用。雷霆時至。雲雨必解。朕眷言靜念。思弘風澤。凡應禁削。皆從原蕩。其文武堪能。隨才銓用。（宋書明帝紀）

下沈勃詔

沈勃琴書藝業。口有美稱。而輕躁耽酒。幼多罪愆。比奢淫過度。妓女數十。聲酣放縱。無復劑限。自恃吳興土豪。比門義故。脅說士庶。告索無已。又輒聽募將。委役還私。託注病叛。遂有數百。周旋門生。競受財貨。少者至萬。多者千金。考計贓物。二百餘萬。便宜明罰敕法。以正典刑。故光祿大夫演之。昔受深遇。忠績在朝。尋遠矜懷。能無弘律。可徙勃西垂。令思愆悔。（宋書沈演之傳）

責羊希詔　三年

希卑門寒士。累世無聞。輕薄多釁。備彰歷職。徒以清刻一介。擢授

嶺南。干上逞欲。求訴不已。可降號橫野將軍。（宋書羊玄保傳）

禁非時品物詔　三年八月丁酉

古者衡虞置制。蝝蚳不收。川澤產育。登器進御。所以繁阜民財。養遂生德。頃商販逐末。競早爭新。折未實之果。收豪家之利。籠飛鷇之翼。爲戲童之資。豈所以還風尚本。捐華務實。宜修道布仁。以革斯蠹。自今鱗介羽毛。肴核衆品。非時月可采。器味所須。可一皆禁斷。嚴爲科制。（宋書明帝紀）

大赦詔　八月癸卯

法網之用。期世而行。寬惠之道。因時而布。況朕尚德戢亂。依仁馭俗。宜每就弘簡。以隆至治。而頻罹兵革。繇賦未休。軍民巧僞。興事甚多。蹈刑入憲。諒非一科。至乃假名戎伍。竊爵私庭。因戰散亡。託懼逃役。且往諸淪逼。雖經累宥。逋竄之黨。猶尚實繁。眷言永懷。良兼矜疚。思所以重播至澤。覃被區宇。可大赦天下。（宋書明帝紀）

江夏王義恭等陪祭詔 三年

皇基崇建。屯剝維難。弘啟熙載。底績忠果。故從饗世祀。勒勳宗彝。世祖寧亂定業。實資翼亮。故使持節侍中都督中外諸軍事丞相領太尉中書監錄尚書事江夏文獻王義恭。故使持節侍中都督南豫江豫三州軍事太尉南豫州刺史巴東郡開國忠烈公元景。故侍中司空始興郡開國襄公慶之。故持節征西將軍雍州刺史洮陽縣開國肅侯愨。或體道沖玄。變化康世。或盡誠致效。庚難龕逆。宜式遵國典。陪祭廟庭。宋書江夏王義恭傳

徙徐爰詔 三年

夫事君無禮。敘道弗容。訕上衒己。人倫所棄。太中大夫徐爰。拔迹廝猥。推席饕逢。遂官參時望。門伍豪族。遷位轉榮。莫非超荷。而諂側輕險。與性自俱。利口讒妄。自少及長。奉公在事。釐豪莫聞。初無愧懣。常有闕進。先朝嘗以爰輩之中。粗有學解。故得漸蒙驅策。出入兩宮。太初僞立。盡心佞事。義師已震。方得南奔。及孝武居統。唯極諂諛。附會承旨。專恣厥性。致使治政苛繆。興造乖法。損德害民。皆由此豎。景和悖險。深相贊協。苟取偷存。罔顧節義。任算設數。取合人主。斂嶇姦矯。所志必從。故歷事七廟。白首全貴。自以體含德厚。識鑒機先。迷塗遂深。罔知革悟。朕撥亂反正。勳濟天下。靈祇助順。羣逆必夷。況爰恩養。而無輸效。遂內挾異心。著於形迹。陽愚杜口。罔所陳聞。情事緩文。庶申詭略。當今朝列賢彥。國無佞邪。而秉心弗純。累蠹時政。以其自告之辰。用賜歸老之職。榮禮優崇。寧非饕過。不謂潛怨席外。進競不已。勤言託意。觸遇斯發。小人之情。雖所先照。猶許其當改。未忍加法。遂恃朕仁弘。必永容貸。昨因觴宴。肆意譏毀。謂制詔所爲。皆資傷說。又宰輔無斷。朝要非才。悖老與舊。慢累斯甚。比邊難未靜。安眾以惠。戎略是務。政網從簡。故得使此小物。乘寬自縱。乃合投畀豺虎。以清王獄。但朽頓將盡。不足窮

法。可特原罪。徙付交州。宋書徐爰傳

又詔

八議緩罪。舊在一條。五刑所抵。者必加貸。徐爰前後釁迹。理無可申。廢棄海堧。實允國憲。但蚤蒙朕識。曲矜愚朽。既經大宥。思沾殊渥。可特除廣州統內郡。宋書徐爰傳。爰秉權日久。上昔在藩。素所不說。及景和世。屈辱卑約。爰禮敬甚簡。益銜之。至是詔徙交州。既行。又詔

詔沈攸之 三年八月

卿春中求伐彭城。吾恐軍士疲勞。且去冬奔散。人心未宜復用。不許卿所啟。今便不肯爲吾行邪。卿若不行。便可使吳喜獨去。宋書沈攸之傳。太宗復令攸之進圖彭城。攸之以清泗既乾。糧運不繼。固執以爲非宜。往反者七。上大怒。詔攸之。攸之懼。乃奉旨進軍。行至遲墟。上悔。追軍令反。

下詔封王景文等 當在四年四月後

夫良圖宣國。賞崇彝命。殊績顯朝。策勤王府。安南將軍江州刺史景文。風度淹粹。理懷清暢。體兼望實。誠備夷岨。賓庥方啟。密贊義機。妖徒干紀。預毗廟略。宜登茅社。永傳厥祚。朕澄氛寧樞。實資多士。疏爵疇庸。實膺徽列。尚書右僕射領衛尉興宗。識懷詳正。思局通敏。吏部尚書領太子左衛率淵。器情閑茂。風業韶遠。並謀參軍政。績亮時艱。拓宇開邑。實允勳典。景文可封江安縣侯。食邑八百戶。興宗可始昌縣伯。淵可南城縣伯。食邑五百戶。宋書王景文傳。太宗翦除暴主。又平四方。欲引朝望以佐大業。乃下詔

全宋文卷七終

烏程嚴可均校輯

明帝二

改葬崇憲太后詔 四年五月

崇憲昭太后脩塋陵地。大明之世。久所考卜。前歲遭諸蕃之難。禮從權宜。奉營倉卒。未暇營改。而塋隧之所。山原卑陋。頃年積壞。日有滋甚。恆費脩整。終無永固。且詳攷地形。殊乖相勢。朕丕蒙慈遇。情禮兼常。思始終之義。載彰幽顯。史官可就巖山左右。更宅吉地。明審龜筮。須選令辰。式遵舊典。以禮刱制。今中寓雖寧。邊虜未息。營就之功。務在從簡。舉言尋悲。情如切割。宋書文帝路淑媛傳。

車服詔 八月甲寅

車服之飾。象數是遵。故盛皇留範。列聖垂制。朕近改定五輅。酌古代今。脩成六服。沿時變禮。所施之事。各有條叙。便可付外。載之典章。朕以大冕純玉繅。玄衣黃裳。乘玉輅。郊祀天宗祀明堂。又以法冕五綵繅。玄衣絳裳。乘金輅。祀太廟元正大會。朝諸侯。又以飾冠冕四綵繅。紫衣紅裳。乘象輅。小會宴饗。餞送諸侯。臨軒會王公。又以繡冕三綵繅。朱衣裳。乘革輅。征伐不賓。講武校獵。又以紘冕二綵繅。青衣裳。乘木輅。耕稼饗國子。又以通天冕朱紗袍。爲聽政之服。宋書禮志五。通典六十一。又御覽六百八十六引王智深宋記。

寬刑詔 九月戊辰

夫愆有小大。憲隨寬猛。故五刑殊用。三典異施。而降辟次網。便暨鉗撻。求之法科。差品滋遠。朕務存欽恤。每有矜貸。尋刦制科罪輕重。同之大辟。即事原情。未爲詳衷。自今凡竊執官仗。拒戰邏司。或攻剽亭寺。及害吏民者。凡此諸條。悉依舊制。五人以下相逼奪者。可特賜黥刖。投畀四遠。仍用代殺。方古爲優。全命長戶。施同造物。庶簡惠之化。有孚羣萌。好生之德。無漏幽品。宋書明帝紀。

乃當作九

搜括隱逸詔 五年九月

夫箕潁之操。振古所貴。沖素之風。哲王攸重。朕屬橫流之會。接難晦之辰。龕暴翦亂。日不暇給。今雖關隴猶霧。區縣澄氛。偃武修文。於是乎在。思崇廉恥。用靜馳薄。固已物色載懷。寢興竚歎。其有貞栖隱約。自事衡樊。鑿坯遺榮。負釣辭聘。志恬江海。行高塵俗者。在所精加搜括。時以名聞。將賁園矜德。茂昭厥禮。羣司各舉所知。以時授爵。宋書明帝紀。

下廬江王禕詔 五年

昔周室既盛。二叔流言。漢祚方隆。七蕃迭叛。斯實事彰往代。難興自古。雖聖賢御極。寓內紓患。太尉廬江王禕。藉慶皇枝。丕升寵樹。幼無立德。長缺脩聲。淡薄親情。厚結行路。狎昵羣細。疏溢人士。自朕撥亂定宇。受命應天。實佇睦敦。克敦友于。故崇殊爵。超居上台。而公常懷不平。表於事迹。公若德深望重。宜膺大統。朕初平暴亂。豈敢當璧。自然推符奉璽。天祚有歸。且朕雖居尊極。不敢自恃。宗室之事。無不諮公。不虞志欲難滿。妄生窺怨。積慝在矜。遂謀社稷。曩者四方搆禍。兵斥畿甸。縉紳憂惶。親賢同慎。惟公獨幸厥災。深忭時難。晝則從禽遊肆。夜則縱酒絃歌。側耳視陰。企賊休問。司徒休仁等並各令弟。事兼家國。摧鋒履險。各伐一方。蒙霜踐棘。辛勤已甚。況身被矢石。否泰難虞。悠悠之人。尚有信分。公未曾有一函之使。遣半紙之書。志棄五弟。以餌鋒賊。自謂身非勳烈。義不參謀。必期凶逆道申。以圖輔相。及皇威既震。羣凶肅蕩。乃有同慶。萬國含欣。而公容氣更沮。下帷晦迹。每覘天察宿。懷協左道。呪詛禱請。謹事邪巫。常被髮跣足。稽首北極。遂圖畫朕躬。勒以名字。或加之矢刄。或烹之鼎鑊。公在江州。得一漢女。云知吉凶。能行厭呪。大設供養。朝夕拜伏。衣裝嚴整。敬事如神。令其呪詛孝武。并及崇憲。祈皇室危弱。統天稱己。巫稱神旨。必得如願。後事發覺。委罪所生。徼幸斂䆧。僅得自免。近又有道士張寶。爲公見信。事旣彰露。肆之於法。公不知慚懼。猶加營埋。遣左右二人。主掌殯舍。顯行邪志。罔顧吏司。又挾閹豎陳道明。交關不逞。傳驛音意。投金散寶。吕爲信誓。又使府史徐虎兒招引邊將。要結禁旅。規害台輔。圖犯宮掖。公受性不仁。才非治用。昔忝江州。無稱被徵。前莅會稽。吕皐左黜。公稽古寡聞。嚴而無理。言不暢寒暑。惠不及帷房。朝野所輕。搢紳同侮。豈堪輔相之地。詎任莅民之職。非唯一朝。有自來矣。大明之世。迄於永光。公常留中。未嘗外撫。何吕在今。方起嫌怨。公少師長人。情無哀戚。侍拜長寧。從祀宗廟。顏無戚狀。淚不垂臉。兄弟長幼。靡有愛心。昔因孝武御筵置酒。心誠不著。於時義陽念遇本薄。遭公此譖。益被猜嫌。朕當時狼狽。不暇自理。賴崇憲太后譬解百端。少蒙申亮。得免殃責。景和狂主。醜毒橫流。初誅宰輔。躬志方扇。於建章宮召朕兄弟。逼酒使醉。公因酒勢。遂肆苦言。云朕及休仁與太宰親數往必清閑。贈貺豐厚。朕當時惶駭。五内崩墜。於其語次。劣得小止。往又經在尋陽長公主第。兄弟共集。忽中坐忿怒。厲色見指。吕朕行止出入。每不能同。若得稱心。規肆忿憾。惟公此旨。蚤欲見滅。而天道愛善。朕獲南面。不長惡逆。挫公毒心。自太明積費。國弊民凋。加景和奢虐。府藏罄盡。朕在位甫爾。卹義具贍。仍值終阻蜂起。日耗萬金。公卿庶民。傾產歸獻。積受台奉。貲畜優廣。朕踐祚之初。公請故太宰東傳餘錢。見入數百萬。内不充養。外不助國。散賜諂諛。偏惠趨隸。推心攻行。事類斯比。羣小交構。遂生異圖。籍籍之議。轉盈民口。公若地居衡寄。任專八柄。德育於民。勳高於物。勢不自安。於事爲可。公旣才均櫟木。牽吕曲全。因高無民。得守虛靜。而坐作凶咎。自闕深釁。由朕誠感無素。爰至於此。永尋多難。悅慨實深。凡人所行。各有本志。朕博愛尙仁。爲日已久。尙能含隸怨辠。著於觸事。豈容於公。不相隱忍。但禍萌易漸。去惡宜疾。負荷之重。寧得

坐觀。且蔓草難除。燎火須撲。叛扇之徒。宜時誅翦。已詔司隸。肅正典刑。公身居戚長。情禮兼至。凖之常科。願有惻怛。宜少申國憲。吕弔不臧。今吕淮南宣城歷陽三郡。還立南豫州。降公爲車騎將軍開府儀同三司南豫州刺史。削邑千戶。侍中王如故。宋書廬江王禕傳

吕武陵王智隨繼世祖嗣詔　十月辛卯

世祖孝武皇帝。雖恃尊憧惠。動狹政弛。樂飲無饜。事因於盜泰。任威縱費。義絲於務寡。故吕積怨動天。流殃肩嗣。景和肇釁。義嘉成禍。世祖繼體。陷憲無遺。昔皇家中圮。含生懼滅。賴英孝感奮。埽雪冤恥。勳纘墜歷。拯茲窮㟁。繼絕追遠。禮訓攸尙。況旣帝且兄。而缺斯典。今吕第九子智隨奉世祖爲子。武陵郡大明之世。事均代邦。可封智隨武陵王。食邑五千戶。尋世祖一門。女累不少。旣無釐總。義須防閑。諸侯雖不得祖稱天子。而事有一家之切。且歸寧有所。疹疾相營。得失是任。閨房有稟。朕應天在位。恩深九族。庶此足申追睦之懷。敷愛之旨。宋書武陵王贊傳。贊初名智隨

贈劉襲詔　六年三月

故中護軍臨澧縣開國侯。志行貞純。才用理濟。忠勤著於艱時。勳績倡乎泰運。年志始壯。奄焉凶折。悲傷惻割。實兼常懷。思加寵數。吕申哀榮。可贈護軍將軍加散騎常侍□如故。謚曰忠侯。古刻叢鈔劉襲墓誌

郊祀詔　五月乙亥

古禮。王者每歲郊享。爰及明堂。自晉吕來。間年一郊。明堂同日。質文詳略。疏數有分。自今可間二年一郊。間歲一明堂。外可詳議。宋書禮志三

立晉熙王嗣詔　六年

夫虎狠護子。猴猨負孫。毒性薄情。亦有仁愛。故識念氣類。尙均羣品。況在人倫。可忘天屬。晉熙太妃謝氏。沈刻無親。物理罕比。征北

公雖孝道無替。而遭此不慈。自少及長。闕恩鞠之口。乃至休否莫關。寒溫不訪。晨昏屏塞。定省靡因。事無違忤。動致詬責。毒旬發口。人所難聞。加惡備苦。過於讎隙。家事憤於宗姻。義傷於行路。公故妃郗氏。婦禮無違。逢此嚴酷。遂㠯憂卒。用夭盛年。又謝氏食則豐珍。衣則文麗。奉己之餘。播覃羣下。而諸孫纊不溫體。食不充飢。付之姆妳之手。縱㠯任軍之路。遇其所生。棄若糞土。繈褓比於重囚。窮困過於下使。誠皇規方遠。沙塞將一。公脩短不諱。亦難豫圖。兼妾女羸弱。一第傾主。防閑之道。人理斯急。朕所㠯詔第六子燮奉公爲肩。欲㠯毗整一門。爲公繼紹。但謝氏待骨肉至親。尙相棄蔑。況㠯義合。免苦爲難。患萌防漸。危機須斷。便可還其本家。削絕蕃秩。（宋書晉熙王昶傳）

罪始安王休仁詔　七年五月

夫無將之誅。諒惟通典。知咎自引。實有偏介。劉休仁地屬密親。位居台重。朕友寄特深。寵秩兼茂。不能弘贊國猷。裨宣政道。而自處相任。妄生猜嫌。側納羣小之說。內懷不逞之志。晦景蔽迹。無事陽愚。因逅疾患沈篤。內外憂悚。休仁規逼禁兵。謀爲亂逆。朕曲惟天倫。未忍明法。申詔詰厲。辨覈事原。休仁慚恩懼罪。遽自引決。追尋悲痛。情不自勝。思屈法科。㠯伸矜悼。可宥其二子。并全封爵。但家國多虞。釁起台輔。永尋既往。感慨追深。（宋書始安王休仁傳）

荅有司奏始安王休仁罪狀詔　五月

邢匹婦狂愚。不足與計。休仁知釁自引。情有追傷。可特爲降始安縣王。食邑千戶。并停伯融等流徙。聽襲封爵。伯猷先紹江夏國。令還本。賜爵鄉侯。（宋書始安王休仁傳）

與諸方鎮及諸大臣詔　五月

休仁致殞。卿未具悉事之始末。今疏㠯相示。休祐貪恣非政。法網之所不容。昔漢梁孝王、淮南厲王。無它釁悖。正㠯越漢制度耳。況

休祐吞嚼聚斂。爲西數州之蠹。取與鄙虐。無復人情。屢得王景文、褚淵、沈攸之等啟。陳其罪惡。轉不可容。吾篤兄弟之恩。不欲致之㠯法。且每恨大明兄弟情薄。親見休祐屯苦之時。始得寬恤。彌不忍問。所㠯改授徐州。冀其去朝廷近。必應能自悛革。及拜徐州。未及之任。便徽動萬端。暴濁愈甚。既每爲民蠹。不可復全。休仁身粗有知解。兼爲宰相。又吾與其兄弟情昵。特復異常。頗與休仁論休祐釁狀。休祐㠯休仁爲吾所親。必應知吾意。又云。休仁言對。能爲損益。遂多與財賂。深相結事。乃寢必同宿。行必共車。休仁性軟易感。說遂成繾綣。共爲一家。是吾所吐密言。一時倒寫。吾與休仁。少小異常。唯虛心信之。初不措疑。雖爾猶慮清閑之時。非意脫有間者。吾近向休祐推情。戒訓嚴切。休祐更不復致疑。休祐死後。吾將其內外左右。問㠯情狀。方知言語漏泄。并具之由。彌日懊惋。心神萎孰。休仁又說休祐云。汝但作佞。此法自足安。我常秉許爲家。從來頗得此力。但試用。看有驗不。休祐從之。於是大有獻奉。言多乖實。積惡既不可恕。自休祐殞亡之始。休仁款曲共知。休仁既無辜釁。主相本若一體。吾之推意。初無有間。休祐貪愚。爲天下所疾。致殞之本。爲民除患。兄弟無復多人。獨應思弔不咸。益相親信。休祐平生。狠抗無賴。吾慮休仁往哭。或生祟禍。且吾爾日本辦仗往哭。晚定不行。吾所㠯爲設方便呼入在省。而休仁得吾召入。大自驚疑。遂入辭楊太妃。顏色狀意。甚與常異。既至省。楊太妃驟遣監子去來參察。從此日生嫌懼。而吾之推情。初不疑覺。從休祐死後。吾再幸休仁第。飲噉極日。排閤入內。初無猜防。休仁坐生嫌畏。一日吾春中多期射雉。每休仁清閑。多往雉場中。或敕使陪輦。及不行日。多不見之。每値宵。休仁輒語左右云。我已復得今一日。及在房內。見諸妓妾。恆語我云。不知朝夕見底。若一旦死去作鬼。亦不取汝。取汝。正足亂人耳。休祐死時。日已三晡。吾射雉。始從雉場出。休

仁從騎左右伏野中。吾遣人召之。稱云腹痛。不堪騎馬。爾時諸王車皆停在朱雀門裏。日既瞑。不暇遠呼車。吾衣書車近在離門裏。敕呼來。下油幰絡。擬以載之。吾由來諳悉其體有冷患。聞腹痛。知必是冷。乃敕太醫上省送供御高梁薑飲以賜之。休仁得飲忽大驚。告左右稱敗今日了。左右荅曰。此飲是御師名封題。休仁乃令左右先飲。竟猶不甚信。乃僶俛噬之。裁進一合許。妄生嫌貳。事事如是。由來十日五日。一就問太妃。自休祐死後。每吾詔。必先至楊太妃問。如分別狀。休仁由來自營府國興生文書。二月中。史承祖齎文書呈之。忽語承祖云。我得成許那。何煩將來。吾虛心如舊。不復見信。既懷不安。大自嫌恐。惟以情理。不容復有善心。休仁既經南討。與宿衛將帥經習狎共事。相識者布滿外內。常日出入。於廂下經過。與諸相識將帥。都不交言。及吾前者積日失適。休仁出入殿省。諸衛主帥。裁相悉者。無不和顏厚相撫勞。爾時我既甚惡意不欲見外人。悠悠所傳。互言差劇。休仁規欲聞知方便。使曇度道人及勞彥遠屢求啟闞。覘吾起居。及其所啟。皆非急事。吾意亦不眉疑。吾與休仁。親情實異。年少以來。恒相追隨。情向大趣。亦往往多同。難否之日。每共契闊。休仁南討為都統。既有勳績。狀之於心。亦何極已。但休仁於吾。望既不輕。小人無知。亦多挾背向。既生猜貳。不復自盜。夫禍難之由。皆意所不悟。如其意趣。人莫能測。事不獲已。反覆思惟。不得不有近日處分。夫於兄弟之情。不能無厚薄。休祐之亡。雖復悼念。猶可以理割遣。及休仁之殞。悲慤特深。千念不能已已。舉言傷心。事之細碎。既不可曲載詔文。恐物不必郎解。兼欲存其兒子。不欲窮法。為詔之辭。不得不云有兵謀。非事實也。故相報卿知。（宋書始安王休仁傳）

手詔譬王景文

尚書左僕射。卿已經此任。東宮詹事。用人雖美。職次正可比中書

令耳。庶姓作揚州。徐干木、王休元、殷鐵。並處之不辭。卿清才令望。何愧休元。毗贊中興。豈謝干木。綢繆相與。何後殷鐵邪。司徒以宰相不應帶神州。遠遵先旨。京口鄉基義重。密邇畿甸。又不得不用驃騎。陝西任要。由來用宗室。驃騎既去。巴陵理應居之中流。雖曰閑地。控帶三江。通接荊郢。經塗之要。由來有重鎮。如此則揚州自成闕刺史。卿若有辭。更不知誰應處之。此選大備。與公卿疇懷。非聊爾也。（宋書王景文傳。景文屢辭內援。上手詔譬之）

降殷恆詔

道矜生便有病。無更橫疾。恆因愚習惰。久妨清序。可降為散騎常侍。（宋書殷景仁傳。道矜子恆為侍中度支尚書。屬父疾積久。為右司所奏。下詔。又見南齊書王奐傳、南史二十七）

荅王景文手詔

去五月中。吾病始差。未堪勞役。使卿等看選牒署。竟請敕施行。此非密事。外間不容都不聞。然傳事好訛。由來常患殷恆妻。匹婦耳。閨閤之內。傳聞事復作一兩倍落漠。兼謂卿是親故。希卿署。不必云選事獨關卿也。恆妻雖是傳聞之條。大都非可駭異。且舉元薦凱。咸由疇咨。可謂唐堯不明。下干其政邪。悠悠好詐貴人及在事者。屬卿偶不悉耳。多是其周旋門生輩。作其屬託貴人及在事者。永無由知。非徒止於京師。乃至州郡縣中。或有詐作書疏。灼然有文迹者。諸舍人右丞輩。及親近驅使人。慮有作其名。載禁物。求停檢校。彊賣猥物與官。仍求交直。或屬人求乞州郡資禮。希蠲呼召及虜發船車。並啟班下在所。有即驗錄。但卿貴人。不容有此啟。由來有是。何故獨驚之。居貴要但問心若為耳。大明之世。巢、徐、二戴。位不過執戟。權亢人主。顏師伯白衣僕射。橫行尚書中。令袁粲作僕射領選。而人往往不知有粲。粲遷為令。居之不疑。今既省錄。令便居昔之錄。任置省事及幹童。並依錄格。粲作令來。亦不異為僕射。人情向粲淡淡然。亦復不改常。以此居貴位要任。當有致憂兢

理不。卿今雖作揚州太子傅。位雖貴而不關朝政。可安不懼。差於粲也。想卿虛心受榮。有而不爲累。貴高有危殆之懼。卑賤有溝壑之憂。張單雙災。木雁兩失。有心於避禍。不如無心於任運。夫千仞之木。既摧於斧斤。一寸之草。亦瘁於踐踏。高崖之修幹。與深谷之淺條。存亡之要。巨細一揆耳。晉畢萬七戰皆獲。死於牖下。蜀相費禕。從容坐談。斃於刺客。故甘心於履危。未必逢禍。縱意於處安。不必全福。但貴者自惜。故每憂其身。賤者自輕。故易忘其己。然爲敎者。每誡貴。不誡賤。言其貴滿好自恃也。凡名位貴達。人以在懷泰則觸人改容。否則行路嗟愕。至如賤者。否泰不足以動人。存亡不足以絓數。死於溝瀆。死於塗路者。天地之間。亦復何限。人不以係意耳。以此而推。貴何必難處。賤何必易安。但人生也自應卑慎爲道。行己用心。務思謹惜。若乃吉凶大期。正應委之理運。遭隨參差。莫不由命也。既非聖人。不能見吉凶之先。正是依俙於理。言可行

而爲之耳。得吉者是其命吉。遇不吉者是其命凶。以近事論之。景和之世。晉平庶人從壽陽歸亂朝。人皆爲之戰慄。而乃遇中興之運。袁顗圖避禍於襄陽。當時皆羨之。謂爲陵霄駕鳳。遂與義嘉同滅。駱宰見幼主。語人云。越王長頸鳥喙。可與共憂。不可與共樂。范蠡去而全身。文種畱而遇禍。今主上口頸。頗有越王之狀。我在尙書中。不去必危。遂求南江小縣。諸都令史住京師者。皆遭中興之慶。人人蒙爵級。宰値義嘉染罪。金木纏身。性命幾絕。卿耳眼所聞見。安危在運。何可預圖邪。宋書王景文傳。上殺壽寂之等。景文懼。自陳求解揚州。上詔荅。又南史二十三

手詔劉懷珍

卿性忠讜。平所仗賴。在彼與年少共事。不可深存受益。景素兒乃佳。但不能接物。頗亦墮事。卿每諫之。南齊書劉懷珍傳。建平王景素爲荊州。徙懷珍右軍司馬遷南郡太守。加寧朔將軍。明帝手詔懷珍奉旨

寢疾又詔

卿不應乃作景素佐才。舊所寄。今徵卿參二衞。南齊書劉懷珍傳

全宋文卷八終

烏程嚴可均校輯

明帝三

與劉勔張興世蕭道成詔暴吳喜罪 泰豫元年

吳喜出自卑寒。少被驅使。利口任詐。輕狡萬端。自元嘉以來便充刀筆小役。賣弄威恩。苟取物情。處處交結。皆爲黨與。衆中常以正直爲詞。而內實阿媚。每仗計數。運其佞巧。甘言說色。曲以事人。不忠不平。彰於觸事。從來作諸署主。意所不協者。覓罪委頓之。以示淸直。而餘人恣意爲非。一不檢問。故甚得物情。昔大明中。黟歙二縣。有亡命數千人。攻破縣邑。殺害官長。劉子向在會稽。再遣爲主帥。領三千精甲。水陸討伐。再往失利。孝武以喜將數十人至二縣。說誘羣賊。賊卽歸降。詭數幻惑。乃能如此。故每豫驅馳。窮諸狡慝。及泰始初。東征止有三百人。直造三吳。凡再經薄戰。而自破岡以東至海十郡。無不淸蕩。百姓聞吳河東來。便望風自退。若非積取三吳人情。何以得弭伏如此。其統軍寬慢無章。放恣諸將。無所裁檢。故部曲爲之致力。觀其意趣。止在賊平之後。應力爲國計。喜初東征發都。指天畫地。云得劉子房卽當屏除。袁標等皆加斬戮。使略無生口。旣平之後。緩兵施恩。納罪人之貨。誘諸賊帥。令各逃藏。受賄得物。不可稱紀。聽諸賊帥假稱爲降。而擁衞子房。遂得生歸朝廷。收羅羣逆。皆作爪牙。撫接優密。過於義士。推此意。正是聞南賊大盛。殷孝祖戰亡。人情大惡。慮逆徒得志。規以自免。喜善爲姦變。每以計數自將於朝廷。時三吳首獻慶捷。於南賊則不殺其黨。頗著陰誠。當云。東人恇怯。望風自散。皆是彼無處分。非其苦相逼迫。保全子房及顧琛等。足表丹誠。進退二塗。可以無患。南賊未平。唯以軍糧爲急。西南及北道斷不通。東土新平。商運稀簡。朝廷乃至嚮官責債。以救災困。斗斛收斂。猶有不充。喜在赭圻。軍主者頓

偷一百三十斛米。初不問罪。諸軍主皆云宜治。喜不獲已止與三十鞭。又不責備。凡所曲意。類皆如此。喜至荊州。公私殷富。錢物無復孑遺。喜乘兵威之盛。誅求推檢。凡所課責。旣無定科。又嚴令驅蹙。皆使立辦。所使之人。莫非姦猾。因公行私。迫脅在所。入官之物。侵竊過半。納資請託。不知厭已。西難旣殄。便應還朝。而解故槃停。託云扞蜀。實由貨易交關。事未回展。又遣人入蠻。矯詔慰勞。賧伐所得。一以入私。又遣部下將吏兼因土地富人。往襄陽。或蜀漢。屬託郡縣。侵官害民。興生求利。千端萬緒。從西還。大艑小艒。爰及草舫。錢米布絹。無船不滿。自喜以下。迨至小將。人人重載。莫不兼資。喜本小人。多被使役。經由水陸。州郡殆徧。所至之處。輒結物情。妄竊善稱。聲滿天下。密懷姦惡。人莫之知。喜軍中諸將。非劫便賊。惟云賊何須殺。但取之必得其用。雖復羸弱。亦言健兒可惜。天下未平。但令以功贖罪。處遇料理。反勝勞人。此輩所感。唯喜。莫云恩由朝廷。凶惡不革。恆出醜聲。勞人義士。相與歎息。竝云我等不愛性命。繫擒此賊。朝廷不肯殺去。反與我齊。今天下若更有賊。我不復能擊也。此等旣隨喜行。多無功劾。或隱在衆後。或在幔屋中眠。賊旣破散。與勞人同受爵賞。旣被詰問。辭白百端。云此輩旣見原宥。擊賊有功。那得不依例加賞。褚淵往南。選諸將卒。喜爲軍中經爲賊者。就淵求官。倍於義士。淵以喜最前獻捷。名位已通。又爲統副。難相違拒。是以得官受賞。反多義人。義人雖忿喜不平。又懷其寬弛。往歲竺超之聞四方反叛。人情畏賊。無敢求爲朝廷行者。乃慨然攘步。隨喜出征。爲其軍副。身經臨敵。自東還。失喜意。說超之多酒。不堪驅使。遂相委棄。高敬祖年雖少宿。氣力實健。其有處分。爲軍中所稱。喜薄其衰老。云無所施。正以二人忠淸。與己異行。超之爲人。乃多飲酒。計喜軍中主帥。豈無飲酒者。特是不利超之。故以酒致言耳。敬祖旣無餘事。直云年老。託爲乞郡。潛相遣斥。其餘主

帥竝貪濁諂媚之流皆提攜東西不相離捨喜聞天壤閒有罪人死應繫者必啟以入軍皆得官爵厚被處遇應入死之人緣已得活非唯得活又復如意人非木石何能不感設令吾攻喜門此輩誰不致力但是喜不敬生心耳喜軍中人皆是喜身爪牙豈關於國喜自得軍號以來多置吏佐是人加板無復限極爲兄弟子姪及其同堂羣從乞東名縣連城四五皆灼然巧盜侵官奪私亡命罪人州郡不得討崎嶇蔽匿必也黨護臺州符旨殆不復行船車牛犢應爲公家所假借者託之於喜吏司便不敢問他縣奴婢入界便略百姓牛犢輒牽殺啖州郡應及役者竝入喜家喜兄茹公等悉下取錢盈村滿里諸吳姻親就人閒徵求無復紀極百姓嗷然人人悉苦喜具知此初不禁呵索惠子罪不甚江僉既已被恩得免憲辟小小忤意輒加刑斬張悅賊中大帥逼迫歸降沈攸之錄付喜云殺活當由朝廷將帥征伐既有常體自應執歸之有司喜卽便打鐵解襦與箸對膝圍棊仍造重義私惠招物觸事如斯張靈度凶愚小人背叛之首喜在西輒恕其罪私將下都與之周旋情若同體狼子野心獨懷毒性遂與柳欣尉等謀立劉禕吾使喜錄之而喜密報令去去未得遠爲建康所錄喜背國親惡乃至於是初從西反圖兼右丞貪因事物以行私詐吾患其諂曲抑而不許從此怨懟意用不平喜西救汝陰縱肆兵將掠暴居民姦人婦女逼奪雞犬虜略縱橫緣路官長莫敢呵問脫誤有縛錄一人喜輒大怒百姓呼嗟人人失望近段佛榮求還乃欲用喜代之西人聞其當來皆欲叛走云吳軍中人皆是生劫若作刺史吾等豈有活路既無他計正當叛投虜耳夫伐罪弔民用清國道豈有殘虐無辜劓奪爲務害政妨國罔上附下罪釁若此而可以容臧文仲有云見有善於其君如孝子之養父母見有惡於其君若鷹鸇之逐鳥雀耿弇不以賊遺君父前史以爲美談而喜軍中五千人皆

親經反逆攜養左右豈有奉上之心喜意志張大每稱漢高魏武本是何人近忽通啟求解軍任乞中散大夫喜是何人乃敢作此舉止且當今邊疆未謐正是喜輸蹏領之日若以自處之宜當節儉廉愼靜埽閉門不與外物交關專心奉上何得以其蜂蠆高自比擬當是自顧愆釁事宜遐邇又見壽寂之流徙施脩林被擊物惡傷類內懷憂恐故興此計圖欲自安朝廷之士及大臣藩鎭喜殆無所畏畏者唯我一人耳人生脩短不可豫量若我壽百年世閒無喜何所虧損若使吾四月中疾患不得治力天下豈可有喜一人尋喜心迹不可奉守文之主豈可遭國家閒隙有可乘之會邪世人多云時可畏國政嚴歷觀有天下御億兆伏威齊衆何代不然故上古象刑民淯不犯後聖懲僞易以劓墨唐堯至仁不赦四凶之罪漢高大度而急三傑之誅且太公爲治先華士之刑宣尼作宰肆少正之戮自昔力安社稷功濟蒼生班劍引前笳鼓陪後不能保此者歷代無數養之以福十分有一耳至若喜之深罪其得免乎夫富之與貴雖以功積致之必由道德守之故善始者未足稱奇令終者乃可重耳凡置官養士本在利國當其爲利愛之如赤子及其爲害畏之若仇讎豈暇遠尋初功而應忍受終敝耳將之爲用譬如餌藥當人羸冷資散石以全身及熱勢發動去堅積以止患豈憶始時之益不計後日之損存前者之賞抑當今之罰非忘其功勢不獲已耳喜罪釁山積志意難容雖有功效不足自補交爲國患焉得不除且欲防微杜漸憂在未萌不欲方幅露其罪惡明當嚴詔切之令自爲其所卿諸人將相大臣股肱所寄賞罰事重應與卿等論之卿意竝謂云何（宋書吳喜傳帝將賜喜死先一日與劉勔張興世齊王詔）

賜王景文死手詔（太豫元年三月）

與卿周旋欲全卿門戶故有此處分（宋書王景文傳上疾篤乃遣使送藥賜景文死）

遺詔　四月

朕自臨御億兆。仍屬戎寇。雖每存弘化。而惠弗覃遠。軍國凋弊。刑訟未息。今大漸維危。載深矜歎。可緩徭優調。去繁就約。因改之宜。詳有簡衷。務以愛民爲先。以宣朕遺意。（宋書明帝紀）

崇挨道猛法師詔　無年月

猛法師風道多濟。朕素賓友。可月給錢三萬。令史四人。白簿吏二十人。車及步轝各一乘。乘轝至客省。（高僧傳　猛西涼州人。東遊建業。上東安寺續開講席。明帝深相崇挨。）

追崇江夏王義恭令書

故中書監太宰領太尉錄尚書事江夏王。道性淵深。睿鑒通遠。樹聲列藩。宣風鉉德。位隆姬輔。任屬負圖。勤勞國家。方熙託付之重。盡心毗導。永融雍穆之化。而凶醜忌威。奄加冤害。夷戮有暴。殯歿無聞。憤達幽明。痛貫朝野。朕蒙險在難。含哀莫申。幸賴宗祏之靈。克纂祈天之祚。仰惟勳戚。震動於厥心。昔梁王徵庸。警蹕備禮。東平好善。黃屋在廷。況公德猷弘懋。彝典未殊者哉。可追崇使持節侍中都督中外諸軍事丞相領太尉中書監錄尚書事王如故。給九旒鸞輅。虎賁班劍百人。前後部羽葆鼓吹。轀輬車。（宋書江夏王義恭傳　太宗定亂。令書云云）

加擢路休之等令書　未即位時

太皇太后蚤承愛遇。沿情即事。同於天屬。前車騎咨議參軍路休之。前丹陽丞路茂之。崇憲密戚。蚤延榮貴。並懷所勳。宜殊恒飾。休之可黃門侍郎領步兵校尉。茂之可中書侍郎。（宋書文帝路淑媛傳　太宗廢幼主。欲悅路太后之心。乃下令書。）

恤柳元景令　初即位

故侍中尚書令驃騎大將軍巴東郡開國公新除開府儀同三司南豫州刺史元景。風度弘簡。體局深沈。正義亮時。恭素範物。幽明

道盡。則首贊孝圖。盛運開曆。則毗燮皇化。方任孚漢輔。業懋殷衡。而蜂豺肆濫。顯加禍毒。冤勤勳烈。悲深朝貫。朕承七廟之靈。纂臨寶業。情典既申。痛悼彌軫。宜崇贇徽册。以旌忠懿。可追贈使持節都督南豫江三州諸軍事太尉侍中刺史國公如故。給班劍三十人。羽葆鼓吹一部。謚曰忠烈公。（宋書柳元景傳）

招集舊僧令

先帝建中興及新安諸寺。所以長世垂範。弘宣盛化。頃遇昏虐。法像殘毀。師徒奔迸。甚以矜懷。妙訓淵謨。有扶名教。可招集舊僧。普各還本。並使材官隨宜修復。（宋書天竺迦毗黎國傳　前廢帝毀新安寺。驅斥僧徒。尋又毀天寶諸寺。太宗定亂。下令。）

宣旨永嘉王子仁

汝一家門戶不建。幾覆社稷。天未亡宋。景命集我。上流迷愚相扇。四海同惡。若非我脩德御天下。三祖基業。一朝墜地。汝輩便應淪於異族之手。我昔兄弟近二十人。零落相繼。存者無幾。唯司徒年長令德。作輔皇家。門戶所憑。唯我與司徒二人而已。尚未能厭百姓姦心。餘諸王亦未堪贊治。我惟有太子一人。司徒世子。年又幼弱。桂陽巴陵。並未有繼體。正賴汝輩兄弟。相倚爲彊。庶使天下不敢闚覦王室。汝輩始十餘歲。裁知俛仰。當今諸舍細弱。殆不免人輕陵。若非我爲主。劉氏不辦今日。汝諸兄沖眇。爲羣凶所逼誤。遂與百姓還圖骨肉。於汝在心。不得無愧。即日四海就寧。恩化方始。方今處汝湘州。汝年漸長。足知善惡。當每思刻厲。奉朝廷爲心。爵秩自然與年俱進。我垂猶子之情。著於萬物。汝亦當知好憶我敕旨。（宋書永嘉王子仁傳　太宗遣主書趙扶公宣旨。未幾以建安王休仁言賜死。）

與始安王休仁書

此段殊得蘇侯兄弟力。（宋書始安王休仁傳　初行與蘇侯神結爲兄弟。及事平。太宗與休仁書。）

與巴陵王休若書　二年

孝建大明中。汝敢行此邪。（宋書巴陵王休若傳。休若輒殺典籤夏寶期。上大怒。與休若書。）

報巴陵王休若 七年二月

吾與驃騎南山射雉。驃騎馬驚。與直閤夏文秀馬相蹹。文秀墜地。驃騎失鞚。馬驚觸松樹。墜地落礀中。時頓悶。不識人。故馳報弟。（宋書晉平王休祐傳。上既殺休祐。時巴陵王休若在江陵。其日卽馳信報休若。）

與桂陽王休範書 七年七月

外閒有一師。姓徐。名紹之。狀如狂病。自云爲塗步郎所使。去三月中。忽云。神語道巴陵王應作天子。汝使巴陵王密知之。於是師便訪覓休若左右人。不能得。東宮典書姓何者相識。數去來。師解神語。東宮典書具道神語。東宮典書荅云。我識巴陵閒一左右。當爲汝向道。數日。東宮典書復來語師云。我已爲汝語巴陵左右。道因達巴陵。巴陵具知。云莫聲但聽。又頃者史官奏天文占候。頗云休若應挾異端。神道茫昧。乃不可全信。然前後相準。略亦不無髣髴。且帖肆閒。自大明以來。有若好之謠。於今未止。詔若百重章句。皆配以美辭美事。諸不逞之徒。咸云必是休若。休若且知道路有異音。里巷有若好之謠。在西已奇懼。致王敬先吐猖狂之言。近休祐休仁被誅。休若彌不自安。又左右多是不相當負罪之徒。恆說以道路之言。卽動之。相與唱云。萬民之心。屬在休若。感激其意。尋休若從來心迹。殊有可嫌。劉亮問高太祖。汝一應識此人。當給休若。休若在東。縱恣羣下。無本末。還朝被貶。爵位小退。太祖被亮使歸過問訊。大泣語太祖云。我東行是一段功。在郡橫爲羣小輩過失。大被貶降。我實憤怨。不解劉輔國何意不作。太祖啟云。劉輔國蒙朝廷生成之恩。豈容有此理。推此已是有奇意。吾使諸王在藩。正令優遊而已。本不以武事。而休若在西。廣召弓馬健兒。都不啟聞。又戾道明等。昔親爲賊。罪應萬死。休若至西。大倩遇之。乃潛將往。不啟京。吾知汝意謂休若處奉因事事何如。心迹既不復可測。因其還朝在第與書。事事詰詣於內。許密自引分。狀如暴疾致故。若得於其名位及見子悉得全也。休若既是汝弟。使其狠心得申者。汝得守治城邊作太尉公邪。非但事關計。亦於汝甚切。汝可密白荀太妃令知。（宋書巴陵王休若傳。休若既死。上與驃騎大將軍桂陽王休範書。）

報書

鄭脩容有兒喪。令成服。汝可令汝內人知之。再報休祐休範。一一家內人知也。或報。（淳化閣帖一。）

全宋文卷九終

烏程嚴可均校輯

後廢帝

帝諱昱。字德融。小字慧震。明帝長子。泰始三年立爲皇太子。泰豫元年四月即位。明年。改元元徽。在位五年。爲其下楊玉夫等所弒。

即位遣大使巡省詔 泰豫元年六月

夫興王經制。實先民隱。方求廣敎。刑於四維。朕以瑩眇。夙膺寶厤。永言民政。未接聽覽。眷言乃顧。無忘鑒寐。可遣大使分行四方。觀採風謠。問其疾苦。有咈民法不便俗者。悉各條奏。若守宰威恩可紀。廉勤允著。依事騰聞。如獄訟誣枉。職事紕繆。惰公存私。害民利已者。無或隱昧。廣納芻輿之議。博求獻藝之規。巡省之道。務令精洽。深簡行識。俾若朕親覽焉。宋書後廢帝紀

廣薦舉詔

夫寢夢期賢。往誥垂美。物色求良。前書稱盛。朕以沖昧。嗣膺寶業。思仰述聖猷。勉弘政道。興言多士。常想得人。可普下牧守。廣加搜採。其有孝友聞族。義讓光閭。或匿名屠釣。隱身耕牧。足以整厲澆風。扶益淳化者。凡厥一善。咸無遺逸。虛輪佇帛。俟聞嘉薦。宋書後廢帝紀

詔蔡景玄 八月

景玄表如此。故散騎常侍中書監左光祿大夫開府儀同三司樂安縣開國伯興宗。忠恪立朝。謀猷宣著。往屬時難。勳亮帷幄。錫珪分壤。實允通誥。而懇誠慊訴。備彰存歿。廉槩素情。有絜聲軌。景玄固陳先志。良以惻然。雖彝典宜全。而哀款難奪。可特申不瞑之請。永矜克讓之風。宋書蔡興宗傳。興宗遺令薄葬。奏還封爵。追贈後授子景玄。固辭不受。又奏還封。表疏十餘上。見詔云。

大赦詔 元徽元年正月

夫緩法昭恩。裁風茂典。蠲憲貸眚。訓俗彝義。朕臨馭宸樞。纂制氓寓。式存寬簡。思孚矜惠。今開元肆宥。萬品惟新。凡茲流斥。宜均弘洗。自元年以前。貽罪徙放者。悉聽還本土。宋書後廢帝紀

申土斷詔 八月辛亥

分方正俗。著自虞冊。川谷異制。煥乎姬典。故井遂有辨。閭伍無雜。用能七敎克宣。八政斯序。雖緜代殊軌。沿革異儀。或民懷遷俗。或國尙興徙。漢陽列燕代之豪。關西熾齊楚之族。並通籍新邑。即居成舊。洎金行委御。禮樂南移。中州黎庶。襁負揚越。聖武造運。道一閎區。貽長世之規。申土斷之制。而夷險相因。盈晦遞襲。歲饉肆流。戎役惰散。違鄉寓境。漸至繁積。宜式遵鴻軌。以爲永憲。庶阜俗昌民。反風定保。夷胥山之險。澄瀚海之波。括河圖於九服。振玉軔於五都矣。宋書後廢帝紀

因旱下詔省刑 八月甲寅

比亢序愆度。留熏耀晷。有傷秋稼。方貽民瘼。朕以眇疚。未弘政道。囹圄尙繁。枉滯猶積。夕厲晨矜。每惻於懷。尙書令可與執法以下。就訊衆獄。使冤訟洗遂。困弊昭蘇。頒下州郡。咸令無壅。宋書後廢帝紀。又見袁粲傳。亢序作元序。夕厲晨矜作晨兢夕厲。困弊作瘵弊。

蠲改湘江二州徵課詔 九月壬午

國賦氓稅。蓋有恆品。往屬戎難。務先軍實。徵課之宜。或乖昔準。湘江二州。糧運偏積。調役既繁。庶徒彌擾。因循權政。容有未革。民單力弊。歲月愈甚。永言矜歎。情兼宵寐。可遣使到所。明加詳察。其輸違舊令。役非公限者。並即蠲改。具條以聞。宋書後廢帝紀

恤劉勔詔 元徽初

夫義實天經。忠惟人則。篆素流采。金石宣輝。自非識洞情靈。理感生極。豈有捐軀衛主。舍命匡朝者哉。故持節鎭軍將軍守尙書右僕射中領軍鄱陽縣開國侯勔。忠懷亮粹。體業淹明。弘勳樹績。譽

洽華野。綢繆顧託，契闊屯夷。方倚謀猷，翌康帝道。逆藩扇禍，逼擾京甸。援桴誓旅，奉律行師。身與事滅，名隨操遠。朕用傷悼，震慟於厥心。昔王允秉誠，卞壼峻節，均風往德，歸茂先軌。泉途就永，冤逝無追。思崇徽策，式光惇史。可贈散騎常侍、司空，本官侯如故。謚曰忠昭公。（宋書劉勔傳）

通淹滯詔　二年四月

頃列爵敍勳，銓榮酬義，條流積廣，又各淹閡。歲往事留，理至通壅。在所參差，多違甄飭。賞未均洽，每疚厥心。可悉依舊準，並下注職。（宋書後廢帝紀）

禁侈費詔　五月

頃國賦多蠹，公儲罕給。近治戎曠後，而軍費已多，府藏虛罄，難用馭遠。宜矯革淫長，務在節儉。其供奉服御，悉就減撤，雕文靡麗，廢而勿修。凡諸游費，一皆禁斷。外可詳爲科格。（宋書後廢帝紀）

敦素約詔　三年閏三月

頃民俗滋繁，國度未殷，歲時屢騫，編戶不給。且邊虞尚警，徭費彌繁。永言夕惕，寢興增疚。思弘豐耗之制，以敦約素之風。庶裨蓄𥝢民，以康治道。大官珍膳，御府雕服，諸所供擬，一皆減徹，可詳爲其格。務從儉衷。（宋書後廢帝紀）

別敕李安民　元徽初

九江須防，邊備宜重。今有此授，以增鄢郢之勢，無所致辭也。（南齊書李安民傳）

稱太后令殺豫章王子尚

子尚頑凶極悖，行乖天理；楚玉婬亂縱慝，義絕人經。並可於第賜盡。（宋書豫章王子尚傳。楚玉，山陰公主也。）

順帝

帝諱準，字仲謀（文選褚淵碑注引宋書作仲謨），小字智觀，明帝第三子。封安成王，歷揚州刺史，都督揚、南豫二州諸軍事、驃騎大將軍。元徽五年七月，後廢帝遇弒，奉迎即位，改元昇明。在位三年，禪于齊。踰月薨，年十三。謚曰順帝。

約損詔　昇明元年

露臺息構，義光漢德；雉裘焚制，事隆晉道。故以儉奢軌化，敦儉馭俗。頃甸服未靜，師旅連年，委蓄屢空，勞敝莫偃，而丹雘之飾，靡耗難訾；寶賂之費，徵賦靡計。今車服儀制，實宜約損，使徽章有序，勿得侈溢。可罷省御府二署。凡工麗雕鐫、傷風毀治，一皆禁斷。庶永昭憲則，弘茲始政。（宋書順帝紀）

求賢才詔　九月

昔聖王既沒，澆風已衰，魏書永湮，龍圖長祕。故三代之末，德刑相擾；世淪物競，道睽人訛。然猶正士比轂，奇才接軫。朕襲運金樞，纂靈瑤極，負扆巡政，日晏忘疲。永言興替，望古盈慮。姬夏典載，猶傳

緗帙；漢魏餘文，布在方冊。故元封興茂才之制，地節掇獨行之品。振維務本，存乎得人。今可宜下州郡，搜揚幽仄，標采鄉邑，隨名薦上。朕將親覽，甄其茂異。庶野無遺彥，永激遐芬。（宋書順帝紀）

授爵楊文度等詔　閏十二月

茂賞有章，實昭國度；疇庸斯炳，載宣史冊。督北秦州諸軍事、寧朔將軍、平羌校尉、北秦州刺史、武都王文度，門乘輝寵，世榮邊邑，忠果既亮，才勁兼彰。龍驤將軍楊文弘，肅協成規，躬提桴鼓，申衰百頃，席捲蘭皋，功烈之美，並足嘉歎。宜膺爵授，以酬勳績。文度可使持節、都督北秦雍二州諸軍事、征西將軍，刺史、校尉悉如故。文弘將軍、略陽太守。（宋書氐胡傳）

詔謚王敬弘　二年

夫塗祕蘭幽，貞芳載越；徽猷沈遠，懋禮彌昭。故侍中、左光祿大夫、開府儀同三司敬弘，神韻沖簡，識寓標峻，德敷象魏，道藹上國。高

黯當作黷

挹榮冕。凝心塵外。清光粹範。振俗消風。兼以累朝延賞。聲華在詠。而嘉篆闕文。猷策韜褱。尙想遺芬。興懷寢寤。便可詳定輝謚。式旌追典。（宋書王徽弘傳）

荅齊王劾黃回詔（二年四月）

黃回擢自凡豎。夙負疵釁。賞以憲綱。收其搏噬。雖勤劾累著。而屠懷于紀。新亭肯叛。投拜寇場。異規既扇。廟律幾殆。幸得張敬兒提戈直奮。元惡受戮。及景素結逆。履霜歲久。乃密通音譯。潛送器杖。氛沴克彌。狡謀方顯。每存容掩。冀能悛革。故褒茅升爵。均榮勳寵。凶謀有本。險慝滋深。搆誘敬兒。志相攻陷。悖圖未遂。很戾彌甚。近軍次郢鎮。劫逼府主。兼挾私計。多所徵索。王局容疑。便加棰楚。專肆暴慢。罔顧彝則。膺牧西藩。徵賞惟厚。曾不知感。猶懷忿怨。李安民述任河濟。星管未周。貪據益要。苦祈回奪。黯謁弗已。叨侈無度。遂請求御輿。僭擬私飾。又招萃賊黨。初不啟聞。傷風蠹化。莫此之甚。宜明繩裁。肅正刑書。便收付廷尉。依法窮治。（宋書黃回傳。齊王以黃回終爲禍亂。上表。詔荅）

詔荅王僧虔

僧虔表如此。夫鍾鼓既陳。雅頌斯辨。所以感人祇。化動翔泳。頃自金籥弛韻。羽佾未凝。正俗移風。良在茲日。昔阮咸清識。王度昭奇。樂緒增脩。異世同功矣。便可付外遵詳。（宋書樂志一。昇明二年。尙書令王僧虔上表。并論三調哥。詔荅）

孝懿蕭后

后諱文壽。蘭陵蘭陵人。武帝繼母。義熙中拜豫章公太夫人。進宋王太妃。武帝受禪。尊爲太后。少帝即位。尊爲太皇太后。景平元年崩。年八十一。

遺令

孝皇背世五十餘年。古不祔葬。且漢世帝后陵皆異處。今可於塋域之內。別爲一壙。孝皇陵墳本用素門之禮。與王者制度奢儉不同。婦人禮有所從。可一遵往式。（宋書孝懿蕭皇后傳）

武張夫人

夫人少帝母。武帝受禪。拜爲夫人。少帝即位。尊爲皇太后。及徐羨之等行廢立。隨還吳郡。元嘉元年拜榮陽王太妃。

廢少帝爲榮陽王令

王室不造。天禍未悔。先帝創業弗永。棄世登遐。義符長嗣。屬當天位。不謂窮凶極悖。一至於此。大行在殯。宇內哀惶。幸災肆於悖詞。喜容表於在戚。至乃徵召樂府。鳩集伶官。優倡管弦。靡不備奏。珍羞甘膳。有加平日。采擇媵御。產子就宮。靦然無怍。醜聲四達。及懿后崩背。重加天罰。親與左右。執綍歌呼。推排梓宮。抃掌笑謔。殿省備聞。加復日夜媟狎。羣小慢戲。興造千計。費用萬端。帑藏空虛。人力殫盡。刑罰苛虐。幽囚日增。居帝王之位。好皁隸之役。處萬乘之尊。悅廝養之事。親執鞭撲。毆擊無辜。以爲笑樂。穿池築觀。朝成暮毀。徵發工匠。疲極兆民。遠近歎嗟。人神怨怒。社稷將墜。豈可復嗣守洪業。君臨萬邦。今廢爲榮陽王。一依漢昌邑晉海西故事。奉迎鎮西將軍宜都王義隆入纂皇統。（宋書少帝紀。景平二年五月。徐羨之等稱皇太后令廢帝爲榮陽王）

孝武文穆王后

后諱憲嫄。琅邪臨沂人。元嘉中拜武陵王妃。生廢帝。孝武即位。立爲皇后。廢帝即位。尊爲皇太后。

暴前廢帝罪令

司徒領護軍八座。子業雖曰嫡長。少稟凶毒。不仁不孝。著自髫齔。孝武棄世。屬當辰歷。自梓宮在殯。喜容靦然。天罰重離。歡恣滋甚。逼以內外維持。忍虐未露。而凶慘難抑。一旦肆禍。遂縱戮上宰。殄害輔臣。子鸞兄弟。先帝鍾愛。含怨既往。枉加屠酷。昶茂親作扞。橫相徵試新蔡公主逼離夫族幽置深宮詭云薨殞襄事甫爾喪禮頓釋昏酣長夜庶事傾遺朝賢舊勳棄若遺土管絃不輟珍羞備膳詈辱祖考以爲戲謔行遊莫止淫縱無度肆宴園陵規圖發掘誅翦無辜籍略婦女建樹僞豎莫知誰息拜嬪立后慶過恒典宗室密戚遇若婢僕鞭捶陵曳無復尊卑南平一門特鍾其酷反天滅理顯暴萬端苛罰酷令終無紀極夏桀殷辛未足以譬闔朝業業人不自保百姓遑遑手足靡厝行穢禽獸罪盈三千高祖之業將泯七廟之享幾絕吾老疾沈篤每規禍鴆憂煎漏刻氣命無幾開闢以降所未嘗聞遠近思奮十室而九衞將軍湘東王體自太祖天縱英聖文皇鍾愛寵冠列藩吾早識神睿特兼常禮潛運宏規義士投袂獨夫既殞懸首白旗社稷再興宗祧永固人鬼屬心大命允集且勳德高邈大業攸歸宜遵漢晉纂承皇極主者詳舊典以時奉行未亡人餘年不幸嬰此百艱永尋情事雖存若殞當復奈何當復奈何（宋書前廢帝紀）

明恭皇后

后諱貞風琅邪臨沂人元嘉二十五年拜琅邪王妃尋改拜湘東王妃明帝即位立爲皇后後廢帝即位尊爲皇太后齊受禪拜汝陰王太妃建元元年薨追謚曰恭皇后

問沈攸之令

久勞於外宜還京輦然任寄之重換代殊爲未易還止之宜一以相委（宋書沈攸之傳元徽二年孝公稱皇太后令遣中使問攸之）

斥後廢帝令

衞將軍領軍中書監八座昱以冢嫡嗣登皇統庶其體識日弘社稷有寄豈意窮凶極悖自幼而長善無細而不違惡有大而必蹈前後訓誘常加隱蔽險戾難移日月滋甚棄冠毀冕長襲戎衣犬馬是狎鷹隼是愛皁歷軒殿之中韝紲宸扆之側至乃單騎遠郊獨宿深野手揮矛鋋躬行刳斮白刃爲弄器斬害爲恒務捨交戟之衞委天畢之儀趨步閭闠酣謌壚肆宵遊忘返宴寢營舍奪人子女掠人財物方策所不書振古所未聞沈勃儒士孫超功臣幼文兄弟並豫勳効四人無罪一朝同戮飛鏃鼓鈹孩稚無遺屠裂肝腸以爲戲謔投骸江流以爲懽笑又淫費無度帑藏空竭橫賦關河專充別蓄黔庶嗷嗷厝生無所吾與其所生每厲以義方遂謀鴆毒將騁凶忿沈憂假日慮不終朝自昔辛癸爰及幽厲方之於此未譬萬分民怨既深神怒已積七廟阽危四海褫氣廢昏立明前代令範況迺滅義反道天人所棄釁深牧野理絕桐宮故密令蕭領軍潛運明略幽顯協規普天同泰驃騎大將軍安成王體自太宗天挺淹叡風神凝遠德映在田地隆親茂皇厤攸歸億兆係心含生屬望宜光奉祖宗臨享萬國便依舊典以時奉行未亡人追往傷懷永言感絕（宋書後廢帝紀）

葬後廢帝令

昱窮凶極暴自取灰滅雖曰罪招能無傷悼棄同品庶顧所不忍可特追封蒼梧郡王葬丹陽秣陵縣郊壇西（宋書後廢帝紀）

昭容謝氏

謝氏孝武末拜昭容泰始初居景寧園

請還子嗣本屬表

故東平沖王休倩託荄璿極岐嶷夙表降年弗永遺胤莫傳孝武皇帝敕妾子臣子嗣出繼爲後既承國祀方奉烝薦庶覃退慶式延於遠而妾顏訓養非恩撫導乖理情闕引進義違負螟昔世祖平日詭申慈愛崩背未幾真性便發猶逼畏崇憲少欲藏掩自茲以後專縱嚴酷實顯布宗戚宣灼宮闈用傷人倫爰惻行路妾天屬冥至感切實深伏願乾渥廣臨曲垂照賜復改命還依本屬則妾母子雖隕之辰猶生之年（宋書東平王子嗣傳子嗣繼東平沖王休倩休倩母顏性理嚴酷泰始二

羣子祁所生母景靈園昭容謝上表許之

全宋文卷十終

烏程嚴可均校輯

長沙王義欣

義欣。長沙王道憐長子。永初三年。嗣封。歷中領軍。征虜將軍。青州刺史。魏郡太守。戍石頭。文帝即位。進號後將軍。加散騎常侍。出爲南兗州刺史。遷使持節監豫司雍并四州諸軍。豫州刺史。鎮壽陽。進號鎮軍將軍。元嘉十六年。薨。追贈征西將軍開府儀同三司。諡曰成王。

陳江淮事宜

江淮左右。土瘠民疏。頃年以來。薦饑相襲。百城彫弊。於今爲甚。綏牧之宜。必俟良吏。勞人武夫。不經政術。統內官長。多非才授。東南殷實。猶或簡能。況賓接荒垂。而可輔粲頓闕。願敕選部。必使任得其人。庶得不勞而治。宋書長沙王道憐傳

上言申季歷治績

所統威遠將軍北譙梁二郡太守關中侯申季歷。自奉職邦畿。於茲五年。信惠並宣。威化兼著。外清姦暴。內輯民黎。役賦均平。閭井齊肅。綏穆初附。招攜荒遠。郊境之外。仰澤懷風。爵賞之授。積能是顯。宜升階秩。以崇獎勸。宋書王歆之傳。元嘉九年。豫州刺史長沙王義欣上言

檄司兗二州

夫王者之兵。以義德相濟。非徒壃理土地。恢廣經略。將以大庇蒼生。保全黎庶。是以蒙踐霜雪。踰歷險難。匡國寧民。肅清四表。昔我高祖武皇帝。誕膺明命。爰造區夏。內夷篡逆。外寧寇亂。靈武紛紜。雷動風舉。響軼龍堆。聲浮雲朔。陵天振地。援山蕩海。於是華域肅清。謳歌允集。王綱帝典。煥哉惟文。太和烟熅。流澤洋溢。中葉諒闇。委政冢宰。黠虜乘釁。侵侮上國。遂令司兗良民。復陷非所。周鄭遺黎。重隔王化。聖皇踐祚。重光開朗。明哲柔遠。以隆中興。遐夷慕義。雲騰波涌。方將蹈德履信。被藝襲文。增修業統。作規於後。勤施洽於三方。惠和雍於北狄。夫養魚者除其猵獺。育禽者去其豺狼。故智士研其慮。勇夫厲其節。嘉謀動蒼天。精氣貫辰緯。幕府忝任。稟承廟算。翦爪明衣。誓不顧命。提吳楚之勁卒。總八州之銳士。紅旗絳天。素甲奪日。虎步中原。龍超河渚。興雲散雨。慰大旱之思。弔民伐罪。積後已之情。師以順動。何征而不克。況乎遵養旹晦。綏復境土而已哉。昔淮泗初開。狡徒縱逸。王旅入關。羣豎颺扇。襄邑之戰。素旗授首。半城之役。伏尸蔽野。支解體分。羽翼摧挫。加以搆難西虜。結怨黃龍。控弦𢢆滅。首尾逼畏。蜂屯蟻聚。假息旦夕。豈復能超蹈長河。以當堂堂之陳哉。夫順從遺遠。歸德惡晚。賞䖏先附。威加後服。是以秦趙羈旅。拔榛委誠。施紱乘軒。剖符州郡。慕容姚泓。恃强作禍。提挈萬里。卒嬰鈇鉞。皆目前之誠驗。往世之所知也。聖上明發愛恤。以道懷二州。士民若能審決安危。翻然革面。率其支黨歸投軍門者。當表言天臺。隨才敘用。如其迷心不悛。竄首巢穴。長圍既周。臨衝四至。雖欲壺漿厥態。其可得乎。幸加三思。詳擇利害。宋書索虜傳。元嘉七年。後將軍長沙王義欣出鎮彭城。總統羣帥。檄司兗二州

遺當作貴

臨川王義慶

義慶。長沙王道憐次子。爲臨川武烈王道規後。永初元年。襲封。徵爲侍中。元嘉初。轉散騎常侍。祕書監。徙度支尚書。遷丹陽尹。尋加尚書左僕射。解職。加中書令。進前將軍。出爲平西將軍。荊州刺史。改授衛將軍。江州刺史。又改南兗州刺史。加開府儀同三司。薨。贈侍中。司空。諡曰康王。有世說八卷。集八卷。

箜篌賦

侯牽化而始造。魯辛奇而後珍。名啟端於雅引。器荷初學記作俶重於吳君。等齊歌以無譬。似秦箏而非羣。藝文類聚四十四。初學記十六

鶴賦

蚪當作蚪

其狀也，紺絡頸而成飾，赬點首以表儀，羽凝素而雪映，尾舒玄而參差，趾象蚪以振步，形亞鳳以擅奇。藝文類聚九十

山雞賦

彤鳳婉而鵷跱，羽衮蔚而細暉，臨淥湍而映藻，傷青崖而妍飛，不隱耀而貽累，倏見屈於虞機。藝文類聚九十一

薦庾實等表

詔書疇咨羣司，延及連牧，旌賢仄陋，拔善幽遐，伏惟陛下，惠哲光宣，經緯明遠，皇階藻曜，風猷日昇，而猶詢衢室之令典，遵明臺之觳訓，降淵慮於管庫，紆聖思乎版築，故以道邈往載，德高前王，臣敢竭虛闇，祇承明旨，伏見前臨沮令新野庾實，秉眞履約，愛敬淯深，昔在母憂，毀瘠過禮，今罹父疢，泣血有聞，行成閨庭，孝著鄉黨，足以敦化率民，齊教軌俗，前徵奉朝請武陵龔祈，恬和平簡，貞絜純素，潛居研志，耽情墳籍，亦足鎭息穨競，奬勖浮動，處士南郡師覺授，才學明敏，操介淸脩，業均井渫，志固冰霜，臣往年辟爲州祭酒，未行其志，若朝命遠暨，玉帛遐臻，異人間出，何遠之有。宋書臨川王道規傳

啓事

恩旨賜臣犀鏤竹節如意，目所未覩。御覽七百三

黃初妻趙罪議

案周禮，父母之仇，避之海外，雖遇市朝，鬬不反兵，蓋以莫大之冤，理不可奪，含戚枕戈，義許必報，至於親戚爲戮，骨肉相殘，故道乖常憲，記無定準，求之法外，裁以人情，且禮有過失之宥，律無讎祖之文，況趙之縱暴，本由於酒，論心卽實，事盡荒耄，豈得以荒耋之王母，等行路之深讎，臣謂此孫忍愧銜悲，不違子義，共天同域，無虧孝道。宋書臨川王道規傳

江夏王義恭

義恭，武帝子，景平末爲冠軍將軍南豫州刺史，鎭歷陽，元嘉元年封江夏王，進撫軍將軍，尋授散騎常侍、都督荊湘雍益梁寧南北秦八州諸軍事、荊州刺史，遷征北將軍、開府儀同三司、南兗州刺史，鎭廣陵，進司空，徵爲侍中、司徒、錄尚書，領太子太傅，進太尉，領司徒，尋領國子祭酒，以虜寇出鎭彭城，降號驃騎將軍，尋領南兗州刺史，移鎭盱眙，又改授大將軍南徐州刺史，元凶弒立，進太保，領大宗師，孝武卽位，授侍中、太尉，錄尚書，南徐二州刺史，假黃鉞，進太傅，鎭京口，徵爲揚州刺史，進位太宰，領司徒，大明中加領中書監，兼尚書令，前廢帝卽位，除太尉，錄尚書事，永光元年，以謀廢立遇害，明帝卽位，追崇丞相，謚曰文獻王，有集十五卷。

感春賦

聽時禽之翻音，信關關以嚶嚶，悲陽鴻之赴翔，憐春鷰之入楹，天晻曖而流雲，日陰翳而淪精，風淑穆而吹蘭，雨濛濛而洗莖，草承澤而擢秀，花順氣而飛馨。初學記三

華林淸暑殿賦

構禦暑之淸宫，傍濛景之西岑，列喬梧以蔽日，樹長楊以結陰，醴泉湧於椒室，迅波經於蘭庭，業芳芝以爭馥，合百草以競馨，飾丹墀以和璧，加疏楹以連域，至於朱明在運，鬱夕纍晨，寒堂涼結，淸飆風臻，覽茲宇之靈緯，啓聖情以寤神，豈宣曲之妄擬，焉甘泉之足陳。藝文類聚六十二

桐樹賦

伊梧桐之靈材，蔚竦林而擢秀，玄根通徹於幽泉，密葉垂藹而增茂，挺脩幹，蔭朝陽，招飛鸞，鳴鳳皇，甘露灑液於其莖，淸風流薄乎其枝，丹霞赫奕於其上，白水浸潤乎其陂。初學記二十八

白馬賦

遙當作謠

惟皇有造。曰靈有祕。麗氣摛精。底愛亶粹。八埏稽首曰賓庭。九荒斂衽而納贄。衆車垂德曰服箱。龍馬宅仁而受轡。是曰周稱踰輪。漢則天駟。體自乾維。術生坎位。伊赭白之爲俊。超絕世而稱驥。爾其爲狀也。竦身輕足。高頞露精。氣猛聲烈。步遠視明。著獻西宛。表德東京。價傾函夏。觀竭都城。飾金鍐之倐爍。揚玉鑾之瓏玲。發鳴鏑於懸月。驅永埒於脩坰。施四介曰作好。耀二矛之重英。舉舊聞而未儔。攷前迅而較名。（初學記二十九）

舉才表

臣聞雲和備樂。則繁會克諧。驊騮驂服。則致遠斯效。陛下順簡膺化。文明在躬。玉衡既正。泰階載一。而猶發慮英髦。垂情仄陋。幽谷空同。顯著揚歷。是曰潛虬聳鱗。佇利見之期。翔鳳弭翼。應來儀之感。竊見南陽宗炳。操履閑遠。思業貞純。砥節丘園。息賓盛世。貧約而苦。內無改情。軒冕屢招。確爾不拔。若曰蒲帛之聘。感曰大倫之美。庶投竿釋褐。翻然來儀。必能毗燮九官。宣贊百揆。尚書金部郎臣徐森之。臣府中直兵參軍事臣王天寶。竝局力允濟。忠諒款誠。往年逆臣叛逸。華陽失守。森之全境寧民。績章危棘。前者經略伊瀍。元戎喪旅。天寶北勤河朔。東據營丘。勳勇既昭。心事兼竭。雖蒙褒敍。未盡才宜。竝可授曰邊藩。展其志力。交阯遼邈。累喪藩將。政刑每闕。撫莅惟艱。南中負遠。風遙迴隔。蠻獠狡竊。邊氓荼炭。實須練實。曰綏其難。謂森之可交州刺史。天寶可寧州刺史。庶足威懷荒表。肅清遐服。昔魏戊之賢。功存薦士。趙武之明。事彰管庫。臣誠愧前良。理謝先哲。率舉所知。仰酬採訪。退懼瞽言。無足甄奬。（宋書江夏王義恭傳。元嘉元年）

上世祖勸進表

臣聞治亂無兆。倚伏相因。乾靈降禍。二凶極逆。深酷巨痛。終古未有。陛下忠孝自天。赫然電發。投袂泣血。四海順軌。是曰諸侯雲赴。

數均八百。義奮之旅。其會如林。神祚明德。有所底止。而沖居或躍。未登天祚。非所曰嚴重宗祏。紹延七百。昔袁武抗辭。代王順讓。耿純陳款。光武正位。況今罪逆無親。惡盈釁滿。阻兵安忍。戮善崇姦。履地戴天。畢命儼頃。宜早定尊號。曰固社稷。景平之季。實惟樂推。王室之亂。天命有在。故抱拜兆於壓璧。赤龍表於霄徵。伏惟大明無私。遠存家國。七廟之靈。近哀黔首荼炭之切。時隆帝祚。永慰羣心。臣負釁嬰罰。偷生人壤。幸及寬政。待罪有司。敢曰漏刻視息。披露肝膽。（宋書江夏王義恭傳）

省錄尚書表

臣聞天地設位。三極同序。皇王化則。九官咸事。時亮之績。昭於虞典。論道之風。宣於周載。台輔之設。坐調陰陽。元凱之置。起釐百揆。所曰欒鍼矢言。侵官是誡。陳平抗辭。匪職罔荅。漢承秦後。庶僚稱改。爵因時變。任與世移。總錄之制。本非舊體。列代相沿。茲仍未革。今皇家中造。事遵前文。宜憲章先代。證文古則。停省條錄。曰依昔典。使物競思存。人懷勤壹。則名實靡衍。庸節必紀。臣謬典國重。虛荷崇位。興替宜知。敢不輸盡。（宋書江夏王義恭傳。孝建元年）

諫親征竟陵王誕表

誕素無才略。畜養又寡。自拒王命。士庶離散。城內乏糧。器械不足。徒賴兔兵倉頭三四百人。造次相附。恩怨夙結。臣始短慮。謂一旬可殄。而假息流遷。七十餘日。上將受律。羣蕃岳峙。銳卒精旅。動曰萬計。大威所震。未有成功。臣雖凡怯。猶懷憤踊。陛下入翦封豕。出討長蛇。兵不血刃。再興七百。而蕞爾小醜。遂延晷漏。致皇赫斯怒。將動乘輿。此實臣下素食駑鈍之責。行留百司。莫不仰慚俯愧。今盛暑被甲。日費千金。天威一麾。孰不幸甚。臣伏尋晉文王征淮南。淹師出二百日。方能制寇。今誕糇糧垂竭。背逆者多。慶之等轉悟遲重之非。漸見乘機之利。且成旨頻降。必應旦夕夷殄。愚又曰廣陵塗近人信易達雖違江水約示不難且覩理者寡闇塞者衆忽見雲旗移次京都既當祗悚四方之志必有未達臣愚伏重思計今寍不當計小醜省生命以安遐邇之情又以長江險闊風波難期王者尚不乘危況乃汎不測之水昔魏文濟江遂有遺州之名今雖先天不違動于休慶龍舟所幸理必利涉然居安慮危不可不懼私誠款款冒啟赤心追用悚汗不自宣盡（宋書竟陵王誕傳）

條制諸王府鎮表

古先哲王莫不廣植周親以屏帝宇諸侯受爵亦願永固邦家至有管蔡梁燕致禍周漢上乖顯授之恩下亡血食之業夫善積慶深宜享長久而歷代侯王甚乎匹庶豈異姓皆賢宗室悉不賢由生於深宮不覩稼穡左右近習未値田蘇富貴驕奢自往而至聚毛折軸遂乃危禍漢之諸王竝置傅相猶不得禁逆七國連謀實由殭盛晉氏列封正足成永嘉之禍尾大不掉終古同疾不有更張則其源莫救日者庶人悖親殆傾王業去歲西寇藉寵幾敗皇基不圖襄楚復生今釁良以地勝兵勇獎成凶惡前事之不忘後事之明兆陛下大明紹祚垂法萬葉臣年衰意塞無所知解忝皇族者長慚慨內深思表管見裨崇萬一竊謂諸王貴重不應居邊至於華州優地時可暫出既以有州不須置府若位登三事止乎長史掾屬若宜鎮御別差扞城大將若情樂沖虛不宜逼以戎事若捨文好武尤宜禁塞僚佐文學足充話言遊梁之徒一皆勿許文武從鎮以時休止妻子室累不煩自隨百條脩詣宜遵晉令悉須宣令齊到備列賓主之則衡泌之士亦無煩干候貴王器甲於私爲用蓋寡自金銀裝刀劍戰具之服皆應輸送還本曲突徙薪防之有素庶善者無懼惡者止姦（宋書江夏王義恭傳義恭常慮爲世祖所疑及海陵王休茂於襄陽爲亂乃上表）

請封禪表

惟皇天崇稱大夏始行揖讓迄於有晉雖聿脩前緒而跡淪言廢蔑記於竹素者焉可單書紹乾維建徽號流風聲被絲管自無懷以來可傳而不可朽者七十有四君罔仁厚而道滅鮮義澆而德宣鍾律之先曠世絲絕難得而聞丘索著明者尚有遺炳故易稱先天弗違後天奉時蓋陶唐姚姒商姬之主莫不由斯道也是以風化大洽光照於後炎漢二帝亦踵曩則因百姓之心聽輿人之頌龍駕帝服鏤玉梁甫昌言明稱告成上靈況大宋表祥唐虞受終素德山龍啟符金玉顯瑞異采騰於軫墟紫煙藹於邦甸錫冕兆九五之徵文豹赴天厤之會誠二祖之幽慶聖后之冥休道冠軒堯惠深亭毒而獨執沖約未言封禪之事四海竊以惑焉臣聞惟皇配極惟帝祀天故能上稽乾式照臨黔首協和穹昊膺茲多福高祖武皇帝明竝日月光振八區拯已溺之晉濟橫流之世撥亂寍民應天受命鴻徽洽於海表威稜震乎沙外太祖文皇帝體聖履仁述業興禮正樂頌作象厤明達通於神祇玄澤被乎上下仁孝命世睿武英挺遭運屯否三才湮滅逎龍飛五洲鳳翔九江身先八百之期斷出人鬼之表慶煙應高牙之建風耀符發迹之辰親翦凶逆躬清昏壒天地革始夫婦更造豈與彼承業繼緒拓復禹迹車一其軌書罔異文者同年而議哉今龍麟已至鳳皇已儀比李已實靈茅已茂雕氣降雰於宮榭珍露呈味於禁林嘉禾積穗於殿甍連理合幹於園籞皆耀質離宮植根蘭圃至夫霜毫玄文素翮赬羽泉河山嶽之瑞草木金石之祥方識憬塗之譏抗驛紹祖之奏彪炳雜沓粤不可勝言太平之應茲焉富矣宜其從天人之誠遵先王之則備萬乘整法駕脩封泰山瘞玉岱趾延喬松於東序詔韓岐於西廂麾天閽使啟關謁紫宮朝太一奏鈞天詠雲門贊揚幽奧超聲前古豈不盛哉伏願時命宗伯具茲典度（宋書禮志三大明元年十一月太宰江夏王義恭表又略見初學記十三）

劾蔡興宗表

臣聞慎節言語。大易有規。銓序九流。無取裁。闕 若乃結黨連羣。譏訴互起。街談巷議。罔顧聽聞。乃撤實憲制所宜禁經之亘。蠹侍中祕書監臣或自表父疾。必求侍養。聖旨矜體。特順所陳。改授臣府元僚。兼帶軍郡。雖臣駑劣。府任非輕。準之前人。不爲屈後。京郡本以爲祿。不計戶之少多。遇缺便用。無關高下。撫軍長史莊滯府累朝。每陳危苦。內職外守。稱未堪依。唯王球昔比。賜以優養。恩慈之厚。不近於薄。前新除吳郡太守興宗。前居選曹。多不平允。鴻渥含宥。恕其不問。改任大都。寵均阿輔。仍苦請益州。雅違成命。伏尋揚州刺史子尚。吳興太守休若。竝國之茂戚。魯衛攸在。猶牧守東山。竭誠撫莅。而辭擇適情。起自庶族。遠佐北藩。允無欣荷。御史中丞未。昔歲餘愆。從恩今授。光祿動臣淹。雖日代臣。累經降黜。後效未申。以何取進。司徒左長史孔覬。前除右衛。尋徙今職。回換之宜。不爲乃少。竊外談謂或等咸爲失分。又聞興宗躬自怨懟。與尚書右僕射師伯疏。辭旨甚苦。臣雖不見所聞。不虛。臣以凡才。不應機務。謬自幸會。受任三朝。進無古人舉賢之美。退無在下獻替之績。致茲紛紜。伏增慚悚。然此源不塞。此風弗變。將虧正道。塵穢盛猷。伏願聖聽。賜垂覽察。宋書蔡興宗傳

請赦義康妻息表

臣聞忝祖遠之。猶或慮親。降霍省序。義重令戚。故嚴道疾終。嗣啟方宇。阜陵愆屏。身還晚恩。竊惟故庶人劉義康。昔昧奸回。自貽非命。沈魂漏籍。垂誡來典。運革三朝。歲盈三紀。天地改朔。日月再升。陶形賦氣。咸蒙更始。義康妻息漂沒。早違盛化。衆女孤弱。永淪黔首。卹情原釁。本非己招。感事哀榮。俯增傷咽。敢緣陛下聖化融泰。春澤覃被。慈育羣生。仁被泉草。實希洗宥。還齒帝宗。則施及陳荄。榮施污壤。臣特憑國私。冒以誠表。塵觸靈威。伏紙悲悸。宋書彭城王義康傳

前廢帝永光元年。太宰江夏王義恭表

奏徙彭城王義康

投畀之言。義著雅篇。流殛之敍。事在書典。庶人義康負釁深重。罪不容戮。聖仁不忍。屢加遲回。宥其大辟。賜遷近甸。斯乃至愛發天。超邁終古。曾不遇愆甘引。而讒言罔忌。佷悖徼幸。每形辭色。內宣家人。外動民聽。不逞之族。因以生心。胡誕世假竊名號。構成凶逆。杜漸除微。古今所務。況禍機驟發。肅可忽乎。臣等參議。宜徙廣州遠郡。放之邊表。庶有防絕。宋書彭城王義康傳。元嘉二十四年太尉錄尚書江夏王義恭等奏

奏請嚴章服

臣聞佾懸有數。等級異儀。佩紱有制。卑高殊序。斯蓋上哲之洪謨。範世之明訓。而時至彌流。物無不僭。僭侈由俗。軌度非古。晉代東徙。舊法淪落。侯牧典章。稍與事廣。名實一差。難以卒變。章服崇濫。多歷年所。今樞機更造。皇風載新。耗弊未充。百用思約。宜備品式之律。以定損厭之條。臣等地居枝昵。位參台輔。遵正之首。請以僭先。致恥之端。宜從戚始。輒因暇日。共參愚懷。應加省易。謹陳九事。雖懼匪衷。庶竭微款。伏願陛下聽覽之餘。薄垂昭納。則上下相安。表裏和穆矣。宋書江夏王義恭傳。與驃騎大將軍竟陵王誕奏。詔付外詳

奏斬臧質事

臧質底棄下才。而藉遇深重。窮愚悖常。構扇凶逆。變至滔天。志圖泯夏。違恩叛德。辜過恆科。梟首之憲。有國通典。懲戾思永。去惡宜深。臣等參議。須辜日限竟。使依漢王莽事例。漆其頭首。藏於武庫。庶爲鑑戒。昭示將來。宋書臧質傳。斬質首傳京師。江夏王義恭左僕射宏等奏。詔可

章太后毀廟議

經籍殘僞。訓傳異門。諒言之者罔一。故求之者尠究。是以六宗之辯。舛於兼儒。迭毀之論。亂於羣學。章皇太后誕神啟聖。禮備中興。慶流祚胤。德光義遠。宜長代崇芬。奕葉垂則。豈得降侔通倫。反遵

常典。夫議者成疑。實傍紀傳。知一爽二。莫窮書旨。案禮記不代祭。爰及慈母。置辭令有所施。穀梁於孫止別主立祭。則親執虔祀。事異前志。將由大君之宜。其職彌重。人極之貴。其數特中。且漢代鴻風。遂登配祔。晉氏明規。咸留薦祀。遠攷史策。近因闕見。未應毀之。於義爲長。所據公羊。祇足堅秉。安可以貴等帝王。祭從士庶。緣情訪制。顚越滋甚。謂應同七廟。六代乃毀。（宋書禮志四。孝建元年。有司奏章皇太后廟毀置之禮。義恭以爲云云。詔可。）

鑄四銖錢議

伏見沈慶之議。聽民私鑄。樂鑄之室。皆入署居。平其準式。去其雜僞。愚謂百姓不樂與官相關。由來甚久。又多是人士。蓋不願入署。凡盜鑄爲利。利在僞雜。僞雜既禁。樂入必寡。云斂取輪郭。藏爲永寶。愚謂上之所貴。下必從之。百姓聞官斂輪郭。輪郭之價百倍。大小對易。誰肯爲之。彊制使換。則狀似逼奪。又去春所禁新品。一時

施用。愚謂此條在可開許。又云。今鑄宜依此格。萬稅三千。又云。嚴檢盜鑄。不得更造。愚謂禁制之設。非惟一旦。昧利犯憲。羣庶常情。不患制輕。患在冒犯。今入署必萬輸三千。私鑄無十三之稅。逐利犯禁。居然不斷。又云銅盡事息。姦僞自禁。愚謂赤縣內銅。非可卒盡。比及銅盡。姦僞已積。又云。禁鑄則銅轉成器。開鑄則器化爲財。然頃所患。患於形式不均。加以翦鑿。（闕二字）鉛錫眾訴耳。越若止於盜鑄銅者。亦無須苦禁。（宋書顏竣傳。孝建三年。）

墾起湖田議

夫訓農修本。有國所同。土著之民。習翫日久。如京師無田。不聞從居他縣。尋山陰豪族富室。頃畝不少。貧者肆力。非爲無處。耕起空荒。無救災歉。又緣湖居民。魚鴨爲業。及有居肆。理無樂徙。（宋書孔靖傳）

全宋文卷十一終

全宋文卷十二

烏程嚴可均校輯

江夏王義恭 二

荅詔愍雷次宗 元嘉二十五年

雷次宗不救所疾，甚可痛念。其幽棲窮藪，自賓聖朝，克己復禮，始終若一。伏惟天慈弘被，亦垂矜愍。宋書雷次宗傳

荅誠勸

臣雖未能臨瀚海，濟居延，庶免劉仲奔逃之恥。宋書江夏王義恭傳。初，虜深入，上慮義恭不能固彭城，備加誠勑。義恭荅。又見南史十三

荅詔問何偫之致仕事 元嘉二十九年

偫之清忠貞固，歷事唯允，雖年在縣車，而體尚充壯，未相申許，下情所同。宋書何偫之傳

爲沈邵啟

盱眙太守劉顯眞求自解說，劭往莅任，有政績，彰於民聽，若重授盱眙，足爲良二千石。宋書自序

謝賜金梁鞍啟

賜臣供御金梁橋鞍，制作精巧，宜副龍驤。聖慈下逮，猥垂光錫。初學記二十二、御覽三百五十八

謝敕賜華林園櫻桃啟

手敕猥賜華林櫻桃。爲樹則多陰，爲果則先熟，故種之於廳事之前。有蟬鳴焉，顧命黏取，已弄。蓺文類聚八十六、初學記二十八

謝敕賚華林園柿啟

敕旨垂賚華林園柿，出自神苑，滋味殊絕。蓺文類聚八十六、御覽九百七十一

謝賜交州檳榔啟

奉賜交州所獻檳榔，味殊常品，塗遠蒟醬。御覽九百七十一

啟事

恩旨賜臣犀鏤竹節如意，目所未覩。北堂書鈔一百三十四

垂賜金鏤虎魄柒莢囊、七寶樹裝絹裹副之、七寶枝裝玉眼明囊。北堂書鈔一百三十六、御覽七百四

聖恩優重，猥賜華纓玉笏，珍冠飾首，琛板耀握，非臣朽薄所宜服受。初學記二十六、御覽六百四十五、又六百九十二

詔旨以敕日所制綾紋錦布袍、放生古具袍垂重賜。御覽六百九十三

恩旨以犀鏤金錯酒杯盤垂賜。御覽七百五十八

聖恩賜金銀鉢、七色纏、井格一、犀槺刷匣副、縣布兆珍服寶玩，以協嘉辰。御覽八百三十

賜臣金獸袍，珍製巧飾。

洪恩覃被，賜臣息伯禽檉屋二間。御覽一百八十一

與朱脩之書

義宣反道叛恩，自陷極逆，大義滅親，古今同準。無將之誅，猶或因殺，況醜文悖志，宣灼遐邇，鋒指絳闕，兵纏近郊，釁逼憂深，臣主旰食。賴朝略震明，祖宗靈慶，罪人斯得，七廟弗隳。司刑定罰，典辟攸在，而皇慈逮下，愍其愚迷，抑法申情，屢奏不省，人神悚遑，省心震惕。義宣自絕於天，理無容受，社稷之慮，臣子責深，便宜專行大戮，以紓國難，但加諸斧鉞，有傷聖仁，示以弘恩，使自爲所，上全天德，下一洪憲。臨書悲慨，不復多云。宋書南郡王義宣傳。大司馬江夏王義恭諸公王八座與荊州刺史朱脩之書，書未達，脩之至江陵，已於獄盡焉。

與王玄謨書 元嘉二十八年

聞因敗爲成，臂上金瘡，得非金印之徵也。宋書王玄謨傳。義恭以爲碻磝不可守，召玄謨還，爲魏軍所追，大破之，流矢中臂。義恭與書。又見南史十六

與南郡王義宣書

頃聞之道路，云二三督背叛，致之有由。謂不然之言，絕於智者之耳。忽見來表，將興晉陽之甲，驚愕駭惋，未譬所由。若主幼臣強，政移

枝當作校

冢宰。或時昏下。縱在上畏逼。然後賢藩忠構。覩難赴機。未聞聖主御世。百辟順軌。稱兵於言興之初。扶危於既安之日。以此取濟。竊爲大弟憂之。昔歲二凶構逆。四海同奮。弟協宣忠孝。奉戴明主。元功盛德。既已昭著。皇朝欽嘉。又亦優渥。丞相位極人臣。江左罕授。一門兩王。舉世希有。表倍推誠。彰於見事。出納之宜。唯意所欲。寵升進益。方省後命。一旦棄之。可謂愚也。吾等荷先帝慈育。得及人羣。思報厚恩。昊天罔極。竭力盡誠。猶懼無補。奈何妄聽邪說。輕造禍難。國廓流言。據歸愆於二叔。世無鼂錯。仍襲轍於七藩。棄漢蒼之令範。遵齊冏之敗迹。往時仲堪假兵。靈寶旋害其族。孝伯授之劉牢。忠誠遊譚。皆曩代之成事。當今之殷鑒也。臧質少無美行。弟所具悉。憑恃末戚。並有微勤。承乏推遷。遂超倫伍。藉西楚彊力。圖濟其私。凶謀若果。恐非復池中物。魯宗父子。世爲國冤。太祖方弘遐略。故爽等均雍齒之封。今據有五州。虎兕出於匣。是須爲劉淵

瓦徐遺寶。是垣護之婦弟。前因護之歸於吾。苦求北出。不樂遠西。近磐桓湖陸。示遣劉雍。其意可見。雍是徐沖舅。適有密信。誓倒戈。自虜侵境以來。公私彫弊。安以撫之。庶可寧靜。弟復隨而擾亂。吾恐邊鄙皆爲禾黍。宜遠尋高祖創業艱難。近念家國比者禍釁。時息兵戈。共安社稷。責躬謝過。誅除險佞。追保前勳。傳美竹帛。昔梁孝悔罪。景帝垂恩。阜質改過。肅宗降澤。忠焉之誠。聊希往言。禍福之機。明者是察。主上神武英斷。羣策如林。忠臣發憤。虎士投袂。雄騎布野。舳艫蓋川。吾以不才。忝權節鉞。總督羣帥。首戒戎先。指晨電舉。式清南服。所以積行緩期。冀弟不遠而悟。如其遂溺姦說者。天寶爲之臨書慨懣。不識次第。（宋書南郡王義宣傳）

昔桓玄借兵於仲堪。有似今日。（宋書臧質傳）

諫進元凶劭策

賊謂小年。未習軍旅。遠來疲弊。宜以逸待之。今遠出梁山。則京都空弱。東軍乘虛。容能爲患。若分力兩赴。則兵散勢離。不如養銳待期。坐而觀釁。（宋書元凶劭傳。義恭慮義兵倉卒。船舫陋小。不宜水戰。乃進策。云云。劭善其義。）

丹徒宮集敘

昭化景俗。玄敎凝神。（文選王融曲水詩序注）

嘉禾甘露頌（并上表）

臣聞居高聽卑。上帝之功。天且弗違。聖王之德。故能影響二儀。甄陶萬有。鑒觀今古。採驗圖緯。未有道闕化虧。而禎物著明者也。自皇運受終。辰曜交和。是以卉木表靈。山淵效寶。伏惟陛下體乾統極。休符襲逮。若乃鳳儀西郊。龍見東邑。海酋獻改緇之羽。河祇開俟清之源。三代象德。不能過也。有幽必闡。無遠弗屆。重譯歲至。休瑞月臻。前者躬藉南畝。嘉穀仍植。神明之應。在斯尤盛。四海既穆。五民樂業。思述汾陽。經始靈囿。蘭陵甫樹。嘉露頻流。板築初就。穡穟加積。太平之符。於是乎在。臣以寡立。承乏槐鉉。沐浴芳津。預覩冥慶。不勝抃儛之情。謹上嘉禾甘露頌一篇。不足稱揚美烈。追用悚汗。其頌曰。

二象攸分。三靈樂主。齊應合從。在今猶古。天道誰親。唯仁斯輔。皇功帝績。理冠區宇。四民均極。我后體茲。惟機惟神。敬昭文思。九族既睦。萬邦允釐。德以位敘。道致雍熙。於穆不已。顯允東儲。生知夙叡。嶽茂淵虛。因心則哲。令問弘敷。繼徽下武。儷景辰居。軒制合宮。漢興未央。㓨伊聖朝。九有已康。率由舊典。思獨前王。乃造陵霄。遂作景陽。有鬱景陽。天淵之涘。清暑爽立。雲堂時起。植類斯育。動類斯止。極望江波。遍對岳畤。化德惟遠。休瑞惟繁。誕降嘉穟。呈祥初構。甘露春凝。穎穟秋秀。於今匪烈。嗣歲仍富。昔在放勳。厤莢數朝。降及重華。倚扇清庖。鑠矣皇慶。比物競昭。倫彼典策。被此風謠。賓臣六藏。任兼兩司。既愿仲袞。又慚鄭緇。豈忘銜泌。樂道明時。敢述休融。愧闕令辭。（宋書符瑞志下。元嘉二十四年七月。嘉禾旅生華林園及景陽山。園丞梅道念以聞。太尉江夏王義

諸軍之軍下脫事字

恭上表

華林四瑞桐樹甘露贊

遠延鳳翮。遥集鸞步。惠潤何廣。霑我萌庶。初學記二十八

衡陽王義季

義季。小字師護。武帝子。元嘉元年封衡陽王。歷征虜將軍。領石頭戍事。遷使持節、都督南徐州諸軍事、南徐州刺史。尋代臨川王義慶都督荆湘雍益梁寧南北秦八州諸軍事、安西將軍、荆州刺史。加散騎常侍。進號征西大將軍。領南蠻校尉。徙都督南兗徐青冀幽六州諸軍征北大將軍、開府儀同三司、南兗州刺史。進督豫州之梁郡。遷徐州刺史。二十四年薨。追贈侍中司空。謚曰文王。有集十卷。

傷劉道產啟

故輔國將軍劉道產。患背癰。疾遂不救。道產自鎮漢南。境接凶寇。政績既著。威懷兼舉。年時猶可。方宜其用。奄至殞沒。傷怨特深。伏惟聖懷。愍惜兼至。宋書劉道產傳

與江夏王義恭書

宗居士不救所病。其清履肥素。終始可嘉。爲之惻愴。不能已已。宋書宗炳傳

彭城王義康

義康。小字車子。武帝子。永初元年封彭城王。歷右將軍、南豫州南徐州刺史。文帝即位。進號驃騎將軍。加散騎常侍、開府儀同三司。改授荆州刺史。入爲侍中、都督揚南徐兗三州諸軍事、司徒、錄尚書。領平北將軍、南徐州刺史。輔政。尋領揚州刺史。又領太子太傅。進位大將軍。領司徒。元嘉十七年。出爲都督江州諸軍事、江州刺史。鎮豫章。尋免爲庶人。絕屬籍。二十八年賜死。

上表遜位

臣幼荷國靈。爵遇踰等。陛下推恩睦親。以隆棠棣。愛忘其鄙。寵授遂崇。任總内外。位兼台輔。不能正身率下。以肅庶僚。聽近失所。漸不自覺。致令毀譽違實。賞罰謬加。由臣才弱任重。以及傾撓。今雖罪人即戮。王猷載靜。養疊貽垢。實由於臣。鞠躬悚懷。若墜谿壑。有何心顏。而安斯寵。輒解所職。待罪私第。宋書彭城王義康傳

歲饑平糴議

東土災荒。人凋穀踊。富商蓄米。日成其價。宜班下所在。隱其虛實。令積蓄之家。聽留一年儲。餘皆敕使糶貨。爲制平價。此所謂常道行於百代。權宜用於一時也。又緣淮歲豐。邑地沃壤。麥既已登。黍粟行就。可折其估賦。成就交市。三吳飢人。即以貸給。使彊壯轉運。以贍老弱。

南郡王義宣

義宣。武帝子。元嘉元年封竟陵王。歷左將軍、徐州刺史。遷中書監。進號中軍將軍。加散騎常侍。改封南譙王。出爲江州刺史。遷征北將軍、南徐州刺史。進車騎將軍、荆州刺史。進位司空。改侍中、領南蠻校尉。遷司徒、中軍將軍、揚州刺史。未就徵。孝武即位。以爲中書監、丞相、都督揚豫二州刺史。改封南郡王。固辭。改授荆湘二州刺史。孝建元年。舉兵反。改元建平。爲沈慶之等所敗。死江陵獄。

奉表自陳

臣聞博陸毗漢。獲疑宣后。昌國翼燕。見猜惠王。常謂異姓震主。嫌隙易構。葭莩宿戚。昭亮可期。臣雖庸懦。少希忠謹。值巨逆滔天。忘家徇國。雖庶算有歸。微績不樹。竭誠盡愚。貫之幽顯。而微疑莫監。積毀日聞。投杼之聲。紛紜溢聽。諒緣奸臣交亂。成是貝錦。夫澆俗之季。少貞節之臣。冰霜競至。靡後彫之木。竝寢處凶世。甘榮僞朝。皆纓冕之所棄。投畀之所取。至乃位超昔寵。任參大政。惡直醜勳

三十二年之二字衍　吏字衍

妄生邪說。疑惑明主。誣罔視聽。又南從郡僚。勞不足紀。橫叨天功。以爲己力。同獎相扇。圖傾宗社。臧質去歲忠節。勳高古賢。魯爽協同大義。志契金石。此等猜毀。必欲禍陷。昔汲黯尚存。劉安寢志。孔父既逝。華督縱逆。臣雖不武。績著艱難。復肆讒狡。規見誘召。宗祀之危。綴旒非所。臣託體皇基。連暉日月。王室顚墜。咎在微躬。敢忘抵鼠之忌。甘受犯墉之責。輒徵召甲卒。分命衆藩。使忠勤申憤。義夫效力。戮此凶醜。謝愆闕廷。則進不負七廟之靈。退無愧二朝之遇。臨表感愧。辭不自宜。宋書南郡王義宣傳

與張鏡書論儒釋

佛敎以罪福因果。有若影響。聖言明審。令人寒心。然自上古帝皇。文武周孔。典謨訓誥。靡不周備。未有述三世。顯敘報應者也。彼衆聖皆窮理盡性。照曉物緣。何得忍視陷溺。莫肯援接。曾無一言示其津逕。且釣而不綱。弋不射宿。博碩肥腯。上帝是享。以此觀之。蓋所難了。想二三子揚搉而陳。使劃然有證。祛其惑焉。弘明集十二譙王與張新安論孔釋書又載張新安荅譙王書列於晉習鑿齒後鄭道子前蓋以爲晉之嗣譙王也其實非也劉義宣封竟陵王改封南譙王又改封南郡王固辭譙王卽義宣矣張新安者張鏡也僧佑未經攷出

元凶劭

劭字休遠。文帝長子。元嘉六年立爲皇太子。三十二年二月。弑父卽位。改元太初。義軍起伏誅。

荅詰讓

南弟昔屬天興。求將吏驅使。臣荅曰。伍那可得。若能擊賊者。可入隊。當時蓋戲言耳。都不復憶。後天興道上通辭乞位。追存往爲者。不忍食言。呼視見其形容粗健。堪充驅使。脫分使監禮兼隊副。比用人雖取勞舊。亦參用有氣幹者。謹條牒人名上呈。下人欲嫁者。猶未有處。宋書元凶劭傳上遣閹人奚承祖詰讓劭劭荅

詐爲文帝詔

板當作枚

魯秀謀反。汝可平明守闕。率衆入。宋書元凶劭傳其月二十一日夜詐上詔魏書劉義隆傳作劭又詐義隆敕云魯秀謀反汝明可守闕將兵入討也

卽位下書

徐湛之。江湛弑逆無狀。吾勒兵入殿。已無所及。號惋崩衂。肝心破裂。今罪人斯得。元凶克殄。上世靈祚。永享無窮。思與億兆亘茲更始。可大赦天下。改元嘉三十年爲太初元年。文武並賜位二等。諸科一依丁卯。宋書元凶劭傳後魏書劉義隆傳

下臧敦等書

臧敦等無因自驗。急便竄逸。迷昧過甚。良可怪歎。質國戚勳臣。忠誠篤亮。方當顯位。贊翼京輦。而子弟波迸。傷其乃懷。可遣宣譬。令還。咸復本位。宋書臧質傳

始興王濬

濬字休明。小字虎頭。文帝次子。元嘉十三年封始興王。歷後將軍。湘州刺史。遷南豫州揚州刺史。加散騎常侍。進號中軍將軍。出爲征北將軍。南徐兗二州刺史。徙衞將軍。荊州刺史。領護南蠻校尉。未行。元凶弑立。以爲侍中中書監。領太子太傅。南徐州刺史。錄尚書事。爲義軍所誅。

與沈璞疏 璞字道真林子少子

卿嘗有速藻。舊宮何其淹邪。想行就爾。宋書自序

重與沈璞敎

卿沈思淹日。向聊相敦。還白斐然。遂兼紙翰。昔曹植有言。下筆成章。良謂逸才贍藻。誇其辭說。以今況之。方知其信。執省躊躇。三復不已。吾遠慚楚元。門盈申白之賓。近愧梁孝。庭列板馬之客。欣恧交至。諒唯深矣。薄因末牘。以代一面。宋書自序璞嘗作舊宮賦久而未畢濬與璞疏璞因事陳荅辭義可觀濬重敎

上言開漕谷湖 元嘉二十二年

所統吳興郡。衿帶重山。地多汙澤。泉流歸集。疏決遲壅。時雨未過。已至漂沒。或方春輟耕。或開秋沉稼。田家徒苦。防遏無方。彼邦奧區。地沃民阜。一歲稱稔。則穰被京城。時或水潦。則數郡爲災。頃年已來。儉多豐寡。雖賑賚周給。傾耗國儲。公私之弊。方在未已。州民姚嶠。比通便宜。以爲二吳晉陵義興四郡。同注太湖。而松江滬瀆壅噎不利。故處處涌溢。浸漬成災。欲從武康紵溪開漕谷湖。直出海口一百餘里。穿渠浛。必無閡滯。自去踐行量度。二十許載。去十一年大水。已詣前刺史臣義康。欲陳此計。即遣主簿盛曇泰隨嶠周行。互生疑難。議遂寢息。既事關大利。宜加研盡。登遣議曹從事史虞長孫。與吳興太守孔山士同共履行。準望地勢。格評高下。其川源由歷。莫不踐校。圖畫形便。詳加筭攷。如所較量。決謂可立。尋四郡同患。非獨吳興。若此浛獲通。列邦蒙益。不有暫勞。無由永晏。然興創事大。圖始當難。今欲且開小漕。觀試流勢。輒差烏程武康東遷三縣近民。即時營作。若宜更增廣。尋更列言。昔鄭國敵將。史起卑忠。一開其說。萬世爲利。嶠之所建。雖則芻蕘。如或非妄。庶幾可立。宋書二凶傳

與主簿顧邁孔道存書

沈璞淹思踰歲。卿研慮數旬。瓌麗之美。信同在昔。向聊問之。而還答累翰。辭藻豔逸。致慰良多。既欣股肱備此髦楚。還慚予躬無德而稱。復裁少字。宣志於璞。聊因尺紙。使卿等具知厥心。宋書自序

與沈璞書

狡虜狂凶。自送近服。僞將即殲。酋長傷殘。實天威所喪。卿諸人忠勇之効也。吾式遏無素。致境蕪民瘁。負乘之愧。允當其責。近乞退謝愆。不蒙垂許。故以報卿。宋書自序

答太子劭書

奉令伏深惶怖。啟此事多日。今始來問。當是有感發之者。未測源由耳。計臨賀故當不應翻覆言語。自生寒熱也。此姥由來挾兩端。難可孤保。正爾自問臨賀。冀得審實也。其若見問。當作依違答之。天興先署佞人府位。不審監上當無此簿領耳。急宜犍之。殿下已見王未。宜依此具令。嚴自躬上啟聞。彼人若爲不已。正可保南史作促其餘命。或是大慶之漸。宋書元凶劭傳南史十四

與孝武書

闍弟忽起狂惑。阻兵反噬。縉紳憤歎。義夫激怒。古來陵上內侮。誰不夷滅。弟洞覽墳籍。豈不斯見。今主上天縱英聖。靈武宏發。自登宸極。威澤兼宣。人懷甘死之志。物競舍生之節。弟蒙眷遇。著自少長。東宮之權。其來如昨。而信惑姦邪。忘茲恩友。此之不義。人鬼同疾。今水步諸軍。悉已備辦。上親御六師。太保又秉鉞臨統。吾與烏羊相尋即道。所以淹霆緩電者。猶冀弟迷而知返耳。故略示懷。言不盡意。主上聖恩。每厚法師。今在殿內。住想弟欲知消息。故及。宋書元凶劭傳。劭使濬與世祖書。烏羊者。南平王鑠。法師。世祖世子小名也

與元凶劭書

船故未至。今晚期當於此下物令畢。願速敕謝賜出船艦。尼已入臺。願與之明日決也。臣猶謂車駕應出此。不爾無以鎮物情。宋書二凶傳。劭將敗。濬勸劭入海。輦珍寶繒帛下船。與劭書云云。尼即嚴道育也

全宋文卷十二終

全宋文卷十三

烏程嚴可均校輯

南平王鑠

鑠字休玄。小字烏羊。文帝第四子。元嘉十六年封南平王。歷冠軍將軍湘州刺史。累遷南豫州豫州刺史。領安蠻校尉。改散騎常侍撫軍將軍。戍石頭。元凶弑立。以爲中軍將軍。進征虜將軍。開府儀同三司。南兗州刺史。孝武定亂。進司空。賜藥死。追贈侍中司徒。謚曰穆王。有集五卷。

荅移魏若庫辰樹蘭

知以邊氓擾動。多有叛逃。欲杜絕姦宄。兩息民患。又欲迭送奔亡。禁其來往。由告嘉覡。實獲厥心。但彼和好以來。矢言每缺。侵軼之弊。屢違義舉。任情背畔。專肆暴略。豈唯竊犯王黎。乃害及行使。頃誅討蠻髦。事止畿服。或有狐奔鼠竄。逃首北境。而輒便苞納。待之若舊。資其糧仗。縱爲寇賊。往歲擅興戎旅。禍加孩耄。罔顧善鄰之約。不惟疆域之限。來示所云。彼並行之。雖豐辭盈觀。即事違實。興嫌長亂。實彼之由。反以爲言。將違躬厚之義。疆埸之民。有自來矣。且相期有素。本不介懷。若於本欲消姦弭暴。永存匪石。宜先謹封守。斥遣諸亡。驚蹤逸鏃。不妄入境。則邊城之下。外戶不閉。王制嚴明。豈當獨負來信。若亡命奔越。侵盜彼民。斯固刑之所取。無勞遠及。自荷閫外。思闡皇猷。每申敕守宰。務敦義讓。往誠未布。能不愧怍。當重約示。以副至懷。（宋書索虜傳。元嘉二十五年。虜寧南將軍豫州刺史北井侯若庫辰樹蘭移書豫州。右將軍雍州刺史南平王鑠荅移）

竟陵王誕

誕字休文。文帝第六子。元嘉二十年封廣陵王。歷北中郎將南兗州刺史。徙南徐州刺史。二十六年改封隨郡王。出爲後將軍雍州刺史。遷安南將軍廣州刺史。未行。改授安東將軍會稽太守。孝武即位。徵爲衛將軍荊州刺史。進號驃騎將軍。未行。遷侍中驃騎大將軍揚州刺史。改封竟陵王。孝建中遷太子太傅南徐州刺史。大明初出爲南兗州刺史。鎮廣陵。三年。舉兵拒命。沈慶之攻殺之。有集二十卷。

奉表自陳

往年元凶禍逆。陛下入討。臣背凶赴順。可謂常節。及丞相搆難。臧魯協從。朝野恍惚。咸懷憂懼。陛下欲建（建字從魏書補）百官羽儀。星馳推奉。臣前後固執。方賜允俞。（魏書作末方賜從）社稷獲全。是誰之力。陛下接遇殷勤。累加榮寵。驃騎揚州。旬月移授。恩秩頻加。復賜徐兗。仰屈皇儲。（魏書作與）遠相餞送。臣一遇之感。感此何忘。（魏書不重感字作此何可忘）度希（魏書作庶希）偕老。永相娛慰。豈謂陛下信用讒言。遂令無名小人。來相掩襲。不任枉酷。即加誅翦。（魏書作撤）雀鼠貪生。仰違詔敕。今親勒部曲。鎮扞徐兗。昔緣何福。同生皇家。今有何愆。便成胡越。陵鋒奮戈。萬沒豈顧。盪定以期。（魏書作之期）冀在旦夕。右軍宣簡。爰及武昌。皆以無罪。並遇枉酷。臣有何過。復致於此。陛下宮帷之醜。豈可三緘。（魏書作一二）臨紙悲塞。不知所言。（宋書竟陵王誕傳。上使沈慶之率大衆討誕。誕奉表投之城外。又見魏書島夷傳）

建平王宏

宏字休度。文帝第七子。元嘉二十一年封建平王。歷中護軍領石頭戍事。出爲征虜將軍江州刺史。徵爲中書令領驍騎將軍。元凶弑立。以爲左將軍丹楊尹。遷鎮軍將軍江州刺史。孝武即位。拜尚書左僕射。加冠軍將軍中書監。轉尚書令。加散騎常侍。進衛將軍。大明二年薨。追贈侍中司徒。謚曰宣簡王。

駮丘邁之閏月周忌議

邁之議不可準據。案晉世及皇代以來。閏月亡者。皆以閏之後月祥。宜以來年七月爲祥忌。（宋書禮志二。孝建元年六月。湘東國刺稱國太妃以去三十年閏六月二十八日薨。未詳周忌當在六月。爲取七月。勅禮官議正。博士丘邁之議宜以今六月爲忌。左僕射建平王宏謂云云。又見通典一百）

讜言陳時務議

臣聞建國之道成殊，興王之政不一。至於開諫致寇，防口取禍，固前王同執，後主共則。秦殷之敗，語籍刺亡；周漢之盛，謗升箴顯。陛下以至德神臨，垂精思治，進儒禮而崇寬赦，哀獄法而黜嚴刑，表忠行而舉貞節，辟處士而求賢異，脩廢官而出滯賞，徹天膳而重農食，禁貴遊而弛榷酤，通山澤而易關梁，固已海內仰道，天下知德。今復開不諱之塗，獎直辭之路，四海希風，普天幸甚。舉蒙採問，敢不悉心。謹條鄙見，罝陳如左，辭理違謬，伏用震驚。夫用兵之道，自古所慎，頃干戈未戢，戰備宜脩，而卒不素練，兵非夙習。且戎衛之職，多非其才，或以資厚素加，或以廕藩帶帖，或寵由權門，恩自私假。既無將領，虛尸榮祿，至於邊城舉燧，羽驛交馳，而望其擐甲推鋒，立功閫外，譬緣木求魚，不可得矣。常謂臨難命師，皆出倉卒，驅烏合之衆，隸造次之主，貌疏情乖，有若胡越，豈能使其同力，拔危濟難。故奔北相望，覆敗繼有。今欲改選將校，皆得其人，分臺見將，各以配給，領護二軍，爲其總統，令撫養士卒，仗恩信先加，農隙校獵，以習其事。三令五申，以齊其心，使動止應規，進退中律，然後畜銳觀釁，因時而動，摧敵陷堅，折衝於外。孫子曰：視卒如赤子，故可與之共死。所以張拳効爭先之心，吮癰致必盡之命，豈不由恩著者士輕其生，令明者卒畢其力，攻心逆事。如或有在，安陳庶知追懼乖謬。（宋書建平王宏傳）

廟樂議

聖王之德雖同，撥制之禮或異，樂不相沿，禮無因襲。自寶命開基，皇符在運，業富前王，風通振古，朝儀國章，並循先代。自後晉東遷，日不暇給，雖大典略備，遺闕尚多。至於樂號廟禮，未該往正。今帝德再昌，大孝御寓，宜討定禮本，以昭來葉。尋舜樂稱韶，漢改文始，周樂大武，秦革五行，眷夫祖有功而宗有德，故漢高祖廟樂稱武德，太宗廟樂曰昭德，魏制武始舞武廟，制咸熙舞文廟，則祖宗之廟，別有樂名。晉氏之樂，正德大豫，及宋不更名，直爲前後二舞，依據昔代，義舛事乖。今宜釐改權稱，以凱容爲韶舞，宣烈爲武舞。祖宗廟樂，總以德爲名。若廟非不毁，則樂無別稱，猶漢高文武咸有嘉號，惠景二主，樂無餘名。章皇太后廟，依諸儒議，唯奏文樂。何休杜預范甯注，初獻六羽，並不言佾者，佾則干在其中，明婦人無武事也。郊祀之樂，無復別名，仍同宗廟而已。尋諸漢志，永至等樂，各有義況，宜仍舊不改。宋及東晉，太祝唯送神而不迎神，近議者或云廟以居神，恆如在也，不應有迎送之事，意以爲並乖其衷。立廟居靈，四時致享，以申孝思之情。夫神升降無常，何必恆安所處。故祭義云：樂以迎來，哀以送往。鄭注云：迎來而樂，樂親之來；送往而哀，哀親之返。其享否不可知也。尚書曰：祖考來格。詩云：神保遹歸。注曰：歸於天地也。此並言神有去來，則有送迎明矣。即周肆夏之名，備迎送之樂。古以尸象神，故儀禮祝有迎尸送尸。近代雖無尸，豈可闕迎送之禮。又傳云有迎神送神哥辭，明江左不迎，非舊典也。（宋書樂志一，孝建二年九月尚書左僕射建平王宏議）

竝據周禮孝經，天與上帝，連文重出，故謂上帝非天，則易之作樂，非爲祭天也。案易稱先王以作樂崇德，殷薦之上帝，以配祖考。尚書云：肆類於上帝。春秋傳曰：告昊天上帝。凡上帝之言，無非天也。天尊不可以一稱，故或謂之昊天，或謂之上帝，或謂之昊天上帝。不得以天有數稱，便謂上帝非天。徐邈推周禮國有故則旅上帝，以知禮天旅上帝，同是祭天。言禮天者，謂常祀也；旅上帝者，有故而祭也。孝經稱嚴父莫大於配天，故云郊祀后稷以配天，宗祀文王於明堂以配上帝。既以配天爲義，則上帝猶天，益明也。不欲使二天文同，故變言上帝爾。周禮祀天之言再見，故鄭注以前天神爲五帝，後冬至所祭爲昊天。竝又云二至之祀，又非天地，未知天地竟應以何時致享。記云。埽地而祭。器用陶匏。旨明所用質素。無害以樂降神。苟萬秋謂郊宜有樂。事有典據。竣又云。東平王蒼以爲前漢諸祖別廟。是以宗祖之廟。可得各有舞樂。至於祫祭始祖之廟。則專用始祖之舞。故謂後漢諸祖共廟同庭。雖有祖宗。不宜人人別舞。此誠一家之意。而未統適時之變也。後漢從儉。故諸祖共廟。猶以異室存別廟之禮。晉氏以來。登哥誦美。諸室繼作。至於祖宗樂舞。何獨不可迭奏。苟所詠者殊。雖復共庭。亦非嫌也。魏三祖各有舞樂。豈復是異廟邪。（宋書樂志一。左僕射建平王宏又議。又見通典一百四十七）

天子爲皇后父服議

謂至尊緦制終。止舉哀而已。不須釋服。（宋書禮志二。孝建三年三月。尚書令中軍將軍建平王宏議。）

參議副車正數

屬車起秦。八十一乘。義兼九國。三十六乘。無所准。並不出經典。自蔡邕胡廣傳說耳。又是從官所乘。非帝者副車正數。江左五乘。則儉不中禮。案周官云。上公九命。貳車九乘。侯伯七命。車七乘。子男五命。車五乘。然則帝王文物旂旒皆十二爲節。今宜依禮十二乘爲制。（宋書禮志五。孝建三年五月。有司奏。案漢蔡邕胡廣並云云。尚書令建平王宏參議。詔可。又通典六十六）

建安王休仁

休仁。文帝第十二子。元嘉二十九年封建安王。孝建末爲祕書監。領步兵校尉。出爲冠軍將軍南兗州刺史。大明初進侍中。領右軍將軍。出爲湘州刺史。加散騎常侍平南將軍。遷護軍將軍。永光初遷領軍將軍。景和初加特進左光祿大夫。明帝定亂。以爲侍中、司徒、尚書令、揚州刺史。領太子太傅。進太尉。領司徒。泰始七年賜藥死。追降爲始安縣王。

禮敬太子生母議

禮云。妾既不得體君。班秩視子爲序。母以子貴。經著明文。內外致敬貴妃。誠如慶緒議。天子姬嬪。不容通音介於外。雖義可致虔。不應有陵袤。（宋書禮志二。泰始二年九月。有司奏。皇太子所生陳貴妃禮秩既同儲君。未詳宮臣及朝臣並有敬不。妃主在內。相見又應何儀。博士王慶緒議。云云。尚書令建安王休仁議。詔可。）

參議皇太子車服

天子之子。與士齒讓。達於辟雍。無生而貴者也。既命而尊。禮同上公。周制五等。車服相涉。公降王者一等而已。王以金路賜同姓諸侯。象及革木以賜異姓侯伯。在朝卿士。亦準斯禮。案如此制。則東宮應乘金路。自晉元過江。禮儀疏外。王公以下。車服卑雜。唯有東宮禮秩崇異。上次辰極。下絕侯王。而皇太子乘石山安車。義不見經。事無所出。禮所謂金玉路者。正以金玉飾路諸末耳。左右前後同以漆畫。秦改周輅。制爲金根。通以金薄。周而四面。漢魏二晉因循莫改。逮於大明。始備五輅。金玉二制。並類金根。造次瞻覩。殆無差別。若錫之東儲。於禮嫌重。非所以崇峻陛級。表示等威。且春秋之義。降下以兩。臣子之義。宜從謙約。謂東宮車服。宜降天子二等。驂駕四馬。乘象輅。降龍碧旂九葉。進不斥尊。退不逼下。於古酌時。於禮爲衷。（宋書禮志五。泰始四年五月。尚書令建安王休仁參議。詔可。又隋書禮儀志五引宋起居注文。有刪節。且多異同。故別載於後。）

天子之元子。士也。故齒冑於辟雍。欲使知敬而後尊。不得生而貴矣。既命之後。禮同上公。故天子賜之金輅。但減旂章爲等級。象及革木。賜異姓諸侯。在朝卿士。亦準斯例。此則皇太子及帝子王者通得乘之。自晉過江。王公以下。車服卑雜。唯有太子禮秩崇異。又乘山石安車。義不經見。事無所出。（隋書禮儀志五引宋起居注。泰始四年。尚書令建安王休仁議。）

全宋文卷十三終

全宋文卷十四

烏程嚴可均校輯

晉平王休祐

休祐。文帝第十三子。孝建三年封山陽王。大明中為散騎常侍、領長水校尉。遷征虜將軍湘州刺史。入為祕書監。領右軍將軍。遷侍中。又遷左中郎將都官尚書。又為祕書監。領驍騎將軍。出為右將軍豫州刺史。景和初進號鎮西大將軍。仍遷散騎常侍、鎮軍大將軍、開府儀同三司。明帝定亂。以為驃騎大將軍荆州刺史。歷江州、南豫州、豫州刺史。復徙荆州刺史。泰始四年改封晉平王。尋徵為南徐州刺史。加侍中。七年。遣壽寂之等拉殺之。追贈司空。謚曰刺王。尋追免為庶人。

與殷琰書

君本文弱。素無武幹。是遠近所悉。且名器清顯。不應復有分外希覬。近者之事。當是劫於凶豎。不能守節。今大軍長驅。已造城下。勢孤援絕。禍敗交至。顧音情款。猶有惻然。聖上垂天地之仁。開不世之澤。好生惡殺。遐邇所聞。顧琛王曇生等。皆軍敗逃走。拔草乞活。尚蒙恩恕。晏處私門。今神鋒所臨。前無橫陳。況窮城弱眾。殘傷之餘。而欲自固乎。若開門歸順。自可不失富貴。將佐小大。並保榮爵。何故苟困士民。自求虀膾。身膏斧鑊。妻息并盡。老兄垂白。東市受刑耶。幸自思之。信言不爽。有如皎日。（宋書殷琰傳）

桂陽王休範

休範。文帝第十八子。孝建三年封順陽王。大明元年改封桂陽王。為冠軍將軍南彭城下邳太守。尋出為江州刺史。加征虜將軍。入為祕書監領前軍將軍。遷左衛將軍。加給事中。永光初轉中護軍。領崇憲衛尉。明帝定亂。以為鎮北將軍南徐州刺史。加南兗州刺史。進征北大將軍。加散騎常侍。徵為祕書監、中軍將軍、揚州刺史。出為征南大將軍江州刺史。加開府儀同三司。未拜。改授驃騎大將軍南徐州刺史。未拜。還為江州。後廢帝即位進司空侍中。元徽元年進太尉。明年。舉兵內逼。為黃回所斬

與袁粲褚淵劉秉書

夫治政任賢。宜親疏相輔。得其經緯。則結祚可及。失其規矩。則危亡可期。漢承戰國之餘。傷周室衰矜。立磐石之宗。而致七國之亂。魏革漢典。創於前失。遂使諸王絕朝聘之禮。是以根疏葉枯。政移異族。今宗室衰微。自昔未有。泰盛之世。足以為譬。孤子忝枝皇族。預聞興毀。雖欲忘言。其可得乎。高祖武皇帝。升歊三光。濛紛四表。太祖文皇帝。欽明冠古。資乾承厤。秉鉞西服。鳴鑾東京。搜賢選能。納奇賞異。孝武皇帝。岐嶷天縱。先機雷發。陵波靜亂。宏業中興。儲嗣不腆。遂貽禍難。於時建安王以家難頻遘。宜立長主。明皇帝恢朗淵懿。仁潤含遠。奉戴南面。允合天人。而太尉以年長居卑。怨心形色。桺欣慰等規行不軌。事迹披猖。驃騎以忤顏失旨。應對不順。在蕃刻削。怨結人鬼。先帝明於號令。豈枉法為親。二王之釁。實自由己。但司徒巴陵王。勞謙為國。中流事難。有不世之勳。奉時如天。事兄猶父。非唯令友。信為國器。唐叔之忠。而受管蔡之罪。親戚哀慎。行路嗟歎。王地籍光潔。德厭民望。並無寸罪。受斃讒邪。先帝穆於友于。留心親戚。去昔事平之後。面受詔誨。禮則君臣。樂則兄弟。升級賜賞。動不移年。撫慰孜孜。恆如不足。豈容一旦聞讒。致此禍害。良有由也。先帝寢疾彌年。體疲膳少。雖神照無虧。而慮有失德。補闕拾遺。責在左右。於時出入臥內。唯有運長道隆。羣細無狀。因疾遘禍。見上不和。知無瘳拯。慮晏駕之日長王作輔。奪其寵柄。不得自專。是以內假帝旨。外託朝議。詼辭詭貌。萬類千端。升進姦回。屠斥賢哲。外矯天則。內誣人鬼。是以星紀違常。羲望失度。昔魏顆擇命。春秋美之。秦穆殉良。詩有明刺。臣子之節。得失必書。不及匡

諫。猶以為罪。交間蒼蠅。驅扇禍釁。爵以貨重。才由貧輕。先帝舊人。無罪黜落。薦致鄉親。徧布朝省。諂諛親狎者。飛榮玉除。靜立貞粹者。柴門生草。事先關己。雖非必行。若不諂詢。雖是必抑。海内遠近。人誰不知。未解執事不加斧鉞。遂致先帝有殺弟之名。醜聲遺於君父。格以古義。豈得為忠。先帝崩殂。若無天地。理痛常情。便應赴流。但兄弟枉酷。已陷讒細。孤子已下。復觸姦機。是以望陵墳而摧裂。想鑾旂而抽慟。雖復才違寄寵。而地屬負荷。顧命之辰。曾不見及。分崩之際。詔出兩豎。天誘其衷。得居乎外。若受制羣邪。則玉石同碎矣。以宇宙之基。一旦受制卑瑣。劉氏家國。使小人處分。終古以來。未有斯酷。昔石顯。曹節。方今為優。而望之。仲舉。由以致斃。至於遭逢醜慝。豈有古今者乎。諸賢皆籍冠冕。世歷忠貞。位非恩樹。動豈寵結。憂國勤王。社稷之鎮。豈可含縱讒凶。坐觀傾覆。自權宋室未殞。得以推移者。正内賴諸賢。防勒姦軌。外有孤子。跨據中流。而人非金石。何能支久。使一虧落。則本根莫庇。當今主上沖幼。宜明與章。征虜之鎮。不見慰省。逆旅往來。尚有顧眄。骨肉何讎。逼使離隔。禽獸之心。橫生疑貳。經由此者。每加約截。同惡相求。有若市賈。以孤子知其情狀。恆恐以此乘之。鉗勒州郡。過見防禦。近遣西南二使。統内宣傳。不容恐懼。即遣啟并有別書。若以孤子有過。便應鳴鼓見伐。如其不爾。宜令各有所歸。與殺不辜。憲有常辟。三公之使。無罪而斬。鄙蔑不肖。天子之季父。卑小主者。敢不如是乎。孤子承奉今上。如事先朝。夙夜恭謹。散心雲日。晦望表驛。相從江徼。有何虧違。頓至於此。既已甘心。其可再乎。如往來所說以孤子納士為尤。此輩懼其身罪。豈為國計。在昔四豪。列國公子。猶博引賓納。門容三千。況孤子位居鼎司。捍衛畿甸。且今與昔異。咸所知也。狡虜陵掠。江淮侵逼。主上年稚。宗室衰微。邪僭用命。親賢結舌。疆場嬰塗炭之苦。征夫有勤役之勞。瓜時不代。齊有致禍。況長淮戍

卒。歷年思怨。不務拓遠強邊。而先事國君親戚。以此求心。何事非亂。又以繕治益壘。復致囂聲。自晉宋之災。積貯百萬。孤子到鎮。曾不數千里。且脩城池。整郭邑。為治常理。復何足致嫌邪。若以中流清蕩。則任農夫。不應實力彊兵。作鎮姑孰。俱防寇害。豈得獨嫌於此。昔成王之明。而為流言致惑。若使金縢不開。則周公無以自保。樂毅歸趙。不忍謀燕。況孤子禮則君臣。恩猶父子者乎。所以枕戈泣血。祇以兄弟之讎爾。觀其不逞之意。豈可限量。設使遂其虐志。諸君欲安坐得乎。脣亡齒寒。理不難見。桂蠹必除。人邪必翦。枉突徙薪。何勞多力。望便執錄二豎。以謝冤魂。則先帝不失順悌之名。宋世無枉筆之史。此州地居形要。路枕九江。控弦跨馬。越關而至。重氣輕死。排藪競出。緣田照水。總戈成林。剩此纖隸。何患不克。但千鈞之弩。不為鼷鼠發機。欲使薰蕕内辨。晉陽外息爾。功有所歸。不亦可乎。便當投命有司。謝罪天闕。同奉溫清。齊心庶事。伊霍之任。非君而誰。周召之職。頗以自許。左提右挈。無愧故人。昔平勃剛斷。產祿爰誅。張溫趑趄。文臺扼腕。事之樞機。得失俄頃。往車今轍。庶無惑焉。近持此意。申之沈攸。其憤難不解。諸王致此。既知禍原。銳然奮發。蓄兵厲卒。以俟同舉。張興世發郢日。受制凶黨。揚驅直逝。遂不見遇。孤子近遣信申述姦禍。方大惆惋。追恨前迷。比者信使每申勤款。王奐佐郢。兵權在握。厥督屠柱。朝野嗟痛。猶父之怨。寧可與之比肩。孤子此舉。增其忼慨。義之所勸。其應猶響。諸君或未得此意。故先告懷。徙倚一隅。遲及委問。孤子哀疾尪毀。窮盡無日。庶規史魚。死不忘本。臨紙荒哽。言不詮第。（宋書桂陽王休範傳）

巴陵王休若

休若。文帝第十九子。孝建三年封巴陵王。大明中為冠軍將軍南瑯邪臨淮二郡太守。徙南彭城下邳二郡太守。進徐州刺史。徵為散騎常侍、左右郎將、吳興太守。復徵為散騎常侍太常。未

拜永光初遷左衞將軍泰始初領安東將軍會稽太守進號衞將軍遷寧蠻校尉雍州刺史遷湘州刺史進號征南將軍又爲征西將軍荆州刺史又進號征西大將軍開府儀同三司七年徵爲征北大將軍南徐州刺史入朝遷車騎大將軍江州刺史召拜賜死贈侍中司空諡曰哀王

移檄東土討孔覬等

蓋聞釁集有兆禍至無門倚伏之來實惟人致故嚚逆貪亂終殄宗祀昌憲構氛旋凋斧鉞斯則昭章記牒炯戒今古者也自國步時艱三綱道盡神歇靈繹璿業綴旒皇上仁雄集瑞英叡應厤鳳儀熛昇龍煇電舉盪穢紫樞不俟鳴條之誓凝政中寓不肆漂杵之威是以墜維再造虧天重構幽明裁紀標配斯光而羣凶恣虐協扇童孺蕞爾東垂復淪醜迹邪回從慝蜂動蟻附聖圖霆發神威四臨羽驛所屆義旅雲屬旄鉞所麾逆徒冰泮勝負之效皎然已顯司徒建安王英猷冠世董率元戎驃騎山陽王風略夙昭撫厲中陳或振霜江蠡或騰焱荆河金甲燭天庭嚻聲震海浦前將軍吳興太守張永東南標秀協贊戎機建威將軍沈懷明鎭東中兵參軍劉亮武衞將軍壽寂之霜銳五千熊騰虎步龍驤將軍王穆之龍驤將軍頓生鐵騎連羣風驅電邁右軍將軍齊王射聲校尉姚道和樓艦千艘覆川蓋汜左軍垣恭祖步兵校尉杜幼文冗從僕射全景文員外散騎侍郎孫超之並率虎旅駱驛雲趨殿中將軍杜敬眞殿中將軍陸攸之建武將軍吳喜甲楯一萬分趣義興予猥承人乏總司戎統聳劒東馳申憤海曲歕氣則白日晝晦刷馬則清江倒流以此伐叛何勍不勦以此柔服何遠不懷愍彼羣迷弗辨堯桀螳蜋微命擬雷霆之衝已枯之葉當霜飆之隊尺豎所爲寒心匹婦所爲歎息夫因禍提慶賓敗爲成前監不忘後事明鑑若能相率歸順投兵效款則福鍾當年祉覃來裔孰如身

釁宗屠鬼餒魂泣者哉詳鑒安危自求多福（宋書孔覬傳泰始二年孔覬擁子房起兵休若董統東討諸軍事移檄東土）

豫章王子尙

子尙字孝師孝武第二子孝建三年封西陽王都督南徐兗二州諸軍事北中郎將南兗州刺史遷揚州刺史加撫軍將軍尋進都督揚州江州之鄱陽晉安建安三郡諸軍事大明五年改封豫章王領會稽太守尋加使持節進號車騎將軍又加散騎常侍開府儀同三司前廢帝即位徵爲都督揚南徐二州諸軍事領尙書令解揚州賜死年十六

上言山湖之禁

山湖之禁雖有舊科民俗相因替而不奉熂山封水保爲家利自頃以來頹弛日甚富彊者兼嶺而占貧弱者薪蘇無託至漁采之地亦又如茲斯實害治之深弊爲政所宜去絕損益舊條更申恒制（宋書羊玄保傳大明初揚州刺史西陽王子尙上言）

晉安王子勛

子勛字孝德孝武第三子大明四年封晉安王爲征虜將軍南兗州刺史改前將軍江州刺史遷鎭軍將軍寧蠻校尉雍州刺史前廢帝即位復爲江州明帝定亂進車騎將軍開府儀同三司其長史鄧琬等不受命以泰始二年正月擁立於尋陽改元義嘉在位八月爲沈攸之等所敗賜死年十一

傳檄京師

陽六數艱雲雷相襲高皇受厤肇乘雲轡頓於促路文祖定祥儀昭睿化翦於中年二凶縱禍三綱堙滅宗王俛首姑息逆朝枕戈無聞偷榮有秩孝武皇帝釋位泣血剡義入誅投袂戎首親戮鯨鯢九服還煇兩儀更造而穹旻不惠棄離萬國皇運重替嗣王荒淫孤以不才任居藩長大懼宗稷殲覆待旦故招徒楚郢飛檄京

句。志遵前典。黜幽陟明。庶七廟復安。海昏有紹。豈圖宋末悔禍。𢦏亂奄臻。遂矯害明茂。篡竊天寶。反道効尤。蔑我皇德。于我昭穆。寡我兄弟。忝鴟鴞之心。蹈倫穎之志。覆移鼎祚。誣罔天人。藐孤同氣猶有十三。聖靈何辜。而當乏饗。昔隆周弛御。晉鄭是依。盛漢中陵居章抗節。支苗輕屬。猶或忘軀。況孤忝惟臣子。情地兼切。號感一隅。心與事痛。是用飲血袵金。誓復宗祀。今遣輔國將軍諮議領中直兵孫沖之。龍驤將軍陳紹宗。率螭虎之士。組甲二萬。沿流電發。逕取白下。龍驤將軍領中直兵薛常寶。建威將軍領中直兵沈懷寶。長戟萬刃。羽騎千羣。徑出南州。直造朱雀。寧朔將軍諮議領中直兵陶亮。龍驤將軍焦度。總中黃之旅。梟雄三萬。風掩江介。雲臨石頭。建威將軍張洌。龍驤將軍何休明。提育獲之徒。勁捍之卒。聚趣金陵。北指閶闔。龍驤將軍張係伯。龍驤將軍陳慶。勒輕銳五千。彊弩一萬。飛鋒班濟。齊會西明。冠軍將軍尋陽內史鄧琬。撮湘雍之兵。勇敢四萬。授律總威。飆集京邑。征虜將領府司馬張悅。蒼兕千艘。水軍五萬。大董羣校。絡繹繼道。冠軍將軍豫章內史劉衍。寧朔將軍武昌太守劉弼。寧朔將軍西陽太守謝稚。建威將軍領中直兵晉熙太守閻湛之。皆埽境勝兵。薦誠請効。後將軍郢州刺史安陸王子綏。懷恩纏慕。鞠旅先晨。冠軍將軍湘州刺史邵陵王子元。席飆陵波。整衆遄至。前將軍荆州刺史臨海王子頊。練甲陝西。獻徒萬數。輔國將軍冠軍長史長沙內史何惠文。見拔先皇。誠深投袂。冠軍將軍雍州刺史袁顗。不謀同契。雷發漢南。建武將軍順陽太守劉道憲。懷忠抱慨。不遠三千。梁益青徐。兗豫吳會。皆密介歸誠。誓爲表裏。孤親總忝徒。十有餘萬。白羽幽川。霜鋒照野。金聲振谷。鳴鞞聒天。凡諸將帥。皆忠無匿情。智無遺計。果銳剛驚。謀略多奇。水陸長驅。數道竝進。發舟踰險。肯水爭先。以此衆戰。孰能斯禦。推此義銳。滄海可塞。諸君或荷寵前朝。感恩舊日。或奕世貞渲。

見危授命。而逼迫寇手。効節莫由。今大軍密邇。形援已接。見幾而作。豈俟終日。便宜轉禍趣福。因變立功。夫旦奭與三監竝時。金霍與上官共主。邪正糅雜。何世無之。但績亮則名播。姦騁則道消耳。紀季入齊。陳平歸漢。身尊譽遠。明誓是褒。成範全規。殷監匪遠。若玩咎惟休。告舍罔悟。則誅及五族。有殄無遺。軍科爵賞。信如皦日。巫山既燎。芝艾共烟。幸遵良塗。無守毀轍。檄到宣告。咸使聞知。宋書鄧琬傳。案荀道林爲子勛記室參軍。此檄當是道林所作。

尋陽王子房

子房字孝良。孝武第六子。大明四年封尋陽王。歷會稽太守。既爲松滋侯。

與吳喜書

知統戎旅。已次近路。卿所在著名。今日何爲立忠於彼邪。想便倒戈。共受河山之賞。宋書吳喜傳。

全宋文卷十四終

全宋文卷十五

烏程嚴可均校輯

范泰

泰字伯倫，南陽順陽人。晉豫章太守甯子。太元初爲太學博士，歷衛將軍謝安、驃騎將軍會稽王道子二府參軍，出爲天門太守。尋復爲驃騎諮議參軍，遷中書侍郎。隆安初以父憂去職，襲爵陽遂鄉侯。元興末爲國子博士，義熙初荆州刺史司馬休之以爲長史、南郡太守，入爲黃門郎、御史中丞，出爲東陽太守，加振武將軍，還侍中，轉度支尚書，徙太常，轉大司馬左長史、右衛將軍，加散騎常侍，復爲尚書，兼司空，遷護軍將軍，以公事免。宋受禪，拜金紫光祿大夫，尋領國子祭酒。景平初加位特進，明年致仕。元嘉三年進侍中、左光祿大夫、國子祭酒，領江夏王師。五年卒，年七十四，追贈車騎將軍。有集二十卷。

請建國學表

臣聞風化興於哲王，教訓表於至世。至說莫先講習，甚樂必寄朋來。古人成童入學，易子而教，尋師無遠，負糧忘艱，安親光國，莫不由此。若能出不由戶，則斯道莫從。是以明詔爰發，已成渙汗。學制旣下，遠近遵承。臣之愚懷，少有未達。今惟新告始，盛業初基，天下改觀，有志景慕，而置生之制，取少停多，開不來之端，非一塗而已。臣以家推國，則知所聚不多。恐不足以宣大宋之風，弘濟濟之美。臣謂合選之家，雖制所未達，父兄欲其入學，理合開通。雖小違晨昏，所以大弘孝道。不知春秋，則所陷或大，故趙盾忠而書弑，許子孝而得辜，以斯爲戒，可不懼哉。十五志學，誠有其文，若年降無幾，而深有志尚者，何必限以一格，而不許其進邪。揚烏豫玄，實在弱齒；五十學易，乃無大過。昔中朝助教，亦用二品。潁川陳載已辟太保掾，而國子取爲助教，卽太尉準之弟。所貴在於得才，無繫於定品。教學不明，獎厲不著。今有職閑而學優者，可以本官領之，門地二品，宜以朝請領助教，既可以甄其名品，斯亦敦學之一隅。其二品才堪，自依舊從事。會今生到有期，而學校未立，覆簣實望其速，回轍已淹其遲，事有似賒而宜急者，殆此之謂。古人重寸陰而賤尺璧，其道然也。（宋書范泰傳）

諫改錢法

流聞將禁私銅，以充官銅。民雖失器，終於獲直，國用不足，其利實多。臣愚意異，不宜寢默。臣聞治國若烹小鮮，拯敝莫若務本。百姓不足，君孰與足。未有民貧而國富，本不足而末有餘者也。故囊漏貯中，識者不吝；反裘負薪，存毛實難。王者不言有無，諸侯不言多少，食祿之家，不與百姓爭利。故拔葵所以明治，織蒲謂之不仁。是以貴賤有章，職分無爽。今之所憂，在農民尙寡，倉廩未充，轉運無已，資食者衆，家無私積，難以禦荒耳。夫貨存貿易，不在少多，昔日

之貴，今者之賤，彼此共之，其揆一也。但令官民均通，則無患不足。若使必資貨廣以收國用者，則龜貝之屬，自古所行。尋銅之爲器，在用也博矣。鍾律所通者遠，機衡所揆者大。夏鼎負圖，實冠衆瑞，晉鐸呈象，亦啟休徵。器有要用，則貴賤同資；物有適宜，則家國共急。今毁必資之器，而爲無施之錢，於貨則功不補勞，在用則君民俱困，校之以實，損多益少。陛下勞謙終日，無倦庶務，以身率物，勤素成風，而頌聲不作，板滑不至者，良由基根未固，意在遠略。伏願思可久之道，除欲速之情，弘山海之納，擇芻牧之說，則嘉謀日陳，聖慮可廣，其亡存心，然後苞桑可繫。愚誠一至，用忘寢食。（宋書范泰傳。南史三十三。）

表賀元正并陳旱災（元嘉二年）

元正改律，品物惟新。陛下藉日新以蓄德，仰乾元以履祚，吉祥集室，百福來庭。頃旱魃爲虐，亢陽愆度，通川燥流，異井同竭，老弱不

堪遠汲貧寡單於負水租輸既重賦稅無降百姓怨咨臣年過七十未見此旱陰陽并隔則和氣不交豈惟凶荒必生疾疫其爲憂虞不可備序雩禜之典以諴會事巫祝常祈罕能有感上天之譴不可不察漢東海枉殺孝婦亢旱三年及祭其墓澍雨立降歲以有年是以衛人伐邢師興而雨伏願陛下式遵遠猷思隆高構推忠恕之愛矜冤枉之獄遊心下民之瘼厝思幽冥之紀令謗木豎闕諫鼓鳴朝察芻收之言總統御之要如此則苞桑可繫危幾無兆斯而災害不消未之有也故夏禹引百姓之罪殷湯甘萬方之過太戊資桑穀以進德宋景藉熒惑以脩善斯皆因敗以轉成往事之昭晰也循末俗者難爲風就正路者易爲雅臣疾患日篤夕不謀朝會及歲慶得一聞達微誠少亮無恨泉壤永違聖顏拜表悲咽（宋書范泰傳）

乞加贈廬陵王義眞表

伏承廬陵王已復封爵猶未加贈陛下孝慈天至友于過隆伏揆聖心已自有在但司契已不唱爲高晃旋以因寄成用臣雖言不足采誠不亮時但猥蒙先朝忘醜之眷復沾廬陵矜顧之末息晏委質有兼常款契闊戎陣顛狽艱危厚德無報授命路絕此老臣兼不能自已者也杇謝越局無所逃刑（宋書范泰傳元嘉二年徐羨之等猶秉重權復上表云云泰諸子禁之表竟不奏三年羨之等伏誅）

因旱蝗上表

陛下昧旦丕顯求民之瘼明斷庶獄無倦政事理出羣心澤謠民口百姓翕然皆自以爲遇其時也災變雖小要有以致之守宰之失臣所不能究上天之譴臣所不敢誣有蝗之處縣官多課民捕之無益於枯苗有傷於殺害臣聞桑穀時亡無假斤斧楚昭仁愛不禁自瘳卓茂去無知之蟲宗均囚有異之虎蝗生有由非所宜殺石不能言星不自隕春秋之旨所宜詳察禮婦人有三從之義而無自專之道周書父子兄弟罪不相及女人被宥由來上矣謝晦婦女猶在尙方始貴後賤物情之所甚苦匹婦一室亦能有所感激臣於謝氏不容有情蒙國重恩寢處思報伏度聖心已當有在禮春夏教詩無一而闕也臣近侍坐聞立學當在入年陛下經略粗建意存民食入年則農功興農功興則田里闕入秋治庠序入冬集遠生二塗竝行事不相害夫事多以淹稽爲戒不遠爲患任臣學官竟無微績徒墜天施無情自處臣之區區不望目覩盛化竊慕子囊城郢之心庶免荀偃不瞑之恨臣比陳愚見便是都無可採徒煩天聽愧怍反側（宋書范泰傳元嘉三年秋旱蝗又上表）

旱災未已加以疾疫又上表

頃亢旱歷時疾疫未已方之常災實爲過差古以爲王澤不流之徵陛下昧旦臨朝無懈治道躬自菲薄勞心民庶以理而言不應致此意以爲上天之於賢君正自殷懃無已陛下同規禹湯引百姓之過言動於心道敷自遠桑穀生朝而殞熒惑犯心而退非唯消災弭患乃所以大啟聖明靈雨立降百姓改瞻應感之來有同影響陛下近當仰推天意俯察人謀升平之化尙存舊典顧思與不思行與不行耳大宋雖揖讓受終未積有虞之道先帝登遐之日便是道消之初至乃嗣主被殺哲藩嬰禍九服徘徊有心喪氣佐命託孤之臣俄爲戎首天下蕩蕩王道已淪自非神英撥亂反正則宗社非復宋有革命之與隨時其義尤大是以古今異用循方必壅大道隱於小成欲速或未必達深根固蔕之術未洽於愚心是用猖狂妄作而不能緘默者也臣既頑且鄙不達治宜加之以篤疾重之以惽耄言或非言而復不能無言陛下錄其一毫之誠則臣不知厝身之所（宋書范泰傳）

論沙門踞食表（三首）

臣言陛下體達佛理將究其致遠心遐期研精入微但恨起予非

言宣意之言下脫以字

昔對揚未易。臣少信大法。積習善性。頗聞餘論。髣髴玄宗。往者侍坐。過蒙眷誘。意猥詞訥。不能有所運通。此之爲恨。畢世無已。臣近難慧義。踞食。蓋區區樂同之意。不敢求長於人。側餐下風。已達天聽。臣謂此事自一國偏法。非經通永制。外國風俗不同。言論亦異。聖人不變其言。何獨若改其用。言宣意。意達言忘。儀以存敬。敬立形廢。是以聖人因事制誡。隨俗變法。達道乃可無律。思夫其防彌繁。用捨有時。通塞惟理。膠柱守株。不以疏乎。今之沙門。匠之善誘。道無長壹。各信所見。毀能虛受。乃至競異於一堂之間。不和於時雍之世。臣竊恥之。況於異臣者乎。司徒弘達。悟有理中。不以臣言爲非。今之令望。信道未篤。意無前定。以兩順爲美。不斷爲大。假此而制。河可淸矣。慧嚴道生。本自不企。慧觀似悔始位。伏度聖心。已當有在。今不望明詔孤發。但令聖旨粗達宰相。則下觀而化。孰曰不允。皇風方當遠暢。文軌將就大同。小異雖微。漸不可長。青青不伐。將尋斧柯。故宜自邇及遠。令無思不服。江左中興。高座來遊。愛樂華夏。不言此制。釋公信道最篤。不苦其節。思而不改。容有其旨。羅什卓犖不羈。不可濫。落髮而不偏踞。如復可尋。禪師初至。詣闕求通。欲以故牀入踞。理不可開。故不許其進。後東安衆集。果不偏食。此卽先朝舊事。臣所親見者也。謹啟。弘明集十二

臣言。陛下近遊祇洹。臣固請碑讚。如憶髣髴有許。法駕旣遊。臣輒仰刊碑上。曰皇帝讚。止此三字而已。專輒之罪。思臣所甘。至於記福冥中。未知攸濟。若賜臣筆數字。臣死且不朽。以之弘獎風俗。有益而無損。萬機脫有未暇。聖旨自可笑授之左史。侍衞之臣。豈無自效之心。裨諶世叔何遠之有。可不勞聖慮。亦冕旒之意也。臣事久謝。生塗已盡。區區在心。唯來世而已。臣受恩深重。祿賜有餘。自度終無報於聖世已矣。蓋首並結草之誠。願陛下哀而弗責臣言。同上

臣言。奉被明詔。深懼屏營。管穴偏見。不足陳聞。直以事已上達。不豈容默。今敕又令更求其中。是用猖狂。復申本懷。臣謂理之所在。幸可不以文害意。五帝不相襲禮。三王不沿其樂。革命隨時。其義並大。莊周以古今譬舟車。孟軻以專信書不如無書。是故證羊非直。聞斯兩用。大道之行。天下爲家。臣之區區。一堂之同。而況異俗偏制。本非中庸之教。生義觀得蒙弘接。聖旨脫有下問。望其依理上酬。不敢以多自助。取長於人。慧觀答臣。都無理據。唯褒臣以過言。貶臣以干非。推此疑其必悔。未便有反善怙辭。臣弘亦謂爲然。慧義弘陣已崩。走伏路絕。恃此爲救。難乎自免。況復司契在上。遁辭知窮。臣近難慧觀。輒復上呈如左。臣以愚鄙。將智而耄。豈惟言之不中。深懼不覺其惛。侍衞之臣。實時之望。旣不能矜臣此意。又不能誨臣不逮。此皆臣自招之。自咎而已。伏願陛下錄其一往之至。不以知拙爲罪。復敢冒昧干瀆。竊恃古典。不加刑之耳。同上

上封事極諫少帝

伏聞陛下時在後園。頗習武備。鼓鞞在宮。聲聞於外。黷武掖庭之內。諠譁省闥之聞。不聞將帥之臣。統御之主。非徒不足以威四夷。秖生遠近之怪。近者東寇紛擾。皆欲伺國瑕隙。今之吳會。寧過二漢關河。根本旣搖。於何不有。如水旱成災。役夫不息。無寇而戒。爲費漸多。河南非復國有。羯虜難以理期。此臣所以用忘寢食。而干非其位者也。陛下踐祚。委政宰臣。實同高宗諒闇之美。而更親狎小人。不免近習。懼非社稷至計。經世之道。王言如絲。其出如綸。下觀而化。疾於影響。伏願陛下。思弘古道。式遵遺訓。從理無滯。任賢勿疑。如此。則天下歸德。宗社惟永。詩云。一人有慶。兆民賴之。天高聽卑。無幽不察。興衰在人。成敗易曉。未有政治在於上。而人亂於下者也。臣蒙先朝過遇。陛下殊私。實欲盡心竭誠。少報萬分。而惛耄已及。百疾互生。便爲永違聖顏。無復自盡之路。貪及視息。陳其

狂瞽。陛下若能哀其所請。留心覽察。則臣夕殞於地。無恨九泉。宋書范泰傳

殷祭議

今雖既祔之後。得以烝嘗。而無殷祭之禮。有喪薦廢吉祭。祭新主於寢。今不設別寢。既祔遂祭於廟。故四時烝嘗。以寄追遠之思。三年一禘。以習昭穆之序。義本各異。三年喪畢。則合食太祖。過時而殷。無取於限三十月也。降安之祕。以喪而廢矣。通典四十九。義熙三年。

臨川王道規嗣議

公之友愛。卽心過厚。禮無二嗣。宜還本屬。宋書范泰傳初司徒道規無子養太祖及薨以兄道憐次子義慶爲嗣高祖以道規素愛太祖又令居重道規追封南郡公應以先華容縣公賜太祖泰議從之

與謝侍中書

卿常言如何。歷觀高士。類多有情。吾亦許卿以同。何緬邈之過。便是未孤了幽關也。吾猶存舊情。東望慨然。便是有不馳處也。見織公阡陌。如卿問栖僧於山。誠是美事。屢改騶遷。未爲使也。杖策之郡。斯則善也。祇洹中轉有奇趣。福業深緣。森兮滿目。見形者所不能傳。聞言而悟。亦難其人。辭煩而已。於此絕筆。范泰敬謂祇洹塔內讚。因織公相示。可少留意省之。幷同子與人歌而善。廣弘明集十六

與司徒王弘諸公書論道人踞食

范泰敬白公卿諸賢。今之沙門。坐有二法。昔之祇洹。似當不然。據今外國。言語不同。用舍亦異。聖人隨俗制法。因方弘教。何不變其言。何必苦同其制。但一國不宜有二。一堂寧可不同。而今各信偏見。自是非彼。不尋制作之意。惟此雷同爲美。鎮之無主。遂至於此。無慮於受人。有同於必執。不求魚兔之實。競攻筌蹏之末。此風不革。難乎取道。樹王六年。以致正覺。始明玄宗。自敷高座。皆結跏趺坐。不偏踞也。坐禪取定。義不夷俟。據之食美。在乎食不求飽。此皆一國偏法。非天下通制。亦由寒鄉無絺綌之禮。日南絕氈裘之律。不可見大而解裳之初。便謂無復章甫。請各兩捨。以付折衷君子。范泰區區。正望今集一食之同。過此已往。未之或知。禮以和貴。僧法尙同。今升齋堂。對聖像。堂如神在。像中四雙八輩。義無云異。自矜之情。寧可試暫不我。釋公往在襄陽。偏法已來。思而不變。當有其旨。是以投錫乘車。義存同衆。近禪師道場天會。亦方其坐。豈非存大略小。禮不兼衆故邪。方坐無時。而偏踞有時。自方以恆適異爲難。嘗變取同爲異。且主人降己敬賓。有自來矣。更諮義公。了不見酬。是以敬白同異。以求厥中。願惠咳唾之餘。以蔽怯弱之情。弘明集

答釋慧義書

前論已包此通上人意。强氣猛弗之尋耳。戒以防非。無非何戒。故愚惑之夫。其戒隨俗。變律華夏。本不偏企。則聚骨交脛之律。故可得而略。手食之戒。無用匙筯之文。何重偏坐。而輕手食。律不得手近女人。尋復許親溺可援。是爲凡夫之疑。果足以改聖人之律。益知二百五十。非自然定法。如此則固守不爲全得。師心未足多怪。夏五闕文。固守不爲疑。明慎所見。苟了。何得顧衆而動。企之爲義。意在宜進。欲速則事不得行。端坐則不安其居。時有踞傲之夫。故非禮法所許。一堂兩志。上人之同。泯焉莫逆。弟子之和。子然單獨。何敢當五十大障。是用畏敵而默。庶乎上善之救。弘明集

與竺道生釋慧觀書論踞食

外國風俗。還自不同。提婆始來。義觀之徒。莫不沐浴鑽仰。此蓋小乘法耳。便謂理之所極。謂無生方等之經。皆是魔書。提婆末後說經。乃不登高座。法顯後至。泥洹始唱。便謂常住之言。衆理之最。般若宗極。皆出其下。以此推之。便是無主於內。有聞輒變。譬之於射。後破奪先。則知外國之律。非定法也。偏坐之家。無時而正。高座說法。亦復企踞。外國食多用手。戒無匙筯。慧義之徒。知而不改。至於

偏坐。永爲不慨。固自爲矛盾。其誰能解。弟子意常謂與人同失。賢於自代。其是推心樂同。非敢許己求直。今之奉法白衣。決不可作外國被服。沙門何必苦守偏俗。（弘明集）

鸞鳥詩序

昔罽賓王結罝峻祁之山。獲一鸞鳥。王甚愛之。欲其鳴而不能致也。乃飾以金樊。饗以珍羞。對之愈戚。三年不鳴。其夫人曰。嘗聞鳥見其類而後鳴。何不懸鏡以映之。王從其言。鸞覩形感契。慨然悲鳴。哀響中霄。一奮而絶。嗟乎茲禽。何情之深。昔鍾子破琴於伯牙。匠石輟斤於郢人。蓋悲妙賞之不存。慨神質於當年耳。矧乃一舉而殞其身者哉。悲夫。（北堂書鈔一百三十六。藝文類聚九十。御覽九百十六）

張長公贊

長公秉心。獨逸世表。量物難同。審己彌了。情雖高寥。迹無抗矯。靡當夷惠。孰識多少。（藝文類聚三十六）

高鳳贊

邈哉玄古。邈矣皇羲。自茲已降。顯默參差。智爲世駭。才爲物奇。迹出無泯。潛躍俱馳。曖曖若人。孰測其爲。戢曜幽壑。採真重崖。沖情莫亮。汗迹示疵。輕俗無際。肆志莫羈。（藝文類聚三十六）

汗當作汙

吳季子札贊

延州高遠。棄國師誠。優遊大邑。觀風上京。仁懷邦壤。道暢聖明。鑒徹昔代。樂察未形。嬴博遠死。解劍在生。夫子戾止。爰詔作名。（藝文類聚三十六）

佛贊

精粗事阻。始末理通。捨事就理。卽覩祗蒙。惟此靈覺。因心則崇。四等極物。六度在躬。明發儲寢。孰是化初。夕滅雙樹。豈還本無。渺渺遠神。遙遙安和。願言來期。免茲淪溺。（弘明集十六）

爲宋公祭嵩山文

劉裕敬薦中嶽之靈。惟嶽作鎮中畿。擬天比峻。降祉發輝。宣和陰陽。道達幽微。既日輔順。亦代厭違。霜露所均。萬人是依。不以虛薄。志歸不庭。仰紓國恥。俯拯黎甿。望嶺懷仁。踐境延情。金璧之貺。愧懼交盈。思樂時雍。終憑威靈。舊都既清。三秦期廓。豈惟人謀。抑亦冥略。逝將言旋。自雍徂洛。何以寄懷。一卮清酌。珪璧云乎。深誠攸託。（初學記五）

范曄

曄字蔚宗。泰少子。小字塼。出繼從伯弘之。襲封武興縣侯。義熙末爲武帝相國掾。彭城王義康冠軍參軍。宋受禪。隨府轉右軍參軍。入補尚書外兵郎。出爲荆州別駕從事史。尋召爲祕書丞。父憂服闋。爲檀道濟征南司馬。領新蔡太守。尋爲司徒從事中郎。遷尚書吏部郎。文帝卽位。左遷宜城太守。尋爲長沙王義欣鎮軍長史。加寧朔將軍。母憂服闋。爲始興王濬後軍長史。領南

下邳太守。遷左衞將軍太子詹事。元嘉二十二年。與孔熙先等謀立彭城王義康。事泄。棄市。有後漢書九十七卷。集十五卷。

探時旨上言

臣歷觀前史二漢故事。諸蕃王政以訞詛幸災。便正大逆之罰。況義康奸心釁迹。彰著遐邇。而至今無恙。臣竊惑焉。且大梗常存。將重階亂。骨肉之際。人所難言。臣受恩深重。故冒犯披露。（宋書范曄傳）

作彭城王義康與徐湛之書宣示同黨

吾凡人短才。生長富貴。任情用己。有過不聞。與物無恆。喜怒違實。致使小人多怨。士類不歸。禍敗已成。猶不覺悟。退加尋省。方知自招。刻肌刻骨。何所復補。然至於盡心奉上。誠貫幽顯。拳拳謹愼。惟恐不及。乃可恃寵驕盈。實不敢故爲欺罔也。豈苞藏逆心。以招灰滅。所以推誠自信。不復防護異同。率意信心。不顧萬物議論。遂致讒巧潛構。衆惡歸集。甲奸險好利。負吾事深。乙凶愚不齒。扇長無

輙。丙丁趨走小子。唯知諂進。伺求長短。共造虛說。致令禍陷骨肉。誅戮無辜。凡在過釁。竟有何徵。而刑罰所加。同之元惡。傷和枉理。感徹天地。吾雖幽逼。日苦命在漏刻。義慨之士。時有音信。每知天文人事。及外間物情。土崩瓦解。必在朝夕。是爲釁起羣賢。濫延國家。夙夜憤踊。心腹交戰。朝之君子。及士庶白黑懷義秉理者。寧可不識時運之會。而坐待橫流邪。除君側之惡。非唯一代。況此等狂亂辠骫。終古所無。加之翦戮。易於摧朽邪。可以吾意宣示衆賢。若能同心奮發。族裂逆黨。豈非功均剏業。重造宋室乎。但兵凶戰危。或致侵濫。若有一豪犯順。誅及九族。處分之要。委之羣賢。皆當謹奉朝廷。動止閒啓。往日嫌怨。一時豁然。然後吾當謝辠北闕。就戮有司。苟安社稷。瞑目無恨。勉之勉之。（宋書范曄傳）

獄中與諸甥姪書以自序

吾狂釁覆滅。豈復可言。汝等皆當以辠人棄之。然平生行己在懷。猶應可尋。至於能不意中所解。汝等或不悉知。吾少懶學問。晚成人。年三十許。政始有向耳。自爾以來。轉爲心化。雖老將至者。亦當未已也。往往有微解。言乃不能自盡。爲性不尋注書。心氣惡。小苦思。便憒悶。口機又不調利。以此無談功。至於所通解處。皆自得之於胸懷耳。文章轉進。但才少思難。所以每於操筆。其所成篇。殆無全稱者。常恥作文士。文患其事盡於形。情急於藻。義牽其旨。韻移其意。雖時有能者。大較多不免此累。政可類工巧圖繢。竟無得也。常謂情志所託。故當以意爲主。以文傳意。以意爲主。則其旨必見。以文傳意。則其詞不流。然後抽其芬芳。振其金石耳。此中情性旨趣。千條百品。屈曲有成理。自謂頗識其數。嘗爲人言。多不能賞。意或異故也。性別宮商。識清濁。斯自然也。觀古今文人。多不全了此處。縱有會此者。不必從根本中來。言之皆有實證。非爲空談。年少中謝莊最有其分。手筆差易。文不拘韻故也。吾思乃無定方。特能濟

難適輕重所稟之分。猶當未盡。但多公家之言。少於事外遠致。以此爲恨。亦由無意於文名故也。本未關史書。政恒覺其不可解耳。既造後漢。轉得統緒。詳觀古今著述及評論。殆少可意者。班氏最有高名。既任情無例。不可甲乙辨。後贊於理近無所得。唯志可推耳。博贍可不及之。整理未必愧也。吾雜傳論。皆有精意深旨。既有裁味。故約其詞句。至於循吏以下。及六夷諸序論。筆勢縱放。實天下之奇作。其中合者。往往不減過秦篇。嘗共比方班氏所作。非但不愧之而已。欲徧作諸志。前漢所有者悉令備。雖事不必多。且使見文得盡。又欲因事就卷內發論。以正一代得失。意復未果。贊自是吾文之傑思。殆無一字空設。奇變不窮。同合異體。乃自不知所以稱之。此書行。故應有賞音者。紀傳例爲舉其大略耳。諸細意甚多。自古體大而思精。未有此也。恐世人不能盡之。多貴古賤今。所以稱情狂言耳。吾於音樂。聽功不及自揮。但所精非雅聲。爲可恨。然至於一絕處。亦復何異邪。其中體趣。言之不盡。弦外之意。虛響之音。不知所從而來。雖少許處。而旨態無極。亦嘗以授人。士庶中未有一豪似者。此永不傳矣。吾書雖小小有意。筆勢不快。餘竟不成就。每愧此名。（宋書范曄傳。又略見御覽五百八十五）

雙鶴詩序

客有寄余雙鶴者。其一揚翰皎潔。響逸九皋。其一翅折志衰。自視缺然。余因歎玩之。遂爲之詩。（藝文類聚九十）

和香方序

麝本多忌。過分必害。沈實易和。盈斤無傷。零藿虛燥。詹唐黏溼。甘松蘇合安息鬱金。㮈多和羅之屬。竝被珍於外國。無取於中土。又棗膏昏鈍。甲煎淺俗。非惟無助於馨烈。乃當彌增於尤疾也。（宋書范曄傳。此序所言。悉以比類朝士。麝本多忌比庾炳之。零藿虛燥比何尚之。詹唐黏溼比沈演之。棗膏昏鈍比羊玄保。甲煎淺俗比徐湛之。甘松蘇合比慧林道人。沈實易和以自比也）

烏程嚴可均校輯

臧燾

燾字德仁。東莞莒人。武敬皇后兄。晉太元中爲助教。尋去官。元興中除臨沂令。入爲太學博士。參右將軍何無忌軍事。義熙初。隨府轉鎮南參軍。尋參武帝中軍軍事。入補尚書度支郎。改掌祠部。封高陵侯。遷通直郎。復爲武帝鎮軍車騎中軍太尉諮議參軍。除大司馬從事中郎。進侍中。元熙元年㠯疾去職。宋受禪。徵拜太常。永初三年致仕。卒年七十。少帝追贈左光祿大夫加散騎常侍。

宣太后不配食中宗廟議

陽秋之義。母㠯子貴。故仲子成風。咸稱夫人。經云考仲子之宮。若配食惠廟。則宮無緣別築。前漢孝文孝昭太后。竝繫子爲號。祭於寢園。不配於高祖孝武之廟。後漢和帝之母曰恭懷皇后。安帝祖母曰恭愍皇后。雖不繫子爲號。亦祭於陵寢。不配章安二帝。此則二漢雖有太后皇后之異。至於竝不配食。義同陽秋。唯光武追廢呂后。故㠯薄后配高祖廟。又衞后既廢。霍光追尊李夫人爲皇后。配孝武廟。此非母㠯子貴之例。直㠯高武二廟無配故耳。夫漢立寢於陵。自是晉制所異。謂宜遠準陽秋考宮之義。近慕二漢不配之典。尊號既正。則罔極之情申。別建寢廟。則嚴禰之義顯。繫子爲稱。兼明母貴之所由。一舉而允三義。固哲王之高致也。宋書臧燾傳。晉孝武太元中追崇庶祖母宣太后。議者或謂宜配食中宗。燾議。又見南史十八。

褚爽上表稱太子名議

案禮記云。父前子名。君前臣名。又云。君之於嗣子。親則父也。尊則君也。如此。則太子雖國之儲貳。猶同於臣列。㠯君前臣名之義言。則爽表未爲失禮。然史籍所載。人臣與人主言及上表。未有稱太子名者。今省無先比。卽其驗也。昔武皇帝代尚書僕射山濤啟事。稱皇太子而不言名。濤中朝名士。必詳典式。其不稱名。當有理趣。將㠯皇太子儲君。名諱尊重。不敢指斥故耳。古今異儀。禮有損益。今依仗前賢。固循先比。則爽表所稱。爲違舊準。通典一百四。泰元十九年七月。義興太守褚爽上表稱太子名。下太學議。助教臧燾議云云。

四府君遷主議

臣聞國之大事。在祀與戎。將營宮室。宗廟爲首。古先哲王。莫不致肅恭之誠心。盡崇嚴乎祖考。然後能流湻化於四海。通幽感於神明。固宜詳廢興於古典。循情禮㠯求中者也。禮天子七廟。三昭三穆。與太祖而七。自考廟㠯至祖考五廟。皆月祭之。遠廟爲祧。有二祧。享嘗乃止。去祧爲壇。去壇爲墠。有禱然後祭之。此宗廟之次。親疏之序也。鄭玄㠯爲祧者。文王武王之廟。王肅㠯爲五世六世之祖。尋去祧之言。則祧非文武之廟矣。周之祖宗何云去祧爲壇乎。明遠廟爲祧者。無服之祖也。又遠廟則有享嘗之降。去祧則有壇墠之殊。明世遠者。其義彌疏也。若祧是文武之廟。宜同月祭於太祖。雖推后稷㠯配天。由功德之所始。非尊崇之義。每有差降也。又禮有㠯多貴者。故傳稱德厚者流光。德薄者流卑。又云。自上㠯下。降殺㠯兩。禮也。此則尊卑等級之典。上下殊異之文。而云天子諸侯俱祭五廟。何哉。又王祭嫡殤。下及來孫。而上祀之禮。不過高祖。推隆恩於下流。替誠敬於尊屬。亦非聖人制禮之意也。是㠯泰始建廟。從王氏議。㠯禮父爲士。子爲天子諸侯。祭㠯天子諸侯。其尸服㠯士服。故上及征西。㠯備六世之數。宣皇雖爲太祖。尚在子孫之位。至於殷祭之日。未申東向之禮。所謂子雖齊聖。不先父食者矣。今京兆㠯上既遷。太祖始得居正。議者㠯昭穆未足。欲屈太祖於卑坐。臣㠯爲非禮典之旨也。所謂與太祖而七。自是昭穆既足。太祖在六世之外。非爲須滿七廟。乃得居太祖也。議者又㠯四府君神主，宜永同於殷祫。臣又以爲不然。傳所謂毀廟之主，陳乎太祖，謂太祖以下先君之主也。故白虎通云：禘祫祭遷廟者，以其繼君之體，持其統而不絕也。豈如四府君在太祖之前，非繼統之主，無靈命之瑞，非王業之基。昔以世近而及，今則情禮已遠，而當長饗殷祫，永虛太祖之位，求之禮籍，未見其可。昔永和之初，大議斯禮，於時虞喜、范宣，並以淵儒碩學，咸謂四府君神主，無緣永存於百世。或欲瘞之兩階，或欲藏之石室，或欲爲之改築。雖所秉小異，而大歸是同。若宣皇既居羣廟之上，而四主禘祫不已，則大晉殷祭，長無太祖之位矣。夫理貴有中，不必過厚，禮與世遷，豈可順而不斷。故臣子之情雖篤，而靈厲之謚彌彰；追遠之懷雖切，而遷毀之禮爲用。豈不有心於加厚，顧禮制不可踰爾。石室則藏於廟北，改築則未知所處。虞主所以依神，神移則有瘞埋之禮。四主若饗祀宜廢，亦神之所不依也。準傷事例，宜同虞主之瘞埋。然經典難詳，羣言紛錯，非臣卑淺所能折中。（宋書臧燾傳。義熙初，祠太廟鴟尾災，燾謂著作郎徐廣曰：征西京兆四府君宜在毀落，而猶列廟饗，此其徵乎？乃上議。又見宋書禮志三、南史十八。）

臧質

質字含文，燾弟子。晉末爲宋世子中軍參軍。武帝受禪，遷員外散騎侍郎。元嘉初，爲江夏王義恭撫軍，徙給事中。出爲建平太守，遷寧遠將軍、歷陽太守。又遷竟陵、江夏內史，復爲建武將軍、巴東建平二郡太守，徵爲使持節、都督徐兗二州諸軍事、寧遠將軍、徐兗二州刺史，復爲建威將軍、義興太守，遷太子左衞率。尋爲輔國將軍、假節，進使持節、監雍梁南北秦四州諸軍事、寧蠻校尉、雍州刺史，封開國子。元凶弒立，以爲丹陽尹、征虜將軍，不受。孝武舉兵，版進征北將軍。及即位，以爲都督江州諸軍事、車騎將軍、開府儀同三司、江州刺史，加散騎常侍、持節，封始興郡公。尋奉南郡王義宣舉兵反，伏誅。

舉兵上表

臣聞執藥隨親，非情謬於甘苦；揮斤斬毒，豈忘痛於肌膚。蓋以先疑後順，忠焉必往；忍小存大，雖愛必從。丞相臣義宣，育懿台鉉，枏聲聯服，定主勤王之業，勳越乎齊晉；宗威懿親之寄，望崇於魯衞。而惡直醜正，實繁有黨。或染凶作僞，疾害元功；或藉勞挾寵，秉威縱戾。自知愆深釁重，必貽剿戮，乃成紫毀朱，交間忠輔，崇樹私徒，招聚羣惡。念舊愛老，無一而存。豈不由凶醜相扇，志肆讒惑。陛下垂慈狎達，不稍惟疑，遂令負扆席圖，蔽於流議；投杼市虎，成於十夫。鑒古揆今，實懷危逼。故投袂奬葉，立節於本朝；揮戈晉陽，務清於君側。臣誠庸懦，奉教前朝，雖慙緇衣好賢之美，敢希巷伯惡惡之情。固已藉風聽而背憤，撫短策而馳念。況乃宏命爰格，誠係宗社。今奉旨前邁，星言啟行。臣本凡瑣，少無遠概，因緣際會，遂班槐鼎。素望既盈，恆心實足，豈應徼功非冀，更希異寵。直以蔓草難除，去惡宜速。是以無顧夷險，慮不及身。仰恃天眷，察亮丹款，苟血誠不照，甘心罪戮。伏願陛下先鑒元輔匪躬茂節，末錄庸瑣奉國微誠。不遂澳沏之情，以失四海之望。昭戮馬勦，顯肆市朝，則結旌向國，全鋒凱歸，九流凝序，三光平耀。斯則仰說宗廟，俯愜兆民。裁表感慨，涕言無已。（宋書臧質傳）

答魏主拓跋燾書

省示，具悉姦懷。爾自恃四腳，屢犯國疆，諸如此事，不可具說。王玄謨退於東，梁坦散於西，爾謂何以不聞童謠言：虜馬飲江水，佛狸死卯年。此期未至，以二軍開飲江之徑，爾冥期使然，非復人事。寡人受命相滅，期之白登，師行未遠，爾自送死，豈容復令生全，饗有桑乾哉。但爾往攻此城，假令寡人不能殺爾，爾由我而死。爾若有幸，得爲亂兵所殺；爾若不幸，則生相鎖縛，載以一驢，直送都市。我本不圖全，若天地無靈，力屈於爾，齏之粉之，屠之裂之，如此未足謝本朝。爾識智及衆力，豈能勝苻堅邪。頃年展爾陸梁者，是爾未飲江，太歲未卯故爾。斛蘭昔深入彭城，値少日雨，隻馬不返，爾豈憶邪。即時春雨已降，四方大衆，始就雲集，爾但安意攻城莫走。糧食闕乏者，告之，當出廩相飴。得所送劍刀，欲令我揮之爾身邪。甚苦人附反，各自努力，無煩多云。（宋書臧質傳）

又與虜衆書

示詔虜中諸士庶：狸伐見與書，如別。等正朔之民，何爲力自取如此。大丈夫豈可不知轉禍爲福邪。今寫臺格如別書，自思之。（宋書臧質傳）

密信說南郡王義宣

有大才負大功，挾震主之威，自古鮮有全者。宜在人前，蚤有處分。且萬物莫不係心於公，聲衆入朝，內外孰不欣戴。不爾，一旦受禍，悔無所及。（宋書南郡王義宣傳，又略見南史十三）

震主之威，不可持久。主相勢均，事不兩立。今專據閫外，地勝兵彊，持疑不決，則後機致禍。（宋書臧質傳）

徐羡之

羡之字宗文，小字干木，東海郯人。晉太元中爲王雅少傅主簿，後爲劉牢之鎮北功曹。元興初爲桓脩撫軍中兵參軍。武帝舉義，版爲鎮軍參軍、尚書庫部郎、領軍司馬，補琅邪王大司馬參軍，司徒左西屬，徐州別駕從事史，太尉諮議參軍，除鷹揚將軍、琅邪內史，轉太尉左司馬。尋爲吏部尚書、建威將軍、丹陽尹，轉尚書僕射。宋受禪，進號鎮軍將軍，加散騎常侍，封南昌縣公。遷尚書令、揚州刺史，進司空、錄尚書事。少帝即位，與傅亮、謝晦等總朝政，尋行廢立，文帝即位，進司徒，改封南平郡公。元嘉三年伏誅。

虎牢陷上表自劾

去年逆虜縱肆，陵暴河南，司州刺史臣德祖，竭誠盡力，抗對強寇，孤城獨守，將涉期年。救師淹緩，泉城淪沒，聖懷垂悼，遠近嗟傷。陛下殷憂諒闇，委政自下，臣等謀猷淺蔽，託付無成，遂令致節之臣，抱忠傾覆，將士殲辱，王略虧挫，上墜先規，下貽國恥，稽之朝典，無所辭責。雖有司撓筆，未加準繩，豈宜尸祿昧安，殊寵乞蒙屏固，以申國法。（宋書索虜傳。景平元年，虜剋虎牢，司空徐羨之、尚書傅亮、領軍將軍謝晦表，少帝不許）

與左光祿大夫傅亮上表歸政

臣聞元首司契，運樞成務，臣道代終，事盡宣翼。冕旒之道，理絕於上皇，拱己之事，不行於中古。故高宗不言，以三齡爲斷，冢宰聽政，以再期爲節。百王以降，罔或不然。陛下聖德紹興，負荷洪業，億兆顒顒，思陶盛化。而聖旨謙挹，委成羣司，自大禮告終，鑽燧三改，大明佇照，遠邇傾屬。臣等雖率誠屢聞，未能仰感，敢藉品物之情，謹因蒼生之志，伏願陛下遠存周文日昃之道，近思皇室締構之艱，時攬萬機，躬親朝政，廣闢四聰，博詢庶業，則雍熙可臻，有生幸甚。（宋書徐羡之傳）

重奏

近陳寫下情，言爲心罄，奉被還詔，鑒許未回，豈惟愚臣，秉心有在，詢之朝野，人無異議。何者，形風四方，實繫王德，一國之事，本之一人。雖世代不同，時殊風異，至於主運臣贊，古今一揆，未有渾心委任，而休明可期，此之非宜，布自遐邇。臣等荷遇二世，休感已均，情爲國至，豈容順默。重披丹心，冒昧以請。（同上）

又固陳

比表披陳，辭誠俱盡，詔旨沖遠，未垂聽納，三復屏營，伏增憂歎。臣聞克隆先構，幹蠱之盛業，昧旦丕顯，帝王之高義。自皇宋創運，英聖有造，殷憂未闋，艱患仍纏，賴天命有底，聖明承業，時屯國故，猶在民心。太山之安，未易可保，昏明隆替，繫在聖躬。斯誠周詩夙興之辰殷王待旦之日豈得無爲拱己復玄古之風遂巡虛揖衡匹天之事伏願以宗廟爲重百姓爲心弘大業以嗣先勳隆聖道以增前烈愚瞽所獻情盡於此（同上）

奏論郊配

臣聞崇德明祀百王之令典憲章天人自昔之所同雖因革殊時質文異世所以本情篤敬其揆一也伏惟高祖武皇帝允協靈祇有命自天弘日靜之勤立蒸民之極帝還明德光宅八表太和宣被玄化遐通陛下以聖哲嗣徽道孚萬國祭禮久廢思光鴻烈饗帝嚴親今實宜之高祖武皇帝宜配天郊至於地祇之配雖禮無明文先代舊章每所因循魏晉故典足爲前式謂武敬皇后宜配北郊蓋述懷以追孝躋聖敬於無窮對越兩儀允洽幽顯者也明年孟春有事於二郊請宣攝內外詳依舊典（宋書禮志三永初三年九月司空羨之尚書令亮等奏詔可）

奏廢廬陵王義眞

臣聞二叔不咸難結隆周淮南悖縱禍興盛漢莫不義以斷恩情爲法屈二代之事殷鑒無遠仁厚之主行之不疑故共叔不斷幾傾鄭國劉英容養釁廣難深前事之不忘後王之成鑒也案車騎將軍義眞凶忍之性爰自稚弱咸陽之酷醜聲遠播先朝猶以年在紈綺冀能改厲天屬之愛想聞革心自聖體不豫以及大漸臣庶憂惶內外屏氣而縱博酣酒日夜無輟肆口縱言多行無禮先帝貽厥之謀圖慮經固親敕陛下面詔臣等若遂不悛必加放黜至言苦厲猶在紙翰而自茲迄今日月增甚至乃委棄藩屏志還京邑潛懷異圖希幸非冀轉聚甲卒徵召車馬陵墳未乾情事猶昨遂蔑棄遺旨顯違成規整棹浮舟以示歸志肆心專己無復諮承聖恩低徊深垂隱忍屢遣中使苦相敦釋而親對散騎侍郞邢安泰廣武將軍茅仲思縱其悖罵誣主謗朝此久播於遠近暴於人聽臣聞原火不撲蔓草難除靑靑不伐終致尋斧況憂深患著社稷慮切請一遵晉朝武陵舊典使顧懷之旨不隊於武廟全宥之德獲申於昵親仰尋感慟臨啟悲咽（宋書廬陵王義眞傳少帝失德羨之等密謀廢立則次第應在義眞以義眞輕訬不任主社稷因其與少帝不協乃奏廢之）

上言追上皇太后尊號

伏惟先婕妤柔明塞淵光備六列德昭坤範訓洽母儀用能啟祚聖明奄宅四海而天祚永違嚴親莫逮臣等參詳遠準春秋近稽漢晉謹追上尊號爲皇太后禮官撰諡用崇寢廟（通典七十二元嘉元年）

朱興妻周事議

自然之愛虎狼猶仁周之凶忍宜加顯戮臣以爲法律之外故尚弘物之理母之即刑由子明法爲子之道焉有自容之地雖伏法者當罪而在宥者靡容（通典作匪宜）愚謂可特申（通典作屏）之遐裔（宋書徐羨之傳南史十五通典一百六十七）

徐湛之

湛之字孝源小字仙童羨之兄孫元嘉初除著作佐郞員外散騎侍郞並不就東宮建補太子洗馬轉國子博士遷奮威將軍南彭城沛二郡太守加輔國將軍遷祕書監領右軍將軍轉侍中加驍騎將軍復爲祕書監加散騎常侍遷中護軍未拜又遷太子詹事又遷冠軍將軍丹陽尹進號征虜將軍轉中書令領太子詹事出爲前軍將軍南兗州刺史復入爲丹陽尹轉尚書僕射領護軍將軍元凶弒逆幷見害孝武卽位追贈司空諡曰忠烈公

上范曄等反謀表

臣與范曄本無素舊中忝門下與之鄰省屢來見就故漸成周旋比年以來意態轉見傾動險忌富貴情深自謂任遇未高遂生怨望非唯攻伐朝士譏謗聖時乃上議朝廷下及藩輔驅扇同異忞

口肆心。如此之事。已具上簡。近員外散騎侍郎孔熙先。忽令大將軍府吏仲承祖騰曄及謝綜等。意欲收合不逞。規有所建。以臣昔蒙義康接盼。又去歲羣小爲臣妄生風塵。謂必嫌懼。深見勸誘。兼云人情樂亂。機不可失。讖緯天文。並有徵驗。曄尋自來。復具陳此。并說臣論議轉惡。全身爲難。卽以啓聞。被敕使相酬引。究其情狀。於是悉出檄書選事及同惡人名手墨翰迹。謹封上呈。凶悖之甚。古今罕比。由臣闇於交士。聞此逆謀。臨啓震惶。荒情無措。（宋書范蔚宗傳）

還郡自陳表

賊臣范曄孔熙先等。連結謀逆。法靜尼宣分往還。與大將軍臣義康。共相脣齒。偏於嚮對。伏尋仲承祖始達熙先等意。便極言姦狀。而臣兒女近情。不識大體。上聞之初。不務指斥。紙翰所載。尤復漫略。皆實以凶計既表。逆事歸露。又仰緣聖慈。不欲窮盡。故言勢依違。未敢縷陳。情旨無隱。已昭天鑒。及羣凶收禽。各有所列。曄等口

辭。多見誣謗。承祖醜言。紛紜特甚。乃云臣與義康。宿有密契。在省之言。期以爲定。潛通姦意。報示天文。末云熙先懸指必同。以誑於曄。或以智勇見稱。或以愚懦爲目。既美其信懷可覆。復駭其動止必啓。凡諸詭妄。還自違伐。多舉事端。不究源統。齎傳之信。無有主名。所徵之人。又已死沒。首尾乖互。自爲矛楯。卽臣誘引之辭。以爲始謀之證。銜臣糾告。並見怨咎。縱肆狂言。必見禍陷。伏自探省。亦復有由。昔義康南出之始。敕臣入相伴慰。晨夕覲對。經踰旬日。逆圖成謀。雖無顯然。懟容異意。頗形言旨。遣臣利刃。期以際會。臣苦相諫譬。深加拒塞。以爲怨憤所至。不足爲慮。便以關啓。懼成虛妄。思量反覆。實經愚心。非爲納受曲相蔽匿。又令申情范曄。釋中間之憾。致懷蕭思話。恨婚意未申。謂此僥倖。亦不宜達。陛下敦惜天倫。彰於四海。藩禁優簡。親理咸通。又昔蒙眷顧。不容自絕。音翰信命。時相往來。或言少意多。旨深文淺。辭色之間。往往難測。臣每懼異聞。皆略而不荅。惟心無邪悖。故不稍以自嫌。懷懷丹實。具如此啓。至於法靜所傳。及熙先等謀。知實不早。見關之日。便卽以聞。雖晨光幽燭。曲照窮款。裁以正義。無所逃刑。束骸北闕。請罪司寇。乾施含宥。未加治考。中旨頻降。制使還往。仰荷恩私。哀惶失守。臣昧積罪深。丁羅酷罰。久應屏棄。永謝人理。況奸謀所染。忠孝頓闕。智防愚淺。闇於禍萌。士類未明其心。羣庶謂之同惡。朝野側目。衆議沸騰。專信讎隙之辭。不復稍相申體。臣雖駑下。情非木石。豈不知醜點難嬰。伏劒爲易。而靦然視息。忍此餘生。實非苟吝微命。假延漏刻。誠以負戾灰滅。貽惡方來。貪及視息。少自披訴。冀幽誠丹款。儻或昭然。雖復身膏草土。九泉無恨。顯居官次。垢穢朝班。厚顏何地。可以自處。乞蒙屏放。伏待鈇鑕。（宋書徐湛之傳）

翠龜表

句容縣人獲龜一頭。體披素毛。騰露飛集。（初學記三十）

全宋文卷十六終

全宋文卷十七

烏程嚴可均校輯

裴松之

松之字世期。河東聞喜人。晉太元中拜殿中將軍。除新野太守。不行。拜員外散騎侍郎。義熙初爲故鄣令。入爲尚書祠部郎。武帝領司州。㠯爲州主簿。轉治中從事史。召爲世子洗馬。除零陵內史。徵國子博士。元嘉初爲冗從僕射。轉中書侍郎司冀二州大中正。出爲永嘉太守。入補通直常侍。復出爲南琅邪太守。致仕。拜中散大夫尋領國子博士。進太中大夫。封西鄉侯。卒年八十。有三國志注六十五卷。集二十一卷。

請禁私碑表

碑銘之作。㠯明示後昆。自非殊功異德。無㠯允應茲典。大者道動光遠。世所宗推。其次節行高妙。遺烈可紀。若乃亮采登庸。績用顯著。敷化所莅。惠訓融遠。遊詠所寄。有賴鐫勒。非斯族也。則幾乎僭黷矣。俗敝僞興。華煩已久。是㠯孔悝之銘。行是人非。蔡邕制文。每有愧色。而自是厥後。其流彌多。預有臣吏。必爲建立勒銘。寡取信之實。刊石成虛僞之常。眞假相蒙。殆使合美者不貴。但論其功費。又不可稱。不加禁裁。其敝無已。㠯爲諸欲立碑者。宜悉令言上。爲朝議所許。然後聽之。庶可㠯防遏無徵。顯彰茂實。使百世之下。知其不虛。則義信於仰止。道孚於來葉。（宋書裴松之傳。又禮志二云。義熙中尚書祠部郎裴松之又議禁斷。）

上三國志注表

臣松之言。臣聞智周則萬理自賓。鑒遠則物無遺照。雖盡性窮微。深不可識。至於緒餘所寄。則必接乎麤迹。是㠯體備之量。猶曰好察邇言。畜德之厚。在於多識往行。伏惟陛下。道該淵極。神超妙物。暉光日新。郁哉彌盛。雖一貫墳典。怡心玄賾。猶復降懷近代。博觀興廢。將㠯總括前蹤。貽誨來世。臣前被詔。使采三國異同。㠯注陳壽國志。壽書銓敘可觀。事多審正。誠游覽之苑囿。近世之嘉史。然失在於略。時有所脫漏。臣奉詔尋詳。務在周悉。上搜舊聞。傍摭遺逸。案三國雖歷年不遠。而事關漢晉。首尾所涉。出入百載。注記分錯。每多舛互。其壽所不載。事宜存錄者。則罔不畢取。㠯補其闕。或同說一事。而辭有乖雜。或出事本異。疑不能判。並皆鈔內。㠯備異聞。若乃紕繆顯然。言不附理。則隨違矯正。㠯懲其妄。其時事當否。及壽之小失。頗㠯愚意。有所論辯。自就撰集。已垂朞月。寫校始訖。謹封上呈。竊惟繢事㠯衆色成文。蜜蜂㠯兼采爲味。故能使絢素有章。甘踰本質。臣實頑乏。顧慚二物。雖自罄厲。分絕藻繢。既謝淮南食時之敏。又微狂簡斐然之作。淹留無成。祇穢翰墨。不足㠯上酬聖旨。少塞愆責。愧懼之深。若墜淵谷。謹拜表㠯聞。隨用流汗。臣松之誠惶誠恐。頓首頓首。死罪謹言。元嘉六年七月二十四日。中書侍郎西鄉侯臣裴松之上。（明監本三國志）

奉使巡行反奏事

臣聞天道㠯下濟光明。君德㠯廣運爲極。古先哲后。因心溥被。是㠯文思在躬。則時雍自洽。禮行江漢。而美化斯遠。故能垂大哉之休詠。廓造周之盛則。伏惟陛下。神叡玄通。道契曠代。冕旒華堂。永心八表。咨敬敷之未純。慮明揚之靡暢。清問下民。哀此鰥寡。渙焉大號。周爰四達。遠猷形於雅誥。惠訓播乎遐陬。是故率土仰詠。重譯咸說。莫不謳吟踴躍。式銘皇風。或有扶老攜幼。稱歡路左。誠由亭毒既流。故忘其自至。千載一時。於是乎在。臣謬蒙銓任。忝廁顯列。猥㠯短乏。思純八表。無㠯宣暢聖旨。肅明風化。黜陟無序。搜揚寡聞。慚懼屏營。不知所措。奉二十四條。謹隨事爲牒。伏見癸卯詔書。禮俗得失。一依周典。每各爲書。還具條奏。依事爲書。㠯繫之後。（宋書裴松之傳）

庾炳之府公禮敬議（炳之南史作仲文）

案春秋桓八年。祭公逆王后于紀。公羊傳曰。女在國稱女。此其稱王后何。王者無外。其辭成矣。推此而言。則炳之爲吏之道。定於受命之日矣。其辭已成在無外。名器既正。則禮亦從之。且今宰牧之官。拜不之職。未接之民。必有其敬者。㠯既受王命。則成君民之義故也。吏之被敕。猶除者受拜。民不㠯未見闕其被禮。吏安可㠯未到。廢其節乎。愚懷所見宜執吏禮。（宋書庾炳之傳）

荅江氏問大功嫁妹

江氏問裴松之曰。從兄女先剋此六月與庾長史弟婚。其姊蔡氏先三月亡。葬送已畢。從兄無嗣。兄子簡爲後。今與從妹同服大功。大功末可㠯嫁子。不知無父而兄有大功服可復嫁妹不。荅曰。意謂父有大功。尚可嫁子。兄在大功。理無不可。今所未了者。未知女身大功。亦可得嫁不。又降而在大功。得與本服九月者同不。見宋濬荅范超伯問。娶婦之與嫁子。輕重有一等之差。己身小功。可㠯娶妻。女身大功。何爲不可㠯嫁。謂此言爲是。但其論降在大功者加爲不盡。吾㠯爲聘納禮重。故探其本情。適人差輕。故㠯見服爲斷。禮無降在大功不可嫁子之文。不應於外生疑。且有小功下殤之喪。過五月便可㠯娶。降在九月者。過三月而後嫁。計其日月。亦一等之謂也。（通典六十）

荅何承天書論玄孫持重

禮。嫡不傳重。傳重非嫡。皆不加服。明嫡不可二也。范宜所云玄孫本無三年之道。若應爲服後。玄孫宜爲喪主。終竟三年。而不得服三年之服也。（通典八十八）

難郭沖條諸葛亮五事

王隱蜀記云。晉初扶風王駿鎮關中。司馬高平劉寶、長史滎陽桓隰、諸官屬士大夫共論諸葛亮。於時譚者多譏亮託身非所。勞困

蜀民。力小謀大。不能度德量力。金城郭沖㠯爲亮權智英略。有踰管晏。功業未濟。論者惑焉。條亮五事隱沒不聞於世者。寶等亦不能復難。扶風王慨然善沖之言。臣松之㠯爲亮之異美。誠所願聞。然沖之所說。實皆可疑。謹隨事難之如左。

其一事曰。亮刑法峻急。刻剝百姓。自君子小人咸懷怨歎。法正諫曰。昔高祖入關。約法三章。秦民知德。今君假借威力。跨據一州。初有其國。未垂惠撫。且客主之義。宜相降下。願緩刑弛禁。㠯慰其望。亮荅曰。君知其一。未知其二。秦㠯無道。政苛民怨。匹夫大呼。天下土崩。高祖因之。可㠯弘濟。劉璋暗弱。自焉㠯來有累世之恩。文法羈縻。互相承奉。德政不舉。威刑不肅。蜀土人士。專權自恣。君臣之道。漸㠯陵替。寵之㠯位。位極則賤。順之㠯恩。恩竭則慢。所㠯致弊。實由於此。吾今威之㠯法。法行則知恩。限之㠯爵。爵加則知榮。榮恩竝濟。上下有節。爲治之要。於斯而著。

難曰。案法正在劉主前死。今稱法正諫。則劉主在也。諸葛職爲股肱。事歸元首。劉主之世。亮又未領益州。慶賞刑政。不出於己。尋沖所述亮荅。專自有其能。有違人臣自處之宜。㠯亮謙慎之體。殆必不然。又云。亮刑法峻急。刻剝百姓。未聞善政㠯刻剝爲稱。

其二事曰。曹公遣刺客見劉備。方得交接。開論伐魏形勢。甚合備計。稍欲親近。刺者尚未得便會。既而亮入。魏客神色失措。亮因而察之。亦知非常人。須臾。客如廁。備謂亮曰。向得奇士。足㠯助君補益。亮問所在。備曰。起者其人也。亮徐歎曰。觀客色動而神懼。視低而忤數。奸形外漏。邪心內藏。必曹氏刺客也。追之。已越牆而走。

難曰。凡爲刺客。皆暴虎馮河。死而無悔者也。劉主有知人之鑒。而惑於此客。則此客亦一時之奇士也。又語諸葛云。足㠯助君補益。則亦諸葛之流亞也。凡如諸葛之儔。鮮有爲人作刺客者矣。時主亦當惜其器用。必不投之死地也。且此人不死。要應顯達爲魏。竟

是誰乎何其寂蔑而無聞

三事曰亮屯於陽平遣魏延諸軍幷兵東下亮惟留萬人守城晉宣帝率二十萬衆拒亮而與延軍錯道徑至前當亮六十里所偵候白宣帝說亮在城中兵少力弱亮亦知宣帝垂至已與相逼欲前赴延軍相去又遠回迹反追勢不相及將士失色莫知其計亮意氣自若敕軍中皆臥旗息鼓不得妄出菴幔又令大開四城門埽地卻灑宣帝常謂亮持重而猥見勢弱疑其有伏兵於是引軍北趣山明日食時亮謂參佐拊手大笑曰司馬懿必謂吾怯將有彊伏循山走矣候邏還白如亮所言宣帝後知深以爲恨

難曰案陽平在漢中亮初屯陽平宣帝尚爲荆州都督鎮宛城至曹眞死後始與亮於關中相抗禦耳魏嘗遣宣帝自宛由西城伐蜀值霖雨不果此之前後無復有於陽平交兵事就如沖言宣帝旣擧二十萬衆已知亮兵少力弱若疑其有伏兵正可設防持重何至便走乎案魏延傳云延每隨亮出輒欲請精兵萬人與亮異道會於潼關亮制而不許延常謂亮爲怯歎己才用之不盡也亮尚不以延爲萬人別統豈得如沖言頓使將軍兵在前而以輕弱自守乎且沖與扶風王言顯彰宣帝之短對子毁父理所不容而云扶風王慨然善沖之言故知此書擧引皆虛

軍當作重

四事曰亮出祁山隴西南安二郡應時降圍天水拔冀城虜姜維驅略士女數千人還蜀人皆賀亮亮顏色愀然有戚容謝曰普天之下莫非漢民國家威力未擧使百姓困於豺狼之吻一夫有死皆亮之罪以此相賀能不爲愧於是蜀人咸知亮有吞魏之志非惟拓境而已

難曰亮有吞魏之志久矣不始於此衆人方知也且於時師出無成傷缺而反者衆三郡歸降而不能有姜維天水之匹夫耳獲之則於魏何損拔西縣千家不補街亭所喪以何爲功而蜀人相賀

乎

五事曰魏明帝自征蜀幸長安遣宣王督張郃諸軍雍涼勁卒三十餘萬潛軍密進規向劒閣亮時在祁山旌旗利器守在險要十二更下在者八萬時魏軍始陳幡兵適交參佐咸以賊衆彊盛非力所制宜權停下兵一月以幷聲勢亮曰吾統武行師以大信爲本得原失信古人所惜去者束裝以待期妻子鶴望而計日雖臨征難義所不廢皆催遣令去於是去者感悅願留一戰往者憤踊思致死命相謂曰諸葛公之恩死猶不報也臨戰之日莫不拔刃爭先以一當十殺張郃卻宣王一戰大剋此信之由也

難曰臣松之案亮前出祁山魏文帝身至長安耳此年不復自來且亮大軍在關隴魏人何由得越亮徑向劒閣亮旣出戰場本無久住之規而方休兵還蜀皆非經通之言孫盛習鑿齒搜求異同罔有所遺而竝不多載沖言知其乖刺多矣（蜀志諸葛亮傳注）

文當作明

刺當作刺

裴駰

駰字龍駒松之子爲南中郎外兵曹參軍有史記集解八十卷

史記集解序

班固有言曰司馬遷據左氏國語采世本戰國策述楚漢春秋接其後事訖於天漢其言秦漢詳矣至於采經摭傳分散數家之事甚多疏略或有牴牾亦其所涉獵者廣博貫穿經傳馳騁古今上下數千載閒斯已勤矣又其是非頗謬於聖人論大道則先黃老而後六經序遊俠則退處士而進姦雄述貨殖則崇勢利此其所蔽也然自劉向揚雄博極群書皆稱遷有良史之才服其善序事理辯而不華質而不俚其文直其事核不虛美不隱惡故謂之實錄駰以爲固之所言世稱其當雖時有紕繆實勒成一家總其大較信命世之宏才也考較此書文句不同有多有少莫辯其實而世之惑者定彼從此是非相貿眞僞舛雜故中散大夫東莞徐廣

爲下脫作字

研核眾本，爲音義，具列異同，兼述訓解，粗有所發明，而殊恨省略。聊以愚管，增演徐氏，采經傳百家并先儒之說，豫是有益，悉皆鈔內，刪其游辭，取其要實，或義在可疑，則數家兼列。漢書音義稱臣瓚者，莫知氏姓，今直云瓚曰。又都無姓名者，但云漢書音義。時見微意，有所裨補。譬嘒星之繼朝陽，飛塵之集華嶽。以徐爲本，號曰集解。未詳則闕，弗敢臆說。人心不同，聞見異辭，班氏所謂疏略牴牾者，依違不悉辯也。愧非胥臣之多聞，子產之博物，妄言末學，蕪穢舊史，豈足以關諸畜德，庶幾無所用心而已。（宋本史記）

王敬弘

敬弘本名裕之，避武帝諱，改稱字。琅邪臨沂人，晉司州刺史胡之孫。太元隆安間歷本國左常侍、衞軍參軍、天門太守，轉桓偉安西長史、南平太守，去官。桓玄篡位，屢召不就。玄平，起爲武帝車騎從事中郎、徐州治中從事史、征西道規諮議參軍，入爲中書侍郎，轉黃門侍郎，不拜，仍除武帝太尉從事中郎，出爲吳興太守，尋徵爲侍中。宋國建，以爲度支尚書，遷太常，及受禪，補宣訓衞尉，加散騎常侍，轉吏部尚書。文帝即位，以爲金紫光祿大夫，領江夏王師，遷尚書左僕射。又遷尚書令，固辭，改授侍中、特進、左光祿大夫，致仕，徵爲太子少傅。再徵爲左光祿大夫、開府儀同三司，皆不拜。元嘉二十四年卒，年八十。順帝昇明二年追謚曰文貞。（案隋志梁有右光祿大夫王敬集五卷，錄一卷。當即此，轉寫有誤脫耳。）

辭太子少傅表

伏見詔書，以臣爲太子少傅，承命震惶，喜懼交幷。臣抱疾東荒，志絕榮觀，不悟聖恩，猥復加寵。東宮之重，四海瞻望，非臣薄德所可居之。今海內英秀，應選者多，且板築之下，豈無高逸，而近私愚朽，汙辱清朝。嗚呼微臣，永非復大之一物矣。所以牽曳闕下者，實瞻望聖顏，貪繫表之旨，臣如此而歸，夕死無恨。（宋書王敬弘傳：元嘉十二年，徵爲太子少傅，敬弘詣京師上表，詔不許，屢上，竟以不拜東歸。）

辭左光祿大夫開府儀同三司表

臣比自啟聞，謂誠心已達，天鑒玄邈，未蒙在宥，不敢宴處，牽曳載馳。臣聞君子行道，忘其爲身，三復斯言，若可庶勉，顧惜昏耄，志與願違。禮年七十，老而傳家，家道猶然，況於在國。伏願陛下矜臣西夕，愍臣一至，特迴聖恩，賜反其所，則天道下濟，愚心盡矣。（宋書王敬弘傳：十六年，以爲左光祿大夫開府儀同三司，侍中如故，詣京師上表，竟不拜，東歸。）

又表

臣躬耕南澧，不求聞達，先帝拔臣於蠻荊之域，賜以國士之遇，陛下嗣徽，特蒙眷齒，由是感激，委質聖朝，雖懷犬馬之誠，遂無塵露之益。年向九十，生理殆盡，永絕天光，淪沒丘壑，謹冒奉表，傷心久之。（宋書王敬弘傳：二十三年，重申前命，又表。）

奏請徵王弘之郭希林

聖明司契，載德惟新，垂鑑仄微，表揚隱介，默語仰風，荒遐傾首。前員外散騎常侍琅邪王弘之，恬漠丘園，放心居逸，前衞將軍參軍武昌郭希林，素履純潔，嗣徽前武，並擊壤聖朝，未蒙表飾。宜加旌聘，賁於丘園，以彰止遜之美，以祛動求之累。臣愚謂弘之可太子庶子，希林可著作郎。（宋書王弘之傳：弘之家在會稽上虞，從兄敬弘爲吏部尚書，奏云云。）

又陳

弘之高行表於初筮，苦節彰於暮年，今內外晏然，當修太平之化，宜招空谷，以敦沖退之美。（宋書王弘之傳：太祖即位，敬弘爲左僕射，又陳。）

與子恢之書

祕書有限，故有競；朝請無限，故無競。吾欲使汝處於不競之地。（宋書王敬弘傳：子恢之被召爲祕書郎，敬弘爲求奉朝請，與恢之書。）

王昇之

昇之字休道，敬弘第三子。大明初爲光祿勳，累遷至都官尚書。

墾起湖田議

遠廢之疇。方翦荆棘。率課窮乏。其事彌難。貧徒粗立。徐行無晚。宋書孔季恭傳。大明初。孔靈符爲丹陽尹。表徙無貲之家於餘姚鄞鄮三縣界墾起湖田。光祿勳王昇之議

全宋文卷十七終

全宋文卷十八

烏程嚴可均校輯

王弘

弘字休元，敬弘從弟，晉司徒珣子。隆安末為會稽王道子驃騎參軍主簿。義熙初為武帝鎮軍諮議參軍，封華容縣侯，遷琅邪王大司馬從事中郎，出為寧遠將軍、琅邪內史，尚書吏部郎中、豫章相，復為武帝中軍諮議參軍，遷大司馬右長史，轉吳國內史，徵為太尉長史，轉左長史，領彭城太守。宋國建，遷尚書僕射，領選，又遷監江州豫州之西陽新蔡二郡諸軍事、撫軍將軍、江州刺史。武帝受禪，加散騎常侍，封華容縣公，進號衛將軍開府儀同三司。文帝即位，進司空，封建安郡公，固辭，加使持節侍中，進號車騎大將軍開府，刺史如故。尋徵為侍中、司徒、揚州刺史、錄尚書，以大旱遜位，降為衛將軍。元嘉九年進太保，領中書監。卒，謚曰文昭。有集二十卷。

全宋文卷十八　王弘　一

開廣陵前浦表

伏聞廣陵前浦，榛蕪歷久，近復開除，清源虛豁，含明內鑒，瑞以數致，象以類應。夫如是者，鸞鷟鳳儀，可佇屬而須矣。藝文類聚九。

謝賜河上梨表

奉賜河上梨一千，遠方味甘，每垂降及，仰被恩榮，俯增祇愧。御覽九百六十九。

辭建安郡公封邑表

臣聞趙武稱隨會夫子之家事治，言於晉國無隱情。臣千載幸會，謬荷榮遇，雖以智能虛薄，政績蔑聞，而言無隱情，竊所庶幾。向令天啟其心，預定大策，而名編司勳，功不見紀，固將請不賞之罪，懸龍蛇之書，豈當稽違成命，苟修小節？但無功勳暴之四海，進闕君子勞心之謀，退徼小人勞力之効，而聖朝僭賞於上，愚臣苟忝於下，則為厚誣當時，永貽口實，竊財之誚，比此為輕，惟塵盛猷，虧玷為大。微躬所惜，一朝亦盡，非唯仰塵國紀，實亦俯畏友朋，憂心彌疹，胡顏靡託。且凡人之交，尚由知己，況在明主，可用理干？所以敢遂愚狷，守之以死。宋書王弘傳。

到當作致

因大旱引咎遜位

臣聞三才雖殊，其到則一，故世道休明，五福攸應；政有失德，咎徵必顯。臣抑又聞之，台輔之職，論道讚契，上佐人主，燮理陰陽，位以德授，則和氣滔穆；寇竊非據，則譴見於天。是以陳平有辭，不濫主者之局；邴吉停駕，大懼牛喘之由。斯固有國之所同，天人之遠旨。陛下聖哲御世，光隆宜休，徵表祥，醴泉瑞涌，而頃陰陽隔并，亢旱成災，秋無嚴霜，冬無積雪，疾厲之氣，彌歷四時，此豈非任失其人，覆餗之咎？臣以庸短，自畢凡流，謬逢嘉運，叨恩在昔，陛下忘其不腆，又重之以今任，正位槐鼎，統理神州，珥貂衣袞，總錄朝端，內外要重，頓萃微躬，窮極寵貴，人臣莫比。今德居之，猶或難稱，矧伊陋昧，何以克任？此之易了，不俟明識。但受之始，屬值時艱，六戎親戎，憂及社稷，誠是臣下致節忘身之時，當有何心塵撓聖聽，所以僶俛從事，循牆馳驟，志在宣力，慮不及遠。既鯨鯢折首，西夏底定，便宜譴其本懷，避賢謝拙，而常人偷安，日甘一日，實亦仰佩天眷，未能自已。荏苒推遷，忽及三載，遂令負乘之釁，彰著幽明，愆伏之災，患纏氓庶。上缺皇朝緝熙之美，下增官謗覆折之災。伏念惶赧，五情飛散，雖曰厚顏，何以寧處！不遠而復，大義攸稱，小懲大戒，細人之福。近復之美，非所敢觖；懲戒之幸，竊懷庶幾。今履端惟始，朝慶禮畢，朝[illegible]杜門思愆，家巷庶徼塞天譴，少弭謗讟。伏願鑒其所守，即而許之，臨啟愧塞，不自宣盡。宋書王弘傳。

又上表遜位

臣聞異姓為後，宗周之明義；親不在外，有國之所先。故魯長滕君，

全宋文卷十八　王弘　二

春秋所美楚出棄疾前史垂誡剡乃茂親明德道光一時述職侯甸朝政弗及而以庶族庸陋浮華之臣超踰先典居中贊契豈所以憲章古式緝熙治道驃騎將軍臣義康徽猷遠邈明德弼劭敷政江漢化被荆南搢紳屬情想樂當務周旦之寄不謀同詞分陝雖重比此爲輕臣實空闇階恩踰越偷積素餐仰玷盛化公私二三無一而可昔孫叔未進優孟見歌展季在下臧文貽譏況道隆地昵義兼前禮臣於古人無能爲役負乘竊位萬物謂何雖曰厚顏胡盜以處斯亡之懼實疚其心乞解州錄以允民望伏願陛下遠存至公近鑑丹款俯順朝野改授親賢豈惟下臣獲免大戾凡厥衆隸孰不慶幸若天眷罔已貺復遲回請出臣表遂聞內外朝議輿誦或有可擇宋書王弘傳

又表遜位

近冒表聞披陳愚管實冀天鑒體其至誠而奉被還詔未蒙酬察徒塵聖覽仰延優旨顧影慚惶罔識攸厝臣忝荷要重四載於今既違前史量力之誡又微古人進賢之美尸位固寵日積官謗旋觀周行興愧已厚況在親賢朝野歸德甫思引身曷云能補惟塵大典虧喪已多不悟天眷之隆復垂恩獎名器弗改蒙寵如舊感愚自揆芒若無涯臣義康既總錄百揆毗贊盛化忝廁下風諮憑有所內朝細務庶可免竭神州任重望實兼該臣何人斯寇竊不已爲爾推遷覆敗將及就無人事之舋必有陰陽之患伏念惟憂疹如疾首不知何理可以自安但成旨已決渙汗難反加臣懦劣少無此志進不能抗言陳辭以死自固退不能重繭置冰鮮食爲癃祇畏天威遂復俛仰至於綱督所部料綜文案曹局吏役所須不多其餘文武皆爲冗長相府初建或有未充請留職僚同事而已自此以外及諸資實一送司徒臣受恩深重休戚是預義無虛飾苟自貶損伏願聖察特垂許順不令誠訴其見抑奪宋書王弘傳

陳會稽王道子請建屯田 晉隆安中

近面所諮立屯田事已具簡聖懷南畝事興時不可失宜早督田畯以要歲功而府資單刻控引無所雖復厲以重勸肅以嚴威適足令囹圄充積而無救於事實也伏見南局諸冶募吏數百雖資以廩膳收入甚微愚謂若回以配農必功利百倍矣然軍器所須不可都廢今欲留銅官大冶及都邑小冶各一所重其功課一準揚州州之求取亦當無乏餘者罷之以充東作之要又欲二局田曹各立典軍募吏依冶募比例并聽取山湖人此皆無損於私有益於公者也其中亦應疇量分判番假及給廩多少自可一以委之本曹親局所統必當練悉且近東曹板水曹參軍納之領此任其人頗有幹能自足了其事耳頃年以來斯務弘廢田蕪廩虛實亦由此弘過蒙飾擢志輸短効豈可相與寢默有懷弗聞邪至於當否尊自當裁以遠鑒若所啟謬允者伏願便以時施行庶歲有務農之勤倉有盈廩之實禮節之興可以垂拱待也宋書王弘傳

奏彈謝靈運 宋國初建

臣聞閑厥有家垂訓大易作威專戮致誡周書斯典或違刑茲無赦世子左衛率康樂縣公謝靈運力人桂興淫其嬖妾殺興江涘棄尸洪流事發京畿播聞遐邇宜加重劾肅正朝風案世子左衛率康樂縣公謝靈運過蒙恩獎頻叨榮授聞禮知禁爲日已久而不能防閑閫闈致茲紛穢罔顧憲軌忿殺自由此而勿治典刑將替請以事見免靈運所居官上臺削爵土收付大理治罪御史中丞都亭侯王准之顯居要任邦之司直風聲噂喈曾不彈舉若知而弗糾則情法斯撓如其不知則尸昧已甚豈可復預班清階式是國憲請免所居官以侯還散輩中內臺舊體不得用風聲舉彈此事彰赫曝之朝野執憲蔑聞群司循舊國典既頹所虧者重臣弘忝承人乏位副朝端若復謹守常科則終莫之糾正所以不敢

拱默，自同秉彝，違舊之愆，伏須準裁。（宋書王弘傳。）

上言定丁役

舊制，民年十三半役，十六全役。當以十三以上，能自營私及公，故以充役。而考之見事，猶或未盡。體有彊弱，不皆稱年。且在家自隨，力所能堪，不容過苦。移之公役，動有定科，循吏隱恤，可無其患，庸宰守常，已有勤劇，況值苛政，豈可稱言。乃有務在豐役，增進年齒，孤遠貧弱，其敝尤深。至令依寄無所，生死靡告，一身之切，逃竄求免，家人遠計，胎孕不育，巧避羅憲，實亦由之。今皇化惟新，四方無事，役召之應，存乎消息。十五至十六，宜爲半丁，十七爲全。（宋書王弘傳，南史二十一。案，通典七作大明中王敬弘上言。案，弘卒於元嘉九年，敬弘卒於元嘉二十四年，而言大明中，誤也。）

與八座丞郎疏

同伍犯法，無士人不罪之科。然每至詰謫，輒有請訴。若垂恩宥，則法廢不可行；依事糾責，則物以爲苦怨。宜更爲其制，使得憂苦之

衷也。又主守偷五匹，常偷四十匹，並加大辟，議者咸以爲重，宜進主偷十匹，常偷五十匹死，四十匹降以補兵。既得小寬民命，亦足以有懲也。想各言所懷。（宋書王弘傳。弘爲衞將軍，與八座丞郎疏。案，此疏乃是與同官書札也，通典一百六十四以爲上書，一百七十以爲上疏，皆誤。）

刑法議

尋律令，既不分別士庶，又士人坐同伍罹謫者，無處無之，多爲時恩所宥，故不盡親謫耳。吳及義興適有許陸之徒，以同符合給，二千石論啟丹書。已未間，會稽士人云：十數年前，亦有四族坐此被責，以時恩獲停。而王尚書云：人舊無同伍坐。所未之解，恐莅任之日，偶不值此事故邪？聖明御世，士人誠不憂至苦，然要須臨事論通，上干天聽，爲紛擾，不如近爲定科，使輕重有節也。又尋甲符制，蠲士人，不傳符耳。令史復除，亦得如之，共相押領，有違糾列，了無等衰，非許士人閭里之外也。諸議云：士庶緬絶，不相參知，則士人犯法，庶民得不知；若庶民不許不知，何許士人不知？小民自非超然簡獨，永絶塵粃者，比門接棟，小以爲意，終自聞知，不必須日夕來往也。右丞百司之言，粗是其況。如衰陵士人，實與里巷關通，相知情狀，乃當於冠帶小民。今謂之士人，便無小人之坐；署爲小民，輒受士人之罰。於情於法，不其頗歟？且都令不及士流，士流爲輕，則小人令使徵預其罰，便事至相糾，閭伍之防，亦爲不同。謂士人可不受同伍之謫耳，罪其奴客，庸何傷邪？無奴客，可令輸贖。有修身閭閻，與羣小實隔，又或無奴僮爲衆所明者，官長二千石便當親臨列上，依事遣判。又主守偷五匹，常偷四十匹，並加大辟，議者咸以爲重。弘以爲聽見優量者，實以小吏無知，臨財易昧，或由疏慢，事蹈重科，求之於心，常有可愍，故欲小進匹數，寬其性命耳。宜進主守偷十匹，常偷五十匹死，四十匹降以補兵。至於官長以上，荷蒙禄榮，付以局任，當正己明憲，檢下防非，而親犯科律，亂法冒

利，五匹乃以爲弘矣。士人無私相偷四十匹理，就使至此，致以明罰，固其宜耳，並何容復加哀矜。且此輩士人，可殺不可謫，有如諸論，本意自不在此也。近聞之道路，聊欲共論，不呼乃爾難精。既衆議糾紛，將不如其已，若呼不應停寢，謂宜集議奏聞，決之聖旨。（宋書王弘傳，南史二十一。）

與謝靈運書問辨宗論義

論曰：由教而信，有日進之功；非漸所明，無入照之分。問曰：由教而信，而無入照之分，則是闇信聖人。若闇信聖人，理不關心，政可無非聖之尤，何由有日進之功？

論曰：暫者假也，眞者常也；假知無常，常知無假。又曰：假知累伏，理暫爲用，用暫在理，不恒其知。問曰：暫知爲假知者，則非不知矣。但見理尚淺，未能常用耳。雖不得與眞知等照，然蓋無入照之分邪？若暫知未是見理，豈得云理暫爲用者？又不知以何稱知。

矣當作失

論曰。教爲用者心日伏。伏累彌久。至於滅累。問曰。敎爲用而累伏。爲云何伏耶。若都未見理。專心闇信。當其專心。唯信而已。謂此爲累伏者。此是慮不能竝。爲此則彼廢耳。非爲理累相權。能使累伏也。凡厥心數。孰不皆然。如此之伏。根本未異。一倚一伏。循環無已。雖復彌久。累何由滅。

弘白。一悟之談。常謂有心。但未有以折中異同之辯。故難於厝言耳。尋覽來論。所釋良多。然猶有未好解處。試條如上。爲呼可容此疑不。既欲使彼我意盡。覽者洽然。後對無兆。兼當造膝。執筆增懷。眞不可言。王弘敬謂。（廣弘明集二十。）

答謝靈運書

更尋前荅。起悟亦不知所以爲異。正當爾耳。已送示生公。此間道人故有小小不同。小涼當共面盡。脫有厝言。更白。面寫未由。寄之於此。所散猶多。（廣弘明集二十。）

王曇首

曇首。弘少弟。義熙中辟琅邪大司馬屬。尋爲文帝冠軍功曹。及移鎭江陵。以爲長史。永初初。隨府轉鎭西長史。文帝即位。進侍中。領右衞將軍。尋領驍騎將軍。遷太子詹事。元嘉七年卒。贈左光祿大夫。加散騎常侍。九年追封豫寧縣侯。謚曰文侯。有集二卷。

南臺不開門啟

既無墨敕。又闕幡棨。雖稱上旨。不異單刺。元嘉二年。雖有再開門例。此乃前事之違。今之守舊。未爲非禮。但既據舊使應有疑。卻本末。曾無此狀。猶宜反咎。其不請白虎幡銀字棨。致門不時開。由尚書相承之矣。亦合糾正。（宋書王曇首傳。元嘉四年。車駕出北堂。嘗使三更竟開廣莫門。南臺云。應須白虎幡銀字棨。不肯開門。尚書左丞羊玄保奏免御史中丞傅隆以下。曇首繼啟。）

與釋某書

昨服散差可。然不過佳。請示所宜。如更增劇。恐難爲力耳。未能合遣俗。有餘念故耳。王曇首和南。（湻化閣帖三。）

王華

華字子陵。弘從祖弟。晉司徒左長史廞子。義熙末爲武帝鎭西主簿。治中從事史。元熙中爲文帝西中郎主簿。遷咨議參軍。領錄事。宋受禪。隨府轉鎭西參軍。及即位。以爲侍中。領驍騎將軍。未拜。轉右衞將軍。遷護軍。元嘉四年卒。追贈散騎常侍衞將軍。九年追封新建縣侯。謚曰宣侯。

建議勸文帝就徵

羨之等受寄崇重。未容便敢背德。廢主若存。慮其將來受禍。至此殺害。蓋由每生情多。寧敢一朝頓懷逆志。且三人勢均。莫相推伏。不過欲握權自固。以少主仰待耳。今日就徵。萬無所慮。（宋書王華傳。太祖入奉大統。以少帝見害。疑不敢下。華建議云云。太祖從之。案。三人者。謂徐羨之傅亮謝晦也。）

王韶之

韶之字休泰。弘從弟。晉驃騎將軍廙曾孫。初爲謝琰衞軍參軍。除著作佐郎。領西省事。轉中書侍郎。恭帝即位。遷黃門侍郎。領著作郎。西省如故。宋受禪。加驍騎將軍本郡中正。少帝即位。遷侍中。出爲吳興太守。文帝時徵爲祠部尚書。加給事中。免。又出爲吳興太守。元嘉十二年卒。有集二十四卷。（案。隋志重出。前作十九卷。後作二十四卷。）

詠雪離合

霰先集兮雪霏霏。散輝素兮被詹庭。曲室寒兮朔風厲。川陸涸兮百籟鳴。（御覽十二。）

爲晉恭帝禪詔

夫天造草昧。樹之司牧。所以陶鈞三極。統天施化。故大道之行。選賢與能。隆替無常期。禪代非一族。貫之百王。由來尚矣。晉道陵遲。

仍世多故。爰暨元興。禍難既積。至三光貿位。冠履易所。安皇播越。宗祀墮泯。則我宣元之祚。永墜於地。顧瞻區域。蕩焉已傾。相國宋王。天縱聖德。靈武秀世。一匡頹運。再造區夏。固已興滅繼絕。舟航淪溺矣。若夫仰在璿璣。旁穆七政。薄伐不庭。開復疆宇。遂乃三俘僞主。開滌五都。雕顏卉服之鄉。龍荒朔漠之長。莫不迴首朝陽。沐浴玄澤。故四靈效瑞。川岳啟圖。嘉祥雜遝。休應炳著。玄象表革命之期。華裔注樂推之願。代德之符。著乎幽顯。瞻烏爰止。允集明哲。夫豈延康有歸。咸熙告謝而已哉。昔火德既微。魏祖底績。黃運不競。三后肆勤。故天之歷數。實有攸在。朕雖庸闇。昧於大道。永鑒廢興。爲日已久。念四代之高義。稽天人之至望。予其遜位別宮。歸禪於宋。一依唐虞漢魏故事。宋書武帝紀中。案王韶之傳云。恭帝即位。遷黃門侍郎。領著作郎。凡諸詔奏皆其辭也。

禪策

咨爾宋王。夫玄古權輿。悠哉邈矣。其詳靡得而聞。爰自書契。降逮三五。莫不㠯上聖君四海。止戈定大業。然則帝王者。宰物之通器。君道者。天下之至公也。昔在上葉。深鑒玆道。是㠯天祿既終。唐虞弗得傳其嗣。符命來格。舜禹不獲全其謙。所㠯經緯三才。澄序彝化。作範振古。垂風萬葉。莫尚於玆。自是厥後。歷代彌劭。漢既嗣德於放勳。魏亦方軌於重華。諒㠯協謀乎人鬼。而㠯百姓爲心者也。昔我祖宗欽明。辰居其極。而明晦代序。盈虧有期。翦商兆禍。非唯一世。曾是弗克。伊在今。天之所廢。有自來矣。惟王體上聖之姿。苞二儀之德。明齊日月。道合四時。乃者社稷傾覆。王拯而存之。中原蕪梗。又濟而復之。自負固不賓。干紀放命。肆逆滔天。竊據萬里。靡不潤之㠯風雨。震之㠯雷霆。九伐之道既敷。八法之化自理。豈伊博施於民。濟斯黔庶。固已義洽四海。道威八荒者矣。至於上天垂象。四靈效徵。圖讖之文既明。人神之望已改。百工歌於朝。庶民頌於野。億兆抃踊。傾佇惟新。自非百姓樂推。天命攸集。豈伊在予。所得獨專。是用仰祇皇靈。俯順羣議。敬禪神器。授帝位於爾躬。大祚告窮。天祿永終。於戲。王其允執其中。欽遵典訓。副率土之嘉願。恢洪業於無窮。時膺休祐。㠯荅三靈之眷望。宋書武帝紀中。南史一。

璽書禪位

蓋聞天生蒸民。樹之㠯君。帝皇寄世。實公四海。崇替係於勳德。升降存乎其人。故有國必亡。卜年著其數。代謝無常。聖哲握其符。昔在上世。三聖係軌。疇咨四嶽。㠯弘揖讓。惟先王之有作。永垂範於無窮。及劉氏致禪。實堯是法。有魏告終。亦憲茲典。我世祖所㠯撫歸運而順人事。乘利見而定天保者也。而道不常泰。戎夷亂華。喪我洛京。蹙國江表。仍遘否運。淪沒相因。逮於元興。遂傾宗祀。幸賴神武光天。大節宏發。匡復我社稷。重造我國家。惟王聖德欽明。則天光大。應期誕載。明保王室。內紓國難。外播宏略。誅大憝於漢陽。

遘僭盜於沂洛。澄氛西岷。肅清南越。再靜江湘。拓定樊沔。若乃永懷區宇。思一聲教。王師首路。則伊洛澄流。稜威崤潼。則華嶽褰霧。僞酋銜璧。咸陽即序。雖彝器所銘。詩書所詠。庸勳之盛。莫之與二也。遂偃武脩文。誕敷德政。八統㠯馭萬民。九職㠯刑邦國。思兼三王。㠯施四事。故能信著幽顯。義感殊方。自歷世所賓。舟車所暨。靡不謳歌仁德。抃舞來庭。朕每敬惟道勳。永察符運。天之歷數。實在爾躬。是㠯五緯升度。屢示除舊之迹。三光協數。必昭布新之祥。圖讖禎瑞。皎然斯在。加㠯龍顏英特。天授殊姿。君人之表。煥如日月。傳稱惟天爲大。惟堯則之。詩云有命自天。命此文王。夫或躍在淵者。終饗九五之位。勳格天地者。必膺大寶之業。昔土德告沴。傳胙於我有晉。今歷運改卜。永終於茲。亦㠯金德而傳於宋。仰四代之休義。鑒明昏之定期。詢於羣公。爰逮庶尹。咸曰休哉。罔違朕志。今遣使持節兼太保散騎常侍光祿大夫澹。兼太尉尚書宣範。奉皇帝璽綬受終之禮。一如唐虞漢魏故事。王其允荅人祇。君臨萬國。時膺靈祉。酬於上天之眷命。宋書武帝紀中。

請定不贖罪四條啟

尚書金部奏事如右。斯誠檢忘一時權制。懼非經國弘本之令典。臣尋舊制。以罪補士。凡有十餘條。雖同異不紊。而輕重實殊。至於詐列父母死。誣罔父母淫亂。破義反逆。此四條實窮亂抵逆。人理必盡。雖復殊刑過制。猶不足以塞莫大之罪。既獲全首領。大造已隆。寧可復遂拔徒隸。緩帶當年。自同編戶。列齒齊民乎。臣懼此制永行。所虧實大。方今聖化惟新。崇本棄末。一切之令。宜加詳改。愚謂此四條不合加贖罪之恩。宋書王韶之傳。高祖受禪。有司奏東冶士朱道民禽三叛士。依例放遣。韶之啟。

駁王寔之請假事

伏尋舊制。羣臣家有情事。聽併急六十日。太元中改制。年賜假百

日。文居在千里外。聽併請來年限。合爲二百日。此蓋一時之令。非經通之旨。會稽雖途盈千里。未足爲難。百日歸休。於事自足。若私理不同。便應自表陳解。豈宜名班朝列。而久淹私門。臣等參議。謂不合開許。或家在河洛及嶺沔漢者。道阻且長。猶宜別有條品。請付尚書。詳爲其制。宋書王韶之傳。

臨郡察潘綜吳逵孝廉教

孝廉之選。必審其人。雖四科難該。文質寡備。必能孝義邁俗。拔萃著聞者。便足以顯應明敭。允將符旨。烏程潘綜守死孝道。全親濟難。烏程吳逵義行純至。列墳成行。咸精誠內淳。休聲外著。可並察孝廉。并列上州臺。陳其行迹。宋書潘綜傳。

全宋文卷十八終

全宋文卷十九

烏程嚴可均校輯

王淮之

淮之字元曾（南史作元魯），弘從子。晉御史中丞訥之孫。初爲本國右常侍。行桓玄大將軍參軍。玄篡位，以爲尚書祠部郎。義熙初爲尚書中兵郎，遷武帝車騎中軍參軍、丹陽丞、太尉中軍主簿。出爲山陰令，與討盧循功，封都亭侯。又爲武帝鎮西平北太尉參軍、尚書左丞、本郡大中正。宋臺建，除御史中丞，坐謝靈運殺人不舉，免官。武帝受禪，拜黃門侍郎，遷司徒左長史，出爲始興太守。文帝即位，還江夏王義恭撫軍長史、歷陽太守，入爲侍中，徙都官尚書，改領吏部，出爲丹陽尹。元嘉十年卒，贈太常。（案王淮之，宋書目錄作准之，梁書王僧儒祖淮，宋司徒左長史，東海郯人，非即此。）

奏請三年之喪用鄭義

鄭玄注禮，三年之喪二十七月而吉，古今學者多謂得禮之宜。晉初用王肅議，祥禫共月，故二十五月而除，遂以爲制。江左以來，唯晉朝施用之，縉紳之士，猶多遵玄義。夫先王制禮，以大順羣心，喪也寧戚，著自前訓。今大宋開泰，品物遂理，愚謂宜同即物情，以玄義爲制，朝野一禮，則家無殊俗。（宋書王淮之傳，永初二年奏。又南史二十四，又通典八十，永初元年黃門侍郎王淮之奏。）

刑法議

昔爲山陰令，士人在伍，謂之押符，同伍有愆，得不及坐，士人有罪，符伍糾之。此非士庶殊制，實使即刑當罪耳。夫束脩之胄，與小人隔絶，防檢無方，宜及不逞之士，事接羣細，既同符伍，故使糾之。於時行此，非唯一處。左丞議奴客與鄰伍相關，可得檢察，符中有犯，使及刑坐，即事而求，有乖實理。有奴客者，類多使役，東西分散，住家者少，其有停者，左右驅馳，動止所須，出門甚寡，典計者在家，十

無其一，奴客坐伍，濫刑必衆，恐非立法當罪本旨。右丞議士人犯偷，不及大辟者，宥補兵，雖欲弘士，懼無以懲邪，乘理則君子違之，則小人制嚴於上，猶冒犯之，以其宥科，犯者或衆，使畏法其心，乃所以大宥也。且士庶異制，意所不同。（宋書王弘傳，弘與八座丞郎疏，左丞江奧、右丞孔默之、尚書王淮之、殿中丞謝元、吏部尚書何尚之皆有議。）

王微

微，弘從子。元嘉初爲廷尉，出爲交州刺史。

芍藥華賦

原夫神區之麗草兮，憑厚德而挺授。翕光液而發藻兮，颺暐而振秀。（藝文類聚八十一。）

野鴛賦

翾翾雙鴛，體蕞羽微，和鳴愧雁，麗采慚翬。仰鵠推高，瞻隼憚威。違時弄音，假日于飛。爾乃湛淡揚瀾，俛仰威嘻，心矜遠野，意惕近洲。（藝文類聚九十一。）

與何偃書

吾與義興，直恨相知之晚。每惟君子知我，若夫嘉我小善，矜余不能，惟賢叔耳。（宋書何尚之傳，偃叔父悠之爲義興太守，侍中太常，與琅邪王微相善，悠之卒，微與偃書。）

王微

微字景玄，弘弟子。爲司徒祭酒，轉主簿，始興王濬後軍功曹記室參軍，太子中舍人，始興王友。以父孺憂去官。服闋，除南平王鑠右軍諮議參軍，不就。仍除中書侍郎，又擬南琅邪義興太守，又吏部尚書江湛舉爲吏部郎，皆不就。元嘉二十年卒，年二十九。孝武即位，追贈祕書監。有集十卷。

與江湛書

弟心病亂度，非但蹇躄而已。此處朝野所共知，驟會忽扣華門，閭里咸以爲祥怪。君多識前世之載，天値何其易傾，弟受海內駭笑，

不過如燕后禿鶖邪。未知君何以自解於亘史邪。今雖王道鴻暢，或有激朗於天表，必欲探潛援寶，傾海求珠，自可卜肆巫祠之間，馬棧牛口之下，賞劇孟於博徒，拔卜式於芻牧，亦有西戎孤臣，東都戍士，上窮範馳之御，下盡詭遇之能，兼鱗雜襲者，必不乏於世矣。且盧於承明署乎，金馬皆明察之官，又賢於管庫之末，何爲劫勤通家疾病人，塵穢難甚之選，將以靖國，不亦益醬乎。書云：任官惟賢才，而君擢士先疹廢，尪尪棫樸，似不如此。且弟曠違兄姊，迄將十載，姊時歸來，終不任輿曳入閤，兄守金城，永不堪扶抱就路。若不懲疾，非性僻而何，此君日表裏無假，長目飛耳也。常謂生遭太公，將卬華士之戮，幸遇管叔，必蒙僻儒之養。光武以馮衍才浮其實，故棄而不齒，諸葛孔明云，來敏亂羣，過於孔文舉，況無古人之才概，敢干周漢之常刑。彼二三英賢，足爲曉治與否，恐君逢此時，或亦不免高閣，乃復假名不知己者，豈欲自比衛賜邪。君欲高斅山公，而以仲容見處，徒以攪提禮樂，本不參選部，夫瞻彼固不任下走，未知新沓何如州陵耳。而作不師古，坐亂官政，誣飾蚯蚓，冀招神龍，如復託以眞素者，又不宜居華留名，有害風俗，君亦不至期人如此，若交以爲人賜，舉未以己勞，則商販之事，又連所不忍聞也，豈謂不肖易權，貪者可誘，凡此數者，君必居一焉，雖假天口於齊騈，藉鬼說於周季，公孫碎毛髮之文，莊生縱漭瀁之極，終不能舉其契爲之辭矣。子將明魂，必靈哈於萬里，汝穎餘彥，將拂衣而不朝。浮華一開，風俗或從此而奏。鬼谷以揣情爲最難，何君忖度之輕謬。今有此書，非敢叨擬中散，誠不能顧影負心，純盜虛聲，所以綿格累紙，本不營尙書虎爪板也。成童便往來居舍，晨省復經周旋，加有諸甥，亦何得頓絕慶弔，然生平之意，自於此都盡。君平公云：生我名者殺我身，天爵且猶滅名，安用吏部郎哉。其舉可便其事不經，非獨縉紳者不道，僕妾皆將笑之，忽忽不樂，自知

此當作比

格當作絡

壽不得長，且使千載知弟不詐讓耳。（宋書王微傳：吏部尚書江湛舉微爲吏部郎，微與湛書。又略見藝文類聚四十八。）

與從弟僧綽書

吾雖無人鑒，要是早知弟，每共宴語，前言何嘗不以止足爲貴，且持盈畏滿，自是家門舊風，何爲一旦落漠至此，當局苦迷，將不然邪。詎容都不先聞，或可不知耳。衣冠胄胤，如吾者甚多，才能固不足道，唯不傾側溢詐，士頗以此容之，至於規矩細行，難可詳料，疹疾日滋，縱肆益甚，人道所貴，廢不復脩。幸值聖明兼容，置之教外，且舊恩所及，每蒙寬假，吾亦自揆疾疹重侵，難復支振，民生安樂之事，心死久矣。所以解日偷存，盡於大布糲粟，半夕安寢，便以自度。血氣盈虛，僅復稍道長，以大散爲和羹，弟爲不見之邪。疾廢居然，且事一已上，不足敗俗傷化，下不至毁辱家門，泊爾尸居，無方待化，凡此二三，皆是事實，吾與弟書，不得家中相欺也。州陵此舉爲無所因，反覆思之，了不能解，豈見吾近者諸牋邪。良可怪笑，吾少學作文，又晚節如小進，使君公欲民不偷，每加存飾，訓對尊貴，不厭敬恭，且文詞不怨思抑揚，則流澹無味，文好古，貴能連類可悲，一往視之，如似多意，當見居非求志，清論所排，便是通辭訴屈邪。爾者眞可謂眞素寡矣。其數旦見客，小防自來，盈門亦不煩燭，舉吉也。此輩乃云語勢所至，非其要也。弟無懷居，今地萬物初不以相非，然魯器齊虛，實宜書紳。今三署六府之人，誰表裏此內，儻疑弟豫有力於素論，何如哉。則吾長拖不死，終誤盛壯也。江不過彊吹拂吾云是巖穴人，巖穴人情所高，吾得當此，則雞鶩變作鳳皇，何爲干飾廉隅，秩秩見於面目，所惜者大耳。諸舍闔門皆蒙時私，此既未易陳道，故常因含聲不言，至兄弟尤爲叨竊，臨海頻煩二郡，謙亦越進淸階，吾高枕家巷，遂至中書郎，此足以闔棺矣。又前年優旨，自弟所宣，雖夏后無辜，人周宜及，鰥寡不足過也。語皆

燭當作獨

無當作撫

循檢校迹。不爲虛飾也。作人不阿諛。無緣頭髮見白。稍學諂詐。且吾何以爲。足不能行。自不得出戶。頭不耐風。故不可扶曳。家本貧餧。至於惡衣蔬食。設使盜跖居此。亦不能兩展其足。妄意珍藏也。正令選官設作此舉。於吾亦無劒戟之傷。所以懃懃畏人之多言也。管子晉賢。乃關人主之輕重。此何容易哉。州陵亦自言視明聽聰。而返區區飾吾何辯。致而下英俊。夫奇士必能居深藏。與蛙蝦爲伍。於動其猶難之。林宗輩不足識也。似不胷曉曉。奉牋記。彫琢獻文章。居家近市廛。親戚滿城府。吾猶自知袁陽源輩當平此不飾。詐之與直。獨兩不關吾心。又何所耿介。弟自宜以解塞羣賢矣。兼恐怒此言自爾。家任兄故能也。日日望弟來。屬病終不起。何意向與江書。粗布胸心。無人可寫比面。乃具與弟書。便覺成本。以當半日相見。吾既惡勞。不得多語。樞機幸非所長。相見亦不勝讀此書也。親屬欲見。自可示。無急付手。宋書王微傳。微既爲始興王濬府吏。濬數相存慰。微奉荅牋書。輒飾以辭采。微爲文古甚。頗抑揚。袁淑見之。謂爲訴屈。微因此又與從弟僧綽書。又略見藝文類聚四十八。

報何偃書

卿昔稱吾於義興。吾常謂之見知。然復自怪鄙野。不參風流。未有一介熟悉於事。何用獨識之也。近日何見綽送卿書。雖知如戲。知卿固不能相哀。苟相哀之。未知何相期之可論。卿少陶玄風。淹雅脩暢。自是正始中人。吾眞庸性人耳。自然志操不倍王樂。小兒時尤麤笨無好。常從博士讀小小章句。竟無可得。口吃不能劇讀。遂絕意於尋求。至二十左右。方復就觀小說。往來者見牀頭有數帙書。便言學問。試就檢。當何有哉。乃復持此擬議人。邪尚獨愧笑揚子之褒贍。猶恥辭賦爲君子。若吾篆刻。菲亦甚矣。卿諸人亦當尤以此見議。或謂言深博。作一段意氣。鄙薄人世。初不敢然。是以每見世人文賦書論。無所是非。不解處。即日借問。此其本心也。至於生平好服上藥。起年十二時。病虛耳。所撰服食方中。粗言之矣。自此始信攝養有徵。故門冬昌朮。隨時參進。寒溫相補。欲以扶護危羸。見冀白首。家貧乏役。至於春秋令節。輒自將兩三門生。入草采之。吾實倦遊醫部。頗曉和藥。尤信本草。欲其必行。是以躬親。意在取精。世人便言希仙好異。矯慕不羈。不同家頗有罵之者。又性知畫繢。蓋亦鳴鵠識夜之機。盤紆糾紛。或記心目。故兼山水之愛。一往迹求。皆仿像也。不好諂人。能忘榮以避權右。宜自密應對舉止。因卷慚自保。不能勉其所短耳。由來有此數條。二三諸賢因復架累。致之高塵。詠之清壑。瓦礫有資。不敢輕廁金銀也。而頃年嬰疾。沈淪無已。區區之情。悽於生存。自恐難復。而先命猥加。魂氣褰薾。常人不得作常自處疾苦。正亦臥思已熟。謂有記自論。既仰天光。不夭庶類。兼望諸賢共相哀體。而卿首唱誕言。布之翰墨。萬石之愼。或未然邪。好盡之累。豈其如此。綽大駭歎。便是闔朝見病者。吾本儋人。加疹意惛。一旦聞此。便惶怖矣。五六日來。復苦心痛。引喉狀如匈中悉癰。甚自憂。力作此荅。無復條貫。貴布所懷。落漠不舉。卿既不可解。立欲便別。且當笑。宋書王微傳。時論者或云微之見舉。廬江何偃亦薦其議。慮爲微所咎。與書自陳。微報之。

以書告弟僧謙靈

弟年十五。始居宿於外。不爲察慧之譽。獨沈浮好書。聆琴聞操。輒有過目之能。討測文典。斟酌傳記。寒暑未交。便卓然可述。吾長病。或有小間。輒稱引前載。不異舊學。自爾日就月將。著名邦黨。方隆夙志。嗣美前賢。何圖一旦冥然長往。酷痛煩冤。心如焚裂。尋念平生。裁十年中耳。然非公事。無不相對。一字之書。必共詠讀。一句之文。無不研賞。濁酒忘愁。圖籍相慰。吾所以窮而不憂。實賴此耳。奈何罪酷。煢然獨坐。憶往年散發。極目流涕。吾不舍日夜。又恆慮吾羸病。豈圖奄忽。先歸冥冥。反覆萬慮。無復一期。音顏髣髴。觸事歷然。弟今何在。令吾悲窮。昔仕京師。分張六旬耳。其中三過誤云今日何意不來。鍾念懸心。無物能譬。方欲共營林澤。吕送餘年。念茲有何罪戾。見此夭酷。沒於吾手。觸事痛恨。吾素好醫術。不使弟子得全。又尋思不精。致有枉過。念此一條。特復痛酷。痛酷奈何。吾罪奈何。弟爲志奉親。孝事兄順。雖僮僕無所叱咄。可謂君子。不失色於人。不失口於人。沖和淹通。內有皂白。舉動尺寸。吾每咨之。常云兄文骨氣可推。英麗吕自許。又兄爲人矯介。欲過宜每中和。道此猶在耳。萬世不復一見。奈何。唯十紙手迹。封拆儼然。至於思戀不可懷。及聞吾病。肝心寸絕。謂當吕幅巾薄葬之事累汝。奈何反相殯送。弟由來意謂婦人雖無子。不宜踐二庭。此風若行。便可家有孝婦。仲長吕言。亦其大要。劉新婦吕刑傷自誓。必留供養。殷太妃感柏舟之節。不奪其志。僕射篤順。范夫知禮。求得左率第五兒廬位有主。此必何益。冥然之痛。爲是存者意耳。吾窮疾之人。平生意志。弟實知之。端坐向窗。有何慰適。正賴弟耳。過中未來。已自悁望。

今云何得立。自省惛毒。無復人理。比煩冤困憊。不能作刻石文。若靈響有識。不得吾文。豈不爲恨。傷意慮不遂謝能思之如狂。不知所告。諷明書此數紙。無復詞理。略道阡陌。萬不寫一。阿謙何圖至此。誰復視我。誰復憂我。他日賓者三光。割嗜好吕新年。今也唯速化耳。吾豈復支。冥冥中竟復云何。弟懷隨和之寶。未及光諸文章。欲收作一集。不知忽忽當辦此不。今已成服。吾臨靈取常共飲杯酌自釀酒。寧有彷像不。冤痛冤痛。宋書王微傳。弟僧謙亦有才譽。爲太子舍人。遇疾。微躬自處治。而僧謙服藥失度。遂卒。微深自咎恨。發痾不復自治。哀痛謙不能已。吕書告靈。

茯苓讚

皓苓下居。彼紛大觀本草作彬紛。上蔭。中狀雞鳧。具容龜蔡。神侔少司。保延幼艾。終志不移。柔紅可佩。初學記二十七。大觀本草十二。

禹餘糧讚

疏波瀝浸。徒謂範常。沈靈祕用。神哉无方。阡疇不惠。稼穡非芳。明德禹功。信在餘糧。初學記二十。

桃飴讚

阿膠續氣。胡膠屬絃。未若桃飴。越地通天。液首化玉。醜貌定仙。人知暍日。胡不蔭年。初學記二十七。大觀本草二十三。

黃連讚

黃連苦味。左右相因。斷涼滌暑。闡命輕身。縉雲昔御。飛蹕上昊。不行而至。吾聞其人。初學記二十七。大觀本草七。

遺令

薄葬不設轜旐鼓挽之屬。施五尺牀爲靈。二宿便毀。以嘗所彈琴置牀上。何長史來。吕琴與之。宋書王微傳。元嘉二十年卒。時年二十九。僧謙卒後四旬而微終。遺令云云。案何長史者。何偃也。又南史二十一。

王僧達

僧達。弘少子。元嘉中爲始興王濬後軍參軍。遷太子舍人。又遷

洗馬。出爲宣城太守。徙義興。孝武舉義。吕爲長史。加征虜將軍。及即位。吕爲尚書右僕射。尋出爲使持節南蠻校尉。加征虜將軍。不行。補護軍將軍。除吳郡太守。坐事免。除太常。又免。除江夏王義恭太傅長史。臨淮太守。徙太宰長史。遷左衛將軍。領太子中庶子。封寧陵縣侯。遷中書令。有集十卷。

答詔

亡父亡祖。司徒司空。南史二十一。

表謝

不能因依左右。傾意權貴。南史二十一。

上表解職

臣自審庸短。少闕宦情。兼宿抱重疾。年月稍甚。生平素念。願閑衡廬。先朝追遠之恩。早見榮齒。暴者吕親貧須養。僶俛從祿。解褐後府。十有餘旬。饑遷舍人。殆不朝直。實無緣坐鬪寢龍。尸爵家庭。情

計二三屢經聞啓終獲允亮賜反初服還私未用又擢爲洗馬意
旨優隆其令且拜許有郡缺當務處置會琅邪遷改即蒙敕往反
神翰慈誘殷勤令裝成即自隨璽賓往年淪覆長溪因彼散失仰
感沈恩俯銘浮寵臣釁積禍林仍丁艱罰聊及視息即蒙逮問其
啓已奉營情事負辠猥多賜蒞宣城極其窮躓仲春移任方冬便
值虜南侵臣忝同肺腑情爲義動苦求還都侍衛輦轂至止之日
戎旗已搴在郡雖淺而貪得分了方拂農衣還事耕牧宣城民庶
詣闕見請爾時赦亡從兄僧綽宣見耑之旨闔疾寡任野心素積
仍附啓苦乞且旋任還務未期亡兄臣錫奄見棄背啓解奔赴賜
帶郡還都曾未淹積復除義興臣自天飛海泳豈假鱗翼徒思橫
施與日而深自處官以來未嘗有涓豪之積羸疾闇疚又無人一諾
而性狎林水偏愛禽魚議其所託動乖治要故收崖斂分無忘俄
頃實由有待難供上裝未立東郡奉輕西郊祿重具陳斷懇備執

初願罝乞江湘遠郡一二年中庶反耕之日糧藥有寄即蒙亮許
當賜矜擢遭逢厄運天地崩離世蒙聖朝門情之顧及在臣身復
荷殊識義雖君臣恩猶父子臣誠庸蔽心過草木奉諱之日不覺
捐身單軀弱嗣千里共氣纏羅凶塗動臨危盡生微朝露不察如
絲信順所扶得獲全濟再見天地重覩三光於時兄子僧亮等幽
窘醜逆盡室獄戶山川嶮岨吉凶路塞悠遠之思誰能勿勞嘗膽
濡足是其公願分心挂腹實亦私苦幸屬聖武剋復大業宇宙廓
清四表靖晏臣父子叔姪同獲泰辰造情追尋歸骨之本欲以死
明心誠有餘辰情願已展避逆向順終古常節智力無効有何勳
庸而頻煩恩榮動踰分次但忽病之日不敢固辭故吞訴於鵠渚
飲愧於新亭及元凶既殄人神獲乂端右之授即具陳請天慈優
渥每越常倫南蠻護軍旬月私授臣三省非分必致孤負居常輕
任尚懼網墨況參要內職承寵外畿其取覆折不假識見故披誠

啓訴表疏相屬或乞輕高就卑或願以閑易要言誓致苦播於辭
牘誠知固陋當觸明科去歲往年累犯刑禁理無申可罪有恆典
虛穢朝序慚累家業臣甘其終物議其盡陛下棄其身瑕矜其貴
戚迂略法憲曲相全養臣一至之感□此何志利伊恩升加以今
位當時震驚收足失所本忘閑情不敢聞命內慮於己外訪於親
以爲天地之仁施不期報再造之恩不可妄屬故洗拂灰壤登沐
青露上處聖澤下更生辰合芳離蛻遐邇改觀但倫榮託幸忽移
此歲自見妨長轉不可盜宜其沈放志事俱盡伏願陛下承太始
之德加成物之恩反臣狂蔽未至得於榮次自引聖朝厚終始之
惠孤臣保不泯之澤夫讓功爲高臣無功而讓專素爲美臣榮采
已積以是求退誠亦可愍又妻子爲居更無餘累婢僕十餘粗有
田入歲時是課足繼朝昏兼比日眩瞀更甚風虛漸劇湊理合閉
榮衛惛底心氣沖弱神志衰散念此根疵不支歲月公私誠願宜

蒙亮許乞徇餘辰以終瑣運白水皎日不足爲譬願垂矜鑒哀申
此請（宋書王僧達傳）

求徐州啓

臣衰索餘生逢辰籍業先帝追念功臣眷及遺賤飾短捐陋布策
稠采從官委褐十有一載早憑慶泰脫親盛明而有志於學無獨
見之敏有務在身無偏鑒之識固不足建言世治備辯時宜竊以
天恩不可終報尸素難可久處故猖狂蕪謬每陳所懷陛下孝誠
發衷義順動物自龍飛以來實應九服同歡三光再朗而臣假視
巷里借聽民謠黎氓□□□未締其感遠近風議不獲稍進臣所
用夙宵疾首寤寐疚心者也臣取之前載譬之於今當漢文之時可
謂藉已成之業據既安之運重以布衣菲食憂勤治道而賈誼披
露洒誠猶有歎哭之諫況今承顚沛萬機惟始恩未及普信未遑
周臣又聞前達有言天下重器也一安不可卒危一危亦不可卒

安陛下神思淵通亦當鑒之聖慮竊謂今之務惟在萬有爲己家國同憂允彼庶心從民之欲民有吝瘼之聲君表納隍之志下有愆弊之苦上無傒豫之情又應官酌其才爵疇其望與失不賞濫失不刑至若樞任重司藩扞要鎮治亂攸寄動靜所歸百度惟新或可因而弗革事在適宜無或定其出處天下多才在所用之臣非惟寄觀世路謬識其難即之於身詳見其弊何者臣雖得免牆面書不入於學伍行無愆戾自無近於才能直以曆託門世夙列榮齒且近雖奔迸江路歸命南闕竟何功効可以書賞而頻出內寵陛下綢繆敷旬之中累發明詔自非才略有素聲實相任豈可閒而弗驚屨而無懼固宜退省身分識恩之厚不知報荅當在何期夫見危致命死而後已皆殷勤前誥重其忘生臣感先聖格言思在必効之地使生獲其志死得其所如使臣享厚祿居重榮衣狐在熊而無事於世者固所不能安也今四夷猶警國未忘戰攘

髮凶詭尤宜裁防閑者天兵未獲已肆其輕漢之心恐戎狄貪惏猶懷匪遜脫以神州暫擾中夏兵機容或游魂塞內重窺邊壘且高秋在節胡馬興威宜圖其易蚤爲之所臣每一日三省志在報効遠近大小願其所安受效偏方得司者則慮之所無情有不疑若首統軍政董勤天兵既才所不周實誠亦非願陛下矜諒已厚願復曲體此心護軍之任臣不敢處彭城軍府即時過立且臣本在驅馳非希崇顯輕習小號足以自安願垂鑒恕特賜申奬則內外榮荷存沒銘分（宋書王僧達傳）

與沈璞書

足下何如想館舍正安士馬無恙離析有時音旨無日憂詠沈吟增其勞望聞者獯獫扈橫掠剝邊鄙郵販絕塵埛介靡達瞻江眄淮眇然千里吾聞涇陽梗棘伊滑荐遭鳥集紘絕患深自古承知逎昔寇若埸境勝胄朝飡伍甲宵舍烽鼓六爻警羽鏑驟合而足下

砥兵礪伍總厲豪彥師請一奮砥無貳情遂能固孤城覆嚴對陷死地覿生光古之田孫何以尚茲商驛始通粗知梗概崇讚贍智嘉賀文猛甚善甚善吾近以戎暴橫斥規効情命收龜落簪星舍京里既獲遄至胡馬卷迹支離霑德復繼前緒行葦之懽實協初處但乖塗重隔顧增慨涕比恆疾臥憂委兼疊裁書送想無斁久懷（宋書自序）

荅丘珍孫書

褚先生從白雲游舊矣古之逸民或留慮兒女或使華陰成市而此子索然唯朋松石介於孤峯絕嶺者積數十載近故要其來此冀慰日夜比談討芝桂借訪薜蘿若已窺煙液臨滄洲矣知君欲見之輒當申譬（南齊書褚伯玉傳 南史褚伯玉傳）

祭顏光祿文

維宋孝建三年九月癸丑朔十九日辛未王君以山羞野酌敬祭

顏君之靈嗚呼哀哉夫德以道樹禮以仁濤惟君之懿早處飛聲義窮機象文蔽班楊性婞剛潔志度淵英登朝光國實宋之華才通漢魏譽浹龜沙服爵帝典棲志雲阿濤交素友比景共波氣高叔夜嚴方仲舉逸翮獨翔孤風絕侶流連酒德嘯歌琴緒遊顧移年契闊燕處春風首時爰談爰賦秋露未凝歸神太素明發晨駕瞻廬望路心悽目泫情條雲互涼陰掩軒娥月寢耀微燈動光几牘誰炤衾袵長塵絲竹罷調舉恚蘭宇屑涕松嶠古來共盡牛山有淚非獨昊天殲我明懿以此忍哀敬陳奠饋申酌長懷顧望歔欷嗚呼哀哉（文選）

全宋文卷十九終

全宋文卷二十

烏程嚴可均校輯

王景文

景文弘從子。本名彧。避明帝諱。故稱字。元嘉中爲太傅主簿。轉太子舍人。襲伯父智爵建陵子。出爲江夏王義恭始興王濬征北後軍二府主簿、武陵王文學、孝武撫軍記室參軍、南廣平太守。轉諮議參軍。隨府轉安北鎮軍參軍。出爲宣城太守。孝武即位。徙東陽太守。入爲御史中丞祕書監。遷司徒左長史。補散騎常侍。尋復爲左長史。大明中復爲祕書監。太子右衛率侍中。出爲安陸王子綏冠軍長史、輔國將軍、江夏內史、行郢州事。又徵爲侍中、領射聲校尉、右衛將軍、給事中、太子中庶子。前廢帝即位。徙祕書監。出爲江夏王義恭太宰長史、輔國將軍、南平太守。永光初爲吏部尚書。景和初遷右僕射。明帝即位。進尚書僕射。加領左衛將軍。遭父僧朗憂去職。起爲中軍將軍、丹陽尹。兼中書令。出爲安南將軍、江州刺史。服闋。封江安縣侯。進號鎮南將軍。徵爲尚書左僕射、領吏部、揚州刺史。加領中書令。又進中書監、領太子太傅。泰豫元年賜死。贈車騎將軍、開府儀同三司。謚曰懿侯。

自陳求解揚州 泰始中

臣凡猥下劣。方圓無算。特逢聖私。頻叨不次。乘非其任。理宜覆折。雖加恭謹。無補橫至。夙夜燋戰。無地容處。六月中。得臣外甥女殷恒妻蔡疏。欲令其兒啟聞乞祿。求臣署入。云凡外人通啟。先經臣署。於時驚怖。即欲封疏上呈。更思此家落漠。庶非通謏。且廣聽察。幸無復所聞。比日忽得兗州都送迎西曹解季遜板。云是臣屬。既不識此人。即問都顯。方知虛託。此十七日晚。得征南參軍事謝儼口信。云臣使人略奪其婢。臣遣李武之問儼。元由荅云。使人謬誤。誤之與實。雖所不知。聞此之日。唯有憂駭。臣之所知。便有此三變。臣所不覺。尤不可思。若守爵散輩。盜當。招此誠由闇拙。非復可防。自竊州任。倏已七月。無德而祿。其殃將至。且傅職清峻。亢禮儲極。以臣凡走。豈可暫安。荷恩懼罪。不敢執固。焦魂褫氣。憂迫失常。況臣髮醜人羣。病絕力劾。穢朝點列。顧無與等。獨息易駭。慚懼難持。伏願薄回矜愍。全臣身計。大夫之俸。足以自周。久懷欣羨。未敢干請。仰希慈宥。照臣款誠。宋書王景文傳。

與幸臣王道龍書

吾雖寡於行己。庶不負心。既愧殊效。誓不上欺明主。竊聞有爲其貝錦者。云營生乃至巨萬。素無此能。一旦忽致異術。必非平理。唯乞平心精檢。若此言不虛。便宜肆諸市朝。以正風俗。脫其妄作。當賜思罔昧之由。吾踰忝轉深。足以致謗。念此驚懼。何能自測。區區所懷。不願望風容貸。吾自了不作偷。猶如不作賊。故以密白。想爲申啟。宋書王景文傳。

王裕

裕。琅邪臨沂人。仕晉未詳。入宋爲左光祿大夫、儀同三司。致仕。

與子瓚之書

吾欲使汝處不競之地。南齊書王秀之傳。秀之祖裕。性貞正。徐羨之傳亮當朝。裕不與來往。及致仕。隱吳興。與子瓚之書。

宗炳 一

炳字少文。南陽涅陽人。晉太元隆安間。刺史殷仲堪、桓玄辟主簿。舉秀才。不就。義熙中。武帝領荊州。辟主簿。後召爲太尉參軍。又辟太尉掾。宋受禪。徵太子舍人。文帝即位。徵通直郎。東宮建。徵太子中舍人、庶子。衡陽王義季命爲諮議參軍。皆不就。有集十六卷。

評何承天通裴難荀大功嫁女議

御當作衔
輕降之輕當作釐

降大功可嫁子。爲人所疑。云要正以下殤小功不可娶。舉輕以包重。謂長殤大功亦不可嫁者。意謂非也。且子嫁降親生離。恒山之日。禽鳥猶哀。況在人理。其哀既深。則吉實輕。故情安於大功之末。娶納吉慶爲重。吉重故可於小功卒哭。夫舉重之不可。何妨輕者仍自可乎。而反云舉輕明重。其義不例。夫御孔懷之哀。從輕降之命。而與新婚者同。其不可哉。若使親表脱有其例。當斷其可乎。通典六十

荅何衡陽書

所送琳道人白黑論。辭清致美。但吾闇於照理。猶未達其意。既云幽冥之理。不盡於人事。周孔疑而不辨。釋氏辨而不實。然則人事之表。幽闇之理。爲取廓然唯空。爲猶有神明耶。若廓然唯空。衆聖莊老。何故皆云有神。若有神明。復何以斷其不實如佛言。今相與共在常人之域。料度近事。猶多差錯。以陷患禍。及博弈藝。注意

研之。或謂生更死。謂死實生。近事之中。都未見有常得而無喪者。何以決斷天地之外。億劫之表。冥冥之中。必謂所辨不實耶。若推據事不容得實。則疑之可也。今人形至麤。人神實妙。以形從神。豈得齊終。心之所感。崩城隕霜。白虹貫日。太白入昴。氣禁之醫。心作水火冷煖輒應。況今以至明之智。至精之志。專誠妙徹。感以受身。更生於七寶之土。何爲不可實哉。又云析毫空樹。無傷垂蔭之茂。離材虛室。無損輪奐之美。貝錦以繁采發華。和羹以鹽梅致旨。以塞本無之設。又不然矣。佛經所謂本無者。非謂衆緣和合者皆空也。垂蔭輪奐處。物自可有耳。故謂之有諦。性本無矣。故謂之無諦。吾雖不悉佛理。謂此唱居然甚矣。自古千變萬化之有。俄然皆已空矣。當其盛有之時。豈不常有也。必空之實。故俄而得以空耶。亦如惠子所謂物方生方死。日方中方睨。死睨之實。恒預明於未生未中之前矣。愚者不覩其理。唯見其有。故齊侯攝爽鳩之餘。偽而

泣戀其樂。賢者心與理一。故顔子庶乎屢空。有若無。實若虛也。自顔已下。則各隨深淺而昧其虛矣。若又踰下。縱不能自清於至言。以傾愛競之惑。亦何常無髣髴於一毫。豈當反以一火增寒。而更令戀嗜好之欲乎。乃云明無常增渴癃之情。陳苦僞篤競辰之慮。其言過矣。又以舟壑塘驷之論。已盈耳於中國。非理之奥。故不舉爲敎本。謂剖析此理。更由指掌之民。夫舟壑潛謝。佛經所謂見在不住矣。誠能明之。則物我常虛。豈非理之奥耶。蓋悟之者寡。故不以爲敎本耳。支公所謂未與佛同也。何爲以素聞於中國。而蔑其至言哉。又以效神光無徑寸之明。驗靈變無纖介之實。徒稱無量之壽。孰見期頤之叟。諸若此類。皆謂於事不符。夫神光靈變。及無量之壽。皆由誠信幽奇。故將生乎佛土。親映光明。其壽無量耳。今沒於邪見。慢誕靈化。理固天隔。當何由覩其事之符乎。夫心不貪欲。爲十善之本。故能俯絶地獄。仰生天堂。即亦服義蹈道。理端心

者矣。今內懷虔仰。故禮拜懺罪。達夫無常。故情無所吝。委妻子而爲施。豈有邀於百倍。復何得乃云不由恭肅之意。不乘無吝之情乎。況宜以無樂爲樂。法身以無身爲身。若本不希擬。亦可爲增耽逸之慮。肇好奇之心。若誠餐仰。則耽逸稍除。而獲利於無利矣。又何關利競之俗乎。又云道在無欲。而以有欲要之。俯仰之間。非利不動。何誣佛之深哉。夫佛家大趣。自以八苦皆由欲來。明言十二因緣。使高妙之流。朗神明於無生耳。欲此道者。可謂有欲於無欲矣。至於啟導麤近。天堂地獄。皆有影響之實。亦由于公以仁活招封。嚴氏以好殺致誅。畏誅而欲封者。必舍殺而脩仁矣。厲妙行以希天堂。謹五戒以遠地獄。雖有欲於可欲。實踐日損之清塗。此亦西行而求郢。何患其不至哉。又嫌丹青眩媚彩之目。土木誇好壯之心。成私樹之權。結師黨之勢。要厲精之譽。肆陵競之志。固黑蝗之醜。或可謂作法於涼。其弊猶貪耳。何得乃慢佛云作法於貪邪。

王莽竊六經㠯篡帝位秦皇因朝覲而構阿房寧可復罪先王之禮教哉又云宜廢顯晦之迹存其所要之旨示來生者蔽虧於道釋不得已請問其旨爲欲何要必欲使脩利遷善㠯遂其性矣夫聖無常心就萬物㠯爲心耳若身死神滅是物之眞性但當即其必滅之性與周孔幷力致教使物無稟則遷善之實豈不純乎何誑㠯不滅欺㠯佛理使燒祝髮膚絕其胖合所遏苗裔數不可量爲害若是㠯傷盡性之美釋氏何爲其不得已乎若不信之流亦不肯脩利而遷善矣夫信者則必耆域犍陀勒夷陀密竺法乘常法祖竺法護于法蘭竺法行於道邃闕公則佛圖澄尸梨蜜郭文舉釋道安支道林遠和尚之倫矣神理風操似殊不在琳比丘之後寧當妄有毀人理落簪於不實人之化哉皆靈奇之實引綿邈之心㠯成神通淸眞之業耳足下籍其不信遠送此論且世之疑者咸亦妙之故自力白答㠯塵露衆情夫世之然否佛法都是人興喪所大何得相與共處㠯可否之閒吾故罄其愚思制明佛論㠯自獻所懷始成已令人書寫不及此信晚更遣信可聞當付往也宗炳白（弘明集三）

又答何衡陽書

敬覽來論抑裁佛化畢志儒業意義檢著才筆辨覈善可㠯警策世情實中區之美談也觀足下意非謂制佛法者非聖也但其法權而無實耳未審竟何㠯了其無實今相與斷見事大計失得略半也靈化超於玄極之表其故糺結於幽冥之中曾無神人指掌相語徒信史之闕文於焚燒之後便欲㠯廢頓神化相助寒心也夫聖人窮理盡性㠯至於命物有不得其所若已納之於隍今誑㠯不滅欺㠯成佛使髡首緇衣焚身然指不復用天分㠯養父母夫婦父子之道從佛法已來沙河㠯西三十六國未暨中華絕此緒者億兆人矣東夷西羌或可聖賢及由金日磾得來之類將生

度當作庾

臣下脫不字

情字衍

而不得生者多矣若使佛法無實納隍之酷豈可勝言及經之權爲合何道而云欲㠯矯誑遏正㠯治外國剛強忿戾之民乎夫忿戾之類約法三章交賞見罰尙不信懼寧當復㠯即色本無泥洹法身十二因緣微塵劫數之言㠯治之乎稟此訓者皆足下所謂稟氣淸和懷仁抱義之徒也皆淸和㠯疏微言屬信義㠯習妙行故遂能澄照觀法法照俱空而至於道皆佛經所載而足下所信矣至若近世通神令德若孫興公所讚八賢支道林所頌五哲皆時所共高故二子得㠯綴筆復何得其謂妄語乎孫稱竺法護之淵達于法蘭之淸博吾不闕雅俗不知常比何士然法蘭弟子道邃未逮其師孫論之時㠯對勝流云謂度文秉也是護蘭二公當又出之吾都不識琳比丘又不悉世論若足下謂與文秉等者自可不後道邃猶當後護蘭也前評未爲失言誠能俛貌天虛深識眞僞何必非天帝釋化作故激厲㠯成佛邪白黑論未可㠯爲誠

實也來告所疑若實有來生報應周孔何故默無片言此固偏見之恆疑也眞宜所共明夫聖神玄發感而後應非先物而唱者也當商周之季民墜塗炭殺逆橫流舉世情而感聖者亂也故六經之應治而已矣是㠯無佛言焉劉向稱禹貢九州蓋述山海所記中毒之民假人而愛人郭璞謂之天竺浮屠所興雖此之所夷然萬土星陳於太虛竟知孰爲華哉推其假愛之感故浮屠之化應焉彼之蠢者雖有亂虐君臣治此之精者隨時抱道情佛事亦存雖可有稟法性於伊洛滄眞際於洙泗苟史佚㠯非治道而不書卜商㠯皆儒術而弗編縱復或存於複壁之外與復爲秦王所燒周孔之無言未必審也夫玄虛之道靈仙之事世典未嘗無之而夫子道言遠見莊周之篇瑤池之宴乃從汲冢中出然則治之五經未可㠯塞天表之奇化也難又曰若即物常空空物爲一空有未殊何得賢愚異稱夫佛經所稱即色爲空無復異者非謂無有

有而空耳有也則賢愚異稱空也則萬異俱空夫色不自色雖色而空緣合而有本自無有皆如幻之所作夢之所見雖有非有將來未至過去已滅見在不住又無定有凡此數義皆玄聖致極之理㠯言斥之誠雖朗然由此觀物我亦實覺其昭然所㠯曠焉增洗汰之清也足下當何能安之又云形神相資古人譬之薪火薪弊火微薪盡火滅雖有其妙豈能獨存夫火者薪之所生神非形之所作意有精麤感而得形隨之精神極則超形獨存無形而神存法身常住之謂也是㠯始自凡夫終則如來雖一生尙麤苟有識向萬劫不沒必習㠯清昇螟蛉有子蜾蠃負之況在神明理應資積之蓋昇鐙王之座何爲無期又疑釋迦㠯盡權救物豈獨不愛數十百萬之說而恪俄頃神光不㠯曉邪見之徒夫雖云善權感應顯昧各依罪福昔佛爲衆說又放光明皆素積妙誠故得神遊若時言成已著之筌故慢者可覩光明發由觀照邪見無緣瞻灑今覩經而不悔其慢先灑夫復何益若誠信之賢獨朗神照足下復何由知之而言者會復謂是妄說耳恒星不見夜明也攷其年月即佛生放光之夜也管幼安風夜泛海同侶皆沒安於闇中見光投光赴島闔門獨濟夫佛無適莫唯善是應而致應若王祥郭巨之類不可稱說即亦見光之符也豈足下未見便無佛哉又陳周孔之盛唯方佛爲弘然此國治世君王之盛耳但精神無滅冥運而已一生瞬息之中八苦備有雖勉儒業㠯整俄頃而未幾已滅三監之難父子相疑兄弟相戮七十二子雖復升堂入室年五十者曾無數人顏夭冉疾由醢予族賜滅其鬚臣陳之苦豈可勝言忍饑弘道諸國亂流竟何所救㠯佛法觀之唯見其哀豈非世物宿緣所萃邪若所被之實理於斯猶未爲深弘若使外率禮樂內脩無生澄神於泥洹之境㠯億劫爲當年豈不誠弘哉事不傳後理未可知幸勿據麤迹而云周孔則不然也人皆謂佛妄語

泉下脫之水二字

變豹當作豹變

山海經說死而更生者甚衆昆侖之山廣都之野軒轅之丘不死之國氣不寒暑鳳卵是食甘露是飲麡玗琪之樹赤朱泉人皆數千歲不死及化爲黃能入於羽淵甲生伯有之類丘明所說亦不少矣皆可推此之麤㠯信彼之精者也承音有道聞佛法而斂衽者必不嘗作蒲城之死士可知矣當由所聞者未高故邪足下所聞者高於今猶可變豹也人是精神物但使歸信靈極粗稟敬誠雖復微薄亦足爲感感則彌升豈非脫或不滅之良計邪昔不滅之實事如佛言而神背心毀自逆幽司安知今生之苦毒者非往生之故爾邪輕㠯獨見嫩尊神之訓恐或自貽伊阻也佛經說釋迦文昔爲小乘比丘而毀大乘猶爲此備苦地獄經歷劫數況都不信者邪復何㠯斷此經必虛乎足下所詰前書中語爲因琳道人章句耳其意既已麤達不能復一二辯荅所製明佛論已事專有通今付往足下力爲善尋具告中否老將死㠯此續其書耳此書至便倚索荅殊不密悉宗炳白（弘明集三。）

寄雷次宗書

昔與足下共於釋和尙聞面受此義今便題卷首稱雷氏乎（高僧傳六：慧遠內通佛理外善羣書時講喪服經次宗宗炳等並執卷承旨次宗後別著義疏首稱雷氏炳因寄書嘲之。）

師子擊象圖序

梁伯玉說沙門釋僧吉云嘗從天竺欲向大秦其間忽聞數十里外哮哮檻檻驚天怖地頃之但見百獸率走蹌地至絕而四巨象虓焉而至㠯鼻捲泥自塗數尺數數噴鼻隅立俄有師子三頭見於山下直搏四象崩血若濫泉巨樹草偃（初學記二十九、御覽八百八十九。）

畫山水序

聖人含道應物賢者澄懷味象至於山水質有而趣靈是㠯軒轅堯孔廣成大隗許由孤竹之流必有崆峒具茨藐姑箕首大蒙之遊焉又稱仁智之樂焉夫聖人㠯神發道而賢者通山水㠯形媚

道。而仁者樂。不亦幾乎。余眷戀廬衡。契闊荆巫。不知老之將至。愧不能凝氣怡身。傷跕石門之流。於是畫象布色。構茲雲嶺。夫理絶於中古之上者。可意求於千載之下。旨微於言象之外者。可心取於書策之内。況乎身所盤桓。目所綢繆。㠯形寫形。㠯色貌色也。且夫崑崙山之大。瞳子之小。迫目㠯寸。則其形莫覩。迥㠯數里。則可圍於寸眸。誠由去之稍闊。則其見彌小。今張綃素㠯遠映。則崑閬之形。可圍於方寸之内。豎劃三寸。當千仞之高。横墨數尺。體百里之迥。是㠯觀畫圖者。徒患類之不巧。不㠯制小而累其似。此自然之勢。如是。則嵩華之秀。玄牝之靈。皆可得之於一圖矣。夫㠯應目會心爲理者。類之成巧。則目亦同應。心亦俱會。應會感神。神超理得。雖復虚求幽巖。何㠯加焉。又神本亡端。棲形感類。理入影迹。誠能妙寫。亦誠盡矣。於是閒居理氣。拂觴鳴琴。披圖幽對。坐究四荒。不違天勵之藂。獨應無人之野。峰岫嶢嶷。雲林森渺。聖賢映於絶代。萬趣融其神思。余復何爲哉。暢神而已。神之所暢。孰有先焉。張彥遠歷代名畫記引宗炳别傳。又略見御覽七百五十引畫記。

甘頌

煌煌嘉實。磊磊景星。南金其色。隋珠厥形。初學記二十八。御覽九百六十六。

全宋文卷二十終

烏程嚴可均校輯

宗炳二

明佛論

夫道之至妙固風化宜尊而世多誕佛咸以我躬不閱遑恤於後萬里之事百年以外皆不以爲然況須彌之大佛國之偉精神不滅人可成佛心作萬有諸法皆空宿緣緜邈億劫乃報乎此皆英奇超洞理信事實黃華之聽豈納雲門之調哉世人又貴周孔書典自堯至漢九州華夏曾所弗暨殊域何感漢明何德而獨昭靈彩凡若此情又皆牽附先習不能曠以玄覽故至理匪遐而疑以自沒悲夫中國君子明於禮義而闇於知人心寍知佛心乎今世業近事謀之不臧猶興喪及之況精神我也得焉則清升無窮失矣則永墜無極可不臨深而求履薄而慮乎夫一局之奕形算之

淺而弈秋之心何嘗有得而乃欲率井蛙之見妄抑大猷至獨陷神於天穽之下不以甚乎今以茫昧之識燭幽冥之故既不能自覽鑒於所失何能獨明於所得唯當明精闇向推夫善道居然宜脩以佛經爲指南耳彼佛經也包五典之德深加遠大之實含老莊之虛而重增皆空之盡高言實理肅焉感神其映如日其清如風非聖誰說乎謹推世之所見而會佛之理爲明論曰今自撫踵至頂以去陵虛心往而勿已則四方上下皆無窮也生不獨造必傳所貲仰追所傳則無始也奕世相生而不已則亦無竟也是身也既日用無垠之實親由無始而來又將傳於無竟而去矣然則無量無邊之曠無始無終之久人固相與陵之以自敷者也是以居赤縣於八極曾不疑焉今布三千日月羅萬二千天下恆沙閱國界飛塵紀積劫普冥化之所容俱眇末其未央何獨安我而疑彼哉夫秋毫處滄海其懸猶有極也今綴彝倫於太虛爲藐胡可

言哉故世之所大道之所小人之所遐天之所邇所謂軒轅之前遐哉邈矣者體天道以高覽蓋昨日之事耳書稱知遠不出唐虞春秋屬辭盡於王業禮樂之良敬詩易之溫潔今於無窮之中煥三千日月以列照麗萬二千天下以貞觀乃知周孔所述蓋於蠻觸之域應求治之麤感且寍乏於一生之內耳逸乎生表者存而未論也若不然也何其篤於爲始形而略於爲神哉登蒙山而小魯登太山而小天下是其際矣且又墳典已逸俗儒所編專在治迹言有出於世表或散沒於史策或絕滅於坑焚若老子莊周之道松喬列真之術信可以洗心養身而亦皆無取於六經而學者唯守救麤之闕文以書禮爲限斷聞窮神積劫之遠化炫目前而永忽不亦悲夫嗚呼有似行乎層雲之下而不信日月者也今稱一陰一陽之謂道陰陽不測之謂神者蓋謂至無爲道陰陽兩渾故曰一陰一陽也自道而降便入精神常有於陰陽之表非二儀

所究故曰陰陽不測耳君平之說一生二謂神明是也若此二句皆以明無則以何明精神乎然羣生之神其極雖齊而隨緣遷流成麤妙之識而與本不滅矣今雖舜生於瞽舜之神也必非瞽之所生則商均之神又非舜之所育生育之前素有麤妙矣既本立於未生之先則知不滅於既死之後矣又不滅則不同愚聖則異知愚聖生死不革不滅之分矣故云精神受形周遍五道成壞天地不可稱數也夫以累瞳之質誕於頑瞽嚚均之身受體黃中愚聖天絕何數以合乎豈非重華之靈始麤於在昔結因往劫之先緣會萬化之後哉今則獨絕其神昔有接麤之累則練之所盡矣神之不滅及緣會之理積習而聖三者鑒於此矣若使形生則神生形死則神死則宜形殘神毀形病神困據有腐則其身或屬纊臨盡而神意平全者及自牖執手病之極矣而無變德行之主斯殆不滅之驗也若必神生於形本非緣合今請遠取諸物然後近

求諸身。夫五嶽四瀆。謂無靈也。則未可斷矣。若許其神。則嶽唯積
土之多。瀆唯積水而已矣。得一之靈。何生水土之麤哉。而感託巖
流。肅成一體。設使山崩川竭。必不與水土俱亡矣。神非形作。合而
不滅。人亦然矣。神也者。妙萬物而爲言矣。若資形以造。隨形以滅。
則以形爲本。何妙以言乎。夫精神四達。並流無極。上際於天。下盤
於地。聖之窮機。賢之研微。逮於宰賜莊嵇。吳札子房之倫。精用所
之。皆不疾不行。坐徹宇宙。而形之臭腐。甘嗜所資。皆與下愚同矣。
寧當復稟之以生。隨之以滅邪。又宜思矣。周公郊祀后稷。宗祀文
王。世或謂空以孝即。問談者。何以了其必空。則必無以了矣。苟無
以了。則文稷之靈。不可謂之滅矣。齋三日必見所爲齋者。寧可以
常人之不見。而斷周公之必不見哉。嬴博之葬。曰骨月歸於土。魂
氣則無不之。非滅之謂矣。夫至治則天。大亂滔天。其要心神之爲
也。堯無理不照。無欲不盡。其神精也。桀無惡不肆。其神悖也。桀非

不知堯之善。知己之惡。惡已亡也。體之所欲。悖其神也。而知堯惡
亡之識。常含於神矣。若使不居君位。千歲勿死。行惡則楚毒交至。
微善則少有所寬。寧當復不稍滅其惡。漸脩其善乎。則向者神之
所含知堯之識。必當少有所用矣。又加千歲而勿已。亦可以其欲
都澄。遂精其神。如堯者也。夫辰月變則律呂動。晦望交而蚌蛤應。
分至啟閉。而燕雁龍蛇飄焉出沒者。皆先之以冥化。而後發於物
類也。凡厥羣有同見陶於冥化矣。何數事之獨然。而萬化之不盡
然哉。今所以殺人而死。傷人而刑。及爲縲紲之罪者。及今則無罪
與今有罪而同然者。皆由冥緣前遘。而人理後發矣。夫幽顯一也。
釁遘於幽。而醜發於顯。既無怪矣。行凶於顯。而受毒於幽。又何怪
乎。今以不滅之神。含知堯之識。幽顯於萬世之中。苦以創惡。樂以
誘善。加有日月之宗。垂光助照。何緣不虛己鑽仰。一變至道乎。自
恐往劫之紂桀。皆可徐成將來之湯武。況今風情之倫。少而汎心

於清流者乎。由此觀之。人可作佛。其亦明矣。夫生之起也。皆由情
兆。今男女構精。萬物化生者。皆精由情構矣。情構於己。而則百眾
神受身。大似知情爲生本矣。至若五帝三后。雖超情窮神。然無理
不順。苟昔緣所會。亦必循俯入精化。相與順生。而敷萬族矣。況今
以情貫神。一身死壞。安得不復受一身。生死無量乎。識能澄不滅
之本。稟日損之學。損之又損。必至無爲。無欲欲情。唯神獨照。則無
當於生矣。無生則無身。無身而有神。法身之謂也。今黃帝虞舜姬
公孔父。世之所仰而信者也。觀其縱轡升天。龍潛鳥颺。反風起禾。
絕粒弦歌。亦皆由窮神爲體。故神功所應。倜儻無方也。今彤理雖
外。當其隨感起滅。亦必有非人力所致而至者。河之出圖。洛之出
書。蓂莢無栽而敷。玄珪不琢而成。桑穀在庭。倏然大拱。忽爾以亡。
火流王屋而爲烏。鼎之輕重大小。皆翕欻變化。感靈而作。斯實不
思議之明類也。夫以法身之極靈。感妙眾而化見。照神功以朗物。

復何奇不肆。何變可限。豈直仰陵九天。龍行九泉。吸風絕粒而已
哉。凡厥光儀符瑞之偉。分身涌出。移轉世界。巨海入毛之類。方之
黃虞姬孔。神化無方。向者眾瑞之奄曖顯沒。既出形而入神。同惚
悅而玄化。何獨信此而抑彼哉。冥覺法王。清明卓朗。信而有徵。不
違顏咫尺。而昧者不知。哀矣哉。夫洪範庶徵休咎之應。皆由心來。
逮白虹貫日。太白入昴。寒谷生黍。崩城隕霜之類。皆發自人情。而
遠形天事。固相爲形影矣。夫形無無影。聲無無響。亦情無無報矣。
豈直貫日隕霜之類哉。皆莫不隨情曲應。物無遁形。但或結於身。
或播於事。交賒紛綸。顯昧渺漫。孰覩其際哉。眾變盈世。羣象滿目。
皆萬世已來。精感之所集矣。故佛經云。一切諸法。從意生形。又云。
心爲法本。心作天堂。心作地獄。義由此也。是以清心潔情。必妙生
於英麗之境。濁情滓行。永悖於三塗之域。何斯唱之迢遰。微明有
實理。而直疏魂沐想。飛誠悚志者哉。雖然。夫億等之情。皆相緣成

識。識感成形。其性實無也。自有津悟已來。孤管豁然。滅除心患。未有斯之至也。請又述而明之。夫聖神玄照。而無思營之識者。由心與物絕。唯神而已。故虛明之本。終始常住。不可凋矣。今心與物交。不一於神。雖以顏子之微微。而必乾乾鑽仰。好仁樂山。庶乎屢空。皆心用乃識。必用用妙接。識識妙續。如火之炎炎相卽而成燭耳。今以悟空息心。心用止而情識歇。則神明全矣。則情識之構。既新故妙續。則悉是不一之際。豈常有哉。使庖丁觀之。必不見全牛者矣。佛經所謂變易離散之法。法識之性空。夢幻影響。泡沫水月。豈不然哉。顏子知其如此。故處有若無。撫實若虛。不見有犯而不校也。今觀顏子之屢虛。則知其有之實無矣。況自茲以降。喪眞彌遠。雖復進趨大道。而與東走之疾同名狂者。皆違理謬感。遁天妄行。彌非眞有矣。況又質味聲色。復是情僞之所影化乎。且舟壑潛謝。變速奔電。將來未至。過去已滅。見在不住。瞬息之頃。無一毫可據。將欲何守。而以爲有乎。甚矣僞有之蔽神也。今有明鏡於斯。紛穢集之。微則其照藹然。積則其照朏然。彌厚則照而昧矣。質其本明。故加穢猶照。雖從藹至昧。要隨鏡不滅。以之辨物。必隨穢彌失。而過謬成焉。人之神理有類於此。僞有累神。成精麤之識。識附於神。故雖死不滅。漸之以空。必將習漸至盡。而窮本神矣。泥洹之謂也。是以至言雲富。從而豁以空焉。夫巖林希微。風水爲虛。盈懷而往。猶有曠然。況聖穆乎空。以虛授人。而不清心樂盡哉。是以古之乘虛入道。一沙一佛。未詎多也。

或問曰。神本至虛。何故沾受萬有。而與之爲緣乎。又本虛旣均。何故分爲愚聖乎。又旣云心作萬有。未有萬有之時。復何以累心。使感而生萬有乎。答曰。今神妙形麤。而相與爲用。以妙緣麤。則知以虛緣有矣。今愚者雖鄙。要能處今識。昔在此憶彼。皆有神功。則練而可盡。知其本均虛矣。心作萬有。備於前論。據見觀實。三者固已

信然矣。但所以然者。其來無始。無始之始。豈有始乎。亦玄之又玄矣。莊周稱冉求問曰。未有天地可知乎。仲尼曰。古猶今也。蓋謂雖在無始之前。仰尋先際。初自茫渺。猶今之冉求耳。今神明始創。及羣生最先之祖。都自杳漠。非追想所及。豈復學者通塞所預乎。夫聖固凝廢感而後應耳。非想所及。卽六合之外矣。無以爲感。故存而不論。聖而弗論。民何由悟。今相與踐地戴天。而存踐戴之外。豈有紀極乎。禹之弼成五服。敷土不過九州者。蓋道世路所及者耳。至於大荒之表。暘谷濛汜之際。非復人理所預。則神聖已所不明矣。況過此彌往。渾瀚冥茫。豈復議其邊陲哉。今推所踐戴。終至所不議。故一體耳。推今之神用。求昔之所始。終至於聖人之所存而不論者。亦一理相貫耳。豈獨可議哉。皆由冥緣隨宇宙而無窮。物情所感者。有限故也。夫衆心稟聖以成識。其猶衆目會日以爲見。離婁察秋毫於百尋者。貲其妙目。假日而覩耳。今布毫於千步之外。目力所匱。無假以見。而於察微避危。無所少矣。何爲以千步所昧。還疑百尋之毫乎。今不達緣本情感所匱。無以會聖而知。取至於致道之津。無所少矣。何爲以緣始之昧。還疑旣明之化矣哉。

或問曰。今人云。不解緣始。故不得信佛。此非惑邪。聖人何以不爲明之。答曰。所謂惑者。抱升之分。而理有未至。要當貲聖以通此理之實感者也。是以樂身滯有。則勗以苦空之義。兼愛弗弘。則示以投身之慈。體非俱至。而三乘設。分業異脩。而六度明。津梁之應。無一不足。可謂感而後應者也。是以聞道靈鷲。天人咸暢。造極者蔚如也。豈復遠疑緣始。然後至哉。理明訓足。如說脩行。何所不備。而猶必不信。終懷過疑於想所不及者。與將隕之疾。饋藥不服。流矢通中。忍痛不拔。要求矢藥造構之始。以致命絕。夫何異哉。皆由猜道自昔。故未會無言。致使今日在信妄疑耳。豈可以爲實理之感哉。非理妄疑之感。固無以感聖而勉明矣。夫非我求蒙。蒙而求我。

向下脱所字

固宜虛己及身。隨順玄化。誠以信往。然後悟隨應來。一悟所振。終可遂至冥極。守是妄疑。而不歸純敬祇者。方將長淪惑網之災。豈有旦期。背向一差。升墜天絕。可不慎乎。

或問曰。孔氏之訓。無求生以害仁。有殺身以成仁。仁之至也。亦佛經說菩薩之行矣。老子明無爲。無爲之至也。即泥洹之極矣。而曾不稱其神通成佛。豈孔老有所不盡與。明道欲以扇物。而掩其致道之實乎。無實之疑。安得不生。答曰。教化之發。各指所應。世蘄乎亂。洙泗所弘。應治道也。純風彌凋。二篇乃作。以息動也。若使顏冉宰賜。尹喜莊周。外讚儒玄之迹。以導世情所極。內稟無生之學。以精神理之求。世孰識之哉。至若冉季、子游、子夏、子思、孟軻、林宗、康成、蓋公、嚴平、班嗣、楊王之流。或分盡於禮教。或自畢於任逸。而無欣於佛法。皆其寡緣所窮。終有僭濫。故孔老發音指導。自斯之倫。感向暨故。不復越叩過應。儒以弘仁。道在抑動。皆已撫教得崖。莫匪爾極矣。雖慈良無爲。與佛說通流。而法身泥洹。無與盡言。故弗明耳。凡稱無爲而無不爲者。與夫法身無形。普入一切者。豈不同致哉。是以孔老如來。雖三訓殊路。而習善共轍也。

或問曰。自三五以來。暨於孔老。洗心佛法。要將有人。而獻酬之迹。曾不乍聞者。何哉。答曰。余前論之旨。已明俗儒而編專在治迹。言有出於世表。或散沒於史策。或絕滅於坑焚。今又重敷所懷。夫三皇之書。謂之三墳。言大道也。爾時也孝慈天足。豈復訓以仁義。純朴弗離。若老莊者。復何所扇。若不明神本於無生。空衆性以照極者。復何道大道乎。斯文沒矣。世孰識哉。史遷之述五帝也。皆云生而神靈。或弱而能言。或自言其名。懿淵疏通。其知如神。既以類夫乘菩薩化見而生者矣。居軒轅之丘。登崆峒。陟三岱。幽林蟠木之遊。逸迹超浪。何以知其不由從如來之道哉。以五帝之長世。堯治百年。舜則七十。廣成、大隗、鴻崖、巢許、夸父、北人、姑射、四子之流。玄風畜積。洋溢於時。而五典餘類。唯唐虞二篇。而至寡闕。子長之記。又謂百家之言黃帝。文不雅馴。搢紳難言。唯採殺伐治迹。猶萬不記一。豈至道之盛。不見於殘缺之篇。便當皆虛妄哉。今以神明之君。遊浩然之世。攜七聖於具茨。見神人於姑射。一化之生。復何足多談。微言所精。安知非窮神億卻之表哉。

卻當作劫

廣成之言曰。至道之精。窈窈冥冥。即首楞嚴三昧矣。得吾道者。上爲皇。下爲王。即亦隨化升降。爲飛行皇帝。轉輪聖王之類也。失吾道者。上見光。下爲土。亦生死於天人之界者矣。感大隗之風。稱天師而退者。亦十號之稱矣。自恐無生之化。皆道深於若時。業流於玄勝。而事沒振古。理隨文隱。故百家所撫。若曉而昧。又搢紳之儒。不謂雅馴。遂令徇世而不深於道者。仗史籍而抑至理。從近情而忽遠化。困精神於永卻。

卻當作劫

豈不痛哉。伯益述山海天毒之國。偎人而愛人。郭璞傳古謂天毒即天竺。浮屠所興。偎愛之義。亦如來大慈之訓矣。固亦既聞於三五之世也。國典不傳。不足疑矣。凡三代之下。及孔老之際。史策之外。竟何可量。孔之問禮。老爲言之。關尹之求。復爲明道。設使二篇或沒。其言獨存於禮記。後世何得不謂柱下翁直是知禮老儒。豈不體於玄風乎。今百代衆書。飄蕩於存亡之後。理無備在。豈可斷以所見。絕獻酬於孔老哉。東方朔對漢武劫燒之說。劉向列仙敘七十四人在佛經。學者之管窺於斯。又非漢明而始也。但馳神越世者衆而顯。結誠幽微者寡而隱。故潛感之實。不揚於物耳。道人澄公。仁聖於石勒虎之世。謂虎曰。臨淄城中有古阿育王寺處。猶有形像承露盤。在深林巨樹之下。入地二十丈。虎使者依圖搜求。皆如言得。近姚略叔父爲晉王。於河東蒲坂古老所謂阿育王寺處見有光明。鑿求得佛遺骨於石函銀匣之中。光曜殊常。隨路迎覲於霸上。比丘今見存辛寺。由此觀之。有佛事於齊晉之地久矣哉。所以不說於三傳者。亦猶干寶孫盛之史無語稱佛。而妙化實

彰有晉而盛於江左也

或問曰若諸佛見存一切洞徹而威神之力諸佛自在何爲不曜光儀於當今使精麤同其信悟灑神功於窮迫以拔冤枉之命而令君子之流於佛無覩故同其不信俱陷闡提之苦秦趙之衆一日之中白起項籍坑六十萬夫古今彝倫及諸受坑者誠不悉有宿緣大善盡不覩無一緣而悉積大惡而不覩佛之悲一日俱坑之痛慭然畢同坐視窮酷而不應何以爲慈乎緣不傾天德不邀世則不能濟何以爲神力自在不可思議乎魯陽迴日耿恭飛泉宋九江虎遠江而蝗避境猶皆心力横徹能使非道玄通況佛神力融起之氣冶籍之心以活百萬之命殊易夫納須彌於芥子甚仁於毀身乎一虎一鴿矣而今想焉而弗見告焉而弗聞請之而無救寂寥然與大空無別而於其中有作沙門而燒身者有絕人理而窮六情者有苦力役傾貲實而事廟像者頓奪其當年而不見其所得吁可惜矣若謂應在將來者則向六十萬命善惡不同而枉滅同矣命善惡雖異身後所當獨何得異見世殊品既一不蒙甄別將來浩蕩爲欲何望況復恐實無將來乎經云足指案地三千佛土皆見及盲聾瘖瘂牢獄毒痛皆得安寧夫佛遠近存亡有戒無戒等以慈焉此之有心宜見苦痛宜寧與彼一矣而經則以魯異製善交言有徵遠之情事有澄肅之美純而易信者一已快多是誑實則竟無暫應安知非異國有命世逸羣者構此空法輪身遂相承於不測而勢無止薄乎答曰今不覩其路故於夷謂險誠瞰其塗則不見所難矣夫常無者道也唯佛則以神法道故德與道爲一神與道爲二二故有照以通化一故常因而無造夫萬化者固各隨因緣自作於大道之中矣今所以稱佛云諸法自在不可思議者非曰爲可不由緣數越宿命而横濟也蓋衆生無量神功所導皆依崖曲暢其照不可思量耳譬之洪水四凶暫頑

大當作夫

象傚皆化之固然堯舜弗能易矣而必各依其崖洚水流凶允若克諧其德豈不大哉夫佛也者非他也蓋聖人之道不盡於濟生之俗敷化於外生之世者耳至於因而不爲功自物成直堯之殊應者耳夫鍾律感類猶心玄會況夫靈聖以神理爲類乎凡厥相與冥遘於佛國者皆其烈志清神積劫增明故能感詣洞徹致使釋迦發暉十方交映多寶涌見燈王入室豈佛之獨顯乎哉能見矣至若今之君子不生應供之運而域乎禹績之内皆其誠背於昔故會乖於今雖復清若夷齊貞如柳季所志苟殊復何由感而見佛乎況今之所謂或自斯已還雖復禮義熏身高名被世而情深於人志不附道雖人之君子而實天之小人靈極之容復何由感應豈佛之偏隱哉我弗見矣若或有隨緣來生而六度之誠發自宿業感見獨朗亦當屢有其人然雖道俗比肩復何由相知乎然則麤妙在我故見否殊應豈可以己之不曜於光儀而疑佛不見存哉夫天地有靈精神不滅明矣今秦趙之衆其神與宇宙俱來成敗天地而不滅起籍二將豈將頓滅六十萬神哉神不可滅則所滅者身也豈不皆如佛言常滅羣生之身故其身受滅而數會於起籍乎何以明之夫乾道變化各正性命至於雞豚犬羊之命皆乾坤六子之所一也民之咀命充身暴同蛛蝥爲網矣鷹虎非搏噬不生人可飯蔬而存則虐已甚矣天道至公所布者命寧當許其虐命而抑其冥應哉今六十萬人雖當美惡殊品至於忍咀羣生恐不異也美惡殊矣故其生之所享固可實殊害生同矣故受害之日固亦可同今道家之言世之所述無以云焉至若于公邴吉虞怡德應於後嚴延年田蚡晉宣報交驗皆書於魏漢世所信覩夫活人而慶流子孫況精神爲殺活之主無殃慶於後身乎殺活彼身必受報己身況道塞彼形而不榮悴於己神乎延年所殺皆凡等小人實異王陵宰牧之豪賢不殊貴賤異其致報

一也報之所加不論豪賤將相晉王不二矣豈非天道至平才與不才亦各其子理存性命不在貴賤故邪然則胱魚雖賤性命各止於乾道矣觀大鳥之廻翔小鳥之啁噍葛盧所聽之牛西巴所感之鹿情愛各深於其類矣今有孕婦稚子於斯而有刳而剔之燔而炙之者則謂冤痛之殃上天所感矣今春獵胎孕殘殖羔雞亦天道之所一也豈得獨無報哉但今相與理絲於飲血之世畋漁非可頓絕是以聖王庖廚其化蓋順民之殺以減其害踐庖聞聲則所不忍因豺獺以爲節疾非時之傷孕解罝而不網明含氣之命重矣孟軻擊賞於釁鐘宛王德之去殺矣先王撫鹿救急故雖深其仁不得頓苦其禁如來窮神明極故均重五道之命去殺爲衆戒之首萍沙見報於白兔釋氏受滅於昔魚以示報應之勢皆其窈窕精深迂而不昧矣若在往生能聞於道敬脩法戒則必不墜長平而受坑馬服矣及在既墜信法能徹必超今難若絲孿

先重雖有前報及戒德後臻必不復見坑來身矣所謂灑神功於窮道以拔冤枉之命者其道如斯慈之至矣今雖有世美而無道心犯害衆命以報就迫理之當也佛秉理居當而救物以法不蹈法則理無横濟豈佛無實乎譬之扁鵲救疾以藥而不信不服疾之不瘳豈鵲不妙乎魯陽耿恭遠翹九江所以能廻日飛泉蟲虎避德者皆以烈誠動乎神道神道之感即佛之感也若在秦趙必不陷於難矣則夫陷者皆已無誠何由致感於佛而融冶起籍哉夫以通神之叔萃窮化之堂故須彌可見於芥子之内耳又雖今則虎鴿昔或爲人嘗有緣會故値佛嘉運投身濟之割股代之苟無感可動以命償殺融冶之奇安得妄作哉萬之死咸其自已而疑佛哉夫志之篤也則想之而見告之斯聞矣推周孔交夢傅說形求實至古今悠隔傳巖遐邈而玄對無礙則可以信夫濛想西感覩無量壽佛越境百億超至無功何云大空無別哉夫道在練

神不由存形是以沙門祝形燒身厲神絕往神不可滅而能奄其往豈有負哉契闊人理崎嶇六情何獲於我而求累於神誠自翦絕則日損所情實衞於道苦力策觀傾貲貿居未幾有之俄然身滅名實所收不出盜跖構館栖神象淵然幽穆形從其微神隨之遠微則應清遠則福妙盜跖與道孰爲優乎頓奪其當年所以超升潛行協於神明福德彰於後身豈能見其所得哉夫人事之動必貫神道物無妄然要當有故而然矣若使幽冥之報不如向論則六十萬命何理以坑乎既以報坑必以報不坑矣今戰國之人眇若安期幽若四皓龍顏而帝列地而君英聲茂實不可稱數同在羿之彀中獨何然乎豈不各是前報之所應乎既見福成於往行則今行無負於後身明矣見世殊品既宿命所甄則身後所當獨何容濫經之所奇自謂當佛化見之時皆由素有嘉會故其遇若彼今曾無暫應皆咎在無緣而反誣至法空構嗚呼神鑒孔昭

侮聖人之殃亦可畏也敢問空構者將聖人與賢人與小人與夫聖無常心蓋就物之性化使遂耳若身死神滅但當一以儒訓盡其生極復何事哉而誑以不滅欺以成佛使燒祝髮膚絕其胖合所遏苗裔數不可量且夫彥聖育無常所或潛有塞矣空構何利而其毒大苦知非聖賢之爲矣若人哉樊須之流也則亦欲身周孔畏懼異端敢妄作哉若自茲已降則不肖之倫也又安能立家九流之外增徽老莊之表而照列於千載之後龍樹提婆馬鳴迦旃延法勝山賢達摩多羅之倫曠載五百佩述道訓大智中百論阿毗曇之類皆神通之才也近孫綽所頌耆域健陀勒等八賢支道林像而讚者竺法護于法蘭道邃闕公則皆神映中華中朝竺法行時人比之樂令江左尸梨蜜羣公高其卓朗郭文舉廓然邃允而所奉唯佛凡自龍樹以逮邃皆失身於向所謂不肖者之詭乎然則黃面夫子之事豈不明明也哉今影骨齒髮遺器餘武猶

律當作津

光於本國。此亦道之證也。夫殊域之性。多有精察黠才。而嗜欲類深。皆以厥祖身立佛前。累葉親傳。世祗其實。影迹遺事。昭化融顯。故其裔王則傾國奉戒。四衆苦儆。死而無悔。若理之詭曖。事不實奇。亦豈肯傾己破欲。以尊無形者乎。若影物無實。聲出來往。則古今來者。何爲苦身離欲。若是之至。往而反者。宜其沮懈。而類皆更篤乎。粗可察矣。論曰。夫自古所以不顯治道者。將存其生也。而苦由生來。味者不知矣。故諸佛悟之以苦。導之以無生。無生不可頓體。而引以生之善惡。同善報而彌升。則朗然之盡可階焉。是以其六道浩若滄海。小無不律。大無不通。雖邈與務治存生者反。而亦固陶潛五典。勸佐禮教焉。今世之所以慢禍福於天道者。類若史遷感伯夷而慨者也。夫孔聖豈妄說也哉。稱積善餘慶。積惡餘殃。而顏冉夭疾。厥胥蔑聞。商臣考終。而莊則賢霸。凡若此類。皆理不可通。然理豈有無通者乎。則納慶後身。受殃三塗之說。不得不信矣。

雖形有存亡。而精神必應。與見世而報。夫何異哉。但因緣有先後。故對至有遲速。猶一生禍福之早晚者耳。然則孔氏之訓。資釋氏而通。可不曰玄極不易之道哉。夫人理飄紛。存沒若幻。籠以百年。命之孩老。無不盡矣。雖復黃髮鮐背。猶自覺所經俄頃。況其殀者乎。且時則無止。運則無窮。既往積劫。無數無邊。皆一瞬一閱。以及今耳。今積瞬以至百年。曾何難及。而又鮮克半焉。夫物之媚於朝露之身者。類無清遐之實矣。何爲甘臭腐於漏刻。以桎長存之神。而不自疏於遐遠之風哉。雖復名法佐世之家。亦何獨無分於大道。但宛轉人域。囂於世路。故唯覺人道爲盛。而神想蔑如耳。若使迴身中荒。升岳遐覽。妙觀天宇澄肅之曠。日月照洞之奇。寧無列聖威靈。尊嚴乎其中。而唯唯人羣。怱怱世務而已哉。固將懷遠以開神道之想。感寂以照靈明之應矣。昔仲尼脩五經於魯。以化天下。及其眇邈太蒙之顛。而天下與魯俱小。豈非神合於八遐。故超

怱當作忽

於一世哉。然則五經之作。蓋於俄頃之間。應其所小者耳。世又何得以格佛法。而不信哉。請問今之不信。爲謂黔首之外。都無神明邪。爲之亦謂有之。而直無佛乎。若都無神明。唯人而已。則誰命玄鳥降而生商。孰遺巨迹感而生棄哉。漢魏晉宋。咸有瑞命。知視聽之表。神道炳焉。有神理必有妙極。得一以靈。非佛而何。夫神也者。依方玄應。不應不預存。從實致化。何患不盡。豈須詭物而後訓乎。然則其法之實。其教之信。不容疑矣。論曰。羣生皆以精神爲主。故於玄極之靈。咸有理以感。堯則遠矣。而百獸儛德。豈非感哉。則佛爲萬感之宗焉。日月海嶽。猶有朝夕之禮。秩望之義。況佛之道衆高者窮神於生表。中者受身於妙生。下則免夫三趣乎。今世教所弘。致治於一生之內。夫玄至者寡。順世者衆。何嘗不相與唯習世情。而謂死則神滅乎。是以不務邀志清遐。而多循情寸陰。故君子之道鮮焉。若鑒以佛法。則厥身非我。蓋一憩逆旅耳。精神乃我身

也。廓長存而無已。上德者。其德之暢於己也無窮。中之爲美。徐將清升以至盡。下而惡者。方有自新之迴路。可補過而上遷。是以自古精麤之中。潔己懷遠。祗行於今。以擬來業。而邁至德者。不可勝數。是佛法之效矣。此皆世之所壅。佛之所開。其於類豈不曠然融朗。妙有通塗哉。若之何忽而不奉乎。夫風經炎則暄。吹林必涼。清水激濁。澄石必明。神用則衷。亦存所託。今不信佛法。非分之必然。蓋處意則然。誠試避心世物。移映清微。則佛理可明。事皆信矣。可不妙處其意乎。貴此明信已往。終將克王神道。百世先業。皆可幽明永濟。孝之大矣。衆生沾仁。慈之至矣。凝神獨妙。道之極矣。洞朗無垓。明之盡矣。發軫常人之心。首路得轍。縱可多歷劫數。終必逕集玄極。若是之奇也。等是人也。背轍失路。蹭蹬長往。而永沒九地。可不悲乎。若不然也。世何故怱生懿聖。復肓愚鄙。上則諸佛。下則蜎飛蠕動乎。皆精神失得之勢也。今人以血身七尺。死老數紀之

內。旣夜消其半矣。寢疾衆故。又苦其半。生之美盛。樂樂得志。蓋亦何幾。而壯齒不居。榮必懼辱。樂實連憂。亦無全泰。而皆競入流俗之險路。諱陟佛法之曠塗。何如其智也。世之㠯不達緣本。而罔於佛理者。誠亦衆矣。夫緣起浩汗。非復追想所及。失得所關。無理㠯感。卽六合之外。故佛而不論。已具前論。請復循環而伸之。夫聖人之作易。天之垂象。吉凶治亂。其占可知。然原其所㠯然之狀。聖所弗明。則莫之能知。今㠯所莫知廢其可知。逆占違天而動。豈有不亡者乎。不可㠯緣始弗明。而背佛法。亦猶此也。又㠯不憶前身之意。謂神不素存。夫人在胎孕。至於孩齔。不得謂無精神矣。同一生之內耳。㠯今思之。猶冥然莫憶。況經生死。歷異身。昔憶安得不亡乎。所憶亡矣。而無害神之常存。則不達緣始。何妨其理常明乎。子路問死。子曰。未知生。安知死。問事鬼神。則曰。未知事人。焉知事鬼。豈不㠯由也盡於好勇。篤於事君。固宜應㠯一生之內。至於生死鬼神之本。雖曰有問。非其實理之感。故性與天道。不可得聞。佛家之說衆生有邊無邊之類。十四問。一切智者皆置而不荅。誠㠯荅之無利益。則墮惡邪。然則稟聖奉佛之道。固宜謝其所絕。養其所應。如渴者飲河。挹洪流㠯盈已。豈須窮源於崑山哉。凡在佛法。若違天絃理不可得。然則疑之可也。今無不可得然之絃。而有順天淸神之實。豈不誠然哉。夫人之生也。與憂俱生。患禍發於時事。災沴奮於冥昧。雖復雅貴連雲。權徒百萬。初自獨㠯形神坐待無常。家人嗚嗚。孺子嘻嘻。俄復淪爲惚怳。人理會何足恃。是㠯過隙宜競。瞻誦冥化。縱欲侈害。神旣無滅。求滅不得。復當乘罪受身。今之無賴羣生。蟲豸萬等。皆殷鑒也。爲之謀者。唯有委誠信佛。託心履戒。㠯援精神。生蒙靈援。死則淸升。淸升無已。遂將作佛。佛固言爾。而人侮之。何㠯斷人之勝佛乎。其不勝也。當不下墜彼惡。永受其劇乎。嗚呼。六極苦毒而生者。所㠯世無已也。所聞所見。精進而死

者。臨盡類多神意安定。有危迫者。一心稱觀世音。略無不蒙濟。皆向所謂生蒙靈援。死則淸升之符也。夫萬乘之主。千乘之君。日昃不遑食。兆民賴之。於一化內耳。何㠯增茂其神。而王萬化乎。今依周孔㠯養民。味佛法㠯養神。則生爲明后。沒爲明神。而常王矣。如來豈欺我哉。非崇塔侈像。容養濫吹之僧。㠯傷財害民之謂也。物之不窺遠實。而覩近弊。將橫㠯謗法矣。蓋尊其道。信其教。悟無常空色。有慕心整化。不㠯尊豪輕絕物命。不使不肖竊假非服。豈非道之㠯德。齊之㠯禮。天下歸仁之盛乎。其在容與之位。及野澤之身。何所足惜。而不自濟其精神哉。昔遠和尙澄業廬山。余往憩五旬。高潔貞厲。理學精妙。固遠流也。其師安法師。靈德自奇。微遇比丘。並含淸眞。皆其相與素洽乎道。而後孤立於山。是㠯神明之化遂於巖林。驟與余言於崖樹澗壑之間。曖然乎有自言表而肅人者。凡若斯論。亦和尙據經之旨云爾。夫善卽者。因鳥迹㠯書契窮神與人之頌。緹縈一言。而霸業用遂。肉刑永除。事固有俄爾微感。而終至沖天者。今無隨鄙言㠯警其所感。奄然身沒。安知不㠯之超登哉。弘明集二。

宗慤

慤字元幹。炳兄子。元嘉中除振武將軍。後爲隨郡太守。遷廣州刺史。孝武舉義。㠯爲南中郎諮議參軍。領中兵。及卽位。㠯爲左衞將軍。封洮陽侯。孝建中累遷豫州刺史。監五州諸軍事。大明中入爲左衞將軍。徙光祿大夫。加金紫。前廢帝卽位。爲寧蠻校尉。雍州刺史。加都督。卒。贈征西將軍。謚曰肅侯。

上表遜病

臣昔貧賤時嘗疾病。家人爲臣壽。勤苦七日。臣嘗夜夢見一童子。靑衣持縑廣數寸與臣。臣問之用此何爲。荅曰。西王母符也。可服之。服竟。便覺一二日病差。

全宋文卷二十二

烏程嚴可均校輯

羊欣

欣字敬元，太山南城人。晉隆安中爲元顯後軍府舍人。元興中爲桓玄平西參軍，轉主簿。楚臺建，遷殿中郎，稱病免。義熙中，武帝版補劉藩右軍司馬，轉長史，歷道憐中軍諮議參軍，出爲新安太守。至宋元嘉中，稱病免，除中散大夫，卒年七十三。有藥方十卷，集七卷。

書

三月六日，欣頓首。暮春感摧，切割不能自勝，當柰何柰何。得去六日告，深慰。足下復何如，鄉中日勝也，吾日弊，難復令自顯，憂歎情想，轉積執筆增惋。足下保愛，書欲何言。羊欣頓首。（淳化閣帖三。）

羊玄保

玄保，太山南城人。晉安帝時爲楚臺太常博士，遭母憂，服闋，何無忌、諸葛長民並版爲參軍，不就。除臨安令。尋爲武帝鎮軍參軍、庫部郎、永世令。武帝爲太尉，復以爲參軍，轉主簿、丹陽丞。少帝時入爲尚書右丞，轉左丞、司徒長史、黃門侍郎。文帝即位，出爲宣城太守，尋爲廷尉，遷尚書吏部郎、御史中丞、衡陽王義季右軍長史、南東海太守，加輔國將軍。入爲都官尚書、左衛將軍，加給事中、丹陽尹、會稽太守，徙吳郡太守。元凶弒立，以爲吏部尚書，領國子祭酒，加光祿大夫。孝武即位，以爲散騎常侍，領崇憲衛尉，遷金紫光祿大夫，進位光祿大夫，遷散騎常侍、特進。大明八年卒，年九十四，謚曰定。

陳吏民亡叛制

臣伏尋亡叛之由，皆出於窮逼，未有足以推存而樂爲此者也。今立殊制，於事爲苦。臣聞苦節不可貞，懼致流弊，昔龔遂譬民於亂繩，緩之然後可理；黃霸以寬和爲用，不以嚴刻爲先。臣愚以爲單身逃役，便爲盡戶。今一人不測，坐者甚多，既懼重負，各爲身計，牽挽逃竄，必致繁滋。又能禽獲叛身，類非謹惜，既無堪能，坐陵勞吏，名器虛假，所妨實多，將階級不足供賞，服勤無以自勸。又尋此制，施一邦而已，若其是邪，則應與天下爲一；若其非邪，亦不宜獨行一郡。民離憂患，其弊將甚。臣忝守所職，懼難遵用，敢率管穴，冒以陳聞。（宋書羊玄保傳。）

羊希

希字泰聞，玄保兄子。孝建初爲尚書左丞，大明末爲始安王子眞征虜司馬、黃門郎、御史中丞。泰始三年出爲寧朔將軍、廣州刺史，降號橫野將軍，爲其下晉康太守劉思道所殺。贈輔國將軍。

奏劾謝沈

山陰令謝沈，親憂未除，常著青絳納兩襠，請免沈前所居官。（御覽六百九十三引宋起居注：太始二年，御史中丞羊希奏。）

北征上計

以今月十二日入泗口，緣道把沙開瀆，以夜繼日，日才行十餘里，或七八里。

參陸澄皇弟休倩殤服議

尋澄議既無畫然前例，不合準據。案禮云，子不殤父，臣不殤君，父至尊，臣子恩重，不得以幼年而降；又曰尊同則服其親服，推此文旨，殤親自宜服殤，所不殤者，唯施臣子而已。（宋書禮志二，通典八十二。）

刊革山澤舊科議

壬辰之制，其禁嚴刻，事既難遵，理與時弛，而占山封水，漸染復滋，更相因仍，便成先業，一朝頓去，易致嗟怨。今更刊革，立制五條。凡是山澤先常熂爈種養竹木雜果爲林芿，及陂湖江海魚梁鰌鮆場常加功脩作者聽不追奪官品第一第二聽占山三頃第三第四品二頃五十畝第五第六品二頃第七第八品一頃五十畝第九品及百姓一頃皆依定格條上貲簿若先已占山不得更占先占闕少依限占足若非前條舊業一不得禁有犯者水土一尺以上並計贓依常盜律論停除咸康二年壬辰之科（宋書羊玄保傳大明初希以云云從之又南史三十六）

與孫詵書稱陸法眞

足下同僚似有陸錄事者此生東南名地又張玄外孫持身至淸雅有志節年高官下秉操不衰計當日夕相與申意（宋書良吏王歆之傳世祖世吳郡陸法眞歷官有淸節嘗爲劉秀之安北錄事參軍太山羊希與安北咨議參軍孫詵書）

劉少府

劉失其名字官少府（案元嘉中有劉興祖由少府拜青州刺史前廢帝紀有少府劉勝之南史作劉曚之未知孰是）

荅何衡陽書

敬覽高話辭切證明所爲彼上人者難爲酬對者也然如來窮理盡性因感成教故五善思啟戒品爲之設六蔽待祛般若爲之照藉以十善淨以無漏畢竟解脫至菩提而已矣斯末之所以明而本之不昧者邪孔以致孝爲務則仁被四海釋以大慈爲首則化周五道導物之迹非乃冥邪但應有麤精終然自殊耳凡覽般若諸經不以無孔爲疑何獨誦已之書有見棄之言乎以龍鬼之陋尚感聖而至誘掖得信豈季俗而已哉足下據見在之教以詰三世之辨奢迂之怪固不待言若許因果不謬猶形之與影徵要之効如合符也若日月之行幽明之信水火之降風雲之作皆先因而後果不出感召之道故緣起鑑能致水緣滅燧不招火一切諸法從緣起滅耳若鶩之就斃味登俎鼎燕之獲免無取鹽梅故鶩殺於人猶蟲死於燕鶩蟲見世受人燕未來報報由三業業有遲疾若人入孝出悌揚於王庭君親無將將則必誅此見報之疾著乎視聽者也若忠爲令德訶心沈亂劫掠肆殺有幸而免此後報之遲疏而不失者也善惡之業業無不報但過去未來非耳目所得故信之者寡而非之者衆耳科法淸淨滌塵開慧中國弗思謂爲陷阱非我無譏奉勿用也勸人爲善誠哉斯言然權者謂實非假設也故文王廢伯邑考而立武王權也周適非王發有天命禮是疏制理固從實伯邑廢立實也各從其實德用交歸自非大智孰能預之經云善權方便亦復如是耳夫民生而殺性之欲也飲血席毛在上皇之世矣聖人去殺非敎殺也但民敎未盡而化宜漸損雖將享三品尊薦厚賓條湯闕其網孔釣不綱詩翼五豝禮弗身踐據茲而觀作者之心見矣今忍不食誠已慈之心若推不忍於視聽之表均不食於見聞之內其至矣哉其至矣哉祇藉來誨申以管窺實相無言言成戲論旣不自是想亦罔非若高明之譬請俟諸君子（廣弘明集二十）

何承天

承天東海郯人徐廣姊子隆安末南蠻校尉桓偉引爲參軍尋解職義旗建長沙公陶延壽以爲輔國參軍除瀏陽令尋還都撫軍劉毅鎮姑孰版行參軍出補宛陵令趙恢爲尋陽太守請爲司馬尋去職武帝爲太尉以爲參軍除太學博士徙世子征虜參軍轉西中郎中軍參軍錢唐令宋臺建召爲尚書祠部郎永初末補南臺治書侍御史謝晦鎮江陵請爲南蠻長史隨府轉衛軍諮議參軍領記室晦誅行南蠻府事尋爲到彥之右軍錄事入補尚書殿中郎兼左丞領國子博士遷御史中丞坐事白衣領職元嘉二十四年又坐宣漏密旨免官卒年七十八有禮論三百卷集三十二卷

木瓜賦

美中洲之嘉樹表眀冶之麗姿結靈根以誕秀傾朝日以揚輝擢叢柯之冉冉布翠葉而蓩蕤惟茲木之在林亦超類而獨劭方朝華而繁實比沙棠而有燿當大厦之方隆愧微幹之纖撓豈隱樸以幸全固呈才而不效離衆用而獲寍永端己以勵操願佳人之予投思同歸以託好顧衞風之攸珍雖瓊琚而匪報 藝文類聚八十七御覽九百七十三

為謝晦奉表自理

臣階緣幸會蒙武皇帝殊常之眷外闡政事內謀帷幄經綸夷險毗贊王業預佐命之勳膺河山之賞及先帝不豫導揚末命臣與故司徒臣羨之左光祿大夫臣亮征北將軍臣道濟等並升御牀跪受遺詔載貽話言託以後事臣雖凡淺感恩自厲送往事居誠貫幽顯逮營陽失德自絕宗廟朝野岌岌憂及禍難忠謀協契徇國忘己援登聖朝惟新皇祚陛下馳傳乘流曾不惟疑臨朝殷勲增崇封爵此則臣等赤心已亮於天鑒遠近萬邦咸達於聖旨若臣等志欲專權不顧國典便當協翼幼主孤背天日豈復虛館七旬仰望鸞旗者哉故廬陵王於營陽之世屢被猜嫌積怨犯上自貽非命天祚明德屬當昌運不有所廢將何以興成人之美春秋之高義立帝清館臣節之所司耿介不以賊遺君父臣亦何負於宋室邪況釁結闘牆禍成畏逼天下耳目豈伊可誣臣忝居藩任乃誠匪懈為政大小必先啟聞糾剔羣蠻清夷境內分留弟姪並侍殿省陛下聿遵先志申以婚姻童稚之目猥荷齒召薦女遷子合門相送事君之道義盡於斯臣羨之總錄百揆翼亮三世年耆乞退屢抗表疏優旨綢繆未垂順許臣亮管司喉舌恪虔夙夜恭謹一心守死善道此皆皇宋之宗臣社稷之鎭衞而讒人傾覆妄生國釁天威震怒加以極刑并及臣門同被孥戮雖未知臣道濟問推理卽事不容獨存先帝顧託元臣翼命之佐勳於佞邪之手

忠貞匪躬之輔不免夷滅之誅陛下春秋方富始覽萬機民之情僞未能鑒悉王弘兄弟輕躁昧進王華猜忌忍害規弄威權先除執政以逞其欲天下之人知與不知孰不為之痛心憤怨者哉臣等見任先帝垂二十載小心謹愼無纖介之愆伏事甫尒而嬰若斯之罪若非先帝謬於知人則為陛下未察愚款臣去歲末使反得朝士及殿省諸將書並言嫌隙已成必有今日之事臣推誠仰期罔有二心不圖姦回潛遘理順難恃忠賢隕朝愚臣見襲到彥之蕭欣等在近路昔白公稱亂諸梁嬰胄惡人在朝趙鞅入伐臣義均休戚任居分陝豈可顚而不扶以負先帝遺旨輒率將士纔治舟甲須其自送投袂撲討若天祚大宋卜世靈長義師克振中流清蕩便當浮舟東下戮此三豎申理冤恥謝罪闕庭雖伏鑕赴鑊無恨於心伏願陛下遠尋永初託付之旨近存元嘉奉戴之誠則微臣丹款猶有可察臨表哽慨言不自盡 宋書謝晦傳。案何承天傳云晦將見討使承天造立表檄又案南史庾登之傳云承天為晦作表當浮舟東下戮此三豎今表有此語

又為謝晦上表

臣聞凶邪敗國先代成患讒豎亂朝異世齊禍故趙高矯逼秦氏用傾董卓階亂漢祚伊覆雖哲王宰世大明照臨未能使其濳弗興兹害不作姦臣王弘等竊弄權威與造禍亂遂與弟華內外影響同惡相成忌害忠賢圖希非望故司徒臣羨之左光祿大夫臣亮橫被酷害并及臣門雖未知征北將軍道濟存亡不容獨免遂遣蕭欣到彥之等輕舟見襲姦僞之甚一至於斯羨之及亮或宿德元臣姻婭皇極或任總文武位班三事道濟職惟上將扞城是司皆受遇先朝棟梁一代臣昔因時幸過蒙先眷內闡政事外經戎旅與羨之亮等同被齒盼既經啟王基協濟大業爰自權輿暨於揖讓誠積雖微仍見紀錄並蒙丹書之誓各受山河之賞欲使與宋升降傳之無窮及聖體不豫穆卜無吉召臣等四人同升御

狀。願命領遺。委以家國。仰奉成旨。竭股肱。忠貞不效。期之以死。但營陽悖德。自絕於天。社稷之危。直在託付。不有所廢。將焉以興。乃遠稽殷漢。用升聖德。陛下順流乘傳。不聽張武之疑。入邸龍飛。非俟宋昌之議。斯乃主臣相信。天人合契。九五當陽。化形四海。羨之及亮內贊皇猷。臣與道濟分翰於外。普天之下。孰曰不宜。遂蒙寵授。來鎮此方。分留弟姪。以侍臺省。到任以來。首尾三載。雖形在遠外。心係本朝。事無大小。動皆咨啟。八州之政。罔一專輒。尊上之心。足貫幽顯。陛下遠遣先旨。申以婚姻。大息世休。復蒙引召。是以去年送女遣兒。闔家俱下。血誠如此。未知所愧。而凶狡無端。妄生釁禍。羨之內誅。臣受外伐。顧省諸懷。不識何辜。天聽遐邈。陳訴靡由。弘等既蒙寵任。得侍左右。自謂勢擅。狐鼠理隔。熏掘又以陛下富於春秋。始覽政事。欲馮陵恩幸。闚望國權。覩從磐跱。規自封殖。不除臣等。罔得專權。所以交結讒慝。成是亂階。又惟弘等所構。當

以營陽為言。廬陵為辜。又以臣等位高功同。內外膠固。陛下信其厚貌。忘厥左道。三至下機。能不暫惑。伏自尋省。廢昏立明。事非為己。廬陵之事。不由傍人。內積蕭牆之釁。外行叔段之罰。既制之有主。臣何預焉。然廬陵為性輕險。悖順不足。武皇臨崩。亦有口詔。比雖發自營陽。實非國禍。至於羨之亮等。周旋同體。心腹內外。政欲戮力皇家。盡忠報主。若令臣等顧欲執權。不專為國。初廢營陽。陛下在遠。武皇之子。何有童幼。擁以號令。誰敢非之。而溯流三千。虛館三月。奉迎鑾駕。以遵下武。血心若斯。易為可鑒。且臣等奉事先朝。十有七年。並居顯要。世稱恭謹。不圖一旦。致茲釁罰。夫周公大賢。尚有流言之謗。伯奇至孝。不免讒慝之禍。慈父非無情於仁子。明君豈有志於貞臣。姦邪所移。勢同山岳。況乃精誠微淺。而望求信者哉。詩不云乎。讒人罔極。交亂四國。豈悌君子。無信讒言。陛下躬覽篇籍。研覈是非。釁兆之萌。宜應深察。臣竊懼王室。小有皇甫

之患。夫有闔樂之禍。夙夜殷憂。若無首領。夫周道浸微。桓文稱伐。君側亂國。趙鞅入誅。況今凶禍滔天。辰極危逼。台輔翦戮。岳牧傾陷。臣才非絳侯。安漢是職。人愧博陸。廟奉遺旨。國難既深。家痛亦切。輒簡徒繕甲。軍次巴陵。蕭欣砦偪。望風奔迸。臣誠知劣。在國忘身。仰憑社稷之靈。俯厲義勇之氣。將長驅電埽。直入石頭。梟翦元凶。誅夷首惡。弔二公之冤魂。寫私門之禍痛。然後分歸司寇。甘赴鼎鑊。雖死之日。猶生之年。伏惟陛下。德合乾元。道侔玄極。鑒凶禍之無端。察貞亮之有本。回日月之照。發霜雷之威。梟四凶於廟庭。懸三監於絳闕。申二台之匪辜。明兩藩之無罪。上謝祖宗。下告百姓。遣一乘之使。賜咫尺之書。臣便勒眾旋旗。還保所任。須以近路尋復表聞。（宋書謝晦傳。）

上元嘉曆表

臣授性頑惰。少所關解。自昔幼年。頗好曆數。耽情注意。迄於白首。臣亡舅故祕書監徐廣。素善其事。有既往七曜曆。每記其得失。自太和至泰元之末。四十許年。臣因比歲考校。至今又四十載。故其疏密差會。皆可知也。夫圓極常動。七曜運行。離合去來。雖有定勢。以新故相涉。自然有毫末之差。連日累歲。積微成著。是以虞書著欽若之典。周易明治曆之訓。言當順天以求合。非為合以驗天也。漢代雜候清臺。以昏明中星。課日所在。雖不可見。月盈則蝕。必當其衝。以月推日。則躔次可知焉。捨易而不為。役心於難事。此臣所不解也。堯典云。日永星火。以正仲夏。今季夏則火中。又宵中星虛。以殷仲秋。今季秋則虛中。爾來二千七百餘年。以中星檢之。所差二十七八度。則堯冬至日在須女十度左右也。漢之太初曆。冬至在牽牛初。後漢四分及魏景初法。同在斗二十一。臣以月蝕檢之。則景初今之冬至。應在斗十七。又史官受詔。以土圭測景。考校二至。差三日有餘。從來積歲及交州所上。檢其增減。亦相符驗。然

則今之二至。非天之二至也。天之南日在斗十三四矣。此則十九年七閏。數微多差。復改法易章。則用算滋繁。宜當隨時遷革。以取其合。案後漢志。春分日長。秋分日短。差過半刻。尋二分在二至之間。而有長短。因識春分近夏至。故長。秋分近冬至。故短也。楊偉不悟。即用之上曆表云。自古來及今。凡諸曆數。皆未能並己之妙。何此不曉。亦何以云。是故臣更建元嘉曆。以六百八爲一紀。半之爲度法。七十五爲室分。以建寅之月爲歲首。雨水爲氣初。以諸法閏餘一之歲爲章首。冬至從上三日五時。日之所在移舊四度。又月有遲疾。合朔月蝕不在朔望。亦非曆意也。故元嘉皆以盈縮定其小餘。以正朔望之日。伏惟陛下允迪聖哲。先天不違。劬勞庶政。寅亮鴻業。究淵思於往籍。探妙旨於未聞。窮神知化。罔不該覽。是以愚臣欣遇盛明。効其管穴。伏願以臣所上元嘉法。下史官考其疏密。若謬有可採。庶或補正闕謬。以備萬分。（宋書曆志上。太子率更何承天私撰新法。元嘉二十年上表。詔付外詳議。）

奏改漏刻箭

尚書。今既改用元嘉曆。漏刻與先不同。宜應改革。案景初曆。春分日長。秋分日短。相承所用漏刻。冬至後晝漏率長於冬至前。且長短增減。進退無漸。非唯先法不精。亦各傳寫謬誤。今二至二分。各據其正。則至之前後。無復差異。更增損舊刻。參以晷影。刪定爲經。改用二十五箭。請臺勒漏郎將考驗施用。（宋書曆志下。）

奏劾博士顧雅等

尚書刺海鹽公主所生母蔣美人喪。海鹽公主先離婚。今應成服。撰儀注參詳。宜下二學禮官博士議公主所服輕重。太學博士顧雅議。今既咸用士禮。便宜同齊衰削杖布帶疏屨。朞禮畢。心喪三年。博士周野王議又云。今諸王公主咸用士禮。譙王衡陽王爲所生太妃皆居重服。則公主情理亦宜家中朞服爲允。其博士庾蔚之、顏測、殷明、王淵之四人同雅議。何惔、王羅雲二人同野王議。如所上。臺案今之諸王。雖行士禮。是施於傍親。及自己以下。至於爲帝王所厭。猶一依古典。又永初三年九月。符脩儀亡。廣德三主以餘尊所厭。猶服大功。海鹽公主體自宸極。當上厭至尊。豈得遂服。臺據經傳正文。并引事例。依源責失。而博士顧雅、周野王等捍不

（怗當作怙）

悟。怗方稱自有宋以來。皇子蕃王皆無厭降。同之士禮。著於故事。緦功之服。不廢於未成。顧獨貶於所生。是申其所輕。奪其所重。其所重豈緣情之謂。臺伏尋聖朝受終於晉。凡所施行。莫不上稽禮文。兼用晉事。又太元中。晉恭帝時爲皇子。服其所生陳氏練冠縓緣。此則前代施行故事。謹依禮文者也。又廣德三公主爲所生母符脩儀服大功。此先君餘尊之所厭者也。元嘉十三年。第七皇子不服曹婕妤。此於麻衣。此厭乎至尊者也。博士既不據古。又不依今。背違施行見事。而多作浮辭自衛。乃云五帝之時。三王之季。又言長子去斬。衰除禫杖。皆是古禮。不少今世。博士雖復引此諸條。無救於失。又詰臺云。蕃國得遂其私情。此義出何經記。臣案南譙、衡陽太妃並受朝命。爲國小君。是以二王得遂其服。豈可爲美人比例。尋爲蕃王得遂者。皇朝之所許也。皇子公主不得申者。由有厭而然也。臺登重更責失。制不得過十日。而復不詶答。既被摧攝。二三日甫輸怙謝。雖理屈事窮。猶聞義恥服。臣聞喪紀有制。禮之大經。降殺攸宜。國家舊典。古之諸侯衆子。猶以尊厭。況在王室。而欲同之士庶。此之僻謬。不俟言而顯。太常統寺。曾不研卻。所謂同乎失者。亦未得之。宜加裁正。弘明國典。謹案大學博士顧雅、國子助教周野王、博士王羅雲、顏測、殷明、何惔、王淵之。前博士遷員外散騎侍郎顧邃之等。咸蒙抽飾。備位前疑。既不謹守舊文。又不審據前準。遂上背經典。下違故事。率意妄作。自造禮章。太常臣敬叔位居宗伯。問禮所司。騁述往反。了無研卻。混同茲失。亦宜及咎。

師當作帥

請以見事竝免今所居官，解野王領國子助教。雅野王初立議乖外，中執捍衞失，末違十日之限，雖起一事，合成三衞。羅雲掌押捍失，三人加禁固五年。宋書禮志二。元嘉二十三年七月，白衣領御史中丞何承天奏。

陳滿事議

獄貴情斷，疑則從輕。昔有驚漢文帝乘輿馬者，張釋之劾以犯蹕，罪止罰金。何者？明其無心於驚馬也。故不以乘輿之重加以異制。今滿意在射鳥，非有心於中人。案律，誤傷人三歲刑，況不傷乎？微罰可也。宋書何承天傳。南史三十三、通典一百六十六。義熙中，劉毅鎮姑孰，常出行，而鄢陵縣吏陳滿射鳥，箭誤中直師，雖不傷人，處法棄市。何承天議。

尹嘉罪議

被府宣令，普議尹嘉大辟事。稱法吏葛滕籤母告子不孝，欲殺者許之。法云：謂違犯教令，敬恭有虧，父母欲殺，皆許之。其所告惟取信於所求而許之。謹尋事原，心嘉母辭，自求質錢，爲子還責。嘉雖虧犯教義，而熊無請殺之辭。熊求所以生之，而今殺之，非隨所求之謂。始以不孝爲劾，終於和賣結刑，倚旁兩端，母子俱罪，滕籤法文爲非其條。嘉所存者大，理在難申，但明教爰發，矜其愚蔽。夫明德慎罰，文王所以恤下；議獄緩死，中孚所以垂化。言情則母爲子隱，語敬則禮所不及。今捨乞宥之評，依請殺之條，責敬恭之節，於飢寒之隸，誠非罰疑從輕，寧失有罪之謂也。愚以謂降嘉之死，以普春澤之恩；赦熊之愆，以明子隱之宜。則蒲亭雖陋，可比德於盛明；豚魚微物，不獨遺於今化。宋書何承天傳。宋有尹嘉者，家貧，母熊自以身貼錢，爲嘉償責，坐不孝當死。承天議，值赦竝免。

薄道舉事議

尋劫制，同籍周親補兵，大功不在此例。婦人三從，既嫁從夫，夫死從子。今道舉爲劫，若其叔父尚在，制應補謫，妻子營居，固其宜也。但爲劫之時，叔父已殁，代公道生竝是從弟，大功之親，不合補謫。今若以叔母爲朞親，令代公隨母補兵，既違大功不謫之制，又失婦人三從之道。由於主者守朞親之文，不辨男女之異，遠嫌畏負，以生此疑，懼非聖朝恤刑之旨。謂代公等母子竝宜見原。宋書何承天傳。南史三十三、通典一百六十七。

奏事官名議

既殁之名，不合奏者，非有它義，正嫌於近不辭耳。奏事一郤，動經歲時，盛明之世，事從簡易，曲嫌細忌，皆應蕩除。宋書何承天傳。故司徒掾孔邈奏事未御，邈已喪殞，議者謂不宜仍用邈名，更以見官奏之。承天又議。

久喪不葬議

禮所云還葬，當謂荒儉一時，故許其稱財而不求備。丁況三家，數十年中，葬輒無棺櫬，實由淺情薄恩，同於禽獸者耳。竊以爲丁寶等同伍積年，未嘗勸之以義，繩之以法。十六年冬，既無新科，又未申明舊制，有何嚴切，欻然相糾。或由鄰曲分爭，以興此言。如聞在東諸處，比例既多，江西淮北尤爲不少。若但謫此三人，殆無整肅。開其一端，則互相恐動，里伍縣司，競爲姦利，財賂既逞，獄訟必繁。懼虧聖明亨鮮之美，臣愚謂況等三家，且可勿問，因此附定制旨，若民人葬不如法，同伍當即糾言，三年除服之後，不得追相告列。於事爲宜。宋書何承天傳。時丹陽丁況等久喪不葬，承天議。

立三百六十律法制議

上下相生，三分損益其一，蓋是古人簡易之法，猶如古厤周天三百六十五度四分之一，後人改制，皆不同焉。而京房不悟，謬爲六十。承天更設新率，則從中呂還得黃鍾，十二旋宮，聲韻無失。黃鍾長九寸，大蔟長八寸二釐，林鍾長六寸一釐，應鍾長四寸七分九釐強。其中呂上生所益之分，還得十七萬七千一百四十七，復十二辰參之數。隋書律厤志上。

全宋文卷二十二終

烏程嚴可均校輯

何承天二

與宗居士書論釋慧琳白黑論（郎均著論）

近得賢從中郎書說足下勤西方法事賢者志其大豈以萬劫爲
奢但恨短生無以測冥靈耳冶城慧琳道人作白黑論乃爲衆僧
所排擯賴蒙值明主善救得免波羅夷耳既作比丘乃不應明此
白徒亦何爲不言足下試尋二家誰爲長者吾甚昧然望有以佳
悟何承天白（弘明集三）

答宗居士書（釋均善難）

何承天曰前送均善論並諮求雅旨來答周至及以爲茲理興喪
宜明不可但處以可否之閒吾雖不能一切依附亦不甚執偏見
但求夜光於巨海正自未得耳以爲佛經者善九流之別家雜以

道墨慈悲愛施與中國不異大人君子仁爲己任心無憶念且以
形像彩飾將諧常人耳目其爲糜損尚微其所弘益或著是以兼
而存之至於好事者遂以爲超孔越老唯此爲貴斯未能求立言
之本而眩惑於末說者也知其言者當俟忘言之人若唯取信天
堂地獄之應因緣不滅之驗抑情菲食盡勤禮拜庶幾陵羅帳之
蓋升彌鐙之座渻于生所以大謬也論云衆聖老莊皆云有神明
復何以斷其不如佛言答曰明有禮樂幽有鬼神聖王所以爲教
初不昧其有也若果有來生報應周孔宜當緘默而無片言邪若
夫嬰兒之臨坑凡人爲之駭怛聖者豈獨不仁哉又云人形至麤
人神實妙以形從神豈得齊終答曰形神相資古人譬以薪火薪
弊火微薪盡火滅雖有其妙豈能獨得又云心之所感崩城隕霜
白虹貫日太白入昴氣禁之醫冷煖輒應專誠妙感以受身更生
七寶之土何爲不可哉答曰崩城隕霜貫日入昴不明來生之譬

非今論所宜引也又見水火之禁冀其能生七寶之鄉猶觀大冶
鑄金冀其能自陶鑄終不能亦可知也又曰有諦無諦此唱居然
甚安自古千變萬化有俄然皆已空矣當其盛有之時豈不常有
必空之實愚者不知其理唯見其有答曰如論云當其盛有之時
已有必空之實然則卽物常空空物爲一矣今空有未殊而賢愚
異稱何哉昔之所謂道者於形爲無形於事爲無事恬漠沖粹養
志怡神豈獨愛欲未除宿緣是畏唯見其有豈復是過以此嗤齊
侯猶五十步笑百步耳又云舟壑潛謝佛經所謂見在不住誠能
明之則物我常虛答曰潛謝不住豈非自生入死自有入無之謂
乎故其言曰有駭形而無損心有旦宅而無情死賈生亦云化爲
異物又何足患此達乎死生之變者也而區區去就在生慮死心
繫無量志生天堂吾黨之常虛異於是焉又云神光靈變及無量
之壽皆由誠信幽奇故映其明今沒於邪見理固天隔答曰今亦

不從慢化者求其光明但求之於誠信者耳尋釋迦之教以善權
救物若果應驗若斯何爲不見其靈變以曉邪見之徒豈獨不愛
數十百萬之說而吝俄頃神光徒爲化聲之辯竟無明於眞智終
年疲疫而不知所歸豈不哀哉又云內懷虔仰故禮拜悔罪達夫
無常故情無所吝委妻子而爲施豈不邀於百倍答曰繁巧以興
事未若除貪欲而息競遵戒以洗悔未若翦榮冀以全朴況乃誘
所尚以祈利忘天屬以要譽謂之無邀吾不信也又云泥洹以無
樂爲樂法身以無身爲身若誠能餐仰則就逸稍除獲利於無利
矣答曰泥洹以離苦爲樂法身以接苦爲身所以使餐仰之徒不
能自絕耳果歸於無利勤者何獲而云獲於無利此乃形神俱
盡之證恐非雅論所應明言也又云欲此道者可謂有欲於無欲
矣至若啟導麤近者有影響之實亦猶于公以仁活致封嚴氏以
好殺致誅厲妙行以希天堂謹五戒以遠地獄雖有欲於可欲實

疫當作役

踐日損之塗此亦西行而求郢何患其不至答曰謂龘近爲啟導比報應於影響不亦善乎但影響所因必稱形聲尋常之形安得八萬由旬之影乎所滯若有欲於無欲猶是常滯於所欲夫耳目殊司工藝異業末技所存慮信不竝是以金石克諧泰山不能呈其高鴻鵠方集冥秋不能傳其旨而欲以有欲成無欲希望就日損雖云西行去郢茲遠如之何又云若身死神滅是物之眞性但當與周孔竝力致教何爲誑以不滅欺以佛理使燒祝髮膚絕其牉合以傷盡性之美答曰華戎自有不同何者中國之人稟氣清和含仁抱義故周孔明性習之教外國之徒受性剛強貪欲忿戾故釋氏嚴五戒之科來論所謂聖無常心就物之性者也懲暴之戒莫若乎地獄誘善之勸莫美乎天堂將盡殘害之根非中庸之謂周孔則不然順其天性去其甚泰婬盜著於五刑酒辜明於周誥春田不圍澤見生不忍死五犯三驅釣而不綱是以仁愛普洽

澤及豚魚嘉禮有常俎老者得食肉春耕秋收蠶織以時三靈格思百神咸秩方彼之所爲者豈不弘哉又甄供灌之賞嚴疑法之罰遞補宰之問爲勸化之本演君蒿之答明來生之驗袪服肝衡而矜斯說者其處心亦悍矣論又稱耆陁尸梨之屬神理風操不在琳比丘後足下既明常人不能料度近事今何以了其勝否於百年之前數千里之外邪若琳比丘者僧貌而天虛似夫深識眞僞殊不肯以經護師崇飾巧說吾以是敬之孫興公論云竺法護之淵達于法蘭之純博足下欲比中士何士也及楚英之脩仁寺笮融之賙行饉豈復有清眞風操乎昔在東邑有道舍沙門自吳中來深見勸譬甚有懇誠因留三宿相爲說練形澄神之緣罪福起滅之驗皆有條貫吾拱聽讜言申旦忘寢退以爲士所以立身揚名著信行道者實賴周孔之敎子路稱聞之而未之能行唯恐有聞吾所行者多矣何據捨此而務彼又尋稱情立文之制知來

舍當作含

生之爲奢究終身不已之哀悟受形之難再稱聖人我師周公豈欺我哉緣足下情篤故具陳始末想耆舊大智誨人不倦於此未默耳前已遣取明佛論遲尋至冀或朗然於心何承天白（弘明集三。）

答宗居士書

重告竝省大論置陣如項籍既足下以賤漢祖況弱士乎證譬堅明文詞淵富誠欲廣其利澤施及凡民深知君子之用心也足下方欲影響以神其教故宜緘默成人之美但當謂外國之事或非中華所務是以有前言耳果今中外宜同余則陋矣敢謝不敏雖然猶有所懷夫明天地之性者不致惑於迂怪識盛衰之運者不役心於理表儻令雅論不因善權篤誨皆由情發豈非通人之蔽哉未緣言對聊以代面何承天白（弘明集三。）

答顏光祿

敬覽芳訊研復淵旨區別三才步驗精粹宣寅道心褒賞施士貫

綜幽明推誠及物行之於己則美敷之於教則弘殆無所閒退尋嘉誨之來將欲令參觀斗極復迷反逕思或昧然未全曉洽故復重申本懷足下所謂共成三才者是必合德之稱上哲之人亦何爲其然夫立人之道取諸仁義惻隱爲仁者之表恥惡爲義心之端牛山之木翦性於斧斤恬漠之想汩慮於利害誠宜滋其萌蘖援其善心遂乃存而不算得無過與又云議三才者無取於氓隸言衆生者亦何濫於聖智既已聞命猶未知二塗當以何爲判將伊顏下儷豈喬札上附企望不倦以袪未了必令兩籍俱舉宮和符合豈不盡善又曰大德曰生有萬之所同同於所方萬豈得生之可異非謂不然人生雖均被大德不可謂之衆生譬聖人雖同稟五常不可謂之衆人奚取於不異之生必宜爲衆哉來告云人則役物以爲養物則見役以養人大判如此便是顯同鄙議至於情嗜不禁害生慘物所謂甚者泰者聖人固已去之又云以道爲

寅當作演

閒當作聞

代當作伐

心者。或不剋此而止。請問不止者。將自己不殺邪。令受敕成同邪。若自己不殺。取足市鄽。故是遠庖廚意。必欲推之於編戶。吾見雅論之不可立矣。又云若同草木。便當煙盡。精靈在天。將何憑以立。夫神鬼惚恍。遊魂爲變。發揚悽愴。亦於何不之。伸由屈於知死。賜也失於所問。不更受形。前論之所明言。所憑之方。請附夫子之對。及施報之道。必然之符。當謂于氏高門。侯積善之慶。博陽不代。膺公侯之祚。何關於後身乎。又云經世恆談。施者勿憶。士子服義。惠而弗有。誠哉斯言。微恨設報以要惠。說徒之所先。悅報而爲惠。舉世之常務。疑經受累劫之罪。勤施獲積倍之報。不似吾黨之爲道者。是以快快耳。知欲引之上濟。亦甚所不惜。但丈夫處實者。顧陋前識之華。故不爲也。若乃施非周急。惠存功譽。揆諸高明。亦有恥乎。此吾卒其恆心。久而不化。內慚璩子。未暇有所諭也。何承天白。弘明集四。

祜當作祐

重荅顏光祿

吾少信管見。老而彌篤。既言之難。云將瀝腐方寸。故願憑流飈。以託鱗融。厚故意垂懷。惠以重釋。稽證周明。華辭博贍。夫貝玉時玷。賤夫指其瑕。望舒抱魄。野人睨其缺。豈伊好辨。未獲云已。復進請益之問。庶以研盡所滯。來告云。三才之論。故當本諸三畫。三畫既陳。中稱君德。所以神致太上。崇一元首。若如論旨。以三畫爲三才。則初擬地爻。三議天位。然而遯世無悶。非厚載之目。君子乾乾。非蒼蒼之稱。果兩儀罔託。亦何取於立人。但爻在中和。宜應蓄德耳。又云。惻隱窮博愛之量。恥惡盡祜直之方。則爲上仁上義。便是討體仁義者爲三才。尋又云。喬札未獲上附。尹顏宜其下釐。則黃裳之人。其猶弗及。雖隤之旨。高下無準。故惑者未悟也。夫陰陽陶氣。剛柔賦性。圓首方足。容貌匪殊。惻隱恥惡。悠悠皆是。但參體二儀。必舉仁義爲端。取知欲限以名器。慎其所假。遂令惠人潔士。比性

於本當作本於

於毛羣。庶幾之賢。同氣於介族。立象之意。豈其然哉。又云。已均被同衆。復何諱衆同。故當殊其特靈。不應異其得生。夫特靈之神。既異於衆。得生之理。何嘗暫同。生於本理。而理異焉。同衆之生。名將安附。若執此生名。必使從衆。則混成之物。亦將在例邪。又云。謹爲埴防。猶患踰盜。況乃罔不設備。以充侈志。方開所泰。何議去甚。足下始云。皇聖設候物之教。謹順時之經。將以反漸息泰。今復以方開所泰爲難。未詳此將雜鄙議。將議聖人也。又云。市庖之外。豈無御養。神農所書。中散所述。何必以刲割爲稟和。爛淪爲翼善。夫禮瘞蘭栗。宗社三牲。麃腒豆俎。以供賓客。七十之老。俟肉而飽。豈得唯陳列草石。取備上藥而已。吾所憂不立者。非謂洪論難持。退嫌此事不可頓去於世耳。又云。天下寧有無形之有。顧此唯疑。宜見正定。尋來旨似不嫌有鬼。當謂鬼宜有質。得無惑天竺之書。說鬼別爲生類故邪。昔人以鬼神爲教。乃列於典經。布在方策。鄭僑吳札。

傳當作傅

亦以爲然。是以雲和六變。實降天神。龍門九成。人鬼咸格。足下雅秉周禮。近忽此義。方詰無形之有。爲支離之辯乎。又云。後身著戒。可不敬與。慈護之人。深見此數。未詳所謂慈護者。謙氏之子。若據外書報應之說。皆吾所謂權教者耳。凡講求至理。曾不折以聖言。多採譎怪。以相扶翼。得無似以水濟水邪。又云。物無妄然。必以類感。常善以救。善亦從之。勢猶影表。不慮自來。斯言果然。則類感之物。輕重必侔。影表之勢。脩短有度。致飾土木。不發慈愍之心。順時蒐狩。未根慘虐之性。天宮華樂。焉賞而上升。地獄幽苦。奚罰而淪陷。唱言窮軒輕。立法無衡石。一至於此。且阿保傳愛。慎及溷腴。負庖提刀。情狀介族。彼聖人者。明竝日月。化關三統。若令報應必符。亦何妨於敎而緘扃羲唐之紀。埋閉周孔之世。擧結網罟。興畢億之罪。仍制牲牢。闢長夜之罰。遺彼天廚。甘此芻豢。曾無拯溺之仁。橫成納隍之酷。其爲不然。宜簡淵慮。若謂窮神之智。猶有所不盡。

人當作仁

雖高情愛奇。想亦未至於侮聖也。足下論仁義。則云情之者少。利之者多。言施惠則許其遺賢忘報在情。既少。孰能遺賢。利之者多。曷云忘報。若能推樂施之士。以期欲人之疇。演忘報之意。引向義之心。則義實在斯。求仁不遠。至於濟有生之類。入無死之地。慶周兆物。尊冠百神。斯旨弘誕。非本論所及。無乃秦師將遁。行人言肆乎。豈其相迫。居吾語子。聖人在上。不與百神爭長。有始有卒。焉得無死之地。夫辯章幽明。研精庶物。反初結繩。終繁文敝。性以道率。故絕親譽之名。範圍造化。無傷博愛之量。以畋以漁。養兼賢鄙。三品之獲。實充賓庖。金石發華。笙籥協節。醉酒飽德。介茲萬年。處者弘日新之業。仕者敷先王之教。誠著明君。澤被萬物。龍章表觀。鳴玉節趨。斯亦堯孔之樂地也。及其不遇。考槃阿澗。以善其身。彼雖爲黍。聊寄懷抱。或負鼎割烹。揚隆名於長世。或屠羊鼓刀。陵高志於浮雲。此又君子之處心也。何必陋積善之延祚。希無驗於來世。生背當年之眞懽。徒疲役而靡歸。繫風捕影。非中庸之美。慕夷眩妖。違通人之致。蹲膜揖讓。終不並立。竊願吾子捨兼而遵一也。及蜀梁二叔甘人驛胥之譬。非本義所斷。故不復具云。弘明集四。

爲謝晦檄京邑

王室多故。禍難荐臻。營陽失德。自絕宗廟。盧陵王構閱有本。屢被猜嫌。且居喪失禮。遐邇所具。積怨犯上。自貽非道。羣后釋位。爰登聖明。亂之未乂。職有所係。案車騎大將軍王弘、侍中王曇首。謬蒙時私。叨竊權要。弘於永初之始。實荷不世之恩。元嘉之讓。自謂任遇浮淺。進誣先皇委誠之寄。退長嫌隙異同之端。曇首往因使下。訪以令上起居。不能光揚令德。彰於朝聽。其言多誣。故不具說。王華賊亡之餘。賞擢之次。先帝常見訪逮。庶有一分可取。而華稟性凶。猜多所忍害。曩者縱人入城。託疾辭事。此都士庶。咸所聞知。以其所啟及上手答示宗叔獻。又令宣告徐傅二公。及周糾使下。又令見答。云欲自攬政事。求離任還都。並令曇首具述此意。又惠觀道人說外人告華及到彥之謀反。不謂無之。城內東將數日之內。操戈相待。華說數爲狄當所譖。常不自安。凡此諸事。豈有忠誠冥契若此者邪。自以父亡道側。情事異人。外絕酒醴。而宵飲是恣。醜貌□□□□□□凡厥士庶。誰不側目。又常歎宰相頓有數人。是何憒憒。規總威權。不顧國典。保祐皇家者。罹屠戮之誅。效勤社稷者。致殲夷之禍。搢紳之徒。孰不忼慨。遂矯違詔旨。遣劉彥之蕭欣之輕舟見襲。即日監利左尉露檄眾軍。已至揚子。雖以不武。忝荷蕃任。國家艱難。悲憤兼集。若使小人得志。君子道消。凡百有殄瘁之哀。蒼生深横流之懼。輒糾勒義徒。繕治舟甲。舳艫亙川。駟介蔽野。武夫鷙勇。人百其誠。今遣南蠻司馬寧遠將軍庾登之、統參軍事建武將軍建平太守安泰、宣威將軍昭弘宗、參軍事宣威將軍王紹之等。精銳一萬。前鋒致討。南蠻參軍振武將軍魏像、統參軍事宣威將軍陳珍、虎旅二千。參軍事建威將軍新興太守賀愔甲卒三千。相係取道。南蠻參軍振威將軍郭卓鐵騎二千。水步齊舉。大軍三萬。駱驛電邁。行冠軍將軍竟陵內史河東太守謝遯、建威將軍南平太守謝世猷驍勇一萬。留守江陵。分命參軍長寧太守竇應期步騎五千。直出義陽。司馬建威將軍行南義陽太守周超之、統軍司馬振武將軍胡崇之精悍一萬。北出高陽。長兼行參軍寧遠將軍朱澹之步騎五千。西出雁塞。同討劉粹。並趨襄陽。奇兵倘速。指景齊奮。諸賢並同國恩。情兼義烈。今誠志士忘身之日。義夫著績之秋。見機而動。望風而不待勵。宋書謝晦傳・案何承天傳云晦將見討。使承天造立表檄。

全宋文卷二十三終

何承天三

烏程嚴可均校輯

報應問

西方說報應，其枝末雖明，而即本常昧；其言奢而寡要，其譬迂而無徵；乖背五經，故見弃於先聖；誘掖近情，故得信於季俗。夫欲知日月之行，故假察於琁璣；將申幽明之信，宜取符於見事。故鑒燧懸而水火降，雨宿離而風雲作，斯皆遠由近驗，幽以顯著者也。夫鵝之為禽，浮清池，咀春草，衆生蠢動，弗之犯也，而庖人執焉，鮮有得免刀俎者。燕翻翔求食，唯飛蟲是甘，而人皆愛之，雖巢幕而不懼，非直鵝燕也，羣生萬有，往往如之。是知殺生者無惡報，為福者無善應，所以為訓者如彼，所以示世者如此，余甚惑之。若謂燕非蟲不甘，故罪所不及，民食芻豢，奚獨嬰辜？若謂禽豕無知，而人識經教，斯則未有經教之時，畋漁網罟，亦無罪也？無故以科法入中國，乃所以為民陷穽也。彼仁人者，豈其然哉？故余謂佛經但是假設權教，勸人為善耳，無關實叙。是以聖人作制，推德翳物，我將我享，實膺天祐，田獲三品，賓庖豫焉，若乃見生不忍死，聞聲不食肉，固君子之所務也。竊願高明，更加三思。（廣弘明集二十。）

荅向歆問祖無服父有服嫁孫女

向歆問何承天曰：父有伯母慘，女服小功，祖尊統一家，年末可得嫁孫女不？何荅曰：吾謂祖為婚主，女身又小功服，不嫌於婚。鄭尚書曰：祖為婚主，女父不與婚事，意謂可婚。周續之曰：禮，己雖小功，可以冠娶妻，則女身雖有服，謂出門無嫌也。伯母義服，而祖為家主，于禮可通。徐野民曰：禮許變通，記所稱父大功者，當非有祖之家。又公羊傳云，不以父命辭王父命，推附名例，義在尊無二上，容或可通理邪。（通典六十。）

荅江氏問次孫持重

江氏問：甲兒先亡，甲後亡，甲嫡孫傳重，未及中祥，嫡孫又亡，有次孫，今當應服三年不？何承天荅曰：甲既有孫，不得無服三年者，謂次孫宜持重也。但次孫先以制齊縗，今得便易服，當須中祥乃服練居堊室耳。昔有問范宣云：人有二兒，大兒無子，小兒有子，疑於傳重。宣荅：小兒之子應服三年，亦粗可依。（通典八十八。）

通裴難荀論大功嫁妹

婚禮吉而非樂，貴不失時。元康中，有犯喪者，為憲司所糾，都無降服。大功嫁女之彈，彼豈輕犯周制，重犯功服邪？固於禮自通，不應致譏耳。足下謂下殤小功不可娶，足以包降在大功不可嫁。夫徹樂興嗣親之感，繼燭發離別之悲，唱行重於和從，受禮輕於納聘。既有一等之差，本服周者，雖不得娶，何嫌得嫁邪？若本降為大功不可嫁者，大功降為小功亦不可娶，豈獨下殤小功而已乎？斯不然矣。（通典六十。）

渾天象論

詳尋前說，因觀渾儀，研求其意，有以悟天形正圓，而水居其半，地中高外卑，水周其下。言四方者，東曰暘谷，日之所出；西曰濛汜，日之所入。莊子又云：北溟有魚，化而為鳥，將徙於南溟。斯亦古之遺記，四方皆水證也。四方皆水，謂之四海。凡五行相生，水生於金，是故百川發源，皆自山出，由高趣下，歸注於海。日為陽精，光耀炎熾，一夜入水，所經焦竭，百川歸注，足以相補，故旱不為減，浸不為益。徑天之數，蕃說得之。（宋書天文志一，隋書天文志上，開元占經一。）

周天三百六十五度三百四分之七十五。天常西轉，一日一夜，過周一度。南北二極，相去一百一十六度三百四分度之六十五強，即天徑也。黃道袤帶赤道，春分交於奎七度，秋分交於軫十五度，冬至斗十四度半強，夏至井十六度半。從北極扶天而南五十五度。彊則居天四維之中，最高處也，即天頂也；其下則地中也。（隋書天文志上。開元占經一。）

安邊論表（并上）

伏見北蕃上事，虜犯青兗，天慈降鑒，矜此黎元，博逮羣策，經綸戎政。臣以愚陋，預聞訪及。竊尋獫狁告難，爰自上古；有周之盛，南仲出車；漢氏方隆，衛霍宣力。雖飲馬瀚海，揚旆祁連，事難役繁，天下騷動。委輸負海，貲及舟車，凶狡倔強，未肯受弱，得失報復，裁不相補。宣帝末年，值其乖亂，推亡固存，始獲稽服。自晉喪中原，戎狄侵擾，百餘年間，未暇以北虜爲念。大宋啓阼，兩燿靈武，而懷德畏威，用自款納。陛下臨御以來，羈縻遵養，十餘年中，貢譯不絕。去歲三王出鎮，思振遠圖，獸心易駭，遂生猜懼，背違信約，深搆攜隙，貪禍恣毒，無因自反。恐烽燧之警，必自此始。臣素庸懦，才不經武，率其管窺，謹撰安邊論，意及淺末，懼無可採。若得詢之朝列，辨覈同異，庶或開引羣慮，研盡衆謀，短長畢陳，當否可見。其論曰：

漢世言備匈奴之策，不過二科：武夫盡征伐之謀，儒生講和親之約。課其所言，互有遠志。加塞漠之外，胡敵掣肘，必未能摧鋒引日。規自開張，當由往年冀土之民，附化者衆，二州臨境，三王出藩，經略既張，宏圖將舉，士女延望，華夷慕義。故昧於小利，且自矜侈，外示餘力，內堅僞衆。今若務存遵養，許其自新，雖未可羈致北闕，猶足鎮靜邊境。然和親事重，當盡廟筭，誠非愚短所能究言。若追蹤衛霍瀚海之志，時事不等，致功亦殊。寇雖習戰來久，又全據燕趙，跨帶秦魏，山河之險，終古如一。自非大田淮泗，內實青徐，使民有贏儲，野有積穀，然後分命方召，總率虎旅，精卒十萬，使一舉盪夷，則不足稍勤王師，以勞天下。何以言之？今遺黎習亂，志在偷安，非皆恥爲左衽，遠慕冠冕，徒以殘害剝辱，視息無寄，故繈負歸國，先後相尋。虜既不能校勝循理，攻城略地，而輕兵掩襲，急在驅殘，是其所以速怨召禍，滅亡之日。今若遣軍追討，報其侵暴，大翦幽冀，屠城破邑，則聖朝愛育黎元，方濟之以道。若但欲撫其歸附，伐罪弔民，則駿馬奔走，不肯來征；徒興巨費，無損於彼。復奇兵深入，殺敵破軍，苟陵患未盡，則困獸思鬭，報復之役，將遂無已。斯秦漢之末策，輪臺之所悔也。安邊固守，於計爲長。臣以安邊之計，備在史策；李牧言其端，嚴尤申其要，大略舉矣。曹孫之霸，才均智敵，江淮之閒，不居各（通典作各）數百里。魏捨合肥，退保新城；吳城江陵，移民南涘。濡須之戍，家停羨溪；及襄陵（通典作襄陽）之屯，民夷散雜（通典作民居星散）。晉宣王以爲宜徙沔南，以實水北，曹爽不許，果亡柤中。此皆前代之殷鑒也。何者？斥堠之郊，非畜牧之所；轉戰之地，非耕桑之邑。故堅壁清野，以禦其來，整甲繕兵，以乘其敝。雖時有古否，而勢有強弱，保民全境，不出此塗。要而歸之，有四（通典作約而言之大段有四）：一曰移遠就近，二曰浚復城隍，三曰纂偶車牛，四曰計丁課仗。良守疆其土

田，驍帥振其風略，蒐狩宜其號令，俎豆訓其廉恥，縣爵以縻之，設禁以威之，徭稅有程，寬猛相濟，比及十載，民知義方。然後簡將授奇，揚旌雲朔，風卷河冀，電埽嵩恒，燕弧折却，代馬摧足，秦首斬其右臂，吳蹄絕其左肩，銘功於燕然之阿，饗徒於金微之曲。寇雖亂亡有徵，昧弱易取，若天時人事，或未盡符，抑銳俟機，宜審其算。若邊戍未增，星居布野，勤惰異教，貧富殊資，疆埸之民，多懷彼此，虜在去就，不根本業，難可驅率，易在振蕩。又狡虜之性，食肉衣皮，以馳騁爲儀容，以游獵爲南畝，非有車輿之安，宮室之衞，櫛風沐雨，不以爲勞，露宿草寢，維其常性（通典作露宿莽寢是惟其性），勝則競利，敗不羞走，彼來或驟，而此已奔疲。且今春踰濟，既獲其利，乘勝忸忕，未虞天誅。比及秋末，容更送死，狡騎蟻聚，輕兵鳥集，並踐禾稼（通典作踐蹂禾稼），焚爇閭井，雖邊將多略，未審何以禦之。若盛師連屯，廢農必衆，馳車奔驅，起役必遲（二語通典作奔馳赴役赴機必遲）。斂金行賞，損費必大，換土

塲當作場

容戍怨曠。必繁。孰若因民所居。並脩農戰。無勤衆之勞。有扞衞之實。其爲利害。優劣相懸也。一曰移遠就近。已實內地。今青兗舊民及冀州新附在界首者。二三萬家。此寇之資也。今悉可內徙青州民移東萊平昌北海諸郡。兗州冀州移太山已南。南至下邳。左沭右沂。田良野沃。西阻蘭陵。北阨大峴。四塞之內。其號險固。（通典作其險是固。）民性重遷。闇於圖始。無虜之時。喜生咨怨。今新被鈔掠。餘懼未息。若曉示安危。居已樂土。宜其歌抃就路。視遷如歸。二曰浚復城隍。已增阻防。舊秋冬收斂。民人入保。所已警備暴客。使防衞有素也。古之城池。處處皆有。今雖頹毀。猶可脩治。粗計戶數。量其所容。新徙之家。悉著城內。假其經用。爲之閭伍。納稼築場。還在一處。婦子守家。長吏爲帥。丁夫匹婦。春夏佃牧。寇至之時。一城千室。堪戰之士。不下二千。其餘羸弱。猶能登陴鼓譟。十則圍之。兵家舊說。戰士二千。足抗羣虜二萬矣。三曰纂偶車牛。已飭戎械。計千家之資。不下五百。耦牛爲車五百兩。參合鉤連。已衞其衆。設使城不可固。平行趨險。賊所不能干。既已族居。易可檢括。號令先明。民知夙戒。有急徵發。信宿可聚。四曰計丁課仗。勿使有闕。千家之邑。戰士二千。隨其便能。各自有仗。素所服習。銘刻由己。還保（通典作銛利由己還葆。）輸之於庫。（通典作武庫。）出行請已自衞。弓幹利鐵。民不得辦者。官已漸充之。數年之內。軍用粗備矣。臣聞軍國異容。施於封畿之內。兵農並脩。在於疆塲之表。攻守之宜。皆因其習。任（通典作習俗。）其怯勇。山陵川陸之形。（通典作利。）寒暑溫涼之氣。各由本性。易則害生。是故戍申作刺。怨起及瓜。今若已荊吳銳（已上十一字從通典補。）師遠屯清濟。功費既重。詹怨（通典作嗟苦。）亦深。已臣料之。未若卽用彼衆之易也。管子治齊。寄令在民。商君爲秦。設已耕戰。終能申威定霸。行其志業。非苟任強。實由有數。梁用武卒。其邦自滅。齊用技擊。厥衆亦離。漢魏已來。茲制漸絕。（通典作弛。）蒐田非復先王之禮。治兵徒逞耳目之欲。有急之日。民

不知戰。至乃廣延賞募。奉已厚秩。發遽奔救。天下騷然。方伯刺史拱手坐聽。自無經略。唯望朝廷遣軍。此皆忘戰之害。（通典作咎。）不教之失也。今移民實內。浚治城隍。族居聚處。村里比次。課其騎射。通其風俗。長吏簡試。差品能不。甲科上第。漸就優別。明其動才。（通典作捷。）表言州郡。如此則屯部有常。不遷其業。內護老弱。外通官塗。朋曹素定。同憂等樂。情由習親。藝因事著。晝戰見兒。足已相識。夜戰聞聲。足已相救。斯教戰之一隅。先哲之遺術也。論者必已古城荒毀。難可脩復。今不謂頓便加功。整麗如舊。但欲先定民居。營其閭術。墉壍存者。因而卽之。（通典作增之。）其有毀缺。權時柵斷。（通典作補斷。）足已禦彼輕兵。防遏游騎。假已旬時。漸就完立。車牛之賦。課仗之宜。攻守所資。軍國之要。今因民所利。導而率之。耕農之器。爲府庫之寶。田蠶之氓。兼扞城之用。千家之宰。總倍旅之兵。萬戶之都。具全軍之衆。兵強而敵不戒。國富而民不勞。比於優復隊伍。坐食廩糧者。不可同年而校矣。今承平未久。遂令弛縱。弓簳利鐵。既不都斷。往歲棄甲。垂二十年。課其所住。理應消壞。謂宜申明舊科。嚴加禁塞。諸商賈往來。幢隊挾藏者。皆已軍法治之。又界上嚴立關候。杜廢閒蹊。城保之境。諸所課仗。並加雕鐫。別造程式。若有遺鏃亡刃。及私爲竊盜者。皆可立驗。於事爲長。又鉅野湖澤廣大。南通洙泗。北連青齊。有舊縣城。正在澤內。宜立式脩復舊堵。利其埭遏。給輕艦百艘。寇若入境。引艦出戰。左右隨宜。應接。掾其師津。毀其航漕。此已利制車。運我所長。亦微徼敵（通典作此亦禦敵。）之要也。（宋書何承天傳。又見通典一百九十六。）

論魏文帝已洛京宗廟未成祠武帝於建始殿

案禮。將營宮室。宗廟爲先。庶人無廟。故祭於寢。帝者行之。非禮甚矣。（宋書禮志三。）

論蜀習隆向充請立諸葛亮廟于沔陽

周禮。凡有功者。祭於大烝。故後代遵之。已元勳配饗。充等曾不是

祭字衍

式禫又從之。竝非禮也。（宋書禮志四。）

論旄頭

戰國竝爭，師旅數出，懸旄之設，務察風祲，宜是秦矣。（宋書禮志五。）

論吳朝設樂

世咸傳吳朝無雅樂。（宋書樂志一。案，張溥本此下有「案孫晧云云」，乃沈約語也，不錄。）

或云今之神絃，孫氏以爲宗廟登哥也。（同上。）

達性論

夫兩儀既位，帝王參之，宇中莫尊焉。天以陰陽分，地以剛柔用，人以仁義立。人非天地不生，天地非人不靈，三才同體，相須而成者也。故能稟氣清和，神明特達，情綜古今，智周萬物，妙思窮幽賾，制作侔造化，歸仁與能，是爲君長。撫養黎元，助天宣德，日月淑清，四靈來格，祥風協律，玉燭揚煇，九穀芻豢，陸產水育，酸鹹百品，備其膳羞，棟宇舟車，銷金合土，絲紵玄黃，供其器服，文以禮樂，娛以八音，庇物殖生，罔不備設。夫民用儉則易足，易足則力有餘，力有餘則情志泰，樂治之心，於是生焉。事簡則不擾，不擾則神明靈，神明靈則謀慮審，濟治之務，於是成焉。故天地以儉素訓民，乾坤以易簡示物，所以訓示慇懃，若此之篤也。安得與夫飛沈蠉蠕竝爲衆生哉。若夫衆生者，取之有時，用之有道，行火俟風暴，畋漁候豺獺，所以順天時也。大夫不麛卵，庶人不數罟，行葦作歌，宵魚垂化，所以愛人用也。庖廚不邇，五犯是翼，殷后改祝，孔釣不綱，所以明仁道也。至於生必有死，形斃神散，猶春榮秋落，四時代換，奚有於更受形哉。詩云：愷悌君子，求福不回。言弘道之在己也。三后在天，言精靈之升遐也。若乃內懷嗜欲，外憚權教，慮深方生，施而望報，在昔先師，未之或言。余固不敏，罔知請事焉矣。（弘明集四，藝文類聚二十一。）

三代樂序

正德大豫二舞，蓋出於二容樂，然則其聲節有古之遺音焉。（通典一百四十七，御覽五百七十四。）

新厤敘

夫厤數之術，若心所不達，雖復通人前識，無救其爲敝也。是以多歷年歲，猶未能有定。四分於天，出三百年而盈一日，積世不悟，徒云建厤之本，必先立元，假言讖緯，遂關治亂，此之爲蔽，亦已甚矣。劉歆三統法，尤復疏闊，方於四分，六千餘年又益一日。揚雄心惑其說，采爲太玄，班固謂之最密，著於漢志。司馬彪因曰：自太初元年始用三統厤，施行百有餘年。曾不憶劉歆之生，不逮太初二三君子，言厤幾乎不知而妄言者歟。元和中，穀城門候劉洪始悟四分於天疏闊，更以五百八十九爲紀法，百四十五爲斗分，而造乾象法，又制遲疾厤以步月行，方於太初四分，轉精密矣。（續漢律厤志下注補。又見宋書厤志上。）

禪輿頌

乃昔孔顏，夢周希虞，自天由美，異代同符，經修講治，研幾識理，道貴崇業，隆尊尚齒。（初學記十四。）

社頌并序

余以永初三年八月大社，聊爲此文。

社實陰祇，稷惟穀元，率育萬類，協靈昊乾。霸德方將，世號共工，厥有才子，實曰句龍。稱物平賦，百姓熙雍，唐堯救災，決河流江，棄亦播植，作乂萬邦。克配二祀，以報勤庸。勤庸伊何，厚載生民，倉廩既實，神節斯因。人亦有言，因物思人，矧乃大德，功被陶鈞。乃家乃國，是奉是遵，豈伊百世，萬代不泯。烝哉帝王，肇建皇極，體國經野，設官分職。猗猗二社，列幹比殖，歲云其秋，碞徧均程，牲牢既絜，嘉薦惟馨。（藝文類聚三十九，初學記十三，御覽五百三十二。）

白鳩頌并上表

謹攷尋先典，稽之前志，王德所覃，物以應顯。是以玄扈之鳳，昭帝軒之鴻烈。鄧宮之雀，徽姬文之徽祚。伏惟陛下重光嗣服，永言祖武，洽惠和於地絡，燭皇明於天區，故能九服混心，萬邦含愛，員神降祥，方祇薦裕，休珍雜沓，景瑞畢臻。至七月上旬，時在昧旦，黃暉洞照，宇宙開朗，徽風協律，甘液灑津，雖朱晃瑰瑋於運衡，榮光圖靈於河紀，蔑以尚茲。臣不量卑懵，竊慕擊轅，有作相杵，成謳。近又蒙白鳩之觀，目翫奇偉，心懽盛烈，謹獻頌一篇。野思古拙，意及庸陋，不足以發揮清英，敷讚幽旨，瞻前顧後，亦各其志。謹冒以聞。其白鳩頌曰：

三極協情，五靈會性，理感冥符，道實玄聖。於赫有皇，先天配命，朝景升曜，八維同映。休祥載臻，榮光播慶，宇宙照爛，日月光華，駒山練澤，是生柔嘉。回龍表粹，離穗合柯。翩翩者鳩，亦皎其暉，理翮台領，揚鮮帝畿，□□□□，匪德莫歸，暮從儀鳳，棲閣磨闥。烝哉明后，昧旦乾乾，惟德之崇，其峻如山，惟澤之曠，其潤如淵，禮樂四達，頌聲遐宣。窮髮納貢，九譯導言，伊昔唐萌，爰逢慶祚，余生既辰，而年之暮，提心命筆，式歌王度。晨晞永風，夕漱甘露，思樂靈基，不遐有固。宋書符瑞志下：元嘉十八年八月庚午，會稽山陰商世寶獲白鳩，眼足並赤，揚州刺史始興王濬以獻，太子率更令何承天上表。

天讚

軒轅改物，以經天人，容成造厤，大橈創辰，龍集有次，星紀乃分。初學記一。

地讚

九州攸同，時維禹跡，爰及後代，疆分里析，貢則屢遷，名猶不易。初學記五。

全宋文卷二十四終

全宋文卷二十五

烏程嚴可均校輯

鄭鮮之

鮮之字道子。榮陽開封人。隆安末爲桓偉輔國主簿。隨府轉安西功曹。入爲員外散騎侍郎。司徒左西屬。大司馬琅邪王錄事參軍。遷御史中丞。轉司徒左長史。太尉咨議參軍。進侍中。復爲太尉咨議。補右長史。宋國建。轉奉常。及受禪。遷太常都官尚書。出爲丹陽尹。復入爲都官尚書。加散騎常侍。封龍陽縣子。出爲豫章太守。元嘉三年進尚書右僕射。明年卒。贈金紫光祿大夫。有集二十卷。

諫北討表

伏思聖略深遠。臣之愚管。無所措其意。然臣愚見。竊有所懷。虜因彼情狀。可見自關中再敗。皆是帥師違律。非是內有事故。致外有敗傷。虜聞殿下親御六軍。必謂見伐。當重兵潼關。其勢然也。若陵威長驅。臣實見其未易。若輿駕頓洛。則不足上勞聖躬。如此則進退之機。宜在孰慮。賊不敢乘勝過陝。遠懾大威故也。今盡用兵之算。事從屈申。遣師撲討。而南夏濟晏。賊方懼將來。永不敢動。若輿駕造洛而反。凶醜更生揣量之心。必啟邊戎之患。此既必然。江南顒顒。傾注輿駕。忽聞遠伐。不測師之深淺。必以殿下大申威靈。未還人情恐懼。事又可推。往年西征。劉鍾危殆。前年劫盜破廣州。人士都盡。三吳心腹之內。諸縣屢敗。皆由勞役所致。又聞處處大水。加遠師民敝。敗散自然之理。殿下在彭城。劫盜破諸縣。事非偶爾。皆是無賴凶慝。凡順而撫之。則百姓思安。違其所願。必爲亂矣。古人所以救其煩穢。正在於斯。漢高身困平城。呂后受匈奴之辱。魏武軍敗赤壁。宣武喪師枋頭。神武之功。一無所損。況偏師失律。無虧於廟堂之上者邪。即之事實。非敗之謂。惟齡石等可念耳。若行也或速其禍。反覆思惟。愚謂不煩殿下親征小劫。西虜或爲河洛之患。今正宜通好北虜。則河南安。河南安則濟泗靜。伏願聖鑒察臣愚懷。宋書鄭鮮之傳。宋國初建。轉奉常。佛佛虜陷關中。高祖復欲北討。行意甚盛。鮮之上表諫。

請立學表

至於洙泗之教。洋洋盈耳。所以柔漸性情。日用成器。國廢胄子之教。家蒐勸學之訓。宜振起頹業。以迴視聽。接光太陽。燭之幽夜。令欣流者濟津。懷寶者剖和。藝文類聚三十八。

舉謝絢自代

蓋聞知賢弗推。臧文所以竊位。宣子能讓。晉國以之獲寧。鮮之猥承人乏。謬蒙過眷。既恩以義隆。遂再叨非服。知進之難。屢以上請。然自退之志。未獲暫申。夙夜懷冰。敢忘其懼。伏見行參軍謝絢清悟審正。理懷通美。居以端右。雖未足紓其采章。升庸以漸。差可以位擬人。請免愚短。甘充下列。授爲賢牧。實副羣望。宋書鄭鮮之傳。桓偉進號安西。轉補功曹。舉陳郡謝絢自代。

滕羡仕宦議

名教大極。忠孝而已。至乎變通抑引。每事輒殊。本而尋之。皆是求心而遺跡。跡之所乘。遭遇或異。故聖人或就跡以助教。或因跡以成罪。屈申與奪。難可等齊。舉其阡陌。皆可略言矣。天可逃乎。而伊尹廢君。君可脅乎。而鬻權見善。忠可愚乎。而箕子同仁。自此以還。殊實而齊聲。異譽而等美者。不可勝言。而欲令百代之下。聖典所闕。正斯事於一朝。豈可易哉。然立言明理。以古證今。當使理厭人情。如滕羡情事者。或終身隱處。不關人事。或昇朝理務。無譏前哲。通滕者則以無譏爲證。塞滕者則以隱處爲美。折其兩中。則異同之情可見矣。然無譏前哲者。厭情之謂也。若王陵之母見烹於楚。陵不退身窮居。終爲社稷之臣。非爲榮也。鮑勛蹇諤魏朝。亡身爲效。觀其志非貪爵也。凡此二賢。非滕之論。夫聖人立教。猶云有禮無時。君子不行有禮無時。政以事有變通。不可守一故耳。若滕以此二賢爲證。則恐人人自賢矣。若不可人人自賢。何可獨許其證。議者兼在於人。不但獨證其事。漢魏以來。記闕其典。尋而得者無幾人。至乎大晉中朝。及中興之後。楊臻則七年不除喪。三十餘年不關人事。溫公則見逼於王命。庾左丞則終身不著袷。高世遠則爲王右軍何驃騎所勸勸。無有如滕之易者也。若以纔麤非爲哀之主。無所復言矣。文皇帝以東關之役。尸骸不反者。制其子弟。不廢婚宦。明此孝子已不自同於人倫。有識已審其可否矣。若其不爾。居宗輔物者。但當卽聖人之教。何所復明制於其閒哉。及至永嘉大亂之後。王敦復申東關之制於中興。原此是爲國之大計。非爲訓範人倫。盡於此也。何以言之。父讐明不同戴天日。而爲國不可許復讐。此自以法奪情。卽是東關永嘉之喻也。何妨綜理王務者。布衣以處之。明教者自謂世非橫流。凡士君子之徒。無不可仕之理。而雜以情議。謂宜在貶裁耳。若多引前事以爲通證。則孝子可顧法而不復讐矣。文皇帝無所立制於東關。王敦無所明之於中興。每至斯會。輒發之於宰物。是心可不喻乎。且夫求理當先以遠大。若滄海橫流。家國同其淪溺。若不仕也。則人有餘力。人有餘力。則國可至乎亡。家可至乎滅。當斯時也。匹婦猶亡其身。況大丈夫哉。既其不然。天下之才。將無所理。滕但當盡陟岵之哀。擬不仕者之心。何爲證喻前人。以自通乎。且名爲大才之所假。而小才之所榮。榮與假乘常。已有慙德。無欣工進。何有情事乎。若其不然。則工進無欣。何足貴於千載之上邪。苟許小才榮其位。則滕不當顧常疑以自居乎。所謂柳下惠則可。我則不可也。且有生之所宗者聖人。聖人之爲教者禮法。卽心而言。則聖人之法。不可改也。而秦以郡縣治天下。莫之能變。漢文除肉刑。莫之能復。彼聖人之爲法。猶見改於後王。況滕賴前人。而當必通乎。若人皆仕。未知斯事可俟後聖與不。況仕與不仕。各有其人。而不仕之所引。每感三年之下。見議者弘通情紀。每傷中庸。又云若許議滕。則恐亡身致命之仕。以此而不盡。何斯言之過與。夫忠烈之情。初無計而後動。若計而後動。則懼法不盡命。若有不盡。則國有常法。故古人軍敗於外而家誅於內。苟忠發自內。或懼法於外。復有踟躕顧望之地。邪若有功不賞。有罪不誅。可致斯喻耳。無有名教翼其子弟。而子弟不致力於所天。不致力於所天。則王經忠不能救主。孝不顧其親。是國家之罪人耳。何所而稱乎。夫恩宥十世。非不隆也。功高賞厚。非不報也。若國憲無負於滕恬。則羨之通塞。自是名教之所及。豈是勸沮之本乎。議者又以唐虞邈矣。孰知所歸。尋言求意。將所負者多乎。後漢亂而不亡。前史猶謂數公之力。魏國將建。荀令君正色異議。董昭不得枕蘇則之袂。賈充受辱於庾純。以此而推。天下之正義終自傳而不沒。何爲發斯歎哉。若以時非上皇。便不足復言多者。則夷齊於夷望。子房於四人。亦無所復措其言矣。至於陳平默順避禍。以權濟屈。皆是衞生免害。非爲榮也。滕今生無所衞。報塞已冥。羨安在乎。昔陳壽在喪。使婢丸藥。見責鄉閭。阮咸居哀騎驢偷婢。身處王朝。豈可以阮獲通於前世。便可疑於後乎。且賢聖抑引。皆是究其始終。定其才行。故雖事有驚俗。而理必獲申。郤詵葬母後園。而身登宦。所以免責。以其孝也。日磾殺兒無議。以其忠也。今豈可以二事是忠孝之所爲。便可許殺兒葬母後園乎。不可明矣。既其不可。便當究定滕之才行。無所多辨也。滕非下官鄉親。又不周旋。才能非所能悉。若以滕謀能佽敵。才能周用。此自追蹤古人。非議所及。若是士流。故謂宜如子夏受曾參之誚。可謂善矣。而子夏無不孝之稱也。意之所懷。都盡於此。自非名理。何緣多其往復。如其折中裁之居宗。（宋書鄭鮮之傳。爲桓偉輔國主簿。先是兗州刺史滕恬爲丁零翟遼所沒。死屍不反。恬子羨仕宦不廢。議者嫌之。桓玄在荆州。使羣僚博議。鮮之議。）

父疾去職議

夫事有相權。故制有與奪。此有所屈。而彼有所申。未有理無所明。事無所獲。而爲永制者也。當以去官之人。或容詭託之事。詭託之事。誠或有之。豈可虧天下之大教。以末傷本者乎。且設法蓋以衆苞寡。而不以寡違衆。況防杜去官。而塞孝愛之實。且人情趨於榮利。辭官本非所防。所以爲其制者。蒞官不久。則奔競互生。故杜其欲速之情。以申考績之實。省父母之疾。而加以罪名。悖義疾理。莫此爲大。謂宜從舊。於義爲允。（宋書鄭鮮之傳。長吏以父母疾去官。禁錮三年。山陰令沈叔任父疾去職。鮮之因此上議。從之。）

啟事

伏承明旦見南蠻。是四廢日。來月朔好。不審可從否。

與沙門論踞食書

夫聖人之訓。修本祛末。即心爲教。因事成用。未有反性違形而篤大化者也。雖復形與俗乖。事高世表。至於拜敬之節。揖讓之禮。由中所至。道俗不殊也。故齊講肆業。則備其法服。禮拜有序。先後有倫。敬心內充。而形肅於外。稽首至地。不容企踞之禮。斂衽十拜。事非偏坐所預。而以踞食爲心用。遺儀爲斂。麤事理相違。未見其通者也。夫有爲之教。義各有之。至若般舟苦形。以存道。道親而形疏。行之有理。用之有本。踞食之教。義無所弘。進非苦形。退貽慢易。見形而不及道者。失其恭肅之情。而啟駭慢之言。豈聖人因事爲教。章甫不適越之義邪。原其所起。或出於殊方之性。或於矯枉之中。指其所救。如病急則藥速。非服御長久之法也。夫形教相稱。事義有倫。既制其三服。行其禮拜。節以法鼓。列以次序。安得企踞其間。整慢相背者哉。在昔宜然。則適事所至。一日之用。不可爲永年之訓。理可知也。故問仁者衆。而復禮爲本。今禪念化心。而守跡不變。在理既末。於用又麤。苟所未達。敢不布懷。鄭君頓首。（弘明集十二。）

申當作中

神不滅論

多以形神同滅。照識俱盡。夫所以然。其可言乎。十世既以周孔爲極矣。仁義禮教。先結其心。神明之本。絕而莫言。故感之所體。自形已還。佛唱至言。悠悠弗信。余墜弱喪。思拔淪溺。仰尋玄旨。研求神要。悟夫理精於形。神妙於理。寄象傳心。麤舉其證。庶鑒諸將悟。遂有功於滯惑焉。夫形神混會。雖與生俱存。至於麤妙分源。則有無區異。何以言之。夫形也五臟六腑。四肢七竅。相與爲一。故所以爲生。當其受生。則五常殊授。是以肢體偏病。耳目互缺。無奪其爲生。一形之內。其猶如茲。況神體靈照。妙統衆形。形與氣息俱運。神與妙覺同流。雖動靜相資。而精麤異源。豈非各有其本。相因爲用者邪。近取諸身。即明其理。庶可悟矣。一體所資。肌骨則痛癢所知。爪髮則知之所絕。其何故哉。豈非肌骨所以爲生。爪髮非生之本也。（南藏此下有生之本邪生之所本八字。原注。）生在本則知存。生在末則知滅。一形之用。猶以本末爲興廢。況神爲生本。其源至妙。豈得與七尺同枯。戶牖俱盡者哉。推此理也。則神之不滅。居可知矣。

客難曰。子之辨神形盡矣。即取一形之內。知與不知。情矣。然形神雖麤妙異源。俱以有爲分。夫所以爲有。則生爲其本。既孰有本。已盡。而資乎本者。獨得存乎。出生之表。則廓然冥盡。既冥盡矣。非但無所立言。亦無所立其識矣。識不立。則神將安寄。既無所寄。安得不滅乎。答曰。子之難辯則辯矣。未本諸心。故有若斯之難乎。夫萬化皆有也。榮枯盛衰。死生代乎。一形盡一形生。此有生之始終也。至於水火。則彌貫群生。贍而不匱。豈非火體因物。水理虛順。生不自生。而爲衆生所資。因即爲功。故物莫能竭乎。同在生域。其妙如此。況神理獨絕。器所不鄰。而限以生表冥盡。神無所寄哉。因斯而談。太極爲兩儀之母。兩儀爲萬物之本。彼太極者。渾元之氣。而已猶能總此化根。不變其一。矧神明靈極。有無兼盡者邪。其爲不滅。

情當作精

可以悟乎。

難曰：子推神照於形表，指太極於物先，誠有其義。然理貴厭心，然後談可究也。夫神形未嘗一時相違，相違則無神矣。草木之無神，無識故也。此形盡矣，神將安附，而謂之不滅哉。苟能不滅，則自乖其靈。不資形矣。既不資形，何理與形爲生，終不相違，不能相違，則生本是同，斷可知矣。答曰：有斯難也。形神有源，請爲子循本而釋之。夫火因薪則有火，無薪則無火。薪雖所以生火，而非火之本。火本自在，因薪爲用耳。若待薪然後有火，則燧人之前，其無火理乎。火本至陽，陽爲火極，故薪是火所寄，非其本也。神形相資，亦猶此矣。相資相因，生塗所由耳。安在有形則神存，無形則神盡，其本惚怳不可言矣。請爲吾子廣其類以明之。當薪之在水，則火盡，出水則火生。一薪未改，而火前期。神不賴形，又如兹矣。神不待形，可以悟乎。

難曰：神不待形，未可頓辨。就如子言，苟不待形，則資形之與獨照，其理常一。雖曰相資，而本不相關。佛理所明，而必陶鑄此神，以濟彼形，何哉？答曰：子之問有心矣。此悠悠之所惑，而未暨其本者也。神雖不待形，然彼形必生，必生之形，此神必宅。必宅必生，則照感爲一。自然相濟，自然相濟，則理極於陶鑄。陶鑄則功存，功存則道行。如四時之於萬物，豈有心於相濟哉？理之所順，自然之所至耳。

難曰：形神雖異，自然相濟，則敬聞矣。子既譬神之於形，如火之在薪。薪無意於有火，火無情於寄薪，故能合用無窮，自與化永。非此薪之火，移於彼薪，然後爲火。而佛理以此形既盡，更宅彼形，形神去來，由於罪福。請問此形爲罪，爲是形邪？爲是神邪？若形也，則大冶之一物耳；若神也，則神不自濟，繫於異形，則子形神不相資之論，於此而躓矣。答曰：宜有斯問。然後理可盡也。所謂形神不相資，明其異本耳。既以爲生，生生之内，各周其用。苟用斯生，以成罪福，神豈自妙其照，不爲此形之用邪？若其然也，則有意於賢愚，非忘照而玄會，順理玄會，順理盡形，化神宅此形。子不疑於其始，彼此一理，而性於其終邪？

難曰：神即形爲照，形因神爲用，斯則然矣。悟既由神，惑亦在神。神隨此形，故有賢愚。賢愚非神，而神爲形用。三世周迴，萬劫無算，賢愚靡始，而功顯中路。無始之理玄，而中路之功末，孰有在未之功，而拔無始之初者邪？若有嘉通，則請從後塵。答曰：子責其始，有是言矣。夫理無始終，玄極無涯，既生既化，罪福往復，自然所生耳。所謂聰明誠由耳目，耳目之本，非聰明也。所謂賢愚誠應有始，既爲賢愚，無始可知矣。夫有物也，則不能管物。唯無物，然後能爲物所歸。若有始也，則不能爲終。唯無始也，然後終始無窮。此自是理所必然，不可徵事之有始，而責神同於事。神道玄遠，至理無言，髣髴其宗，相與爲悟，而自未徵本，動失其統，所以守此一觀，庶階其峯。若肆辯競辭，余知其息矣。洪範說生之本，與佛同矣，至乎佛之所演，則多河漢。此溺於日用耳。商臣極逆，後嗣隆業；顏冉德行，早夭無聞。周孔之教，自爲方內，推此理也，其可知矣。請廣其證，以究其詳。夫稟靈乘和，體極淯粹，堯生丹朱，頑凶無章，不識仁義，瞽瞍誕舜，原生則非所育，求理應傳美其事，若兹而謂佛理爲迂，可不悟哉。（釋藏韋五，弘明集五。）

祭牙文

絜牲先事，薦兹敬祭，崇牙既建，義鋒增厲，人鬼一揆，三才同契，惟兹靈鑒，庶必有察，逆順幽辯，忠孝顯節，使凶醜時殲，主寵臣悅，振旅上京，凱歸西蕃，神器增暉，西境永安。（藝文類聚六十七，初學記二十一，御覽三百三十九。）

全宋文卷二十五終

全宋文卷二十六

烏程嚴可均校輯

傅亮

亮字季友。北地靈州人。晉司隸校尉傅咸玄孫。初爲建威參軍。歷桓謙中軍行參軍。桓玄篡位。選爲祕書郎。未拜。義兵起。丹陽尹孟昶以爲建威參軍。義熙初除員外散騎侍郎。轉領軍長史。未拜。遭母憂。服闋。爲劉毅撫軍記室參軍。又補領軍司馬。遷散騎侍郎。轉中書黃門侍郎。尋爲太尉從事中郎。掌記室。宋國建。除侍中。領世子中庶子。徙中書令。武帝受禪。遷太子詹事。中書令如故。封建城縣公。轉尚書僕射。少帝卽位。進中書監尚書令。領護軍將軍。尋行廢立。文帝卽位。加散騎常侍、左光祿大夫、開府儀同三司。進爵始興郡公。元嘉三年伏誅。有集三十一卷。案南史傅亮傳云。高祖登庸之始。文筆皆是參軍滕演。北征廣固。悉委長史王誕。自此之後。至於受命。表策文誥。皆亮辭也。張溥本有進劉裕侍中車騎將軍詔、封豫章郡公詔、封宋公詔、進宋王詔、禪宋詔、禪策、禪宋璽書。今攷前二詔必非亮作。唯宋公宋王當屬亮。而無左證。禪代詔策。則王韶之作也。

喜雨賦

唯二儀之順動。數有積而時偏。墊襄陵於唐籍。感雲漢於周篇。匪叔葉之或遘。在盛王其固然。伊元嘉之初載。肇休明於此年。懿玉燭之方熙。倡積陽之獨愆。涸源泉於井谷。委嘉穎於中田。嗟我皇之翼翼。悵臨朝而輟娛。踵沖軌於禹湯。協至誠於在余。且東作之未晏。庶雨露之夙濡。遵縣子之徙廛。尤魯侯之焚巫。祇桑林之六禱。修季宰之再雩。誠在幽其必貫。感何遠而不孚。聆晨鸛於高垤。候宵畢於天隅。發油雲於觸石。晦重陽於八區。春霆殷以遠響。興雨霈而載塗。灑豐浸於中疇。覃餘潤於嘉蔬。殷嗇人於菑畝。衍將繁於中衢。嗣良頌於多稌。兆嘉夢於維魚。矧具臣之逢運。又均休而等虞。陶幽成於暮穗。念歸駕於董疏。藝文類聚二。初學記二。

九月九日登陵囂館賦

歲九旻之暮月。肅晨駕而北逝。度迴壑以停轅。淩孤館而遠憩。何物慘而節哀。又雲悠而風厲。悴綠蘩於寒渚。隕豐灌於荒澨。玩中原之芬菊。惜蘭圃之凋蕙。旌竹柏之勁心。謝梧楸之零脆。爾乃流盼平隰。落日還皋。於感具盈。在物周騷。聆離鵾之棲響。泝鳴林之瀏飆。彼遊子之苦傷。每寤歎於我勞。矧集悲而鍾苦。疚寸心其如切。眇天末以遥瞪。怨故鄉之阻遼。藝文類聚四。初學記四。

登龍岡賦

靜潛處以永念。聊駕言以寫憂。蒙旭露而夙軫。税余轡於龍丘。南臨平隰。西際荒疇。比宇連甍。幽榛四周。眺江都之廣澨。究川陸之迴修。羨翔羽之嬉林。樂綠蘋之在流。乘清濟以汎濫。翳穉枝而命仇。信遂生之有所。何怵迫於人尤。藝文類聚六。

征思賦

逢休明之餘祐。託菲薄於末暉。既致戎於皇媿。亦彼己於宰闈。傷鶉梁以載揚。詠伐檀而屢思。和風翕以首節。零雨鬱而四滋。津雲靉以合體。墳衍杳其無封。羨歸飛之能嬌。樂湍流之自東。想和鑾之北徂。企雲旗之西舉。濺三川之積塵。廓二崤之重岨。覩高掌於華陽。聆鳴鳳於洛浦。藝文類聚五十九。

感物賦 幷序

余以暮秋之月。述職內禁。夜清務隙。遊目藝苑。於時風霜初戒。蟄類尚繁。飛蛾翔羽。翩翾幬室。赴軒幌。集明燭者。必以燋滅爲度。雖則微物。矜懷者久之。退感莊生異鵲之事。與彼同迷而忘反。鑒之道。此先師所以鄙智。及齊客所以難目論也。悵然有懷。感物興思。遂賦之云爾。

在西城之暮晷。肅皇命於禁中。聆蜻蛚於前廡。鑒朗月於房櫳。風蕭瑟以陵幌。霜澄澄而被墉。憐鳴蜩之應節。惜落景之懷東。嗟勞人之萃感。何夕永而慮充。眇今古以遐念。若循環之無終。詠倚相之遺矩。希董生之方融。鑽光燈而散奓。溢聖哲之遺蹤。墳素杳以難暨。九流紛其異封。領三百於無邪。貫五千於有宗。攷舊聞於前史。訪心跡於汙隆。豈夷阻之在運。將全喪之由躬。遊翰林之彪炳。嘉美手於良工。辭存麗而去穢。旨既雅而能通。雖源流之深浩。且揚搉而發蒙。習習飛蚋。飄飄纖蠅。緣幌求隙。望燭思陵。糜蘭膏而無悔。赴朗燭而未懲。瞻前軌之既覆。忘改轍於後乘。匪微物之足悼。悵永念而撫膺。彼人道之爲貴。參二儀而比靈。禀清曠以授氣。修緣督而爲經。照安危於心術。鏡纖兆於未形。有徇末而捨本。或貌欲而忘生。碎隨侯於微爵。捐所重而要輕。矧昆蟲之所昧。在智士而猶嬰。悟雕陵於莊氏。幾鑒濁而迷清。仰前修之懿軌。知吾跡之未幷。雖宋元之外占。曷在予之克明。豈知反之徒爾。喟投翰以增情。（宋書傳亮傳。）

芙蓉賦

攷庶卉之珍麗。實總美於芙蕖。潛幽泉以育藕。披翠蓮而挺敷。汎輕荷以冒沼。列紅葩而曜除。微旭露以滋采。靡朝風而肆芳。表麗觀於中沚。播郁烈於蘭堂。在龍見而葩秀。於火中而結房。豈呈芬於芷蕙。將越味於沙棠。詠三閭之披服。美蘭佩而荷裳。伊玄匠之有瞻。悅嘉卉於中渠。既暉映於丹墀。亦納芳於綺疏。（藝文類聚八十二、初學記二十七。）

立學詔

古之建國。教學爲先。弘風訓世。莫尙於此。發蒙啓滯。咸必由之。故爰自盛王。迄於近代。莫不敦崇學藝。修建庠序。自昔多故。戎馬在郊。旍旗卷舒。日不暇給。遂令學校荒廢。講誦蔑聞。軍旅日陳。俎豆藏器。訓誘之風。將墜于地。後生大懼於牆面。故老竊歎於子衿。此國風所以永思。小雅所以懷古。今王略遠屆。華域載清。仰風之士

日月以冀。便宜博延胄子。陶獎童蒙。選備儒官。弘振國學。主者攷詳舊典。以時施行。（宋書武帝紀下、藝文類聚三十八以爲傅亮作。）

策加宋公九錫文

朕以寡昧。仰纘洪基。夷羿乘釁。蕩覆王室。越在南鄙。遷於九江。宗祀絕饗。人神無位。提挈羣凶。寄命江介。則我祖宗之烈。奄墜於地。七百之祚。翦焉莫嗣。若涉淵海。罔知攸濟。天未絕晉。誕育英輔。拔厥阽維。再造區夏。興亡繼絕。俾昏作明。元勳至德。朕實賴焉。今將授公典策。其敬聽朕命。乃者桓玄肆僭。滔天泯夏。拔本塞源。顛倒六位。庶僚俛首。四方莫卹。公精貫朝日。氣凌霄漢。奮其靈武。大殲羣慝。尅復皇邑。奉歆神祇。此公之大節。始于勤王者也。投律羣后。泝流長騖。薄伐崢嶸。獻捷南郢。大憝折首。羣逆夷殄。三光旋照。舊物反正。此又公之功也。出藩入輔。弘茲保寵。阜財利用。繁殖生民。編戶歲滋。疆宇日啟。導德明刑。四境有截。此又公之功也。鮮卑負衆。僭盜三齊。狼噬冀青。虔劉沂岱。介恃遐阻。仍爲邊毒。公蒐乘秣馬。負人遠覽。銜枚四臨。萬雉俱潰。竊號之虜。顯戮司寇。拓土三千。中威龍漠。此又公之功也。盧循妖凶。伺隙五嶺。乘虛肆逆。侵覆江豫。旍拂寰內。矢及王城。朝野喪沮。莫有固志。家獻從卜之計。國議遷都之規。公秉轅南濟。義形於色。嶷然內湛。覩險若夷。攄略運奇。英謨不世。狡寇窮衂。喪旗宵遁。俾我畿甸。拯於將墜。此又公之功也。追奔逐北。揚旍江濆。偏旅浮海。指日遄至。番禺之功。俘級萬數。左里之捷。魚潰鳥散。元凶遠迸。傳首萬里。海南肅清。荒服來款。此又公之功也。劉毅叛渙。負釁西夏。凌上罔主。志肆奸暴。附麗協黨。扇蕩王畿。公御軌以剛。消之不日。倉兕電涉。神兵風埽。罪人斯得。荊衡清晏。此又公之功也。譙縱怙亂。寇竊一隅。王化阻閡。三巴淪溺。公指命偏師。授以良圖。凌波浮湍。致屆井絡。僭豎伏鑕。梁岷草偃。此又公之功也。馬休魯宗。阻兵內侮。驅率二方。連旗稱亂。公授

斫當作斫　元當作玄　亘當作宣

袄星言。斫其上略。江津之師。勢踰風電。迴旆沔川。寶緐震慴。二叛奔迸。荊雍來蘇。元澤浸育。溫風潛被。此又公之功也。永嘉不競。四夷擅華。五都幅裂。山陵幽辱。祖宗懷歿世之憤。遺民有匪風之思。公遠齊伊宰納隍之仁。近同小白滅亡之恥。蘜旅陳師。赫然大號。分命羣帥。北狥司兗。許鄭風靡。鞏洛載清。偽牧逆藩。交臂請罪。百年榛穢。一朝埽滌。此又公之功也。公有康宇內之勳。重之以明德。爰初發迹。則奇謨冠世。電擊彊妖。則鋒無前對。聿寧東畿。大造黔首。若乃草昧經綸。化融於歲計。扶危靜亂。道固於苞桑。辨方正位。納之軌度。蠲削煩苛。較若畫一。淳風美化。盈塞區宇。是以絕域獻琛。遐夷納貢。王略所亘。九服率從。雖文命之東漸西被。咎繇之邁于種德。何以尚茲。朕聞先王之宰世也。庸勳尊賢。建侯胙土。褒以寵章。崇其徽物。所以協輔皇家。永隆藩屏。故曲阜光啓。遂荒徐宅。營丘表海。四履有聞。其在襄王。亦賴匡霸。又命晉文。備物光錫。惟公道冠前烈。勳高振古。而殊典未加。朕甚愧焉。今進授相國。以徐州之彭城、沛、蘭陵、下邳、淮陽、山陽、廣陵、兗州之高平、魯、泰山十郡封公為宋公。錫茲玄土。苴以白茅。爰定爾居。用建冢社。昔晉鄭啓藩。入作卿士。周邵保傅。出總二南。內外之重。公實兼之。今命使持節兼太尉尚書左僕射晉寧縣五等男湛授相國印綬宋公璽紱。使持節兼司空散騎常侍尚書陽遂鄉侯泰授宋公茅土。金虎符第一至第五左。竹使符第一至第十左。相國位無不總。禮絕朝班。居常之名。宜與事革。其以相國總百揆。去錄尚書之號。上送所假節侍中貂蟬中外都督太傅太尉印綬豫章公印策。進揚州刺史為牧。領征西將軍司豫北徐雍四州刺史如故。公紀綱禮度。萬國是式。秉介蹈方。罔有遷志。是以錫公大輅戎輅各一。玄牡二駟。公抑末敦本。務農重積。采蘩實殷。稼穡惟阜。是用錫公袞冕之服。赤舄副焉。公閑耶納正。移風改俗。陶鈞品物。如樂之和。是用錫公軒

相當作商

縣之樂。六佾之舞。公宣美王化。導揚休風。華夷企踵。遠人胥萃。是用錫公朱戶以居。公官方任能。網羅幽滯。九皋辭野。髦士盈朝。是用錫公納陛以登。公當軸處中。率下以義。式遏寇虐。清除苛慝。是用錫公虎賁之士三百人。公明罰恤刑。庶獄詳允。放命干紀。罔有攸縱。是用錫公鈇鉞各一。公龍驤鳳矯。咫尺八紘。括囊四海。折衝無外。是用錫公彤弓一。彤矢百。盧弓十。盧矢千。公溫恭孝思。致虔禋祀。忠肅之志。儀刑萬方。是用錫公秬鬯一卣。珪瓚副焉。宋國置丞相以下。一遵舊儀。欽哉。其祗服往命。茂對天休。簡恤庶邦。敬敷顯德。以終我高祖之嘉命。（宋書武帝紀中。南史宋本紀一。藝文類聚五十三以為傅亮作。）

為宋公修復前漢諸陵教

夫信陵之墳。守衛無曠。展季之壟。樵採有刑。彼匹夫懷道。列國陪隸。猶見禮異世。取貴鄰邦。漢高撥亂反正。大造區宇。道拯橫流。功高百代。盛德之烈。義在不泯。（藝文類聚四十。）

為宋公修楚元王墓教

綱紀。夫褒賢崇德。千載彌光。尊本敬始。義隆自遠。楚元王積仁基德。啓藩斯境。素風道業。作範後昆。本支之祚。實隆鄙宗。遺芳餘烈。奮乎百世。而丘封翳然。墳塋莫翦。感遠存往。慨然永懷。夫愛人懷樹。甘棠且猶勿翦。追甄墟墓。信陵尚或不泯。況瓜瓞所興。開元自本者乎。可蠲復近墓五家。長給灑埽。便可施行。（文選。又藝文類聚四十。御覽五百六十。）

為宋公修張良廟教

綱紀。夫盛德不泯。義存祀典。微管之歎。撫事彌深。張子房道亞黃中。照鄰殆庶。風雲玄感。蔚為帝師。夷項定漢。大拯橫流。固已參軌伊望。冠德如仁。若乃神交圯上。道契相洛。顯默之際。窅然難究。淵流浩漾。莫測其端矣。塗次舊沛。佇駕留城。靈廟荒頓。遺像陳昧。撫事懷人。永歎實深。過大梁者。或佇想於夷門。游九京者。亦流連於

隨會擬之若人亦足以云可改構棟宇修飾丹青蘋蘩行潦以時致薦抒懷古之情存不刊之烈主者施行。文選，又宋書武帝紀中。

爲宋公至洛陽謁五陵表

臣裕言近振旅河湄揚旍西邁將届舊京威懷司雍河流遄疾道阻且長加以伊洛榛蕪津塗久廢伐木通徑淹引時月始以今月十二日次故洛水浮橋山川無改城闕爲墟宫廟隳頓鍾虡空列觀宇之餘鞠爲禾黍廛里蕭條雞犬罕音感舊永懷痛心在目以其月十五日奉謁五陵墳塋幽淪百年荒翳天衢開泰情禮獲申故老掩涕三軍悽感瞻拜之日憤慨交集行河南太守毛修之等既開翦荆棘繕修毁垣職司既備蕃衛如舊伏惟聖懷遠慕兼慰不勝下情謹遣傳詔殿中中郎臣某奉表以聞。文選

爲送公求加贈劉前軍表

臣聞崇賢旌善王教所先念功簡勞義深追遠故司勳秉策在勤必記德之休明沒而彌著故尚書左僕射前軍將軍臣穆之爰自布衣協佐義始內竭謀猷外勤庶政密勿軍國心力俱盡及登庸朝右尹司京畿敷讚百揆翼新大猷頃戎車遠役居中作捍撫寧之勳實洽朝野識量局致棟幹之器也方宣讚盛化緝隆聖世志績未究遠邇悼心皇恩褒述班同三事榮哀既備寵靈已泰臣伏思尋自義熙草創艱患未弭外虞既殷內難亦荐時屯世故靡有寧歲臣以寡劣負荷國重實賴穆之匡翼之勳豈惟讜言嘉謀溢于民聽若乃忠規密謨潛慮帷幕造膝詭辭莫見其際事隔於皇朝功隱於視聽者不可勝記所以陳力一紀遂克有成出征入輔幸不辱命微夫人之左右未有寧濟其事者矣履謙居寡守之彌固每議及封爵輒深自抑絕所以勳高當年而茅土弗及撫事永念胡寧可昧謂宜加贈正司追甄土宇俾忠貞之烈不泯於身後大賚所及永秩於善人臣契闊屯夷旋觀終始金蘭之分義深情

感是以獻其乃懷布之朝聽啟上合請付外詳議。文選，又宋書劉穆之傳，南史十五。

爲劉毅軍敗自解表

遂令犬羊內侮兵纏紫極聖朝旰膳社稷幾殆稽之典刑罪不容宥賴天祚有底冢宰靈武長蛇翦毒醜類宵遁今畿甸告寧四封有截臣元釁大責既積朝野桑榆之效又無與立而聖恩含宥施其徽墨偏私之議既彰民聽況可重荷岳牧之任復當推轂之重。藝文類聚五十四。

讓尚書僕射表

自皇基肇創豫班策勳纖善微績未聞朝野百揆治樞總貳殷要誠非庸臣所宜叨擬臣聞權衡既懸錙銖靡遁厲駑習驥終莫之近敗駕傷錦備之前誥必將上增國垢下招私黷。藝文類聚四十八。

爲尚書八座奏封諸皇弟皇子

臣聞懿親廣樹聖主所先明德並建古之休典所以維城皇代盤石帝基內衛畿服外綏四海者也第某皇弟皇子等神姿穎哲大成俱茂地均魯衛德兼庸賢顯進徽號啟建疆宇弘道作屏光翰邦家並可封郡王。藝文類聚五十一。

與蔡廓書

揚州自應著刺史服耳然謂坐起班次應在朝堂諸官上不應依官次坐下足下試更尋之詩序云王姬下嫁於諸侯衣服禮秩不係其夫下皇后一等推王姬下皇后一等則皇子居然在王公之上陸士衡起居注式乾殿集諸皇子悉在三司上今鈔疏如別又海西即位赦文太宰武陵王第一撫軍會稽王第二大司馬第三大司馬位既最高又都督中外而次在二王之下豈非下皇子邪此文今具在也永和中蔡公爲司徒司馬簡文爲撫軍開府對錄朝政蔡爲正司不應反在儀同之下而於時位次相王在前蔡公

次之耳。諸例甚多。不能復具疏。揚州反乃居卿君之下。恐此失禮。宜改之邪。（宋書蔡廓傳。）

與沈林子書

班爵酬勳。歷代常典。封賞之發。簡自帝心。主上委寄之懷。實參休咎。誠心所期。同國榮戚。政復是卿諸人共弘建內外。爾足下雖存挹退。豈得獨爲君子邪。（宋書自序。）

與謝晦書

漸代河朔。事猶未已。朝野之慮。憂懼者多。（宋書謝晦傳。）朝士多諫北征。上當遣外監萬幼宗往相諮訪。（同上。）

辛有讚

穆生讚

董仲道讚（並見宋書傅亮傳。亡。）

文殊師利菩薩讚

在昔龍中。今也童眞。乘化游方。罔識厥津。高會維那。研微盡神。發揮幽賾。道達天人。（初學記二十三。）

彌勒菩薩讚

時無並后。道不二司。龍潛兜率。按轡候時。翳翳長夜。懷而慕思。思樂朗旦。屬想靈期。（初學記二十三。）

演慎論

大道有言。慎終如始。則無敗事矣。易曰。括囊無咎。慎不害也。又曰。藉之用茅。何咎之有。慎之至也。文王小心。大雅詠其多福。仲由好勇。馮河貽其苦箴。虞書著慎身之譽。周廟銘陛坐之側。因斯以談。所以保身全德。其莫尚於慎乎。夫四道好謙。三材忌滿。祥萃虛室。鬼瞰高屋。豐屋有蔀家之災。鼎食無百年之貴。然而徇欲厚生者。忽而不戒。知進忘退者。曾莫之懲。前車已摧。後鑾不息。乘危以庶安。行險而徼倖。於是有顛墜覆亡之禍。殘生夭命之釁。其故何哉。流溺忘反。而以身輕於物也。故昔之君子。同名爵於香餌。故傾危不及。思憂患而豫防。則針石無用。洪流壅於涓涓。合拱挫於纖蘖。介焉是式。色斯而舉。悟高鳥以風逝。鑒醴酒而投紱。夫豈徹著而後謀通。患結而後思復云爾而已哉。故詩曰。慎爾侯度。用戒不虞。言防萌也。夫單以營內喪表。張以治外失中。齊秦有守一之敗。偏恃無兼濟之功。冰炭滌於心胸。巖牆絕於四體。夫然。故形神偕全。表裏寧一。營魄內澄。百骸外固。邪氣不能襲。憂患不能及。然可以語至而言極矣。夫以嵇子之抗心希古。絕羈獨放。五難之根既拔。立生之道無累。人患殆乎盡矣。徒以忽防於鍾呂。肆言於禹湯。禍機發於豪端。逸翮鎩於衆舉。觀夫貽書良友。則匹厚味於甘酖。（闕八字）其懼患也。若無轡而乘奔。其慎禍也。猶履冰而臨谷。或振褐高樓。揭竿獨往。或保約違豐。安于卑位。故漆園外楚。忌在龜犧。商洛遐遁。畏此駟馬。平仲辭邑。殷鑒於崔慶。張臨挹滿。

灼戒乎桑霍。若君子覽茲二塗。則賢鄙之分既明。全喪之實又顯。非知之難。慎之惟艱。慎也者。言行之樞管乎。夫據圖揮刃。愚夫弗爲。臨淵登峭。莫不惴慄。何則。害交故慮篤。患切而懼深。故詩曰。不敢暴虎。不敢馮河。慎微之謂也。故庖子涉族。怵然爲戒。差之一毫。弊猶如此。況乎觸害犯機。自投死地。禍福之具。內充外斥。陵九折於邛僰。泛衝波於呂梁。傾側成於俄頃。性命哀而莫救。嗚呼。嗚呼。故語有之曰。誠能慎之。福之根也。日是何傷。禍之門爾。言慎而已矣。（宋書傅亮傳。）

司徒劉穆之碑

公諱穆之。字道和。彭城人也。公膺陶鈞之秀。範該生民之上。操三變擘於弱容。九德充於初迪。文明在中。柔順暢於事業。敬以直內。義讓洽於州黨。時元凶竄遁。擁據荊沔。乘輿播幸。越蹈九江。公率先羣后。電發川湄。獎懷本之衆。勵思奮之士。柏譲籍累葉之資。徐獲㤝驟勝之鋒。習亂之徒。若蝟毛而起。內懷根本之慮。外通首尾之勢。公靈武獨運。奇謨內湛。鞠旅陳眾。覘險若夷。飛雲西泝。則水截鯨鯢。乘輳東指。則陸殪長蛇。迴累棊之危。成維山之固。豐功茂勳。大造於王室。渲風懿化。永結於荆南。銘曰。

二儀發揮。川嶽協靈。外恢溫雅。內鏡文明。懷仁履順。蘊義居貞。煌煌袞衣。禮亦隆止。翼翼素心。亮終如始。夷情升降。一色愠喜。訓儉於物。復禮於己。藝文類聚四十七。

侍中王公碑

體亞黃中。道及微管。元勳盛德。光于晉載。于時運距無妄。陵夷有漸。至於兵纏象魏。壘結四郊。公以民望晉朝。居疑阴之際。懷方履順。處艱以貞。顛沛不能迴其操。造禦無以蕩其守。鑠矣公侯。乘和挺生。識深冬潭。文豔春榮。爰初素履。好是沖默。亦既端委。振風有德。藝文類聚四十八。

故安成太守傅府君銘 案亮父瑗爲安成太守。

爰自漢季。以及晉朝。高明遠德。係軌于時。貞風亮節。流聲累葉。君承世德之芳流。蕩二象之淑靈。含章蘊粹。佩蘭蕙韋帶。飯蔬朝不及夕。不以棲遲改其閑。不以隱約回其操。楊生所爲久幽而不改隨和之德者。其斯之謂歟。棲心古烈。擬蹤前修。淹留孔老。宛然內求。于言中倫。庸行歸周。神之聽之。匪明匪幽。藝文類聚五十。

全宋文卷二十六終

全宋文卷二十七

烏程嚴可均校輯

傅隆

隆字伯祚。亮從兄。義熙初爲孟昶建威參軍員外散騎侍郎。坐辭兼免。復爲會稽征虜參軍。除給事中。尚書僕射丹陽尹徐羨之以爲建威錄事參軍。尋轉尚書祠部郎丹陽丞。永初中。從大子率更令、廬陵王義眞車騎咨議參軍。出補山陰令。文帝卽位。除司徒右長史。遷御史中丞。轉司徒左長史。出爲義興太守。徵拜左民尚書。轉太常。拜光祿大夫。致仕。元嘉二十八年卒。年八十三。

論新禮表

臣以下愚。不涉師訓。孤陋閭閻。面牆靡識。謬蒙詢逮。愧懼流汗。原夫禮者三千之本。人倫之至道。故用之家國。君臣以之親。用之婚

旬當作句

冠。少長以之仁愛。夫妻以之義順。用之鄉人。友朋以之三益。賓主以之敬讓。所謂極乎天。播乎地。窮高遠。測深厚。莫尚於禮也。其樂之五聲。易之八象。詩之風雅。書之典誥。春秋之微婉勸懲。無不本乎禮而後立也。其源遠。流廣。其體大而義精。非夫叡哲大賢。孰能明乎此哉。況遭暴秦焚亡。百不存一。漢興。始徵召故老。搜集殘文。其體例紕繆。首尾脫落。難可詳論。幸高堂生頗識舊義。諸儒各爲章旬之說。既明不獨達。所見不同。或師資相傳。共枝別幹。故聞人二戴。俱事后蒼。俄已分異。盧植鄭玄。偕學馬融。人各名家。又後之學者。未遑曩時。而問難星繁。充斥兼兩。摛文列錦。煥爛可觀。然而五服之本或差。哀敬之制舛雜。國典未一於四海。家法參駁於搢紳。誠宜攷詳遠慮。以定皇代之盛禮者也。伏惟陛下。欽明玄聖。同規唐虞。疇咨四岳。興言三禮。而伯夷未登。微臣竊位。所以大懼負乘。形神交惡者。無忘夙夜矣。而復猥充博采之數。與聞爰發之求

實無以仰酬聖旨萬分之一。不敢廢嘿。謹率管穴所見五十二事上呈。蓋鄙茫浪。伏用竦赧。宋書傅隆傳。元嘉十四年。太祖以新撰禮論付隆。使下意。隆上表。

黃初妻趙事議

原夫禮律之興。蓋本之自然。求之情理。非從天墮。非從地出也。父子至親。分形同氣。稱之於載。卽載之於趙。雖云三世。爲體猶一。未有能分之者也。稱雖創巨痛深。固無讎祖之義。故古人不以父命辭王父命也。若云稱可以殺趙。趙當何以處載。將父子孫祖。互相殘戮。懼非先王明罰咎繇立法之本旨也。向使石厚之子。日磾之孫。砥鋒挺鍔。不與二祖同戴天日。則石碏秺侯。何得入臣於國。孝義於家。流名百代。以爲美談者哉。舊令云。殺人父母。徙之二千里外。不施父子孫祖明矣。趙當避王固當千里外耳。令亦云。凡流徙者。同籍親近。欲相隨者聽之。此又大通情理。因親以教愛者也。趙既流移。載爲人子。何得不從。載從而稱不行。豈名教所許。如此稱

趙竟不可分。趙雖內愧終身。稱當沈痛沒齒。孫祖之義。自不得永絕。事理固然也。宋書傅隆傳。南史十五。通典一百六十七。各有刪節。今合錄之。

舞佾議

未詳此人數所由。惟杜預注左傳佾舞云。諸侯六六三十六人。常以爲非也。夫舞者所以節八音者也。八音克諧。然後成樂。故樂必以八人爲列。自天子至士。降殺以兩。兩者減其二列爾。杜以爲一列又減二人。至士止餘四人。豈復成樂。案服虔注左傳云。天子八八。諸侯六八。大夫四八。士二八。其義甚允。今諸王不復舞佾。其總章舞伎。卽古之女樂。已殿庭八八。諸王則應六八。理例坦然。又春秋鄭伯納晉悼公女樂二八。晉以一八賜魏絳。此樂以八人爲列之證也。若如議者。惟天子八。則鄭應納晉二六。晉應賜絳一六也。自天子至士。其文物典章。尊卑差級。莫不以兩。未有諸侯既降二列。又一列輒減二人。通降太半。非唯八音不具。於兩義亦乖。杜氏

之謬，可見矣。國典事大，宜令詳正。（宋書樂志一。元嘉十三年，太常傅隆以爲云云。又見通典一百四十七，作傅崇，蓋避唐諱也。）

蔡廓

廓字子度，濟陽考城人，晉司徒謨曾孫。隆安末爲著作佐郎，累遷司徒主簿、尚書度支殿中郎、通直郎、武帝太尉參軍、司徒屬、中書黃門郎，復爲武帝兗州別駕從事史，除中軍諮議參軍，母憂服闋，爲相國從事中郎，領記室。宋臺建，爲侍中，補御史中丞。永初中遷司徒左長史，出爲豫章太守。景平中徵爲吏部尚書，徙祠部尚書。元嘉二年卒，贈太常卿。有集十卷。

奏彈謝寮

司徒員外散騎常侍謝寮應著絳袴，而寮拔袴不以貫足，有虧常體。（御覽六百九十六。）

復肉刑議

夫建邦立法，弘治穆化，必隨時立制，德刑兼施。貞一以閑其邪，教禁以檢其慢，灑湛露以膏潤，厲嚴霜以肅威，晞風者陶和而安恬，畏戾者聞憲而警慮。雖復質文迭用，而斯道莫革。肉刑之設，肇自哲王。蓋由曩代風淳，民多惇謹，圖像既陳，則機心冥戢，刑人在塗，則不逞改操，故能勝殘去殺，化隆無爲。季末澆僞，法網彌密，利巧之懷日滋，恥畏之情轉寡，終身劇役，不足止其姦，況乎黥劓，豈能反其善。徒有酸慘之聲，而無濟治之益。至於棄市之條，實在不赦之罪，事非三殺，考律同歸，輕重均科，減降路塞，鍾陳以之抗言，元皇所爲留愍。今英輔翼讚，道邈伊周，雖閉否之運甫闢，而遐邇之難未已。誠宜明慎用刑，愛民弘育，申哀矜以革濫，移大辟於支體，全性命之至重，恢繁息於將來。使斷之骨，苟更榮於三陽，干時之華，監商飆而知懼，威惡俱宣，感畏偕設，全生拯暴，於是乎在。（宋書蔡廓傳。桓玄輔政，議復肉刑，廓上議。又見晉書刑法志、通典一百六十八，皆有刪節。）

鞫獄議

鞫獄不宜令子孫下辭，明言父祖之罪，虧教傷情，莫此爲大。自今但令家人與囚相見，無乞鞫之訴，便足以明伏罪，不須責家人下辭。（宋書蔡廓傳。宋臺建，廓爲侍中，建議。又通典一百六十四。）

荅傅亮書

揚州位居卿君之下，常亦惟疑。然朝廷以位相次，不以本封，復無明文云皇子加殊禮。齊獻王爲驃騎，孫秀爲驃騎，轉齊王爲鎮軍，在驃騎上。若如足下言，皇子便在公右，則齊王本次自尊，何改鎮軍令在驃騎上，明知故依見位爲次也。又齊王爲司空，賈充爲太尉，俱錄尚書，署事常在充後。潘正叔奏公羊事，于時三錄，梁王肜爲衞將軍，署在太尉隴西王泰、司徒王玄沖下。近太元初，賀新宮成，司馬太傅爲中軍，而以齊王柔之爲賀首。至安帝爲太子，止禮徐邈爲郎，位次亦以太傅在諸王下。又謁李太后，宗正尚書符令以高密王爲首，時王東亭爲僕射，王徐皆是近世識古今者。足下引式乾公王，吾謂未可爲據。其云上出式乾，古傳中彭城王植、荀組、潘岳、嵇紹、杜斌，然後道足下所疏四王在三司之上，反在黃門郎下，有何義？且四王之下，則云大將軍梁王肜、車騎趙王倫，然後云司徒王戎耳。梁趙二王亦是皇子屬尊位齊，在豫章王常侍之下，又復不通。蓋書家指疏時事，不必存其班次。式乾亦是私宴，異於朝堂。如今含章西堂，足下在僕射下，侍中在尚書下耳。來示又云，曾祖與衞文對錄，位在衞文下。吾家故事則不然，今寫如別。王姬身無爵位，故可得不從夫，而以王女爲尊。皇子出仕，則有位，有位則依朝復示之班序。唯引秦和叔文差可爲言，然叔文前後亦參差不同。太宰上公，自應在大司馬前耳。衞文雖撫軍，時已授丞相殊禮，又中外都督，故以本任爲班，不以督中外便在公右也。今護軍總方伯，而位次故在持節都督下。

足下復思之。（宋書蔡廓傳。時疑揚州刺史廬陵王義真朝堂班次，亮與廓書，廓荅。）

與親故書

小兒四歲，神氣似可，不入非類室，不與小人游，故以興宗爲之名，以興宗爲之字。

荅妻郗氏求夏服書

知須夏服，計給事自應相供，無容別寄。（宋書蔡廓傳。）

蔡興宗

興宗字興宗，廓少子。元嘉中爲彭城王義康司徒參軍、太子舍人、南平王鑠冠軍參軍、武昌太守，又爲太子洗馬、義陽王友、中書侍郎。元凶弑立，出爲司空何尚之長史，遷太子中庶子。孝武即位，復爲中書侍郎，遷臨海太守，徵爲黄門郎、太子中庶子，轉游擊將軍，遷尚書吏部郎，轉司徒左長史，復爲中庶子，領前軍將軍，遷侍中，尋左遷司空沈慶之長史，行兗州事，還爲廷尉卿，出爲東陽太守，遷安陸王子綏後軍長史、江夏内史，行郢州事。徵還爲左民尚書，轉掌吏部。前廢帝時，以忤江夏王義恭，除新昌太守，停行，重除吏部尚書。明帝即位，加游擊將軍，未拜，遷尚書右僕射，尋領衛尉，又領兗州大中正，封樂安縣伯，出爲安西將軍、郢州刺史，遷鎮東將軍、會稽太守。後廢帝即位，徵爲征西將軍、荆州刺史，還都，改中書監、左光禄大夫、開府儀同三司，不拜，尋卒。

申坦子令孫罪議

若坦昔爲戎首，身今尚存，累經肆眚，猶應蒙宥。令孫天屬，理相爲隱。況人亡事遠，追相誣訐，斷以禮律，義不合關。若士先審知逆謀，當時即應聞啟，包藏積年，發因私怨，況稱風聲路傳，實無定主，而干黷欺罔，罪合極法。（宋書蔡興宗傳。興宗爲廷尉，有解士先者，告申坦昔與丞相義宣同謀，時坦已死，子令孫時作山陽郡，自繫廷尉，興宗議。）

饋米郭原平及朱百年妻教

秩年之貺，著自國書；餼貧之典，有聞甲令。況高柴窮老，萊婦屯暮者哉！永興郭原平世禀孝德，洞業儲靈，深仁絶操，追風曠古，棲貞處約，華耇方嚴；山陰朱百年道終物表，妻孔耋齒孀居，窶迫殘日，欽風撫事，嗟慨滿懷。可以帳下米各餉百斛。（宋書郭世道傳。）

徐豁

豁字萬同，東莞姑幕人，晉太子左衛率邈子。隆安末爲太學博士，以忤桓玄免官，玄敗，起爲秘書郎、尚書倉部郎、右軍何無忌功曹，仍爲鎮南參軍，祠部、永世令，建武司馬，中軍參軍，尚書左丞。宋受禪，爲徐羨之鎮軍司馬、尚書左丞、山陰令。元嘉初爲始興太守，五年進使持節、都督廣交二州諸軍事、寧遠將軍、平越中郎將、廣州刺史，未拜，卒。

表陳損益三事

其一曰：郡大田，武吏年滿十六，便課米六十斛，（通典四作十六斛，疑此誤。）十五以下至十三，皆課米三十斛，（通典作十三斛。）一戶内隨丁多少，悉皆輸米。且十三歲兒，未堪田作，或是單迥，無相兼通，年及應輸，便自逃逸，既遏接蠻俚，去就益易，或乃斷截支體，産子不養，戶口歲減，實此之由。謂宜更量課限，使得存立。今若減其米課，雖有交損，考之將來，理有深益。

其二曰：郡領銀民三百餘戶，鑿坑採砂，皆二三丈，功役既苦，不顧崩壓，一歲之中，每有死者，官司檢切，猶致逋違，老少相隨，永絶農業，千有餘口，皆資他食，豈惟一夫不耕，或受其饑而已。所以歲有不稔，便致甚困。尋臺邸用米，不異於銀，謂宜準銀課米，即事爲便。

其三曰：中宿縣俚民課銀，一子丁輸南稱半兩，尋此縣自不出銀，又俚民皆巢居鳥語，不閑貨易之宜，每至買銀，爲損已甚，又稱兩受入，易生姦巧，山俚愚怯，不辨自申，官所課甚輕，民以所輸爲劇，今若聽計丁課米，公私兼利。（宋書徐豁傳。元嘉初，爲始興太守。三年，遣大使巡行四方，并使郡縣各言損益。豁因此表陳三事。）

孔琳之

琳之字彥林，會稽山陰人。晉光祿大夫安國從孫。元興中辟本國常侍，遷楚臺員外散騎侍郎。義熙初，除司徒左西掾，尋爲司馬休之會稽內史府長史，歷太尉主簿、尚書左丞、揚州治中從事史，遷尚書吏部郎，又爲武帝平西長史、大司馬琅邪王從事中郎，又除武帝平北征西長史，遷侍中。宋臺建，除宋國侍中，出爲吳興太守，公事免。永嘉二年，爲御史中丞，領本州大中正，遷祠部尚書。景平元年卒，追贈太常。有集十卷。

建言便宜

夫璽印者，所以辯章官爵，立契符信。官莫大於皇帝，爵莫尊於公侯，而傳國之璽，歷代迭用，襲封之印，奕世相傳，貴在仍舊，無取改作。今世唯尉一職，獨用一印，至於內外羣官，每遷悉改，討尋其義，私所未達。若謂官各異姓，與傳襲不同，則未若異代之爲殊也。若論其名器，雖有公卿之貴，未若帝王之重。若以或有誅夷之臣，忌其凶穢，則漢用秦璽，延祚四百，未聞以子嬰身戮國亡，而棄之不佩。帝王公侯之尊，不疑於傳璽，人臣衆僚之卑，何嫌於即印。載籍未聞其說，推例自乖其準，而終年刻鑄，喪功消實，金銀銅炭之費，不可稱言，非所以因循舊貫、易簡之道。愚謂衆官即用一印，無煩改作。若有新置官，又官多印少，文或零失，然後乃鑄，則仰裨天府，非唯小益。

凶門柏裝，不出禮典，起自末代，積習生常，遂成舊俗。爰自天子，達于庶人，誠行之有由，卒革必駭。然苟無關於情，而有愆禮度，存之未有所明，去之未有所失，固當式遵先典，釐革後謬，況復兼以游費，實爲民患者乎。凡人士喪儀，多出閭里，每有此須，動十數萬，損

民財力，而義無所取。至於寒庶，則人思自竭，雖復室如懸磬，莫不傾產殫財，所謂葬之以禮，其若此乎。謂宜謹遵先典，一罷凶門之式，表以素扇，足以示凶。

昔事故饑荒，米穀綿絹皆貴，其後米價登復，而絹于今一倍。綿絹既貴，蠶業者滋，雖懃厲兼倍，而貴猶不息。愚謂致此，良有其由。昔事故之前，軍器正用鎧而已，至於袍襖裲襠，必俟戰陣，實在庫藏，永無損毀。今儀從直衛及邀羅使命，有防衛送迎，悉用袍襖之屬，非唯一府，衆軍皆然。綿帛易敗，勢不支久。又晝以禦寒，夜以寢臥，曾未周年，便自敗裂。每絲綿新登，易折租以市，又諸府競收，動有千萬，積貴不已，實由於斯。私服爲之難貴，官庫爲之空盡。愚謂若侍衛所須，固不可廢，其餘則依舊用鎧。小小使命送迎之屬，止宜給仗，不煩鎧襖。用之既簡，則其價自降。

夫不恥惡食，唯君子能之。肴饌尚奢，爲日久矣。今雖改張，是弘而此風未革。所甘不過一味，而陳必方丈，適口之外，皆爲說目之費。富者以此示夸，貧者爲之殫產，衆所同鄙，而莫能獨異。愚謂宜粗爲其品，使奢儉有中。若有不改，加以貶黜，則德儉之化，不日而流。（宋書孔琳之傳。義熙初，衆官獻便宜，琳之於衆議之外，別建言。）

奏劾徐羨之

（爲明之爲當作惟）

臣聞事上以奉憲爲恭，臨下以威嚴爲整。然後朝典爲明，莅衆必肅。斯道或替，則憲綱其頹。臣以今月七日，預皇太子正會。會畢車去，并猥臣停門待闕。有何人乘馬，當臣車前，收捕驅遣命去。何人罵詈收捕，諮審欲錄。每有公事，臣常慮有紛紜，語勿令問，而何人獨罵不止，臣乃使錄。何人不肯下馬，連叫大喚，有兩威儀走來擊臣收捕，尚書令省事倪宗，又牽威儀手力擊臣下人。宗云：中丞何得行凶，敢錄令公人。凡是中丞收捕，威儀悉皆縛取，臣敕下人一不得鬭。凶勢輈張，有頃乃散。又有羣人就臣車側錄收捕樊馬子。

牙當作乎 訓互字

牙行㮚馬子頓伏。不能還臺。臣自錄非本無對校。而宗敢乘勢凶恣。篡奪罪身。尚書令臣羨之。與臣列車。紛紜若此。或云羨之不禁。或云羨之禁而不止。縱而不禁。既乖國憲。禁而不止。又不經通。陵犯監司。凶聲彰赫。容縱宗等。曾無糾問。虧損國威。無大臣之體。不有準繩。風裁何寄。羨之內居朝右。外司輦轂。位任隆重。百辟所瞻。而不能弘惜朝章。肅是風軌。致使宇下縱肆。凌暴憲司。凶赫之聲。起自京邑。所謂已有短垣。而自踰之。又宗為篡奪之主。縱不糾問。二三虧違。宜有裁貶。請免羨之所居官。以公還第。宗等篡奪之愆。已屬掌故御史隨事檢處。宋書孔琳之傳。

廢錢用穀帛議

洪範八政。以貨次食。豈不以交易之所資。為用之至要者乎。若使不以交易。百姓用力於為錢。則是妨其為生之業。禁之可也。今農自務穀。工自務器。各肆其業。何嘗致勤於錢。故聖王制無用之貨。以通有用之財。既無毀敗之費。又省運致之苦。此錢所以嗣功龜貝。歷代不廢者也。穀帛為寶。本充衣食。今分之為貨。則致損甚多。又勞毀於商販之手。耗棄於割截之用。此之為弊。著自于曩。通典作著于目前。故鍾繇曰。巧偽之民。競蘊濕穀以要利。制薄絹以充資。魏世制以嚴刑。弗能禁也。是以司馬芝以為用錢非徒豐國。亦所以省刑。錢之不用。由於兵亂積久。自至於廢。有由而然。漢末是也。今既用而廢之。則百姓頓亡其財。今括囊通典作今計度天下之穀。以周天下之食。或倉庫充衍。或糧靡斗儲。以相資通。則貧者仰富。致之之道。實假於錢。一朝斷之。便為棄物。是有錢無糧之民。皆坐而饑困。此斷錢之立弊也。且據今用錢之處。不以為貧。用穀之處。不以為富。又民習來久。革之怨惑。語曰。利不百。不易業。況又錢便於穀邪。魏明帝時。錢廢穀用。四十年矣。以不便於民。乃舉朝大議。精才達治之士。莫不以宜復用錢。民無異情。朝無異論。彼尚舍穀帛而用錢。足

以明穀帛之弊。著於已試也。世或謂魏氏不用錢久。積藏巨萬。故欲行之。利公富國。斯殆不然。昔晉文後舅犯之謀。而先成季之信。以為雖有一時之勳。不如萬世之益。于時名賢在列。君子盈朝。大謀天下之利害。將定經國之要術。若穀實便錢。義不昧當時之近利。而廢永用之通業。斷可知矣。斯實由困而思革。改而更張耳。近孝武之末。天下無事。時和年豐。百姓樂業。便自穀帛殷阜。幾乎家給人足。驗之事實。錢又不妨民也。頃兵革屢興。荒饉荐及。飢寒未振。實此之由。公既援而拯之。大革視聽。弘敦本之教。明廣農之科。敬授民時。各順其業。遊蕩知反。務末自休。固已南畝競力。野無遺壤矣。於此已往。將升平必至。何衣食之足卹。愚謂救弊之術。無取於廢錢。晉書食貨志、宋書孔琳之傳、南史二十七、通典八。

復肉刑議

唐虞象刑。夏禹立辟。蓋淳薄既異。致化實同。寬猛相濟。惟變所適。書曰。刑罰世輕世重。言隨時也。夫三代風淳而事簡。故罕蹈刑辟。季末俗巧而務殷。故動陷憲網。若三千行於叔世。必省踊貴之尤。此五帝不相循法。肉刑不可悉復者也。漢文發仁惻之意。傷自新之路莫由。革古創制。號稱刑厝。然名輕而實重。反更傷民。故孝景嗣位。輕之以緩。緩而民慢。又不禁邪。期於刑罰之中。所以見美在昔。歷代詳論。而未獲厥中者也。兵荒已後。罹法更多。棄市之刑。本斬右趾。漢文一謬。承而弗革。所以前賢悵恨。議之而未辯。鍾繇陳羣之意。雖小有不同。而欲右趾代棄市。若從其言。則所活者眾矣。降死之生。誠為輕法。然人情慎顯而輕昧。忽遠而驚近。是以盤盂有銘。韋弦作佩。況在小人。尤其所惑。或目所不覩。則忽而不戒。日陳於前。則驚心駭矚。由此言之。重之不必不傷。輕之不必不懼。而可以全其性命。蕃其產育。仁既濟物。功亦益眾。又今之所患。逋逃為先。屢叛不革。宜令逃身靡所。亦以肅戒未犯。永絕惡原。至於餘條。

宜依舊制。豈曰允中。貴獻管穴。（宋書孔琳之傳，桓玄議復肉刑，琳之以爲云云。又南史二十七。）

荅魏放之問大功嫁女

魏放之問孔琳之曰。降在大功。當得嫁女不。荅曰。吾意降者似不得嫁。記稱大功之末。可以嫁子。小功之末。可以娶妻。下殤之小功則不可。案如此文。唯云降者不可娶妻。不云不可嫁子。此便是得嫁也。（通典六十。）

荅傅都官駁大功嫁女議

傅都官駁孔議曰。娶妻嫁子。雖爲不同。然可以例求也。何者。小功絕哭之後。可以娶妻。至於下殤之小功。則不可也。本服重而降在小功。既不得同小功而娶妻。本服周而降在大功。豈可同大功而嫁子乎。孔荅曰。娶妻事重。嫁子事輕。今若云不可納婦。容可以嫁子爲難耳。既不明不可以嫁子。而猶明不可以娶妻。事重非其類矣。（通典六十。）

傅難曰。今舉重以明輕。何以謂之不類。孔荅曰。傳意謂本周而在大功者。則不得冠子、嫁子、納婦、娶妻四事。夫冠、嫁、納婦三事。皆子身之吉事。事不在己。娶妻一事。非在他人。乃己身之吉事。在子則輕。在身則重。輕故可行之於服末。重必卒哭而後可以降殺之。明義亦既差降。則事何必齊。今若欲徵其文。觀於輕者則知重者應明。輕者猶不可。則重者不言自彰。而今獨言小功之殤不可以娶妻。是指言重者不可也。重者自不可。輕者自可有差。何得輕必從重邪。（通典六十。）

傅曰。案禮。葬後卒哭之與服末。固是一識。直辭異邪。孔荅曰。以葬後便爲末。虞畢乃卒哭。且末與卒哭。若果實同而名異者。則當輒言小功之末。可以納婦娶妻。如大功之末。輒言可以冠子嫁子。何以別更起條云。雖小功卒哭。可以娶妻邪。推文明矣。（通典六十。）

書

日月深酷。摧膺崩叫。心肝分膾。尋繹𢤱慢。觸感隕絕。孤思悒悒。自郡地最窮。（羨作）當柰何。不孝柰何。念痛悼難勝。得去月二示。知君所患故尒。不差甚有。幽悒熱甚。比復何似。想以轉佳。眠食極勝也。善將怡之。孤子並疾患。歎具悒悒。脚中轉劇。近服散未覺益。悒頓。何賴扶力。迷甚不次。孤子孔琳之柰何。（一合作頓首等字。）頓首。（淳化閣帖三。）

全宋文卷二十七終

全宋文卷二十八

烏程嚴可均校輯

孔覬

覬字思遠，琳之孫。初舉揚州秀才，補主簿、長沙王義欣鎮軍功曹、衡陽王義季安西主簿、戶曹參軍，領南義陽太守，轉署記室，固辭。召爲通直郎、太子中舍人、建平王友、祕書丞、中書侍郎、隨王誕安東諮議參軍，領記室、黄門侍郎、建平王宏中軍長史，復爲黄門、臨海太守。孝建中爲散騎常侍，領本州大中正。大明初改太子中庶子，領翊軍校尉、御史中丞，出爲尋陽王子房冠軍長史，加寧朔將軍，行淮南宣城二郡事，復除安陸王子綏冠軍長史、江夏内史，隨府轉後軍長史，徵爲右衛將軍，未拜，徙司徒左長史。永光初還侍中，未拜，除江夏王義恭太宰長史，出爲尋陽王子房右軍長史，加輔國將軍，行會稽郡事。明帝初與顧琛等發兵應晉安王子勛，敗死。

辭署記室牋

記室之局，實惟華要，自非文行秀敏，莫或居之。覬遜業之舉，無聞於鄉部；惰遊之貶，有編於疲農。直山淵藏引，用不遐棄，故得抃風儛潤，憑附彌年。今日之命，非所敢冒。昔之學優藝富，猶尙斯難，況覬能薄質魯，亦何容易。覬聞居方辨物，君人所以官才；陳力就列，自下所以奉上。覬雖不敏，常服斯言。今寵藉惟舊，舉非尙德，恐無以提衡一隅，僉允視聽者也。伏願天明照其心請，乞改今局，授以閑曹，則鳧鶴從方，所憂去矣。（宋書孔覬傳。）

夫以記室之要，宜須通才敏思，加性情勤密者。（通典作性情密洽者爲之。）覬學不綜貫，性又疏惰，何可以屬知祕記，秉筆文閨，假吹之尤，方斯非濫。覬少淪常檢，本無遠植，榮進之願，何能忘懷，若實有螢爝增暉光景，固其騰聲之日，飛藻之辰也，豈敢自求從容，保其淡逸，伏願

矜其魯拙，業之有地，則曲成之施，終始優渥。（宋書孔覬傳，又通典三十一。）

孔璠之

璠之爵里未詳，疑是琳之昆弟。

艾賦

良藥弗達，妙針莫宣，奇艾急病，靡身挺煙，治匪君臣，得用神火，振淹固於一爛，氣絕息乎無假，涓建投而招巢，鉗拔檮而貽禍，伊茲艾之淑粹，仍索質於中野，嗟乎貞灰與邪燼迭御，芳煙與苦蘭競薰，是以艾正而賤，蘭妖而珍，故言堯則桀對，舉蘭則艾因。（藝文類聚八十二。）

艾贊

論譎靈艾，蔚彼脩坂，混區羣卉，理深用遠。（藝文類聚八十二。）

孔甯子

甯子，會稽山陰人。義熙初爲何無忌會稽掾屬，後爲武帝太尉主簿。永初中爲文帝鎮西諮議參軍，丁艱去職。景平末會稽太守褚淡之起爲將軍。文帝即位，以爲黄門侍郎，領步兵校尉，進侍中。元嘉二年卒，有集十五卷。

犛牛賦

惟茲獸之攸生，亦棲遲而憑阻，遁綿野於岷隅，挹清源於庸渚。犇逸躅而倫參，戴賁首而亂犴。昔長犛之槃驁，戾狠情而首鼠，邁羔羊之如膏，侔蜉蝣之楚楚。既作表於禮樂，又爲容於軍旅，奉藩岳之休明，被戎荒而既序，班賝賂而來庭，超印繭乎其所。（初學記二十九。）

陳損益

隆化之道，莫先於官得其才；枚卜之方，莫若人慎其舉。雖復因革不同，損益有物，求賢審官，未之或改。師錫僉曰，煥乎欽明之誥；拔茅征吉，著於幽賁之爻。晉師有成，瓜衍作賞；楚乘無人，蔿賈不賀。今舊命惟新，幽人引領，韶之盡美，已備於振綱，武之未盡，或存於

理目。雖九官之職。未可備舉。親民之選。尤宜在先。愚欲使天朝四品官。外及守牧。各舉一人。堪爲二千石長吏者。以付選官。隨缺敘用。得賢受賞。失舉任罰。夫惟帝之難。豈庸識所易。然舉爾所知。非求多人。因百官之明。孰與一識之見。執咎在己。豈容狥物之私。今非以選曹所銓。累於乖謬。衆職所舉。必也惟良。蓋宜使求賢闢其廣塗。考績取其少殿。若才實拔羣。進宜尙德。治阿之宰。不必計年。免徒之守。豈限資秩。自此以還。故當才均以資。資均以地。宰莅之官。誠曰吏職。然監觀民瘼。翼化宣風。則隱厚之求。急於刀筆。能事之功。接於德心。以此論才。行之年歲。豈惟政無秕蠹。民庇手足而已。將使公路日清。私請漸塞。士多心競。仁必由己。處士砥自求之節。仕子藏交馳之情。胄子庸微。不識治體。冒昧陳愚。退懼違謬。宋書王華傳、先是會稽孔甯子先爲高祖太尉主簿、陳損益云云・

井頌

天高聽卑。載厚流謙。揮鋒旣擊。旄拜亦窮。惟益有作。德遠事兼。明王用汲。人具爾瞻。初學記七、

水贊

澄鑒無虛。積之成川。湍飛瑩谷。激石洽然。藝文類聚八・

何叔度

叔度廬江灊人。義熙中爲尙書。入宋爲金紫光祿大夫。吳郡太守。元嘉八年卒。

王睦事議

設法止姦。本於情理。非謂一人爲劫。闔門應刑。所以罪及同產。欲開其相告。以出造惡之身。睦父母之際。容可悉共逃亡。而割其天屬。還相縛送。螫毒在手。解腕求全。於情可愍。理亦宜宥。使兇人不容於家。逃刑無所。乃大絕根源也。睦旣糾送。則餘人無應復告。並合赦之。宋書何尙之傳、南史何尙之傳、通典一百六十七・案・此議宋書造惡作爲惡之際作之至求句作並全之・

何尙之

尙之字彥德。叔度子。義熙中爲臨津令。武帝領征南將軍。以爲主簿。及受禪。以病免。少帝時爲中書侍郎。文帝即位。爲臨川內史。入爲黃門侍郎、尙書吏部郎、左衞將軍。領太子中庶子。遷侍中。丹陽尹。徙祠部尙書。領國子祭酒。遷吏部尙書。進中書令。中護軍。遷尙書右僕射。加散騎常侍。遷左僕射。轉尙書令。領太子詹事。元凶弒立。進司空。孝武即位。復爲尙書令。領吏部。遷侍中左光祿大夫。加特進。尋爲開府儀同三司。復領中書令。大明四年卒。年七十九。贈司空。謚曰簡穆。有集十卷。

華林清暑殿賦

其西則堂皇博敞。正殿是施。帶以綠流。樹以清猗。初學記二十四堂七・

逞觚亙之虹梁。列雕刻之華榱。網戶翠錢。青軒丹墀。若乃奧室曲房。深沈冥密。始如易循。終焉難悉。動微物而風生。踐椒塗而芳溢。觸遇成宴。暫遊累日。却倚危石。前臨濬谷。終始蕭森。激清引濁。涌泉灌於堦阯。遠風生於楹曲。暑雖殷而不炎。氣方清而含育。哀鶴唳暮。悲猿啼曉。靈芝被崖。仙華覆沼。藝文類聚六十二・初學記二十四・

退居賦見宋書何尙之傳七、

表諫行幸侵夜

萬乘宜重。尊不可輕。此聖心所鑒。豈假臣啟。輿駕比出。還多冒夜。羣情傾側。實有未寧。清道而動。帝王成則。古今殊誠。安不忘危。若值汲黯辛毗。必將犯顏切諫。但臣等碌碌。每存順默耳。伏願少採愚誠。思垂省察。不以人廢。適可以慰四海之望。宋書何尙之傳・御覽四百五十三・

上言請原竺超民等

刑罰得失。治亂所由。聖賢留心。不可不慎。竺超民爲賊旣遁走。一夫可擒。若反覆昧利。即當取之。非唯免愆。亦可要不義之賞。而超民曾無此意。微足觀過知仁。且爲官保全城府。謹守庫藏。端坐待

縛今戮及兄弟與向始末無論者復成何異臨展盡實復灼然便同之巨逆於事爲虧臣竊願待自殊凡隸苟有所懷不敢自默（宋書何尚之傳世祖即位臧質反義宣司馬竺超民臧質長史陸展兄弟並應從誅尚之上言超民坐者由此得原）

密奏庾炳之得失

夫爲國爲家何嘗不謹用前典今苟欲通一人慮非哲王御世之長術炳之所行非曖昧而已臣所聞既非一旦又往往眼見事如丘山彰彰若此遂縱而不糾不知復何以爲治晉武不曰明主斷鬲令事遂能奮發華廙見待不輕廢錮累年後起止作城門校尉耳若言炳之有誠於國未知的是何事政當云與殷景仁不失其舊與劉湛亦復不疏且景仁當時事意豈復可蔑朝士兩邊相推亦復何限縱有微誠復何足掩其惡今賈充勳烈晉之重臣雖事業不勝不聞有大罪諸臣進說便遠出之陛下聖叡反更遲遲於此炳之身上之釁既自藉藉交結朋黨構扇是非實足亂俗傷風諸惡紛紜過於范曄所少賊一事耳伏願深加三思試以諸聲傳普訪諸可顧問者羣下見陛下顧遇既重恐不敢苦相侵傷顧問之日宜布嫌責之旨若不如此亦當不辯有所得失臣恐既有所啟要盡其心如無可納伏願宥其觸忤之罪（宋書庾炳之傳炳之領選既不緝衆論又頗通貨賄諸處冤家令史錢泰周伯齊出炳之宅咨事泰能彈琵琶伯齊善歌因留停宿尚書有司所奏上於炳之素厚將納之召問尚書右僕射何尚之尚之具陳炳之得失又密奏又見南史三十五）

又陳

炳之呼二令史出宿令史諸都令史駱宰宰云不違吏部曾亦咸知不可令史具向尚之說不得停之意炳之了不聽納之非爲不解直是苟相留耳內外悉知此而誣於信受羣情豈了陛下不假爲之辭雖是令史出乃遠虧朝典又不得謂之小事謝晦望實非今者之儔一事錯誤免侍中官王珣時賢小失桓胤春蒐之謬皆白衣領職況公犯憲制者邪不審可有同王桓白衣例不於任使無損兼可得以爲肅戒孔萬祀居左丞之職不念相當諸路宰云炳之貴要異他尚書身政可得無言耳又云不癡不聾不成姑公敢作此言亦爲異也（同上時炳之自理不諳臺制令史並言停外非嫌太祖以炳之信受失所小事不足傷大臣尚之又陳）

又陳庾炳之愆違

尚書舊有增置幹二十人以元凱丞郎幹之假疾病炳之常取十人私使詢處幹闕不得時補近得王師賴不遣還臣令人語之先取人使意常未安今既有手力不宜復留得臣此信方復遣耳大都爲人好率懷行事有諸紜紜不悉可曉臣思張遼之言關羽雖兄弟曹公父子豈得不言觀今人憂國實寡臣復結舌日月之明或有所蔽然不知臣者豈不謂臣有爭競之迹追以悵悵臣與炳之周旋俱被恩接不宜復生厚薄太尉昨與臣言說炳之有諸不可非唯一條遠近相崇畏震動四海凡短人辦得致此更復可嘉庾秀之門生事之累味珍肴未嘗有乏其外別貢豈可具詳炳之門中不問大小誅求張幼緒幼緒轉無以堪命炳之先與劉德願殊惡德願自持琵琶甚精麗遺之便復款然市令盛馥進數百口材助營宅恐人知作虛買券劉道錫驟有所輸傾南俸之半劉雍自謂得其力助事之如父夏中送甘蔗若新發於州國吏運載樵荻無輟於道諸見人有物鮮或不求聞劉遵考有材便乞材見好燭盤便復乞之選用不平不可一二太尉又云炳之都無共事之體凡所選舉悉是其意政令太尉知耳論庾秀之作黃門太尉不正答和故得停太尉近與炳之疏欲用德願兒作州西曹炳之乃啟用爲主簿即語德願謝太尉前後漏泄賣恩亦復何極縱不加罪故宜出之士庶忿疾之非直項羽楚歌而已也自從裴劉刑罰以來諸將陳力百倍今日事實好惡可問若赫然發憤顯明法憲陛下便可閑臥紫闥無復一事也（同上尚之再啟太祖猶優游之使尚之更陳其意尚之乃備言）

冗當作宂

炳之愆過。

又荅問庾炳之事

臣旣乏賈生應對之才。又謝汲公犯顏之直。至於侍坐仰酬。每不能盡。昨出伏復深思。竊有愚滯。今之事跡。異口同音。便是彰著。政未測得物之數耳。可為齠罪負恩。無所復少。且居官失和。未有此比。陛下遲遲舊恩。未忍窮法。為弘之大。莫復過此。方復有尹京赫赫之授。恐悉心奉國之人。於此而息。貪狼恣意者。歲月滋甚。非但虧點王化。乃治亂所由。如臣所聞。天下論議。炳之常塵累日月。未見一毫增輝。今曲阿在水南。恩寵無異。而協首郡之榮。乃更成其形勢。便是老王雅也。古人云無賞罰。雖堯舜不能為治也。陛下豈可坐損皇家之重。迷一凡人。事若復在可否之閒。亦不敢苟陳冗管。今之枉直。明白灼然。而叡王令王。反更不悟。令賈誼劉向重生。豈不慷慨流涕於聖世邪。臣昔啟范曄。當時亦懼犯觸之尤。苟是愚懷所挹。政自不能不舒達。所謂雖九死而不悔者也。謂炳之且外出。若能脩改。在職著稱。還亦不難。而可得少明國典。粗酬四海之誚。今愆釁如山。榮任不損。炳之若復有彰大之罪。誰復敢㠯聞述。且自非殊勳異績。亦何足塞今日之尤。歷觀古今。未有眾過藉藉。受貨數百萬。更得高官厚祿。如今者也。臣每念聖化中有此事。未嘗不痛心疾首。設令臣等數人。縱橫狼藉。復如此。不審當復云何處之。近啟賈充遠鎮。今亦何足分外出。恐是策之良者。臣知陛下不能採臣言。故是臣不能盡己之愚至耳。今蒙恩榮者不少。臣何為獨懇懇於斯。實尊主樂治之意。伏願試更垂察。（同上。太祖欲出炳之為丹陽。又㠯問尚之。尚之荅。）

臣見劉伯寵大慷慨炳之所行。云有人送張幼緒。幼緒語人。吾雖得一縣。負三十萬錢。庾沖遠（南史作仲遠。）乃當送至新林。見縛束猶未得解手。苟萬秋嘗詣炳之。值一客姓夏侯。主人問有好牛不。云無。

問有好馬不。又云無。政有佳驢耳。炳之便荅甚是所欲。客出門。遂與相聞索之。劉道錫云是炳之所舉。就道錫索嫁女具及祠器。乃當百萬數。猶謂不然。選令史章龍向臣說。亦歎其受納之過。言實得嫁女具銅鑪。四人舉乃勝。細葛斗帳等物。不可稱數。在尚書中令奴酤酃酒。利百十。亦是立臺閣所無。不審少簡聖聽不。恐仰傷日月之明。臣竊為之歎息。（同上。太祖乃可有司之奏免炳之官。）

刑法議

案孔右丞議。士人坐符伍為辠。有奴辠奴。無奴輸贖。既許士庶緬隔。則聞察自難。不宜㠯難知之事。定㠯必知之法。夫有奴不賢。無奴不必不賢。今多僮者傲然於王憲。無僕者怵迫於時綱。是為恩之所霑。恆在程卓。法之所設。必加顏原。求之鄙懷。竊所未愍。謝殷中謂奴不隨主。於名分不明。誠是有理。然奴僕實與閭里相關。今都不問。恐有所失。意同左丞議。（宋書王弘傳。）

㠯一大錢當兩議

伏鑒明命。欲改錢制。不勞採鑄。其利自倍。寔救弊之弘筭。增貨之良術。求之管淺。猶有未譬。夫泉貝之興。㠯估貨為本。事存交易。豈假數多。數少則幣輕。數多則物重。多少雖異。濟用不殊。況復一㠯當兩。徒崇虛價者邪。凡創制改法。宜從民情。未有違眾矯物。而可久也。泉布廢興。驟議前代。赤仄白金。俄而罷息。六貨憒亂。民泣於市。良由事不畫一。難用遵行。自非急病權時。宜守久長之業。煩政曲雜。致遠常泥。且貨偏則民病。故先王立井田㠯一之。使富不淫侈。貧不過匱。雖茲法久廢。不可頓施。要宜而近。粗相放擬。若今制遂行。富人貲貨自倍。貧者彌增其困。懼非所㠯欲均之意。又錢之形式。大少多品。直云大錢。則未知其格。若止於四銖五銖。則文皆古篆。既非下走所識。加或漫滅。尤難分明。公私交亂。爭訟必起。此最是其深疑者也。命旨兼慮翦鑿日多。㠯至銷盡。鄙意復謂殆無此嫌民巧雖密要有蹤跡且用錢貨銅事可尋檢直由屬所怠縱糾察不精致使立制已來發覺者寡今雖有懸金之名竟無酬與之實若申明舊科禽獲即報畏法希賞不日自定矣愚者之議智者擇焉猥參訪逮敢不輸盡（宋書何尚之傳元嘉二十四年錄尚書江夏王義恭議以一大錢當兩以防翦鑿議者多同尚之議又見通典九）

分置荊郢二州議

夏口在荊江之中正對沔口通接雍梁實爲津要由來舊鎮根基不易今分取江夏武陵天門竟陵隨五郡爲一州鎮在夏口既有見城浦大容舫竟陵出道取荊州雖水路與去江夏不異諸郡至夏口皆從流並爲利便湘州所領十一郡其巴陵邊帶長江去夏口密邇既分湘中乃更成大亦可割巴陵屬新州於事爲允（宋書何尚之傳）

發民丁議

發南兗州三五民丁父祖伯叔兄弟仕州居職從事及仕北徐兗爲皇弟皇子從事庶姓主簿諸皇弟皇子府參軍督護國三令以上相府舍者不在發例其餘悉倩暫行征符到十日裝束緣江五郡集廣陵緣淮三郡集盱眙又募天下弩手不問所從若有馬步眾藝武力之士應科者皆加厚賞（宋書索虜傳是歲軍旅大起尚書左僕射何尚之參議）

與顏延之書

絳驄清路白簡深劾取之仲容或有虧邪（通典六二十四）

與中書令王球書

延之有後命教府無復光輝

列敘元嘉讚揚佛教事

元嘉十二年五月乙酉有司奏丹陽尹蕭摹之上言稱佛化被於中國已歷四代塔寺形像所在千計進可以擊心退足以招勸而自頃世以來情敬浮末不以精誠爲至更以奢競爲重舊宇頹圮

曾莫之修而各造新構以相誇尚甲第顯宅於斯殆盡材竹銅綵糜損無極違中越制宜加檢裁不爲之防流遁未已請自今以後有欲鑄銅像者悉詣臺自聞興造塔寺精舍皆先詣所在二千石通發本末依事列言本州必須報許然後就功其有輒鑄銅制輒造寺舍者皆以不承用詔書律論銅宅材瓦悉沒入官奏可是時有沙門慧琳假服僧次而毀其法著白黑論衡陽太守何承天與琳比狎雅相擊揚著達性論並拘滯一方詆呵釋教永嘉太守顏延之太子中舍人宗炳信法者也檢駁二論各萬餘言琳等始亦往還未抵蹟乃止炳因著明佛論以廣其宗帝善之謂侍中何尚之曰吾少不讀經比復無暇三世因果未辨致懷而復不敢立異者正以前達及卿輩時秀率皆敬信故也范泰謝靈運每云六經典文本在濟俗爲治耳必求性靈眞奧豈得不以佛經爲指南邪顏延年之折達性宗少文之難白黑論明佛法汪汪尤爲名理並足開獎人意若使率土之濱皆純此化則吾坐致太平夫復何事近蕭摹之請制未全經通即已相示委卿增損必有以式遏浮淫無傷弘獎者乃當著令耳尚之對曰悠悠之徒多不信法以臣庸蔽獨秉愚勤懼以闕薄貽點大教今乃更荷褒拂非所敢當至如前代羣賢則不負明詔矣中朝已遠難復盡知渡江以來則王導周顗宰輔之冠蓋王濛謝尚人倫之羽儀郗超王坦王恭王謐或號絕倫或稱獨步韶氣貞情又爲物表郭文謝敷戴逵等皆置心天人之際抗身烟霞之間亡高祖兄弟以清識軌世王元琳昆季以才華冠朝其餘范汪孫綽張玄殷覬略數十人靡非時俊又炳論所列諸沙門等帛曇邃者其下輩也所與比對則庾元規自邃以上護蘭諸公皆將亞迹黃中或不測人也近世道俗較談便爾若當備舉夷夏爰逮漢魏奇才異德胡可勝言寧當空失性靈坐棄天屬淪惑於幻妄之說自陷於無徵之化哉陛下思洞機表慮

玄象外。鈎深致遠。無容近取於斯。自臣等㠯降。若能謹推此例。則淸信之士。無乏於時。所謂人能弘道。豈虛言哉。慧遠法師嘗云。釋氏之化。無所不可。適道固自敎源。濟俗亦爲要務。世主若能剪其訛僞。獎其驗實。與皇之政。竝行四海。幽顯協力。共敦黎庶。何成康文景。獨可奇哉。使周漢之初。復兼此化。頌作刑淸。倍當速耳。竊謂此說。有契理奧。何者。百家之鄉。十人持五戒。則十人淳謹矣。千室之邑。百人修十善。則百人和厚矣。傳此風訓。㠯遍寓內。編戶千萬。則仁人百萬矣。此舉戒善之全具者耳。若持一戒一善。悉計爲數者。抑將十有二三矣。夫能行一善。則去一惡。一惡既去。則息一刑。一刑息於家。則萬刑息於國。四百之獄。何足難錯。雅頌之興。理宜倍速。即陛下所謂坐致太平者也。論理則其如此。徵事則臣復言之。前史稱西域之俗。皆奉佛敬法。故大國之衆數萬。小國數百。而終不相兼幷。內屬之後。習俗頗弊。猶甚淳弱。罕行殺伐。又五胡亂華。㠯來。生民塗炭。冤橫死亡者。不可勝數。其中誤獲甦息。必釋敎是賴。故佛圖澄入業。而石虎殺戮減半。澠池塔放光。而符楗椎鋸用息。蒙遜反噬無親。虐如豺虎。末節感悟。遂成善人。法遠道人。力兼萬夫。幾亂河渭。面縛甘死。㠯赴師範。此非有他。敬信故也。夫神道助敎。有自來矣。雷霆所擊。暑雨恆事。及晨廟遇震。而書爲隱慝。桀紂之朝。冤死者不可稱紀。而周宣晉景。獨㠯深刑受祟。檢報應之數。既有不符。徵古今之例。祇更增惑。㠯經文載之。㠯彰勸戒。萬一影像。猶爲深切。豈若佛敎。責言義則有可然可信之致。攷事實又無已乖已妄之咎。且觀世大士。所降近驗。竝即表身世。衆目共覩。祈求之家。其事相繼。所㠯爲勸戒。所㠯爲深切。豈當與彼同日而談乎。而愚闇之徒。苟遂毀黷。忽重殉輕。滯小迷大。恚僧尼之絕胖育嫉。像塔之費。朱紫此猶生民荷覆載之德。日用而不論。更司若堙瘞之勞。有時而詆慢。慧琳承天。蓋亦然耳。蕭摹啟制。臣亦不謂全非。但傷蠹道俗。最在無行僧尼。而情貌難分。未可輕去。金銅土木。雖縻費滋深。必福業所寄。復難得頓絕。臣比思爲斟酌。進退難安。今日親奉德音。實用夷泰。時吏部郎羊玄保在座。進曰。此談蓋天人之際。豈臣所宜預。竊恐秦楚論強兵之術。孫吳盡吞幷之計。將無取於此耶。帝曰。此非戰國之具。良如卿言。尚之曰。夫禮隱逸則戰士怠。貴仁德則兵氣衰。若㠯孫吳爲志。苟在吞噬。亦無取堯舜之道。豈唯釋敎而已。帝悅曰。釋門有卿。亦猶孔氏之有季路。所謂惡言不入於耳。弘明集。

何偃

偃字仲弘。尚之子。州辟議曹從事。舉秀才。除中軍參軍、臨川王義慶平西府主簿。出爲丹陽丞。除廬陵王友、太子中舍人、中書郎、太子中庶子、行義陽王昶義陽國事。還始興王濬征北長史、南東海太守。元凶弒立。㠯爲侍中。掌詔誥。孝武卽位。除大司馬長史。遷侍中。領太子中庶子。改領驍騎將軍。轉吏部尚書。大明二年卒。贈散騎常侍金紫光祿大夫。謚曰靖子。有集十九卷。

月賦

遠日如鑑。滿月如璧。初學記一。

日月雖如璧。㠯光爲形。同上。

北伐議

內幹胡法宗宣詔逮問北伐。伏計賊審有殘禍。犬羊易亂。殲殄非難。誠如天旨。今雖廟算無遺。而士未精習。緣邊鎮戍。充實者寡。邊民流散。多未附業。控引所資。取給根本。虧根本㠯殉邊患。宜動必萬克。無虞往歲。挫傷續㠯內釁。侮亡取亂。誠爲沛然。然淮泗數州。實亦彫耗。流傭未歸。創痍未起。且攻守不等。客主形異。籌之則勢艱。圖之則曠日。進退之間。姦虞互起。竊謂當今之弊易覩。方來之寇不深。宜含垢藏疾。㠯齊天道。宋書何偃傳。元嘉二十九年。大舉欲更北伐。訪之羣臣。偃議。

臨軒夾扶議

自今臨軒乘輿法服𡜞華蓋登殿，宜依廟齊已夾御。侍中常侍夾扶上殿，及應爲王公興，又夾扶畢還本位。求詳議。（宋書禮志五。孝建二年十一月有司奏，侍中祭酒何偃議。）

郊祀遇雨議

鄭玄注禮記，引易說三王之郊，一用夏正。周禮，凡國大事，多用正歲。左傳又啟蟄而郊，則鄭之此說，誠有據矣。衆家異議，或云三王各用其正郊天，此蓋曲學之辯，於禮無取。固知穀梁三春皆可郊之月，異所謂膚淺也。然用辛之說，莫不必同。晉郊庚巳，參差未見前徵。愚謂宜從晉遷郊依禮用辛。變之已受命作龜，知告不在日，學之密也。（宋書禮志三。大明二年正月尚書何偃議。）

與謝尚書

珍玉名鈲，因物託情，風人言味。（北堂書鈔一百三十六。）

常滿樽銘

貞明麗象，吳食中望。唯茲奇器，神絕莫尚。斟酌賦受，不踰其量。凫鷖之詩，豈伊異況。（藝文類聚七十三。）

全宋文卷二十八終

烏程嚴可均校輯

荀伯子

伯子，潁川潁陰人，晉侍中崧曾孫。初為駙馬都尉、奉朝請、員外散騎侍郎、著作郎，遷尚書祠部郎、世子征虜功曹、國子博士。武帝受禪，以為尚書左丞。文帝即位，出補臨川內史，遷散騎常侍，領本邑大中正，又遷太子僕、御史中丞，出補司徒左長史、東陽太守。元嘉十五年卒。有集。

上表論先朝封爵

臣聞咎繇亡嗣（宋書作後），臧文以為深歎；伯氏奪邑，管仲所以稱仁。功高可百世不泯，濫賞無得崇朝（宋書作無崇朝宜許）。故太傅鉅平侯羊祜，明德通賢，國之宗主（宋書無國之二字，宗作宗臣，莫二），勳參佐命，功成平吳，而後嗣闕然，烝嘗莫寄。漢以蕭何元功，故絕世輒繼（宋書作紹），愚謂鉅平之封宜同酇國。故太尉廣陵公陳準，黨翼賊倫（宋書作黨翼孫秀），禍加淮南，因逆為利，竊饗大邦（宋書作竊饗大國，因罪為利），值西朝政刑失裁，中興復因而不奪。今王道維新，豈可不大判臧否？謂廣陵之國宜在削除。故太保衛瓘本爵蕭陽縣公，既被橫害，乃進茅土（宋書作既被橫禍，乃進弟秩），始贈蘭陵，又轉江夏。中朝名臣（宋書作公輔），多非理終，瓘功德無殊，而獨受偏賞（宋書作功德不殊，亦無緣獨受偏賞），謂宜罷其郡封，復邑蕭陽，以正國章（此句從宋書補），則與奪有倫，善惡分矣。（晉書荀勗傳、宋書荀伯子傳，遷尚書祠部郎，義熙九年上表。）

上表言零陵王宜在陳留王上

伏見百官位次，陳留王在零陵王上，臣愚竊以為疑。昔武王克殷，封神農之後於焦，黃帝之後於祝，帝堯之後於薊，帝舜之後於陳，夏後於杞，殷後於宋。杞、陳並為列國，而薊、祝、焦無聞焉。斯則褒崇所承，優於遠代之顯驗也。是以春秋次序諸侯，宋居杞、陳之上。考之近世，事亦有徵。晉太始元年，詔賜山陽公劉康子弟一人爵關內侯，衛公姬署、宋侯孔紹子一人駙馬都尉。又太始三年，太常上博士劉憙等議，稱衛公署於大晉在三恪之數，應降稱侯。臣以零陵王位宜在陳留王之上。（已下八字從通典補）陳留王宜降爵為公。（宋書荀伯子傳。元嘉五年上表。又見通典七十四，作上疏。）

奏劾何尚之

左衛將軍何尚之，公事每戴笠，有虧體制。建野笠干公門，棄華徽而不御。（御覽七百二引宋元嘉十年起居注，御史中丞荀伯子奏。）

難裴松之大功嫁妹議

案禮，本不謂父可而兄反不可。今所疑謂父兄及女身並不可耳。今所小功之初，不妨嫁子；其末則可以娶妻。下殤之小功，則不可。今所本是周服故也。今降在大功，亦本是周服，何得復於降殺之內以行婚姻之禮邪？禮云：大功之末可以嫁子者，自是論本服耳。所以不明降在大功不可者，正以下殤之小功是以包之也。若謂降與不降必其不殊者，其兄弟出後，姊妹出適，便再降為小功矣。請問居此小功服，在始亦可即以嫁子乎？三月卒哭，又可以娶妻乎？奚獨慈於下殤，而薄於出降之甚邪？（通典六十。）

荅何承天問為人後為所後父服

何承天問曰：婦人夫先亡，無男有女，已出嫁。婦人亡後未周，宗族之家乃以兒繼其後。今既更制廬杖，未知當及亡月一周便練，為敢出後日為制服之始？荀伯子荅曰：出後晚，異於聞喪晚。稅服也，應以亡月為周，不以出後日為制服之始。假使甲有婦及男女，甲死，甲兒持重服。已練，甲兒復死，甲弟乙方以子景後甲。景以為伯持周年服訖，便更制二十五月服。甲婦女不合先景除服，何容持三周服邪？難者或疑若使甲服將除，而景始出後，景便是服斬旬日而除。意謂若服將訖，宜待除服方出後耳。不可使甲婦女制四周服也。（通典九十七。）

何重罰出適之女周而除心制既過卽吉之後而來繼之弟不爲喪始門庭凶素靈筵未毁舛錯深淺豈稱人情今謂宜待除服爲後是也今問不待除者耳若不服其殘月便當如知喪晚特一人未卽吉二條何者爲安荀重答曰意謂出後未及練者宜服其殘月以亡月爲周若將服竟出後宜延待服竟至於去廬卽練綅縞從輕此自降殺以漸所謂送死有已復生有節非明出後始爲喪主也又謂爲人後者在練則練在綅則綅何疑服旬便除然謂此語不通設使甲死其婦女持服已再周甲弟乙持二子從遠還始聞喪以其長子景後甲景弟丁爲伯父追周服景以出後之故更綅縞旬日除所爲深淺舛錯不是過也譬如知喪晚特一人未卽吉此又所疑也凡出後晚異知喪晚也既已制本服今日月已過無緣更居再周若甲之婦女無事不吉而來繼之子門庭凶素此婦女無容避此凶居别卜吉宅又不可使婦女歌於内而繼子哭於外謂應服其殘月。通典九十七。

荅司馬操難爲人後爲所後父服論

難曰爲人後者奉亡事存如所生不異盡禮於彼而致降於此荅曰同所生者謂出後及所養耳不謂垂除而追責使同也設使所繼者是絶服之親而繼父有兄弟喪未周豈可悉追制伯叔周服乎故知及喪則同已死則異若本服大功之親雖數十載之後猶追爲稅服至於出後之子在三年之外便不爲繼父追服明既往不可得同也難曰乙子景今來後甲既不可與其弟丁同稅周服又不可制居綅縞旬日而除既爲甲子而反不如丁豈有處三年之地而絶於一日之哀乎荅曰謂景應先稅周服畢然後可出後耳設使甲死已三十年乙將景丁從絶域還始聞甲喪豈可使景丁二子同稅周服然後議出後之事乎若猶使景居重甲婦女平吉已來或是朝市改易豈可方納一孝居喪乎雖復三十年而丁猶稅服景不可以反不如丁得不待稅服畢乎設使周公更生不能易此言也。通典九十七。

荀赤松

赤松伯子子元嘉末爲尚書左丞以徐湛之黨爲元凶劭所殺

奏劾顔延之

求田問舍前賢所鄙延之惟利是視輕冒陳聞依傍詔恩拒捍餘直垂及周年猶不畢了昧利苟得無所顧忌延之昔坐事屏斥復蒙抽進而曾不悛革怨誹無已交遊闒茸沈迷麴蘖橫興譏謗詆毁朝士仰竊遺榮增憤薄之性私恃顧眄成彊梁之心外示寡求内懷奔競干祿祈遷不知極已預讌班觴肆罵上席山海含容每存遵養愛兼彫蟲未忍遐棄而驕放不節日月彌著臣聞聲問過情孟軻所恥況聲非外來問由己出雖心智薄劣而高自比擬客氣虛張曾無愧畏豈可復弼亮五教增曜台階請以延之訟田不實妄干天聽以彊凌弱免所居官。宋書顔延之傳延之坐啟買人田不肯還直尚書左丞荀赤松奏。詔可。

荀萬秋

萬秋字元寶伯子族子元嘉初爲博士後爲殿中郎孝建初出爲晉陵太守坐事下獄免大明中爲尚書左丞景和末遷御史中丞

奏耤田儀注

耤田儀注皇帝冠通天冠朱紘青介幘衣青紗袞侍中陪乘奉車郎秉轡案漢輿服志曰通天冠乘輿常服也若斯豈可以常服降千畝邪禮記曰昔者天子爲耤千畝冕而朱紘躬秉耒鄭玄注周官司服異服同冕尊故也時服雖變冕制不改又潘岳耤田賦云常伯陪乘太僕秉轡推此輿駕耤田宜冠冕璪十二旒朱紘黑介幘衣青紗袞常伯陪乘太僕秉轡宜改儀注一遵二禮以爲定儀

宋書禮志五。大明四年正月。尚書左丞荀萬秋奏。

幘秋令服色議

伏尋幘非古者冠冕之服。禮無其文。案蔡邕獨斷云。幘是古卑賤供事不冠人所服。又董仲舒止雨書曰。其執事皆赤幘。知並不冠之服也。漢元始用衆臣率從。故司馬彪輿服志曰。尚書幘名曰納言。迎氣五郊。各如其色。從章服也。自茲相承。迄于有晉。大宋受命。禮制因循。斯既歷代成準。謂宜仍舊。宋書禮志二。元嘉六年六月。

太廟送神議

古之事尸。與今之事神。其義一也。周禮尸出送于廟門。拜尸不顧。詩云。鐘鼓送尸。則送神之義。其來久矣。記曰。迎牲而不迎尸。別嫌也。尸在門外。則疑於臣。入廟中。則全於君。君在門外。則疑於君。入廟則全於君。是故不出者。明君臣之義。宋書禮志四。元嘉六年七月。博士荀萬秋議。

郊廟樂議

案禮。祭天地有樂者。爲降神也。故易曰。雷出地奮。豫。先王以作樂崇德。殷薦之上帝。以配祖考。周官曰。作樂於圜丘之上。天神皆降。作樂於方澤之中。地祇皆出。又曰。乃奏黃鐘。歌大呂。舞雲門。以祀天神。乃奏大蔟。歌應鐘。舞咸池。以祀地祇。由斯而言。以樂祭天地。其來尚矣。今郊享闕樂。竊以爲疑。祭統曰。夫祭有三重焉。獻之屬莫重於祼。聲莫重於升歌。舞莫重於武宿夜。此周道也。至漢。奏五行。魏舞咸熙。皆以用享。爰逮晉氏。泰始之初。傅玄作晉郊廟歌詩三十二篇。太康中。荀藩受詔成父勖業。定金石四縣。用之郊廟。是則相承郊廟有樂之證也。今廟祠登歌雖奏。而象舞未陳。懼闕備禮。夫聖王經世。異代同風。雖損益或殊。降殺迭運。未嘗不執古御今。同規合矩。方茲休明在辰。文物大備。禮儀遺逸。罔不具舉。而況出祇降神。輟樂於郊祭。昭德報功。有闕於廟享。謂郊廟宜設備樂。宋書樂志一。孝建二年九月甲午。有司奏。前殿中郎荀萬秋議。又見通典一百四十七。

永陽侯劉升子服制議

南面君國。繼體承家。雖則佩觿未闋。成德。君父名正。臣子不容服殤。故云臣不殤君。子不殤父。推此則知旁親故依殤制。東平沖王已經前議。若升仕朝列。則爲大成。故鄱陽哀王追贈太常。親戚不降。愚謂下殤以上。身居封爵。宜同成人。年在無服之殤。以登官爲斷。今永陽國臣。自應全服。至於旁親。宜從殤禮。宋書禮志二。通典八十二。大明五年七月。左丞荀萬秋等參議。

劉彥之

彥之字道豫。彭城武原人。義熙初。補武帝鎮軍參軍。後以功封佷山縣子。遷太尉中兵參軍。驃騎道憐鎮江陵。以爲諮議參軍。遷司馬。南郡太守。除使持節。南蠻校尉。武帝受禪。進爵爲侯。文帝即位。徵爲中領軍。進鎮軍。以平謝晦功。改封建昌縣公。遷南豫州刺史。鎮歷陽。坐滑臺之敗。下獄免官。起爲護軍。元嘉十年

卒。諡曰忠。

與友人蕭祕書

魯軌頑鈍。馬楚麤狂。亡人之中。惟王慧龍及韓延之可爲深憚。不意儒生懦夫。乃令老子訶之。魏書王慧龍傳。又北史三十五。

殷景仁

景仁名鐵。以字行。陳郡長平人。晉左光祿大夫茂孫。爲晉安府長史掾。案陶潛集有與殷晉安別詩。歷劉毅後軍參軍。武帝太尉參軍。遷宋臺祕書郎。世子中軍參軍。轉主簿。又爲道憐驃騎主簿。出補衡陽太守。入爲宋世子洗馬。轉中書侍郎。武帝受禪。遷太子中庶子。少帝即位。以爲侍中。固辭。改除黃門侍郎。領射聲校尉。轉左衞將軍。文帝即位。遷侍中。尋代到彥之爲中領軍。丁母憂。起爲領軍將軍。還尚書僕射。又遷中書令。護軍。領吏部。尋代彭城王義康爲揚州刺史。元嘉十七年卒。贈侍中司空。有集九卷。案陶潛集

任鐵字景仁。宋書劉湛傳云遂就殷鐵干祿。

辭侍中表

臣志幹短弱。歷著出處。值皇塗隆泰。身荷恩榮。階牒推遷。日月頻積。失在饕餮。患不自量。而恭聞今授。固守愚心者。竊惟殊次之寵。必歸器望。喉脣之任。非才莫居。三省諸躬。無以克荷。豈可苟順甘榮。不知進退。上虧朝舉。下貽身咎。求之公私。未見其可。顧涯審分。誠難庶幾。踰方越序。身以誠懼。所以俯仰周偟。無地寧處。若恩澤廣流。蘭艾同潤。回改前旨。賜以降階。雖實不敏。敢忘循命。臣迮遑之微。既已屢積。寧當徒倚浮采。塵黷天聽。丹情悃款。仰希照察。宋書殷景仁傳。少帝即位。入補侍中。累表辭讓。又固陳。改除黃門侍郎。

章太后生母蘇氏喪禮議

至德之感。爰啟厥祚。文母俔天。實熙皇祚。主上聿遵先典。號極徽崇。以貴之義。禮盡於此。蘇夫人階緣戚屬。情以事深。寒泉之思。寔

感聖懷。明詔爰發。詢求厥中。謹尋漢氏推恩加爵。於時承秦之弊。儒術蔑如。自君作故。罔或前典。權非盛明。所宜軌蹈。晉監二代。朝政之所因。君舉必書。哲王之所慎。體至公者。懸爵賞於無私。奉天統者。每屈情以申制。所以作孚萬國。貽則後昆。臣聞蒙博逮。謹露庸短。宋書殷景仁傳。

文殊像贊

文殊淵睿。式昭厥聲。探玄發暉。登道懷英。琅琅三達。如日之明。聲蠢神遁。在變伊形。將廓恆沙。陶鑄羣生。真風幽曖。千祀彌靈。思媚哲宗。寤言祇誠。絕塵孤栖。冥想太冥。廣弘明集十六。

文殊師利贊并序

文殊師利者。是遊方菩薩。因離垢之言而有斯目。非厥號所先也。原夫稱謂之生。蓋至道與其貌。何者。虛引之性。彰於立德。軌世之表。聞於重冥。廉俗之風。移。則感時之訓興。故云儒首。又以法王子

虛當作塵

爲名焉。夫欲窮其淵致者。必先存其深大。終古邈矣。豈言像之所極。難算之劫。功高積塵。悠悠遐曠。焉可爲言。請略敘其統。若人之始出也。爰自帝胄。尊號法王。無上之心。兆於獨悟。發中之感。無不由他。近一遇正覺。而靈珠內映。玄景未移。遂超登道位。於是深根永搆於冲壤。豐條翼神柯而同茂。慈悲之氣。與惠風俱扇。三達之明。與日月並曜。其體而微。固以功侔法身矣。若乃天機將邁。即神通爲館宇。圓應密會。以不疾爲影跡。斯其所以動不離寂而彌綸宇宙。倏忽無常境。而名冠遊方者也。世尊與出。乃援躍進之明。顯潛德於香林。因慶雲而西徂。復龍見於茲刹。法輪既轉。則玄音屢唱。對明淵極。輒賜發深言。道映開士。故諸佛美其稱。體絕塵俗。故濯纓者高其跡。非夫合天和以挺作。吸沖氣而爲靈。舒重霄以迴陰。吐德音而流聲。亦孰能與於此哉。將欲搖蕩羣生之性。宅至柔之主。開宏基於一簣。廓恆沙而爲宇。若然而不悅文殊之風。則未

達無窮之量。長笑於方寸之寂矣。自世尊泥洹。幾將千祀。流光移蔭。復與昔而昇降。由是冥懷宗極者。感悲長津之喪源。懼風日之潛損。遂共表容金石。鐫以文頌。人思自盡。庶雲露以增潤。今之所遇。蓋是數減百年。有鐵輪王。王閻浮提。號曰阿育。仰覩逸軌。擬而像焉。雖真宰不存於形。而靈位若有主。雖幽司不以情求。而感至斯應。神變之異。屢革民聽。因險悟時。信有自來矣。意以爲接穎薄之運。實由冥維之功。通夫昏否之俗。固非一理所弘。是以託想之賢。祇誠依寄。思紐將絕之緒。引毫忘以標位。乃遠模元匠。像天所像。感來自衷。不覺欣然同詠。

眇眇童真。弱齡啟蒙。含英吐秀。登玄履峯。神以道王。體以沖通。浪化遊方。乃軌高蹤。流光遺映。爰暨茲隆。思對淵匠。靖一惟恭。虔襟絕代。庶落塵封。廣弘明集十六。

雷次宗

次宗字仲倫。豫章南昌人。本州辟從事。員外散騎侍郎。徵並不就。元嘉中徵至京師。開館於雞籠山。聚徒教授。除給事中。不就。加散騎侍郎。

與子姪書

夫生之脩短。咸有定分。定分之外。不可以智力求。但當於所稟之中。順而勿率耳。吾少嬰羸患。事鍾養疾。爲性好閑。志栖物表。故雖在童稚之年。已懷遠迹之意。暨于弱冠。遂託業廬山。逮事釋和尚。于時師友淵源。務訓弘道。外慕等夷。內懷悱發。於是洗氣神明。玩心墳典。勉志勤躬。夜以繼日。爰有山水之好。悟言之歡。寔足以通理輔性。成夫亹亹之業。樂以忘憂。不知朝日之晏矣。自遊道餐風。二十餘載。淵匠既傾。良朋凋索。續以釁逆違天。備嘗荼蓼。疇昔誠願。頓盡一朝。心慮荒散。情意衰損。故遂與汝曹歸耕壟畔。山居谷飲。人理久絕。日月不處。忽復十年。犬馬之齒。已踰知命。崦嵫將迫。

前塗幾何。實遠想尚子五岳之舉。近謝居室瑣瑣之勤。及今耄未至昏。衰不及頓。尚可厲志於所期。縱心於所託。棲誠來生之津梁。專氣暮年之攝養。玩歲日於良辰。偷餘樂於將除。在心所期。盡於此矣。汝等年各成長。冠娶已畢。脩惜衡泌。吾復何憂。但願守全所志。以保令終耳。自今以往。家事大小。一勿見關。子平之言。可以爲法。宋書雷次宗傳與子姪書以言所守。

答袁悠問

袁悠問雷次宗曰。喪服大夫爲貴臣貴妾緦。何以便爲庶母無服。又案檀弓云。悼公之母死。哀公爲之齊縗。有若曰。諸侯爲妾齊縗。禮歟。鄭注云。妾之貴者。爲之緦耳。左傳云。晉少姜卒。明年正月。既葬。齊使晏平仲請繼室。叔向對曰。寡君以在縗絰之中。案此諸侯爲妾便有服也。次宗答曰。大夫爲貴妾緦。案注貴妾。姪娣也。夫姪娣寔貴。而大夫尊輕。故不得不服。至於餘妾出自凡庶。故不服。又天子諸侯一降旁親。豈容媵妾更爲服也。鄭注喪服。無服是也。又注檀弓哀公爲悼公母齊縗云。妾之貴者爲之緦耳。此注謂諸侯爲貴妾緦。既與所注喪服相違。且諸侯庶子母卒無服。皆以父所不服。亦不敢服。未喻檀弓注云何以服。言諸侯爲貴妾緦邪。左傳所言云少姜之卒。有縗絰之言者。是春秋之時。諸侯淫侈。至於甚者。乃爲齊縗。此蓋當時之弊事。非周公之明典也。通典九十二。

答蔡廓問

蔡廓問雷次宗云。禮稱唯主喪不除。恐此正施於嫡傳重者耳。按漢蕭太傅云。主喪獨謂子也。又案王肅云。斬衰之喪。未葬。直云主喪不除。而王舉重爲言。明正謂孝子不變。餘皆除也。今世人爲妻亦不除。主喪將宜除邪。雷次宗曰。不言三年。而云主喪。是不必唯施子孫也。吉凶異道。不得相干。殯柩尚在。豈可弁冕臨奠。夫主妻喪。以本重故也。謂不宜除。通典一百三。

甥姪

夫謂吾姑者。吾謂之姪。此名獨從姑發。姑與伯叔。於昆弟之子。其名宜同。姑以女子有行。事殊伯叔。故獨制姪名。而字偏從女。如舅與從母。爲親不異。而言謂吾舅者。吾謂之甥。亦猶自舅而制也。名發於舅。字亦從男。故姪字有女。明不及伯叔。甥字有男。見不及從母。是以周服篇無姪字。小功篇無甥名也。通典六十八。

夏侯弼

弼字闕。案夏侯弼不他見。北堂書鈔未刪改本一百五十八列於宋孝武之後。謝靈運顏延之顏峻之前。如是劉宋時人。

吳都賦

巖巖舺艫。汎汎揚舟。雍河棨跱。風駭雲浮。堅壁金城。狀若高樓。摧折天波。案此句陳禹謨本改作輕帆迅櫂。橫截流江。北堂書鈔一百三十七。引兩條。御覽七百七十。

金玉星煩。明當霞聚。纖絺細越。靑箋白紵。名練奪乎樂浪。英葛先平三輔。（御覽八百二十引夏侯閎國吳都賦。「閎」字闕。）

衞其遐域，則虯窟烝雲，龍淵引電，浮石乘流，鯉歌口見。神州城隆。

高鴻重巒，大風駭其穴，浮雲出其端。（北堂書鈔一百五十八。）

全宋文卷二十九終

烏程嚴可均校輯

謝靈運一

靈運小名客兒。陳郡陽夏人。晉車騎將軍玄孫。襲封康樂公。爲琅邪王大司馬參軍。劉毅鎮姑孰。以爲撫軍記室參軍。毅鎮江陵。又以爲衛軍從事中郎。毅誅。武帝版爲太尉參軍。入爲祕書丞。坐事免。驃騎道憐版爲諮議參軍。轉中書侍郎。又爲世子中軍諮議黃門侍郎。仍除宋國黃門侍郎。遷相國從事中郎世子左衛率。免。宋受禪降公爵爲侯。起爲散騎常侍。轉太子左衛率。少帝卽位。出爲永嘉太守。文帝卽位。徵爲祕書監。遷侍中。尋引病東歸。以游宴免。起爲臨川內史。爲有司所糾。興兵叛逸。禽付廣州。元嘉十年。於廣州棄市。有晉書三十六卷集二十卷。

怨曉月賦

臥洞房兮當何悅。滅華燭兮弄曉月。昨三五兮既滿。今二八兮將缺。浮雲褰兮收泛灩。明舒照兮殊皎潔。墀除兮鏡鑒。房櫳兮澄徹。藝文類聚一。初學記一。御覽四。

羅浮山賦 并序

客夜夢見延陵茅山。在京之東南。明旦。得洞經所載羅浮山事云。茅山是洞庭口。南通羅浮。正與夢中意相會。遂感而作羅浮山賦曰。

若乃茅公之說。神化是悉。數非億度。道單恍惚。洞四有九。此惟其七。潛夜引輝。幽境朗日。故曰朱明之陽宮。耀眞之陰室。洞穴之寶。徹海靈之雲術。伊離情之易結。諒沈念之羅浮。發潛夢於永夜。若遡波而乘桴。越扶嶼之細漲。上增龍之合流。鼓蘭枻以水宿。杖桂策以山遊。藝文類聚七。又略見北堂書鈔一百五十八。

嶺表賦

見五瀆之東寫。覩六水之南馳。揮靈海之委輸。孰石穴之永歸。北堂書鈔一百五十八。

若乃長山款跨。外內乖隔。下無伏流。上無夷跡。麕兎望岡而旋歸。鴻雁覩峯而反翮。既陟麓而踐坂。遂升降於山畔。顧後路之傾巘。眺前磴之絕岸。看朝雲之抱岫。聽夕流之注澗。羅石棊布。怪譎橫越。非山非阜。如樓如闕。斑采類繡。明白若月。蘿蔓絕攀。苔衣流滑。藝文類聚八。

長谿賦

潭結綠而澄清。瀨揚白而戴華。飛急聲之瑟汩。散輕文之漣羅。始鏡底以如玉。終積岸而成沙。藝文類聚九。

孝感賦

舉高檣於楊瀾。眇投迹於炎州。貫廬江之長路。出彭蠡而南浮。于時月孟節季。歲亦告暨。離鄉眷壤。改時懷氣。戀丘墳而縈心。憶桑

梓而零淚。孟積雪而抽筍。王斲冰以鱠鮮。黃耋棄於枯木。起春波於寒川。顧微心之庸褊。謝精靈於昭晰。擁永慕而莫從。晳遐感而靡徹。藝文類聚二十。

歸塗賦 并序

昔文章之士。多作行旅賦。或欣在觀國。或怵在斥徙。或述職邦邑。或羈役戎陣。事由於外。興不自已。雖高才可推。求懷未愜。今量分告退。反身草澤。經塗履運。用感其心。賦曰。

承百世之慶靈。遇千載之優渥。匪康衢之難踐。諒跬步之易局。踐寒暑以推換。眷桑梓以緬邈。褫簪帶於窮城。反巾褐於空谷。果歸期於願言。獲素念於思樂。於是舟人告辦。佇楫在川。觀鳥候風。望景測圓。背海向谿。乘潮傍山。淒淒送歸。愍愍告旋。時旻秋之杪節。天既高而物衰。雲上騰而雁翔。霜下淪而草腓。捨陰漠之舊浦。去陽景之芳蕤。林承風而飄落。水鑒月而含輝。發青田之枉渚。逗白

岸之空亭。路威夷而詭狀。山側背而易形。停余舟而淹留。搜緇雲之遺迹。緣百里之清潭。見千仞之孤石。歷古今而長在。經盛衰而不易。藝文類聚二十七。

感時賦 并序

夫逝物之感。有生所同。頹年致悲。時懼其速。豈能忘懷。乃作斯賦。

相物類㠯迨己。閔交臂之匪賒。揆大耋之或遄。指崦嵫於西河。鑒三命於予躬。怛行年之蹉跎。于鶗鴂之先號。挹芬芳而夙過。微靈芝之頻秀。迫朝露其如何。雖發歎之早晏。諒大暮之同科。藝文類聚三十四。

傷己賦

嗟夫下賞珍於連城。孫別駿於千里。彼珍駿㠯貽愛。此陋容其敢擬。丁曠代之渥惠。遭謬眷於君子。眺徂歲之驟經。覩芳春之每始。始春芳而羨物。終歲徂而感己。貌憔悴㠯衰形。意幽鬱而苦心。出衾裯而載坐。闢褰幌㠯迴臨。望步檐而周流。眺幽閨之清陰。想輕綦之往跡。愴和聲之餘音。播芬煙而不熏。張明鏡而不照。歌白華而絕曲。奏蒲生之促調。藝文類聚三十四。

逸民賦

上闚于天。唯舍唯用。其見也則如遊龍。其潛也則如隱鳳。來無所從。去無所至。有酒則舞。無酒則醒。不明不晦。不昧不類。蕭條秋首。葳蕤春中。弄琴明月。酌酒和風。御清風㠯遠路。拂白雲而峻舉。指寰中㠯爲期。望繫外而延佇。藝文類聚三十六。

入道至人賦

爰有名外之至人。乃入道而館眞。荒聰明㠯削智。遁支體㠯逃身。於是卜居千仞。左右窮懸。幽庭虛絕。荒帳成煙。水縱橫㠯觸石。日參差於雲中。飛英明於對溜。積氛氳而爲峯。推天地於一物。橫四海於寸心。超埃塵㠯貞觀。何落落此胷襟。藝文類聚三十六。

辭祿賦

荷賞延之渥恩。在弱齡而覃惠。蒙聖達之眷顧。得乘閑㠯沉泄。雖纏羈之有名。恒遊煥而匪滯。解龜紐於城邑。反褐衣於丘窟。判人事於一朝。與世物乎長絕。自韋綴於朱絲。奄二九於斯年。服纓佩於兩官。執鞭笏於宰蕃。藝文類聚三十六。

撰征賦 并序

蓋聞昏明殊位。貞晦異道。雖景度回革。亂多治寡。是故升平難於恒運。剝喪易㠯橫流。皇晉缺二字。河汾。來遷吳楚。數歷九世。年踰十紀。西秦無一援之望。東周有三辱之憤。可謂積禍纏釁。固㠯久矣。況乃陵塋幽翳。情敬莫遂。日月推薄。帝心彌遠。慶靈將升。時來不爽。相國宋公。得一居貞。回乾運軸。內匡寰表。外清遐陬。每㠯區宇未統。側席盈慮。值天祚攸興。昧弱授機。龜筮元謀。符瑞景徵。於是仰祇俯協。順天從兆。興止戈之師。躬暫勞之討。㠯義熙十有二年五月丁酉。敬戒九伐。申命六軍。治兵于京畿。藝文類聚作京甸。次師于汳上。靈檣千艘。雷輜萬乘。羽騎盈塗。飛旍蔽日。別命羣帥。誨謨惠策。法奇於三略。義秘於六韜。所㠯鉤棘未曜。殞前禽於金墉。威弧始彀。走鈒隼於滑臺。曾不踰月。二方獻捷。宏功懋德。獨絕古今。天子感東山之劬勞。慶格天之光大。明發興於鑒寐。使臣遵于原隰。余攝官承乏。謬充殊役。皇華愧於先雅。靡鹽頓於征人。㠯仲冬就行。分春反命。塗經九守。路踰千里。沿江亂淮。遡薄泗汳。詳觀城邑。周覽丘墳。眷言古迹。其懷已多。昔皇祖作藩。受命淮徐。道固苞桑。勳由仁積。年月多歷。市朝已改。永爲洪業。纏懷淸歷。於是采訪故老。尋履往迹。而遠感深慨。痛心殞涕。遂寫集聞見。作賦撰征。俾事運遷謝。託此不朽。其詞曰。

系列山之洪緒。承火正之明光。立熙載於唐后。申讚事於周王。疇庸命而順位。錫寶珪㠯徽疆。歷尙代而平顯。降中葉㠯繁昌。業服道而德徽。風行世而化揚。投前蹤㠯永蕙。省輶質㠯遠傷。眹謀始

于蓍蔡遂用舍於行藏既常善之罔棄悲曲成之不遺照在幽而
偕煦賞彌久而愈私顧晚草之薄弱仰青春之葳蕤引蔓頴於松
上擢纖枝於蘭逵施隆貸而有渥報涓塵而無期歎太階之休明
務皇道之緝熙惟王建國辨方定隅內外既正華夷有殊惟昔小
雅逮於班書戎蠻孔熾是膺是誅是已宣王用棘於獫狁高帝方
事於匈奴然侵鎬至涇自塞及平闕郊甸（缺四字。）恭撝王之
嬌虔階喪亂之末盜竊彊秦之三輔陷隆周之兩京雄嵴灑已僻
險據繞靈而作局家永懷於故壤國願言於先塋俟太平之嚮期
屬應運之聖明坤奇通於四瀆乾假照於三辰水潤土已顯比火
炎天而同人惟上相之叡哲當草昧而經綸總九流已貞觀協五
材（舊作五才，從藝文類聚改。）而平分時來之機悟先於介石納隍之誠一援於
生民龜筮允臧人鬼同情順天行誅司典詳刑樹牙選徒秉鉞抗
旆弧矢罄楚孝之心智戈殫吳子之精靈迅三翼已魚麗襄兩

服已雁逝陣未列於都甸威已振於秦薊灑嚴霜於渭城被和風
於洛汭就終古已比歎考墳冊而莫契昔西怨於東徂今北伐而
南悲豈朝野之恆情動萬乘之幽思歌零雨於豳風與采薇於周
詩慶金墉之凱定眷戎車之遲時佇千里而感遠涉弦望而懷期
詔微臣已勞問奉王命於河湄夕飲餞已儼裝旦出宿而言辭歲
既晏而繁慮日將邁而戀乖闕敬恭於桑梓謝廏長於庭階冒沈
雲之晻藹迎素雪之紛霏凌結澌而凝清風衿領已揚哀情在本
而易阜物雖末而難懷眷余勤已就道苦憂來其城顧爾乃經雉
門啟浮梁眺鍾巖越查壤覽永嘉之紊維尋建武之緝綱于時內
慢神器外侮戎狄君子橫流庶萌分析主晉有祀福祿來格明兩
降覽三七辭厄元誕德已膺緯肇同光於暘宅明思服於下武與
繼代已悄逆傷支恩已秉道故恩用而稍廢孝武捨己已杖賢亦
盜外而治內覩日化而就損庶雍熙之可對閔隆安之致寇傷龜

當作因

玉之毀碎漏妖凶於滄洲纏釁難而盈紀時焉依於晉鄭國有賴
於百里顧英謨之經營弘兼濟已忘己主寡內而綏虔澄海外已
澮滓至如昏嚴蔽景鼎祚傾基黍離有歎鴻雁無期瞻天命之貞
符秉順動而履機率駿民之思效普邦國而同歸盪積霾之穢氛
啟披陰之光曜反平陵之杳藹復七廟之依俙務役傷而農勸每
勞賞而忠勢變時雍於祖宗（缺六字。）埽逋醜於漢渚滌僭
逆於岷山鶴巢處於西木引鼻飲於源淵惠要祿而思躍撥冠弁
而來虔覩冶城而北屬懷文獻之收揚匪元首之康哉孰股肱之
惟良嘗覩曲而議飾似綴組已成章業彌縫而彌微事愈有而莫
傷炎石頭之雙岸究孫氏之初基幸漢庶之漏網憑江介已抗雄
初鵠起於富春果鯨躍於川湄匪三世而國盛歷五僞而宗夷察
成敗之相仍猶脣亡而齒寒載十一而謂紀豈蜀滅而吳安眾咸
昧於謀兆羊獨悟於理端請廣武已誨情樹襄陽已作藩拾建業

其如遺訟萬里而誰讎疾魯荒之詖辭惡京陵之譖言責當朝之
憚貶對暴籍而興歎敦怙寵而判違敵既勳而國圮彼問鼎而何
階必先賊於君子原性分之異託雖殊塗而歸美或卷舒已愚智
或治亂其如矢謝昧迹而託規卒安身已全里周顯飾而犯逆抱
正情而喪己薄四望而尤晒歎王路之中顧蓋於遽之妖爐敢凌
踣於五嶺崩雙嶽於中流擬凶威於荊郢讎訏霆於帝坐飛芒鏃
於宮省於時朝有遷都之議人無守死之志師旅痛於久勤城壙
闕於素備安危勢在不係眾寡形於見事於勢謀研其神策經
嚮待機逆奔躧迹遇雷池而振曜炎彭蠡而殲逆穆京甸已清晏
撫多壘而盤役造白石之祠壇愬二豎之無君踐掖庭已幽辱淩
穢社而火焚愍文康之罪己嘉忠武之立勳道有屈於災蝕功無
謝於如仁訊落星之饗寂索舊據於吳餘迹階阤而不見橫榛莽
已荒蕪彼生成之樂辰亦猶今之在余慨齊吟於爽鳩悲唐歌於

山樞。弔偽孫於徐首。率君臣以奉彊。時運師以伐罪。偏投書於武王。迄西北之落紐。之東南以振綱。誠鉅平之先覺。實中興之後辯。據左史之攸徵。胡影迹之可量。過江乘而責始。知遇雄之無謀。厭紫微之宏凱。甘陵波而遠遊。越雲夢而南泝。臨淛河而東浮。覩運咎於川上。侯蛟龍於中流。爰薄方輿。乃届歐陽。入夫江都之域。次乎廣陵之鄉。易千里之曼曼。泝江流之湯湯。洊赤圻以經復。越二門而起漲。眷北路以興思。看東山而怡目。林叢薄路。逶迤石參差。山盤曲。水激瀨而駿奔。日映石而知旭。審兼照之無偏。怨歸流之難濯。羨輕鯈之涵泳。觀翔鷗之落啄。在飛沈其順從。顧微躬而緬邈。於是抑懷蕩慮。揚推易難。利涉以吉。天險以艱。于敵伊阻。在國斯便。勾踐行霸於琅邪。夫差爭長於黃川。葛相發歎而思正。曹后愧心於千魂。登高堞以詳覽。知吳濞之衰盛。戒東南之逆氣。成劉后之驍聖。藉鹽鐵之殷阜。臨淮楚之剽輕。盛几杖而弭心。怒抵局

而遂爭。忿爰盎之扶禍。惜徒傷於家。今匪條侯之忠毅。將七國之陵正。褒漢藩之治民。並訪賢以昭明。侯文辯其誰在。曰鄒陽與枚生。據忠辭於吳朝。執義說於梁庭。敷高才於兔園。雖正言而免刑。闕里既已千載。深儒流於末學。欽仲舒之睟容。遵縫掖於前躅。對圜圓而不闚。下帷幙而論屬。相端非之兩驕。遭弘偃之雙慝。恨有道之無時。步險塗以側足。聞宣武之大閱。反師旅於此塵。自皇運之都東。始昌業以濟難。抗素旄於秦嶺。揚朱旗於巴川。懼帝系之墜緒。故黜昏而崇賢。嘉收功以垂世。嗟在嗣而覆旃。德非陟而繼宰。聲踰禹其必顛。造步兵而長想。欽太傅之遺武。思嘉遁之餘風。紹素履之落落。緒民志應而靡稅。國屯難而思撫。譬乘舟之待楫。象提釣之假纓。總出入於和就。兼仁用於默語。弘九流以攝四維。復先陵而清舊宇。卻西州之成功。指東山之歸予。惜圖南之啟運。恨鵬翼之未舉。發津潭而迴邁。逗白馬以憩舲。貫射陽而望邗。溝濟通淮而薄甬城。城坡陁兮淮驚波。平原遠兮路交過。面芃野兮悲橋梓。遡急流兮苦磧沙。邅千里而無山。緬百谷而有居。彼宿莽以迷徑。覩生煙而知墟。缺六字。　謂信美其可娛。身少長於樂土。實長歎於荒餘。缺四字。　具瘁值歲寒之窮節。視層雲之崔巍。聆悲飆之掩層。彌晝夜以滯淫。怨凝陰之方結。望新晴於落日。起明光於躋月。眷轉蓬之辭根。悼朔雁之赴越。按微物而疚情。此思心其可說。藝文類聚作而可歇。悶徭役其幾時。駭閱景於輿沒。感日歸於采薇。子來思於雨雪。豈初征之懼對。冀鶴鳴之在垤。缺四字。　聆宿鶩吾楫於邳鄉。奚車正以事夏。匜左相以輔湯。緬三代而享邑。廟踐土之一匡。嗟仲幾之寵侮。遂拾存以徵亡。喜薛宰之善對。美士彌之能綱。升曲垣之逶迤。訪淮陰之所覿。原入跨之達恥。侯遭時以遠圖。捨西楚以擇木。迨南漢以定謨。亂孟津而魏滅。舉井陘而趙徂。播靈威於齊橫。振餘猛於龍且。覩讓通而告猜。曷始智而終

愚。迄沂上而停枻。登高圯而不進。石幽期而知賢。張揣景而示信。本文成之素心。要王子於雲仞。豈無累於清霄。直有槩於貞吝。始熙績於武關。卒敷功於皇肩。處夷險以解挫。弘憂虞以時順。矜若華之翳晷。哀飛驂之落駿。傷粒食而興念。眷逸翮而思振。戾臣山而東顧。美相公之前代。嗟殘虜之將麋。熾餘焱於海濟。驅舩稚於淮曲。暴鰥孤於洄澨。託末命子缺二。　雲冀靈武之北閱。惟授首之在晨。當盛暑而選徒。肅嚴威以振響。漸溫澤而沾腴。既雲撤於朐城。遂席卷於齊都。襲四關其奚阻。道一變而是孚。傷炎季之崩弛。長逆布以滔天。假父子以詐愛。借兄弟以偽恩。相魏武以譎狂。究讜膂於東藩。捋未謀於東郭。身已藏於樓門。審貢妝於前說。證所作於舊徐。聆泗川之浮磬。翫夷水之蠙珠。草漸苞於纖壤。桐孤幹於嶧隅。慨禹迹於尚世。惠遺文於夏書。紛征邁之淹留。彌懷古於舊章。商伯文於故服。咸徵名於彭殤。眺靈壁之曾峯。投呂縣之迅梁。

想跆水之行歌。雖齊泊其何傷。啟仲尼之嘉問。告性命吕依方。豈苟然於迂論。聆寓言於達莊。於是濫石橋。登蔵臺。策馬鈞渚。息替城隅。永感四山。零淚雙渠。怨物華之推斁。慨舟壑之遞遷。謂徂歲之悠闊。結幽思之方根。感皇祖之徽德。爰識沖而量淵。降峻明吕鏡鑒。迴風猷吕昭宣。道既底於國難。惠有覃於黎元。士頌歌於政教。民謠詠於渥恩。兼採芑之致美。協漢廣之發言。疆虎氏之搏虣。蠲雲網於所禁。驅黔萌吕蘊崇。取園陵而湮沈。錫殘落於河西。序淪胥於漢陰。攻方城而折扃。擾讙領其誰任。世闕才而貽亂。時得賢而興治。救祖考之邦壤。在幽人而枉志。體飛書之遠情。悟鴆師之通識。追明達之高覽。契古今而同事。拔淵讓於潛機。聘神鋒於雲旆。驅斥澤而風靡。殲坑谷而烏竄。中華免夫左衽。江表此焉緩帶。既剋勦於肥六。又作鎮於彭沛。晏皇圖於國內。震天威於河外。埽東齊而己盪。指西崤而將泰。値秉均而代謝。寔大業之興廢。心

無忝於樂生。事有像於燕惠。抱明哲之不伐。奉宏勳而是稅。揖七州吕爰來。歸五湖吕投袂。屈盛績於平生。申遠期於暮歲。訪曩載於宋鄙。採陽秋於魯經。晉申好於東吳。鄭憑威於南荊。故反師於曹門。將吕塞於夷陵。納五叛吕長寇。伐三邑吕侵彭。美西鉏之忠辭。快韓厥之奇兵。追項王之故臺。迹霸楚之遺端。挺宏志於總角。奮英勢於弱冠。氣蓋天而倒日。力拔山而傾瀾。始飆起於勾越。中電激於衡關。興偏慮於攸吝。忘即易於所難。忌陳錦而莫照。思反鄉而有歎。且夫殺義害嬰。而慢豐疑。縶賢不策。失位誰恃。迨理二屈而愈閉。方怨天而懷悲。對駿騅以發憤。傷虞姝於末詞。陟亞父之故營。諒謀始之非託。遺衰嬴之崩綱。值威炎之結絡。迄皓首於阜陵。猶謬覺於然諾。覿一人於三傑。豈在己之庸弱。置豐沛而不舉。故自同於俎鑊。發沐口而游歷。迄西山而弭轡。覩終古之幽憤。懷元王之沖粹。丁戰國之權爭。方括心於道肆。學浮丘吕就德。友三

儒吕成類。潔流始於初源。累仁基於前美。撥楚族之休烈。傳芳素於來祀。疆見譽於清虛。德致稱於千里。或避寵吕辭姻。或遺榮而不仕。政直言吕安身。駿絕才吕喪己。驅信道之成終。表昧世之虧始。悟介焉之已差。則不俟於終日。既防萌於未著。雖悆德其何益。爾乃孟陬發節。雷隱蟄驚。散葉荑柯。芳蕤飾萌。麥萋萋於旄丘。柳依依於高城。相雎鳩之集河。觀鳴鹿之食苹。泝泗遠兮清川急。秋冬近兮緒風襲。風流蕙兮水增瀾。謠愁衿兮鑒戚顏。愁盈根而蓋際。戚發條而成端。嗟我行之彌日。待征邁而言旋。荷慶雲之優渥。周雙七於此年。陶逸豫於京甸。違險難於行川。轉歸弦而眷戀。望修檣而流漣。顧闕鄴之遺濟。遲華鑾之凱旋。穆湑風於六合。溥洪澤於八埏。頒賢愚於大小。順規矩於方圓。固四民之獲所。宜稅稷於萊田。苦邯鄲之難步。庶行迷之易痊。長守朴吕終稔。亦楷者之政焉。（宋書謝靈運傳。又略見藝文類聚五十九。）

全宋文卷三十終

全宋文卷三十一

烏程嚴可均校輯

謝靈運二

山居賦有序并自注

古巢居穴處曰巖棲，棟宇居山曰山居，在林野曰丘園，在郊郭曰城傍。四者不同，可以理推。言心也，黃屋實不殊於汾陽；卽事也，山居良有異乎市廛。抱疾就閑，順從性情，敢率所樂，而以作賦。揚子雲云：「詩人之賦麗以則。」文體宜兼，以成其美。今所賦既非京都宮觀遊獵聲色之盛，而敘山野草木水石穀稼之事，才乏昔人，心放俗外，詠於文則可勉而就之，求麗邈以遠矣。覽者廢張左之豔辭，尋臺皓之深意，去飾取素，儻值其心耳。意實言表，而書不盡，遺迹索意，託之有寘。其辭曰：

謝子臥疾山頂，覽古人遺書，與其意合，悠然而笑曰：夫道可重，故物爲輕；理宜存，故事斯忘。古今不能革，質文咸其常。合宮非縉雲之館，衢室豈放勛之堂。邁深心於鼎湖，送高情於汾陽。嗟文成之卻粒，願追松以遠遊。嘉陶朱之鼓棹，迺語種以免憂。判身名之有辨，權榮素其無留。孰如牽犬之路既寡，聽鶴之塗何由哉。理以相得爲適。古人遺書，與其意合，所以爲笑。孫權亦謂周瑜，公瑾與孤意合。夫能重道則輕物，存理則忘事。古今質文可謂不同，而此處不異。縉雲放勛，不以天居爲所樂，古合宮衢室，皆非竟留。鼎湖汾陽，乃是所居之文成。張良卻粒，棄人間事，從赤松子遊。陶朱范蠡臨去之際，亦語文種云云。謂二賢既權榮素，故身名有判也。牽犬，李斯之歎；聽鶴，陸機領成都衆大敗後云：思聞華亭鶴唳，不可復得。若夫巢穴以風露貽患，則大壯以棟宇袪弊；宮室以瑤璇致美，則白賁以丘園殊世。惟上缺於巖壑，幸兼善而罔滯。雖非市朝，而寒暑均和；雖是築構，而飭朴兩逝。易云：上古穴居野處，後世聖人易之以宮室，上棟下宇，以蔽風雨，蓋取諸大壯。獎堂自是素，故曰白賁最是上爻也。此堂世異矣，謂巖壑道深於丘園，而不爲巢穴，斯免缺。得暑寒之適，雖是築構，無妨非朝市云云。昔仲長願言，流水高山；應璩作書，邙阜洛川。勢有偏側，地闕周員。銅陵之奧，卓氏充鈲觀之端；金谷之麗，石子致音徽之觀。徙

彩域之蕃蘇，惜事異於棲盤。至若鳳叢二臺，雲夢青丘，漳渠淇園，橘林長洲，雖千乘之珍苑，孰嘉遯之所遊。且山川之未備，亦何議於兼茲。仲長子云：欲使居有良田廣宅，在高山流水之畔，溝池自環，竹木周布，場圃在前，果園在後。應璩與程文信書云：故求道田，在關之西，南臨洛水，北據邙山，託崇岫以爲宅，因茂林以爲蔭。謂二家山居不得周員之美。楊雄蜀都賦云：銅陵衍。卓王孫採山鑄銅，故漢書貨殖傳云：卓氏之臨邛，公擅山川。楊雄方言：梁益之間，裁木爲器曰鈲，裂帛爲衣曰襭。金谷，石季倫之別廬，在河南界，有山川林木池沼水碓，其制下邳時遊遊賦詩，一代盛集。謂二地雖珍麗，然制作非棲盤之意也。鳳臺，秦穆公時秦女所居，以致簫史。叢臺，趙之崇館。張衡謂趙築叢臺於前，楚建章華於後。是之雲夢大中　居長飲賦：楚靈王遊雲夢之中，息於荊臺之上，前方淮之水，左洞庭之波，右顧彭蠡之濤，南望巫山之阿，遂造章華之臺，亦見諸史。淮南青丘，齊之海外，皆獵所。司馬相如云：秋田乎青丘，彷徨乎海外。漳渠，史起爲鄴令所起溉水之所。淇園，衛之竹園，在淇水之澳，詩人所載。橘林，蜀之園林，楊子雲蜀都賦亦云橘林。左太沖謂戶有橘柚之園。長洲，吳之苑囿，左亦謂長洲之茂苑。囿江海洲渚以爲苑囿缺六字故表此園之珍靡，千乘讌嬉之所，非幽人憩止之鄉。且山川亦不能兼茂，隨地勢所遇耳。覽明達之撫運，乘機緘而理默。指歲暮而歸休，詠宏徽於刊勒。狹三閭之喪江，矜望諸之去國。選自然之神麗，盡高棲之意得。余祖車騎建大功淮肥，江左得免橫流之禍。後及太傅既薨，建圖已毀，於是便求解駕東歸，以避君側之亂。廢興隱顯，當是賢達之心，故選神麗之所，以申高棲之志。經始山川，實基於此。仰前哲之遺訓，俯性情之所便。奉微軀以宴息，保自事以乘閑。愧班生之夙悟，慙尚子之晚研。年與疾而偕來，出乘拙而俱旋。謝平生於知遊，棲清曠於山川。謂經始此山，遺訓於後也。性情各有所便，山居是其宜也。易云：向晦入宴息。莊周云：自事其心。此二是其所處。班嗣本不染世，故曰夙悟；尚平未能去累，故曰晚研。想遲二人，更以年衰疾至，志寡求拙，曰乘拙。可山居日與知遊別，故曰謝平生；就山川，故曰棲清曠。其居也，左湖右江，往渚還江，面山背阜，東阻西傾，抱含吸吐，款跨紆縈，緜聯邪亙，側直齊平。枚乘曰：左江右湖，其樂無有。此吳客說楚公子之詞，當謂江都之野。彼雖有江湖而乏山巖，此憶江湖左右與之同，而山嶽形勢，池城所無也。往渚還江，謂四面有水；面山背阜，亦謂東西有山，便是四水之裏也。抱含吸吐，謂中央復有川。款跨紆縈，謂邊背相連帶；迂回處謂之邪亙，平正處謂之側直。近東則上田下湖，西谿南谷，石堠石滂，閔硎黃竹。決飛泉於百仞，森高薄於千麓。寫長源於遠江，派深毖於近瀆。上田在下湖之水口，名爲田口。下湖在田之下，處並有名山川。西谿南谷分流谷郞水以田口。西谿水出始寧縣西谷郞，是近山之最高峯者。西谿便是之背，入西谿之裏，得石堠，以石爲阻，故謂爲堠。石滂在西谿之東，從縣南入九里，兩面峻峭數十丈，水自上飛下，北至外谿封瞪十數里，皆飛流

飭當作飾

鈲當作鉶　注同

出當作志

北當作比

迅激左右巖壁綠竹閃列在石滂之東谿逶迤下注良田黃竹與其連南界莆中也近南則會以雙流，縈以三洲。表裏回游，離合山川。崿崩飛於東峭，槃傍薄於西阡。拂青林而激波，揮白沙而生漣。雙流謂剡江及小江此二水同會於山南便合流注下三洲在二水之口排沙積岸成此洲漲表裏合是其貌狀也崿者謂回江岑在其山居之南界有石跳出將崩江中行者莫不駭慄槃者是縣故治之所在江之口口用槃石竟渚並帶青林而連白沙也近西則楊賓接峯，唐皇連縱。室壁帶谿，曾孤臨江。竹緣浦以被綠，石照澗而映紅。月隱山而成陰，木鳴柯以起風。楊中元賓並小江之近處與山相接也唐皇便從北出室石在小江口南岸壁小江北岸並在楊中之下壁高四十丈色赤故曰照澗而映紅會山之西孤山之南王子所經始並臨江皆被以緣竹山高月隱便謂爲陰鳥集柯鳴便謂爲風也近北則二巫結湖，兩智通沼。橫石判盡，休周分表。引脩隄之逶迤，吐泉流之浩溔。山磯下而回澤，瀨石上而開道。大小巫湖中隔一山外智周見在圻西北邊浦出江並是美處義熙中王穆之居大巫湖經始處所猶在兩智皆長溪外智出山之後四五里許裏智亦隔一山出新塚橫山野舍之北面常石野舍之西北巫湖舊唐故曰修陂長谿甚遠故曰泉流常石磯故曰下磯同澤裏智浸石數里水從上過故曰瀨石上面開道休山東北周里山在休之南並是北邊遠東則天台桐柏，方石太平，二韭四明，五奧三菁。表神異於緯牒，驗感應於慶靈。凌石橋之莓苔，越楢谿之紆縈。天台桐柏七縣餘地南帶海二韭四明五奧皆相連接奇地所無高於五嶽便是海中三山之流韭以菜爲名四明方石四面自然開窗也五奧者曇濟道人蔡氏郗氏謝氏陳氏各有一奧皆相掎角並是奇地三菁太平之北太平天台之始方石直上萬丈下有長谿亦是縉雲之流云此諸山並見遠圖緯神仙所居往來要徑石橋過楢谿人跡之艱不復過此也遠南則松箴棲雞，唐嵫漫石。崪嵊對嶺，㟭孟分隔。入極浦而邅回，迷不知其所適。上嶔嵜而蒙籠，下深沈而澆激。棲雞在保口之上別浦入其中周回甚深圖山之裏松箴在棲雞之上緣江唐嵫大太平水路上有漆布數百丈漫石在唐嵫下郗景興經始精舍亦是名山之流崪嵊與分界去山八十里故曰遠南前嶺爲道正當五十里高左右所無蔵下地形高乃當不稱遠望甚山甚奇謂白皪尖者最高下有良田王敬弘經始精舍曇濟道人住孟山名曰孟埭芋薯之嵾田清溪秀竹迴開巨石有趣之極此中多諸清淵傍依茂林迷不知所通嶔嵜深沈處處皆然不但一處遠西則缺四十二字。

遠北則長江永歸，巨海延納。崐漲緬曠，島嶼綢沓。山縱橫以布護，水迴沈而縈浥。信荒極之綿眇，究風波之睽合。江從山北流上虞界謂之三

日當作曰

江口便是大海老子謂海爲百谷王以其善處下也海人謂孤山爲崐薄洲有山謂之島嶼郎洲也漲者沙始起將欲成嶼綢繆無常於一處迴沈柯縈樓也大荒東極故爲荒極風波不恆爲睽合也徒觀其南術之　生嶮，成衍　岸測深相渚知淺。洪濤滿則曾石沒，清瀾減則沈沙顯。及風興濤作，水勢奔壯。于歲春秋，在月朔望。湯湯驚波，滔滔駭浪。電激雷崩，飛流灑漾。凌絕壁而起岑，橫中流而連薄。始迅轉而騰天，終倒底而見壑。此楚貳心醉於吳客，河靈懷慙於海若。南術是其臨江舊宅門前對江三轉曾山路窮四江對岸西面常石此二山之間西南角岸孤山此二山皆是狹處故只生嶮勇門以南上便大闊故曰成衍岸高測深洛下知淺也江中有孤石沈沙隨水增減春秋朔望是其盛時故枚乘云楚太子有疾吳客問之舉秋濤之美得以瘳病太子聞之儲貳故曰楚貳河伯居河所謂河靈耀於海若事見莊周秋水篇爾其舊居曩宅今園枌　槿尙援基井具存。曲術周乎前後，直陌矗其東西。豈伊臨谿而傍沼，迺抱阜而帶山。考封域之靈異，實茲境之最然。葺駢梁於巖麓，棲孤棟於江源。敞南戶以對遠嶺，闢東窗以矚近田。田連岡而盈疇，嶺枕水而通阡。葺室在宅裏山之東麓東窗矚田兼見江山之美三闢故謂之駢梁門前一棟枕巖上存江之嶺南對江上遠嶺此二館屬望殆無優劣也阡陌縱橫，塍埒交經。導渠引流，脉散溝并。蔚蔚豐秋，苾苾香秔。送夏蚤秀，迎秋晚成。兼有陵陸，麻麥粟菽。候時覘節，遞藝遞孰。供粒食與漿飲，謝工商與衡牧。生何待於多資，理取足於滿腹。許由云偃鼠飲河不過滿腹謂人生食足則歡有餘何待多須邪工商衡牧似多須者若少私寡欲充命則足但非田無以立耳自園之田，自田之湖。泛濫川上，緬邈水區。濬潭澗而窈窕，除菰洲之紆餘。毖溫泉於春流，馳寒波而秋徂。風生浪於蘭渚，日倒景於椒塗。飛漸榭於中沚，取水月之歡娛。旦延陰而物清，夕棲芬而氣歛。顧情交之永絕，覲雲容之暫如。此皆湖中之美但患言不盡意萬不寫一耳諸澗出源入湖故日濬潭澗長是以窈窕除菰以作洲言所以紆餘也水草則萍藻蕰菼，雚蒲芹蓀，蒹菰蘋蘩，蕝荇菱蓮。雖備物之偕美，獨扶渠之華鮮。播綠葉之鬱茂，含紅敷之繽翻。怨清香之難留，矜盛容之易闌。必充給而後搴，豈蕙草之空殘。卷敂弦之逸曲，感江南之哀歎。秦箏倡而溯游往，唐上奏而舊愛還。搴出離騷敂弦是采菱歌江南是相和曲云江南采

蓮秦箏倡藥茄萑蘆唐上秦蕭生詩皆感物致賦。魚藻蘋蘩荇亦有詩人之詠，不復具敘。本草所載，山澤不一。雷桐是別，和緩是悉。參核六根，五華九實。二冬竝稱而殊性，三建異形而同出。水香送秋而擢蒨，林蘭近雪而揚猗。卷柏萬代而不殞，伏苓千歲而方知。映紅葩於綠蔕，茂素蕤於紫枝。既住年而增靈，亦驅妖而斥疵。本草所出藥處，於今不復依，隨土所生耳。此境出藥甚多。雷公、桐君，古之采藥。醫緩，古之良工。故曰別悉。參核者，雙核，桃杏仁也。六根者，苟七根、五茄根、葛根、野葛根、根也。五華者，堇華、芫華、縱華、菊華、旋覆華也。九實者，蓮前實、槐實、柏實、兔絲實、女貞實、蛇床實、蔓荊實、蓼實也。二冬者，天門、麥門冬。三建者，附子、天雄、烏頭。水香，蘭草。林蘭，文子。卷柏、伏苓，竝皆仙物。凡此衆藥，事悉見於神農。其竹則二箭殊葉，四苦齊味。水石別谷，巨細各彙。既脩竦而便娟，亦蕭森而蓊蔚。露夕沾而悽陰，風朝振而清氣。捎玄雲以拂杪，臨碧潭而挺翠。蔑上林與淇澳，驗東南之所遺。企山陽之游踐，遲鸞鷖之棲託。憶崑園之悲調，案初學記二十八踐作餞，鷖作鸞，憶作噫。慨伶倫之哀籥。衛女行而思歸詠，楚客放而防露作。二箭，一者苦竹，大葉；一者箭竹，細葉。四苦，青苦、白苦、紫苦、黃苦。水竹依水生，甚細密，吳中以爲宅援。石竹本科叢大，以充屋榱，巨者竿挺之屬，細者無箭之流也。修竦便娟，蕭森蓊蔚，皆竹貌也。上林，關中之禁苑；淇澳，衛地之竹。圓方此皆不如東南會稽之竹箭，唯此地最富。山陽竹林之游，鸞鷖棲食之所。崑山之竹，伶倫爲笛，黃帝時伶倫斬其厚均者吹之，爲黃鍾之宮。衛女思歸，作竹竿之詩。楚人放逐，東方朔感江潭而作七諫。其木則松柏檀櫟，缺二字。桐榆檿柘，穀楝楸梓。檉樗剛柔性異，貞脆質殊。卑高沃墝，各隨所如。榦合抱以隱岑，杪千仞而排虛。夌岡上而喬竦，蔭澗下而扶疏。沿長谷以傾柯，攢積石以插衡。華映水而增光，氣結風而回敷。當嚴勁而葱蒨，承和煦而芬腴。送墜葉於秋晏，遲含萼於春初。皆木之類，選其美者載之。山脊曰岡，澗上、澗下、長谷、積石，各隨其方。離騷云：青春受謝，白日昭只。詩云：萼不韡韡也。植物既載，動類亦繁。飛泳騁透，胡可根源。觀貌相音，備列山川。寒燠順節，隨宜匪敦。草木竹植物，魚鳥獸動物。飛有數種，有騰者，有走者，走者騁，騰者透。謂種類既繁，不可根源，但觀其兒狀，相其音聲，則知山川之好，與節隨宜，自然之數，非可敦戒也。魚則鱮鱧鮒鱮，鱒鯇鰱鯿，魴鮪魦鱖，鱨鯉鯔鱣。輯采雜色，錦爛雲鮮。唼藻戲浪，汎符流淵。或鼓鰓而湍躍，或掉尾而波旋。鱸鮆乘時以入浦，鱤鯋沿瀨以出泉。鱮音嶼，鱧音禮，鮒音附，鱮音敘，鱒音寸衮反，鯇音睍，鰱音連，鯿音卑仙反，魴音房，鮪音痏，魦音沙，鱖

音居綴反，鱨音上羊反，鯔音比之反，鱣音竹仙反，皆說文字林音。詩云：錦衾有爛，故云錦爛。鱸鮆乘時，魚鱤音感，鯋音迅，皆出谿中石上，恆以鳴斯。鳥則鵾鴻鶂鵠，鶖鷺鴇鸛，雞鵲繡質，鷂鸐綬章。晨鳧朝集，時鷮山梁。海鳥違風，朔禽避涼。萬生歸北，霜降客南。接響雲漢，侶宿江潭。聆清哇以下聽，載王子而上參。薄回涉以弁翰，映明壑而自耽。鵾音昆，鴻音洪，鶂音溢。左傳云：六鶂退飛，字如此。鵠音下竺反。鶖音秋，鷺音路，鴇音保，鸘音相。唐公之馬與此鳥色同，故謂爲鸘。音相鷫鸘鶡見張茂先博物志。鸐音翟，赤雉之美者。此四鳥竝美采質。鳧音符，野鴨也，常待晨而飛。鷂音已消反，長尾雉也。論語云：山梁雌雉，時哉時哉。海鳥爰居，臧文仲不知其鳥，以爲神也，事見左傳。朔禽，雁也，寒月轉往衡陽。禮記：霜始降，雁來賓。歲莫云：雁北向，政是陽初生時。萬生歸北，霜降客南。山雞映水，自翫其羽儀者。山上則猨獋貍貛，犴獌猰猛。山下則熊羆豺虎，羱鹿麢麖。擲飛枝於窮崖，踔空絕於深硎。蹲谷底而長嘯，攀木杪而哀鳴。猨音袁，獋音魂，貍云力之反，貛音火丸反，犴音五㬎反，獌音曼，似貍而長。狼之屬，一曰貙。猰音安黠反，猛音弋生反，貍之黃黑者，一曰似豹。豺音在皆反，羱音元，野羊，大角。麢音鬼眠反，麖音京，能踔攀虎，長嘯，猨哀鳴，鳴聲可翫。緡綸不投，罝羅不披。磻弋靡用，蹄筌誰施。鑑虎狼之有仁，傷遂欲之無崖。顧弱齡而涉道，悟好生之咸宜。率所由以及物，諒不遠之在斯。撫鷗鯈而悅豫，杜機心於林池。人種皆是魚獵之具，自少不殺至乎白首。故在山中而此歎永廢。莊周云：虎狼仁獸，豈不父子相親。世云虎狼暴虐者，政以其如禽獸，而人物不自悟其毒害，而言虎狼可疾之甚。苟其遂欲，豈復崖限。自弱齡奉法，故得免殺生之事。苟此悟萬物好生之理。易云：不遠復，無祇悔。庶乘此得以入道。莊周云：海人有機心，鷗鳥舞而不下。今無害彼之心，各說豫於林池也。敬承聖誥，恭窺前經。山野昭曠，聚落羶腥。故大慈之弘誓，拯羣物之淪傾。豈寓地而空言，必有貸以善成。欽鹿野之華苑，羨靈鷲之名山。企堅固之貞林，希菴羅之芳園。雖綷容之緬邈，謂哀音之恆存。建招提於幽峯，冀振錫之息肩。庶鐙王之贈席，想香積之惠餐。事在微而思通，理匪絕而可溫。賈誼弔屈云：恭承嘉惠。敬承亦此之流。聚落是墟邑，謂歌哭諍訟，有諸諠譁，不及山野爲僧居止也。經教欲令在山中，皆有成文。老子云：善貸且善成。此道惠物也。鹿苑說四眞諦處，靈鷲山說般若法華處，堅固林說泥洹處，菴羅園說不思議處。今旁林藝園制苑，彷彿在昔，依然託想，雖綷容緬邈，哀音若存也。招提謂僧不能常住者，可持作坐處也，所謂息肩。鐙王、香積事出維摩經。論語云：溫故知新，理既不絕，更宜復溫，則可待爲己之日用也。爰初經略，杖策孤征。入澗水涉，登嶺山行。陵頂不息，窮泉不停。櫛風沐雨，犯露乘星。研其淺思，罄其短規。

云當作音

非龜非筮。擇良選奇。翦榛開逕。尋石覓崖。四山周回。雙流逶迤。面南嶺。建經臺。倚北阜。築講堂。傍危峯。立禪室。臨浚流。列僧房。對百年之喬木。納萬代之芬芳。抱終古之泉源。美膏液之清長。謝麗塔於郊郭。殊世間於城傍。欣見素吕抱樸。果甘露於道場。云初經略躬自履行備諸苦辛也罄其淺短無假於龜筮貧者既不吕麗爲美所吕即安茅茨而已是吕謝郊郭而殊城傍然清虛寂寞實是得道之所也苦節之僧。明發懷抱。事紹人徒。心通世表。是遊是憩。倚石構草。寒暑有移。至業莫矯。觀三世吕其夢。撫六度吕取道。乘恬知吕寂泊。含和理之窈窕。指東山吕冥期。實西方之潛兆。雖一日吕千載。猶恨相遇之不早。謂曇隆法流二法師也二公辭恩愛棄妻子輕舉入山外緣都絕魚肉不入口糞埽必在體物見之絕歎而法師處之夷然詩人西發不勝造道者其亦如此往石門瀑布中路高棲之游昔告離之始期生東山沒存西方相遇之欣實吕一日爲千載猶慨恨不早賤物重己。棄世希靈。駭彼促年。愛是長生。冀浮丘之誘接。望安期之招迎。甘松桂之苦味。夷皮褐吕頹形。羨蟬蛻之匪日。撫雲霓其若驚。陵名山而屢憩。過巖室而披情。雖未階於至道。且緬絕於世纓。指松菌而興言。良未齊於殤彭。此一章敍仙學者雖未及佛道之高然出於世表矣浮丘公是王子喬師安期先生是馬明生師二事出列仙傳淮南鴻寶經云今學仙者亦明師吕自發悟故不辭苦味頹形也莊周云和吕天倪倪者崖也數經歷名山遇余巖室披露其情性且獲長生方之松菌殤彭邈然有間也山作水役。不吕一牧。資待各徒。隨節競逐。陟嶺刊木。除榛伐竹。抽筍自篁。擿篛于谷。揚勝所拮。秋冬蘊穫。野有蔓草。獵涉蘡薁。亦醞山清。介爾景福。苦吕朮成。甘吕播熟。慕椹高林。剝芨巖椒。掘蒨陽崖。擿檞陰標。晝見搴茅。宵見索綯。芟菰翦蒲。吕薦吕茭。既坭既埏。品收不一。其灰咸各有律。六月採蜜。八月撲栗。備物爲繁。略載靡悉。此一章謂是山作及水役採拾諸事也然漁獵之事皆不載揚揚桃也山間謂之木子蘊音覆字出字林詩人云六月食鬱及薁獵涉字出爾雅朮朮酒味苦蕃酒味甘並至美兼吕療病播治癰核朮治痰冷椹音甚味似菰菜而勝刊木而作之謂之慕芨音及採吕爲紙蒨音倩採吕爲染檞音尠採吕爲飲採蜜撲栗各隨其月也若乃南北兩居。水通陸阻。觀風瞻雲。方知厥所。兩居謂南北兩處各有居止峯崿阻絕水道通耳觀風瞻雲然後方知其處所南山則夾渠二田。周嶺三苑。九泉別澗。五谷異巘。羣峯參差。出其間。連岫複

陸成其坂。衆流溉灌吕環近渚。堤擁抑吕接遠。遠堤兼陌。近流開湍。浚皐泛波。水往步還。還回往市。枉渚員巒。呈美表趣。胡可勝單。抗北頂吕葺館。殷南峯吕啟軒。羅曾崖於戶裏。列鏡瀾於窗前。因丹霞吕頳楣。附碧雲吕翠椽。視奔星之俯馳。顧□□之未牽。鶂鴻飜翥而莫及。何但鷰雀之翩翾。沈泉傍出。潺湲於東檐。桀壁對跱。硿礲於西霤。修竹葳蕤吕翳薈。灌木森沈吕蒙茂。蘿蔓延吕攀援。花芬薰而媚秀。日月投光於柯間。風露披清於嵔岫。夏涼寒燠。隨時取適。階基回互。橑欐乘隔。此焉卜寢。翫水弄石。邇即回眺。終歲罔斁。傷美物之遂化。怨浮齡之如借。眇遯逸於人羣。長寄心於雲霓。南山是開創卜居之處也從江樓步路跨越山嶺綿亘田野或升或降當三里許塗路所經見也則喬木茂竹緣畛彌皐橫波疏石側道飛流吕爲寓目之美觀及至所居之處自西山開道迄于東山二里有餘南悉連嶺疊鄣青翠相接雲烟霄路殆無倪際從逕入谷凡有三口方壁西南石門世南池東南皆別載其事緣路初入行於竹逕半路闊吕竹渠澗既入東南傍山渠展轉幽奇異處同美路北東西路因山爲鄣正北狹處踐湖爲池南山相對皆有崖巖東北枕壑下則清川如鏡傾柯盤石被隩映渚西巖帶林去潭可二十丈許葺基構宇在巖林之中水衛石階開窗對山仰眺曾峯俯鏡濬壑去巖半嶺復有一樓迴望周眺既得遠趣還顧西館望對窗戶緣崖下者密竹蒙逕從北直南悉是竹園東西百丈南北百五十五丈北倚近峯南眺遠嶺四山周回溪澗交過水石林竹之美巖岫隈曲之好備盡之矣刊翦開築此焉居處細趣密翫非可具記故較言大勢耳越山列其表倒傍緬爲異觀也因吕小湖。鄰於其隈。衆流所湊。萬泉所回。氿濫異形。首毖終肥。別有山水。路邈緬歸。氿濫肥毖皆是泉名事見於詩云此萬泉所湊各有形勢求歸其路。迺界北山。棧道傾虧。蹬閣連卷。復有水逕。繚繞回圓。瀰瀰平湖。泓泓澄淵。孤岸竦秀。長洲芊綿。既瞻既眺。曠矣悠然。及其二川合流。異源同口。赴隘入險。俱會山首。瀨排沙吕積丘。峯倚渚吕起阜。石傾瀾而稍巖。木映波而結藪。逕南漘吕橫前。轉北崖而掩後。隱叢灌故悉晨暮。託星宿吕知左右。往反經過自非巖澗便是水逕洲島相對皆有趣也山川澗石。州岸草木。既標異於前章。亦列同於後牘。山匪砠而是岵。川有清而無濁。石傍林而插巖。泉協澗而下谷。淵轉渚而散芳。岸靡沙而映竹。荁迎冬而結葩。樹凌霜而振綠。向陽則在寒而納煦。面陰則

疏當作蔬

當暑而含雪。連岡則積巘以隱嶙。舉峰則羣竦以嶸崹。浮泉飛流以寫空。沈波潛溢於洞穴。凡此皆異所而咸善。殊節而俱悅。（于山或石曰覡。山有林曰岵。此章謂山川衆美。亦不必有。敘總敘其最居山之後事。亦皆有尋求也。）春秋有待。朝夕須資。既耕以飯。亦桑貿衣。藝菜當肴。採藥救頹。自外何事。順性靡違。法音晨聽。放生夕歸。研書賞理。敷文奏懷。凡厥意謂。揚較以揮。且列於言。誠特此推。（謂寒待綿纊。暑待絺綌。朝夕餐飲。設此諸業以待之。藥以療病。又在其外。事之相推。自不得不然。至於聽講放生。研書敷文。皆其所好。韓非有揚較。班固亦云揚較古今。其義一也。左思曰。爲左右揚較而陳之。）北山二園。南山三苑。百果備列。乍近乍遠。羅行布株。迎早候晚。猗蔚溪澗。森疏崖巘。杏壇㮈園。橘林栗圃。桃李多品。梨棗殊所。枇杷林檎。帶谷映渚。椹梅流芬於回巒。椑柹被實於長浦。（莊周云。漁父見孔子杏壇之上。維摩詰㮈樹園。揚雄蜀都賦云。橘林。左太沖亦云。戶有橘柚之園。槐李畦町所。所植甚多。棗梨事出北河濟之間。淮穎諸處。故云殊所也。）藝。含蘂藉芳。蓼蕺葼薺。葑菲蘇薑。綠葵眷節以懷露。白薤感時而負霜。寒蔥摽倩以陵陰。春藿吐苕以近陽。（葑菲見詩。柏舟中。管子曰。北伐山戎。得寒蔥。闈云。寒蔥挺園。濯疏自供。不待外求者也。）弱質難恆。頹齡易喪。撫鬢生悲。視顏自傷。承清府之有術。冀在衰之可壯。尋名山之奇藥。越靈波而憩轅。採石上之地黃。摘竹下之天門。摭曾嶺之細辛。拔幽澗之溪蓀。訪鍾乳於洞穴。訊丹陽於紅泉。（此皆住年之藥。即近山之所出。有采拾。欲以消病也。）安居二時。冬夏三月。遠僧有來。近衆無闕。法鼓朗響。頌偈清發。散華霏蕤。流香飛越。析曠劫之微言。說像法之遺旨。乘此心之一豪。濟彼生之萬理。啓善趣於南倡。歸清暘於北機。非獨愜於予情。諒僉感於君子。山中兮清寂。羣紛兮自絕。周聽兮匪多。得理兮俱悅。寒風兮搔屑。面陽兮常熱。炎光兮隆熾。對陰兮霜雪。愒曾臺兮陟雲根。坐澗下兮越風穴。在茲城而諧賞。傳古今之不滅。（衆僧冬夏二時坐。謂之安居。輒九十日。衆遠近聚萃。法鼓頌偈華香四種。是齋講之事。析說是齋講之議。乘此之心。可濟彼之生。南倡者都講。北機者法師。山中靜寂。實是講說之處。兼有林木。可隨寒暑。恆得清和。以爲適也。）好生之篤。以我而觀。懼命之盡。吝景之懽。分一往之仁心。拔萬族之險難。招驚魂於殆化。收危形於將闌。漾水

性於江流。吸雲物於天端。覩騰翰之頡頏。視鼓鰓之往還。馳騁者儻能狂愈。猜害者或可理攀。（云物皆好生。但以我而觀。便可知彼之情。各景懼命。是好生事也。能放生者但有一往之仁心。便可拔萬族之險難。水性雲物。各尋其生。老子云。馳騁出獵。令人心發狂。猜害者恆以忍害爲心。見放生之理。或可得悟也。）哲人不存。懷抱誰質。糟粕猶在。啓縢剖袠。見柱下之經二。覩濠上之篇七。承未散之全樸。救已穨於道術。嗟夫六藝以宣聖教。九流以判賢徒。國史以載前紀。家傳以申世模。篇章以陳美刺。論難以覈有無。兵技醫日。龜筴筮夢之法。風角冢宅。筭數律麻之書。或平生之所流覽。並於今而棄諸。驗前識之喪道。抱一德而不渝。（莊周云。輪扁語齊桓公。公之所讀書。聖人之糟粕。若金縢之流也。柱下。老子。濠上。莊子。二七。是篇數也。云此二書最有理。過此以往。皆是聖人之教。獨往者所棄。）伊昔齠齔。實愛斯文。援紙握管。會性通神。詩以言志。賦以敷陳。箴銘誄頌。咸各有倫。爰暨山棲。彌歷年紀。幸多暇日。自求諸己。研精靜慮。貞觀厥美。懷秋成章。含笑奏理。（謂少好文章。及山棲以來。別緣既闃。尋慮文詠。以盡暇日之適。便可得通神會性。以永終朝。）若乃乘攝持之告。評養達之篇。畏絕迹之不遠。懼行地之多艱。均上皇之自昝。忌下衰之在旃。投吾心於高人。落賓名於聖賢。廣滅景於崆峒。許遁音於箕山。愍假駒以表谷。涓隱巖以搴芳。（缺十七字。）萊庇蒙以織畚。皓棲商而頤志。卿寢茂而敷詞。（缺五字。）高居唐而胥宇。臺鄭別谷而永逝。梁去霸而之會。依崖而穴墀。咸自得以窮年。眇貞思於所遺。（老子云。善攝生者。兕子云。謂之不善持生。又云。養生有無崖。達生者不務生之所無奈何。絕迹上皇。下衰賓名。義亦皆出莊周。廣成子在崆峒之上。黃帝之師也。許由隱於箕山。堯以天下讓而不取。愚公居于駒阜。齊桓公逐鹿入山見之。涓子隱於宕山。好餌朮。告伯陽琴心三篇。庚桑偏得老子之道。居畏壘之山。楚狂接輿。楚王聞其賢。使使者聘之。於是遂游諸名山。在蜀峨眉山上。徐無鬼巖棲。魏武侯勞之問先生苦山林矣。乃肯見寡人。無鬼問君縱嗜欲。屛好惡。則耳目察矣。常采芋栗。老萊子耕於蒙山之陽。著書十五篇。言道家之事。織畚爲業。四皓避秦亂。入商洛深山。漢祖召不能出。司馬長卿高才而處世不樂預公卿大事。遂與弟子別於山阿。終身不反。梁伯鸞隱霸陵山中。耕織以自娛。後復入會稽山。臺孝威居武安山下。依崖爲土室。采藥自給。高文通居西唐山。從容自娛也。）暨其窈窕幽深。寂漠虛遠。事與情乖。理與形反。既耳目

之靡識。豈足迹之所踐。蘊終古於三季。俟通明於五眼。權近慮以停筆。抑淺知而絕簡。謂此既非人跡所求，更待三明五通，然後可踐履耳，故停筆絕簡，不復多云，冀夫賞音悟夫此旨也。宋書謝靈運傳、藝文類聚六十四。

江妃賦

招魂定情。洛神清思。覃曩日之敷陳。盡古來之妍媚。矧今日之逢逆。邁前世之靈異。小腰微骨。朱衣皓齒。緜視騰采。靡膚膩理。姿非定容。服無常度。兩宜歡顰。俱適華素。于時升初學記作出。月隱山。落日映嶼。初學記作珠。收霞斂色。迴飆拂渚。每馳情於晨暮。矧良遇之莫敘。投明璫以申贈。覬色授而魂與。嗟佳人之眇邈。眺霄際而告語。懼展愛之未期。抑傾念而暫佇。天台二娥。宮亭雙媛。青袿神接。紫衣形見。或飄翰凌煙。或濟泳浮海。萬里俄頃。寸陰未改。事雖假於雲物。心常得於無待。況分岫湖岸。延情蒼陰。隔山川之表裏。判天地之浮沈。承嘉約于往昔。寍更貳於在今。儻借訪於交甫。知斯言之可諶。蘭音未吐。紅顏若暉。留眄光溢。動袂芳菲。散雲轡之絡驛。案靈輜而徘徊。建羽旌而逶迤。奏清管之依徽。慮一別之長絕。眇天末而永違。藝文類聚七十九、初學記十九、御覽二百八十一。

全宋文卷三十一終

全宋文卷三十二

烏程嚴可均校輯

謝靈運　三

謝封康樂侯表

昔强氏暴虐恃僭歷紀既噬五都志吞六合遂陷沒西河傾覆南漢淩籍紀郢跨越淮泗於時策畫惟疑地險已謝威懼若臣同泯有生無餘亡祖奉國威靈董符戎重盡心所事剋黜禍亂功參盤鼎胙土南服逮至臣身值遭泰路日月改暉榮落代運輪稅唐化生幸無已不悟天道下濟鴻均曲成乃眷遐績式是興微分虎錫龜復顯茅土鳴玉拖紱班景元勳澤洽往德恩覃來胤永維先蹤遠感崩結豈臣尫弱所當忝承臣聞至公無私甄善則一皇恩遠被殊代可侔是以信陵之賢節在高祖之心望諸之道復獲隆漢之封觀史歎古欽慕盛美豈謂榮渥近霑微躬傾宗殞元心識其

會酬恩荅厚罔知所由。藝文類聚五十一。

詣闕自理表

臣自抱疾歸山於今三載居非郊郭事乖人間幽棲窮巖外緣兩絕守分養命庶畢餘年忽於去月二十八日得會稽太守臣顗二十七日疏云比日異論噂嗒此雖相了百姓不許寂默今微爲其防披疏駭惋不解所由便星言奔馳歸骨陛下及經山陰防衛彰赫彭排馬槍斷截衢巷偵邏縱橫戈甲竟道不知微臣罪爲何事及見顗雖曰見亮而裝防如此唯有罔懼臣昔忝近侍豫蒙天恩若其罪迹炳明文字有證非但顯戮司敗以正國典普天之下自無容身之地今虛聲爲罪何酷如之夫自古讒謗聖賢不免然致謗之來要有由趣或輕死重氣結黨聚羣或勇冠鄉邦劒客馳逐夫聞俎豆之學欲爲逆節之罪山棲之士而搆陵上之釁今影迹無端假謗空設終古之酷未之或有匪吝其生實悲其痛誠復內省不疚而抱理莫申是以牽曳疾病束骸歸款仰憑陛下天鑒曲臨則死之日猶生之年也臣憂怖彌日羸疾發動尸存恍惚不知所陳。宋書謝靈運傳。

上書勸伐河北

自中原喪亂百有餘年流離寇戎湮沒殊類先帝聰明神武哀濟羣生將欲盪定趙魏大同文軌使久凋反於正化偏俗歸於華風運謝事乖理違願絕仰德抱悲恨存生盡況陵塋未幾凶虜伺隙預在有識誰不憤歎而景平執事並非其才且遘紛京師豈慮託付遂使孤城窮陷莫肯極忠烈囚朔漠綿河三千翻爲寇有晚遣鎮戍皆先朝之所開拓一旦淪亡此國恥宜雪被於近事者也又北境自染逆虜窮苦備罹徵調賦斂靡有止已所求不獲輒致誅殞身禍家破闔門比屋此亦仁者所爲傷心者也咸云西虜舍末遠師隴外東虜乘虛呼可掩襲西軍既反得據關中長圍咸陽還路已絕雖遣救援停住河東遂乃遠討大城欲爲首尾而西寇深

山重阻根本自固徒棄巢窟未足相拯師老於外國虛於內時來之會莫復過此觀兵耀威實在茲日若相持未已或生事變忽值新起之衆則異於今苟乖其時難爲經略雖兵食倍多則萬全無必矣又歷觀前代類以兼弱爲本古今聖德未之或殊豈不以天時人事理數相得興亡之度定期居然故古人云既見天殃又見人災乃可以謀昔魏氏之彊平定荊冀乃乘袁劉之弱晉氏之盛拓開吳蜀亦因葛陸之衰此皆前世成事著於史策者也自羌平之後天下亦謂虜當俱滅長驅滑臺席卷下城奪氣喪魄指日就盡但長安遺律潼關失守用緩天誅假延歲月日來至今十有二載是謂一紀曩有前言況五胡代數齊世虜期餘命盡於來年自相攻伐兩取其困卞莊之形驗之今役仰望聖澤有若饑渴注心南雲爲日已久來蘇之冀實歸聖明此而弗乘後則未兆節日府

藏。誠無兼儲。然凡造大事。待國富兵彊。不必乘會。於我爲易。則在得時。器械既充。衆力粗足。方於前後。乃當有優。常議損益。久證冀州口數百萬有餘。田賦之沃。著自貢典。先才經創。基趾猶存。澄流引源。桑麻蔽野。彊富之實。昭然可知。爲國長久之計。孰若一往之費邪。或懲關西之敗。而謂河北難守。二境形勢。表裏不同。關西雜居。種類不一。昔在前漢。屯軍霸上。通火甘泉。況乃遠戍之軍。值新故交代之際者乎。河北悉是舊戶。差無雜人。連嶺判阻。三關作隘。若遊騎長驅。則沙漠風靡。若嚴兵守塞。則冀方山固。昔隴西傷破。鼂錯興言。匈奴慢侮。賈誼憤歎。方於今日。皆爲賒矣。晉武中主耳。值孫皓虐亂。天祚其德。亦由鉅平奉策。荀賈折謀。故能業崇當年。區宇一統。況今陛下。聰明聖哲。天下歸仁。文德與武功竝震。霜威共素風俱舉。協㠯宰輔賢明。諸王美令。岳牧宣烈。虎臣盈朝。而天或遠命亦同。敵不滅矧伊頑虜。假日而已哉。伏惟深機志務。久定

神謨。臣卑賤側陋。竄景巖穴。實仰希太平之道。傾覩岱宗之封。雖乏相如之筆。庶免史談之憤。㠯此謝病京師。萬無恨矣。久欲上陳。懼在觸置。蒙賜恩假。暫違禁省。消渴十年。常慮朝露。抱此愚志。昧死㠯聞。宋書謝靈運傳。

與廬陵王義眞牋

會境既豐山水。是㠯江左嘉遁。竝多居之。但季世慕榮。幽棲者寡。或復才爲時求。弗獲從志。至若王弘之拂衣歸耕。踰歷三紀。孔淳之隱約窮岫。自始迄今。阮萬齡辭事就閑。纂戎先業。浙河之外。栖遲山澤。如斯而已。既遠同羲唐。亦激貪厲競。殿下愛素好古。常若布衣。每意昔聞。虛想巖穴。若遺一介。南史作个。有㠯相存。眞可謂千載盛美也。宋書王弘之傳。又南史二十四。

與弟書

聞惡溪道中九十九里有五十九灘。王右軍遊此惡道。歎其奇絕。遂書突星瀨於石。

答弟書

前月十二日至永嘉郡。蠣不如鄞縣。車螯亦不如北海。御覽九百四十二。

答范光祿書

辱告慰企。晚寒。體中勝常。靈運腳諸疾。比春更甚憂慮。故人有情。信如來告。企詠之結。實成饑渴。山澗幽阻。音塵闊絕。忽見諸讚。歎慰良多。可謂俗外之詠。尋覽三復。味翫增懷。輒奉和如別。雖辭不足觀。然意寄盡此。從弟惠連。後進文悟。衰宗之美。亦有一首。竝㠯遠呈。

承祇洹法業日茂。隨喜何極。六梁徽緣。竊望不絕。即時經始招提。在所住山南。南檐臨澗。北戶背巖。㠯此息心。當無所忝耶。平生緬然。臨紙累歎。敬惜爲先。繼㠯音告。儻值行李。輒復承問。竝廣弘明集十五。

答王衞軍問辨宗論書

靈運白。一悟理質㠯經誥。可謂俗文之談。然書不盡意。亦前世格言。幽僻無事。聊與同行道人。共求其衷。猥辱高難。詞微理析。莫不精究。尋覽彌日。欣若暫對。輒復更申前論。雖不辨酬釋來問。且㠯示懷耳。海嶠岨迥。披示無期。臨白增懷。眷歎良深。靈運再拜。廣弘明集十八。

答綱琳二法師書

披覽雙難。欣若暫對。藻豐論博。蔚然滿目。可謂勝人之口。然未厭於心。聊伸前意。無由言對。執筆長懷。謝靈運和南。廣弘明集十八。

晉書武帝紀論

世祖受命。禎祥屢臻。奇譎不作。萬國欣戴。遠至迩安。足㠯彰天啟其運。民樂其功矣。反古之道。當㠯美事爲先。今五等罔刑。勿由王制。反諸禮律。未能是正。而采擇嬪媛。不徇華門者。昔武王伐紂。歸傾宮之女。不可助紂爲虐。而世祖平皓。納吳妓五千。是同皓之弊。

婦人之封。六國亂政。如追贈外曾祖母。違古之道。凡此非事。並見前書。誠有玷於徽猷。史氏所不敢蔽也。（御覽九十六。）

辨宗論

同游諸道人。並業心神道。求解言外。余枕疾務寡。頗多暇日。聊申繇來之意。庶定求宗之悟。釋氏之論。聖道雖遠。積學能至。累盡鑑生。不應漸悟。孔氏之論。聖道既妙。雖顏殆庶。體無鑒周。理歸一極。有新論道士。㠯為寂鑒微妙。不容階級。積學無限。何為自絕。今去釋氏之漸悟。而取其能至。去孔氏之殆庶。而取其一極。一極異漸悟。能至非殆庶。故理之所去。雖合各取。然其離孔釋遠矣。余謂二談救物之言。道家之唱。得意之說。敢㠯折中自許。竊謂新論為然。聊答下意。遲有所悟。（已下並廣弘明集十八。）

答法勗問

法勗問。敬覽清論。明宗極雖微。而一悟頓了。雖欣新剖。竊有所疑。夫明達者㠯體理絕欲。悠悠者㠯迷惑嬰累。絕欲本乎見理。嬰累繇於乖宗。何㠯言之。經云。新學者離般若。便如失明者無導。是為懷理蕩患。於茲顯矣。若涉求未漸於大宗。希仰猶累於塵垢。則永劫劬勞。期果緬邈。既懷猶豫。伏遲嘉誨。初答。道與俗反。理不相關。故因權㠯通之。權雖是假。旨在非假。智雖是真。能為非真。非真不傷真。本在於濟物。非假不遂假。濟物則反本。如此之劫無空勤。期果有如皎日。

勗再問。案論孔釋。其道既同。救物之假。亦不容異。而神道之域。雖賢也。孔子所不誨。實相之妙。雖愚也。釋氏所必教。然則二聖建言。何乖背之甚哉。再答。二教不同者。隨方應物。所化地異也。大而校之。華民易於見理。難於受教。故閉其累學。而開其一極。夷人易於受教。難於見理。故閉其頓了。而開其漸悟。漸悟雖可至。昧頓了之實。一極雖知寄。絕累學之冀。良由華人悟理無漸。而誣道無學。夷人悟理有學。而誣道有漸。是故權實雖同。其用各異。昔向子期㠯儒道為壹。應吉甫謂孔老可齊。皆欲窺宗。而況真實者乎。

勗三問。重尋答㠯華夷有險易之性。故二聖敷異同之教。重方附俗。可謂美矣。然淵極朗鑒。作則於上。愚民蒙昧。伏從於下。故作則宜審其政。伏從必是其宗。令孔廢聖學之路。而釋開漸悟之逕。筌蹏既已紛錯。羣黎何由歸真。三答。冬夏異性。資春秋為始末。晝夜殊用。緣晨暮㠯往復。況至精之理。豈可逕接至粗之人。是故傷漸悟者。所㠯密造頓解。倚孔教者。所㠯潛成學聖。學聖不出六經。六經而得頓解。不見三藏。而㠯三藏果筌蹏歷然。何疑紛錯。魚兔既獲。羣黎㠯濟。

答僧維問

僧維問。承新論法師㠯宗極微妙。不容階級。使夫學者窮有之極。自然之無。有若符契。何須言無也。若資無㠯盡有者。焉得不謂之漸悟邪。初答。夫累既未盡。無不可得。盡累之弊。始可得無耳。累盡則無。誠如符契。將除其累。要須傍教。在有之時。學而非悟。悟在有表。託學㠯至。但階級教愚之談。一悟得意之論矣。

維再問。論云。悟在有表。得不㠯漸。使夫涉學希宗。當日進其明。不若使明不日進。與不言同。若日進其明者。得非漸悟乎。再答。夫明非漸至。信由教發。何㠯言之。由教而信。則有日進之功。非漸所明。則無入照之分。然向道善心起。損累出垢伏。伏似無同。善似惡乖。此所務不俱非。心本無累。至夫一悟。萬滯同盡耳。

維三問。答云。由教而信。則有日進之功。非漸所明。則無入照之分。夫尊教而推宗者。雖不永用。當推之時。豈可不暫合無耶。若許其暫合。猶自賢於不合。非漸如何。三答。暫者假也。真者常也。假知無常。常知無假。今豈可㠯假知之暫。而侵常知之真哉。今暫合賢於不合。誠如來言。竊有微證。巫臣諫莊王之言。物賒於己。故理為情

不沙之不當作石

先及納夏姬之時。已交於物。故情居理上。情理雲互。物已相傾。亦中智之率任也。若以諫日爲悟。豈容納時之惑耶。且南爲聖也。北爲愚也。背北向南。非停北之謂。向南背北。非至南之稱。然向南可以至南。背北非是停北。非是停北。故愚可去矣。可以至南。故悟可得矣。

答慧驎問

慧驎演僧維問。當假知之壹合。與眞知同異。初答。與眞知異。

驎再問。以何爲異。再答。假知者累伏。故理暫爲用。用暫在理。不恆其知。眞知者照寂。故理常爲用。用常在理。故永爲眞知。

驎三問。累不自除。故求理以除累。今假知之一合理。實在心。在心而累不去。將何以去之乎。三答。累起因心。心觸成累。累恆觸者心日昏。教爲用者心日伏。伏累彌久。至於滅累。然滅之時。在累伏之後也。伏累滅累。貌同實異。不可不察。滅累之體。物我同忘。有無壹

觀。伏累之狀。他己異情。空實殊見。殊實空異。己他者。入於滯矣。壹無有同。我物者。出於照也。

答驎維問

驎維問。三世長於百年。三千廣於赤縣。四部多於戶口。七寶妙於不沙。此亦方有小大。故化有遠近。得不謂之然乎。初答。事理不同。恆成四端。自有小大。各得其宜。亦有賢愚。違方而處。所謂世同時異。物是人非。譬割雞之政。亦有牛刀。佩璽而聽。豈皆唐虞。今謂言游體盡於武城。長世皆覃於天下。未之聞也。且俱稱妙覺。而國土精粗。不可以精粗國土。而言聖有優劣。景迹之應。本非所徵矣。

維再問。論曰。或道廣而事狹。或事是而人非。今不可以事之大小。而格道之粗妙。誠哉斯言。但所疑不在此耳。設令周孔實未盡極。以之應世。故自居宗。此自是世去聖遠。未足明極。夫降妙數階。以接羣粗。則粗者所不測。然數階之妙。非極妙之謂。推此而言。撫世者於粗爲妙。然於妙猶粗矣。以妙求粗。則無往不盡。以粗求妙。則莫覩其源。無往不盡。故謂之窮理。莫覩其源。故仰之彌高。今豈可就顏氏所崇。而同之極妙耶。再答。今不藉顏所推。而謂之爲極。但謂顏爲庶幾。則孔知幾矣。且許禹昌言。孔非本談。以堯則天。體無是同。同體至極。豈計有之小大耶。

維三問。凡世人所不測。而又昌言者。皆可以爲聖耶。三答。夫昌言賢者。尚許其賢。昌言聖者。豈得反非聖耶。日用不知。百姓之迷蒙。唯佛究盡實相之崇高。今欲以崇高之相。而令迷蒙所知。未之有也。苟所不知。焉得不以昌言爲信。既以釋昌爲是。何以孔昌爲非耶。

答法綱問

竺法綱問。敬披高論。探研宗極。妙判權實。存旨儒道。遺教孔釋。昌言折中。允然新論。可謂激流導源。瑩拂發揮矣。詳復答勖維之問。

或謂因權以通。爲學而非悟爾。爲玄句徒設。無關於胸情焉。竊所未安。何以言之。夫道形夭隔。幾二險絕。學不漸宗。曾無髣髴。馳騁有端。思不出位。神崖曷由而登。機峯何從而超哉。若勤務於有。而坐體於無者。譬猶揮豪鍾張之則。功侔羿養之能。不然明矣。蓋同有非甚礙。尚不可以翫此而善彼。豈況乎有無之至背。而反得以相通者耶。又云。累既未盡。無不可得。盡累之弊。始可得無耳。論曰。夫膏肓大道。摧輈立路。莫尚於封有之累也。蓋有不能祛有。祛有者必無。無未有先盡有累。然後得無也。就如所言。累盡則無爾。爲累之自去。實不無待。實不無待。則不能不無。故無無貫矣。如彼重關自晞。無假火日。無假火日。則不能不設。亦明無倚焉。落等級而奇頓悟。將於是乎躓矣。暇任之餘。幸思嘉釋。答曰。來難云。同有非甚礙。尚不可以翫此而善彼。豈況乎有無之至背。而反得以相通者耶。此是拘於所習。以生此疑耳。夫專翫筆札者。自可不工於弧矢。

弧矢既工復疏筆札者何爲不兼哉若封有而不向宗自是封者之失造無而去滯何爲不可得背借不兼之有以詰能兼之無非惟鍾胡愧射於更李羿養慙書於羅趙獨類之蹟始克巧歷之歎今請循其本夫憑無以伏有伏久則有忘伏時不能知知則不復辨是以坐忘日損之談近出老莊數緣而滅經有舊說如此豈累之自去實無之所濟且明爲晦新功在火日但火日不稱功於幽闇般若不言惠於愚蠢耳推此而往詎俟多云

答慧琳問

釋慧琳問云三復精議辨儲二家斟酌儒道實有懷於論矣至於去釋漸悟還孔殆庶蒙竊惑焉釋云有漸故是自形者有漸孔之無漸亦是自道者無漸何以知其然耶中人可以語上久習可以移性孔氏之訓也一合於道場非十地之所階釋家之唱也如此漸絕文論二聖詳言豈獨夷束於教華拘於理將恐斥離之辨辭

長於新論乎勗道人難云絕欲由於體理當謂日損者以理自悟也論曰道與俗反本不相關故因權以通之物濟則反本問曰權之所假習心者亦終以爲慮乎爲曉悟之日與經之空理都自反耶若其永背空談翻爲末說若始終相扶可循教而至不答維驎假知中殊爲藻鑑但與立論有違假者以旋迷喪理不以鑽火致惑苟南向可以造越背北可以棄燕信燕北越南矣處空可以洗心損有可以祛累亦有愚而空聖矣如此但當勤般若以日忘瞻郢路而驟進復何憂於失所乎將恐一悟之唱更躓於南北之譬耶答曰孔雖曰語上而云聖無階級釋雖曰一合而云物有佛性物有佛性其道有歸所疑者漸教聖無階級其理可貴所疑者殆庶豈二聖異塗將地使之然斥離之歎始是有在辭長之論無乃角弓耶難云若其永背空談翻與末說若始終相扶可循教而至可謂公孫之辭辨者之囿矣夫智爲權本權爲智用今取聖之意則智即經之辭則權傍權以爲檢故三乘咸蹤筌既意以歸宗故般若爲魚兔真民多愚也故教迂矣若人皆得意亦何貴於攝悟假知之論旨明在有者能爲達理之諫是爲交賒相傾非悟道之謂與其立論有何相違燕北越南有愚空聖其理既當頗獲於心矣若勤者日忘瞻者驟進亦實如來言但勤未是得瞻未是至當其此時可謂向宗既得既至可謂一悟將無同轡來馳而云異轍耶竝廣弘明集十八

答王衛軍問

論曰由教而信有日進之功非漸所明無入照之分問曰由教而信而無入照之分則是闇信聖人若闇信聖人理不關心政可無非聖之尤何由有日進之功答曰顏子體二未及於照則向善已上莫非闇信但教有可由之理我有求理之志故曰關心賜以之二回以之十豈直免尤而已實有日進之功

論曰暫者假也真者常也假知無常常知無假又曰假知累伏理暫爲用用暫在理不恆其知問曰暫知爲假知者則非不知矣但見理尚淺未能常用耳雖不得與真知等照然豈無入照之分耶若暫知未是見理豈得云理暫爲用又不知以何稱知答曰不知而稱知者正以假知得名耳假者爲名非暫知如何不恆其用豈常之謂既非常用所以交賒相傾故諫人則言政理悅己則犯所知若以諫時爲照豈有悅時之犯故知言理者浮談犯知者沈惑推此而判自聖已下無淺深之照然中人之性有崇替之心矣論曰教爲用者心日伏伏累彌久至於滅累問曰教爲用而累伏爲云何伏耶若都未見理專心闇信當其專心惟信而已謂此爲累伏者此是慮不能並爲此則彼廢耳非爲理累相權能使累伏也凡厥心數孰不皆然如此之伏根本未異一倚一伏循環無已雖復彌久累何由滅答曰累伏者屬此則廢彼實如來告凡厥心

數。孰不皆然。亦如來旨。更恨不就學人設言。而已恒物爲譏耳。譬如藥驗者疾易痊。理妙者吝可洗。洗吝豈復循環。疾痊安能起滅。則事不侔。居然已辨。但無漏之功。故資世俗之善。善心雖在五品之數。能出三界之外矣。平叔所謂冬日之陰。輔嗣亦云遠不必攜。聊借此語。已況入無果無阻隔。已上並廣弘明集十八。

全宋文卷三十二終

全宋文卷三十三

烏程嚴可均校輯

謝靈運四

七濟

翠緌媚口。朱裳妍形。御覽六百八十六

朝食既畢。摘果堂陰。春惟枇杷。夏則林檎。御覽九百七十一

遊名山志

夫衣食人生之所資。山水性分之所適。今滯所資之累。擁其所適之性耳。俗議多云。歡足本在華堂。枕嵒漱流者。乏於大志。故保其枯槁。余謂不然。君子有愛物之情。有救物之能。橫流之弊。非才不治。故時有屈己㠯濟彼。豈㠯名利之場。賢於清曠之域邪。語萬乘則鼎湖有縱轡。論儲貳則嵩山有絕控。又陶朱高揖越相。留侯願辭漢傅。推此而言。可㠯明矣。

破石溪南二百餘里。又有石帆。修廣與破石等。度質色亦同。傳云。古有人㠯破石之半為石帆。故名彼為石帆。此名破石。

永嘉安固二縣中路東南。便是赤石。又枕海巫湖。三面悉高山。枕水。渚山溪澗。凡有五處。南第一谷。今在所謂石壁精舍。

石門澗六處。石門泝水上入兩山口。兩邊石壁。右邊石巖。下臨澗水。

神子溪南山與七里山分流。去斤竹澗數里。

華子岡。麻山第三谷。故老相傳。華子期者。祿里先生弟子。翔集此頂。故華子為稱也。

桂林頂。遠則嵊尖彊中。

從臨江樓步路南上二里餘。左望湖中。右傍長江。

始寧又北轉一汀。十里直指舍下園南門樓。自南樓百步許對橫山。

山下䟽注雖見文選注五字

地肺山者。王寅山記謂之木榴山。一名地肺。初學記五

新溪蠣味偏甘。有過紫溪者。御覽九百四十二

吹臺有高桐。皆百圍。嶧陽孤桐。方此為劣。初學記二十八

述祖德詩序

太元中。王父龕定淮南。負荷世業。尊主隆人。逮賢相徂謝。君子道消。拂衣蕃嶽。考卜東山。事同樂生之時。志期范蠡之舉。文選謝靈運述祖德詩注

贈宣遠詩序

從兄宣遠。義熙十一年正月作守安成。其年夏贈㠯此詩。到其年冬有荅。文選謝瞻荅靈運詩注

擬魏太子鄴中集詩序

魏太子

建安末。余時在鄴宮。朝游夕讌。究歡愉之極。天下良辰美景。賞心樂事。四者難并。今昆弟友朋。二三諸彥。共盡之矣。古來此娛。書籍未見。何者。楚襄王時有宋玉唐景。梁孝王時有鄒枚嚴馬。游者美矣。而其主不文。漢武帝徐樂諸才。備應對之能。而雄猜多忌。豈獲晤言之適。不誣方將。庶必賢於今日爾。歲月如流。零落將盡。撰文懷人。感往增愴。

王粲

家本秦川貴公子孫。遭亂流寓。自傷情多。

陳琳

袁本初書記之士。故述喪亂事多。

徐幹

少無宦情。有箕潁之心事。故仕世多素辭。

劉楨

卓犖偏人。而文最有氣。所得頗經奇。

應瑒

汝潁之士，流離世故，頗有飄薄之歎。

阮瑀

管書記之任，故有優渥之言。

平原侯植

公子不及世事，但美遨遊，然頗有憂生之嗟。並見文選

無量壽佛頌

法藏長王宮，懷道出國城。願言四十八，弘誓拯羣生。淨土一何妙，來者皆清英。頽年欲安寄，乘化好晨征。藝文類聚七十六

王子晉贊

淑質非不麗，難以之百年。儲宮非不貴，豈若登雲天。王子愛清淨，區中實囂諠。冀見浮丘公，與爾共纊翻。初學記二十三

巖下見一老翁四五少年贊

衡山采藥人，路迷糧亦絕。過息巖下坐，正見相對說。一老四五少，仙隱不可別。其書非世教，其人必賢哲。初學記二十三

和范光祿祇洹像贊三首并序

范侯遠送像贊，命余同作。神道希微，願言所屬，輒總三首，期之道場。

佛

惟此大覺，因心則靈。垢盡智照，數極慧明。三達非我，一援羣生。理阻心行，道絕形聲。

菩薩

若人仰宗，發性遺慮。以定養慧，和理斯附。爰初四等，終然十住。涉求至矣，在外皆去。

緣覺聲聞合

厭苦情多，兼物志少。如彼化城，權可得寶。誘以涅槃，救爾生老。肇元三車，翻乘一道。並廣弘明集十五

維摩經十譬贊八首

聚沫泡合

水性本無泡，激流遂聚沫。即異成貌狀，消散歸虛壑。君子識根本，安事勞與奪。愚俗駭變化，橫復生欣怛。藝文類聚七十六

燄

性內相表狀，非炎安知火。新新相推移，熒熒非向我。如何滯著人，終歲迷因果。

芭蕉

生分本多端，芭蕉知不一。含萼不結核，敷華何由實。至人善取譬，無宰誰能律。莫昵緣合時，當視分散日。藝文類聚七十六

聚幻

幻工作同異，誰謂復非眞。一從逝物過，既往亦何陳。謬者疑久近，遠者皆自賓。勿起離合情，會無百代人。藝文類聚七十六

逝當作迷

夢

覺謂寢無知，寐中非無見。意狀盈眼前，好惡迭一作迷萬變。既悟眇已往，惜爲浮物戀。孰視娑婆盡，寧當非赤縣。

影響合

影響順形聲，資物故生理。一旦揮霍去，何因相像似。羣有靡不然，昧漠呼自已。四色尚無本，八微欲安恃。藝文類聚七十六

浮雲

泛濫明月陰，薈蔚南山雨。能爲變動用，在我竟無取。俄已就飛散，豈復得攢聚。諸法既無我，何由有我所。

電

倏爍驚電過，可見不可逐。恒物生滅後，誰復覈遲速。愼勿空留念，橫使神理恧。發已道易孚，忘情長之福。已上並見釋藏肥九，廣弘明集十五

侍侃舟讚

況鵠兮遊蘭池。渚相委兮石參差。日隱雲兮月照林。風澄泠兮水漣漪。初學記二十五

書帙銘

懷幽卷賾。戢妙抱密。用捨以造。舒卷不失。亮惟勤翫。無或暇逸。藝文類聚五十五。御覽六百六

佛影銘并序

夫大慈弘物。因感而接。接物之緣。端緒不一。難以形檢。易以理測。故已備載經傳。具著記論矣。雖舟壑緬謝。像法猶在。感運欽風。日月彌深。法顯道人。至自祇洹。具說佛影。偏為靈奇。幽巖嵌壁。若有存形。容儀端莊。相好具足。莫知始終。常自湛然。廬山法師。聞風而悅。於是隨喜幽室。即考空巖。北枕峻嶺。南映瀍澗。摹擬遺量。寄託青彩。豈唯像形也篤。故亦傳心者極矣。道秉道人。遠宣意旨。命余製銘。以充刊刻。石銘所始。實由功被。未有道宗崇大。若此之比。豈淺思膚學。所能宣述。事經徂謝。承眷罔已。輒罄竭劣薄。以諾心許。徽猷祕奧。萬不寫一。庶推誠心。頗感羣物。飛鴞有革音之期。闡提獲自拔之路。當相尋於淨土。解顏於道場。聖不我欺。致果必報。援筆興言。情迫其概。

羣生因染。六趣牽纏。七識迭用。九居屢遷。劇哉五陰。卷矣四緣。遍使轉輪。苦根迭遷。迭遷未已。轉輪在己。四緣雲薄。五陰火起。亹亹正覺。是極是理。動不傷寂。行不乖止。曉爾長夢。貞爾沈誠。以我神明。成爾靈智。我無自我。實承其義。爾無自爾。必祛其偽。偽既殊塗。義故多端。因聲成韻。即色開顏。望影知易。尋響非難。形聲之外。復有可觀。觀遠表相。就近曖景。匪質匪空。莫測莫領。倚巖輝林。傍潭鑒井。借空傳翠。激光發冏。金好冥漠。白毫幽曖。日月居諸。胡寧斯慨。曾是望僧。擁誠俟對。承風遺則。曠若有槩。敬圖遺蹤。疏鑿峻峯。

周流步櫩。窈窕房櫳。激波映墀。引月入窗。雲往拂山。風來過松。地勢既美。像形亦篤。彩淡浮色。羣視沈覺。若滅若無。在摹在學。由其潔精。能感靈獨。誠之云孚。惠亦孔續。嗟爾懷道。慎勿中惕。弱喪之推。闡提之役。反路今覩。發蒙茲覿。式厲厥心。時逝流易。敢銘靈宇。敬告震錫。釋藏肥九。廣弘明集十五

武帝誄

九有同悲。四海等哀。粥伊下臣。思戀徘徊。敢遵前典。式述聖徽。乃作誄曰。

舜潛歷巖。高晦泗渚。龍德而隱。風積乃舉。皇之遁世。屯難方阻。眷此區寰。閔爾淪胥。太元之季。權威攜薄。隆安之初。主相蒙弱。獄牧糾虔。朝廷紛錯。妖橫乘隙。蛟噴鯨躍。既擾吳區。遂斥帝寓。亂離斯瘼。不後不先。寔賴明哲。授手康旃。紀度迴薄。餘分成閏。舊晉中微。偽楚篡釁。躡彼潛機。整此英陣。推亡必朽。固存斯振。盧循負險。肆慝遐嶺。殄我江豫。迫我臺省。民既搖蕩。國將遷鼎。乘驂歸轅。式固皇境。弘危濟險。弭難釋殆。虎騎鶩隰。舟師漲海。傾穴尋窠。窮幽測昧。昔去洛汭。息肩江沚。世更十君。年踰百祀。國絕興復。家成桑梓。荒默莫恤。積國譙恥。夏典載禹。九道是行。商詔述湯。兼攻是并。勤彼周流。協此經營。仗鉞伐鼓。赫赫明明。乃敕衆師。竟執戎昭。誨以三略。惠以六韜。雲撤周京。席卷秦郊。復禮前塋。雪愧舊朝。既清西關。將旋東道。中憩徐豫。兼應燕趙。業盛曩代。惠侔大造。澤及四海。功格八表。悠悠聲教。綿綿川陸。北獻氈裘。南貢金竹。鬈首冠弁。穿胸斂服。寒穴欣日。巢栖翫屋。匪惟遐譚。靈物偕就。孰是人事。自天所祐。甘露芝草。祥雲瑞禽。嘉禾連木。素烏皓獸。昔之所感。謳頌同音。今之所應。幽顯一心。宋克虞德。晉猶唐欽。曰總八紘。於茲三齡。四維開張。九流昭明。敦儉務素。欽賢愛萌。制規作訓。闡校修經。禮樂已甄。雲雨未弘。將陟井陘。薄埽白登。北朔渴望。飛旌衡軛。東岱

靈遲玉牒金滕天地不仁蒼生寡福已荷一遇棄我何遽梁顛太蘋甘殞呂贖同軌畢至率土咸哀殊方均服欒欒素纏灑淚成雨響叫如雷史臣考卜高山開基貞龜無遠還靈有期嗣皇擗摽摹后崩悲孰云不戚痛百在茲惟祖之夕流火始變秋月未永飛編急箭嗚簫哀噭金鐊虛奠列騶長隧發輦華殿華殿既謝長隧是幸雙蓋躊躇六閑引領攀援容貌眷戀俄頃哀哀百僚長辭合鑾奉敎百朝執鞭王始從履五牧年歷十祀天光下濟謬蒙眷齒愧微刀筆顧預遊止垂幕侍講接筵食理修晷朗夕登臺泛沼匪月匪日無晏無早如何一旦緬邈穹昊徽容未遠聖靈超然收淚即路含戚何言風霜蕭瑟山海蒼茫地苦情矜節遽心傷孰是幽哀實戀我皇情思如環萱蘇豈忘（藝文類聚十三，又略見北堂書鈔一百五十八）

廬陵王誄（并序）

事非淮南而痛深於中霧迹非任城而暴甚於仰毒託體皇極銜怨至盡豈惟有識傷慨故亦率土悽心蓋出罔已之悲㠯陳酸切之事云爾

哀哀君王終仁且德在枉無言即罪有斁曾是忍虐古來一酷身徽咎累痛踰酖毒何斯禍斯乃怨乃辱命如可延人百有贖矜急景之難誣悼驚波之易淪自君王之冥漠歷霜稔於此春盻鳴禽之響谷覩喬木之陵雲咸感節而興悅獨懷悲而莫申侯射隼於高墉赫王輿㠯正刑服二辜於焭犴致九伐於南荊發酸痛於仁詔令寵贈於哀心布悽愴於帝言攄網繆於皇音（藝文類聚四十五）

廬山慧遠法師誄（并序）

道存一致故異化同暉德合理妙故殊方齊致昔釋安公振玄風於關右法師嗣沫流於江左聞風而說四海同歸爾乃懷仁山林隱居求志於是衆僧雲集勤修淨行同法餐風棲遲道門可謂五百之季仰紹舍衛之風廬山之嵎俯傳靈鷲之旨洋洋乎未曾聞

虐當作虛

本當作木

也子志學之年希門人之末惜哉誠願弗遂永違此世春秋八十有四義熙十三年秋八月六日薨（案高僧傳作義熙十二年卒年八十三與此異）年踰縱心功遂身亡有始斯終千載垂光嗚呼哀哉乃爲誄曰

於昔安公道風允被大法將盡頹綱是寄體靜息動懷貞整僞事師㠯孝養徒㠯義仰弘如來宣揚法雨俯授法師威儀允舉學不闚牖鑒不出戶粳糧雖御獸爲蔬楚朗朗高堂肅肅法庭既嚴既靜愈高愈清從容音旨優游儀形廣演慈悲饒益衆生堂堂其氣亹亹其衮髫角味道辭親隨師供奉三寶析微辨疑盛化濟濟仁德怡怡於焉問道四海承風有心載馳戒德鞠躬令聲續振五濁暫隆弘道讚揚彌虐彌沖十六王子孺童先覺公之出家年未志學如彼鄧林甘露潤澤如彼瓊瑤既磨既琢大宗戾止座衆龍集聿來胥宇靈寺奚立舊望研幾新學時習公之勖之載和載輯乃修什公宗望交泰乃延禪衆親承三昧衆美合流可上可大穆穆道德超於利害六合俱否山崩海竭日月沈暉三光寢曜衆龍摧柯連波中結鴻化垂緒微風永滅嗚呼哀哉生盡沖素死增傷悽單勢土槨示同斂骸人天感悴帝釋慟懷習習遺風依依餘凄悲夫法師終然是棲室無停響塗有廣蹊嗚呼哀哉端本喪尼哀直六年仰慕洙泗俯懼罘罳今子門徒實同斯難晨掃虛房夕泣空山嗚呼法師何時復還風嘯竹柏雲靄巖峯川壑如泣山林改容自昔聞風志願歸依山川路邈心往形違始終銜恨宿緣輕微安養有寄閻浮無希嗚呼哀哉（釋藏乾八，廣弘明集二十三）

曇隆法師誄（并序）

夫協理置論百家未見其是因心自了一己不患其顯而終莫相辨我若咸歎翻論得拔竟知於誰冀行跡立則善惡靡徵欲聲名傳則薰蕕同歇然意非身之所挫期出命之所限者目所親覩見之若人矣慧心朗識發於髫辮生自豪華家贏金帛加㠯巧乘驕

解絲竹。秫絕景於庚衢。弄絃管於華肆者。非徒絕句涉朔。彌歷年稔而已。諒趙李之咸陽。程鄭之臨卭矣。既而永夜獨悟。中飲興歎。曰悲夫。欣厭迭來。終歸憂苦。不杜其根。於何超絕。且三界迴沈。諸天倏瞬。況齊景牛山。趙武企陰。催促節物。逼迫霜露。推此顧言。伊何能久。慨然有擯落榮華。兼濟物我之志。毋氏矜其心。姊弟申其操。遂相許諾。出家求道。一身既然。閤門離世。妻子長絕。歡娛永謝。豈唯向之靡樂。判之盛年。終古恩愛。於今仳別矣。旅舟南遡。投景廬嶽。一登石門香鑪峯。六年不下嶺。僧衆不堪其操。法師不改其節。援物之念。不已幽居自抗。同學嬰疾。振錫萬里相救。余時謝病東山。承風遙羨。豈望人期。頗以山招。法師至止。鄙人榮役。前詩敘粗已記之。故不重煩。及中間反山。成說款盡。遂獲接棟重崖。俱泯迴澗。茹芝术而共餌。披法言而同卷者。再歷寒暑。非直山陽靡喜慍之容。令尹一進已之色。實明悟幽微。祛滌近滯。蕩吝澡垢。日忘其疾。庶白首同居。而乖離無象。信順莫歸。徵集何緣。晚節罹疊。遠見參尋。至止阻闊。音塵殆絕。值暑遘疾。未旬即化。誠存亡命也。此行頗實有由。承凶感痛。寔百常情。紙墨幾時。非以斯名。蓋欽志節。追感平生。自不能默已。故投懷援筆。其辭曰。

仰尋形識。俯探理類。採聲知律。拔茅覩彙。物以靈異。人以智貴。卽是神明。觀鑒意謂。爰初在稚。慧心夙察。吐嗡芳華。懷抱日月。如彼蘭苑。風過氣越。如彼天倪。雲被光發。求名約身。規操東已。儻或遇世。曾未近。似生以意泰。意管生理。孰是歡慰。程鄭趙李。家畜金繒。才練藝技。驤首揮霍。繁絃綺靡。酒娛調促。意妍服侈。朝迫景曛。夕忌星徙。悠悠白日。淒淒良夜。年往歡流。厭來情舍。苦樂循迴。終卒代謝。棄而更適。生遠名借。誰能易奪。何術推移。精粗渾淆。善惡參差。卽心有限。在理莫規。試覈衆肆。庶獲所窺。道家暱近。尋流鉠遠。假名恆誰。傷義豈反。獨有兼忘。因心則善。傷物沈迷。羨彼驅遣。變

服京師。振錫廬頂。長別榮冀。永息幽蘊。含華蕤素。去繁就省。人苦其難。子取其靜。昏之覩明。卽以成照。智之秉情。對理斯涅。吝既弗祛。滯亦安拔。子之矜之。爲爾苦節。節苦在己。利貞存彼。以明闇逝。以慈累徙。欲以援物。先宜濟此。發軫情違。終然理是。梁鴻攜妻。荷蓧見子。雖黍接人。行歌通己。於世日高。於道殊鄙。始見法師。獨絕神理。形壽易盡。然諾難判。乘心卽化。棄身靡歎。懷道彌厲。景命已晏。矜物辭山。終身旅館。嗚呼哀哉。魂氣隨之。延陵已了。鳶螻同施。漆園所曉。委骸空野。豈異豈矯。幸有遺餘。聊給蟲鳥。嗚呼哀哉。緬念生平。同幽共深。相率經始。偕是登臨。開石通澗。剔柯疏林。遠眺重疊。近矚嶇嶔。事寡地閒。尋微探賾。何句不研。奚疑弗析。帙舒軸卷。藏拔紙襞。問來答往。俾日餘夕。俎溺耦耕。夷齊共薇。跡同心歡。事異意違。承疾懷灼。聞凶懸悲。孰云不痛。零淚沾衣。嗚呼哀哉。行久節移。地邊氣改。終秋中冬。踰桂投海。永念伊人。思深情倍。俯謝常人。仰愧無待。嗚呼哀哉。廣弘明集二十五

謝瞻

瞻字宣遠。一名檐。字通遠。靈運從兄。案瞻傳云。瞻文章與族叔混、弟靈運相抗。是瞻爲兄也。攷瞻卒於永初二年。年三十五。靈運誅於元嘉十年。年四十九。則靈運長於瞻二歲。疑有一誤。仕晉爲桓偉安西參軍。楚臺祕書郎。解職。爲劉柳建威長史。尋爲武帝鎮軍參軍。又爲琅邪王大司馬參軍。轉主簿、安成相。中書侍郎、宋國中書黃門侍郎、相國從事中郎。出爲豫章太守。永初二年卒。有集三卷。

安成郡庭枇杷樹賦

伊南國之嘉木。偉邦庭而延樹。稟金秋之清條。抱東陽之和煦。肇含葩於結霜。成炎果乎纖露。高臨甍首。傍拂階路。藝文類聚八十七

臨終遺弟晦書

吾得啟體幸全。歸骨山足。亦何所多恨。弟思自勉厲。爲國爲家。宋書

謝瞻傳又略見南史十九

紫石英讚見宋書謝瞻傳亡

謝晦

晦字宣明。瞻弟。仕晉爲孟昶建威中兵參軍。又爲武帝太尉參軍。署刑獄賊曹。轉豫州治中從事。入爲太尉主簿。轉從事中郎。宋臺建。爲右衛將軍。加侍中。宋受禪。遷中領軍。以佐命功封武昌縣公。轉領軍將軍散騎常侍。少帝即位。加領中書令。尋與徐羨之傅亮行廢立。出爲都督荆湘雍益寧南北秦七州諸軍事撫軍將軍。領護南蠻校尉荆州刺史。文帝即位。加使持節。尋進號衛將軍。加散騎常侍。元嘉三年。舉兵拒命。爲檀道濟所破。伏誅。案何承天傳云。晦將見討。使承天造立表檄。則晦傳所載之二表及檄當編入承天集中

悲人道

悲人道兮。悲人道之實難。哀人道之多險。傷人道之寡安。懿華宗

之冠冑。固清流而遠源。樹文德於庭戶。立操學於衡門。應積善之餘祐。當履福之所延。何小子之凶放。實招禍而作愆。值革變之大運。遭一顧於聖皇。參謀猷於禍物。贊帝制於宏綱。出治戎於禁衛。入關言於帷房。分河山之珪組。繼文武之龜章。稟顧命於西殿。受遺寄於御牀。伊懦劣其無節。實懷此而不忘。荷隆遇於先主。欲報之於後王。憂託付之無效。懼愧言於存亡。謂繼體其嗣業。能增暉於前光。居遏密之未幾。越禮度而湎荒。普天壤而殞氣。必社稷之淪喪。矧吾儕之體國。實啟處而匪遑。藉億兆之一志。固昏極而明彰。諒主尊而民晏。信卜祚之無疆。國既危而重構。家已衰而載昌。獲扶顛而休否。冀世道之方康。朝褒功以疏爵。祗命服於西蕃。奏簫管之嘈囋。擁朱旄之赫煊。臨八方以作鎮。響文武之桓桓。厲薄弱以爲政。實忘食於日旰。豈申甫之敢慕。庶惟宋之屏翰。甫逾歷其三稔。實周回其未再。豈有慮於內缺四字其云裁。痛夾輔

徒當作痛

之二宰。並加辟而靡貸。哀弱息之從禍。悲發中而心痗。伊荆漢之良彥。逮文武之子民。見忠貞而弗亮。覩理屈而莫申。皆義槩而同憤。咸荷戈而競臻。浮舳艫之弈弈。陳車騎之轔轔。觀人和與師整。謂茲兵其誰陳。庶亡魂之雪怨。反涇渭於彝倫。齊輕舟於江曲。殄銳敵其皆湮。勒陸徒於白水。寇無反於隻輪。氣有捷而益壯。威既肅而彌振。嗟時哉之不與。迕風雨以踰旬。我謀戰而不克。彼繼奔其躡塵。乏智勇之奇正。忽孟明而是遵。苟成敗其有數。豈怨天而尤人。恨矢石之未竭。遂摧師而覆陳。誠得喪之所遭。固當之其無吝。徒同懷之弱子。橫遭羅之殃釁。智未窮而事傾。力未極而莫振。誓同盡於鉾鏑。我怯劣而爽信。愍弟姪之何辜。實吾咎之所釁。謂九夷其可處。思致免以全生。營性命之難遂。乃窘絏於邊亭。亦何忤於天地。備艱危而是丁。我聞之於昝誥。功彌高而身蹙。霍芒刺而幸免。卒傾宗而滅族。周嘆貴於獄吏。終下蕃而靡鞠。雖明德之

友當作交

大賢。亦不免於殘戮。懷今憚而忍人。忘向惠而莫復。續無賞而震主。將何方以自牧。非砂石之圓照。孰違禍以取福。著殷鑒於自古。豈獨嘆於季叔。能安親而揚名。諒見稱於先哲。保歸全而終孝。傷在余而皆缺。辱歷世之平素。忽盛滿而傾滅。惟蒸嘗與灑埽。痛一朝而永絕。問其誰而爲之。寔孤人之險戾。皋有蹈於丘山。雖百死其何雪。羈角偃兮衡閭。親朋友兮平義。雖履尚兮不一。隆分好兮情寄。俱憚耕兮從祿。觀世道兮艱詖。規志局兮功名。每謂之兮爲易。今定謚兮闔棺。慙明智兮爵議。雖待盡兮爲恥。鑑厚顏兮靡寘。長揖兮數子。謝爾兮明智。百齡兮浮促。終焉兮斟克。卧盡兮斧斤。理命兮同得。世安彼兮非此。豈曉分兮辨惑。御莊生之達言。請承風以爲則。宋書謝晦傳。

謝元

元字有宗。靈運從祖弟。元嘉中爲殿中曹郎。領祠部。累遷尚書

左丞。除太尉諮議參軍。未拜。爲何承天所劾免。有集一卷。

掖庭有故不舉祭議

遵依禮傳。使有司行事。於義爲安。（宋書禮志四。元嘉七年四月，殿中曹郎領祠部謝元議，詔可。）

刑法議

謂宜先治其本。然後其末可理。本所吕探士大夫於符。而末所吕檢小人邪。可使受檢於小人邪。士犯坐奴。是士庶天隔。則士無弘庶之由。吕不知而押之於伍。則是受檢於小人也。然則小人有罪。士人無事。僕隸何罪。而令坐之。若吕實相交關。責其聞察。則意有未因。何者。名實殊章。公私異令。奴不押符。是無名也。民乏貲財。是私賤也。吕私賤無名之人。豫公家有實之任。公私混淆。名實非允。由此而言。謂不宜坐。還從其主。於事爲宜。無奴之士。不在此例。若士人本檢小人。則小人有過。已應獲罪。而其奴則義歸戮僕。然則無奴之士。未合宴安。使之輸贖。於事非謬。二科所附。惟制之本耳。此自是辨章二本。欲使各從其分。至於求之管見。宜附前科。區別士庶。於義爲美。盜制按左丞議。士人既終不爲兵革。幸可同寬宥之惠。不必依舊律。於議咸允。（宋書王弘傳。）

全宋文卷三十三　謝元　十三

全宋文卷三十三終

烏程嚴可均校輯

謝惠連

惠連。靈運族弟。本州辟主簿。不就。元嘉中爲司徒彭城王義康法曹參軍。有集六卷。

雪賦

歲將暮。時既昏。寒風積。愁雲繁。梁王不悅。游於兔園。迺置旨酒。命賓友。召鄒生。延枚叟。相如末至。居客之右。俄而微霰零。密雪下。王迺歌北風於衛詩。詠南山於周雅。授簡於司馬大夫曰。抽子祕思。騁子妍辭。侔色揣稱。爲寡人賦之。相如於是避席而起。逡巡而揖曰。臣聞雪宮建於東國。雪山峙於西域。岐昌發詠於來思。姬滿申歌於黃竹。曹風以麻衣比色。楚謠以幽蘭儷曲。盈尺則呈瑞於豐年。袤丈則表沴於陰德。雪之時義遠矣哉。請言其始。若迺玄律窮。

嚴氣升。焦溪涸。湯谷凝。火井滅。溫泉冰。沸潭無湧。炎風不興。北戶墐扉。裸壤垂繒。於是河海生雲。朔漠飛沙。連氛累靄。揜日韜霞。霰淅瀝而先集。雪紛糅而遂多。其爲狀也。散漫交錯。氛氳蕭索。藹藹浮浮。瀌瀌弈弈。聯翩飛灑。徘徊委積。始緣甍而冒棟。終開簾而入隙。初便娟於墀廡。末縈盈於帷席。既因方而爲珪。亦遇圓而成璧。眄隰則萬頃同縞。瞻山則千巖俱白。於是臺如重璧。逵似連璐。庭列瑤階。林挺瓊樹。皓鶴奪鮮。白鷴失素。紈袖慙冶。玉顏掩嫮。若迺積素未虧。白日朝鮮。爛兮若燭龍。銜燿照崑山。爾其流滴垂冰。緣霤承隅。粲兮若馮夷。剖蚌列明珠。至夫繽紛繁騖之貌。皓旰曒絜之儀。迴散縈積之勢。飛聚凝曜之奇。固展轉而無窮。嗟難得而備知。若迺申娛翫之無已。夜幽靜而多懷。風觸楹而轉響。月承幌而通暉。酌湘吳之醇酎。御狐貉之兼衣。對庭鵾之雙舞。瞻雲雁之孤飛。踐霜雪之交積。憐枝葉之相違。馳遙思於千里。願接手而同歸。

鄒陽聞之。懣然心服。有懷妍唱。敬接末曲。於是迺作而賦積雪之歌。歌曰。攜佳人兮披重幄。援綺衾兮坐芳縟。燎薰鑪兮炳明燭。酌桂酒兮揚清曲。又續而爲白雪之歌。歌曰。曲既揚兮酒既陳。朱顏酡兮思自親。願低帷以昵枕。念解珮而褫紳。怨年歲之易暮。傷後會之無因。君寧見階上之白雪。豈鮮耀於陽春。歌卒。王迺尋繹吟翫。撫覽扼腕。顧謂枚叔。起而爲亂。亂曰。白羽雖白。質以輕兮。白玉雖白。空守貞兮。未若茲雪。因時興滅。玄陰凝不昧其潔。太陽曜不固其節。節豈我名。潔豈我貞。憑雲陞降。從風飄零。值物賦象。任地班形。素因遇立。污隨染成。縱心皓然。何慮何營。文選、藝文類聚二

甘賦

嘉寒園之麗木。美獨有此貞芳。質葳蕤而懷風。性耿介而凌霜。擬夕霞以表色。指朝景以齊圓。侔萍實乎江介。超玉英於崑山。傾子節兮相之匾。承君歡兮堂之隅。濯雨兮冒霜。長無絕兮芬敷。藝文類聚八十六、初學記二十八

橘賦

園有嘉樹。橘柚煌煌。園丹可翫。清氣芬芳。受以玉盤。升君子堂。味既滋而事美。實厥苞之最良。藝文類聚八十六

鸂鶒賦

覽水禽之萬類。信莫麗乎鸂鶒。服昭晰之鮮姿。糅玄黃之美色。命儔旅以翱遊。憩川湄而偃息。超神王以自得。不意虞人之在側。網羅幕而雲布。摧羽翮於翩翮。乖沈浮之諧豫。宛羈畜於籠樊。藝文類聚九十二

白鷺賦

有提樊而見獻。寔振鷺之鮮禽。表弗緇之素質。挺樂水之奇心。藝文類聚九十二

雪贊

氣徧霜繁。年豐雪積。彼厲我和。爾素子白。其德懿矣。玩之庭隙。權陋瑤臺。暫踐盈尺。藝文類聚二。

四海贊

九夷六蠻。八狄七戎。彫鏤異實。寰瀛殊風。致之以德。車軌斯同。初學記六。

琴贊

嶧陽孤桐。裁爲鳴琴。體兼九絲。聲備五音。重華載揮。以養民心。孫登是玩。取樂山林。藝文類聚四十四、初學記十六。

白羽扇贊

唯茲白羽。體此皎絜。涼齊清風。素同冰雪。其儀可貴。是用玩悅。揮之衿袖。以御炎熱。藝文類聚六十九、初學記二十五。

仙人艸贊 并序

余之中園。有仙人草焉。春頴其苗。夏秀其英。秋有眞實。冬無凋色。可謂貫四時而不改者也。既嘉其名。而美其質。染筆作詠。庶以攄述云。

圍有嘉草。名曰仙人。睢睢煒煒。莫莫臻臻。穎發炎暑。苗秀和春。寄爾靈質。乃植中鄰。藝文類聚八十一。

松贊

松惟靈木。擬心雲端。跡絕玉除。形寄青巒。子欲我知。求之歲寒。藝文類聚八十八。

連珠

蓋聞獻技者易忽。養德者難致。是以子張重跰。不獲哀公之祿。千木偃息。不受文侯之位。

蓋聞機心難湛。不接異類。滔德易孚。可狎殊方。是以高羅舉而雲鳥降。海人萃而水禽翔。

蓋聞春蘭早芳。實忌鳴鴂。秋菊晩秀。無憚繁霜。何則。榮乎始者易悴。貞乎末者難傷。是以傅長沙而志沮。登金馬而名揚。

蓋聞修己知足。慮德其逸。競榮昧進。志忘其審。是以飲河滿腹。而求安愈泰。緣木務高。而畏下滋甚。藝文類聚五十七。

目箴

氣之清明。雙眸善識。唯道是視。瞻彼正直。藝文類聚十七。

口箴

宣納之由。寔伊樞機。唯舌是出。駟驅安追。差釐千里。君子愼微。何用口爽。信在甘肥。藝文類聚十七。

祭禹廟文

謹遣左曹掾奉水土之羞。敬薦夏帝之靈。杳聖纘天。載誕英徽。克明克哲。知章知微。運此宏謨。卹彼民憂。身勞五岳。形疲九州。呱呱弗顧。虔虔是欽。物貴尺璧。我重寸陰。乃錫玄圭。以告成功。虞歎既改。夏德乃隆。臨朝總政。巡國覩風。淹留稽嶺。乃徂行宮。恭司皇役。敬屬晦融。神且略薦。乃昭其忠。藝文類聚三十八。

爲學生祭周居士文

維君陶造化之純元。侔先哲之遐蹤。體無事於高尚。蹈虛素乎中庸。不臣天子。不事諸侯。公辟弗盼。王命匪酬。窮歡極樂。帶索披裘。藝文類聚三十七。

祭古冢文 并序

東府掘城北塹。入丈餘。得古冢。上無封域。不用塼甓。以木爲槨。中有二棺。正方。兩頭無和。明器之屬。材瓦銅漆。有數十種。多異形。不可盡識。刻木爲人。長三尺許。可有二十餘頭。初開見。悉是人形。以物棖撥之。應手灰滅。棺上有五銖錢百餘枚。水中有甘蔗節。及梅李核瓜瓣。皆浮出。不甚爛壞。銘誌不存。世代不可得而知也。公命城者改埋於東岡。祭之以豚酒。既不知其名字遠近。故假爲之號。曰冥漠君云爾。

元嘉七年九月十四日。司徒御屬領直兵令史統作城錄事臨漳令亭侯朱林。具豚醪之祭。敬薦冥漠君之靈。忝揔徒旅。板築是司。窮泉爲塹。聚壤成基。一椁既啟。雙棺在茲。捨畚悽愴。纚縭漣而。芻靈已毀。塗車既摧。几筵糜腐。俎豆傾低。盤或梅李。盎或醢醯。蔗傳餘節。瓜表遺犀。追惟夫子。生自何代。曜質幾年。潛靈幾載。爲壽爲夭。寧顯寧晦。銘誌湮滅。姓氏不傳。今誰子後。曩誰子先。功名美惡。如何蔑然。百堵皆作。十仞斯齊。墉不可轉。塹不可迴。黃腸既毀。便房已頹。循題興念。撫俑增哀。射聲垂仁。廣漢流渥。祠骸府阿。掩骼城曲。仰羨古風。爲君改卜。輪移北隍。窀穸東麓。壙卽新營。棺仍舊木。合葬非古。周公所存。敬遵昔義。還祔雙魂。酒以兩壺。牲以特豚。幽靈髣髴。歆我犧樽。嗚呼哀哉。文選。藝文類聚四十、御覽五百二十六。

謝莊 一

莊字希逸。靈運從子。初爲始興王濬後軍法曹參軍。轉太子舍人、廬陵王文學、太子洗馬、中舍人、廬陵王紹南中郎諮議參軍。又轉隨王誕後軍諮議。並領記室。除太子中庶子。元凶弒立。轉司徒左長史。孝武卽位。除侍中。遷左衛將軍。拜吏部尚書。免。大明初起爲都官尚書。補選職。遷右衛將軍。加給事中。又爲侍中。領前軍將軍。改領游擊將軍。又領本州大中正。晉安王子勛征虜長史、廣陵太守。加冠軍將軍。改爲江夏王義恭太宰長史。又爲吏部尚書。領國子博士。坐事免。新安王子鸞板爲長史。隨府轉撫軍長史、臨淮太守。前廢帝卽位。以爲金紫光祿大夫。明帝卽位。以爲散騎常侍光祿大夫。領尋陽王師。轉中書令。尋加金紫光祿大夫。泰始二年卒。謚曰憲子。有集十九卷。

月賦

陳王初喪應劉。端憂多暇。綠苔生閣。芳塵凝榭。悄焉疚懷。不怡中夜。迺清蘭路。肅桂苑。騰吹寒山。弭蓋秋阪。臨濬壑而怨遙。登崇岫而傷遠。於時斜漢左界。北陸南躔。白露曖空。素月流天。沈吟齊章。殷勤陳篇。抽毫進牘。以命仲宣。仲宣跪而稱曰。臣東鄙幽介。長自丘樊。昧道懵學。孤奉明恩。臣聞沈潛既義。高明既經。日以陽德。月以陰靈。擅扶光於東沼。嗣若英於西冥。引玄兔於帝臺。集素娥於后庭。朒朓警闕。朏魄示沖。順辰通燭。從星澤風。增華台室。揚采軒宮。委照而吳業昌。淪精而漢道融。若夫氣霽地表。雲斂天末。洞庭始波。木葉微脫。菊散芳於山椒。雁流哀於江瀨。升清質之悠悠。降澄輝之藹藹。列宿掩縟。長河韜映。柔祇雪凝。圓靈水鏡。連觀霜縞。周除冰淨。君王迺厭晨懽。樂宵宴。收妙舞。弛清縣。去燭房。卽月殿。芳酒登。鳴琴薦。若迺涼夜自淒。風篁成韻。親懿莫從。羇孤遞進。聆臯禽之夕聞。聽朔管之秋引。於是弦桐練響。音容選和。徘徊房露。惆悵陽阿。聲林虛籟。淪池滅波。情紆軫其何託。愬皓月而長歌。歌曰。美人邁兮音塵闕。隔千里兮共明月。臨風歎兮將焉歇。川路長兮不可越。歌響未終。餘景就畢。滿堂變容。迴遑如失。又稱歌曰。月既沒兮露欲晞。歲方晏兮無與歸。佳期可以還。微霜霑人衣。陳王曰。善。迺命執事。獻壽羞璧。敬佩玉音。復之無斁。文選。藝文類聚一。

曲池賦

北山兮黛柏。南谿兮赬石。赬岸兮若虹。黛樹兮如畫。暮雲兮十里。朝霞兮千尺。步東池兮夜未久。臥西窗兮月向山。引一息於魂內。擾百緒於眼前。藝文類聚九。

赤鸚鵡賦應詔

徒觀其柔儀所踐。赬藻所挹。華景夕映。容光晦鮮。慧性昭和。天機自曉。審國音於寰中。達方聲於遐表。及其雲移霞峙。霰委雪翻。陸離翠漸。容裔鴻軒。躍林飛岫。煥若輕電溢烟門。集場棲圃。曄若夭桃被玉園。至於氣淯體淨。霧下崖沈。月圓光於綠水。雲寫影於青林。遡還風而聳翮。霑清露而調音。藝文類聚九十一、初學記三十。案宋書謝莊傳。元嘉二十九年。

南平王鑠獻赤鸚鵡。普詔羣臣爲賦。

禎流覿域。祥發鵬溟。初學記六

舞馬賦應詔

天子馭三光。總萬寓。挹雲經之留憲。裁河書之遺矩。是以德澤上昭。天而下漏泉。符瑞之慶咸屬。榮懷之應必躔。月晷呈祥。乾維效氣。賦景河房。承靈天駟。陵原郊而瀆影。躍采淵而泳質。辭水空而南傃。去輪臺而東洎。乘玉塞初學記作登璧門而歸寳。奄芝庭而獻祕。及其養安騏校。進駕龍涓。輝大馭於國皁。賁上襄於帝閑。超益野而踰緣地。軼蘭池而轢紫燕。五王晦其術。孫氏惛其玄。東門豈或狀。西河不能傳。既秣芑以均性。又佩蘅以崇躅。卷雄神於綺文。蓄奔容於帷燭。緼蘅雲之銳景。戢追電之逸足。方疊鎔於丹鎬。亦聯規於朱駮。覿其雙璧應範。三封中圖。玄骨滿。燕室虛。陽理竟。潛策紆。汗飛赭。沫流朱。至於肆夏已升。采齊既薦。始徘徊而龍俛。終沃若而鸞盼。迎調露於飛鍾。赴承雲於驚箭。寫秦坰之彌塵。狀吳門之曳練。窮虞庭之蹈蹀。究遺野之環袨。若夫蹠實之態未卷。凌遠之氣方攄。歷岱野而過碣石。跨滄流而軼姑餘。朝送日於西坂。夕歸風於北都。尋瓊宮於倏瞬。望銀臺於須臾。若乃日宣重光。德星昭衍。國稱梁岱佇蹕。史言壇場望踐。部上之瑞彰。江間之禎闡。榮鏡之運既臻。會昌之厤已辨。感五緐之程符。鑒羣后之薦典。聖主將有事於東嶽。禮也。於是順斗極。乘次躔。戒懸日於昭旦。命月題於上年。騑騑翼翼。泛修風而浮慶煙。肅肅雍雍。引八神而詔九仙。下齊郊而掩配林。集嬴里而降祊田。蒲軒次巘。瑄璧承巒。金檢茲發。玉牒斯刊。盛節之義洽。升中之禮殫。億兆悅。精祇歡。聆萬歲於呰岫。燭神光於紫壇。是以鼙鼓之蹈。撫埃之舞。相與而歌曰。聳朝蓋兮泛晨霞。靈之來兮雲漢華。山有壽兮松有茂。祚神極兮貺皇家。然後悟聖朝之績。號慶榮之烈。比盛乎天地。爭明乎日月。茂實冠於胥庭。鴻名邁於勛發。業底於告成。道臻乎報謁。巍巍乎。蕩蕩乎。民無得而稱焉。宋書謝莊傳。河南獻舞馬。詔羣臣爲賦。又見藝文類聚九十三。初學記二十九。

雜言詠雪

火洲滅日。塗清龍闕。沙蒸河徼。雲驚晷未沈而井閟。寓方霾而海溟。始益甚以藂轉。終徘徊而烟曳。狀素鏡之晨光。寫金波之夜晰。藝文類聚二

山夜憂吟

庭光盡。山明歸。流風乘軒卷。明月緣河飛。澗鳥鳴兮夜蟬清。橘露靡兮蕙煙輕。凌別浦兮值泉躍。經喬林兮遇猴驚。南皋別鶴佇行漢。東鄰孤管入青天。沉痾白髮共急日。朝露過隙詎賒年。年去兮髮不還。金膏玉液豈留顏。迴舲拆綆戶。收棹掩荆關。藝文類聚七

懷園引

鴻飛從萬里。飛飛河岱起。辛勤越霜露。聯翩泝江汜。去舊國。違舊鄉。舊海悠且長。迴首瞻東路。延翮向秋方。登楚都。入楚闕。楚地蕭瑟楚山寒。歲去冰未已。春來雁不還。風肅幌兮露濡庭。漢水初綠柳葉青。朱光藹藹雲英英。離禽喈喈又晨鳴。菊有秀兮松有蕤。憂來年去容髮衰。流陰逝景不可追。臨堂危坐悵欲悲。試託意兮向芳蓀。心綿綿兮屬荒樊。想緑蘋兮已冒沼。念幽蘭兮已盈園。天桃晨暮發。春鶯旦夕喧。青苔蕪石路。宿草塞蓬門。藝文類聚六十五

泰始元年改元大赦詔

高祖武皇帝德洞四瀛。化綿九服。太祖文皇帝以大明定基。世祖孝武皇帝以下武寧亂。日月所照。梯山航海。風雨所均。削衽襲帶。所以業固盛漢。聲溢隆周。子業凶嚚自天。忍悖成性。人面獸心。見於齠日。反道敗德。著自比年。其狎侮五常。怠棄三正。矯誣上天。毒流下國。寔開闢所未有。書契所未聞。再罹遏密。而無一日之哀。齊斬在躬。方深北里之樂。虎兕難匣。憑河必彰。遂誅滅上宰。窮釁逆

之酷。虐害國輔。宄孥戮之刑。子黨同生。㠯昔憾殄殪。敬猷兄弟。㠯睚眦殲夷。傲逼義陽。將加屠膾。陵辱戚藩。儐楚妃主。奪立左右。竊子置儲。肆酗於朝。宣淫於國。事穢東陵。行汙飛走。積釁罔極。日月滋深。比遂圖犯玄宮。志窺題湊。將肆梟獍之禍。騁商頓之心。又欲鴆毒崇憲。虐加諸父。事均宮闈。督徧國都。鳴梟小豎。莫不寵暱。朝廷忠誠。必加戮挫。收掩之旨。虓虎結轍。掠奪之使。白刃相望。百僚危氣。首領無有全地。萬姓崩心。妻子不復相保。所㠯鬼哭山鳴。星鉤血降。神器殆於馭索。景祚危於綴冕。朕假寐凝憂。泣血待旦。慮大宋之基。於焉而泯。武文之業。將墜於淵。賴七廟之靈。藉八百之慶。巨猾斯殄。鴻沴時褰。皇綱絶而復紐。天緯缺而更張。猥㠯寡薄。屬承乾統。上緝三光之重。俯顧庶民之艱。業業矜矜。若履冰谷。思與億兆。同此維新。可大赦天下。改景和元年爲泰始元年。賜民爵二級。鰥寡孤獨不能自存者。穀人五斛。逋租宿債勿復收。犯鄉我清議。贓汙淫盜。並悉洗除。長徒之身。特賜原遣。亡官失爵。禁錮舊勞。一依舊典。其昏制謬封。並皆刊削。（宋書明帝紀。案南史謝莊傳。明帝定亂。使爲赦詔。立就。論虞其文甚工。）

我當作論

全宋文卷三十四終

　烏程嚴可均校輯

謝莊二

爲北中郎新安王拜司徒章

不惟震施罔匱。鴻慶方稠。燮調之重。遂臻非據。智小謀大。周家與規。少陽徽暄。有鑒前史。辨其動植。布其安擾。以倡九牧。阜成王敎。豈臣眇末。所能克荷。藝文類聚四十七

又爲北中郎謝兼司徒章

臣聞燮理陰陽。寅亮天地。弗惟其官。無人則闕。司徒掌敷五典。職擾兆民。豈悟乾靈罔遺。光渥方闡。不次之任。殊絕藩岳。豈可權尸三事。假備六符。慙震周遑。顧步交悸。藝文類聚四十七、初學記十一、御覽二百八

慶皇太子元服上至尊表

伏惟皇太子殿下明兩承乾。元良作貳。抗法遷身。英華自遠。樂以修中。禮以治外。三善克懋。德成敎尊。今日吉辰。顯加元服。對靈祇之望。儔上庠之歡。率天罄世。莫不載躍。藝文類聚十六、初學記十

皇太子元服上皇太后表

離景承宸。樞光陪極。齒問東華。飛英上序。樂正歌風。司成頌德。清明神鏡。溫文在躬。練日簡辰。顯備元服。懋三王之敎。燭少陽之重。藝文類聚十六、初學記十

爲東海王讓司空表

臣側觀前載。與窺洪典。三事之授。惟帝其難。臣乘少籍長。久分蹐涯。量出滿入。泰每究。榮光不悟。乾燭方遠。義路同遺。下參弘化。上尸燮理。自非德仞具瞻。聲堪民詠。未有妄臻此澤。空集茲靈。藝文類聚四十七

讓吏部尚書表

招才琴釣之上。取士歐牧之中。終能克夷景命。樂懷萬宇。豈容先

私首曲。近有經過。且不習冠制。趙客興鑒。未聞統馭。鄭臣有規。匪瘠身譏。藝文類聚四十八

上搜才表

臣聞功照千里。非特燭車之珍。德柔鄰國。豈徒祕璧之貴。故詩稱殄悴。誓述榮懷。用能道臻無積。化至恭己。伏惟陛下膺慶集圖。締寓開縣。夕爽選政。昃旦調風。采言厮輿。觀謠仄遠。斯實辰階告平。頌聲方製。臣竊惟隆陂所漸。治亂之由。何嘗不興資得才。替因失士。故楚書以善人爲寶。虞典以則哲爲難。進選之軌。既弛中代。登造之律。未闡當今。必欲崇本康務。庇民濟俗。匪更沿濫。奚取九成。夫才生於時。古今豈貳。士出於世。屯泰焉殊。南史補四語從升麻中陽。英賢起於徐沛。受籙白水。茂異出於荆宛。盜二都智之所産。七隩才之所集。實遇與不遇。用與不用耳。今大道方亨。萬務俟德。而九服之曠。九流之艱。提鈞懸衡。委之選部。一人之鑒易限。而天下之才難原。以易限之鑒。鏡難原之才。使國罔遺授。野無滯器。其可得乎。昔公叔與僎同升。管仲取臣於盜。趙文非私親疏。祁奚豈謟讐比子。茹茅以彙。作範前經。舉爾所知。式昭往牒。且自古任薦。賞罰弘明。成子舉三哲而身致魏輔。應侯任二士而己捐秦相。白季稱冀缺而疇以田采。張勃進陳湯而坐以褫爵。此先事之盛準。亦後王之彝鑒。如臣愚見。宜普命大臣。各舉所知。以付尚書。依分銓用。若任得其才。舉主延賞。有不稱職。宜及其坐。重者免黜。輕者左遷。被舉之身。加以禁錮。年數多少。隨愆議制。若犯大辟。則任者刑論。又政平訟理。莫先親民。親民之要。寔歸守宰。故黃霸治潁川累稔。杜畿居河東歷載。或就加恩秩。或入崇輝寵。今蒞民之職。自非公私必應代換者。宜遵六年之制。進獲章明。庸愞退得。民不勤擾。如此則下無浮謬之愆。上靡棄能之累。考績之風載泰。樵薪之歌克昌。臣生屬亨路。身漸鴻猷。遂得奉詔左右。陳愚於側。敢露芻言。懼

今當作令

氣恆典。宋書謝莊傳，又南史二十、通典六十四。

讓中書令表

伏惟陛下登馭震維，臨齊璿政，澤與風翔，恩從雲動。臣聞璧門天邃，鳳沼沖深，綵綸王言，出納帝命，自非望允當時，譽宜庠塾，未有謬垂曲寵，坐席茲榮。在於年壯，猶不可勉，況今綿痾，百志俱淪。藝文類聚四十八，初學記十一，御覽二百二十。

謝賜貂裘表

臣莊言：主衣黃達宣勅，賜臣貂裘。匭發衽開，玄華有曜，靡毫柔毳，黯鑑自凝，固已綵薦綴翬，光逾緝燕。臣聞嚬笑不妄，韓裘勿假，績已昭庸，楚纊爰逮。臣歡幷自歌，而同委衿之澤，勤勞未報，而叨解裘之寵，空荷榮施，徒貢微軀，承殊恩必識服，已淪生銘悅之情，罔知所寘。臣受假無由躬拜，謹遣表。初學記二十六。

爲八座太宰江夏王表請封禪

江淮歸上之使，結軌於璧門；西鶼北采之譯，相望於道路。初學記十三。案宋書禮志三有江夏王義恭表，無此四語，疑宋志有刪節，或各是一篇也。今別已宋志所載之表，編入義恭集，俟再攷。又張溥本有上封禪儀注奏，今據宋書禮志三作有司奏，或非謝莊也，編入宋闕名文。

爲尚書八座奏封皇子郡王

臣聞榭珪睦親，書河汾之策；賜帶懷賢，敬東平之祚。諒已訓經終始，義洽垣墉。第某皇弟等，器彩明敏，令識穎悟，並宜憲章前典，光啟祚宇，作屏王室，式雍帝載。臣等參議，可封郡王。藝文類聚五十一。

爲尚書八座奏改封郡長公主

臣聞爵厚懿戚，國之恆典，景祚既新，禮與時渥。永興等七公主可封郡長公主。藝文類聚五十一。

申言節儉詔書事

詔云：貴戚競利，興貨廛肆者，悉相禁制。此實允愜民聽。其中若有犯違，則應依制裁糾，若廢法申恩，便爲令有所屈。此處分伏願深思，無緣明詔既下，而聲實乖爽。臣愚謂大臣在祿位者，尤不宜與民爭利，不審可得在此詔不？拔葵去織，實宜深弘。宋書謝莊傳。

奏改定刑獄

臣聞明慎用刑，厥存姬典；哀矜折獄，實暉呂命。罪疑從輕，既前王之格範；寧失弗經，亦列聖之恆訓。用能化致升平，道臻恭己。逮漢文傷不辜之罰，除相坐之令；孝宣倍深文之吏，立鞫訊之法。當是時也，號令刑存。陛下踐位，親臨聽訟，億兆相賀，已爲無冤民矣。而比囹圄未虛，頌聲尙缺，臣竊謂五聽之慈，弗宜於宰物；三宥之澤，未洽於民謠。頃年軍旅餘弊，劫掠猶繁，監司討獲，多非其實，或規免咎，不慮國患，楚對之下，鮮不誣濫，身遭鈇鑕之誅，家嬰孥戮之痛，比伍同閈，莫不及罪。是則一人罰謬，坐者數十。昔齊女告天，臨淄臺殞；孝婦冤戮，東海愆陽。此皆符變靈祇，初感景緯。臣近蒙訊見重囚八人，旋觀其初，死有餘罪，詳察其理，實並無辜。恐此不少，誠可怵惕也。舊官長竟囚畢，郡遣督郵案驗，仍就施刑。督郵賤吏，非能異於官長，有案驗之名，而無研究之實。愚謂此制宜革，自今入重之囚，縣考正畢，已事言郡，幷送囚身，委二千石親臨覈辯，必收聲吞釁，然後就戮。若二千石不能決，乃度廷尉。神州統外，移之刺史，刺史有疑，亦歸臺獄。必令死者不怨，生者無恨，庶鬻棺之諺，輟歎於終古；兩造之察，流詠於方今。臣學闇申韓，才寡治術，輕陳庸管，懼乖國憲。宋書謝莊傳，又略見通典一百六十四。

索虜互市議

臣愚以爲獯獫棄義，唯利是視，關市之請，或以覘國，順之示弱，無明柔遠，距而觀釁，有足表強。且漢文和親，豈止彭陽之寇；武帝修約，不廢馬邑之誅。故有餘則經略，不足則閉關。何爲屈冠帶之邦，通引弓之俗，樹無益之軌，招塵點之風。交易爽議，既應深杜；和約詭論，尤宜固絕。臣庸管多蔽，豈識國儀，恩誘降逮，敢不披盡。宋書謝莊

僖

密詣世祖啟事

賊劭自絕於天。裂冠毀冕。窮弒極逆。開闢未聞。四海泣血。幽明同憤。奉三月二十七日檄。聖迹昭然。伏讀感慶。天祚王室。叡哲重光。殿下文明在躬。神武居陝。肅將乾威。龔行天罰。滌社稷之仇。雪華夷之恥。使弛墜之構。更獲締造。垢辱之氓。復得明目。伏承所命。柳元景司馬文恭宗慤沈慶之等。精甲十萬。已次近道。殿下親董銳旅。授律繼進。荆鄢之師。岷漢之衆。舳艫萬里。旌旆蔽天。九土冥符。羣后畢會。今獨夫醜類。曾不盈旅。自相暴殄。省闥橫流。百僚屏氣。道路以目。檄至。輒布之京邑。朝野同欣。里頌途歌。室家相慶。莫不望景聳魂。瞻雲佇足。先帝以日月之光。照臨區寓。風澤所漸。無幽不洽。況下官世荷寵靈。叨恩踰量。謝病私門。幸免虎口。雖志在投報。其路無由。今大軍近次。永濤無遠。欣悲踊躍。不知所裁。（宋書謝莊傳）

與江夏王義恭牋

下官凡人。非有達槩異識俗外之志。實因羸疾。常恐奄忽。故少來無意於人間。豈當有心於崇達邪。頃年乘事回薄。遂果饕非次。既足貽誚明時。又亦取愧朋友。前以聖道初開。未遑引退。及此諸夏事寧。方陳微請。款志未伸。仍荷今授。被恩之始。具披寸心。非惟在己之尤。實懼塵穢彝序。稟生多病。天下所悉。兩脅癖疾。殆與生俱。一月發動。不減兩三。每至一惡。痛來逼心。氣餘如綖。利患數年。遂成痼疾。吸吸惙惙。常如行尸。恒居死病。而不復道者。豈是疾痊。直以荷恩深重。思答殊施。牽課尫瘵。以綜所忝。眼患五月來便不復得夜坐。恒閉帷避風日。晝夜惛懵。爲此不復得朝謁諸王。慶弔親舊。唯被敕見。不容停耳。此段不堪見賓。已數十日。持此苦生。而使銓綜九流。應對無方之訴。實由聖慈罔已。然當之信自苦劇。若才堪事任。而體氣休健。承寵異之遇。處自效之塗。豈苟欲思閑辭事邪。家素貧弊。宅舍未立。兒息不免粗糲。而安之若命。寧復是能忘微祿。正以復有切於此處。故無復他願耳。今之所希。唯在小閑。下官微命。於天下至輕。在己不能不重。屢經披請。未蒙哀恕。良由誠淺辭訥。不足上感。家世無年。亡高祖四十。曾祖三十二。亡祖四十七。下官新歲便三十五。加以疾患如此。當復幾時見聖世。就其中煎懷若此。實在可矜。前時曾啟願三吳。敕旨云。都不須復議外出。莫非過恩。然亦是下官生運不應見一閑逸。今不敢復言此。當付之來生耳。但得保餘年。無復物務。少得養病。此便是志願永畢。在衡門下。有所懷動止。必聞。亦無假居職。患於不能裨補萬一耳。識淺才常。羸疾如此。孤負主上擢受之恩。私心實自哀愧。入年便當更申前請。以死自固。但庸近所訴。恐未能仰徹。公恩盼弘深。粗照誠懇。願侍坐言次。賜垂拯助。則苦誠至心。庶獲哀允。若不蒙降祐。下官當於何希冀邪。仰憑愍察。願不垂怪。（宋書謝莊傳。孝建元年。拜吏部尚書。莊素多疾。不願居選部。與大司馬江夏王義恭牋自陳。又南史二十。）

爲朝臣與雍州刺史袁顗書

夫夷跂相因。興革遞數。或多難而固其國。或殷憂而啟聖明。此既著於前史。亦彰於聞見。王室不造。昏凶肆虐。神鼎將淪。宗稷幾泯。幸天未亡宋。乾歷有歸。主上體自聖文。纘明作睿。而辱均羑里。屯踰夏臺。既天地俱憤。義勇同奮。剋殄鯨鯢。三靈更造。應天順民。爰集寶命。四海屬息肩之歡。華戎見來蘇之泰。吾等獲免刀鋸。僅全首領。復身奉惟新。命承亨運。緩帶談笑。擊壤聖世。汝雖劬勞於外。迹阻京師。然心期所寄。江漢何遠。自九江告變。皆謂鄧氏狂惑。比日國言籍籍。頗塵吾子。道路之議。豈其或然。聞此之日。能無駭惋。凶人反道敗德。日夜滋深。呢近狡慝。敬謀豺虎。非惟毒流外物。惡積中朝。乃欲毀陵邑。虐崇憲。燒宗廟。鹵御物。然後蕩覆京都。必使蘭豬俱盡。自非聖上廟算靈圖。俛眉遜避。維持內外。擁衞臣下。則赤縣爲戎。百姓其魚矣。此事此蹕盜可孰念。既天道輔順。謳歌有奉。高祖之孫。文皇之子。德洞九幽。功貫三曜。匡拯家國。提鈹黜首。若不子民南面。將使神器何歸。而羣下構慝。妄生窺覬。成軫惑燕。賈高亂趙。讒人罔極。自古有之。波中京冠冕。儒雅世襲。多見前載。縣鑒忠邪。何遠遺鄢中之濤軌。近忘太尉之純槩。相與或羣從舅甥。或姻婭周款。一旦胡越。能無悵恨。若疑誣所至。邪誠無窮。汝嘗誓衆奮戈。剪此朝食。若自延過聽。迷塗未遠。聖上臨物以仁。接下以愛。豈直雍齒先封。乃當射鉤見相矣。當由力窘跡屈。丹誠未亮邪。跂予南服。寤寐延首。若反棹沿流。歸誠鳳闕。錫珪開寓。非爾而誰。吾等並過荷曲慈。俱叨非服。紆金拖玉。改觀蓬門。入奉舜禹之渥。出見義唐之化。雍容揄揚。信白駒空谷之時也。柰何毀鄉先基。自蹈凶戾。山門蕭瑟。松庭誰埽。言念楚路。豈不思父母之邦。幸納惡石。以攜美疹。裁書表意。備其圖之。宋書袁顗傳太宗使朝士與顗書藝文類聚二十五有此

以爲謝莊撰

爲沈慶之答劉義宣書

皇綱絕而復紐。區宇墜而更維。文選王巾頭陀寺碑文注案宋書南郡王義宣傳有沈慶之與義宣書無此二語此是答書彼是與書未必在一篇中也今別以彼篇屬沈慶之集

與左僕射書

弟昨還。方承聞。忽患悶。當時乃爾大惡。殊不易追企。恒想諸治。昨來已漸勝。眠食復云何。頃日寒。重春節至。居患者無不增動。今作何治。眼風不異耳。指遣承問。謝莊白呈左僕射。淳化閣帖三

竹贊

瞻彼中唐。綠竹猗猗。貞而不介。弱而不虧。杳裊人表。蕭瑟雲崖。推名楚潭。美質梁池。藝文類聚八十九

宋孝武宣貴妃誄并序

惟大明六年夏四月壬子。宣貴妃薨。律谷罷煖。龍鄉輟曉。照車去魏。驪城辭趙。皇帝痛掖殿之既闃。悼泉途之已宮。巡步檐而臨蕙路。集重陽而望椒風。嗚呼哀哉。天寵方降。王姬下姻。肅雍揆景。陟屺爰臻。國軫喪淑之傷。家凝霣庇之怨。矧以撰德於旂旐。庶圖芳於鍾萬。其辭曰。

玄丘烟熅。瑤臺降芬。高唐渫雨。巫山鬱雲。誕發蘭儀。光啟玉度。望月方娥。瞻星比婺。毓德素里。棲景宸軒。處麗絺綌。出懋蘋蘩。修詩賁道。稱圖照言。翼訓姒幄。贊軌堯門。綢繆史館。容與經闈。陳風緝藻。臨彖分微。游藝殫數。撫律窮機。躊躇冬愛。惆悵秋暉。展如之華。寔邦之媛。徽勤顯陽。肅恭崇憲。奉榮維約。承慈以遜。遠下延和。臨朋遠怨。祚靈集祉。慶藹迎祥。皇肩璿式。帝女金相。聯跗齊穎。接萼均芳。以蕃以牧。燭代輝梁。視朔書氛。觀臺告祲。八頌扃和。六莂輟參。衡揔滅容。鞶翟毀衽。掩綵瑤光。收華紫禁。嗚呼哀哉。帷軒夕改。輧輅晨遷。離宮天邃。別殿雲懸。靈衣虛襲。組帳空烟。巾見餘軸。匣

有遺紘。嗚呼哀哉。移氣朔兮變羅紈。白露凝兮歲將闌。庭樹驚兮中帷響。金缸曖兮玉座寒。純孝擗其俱毀。共氣摧其同欒。仰昊天之莫報。怨凱風之徒攀。茫昧與善。寂寥餘慶。喪過乎哀。棘實滅性。世覆冲華。國虛淵令。嗚呼哀哉。題湊既肅。龍輴既辰。階撤兩奠。庭引雙轜。維慕維愛。曰子曰身。慟皇情於容物。崩列辟於上旻。崇徽章而出寰甸。照殊策而去城闉。嗚呼哀哉。經建春而右轉。循閶闔而徑度。旌委鬱於飛飛。龍逶遲於步步。鏘楚挽於槐風。喝邊簫於松霧。涉姑繇而環迴。望樂池而顧慕。嗚呼哀哉。晨轀解鳳。曉蓋俄金。山庭寢日。隧路抽陰。重扃閟兮燈已黯。中泉寂兮此夜深。銷神躬於壤末。散靈魄於天潯。響乘氣兮蘭馭風。德有遠兮聲無窮。嗚呼哀哉。文選　藝文類聚十五

黃門侍郎劉琨之誄

秋風散兮涼葉稀。出吳洲兮謝江畿。臨國門兮聳雲路。睇舊里兮

鸞容衣。魂終朝而三奪。心一夜而九飛。過建春兮背閶庭。歷承明兮去城闉。旌徘徊而北係。轜逶遲而不轉。挽掩隧而辛嘶。驥含愁而鳴俛。顧物色之共傷。見車徒之相泣。藝文類聚四十八

殷貴妃謚策文

維年月日。皇帝曰。咨。故淑儀殷氏。惟爾含徽挺懋。初學記作茂。爰光素里。友琴流芬。實華紫掖。奉軒景曰柔明登譽。初學記作發迹。處椒風曰婉孌升名。幽閑之範。日藹層闈。繁祉之慶。方隆蕃世。而當春掩藻。中波滅源。朕用震悼。傷於厥心。松柏已蓊。泉冥將隧。宜旌德第行。式衍聲芳。今遣某官某冊告謚曰宣。魂而有靈。尚茲寵渥。嗚呼哀哉。藝文類聚十五 初學記十二

孝武帝哀策文

應門洞望。馳道南除。菆塗已撤。鬱邑將虛。哀子嗣皇帝。擗摽池綍。周邉旌軫。攀七緯之崩淪。慟三靈之徂盡。百神綦而行雲沈。萬國哀而素霜霣。衣冠緬邈。弓劒不追。敢誦謳頌。髣髴希夷。其辭曰。

樞電皇根。月瑤國緒。肩裔丹陵。蟬聯華渚。二后在天。大行纂武。克睿克聖。重規襲矩。昭昭金式。明明玉度。望雲其遠。就日其尊。雨零露湛。冬暖春暄。聲芳納麓。道昭賓門。上德無稱。至功不器。怊悵四始。優遊六位。綴響蘭深。緝言瓊祕。悠哉粱隧。眇焉汾肆。儆業開寓。離經作翰。鴻起荊河。鸞遊楚漢。泗濱雲明。江區承奐。陝左清郊。棠陰虛館。地維不絕。乾綱弛機。羲庭薄蝕。紫路流飛。泣血淚溝。顧瞻川沂。孝貫樞極。義震寰圍。誓鉞皇郊。詔師牧甸。七景緣華。五雲卷煽。雪怨園邑。埽恥瀛縣。啟聖宸蓋。集寶龍見。王室多故。國步方蹇。淮濟裂冠。江荊毀冕。東楚亂常。西華泊輿。動筭揮圖。爰戡爰翦。浹宙斯澄。綿區咸鏡。修風曉逸。德星夕映。溽露飛甘。舒雲結慶。禎被動植。信洎翔泳。秩禮克宣。墜章必講。方堂饗極。圓流肆貴。南贊郊宮。北清靈囿。瑤軒春藹。翠華冬狩。經緯窮文。克定盡武。鄗上呈祥。

寓當作寘

泊當作汨

介丘載佇。在盈念冗成功弗處。榮鏡中世。舄奕前古。睿業初遠。鴻化方亭。丹雲承日。素景騰星。玉几去襲。綴衣在庭。辭重陽之昭昭。降大夜之冥冥。氣貿炎涼。史詔龜筮。文物空嚴。鑾和虛衞。動蜃輅之逶迤。顧璧羽之容裔。出國門。分天地。向幽途。異身世。龍旌鬱而青槐遠。鶯葭亂而白楊彩。覯初霜之變條。聽秋風之下棘。橋山絙雲。穀秋虧日。輦道結寒。松庭盡密。芝蓋迫輪。上曦春鬱。萬寓肅其北軫。靈阿閟其深隧。南維有時傾。離光不常鏡。騰英聲與茂實。方流華於舞詠。藝文類聚十三

皇太子妃哀策文

樞凝桂冥庭。肅龍輼。風沈國路。雲起郊門。皇帝傷緦縗之掩緌。悼副褘之臧華。行光既晏。長河又斜。顧而言曰。璇瑤有毀。郁烈無遷。翦素裁簡。授之史臣。其辭曰。

霍岫虧天。濮流凝漢。祥發桐珪。慶昭金筭。毓景帝里。飛芳戚閈。祕儀施谷。初學記作祕義施容 升音集灌。月彗幾望。娣秩維頁。釋幃春宮。承飾初學記作篚 少陽。五葉衍藻。四訓柚光。葳蕤蕙振。初學記作穠 婉孌瓊相。清徽就遠。祲沴傳方。臨華罷翠。當睢收蘭。複殿生響。長廡初學記作廊 結寒。節移虛鑽。氣變容衣。中庭草蔓。階上螢飛。傷紫里第。痛溢朝闈。霜侵燭昧。風蜜帷凄。驚葭夕轉。龍驂夜嘶。筵既訣兮輿既撤。背青閩兮去神闈。旌掩鬱而還泛。蓋逶遲而顧低。素綍斂維。華軒解馭。山蹊恆陰。松阿不曙。離天遲兮就錯沈。委白日兮即冥暮。菊有秀兮蘅有芬。德方遠兮聲彌樹。藝文類聚十六 初學記十

蜜當作密

豫章長公主墓志銘

稟中極之照。體星軒之華。肅恭在國。被庭欽其風。恪勤衞館。庶族仰其德。神葉靈條。爰自帝堯。文信啟魯。肇京於楚。宵燭載照。娥英是從。婉娩綿裕。優柔肅雍。蘅蕙有寶。金碧不居。泉庭一夜。里館長蕪。藝文類聚十六

司空何尚之墓誌

遠源長瀾。自晉徂韓。潛川韜玉。霍岫騰鸞。處華民瞻。出光帝難。寂寞壽仁。茫昧報施。調於飪鯨。經難褰寄。晻映流芳。煙熅作義。藝文類聚四十七

烏程嚴可均校輯

顔延之一

延之字延年。瑯邪臨沂人。晉光祿勳含曾孫。義熙中。後將軍吳國內史劉柳㠯爲行參軍。轉主簿。歷豫章公世子參軍。宋國建爲博士。仍遷世子舍人。及受禪。補太子舍人。徙尚書儀曹郎太子中舍人。少帝卽位。㠯爲正員郎兼中書郎。徙員外常侍。出爲始安太守。元嘉初徵爲中書侍郎。轉太子中庶子。尋領步兵校尉。出爲永嘉太守。未行。免。起爲始興王濬後軍諮議參軍。遷御史中丞。改國子祭酒司徒左長史。免。復爲祕書監光祿勳。致仕。元凶弑立。㠯爲光祿大夫。孝武卽位。㠯爲金紫光祿大夫。領湘東王師。孝建三年卒。年七十三。贈散騎常侍特進。謚曰憲子。有集三十卷。逸集一卷。

行殣賦

嗟我來之云遠。覩行殣於水隅。朋朽棺㠯掩壤。仰枯顙而枕衢。貧沙礫㠯含實。藉水草之殘儲。撫躬中塗。太息蘭渚。行徘徊於永路。時悄愴於川侶。（藝文類聚三十四）

白鸚鵡賦并序

余具職崇賢。預觀神祕。有白鸚鵡焉。被素履玄。性溫言達。九譯絕區。作瑞天府。同事多士。咸奇思賦。其辭曰。

稟儀素域。繼體寒門。貌履玄而被潔。性既春而示溫。（已上初學記三十）雖言禽之末品。妙六氣而匏生。往祕奇於鬼服。來充美於華京。恨儀鳳之無辨。惜晨鷺之徒暄。思受命於黃髮。獨含辭而採言。起交河之榮薄。出天山之無垠。既達美於天居。亦儷景於雲阿。漸惠和之方渥。綴風土而未訛。服璅翮於短衿。仰梢雲之曾柯。覬天網之一布。漏微翰於山阿。（藝文類聚九十一）

赭白馬賦并序

驥不稱力。馬㠯龍名。豈不㠯國尚威容。軍駮趫迅而已。實有騰光吐圖。疇德瑞聖之符焉。是㠯語崇其靈。世榮其至。我高祖之造宋也。五方率職。四隩入貢。祕寶盈於玉府。文騶列乎華廄。乃有乘輿赭白。特稟逸異之姿。妙簡帝心。用錫聖皁。服御順志。馳驟合度。齒歷雖衰。而藝美不忒。襲養兼年。恩隱周渥。歲老氣殫。斃於內棧。少盡其力。有惻上仁。乃詔陪侍。奉述中旨。末臣庸蔽。敢同獻賦。其辭曰。

惟宋二十有二載。盛烈光乎重葉。武義粤其肅陳。文教迄已優洽。泰階之平可升。興王之軌可接。訪國美於舊史。攷方載於往牒。昔帝軒陟位。飛黃服皁。后唐膺籙。赤文候日。漢道亨而天驥呈才。魏德楙而澤馬効質。伊逸倫之妙足。自前代而間出。並榮光於瑞典。登郊歌乎司律。所㠯崇衞威神。扶護警蹕。精曜協從。靈物咸秩。暨

明命之初基。罄九區而率順。有肆險㠯稟朔。或踰遠而納賮。聞王會之阜昌。知函夏之充牣。總六服㠯收賢。掩七戎而得駿。蓋乘風之淑類。實先景之洪胄。故能代驂象輿。歷配鉤陳。齒筭延長。聲價隆振。信聖祖之蕃錫。留皇情而驟進。徒觀其附筋樹骨。垂梢植髮。雙瞳夾鏡。兩權協月。異體峯生。殊相逸發。超攄絕夫塵轍。驅騖迅於滅沒。簡偉塞門。獻狀絳闕。旦刷幽燕。晝秣荊越。教敬不易之典。訓人必書之舉。惟帝惟祖。爰游爰豫。飛輶軒㠯戒道。環彀騎而清路。勒五營使案部。聲八鸞㠯節步。具服金組。兼飾丹雘。寶鋑星纏。鏤章霞布。進迫遮迾。卻屬輦輅。欻聳擢㠯鴻驚。時濩略而龍翥。弭雄姿㠯奉引。婉柔心而待御。至於露滋月肅。霜戾秋登。王于興言。闡肆威稜。臨廣望。坐百層。料武藝。品驍騰。流藻周施。和鈴重設。睨影高鳴。將超中折。分馳迴場。角壯永埒。別輩越羣。絇練夐絕。捷趫夫之斂手。促華鼓之繁節。經玄蹤而雹散。歷素支而冰裂。膺門沫

匈當作凶

蒸。汗漫走血。踠迹回唐。畜怒未洩。乾心降而微怡。都人仰而朋悅。妍變之態既畢。淩遽之氣方屬。躡蠁之牽制。隘通都之圈束。眷西極而驤首。望朔雲而蹀足。將使紫燕駢衡。綠蛇衞轂。纖驪接趾。秀騏齊亍。覲王母於崑墟。要帝臺於宣嶽。跨中州之轍迹。窮神行之軌躅。然而般於遊畋。作鏡前王。肆於人上。取悔義方。天子乃輟駕迴慮。息徒解裝。鑒武穆。憲文光。振民隱。脩國章。戒出豕之敗御。惕飛鳥之跱衡。故祗慎乎所常忽。敬備乎所未防。輿有重輪之安。馬無泛駕之佚。處以濯龍之奧。委以紅粟之秩。服養知仁。從老得卒。加弊帷。收仆質。天情周。皇恩畢。

亂曰。惟德動天。神物儀兮。於時駔駿。充階街兮。稟靈月駟。祖雲螭兮。雄志倜儻。精權奇兮。既剛且淑。服鞿羈兮。效足中黃。殉驅馳兮。願終惠養。蔭本枝兮。竟先朝露。長委離兮。文選藝文類聚九十三

寒蟬賦

始蕭瑟以攢吟。終嬋媛而孤引。越客發度障之歌。代馬懷首燕之信。不假緌於范冠。豈俟體於人爵。折清風而不淪。圖高木以飄落。藝文類聚九十七初學記三十

餐霞之氣。神馭乎九仙。稟露之清。氣精於八蠕。

贈謚袁淑詔

夫輕道重義。亟聞其教。世敝國危。希遇其人。自非達義之至。識正之深者。孰能抗心衞主。遺身固節者哉。故太子左衞率淑。文辯優洽。秉尚貞慤。當要逼之切。意色不撓。厲辭道逆。氣震匈黨。虐刃交至。取斃不移。古之懷忠隕難。未云出其右者。興言嗟悼。無廢乎心。宜在加禮。永旌宋有臣焉。可贈侍中太尉。謚曰忠憲公。宋書袁淑傳世祖即位使顏延之爲詔

賜卹袁淑遺孤詔

袁淑以身殉義。忠烈邈古。遺孤在疚。特所矜懷。可厚加賜卹。以慰

存亡。同上

庭誥

庭誥者。施於閨庭之內。謂不遠也。吾年居秋方。慮先草木。故遽以未聞。誥爾在庭。若立履之方。規覽之明。已列通人之規。不復續論。今所載咸其素畜。本乎性靈。而致之心用。夫選言務一。不尚煩密。而至於備議者。蓋以網諸情非。古語曰。得鳥者羅之一目。而一目之羅。無時得鳥矣。此其積意之方。道者識之公。情者德之私。公通可以使神明加響。私塞不能令妻子移心。是以昔之善爲士者。必捐情反道。合公屏私。尋尺之身。而以天地爲心。數紀之壽。常以金石爲量。觀夫古先垂戒。長老餘論。雖用細制。每以不朽見銘。繕築末迹。咸以可久承志。況樹德立義。收族長家。而不思經遠乎。曰。身行不足。遺之後人。欲求子孝必先慈。御覽五百九十三作必先爲慈將責弟悌務爲友。御覽四百十六五百九十三作務念爲友雖孝不待慈。而慈固御覽五百九十三作能植孝。

悌非期友。而友亦立悌。夫和之不備。或應以不和。猶信不足焉。必有不信。御覽作猶信之不足必應以不信儻知恩意相生。情理相出。可使家有參柴。人皆由損。夫內居德本。外夷民譽。言高一世。處之逾嘿。器重一時。體之茲沖。不以所能干衆。不以所長議物。淵泰入道。與天爲人者。士之上也。若不能遺聲。欲人出己。知柄在虛求。不可校得。敬慕謙通。畏避矜踞。思廣監擇。從其遠猷。文理精出。而言稱未達。論問宣茂。而不以居身。此其亞也。若乃聞實之爲貴。以辯畫所克。見聲之取榮。謂爭奪可獲。言不出於戶牖。自以爲道義久立。才未信於僕妾。而曰我有以過人。於是感苟銳之志。馳傾觖之望。豈悟已挂有識之裁。入脩家之誡乎。記所云千人所指。無病自死者也。行近於此者。吾不願聞之矣。凡有知能。預有文論。不練之庶士。校之群言。通才所歸。前流所與。焉得以成名乎。若呻吟於牆室之內。喧囂於黨輩之間。竊議以迷寡聞。妲語以敵要說。是短算所出。而非長

見所上。適値尊朋臨座。稠覽博論。而言不入於高聽。人見棄於衆視。則慌若迷塗失偶。黶如深夜撤燭。銜聲茹氣。腆嘿而歸。豈識向之夸慢。祇足以成今之沮喪邪。此固少壯之廢。爾其戒之。夫以怨誹爲心者。未有達無心救得喪。多見諸耳。此蓋臧獲之爲。豈識量之爲事哉。是以德聲令氣。愈上每高。忿言懟議。每下愈發。有尙於君子者。寧可不務勉邪。雖曰恒人。情不能素盡。故當以遠理勝之。么笇除之。豈可不務自異。而取陷庸品乎。富厚貧薄。事之懸也。以富厚之身。親貧薄之人。非可以一時處。然昔有守之無怨。安之不悶者。蓋有理存焉。夫既有富厚。必有貧薄。豈其證然。時乃天道。若人皆厚富。是理無貧薄。然乎。必不然也。若謂富厚在我。則宜貧薄在人。可乎。又不可矣。道在不然。義在不可。而横意去就。謬生希幸。以爲未達至分。蠶溫農飽。民生之本。躬稼難就。上以僕役爲資。當施其情願。庀其衣食。定其當治。遞其優劇。出之休飱。後之捶責。雖有勸恤之勤。而無霑曝之苦。務前公稅。以遠吏讓。無急傷費。以息流議。量時發斂。視歲穰儉。省贍以奉己。損散以及人。此用天之善。御生之得也。率下多方。見情爲上。立長多術。晦明爲懿。雖及僕妾。情見則事通。雖在畎畝。明晦則功博。若奪其當然。役其煩務。使威烈雷霆。猶不禁其欲。雖棄其大用。窮其細瑕。或明灼日月。將不勝其邪。故曰孱焉則差。的焉則闇。是以禮道尙優。法意從刻。優則人自爲厚。刻則物相爲薄。耕收誠鄙。此用不忒。所謂野陋而不以居心也。含生之氓。同祖一氣。等級相傾。遂成差品。遂使業習移其天識。世服沒其性靈。至夫願欲情嗜。宜無間殊。或役人而養給。然是非大意。不可侮也。隅奧有竈。齊侯蔑寒。犬馬有秩。管燕輕饑。若能服溫厚而知穿弊之苦。明周之德。厭滋旨而識寡嗛之急。仁恕之功。豈與夫比肌膚於草石。方手足於飛走者。同其意用哉。罰愼其濫。惠戒其偏。罰濫則無以爲罰。惠偏則不如無惠。雖爾眇末。猶扁

庸保之上。事思反己。動類念物。則其情得。而人心塞矣。抃博蒱塞會衆之事。諧調哂謔。適坐之方。然失敬致侮。皆此之由。方其剋瞻。彌喪端儼。況遭非鄙。慮將醜折。豈若拒其容而簡其事。靜其氣而遠其意。使言必諍厭。賓友淸耳。笑不傾嫵。左右悅目。非鄙無因而生。侵侮何從而入。此亦持德之管籥。爾其謹哉。嫌惑疑心。誠亦難分。豈唯厚貌蔽智之明。深情怯剛之斷而已哉。必使猜怨愚賢。則嚬笑入戾。期變犬馬。則步顧成妖。況動容竊斧。束裝盜金。又何足論。是以前王作典。明愼議獄。而僭濫易意。朱公論璧。光澤相如。而倍薄異價。此言雖大。可以戒小。遊道雖廣。交義爲長。得在可久。失在輕絕。久由相敬。絕由相狎。愛之勿勞。當扶其正性。忠而勿誨。必藏其枉情。輔以藝業。會以文辭。使親不可褻。疏不可間。每存大德。無挾小怨。率此往也。足以相終。酒酌之設。可樂而不可嗜。嗜而非病者希。病而遂眚者幾。既眚既病。將蔑其正。若存其正性。紓其妄發。其唯善戒乎。聲樂之會。可簡而不可違。違而不背者鮮矣。背而非弊者反矣。既弊既背。將受其毁。必能通其礙而節其流。意可爲和中矣。善施者唯御覽四百七十七作豈唯發自人心。乃出天則。與不待積。取無謀實。並散千金。誠不可能。贍人之急。雖乏必先。使施如王丹。愛如杜林。亦可與言交矣。浮華怪飾。滅質之具。奇服麗食。棄素之方。動人勸慕。傾人顧盼。可以遠識奪。難用近欲從。若覩其淫怪。知生之無心。爲見奇麗。能致諸非務。則不抑自貴。不禁自止。夫數相者。必有之徵。既聞之術人。又驗之吾身。理可得而論也。人者。兆氣二德。稟體五常。二德有奇偶。五常有勝殺。及其爲人。寧無叶沴。亦猶生有好醜。死有夭壽。人皆知其懸天。至於丁年乖遇。中身迂合者。豈可易地哉。是以君子道命愈難。識道愈堅。古人恥以身爲溪壑者。屏欲之謂也。欲者。性之煩濁。氣之蒿蒸。故其爲害。則熏心智。耗眞情。傷人和。犯天性。雖生必有之。而生之德。猶火含烟而妨火。桂

已當作目

懷蠹而殘桂。然則火勝則焰滅。（御覽八百七十一作焰勝則火滅）蠹壯則桂折。故性明者欲簡。嗜繁者氣惽。去明即惽。難以主一目。其以中外羣聖。建言所黜。儒道眾智。發論是除。然有之者不患誤深。故藥之者恆苦術淺。所以毀道多而義寡。頓盡誠難。每指可易。能易每指。亦明之末。廉嗜之性不同。故畏慕之情或異。從事於人者。無一人我之心。不以己之所善謀人。爲有明矣。不以人之所務失我。能有守矣。己所謂然。而彼定不然。弈棋之蔽。悅彼之可。而忘我不可。學顰之蔽。將求去蔽者。念通怍介而已。流言謗議。有道所不免。況在闕薄。難用算防。接應之方。言必出己。或信不素積。嫌間所襲。或性不和物。尤怨所聚。有一於此。何處逃毀。苟能反悔在我。而無責於人。必有達鑒昭其情。遠識迹其事。日省吾躬。月料吾志。寬嘿以居。潔靜已期。神道必在。何恤人言。諺曰。富則盛。貧則病矣。（藝文類聚三十五。初學記十八作甚矣）貧之爲病也。不爲形色麤黶。或亦神心沮廢。豈但交友疏棄。必有家人誚讓。非廉深遠識者。何能不移其植。（藝文類聚作非廉潔深識者何能不交移其植。初學記作其操）故欲蠲憂患。莫若懷古。懷古之志。當自同古人。見通則憂淺。意遠則怨浮。（藝文類聚初學記作見深則憂淺識遠則患浮）昔有琴歌於編蓬之中者。用此道也。夫信不逆彰。義必出隱。交賴相盡。明有相照。一面見旨。則情固丘岳。一言中志。則意入淵泉。以此事上。水火可蹈。以此託友。金石可弊。豈待充其榮實。乃將議報。厚之篚筐。然後圖終。如或與立。茂思無忽。蔽利者受之易。易則人之所榮。蠶穡者就之艱。艱則物之所鄙。艱易既有勤倦之情。榮鄙又間向背之意。此二塗所爲反也。以勞定國。以功施人。則役徒屬而擅豐麗。自理於民。自事其生。則督妻子而趨耕織。必使陵侮不作。懸企不萌。所謂賢鄙處宜。華野同泰。人以有惜爲質。非假嚴刑。有恆爲德。不慕厚貴。有惜者以理葬。有恆者與物終。世有位去則情盡。斯無惜矣。又有務謝則心移。斯不恆矣。又非徒若此而已。或見人休事。

則勸慚結納。及聞否論。則處彰離貳。附會以從風。隱竊以成釁。朝吐面譽。暮行背毀。昔同稽款。今猶叛戾。斯爲甚矣。又非唯若此而已。或憑人惠訓。藉人成立。與人餘論。依人揚聲。曲存稟仰。甘赴塵軌。衰沒畏遠。忌聞影迹。又蒙之毀之。無度心短。彼能私樹己拙。自崇恆輩。罔顧高識。有人至此。實蠹大倫。每思防避。無通閭伍。覩驚異之事。或無涉傳。遭卒迫之變。反思安順。若異從己發。將尸謗人。迫而又迕。愈使失度。能夷異如裴楷。處逼如裴遐。可稱深士乎。喜怒者有性所不能無。常起於褊量。而止於弘識。然喜過則不重。怒過則不威。能以恬漠（御覽五百九十三作恬淡）爲體。寬愉爲器者。（御覽下有大美矣二字）喜蕩心。微抑則定。甚怒煩性。小忍即歇。（御覽下有故字）動無愆容。舉無失度。則物將自懸。人將自止。習之所變亦大矣。豈惟蒸性染身。乃將移智易慮。故曰與善人居。如入芝蘭之室。久而不聞其芬。與之化矣。與不善人居。如入鮑魚之肆。久而不知其臭。與之變矣。是以古人慎所與處。唯夫金真玉粹者。乃能盡（藝文類聚二十三作處）而不汚爾。故曰丹可滅而不能使無赤。石可毀而不能使無堅。苟無丹石之性。必慎浸染之由。能以懷道爲人。必存從理之心。道可懷而理可從。則不議貧。議所樂耳。或云。貧何由樂。此未求道意。道者。瞻富貴同貧賤。理固得而自我喪之。未爲通議。苟議不喪。夫何不樂。或曰。溫飽之貴。所以榮生。飢寒在躬。空曰從道。取諸其身。將非篤論。此又通理所用。凡生之具。豈簡定實。或以膏腴夭性。有以菽藿登年。中散云。所足與不由外。是以稱體而食。貧歲愈嗛。量腹而炊。豐家餘飡。非粒實息耗。意有盈虛爾。況心得復劣。身獲仁富。明白入素。氣志如神。雖十旬九飯。不能令饑。業席三屬。不能爲寒。豈不信然。且以己爲度者。無以自通彼量。渾四游而幹五緯。天道弘也。振河海而載山川。地道厚也。一情紀而合流貫。人靈茂也。昔之通乎此數者。不爲剖判之行。必廣其風度。無挾私殊。博其交道。無懷曲異。故望塵請友。則義士輕身。一遇拜親。則仁人投分。此倫序通允。禮俗平一。上獲其用。下得其和。世務雖移。前休未遠。人之適主。吾將反本。三人至生。寔有之識。幼壯驟過。衰耗騖及。其間夭鬱。既難勝言。假獲存遂。又云無幾。柔麗之身。亟委土木。剛清之才。遽爲丘壤。回遑顧慕。雖數紀之中爾。以此持榮。曾不可留。以此服道。亦何能平。進退我生。游觀所達。得貴爲人。將在含理。含理之貴。惟神與交。幸有心靈。義無自惡。偶信天德。逝不上慚。欲使人沈來化。志符往哲。勿謂是賒。日鑿斯密。著通此意。吾將忘老。如固不然。其誰與歸。値懷所撰。略布衆脩。若備舉情見。顧未書一。贍身之經。別在田家節政。奉終之紀。自著燕居畢義。宋書顏延之傳。又略見藝文類聚二十三。又三十五。初學記十八。御覽四百十六。又四百七十七。又五百九十三。又八百七十一。

清者人之正路。御覽四百二十六。

枚叔有言。欲人勿聞。莫若勿言。御寒。莫若重裘。止謗。莫若自脩。

論語云。內省不疚。夫何憂何懼。御覽五百九十三。

觀書貴要。觀要貴博。博而知要。萬流可一。詠歌之書。取其連類合章。比物集句。采風謠以達民志。詩爲之祖。褒貶之書。取其正言晦義。轉制衰王。微辭豈旨。一本作氣責貽意盛聖。春秋爲上。易首體備。能事之淵。馬陸得其象數。而失其成理。荀王舉其正宗。而略其數象。四家之見。雖各爲所志。總而論之。精理出於微明。氣數生於形分。然則荀王得之於心。馬陸取之於物。其無惡迄可知矣。夫象數窮則太極著。人心極而神功彰。若荀王之言易。可謂極人心之數者也。初學記二十一。引兩條。御覽六百八。又六百九。

荀爽云。詩者古之歌章。然則雅頌之樂篇全矣。以是後之□詩者。率以歌爲名。及秦勒望岱。漢祀郊宮。辭著前史者。文變之高制也。雖雅聲未至。弘麗難追矣。逮李陵衆作。總雜不類。元是假託。非盡陵制。至其善寫。有足悲者。摯虞文論。足稱優洽。柏梁以來。繼作非一。所纂至七言而已。九言不見者。將由聲度闡誕。不協金石。至於五言流靡。則劉楨張華。四言側密。則張衡王粲。若夫陳思王。可謂兼之矣。御覽五百八十六。

達見同善。通辯異科。一曰言道。二曰論心。三曰校理。言道者本之於天。論心者議之於人。校理者取之於物。從而別之。繇途參陳。要而會之。終致可一。若夫玄神之經。窮明之說。義兼三端。至無二極。但語出梵方。故見猜世學。事起殊倫。故獲非恆情。天之賦道。非差胡華。人之稟靈。豈限外內。一以此思。可無臆裁。爲道者蓋流出於仙法。故以鍊形爲上。崇佛者本在於神教。故以治心爲先。鍊形之家。必就深曠。反飛靈。糇丹石。粒芝精。所以還年卻老。延華駐彩。欲使體合纁霞。軌偏天海。此其所長。及僞者爲之。則忌災祟。課粗愿。混士女。亂妖正。此其巨蠹也。治心之術。必辭親偶。閉身性。師淨覺。信緣命。所以反壹爲生。剋成聖業。智邈大明。志狹恆劫。此其所貴。

及詭者爲之。則藉髮落。狎菁華。傷榮聲。誅利論。此其甚誣。物有不然。事無不弊。衡石日陳。猶患差忒。況神道不形。固衆端之所假。未能體神。而不疑神無者。以爲靈性密微。可以積理知。洪變歘恍。可以大順待。照若鏡天。肅若窺淵。能以理順爲人者。可與言有神矣。若乃罔其眞而眚其弊。是未加心照耳。弘明集十三。

策秀才文

廢興之要。敬俟良說。文選任昉天監策秀才文注。

請立渾天儀表

璣衡創物。蔡邕造論。戎夏相襲。世重其術。臣昔奉使入關。值大軍旋旆。渾儀在路。肆觀奇祕。絕代異寶。旋及王府。攷諸前志。誠應夙聞。尚書璇璣玉衡。以齊七政。崔瑗所謂數術窮天地。制作侔造化。經志所云。圖憲所本。故體度不渝。精測尚矣。則七曜運變。無匪康時。九代貞觀。不絕可歷。臣夙懷末意。懼於非任。今忝惟職統。敢昧

恤當作賻

死已聞。藝文類聚、御覽二

拜永嘉太守辭東宮表

抗志絕操。筆陸謝務。代食賓士。何獨匪民。藝文類聚五十。

為竟陵王世子臨會稽郡表

此郡歌風蹈雅。既髣髴於淹中。春誦夏絃。實依稀於河上。頃者已來稍有訛替。可推擇明經。式寄儒職。使琢玉成器。無爽昔談。鑄金侍價。有符舊說。藝文類聚五十。

謝子竣封建城侯表

伏見策書。降錫息竣開國建城縣侯。爵踰三等。戶越兼千。生邀洪禮。身茂盛世。闔宗革聽。晝室改觀。誠慚末品。誤參其泰。臣聞子之能仕。父教之忠。忠教善信。臣實負其前誥。能仕志政。竣固暗於明試。徒已數遇會昌。消憂啟聖。幸與靈祚。福德共從。義勳分賞。執珪登朝。析金受邑。慶重處愆。恩往懼積。非臣耄蔽。所任圖報。豈竣庸薄。所能奉報。藝文類聚五十一。

上表自陳

臣聞行百里者半於九十。言其末路之難也。愚心常謂為虛。方今乃知其信。臣延之人薄寵厚。宿塵國言。而雪效無從。榮牒增廣。麻晝身彫。日叨官次。雖容載有塗。而妨穢滋積。早欲啟請餘算。屏蔽醜老。但時制行及。歸慕無賒。是已恤冒愆非。簡息干黷。耗歇難支。質用有限。自去夏侵暑。入此秋變。頭齒眩疼。根痾漸劇。手足冷痺。左髀尤甚。素不能食。頃向減半。本猶賴服。比倦悸晚年疾所催。顧景引日。臣班叨首鼎。位尸封典。肅祗朝校。尚恧匪任。而陵廟衆事。有已疾怠。宮府覲慰。轉闕躬親。息奐庸微。過宰近邑。回澤爰降。實加將監。乞解所職。隨就藥養。伏願聖慈。特垂矜許。稟恩明世。負報冥暮。仰企端闈。上戀罔極。宋書顏延之傳

全宋文卷三十六終

全宋文卷三十七

烏程嚴可均校輯

顏延之二

武帝謚議

聖哲同風，功美殊稱，蓋出乎道者無方，故形於物者不一。伏惟道塞人祇，信通期運，愛敬所稟，因心則遠，英粹之照，正性自天。體苞潛躍，慮周卷舒，龍德在陰，雖艱貞而不悶，因時而惕，故有來其必享。在晉之季，皇塗荐阻，攙搶干紀，璇璣失馭，天鑒甄武，民屬聖明，不假十室之資，不籍百乘之賦，首義馳風，一鼓靜亂，滌除泰階，消殄薄蝕，斯亮登庸之基，經綸之始者也。內難雖弭，外圖未輯，河華海岱，負固相望，荊濮燕亳，侯服交侵，眷言帝畿，思康王路，戎不再駕，遺氓即敘，斥堠之所未羈，亭徼之所不譯，莫不飾誠請罪，款塞來賓。故能洒埽中嶽，致廟九山，神道會昌，寶命既集，損之而益後，身愈先。既而儀形帝載，揖讓天厤，改玉乎文祖，班瑞於神宗，貫革寢機，文武揆務，故宸居兩楹，坐一八表，圖訓成均之學，家沾撫享之仁。大美配天，必終之以儉德；道固萬葉，猶申之以話言。允所謂敘思無窮，樹之長世，取高上代，顧邈前王矣。（藝文類聚十三）

享當作亨

天馬狀

降靈驥子，九方是選，白驥朱文，緣虵紫燕，水軼驚鳧，陸越飛箭，遇山為風，值雲成電。（藝文類聚九十三）

與王曇生書

君家高世之節，有識歸重，豫染豪翰，所應載述。况僕託慕末風，竊以敘德為事，但恨短筆不足書美。（宋書王弘之傳：弘之卒，延之欲為作誄，書與弘之子曇生。誄竟不就。又見南史二十四）

弔張茂度書

賢弟子少履貞規，長懷理要，清風素氣，得之天然，言面以來，便申忘年之好，比雖艱隔成阻，而情問無睽。薄莫之人，冀其方見慰說，豈謂中年，奄為長往，聞問悼心，有兼恆痛。足下門教敦至，兼實家寶，一旦喪失，何可為懷。（宋書張敷傳）

與王微書

圖畫非止藝行，成當與易象同體，而工篆隸者，自以書巧為高。

荅或問甥姪

或問顏延之曰：甥姪亦可施於伯叔從母邪？顏荅曰：伯叔有父名，則弟兄之子不得稱姪；從母有母名，則姊妹之子不得稱甥。且甥姪唯施之於舅姑耳。何者？姪之言實也，甥之言生也。女子雖出，情不自絕，故於兄弟之子稱其情實。男子居內，據自我出，故於姊妹之子言其出生。伯叔本內，不得言實；從母俱出，不得言生。然後謂吾伯叔者，吾謂之兄弟之子；謂吾從母者，吾謂之姊妹之子。（通典六十八）

七繹

北岳孤生，剗迹埋名，身閑事盡，道畜山扃，東國進士，謬與遷焉。其居也，依隱嵁陰，結架清深，巖居橋構，磴道相臨，寒槩隴首，鱗飲江潯。

客曰：周以巖廊，而以綵房，水寫雲氣，土祕椒芳，既旋天而倒井，又蝢員而鏤方。松丘箭渚，藥苑香林，梁潤道以高濟，棧巖磴而上尋。（已上並藝文類聚五十七，御覽一百八十八）

客曰：若夫舟山之奧，金門之祕，地首嶓編，川上汶泗，裁石成音，調金為器。故列真玩其徽鳴，辭人賦其清懿。若乃梓漆箭聲，麗容呈才，陳舞態，鬧吹臺，獵悲風，遡秋埃。既而昵賓獻壽，中人奉膳，有怡者顏，弗怡高殿，視華鼓之繁桴，聽笳邊之嘶囀。飛朱鷺以首引，逮玄雲而終變。然後簪珥搖暉，莊服流湎，抗妍歌以跕躧，揚輕袖而騁面，雜紛披於巾拂，遞閒闔乎槃扇。（藝文類聚五十七）

騁當作躧

梓工飾雕範之輿。涓人進龍圖之馬。馭駕則眩奪鳳蓋。振鑣則圖促函夏。故動軔馳光。舉策流稀。御覽三百五十八

三月三日曲水詩序

夫方策既載。皇王之迹已殊。鐘石畢陳。舞詠之情不一。雖淵流遂往。詳略異聞。然其宅天衷。立民極。莫不崇侚其道。神明其位。拓世貽統。固萬葉而爲量者也。有宋函夏。帝圖弘遠。高祖以聖武定鼎。規同造物。皇上以叡文承歷。景屬宸居。隆周之卜既永。宗漢之兆在焉。正體毓德於少陽。王宰藝文類聚作上宰宣哲於元輔。晷緯昭應。山瀆效靈。五方雜遝。四隩來暨。選賢建戚。則宅之於茂典。施命發號。必酌之於故實。大予協樂。上庠肆教。章程明密。品式周備。國容眂令而動。軍政象物而具。獻闕記言。校文講藝之官。采遺於內。輶車朱軒。懷荒振遠之使。論德於外。蕤葆素氂。并柯共穗之瑞。史不絕書。棧山航海。踰沙軼漠之貢。府無虛月。烈燧千城。通驛萬里。穹居

之君。內首稟朔。卉服之酋。回面受吏。是以異人慕響。俊民間出。警蹕清夷。表裏悅穆。將徙縣中宇。張樂岱郊。增類帝之宮。飭禮神之館。塗歌邑誦。以望屬車之塵者久矣。日纏胃維。月軌青陸。皇祇發生之始。后王布和之辰。思對上靈之心。以惠庶萌之願。加以二王于邁。出餞戒告。有詔掌故。爰命司歷。獻洛飲之禮。具上巳之儀。南除輦道。北清禁林。左關巖隥。右梁潮源。略亭皋。跨芝廛。苑太液。懷曾山。松石峻垝。蔥翠陰煙。游泳之所攢萃。翔驟之所往還。於是離宮設衛。別殿周徼。旌門洞立。延帷接枑。閱水環階。引池分席。春官聯事。蒼靈奉塗。然後昇祕駕。胤緹騎。搖玉鸞。發流吹。天動神移。淵旋雲被。以降於行所。禮也。既而帝暉臨幄。百司定列。鳳蓋俄軫。虹旗委旆。肴蔌芬藉。觴醳泛浮。妍歌妙舞之容。銜組樹羽之器。三奏四上之調。六莖九成之曲。競氣繁聲。合變爭節。龍文飾轡。青翰侍御。華裔殷至。觀聽騖集。揚袂風山。舉袖陰澤。靚莊藻野。袨服縟川。故以殷賑外區。煥衍都內者矣。上膺萬壽。下禔百福。市筵稟和。閭堂依德。情盤景遽。歡洽日斜。金駕總駟。聖儀載佇。悵鈞臺之未臨。慨酆宮之不縣。方且排鳳闕以高遊。開爵園而廣宴。並命在位。展詩發志。則夫誦美有章。陳言無愧者歟。文選藝文類聚四

赤槿頌

日御北至。夏德南宣。玉蒸榮心。氣動上玄。華纖開物。受色朱天。是謂珍樹。含豔丹間。藝文類聚八十九

碧芙蓉頌

澤芝芳豔。擅奇水屬。練氣紅荷。比符縹玉。擢麗滄池。飛映雲屋。實紀仙方。名書靈躅。藝文類聚八十二

新喻侯茅齋贊

華草作壯。采茅昭儉。哲人素飾。貴而能貶。羈結茨危。歐臨涯隙。藝文類聚六十四

蜀葵贊

井維降精。峨絡升靈。物微氣麗。夫草之英。渝豔眾葩。冠冕羣英。類麻能直。方葵不傾。藝文類聚八十一

釋何衡陽達性論

微當作徵

前得所論。深見弘慮。崇致人道。黜遠生類。物有明微。事不愆義。維情輔教。足使異門埽軌。況在斷同。豈忘所附。徒恐琴瑟專一。更失闡諧。故略廣數條。取盡後報。足下云同體二儀。共成三才者。是必合德之稱。非遺人之目。然總庶類同號眾生。亦含識之名。豈上哲之諡。然則議三才者。無取於氓隸。言眾生者。亦何濫於聖智。雖情在序別。自不患亂倫。若能兩藉方敘。俱舉達義。節彼離文。採此共實。則可便皆害自和。析符復合。何詎怏怏。執以毀律。且大德曰生。有萬之所同。同於所方萬。豈得生之可異。不異之生。宜其爲眾。但眾品之中。愚慧羣差。人則役物以爲養。物則見役以養人。雖始

或因順終。至裁殘。庶端萌超。情嗜不禁。生害繁慘。天理鬱滅。皇聖哀其若此。而不能頓奪所滯。故設候物之教。謹順時之經。將以開仁育識。反滲息泰耳。與道爲心者。或不剌此而止。又知大制生死。同之榮落。類諸區有。識亦宜然。然神理存沒。倘異於枯荄變謝。就同草木。便當煙盡。而復云三后升遐。精靈在天。若精靈必在。果異於草木。則受形之論。無乃更資來說。將由三后粹善。報在生天邪。欲毀後生。反立升遐。當毀更立。固知非力所除。若徒有精靈。尚無體狀。未知在天當何憑以立。吾怯於庭斷。故務求依傚。而進退思索。未獲所安。凡氣數之內。無不感對。施報之道。必然之符。言其必符。何猜有望。故遺惠者無要。在功者有期。期存未善。去惠乃至。人有賢否。則意有公私。不可見物或期報。因謂樹德皆要。且經世恒談。貴施者勿憶。士子服義。猶惠而弗有。況在聞道。要更不得虛心。而動必懷嗜。事盡悕權邪。曾不能引之上濟。每墮之下淪。雖深誚

校責。亦已厚言不代。足下嬰城素堅。難爲飛書。而吾自居憂患。情理無託。近辱褰告。欲具布意義。往釋慮不。或値顏延之白。弘明集四。

重釋何衡陽達性論

薄從歲事。躬斂山田。田家節隙。野老爲儔。言止穀稼。務盡耕牧。談年計穰。無聞達義。重獲微辨。得用昭慰。敢告精至。愈懈固結。今復忘書往懷。以輸未遂。夫藉意探理。不若析之聖文。三才之論。故當本諸三畫。三畫既陳。中稱君德。所以神致太上。崇一元首。故前謂自非體合天地。無以元應斯弘。知研其清慮。未肯存同。猶以兼容罔棄。廣載不遺。篤物之志。誠爲優曠。恐理位雜越。疑陽遂衆。若側隱所發。窮博愛之量。恥惡所加。盡祐直之正。則上仁上義。吾無間然。但情之者寡。利之者衆。預有其分。而未臻其極者。不得以亂擬二儀耳。今方使極者爲師。不極者爲資。扶其敬讓。去其忮爭。令鑿斧鑄刃。利害麼滅。驅百代之民。出信厚之塗。則何萌不滋。何善不擾。而誣以不算。未値其意。三才等列。不得取偏才之器。衆生爲號。不可濫無生之人。故此去氓隸。彼甄聖智。兩藉俱舉。旨在於斯。若喬札未能道一皇王。豈獲上附伊顏。猶共賴氣化。宣乎下麗二塗之判。易於蹟指。又知以人生雖均被大德。不可謂之衆生。譬聖人雖同稟五常。不可謂之衆人。夫不可謂之衆人。以茂人者神明也。今已均被同衆。復何諱衆同。故當殊其特靈。不應異其得生。徒忌衆名。未虧衆實。得無侶蜀梁逃畏。卒不能避。所謂役物爲養。見役養人者。欲言愚慧相傾。惛算相制。事由智出。作非出天理。是以始矜萌起。終哀鬱滅。豈與足下芻豢百品。共其指歸。凡動而蓋流下民之性。化而裁之。上聖之功。謹爲垣防。猶患踰盜。況乃罔不備設。以充侈志。方開所泰。何議去甚。故知慘物之談。不得與薄夫同憂。樂殺意偏。好生情博。所云與道爲心者。博乎生情。將使排虛率遂。跡實莫反。利澤通天。而不爲惠。庸適恩止麛卵。事法豺獺邪。推此

往也。非唯自已。不復委咎市鄽乎庖廚。且市庖之外。非無御養。神農所書。中散所述。公理美其事。仲彥精其業。是亦古有其傳。今闇其人。何必以刲刳爲稟和之性。燗淪爲翼善之具哉。若以編戶難齊。憂鄙論未立。是見二叔不咸。慮周德先亡。儻能伸以遠圖。要之長世。則日計可滿。歲功可期。精靈草木。果已區別。遊魂之荅。亦精靈之說。若雖有無形。天下寧有無形之有。顧此惟疑。宜見正定。仲尼不荅。有無未辨。足下既辨其有。豈得同不辨之荅。雖子嗜學懼未獲所附。或是曉晦塗隔。隱著事懸。遂令明月廢照。世智限心。知謂必符之言。體之極於罔。講求反意。如非相盡。或世人守璞。受譏玉市。將譯胥牽俗。還說國情。苟未照盡。請復具伸近釋。報施首稱氣數者。以爲物無妄然。各以類感。感類之中。人心爲大。心術之動。隸歷所不能得。及其積致於可。勝原而當。斷取世見。據爲高證。莊周云。莽鹵滅裂。報亦如之。孫卿曰。報應之勢。各以類至。後身著戒。

可不敬與。慈護之人。深見此數。故正言其本。非發其末。長美遏惡。反民大順。將有生之類。入無死之地。令慶周兆物。尊冠百神。安宜菲極子肩。騙限卿相而已。常善以救。善亦從之。勢猶影表。不慮自來。何言乎要惠說報。疑罪勸施。侶由近驗吝情。遠猜德斂。故方罰矜功。而滋咎忘賢。遺存異義。公私殊意。已備前白。若不重云。想處實兩華者。復見其居厚去薄耳。若施非周急。惠而期譽。乃如之人。誠道之蠹。惟子之恥。巨亦恥之。弘明集四。

又釋何衡陽達性論

聖慮難原。神應不測。中散所云。中人自竭。莫得其端。豈其淺斥。所可深抽。徒以魏文大布。見刊異世。滕脩蝦鬚。取愧當時。故於度外之事。怯以意裁耳。足下已審其虛實。方書之不朽。獨鑒堅精。難復疑問。聊寫餘懷。依荅條釋。事緯殃福。義雜胡華。雖存簡章。自至煩文。過此已往。余欲無言。

荅曰。若如論旨。以三畫爲三才。則初擬地爻。三議天位。然而遯世無悶。非厚載之目。君子乾乾。非蒼蒼之稱。果兩儀罔託。亦何取於立人。但爻有中和。宜應君德耳。釋曰。聞之前學。消象始於三畫。兼卦終於六爻。三畫立本。三才之位。六爻未變。羣龍所經。是以重卦之後。則以出處明之。故遯世乾乾。潛藏皆行。聖人適時之義。兼之道也。若以初爻非地。三位非天。以爲兩儀罔託。立人無取。未知足下前論三才同體。何因而生。若猶受之繫說。不軼師訓。何獨得之復卦。喪之單象。如義文之外。更有三才。此自春秋新意。吾無識焉。且遯世乾乾。雖非載覆之名。一體之中。未失高卑之實。豈得以變動之辭。廢立本之義。又知以爻在中和。宜應君德。若徒有中和之爻。竟無中和之人。則爻將何放。若中和在德。則不得人皆中和。體合之論。固未可殊越。

荅曰。上仁上義。便是許體仁義者爲三才。尋又云。僑札未獲上附。伊顏宜其下麗。則黃裳之人。其猶弗及。雖曠之旨。高下無準。故或者未悟。釋曰。所云上仁上義。謂兼總仁義之極。可以對饗天地者耳。非謂少有恥愛。便爲三才。前釋已具。怪復是問。四彼域中。唯王是體。知三此兩儀。非聖不居。易者同歸。可無重惑。案東魯階差。僑札理不允備。何由上附至位。依西方準墨。伊顏未獲法身。故當下麗生品。來論挾姬議釋。故兩解此意。冀以取了。反致辭費。聖作君師。賢爲臣貴。接暢神功。影響大業。行藏可共。默語亦同。體分至此。何負黃裳。議者徒見不得等位元首。橫生誚恨。而不知引之極地。更非守節之情。指歸如斯。何謂無準。

荅曰。夫陰陽陶氣。剛柔賦性。圓首方足。容貌匪殊。惻隱恥惡。悠悠皆是。但參體二儀。必舉仁義爲端耳。釋曰。若謂圓首方足。必同恥惻隱之實。容貌匪殊。皆可參體二儀。蹻跖之徒。亦當在三才之數邪。若誠不得。則不可見橫目之同。便與大人同列。悠悠之倫。品量

難齊。既云仁者安仁。智者利仁。又云。力行近仁。畏罪強仁。若一之正位。將眞僞相冒。莊周云。天下之善人寡。不善人多。其分若此。何謂皆是。

荅曰。知欲限以名器。愼其所假。遂令惠人潔士。比性於毛羣。庶幾之賢。同氣於介族。立象之意。豈其然乎。釋曰。名器有限。良由貲體不備。雖欲假之。疑陽謂何。含靈爲人。毛羣所不能同。稟氣成生。潔士有不得異。象放其靈。非象其生。一之而已。無乃誣濫。

荅曰。已均被同衆云云。特靈之神。既異於衆。得生之理。何嘗暫同。生本於理。而理異焉。同衆之生。名將安附。若執此生名。必使從衆。則混成之物。亦將在例邪。釋曰。吾前謂同於所方。豈得生之可異。足下荅云。非謂不然。又曰。奚取不異之生。必宜爲衆。是則去吾爲衆而取吾不異。豈有不異而非衆哉。所以復云故當殊其特靈。不應異其得生耳。今荅又謂得生之理。何嘗暫同。生本於理。而理異。

焉。請問得生之理。故是陰陽邪。吾不見其異。而足下謂未嘗暫同。若有異理。非復煦蒸邪。則陰陽之表。更有受生塗趣。三世詎宜堅立。使混成之生。與物同氣。豈混成之謂。若徒假生名。莫見生實。則非向言之匹。言生非生。卽是有物不物。李叟此說。或更有其義。吕無詰有。頗爲未類。

答曰。謹爲垣坊云云。始云皇聖設候物之教。謹順時之經。將吕反漸息泰。今復吕方鬧所泰爲難。未詳此將藥鄙識。爲議聖人也。釋曰。前觀本論。自九穀吕下。至孔釣不綱。始知高議。謂凡有宰。作皆出聖人躬爲尸匠。吕率先下民也。孤鄙措意。自謂每所施爲。動必有因。聖人從爲之節。使不還越。此二懷之大斷。彼我所不同。吾將節其奢流。故有息泰之說。足下方明備設。未知於何去甚。而中荅又云。所謂甚者。聖人固已去之。不了此意。故近復吕所泰爲問。荅云未詳誰難。或自忌前報。

答曰。市廛之外云云。夫醴瘞繭栗。宗社三牲。膮臐豆俎。吕供賓客。七十之老。俟肉而飽。豈得唯陳草石。取備上藥而已。而憂不立者。非謂洪論難持。退嫌此事不可頓去於世耳。釋曰。神農定生。周人備敎。既唱粒食。而言上藥。既用犧牢。又稱蘋蘩。祭膳之道。故無定方。前舉市廛之外。復有御養者。捐奪刳瀹之滯。吕明延性不一。非謂經世之事。皆當取備草石。然芻豢之功。希至百齡。芝朮之懿。亟聞千歲。由是言之。七十之老。何必謝恩於肉食。但自封一域者。捨此無術耳。想不可頓去於世。猶是前釋所云不能頓奪所滯也。始獲符同。敢不歸美。既知不可頓去。或不謂道盡於此。

答曰。天下寧有無形之有云云。尋來旨似不嫌有鬼。嘗謂鬼宜有質。得無惑天竺之書。說鬼別爲生類邪。昔人吕鬼神爲敎。乃列於典經。布在方策。鄭僑吴札。亦吕爲然。是吕雲和六變。實降天神。龍門九成。人鬼咸格。足下雅秉周禮。近忽此義。方詰無形之有。爲支

金當作余

限當作根

離之辯乎。釋曰。非唯不嫌有鬼。乃謂有必有形。足下不無是同處有復異。是吕比及質詰。欲吕求盡。請捨天竺之說。謹依中土之經。又置別爲生類。共議登遐精靈體狀有無。固然宜報。定典策之中。鬼神累萬。所不了者。非其名號。比獲三論。每來益衆。萬鬼畢至。竟未片荅。雖敬告周博。非解企渴。無形之有。既不匠立。徒謂支離。吕爲通說。若吕覈正爲支離者。將吕浮漫爲直達乎。

荅曰。後身著戒云云。未詳所謂慈護者。誰氏之子。若據外書報應之說。皆吾所謂權敎者耳。凡講求至理。曾不析之聖言。多採譎怪。吕相扶翼。得無似吕水濟水乎。釋曰。慈護之主。計亦久聞其人。責吕誰子。將吕文殊釋氏。如謂報應之說。皆是權敎。權道隱深。非聖不盡。雖子通識。慮亦未見其極。吾疲於推求。而足下逸於獨了。且有惡然。若權敎所言。皆爲欺妄。則自然之中。無復報應。吾懦於擊決。足下烈於專斷。亦又懼焉。神高聽卑。庸可誣哉。想云聖言者。必姬孔之誥。今之所談。皆其信順之事。而謂曾不析之。復是未經詳思來論。立姬廢釋。故吾引釋符姬。荅不越問。未覺多採由金日磾。不生華壞。何限九服之外。不有窮理之人。內外爲判。誠亦難乎。若自信其度。獨思耳目。習識之表。皆爲譎怪。則吾亦已矣。

荅曰。又云。物無妄然。必吕類感云云。斯言果然。則類感之物。輕重必侔。影表之勢。脩短有度。致飾土木。不發慈愍之心。順時蒐狩。未限慘虐之性。天宮華樂。焉賞而上升。地獄幽苦。奚罰而淪陷。唱言窮軒輕。立法無衡石。一至於此。釋曰。影表之說。吕徵感報。來意疑不必侔。嫌其無度。卽復除福應也。福應非他。氣數所生。若滅福應。卽無氣數矣。足下功存步驗。而遺伎所知。想信道爲心者。必不至此。若謂不慈於土木之飾。有甚於順時之殺者。無乃大負夫人之心。黃屋玉璽。非必堯舜之情。崇居麗養。豈是釋迦之意。責天宮之賞。求地獄之罰。頗類昔人亞夫之誥。英布之問。有味乎其言。此蓋

衆息心之所詳。吾可得而略之。

傳當作傳

答曰。且阿保傳愛。愼及涸腴。頁庖提刀。情怵介族。彼聖人者。明竝日月。化關三統。若令報應必符。亦何妨於教。而緘扃羲唐之紀。埋閉周孔之世。肇結網罟。興累億之罪。仍制牲牢。開長夜之罰。遺彼天廚。甘此芻豢。曾無拯溺之仁。横成納隍之酷。其爲不然。宜簡淵慮。若無窮神之智。猶有所不盡。雖高情愛奇。想亦未至於侮聖。釋曰。知謂報應之義。緘羲周之世。㠯此推求。爲不符之證。羲唐邈矣。人莫之詳。尚書所載。不過數篇。方言德刑之美。遑記禍福之源。今帝典王策。猶不書性命之事。而微闕文。㠯爲古必無之。斯亦師心之過也。且信順殃慶。咸列姬孔之籍。謂之埋閉如小逕。并但言有遠近。教有淺深。故使智者與此而奪彼邪。夫生必有欲。欲必有求。欲歉則爭。求給則恬。爭則相害。恬則相安。網罟之設。將彌害㠯取安乎。且畋漁牲牢。其事不異。足下前答已知牲牢不可頓去於今

徵當作徵

并當作乎

世。復謂畋漁不可獨棄於古。未爲通類矣。好生惡死。每下愈篤。故宥其死者順其情。奪其生者逆其性。至人尚矣。何爲犯順而居逆哉。是知不能頓奪所滯。故因爲之制耳。聖靈雖茂。無㠯歙懞惛之心。弱喪之民。何可勝論。罪罰之來。將物自取之。事遠難致。不由天廚見遺。物近易眈。故常芻豢是甘。拯溺出隍。衆哲所共。但化物不同。非道之異。不盡之譏。亦如過當。子長愛奇。本不類此。

答曰。足下論仁義。則云情之者少。利之者多。言施惠則詳其遺賢忘報。在情既少。孰能遺賢。利之者多。曷云忘報。若能推樂施之士。㠯期欲仁之疇。演忘報之意。引向義之心。則義實在斯。求仁不遠。釋曰。情仁義者寡。利仁義者衆。聞之莊書。非直孤說。未獲詳校。遽見彈責。夫在情既少。利之者多。不能遺賢。曷云忘報。實吾前後勸勤。㠯爲不得配擬二儀者耳。復非雋論所應據正。若樂施忘報。卽爲體仁。忘報而施。便爲合義。可去欲字。并除向名。在斯不遠。誰不

是慕。

答曰。濟有生之類云云。斯旨宏誕。非本論所及。無乃秦師將遁。行人言肆乎。釋曰。足下論挾姬釋。吾亦答兼戎周。足下㠯此抑彼。謂福及高門。吾伸彼抑此。云慶周兆物。足下據此所見。謂祚止公侯。吾信彼所聞。云尊冠百神。本議是爭。曷云不及。夫論難之本。㠯易奪爲體。失之已外。輒云宏誕。求理之塗。幾乎塞矣。師遁言肆。或不在此。

答曰。豈其相逌。居吾語子。聖人在上。不與百神爭長。有始有卒。焉得無死之地云云。釋曰。豈其相逌。一何務德。居吾語子。又何壯辭。凡爲物之長。豈爭之所得。非唯不爭。必將下之。不可見尊冠百神。便謂與百神爭長。無乃取之滕辭。棄之體仁。和謂物有始卒。無不死之地。求之域內。實如來趣。前釋所謂勝類諸區。有識亦宜然者也。至如山經所圖。仙傳所記。事闕世載。已不可原。況復道絕恆情。

常絕之常當作當

理隔常照。必㠯於我不然。皆常絕棄。此又所不得安。

答曰。夫辨章幽明。研精庶物云云。釋曰。逮省此章。盛陳列代。文博體周。頗善師法。歌誦聖世。足爲繁聲。討求道義。未是要說耳。昔在幼壯。微涉羣紀。皇王之軌。賢智之跡。側聞其略。敢辱其詳。惠示之篤。實勤執事。

答曰。何必陋積慶之延祚。希無驗於來生。蹲膜揖讓。終不竝足。竊願吾子捨兼而遵一云云。釋曰。不陋積慶。已伸信順之條。貫希來生。亦具感報之說。藻衮大裘。同周一體。蹲膜揖讓。何爲不俱行一世。理有可兼。無謂宜捨。

也當作世

答曰。蜀梁二叔。也人躃胥之譬。非本論所經。故不復具云。釋曰。近此數條。聊發戲端。亦猶越人問布。見採於前談。肄業及之。無相多怪。然二叔爲問。欲㠯御綴戶之疑。沒而不答。誠有望焉。足下連國雲從。宏論風行。吾幽生孤說。每徬竊議。此之不侔。事有固然。實由

供當作共。

通才。所供者理。歘忘其煩貪復息心。弘明集四。

論檢

聖人者。靈照燭微。理絕功外。初學記十七。

全宋文卷三十七終

全宋文卷三十八

烏程嚴可均校輯

顔延之三

範連珠

蓋聞匹夫履順。則天地不違。一物投誠。則神明可交。事有微而愈著。理有闇而必昭。是以魯陽傾首。離光爲之反舍。有烏拂波。河伯爲之不潮。藝文類聚五十七。

大筮箴

余因讀易。偶意蓍龜。友人有請決遊宦務。志卦有咎占。故作大箴以悟焉。先王設筮。大人盡慮。卦遭同人。變而之豫。先號後笑。初睽未遇。時至運來。當在三五。功舉官成。幾乎衍數。慶在坤宮。災在坎路。不出戶庭。獨立無懼。違此而動。投足失步。無惰爾儀。靈骨有匃。無曰余逆。神筮不豫。南人司箴。敢告馳騖。藝文類聚七十五。

右光祿大夫西平靖侯顔府君家傳銘案顔含。延之曾祖。

嵎夷導日。岱方醴春。星離望合。水別浸鄰。少陽畜德。蒼祇效神。孕偲字聖。誕智息仁。洙上道奧。稷下儒淵。乃昔宗林。傾席曜筵。外門取儁。接室稱賢。閟則逝哀。竭亦抗宜。獵藝文類聚作職彼瑯邪。實惟海宇。憬屬之眾。邪臨瀚攝。載濟越師。大淹秦旅。誰其來遷。時聞遠祖。青州隱秀。爰始貞居。內辟鼎府。外康藝文類聚作秉邦閭。建節中平。分竹黃初。刑清齊右。政偃營區。葛嶧明懿。平陽聰理。或藝文類聚作式荐公庭。或登宰士。列美霸朝。雙風千里。華萼之茂。於昭不已。博士淵退。再逖儒聘。貞子七稔。比世稱盛。無忝汝陰。有偉安定。舍人孜敏。亦允儲命。靖侯潛德。信豈在明。言則測幽。歎實發靈。仁親之寶。大孝之榮。官必凝績。學乃敦經。隨難蕃霸。特安剛掖。扶元陵帝。翼成復厤。忌滿裁婚。鑒沖貶石。望年靜駕。樂恬延厤。三祖連光。眾門稟教。於時列孝。克端殊操。潔景衡陰。湮心理奧。任不窮秩。是謂高蹈。山曾木□肯積萎深。永惟世□思。樹辭林。碑表有毀。策素匪任。誦靈墳阿。長寄風音。景定建康志。又略見藝文類聚五十五。初學記二十一。

陶徵士誄并序

夫璿玉致美。不爲池隍之寶。桂椒信芳。而非園林之實。豈其深而好遠哉。蓋云殊性而已。故無足而至者。物之藉也。隨踵而立者。人之薄也。若乃巢高之抗行。夷皓之峻節。故已父老堯禹。錙銖周漢。而緜世浸遠。光靈不屬。至使菁華隱沒。芳流歇絕。不其惜乎。雖今之作者。人自爲量。而首路同塵。輟塗殊軌者多矣。豈所以昭末景。汎餘波。有晉徵士尋陽陶淵明。南岳之幽居者也。弱不好弄。長實素心。學非稱師。文取指達。在眾不失其寡。處言愈見其默。少而貧病。居無僕妾。井臼弗任。藜菽不給。母老子幼。就養勤匱。遠惟田生致親之議。追悟毛子捧檄之懷。初辭州府三命。後爲彭澤令。道不偶物。棄官從好。遂乃解體世紛。結志區外。定迹深棲。於是乎遠。灌畦鬻蔬。爲供魚菽之祭。織絇緯蕭。以充糧粒之費。心好異書。性樂酒德。簡棄煩促。就成省曠。殆所謂國爵屏貴。家人忘貧者與。有詔徵爲著作郎。稱疾不到。春秋若干。元嘉四年月日。卒於尋陽縣之某里。近識悲悼。遠士傷情。冥默福應。嗚呼淑貞。夫實以誄華。名由諡高。苟允德義。貴賤何筭焉。若其寬樂令終之美。好廉克己之操。有合諡典。無愆前志。故詢諸友好。宜諡曰靖節徵士。其辭曰。

物尚孤生。人固介立。豈伊時遘。曷云世及。嗟乎若士。望古遙集。韜此洪族。蔑彼名級。睦親之行。至自非敦。然諾之信。重於布言。廉深簡潔。貞夷粹溫。和而能峻。博而不繁。依世尚同。詭時則異。有一於此。兩非默置。豈若夫子。因心違事。畏榮好古。薄身厚志。世霸虛禮。州壤推風。孝惟義養。道必懷邦。人之秉彝。不隘不恭。爵同下士。祿等上農。度量難鈞。進退可限。長卿棄官。稚賓自免。子之悟之。何悟之辯。賦詩歸來。高蹈獨善。亦既超曠。無適非心。汲流舊巘。葺宇家林。晨烟暮靄。春煦秋陰。陳書輟卷。置酒絃琴。居備勤儉。躬兼貧病。人否其憂。子然其命。隱約就閑。遷延辭聘。非直也明。是惟道性。糾纆斡流。冥漠報施。孰云與仁。實疑明智。謂天蓋高。胡諐斯義。履信曷憑。思順何寘。年在中身。疢維痁疾。視死如歸。臨凶若吉。藥劑弗嘗。禱祀非恤。傃幽告終。懷和長畢。嗚呼哀哉。敬述靖節。式尊遺占。存不願豐。沒無求贍。省訃卻賻。輕哀薄斂。遭壤以穿。旋葬而窆。嗚呼哀哉。深心追往。遠情逐化。自爾介居。及我多暇。伊好之洽。接閻鄰舍。宵盤晝憩。非舟非駕。念昔宴私。舉觴相誨。獨正者危。至方則礙。哲人卷舒。布在前載。取鑒不遠。吾規子佩。爾實愀然。中言而發。違衆速尤。迕風先蹷。身才非實。榮聲有歇。叡音永矣。誰箴余闕。嗚呼哀哉。仁焉而終。智焉而斃。黔婁既沒。展禽亦逝。其在先生。同塵往世。旌此靖節。加彼康惠。嗚呼哀哉。文選藝文類聚三十七

陽給事誄 并序

惟永初三年十一月十一日。宋故寧遠司馬濮陽太守彭城陽君卒。嗚呼哀哉。瓚少稟志節。賫性忠果。奉上以誠。率下有方。朝嘉其能。故授以邊事。永初之末。佐守滑臺。值國禍荐臻。王略中否。獯虜閒釁。膚剝司兗。幽并騎弩。屯逼鞏洛。列營緣戍。相望屠潰。瓚奮其猛銳。志不違難。立乎將卒之閒。以緝華裔之衆。罷困相保。堅守四旬。上下力屈。受陷勍寇。士師奔擾。棄軍爭免。而瓚誓命沈城。佻身飛鏃。兵盡器竭。斃于旗下。非夫貞壯之氣。勇烈之志。豈能臨敵引義。以死徇節者哉。景平之元。朝廷聞而傷之。有詔曰。故寧遠司馬濮陽太守陽瓚。滑臺之逼。厲誠固守。投命徇節。在危無撓。古之烈士。無以加之。可贈給事中。振卹遺孤。以慰存亡。追寵既彰。人知慕節。河汴之閒。有義風矣。逮元嘉廓祚。聖神紀物。光昭茂緒。旌錄舊勳。苟有概於貞孝者。實事感於仁明。末臣蒙固。側聞至訓。敢詢諸前典。而爲之誄。其辭曰。

貞不常祐。義有必甄。處父勤君。怨在登賢。苫夷致果。題子行間。忠壯之烈。宜自爾先。舊勳雖廢。邑氏遂傳。惟邑及氏。自溫徂陽。狐續既降。晉族弗昌。之子之生。立績宋皇。拳猛沈毅。溫敏肅良。如彼竹柏。負雪懷霜。如彼騑駟。配服驂衡。邊兵喪律。王略未恢。函陝堙阻。纏洛蕪萊。朔馬東騖。胡風南埃。路無歸轉。野有委骸。帝圖斯艱。簡兵授才。寔命陽子。佐師危臺。傃彼危臺。在滑之垌。周衛是交。鄭翟是爭。昔惟華國。今實邊亭。憑巇結關。負河縈城。金柝夜擊。和門晝扃。料敵厭難。時惟陽生。涼冬氣勁。塞外草衰。遏矣獯虜。乘障犯威。鳴驥橫厲。霜鏑高暈。軼我河縣。俘我洛畿。攢鋒成林。投鞍爲圍。騶騎窮壘。嗷嗷羣悲。師老變形。地孤援闕。卒無半菽。馬實拑秣。守未焚衝。攻已濡褐。烈烈陽子。在困彌達。勉慰痍傷。拊巡饑渴。力雖可窮。氣不可奪。義立邊疆。身終鋒栝。嗚呼哀哉。賁父殞節。魯人是志。汧督效貞。晉策攸記。皇上嘉悼。思存寵異。於以贈之。言登給事。疏爵紀庸。恤孤表嗣。嗟爾義士。沒有餘喜。嗚呼哀哉。文選藝文類聚四十八

宋文皇帝元皇后哀策文

惟元嘉十七年七月二十六日。大行皇后崩于顯陽殿。粵九月二十六日。將遷座于長寧陵。禮也。龍輴藝文類聚作轜纚綍。容翟結驂。皇塗昭列。藝文類聚作曠神路幽嚴。皇帝親臨祖饋。躬瞻宵載。飾遺儀於組旒。淪徂音乎珩珮。悲黼筵藝文類聚作翣之移御。痛翬褕之重晦。降輿客位。撤奠殯階。乃命史臣。累德述懷。其辭曰。

倫昭儷昇。有物藝文類聚作憩有憑。圓精初鑠。方祇始凝。昭哉世族。祥發慶膺。祕儀景胄。圖藝文類聚作圓光玉繩。昌暉在陰。柔明將進。率禮蹈和。稱詩納順。爰自待年。金聲夙振。亦既有行。素章增絢。象服是加。言觀維則。俾我王風。始基嬪德。惠藝文類聚作蕙問川流。芳猷淵塞。方江泳漢。載謠南國。伊昔不造。鴻化中微。用集寶命。仰陟天機。釋位公宮。登曜紫闈。欽若皇姑。允迪前徽。孝達寧親。敬行宗祀。進思才淑。傍

綜圖史。發音在詠。動容成紀。壹政穆宣。房樂韶（宋書作昭）理。坤則順成。星軒潤飾。德之所屆。惟深必測。下節震騰。上清朓側。有來斯雍。無思不極。謂道輔仁。司化莫晰。象物方臻。眡祲告沴。大和既融。收（藝文類聚作攸）華委世。蘭殿長陰。椒塗弛衞。嗚呼哀哉。戒涼在肂。（宋書作律）杪秋即穸。霜夜流唱。曉月升魄。八神警引。五輅遷迹。噭噭儲嗣。哀哀列辟。灑零玉墀。雨泗丹掖。撫存悼亡。感今懷昔。嗚呼哀哉。南背國門。北首山園。僕人案節。服馬顧轅。遙酸紫蓋。眇泣素軒。滅綵清都。夷體壽原。邑野淪藹。戎夏悲讙。（藝文類聚作歎）來方可述。往駕弗援。嗚呼哀哉。（文選。又宋書文帝袁皇后傳。藝文類聚十五。）

爲張湘州祭虞帝文

惟哲化神。繼天作聖。藏器漁陶。致身愛敬。是吕二妃嬪德。九子觀命。在麓不迷。御衡吕正。唐麻既終。虞道乃光。咨堯授禹。素俎采堂。百齡厭世。萬里陟方。敬詢故老。欽咨聖君。職奉西湘。虔屬南雲。神之聽之。匪酒伊葷。（藝文類聚十一）

祭屈原文

惟有宋五年月日。湘州刺史吳郡張邵。恭承帝命。建旟舊楚。訪懷沙之淵。得捐佩之浦。弭節羅潭。艤舟汨渚。乃遣戶曹掾某敬祭故楚三閭大夫屈君之靈。蘭薰而摧。玉縝則折。物忌堅芳。人諱明潔。日若先生。逢辰之缺。溫風怠時。飛霜急節。嬴芊遘紛。昭懷不端。謀折儀尚。貞蔑椒蘭。身絕郢闕。迹徧湘干。比物荃蓀。連類龍鸞。聲溢金石。志華日月。如彼樹芳。實穎實發。望汨心欷。瞻羅思越。藉用可塵。昭忠難闕。（文選。宋書顏延之傳）

祖祭弟文

闔棺窮野。啟殯中荒。靈影夙滅。筵寢虛張。人往運來。自秋徂陽。碁蘭落色。宿草滋長。孰云不痛。辭家去鄉。爾之於役。爰適茲邑。上秋告來。方春佇立。如何不弔。吉還凶集。六親憧心。姻朋浩泣。我雖黃奄。伊何云及。永懷在昔。追亡悼存。惟兄及弟。瞻母望昆。生無榮嬉。沒望歸魂。令龜吉兆。祖櫬東旋。靈轅夾路。嚴舟在川。廓然何及。痛矣終天。（藝文類聚二十一）

顏竣

竣字士遜。延之子。元嘉中爲太學博士太子舍人。出爲孝武撫軍主簿。隨府轉安北鎮軍北中郎主簿。又隨府遷南中郎記室參軍。孝武舉義。轉諮議參軍。領錄事。及即位。吕爲侍中。尋遷左衞將軍。封建城縣侯。轉吏部尚書。領驍騎將軍。兼領軍將軍。丹陽尹。加散騎常侍。又加中書令。固讓。復爲吏部尚書。領太子左衞率。未拜。丁憂。起爲右將軍丹陽尹。出爲東揚州刺史。忤旨免。大明三年。下獄賜死。有集十四卷。

讓中書令表

虛竊國靈。坐招禁要。聞命慚惶。形魂震越。臣東州凡鄙。生微於時。長自閭閻。不窺官轍。門無富貴。志絕華伍。直吕委身壟畝。飢寒交切。先朝陶均庶品。不遺愚賤。得免耕稅之勤。厠仕進之末。陛下盛德居蕃。總攬英異。越吕不才。超塵清軌。奉躬歷稔。勞效莫書。仰恃曲成之仁。畢願守宰之秩。豈期天地中闢。殷憂啟聖。倚附興運。擢景神塗。雲飛海泳。冠絕倫等。曾未三朞。殊命八萃。詳料賞典。則臣不應科。瞻言勤負。則臣與倖貴。方欲謝款皇朝。降階盛序。微已國言。少徹身諒。而制書猥下。爵樹彌隆。臣小人也。不及遠謀。寵利之來。何能居約。徒吕上瀆天明。下汨彝議。實謫之興。懼必在邇。今之過授。吕先徹身。苟日非據。危辱將及。十手所指。諭等膏肓。所吕寤寐兢遽。雜榮苦疾者也。伏願陛下察其丹誠。矜其疾願。絕曾收恩。吕全愚分。則造化之施。方茲爲薄。（宋書顏竣傳）

張暢卒官表

張暢遂不救疾。東南之秀。蚤樹風範。聞問悽愴。深切常懷。（宋書五十九張暢傳。案暢有二傳，前篇在四十六，不載此表。

奏薦孔覬王彧爲散騎常侍

常侍華選，職任俟才。新除臨海太守孔覬，意業閑素，司徒長史王彧，懷尙清理，竝任爲散騎常侍。（宋書孔覬傳，孝建三年，吏部尚書顏竣奏。）

郊廟樂議

德業殊稱，則干羽異容。時無沿制，故物有損益。至於禮失道愆，稱習忘反，中興釐運，視聽所革，先代謬章，宜見刊正。郊之有樂，蓋生周易、周官，歷代著議，莫不援準。夫埽地而祭，器用陶匏，唯質與誠，以章天德，文物之備，理固不然。周官曰：「國有故，則旅上帝及四望。」又曰：「四圭有邸，以祀天旅上帝；兩圭有邸，以祀地旅四望。」四望非地，則知上帝非天。孝經云：「郊祀后稷以配天，宗祀文王於明堂以配上帝。」則禘之作樂，非郊天也。大司樂職奏黃鍾，哥大吕，舞雲門，以祀天神，鄭注：「天神，五帝及日月星辰也。王者以夏正月祀其所受命之帝於南郊，則二至之祀，又非天地。」攷之眾經，郊祀有樂，未見明證。宗廟之禮，事炳載籍，爰自漢元，迄乎有晉，雖時或更制，大抵相因，其惟不襲名號而已。今樂典淪滅，知音世希，改作之事，臣聞其語。正德、大豫，禮容具存，宜殊其徽號，飾而用之，以正德爲宣化之舞，大豫爲興和之舞，庶足以光表世烈，悅被後昆。前漢諸祖宗廟，處所各異，主名既革，舞號亦殊。今七廟合食，庭殿共所，舞蹈之容，不得廟有別制。後漢東平王蒼已議之矣。又王肅、韓祗以王者德廣無外，六代四夷之舞，金石絲竹之樂，宜備奏宗廟。愚謂蒼、肅、祗議，合於典禮，適於當今。（宋書樂志一，孝建二年九月，散騎常侍、丹陽尹、建城縣開國侯顏竣議。又見通典一百四十七。）

與虜互市議

愚以爲與虜和親無益，已然之明效。何以言其然？夷狄之欲侵暴，正苦力之不足耳。未嘗拘制信義，用輟其謀。昔年江上之役，乃是

和親之所招。歷稔交聘，遂求國婚。朝廷羈縻之義，依違不絕。既積歲月，漸不可誣。毆心無厭，重以忿怒，故至於深入。幸今因兵交之後，華戎隔判，若言互市，則復開曩敝之萌。議者不過言互市之利，在得馬。今棄此所重，得彼下駟，千匹以上，尙不足言，況所得之數，裁不十百耶？一相交關，卒難閉絕，寇負力玩勝，驕黠已甚，雖云互市，實覘國情，多贍其求，則桀敖罔已，通而爲節，則必生邊虞。不如塞其端漸，杜其觖望，內修德化，外經邊事，保境以觀其釁，於事爲長。（宋書顏竣傳，元嘉二十八年，虜自彭城北歸，復求互市，竣議。）

鑄四銖錢議

泉貨利用，近古所同，輕重之議，定於漢世，魏晉以降，未之能改。誠以貨物既均，改之僞生故也。世代漸久，弊運頓至，因革之道，宜有其術。今云開署放鑄，誠所欣同，但慮采山事絕，器用日耗，銅既轉少，器亦彌貴，設器直一千，則鑄之減半，爲之無利，雖令不行。又云：去春所禁，一時施用，是欲使天下豐財。若細物必行，而不從公鑄，利已既深，情僞無極，私鑄翦鑿，書不可禁。五銖半兩之屬，不盈一年，必至於盡。財貨未贍，大錢已竭，數歲之間，悉爲塵土，豈可令取弊之道，基於皇代。今百姓之貨，雖爲轉少，而市井之民，未有嗟怨，此新禁初行，品式未一，須臾自止，不足以垂聖慮。唯府藏空匱，實爲重憂。今縱行細錢，官無益賦之理，百姓雖贍，無解官乏。唯簡費去華，設在節儉，求贍之道，莫此爲貴。然錢有定限，而消失無方，剪鑄雖息，終致窮盡者，亡應官開取銅之署，絕器用之塗，定其品式，日月漸鑄，歲久之後，不爲世益耳。（宋書顏竣傳。）

鑄二銖錢議

議者將爲官藏空虛，宜更改鑄，天下銅少，宜減錢式，以救交弊，賑國紓民。愚以爲不然。今鑄二銖，恣行新細，於官無解於乏，而人姦巧大興，天下之貨，將靡碎至盡，空立嚴禁，而利深難絕，不過一二

年間。其弊不可復救。其甚不可一也。今鎔鑄有頓得一二億理。縱復得此。必待彌年。歲暮稅登。財帛甏革。日用之費。不贍數月。雖權徵助。何解乏邪。徒使姦民意騁。而貽厥愆謀。此又甚不可二也。民懲大錢之改。兼畏近日新禁。市井之間。必生喧擾。遠利未聞。切患猥及。富商得志。貧民困窘。此又甚不可三也。若使交益深重。尙不可行。況又未見其利。而衆奬如此。失算當時。取誚百代乎。宋書顏竣傳

爲世祖檄京邑

夫運不常隆。代有莫大之釁。爰自上葉。或因多難以成福。或階昏虐以兆亂。或由君臣義合。理悖恩離。故堅冰之遘。每鍾澆末。未有以道御世。敎化明厚。而當梟獍反噬。難發天屬者也。先帝聖德在位。功格區宇。明照萬國。道洽無垠。風之所被。荒隅變識。仁之所動。木石開心。而賊劭乘藉冢嫡。夙蒙寵樹。正位東朝。禮絕君后。凶慢之情。發於齠齔。猜忍之心。成於幾立。賊濬險躁無行。自幼而長。交

全宋文卷三十八　顏竣　九

相倚附。共逞奸回。先旨以王室不造。家難亟結。故含蔽容隱。不彰其釁。訓誘啟告。冀能革音。何悟狂慝不悛。同惡相濟。肇亂巫蠱。終行弒逆。聖躬離荼毒之痛。社稷有翦墜之哀。四海崩心。人神泣血。生民以來。未聞斯禍。奉諱驚號。肝腦塗地。煩冤膈臆。容身無所。大將軍諸王。幽閉窮省。存亡未測。徐僕射、江尙書、袁左率。皆當世標秀。一時忠貞。或正色立朝。或閒逆弗順。竝橫分階闥。懸首都市。宗黨夷滅。豈伊一姓。禍毒所流。未知其極。昔周道告難。齊晉勤王。漢歷中圮。虛牟立節。異姓末屬。猶或亡軀。況幕府職同昔人。義兼臣子。所以枕戈嘗膽。苟全視息。志梟元凶。少雪仇恥。今命冠軍將軍領谘議中直兵柳元景、寧朔將軍領中直兵馬文恭等。統勁卒三萬。風馳徑造石頭。分趨白下。輔國將軍領谘議中直兵宗愨等。勒甲楯二萬。征虜將軍領司馬武昌內史沈慶之等。領壯勇五萬。相尋就路。支軍別統。或焚舟破釜。步自姑孰。或迅檝蕪湖。入據雲陽。

凡此諸帥。皆英果權奇。智略深贍。名震中土。勳暢遐疆。幕府親董精悍一十餘萬。授律枕戈。駱驛繼邁。司徒叡哲淵謨。赫然震發。徵甲八州。電起荊郢。冠軍將軍臧質。忠烈協舉。雷動漢陰。冠軍將軍朱脩之。誠節亮款。悉力請奮。荊雖百萬。稍次近塗。蜀漢之卒。續已出境。又安東將軍誕、平西將軍遵考、前撫軍將軍蕭思話、征虜將軍魯爽、前寧朔將軍王玄謨。竝密信俱到。不契同期。傳檄三吳。馳軍京邑。遠近俱發。揚旍萬里。樓艦騰川。則滄江霧咽。銳甲赴野。則林薄摧根。謀臣智士。雄夫毅卒。畜志須時。懷憤待用。先聖靈澤。結在民心。逆順大數。冥發天理。無父之國。天下無之。羽檄既馳。華夷響會。以此衆戰。誰能抗禦。以此義動。何往不捷。況逆醜無親。人鬼所背。計其同惡。不盈一旅。崇極羣小。是與比周。哲人君子。必加積忌。傾海注螢。頹山壓卵。商周之勢。曾何足云。諸君或奕世貞賢。身飫皇渥。或勳烈肺腑。休否攸同。拘逼凶勢。俛眉寇手。含憤茹慼。不

全宋文卷三十八　顏竣　顏測　十

可爲心。大軍近次。威聲已接。便宜因變立功。洗雪滓累。若事有不獲。能背逆歸順。亦其次也。如有守迷遂往。黨一凶類。刑茲無赦。戮及五宗。賞罰之科。信如日月。原火一燎。異物同灰。幸求多福。無詒後悔。書到宣告。咸使聞知。宋書元凶劭傳　案顏延之傳。劭召延之。示以檄文。問曰。此筆誰所造。延之曰。竣之筆也。又顏竣傳云。世祖入討。任總內外。幷造檄書

几贊序

今上在彭城。賜金鏤臥几。藝文類聚八十九

顏測

測史作惻延之次子。爲江夏王義恭司徒錄事參軍。有集十一卷。

山石榴賦

風觸枝而翻蘤。雨淋條而殞芬。環靑軒而燧列。繞翠波而星分。視栖翡之失榮。顧彫霞之無文。藝文類聚八十六

大司馬江夏王賜絹葛啟

氷執風縱。事膺盛服。御覽八百十九引顏測集

梔子贊

濯雨時摛素。當飆獨含芬。豐榮殊未紀。銷落竟誰聞。藝文類聚八十九

全宋文卷三十八終

全宋文卷三十九

烏程嚴可均校輯

王玄謨

玄謨字彥德。太原祁人。義熙中。武帝臨徐州。辟爲從事史。景平末。謝晦爲荆州。請爲南蠻參軍武昌太守。元嘉中補長沙王義欣鎭軍中兵參軍。領汝陰太守。後爲興安侯義賓輔國司馬彭城太守。加寧朔將軍。元凶弒立。以爲益州刺史。孝武卽位。除徐州刺史。加都督。假輔國將軍。拜豫州刺史前將軍。封曲江縣侯。免。尋復爲豫州刺史。遷寧蠻校尉雍州刺史。後爲金紫光祿大夫。領太常。尋領起部尚書。又領北選。遷平北將軍徐州刺史。轉領軍將軍。前廢帝卽位。徙青冀二州刺史。明帝卽位。除大將軍江州刺史。尋爲左光祿大夫開府儀同三司。領護軍。遷南豫州刺史。卒年八十一。謚曰莊公。

論彭城表

彭城南屆大淮。左右清汴。城隍峻整。襟帶衛周。又自淮以西。襄陽以北。經塗三千。達於濟岱。六州之民。三十萬戶。實由此境。

請用楊頭爲西秦州假節表

被敕令臣遣使與楊元和楊頭相聞。幷致信餉。卽遣中軍行參軍呂智宗齎書幷信等。亦自遣使隨智宗。及頭語智宗。頭破家爲國。母妻子弟。幷墜沒虜中。不顧孝道。陳力邊捍。竭忠盡誠。未爲朝廷所識。若以元和承統。宜授王爵。若以其年小未堪大任。則應別有所委。頃來公私紛紜。華戎交構。皆此之由。臣伏尋頭元嘉以來。實有忠誠於國。棄親遺愛。誠在可嘉。氐羌負遠。又與虜咫尺。急之則反。緩之則怨。覲頭使人言語。不敢便望仇池。公所希政在西秦州假節而已。如臣愚見。蕃捍漢川。使無虜患。頭實有力。四千戶荒州。殆不足吝。元和小弱。若未可專委。復數年之後。必堪嗣業。用之不難。若才用不稱。則應歸頭。若葭蘆不守。漢川亦無立理。（宋書氐胡傳。孝建二年。以楊元和爲征虜將軍。楊頭爲輔國將軍。元和年小才弱。不能綏御所部。頭母妻子弟並爲虜執。頭至誠奉順。無所懷顧。雍州刺史王謨上表。上不許。案孝武紀。孝建二年十月。以王玄謨爲雍州刺史。氐胡傳作王謨。有脫。今校正。）

領汝陰太守上疏

王途始開。隨復淪塞。非惟天時。抑亦人事。虎牢滑臺。非惟將之不良。抑亦本之不固。本之不固。皆由民憚遠役。臣請以西陽之魯陽。襄陽之南鄉。發甲卒分爲兩道。直趣淆澠。征士無遠借之思。吏士有屢休之歡。若欲以東國之衆。經營牢洛。道途既遠。獨克實難。（宋書王玄謨傳。元嘉中領汝陰太守。時虜攻陷滑臺。執朱脩之以歸。玄謨上疏。）

臨雍州上言

所統僑郡。無有境土。新舊錯亂。租課不時。宜加幷合。（南史十六）

墾起湖田議

小民貧匱。遠就荒疇。去舊卽新。糧種俱闕。習之既難。勸之未易。謂宜微加資給。使得肆勤。明力田之賞。申怠惰之罰。（宋書孔靖傳。大明初。靈符表徙無貲之家於餘姚鄞鄮三縣界。墾起湖田。太常王玄謨議。）

報南郡王義宣書

頻奉二誨。伏對戰駭。先在彭泗。聞諸將皆云必有今日之事。以鄙意量。謂無此理。去年九月。故遣參軍光僧璦脩書表心。幷密陳入相之計。欲使周旦之美。復見於今。豈意理數難推。果至於此。昔因幸會。蒙國士之顧。思報厚德。甘起泉壤。豈謂一旦事與願違。公崇長姦回。自放西服。信邪細之說。忘大節之重。溺流彼之志。滅君親之恩。狎玩極寵。越希非覬。祖宗世祀。自圖顛覆。瞑目行事。未有如斯之甚者也。乃復枉辱書檄。遠示見招。此則丹心微款。未亮於高鑒。赤城幽志。虛感於平日。環念周回。始悟知己之爲難也。公但念提職在昔。不思善救有本。徒見徐僧去就。未知仗義有人。豈不惜哉。有臣則欲其忠。誘人而導諸逆。君子忠恕。其如是乎。苟不忠恕。

則擇木之榦。有所不集矣。夫挑妻者愛其易。求妻則敬其難。若承命如響。將焉用之。原轂存與。無禮必及。竊恐荆郢之士。已當潛謀其懷。非皇都陋臣。秉義不徙。公雖心迷迹往。猶願勉建良圖。抑撫軍忠壯慷慨。亮誠有素。新亭之勳。莫與爲等。而安信姦慮。坐相疑誠。不亦惑哉。幸承人乏。夙誠前驅。精甲已次近路。鎮軍驍驛繼發。太傅驃騎。嗣董元戎。乘輿親御六師。威靈遐振。人百其氣。慕義如林。舟騎雲迴。赫奕千里。飄颺夔秉鉞。與執事周旋。授命當仁。理無所讓。夫君道既盡。民禮亦絕。執筆裁荅。感慨交懷。宋書南郡王義宣傳。時討義宣。遣豫州刺史王玄謨舟師頓梁山洲內。東西兩岸爲卻月城。營栅甚固。義宣屢與玄謨書。要令降。玄謨書報。

馳信告柳元景

西城不守。唯餘東城。衆寡相懸。請退還姑孰。更議進取。宋書垣護之傳

孟靈休

靈休。平昌人。晉丹陽尹昶子。封臨汝公。官至祕書監。

與何勖書

劉邕向顧見噉。遂舉體流血。宋書劉穆之傳。穆之孫邕。嗜食瘡痂。詣孟靈休。靈休先患瘡瘡痂未落者。悉褫取以餉邕。邕既去。靈休與何勖書。案勖。无忌之子。爲侍中。封安成公。又見南史十五。

垣護之

護之字彥宗。略陽桓道人。初從武帝征司馬休之。爲世子中軍府長史兼行參軍。永初中。補奉朝請。元嘉初。爲殿中將軍。北高平太守。遷宣威將軍、鍾離太守。尋加建武將軍。領濟北太守。孝武起義。以爲寍遠將軍、冀州刺史。孝建初。徵爲游擊將軍。加輔國將軍。遷寍朔將軍、徐州刺史。封益陽縣侯。免。復爲游擊將軍。遷大司馬、輔國將軍、南東海太守。未拜。復督青冀二州諸軍事、寍遠將軍、青冀二州刺史。鎮歷城。進寍朔將軍。兼督徐州諸軍事。大明中。徵爲右衛將軍。轉西陽王子尚撫軍司馬、臨淮太守。出爲持節、督豫司二州諸軍事、輔國將軍、豫州刺史、淮南太守。

免。大明八年。復起爲太中大夫。未拜。卒。年七十。謚曰壯侯。

與到彥之書諫回師

外聞節下欲回師反旆。竊所不同。何者。殘虜畏威。望風奔迸。八載侵地。不戰克復。方當長驅朔漠。窮埽遺醜。況乃自送。無假遠勞。宜使竺靈秀速進滑臺。助朱脩之固守。節下大軍。進擬河北。則牢洛遊魂。自然奔退。且昔人有連年攻戰。失衆乏糧者。猶張膽爭前。莫肯輕退。況今青州豐穰。濟漕流通。士馬飽逸。威力無損。若空棄滑臺。坐喪成業。豈是朝廷受任之旨。宋書垣護之傳

馳書勸王玄謨急攻滑臺

昔武皇攻廣固。死沒者亦衆。況事殊曩日。豈得計士衆傷疲。願以屠城爲急。宋書垣護之傳

垣襲祖

襲祖。護之之子。爲淮陽太守。孝武以事徙之嶺南。護之不食而死。帝疾篤。遣使至嶺南殺之。

臨死與從弟榮祖書

弟嘗勸我危行言遜。今果敗矣。南齊書垣榮祖傳。南史二十五。

劉式之

式之字延叔。東莞莒人。晉僕射劉穆之次子。爲相國中兵參軍。入宋。遷太子中舍人、黃門侍郎、寍朔將軍、宣城淮南二郡太守。入爲太子右衛率、左衛將軍、吳郡太守。卒。贈征虜將軍。德陽縣侯。謚曰恭。

諸官出行分道議

每至出行。未知制與何官分道。應有舊科。法唯稱中丞專道。傳詔荷信。詔喚衆官。應詔者行。得制令無分別他官之文。既無畫然定則。準承有疑。謂皇太子正議東儲。不宜與衆同例。中丞應與分道。揚州刺史、丹楊尹、建康令竝是京輦土地之主。或檢校非違。或赴

救水火事，應神速，不宜稽駐，亦合分道。又尋六門則爲行馬之內，且禁衛非違，並由二衛及領軍，未詳京尹、建康令門內之徒及公事亦得與中丞分道與不。其準參舊儀，告報參詳所宜分道。聽如臺所上。其六門內既非州郡縣部界，則不合依門外。其尚書令、二僕射所應分道，亦悉與中丞同。（宋書禮志二，通典二十四，元嘉十二年，有司奏御史中丞劉式之議）

劉瑀

瑀字茂琳，式之第三子。元嘉中爲南徐州別駕從事史，還從事中郎，領淮南太守。出爲寧遠將軍、益州刺史。孝武即位，召爲御史中丞，除司徒左長史，還御史中丞，轉右衛將軍，除輔國將軍、益州刺史，坐事免。起爲東陽太守，遷吳興太守。大明二年卒。謚曰剛子。有集七卷。

奏彈蕭惠開

非才非望，非勳非德。（南史十五）

奏彈王僧達

磨礱高華，人品冗末。（宋書劉穆之傳，南史十五）

與顏竣書

朱脩之三世叛兵，一旦居荆州青油幙下，作謝宣明面見向，使齋帥以長刀引吾下席，於吾何有，政恐匈奴輕漢耳。（宋書劉穆之傳，南史十五，初學記二十五）

與親故書

吾家黑面阿秀，遂居劉安衆處，朝廷不爲多士。（宋書劉穆之傳，南史十五。瑀族叔秀之爲丹楊尹，瑀又與親故書）

劉秀之

秀之字道寶，穆之從兄子。少帝末除駙馬都尉、奉朝請。文帝時除撫軍江夏王義恭平北、彭城王義康參軍，出爲無錫、陽羨、烏程令，還建康令，除尚書中兵郎，重除建康令。孝武鎮襄陽，以爲撫軍錄事參軍、襄陽令，改領廣平太守，除督梁南北秦三州諸軍事、寧遠將軍、西戎校尉、梁南秦二州刺史。孝武即位，遷使持節、督益寧二州諸軍事、寧朔將軍、益州刺史，進號征虜將軍，改督爲監，封康樂縣侯。尋遷監郢州諸軍事、郢州刺史，徵爲右衛將軍，遷丹陽尹，又遷尚書右僕射，領太子右衛率。出爲使持節、散騎常侍、都督雍梁南北秦四州郢州之竟陵隨二郡諸軍事、安北將軍、寧蠻校尉、雍州刺史。大明八年卒，贈侍中、司空，謚曰忠成公。

北征上疏

以今月十二日入泗口，緣道把沙開溝，以夜繼日，日才行十餘里，或七八里。（北堂書鈔一百五十九引宋元嘉起居注）

民殺長吏議

律文雖不顯民殺官長之旨，若值赦但止徙送，便與悠悠殺人曾

無一異。民敬官長，比之父母，行害之身，雖遇赦，謂宜長付尚方，窮其天命，家口令補兵。（宋書劉秀之傳。大明四年改定制令，疑民殺長吏科，議者謂值赦宜加徙送，秀之以爲云云。又見南史十五）

申恬

恬字公休，（御覽六百三十四引徐爰宋書作字道績）魏郡魏人。義熙末爲驃騎道憐參軍。武帝受禪，拜東宮殿中將軍，元嘉中轉員外散騎侍郎，出爲綏遠將軍、下邳太守，轉北海，加寧遠將軍，又爲北譙梁二郡太守，遷督魯東平濟北三郡軍事、太山太守。臨川王義慶鎮江陵，爲平西中兵參軍，又爲衡陽王義季安西參軍，加寧朔將軍，召拜太子屯騎校尉，以母憂去職，起督冀州青州之濟南樂安平原三郡諸軍事、揚烈將軍、冀州刺史，加濟南太守，以兵敗徵還。起爲通直常侍，授寧朔將軍、山陽太守。孝武即位，遷青州刺史，尋加督徐州之東莞東安，又督冀州，遷豫州刺史。孝建三年

卒。年五十九。

上換郡事宜表

伏聞朝恩，當加臣濟南太守。仰惟優旨，荒心散越。臣殃咎之餘，遭蒙踰忝，寵私罔已。復兼今授，豈其愚迷所能上荅。臣近至止，卽履行所統，究其形宜。河濟之間，應置戍扞，其中四處，急須修立。貧口故城，又是要所，宜移太原委臣邊事。緣山諸邏，並得除省。防衛綏懷，利便非一。呂緯誠效益著，深同臣意。百姓聞者，咸皆附說。急有同異，二三未宜。但房紹之莅郡經年，軍民粗狎。改臣帶臣，有乖永事。遠牽太原，於民爲苦，而貧口之計，復成交互。人情非樂，容有不安。疆埸威刑，患不開廣。若得依先處分，公私允緝。（宋書申恬傳）

蕭思話

思話，南蘭陵人，孝懿皇后弟子。義熙末，除瑯邪王大司馬參軍，轉相國參軍。永初初，丁父憂去職，服闋，拜羽林監，襲爵封陽縣

侯。轉宣威將軍、彭城沛二郡太守。元嘉初，謝晦爲荆州，請爲司馬，不就。遷中書侍郎、振武將軍、青州刺史。以避虜徵下廷尉。起爲橫野將軍、梁南秦二州刺史，加節，進號寧朔將軍。遷臨川王義慶平西長史、南蠻校尉。又除衡陽王義季安西長史，遷寧蠻校尉、雍州刺史、襄陽太守。入爲侍中，領太子右衛率。尋改領左衛將軍、南徐州大中正。復出爲寧蠻校尉、雍州刺史，遷護軍將軍。代孝武爲撫軍將軍、兖徐二州刺史。免。元凶弑立，復先職。孝武卽位，以爲散騎常侍、中書令、丹陽尹，出爲鎮西將軍、郢州刺史。孝建二年卒，贈征西將軍、開府儀同三司，謚曰穆侯。

奉世祖牋

下官近在歷下，始奉國諱。所承使人，不知闕狹，既還在路，漸有所聞。猶謂人倫無容有此，私懷感慨，未敢在言。奉被今敎，果出處表。重增哀惋，不能自勝。此實天地所不覆載，人神所不容忍。率土民氓，莫不憤咽。況下官蒙荷榮渥，義兼常志。此月五日，被驛使追命騎還朝，切齒拊心，輒已鍾疾，雖百口在都，一非所顧。正欲遣啟受規略，會奉今旨，悲懼兼情。伏承司徒英圖電發，殿下神武霜斷，咸賢忠義，並到不謀，同時伏順，沿流席卷，江甸前驅，風邁已應在近。下官復練始集，遣輔國將軍申坦、龍驤將軍梁坦二軍，分配精甲五千，申坦爲統，便以卽日水陸齊下。下官悉率文武，駱驛繼發，憑威藉懦，勢同振朽，開泰有期，悲欣交集。（宋書蕭思話傳：元凶弑立，以思話爲徐兗二州刺史。思話卽率部曲還彭城起義，以應世祖，遣使奉牋。）

書

一月三日思話白：節近說寒切，足下復何如？比何一涉道久，當諸惡邪。少首望近。吾所患猶爾。思話白。（淳化閣帖四）

蕭惠開

惠開，思話子。初爲祕書郎，轉太子舍人、尚書水部郎、始興王濬

征北主簿、南徐州治中從事史，徙汝陰王友，又爲南徐州別駕、中書侍郎、江夏王義恭大將軍大司馬從事中郎。孝建初，爲太子中庶子，轉黃門侍郎。免。尋除中庶子。丁父艱，服闋，除司徒左長史。大明初，出爲海陵王休茂北中郎長史、寧朔將軍、襄陽太守，行雍州州府事，襲爵封陽縣侯。還爲新安王子鸞冠軍長史，行吳郡事。遷豫章內史。入爲尚書吏部郎，不拜。徙御史中丞，進侍中。母憂去職。起爲輔國將軍、青冀二州刺史，不行。改督益寧二州刺史。明帝卽位，進號冠軍將軍。又進平西將軍，改督爲都督。尋除晉平王休祐驃騎長史、南郡太守。入爲少府，加給事中。又除巴陵王休若征西長史、寧朔將軍、南郡太守。未拜，卒。有集七卷。

求解職表

陛下未照臣愚，故引參近侍。臣以職事非長，故委能何傾。凡諸當

不。不敢參議。竊見積射將軍徐沖之。爲偃命所黜。臣愚懷謂有可申。故聊說微異。偃恃恩使貴。欲使人靡二情。便訶脅主者。手定文案。割落臣議。專載己辭。雖天照廣臨。竟未見察臣理。違顏咫尺。致茲壅濫。則臣之受劾。蓋何足悲。但不順侍中。臣有其咎。當而行之。不知何過。且議之不允。未有彈科。省心撫天。了知在宥。臣不能謝愆右職。改意重臣。刺骨鑠金。將在旦夕。乞解所忝。保拙私庭。（宋書蕭惠開傳）

斬吉翰子啟

吉爲劉義宣所遇。交結不逞。向臣訕毀朝政。輒已戮之。（南史十八）

全宋文卷三十九　蕭惠開　九

全宋文卷三十九終

烏程嚴可均校輯

徐爰

爰字長玉。（釋文敘錄作季玉）初名瑗。南瑯邪開陽人。仕晉爲瑯邪王大司馬府中典軍。至宋元嘉中。累遷殿中侍御史。轉南臺侍御史。始興王濬後軍。遷員外散騎侍郎。孝建初。補尚書水部郎。轉殿中郎。進尚書右丞。遷左丞。大明中。領著作郎。遷游擊將軍。景和初。爲黃門侍郎。領射聲校尉。封吳平縣子。泰始初。例削封。改領長水校尉。兼尚書左丞。尋除太中大夫。徙付交州。還。除南康郡丞。後廢帝即位。㠯爲南濟陰太守。除中散大夫。元徽三年卒。年八十二。有宋書六十五卷。集十卷。

藉田賦

衍參差之廣疇。眇道路之悠遠。增華畢之未驚。渺同方其已反。（初學記十四）

隱千軫㠯風行。闐萬轡而霧轉。白日麗晷乎桑野。大駕稅幸乎彊畛。（同上）

議國史限斷表

臣聞虞史炳圖。原光被之美。夏載昭策。先隨山之勤。天飛雖王德所至。終陟固有資田躍。神宗始於俾乂。上日兆於納揆。其在殷頌。長發玄王。受命作周。寔唯雝伯。考行之盛則。振古之弘軌。降逮二漢。亦同茲義。基帝刱乎豐郊。紹祚本於昆邑。魏㠯武命國志。晉㠯宣啟陽秋。明黃初非更姓之本。太始爲造物之末。又近代之令準。式遠之鴻規。典謨緬邈。紀傳成準。善惡具書。成敗畢記。然餘分紫色。滔天泯夏。親所芟夷。而不序於始傳。涉聖卓紹。煙起雲騰。非所誅滅。而顯冠乎首述。豈不㠯事先歸之前錄。功偕著之後撰。伏惟皇宋承金行之澆季。鍾經綸之屯極。攀玄光㠯鳳翔。秉神符而龍興。剋定鯨鯢。天人佇屬。晉祿數終。上帝臨宋。便應奄膺紘寓。對越神工。而恭服勤於三分。讓德邁於不嗣。其爲巍巍蕩蕩。赫赫明明。歷觀遂闡。莫或斯等。宜依衛書改文。登舟變號。起元義熙。爲王業之始。載序宜力爲功臣之斷。其僞玄篡竊。同於新莽。雖靈武克殄。自詳之晉錄。及犯命干紀。受戮霸朝。雖揖禪之前。皆著之宋策。國典體大。方垂不朽。請外詳議。伏須遵承。（宋書徐爰傳。先是元嘉中。何承天草創國史。世祖初。又使山謙之蘇寶生踵成之。六年。㠯爰終其業。因上表。於是內外同爰議）

皇子出後告廟議

國之大事。必告祖禰。皇子出嗣。不得謂小。昔第五皇子承統廬陵。備告七廟。（宋書禮志四。孝建三年五月。兼右丞殿中郎徐爰議）

鑄四銖錢議

貴貨利民。載自五政。開鑄流圜。法成九府。民富國實。教立化光。及時移俗易。則通變適用。是㠯周漢俶遷。隨世輕重。降及後代。財豐用足。因條前寶。無復改刱。年歷既遠。喪亂屢經。堙焚剪毀。日月銷滅。貨薄民貧。公私俱困。不有革造。將至大乏。謂應式遵古典。收銅繕鑄。納贖刊刑。著在往策。今宜㠯銅贖刑。隨罰爲品。（宋書顏竣傳。孝建三年）

防禦索虜議

詔旨虜犯邊塞。水陸遼遠。孤城危棘。復不可置。臣㠯戎虜猖狂。狡焉滋廣。列卒擬候。伺覘間隙。不勞大舉。終莫永寧。然連於千里。費固巨萬。而中興造創。資儲未積。是㠯齊斧徘徊。朔氣稽掃。今皇運洪休。靈威遐懾。蠢爾遺燼。懼在誅翦。思肆蜂蠆。㠯表有餘。雖不敢深入濟沛。或能草竊邊塞。羽林鞭長。太倉遙阻。救援之日。勢不相及。且當使緣邊諸戍。練卒嚴城。凡諸督統。聚糧蓄田。籌計資力。足相抗擬。小鎮告警。大督電赴。塢壁邀斷。州郡犄角。儻有自送。可使匹馬不反。詔旨胡騎倏忽。抄暴無漸。出耕見虜。野粒資寇。比及少年。軍實無擬。江東根本。不可俱竭。宜立何方。可㠯相贍。臣㠯爲方鎮所資，實宜且田且守。若使堅壁而春墾輟耕，淸野而秋登莫擬，私無生業，公成虛罄。遠引根本，二三非宜。救之之術，唯在盡力防衞。來必拒戰，去則邀躡。據險保隘，易爲首尾。胡馬既退，則民豐廩實。比及三載，可以長驅。詔旨賊之所向，本無前謀，兵之所進，亦無定所。比歲戎戍，倉庫多虛，先事聚眾，則消費糧粟，敵至倉卒，又無以相應。臣以爲推鋒前討，大須資力，據本應末，不俟多眾。今寇無傾國豕突，列城勢足脣齒，養卒得勇，所任得才，臨事而懼，應機無失，豈煩空聚兵眾，以待未然。詔旨戎狄貪婪，唯利是規，不挫凶圖，姦志歲結。臣以爲不擊則必侵掠，侵掠不已，則民失農桑，農桑不收，則王戍不立，爲立之方，擊之爲要。詔旨若令邊地歲驚，公私失業，經費困於遙輸，遠圖決無遂事，寢弊贊略，逆應有方。臣以爲威虜之方，在於積粟塞下，若使邊民失業，列鎮寡儲，非唯無以遠圖，亦不能制其侵抄。今當使小戍制其始寇，大鎮赴其入境，一被毒手，便自吹齏鳥逝矣。（宋書徐爰傳，孝建三年。）

皇子出後告廟臨軒議

嘗陽繼體皇基，身亡封絕，恩詔追封，錫以一城。既始啟建茅土，故宜臨軒告廟。今歆繼後南豐，彼此俱爲列國，長沙南豐，自應各告其祖，豈關太廟。事非始封，不合臨軒。（宋書禮志四，大明元年六月，詔以前太子步兵校尉祗男歆紹南豐王朗，有司奏繼體不告廟臨軒，殿中郎徐爰議。）

郊祀遇雨議

郊禮用辛，有礙遷日。禮官祠曹考詳已備，何假據禮，不應重告。愚情所同，尋告郊剋辰，於今宜改，告事而已。次辛十日，居然展齋，養牲在滌，無緣三月，謂毛血告牷之後，雖有事礙，便應有司行事，不容遷郊。（宋書禮志三，大明二年正月，右丞徐爰議。又見通典四十二。）

郊兆議

郊祀之位，遠古蔑聞。禮記燔柴於太壇，祭天也；兆於南郊，就陽位也。漢初甘泉河東，禋埋易位，終亦徙於長安南北。光武紹祚，定二郊洛陽南北。晉氏過江，悉在北。及郊兆之議，紛然不一。又南出道狹，未議開闡，遂於東南已地創立丘壇。皇宋受命，因而弗改，且居民之中，非邑外之謂。今聖圖重造，舊章畢新，南驛開塗，陽路脩遠，謂宜移郊正午，以定天位。（宋書禮志一。通典四十二。大明三年九月。）

安陸國廟祭議

案禮，慈母妾母不代祭。鄭玄注，以其非正。故傳曰，子祭孫止。又云，爲慈母後者，爲祖庶母可也。注稱緣爲慈母後之義，父妾無子，亦可命己庶子爲之後也。考尋斯義，父母妾之祭，不必唯子。江夏宣王太子，體自元宰，道戚之胄，遭時不幸，聖上矜悼，降出皇愛，嗣承徽緒，光啟大蕃。屬國爲祖，始王夫人載育明懿，則一國之正，上無所厭，哀敬得申。既未獲祔享江夏，又不從祭安陸，卽事求情，愚以爲宜依祖母有爲後之義，謂合列祀於廟。（宋書禮志四，大明四年，有司奏安陸國土雖建，而奠酹之所未及營立，四時薦饗，故祔江夏之廟，宣王所生夫人當應祔不？右丞徐爰議。）

陳留國立世子議

禮，厚大宗，以其不可乏祀。諸侯代及，春秋成義，處嗣承家，傳爵身爲國王。雖薨沒無子，猶列昭穆，立後之日，便應卽纂國統。於時既無承繼，處秀以次襲紹，處嗣既列廟饗，故自與代數而遷。豈容蒸嘗無闕，橫取他子爲嗣。爲人胄嗣，又應恭祀先父，案禮，公子不得禰諸侯，處嗣無緣降廟就寢，銑亦不得援祭先王，徵禮考事，處嗣不應立後。銑本長息，宜還爲處秀代子。（通典九十三，大明四年九月，有司奏陳留王曹處嗣薨，以弟處秀襲，後處秀又薨，今依例應拜代子，未詳應以秀長子銑爲代子，爲應立次子鍇。太學博士王溫之、江長議竝謂應以銑爲王嗣，太常丞陸澄議爲立鍇，右丞徐爰議云云，詔如爰議。宋書禮志二有嗣館諸處字皆作虔，秀作季。）

爲太子妃服議

宮人從服者，若二御哭臨，應著縗時，從服者悉著縗，非其日，如常儀。太子既有妃朞服，召見之日，還著公服。若至尊非哭臨日幸東

梓宮作梓

宮。太子見亦如之。宮臣見至尊。皆著朱衣。宋書禮志二、通典八十二。大明五年。有司奏。右丞徐爰參議。

皇太子妃喪議

皇太子妃雖未山塋。臨軒拜官。舊不爲礙。梓棺在殯。應懸而不作。祔後三御樂。宜使學官擬禮上。宋書禮志二、通典八十二。大明五年閏月。

又議

皇太子期服內。不合作樂及鼓吹。宋書禮志二。

太子妃喪不舉祭議

禮緦不祭。蓋惟通議大夫以尊貴降絕。及其有服。不容復異。祭統云。君有故。使人可者。謂於禮應祭。君不得齊。祭不可闕。故使臣下攝奉。不謂君不應祭。有司行事也。晉咸寧四年景獻皇后崩。晉武帝伯母。宗廟廢一時之祀。雖名號尊崇。粗可依準。今太子妃至尊正服大功。非有故之比。既未山塋。謂烝祠宜廢。尋蔚之等議。指歸不殊。闕烝爲允。過卒哭祔廟。一依常典。宋書禮志四。大明五年十月。右丞徐爰議。

宣貴妃立廟議

宣貴妃既加殊命。禮絕五宮。攷之古典。顯有成據。廟堂克構。宜選將作大匠。宋書禮志四。大明七年正月。左丞徐爰議。又見宋書始平王子鸞傳。大匠下有卿字。

宣貴妃祭議

禮有損益。古今異儀。春秋傳雖云卒哭而祔。祔而作主。時之諸侯。皆禫終入廟。且麻衣縓緣。革服於元嘉。苫絰變除。申情於皇宋。況宣貴妃誕育叡蕃。葬加殊禮。靈筵廬位。皆主之哲聖。考宮𥘵祀。不復闕之朝廷。謂禫除之後。宜親執奠爵之禮。若有故。三卿行事。貴妃上厭祖姑。下絕列國。無所應祔。宋書禮志四、通典四十七。大明七年三月。左丞徐爰議。

晉陵王無後廟祭議

嗣王未立。將來承胤。未知疏近。豈宜空計服屬。以虧祭敬。宋書禮志四、通典五十二。大明七年十一月。左丞徐爰議。詔可。

齊敬王子羽廟祭議

國無後。於制除罷。始封之君。寔存承嗣。皇子追贈。則爲始祖。臣不殤君。事著前準。豈容虛闕烝嘗。以俟有後。謂宜立廟作主。三卿主祭依舊。宋書禮志四。大明八年正月。游擊將軍徐爰議。又見通典五十二。

駮陸澄皇后班諱稱姓議

案司馬孚議皇后。春秋逆王后於齊。竝不言姓。南史四十八陸澄傳。泰始初。澄爲尚書殿中郎。議皇后諱班下。應依舊稱姓。左丞徐爰案

郊祀議

虞稱肆類。殷述昭告。蓋以創世成功。德盛業遠。開統肇基。必享上帝。漢魏以來。聿遵斯典。高祖武皇帝克伐僞楚。晉安帝尚在江陵。卽於京師告義。恭於郊兆。伏惟泰始應符。神武英斷。王赫出討。戎戒淹時。雖司奉弗虧。親謁尚闕。謹尋晉武郊以二月。晉元禋以三月。有非常之慶。必有非常之典。不得拘以常祀。限以正月上辛。愚謂宜下史官。攷擇十一月嘉吉。車駕親郊。奉謁昊天上帝。高祖武皇帝配饗。其餘祔食。不關今祭。宋書禮志三。泰始二年十一月。黃門侍郎徐爰議。

渾儀論

渾儀之制。未詳厥始。王蕃言。虞書稱在琁璣玉衡。以齊七政。則今渾天儀。日月五星是也。鄭玄說。動運爲機。持正爲衡。皆以玉爲之。視其行度。觀受禪是非也。渾儀羲和氏之舊器。歷代相傳。謂之璣衡。其所由來。有原統矣。而斯器設在候臺。史官禁密。學者寡得聞見。穿鑿之徒。不解機衡之意。見有七政之言。因以爲北斗七星。構造虛文。託之讖緯。史遷班固。猶尚惑之。鄭玄有贍雅高遠之才。沈靜精妙之思。超然獨見。改正其說。聖人復出。不易斯言矣。蕃之所云如此。夫候審七曜。當以運行爲體。設器擬象。焉得定其盈縮。推斯而言。未爲通論。設使唐虞之世。已有渾儀。涉歷三代。以爲定準。後世聿遵。孰敢非革。而三天之儀。紛然莫辯。至揚雄方難蓋通渾。

張衡爲太史令。乃鑄銅制範。衡傳云。其作渾天儀。考步陰陽。最爲詳密。故知自衡以前。未有斯儀矣。蕃又云。渾天遭秦之亂。師徒喪絕。而失其文。惟渾天儀尚在候臺。案既非舜之璇玉。又不載今儀所造。以緯書爲穿鑿。鄭玄爲博實。偏信無據。未可承用。夫璇玉貴美之名。璣衡詳細之目。所以先儒以爲北斗七星。天綱運轉。聖人仰觀俯察。以審時變焉。（宋書天文志一）

旄頭說

晉武嘗問侍臣。旄頭何義。彭推對曰。秦國有奇怪。觸山截水。無不崩潰。唯畏旄頭。故虎士服之。則秦制也。張華曰。有是言。而事不經。臣謂壯士之怒。髮踊衝冠。義取於此。摯虞決疑。無所是非也。徐爰曰。彭張之說。各言意義。無所承據。案天文畢昴之中。謂之天街。故車駕以畢罕前引。畢方昴圓。因其象。星經昴一名旄頭。故使執之者。冠皮毛之冠也。（宋書禮志五）

食箴

悠悠邃古。民之初生。有生自食。有實□□。資生順性。甘是黍稷。炎皇俶載。后弃茂植。一食三飽。聖賢通執。三穀既殽。五味亦宜。潔饗豐盛。滋芬美肥。奉君養親。靡不加精。充膚潤氣。調神暢情。（北堂書鈔一百四十二、一百四十三）

家儀

蜡本施祭。故不賀。其明日爲小歲。賀稱初歲福始。慶無不宜。正旦賀稱元正首慶。百物惟新。小歲之賀。既非大慶。禮止門內。（御覽三十三）

婚迎車前用銅香爐二枚。（御覽七百三）

駱達

達仕晉入宋爲太史令

奏陳天文符讖

去義熙元年至元熙元年十月。太白星晝見經天凡七。占曰。天下革民更主。異姓興。義熙元年至元熙元年十一月朔日有蝕之凡四。皆蝕從上始。臣民失君之象也。義熙十一年五月三日。彗星出天市。其芒埽帝坐。天市在房心之北。宋之分野。得彗柄者興。此除舊布新之徵。義熙七年七月二十五日。五虹見於東方。占曰。五虹見。天子黜。聖人出。義熙七年八月十一日。新天子氣見東南。十二年。北定中原。崇進宋公。歲星裹回房心之間。大火宋之分野。與武王克殷同。得歲星之分者。應王也。（南史有九年鎮星歲星太白熒惑聚於東井）十一年以來至元熙元年。月行失道。恒北入太微中。占。月入太微廷。王入爲主。十三年十月。鎮星入太微。積留七十餘日。到十四年八月十日。又入太微不去。到元熙元年。積二百餘日。占曰。鎮星守太微。亡君之戒。有立王。有徙王。十四年五月十七日。茀星出北斗魁中。占曰。星茀北斗中。聖人受命。十四年七月二十九日。彗星出太微中。彗柄起上相星下。芒尾漸長至十餘丈。進埽北斗及紫微中。占曰。彗星出太微。社稷亡。天下易政。入北斗。帝宮空。一占。天下得召人。召人。聖主也。一曰。彗孛紫微。天下易主。十四年十月一日。熒惑從入太微。鉤己。至元年四月二十七日。從端門出。積屍留二百六日。繞鎮星。熒惑與鎮星鉤己天庭。天下更紀。十四年十二月。歲太白辰裹回居斗牛之間經旬。斗牛。麻數之起。占曰。三星合。是謂改立。元熙元年十二月二十四日。四黑龍登天。易傳曰。冬龍見。天子亡社稷。大人應天命之符。金雌詩云。大火有心水抱之。悠悠百年是其時。火。宋之分野。水。宋之德也。金雌詩又曰。云出而兩漸欲舉。短如之何乃相岨。交哉亂也當何所。唯有隱巖殖禾黍。西南之朋困桓父。兩云玄字也。短者云胙短也。巖隱不見。唯應見谷殖禾谷邊。則聖諱炳明也。易曰。西南得朋。故能困桓父也。劉向讖曰。上五盡寄致太平。草付合成集羣英。前句則陛下小諱。後句則太子諱也。十一年五月。西明門地陷。水涌出。毀門扉閾。西者金鄉之門。爲水所毀此金德將衰水德方興之象也太興中民於井中得棧鐘上有古文十八字晉自宣帝至今數滿十八年義熙八年太社生桑明尤著者也（南史有冀州道人釋法稱告其弟子曰嵩神言江東有劉將軍漢家苗裔當受天命吾以璧三十二鎭金一餠與之劉氏卜世之數也）夫六九位也漢建武至建安二十五年一百九十六年而禪魏魏自黃初至咸熙二年四十六年而禪晉晉自泰始至今元熙二年一百五十六年三代數窮咸以六年（宋書符瑞志上南史宋本紀一南史宋有漢光武社於南陽漢末而其樹死劉備有蜀乃應之而興及晉季年舊根始萌至是而盛矣若此者有數十條）

盧縶（隋志作盧繁）

縶仕晉官爵未詳入宋爲祕書監有集十卷

蜀葵賦

惟茲珍草懷芬吐榮挺河渭之膏壤吸昴井之玄精繞銅爵而疏植暎昆明而羅生作妙觀於神州扇令名於東京馳驛命而遠致横華林而麗庭申脩翹之冉冉播圓葉之青青（藝文類聚八十一御覽九百九十四）

張野

野仕晉入宋官爵未詳有集十卷

遠法師銘

沙門釋惠遠雁門樓煩人本姓賈氏世爲冠族年十二隨舅令狐氏遊學許洛年二十一欲南渡就范宣子學道阻不通遇釋道安以爲師抽簪落髮研求法藏釋曇翼每資以燈燭之費誦鑒淹遠高悟冥賾安常歎曰道流東國其在遠乎襄陽既沒振錫南遊結宇靈嶽自年六十不復出山名被流沙彼國僧衆皆稱漢地有大乘沙門每至然香禮拜輒東向致敬年八十三而終（世說文學篇注）

伍輯之

輯之仕晉官爵未詳入宋爲奉朝請有集十二卷

園桃賦

嗟王母之奇果特華實兮兼副既陶煦之夏成又凌寒而冬就嗟異殖兮難拔亦晩枯兮先茂農黃品其味漢帝鷩其珍林休反耕之牛宅樹同惡之神景斃勇於不足彌增罪於甘分雖無言兮成蹊亘允肴於魏君時令載始周南申章嘻擇有制藥齊惟良魯協樞以悔樹楚供狐以事王（藝文類聚八十六初學記二十八）

柳花賦

步江皐兮騁望感春柳之依依垂柯（初學記作條）葉而雲布飈零華而雪飛或風迴而遊薄或霧亂而飈零野淨穢而同降物均色而齊明（藝文類聚八十九初學記二十八）

任豫

豫爲太尉參軍有禮論條牒十卷禮論帖四卷益州記若干卷集六卷

籍田賦

瞻望圭景咫尺三州緬彼帝籍百有餘年暎至德於盛位儼列畢於徵辰紆汾陽以咏旦信堯心而禹勤史奉載耜之禮民奏舉趾之歌膏壤千畝與式既同區勢平易畝陌脩通提攜上澤眺矚面松（藝文類聚三十九御覽五百三十七）

卞伯玉

伯玉濟陰人仕晉官爵未詳入宋爲東陽太守黃門郎有槊辭注二卷集五卷

大暑賦

惟祝融之司運赫溽暑之方隆日貞暉於鶉首律遷度於林鍾逌風翕以晨至星火爛以昏中氣滔滔而方盛暑永路而難終流水兮莫繼朱煙兮四纏鬱邑兮中房展轉兮長筵體沸灼兮如燎汗流爛兮珠連（藝文類聚五御覽三十四）

菊賦

仰寒上以翹望覲中霜之軟菊肇三春而懷芬凌九秋以愈馥不

履苦而淪操。不在同而表淑。傷衆花之飄落。嘉茲卉之能靈。振勁翮曰揚淥。含凝露而吐英。（藝文類聚八十一）

菊賦

終風埽於暮節。霜露交於杪秋。有萋萋之綠葉。方滋繁於中丘。（藝文類聚八十二）

祭孫叔敖文

謹以醴羞祭楚令尹孫君之靈。眇眇千載。悠悠舒荆。理無不通。事隔者形。佝想清塵。承風效誠。超超夫子。淡矣道情。自心伊貴。人爵靡嬰。芳風如蕭。清響如塤。景矣行役。言戾豫方。側聞夫子。記憤睢陽。靈封頹墓。丘塋榛荒。幽幽神道。爲有爲亡。徘徊永念。悽矣其傷。（藝文類聚三十八。御覽五百二十六）

孔欣

欣。會稽山陰人。仕晉。入宋爲國子博士。後去職。景平中。會稽太守褚淡之以爲參軍。有集九卷。（案。南史七十五沈道虔傳有武康令孔欣之。與此同時。未審是兩人否也。）

七誨

攜同好。命爪牙。攝烏虎。杖雄戈。緣山結網。參雲張羅。（御覽三百五十一）

袁伯文

伯文。爲中書郎。有集十一卷。

美人賦

居瑤光之巖奧。御象席之瓊珍。（文選謝希逸宣貴妃誄注）

何勖

勖。東海郯人。晉鎮南將軍無忌子。襲封安成郡公。入宋歷侍中。

與江夏王義恭牋

承復須古物。今奉秦李斯狗枷。漢相如犢鼻。（□□□□□□引譙褌宋拾遺錄。義恭性愛古物。常遍就朝士求之。侍中何勖已有所送。而王徵索不已。何甚不平。出行於道。遇狗枷敗犢鼻。乃命左右取之。還以箱擎送之。牋曰。）

何長瑜

長瑜。東海人。爲臨川王義慶王國侍郎。歷平西記室參軍。除曾城令。廬陵王紹鎮尋陽。請爲南中郎行參軍。掌書記。行至板橋。遇暴風溺死。

寄宗人何勖書以韻語序義慶州府僚佐

陸展染鬢髮。欲以媚側室。靑靑不解久。星星行復出。（宋書□□□□□□。又引見御覽三百七十三）

鄧文子

文子。爲尋陽太守。

止徵翟法賜表

奉詔書。徵郡民新除著作佐郎南陽翟法賜補員外散騎侍郎。法賜隱迹廬山。於今四世。栖身幽巖。人罕見者。如當逼以王憲。束以嚴科。馳山獵草。以期禽獲。慮致顚殞。有傷盛化。（宋書翟法賜傳）

全宋文卷四十終

烏程嚴可均校輯

趙伯符

伯符字潤遠。下邳僮人。武穆皇后弟之子。永初初爲竟陵太守。入爲盪遠將軍。文帝時累遷徐兗二州刺史。徵爲領軍將軍。轉豫州刺史。遷護軍將軍丹楊尹。以子倩尚主離婚慚懼發病卒。謚曰肅。

以息倩犯罪乞解侍中護軍表

臣識慚羊媪。慮闕日磾。致咎倡狂。初不自悟。形影相弔。心情喪恧。無宜復管司喉脣。作統連率。藝文類聚五十四。

沈劭

劭字道輝。吳興武康人。輔國將軍林子子。襲爵漢壽縣伯。歷駙馬都尉奉朝請。元嘉初拜彊弩將軍。出爲鍾離太守。遷衡陽王義季右軍中兵參軍。又爲始興王濬後軍中兵參軍。入爲通直郎兼侍中。歷彭城王義康大將軍中兵參軍。加盪朔將軍。改廬陵王紹南中郎參軍。爲義康安成相。元嘉二十六年卒官。

贈王孚孝廉板教

前文學主簿王孚。行潔業淳。棄華息競。志學脩道。老而彌篤。方授右職。不幸暴亡。可假孝廉檄。薦以特牲。緬想延陵。以遂本懷。宋書自序。

沈亮

亮字道明。劭弟。嗣伯父田子後。州辟從事。轉西曹主簿。孝武出鎮歷陽。行參征虜軍事。始興王濬臨揚州。以爲主簿秣陵令。入爲尚書都官郎。遷南陽太守。加揚武將軍。又遷南譙王義宣司空中兵參軍。歷隨王誕後軍中兵。領義成太守。元嘉二十七年卒官。有集七卷。

陳府事啟

伏見西府兵士。或年幾八十。而猶伏隸。或年始七歲。而已從役。衰耗之體。氣用湮微。兒弱之軀。肌膚未實。而使伏勤昏稚。騖苦傾晚。於理既薄。爲益實輕。書制休老以六十爲限。役少以十五爲制。若力不周務。故當粗存優減。宋書自序。

陳營創城府功課

經始城宇。莫非造創。基築既廣。夫課又嚴。不計其勞。苟務其速。以歲月之事。求不日之成。比見役人。未明上作。閉鼓乃休。呈課既多。理有不逮。至於息日。拘備關限。方涉暑雨。多有死病。頃日所承。亦頗有逃逸。竊惟此既內藩事殊外鎮。撫莅之宜。無繫早晚。若得少寬其工課。稍均其優劇。徒隸既苦。易以悅加。攷其卒功。廢闕無幾。臣聞不居其職。不謀其事。庖割有主。尸不越樽。豈臣疏小。所當預議。但臣泳恩歲厚。服義累世。苟是所懷。忘其常體。宋書自序。

救荒議

東土災荒。民凋穀踊。富民蓄米。日成其價。宜班下所在。隱其虛實。令積蓄之家。聽留一年儲。餘皆勒使糶貨。爲制平價。此所謂常道行於百世。權宜用於一時也。又緣淮歲豐。邑富地穰。麥既已登。黍粟行就。可析其估賦。仍就交市。三吳饑民。卽以貨給。使强壯轉運。以贍老弱。且酒有喉脣之利。而非飡餌所資。尤宜禁斷。以息游費。宋書自序。時三吳水潦。穀貴民饑。刺史彭城王義康使立議以救民急。亮議卽並施行。

發冢不赴救議

尋發冢之情。事止竊盜。徒以侵亡犯死。故同之嚴科。夫穿掘之侶。必銜枚以晦其迹。强劫之黨。必讙呼以威其事。故赴兇赫者易。應潛密者難。通典上句無赴字。難下有知字。且山原爲無人之鄉。通典作郊。丘隴非恆途所踐。至於防救。不得比之村郭。督實效名。理與劫異。則符伍之坐。居宜降矣。又結罰之科。雖有同符之限。而失遠近之斷。夫冢無村界。通典作押。當以比近坐之。若不域之以界。則數步之內。與十里之外。

不當作下

便應同罹其責。防人之禁。不可頓去。通典作不可不慎。夫止非之憲。宜當其律。愚謂相去百步內通典作愚謂百步內相去。赴告不時者。一歲刑。自此以外。差不及罰。宋書自序。通典一百六十七。元嘉中。

脩治石塘議

施生興業。首敎農畝。立民崇政。訓本播穡。故能殷邦康俗。禮節用成。頃北洛侵蕪。南宛彫毀。獫狁肆凶。犬夷充疆。遠肅烽驛。近虔郊開。遂使沃衍弗井。巨防莫脩。窘力輟耕。闕於分地。凶荒無待。流宂及今。禮化孚內。威禁清外。斯實去盜脩畝。昭農緒稼之時。弘圖廣務。拓土祈年之日。殿下降心育物。振民復古。且方提封榛蕪。綏入森荒。竊見郡境有舊石塘。區野腴潤。實爲神臯。而蕪決稍積。久廢其利。凡管所見。謂宜創立。昔文翁守官。起沃成產。偉連撫民。開奥堵業。惠昭二邦。庸列兩漢。雖效政圖功。不見所絕。聯事惟忝。憂同職同。缺　宋書自序。南陽郡界有古時石塘。蕪廢歲久。亮籤世祖脩治之。

沈慶之

慶之字弘先。吳興武康人。永初初。竟陵太守趙伯符版爲寧遠中兵參軍。除殿中員外將軍。元嘉中。領雍陵太守。轉正員將軍。遷始興王濬後軍參軍。員外散騎侍郎。進建威將軍。遷廣陵王誕北中郎中兵參軍。領南東平太守。又爲世祖撫軍中兵參軍。復爲廣陵王誕參軍。南濟陰太守。遷太子步兵校尉。元凶弒立。世祖假征虜將軍。武昌內史。領府司馬。及踐阼。以爲領軍將軍。加散騎常侍。尋出爲使持節督南兗豫徐兗四州諸軍事。鎮軍將軍。南兗州刺史。鎮盱眙。尋還鎮廣陵。孝建初。進鎮北大將軍。督青冀幽三州。封始興郡公。尋以侍中左光祿大夫開府儀同三司罷歸第。大明中。復爲使持節督南兗徐兗三州諸軍事。車騎大將軍。南兗州刺史。進司空。固讓。前廢帝即位。以爲侍中太尉。尋齎藥賜死。年八十。謚曰忠武公。明帝即位。追贈侍中司空。謚曰襄公。

棄彭城南歸議

以車營爲函箱。陳精兵爲外翼。奉二王及妃媛。直趨歷城。分城兵配。宋書四十六五十九張暢傳。元嘉二十七年。托跋燾南侵。江夏王義恭欲棄彭城南歸。計議彌日不定。安北中兵參軍沈慶之議。

鑄四銖錢議

昔秦幣過重。高祖是患。普令民鑄。改造榆莢。而貨輕物重。又復乖時。太宗放鑄。賈誼致譏。誠以采山術存。銅多利重。耕戰之器。曩時所用。四民競造。爲害或多。而孝文弗納。民鑄遂行。故能朽貫盈府。天下殷富。況今耕戰不用。采鑄廢久。鎔冶所資。多因成器。功艱利薄。絕吳鄧之資。農民不習。無釋耒之患。方今中興開運。聖化維新。雖復偃甲銷戈。而倉庫未實。公私所乏。唯錢而已。愚謂宜聽民鑄錢。郡縣開置錢署。樂鑄之家。皆居署內。平其雜式。去其雜僞。官斂輸郭藏之。以爲永寶。去春所禁新品。一時施用。今鑄悉依此格。萬稅三千。嚴檢盜鑄。并禁剪鑿。數年之間。公私豐贍。銅盡事息。姦僞自止。且禁鑄則銅轉成器。開鑄則器化爲財。剪華利用。於事爲益。宋書顏竣傳。孝建三年。

與南郡王義宣書

僕荷任一方。而釁生所統。近聊率輕師。指往翦撲。軍鋒裁交。賊爽授首。公情契異常。或欲相見。及其可識。指送相呈。宋書南郡王義宣傳。世祖使慶之送魯爽首示義宣。并與書。案文選陁頭寺碑文注引謝莊爲沈慶之答義宣書云。皇綱絕而復紐。區宇墜而更維。一是答書。一是與書。非即此篇也。

沈攸之

攸之字仲達。慶之從父兄子。元嘉末。行南中郎府長史兼參軍。進行太尉參軍。封平洛縣五等侯。隨府轉大司馬參軍。孝建中。遷員外散騎侍郎。又遷太子旅賁中郎。遭母憂。起爲龍驤將軍武康令。前廢帝卽位。除豫章王子尙車騎中兵參軍直閤。封東興縣侯。遷右軍將軍。明帝卽位。除東海太守。未拜。以爲寧朔將軍、尋陽太守。尋假節、進輔國將軍。遷使持節、督雍梁南北秦四州郢州之竟陵諸軍事、冠軍將軍、領寧蠻校尉、雍州刺史。徙監郢州諸軍事、前將軍、郢州刺史。不拜。遷中領軍。封貞陽縣公。免徵爲吳興太守。不拜。除左衞將軍。領太子中庶子。出爲持節、監郢州諸軍、郢州刺史。又監西陽義陽二郡軍事。進號鎭軍將軍。後廢帝卽位。進安西將軍。加散騎常侍。權行荆州事。尋都督荆湘雍益梁寧南北秦八州諸軍事、鎭西將軍、荆州刺史。順帝卽位。進車騎大將軍、開府儀同三司。昇明二年。入討蕭道成。衆潰。爲封人所斬。案、宋書沈攸之傳、攸之表檄文疏、皆宗儼之詞也。今姑錄爲攸之文。

荅皇太后令問

荷國重恩。名器至此。自惟凡陋。本無廊廟之姿。至如戍防一蕃。撲討蠻蜒。可彊充斯任。雖自上如此。豈敢厝心。去畱歸還之事。伏聽朝旨。宋書沈攸之傳。元徽二年。羣公稱皇太后令遣中使問攸之云云。攸之荅。

與武陵王贊牋

江陵一總八州。地居形勝。鎭撫之重。宜以上歸。本欲仰移節蓋。改臨荆部。所以未具上聞者。欲待至止面自咨申。不圖重關擊柝。覲接莫由。若使匡朝之誠。終蔽於聖察。襲遠之舉。近擁於郢都。則無以謝烈士之心。何用塞義夫之志。便不犯關陵漢。期一接奉。若夫斬蛟陷石之卒。裂骼卷鐵之將。煙騰飆迅。容或驚動左右。苟不獲已。敢不先布下情。同上。

下官位重分陝。富兼金穴。子弟勝衣。爵命已及。親黨辨菽。抽序便加耳。倦絃歌口。猒粱肉。布衣若此。復欲何求。豈不知俛眉苟安。保養餘齒。何爲不計百口。甘冒危難。誠感歷朝之遇。欲報之於皇室爾。昧理之徒。謂下官懷無猒之願。旣貫誠於白日。不復明心於厥

諱當作賾

下。若使天必喪道。忠節不立。政復闔門碎滅。百死無恨。但高祖王業艱難。太祖劬勞日昃。卜世不盡七百之期。宗社已成他人之有。家國之事。未審於聖心何如。同上。

遺蕭道成書

吾聞魚相忘於江湖。人相忘於道術。彼我可謂通之矣。大明之中。謬奉聖主。忝同侍衞。情存契闊。義著斷金。乃分帛而衣。等糧而食。値景和昏暴。心爛形燋。若斯之苦。寧可言盡。吾自分碎首於閤下。足下亦懼滅族於舍人。爾時磐石之心旣固。義無貳計。蹴迫時難。相引求全。天道矜善。此理不空。結姻之始。實關於厚。及明帝龍飛。諸人皆爲鬼矣。吾與足下。得蒙大造。親過夙眷。遇若代臣。錄其心迹。復忝驅使。臨崩之日。吾豫在遺託。加榮授寵。恩深位高。雖復情謝古人。粗識忠節。誓心仰報。期之必死。此誠志竟未申。遂先帝登遐。微願永奪。自爾已來。與足下言面殆絕。非唯分張形迹。自然至此。殆枉一告。未嘗不對紙流涕。豈願相詣於今哉。苟有所懷。不容不白。初得賢子諱疏云。得家信云。足下有廢立之事。安國寧民。此功巍巍。非吾等常人所能信也。俄奉皇太后假令云。足下潛構深略。獨斷懷抱。一何能壯。但冠雖獘。不可承足。蓋共尊高故耳。足下交結左右。親行殺逆。以免身患。卿當謂龍逢比干癡人耳。凡廢立大事。不可廣謀。但袁褚遺寄。劉又國之近戚。敷臣地籍。實爲膏腴人位。竝居時望。若此不與議。復誰可得共披心胸者哉。昏明改易。自古有之。豈獨大宋中屯耶。前代盛典。煥盈篇史。請爲足下言之。羣公共議。宜啟太后。奉令而行。當以王禮出第。足下乃可不通大理。要聽君子之言。豈可罔滅天理。一何若茲。孝經云。資於事父以事君。縱爲宗社大計。不爾寧不識有君親之意邪。乃復慮以家爲陷以爵賞。小人無狀。遂行弒害。吾雖寡識。竊從古比。豈有爲臣而有近日之事邪。使一日荼毒。身首分離。生自可恨。死者何罪。且有

登齋之賞。此科出於何文。凡在臣隸。誰不惋駭。華夷抑心。行路泣血。乃至不殯。使流蟲在戶。自古已來。此例有幾。衛國微小。故有弘演。不圖我宋。獨無其人。撫膺惆悵。不能自已。足下與向之殺者何異。人情易反。還成嗟悲。為子君者。無乃難乎。蹊田之譬。豈復有異。管仲有言。君善未嘗不諫。足下諫諍不聞。甘崔杼之罪。何惡逆之甚。昔太甲還位。伊不自疑。昌邑之過。不可稱數。霍光荷託。尚共議於朝。斑然後廢之。猶有湯沐之施。論者不以劫主為名。桓溫之心。未忘於篡。海西失道。人倫頓盡。廢之以公。猶禮處之。當溫彊盛。誰能相抗。尚畏懼於形迹。四海不愜。未嘗有樂推之者。伊尹霍光。名高於臣節。桓氏亦得免於脅奪。凡是諸事。布於書策。若此易曉。豈待指掌。卿常言比迹夷叔。如何一旦行過桀跖。邪聖明啟運。蒼生重造。普天卒土。誰不歌抃。實是披心罄節。奉公忘私之日。而卿大收宮妓。劫奪天藏。器械金寶。必充私室。移易朝舊。布置私黨。被甲入殿。內外宮閤。管籥悉關家人。吾不知子孟孔明。遺訓如此。王謝陶庾。行此舉止。且朱方帝鄉。非親不授。足下非國戚也。一旦專縱自樹。云是兒守臺城。父居東府。一家兩錄。何以異此。知卿防固重複。猜畏萬端。言以禦遠。實為防內。若德允物望。夷貊猶可推心共處。如其失理乖道。金城湯池無所用也。文長以戈戟自衛。何解滅亡。吳起有云。義禮不脩。舟中之人皆讎也。足下既無伍員之痛。苟懷貪惏。而有賊宋之心。吾豈捐申包之節邪。聞求忠臣者必出孝子之門。卿忠孝於斯盡矣。今竊天府金帛。以行姦惠。盜國權爵。以結人情。且授非其理。合我則賞。此事已復不可恆用。用之既訖。恐非忠策。且受者不感。識者不知。不能遏姦折謀。誠節慨惋。隔硋數千。無因自對。不能知復何情顏。當與足下敘平生舊款。吾聞前哲絕交。不出惡言。但此自陳名節於胸心。因告別於千載。放筆增歎。公私潸泫。想不深怪往言。然天下耳目。豈伊可誣。抑亦當自知投杖。無彊為必先及。（南齊書張敬兒傳）

卒當作率

彊當作疆

宜令軍中

荊州城中大有錢。可相與還取以為資糧。（齊書柳世隆傳。攸之遣魯山岸。猶有數十匹騎自隨。宜令軍中。）

沈演之

演之字臺真。吳興武康人。晉冠軍長史勁曾孫。襲父叔任爵吉陽縣侯。郡命主簿。州辟從事史西曹主簿。舉秀才。除嘉興令。入為司徒祭酒南譙王義宣左軍主簿。錢塘令。復為司徒主簿。丁母憂。起為武康令。除司徒左曹掾州治中從事史。遷尚書吏部郎。進右衞將軍。遷侍中。又遷中領軍領國子祭酒本州大中正。轉吏部尚書領太子右衞率。元嘉二十六年卒。贈散騎常侍金紫光祿大夫。謚曰貞侯。

巡行上表言劉真道等政績

宰邑敷政。必以簡惠成能。莅職闡治。務以利民著績。故王奐見紀於前。升卿流稱於後。竊見錢塘令劉真道。餘杭令劉道錫。皆奉公卹民。恪勤匪懈。百姓稱詠。訟訴希簡。又翦蕩凶非。屢能擒獲。災水之初。餘杭高堤崩潰。洪流迅激。勢不可量。道錫躬先吏民。親執板築。塘既還立。縣邑獲全。經歷諸縣。訪覈名實。並為二邦之首。最治民之良宰。（宋書劉懷肅傳。元嘉十三年。東土饑。上遣揚州治中從事史沈演之巡行在所。演之上表。上嘉之。各賜穀千斛。）

以一大錢當兩議

龜貝行於上古。泉刀興自有周。皆所以阜財通利。實國富民者也。歷代雖遠。資用彌便。但採鑄久廢。兼喪亂累仍。糜散湮滅。何可勝計。晉遷江南。疆境未廓。或土習其風。錢不普用。其數本少。為患尚輕。今王略開廣。聲教遐暨。金鏹所布。爰逮荒服。昔所不及。悉已流行之矣。用彌曠而貨愈狹。加復競竊翦鑿。銷毀滋繁。刑禁雖重。姦避方密。遂使歲月增貴。貧室日劇。晷作肆力之氓。徒勤不足以贍。

誠由貨貴物賤。常調未革。弗思釐改。爲弊轉深。斯實親教之良時。通變之嘉會。愚謂若以大錢當兩。則國傳難朽之寶。家贏一倍之利。不俟加憲。巧源自絕。施一令而衆美兼。無興造之費。莫盛於茲矣。（宋書何尚之傳。中領軍沈演之議。）

嘉禾頌

煥炳禎圖。昭晰瑞典。運傾方陽。時亨始顯。綿狀既章。鳥文斯辯。於皇聖辟。承物紀遠。明兩辰麗。昌輝天衍。（其一）理妙位崇。事神業盛。淵渥德澤。虛寂道政。協化安心。調樂移性。玉衡從體。瑤光得正。巨星垂采。景雲立慶。（其二）極仁所被。罔幽不懷。至和所感。靡況弗彰。鶩出丹穴。鸎起西湖。白鹿踰海。素鳥越江。結響穹陰。儀形鐘陽。（其三）治人奉天。迺勤迺格。黛耒俶載。高廩已積。嘉禾重穋。甘露流液。擢秀辰畦。揚穎角澤。離穮合豪。榮區蔭斥。（其四）盈箱徵殷。貫桑表周。今我大宋。靈貺綢繆。帝終撝謙。繹思勿休。躬薦宗廟。遙恭率由。降福以誠。孝享虔羞。（其五）頌趾推功。登徽叡詔。恩覃隱顯。賞延荒徼。河溓海夷。山華岳燿。憬琛賨賮。兼澤委效。日表地外。改服請教。（其六）茂對盛時。綏萬屢豐。厭厭歸素。秩秩大同。上藏諸用。下知所從。仰式王度。俯歌南風。鴻名稱首。永保無窮。（其七）（宋書符瑞志下。元嘉二十四年七月。嘉禾旅生華林園及景陽山。園丞梅道念以聞。中領軍吉陽縣侯沈演之奏上嘉禾頌。）

白鳩頌（并上表）

臣聞貞裕之美。介於盛王。休瑞之臻。罔違哲后。故鳴鳳表垂衣之化。翔鶴徵解網之仁。陛下道德嗣基。聖明纘世。教清鳥紀。治昌雲官。禮漸同川。澤浹末徼。天嘉明懿。民樂薰風。星辰以之炳煥。日月以之光華。神圖祇緯。盈觀閱序。白質黑章。充牣靈囿。應感之符畢臻。而因心之祥未屬。以素鳩自遠。毨翰歸飛。資性閑淑。羽貌鮮麗。既聞之先說。又親覩嘉祥。不勝藻抃。上頌一首。辭不稽典。分乏采章。愧不足式昭皇慶。崇讚盛美。蓋率輿誦。備之篇末。其頌曰。

有哲其儀。時惟皓鳩。性總五教。名編素丘。般麻方昌。婉翮來遊。漢籙克韡。爰降爰休。（其一）於顯盛宋。叡慶遐傳。聖皇在上。道照鴻軒。稱施既平。孝思永言。人和於地。神豫於天。（其二）禮樂孔秩。靈物咸昭。白雀集苞。丹鳳棲郊。文騶儷迹。嘉穎擢苗。灼灼縞羽。從化馴朝。（其三）豈伊赴林。必周之栩。豈伊歸義。必商之所。惟德是依。惟仁是處。奇景陽嶽。濯姿帝宇。（其四）刑厤頒典。理感迭通。雉飛越常。鷺起西雝。烝然戾止。實兼斯容。壹茲民聽。穆是王風。（其五）（宋書符瑞志下。元嘉二十四年九月。白鳩見中領軍沈演之表。）

沈勃

勃。演之次子。爲西陽王文學。歷術書殿中郎。泰始中爲太子右衞率。加給事中。坐事徙梁州。元徽末還。爲司徒左長史。爲後廢帝所誅。順帝即位。追復本官。有集二十卷。

秋羈賦

於時朱雲弛辰。金祗御歲。芳圖縟於圍沼。橘倒飾於池例。草改貌而傾蕤。林伐狀而搖帶。潭瀲氣而威荷。露危光而嚴蕙。（藝文類聚三。）

全宋文卷四十一終

全宋文卷四十二

烏程嚴可均校輯

陸徵

徵字休猷。吳郡吳人。郡辟主簿。除衛軍車騎二府參軍、揚州主簿、王弘衛軍主簿。除尚書都官郎。補建康令。遷司徒左西掾。出爲始興太守。進使持節、交廣二州諸軍事、綏遠將軍、平越中郎將、廣州刺史。徵爲南平王鑠冠軍司馬、長沙內史。行湘州府事。母憂去職。徵爲持節督益寧二州諸軍事、寧朔將軍、益州刺史。元嘉二十九年卒。贈輔國將軍。謚曰簡子。

薦朱萬嗣表

臣聞陵霄褒穎。貞柯必振。尊風賞流。清原斯挹。是以衣囊揮譽於西京。折轅延高於東帝。伏見廣州別駕從事史朱萬嗣。年五十三。字少豫。理業沖夷。秉操純白。行稱私庭。能著官政。雖氏非世祿。宦無通資。而隨牒南服。位極僚首。九綜州綱。三端府職。頻掌蕃機。屢績脩守。年暨知命。廉尚愈高。冰心與貪流爭激。霜情與晚節彌茂。歷宰金山。家無寶鏤之飾。連組珠海。室靡瑇玥之珍。確然守志。不求聞達。實足以澄革汙吏。洗鏡貪氓。臣謬忝司牧。任專萬里。雖情祇慎擢。才闕豪露。敢罄愚陋。舉其所知。如得提名禮闈。抗迹朝省。搏嶺表之清風。負冰宇之潔望。則恩融一臣。而施光萬物。敢緣天澤雲行。時德雨施。每甄外州。榮加遠國。是以獻其瞽言。希垂聽覽。（宋書陸徵傳。）

薦龔穎表

臣聞運纏明夷。則艱貞之節顯。時屬棟撓。則獨立之操彰。昔之元興。皇綱弛紊。譙縱乘釁。肆虐巴庸。害殺前益州刺史毛璩。竊據蜀土。涪岷士庶。怵迫受職。璩故吏龔穎。獨秉身貞白。抗志不撓。殯送舊君。哀敬盡禮。全操九載。不染僞朝。縱雖殘凶。猶重義概。遂延以旌命。劫以兵威。穎忠誠奮發。辭色方壯。雖桎梏在身。賤危愈信。其節白刃臨頸。見死不更其守。若王蠋之抗辭燕軍。周苛之肆詈楚王。方之於穎。蔑以加焉。誠當今之忠壯。振古之遺烈。而名未登於王府。爵猶齒於鄉曹。斯實邊氓遠士所爲於邑。臣過叨恩私。宣風萬里。志存砥竭。有懷必聞。故率愚懇。舉其所知。追懼紕妄。伏增惾梟。（宋書龔穎傳。元嘉二十四年刺史陸徵上表。）

惾當作㥄。

竺夔

夔字祖季。東莞人。永初中爲冠軍將軍、青州刺史。鎮東陽。景平初。進號前將軍。封建陵縣男。後爲金紫光祿大夫。

上言移鎮

東陽城被攻毀壞。不可守。移鎮長廣之不期城。（宋書索虜傳。）

張約之

約之。堂邑人。初爲吉陽令。免。以疏理廬陵王義眞。授梁州府參軍。尋見殺。

奏理廬陵王義眞

臣聞仁義之在天下。若中原之有菽。理感之被萬物。故不繫於貴賤。是以考叔反悔誓於及泉。壺關復冤魂於湖邑。當斯之時。豈無尊卿賢輔。或以事迫心違。或以道壅謀屈。何嘗不願聞善於輿隸。藥石阿氏哉。臣雖草芥。備充黔首。少不量力。頗高殉義之風。謂路善於朝聞。愈徒生於白首。用敢干禁忘戮。披敘丹愚。伏惟高祖武皇帝誕茲神武。撫運龍興。仰淸天步。則孝德有虞。俯廓九州。則侔功大夏。故虔順天人。享有萬國。雖靈祚脩長。聖躬弗永。陛下繼明紹統。遐邇一心。藩王哲茂。四維寧謐。傾耳康哉之詠。企踵升平之風。竊念廬陵王少蒙先皇優慈之遇。長受陛下睦愛之恩。故在心必言。所懷必亮。容犯臣子之道。致招驕恣之愆。至於天姿夙成。實有卓然之美。宜在容養。錄善掩瑕。訓盡義方。進退以漸。今猥加剝辱。幽徙遠郡。上傷陛下棠棣之篤。下令遠近悵然失圖。士庶杜口。人爲身計。臣伏思大宋之興。雖協應符緯。而開基造次。根條未繁。宜廣樹藩戚。敦睦以道。使兄弟之美。比輝魯衞。龜策告同。祚均七百。豈不善哉。陛下富於春秋。慮未重複。忽安危之遠算。肆不忍於一朝。特願留神九思。重加詢采。上考前代興亡之由。中存武皇締構之業。下顧蒼生顒顒之望。時開曲宥。反王都邑。選保傅於舊老。求四友於髦俊。引誘情性。導達聰明。凡人在苦。皆能自厲。況王質朗心聰。易加訓範。且中賢之人。未能無過。過貴自改。罪願自新。以武皇之愛子。陛下之懿弟。豈可以其一眚。長致淪棄哉。謹昧死詣闕。伏地以聞。惟願丹誠一經天聽。退就斧鑕。無愧地下矣。（宋書廬陵王義眞傳）

顧琛

琛字弘瑋。吳郡吳人。晉司空和之曾孫。景平中除大匠丞。彭城王義康右軍驃騎參軍、晉陵令、司徒參軍、尚書庫部郎、本邑中正。元嘉中補司徒錄事參軍、山陰令。還少府。出爲義興太守。徙東陽太守。忤旨黜免。後假建威將軍。除東海王禕冠軍司馬。行會稽郡事。復爲隨王誕安東司馬。元凶弑立。以爲會稽太守。誕起義。加冠軍將軍。事平。還吳興太守。孝建初爲寧朔將軍吳郡太守。封永新縣侯。大明初免。尋召爲西陽王子尚撫軍司馬。仍爲吳興太守。免。起爲大司農都官尚書、新安王子鸞北中郎司馬、東海太守。行南徐州事。隨府轉撫軍司馬。前廢帝即位。復爲吳郡太守。泰始初丁母憂。服闋。起爲員外常侍中散大夫。元徽三年卒。年八十六。

納款世祖啟

劉誕猖狂。遂搆釁逆。凡在含齒。莫不駭惋。臣等預荷國恩。特百常憤。忽以今月二十四日中獲賊誕疏。欲見邀誘。臣即共執錄僞使。

并得誕與撫軍長史沈懷文、揚州別駕孔道存、撫軍中兵參軍孔璪、前司兵參軍孔桓之、前司空主簿張晏書。具列本郡太守王曇生。臣即日便應星馳歸骨聲轂。臣母年老。身在侍養。輒遣息寶素寶先束骸詣闕。（宋書顧琛傳。大明三年。竟陵王誕反。世祖以琛素結事誕。或有異志。遣使就吳郡太守王曇生誅琛父子。會延稔先至。琛等既執斬之。遣二子送延稔首啟世祖云云。世祖所遣誅琛使其日亦至。僅而獲免。）

顧寶先

寶先。琛少子。大明中爲山陰令。

馳書報父琛

南師已近。朝廷孤弱。不時順從。必有覆滅之禍。（宋書）

顧覬之

覬之字偉仁。吳郡吳人。初爲郡主簿。謝晦爲荊州。以爲南蠻功曹。仍爲晦衞軍參軍。歷王弘揚州主簿、衞軍參軍、鹽官令、衡陽王義季右軍主簿、尚書都官郎、護軍司馬。東遷山陰令。還揚州治中從事史、廣陵王誕廬陵王紹北中郎左司馬、揚州別駕從事史、尚書吏部郎。孝武即位。遷御史中丞。出爲義陽王昶東中郎長史寧朔將軍。行會稽郡事。尋徵爲右衞將軍。領本邑中正。出爲湘州刺史。徵守度支尚書。領本州中正。轉吏部尚書。加左軍將軍。出爲吳郡太守。復爲吏部尚書。加給事中。未拜。還爲吳郡太守。前廢帝即位。進光祿大夫。明帝即位。復爲左將軍吳郡太守。加散騎常侍。尋復爲湘州刺史。泰始三年卒。年七十六。贈鎮軍將軍。諡曰簡子。

唐賜妻子事議

法移路尸。猶爲不道。況在妻子。而忍行凡人所不行。不宜曲通小情。當以大理爲斷。謂副爲不孝。張同不道。（宋書顧覬之傳。南史三十五。通典一百六十七。）

顧愿

愿字子恭。覬之弟子。大明中舉秀才。對策稱旨。擢著作佐郎。還太子舍人。

定命論

仲尼云。道之將行。命也。道之將廏。命也。丘明又稱天之所支不可壞。天之所壞不可支。卜商亦曰死生有命。富貴在天。孟軻則曰不遇魯侯爲辭。斯則運命奇偶。生數離合。有自來矣。馬遷劉向揚雄班固之徒。著書立言。咸以爲首。世之論者。多有不同。嘗試申之曰。夫生之資氣。清濁異原。命之稟數。盈虛乖致。是以心貌詭貿。性運舛殊。故有邪正昏明之差。脩夭榮枯之序。皆理定於萬古之前。事徵於千代之外。沖神寂鑒。一以貫之。至乃卜相末技。巫史賤術。猶能豫題興亡。逆表成敗。禍福指期。識照不能徙。吉凶素著。威衡不能防。若夏氓宅生於帝宮。豈錮殘傷之祟。漢臣衍貨於天府。寧免餧斃之魂。且又善惡之理雖詳。而禍福之驗常昧。逆順之體誠分。而吉凶之效常隱。智絡天地。猶罹沈痛之災。明照日月。必嬰深匡

之難。增信積德。離患於長飢。席義枕仁。徵禍於促算。何則。理運茍其必至。聖明其猶病諸。況乃蕞迹流惑之徒。投心顓蒙之域。而欲役慮以揣利害。策情以竿窮通。其爲重傷。豈不惑甚。是以通人君子。閑泰其神。沖緩其度。不矯俗以延聲。不依世以期榮。審乎無假自求多福。榮辱脩夭。夫何爲哉。問曰。夫書稱惠迪吉。易載履信逢祐。前哲餘議。亦以將迎有會。淪塞無兆。宜攝有方。夭閼無命。善游銷魂於深梁。工騎燼生於曠野。明珠招駭於闇至。蟠木取悅於先容。是以罕樂以陽施長世。景惠以陰德遐紀。彭竇以繕衛延命。盈忌以荒酒促齡。陳張稱台鼎之崇。嚴辛衍宰司之盛。若乃遊惡蹈凶。處逆踐禍。宜昭史策。易以研正。至如神仙所序。天竺所書。事雖難徵。理未易詰。畱滯傾光。思聞通裁。對曰。子可謂扶繩而辨循刻而議。若乃宜攝有方。豈非吉運所屬。將迎有會。實亦凶數自挺。若夫陽施陰德。長世遐年。揆厥所原。孰往非命。研復來指。讎校往

廏當作廢

說。起子惟商。未識所異。資生稟運。參差萬殊。逆順吉凶。理數不一。原夫滄椒非養生之術。咀翮豈衞性之經。命之所延。人肉其骨。而含嚼膏粱。時或嬰患。深溷乖徵寵之津。空谷絕探樂之轍。運之所集。物穉其枯。而俯仰竿牘。終然離沮。爾乃蹻跖橫行。曾原窘步。湯周延世。郮邑絕緒。吉凶徵應。糾纏若茲。畢萬保軀。密賤傷領。梁野之言。豈不或妄。穀南魯北。甘此促生。彭翁竇叟。將以何術。晉平趙敬。淫放已該。漢主魏相。奚獨傷夭。同異若斯。是非孰正。至如雷濱凝分。挫志遠圖。棘津陰拱。振功高世。樊生沖矯。鐫旌善之文。華子高抗。銘懲非之策。皆士衡所云同川而異歸者也。殊塗均致。實繁有徵。卽理易推。在言可略。昔兩都全盛。六合殷昌。霧集貴寵之閭。雲動權豪之術。鈞貿貽談。豈唯陳張而已。觀夫二子才未越衆。而此以藉榮揮價。彼獨擯景淪聲。通否之運。斷可知矣。嚴辛不安時任命。而委罪亮直。亦地脈之徒歟。若神仙所序。顯明脩習。齊彊燕

平。厥驗未著。李覃董芬。其效安在。喬松之侶。雲飛天居。夷列之徒。風行水息。良由理數懸挺。實乃鍾茲景命。天竺遺文。星華方策。因造前定。果報指期。貧豪莫差。脩夭無爽。有允瑣辭。無愆鄙說。統而言之。孰往非命。冥期前定。各從所歸。善惡無所矯其趨。愚智焉能殊其理。若乃得議其工。失蚩其拙。操之則慄。舍之則悲。斯固染情於近累。豈不貽誚於通識。問曰。清論光心。英辨溢目。求諸鄙懷。良有未盡。若動止皆運。險易自天。理定前期。靡非闇至。玉門犁丘。叡識弗免。豈非聖愚齊致。仁虐同功。昏明之用。將何施而可。對曰。夫聖人懷虛以涵育。凝明以洞照。惟虛也。故無往而不通。惟明也。故無來而不燭。溜海流金。弗染溫涼之岨。巖兵猛兕。無累爪刃之災。忘生而生愈全。遺神而神彌暢。若玉門犁丘。蓋同迹於人。故同人有患。然而均心於天。亦均天無害。大賢則體備形器。慮盡藏假。靜默以居否。深拱以違礩。皆數在清全。故鍾茲妙識。是以稟仲尼之

護當作獲

道不在奔車之上資伯夷之運不處覆舟之下若乃越難趨險沒
巡弗護履危踐機僶俛從事愚之所司聖亦何爲及中下之流馳
心妄動是非舛幹倚伏移貿故北宮意逆而功順東門心晦而迹
明宜應遺筮而逢吉張松協數而遘禍且智防有紀患累無方爾
乃猘狗逐而華子奔腐鼠遺而虞氏滅匪徭逸而林木殘櫝珠亡
而池水竭凡厥條流曲難詳備揣形役思其效安徵豈若澡雪靈
府洗練神宅據道爲心依德爲慮使迹窮則義斯暢身泰則理兼
通豈不美哉何必遺此而取彼問曰夫建極闡化樹聲貽則典防
之興由來尚矣必乃幽府懸兆冥數指期善惡前徵是非數定名
敎之道不亦幾乎息哉對曰天生蒸民樹之物則敎義所稟豈非
冥數何則形氣之具必有待而存顓蒙之倫豈無因而立必假纖
紈以安生藉粱豢以延祀資信禮以繕性秉廉義以劾情聖人聰
明深懿履道測化通體天地同情日月仰觀俯察撫運裁風於是

乎昭日星之紀正霜雨之度張雲霞之明衍風露之渥浮舟翼滯
騰駕振幽又乃甄理三才辨綜五德宏鋪七體之瑞宣昭八經之
緒是以時雍在運羣方自通抱德煬和全眞保性故信食相資代
爲脣齒富敎相假遞成輔車今弛棄纖紈損絕粱豢必云徼生委
命豈不已曉其迷至乎湮斥廉義屏黜信禮責以祈存推數遂乃
未辨其惑運類若斯乖妄滋甚然則敎義之道生運所資寵辱榮
枯常由此作斯固命中之一物非所以爲難也問曰循復前旨既
以理命懸兆生數冥期研覆後文又云依杖名敎帥循訓範若藉
數任天則放情蕩思拘訓馴範則防慮檢喪囷矢殊用矛戈異適
雙美之談豈能兩遂對曰夫性運乖舛心貌詭殊請布末懷略言
其要若乃吉命所鍾縱情蹈道訓性而順因心則靈凶數所挻牽
由踐逆聞言不信長惡無悛此愚智不移聲訓所遺者也其有見
善如不反從諫如順流是則命待敎全運須化立譬以良醫之室

病者所存至如澄神淸魂平心實氣無妄之痾勿藥有喜所謂縱
情蹈道無假隱括若膏肓之疾長桑不治體府之病陽慶弗理此
則牽由踐逆自絕調御至乃趙儲之命宜永須扁鵲而後全齊后
之數必延待文摯而後濟亦猶運鍾循獎彝範所興善惡無主唯
運所集而異膏粱方丈沈疾弗顧瑤碧盈尺臨危弗存夫靜躁之
容造次必於是曲直之性顚沛不可移是以夷惠均聖而異方遵
竦齊通而殊事雖復鉗桎羿奡思復巢許之情捶勒曾史言膺蹻
跖之慮不然之事斷可知也必幽符鑽仰冥數脩習雖存陵惰其
可得乎故運屬波流勢無防慮命徼山立理無放情用殊囷矢雙
美奚蹟談異矛戈兩濟何傷問曰夫君臣恩深師資義固所以霑
榮塗施提飾荷聲故刳心流腸捐生以抗節火妻灰子甝名以償
義若幽期天兆則明䀛可遺冥數自賓則感效宜絕豈其然乎對
曰論之所明原本以爲理難之所疑卽末以爲用蓋陰閉之巧不

傳前漸之調長絕故知妄言賞理古人所難吾所謂命固以縣絡
古今彌貫終始爰及君臣父子師友夫妻皆天數冥合神運玄至
逮乎睽愛離會既命之所甄昏爽順戾亦運之所漸爾乃松柳異
質薺荼殊性故疾風知勁草嚴霜識貞木何異忠孝之質資行夙
昭至於刻志酬生題誠復施殉節投命馴義忘己亦由石雖可毀
堅不可銷丹雖可磨赤不可滅因斯而言君臣師資既幽期自賓
心力感效亦冥數天兆夫獨何怪哉宋書顧覬之傳覬之常謂秉命有定分非智力所移唯應恭己守道信天任運而闇者不達妄求僥倖徒虧雅道無關得喪乃以其意命弟子愿著定命論其辭曰云云

琇

琇失其姓景平末爲侍中

奉迎文帝登極表

侍中臣琇、散騎常侍臣嶷之、中書監尚書令護軍將軍建城縣公
臣亮、左衞將軍臣景仁、給事中游擊將軍龍鄉縣侯臣隆、越騎校

尉都亭侯臣綱、給事黃門侍郎臣孔璩之、散騎侍郎臣劉思考、員外散騎侍郎臣潘盛、中書侍郎臣何尙之、羽林監封陽縣開國侯臣蕭思話、長兼尙書左丞德陽縣侯臣孫康、吏部郎中騎都尉臣張茂度、儀曹郎中臣徐長琳、倉部郎中臣庾俊之、都官郎中臣袁洵等上表曰。臣聞否泰相革。數窮則變。天道所以不謟。卜世所以靈長。乃者運距陵夷。王室艱晦。九服之命。靡所適歸。高祖之業。將墜於地。賴基厚德深。人神同奬。社稷以寧。有生獲乂。伏惟陛下君德自然。聖明在御。孝悌著於家邦。風猷宣於蕃牧。是以徵祥雜沓。符瑞爍輝。宗廟神靈。乃睠西顧。萬邦黎獻。望景託生。臣等忝荷朝列。豫充將命。復集休明之運。再覩太平之業。行臺至止。瞻望城闕。不勝喜悅鳧藻之情。謹詣門拜表以聞。宋書文帝紀

全宋文卷四十二終

烏程嚴可均校輯

賀道期

道期會稽山陰人晉司空循孫元嘉初太學博士

太廟送神議

樂以迎來哀以送往祭統迎牲而不迎尸詩云鐘鼓送尸鄭云尸神像也與今儀注不迎而後送若合符契（宋書禮志四元嘉六年博士賀道期議）

賀道養

道養道期弟為太學博士有賀子述言十卷集十卷

渾天記

昔記天體者有三渾儀莫知其始書以齊七政蓋渾體也二曰宣夜夏殷法也三曰周髀當周髀之所造非周家之術也近世復有四術一曰方天興於王充二曰軒天起於姚信三曰穹天由於虞喜皆以臆斷浮說不足觀也惟渾天之事徵驗不疑（御覽二）

蕭摩之

摩之字仲緒南蘭陵人元嘉初為益州刺史領南蠻校尉遷湘州刺史後為丹陽尹

奏鑄象造寺宜加裁檢

佛化被於中國已歷四代形象塔寺所在千數進可以繫心退足以招勸而自頃以來情敬浮末不以精誠為至更以奢競為重舊宇頹弛曾莫之修而各務造新以相姱尚甲第顯宅於茲殆盡材竹銅綵糜損無極無關神祇有累人事違中越制宜加裁檢不為之防流遁未息（廣弘明集作未已）請自今以後有欲鑄銅像者悉詣臺自聞興造塔寺精舍皆先詣在所二千石通辭郡依事列言本州須許報然後就功其有輒造寺舍者皆依不承用詔書律銅宅林苑悉沒入官（宋書天竺迦毗黎國傳元嘉十二年丹陽尹蕭摩之奏詔可又見廣弘明集六）

孔默之

默之魯國魯人元嘉初為尚書右丞兼散騎常侍轉左丞尋出為廣州刺史以贓免有春秋穀梁傳注（案隋志有孔君措訓穀梁傳五卷殘闕梁十四卷未知即此否）

上言李元德等政績

宣威將軍陳南頓二郡太守李元德清勤均平姦盜止息彭城內史魏恭子廉恪修慎在公忘私安約守儉久而彌固前宋縣令成浦治政寬濟遺詠在民前鄮陽令李熙國在事有方民思其政故山桑令何道自少清廉白首彌厲應加褒賚以勸於後（宋書江秉之傳元嘉初遣大使巡行四方兼散騎常侍孔默之王歆之等上言又見南史七十阮長之傳不云孔默之但作王歆之等歆之字叔道河東猗氏人晉南蠻校尉愆期曾孫官至左戶尚書光祿大夫）

刑法議

君子小人既雜為符伍不得不以相檢為義士庶雖殊而理有聞察譬百司居上所以下不必躬親而後同坐是故犯違之日理自關今罪其養子典計者蓋義存戮僕如此則無奴之室豈得晏安但既云復士宜令輸贖常盜四十匹主守五匹降死補兵雖大存寬惠以紆民命然官及二千石及失節士大夫時有犯者罪乃可戮恐不可以補兵也謂此制可施小人士人自還用舊律（宋書王弘傳）

孔熙先

熙先默之之子元嘉中為員外散騎侍郎行左衛將軍與彭城王義康謀為亂伏誅

獄中上書

囚小人猖狂識無遠概徒狥意氣之小感不料逆順之大方與第二弟休先首為奸謀干犯國憲韲膾脯醢無補尤戾陛下大明含弘量苞天海錄其一介之節猥垂優逮之詔恩非望始沒有遺榮終古以來未有斯比夫盜馬絕纓之臣懷璧投書之士其行至賤

其過至微由識不世之恩以盡軀命之報卒能立功齊魏致勳泰楚囚雖身陷禍逆名節俱喪然少也慷慨竊慕烈士之遺風但墜崖之木事絕升躋覆盤之水理乖收汲方當身膏鐵鉞詒誡方來若使魂而有靈結草無遠然區區丹抱不負夙心貪及視息少得申暢自惟性愛羣書心解數術智之所周力之所至莫不窮覽究其幽微攷論既往誠多審驗謹略陳所知條牒如故別狀願且勿遺棄存之中書若囚死之後或可追存庶九泉之下少塞釁責（宋書范蔚宗傳）

孔休先

休先熙先弟。

論衆檄

夫休否相乘道無恆泰狂狡肆逆明哲是殛故小白有一匡之勳重耳有翼戴之德自景平肇始皇室多故大行皇帝天誕英姿聰

明叡哲拔自藩國嗣位統天憂勞萬幾垂心庶務是以邦內安逸四海同風而比年已來奸豎亂政刑罰乖淫陰陽違舛致使釁起蕭牆危禍萃集賊臣趙伯符積怨含毒遂縱奸凶肆兵犯蹕禍流儲宰崇樹非類傾墜皇基罪百浞豷過十玄莽開闢已來未聞斯比率土叩心華夷泣血咸懷亡身之誠同思糜軀之報湛之雖與行中領軍蕭思話行護軍將軍臧質行左衞將軍孔熙先建威將軍孔休先忠貫白日誠著幽顯義痛其心事傷其目投命奮戈萬殞莫顧即日斬伯符首及其黨與雖豺狼即戮王道維新而普天無主羣萌莫繼彭城王體自高祖聖明在躬德格天地勳溢區宇世路威夷勿用南服龍潛鳳棲於茲六稔蒼生饑德億兆渴化豈唯東征有鴟鴞之歌陝西有勿翦之思哉靈祇告徵祥之應讖記表帝者之符上荅天心下愜民望正位辰極非王而誰今遣行護軍將軍臧質等齎皇帝璽綬星馳奉迎百官備禮駱驛繼進並命羣帥鎮戍有常若干撓義徒有犯無貸昔年使反湛之奉賜手敕逆誡禍亂預覩斯萌令宣示朝賢共拯危溺無斷謀事失於後機遂使聖躬濫酷大變奄集哀恨崩裂撫心摧哽不知何地可以厝身輒督厲尫頓死而後已。（宋書范蔚宗傳。孔熙先謀反使弟休先爲檄文。）

江奥

奥元嘉初尚書左丞。

刑法議

士人犯盜贓不及棄市者刑竟自在贓汙淫盜之目清議終身經赦不原當之者足以塞愆聞之者足以鑒誡若復雷同羣小謫以兵役愚謂爲苦符伍雖比屋鄰居至於士庶之際實自天隔舍藏之罪無以相關奴客與符伍交接有所藏蔽可以得知是以罪及奴客自是客身犯愆非代郎主受罪也如其無奴則不應坐（宋書王弘傳）

江邃

邃字玄遠濟陽考城人元嘉初太學博士累遷祠部郎兼散騎常侍司徒記室參軍有文釋若干卷襍詩九十七卷

太廟送神議

在始不迎明在廟也卒事而送節孝思也若不送而辭是舍親也辭而後送是遣神也故孝不忍遣其親又不忍遺神是以祝史送神以成烝嘗之義（宋書禮志四元嘉六年博士江邃議）

徐道娛

道娛元嘉初爲駙馬都尉奉朝請領太學博士

上表請議讀秋令服色

謹案晉博士曹弘之議立秋御讀令上應著緗幘遂改用素相承至今臣淺學管見竊有惟疑伏尋禮記月令王者四時之服止見駕蒼龍載赤旂衣白衣服黑玉季夏則黃文極於此無白冠則某

履某舄也且幘又非古服出自後代上附於冠下不屬衣冠固不革而幘豈容異色愚謂應恆與冠同色不宜隨飾變綵土合在近謹㠯上聞如或可採乞付外詳議（宋書禮志二元嘉六年六月駙馬都尉奉朝請徐道娛上表）

殷祠烝祀議

祠部下十月三日殷祠十二日烝祀謹案禘祫之禮三年一五年再公羊所謂五年再殷祭也在四時之間周禮所謂凡四時之間祀也蓋歷歲節月無定天子諸侯先後弗同禮稱天子祫嘗諸侯烝祫有田則祭無田則薦鄭注天子先祫然後時祭諸侯先時祭然後祫有田者既祭又薦新祭㠯首時薦㠯仲月然則大祭四祀其月各異天子㠯孟月殷仲月烝諸侯孟月嘗仲月祫也春秋僖公八年秋七月禘文公二年八月大事於太廟穀梁傳曰著祫嘗也昭公十五年二月有事於武宮左傳曰禮也又周禮仲冬享烝月令季秋嘗稻晉春烝曲沃齊十月嘗太公此竝孟仲區別不共之明文矣凡祭必先卜日用丁巳如不從進卜遠日卜未吉豈容二事推期而往理尤可知尋殷烝祀重祭薦禮輕輕尚異月重寍反同且祭不欲數數則瀆今隔旬頻享恐於禮爲煩自經緯墳誥都無一月兩獻先儒舊說皆云殊朔晉代相承未審其原國事之重莫大乎祀愚管膚淺竊㠯惟疑請詳告下議（宋書禮志四元嘉六年九月太學博士徐道娛上議寢不報又見通典五十）

太廟送神議

伏見太廟烝嘗儀注皇帝行事畢出便坐三公已上獻太祝送神於門然後至尊拜百官贊拜乃退謹尋清廟之道所㠯肅安神也禮曰廟者貌也神靈所憑依也事亡如存若常在也既不應有送神之文自陳豆薦俎車駕至止竝弗奉迎夫不迎而送送而後辭闇短之情實用未達案時人私祠誠皆迎送由於無廟庶感降來格因心立意非王者之禮也儀禮雖太祝迎尸於門此乃延尸之

儀豈是敬神之典恐於禮有疑謹㠯議上（宋書禮志四元嘉六年太學博士徐道娛上議）

春祠不用雌雞議

案禮孟春之月是月也犧牲無用牝如此是春月不用雌爾秋冬無禁雄雞斷尾自可是春月（宋書禮志四元嘉十年十二月太祝令徐闓刺署典雞何㠯用雌博士徐道娛等議）

又議

凡宗祀牲牝不一前惟月令不用牝者蓋明在春必雄秋冬可雌非㠯山林同宗廟也四牲不改在雞偏異相承來久義或有由誠非末學所能詳究求詳議告報如所稱令（同上）

徐闓

闓元嘉中爲太祝令

刺署典送雌雞

宗廟社稷祠祀薦五牲牛羊豕雞竝用雄其一種市買由來送雌竊惟周景王時賓起見雄雞自斷其尾曰雞憚犧不祥今何㠯用雌求下禮官詳正勒太學依禮詳據（宋書禮志四元嘉十年十二月）

陸子眞

子眞元嘉初爲大使巡行天下孝武卽位復爲大使

薦闕康之

康之業履恆貞操勵清固行信閭黨譽延邦邑棲志希古操不可渝宜加徵聘㠯潔風軌（宋書闕康之傳世祖卽位遣大使陸子眞巡行天下使反薦康之不見省）

柳元景

元景字孝仁河東解人元嘉初江夏王義恭召補撫軍參軍還殿中將軍復爲義恭司空參軍隨府轉司徒太尉城局參軍歷孝武安北中兵參軍隨王誕後軍中兵參軍加建威將軍弘農太守除寍朔將軍京兆廣平二郡太守又除冠軍司馬襄陽太守孝武舉義㠯爲諮議參軍領中兵加冠軍將軍及卽位㠯爲

侍中。領左衛將軍。轉前將軍、寧蠻校尉、雍州刺史。未行。徙領軍將軍。加散騎常侍。封曲江縣公。孝建初。加撫軍。假節。復領寧蠻校尉、雍州刺史。以破臧質功。封晉安郡公。復爲領軍、太子詹事。加侍中。尋轉驃騎將軍、本州大中正。大明中。還尚書令。改封巴東郡公。加左光祿大夫。尋授侍中、驃騎將軍、南兗州刺史。前廢帝卽位。還尚書令。領丹陽尹。以謀廢立遇害。明帝卽位。贈太尉。謚曰忠烈公。

奏劾蔡興宗

臣義恭表詔書如右。攝曹辨覈尚書袁愍孫牒。此月十七日詣僕射顏師伯。語次。因及尚書蔡興宗有書固辭今授。仍出疏見公。乃者數紙。不意悉何所道。緣此因及朝士。當今聖世。不可使人以爲少。今牒數之朝廷處之實得所。臣等亦自謂得分。常多在門。袁愍孫無或措多。而愚意欲啟更量出內之宜。芻蕘管見。顧在闇徹。選令史宣傳密事。故因附上聞。亦外人言此。今薛慶先列。今月十八日往尚書袁愍孫論選事。愍孫云。昨詣顏僕射。出蔡尚書疏見示。言辭甚苦。又云所得亦少。主上踐祚始爾。朝士有此人不多。物議謂應美用。乃更恨少使呑事。便啟錄公。又謝莊（闕）時未老。其疾以轉差。今居此任。復爲非宜。謂宜中書令。才望爲允。又孔覬南士之美。所歷已多。近頻授卽復回改。於理爲屈。門下無人。此是名選。又張永人地可論。其去歲愆戾。非爲深罪。依其望復門下一人。張淹替忝南下。預因休戚。雖屢經愆黜。事亦已久。謂應祕書監。帶授興宗手迹數紙。文翰炳然。事證明白。不假覈辨。愍孫任居官人。職掌銓裁。若有未久。則宜顯言。而私加許與。自相選署。託云物論。終成虛詭。隱末出端。還爲矛楯。臣聞九官成讓。虞風垂則。誹主怨時。漢罪夙斷。況義爲身發。言謗朝序。亂辟害政。混穢大猷。紛紜彰謬。上延詔旨。不有霜準。軌憲斯淪。請解興宗新附官。須事御收付廷尉法獄治罪。免愍孫所居官。（宋書蔡興宗傳。義恭上表劾興宗。因使尚書令柳元景奏。詔興宗思愆遠封。愍孫以子領職。）

墾起湖田議

富戶溫房。無假遷業。窮身寒室。必應徙居。葺宇疏皐。產粒無待。資公則公未易充。課私則私卒難具。生計既完。畬功自息。宜募亡叛通鄖及與樂田者。其往經創。須粗修立。然後徙居。（宋書孔靖傳。大明初。尚書令柳元景、右僕射劉秀之、尚書王瓚之、顧覬之、顏師伯、嗣湘東王議。）

與朝士書

國禍冤深。凶人肆逆。民神崩憤。若無天地。南中郎親率義師。翦討元惡。司徒臧冠軍並同大舉。舳艫千里。購賞之利備之。元景不武。忝在行閒。總勒精勇。先鋒道路。勢乘上流。衆兼百倍。諸賢奕世忠義。身爲國良。皆受遇先朝。荷榮日久。而拘逼寇廷。莫由申效。想聞今問。悲慶兼常。大行居道。廓清惟始。企遲面對。展雪哀情。（宋書柳元景傳。世祖入討元凶。元景與朝士書。）

令軍中

鼓繁氣易衰。叫數力易竭。但各銜枚疾戰。一聽吾營鼓音。（宋書柳元景傳）

討臧質等檄

夫革道應運。基命之洪符。嗣業興邦。紹庥之明算。自非瑞積神衷。德充民極。孰能升臨寶位。景屬天居。大宋啟期。理高中世。皇根帝業。永流無疆。夷陂遞來。遘茲凶難。國禍冤深。人綱鬱滅。主上聖略聰武。孝感通神。義變草木。哀動精緯。躬幸南鄖。親掃大逆。道援橫流。德模靈造。三光重照。七廟載興。臧質少負疵釁。衣冠不齒。昧利誣天。著於觸事。受任述職。不以宣効爲心。專方莅民。惟以侵剝爲務。官自賄至。族以貨傾。是以康周阤覆。命居宗。寃達蒼昊。郭伯西門。遺出自皁隸。寵越州朝。往莅東守。譬爵三千。率卒西討。竊侔取黜。苟恩彭泅。貪虐以逞。坑戮邊氓。忽若草芥。傾竭倉庾。割沒軍糧。

作牧漢南。公盜府藏。矯易文簿。專行欺妄。及受命北伐。憚役遜期。師出有辰。顧懷私愛。匹馬棄衆。宵行獨返。遂復攜嬪擁姬。淫宴軍幕。孔范之變。顯於逆辭。凡此諸釁。皆彰著於憲簡。振曝於觀聽。去歲義舉。雖豫誠款。而淹留西楚。私相崇戴。奉書致命。形於心迹。新亭之捷。大難已夷。凶命假存。懸在晷刻。廣莫之軍。曾無遺矢。重關自開。僞衆已潰。質猶復盤桓衢巷。後騎陳師。勞不足甄。定於朝議。而虛張功伐。扇動怨辭。自謂斯舉。勳莫已若。初踐殿守。忘犬馬之情。奔趣帑藏。頓傾天府。山海弘量。苞荒藏疾。錄其一介之心。掩其不逞之釁。遂爵首元等。職班盛級。優榮溢寵。莫與爲疇。自恣醲薄。罔知涯涘。干謁陳聞。曾無紀極。請樂窮太子之英。求器盡官府之選。徐司空匪躬王室。遭羅凶禍。質與之少長。觀交兼常。曾無撫孤之仁。惟聞陵侮之酷。尺田才寶。靡有孑遺。及受命南徂。臨路滋甚。逼奪妻嬪。略市金帛。怨動京邑。醜聞都鄙。棄逐舊故。委蔑忠勤。魯尙期尹周之徒。心腹所倚。泣訴於御筵。袁同連子敬之疇。爪牙所杖。一逝而不反。雖上旨頻煩。屢求勞賧。質但稱伐在己。不逮僚隸。託咎朝廷。歸罪有司。國士解心。有識莫附。何文敬趨走廝養。天性愚狡。質迷其姦諂。寘懷委杖。遂外擅威刑。內遊房室。質生與釁俱。不可詳究。擢髮數罪。曾何足言。丞相威重位尊。任居分陝。宗國倚賴。實兼恆情。而不及謙沖之塗。弗見逆順之訓。蔽同郤至。理乖范燮。遂乃遠忽世祀。近受欺構。枝納姦疏。還謀社稷。日者寔安上流。坐觀成敗。示遣疲卒。衆裁三千。戎馬不供。軍糧靡獻。皇朝直以親秩之重。酬寵兼極。近漸別子。禮越常均。苟識無所守。功弗由己。必爲義不全。終於敗德。今茲放命。恨必於本。推諸昔歲。迹是誠非矣。且家國夷險。情事異常。豫是臣子。孰不是赴。而玩寇忘哀。曾無奔拽。面蕃十稔。惠政蔑聞。重賦深掠。縱慾已甚。姬妾百房。尼僧千計。敗道傷俗。悖亂人神。民怨盈塗。國謗彌歲。又賊劭未禽。凶威猶彊。

將毀其私墳。戮其諸子。圖成駭機。垂賴義舉。捷期云速。不日告平。釋怨毒之心。解倒懸之急。論恩敘德。造育爲重。援人自助。棄人快讎。怙亂疑功。未聞其比。僕以不肖。過蒙榮私。荷佩升越。光絕倫伍。家本北邊。志存慷慨。常甘投生。以狥艱棘。惟恩思難。激氣衡襟。故以眺三湘而永慨。望九江而遐憤。若使身死國康。誓在殞命。況仰稟聖略。俯鞠義徒。萬全之形。愚夫所照。夫薛竟陵控率突騎。陸道步馳。檀右衛申右率。桓游擊整勒鋭師。飛輪構路。王豫州方舟繼甲。久已前驅。僕訓卒利兵。淩波電進。沈鎮軍蕭安南接舳連旌。首尾風合。驃騎竟陵王懿親令譽。問望攸歸。大司馬江夏王道略明遠。徽猷茂世。竝旌鉞臨塗。雲驅齊引。羣兵叢邁。融駕徐啟。八鑾播響。五牛舒旆。千乘雷動。萬軸雲回。騰威發號。星流漢轉。以上臨下。易於轉員。加以三謀協從。七緯告慶。幽顯同心。昭然易覩。諸君或世荷恩幸。或身闡教義。當知君臣大節。誓不可犯。冠屨至諭。難用倒設。履安奉順。聲泰事全。孰與附逆居危。身害名醜。慈親垂白。受戮。弱子嬰孩就誅。所以有詔遲回。未震雷霆者。正爲諸君身拘寇手。或懷乃心。吉凶由人。無謂爲遠。今而不變。後悔何及。援檄之日。心馳賊庭。（宋書臧質傳。）

成粲

粲。河南人。元嘉中爲平陸令。

與王弘書

僕聞軌物設教。必隨時制宜。世代盈虛。亦與之消息。夫勢之所處。非親不居。是以周之宗盟。異姓爲後。權軸之要。任歸二南。斯前代之明驗。當今之顯轍。明公位極台鼎。四海具瞻。劬勞夙夜。義同吐握。而總錄百揆。兼牧畿甸。功實盛大。莫之與儔。天道福謙。宜存挹損。驃騎彭城王道德昭備。上之懿弟。宗本歸源。所應推先。宜出據列藩。齊光魯衞。明公高枕論道。燮理陰陽。則天下和平。災害不作。

降當作除

福慶與大宋升降。享年與松喬齊久。名垂萬代。豈不美歟。宋書王弘傳。

司馬操

操。元嘉中爲太常丞。

春祠不用雌雞議

尋月令。孟春命祀山林川澤。犧牲無用牝。若如太學議。春祠三牲已下。便應一時俱改。以從月令。何以偏在一雞。重更勅太學議答。宋書禮志四。元嘉十年十二月。太祝令徐閏刺署典雞何以用雌。博士徐道娛等議春月不用雌。秋冬無禁。太常丞司馬操議。

答何承天書論次孫宜持重

有孫見存。而以疏親爲後。則不通。既不得立疏。豈可遂無持重者。此孫豈不得服三年邪。嫡不傳重。傳重非嫡。自施於親服卑。無關孫爲祖也。通典八十八。何承天答江氏問次孫宜持重與裴松之書。裴答書言不宜持重。又與司馬操書。言其事。操云。

難荀伯子爲人後爲所後父服論

爲人後者。盡禮於彼。而致降於此。所以全受重之道。成若子之義。

豈以眞假殊其事。早晚異其制哉。豈不以父子之名。定於受命之辰。加崇之恩。起於辭親之日。大義昭然。無厭奪之變。而使情節伸而有餘。歲月屈於不足。未知輕重將欲何附。論云。甲死。甲兒持服已練。甲兒死。甲弟乙方以其子景後之。景無緣爲伯持周服畢。復更制二十五月服。難曰。景以甲練後方來後甲。彼喪雖殺。我重自始。更制遠月。於義何傷。且昔以旁尊服不踰齊。今爲其子。禮窮於制。事乖義異。深淺殊絕。豈宜相蒙共爲三年。若是大功小功之親。本服已訖。乃爲之後。亦可計本服之月。以充再周之限。若無服之親。今爲甲嗣。其義云何。論云。甲婦女無緣持三周服。又不合先景降服。難曰。甲婦女二周終訖。何事三周。吉凶有期。何必顧景。亦猶自遠之兄。始及袒免。其居室之弟。久已笙歌。豈得同一。論云。或疑甲服垂除。景出後。景應服斬。旬日而除。意謂延待服除而出後耳。難曰。景以禮而行。不及甲始喪。蓋由事趣。且夫堂階絕構。喪位無主。行路悽愴。骨肉悼心。既爲置後。宜及三年之內。情事有寄。豈得持疑以俟吉。視再周之徒過哉。論曰。甲死。婦女持服再周。弟乙二子遠還。以長子景後甲。景弟丁爲伯父追稅服周。而景以後出之故。更居緦縞。旬日而除。舛錯淺深。不復是過。難曰。乙之子景。今來後甲。既不可與弟丁同稅周服。又不可暫居緦縞。旬日而除。則景於甲之喪。終闕徵服。親爲甲子。而反不如丁有周月之制。處之於三年之地。而絕之於一日之哀。待吉之義。於此爲躓。論曰。甲婦女無緣避此凶居。別居吉宅。又不可婦女歌於內。繼子哭於外。難曰。甲婦雖復衰麻去身。號咷輟響。然素服蔬居。與代長戚。夫何圖於吉宅。何務於謳歌。通典九十七。

全宋文卷四十三終

全宋文卷四十四

烏程嚴可均校輯

袁淑

淑字陽源。陳郡陽夏人。晉丹陽尹豹少子。爲彭城王義康軍司祭酒。免。補衡陽王義季右軍主簿。臨川王義慶衞軍諮議參軍。遷司徒左西屬。出爲宣城太守。入補中書侍郎太子中庶子。還尚書吏部郎。出爲始興王濬征北長史南東海太守。還爲御史中丞。遷太子左衞率。元凶入弒。朴見殺。贈太常。孝武即位。贈侍中太尉。謚曰忠憲公。有集十一卷。

秋晴賦

是月也。聲畧合。朝夜分。霆收燿。虹戢文。炎都褰埃。旻寓滌氛。曳悲泉之凝霧。轉絕垠之嚴雲。藝文類聚三。又初學記三引兩聯。

正情賦

解蘊麝之芳衾。陳玉柱之鳴箏。文選江淹別賦注。又江淹望荊山詩注。

桐賦

越衆木之薰徇。勝雜樹之藻縟。信爽幹㠯弱枝。實褁素而表綠。若乃根萬條茂。迹曠心沖。貞觀於曾山之陽。抽景於少澤之東。被籍兮煙霞。懷珮兮星虹。儀丹丘之瑞羽。棲淸都之仙宮。藝文類聚八十八。

謝中丞章

竊惟此職昭贊。實預損益。必須兼□威正。剌骨窮文。使權家勳族。不敢藉強而侮物。戚門右姓。不得稱雄㠯掩衆。昔傳咸治職。臣僚戢懼。孫寶移疾。卿尹皆怠。御覽二百二十六。

懸法象魏。先政甸衞。文選陸倕石闕銘注。

防禦索虜議

臣聞函車之獸。離山必斃。絕波之鱗。宕流則枯。羯寇遺醜。趨致畿甸。蟻萃螽集。闖已崩殪。天險巖曠。地限深遐。故全魏戢其圖。盛晉

眛當作昧

推當作摧

輟其議。情屈力殫。氣挫勇竭。諒不虞於來臨。本無怵於能濟矣。乃者變定擕遠。阻違授律。由將有𢦏拙。故士少鬬志。圍潰之衆。匪寇傾淪。攻制之師。空自班散。濟西勁騎。急戰甓旅。淮上訓卒。簡備靡旗。是由綏整寡衷。戎昭多眛。遂使栲潞入患。泉伊來擾。紛殄姬風。派毒禹績。騰書有渭陰之迫。懸烽均咸陽之警。然而切擣虛實。伏匿先彰。校索技能。譎詭既顯。縣地千里。彌行阻深。表裏躓硋。後先介逼。捨陵衍之習。競湍沙之利。今虹見萍生。土膏泉動。津陸陷溢。痁禍洊興。蒭槀已單。米粟莫係。水寓衿帶。進必傾覆。河溢扁固。退亦隳滅。所謂棲烏於烈火之上。養魚於叢棘之中。或謂損緩江右。寬繕淮內。竊謂拯扼闖城。舊史爲允。棄遠涼土。前言稱非。限此要荒。猶弗委割。況聯被京國。咫尺神甸。數州摧掃。列邑殲夷。山淵反覆。草木塗地。今丘賦千乘。井筭萬集。肩摩倍於長安。締袂百於臨淄。什一而籍。實慘垠顧。履畝㠯稅。既協農和。戶競戰心。人含銳志。皆欲贏糧請奮。釋緯乘城。謂宜懸金鑄印。要果壯之士。重幣甘辭。招推決之將。舉鷹板築之下。抽登臺阜之閒。賞之㠯焚書。報之㠯相爵。俄而昭才賀闕。異能閒至。戎貪而無謀。肆而不整。迷乎向背之次。謬於合散之宜。犯軍志之極害。觸兵家之甚諱。咸蓄憤矣。僉策戰矣。稱願影從。謠言繕命。宜選敢悍數千。騖行潛掩。偃旗裹甲。鉗馬銜枚。檜稽而起。晨壓未陣。旌譟亂舉。火鼓四臨。使景不暇移。塵不及起。無不禽鐵獸讐。冰解霧散。掃洗哨類。漂鹵浮山。如有決罼漏網。逡窠逗穴。命淮汝戈船。遏其還逕。究部勁卒。梗其歸塗。必翦元凶。懸首麾下。乃將隻輪不反。戰櫓無旋矣。於是信臣騰威。武士繕力。緹組接陰。鞞柝聯響。若其僞遁羸張。出沒無際。楚言漢旗。顯默如神。固已日月蔽虧。川谷蕩貿。負塞殘孽。阻山燼黨。收險竊命。遏城借土。則當因威席卷。乘機芟勦。汴泗秀士。星流電燭。徐阜嚴兵。雨湊雲集。歷亂桑溪之北。搖濆瀚海㠯南。絕其心根。勿使能

植。銜棨之枯。幾何不𤕤。是由涸澤而漁。焚林而狩。若洊風之舞輕籜。旱日之拂浮霜。既而尉洽荷掠之餘。塗弔網悲之鬼。然後天行樞運。猋舉烟升。青蓋西巡。翠華東幸。經啟州野。滌一軫策。俾高闕再勒。燕然復銘。方乃與山沈河。創禮輯策。聞燿炎昊之遺。則貫軼商夏之舊文。今衆賈拳勇。而將衔疏怯。意者稔泰自積。承平歲久。邑無驚赴之急。家緩僨戰之勤。闕閱訓之禮。簡參屬之飭。且亦薦採之法。庸未詭歟。若乃邦造里選。推論深切。舅擢畫幽。斳帶尋違。設有沈明能照。俊偉自宜。誠感泉雨。流通金石。氣懾飛貢。知窮甚起。審邪正順逆之數。達昏明益損之宜。能睽合民心。愚欲物性。登丹墀而敷策。躡青蒲而揚謀。上說辰鑒。下弭素言。足以安民紓國。救災恤患。則宜拔過寵貴之上。褒升盛舊之右。別其旂章。榮其班祿。出得專譽。使不稟命。降席折節。同廣武之請。設壇致禮。均淮陰之授。必有要盟之功。竊符之捷。東吞暴很。內外侮棄。始附之衆。分

莅無序。蠢以威利。勢必潰離。首順之徒。靡然自及。今淶繹故典。爰土纓綏。窮焉幽播。折首凶狡。是猶眇者願明。痿之思步。動商巡會。功終易感。劫晉在於善覘。全鄭實寄良謀。多縱反間。汨惑心耳。發險易之釁。抵興喪之術。衝其猜伏。拂其嫌嗜。汨以連率之貴。餌以析壤之資。罄筆端之用。展辭鋒之鋭。振辯則堅圍易解。馳羽而巖邑易傾。必府高士崩。枝榦瓦裂。故燕樂相悔。項范交疑矣。或乃言約功深。事邇應廣。齊園反駕。趙養遺君。蓋輿誦之道。畢能事之效。臣幸得出內眉禁。游心明代。澤與身泰。恩隨年行。無以逢迎昌運。潤飾鴻法。今塗有遺鏃。藳未息蜂。敢思涼識。少酬閎施。但坐幕既之昭文。免冑不能致果。竊覩都護之邊論。屬國之兵謨。終暈之抗辭。杜耿之言事。咸云及經之棘。猶闕上策。竭邪之敬。裁收下策。自恥懦木。智不綜微。敢露昧見。無會昭採。宋書袁淑傳。

與始興王濬書

袁司直之視館。敢寓書於上國之官尹。日者很枉泉賦。降委弊邑。弊邑敬事是遑。無或違貳。懼非郊贈之禮。覲饗之資。不虞君王惠之於是也。是有懵焉。弗圖旦夕發咫尺之記。籍左右而請。以爲胥授失旨。爰速先幣。曾是附庸臣委末學孤聞者。如之何勿疑。且亦聞之前志曰。七年之中。一與一奪。義士猶或非之。況密邇旬夾。何其裒益之亟也。藉恐二三諸侯。有以覬大國之政。是用敢布腹心。弊室弱生。砥節清廉。好是潔直。以不邪之故。而貧闇天下。豈有昧夫嗟金者哉。不腆供賦。束馬先璧。以俟命。唯執事所以圖之。宋書袁淑傳。始興王濬嘗送錢三萬餉淑。一宿復遣追取。謂使人謬誤。欲以戲淑。淑與濬書。

與何偃之書

昨遣脩問。承大人已晦志山田。雖曰年禮宜遐。亦事難斯貴。俾疏班邴魏。通美於前策。龔貢山衛。淪慙乎曩篇。規追休告。雪滌素懷。冀尋幽之歡。畢關玄之適。但淑逸操偏迴。野性夢滯。果茲沖寂。必

沈樂忘歸。然而已議塗闓者。謂丈人徽明未耗。譽業方籍。儻能屈事康道。降節殉務。舍南瀕之操。淑此行求決矣。望眷有積。約日無誤。宋書何尚之傳。元嘉二十九年。致仕於方山。著退居賦以明所守。而議者咸謂尚之不能固志。太子左衛率袁淑與尚之書。

游新亭曲水詩序

離榭修幕。陵墄坡阜。𪋺容旆綵。裛野麗雲。御覽三百五十八。

眞隱傳

鬼谷先生。不知何許人也。隱居韜智。居鬼谷山。因以爲稱。蘇秦張儀師之。遂立功名。先生遺書責之曰。若二君豈不見河邊之樹乎。僕御折其枝。波浪盪其根。上無徑尺之陰。身被數尺之痕。此木豈與天地有仇怨。所居然也。子不見嵩岱之松柏。華霍之檀桐乎。上枝干於青雲。下根通於三泉。千秋萬歲。不受斧斤之患。此木豈與天地有骨肉哉。蓋所居然也。藝文類聚三十六。御覽五百十四。引眞隱傳。

弔古文

賈誼發憤於湘江。長卿愁悉於園邑。彥眞因文㠯悲出。伯喈銜史而求入。文舉疏誕㠯殃速。德祖精密而禍及。夫然。不患思之貧。無苦識之淺。士㠯伎能見斥。女㠯驕色貽遣。㠯往古爲鏡鑑。㠯未來爲鉞艾。書余言於子紳。亦何勞乎蓍蔡。藝文類聚四十

雞九錫文

維神雀元年。歲在辛酉。八月己酉朔十三日丁酉。帝顓頊遣征西大將軍下雉公王鳳西中郎將白門侯扁鵲。咨爾浚雞山子。維君天姿英茂。乘機晨鳴。雖風雨之如晦。抗不已之奇聲。今㠯君爲使持節金西蠻校尉西河太守。㠯揚州之會稽封君爲會稽公。㠯前浚雞山爲湯沐邑。君其祗承予命。使西海之水如帶。浚雞之山如礪。國㠯永存。爰及苗裔。藝文類聚九十一引袁淑誹諧記。

勸進牋

浚山侍郎丁鴻、舍人梟亭男梁鴻、郎中蘇鵠死罪。伏惟君德著朝野。勳加鵷鸞。故天王鳳皇。特錫位封。令鳳鵠等在柏外。願時拜受。不勝欣豫之情。謹詣樓下㠯聞。同上。

驢山公九錫文

若乃三軍陸邁。糧運艱難。謀臣停算。武夫吟歎。爾乃長鳴上黨。慷慨應邗。崎嶇千里。荷囊致餐。用捷大勳。歷世不刊。斯實爾之功也。音隨時興。晨夜不默。仰契玄象。俯協漏刻。應更長鳴。毫分不忒。雖挈壺著稱。未足比德。斯復爾之智也。若乃六合昏晦。三辰幽冥。猶憶天時。用不廢聲。斯又爾之明也。青脊隆身。長頰廣額。修尾後垂。巨耳雙磔。斯又爾之形也。嘉麥既熟。實須精麪。負磨迴衡。迅若轉電。惠我衆庶。神祇獲薦。斯又爾之能也。爾有濟師旅之勳。而加之㠯衆能。是用遣中大夫閭丘驟加爾使衛勒大鴻臚班腳大將軍宮亭侯。㠯揚州之廬江、江州之廬陵、吳國之桐廬、合浦之珠廬封爾爲中廬公。藝文類聚九十四、初學記二十九、御覽九百一引袁淑誹諧集。

摳當作樞

大蘭王九錫文

大亥十年九月乙亥朔十三日丁亥。北燕伯使使者豪豨毋命大蘭王曰。咨惟君稟太陰之沈精。標羣形於元質。體肥腯而洪茂。長無心㠯遊逸。資豢養於人主。雖無爵而有秩。此君之純也。君昔封國殷商。號曰豕氏。葉隆當時。名垂於世。此君之美也。白蹢彰於周詩。涉波應乎隆象。歌詠垂於人口。經千載而流響。此君之德也。君相與野遊。唯君爲雄。顧羣數百。自西徂東。俯歆沫則成霧。仰奮鬣則生風。猛毒必噬。有敵必攻。長驅直突。陣無全鋒。此君之勇也。初學記二十九、御覽九百三。

常山王九命文

及至圖身失所。羈靮人間。鞿纓服制。惟意所牽。登壚而遨。均粱而眠。拾摭遺餘。恣口所便。初學記二十九、御覽九百十。

袁覬

覬。淑兄子。爲武陵太守。

臨終與兄顗書

史公才識可嘉。足懋先基矣。南齊書袁彖傳。彖小字史公。

袁粲

粲字景倩。淑兄子。本名愍孫。慕荀奉倩之爲人。改名粲。元嘉中爲揚州從事。歷孝武安北、鎮軍、北中郎參軍。南中郎主簿。孝武舉義。轉記室參軍。及卽位。除尚書吏部郎、太子右衛率、侍中。免。起爲廷尉、太子中庶子。領右軍將軍。出爲輔國將軍、西陽王子尚北中郎長史、廣陵太守。行兖州事。仍爲永嘉王子仁冠軍長史。大明初。復爲侍中。領射聲校尉。封興平縣子。免。尋爲西陽王子尚撫軍長史。又爲中庶子。領左軍將軍。出補豫章太守。復還爲侍中。領長水校尉。遷左衛將軍。加給事中。轉吏部尚書。出爲海陵太守。前廢帝卽位。復爲吏部尚書。徙右衛將軍。復爲侍中。

領驍騎將軍明帝即位轉司徒左長史冠軍將軍南東海太守遷領軍將軍徙中書令轉尚書僕射領吏部加中書令又領丹陽尹徙右僕射遷尚書令後廢帝即位加衞將軍授中書監開府儀同三司領司徒順帝即位出鎮石頭謀攻蕭道成事洩被斬有集十一卷

臨終啟

臣義奉大宋策名兩畢今便歸魂墳壠永就山丘。南史袁粲傳

與釋道明書稱釋寶亮

頃見亮公非常人也比日聞所未聞不覺歲之將暮珠生合浦魏人取以照車璧在邯鄲秦王請以華國天下之寶當與天下共之非復上人貴州所宜專也。高僧傳八

妙德先生傳

有妙德先生陳國人也氣志淵虛姿神清映性孝履順棲沖業簡有舜之遺風先生幼夙多疾性疏嬾無所營尚然九流百氏之言雕龍談天之藝皆泛識其大歸而不以成名家貧嘗仕非其好也混其聲迹晦其心用故深交或迕俗察罔識所處席門常掩三逕裁通雖揚子寂漠嚴叟沈冥不是過也修道遂志終無得而稱焉又嘗謂周旋人曰昔有一國國中一水號曰狂泉國人飲此水無不狂唯國君穿井而汲獨得無恙國人既並狂反謂國主之不狂爲狂於是聚謀共執國主療其狂疾火艾針藥莫不必具國主不任其苦於是到泉所酌水飲之飲畢便狂君臣大小其狂若一衆乃歡然我既不狂難以獨立比亦欲試飲此水。宋書袁粲傳　南史二十六

託爲道人通公駁顧歡夷夏論

白日停光恆星隱照誕降之應事在老先似非入關方炳斯瑞又老莊周孔有可存者依日末光憑釋遺法盜牛竊善反以成蠹檢究源流終異吾黨之爲道耳西域之記佛經之說俗以膝行爲禮不慕蹲坐爲恭道以三遶爲虔不尚踞傲爲肅豈專戎土爰亦茲方襄童謁帝膝行而進趙王見周三環而止今佛法在華乘者常安戒善行交蹈者恆通文王造周太伯創吳革化戎夷不因舊俗豈若舟車理無代用佛法垂化或因或革清信之士容衣不改息心之人服貌必變變本從道不遵彼俗教風自殊無患其亂孔老釋迦其人或同觀方設教其道必異孔老治世爲本釋氏出世爲宗發軫既殊其歸亦異符合之唱自由臆說又仙化以變形爲上泥洹以陶神爲先變形者白首還緇而未能無死陶神者使塵惑日損湛然常存泥洹之道無死之地乖詭若此何謂其同。齊書顧歡傳　南史顧歡傳

自由下吳字衍

全宋文卷四十四終

烏程嚴可均校輯

劉勔

勔字伯猷，彭城安上里人。元嘉中，爲廣州增城令，刺史劉道錫引爲揚烈府主簿，除寧遠將軍、綏遠太守。刺史宗慤又引爲主簿，封大亭侯，除員外散騎侍郎。孝建初，爲寧朔將軍、湘東內史，徙晉康太守，又徙鬱林太守。大明初，爲寧朔司馬，封金城縣侯，除西陽王子尚撫軍人直閤，除龍驤將軍、西江督護、鬱林太守。前廢帝卽位，以爲振威將軍、屯騎校尉。明帝卽位，加寧朔將軍，領建平王景素輔國司馬，徵還都，除輔國將軍，兼山陽王休祐驃騎諮議參軍，拜太子左衞率，封鄱陽縣侯，尋爲征虜將軍、豫州刺史，進號右衞將軍，又進號右將軍，徵拜散騎常侍，改侍中、中領軍，出鎭廣陵，假平北將軍，受顧命，守尙書右僕射。後廢帝初，桂陽王休範反，戰死，贈司空，謚曰忠昭公。

條對賈元友北攻懸瓠書

元友稱虜主幼弱，姦僞競起，內外規亂，天亡有期。臣以爲獯醜侵縱，乘藉王境，盤據州郡，百姓殘亡，去冬衆軍失耕，今春連城圍逼，國家復境之略，實有不遑，滅虜未及。元友又云，有七千餘家，穀米豐積，可供二萬人數年資儲。臣又以爲二萬人歲食米四十八萬斛，五年合須米二百四十萬斛，旣理不容有，恐事難稱言。元友又云，虜於懸瓠開驛保，虜已先據，若不足恃，此不須關；俱是攻城，便應先圖懸瓠，何更越先取鄢，以受腹背之災？且七千餘家豐積，而虜猶當遠運爲糧，是威不制民，民非異計。元友又云，虜欲水陸運糧，以救軍命，可襲之機，在於今日。臣又以爲開立驛道，據守堅城，觀其形候，不似蹙弱可乘之機，恐爲難驗。元友又云，四郡民人，遭虜二十七年之毒，皆欲雪釁報恥，伏待朝威。臣又以爲垣式寶等受國重恩，今猶驅略車營，翻還就賊，蓋是戀本之情，深非報怨之宜，何可輕試。元友又云，請敕荆、雍兩州遣二千精兵，從義陽依西山北下，直據鄢城。臣又以爲鄢城是賊驛路要戍，且經蠻接嶮，數百里中裹糧潛進，方出平地，攻賊堅城，自古名將，未有能以此濟者。假其剋捷，不知足南抗懸瓠，北捍長社，與不且賊擁據數城，水陸通便，而今使官以二千斷其資運，於事爲難。元友又云，虜圍逼汝陰，遊魂二歲，爲張景遠所挫，不敢渡淮。臣又以爲景遠兵力寡弱，不能自固，遠遣救援，方得少剋。今之定是爲賊所畏，不景遠前所摧傷，裁至數百，虜步騎四萬，猶不敢前，而今必勸國家以輕兵遠討，指掌可克，言理相背，莫復過此。元友又云，龍山雉水魯奴王景直等，並受朝爵，馬步萬餘，進討之宜，唯須敕命。臣以爲魯奴與虜交關，彌歷年世，去歲送誠朝廷，善欲立功自蒙榮爵，便卽逃遁，殊類姦猾，豈易圖期？兼王景直是一亡命，部曲不過數十人，旣不可

言，又未足恃，萬餘之言，似不近實。元友又云，四郡恨忿此非類，車營連結，廢田二載，生業已盡，賊無所資，糧儲已罄，斷其運道，最是要略。臣又以斷運須兵，兵應資食，而當此過懸瓠二百里中，使兵食兼足，何處求辦？臣竊尋元嘉以來，傖荒遠人多干國議，負儋歸闕，皆勸討虜，魯爽誕說，實挫國威，徒失兵力，虛費金寶，凡此之徒，每規近說，從來信納，皆詒後悔。界上之人，唯視彊弱，王師至境，必壺漿候塗，裁見退軍，便抄截蜂起，首領回師，何嘗不爲河畔所弊。宋書劉勔傳：泰始四年，淮西人賈元友上書太宗，勸北攻懸瓠，可收陳郡、南頓、汝南、新蔡四郡之地，上以其所陳示勔，使具條答，勔對，太宗納之。

與殷琰書

昔景和凶悖，行絕人倫，昏虐險穢，諫諍杜塞，遂殘毀陵廟，芟刈百僚，縱毒窮凶，靡有紀極，於時人神回遑，莫能自保，中內士庶，咸願一匡。予職在直衞，目所備覩，主上神機天發，指麾克定，橫流塗炭，

一朝太平扶危拯急實冠終古而四方持疑成此乖逆資斧所臨每從偃簡足下以衣冠華胄信概夙昭附戾從逆猶見容養賢兄長史階升清列賢子參軍亦塞闕網開者進軍宛唐計由劉順退保閉城當時未了過蒙朝恩謬充將帥叨承風素情有依然今皇威遠申三方蹙弱勝敗之勢皎然可覽王御史昨至主上敕驃騎敎賢兄賢子書令悉遣送百代以來未有弘恩曲宥乃至於此且朝廷方宣示大義惟新王道何容標虛辭於士女失國信於一州以足下明識淵見想必不俟終日如其孤背亭毒弗忌屠陷者便當窮兵肆武究法極刑將恐貴門無復祭祀之主墳壠之埽灑之望進謝忠臣退慙孝子名實兩喪沒有餘責扶力略白幸加研覽宋書殷琰

又與殷琰書

柳倫來奔具相申述方承足下迹纏穢亂心秉忠誠惘然窮愁不親戎政去冬開天之始愚迷者多如足下流比進非社稷宗臣退無顧命寄託朝廷既不偏相嫌責足下亦復無所獨愧程天祚已舉城歸順龐孟虯又繼迹奔亡劉胡困於錢溪袁顗欲戰不得推理揆勢亦安能久且南方初起連州十六擁徒百萬仲春以來無戰不北摧陷殄滅十無一二南憑袁顗弱卒北恃足下孤城以茲定業恐萬無一理方今國網疏略示舉宏維比日相白想亦已具矣且倫等皆是足下腹心牙爪所以攜手相捨非有怨恨也了知事不可濟禍害已及故耳夫擁數千烏合抗天下之兵傾覆之狀豈不易曉假令六蔽之人猶當不爲其事況復足下少祖名敎疾沒世無稱者邪所以復有此白者實惜華州重鎭鞠爲茂草兼傷貴門一日屠滅足下若能封府庫關四門宣語文武示以禍福先遣咫尺之書表達誠款然後素車白馬來詣轅門若令足下髮膚不全兒姪雕耗者皇天后土實聞此言至辭不華寧復多白宋書殷琰傳

傳

沈懷文

懷文字思明吳興武康人晉光祿勳寂孫元嘉中州辟從事轉西曹江夏王義恭司空參軍隨府轉司徒參軍東閤祭酒尚書殿中郎隨王誕後軍主簿領義成太守入爲通直郎治書侍御史元凶弑立以爲中書侍郎間行出奔竟陵王誕以爲衞軍記室參軍新興太守隨府轉驃騎錄事參軍淮南太守孝建初轉揚州治中從事史遷別駕從事史大明中遷尚書吏部郎出爲西陽王子尚撫軍長史入爲侍中又出爲晉安王子勛征虜長史廣陵太守免尋賜死有集十六卷

上言皇子不宜置邸舍

列肆販賣古人所非故卜式明不雨之由弘羊受致旱之責若以用度不充頓止爲難者故宜量加減省宋書沈懷文傳子尚諸皇子置邸舍逐什一爲患偏天下懷文又言之不聽

省錄尚書議

昔天官正紀六典序職載師掌均七府成務所以翼平辰衡經贊邦極故總屬之原著夫官典和統之要昭於國言夏因虞禮有深冢司之則周承殷法無損掌邦之儀用乃調佐王均緝亮帝度而式憲之軌弘正漢廷述章之範崇明魏室雖條錄之名立稱於中代總釐之實不從於自古比代相沿歷朝罔貳及乎創以事變級以時改皆興替之道無害國章八統元任靡或有革核台輔之職三曰禮典以和邦國以統百官四曰政典以平邦國以正百官鄭康成云冢宰之於庶僚無所不總也故於茲事備於典文詳古準今不宜虛廢宋書沈懷文傳

揚州移治會稽議

周制封畿漢置司隸各因時宜非存相反安民寧國其揆一也苟

民心所安天亦從之未必改今追古乃致平壹神州舊壤歷代相
承異於邊州或罷或置既物情不說容虧化本 宋書沈懷文傳
揚州徙治既乖民情一州兩格尤失大體臣謂不宜有異 宋書沈懷文傳

墾起湖田議

百姓雖不親農不無資生之路若驅以就田則坐相違奪且鄞等
三縣去治並遠既安之民忽徙他邑所垣未立舊居已毀去留兩
困無以自資謂宜適任民情徙其新樂開宥逋亡且令就業若審
成腴壤然後議遷 宋書孔靖傳大明初侍中沈懷文王景文黃門侍郎劉瑴郄顒議

宋侍中趙倫之碑

君戮力以致誠吐規以會機一鼓則寇騎雲徹搶動則敵氣霧消
御覽三百三十七

沈懷遠

懷遠懷文弟爲始興王濬征北長流參軍坐事徙廣州前廢帝
時還爲武康令有南越志八卷集十九卷

長鳴雞贊

翠冠繽茁碧距龐陳就昏別夕望旭驚晨 初學記三十

博羅縣簟竹銘

簟竹既大薄且空中節長一丈其直如松 初學記二十八錦繡萬花谷續四十七

戴法興

法興會稽山陰人元嘉中爲尚書倉部令史大將軍彭城王義
康以爲記室令史義康敗歷孝武征虜撫軍記室掾隨府補南
中郎典籤孝武建義轉參軍及即位以爲南臺侍御史兼中書
通事舍人孝建初加建武將軍南魯郡太守大明中封吳昌縣
男轉員外散騎侍郎給事中太子旅賁中郎將廢帝即位遷越
騎校尉爲閹人華願兒所譖免尋賜死泰始二年追復封爵有
集四卷

議祖沖之新麻

三精數微五緯會始自非深推測窮識暑變豈能刊古革今轉正
圭宿案沖之所議每有違舛竊以愚見隨事辨問案沖之新推麻
術今冬至所在歲歲微差臣法興議夫二至發斂南北之極日有
恆度而宿無改位古麻冬至皆在建星戰國橫騖史官喪紀爰及
漢初格候莫審後雜覘知在南斗二十二度元和所用即與古麻
相符也逮至景初而終無毫忒書云日短星昴以正仲冬直以月
維四仲則中宿常在衞陽羲和所以正時取其萬世不易也沖之
以爲唐代冬至日在今宿之左五十許度遂虛加度分空撤天路
其置法所在近違半次則四十五年九月率移一度在詩七月流
火此夏正建申之時也定之方中又小雪之節也若冬至審差則
豳公火流晷長一尺五寸楚宮之作晝漏五十三刻此詭之甚也
仲尼曰丘聞之火伏而後蟄者畢今火猶西流司麻過也就如沖
之所誤則星無定次卦有差方名號之正古今必殊典誥之音代
不通軌堯之開閉今成建除今之壽星乃周之鶉尾即時東壁已
非玄武軫星頓屬蒼龍誣天背經乃至於此沖之又改章法三百
九十一年有一百四十四閏臣法興議夫日有緩急故斗有闊狹
古人制章立爲中格年積十九常有七閏晷或虛盈此不可革沖
之削閏壞章倍減餘數則一百三十九年二月於四分之科頓少
一日七千四百二十九年輒失一閏夫日少則先時閏失則事悖
竊聞時以作事事以厚生以此乃生人之大本麻數之所先愚恐
非沖之淺慮妄可穿鑿沖之又命上元日度發自虛一云虛爲北
方列宿之中臣法興議沖之既云冬至歲差又謂虛爲北中舍形
責影未足爲迷何者凡在天非日不明居地以斗而辨借令冬至
在虛則黃道彌遠東北當爲黃鍾之宮室壁應屬玄枵之位虛宿
豈得復爲北中乎曲使分至屢遷而星次不改招搖易繩而律呂

仍往。則七政不以璣衡致齊。建時亦非攝提所紀。不知五行何居。六屬安託。沖之又令上元年在甲子。臣法興議。夫置元設紀。各有所尚。或據文於圖讖。或取效於當時。沖之云。羣氏糾紛。莫審其會。昔黃帝辛卯。日月不過。顓頊乙卯。四時不忒。景初壬辰。晦無差光。元嘉庚辰。朔無錯景。豈非承天者乎。沖之苟存甲子。可謂爲合以求天也。沖之又令日月五緯。交會遲疾。悉以上元爲始。臣法興議。夫交會之元。則食既可求。遲疾之際。非凡夫所測。昔賈逵略見其差。劉洪粗著其術。至於疏密之數。莫究其極。且五緯所居。有時盈縮。卽如歲星在軫。見超七辰。術家既追算以會今。則往之與來。斷可知矣。景初所以紀首置差。元嘉兼又各設後元者。其竝省功於實用。不虛推以爲煩也。沖之既違天於改易。又設法以遂情。愚謂此治歷之大過也。臣法興議。日有八行。各成一道。月有一道。離爲九行。左交右疾。倍半相違。其一終之理。日數宜同。沖之通同與會周。相覺九千四十。其陰陽七十九周有奇。遲疾不及一帀。此則當縮反盈。應損更益。（宋書曆志下。）

全宋文卷四十五終

烏程嚴可均校輯

鮑照一

照字明遠。本上黨人。居東海。元嘉中。臨川王義慶㠯為國侍郎。又為始興王濬侍郎。孝武即位。除海虞令。遷太學博士。兼中書舍人。出為秣陵令。轉永嘉令。除臨海王子頊前軍參軍。泰始二年。子頊敗。為亂兵所殺。有集十卷。

蕪城賦

瀰迆平原。南馳蒼梧漲海。北走紫塞鴈門。柂㠯漕渠。軸㠯崑崗。重江複關之隩。四會五達之莊。當昔全盛之時。車挂轊。人駕肩。廛閈撲地。歌吹沸天。孳貨鹽田。鏟利銅山。才力雄富。士馬精妍。故能奓秦法。佚周令。劃崇墉。刳濬洫。圖修世㠯休命。是㠯板築雉堞之殷。井幹烽櫓之勤。格高五嶽。袤廣三墳。崒若斷岸。矗似長雲。製磁石㠯禦衝。糊赬壤㠯飛文。觀基扃之固護。將萬祀而一君。出入三代。五百餘載。竟瓜剖而豆分。澤葵依井。荒葛罥塗。壇羅虺蜮。階鬬麏鼯。木魅山鬼。野鼠城狐。風嗥雨嘯。昏見晨趨。飢鷹厲吻。寒鴟嚇雛。伏虣藏虎。乳血飡膚。崩榛塞路。崢嶸古馗。白楊早落。塞草前衰。稜稜霜氣。蔌蔌風威。孤蓬自振。驚沙坐飛。灌莽杳而無際。叢薄紛其相依。通池既已夷。峻隅又已頹。直視千里外。唯見起黃埃。凝思寂聽。心傷已摧。若夫藻扃黼帳。歌堂舞閣之基。璇淵碧樹。弋林釣渚之館。吳蔡齊秦之聲。魚龍爵馬之玩。皆薰歇燼滅。光沈響絕。東都妙姬。南國麗人。蕙心紈質。玉貌絳脣。莫不埋魂幽石。委骨窮塵。豈憶同輿之愉樂。離宮之苦辛哉。天道如何。吞恨者多。抽琴命操。為蕪城之歌。歌曰。邊風急兮城上寒。井逕滅兮丘隴殘。千齡兮萬代。共盡兮何言。(文選。藝文類聚六十三。)

遊思賦

雲徑(藝文類聚作邈)兮海衡。上潮兮送風。秋水兮駕浦。涼烟兮冒江。(藝文類聚作虹。初學記三作江。)暮氣起兮遠岸黑。陽精滅兮天際紅。波沄沄(藝文類聚作茫茫。)兮無底。山森森(藝文類聚作參參。)兮萬重。平隰兮互岸。通川兮瀉壑。仰盡兮天經。俯窮兮地絡。望波際兮曇曇。眺雲間兮灼灼。乃江口之斷山。信海上之飛鶴。指煙霞而問鄉。覽林嶼而訪泊。撫身事而識苦。念親愛而知樂。苦與樂其何言。悼人生之長役。捨堂宇之密親。坐江潭而為客。對蒹葭之遂黃。視零露之方白。鴻晨驚㠯響湍。泉夜下而鳴石。結中洲之雲蘿。託綿思於遙夕。瞻荊吳之遠山。望邯鄲之長陌。塞風馳兮邊草飛。胡沙起兮鴈揚翮。雖燕越之異心。在禽鳥而同戚。悵收情而抆淚。遣繁悲而自抑。此日中其幾時。彼月滿而將蝕。生無患於不老。奚引憂㠯自逼。物因節㠯卷舒。道與運而升息。賤賣卜㠯當壚。隱我耕而子織。誠愛秦王之奇勇。不願絕筋而稱力。已矣哉。使豫章生而可知。夫何異乎叢棘。(本集。藝文類聚二十七。)

傷逝賦

晨登南山。望美中阿。露團秋槿。風卷寒蘿。悽愴傷心。悲如之何。盡若窮煙。離若箭弦。(初學記作斷絃。)如影滅地。猶星殞天。棄華宇於明世。閉金扃於下泉。永山河㠯自畢。眇千齡而弗旋。思一言於向時。邈衆代於古年。逝稍遠而變體?愈幽明而改時。覽篇迹之如旦。婉遺意而在茲。忽若謂其不然。自惆悵而驚疑。循堂廡而下降。歷幃戶而升基。服委襟而襬帶。器蒙管而韜絲。志存業而遺績。身先物而長辭。豈重歡而可覯。追前感之無期。寒往暑來而不窮。哀極樂反而有終。燧已遷而禮革。月既逾而慶通。心微微而就遠。迹離離而絕容。白日霮而回陰。閨館寂而深重。冀憑靈於前物。佇美目乎房櫳。徒望思㠯永久。邈歸來其何從。結單心於暮條。掩行淚於晨風。念沈悼而誰劇。獨嬰哀於逝躬。草忌霜而逼秋。人惡老而逼衰。誠衰耄之可忌。或甘願而志違。彼一息之短景。乃累恨之長辭。尋平生之好醜成黃塵之是非將滅邪而尚在何有去而無歸惟桃李之零落生有促而非夭觀龜鶴之千祀年能富而情少反靈質於二塗亂感悅於雙抱日月飄而不留命儵忽而誰保譬明隙之在梁如風露之停草髮迎憂而送華貌先悴而收藻共甘苦其幾人曾無得而偕老拂埃琴而抽思啟陳書而遐討自古來而有之夫何怨乎天道（本集十四，藝文類聚三十四，初學記十四。）

觀漏賦（并序）

客有觀於漏者退而歎曰夫及遠者箭也而定遠非箭之功爲生者我也而制生非我之情故自箭而爲心不可憑者絃因生以觀我不可恃者年憑其不可恃故以悲哉況乎沈華密遠輕波潛耗而感神嬰慮者又自外而傷壽以是思生生以勤矣乃爲賦云

偏流歎於馳年纓華思於奔月結蘭苕以望楚弄參差以歌越撫凝肌於還帶鑑彫容於鬢鬚（初學記作髮鬢）景有墜而易昏憂無方而難歇歷玟（藝文類聚初學記皆作玫）階而升隩訪金壺之盈闕觀騰波之吞寫視驚箭之登沒箭既沒而復登波長瀉而弗歸注沈穴而海漏射懸塗而電飛墐戶牖而知天掩雲霧而測暉創百齡於纖隱積千里於空微彼崢崢而行溢此冉冉而逾衰撫寸心而未改指分光而永違昔傷矢之奔禽聞虛弦之顛仆徒嬰刃而知懼豈潛機之能覺惟生經之靡靡亦悲長而懼促恆證古而秉心抱空意其如玉波沈沈而東往日滔滔而西屬落繁馨於纖草殞豐華於喬木對戾離而後歌據窮暵而方哭雖接薪之更傳盜絕明之還續貫古今而并念信寡易而多難時不留乎激矢生乃急於走丸既河源之莫壅又吹波而助瀾神怵迴而多慮心轆轤而勦歎望天涯而佇念擢雄劍而長歎嗟生民之永迷躬與後而皆恤死零落而無二生差池之非一理幽分於化前算冥定於天秩與艾骨而招病猶刳腸而興疾情殊用而俱盡事離方而同失聊弭志以高歌順

得疑當作時無

煙雨而沈逸於是隨秋鴻而汎渚逐春鶯而登梁進賦詩而展念退陳酒以排傷物不可以兩大得無得而雙昌蕙晚華而後落槿早秀而前亡姑屏憂以愉思樂茲情於寸光從江河之紆直委天地之圓方徧盈兮徧虛長無絕兮芬芳（本集十八，藝文類聚六十八，初學記二十五。）

芙蓉賦

感衣裳於楚賦詠憂思於陳詩訪羣英之豔絕標高名於澤芝會春陂平夕張搴芙蓉而水嬉抽我衿之桂蘭點子吻之瑜辭選羣芳之徽號□□□□□□抱茲性之清芬稟若華之驚絕單葩暘之妙手測涚池之光潔爍彤輝之明媚粲雕霞之繁悅顧椒丘而非偶豈園桃而能埒彪炳以蒨藻翠景而紅波青房兮規接紫的兮圓羅樹妖遙之弱幹散菡萏之輕柯上星光而倒景下龍鱗而隱波戲錦鱗而夕映曜（初學記作耀）繡羽以晨過結遊童之湘吹起榜妾之江歌（藝文類聚作吳謳）備日月之溫麗非盛明而謂何若乃當融風之暄盪承暑雨之平渥被瑤（藝文類聚作碧）塘之周流繞金渠之屈曲（藝文類聚作空曲）排積霧而揚芬鏡洞泉而含綠葉折水以（藝文類聚初學記作而）爲珠條集露而成玉潤蓬山之瓊膏輝葱河之銀燭冠五華於仙草超四照於靈木雜衆姿於開卷閱羣兒於昏明無長袖之容止信不笑之空城森紫葉以上擢紛湘藻而下傾根雖割而琯徹柯既解而絲縈感盛衰之可懷質始終而常清故其爲芳也綢繆其爲媚也奔發對粧則色殊比蘭則香越泛明彩於宵波飛澄華於曉月陋荊姬之朱顏笑夏女之光髮恨狎世而貽賤徒愛存而賞沒雖凌羣以擅奇終從歲而零歇（本集十二，藝文類聚八十二，初學記二十七。）

園葵賦

風暖凌開土冒泉動游塵曖日鳴雉依隴主人拂黃冠拭藜杖布蔬種平圻壤通畦脩直膏畝夷敞白莖紫蔕豚耳鴨掌攢東陌西行三畦兩既區既鉏乃露乃映句萌欲伸蘩芽將散（疑作放）爾乃晨

露夕陰。霏雲四委。沉雷遠震。飛雨輕洒。徐未及晞。疾而不靡。柔孳爰秀。剛甲以解。稚葉萍布。弱陰覓抽。萋萋翼翼。沃沃油油。下葳蕤而被逕。上參差而覆疇。承朝陽之麗景。得傾柯之所投。仕非魯相。有不拔之利。賓惟二仲。無逸馬之憂。顧堇荼而莫偶。豈蘋藻之薦羞。若乃鄰老談稼。女嫗歸桑。拂此葦席。炊彼㯳粱。甃壺援醢。曲瓢卷瓚。乃羹乃瀹。堆鼎盈筐。甘旨備脆。柔滑芬芳。消淋逐水。潤胃調腸。於是既飫徹盤。投筋。回小人之腹。爲君子之慮。近觀物運。遠訪師聖。聲數後彰。律理前定。烏非黔黑。鶴豈浴淨。彼圓行而方止。固得之於天性。伊冬箑而夏裘。無雙功而並盛。豐然任心。樂道安命。春風夕來。秋日（一作秋月）晨映。獨酌南軒。擁琴孤聽。篇章間作。以歌以詠。魚深沈而鳥高飛。孰知美色之爲正。（本集。）

舞鶴賦

散幽經以驗物。偉胎化之仙禽。鍾浮曠之藻質。抱清迥之明心。指蓬壺而翻翰。望崑閬而揚音。帀日域以迴騖。窮天步而高尋。踐神區其既遠。積靈祀而方多。精含丹而星曜。頂凝紫而煙華。引員吭之纖婉。頓修趾之洪姱。疊霜毛而弄影。振玉羽而臨霞。朝戲於芝田。夕飲乎瑤池。厭江海而游澤。掩雲羅而見羈。去帝鄉之岑寂。歸人寰之喧卑。歲崢嶸而愁暮。心惆悵而哀離。於是窮陰殺節。急景凋年。涼沙振野。箕風動天。嚴嚴苦霧。皎皎悲泉。冰塞長河。雪滿羣山。既而氛昏夜歇。景物澄廓。星翻漢迴。曉月將落。感寒雞之早晨。憐霜雁之違漠。臨驚風之蕭條。對流光之照灼。唳清響於丹墀。舞飛容於金閣。始連軒以鳳蹌。終宛轉而龍躍。躑躅徘徊。振迅騰摧。驚身蓬集。矯翅雲飛。離綱別赴。合緒相依。將興中止。若往而歸。颯沓矜顧。遷延遲暮。逸翮後塵。翱翥先路。指會規翔。臨歧矩步。態有遺妍。貌無停趣。奔機逗節。角睞分形。長揚緩騖。並翼連聲。輕迹凌亂。浮影交橫。衆變繁姿。參差洊密。煙交霧凝。若無毛質。風去雨還

不可談悉。既散魂而盪目。迷不知其所之。忽星離而雲罷。整神容而自持。仰天居之崇絕。更惆悵以驚思。當是時也。燕姬色沮。巴童心恥。巾拂兩停。丸劍雙止。雖邯鄲其敢倫。豈陽阿之能擬。入衛國而乘軒。出吳都而傾市。守馴養於千齡。結長悲於萬里。（文選。御覽二十七。）

野鵝賦（并序）

有獻野鵝於臨川王。世子愍其樊縶。命爲之賦。其辭曰。

集陳之隼。以自遠而稱神。棲漢之雀。乃出幽而見珍。此璅禽其何取。亦厠景而承仁。捨水澤之驊逸。對鐘鼓之悲辛。豈狥利而輕命。將感愛而投身。入長羅之逼脅。恨（藝文類聚作負）高繳之樊縈。邈儕朋（藝文類聚作羣）而別偶。超煙鶩（藝文類聚作鶩。疑當作騖）而風行。蹈日月而遙逝。忽瞻國而望城。踐菲迹於瑤塗。昇弱羽於丹庭。瞰東西之繡戶。眺左右之金扃。貌纖殺而含（一作念）悴。心翻越而慚驚。若墜淵而墮谷。怳不知其所寍。惟君囿之珍麗。實妙物之所殷。翔海澤之輕鷗。巢天宿之鳴鶵。鶚程材於梟猛。翬薦體之雕文。既敷容以照景。亦選翮以排雲。雖居物以成偶。終在我以非羣。望征雲而延悼。顧委翼而自傷。無靑雀之銜命。乏赤雁之嘉祥。空穢君之園池。徒慚君之稻粱。願引身而翦迹。抱末志而幽藏。於是流歲遂遠。慘節方崇。雲纏海岱。風拂嶠潼。飛雲（一作雰）馳霰。飄沙舞蓬。覩清池之初涸。望綠林之始空。立菰蒲之寒渚。託隻影而爲雙。宛拔喙而掩背。悲結悵而滿胸。處朝晝而雖念。假外見而遷排。涉修夜之長寂。信專思而知哀。風梢梢而過樹。月蒼蒼而照臺。冰依岸而早結。霜託草而先摧。斂雙翮於水裔。翹孤趾於林隈。情無方而雨集。事有限而星乖。在俄頃而猶悼。矧窮生之所懷。聞宿世之高賢。澤無微而不均。育草木而明義。愛禽鳥而昭仁。全殞卵而來鳳。放乳麑而感麟。雖陋生於萬物。若沙漠之一塵。苟全軀而畢命。庶魂報以自申。（本集。藝文類聚九十一。）

尺蠖賦

智哉尺蠖。觀機而作。申非向厚。詘非向薄。藝文類聚作今薄。當靜泉渟。遇躁風驚。起軒軀以曠跨。伏累氣而併形。氷炭弗觸。鋒刃靡迕。逢嶮蹶蹐。値夷舒步。忌好退之見猜。哀必進而爲蠹。每驤首以瞰塗。常佇景而翻路。故身不豫託。地無前期。動靜必觀。□□□□於物。消息。各隨乎時。從方而應。何慮何思。是以軍算慕其權。國容擬其變。高賢圖之以隱淪。智士以之而藏見。笑靈虵之久蟄。羞龍德之方戰。理害道而爲尤。事傷生而感賤。苟見義而守勇。豈專取於弦箭。本集。藝文類聚九十七。御覽九百四十八。

飛蛾賦

仙鼠伺闇。飛蛾候明。均靈舛化。詭欲御覽作態。齊生。觀齊生御覽作生齊。而欲御覽作態。詭。各會性以憑方。凌燋烟之浮景。赴熙焰之明光。拔身幽草下。畢命在此堂。本輕死以邀得。雖糜爛其何傷。豈學山南之文豹。避雲霧而巖藏。本集。御覽九百五十一。案封氏聞見記五云。舊說南山赤豹。愛其毛體。每有霧露。諸禽獸皆取食。惟赤豹深藏不出。故古以喻賢者隱居避世。引此賦豈若南山赤豹避雨霧而深藏。則唐本是赤字。

爲柳令讓驃騎表

臣言。伏承詔書。加臣驃騎將軍。餘如故。顧循空薄。屢墜成命。仰當天寵。伏抱慚灼。臣素陋人。本絕分望。適野謝山川之志。輟耕無鴻鵠之嘆。官希鄉部。富期農牧。夙當昌期。早值恩洽。天綱紛橫。皇麻歸聖。左輪不殷。良馬未汗。功半下列。爵超上賞。奮迹騰光。參駕龍服。翰起雲飛。撫翼虹路。雖囊之脫。駕拖紫。拾擔丹轂。方之微臣。彼安足齒。齊此而歸。懼塵王度。況遂頻煩。重彰濫越。伏願天聽曲成。資始令終。雨露之惠。自華及殞。特屈慈獎。降申愚固。則綢繆之施。復踰造物。不勝感躍惶駭之情。謹拜表以聞。本集。

解褐謝侍郎表

臣照言。臣孤門賤生。操無炯迹。鶉棲草澤。情不及官。不悟天明廣矚。騰滯援沈。觀光幽節。聞道朝年。榮多身限。恩非終報。臣云云。本集。

僚當作傺

謝秣陵令表 時爲中書舍人。

臣照言。即日被尚書召。以臣爲秣陵令。臣負鍤下農。執羈末皂。情有局塗。志無遠一作進。立。邁命一作此。逢天。得忝官牒。不悟恩澤無窮。謬當獎試。用謝刀筆。猥承宰職。豈是闇懦所能克任。今便抵一作祗。召。違離省闥。係戀罔極。不勝下情。謹拜表以聞。本集。

謝隨恩被原表

臣言。即日被曹宣命。元統內外五刑以下。浩澤盪汰。臣亦預焉。得從漢律故謬之辨。闇遭周典肆眚之科。大喜卒至。非願所圖。魚愕雞眼。且悚且慚。臣誠下愚。不達義方。然君尊臣泰。豈同犬馬。且常侍臣淵穆疏草。即臣所作。助人爲恭。猶加敬憶。自已率禮。盍敢慢忘。由臣悴賤。可悔可誣。會參殺人。臣豈無過。寢病幽棲。無援朝列。身孤節卑。易成論破。幸大明臨下。仁道毓物。澤洎剛走。臣覃末慶。然古人有言。楊者易生之木也。一人植之。十人拔之。無生楊矣。何則。植之者難。拔之者易。況臣一植之功不立。衆拔之過屢至。同被風霜。異此貞脆。書稱天秩有禮。易載神福在謙。臣之謙禮。理謝福秩。仰銜俯媿。行歎坐慼。即欲顚沛拜恩下庭。但臣病久柴羸。不堪冒涉。小得趨馳。星駕登路。不勝荷佩之誠。謹上疏以聞。本集。

拜侍郎上疏

臣言。臣北州衰淪。身地孤賤。衆善必達。百行無一。生丁昌運。自比人曹。操乏端概。業謝成迹。徂年空往。瑣心靡述。龘轡投簪。於斯終志。束菜負薪。期與相畢。安此定命。忝彼公朝。不悟乾羅廣收。圓明兼覽。雕弧飾笙。備雲和之品。潢池流藻。充金鼎之實。鍛羽暴鱗。復見翻躍。枯楊寒炭。遂起煙華。未識微躬。猥能及此。未知陋生。何以爲報。祇奉恩命。憂媿增灼。不勝感荷屏營之情。謹詣閤拜疏以聞。本集。

謝解禁止

臣言。被宣令。解臣禁止。天光鄭重。不可勝逢。飛走知感。矧臣人類。臣聞獲過於神。或憑尸祝以情。得罪於君。可因左右而謝。臣自惟孤賤。盜幸榮級。闇溢大誼。猖狂世禮。奇非阮籍。無保持之助。才媿馮衍。有轗軻之困。自非聖朝超然覽臣於視聽之外。則今日涯澤。更成妄遭。來辰萎葉。終先朝草。小人歲暮。知能何報。徒厚恩華。憂懼嘆息。不任下情。謹詣拜疏以聞。本集。

侍郎滿辭閤

臣言。臣所居職限滿。今便收迹。金閨雲路。從茲自遠。觽經沈藏。方絕光景。祇戀遲迴。結涕濡洒。臣嚚杌窮賤。情嗜踳昧。身弱涓毫。地幽井谷。本應守業。墾畛剿葯。牧雞圈豕。以給征賦。而幼性猖狂。因頑慕勇。釋擔受書。廢耕學文。畫虎既敗。學步無成。反拙歸跂。還陋驚雀。日晏途遠。塊然自喪。加以無良根孤。伎薄既同。馮衍負困之累。復抱相如痟渴之疾。志逐運離。事與衰合。東馬埋輪。絕游息世。徧禱餘慶。爰蘧聖明。昫蒸霜霰。莩甲雲露。得從下走。叨迹人行。操勒貧羈。班榮扈隸。矜愚訓短。哀宥弗及。奉此而歸。足以沒齒。雖摩肌髮。無報天德。更冀營魂。還能結草。不勝感戀之情。謹詣闕拜疏奉辭以聞。本集。

轉常侍上疏

臣言。即日被中曹板轉臣為左常侍。臣自惟常人。觸事無可。謬被拔擢。實為光榮。臣既無髣髴上報殊絕之恩。有分毎豐其過。前後輕重。輒得原恕。猥以君子之方。赦其不閑教訓。大愆不責。矜澤必加。是臣所以夙夜自念。知遭遇之至深至厚也。未冀未望。便荷今榮。欣喜感悅。不敢僞讓。庶保終始。身命為初。不勝下情。謹詣閤拜疏謝以聞。本集。

征北世子誕育上疏

臣等言。臣聞本枝無疆。布諸前典。衆多彌貴。信之華封。故德積則

慶深。業昌則祚廣。伏承王子以中氣正月。鍾靈納和。誕躬紫閣。膺祚朱紱。弧矢夙陳。珪璋攸觀。雲光麗輝。巖澤昭釆。嘉祥爰孚。柔顏載晬。凡在氓隸。莫不忭悅。臣霑恩踰物。慶倍自中。不勝殊歡溢喜。謹奉表以聞。本集。

皇孫誕育上疏

兼郎中令侍郎臣照言。伏承東儲積慶。皇孫誕育。國啟昌期。民迎福運。臺禁稱祉。井廬相賀。伏惟聖懷。載深鴻悆。不任下情。謹詣閤上疏以聞。本集。

全宋文卷四十六終

全宋文卷四十七

烏程嚴可均校輯

鮑照二

謝賜藥啟

臣衛躬不謹。養命無術。情淪五難。妙謝九法。飆落先傷。衰痾早及。退澤近臨。猥委存郵。痾同山岳。蒙靈藥之賜。惠非河間。謬仙使之屈。恩踰臟根。惠重惟席。荷對銜悚。伏抱矜遑。本集。

謝永安令解禁止啟

臣田茅下第。質非謝品。志終四民。希絶三仕。遂世逢辰。謬及推擇。恩成曲積。榮秩兼過。雖簪投纖生。昊天罔極。迄無犬馬。孤慚星歲。加以淪節雪飆。忱誠款悔。值天光燭幽。神照廣察。澡釁從宥。與物更稟。遂跡曬陽春。嗣汰秋水。綴翼雲條。茸鮮洪沼。洗磨明日。抃手太平。重甄再造。含氣孰比。不悟乾陶彌運。復垂埏飾。矯迹升等。改觀非服。振纓珥筆。聯承貴寵。豈臣浮朽所可恭從。實非愚瞽所宜循踐。瑣族易灰。脆漏已迫。空荷薰藻。終責仰復。飲冰膺事。懷火畢命。不勝屏營之情。謹啟事以聞。本集。

論國制啟

臣啟。臣聞尺量之錦。工者裁之。丈之木。繩墨在焉。事無巨細。非法不行。當今世問政睦。藩國相望。君舉必書。動成準式。息躬聖壤。十有餘載。條制節文。宜其備矣。諸王列封。動靜兼該。而竊見國之處事。未盡善。臣之暗蔽。私心有惰。伏見彭城國舊制。猶有數卷。雖多殊革。大綱可依。愚謂宜令掌故。刊而撰之。上著朝典。藩邦之度。下採國訓。繁節之誼。傍酌州縣。寬猛之中。章程久具。永爲恒制。豈伊今美。乃足貴之將來。臣忝充直員。脱以啟聞。煩而非要。伏追慚悚。謹啟。本集。

謝上除啟

手當作干

臣言。被宣賜臣上除。臣伏事日淺。蒙荷已豐。天澤所及。且喜且懼。但臣自丁常桓。來塗階級。非所敢冀。今日榮願。直爾不少。冒乞停止上除。伏望重許。干黷悚息。本集。

請假啟

臣啟。臣居家之治。上漏下溼。暑雨將降。有懼崩壓。比欲完葺私寡。功力板鍤。綯塗必須躬役。冒欲請假三十日。伏願天恩賜垂矜許。手啟復追悚息。謹啟。本集。

臣啟。臣所患彌留。病軀沈痼。自近蒙歸。頻更頓處。日夜間困。或數四委然。一變贍景待化。加以凶衰。嬰遘慘悼。終鮮兄弟。仲由所哀。臣實百罹。孤苦夙丁。天倫同氣。實惟一妹。存没永訣。不獲計見。封瘞泉壤。臨送私懷。感恨情痛兼深。臣母年老。經離憂傷。服藥食淡。羸耗增疾。心計焦迫。進退罔斷。冒乞申假百日。伏願天慈賜垂矜許。臣違離履身。事屯悴。歎息和景。掩淚春風。執啟涕結。伏追惶悚。謹啟。本集。

奉始興王命作白紵舞曲啟

侍郎臣鮑照啟。被教作白紵舞歌辭。謹竭庸陋。裁爲四曲。附啟上呈。識方瀆悴。思塗猥局。言既無雅。聲未能文。不足以宣贊聖旨。抽拔妙實。謹遣簡餘慚隨悚盈。謹啟。本集。

通世子自解啟

僕以常桓。無用於世。遭逢謬幸。被受恩榮。誠願論畢。久宜捐落。亡眷篤終。復獲淹停。感今惟昔。銜佩無已。但自無堪。尸素累載。腹心之愧。痞瘵爲憂。今請解所職。願蒙矜許。自奉清塵。於茲六祀。墜辰永往。遺恩在心。執紙哽咽。言不自宜。本集。

重與世子啟

奉還誨。深承殷勤篤眷之重。披讀未終。悲愧交集。僕以常人。所蒙隆厚。久應知退。非適今日。銜恩戀德。用缺進心。今者之請。必願鑒

瓜當作爪

許且僕棲遲無事咫尺館第餐稟風徽非旦則夕居職還私兩者兼異而於僕無用有㠯自處豈非仁念始終之惠重致于日彌深惝感（本集）

登大雷岸與妹書

吾自發寒雨全行日少加秋潦浩汗山溪猥至渡泝無邊險徑遊歷棧石星飯結荷水宿旅客貧辛波路壯闊始㠯今日食時僅及大雷塗登千里日踰十晨嚴霜慘節悲風斷肌去親爲客如何如何向因涉頓憑觀川陸遨神清渚流眄方曛東顧三洲之隔西眺九派之分窺地門之絕景望天際之孤雲長圖大念隱心者久矣南則積山萬狀爭氣負高含霞飲景參差代雄淩跨長隴前後相屬帶天有匝橫地無窮東則砥原遠隰亡端靡際寒蓬夕卷古樹雲平旋風四起思鳥羣歸靜聽無聞極視不見北則陂池潛演湖脈通連（藝文類聚作湖澤脈通）苎蒿攸積菰蘆所繁栖波（藝文類聚作棲風）之鳥水

化之蟲㠯智吞愚㠯彊捕小號噪驚聒紛牣其中西則迴江永指長波天合滔滔何窮漫漫安竭創古迄今舳艫相接思盡波濤悲滿潭壑煙歸八表終爲野塵而是注集長寫不測脩靈浩蕩知其何故哉西南望廬山又特驚異基壓江潮峯與辰漢連接上常積雲霞雕錦縟若華夕曜巖澤氣通傳明散綵赫似絳天左右青靄表裏紫霄從嶺而上氣甚（藝文類聚作盡）金光半山㠯下純爲黛色信可㠯神居帝郊鎮控湖漢者也若潀洞所積溪壑所射鼓怒之所豗擊涌澓之所宕滌則上窮荻浦下至狶洲南薄燕瓜北極雷澱削長埤短可數百里其中騰波觸天高浪灌日吞吐百川寫泄萬壑輕煙不流華鼎振涾弱草朱靡洪漣隴蹙散渙長驚電透箭疾穹溘崩聚坻飛嶺覆迴沫冠山奔濤空谷碪石爲之摧碎碕岸爲之齏落仰視大火俯聽波聲愁魄脅息心驚慓矣至於繁化殊育詭質怪章則有江鵝海鴨魚鮫水虎之類豚首象鼻芒鬚針尾之族

久當作吹

石蟹土蜂燕箕雀蛤之儔折甲曲牙逆鱗反舌之屬掩沙漲被草渚浴雨排風吹澇弄翮夕景欲沈曉霧將合孤鶴寒嘯遊鴻遠吟樵蘇一歎舟子再泣（藝文類聚作泫）誠足悲憂（藝文類聚作憂悲）不可說也風久雷颼夜戒前路下弦內外望達所屆寒暑難適汝專自慎夙夜戒護勿我爲念恐欲知之聊書所覩臨塗草蹙辭意不周（本集又藝文類聚二十七）（案照妹字令暉照答孝武云臣妹才自亞左棻臣才不及太沖耳）

河清頌（并序）

臣聞善談天者必徵象於人工言古者尤（宋書作先）考績於今鴻儀㠯降遐哉邈乎鏤山岳彫篆素昭德垂勛可謂多矣而史編唐堯之功載格於上下樂登文王之操稱於昭于天素狐玄玉聿彰符命朴牛大螾爰定祥厤魚鳥動色禾雉興讓皆物不盈眥而美溢金石頌聲爲之而寢詩人於是不作（宋書頌聲句在不作下）庸非惑歟自我皇宋之承天命也仰應龍木之精俯協河水之靈（宋書作仰符應龍之精俯協河龜之

靈）君圖帝寶粲爛瑰英固㠯業光曩代事華前德矣聖上天飛踐極迄茲二十有四載道化周流玄澤汪濊地平天成含生阜熙（宋書作上下含熙）文同軌通表裏盞寵（宋書作褆福）嫓德中區黎庶知讓觀英遐外（宋書作表）夷貉懷惠秩禮郵勤散露臺之金振民舒國傾御邸之粟（宋書作郵勤秩禮罷露臺之金紓國振民傾御邸之粟）約違迫奢去甚泰（宋書作泰甚）燕無留飲畋不盤樂物色異人優遊鯁直顯廉失心幽無怨魄（宋書作優游諫正顯廉不失心幽無怨氣）精昭日月事洞天情故不勞伐斧之使（宋書作杖斧之臣）號令不肅而自嚴（宋書作不嚴而自肅）無辱風舉之事（宋書作憂）靈怪不召而自彰萬里神行颿塵不起農商野廬邊城偃柝冀馬南金填委內府馴象栖爵充羅外苑（宋書作囿）阿紈綦組之饒衣覆宗國涵罽杞梓之利衍贍荒遐士民殷富繁軼五陵宮宇宏麗崇冠三川（宋書作士民殷富五陵既有慚盛宮宇宏麗三川莫之能比初學記十八與本集同）閭閈有盈歌吹無絕朱輪疊轍華冕重肩豈徒世無窮人民獲休息朝呼韓罷酤鐵而已哉是㠯嘉祥累

仍。禍應尤盛。靑丘之狐。丹穴之鳥。棲阿閣。遊禁園。金芝九莖。木禾六例。（本集脫例字。從宋書補。）秀銅渦。發膏畝。宜以謁薦郊廟。和協律呂。（宋書協諧律呂在謁薦句上。）烟霏霧集。不可勝紀。然而聖上猶夙興昧旦。（宋書作昧旦夙興。）若有望而未至。悶覬遠圖。如有追而莫及。神明之貺。推而弗居也。是以瑰碑繆檢。盛典蕪而不治。朝神省方。大化抑而未許。崇文協律之士。蘊儒頌於外。坐朝陪宴之臣。懷揄揚於內。三靈佇眺。九壤注心。既有日矣。歲宮乾維。月躔蒼陸。長河巨濟。異源同清。澄波萬壑。潔瀾千里。斯誠曠世偉觀。昭啟皇明者也。語曰。影從表。瑞從德。此其效焉。宣尼稱鳳鳥不至。河不出圖。傳曰。俟河之清。人壽幾何。皆傷不可見者也。然則古人所不見者。今殫見之矣。孟軻曰。千載一聖。是旦暮也。豈不信哉。（宋書作大哉。）夫四皇六帝。樹聲長世。大寶也。澤浸羣生。國富刑清。鴻德也。制禮裁樂。惇風遷俗。文敎也。誅肇羯黠。（宋書作殊華遡羯。）東頟絳闕。武功也。鳴禽（宋書作鳴鳥。）躍魚。滌穢河渠。至祥也。大寶鴻德。文敎武功。其崇如此。幽明協贊。民祇與能。厥應如彼。唯天爲大。堯實則之。皇哉唐哉。疇與爲讓。抑又聞之。勢之所覃者淺。則美之所傳者近。道之所感者深。則慶之所流者遠。是以豐功韙命。潤色縢策。盛德形容。藻被歌頌。察之上代。則奚斯吉甫之徒。鳴玉鑾於前。觀之中古。則相如王褒之屬。馳（宋書作施）金羈於後。絕景揚光。淸埃繼路。故班固稱漢成之世。奏御者千有餘篇。文章之盛。與三代同風。由是言之。斯迺臣子舊職。國家通議。（宋書作義。）不可輟也。臣雖不敏。敢（宋書作竊）不勉乎。乃作頌曰。

竆刊崩石。捃逸殘竹。巢風寂寥。羲埃緜邈。鍾生大年。瞻學淵閟。瞽籀成景。粉續顯軒。徒覿井科。未覩天河。亙古通今。明鮮晦多。千齡一見。書史登歌。旋我皇駕。揆景方塗。淩周躐殷。躝唐轢虞。如彼七緯。累璧重珠。高祖撥亂。首物定靈。更開天地。再鑄羣生。帝御三傑。龍步八埛。朔南暨教。海北騰聲。淪深格高。浹遐洞冥。龜鼎遷宋。立

勉當作朔

圭告成。大明方徵。鴻光中微。聖命誰堪。皇厤攸歸。謀從筮協。神與民推。黃旗西映。紫蓋東暉。納瑞螭玉。升政衡機。金輪豹飾。珠冕龍衣。正位北辰。垂拱南面。天下何思。日用罔倦。復禮歸仁。觀恆通變。一物有違。戚言毀膳。菲躬簡法。厚下安宅。謙德彌光。損道滋益。孝崇饗祀。勤隆耕藉。饘酎秋羊。封墐春骼。嬰耄兼粱。鰥孤重帛。體由學染。俗以教遷。禮導刑清。樂豈風宣。分衞讓齒。折訟推田。野旌伏彥。朝賞登賢。儒訓優柔。武節炎鷙。文憲精弘。戎容犀利。樞鈐明審。程襲周備。吏礪平端。民羞幸覬。桴鼓凝埃。烽驛垂轡。銷我長劍。歸爲農器。閩外水鄉。鄗表炎國。隴首西南。渤尾東北。絕絕嶺丹。渾渾泉黑。移琛雲勉。轉隼卭僰。狠歌薦功。鳥譚陳德。治博化光。民阜財盛。班白行謠。靑綺高詠。雲表幽和。物章明慶。麗植雕質。蠢行藻性。仁草晨孳。德禽宵映。海無隱飆。山有黃落。牛羊內首。閭戶外拓。瑞木朋生。祥禽輩作。薰風蕩闈。飴露流閣。器範神妙。劑調象藥。匪直也斯。偉慶方湊。注彼四瀆。媚此雙川。伏靈遙紀。閟貺遐年。澄波崑岳。鏡流恭山。泉石凝瀲。水府淸涓。俛瞰夷都。降眂驪淵。朱宮潛耀。紫閣陰鮮。昔在爽德。王風不昌。迺溢迺竭。或塞或亡。絜源澄瑩。曾是未央。先民永慨。大道悠長。云何其瑞。實鍾我皇。聞諸師說。天竦聽察。介焉如響。匪遠惟疾。矧是皇心。妙夫貞一。左右天經。戶牖人術。訏謨布簡。絲言盈室。穢有縣祀。淸豈崇日。一人之慶。吹萬稟和。靈根方固。脩源重波。副睿貳哲。帝體皇柯。景雲蔚岳。秀星駢羅。垂光九野。騰響四遐。輶車劇足。樂石虎牙。世四周室。基永漢家。泰階既平。洪河既淸。大人在上。區宇文明。樵夫議道。漁父濯纓。臣照作頌。鏞德樹聲。（本集。又宋書臨川王道規傳。又略見北堂書鈔一百五十八。藝文類聚八。初學記六。又十八。）

佛影頌

形生靈怪。神照潭寂。騐幽以明。考心者迹。六塵煩苦。五道緜劇。乃炳舟梁。爰悟淪溺。色丹兒纘。罯相瓊石。金光絕見。玉毫遺覿。俾昏

刻當作軸

作頤。效順去逆。（本集。）

淩煙樓銘（并序。宋臨川王起。）

臣聞憑飆薦響。唱微效長。垂（一作乘。）波鑒景。功少致深。是以冰臺築乎魏邑。鳳閣起於漢京。皆所以賛生通志。感悅幽情者也。伏見所製淩煙樓。樓置崇迥。延瞰平寂。節秀神皋。因基地勢。東臨吳甸。西眺楚關。脊江永寫。鱗嶺相葺。重樹窮天。通原盡日。志積陳古。賞絕舊年。誠可以暉曠高明。藻徹遠心矣。夫識緣感領。事待言彰。匪言匪述。緜世罔傳。敢作銘曰。

巖巖崇樓。藐藐層隅。階基天削。戶牖雲區。瞰江列楹。望景延除。積清風露。（藝文類聚初學記並作路。）合（一作含。）綵烟塗。俯窺淮海。俛眺荆吳。我王結駕。藻思神居。宜此萬春。脩靈所扶。（本集。藝文類聚六十三。初學記二十四。）

藥奩銘

歲實走丸。生歇隤牆。時無驟得。年有遐方。水玉出煙。靈飛（一作神靈。）生

光。龜文電衣。龍綵雲裳。九芝八石。延正盪斜。二脯六體。振衰返華。毛姬餌葉。鳳子藏花。景絕翠虬。氣隱赬霞。深神罕別。妙奇不揚。或繁虎杖。或亂蛙牀。故不世不可以服。未達不可以嘗。眩精逆目。是乃爲良。（本集。）

石帆銘

應風剖流。息石橫波。下溆地窈。上猶星羅。吐（藝文類聚作吞。）湘引漢。歃蠡吞沱。西歷岷冢。北瀉淮河。眇森泓藹。積廣連深。淪天測際。亙海窮陰。雲旌未起。風柯不吟。崩濤山墜。（藝文類聚作墮。）鬱浪雷沈。在昔鴻荒。刊啟源陸。表裏民邦。經緯鳥服。瞻貞覲晦。坎水巽木。乃刳乃鍥。既刳既琢。飛深浮遠。巢遭館谷。涉川之利。謂易則難。臨淵之戒。曰危乃安。舶潛輕濟。冥表勁言。穆我戎逐。畱御不還。（藝文類聚作穆戎徒遂畱昭御不還。）悉猿鶴。空驚愴烟。君子彼想。祇心載惕。林簡松括。水揀龍鵠。覘氣涉潮。投祭沈璧。揆檢含圖。命辰定厭。二崤虎口。周王鳳趨。九折羊

腸。漢臣電鶩。潛鱗浮翼。爭景乘虛。衝石赬鶩。帝子祭祖。青山斷河。后父沈軀。川吏掌津。敢告訪途。（本集。藝文類聚八。）

飛白書勢銘

秋毫精勁。霜素凝鮮。霑此瑤波。染彼松烟。超工八法。盡奇六文。鳥企龍躍。珠解泉分。輕如游霧。重似崩雲。絕鋒劍摧。驚勢箭飛。差池鸞起。振迅鴻歸。臨危制節。中險騰機。珪角星芒。明麗爛逸。絲縈髮垂。平理端密。盈尺錦兩。片字金鎰。故仙芝煩弱。既匪足雙。蟲虎瑣碎。又安能匹。君子品之。是最神筆。（本集。）

瓜步山揭文

歲舍龍紀。月巡鳥張。鮑子辭吳客楚。指兗歸揚。道出關津。升高問途。北眺氊鄉。南曬炎國。分風代川。揆氣閩澤。四睨天宮。窮曜星絡。東窺海門。俟景落日。遊精八表。騁覜四遐。超然永念。意類交橫。信哉古人有數寸之籥。持千鈞之關。非有其才施。處勢要也。瓜步山

者。亦江中眇小山也。徒以因迥爲高。據絕作雄。而凌清瞰遠。擅奇含秀。是亦居勢使之然也。故才之多少。不如勢之多少遠矣。仰望穹垂。俯視地域。涕洟江河。疣贅丘岳。雖奮風漂石。驚電剖山。地綸維陷。川鬬毀宮。豪盈髮虛。曾未注言。況乎沉河浮海之高。遺金堆璧之奇。四遷八聘之策。三黜五逐之疵。販交買名之薄。吮癰舐痔之卑。安足議其是非。（本集。）

全宋文卷四十七終

全宋文卷四十八

烏程嚴可均校輯

周朗

朗（魏書作般）字義利汝南安成人元嘉中爲南平王鑠冠軍參軍太子舍人司徒主簿免又爲江夏王義恭太尉參軍尋解職復起爲通直郎孝武即位除建平王宏中軍錄事參軍㠯上書忤旨自解去職又除太子中舍人出爲廬陵內史稱疾去職尋丁母憂有司承旨奏其居喪無禮鏁附寧州於道殺之

上書獻讜言

昔仲尼有言治天下若寘諸掌豈徒言哉方策之政息舉在人蓋當世之君不爲之耳況乃運鍾澆暮世膺亂餘重㠯宮廟遭不更之酷江服被未有之痛千里連死萬井共泣而秦漢餘敝尚行於今魏晉遺謬猶布於民是而望國安於今化崇於古卻行及前之

言積薪待然之譬臣不知所㠯方然陛下既基之㠯孝又申之㠯仁民所疾苦敢不略薦凡治者何哉爲教而已今教衰已久民不知則又隨㠯刑逐之豈爲政之道歟欲爲教者宜二十五家選一長百家置一師男子十三至十七皆令學經十八至二十盡使脩武訓㠯書記圖緯忠孝仁義之禮廉讓勤恭之則授㠯兵經戰略軍部舟騎之容挽彊擊刺之法官長皆月至學所㠯課其能習經者五年有立則言之司徒習武者三年善藝亦升之司馬若七年而經不明五年而勇不達則更求其言政置謀迹其心術行履復不足取者雖公卿子孫長歸農畝終身不得爲吏其國學則宜詳考古數部定子史令書不煩行習無糜力凡學雖凶荒不宜廢也農桑者實民之命爲國之本有一不足則禮節不興若重之宜罷金錢㠯穀帛爲賞罰然愚民不達其權議者好增其異凡自淮㠯北萬匹爲市從江㠯南千斛爲貨亦不患其難也今且聽市至千

錢㠯還者用錢餘皆用絹布及米其不中度者坐之如此則墾田自廣民資必繁盜鑄者罷人死必息又田非膠水皆播麥菽地堪滋養悉藝紵麻蔭巷緣藩必樹桑柘列庭接宇唯植竹栗若此令既行而善其事者庶民則敘之㠯爵有司亦從而加賞若田在草間木物不植則撻之而伐其餘樹在所㠯次坐之又取稅之法宜計人爲輸不應㠯貲云何使富者不盡貧者不蠲乃令桑長一尺圍㠯爲價田進一畝度㠯爲錢屋不得瓦皆責貲實民㠯此樹不敢種土畏妄墾棟焚榱露不敢加泥豈有剿善害民禁衣惡食若此苦者方今若重斯農則宜務削茲法凡爲國不患威之不立患恩之不下不患土之不廣患民之不育自華夷爭殺戎夏競威破國則積屍竟邑屠將則覆軍滿野海內遺生蓋不餘半重㠯急政嚴刑天災歲疫貧者但供吏死者弗望薶鰥居有不願娶生子每不敢舉又戍淹徭久妻老嗣絕及淫奔所孕皆復不收是殺人之

日有數途生人之歲無一理不知復百年間將盡㠯草木爲世邪此最是驚心悲魂慟哭太息者法雖有禁殺子之科設蚤娶之令然觸刑罪忍悼痛而爲之豈不有酷甚處邪今宜家寬其役戶減其稅女子十五不嫁家人坐之特雉可㠯聘妻妾大布可㠯事舅姑若待足而行則有司加糾凡宮中女隸必擇不復字者庶家內役皆令各有所配要使天下不得有終獨之生無子之老所謂十年存育十年教訓如此則二十年間長戶勝兵必數倍矣又亡者亂郊饉人盈甸皆是不爲其存計而任之遷流故飢寒一至慈母不能保其子欲其不爲寇盜豈可得邪既御之使然復止之㠯殺彼於有司何酷至是且草樹既死皮葉皆枯是其粱肉盡矣冰霜已厚苫蓋難資是其衣裘敗矣比至陽春生其餘幾今自江㠯南在所皆穰有食之處須官興役宜募遠近能食五十口一年者賞爵一級不過千家故近食十萬口矣使其受食者悉令就佃淮南

多其長帥。給其糧種。凡公私遊手。歲發佐農。令堤湖盡脩。原陸並起。仍量家立社。計地設閭。檢其出入。督其游惰。須待大熟。可移之復舊。淮旨北悉使南過江東。旅客盡令西歸。故毒之在體。必割其緩處。函渭靈區。闕爲荒薉。伊洛神基。蔚成茂草。豈可不懷歟。歷下泗間。何足獨戀。議者必旨爲胡衰不足避。而不知我之病甚於胡矣。若謂民之既徙。狄必就之。若其來從我之願也。胡若能來。必非其種。不過山東雜漢。則是國家由來所欲覆育。既華得坐實。戎空自遠。其爲來利。固善也。今空守孤城。徒費財役。亦行見淮北必非境服有矣。不亦重辱喪哉。使虜但發輕騎三千。更互出入。春來犯麥。秋至侵禾。水陸漕輸。居然復絕。於賊不勞。而邊已困。不至二年。卒散民盡。可蹺足而待也。設使胡滅。則中州必有興者。決不能有奉土地率民人旨歸國家矣。誠如此。則徐齊終逼。亦不可守。且夫戰守之法。當恃人之不敢攻。頃年兵之所旨敗。皆反此也。今人知不旨羊追狼。蟹捕鼠。而令重車弱卒。與肥馬悍胡相逐。其不能濟固宜矣。漢之中年能事胡者。旨馬多也。胡之後服漢者。亦旨馬少也。既兵不可去。車騎應蓄。今宜募天下使養馬一匹者。蠲一人役。三匹者、除一人爲吏。自此旨進。階賞有差。邊亭徼驛。一無發動。又將者、將求其死也。自能執干戈。幸而不亡。筋力盡於戎役。其於望上者。固己深矣。重有澄風掃霧之勳。驅波滌塵之力。此所自矜尤復爲甚。近所功賞。人知其濫。然佀頗謬虛實。怨怒實衆。垂臂而反脣者。往往爲部。耦語而呼望者。處處成羣。凡武人意氣。恃易崩沮。設一旦有變。則向之怨者爲敵也。今宜國財與之共竭。府粟與之同馨。去者應遺。濃加寵爵。發所在蘇之。將秩未充。餘費宜闕。他事負輦。長不應與。唯可教旨蒐狩之禮。習旨鉦鼓之節。若假勇旨進務。黜其身。老至而罷。賞延於嗣。又緣淮城壘。皆宜興復。使烽鼓相達。兵食相連。若邊民請師。皆宜莫許。遠夷貢至。止於報荅。語旨國

喪當作並

家之未暇。示旨何事而非君。須內敎既立。徐料寇形。辦騎卒四十萬。而國中不擾。取穀支二十歲。而遠邑不驚。然後越淮窮河。跨隴出漠。亦何適而不可。又敎之不敦。一至於是。今士大夫旨下。父母在而兄弟異。計十家而七矣。庶人父子殊產。亦八家而五矣。凡（魏書作其）甚者乃危亡不相知。飢寒不相卹。又嫉謟（魏書作忌疾）讒害其間。不可稱數。宜明其禁。旨革（魏書作易）其風。（案今士大夫已下又見魏書劉駿傳周朗作周殷）先有善於家者。卽務其賞。自今不改。則沒其財。又三年之喪。天下之達喪。旨其哀病衷出故制。同外興日久。均痛故愈遲。齊與漢氏節其臣則可矣。薄其子則亂也。云何使衰苴之容盡。嗚號之音息。夫佩玉啟旒。深情弗忍。冕珠視朝。不亦甚乎。凡法有變於古而刻於情。則莫能順焉。至乎敗於禮而安於身。必遽而奉之。何乃厚於惡薄於善歟。今陛下旨大孝始基。宜反斯謬。且朝享臨御。當近自身始。妃主典制。宜漸加矯正。凡舉天下旨奉一君。何患不給。或帝有集皁之陋。后有帛布之鄙。亦無取焉。且一體炫金。不及佰兩。一歲美衣。不過數襲。而必收寶連櫝。集服累笥。目豈常視。身未時親。是爲櫝帶寶。笥著衣。空散國家之財。徒奔天下之貨。而主旨此惰禮。妃旨此傲家。是何糜蠹之劇。惑鄙之甚。逮至婢豎。皆無定科。一婢之身。重婢旨使。一豎之家。列豎旨役。瓦金皮繡。漿酒藿肉者。故不可稱紀。至有列肆旨遊遨。飾兵旨驅叱。不亦重甚哉。若禁行賜薄。不容致此。且細作始并。旨爲儉節。而市造華怪。卽傳於民。如此。則遷也。非罷也。凡天下得治者。旨實而治天下者。常虛。民之耳目。既不可誑。治之盈耗。並亦隨之。故凡厥庶民。制度日侈。商販之室。飾等王侯。傭賣之身。制均妃后。凡一袖之大。足斷爲兩。一裙之長。可分爲二。見車馬不辨貴賤。視冠服不知尊卑。尙方今造一物。小民明己睥睨。宮中朝制一衣。庶家晚已裁學。侈麗之原。實先宮閫。又妃主所賜。不限高卑。自今旨去。宜爲節目。金魄翠玉。錦繡縠羅。奇色

異章。小民旣不得服。在上亦不得賜。若工人復造奇伎淫器。則皆焚之。而重其罪。又置官者。將以變天平氣。贊地成功。防姦御難。治煩理劇。使官稱事立。人稱官置。無空樹散位。繁進冗人。今高卑貿實。大小反稱。名之不定。是謂官邪。而世廢姬公之制。俗傳秦人之法。惡明君之典。好闇主之事。其悖聖愛愚。何其甚矣。今則宜先省事。從而并官置位。以周典爲式。變名以適時爲用。秦漢末制。何足取也。當使德厚者位尊。位尊者祿重。能薄者官賤。官賤者秩輕。纓冕紱佩。稱官以服。車騎容衞。當職以施。又寄土州郡。宜通廢罷。舊地民戶。應更置立。豈吳邦而有徐邑。揚境而宅兗民。上淆辰紀。下亂畿甸。其地如朱方者。不宜置州。土如江都者。應更建邑。又民少者易理。君近者易歸。凡吏皆宜每詳其能。每厚其秩。爲縣不得復用恩家之貧。爲郡不得復選勢族之老。又王侯識未堪務。不應彊仕。須合冠而啟封。能政而議爵。且帝子未官。人誰爲賤。但宜詳置賓友。選擇正人。亦何必列長史參軍別駕從事。然後爲貴哉。又世有先後。業有難易。明帝能令其兒不匹光武之子。馬貴人能使其家不比陰后之族。盛矣哉。此於後世不可忘也。至當輿抑碎首之忿。陛殿延辟戟之威。此亦復不可忘也。內外之政。實不可雜。若妃主爲人請官者。其人宜終身不得爲官。若請罪者。亦終身不得赦罪。凡天下所須者才。而才誠難知也。有深居而言寡。則蘊學而無由知。有卑處而事隔。則懷奇而無由進。或復見忌於親故。或亦遭讒於貴黨。其欲致車右而動御席。語天下而辯治亂。焉可得哉。漫言舉賢。則斯人固未得矣。宜使世之所稱通經達史。辯詞精數。吏能將謀。偏術小道者。使獵纓危緤。博求其用。制內外官與官之遠近及仕之類。令各以所能而造其室。降情以誘之。卑身以安之。然後察其擺唇吻。樹頰胲。動精神。發意氣。語之所至。意之所執。不過數四間。不亦盡可知哉。若忠孝廉清之比。貞正悖柔之倫。難以檢

格立。不可須臾定。宜使鄉部求其行。守宰察其能。竟皆見之於選貴。呈之於相主。然後處其職。宜定其位用。如此故應愚謬盡捐。賢明悉舉矣。又俗好以毀沈人。不察其所以致毀。以譽進人。不知測其所以致譽。毀徒皆鄙。則宜擢其毀者。譽黨悉庸。則宜退其譽者。如此。則毀譽不妄。善惡分矣。又旣謂之才。則不宜以階級限。不應以年齒齊。凡貴者好疑人少。不知其少於人矣。老者亦輕人少。不知其不及少矣。自釋氏流斂。其來有源。淵檢精測。固非深矣。舒引容潤。旣亦廣矣。然習慧者日替其脩。束誠者月繁其過。遂至糜散錦帛。侈飾車從。復假粗（廣弘明集作採）醫術。託雜卜數。延姝滿室。置酒浹堂。寄夫託妻者不無。殺子乞兒者繼有。而猶倚靈假像。背親傲君。欺癈疾老。震損宮邑。是乃外刑之所不容戮。內敎之所不悔罪。而橫天地之間。莫不（廣弘明集作之）糾察。人不得然。豈其鬼歟。今宜申嚴佛律。裨重國令。其疵惡顯著者。悉皆罷遣。除（廣弘明集作餘）則隨其藝行。各爲之條。使禪義經誦。人能其一。食不過蔬。衣不出布。若應更度者。則令先習義行。本其神心。必能草腐人天。竦精以往者。雖侯王家子。亦不宜拘。凡鬼道惑衆。妖巫破俗。觸木而言怪者。不可數。寓采而稱神者。非可算。其原本是亂男女。合飲食。因之而以祈祝。從之而以報請。是亂不誅。爲害未息。凡一苑始立。一神初興。淫風輒以之而甚。今脩隄以北。置園百里。峻山以右。居靈十房。糜財敗俗。其可稱限。又針藥之術。世寡復脩。診脈之伎。人鮮能達。民因是益徵於鬼。遂棄於醫。重令耗惑不反。死夭復半。今太醫宜男女習教。在所應遣。使受業。如此。故當愈於媚神之愚。徵正腠理之敝矣。凡無世不有言事。未時不有令下。然而升平不至。昏危是繼。何哉。蓋設令之本非實也。又病言不出於謀臣。事不便於貴黨。輕者抵訾呵駭。重者死壓窮擯。故西京有方調之誅。東都有黨錮之戮。陛下若欲申常令。循宋典。則羣臣在焉。若欲改舊章。興王道。則微臣存矣。

敢昧死㠯陳。唯陛下察之。宋書周朗傳，時普責百官讜言，朗上書。又略見通典十四、廣弘明集六。又略見魏書劉駿傳，㠯爲周殷啟。

報羊希書

羊生足下。豈當適使人進哉。何卿才之更茂也。宅生結意。可復佳耳。屬華比綵。何更工邪。視己反覆。慰亦無已。觀諸紙上。方審卿復逢知己。動㠯何術。而能每降恩明。豈不爲足下欣邪。然更憂不知卿死所處耳。夫匈奴之不誅有日。皇居之亡辱舊矣。天下孰不憤心悲腸。㠯忿胡人之患。靡衣媮食。㠯望國家之師。自智士鉗口。雄人蓄氣。不得議圖邊之事者。亘淹歲紀。今天子㠯炎軒之德。冢輔㠯姬呂之賢。故赫然發怒。將㠯匈奴釁旗。惻然動仁。欲使餘氓被惠。及取士之令朝發。宰士暮登。英豪調兵之詔夕行。主公旦升。雄俊延賢人者。固非一日。況復加此焉。夫天下之士。砥行磨名。欲不辱其志氣。運奇蓄異。將進善於所天。非但有建國之謀。不及安民之論。不與至反㠯孝潔生議於鄉曲。忠烈起讇於君家。身不絓王臣之籙。名不廁通人之班。顛倒國門。湮銷丘里者。自數十年㠯往。豈一人哉。若吾身無他伎。而出值明君。變官望主。歲增恩賞。竟不能柔心飾帶。取璽左右。校於向士。則榮已多。料於今識。則笑亦廣。而足下方復廣吾㠯馳志之時。求子㠯安邊之術。何足下不知言也。若㠯賢未登。則今之登賢如此。㠯才應進。則吾之非才若是。豈可欲㠯殞海之鱉。望鼓鰓於豎鱗之肆。墜風之羽。覬振翮於軒囊之閒。其不能具陪涿水。竝負青天。可無待於明見。若乃闢奇謀深智之術。無悅主狎俗之能。亦不可復稍爲卿說。但觀㠯上國再毀之臣。望府一逐之吏。當復是天下才否。此皆足下所親知。吾雖疲冘。亦嘗聽君子之餘論。豈敢忘之。凡士之置身有三耳。一則雲戶岫寢。欒危桂榮。秣芝浮霜。翦松沈雪。嶙肌蓄髓。實氣變魂。非但土石侯卿。腐鳩粱錦。實迺竝意天后。睨目羽人。次則刳心掃智。剖命

具當作俱

驅生。橫議於雲臺之下。切辭於宣室之上。衍王德而批民患。進貞白而黜姦猾。委玉入而齊聲禮。揭金出而烹勍寇。使車軌一風。匈道共德。令功日濟而已無迹。道日富而君難名。致諸侯斂手。天子改觀。其末則饜粉而出。望旆而入。結冤兩宮之下。鼓袖六王之閒。倪眉脅肩。言天下之道德。瞋目扼腕。陳從橫於四海。理有泰則止而進。調覺迕則反而還。閑居違宦。交造頓罷。捐纂遺憂。夷毀銷譽。呼噏㠯補其氣。繕嚼㠯輔其生。凡此三者。皆志士仁人之所行。非吾之所能也。若吾幸病不及死。役不至身。蓬藜既滿。方壯長者之轍。轂稼是諮。自絕世豪之顧。塵生牀帷。苔積堦月。又擔中山木。時華月深池上海草。歲榮日蔓。且室間軒左。幸有陳書十篋。席隅奧右。頗得宿酒數壺。按絃拭徽。雠方校石。時復陳局露初。奠爵星晚。驩然不覺是羲軒後也。近春田三頃。秋園五畦。若此無災。山裝可具。候振飲之罷。俟封勒之畢。當敬觀邾鄸。肅尋伊鄁。傷眺燕隴。邪履遼衞。覎我周之軫迹。弔他賢之憂天。當其少涉。未休此欲。但理實詭固。物好交加。或微勢而笑其言。或覬謀而害其意。夫楊朱㠯此猶見嗤於梁人。況才減楊子之器。物甚魏君之意者哉。若如漢宗之言李廣。此固許天下之有才。又知天下之時非也。豈若黨巷閭里之閒。忌見貞士之遭遇。便謂是臧獲庸人之徒耳。士固願呈心於其主。露奇於所歸。卿相未事也。若廣者何用侯爲。至迺復有致謁於爲亂之日。被訕於害正之徒。心奇而無山露。事直而變爲枉。豈不痛哉。豈不痛哉。若足下可謂冠負日月。籍踐淵海。心支身首。無不遍照。今復出入燕河。交關姬衞。整㠯振豪。已議於帷筵之上。提鞭鳴劒。復呵於軍場之閒。身超每深。恩之所集。心動必明。主之所亮。可不直議正身。輔人君之過誤。明目張膽。謀軍家之得失。操志勇之將。薦俊正之士。此迺足下之所㠯報也。不爾。便擐甲脩戈。徘徊左右。衞君王之身。當馬首之鏑。闕必固之壘。交死進之戰。

覎當作覘

使身分兩主。豫寇滅而兵全。此亦報之次也。如是。則繫匈奴於北闕無日矣。亡但默默。窺籠而坐。謂子有心。敢書薄意。宋書周朗傳，元嘉二十七年，江夏王義恭出鎮彭城，府主簿羊希從行，與朗書戲之，勸令獻奇策，朗報書。

全宋文卷四十八終

烏程嚴可均校輯

張興世

興世字文德。竟陵竟陵人。元嘉中以白衣從王玄謨伐蠻。孝武鎭尋陽。以補南中郎參軍。及卽位。轉員外將軍。領從隊。除建平王宏中兵參軍。又隸西平王子尙爲直衞。坐事免。大明末。除員外散騎侍郎。仍除宣威將軍隨郡太守。明帝卽位。進龍驤將軍。遷左軍將軍。督豫司二州南豫州六郡諸軍事。封作唐縣侯。徵爲游擊將軍。假輔國將軍。遷太子右衞率。領驍騎將軍。轉左衞將軍。權兼中領軍。出爲持節督雍梁南北秦郢州之竟陵隨二郡諸軍、冠軍將軍、雍州刺史。加寧蠻校尉。進號征虜將軍。廢帝時徵爲通直散騎常侍左衞將軍。以病徙光祿大夫。常侍如故。

建議截賊上流

賊據上流。兵彊地勝。我今雖相持有餘。而制敵不足。今若以奇兵數千潛出其上。因險自固。隨宜斷截。使其首尾周遑。進退疑沮。中流一梗。糧運自艱。制賊之奇。莫過於此。（宋書張興世傳）

張暢

暢字少微。吳郡吳人。元嘉中爲太子中庶子。出爲孝武安北長史沛郡太守。徙南譙王義宣司空長史南郡太守。孝武卽位。徵爲吏部尙書。封夷道縣侯。復爲義宣南蠻校尉。加冠軍將軍。領丞相長史。義宣敗。執送都下。見原。起爲都官尙書。轉侍中。孝建二年。出爲會稽太守。卒。謚曰宣。有集十四卷。

棄彭城南歸議

若歷城鬱州可至。（一作有可致之理）下官敢不高讚。（一作讃）今城內乏食。人無固心。（一作百姓咸有走情）但以關局嚴密。（一作固）不獲走耳。（一作欲去莫從耳）若一搖動。則潰然奔散。（一作若一旦動脚）則各自散走。雖欲至所在。其可得乎。（一作何由可得）今食雖寡。（今下有軍字）然朝夕未至窘乏。（一作若窘下有量其欲盡臨時更爲善宜十字）豈可（一作豈有）捨萬安之術。而卽（一作而就）危亡之道。此計必行。（一作若此計必用）下官請以頸血汙君馬迹。（一作汙公馬蹄。宋書張暢傳。案暢有二傳。一在四十六。一在五十九。其文小異。今錄前篇。而以重出之文爲注。當句之下。又見南史三十二。）

爲南譙王義宣與從弟永書

近有都信。具汝刑網之源。可謂雖在縲紲。而復心無愧矣。蕭公平厚。先無嫌隙。見汝翰迹。言不相傷。何其滔滔。稱人意邪。當今世故艱迫。義氣雲起。方藉羣賢。共康時難。當遠慕廉藺在公之德。近效平勃忘私之美。忽此蔕芥。剋申舊情。公亦命蕭示以疏達。兼令相執。共遵此旨。（宋書張永傳）

河淸頌

渾渾洪河。家國之濱。襟帶晉衞。領袖齊秦。龍門誕溜。積石傳津。乘運能有。經啟天人。化流上帝。時表初星。飛書曜瑞。龍圖照人。神協既偉。通氣載榮。（初學記六）

若耶山敬法師誄（并序）

夫待物而遊。致用生外。道來自我。懷抱以歡。故晦寶停璞。導兼車以出魏。鸞逸雲緒。豈增軒以入衞。是以士之傲俗。尙孤其道。幽居之民。無悶高獨。吾每宣書。夙流照爛。故已鼓予感詠。身心不足。若乃沖獨之韻。少歲已高。絕儔之氣。早志能遠。初憩廬山。年始勝髮。緬邈之志。直已千里。乃求剃形就道。忘家入法。時沙門釋慧遠雖高其甚高。以其尙幼。未之許也。遂乃登絕澗。首太陽。臨虛投地之險。以身易志。法師乃奇而納焉。冑翔華肩。業集素履。勁露未嚴。先風苦節。同學不勝其勞。若人不改其操。於時經藏始東。肆業華右。遂扣迹萬里。屢遊函洛。定慧相曉。致用日微。羅什既亡。遠公沈世。乃還迹塞門。屛居窮岫。其不出意若耶之山者。於茲二十餘年矣。余叔謝病歸身。唯風停想。法師乘感來遊。積席談晏。淸謝竟言不別而別。故已默語交達。而動靜虛員矣。徽士載顯。秀調宣簡。神居共逸。風理交融。乃倚岫成軒。停林啟館。卽此人外。固心會友。西河方湣。東山已隤。風靈既盡。草木餘哀。心之憂矣。淚合無開。嗚呼哀哉。乃為誄曰。

在尙上王。歌鳳伊洛。逸路翔雲。高軒鳴鶴。靈源世流。幽人代作。歸來之子。跨古逢運。結轍承風。遵迹襲問。緯玉則溫。經金斯振。歲學兩幼。年盈數始。令德既軒。其秀唯起。鋒穎萬代。風標千里。情愛相輕。家國如草。達矣哲人。獨肆玄寶。總駕七覺。飛鞍八道。三江多靜。湛勝廬山。地去萬物。迹軌停玄。遊遨清慧。結宇承煙。前驅肇有。首路人天。吾生製融。集彼清風。業流善會。情竦妙同。白日春上。素月秋中。方寸無底。六合可窮。卓彼羅什。三界特秀。眞俗冠冕。神道領袖。若人對響。承車郎轍。沙漠纖寒。長風負雪。投袂冰霜。攬裾暮節。誰斯問津。悠焉在哲。莊衿老帶。孔思周懷。百時如一。京載獨開。何

徒當作徙

地既滿。願惟糟魄。移此無生。悽居樹席。妙入環中。道出形上。所謂伊人。玄途獨亮。智虛于情。照實其相。生住無住。異壞相尋。羅什就古。慧遠去今。匠石何運。伯牙罷音。殷憂逃遁。昔還爾心。東巖解迹。削景若耶。早帳風首。春席雲阿。流庭結草。復瞥含波。月軒東秀。日落西華。情步不辭。寢興高絕。白雲臨操。清風練節。經綸五道。提衡六趣。四諦歸想。三乘總路。生滅在法。諸行難常。哲人薪盡。舊火移光。白日投晦。中春起霜。嗚呼哀哉。昔余丸髮。早識清襟。送志非歲。迎韻者心。家貧親老。耕而弗飽。就檄追歡。身素孤夭。既隔於形。徒通吕道。自我徒病。高榭東山。明月遂靜。白雲路間。承松吐嘯。風上舒言。咨予戴侯。夙居涼峻。佇館伊人。流心酌韻。如何高期。隔成幽顯。五絃喪弄。三觴誰餞。嗚呼哀哉。山泉同罷。松竹衰涼。秋朝霜露。寒夜巖長。嗚呼哀哉。孤猨將思。旅雁聲時。廣開性品。無情者誰。逝壑成草。比館唯悲。存亡既代。物色長衰。嗚呼哀哉。蒼生失御。萬物無歸。陰爽孰夜。重陽頓暉。嗚呼哀哉。伊四望之茫茫。愴予心之悄悄。雖淚至之有端。固憂來其無兆。隱長思以歎悲。諒縱橫於言表。嗚呼哀哉。廣弘明集二十六。

張悅

悅，一作說。暢弟。歷中書吏部郎、侍中、臨海王子頊前將軍長史、南郡太守。晉安王子勛以為司馬，加征虜將軍。及建號，拜領軍將軍、吏部尚書。事敗歸降，復為太子中庶子，除巴陵王休若衛軍長史、襄陽太守。尋代休若為雍州刺史、寧遠將軍，復為休若征西長史、南郡太守。泰始六年為三巴校尉，加持節、輔師將軍、領巴郡太守，未拜卒。有集十一卷。

瑇瑁麈尾銘

移珍西岳。費藻南濱。凝華淡景。搖採爭雲。夷心侶鏡。色眾斯分。藝文類聚六十九。

之生當作好生

適當作通

張鏡

鏡。暢從弟。元嘉中新安太守。

答南譙王義宣書

仰復淵旨。匪邇伊敘。俯惟末造。鞠躬祇對。竊以為遂通貸感。涉悟藉緣。誠微叵因。則河漢滋惑。故待問擬乎撞鐘。啟發俟於悱憤矣。夫妙學窮理。乃聖乃神。光景燭八維。炬仰觀九有。然而運値百齡。宵均萬劫者。豈非嘉緣未構。故業化莫孚哉。是以聖靈翰軌。斯文莫載。靡得明徵。理歸指斥。宗致祇以微顯婉而成。潛徙冥遠之生。導三世之源。積善啟報應之轍。綱宿昭仁。蒐苗弘信。既以漸積習成。吝滯日祛。然後道暢皇漢之朝。訓敷永平之祀。物無難癸。人斯草偃。實知放華猶昏。文宣未旭。非旨睽以異適。諒理均而俱蹟者。附會玄遠。孰夷冒言。謬犯不韙。輕率狂簡。弘明集十二。張新安答譙王論孔釋書。

張永

永字景雲，鎮弟。元嘉中爲郡主簿、州從事，累遷至冀州刺史，歷仕孝武明帝，封孝昌縣矦。後廢帝時進位光祿大夫，遷征北將軍、南兗州刺史，以兵敗免官，發病卒。昇明二年追贈侍中、右光祿大夫。有集十卷。

將士休假議

臣聞開兵從稼，前王以之兼隙；耕戰遞勞，先代以之經遠。當今化宣萬里，文同九服，捐金走驥，於焉自始。伏見將上休假，多蒙三番，程會既促，裝赴在早，故一歲之間，四馳遥路，或失遠春耜，或違要秋登，致使公替常儲，家闕舊粟。攷定利害，宜加詳改。愚謂交代之限，以一年爲制，使征士之念，勞未及積，游農之望，收功歲成，斯則王度無虧，民業斯植矣。宋書張永傳。

張辯

辯，永弟，泰始中歷尚書吏部郎、廣州刺史、大司農。有集十六卷。

廬山招提寺釋僧瑜贊

悠悠玄機，茫茫至道。出入生死，孰爲妙寶。其一 自昔藥王，殊化絶倫。往聞其説，今覩斯人。其二 英英沙門，慧定心固。凝神紫氣，表迹雙樹。其三 其德可樂，其操可貴。文之作矣，或髣髴。其四。法苑珠林一百十五。

釋曇鑒讚

披薪堤芬，握蓮表潔。渾渾法師，彿縮弗涅。煒熾初辰，條蔚暮節。神遊智往，豈伊實説。高僧傳。曇鑒姓趙，冀人，終於江陵辛寺，辯爲傳讚。

殷琰

琰字敬珉，陳郡長平人。元嘉中爲江夏王義恭征北參軍，始興王濬後軍主簿，出爲鄱陽晉熙太守、豫州治中從事史。孝武時臨海王子頊以爲冠軍錄事參軍，行吳興郡事，復爲豫州別駕、太宰戶曹屬、丹楊丞、尚書左丞、少府、尋陽王子房冠軍司馬、行南豫州事，隨府轉右軍司馬。又從巴陵王休若左軍司馬。永光初除黄門侍郎，出爲山陽王休祐右車長史、南梁郡太守。泰始初爲建武將軍、豫州刺史，舉兵應晉安王子勛，子勛以爲輔國將軍、梁郡太守，加豫州。假節，後歸國，爲王景文鎮南諮議參軍，兼少府，泰豫初除少府，加給事中。元徽初卒。有集七卷。隋志作太子中庶子，與本傳不同。

宣貴妃誄

嚴位服於旗容，尚徽謚於銘策。飭哀路於蕭鍾，齊行鑾於穆翟。御覽三百五十八。

劉損

損字子騫，彭城沛人，晉衞將軍劉毅從弟。元嘉中御史中丞，出爲義興太守，遷吳郡太守，卒，贈太常。

奏劾韋朗

風聞前廣州刺史韋朗莅任虐法，暴濁是彰，於州所造鐵銀鉛二杖朱牙楯三十幡，朱畫青綾盾三十五幡，犀皮鎧六領，雜白莞席三百二十二領，銀塗漆一作泥。屏風二十三牀，又綠沈屏風一牀，銅鏡臺一具。請以見事追免朗前所居官。初學記二十五席門、屏風門、鏡臺門，御覽三百五十六、五十七、七百一，並引元嘉起居注。元嘉十六年御史中丞劉損奏。損一作楨，非。

袁璿

璿，元嘉中爲尚書左丞。

劾荀萬秋啟

領曹郎中荀萬秋，每設事緣，私遊肆其所之，豈可復參列士林，編名天閣。請免萬秋所居官。初學記十一引宋元嘉起居注。

扶令育

令育，巴東人，爲龍驤參軍，去職。

詣闕上表理彭城王義康

蓋聞哲王不逆切旨之諫，以博聞爲道；人臣不忌纖衷之罰，以盡言爲忠。是故周昌極諫。馮唐面折。孝惠所以克固儲副。魏衛所以復任雲中。彼二臣豈好逆主干時。犯顏違色者哉。又爰盎之諫孝文曰。淮南王若道遇死。則陛下有殺弟之名。奈何。文帝不用。追悔無及。臣草莽微臣。竊不自揆。敢抱葵藿傾陽之心。仰慕周易匪躬之志。故不遠六千里。願言命侶。謹貢丹懇。希垂察納。伏惟陛下。躬執大象。首出萬物。王化咸通。三才必理。闢大人之路。開大道之門。搜殊逸於巖穴。招奇英於側陋。窮谷無白駒之倡。喬岳無遺賓之嗟。豈特羅飛翮於垂天。網沈鱗於溟海。況於彭城王義康。先朝之愛子。陛下之次弟哉。一旦黜削。遠送南服。恩絕於內。形隔於遠。躬離明主。身放聖世。草萊黔首。皆爲陛下痛之。臣追惟景平元嘉之釁。幾於危殆。三公託以興廢之宜。密懷不臣之計。台輔伺隙於京甸。強楚窺釁於上流。或顯逆而陵主。有生之所惴恐。神祇之所忿怨也。賴宗社靈長。廟算深遠。麗絲塵埃。殲戮醜類。氛霧時靖。四門

載清。當爾之時。義康豈不預參皇謀。均此休否哉。且陛下昔楚形勝。非親勿居。遂以驃騎之號。任以藩夏之重。攝政南郢。綏民遏寇。播皇朱之澤。以治幽荒。陛下之潤。被之九有。豈直南荊之民沾渥而已焉。遂召之以宰輔。又寄之以和味。既居三事。又牧徐揚。所以幽顯齊歡。人神同忭。莫不善陛下授之爲得。義康受之爲是也。今如何信疑貌之佀。闕兄弟之恩乎。若有迷謬之愆。可責之罪。正可數之以善惡。導之以義方。且廬陵王往事。足以知今。此乃陛下前事之殷鑒。後乘之靈軌也。夫曾子之不殺。忠臣之篤譬。二告而猶織。仁王之令轍。故詩云。無信人之言。人實不信。又云。兄弟雖鬩。不廢親也。尚書曰。克明峻德。以親九族。九族既睦。可以親百姓。兄弟安可棄乎。臣伏願陛下上尋往代黜廢之禍。下惟近者讒言之釁。廬陵王既申冤魂於后土。彭城王亦彌疑愆於宋京。豈徒皇代當今之計。蓋乃良史簡代之美也。且諂諛難辨。是非易壞。禍始禍先。

古人所畏。故愛身之士。自爲已計。莫不結舌杜口。孰肯冒忌干主哉。臣以頑昧。獨獻微管。所以勤勤懇懇。必訴丹誠者。實恐義康年尊命盡。奄忽於南。遂令陛下有棄弟之責。臣雖微賤。竊爲陛下羞之。況書言記事。史豈能屈典謨而諱哉。脫如臣慮。陛下恨之何益。楊子雲曰。積禍之大。莫先於和穆。遘禍之深。莫過於內難。每覽斯言。以爲警戒。竊今觀王室大事。豈得韜筆默爾而已哉。臣將恐天下風靡。離間是懼。遂令宇內遐觀。民庶革心。欲致康哉。實爲難也。陛下徒云惡枝之宜伐。豈悟伐柯之傷樹。乃往古之所悲。當今所宜改也。陛下若蕩以平聽。屏此猜情。垂訊芻蕘之謀。曲察狂瞽之計。一發非意之詔。遠訪博古之士。速召義康。返於京甸。兄弟協和。君臣緝穆。息宇內之譏。絕多言之路。如是則四海之望塞。讒說之道消矣。何必司徒公揚州牧。然後可以安彭城王哉。若臣所啟違慮。於國爲非。請卽伏誅。以謝陛下。雖復分形赴鑊。煮體烹屍。始願

所甘。豈不幸甚。（宋書彭城王義康傳。前龍驤參軍巴東扶令育詣闕上表。表奏。即收付建康獄賜死。南史十三作前龍驤參軍巴東令扶樂。按宋志巴東郡無巴東縣。亦無扶縣。廣韻扶又姓。知姓扶名令育也。）

錢樂之

樂之。元嘉中爲太史令。

奏詳何承天元嘉厤

太子率更令領國子博士何承天表更改元嘉厤法。以月蝕檢今冬至日在斗十七。以土圭測影。知冬至已差三日。詔使付外檢署。以元嘉十一年被敕。使考月蝕。土圭測影。檢署由來用楊偉景初法。冬至之日。日在斗二十一度少。檢十一年七月十六日望月蝕。加時在卯。到十五日四更二唱丑初始蝕。到四唱蝕既。在營室十五度末。景初其日日在軫三度。以月蝕所衝考之。其日日應在翼十五度半。又到十三年十二月十六日望月蝕。加時在酉。到亥初始食。到一更三唱蝕既。在鬼四度。景初其日日在女三。以衝考之。其

日日應在牛六度半。又到十四年十二月十六日望月蝕。加時在戌之半。到二更四唱亥末始蝕。到三更一唱食既。在井三十八度。景初其日日在斗二十五。以衝考之。其日日應在斗二十二度半。到十五年五月十五日望月蝕。加時在戌。其日月始生而已蝕。光已生四分之一。格在斗十六許度。景初其日日在井二十四。考取其衝。其日日應在井二十。又到十七年九月十六日望月蝕。加時在子之少。到十五日未二更一唱始蝕。到三更蝕十五分之十二。格在昴一度半。景初其日在房二。以衝考之。則其日日在氐十三度半。凡此五蝕。以月衝一百八十二度半考之。冬至之日。日並不在斗二十一度少。並在斗十七度半間。悉如承天所上。又去十一年起。以土圭測影。其年景初法十一月七日冬至。前後陰不見影。到十二年十一月十八日冬至。其十五日影極長。到十三年十一月二十九日冬至。其二十六日影極長。到十四年十一月十一日冬至。其前後並陰不見。到十五年十一月二十一日冬至。十八日影極長。到十六年十一月二日冬至。其十月二十九日影極長。到十七年十一月十三日冬至。其十日影極長。到十八年十一月二十五日冬至。二十一日影極長。到十九年十一月六日冬至。其三日影極長。到二十年十一月十六日冬至。其前後陰不見影。尋校前後以影極長為冬至。並差三日。以月蝕檢日所在。已差四度。土圭測影。冬至又差三日。今之冬至。乃在斗十四間。又如承天所上。又承天法。每月朔望及弦。皆定大小餘。於推交會時刻雖審。皆用盈縮。則月有頻三大、頻二小。比舊法殊為異。舊日蝕不唯在朔。亦有在晦及二日。公羊傳所謂或失之前。或失之後。愚謂此一條自宜仍舊。（宋書厤志上，大史令錢樂之、兼丞嚴粲奏。）

皮延宗

延宗。元嘉中為員外散騎郎。

難何承天新厤

若晦朔定大小餘。紀首值盈。則退一日。便應以故歲之晦。為新紀之首。（宋書厤志上。）

全宋文卷四十九終

全宋文卷五十

烏程嚴可均校輯

孫康

康，太原中都人，晉長沙太守放孫。元嘉中爲起部郎，遷征南長史。有集十卷。

圓扇銘

有圓者扇，誕此秀儀。晞露曜色，擬日定規。明姿玉暢，惠氣蘭披。（北堂書鈔一百三十四。）

吳喜

喜，吳興臨安人，本名喜公，明帝減爲喜。元嘉中爲主書令史，進主圖令史。孝建中擢諸王學官令、左右尚方令、河東太守、殿中御史。泰始初假建武將軍，遷步兵校尉，封竟陵縣侯，遷輔國將軍、尋陽太守，再遷前軍將軍，改封東興縣侯，除交州刺史，不行。又除右軍將軍、淮陵太守，假輔師將軍，兼太子右衛率，轉驍騎將軍，兼左衛將軍，加都督豫州諸軍事，假冠軍將軍。

報庾業劉延熙書

前驅之人，忽獲來諭。披尋狂惑，良深悵駭。聖主以神武撥亂，德盛勳高，羣逆交煽，滅在晷刻。君等勳義之烈，世荷國恩，事愧鳴鴞，不懷食椹。今練勒所部，星言進邁，相見在近，不復多陳。（宋書吳喜傳。）

湛當作椹

薛安都

安都，河東汾陰人，初爲魏雍秦二州都統。元嘉二十一年歸國。孝武鎮襄陽，板爲揚武將軍、北弘農太守。隨王誕板爲建武將軍、行後軍參軍，尋除始興王濬征北參軍。孝武舉義，以爲參軍，加寧朔將軍。及即位，除右軍將軍，封南鄉縣男，免。孝建初復除左軍將軍，遷輔國將軍、竟陵內史，以斬魯爽功進爵爲侯，轉太子左衛率。大明中改封武昌縣侯，加散騎常侍，又加征虜將軍。前廢帝即位，遷右衞將軍，加給事中，出爲前將軍、兗州刺史，徙平北將軍、徐州刺史。明帝即位，進號安北將軍，不受，舉兵同晉安王子勛。子勛平，奉書歸款。尋復降魏，魏以爲徐州刺史、河東公，召還桑乾，死於魏。

奉啟書歸款

臣庸隸荒萌，偷生上國，過蒙世祖孝武皇帝過常之恩。犬馬有心，實感恩遇，是以晉安始唱，投誠孤往，不期生榮，實存死報。今天命大歸，羣迷改屬，輒率領所部，束骸待誅，違拒之罪，伏聽湯鑊。（宋書薛安都傳。）

徐耕

耕，晉陵延陵人，自令史除平原令。

詣縣陳辭

今年亢旱，禾稼不登，氓黎饑餒，採掇存命，聖上哀矜，已垂存拯。但饉罄來久，困殆者衆，米穀轉貴，糴索無所，方涉春夏，日月悠長，不有微救，永無濟理。不惟凡瑣，敢憂身外，鹿鳴之求，思同野草。氣類之感，能不傷心。民糴得少米，資供朝夕，志欲自竭，義存分飡，今以千斛助官賑貸。此境連年不熟，今歲尤甚，晉陵境特爲偏敝。此郡雖弊，猶有富室，承陂之家，處處而是，並皆保熟，所失蓋微。陳積之穀，皆有巨萬，旱之所弊，實鍾貧民，温富之家，各有財寶。謂此等並宜助官，得過儉月，所損至輕，所濟甚重。今敢自厲，爲勸造之端，竊願掘水揚塵，崇益山海。（宋書孝義徐耕傳，元嘉二十一年大旱，民飢，耕詣縣陳辭，縣爲言上，當時議者以耕比漢卜式，詔書褒美，酬以縣令。）

蓋吳

吳，北地瀘水人。以元嘉二十二年九月舉兵杏城，自稱天台王。明年上表歸順，自稱秦地王，尋爲其下所殺。

上表歸順

自靈祚南遷。禍纏神土。二京失統。豺狼縱毒。蒼元蹈犬噬之悲。舊都哀荼蓼之痛。臣以庸鄙。仗義因機。乘寇虜天亡之期。藉二州思奮之憤。故創迹天台。爰暨咸、雍。義風一鼓。率土響同。威聲既張。士卒効勇。師不崇朝。羣狡震裂。殄逆鱗於函關。掃凶迹於秦土。非仰協宋靈。俯允羣願。焉能若斯者哉。今平城遺虐。連兵大壇。東西狼顧。威形莫接。長安孤危。河洛不戍。平陽二攣。世連土宇。擁率部落。控弦五萬。東屯潼塞。任質軍門。私署安西將軍常山白廣平。練甲高平。進師汧隴。北漠護軍。結駟連騎。提戈載驅。胡蘭落生等部曲數千。擬擧僞鎮。闔境顒顒。仰望皇澤。伏願陛下給一旅之衆。北陵河陜。賜臣威儀。兼給戎械。進可以厭捍凶寇。覆其巢窟。退可以宣國威武。鎮御舊京。使中都有鳴鑾之響。荒餘懷來蘇之德。謹遣使人趙綰馳表丹誠。（宋書索虜傳。元嘉二十三年。蓋吳年二十九。於杏城天台舉兵反虜。諸戎夷普響應。有衆十餘萬。虜聞吳反。惡其名。累遣軍擊之。輒敗。吳上表歸順。）

又上表

臣聞天無二日。地無二主。昔中都失統。九域分崩。羣凶上列於天邑。飛鴞鳴目於四海。先皇慈懷內發。愍及戎荒。剪僞羌於長安。雪黎民之荼炭。政敎既被。民始蜜蘇。天未亡難。禍亂仍起。獫狁侏張。侵暴中國。使長安爲豺狼之墟。鄴洛爲蜂蛇之藪。縱毒生民。虐流兆庶。士女能言。莫不嘆憤。傾首東望。仰希拯接。咸同旱苗之待天澤。赤子之望慈親。臣仰恩天時。以義伐暴。氈東西結連。南北樹黨。五州同盟。造相要契。仰馮威靈。千里雲集。冀廓除榛莽。以待王師。義夫始臻。莫不瓦解。虜主二月四日傾資倒庫。與臣連營。接刃交鋒。無日不戰。獲賊過半。伏尸蔽野。伏願特遣偏師。賜垂拯接。若天威既震。足使姦虜潰亡。遺民小大咸蒙生造。（宋書索虜傳。虜遣軍屢敗。乃自率大衆攻之。吳又上表。）

魯爽

爽小名女生。扶風郿人。爲魏寧南將軍、荆州刺史、襄陽公。鎮長社。元嘉二十八年率家屬部曲來歸。授督司州陳留東郡濟陰濮陽五郡軍事、征虜將軍、司州刺史。加督豫州之義陽宋安二郡軍事、領義陽內史。元凶劭弑立。南譙王義宣起兵入討。進平北將軍、領巴陵太守、度支校尉。事平。以爲使持節督豫司秦雍并五州諸軍事、左將軍、豫州刺史。孝建元年奉義宣起兵。進征北將軍。爲薛安都所斬。

與弟秀南歸奉辭於南平王鑠

爽、秀得罪本朝。負釁三世。生長絕域。遠身胡虜。兄弟闔門。淪點僞授。殞命不可。還國無因。近係南雲。傾屬東日。蓋猶痿人思步。盲者願明。嵩霍廻尺。江河匪遠。夷庚雖塞。隔同天地。痛心疾首。晝慨宵悲。虜主猖狂。豺豕其志。虐徧華戎。怨結幽顯。自盱眙旋軍。亡瘞過半。昏酣沈湎。恣性肆身。爽、秀等因民之憤。籍將旋之願。齊契義奮。梟馘醜徒。馮恃皇威。肅清遺穢。牢洛諸城。指期克定。規以涓塵。微雪夙負。方當束骸北闕。待戮司寇。懦節未申。伏心邊表。明大王殿下以叡茂居藩。文武兼姿。遠邇欽傾。承風聞德。願垂援拯。以慰虔望。老弱百口。先遣歸庇。遑遑丹心。仰希懷遠。謹遣同義潁川聶元初奉詞陳聞。（宋書魯爽傳。元嘉二十八年。爽率部曲千餘家奔汝南。遣秀從許昌還壽陽。奉辭於南平王鑠。）

板義宣及臧質等文

丞相劉。今補天子。名義宣。車騎臧。今補丞相。名質。平西朱。今補車騎。名脩之。皆板到奉行。（宋書魯爽傳。南史四十。）

劉康祖

康祖。彭城呂人。世居京口。襲父虔之爵新康縣男。元嘉中爲征虜中兵參軍。歷安蠻府司馬。轉左軍將軍。與魏戰死。贈益州刺史。諡曰壯。

令軍中

顧望者斬首，轉步者斬足。（御覽三百十二引裴子野宋略：左將軍劉康祖聞虜寇壽陽，自虎牢率七千人來赴，虜至者八萬騎，康祖令軍中。）

劉興祖

興祖，元嘉中爲少府，拜青州刺史。（案南齊書王奐傳：永明十一年，奐輒殺寧蠻長史劉興祖，距此四十年，當別是一人。）

建議伐河北

河南阻飢，野無所掠，脫意外固守，非旬月可拔，稽留大衆，轉輸方勞。伐罪弔民，事存急速。今僞帥始死，兼逼暑時，國內猜擾，不暇遠赴。關內之衆，裁足自守。愚謂宜長驅中山，據其關要。冀州已北，民人尚豐，兼麥已向熟，資因爲易。向義之徒，必應響赴。若中州震動，黃河已南，自當消潰。臣城守之外，可有二千人，今更發三千兵，假別駕崔勳之振威將軍，領所發隊，幷二州望族，從蓋柳津直衝中山；申坦率歷城之衆，可有二千，騎騾俱進。較略二軍，可七千許人，既入其心腹，調租發車，以充軍用。若前驅乘勝，張永及河南衆軍，便宜一時濟河，使聲實兼舉。愚計謬允，宜並建司牧，撫柔初附。定州刺史取大嶺，冀州刺史向井陘，并州刺史屯鴈門，幽州刺史塞軍都，瀛州刺史備大行，因事指麾，隨宜加授，畏威欣寵，人百其懷。濟河之日，請大通販假。常忿將率，憚於深遠，勳之等慷慨之誠，誓必死效。若能成功，清一可待；若不克捷，不爲大傷。並催促裝束，伏聽敕旨。（宋書索虜傳：元嘉二十九年，太祖更遣張永、王玄謨及魯爽等北伐，青州刺史劉興祖建議伐河北，上意止存河南，不納。）

虞愿

愿字士恭，會稽餘姚人。元嘉末爲國子生，遷湘東王國常侍，轉潯陽王府墨曹參軍。明帝卽位，除太常丞，兼尚書祠部郎，通直散騎侍郎，領本郡中正，遷兼中書郎。元徽初出爲晉平太守，以母老解職，除後軍將軍，遷中書郎，領東觀祭酒，除驍騎將軍，遷廷尉。齊受禪，遷宋廟主，尹辭流涕，尋卒。

祀孝武昭后二廟議

夫烝嘗之禮，事存繼嗣，故傍尊雖近，弟姪弗祀；君道雖高，臣無祭典。案晉景帝之於武帝，屬居伯父，武帝至祭之日，猶進觴爵。今上既纂祠文皇，於孝武室謂宜進拜而已，觴爵使有司行事。案禮，過墓則軾，過祀則下，凡在神祇，尚或致恭，況昭太后母臨四海，至尊親曾北面，兄母有敬，謂宜進拜，祝文宜稱皇帝諱。孝皇后廟見之禮，本脩虔爲義，今於孝武，論其嫂叔，則無通問之典；語其尊卑，亦無相見之義。又皇后登御之初，昭后猶正位在宮，敬謁之道，久已前備。愚謂孝武、昭太后二室，並不復薦告。（宋書禮志四：泰始二年六月，太常丞虞愿議。）

郊祀議

郊祭宗祀，俱主天神，而同日殷薦，於義爲黷。明詔使圓丘報功，三載一享；明堂配帝，間歲昭薦。詳辰酌衷，實允懋典。（宋書禮志三：泰始六年五月前兼曹郎虞愿議。）

丘珍孫

珍孫，吳興人，元嘉末爲府司馬，寧朔將軍。

與王僧達書

聞褚先生出居貴館，此子滅景雲棲，不事王侯，抗高木食，有年載矣。自非折節好賢，何以致之？昔文舉棲冶城，安道入昌門，於茲而三焉。夫卻粒之士，飡霞之人，乃可暫致，不宜久羈。君當思遂其高步，成其羽化。望其還策之日，暫紆清塵，亦願助爲譬說。（南齊書褚伯玉傳，南史褚伯玉傳。）

丘景先

景先，珍孫子。大明中爲殿中郎，前廢帝時出爲鄱陽內史。泰始初，晉安王子勛建號，以爲廬陵內史，轉竟陵太守。子勛敗，變形爲沙門逃走，吳喜擒殺之。

祭霍山議

脩祀川嶽。道光列代。差秩珪璋。義昭聯冊。但業曠中葉。儀漏典文。尋姬典事繼宗伯。漢載持節侍祠。血祭霾沈。經垂明範。酒脯牢具。悉有詳例。又名山著珪幣之異。大冢有嘗禾之嘉。山海祠霍山。以太牢告玉。此準配記傳。其可言者也。今皇風緬暢。輝祀通嶽。愚謂宜使以太常持節。牲以太牢之具。羞用酒脯時穀。禮以赤璋纁幣。又晏人之職。凡山川四方用蜃。則盛酒當以蠡桮。其餘器用。無所取說。案郊望山瀆。以質表誠。器尚陶匏。藉以茅席。近可依準。山川以兆。宜為壇域。（宋書禮志四。大明七年。有司奏詔奠祭霍山。未審應奉使何官。用何牲饌。進奠之日又用何器。殿中郎丘景先議。）

丘邁之

邁之。孝建初博士。

閏月周忌議

案吳商議閏月亡者。應以本正之月為忌。謂正閏論雖各有所執。商議為允。宜以今六月為忌。（宋書禮志二。孝建元年六月。湘東國刺稱國太妃以去三十年閏六月二十八日薨。未詳周忌當在六月。為取七月耶。禮官議正。博士丘邁之議。又見通典一百。）

徐宏

宏。孝建初太學博士。

殄寇告二郊議

禮無不報。始既遍告。今賊已禽。不應不同。（宋書禮志三。孝建元年六月。太學博士徐宏、陸澄、孫勃議。）

東平沖王祔主議

王既無後。追贈無臣。殤服既竟。靈便合毀。記曰。殤與無後者。從祖祔食。又曰。士大夫不得祔於諸侯。祔於祖之為士大夫者。案諸侯不得祔於天子。沖王則宜祔諸祖之廟為王者。應祔長沙景王廟。（宋書禮志四。孝建元年七月。太學博士徐宏議。又見通典五十二。）

殷祭議

三年之喪。雖從權制。再周祥變。猶服縞素。未為純吉。無容以祭。謂來年四月。未宜便殷。十月則允。（宋書禮志三。孝建元年十二月。太學博士徐宏議。又見通典五十一。）

蘇瑋生

瑋生。孝建初國子助教。

平賊告二郊議

案王制。天子巡狩歸。假於祖禰。又曾子問。諸侯適天子。告於祖。奠於禰。命祝史告於社稷宗廟山川。告用牲幣。反亦如之。諸侯相見。反必告於祖禰。乃命祝史告至於前所告者。又云。天子諸侯將出。必以幣帛皮圭。告於祖禰。反必告至。天子諸侯雖事有小大。其禮略鈞。告出告至。理不得殊。鄭云。出入禮同。其義甚明。天子出征。類于上帝。推前所告。旨歸必告至。則宜告郊。不復容疑。元嘉三年。唯告廟社。未詳其義。或當以禮記唯云歸假祖禰。而無告郊之辭。果立此義。彌所未達。夫禮記殘缺之書。本無備體。折簡敗字。多所闕略。正應推例求意。不可動必徵文。天子反行告社。亦無成記。何故告郊。獨當致嫌。但出入必告。蓋孝敬之心。既以告歸為義。本非獻捷之禮。今輿駕竟未出宮。無容有告至之文。若陳告不行之禮。則為未有前準。愚謂祝史致辭。以昭誠信。苟其義舛於禮。自可從實而闕。臣等參議以應告為允。宜並用牲告南北二郊。太廟太社。依舊公卿行事。（宋書禮志三。孝建元年六月八座奏云云。國子助教蘇瑋生議。詔可。）

殷祭議

案禮。三年喪畢。然後祫於太祖。又云。三年不祭。唯天地社稷越紼行事。且不禫即祭。見譏春秋。求之古禮。喪服未終。固無祼享之義。自漢文以來。一從權制。宗廟朝聘。莫不皆吉。雖祥禫空存。無綅縞之變。烝嘗薦祀。不異平日。殷祠禮既弗殊。豈獨以心憂為礙。（宋書禮志三。孝建元年十二月。國子助教蘇瑋生議。又見通典五十七。）

爲皇后父服議

案三日成服卽除。及皇后行喪三十日。禮無其文。若竝謂之公除。則可粗相依準。凡諸公除之設。蓋以王制奪禮。葬及祥除。皆宜反服。未有服之於前。不除於後。雖有齊斬重制。猶爲功緦麻除喪。夫公除暫奪。豈可遂以卽吉邪。愚謂至尊三月服竟。故應依禮除釋。皇后臨祖及一周祥除。竝宜反服齊衰。（宋書禮志二。通典八十。）

全宋文卷五十終

烏程嚴可均校輯

范義恭

義恭，孝建初爲領曹郎。

殷祭議

依永初三年例，須再周之外殷祭。尋祭再周來二年三月，若以四月殷，則猶在禫內。（通典五十，孝建元年十一月，領曹郎范義恭議。）

周景遠

景遠，孝建初爲祠部郎中。大明中爲領軍長史。

參議殷祭

永初三年九月十日奏，傅亮議權制即吉，御世宜爾。宗廟大禮，宜依古典，則是皇宋開代成準。謂博士徐宏、太常丞朱膺之議，用來年十月殷祠爲允。（宋書禮志三，孝建元年十二月，祠部郎中周景遠參議，詔可。）

天子爲皇后父服議

權事變禮，五服俱革，緦麻輕制，不容獨異。謂至尊既已公除，至三月竟，不復有除釋之義。（宋書禮志二，孝建三年三月，前祠部郎中周景遠議。）

太子妃喪不舉祭議

案禮，緦不祭，大功廢祠，理不俟言。今皇太子故妃既未山塋，未從權制，則應依禮廢烝嘗。至尊以大功之服，於禮不得親奉，非有故之謂，亦不使公卿行事。（宋書禮志四，大明五年十月，領軍長史周景遠議。）

殷祠議

按禮記云：天子祫禘祫嘗祫烝，依如禮文，則夏秋冬三時皆殷，不唯用冬夏也。晉義熙初，僕射孔安國啟議，自泰和四年相承，殷祭皆用冬夏。安國又啟，永和十年至今五十餘年，用三十月輒殷祠。博士徐乾據禮難安國，乾又引晉咸康六年七月殷祠，是不專用冬夏。於時晉朝雖不從乾議，然乾據禮及咸康故事，安國無以奪之。今若以來四月未得殷祠，遷用孟秋，於禮無違。（宋書禮志三，大明七年二月，領軍長史周景遠議。又見通典五十。）

月當作日

王祀之

祀之，孝建初太學博士。

郊祠灌獻議

按周禮，大宗伯佐王保國，以吉禮事鬼神祇，禋祀昊天，則今太常是也。以郊天，太常亞獻。又周禮外宗云：王后不與，則贊宗伯。鄭玄云：后不與祭，宗伯攝其事。又說云：君執圭瓚祼尸，大宗伯執璋瓚亞獻。中代以來，后不廟祭，則應依禮，大宗伯攝亞獻也。而今以太尉亞獻。鄭注禮月令云：三王右司馬，無太尉。太尉，秦官也。蓋世代彌久，宗廟崇敬，攝后事重，故以上公亞獻。又議：履時之思，情深於霜露；室戶之感，有懷於容聲。不知神之所在，求之不以一處。鄭注儀禮有司云：天子諸侯祭於祊而繹。繹，又祭也。今廟祠闕送神之祼，將移祭於祊。繹明在於留神，未得而殺。禮郊廟祭殊，故灌送有異。（宋書禮志三，孝建二年正月，太學博士王祀之議。）

朱膺之

膺之，會稽人。孝建初爲太常丞，遷祠部郎中。

殷祭議

虞禮云：中月而禫，是月也吉祭，猶未配。謂二十七月既禫，祭當四時之祭月，則未以其妃配，哀未忘也。推此而言，未禫不得祭也。又春秋閔公二年，吉禘於莊公。鄭玄云：閔公心懼於難，務自尊成，以厭其禍。凡二十二月而除喪，又不禫，明禫內不得禘也。按王肅等言於魏朝云：今權宜存古禮，俟畢三年。舊說三年喪畢，遇禘則禘，遇祫則祫。鄭玄云：禘以孟夏，祫以孟秋。今相承用十月，如宏所上。公羊之文，如爲有疑，亦以魯閔設服，因言喪之紀制爾。何必全許素冠可吉禘，縱公羊異說，官以禮爲正，亦求量宜。（宋書禮志三，孝建元年十一月。）

太常丞朱膺之議。又見通典五十。

郊祠灌獻議

按周禮，大宗伯使掌典禮，以事神爲上職，總祭祀，而昊天爲首。今太常即宗伯也。又袁山松漢百官志云：郊祀之事，太尉掌亞獻，光祿掌三獻。太常每祭祀，先奏其禮儀及行事，掌贊天子。無掌獻事。如儀志漢亞獻之事，專由上司，不由秩宗貴官也。今宗廟太尉亞獻，光祿三獻，則漢儀也。又賀循制太尉由東南道升壇，明此官必預郊祭。古禮雖由宗伯，然世有因革，上司亞獻，漢儀所行。愚謂郊祀禮重，宜同宗廟。且太常既掌贊天子，事不容兼。又尋灌事，禮記曰：祭求諸陰陽之義也。殷人先求諸陽，樂三闋，然後迎牲，則殷人後灌也。周人先求諸陰，灌用鬯達於淵泉，既灌然後迎牲，則周人先灌也。此謂廟祭，非謂郊祠。按周禮天官，凡祭祀，贊王祼將之事。鄭注云：祼，灌也。唯人道宗廟有灌，天地大神至尊不灌。而郊未始有灌，於禮未詳。淵儒注義，炳然明審，謂今之有灌，相承爲失，則宜無灌。宋書禮志三。孝建二年太常丞朱膺之議。

皇后爲父服議

凡云公除，非全除之稱。今朝臣私服，亦有公除，猶自窮其本制。膺之云：晉武拜陵，不遂反服，此時是權制，既除衰麻，不可以重制耳。與公除不同。愚謂皇后除心制日，宜如舊反服，未公除時，服以申創巨之情。宋書禮志二。孝建三年三月太常丞朱膺之議。

皇子出後告廟議

有事告廟，蓋國之常典。今皇子出紹，事非常均，愚以爲宜告。賀循云：古禮異廟，唯謂一室是也。既皆共廟，而闕於諸帝，於情未安，謂循言爲允，宜在皆告。宋書禮志四。孝建三年五月祠部朱膺之議。

國子爲生母求除太夫人議

子不得爵父母，而春秋有母以子貴。當謂傳國君母本先公嬪媵，所因藉有由故也。始封之身，所不得同。若殊績重勳，恩所特錫，時或有之，不由司存所議。宋書禮志二。孝建三年八月有司奏雲杜國解稱國子檀和之所生親王求除太夫人，祠部郎中朱膺之議。

王子出後告廟臨軒議

南豐王嗣爵封已絶，聖恩垂矜，特詔繼茅土，復申義同始封，爲之告廟臨軒。宋書禮志四。大明元年六月，詔以前太子步兵校尉祗男歆紹南豐王朗，祠部郎朱膺之議。

皇后爲父服議

詳尋禮文，心喪不應再禫。皇代攷驗，已爲定制。元嘉季年，禍難深酷，聖心天至，喪紀過哀，是以出適公主，還同在室，即情變禮，非革舊章。今皇后二月晦，宜依元嘉十九年制，釋素即吉，以文帝元嘉十五年皇太子妃祖父右光祿大夫殷和喪變除之禮儀，同皇后。宋書禮志二。大明二年正月，領曹郎朱膺之議。

郊祀遇雨議

按先儒論郊，其議不一。周禮有冬至日圜丘之祭，月令孟春有祈穀於上帝，鄭氏說圜丘祀昊天上帝，以帝嚳配，所謂禘也。祈穀祀五精之帝，以后稷配，所謂郊也。二祭異時，其神不同，諸儒云圜丘之祭以后稷配，取其所在，名之曰郊，以形體言之，謂之圜丘，名雖有二，其實一祭。晉武捨鄭而從諸儒，是以郊用冬至日，既以至日理無常辛，然則晉代中原不用辛日郊，如徐禪議也。江左以來，皆用正月，當以傳云三王之郊，各以其正，晉不改正朔，行夏之時，故因以首歲不以冬日，皆用上辛，近代成典也。夫祭之禮，過時不舉。今在孟春，郊時未過，值雨遷日，於禮無違。既以告日，而以事不從，禮祀重敬，謂宜便告。高堂隆云：九日南郊，十日北郊，是爲北郊可不以辛也。宋書禮志三。大明二年正月，曹郎朱膺之議。

殷祭章后廟議

閟宫之祀，高堂隆、趙怡並云：周人祫歲俱祫祭之。魏晉二代，取則孝薦。名儒達禮。無相議非。不僭不忘。率由舊章。愚謂同王燮之孫禰議。（宋書禮志四。大明二年二月，祠部朱膺之議。）

王膺之

膺之，孝建中太學博士。

天子為皇后父服議

尊卑殊制。輕重有級。五服雖同。降厭則異。禮：天子止降旁親。外舅緦麻。本在服例。但衰絰不可以臨朝饗。故有公除之議。雖釋麻襲冕。尚有緦麻月之制。愚謂至尊服三月既竟。猶宜除釋。（宋書禮志二。通典八十。）

皇后為父服議

吉凶異容。情禮相稱。皇后一月之限雖過。二功之服已釋。哀喪所極。莫深於尸柩。親見之重。不可以無服。按周禮為兄弟既除喪。已及其葬也。反服其服。輕喪雖除。猶齊衰以臨葬。舉輕明重。則其禮可知也。愚謂王右光祿祖葬之日。皇后宜反齊衰。（宋書禮志二。通典八十。）

又議

喪禮即遠。變除漸輕。情與日殺。服隨時改。權禮既行。服制已變。豈容終除之日。而更重服乎。案晉泰始三年。武帝以期除之月。欲反重服拜陵。頻詔勤勤。思申棘心。於時朝議譬執。亦遂不果。愚謂皇后終除之日。不宜還著重服。直當釋除布素而已。（宋書禮志二。通典八十。）

庾業

業，南陽新野人。孝建中為宗慤豫州長史。帶梁郡。歷平西司馬。泰始初。遷右軍司馬。與孔覬等舉兵。應晉安王子勛。吳喜擊斬之。

與吳喜書

知統戎旅。已次近路。卿所在著名。今日何為立忠於彼。邪想便倒戈。共受河山之賞。（宋書吳喜傳：喜東討，至永世，得庾業、劉延熙書，送尋陽子房檄文，與喜書云云。）

陽下脫王字

傅休

休，孝建中太學博士。

皇子出後告廟議

禮無皇子出後告廟明文。晉太康四年。封北海王寔紹廣漢殤王後。告於太廟。漢初帝各異廟。故告不必同。自漢明帝以來。乃共堂各室。魏晉依之。今既共堂。若獨告一室。而闕諸室。則於情未安。（宋書禮志四。孝建三年五月，太學博士傅休議。）

閏月周忌議

尋三禮。喪遇閏。月數者數閏。歲數者沒閏。閏在期內。故也。鄱陽哀王去年閏三月薨。月次節物。則定是四月之分。應以今年四月末為祥。晉元明二帝。並以閏二月崩。以閏後月祥。先代成準。則是今比。（宋書禮志二。大明元年二月，有司又奏：太常鄱陽哀王去年閏三月十八日薨，今為何月末祥除？下禮官議。正，博士傅休議。）

孫豁之

豁之，孝建中太學博士。

國子為生母求除太夫人議

春秋母以子貴。王雖為妾。是和之所生。案五等之例。鄭伯許男。同號夫人。國子體例王合如國所生。（宋書禮志二。孝建三年八月，有司奏：雲杜國解稱國子檀和之所生親王，求除太夫人。檢無國子除太夫人先例，法又無科，下禮官議。正，太學博士孫豁之議。）

全宋文卷五十一終

全宋文卷五十二

烏程嚴可均校輯

庾亮之

亮之，孝建中爲太常丞。案庾亮之官位時代與庾蔚之相值，未知是一是二也。

皇子出後告廟議

案禮，大事則告祖禰，小事則特告禰。今皇子出嗣，宜告禰廟。宋書禮志四，孝建三年五月，太常丞庾亮之議。

庾蔚之

蔚之字口，隨潁川人。孝建中爲太常丞，歷員外郎、散騎常侍。有禮記略解十卷、禮論鈔二十卷、喪服三十一卷、喪服世要一卷、喪服要記注十卷。

國子爲生母求除太夫人議

母以子貴，雖春秋明義，古今異制，因革不同。自頃代以來，所生蒙榮，唯有諸王。既是王者之嬪御，故宜見尊於蕃國。若功高勳重，列爲公侯，亦有拜太夫人之禮。凡此皆朝恩曲降，非國之所求。子男妾母，未有前比。宋書禮志二，孝建三年八月，有司奏：雲杜國解稱國子檀和之所生親王求除太夫人。檢無國子除太夫人先例，法又無科，下禮官議正。太常丞庾蔚之議，詔可。

喪遇閏議

禮，正月存親，故有忌日之感；四時既變，人情亦已衰，故有二祥之殺。是則祥忌皆以周月爲議。而閏亡者，明年必無其月，不可以無其月而不祥忌，故必宜用閏所附之月。閏月附正，公羊明義，故班固以閏九月爲後九月。月名既不殊，天時亦不異。若用閏之後月，則春夏永革，節候亦舛。設有人以閏臘月亡者，若用閏後月爲祥忌，則祥忌應在後年正月，祥涉三載，既失周朞之義，冬亡而春忌，又乖致感之本。譬人年末三十日亡，明年末月小，若去年二十九日親尚存，則應用後年正朝爲忌，此必不然。若其不然，則閏亡者亦可知也。適閏並用，閏附於正，而正不假閏，得周便祥，何待於閏。且祥忌異月，亦非禮意。宋書禮志二，大明元年二月，太常丞庾蔚之議，又見通典一百。

太子妃喪不舉祭議

禮所以有喪廢祭，由祭必有樂。皇太子以元嫡之重，故主上服妃不以尊降，既正服大功，愚謂不應祭。有故，三公行事，是得祭之辰，非今之比。卿卒猶不繹，況於太子妃乎。宋書禮志四，大明五年十月，有司奏：今月八日烝祠二廟，公卿行事，有皇太子獻妃服前，太常丞庾蔚之議。

晉陵王無後廟祭議

既葬三日，國臣從權制除，而靈筵猶存，朔望及朞忌，諸臣宜還臨哭，變服衣帢，使上卿主祭。王既未有後，又無三年服者，朞親服除之，而國尚存，便宜立廟，爲國之始祖。服除之日，神主暫祔食祖廟。諸王不得祖天子，宜祔從祖國廟，還居新廟之室。未有嗣之前，四時饗薦，當使上卿主之。宋書禮志四，大明六年十月，太常丞庾蔚之議，又見通典五十二。

四時講武獻牲議

鯀所言是蒐狩不失其時，此禮久廢。今時儀表晏講武教人，又虔供乾豆，先薦二廟，禮情俱允。社主土神，司空土官，故祭社使司空行事。太廟宜使上公。參議蒐狩之禮，四時異議，禮有損益，時代不同。今既無復四方之祭，三殺之儀，曠廢來久，禽獲牲物，面傷翦毛，未成禽不獻。太宰令謁者擇上殺奉送，先薦廟社二廟，依舊以太尉行事。宋書禮志四，大明七年二月，兼太常丞庾蔚之議。

晉陵國廟祭議

緦不祭者，據主爲言也。晉陵雖未有嗣，宜依有嗣致服，依闕祭之限。衡陽爲族伯緦麻，則應祭三月。宋書禮志四，大明七年十一月，太常丞庾蔚之議。

婚禮不賀議

按禮文及鄭注，是親友聞主人有吉事，故遣人送酒肉以賀之。但婚有嗣親之感，故不斥主人以賀婚，唯云爲有客而已。今上禮既所爲者嫡。亦不得都無廢辭。彪之議爲允。通典五十九。庾蔚之議。

晉惠懷廟次

爾時愍帝尚在關中。元帝爲晉王立廟。猶以愍帝爲主。故上至潁川爲六代。懷景二帝雖非昭穆之正。數而廟不合毀。是以見位餘八也。通典五十一。

兄弟昭穆

大夫士尊不相絕。故必宗嫡。而立宗承別子之嫡。謂之宗子。收族合食。糾正一宗者也。故特加齊縗三月之服。至四小宗。則服無所加。唯昆弟之爲人後。姊妹雖出。一降而已。曾子問。宗子爲士。庶子爲大夫。以上牲祭於宗子之家。鄭云。貴祿重宗也。小記。庶子不祭禰者。明其宗也。至諸侯尊絕大夫。不得以太牢祭卿大夫之家。是以經無諸侯爲宗服文。則知諸侯奪宗各自祭。不復就宗祭也。又諸侯別子封爲國君。亦得各祭四代。何以知其然。諸侯既不就祭。

人子不可終身不得享其祖考。居然別祭四代。或疑禰不兩享。舉魯鄭祭文。祖廟足塞矣。余以弟祿卑於兄。不得兩祭。虞以爲可兩祭。由於父非諸侯。又未善也。通典五十一。

總不祭

駮庾彝文句甚允。但未統立言大意。記所明。重其已與禰交而不終。外喪尸殯不在此。可得少申其事。故大夫之祭。闕祖既陳。籩豆既設。內喪小功緦麻。外喪齊縗以下行。特爲已與禰交。故隨輕重各有所行。又云。士之所以異。緦不祭者。加大夫有小功緦麻皆廢。故鄭云。然則士不得成禮者十一也。又云。所於死者無服則祭者。言所異於未與禰交時有此。則內外之喪通廢。士卑故也。言有始末。義統有本。尊禮者多斷取義。不辨已與禰交之異。故申之云。通典五十二。

公除祭

宗下脫奉其宗三字

公除是公家除其喪服。以從公家之吉事。若公家無齋禁。則其受弔臨靈。及私常著喪服。豈得輒釋凶服。以執吉祭乎。徐藻乃云。外喪公除。雖停殯可吉祭。恐此非祖禰之所享也。兄弟別居。便爲外喪。未葬公除。而可以烝嘗。未之聞也。通典五十二。

周喪迎婦拜時

俗既流弊。故以拜時代三日。推其始意。當是貪得從省以赴吉。處若周。大功之喪既葬。不可迎已拜之婦。則與始婚不異。非其旨也。通典五十九。

周服降小功嫁娶

禮云。下殤之小功則不可。而不云再降之小功。則知再降之小功可以娶。通典六十。

降服嫁女

昔爲禮記略解。已通此議。大功重而嫁輕。小功輕而娶重。故大功

之末可以嫁。小功之末可以娶也。所以然者。下殤小功。本周親者。以其殤折之痛。既人情所哀。不可以娶。長殤大功。鄰於成人。大功接於齊縗。周親之內。於情差重。冠嫁之事。可同於成人之大功。故不言長殤大功之不嫁也。通典六十。

四孤

四孤之父母。是事破不得存養其子。豈不欲子之活。推父母之情。豈不欲與人爲後。而苟使其子不存邪。如此則與父命後人亦何異。既爲人後。何必戴其姓。神不歆非類。蓋舍己族而取他人之族爲後。若己族無所取而養他子者。生得養己之老。死得奉其先祀。神有靈化。豈不嘉其功乎。唯所養之父自有後。而本宗絕嗣者。便當還其本宗。祀服所養父母。依繼父齊衰周。若二家俱無後。則宜停所養家。依爲人後服其本親例降一等。有子以後其父。未有後之間。別立室以祀之是也。通典六十九。

太子下脫雖將所傳重而弗正體安稱體同嫡正而爲之斬縗乎既拜爲太子二十六字

天子爲庶祖母服

公羊明母以子貴者。明妾貴賤若無嫡子。則妾之子爲先立。又子既得立。則母隨貴。豈謂可得與嫡同邪。成風稱夫人。非禮之正。穀梁已自爲通。小記云。大夫降其庶子。其孫不降其父。此謂凡庶子。故鄭玄云。祖不厭孫耳。非謂承祖之重而可得申其私服也。庶子爲後。不得服其母。以廢祭故也。則已卒。己子亦不得服庶祖母可知矣。小記言妾子不代祭。穀梁傳言於子祭。於孫止。此所明凡妾。非謂有加崇之禮者也。古今異禮。三代殊制。漢魏以來既加庶以尊號徽旗章服。爲天下小君。與嫡不異。故可得重服而廟祭傳祀六代耳。非古有其議也。通典八十一。

天子立庶子爲太子嫠服

王堪以爲拜爲太子。則全同嫡正。王接據庶子爲後爲其母緦。庶名不去。故雖爲太子。猶應與衆子同。天子不爲服。可謂兩失其衷。嘗試言之。按喪服傳通經。長子三年。言以正體乎上。又將所傳重。明二義兼足。乃得加至三年。今拜爲太子。則是將所傳重。寧得猶與衆庶子同其無服乎。天子諸侯絕傍周。今拜庶子爲太子。不容得以尊降之。既非正嫡。但無加崇耳。自宜伸其本服一周。庶子爲後。不得全與嫡同。庶名何由得去。已服祖曾與嫡不異。是與嫡同者也。祖曾爲已服無加崇。是與嫡異者也。天子諸侯大夫不以尊降。又與衆子不同矣。通典八十一。

天子爲母黨服

禮。父所不服。子不敢服。嫡子爲妻之父母服。則天子諸侯亦服妻之父母可知也。妻之父母猶服。況母之父母乎。通典八十一。

公主爲其母服

公主爲其母應周。何以言之。在室有餘尊之厭。服不得過大功。故服母及兄弟。不得有異。既出則無厭。故爲母得周。所以知既出則無厭者。禮尊降出降。親疏不異。尊降唯不及其嫡耳。至於厭降。唯子而已。在室。父在爲母周。既出服母與父同。是故知既出則無厭也。又正尊不報。禮之大例。而女子適人。父報以周。使其移重於夫族。推旁親也。以此推之。出則無厭理據益明。通典八十一。

童下脫子字

諸王子所生母嫁爲慈母服

母出。無相鞠養。便爲無母。不必限其母亡。譙王所命。不爲乖禮。此子自宜依慈母如母之服。按晉朝諸王用士禮。則應附父在爲母之條。凡慈母以功勤致服。本無天屬之愛。寧有心喪之文乎。通典八十一。晉譙王恬問範甯。妾有二子而出嫁。君命他妾兼子爲其母。所命妾今亡。子當有服不。故云。

童子行服

馬融以童爲未成人。鄭玄以爲未成人之稱。並不明下至幾歲。戴德以童子當室十五至十九。譙周云。十四已下。不堪麻則不記。云十五成童舞象耳。豈是經所云童子當室者邪。按禮稱童子。參差不一。以事推之。則大小可知矣。愚謂當室與族人爲禮。若是八歲已上及禮之人。以其當室。故令與成人同。昔射慈以爲未八歲者以有服爲斷。應如孔恢議。通典八十一。晉孝后崩。庾家訪服。孔恢云。庾家男女宜齊縗。庾家諸婦今服周。

與天子有服。既爲之斬縗。與王后有服。則宜齊縗周也。雖婦亦宜服其近屬。布深衣或合禮意。通典八十一。

皇后親爲皇后服

諸侯公卿妻爲皇后服

服問云。君爲天子三年。夫人如外宗之爲君。按鄭玄注云。外宗。君外親之婦也。其夫與諸侯爲兄弟服斬。妻從服周。諸侯爲天子服斬。夫人亦從服周。按王肅注云。外宗。外女之嫁於卿大夫者也。爲君服周。今鄭王雖小異。而同謂夫服君斬縗。故妻從服周耳。未聞王妃服后與不。雜記云。外宗爲君夫人猶內宗也。鄭注皆謂嫁於國中者也。爲君服斬縗。夫人齊縗。不敢以其親服服至尊。外宗謂姑姊之女、舅之女及從母皆是也。內宗五屬之親也。其無服而嫁於諸臣者。從爲夫之君。按先儒皆㠯有親服之故。成㠯君臣之服。瑯琊王妃者。是司馬道子妻。於孝武定后。本娣姒小功之服。王者絕旁親。故宜成㠯臣妾齊縗之周。通典八十二。晉泰元中，瑯琊王妃裁登車，而定后凶禍至，即停在途，遣喪改服即位哭。

藩國臣爲皇后服

經但云諸侯大夫爲天子。而不及后。則知后無服也。若有服。則當逮言。且云時接見乎天子。益知后不在其例矣。㠯據引大夫之制不成禮者。凡后之喪在其數。㠯明后必有服。蔚之按記云。士之所㠯異。緦不祭。鄭氏云。然則士不得成禮。諸侯之士。亦不服天子及后。而亦不成禮。明不成禮。不必爲服。上㠯君有天王及后之喪。㠯宜隨例致哀。故亦同廢祭耳。通典八十一。晉恭皇后崩，東海國臣㠯據制問禮官故云。

上當作止

皇太子降服

今唯太子從君所服。皇子公子則無厭降。通典八十二。

諸王持重爲所生母服

庶子爲後。爲所生服緦。此禮之正文。近遂爲三年。失之甚也。按晉樂安王所生母喪。議者謂小功。孝武詔令大功。乃合餘尊之義。但餘尊之厭。不言爲後者也。即今猶皆三年。通典八十二。

諸王出後降所生母服

晉簡文愛其膝下之慕。不尋爲後移天之重。通典八十二。

爲諸王殤服

嗣子之體。不㠯成人爲義。故經有諸侯嫡子之殤服。臣子不殤君父。宮臣得服斬耳。自餘親自依其本服。記云。能執干戈㠯死社稷則㠯成人服之。先儒又推年未二十而冠婚及爲大夫者。皆不爲殤。至若諸侯繼體象賢。君臨一事。過大夫遠矣。而可反殤之乎。通典八十二。

一下脫國字

王侯庶子殤服

臣㠯義服。故所從極於三年。經舉重服必從。則輕不從可知也。若從服世子之殤。亦可從服嫡婦。豈其然乎。唯小君非從。故與君同。通典八十二。

五服

昔賀循㠯爲夫服緣情而制。故情降則服輕。既虞。哀心有殺。是故㠯細代粗。㠯齊代斬耳。若猶斬之。則非所謂殺也。若謂㠯斬縗命章。便謂受猶斬者。則疏縗之受。復可得猶用疏布乎。是知斬疏之名。本生於始死之服。㠯名其喪耳。不謂終其日月皆不變也。通典八十七。

重服

按禮鄭注曰。用恩則父重。用義則祖重。父之與祖。各有一重之義。故聖人制禮。服祖㠯至親之服。而傳同謂之至尊也。已承二重之後。而長子正體於上。將傳宗廟之重。然後可報之㠯斬。故傳記皆據祖而言也。若繼禰便得爲長子斬。則不應云不繼祖。喪服傳及大傳皆云不繼祖。㠯明庶子雖繼禰。而不繼祖。則不服長子斬也。賀氏要記云。庶子父雖殁。猶不爲長子三年。㠯己不繼祖也。是亦明己身繼祖。乃得爲長子斬也。既義由於繼祖。則不必須云及禰。或者疑祖之言是道庶子之長。故此記特言不繼祖與禰。㠯明據庶子言之也。通典八十八。

孫爲庶祖持重

祖庶父嫡。已承父統。而不謂之繼祖。則祖誰當祭之。所謂繼。是承其後爲之祭。故云傳重而服之斬。若杜琬所言祖父俱嫡。乃是繼曾祖耳。祖雖非嫡。而是己之所承。執祭傳統。豈得不㠯重服服之乎。已服祖㠯斬。故祖亦服己㠯周。長子之服義則不同。要須己身承祖禰之正。乃得爲長子斬。不繼祖與禰。是明庶子不繼祖禰。故不得爲長子斬。非據子之身。若據長子身。不得云不繼禰也。必須身承祖禰之正。乃得服長子斬者。㠯尊加卑。異於卑加尊也。劉智分此不繼祖與禰之言。㠯爲庶子不繼禰。故其長子不繼祖。書記未有此連言之比。且庶子不繼禰。其子居然不繼祖矣。通典八十八。

全宋文卷五十二終

烏程嚴可均校輯

庾蔚之二

爲高曾祖母持重服

劉景升㠯婦人之不可踰夫既已乖矣按成粲云已自受重於父不受重於祖爲祖母不應三年亦可謂殊塗而同謬者矣又劉智釋疑荅問云高曾祖母與祖母俱存其卑者先亡則當厭屈不昔魯穆姜在而成公夫人薨春秋書曰葬我小君齊姜舊說云妻隨夫而成尊姑不厭婦婦人不主祭已承先君之正體無疑於服重也（通典八十九）

婦從夫嫡曾高祖母正體所傳並有重何疑其亡先後（同上）

爲嫁母服

母子至親本無絕道禮所親者屬也出母得罪於父猶追服周若父卒母嫁而反不服則是子自絕其母豈天理邪宜與出母同制按晉制寧假二十五月是終其心喪耳（通典八十九）

大功殤服

漢戴德云獨謂父母爲子昆弟相爲當不如鄭㠯周親爲斷周親七歲㠯下容有緦麻之服而不㠯緦麻服服之者㠯其未及於禮故有哭日之差耳他親有三殤之年而降在無服者此是服所不及豈得先㠯日易月之例邪戴逵雖欲申馬難鄭而彌覺其頸范甯難之可謂當矣按束皙通論無服之殤云禮緦麻不服長殤小功不服中殤大功不爲易月哭唯齊縗乃備四殤焉凡云男二十而冠三十而娶女十五許嫁而笄二十而出並禮之大斷至於形智夙成早堪冠娶亦不限之二十矣笄冠有成人之容婚嫁有成人之事鄭玄曰殤年爲大夫乃不爲殤爲士猶殤之今代則不然受命出官便同成人也（通典九十一）

同母異父昆弟大功服

自㠯同生成親繼父同居由有功而致服二服之來其禮乖殊㠯爲因繼父而有服者失之遠矣馬昭曰異父昆弟恩繫於母不於繼父繼父絕族者也母同生故爲親者屬雖不同居猶相爲服王肅㠯爲從於繼父而服又言同居乃失之遠矣子游狄儀或言齊縗或言大功趨於輕重不疑於有無也家語之言固所未信子游古之習禮者也從之不亦可乎（通典九十一）

小功成人服

傳㠯同居爲義蓋從夫謂之同室㠯明親近非謂常須共居設夫之從父昆弟少長異鄉二婦亦有同室之義聞而服之緦也今人謂從父昆弟爲同堂取於此也婦從夫服降夫一等故爲夫之伯叔父大功則知夫姑姊妹皆是從服夫之昆弟無服自別有義耳非如徐邈之言出自恩紀者（通典九十二）

嫂叔服

蔣濟成粲排棄聖賢經傳而苟虛樹己說可謂誣於禮矣（通典九十二。蔣濟㠯小功章娣姒婦娣姒者兄弟之妻相名也相與皆小功成粲云嫂應有服可從大功）

緦麻服

傳云㠯名服及云㠯名加皆是先有其義故施㠯此名尋名則義自見矣外親㠯緦斷者抑異姓㠯敦己族也緦服既不足㠯申外甥外孫之情故聖人因其有伸之義而許其加也外祖㠯尊加從母㠯名加者男女異長伯季不同由母於姊妹有相親之近情故許其因母名㠯加服兄弟姊妹同氣之懷不異故其服不得殊由若同在他邦小功加一等而大功㠯上則不加也（通典九十二）

爲父後出母更還服

爲父後不服出母爲廢祭也母嫁而迎還是子之私情至於嫡子不可廢祭鍾毓率情而制服非禮意也禮云繼母從爲之服非父

後者也。通典九十四。

繼母亡前家子取喪柩去服

子當以父服爲正。父若服以爲妻。則子亦應服之如母。若父與去而不服之。則子宜依繼母出不服也。通典九十四。

嬌公曜出母還不爲服

臨亡使子迎母。自是申子之情私。而此母自處不失禮。而子不用出母之服。非也。公曜不服。當矣。通典九十四。

父卒繼母還前親子家繼子爲服

繼子持服竟後乃去。不得謂之爲道。比之繼母嫁。於情爲安。通典九十四。

王式繼母還前繼子家式爲服

式父取後妻之請。是無相責之情。不得謂之爲遣妻。制服依禮。葬畢乃還家。積年方就前家子。比之繼嫁。不亦可乎。然式是長子。則不得服繼嫁以廢祭。通典九十四。

親母無黨服繼母黨

母亡。禮應服其母之黨。不服繼母之黨。不可以母黨先已滅亡。而服繼母之黨。若服繼母之黨。則亂於己母之出也。通典九十五。

母出有繼母非一當服次其母者

禮。己母被出。則服繼母之黨。繼母雖亡。己猶自服。不得捨前以服後也。當如喜議。服次其母者之黨也。通典九十五。庾喜通疑曰。縱有十繼母。則當服次其母者之黨也。

從母被出爲從母兄弟服

出母絕族。唯親者屬。母子無絕道。餘親不得有服。此禮之明文。禰所以服王。由乎周氏。王既絕周。不復服禰矣。禰何容獨服王邪。禮有從無服而有服。蓋是厭降所致。豈得與義絕者同乎。從母昆弟以名服者。蓋明服之由。不關義絕之後。從母在王及與在庾。誠無以異。但在庾則絕王。故禰不得從親者屬而服王也。禰以王絕已。故不服。何嫌禰母之出也。不服之理。各有其義者也。通典九十五。晉王愷與禰粲兩姨兄弟。王愷母被出。更嫁庾氏。後愷亡。粲疑於服。

繼嫡母黨服

按禮。嫡母之黨。徒從。徒從者所從亡則已。嫡母雖有三四。應服見在者之黨。但今人復服所生之黨。則嫡母之黨非服徒從。嫡雖沒。猶宜服之。但外氏無二統。不可悉服。宜以始生所遇嫡母之黨。若己生悉不及。宜服最後者之黨也。通典九十五。

妻已亡爲妻父母服

夫妻一體之親。而謂妻之父母徒從。失之甚矣。言應服者。辯之已詳。或疑外氏二統。則妻之父母亦不宜二。意以爲母之兩三。親假不同。妻之三四。於己猶一。非其例也。通典九十五。

夫爲祖曾祖高祖父母持重妻不從服

舅沒則姑老。是授祭事於子婦。至於祖服。自以姑爲嫡。所謂有嫡婦。無嫡孫婦也。祖以嫡統唯一。故子婦尚存。其孫婦以下未得爲嫡。猶以庶服之。孫婦及曾玄孫婦。自隨夫服祖降一等。故宜周也。通典九十六。

出後還爲本父服及追服所後父

嘗爲父子。愛敬兼加。豈得事改。便同疏族。方之繼母嫁。於情爲安。通典九十六。

出後子爲本庶祖母服

庶子爲父後。不得服其所生。以服廢祭故也。已出伯父。即爲祖嫡。何由得服父之所生乎。通典九十六。

爲庶子後爲庶祖母服

所後父若承祖後。則已不得服庶祖母也。父不承重。已得爲庶祖母一周。庶無傳祭。故不三年也。通典九十六。

為曾祖後服

同代取後，禮未之聞。宗壘時王所命，以尊先聖，本不計數，恐不得引以為比也。（通典九十六。何琦議云：親之宗聖遠，繼宣尼，此滅比也，故云。）

並有父母喪練日居廬堊室

前喪既周，應毀廬為堊室，而後喪猶應居廬。古者受弔於庭，階廬堊室自是寢處之所，今雖以廬堊室為喪位，然自異於縗絰矣。母喪既練而父亡，為母伸服，乃問劉表諸儒及太始制，皆云父亡未殯而祖亡，承祖嫡者不敢服祖重，為不忍變於父在也。況父在之日，母久已亡，寧可以父亡而變之乎。意謂立服之旨，皆定於始制之日。女子大功之末可嫁，既嫁必不可五月而除其服。男子在周服之內，出為族人後，亦不可九月而除矣。父為大夫，子為父後，降伯叔父大功，或已兩三月而父亡，寧可得伸服周乎。是知凡服皆以始制為斷。唯有婦人於夫氏之親，被遣義絕，出則除之。（通典九十七。）

父未殯祖亡服

禮云：三日而不生，亦不生矣。故君薨未殯，入門升自阼階，明以生奉之也。父亡未殯，同之平存，是父為傳重正主，已攝行事，事無所闕。虞喜何謂無倚廬乎。孝子之所寢處，不關於主闕之何嫌。若祖為國君，五屬皆斬，則孫無獨周之義。按賀循所記，謂大夫士也。（通典九十七。）

父喪內祖亡作二主立廬

父喪內祖又亡，則應兼主二喪。今代以廬為受弔之處，則立二廬是也。人為父喪來弔，則往父廬之所；若為祖喪來弔，則往祖廬之所。（宋書九十七。）

長殤中殤變三年葛

服問云：麻之有本者，變三年之葛。既練，遇麻斷本者，於總絰之。又云：小功不易喪之練冠，因說麻之有本，乃能變正服之葛，方云殤

長中變三年之葛，終殤之月算，而反三年之葛，是非重麻，為其無卒哭之稅。下殤則不，當是論周殤之大功。若是大功之殤，記當明之。周殤最在上，所以不言周耳。鄭玄謂周殤長中，已目大功，不復指明殤服之異，不於卒哭而變上服之葛，又明下殤之麻雖不斷本，以其幼賤，亦不變能上服之葛。間傳大明斬縗變受之節，因備列五服麻葛之分，緦小功之麻，不變上服之葛，已自別見，故此雖連言，而在兼服之例，是以不復曲辯。若如鄭說，謂大功親之殤者，其如緦小功之絰，麻既斷本，又與三年之葛大小殊絕，安得相變邪。（通典九十七。）

居所後父喪有本親喪服

禮，齊縗斬縗之受服，大功變既練之服，計縗升數，從其麤者。若升數同，則不變絰帶而已。今代則不然，應別制本親周服，還本家則著之。時代不同，不得全依禮。今以堊室為對弔之所，故應還本家立堊室，在諸弟之下，以受弔。設使本家遠，便當於別室，不得於所後靈前受本親喪之弔。（通典九十七。）

為祖母持重既葬而母亡服

若如范說，非為反後喪之服，亦應還毀堊室，立廬在諸堊室之上。但二喪共位，廬堊室雜處，恐非適時之禮。謂宜始有後喪，便別室為廬，兼主二喪。（通典九十七。范宣云：承嫡居諸父之上，一身為兩喪之主，無緣更開門立廬，以失居正之意。）

兼親服

一人身而內外兩親，論卑尊之殺，當以己族為正，昭穆不可亂也。論服當以親者為先，親親之情不可沒也。或族叔而是姨弟，若此之類皆是也。禮云：夫屬父道，妻皆母道；夫屬子道，妻皆婦道。此言本無親也。若本有外屬之親，則當推其尊親之宜，外親不關母婦之例，無嫌其昭穆之亂，故可得隨其所親而服之。若外甥女為己子婦，則不用外甥之服，是從親者服也。外姊妹而為兄弟之妻，亦

宜用無服之制。兄弟妻之無服，乃親於外親之有服也。至若從母而爲從父昆弟之子婦，則不可以婦禮待之。由外親之屬近而尊也。其餘皆可推而知矣。通典九十七。

小功不稅

鄭王所說，雖各有理，而王議容朝聞夕除，或不容成服，求之人心，未爲允愜。若服其殘月，人心得宜，則應多少不同。今喪宜心制。既無其條，則是前朝已自詳定。無服殘月之制。通典九十八。鄭玄云五月之內追服，王肅云服其殘月，小功不追，以恩輕故也。

庶祖母慈祖母服

按喪服傳釋慈母如母，以爲妾之無子，妾子無母，父命以爲母子。然後慈母之義全也。智云有子之妾，有母之子，並乖經傳所說。如母之義何由而生？子不違父之命，豈從失禮之命？小記云慈母之父母無服。今子服慈母如母，猶無所從，況可得從父服慈祖母乎？且先儒所云婦人不服慈姑者，婦從夫，尙猶不服，則子不從明矣。通典九十八。

王羣請爲從父姊反服

王羣從姊喪亡之初，有繼兒羣已制小功之服，凡服皆定於始制之日。豈得以葬竟兒亡，方欲追改其服乎？異於女子爲夫所出申服於父母也。經文多略，可以類推，舉近親之有服，則疏者知無服。凡經於五服之內，文有未備，皆於公子章發凡以明例，無主後之不降，文不及從，又無發凡以明之，是知相矜止於周服而已。晉朝喪亂，移都於江南，郡之卿士，同奉天子，何他邦之有乎？通典九十九。

甲爲寡叔母歸宗未嫁暴亡服

甲叔母乙，便是執操之人，直是母欲奪而嫁之，乃逆責杜漸防微，古賢不足貴也。許君之言，當附於理。通典九十九。

秀孝爲舉將服

白衣舉秀孝，既未爲吏，故不宜有舊君之朝。尊卑不同，則無正服。弔服加麻可也。今人爲守相刺史又無服，但身蒙舉達，恩深於常，謂宜如鄭小同弔服加麻爲允。今已違適爲異，與舊君不通議，論不奔弔，故郡將喪。通典九十九。

郡縣吏爲守令服

晉令云：代至而除。施之州郡縣員吏，宜用齊周之制。禮代殊事異，理有大斷。今州府之君，既不久居其位，暫來之吏，不得以爲純臣，則齊周之制，不爲輕也。君齊矣，豈有從乎？子妻其猶不從，本無義於傍親，卞光藏所行是也。二公使吏從服姪姊，可謂恢疏，罔其乖遠矣。通典九十九。

爲廢疾子服

疾病者不愈而亡，彌加其悼，豈有禮無降文，情無所屈，而自替其服者邪？殤服本階梯以至成人，豈可以病者準之，篤其愛者以病彌可悲矣，薄其恩者以病則宜棄矣。病有輕重，參差萬緒，故立禮者深見其情，杜而不言無降之理，略可知矣。嫡不爲後，是其去傳重之加，非降其本服。劉智、劉玢所言，近爲得理矣。通典一百一。

罪惡絕服

夫聖人設教，莫不敦風尙俗，睦親糾宗者也。每抑其傷薄之路，深仁悌之誨。公族有罪，素服不舉，恩無絕也。若凶悖陷害，則應臨事議其罪，豈但不服而已。裴耽以狂病致卒，無罪可論。田岳之議，足爲允也。通典一百一。

弟子爲師服

今受業於先生者，皆不執弟子之禮，唯師氏之官，王命所置，故諸王之敬師，國子生之服祭酒，猶粗依古禮，弔服加麻，既葬除之。但不心喪三年耳。通典一百一。

改葬無虞

定當作窆

神已在廟。無所復虞。但先祭而開墓。將定而奠。事畢而祭靈。遂毀靈座。若棺毀更斂。則宜有大斂之奠。若移喪遠葬。又有祖奠遣奠也。（通典一百二。）

父母墓毀服

人子之情無可極。聖人以禮斷之。故改葬所服。不過於緦。緦服雖輕。而用情甚重。意謂聞其親屍柩毀露。及更葬。便應制服奔往。縱已脩復。亦應臨赴。苟途路阻礙。猶宜制服。緦依三月而除。豈可以不及葬事。便晏然不服乎。（通典一百二。）

變除問荅

問曰。有葬在小祥之月。此月復有虞祔之禮。便用晦祥。於理為速。此與久喪復異。取後月祥練。於情允不。荅曰。三年後葬。祥不在葬月耳。今未為絕久。祥理取後月也。又問曰。葬與練祥三事各月。猶未足申漸殺之情。況乃練祥三變。而可共在一月邪。庾蔚之言不近人情。盧鄭王皆以此不同時日。良有由也。言各有當。亦不嫌同辭。春夏秋冬既各為一時。一日有十二時。然十二月何為不得各為一時之言也。（通典一百三。）

婦喪久不葬服

喪服小記云。為兄弟既除喪。及葬反服其服。此是至葬反服之明文。未解漢宣帝何故復為祥制。集禮論者不記至葬反服之禮。而載諸變除以明之。可謂棄本逐末。雜記云。姑姊妹之夫死。而夫黨無兄弟。使夫之族人主喪。妻之黨雖親不為主。夫若無族。則東西家。若又無。則里尹主之。喪大記云。喪有無後。無無主。此皆謂喪事之主也。服問云。君所主夫人妻太子嫡婦。此謂君雖尊統一家。但為嫡者主喪耳。而小記又云。久喪不葬者不除。是居周功之喪也。若女子適人。及男子為人後者。皆隨其服而釋除。緣其出有所屈故也。素服心喪。以至過葬。但今世輕於下流之喪。妻猶去其杖。庶不容復有未葬不除也。議者疑不得以下流之未葬。以廢祖禰之烝嘗。且未葬亦可十年五歲。嘗試言之。夫子許貧者還葬而無椁。是明亡者急於送往。不容甚久可知。若事遲過於服限。亦不得停殯在宮。而饗樂在廟。既吉凶不可以相干。亦在所不忍也。（通典一百三。）

招魂葬論

葬以藏形。廟以饗神。季子所云魂氣無不之。豈可得招而葬乎。（通典一百三。）

全宋文卷五十三終

全宋文卷五十四

烏程嚴可均校輯

孫休

休。大明初博士。

喪遇閏議

尋三禮喪遇閏歲數者沒閏。閏在周內故也。鄱陽哀王去年閏三月薨。月次節物。則是四月之分。應以今年四月末爲祥。按晉元明二帝竝以閏月崩。以閏後月祥。先代成準。則是今比。（通典一百。大明元年二月博士孫休議。）

孫武

武。大明初博士。

章太后廟不宜與殷祭議

按禮記祭法。置都立邑。設廟祧壇墠而祭之。乃爲親疏多少之數。是故王立七廟。遠廟爲祧。鄭云。天子遷廟之主。昭穆合藏於祧中。祫乃祭之。王制曰。祫禘。鄭云。祫合也。合先君之主於祖廟而祭之。謂之祫。三年而夏禘。五年而秋祫。謂之五年再殷祭。又禘。大祭也。春秋文公二年。大事於太廟。傳曰。合族以食。序以昭穆。祭統曰。有事於太廟。則羣昭羣穆咸在。不失其倫。今殷祠是合食太祖。而序昭穆。章太后既屈於上。不列正廟。若迎主入太廟。既不敢配列於正序。又未聞於昭穆之外。別立爲位。若徐邈議。今殷祠就別廟奉薦。則乖禘祫大祭合食序昭穆之義。邈云。陰室四殤不同祫。就祭。此亦其義也。喪服小記。殤與無後從祖祔食。祭法。王下祭殤。鄭玄云。祭適殤於廟之奥。謂之陰厭。既從祖食於廟奥。是殤有位於奥。非就祭別宮之謂。今章太后廟。四時饗薦。雖不於孫。止若太廟禘祫。獨祭別宮。與四時烝嘗不異。則非禘大祭之義。又無取於祫合食之文。謂不宜與太廟同殷祭之禮。高堂隆荅魏文思后依姜嫄廟禘祫。又不辨祫之義。而改祫大饗。蓋有由而然耳。守文淺學。懼乖禮衷。（宋書禮志四。大明二年二月。有司奏皇代殷祭。無事於章太后廟。高堂隆議魏文思后依周姜嫄廟禘祫。及徐邈晉宣太后殷薦舊事。使禮官詳正。博士孫武議。又見通典四十七。）

王侯兄弟嗣統議

按晉濟北侯荀勗長子連卒。（通典作運卒。）以次子輯拜世子。先代成準。宜爲今例。（宋書禮志二。通典九十三。大明二年。）

王燮之

燮之。大明初太學博士。遷祠部郎。

王子出後告廟臨軒議

南豐昔別開土宇。以紹營陽。義同始封。故有臨軒告廟之禮。今歆奉詔出嗣。則成繼體。先爵猶存。事是傳襲。不應告廟臨軒。（宋書禮志四。大明元年六月。詔以前太子步兵校尉祗男歆紹南豐王朗。太學博士王燮之議。）

太后出行副車議

周禮。后六服五路之數。悉與王同。則副車之制。不應獨異。又記云。古者后立六宮。三夫人。九嬪。二十七世婦。八十一御妻。以聽天下之內治。天子立六官。三公。九卿。二十七大夫。八十一元士。以聽天下之外治。鄭注云。后象王立六宮而居之。亦正寢一。燕寢五。推此所立。每與王同。禮無降亦明矣。皇太后既禮均至極。彌不應殊。謂竝應同十二乘。通關爲允。（宋書禮志五。大明元年九月博士王燮之議。）

郊祀遇雨議

遇雨遷郊。則先代成議。禮傳所記。辛日有徵。郊特牲曰。郊之用辛也。周之始郊日以至。鄭玄注曰。三王之郊。一用夏正。用辛者。取其齋戒自新也。又月令曰。乃擇元日。祈穀於上帝。注曰。元日謂上辛郊祭天也。又春秋載郊有二。成十七年九月辛丑郊。公羊曰。曷用郊。用正月上辛。哀元年四月辛巳郊。穀梁曰。自正月至於三月。郊之時也。以十二月下辛卜正月上辛。如不從。以正月下辛卜二月上辛。如不從。吕二月下辛卜三月上辛。吕斯明之。則郊祭之禮。未有不用辛日者也。晉氏或丙或己或庚。並有別議。武帝吕十二月丙寅南郊受禪。斯則不得用辛也。又泰始二年十一月己卯。始并圜丘方澤。二至之祀合於二郊。三年十一月庚寅冬至。祠天郊於圜丘。是猶用圜丘之禮。非專祈穀之祭。故又不得用辛也。今之郊饗。既行夏時。雖得遷郤。謂宜猶必用辛也。徐禪所據。或爲未宜。又按郊特牲曰。受命於祖廟。作龜於禰宮。鄭玄注曰。受命謂告退而卜也。則告義在郊。非爲告日。今日雖有遷。而郊不異。愚謂不宜重告。（宋書禮志三。大明二年正月。博士王燮之議。又見通典四十二。）

章太后廟宜與殷祭議

按禘小祫大。禮無正文。求之情例。如有可準。推尋祫之爲名。雖在合食。而祭典之重。於此爲大。夫吕孝享親。尊愛罔極。既殷薦於太祖。亦致盛祀於小廟。譬有事於尊者。可吕及卑。故魏高堂隆所謂猶吕祫故而祭之也。是吕魏之文思。晉之宣后。雖不並序於太廟。而猶均禘於姜嫄。其意如此。又徐邈所引四殤不祫。既而祭之吕爲別饗之例。斯其證矣。愚謂章太后廟亦宜殷薦。（宋書禮志四。大明二年二月。博士王燮之議。又見通典四十七。作王爽之。）

皇太妃爲國親本親服議

案喪服傳。妾服君之黨。得與女君同。如此。皇太妃服宗與太后無異。但太后既吕尊降無服。太妃儀不應殊。故悉不服也。計本情舉哀。其禮不異。又禮。諸侯絕朞。皇太后雖云不居尊極。不容輕於諸矦。謂本親朞吕下。一無所服。有慘自宜舉哀。親疏二儀。準之太后。（宋書禮志二。泰豫元年。後廢帝即位。崇所生陳貴妃爲皇太妃。有司奏。國親舉哀。格當一同皇太后。爲有降異。又於本親朞吕下。當猶服與不。前曹郎王燮之議。）

孫緬

緬字伯緒。太康人。大明初太常丞。出爲尋陽太守。泰始中遷尚書左丞東中郎司馬。

章太后廟宜與殷祭議

祫祭之名。義在合食。守經據古。孫武爲詳。竊尋小廟之禮。肇自近魏。晉之所行。足爲前準。高堂隆吕祫而祭。有附情敬。徐邈引就祭四殤。吕證別饗。孫武據殤祔於祖。謂廟有殤位。尋事雖同廟。而祭非合食。且七廟同宮。始自後漢。禮之祭殤。各祔厥祖。既豫祫。則必異廟而祭。愚謂章廟殷薦。推此可知。（宋書禮志四。大明二年二月。太常丞孫緬議。）

祠孝武及昭后親執爵議

晉世祖宗。祠顯宗烈宗肅祖。並是晉帝之伯。今朝明準。而初無有司行事之禮。愚謂主上親執孝武皇帝觴爵。有暢情敬。昭皇太后君母之貴。見尊一時。而與章宜二廟同饗閟宮。非惟不躬奉。還宜議其毀替。請且依舊三公行事。（宋書禮志四。元徽二年十月。有司奏。至尊親祠太廟孝武皇帝及昭皇太后。未詳應親執爵與不。下禮官議。前左丞孫緬議。又見通典四十七。）

傅郁

郁。大明初博士。

王侯兄弟嗣統議

禮記。微子立衍。商禮斯行。（通典作降。）仲子舍孫。姬典攸貶。歷代遵循。靡替於舊。今胙土之君在。而世子卒。厥嗣未育。非舍孫之謂。愚吕爲次子有子。自宜紹爲世孫。若其未也。無容遠捜輕屬。承統繼體。傳之有由。父在立子。允稱情典。（宋書禮志二。大明二年六月。博士傅郁議。又見通典九十三。）

國有故不舉祭議

案春秋。太子奉社稷之粢盛。長子主器。出可守宗廟。吕爲祭主。易象明文。監國之重。居然親祭。皇女夭札。時既同宮。三月廢祭。於禮宜停。（宋書禮志四。大明二年六月。博士郁議。）

諸葛雅之

雅之。大明初博士。

王侯兄弟嗣統議

案春秋傳云，世子死，有母弟則弟，無則立長，年均擇賢，義均則卜，古之制也。今長子早卒無嗣，進立次息以爲世子，取諸左氏，理義無違。又孫武所據，晉濟北侯荀勖長子卒，立次子，亦近代成例。依文採比，竊所允安。謂宜開許，以爲永制。（宋書禮志二：大明二年六月，博士孫武傳郁議云云，曹郎諸葛雅之議，詔可。又見通典九十三。）

爨道慶

道慶，建寧人。

宋故龍驤將軍護鎮蠻校尉寧州刺史邛都縣侯爨使君之碑（案：碑額如此。）

君諱龍顏，字仕德，建寧同樂□□□□□□□□□□□□顓頊之玄□才子祝融之眇胄也。清源流而不滯，深根固而不傾。夏后之盛，敷陳五教，勳隆九土，□□□□古，功播於万祀。故乃耀輝西岳，□□郢楚，子文銘德於春秋；班朗紹縱於季葉。陽九運否，蟬蛻河東，逍遙中原。班彪刪定漢記，班固述脩道訓。爰暨漢末，采邑於爨，因氏族焉。姻婭媾於公族，振纓蕃乎王室。迺祖肅，魏尚書僕射、河南尹，位均九列，舒翮中朝。遷運庸蜀，流播南□，樹安九世，千柯繁茂，万葉雲興。鄉望標於四姓，邈冠顯於上京。瑛豪繼體，於茲而美。祖，晉寧、建寧二郡太守，龍驤將軍，寧州刺史。考，龍驤輔國將軍，八郡監軍，晉寧、建寧二州太守，追謚寧州刺史、邛都縣侯。金紫累跡，朱黻充庭。君承尚書之玄孫，監軍之令子也。容貌瑋於時倫，貞操超於門友。温良沖挹，在家必聞。本州禮命主簿，不就。三辟別駕從事史，正式當朝，靖拱端右，仁篤顯於朝野，清名扇於遐邇。舉義熙十年秀才，除郎中，相□西鎮，□蠻府行參軍，除試守建寧太守，剖符本邦，衣錦晝遊，民歌其德，士詠其風。於是貫伍鄉朝，本州司馬長史。而君素懷慷慨，志存遠御，万里□闕，除散騎侍郎，進無休容，退無慍色，

丁當作千

忠誠簡於帝心，芳風宣於天邑。除龍驤將軍、試守建寧太守。軺車越斧，金章紫綬，棨戟幢蓋，襲封邛都縣侯。歲在壬申，百六遘釁，州土擾亂，東西二境，凶竪狼暴，緬成寇場。君收合精銳，五丁之衆，身伉矢石，僕碎千計，肅清邊嵎。君南中磐石，人情歸望，遷本邑龍驤將軍、護鎮蠻校尉、寧州刺史、邛都縣侯。君姿英雄之高略，敦純懿之弘度，獨步南境，卓爾不羣。雖子產之在鄭，蔑以加焉。是以蘭聲既暢，福隆後嗣者矣。自非愷悌君子，孰能若斯也哉！旻天不弔，寢疾彌篤，享年六十一，歲在丙戌十二月上旬薨。黎庶痛悼，蠻夷傷懷。天朝遠感，追贈中牢之饋也。故吏建寧趙□之、巴郡杜子長等，□哀□德，永慕玄澤，刊石樹碑，表尚休烈。其頌曰：

巍巍靈山，峻高迢遞。或躍或淵，龍飛紫闕。邈邈君侯，天姿英哲。籍紳□門，揚名四外。束帛戔戔，禮聘交會。優游南境，□□□□。思沾□裳，撫同方岳。勝殘去殺，悠哉明后。德重道融，蹇蹇匪躬。鳳翔京邑，曾□比縱。如何不弔，遇此繁霜。良木摧枯，元暉潛藏。在三感慕，孝友哀傷。銘邈玄石，千載垂功。

祖已薨背，考忠存銘記。良願不遂，奄然早終。嗣孫碩子等，友乎哀感，仰尋□訓，永慕高縱，控勒在三，仲秋七月，登山采石，樹立元碑，表殊勳於當世，流芳風於千代，故記之。

寧州長子驎宏，早終。次弟驎紹，次弟驎暄，次弟驎崇等，建樹此碑。

大明二年歲在戊戌九月上旬壬子朔，嗣孫碩□□□、碩萬、碩思、碩□、碩羅、碩俗等立。匠碑府主簿益州杜萇子。文建侯寧爨道慶作。（碑拓本。案：碑在雲南陸涼州。有碑陰三列，皆人名，不錄。）

司馬興之

興之，大明初爲太學博士。

國母除太夫人議

案禮，下國卿大夫之妻皆命天子，以斯而推，則子男之母不容獨

吳。宋書禮志二。大明二年十一月有司奏興平國解稱國子袁愍孫母王氏應除太夫人檢無國母除太夫人例下禮官議正太學博士司馬興之議

國有故不舉祭議

竊惟國之大事。在祀與戎。皇太子有撫軍之道。而無專御之義。戎既如之。祀亦宜然。案祭統。夫祭之道。孫爲王父尸。又云。祭有昭穆所吕別父子。太子監國。雖不攝。至於宗廟。則昭穆實存。謂事不可亂。又云有故則使人。准此二三。太子無奉祀之道。又皇女夭札。則實同宮一體之哀。理不得異。設令得祀。今獨無親奉之義。宋書禮志四。大明三年六月。太學博士司馬興之議。

太子妃喪撤樂議

案禮。齊衰大功之喪。三月不從政。今臨軒拜授。則人君之大典。今古既異。賒促不同。愚謂皇太子妃祔廟之後。便可臨軒作樂及鼓吹。宋書禮志二。大明五年閏月。太學博士司馬興之議。又見通典八十二。

又議

案禮。大功至則辟琴瑟。誠無自奏之理。但王者體大。理絕凡庶。故漢文既葬。悉皆復吉。唯縣而不樂。吕此表哀。今準其輕重。倖其降殺。則下流大功。不容徹樂吕終服。夫金石賓饗之禮。簫管警塗之衞。實人君之盛典。當陽之威飾。固亦不可久廢於朝。又禮無天王服嫡婦之文。直後學推貴嫡之義耳。既已制服成喪。虛懸終窆。亦足吕甄崇冢正。標明禮歸矣。宋書禮志二。通典八十二。

郊配用牛數議

案鄭玄注禮記大傳。稱孝經郊祀后稷吕配天。配靈威仰也。宗祀文王於明堂吕配上帝。配五帝也。夫五帝司方。位殊功一。牲牢之用。理無差降。太祖文皇帝躬成天地。則道兼覆載。左右群生。則化洽四氣。祖宗之稱。不足彰無窮之美。金石之音。未能播勳烈之盛。故明堂肆脩。聖心所吕昭玄極。汎配宗廟。先儒所吕得禮情。愚管所見。謂宜用六牛。宋書禮志三。大明五年九月。太學博士司馬興之議。

太子妃喪不舉祭議

夫總則不祭。禮之大經。卿卒不繹。春秋明義。又尋魏代平原公主薨。高堂隆議不應三月廢祠。而猶云殯葬之間。權廢事改吉。芬馥享祠。尋此語意。非使有司。此無服之喪。尙吕未葬爲廢。況皇太子妃及大功未祔者邪。上尋禮文。下准前代。不得烝嘗。宋書禮志四。大明五年十月。博士司馬興之議。

程彥

彥。大明初爲太學博士。

國母除太夫人議

五等雖差。而承家事等。公侯之母。崇號得崇。子男於親。尊秩宜顯。故春秋之義。母吕子貴。固知從子尊與國均也。宋書禮志二。大明二年十一月。有司奏興平國解稱國子袁愍孫母王氏應除太夫人博士程彥議。

殷淡

淡。大明中爲殿中郎。

廟祠有故遷日議

曾子問。日蝕太廟火。牲未殺則廢。縱有故則使人。清廟敬重。郊禮大。故廟焚日蝕。許吕可遷。輕哀微故。事不合改。是吕鼷鼠食牛。改卜非禮。晉世祖有司行事。顧司空之改郊月。既不見其當時之宜。此不足爲準。愚謂日蝕廟火。天譴之變。迺可遷日。至於舉哀小故。不宜改辰。宋書禮志四。大明三年十一月。殿中郎殷淡議。

常珍奇

珍奇。汝南人。大明中爲司州刺史。泰始初。與薛安都袁顗等舉兵。應晉安王子勛。子勛敗。遣使請降於魏。魏吕爲平南將軍、豫州刺史、河內公。明年。徵其質子。不遣。爲元石所破。逃免。

上魏獻文帝表

臣昔蒙劉氏生成之恩。感義亡身。志陳報荅。遂與雍州刺史袁顗、豫州刺史殷琰等共唱大義。奉戴子勛。纂承彼厤。大運未集。遂至分崩。而劉彧滔天。殺主篡立。蒼生殄悴。危於綴旒。伏惟陛下龍姿鳳儀。光格四表。凡在黔黎。延屬象魏。所願天地垂仁。亟圖南服。宜遣文檄。喻以吉凶。使江東之地。離心草靡。荆雍九州。北面請吏。乞高臣官名。更遣雄將。秣馬五千。助臣經討。并賜威儀。震動江外。長江已北。必可定矣。臣雖不武。乞備前驅。進據之宜。更在處分。敢冒愚款。推誠上聞。機運可乘。實在茲日。（魏書常珍奇傳）

陳文紹

文紹。建康人。

上書訴父冤

私門有幸。亡大姑元嘉中蒙入臺六宮。薄命早亡。先朝賜美人。又聽大姑二女出入問訊。父饒司空誕取爲府史。恆使入山圖畫道路。勤劇備至。不敢有辭。不復聽歸。消息斷絕。姑二女去年冒啟歸訴。蒙陛下聖恩賜敕。解饒吏名。誕見符至。大怒。喚饒入。交問汝欲死邪。訴臺求解。饒卽荅。官比不聽通家信。消息斷絕。若是姊爲啟聞。所不知。誕因問饒。汝那得入臺。饒被問。依實啟荅。既出。誕主衣莊慶、畫師王强語饒。汝今年敗。汝姊誤汝。官云小人輩敢持臺家逼我。饒因叛走歸。誕卽遣王强將數人逐突入家。縛饒將還廣陵。至京口客舍。乃投死井中。託云饒懼辜自殺。抱痛懷冤。冒死歸訴。（宋書竟陵王誕傳。誕據廣陵既著道路。常云其反。大明三年。建康民陳文紹上書。）

劉成

成。吳郡人。

詣闕上書告竟陵王誕謀反

息道龍昔伏事誕。親見姦狀。又見誕在石頭城內。脩乘輿法物。習倡警蹕。道龍私獨憂懼。向伴侶言之。語頗漏泄。誕使大吏兮監內執道龍。道龍逃走。誕怒。輒殺監。又捕殺道龍。（宋書竟陵王誕傳）

陳談之

談之。豫章人。

上書訴弟詠之枉狀

弟詠之昔蒙誕采錄。隨從歷鎮。大駕南下。爲誕奉送牋書。經涉危險。時得上聞。聖明登祚。恩澤周普。昌改小人使命。微勤賜署臺位。詠之恆見誕與左右小人莊慶、傅元祀潛圖姦逆。言詞醜悖。每云天下方是我家有。汝等不憂不富貴。又常疏陛下年紀姓諱。往巫鄭師憐家祝詛。詠之既聞此語。又不見其事。恐一旦事發。橫羅其辜。密以告建康右尉黃宣達。并有啟聞。希以自免。元祀弟知詠之與宣達來往。自嫌言語漏泄。卽具以告誕。誕大怒。令左右飲詠之酒。逼使大醉。因言詠之乘酒罵詈。遂被害。自顧冤枉。事有可哀。（宋書竟陵王誕傳）

劉瑀

瑀。宋書作琨。通典作瑀。今從南史。爲三公郎。

唐賜妻子事議

賜妻痛往遵言。兒識不及理。考事原心。非存忍害。謂宜哀矜。（宋書顧覬之傳。通典一百六十七。沛郡唐賜得病。吐出蠱十餘枚。臨死。語妻張。死後刳腹出病。死後張手自破視。五臟悉糜碎。郡縣以張忍行刳剖。賜子副又不禁駐。事起赦前。法不能決。）

江長

長。大明中爲博士。

廟祠有故遷日議

禮記祭統。君之祭也。有故則使人。而君不失其儀。鄭玄云。君雖不親。祭禮無闕。君德不損。愚以爲有故則必使人者。明無遷移之文。祠有司充事。謂不宜改日。（宋書禮志四。大明三年。有司奏。四時廟祠吉日已定。遇雨及舉哀。舊停親奉。以有司行事。先下使禮官博議。於禮爲得遷日與不。博士江長議。）

路瓊之

瓊之，丹陽建康人，文帝路淑媛弟子。大明中爲撫軍參軍。

上表爲父乞贈典

先臣故懷安令道慶，賦命乖辰，自違明世。敢緣衞戍請名之典，特乞雲雨微黍灑潤。（宋書文帝路淑媛傳：大明四年上表，詔付門下，有司承旨奏贈給事中。案道慶，淑媛弟。）

顧濂

濂，大明中舉揚州秀才，不第。

大明六年舉秀才對策

源清則流潔，神聖則刑全。躬化易於上風，體訓速於草偃。（通鑑一百二十九）上覽之，惡其諒也，投策於地。

全宋文卷五十四

秩當作帙

全宋文卷五十五

烏程嚴可均校輯

虞龢

龢會稽餘姚人大明中太學博士泰始中遷儀曹郎長兼博士歷中書郎拜廷尉卿

上明帝論書表

臣聞爻畫既肇文字載興六藝歸其善八體宣其妙厥後羣能間出洎乎漢魏鍾張擅美晉末二王稱英羲之書云頃尋諸名書鍾張信爲絶倫其餘不足存又云吾書比之鍾張當抗行張草猶當雁行羊欣云羲之便是小推張不知獻之自謂云何又云張字形不及右軍自然不如小王謝安嘗問子敬君書何如右軍答云故當勝安云物論殊不爾子敬答曰世人那得知夫古質而今妍數之常也愛妍而薄質人之情也鍾張方之二王可謂古矣豈得無妍質之殊且二王暮年皆勝於少父子之間又爲今古子敬窮其妍妙固其宜也然優劣既微而會美俱深故同爲終古之獨絶百代之楷式桓玄耽玩不能釋手乃撰二王紙迹雜有縑素正行之尤美者各爲一秩常置左右及南奔雖甚狼狽猶以自隨擒獲之後莫知所在劉毅頗尚風流亦甚愛書傾意搜求及將敗大有所得盧循素善尺牘尤珍名法西南豪士咸慕其風人無長幼翕然尚之家贏金幣競遠尋求於是京師三吴之迹頗散四方羲之爲會稽獻之爲吴興故三吴之近地偏多遺迹也又是末年遒美之時中世宗室諸王尚多素嗤貴遊不甚愛好朝廷亦不搜求人間所秘往往不少新渝惠侯雅所愛重懸金招買不計貴賤而輕薄之徒銳意摹學以茅屋漏汁染變紙色加以勞辱使類久書眞僞相糅莫之能別故惠侯所蓄多有非眞然招聚既多時有佳迹如獻之吴興二牋足爲名法孝武亦纂集佳書都鄙士人多有獻奉眞僞混雜謝靈運母劉氏子敬之甥故靈運能書而特多王法臣謝病東皋遊玩山水守拙樂靜求志林壑造次之遇遂紆雅顧預涉泛之遊參文咏之末其諸佳法恣意披覽愚好既深稍有微解及臣遭遇曲沾恩誘漸漬玄猷朝夕諮訓題勒美惡指示媸妍點畫之情昭若發蒙於時聖慮未存草體凡諸教令必應眞正小不在意則僞謾難識事事留神則難爲心力及飛龍之始咸蕃告釁方事經略未遑研習及三年之初始玩寶迹既料簡舊秘再詔尋求景和時所散失及乞左右嬖幸者皆原往罪兼賜其直或有頑愚不敢獻書遂失五卷多是戲學伏惟陛下爰凝睿思淹留草法擬效漸妍賞析殆妙旬日之間轉求精祕字之美惡書之眞僞剖判體趣窮微入神機息務閑從容研究乃使使三吴荆湘諸境窮幽測遠鳩集散逸及羣臣所上數月之間奇迹雲萃詔臣與前將軍巢尚之司徒參軍事徐希秀淮南太守孫奉伯科簡二王書評其品題除猥錄美供御賞玩遂得遊目環翫展好寶法錙質緗章爛然畢覩大凡祕藏所錄鍾繇紙書六百九十七字張芝縑素及紙書四千八百二十五字年代既久多是簡帖張昶縑素及紙書四千七十字毛弘八分縑素書四千五百八十八字索靖紙書五千七百五十五字鍾會書五紙四百六十五字是高祖平秦川所獲以賜永嘉公主俄爲第中所盜流播始興及泰始開運地無遁寶詔龐沈搜索遂乃得之又有范仰恒獻上張芝縑素書三百九十八字希世之寶潛采累紀隱迹於二王耀美於盛辰別加繕飾在新裝二王書所錄之外由是搨書悉用薄紙厚薄不均輒好緫起范曄裝治卷帖小勝猶謂不精孝武使徐爰治護隨紙長短參差不同具以數十紙爲卷披視不便不易勞茹善惡正草不相分別今所治繕悉改其弊孝武撰子敬學書戲習十卷爲秩傳云戲學而不題或眞行章草雜在一紙或重作數字或學前輩名人

簡筆之簡
字衍

能書者或有聊爾戲書既不留意亦殊猥劣徒聞則錄曾不披簡卷小者數紙大者數十巨細差懸不相匹類是以更裁減以二丈為度亦取小王書古詩賦贊論或草或正言無次第者入戲學部其有惡者悉皆刪去卷既調均書又精好羲之所書紫紙多是少年臨川時迹既不足觀亦無取焉今搨書皆用大厚紙泯若一體同度翦截皆齊又補接敗字體勢不失墨色更明凡書雖同在一卷要有優劣今此一卷之中以好者在首下者次之中者最後所以然者人之看書必銳於開卷懈怠於將半既而略進次遇中品賞悅留連不覺終卷又舊書目秩無次第諸秩中各有第一至於第十脫落散亂卷秩殊等今各題其卷秩所在與目相應雖相涉入終無雜謬又舊以封書紙次相隨草正混糅善惡一貫今各隨其品不從本封條目紙行凡最字數皆使分明一毫靡遺二王縑素書珊瑚軸二秩二十四卷紙書金軸二秩二十四卷又紙書玳

瑁軸五秩五十卷皆互秩金題玉躞織成帶又有書扇二秩二卷又紙書飛白章草二秩十五卷並旃檀軸又紙書戲學一秩十二卷玳瑁軸此皆書之冠冕也自此以下別有三品書凡五十二秩五百二十卷悉旃檀軸又羊欣縑素及紙書亦選取其妙者為十八秩一百八十卷皆漆軸而已二王新入書各裝為六秩六十卷別充備預又其中入品之餘各有條貫足以聲華四寓價輕五都天府之名珍盛代之偉寶陛下淵昭自天觸理必鏡凡諸思制莫不妙極乃詔張永更製御紙緊潔光麗輝日奪目又合祕墨美殊前後色如點漆一點竟紙筆則一二簡毫專用白兔大管豐毛膠漆堅密草書筆悉使長毫以利縱舍之便兼使吳興郡作青石圓硯質滑而停墨殊勝南方瓦石之器縑素之工殆絕於昔王僧虔尋得其術雖不及古不減郗家所製二王書獻之始學父書正體乃不相似至於絕筆章草殊相擬類筆迹流懌宛轉妍媚乃欲

過之羲之書在始未有奇殊不勝庾翼郗愔迨其末年乃造其極嘗以章草答庾亮亮以示翼翼歎服因與羲之書云吾昔有伯英章草書十紙過江亡失常痛妙迹永絕忽見足下答家兄書煥若神明頓還舊觀舊說羲之罷會稽住蕺山下一老嫗捉十許六角竹扇出市王聊問一枚幾錢云直二十許右軍取筆書扇扇為五字嫗大悵惋云舉家朝飧惟仰於此何乃書壞王云但言王右軍書字索一百入市市人競市去姥復以十數扇來請書王笑不答又云羲之常自書表與穆帝帝使張翼寫效一毫不異題後答之羲之初不覺更詳看乃歎曰小人幾欲亂真又羲之性好鵝山陰曇礦村有一道士養好鵝十餘王清旦乘小船故往意大願樂乃告求市易道士不與百方譬說不能得道士乃言性好道久欲寫河上公老子縑素早辦而無人能書府君若能自屈書道德經各兩章便合羣以奉羲之便住半日為寫畢籠鵝而歸又嘗詣一門

生家設佳饌供億甚盛感之欲以書相報見有一新棐牀几至滑淨乃書之草正相半門生送王歸郡還家其父已刮盡生失書驚懊累日桓玄愛重書法每讌集輒出法書示賓客客有食寒具者仍以手捉書大點污後出法書輒令客洗手兼除寒具子敬常牋與簡文十許紙題最後云民此書甚合願存之此書為桓玄所寶高祖後得以賜王武剛未審今何在謝奉起廟悉用棐材右軍取棐書之滿牀奉收得一大簣子敬後往謝為說右軍書甚佳而密已削作數十棐板請子敬書之亦甚合奉並珍錄奉後孫履分半與桓玄用履為揚州主簿餘一半孫恩破會稽略以入海羲之為會稽子敬七八歲學書羲之從後掣其筆不脫歎曰此兒書後當有大名子敬出戲見北館新泥堊壁白淨子敬取帚沾泥汁書方丈一字觀者如市羲之見歎美問誰所作答云七郎羲之作書與親故云子敬飛白大有意是因於此壁也有一好事年少故作精

白紗裓著詣子敬子敬便取書之草正諸體悉備兩袖及褾（御覽作襟）略周年少覺王左右有凌奪之色掣裓而走左右果逐之及門外鬬爭分裂少年纔得一袖耳子敬爲吳興羊欣父不疑爲烏程令欣時年十六書已有意爲子敬所知子敬往縣入欣齋欣衣白新絹裙晝眠子敬因書其裙幅及帶欣覺歡樂遂寶之後以上朝廷中乃零失子敬門生以子敬書種蠶後人於蠶中尋取紙大有所得謝安善書不重子敬每作好書必謂被賞安輒題後答之朝廷祕寶名書久已盈積太初狂迫乃欲一時燒除左右懷讓者苦相譬說乃止臣見衞恆古來能書人錄一卷時有不通今隨事改正并寫諸雜勢一卷今新裝二王鎭書定目各六卷又羊欣書目六卷鍾張等書目一卷文字之部備矣謹詣省上表并上錄勢新書以聞六年九月中書侍郎臣虞龢上（□□□□□□□又略見御覽七百四十八引兩條）

郊配用牛數議

祀帝之名雖五而所生之實常一五德之帝迭有休王各有所司故有五室宗祀所主要隨其主而饗焉主一配一合用二牛（宋書禮志三大明五年九月博士虞龢議）

四時講武獻牲議

檢周禮四時講武獻牲各有所施振旅春蒐則以祭社茇舍夏苗則以享礿治兵秋獮則以祀方大閱冬狩則以享烝漢祭祀志唯立秋之日白郊事畢始揚威武名曰貙劉乘輿入圍躬執弩以射牲以鹿麛太宰令謁者各一人載獲車馳送陵廟然則春田薦廟未有先準（宋書禮志四大明七年二月太學博士虞龢議）

宣貴妃立廟議

曲禮云天子有后有夫人檀弓云舜葬蒼梧三妃不從昏義云后立六宮有三夫人然則三妃卽三夫人也后之有三妃猶天子之有三公也按周禮三公八命諸侯七命三公旣尊於列國諸侯三妃亦貴於庶邦夫人據春秋傳仲子非魯惠公之元嫡尙得考彼別宮今貴妃蓋天秩之崇班理應創立新廟（宋書禮志四大明七年上又詔有司云云有脫文通典四十七作有司奏故宣貴妃旣加殊禮未詳應立廟不虞龢議）

宣貴妃祔廟議

春秋傳云祔而作主烝嘗禘於廟嘗爲吉祭之名大祥及禫未得入廟應在禫除之後也新安王心喪之內若遇時節便應吉祭於廟親奉亦在無嫌祔之爲言以後亡者祔於先廟也小記云諸侯不得祔於天子今貴妃爵視諸侯居然不得祔於先后又別考新宮無所宜祔且卒哭之後益無祔理（宋書禮志四大明七年三月）

昭太后祔廟議

春秋之義庶母雖名同崇號而實異正嫡是以猶考別宮而公子主其祀今昭皇太后旣非所生益無親奉之理周禮宗伯職云若王不與祭則攝位然則宜使有司行其禮事又婦人無常秩各以夫氏爲定夫亡以子爲次昭皇太后卽正位在前宣太后追尊在後以次序而言宜躋新廟於上（宋書禮志四泰始二年正月長兼儀曹郎虞龢議又通典四十七末句作宜躋廟於上位）

皇太子納徵議

按儀禮納徵直云玄纁束帛儷皮而已禮記郊特牲云虎豹皮與玉璧非虞作也則虎豹之皮居然用兩珪璧宜仍舊各一也（宋書禮志一明帝泰始五年十一月長兼國子博士虞龢議又見通典五十八）

皇帝幸東宮作鼓吹議

輿駕度宮雖爲婚行迹實遊情求洽作鼓吹非嫌（通典一百四十七武帝時儀曹關皇太子某月某日納妃依禮舊不作樂未審至尊明幸東宮應作鼓吹與不與曹郎虞龢議案武帝當作明帝其事在泰始中因誤以爲晉時耳）

顏奐

奐大明中祠部郎

比當作此

郊配用牛數議

祀之爲義，並五帝以爲言。帝雖云五，牲牢之用，謂不應過郊祭廟祀，宜用二牛。（宋書禮志三，大明五年九月，祠部郎顏奐議。）

顏僧道

僧道，大明中博士。

晉陵國廟祭議

禮記云：所祭者亡服則不祭。今晉陵王於衡陽小功，宜依二國同廢。（宋書禮志四，大明七年十一月，有司奏晉陵國剌孝王廟依廬陵平王等國例，一歲五祭，二國以王三卿主祭，應同有服之例與不。博士顏僧道議。）

王元曾

元曾，東海人，大明中爲沛國別駕。

與劉惠書

比歲賢子充秀州閭，可謂得人。（南齊書劉瓛傳，瓛父惠。又南史五十。）

孫薩

薩，彭城人。

詣郡列辭

門戶不建，罪應至此，狂愚犯法，實是薩身，自應依法受戮。兄弟少孤，薩三歲失父，一生恃賴，唯在長兄，兄雖可垂愍，有何心處世。（宋書孫棘傳，大明五年，發三五丁，薩應充行，坐違期付獄，兄棘詣郡乞以身代薩，又辭列免兄。棘妻許復語棘：君當門戶，且大家以小郎屬君，豈可委罪。大守張岱依事表上，世祖下詔賜帛。）

孔淵之

淵之，右軍長史靈符弟子，大明中爲尚書比部郎，景和中被讒，

與父俱賜死。

張江陵與妻吳罪議

夫題里逆心，而仁者不入，名且惡之，況乃人事。故毆傷呪詛，法所不原，詈之致盡，則理無可宥。罰有從輕，蓋疑失善，求之文旨，非此

放當作旅

之謂。江陵雖值赦恩，故合梟首；婦本以義，愛非天屬，黃之所恨，情不在吳，原死補治，有允正法。（宋書孔季恭傳，通典一百六十七。大明中，安陸應城縣民張江陵與妻吳共罵母黃令死，黃忿恨自經死，值赦。律無罵母致死值赦之科，淵之議。）

庾徽之

徽之，字景猷，潁川鄢陵人，大明中爲御史中丞，出爲新安王子鸞北中郎長史、南東海太守。

奏彈顏竣

臣聞人臣之奉主，毀家光國，竭情無私。若乃無禮陵人，怙富卑上，是以王叔作戒，子晳爲戮，未有背本塞原，好利忘義，而得自容盛世，涸亂清流者也。右將軍、東揚州刺史、建城縣開國侯顏竣，因附風雲，謬蒙翼長，天地更造，拔以非次。聖朝親攬萬務，一歸而窺覘國柄，潛圖秉執，受任選曹，驅扇滋甚，出尹京輦，形勢彌放。傳詔犯憲，舊須啟聞，而竣以通諦忤己，輒加鞭辱，罔顧威靈，莫此爲甚。嚴詔屢發，當官責效，權恣不行，怨懟彌起，懷挾姦數，苞藏陰慝。預聞中旨，罔不宣露，罰則委上，恩必歸己。苟遇之門，郎加謗辱，受譴之室，曲相哀撫，翻戾朝紀，狡惑視聽，脅懼上宰，徵動閭閻。未應上聞，內懷猜懼，僞請東牧，以卜天旨。既獲出蕃，怨詈方肆，反脣腹誹，方之已輕。且時有啟奏，必協姦私，宣示親朋，動作羣小。前冬母亡，詔賜還葬，事畢不去，盤桓經時，方構間動貴，造立同異，又表示危懼，深營身觀，曲訪大臣，慮不全立，遂以已被斥外，國道將興，釁積懷抱，惡窮辭色。兼行闕於家，早負世議，逮身居崇寵，奉兼萬金，榮以夸親，祿不充養，宿憾母弟，恃貴輒戮，天倫怨毒，親交震駭。凡所莅任，皆闕政刑，輒開丹陽庫物，貸借吏下，多假資禮，解爲門生，充朝滿野，殆將千計。驕放自下，妨公害私，取監解見錢，以供帳下賓放，酣歌不異平月，街談道說，非復風聲。竣代都文吏，特荷天私，棄瑕錄用，豫參要重，勞無汗馬，賞班河山，出內寵靈，踰越倫伍，山川之

性日月彌滋。溪壑之心。在盈彌奓。虎冠狼貪。未足爲譬。今皇明開耀。品物咸亨。傷俗點化。實惟害焉。宜加顯戮。以彰盛化。請以見事免竣所居官。下太常削爵土。須事御收付廷尉法獄辠。（宋書顔竣傳。王僧達被誅。謂爲竣所讒構。臨死陳竣前後忿懟。每懷言不見從。僧達所言頗有相符據。上乃使御史中丞庾徽之奏之。）

費文淵

文淵。蜀郡成都人。孝武時徵士。

上刺史張悅書乞留釋道汪

道汪法師。識行清白。風霜彌峻。卓爾不羣。確焉難拔。近聞梁州遣迎。承教旨許去。闔境之論。僉曰非宜。鄙州邊荒。僧尼出萬。禪戒所賓。一焉是賴。豈可水失其珠。山忘其玉。願鑒道俗之誠。令四輩有憑也。（高僧傳。道汪姓潘。長樂人。住蜀武擔寺。將赴梁州刺史申坦。文淵上書。悅卻敦留。）

孫沖之

沖之。景和中爲巴東建平二郡太守。尋爲晉安王子勛諮議參軍。領中兵。加輔國將軍。統前軍。子勛建號。以爲左衛將軍。

與晉安王子勛書

舟楫已辦。器械亦整。三軍踴躍。人爭效命。便欲沿流挂颿。直取白下。願速遣陶亮衆軍。兼行相接。分據新亭南洲。則一麾定矣。（宋書鄧琬傳。）

虞通之

通之。會稽餘姚人。爲黃門郎步兵校尉。有集二十卷。

爲江斆讓尚公主表

伏承詔旨。當以臨海公主降嬪。榮出望表。恩加典外。顧審輶蔽。伏用憂惶。臣寒門頑族。人凡質陋。閭閻有對。本隔天姻。如臣素流。室貧業寡。年近將冠。皆已有室。荊釵布裙。足得成禮。每不自解。無偶迄茲。媒訪莫尋。素族弗問。自惟門慶。屬降公主。天恩所覃。庸及醜末。懷憂抱惕。慮不獲免。徵命所當。果膺茲舉。雖門泰宗榮。於臣非

幸。仰緣聖貸。冒陳愚實。自晉氏以來。配尚王姬者。（初學記作尚公主者。）雖累經美胄。亟有名才。至如王敦懾氣。桓溫斂威。真長佯愚以求免。子敬灸足以違詔。（初學記作眞長佯愚以固辭。子敬奔走以求免。）王偃無仲都之質。而倮露（南史初學記作雪。）於北階。何瑀闕龍工之姿。而投軀於深井。謝莊殆自同於矇瞍。殷沖幾不免於彊鉏。彼數人者。非無才意。而勢屈於崇貴。事隔於聞覽。吞悲茹氣。無所逃訴。制勒甚於僕隸。防閑過於婢妾。往來出入。人理之常。當賓待客。朋友之義。而令掃轍息駕。無闚門之期。廢筵抽席。絕接對之理。非唯交友離異。乃亦兄弟疏闊。第令受酒肉之賜。制以動靜。監子荷錢帛之私。節其言笑。姆妳爭媚。相勸以嚴。妮媼競前。相謟以急。第令必凡庸下才。監子皆葭萌愚豎。議舉止則未閑是非。聽言語則謬於虛實。姆妳敢恃耆舊。唯贊妒忌。尼媼自倡多知。務檢口舌。其間又有應荅問訊。卜筮師母。乃至殘餘飲食。詰辯與誰。衣被故敝。必責頭領。又出入之宜。繁省難衷。或進不獲前。或入不聽出。不入則嫌於欲疏。求出則疑有別意。召必以三晡（初學記作三更。）爲期。遣必以日出爲限。夕不見晚魄。朝不識曙星。至於夜步月而弄琴。晝拱袂而披卷。一生之內。與此長乖。又聲影纔聞。則少婢奔迸。裙袂向席。則老醜叢來。左右整刷。以疑寵見嫌。賓客未冠。以少容致斥。禮則有列媵。象則有貫魚。本無嫚嫡之嫌。豈有輕婦之誚。況今義絕傍私。虔恭正匹。而每事必言無儀適。設辭輒言輕易我。又竊聞諸主集聚。唯論夫族。緩不足爲急者法。急則可爲緩者師。更相扇誘。本其恒意。不可貸借。固實常辭。或言野敗去。或言人笑我。雖家曰私理。有甚王憲。發口所言。恒同科律。王藻雖復彊佷。頗經學涉。戲笑之事。遂爲冤魂。褚曖憂憤。用致夭絕。傷理害義。難以具聞。夫螽斯之德。實致克昌。專妒之行。有妨繁衍。是以尚主之門。往往絕嗣。駙馬之身。通離釁咎。以臣凡弱。何以克堪。必將毀族淪門。豈伊身眚。前後嬰此。其人雖衆。然皆患彰遐

邇事融天覲。故吞言咽理。無敢論訴。臣幸屬聖明。矜照由道。弘物以典。處親以公。臣之鄙懷。可得自盡。如臣門分。世荷殊榮。足守前基。便預提拂。清官顯宦。或由才升。一叨婚戚。咸有恩假。是以仰冒非宜。披露丹實。（藝文類聚作款。初學記作質。）非唯止陳一己。規全身願。寔乃廣申諸門。憂患之切。伏願天慈照察。特賜蠲停。使燕雀微羣。得保叢蔚。蠢物含生。自己彌篤。若恩詔難降。（初學記作忍制頓降。）披請不申。便當刊膚翦髮。投山竄海。（初學記末有云云二字。宋書孝武文穆王皇后傳。宋世諸主莫不嚴妒。太宗每疾之。左光祿大夫江湛孫斅當尚世祖女。上乃使人爲斅作表讓婚。以此表徧示諸主。又見南史二十三王藻傳。藝文類聚十六。又初學記十三。以爲虞通之作。）

明堂頌

肅肅明堂。惟國之光。儀天矩地。崇姬糾黃。縣殷颺煇。服夏擅芳。無斁伊典。有煥斯章。緜緜教樞。翳翳化紀。聲沉五都。風晦千祀。我皇蒸哉。追孝創軌。禱憲垂統。光國麗史。宗祀既崇。享配惟馨。六樂薦和。四圭疏明。殷殷華麗。監盟孚誠。慶輝旁燭。休光下盈。（初學記十三。）

王略

略。泰始初博士。

昭太后祔廟議

正名存義。有國之徽典。臣子一例。史傳之明文。今昭皇太后正位母儀。尊號允著。祔廟之禮。宜備彝則。母以子貴。事炳聖文。孝武之祀。既百代不毀。則昭后之祔。無緣有虧。愚謂神主應入章后廟。又宜依晉元皇帝之於愍帝。安帝之於永安后。祭祀之日。不親執觴爵。使有司行事。（宋書禮志四。明帝泰始二年正月。孝武昭太后崩。五月。有司奏祔廟之禮。宜下禮官詳議。博士王略。太常丞虞愿議。又見通典四十七。）

王慶緒

慶緒。泰始初博士。

禮敬太子生母議

百僚內外。禮敬貴妃。應與皇太子同。其東朝臣隸。理歸臣節。（宋書禮志二。泰始二年九月。皇太子所生陳貴妃禮秩既同儲宮。未詳宮臣及朝臣並有敬不。妃主在內相見。又應何儀。博士王慶緒議。）

全宋文卷五十五終

全宋文卷五十六

烏程嚴可均校輯

劉緄

緄泰始初太學博士。案隋志。梁有刪定郎劉緄集五卷。疑卽此。

祀孝武昭后二廟議

尋晉元北面稱臣於愍帝。烝嘗奉薦。亦使有司行事。且兄弟不相爲後。著於魯史。㠯此而推。孝武之室至尊無容親進。觴爵拜伏。其日親進章皇太后廟。經昭皇太后室。過前議既使有司行事。謂不應進拜。昭皇太后正號久定。登列廟祀。詳尋祝文。宜稱皇帝諱。案禮婦無見兄之典。昭后位居傍尊。致虔之儀。理不容備。孝武昭后二室。牲薦宜闕。宋書禮志四。泰始二年六月。太學博士劉緄議。

孫夐

夐泰始中尙書左丞。累遷至光祿大夫。有集十一卷。

重奏江夏王女服

禮記女子十五而笄。鄭云年應許嫁者也。其未許嫁者。則二十而笄。射慈云十九猶爲殤。禮官違越經典。於禮無據。博士太常㠯下結免贖論。謚坐杖督五十。奪勞百日。南齊書江謐傳。泰始四年。江夏王義恭第十五女卒。年十九。未笄。禮官議從成人服。諸王服大功。左丞孫夐重奏。

（博士以下二十字脫）

孫詵

詵字休羣。太原中都人。大明中爲劉秀之安北諮議參軍。泰始中兼太常丞。累遷至御史中丞。

三公山下祓賦

九醞白醝。北堂書鈔一百四十八。

皇太子納徵議

聘幣之典。損益惟義。歷代行事。取制士婚。若珪璋之用。實均璧品。采豹之彰。義齊虎文。熊羆表祥。繁衍攸寄。今儲后崇聘。禮先訓遠。皮玉之美。宜盡暉備。禮稱束帛儷皮。則珪璋數合。同璧熊羆文豹各應用二。宋書禮志一。明帝泰始五年十一月。兼太常丞孫詵議。又見通典五十八。

丘仲起

仲起字子震。吳興人。泰始中爲儀曹郎。歷晉平太守。遷廷尉。

皇太子冕服議

案周禮。公自袞冕㠯下。鄭注袞冕㠯至卿大夫之玄冕。皆其朝聘天子之服也。伏尋古之上公。尙得服袞㠯朝。皇太子㠯儲副之尊。率土瞻仰。愚謂宜式遵盛典。服袞冕九旒。㠯朝賀。宋書禮志五。泰始六年正月。儀曹郎丘仲起議。又見通典六十一。

王延秀

延秀太原人。泰始中爲祠部郎。

重議郊祀

改革之宜。實如聖旨。前虞愿議。蓋是仰述而已。未顯後例。謹尋自

初郊間二載。明堂間一年。第二郊與第三明堂。還復同歲。愿謂自始郊明堂㠯後。宜各間二年。㠯斯相推。長得異歲。宋書禮志三。泰始六年五月。虞愿議。曹郎王延秀重議。

祀明堂應告廟議

案鄭玄云。郊者祭天之名。上帝者天之別名也。神無二主。故明堂異處。㠯避后稷。謹尋郊宗二祀。既名殊實同。至於應告。不容有異。宋書禮志三。泰始七年十月。祠部郎王延秀議。

檀珪

珪字伯玉。高平金鄉人。安南將軍韶孫。爲沅南令。罷歸。元徽中爲安成郡丞。

與王僧虔書

五常之始。文武爲先。文則經緯天地。武則撥亂定國。僕一門雖謝文通。乃忝武達。羣從姑叔。三媾帝室。祖兄二世。糜軀奉國。而致子

姪餓死草壤。去冬今春，頻荷二敕，既無中人，屢見蹉奪，經涉五朔，踰歷四晦，書牘十二，接覲六七，遂不荷潤，反更曝鰓。九流繩平，自不宜獨苦一物。蟬服鞹腸，爲日已久，飢虎能嚇，人遽與肉，餓驎不噬，誰爲落毛。去冬乞豫章丞，爲馬超所爭，今春蒙敕南昌縣，爲史偃所奪。二子勳蔭人才，有何見勝。若以貧富相奪，則分受不如。身雖孤微，百世國士，姻媾位宦，亦不後物。尚書同堂姊爲江夏王妃，檀珪同堂姑爲南譙王妃，尚書婦是江夏王女，檀珪祖姑嬪長沙景王。尚書伯爲江州，檀珪祖亦爲江州，尚書從兄出身爲後軍參軍，檀珪父釋褐亦爲中軍參軍。僕於尚書，人地本懸，至於婚宦，不至殊絶。今通塞雖異，猶忝氣類，尚書何事，乃爾見苦。泰始之初，八表同逆，一門二世，粉骨衞主，殊勳異績，已不能甄，常階舊途，復見侵抑。（南齊書王僧虔傳。元徽中，遷吏部尚書。高平檀珪罷沅南令，僧虔以爲征北板行參軍，訴僧虔求祿不得，與僧虔書。）

又與王僧虔書

昔荀公達漢之功臣，晉武帝方爵其玄孫；夏侯惇魏氏勳佐，金德初融，亦始就甄顯，方賞其孫，封樹近族。羊叔子以晉泰始中建策伐吳，至咸寧末，方加褒寵，封其兄子。卞望之以咸和初殞身國難，至興寧末，方崇禮秩，官其子孫。蜀郡主簿田混，黄初末死故君之難，咸康中方擢其子孫。似不以世代遠而被棄，年世疏而見遺。檀珪百羅六極，造化罕比，五喪停露，百口轉命，存亡披迫，本希小祿，無意階榮。自古以來，有沐食侯，近代有王官府佐，非沐食之職，參軍非王官之謂。質非匏瓜，實羞空懸。殷何二生，或是府主情味，或是朝廷意旨，豈與悠悠之人同口而語。使僕就此職，尚書能以郎見轉，不若使日得五升祿，則不恥執鞭。（南齊書王僧虔傳。）

司馬燮之

燮之，泰豫初兼太常丞。

皇太妃爲國親本親服議

禮，妾服君之庶子及女君之黨，皆謂大夫士耳。妾名雖總，而班有貴賤。三夫人九嬪，位視公卿，大夫猶有貴妾，而況天子。諸侯之妾，爲他妾之子無服，既不服他妾之子，豈容服君及女君餘親。況皇太妃位亞尊極，禮絶羣后，崇輝盛典，有踰東儲，尚不服朞，太妃豈應有異，若本親有慘，舉哀之儀，宜仰則太后。（宋書禮志二。泰豫元年，後廢帝即位，崇所生陳貴妃爲皇太妃。有司奏：皇太妃位亞尊極，未詳國親舉哀格，當一同皇太后，爲有降異。又於本親朞以下，當猶服與不。兼太常丞司馬燮之議。）

韓賁

賁，元徽中爲太常丞。

昭太后廟毀置議

案君母之尊，義發春秋，庶幾饗薦，無間周典。七廟承統，猶親盡則毁，況伯之所生，而無服代，祭稽之前代，未見其準。（宋書禮志四。元徽二年十月壬寅，有司奏：昭太后廟毀置下禮官詳議。太常丞韓賁議。）

幾當作後

祠孝武及昭太后親執爵議

晉景帝之於世祖，肅祖之於孝武，皆傍尊也。親執觴杓。今孝武皇帝於至尊，親雖伯父，功列祖宗，奉祠之日，謂宜親執。案昭皇太后於主上，親無名秩，情則疏遠，庶母在我，猶子祭孫止，況伯父之庶母。愚謂昭后觴爵，可付之有司。（宋書禮志四。元徽二年十月丙寅，有司奏：至尊親祠太廟，文皇帝太后之日，孝武皇帝及昭皇太后雖親非正統，而嘗經北面，未詳應親執爵與否。下禮官議。兼太常丞韓賁議。）

殷匪子

匪子，元徽中爲都令史。

昭太后廟毀置議

昭皇太后不係於祖宗，進退宜毁。議者云：妾祔於妾祖姑，祔既必告，毁不容異，應告章皇太后一室。案記云：妾祔於妾祖姑，無妾祖姑，則易牲而祔於女君可也。始章太后於昭太后，論昭穆而言，則非妾祖姑，又非女君，於義不當。伏尋昭太后名位允極，昔初祔之始自上祔於趙后。卽安於西廟。竝皆幣告諸室。古者大事必告。又云每事必告。禮牲幣雜用。檢魏晉以來。互有不同。元嘉十六年下禮官辨正。太學博士殷靈祚議稱吉事用牲。凶事用幣。自茲而後。吉凶爲判。已是一代之成典。今事雖不全凶。亦未近吉。故宜依舊以幣徧告二廟。又尋昭太后毀主。無義陳列於太祖。博士欲依虞主瘞於廟兩階之間。案階間本以瘞告幣瘞虞主之所。昔虞喜云。依五經典議以毀主祔於虞主。瘞於廟之北牆。最爲可據。昭太后神主毀之瘞之後。上室不可不虛置太后。便應上下升之。既升之頭。又應設脯醢以安神。今禮官所議。謬略未周。遷毀事大。請廣詳訪。宋書禮志四。元徽二年十月。有司奏昭太后廟毀置。都令史殷匪子議。

沈偰之

偰之。元徽中爲儀曹郎中。

駁王儉公府長史朝服議

制珪象德。損替因時。裁服象功。施用隨代。車旗變於商周。冠佩革於秦漢。豈必殊代襲容。改尙沿物哉。夫邊貂假幸侍之首。蟣幘登尊極之顏。一適時用。便隆後制。況朱裳以朝。緬傾百祀。韋舄不加。浩然惟舊。服爲定章。事成永則。其儉之所秉。會非古訓。靑素相因。代有損益。何事棄盛宋之興法。追往晉之頹典。變改空煩。謂不宜革。宋書禮志五。元徽四年。儀曹郎中沈偰之議。

又議

雲火從物。沿損異議。帝樂五殊。王禮三變。豈獨大宋造命。必咸仍於晉舊哉。夫宗社疑文。庭廟闕典。或上降制書。下協朝議。何乃鉉府佐屬。裳黻稍改。白虎之詔。斷宣室之疇咨乎。又許令史之從省。咎達官之簡略。律苟可遵。固無辨於貴賤。規若必等。亦何關於權宜。一用一舍。彌增其滯。且佐非韋舄之職。吏本朝服之官。凡在班列。罔不如一。此蓋前令違而遂改。今制允而長用也。爵異服殊。盜

輕當作脛

會矛盾之譬。討論疑制。焉取彊弱之辨。府執既革之餘文。臺據永行之成典。良有期於無固。非所望於行迷。同上。

崔凱

凱一作元凱。有喪服難問六卷。

喪儀

銘旌。今之旐也。天子丈二尺。皆施跗樹於壙中。遣車九乘。謂結草爲馬。以泥爲車。疏布輤。四面有障。置壙四角。以載遣奠牢肉。斬取骨。輕車各載一枚。通典七十九。案此條作崔元凱。

弔哭

禮。君自弔其臣。主人出迎於外。見君馬首。不哭。先入門右。北面。衆主人袒。卽位。升自阼階。西面。主人前至中庭。君哭。主人哭。拜稽顙。成踊。先出。君去。主人哭拜送於外門外。明日主人縗絰拜謝於朝。今代人君弔。主人出迎。見馬首拜。君遣吏弔。主人布席於喪庭。孝子左貫首絰。待於席南。北面。不哭也。吏持版弔於席北。面向孝子。再拜訖。伏。吏跪讀版。孝子再拜。有弔賓。主人迎。卽位中門外西面北上。衆賓東面者北上。門西北面者東上。主人拜賓。傍三拜。衆賓不答拜。主人入卽堂下朝夕哭位。衆隨入如外位也。知生者弔。知死者傷。主人哭。弔者皆哭。退出。主人拜中門外如初。弔辭至主人前曰。聞君有某之喪。如何不淑。傷辭詣喪前曰。子遭離之。如何不淑。此各主於其所知也。若有知生又知死者。傷而且弔也。又曰。同僚賓客相弔也。因主人朝夕哭而往弔也。又曰。凡賓客來弔。孝皆當位東階下西面。不得廬中。長吏自弔。其人左貫首絰。出迎。還入門。君至門。謝孝還位。乃從命還位。若不謝遣者。君向柩哭。則孝當伏。孝當後哭先止。所以不使君甚哀也。哭訖。君遣還位。乃從命。還位則哭。不得入廬也。哭位在東階下。辭去。孝子哭也。君先出。孝後出於門外。見馬而拜。訖。哭而還也。若有命止。令勿出。亦便隨從命

也。羸可使人自扶。若病不能。亦君至。自杖而已。通典八十三。

服節

有不弔者三。謂畏厭溺死也。欲弔者。不變服哭之也。通典八十三。

懸重

鑿木爲重。形如札。有簨。設於中庭。近南。吕懸之。上重高三尺。差而上之。天子當九尺矣。爲吕葦席南向横覆之。辟屈兩端於南。面吕蔑之。今喪家帳門。其遺象也。古者喪家無幕。蓋是倚廬棟耳。今人倚廬於喪側。因是爲帳焉。案蔡謨說。吕二瓦器盛始死之祭。繫於木。裹吕葦席。置庭中。近南。名爲重。今之凶門。是其遺像也。禮既虞而作主。未葬未有主。故吕重當之。禮稱爲主道。此其義也。通典八十四。

始死服變

禮。孝子始有親喪。悲哀至甚。充充如有窮。未可吕飾。哭踊無數。三日既殯。瞿瞿如有求而不得。賓客弔及祭事皆三踊。君來弔。則九踊。躍皆有儐相詔導之者。童子始有親喪。去首飾。服十五升白布深衣。吕至成服。女子許嫁。成人在室。父卒爲母。始死。去首飾而骨笄纚。不徒跣。不扱上衽。不踊哭。拊心無數。總髽吕麻。母爲長子。繼母爲長子。妾爲君之長子。與在室女子子。父卒爲同母伯叔父母。爲女子子長中殤。始死骨笄纚。通典八十四。

遣奠

朝於祖廟一宿。明日載柩將至墓。柩將還南向。少牢之奠於車西。名曰用薦遣奠。尚饗。大夫吕上太牢。其祝辭曰。哀子某敢用絜牲剛鬣用薦。此遣奠者也。通典八十六。

虞祭

子爲父三月而葬。將啟出棺。皆繞散帶垂。既啟。袒。哭踊無數。日中虞。絕無時之哭矣。通典八十七。

祔祭

祔祭於祖廟。祭於祖父。吕合亡者祔祀之也。吕卒哭明日。其辭曰。哀子某敢用潔牲剛鬣普淖普薦醴酒。用薦祔事適爾皇祖某甫。吕隮祔。女子祔於祖姑。此皆於今亡者爲祖姑也。今代皆無廟堂。於客堂設其祖座。東面。令亡者在其北。亦東面。而共此饌也。若祖父母生存。無亡祖可祔者。當中一吕上祔高祖父母姑也。通典八十七。

爲祖母持重服

時人或有祖父亡而後己母亡。孫奉養祖母。祖母卒。則爲之齊縗三年者。凱吕爲祖母三年。自謂己父母早亡。受重於祖。故爲祖斬縗三年。祖母齊縗三年。今己父後亡。則受重於父。不受重於祖。孫雖奉養祖母。固自當如禮齊縗周耳。通典八十九。

爲父後爲嫁母及繼母嫁服

父卒。繼母嫁。從爲之服報。鄭玄曰。嘗爲母子。貴終其恩也。案王肅云。若不隨則不服。凱吕爲出妻之子爲母。及父卒繼母嫁。從爲之服報。此皆爲庶子耳。爲父後者皆不服也。傳云。與尊者爲體。不敢服其私親。此不獨爲出母言。爲繼母發。繼母嫁已隨。則爲之服。則是私也。爲父後者亦不敢服也。鄭玄云。嘗爲母子。貴終其恩。不別嫡庶。王肅云隨嫁乃爲之服。此二議時人惑焉。凱吕爲齊縗三年章。繼母如母。則當始終與母同。不得隨嫁乃服。不隨則不服。如此者不成如母。爲父後者則不服。庶子不服也。通典九十四。

喪服駁

代人或有出後大宗者。還其祖父母周。與女子出適不降其祖同義。凱吕爲女子出適人。有歸宗之義。故上不降祖。下不降昆弟之爲父後者。今出後大宗。大宗。尊之統。收族者也。故族人尊之。百代不遷。其父母報之周。所謂尊祖故敬宗也。又曰。持重於大宗。降其小宗。還當爲其祖父母大功耳。又云。代人有出爲大宗後。還爲其父母周。其子從服大功者。凱吕經文爲人後者。爲其父母周。爲其兄弟降一等。此指爲後者身也。不及其子。則當㠯其父所後之家還計其親疏。爲服紀耳。案晉劉智釋疑或問禮爲人後者。爲當唯出子一身還本親也。魯國孔正陽等議㠯爲人後者。服所後之親若子。爲其本親降一等。不言代降一等者。㠯其至其子以義斷。不復還本親故也。禮云若子者。則於本父母不若子矣。劉智又案禮爲人後者。於兄弟降一等。此出子及其子孫皆爲人後者也。甲無後。故乙爲之後。乙之子孫皆去其親往爲甲後。皆當稱爲人後。服本親不傷於後者。若子。則其親亦然矣。本親有自然之恩。降一等足㠯明所後者爲重。無緣得絕之矣。儒林掾謝襲稱學士張擔之從祖母丁喪。本是親祖母。亡父出後。求詳禮典。輒敎助敎陳福議。當諸出爲人後者。還服本親皆降一等。自爲後者之身及爲後者之子。追服大功。如福議。則擔之不應廢業。王彪之荅。如所云族人後大宗者。出後者子。於本祖無服。孫不服祖。於情不安。是㠯諸儒之說義旨。總謂爲人後者。雖在五服之外。皆降本親一等。無孫不服本祖之條。案記云。夫爲人後。其妻爲舅姑大功。鄭玄云。不二降也。其妻於舅姑義服。猶不二降。況其子孫。骨肉至親。便當無服乎。禮義則重。義例亦明。如禮之例。諸出後者及子孫。還服本親。於所後者。有服與無服。皆同降一等。謂擔之當服大功。通典九十六。

禮義之義當作疑

居重喪遭輕易服

斬縗既練。而遭大功之喪。則著大功之冠及麻。麻謂男子首絰婦人腰絰也。又易其故既練之葛㠯麻。謂男子腰婦人首也。大功之喪。既葬卒哭。男子復其練冠帶周之葛帶。男子首絰婦人腰絰皆言周者。斬縗練。男子除首。婦人除腰。今大功之喪既葬首腰皆當有絰。大功既葬之葛絰。則小功之絰也。大四寸六分。小不可㠯居三年之喪。故皆絰周絰也。通典九十七。

著不當作著

似當作以

經據當作據經

謝鎮之

鎮之。明帝時散騎常侍。

與顧歡書折夷夏論

謝鎮之白。敬覽夷夏之論。辯推一源。詳據二典。清辭斐暐。宮商有體。玄致亹亹。其可味乎。吾不涯管昧。竭闞幽宗。若不思探賾。無階豪犛。但鏡復逾三。未消鄙惑。聊述所疑。庶聞後釋。論始云佛是老子。老子是佛。又似仙化比泥洹。長生等無死。爰引世訓。㠯符玄教。纂其辭例。蓋似均也。未譏翦華廢祀。亦猶蟲諠鳥聒。非所宜效。請試論之。案周孔㠯儒墨爲典。老莊㠯棄敎明筌。此皆開漸遊方。未猶洪湉也。且蟲鳥殊類。化道本隔。夫欲言之宜先究其由。故人參二儀。是謂三才。三才所統。豈分夷夏。則知人必人類。獸必獸羣。近而徵之。七珍人之所愛。故華夷同貴。恭敬人之所厚。故九服攸敦。是㠯關雎之風。行乎四國。況大化所陶。而不洽三千哉。若經據而言。蓋聞佛之興世也。古昔一法。萬界同軌。釋迦文初修菩薩時。廣化羣生。於成佛而有其土。預霑慈澤。皆來生我國。我閻浮提也。但久迷生死。隨染俗流。曁失正路。未悟前覺耳。㠯聖人俯三達之智。各觀其根。知區品不同。故說三乘而接之。原夫眞道唯一。法亦不二。今權說有三。殊引而同歸。故遊會說法。悟者如沙塵。極沈濟惑。無出此法。是㠯當來過去。無邊世界。共斯一揆。則知九十有五。非其流也明矣。彼乃始言其同。而未言其異。故知始之所同者非同。末之所異者非異。將非謬擊瓦釜。濫諧黃鍾耶。豈不誣哉。至如全形守祀。戴冕垂紳。披氈繞貝。埋塵焚火。正始之音。婁羅之韻。此俗禮之小異耳。今見在鳥而鳥鳴。在獸而獸呴。允執萬之一音。感異類而殊應。便使夷夏隔化。一何混哉。舟枯車溺。可㠯譬彼。夫俗禮者。出乎忠信之薄。非道之淳。修淳道者。務在反俗。俗既可反。道則可淳。反俗之難。故宜祛其甚泰。祛其甚泰。必先墮冠削髮。方衣去食。墮冠無世飾之費。削髮則無笄櫛之煩。方衣則不假工於裁製

全當作舍

某當作恭

去食則絕情想於書味此則爲道者日損豈夷俗之所制及其敷文奥籍三藏四舍此則爲學者日益豈華風之能造又云佛經繁顯道經簡幽推此而言是則幽者鑽仰難希顯則涉求易望簡必不足以示理繁則趣會而多津佛法以有形爲空幻故忘身以濟衆道法以吾我爲眞實故服食以養生且生而可養則及日可與千松比霜朝菌可與萬椿齊雪邪必不可也若深體三界爲長夜之宅有生爲大夢之主則思覺悟之道何貴於形骸假使形之可練生而不死此則老宗本異非佛理所同何以言之夫神之寓形猶於逆旅苟趣舍有宜何戀戀於檐宇哉夫有知之知可形之形非聖之體雖復堯孔之生壽不盈百大聖泥洹同於知命是以永劫以來澄練神明神明旣澄照絕有無名超四句此則正眞終始不易之道也又刻船者所以於金質守株者期情於羽化故封有而行六度凝滯而茹靈芝有封雖乖六度之體爲之或能濟物凝

滯必不羽化卽事何足兼人謂二源稍迹曠局異懷居然優劣如斯之流非可具詰彼皆自我之近情非通方之宏識則知殊俗可以道甄哀哉玄聖旣邈斐然競興可謂指蟲迹爲蒼文餌螯乳爲醍醐良可哀也佛道汪洋智量不可以言窮應迹難以形測其辯有也則萬相森陳若千峙竝立其析無也則泰山空盡與秋毫俱散運十力以摧魔弘四等以濟俗抗般若之法炬何幽而不燭潛三昧之法威何遠而不伏盍疑夷夏不效哉　弘明集六。

重與顧歡書　并頌

謝鎮之白猥辱反釋究詳淵況旣和光道佛而涇渭釋李爾類長之爰至某奕數佛彌過精旨蹐昧夫飾櫝買珍曜夜不售所謂馳走滅跡跳動息影焉可免乎循雅論所據正以蟲鳥異類夷夏殊俗余以三才均統人理是一俗訓小殊法教大同足下答云存乎周易非胡書所擬便謂素旗已舉不復伸檢玄旌爲素麾異乎曹

子之觀旗輒復略諸近要以標大歸然髻珠雖隱蓍四易顯聊以寄謔儻不貽怍夫太極剖判兩儀妄構五陰合興形識謬彰識以流染因結形以愛滯緣生羲皇之前民多專愚專愚則巢居穴處飲血茹毛君臣父子自相覩胡越猶若禽獸又比蒙童道教所不入仁義所未移及其沈欲淪波觸崖思濟思濟則祈善祈善則聖應夫聖者何耶感物而遂通者也夫通不自通感不自感感恆在此通每自彼自彼而言懸鏡高堂自此而言萬象斯歸故知天竺者居娑婆之正域處淯善之嘉會故能感通於至聖土中於三千聖應旣彼聲被則此覩日月之明何假離朱之察聞雷霆之音奚事子野之聽故卑高殊物不嫌同道左右兩儀無害天均無害天均則雲行法教不嫌同道則雨施夷夏夫道者一也形者二也道者眞也形者俗也眞旣猶一俗亦猶二盡二得一宜一其法滅俗歸眞必反其俗是以如來制軌玄劫同風假令孔老是佛則爲韜

光潛導匡救偏心立仁樹義將順近情是以全形守祀恩接六親攝生養性自我外物乃爲盡美不爲盡善蓋是有涯之制未鞭其後也何得擬道菩提比聖牟尼佛教敷明要而能博要而能博則精疏兩汲精疏兩汲則剛柔一致是以清津幽暢誠規易準夫以規爲圓者易以手爲圓者難將不捨其所難從其所易邪道家經籍簡陋多生穿鑿至如靈寶妙眞採撮法華制用尤拙及如上清黃庭所尙服食咀石餐霞非徒法不可效道亦難同其中可長唯在五千之道全無爲用全無爲用未能遣有遣有爲懷靈芝何養佛家三乘所引九流均接九流均接則動靜斯得禪通之理是三中之一耳非其極也禪經微妙境相精深以此締眞尙不能至今云道在無爲得一而已無爲得一是則玄契千載玄契千載不俟高唱夫明宗引會導達風流者若當廢學精思不亦怠哉豈道教之筌邪敬尋所辯非徒止不解佛亦不解道也反亂一首聊酬啟

齒。

頌曰。遲往兮韜明、玄聖兮幽翳。長夜兮悠悠。衆星兮晢晢。太暉灼兮昇曜。列宿奄兮消蔽。天輪摛兮殊材。歸敷繩兮一制。苟專迷兮不悟、增上驚兮遠逝、卞和慟兮荆側、豈偏尤兮楚厲。良毅蕆兮殷若。焉相責兮智慧。釋藉卑六。弘明集六。

全宋文卷五十六終

勤當作勸。

類當作纇

之晉當作晉之

全宋文卷五十七

烏程嚴可均校輯

朱昭之

昭之。吳郡錢塘人。子謙之齊書有傳。

與顧歡書難夷夏論

見足下高談夷夏。辨商二教。條勤經旨。冥然玄會。妙唱善同。非虛言也。昔應吉甫齊孔老於前。吾賢又均李釋於後。萬世之殊塗。同歸於一朝。歷代之疑爭。怡然於今日。賞深悟遠。蠲慰者多。益世之談。莫過於此。至於各言所好。便復肝膽楚越。不知苦甘之方雖二。而成體之性必一。乃互相攻擊。異端遂起。往反紛類。斯害不少。惜矣。初若登天。光被俗表。末如入淵。明夷輝綸。夫導師失路。則迷塗者眾。故忘其淺昧。遽相牽拯。合先布其懷。未陳所恨。想從善如流者。不惜乖於一往耳。山川悠遠。良話未期。聊寄於斯。㠯代暫對。情旗一接。所釋不淺。朱昭之白。

夫聖道虛寂。故能圓應無方。㠯其無方之應。故應無不適。所㠯自聖而檢心。本無名於萬會。物自會而為稱。則名號㠯為之彰。是㠯智無不周者。則謂之為正覺。通無不順者。則謂之為聖人。開物成務。無不達也。則謂之為道。然則聖不過覺。覺不出道。君可知也。何須遠求哉。但華夷殊俗。情好不同。聖動常因。故設教或異。然曲禮淨戒。數同三百。威儀容止。又等三千。所可為異。政在佛道之名。形服之間耳。達者尚復㠯形骸為逆旅。袞冕豈足論哉。所可為嫌。祇在設教之始。華夷異用。當今之俗。而更兼治。遷流變革。一條宜辨耳。今當之言。聖人之訓。動必因順。東國貴華。則為袞冕之服。禮樂之容。屈伸俯仰之節。衣冠簪佩之飾。㠯弘其道。蓋引而近之也。夷俗重素。故教㠯極質。髡落徽容。衣裳弗裁。閉情開照。期神曠劫。㠯長其心。推而遠之也。道法則採餌芝英。餐霞服丹。呼吸太一。吐故

眞當作虛

納新。大則靈飛羽化。小則輕強無疾。㠯存其身。即而效之也。三者皆應之一用。非吾所謂至也。夫道之極者。非華非素。不即不殊。無近無遠。誰舍誰居。不偏不黨。勿毀勿譽。圓通寂寞。假字曰無。妙境如此。何所異哉。但自皇羲已來。各弘其方。師師相傳。不相關涉。良由彼此兩足。無復我外之求。故自漢代已來。淳風轉澆。仁義漸廢。大道之科莫傳。五經之學彌寡。大義既乖。微言又絕。眾妙之門莫遊。中庸之儀弗覩。禮術既壞。雅樂又崩。風俗寢頓。君臣無章。正教陵遲。人倫失序。於是聖道彌綸。天運遠被。玄化東流。㠯慈係世。仁眾生民。黷所先習。欣所新聞。革面從和。精義復興。故微言之室。在在並建。玄詠之賓。處處而有。此可㠯事見。非眞布之空談。將無物不可㠯終否。故受之㠯同人故邪意者。夫聖人之撫百姓。亦猶慈母之育嬰兒。始食則餌㠯甘肥。甘肥既厭。復改㠯脂蜜。脂蜜既厭。則五體休和。內外平豫。為益至矣。不其然乎。理既然矣。而橫厝非貶。妄相分別。是未悟環中。不可與議。二賢推盪。往反解材之勢。縱復得解。非順理之作。順理析之。豈待推盪。足下發源開端。明孔老是佛。結章就議。則與奪相懸。何搢紳擎跽。為諸華之容。稽首佛足。則有狐蹲之貶。端委罄折。為庠甸之恭。右膝著地。增狗踞之辱。請問若孔是正覺。釋為邪見。今日之談。吾不容聞。許為正眞。何理鄙誚。既虧畏聖之箴。又忘無苟之禮。取之吾心。所恨一也。又云。全形守祀。繼善之教。毀貌易性。絕惡之學。是商臣之子。有繼善之功。覆障毀落。有絕惡之志。推尋名實。為恨二也。又云。下棄妻孥。上廢宗祀。夫鬼神之理。冥漠難明。故子路有問。宣尼弗釋。當由死生道殊。神緣難測。豈為聖不能言。良恐賢不能得。三達之鑒照之有在。足下已許神化東流。而復㠯喪祭相乘。與奪無定。為恨三也。又云。切法可㠯進謙弱。賒法可㠯退夸強。三復此談。顛倒不類。夫謙弱易回。可㠯賒和而進。夸強難化。應㠯苦切乃退。隱心檢事。不其然乎。

頤當作賾

朱糠在目，則東西易位；偏著分心，則僻義舛惑。所言乖當，爲恨四也。又云：「抑則明者獨進，引則昧者競前。」夫道言眞實，敬同高唱，覆載萬物，養育衆形，而云明者獨進，似若自私。佛音一震，則四等兼羅，三乘同順，天龍俱靡，而云昧者競前，亦又近誣。探頤之談，而妄生瘡疣，游辭放發，爲恨五也。又云：「佛是破惡之方，道是興善之術。」破惡之方，吾無閒然。夫惡止善行，乃法教所以興也。但未知興善之術，術將誰然？若善者已善，奚用興善？善者非善，又非興善，則興善之名義無所託。今道者善也，復以興善取之，名義太爲繼富。不以振惡爲教，徧矣。犬道兼弘，而欲局之，爲恨六也。又云：「殘忍剛愎，則師佛爲長；慈柔虛受，則服道爲至。」夫摧伏勇猛，迴靡殘暴，實是牟尼之巨勳，不乖於慧旨。但道力剛明，化功彌遠，成性存存，恩無不被，梟鴆革心，威無不制，而云唯得虛受，太爲淺略，將無意淪偏著，不悟狹劣傷道邪？披尋第目，則先誠臆說；建言肆論，則不覺情遷。分石難持，爲恨七也。又云：「八象西戎，諸典廣略兼陳，金剛般若，文不踰千，四句所弘，道周萬法。」囊於兩施，繁約共有，典法細誡，科禮等碎，精粗橫生，言乖乎實，爲恨八也。又云：「以國而觀，則夷虐夏溫。」請問炮烙之苦，豈康竺之刑？流血之悲，詎齊晉之子？刳剔苦害，非左衽之心；秋露含垢，匪海濱之士。推檢性情，華夷一揆，虛設溫嚴，爲恨九也。又云：「博弈賢於慢遊，講誦勝於戲謔。」尋夫風流所以得傳，經籍所以不廢，良由講誦以得通，諮求以成悟。故曰學而不講，是吾憂也。而方之戲謔，太爲慢德。請問善誘之筌，其將安寄？初未得意，而欲忘言，爲恨十也。有此十恨，不能自釋，想望君子，更爲伸之。謝生亦有差參，足下攻之已密，且專所請，不復代匠。弘明集七。

朱廣之

廣之字處深，吳郡錢塘人，爲臨川王常侍。

諮顧歡夷夏論并書

若當作苦

望當作諂

朱廣之叩頭。見與謝常侍往復夷夏之論，辯章同歸之義，可謂簡見通微、清練之談也。至於駢尚端冕之飾，屏破翦落之素，申以擎跪之恭，厚以狐蹲之肅，桎束華人，杜絕外法，舟車之喻，雖美平恕之情，未篤致會之源。既坦筌寄之塗，方壅然則三乘之悟，宜望茲土；六度之津，於今長訣。披經翫理，悵怏良深。謝生貶沒仙道，褒明佛教，以羽化之術爲浮濫之說，殘形之唱爲履眞之文，徒知己指之爲指，不知彼指之無殊，豈所以通方得意、善同之謂乎？僕夙漸法化，晚味道風，常以崇空貴無，宗趣一也。蹄網雙張，義無偏取，各隨曉入，唯心所安耳。何必龍袞可襲，而瓔珞難乘者哉！自貧來多務，研敦沈潛，緘卷巾櫝，奄逾十載，幼習前聞，雰落頓盡，蘊志空年，闇瞻靡階，每獨慷慨，遙夜輒啟旦忘寐，而淸心遠信，纏若彌篤。若夫信不治理，則輕汎無主，轉懂之賓，因斯而起。是以磬率狂管，書述鄙心，願重爲啟誨，敷導厥疑。廣之叩頭。

論云：「擎跪磬折，侯甸之恭也；狐蹲狗踞，荒流之肅也。」疑曰：夫邦殊用隔，久自難均，至於各得所安，由來莫辨。侯甸之容，所言當矣；狐狗之目，將不獨傷。

論云：「若謂其致既均，其法可換者，而車可涉川，舟可行陸乎？必不可也。」疑曰：夫法者所以法情，情非法也。法既無定，由情不一，不一之情，所向殊塗，剛柔並馳，華戎必同。是以長川浩漫，無當於此矣；平原遠陸，豈取於彼邪？舟車兩乘，何用不可。

論云：「既不全同，又不全異，下棄妻孥，上廢宗祀。」疑曰：若夫廢祀於上，不能絕棄於下，此自擬異入同，非同者之過也。盍可見犂牛不登宗廟之用，而永棄於牢餼之具邪。

論云：「嗜欲之物，皆以禮伸；孝敬之典，獨以法屈，悖德犯順，曾莫之覺。」疑曰：若悖德犯順，無施而可；慈敬惠和，觸地而通。是以損膳行道，非徵凶之宅；服冕素餐，非養正之方。屈伸之望，可相絕於此矣。

論云。理之可貴者道也。事之可賤者俗也。今捨華效夷。義將安取。若以其道邪。道固符合矣。若以其俗邪。俗則大乖矣。疑曰。至道虛通。故不尉而尊。俗無不滯。故不黜而賤。賤者不能無累。尊者自然天足。天足之境。既符俗累之域。亦等道符累等。又誰美誰惡。故俱是聖化。唯照所惑。惑盡明生。則彼我自忘。何煩遲遲捨效之際。耿介於華夷之間乎。

論云。無生之教賒。無死之化切。切法可以進謙弱。賒法可以退夸強。疑曰。無生即無死。無死即無生。名反實合。容得賒切之別邪。若以跡有差降。故優劣相懸者。則宜以切抑強。以賒引弱。故孔子曰。求也退。故進之。由也兼人。故退之。致教之方。不其然乎。

論云。佛教文而博。道教質而精。精非粗人所信。博非精人所能。疑曰。夫博聞強識。必緣照遠廣。數修善行。必因理入微。照明則理無不精。理精則明無不盡。然則精博同功。相爲利用。博猶精也。豈粗人所能信。精猶博也。豈弘通所獨闚。

論云。佛言華而引。道言實而析。析則明者獨進。引則昧者競前。疑曰。夫華不隔理。則爲達鑒所陶。實未居虛。故爲鑽實所業。陶業有序。者爲質昧邪。爲待明邪。若其質昧。則明不獨進。若必待明。則昧不獲前。若明昧俱得。何須抑引。妙說韡章。所宜更辯。

論云。佛經繁而顯。道經簡而幽。幽則妙門難見。顯則正路易遵。疑曰。夫邪正則歸途不迷。見妙則百慮咸得。疑曰。簡則易從。云何難見。繁則難理。豈得易遵。遵正則歸塗不迷。可以階道之極。雖非幽簡。自然玄造。何假難明之術。代茲易曉之路哉。

論云。若殘忍剛愎。則師佛爲長。慈柔虛受。則服道爲至。疑曰。夫邪見枉道。法所不存。慈悲喜捨。是所斷欲。壽心則能受。捨亦必虛。虛受之義。皆然。復會未知殘愎之人。更依何法。若論所受者異。則翻成剋翳。何相符之有乎。

論云。佛是破惡之方。道是興善之術。又以中夏之性。不可效西戎之法。疑曰。興善之談美矣。勿效之誨。意所未安。請問中夏之性。與西戎之人。爲夏性純善。戎人根惡。如令根惡。則於理何破。使其純善。則於義何興。故知有惡可破。未離於善。有善可興。未免於惡。然則善惡參流。深淺互列。故羅雲慈惠。非假東光。桀跖凶虐。豈鍾西氣。何獨高華之風。鄙戎之法邪。若以此善異乎彼惡。則善惡本乖。寧得同致。

論云。蹲夷之儀。婁羅之辯。猶蟲喧鳥聒。何足述效。疑曰。夫禮以伸敬。樂以感和。雖敬由禮伸。而禮非敬也。和因樂感。樂非和也。故上安民順。則玉帛停筐。風淯俗泰。則鍾鼓輟響。又鍾帛之運。不與二儀並位。蓋以拯頓權時。不得已而行耳。然則道義所存。無係形容。苟造其反。不嫌殊周。全祇蹲虎踞。孰曰非敬。敬以伸心。孰曰非禮。禮敬玄符。如何徒捨舍識之類。人標其所貴。貴不在言。言存貴理。是以麟鳳懷仁。見重靈篇。猩猩能語。受嗤禮章。未知之所論。義將何取。若執言損理。則非知者所據。若仗理忘言。則彼以破相明宗。故李叟之常。非名欲所及。維摩靜黜。非巧辯所追。檢其言也。彼我俱遣。尋其旨也。老釋無際。俱遣則濡沫可遺。無際則不負高貴。何乃遠望般若。名非智慧。便相挫臧。比類蟲鳥。研復逾日。未愜鄙懷。且方俗殊韻。豈專胡夏。近唯中邦。者舊不同。權輿俶落。亦古今代述。以其無妨指録。故傳授世習。若其非也。則此未爲是。如其是也。則彼不獨非。既未能相是。則均於相非。想茲漢音流入彼國。復受蟲喧之譏。婁羅之辯。亦可知矣。一以此明。甚哉可覈。兩若兼除。不其通乎。夫蕃其聞徵。非所宜參。謹欲審方玄匠。聊伸一往耳。傾心遲佇。遲聞後誨。弘明集七。

李淼

淼爲交州刺史。

心字衍

異乎下脫彼善二字

周全當作同今

舍當作含

損當作捐

黜當作默

眞空之眞當作直　術當作實

與道高法明二法師書難佛不見形

夫道處清虛。四大理常。而有法門妙出羣域。若稱其巧能利物。度脫無量爲敎。何㠯不見眞形於世。眞空說而無術耶。今正就尋西方根源。伏願大和上垂懷。允納下心。無惜神詁。弟子李淼和南。弘明集十一

李淼和南。旋省雅論。位序區別。辭況充美。欣會良多。所謂感化異時。像正殊俗。援外㠯映內。徵文㠯驗實。敎範來趣。無所闕然。夫受悟之由。必因鑑觀。闇寄生疑。疑非悟本。若書契所存。異代齊解。萬世之後。可不待聖而師矣。若乃聲跡並資。言象相濟。大義旣乖。儒墨競興。豈徒正信不朗。將亦謗誤增釁。得不取證於示見。印記㠯自固乎。大聖㠯無礙之慧。垂不請之慈。何爲恪昭昭之明。晦倍尋之器。絕羣望於泥洹之後。興罪垢於三會之先。芻狗空陳。其能悟乎。儀像虛設。其能信乎。至於帝王姬孔。訓止當世。來生之事。存而不論。故其隱見廢興。權實莫辨。今如來軌業。彌貫三世。慈悲普潤。不得㠯見在爲限。羣迷求解。不可㠯滅盡致窮。是㠯化度不止於篇籍。佛事備列於累萬。問今之所謂佛事者。其焉在乎。若如雅況。所信在此。所驗在彼。而聖不世出。孔釋異塗。卽事而談。罔非矛盾矣。其可相驗乎。未能嘿廢。聊復寓言。幸更詳究。遲覩清釋。弘明集十一

所基始當作可基其始

李淼和南。雅論明受悟之津。爰自疑得。闇寄有餘。無取鑒觀。鞠躬讚誦。咸足居道。覽復往況。彌覩淵賾。然所謂像法乖正。求悟理爚。借筌會旨。無假示見。此固姬孔所㠯垂訓。輝光所㠯不表。取之世典。緯焉足矣。放光動地。徒何爲乎。若正信不止於俯仰。而佛事備舉於形聲。大覺所由妙其色。涉求之所基始。故知信者必㠯儒墨致疑。學者將由無證自悔。吝明無咎於三五。潛景道德。從於十號矣。豈不然乎。文誨姬孔。務拯積季。無暇來生。設在結繩。三世自明。亦又不然。七經所陳。義兼未來。釋典敷載。事止緣報。故易云積善餘慶。積惡餘殃。經云無我無造無受者。善惡之業亦不亡。此則緣敎常。緩兼訓已弘。豈謂所務在此。所闕在彼哉。來論雖美。故自循環之說耳。望復擢新演異。㠯洗古今之滯。使夷路坦然。積礙大通也。深願大和上垂納亮款。弟子李淼謹呈。弘明集十一

王叔之

叔之字穆仲。琅邪人。晉宋間處士。有莊子義疏三卷。集十卷。見經典釋文敘錄。案隋經籍志有宋王敍之集七卷。梁十卷。舊唐經籍志宋王叔之集十卷。羣書引見作升之、叔之、叔元、敳之、奐敘之名凡五異。疑止一人。今從釋文敘錄列叔之名。而各書互異。每篇分注之。

翟雉賦 并序

余在荆楚。見人有養雉翟二鳥者。慨然感之。而爲賦云。含野氣於八塗。信多懼而少嘉。雉見質而不陋。翟表文而不華。映寒條之始綠。發冬秀之餘葩。藝文類聚九十引作叔之。

遂隱論

崇退儒生問於抱朴丈人曰。請問隱何爲者也。而生上古徇之至今。繼踵何哉。丈人曰。夫全朴之道。萬物一氣。三極湛然。天人無際。豈有朝野之別。隱顯之端哉。則夫隱於已失者也。平原旣開。風流散漫。故隱者所㠯全其眞素。養其浩然之氣也。藝文類聚三十七作叔之。

懷舊序

余與從甥孫道濟。交好特至。昔寓荆州。同處一室。冬多閑暇。長共學書。余收而錄之。欲㠯爲索居之愛。道濟因記紙末曰。舅還山之日。覽此相存。閱書見其手跡。皎若平日。悽悵傷心。御覽七百四十九作升之。

傷孤鳥詩序

偶得二鳥。將欲放之。俄頃而一者死。一者旣放。屢顧悲鳴。感微禽之有心。遂爲詩㠯傷之。藝文類聚九作叔之。

續劉伯倫酒德頌

有酒則飲清含醇，無酒則飡糟口口。書鈔一百四十八作升之。

舟贊

致遠任重，各因所由。陸則騁車，水惟用舟。弱楫輕櫂，利涉齊求。緬彼漁父，鼓栧清謳。北堂書鈔一百三十七、一百三十八並作升之。藝文類聚七十一作叔之。初學記二十五作叔元。御覽七百七十作叔之。

芴贊

愼爲德要，唯善用光。撒上尊賢，貴不踰常。用制斯器，備對遺忘。因事施禮，升降有章。初學記二十六作升之。

甘橘贊

節重履險，操貫有恆。一樹保榮，四運齊能。在質惟美，於味斯弘。異分南域，北則枳橙。藝文類聚八十六、初學記二十八並作升之。

蘭菊銘

蘭既春敷，菊又秋榮。芳藹百草，色豔群英。孰是芳質，在幽愈馨。藝文類聚八十一作淑之。

荀倫一作荀綸。

倫字君文，河內人。

與河伯牋

伏惟河伯府君，君侯潛曜靈泉，翺翔神渚，發洪流於崑崙，揭高波於砥柱，包四瀆以稱王，總百川而爲主。初學記六。案劉敬叔異苑云：河內荀儒字君林，乘冰省舅氏，陷河而死。兄倫字君文，求尸積日不得，設祭水側，投牋與河伯，儒岸側冰開，手執牋浮上。倫又牋謝之。

龔慶

龔慶，爵里未詳。案御覽黃正色本作龔慶，近刻御覽作龔慶，隋書經籍志、崇文總目並載劉涓子鬼遺方十卷，云龔慶宣譔，姓名互異。攷文選蜀都賦注引風俗通，賓人盧朴沓鄂度夕龔七姓，是龔非誤字。而華陽國志後漢板楯蠻傳所載七姓作龔，未詳孰是。

鬼遺方序

劉涓子，不知何許人也。晉末於丹陽郊外較射，忽見一物，高二丈許。因射而中之，走而電激，聲若風雨，夜不敢追。明旦，率門人弟子鄰伍數十人，尋其蹤跡，至山，見一小兒，問之何姓，小兒云：主人昨夜爲涓子所射，今欲取水以洗瘡。因問小兒主人是誰，答曰：是黃父鬼。乃將小兒還，未至，聞擣藥聲，遙見三人，一人臥，一人閱書，一人擣藥。比及，隨呼笑而前，三人並走，遺一帙癰疽方，并一臼藥。人有癰者塗之，隨手而愈。御覽七百二十四。案鬼遺方十卷，北宋尚存，今世所傳僅數方耳。竹木刺肉不出，頭垢塗之即出。又小兒初生不尿，人乳四合，葱白一寸，煎滾分作四服，即利。又初生吐乳，人乳二合，籧篨篾少許，鹽二粟大，同煎，入牛黃粟米許與服。又治疥癬，松膠香研細，約酌少入少輕粉，滾令勻，凡疥癬上先用油塗了，未一日便乾，頑者三兩度。案此四方，余於嘉慶中編輯全宋文時，隨見隨錄也。後見讀畫齋叢書辛集有五卷本，則此書今世尚存其半，爲之一喜。

喬道元

喬道元，喬一作晃，一作吞。案吞絕前切。姓氏書有吞景雲。

道元，爵里未詳。

與天公牋

道元居在城南，接水近塘，草木幽鬱，蚊虻所藏，茅茨陋宇，纔容數牀。無有高門大戶，來風致涼。積汙累穢，體貌萎黃，未免夏暑，逆愁冬霜。冬則兩幅之薄被，上有牽絲與敝絮，撤以三股之絲綖，裕以四升之粗布，狹領不掩其巨形，促縧不覆其長度，伸腳則足出，攣捲則脊露。高似孫緯略作吞道元與吞公牋。藝文類聚三十五作喬道元，文少二十字。

有奴以高安，兩手並殘，指如竹筒，畏風惡寒。小者家生，厥名曰饒，腹中瘕堅，大如飯籮，飽食終日，不能作勞。借一小兒，倉公奚母，近因冬節，嚮詣其舅，狗咬一脛，肉落如手，攣筋徹骨，跛而不愈。長婢來成，左目失明，動則入井，已死復生。次婢艮信，有桓公司馬之疹，行步雖曠，了無前進，隱疾難明，辭不盡譏。小婢從成，南方之奚，形如驚麞，言語嚶偶，聲音駭人，惟堪驅雞，他無所役。遺諂阿秘，復被狗咋，困熟如泥。初學記十九。

有露車一乘，轅復摧折，以犁轅續之，左崎右嶇，強弱相負，傷行研轅。御覽七百七十三。

張委

委。爵里未詳。案御覽列於顔延之後殷琊前，知是宋人

九愍

映金箱之羽蓋。鳴玉衡之鸞鑣。望天路以振策。指萬里於崇朝。御覽三百五十八。

王昊之

昊之。爵里未詳。

與瑯琊太守許誠言書

貴郡臨沂縣沙村逆鱗魚可調藥物。

全宋文卷五十七終

烏程嚴可均校輯

列女

臨川長公主

公主名英娥。文帝第六女。適東陽太守王藻、景和中。譏之於前廢帝、藻坐下獄死。與王氏離婚。泰始初。改適豫章太守庾沖遠。未及成禮。沖遠卒、復還王族。

上表乞還身王族

妾遭隨奇薄。絕於王氏、私庭釁戾、致此分異。今孤疾煢然。假息朝夕、情寄所鍾、唯在一子、契闊荼炭、特兼憐愍、否泰枯榮、繫日爲命。實願申其門釁。還爲母子。推遷僶俛、未及自聞。先朝慈愛。鑒妾丹衷。若賜使息徹歸第。定省仰携、天旨或有可尋。今事迫誠切、不顧典憲、敢緣恩壽、觸冒披聞、特乞還身王族。守養弱嗣、雖死之日。實甘於生。（宋書孝武文穆王皇后傳、后弟藻、尚臨川長公主。藻死、離婚、太宗以江斅讓婚表徧示諸主。於是上表從之。）

玉秀

玉秀、彭城王義康女、

露板辭

父凶滅無狀。孤負天明。存荷優養。沒蒙加禮。明罰羽山。未足救法。烏鳥微心。昧死上訴。乞反葬舊塋。糜骨鄉壤。（宋書彭城王義康傳、大明四年、義康女玉秀等露板辭。詔聽竝加資給。）

范氏

范氏。太子左衛率王錫妻。（錫、僧達兄。）

與夫弟僧達書

昔謝太傅奉寡嫂王夫人如慈母。今蔡興宗亦有恭和之稱。（宋書蔡興宗傳、南史二十九。）

闕名

有司

牀奏

東西堂施局腳牀銀塗釘。（宋書武帝紀下、宋國既建、有司奏。）

奏請崇蕭太后

臣聞道積者慶流。德洽者禮備。故祇敬表於崇高。嘉號彰於盛典。伏惟太妃母儀之德。化穆不言。保翼之訓。光被洪業、雖幽明同慶。而稱謂未窮。稽之前代。禮有恆準。宜式遵舊章。允副羣望。臣等參受宋皇太后號。（宋書孝懿蕭皇后傳、高祖踐祚、有司奏。）

奏用廟祀歌辭

皇朝肇建。廟祀應設雅樂、太常鄭鮮之等八十八人各撰立新哥。黃門侍郎王韶之所撰哥辭七首。竝合施用。（宋書樂志一、永初元年七月、有司奏。又見御覽五百六十六。）

又奏改太樂諸歌舞詩

依舊正旦設樂。參詳屬三省改太樂諸哥舞詩。黃門侍郎王韶之立三十二章。合用教試。日近。宜逆誦習。輒申攝施行。（宋書樂志一、永初元年十二月、有司又奏。）

奏請推恩外戚

大孝之德。盛於榮親。一人有慶。光被萬國。是以靈文寵於西京。壽張顯於隆漢。故平原太守趙裔、故洮陽令蕭卓。竝外屬尊戚。不逮休寵。臣等仰述聖思。遠稽舊章。竝可追贈光祿大夫。加金章紫綬。裔命婦孫可豫章郡建昌縣君。卓命婦趙可吳郡壽昌縣君。（宋書孝穆趙皇后傳、永初二年、有司奏。）

奏郊配

武皇帝配南郊。武敬皇后配北郊。（宋書少帝紀、永初三年九月、有司奏。）

奏上張太后尊號

臣聞嚴親敬始。所因者本。克孝之道。由中被外。惟夫人德竝坤元。

徽音光劭。發祥兆慶。誕啟聖明。宜崇極徽號。允備盛則。從春秋母以子貴之義。遵漢晉推慶之典。謹上尊號爲皇太后。宮曰永樂。（宋書武帝張夫人傳。夫人生少帝。少帝卽位。有司奏。）

奏上胡太后尊號

臣聞德厚者禮尊。慶深者位極。故閟宮既構。咏歌先妣。園陵崇衞。聿追來孝。伏惟先婕妤柔明塞淵。光備六列。德昭巛範。訓洽母儀。用能啟祚聖明。奄宅四海。嚴親莫逮。天祿永違。臣等遠準春秋。近稽漢晉。謹上尊號曰章皇太后。陵曰熙寧。立廟於京師。（宋書武帝胡婕妤傳。婕妤生文帝。賜死。文帝卽位。有司奏。）

奏免何玢之

揚州刺史王弘上。會稽從事韋詣解列。先風聞餘姚令何玢之造作平牀一乘。舴艋一艘。精麗過常。用功兼倍。請免玢之官。（御覽七百七十一引元嘉起居注。有司奏。詔可。案。王弘爲揚州在元嘉初。）

奏無讀土令之文

謹案道娛啟事。以土令在近。謂憤不宜變。萬秋雖云憤宜仍舊。而不明無讀土令之文。今書舊事王左。魏臺雜訪曰。前後但見讀春夏秋冬四時令。至於服黃之時。獨闕不讀。今不解其故。魏明帝景初元年十二月二十一日。散騎常侍領太史令高堂隆上言曰。黃于五行。中央土也。王四季各十八日。土生於火。故於火用事之末服黃。三季則否。其令則隨日時。不以五行爲分也。是以服黃無令。（宋書禮志二。元嘉六年有司奏。）

奏掖庭有故不舉祭

禮喪服傳云。有死於宮中者。則爲之三月不舉祭。今礿祀既戒。而掖庭有故。下太常依禮詳正。太學博士江邃、袁朗、徐道娛、陳珉等議。參互不同。殿中曹郎中領祠部謝元議以爲。遵依禮傳。使有司行事。於義爲安。輒重參詳。宗廟敬重。饗祀精明。雖聖情罔極。必在親奉。然苟曰有疑。則情以禮屈。無所稱述。於義有據。請聽如元所上。（宋書禮志四。元嘉七年四月。有司奏。詔可。又略見通典五十二。）

奏無兩禫禮

喪禮有禫。以祥變有漸。不宜便除卽吉。故其間服以綅縞也。心喪已經十三月。大祥十五月。祥禫變除。禮畢餘情。一周不應復有再禫。宣下以爲永制。（宋書禮志二。通典八十。元嘉十七年有司奏。）

奏請用何承天新厤

治厤改憲。經國盛典。爰及漢魏。屢有變革。良由術無常是。取協當時。方今皇猷載暉。舊域光被。誠應綜覈晷度。以播維新。承天厤術。合可施用。宋二十二年。普用元嘉厤。（宋書厤志上。元嘉二十年。何承天上新厤。詔外詳議。有司奏。）

上彭城王義康罪狀

義康昔擅國權。恣心陵上。結朋樹黨。苞納凶邪。重釁彰著。事合明罰。特蒙陛下仁愛深至。敦惜周親。封社不削。爵寵無貶。四海之心。朝野之議。咸謂皇德雖厚。實撓典刑。而義康曾不思此大造之德。自出南服。詭飾情貌。外示知懼。內實不悛。窮好極欲。干請無度。聖慈含弘。每不折舊。矜釋屢加。恩疇己往。而陰敦行李。方啟交通之謀。潛資左右。以要死士之命。崎嶇伺隙。不忘窺窬。時猶隱忍。罰止僕侍。狂疾之性。永不懲革。兇心遂成。悖謀仍構。遠投羣醜。千里相結。再議宗社。重覬鼎祚。賴陛下至誠感神。宋厤方永。故姦事昭露。罪人斯得。周公上聖。不辭同氣之刑。漢文仁明。無隱從兄之惡。況義康釁深二叔。謀過淮南。背親反道。自棄天地。臣等參議。請下有司削義康王爵。收付廷尉法獄治罪。（宋書彭城王義康傳。元嘉二十二年。范曄等謀反。事逮義康。有司上奏。於是免義康子女爲庶人。絕屬籍。徙付安成郡。）

奏換民資以充軍用

軍用不充。揚南徐兗江四州富有之民。家資滿五千萬。僧尼滿二三

千萬者並四分換一，過此率討事息即還。宋書索虜傳元嘉二十七年有司奏

奏皇子宜爲生母服

古者與尊者爲體，不得服其私親。而比世諸侯咸用士禮，五服之內，悉皆成服，於其所生，反不得遂。宋書禮志二元嘉二十九年南平王鑠所生母吳淑儀薨依禮無服麻衣練冠既葬而除有司奏云云於是皇子皆申母服

奏上路太后尊號

臣聞麻集周邦，徽音充嗣，氣滔漢國，沙麓發祥。昔在上代，業隆胙遠，未有不敷陰教，以闡洪基，膺淑履以載聖哲者也。伏惟淑媛柔明內昭，徽儀外範，合靈初迪，則庶姬仰耀，引訓蕃闈，則家邦被德。融民應惟和，神屬惟祉，故能誕鍾叡躬，用集大命，固靈根於既殞，融盛烈乎中興，載厚化深，聲詠允緝，宜式諸舊典，恭享極號，奉尊號曰皇太后，宮曰崇憲。宋書文帝路淑媛傳淑媛生孝武帝隨世祖出蕃世祖入討元凶淑媛留尋陽上即位遣建平王宏奉迎有司奏

奏不應致拜太傅

聖旨謙光，尊師重道，欲致拜太傅，斯誠弘茲遠風，敦闡盛則。然周之師保，實稱三吏，晉因於魏，特加其禮，帝道嚴極，既有常尊，孜之史載，未見茲典，故下壺孫楚並謂人君無降尊之義。遠稽聖典，近即羣心，臣等參議，謂不應有加拜之禮。宋書江夏王義恭傳世祖即阼進位爲太傅上不欲致禮太傅諷有司奏

奏請議殄寇告二郊

劉義宣臧質干時犯順，滔天作戾，連結淮岱，謀危宗社。質反之始，戒嚴之日，二郊廟社皆已遍陳，其義宣爲逆，未經同告，輿駕將發，醜徒冰消，質既梟懸，義宣禽獲，二寇俱殄，並宜昭告。檢元嘉三年討謝晦之始，普告二郊太廟，賊既平，蕩唯告太廟太社，不告二郊。禮官博議。宋書禮志三孝建元年六月八座奏

奏議殤及無後廟祭

東平沖王彥稚無後，唯殤服五月，雖臣不殤君，應有主祭，而國是追贈，又無其臣，未詳毀靈立廟，爲當他祔。宋書禮志四孝建元年七月有司奏又見通典五十二

奏裁諸王車服制度

車服以庸，虞書茂典；名器慎假，春秋明誡。是以尚方所制，禁嚴漢律。江夏王義恭傳作漢有嚴律 諸侯竊服，雖親必辠。自頃以來，下僭彌盛，傳作降於頃世下僭滋極 器服裝飾，樂舞音容，通於王公，達於眾庶，上下無辨，人志靡一。今表之所陳，傳作義恭所陳 實允禮度，九條之格，猶有未盡，謹共附益，凡二十四條：聽事不得南向坐，施帳并幡，蕃國官正冬不得跣登國殿，及夾侍國師傳令及油戟，公主王妃傳令不得朱服，輿不得重杠，傳作槓 鄣扇不得雉尾，劍不得鹿盧形，槊毦不得孔雀白鷺，南史作白筆 夾轂隊不得絳襖，平乘誕馬不得過二匹，胡伎不得綵衣，舞伎正冬著袿衣，不得莊面蔽花，正傳作褒面無蔽花正三字 冬會不得鐸舞、杯柈舞、長蹻伎、趫狹、舒丸劍、傳作長蹻透狹舒劍 博山伎、緣大橦伎、升五案，傳作博山緣大橦升五案無三伎字 自非正冬會，奏舞曲不得舞。諸妃主不得著袞帶，傳南史作緄帶 信幡非臺省官悉用絳，郡縣內史相及封內史長於其封君，既非在三，罷官則不復追敬，不合稱臣，正宜上下官敬而已，傳無正上敬三字但作宜止下官而已 諸鎮常行，車前後不得過六隊，白直夾轂不在其限，刀不得過銀銅爲裝，傳作爲飾 諸王女封縣主，諸王子孫襲封王，王之妃，傳作襲封之王妃 及封侯者夫人，行並不得鹵簿，諸王子繼體爲王者，婚葬吉凶，悉依諸國公侯之禮，不得同皇弟皇子，車輿不得油幢，軺車不在其限，此二句傳作一句云非軺車不得油幢 平乘舫皆平，傳南史作平乘舫皆下 兩頭作露平形，不得擬象龍舟，悉不得朱油帳鏁，不得作五花及豎笴形。傳無下六句 若先有器物者，悉輸送臺，藏書到後二十日，期若有竊玩犯禁者，及統司無舉糾，並臨時議罪。宋書禮志五孝建二年十月江夏王義恭竟陵王誕表改革諸王車服制度凡九條上因諷有司增廣條目奏云云又見江夏王義恭傳又見南史十三

奏請議殷祭

依舊今元年十月。是殷祠之月。領曹郎范泰參議。依永初三年例。須再周之外殷祭。尋祭再周來二年三月。若㠯四月殷。則猶在禫內。下禮官議正。宋書禮志三孝建元年十二月有司奏。

奏請議郊祠灌獻

今月十五日南郊。尋舊儀。廟祠至尊親奉。㠯太尉亞獻。南郊親奉。㠯太常亞獻。又廟祠行事之始。㠯酒灌地。送神則不灌。而郊初灌。同之於廟。送神又灌。議儀不同。於事有疑。輒下禮官詳正。宋書禮志三孝建二年正月庚寅有司奏。

奏改郊廟樂名

宋承晉氏。郊廟之樂。未有名稱。直號前舞後舞。有乖古制。通典一百四十七。建武二年有司奏。案宋無建武年號。當是孝建之誤。

奏爲皇后父服

故散騎常侍右光祿大夫開府儀同三司義陽王師王偃喪逝。至尊爲服緦三月。成服。仍即公除。至三月竟。未詳當除服與不。又皇后依朝制服心喪。行喪三十日公除。至祖葬日臨喪。當著何服。又舊事。皇后心喪。服終除之日。更還著未公除時服。然後就除。未詳今皇后除心制日。當依舊更服。爲但釋心制中所著布素而已。勒禮官處正。宋書禮志二孝建三年三月有司奏。通典八十。

奏定副車

案漢胡廣蔡邕並云。古者諸侯貳車九乘。秦滅六國。兼其車服。故王者大駕屬車八十一乘。尚書御史乘之。最後一車懸豹尾。法駕則三十六乘。檢晉江左逮至於今。乘輿出行。副車相承五乘。宋書禮志五孝建三年五月有司奏。

奏請議皇子出後告廟

皇子出後。檢未有告廟先例。輒勒二學禮官議正。應告與不。告者爲告殷室。宋書禮志四孝建三年五月有司奏。

全宋文卷五十八終

全宋文卷五十九

烏程嚴可均校輯

闕名二

有司二

奏請議王子出後告廟臨軒

朗先嗣營陽，告廟臨軒。檢繼體爲後，舊不告廟臨軒。下禮官議正。（宋書禮志四。大明元年六月詔以前太子步兵校尉祗男歆紹南豐王朗，有司奏。）

奏請議南郊值雨

今月六日南郊，輿駕親奉。至時或雨，魏世值雨，高堂隆謂應更用後辛。晉時既出遇雨，顧和亦云宜更告。徐禪云，晉武之世，或用丙，或用己，或用庚。使禮官議正并詳，若得遷日，應更告廟與不。（宋書禮志三。大明二年正月有司奏。又見通典四十二。）

奏請議皇后爲父服朞

故右光祿大夫王偃喪，依格皇后服朞，心喪三年，應再周來二月晦。檢元嘉十九年舊事，武康公主出適，二十五月心制終盡，從禮即吉。昔國哀再周，孝建二年二月，其月末，諸公主心制終，則應從吉。於時猶心禫素衣二十七月乃除。二事不同。（宋書禮志二。大明二年正月有司奏。）

奏請議殷祭無事於章后廟

皇代殷祭，無事於章后廟。高堂隆議魏文思后依周姜嫄廟禘祫，及徐邈答晉宣太后殷薦舊事，使禮官議正。（宋書禮志四。大明二年二月有司奏。）

奏余齊民孝行

收賢旌善，萬代無殊；心至自天，古今豈異。齊民至性由中，情非外感。淯情凝至，深心天徹。虓訊遺旨，一慟殞亡。雖迹異參柴，而誠均丘趙。方今聖務彪被，移華革夏，實乃風淯以禮，治本惟孝。靈祥歸應，其道先彰。齊民越自氓隸，行貫生品，旌閭表墓，允出在茲。（宋書余齊民傳。大明二年有司奏。）

莫當作草

奏請議太子妃建旒

斬莫日建旒與不，若建旒應幾旒，及畫龍升降云何，又用幾翣。（南齊書禮志下。大明二年，太子妃薨，建九旒，有司又議。）

奏請議太子妃靈還在道設祭

穆妃卒哭後，靈還在道，遇朔望，當須設祭不。（南齊書禮志下。有司奏。）

奏請議停祭

來七月十五日嘗祠太廟、章皇太后廟，輿駕親奉，而乘輿辭廟親戎。太子合親祠與不，且今月二十四日第八皇女夭，案禮，宮中有故，三月不舉祭。皇太子入住上宮，於事有疑，下禮官議正。（宋書禮志四。大明三年六月有司奏。）

奏請議廟祠有故遷日

四時廟祠，吉日已定，遇雨及舉哀，舊停親奉，以有司行事。先下使禮官博議，於禮爲得遷日與不。（宋書禮志四。大明三年十一月有司奏。）

奏南郊親奉儀注

南郊親奉儀注：皇帝初著平天冠、火龍黼黻之服，還變通天冠、絳紗袍。廟祀親奉，舊儀皇帝初服與郊不異，而還變著黑介幘、單衣。即事乖體，謂宜同郊。還亦變通天冠、絳紗袍。又舊儀乘金根車，今五路既備，依禮玉路以祀，亦宜改金根車爲玉路。（宋書禮志五。大明四年正月有司奏。）

奏上封禪儀注

臣聞崇號建極，必觀俗以樹教；正位居體，必採世以立言。是以重代列聖，咸由厥道，玄勳上烈，融章未分。鳴光委緒，歇而罔臧。若其顯諡略騰，軌則系綴，聲采微略，聞聽爰消。姬、漢風流，尚存遺芬，餘榮綿映，紀緯雖年絕世祀，代革精華，可得騰金綵，奏玉潤，鏤迹以爌今，鐫德以麗遠。而四望埋禋歌之禮，日觀弛修封之容，豈非神明之業難崇，功基之迹易泯。自茲以降，訖於季末，莫不欲英聲徽位。詳固洪聲。豈徒深默修文。淵幽馭迹而已。諒㠯滕非虛奏。書匪妄埋。擊雨怨神。涫麼復樹。安得紫壇䨶祇。竹宮載迯。散火投郊。流星奔座。寶緯初基。厥靈命䖏德。振䇶維。功齊淪象。玄浸紛流。華液幽潤。規存永馭。思詳樹遠。太祖文皇帝㠯啟邁泰運。景望震凝。采樂調風。集禮宣度。祖宗相映。軌迹重暉。聖上韶籙𦳴河。㳅翔衡漢。金波掩照。華燿停明。運動時來。躍飛風舉。澄氛海岱。開景中區。歆神還靈。積天重耀。儲正凝位。於兼明。衮黻蕃華。於元列。故㠯祥映昌基。繫發篆素。重㠯班朝。特典飾令。詳儀纂綜。淪蕪搜騰。委逸奏玉郊宮。禋珪玄時。景集天廟。脤𡊹祥晨。節至昕陽。川乓夙禮。絪威巡駐。表綏中甸。史流其詠。民𢇛其風。於是涵迹覩陰。振聲威響。歷代之渠沈。闕望內安侯之長賢王入侍。殊生詭氣。奉俗還鄉。羽族卉儀。懷音革狀。邊帛絕書。幢光䇶燭。天岱發靈。宗河開寶。崇乓淪鼎。振采泗淵。雲皇王嶽。摛藻。闕漢并角。卽音棲翔。禁籞衮甲霜味。

翾舞川肆。榮泉流鏡。後昭河源。故㠯波沸外關。雲蒸內澤。若其雪趾青毳。玄文朱綵。日月郊甸。擇木弄音。重㠯榮露。騰軒蕭雲。掩閣鎬潁孳萌。移華淵禁。山輿迆衡。雲鶼竦翼。海鰈泳流。江茅吐蔭。校書之列。仰筆㠯飾辭。濟代之蕃獻。邑㠯待禮。豈非神䰟氣昌。物瑞雲照。𤓰軒龜軫。闕泉涫芳。太宰江夏王臣義恭。咀道遵英。紬奇麗古。該潤圖史。施詳閎載。表㠯功懋。往初德耀。炎昊升文。中岱登牒天關。耀冠榮名。摛振聲號。而道謙稱首。禮㠯虛挹。將使玄祇缺觀。幽瑞乖期。粲甫無盛德之容。介乓靡升聞之響。加窮泉之野。獻八代之駟。交木之鄉。莫絕金之楛。肅靈重表。珍符兼貺。伏惟陛下。謨詳淵載。衍屬休章。依徽聖靈。潤色聲業。諏辰稽古。肅齊警列。儲僚展采。禮官相儀。懸鞮動音。洪鍾竦節。陽路整衛。正途清禁。於是繢環珮端。玉藻鳴鳳。㳅律騰駕。流文閒綵。比象之容。昭明紀數之服。徽煒天陣。容藻神行。翠蓋懷陰。羽華列照。乃詔聯事。掌祭賓客贊

儀。金支宿縣。鏞石潤響。命五神㠯相列。闢九關㠯集靈。警衛兵而開雲。先雨祇㠯灑路。霞凝生闕。煙起成宮。臺冠丹光。壇浮素靄。爾乃臨中壇。備盛禮。天降祥錫壽。固皇根。谷動神音。山傳稱響。然後擗年問老。陳詩觀俗。歸薦告神。奉遺清廟。光美之盛。彰乎萬古。淵祥之烈。溢乎無窮。豈不盛歟。臣等生接昌辰。肅懋明世。束教管聞。未足言道。且章志湮微。代往淪絕。拘採遺文。辨明訓誥。口口口口箎訪鄒魯。草滕書壇。玉之禮具。竦石繩金之儀。和芝潤瑛。鑴璽乾封。懽弗軌屬。上徽燀當。王則謹奉儀注㠯聞。宋書禮志三。大明元年十一月江夏王義恭表請封禪。四年四月辛亥。有司奏。詔停此奏。

奏竟陵王誕罪狀

臣聞。𥛚極尊明。大儀所㠯貞觀。皇天峻邈。玄化所㠯幽宣。故能經緯䀝俗。大庇黔首。庶道被八紘。不遺疏賤之賞。威格天區。豈漏親貴之罰。此不刊之鴻則。古今之恒訓。謹案元嘉之末。天綱崩頹。八

神哀憤。含生喪氣。司空竟陵王誕。義兼臣子。任居藩維。進不能泣血提戈。忘身徇節。退不能閉關拒險。焚符斬使。遂至拜受僞爵。欣承榮寵。沈淪姦逆。肆於昏放。㠯妻故司空臣湛之女。誅亡餘類。畢舟端遣。披猖千里。事哀行路。賊忍無親。莫此為甚。故山陰傅佾。祕誠亮國。朝義均休戚。重門峻衛。不能拒折簡之使。巖險千里。不能庇匹夫之身。乃更助虐馮凶。抽兵勒刃。遂使頓仆牢穽。死不旋踵。妻子播流。庭筵莫立。見之者流涕。聞之者含歎。及神鋒首路。欃槍東指。風捲四嶽。電埽三江。誕猶持疑兩端。陰規進退。陛下頻遣書檄。告譬殷勤。方改姦圖。末乃奉順。分遣弱旅。永塞符文。宴安所莅。身不越境。悖禮忘情。不顧物議。彎弧躍馬。務是畋游。致奔牛有崩碎之陳。新亭無獨克之術。假威義銳。乞命皇旅。竟有何勞。而論功伐。既薎褫廓清。大明升曜。幽顯宅心。遠邇雲集。誕忽星行之悲。違開泰之慶。遲回顧望。淹踰旬朔。逆黨陳叔兒等。梟寶鉅億。貲貨不

貨誕收籍所得不歸天府辭稱天軍實入私室又太官東傳舊有獻御喪亂既平猶加斷遏珍羞庶品回充私膳於號諱之辰遽甘滋之品當維新之始絕苞苴之貢忠孝兩忘敬愛俱盡乃徵引巫史潛考圖緯自謂體應符相富貴可期悖意醜言不可勝載遂復遙諷朝廷占求官爵侮蔑宗室詆毀公卿不義不昵人道將盡荷任神州方懷姦慝每闚向宸御妄生規幸多樹淫祀顯肆祆詛遂在石頭潛修法物傳警稱蹕擬則天行皆已駭暴觀聽彰布朝野昔內難甫盜珍瑋散佚有御刀利刃擅價諸夏天府禁器歷代所珍誕密加購賞頓藏私室賊義宣初平餘黨逃命誕含縱罔忌私竊招納名工納巧悉匿私第又引義宣故將妻與爲已腹心事既彰露猶執欺罔公文面啟矯稱舊隸加已營于制館僭擬天居引石徵材專擅興發驅迫士族役同輿皁殫木土之姿窮吞并之勢故會稽宣長公主受遇二祖禮級尊崇臣湛之亡身徇國追榮典軍誕已廣托宅宇地妨藝植輒逼遣孤頓相驅徙遂令神主胥遷改卜委巷宗戚含傷行路掩涕又緣谿兩道積代通衢誕柘宇開垣擅斷其一致使徑塗擁隔川陸阻礙神怒民怨毒徧幽顯故丞相臨川烈武王臣道規名德茂親勳光常策異禮殊榮受自先旨者嗣王臣義慶受任西夏靈寢暫移先帝親枉鑾輿拜辭路左恩冠終古事絕常班誕又已廟居宅前固請毀換詔旨不許怨懟彌極有靦面目豺狼爲性規牧江都希廣兵力天德尙弘甫申所請仍謂應住東府宜爲中台貪冒無厭人莫與比雖聖慈全救每垂容納而虐戾不悛姦詖彌甚受命還鎮猜怨愈深忠規正諫必加鴆毒諂瀆膚踈是與比周又矯稱符敕設牓開募事發辭寢委罪自下及錄事徐靈壽已常署受坐將就囚執臽韓近恭中護軍遣吏夏嗣伯密相屬請求寬桎梏且王僧達臨刑之啟事高闍卽戮之辭皆稱潛驛往來遙相要契醜聲穢問宣著遐邇含識能言孰

納巧當作糾巧

臽當作諂

不憤歎又獲吳郡民劉成豫章民陳談之建康民陳文紹等並加訴狀則姦情猜志歲月增積昔周德初升公旦有流言之釁魯道方泰季子斷違泉之誅近則淮厲覆車於前義康襲軌於後變發柴奇禍成范謝亦皆已義奪親情爲憲屈況乃上悖天經下誣政道結釁於無妄之辰希幸於文明之日皇穹所不覆厚土所不容夫無禮之誠臣子所宜服膺干紀之刑有國所應慎守臣等參議宜下有司絕誕屬籍削爵土收付廷尉法獄治罪諸所連坐別下考論伏願遠尋宗周之重近監興亡之由割恩棄私俯順羣議則卜世靈根於茲克固鴻勳盛烈永永無窮陛下加復隱忍未垂三思則覆皇基於七百擠生民於塗炭此臣等所已夙夜危懼不敢避鈇鉞之誅者也（宋書竟陵王誕傳大明四年上乃使有司奏不許有司固請貶爵爲侯）

奏立明堂

伏尋明堂辟雍制無定文經記參差傳說乖舛名儒通哲各事所見或已爲名異實同或已爲名實皆異自漢暨晉莫之能辨周書云清廟明堂路寢同制鄭玄注禮義生於斯諸儒又云明堂在國之陽丙巳之地三里之內至於室宇堂个戶牖達向世代湮緬難得該詳晉侍中裴頠西都碩學考詳前載未能制定已爲尊祖配天其義明著廟宇之制理據未分直可爲殿已崇嚴祀其餘雜碎一皆除之參詳鄭玄之注差有準據裴頠之奏竊謂可安國學之南地實丙巳爽塏平暘足已營建其牆宇規範宜擬則太廟唯十有二間已應一期之數依漢汶上圖儀設五帝位太祖文皇帝對饗祭皇天上帝雖爲差降至於三載恭祀理不容異自郊徂宮亦宜共日禮記郊已特牲詩稱明堂羊牛吉蠲雖同質文殊典且郊有燔柴堂無禋燎則鼎俎彝簋一依廟禮班行百司搜材簡工權置起部尙書將作大匠營物商程剋今秋繕立（宋書禮志三大明五年四月有司奏又通典四十四）

奏請議郊配用牛數

南郊祭用三牛廟四時祠六室用二牛明堂肇建祠五帝太祖文皇帝配未詳祭用幾牛（宋書禮志三大明五年九月有司奏）

奏請議太子妃喪徹樂

皇太子妃薨至尊皇后並服大功九月皇太后小功五月未詳二御何當得鼓吹及樂（宋書禮志二大明五年閏九月有司奏）

奏定法駕鹵簿

漢儀注大駕鹵簿公卿奉引大將軍參乘太僕卿御法駕侍中參乘奉車郎御晉氏江左大駕未立故郊祀用法駕宗廟以小駕至於儀服二駕不異拜陵御服單衣幘百官陪從朱衣而已亦謂之小駕名實乖舛改尋前記大駕上陵北郊周禮宗廟於昊天有降宜以大駕郊祀法駕祠廟小駕上陵如爲從序今改祠廟爲法駕鹵簿其軍幢多少臨時配之至尊乘玉路以金路象路革路木路

小輦輪御軺衣書等車爲副其餘並如常儀（宋書禮志五大明六年八月有司奏）

奏定皇太子乘輅

秦改周輅創制金根漢魏因循其形莫改而金玉二輅雕飾略同造次瞻覩殆無差別若賜於東儲在禮嫌重非所以崇峻陛級表示等威今皇太子宜乘象輅碧旂九葉進不斥尊退不逼下酌時沿古於禮爲中（隋書禮儀志五大明六年初備五輅有司奏）

奏沙門當拜王者

臣聞邃宇凝居非期宏峻拳跪槃伏豈止敬恭將以昭張四維締制八寓故雖儒法枝派名墨條分至於崇親嚴上厥繇靡爽惟浮圖爲教逷自龍堆反經提傳訓遐事遠練生瑩識（沙門不拜俗事作瑩識）恒俗稱難宗旨緬邈微言淪隔拘文蔽道在末彌扇遂迺陵越典度偃倨尊戚失隨方之眇迹迷製化（沙門不拜俗事作奠化）之淵義夫佛法以謙儉自牧忠虔爲道不輕比丘遭道人斯拜（高僧傳作遭人必拜沙門不拜俗事作逢人必拜疑此衍道字）目連桑門遇長則禮寧有屈膝四輩而簡禮二親稽顙耆臘而直體（高僧傳沙門不拜俗事作直骸）萬乘者哉故咸康創議元興載述而事屈偏黨道挫餘分今鴻源遙洗羣流仰鏡九仙貴寶百神聳職而畿輦之內舍弗臣之甿陛席（高僧傳沙門不拜俗事作階席）之間延抗禮之客懼非所以澄一風範詳示景則者也臣等參議以爲沙門接見皆當盡虔禮敬之容依其本制則朝徽有序乘方兼遂矣（宋書天竺迦毗黎國傳大明六年九月世祖使有司奏詔可又見高僧傳八釋僧遠又見沙門不拜俗事二）

奏請議晉陵王廟祭

故晉陵孝王子雲未有嗣安廟後三日國臣從權制除釋朔望周忌應還臨與不祭之日誰爲主（宋書禮志四大明六年十月有司奏）

奏藏冰

季冬之月冰壯之時凌室長率山虞及輿隸取冰於深山窮谷涸陰沍寒之處以納於凌陰務令周密無泄其氣先以黑牡秬黍祭

司寒於凌室之北仲春之月春分之日以黑羔秬黍祭司寒啟冰室先薦寢廟二廟夏祠用鑑盛冰室一鑑以禦溫氣蠅蚋三御殿及太官膳羞並以鑑供冰自春分至立秋有臣妾喪詔贈秘器自立夏至立秋不限稱數以周喪事繕制夷盤隨冰借給凌室在樂游苑內置長一人保舉吏二人（宋書禮志二大明六年詔立凌室藏冰有司奏又見通典五十五）

奏講武薦牲

鑾輿巡蒐江左講武校獵獲肉先薦太廟章太后廟并設醢酒公卿行事及獻妃陰室室長行事（宋書禮志四大明七年二月有司奏）

奏請議宣貴妃祭

新安王服宣貴妃齊衰周十二月練十三月縞十五月禫心喪三年未詳宣貴妃立廟應在何時入廟之日當先有祔爲但即入新廟而已若是大祥未及禫中入廟者遇四時便得祭不又新安王在心制中得親奉祭不（宋書禮志四通典四十七大明七年三月有司奏）

奏請議晉陵國廟祭

晉陵國制孝王廟，依廬陵孝王等國例，一歲五祭。二國已王，且有衡陽王服，今年內不祠。尋國未有嗣王，三卿主祭，應同無服者之例與不。宋書禮志四，通典五十二。大明七年十二月有司奏。

奏請議齊敬王立廟

故齊敬王子羽將來立後，未詳便應作主立廟，爲須有後之日。未立廟者，爲於何處祭祀。宋書禮志四，通典五十二。大明八年正月有司奏。

全宋文卷五十九終

全宋文卷六十

烏程嚴可均校輯

闕名三

有司三

奏上沈太后尊號

昔幽都追遠。正邑纏哀、緬慕德義、敬奉園陵。先太妃德履端華、徽景明峻、風光宸掖。訓流國幃、鞠聖誕靈、蚤捐鴻祚。臣等遠摸漢冊。近儀晉典。謹上尊號為皇太后。（宋書文帝沈婕妤傳、婕妤生明帝、卒贈湘東國太妃。明帝即位、有司奏。）

奏請崇憲太后別居外宮

夫德敷於內。典章必遠、化覃於外。徽號宜宣。伏惟皇太后懿聖自天。母儀允著。義明八遠、道變九圍。聖明登御。景胙攸改。皇太后宜改前號。別居外宮。（宋書文帝路淑媛傳、明帝即位、有司奏。）

奏請議昭太后祔廟

晉太元中。始正太后尊號。徐邈議廟制。自是呂來、著為通典、今昭皇太后於、至尊無親。正特制義服。祔廟之禮。宜下禮官詳議。（宋書禮志四。泰始二年正月、孝武昭太后崩、五月甲寅、有司奏、）

奏請議祭孝武昭后二廟禮

來七月嘗祀二廟。依舊車駕親奉。孝武皇帝至尊親進觴爵及拜伏。又昭皇太后室應拜及祝文稱皇帝諱。又皇后今月二十五日虔見於禰。拜孝武皇帝昭皇太后、並無明文。下禮官議正。（宋書禮志四。泰始二年六月、有司奏。）

奏封張興世等

盜朔將軍督豫州之梁郡諸軍事豫州刺史領南梁郡太守竟陵張興世。都統水軍。屢戰剋捷。仍進斷賊上流錢溪、貴口苦戰。平定凶逆。今封南平郡作唐縣開國侯。食邑一千戶。盜朔將軍參司徒中直兵軍事廣平佼長生。同統水軍屢戰。及興世上據錢溪。長生獨距賊衝要。功次興世。今封武陵郡遷陵縣開國侯。食邑八百戶。盜朔將軍試守西陽太守吳興全景文、尚書比部郎吳縣孫超之、假輔國將軍右衛將軍南彭城劉亮等三人。並經晉陵苦戰。景文超之仍又北討。破釜水軍。斷賊糧運。及經葛家石梁二處。破賊。亮南伐。經大戰。又最處險劇。景文今封西陽郡孝盜縣。超之封長沙郡羅縣。亮封順陽縣。並開國侯。食邑各六百戶。假輔國將軍驃騎司馬劉靈遺、盜朔將軍右軍蔡那、盜朔將軍屯騎校尉段佛榮等三人。統治攻道、並經苦戰、靈遺今封新野郡新野縣。那封始平郡平陽縣。佛榮封湘東郡臨蒸縣。並開國伯。食邑各五百戶。假輔國將軍左軍吳興沈懷明、龍驤將軍積射將軍東平周盤龍、司徒參軍南彭城李安民等三人。懷明經晉陵破賊。又水軍南伐。統治攻道。盤龍雖不統軍、並經大戰。先登陷陳。安民又隨張興世過斷錢溪。別統軍貴口破賊。今封懷明建安郡吳興縣。盤龍封晉安郡晉安縣。安民封建安郡邵武縣。並開國子。食邑各四百戶。假輔國將軍游擊將軍彭城杜幼文、龍驤將軍羽林監太原王穆之、龍驤將軍羽林監濟北頓生、龍驤將軍羽林監沛郡周普孫、員外散騎侍郎朱重恩等五人。幼文經晉陵破賊。在軍統攻道。南伐濃湖。普孫副沈攸之都統衆軍。穆之、生、重恩並南伐有功。今封幼文邵陵郡邵陽縣。穆之封衡陽郡衡山縣。生封始平郡武功縣。普孫封順陽郡清水縣。重恩封南海郡龍川縣。並開國男。食邑各三百戶。（宋書鄧琬傳。泰始二年、晉安王子勛即位於尋陽。改元義嘉。至是平定。論功封賞。有司奏。）

奏劫竊依舊制

自今凡劫竊執官仗。拒戰邏司。攻剽亭寺。及傷害吏人。并監司將吏自為劫。皆不限人數。悉依舊制斬刑。若遇赦。黥及兩頰劫字。斷去兩腳筋。徙付交梁寧州。五人呂下。止相逼奪者。亦依黥作劫字。

斷去兩腳筋。徙付遠州。若遇赦。原斷徒猶黥面。依舊補治士家口應及坐。悉依舊結讁。泰始四年四月有司奏。

奏遷葬崇寍太后

北疆未緝。戎役是務。禮之詳略。各沿時宜。臣等參議。修寍陵玄宮。補治毀壞。權施油殿。暫出梓宮。事畢即窆。於事爲允。宋書文帝路淑媛傳。泰始四年有司奏。

奏請詳太子昏禮

案晉江左㠯來。太子昏納徵。禮用玉一。虎皮二。未詳何所準況。或者虎取其威猛有彬炳。玉㠯象德而有潤栗。珪璋既玉之美者。豹皮義兼炳蔚。熊羆亦昏禮吉徵。㠯類取象。亦宜並用。未詳何㠯遺文。晉氏江左。禮物多闕。後代因襲。未遑研考。今法章徽儀。方將大備。宜憲範經籍。稽諸舊典。今皇太子昏納徵。禮合用珪璋豹皮熊羆皮與不。下禮官詳依經記更正。若應用者。爲各用一。爲應用兩。

宋書禮志一。明帝泰始五年十一月有司奏。又見通典五十八。

奏始安王休仁罪狀

臣聞明罰無親。情屈於司綱。國典有經。威申於義滅。是㠯梁趙之誅。跣出稱過。來言之罰。克入致勤。謹案劉休仁苞藏禍迹。事蔽於天明。竊匿沈姦。情宣於民聽。自㠯屬居戚近。早延恩睠。異禮殊義。望越常均。往歲授鉞南討。本非才命。啟行濃湖。特㠯親攝。仰遵廟略。俯藉衆効。屬承泰運。竊附成勳。而亟叨天功。多自臧伐。既聖明御寓。躬覽萬機。百司有紀。官方無越。而休仁矜勳怙貴。自謂應總朝權。遂妄生疑難。深自猜外。故司空晉平剌王休祐。少無令業。長滋貪暴。莅任陝荆。毒流西夏。編戶嗟散。列邑雕虛。聖澤含弘。未明王憲。亟與休仁論其愆迹。辭意既密。不宜傳廣。遂飾容旨。反相勸激。休祐㠯休仁位居朝右。任遇優崇。必能爲己力援。故深相黨結。休祐於是輸金薦寶。承顏接意。造厀之間。必論朝政。遂無日不俱行。無時不同宿。聲酣聚集。密語淸閑。休仁含姦扇惑。善於訐數。說休祐使外託專愼之法。密行貪詐之心。謂朝廷不覺。人莫之悟。休祐遂乃外積懽怨。內協禍心。既得資激。凶慝轉熾。與休仁共爲姦謀。潛伺機隙。圖造釁變。規肆凶狡。休仁致殞倉卒。實維天誅。而晉平國太妃妾邢。不能追懺子惡。上感曲恩。更懷不逞。巫蠱呪詛。休仁因聖躬不和。猥謀姦逆。滅道反常。莫斯爲甚。遽肆朝市。庶申國刑。而法網未加。自引厥命。天慈矜厚。減法崇恩。賜全二息。及其爵封。斯誠弘風曠德。貫絕通古。然非所㠯棄惡流釁。懲懼亂臣者也。臣等參議。謂宜追降休仁爲庶人。絕其屬籍。見息悉徙遠郡。休祐愆謀始露。亦宜裁黜。徙削之科。一同舊準。收邢付獄。依法窮治。宋書始安王休仁傳。泰始七年五月有司奏。上有詔邢狂愚不足與計。休仁降封子襲爵。

奏諒闇不親奉吉祭

七月嘗祠。至尊諒闇之內。爲親奉與不。使下禮官通議。伏尋三年之制。自天子達。漢文懲秦餘之弊。於是制爲權典。魏晉㠯來。卒哭而祔。則就吉。案禮記王制。三年不祭。唯祭天地社稷。爲越紼而行事。鄭玄云。唯不敢㠯卑廢尊也。范宣難杜預段暢所㠯闕宗廟祭者。皆人理所奉。哀戚之情。同於生者。譙周祭志稱。禮身有喪。則不爲吉祭。緦麻之喪。於祖考有服者。則亦不祭。爲神不饗也。尋宮中有故。雖在無服。亦廢祭三月。有喪不祭。如或非若三年之內。必宜親奉者。則應禘序昭穆。而今必須免喪。然後禘祫。故知未祭之意。當似可思。起居注。晉武有二喪。兩朞之中。並不自祠。亦近代前事也。伏惟至尊孝越姬文。情深明發。公服雖釋。純哀內纏。推訪典例。則未應親奉。有司祗應。祭不爲曠。仰思從敬。竊謂爲允。臣等參議。甚有明證。宜如所上。宋書禮志四。泰豫元年七月有司奏。詔可。

奏上陳太妃尊號

臣聞河龍啟聖。理浹民神。郊電基皇。慶爍天地。故資敬之道。粹古

傳下妻弟二字衍

銘風沿貴之誼眇代凝則伏惟貴妃含和日晷表淑星樞徽音峻古柔光照世譽華帝掖軌彩天孃景發皇明祚昌睿命而備物之章未擬彝策遠酌前王允陟鴻典臣等參議謹上尊號曰皇太妃輿服一如晉孝武帝太后故事置家令一人改諸國太妃曰太妃宮曰弘化（宋書明帝陳貴妃傳貴妃生廢帝廢帝踐阼有司奏）

蔣恭兄弟罪議

禮讓者以義爲先自厚者以利爲上末世俗薄靡不自私伏膺聖教猶或不逮況在野夫未達誥訓而能互發天倫之憂甘受莫測之罪若斯情義實爲殊特蔑爾恭協而能行之茲乃終古之所希盛世之嘉事二子乘舟無以過此豈宜總執憲文加以罪戮且晞張封筒遠行他界爲劫造釁自外贓不還家所寓村伍容有不知不合加罪勸縣遣之還復民伍（宋書蔣恭傳妻弟元嘉中晉陵蔣崇平爲劫見禽云與恭妻弟吳晞張爲侶晞張先行不在本村遇水妻息五口避水移寄恭家討錄晞張不獲收恭及兄協付獄治罪恭協並款舍住晞張家口而不知劫情兄弟爭求受罪郡縣不能判依事上詳州議乃除恭義成令協義怡令）

崇寧陵令

上書言瑞雲見

自大明八年至今四年二月宣太后陵明堂前後數有光及五色雲又芳香四滿又五采雲在松下狀如車蓋（□□□□□□太始四年崇寧陵令上書）

參佐

慶獲白鹿牋

伏承獲白鹿於彭城之東山皓質玉映育性馴和（藝文類聚九十五宋孝武帝在彭城參佐慶獲白鹿牋）

徐州

移荅魏宜勤庫莫提

知以楊難當投命告敗比之窮鳩欲動衆以相存拯救危恤難有國者之所用心雖然移書之言亦已過矣何者楊氏先世以來受晉爵號修職守藩爲我西服十載之中再造逆亂號年建義猖狂妄作爲臣不忠宜加誅討又知難當稱臣彼國宜是顧畏首尾兩屬求全累是純臣服事於魏何宜與人和親而驕臣下縱逸昔景平之末國祚中微彼乘我內難侵我司兗是以七年治兵義在經略三師涉河秋毫不犯但宗此信誓不負約言耳彼何我軍仍相掎襲俘我甲士虜我邊民是彼有兩曲我有二直也司馬楚之思亡命鼠伏魯軌刁雍實爲蠹尾而擁其逋逃闚其疆場元顯無子焉得天助謬稱假託何足以云又議稱興師旅不相關移若如來言又非所受黃龍國主受我正朔且渠茂虔父子歸款彼皆殘滅俘馘豈有先言況仇池奉晉十世事宋三葉九伐所加何傷於彼僕聞師曲爲老義作亂雄言貴稱情不在夸大移書本諸梁益而謬來鄙府大人不遠幸無過談（宋書索虜傳元嘉十九年虜鎮東將軍武昌王宜勤庫莫提移書益梁二州往伐仇池侵其附屬而移書越詣徐州徐州移荅）

惡當作志

兗州

移荅魏安南平南府

夫皇極肇建實膺神明之符生民初載實稟沖和之氣故司牧之功宜於上代仁義之道興自諸華在昔有晉混一區宇九譯承風遐戎嚮附永嘉失御天綱圮裂石容苻姚遞乘非據或棲息趙魏或保聚邠岐我皇宋屬當歸曆受終晉氏北臨河濟西盡咸汧弔民伐罪流澤五都魏爾時祗德悔禍思用和輯交通使命以馭天衷來移所謂分疆畫境其惡久定者也俄而不恆其信虞我國憂侵牢及洛至於淸濟往歲入河且欲綏理舊城是以頓兵南境秋毫無犯軍師不能奉遵廟算保有成功回旆之日重失司兗來移云不因土立州招引亡命夫古有分土而無分民德之休明四方繈負昔周道方隆靈臺初構民之附化八十萬家彼不思弘善政而恐人之棄己縱威肆虐老弱無遺詳觀今古略聽輿誦未有窮

凶吕延期安忍而懷衆者也若必宜因土立州則彼立徐揚豈有其地往年貴主獻書云强者爲雄斯則棄德任力逆行倒施有一於此何吕能振復加欲游獵具區觀化南國今治道方融遠人必至開館飾邸則有司存來歲元辰天人協慶鸞旍省方東巡稽嶺若欲邀恩宜赴茲會懷德貴蚤無或後期又稱馳獵積年野無飛伏此邦解網舍前矜蝖育鷇七澤八藪禽獸豐碩虞候蒐算義非所恡三代肆覲其典雖埶呼韓入漢厥儀猶全饋餼之秋每存豐厚宋書索虜傳元嘉二十三年虜安南平南府又移書兗州吕南國僑置州不依城土多濫北境名號又欲游獵具區兗州答移

尚書

下荆州符收謝晦

禍福無門逆順有數天道微於影響人事鑒於前圖未有蹈義而福不延從惡而禍不至也故智計之士審敗吕立功守正之臣臨難吕全節徐羨之傅亮謝晦安忍鴆殺獲罪於天名教所極政刑所取已遣暴四海宣於聖詔羨之父子亮及晦息電斷之初並即大憲復王室之讐攄義夫之憤國典澄明人神感悅三姓同罪既擒其二晦之室屬縲仆獄戶苟幽明所怨孫根易拔吕順討逆雖厚必萌然歸死難圖獸困則噬是吕爰整其旅用爲遏防京師之衆天下雲集士練兵精大號響震使持節中領軍佷山縣開國侯到彦之率羽林選士果勁二萬雲旝首路組甲曜川使持節散騎常侍都督南徐兗之江北淮南青州徐州之淮陽下邳瑯邪東莞七郡諸軍事征北將軍南兗州刺史永修縣開國公檀道濟統勁銳武卒三萬戈船蔽江星言繼發千帆俱舉萬棹遄征散騎常侍驍騎將軍段宏鐵馬二千風驅電擊步自竟陵直至鄢郢又命征虜將軍雍州刺史劉粹控河陰之師衝其巢窟湘州刺史張劭提湘川之衆直據要害巴蜀杜荆門之險秦梁絕丹圻之逕雲網四合走伏路盡然後鑾輿劾駕六軍鵬翔警蹕前驅五牛整旆雖吕英布之氣彭寵之資登陴無名授兵誰御加吕西土之人咸沐皇澤東吳將士懷本首丘必不自陷罪人之黨橫爲亂亡之役置軍則魚潰嬰城則鳥散其勢然矣聖上愍勤哀愍其罪由晦士民何辜是用一分前麾宣示朝旨符到其郎共收擒晦身輕舟護送若已猖蹶先事阻衞宜翻然背亂相率歸朝頃大刑所加洪恩曠洽傅亮三息特蒙全宥晦同産吕下羨之諸姪咸無所染況彼府州文武並列王職荷國榮任身雖在外乃心辰極夫轉禍貴速後機則凶遂使王師臨郊雷電皆至噬臍之恨亦將何及宋書謝晦傳元嘉三年太祖時已戒嚴諸軍相次進路尚書符荆州

東討下符

夫晦明遞運崇替相沿帝宋之基懋業維永聖祖重光氤氳上業狂昏承祀國維吕紊毒流九縣釁積三靈搢紳戮辱黔庶塗炭人神同憤朝野泣血聖上明睿在躬膺符握曜眷懷家國夙夜劬勞懼社稷湮蕪彝倫左衽天威雷發氛沴冰消殄凶讙門不俟鳴條之旅殲虐牧野無勞孟津之鉞華夷即晏晷緯還光鏗鏘聞於管絃邈翔被於冠冕同軌仰化異域懷風劉子勛昏世稱兵義同蒴惡明朝不戢同識邪正窺窬畿甸逼遏兩江陵上無君暴於遐邇王赫斯怒與言討違命彼上將治兵薄伐今遣寧朔將軍尋陽内史沈攸之輕銳七千飛舟先邁龍驤將軍劉靈遺羽林虎旅連鋒繼造假節督南討前鋒諸軍事冠軍將軍兗州刺史殷孝祖驛濟河勁卒電擊雷動使持節車騎將軍江州刺史曲江縣開國侯王玄謨烝徒五萬董統前師使持節侍中司徒揚州刺史建安王休仁擁神州之衆總督羣帥龍驤將軍劉勔寧朔將軍劉懷珍步騎五千直指大雷寧朔將軍柳倫司州刺史龐孟虯淮潁突騎邪趣西陽使持節驃騎大將軍豫州刺史山陽王休祐總勒步帥連旗百萬河舟代馬遄驁江濆越棘吳鉤交曜鐵服茹鼓動坤維金甲

訩當作詾

茹當作筎

震雲漢，掎角相望，水陸俱發。冠軍將軍武念率雍司之銳，已據樊沔；徐州刺史申令孫提彭宋剽勇，陵塗猋奮；皇上當親馭六師，降臨江服，旌旆掩雲，舳艫咽海。昔吳楚連衡，燕淮勁悍，塵擾區內，聲沸泰中，霧散埃滅，豈非先鑒，而嬰彼孤城，以待該天之網。迫此烏合，以抗絡寓之師，雲羅四掩，霜鋒交集，猶勁飆之拂細草，烈火之掃寒原，燋卷之形，昭然已著。朝廷惻然，愍我僚吏，哀矜我士民，並亦何辜，拘誤迷黨，故加宣示，令得自新。如其淪惑不改，抵冒王威，同焚既至，雖悔奚補。奉詔，以四王幼弱，不幸陷難，兵交之日，不得妄加侵犯，若有逼損，誅翦無貸。左右主帥嚴相衞奉，詿誤之罪，一無所問。（宋書鄧琬傳，時東賊甚急，張永、江方興回軍東討，尚書下符。）

金石刻

宋故散騎常侍揚州丹楊郡秣陵縣謝公墓誌

祖璠，字球度，琅邪（下缺十餘字。）夫人琅邪王氏，父頤之，字修年，振威將

軍、東海內史。

父□，字景山，給事黃門侍郎，散騎常侍，光祿勳。夫人太原王氏，父坦之，字文度，持節都督平北將軍□□□□刺史，藍田獻侯。

宋故散騎常侍揚州丹楊郡秣陵縣西鄉顯安里領豫州陳□陽夏縣都鄉吉遷里謝濤，字明遠，春秋卌有九。元嘉十八年歲次屠維月依林鍾十七日辛，其年九月卅日窆于揚州丹楊郡建康縣土山里。夫人琅邪王氏，七十有二，大明七年歲次單閼月□□□十五日辛，其年十一月十四日合祔。父靜之，字□壽，司徒□長史，義興太守。祖獻之，字子敬，中書令。嗣曾孫綽。（古刻叢鈔）

宋故散騎常侍護軍將軍臨澧侯劉使君墓誌

曾祖，宋孝皇帝。

祖諱道鄰，（案：宋書作憐，疑轉寫之誤。）字道鄰，侍中、太傅、長沙景王。妃高平平陽檀氏，字憲子，謚曰景定妃。父暘，道淵，永寧令。祖貔，稚羆，琅邪太守。

合葬琅邪臨沂莫府山。

父諱義融，字義融，領軍、車騎、桂陽恭侯。夫人琅邪臨沂王氏，字韶鳳。父藺，長仁，東陽太守。祖穆，伯遠，臨海太守。合葬丹徒練壁雩山。

所生母湯氏，宜城人，葬練壁雩山。

兄覬，茂道，散騎常侍、桂陽孝侯。夫人廬江灊何氏，憲英。父愉之，彥和，通直常侍。祖叔度，金紫光祿大夫。合葬練壁雩山。

第三弟彪，茂蔚，祕書郎，葬江□□□。夫人河南陽翟褚氏，成班。父方回，太傅功曹。祖叔度，雍州刺史。

第四弟賁，茂軌，太子舍人。夫人琅邪臨沂王氏，淑婉。父津，景淵，中書郎。祖虞，休仲，左衞將軍。□□江乘白山。

第五弟季，（案：宋書作爽。）茂通，海陵太守，葬練壁雩山。夫人陳郡陽夏袁氏，妙□。父淑，陽源，太尉忠憲公。祖豹，士蔚，丹陽尹。

第一姊茂徽，適陳郡長平殷栻，憲郎。父元素，南康太守。祖曠，思泰。

□軍功曹。重適琅邪臨沂王閔之，希損，鎮西主簿。父昇之，休道，都官尚書。祖敬弘，左光祿儀同。

第二姊茂華，適廬江灊何求，子有，□書郎。父鑠，長弘，宜都太守。祖尚之，彥德，司空、簡穆公。

第三姊茂婭，適平昌安丘孟詡，元亮，中軍參軍。父靈休，太尉長史。祖昶，彥遠，丹陽尹。

第四姊茂美，適蘭陵蕭惠徽，中書郎。父思話，征西將軍、儀同三司。祖源之，君流，前將軍。

第五妹茂容，適蘭陵蕭臏，叔文。父斌，伯禧，青冀二州刺史。祖摹之，仲緒，丹陽尹。重適濟陽圉蔡廉之，景仁，通直郎。父興元，明散騎侍郎。祖廓，子度，太常卿。

第六妹茂嫄，適濟陽考城江遜，孝言。父湛，徽淵，左光祿儀同、忠簡公。祖夷，茂遠，前將軍、湘州刺史。重適琅邪臨沂王法興，驃騎參軍。

父翼之季弼。廣州刺史。祖楨之公幹。侍中。
夫人濟陽考城江氏景娥。父湣徽源。太子洗馬。祖夷茂遠。前將軍湘州刺史。
第一男晃長暉。出後兄紹。封桂陽侯。第二男旻淵高。拜臨澧侯世子。第三男昺淵華。第五男暠淵邃。出後第四弟實。第五男□淵類。第六男旻淵平。
第一女麗昭。第二女麗明。第三女小字僧歸。亡。葬□□。

宋故散騎常侍護軍將軍臨澧侯劉使君墓誌

君諱襲。字茂德。南彭城人。宋高祖武皇帝弟景王之穆也。神姿韶雅。風譽夙懋。弱冠拜祕書郎。逮二凶肆禍。人倫道消。君身離幽執。僅免虎□。事清還復舊職。以母憂去官。既除。又拜祕書郎。轉太子舍人。自升□二宫。令望允緝。出爲鎮蠻護軍、廬江太守。莅政平簡。聲績兼著。遷明威將軍、安成太守。屬中流構釁。四表迷逆。君英議獨發。招會如神。故能以一□之旅。剋濟忠節。義超終古。誠貫當今。皇朝欽嘉。爵賞取榮。除輔國將軍、郢州刺史。封建陵縣開國侯。俄徵太子右衛率。加給事中。未拜。遷侍中、冠軍將軍。改封臨澧縣開國侯。鎮蘄石頭。實當關要之寄。遷左衛將軍。未拜。仍除中護軍。春秋卅有八。泰始六年三月十日薨於位。聖主嗟悼。朝野傷悲。有詔故中護軍臨澧縣開國侯志行貞純。才用理濟。忠勤著於艱時。勳績倡乎泰運。年志始壯。奄焉凶折。悲傷惻割。實兼常懷。思加寵數。以申哀榮。可贈護軍將軍。加散騎常侍。□如故。謚曰忠侯。粤五月廿七日庚寅。將葬於琅邪之乘武岡。以悲幽明之殊隔。傷一訣而永分。仰清徽而灑淚。儀玄石而裁文。其辭曰。
峩峩□□。山岳效靈。允矣君子。誕膺休禎。支蔭帝宇。締慶文明。德以行高。仁與□□。□華二宫。宦政兩服。國步時屯。艱難斯屬。忠則忘家。義實光族。朝迺欽庸。以□□□□□。望既歸□。寵惟□或。侍帝言。或司蕃戎。方宏互美。□□家邦。如何不□□□□□。躬□芳稍。遄日月有時。考辰筮吉。玄堂啟基。濱泉永穸。□□長悲□□□□□□□。(古刻叢鈔)

宋張推兒墓誌

宋故臨渭縣侯湘東太守張府君諱濟。夫人邱氏諱靜姬。第三女推兒。春秋卅有一。亡於偏憂。元徽元年十月甲辰十七日庚申。權假窆穸於西鄉。
遠葉蘭飛。浚源琁潔。履信早辰。含章妙歲。選史圖容。循詩範節。皎鏡冬泉。優柔春蕙。濇北恒行。譽東慚藝。冥昧慶善。曾瞬壽仁。泣血實性。團憂殲身。罷景方旦。摧華載春。壠木已藹。墓草行陳。朱火幾燭。元夜無晨。(古刻叢鈔)

金革鉤文

錫爾金鉤。且公且侯。(南史吉士瞻傳)

剡縣刻石山大石文

此齊者黄公之化氣也。

立石文

黄天星。姓蕭。字某甲。得賢帥。天下大平。

小石文

刻石者誰。會稽南山李斯。刻秦望之封也。(南齊書祥瑞志。會稽剡縣刻石山相傳爲名。不知文字所在。昇明末。縣民兒襲祖行見石上有文凡三處。皆生其上。字不可識。刊苔去之。大石文云云。立石文云云。小石文云云。)

天璽文

戊丁之人與道俱。肅然入草應天符。皇帝興運。(南齊書祥瑞志。昇明三年四月。滎陽人尹午於嵩高山東南隅見天雨石墜地。石開有璽在其中。方三寸。其文曰云云。又曰云云。午奉璽詣雍州刺史蕭赤斧。赤斧表獻之。)

全宋文卷六十終

烏程嚴可均校輯

外國

吐谷渾慕璝

慕璝，阿豺弟。（宋慕璝代立當在元嘉五年前）

請更授章策表（元嘉六年）

大宋應運，四海宅心。臣亡兄阿豺，慕義天朝，款情素著。去年七月五日，謁者董湛至，宣傳明詔，顯授榮爵。而臣私門不幸，亡兄見背，臣以愞弱，負荷後任。然天恩所報，本在臣門，若更反覆，懼停信命，輒拜受寵任，奉遵上旨。伏願詳處，更授章策。（宋書吐谷渾傳）

上魏太武帝表

臣誠庸弱，敢竭情款，俘禽僭逆，獻捷王府。爵秩雖崇，而土不增廓；車旗既飾，而財不周賞。願垂鑒察，亮其單款。臣頃接寇逆，疆境之人為賊所抄，流轉東下。今皇化混一，求還鄉土。乞佛曰連、窟略寒、張華等三人，家弱在此，分乖可愍，願並敕遣，使恩洽遐荒，存亡感戴。（魏書吐谷渾傳。慕璝討擒赫連定，遣之京師，策拜西秦王。慕璝表。）

慕延

慕延，慕璝弟。（案慕延代立當在元嘉十四年之前，魏書作慕利延）

上表求入越嶲（元嘉二十七年）

若不自固者，欲率部曲入龍涸越嶲門。（宋書吐谷渾傳）

仇池氐楊難當

難當，武都王楊盛子。義熙初為質於姚興，永初末授冠軍將軍。元嘉六年代兄玄位，拜秦州刺史、武都王，尋進號征西將軍。十三年自立為大秦王，改元建義。十九年遣裴方明等擊破之，奔魏，死。

奉表謝罪

臣聞生成之德，含氣同係，而榮悴殊途，遭遇異兆。至於恩降自然，誠無荅謝。夫以在聖道隔，猶存克念之誠，況君親其二，不期自感者哉。每思自竭，奉遵光訓，丹誠未諒，大譴已彰。梁州刺史甄法護誣臣遣司馬飛龍擾亂西蜀，諸所譖引，言非一事，長塗萬里，無路自明。風塵之聲，日有滋甚，與其逆生，寧就清滅。文武同憤，制不自由。遣參軍姚道賢齎書詣梁州刺史蕭思話，尋續又遣詣臺歸罪。道賢至西城，為守兵所殺。行李蔽擁，日月莫照。法護恇擾，望風奔逃。臣即回軍，秋毫無犯，權留少守，以俟會通。其後數旬，官軍尋至，守兵單弱，懼不自免，續遣輕兵，共相迎接。值秦流民懷土，及本行將既旋，不容禁制，由臣約防無素，以致斯闕。臣本歷代守蕃，世荷殊寵，王化始基，順天委命，要名期義，不在今日，豈可假託妖妄，致敗成功？如此之形，灼然易見。仰恃聖明，必垂鑒察。但臣微心不達，迹違忠順，至乃聲聞朝廷，勞煩師旅，負辱之深，罪當誅責。遠隔遐荒，告謝無地，謹遣兼長史齊亮聽命有司，並奉送所授第十一符策，伏待天旨。（宋書氐胡傳。元嘉十年。）

北涼沮渠蒙遜

蒙遜，張掖臨松盧水胡人。初仕後涼呂光，後叛投段業，為鎮西將軍、臨池太守，尋領張掖太守，轉西安太守。以晉隆安四年殺段業，自稱車騎大將軍，建元永安。姚興以為鎮西將軍、沙州刺史、西海侯。以晉義熙三年自號大都督、大將軍、河西王，改元玄始。後遣使詣晉稱蕃，以為涼州刺史。宋永初末以為使持節、散騎常侍、都督涼州諸軍事、鎮軍大將軍、開府儀同三司、涼州刺史、張掖公。景平末進侍中、都督涼秦河沙四州諸軍事、驃騎大將軍、領護匈奴中郎將、西夷校尉、涼州牧、河西王。文帝初改驃騎為車騎。元嘉十年卒，在位三十四年，謚曰武宣王。

上晉安帝表

上天降禍，四海分崩，靈曜擁於南裔，蒼生沒於醜虜。陛下累聖重光，道邁周漢，純風所被，八表宅心。臣雖被髮邊徼，才非時儁，謬爲河右遺黎推爲盟主。臣之先人，世荷恩寵，雖歷夷嶮，執義不回，傾首朝陽，乃心王室。去冬益州刺史朱齡石遣使詣臣，始具朝廷休問。承車騎將軍劉裕秣馬揮戈，以中原爲事，可謂天贊大晉，篤生英輔。臣聞少康之興大夏，光武之復漢業，皆奮劒而起，衆無一旅，猶能成配天之功，著車攻之詠。陛下據全楚之地，擁荊揚之銳，而可垂拱晏然，棄二京以資戎虜。若六軍北軫，克復有期，臣請率河西戎卒爲晉右翼前驅。晉書載記沮渠蒙遜傳，又十六國春秋九十四。

上魏太武帝表

伏惟陛下天縱叡聖，德超百王，陶育齊於二儀，洪基隆於三代。然鍾運多難，九服紛擾，神旗暫擁，車書未同。上靈降祐，祚歸有道，純風一鼓，殊方革面，羣生幸甚，率土齊欣。臣誠弱才，效無可錄，幸遇重光，恩竭力命，自欣投老得覩盛化，冀終餘年憑倚皇極。前後奉表貢使相望，去者杳然，寂無旋返，未審津塗寇險，竟不仰達，爲天朝高遠，未蒙齒錄。屏營戰灼，無地自措。往年侍郎郭祗等還，奉被詔書，三接之恩始隆，萬里之心有賴。今極難之餘，開泰唯始，誘勸既加，引納彌篤，老臣見存，遐外無棄，仰荷愷悌之仁，俯蹈康哉之詠。然商胡後至，奉公卿書，援引曆數安危之機，厲以竇融知命之美。顧惟情願，實深悚惕。何者？臣不自揆，遠託大蔭，庶徼誠上宣，天鑒下降，若萬國來庭，百辟陛賀，高蹈先至之端，獨步知機之首。但世難尚殷，情願未遂，章表頻修，滯懷不暢，許身於國，款誠莫表，致惑羣后，貽慮公卿，辭旨紛紜，抑引重沓，不在同獎之例，未達拱辰之心。延首一隅，低徊四極。臣歷覩符瑞，候察天時，未有過於皇魏踰於陛下。加以靈啟聖姿，幼登天位，美詠侔於成康，道化踰於文景。方將振綱以掩六合，灑玄澤以潤八荒，況在秦隴荼炭之餘，

直是老臣盡效之會。魏書沮渠蒙遜傳：神䴥中遣尚書郎宗舒、左常侍高猛朝貢上表。又見十六國春秋九十四。

上疏於禿髮利鹿孤

臣前遣奚念具披誠款，而聖旨未昭，復徵臣弟挐。臣竊以爲苟有誠信，則子不爲輕；若其不信，則弟不爲重。今寇難未夷，不獲奉詔，願陛下亮之。十六國春秋九十四。

下書省繇務農

孤以虛薄，猥忝時運，未能弘闡大猷，戡蕩羣孽，使桃蟲鼓翼東京，封豕烝涉西裔，戎車屢動，干戈未戢，農失三時之業，百姓戶不粒食。可蠲省百徭，專功南畝，明設科條，務盡地力。晉書載記沮渠蒙遜傳，又十六國春秋九十四。

下書伐禿髮傉檀

古先哲王應期撥亂者，莫不經略八表，然後光闡純風。孤雖智非靖難，職在濟時，而狡虜傉檀鴟峙舊京，毒加夷夏，東苑之戮，酷甚長平，邊城之禍，害深獮狁。每念蒼生之無辜，是以不遑啟處，身披甲胄，體倦風塵。雖傾其巢穴，傉檀猶未授首。傉檀弟文支追項伯歸漢之義，據彼重藩，請爲臣妾。自西平以南，連城繼順，惟傉檀窮獸守死樂都。四支既落，命豈久全？五緯之會已應，清一之期無賒，方散馬金山，黎元永逸。可露布遠近，咸使聞知。晉書載記沮渠蒙遜傳，又十六國春秋九十四。

下書大赦

孤庶憑祖廟之靈，乾坤之祐，濟否剝之運會，拯遺黎之荼蓼。上望掃清氛穢，下冀保寧家福。而太后不豫，涉歲彌增，將刑戮枉濫，眾有怨乎？賦役繁重，時不堪乎？羣望不絜，神所譴乎？內省諸身，未知罪之攸在。可大赦殊死已下。晉書載記沮渠蒙遜傳，又十六國春秋九十六。

又下書大赦

頃自春大旱害及時苗碧原青野倏爲枯壤將刑政失中下有冤獄乎役賦繁重上天所譴乎內省多缺孤之罪也書不云乎百姓有過罪予一人可大赦境內殊死已下（晉書載記沮渠蒙遜傳又十六國春秋九十四）

下書伐乞伏暮末

乞伏暮末頻年失信終日言笑要當一舉勦其巢穴（十六國春秋九十四）

下令尊禮劉昞

祕書郎中劉彥明學冠當時道光區內可授玄處先生之號拜以三老之禮築陸沈觀於西苑以居之躬往禮焉（十六國春秋九十四）

下令求賢

養老乞言晉文納輿人之誦所以能招禮英奇致時雍之美況孤寡德智不經遠而可不思聞讜言以自鏡哉內外臣僚其各搜揚賢儁廣進芻蕘以匡孤不逮（晉書載記沮渠蒙遜傳又十六國春秋九十四）

沮渠茂虔

茂虔一作牧犍蒙遜第三子以元嘉十年襲位改元永和明年授使持節散騎常侍都督涼秦河沙四州諸軍事征西大將軍領護匈奴中郎將西夷校尉涼州刺史河西王在位七年爲魏太武所執

襲位上表

臣聞功以濟物爲高非竹帛無以述德名以當實爲美非諡號無以休終先臣蒙遜西復涼城澤幡岷裔芟夷羣暴清灑區夏暨運終有道備大宋之宗臣爵班九服享惟永之丕祚功名昭著克固貞節考終由正而請名之路無階懿跡雖弘而述敘之美有缺臣子痛感感用不安謹按諡法克定禍亂曰武善聞周達曰宣先臣廓清河外勳光天府標榜稱迹實兼斯義輒上諡爲武宣王若允天聽垂之史筆則幽顯荷榮始終無恨（宋書大且渠蒙遜傳又十六國春秋九十五）

百濟國王慶（魏書作餘慶）

慶一作餘慶餘毗子元嘉末嗣位大明二年遣使上表

遣使求除授表

臣國累葉偏受殊恩文武良輔世蒙朝爵行冠軍將軍右賢王餘紀等十一人忠勤宜在顯進伏願垂愍並聽賜除仍以行冠軍將軍右賢王餘紀爲冠軍將軍以行征虜將軍左賢王餘昆行征虜將軍餘暈並爲征虜將軍以行輔國將軍餘都餘乂並爲輔國將軍以行龍驤將軍沐衿餘爵並爲龍驤將軍以行寧朔將軍餘流麋貴並爲寧朔將軍以行建武將軍于西餘婁並爲建武將軍（宋書百濟國傳）

上魏獻文帝表（按是時獻文爲太上皇）

臣建國東極豺狼隔路雖世承靈化莫由奉藩瞻望雲闕馳情罔極涼風微應伏惟皇帝陛下協和天休不勝係仰之情謹遣私署冠軍將軍駙馬都尉弗斯侯長史餘禮龍驤將軍帶方太守司馬張茂等投舫波阻搜徑玄津託命自然之運遣進萬一之誠冀神祇垂感皇靈洪覆克達天庭宣暢臣志雖旦聞夕沒永無餘恨

臣與高句麗源出夫餘先世之時篤崇舊款其祖釗輕廢隣好親率士衆陵踐臣境臣祖須整旅電邁應機馳擊矢石暫交梟斬釗首自爾以來莫敢南顧自馮氏數終餘燼奔竄醜類漸盛遂見陵逼構怨連禍三十餘載財殫力竭轉自孱踧若天慈曲矜遠及無外速遣一將來救臣國當奉送鄙女執掃後宮并遣子弟牧圉外廄尺壤匹夫不敢自有

今璉有罪國自魚肉大臣彊族戮殺無已罪盈惡積民庶崩離是滅亡之期假手之秋也且馮族士馬有鳥畜之戀樂浪諸郡懷首丘之心天威一舉有征無戰臣雖不敏志效畢力當率所統承風響應且高麗不義逆詐非一外慕隗囂藩卑之辭內懷兇禍豕突之行或南通劉氏或北約蠕蠕共相脣齒謀陵王略昔唐堯至聖

致罰丹水孟常稱仁不拾塗譽涓流之水宜早壅塞今若不取將貽後悔去庚辰年後臣西界小石山北國海中見屍十餘並得衣器鞍勒視之非高麗之物後聞乃是王人來降臣國長蛇隔路以沈於海雖未委當深懷憤恚昔宋戮申舟楚莊徒跣鷂撮放鳩信陵不食克敵建名美隆無已夫以區區偏鄙猶慕萬代之信況陛下合氣天地勢傾山海豈令小豎跨塞天逵今上所得鞍一以爲實驗（魏書百濟國傳延興二年其王餘慶遣使上表）

倭國王武

遣使上表（昇明二年）

封國偏遠作藩於外自昔祖禰躬擐甲胄跋涉山川不遑寧處東征毛人五十五國西服衆夷六十六國渡平海北九十五國王道融泰廓土遐畿累葉朝宗不愆於歲臣雖下愚忝胤先緒驅率所統歸崇天極道逕百濟裝治船舫而句驪無道圖欲見吞掠抄邊隸虔劉不已每致稽滯以失良風雖曰進路或通或不臣亡考濟實忿寇讎壅塞天路控弦百萬義聲感激方欲大舉奄喪父兄使垂成之功不獲一簣居在諒闇不動兵甲是以偃息未捷至今欲練甲治兵申父兄之志義士虎賁文武效功白刃交前亦所不顧若以帝德覆載摧此彊敵克靖方難無替前功竊自假開府儀同三司其餘咸假授以勸忠節（宋書倭國傳昇明二年）

訶羅陁國王堅鎧

遣使奉表

伏承聖王信重三寶興立塔寺周滿國界城郭莊嚴清淨無穢四衢交通廣博平坦臺殿羅列狀若衆山莊嚴微妙猶如天宮聖王出時四兵具足導從無數以爲守衛都人士女麗服光飾市廛豐富珍賄無量王法清整無相侵奪學徒遊集三乘競進敷演正法雲布雨潤四海流通萬國交會長江眇漫清淨深廣有生咸資莫

能銷穢陰陽調和災厲不行誰有斯美大宋揚都聖王無倫臨覆上國有大慈悲子育萬物平等忍辱怨親莫二濟乏周窮無所藏積靡不照達如日之明無不受樂猶如淨月宰輔賢良羣臣貞潔盡忠奉主心無異想伏惟皇帝是我眞主臣是訶羅陁國王名曰堅鎧今敬稽首聖王足下惟願大王知我此心久矣非適今也山海阻遠無緣自達今故遣使表此丹誠所遣二人一名毗紉一名婆田令到天子足下堅鎧微蔑誰能知者是故今遣二人表此微心此情旣果雖死猶生仰惟大國藩守曠遠我卽邊方藩守之一上國臣民普蒙慈澤願垂恩逮等彼僕臣臣國先時人衆殷盛不爲諸國所見陵迫今轉衰弱鄰國競侵伏願聖王遠垂覆護並市易往反不爲禁閉若見哀念願時遣還令此諸國不見輕侮亦令大王名聲普聞扶危救弱正是今日今遣二人是臣同心有所宣啟誠實可信願敕廣州時遣舶還不令所在有所陵奪願自今以後賜年年奉使今奉微物願垂哀納（宋書夷蠻傳西南夷訶羅陁國元嘉七年遣使奉表）

呵羅單國王毗沙跋摩

遣使奉表

常勝天子陛下諸佛世尊常樂安隱三達六通爲世間道是名如來應供正覺遺形舍利造諸塔像莊嚴國土如須彌山村邑聚落次第羅匝城郭館宇如忉利天宮宮殿高廣樓閣莊嚴四兵具足能伏怨敵國土豐樂無諸患難奉承先王正法治化人民良善慶無不利處雪山陰雪水流注百川洋溢八味清淨周而屈曲順趣大海一切衆生咸得受用於諸國土殊勝第一是名震旦大宋揚都承嗣常勝大王之業德合天心仁廕四海聖智周備化無不順雖人是天護世降生功德寶藏大悲救世爲我尊主常勝天子是故至誠五體敬禮呵羅單國王毗沙跋摩稽首問訊（宋書夷蠻傳元嘉十年）

又上表

奉當作法

大吉天子足下。離淫怒癡。哀愍羣生。想好具足。天龍神等恭敬供養。世尊威德。身光明照。如水中月。如日初出。開自蒙普照十方。其白如雪。亦如月光。清淨如華。顏色照耀。威儀殊勝。諸天龍神之所恭敬。以正奉寶。梵行衆僧。莊嚴國土。人民熾盛。安隱快樂。城閣高峻。如乾他山。衆多勇士。守護此城。樓閣莊嚴。道巷平正。著種種衣。猶如天服。於一切國。爲最殊勝。吉揚州城。無憂天主。愍念羣生。安樂民人。律儀清淨。慈心深廣。正法治化。供養三寶。名稱遠至。一切竝聞。民人樂見。如月初生。譬如梵王。世界之主。一切人天。恭敬作禮。呵羅單跋摩以頭禮足。猶如現前。以體布地。如殿陛道。供養恭敬。如奉世尊。以頭著地。曲躬問訊。忝承先業。嘉慶無量。忽爲惡子所見爭奪。遂失本國。今唯一心。歸誠天子。以自存命。今遣毗紉問訊大家。意欲自往歸誠宣訴。復畏大海。風波不達。今命得存。亦由毗紉。此人忠志。其恩難報。此是大家國。今爲惡子所奪。而見驅擯。

意頗忿惋。規欲雪復。伏願大家聽毗紉買諸鎧仗袍襖及馬。願爲料理毗紉。使得時還。前遣闍邪仙婆羅訶。蒙大家厚賜。悉惡子奪去。啟大家使知。今奉薄獻。願垂納受。（宋書夷蠻傳。毗沙跋摩爲子所篡。十三年又上表。）

師子國王刹利摩訶南

遣使奉表

謹白大宋明主。雖山海殊隔。而音信時通。伏承皇帝道德高遠。覆載同於天地。明照齊乎日月。四海之外。無往不伏。方國諸王。莫不遣信奉獻。以表歸德之誠。或泛海三年。陸行千日。畏威懷德。無遠不至。我先王以來。唯以修德爲正。不嚴而治。奉事三寶。道濟天下。欣人爲善。慶若在己。欲與天子共弘正法。以度難化。故託四道人。遣二白衣。送牙臺像。以爲信誓。信還。願垂音告。（宋書夷蠻傳。元嘉五年。）

闍婆婆達國王師黎婆達陁阿羅跋摩

遣使奉表

至當作主

宋國大主大吉天子足下。敬禮一切種智。安隱天人師。降伏四魔。成等正覺。轉尊法輪。度脫衆生。教化已周。入於涅槃。舍利流布。起無量塔。衆寶莊嚴。如須彌山。經法流布。如日照明。無量淨僧。猶如列宿。國界廣大。民人衆多。宮殿城郭。如忉利天宮。名大宋揚州大國大吉天子。安處其中。紹繼先聖。王有四海。閻浮提內。莫不來服。悉以慈水。普飲一切。我雖在遠。亦霑靈潤。是以雖隔巨海。常遙臣屬。願照至誠。垂哀納受。若蒙聽許。當年遣信。若有所須。惟命是獻。伏願信受。不生異想。今遣使至佛大陁婆。副使葛抵。奉宣微誠。稽首敬禮大吉天子足下。陁婆所啟。願見信受。諸有所請。惟願賜聽。今奉微物。以表微心。（宋書夷蠻傳。元嘉十二年。）

天竺迦毗黎國王月愛

遣使奉表

伏聞彼國。據江傍海。山川周固。衆妙悉備。莊嚴清淨。猶如化城。宮

殿莊嚴。街巷平坦。人民充滿。歡娛安樂。聖王出遊。四海隨從。聖明仁愛。不害衆生。萬邦歸仰。國富如海。國中衆生。奉順正法。大王仁聖。化之以道。慈施羣生。無所遺惜。帝修淨戒。軌道不及。無上法船。濟諸沈溺。羣僚百官。受樂無怨。諸天擁護。萬神侍衛。天魔降伏。莫不歸化。王身莊嚴。如日初出。仁澤普潤。猶如大雪。聖賢承業。如日月天。於彼真丹。最爲殊勝。臣之所住。名迦毗河。東際於海。其城四邊。悉紫紺石。首羅天護。令國安隱。國王相承。未嘗斷絕。國中人民。率皆修善。諸國來集。共遵道法。諸寺舍中。皆七寶形像。衆妙供具。如先王法。臣自修檢。不犯道禁。臣名月愛。棄世王種。惟願大王聖體和善。羣臣百官。悉自安隱。今以此國羣臣吏民。山川珍寶。一切歸屬。五體歸誠大王足下。山海遐隔。無由朝覲。宗仰之至。遣使下承。使主父名天魔悉達。使主名尼陁達。此人由來良善忠信。是故今遣奉使表誠。大王若有所須。珍奇異物。悉當奉送。此之境土。便

是王國。王之法令，治國善道，悉當承用。願二國信使往來不絕。此反使還，願賜一使，具宣聖命，備敕所宜。款至之誠，望不空反。所白如是，願加哀愍。奉獻金剛指鐶、摩勒金鐶諸寶物、赤白鸚鵡各一頭。宋書夷蠻傳，元嘉五年。

全宋文卷六十一終

全宋文卷六十二

釋氏一

烏程嚴可均校輯

竺道生

道生彭城人師事法汰初住龍光寺隆安中入廬山尋往長安師事鳩摩羅什義熙中南歸元嘉十一年卒

荅王衞軍書

究尋謝永嘉論都無閒然有同似若妙善不能不以爲欣檀越難旨甚要切想尋必佳通耳且聊試略取論意以伸欣悅之懷以爲苟若不知焉能有信然則由教而信非不知也但資彼之知理在我表資彼可以至我庸得無功於日進未是我知何由有分於入照豈不以見理於外非復全昧知不自中未爲能照邪廣弘明集二十一

釋慧叡

慧叡冀州人游歷諸國還憩廬山入關受什公諮稟後適京師住烏衣寺元嘉中卒

喻疑

夫應而不寂感之者至感有精麤應亦不一影響理也若以方期之非徒乖其圓乃亦喪其方故以備聞之悟喻其所疑疑非膏肓庶必爲治若治所不至喻復其如之何並可詳覽往喻昔漢室中興孝明之世無盡之照始得輝光此壤於二五之照當是像法之初自爾已來西域名人安侯之徒相繼而至大化文言漸得淵照邊俗陶其鄙倍漢末魏初廣陵彭城二相出家並能任持大照尋味之賢始有講次而恢之以格義迂之以配說下至法祖孟詳法行康會之徒撰集諸經宣暢幽旨粗得充允視聽暨今附文求旨義不遠宗言不乖實起之於亡師及至苻并龜茲三王來朝持法之宗亦並與經俱集究摩羅法師至自龜茲持律三藏集自罽賓禪師徒衆尋亦並集關中洋洋十數年中當是大法後興興之盛也叡才常人鄙而得廁對宗匠陶譯玄典法言無日不聞聞之無要不記故敢依準所聞寄之紙墨以宣所懷什公云大教與世五十餘年言無不實實無不益益而爲言無非教也實而爲稱無非寶也寶以如意爲喻教以正失爲體若能體其隨宜之旨則言無不深若守其一照則惑無不至今此世界以雜爲名則知本自離薄本自離薄則易爲風波風波易以動不渞易爲離易動易離故大聖隨宜而進進之不已一途三乘雜化由之而起三藏祛其染滯般若除其虛妄法華開一究竟泥洹闡其實化此三津開照照無匿矣但優劣在乎人深淺在其悟任分而行無所臧否前五百年也此五百年中得道者多不得者少以多言之故曰正法後五百年唯相是非執競盈路得道者少不得者多亦以多目之名爲像法像而非眞失之由人由人之失乃有非跋眞言斧戕實化無擇起於胸中不救出自唇吻三十六國小乘人也此釁流於秦地慧導之徒遂不復信大品既蒙什公入關開託眞照般若之明復得輝光末俗朗兹實化尋出法華開方便門令一實究竟廣其津途欣樂之家景仰沐浴眞復不知老之將至而曇樂道人以偏執之見而復非之自畢幽途永不可誨今大般泥洹經法顯道人遠尋眞本於天竺得之持至揚都大集京師義學之僧百餘人禪師執本參而譯之詳而出之此經云泥洹不滅佛有眞我一切衆生皆有佛性皆有佛性學得成佛佛有眞我故聖鏡特宗而爲衆聖中王泥洹永存爲應照之本大化不泯眞本存焉而復致疑安於漸照而排跋眞誨任其偏執而自幽不救其可如乎此正是法華開佛知見開佛知見今始可悟金以瑩明顯發可如而復非之大化之由而有此心經言闡提眞不虛也此大法三門皆有成證昔朱士行既襲眞式以大法爲己任於雒陽中講小品亦往往不通

乃出流沙尋求大法既至于塡果得眞本即遣弟子十人送至雒陽出爲晉音未發之頃彼土小乘學者乃呂聞王云漢地沙門乃呂婆羅門書惑亂眞言王爲地主若不折之斷絶大法聾盲漢地王之咎也王即不聽時朱士行乃求燒經爲證王亦從其所求積薪十車於殿階下呂火焚之士行臨階而發誠誓若漢地大化應流布者經當不燒若其不應命也如何言已投之火即爲滅不損一字遂得有此法華正本於于塡大國輝光重壞踊出空中而得流此此大般泥洹經既出之後而有嫌其文不便而更改之人情小惑有慧祐道人私呂正本雇人寫之容書之家忽然火起三十餘家一時蕩然寫經人於灰火之中求銅鐵器物忽見所寫經本在火不燒及其所寫一紙陌外亦燒字亦無損餘諸巾紙寫經竹筒皆爲灰燼此三經者如什公所言是大化三門無極眞體皆有神驗無所疑也什公時雖未有大般泥洹文已有法身經明佛法身即是泥洹與今所出若合符契此公若得聞此佛有眞我一切衆生皆有佛性便當應如白日朗其胸襟甘露潤其四體無所疑也何呂知之每至苦問佛之眞主亦復虛妄積功累德誰爲不惑之本或時有言佛若虛妄誰爲眞者若是虛妄積功累德誰爲其主如其所探今言佛有眞業衆生有眞性雖未見其經證明評量意便爲不乖而亦曾問此土先有經言一切衆生皆當作佛此當云何荅言法華開佛知見亦可皆有爲佛性若有佛性復何爲不得皆作佛邪但此法華所明明其唯有佛乘無二無三不明一切衆生皆當作佛皆當作佛我未見之亦不抑言無也若得聞此正言眞是會其心府故知聞之必深信受同吾之肆學正法者小可虛其衿帶更聽往喻如三十六國著小乘者亦復自呂爲日月之明無呂進於己也而大心寥朗乃能鄙其狂而偏執自貽重罪慧導之非大品而尊重三藏亦不自呂爲照不周也曇樂之非法華

憑陵其氣自呂爲是天下悠悠唯己一人言其意亦無所與讓今疑大般泥洹者遠而求之正當呂一切衆生皆有佛性爲不通眞照眞照自可照其虛妄眞復何須其照一切衆生既有僞矣別有眞性爲不變之本所呂陶練既精眞性乃發恆呂大慧之明除其虛妄虛妄既盡法身獨存爲應化之本應其所化能成之緣一人不度吾終不捨此義始驗復何爲疑邪若於眞性法身而復致疑者恐此邪心無處不惑佛之眞我尙復生疑亦可不信佛有正覺之照而爲一切種智也般若之明自是照虛妄之神器復何與佛之眞我法身常存一切皆有佛之眞性眞性存焉學不越涯成不乖本乎而欲呂眞照無虛言言而亦無佛我亦無泥洹是邪見也但知執此照惑之明不知無惑之性非其照也爲欲呂此誣罔天下天下之人何可誣也所呂遂不關默而驟明此照者是借一肆之上而有鑠金之說一市之中而言有虎者三易惑之徒則將爲之所染皆爲不救之物亦不得已而言之豈其好明人罪邪實是蝮蛇螫手不得不斬幸有深識者體其不默之旨未深入者尋而悟之呂求自淸之路如其已不可喻吾復其如之何（釋藏跡五）

曇無讖

曇無讖中天竺人幼出家呂道術懼誅奔龜茲後歸沮渠蒙遜至宋元嘉十年請西行蒙遜遣刺客殺之

水讚

大王惠澤所感遂使枯石生泉（釋藏聲五又百四）

釋道朗

道朗北涼玄始中沙門

大涅槃經序

大般涅槃者蓋是法身之玄堂正覺之實稱衆經之淵鏡萬流之宗極其爲體也妙存有物之表周流無窮之內任運而動見機而

赴。任運而動。則乘虛照以御物。寄言蹄以通化。見機而赴。則應萬形而爲像。卽羣情而設教。至乃形充十方。而心不易慮。教彌天下。情不在己。廁流塵蟻而弗下。彌蓋羣聖而不高。功濟萬化而不恃。明踰萬日而不居。渾然與太虛同量。泯然與法性爲一。夫法性以至極爲體。至極則歸於無變。所以生滅不能遷其常。生滅不能遷其常。故其常不動。非樂不能虧其樂。故其樂無窮。或我生於謬想。非我起於因假。因假存於名數。故至我越名數而非無。越名數而非無。故能居自在之聖位。而非我不能變。非淨生於虛淨。故眞淨水鏡於萬法。水鏡於萬法。故非淨不能渝。是以斯經解章。敘常樂我淨爲宗義之林。開究玄致爲涅槃之源。用能闡祕藏於未聞。啟靈管以通照。拯四重之瘝疽。拔無間之疣贅。闡祕藏則暢羣識之情。審妙義之在己。啟靈管則悟玄光之潛映。神珠之在體。然四重無間誹謗方等。斯乃衆患之疛瘠瘡疣之甚者。故大涅槃以無瘡疣爲義名。斯經以大涅槃爲宗目。宗目舉則明統攝於衆妙。言約而義備。義名立則照三乘之優劣。至極之有在。然冥化無朕。妙契無言。任之沖境。則理不虛運。是以此經開誠言爲教本。廣衆喻以會義。建護法以涉初。觀祕藏以窮源。暢千載之固滯。散靈鷲之餘疑。至於理微幽蟠。微於微者。則諸菩薩弘郢匠之功。曠舟船之濟。清難雲構。翻覆周密。由使幽途融坦。宗歸豁然。是故誦其文而不疲。語其義而不倦。甘其味而無足。飡其音而不厭。始可謂微言興詠於眞丹。高韻初唱於赤縣。梵音震響於聾俗。眞俗亘曜於今日。而寡聞之士。偏執之流。不量愚見。敢評大聖無涯之典。遂使是非興於爭論。議謗生於快心。先覺不能返其迷。衆聖莫能移其志。方將沈樊八邪之網。長淪九流之淵。不亦哀哉。天竺沙門曇摩讖者。中天竺人。婆羅門種。天懷秀拔。領鑒明邃。機辯清勝。內外兼綜。將乘運流化。先至燉煌。停止數載。大沮渠河西王者。至德潛著。建隆

王業。雖形處萬機。每思弘大道。爲法城塹。會開定西夏。斯經與讖自遠而至。自非至感先期。孰有若茲之遇哉。讖既達此。以玄始十年歲次大梁十月二十三日。河西王勸請令譯。讖手執梵文。口宣秦言。其人神情既銳。而爲法殷重。臨譯敬慎。殆無遺隱。搜研本正。務存經旨。唯恨梵本分離。殘闕未備耳。余以庸淺。預遇斯運。夙夜感戢。欣遇良深。聊試標位。敘其宗格。豈謂必然闚其宏要者哉。此經梵本正文三萬五千偈。於此方言數減百萬言。今數出者一萬餘偈。如來去世後。人不量愚淺。抄略此經。分作數分。隨意增損。雜以世語。緣使違失本正。如乳之投水。下章言（案當有脫誤）雖然猶勝餘經。足滿千倍。佛涅槃後初四十年。此經於閻浮提宣通流布。大明於世。四十年後。隱沒於地。至正法欲滅餘八十年。乃得行世。雨大法雨。自是已後。尋復隱沒。至於千載。像教之末。雖有此經。人情薄淡。無心敬信。遂使羣邪競辯。曠塞玄路。當知遺法將滅之相。（釋藏跡八。）

釋道挻

道挻。北涼沙門。終於宋。

阿毗曇毗婆沙論序

毗婆沙者。蓋是三藏之指歸。九部之司南。司南既準。則羣迷革正。指歸既定。則邪輪輟駕。自釋迦遷暉。六百餘載。時北天竺有五百應眞。以爲靈燭久潛。神炬落耀。含生昏丧。重夢方始。雖前勝迦旃延撰阿毗曇以拯頹運。而後進之賢。尋其宗致。儒墨競搆。是非紛如。（一作紛然。）故乃澄神玄觀。搜簡法相。造毗婆沙。抑止衆說。或卽其殊辯。或標之銓評。理致淵曠。文略（一作文竊）豔博。使西域勝達之士。莫不資之以鏡心。鑒之以朗識。而冥瀾（一作溟瀾）潛灑。將洽殊方。然理不虛運。弘之由人。大沮渠河西王者。天懷遐廓。標誠沖寄。雖迹纏紛務。而神棲玄境。用能上翼廊廟。館第林野。是使淵叟投竿。巖逸來庭。

息心升堂玄容（一作客）入室誠諳旣著理感不期有沙門道泰才敏自天沖氣疎朗博關奇趣遠參異言往以漢土方等旣備幽宗粗暢其所未練唯三藏九部故杖策冒險爰至葱西綜覽梵文義承高旨幷獲其梵本十萬餘偈旣逵涼境王卽欲令宣譯然懼環（一作寰）中之固將或未盡所以側席虛衿企矚明勝時有天竺沙門浮陀跋摩周流敷化會至涼境其人開悟淵博神懷深邃研味鑽仰逾（一作喻）不可測遂以乙丑之歲四月中旬於涼城內苑閑豫宮寺請令傳譯理味沙門智嵩道朗等三百餘人考文詳義務存本旨除煩卽實質而不野王親屢迴御駕陶其幽趣使文當理詣片言有寄至丁卯歲七月上旬都訖通一百卷會涼城覆沒淪湮遐境所出經本零落殆盡今涼王信向發中探練（一作探深）幽趣故每至新異希（一作悕）仰奇聞其年歲首更寫已出本六十卷令送至宋臺宣布未聞庶令日新之美敞於當時福祚之興垂於來葉挻以微緣豫參聽末欣遇之誠竊不自默粗列時事以貽來哲（釋藏宮一又跡十）

釋慧通

慧通俗姓劉沛人住冶城寺

駮顧道士夷夏論（并書）

余端夏有隙亡事忽景披顧生之論昭如發蒙見辨異同之原明是非之趣辭豐義顯文華情奧每研讀忘倦慰若萱草眞所謂洪筆之君子有懷之作也然則察其指歸疑笑良多譬猶盲子採珠懷赤菽而反以爲獲寶聾賓聽樂聞驢鳴而悅用爲知音斯蓋吾子夷夏之談以爲得理其乖甚焉見論引道經益有昧如昔老氏著述文指五千其餘淆雜並淫謬之說也而別稱道經從何而出旣非老氏所創寧爲眞典庶更三思儻祛其惑

論云孔老非佛誰則當之道則佛也佛則道也以斯言之殆迷厥津故經云摩訶迦葉彼稱老子光淨童子彼名仲尼將知老氏非

佛其亦明矣實猶吾子見理未弘故有所固執然則老氏仲尼佛之所遣且宣德示物禍福而後佛教流焉然夫大道難遵小成易習自往古而致歎非來今之所慨矣老氏著文五千而穿鑿者衆或述妖妄以迴人心或傳淫虐以振物性故爲善者寡染惡者多矣僕謂搢紳之飾罄折之恭殯葬之禮斯蓋大道廢之時也仁義所以生孝敬所以出矣智欲方起情僞日滋聖人因禁之以禮教制之以法度故禮者忠信之薄取亂之首也旣失無爲而尚有爲寧足加哉夫翦髮之容狐蹲之敬永沈之俗僕謂華色之不足吝貨財之不可守亦已信矣老氏謂五色所以令人目盲多藏必之後失故乃翦髮玄服損財去世讓之至也是以泰伯無德孔父嘉焉斯其類矣夫胡跪始自天竺而四方從之天竺天地之中佛教所出者也斯乃大法之整肅至敬之齊嚴吾子比之狐蹲厥理奚徵故夫凶鬼助惡強魔毀正子之謂矣譬猶持瓢以減江海側掌以蔽日月不能損江海之泉掩日月之明也至夫太古之初物性猶淳無假禮教而能緝正弗施刑罰而能自治死則葬之中野不封不樹喪至無期哀至便哭斯乃上古之淳風良足效焉子欲非之其義何取又道佛二教喻之舟車夫有識聞之莫不莞爾而笑僕謂天道弗言聖人無心是以道由人弘非道弘人然則聖人神鑒靡所不通智照寧有不周而云指其專一不能兼濟譬猶靈暉朝覯稱物納照時風夕灑程形賦音故形殊則音異物異則照殊日不爲異物而殊照風不爲殊形而異音將知其日一也其風一也稟之者不同耳吾子以爲舟車之喻義將焉允然夫大教無私至德弗偏化物共旨導人俱致在戎狄以均響處胡漢而同音聖人寧復分地殊教隔寓異風豈有夷邪寧有夏邪昔公明儀爲牛彈清角之操伏食如故非牛不聞不合其耳也轉爲蚉䖟孤犢之聲於是奮耳掉尾蹀躞而聽之今吾子所聞者蓋蚉䖟之音也夫

夏之別，斯旨何在。又云，下棄妻孥，上廢宗祀，嗜欲之物，皆以禮伸；孝敬之典，獨以法屈。夫道俗有晦明之殊，內外有語默之別。至於宗廟享祀，禘祫皇考，然則孝敬之至，世莫加焉。若乃烟香夕臺，韻法晨宮，禮拜懺悔，祈請無輟，上逮歷劫親屬，下至一切蒼生，若斯孝慈之弘大，非愚瞽之所測也。夫國資民爲本，君資民而立，國之所以盛，民之力也。推如來談，似爲空設。又云，刻船桑門，守株道士，空爭大小，互相彈射，披撫華論，探釋久滯，尋文求義，於何允歸。夫外道淫奔，彌齡積紀，沉晦弗遷，愈惑盛反，遊涉墟鄉，泛越鄽落，公因聖術，私行淫亂，得道如之何，斯可恥。昔齊人好獵，家貧犬瘦，窮年馳騁，不獲一獸，於是退而歸耕。今吾子有知歸耕，得算。又云，大道既隱，小成互起，辯訥相傾，孰與正之。夫正道難毀，邪理易退，譬若輕羽在高，遇風則飛，細石在谷，逢流則轉，唯泰山不爲飄風所動，磐石不爲疾流所迴。是以梅李見霜而落葉，松柏歲寒之不凋，信矣。夫婬妖之術，觸正便挫，子爲大道，誰爲小成，想更論之，然後取辯。若夫顏回見東野之馭，測其將敗；子貢觀邾魯之風，審其必亡。子何無知若斯之甚，故標愚智之別，撰賢鄙之殊，聊舉一隅，示子望能三反。又云，泥洹仙化，各是一術，佛號正真，道稱正一，一歸無死，眞會無生。無生之教賒，無死之教切。斯蓋吾子聰辯能言，鄙夫蔑以如之。然則泥洹滅度之說，著乎正典，仙化入道之唱，理將安附。老子云，生生之厚，必之死地。又云，天地所以長久者，以其不自生也。夫忘生者生存，存生者必死。子死道將屆，故謂之切，其殊切乎。諺曰，指南爲北，自謂不惑，指西爲東，自謂不蒙。子以必死爲將生，其何反如之。故潛居斷糧，以修仙術。僕聞老氏有五味之戒，而無絕穀之訓矣。是以蟬蛾不食，君子誰重；蛙蟒穴藏，聖人何貴。且自古聖賢，莫不歸終，吾子獨云不死，何斯濫乎。故舜有蒼梧之墳，禹有會稽之陵，周公有改葬之篇，仲尼有兩楹之夢，曾參有啟

羅當作罹

足之辭，顏回有不幸之數，子不聞乎，豈謬也哉。昔者有人未見麟，問常見者曰，麟何類乎。答曰，麟如麟也。問者曰，若嘗見麟，則不問也，而云麟如麟，何耶。答云，麟麏身，牛尾，鹿蹄，馬背。問者乃曉然而悟。今吾子欲見麟邪，將不見告。又云，道經簡而幽，幽則妙門難見。僕謂老教指乎五千，過斯已外，非復眞籍，而道文重顯，愈深疑怪，多是虛託妍辭，空稱麗句，譬周人懷鼠以貿璞，鄭子觀之而且退，斯之謂矣。尋此而言，將何克允。又云，殘忍剛愎，則師佛爲長；慈柔虛受，則服道爲至矣。故老子云，強梁者不得其死，吾將以爲學文。故人所以敷行誡籍，顯著文教，將爲愚瞽之故，非爲賢哲之施矣。違之者必凶，順之者必吉。夫強梁剛愎之人，下愚之類也。大教慈愍，方便爲之，將非虛邪。學文邪慈柔虛受，僕謂宜空談。今學道反之，陳黃書以爲眞典，佩紫籙以爲妙術，士女無分，閨門混亂，或服食以祈年長，或婬姣以爲瘳疾，慈柔之論，於焉何託。又道迹密而微，利用在己，故老子云，吾所以有大患者，爲吾有身也，及吾無身，吾又有何患。老氏以身爲大患，吾子以軀爲長保，何其乖之多也。夫後身而身先，外身而身存，惟云在己，未知此談以何爲辯。又云，婁羅之辯，各出彼俗，自相領解，猶蟲諠鳥聒，何足述效。僕謂餌辛者不知辛之爲辛，而無羨於甜香；悅臭者不覺臭之爲臭，而弗就椒蘭。猶吾子淪好淫僞，盛有想於大法。夫聖教妙通，至道淵博，既不得謂之爲有，亦不得謂之爲無，無彼我之義，竝異同之說矣。夫言猶射也，若筈之離弦，非悔恨所及，予將愼言乎，而云蟲諠鳥聒，意則何依。近者孫子猖狂，顯行無道，妖婬喪禮，殘逆廢義，賢士同志而已，愚夫輒爲迴心，姦儔盈室，惡侶塡門，墟邑有痛切之悲，路陌有羅苦之怨。夫天道損盈，鬼神福謙，然後自招淪喪。引明集七。

釋僧愍

僧愍，建業寺僧。

戎華論折顧道士夷夏論

昔維摩者內乘高路功亮事外龍隱人間志揚淵海神灑十方理正天下故乃跡臨西土協同幽唱若語其靈變也則能令乾坤倒覆促延任意若語其眞照也則忘慮而幽凝言絕者也如此之人可謂居士未見君稱居士之意也君今七慢之岳未摧五欲之谷未塡慧陽之日未曜無明之雲未晴永冥之風未息夜遊之迷未旋君既解猶常品而山號居士乎貧道逢餐器量知君未堪斯據然此雖大法之淺號而亦未易當矣省君夷夏論意亦具照來心貧道踐學天壇希囑茲況而此所論者才無玩文之麗識無鑒幽之效照無寸光澤無露潤萬塗所闕有何義哉而復內秉茫思獲心闇計輕弄筆墨仰卜聖旨或混道佛合同或論深淺爲異或說神邪優劣或毀清正賓實夫苦李繁子而枝折欒大謬唱而受梟此皆是上世之成制後賢之遠匠矣今將示君道佛之名義異也

夫佛者是正靈之別號道者是百路之都名老子者是一方之哲佛據萬神之宗道則㠯仙爲貴佛用漏盡爲研仙道有千歲之壽漏盡有無窮之靈無窮之靈故妙絕杳然千歲之壽故乘龍御雲御雲乘龍者生死之道也杳然之靈者常樂永淨也若斯者故能璇璣竝應跡臨王城宮疏遠闕細委重軒故放彼萬國普越三空龍飛華館整駕道場於是初則唱於鹿苑次則集於天宮中則播於靈鷲後則扇於熙連故乃巨光遐照白日寢暉華軒四蓋梵駕天垂九天齊歌羣仙悟機敢預有緣莫不雲會歸焉唯有周皇邊霸道心未興是㠯如來使普賢威行西路三賢竝導東都故經云大士迦葉者老子其人也故㠯詭教五千翼匠周世化緣既盡迴歸天竺故有背關西引之邈華人因之作化胡經也致令寡見之眾詠其華焉君未詳幽旨輒唱老佛一人乎闇大聖現儒林之宗便使周孔莊老斯皆是佛若然者君亦可卽老子邪便當五道羣品無非是佛斯則是何言歟眞謂夸父逐日必渴死者也君言夷夏論者東有驪濟之醜西有羌戎之流北有亂頭披髮南有剪髮文身姬孔施禮於中故有夷夏之別戎華者東盡於虛境西則窮於幽鄉北則弔於冥表南則極乎牢閣如來扇化中土故有戎華之異也君責㠯中夏之性效西戎之法者子出自井坂之淵未見江湖之望矣如經曰佛據天地之中而清導十方故知天竺之土是中國也周孔有雅正之制如來有超俗之憲雅正制故有異於四夷超俗憲故不同於周孔制口四夷故八方推德憲加周孔故老子還西老子還西故生其羣戎四夷推德故踰增其迷夫正禮巨易眞法莫移正禮巨易故泰伯則於吳越而整服眞法莫移故佛教則東流而無改緣整服故令裸壞毀裳法無改故使漢賢落髮毀裳故使形逼中夏落髮故使仰齊西風形逼中夏故使山藏而空慢遠齊西風故使近見者莫不信也若謂聖軌無定應隨方

異者泰伯亦可裸步江東君今亦可未服袞也故雖復方類不同聖法莫異君言義將安取者謂取正道也於是道指洞玄爲正佛㠯空空爲宗老㠯太虛爲奧佛㠯卽事而淵老㠯自然而化佛㠯緣合而生道㠯符章爲妙佛㠯講導爲精太虛爲奧故有中無無矣卽事而淵故觸物斯奧矣自然而化故霄堂莫登矣緣合而生故尊位可升矣符章爲妙故道無靈神矣講導爲精故研尋聖心矣有中無無故道則非大也觸物斯奧故聖路遐曠也霄堂莫登故云云徒勞也尊位可升故智士亡身也道無靈神故傾顏何求也研尋聖心故沙門雲興也爾乃故知道經則少而淺佛經則廣而深道經則尠而穢佛經則弘而清道經則濁而漏佛經則素而貞道經則近而闇佛經則遠而明君染服改素實參高風也首冠黃巾者卑鄙之相也皮革苫頂者莫非華風也販符賣籙者天下邪俗也摶頰扣齒者倒惑之至也反縛伏地者地獄之貌也符章

合氣者，猋狡之窮也。斯則明闇已顯，眞僞已彰。君可整率匹侶，徊步清衢，貧道雖德內顧，同奉聖眞，豈有惡乎。想必不逆，允於往示耳。弘明集七。

全宋文卷六十二　釋僧愍　十三

全宋文卷六十二終

烏程嚴可均校輯

釋氏二

求那跋陀羅

求那跋陀羅譯言功德賢中天竺人號摩訶衍元嘉十二年泛海至廣州文帝迎住祇洹寺後從譙王之荆州孝建中住中興寺泰始四年卒年七十五

奉書父母

若專守外道則雖還無益若歸依三寶則長得相見（釋藏羣六又百四）

釋慧觀

慧觀俗姓崔淸河人初詣慧遠北訪羅什元嘉中終京師道場寺

法華宗要序

夫本際冥湛則神根凝一涉動離淳則精麤異陳於是心轡競策塵想爭馳騎有淺深則昏明殊鏡是以從初得佛暨於此經始應物開津故三乘別流別流非眞則終期有會會必同源故其乘唯一唯一無上故謂之妙法頌曰是乘微妙淸淨第一於諸世間最無有上夫妙不可明必擬之有像像之美者蓮華爲上蓮華之秀分陀利爲最妙萬法而爲言故喩之分陀利其爲經也明發彙不可以語極釋權應之所由御終不可以祕深則開實以顯宗致權應既彰則局心自廢宗致既顯則眞悟自生故能令萬流合注三乘同往同往之三會而爲一乘之始也覺慧成滿乘之盛也滅景澄神乘之終也雖以萬法爲乘然統之有主舉其宗要則慧收其名故經以眞慧爲體妙一爲稱是以釋迦玄音始發讚佛智甚深多寶稱善歎平等大慧頌曰爲說佛慧故諸佛出世間唯此一事實餘二則非眞然則佛慧乃一之正實乘之體成妙之至足華之開

秀者也雖寄華宣微而道玄像表稱之曰妙而體絕精麤頌曰是法不可示言詞相寂滅二乘所以息慮補處所以絕塵唯佛與佛乃能究盡故恒沙如來感希聲以雲萃已逝之聖振餘靈而現證信佛法之奧區窮神之妙境其此經之謂乎此經之謂乎觀少習歸一之言長味會通之要然緬思愈勤而幽旨彌潛未嘗不面靈鷲以遐想臨詞句而增懷諒由枝說差其本謬文乖其正也有外國法師鳩摩羅什超爽俊邁奇悟天拔量與海深辯流玉散繼釋蹤以嗣軌秉神火以霜燭紐頹綱於將絕拯漂溺於已淪耀此慧燈來光斯境秦弘始八年夏於長安大寺集四方義學沙門二千餘人更出斯經與衆詳究什自手執梵經口譯秦語曲從方言而趣不乖本即文之益亦已過半雖復霄雲披翳陽景俱暉未足喩也什猶謂語現而理忱事近而旨遠又釋言表之隱以應探賾之求雖冥扉未開固已得其門矣夫上善等潤靈液尚均是以御感蠲累俯慨未聞故採述旨要流布未聞庶法輪遐軫往所未往十方同悟究暢一乘故序之云爾（釋藏跡八）

修行地不淨觀經序

夫禪典之妙蓋是三乘之所遊反迷悟惑者託幽途以啟眞城塹三業之固宅廣六度以澄神散結賊於曠野研四變以遊心啟三慧爲炬明浪中源以殊分金剛戟以練魔定慧相和以測眞如是智依定則癡妄斷而昏落定由智則七淵湛然而淸淸融丸服則玄庭有階階級相乘則鑪冶成妙義之本本之有方尋根傳訓則冥一俱當雖利鈍有殊齊苦一量若契會同趣則聖性同照聖性同照則累患永遼故知禪智爲出世之妙術實際之義標也夫禪智之爲道言約理備究析中道對治萬法善惡相乘迭轉執止互有廢興館闕匠微略位其宗以撲大方異世同文上聖爲慈悲之主爾法藏於千載示三乘之軌轍知會通之至階次嬰蜂於曩劫

曲成衆蠱之靈蹟。密典相傳以至今。接有緣以八背。末始失其會。隨機猶掌迴。所謂澹智常寂而不失照。雖萬機寂化一用。故能窮諸法。竇擬想玄扉。遊志妙極。躡神光於無閡者哉。禪典要密。宜對之有宗。若漏失根源。則枝尋不全。羣盲失旨。則上慢幽昏。可不懼乎。若能審其本根。冥訓道成。實觀會古。則萬境齊明。沖邃豁爾而融。體玄象於無形。然後知凡聖異流。心行無邊。然棄本尋條之士。各以升降小異。俱會其宗。遂迷穴見隅。變其津塗。昏遊長夜。永與理隔。不亦哀哉。自頃來禪訓實尠。得其中。每以殊形難保。遷動不常。便啟誠三寶。瘵求玄要。依四百論。扣其關員。會遇西來宗匠。綜習大法。尋本至終。冥隅一開。千載之下。優曇再隆。可不欣乎。遂乃推究高宗承嗣之範。云佛涅槃後。阿難曲奉聖旨。流行千載。先與同行弟子摩田地。摩田地傳與舍那婆斯。此三應真。大願弘覆。冥構於昔。神超事外。慈在寔濟。潛行救物。偶會無差。佛在世時。有外

學五通仙人。往至佛所。請求出家。乘俗高勝。志存遠奇。便言若我入道。智慧辨才。與身子等者。爾乃當於至尊法中修習梵行。佛知其本根。於後百年。當弘大事。便答仙人。汝今出家。智慧淺薄。不及身子。仙人即退。後百年中。其人出世。奇識博達。遇物開悟。遂出家學道。尋得應真。三明內照。六通遠振。辯才無礙。摧諸異論。所度人衆。其量無邊。於諸法藏。開託教文。諸賢遂見。乃有五部之異。是化運有方。開徹有期。五部既舉。則深淺殊風。遂有支派之別。既有其別。可不究本詳而後學邪。此一部典。名爲具足清淨法場。傳此法至於罽賓。轉至富若蜜羅。富若蜜羅亦盡諸漏。具足六通。後至弟子富若羅。亦得應真。此二人於罽賓中爲第一教首。富若蜜羅去世已來五十餘年。弟子去世二十餘年。曇摩多羅菩薩與佛陀斯那俱共諮得高勝。宣行法本。佛陀斯那化行罽賓。爲第三訓首。有於彼來者。親從其受法教。誨見其涅槃。其涅槃時遺教言。我所化人衆數甚多。入道之徒。具有七百。富若羅所訓。爲教師者十五六人。如今於西域中。熾盛教化。受學者衆。曇摩羅從天竺來。以是法要傳與婆陀羅。婆陀羅傳與佛陀斯那。佛陀斯那愍此旃丹無真習可師。故傳此法本。流至東州。亦欲使了其真僞。途無亂轍。成無虛構。必加厚益。斯經所云開四色爲分界。一色無量緣。宗歸部律。則發趣果然。其猶朝陽暉首。萬類影旋。師子震吼。則衆獸伏焉。聖王輪寶。諸雄悚然。覽斯法界。廓清虛津。入有不惑。處無不忱。自非道起羣方。智鑒玄中。孰能立無言之辯。於靈沼之淵。寄言述於先覺之林。可謂無名於所名。而物無不名。無形於所形。而物無不形。無事於所事。而物無不事者哉。釋藏跡九。

勝鬘經序

勝鬘經者。蓋方廣之要路。超昇之洪軌。故其爲教也。創基覆簣。而雲峯已構。沖想一興。而淵悟載豁。言踰常訓。旨越耆篤。故發心希

聖。而神儀曜靈。歸無別章。而歎德斯備。誠感聲發。而尊號響集。然後勒心切誠。曠志僧那。善攝魔遺。大乘斯御。馳輪幽轍。長驅永路。期運克終。誕登玄極。玄極無二。故萬流歸一。故曰二乘皆入一乘。所謂究竟第一義乘。一誠無辨。而義有區分。名曰義生。故稱謂廣轉。三五之興。蓋由此也。爾其奧也。窮無始之前。以明解惑之本。究來際之味。極泥洹之妙。文寡義豐。彌綸羣籍。宇宙不足以擬其廣。太虛不能以議其量。淵兮其不可測也。廓兮其不可極也。將求本際之源。追返流之極者。必至於此焉。司徒彭城王。殖根遐劫。龍現茲生。依跡上台。協讚皇極。而神澄世表。志光玄猷。聞斯幽典。誠期僉曠。凡厥道俗。莫不響悅。請外國沙門求那跋陀羅手執正本。口宣梵音。山居苦節。通悟息心。釋寶雲譯爲宋語。德行諸僧慧嚴等一百餘人。考音詳義。以定厥文。大宋元嘉十三年。歲次玄枵。八月十四日。初轉梵輪。訖於月終。公乃廣寫雲布。以澤未洽。將與後世

同往高會道場。故略敘法要。以染同慕之懷云爾。釋藏跡九。

釋僧馥

僧馥。醴泉人。住道場寺。與慧觀同時。

菩提經注序

夫萬法無相而有二諦。聖人無知而有二名。二諦者俗也道也。二名者權也智也。二名以語默爲稱。二諦以緣性爲言。緣性兩陳而其實不乖。語默誠異而幽旨莫二。故般若經曰。色卽是空。空卽是色。見緣起爲見法也。菩提經者。諸佛之要藏。十住之營統。其文雖約而義貫衆典。其旨雖玄而曉然易覽。猶日月麗天。則羣像自朗。示之一隅。則三方自釋也。經之爲體。論緣性則以二諦爲宗。語玄會則以權智爲主。言菩提則以無得爲玄。明發意則以冥期爲妙。婉約而弘。深莫不備矣。耆婆法師入室之祕說也。親承者寡。故罕行於世。家師顧得之於始。會余雖不敏。謬聞於第五十。性疏多漏。故事語而書紳。豈曰注解。自貽來哂。庶同乎我者。領之文外耳。釋藏跡九。

釋慧琳

慧琳。本姓劉。秦郡秦縣人。出家住治城寺。元嘉中。朝廷大事皆與議。有孝經注一卷。莊子逍遥游篇注一卷。集九卷。

均善論

有白學先生以爲中國聖人經綸百世。其德弘矣。智周萬變。天人之理盡矣。道無隱旨。教罔遺筌。聰叡迪哲。何負於殊論哉。有黑學道士陋之。謂不照幽冥之途。弗及來生之化。雖尚虛心。未能虛事。不逮西域之深也。於是白學訪其所以不逮。云尒。白曰。釋氏所論之空。與老氏所言之空。無同異乎。黑曰。異。釋氏卽物爲空。空物爲一。老氏有無兩行。空有爲異。安得同乎。白曰。釋氏空物。物信空邪。黑曰。然。空又空。不翅於空矣。白曰。三儀靈長於宇宙。萬品盈生於天地。孰是空哉。黑曰。空其自性之有。不害因假之體也。今構羣材以成大廈。罔專寢之實。積一豪以致合抱。無檀木之體。有生莫俄頃之留。太山蕆累息之固。興滅無常。因緣無主。所空在於性理。所難據於事用。吾以爲誤矣。白曰。所言實相空者。其如是乎。黑曰。然。白曰。浮變之理。交於目前。視聽者之所同了邪。解之以登道場。重之以輕異學。誠未見其淵深。黑曰。斯理若近。求之實遠。夫情之所重者虛。事之可重者實。今虛其眞實。離其浮僞。愛欲之惑。不得不去。愛去而道場不登者。吾不知所以相曉也。白曰。今析豪空樹。無傷垂蔭之茂。離材虛室。不損輪奐之美。明無常增其愒陰之情。陳若偏篤其競辰之慮。貝錦以繁采發輝。和羹以鹽梅致旨。齊侯追爽鳩之樂。燕王無延年之術。恐和合之辯。危脆之教。正足戀其嗜好之欲。無以傾其愛競之惑也。黑曰。斯固理絕於諸華。墳素莫之及也。白曰。山高累卑之辭。川樹積小之詠。舟壑火傳之談。堅白唐肆之論。蓋盈於中國矣。非理之奧。故不舉以爲教本耳。子固以遺情遺累。虛心爲道。而據事剖析者。更由指掌之間乎。黑曰。周孔爲教。正及一世。不見來生無窮之緣。積善不過子孫之慶。累惡不過餘殃之罰。報效止於榮祿。誅責極於窮賤。視聽之外。冥然不知。良可悲矣。釋迦關無窮之業。拔重關之險。陶方寸之慮。宇宙不足盈其明。設一慈之救。羣生不足勝其化。敘地獄則民懼其罪。敷天堂則物歡其福。指泥洹以長歸。乘法身以遐覽。神變無不周。靈澤無不覃。先覺翻翔於上世。後悟騰翥而不紹。坎井之局。何以識大方之家乎。白曰。固能大其言矣。今効神光無徑寸之明。驗靈變罔纖介之異。勤誠者不覩善救之貌。篤學者弗剋陵虛之實。徒稱無量之壽。孰見期頤之叟。咨嗟金剛之固。安覩不朽之質。苟於事不符。宜尋立言之指。遺其所寄之說也。且要天堂以就善。曷若服義而蹈道。懼地獄以敕身。孰與從理以端心。禮拜以求免罪。不由祗肅之意施一，以徵百倍。弗乘無㤼之情，美泥洹之樂，生就遂之慮，賛法身之妙，肇好奇之心，近欲未弭，遠利又興，雖言菩薩無欲，羣生固以有欲矣。甫救交敝之氓，永開利競之俗，澄神反道，其可得乎。黑曰：不然。若不示以來生之欲，何以權其當生之滯？物情不能頓至，故積漸以誘之。奪此俄頃，要彼無窮，若弗勤春稼，秋穡何期？端坐井底，而息意庶慮者，長淪於九泉之下矣。白曰：異哉！何所務之乖也。道在無欲，而以有欲要之，北行求郢，西征索越，方長迷於幽都，永謬滯於昧谷。遼遼閩楚，其可見乎？所謂積漸者，日損之謂也。當先遺其所輕，然後忘其所重，使利欲日去，滔白自生耳，豈得以少要多，以麤易妙，俯仰之閒，非利不動，利之所蕩，其有極哉。乃丹青眩媚綵之目，土木夸好壯之心，興靡廢之道，單九服之財，樹無用之事，割羣生之急，致營造之計，成私樹之權，務勸化之業，結師黨之勢，苦節以要厲精之譽，護法以展陵競之情，悲矣。夫道其安寄乎？是以周孔敦俗，弗關視聽之外，老莊陶風，謹守性分而已。黑曰：三遊本於仁義，盜跖資於五善，聖跡之敝，豈有內外？且黃老之家，符章之僞，水祝之誣，不可勝論，子安於彼，駭於此，玩於濁水，違於清淵耳。白曰：有跡不能不敝，有術不能無僞，此乃聖人所桎梏也。今所惜在作法於貪，遂以成俗，不正其敝，反以爲高耳。至若淫妄之徒，世自近鄙，源流蔑然，固不足論。黑曰：釋氏之教，專救夷俗，便無取於諸華邪？白曰：曷爲其然？爲則開端，宜懷屬緒，愛物去殺，尚施周人，息心遺榮，華之願，大士布兼濟之念，仁義玄一者，何以尚之？惜乎幽旨不亮，末流爲累耳。黑曰：子之論善殆同矣，便事盡於生乎？白曰：幽冥之理，固不極於人事矣。周孔疑而不辨，釋迦辨而不實，將宜廢其顯晦之跡，存其所要之旨，請嘗言之。夫道之以仁義者，服理以從化；帥之以勸戒者，循利而遷善，故甘辭興於有欲，而滅於悟理；淡說行於大解，而息於貪僞。是以示來生者，蔽虧於

道，釋不得已。杜幽闇者，冥符於姬孔；閉其兌，由斯論之，言之者未必遠，知之者未必得，不知者未必失，但知六度與五教並行，信順與慈悲齊立耳。殊塗同歸者，不得守其發輪之轍也。（宋書天竺迦毗黎國傳）

龍光寺竺道生法師誄 并序

元嘉十一年冬十月庚子，道生法師卒於廬山。嗚呼哀哉！善人告盡，追酸者無淺，含理云滅，如惜者又深。法師本姓魏氏，彭城人也。父廣戚縣令，幼而奇之，攜就法汰法師，改服從業。天資聰茂，思悟夙挺，志學之年，便登講座，於時望道才僧，著名之士，莫不窮辭挫慮，服其精致。魯連之屈田巴，項託之抗孔叟，殆不過矣。加以性靜而剛烈，氣諧而易遵，喜捨以接誘，故物益重焉。中年遊學，廣搜異聞，自楊徂秦，登廬躡霍，羅什大乘之趣，提婆小道之要，咸暢斯旨，究舉其奧。所聞日優，所見踰賾，既而悟曰：象者理之所假，執象則迷理；教者化之所因，束教則愚化。是以徵明責實，惑於虛誕，求心應事，芒昧格言。自胡相傳，中華承學，未有能出其識者矣。乃收迷獨運，存履遺跡，於是衆經雲披，羣疑冰釋，釋迦之旨，淡然可尋，珍怪之辭，皆成通論。聃周之伸名教，秀弼之領玄心，於此爲易矣。物忌光穎，人疵貞越，怨結同服，好折羣遊，遂垂翼斂趾，銷影巖穴。遵晦至道，投跡愚公，登舟之迹，有往無歸，命盡山麓，悲興宴幾。嗚呼哀哉！

涸沐之淸，呂梁之峻，唯是淑靈，育此明儁。如草之蘭，如石之瑾，匪曰薰彫，成此芳絢。爰初志學，服膺玄跡，經耳了心，披文謂策，弱而登講，靡章不析，善以約言，弗尙辭懌。有識欽承，厭是鉤賾，中年稽教，理殊未盡，用是遊方，求諸淵隱，雖遇殊聞，彌覺同近，遂窮無歸。迴轅改轍，夷名迹闡，揚事表，何壅不流，何晦不曉，若出朝离，其明昭昭。四果十住，藉以汲觽，易之牛馬，莊之魚鳥，孰徵斯寔，弗迷斯道。淹留慈悟，告子晦言，道誠在斯，羣聽咸播，不獨抵峙，謫毀多

侃當作況

聞。予謂無害。勸是宣傳。識協貞誠。見誨浮諠。默蔭去大。弭此騰口。增栖成英。雙逸篁藪。遁思泉源。無閡川阜。庶乘閒託。曰仁曰壽。命也有懸。曾不永久。蘭蓀連類。氣傷於偶。嗚呼哀哉。爰念初離。三秋告暮。風肅清流。雲高林素。送別南浦。交手分路。茫茫去止。悽悽情顧。熟在隱淪。各從沿泝。悲是長乖。異成永互。嗚呼哀哉。遡來風之絕響。送行雲之莫因。緬三冬其已謝。轉獻歲於此春。聽陽禽之悅豫。矚神氣之氤氳。念庠序於茲月。信習業之嘉辰。隱講堂之空覿。惻高座之虛聞。歎因事以矜理。悲緣情以懷人。嗚呼哀哉。天道茫昧。信順可推。理不湮滅。庶或同歸。申夭可略。情念可遺。短章無布。聊以寫悲。嗚呼哀哉。廣弘明集二十六。

武丘法綱法師誄并序

元嘉十一年冬十一月辛未。法綱法師卒。嗚呼哀哉。夫峭立方矯。既傷於通任。卑隨圓比。又虧於剛潔。山居協枯槁之弊。邑止來囂

湫之患。酌二情而簡雙事者。法師其有焉。少遊華京。長栖幽麓。樂志入出。乘情去來。瀆厭人流。就閒於木石。鬱寂邱壑。求歡於物類。人以爲無特操。我見其師誠矣。天性膚敏。陶漸風味。從容情理。賞託文義。交遊敦亮盡之契。進趣慕復外之道。理身法服。朱纓之累早絕。抗跡神疆。丹墀之閣夙判。侃乃桑門矯拂之跡。徙倚伏之數者哉。昔因邂逅。傾蓋著交。同以覊落。夷契羣萃。布懷舒憤。以寄當年。遂攜手遊梁。比翼栖鄧。餐風靈岫。挹道元津。比樂齊譏。千載一時。自林傾鳥散。奄忽盈紀。予薄高柯。子淪泥滓。常冀曾卜索居之遇。遂成梁高山海之別。東羈弗復。西景莫收。致盡川征。歸骨曾上。嗚呼哀哉。誄曰。

厥族氏殷。寔湯之裔。榮聲中微。源流昭晰。少遭閔凶。宗無緦總。慈姑經營。託是養衞。爰逮三五。聰韻特挺。雙奇比秀。偶羅齊穎。志陋中區。思擢神境。脫落生近。耽慕緣永。既遵元轍。洞曉名迹。仁義之

外。通非所惜。室欲靡遂。坐以會適。弗依朱扇。考卜巖壁。來不濡足。去不絕翮。頡頏升萃。進退損益。予惡浮波。余能即心。俱翔道澤。同集德林。齊拂和風。共聆元音。自宮徂國。在目在襟。往化綿邈。遺思沈吟。亦既離逖。天道明晰。爾出舊山。予反遐裔。庶乘和運。同蔭共憩。寒灰弗煙。落葉離綴。睽願莫從。子遂下世。人之云亡。風懷掩翳。嗚呼哀哉。元冬凄冽。江淆蕭條。寒風飆幕。飛霰入艘。命有近止。歸途尚遙。惘惘即盡。寂寂哀號。孤旅如薄。均化無褒。嗚呼哀哉。懷遊居之虎邱。悼冥滅之廬嶺。惟採錄於中京。念提攜於番境。情飄飄於雙戀。思纏綿於兩省。何綢繆兮無極。心所存兮膈臆。閱嚴冬兮已謝。藉隆暑兮既息。四運紛其遭迴。情期省以長匿。苟來緣之匪亡。卷生年以增惻。嗚呼哀哉。廣弘明集二十六。

釋僧鏡

鏡姓焦。記稱焦鏡。自隴西來吳。住定林寺。元嘉中會稽法師。元

嘉中卒。

後出雜心序

昔如來泥洹之後。於秦漢之間。有尊者法勝。造阿毗曇心本。凡有二百五十偈。以爲十品。後至晉中興之世。復有尊者達摩多羅。更增三百五十偈。以爲十一品。號曰雜心。十品篇目。仍舊爲名。唯別立擇品篇。以爲異耳。位序品次。依四諦爲義界品。直說法相。以擬苦諦。行業使三品。多論生死之本。以擬集諦。賢聖所說。斷結證滅之義。以擬滅諦。智定二品。多說無漏之道。以擬道諦。自後諸品。雜明上事。更無別體也。於宋元嘉十一年甲戌之歲。有外國沙門。名曰三藏。觀化遊此。其人先於大國綜習斯經。於是衆僧請令出之。即以其年九月。於宋都長干寺。集諸學士法師雲公譯語。法師觀公筆受。考校治定。周年乃訖。鏡以不才。謬預聽末。雖思不及玄。而時有淺解。今謹率所聞。以示後生。至於折中。以俟明哲。於會稽始

廬山徐支江精舍撰記。釋藏跡七。

釋道溫

道溫俗姓皇甫，安定朝那人，師事遠公。入宋，至大始初卒。

劉言秣陵縣

皇太后睿鑒沖明，聖符幽洽，懸思淨場，研衿至境，固已聲藻宸內。事靈梵表，迺創思鎔甄，抽寫神華，模造普賢，采儀盛像，寶傾宙珍。妙盡天飾，所設齋訖，今月八日，曬會有限，名簿素定，引次就席，數無盈減，轉經將半，景及昆吾，忽覩異僧，預於座內，容止端嚴，氣貌秀發，舉衆驚嗟，莫有識者。齋主問曰：上人何名？荅曰：名惠明。住何寺？荅曰：來自天安。言對之間，倏然不見。闔席悚魂，遍筵肅慮，以為明祥所貫，幽應攸闡，紫山可覿，華臺不遠，蓋聞至誠所感，還景移緯，澄心所徇，發石開泉，況帝德涵運，皇功懋洽，仁洞乾遐，理暢冥外，故上王盛士，虓表大明之朝，勸發妙身，躬見龍飛之室。適若因（案法苑珠林作意若曰。）陛下惠燭海隅，明華日月，故以惠明為人名，繼天興祚，式垂無壃，故以天安為寺稱，神基彌遠，道政方凝，九服咸泰，万寓齊悅，謹列言屬縣，以顯天休。高僧傳。

釋道高

道高交州法師。

荅李交州淼難佛不見形

釋道高白：奉垂問至聖顯晦之迹，理味淵博，辭義照洗，敬覽反覆，彌高德音，使君垣牆崇邃，得門自難，輒罄愚管，罔象玄珠。夫如來應物，凡有三焉：一者見身放光動地，二者正法，如佛在世，三者像教，髣髴儀軌。髣髴儀軌應今人情，人情感像，孰為見哉？故淨名經云：善解法相，知衆生根。至於翅頭末城，龍華三會，人情感見，孰為隱哉？故法華經云：時我及衆僧，俱出靈鷲山。儴佉之宮，廓然可期。西方根源，何為不覩？而世之疑者，多謂經語不符，闇寄情少，咸以不覩生濟。夫三皇五帝三代五霸、姬旦孔丘，刪詩制禮，並聞史籍。孰覩之哉？釋氏震法鼓於鹿園，夫子揚德音於鄒魯，皆耳眼所不得，俱信之於書契。若不信彼，不患疑此；既能了彼，何獨滯此？使君聖思淵遠，洞鑒三世，願尋壽量未盡之教，近取定光儒童之迹，中推大通智勝之集，以釋衆人之幽滯，若披重霄於太陽。貧道言淺辭拙，語不宣心，冀奉見之日，當申之於論難耳。謹白。弘明集十一。

道高重荅李交州書

釋道高白：重奉深誨，義華旨遠，三讀九思，方服淵致。故知至理非庸近能測，微言奧辭，非鄙訥所參。今謹率常淺，屬陳所懷。夫萬善為教，其途不一，有禪宴林藪，有修德城傍，或曲躬彈指，或歌讚誦詠，皆耳眼之所了，為者亦無量，斯則受悟之津，由闇寄之稱。何必受悟於因鑒觀，何必闇寄其則生疑？疑亦悟本，請當論之。疑則求解，解則能悟，悟則入道，非本如何？雖儒墨之競興，九流之是非，乃爝火之不息，非日月之不暉，何急急於示見而促促於同歸哉？今不同季俗，無證驗以徵誠，亦不謬大聖裕昭昭之光明，而世之疑者，據目不覩形，遂長迷於大夢，橫沈淪而弱生死。先儒往哲，纔有稽荅，既途無異轍，輒述而不作。夫亡身投誠，必感則俱見，不感不見，其有見者，以告不見，其不見者，會不信見。聖人何嘗不在羣生？何嘗不見哉？聞法音而稱善，芻狗非謂空陳，覩形像而曲躬，靈儀豈為虛設？姬孔救績俗而不贍，何暇示物以將來？若丘旦生遇於結繩，則明三世而不已。問今佛事，其焉在乎？低首合掌，莫非佛事。但令深悟有方，殊途同歸，前疏所引，彼此疑信者，正為世人不見，便謂無佛，故取不見周孔為其繩準耳，此乃垂拱而相隨，豈矛盾之謂哉？使君生知無假，素氣天然，居大寶之地，運穎脫之思，流浪義苑，涉步書圃，吐握餘暇，優游永日，德音既宣，莫不側聽。貧道學業膚淺，彌慙简札，上酬謬略，懼塵盛藻，追増悚愧，流汗霡霂。謹白。

納當作訥

絕當作寂

弘明集十一。

釋法明

法明交州法師。

荅李交州難佛不見形

釋法明白。亙論爰降。敬覽移日。馥若幽蘭。清若惠風。貧道器非霜穎。遲非庖生。動乖理開。獨蹟疑駭。良由辭納旨滯。劇難星陳。愚謂貳暗寄奇。鑒觀示見。鞠躬歌讚。感動靈變。並趣道之津梁。清升之嘉會。故宜寄觀雙舉。疑驗兩行。豈得罷絕示見。頓漏神彩。齊軌姬孔。同範世訓。放光動地。徒為空言。夫法身凝絕。妙色湛然。故能隱顯順時。行藏莫測。顯則乘如而來。隱則善逝而去。即言求旨。何從於十號哉。餘暉所映。足光季俗。信者豈以螢燭增疑。正向旦日。白黑比肩。繪像經書。彌滿世界。學者豈以無證自悔。又引七經義兼未來。積善餘慶。積惡餘殃。雖新新生滅。交臂代謝。善惡之業。不得

不受。此乃過明三世。愈亮七經。徵翰檢實。則聞命矣。前論云。帝王姬孔。訓止當世。來生之事。存而不論。故其隱見廢興。權實莫辨。似若矛盾。義將安寄。當仁不讓。伏聽淵賾。前疏粗述至聖沈浮而義據未照。詞況未泯。謹更詳究。共弘至道。夫羣生長寢於三有。眾識永惛於六塵。潛移為吞螢之主。相續為迴轉之輪。形充逆旅之館。神當過惡之賓。往來三惡而苦楚。經離八難而酸辛。欣樂暫娛。憂畏永勤。一身死壞。復受一身。雖世智辨聰。羣書滿腹。百家洞了。九流必達。知死生有命。富貴在天。鬼神莫之要。聖哲弗能預。未免謬見。以翳情疑似。以干慮。寄懷於巫猾。投誠於符呪。執邪以望正。存偽以待真。遲迴於兩心。躊躇於二逕。放光動地。其可見乎。所以玄籍流布。列筌待機。機動必感。感而後應者也。自有棲志玄宅。下操幽淵。明一生若朝露。辨三世之不虛。縱轡於清真之衢。斂控於濁偽之徼。植德耘邪而蒼蔚。樹福灌正而扶疏。苦節競辰於寸陰。潔

已爭逝於桑榆。懷誠抱向。感而遂通。豈不親映光彩。而覩其靈變哉。若耳眼所不自了。或通夢之所見。如漢明因夢以感聖。大法於是而來。遊帝王傾誠以歸德。英豪斂衽以服化。沙門齊肩於王公。僧尼直躬於天子。九十六種。孰為高哉。宋武皇帝始登帝位。夢一道人提鉢就乞。因而言曰。君於前世。施維衛佛一鉢之飯。今居斯位。遣問嚴公。徵其虛實。嚴公即送七佛經呈聞。吳主孫權初疑佛法有靈驗。當停罷省。遂獲舍利。光明照宮。金鐵不能碎。爐冶不能融。今見帝京建初寺是。吳郡有石佛浮身海水。道士巫師。人從百數。符章鼓舞。一不能動。黑衣五六。朱張數四。薦爾奉接。遂相勝舉。即今見在吳郡北寺。惇誠至到者。莫不有感。朱張連世奉佛。由覩驗致。郭文舉祇崇三寶。正信堅明。手探虎鯁。深識安危。蘭公拂嚴雪於猛獸。護公感枯泉而洪流。並高行逸羣。清身邁俗。皆有異迹。世咸記焉。自茲以外。不可勝論。貧道少情學業。迄於白首。孤陋寡

聞。彰於已誠。直言朴辭。未必可採。懼不允當。伏追慙悚。謹白。弘明集十一。

釋慧義

慧義。俗姓梁。北地人。范泰立祇洹寺。請為住持。至元嘉末。終於烏衣寺。

荅范泰等書

祇洹寺釋慧義等五十人敬白諸檀越。夫沙門之法。正應謹守經律。以信順為本。若欲違經反律。師心自是。此則大法之深患。穢道之首也。如來制戒。有開有閉。開則行之無疑。閉則莫之敢犯。戒防沙門。不得身手觸近女人。凡持戒之徒。見所親漂溺深水。視其死亡。無敢救者。於是世人謂沙門無慈。此何道之有。是以如來為世譏嫌。開此一戒。有難聽救。如來立戒。是晝一之制。正可謹守而行。豈容以意專輒改作。俗儒猶尚謹守夏五。莫敢益其月者。將欲深

防穿鑿之徒。杜絕好新樂異之客。而況三達制戒。豈敢妄有通塞。苑檀越欲令此衆改偏從方。求不異之和。雖貪和之爲美。然和不目道。則是求同非求和也。祇洹自有衆已來。至於法集。未嘗不有方偏二衆。既無經律爲證。而忽欲改易佛法。此非小事。寔未敢高同。此寺受持僧祇律。爲日已久。且律有明文。說偏食法凡八議。若無偏食之制。則無二百五十矣。云食不得制於牀上。所棄之食。置於右足邊。又云。不得懸足累脛。此豈非偏食之明證哉。戒律是沙門之祕法。自非國主。不得預聞。今諸檀越疑惑方偏。欲生興廢。貧道不得不權其輕重。略舉數條。示其有本。甘受宣戒之辠。佛法通塞。繫諸檀越。通則共獲護法之功。塞必相與有滅法之辠。幸願三思。令幽顯無恨。弘明集十二。

全宋文卷六十三終

烏程嚴可均校輯

釋氏二

釋僧弼

僧弼，吳人，義熙中京師法師，元嘉中終彭城寺。

與沙門寶林書稱佛馱跋陀羅

道門禪師甚有天心，便是天竺王何風流人也。高僧傳二。

釋寶林

寶林，京師龍光寺沙門，時人號曰游玄生。

檄太山文　竺道爽據文稱寓言假事，則竺道爽及智靜皆託名。

沙門竺道爽敢告太山東嶽神府及都錄使者：蓋元玄創判，二儀始分，上置璇璣，則助之以三光；下設后土，則鎮之以五嶽。陰陽布化，於八方萬物誕生於其中。是以太山據青龍之域，衡霍處諸陽之儀，華陽顯零班之境，恆岱列幽武之賓，嵩峙皇州之中，鎮四瀆之所境。此皆稟氣運實，無邪之穢，神道自然，崇正不僞，因天之覆，順地之載，敦朴方直，澹然玄靜，遵道四運之端，退履五敎之內。韜通微之資，外朗道德之明，上達虛無，下育蒼生，含德潛通，無遐不徹，遊步九崖，翱翔玄闕，故能形無正始，呼吸陰陽，握攬乾坤，推步八荒。夫東嶽者，龍春之初，清陽之氣，育動萌芽，王父之位，南箕北斗，中皇九天，東王西母，無極先君，乘氣鳳翔，去此幽玄，澄於太素，不在人間，蕩消眾穢，其道自然，而何妖祥之鬼，魍魎之精，假東嶽之道，託山居之靈，因游魂之狂詐，惑俗人之愚情，雕匠神典，僞立神形，元無所記，末無所經，外有害生之毒氣，內則百鬼之流行，晝則穀飯成其勢，夜則眾邪處其庭，此皆狼蛇之羣鬼，梟蟒之虛聲。自三皇創基，傳載於今，歷代所崇，未覩斯響也。故零征記曰：夫神正者，則潛曜幽昧，上騰高象，下敞玄闕，道邈雲影，龍翔八極，鳳

元當作本。

興雨施化，若雷電行厨，不設百味，自然含慈，秉素澤潤蒼生，恩過二儀，位若朝陽，應天而食，不害眾命，此乃靈翔之妙節，淸虛之神道。若神不正者，則干於萬物，因時託響，傳惑於俗，沮成散朴，激動人心，傾財極殺，斷截眾命，枉害中年，殲其骨肉，精神離逝，痛傷元氣。東嶽之神，豈此之謂也。故枕中戒曰：含氣蠢蠕，百蟲勿瘦，無食鳥卵，中有神靈，天無受命，地庭有形，羸稟二儀，焉可害生，此皆逆理違道。本經羣民含慈順天，不殺況害豬羊而飲其血，以此推之，非其神也。又五嶽眞神則精之候，上法璇璣，下承乾坤，奧道清虛，無音無響，敬之不以歡，慢之不以慼，千舉萬毀，神無增損，而欲繑稱假託生人，因虛動氣，殺害在記，順之則賜恩，違之則有禍咎，進退詔僞，永無貞軌，毀辱眞神，非其道也。故黃羅子經玄中記曰：夫自稱山嶽神者，必是蟒蛇；自稱江海神者，必是黿鼉魚鼈；自稱天地父母神者，必是貓貍野獸；自稱將軍神者，必是熊羆虎豹；自稱仕人神者，必是猿猴𤜵玃；自稱宅舍神者，必是犬羊豬犢，門戶井竈破器之屬，鬼魅假形，皆稱爲神，驚恐萬姓，淫鬼之氣，此皆經之所載，傳之明驗也。自汝妖祥，漸踰六載，招來四遠，靡不響應，送疾而往者，如小水歸海，獲死而還者，哀呼盈路，重者先亡，便云算盡，輕者易降，自稱其福，若使重患難濟，則汝無恩中容之疾，非汝所殺。三者無效，焉可奉事，乃令羣民投身歸命，既無良醫善藥，非徹髮之能降，經旬歷月，曾無影報，以此推之，有何證驗？又國太元桓王及封陽，六國之懿，衞三台之輔，允贊皇家，黎元慈悅，天福謬加，體嬰微疾，謂汝之祇，能感靈德，故宜德信，命詣汝神殿，獻薦三牲，加贈珍異，若汝聖道通乾坤，致妙者何不上啟九皇，下諮后土，參集百靈，顯彰妙術，使國良輔消疾獲安，既無響應，乃奄薨遐，驗此虛妄，焉足奉哉？又昔太山石立，社移神靈，降象遐聲，萬代此則乾坤之所感，顯爲時瑞，汝託稱其聖，既不能興雲致雨，以表神德，圖

詔當作口　殺當作散　陽當作錫　遐當作逝

妖邪以損眞道。正使汝能因槃動若擧杯盡酒。猶爲鬼幻。非爲眞正。況無其徵。有何神也。又太山者。則閻羅王之統。其土幽昧。與世異靈。都錄使者。降同神行。定本命於皇記。察都籍於天曹。羣惡無細不捨。纖善小而無遺。總集魂靈。非生人應府矣。而何獘鬼詐稱斯目。橫恣人間。欺紿萬端。蓬林之樹。烏鵲之野。翕動遠近。引於祠典。聚會男女。樹俗之心。穢氣外疊。梟聲遠布。毒鍾王境。爲害滋甚。夫雲霧蔽天。羣邪翳正。自汝妖異。多所傷害。吾雖末流。備階三服。每覽經傳。而覩斯孽。推古驗今。邪不處正。吾將蕩穢兇。揚聖道。告到嚴鈎魅黨。還遊冢墓。餐果飲泉。足生之路。既令羣民無傾財之困。鳥獸無羅網之卒。若復顧戀望餐。不去者。吾將宣集毗沙神王忍羅子等。授以金剛屯眞。師勇武。秋霜陵動。三千威猛。難當曜戈明劍。擬則摧山。降龍伏魔。靡不稽顙。汝是小鬼。敢觸三光。鴻毛入炭。魚行鑊湯。傾江滅火。朝露見陽。吾念仁慈。愍汝所行。占此危殆。

處即傷心。速在吾前。復汝本形。長歸萬里。滄浪海邊。勿復稽留。明順奉行。弘明集十四。

檄魔文

釋智靜

釋智靜頓首頓首明將軍輪下。相與玄塗殊津。人天一統。宗師雖異。三界大同。每規良會。中覆壘積。而標榜未冥。所以致隔。今法王御世。十方思順。靈網方申。紘綱彌組。大通有期。高會在近。不任翹想。並書喻意耳。夫時塞有通。否終則泰。千聖相尋。羣師迭襲。昔我皇祖本原天王。體化應符。龍飛初域。節權形以附萬邦。奮慧柯以覆六合。威蕩四邪。掃清三六。方當抗橫縱於八區。紐紘綱於宇宙。夷靜七荒。寧一九土。而冥宗不弔。眞容擬位。重明寢暉。靈舟覆浪。故令蟻聚邪番。興茲梟見。梟起暄染。眞塗塵惑。清衆虐鍾。蒼生毒流。萬劫懷道。有情異心。同忿我法王。承運應期。理亂上承。高胄下託羣心。秉天期以龍三千。握聖圖以隆大業。雲起四宮。鸞翔天竺。

檢御當作撿彿

降神迦維。爲時城塹。綏撫黎元。善安鄉士。獎導羣情。慰喻有疾。嚴慧柯於胸中。被神甲於身外。愍十八之無辜。哀三空之路絕。志匡大荒。靖安平難。百域于邦。高伏風化。承君不忌。重迷自覆。深攝愚懷。故守僞見。狼據欲天。鴉鳴神闕。畔渙壃埸。抗距靈節。謂大位可登。弘規可改。覽茲二三。遠爲歎息。昔大通統世。羣方影附。有僞癡天魔。不遵改節。干迕聖聽。陳擾神慮。領卒歸區。權形萬變。精甲照曦。霜戈拂域。靈鼓競興。響衝方外。矯步陸梁。自謂強盛。王師一奮。羣邪殄喪。衆迷革心。望風影伏。況君單將驍然。一介士無方。尋衆不成旅。而欲違背。陵虐華邑。篡奪靈權。騰邈最勝。以爲氣眞。可不謬乎。今釋迦統世。道隆先劫。妙化蕩蕩。神羅遠御。智士雍雍。雲算益世。武夫龍跳。控弦萬隊。協略應眞。奇謀起拔。故命使持節前鋒大將軍鑒閻浮都督歸義侯薩陀波崘。獨稟天奇。蒙塵玄鏡。神高須彌。猛氣籠世。善武經文。忠著皇闕。領衆十萬億。揚鑣晉路。使持

節威遠大將軍四天都督忉利公導師。武勝標羣。文超宏謀。妙思絕塵。心栖夢表。憂時忘身。志必匡世。領衆百萬億。鸞飛天衢。使持節征魔大將軍六天都督兜率王解脫月。妙思虛玄。高步塵表。略竝童眞。功侔九地。悼愍三塗。忿若縱害。校卻慷慨。龍迴思奮。領衆四百萬億。雲迴天門。使持節征魔大將軍七天都督四禪王金剛藏。朗質映暉。金顏遐燭。恩過九陽。力傾山海。右盼則濛氾飛波。左顧則扶桑落曜。德無不照。威無不伏。領衆七百萬億。虎眄須彌。使持節鎮域大將軍九天都督八住王士大維摩詰。奇算不思。法柯遠震。體合神姿。權踰萬變。呼吸則九服雲從。叱咤則十方風靡。哀彼下民。無辜三楚。領衆九百萬億。飲馬虛津。使持節鑒後大將軍十三天都督小千諸軍事九住王士大文殊。承胄遐元。形暉三曜。府自紫宮。神高體大。應適千塗。玄算萬計。羣動感於一身。衆慮靜於一念。深抱慈悲。情兼四攝。領衆若塵。翱翔斯在。使持節匡教大

冥當作瞑

將軍錄魔諸軍事羣邪校尉中千王觀世音智略淵深慧柯遠振明達四通朗鑒三固或託迹羣邪曜奇鋒刄或權形二九息彼塗炭揮手則鐵圍摧嚴噓氣則浮雲頹崿能為萬方不請之友領衆不思杖戈虎嘯使持節布化大將軍三界都督補處王大慈氏妙質縱綱天姿標桀體喻金剛心籠塵表猛氣衝雲慧柯遠奮無生轉於胸中權智應於事外志有所規無往不就威恩雙行眞俗並設領衆八萬四千嚴警待命勇出之徒充溢大千金剛之士彌寨八極咸思助征席卷六合乘諸度之寶軒守八正之脩路跨六通之靈馬控虛中之神轡彎四禪之勁弓放權見之利箭鳴冀桓桓輕步矯矯奉命聖庭曾無有闕賢邦導師勝子五百幽鑒天命來投王化聖上闊襟感烝歸順皆受名爵封賞裂土功侔舊臣聲蓋萬域而君何心橫生異計偃蹇邊荒規固常位毒害勃於蒼生天禍流於永劫可不哀哉可不謬哉君昔因時為物所惑狂迷君心

來當作東

權當作懷

投危外寘百行一愆賢達常失久謂君覺智返愚歸罪象季來身抽簪同遊羣儁以道自權榮名終始如何攝愚守謬偷安邪位託癡山以自高恃見林以遊息耽六欲之穢塵翫邪迷以怡性建憍慢之高幢引無明之勾陣闊步荒塗輕弄神器塗篡天宮抗衝日月恐不果哉舉手而映三光把土以塡巨海雖擬心虛標事之難就將軍殖福玄津原承彌遠華貌暐然羣情屬目望胄之基易登由來之功可借君可改往修來翻然歸順謝過朱門以道齊好家國並存君臣同顯身名獲安曉迷達觀眷屬晏然可不美哉今王師剋舉十萬翹鐵手提法羅齊舞羣聖道柯曜於前驅靈鼓震於後隊神鐘一扣十方傾覆海浪飛流陸原涌沸于斯之時須彌籠於一塵天地迴於一粟無動安於左袵妙樂曜於右手神力若斯豈可當也我法王體道仁慈不忍便襲權停諸軍暫壹靈轡臨路遺書庶迴迷駕君可蚤定良圖面縛歸闕委命皇庭逍遙玄境隆

背主當作無道

風流同味當作風流宜同於道味

名內暉遊形外寄上方卽任非君是誰夫慧當識機明賢免禍窮而知反君子所美斯乃轉禍之高秋取功之良節昔夏桀背主殷王致伐商紂首亂周武建師此卽古今著驗將軍之明誡相與雖乖於當年風流同味人天崎嶇何足致隔想便惟然通書致命所以竊痛其辭委曲往反者不欲令蘭芳夏凋脩柯摧穎深維致言善自量筭無使君身傾匡三趣莫令六天鞠生稊稗造穎晒目助懷惕然臨路遺書諸情多憒言不藉意同上

破魔露布文　釋寶林

賢劫大千微塵年五濁鼎沸朔現壽百齡日使持節都督恒沙世界諸軍事征魔大將軍淨州刺史十地王臣金剛藏使持節都督八萬波羅蜜諸軍事破結將軍領魔蠻校尉大司馬梵州刺史八地公解脫月等稽首和南上聖朝尚書謹案夫六合同曜靈之鑒羣流歸百谷之王萬化均於空玄衆奇宗於一智斯益理有宗極

地字衍

之地統物無殊趣之會是以如來越重昏而孤興蔚勤功於曠劫曜三塗之高明拔洪癡於始造窮聖德之區奧究無生之虛致覽物化之樞機握宏德之紘紐至若英姿挺特神光赫奕雖復于暉並照固已絕矣身殊萬狀而非衆體合至妙而不一應出五道而非生示入形亡而非滅希夷悅惚無名無像莫測其深靡知其廣應羣感而不勞周萬動而常靜歷恒沙以倏忽撫八荒於俄頃兩儀頹陷而不夷力負潛移而不易吸大火而不燋懷洪流而不溺乾坤不足以語其德文玄不足以明其道巨包六合不可以稱其大妙入無間不可以明其小爾乃亭毒蒼生化兼始母無欲無為而無不為翱翔於應變之塗逍遙於有無之表挺達羣聖之端恬淡涅槃之域二乘韜思於重忘之致十住息慮於動靜之機梵王咨嗟以歸德帝釋伏膺而厭位其為聖也亦已極矣於是應定光之遐記驗大通之圖籙出五道而龍興超帝皇以命世道王三界

洙當作沫

縱下脫暴字

德被十方。畿甸恆沙。都邑大千。偃九定之閘室。登七覺之雲觀。濯八解之清池。遊總持之廣苑。爾乃戴慈悲之殿。處空同之座。袞龍衆好。天冠頂相。左輔彌勒之流。右弼文殊之匹。前歌大方之雅頌。後舞四攝之鑾拂。衞以八住體虛之士。侍以四果卓落通仙。三臺唯聖。六府唯賢。爾乃宣教姬孔。宰守虞唐。揚威湯武。州牧三皇。其爲化也。坦八正之平衢。開三乘之通津。剗無爲之妙宅。濟大苦於勞塵。杜三惡之姦路。啟權樂於天人。爵以果伯之位。祿以甘露之餐。功巨者賞以淨土之封。勳小者指以化城之安。此乃超百王之洪業。太平之至治也。五趣宦身之清朝。四生土位之宗極。而羣迷愚嶮。背眞彌曠。欣濡洙之近足。忘江湖於遠全。故魔王波旬。植愚根於曠始。積迷心於妄境。汎三染之洪波。入邪見之稠林。至乃竊弄神器。假僞冒眞。夸王天宮。分劉嶽土。制命六天。縱肆偏威。內以三公諸毒卿相九結。外以軍將六師戎卒四兵。內行跋扈。不忌皇

憲。自火螢光爭暉天照。故乃傾者抗行神威。揚兵道樹。震雷公霹靂之聲。剗擔石吐火之衆。又持世致惑於靜室。波旬悲號於都肆。斯皆凝狂縱斷於聖節。作亂中夏。爲日久矣。聖皇悼昏俗之聾瞽。悲弱喪以增懷。將總羣邪以齊見。會九流而同津。於是命將大勢之徒。簡卒金剛之類。茹金嚼鐵之夫。衝水蹈火之士。勇卒塵沙。驍雄億萬。星流風發。龍騰魔境。置軍萬全之策。遏寇必死之野。而魔賊不祇。敢執蠻荊之蠢爾。抗宗繪之逋慠。建麾於自怙之地。結固於雲迷之嶮。傷唐重複。俠壘鱗次。且其形勢則凝山嵯峨固其前。愛水浩汗漲於後。邪林蔚薈蒙其左。癡淵玄帶其右。塵勞之卒。豺視於交境。六師之將。虎步於長途。望若雲起。蔽天霧塞六合。其爲盛也。開闢罕有。臣等於是承聖朝之遐威。出超畾之奇略。蓋以高算之籠。鞠以玄策之圍。精騎千里。步卒萬而。遊師翳野。屯塞要害。使前將軍檀那望壓塵以直進。後軍毗耶楚憪卒於其後。禪那

略遊騎於其左。尸羅防密姦於其右。外軍漚和浪騎陈於平原之上。羼逗兵於詰屈之下。陳虎旅而高驤。設危機於幽伏。中軍般若握玄樞之妙鑒。把戰勝之奇術。控億兆之雄將。擁塵沙之勁卒。於是衆軍響應。萬塗競進。感動六合。聲震天地。雄夫奮威。浪奔白刃之光。奮於曦曜。法鼓之音。亂於雷震。鞁馬趨趯以騰擲。迅象飛控以馳驅。禪弓煙舉而雲興。慧箭雨灑以流虛。鞭以假名之策。蹴入無有之原。研以師子之吼。刺以苦空之音。揮干將而亂斬。動戈矛而競偃。橫塵尸以被野。流譬血於長川。崩癡山之嵯峨。竭愛水之洪流。窮僭於諸見之窟。桎高於七慢之巢。於是魔賊進無抗鱗之用。退無希脫之隱。處盡路窮。迴遑靡據。魔王面縛於魔庭。羣旅送命於軍門。諸天電卷以歸化。迷徒風馳於初暉。皇威掃蕩。其猶大陽之爍晨霜。注洪流以滅爝火。故使萬世之逋寇。土崩於崇朝。中華之昔難。肅清於俄頃。斯誠聖皇神會之奇功。曠代著世之休烈。

下當作怍

雖昔殷湯建雲功於夏郊。周武掃清氛於商野。斯乃上古之雄奇。豈以得齊於聖勳。臣輒奉宣皇猷。綏慰初附。安以空同之宅。尤以八解之流。防以戒善之禮。習以六度之風。耆年者悟其即眞於新唱。弱喪者始聞歸歟之音。夫應天順罰。春秋之遺典。功定亂先王所美。元惡以賓。祇從聖憲。六合同明。廓清宇內。玄風遐扇。率土懷慶。朝有康哉之歌。野有樂哉之詠。功高邁大。非見所表。聖慮幽深。非言能宣。竊緣皇威奇算之方。又剗衆軍龍驤之勢。電驛星馳。謹露布以聞。臣等誠惶以下。

余以講習之暇。聊復永日寓言假事。庶明大道。冀好迷之流不遠而復。經云。涅槃無生而無不生。至智無照而無不照。無生無照。一切皆成。成無成而無不成。其唯如來乎。戰勝不以干戈之功。略地不以兵强天下。皇王非處一之尊。霸臣非桓文之賢。丘姬之教。於斯遠矣。冊周之言。似而非當。故知宗極存乎俗見之表。至尊王於

眞鑒之裏。中人躊躇於有無之間。下愚驚笑於常迷之境。庶令覽者捨河伯秋水之自多。遠遊於海若之淵門。不束情於近教。而駭神於長廣之說也。弘明集十四。高僧傳。

法慈

法慈亦名道慈。豫州沙門。按晉末別有道慈。序中阿含經。

勝鬘經序

勝鬘經者。蓋是方等之宗極者也。所以存於千載。功由人弘。故得以元嘉十三年歲在乙亥。有天竺沙門名功德賢。業素敦尚。貫綜大乘。遠載梵本。來遊上京。庇迹祇洹。招學讚訪。才雖不精。絕義粗輝揚。遂播斯旨。乃上簡帝王。于時有優婆塞何上之。尸丹楊尹。爲佛法檀越。登集華輦。欽德名望。便於郡內請出此經。既會賢本心。又謹傳譯。字句雖質。而理妙淵博。殆非常情所可厝慮。時竺道生義學弟子竺道攸者。少習玄宗。偏蒙旨訓。後侍從入廬山。溫故傳覆。可謂助鳳耀德者也。法師至元嘉十一年。於講坐之上。遷神異世。道攸慕深情慟。有若天墜。於是奉訣墳壟。遂遁臨川三十許載。經出之後。披尋反覆。既悟深旨。仰而嘆曰。先師昔義。闇與經會。但歲不待人。經襲義後。若明匠在世。剖析幽賾者。豈不使異經同文。解無餘向者哉。輒敢解釋。兼翼宣遺訓。故作注解。凡有五卷。時人以爲文廣義隱。所以省者息心玄門。至大明四年。孝武皇帝以其師習有承。敕出爲都邑法師。慈因得諮覲。粗問此經首尾。又尋其注意。猶謂義然。今聊撮其要解。撰爲二卷。庶使後賢共見其旨焉。釋藏跡九。

闕名

大涅槃經記

此大涅槃經初十卷。有五品。其梵本是東方道人智猛從天竺將來。暫憩高昌。有天竺沙門曇無讖。廣學博見。道俗兼綜。遊方觀化。

先在燉煌。河西王宿植洪業。素心冥契。契應王公。躬統士衆。西定燉煌。會遇其人。神解悟識。請迎詣州。安止內苑。遣使高昌。取此梵本。命讖譯出。此經初分。唯有五品。次六品已後。其本在燉煌。讖因出經下際。知部黨不足。訪募餘殘。有梵道人應期送到此經梵本。都二萬五千偈。後來梵本。想亦近具足。但頃來國家殷猥。未暇更譯。遂少停滯。諸可流布者。經中大意宗塗悉舉。無所少也。今現已有十三品。作四十卷。爲經文句。執筆者一承經師口所譯。不加華飾。其經初後所演。佛性廣略之間耳。無相違也。每自惟省。雖復西垂。深幸此遇。遇此大典。開解常滯。非言所盡。以諸家譯經之致大益。諮參經師。采尋前後。略舉初五品爲私記。餘致準之。悉可領也。釋藏跡八。

華嚴經記

華嚴經梵本凡十萬偈。黃道人支法領從于闐得此三萬六千偈。以晉義熙十四年歲次鶉火三月十日。於揚州司空謝石所立道場寺。請天竺禪師佛度跋陀羅手執梵文。譯梵爲晉。沙門釋法業親從筆受。時吳郡內史孟顗。右衛將軍褚叔度爲檀越。至元熙二年六月十日出訖。凡再校梵本。至大宋永初二年辛丑之歲十二月二十八日校畢。釋藏跡九。

優婆塞戒經記

太歲在丙寅夏四月二十三日。河西王世子撫軍將軍錄尚書事大沮渠興國與諸優婆塞等五百餘人共於都城之內。請天竺法師曇摩讖譯此在家菩薩戒。至秋七月二十三日都訖。秦沙門道養筆受。願此功德。令國祚無窮。將來之世。値遇彌勒。初聞悟解。逮無生忍。十方有識。咸同斯誓。釋藏跡九。

摩得勒伽記

宋元嘉十二年歲在乙亥。揚州聚落丹陽郡秣陵縣平樂寺三藏與弟子共出此律。從正月起至九月二十三日草成。二十五日寫畢。白衣優婆塞張道孫敬信執寫。釋藏百一

八吉祥記

八吉祥經。宋元嘉二十九年太歲壬辰正月三日。天竺國大乘比丘釋求那跋陀羅於荊州城内。譯出此經。至其月六日竟。使持節侍中都督荊湘雍益梁寧南北秦八州諸軍事司空荊州刺史領南蠻校尉南譙王優婆塞劉義宣為檀越。釋藏跡九

禪要祕密治病經記

河西王從弟優婆塞大沮渠安陽侯於于闐國衢摩帝大寺金剛阿練若住處。從天竺比丘大乘沙門佛陀斯那。其人天才特拔。諸國中獨步。誦半億偈。兼明禪法。内外綜博。無籍不練。故世人咸曰人中師子。沮渠親面稟受。憶誦無滯。以宋孝建二年九月八日於竹園精舍書出此經。至其月二十五日訖。尼慧濬為檀越。釋藏著三又跡九。

雜阿毗曇心序

如來泥洹數百年後。有尊者法勝。於佛所說經藏之中抄集事要。為二百五十偈。號阿毗曇心。其後復有尊者達摩多羅。覽其所製。以為文體不足。理有所遺。乃更採衆經。復為三百五十偈。補其所闕。號曰雜心。新舊偈本凡有六百篇。第之數則有十一品。篇號仍舊為稱。唯有擇品一品全異於先。尊者多羅復即自廣引諸論。敷演其義。事無不列。列無不辨。微言玄旨。於是昭著。自茲之後。道隆於世。涉學之士。莫不寶之。以為美說。於宋元嘉三年。徐州刺史太原王仲德請外國沙門伊葉波羅於彭城出之。擇品之半及論品一品。有緣事起。不得出竟。至元嘉八年。復有天竺法師名求那跋摩。得斯陀含道。善練茲經。來遊楊都。更從校定。諮詳大義。余不

以闇短。廁在二集之末。輒記所聞。以訓章句。庶於覽者。有過半之益耳。釋藏跡十

果寶寺中碑銘

宋元初元年。天竺沙門僧律嘗行此處。聞鐘磬聲。天花滿山。因建伽藍。其後有梵僧求那跋摩來居此寺。曰。此山將來必逢菩薩聖主大宏寶塔。遂同銘之。續高僧傳僧朗傳引果寶寺舊碑。

瑞像梵書 宋大明五年

石函銘

此迦羅衛國育王第四女之所造也。續高僧傳十二慧最

宋元徽元年建塔。續高僧傳僧朗傳果寶寺置塔獲石函銘

鬼神

朱道珍

道珍。元徽初為孱陵令。卒官。

與南陽劉廓書

每思棊聚。非意致闊。方有來緣。想能近領。述異記道珍嘗為孱陵令。廓為荊州參軍。每與圍棊。日夜相就。廓子略無停輟。道珍以宋元徽二年六月二十六日亡。至九月。廓坐齋中。忽見一人以書授廓。云朱孱陵書。廓開書看。是道珍手跡。既讀書失所在。渚宮遺事作想能近顧。

大凡全宋文六十四卷。二百七十八人

全宋文卷六十四終

全齊文目錄

大凡全齊文二十六卷。一百三十一人。

謹按。梅氏齊文紀有蕭日南者。蕭昺之誤。梁書昺作景。避諱改。今編入全梁文。

烏程嚴可均校輯

高帝一

帝姓蕭諱道成字紹伯小名鬬將南蘭陵武進人元嘉末爲左軍中兵參軍襲父承之爵晉興縣男孝武卽位歷大司馬參軍太宰員外郎直閤中書舍人撫軍參軍建康令北軍中郎中兵參軍丁母憂起爲武烈將軍復爲建康令景和中除後軍將軍泰始初爲右軍將軍加輔國將軍除驍騎將軍封西陽縣矦遷衞軍司馬除征北司馬南東海太守行南徐州事假冠軍將軍遷南兗州刺史入拜散騎常侍太子左衞率泰豫末爲右衞將軍領衞尉元徽中加侍中平南將軍尚書左僕射尋弑蒼梧王迎立順帝進侍中司空錄尚書事驃騎大將軍封竟陵郡公假黃鉞進太尉都督南徐等十六州諸軍事進都督中外諸軍事

太傅領揚州牧昇明三年三月進相國總百揆封齊公加九錫四月進爵爲王受禪改元建元在位四年謚曰高皇帝廟號太祖

卽位改元大赦詔 建元元年四月

五德更紹帝迹所以代昌三正迭隆王度所以改耀世有質文時或因革其資元膺厤經道振民固以異術同揆殊流共貫者矣朕以寡昧屬値艱季推肆勤之誠藉樂治之數賢能悉心士民致力用獲拯溺龕暴一匡天下業未參古功殆侔昔宋氏以陵夷有徵厤數攸及思弘樂推永鑒崇替爰集天祿於朕躬惟志菲薄辭弗獲昭遂欽從天人式斂景命祗月正於文祖升禋配於上帝猥以寡德光宅四海纂革代之蹤託王公之上若涉淵水罔知所濟寶祚初啟洪慶惟新思俾利澤宣被億兆可赦天下改昇明三年爲建元元年賜人爵二級文武進位二等鰥寡孤獨不能自存者穀人五斛逋租宿債勿復收有犯鄉論淸議贓汙淫盜一皆蕩滌洗除先注與之更始長徒敕繫之囚特皆原遣亡官失爵禁錮奪勞一依舊典 南齊書高帝紀下

降封宋世公矦詔

繼世象賢列代盛典疇庸嗣美前載令圖宋氏通矦乃宜隨運省替但欽德懷義尚表墳閭況功濟區夏道光民俗者哉降差之典宜遵往制南康縣公華容縣公可爲矦萍鄉縣矦可爲伯減戶有差以繼劉穆之王弘何無忌後 南齊書高帝紀下

慶宥詔

宸運肇創實命惟新宜弘慶宥廣敷鴻汰劫賊餘口沒在臺府者悉原赦諸負釁流徙普聽還本土 南齊書高帝紀下

下二宮諸王詔

自廬井毀制農桑易業鹽鐵妨民貨鬻傷治歷代成俗流蠹歲滋

援拯遺弊革末反本使公不專利氓無失業二宮諸王悉不得營立屯邸封略山湖太官池籞宮停稅入優量省置 南齊書高帝紀下

宋世有功者仍本封詔 建元元年五月

宸運革命引爵改封宋氏第秩雖宜省替其有預効屯夷宣力齊業者一仍本封無所減降 南齊書高帝紀下

斷眾募詔

設募取將懸賞購士蓋出權宜非曰恆制頃世艱險浸以成俗且長逋逸開罪山湖是爲黥刑不辜亡竄無咎自今以後可斷眾募 南齊書高帝紀下

卹枯骸毀櫬詔 建元元年六月

宋末頻年戎寇兼災疾凋損或枯骸不收毀櫬莫掩宜速宣下埋藏營卹若標題猶存姓字可識可卽運載致還本鄉 南齊書高帝紀下

宣撫交州詔 建元元年七月

交趾比景獨隔書朔斯乃前運方季負海不朝因迷遂往歸款莫由曲赦交州部內李叔獻一人卽撫南土文武詳才選用並遣大使宣揚朝恩。南齊書高帝紀下。

甄敘遺才詔 建元元年十月

朕嬰綴世務三十餘歲險阻艱難備嘗之矣末路屯夷戎車歲駕誠藉時來之運實資士民之力宋元徽二年以來諸從軍得官者未悉蒙祿可催速下訪隨正卽給才堪餘任者訪洗量序若四州士庶本鄉淪陷簿籍不存尋校無所可聽州郡保押從實除奏荒遠闕中正者特許據軍簿奏除或戍扞邊役末由旋反聽於同軍各立五保所隸有司時爲言列。南齊書高帝紀下。

詔報夏侯恭叔

與運隆替自古有之朝議已定不容復厝意也。南齊書劉悛傳太祖受禪平西記室參軍夏侯恭叔上書以柳元景中興功臣劉勔殞身王事宜存封爵詔云云

與褚淵手詔 建元元年

向見世隆毀瘠過甚殆欲不可復識非直使人惻然實亦世珍國寶也。南齊書柳世隆傳

答陳顯達詔 建元元年

朝廷爵人以序卿忠發萬里信誓如期雖屠城殄國之勳無以相加此而不賞典章何在若必未宜爾吾終不妄授於卿數不意同家人豈止於君臣邪過明與王李俱祗召也。南齊書陳顯達傳

手詔賜張融衣

見卿衣服麤故誠乃素懷有本交爾藍縷亦虧朝望今送一通故衣意謂雖故乃勝新也是吾所著已令裁減稱卿之體並履一量。南齊書張融傳

原王遜詔 建元初

儉門世載德竭誠佐命特降刑書宥遜。南齊書王儉傳儉弟遜建元初爲晉陵太守有怨言中丞陸澄依事舉奏下詔

以豫章王嶷爲荊湘二州刺史詔 建元元年

神牧總司王畿誠爲治要荊楚領馭遐遠任寄弘隆自頃公私凋盡綏撫之宜尤重恆日復以爲都督荊湘雍益梁寧南北秦八州諸軍事南蠻校尉荊湘二州刺史持節侍中將軍開府如故。南齊書豫章王嶷傳

下陸澄詔 建元元年

澄表據多謬不足深劾可白衣領職。南齊書陸澄傳

授加羅國王荷知詔 建元元年

量廣始登遠夷洽化加羅王荷知款關海外奉贄東遐可授輔國將軍本國王。南齊書東南夷傳

詔答河南王拾寅 建元元年

皇帝敬問使持節散騎常侍都督西秦河沙三州諸軍事車騎大將軍開府儀同三司領護羌校尉西秦河二州刺史新除驃騎大將軍河南王寶命革授爰集朕躬猥當大業感惕兼懷夏中增感王世武至得元徽五年五月二十一日表聞之淒歎想比平安又卿款誠遙著保寧遐壃今詔升徽號以酬忠款遣王世武銜命拜授又仍使王世武等往芮芮想卽資遣使得時達又奏所上馬等物悉至今往別牒錦絳紫碧綠黃青等紋各十匹。南齊書河南氐羌傳按河南卽吐谷渾

下葭蘆鎮主楊廣香詔 建元元年

昔絕國入贄美稱前冊殊俗內款聲流往記僞虜葭蘆鎮主陰平郡公楊廣香怨結同族釁起親黨當宋之世遂舉地降敵葭蘆失守華陽暫驚近單使先馳宣揚皇威廣香等追其遠世之誠仰惟新之化肉袒請附復地千里氐羌雜種咸同歸從宜時領納厚加優卹廣香翻迷反正可特量所授部曲酋豪隨名酬賞。南齊書氐羌傳

徵明僧紹詔 建元元年冬

朕側席思士載懷塵外齊郡明僧紹標志高栖躭情墳素幽貞之操宜加賁飾徵爲正員外郎 南齊書明僧紹傳

下顧歡劉思効詔

朕夙旦惟寅思弘治道佇夢巖濱垂精管庫旰食縈懷其勤至矣吳郡顧歡散騎郎劉思効或至自巨園或越在宂位並能獻書金門薦辭鳳闕辨章治體有協朕心今出其表外可詳擇所宜以時敷奏歡近已加旌賁思効可付選銓序以顯讜言 南齊書顧歡傳

荅劉休詔 建元初

卿職當國司以威裁爲本而忽憚世誚卿便應辭之如辜可獲何惰晚節邪 南齊書劉休傳

遣還流徙詔 建元二年二月

江西北民避難流徙者制遣還本土蠲今年租稅單貧及孤老不能自存者即聽番籍郡縣押領 南齊書高帝紀下

除宥詔 建元二年六月

昔歲水旱曲赦丹陽二吳義興四郡遭水尤劇之縣元年以前三調未充虛列已畢官長局吏應共償備外詳所除宥 南齊書高帝紀下

詔朝臣 建元二年

黃籍民之大紀國之治端自頃氓俗巧僞爲日已久至乃竊注爵位盜易年月增損三狀貿襲萬端或戶存而文書已絕或人在而反託死叛停私而云隸役身强而稱六疾編戶齊家少不如此皆政之巨蠹教之深疵比年雖却籍改書終無得實若約之以刑則民僞已遠若綏之以德則勝殘未易卿諸賢並深明治體可各獻嘉謀以振澆化又臺坊訪募此制不近優刻素定閑劇有常宋元嘉以前茲役恆滿大明以後樂補稍絕或緣寇難頻起軍蔭易多民庶從利投坊者寡然國經未變朝紀恆存相揆而言隆替何速

此急病之洪源晷景之切患以何科算革斯弊邪 南齊書虞玩之傳又見通典三

贈謚劉善明詔 建元二年

善明忠誠夙亮幹力兼宣豫經夷嶮勤績昭著不幸殞喪痛悼於懷贈左將軍豫州刺史謚烈伯 南齊書劉善明傳

遣呂安國安集司州詔 建元二年

郢司之閒流雜繁廣宜並加區判定其隸屬參詳兩州事無專任安國可整往經理以本官使持節總荆郢諸軍北討事屯義陽西關 南齊書呂安國傳

銓序垣崇祖等詔 建元二年

醜虜送死敢寇壽春崇祖盤龍正勤義勇乘機電奮水陸斬擊塡川蔽野師不淹晨西蕃剋定斯實將率用命之功文武爭伐之力凡厥勳勤宜時銓序可符列上 南齊書周盤龍傳

遣李安民援徐兗詔 建元三年

青徐泗州義舉雲集安民可長轡遐馭指授羣帥 南齊書李安民傳

立學詔 建元四年正月

立國學置學生百五十人其有位樂入者五十人生年十五以上二十以還取王公已下至三將著作郎廷尉正太子舍人領護諸府司馬諮議經除敕者諸州別駕治中等見居官及罷散者子孫悉取家去都二千里爲限 南齊書禮志上 南齊書高帝紀下有建元四年正月立學詔編入江淹集中

蠲復建元已來戰亡家租布雜役詔 建元四年正月

比歲申威西北義勇爭先殞氣寇場命盡王事戰亡蠲復雖有恆典主者遵用每傷簡薄建元以來戰亡賞蠲租布三十年雜役十年其不得收屍主軍保押亦同此例 南齊書高帝紀下

大漸召褚淵王儉詔 建元四年三月

吾本布衣素族念不到此因藉時來遂隆大業風道沾被升平可

飢。遘疾彌留。至於大漸。公等奉太子如事吾。柔遠能邇。輯和內外。當令太子敦睦親戚。委任賢才。崇尚節儉。弘宣簡惠。則天下之理盡矣。死生有命。夫復何言。南齊書高帝紀下

全齊文卷一終

烏程嚴可均校輯

高帝二

敕荀伯玉 昇明初

我出行日城中軍悉受長懋節度我雖不行內外直防及諸門甲兵悉令長懋時時履行 南齊書文惠太子傳

與劉懷慰手敕

有文事者必有武備今賜卿玉環刀一口 南齊書劉懷慰傳齊國建以懷慰爲齊郡太守手敕

敕世子賾

三昧至性如此恐不濟汝可與共往每抑割之 南史四十三武陵王曅母羅氏從高帝在淮陰以罪誅曅年四歲每慟吐血高帝敕武帝云云三昧曅小字也

敕荅柳引

柏年幸可不爾爲之根恨 □□□□□□范柏年爲梁州刺史沈攸之事起遣將聲援京師而候望形勢朝廷詩爲府左史因執誅之引辭數太祖敕荅

手敕張岱 建元元年

大邦任重乃未欲回換但總戎務殷宜須望實今用卿爲護軍加給事中 南齊書張岱傳

敕桓景眞

主衣中似有玉介導此制始自大明末後泰始尤增其麗留此置主衣政是興長疾源可即時打碎凡復有可異物皆宜隨例也 南齊書高帝紀下

敕垣崇祖修理芍陂田 建元二年

卿視吾是守江東而已邪所少者食卿但努力營田自然平殄虜寇昔魏置典農而中都足食晉開汝潁而河汴委儲卿宜勉之 南齊書垣崇祖傳又見通典二

敕給垣崇祖鼓吹

韓白何可不與衆異給鼓吹一部 南史二十五

敕劉懷慰

聞道標分明來其兒婦並在都與諸弟無復同生者凡此類無爲不多方誤之縱不全信足使豺狼疑惑 南齊書薛淵傳虜遣將薛道標寇壽春太祖以道標淵之親近敕齊郡太守劉懷慰云云令爲淵書與道標示購之之意

敕柳世隆 建元二年

歷陽城大恐不可卒治正宜斷隔之深爲保固處分百姓若不將家守城單身亦難可委信也 南齊書柳世隆傳

吾更歷陽外城若有賊至勒百姓守之故應勝割棄也 同上

比思江西蕭索二豫兩辦爲難議者多云省一足一於事爲便吾謂非乃乖謬卿以爲云何可具以聞 同上垣崇祖既破虜上欲罷并二豫敕世隆

敕周山圖 建元二年

知卿綏邊撫戎甚有次第應變策略悉以相委恐列醜未必能送死卿丈夫無可藉手耳 南齊書周山圖傳上策虜必不出淮陰乃敕山圖

卿當盡相帥馭理每存全重天下事唯同心力山岳可摧然用兵當使背後無憂慮若後冷然無橫來處閉目痛打無不摧碎吾政應鑄金待卿成勳耳若不藉此平四州非丈夫也努力自運勿令他人得上功 南齊書周山圖傳是時淮北四州起義上使山圖自淮入清倍道應赴敕山圖

手敕餉周盤龍妾杜氏

餉周公阿杜 南齊書周盤龍傳上送金釵鑷二十枚手敕又南史四十六

敕陳顯達 建元二年

虜經破散後當無復他關理但國家邊防自應過存備豫宋元嘉二十七年後江夏王作南兗徙鎮盱眙沈司空亦以孝建初鎮彼政當以淮上要於廣陵耳卿謂前代此處分云何今僉議皆云卿應據彼地吾未能決乃當以擾動文武爲勞若是公計不得憚之

南齊書陳顯達傳

敕柳世隆 建元三年

比有北信。賊猶治兵在彭城。年已垂盡。或當未必送死。然豺狼不可以理推。爲備或不可懈。彼郭既無關要。用宜開除。使去金城三十丈。政佳耳。發民治之無嫌。若作三千人食者。已有幾米。可指牒付信還。民間若有丁多而細口少者。悉令戍。非疑也。南齊書柳世隆傳

昨夜得北使啟。鍾離開賊已獲淮。既審送死。便當制加勦撲。卿好參候之。有急令諸小戍還鎮。不可賊至不覺也。賊既過淮。不容彌退散。要應有處送死。看定攻壽陽。吾當遣援軍也。南齊書柳世隆傳

呂安國近在西土。斷郢司二境上雜民大佳。民殆無驚恐。近又令垣豫州斷其州內商得崇祖啟事。已行。竟近無云云。殊稱前代舊意。卿覘究部中可行此事不。若無所擾。春便就手也。南齊書柳世隆傳

敕崔文仲 建元三年

北閭起義者衆。深恐良會不再至。卿善獎沛中人。若能一時攘袂當遣一佳將直入也。南齊書崔祖思傳

敕江謐 建元三年

江謐寒士。誠當不得競等華儕。然甚有才幹。堪爲委遇。可遷掌史部。南齊書江謐傳

敕周盤龍 建元三年

角城漣口賊始復進。西道便是無賊。卿可率馬步下淮陰。就安民軍。鍾離船少。政可致衣仗數日糧。軍人扶淮步下也。南齊書周盤龍傳

與王珍國手敕

卿愛人治國。甚副吾意也。梁書王珍國傳。遷南譙太守。治有能名。齊高帝手敕

南齊書高帝紀上有昇明元年閏月出屯新亭教。編入江淹集中。

敕國內令

國內殊死以下。今月十五日昧爽以前。一皆原赦。鰥寡孤獨不能

自存者。賜穀五斛。府州所領。亦同蕩然。南齊書高帝紀上昇明三年三月丁巳下令。

上表誅黃回 昇明二年四月

黃回出自廝伍。本無信行。仰值泰始。謬被驅馳。階藉風雲。累明顯位。及沈攸之作逆。事切戎機。臣闇於知人。冀其搏噬。遣統前鋒。竟不接刃。軍至郢城。乘威迫脅。陵掠所加。必先尊貴。武陵王馬器服咸被虜奪。城內文武。剝剔靡遺。及至還都。縱恣彌甚。先朝御服。猶有二輿。弓劍遺思。尚在車府。回遂啟求。以擬私用。僭侮無厭。罔顧天極。又廣納逋亡。多受劫盜。親信此等。並爲爪牙。覘其凶狡。憂在不測。惡積釁著。非可含忍。應加勦除。以明國憲。尋其釁狀。寔宜極法。但嘗經將帥。微有塵露。釁疑從輕。事炳前策。請在降滅。特原餘嗣。臣過荷隆寄。言必罄誠。謹陳管穴。式遵宏典。伏願聖明。特垂允鑒。臣思不出位。誠昧甄才。追言既往。伏增慙恧。宋書黃回傳。沈攸之反。回與新亭諸將帥謀應袁粲。攻齊王於朝堂。事既不果。齊王撫之如舊。至是以回終爲禍亂。乃上表誅之。

與褚淵袁粲書

下官常人。志不及遠。隨運推斥。妄踐非涯。才輕任重。夙宵冰惕。近值國危。含氣同奮。況在下官。寧吝身命。履冒鋒炭。報効恆理。而褒嘉之典。偏見甄沐。貴登端戎。秩加爵土。瞻言晉衛。魂神震墜。下官奉上以誠。率性無矯。前後忝荷。未嘗固讓。至若今授。特深惟追。寔以銜恩先旨。義兼陵闕。識蔽防萌。宗國搆禍。引諮歸咎。既已靦顏乃復乘災求幸。藉亂取貴。斯實國之恥。非臣子所忍也。且榮不可濫。寵不可昧。乞錙中候。請停增邑。庶保止足。輸効淮涸。如使伐匈奴。凱歸反旆。以此受爵。不復固辭矣。南齊書褚淵傳。元徽二年。太祖既平桂陽。遷中領軍。領南兗州。增戶邑。太祖固讓。與淵及衛軍袁粲書。

與虞玩之書

張華爲度支尚書。事不徒然。今漕藏有闕。吾賢居右丞。已覺金粟可積也。南齊書虞玩之傳。元徽中爲右丞。時太祖參政。與玩之書。又見通典二十二。

與江夏內史書

汝既入朝當須文武兼資人與汝意合者委以後事世隆其人也

南齊書柳世隆傳朝廷疑憚沈攸之密爲之備太祖與世隆書

報沈攸之書

辱足下誚書交道不終爲恥已足欲下便來何故多罔君子吾結髮入仕豈期遠大蓋感子路之言每不擇官而宦逮文帝之世初被聖明鑒賞及孝武之朝復蒙英主顧眄因此感激未能自反及與足下斂袂定交款著分好何嘗不勸慕古人國士之心務重前良忠貞之節至於契闊杯酒殷勤攜袖薦女成姻志相然諾義信之篤誰與間之又乃景和陵虐事切憂畏明帝正位運同休顯啟寵論心安危豈貳元徽之季聽高道慶流言欲相討伐發威施敕已行內外于時臣子鉗口道路以目吾以分交義重患難宜均犯陵白刃以相任保悖主手敕今封送相示豈不畏威念周旋之義耳推此陰惠何愧懷抱不云足下猥含禍詖前遣王思文所牒朝事蓋情等家國共詳衷否虛心小大必以先輸問張雍州遷代之日將欲誰擬本是逆論來事非欲代張乃封此示張激使見怒若張惑一言果興怨恨事負雅素君子所不可爲況張之奉國忠亮有本情之見與意契不貳邪又張雍州啟事稱彼中蠻動兼民遭水患敕令足下思經拯之計吾亦有白論國如家布情而往每思虛達事之相接恆必猜離反謂無故遣信此乃覘察乎諒之襟動則相阻傷負心期自誰作故先時足下遣信尋盟敦舊厲以篤終吾止附還白申罄情本契然遠要方固金石今日舉錯定是誰忘久言邪元徽末德埶亡禋祀足下備聞無待亟述太后惟憂式遵前誥興毀之略事屬鄙躬黜昏樹明實惟前則盪宗靜國何愧前修廢立有章足下所允冠纓之譏將以何語封爲郡王盜爲失禮景和無名方之不愈乎龍逢自匹夫之美伊霍則社稷之臣同異

相乘非吾所受也登齋有賞壽寂已蒙之於前同謀獲功明皇亦行之於昔此則接踵成事誰敢異之謂其大收宮女劫奪天藏器械金寶必充私室必若虛設市虎亦可不翅此言若以此詐民天下豈患無眼心苟無瑕非所耿介甲杖之授事既舊典豈見有任鎮邦家勳經定主而可得出入輕單不資寵衞斯之患慮豈直身憂祗奉此恩職惟事理朱方之牧公卿僉意吾亦謂微動之次無忝一州且魏晉舊事帝鄉蕃職何嘗豫州必曹司州必馬折膠受柱在體非愧袁粲據石頭足下無不可吾之守東府來告便謂非動容見疾頻笑入戾乃如是乎袁粲劉秉受遇深重家國既安不思撫鎮遂與足下表裏潛規據城之夜豈顧社稷幸天未長亂宗廟有靈卽與褚衞軍協謀義斷以時殄滅想足下聞之悵然孤沮小兒忝侍中代來之澤遇直上臺便呼一家兩錄發不擇言良以太甚吾之方寸古列共言乃以陶庾往賢大見譏責足下自省詎得以此見貽邪比蹤夷叔論吾則可行過桀蹠無乃近誣哉或謂吾不朝此則良誨朝之與否想更問之足下受先帝之恩施擁戎西州鼎湖之日率土載奔而宴安中流酣飲自若卽懷狼望陵侮皇朝晉熙殿下以皇弟代鎮而斷割候迎罔蔑宗子驅略士馬悉以西上郢中所遺僅餘劣弱昔徵茅不入猶動義師況荊州物產雍岷交梁之會自足下爲牧薦獻何品良馬勁卒彼中不無良皮美罽商賂所聚前後貢奉多少何如唯聞太官時納飲食耳桂陽之難坐觀成敗自以雍容漢南西伯可擬賴原卽天世非望亦消又招集逋亡斷遏行侶治舟試艦恆以朝廷爲旗的秣馬按劒常願天下有風塵爲人臣者固若是邪至乃不遵制書敕下如空國恩莫行命令擁隔詔除郡縣輒自板代罷官去職禁還京師凶人出境無不千里尋躡而反募臺將來必厚加給賞太妃遣使市馬齎寶往蜀足下悉皆斷折以爲私財此皆遠邇共聞暴於視聽主上

叡明當璧寓縣同慶絶域奉贄萬國通書而盤桓百日始有單騎
事存送往於此可徵不朝如此誰應受誚反以見呵非所反側今
乃勒兵以闚象館長戟以指魏闕不亦爲忠臣孝子之所痛心疾
首邪賢子元琰獲免虎口及淩波西邁吾所發遣猶推素懷不畏
嗤嗤足下尚復滅君臣之紀況吾布衣之交乎遂事不諫既往難
咎今六師西向爲足下憂之（南齊書張敬兒傳　按周顒傳云沈攸之送絶交書太祖口授令顒裁答則此書顒所作而其大略乃高帝口授也今故編入高帝文）

與王廣之書

黄回雖有微勳而罪過轉不可容近遂啟請御大小二輿爲刺史
服飾吾乃不惜爲其啟聞政恐得輿復求畫輪車此外罪不可勝
數弟自悉之今啟依法（南齊書王廣之傳）

書

吾今至破堝在路粗可尋還遲見卿不遠願信知卿深意也（淳化閣帖）

與崔祖思書

明居士標意可重吾前旨竟未達邪小涼欲有講事卿可至彼具
述吾意令與慶符俱歸
不食周粟而食周薇古猶發議在今寧得息談邪聊以爲笑（南齊書明僧紹傳）

與王延之書

韶云卿未嘗有别意當緣劉家月旦故邪（南齊書王延之傳延之爲江州刺史每致餉下都阮韶與朝士同列太祖聞其如此與延之書）

贈劉悛書

承至性毀瘵轉之危慮深以酸怛終哀全生先王明軌豈宥去縗
纊徹温席以此悲號得終其孝性邪當深顧往旨少自抑勉（南齊書劉悛傳）

報武陵王曅

見汝二十字諸兒作中最爲優者但康樂放蕩作體不辯有首尾
安仁士衡深可宗尚顔延之抑其次也（南齊書武陵王曅傳曅作短句詩學謝靈運體以呈上報）

答劉善明

省所獻雜語並列聖之明規衆智之深軌卿能憲章先範纂鏤情
識忠款既昭淵誠肅著當以周旋無忘聽覽也（南齊書劉善明傳善明上表陳事又撰賢聖雜語奏之託以諷諫上荅）

又荅劉善明

具卿忠讜之懷夫賞罰以懲守宰飾館以待遐荒皆古之善政吾
所宜勉更撰新禮或非易制國學之美已敕公卿宣陽門今敕停
寡德多闕思復有聞（南齊書劉善明傳善明又諫起宣陽門表陳宜明守宰賞罰立學校制齊禮廣開賓館以接鄰國上又荅）

荅蕭景先

風俗淪敗二十餘年以吾當之豈得頓埽幸得數載盡力救蒼生
者必有功於萬物也治天下者雖聖人猶須良佐汝等各各自竭
不憂不治也（□□□□□□景先啟稱上德化之美上荅之）

荅楊公則啟經略之宜（建元二年）

文弘罪不可恕事中政應且加恩耳卿若能襲破白水必加厚賞（南齊書氐羌傳晉壽太守啟經略之宜上荅）

荅褚淵（建元中）

公所道臧榮緒吾甚志之其有史翰欲令入天祿甚佳（南齊書臧榮緒傳）

即位告天文

皇帝臣道成敢用玄牡昭告皇皇后帝宋帝陟鑒乾序欽若明命
以命於道成夫肇自生民樹以司牧所以闡極則天開元創物肆
茲大道天下惟公命不于常昔在虞夏受終上代粤自漢魏揖讓

中葉咸炳。諸典謨載在方册。水德既微。仍世多故。寔賴道成匡拯之功。以弘濟於厥艱。大造顛墜。再構區宇。宣禮明刑。締仁緝義。晷緯凝象。川岳表靈。誕惟天人。罔弗和會。乃仰協歸運。景屬與能。用集大命於茲。辭德匪嗣。至於累仍。而羣公卿士庶尹御事。爰及黎獻。至於百戎。僉曰。皇天眷命。不可以固違。人神無託。不可以曠主。畏天之威。敢不祇從鴻麻。敬簡元辰。虔奉皇符。升壇受禪。告類上帝。以永荅民衷。式敷萬國。惟明靈是饗。南齊書高帝紀上。又見南史四。

全齊文卷二終

全齊文卷三

烏程嚴可均校輯

武帝一

帝諱賾，字宣遠，小名龍兒，高帝長子。初爲尋陽國侍郎，辟州西曹書佐，出爲贛令，泰始中徵爲尚書庫部郎、征北中兵參軍，封西陽縣子，帶南東莞太守、越騎校尉、正員郎、撫軍長史、襄陽太守，轉盜朔將軍、廣興相，元徽中轉司徒右長史、黄門郎，出爲鎮西長史、江夏內史，行郢州事，昇明初爲左衞將軍，轉散騎常侍、征虜將軍、江州刺史，封聞喜縣侯，徵侍中、領軍將軍，轉散騎常侍、尚書僕射、中軍大將軍、開府儀同三司，進爵爲公。齊國建，爲齊公世子，加侍中、南豫州刺史，進爵王太子。高帝受禪，爲皇太子。以建元四年三月卽位，明年改元永明，在位十一年，謚曰武皇帝，廟號世祖。

下內外官詔 建元四年三月

喪禮雖有定制，先旨每存簡約，內官可三日一還臨，外官間一日還臨，後有大喪皆如之。南齊書武帝紀

原城直詔 建元四年三月

城直之制，歷代宜同，頃歲逋弛，遂以萬計，雖在憲宜懲，而原心可亮，積年逋城，可悉原蕩，自玆以後，申明舊科，有違糾裁。南齊書武帝紀

賑卹貧民詔

比歲未稔，貧窮不少，京師二岸，多離其弊，遣中書舍人優量賑卹。南齊書武帝紀

賑卹災民詔 建元四年五月

頃水雨頻降，潮流薦滿，二岸居民，多所淹漬，遣中書舍人與兩縣官長優量賑卹。南齊書武帝紀

訊獄蠲租詔 建元四年六月

水潦爲患，星緯乖序，京都囚繫，可剋日訊決，諸遠獄委刺史以時察判，建康、秣陵二縣貧民加賑賜，必令周悉，吳興、義興遭水縣蠲除租調。南齊書武帝紀

恤垣康詔 建元四年七月

康昔預南勳，義兼常懷，倍深惻愴，凶事所須，厚加料理。南齊書垣康傳

司徒褚淵薨下詔 建元四年八月

司徒奄至薨逝，痛怛慟懷，比雖尫瘵，便力出臨哭，給東園祕器、朝服一具、衣一襲、錢二十萬、布二百疋、蠟二百斤。南齊書褚淵傳

贈謚褚淵詔 建元四年八月

夫褒德所以紀民，愼終所以歸厚，前王習祖盛典，咸必由之。故侍中、司徒、錄尚書事、新除司空、領驃騎將軍、南康公淵，履道秉哲，鑒識弘曠，爰初弱齡，清風夙舉，登庸應務，具瞻允集，孝友著於家邦，忠貞彰於亮采，佐命先朝，經綸王化，契闊屯夷，綢繆終始，總錄機

衡，四門惟穆，諒以同規往古，式範來今，謙光彌遠，屢陳降挹，權從高旨，用虧大猷，將登上列，永翼聲教，天不愍遺，奄焉薨逝，朕用震慟於厥心，其贈公太宰，侍中、錄尚書公如故，給節，加羽葆、鼓吹，增班劒爲六十人，葬送之禮，悉依宋太保王弘故事。謚曰文簡。南齊書褚淵傳

又詔

淵妻宋故巴西公主，埏隧甎啟，宜贈南康郡公夫人。同上

宣旨緣淮戍將臨會詔 建元四年九月

緣淮戍將，久處邊勞，三元行始，宜沾恩慶，可遣中書舍人宣旨臨會，後每歲皆如之。南齊書武帝紀　又見南史四

追恤宋建平王景素詔 初卽位

宋建平王劉景素，名父之子，少敦清向，雖末路失圖，而原心有本，年流運改，宜弘優澤，可聽以王禮還葬舊墓。宋書建平王宏傳　又略見南史十四

優獎守宰詔永明元年正月

經邦之寄寔資莅民守宰祿俸蓋有恒準往以邊虞告警故沿時損益今區寓寧晏庶績咸熙念勤簡能宜加優獎郡縣丞尉可還田秩南齊書武帝紀又見南史四

甄黜守宰詔永明元年三月

宋德將季風軌陵遲列宰庶邦彌失其序遷謝遄速公私凋弊泰運初基草昧惟始思述先範永隆治根莅民之職一以小滿為限其有聲績剋舉厚加甄異理務無庸隨時代黜南齊書武帝紀

申辛亥赦恩詔

朕自丁荼毒奄便周忌瞻言負荷若墜淵壑而遠圖尚蔽政刑未理星緯失序陰陽愆度思播先澤兼酬天眚可申辛亥赦恩五十日以期訖為始京師囚繫悉皆原宥三署軍徒優量降遣都邑鰥寡尤貧詳加賑卹南齊書武帝紀

又詔

四方見囚罪無輕重及劫賊餘口長徒敕繫悉原赦逋負督贓建元四年三月以前皆特除南齊書武帝紀

改葬袁粲等詔永明元年四月

昔魏矜袁紹恩給丘墳晉亮兩王榮覃餘裔斯蓋懷舊流仁原心興宥二代弘義前載美談袁粲劉秉並與先朝同獎宋室沈攸之於景和之世特有乃心雖末節不終而始誠可錄歲月彌往宜沾優隆粲秉前年改葬塋兆未脩材官可為經略粗合周禮南齊書作材埒可為經理令粗足周禮攸之及其諸子喪柩在西可符荊州以時致送還反舊墓在所營葬事宋書袁粲傳南齊書武帝紀又略見南史二十六

誅垣崇祖詔永明元年四月

垣崇祖凶詭險躁少無行業昔因軍國多虞採其一夫之用大運光啟頻煩升擢溪壑靡厭浸以彌廣去歲在西連謀境外無君之

心已彰遐邇特加遵養庶或悛革而犄貳滋甚志興亂階隨與荀伯玉驅合不逞窺窬非覬搆扇邊荒互為表裏寧朔將軍孫景育究悉姦計具以啟聞除惡務本刑茲罔赦便可收掩肅明憲辟南齊書垣崇祖傳

誅張敬兒詔永明元年五月

敬兒蠢茲邊裔昏迷不脩屬值宋季多難頗獲野戰之力拔迹行伍超登非分而愚躁無已矜伐滋深往莅本州久包異志在昔含弘庶能懲革位班三槐秩窮五等懷音靡聞姦回屢構去歲迄今嫌貳滋甚鎮東將軍敬則丹陽尹安民每侍接之日陳其凶狡必圖反噬朕猶謂恩義所感本質可移頃者已來釁戾遂著自以子弟在西足動殊俗招扇群蠻規擾樊夏假託妖巫用相震惑妄設徵祥潛圖問鼎履霜於開運之辰堅冰於嗣業之世此而可忍孰不可容天道禍淫逆謀顯露建康民湯天獲商行入蠻備覩姦計信驛書翰證驗炳明便可收掩式正刑辟同黨所及特皆原宥南齊書張敬兒傳

報薛淵詔永明元年

遠隔殊方聲問難審淵憂迫之深固辭朝列昔東關舊典猶通婚宦況母出有差音息時至依附前例不容申許便可斷表速還章服南齊書薛淵傳

罪謝超宗詔永明元年

超宗釁同大逆罪不容誅豢匿情欺國愛朋罔主事合極法特原收治免官如案禁錮十年南齊書超宗傳

封茹法亮詔永明元年

茹法亮近在盆城頻使銜命內宣朝旨外慰三軍義勇齊奮人百其氣險阻艱難心力俱盡宜沾茅土以甄忠績封望蔡縣男食邑三百戶南齊書茹法亮傳

青溪宮落成小會詔 永明二年七月

夫樂所自生。先哲垂誥。禮不忘本。積代同風。是以漢光遲回於南陽。魏文殷勤於譙國。青溪宮體天含暉。則地栖寶。光定靈源。允集符命。在昔期運初開。經綸方遠。繕築之勞。我則未暇。時流事往。永惟哽咽。朕以寡薄。嗣奉鴻基。思存締構。式表王迹。考星創制。揆日興功。子來告畢。規摹昭備。宜申釁落之禮。以暢感尉之懷。可克日小會。南齊書武帝紀

加恩京師二縣詔 永明二年八月

窆枯掩骼。義重前誥。卹老哀癃。寔惟令典。朕永思民瘼。弗忘鑒寐。聲懷未敷。物多乖所。京師二縣。或有久墳毀發。可隨宜掩埋。遺骸未櫬。並加斂瘞。疾病窮困不能自存者。詳爲條格。並加沾賚。南齊書武帝紀

增封豫章王嶷詔 永明二年

漢之梁孝。寵異列蕃。晉之文獻。秩殊恒序。況乃地侔前準。勳兼往式。雖天倫有本。而因事增情。宜廣田邑。用申恩禮。增封爲四千戶。南齊書豫章王嶷傳

詔報扶南國王 永明二年

具摩醯降靈。流施彼土。雖殊俗異化。遙深欣讚。知鳩酬羅於彼背叛。竊據林邑。聚凶肆掠。殊宜翦討。彼雖介遐陬。舊修蕃貢。自宋季多難。海譯致壅。皇化惟新。習迷未革。朕方以文德來遠人。未欲便興干戈。王既款列忠到。遠請軍威。今詔交部隨宜應接。伐叛柔服。實惟國典。勉立殊效。以副所期。那伽仙屢銜邊譯。頗悉中土闊狹。令其具宣。上報以絳紫地黃碧綠紋綾各五匹。南齊書扶南國傳

興學詔 永明三年正月

春秋國語云。生民之有學敎。猶樹木之有枝葉。果行育德。咸必由茲。在昔開運。光宅華夏。方弘典謨。克隆敎思。命彼有司。崇建庠塾。

南就經始。仍離屯故。仰瞻徽猷。歲月彌遠。今遐邇一體。車軌同文。宜高選學官。廣延胄子。南齊書武帝紀

考課詔

守宰親民之要。刺史案部所先。宜嚴課農桑。相土揆時。必窮地利。若耕蠶殊衆。足厲浮墮者。所在即便列奏。其違方驕矜。佚事妨農。亦以名聞。將明賞罰。以勸勤怠。校覈殿最。歲竟考課。以申黜陟。南齊書武帝紀

荅豫章王嶷求解大傅詔 永明三年

公惟德惟行。無所居辭。且魯旦衞其。誰與一方。式範當時。流聲史籍。豈容屢秉撝謙。以乖期寄。南齊書豫章王嶷傳

蠲孤獨田租詔 永明三年五月

氓俗獨嫠。于茲永久。雖年穀時登。而歉乏比室。凡單丁之身及煢獨而秩養養孤者。並蠲今年田租。南齊書武帝紀

下梁彌頡詔 永明三年八月

行宕昌王梁彌頡。忠款內附。著績西服。宜加爵命。式隆蕃屏。可使持節督河涼二州諸軍事安西將軍東羌校尉河涼二州刺史隴西公宕昌王。南齊書氐羌傳

皇太子釋奠詔 永明三年十月

皇太子長懋講畢。當釋奠。王公以下。悉往觀禮。南齊書武帝紀

耕藉詔 永明三年十二月

九穀之重。八材爲末。是故絜粢豐盛。祝史無愧於辭。不藉千畝。周宣所以貽諫。昔期運初啟。庶政草昧。三推之典。我則未暇。朕嗣奉鴻基。思隆先軌。載耒躬親。率由舊式。可以開春發歲。敬簡元辰。鳴青鸞於東郊。冕朱紘而莅事。仰薦宗禋。俯勗黔阜。將使囷庾內充。遺秉外牣。既富而敎。茲焉攸往。南齊書武帝紀

進河南王易度侯爲車騎大將軍詔 永明三年

易度侯守職西蕃綏懷允緝忠績兼舉朕有嘉焉可進號車騎大將軍 南齊書河南氐羌傳

耕藉恩詔 永明四年閏正月

夫耕藉所以表敬親載所以率民朕景行前規躬執良耜千畛咸事六稔可期教義克宣誠感兼暢重以天符靈貺歲月鱗萃寶鼎開玉匣之祥嘉禾發同穗之穎甘露凝暉於坰牧神爵騫翥於蘭囿斯乃宗稷之慶豈寡薄所臻思俾休和覃茲黔首見刑罪殊死以下悉原宥諸逋負在三年以前尤窮弊者一皆蠲除孝悌力田詳授爵位孤老貧窮賜穀十石凡欲附農而糧種闕乏者並加給貸務在優厚 南齊書武帝紀

車駕幸宣武堂講武詔 永明四年閏月

今親閱六師少長有禮領馭羣帥可量班賜 南齊書武帝紀

定戶租錢布詔 永明四年五月

揚南徐二州今年戶租三分二取見布一分取錢來歲以後遠近諸州輸錢處並減布直匹准四百依舊折半以為永制 南齊書武帝紀

沈沖卒下詔 永明四年

沖喪柩至止惻愴良深以其昔在南蕃特兼憫悼 南齊書沈沖傳

贈謚沈沖詔

沖貞詳閑理志局淹正誠著蕃朝績彰出守不幸早世朕甚悼之追贈太常謚曰恭子 南齊書沈沖傳

贈謚李安民詔 永明四年

安民歷位內外庸績顯著忠亮之誠每簡朕心敷政近畿方申任寄奄至殞喪痛傷於懷贈鎮東將軍鼓吹一部常侍太守如故謚曰肅侯 南齊書李安民傳

下楊集始等詔 永明四年

後起奄至殞逝惻愴于懷綏禦邊服宜詳其選行輔國將軍北秦州刺史武都王楊集始幹局沈亮乃心忠款必能緝境寧民宣揚聲教可持節輔國將軍北秦州刺史平羌校尉武都王後起弟後明為龍驤將軍白水太守集始弟集朗為寧朔將軍 南齊書氐羌傳

賜孤貧糧餼詔 永明五年正月

朕昧爽丕顯思康民瘼雖年穀亟登而飢饉代有今履端肇運陽和告始宜協時休覃諸黎庶諸孤老貧病並賜糧餼遣使親賦毋存均普 南齊書武帝紀

遣蕭景先討蠻詔 永明五年正月

得雍州刺史張瓌啟事蠻虜相扇容或侵軼蜂蠆有毒宜時剿蕩可遣征虜將軍丹陽尹景先總率步騎直指義陽可假節司州諸軍皆受節度 南齊書蕭景先傳

賑賜京師二縣災民詔 永明五年六月

比霖雨過度水潦洊溢京師居民多離其弊遣中書舍人二縣官

長隨宜賑賜 南齊書武帝紀

停丹陽屬縣逋租詔 永明五年七月

丹陽屬縣建元四年以來至永明三年所逋田租殊為不少京甸之內宜加優貸其非中貲者可悉原停 南齊書武帝紀

蠲吳興義興租調詔 八月

今夏雨水吳興義興二郡田農多傷詳蠲租調 南齊書武帝紀

幸商飆館詔 九月

九日出商飆館登高宴羣臣 南齊書武帝紀

和市詔 九月

善為國者使民無傷而農益勸是以十一而稅周道克隆開建常平漢載惟穆岱畎絲枲浮汶來貢杞梓皮革必緣楚往自水德將謝喪亂彌多師旅歲興饑饉代有貧室盡於課調泉貝傾於絕域軍國器用動資四表不因厥產咸用九賦雖有交貿之名而無潤

揚當作場

私之實民谷塗炭寔此之由昔在開運星紀未周餘弊尚重農桑不殷於曩日粟帛輕賤於當年工商罕兼金之儲匹夫多飢寒之患良由圜法久廢上幣稍寡所謂民失其資能無匱乎凡下貧之家可蠲三調二年京師及四方出錢億萬糴米穀絲綿之屬其和價以優黔首遠邦嘗市雜物非土俗所產者皆悉停之必是歲賦攸宜都邑所乏可見直和市勿使逋刻南齊書武帝紀

蕭景先卒下詔 永明五年

西信適至景先奄至喪逝悲懷切割不自勝任今便舉哀賻錢十萬布二百疋南齊書蕭景先傳

贈蕭景先詔 永明五年

故假節征虜將軍丹陽尹新吳侯景先器懷開亮幹局通敏綢繆少長義兼勳戚誠著夷險績茂所司方升寵榮用申任寄奄至喪逝悲痛良深可贈侍中征北將軍南徐州刺史給鼓吹一部假節侯如故諡曰忠侯南齊書蕭景先傳

贈蕭叡明詔 永明五年

龍驤將軍安西中兵參軍松滋令蕭叡明愛敬敦深色養盡禮喪過乎哀遂致毀滅雖未達聖教而一至可愍宜加榮命以矜善人可贈中書郎南齊書蕭叡明傳

委太子親決獄詔 永明六年正月

獄訟之重政化所先太子立年作貳宜時詳覽此訟事委以親決南齊書文惠太子傳

原北邊逋租詔 永明六年閏十月

北兗北徐豫司青冀八州邊接疆場民多懸罄原永明以前所逋租調南齊書武帝紀

報梁彌承詔 永明六年

知須軍儀等九種並非所愛但軍器種甚多致之未易內伎不堪

涉遠祕閣圖書例不外出五經集注論今特敕賜王各一部南齊書氐羌傳宕昌王使求軍儀及伎書詔報

原雍州逋租詔 永明七年正月

雍州頻歲戎役兼水旱為弊原四年以前逋租南齊書武帝紀

蠲郵貧民詔

春頒秋斂萬邦所以惟懷柔遠能邇兆民所以允殖鄭渾宰邑因姓立名王濬剖符戶口殷盛今產子不育雖炳常禁比閭所在猶或有之誠復禮以貧殺抑亦情由俗淡宜節以嚴威敦以惠澤主者尋舊制詳量附定蠲郵之宜務存優厚南齊書武帝紀

增俸詔

諸大夫年秩隆重祿食殊薄豈所謂下車惟舊趨橋敬老可增俸詳給見役南齊書武帝紀

量給孔子祭秩詔 永明七年二月

宣尼誕敷文德峻極自天發輝七代陶鈞萬品英風獨舉素王誰匹功隱於當年道深於日月感麟厭世緬邈千祀川竭谷虛丘夷淵塞非但洙泗湮淪至乃饗嘗之主前王敬仰崇脩寢廟歲月亟流鞠為茂草今學斅興立實稟洪規撫事懷人彌增欽屬可改築宗祊務在爽塏量給祭秩禮同諸侯奉聖之爵以時紹繼南齊書武帝紀

定婚禮詔 永明七年四月

婚禮下達人倫攸始周官設媒氏之職國風興及時之詠四爵內陳義不期侈三鼎外列事豈存奢晚俗浮麗歷茲永久每思懲革而民未知禁乃聞同牢之費華泰尤甚膳羞方丈有過王侯富者扇其驕風貧者恥躬不逮或以供帳未具動致推遷年不再來盛時忽往宜為節文頒之士庶並可擬則公朝方樏供設合巹之禮無虧寧儉之義斯在如故有違繩之以法南齊書武帝紀

贈謚王儉詔 永明七年五月

愼終追遠。列代通規。褒德紀勳。彌峻恆策。故侍中中書令太子少傅領國子祭酒衞軍將軍開府儀同三司南昌公儉。體道秉哲。風宇淵曠。肇自弱齡。淸猷自遠。登朝應務。民望斯屬。草昧皇基。協隆鼎祚。宏謨盛烈。載銘彝篆。及贊朕躬。徽績光茂。忠圖令範。造次必彰。四門允穆。百揆時序。宗臣之重。情寄兼常。方正位論道。永釐袞職。爾茲景化。以贊隆平。天不憖遺。奄焉薨逝。朕用震慟於厥心。可追贈太尉。侍中中書監公如故。給節。加羽葆鼓吹。增班劒爲六十人。葬禮依故太宰文簡公褚淵故事。冢墓材官營辦。謚文憲公。南齊書王儉傳

吉凶條制詔 永明七年十月

三季澆浮。舊章陵替。吉凶奢靡。動違矩則。或裂錦繡。以競車服之飾。塗金鏤石。以窮塋域之麗。至斑白不婚。露棺累葉。苟相姱衒。罔顧大典。可明爲條制。嚴勒所在。悉使畫一。如復違犯。依事糾奏。南齊書武帝紀

全齊文卷三終

全齊文卷四

烏程嚴可均校輯

武帝二

大赦詔 永明八年七月

陰陽舛和緯象愆度儲胥嬰患淹歷旬晷思仰祇天戒俯紓民瘼可大赦天下 南齊書武帝紀

原司雍逋租詔 永明八年七月

司雍二州比歲不稔雍州八年以前司州七年以前逋租悉原汝南一郡復限更申五年 南齊書武帝紀

賑邺京邑詔 永明八年八月

京邑霖雨既過居民汎濫遣中書舍人二縣官長賑邺 南齊書武帝紀

賑賜吴興詔 永明八年十月

吴興水淹過度開所在倉賑賜 南齊書武帝紀

量增尚書郎賜祿詔 永明八年十二月

尚書丞郎職事繁劇卿俸未優可量增賜祿 南齊書武帝紀

黄籍限斷詔 永明八年

夫備貴賤辨尊卑者莫不取信於黄籍豈有假器濫榮竊服非分故所以澄革虛妄式允舊章然巢起前代過非近失既往之僁不足追咎自宋昇明以前皆聽復注其有謫役邊疆各許還本此後有犯嚴加翦治 南齊書虞玩之傳又見通典三

太廟時薦詔 永明九年正月

太廟四時祭薦宣皇帝麪起餅鴨臛孝皇后筍鴨卵脯醬炙白肉高皇帝薦肉膾葅羹昭皇后茗柵炙魚皆所嗜也 南齊書禮志上又見南史十一通典四十九

贈謚柳世隆詔 永明九年

故侍中左光祿大夫貞陽公世隆秉德居業才兼經緯少播清徽長弘美譽入參内禁出贊西牧專寄郢郊剋挫亙猾超越前勳功著一代及總任方州民頌寬德翼敎崇闈朝稱元正忠謨嘉猷簡於朕心雅志素履邈不可踰將登鉉味用燮鴻化奄至薨殞震慟良深贈司空班劒三十人鼓吹一部侍中如故謚曰忠武 南齊書柳世隆傳

賻謚戴僧靜詔 永明九年

僧靜志懷貞果誠著艱難剋殄西墉勳彰運始奄至殞喪惻愴傷懷賻錢五萬布百匹謚壯侯 南齊書戴僧靜傳

以范當根純爲林邑王詔 永明九年

林邑蠢爾介在遐外世服王化當根純乃誠款㩦到率其僚職遠績克宣良有可嘉宜沾爵號以弘休澤可持節都督緣海諸軍事安南將軍林邑王 南齊書南夷傳

原責逋增祿俸詔 永明十年正月

諸責負衆逋七年以前悉原除高貲不在例孤老六疾人穀五斛内外有務衆官增祿俸 南齊書武帝紀

豫章王嶷薨下詔 永明十年四月

嶷明哲至親勳高業始德懋王朝道光區縣奄至薨逝痛酷抽割不能自勝奈何奈何今便臨哭九命之禮宜備其制斂以衮冕之服溫明祕器命服一具衣一襲喪事一依漢東平王故事大鴻臚持節護喪事大官朝夕送奠大司馬太傅二府文武悉停過葬 南齊書豫章王嶷傳

贈豫章王嶷詔 永明十年

寵章所以表德禮秩所以紀功慎終追遠前王之盛策累行疇庸列代之通誥故使持節都督揚徐二州諸軍事大司馬領太子太傅揚州刺史新除中書監豫章王嶷體道秉哲經仁緯義挺清譽於弱齡發韶風於早日締論霸業之初翼讚皇基之始孝睦著於

鄉閭忠諒彰乎邦邑及秉德論道總牧神甸七敎必脩六府咸理振風潤雨無儩於時候郵民拯物有篤於矜懷雍容廊廟之華儀形列郡之觀神凝自遠具瞻允集朕友于之深情兼家國方授以神圖委諸廟勝緝頌九紘陪禪五岳天不憖遺奄焉薨逝哀痛傷惜震慟乎厥心今先遠戒期龜謀襲吉宜加茂典以協徽猷可贈假黃鉞都督中外諸軍事丞相揚州牧綠綟綬具九服錫命之禮侍中大司馬太傅王如故給九旒鸞輅黃屋左纛虎賁班劍百人轀輬車前後部羽葆鼓吹葬送儀依東平王故事（南齊書豫章王嶷傳）

賑賜京邑詔 永明十年十一月

頃者霖雨樵糧稍貴京邑居民多離其弊遣中書舍人二縣官長賑賜（南齊書武帝紀）

資遣魏俘詔 永明十年

昔虞帝欽明苗山記倒戈之陣夏君踵武鈞臺載不戰之兵今鋒鏑陵邊彤雲入候加討而後擒待征而知服此乃朕之涼德彼將何德徒哀其積習爲性因染遂變不識天時用干人事雖同濱率境自隔王臣直曰斯民獨爲係虜父母生乖妻兒則桑梓悠悠墳塋萬里情甚悲之可解網以祝聽歸巢穴豈直鄰好足尋將以哀矜自中以時資遣稱朕意焉（文苑英華六百五十。淮陰太守移魏淮陽太守文引詔）

配享太祖廟詔 永明十年

故太宰褚淵故太尉王儉故司空柳世隆故驃騎大將軍王敬則故鎭東大將軍陳顯達故鎭東將軍李安民六人配享太祖廟庭（南齊書禮志上。按王敬則死於永泰元年，陳顯達死於永元元年。今此詔爲永明十年，必有誤也。蔣曰：疑兩故字後人妄增，此乃未死而預定配享。）

斬王奐下詔 永明十一年三月

逆賊王奐險詖之性自少及長外飾廉勤內懷凶慝貽戾鄉伍敢棄衣冠挾其文筆之用擢以顯任出牧樊阿政刑弛亂第三息彪矯弄威權父子均勢故寧蠻長史劉興祖忠於奉國每事匡執奐忿其異已誣以訕謗肆怒囚錄然後奏聞朕察奐愚詐詔送興祖還都乃懼姦謀發露潛加殺害欺罔既彰中使辯覈遂授兵登陴逆捍王命天威電掃義夫咸奮曾未浹辰罪人斯獲方隅克殄漢南肅淸自非犯官兼預同逆謀爲一時所驅逼者悉無所問（南齊書王奐傳）

原長沙王妃詔 永明十一年

奐自貽逆節長沙王妃男女並長且奐又出繼前代或當有准可特不離絕（南齊書王奐傳。奐弟伷女爲長沙王晃妃，世祖詔。）

恤災詔 永明十一年五月

水旱成災穀稼傷弊凡三調衆逋可同申至秋登京師二縣朱方姑熟可權斷酒（南齊書武帝紀）

又詔 七月

頃風水爲災二岸居民多離其患加以貧病六疾孤老稚弱彌足矜念遣中書舍人履行沾卹（南齊書武帝紀）

水旱爲災實傷農稼江淮之間倉廩旣虛遂草竊充斥互相侵奪依阻山湖成此逋逃曲赦南兗兗豫司徐五州南豫州之歷陽譙臨江廬江四郡三調衆逋宿債並同原除其緣淮及靑冀新附僑民復除已訖更申五年（南齊書武帝紀）

大漸下詔 永明十一年七月

始終大期賢聖不免吾行年六十亦復何恨但皇業艱難萬機自重不無遺慮耳太孫進德日茂社稷有寄子良善相毗輔思弘治道內外衆事無大小悉與鸞參懷共下意尙書是職務根本悉委王晏徐孝嗣軍旅捍邊之略委王敬則陳顯達王廣之王玄邈沈文季張瓌薛淵等百辟庶僚各奉爾職謹事太孫勿有懈怠知復何言（南齊書武帝紀。又南史四。）

又詔

我識滅之後。身上著夏衣。畫天衣。純烏犀導。應諸器服悉不得用寶物及織成等。唯裝複裌衣各一通。常所服身刀長短二口鐵環者隨我入梓宮。祭敬之典。本在因心。東鄰殺牛。不如西家禴祭。我靈上慎勿以牲為祭。唯設餅茶飲乾飯酒脯而已。天下貴賤。咸同此制。未山陵前。朔望設菜食。陵墓萬世所宅。意嘗恨休安陵未稱。今可用東三處地最東邊以葬我。名為景安陵。喪禮每存省約。不須煩民。百官停六時入臨。朔望祖日可依舊。諸王六宮並不須從山陵。內殿鳳華壽昌耀靈三處。是吾所治制。夫貴有天下。富兼四海。宴處寢息。不容乃陋。謂此為奢儉之中。慎勿壞去。顯陽殿玉像諸佛及供養具。如別牒。可盡心禮拜供養之。應有功德事。可專在中。自今公私皆不得出家為道及起立塔寺。以宅為精舍。並嚴斷之。唯年六十。必有道心。聽朝賢選序。已有別詔。諸小小賜乞及閤內處分。亦有別牒。內外禁衛勞舊主帥左右。悉付蕭諶優量驅使之。勿負吾遺意也。（南齊書武帝紀。又南史四。）

臨崩又詔

凡諸遊費。宜從休息。自今遠近薦獻。務存節儉。不得出界營求。相高奢麗。金粟繒纊。弊民已多。珠玉玩好。傷工尤重。嚴加禁絕。不得有違準繩。（南齊書武帝紀。）

敕虞悰賜謝超宗死（永明元年）

謝超宗令於彼賜自盡。勿傷其形骸。（南齊書謝超宗傳。超宗徙越州行至豫章上敕豫章內史虞悰）

敕廬陵王子卿

吾前後有敕。非復一兩過。道諸王不得作乖體格服飾。汝何意都不憶吾敕邪。忽作瑇瑁乘具。何意。已成不須壞。可速送下。純銀乘具。乃復可爾。何以作鐙亦是銀。可即壞之。忽用金薄裹箭腳。何意。亦速壞去。凡諸服章。自今不啟吾知。復專輒作者。後有所聞。當復得痛杖。（南齊書廬陵王子卿傳。）

汝比在都讀書不就。年轉成長。吾日冀汝美。勿得敕如風過耳。使吾失氣。（同上。）

敕謝朓還都

侍讀虞雲自宜恆應侍接。朓可還都。（南齊書謝朓傳。）

敕徙劉祥（永明中）

卿素無行檢。朝野所悉。輕棄骨肉。侮蔑兄嫂。此是卿家行不足。乃無關他人。卿才識所知。蓋何足論。位涉清途。於分非屈。何意輕肆口噏。詆目朝士。造席立言。必以貶裁為口實。冀卿年齒已大。能自感厲。日望悛革。如此所聞。轉更增甚。諠議朝廷。不避尊賤。肆口極辭。彰暴物聽。近見卿影連珠。寄意悖慢。彌不可長。卿不見謝超宗。其才地二三。故在卿前。事殆是百分不一。我當原卿性命。令卿萬里思愆。卿若能改革。當令卿得還。（南齊書劉祥傳。）

敕呂安國（永明四年）

吾恆憂卿疾病。應有所須。勿致難也。（南齊書呂安國傳。）

敕王晏（永明中）

慈在職未久。既有微疾。不堪朝。又不能騎馬。聽乘車在仗後。（南齊書王慈傳。）

敕茹法亮（永明六年）

吾見呂安國疾狀。自不宜勞。且腳中既惡。扶人至吾前。於禮望殊成有虧。吾雖敕之。其人甚諱病。卿可作私意向其。若好差。不復須扶人。依例入幸。勿牽勉。（南齊書呂安國傳。）

又敕

可問蕭惠休。吾先使卿宣制。荅其勿以私祿足充獻奉。今段殊覺其下情厚於前後。人間之。故當不復私邪。吾欲分受之也。（南齊書蕭惠基……）

傳第惠休永明四年爲廣州刺史罷任獻奉傾資上敕中書舍人茹法亮。

敕丘冠先子雄 永明八年

卿父受使河南。秉忠守死。不辱王命。我甚賞惜。喪屍絕域。不可復尋。於卿後宦塗無妨。甚有高比。（南齊書河南氐羌傳）

敕曹虎 永明八年

廣陵須心腹。非吾意可委者。不得處此任。（南齊書曹虎傳）

敕王晏 永明九年

世隆雖抱疾積歲。志氣未衰。冀醫藥有效。瘥差可期。不謂一旦便爲異世。痛怛之深。此何可言。其昔在郢。誠心夙憫。全保一蕃。勳業克著。尋淮契闊。增泣悲咽。卿同在情。亦當無已已耶。（南齊書柳世隆傳）

敕晉安王子懋 永明十一年

吾比連得諸處啟。所說不異。虜必無敢送死理。然爲其備。不可暫懈。今秋犬羊輩越逸者。其亡滅之徵。吾今亦行密纂集。須有分明指的。便當有大處分。今普敕鎮守並部偶民丁。有事即使應接。連已敕更遣想行有至者。汝共諸人量覓可使人。數往南陽舞陰諸要處參覘。糧食最爲根本。更不憂人仗。常行視驛亭馬。不可有廢闕。并約語諸州。當其境皆爾。不如法即周章。吾敕荊郢二鎮。各作五千人陣。本擬應接彼耳。若送死者更即呼取之。已敕子眞備□當宗設公應至鎮。可以公應爲城主。三千人配之便足。汝可好以□級在意。勿得人求或超五三階級。文章詩筆。乃是佳事。然世務彌爲根本。可常懷之。汝所啟仗。此悉是吾左右御仗也。云何得用之。品格不可乖。吾自當優量覓送。知汝常以書讀在心。足爲深欣也。（南齊書晉安王子懋傳）

策命百濟國王牟大 永明八年

於戲。惟爾世襲忠勤。誠著遐表。滄路肅澄。要貢無替。式循彝典。用纂顯命。往欽哉。其敬膺休業。可不慎歟。制詔行都督百濟諸軍事

鎮東大將軍百濟王牟大。今以大襲祖父牟都爲百濟王。即位章綬等五。銅虎竹符四。王其拜受。不亦休乎。（南齊書東夷傳）

任用沈憲啟

縣豈不可治。但用不得其人耳。（南齊書沈憲傳。武陵王曄爲會稽。以憲爲左軍司馬。太祖以山陰戶衆難治。欲分爲兩。世祖啟云云。乃以憲帶山陰令。）

與虞悰手書

今因江吏郎有白。以君情顧。意欲相屈。（南齊書虞悰傳。昇明中。世祖爲中軍。引悰爲諮議參軍。使吏部郎江謐持手書謂悰云云。）

與玄元度書

努力成臂上之相也。□□□□□□□建元二年。魏圍朐山。戍主玄元度出擊大破之。初。元度云臂上有封侯志。宋世以示。

致沙門法獻書

承遠上無常。弟子夜中已自知之。遠上此去。甚得好處。諸佳非一。不復增悲也。一二遲見法師。方可敍瑞夢耳。今正爲作功德。所須可具疏來也。（高僧傳八。釋僧遠姓皇。渤海重合人。居鍾山五十年。永明二年卒於定林上寺。武帝致書於獻。獻姓徐。西海延水人。任定林上寺爲僧正。）

答豫章王嶷 永明元年

事中恐不得從所陳。（南齊書豫章王嶷傳。永明元年。嶷領太子太傅。手啟上。上答。）

又答 永明二年

儀刀捉刀。不應省也。俠轂白直。乃可共百四五十。以還正是耳。亦不曾聞人道此。吾自不使諸王無仗。況復汝耶。在私園苑中乘此。非疑郊外鳴角及合扇並拂。先乃有不復施用。此來甚久。凡在鎮自異。還京師。先廣州乃立鼓吹。交部遂有輦事。隨時而改。亦復有可得依舊者。汝若有疑。可與王儉諸人量衷。但令人臣之儀無失。便行也。（同上）

傳詔臺家人耳。不足涉嫌。鄗扇吾識及以來。未見故有敕耳。小兒

奴子。本非嫌也。吾有所聞。豈容不敕汝知。令物致議耶。吾已有敕汝一人不省。俠轂但牽之。吾昨不通仗事。儉已道。吾即令荅。不須有此啟。須聞言。自更一二。同上

茹亮今啟汝所懷及見別紙。汝勞疾亦復那得不動。何意爲作煩長啟事。凡諸普敕此意。可尋。當不關汝一人也。宜有敕事。吾亦必道。須見汝自更委悉。書不欲多。及屋事愼勿彊。屑此意。白澤亦當不解何意耳。同上

又荅豫章王嶷 永明四年

欺巧那可容。宋世混亂。以爲是不。蚊蟻何足爲憂。已爲義勇所破。官軍昨至。今都應散滅。吾政恨其不辨大耳。亦何時無亡命耶。同上

荅王晏 永明七年

儉年德富盛。志用方隆。豈意暴疾。不展救護。便爲異世。奄忽如此。痛酷彌深。其契闊艱運。義重常懷。言尋悲切。不能自勝。痛矣奈何。往矣奈何。南齊書王儉傳，吏部尚書王晏啟及儉喪，上荅。

又荅

斆常啟吾爲其鼻中惡。今既以何胤王瑩還門下。故有此回換耳。南齊書江斆傳，斆轉都官尚書，領驍騎將軍，王晏啟上荅。

荅王融請給虜書 永明中

吾意不異卿。今所啟比相見更委悉。南齊書王融傳

全齊文卷四終

全齊文卷五

烏程嚴可均校輯

鬱林王

王諱昭業字元尚文惠太子長子小名法身武帝即位封南郡王太子薨立爲皇太孫以永明十一年七月即位明年改元隆昌在位一年明帝廢之爲鬱林王見弑

即位下詔 永明十一年八月

朕以寡薄嗣膺寶政對越靈命欽若前圖思所以敬守成規拱揖羣后哀荒在日有懵大猷宜育德振民光昭睿範凡逋三調及衆債在今年七月三十日前悉同蠲除其備償封籍貨鬻未售亦皆還主御府諸署池田邸冶興廢沿事本施一時於今無用者詳所罷省公宜權禁一以還民關市征賦務從優減 南齊書鬱林王紀

放遣俘四詔

近北掠餘口悉充軍實刑故無小罔或攸赦撫辜興仁事深睿範宜從蕩宥許以自新可一同放遣還復民籍已賞賜者亦皆爲贖 南齊書鬱林王紀

序用勞人詔

往歲蠻虜協謀志擾邊服羣帥授略大殲凶醜革城克捷及舞陰固守二處勞人未有沾爵賞者可分遣選部往彼序用 南齊書鬱林王紀

詔選部 永明十一年九月

東西二省府國長史所積財單祿寡良以矜懷選部可甄才品能推校年月邦守邑丞隨宜量處以貧爲先 南齊書鬱林王紀

追崇竟陵王子良詔 隆昌元年四月

褒崇明德前王令典追遠尊親沿情所隆故使持節都督揚州諸軍事中書監太傅領司徒揚州刺史竟陵王新除督南徐州體睿履正神鑒淵邈道冠民宗具瞻允集肇自弱齡孝友光備爰及贊

契協升景業燮曜台陛五教克宣敷奏朝端百揆惟穆寄重先顧任均負圖諒以齊暉二南同規往哲方憑保祐永翼雍熙天不憖遺奄焉薨逝哀慕抽割震于厥心今龜謀襲吉先遠戒期宜崇嘉制式引風烈可追崇假黃鉞侍中都督中外諸軍事太宰領大將軍揚州牧綠綟綬備九錫服命之禮使持節中書監王如故給九旒鸞輅黃屋左纛轀輬車前後部羽葆鼓吹挽歌二部虎賁班劍百人葬禮依晉安平王孚故事 南齊書竟陵王子良傳又見文選齊竟陵王行狀與此小異案南齊書鬱林王紀有隆昌元年正月詔文苑英華載有全文以爲沈約作

徵吳苞詔 隆昌元年

處士濮陽吳苞棲志穹谷秉操貞固沈情味古白首彌厲徵太學博士 南齊書吳苞傳

海陵王

王諱昭文字季尚文惠太子第二子永明四年封臨汝公歷濟陽太守南豫州刺史鬱林即位封新安王爲揚州刺史以隆昌元年七月即位改元延興在位四月爲明帝所廢降封海陵王見弑謚曰恭王

即位詔 延興元年七月

太祖高皇帝英謀光大受命作齊世祖武皇帝宏猷冠世繼暉下武世宗文皇帝清明懿鑠四海宅心並德漏下泉功昭上象聲教所覃無思不洽洪基式固景祚方融而天步多阻運鍾否剝嗣君昏忍暴戾滋多棄侮天經悖滅人紀朝野重足遐邇側視民怨神恫宗祧如綴賴忠謨肅舉胥漢廓清俾三后之業絕而更紐七百之慶危而復安猥以沖人入纂乾緒載懷馭朽若墜諸淵思與黎元共綏戩福 南齊書海陵王紀

敍用新安國臣詔

新安國五品以上悉與滿敍自此以下皆聽解遣其欲仕者適其

所樂。南齊書海陵王紀

銓用淮關戍將詔 延興元年九月

頃者以淮關徭戍。勤瘁於行役。故卑以榮階。薄酬厥勞。勲狀淹留。未集王府。非所以急舍爵之典。趣報功之旨。便可分遣使部。往彼銓用。南齊書海陵王紀

亟婚嫁停徭役詔 延興元年十月

周設媒官。趣及時之制。漢務輕徭。在休息之典。所以布德弘教。寬俗阜民。朕君制八紘。志敷九德。而習俗之風。爲弊未改。靜言多愒。無忘昏昃。督勸婚嫁。宜嚴更申明。必使禽幣以時。摽梅息怨。正廚諸役。舊出州郡。徵吏民以應其數。公獲二旬。私累數朔。又廣陵年常遞出千人。以助淮戍。勞擾爲煩。抑亦苞苴是育。今並可長停。別量所出。諸縣使村長路都防城直縣。爲劇尤深。亦宜禁斷。南齊書海陵王紀

明帝

帝諱鸞。字景栖。小名玄度。始安貞王道生子。仕宋。歷安吉令。還寧朔將軍淮南宣城二郡太守。齊受禪。遷侍中。封西昌侯。爲冠軍將軍郢州刺史。進號征虜將軍。武帝即位。轉度支尚書。遷侍中。歷吳興太守、豫州刺史、尚書右僕射。領衞尉。轉左僕射。領右衞將軍。遷侍中尚書令。鬱林王即位。加鎮軍將軍。進大將軍中書監。海陵王即位。爲驃騎大將軍錄尚書事、揚州刺史。封宣城郡公。加黃鉞都督中外諸軍事太傅。封宣城王。以延興元年十月即位。改元二。建武永泰。在位五年。謚曰明皇帝。廟號高宗。

即位大赦詔 建武元年十月

皇齊受終建極。握鏡臨宸。神武重輝。欽明懿鑠。七百攸長。盤石斯固。而王度中蹇。天階荐阻。嗣命多違。蕃釁孔棘。宏圖景曆。將墜諸淵。宣德皇后遠鑒崇替。憲章舊典。疇咨台揆。允定靈策。用集寶命于予一人。猥以虛薄。纘承大業。仰纂鴻丕。顧臨兆民。永懷先構。若履春冰。寅憂夕惕。罔識攸濟。思與萬國。播此惟新。大赦天下。改元。宿衞身普轉一階。其餘文武賜位二等。逋租宿責。換貸官物。在建武元年以前。悉原除。劫賊餘口在臺府者。可悉原放。負釁流徙。並還本鄉。南齊書明帝紀

崇儉詔

自今雕文篆刻。歲時光新。可悉停省。蕃牧守宰。或有薦獻。事非任土。嚴加禁斷。南齊書明帝紀

停息後渚稅詔

頃守職之吏。多違舊典。存私害公。實興民蠹。今商旅稅石頭後渚。及夫鹵借倩。一皆停息。所在凡厥公宜。可即符斷。主曹詳爲其制。憲司明加聽察。南齊書明帝紀

銓敍東西二省舊臣詔

日者百司耆齒。許以自陳。東西二省。猶沾微俸。辭事私庭。榮祿兼謝。興言愛老。實有矜懷。自縉紳年及。可一遵永明七年以前銓敍之科。南齊書明帝紀

斷土貢詔 建武元年十一月

邑宰祿薄俸微。不足代耕。雖任土恆貢。亦爲勞費。自今悉斷。南齊書明帝紀

滿敍宣城國臣詔

宣城國五品以上。悉與滿敍。自此以下。皆聽解遣。其欲仕適所樂。南齊書明帝紀

達下情詔 建武元年十二月

上覽易遺。下情難達。是以甘棠見美。肺石流詠。自月一視黃辭。如有含枉不申。懷直未舉者。莅民之司。並任厥失。南齊書明帝紀

手詔王思遠 建武初

此人殊可惜。□□□□□□□顗爲之與思遠並賜文章建武初以疾歸高宗手詔與思遠

求直言詔 建武二年正月

京師繫囚殊死，可降爲五歲刑，三署見徒五歲已下，悉原赦。王公以下，各舉所知，隨王公卿士內外羣僚，各舉朕違，肆心極諫。南齊書明帝紀

脩理墳壠詔

京師二縣，有毀發墳壠，隨宜脩理。南齊書明帝紀

課農桑詔

食惟民天，義高姬載，蠶實生本，教重軒經。前哲盛範，後王茂則。布令審端，咸必由之。朕肅扆巖廊，思引風訓，深務八政，永鑒在勤，靜言日昃，無忘寢興。守宰親民之主，牧伯調俗之司，宜嚴課農桑，罔令遊惰，揆景肆力，必窮地利，固脩堤防，考校殿最。若耕蠶殊衆，具以名聞；遊怠害業，即便列奏。主者詳爲條格。南齊書明帝紀

蠲南徐州三課詔 建武二年三月

南徐州僑舊民丁，多充戎旅，蠲今年三課。南齊書明帝紀

停雍豫等五州稅調詔

雍、豫、司、南兗、徐五州遇寇之家，悉停今年租調；其與虜交通，不問往罪。南齊書明帝紀

誅蕭諶詔 建武二年六月

蕭諶擢自凡庸，識用輕險，因藉倖會，早預驅馳。永明之季，曲頒恩紀，鬱林昏悖，頗立誠効，寵靈優渥，期遇兼隆。內總戎柄，外暢藩威，兄弟榮貴，震灼朝野，曾不感佩殊荷，少荅萬一。自以勳高伊、霍，事均難賞，才冠當時，恥居物後，矯制王權，與奪由己，空懷疑懼，坐構嫌猜，覘候宮掖，希覬非望，蔽上罔下之心，誣君不臣之跡，固以彰暴民聽，喧聒遐邇。遂潛散金帛，招集不逞，交結禁衛，互爲脣齒，密契成謀，將肆姦逆。朕以其任寄既重，爵列河山，每加彌縫，弘以大

信，庶能懷音，翻然悛改。而豺狼其性，凶謀滋甚。夫無將必戮，陽秋明義，況釁積禍盈，若斯之大。可收付廷尉，速正刑書。罪止元惡，餘無所問。南齊書蕭諶傳

贈仇池公楊元秀詔 建武二年七月

仇池公楊元秀，氐王苗胄，乃心忠勇，醜虜凶逼，血誠彌厲，宣播朝威，招誘戎種，萬里齊契，嚮然歸從，誠効顯著，實有可嘉。不幸殞喪，悽愴於懷。夫死事加恩，陽秋明義，宜追寵榮典，以弘勸獎。贈仇池公，持歸國。南齊書氐羌傳。元秀病死，符仍孫領其衆，高宗詔

下氐王楊馥之詔 建武二年七月

氐王楊馥之，世纂忠義，率厲部曲，樹績邊城，克殄姦醜，復內款朝律，外撫戎荒，款心式昭，朕甚嘉之。以爲持節、督北秦雍二州諸軍事、輔國將軍、平羌校尉、北秦州刺史、仇池公。沙州刺史楊炅進號安西將軍。南齊書氐羌傳。氐楊馥之聚義衆攻仇池

崇儉詔 建武二年十月

軌世去奢，事殷哲后，訓物以儉，理鏡前王。朕屬流弊之末，襲澆浮之季，雖恭己弘化，刻意隆平，而禮讓未興，侈華猶競。永鑒玄風，兢言集愧，思所以還淳改俗，反古移民。可罷東田，毀興光樓，並詔水衡量省御乘。南齊書明帝紀

脩晉帝諸陵詔 建武二年十二月

舊國都邑，望之悵然，況乃自經南面，負扆宸居，或功濟當時，德覃一世，而塋壠殘穢，封樹不修，豈直嗟深牧豎，悲甚信陵而已哉！昔中京淪覆，鼎玉東遷，晉元締構，伊始斯文，遺詠在民，而松門夷替，埏路榛蕪，年代殊往，撫事興懷。晉帝諸陵，悉加修理，並增守衛。吳、晉陵二郡失稔之鄉，蠲三調有差。南齊書明帝紀

報江祏詔 建武二年

敦諭厥之訓，送終以儉，立言歸善，益有嘉傷，可從所請。贈散騎常

侍太常。謚曰敬子。南齊書江斅傳。

詔守長 建武三年正月

申明守長六周之制。南齊書明帝紀。

卹將士死亡詔

去歲索虜寇邊。緣邊諸州郡將士。有臨陣及疾病死亡者。並送還本土。南齊書明帝紀。

車府詔 建武三年三月

車府乘輿。有金銀飾校者。皆剔除。南齊書明帝紀。

停光新詔 建武三年閏十二月

今歲不須光新。可以見錢爲百官供給。南齊書明帝紀。

誅王晏詔 建武四年正月壬寅

晏閭閻凡伍。少無持操。階緣人乏。班齒官途。世祖在蕃。搜揚擢用。棄略疵瑕。遂升要重。而輕跳險銳。在貴彌著。猜忌反覆。觸情多端。故以兩宮所弗容。十手所共指。既內愧於心。外懼憲牘。掩迹陳痾。多歷年載。頻授蕃任。輒辭請不行。事似謙虛。情實詭伏。隆昌以來。運集艱難。匡贊之功。頗有心力。迺爵冠通侯。位登元輔。綢繆恩寄。朝莫均焉。谿壑可盈。無厭將及。覘天畫地。遂懷異圖。廣求卜相。取信巫覡。論薦黨附。遍滿臺府。令太息德元淵藪亡命。同惡相濟。劍客成羣。弟詡凶愚。遠相脣齒。信驛往來。密通要契。去歲之初。奉朝鮮于文粲備告姦謀。朕以信必由中。義無與貳。推誠委任。覬能悛改。而長惡易流。構扇彌大。與北中郎司馬蕭毅臺隊主劉明達等。剋期竊發。以河東王鉉識用微弱。可爲其主。得志之日。當守以虛器。明達諸辭。炳然具存。昔漢后以反脣致討。魏臣以蚪鬚爲戮。況無君之心既彰。陵上之迹斯著。此而可容。誰置刑辟。並可收付廷尉。肅明國典。南齊書王晏傳。

興學詔 建武四年正月庚午

嘉穀停俎。定方旨於必甘。良玉在攻。表珪璋於既就。是吕陶鈞萬品。務本爲先。經緯九區。學斅爲大。往因時康。崇建庠序。屯虞荐有。權從省廢。謳誦寂寥。倏移年稔。永言古昔。無忘旰昃。今華夏乂安。要荒慕嚮。緒修東序。寔允適時。便可式依舊章。廣延國胄。弘敷景業。光被後昆。南齊書明帝紀。

下謝朏詔 建武四年

夫昭然榮觀。風流自遠。蹈彼幽人。英華罕值。故長揖楚相。見稱南國。高謝漢臣。取貴良史。新除侍中中書令朏。早藉羽儀。夙標清尚。登朝樹績。出守馳聲。遂斂跡康衢。拂衣林沚。抱箕穎之餘芳。甘頡頏而無悶。撫事懷人。載留欽想。宜加優禮。用旌素槩。可賜牀帳褥席。俸吕卿祿。常出在所。梁書謝朏傳。朏爲吳興太守。建武四年。詔徵爲侍中中書令。抗表不應。築室郡之西郭。明帝下詔。

報芮芮王求醫工等物詔 建武中

知須醫及織成錦工指南車漏刻。並非所愛。南方治疾。與北土不同。織成錦工。並女人。不堪涉遠。指南車漏刻。此雖有其器。工匠久不復存。不副爲恨。南齊書芮芮傳。

遣陳顯達北討詔 永泰元年正月

晉氏中微。宋德將謝。蕃臣外叛。要荒內侮。天未悔禍。左衽亂華。巢穴神州。逆移年載。朕嗣膺景業。踵武前王。靜言隆替。思乂區夏。但多難甫夷。恩化肇洽。興師擾衆。非政所先。用戢遠圖。權緩北略。冀戎夷知義。懷我好音。而凶醜剽狡。專事侵掠。驅扇異類。蟻聚西偏。乘彼自來之資。撫其天亡之會。軍無再駕。民不重勞。傳檄以定三秦。一麾而臣禹迹。在此舉矣。且中原士庶。久望皇威。乞師請援。結軌馳道。信不可失。時豈終朝。宜分命方嶽。因茲大號。侍中太尉顯達。可暫輟槐陰。指授羣帥。中外纂嚴。南齊書陳顯達傳。

復孔子祭秩詔 永泰元年三月

關當作闕

仲尼明聖在躬，允光上哲，弘厥雅道，大訓生民，師範百王，軌儀千載。立人斯仰，忠孝攸出，玄功潛被，至德彌闡。雖反袂遐曠，而祧薦靡關，時祭舊品，秩比諸侯。頃歲㠯來，祀典陵替，俎豆寂寥，牲奠莫舉，豈所㠯克昭盛烈，永隆風教者哉。可式循舊典，詳復祭秩，使牢餼備禮，欽饗兼申。（南齊書明帝紀）

罪王敬則詔 永泰元年五月

謝朓啟事騰徐嶽，列如右。王敬則稟質凶猾，本謝人綱，直以宋季多艱，頗有膂力之用，驅獎所至，遂升榮顯。皇運肇基，預聞末議，功非匡國，賞實震主，爵冠報珪，身登衣衮，固已風雅作刺，搢紳側目。而溪谷易盈，鴟梟難改，猜心內駭，醜辭外布。永明之朝，履霜有漸，隆昌之世，堅冰將著。從容附會，朕有力焉。及景厤惟新，推誠盡禮，中使相望，軒冕成陰。迺嫌跡愈興，禍圖茲構，收合亡命，結黨聚羣，外候邊警，內伺國隙。元遷兄弟，中萃淵藪，姦契潛通，將謀竊發。朓即姻家，嶽又邑子，取據匪他，昭然以信。方邵之美未聞，韓彭之釁已積，此而可容，孰寄刑典。便可即遣收掩，肅明國憲，大辟所加，其父子而已。凡諸詿誤，一從蕩滌。（南齊書王敬則傳。案是年七月遺詔，編入沈約集中。）

敕賜傅昭漆合燭盤

卿有古人之風，故賜卿古人之物。（南史傅昭傳）

東昏侯

侯諱寶卷，字智藏，本名明賢，明帝第二子。建武元年立為皇太子，永泰元年七月即位，明年改元永元。在位三年見弒，追封東昏侯。

優詔免議陳顯達 永元元年四月

昔衛霍出塞，往往無功，馮鄧入關，有時虧喪。況公規模肅舉，期寄兼深，見可知難，無損威略。方振遠圖，廓清朔土，雖執憲有常，非所得議。（南齊書陳顯達傳）

誅謝朓詔 永元元年

公等啟事如此。朓資性輕險，久彰物議，直以彫蟲薄伎，見齒衣冠。昔在渚宮，構扇蕃邸，日夜從諛，仰窺俯畫。及還京師，翻自宣露，江漢無波，以為己功。素論於茲而盡，搢紳所以側目。去夏之事，頗有微誠，賞擢曲加，踰邁倫序，感悅未聞，陵競彌著。遂復矯構風塵，妄惑朱紫，詆貶朝政，疑間親賢，巧言利口，見醜前志，涓流纖孽，作戒遠圖，宜有少正之刑，㠯申去害之義。便可收付廷尉，肅明國典。（南齊書謝朓傳）

徐孝嗣賜死下詔 永元元年十月

周德方熙，三監迷叛，漢厤載昌，宰臣構戾，皆身膏斧鉞，族同煙燼。殷鑒上代，垂戒後昆。徐孝嗣憑藉世資，早蒙殊遇，階緣際會，遂登台鉉，匡翼之誠無聞，諂黷之迹屢著，沈文季門世（下缺。南齊書徐孝嗣傳）

和帝

帝諱寶融，字智昭，明帝第八子。建武元年封隨郡王，永元元年改封南康王，出為西中郎將、荊州刺史。二年，長史蕭穎胄、雍州刺史蕭衍舉兵，三年擁立于江陵，改元中興。在位二年，禪位于梁，封巴陵王。尋薨，追謚曰和帝。

舉義下教

吾躬率晉陽，翦此凶孽，戎事方勤，宜覃澤惠。所領內繫囚見徒，罪無輕重，殊死已下，皆原遣。先有位署，即復本職。將吏轉一階。從征身有家口停鎮，給廩食。凡諸雜役見在諸軍帶甲之身，克定之後，悉免為民。其功効賞報，別有科條。（南齊書和帝紀）

復除荊雍義眾詔 中興元年四月

荊雍義舉所基，實始王迹，君子勞心，細人盡力，宜加酬獎，副其乃誠。凡東討眾軍及諸獨義之眾，可普復除。（南齊書和帝紀）

詔報崔偃 中興元年

具卿冤切之懷。卿門首義而旌德未彰。亦追以慨然。今當顯加贈謚。南齊書崔慧景傳。

全齊文卷五終

全齊文卷六

烏程嚴可均校輯

文安王后

后諱寶明。琅邪臨沂人。宋吳興太守韶之孫女。泰始末。高帝為文惠太子納為室。建元元年為南郡王妃。四年為皇太子妃。永明十一年為皇太孫太妃。鬱林即位。尊為皇太后。稱宣德宮。歷鬱林至和帝。廢立大事。咸假其命。天監十一年薨。年五十八。謚曰安后。

廢少帝為鬱林王令

鎮軍、車騎左僕射、前將軍、領軍、左衛衛尉八座。自我皇厤啟基。受終于宋。睿聖繼軌。三業重光。太祖以神武創業。草昧區夏。武皇以英明提極。經緯天人。文帝以上哲之資。體元良之重。雖功未被物。而德已在民。三靈之眷方永。七百之基已固。嗣主特鍾沴氣。爰表弱齡。險戾著於綠車。愚固彰於宗正。狗馬是好。酒色方湎。所務唯鄙事。所疾唯善人。世祖慈愛曲深。每加容掩。冀年志稍改。立守神器。自入纂鴻業。長惡滋甚。居喪無一日之哀。縗絰為歡宴之服。昏酣長夜。萬機斯壅。發號施令。莫知所從。閹豎徐龍駒專總樞密。奉叔珍之互執權柄。自以為任得其人。表裏緝穆。邁蕭曹而愈信布。倚太山而坐平原。於是恣情肆意。罔顧天顯。二帝姬嬪。並充寵御。兩宮遺服。皆納玩府。內外混漫。男女無別。丹屏之北。為酤鬻之所。青蒲之上。開桑中之肆。又微服潛行。信宿忘反。端委以朝。虛位交戟。而守空宮積旬矣。宰輔忠賢。盡誠奉主。誅鋤羣小。冀能悛革。曾無克己。更深怨憾。公卿股肱。以異己置戮。文武昭穆。以德譽見猜。放肆醜言。將行屠膾。社稷危殆。有過綴旒。昔太宗克光於漢世。簡文代興於晉氏。前事之不忘。後人之師也。鎮軍居正體道。家國是賴。伊霍之舉。實寄淵謨。便可詳依舊典。以禮廢黜。中軍將軍新安王體自文皇。睿哲天秀。宜入嗣鴻業。永寍四海。外即以禮奉迎。未亡人屬此多難。投筆增慨。（南齊書鬱林王紀）

廢少帝為海陵王令

司空、後將軍、丹陽尹、右僕射、中領軍、八座。夫明晦迭來。屯平代有。上靈所以眷命。億兆所以歸懷。自皇家淯耀。列聖繼軌。諸侯官方。百神受職。而殷憂時啟。多難荐臻。隆昌失德。特紊人鬼。非徒四海解體。乃亦九鼎將移。賴天縱英輔。大匡社稷。崩基重造。墜典再興。嗣主幼沖。庶政多昧。且早嬰尫疾。弗克負荷。所以宗正內侮。戚藩外叛。覘天視地。人各有心。雖三祖之德在民。而七廟之危行及。自非樹以長君。鎮以淵器。未允天人之望。寍息奸究之謀。太傅宣城王胤體宣皇。鍾慈太祖。識冠生民。功高造物。符表夙著。謳誦有在。宜入承寶命。式寍宗祏。帝可降封海陵王。吾當歸老別館。昔宣帝中興漢室。簡文重延晉祀。庶我鴻基。於茲永固。言念家國。感慶載懷。（南齊書海陵王紀）

究當作宄

數東昏侯罪惡令

皇室受終。祖宗齊聖。太祖高皇帝肇基駿命。膺籙受圖。世祖武皇帝係明下武。高宗明皇帝重隆景業。咸降年不永。宮車係晏。皇祚之重。允屬儲元。而稟質凶愚。發於稚齒。爰自保姆。迄至成童。忍戾昏頑。觸途必著。高宗留心正嫡。立嫡惟長。輔以羣才。閑以賢戚。內外維持。冀免多難。未及朞稔。便逞屠戮。密戚近親。元勳良輔。覆族殲門。旬月相繫。凡所任杖。盡慝窮奸。皆營伍屠販。容狀險醜。身秉朝權。手斷國命。誅戮無辜。納其財產。睚眦之間。屠覆比屋。身居元首。好是賤事。危冠短服。坐臥以之。晨出夜反。無復已極。驅斥氓庶。巷無居人。老細奔遑。置身無所。東邁西屏。北出南驅。負疾輿屍。填街塞陌。興築繕造。日夜不窮。晨構夕毀。朝穿暮塞。絡以隋珠。方斯已陋。飾以璧璫。曾何足道。時暑赫曦。流金鑠石。移竹藝果。匪日伊

斤當作斥

夜。根未及植。葉已先枯。畚鍤紛紜。勤倦無已。散費國儲。專事浮飾。逼奪民財。自近及遠。兆庶恇恇。流竄道路。府帑既竭。肆奪市道。工商裨販。行號道泣。屈此萬乘。躬事角抵。昂首翹肩。逞能橦木。觀者如堵。曾無怍容。芳樂華林。並立闤闠。踞肆鼓刀。手銓輕重。干戈鼓譟。昏曉靡息。無戎而城。豈足云譬。至於居喪淫讌之愆。三年載弄之醜。反道違常之釁。牝雞晨鳴之慝。於事已細。故可得而略也。罄楚越之竹。未足以言。校辛癸之君。豈或能匹。征東將軍忠武奮發。投袂萬里。光奉明聖。翊成中興。乘勝席卷。掃清京邑。而羣小靡識。嬰城自固。緩戮稽誅。倏彌旬月。宜速勦定。寧我邦家。可潛遣閒介。密宣此旨。忠勇齊奮。遄加蕩撲。放斤昏凶。衛送外第。未亡人不幸。驟此百罹。感念存没。心焉如割。奈何奈何。南齊書東昏侯紀

迎立南康王令

西中郎將南康王。宜纂承皇祚。光臨億兆。方俟清宮。未即大號。可且封宣城、南琅邪、南東海、東陽、臨海、新安、尋陽、南郡、竟陵、宜都十郡為宣城王。相國荊州牧。加黃鉞。置僚屬。選百官。西中郎府南康國並如故。須軍次近路。主者詳依舊典。法駕奉迎。南齊書和帝紀驃騎將軍夏侯亶自京師至江陵稱宣德太后令

已巴陵王寶義為太尉領司徒令

不言之化。形于自遠。南齊書明七王傳南史四十四

豫章王嶷

嶷字宣儼。小名阿玉。高帝第二子。宋泰始中為太學博士長城令。入為尚書左民郎錢唐令。賜爵晉壽縣侯。除通直散騎侍郎。元徽初為盪湖將軍。遷中書郎。出為安遠護軍武陵內史。遷順帝車騎諮議參軍。隨府遷驃騎從事中郎。及即位。轉侍中。加冠軍將軍。遷中領軍。加散騎常侍。出為左將軍江州刺史。改封永安縣公。徙鎮西將軍荊州刺史。齊受禪。遷侍中、尚書令、驃騎大將軍、開府儀同三司、揚州刺史。封豫章郡王。徙南蠻校尉荊湘二州刺史。入為中書監司空揚州刺史。武帝即位。進太尉領太子太傅。進大司馬。永明十年卒。贈丞相揚州牧。謚曰文獻王。

請立州郡秩俸供給定格表

宋氏以來。郡州秩俸及雜供給。多隨土所出。無有定準。夫已上二十二字通典有之本傳在敘事中循革貫宜。損益資用。治在夙均。政由一典。伏尋郡縣長尉俸祿之制。雖有定科。而其餘資給。復由風俗。東北異源。西南各緒。習以為常。因而弗變。緩之則莫非通規。澄之則靡不入罪。殊非約法明章。先令後刑之謂也。臣謂宜使所在。各條公用公田秩石迎送舊典之外。守宰相承。有何供調。尚書精加洗覈。務令優衷。事在可通。隨宜開許。損公侵民。一皆止卻。明立定格。班下四方。永為恒制。南齊書豫章王嶷傳又見通典五

讓領太子太傅手啟

陛下以叡孝纂業。萬寓惟新。諸弟有序。臣屢荷隆愛。叨授台首。不敢固辭。俛仰祗寵。心魂如失。負重量力。古今同規。臣窮生如浮。質操空素。任居鼎右。已移氣序。自頃以來。宿疾稍纏。心慮恍惚。表於容狀。覲此根候。常恐命不勝恩。加以星緯屢見災祥。雖脩短有恆。能不耿介。比心欲從俗啟解今職。但厝辭為鄙。或貽物誚。所以息意緘嘿。一委時運。而可復加寵榮。增其顛墜。且儲傅之重。實非恆選。遂使太子見臣必束帶。宮臣皆再拜。二三之宜。何以當此。陛下同生十餘。今惟臣而已。友于之愛。豈當獨臣鍾其隆遇。別奉啟事。仰祈恩照。臣近亦侍言太子。告意子良。具因王儉申啟。未知粗上聞未。福慶方隆。國祚永始。若天假臣年。得預人位。唯當請降貂璫。以飾微軀。永侍天顏。以惟畢世。此臣之願也。服之不衷。猶為身災。況寵爵乎。殊榮厚恩。必誓以命請。南齊書豫章王嶷傳

自陳啟

百當作白

臣自還朝便省儀刀捉刀左右十餘亦省唯郊外遠行或復暫有入殿亦省服身今所牽仗二俠轂二白直共七八十人事無大小臣必欲上啟伏度聖心脫未委曲或有言其多少不附事實仰希卽賜垂敕（南齊書豫章王嶷傳）

又啟

揚州刺史舊有六白領合扇二百拂臣脫以為疑不審此當云何行園苑中乘轝出籬門外乘轝鳴角皆相仍如此非止於帶神州者未審此當云何方有行來不可失衷（南齊書豫章王嶷傳）

又啟

臣拙知自處闇於疑訪常見素姓扶詔或著布屩不意為異臣在西朝拜王儀飾悉依宋武陵事例有二鄣扇仍此下都脫不為疑小兒奴子並青布袴衫臣齋中亦有一人意謂外庶所服不疑與羊車相類曲荷慈旨今悉改易臣昔在邊鎮不無羽衞自歸朝以來便相分遣俠轂白直格置三百許人臣頃所引不過一百常謂京師諸王不煩牽仗若郊外遠行此所不論有仗者非臣一人所以不容方幅啟省又因王儉備宣下情臣出入榮顯禮容優泰第宇華曠事乖素約雖宋之遺製恩處有在猶深非服之慙威衞之請仰希曲照（南齊書豫章王嶷傳）

又啟

違遠侍宴將踰一紀憂苦間之始得開顏近頻侍坐不勝悲喜沾飲過量實得仰示恩狎令自下知見以杜游塵陛下留恩子弟此情何異外物政自彊生間節聲其厚薄伏度或未上簡臣前在東田承恩過醉實思歎往秋之謗故言啟至切亦令羣物聞之伏願已照此心前侍幸諱（梁文帝諱也）宅臣依常乘車至仗後監伺不能示臣可否便互競啟聞云臣車逼突黃屋麾旄如欲相中推此用意亦何容易仰賴慈明卽賜垂敕不爾臣終不知闇貽此累比日禁

斷鞶密此自常理外聲乃云起臣在華林輒捉御刀因此更嚴度情推理必不容爾為復上啟知耳但風塵易至和會實難伏願猶憶臣石頭所啟無生間縫比閑侍無次略附茹亮口宣臣由來華素已具上簡每欲存衷意慮不周或有乖常且臣五十之年為歡幾時為此亦復不能以理內自制北第舊邸本自甚華臣改脩正而已小小製置已自仰簡往歲收合得少雜材並蒙賜故板啟榮內許作小眠齋始欲成就皆補接為辦無乖格製要是檉柏之華一時新淨東府又有齋亦為華屋而臣頓有二處住止下情竊所未安訊訪東宮玄圃乃有柏屋製甚古拙內中無此齋臣乃欲壞取以奉太子非但失之於前且補接既多不可見移亦恐外物或為異論不審可有垂許送東府齋理否臣公家住止率爾可安臣之今啟實無意識亦無言者太子亦不知臣有此屋政以東宮無而臣自處之體不宜爾爾所啟蒙允臣便當取臣第屋安之不疑陛下若不照體臣心便當永廢不脩臣自謂今啟非但是自處宜然實為微臣往事伏願必垂降許伏見以諸王舉貨屢降嚴旨少拙營生已應上簡府州郡邸舍非臣私有今巨細所資皆是公潤臣私累不少未知將來罷州之後或當不能不試學營覓以自贍連年惡疾餘顧影單回無事畜聚唯逐手為樂耳（南齊書豫章王嶷傳）

唐寓之賊起啟

此段小寇出於兇愚天網宏罩理不足論但聖明御世幸可不爾比藉聲聽皆云有由而然豈得不仰啟所懷少陳心款山海崇深臣獲保安樂公私情願於此可見齊有天下歲月未久澤沾萬民其實未多百姓恃險懷惡者衆陛下曲垂流愛每存優旨但頃小大士庶每以小利奉公不顧所損者大擿籍檢工巧督卹簡小塘藏丁匿口凡諸條制實長怨府此目前交利非天下大計一室之中尚不可精寓宙之內何可周視公家何嘗不知民多欺巧古今

政以不可細碎。故不爲耳。爲此者實非乖理。但識理者。百不有一。陛下弟兄大臣。猶不皆能伏理。況復天下。悠悠萬品。怨積聚黨。兇迷相類。止於一處。何足不除。脫復多所便成紜紜。久欲上啟。閑侍無因。謹陳愚管。伏願特留神思。（南齊書豫章王嶷傳。南史四十二。）

疾篤啟

臣自嬰今患。亟降天臨。醫走術官。泉開藏府。慈寵優渥。備極人臣。生年疾迫。遽隂無幾。願陛下審賢與善。極壽蒼旻。彌德納和。爲億兆御。臣命違昌數。奄奪恩憐。長辭明世。伏涕嗚咽。（南齊書豫章王嶷傳。）

與沙州刺史楊廣香書

夫廢興無謬。逆順有恒。古今共貫。賢愚同察。梁州刺史范柏年。懷挾詭態。首鼠兩端。既已被伐。盤桓稽命。遂潛遣李烏奴扳楊文弘。扇誘邊彊荒雜。柏年今已梟禽。烏奴頻被摧破。計其餘燼。行自消夷。今遣參軍行晉壽太守王道寶、參軍事行北巴西新巴二郡太守任湜之、行宕渠太守王安會。領銳卒三千。遄塗風邁。浮川電掩。又命輔國將軍三巴校尉明惠照、巴郡太守魯休烈、南巴西太守柳弘稱、益州刺史傅琰。並簡徒競鶩。選甲爭馳。雍州水步。行次魏興。並山東僑舊。會於南鄭。或汎舟墊江。或飛旍劍道。腹背飆騰。表裏震擊。文弘容納叛戾。專爲淵藪。外侮皇威。內凌國族。君奕世忠款。深識理順。想即起義。應接大軍。共爲犄角。討滅烏奴。克建忠勤。茂立誠節。沈攸之資十年之積。權百旅之衆。師出境而城潰。兵未戰而自屠。朝廷無遺鏃之費。士民靡傷痍之弊。況蕞爾小豎。方之蔑如。其取殲殄。豈延漏刻。忝以寡昧。分陝司蕃。清氛蕩穢。諒惟任職。此府器械山積。戈旗林聳。士卒剽勁。蓄銳積威。除難勦寇。豈俟召集。但以蒭伐萌菌。弗勞洪斧。撲彼蚊蚋。無假多力。皇上聖哲。膺期恩澤廣被。罪止首惡。餘無所問。賞罰之科。具寫如別。（南齊書氐羌傳）

戒諸子

凡富貴少不驕奢。以約失之者鮮矣。漢世以來。侯王子弟。以驕恣之故。大者滅身喪族。小者削奪邑地。可不戒哉。（南史四十二。）

遺令

人生在世。本自非常。吾年已老。前路幾何。居今之地。非心期所及。性不貪聚。自幼所懷。政以汝兄弟累多。損吾暮志耳。吾亡後。當共相勉厲。篤睦爲先。才有優劣。位有通塞。運有富貧。此自然理。無足以相陵侮。若天道有靈。汝等自各修立。灼然之分。無失也。勤學行。守基業。治閨庭。尚閑素。如此足無憂患。聖主儲皇及諸親賢。亦當不以吾歿易情也。三日施靈。唯香火、槃水、盂飯、酒脯、檳榔而已。朔望菜食一盤。加以甘果。此外悉省。葬後除靈。可施吾常所乘轝扇繖。朔望時節。席地香火、槃水、酒脯、盂飯、檳榔便足。雖才愧古人。意懷粗亦有在。不以遺財爲累。主衣所餘。小弟未婚。諸妹未嫁。凡應此用。本自茫然。當稱力及時。率有爲辦。事事甚多。不復甲乙。棺器及墓中勿用餘物爲後患也。朝服之外。唯下鐵鐶刀一口。作冢勿令深。一一依格。莫過度也。後堂樓可安佛。供養外國二僧。餘皆如舊。與汝遊戲後堂船乘。吾所乘牛馬。送二宮及司徒。服飾衣裘。悉爲功德。（南齊書豫章王嶷傳。臨終。召子子廉、子恪云云。子廉等號泣奉行。）

江夏王鋒

鋒字宣穎。小名闍黎。高帝第十三子。（南史作十二子。）建元三年封江夏王。永明中。歷輔國將軍、南彭城平昌二郡太守、散騎常侍、左衛將軍。轉侍中。領石頭戍事。出爲南徐州刺史。鬱林即位。加散騎常侍。隆昌初入爲侍中。領驍騎將軍。加祕書監。延興元年。爲明帝所殺。

修柏賦

既殊羣而抗立。亦含貞而挺正。豈春日之自芳。在霜下而爲盛。衝風不能摧其枝。積雪不能改其性。雖坎壈於當年。庶後凋之可詠。

（南史江夏王鋒傳）

始安王遙光

遙光字元暉高帝兄子襲父道生爵始安王歷員外郎轉給事黃門郎太孫洗馬轉中書郎明帝即位以爲前將軍揚州刺史進撫軍將軍加散騎常侍進大將軍東昏奉遺詔加侍中中書令永元元年據東府反伏誅

上明帝表薦王暕王僧孺

臣聞求賢暫勞垂拱永逸方之疏壤取類導川伏惟陛下道隱旒纊信充符璽白駒空谷振鷺在庭猶懼隱鱗卜祝藏器屠保物色關下委褧河上非求製於一狐諒求味於兼采而五聲倦響九工是詢寢議廟堂借聽輿皁臣位任隆重義兼邦家實欲使名實不違徼幸路絕勢門上品猶當格以淸談英俊下僚不可限以位貌竊見祕書丞琅邪王暕年二十一七葉重光海內冠冕神淸氣茂允迪中和叔寶理遣之談彥輔名教之樂故以暉映先達領袖後進居無塵雜家有賜書辭賦淸新屬言玄遠室邇人曠物疎道親養素丘園台階虛位庠序公朝萬夫傾首豈徒荀令可想李公不亡而已哉乃東序之祕寶瑚璉之茂器前候官令東海王僧孺年三十五理尙虛約思致悟敏既筆耕爲養亦傭書成學至乃照螢映雪編蒲緝柳先言往行人物雅俗甘泉遺儀南宮故事畫地成圖抵掌可述豈直鼮鼠有必對之辨竹書無落簡之謬訪對不休質疑斯在（梁書王暕傳王僧孺傳）

誅謝朓啓

謝朓資性險薄大彰遠近王敬則往構凶逆微有誠効自爾昇擢超越倫伍而谿壑無厭著於觸事比遂扇動內外處處姦說妄貶乘輿竊論宮禁閒謗親賢輕議朝宰醜言異計非可具聞無君之心既著共棄之誅宜及臣等參議宜下北里肅正刑書（南齊書謝朓傳東昏失德江祏欲立始安王遙光遙光密致意於朓朓懼見引即以祏等謀告左興盛祏聞以告遙光遙光大怒乃稱敕召朓付廷尉與徐孝嗣祏暄等連名啓誅朓）

文惠太子

太子諱長懋字雲喬武帝長子小字白澤昇明初爲輔國將軍遷晉熙王撫軍主簿轉祕書丞不就除中書郎遷黃門侍郎出爲左中郎將南蠻校尉雍州刺史齊受禪封南郡王進號征虜將軍徵爲侍中中軍將軍移鎭西州遷征北將軍南徐州刺史武帝即位立爲皇太子永明十一年薨諡曰文惠葬景安陵鬱林即位追尊爲文帝廟稱世宗有集十一卷

疾篤上表

臣地屬元良業微三善光道樹風於焉蓋闕晨宵怲懼有若臨淵攝生舛和構離痾疾大漸惟幾顧陰待謝守器雖永視膳長違仰戀慈顏內懷感哽竊爲死生定分理不足悲伏願割無已之悼損既往之傷寶衛聖躬同休七百臣雖沒九泉無所遺恨（南齊書文惠太子傳）

全齊文卷六終

正下脫位字

全齊文卷七

烏程嚴可均校輯

竟陵王子良

子良字雲英。武帝第二子。昇明中授寧朔將軍。歷邵陵王左軍參軍。轉主簿安南記室參軍。遷安南長史。再遷輔國將軍會稽太守。高帝受禪。封聞喜縣公。尋爲征虜將軍丹楊尹。武帝即位。封竟陵郡王。歷鎮北將軍南徐州刺史。徙侍中、征北將軍、南兗州刺史。入爲護軍將軍兼司徒。進號車騎將軍正司徒。領尚書令。徙揚州刺史。加中書監。鬱林王即位。進太傅。督南徐州。薨。謚文宣王。有集四十卷。

梧桐賦

植椅桐於廣囿。嗟倏忽而成林。依層楹而吐秀。臨平臺而結陰。乃抽葉於露始。亦結實於星沈。聳輕條而麗景。涵清風而散音。發雅詠於悠昔。流素賞之在今。必鸞鳳而後集。何燕雀之能臨。匪伊楚宮。側豈獨嶧山岑。邈蒿萊之難儷。永配道於仙琴。初學記二十八

請停臺使檢課表

前臺使督逋切調。恆聞相望於道。及臣至郡。亦殊不疏。凡此輩使人。既非詳慎勤順。或貪險崎嶇。要求此役。朝辭禁門。情態即異。暮宿村縣。威福便行。但令朱鼓裁完。鈸槊微具。顧眄左右。叱咤自專。擿宗斷族。排輕斥重。脅遏津埭。恐喝傳郵。破岡水逆。商旅半引。逼令到下。先過己船。浙江風猛。公私畏渡。脫舫在前。驅令俱發。呵蹴行民。固其常理。侮折守宰。出變無窮。既瞻郭望境。便飛下嚴符。但稱行臺。未顯所督。先訶彊寺。卻攝羣曹。開亭正榻。便振荆革。其次絳標寸紙。一日數至。徵村切里。俄刻十催。四鄉所召。莫辯枉直。孩老士庶。具令付獄。或尺布之逋。曲以當匹。百錢餘稅。且增爲千。或詐應質作尙方。寄繫東冶。萬姓駭迫。人不自固。遂漂衣敗力。競致兼濟。值今夕酒諧肉飫。即許附申赦格。明日禮輕貨薄。便復不入恩科。筐貢微闕。棰撻肆情。風塵毀謗。隨忿而發。及其純蒜轉積。鵞栗漸盈。遠則分鬻他境。近則託貿吏民。反請郡邑助民。由緩回刺。言臺推信在所。如聞頃者令長守牧。離此每實。非復近歲。愚謂凡諸檢課。宜停遣使。密畿州郡。則指賜敕。遙外鎮宰。明下條源。既各奉別旨。人競自罄。雖復臺使盈湊。會取正屬所徒。相疑憤。反更淹懈。凡預衣冠。荷恩盛世。多已闇緩。貽譽少爲欺猾。入罪若類。已宰牧乖政。則觸事難委。不容課逋上綱。偏覺非才。但賒促差降。各限一期。如乃事速應緩。自依違糾坐之。坐之之科。不必須重。但令必行。期在可肅。且兩裝之船。充擬千緒。三坊寡役。呼訂萬計。每一事之發。彌晨方辦。粗計近遠。率遣一部。職散人領。無減二十。舟船所資。皆復稱是。長江萬里。費固倍之。較略一年。脫得省者。息船優役。實爲不少。兼折姦減竊。遠近暫安。南齊書竟陵王子良傳。又略見通典四。

脩治塘遏表

京尹雖居都邑。而境壤兼跨。廣袤周輪。幾將千里。縈原抱隰。其處甚多。舊遏古塘。非唯一所。而民貧業廢。地利久蕪。近啓遣五官殷瀰、典籤劉僧瑗到諸縣循履。得丹陽溧陽永世等四縣解。並村耆辭列。堪墾之田。合計荒熟有八千五百五十四頃。脩治塘遏。可用十一萬八千餘夫。一春就功。便可成立。南齊書竟陵王子良傳

上讜言表

臣聞明臺既闢。承雲之歌闡。衢室爰啓。南風之頌流。莫非降道爝燀。紆靈浸澤。陛下凝慶協圖。席昌屬歷。乾臨冬曖。海鏡春亭。選議鈞俗。觀風調紀。垂聽革之典。降聆金之訓。用能詩史無斁。工頌有聞。是故置四輔。立七諫。正國度。箴王闕。臣謂當今宜崇諫司。專事昭塞。職踏謇諤。績宣王文。則優其寵秩。厚其節禮。庶獻納之美。方高聖代。至乃靡衣媮食。曾宇雕墉。商貨浮侈。田萊蕪替。棫樸爽流。

摽梅失序勉民觀俗之宜設官立事之要隨闕興規衰廢能補如此則壤詠無遠韓樂可追藝文類聚二十四

錢法表

頃錢貴物賤殆欲兼倍凡在觸類莫不如茲稼穡艱劬斛直數十機杼勤苦疋纔三百所以然者實亦有由年常歲調既有定期僮卹所上咸是見直東閧錢多剪鑿鮮復完者公家所受必須圜大以兩代一困於無所鞭箠質繫益致無聊通典九

東當作民

陳時政密啟

臣思水潦成患良田沃壤變為汙澤農政告祥因高肆務播植既周繼以旱虐黔庶呼嗟相視褫氣夫國資於民民資於食匪食匪民何以能政臣每一念此寢不便席本始中郡國大旱宣帝下詔除民租今聞所在逋餘尚多守宰嚴期兼夜課切新稅力尚無從故調於何取給政當相驅為盜耳愚謂逋租宜皆原除少降停恩微紓民命自宋道無章王風陵替竊官假號駢門連室今左民所檢動以萬數漸漬之來非復始適一朝洗正理致沸騰小人之心罔思前恩董之以威反怨後罰獸窮則觸事在匪輕齊有天下日淺恩洽未布一方或飢當加優養愚謂自可依源削除未宜便充猥役且部曹檢校誠存精密令史奸黠鮮不容情情既有私理或枉謬耳目可限羣狡無極變易是非居然可見詳而後取於事未遲明詔深矜獄圄恩文累墜今科網嚴重稱為峻察負罪離譽充積牢戶暑時鬱蒸加以金鐵聚憂之氣足感天和民之多恐非國福矣頃土木之務甚為殷廣雖役未及民勤費已積炎旱致災或由於此皇明載遠書軌未一緣淮帶江數州地耳以魏方漢猶一郡之譬以今比古復為遠矣何得不愛其民緩其政救其危存其命湘區奧密蠻寇熾彊如聞南師未能挫戮百姓齊民積年塗炭疽食侵淫邊虞方重交州敻絕一垂實惟荒服恃遠後賓固亦恆

異當作累

事自青德啟運款關受職置之度外不足絓言今縣軍遠伐經途萬里衆寡事殊客主勢異以逸待勞全勝難必又緣道調兵以足軍力民丁烏合事乖習鋭廣州積歲無年越州兵糧素乏加以發借必致恇擾愚謂叔獻所請不宜聽從取亂侮亡更俟後會雖緩歲月必有可禽之理差息發動費役之勞劉楷見甲以助湘中威力既舉蟻寇自服南齊書竟陵王子良傳

又啟

臣一月入朝六登文陛廣殿猶人親奉顏色縱有所懷豈敢自達比天眚亟見地孽亟臻民下妖訛好生噂𠴲穀價雖和比室飢嗛縑纊雖賤駢門裸質臣一念此每入心骨三吳奧區地惟河輔百度所資罕不自出宜在蠲優使其全富而守宰相繼務在裒剋圍桑品屋以准貲課致令斬樹發瓦以充重賦破民財產要利一時東郡使民年無常限在所相承准令上直每至州臺使命切求縣急應充猥役必由窮困乃有畏失嚴期自殘軀命亦有斬絕手足以避徭役生育弗起殆為恆事守長不務先富民而唯言益國豈有民貧於下而國富於上邪又泉鑄歲遠類多剪鑿江東大錢十不一在公家所受必須輪郭完全遂買本一千加子七百猶求請無地捶革相驅尋完者為用既不兼兩回復遷貿會非委積徒令小民每嬰困苦且錢帛相半為制永久或聞長宰須令輸直進違舊科退容姦利八屬近縣既在京畿發借徵調寔煩他邑民特尤貧連年失稔草衣藿食稍有流亡今農政就興宜蒙賑給若遣課未上許以申原兗豫二藩雖曰舊鎮往屬兵虞異棄鄉土密邇寇庭下無安志編草結菴不違涼暑扶淮聚落靡有生向俱稟人黎獨絕溫飽而賦斂多少向均沃實謂凡在荒民應加蠲減又司市之要自昔所難頃來此役不由才舉並條其重貲許以買衙前人增估求俠役人加稅請代如此輪回終何紀極兼復交關津要共

相脣齒愚野未閑必加陵詆罪無大小橫没貲載凡求試穀帛類非廉謹未解在事所以開容夫獄訟惟平畫一在制雖恩家得罪必宜申憲鼎姓貽𠍋最合從網若罰典惟加賤下辟書必蠲世族懼非先王立禮之本尚書列曹上應乾象如聞命議所出先諮於都都既下意然後付郎謹寫關行愚謂郎官尤宜推擇宋運告終戎車屢駕寄名軍牒動竊數等故非分充朝貲奉殷積廣越邦宰梁益郡邑參差調補實允事機且此徒宂雜罕遵王憲嚴加廉視隨違彈斥一二年間可減大半（南齊書竟陵王子良傳又略見南史四十四通典五）

又啟

伏尋三吳內地國之關輔百度所資民庶彫流日有困殆蠶農罕獲饑寒尤甚富者稍增其饒貧者轉鍾其弊可為痛心難以辭盡頃錢貴物賤殆欲兼倍凡在觸類莫不如茲稼穡難劬斛直數倍今機杼勤苦匹裁三百所以然者實亦有由年常歲調既有定期僮卹所上咸是見直民間錢多翦鑿鮮復完者公家所受必須員大以兩代一困於所貿鞭捶質繫益致無聊臣昔忝會稽粗閑物俗塘丁所上本不入官良由陂湖宜壅橋路須通均夫訂直民自為用若甲分毀壞則年一修改若乙限堅完則終歲無役今郡通課此直悉以還臺租賦之外更生一調致令塘路崩蕪湖源泄散害民損政實此為劇建元初狡虜游魂軍用殷廣浙東五郡丁稅一千乃有質賣妻兒以充此限道路愁窮不可聞見所逋尚多收上事絕臣登具啟聞卽蒙蠲原而此年租課三分逋一明知徒足擾民實自弊國愚謂塘丁一條宜還復舊在所逋卹優量原除凡應用錢不限大小仍令在所折市布帛若民有雜物是軍國所須者聽隨價準直不必一應送錢於公不虧其用在私實荷其渥昔晉氏初遷江左草創絹布所直十倍於今賦調多少因時增減永初中官布一匹直錢一千而民間所輸聽為九百漸及元嘉物價

轉賤私貨則東直六千（通典作匹直六百）官受則匹准五百所以每欲優民必為降落今入官好布匹堪百餘其四民所送猶依舊制昔為損上今為刻下氓庶空儉豈不由之救民拯弊莫過減賦時和歲稔尚爾虛乏儻值水旱寧可熟念且西京熾強實基三輔東都全固實賴三河歷代所同古今一揆石頭以外裁足自供府州方山已東深關朝廷根本夫股肱要重不可不卹宜蒙寬政少加優養略其目前小利取其長久大益無患民貲不殷國財不阜也宗臣重寄咸云利國竊如愚管未見可安（南齊書王敬則傳又見通典五又十一）

車制啟

臣聞車旗有章載自前史器必依禮服無舛法凡蓋員象天軫方法地上無二天之儀下設兩蓋之飾求之志錄恐為乖衷又假為麟首加乎馬頭事不師古鮮或可施（南齊書輿服志永明硯加王輅為重蓋又作麒麟頭采畫以馬首戴之竟陵王子良啟又見通典六十四）

諫射雉啟

鑾輿亟動天蹕屢巡陵犯風煙驅馳野澤萬乘至重一羽甚微從甚微之權忽至重之誡頃郊郛以外科禁嚴重匪直芻牧事罷遂乃窀掩殆廢且田月向登桑時告至士女呼嗟易生噂議棄民從欲理未可安曩時巡幸必盡威防領軍景先詹事赤斧堅甲利兵左右屯衛今馳騖外野交侍疎闊晨出晚還頓遺清道此實愚臣最所震迫狡虜玩威甫獲款關二漢全富猶加曲待如聞使臣頻亦怨望前會東宮遂形言色昔朱氏遣使舊列階下劉纘銜使始登朝殿今既反命宜賜優禮愚謂中堂雲構實惟峻絕櫓陛深嚴事隔涼暑而別為一室如或有疑邊帶廣途訛言孔熾毀立之易過於轉圜若依舊制通敞實允觀聽頃市司驅扇租估過刻吹毛求瑕廉察相繼被以小罪責以重備愚謂宜敕有司更詳優格臣年方朝賢齒未相及以管窺天猶知失得廊廟之士豈闇是非未

聞一人聞一說。為陛下憂國家。非但面從。亦畏威耳。臣若不啟。陛下於何聞之。（南齊書竟陵王子良傳）

又諫射雉啟

忽聞外議。伏承當更射雉。臣下情震越。心懷憂悚。猶謂疑妄。事不必然。伏度陛下以信心明照。所以傾金寶於禪靈。仁愛廣洽。得使禽魚養命於江澤。豈惟國慶民懽。乃以翱翔治樂。夫衛生保命。人獸不殊。重軀愛體。彼我無異。故禮云。聞其聲不食其肉。見其生不忍其死。且萬乘之尊。降同匹夫之樂。夭殺無辜。傷仁害福之本。菩薩不殺。壽命得長。施物安樂。自無恐怖。不惱衆生。身無患苦。臣見功德有此果報。所以日夜劬勤。厲身奉法。實願聖功康豫。若此每至寢夢。脫有異見。不覺身心立就燋爛。陛下常日捨財修福。臣私心顒顒。尚恨其少。豈可今日見此事。一損福業。追悔便難。臣此啟聞。私心實切。若是大事。不可易改。亦願陛下照臣此誠。曲垂三思。況此嬉遊之閒。非關當否。而動輒傷生。實可深慎。臣聞子孝奉君。臣忠事主。莫不靈祇通感。微祥證登。臣近段仰啟。賜希受戒。天心洞遠。誠未達勝善之途。而聖恩遲疑。尚未垂履曲降。尊極豈可今月復隨此事。臣不隱心。即實上啟。（南齊書竟陵王子良傳）

請加贈豫章王嶷啟

臣聞春秋所以稱王母弟者。已尊其所重故也。是以禮秩殊品。爵命崇異。在漢則梁王備出警入蹕之儀。在晉則齊王具殊服九命之贈。江左以來。尊親是闕。故致衮章之典。廢而不傳。實由人缺其位。非禮虧省。齊王故事。與今不殊。緒構王業。功迹不異。凡有變革隨時之宜者。政緣恩情有輕重。德義有厚薄。若事籌前規。禮無異則。且梁齊闕令終之美。猶饗褒贈之榮。況故大司馬仁和著於天性。孝悌終於立身。節義表於勤王。寬猛彰於御物。奉上無艱劬之貌。接下無毀傷之容。淡矣止於清貞。無喜愠之色。悠然栖於靜默。

絕馳薿之聲。詩云。靡不有初。鮮克有終。夫終之者。理實為難。在於今行。無廢斯德。東平樂於小善。河間悅於詩書。勤績無聞。艱危不涉。尚致卓爾不羣。英聲萬代。況今協贊皇基。經綸霸始。功業高顯。清譽逾彰。富貴隆重。廉潔彌峻。等古形今。孰類茲美。臣愚忖度。未有斯例。凡庶族同氣。愛睦尚少。豈有仰覩陛下垂友于之性若此者乎。共起布衣。俱登天貴。生平遊處。何事不同。分甘均味。何珍不等。未嘗覩貌而天心不懽。見形而聖儀不悅。爰及臨危捨命。親瞻喘息。萬分之際。沒在聖目。號哭動乎天地。感慟驚乎鬼神。乃至撤膳移寢。坐泣遷旦。神儀損耗。隔宿改容。奉瞻聖顏。誰不悲悚。歷古所未聞。記籍所不載。既有若斯之大德。而典服之贈不彰。如其脫致虧忘。追改為煩。不令千載之下。物有遺恨。其德不具美者。尚荷嘉隆之命。況事光先烈者。豈可缺茲盛典。臣恐有識之人。容致其議。且庶族近代。桓溫庾亮之類。亦降殊命。伏度天心。已當有在。（南齊書豫章王嶷傳）

荅張融

此乃是長史美事。恐朝廷有常典。不得如長史所懷。（南齊書張融傳。竟陵張欣時為諸暨令。坐罪當死。融啟竟陵王子良乞代欣時死。子良荅）

荅顧憲之

非君無以聞此德音。（梁書顧憲之傳。竟陵王於宣城臨成定陵三縣界立屯。封山澤數百里。禁民樵采。憲之固陳不可。王荅）

與安陸侯緬書

竊承下風。數十年來。姑蘇未有此政。（南史四十一。又南齊書安陸王緬傳。緬為吳郡太守。大著風績。竟陵王子良與緬書）

荅王僧虔書

辱告。並五紙。舉體精雋。靈奧執玩。反覆不能釋手。雖太傅之婉媚玩好。領軍之靜逖荅緒。方之蔑如也。昔杜度殺字甚安。而筆體微瘦崔瑗筆勢甚快而結字小疎君處二者之間亦猶仲尼方於季孟也夫工欲善其事必先利其器伯喈非流紈體素不妄下筆若子邑之紙妍妙輝光仲將之墨一點如漆伯英之筆窮神盡意妙物遠矣邈不可追遂令思挫於弱毫數屈於陋墨言之使人於邑若三珍尚存四寶斯覿何但尺素信札動見模式將一字徑丈方寸千言也張彥遠法書要錄載此誤與王僧虔論書混爲一篇張懷瓘書斷引子邑之紙至邈不可追八句作竟陵王與僧虔書今據編入竟陵王集中

與孔中丞稚珪書

覽君書具一二每患浮言之妨正道激烈之傷純和亦已久矣孟子有云君王無好智君王無好勇智勇之過生乎患禍所遵正當仁義爲本今因修釋訓始見斯行之所發誓念履行欲卑高同其美且取解脫之喻不得不小失存其大至於形外之閡自不足及言眞俗之教其致一耳取之者未達故橫起異同君云積業栖信便是言行相舛豈有奉親一毀一敬而云大孝未之前聞夫仁人之行非是殘害加其美廉潔之操不藉貪竊成其德如此則三歸五戒豈得一念而可捨十善八正寧瞥想之可遺未見輕其本而能重其末所謂本既傾矣而後枝葉從之今云二途雖異何得相願此言故是見其淺近之談耳君非不覩經律所辨何爲偏志一方埋役通路夫士未嘗離俗□誦即世之教可以知之若云斯法空成詭妄更增疑惑應當毀滅就即因而言閨門孝悌者連鄉接黨竟有幾人今可得以無其多維諸訓誥經史箴誡悉可焚之不君今遲疑於內教亦復與此何殊哉所以歸心勝法者本不以禮敬標其心兢仰祇崇者不以在我故忘物今之懇懃克己者政爲君輩之徒耳欲令相與去憍矜除慢傲節情慾制貪求修禮讓習謙恭奉仁義敦孝弟課之以博施廣之以汎愛賞之以英賢拔之以儁異復何慙於鬼神乎孜孜策勵良在於斯雖未有奉遵亦意不忘之今未有夜光之投而按劍已起欲相望於道德寧不多愧當躋未見此情故常信斯心耳在懷則不然每苦其不及司徒之府本五教是勸方共敦斯美行以率無慾使口詭謟佞望門而自珍浮僞蕩逸踐庭而變迹等彼息心之館齊此無慾之臺不亦善乎一則以仰順宸極普天之慈二則敬奉儲皇垂愛之善宵旦而警惕者正患此心無遂耳悠悠之語好自多端其云願善政言未知傷化之重儻令詭事以忠孝佞悅以仁義虛設以禮讓假枉以方直乃至一日克己天下歸仁況能旬則有餘所望過矣本自開心所納正若此矯不多如其此煩未廣故鄙薄深慨君正應規諫其乖開發未達云何言傷孝本語損義基於邑有懷非所望也若此事可棄則欣聞餘善又云未必勸人持戒當令善緣下發必如此而弘教者放勛須四凶革而啟聖虞舜待商均賢而德明如斯而遂美其可望乎君之此意則應廣有所析便當詰堯以土階之儉嘉離宮之麗貶禹以茅茨之陋崇阿房之貴恥汲黯之正容榮祝鮀之媚色其餘節義貞信謙恭之德皆當改途而反面復何行之可修也凡聞於言必察其行覩於行必求於理若理不乖而行不越者請無造於異端眞殊途同歸未必孱然一貫頃亦多有與君此意同者今寄言此紙情不專一者庴心於疑妄國君普宣示之略言其懷無見髣髴翰迹易煩中不盡意比見君別更委悉也夫人心之不同猶若其貌豈其容一而等其智乎鑒有待之參差足見情靈之乖舛矣一得其志者非言談之所盡一背其途者豈游說之所翻見君雖復言面委盡而不及此處者良由彼我之見旣異幸可各保其方差無須空構是非橫起誚議耳栖心入信者前良不無此志今以效善之爲樂故挫憍陵以待物君若以德越往賢聖逾前脩智超羣類位極人貴者自可逍遙世表以道化物高其懷無求自足而退於前良恐未能懸絕空秉兩塗獨異勝法

若當作著

若悠悠相期本不及言意在不藹爲復示斯懷耳比面別一二近聊有此釋滯兩卷想於外已當見之今送相示若已覽者付反幸無勞形目脱未覩者爲可一歷意本不期他翻正是自釋疑滯耳君見之必當撫掌也（弘明集十一。）

荅孔中丞書

君此書甚佳宜廣示諸未達者（弘明集十一。）

與南郡太守劉景蕤書

冬去因君與劉居士書今春得其返信辭趣翩翩足有才藻實子雲之筆札元瑜之書記伸復咨嗟彌用欽想此子含眞抱璞比謂雲霞背俗居幽寓歎林滌眷志南荊可與卞寶爭價韜光梵服固同隋照共明雖顔段之栖遲偃仰揚鄭之寂寞恬淡取之若人信可同日而語矣且道性天悠禪心自謐敦悦九部研味三乘在家菩薩行之而不難白衣居士即之而匪易逝將燭昏霾於慧炬拯淪溺於法橋扇靈皐之留風鏡貞林之絶影僕栖尚既同情契彌至而悠悠京苑間以江山假復神通遠邈冥交曉曙疇得寫析深襟擁明幽旨迹生滅之中談究眞俗之諦義故重有別書招來幾邑居問道之次具爲敦請此蘭山桂水既足逍遥儒侶玄宗復多朋往非以一爵相加豈其旌蒲爲分直闇投誠素庶必能玄了脱悠爾來儀想時加資遣也（釋藏輕四、廣弘明集十九。案廣弘明集十九有蕭子良與荊州隱士劉虬書，其篇末云王元長之詞也，今編入王融集。）

致沙門法獻書

遠法師一代名德志節清高潛山樹美四海飡風弟子闇昧謬蒙師範方欲仰稟仁化用洗煩慮不謂此疾奄然異世悲痛之心特不可忍遠上即既業行圓通曠劫希有弟子意不欲遺形影迹雜處衆僧墓中得別卜餘地是所願也方應樹剎表奇刻石銘德矣（高僧傳八。）

賓僚七要

松既煙而接漢竹絲嶺而負筠哀過鴻於月曉悲夜猨於霜旻乃鵠駕之非遠信羽車之可鄰鴻池廣象太液染華勢含五水氣疏九河既百尋而照底亦千丈而分沙故乘流以神王或鼓地而目多豈能從我汎此安波（藝文類聚五十七。）

行宅詩序

余稟性端疎屬愛閑外往歲羇役浙東備歷江山之美名都勝境極盡登臨山原石道步步新情迴池絶澗往往舊識以吟以詠聊用述心

登山望雷居士精舍同沈右衛過劉先生墓下詩序

沛國劉子珪學優未仕跡遜心退履信體仁古之遺德潛舟迅景滅賞淪精言念芳猷式懷嗟述屬舍弟隨郡有示來篇彌縝久要之情益深宿草之歎升望西山率爾爲荅雖因事雷山實申悲劉子云爾

淨住子序

遺教經云波羅提木叉是汝大師若住於世無異我也又云波羅提木叉住則我法住波羅提木叉滅則我法滅是故衆僧於望晦再說禁戒謂之布薩外國云布薩此云淨住亦名長養亦名增進所謂淨住身口意身絜意如戒而住故曰淨住子者紹繼爲義以沙門淨身口七支不起諸惡長養增進菩提善根如是修習成佛無差則能紹續三世佛種是佛之子故云淨住子（廣弘明集二十七上。案淨住子有專行本，張溥刻竟陵王集全載之，凡三十一章，今不具錄，每章有王融頌，今編入王融集中。案廣弘明集一本無此序。）

眼銘

惟正是視玄黃匪惑非禮不觀儀形是則慎爾所覿無忝斯德（藝文類聚十七。）

耳銘

惟耳是聽。仁愛是聞。詳察巧言。離辯異羣。無迷邪諂。炫惑莫分。藝文類聚十七。

口銘

惟口是愼。愼乎語笑。三箴是戒。事重周廟。戒之戒之。無貽厥誚。藝文類聚十七。

魚復侯子響

子響字雲音。武帝第四子。出嗣豫章王嶷。爲輔國將軍、南彭城臨淮二郡太守。遷右衞將軍。仍出爲冠軍將軍、豫州刺史。進號右將軍。入爲散騎常侍、右衞將軍。永明六年還本。封巴陵郡王。遷中護軍。出爲江州刺史。遷鎭軍將軍、荆州刺史。有罪賜死。改姓蛸氏。貶爲魚復侯。

臨死啟

劉寅等入齋檢仗。具如前啟。臣罪旣山海。分甘斧鉞。奉敕遣胡諧之茹法亮賜重勞。某等至竟無宣旨。便建旗入津。對城南岸築城守臣。累遣書信喚法亮。渡乞白服相見。其永不肯。羣小懼怖。遂致攻戰。此臣之罪也。臣此月二十五日。束身投軍。希還天闕。停宅一月。臣自取盡。可使齊代無殺子之譏。臣免逆父之謗。旣不遂心。今便命盡。臨啟哽塞。知復何陳。南齊書魚復侯子響傳。

藏妃褶帶中啟

軀舫還闕不得。此苦之深。惟願矜憐。無使竹帛齊有反父之子。父有害子之名。□□□□□子響兵敗。縊死。密作啟數紙。藏妃王氏褶帶中。具自申明。

隨郡王子隆

子隆字雲興。武帝第八子。歷荆州刺史、侍中、中軍大將軍。爲明帝所害。有集七卷。

山居序

西園多士。平臺盛賓。鄒馬之客咸在。伐木之歌屢陳。是用追芳昔娛。神遊千古。故亦一時之盛事。

全齊文卷七終

烏程嚴可均校輯

蕭景先

景先本名道先高帝從子仕宋為海陵王國上軍將軍補建陵令累遷至盜朔將軍驍騎將軍武帝撫軍中軍二府司馬兼左衛將軍齊受禪遷太子左衛率封新吳縣伯出為司州刺史領義陽太守武帝即位徵為侍中領左軍將軍兼領軍將軍轉中領軍進爵為侯領太子詹事遭母喪起為領軍將軍遷征虜將軍丹楊尹假節督司州卒贈侍中征北將軍南徐州刺史謚曰忠侯

遺言

此度疾病異於前後自省必無起理但夙荷深恩今謬充戎寄闇弱每事不稱上慙慈旨便長違聖世悲哽不知所言可為作啟事上謝至尊粗申愚心毅雖成長素闕訓範貞等幼稚未有所識方以仰累聖明非殘息所能陳謝自丁荼毒以來妓妾已多分張所餘醜猥數人皆不似事可以明月佛女桂支佛兒玉女美玉上臺美滿豔華奉東宮私馬有二十餘匹牛數頭可簡好者十匹牛二頭上臺馬五匹牛一頭奉東宮大司馬司徒各奉二匹驃騎鎮軍各奉一匹應私仗器亦悉輸臺六親多未得料理可隨宜溫卹微申素意所賜宅曠大恐非毅等所居須喪服竟可輸還臺劉家前宅久閑其貨可合率市之直若短少啟官乞足三處田勤作自足供衣食力少更隨宜買麤猥奴婢充使不須餘營生周旋部曲還都理應分張其久舊勞勤者應料理隨宜啟聞乞恩（南齊書蕭景先傳）

蕭緬

緬字景業高帝從子封安陸侯為吳郡太守永明中歷雍州刺史卒贈王

與衛軍王儉書論庾杲之

盛府元僚實難其選庾景行汎綠水依芙蓉何其麗也（南史庾杲之傳王儉以庾杲之為衛將軍長史緬與儉書）

蕭穎胄

穎胄高帝從子為祕書郎遷太子舍人永明三年襲父赤斧爵南豐伯歷竟陵王司徒外兵參軍晉熙王文學除明威將軍安陸內史遷中書郎除左將軍出為新安太守隆昌初徙南東海太守行南徐州事除黃門郎遷衛尉建武中進爵為侯還冠軍長史復為衛尉出為後軍長史廣陵太守行南兗州事進南兗州刺史和帝為荊州以為西中郎長史南郡太守行荊州事與梁王舉義進相國左長史鎮軍將軍和帝即位進侍中尚書令領吏部尚書行荊州刺史中興元年卒贈侍中丞相梁天監初追謚曰獻武

遺表

臣疹患數日不謂便至困篤氣息綿微待盡而已臣雖庸薄忝籍葭莩過受先朝殊常之眷備寵礪心誓生以死屬皇業中否天地分崩總率諸侯翼奉明聖賴社稷靈長大明在運故兵之所臨無思不服今四海垂平干戈行戢方希陪翠華奉法駕反東都觀舊物不幸遘疾奄辭明世懷此深恨永結泉壤竊惟皇業至重萬機甚大登之實難守之未易陛下富於春秋當遠尋祖宗創業艱難殷鑒季末顛覆厥緒思所以念始圖終康此兆庶征東大將軍臣衍元勳上德光贊天下陛下垂拱仰成則風流日化臣雖萬沒無所遺恨（南齊書蕭穎胄傳）

移檄京邑

西中郎府長史都督行留諸軍事右軍將軍南郡太守南豐縣開國侯蕭穎胄司馬征虜將軍新興太守夏侯詳告京邑百官諸州

郡牧守。夫運不嘗夷。有時而陂。數無恆剝。否極則亨。昔商邑中微。彰韋投袂。漢室方昏。虞牟効節。故風聲永樹。卜世長久者也。昔我太祖高皇帝德範生民。功格天地。仰緯彤雲。俯臨紫極。世祖嗣興。增光前業。雲雨之所沾被。日月之所出入。莫不舉踵來王。交臂納貢。鬱林昏迷。顛覆厥序。俾我大齊之祚。翦焉將墜。高宗明皇帝建道德之盛。軌垂仁義之至。蹤紹二祖之鴻基。繼三五之絕業。昧旦丕顯。不明求衣。故奇士盈朝。異人輻湊。若迺經禮緯樂之文。定鼎作洛之制。非雲如醴之祥。白質黑章之瑞。諒以則天比大。無德稱焉。而嗣主不綱。窮肆陵暴。十愆畢行。三風咸襲。喪初而無哀貌。在慼而有喜容。酣酒嗜音。罔懲其侮。讒賊狂邪。是與比周。遂令親賢嬰荼毒之誅。宰輔受菹醢之戮。江僕射。蕭劉領軍。徐司空。沈僕射。曹右衞。或外戚懿親。或皇室令德。或時宗民望。或國之虎臣。並勳彰中興。功比周邵。秉鈞贊契。受遺先朝。咸以名重見疑。正直貽斃。

害加黨族。虐及嬰孺。曾無渭陽追遠之情。不顧本枝殲落之痛。信必見疑。忠而獲罪。百姓業業。罔知攸暨。崔慧景內逼淫刑。外不堪命。驅土崩之民。爲免死之計。倒戈回刃。還指宮闕。城無完守。人有異圖。賴蕭令君勳濟宗祏。業拯橫流。四海蒙一匡之德。億兆憑再造之功。江夏王拘迫威強。牽制巨力。迹屈當時。迺心可亮。竟不能內恕探情。顯加鴆毒。蕭令自以親惟族長。任實宗臣。至誠苦言。朝夕獻入。讒醜交構。漸見疏疑。浸潤旋災。奄離怨酷。用人之功。以寧社稷。刈人之身。以騁淫濫。台輔既誅。姦小競用。梅蟲兒。茹法珍。妖忍愚戾。窮縱醜惡。販鬻主威。以爲家勢。營惑嗣主。恣其妖虐。宮女千餘。裸服宣婬。孽臣數十。袒裼相逐。帳飲闤肆之間。宵遊街陌之上。提挈羣豎。以爲歡笑。劉山陽潛受凶旨。規肆狂逆。天誘其衷。郎就梟翦。夫天生蒸民。樹之以君。使司牧之。勿使失性。豈有尊臨寓縣。毒遍黔首。絕親賊之恩。無君臣之義。功重者先誅。勳高者速斃。

九族內離。四夷外叛。封境日蹙。戎馬交馳。帑藏既空。百姓已竭。不卹不憂。慢遊是好。民怨於下。天懲於上。故熒惑襲月。孽火燒宮。妖水表災。震蝕告沴。七廟阽危。三才莫紀。大懼我四海之命。永淪于地。南康殿下。體自高宗。天挺英懿。食葉之徵。著於弱年。當璧之祥。兆乎綺歲。億兆顒顒。咸思戴奉。且勢居上游。任總戎略。家國之否。寍濟是當。莫府身備皇宗。忝荷顧託。憂深責重。誓清時難。今命冠軍將軍西中郎諮議領中直兵參軍軍主楊公則、寍朔將軍領中兵參軍軍主王法度、冠軍將軍諮議參軍軍主龐劇、輔國將軍諮議參軍領別駕軍主宗夬、輔國將軍諮議參軍軍主樂藹等。領勁卒三萬。陵波電邁。逕造秣陵。冠軍將軍領諮議中直兵參軍軍主蔡道恭、輔國將軍中直兵參軍右軍府司馬軍主席闡文、輔國將軍中直兵參軍軍主任漾之、寍朔將軍中直兵參軍軍主韓孝仁、寍朔將軍中直兵參軍軍主宗冰之、建威

將軍中直兵參軍軍主朱景舒、寍朔將軍中直兵參軍軍主庾域、寍遠將軍軍主庾略等。被甲二萬。直指建業。輔國將軍武寍太守軍主鄧元起、輔國將軍前軍將軍軍主王世興等。鐵騎一萬。分趨白下。征虜將軍領司馬新興太守夏侯詳、寍朔將軍諮議參軍軍主柳忱、寍朔將軍領中兵參軍軍主劉孝慶、建威將軍軍主江陵令江詮等。帥組甲五萬。駱驛繼發。雄劍高麾。則五星從流。長戟遠指。則雲虹變色。天地爲之矞皇。山淵已之崩沸。莫府親貫甲冑。授律中權。董帥熊羆之士十有五萬。征鼓紛沓。雷動荊南。寍朔將軍南康王友蕭穎達領虎旅三萬。抗威後拒。蕭雍州勳業蓋世。謀猷淵藹。既痛家禍。兼憤國難。泣血枕戈。誓雪怨酷。精卒十萬。已出漢川。張郢州節義慷慨。悉力齊奮。江州邵陵王、湘州張行事、王司州皆遠近懸契。不謀而同。並勒驍猛。指景風驅。舟艦魚麗。萬里蓋水。車騎雲屯。平原霧塞。以同心之士。伐倒戈之衆。盛德之師。救危亡

之國何征而不服。何誅而不克哉。今兵之所指。惟在梅蟲兒茹法珍二人而已。諸君德載累世。勳著先朝。屬無妄之時。居中否之運。受迫羣豎。念有危懼。大軍近次。當各思奮迹。來赴軍門。檄到之日。有能斬送蟲兒法珍首者。封二千戶開國縣侯。若迷惑困黨。敢拒命者。刑茲無赦。戮及宗族。賞罰之信。有如皦日。江水在此。余不食言。南齊書蕭穎冑傳。

王琨

琨。琅邪臨沂人。晉衞將軍薈孫。宋永初中除郎中駙馬都尉奉朝請。元嘉初爲尚書儀曹郎。州治中。累遷左軍諮議。領錄事。出爲宣城太守。司徒從事中郎。義興太守。還爲北中郎長史。黃門郎。寧朔將軍。東陽太守。孝建初遷廷尉卿。驍騎長史。加臨淮太守。轉吏部郎。出爲廣州刺史。還爲廷尉。加給事中。轉歷陽內史。從東中郎長史。遷度支尚書。出爲廣陵太守。泰始初遷度支尚書。加光祿大夫。出爲冠軍將軍吳郡太守。遷中領軍。加太常。及金紫。加散騎常侍。出爲會稽太守。元徽中遷金紫光祿。本州中正。加特進。順帝即位。進右光祿大夫。齊受禪。領武陵王師。加侍中。建元四年卒。年八十四。贈左光祿大夫。

請以小息佟襲封從兄華爵表

臣門姪不休。從孫長是。故右衞將軍華息少資常猥。猶冀晚進。頃更昏酣。業身無檢。故衞將軍華忠肅奉國。善及世祀。而長負釁承封。將傾基緒。嗣小息佟。閑立保退。不乖素風。如蒙拯立。則存亡荷榮。私藏更構。南齊書王琨傳。從兄華孫長襲華爵。爲新建侯。嗜酒多諐失。泰始元年。琨上表。

王逡之

逡之字宣約。琨從子。仕宋爲江夏王國常侍。行大司馬參軍。章安令。山陽王驃騎參軍。兼治書御史。安成國郎中。吳令。昇明末以著作郎兼尚書左丞。齊受禪。爲國子博士。永明中兼著作。轉通直常侍。驍騎將軍。出爲寧朔將軍。南康相。大中光祿大夫。加侍中。

奏劾謝超宗袁彖

臣聞行父盡忠。無禮斯疾。農夫去草。見惡必耘。所以振纓請良。登朝著績。未有尸位存私。而能保其榮名者也。今月九日。治書侍御史臣司馬侃啟。彈征北諮議參軍事謝超宗。稱根性昏動。率心險放。悖議爽眞。囂辭犯實。親朋忍聞。衣冠掩目。輒收付廷尉法獄治罪。處劾雖重。文辭簡略。事入主書。被却還外。其晚兼御史中丞臣袁彖改奏白簡。始粗詳備。厥初隱衞。實彖之由。尋超宗植性險戾。稟行兇詖。豺狼野心。久暴遐邇。張敬兒潛圖反噬。罰未塞諐。而稱怨痛枉。形於言貌。協附姦邪。疑間勳烈。構扇異端。譏議時政。行路同忿。有心咸疾。而阿昧苟容。輕文略奏。又彈事舊體。品第不簡。而疊焉殊常者。皆命議親奏。以彰深諐。況超宗罪愈四凶。過窮南竹。

雖下輒收。而文止黃案。沈浮並見。輕重相乖。此而不糾。憲綱將替。彖才識疏淺。質幹無聞。憑戚昇榮。因慈荷任。不能克己厲情。少酬恩獎。撓法容非。用申私惠。何以糾正邦違。式明王度。臣等議請以見事免彖所居官。解兼御史中丞。輒攝曹依舊下禁止。視事如故。治書侍御史臣司馬侃。雖承稟有由。而初無疑執。亦合及咎。請杖督五十。奪勞百日。令史卑微。不足申盡。啟可奉行。侃奏彈之始。臣等並即經見。加推糾。案入主書。方被却檢。疏謬之諐。伏追震悚。南齊書謝超宗傳。

錫輅議

大輅。殷之祭車。故不登周輅之名。而明堂位云。大輅。殷輅也。注云。大輅。木輅也。月令中央土乘大輅。注云。殷輅也。禮器大輅繁纓一就。注云。大輅。殷之祭天車也。周禮五路。玉路、金路、象路、革路、木路。則周之木輅。殷之大輅也。周革路建大白以即戎。此則戎輅也。意謂國之大事在祀與戎故錫以殷祭天之車與周之卽戎之路祀則以殷戎必以周者明郊天義遠建前代之禮卽戎事近故以今世之制明堂位云魯君孟春乘大輅載十有二旒日月之章祀帝于郊天子以大輅以錫諸侯良有以也今木路卽大路也（齊書輿服志宋昇明三年錫齊王大輅戎輅各一乘黃五輅無大輅戎輅左丞王逡之議）

王珪之

珪之逡之從弟建元中爲祠部郎中累遷至長水校尉有齊職儀五十卷

喪遇閏議

喪以閏施功衰以下小祥值閏則略而不言今雖廢祥名猶存異於餘服計月爲數屈追慕之心以遠爲邇日既餘分月非正朔含而全制於情唯允僕射儉議理據詳博謹所附同今司徒淵始雖疑難再經往反未同儉議依舊八座丞郎通共博議爲允以來五月晦小祥其祥禫自依常限奏御班下内外（南齊書禮志下建元三年祠部郎中王珪之議又見通典一百）

王顥

顥珪之子永明中爲中軍參軍

上父珪之齊職儀啟

臣亡父故長水校尉珪之籍素爲基依儒習性以宋元徽二年被敕使纂集古設官歷代分職凡在墳策必盡詳究是以等級掌司咸加編録黜陟遷補該研記述章服之差兼冠佩之飾屬值啟運軌度惟新故太宰臣淵奏宣敕旨使速洗正刊定未畢臣私門凶禍不揆庸微謹冒啟上凡五十卷謂之齊職儀仰希永升天閣長銘祕府（南齊書王逡之傳）

王僧虔

僧虔宋左光祿大夫曇首次子元嘉中除祕書郎太子舍人累遷至尚書令齊受禪轉侍中撫軍將軍丹楊尹授左光祿大夫出爲征南將軍湘州刺史武帝卽位授侍中左光祿大夫永明三年卒贈司空謚曰簡穆

書賦

情憑虛而測有思沿想而圖空心經於則目像其容手以心麾毫以手從風摇挺氣妍孊深功爾其隸明敏婉蠖絢蒨趍將摛文篚縟託韻笙簧儀春等愛麗景依光沈若雲鬱輕若蟬揚稠必昂萃約實箕張垂端整曲裁邪製方或具美於片巧或雙兢於兩傷形緜靡而多態氣陵厲其如芒故其委貌也必妍獻體也貴壯跡乘規而騁勢志循檢而懷放（藝文類聚七十四）

樂表

臣聞風雅之作由來尚矣大者繫乎興衰其次者著於率舞在於心而木石感鏗鏘奏而國俗移故鄭相出郊辯聲知戚延陵入聘觀樂知風是則音不妄起曲豈徒奏哥倡既設休戚已徵清濁是均山琴自應斯乃天地之靈和升降之明節今帝道四達禮樂交通誠非寡陋所敢裁酌伏以三古缺聞六代潛響舞詠與日月偕湮精靈與風雲俱滅追餘操而長懷撫遺器而太息此則然矣夫鐘縣之器以雅爲用凱容之制八佾爲體故羽籥擊拊以相諧應季氏獲誚將在於此今總章舊佾二八之流袿服既殊曲律亦異推今校古皎然可知又哥鐘一肆克諧女樂以哥爲稱非雅器也大明中卽以宮縣合和鞞拂節數雖會虞乖雅體將來知音或譏聖世若謂鐘舞已諧不欲廢罷別立哥鐘以調羽佾止於別宴不關朝享四縣所奏謹依雅則斯則舊樂前典不墜於地臣昔已制哥磬猶在樂官具以副鈐關成一部卽義沿理如或可安又今之清商實猶銅雀魏氏三祖風流可懷京洛相高江左彌重諒以金縣干戚事絕於斯而情變聽改稍復零落十數年間亡者將半自

頃家競新哇人尚謠俗務在噍危不顧律紀流宕無涯未知所極
排斥典正崇長煩淫士有等差無故不可以去禮樂有攸序長幼
不可以共聞故喧醜之製日盛於廛里風味之韻獨盡於衣冠夫
川震社亡同靈畢戒哀思靡漫異世齊疇咎徵不殊而欣畏並用
竊所未譬也方今塵靜畿中波恬海外雅頌得所實在茲辰臣以
爲宜命典司務勤課習緝理舊聲迭相開曉凡所遺漏悉使補拾
曲全者祿厚藝斂者位優利以動之則人思自勸風以靡之可不
訓自革反本還源庶可跂踵（宋書樂志一。順帝昇明二年，尚書令王僧虔上表，並言三調哥。又見南齊書王僧虔傳，有刪節。）

請禁上湯殺囚疏

湯本以救疾而實行冤暴或以肆忿若罪必入重自有正刑若去
惡宜疾則應先啟豈有死生大命而潛制下邑愚謂治下囚病必
先刺郡求職司與醫對共診驗遠縣家人省視然後處理可使死

者不恨生者無怨（南齊書王僧虔傳。郡縣獄相承有上湯殺囚，僧虔上疏言之。）

辭判二岸雜事啟

臣僧虔啟劉伯寵陶瑾稱敕二岸雜事悉委臣判聖恩罔已獎使
人效斯實臣下驅馳至願且職事所司不應多陳雖奉今旨臣豈
敢於外下意不先上聞正當豁率管見令官長啟審可否之宜會
須恩裁此乃更亂天聽或致煩塵且得仍舊以待能者恐於事體
二三惟允伏願少留神照察覽所啟非敢辭務懼塵聖化謹冒輸
請伏追震怍謹啟（淳化閣帖三。）

請用謝憲督運啟

臣僧虔啟南臺御史謝憲乃堪驅使臣門義舊粗是所悉統內新
故雜米數十萬斛實須督切憲今請假在此臣欲祈以統攝庶得
速辦其頻經督運已有前效謹以啟聞伏願聽許謹啟（淳化閣帖三。）

爲王珍乞郡啟

太子舍人王珧（闕十五字）牒在職三載家貧仰希江郢所統小郡
謹牒七月廿四日（闕）僧虔啟（梅鼎祚文紀引寶章集。）

荅高帝論書啟（闕）

條疏古來能書人名啟

臣僧虔啟昨奉勑須古來能書人名臣所知局狹不辨廣悉輒條
疏上呈羊欣所撰錄一卷尋案未得續更呈聞謹啟
秦丞相李斯
秦中車府令趙高（右二人善大篆。）
秦獄吏程邈善大篆得罪始皇囚於雲陽獄增減大篆體去其繁
複始皇善之出爲御史名書曰隸書
扶風曹喜後漢人不知其官善篆隸篆小異李斯見師一時
陳畱蔡邕後漢左中郎將善篆隸采斯喜之法眞定直父碑文猶
傳於世篆者師焉

杜陵陳遵後漢人不知其官善篆隸每書一座皆驚時人謂爲陳
驚座
上谷王次仲後漢人作八分楷法
師宜官後漢不知何許人何官能爲大字方一丈小字方寸千言
耿球碑是宜官書甚自矜重或空至酒家先書其壁觀者雲集酒
因大售俟其飮足削書而退
安定梁鵠後漢人官至選部尚書得師宜官法魏武重之常以鵠
書懸帳中宮殿題署多是鵠手也
陳留邯鄲淳爲魏臨淄侯文學得次仲法名在鵠後
毛弘鵠弟子今祕書八分皆傳弘法義有左子邑與淳小異亦有
名
京兆杜度爲魏齊相始有草名
安平崔瑗後漢濟北相亦善草書平苻堅得摹崔瑗書王子敬云

極似張伯英瑗子寔官至尚書亦能草書
弘農張芝高尚不仕善草書精勁絕倫家之衣帛必先書而後練臨池學書池水盡墨每書云匆匆不暇草書人謂爲草聖弟昶漢黄門侍郎亦能草今世云芝草者多是昶作也
姜詡梁宣田彥和及司徒韋誕皆伯英弟子並書草誕書最優誕字仲將京兆人善楷書漢魏宮館寶器皆是誕手寫魏明帝起凌雲臺誤先釘榜而未題以籠盛誕轆轤長絙引之使就榜書之去地上二十五丈誕甚危懼乃擲其筆以下焚之仍誡子孫絕此楷法著之家令官至鴻臚少卿誕子少季亦有能稱
羅暉趙襲不詳何許人與伯英同時見稱西州而矜許自與衆頗惑之伯英與朱寬書自敘云上比崔杜不足下方羅趙有餘
趙壹張超亦善草不及崔張
晉齊王攸善草行書
太山羊忱晉徐州刺史羊固晉臨海太守並善行書
江夏李式晉侍中善寫隸草弟定子公府能名同式
晉中書院李充母衛夫人善鍾法王逸少之師
琅邪王廙晉平南將軍荆州刺史能章楷謹傳鍾法
晉丞相王導善槀行廙從兄也
王恬晉中軍將軍會稽内史善隸書導第一子也
王洽晉中書令領軍將軍衆書通善尤能隸行從兄羲之云弟書遂不滅吾恬弟也
王珉晉中書令善隸行洽少子也
王羲之晉右將軍會稽内史博精羣法特善草隸羊欣云古今莫二廙兄子也
王獻之晉中書令善隸槀骨勢不若父而媚趣過之羲之第七子也兄玄之徽之兄子淳之並善草行

王允之晉衞軍將軍會稽内史亦善草行也舒子
太原王濛晉司徒左長史能草隸子修琅邪王文學善隸行與羲之善故殆窮其妙早亡未盡其美子敬每省修書云咄咄逼人
王綏晉冠軍將軍會稽内史善隸行
高平郤愔晉司空會稽内史善章草亦能隸郤超晉中書郎亦善草愔子也
潁川庾亮晉太尉善草行庾翼晉荆州刺史善隸行時與羲之齊名亮弟也
陳郡謝安晉太傅善隸行
高陽許靖民鎮軍參軍善隸草羲之高足
晉穆帝時有張翼善學人書寫羲之表表出經日不覺後云幾欲亂眞
飛白本是宮殿題八分之輕者全用楷法吳時張弘好學不仕常著烏巾時人號爲張烏巾此人特善飛白能書者無不好之自秦至晉凡六十九人法書要錄。案本注六十九人今此啟僅五十七人當有誤

報檀珪書

征北板比歲處遇小優殷主簿從此府入崇禮何儀曹郎代殷亦不見訴爲苦足下積屈一朝超升政自小難泰始初勤苦十年自未見其賞而頓就求稱亦何可遂吾與足下素無怨憾何以相侵苦直是意有佐佑耳南齊書王僧虔傳元徽中遷吏部尚書高平檀珪訴僧虔求祿不得與僧虔書僧虔報書

與兄子儉書

古語云中國失禮問之四夷計樂亦如符堅敗後東晉始備金石樂故知不可全誣也北國或有遺樂誠未可便以補中夏之闕且得知其存亡亦一理也但鼓吹舊有二十一曲今所能者十一而已意謂北使會有散役得今樂署一人粗別同異者充此使限雖復延州難追其得知所知亦當不同若謂有此理者可得申吾意

上聞否試爲思之（南齊書王僧虔傳）

與張緒書

孔顗敬康曾孫也行動幽祇德標松桂引爲主簿遂不可屈此古之遺德也（南史杜京産傳）

與某書

承天涼體豫復欲縷寫一賦傾遲暉采心目俱勞承閲覽祕府備覩羣跡崔張歸美於逸少雖一代所宗僕不見前古人之跡計亦無以過於逸少既妙盡深絕便當得之實錄然觀前世稱目竊有疑焉崔杜之後共推張芝仲將謂之筆聖伯玉得其筋巨山得其骨索氏自謂其書銀鉤蠆尾談者誠得其宗劉德升爲鍾胡所師兩賢並有肥瘦之斷元鳴獲釘壁之翫師宜致酒簡之多此亦不能止長胤狸骨右軍以爲絕倫其功不可及由此言之兩向之論或致投杖聊呈一笑不妄言耳（法書要錄引王僧虔論書與竟陵王子良書混爲一篇今從梅鼎祚文紀割爲與某書）

誡子書

知汝恨吾不許汝學欲自悔厲或以闔棺自期或更擇美業且得有慨亦慰窮生但亟聞斯唱未覩其實請從先師聽言觀行冀此不復虛身吾未信汝非徒然也往年有意於史取三國志聚置牀頭百日許復徙業就玄自當小差於史猶未近彷彿曼倩有云談何容易見諸玄志爲之逸腸爲之抽專一書轉誦數十家注自少至老手不釋卷尚未敢輕言汝開老子卷頭五尺許未知輔嗣何所道平叔何所說馬鄭何所異指例何所明而便盛於麈尾自呼談士此最險事設令袁令命汝言易謝中書挑汝言莊張吳興叩汝言老端可復言未嘗看邪談故如射前人得破後人應解不解即輸賭矣且論注百氏荆州八袠又才性四本聲無哀樂皆言家口實如客至之有設也汝皆未經拂耳瞥目豈有庖廚不脩而欲延大賓者哉就如張衡思侔造化郭象言類懸河不自勞苦何由至此汝曾未窺其題目未辨其指歸六十四卦未知何名莊子衆篇何者内外八袠所載凡有幾家四本之稱以何爲長而終日欺人人亦不受汝欺也由吾不學無以爲訓然重華無嚴父放勳無令子亦各由己耳汝輩竊議亦當云阿越不學在天地間可嬉戲何忽自課謫幸及盛時逐歲暮何必有所減汝見其一耳不全爾也設令吾學如馬鄭亦必甚勝復倍不如今亦必大減致之有由從身上來也汝今壯年自勤數倍許勝劣及吾耳世中比例舉眼是汝足知此不復具言吾在世雖乏德業要復推排人間數十許年故是一舊物人或以比數汝等耳即化之後若自無調度誰復知汝事者舍中亦有少負令譽弱冠越超清級者於時王家門中優者則龍鳳劣者猶虎豹失蔭之後豈龍虎之議況吾不能爲汝蔭政應各自努力耳或有身經三公蔑爾無聞布衣寒素卿相屈體或父子貴賤殊兄弟聲名異何也體盡讀數百卷書耳吾今悔無所及欲以前車誡爾後乘也汝年入立境方應從官兼有室累牽役情性何處復得下帷如王郎時邪爲可作世中學取過一生耳試復三思勿諱吾言猶捶撻志輩眞脫萬一未死之間望有成就者不知當有益否各在爾身已切身豈復關吾邪鬼唯知愛深松茂柏寧知子弟毀譽事因汝有感故略敘胸懷（南齊書王僧虔傳又略見南史）

二十

論書

宋文帝書自云可比王子敬時議者云天然勝羊欣工夫少於欣

王平南廙是右軍之叔自過江東右軍之前唯廙爲最善爲晉明帝師書爲右軍法

亡曾祖領軍洽書與右軍書俱變古形不爾至今猶法鍾張右軍云弟書遂不減吾

亡從祖中書令珉書筆力過於子敬書舊品云有四匹素自朝操筆至暮便竟首尾如一又無誤字子敬戲云弟書如騎騾駸駸恒欲度驊騮前

庾征西翼書少時與右軍齊名右軍後進庾猶不忿在荆州與都下人書云小兒輩乃賤家雞皆學逸少書須吾還當比之

張翼善學人書右軍自書表晉穆帝令翼寫題後答右軍右軍當時不別久後方悟云小子幾欲亂眞

張芝索靖韋誕鍾會二衞並得名前代古今既異無以辨其優劣唯見其筆力驚絕耳

張澄書當時亦呼有意

郤當作郗

郤愔章草亞於右軍

晉齊王攸書京洛以爲楷法

李式書右軍云是南平之流可比庾翼王濛書亦可比庾翼

陸機書吳士書也無以校其多少

庾亮書亦能入錄

亡高祖丞相導亦甚有楷法以師鍾衞好愛無厭喪亂狼狽猶以鍾繇尙書宣示帖衣帶過江後在右軍處右軍借王敬仁敬仁死其母見脩平生所愛遂以入棺

郤當作郗

郤超草書亞於二王緊媚過其父骨力不及也

桓玄書自謂右軍之流論者未之許云可比孔琳之

謝安亦入能書錄殊亦自重乃爲子敬書嵇中散詩得子敬書有時裂作校紙

羊欣丘道護並親受于子敬欣書見重一時行草尤善正乃不稱

孔琳之書天然放縱極有筆力規矩恐在羊欣後丘道護與羊欣俱面受子敬故當在欣後

范曄與蕭思話同師羊欣范後背叛既失故步爲復小有意耳

蕭思話書全法羊欣風流趣好殆當不減而筆力恨弱

謝靈運書乃不倫遇其合時亦得入流昔子敬上表多於中書雜事中皆自書竊易眞本相與不疑元嘉初方就索還上謝太傅殊禮表亦是其例親聞文皇說此

謝綜書其舅云緊潔生起實爲得賞至不重羊欣欣亦憚之書法有力恨少媚好

顏騰之賀道力並便尺牘

康昕學右軍草亦欲亂眞與南州識道人作右軍書貨

孔琳之書放縱快利筆道流便二王後略無其比但工夫少自任故未得盡其妙故當劣于羊欣

謝靜謝敷並善寫經亦入能境居鍾索之美逾古流今是以征南還有所得案此下有闕文法書要錄誤以學告並五紙一段及承天凉體豫一段混爲一篇今據書斷載竟陵王子良答王僧虔書有子邑之紙入句定至告一段入竟陵王集和天涼一段爲僧虔與某書梅鼎祚文紀亦如此　案竇臮述書賦注云王僧虔答竟陵王子良書序古善書人評議無不至當本行于世其眞蹟今御史大夫黎翰得之則此論爲答竟陵王明矣　法書要錄舊爲本文略見南齊書王僧虔傳南史二十二又御覽七百四十八引兩條

鍾公之書謂之盡妙鍾有三體一曰銘石書最妙者也二曰章程書世傳祕書教小學者也三曰行押書行書是也三法皆世人所善御覽七百四十八

張超字子竝河間人衞覬字伯儒河東人爲魏尙書僕射謚敬侯善草及古文略盡其妙草體如傷瘦而筆跡精毅亦行于代子瓘字伯玉晉司空太保爲楚王所害瓘采張芝之草法取父書參之更爲草稾世傳其善子恒字巨山亦能書

索靖字幼安燉煌人散騎常侍張芝之姊之孫也傳芝之草而形異甚矜其書名其字勢曰銀鉤蠆尾

韋誕字仲將京兆人善楷書漢魏宮觀題署多是誕手魏明帝起陵雲臺先釘榜未題籠盛誕轆轤長絙引上使就榜題榜去地將

二十五丈。詎危懼。誡子孫絕此楷法。又著之家令。官至大鴻臚。

爲飛白書題尚書省壁。

圓行方止。物之定質。注一作脩之不已則溢。高之不已則慄。馳之不已則躓。引之不已則逸。一作迭是故去之宜疾。南史二十二。

王慈

慈字伯寶。僧虔子。仕宋爲祕書郎太子舍人。入齊爲安成王撫軍主簿。轉記室。遷祕書丞。司徒左西屬。右長史。試守新安太守。黃門郎。太子中庶子。領射聲校尉。安成王冠軍。豫章王司空長史。司徒左長史。兼侍中。出爲輔國將軍。豫章內史。以父憂去。起爲建武將軍。吳郡太守。遷寧朔將軍。大司馬長史。重除侍中。領步兵校尉。轉冠軍將軍。司徒左長史。出爲東海太守。行徐州事。還爲廬陵王中軍長史。未拜。永明九年卒。贈太常。謚曰懿子。

朝堂諱榜表

夫帝后之德。綢繆天地。君人之亮。蟬聯日月。至於名族不著。昭自方策。號謚聿宣。載伊篇籍。所以魏臣據中以建議。晉主依經以下詔。朝堂榜誌。諱字懸露。義非綿古。事殷中世。空失資敬之情。徒乖嚴配之道。若乃武功鼎臣。贊庸元吏。或以勳崇。或由姓表。故孔悝見銘。謂標叔舅。子孟應圖。稱題霍氏。況以處一之重。列尊名以止仁。無二之貴。負沖文而止敬。昔東平即世。孝章巡宮而灑泣。新野云終。和熹見似而流涕。感循舊類。倘或深心。矧觀徽跡。能無惻隱。今扃禁嚴邃。動延車蓋。若使鑾駕紆覽。四時臨閱。豈不重增聖慮。用感宸衷。愚謂空標簡第。無益於匪躬。直述朝堂。寔虧於夕惕。伏惟陛下保合萬國。齊聖羣生。當刪前基之弊。軌啟皇齊之孝。則南齊書王慈傳。慈以朝堂諱榜非古舊制。上表。

全齊文卷八終

全齊文卷九

烏程嚴可均校輯

王儉一

儉字仲寶。僧虔兄子。襲父僧綽爵豫章侯。尚陽羨公主。拜駙馬都尉。爲祕書郎、太子舍人、祕書丞、司徒右長史、義興太守。還爲黃門郎。轉吏部郎。高帝爲太尉。引爲右長史。轉左長史。齊臺建。遷右僕射。領吏部。及受禪。改封南昌縣公。轉左僕射。加侍中。領太子詹事、尚書令、左鎭軍將軍。永明初。進號衞軍將軍。領國子祭酒、丹陽尹、太子少傅、本州中正。進開府儀同三司。領中書監。卒。贈太尉。謚曰文憲。有弔答儀十卷。吉書儀二卷。百家集譜十卷。元徽元年四部書目錄四卷。今書七志七十卷。集六十卷。

和竟陵王子良高松賦

山有喬松。峻極青葱。既抽榮於岱嶽。亦擢穎於荆峯。受靈命於后土。方虞舜以齊蹤。貫四時而不改。超五玉之嘉容。上拂天而獨遠。下流雲而自重。重陰微微。漏景含暉。日既升而猶晦。時方中而未晞。通霄漢而隱影。集鸞皇之翻飛。偓佺食和而輸性。壘翟昌言於宋圃。想周穆之長陂。念東平之思歸。若乃朔窮於紀。歲亦暮止。隆冰峩峩。飛雪千里。擥三秀而靡遺。望九山其相佀。翔雁哀迴於天津。振鷺驚鳴於川涘。嗟萬有之必衰。獨貞華之無已。積皓霰而爭光。延微飇而響起。（藝文類聚八十八。初學記二十八。）

靈丘竹賦應詔

靈丘深沈。蔓竹凝陰。神根合拱。槙幹百尋。振芳條乎崑岳。敷綠采於高岑。沿淮海而蔚映。帶沮漳而蕭森。志東南而擅美。在淇澳而流音。方靈壽而均茂。儀菌桂而成林。若乃青春受謝。九野舒榮。綠蘋齊葉。白芷抽萌。幹蔥蔥而特秀。條擢穎而垂英。霜皦鏡於原隰。木衰疏於郊阡。翠葉與飛雪爭采。貞柯與曾冰競鮮。（藝文類聚八十九。）

策齊公九錫文

天地變通。莫大乎炎涼。懸象著明。莫崇乎日月。嚴冬播氣。貞松之操自高。光景時昏。若華之暎彌顯。是故英睿當亂而不移。忠賢臨危而盡節。自景和昏虐。王綱弛紊。太宗受命。紹開中興。運屬屯難。四郊多壘。蕭將軍震威華戎。實資義烈。康國濟民。於是乎在。朕以不造。夙罹閔凶。嗣君失德。書契未紀。威侮五行。虐劉九縣。神馱靈繹。海水羣飛。彝器已遷。宗禋誰主。綴旒之殆。未足爲譬。豈直小宛興刺。黍離作歌而已哉。天贊皇宋。實啟明宰。爰登寡昧。纂承大業。鴻緒再維。閟基重造。高勳至德。振古絕倫。昔保衡翼殷。博陸匡漢。方斯蔑如也。今將授公典禮。其敬聽朕命。乃者袁劉構禍。實繁有徒。子房不臣。稱兵協亂。跨蹈五湖。憑陵吳越。浮祲虧辰。沈氛晦景。桴鼓振於王畿。鋒鏑交乎天邑。顧瞻宮掖。將成茂草。言念邦國。剪爲仇讎。當此之時。人無固志。公投袂殉難。超然奮發。執金板而先馳。登寅車而戒路。軍政端嚴。卒乘輯睦。麾鉞一臨。凶黨冰泮。此則霸業之基。勤王之始也。安都背叛。竊據徐方。敢率犬羊。陵虐淮滸。索兒愚悖。同惡相濟。天祚無象。背順歸逆。北鄙黔黎。奄墜塗炭。均人廢職。邊師告警。公受命宗祊。精貫朝日。擁節和門。氣踰霄漢。破釜之捷。斬馘蔽野。石梁之戰。禽其渠帥。保境全民。江陽郎序。此又公之功也。張淹迷昧。弗顧本朝。爰自南區。志圖東夏。潛軍閒入。竊覬不虞。于時江服未夷。皇塗荐阻。公忠誠慷慨。在險彌亮。深識九變。妙察五色。以寡制衆。所向風偃。朝廷無東顧之憂。閩越有來蘇之慶。此又公之功也。匈奴野心。侵掠疆埸。前師失律。王旅崩撓。濺血成川。伏尸千里。醜羯倂張。勢振彭泗。乘勝長驅。窺覦京甸。冠帶之軌。將湮被髮之容。行及公奉辭伐罪。戒旦晨征。兵車始交。氛祲時蕩。弔死撫傷。弘宣皇澤。俾我淮肥。復沾盛化。此又公之功也。自茲厥後。獫狁孔熾。封豕長蛇。重窺上國。而世故相仍。師出日老。戰

士無臨陣之心戎卒有懷歸之思是以下邳精甲望風振恐角城
高壘指日淪陷公眷言王事發憤忘食躬擐甲冑覩險若夷短兵
纔接巨猾鳥散分疆畫界開創青兗此又公之功也泰始之末入
參禁旅任兼軍國事同顧命桂陽負衆輕問九鼎裂冠毀冕拔本
塞源入兵萬乘之國頓戟象魏之下烈火焚於王城飛矢集乎君
屋機變儵忽終古莫二羣后憂惶元戎無主公按劍凝神則奇謀
貫世秉旄指麾則懦夫成勇曾不崇朝新亭獻捷信宿之間宣陽
底定雲霧廓清區宇康乂此又公之功也皇室多難釁起戚藩邗
晉應韓翻爲讐敵建平失圖興兵內侮公又指授六師義形乎色
役未踰旬朱方盪晏此又公之功也蒼梧肆虐諸夏糜沸淫刑以
逞誰則無罪火炎崑岡玉石俱焚黔首相悲朝不謀夕高祖之業
已淪大明之軌誰嗣公遠稽殷漢之義近遵魏晉之典猥以眇身
入奉宗祏七廟清謐九區反政此又公之功也袁粲無質劉秉攜

貳韜迹相扇成此亂階醜圖潛構危機竊發據有石頭志犯應路
公神謀內運霜鋒外舉妖沴載澄國塗悅穆此又公之功也沈攸
之苞禍歲月滋彰蜂目豺聲阻兵安忍哀彼荆漢獨爲匪民乃眷
西顧緬同異域而經綸維始九伐未申長惡不悛遂逞凶逆驅合
姦回勢過彪虎朝野憂疑三軍沮氣公秉鉞出關凝威江甸正情
與皦日同亮明略與秋雲競爽至義所感人百其心鼉鼓一麾夏
首寍謐雲梯未舉魯山尅定積年逋誅一朝顯戮沮浦安流章臺
順軌此又公之功也公有濟天下之勳重之以明哲道庇生民志
匡宇宙戮力肆心劬勞王室自東徂西靡有寍晏險阻艱難備嘗
之矣若乃締構宗稷之勤造物資始之澤雲布霧散光被六幽獨
予一人永清四海是以秬草騰芳於郊園景星垂暉於清漢遐方
款關而慕義荒服重譯而來庭汪哉邈乎無得而名焉朕聞疇庸
表德前王盛典崇樹侯伯有國攸同所以文命成功玄珪顯錫姬

旦秉哲曲阜啟蕃或改玉以弘風或胙土以宣化禮絕常班寵冠
羣辟爰逮桓文車服異數惟公勳業超於先烈而褒賞闕於舊章
古今之道何其爽歟靜言欽歎良有缺然今進授相國以青州之
齊郡徐州之梁郡南徐州之蘭陵魯郡琅邪東海晉陵義興揚州
之吳郡會稽凡十郡封公爲齊公錫茲玄土苴以白茅定爾邦家
用建冢社斯實尚父故藩世作盟主紀綱侯甸率由舊則往者周
召建國師保兼任毛畢執珪入作卿士內外之寵同規在昔今命
使持節兼太尉侍中中書監司空衞將軍雩都縣開國侯淵授公
相國印綬齊公璽紱持節兼司空守尚書令僧虔授齊公茅土金
虎符第一至第五左竹使符第一至第十左相國位總百辟秩踰
三事職以禮移號隨事革其以相國總百揆去錄尚書之稱送所
假節侍中貂蟬中外都督太傅太尉印綬竟陵公印策其驃騎大
將軍揚州牧南徐州刺史如故又加公九錫其敬聽後命以公執

禮弘律儀形區宇遐邇一體人無異業是用錫公大輅戎輅各一
玄牡二駟公崇修南畝所寶惟穀王府充實百姓繁衍是用錫公
衮冕之服赤舄副焉公居身以謙導物以義鎔鈞庶品罔不和悅
是用錫公軒縣之樂六佾之舞公翼贊王猷聲教遠洽蠻夷竭歡
回首內附是用錫公朱戶以居公明鑒人倫澄辨涇渭官方與能
英乂克舉是用錫公納陛以登公保佑皇朝厲身化下杜漸防萌
含生賴式是用錫公虎賁之士三百人公禦宄以刑禦姦以德君
親無將將而必誅是用錫公鈇鉞各一公鳳舉四維龍驤八表威
靈所振異域同文（南史作異類同乂）是用錫公彤弓一彤矢百玈弓十玈
矢千公明發載懷肅恭禋祀孝敬之重義感靈祇是用錫公秬鬯
一卣珪瓚副焉齊國置丞相以下一遵舊式往欽哉其祗服朕命
經緯乾坤宏亮洪業茂昭爾大德闡揚我高祖之休命（南齊書高帝紀上。案王儉傳云，詔策皆出於儉，褚淵唯爲禪詔文。又見南史四。）

談當作諝

策命齊王

伊太古初陳。萬物紛綸。開耀靈以鑑品物。立元后以馭蒸人。若夫容成大庭之世。宓義五龍之辰。靡得而詳焉。自軒黃以降。墳素所紀。略可言者。莫崇乎堯舜。披金繩而握天鏡。闢玉匣而總地維。德之休明。宸居靈極。期運有終。歸禪與能。所以大唐遜位。談然興歌。有虞揖讓。卿雲發采。亮符命之攸臻。坦至公以成務。懷生載懌。靈祇効祉。遺風餘烈。光被無垠。漢魏因循。弗敢失墜。爰逮晉氏。亦遵前儀。惟我祖宗英叡。動格幽顯。從天人而齊七政。凝至德而撫四維。末葉不造。仍世多故。日蝕星隕。山淪川竭。惟王聖哲淵明。榮鏡宇宙。體望日之威。資就雲之澤。臨下以簡。御眾以寬。仁育羣生。義征不譓。國塗荐阻。弘五慮而乂寧。皇緒將湮。秉六術以匡濟。及至權臣內侮。藩屏陵上。兵革雲翔。萬邦震駭。裁之以武。風綏之以文。化。遐邇清夷。表裏肅穆。戢弭戈而事黼黻。委旌門而恭儒館。聲化遠洎。荒服無塵。殊類同規。華戎一揆。是以五光來儀於軒庭。九穗含芳於郊牧。象緯昭徹。布新之符已顯。圖讖彪炳。受終之義既彰。靈祇乃眷。兆民引領。朕聞至道深微。惟人是弘。天命無常。惟德是與。所以仰鑒玄情。俯察羣望。敬禪神器。授帝位于爾躬。四海困窮。天祿永終。於戲。王其允執厥中。儀刑前式。以副率土之欣望。命司褰而謁蒼昊。奏雲門而升圓丘。時膺大禮。永保洪業。豈不盛歟。南齊書高帝紀上。又見南史四。

再命璽書

皇帝敬問相國齊王。大道之行。與三代之英。朕雖闇昧。而有志焉。夫昏明相襲。晷景之恆度。春秋遞運。時歲之常序。求諸天數。猶且隆替。矧伊在人。能無終謝。是故勛華弘風於上葉。漢魏垂式於後昆。昔我高祖欽明文思。振民育德。皇靈眷命。奄有四海。晚世多難。姦宄實繁。鼖鼓宵聞。元戎旦警。億兆夷人。啟處靡厝。加以嗣君荒怠。敷虐萬方。神鼎將遷。寶策無主。實賴英聖。匡濟艱危。惟王體天則地。含弘光大。明並日月。惠均雲雨。國步斯梗。則棱威外發。王猷不遣。則淵謨內昭。重構閩吳。再寧淮濟。靜九江之洪波。卷海沂之氛沴。放斥凶昧。存我宗祀。舊物惟新。三光改照。逮至寵臣裂冠。則裁以廟略。荆漢反噬。則震以雷霆。麾旆所臨。風行草靡。神算所指。龍舉雲屬。諸夏廓清。戎翟思韙。興文偃武。闡揚洪烈。明保沖昧。翔禮樂之場。撫柔黔首。咸躋仁壽之域。自霜露所墜。星辰所經。正朔不通。人跡罕至者。莫不踰山越海。北面稱蕃。款關重譯。修其職貢。是以禎祥發采。左史載其奇。玄象垂文。保章審其度。鳳書表肆類之運。龍圖顯班瑞之期。重以珠衡日角。神姿特挺。君人之義。在事必彰。書不云乎。皇天無親。惟德是輔。民心無常。惟惠之懷。神祇之眷如彼。蒼生之願如此。笙管變聲。鐘石改調。朕所以擁璇持衡。傾佇明哲。昔金德既淪。而傳祚於我有宋。曆數告終。實在茲日。亦以水德而傳於齊。式遵前典。廣詢羣議。王公卿士。咸曰惟宜。今遣使持節兼太保侍中中書監司空衛將軍雩都縣侯淵。兼太尉守尚書令僧虔。奉皇帝璽綬。受終之禮。一依唐虞故事。王其允副幽明。時登元后。寵綏八表。以酬昊天之休命。南齊書高帝紀上。

拜儀同三司章

臣聞日中則昃。盈虛之定分。器滿必傾。往復之恆理。遂乃班同袞章。燮和台曜。外參論道。內總百司。物議惟塵。自識非據。藝文類聚四十七。御覽二百四十三。

讓左僕射表

待臣於常均之外。晒臣於代僚之右。親乖其章。乘非其器。霸府方隆。超居元佐。國朝草昧。參贊百揆。藝文類聚四十八。

諫起宣陽門表

臣聞德者身之基。儉者德之輿。春臺將立。晉卿秉議。北宮肇構。漢臣盡規彼二君者或列國常侯或守文中主尚使諫諍在義郎悅況陛下聖哲應期臣等職司隆重敢籍前誥竊乃有心陛下登庸宰物節省之教既昭龍袞璇極簡約之訓彌遠乾華外構采椽不斲紫極故材爲宜陽門臣等未譬也夫移心疾於股肱非良醫之美畏影迹而馳騖豈靜處之方且又三農在日千畛咸事輟望歲之勤興土木之役非所以宜昭大猷光示遐邇若以門居宮南重陽所屬年月稍久漸就淪胥自可隨宜修理而合度改作之煩於是乎息所啟謬合請付外施行（南齊書王儉傳建元元年壞宋明帝紫極殿以材柱起宣陽門儉與褚淵及叔父僧虔連名上表諫）

請解領選表

臣遠尋終古近察身事邀恩幸藉未見其倫何者子房之遇漢后公達之逢魏君史籍以爲美談君子稱其高義二臣才堪王佐理非曲私兩主專仗威武有傷寬裕豈與庸流之人憑含弘之澤者

同年而語哉預在有心胡寧無感如使傾宗殞元有益塵露猶當畢志驅馳仰酬萬一豈容稍在形飾以徇常事九流任要風猷所先玉石朱素由斯而定臣亦不謂文案之閒都無微解至於品藏否特所未閑雖存自勗識不副意兼竊而任彼此俱壅專情本官庶幾髣髴且前代掌選未必具在代來何爲於今非臣不可傾心奉國匪復退讓之與預同休戚寧侯位任爲親陛下若不以此理賜期豈仰望於殊眷瀕冒嚴威分甘尤戾（南齊書王儉傳）

又求解選表

臣比年辭選具爾天朝款言彰於侍接丹誠布於朝野物議不以爲非聖心未垂矜納臣聞知慧不如明時求之微躬實允斯義妄庸之人沈浮無取命偶休泰遂蹊康衢秋葉辭條不假風飆之力太陽躋景無俟螢爝之暉晦往明來五德遞運聖不獨治八元亮采臣逢其時而叨其位常總端右亟管銓衡事涉兩朝歲綿一紀

以當作於

盛年已老孫孺巾冠人物徂遷逝者將半三考無聞九流寂寞能官之詠輟響於當時大車之刺方興以來日若夫珥貂衣衮之貴四輔六教之華誠知匪服職務差簡端揆雖重猶可勉勵至於品藻之任尤懼其阻夙宵罄竭屢試無庸歲月之久近世罕比非唯悔吝在身故乃惟塵及國方今多士盈朝羣才競爽遴衆而授古亦何人冒陳微敍必希天照至敬無文不敢煩黷（南齊書王儉傳）

奏勸受禪

被宋詔遜位臣等參議宜尅日輿駕受禪撰立儀注（南齊書高帝紀上）

全齊文卷九終

烏程嚴可均校輯

王儉二

國史條例議

金粟之重八政所先食貨通則國富民實宜加編錄以崇務本朝會志前史不書蔡邕稱先師胡廣說漢舊儀此乃伯喈一家之意曲碎小儀無煩錄宜立食貨省朝會洪範九疇一曰五行五行之本先乎水火之精是爲日月五行之宗也今宜憲章前軌無所改革又立帝女傳亦非淺識所安若有高德異行自當載在列女若止於常美則仍舊不書（南齊書檀超傳左僕射王儉議）

乘輿副車議

時乘輿無副昔周五輅大朝臨軒權列三輅今衣書十二乘古制車之象也亦曰五時副車青萌車是謂揄幨車（通典六十四）

服章議

依漢三公服山龍九章卿華蟲七章（南齊書輿服志）

金貂議

漢景六年梁王入朝中郎謁者金貂出入殿門左思魏都賦云藹藹侍列金貂齊光此藩國侍臣有貂之明文晉百官表云太尉參軍四人朝服武冠此又宰府之明文（南史二十二王儉傳）

公府長史朝服議

春秋國語云貌者情之華服者心之文巖廊盛禮衣冠爲大是故軍國異容內外殊序而自頃承用每有乖違府職掌人教四方是則臣居毗佐志在當官永言先典載懷夕惕案晉令公府長史官品第六銅印墨綬朝服進賢兩梁冠掾屬官品第七朝服進賢一梁冠晉官表注亦與令同而今長史掾屬但著朱服而已此則公違明文積習成謬謂宜依舊制長史兩梁冠掾屬一梁冠並同備

朝服中單韋舄率由舊章若所上蒙允並請班司徒二府及諸儀同三府通爲永準又尋舊事司徒公府領步兵者職僚悉同降朝不領兵者主簿祭酒中單韋舄並備令史以下唯著玄衣今府既開公謹遵此制其或有署臺位者玄服爲疑案令稱諸有兼官皆從重官之例尋內官爲重其署臺位者悉宜著位之服不在玄服之例若署諸卿寺位兼府職者雖三品而卿寺爲卑則宜依公府玄衣之制服章事重禮儀所先請臺詳服（宋書禮志五元徽四年司徒右長史王儉議）

又議

自頃服章多闕有違前準近議依令文被報不宜改革又稱左丞劉議案令文凡有朝服今多闕亡然則文存服損非唯銓佐用捨既久即爲舊章如下旨伏尋皇宋受終每因晉舊制律令條章同規在昔若事有宜必合懲改則當上關詔書下由朝議懸諸日月垂則後昆豈得因外府之乖謬以爲盛宋之興典用晉氏之律令而謂其儀爲頹法哉順違從失非所望於高議申明舊典何改革之可論又左丞引令史之闕服以爲銓佐之明比夫名位不同禮數異等令史從省或有權宜達官簡略爲失彌重又主簿祭酒備服於王庭長史掾屬朱衣以就列於是倫比自成矛盾此而可忍孰不可安將引令以尊舊臺據失以爲例研詳符旨良所未譬當官而行何彊之有制令昭然守以無貳（同上）

郊殷議

案禮記王制天子先祫後時祭諸侯先時祭後祫春秋魯僖二年祫明年春禘自此以後五年再殷禮緯稽命徵曰三年一祫五年一禘經記所論禘祫與時祭其言詳矣初不以先殷後郊爲嫌至於郊配之重事由王迹是故杜林議云漢業特起不因緣堯宜以高帝配天魏高堂隆議以舜配天蔣濟云漢時奏議謂堯已禪舜不得爲漢祖舜亦已禪禹不得爲魏之祖今宜以武皇帝配天晉

宋因循卽爲前式。又案禮及孝經援神契並云：明堂有五室，天子每月於其室聽朔布教，祭五帝之神，配以有功德之君。大戴禮記曰：明堂者，所以明諸侯尊卑也。許愼五經異義曰：布政之宮，故稱明堂。明堂，盛貌也。周官匠人職稱明堂有五室，鄭玄云：周人明堂五室，帝一室也。初不聞有文王之寢。鄭志趙商問云：說者謂天子廟制如明堂，是爲明堂卽文廟邪？鄭荅曰：明堂主祭上帝，以文王配耳，猶如郊天以后稷配也。袁孝尼云：明堂法天之宮，本祭天帝，而以文王配，配其父於天位則可，牽天帝而就人鬼，則非義也。泰元十三年，孫耆之議稱：郊以祀天，故配之以后稷；明堂以祀帝，故配之以文王。由斯言之，郊爲皇天之位，明堂卽上帝之廟。徐邈謂配之爲言，必有神主；郊爲天壇，則堂非文廟。史記云：趙綰、王臧欲立明堂，于時亦未有郊配。漢又祀汾陰五時，卽是五帝之祭，亦未有郊配。議者或謂南郊之日，已旅上帝，若又以無配而特祀明堂，則一日再祭，於義爲黷。案古者郊本不共日。蔡邕獨斷曰：祠南郊，祀畢，次北郊，又次明堂、高廟、世祖廟，謂之五供。馬融云：郊天之祀，咸以夏正，五氣用事，有休有王，各以其時兆於方郊，四時合歲功作相成，亦以此月總旅明堂。是則南郊、明堂各日之證也。近代從省，故與郊同日，猶無煩黷之疑。何者？其爲祭雖同，所以致祭則異。孔晁云：言五帝佐天化育，故有從祀之禮，旅上帝是也。至於四郊明堂，則是本祀之所，譬猶功臣從饗，豈復廢其私廟？且明堂有配之時，南郊亦旅上帝，此則不疑於共日，今何故致嫌於同辰？又禮記：天子祭天地、四方、山川、五祀，歲徧。尚書堯典：咸秩無文。詩云：昭事上帝，聿懷多福。據此諸義，則四方山川，猶必享祀，五帝大神，義不可略。魏文帝黃初二年正月，郊天地明堂；明帝太和元年正月，以武皇帝配天，文皇帝配上帝。然則黃初中南郊明堂皆無配也。又郊日及牲色，異議紛然。郊特牲云：郊之用辛，周之始郊也。盧植

云：辛之爲言自新絜也。鄭玄云：用辛日者，爲人當齋戒自新絜也。漢魏以來，或丁或巳，而用辛常多，考之典據，辛日爲允。郊特牲又云：郊牲幣宜以正色。繆襲據祭法云：天地騂犢，周家所尚；魏以建丑爲正，牲宜尚白。白虎通曰：三王祭天，一用夏正，所以然者，夏正得天之數也。魏用異朔，故牲色不同。今大齊受命，建寅創曆，郊廟用牲，一依晉宋。謂宜以今年十月殷祀宗廟，自此以後，五年再殷。來年正月上辛，有事南郊，宜以共日還祭明堂，又用次辛饗祀北郊，而並無配，犧牲之色，率由舊章。南齊書禮志上，建元元年七月。

朝堂諱訓議

后諱依舊不立訓。禮，天子諸侯諱羣祖，臣隸旣有從敬之義，宜爲太常府君諱。至於朝堂榜題，本施至極，旣追尊所不及，禮降於在三。晉之京兆，宋之東安，不列榜題。孫毓議稱京兆列在正廟，臣下應諱，而不上榜。宋初博士司馬道敬議東安府君諱宜上榜，何承天執不同，卽爲明據。其有人名地名犯太常府君及帝后諱者，皆改。宣帝諱同二名，不偏諱，所以改承明門爲北掖，以榜有之字與承並，東宮承華門亦改爲宣華云。南齊書禮志上，建元元年，太常上朝堂諱訓，僕射王儉議。

太子迎車駕臨喪議

尋禮記服問：君所主夫人、妻、太子、嫡婦，言國君爲此三人爲主喪也。今鑾輿臨降，自以主喪而至，雖因事撫慰，義不在弔，南郡以下不應出門奉迎。但尊極所臨，禮有變革，權去杖絰，移立戶外，足表情敬，無煩主哭。皇太子旣一宮之重，自應以車駕幸宮，依常奉候。旣當成服之日，吉凶不容相干，宜以衰幘行事，望拜止哭，率由舊章。尊駕不以臨弔奉迎，則惟常體，求之情禮，如爲可安。南齊書文惠太子傳：穆妃薨，成服日，車駕出臨喪，朝議疑太子應出門迎，左僕射王儉云云。又南史四十四。

國臣爲太子妃服議

禮：庶人爲國君齊衰。先儒云：庶人在官，若府史之屬是也。又諸侯

遣當作遺

之大夫妻爲夫人服緦衰七月。以此輕微疏遠。故不得盡禮。今皇孫自是蕃國之王公。太子穆妃是天朝之嫡婦。宮臣得申小君之禮。國官豈敢爲夫人之敬。當單衣白帢素帶哭於中門外。每臨輒入與宮官同。南齊書禮志下。建元二年。太子穆妃薨。南郡王聞喜公國臣疑制君母服。儉又議。

宮臣爲太子妃服議

禮記文王世子。父在斯爲子。君在斯爲臣。且漢魏以來。宮僚充備。臣隸之節。具體在三。昔庾翼妻喪。王允滕弘南史作含。謂府吏宜有小君之服。況臣節之重邪。宜依禮爲舊君妻齊衰三月。居官之身。並合屬假朝晡臨哭。悉繫東宮。今臣之未從官在遠者。於居官之所屬寍二日半。仍行喪成服。遣牋表。不得奔赴。南齊書禮志下。建元二年。皇太子妃薨。前宮臣疑所服。左僕射王儉議。又略見南史二十二。

太子妃銘旌議

禮。既塗棺。祝取銘置于殯東。大斂畢。便應建于西階之東。南齊書禮志下。太子妃斬草乘黃議建銘旌。僕射王儉議。

太子妃薨建旐議

旐本是命服。無關於凶事。今公卿以下。平存不能備禮。故在凶乃建耳。東宮秩同上公九命之儀。妃與儲君一體。義不容異。無緣未同常例。別立凶旐。大明舊事。是不經詳議。率爾便行耳。今宜攷以禮典。不得效尤從失。吉部伍自有桁輅。凶部則有銘旌。若復立旐。復置何處。翣自用八。南齊書禮志下。宋大明二年。太子妃薨。建九旒。有司又議斬草日建旐與不。若建旐應幾旒。及畫龍升降云何。又用幾翣。僕射王儉議。又見通典八十四。

太子妃靈還在道不設祭議

既虞。卒哭。祭之於廟。本是祭序昭穆耳。未全同卒吉四時之祭也。所以有朔望殷事。蕃國不行權制。宋江夏王妃卒哭已後。朔望設祭。帝室既以卒哭除喪。無緣方有朔望之祭。靈筵雖未升廟堂。而撤中郎成行廟。猶如桓玄及宋高祖長沙臨川二國。並有移廟之禮。豈復謂靈筵在途。便設殷事邪。推此而言。朔望不復俟祭。宋懿后時舊事不及此。益可知時議。南齊書禮志下。有司奏穆妃卒哭後靈還在道。遇朔望當須設祭不。王儉議。

太子妃喪遇閏議

三百六旬。尚書明義。文公納幣。春秋致譏。穀梁云。積分而成月。公羊云。天無是月。雖然左氏謂告朔爲得禮。是故先儒咸謂三年朞喪。歲數沒閏。大功以下。月數數閏。夫閏者蓋是年之餘日。而月之異朔。所以吳商云。含閏以正朞。允協情理。今杖朞之喪。雖以十一月而小祥。至於祥縞。必須周歲。凡厭屈之禮。要取象正服。祥縞相去二月。厭降小祥。亦以則之。又且求之名義。則小祥本以年限。故於倫例。則相去必應二朔。今以厭屈而先祥。不得謂此事之非朞。事既同條。情無異貫。沒閏之理。固在言先。設令祥在此晦。則去縞三月。依附準例。益復爲礙。謂應須五月晦乃祥。此國之大典。宜共

精詳。並通關八座丞郎。研盡同異。南齊書禮志下。建元三年。左僕射王儉議。又見通典一百。

荅褚淵難喪遇閏議

含閏之義。通儒所難。但祥本應朞。屈而不遂。語事則名體俱存。論哀則情無以異。迹雖數月。義實計年。閏是年之歸餘。故宜總而苞之。朞而兩祥。緣尊故屈。祥則沒閏。象年所申。屈申兼著。二途具舉。經紀之旨。其在茲乎。如使五月小祥。六月乃閏。則祥之去縞。事成二月。是爲十一月以象前朞。二朔以放後歲。名有區域。不得相參。魯襄二十八年十二月乙未。楚子卒。唯書上月。初不言閏。此又附正之明義也。鄭射王賀唯云朞則沒閏。初不復區別杖朞之中祥。將謂不俟言矣。成休甫云。大祥後禫。有閏別數之。明杖朞之祥。不得方於綅縞之末。卽恩如彼。就例如此。南齊書禮志下。建元二年。又見通典一百。

穆太妃小祥南郡王應不相待議

禮有倫序。義無徒設。如令遠則不待。近必相須。禮例既乖。卽心無

取若疑兄弟同居吉凶舛雜則遠還之子自應開立別門以終喪事靈筵祭奠隨在家之人再朞而毀庶子在家亦不待嫡而況儲妃正體王室中軍長嫡之重天朝又行權制進退彌復非疑謂應不相待中軍緦縞之日聞喜致哀而已不受弔慰至聞喜變除昆弟亦宜相就寫情不對客（南史四十四竟陵王子良傳太妃以七月薨子良以八月奉凶問及小祥疑南郡王應相待尚書左僕射王儉議）

安陸王子婦爲范貴妃服議

孫爲慈孫婦爲慈婦姑爲慈姑宜制朞年服（南史四十四安陸王子敬傳子敬所生早亡帝命貴妃范氏母養之而子及婦服制禮無明文永明中尚書令王儉議）

單拜錄尚書優策議

見居本官別拜錄推理應有策書而舊事不載中朝以來三公王侯則優策並設官品第二策而不優優者褒美策者兼明委寄尚書職居天官政化之本故尚書令品雖第三拜必有策錄尚書品秩不見而總任彌重前代多與本官同拜故不別有策即事緣情不容均之凡僚宜有策書用申隆寄既異王侯不假優文（南齊書褚淵傳）

司空未拜而薨椽屬爲吏敬議

依禮婦在塗聞夫家喪改服而入今椽屬雖未服勤而吏節稟於天朝宜申禮敬（南齊書褚淵傳）

司空解職而薨府史制服議

依中朝士孫德祖從樂陵還爲陳留未入境樂陵郡吏依見君之服陳留迎吏依娶女有吉日齊衰弔司徒府宜依居官制服（南齊書褚淵傳）

庶姓三公轜車議

官品第一皆加幢絡（南齊書褚淵傳）

昭皇后還祔儀議

奠如大斂賀循云從墓之墓皆設奠如將葬廟朝之禮范甯云將窆而奠雖不稱爲祖而不得無祭（南齊書禮志下建元四年高帝山陵昭皇后應遷祔祠部疑有祖祭及遣啟諸奠九飯之儀不左僕射王儉議）

還祔設虞議

范甯云葬必有魂車若不爲其歸神將安舍世中改葬即墓所施靈設祭何得不祭而毀耶賀循云既窆之設奠於墓以終其事雖非正虞亦粗相似晉氏修復五陵宋朝敬后改葬皆有虞今設虞非疑（南齊書禮志下建元四年昭皇后還祔有司奏應無虞左僕射王儉議）

諒闇議

權典既行喪禮斯奪事與漢世而源由甚遠殷宗諒闇非有服之稱周王即吉唯宴樂爲譏春秋之義嗣君踰年即位則預朝會聘享焉左氏云凡君即位卿出並聘踐修舊好又云諸侯即位小國聘焉以繼好結信謀事補闕禮之大者至於諒闇之內而圖婚三年未終而吉禘齊歸之喪不廢蒐杞公之卒不徹樂皆致譏貶以明鑒戒自斯而談朝聘蒸嘗之典卒哭而備行婚禘蒐樂之事三載而後舉通塞興廢各有由然又案大戴禮記及孔子家語並稱武王崩成王嗣位明年六月既葬周公冠成王而朝於祖以見諸侯命祝雍作頌襄十五年十一月晉侯周卒十六年正月葬晉悼公平公既即位改服修官烝于曲沃禮記曾子問孔子曰天子崩國君薨則祝取羣廟之主而藏諸祖廟禮乎卒哭成事而後主各反其廟春秋左氏傳凡君卒哭而祔祔而特祀於主蒸嘗禘於廟先儒云特祀於主者特以喪禮奉新亡者至於寢不同於古蒸嘗禘於廟者卒哭成事羣廟之主各反其廟則四時之祭皆即吉也三年喪畢吉禘於廟躋羣主以定新主也凡此諸義皆著在經誥昭乎方冊所以晉宋因循同規前典卒哭公除親奉蒸嘗率禮無違因心允協爰至泰豫元年禮官立議不宜親奉乃引三年之制自天子達又據王制稱喪三年不祭唯祭天地社稷越紼而行事

曾不知自天子達本在至情既葬釋除事以權奪委衰襲衮孝享宜申越紼之旨事施未葬卒哭之後何紼可越復依范宣之難杜預諶周之論士祭並非明據晉武在喪每欲存寧戚之懷不全依諒闇之典至於四時蒸嘗蓋以哀疾未堪非便頓改舊式江左以來通儒碩學所歷多矣守而弗革義豈徒然又宜卽心而言公卿大夫則負扆親臨三元告始則朝會萬國雖金石輟響而簨簴充庭情深於恒哀而跡降於凡制豈曰能安國家故也宗廟蒸嘗孝敬所先寧容吉事備行斯典獨廢就令必宜廢祭則應三年永闕乃復同之他故有司攝禮進退二三彌乖典衷謂宜依舊親奉南齊書禮志上建元四年尚書令王儉採晉中朝䇲闇議奏從之又見通典五十二

嗣位郊祀議

案秦爲諸侯雜祀諸畤始皇幷天下未有定祠漢高受命因雍四畤而起北畤始祀五帝未定郊丘文帝六年新垣平議初起渭陽五帝廟武帝初至雍郊見五畤後常三歲一郊祠雍元鼎四年始立后土祠於汾陰明年立太一祠於甘泉自是以後二歲一郊與雍更祠成帝初卽位丞相匡衡於長安定南北郊哀平之際又復甘泉汾陰祠平帝元始五年王莽奏依匡衡議還復長安南北二郊光武建武二年定郊祀兆於洛陽魏晉因循率由漢典雖時或參差而類多間歲至於嗣位之君參差不一宜有定制檢晉明帝太寧三年南郊其年九月崩成帝卽位明年改元卽郊簡文咸安二年南郊其年七月崩孝武卽位明年改元亦郊宋文帝元嘉三十年正月南郊其年二月崩孝武嗣位明年改元亦郊此則二代明例差可依放今聖明係業幽顯宅心言化則頻郊非嫌語事則元號初改禋燎登配孝敬兼遂謂明年正月宜饗禮二郊虞祭明堂自茲厥後依舊間歲南齊書禮志上建元四年世祖卽位尚書令王儉議又略見南史二十二通典四十二

日蝕廢社議

禮記曾子問天子嘗禘郊社五祀之祭簠簋既陳唯大喪乃廢至於當祭之日火及日蝕則停尋伐鼓用牲由來尚矣而簠簋初陳問所不及據此而言致齋初日仍值薄蝕則不應廢祭又初平四年博士孫瑞議以日蝕廢冠而不廢郊朝議從之王者父天親地郊社不殊此則前準謂不宜廢南齊書禮志上永明元年十二月有司奏今月三日臘祠太社稷一日合朔日蝕既在致齋內未審於社祠無疑不曹檢未有前準尚書令王儉議又見通典七十八

全齊文卷十終

烏程嚴可均校輯

王儉三

南郊明堂異日議

前漢各日後漢亦不共辰魏晉故事不辨異同宋立明堂唯據自郊徂宮之義未達祀天旅帝之旨何者郊壇旅天甫自詰朝還祀明堂便在日昃雖致祭有由而煩黷斯甚異日之議於理爲弘春秋感精符云王者父天母地則北郊之祀應在明堂之先漢魏北郊亦皆親奉晉泰寧有詔未及遵建（建當作遂）咸和八年甫得營繕太常顧和秉議親奉康皇之世已經遵用宋氏因循未遑釐革今宜親祠北郊明年正月上辛祠昊天次辛瘞后土後辛祀明堂御並親奉車服之儀率遵漢制南郊大駕北郊明堂降爲法駕袞冕之服諸祠咸用（南齊書禮志上永明二年尚書令王儉議）

釋奠釋菜議

周禮春入學舍菜合舞記云始教皮弁祭菜示敬道也又云始入學必釋奠先聖先師中朝以來釋菜禮廢今之所行釋奠而已金石俎豆皆無明文方之七廟則輕比之五祀則重陸納車胤謂宣尼廟宜依亭侯之爵范甯欲依周公之廟用王者儀范宣謂當其爲師則不臣之釋奠日宜備帝王禮樂此則車陸失於過輕二范又傷於太重喻希云若至王者自設禮樂則肆賞於至敬之所若欲嘉美先師則所（通典作則須所）況非備尋其（通典作細尋）此說守附情理皇朝屈尊弘教待以師資引同上公卽事惟允元嘉立學裴松之議應儛六佾以郊樂未具故權奏登歌今金石已備宜設軒縣之樂六佾之舞牲牢器用悉依上公（南齊書禮志上永明三年尚書令王儉議又見通典五十三）

皇孫南郡王冠議

皇孫冠事歷代所無禮雖有嫡子無嫡孫然而地居正體下及五世今南郡王體自儲暉實惟國裔元服之典宜異列蕃案士冠禮主人玄冠朝服賓加其冠贊者結纓鄭玄云主人冠者之父兄也尋其言及父兄則明祖在父不爲主也大戴禮記公冠篇云公冠自爲主四加玄冕以卿爲賓此則繼體之君及帝之庶子不得稱子者也小戴禮記冠義云冠於阼以著代也醮於客位三加彌尊加有成也注稱嫡子冠於阼庶子冠於房記又云古者重冠故行之於廟所以自卑而尊先祖也據此而言彌與鄭注儀禮相會是故中朝以來太子冠則皇帝臨軒司徒加冠光祿贊冠諸王則郎中加冠中尉贊冠今同於儲皇則重依於諸王則輕又春秋之義不以父命辭王父命禮父在斯爲子君在斯爲臣皇太子居臣子之節無專用之道南郡雖處蕃國非支庶之列宜稟天朝之命徽申冠阼之禮晉武帝詔稱漢魏遣使冠諸王非古正典此蓋謂庶子封王合依公冠自主之義至於國之長孫遣使惟允宜使太常持節加冠大鴻臚爲贊醮酒之儀亦歸二卿祝醮之辭附准經記別更撰立不依蕃國常體國官陪位拜賀自依舊章其日內外二品清官以上詣止車集賀並詣東宮南門通牋別日上禮宮臣亦詣門稱賀如上臺之儀既冠之後剋日謁廟以弘尊祖之義此既大典宜通關八座丞郎並下二學詳議（南齊書禮志上永明五年有司奏南郡王昭業冠求儀注未有前準尚書令王儉議又見通典五十六）

江斅不宜繼愻啟

禮無後小宗之文近世緣情皆由父祖之命未有既孤之後出繼宗族也雖復臣子一揆而義非天屬江忠簡胤嗣所寄唯斅一人傍無眷屬斅宜還本若不欲江愻絕後可以斅小兒繼愻爲孫（南齊書江斅傳斅初以宋明帝敕出繼從叔愻爲從祖淳後於是僕射王儉啟）

諫省南豫州啟

愚意政以江西連接汝潁土曠民希匈奴越逸唯以壽春爲阻若

使州任得才虜動要有聲聞豫設防禦此則不俟南豫假令或虜一失醜羯之來聲不先聞胡馬倏至壽陽嬰城固守不能斷其路朝廷遣軍歷陽已當不得先機戎車初戒每事草創孰與方鎮常居軍府素正臨時配助所益實少安不忘危古之善政所以江左屢分南豫意亦可求如聞西豫力役尚復粗可今得南譙等郡民戶益薄於其實益復何足云（南齊書州郡志上建元二年）

立春在郊無煩遷日啟

案禮記郊特牲云郊之祭也迎長日之至也大報天而主日也易說三王之郊一用夏正盧植云夏正在冬至後傳曰啟蟄而郊此之謂也然則圜丘與郊各自行不相害也鄭玄云建寅之月晝夜分而日長矣王肅曰周以冬祭天於圜丘以正月又祭天以祈穀祭法稱燔柴太壇則圜丘也春秋傳云啟蟄而郊則祈穀也謹尋禮傳二文各有其義盧王兩說有若合符中朝省二丘以并二郊即今之郊禮義在報天事兼祈穀既不全以祈農何必俟夫啟蟄史官惟見傳義未達禮旨又尋景平元年正月三日辛丑南郊其月十一日立春元嘉十六年正月六日辛未南郊其月八日立春此復是近世明例不以先郊後春為嫌若或以元日合朔為礙者則晉成帝咸康元年正月一日加元服二日親祠南郊元服之重百僚備列雖在致齋行之不疑今齋內合朔此即前準若聖心過恭寧在嚴潔合朔之日散官備防非預齋之限者於止車門外別立幔省若日色有異則列於省前望實為允竊謂無煩遷日（南齊書禮志上永明元年當南郊而立春在郊後世祖欲遷郊尚書令王儉啟又略見通典四十二）

與豫章王嶷牋

舊楚蕭條仍歲多故荒民散亡（南史作政荒人散）實須緝理公臨蒞甫爾英風惟穆江漢來蘇八州慕義自庾亮以來荊楚無復如此美政古人期月有成而公旬日致治豈不休哉（南齊書豫章王嶷傳建元元年遷揚州刺史封

豫章郡王僕射王儉牋又南史四十二以此書在齊未受禪時）

荅陸澄書

易體微遠實貫羣籍施孟異聞周韓殊旨豈可專據小王便為該備依舊存鄭高同來說元凱注傳超邁前儒若不列學官其可廢矣賈氏注經世所罕習穀梁小書無俟兩注存糜略范率由舊式凡此諸義並同雅論疑孝經非鄭所注僕以此書明百行之首實人倫所先七略藝文並陳之六藝不與蒼頡凡將之流也鄭注虛實前代不嫌意謂可安仍舊立置（南齊書陸澄傳）

荅王逡之問

皇太子穆妃服尚書左丞兼著作郎王逡之問左僕射王儉中軍南郡王小祥應待聞喜不穆妃七月二十四日薨聞喜公八月發哀計十一月之限應在六月南郡王為當同取六月則大祥復申一月應用八月非復正月在存親之義若各自為祥廬堊相閒玄素雜糅未審當有此疑不儉曰送往有已復生有節罔極非服制所申祥縞明示終之斷相待之義經記無聞世人多以廬室衰麻不宜有異故相去一二月者或申以俱除此所謂任情徑行未達禮旨昔撰喪記已嘗言之遠還之人自有為而未祭在家之子立何辭以不變禮有除喪而歸者此則經記之遺文不待之明據假使應待則相去彌年亦宜必待乃為衰絰永服以窮生吉蠲長絕於宗廟斯不可矣苟曰非宜則旬月之間亦不容申何者禮有倫序義無徒設今遠則不待近必相須禮例既乖即心無取若疑兄弟同居吉凶舛雜則古有異宮之義設無異宮則遠還之子自應開立別門以終喪事靈筵祭奠隨在家之人再朞而毀所以然者奔喪禮云為位不奠鄭玄云以其精神不存乎此也聞哀不時實緣在遠為位不奠益有可安此自有為而然不關嫡庶庶子在家亦不待嫡矣而況儲妃正體王室中軍長嫡之重天朝又行權制

進退彌復非疑。謂不應相待。中軍辟縞之日。聞喜致哀而已。不受弔慰。及至忌辰變除。昆弟亦宜相就寫情。而不對客。此國之大典。宜通關八座丞郎。共盡同異。然後奏御。南齊書禮志下。

竟陵王山居贊

升堂踐室。金暉玉朗。疊疊大韶。遙遙閑賞。道已德弘。聲由業廣。義重實歸。情深虛往。濠梁在茲。安事遐想。藝文類聚三十六。

暢連珠

蓋聞王佐之才。雖遠豈必。見探於當世。淩雲之氣。徒盛無以自致於雲閒。是故魏人指玉於外野。和氏泣血於荊山。藝文類聚五十七。

高帝哀策文

降階執禮。泣血纏心。感容臺之罷御。哀恭館之不臨。仰神儀而邈絕。覜區物而悽陰。俾茲良史。敬修舊則。敢圖鴻規。式揚至德。其辭曰。

靈源遙裔。肇惟商丘。聖功啓夏。賢識歸周。我皇踵武。超冠前猷。英風允迪。德音孔修。月準數仁。日精表孝。則地均和。體天合照。外弘三至。內隆七教。水祀將傾。乾維晦象。韋弁長襲。鼓鼙屬響。聲化已淪。政刑遂往。國圖靡緝。民規載爽。康世以德。撥亂資武。威以雷霆。潤以風雨。六術允昭。四義克舉。自東徂北。遐方卽敘。功被河濟。化隆江漢。帝基仰式。王維佇幹。改步藩屏。來登翼贊。綢繆總章。因循陽館。昔在保衡。君違斯正。爰茲博陸。亦墜靈命。放昏以忠。登明資敬。義煥金石。功昭舞詠。蠢爾荊漢。悖亂人經。謀連樞禁。兵接神坰。禦姦以德。禦宄以刑。獻捷宗寢。飲至王庭。政教雲行。徽猷天造。山鑑紫璇。苑茂朱草。玉檢騰暉。金繩薦寶。天鏡既穆。地維既肅。遐邇壹體。表裏禔福。乃眷斯民。昧旦杼軸。興文偃武。纘禹舊服。所尚惟簡。所寶惟賢。居尊彌約。無善不延。膠庠載緝。風軌克宣。上洞清儀。下達玄泉。聽覽閑月。應物餘景。怡慮以文。棲心以靜。鴻章晨睽。徽

言夕永。迹庇區服。情深賓顔。萬寓僉和。百神受職。梁甫欣儀。云亭望式。輔德伊何。奄捐民極。嵩岳長傾。宸暉斯戾。樓照雅寂。鏤璽虧傷。愼終敬始。知微知彰。立言垂範。玉潤金相。瞻仰遺式。哀結流霜。旋王軑之暾鏡。動雲旗之逶迤。振哀笳於八極。響清蹕於咸池。顧應掖而稍遠。覛機衡而長離。風遲遲而懷暮。日慘慘其苦垂。感衣冠於喬岳。追弓劍之在斯。悼丁年之蕭酤。訴窮心於兩儀。藝文類聚十四。

皇太子妃哀策文

肇惟初識。芳猷夙就。翻翔禮圖。徘徊樂囿。覜秋齊明。方春等茂。伊宋之季。天衢荐阻。咨我儲貳。締綸江滸。衛女事齊。樊姬贊楚。美著嬪闈。徽音踵武。數盈則反。否極斯昌。肅膺靈命。經緯三光。往儀衡館。來式椒堂。綢組咸事。象服有章。八嬪仰則。六幽望景。悠悠草昧。如何不永。方中委曜。先秋落穎。世有遺塵。庭無餘影。嗚呼哀哉。遵三兆之嘉日。迨九筮之靈期。澄金波而訣鑾。旆命飛廉而拂瓊輜。揚清笳於漢表。動嘶挽於雲基。藝文類聚十六。

太宰褚彥回碑文 并序

夫太上有立德。其次有立功。此之謂不朽。所以子產云亡。宣尼泣其遺愛。隨武既沒。趙文懷其餘風。於文簡公見之矣。公諱淵。字彥回。河南陽翟人也。微子以至仁開基。宋段以功高命氏。爰逮兩漢。儒雅繼及。魏晉以降。奕世重暉。乃祖太傅元穆公。德合當時。行比州壤。深識臧否。不以毁譽形言。亮采王室。每懷沖虛之道。可謂婉而成章。志而晦者矣。自茲厥後。無替前規。建官惟賢。軒冕相襲。公稟川嶽之靈。暉含珪璋而挺曜。和順內凝。英華外發。神茂初學。業隆弱冠。是以仁經義緯。敦穆於閨庭。金聲玉振。寥亮於區寓。孝敬淯深。率由斯至。盡歡朝夕。人無閒言。逍遙乎文雅之圃。翺翔乎禮樂之場。風儀與秋月齊明。音徽與春雲等潤。韻宇弘深。喜慍莫見其際。心明通亮。用言必由於己。汪汪焉。洋洋焉。可謂澄之不清。撓

之不渝。袁陽源才氣高奇。綜覈精裁。宋文帝端明臨朝。鑒賞無昧。袁既延譽於遐邇。文亦定婚於皇家。選尚餘姚公主。拜駙馬都尉。漢結叔高晉姻武子。方斯蔑如也。釋褐著作佐郎。轉太子舍人。濯纓登朝。冠冕當世。升降兩宮。實惟時寶。具瞻之範。既著台衡之望。斯集。出參太宰軍事。入爲太子洗馬。俄遷祕書丞。贊道槐庭。司文天閣。光昭諸侯。風流籍甚。以父憂去職。喪過乎哀。幾將毀滅。有識留感。行路傷情。服闋。除中書侍郎。王言如絲。其出如綸。恪居官次。智效惟穆。于時新安王寵冠列藩。越敷邦教。毗佐之選。妙盡國華。出爲司徒右長史。轉尚書吏部郎。執銓以平。御煩以簡。裴楷清通。王戎簡要。復存於茲。泰始之初。入爲侍中。曾不移朔。遷吏部尚書。是時天步初夷。王途尚阻。元戎啓行。衣冠未緝。內贊謀謨。外康流品。制勝既遠。涇渭斯明。賞不失勞。舉無失德。績簡帝心。聲敷物聽。事寧。領太子右衞率。固讓不拜。尋領驍騎將軍。以帷幄之功。膺庸

祇之秩。封雩都縣開國伯。食邑五百戶。既秉辭粱之分。又懷寢丘之志。所受田邑。不盈百井。久之。重爲侍中。領右衞將軍。盡規獻替。均山甫之庸。緝熙王旅。兼方叔之望。丹陽京輔。遠近攸則。吳興襟帶。實惟股肱。頻作二守。並加蟬冕。政以禮成。民是以息。明皇不豫。儲后幼沖。貽厥之寄。允屬時望。徵爲吏部尚書。領衞尉。固讓不拜。改授尚書右僕射。端流平衡。外寬內直。弘二八之高謨。宣由庚而垂詠。太宗即世。遺命以公爲散騎常侍中書令護軍將軍。送往事居。忠貞允亮。秉國之鈞。四方是維。百官象物而動。軍政不戒而備。公之登太階而尹天下。君子以爲美談。亦猶孟軻致欣於樂正。羊職悅賞於士伯者也。丁所生母憂。謝職。毀疾之重。因心則至。朝議以有爲爲之。魯侯垂式。存公忘私。方進明準。爰降詔書。敦還攝任。固請移歲。表奏相望。事不我與。屈己弘化。屬值三季在辰。戚藩內侮。桂陽失圖。窺竊神器。鼓棹則滄波振蕩。建旗則日月蔽虧。出江

派而風翔。入京師而霄動。鳴控弦於宗稷。流鋒鏃於象魏。雖英宰臨戎。元渠時殄。而餘孽實繁。宮廟憂逼。公乃總熊羆之士。不貳心之臣。戮力盡規。克寧禍亂。康國祚於綴旒。拯王維於已墜。誠由太祖之威風。抑亦仁公之翼佐。可謂德刑詳。禮義信。戰之器也。以靖難之功。進爵爲侯。兼授尚書令中軍將軍。給班劍二十人。功成弗有。固秉撝挹。改授侍中中書監護軍如故。又以居母艱去官。雖事緣義感。而情均天屬。顏丁之合禮。二連之善喪。亦曷以踰。天厭宋德。水運告謝。嗣王荒怠於天位。強臣憑陵於荊楚。廢昏繼統之功。龕亂寧民之德。公實仰贊宏規。參聞神算。雖無受脤出車之庸。亦有甘寢秉羽之績。乃作司空。山川攸序。兼授衞軍。戎政輯睦。既而齊德龍興。順皇高禪。深達先天之運。匡贊奉時之業。弼諧允正。徽猷弘遠。樹之風聲。著之話言。亦猶稷契之臣虞夏。荀裴之奉魏晉。自非坦懷至公。永鑒崇替。孰能光輔五君。寅亮二代者哉。大啓南康

爰登中鉉。時膺土宇。固辭邦教。今之尚書令。古之冢宰。雖秩輕於袞司。而任隆於百辟。暫遂沖旨。改授朝端。邇無異言。遠無異望。帝嘉茂庸。重申前册。執五禮以正民。簡八刑而罕用。故能騁績康衢。延慈哲后。義在資敬。情同布衣。出陪鑾蹕。入奉帷殿。仰南風之高詠。餐東野之祕寶。雅議於聽政之晨。披文於宴私之夕。參以酒德。間以琴心。暖有餘暉。遙然留想。君垂冬日之溫。臣盡秋霜之戒。肅肅焉穆穆焉。於是見君親之同致。知在三之如一。太祖升遐。綢繆遺寄。以侍中司徒錄尚書事。禀玉几之顧。奉綴衣之禮。擇皇齊之令典。致聲化於雍熙。內平外成。實昭舊職。增給班劍三十人。物有其容。徽章斯允。位尊而禮卑。居高而思降。自夏徂秋。以疾陳退。朝廷重違謙光之旨。用申超世之尚。改授司空。領驃騎大將軍。侍中錄尚書如故。晨命不永。大漸彌留。建元四年八月二十一日。薨於私第。春秋四十有八。昔柳莊寢疾。衞君當祭而輟禮。晏嬰既往。齊

君趍車而行哭公之云亡聖朝震悼於上羣后恇慟於下豈惟哀纏一國痛深一主而已哉追贈太宰侍中錄尚書如故給節羽葆鼓吹班劒爲六十人謚曰文簡禮也夫乘德而處萬物不能害其貞虛己以遊當世不能攖其度均貴賤於條風忘榮辱於彼我然後可兼善天下聊以卒歲經始圖終式免祇悔誰云克備公實有焉是以義結君子惠霑庶類言象所未形謳詠所不盡故吏某甲等感逝川之無捨哀清暉之眇默餐輿誦於丘里瞻雅詠於京國思衛鼎之垂文想晉鐘之遺則方高山而仰止刊玄石以表德其辭曰

辰精感運昴靈發祥元首惟明股肱惟良天鑒璿曜降武前王欽若元輔體微知章永言必孝因心則友仁洽兼濟愛深善誘觀海齊量登嶽均厚五臣茲六八元斯九內謨帷幄外曜台階遠無不肅邇無不懷如風之偃如樂之諧允我帝典緝彼民黎率禮蹈謙

諒實身幹跡屈朱軒志隆衡館眇眇玄宗萋萋辭翰義既川流文亦霧散嵩構云頹梁陰載缺德猷靡嗣儀形長遼怊悵餘徽緬洋遺烈久而彌新用而不竭文選、藝文類聚四十五。

南郡王冠祝辭

皇帝使給事中太常武安侯蕭惠基加南郡王冠祝曰筮日戒賓肇加元服棄尒幼志從厥成德親賢使能克隆景福南齊書禮志上。永明五年南郡王昭業冠。又見通典五十六。

南郡王冠醮酒辭

旨酒既淸嘉薦既盈兄弟具在淑愼儀形永届眉壽於穆斯寧南齊書禮志上、通典五十六。

全齊文卷十一終

全齊文卷十二

烏程嚴可均校輯

王奐

奐，僧虔從子，出繼從祖中書令球，字彥孫。仕宋爲著作佐郎、太子舍人、安陸王冠軍主簿、太子洗馬、本州別駕、中書郎、桂陽王司空諮議、黃門郎。元徽初，爲晉熙王征虜長史、江夏內史，遷侍中，領步兵校尉，復出爲晉熙王鎮西長史，加冠軍將軍、江夏武昌太守。徵祠部尚書，轉掌吏部。昇明初，遷冠軍將軍、丹楊尹，出爲吳興太守，進號征虜將軍。齊受禪，進號左將軍，遷太常，仍轉侍中、祕書監，領驍騎將軍，又遷征虜將軍、臨川王鎮西長史，領南蠻校尉、南郡內史，進號前將軍。武帝卽位，徵右僕射，轉使持節、前將軍、湘州刺史，從散騎常侍、江州刺史，遷右僕射、本州中正，遷尚書僕射，領軍將軍，轉左僕射，加給事中，出爲使持節、鎮北將軍、雍州刺史。永明十一年，坐擅殺寧蠻長史劉興祖被收，舉兵拒命，尋伏誅。

讓領南蠻校尉表

今天地初闢，萬物載新，荆蠻來威，巴濮不擾，但使邊民樂業，有司修務，本府舊州，日就殷阜。臣昔遊西土，較見盈虛，兼日者戎墟之後，瘡毀難復，雖復綢以善政，未及來蘇。今復割撤大府，制置偏校，崇望不足以助強，語實安能以相弊。且貧力既分，職司增廣，衆勞務倍，文案滋煩，非獨臣見其難，竊以爲國計非允。（南齊書王奐傳）

王融

融字元長，儉從子，宋中書令僧達孫。舉秀才，爲晉安南中郎參軍，歷晉陵王司徒法曹參軍，遷祕書丞、丹楊丞、中書郎，兼主客郎。竟陵王子良以爲寧朔將軍、軍主。鬱林王卽位，收下廷尉獄，賜死，年二十七。有集十卷。

擬風賦

奄兮日采之既移，忽兮羣景之將馳。靡輕筠之碧葉，泛曾松之翠枝。總高羽而蕭瑟，韻珠露之參差。此烈士之英風，長寥亮其如斯。（藝文類聚一，初學記一。）

應竟陵王教桐樹賦

梧桐生矣，于邸岫之曾隈。儀龍門而插幹，佇鳳羽以抽枝。蹤楚宮而晉稱，藉瀰館以翻聲。直不繩而特秀，圓匪規而天成。同歲草以委暮，共辰物而滋榮。豈遠心於自外，寧有志於孤貞。（藝文類聚八十八。）

永明九年策秀才文

問秀才高第明經：朕聞神靈文思之君，聰明聖德之后，體道而不居，見善如不及。是以崆峒有順風之請，華封致乘雲之拜。或揚旌求士，或設簴待賢，用能數化一時，餘烈千古。朕膺奉天命，恭惟永圖，審聽高居，載懷祇懼。雖言事必史，而象闕未箴，寤寐嘉猷，延佇忠實。子大夫選名升學，利用賓王，懋陳三道之要，以光四科之首，鹽梅之和，屬有望焉。

又問：昔周宣惰千畝之禮，虢公納諫；漢文缺三推之義，賈生置言。良以食爲民天，農爲政本。金湯非粟而不守，水旱有待而無遷。朕式照前經，寶茲稼穡，祚正而青旗肅事，土膏而朱紘戒典。將使杏花菖葉，耕穫不愆，清暉冷風，述遵無廢。而釋耒佩牛，相沿莫反，兼貧擅富，寖以爲俗。若爰井開制，懼驚擾愚民；歸鹵可腴，恐時無史白。興廢之術，矢陳厥謀。

又問：議獄緩死，大易深規；敬法䘏刑，虞書茂典。自萌俗澆弛，法令滋彰，肺石少不寃之人，棘林多夜哭之鬼。朕所以明發動容，昃食興慮。傷秋荼之密網，惻夏日之嚴威。永念畫冠，緬追刑厝。徒以百鍰輕科，反行季葉；四支重罰，爰創前古。訪游禽於絕澗，作霸秦基；歌雞鳴於闕下，稱仁漢牘。二途如爽，卽用兼通，昌言所安，朕將親覽。

又問。聚人曰財。次政曰貨。泉流表其不匱。貿遷通其有亡。旣龜貝積寢。緡緩專用。世代滋多。銷漏參倍。下貧無兼辰之業。中產闕游歲之貲。惟瘼郵隱。無捨矜嘆。上帝溥臨。賜朕休寶。命邛斜之谷。闢而出銅。且有後命。事茲鎔範。充都內之金。紹圜府之職。但赤側淪巧。學之患。榆莢難輕重之權。開塞所宜。悉心以對。

又問。治厤明時。紹遷革之運。改憲救法。審刑德之原。分命顯於唐官。文條炳於鄒說。及嵎夷廢職。昧谷虧方。漢秉素祇之徵。魏稱黃星之驗。紛爭空軫。疑論無歸。朕獲纂洪基。思弘至道。庶令日月休徵。風雨玉燭。克明之旨弗遠。欽若之義復還。於子大夫何如哉。其驪翰改色。寅丑殊建。別白書之。文選

永明十一年策秀才文

問秀才。朕秉籙御天。握樞臨極。五辰空撫。九序未歌。至於思政明臺。訪道宣室。若墜之惻。每勤如傷之念。恆軫。故郵貪殺賦。省繇慎獄。而多黍多稌。不興兩穗之謠。無襦無衣。必盈七月之歎。豈布政未優。將罷民難業。登爾於朝。是屬宏議。悶弗同心。以匡厥辟。

又問。惟王建國。惟典命官。上叶星象。下符川嶽。必待天爵。具修人紀。咸事然後沿才受職。揆務分司。是以五正置於朱宣。下民不忒。九工開於黃序。庶績其凝。周官三百。漢位兼倍。歷茲以降。游情實繁。若開冗畢弃。則橫議無已。冕笏不澄。則坐談彌積。何則可修善詳其對。

又問。昔者賢牧分陝。良守共治。下邑必樹其風。一鄉可以爲績。至有旦撫鳴琴。日置醇酒。文而無害。嚴而不殘。故能出人於阽危之域。躋俗於仁壽之地。是以賈誼有言。天下之有惡。吏之罪也。頃深汰珪符。妙簡銅墨。而春雉未馴。秋螟不散。入在朕前。湊其智略。出連城守。闕爾無聞。豈薪標之道未弘。爲網羅之目尙簡。悉意正辭。

無侵執事。

又問。朕聞上智利民。不述於禮。大賢彊國。罔圖惟舊。豈非療飢不期於鼎食。拯溺無待於規行。文儒是競。弃本殉末。厥弊滋多。昔宋臣以禮樂爲殘賊。漢主比文章於鄭衛。豈欲非聖無法。將以旣道而權。今欲專士女於耕桑。習鄉閭以弓騎。五都復而事庠序。四民富而歸文學。其道奚若。爾無面從。

又問。自晉氏不綱。關河蕩析。宋人失馭。淮汴崩離。朕思念舊民。永言攸濟。故選將開邊。勞來安集。加以納款通和。布德修禮。歌皇華而遣使。賦膏雨而懷賓。所以關洛動南望之懷。獯夷遽北歸之念。夫危葉畏風。驚禽易落。無待干戈。聊用辭辯。片言而求三輔。一說而定五州。斯路何階。人誰或可。進謀誦志。以沃朕心。文選

拜祕書丞謝表

臣聞升離戒晨。陰牖不照。其景膚雲停夕。幽草或漏其津。至如明兼就日。澤深行雨。不有聖德。誰或其然。所以欽至道而出青皋。捨布衣而望朱闕。懷祿仕在代。耕期榮不謀入用。豈悟特權之例。事均延祖。置佐之恩。任光元輔。踰溢情涯。普竭身表。具翹車而必讓。誠濡翼之願辭。旣聖主謂其可施。故愚臣默思自勉。初學記十二。

爲主儉讓國子祭酒表

竊以庠均義重。振古所崇。資師道尊。有來攸尙。匪日蘭芷。疇變入室之情。不自朱藍。何遷素絲之質。藝文類聚四十六。御覽二百三十六。

又表

況臣仁慚宮侶。德謝潤身。識陋令經。器非匪重。何以昇學道於殊身。反斯文於遙日。將使艮璣修竹。無增瑩羽。敬遜務時。遂驚星歲。藝文類聚四十六。

又表

臣聞修危方湛。弱露靄而取覆。懸衡紀正。輕塵委而必移。況臣才

非廱俗。用乖知治。取其集木飲冰。旌懸輪鶩。方臣之念。未足言矣。藝文類聚四十六。

上疏請給虜書

臣側聞僉議疑給虜書。如臣愚情。切有未喻。夫虜人面獸心。狼猛蜂毒。暴悖天經。虧違地義。逋竄燭幽。去來幽朔。綿周漢而不悛。歷晉宋其踰梗。豈有愛敬仁智。恭讓廉修。懃犬馬之馴。心同鷹虎之反目。設稾秣有儲。筋竿足用。必有草竊關燧。寇擾邊疆。寧容款塞卑辭。承衣請朔。陛下務存遵養。不時侮亡。許其膜拜之誠。納裘之贄。況復願同文軌。儻見款遣。思奉聲教。方致猜拒。將使舊邑遺逸。未知所置。褰胡餘噍。或能自推。一令蔓草難鉏。涓流泛酌。豈直疥癬輕痾。容爲心腹重患。抑孫武之言也。困則數罰。窘則多賞。先暴而後畏其衆者。虜之謂乎。前中原士庶。雖淪懾殊俗。至於婚葬之晨。猶巾褠爲禮。而禁令苛刻。動加誅轘。于時獯粥初還。犬羊尚結。

即心徒怨。困懼成逃。自其將卒奔離。資待銷闕。北畏勍蠕。西逼南胡。民背如崩。勢絕防斷。於是曲從物情。僞竊章服。歷年將絕。隱蔽無聞。既南向而泣者。日夜以覬。北顧而辭者。江淮相屬。凶謀歲窘。淺慮無方。於是稽顙郊門。問禮求樂。若來之以文德。賜之以副書。漢家軌儀。重臨畿輔。司隸傳節。復入關河。無待八百之師。不期十萬之衆。固其提漿佇俟。揮戈願倒。三秦大同。六漢一統。又虜前後奉使。不專漢人。必介以匈奴。備諸覘獲。且設官分職。彌見其情。抑退舊苗。扶任種戚。師保則后族馮晉國。總錄則邽姓直勤渴侯。台鼎則丘頹苟仁端。執政則目凌鉗耳。至於東都羽儀。西京簪帶。崔孝伯程虞虯久在著作。李元和郭季祐上干中書。李思沖飾虜清官。游明根泛居顯職。今經典遠被。詩史北流。馮李之徒。必欲遵尚。直勒等類。居致乖阻。何則匈奴以氈騎爲帷牀。馳射爲餱糧。冠方帽則犯沙陵雪。服左衽則風驤鳥逝。若衣以朱裳。戴之玄冕。節其揖讓。教以翔趨。必同艱桎梏。等懼冰淵。婆娑躑躅。困而不能前已。及夫春草水生。阻散馬之適。秋風木落。絕驅禽之歡。息沸脣於桑墟。刖醍乳於冀俗。聽韶雅如聾瞶。臨方丈若爰居。馮李之徒。固得志矣。虜之凶族。其如病何。於是風土之思深。愎戾之情動。拂衣者連裾。抽鋒者比鏃。部落爭於下。酋渠危於上。我一舉而兼吞。卞莊之勢必也。且棘寶蘆虞。晉疆彌盛。大鍾出智。宿氏以亡。帝略遠孚。無思不服。鑾光幸岱。匪朞斯朝。臣請收籍伊瀍。兹書復掌。猶取之內府。藏之外籞。於理有愜。即事何損。若狂言足採。請決敕施行。南齊書王融傳。虜遣使求書。朝議欲不與。融上疏。

畫漢武北伐圖上疏藝文類聚題作答敕撰漢武北伐圖賦啟。

臣聞情惰自中。事符則感。象構於始。機動斯彰。莊敬之道。可宗。會揖讓其彌肅。勇烈之士。足貴應鼙鐸。以增思。肇植生民。厥詳既緬。降及興運。維道有微。莫不有所因循而升皇業者也。若夫膏腴既

稱。太乙知五方之富。皮幣已列。帝劉測四海之尊。異封禪之文。則升中之典攸昭。嘆輿地之圖。乃席卷之庸是立。伏惟陛下窮神盡聖。總極居中。偶化兩儀。均明二燿。拯玄綱於頹絕。反至道於澆漓。可謂區寓儀刑。齊民先覺者也。臣亦遭逢生此嘉運。鑿飲耕食。自幸唐年。而識用昏霾。經術疏淺。將遁且軸。豈蘇與蕆。皇鑒燭幽。天高聽下。賞片言之或善。矜一物之失時。湔拂塵蒙。需飾光價。拔足草廬。厠身朝序。復得拜賀歲時。瞻望日月。於臣心願。曾已畢矣。但千祀一逢。休明難再。思策鉛鴑。樂陳涓壒。竊習戰陣攻守之術。農桑牧藝之書。申商韓墨之權。伊周孔孟之道。常願待詔朱闕。俯對青蒲。請閑宴之私。談當世之務。位賤人微。徒深傾款。方今九服清怡。三靈和晏。木有附枝。輪無異轍。東鞮獻舞。南䍧傳歌。羌僰踰山秦屠越海。舌象謂委體之勤。輶譯厭瞻巡之數。固將開桂林於鳳山。創金城於西守。而蠢爾獯狄。敢僭大邦。假息關河。竊命函谷。淪

故京之爽塏，變舊邑而荒涼，息反坫之儒衣，久伊川之被髮。北地殘氓，東都遺老，莫不茹泣吞悲，傾耳戴目，翹心仁政，延首王風。若試馳咫尺之書，具甄戎旅之卒，徇其墮城，納其降虜，可弗勞弦鏃，無待干戈，眞皇王之兵，征而不戰者也。臣乞以執殳先邁，式道中原，澄瀚渚（藝文類聚作海）之恆流，掃狼山之積霧，係單于之頸，屈左賢之膝，習呼韓之舊儀，拜鑾輿之巡幸。然後天移雲動，勒（藝文類聚作升）封岱宗，咸五登三，追蹤七十，百神肅警，萬國具僚，瑜弁星離，玉帛雲聚，集三燭於蘭席，聆萬歲之禎聲，豈不盛哉，豈不韙哉。昔桓公志在伐莒，郭牙審其幽趣，魏后心存去漢，德祖究其深言。臣愚昧忖誠，不足以知微，然伏揆聖心，規模弘遠，既圖載其事，必克就其功，臣不勝歡喜。（南齊書王融傳。永明末，世祖欲北伐，使毛惠秀畫漢武北伐圖，使融掌其事。融好功名，因此上疏。藝文類聚五十九。）

上疏乞自効（藝文類聚題作勸高帝北伐啟，乃武帝之誤。）

臣每覽史傳，見憂國忘家，捐生報德者，未嘗不撫卷歎息，以爲古今共情也。然或以片言微感，一飡小惠，參國士之眄，同布素之遊耳，豈有如臣獨拔無聞之伍，過超非分之位，名器雙假，榮祿兩升，而宴安昃罷之晨，優游旰食之日，所以敢布丹愚，仰聞宸聽。今議者或以西夏爲念，臣竊謂之不爾。其故何哉？陛下聖明，羣臣悉力，順以制逆，上而御下，指開賞黜之言，微示生死之路，方域之人，皆相爲敵。既兵威遠臨，人不自保，雖窮鳥必啄，固等命於梁（藝文類聚作良）鷃，困獸斯驚，終並懸於廚鹿，凱師勞飲，固不待晨。臣之寸心，獨有微願，自獫狁荐食，荒侮伊邇，天道禍淫，危亡日至，毋后內難，兵力外虛，謠言物情，屬當今會，若藉巫漢之歸師，騁士卒之餘憤，取函谷（藝文類聚作河），如反掌，陵關塞，若摧枯。但士非素蓄，無以卽用，不教民戰，是實棄之。特希私集部曲，豫加習校，若蒙垂許，乞隸監省，拘食人身，權備石頭防衛之數。臣少重名節，早習軍旅，若試而無績，伏

受面欺之誅，用且有功，仰酬知人之哲。（南齊書王融傳。朝廷討雍州刺史王奐，融復上疏。藝文類聚五十九。）

求自試啟

臣聞春庚秋蟀，集候相悲，露木風榮，（藝文類聚作蠶）臨年共悅。夫唯動植且或有心，況在生靈，而能無感？臣自奉望宮闕，沐浴恩私，拔迹庸虛，參名盛列，纓緌紫禕，趨步丹墀，歲時歸來，誇榮邑里。然無勤而官，昔賢曾議，不任而祿，有識必譏。臣所用慷慨憤懣，不遑自安，誠以深恩鮮報，聖主難逢，蒲柳先秋，光陰不待，貪及明時，展悉愚効，以酬陛下不世之仁。若微誠獲信，短才見序，文武吏法，惟所施用。夫君道含弘，臣術無隱，翁歸乃居中自見，充國曰莫若老臣，竊景前修，敢蹈輕節，（藝文類聚作雖）冒不媒之鄙，式罄奉公之誠。抑又唐堯在上，不參二八，管夷吾恥之，臣亦恥之，願陛下裁覽。（南齊書王融傳。藝文類聚五十一。）

謝武陵王賜弓啟

殿下摛藻蕙樓，暢藝蘭苑，敷積（藝文類聚作績）玉於風筵，疊連珠於月龍（御覽作的），兎園掩秀，鄴水慙奇。融揖讓未工，濫升下（御覽作陪升）飲之賞，操弧反正（藝文類聚作矢），謬奉招賢之錫。文韜鏤景，逸幹梢雲，玩溢百齡，佩流千載。（藝文類聚六十，初學記二十二，御覽三百四十七。）

謝敕賜御裘等啟

雲衣降拕，仙裾曲委，榮振素里，澤駭蓬心。昔漢帝解裘，不獨前寵，曹王褫帶，復降今恩。（藝文類聚六十七。）

謝竟陵王賜納裘啟

降飾自尊，垂榮及賤，玄玉不純，曾波奪采。南陸方永，北風日壯，無衣無褐，發念聖衷，而挾纊之間，每流解裘之賜，偏委。（藝文類聚六十七。）

謝竟陵王示扇啟

竊以六翮風流，五明氣重，若此圓綃，有兼玩實，輕踰雪羽，絜並霜

文子淑賞其如規班姬儷之明月豈直魏王九華漢臣百綺況復勳製聖衷垂言炯式載摹聽眎戒範樞機。藝文類聚六十九。

謝司徒賜紫鮮啟

東越水羞實著乘時之美南荆任土方揩鮓魚之最。藝文類聚七十二。

謝敕賜米啟

臣無王陽之術計然之智不能負粟百里分地一廛上虧溫養自取飢切豈悟外恩橫集天私妄委。藝文類聚七十二。

謝安陸王賜銀鉢啟

素金之貴有訪仙經鐫刻可奇見符神鼎徹膳器於珍羞之席降寶玩於簞瓢之門。藝文類聚七十三、御覽七百五十九。

謝竟陵王示法制啟

翔慧燭於昏塗擢法水於塵路至夫澄心洗累之規莊情束影之制解網出界之訓滅惑淨照之旨固以行首霜威字端風厲信可以精滓五書糠粃百氏升罩聃周脊竽尼旦所謂窺七澤而狹瀟汙登太山而小天下。藝文類聚七十七。

法門頌啟

伏以迦文啟聖道冠百靈常住置言理高萬乘神儀挺發非望雲就日所追睿識獨尊豈生明弱言能企鹿苑金輪弘汲引以濟俗鶴林雙樹顯究竟以開泯惜乎祇園滅影鷲岳淪光微辭既遙大義如綴自不宣遊十地擬接九區豈有導覺水之塞源極法雲於落何明分覽四諦之必空悟三業之暫有應務屈己則仁兼旦奭隨方申道則慧一淨名驅率土於福林入蒼黔於正術。藝文類聚七十七。

為竟陵王與隱士劉虬書

玉燭登年金商在律炎涼始貿動靜惟安勤味道腴幸遵遁尚豈不樂哉僕誠幸甚百姓一心衆生不疾比屋可封將又何求但息書獨擬善談無析願言之子實痺我心所以不遠千里尺書道意

治當作治

自滔清既辨澆漓代襲隱顯之術參差默語之途紛互或飾智以驚愚或激情以悟俗或殘己以闇通或謬歌以明道屠羊賣馬未足磷其堅佯狂如愚豈能緇其白官楚蕃魏人外之氣逾邈入漢遊梁區中之韻彌少及推其輕重品其得失則淵懷洞賞寔或符之僕夙養閒襟長慕出概迹塵珪組心逸江湖未面自親聞風如舊而逈驚之念徒軫式閭之禮無階固已佇軸深衷傾篚遐路者矣君矯然獨遠確乎難拔素志與白雲同悠高情與青松共爽宣習質文網林枯而重茂昭辨空有運河壅而復滔所謂忘言之人可論天人之際豈能屬舉鶴翻有心儀尋高跨愛海比策禪衢沾濠射之冥游屈祇鷲之法侶闡三乘於窮子發二諦於困蒙有是因也何其暢歟今皇風且穆至道弘被四海不溢五嶽無塵聊序肇修經法敷廣人賤璣璠家習禮讓樵蘇必時郊林全鬱壘網有節鱗羽偕翔至於層山絕澗還帶幾畎膏田沃野亙望廡疆信可以招往隱淪棲集勝寄故文舉築室治城之阿次宗植援西山之趾葛洪考槃於海岫釋遠肥遁於鍾幽每踐其遺蹤輒探九原之歎若高步可遷復何懷乎四子昔宣尼之見伯雪師利之往維摩豈不知相忘之道哉諒有以也未敘之間為道自愛一二令淩琚之口具。廣弘明集十九、末云王元長之詞也。

下獄答辭

四實頑蔽獨行多僁但夙忝門素得奉教君子爰自總髮迄將立年州閭鄉黨見許愚慎朝廷衣冠謂無釁咎過蒙大行皇帝獎者之恩又荷文皇帝識擢之重司徒公賜預士林安陸王曲垂眄接既身被國慈必欲以死自効前後陳伐虜之計亦仰簡先朝今段犬羊乍擾紀僧真奉宣先敕賜語北邊動靜令四草撰符詔于時郎因啟聞希侍鑾輿及司徒宣敕招募同例非一實以戎事不小不敢承教續蒙軍號賜使招集衞敕而行非敢虛扇且格取亡叛

不限傖楚。狡弄聲勢。應有形迹。專行權利。又無矚睹。反覆脣齒之間。未審悉與誰言。傾動頰舌之內。不容都無彼此。但聖主膺教。實所沐浴。自上甘露頌及銀甕啟、三日詩序、接虜使語辭。竭思稱揚。得非誹謗。且王公百司。唯賢是與。高下之敬。等秩有差。不敢踰濫。豈應詆毀。四才分本劣。謬被策用。慺怍之情。夙宵兢惕。未嘗誇示里閭。彰曝遠邇。自循自省。並愧流言。良由緣淺寡虞。致貽嚚謗。伏惟明皇臨宇。普天蒙澤。戊寅赦恩。輕重必宥。百日曠期。始蒙旬日。一介罪身。獨嬰憲劾。若事實有徵。爰對有在。九死之日。無恨泉壤。南齊書王融傳。

全齊文卷十二終

烏程嚴可均校輯

王融二

三月三日曲水詩序

臣聞出豫爲象，鈞天之樂張焉；時乘既位，御氣之駕翔焉。是以得一奉宸，逍遙襄城之域；體元則大，帳望姑射之阿。然窅眇寂寥，其獨適者已。至如夏后兩龍，載驪瑤臺之上；穆滿八駿，如舞瑤水之陰。亦有饗云，固不與萬民共也。我大齊之握機創曆，誕命建家，接禮貳宮，考庸太室，幽明獻期，雷風通饗，昭華之珍既徙，延喜之玉攸歸。革宋受天，保生萬國，度邑靜鹿丘之歎，遷鼎息大坰之慙。紹清和於帝猷，聯顯懿於王表，駿發闓其遠祥，定爾固其洪業。皇帝體膺上聖，運鍾下武，冠五行之秀氣，邁三代之英風，昭章雲漢，暉麗日月，牢籠天地，彈壓山川，設神理以景俗，敷文化以柔遠。澤普

氾而無私，法含弘而不殺，猶且具明廢寢，昃晷忘餐，念負重於春冰，懷御奔於秋駕，可謂巍巍弗與，蕩蕩誰名。秉靈圖而非泰，涉孟門其何嶮。儲后睿哲在躬，妙善居質，內積和順，外發英華，斧藻至德，琢磨令範，言炳丹青，道潤金璧，出龍樓而問豎，入虎闈而齒胄，愛敬盡於一人，光耀究於四海。若夫族茂麟趾，宗固磐石，跨掩昌姬，韜轢炎漢，元宰比肩於尚父，中鉉繼踵乎周南，分陜流勿翦之懽，來仕允克施之譽，莫不如珪如璋，令聞令望，朱紱斯皇，室家君王者也。本枝之盛如此，稽古之政如彼，用能免羣生於湯火，納百姓於休和，草萊樂業，守屏稱事，引鏡皆明目，臨池無洗耳，沉冥之怨既缺，邁軸之疾已消，輿廉舉孝，歲時於外府，署行議年，日夕于中甸。協律總章之司，厚倫正俗；崇文成均之職，導德齊禮。挈壺宣夜，辯氣朔於靈臺；書芻珥彤，紀言事於仙室。褰帷斷裳，危冠空履之吏；彯搖武猛，扛鼎揭旗之士。勤恤民隱，糾逖王慝，射集隼於高墉，繳大風於長隧，不仁者遠，惟道斯行，議芳甍闕，擭爭掩息，稀鳴桴於柢路，鞠茂草於圜扉，耆年闞市井之游，稚齒豐車馬之好。宮鄰昭泰，荒憬清夷，侮食來王，左言入侍，離身反踵之君，髽首貫胷之長，屈膝厥角，請受纓縻，文鉞碧砮之琛，奇幹善芳之賦，紈牛露犬之玩，乘黃茲白之駟，盈衍儲邸，充仞郊虞，匭牘相尋，鞮譯無曠，一尉候於西東，合車書於南北，暢轂埋轔轔之轍，綏旂卷悠悠之旆，四方無拂，五戎不距，偃革辭軒，銷金罷刃。天瑞降，地符升，澤馬來，器車出，紫脫華，朱英秀，佞枝植，歷草孳，雲潤星暉，風揚月至，江海呈象，龜龍載文，方握河沈璧，封山紀石，邁三五而不追，踐八九之遙迹。功既成矣，世既貞矣，信可以優游暇豫，作樂崇德者歟。于時青鳥司開，條風發歲，粵上斯已，惟暮之春，同律克和，樹草自樂，禊飲之日在茲，風舞之情咸蕩，去肅表乎時訓，行慶動於天矚，載懷平圃，乃睠芳林。芳林園者，福地奧區之湊，丹陵若水之舊，殷殷

均乎姚澤，膴膴尚於周原，彼豐邑之未宏，陋譙居之猶褊，求中和而經處，揆景緯以裁基，飛觀神行，虛檐雲構，離房乍設，層樓閒起，負朝陽而抗殿，跨靈沼而浮榮，鏡文虹於綺疏，浸蘭泉於玉砌，幽幽叢薄，秩秩斯干，曲梯遼迴，溺渼徑復，新荓泛沚，華桐發岫，雜夭采於柔荑，亂嚶聲於綠羽。禁軒承幸，清宮俟宴，緹帷宿置，帟幕宵懸。既而滅宿澄霞，登光辨色，式道執殳，展軨効駕，徐鑾警節，明鍾暢音，七萃連鑣，九斿齊軌，建旗拂霓，揚葭振木，魚甲煙聚，貝胄星羅，重英曲瑵之飾，絕景遺風之騎，昭灼甄部，驅駁函列，虎視龍超，雷駭電逝，轟轟隱隱，紛紛軫軫，羌難得而稱計。爾乃迴輿駐罕，嶽鎮淵渟，睟容有穆，賓儀式序，授几肆筵，因流波而成次，蕙肴芳醴，任激水而推移。樣俏陳階，金鮑在席，賦奏翹舞，箾動邠詩，召鳴鳥于弁州藝文類聚作山，追伶倫於嶰谷，發參差於王子，傳妙靡於帝江。正歌有閱，羽觴無算，上陳景福之賜，下獻南山之壽，信凱讌之在藻

知和樂於食苹。桑榆之陰不居。草露之滋方渥。有詔曰。今日嘉會。咸可賦詩。凡四十有五人。其辭云爾。文選。藝文類聚四。

淨住子頌

皇覺辨德篇頌

紫實昧朱。狂斯濫哲。外遝揚鑣。分源競柮。麗景或幽。澄舒每缺。水激波生。湮深火滅。情端徒總。理向空徹。不有明心。誰驅聖轍。

開物歸信篇頌 藝文類聚七十六作歸信門頌。

生浮命舛。識罔情違。業雲結影。慧日潛暉。逶迤修道。極夜無歸。登山小魯。泛海難沂。參珉見璧。辨礫知璣。迷其未遠。匪正何依。

滌除三業篇頌 藝文類聚作滌三業門頌。

樂由生滅。患以身全。業資意造。事假言筌。利名相倚。榮辱茲遷。燕驥匪闊。周鍇徒鐫。惑端風緒。愛境旌懸。不勤一至。何階四禪。

脩理六根篇頌

傾都麗佳。繞梁之曲。肥馬輕裘。蕙有芳馥。晦黑滋生。昏囂競欲。貌蕩魂浮。身甘意觸。靈軀攝根。晴葵衞足。蟲草或虞。人如不勗。

生老病死篇頌

穠華易還。繁蕤不實。星髮鮐肌。鄰光愒日。二豎潛言。十巫空術。生之往矣。高松蕭瑟。郎化翻塵。從緣墜質。噬臍有識。嗟然何汨。

剋責身心篇頌

矚彼進德。莫敢或遑。顧谷小智。徒以大康。豈無通術。跋此榛荒。雖有重離。迷照螢光。循情內負。撫事外傷。層羅一舉。空念高翔。

檢覆三業篇頌

渾風緬沒。旅俗膠加。競文內疾。誰醒心瑕。再惟情反。三省身華。貴危窮濫。貧偏高奢。遭迴六蔽。紛綸七邪。不圖厥始。逸馬難罝。

訶詰四大篇頌

迅矣百齡。綿茲六八。出沒昏疑。興居愛習。矻矻孑求。營營爾給。匪德日歸。惟殃斯集。貪人敗類。無厭自及。昭回不希。玄墟何泣。

出家順善篇頌 藝文類聚作出家善門頌。

澡身浴德。晦迹埋名。將安寶地。誰酉化城。道場曠誕。禪逕閑清。風飄弗響。震輒徒驚。嘯傲焉慮。脫落何營。長捐有結。永置無生。

在家從惡篇頌

石磨則磷。玉生雖堅。維居必徙。豈曰能賢。冰開春日。蘭敗秋年。教隨類反。習乃情遷。命符三漏。生偕十纏。茲焉遂往。憂畏方延。

沉冥地獄篇頌

冥津殊復曉。高聽亦能卑。陰牆雖兩密。幽夜有四知。炎山翻烈火。冰澗帀寒澌。羅城振雲幕。鋒樹鬱霜枝。茹荼非云苦。集木豈稱危。求仁曾已得。長歎欲何為。

出家懷道篇頌

韞石諒非真。飾瓶信為假。竊服臯門上。濫吹濡軒下。鳳祀徒驚心。騶交終好野。實相豈或照。浮榮未能捨。迹殊冠冕客。事襲驅馳者。已矣歇鄭聲。無然亂周雅。

在家懷善篇頌 藝文類聚作在家善門頌。

處塵貴不染。被褐重懷珠。美玉曜幽石。留蘭挺叢蕪。四氏不為侶。三界豈能渝。諒茲親愛染。盜以財利拘。煩流捨智寶。榛路坦夷途。萬物竟何匹。烈火樹紅趺。

三界內苦篇頌

心怨動紛遽。情怡輒還互。歡愛一離遠。傷憂坐衰暮。連幌結清陰。高臺起風露。腸毒緣芳旨。天伐實修嫮。慾網必斷生。繁罝或全免。眇眇夜何期。悠悠終肯悟。

出三界外樂篇頌

端襟測煩海。矯步寫埃氛。三受猶絕雨。八苦若浮雲。輸心仰圓極。馨質委方墳。朝遊淨國侶。暮集靈山羣。燈祇開遠照。香宇薦嘉薰。

俛首睎人俗。信矣靜爲君。

斷絕疑惑篇頌

生塗非一理。識緒固饒津。徒駭東陵富。空嗟北郭貧。國生曾已戾。顏氏信爲仁。逢尤昭往業。習善會兹身。勤憂永夷泰。晏安終苦辛。合名且云重。豈若樹良因。

十種慚愧篇頌

神育施惟重。玄酒恩未隆。明璣隋水上。潤玉藍田中。稟天性所極。資敬道攸崇。羽毛共以勢。輪軌相爲通。報德愴前非。酬言愛餘風。邈逸每多舛。顧省能無忡。

極大慚愧篇頌

冬狐理豐毳。春蠶緒輕絲。彫戩翻爲阻。心識還自欺。華容羈卯日。生平少年時。驅車追俠客。酗酒弄妖姬。但念目前好。安知身後悲。惕然一以愧。永與情愛辭。

善友獎勸篇頌

蘭室改蓬心。栴崖變伊草。丹青有必渝。絲綵豈常皓。曲蠖且繩直。詭木遂雕藻。一簣或成山。百里倦中道。隆漢乃王臣。失楚信元保。勉矣德不孤。至言匪虛造。

戒法攝心篇頌

金山嚴寶仞。瓊畹烈瑤蕙。牆狐議不窟。檐鵠豈能棲。淨花莊思序。慧沼盥身倪。六塵倘未一。七衆固恆齊。端儀有直景。正道無傾蹊。維宮超以悟。寰野竟何迷。

自慶畢故止新篇頌

春非我春秋非秋。一經長夜每悠悠。徇形練氣住元造。啟蒙夷阻出重幽。榮公三樂非爲曠。箕生五福豈能求。靈姿妙境往難集。微言至道此去修。年逢生幸曾以慶。盈愆貳過倘知憂。畢故斷新刖苦海。希賢庶善憑智流。

大忍惡對篇頌

春山之下玉抵禽。漢水之陽璧千金。清業神居德非重。潔己愚侶道已深。愛憎喜怒生而習。榮華芳旨世所欽。鴻才巨力萬夫敵。誰肯制此方寸心。逸驥狂兕蹶不御。繁羈密柙儻能禁。遣情遺事復何想。寂然無待恣幽尋。

緣境無礙篇頌

悅象悠物終不名。龍舉鸞集竟誰辯。絕智亡身孰爲礙。韜名戢曜故能顯。匪日匪月灼以懸。安飛安翔虛而踐。璧石無間恣出沒。水火有性任舒卷。敷教應俗鶩泉流。現迹依方迅風轉。大哉超世莫與羣。希驥慕舜宜自勉。

一志努力篇頌

像北二山尚有移。河中一洲亦可爲。精誠必至霜墜下。意氣所感金石離。有子剸掌修名立。王生擢髮美譽垂。自來勤心少纔墜。何不努力出憂危。勝幡法鼓縈且擊。智師道衆紛以馳。有常無我儼既列。無明有縛孰能窺。

禮舍利寶塔篇頌

越人鑄金誠有思。魏后雕木亦云悲。中賢小節猶可戀。去聖彌遠情彌滋。祇樹蘢條多宿植。王宮寂寞妙遺基。設像居室若有望。聞儀駐景曖如之。連卿共日獨先後。道悠命舛將無時。傾懷結想惻以慕。乖靈寫照拂塵疑。

敬重正法篇頌（藝文類聚作法門頌）

出不自戶將何由。行不以法欲焉修。之燕入楚待駿足。凌河越海寄輕舟。仁言爲利壯已博。聖道弘濟邈難求。通明洞燭煥曾景。深凝廣潤湛淵流。翼善闢賢敷教義。照蒙啟惑滌煩憂。功成弗有名弗居。淡然無執與化遊。

奉養僧田篇頌

五玉已潤誠而信八桂雖芳風乃帰妙理至言唯聖寶不自伊人孰弘道照空觀法識遷流撫俗瞻光猒生老絕滅情嗜斷懼怡縱落槀華棄嚨藻親愛倏忽信風煙財利悠悠若塵草翾以龍雲豈曰高濯足江漢更慚皓

勸請增進篇頌

俟河之清逢聖朝靈智俯接一其遙白日馳光不流照葵藿徵志徒傾翹遙盈空有盡三界綿塞宇宙磬八遼德光業遠升至覺寂寞常住獨能超煎灼欲火思雲露沉汩使水望舟橋弘慈廣度昔有誓法輪道御且徐驅

隨喜萬善篇頌

聞善若己燭良書見賢思齊美通諾感幽動地孝有誠殞首流腸忠爲操振禮摛文弘憲則機謀颺勇靜姦暴明白八素志沖聞高論窮微契神奧捐軀濟物不邀名輕財貴義豈期報百行萬善紛

塗孰求誠磬想畢歡蹈

迴向佛道篇頌

悠悠九土各異形擾擾四俗非一情驅車秣馬徇世業市交譽義衒虛名三墨紛紜殊不會七儒委鬱曾未幷吉凶拘忌迺數術取與離合寶縱橫朝日夕月竟何取投巖赴火空捐生咄嗟失道爾迴駕河彼流水趣東瀛

發願莊嚴篇頌

心所期兮彼之岸何事浮俗久淹逭照慧日兮駕法雲騰危城兮出塵館芳珠燁兮閬歲時寶樹飀兮讋昏旦清露溥甘永以挹喜園流采常爲玩無待殺鼎方丈羞安用秦箏繼指彈勒誠款願長不渝習苦塵勞從此捍

皇太子哀策文

繡幕啟塗銅池從殯葆鐸旣行杖䄍且引皇帝痛粢盛之闕奉哀匕鬯之有亡憫含嗟乎崇正顧掩欷於承光式睠元良永懷人寶俾茲史策載餘風道其辭曰

居辰北極在日重離誕惟妙善克自生知資神爲契合聖如規地維軫位月紀褰期哀纏晦朔燧改歲時糟粥不溢薑桂無滋倪終心禮昌我帝基思皇下武纘戎上德將叶人神永貽家國用稽嗣典實弘儲則庸器改物徽號崇名往辭綠蓋來馭朱纓旂旗旖旎鸞鑣響明守器宣華訪安永福上漏驂軒初晨戒服慶色伊滿禽儀載肅至誠莫感遐福空辭氛程月志祲動年司素娀犯列青雲失滋中樞軫夢當戶陳詩楚藥毀方秦醫反轍高議虛演奇文徒說遠賓上靈長違昭世痛結宸慈哀震華棣嗚呼哀哉軒帷高寂庭帳深陰鶴關晝掩鳧燈夜沈仍襲未改容儀如臨暖徽儀而可慕摽嗣子之純心嗚呼哀哉章弁告期麻衣請日辯域展圖揚鑾獻吉文物充階具僚在位總葭挽之哀淒覩風煙之騷瑟嗚呼哀

哉飾龕輅而南指轉旌羽而北徂車結軫於雕轂馬綴節於金蘇寄靈心於萬象增戀戀於國都嗚呼哀哉光徙靡而欲沈山荒涼而遂晚城闕緬而何期平原忽而超遠情有望而弗追顧如疑於將反嗚呼哀哉 藝文類聚十六

永嘉長公主墓志銘

祚儀阿媛取儷漢妃相金漏質穠李慙暉肅穆婦容靜恭女德顧史求箴披圖問則慶善郁夷與仁冥默宵燧亡明曉挽已聲松門巖閟泉帳寒清悠悠哉白日鬱彼佳城 藝文類聚十六

豫章文獻王墓誌銘

領袖傾淪人綱弛沒半嶽摧峯中河墜月眷然曉隧如何夜臺驂惋慕葆吹徘徊千秋萬祀顧有餘哀 藝文類聚四十五

王秀之

秀之字伯奮琅邪臨沂人宋儀同敬弘孫歷著作佐郎太子舍

入轉洗馬司徒左西屬出為晉平太守還除安成王驃騎諮議轉中郎又為高帝驃騎諮議昇明末轉左軍豫章王嶷長史尋陽太守隨府轉鎮西長史南郡太守齊受禪遷司馬加寧朔將軍遷長史領儒林祭酒遷南郡王司馬復為黃門郎領羽林監遷長沙王中軍長史武帝即位為太子中庶子吏部郎出為義興太守遷侍中祭酒轉都官尚書進侍中領射聲校尉出為輔國將軍隨王鎮西長史南郡內史徵侍中領遊擊將軍未拜仍為輔國將軍吳興太守隆昌元年卒謚曰簡子

貽宗測書

昔人有圖畫僑札輕以自方耳（南史宗測傳）

與朝士書

此郡承虞公之後善政猶存遺風易遵差得無事（南齊書虞愿傳　南史虞愿傳）

遺令

朱服不得入棺祭則酒脯而已世人以僕妾直靈助哭當由喪主不能淯至欲以多聲相亂魂而有靈吾當笑之（南史二十四）

王晏

晏字士彥琅邪臨沂人宋通直常侍弘之孫大明末為臨賀王國常侍員外郎巴陵王征北參軍安成王撫軍參軍隨府轉車騎參軍晉熙王安西主簿武帝鎮西記室諮議累遷領軍司馬中軍從事中郎齊受禪轉太子中庶子武帝即位轉長兼侍中領步兵校尉遷侍中累至右僕射領太孫右衛率鬱林即位轉左僕射海陵即位轉尚書令加後將軍封曲江縣侯明帝即位進驃騎大將軍領太子太傅進爵為公建武四年坐罪誅

奏為文惠太子服

案喪服經為君之父長子同齊衰朞今至尊既不行三年之典止服朞制羣臣應降一等便應大功九月功衰是兄弟之服不可以服至尊臣等參議謂宜重其衰裳減其月數同服齊衰三月至於太孫三年既申南郡國臣宜備齊衰朞服臨汝曲江既非正嫡不得禰先儲二公國臣並不得服（南齊書禮志下永明十一年文惠太子薨右僕射王晏等奏又見通典八十二）

又奏

案喪服經雖有妾為君之長子從君而服二漢以來此禮久廢請因循前準不復追行（南齊書禮志下　通典八十二）

又奏

伏尋御服文惠太子朞內不奏樂諸王雖本服朞而儲皇正體宗廟服者一同釋服奏樂婣娶便應並通竊謂二事俱是嘉禮輕重有異娶婦思嗣事非全吉三日不樂禮有明文宋代朞喪降在大功者婚禮廢樂以伸私戚以從前典（南齊書禮志下　通典八十二）

又奏

案禮祥除皆先於今夕易服明旦乃設祭尋比世服臨然後改服與禮為乖今東宮公除日若依例皇太孫服臨方易服臣等參議謂先哭臨竟而後祭之應公除者皆於府第變服而後入臨行奉慰之禮（南齊書禮志下　通典八十二）

奏太子祔太廟禮

故太子祔太廟既無先準檢宋元后故事太尉行禮太子拜伏與太尉俱臣等參議依擬前典太常主廟位太尉執禮祔太孫拜伏皆與之俱正禮既畢陰室之祭太孫宜親自進奠（南齊書禮志上　永明十一年右僕射王晏吏部尚書徐孝嗣侍中何胤奏詔可）

明堂配饗議

若用鄭玄祖宗通稱則生有功德沒垂尊稱歷代配帝何止於郊今殷薦上帝元屬武帝（南齊書作允屬世祖）百代不毀其文廟乎（南齊書禮志上　隆昌元年左僕射王晏議　又見通典四十四）

江斅不應轉都官尚書啟

江斅今重登禮閣。兼掌六軍。慈渥所覃。實有優忝。但語其事任。殆同閑輩。天旨既欲升其名位。愚謂以侍中領驍騎。望實清顯。有殊納言。（南齊書江斅傳。永明七年。徙爲侍中領驍騎將軍。尋轉都官尚書領驍騎將軍。王晏啟。）

西昌矦不應領選啟

鸞清幹有餘。然不諳百氏。恐不可居此職。（南史十四）

王思遠

思遠。晏從弟。小字阿戎。宋建平王景素辟爲南徐州主簿。除晉熙王撫軍行參軍。安成王車騎參軍。建元初。爲長沙後軍主簿。尚書殿中郎。出補竟陵王征北記室參軍。隨府遷司徒錄事參軍。太子中舍人。建安內史。除中書郎。大司馬諮議。吳郡丞。還爲司徒諮議參軍。領錄事。轉黃門郎。遷御史中丞。建武中遷吏部郎。改授司徒左長史。永元二年遷度支尚書。未拜卒。贈太常。諡貞子。

讓吏部郎表

近頻煩歸啟。實有微槪。陛下矜遇之厚。古今罕儔。臣若孤恩。誰當戮力。既自誓輕軀命。不復以塵黜爲疑。正以臣與晏地惟密親。必不宜俱居顯要。懷儻丹赤。守之以死。臣實庸鄙。無足獎進。陛下甄拔之旨。要是許其一節。臣果不能以理自固。有乖則哲之明。犯冒之尤。誅責在己。謬賞之私。惟塵聖鑒。權其輕重。寧守褊心。且亦緣陛下以德御下。故臣可得以禮進退。伏願思垂拯宥。不使實墜。今若祗膺所忝。三公不足爲泰。犯忤之後。九泉未足爲劇。而臣苟求刑戮。自棄富榮。愚夫不爲。臣亦庶免。此心此志。可憐可矜。如其上命必行。請罪非理。聖恩方置之通塗。而臣固求擯壓。自愍自悼。不覺涕流。謹冒鈇鉞。悉心以請。窮則呼天。仰祈一照。（南齊書王思遠傳）

全齊文卷十四

烏程嚴可均校輯

褚淵

淵字彥回，河南陽翟人，晉義興太守爽曾孫，尚宋文帝女南郡獻公主，拜駙馬都尉，除著作佐郎、太子舍人、太宰參軍、太子洗馬、祕書丞，襲父湛之爵都鄉侯，歷中書郎、司徒右長史、吏部郎。明帝即位，遷侍中，轉吏部尚書，領太子右衛率，加驍騎將軍，改封雩都縣伯，轉侍中，領右衛將軍，遷散騎常侍、丹楊尹，出爲吳興太守，復徵吏部尚書，授右僕射，受遺詔爲中書令、護軍將軍。元徽初，爲中軍將軍，加侍中，進爵爲侯，授中書監。昇明初，改號衛將軍、開府儀同三司，進中書監、司空。齊受禪，遷司徒，改封南康郡公，尋加尚書令、錄尚書事。武帝即位，復爲司空，領驃騎將軍。卒，贈太宰，謚曰文簡，有集十五卷。

秋傷賦

雲紛紛而夾轉兮，樹菸黃而隕落，瞻孤游之流鴻兮，觀雲間之舞鶴，景曖曖而向頹兮，時冉冉而將薄，獨悲愁而悽慘兮，斂輕裾以歸幕。初學記三。

爲宋順帝禪位齊王詔

惟德動天，玉衡所以載序；窮神知化，億兆所以歸心。用能經緯乾坤，彌綸宇宙，闡揚鴻烈，大庇生民。晦往明來，積代同軌，前王踵武，世必由之。宋德湮微，昏毁相襲，景和騁悖於前，元徽肆虐於後，三光再霾，七廟將墜，璇極委馭，含識知泯。我文武之祚，眇焉如綴，靜惟此紊，夕惕疚心。相國齊王，天誕叡聖，河嶽炳靈，拯傾提危，澄氛靜亂，匡濟艱難，功均造物，宏謀霜照，祕算雲回，旌旃所臨，一麾必捷，英風所拂，無思不偃，表裏清夷，遐邇盛謐，既而光啟憲章，弘宣禮教，姦宄之類，覩隆威而隔情，慕善之儔，仰徽猷而增厲，道邁於重華，勳超乎文命，蕩蕩無得而稱焉。是以辮髮左衽之酋，款關請吏，木衣卉服之長，航海來庭，豈惟肅慎獻楛，越裳薦翬而已哉。故四隩載宅，六府克和，川陸効珍，禎祥鱗集，卿煙玉露，旦夕揚藻，嘉褫芝英，晷刻呈茂。革運斯炳，代終彌亮，負扆握樞，允歸明哲，固以獄訟去宋，謳歌適齊。昔金政既淪，水德締構，天之麻數，皎焉攸徵。朕雖寡昧，闇於大道，稽覽隆替，爲日已久，敢忘列代遺則，人神至願乎。便遜位別宮，敬禪于齊，一依唐虞魏晉故事。南齊書高帝紀上。案王儉傳云：褚淵爲禪詔文。

褫當作禠

答詔稱柳世隆

世隆至性純深，哀過乎禮。事陛下在危盡忠，喪親居憂，杖而後起，立人之本，二理同極。加榮增寵，足以厲俗敦風。南齊書柳世隆傳。

奏劾陸澄

宋世左丞荀伯子彈彭城令張道欣等，坐界劫累發不禽，免道欣等官，中丞王准不糾，亦免官。左丞羊玄保彈豫州刺史管義之譙梁羣盜，免義之官，中丞傅隆不糾，亦免隆官。左丞羊玄保又彈兗州刺史鄭從之濫上布及加課租綿，免從之官，中丞傅隆不糾，免隆官。左丞陸展彈建康令丘珍孫、丹陽尹孔山士劫發不禽，免珍孫、山士官，中丞何勗不糾，亦免勗官。左丞劉矇彈青州刺史劉道隆失火燒府庫，免道隆官，中丞蕭惠開不糾，免惠開官。左丞徐爰彈右衛將軍薛安都屬疾不直，免安都官，中丞張永結免。澄謏聞膚見，貽撓後昆，上掩皇明，下籠朝識，請以見事免澄所居官。南齊書陸澄傳。

難王儉喪遇閏議

厭屈之典，由所尊奪，情故祥縞，備制，而年月不申。今以十一月而祥，從朞可知。既計以月數，則應數閏以成典。若猶含之，何以異於縞制。疑者正以祥之當閏，月數相懸，積分餘閏，麻象所弘。通典作私。計

月者數閏故有餘月計年者苞含故致盈積稱理從制有何不可南齊書禮志下又見通典一百五

薦臧榮緒啟

榮緒朱方隱者昔臧質在宋以國戚出牧彭岱引為行佐非其所好謝疾求免蓬廬守志漏濕是安灌蔬終老與友關康之沈深典素追古著書撰晉史十袠贊論雖無逸才亦足彌綸一代臣歲時往京口早與之遇近報其取書始方送出庶得備錄渠閣採異甄善南齊書臧榮緒傳

謝賜珮啟

傳詔宣敕賜臣玉珮一具製憖姬嬴寶冠荊越璇瑰鎮曜珩玦凝華采賁蓬楹響聞繩戶佩服載驚心容交惕初學記二十六

遜位啟

臣顧惟凡薄福過災生未能以正情自安遠慙彥輔既內懷耿介便覺晷刻難推叨職未久首歲便嬰疾篤爾來沈痼頻經危殆彌深憂震陛下曲存遲回或謂僉議同異此出於留慈每過愛欲其榮臣年四十有八叨忝若此以疾陳遜豈駭聽察總錄之任江左罕授上鄰亞台升降蓋微今受祿弗辭退紬斯願於臣名器非曰貶少萬物耳目皎然共見豈足仰延聖慮稍垂矜惜臣若內飾廉譽外循謙後此則憲書行劾刑綱是肅臣亦誠不能行亦幽明所不宥區區寸心歸啟以實自吝寸陰實願萬倍堯世昔王弘固請乃於司徒為衛將軍宋氏行之不疑當時物無異議以臣方之曾何足誠伏願恢闡宏猷賜開亭造則臣死之日猶生之年南齊書褚淵傳

答蕭領軍書

來告穎亮敬挹無已謙貶居心深承非飾此誠此旨久著言外況復造席舒衿迂翰緒意推情顧己信足書紳但今之所宜商推必以輕重相推世惟多難事屬雕弊四維恇擾邊氓未安國家費廣府藏須備北狄侵邊憂虞交切寓內含識尙為天下危心相與共荷任寄若此當可稍修廉退不求之懷抱實謂不可了其不可理無固執且勍寇窮凶勢過原燎蠻逆倉卒終古未聞常時懼惑當慮先定結壘新亭枕戈待敵斷決之策實有由然鋒鏑初交元惡送首總律制奇判於此舉裂邑萬戶登爵槐鼎亦何足少酬勳勞粗塞物聽今以近侍禁旅進昇中候乘平隨牒取此非叨濟河昔所履牧鎮軍秩不踰本詳校階序愧在未優就加沖損特虧朝制奉職數載同舟無幾劉領軍峻節霜明臨危不顧音迹未滌奄成今古遂塗失偶慟不及悲戎謨內寄恆務倍急秉操辭榮將復誰委誠惟軍柄所期自增茂圭社誓貫朝廷匹夫里語尙欲信厚君令必行逡巡何路凡位居物首功在眾先進退之宜當與眾共苟殉獨善何以處物受不自私彌見至公表裏詳究無而後可想體殊常深思然納南齊書褚淵傳元徽二年太祖既平桂陽遷中領軍領南兗州增戶邑太祖固讓與淵及衛軍袁粲書淵粲答

答何昌寓書

追風古人良以嘉歎但事既昭晦理有逆從建平初阻元徽未悖專欲委咎阮楊彌所致疑於時正亦謬參此機若審如高論其愧特深南齊書何昌寓傳

張沖

沖字思約吳郡吳人宋南兗州刺史永從兄子元嘉中辟州主簿除盱眙太守歷尚書駕部郎桂陽王征南中兵振威將軍征西從事中郎通直郎武陵王北中郎直兵參軍長水校尉寧朔將軍左軍將軍加輔國將軍出為馬頭太守徙盱眙太守永明中遷西陽王冠軍司馬假節青冀二州刺史鬱林即位進號冠軍將軍明帝即位加征虜將軍徙南梁郡太守除江夏王前軍長史東昏即位出為建安王征虜長史江夏內史行郢州事歷

持節南兗州司州郢州刺史。進征虜將軍。封定襄侯。永元三年。距梁武于郢城。病卒。贈散騎常侍護軍將軍。

乞斷穀啟

淮北頻歲不熟。今秋始稔。此境鄰接戎寇。彌須沃實。乞權斷穀過淮南。南史四十二崔思祖傳。

報鄧元起書

足下在彼。吾在此。表裏之勢。所謂金城湯池。一旦捨去。則荆棘生焉。梁書鄧元起傳。

明僧紹

僧紹字休烈。一字承烈。平原鬲人。宋元嘉中再舉秀才。永光中。鎮北府辟功曹。泰始末徵通直郎。昇明中徵記室參軍。齊受禪。徵正員外郎。永明初徵國子博士。並不就。

正二教論 道士有爲夷夏論者。故作此以正之。

及聞殊論。銳言置家。有懼誣聖。將明其歸。故先詳正所證二經之句。庶可兩悟幽律。

論稱道經云。老子入關之於天竺維衞國。國王夫人。名曰淸妙。老子因其晝寢。乘日之精。入淸妙口中。後年四月八日夜半時。剖右腋而生。墮地。卽行七步。舉手指天曰。天上天下。唯我爲尊。三界皆苦。何可樂者。於是佛道興焉。事在玄妙內篇。是漢中眞典。非穿鑿之書。正曰。道家之旨。具在老氏二經。敷玄之妙。備乎莊生七章。而得一盡靈。無聞形變之奇。彭殤均壽。未覩無死之唱。故恬其天和者。不務變常。安時處順。夫何取長生。若乘日之精。入口剖腋。年事不符。託異合說。稱非其有。誕議神化。秦漢之妄。妖延魏晉。言不經聖。何云眞典乎。

論稱佛經云。釋迦成佛。已有塵劫之數。或爲儒林之宗。國師道士。此皆成實正經。非方便之說也。正曰。佛經之宗。根明極教。而三世無得。俗諦覺道。非可事顯。然精深所會。定慧有徵於內。緣感所應。因果無妄於外。

人當作入

無當作先

奮當作舊

夫釋迦發窮源之眞唱。以明神道之所通也。故其練精研照。非養正之功。微善階極。異殆庶自崖。道濟在忘形。而所貴非全生。生生不貴。存存何功。忘功而功著。寂滅而道常。出乎無始。入乎無終。靡應非身。塵切非遐。此其所以爲教也。

論曰。二經之旨。若合符契。正曰。夫佛開三世。故圓應無窮。老止生形。則教極澆淯。所以在形之教。不議殊生。圓應之化。爰盡物類。是周孔老莊。誠帝王之師。而非前說之證。既闕塞異教。又違符合之驗矣。

論曰。道則佛也。佛則道也。正曰。既教有方圓。豈覩其同。夫由佛者固可以權老。學老者安取同佛。苟挾競慕高。撰會雜妄。欲因其同樹邪去正。是乃學非其學。自漏道囊。祗多不量。見恥守器矣。

論曰。其人不同。其爲必異。各成其性。不易其事。又曰。或昭五典。或布三乘。教在華而華言。化夷而夷語。又曰。佛道齊乎達化。而有夷夏之別。正曰。寂感遂通。在物必暢。佛以一音。隨類受悟。在夷之化。豈必三乘。教華之道。何拘五教。沖用因感。既夷華未殊。而俗之所異。孰乖聖則。雖其人不同。然其教自均也。

論曰。端委搢紳。諸華之容也。翦髮緇衣。羣夷之服也。正曰。將求理之所貴。宜無本禮俗。沿襲異道。唯其時物。故君子豹變。民文先革。顓孫膺訓。喪志學殷。夫致德部武。則禪代異典。後聖有作。豈限夷華。況由之極教。必拘國服哉。是以繫其恆方。而迷深動躓矣。水陸既變。致遠有節。舟車之譬。得無翩乎。而刻船守株。固以兩見所歸。

論曰。下棄妻孥。上廢宗祀。嗜欲之物。咸以禮伸。孝敬三典。獨以法屈。悖德犯順。曾莫之覺。又曰。全形守祀。繼善之教也。毀貌易性。絕惡之學也。理之可貴者道。事之可賤者俗。正曰。今以廢宗祀爲犯順。存嗜欲以申禮。則是孝敬三典。在我爲得。俗無必賤矣。毀貌絕惡。自彼爲鄙。道無必貴矣。愛俗拘奮。崇華尚禮。貴賤迭置。義成獨

粥當作鬻
本理當作卒埋
驗下脫之字

說徒欲蠱粥於凡觀。豈覬本理於聖言邪。

論曰。泥洹仙化。各是一術。佛號正眞。道稱正一。一歸無死。眞會無生。正曰。侯王得一而天下貞。莫議仙化。死而不亡者壽。不論無死。臆說誣濫。辭非而澤。大道既隱。小成互起。誠哉是言。其諸誣詭誘慢。欲以茍濟其違。求之聖言。固不容議矣。今之道家所教。唯以長生爲宗。不死爲主。其練映金丹。餐霞餌玉。靈升羽蛻。尸解形化。是其託術。驗而竟無覩其然也。又稱其不登仙。死則爲鬼。或召補天曹。隨其本福。雖大乖老莊立言本理。然猶可無違世教。損欲趣善。乘化任往。忘生生存存之旨。實理歸於妄。而未爲亂常也。至若張葛之徒。又皆離以神變化俗。怪誕惑世。符呪章劾。咸託老君所傳。而隨稍增廣。遂復遠引佛教。證成其僞。立言舛雜。師學無依。攷之典義。不然可知。將令眞妄渾流。希悟者永惑。莫之能辯。誣亂已甚矣。

客既悉於佛老之正。猶未値其津。今將更麤言其隈。而使自反焉。夫理照研心。二教兩得。乃可動靜兼盡。所遇斯乘也。老子之教。蓋修身治國。絕棄貴尚。事止其分。虛無爲本。柔弱爲用。內視反聽。深根寧極。渾思天元。恬高人世。浩氣養和。失得無變。窮不謀通。致命而俟。達不謀己。以公爲度。此學者之所以詢仰餘流。而其道若存者也。安取乎神化無方。濟世不死哉。其在調霞羽蛻。精變窮靈。此自繕積前成。生甄異氣。故雖記奇之者有之。而言理者弗由矣。稽之神功。爰及物類。大若麟鳳怪瑞。小則雀雉之化。夫既一受其形。而希學可致乎。至乃顏孔道鄰。覩貲納之極。固將仰蠢塵而止。欲從末由。則分命之不妄。有推之可明矣。故仲尼貴知命。而必有所不言。伯陽去奇尙。而固守以無爲。皆將以抑其誕妄之所自來也。然則窮神盡教。固由之有宗矣。道成事得。各會之有元矣。夫行業著於前生。而強學以求致其功。積習成於素懷。而橫暴以妄易其

敬當作驚
祜當作拓

懷。首燕求越。其希至何由哉。故學得所學。而學以成也。爲其可爲而爲可致也。則夫學鏡生靈。中天設教。觀象測變。存而不論。經世之深。孔老之極也。爲於未有。盡照窮緣。殊生共理。練僞歸眞。神功之正。佛教之弘也。是乃佛明其宗。老全其生。守生者蔽。明宗者通。然靜止大方。乃雖蔽而非妄。動由其宗。則理通而照極。故必德貴天全。自求其道。崇本貲通。功歸四大。不謀非然。守教保常。孔老之純。得所學也。超宗極覽。尋流討源。以有生爲塵毒。故息欲於君親。不敬議其化異。不執方而駭奇。妙寂觀以祜思。功積見而要來。則佛教之粹。明於爲也。故夫學得所學。則可以貲全生靈。而教導域中矣。明爲於爲。將乃滅習反流。而邈天人矣。過此已往。未之或知。洗慮之得。其將在茲。弘明集六。又略見齊書顧歡傳、南史顧歡傳。

檀超

超字悅祖。高平金鄉人。元嘉中爲州西曹。孝建中爲宣威府參

軍。遷直東宮。除驃騎參軍、宣城主簿、鎭北諮議。轉尚書度支郎、車騎功曹、桂陽內史。入爲殿中郎兼中書郎、零陵內史、征北驃騎記室、國子博士兼左丞。入齊。遷驍騎將軍、常侍、司徒右長史。

上表立國史條例

開元紀號。不取宋年。封爵各詳本傳。無假年表。立十志。律曆、禮樂、天文、五行、郊祀、刑法、藝文依班固。朝會、輿服依蔡邕、司馬彪。州郡依徐爰。百官依范曄。合州郡。班固五星載天文。日蝕載五行。改日蝕入天文志。以建元爲始。帝女體自皇宗。立傳以備甥舅之重。又立處士列女傳。南齊書檀超傳。建元二年。初置史官。以超與驃騎記室江淹掌史職。上表立條例。

沈淵

淵字□□。吳興武康人。宋侍中懷文第二子。永明中爲吏部郎。與兄淡弟沖俱歷御史中丞司直。

薦沈驎士表

吳興沈驎士。英風夙挺。峻節早樹。貞粹本於天然。綜博生乎篤習。家世孤貧。藜藿不給。懷書而耕。白首無倦。挾琴採薪。行歌不輟。長兄早卒。孤姪數四。攝厓鞠稚。吞苦推甘。年踰七十。業行無改。元嘉以來。聘召仍疊。玉質踰潔。霜操日嚴。若使聞政王庭。服道槐掖。必能孚朝規於邊鄙。播聖澤於荒陲。南齊書沈驎士傳。永明六年。吏部郎沈淵中書郎沈約表薦。徵太學博士。不就。

沈沖

沖字景綽。懷文第三子。歷撫軍正佐。兼記室。遷司徒錄事。出爲征虜長史潯陽太守。入齊爲太子中庶子。武帝即位。轉御史中丞。侍中。遷五兵尚書。卒贈太宰。諡曰恭子。

奏劾江謐

謐少懷輕躁。長習諂薄。交無義合。行必利動。特以奕世更局。見擢宋朝。而阿諛內外。貨賂公行。咎盈憲牘。戾彰朝聽。與金蓋寶。取容近習。以沈攸之地勝兵强。終當得志。委心託身。歲暮相結。以劉景素親屬望重。物應樂推。獻誠薦子。窺覦非望。時艱網漏。得全首領。太祖匡飭天地。方知遠圖。薄其艱洗之瑕。許其革音之効。加以非分之寵。推以不次之榮。列迹勳良。比肩朝德。以往昔微勤。刀筆小用。賞厠河山。任忝出入。輕險之性。在貴彌彰。貪昧之情。雖富無滿。重莅湘部。顯行斷盜。及居銓衡。肆意受納。連席同乘。皆誅黷舊侶。密筵閒讌。必貨賂常客。理合升進者。以爲己惠。事宜貶退者。並稱中旨。謂販鬻威權。姦自不露。欺主罔上。好議可掩。先帝寢疾彌留。人神憂震。謐託病私舍。曾無變容。國諱經旬。甫暫入殿。參訪遺詔。覘忖時旨。以身列朝流。宜蒙兼帶。先顧不逮。舊位無加。遂崇飾惡言。肆醜縱悖。譏誹朝政。訕毀皇猷。遍蚩忠賢。歷詆台相。至於藩岳入授。列代恆規。勳戚出撫。前王彝則。而謐妄發樞機。坐構蹤論。復敢貶謫儲后。不顧辭端。毀折宗王。每窮舌杪。皆云誥誓乖禮。崇樹

好當作奸

失宜。仰指天。俯畫地。希幸災故。以申積憤。犯上之跡既彰。反噬之情已著。請免官削爵土。收送廷尉獄治罪。南齊書江謐傳。

沈憲

憲字彥章。金紫光祿大夫演之從子。泰始中爲駕部郎。補烏程令。入齊。累遷少府卿左軍武陵王會稽司馬兼山陰令。永明中爲晉安王後軍長史廣陵太守。西陽王冠軍長史太守如故。後除散騎常侍。未拜卒。

求改二豫屬郡啟

二豫分置。以桑梁子亭爲斷。潁川汝陽在南譙歷陽界內。悉屬西豫。廬江居晉熙汝陰之中。屬南豫。求以潁川汝陽屬南豫。廬江還西豫。南齊書州郡志上。永明四年。

李安民

安民。蘭陵承人。宋孝武舉義。板建威將軍。積功至武衞將軍。明帝時。累遷寧朔將軍山陽太守。元徽初除司州刺史。領義陽太守。假節。徵授左將軍。加給事中。轉征虜將軍東中郎司馬。行會稽郡事。昇明初徵冠軍將軍南兖州刺史。加征虜將軍。進前將軍郢州刺史。還左衞將軍。領衞尉。齊受禪。爲中領軍。封康樂侯。遷領軍將軍。加散騎常侍。進侍中。武帝即位。遷撫軍將軍丹楊尹。進尚書左僕射。改授散騎常侍金紫光祿大夫。出爲安東將軍吳興太守。永明四年卒。贈鎮東將軍。諡曰肅侯。

斷募部曲表

自非淮北常備。其外餘軍。悉皆輸遣。若親近宜立隨身者。聽限人數。南齊書李安民傳。

謝超宗

超宗。陳郡陽夏人。宋臨川內史靈運孫。孝建初爲奉朝請。選補新安王子鸞國常侍。轉撫軍參軍。泰始初爲建安王司徒參軍

尙書殿中郎。遷司徒主簿、丹楊丞、建安王司徒記室正員郎、兼尙書左丞中郎。左遷通直常侍。高帝爲領軍。引爲長史、臨淮太守。徙義興太守。昇明中爲驃騎諮議。齊受禪。轉黃門郎。出爲南郡王中軍司馬。以怨望免。武帝卽位。使掌國史。除竟陵王征北諮議參軍。永明元年徙越州。行至豫章。賜死。

策秀才議

片辭折獄。寸言挫衆。魯史褒貶。孔論興替。皆無俟繁。而後秉裁。夫表事之淵。析理之會。豈必委曠。方切治道。非患對不盡問。患以恆文弗奇。必使一通峻正。寧劣五通而常。與其俱奇。必使一亦宜採。

南齊書謝超宗傳。宋泰始三年。都令史駱宰議策秀才考格。五問並得爲上。四三爲中。二爲下。一不合與第。超宗議云云。詔從宰議。

全齊文卷十四終

全齊文卷十五

烏程嚴可均校輯

張融

融字思光。一名少子。吳郡吳人。宋會稽太守暢子。孝建中爲新安王北中郎參軍。出爲封溪令。舉秀才。對策中第。除儀曹郎。攝祠倉二曹。兼掌正廚。解職爲安成王撫軍倉曹參軍。轉南陽王友。高帝辟爲太傅掾。歷驃騎豫章王司空諮議參軍。遷中書郎。齊受禪。歷長沙王鎮軍竟陵王征北諮議。並領記室。遷司徒從事中郎。永明中爲司徒右長史。遷黃門郎太子中庶子。司徒左長史。建武四年卒。有集二十七卷。又玉海集十卷。大澤集十卷。金波集六十卷。

海賦 并序

蓋言之用也。情矣形乎。使天形寅內敷情。敷外寅者。言之業也。吾遠職荒官。將海得地。行關入浪。宿渚經波。傅懷樹觀。長滿朝夕。東西無里。南北如天。反覆懸烏。表裏菟色。壯哉水之奇也。奇哉水之壯也。故古人以之頌。其所見吾問翰而賦之焉。當其濟興絕感。豈覺人在我外。木生之作。君自君矣。

分渾始地。判氣初天。作成萬物。爲山爲川。總川振會。導海飛門。爾其海之狀也。之相也。則窮區沒渚。萬里藏岸。控會河濟。朝總江漢。回混浩潰。巓倒發濤。浮天振遠。灌日飛高。揔撞則八紘摧隤。鼓怒則九紐折裂。㨶長風以舉波。漷天地而爲勢。㴩澤渀洽。來往相峷。汩㴔潿㴚。窣石成窟。西衝虞淵之曲。東振湯谷之阿。若木於是乎倒覆。折扶桑而爲渣。濩瀁潤渾。涫沏硍磊。渤淬淪灣。灩淺蘉從。湍轉則日月似驚。浪動而（藝文類聚作則）星河如覆。既裂太山與昆崙相壓而共潰。又盛雷車震漢破天以折轂。淩漣漩瀨。轆轉縱橫。揚珠起玉。流鏡飛明。是其回堆曲浦。欹關弱渚之形勢也。沙嶼相接。洲島相連。東西蕩潏。如滿于天。梁禽楚獸。胡木漢草之所生焉。長風動路。湲雲暗道之所經焉。苕苕蒂蒂。窅窅翳翳。晨烏宿於東隅。落河浪其西界。茫沆汴河。汩磈漫桓。旁踞委岳。橫竦危巒。重彰岌岌。攢嶺聚立。嵂磪崊嶔。架石相陰。陰巇隴隴。橫出旁入。嵬嵬磊磊。若相追而下及。峯勢縱橫。岫形參錯。或如前而未進。乍非遷而已卻。天抗暉於東曲。日倒麗於西阿。嶺集雪以懷鏡。巖照春而自華。江淬淊淊。㴋巖拍嶺。觸山磯石。汗澤濈沉。磈泱濈㴉。流柴碑岇。頓浪低波。碆砐硑折。嶺挫峯窣。浪硍硞。明山相磕。萬里靄靄。極路天外。電戰雷奔。倒地相磕。獸門象逸。魚路鯨奔。水遽龍魄。陸振虎魂。卻瞻無後。向望何前。長尋高眺。唯水與天。若乃山橫蹴浪。風倒摧波。磊若驚山竭嶺以竦石。鬱若飛煙奔雲以振霞。（藝文類聚作柯）連瑤光而交綵。接玉繩以通華。爾平夜滿。深霧晝密。長雲高河。滅景萬里無文。山門幽暖。岫戶葐蒕。九天相掩。五地交氛。汪汪橫橫。流流浩浩。淬潰大人之表。泱蕩君子之外。風沫相排。日閉雲開。浪散波合。岳起山隤。若乃漉沙構白。熬波出素。積雪中春。飛霜暑路。爾其奇名出錄。詭物無書。高岸乳鳥。橫門（藝文類聚作鳳）產魚。則何儸鱇鮨。鯈魞鰊鯖。哄日吐霞。吞河漱月。氣開地震。聲動天發。噴灑噦噫。流雨而揚雲。喬髗壯脊。架岳而飛墳。蹶動崩五山之勢。瞷睔煥七曜之文。蟕蠵埍蜂。（藝文類聚作墒堺）綺貝繡螺。玄朱互綵。綠紫相華。遊風秋瀨。泳景登春。伏鱗漬綵。昇魵洗文。若乃春代秋緒。歲去冬歸。柔風麗景。晴雲積暉。起龍塗於靈步。翔螭道之神飛。浮微雲之如夢。落輕雨之依依。觸巧塗而𧈅遠。抵欒木以激揚。浪相礴而起千狀。波獨湧乎驚萬容。蘋藻留映。荷芰提陰。扶容曼綵。秀遠華深。明藕移玉。清蓮代金。眄芬芳於遙渚。泓灼爍於長潯。浮艫雜軸。遊舶交艘。帷軒帳席。方遠連高。入驚波而箭絕。振排天之雄飆。越湯谷以逐景。渡虞淵以追月。徧萬里而無時。浹天地於揮忽。雖隼飛而未半。鯤龍趨而不遠。舟人未及復其喘。已周流宇宙之外矣。陰烏陽禽。春毛秋羽。遠翅風遊。高翮雲舉。翔歸棲去。連陰日路。瀾漲波渚。陶玄浴素。長紘四斷。平表九絕。雉翥成霞。鴻飛起雪。合聲鳴侶。並翰翻羣。飛閱溢繡。流浦照文。爾夫人微亮氣。小白如淋。涼空澄遠。增漢無陰。照天容於鯑渚。鏡河色於魦潯。括蓋餘以進廣。浸夏洲以洞深。形每驚而義維靜。跡有事而道無心。於是乎山海藏陰。雲塵入岫。天英偏華。日色盈秀。則若士神中。琴高道外。袖輕羽以衣風。逸玄裾於雲帶。筵秋月於源潮。帳春霞於秀瀨。曬蓬萊之靈岫。望方壺之妙闕。樹遏日以飛柯。嶺回峯以蹴月。空居無俗。素館何塵。谷門風道。林路雲眞。若乃幽崖陁陆。隈隩之窮。駭波虎浪之氣。激勢之所不攻。有卉有木。爲灌爲叢。路糅綱雜。結葉相籠。通雲交拂。連韻共風。蕩洲礉岸。而千里若崩。衝崖沃島。其萬國如戰。振駭氣以擺雷。飛雄光以倒電。若夫增雲不氣。流風斂聲。瀾文復動。波色還驚。明月何遠。沙裏分星。至其積珍全遠。架寶諭深。瓊池玉壑。珠岫珂岑。合日開夜。舒月解陰。珊瑚開纈。瑠璃竦華。丹文鏡色。雜照冰霞。洪洪潰潰。浴干日月。淹漢星墟。滲河天界。風何本而自生。雲無從而空滅。籠麗色以拂煙。鏡懸暉以照雪。爾乃方員去我。混然落情。氣暄而濁。化靜自清。心無終故不滯。志不敗而無成。既覆舟而載舟。固以死而以生。弘芻狗於人獸。導至本以充形。雖萬物之日用。諒何緯其何經。道湛天初。機茂形外。亡有所以而有。非膠有於生末。亡無所以而無。信無心以入太。不動動是使山岳相崩。不聲聲故能天地交泰。行藏虛於用舍。應感亮於圓會。仁者見之謂之仁。達者見之謂之達。咶者幾於上善。吾信哉其爲大矣。南齊書張融傳。藝文類聚八。

與豫章王嶷請宥朱謙之

禮開報仇之典。㠯申孝義之情。法斷相殺之條。㠯表權時之制。謙之揮刃酬冤。既申私禮。繫頸就死。又明公法。今仍殺之。則成當世罪人。宥而活之。即爲盛朝孝子。殺一罪人。未足弘憲。活一孝子。實廣風德。張緒陸澄。是其鄉舊。應具來由。融等與謙之並不相識。區區短見。深有恨然。南齊書孝義朱謙之傳。謙之吳郡錢唐人。所生母亡。假葬田側。爲族人朱幼方燎火所焚。永明中。手刃殺幼方。詣獄自繫。別駕孔稚珪兼記室劉璡司徒左西掾張融牋與刺史豫章王。

與從叔征北將軍永書

融昔稱幼學。早訓家風。雖則不敏。率以成性。布衣韋席。弱年所安。簞食瓢飲。不覺不樂。但世業清貧。民生多待。榛栗棗修。女贄既長。束帛禽鳥。男禮已大。勉力就官。十年七仕。不欲代耕。何至此事。昔求三吳一丞。雖屢舛錯。今聞南康缺守。願得爲之。融不知階級。階級亦可不知。融政以求丞不得。所以求郡。求郡不得。亦可復求丞。南齊書張融傳。

與吏部尚書王僧虔書

融天地之逸民也。進不辨貴。退不知賤。兀然造化。忽如草木。實以家貧累積。孤寡傷心。八姪俱孤。二弟頗弱。撫之而感。古人以悲。豈能山海陋祿。申融情累。阮籍愛東平土風。融亦欣晉平閑外。南齊書張融傳。

與從兄吳郡太守環書

吳郡何晚。何須王反。聞之嗟驚。乃是阿兄。南史三十一。

以門律致書周顒等諸游生

吾門世恭佛。舅氏奉道。道也與佛。逗極無二。寂然不動。致本則同。感而遂通。達迹成異。其猶樂之不沿不隔。五帝之祕。禮之不襲。三皇之聖。豈三與此皆殊時。故不同其風。異世故不一其義。安可輒駕庸愚。誣調神極。吾見道士與道人戰儒墨。道人與道士獄是非。昔有鴻飛天道。積遠難亮。越人以爲鳧。楚人以爲乙。人自楚越耳。鴻常一鴻乎。夫澄本雖一。吾自俱宗其本。鴻迹既分。吾已翔其所集。汝可專遵於佛迹。而無侮於道本。書與二何兩孔。周剡山茨。弘上門律（弘明作門論）少子致書諸游生者曰。張融白。鳥哀鳴於將死。人善言於就暮。頃既病甚。生衰。此亦魂留喪氣。況驚舟失柂於空壑。山足無絆於澤中。故視陰之間。雖才每遠。不縫不徙也。欲使魄後餘意纖墨弟姪。故爲門律。數感其一章。通源二道。今奏諸賢。以爲何若。（弘明集六。南史七十五顧歡傳。融著通源之論。其名少子。）

荅周顒書幷荅所問

張融白。吾未能忘身。故有情身分外既化極魂。首復爲子弟留地。不欲使方寸舊都日夜荒沒。平生所困。橫植而草。所以製是門律。以律其門。非佛與道。門將何律。故告氣綏命。憑魄申陰。數感十應。通源定本。實欲足下發予奇意。果能翔牘起情。妙見正析。既赴所志。今爲子言。

周之問曰。論云。致本則同。請問何義。是其所謂本乎。荅彼周曰。夫性靈之爲性。能知者也。道德之爲道。可知者也。能知而不知所可知。非能知之義。可知而不爲能知所知。非夫可知矣。故知能知必赴於道。可知必知所赴。而下士雷情波照。鼓欲喿神。精明畢動。識用沈蔼。所以倒心下灌。昭隔於道。至若伯陽專氣致柔。停虛任魄。載營抱壹。居凝通靜。靜唯通也。則照無所沒。魄緒停虛。故融然自道。足下欲使伯陽不靜。盜可而得乎。使靜而不怕。道亦于何而可得。今既靜而兩神。神靜而道二。吾未之前聞也。故逗極所以一爲性遊簡且韻猖狂。曠不能復行。次戢思定霸宇內。但敷生靈以疎志。庶足下罔象以捫珠。是以則帝屬五而神常一。皇有三而道無二。鳧乙之交。定者鴻乎。吾所目直其繩矣。

周之問曰。言道家者。豈不以二篇爲主。言佛教者。亦應以般若爲宗。二篇所貴。義極虛無。般若所觀。照窮法性。虛無法性。其寂雖同。住寂之方。其旨則別。荅彼周曰。法性雖以即色圖空。虛無誠乃有外張義。然環會其所中。足下當加以半思也。至夫遊無蕩思。心塵自拂。思以無蕩。一舉形上。是雖忘有老如濤釋。然而有忘釋不伐老。當其神地悠悠。精和坐廢。寂然以滿其神。遂通以沖其用。登其此地。吾不見釋家之與老氏。陟其此意。吾孰識老氏之與釋家。逗極之所以無二。親情故妙得其一矣。直以物感既分。應物難合。令萬象與視聽交錯。視聽與萬象相橫。著之既已深。御之必方淺。所以苦下之翁。且藏即色。順其所有。不震其情。尊其所無。漸情其順。及物有潛去。人時欲無。既可西風晝舉而致南精夕夢。漢魂中寐。不其可乎。若鄉謂老氏不盡乎無。則非期於得意。若鄉謂盡無而不盡有。得意復爽吾所期。鄉若疑老氏盡有而不亮以教。則釋家有盡。何以峻迹。斯時鄉若以釋家時宜迹峻。其猶老氏時峻此迹。逗極之向。茲焉余意。

周之問曰。論云。時殊故不同其風。是佛教之異於道也。世異故不一其義。是道言之乖於佛也。道佛兩殊。非鳧則乙。荅彼周曰。非鳧則乙。迹固然矣。迹固其然。吾不復荅。但得其世異時殊。不宜異其所以之異。

周之問曰。未知高鑒。緣何識本。荅彼周曰。綜識施本。已吐前牘。吾與老釋相識正如此。正復是目擊道斯存。鄉欲必曲鞠其辭。吾不知更所以自訟。

自擊之自當作目

周之問曰。若猶取二教以位其本。恐戰獄方興。未能聽訟也。荅彼周曰。得意有本。何至取教。

周之問曰。若雖因二教同測教源者。則此教之源。每沿教而見矣。荅彼周曰。誠哉有是言。吾所以見道未壹於佛。但吾之即此言。則有奇即耳。

周之問曰。自應鹿巾環杖。悠然自擊。儒墨闇闇。從來何諍。荅彼周曰。虞芮二國之鬭田。非文王所知也。碎白玉以泯鬭。其別有尊者乎。況夜戰一鴻。妄申鳧乙。斯自鹿巾之空負頭上。環杖之自誣掌

同寄之同當作何

中吾安得了之哉
周之問曰苟合源共是分迹雙非則二跡之用宜均去取奚爲翔
集所向勤務唯佛專氣抱一無謹於道乎答彼周曰應感多端神
情數廣吾不翔翮於四果卿尚無疑其集佛吾不翔翮於五通而
於集道復何晦且寶聖宜本迹匪情急翔吾已有所集方復移其
翔者邪卿得其無二於兩楹故不峻督其去取
周之問曰吾則心持釋訓業愛儒言未知足下雅意佛儒安在爲
當本一末殊爲本末俱異邪答彼周曰吾乃自元混百聖同投一
極而近論通源儒不在議足下今極其儒當欲列儒圍道故無屬
垣耳隙思潛師夜以遂圖掩天城恐難升之險非子所躋則吾見
師之出不見其入也吾已謂百聖同所投同容本末俱其異更以
瀝勢倒兵恣卿智勇吾之勇智自縱橫湊出 弘明集六

與周顒書論釋法寵

古人遺族故留兒女法寵法師絕塵如棄唾若斯之志大矣遠矣
續高僧傳 法寵姓馮南陽冠軍人寓海鹽納妻半年捨家住興皇寺從道猛曇濟學成實論融與顒書稱之

全齊文卷十五 張融 七

門律自序

吾文章之體多爲世人所驚汝可師耳以心不可使耳爲心師也
夫文豈有常體但以有體爲常政當使常有其體丈夫當刪詩書
制禮樂何至因循寄人籬下且中代之文道體闕變尺寸相資彌
縫舊物吾之文章體亦何異何嘗顛溫涼而錯寒暑綜哀樂而橫
歌哭哉政㠯屬辭多出比事不羈不阡不陌非途非路耳然其傳
音振逸鳴節竦韻或當未極亦已極其所矣汝若復別得體者吾
不拘也吾義亦如文造次乘我顛沛非物吾無師無友不文不句
頗有孤神獨逸耳義之爲用將使性入情波塵洗猶沐無得釣聲
同利舉價如高俾是道場險成軍路吾昔嗜僧言多肆法辯此盡
遊乎言笑而汝等無幸 南齊書張融傳

人生之口正可論道說義惟飲與食此外如樹網焉吾每以不爾
爲恨爾曹當振綱也 同上

白日歌序

懸象著明莫大乎日月而彼日月不能不謝固知無準衰爲盛之
終盛爲衰之始故爲白日歌□□□□□□□□

遺令

吾生平所善自當淩雲一笑三千買棺無製新衾左手執孝經老
子右手執小品法華經妾二人哀事畢各遣還家 南齊書張融傳
㠯吾平生之風調何至使婦人行哭失聲不須暫停閨閤 同上

戒子

手澤存焉父書不讀況文音情婉在其韻吾意不然別遺爾音吾
文體英絕變而屢奇既不能遠至漢魏故無取嗟晉宋豈吾天挺
蓋不隤家聲汝若不看父祖之意欲汝見也可號哭而看之 南齊書張融傳

全齊文卷十五 張融 八

防墓

孔子既得合葬於防言既得明未葬時未知墓處也雖仲由之言
亦孔子不知其墓若徵在見娉則當言墓以告孔子何得不知其
墓 通典一百三齊張融評

王玄載

玄載字彥休下邳人宋左光祿大夫玄謨從弟爲江夏王國侍
郎太宰參軍泰始初爲長水校尉歷冠軍將軍徐州刺史寧朔
將軍領山陽東海二郡太守進督青兗二郡刺史遷左軍將軍
改冠軍將軍南豫州刺史遷撫軍司馬出爲秦梁二州刺史進
號征虜將軍從益州刺史建寧太守昇明中進號後軍將軍封
鄂縣子齊受禪入爲左民尚書領廣陵加平北將軍假節行南
兗州事進光祿大夫員外散騎常侍出爲平北將軍兗州刺史

永明六年卒。年七十六。謚曰烈子。

釋菩恆讚

大覺眇無像。懸應貴忘情。一念會道場。空過万劫永。信心虛東想。遇聖蔭西影。妙趣澄三界。傳神四禪境。俗物故參差。真性理恆炳。韜光寄浮世。遺德方化迴。高僧傳十一。法苑珠林一百一。

江謐

謐字令和。濟陽考城人。仕宋孝武爲奉朝請、輔國參軍、于湖令。明帝即位。以爲驃騎參軍。轉尚書度支郎。遷右丞。兼比部郎。出爲建平王景素冠軍長史、長沙內史。行湘州事。免。元徽初爲武帝鎮軍長史、廣陵太守。入爲游擊將軍。領尚書左丞。昇明初。遷黃門侍郎、吏部郎、太尉諮議錄事參軍。齊臺建。爲右衛將軍。及受禪。遷侍中。出爲長沙內史。行湘州事。尋爲湘州內史。封永新縣伯。進左民尚書。武帝即位。出爲征虜將軍、鎮北長史、南東海太守。未及行。賜死。

奏劾孫敻

敻先不研辨。混同謬議。准以事例。亦宜及咎。南齊書江謐傳。泰始四年。江夏王義恭第十五女卒。年十九。未笄。禮官議從成人服。諸王服大功。左丞孫敻重奏云云。見全宋文。謐又奏。

陸澄

部當作郡

澄字彥淵。吳郡吳人。仕宋爲太學博士、中軍衛軍府佐、太宰參軍、太常丞、部主簿、北中郎參軍。泰始初爲尚書殿中郎。轉通直郎。兼中書郎。轉兼左丞。又轉著作正員郎。歷安成東海太守。遷御史中丞。齊受禪。坐事白衣領職。尋轉給事中、祕書監。遷吏部。復爲祕書監。領國子博士。遷都官尚書。武帝即位。出爲輔國將軍、鎮北鎮軍二府長史、廷尉。領驍騎將軍。轉度支尚書。領國子博士。轉散騎常侍、祕書監、吳郡中正、光祿大夫。加給事中。領國子祭酒。隆昌元年轉光祿大夫。未拜卒。年七十。謚靖子。

上表自理

周稱舊章。漢言故事。爰自河雒。降逮淮海。朝之憲度。動尚先準。若乃任情違古。率意專造。豈謂酌諸故實。擇其茂典。案遐啟彈新除諮議參驃騎大將軍事沈憲、太子庶子沈曠。并弟息敕付建康。而憲被使。曠受假。俱無歸罪事狀。臣以不糾憲等爲失。伏尋晉宋左丞案奏。不乏於時。其及中丞者。從來殆無。王獻之習達朝章。近代之宗。其爲左丞。彈司徒屬王濛悼罰自解。腳疾遊行。初不及中丞。桓祕不奔山陵。左丞鄭襲不彈祕。直彈中丞孔欣時。又云。則攝蘭臺檢校。此德彈中丞之謂。唯左丞庾登之奏鎮北檀道濟北伐不進。致虎牢陷沒。蕃岳宰臣。引咎謝愆。而責帥之劾。曾莫奏聞。請收治道濟。免中丞何萬歲。夫山陵情敬之極。北伐專征之大。祕霸季之責。道濟元勳之盛。所以咎及南司。事非常憲。然祕事猶非及中丞也。今若以此爲例。恐人之貴賤。事之輕重。物有其倫。不可相方。左丞江奧彈段景文。又彈裴方明。左丞甄法崇彈蕭珍。又彈杜驥。又彈段國。又彈范文伯。左丞羊玄保又彈蕭汪。左丞殷景熙彈張仲仁。兼左丞何承天彈呂萬齡。並不歸罪。皆爲重劾。凡茲十彈。

驟當作驟

差是驟曠之比。悉無及中丞之議。左丞荀萬秋、劉藏、江謐彈王僧朗、王雲之、陶寶度。不及中丞。最是近例之明者。謐彈在今龕覽之後。事行聖照。遠取十奏。近徵二案。自宜依以爲體。豈得捨而不遵。臣竊此人乏。謬奉國憲。今邀所糾。既行一時。若默而不言。則向爲來準。後人被繩。方當追請素飡之責。貽塵千載。所以備舉顯例。引通國典。雖有愚心。不在微躬。請出臣表付外詳議。若所陳非謬。裁由天鑒。南齊書陸澄傳。建元元年。驃騎諮議沈憲等坐家奴客爲劫。子弟被劾。憲等晏然。左丞任遐奏澄不糾。請免澄官。澄上表自理。

皇弟休倩殤服議

案禮有成人之道。則不爲殤。今既追蕃土宇。遠崇封秩。珪戟備典。

成孰大焉。典文式昭。殤名去矣。夫嘉偶在室。元服表身。猶以免殤子之制。全丈夫之義。安有名須爵首。而可服以殤禮。宋書禮志二。孝建元年六月，有司奏故第十六皇弟休倩夭年始及殤，追贈諡東平沖王，服制未有成準。勅下禮官詳議。太學博士陸澄議云云。又見通典八十二。

重議

竊謂贈之爲義。所以追加名器。故贈公者便成公。贈卿者便成卿。贈之以王。得不爲王乎。然則有在生而封。或旣沒而爵。俱受帝命。不爲吉凶殊典。同備文物。豈以存亡異數。今璽策咸秩。是成人之禮。羣后臨哀。非下殤之制。若喪用成人。親以殤服。末學含疑。未之或辯。敢求詳衷。如所稱。宋書禮志二、通典八十二。

廟祠有故還日議

案周禮宗伯之職。若王不與祭祀。則攝位。鄭君曰。王有故。行其祭事也。臣以爲此謂在致齋。祭祀盡備。神不可瀆。齋不可久。而王有他故。則使有司攝焉。晉太始七年四月。世祖將親祠於太廟。庚戌。車駕夕牲。辛亥雨。有司行事。此雖非人故。蓋亦天硋也。求之古禮。未乖周制。案禮記。孔子荅曾子。當祭而日蝕。太廟火。如牲至未殺則廢。然則祭非無可廢之道也。但權所爲之輕重耳。日蝕廟火。變之甚者。故乃牲至尚猶可廢。推此而降。可以理尋。今散齋之內。未及致齋。而有輕哀甚雨。日時展事。可以延敬。不愆義情。無傷正典。改擇令日。夫何以疑。愚謂散齋而有舉哀若雨。可更還日。唯人致齋及日月逼晚者。乃使有司行事耳。又前代司空顧和啟。南郊車駕已出。遇雨宜還日更郊。事見施用。郊之與廟。其敬可均。至日猶還。況散齋邪。宋書禮志四。大明三年。太常丞陸澄議。

皇太子冕服議

服冕以朝。實著經典。秦除六冕之制。至漢明帝始與諸儒還備古章。自魏晉以來。宗廟行禮之外。不欲令臣下服袞冕。故位公者每

加侍官。今皇太子禮絕羣后。宜遵聖王之盛典。革近代之陋制。臣等參議。依禮。皇太子元正朝賀。應服袞冕九章衣。以仲起議爲允。撰載儀注。宋書禮志五。泰始六年。兼左丞陸澄議。又見南齊書陸澄傳。

南郊明堂異日議

遺文餘事。存乎舊書。郊宗地近。勢可共日。不共者。義在必異也。元始五年正月六日辛未。郊高皇帝以配天。二十二日丁亥。宗祀孝文於明堂。以配上帝。永平二年正月辛未。宗祀五帝於明堂。光武皇帝配。章帝元和二年。巡狩岱宗。柴祭。翌日。祠五帝於明堂。柴山祠地。尚不共日。郊堂宜異。於例益明。陳忠奏事云。延光三年正月十三日南郊。十四日北郊。十五日明堂。十六日宗廟。十七日世祖廟。仲遠五祀。紹統五供。與忠此奏。皆爲相符。高堂隆表。二郊及明堂宗廟各一日。摯虞新禮議。明堂南郊間三兆。禋天饗帝共日之證也。又上帝非天。昔人言之已詳。今明堂用日。宜依古在北郊後。漢唯南郊備大駕。自北郊以下。車駕十省其二。今祠明堂。不應大駕。南齊書禮志上。永明二年。尚書陸澄議。

與王儉書

易近取諸身。遠取諸物。彌天地之道。通萬物之情。自商瞿至田何。其間五傳。年未爲遠。無訛雜之失。秦所不焚。無崩壞之弊。雖有異家之學。同以象數爲宗。數百年後。乃有王弼。王濟云。弼所悟者多。何必能頓廢前儒。若謂易道盡於王弼。方須大論。意者無乃仁智殊見。四道異傳。無體不可以一體求。屢遷不可以一遷執也。晉太興四年。太常荀崧請置周易鄭玄注博士。行乎前代。于時政由王庾。皆儁神清識。能言玄遠。捨輔嗣而用康成。豈其妄然。泰元立王肅易。當以在玄弼之間。元嘉建學之始。玄弼兩立。逮顏延之爲祭酒。黜鄭置王。意在貴玄。事成敗儒。今若不大弘儒風。則無所立學。衆經皆儒。惟易獨玄。玄不可棄。儒不可缺。謂宜並存。所以合無體

之義。且爾於注經中已舉繁辭。故不復別注。今若專取爾易。則繫說無注。左氏泰元取服虔。而兼取賈逵經。服傳無經。雖在注中。而傳又有無經者故也。今留服而去賈。則經有所闕。案杜預注傳。王爾注易。俱是晚出。並貴後生。杜之異古。未如王之奪實。祖述前儒。特舉其違。又釋例之作。所引惟深。穀梁泰元舊有麋信注。顏益以范甯麋猶如故。顏論閏分范注當以同我者親。常謂穀梁劣公羊。爲注者又不盡善。竟無及公羊之有何休。恐不足兩立。必謂范善。便當除麋。世有一孝經。題爲鄭玄注。觀其用辭。不與注書相類。案玄自序所注衆書。亦無孝經。且爲小學之類。不宜列在帝典。南齊書陸澄傳。南史四十八陸澄傳。

法論目錄序

第一論或列篇立第兼明衆義者。今總其宗致。不復摘分。合之則體全。別之則文亂。置難形神。擬譬薪火。庾闡發其議。謝瞻廣其意。

然桓譚未及聞經。先著此言。有足奇者。宜其綴附也。牟子不入教門。而入緣序。以特載漢明之時。像法初傳故也。魏祖荅孔。是知英人開尊道之情。習生貽安。則見令主弘信法之心。所以有取二書。指存兩事。又支遁敷翰遠國。述江南僧業。故兼錄。釋藏百二。宋明帝敕中書侍郎陸澄撰法論目錄序。

顧測

測爲揚州主簿。

與太守蕭緬牋論陸澄

澄欲遂子弟之非。未近義方之訓。此趨販所不爲。況搢紳領袖。儒宗勝達乎。南齊書陸澄傳。測以兩奴就澄弟鮮質錢。鮮死。子暐誣爲賣券。澄爲中丞。測與書相往反。後又牋與太守蕭緬。測遂爲澄所排抑。

全齊文卷十五終

全齊文卷十六

烏程嚴可均校輯

祖沖之

沖之字文遠，范陽薊人，晉侍中台之曾孫。宋大明中爲南徐州從事參軍，出爲婁縣令，歷謁者僕射。入齊，永明中轉長水校尉。永元二年卒，年七十有二。有集五十一卷。

上新厤表

臣博訪前墳，遠稽昔典，五帝蹟次，三王交分，春秋朔氣，紀年薄蝕，談遷載述，彪固列志，魏世注厤，晉代起居，探異今古，觀要華戎，書契以降，二千餘稔，日月離會之徵，星度疏密之驗，專功耽思，咸可得而言也。加以親量圭尺，躬察儀漏，目盡毫釐，心窮籌筴，考課推移，又曲備其詳矣。然而宋志無南齊書有古厤疏舛，類不精密，羣氏糾紛，莫審其會。尋何承天所上，意存改革，而置法簡略，今已乖遠。以臣校之，三覩厥謬：日月所在，差覺三度；二至晷影，幾失一日；五星見伏，至差四旬，留逆進退，或移兩宿。分至失實，則節閏非正；宿度違天，則伺察無準。臣生屬聖辰，詢逮在運，敢率愚瞽，更創新厤。謹立改易之意有二，設法之情有三。改易者一：以舊法一章十九歲有七閏，閏數爲多，經二百年輒差一日。節閏既移，則應改法，厤紀屢遷，實由此條。今改章法三百九十一年有一百四十四閏，令却合周漢，則將來永用，無復差動。其二：以堯典云「日短星昴，以正仲冬」。以此推之，唐世冬至日在今宿之左五十許度。漢代之初，用秦厤，冬至日在牽牛六度。漢武改立太初厤，冬至日在牛初。後漢四分法，冬至日在斗二十二。晉世姜岌以月蝕檢日，知冬至在斗十七。今參以中星，課以蝕望，冬至之日在斗十一。通而計之，未盈百載，所差二度。舊法並令冬至日有定處，天數既差，則七曜宿度漸與舛訛。乖謬既著，輒應改易。僅合一時，莫能通遠，遷革不已，又由此

條。今令冬至所在，歲歲微差，卻檢漢注，並皆審密，將來久用，無煩屢改。又設法者，其一：以子爲辰首，位在正北，爻應初九斗氣之端，虛爲北方列宿之中。元氣肇初，宜在此次。前儒虞喜，備論其義。今厤上元日度，發自虛一。其二：以日辰之號，甲子爲先，厤法設元，應在此歲。而黃帝以來，世代所用，凡十一厤，上元之歲，莫値此名。今厤上元歲在甲子。其三：以上元之歲，厤中衆條，並應以此爲始。而景初厤交會遲疾，元首有差。又承天法，日月五星，各自有元，交會遲疾，亦並置差，裁得朔氣合而已，條序紛錯，不及古意。今設法日月五緯，交會遲疾，悉以上元歲首爲始，羣流共源，庶無乖誤宋志作實精古法。若夫測以定形，據以實效，懸象著明，尺表之驗可推，動氣幽微，寸管之候不忒。今臣所立，易以取信。但綜覈始終，大存緩密宋志作整密。革新變舊，有約有繁。用約之條，理不自懼；用繁之意，顧非謬然。何者？夫紀閏參差，數各有分，分之爲體，非細不密。臣是用深惜毫釐，以全求妙之準；不辭積累，以成永定之製。非爲思而莫悟，知而弗改也。竊恐讚有然否，每崇遠而隨近；論有是非，或貴耳而賤目。所以竭其管穴，俯洗同異之嫌，披心日月，仰希葵藿之照。已上八句宋志有齊書無若臣所上，萬一可采，伏願頒宣羣司，賜垂詳究。已下二句宋志有齊書無庶陳錙銖，少增盛典。宋書厤志下，大明六年。南齊書祖沖之傳。

辯戴法興難新厤

臣少銳思尙，專功數術，搜練古今，博采沈奧。唐篇夏典，莫不揆量；周正漢朔，咸加該驗。罄策籌之思，究疏密之辨。至若立員舊誤，張衡述而弗改；漢時解銘，劉歆詭謬其數，此則算氏之劇疵也。乾象之弦望定數，景初之交度周日，匪謂測候不精，遂乃乘除翻謬，斯又厤家之甚失也。及鄭玄、闞澤、王蕃、劉徽，並綜數藝，而每多疏舛。臣昔以暇日，撰正衆謬，理據炳然，易可詳密，此臣以俯信偏識，不虛推古人者也。按何承天厤，二至先天，閏移一月，五星見伏，或違

微當作徵

四匃列差妄設當益反損皆前術之乖遠臣厤所改定也既沿波以討其源刪滯以暢其要能使躔次上通晷管下合反以譏詆不其惜乎尋法興所議六條並不造理難之關楗請陳其目其一日度歲差前法所略臣據經史辨正此數而法興設難微引詩書三事皆謬其二臣校晷景改舊章法法興立難不能有詰直云恐非淺慮所可穿鑿其三次改方移臣無此法求術意謬橫生嫌貶其四厤上元年甲子術體明整則苟合可疑其五臣其厤七曜咸始上元無隙可乘復云非凡夫所測其六遲疾陰陽法興所未解誤謂兩率日數宜同凡此衆條或援謬目譏或空加抑絕未聞折正之談厭心之論也謹隨詰洗釋依源徵對仰照天暉敢罄管穴法興議曰夫二至發斂南北之極日有恆度而宿無改位故古厤冬至皆在建星沖之曰周漢之際疇人喪業曲技競設圖緯實繁或借號帝王以崇其大或假名聖賢以神其說是以讖記多虛桓譚

知其矯妄古厤舛雜杜預疑其非眞按五紀論黃帝厤有四法顓頊夏周並有二術詭異紛然則孰識其正此古厤可疑之據一也夏厤七曜西行特違衆法劉向以爲後人所造此可疑之據二也殷厤日法九百四十而乾鑿度云殷厤以八十一爲日法若易緯非差殷厤必妄此可疑之據三也顓頊厤元歲在乙卯而命厤序云此術設元歲在甲寅此可疑之據四也春秋書食有日朔者凡二十六其所據厤非周則魯以周厤考之檢其朔日失二十五魯厤校之又失十三二厤並乖則必有一僞此可疑之據五也古之六術並同四分四分之法久則後天以食檢之經三百年輒差一日古厤課今其甚疏者朔後天過二日有餘以此推之古術之作皆在漢初周末理不得遠且卻校春秋朔並先天此則非三代以前之明徵矣此可疑之據六也尋律厤志前漢冬至日在斗牛之際度在建星其勢相鄰自非帝者有造則儀漏或闕豈能窮密盡

微纖毫不失建星之說未足證矣法興議曰戰國橫騖史官喪紀爰及漢初格候莫審後雜覘知在南斗二十二度元和所用即與古厤相符也逮至景初終無毫忒沖之曰占術訛雜其詳闕聞乙卯之厤秦代所用必有效於當時故其言可徵也漢武改創檢課詳備正儀審漏事在前史測星辨度理無乖遠今議者所是不實見所非徒爲虛妄辨彼駁此既非通談運今背古所誣誠多偏據一說未若兼今之爲長也景初之法實錯五緯今則在衡口至曩已移日蓋略治朔望無事檢候是以晷漏昏明並即元和二分異景尚不知革日度微差宜其謬矣法興議曰書云日短星昴以正仲冬直以月推四仲則中宿常在衛陽羲和所以正時取其萬代不易也沖之以爲唐代冬至日在今宿之左五十許度遂虛加度分空撤天路沖之曰書以四星昏中審分至者據人君南面而言也且南北之正其詳易準流見之勢中天爲極先儒注述其義僉

會當作曾

同而法興以爲書說四星皆在衛陽之位自在巳地進失向方退非始見迂迴經文以就所執違訓詭情此則甚矣捨午稱巳午上非無星也必據中宿餘宿豈復不足以正時若謂舉中語兼七列觜參尙隱則不得言昴星雖見當云伏矣奎婁已見復不得言伏見缺

不得以爲辭則名將何附若中宿之通非允當宜謹檢經旨直云星昴不自衛陽衛陽無自顯之義此談何因而立苟理無所依則可愚辭成說會泉桑野皆爲明證分至之辨竟在何日循復再三竊深歎息法興議曰其置法所在近違半次則四十五年九月率移一度沖之曰元和日度法興所是唯徵古厤在建星以今考之臣法冬至亦在此宿斗二十二了無顯證而虛貶臣厤乖差半次此愚情之所駭也又年數之餘有十一月而議云九月涉數每乖皆此類也月盈則食必在日衝以檢日則宿度可辨請據效以課疏密按太史注記元嘉十三年十二月十六日中夜月蝕

蠱在鬼四度。以衡計之。日當在牛六。依法興議曰在女七。又十四年五月十五日。丁夜月蝕盡在斗二十六度。以衡計之。日當在井三十。依法興議曰日在柳二。又二十八年八月十五日。丁夜月蝕。在奎十一度。以衡計之。日當在角二。依法興議曰。日在角十二。又大明三年九月十五日。乙夜月蝕盡在胃宿之末。以衡計之。日當在氐十二。依法興議曰。日在心二。凡此四蝕。皆與臣法符同。纖毫不爽。而法興所據。頓差十度。違衡移宿。顯然易覩。故知天數漸差。則當式遵以爲典。事驗昭晳。豈得信古而疑今。法興議曰。在詩七月流火。此夏正建申之時也。定之方中。又小雪之節也。若冬至審差。則豳公火流。晷長一尺五寸。楚宮之作。晝漏五十三刻。此詭之甚也。沖之曰。臣按此議。三條皆謬。詩稱流火。蓋略舉西移之中。以爲驚寒之候。流之爲言。非始動之辭也。就如始說。冬至日度在斗二十二。則火星之中。當在大暑之前。豈鄰建申之限。此專自攻糾。

非謂矯失。夏小正。五月昏。大火中。此復在衛陽之地平。又謂臣所立法。楚宮之作。在九月初。按詩傳箋。皆謂定之方中者。室壁昏中。形四方也。然則中天之正。當在室之八度。臣厤推之。元年立冬後四日。此度昏中。乃在十月之初。又非寒露之日也。議者之意。蓋誤以周世爲堯時。度差五十。故致此謬。小雪之節。自信之談。非有明文可據也。法興議曰。仲尼曰。丘聞之。火伏而後蟄者畢。今火猶西流。司厤過也。就如沖之所誤。則星無定次。卦有差方。名號之正。古今必殊。典誥之音。時不通軌。堯之開閉。今成建除。今之壽星。乃周之鶉尾也。即時東壁已非玄武。軫星頓屬蒼龍。誣天背經。乃至於此。沖之曰。臣以爲辰極居中。而列曜貞觀。羣象殊體。而陰陽區別。故羽介咸陳。則水火有位。蒼素齊設。則東西可準。非以日之所在。定其名號也。何以明之。夫陽爻初九。氣始正北。玄武七列。虛當子位。若圜儀辨方。以日爲主。冬至所舍。當在玄枵。而今之南極。乃處

東維。違體失中。其義何附。若南北以冬夏稟稱。則卯酉以生殺定號。豈得春躔義方。秋麗仁域。名舛理乖。若此之反哉。因茲以言。固知天以列宿分方。而不在於四時。景緯環序。日不獨守。故轍矣。至於中星見伏。記籍每以審時者。蓋以厤數難詳。而天驗易顯。各據一代所合。以爲簡易之政也。亦猶夏禮未通商典。濩容豈襲韶節。誠天人之道同差。則蓺之興因代而推移矣。月位稱建。諒以氣之所本。名隨實著。非謂斗杓所指。近校漢時。已差半次。審斗節時。其效安在。或義非經訓。依以成說。將緯候多詭。僞辭間設。乎次隨方名。義合宿體。分至雖遷。而厥位不改。豈謂龍火貿處。金水亂列。名號乖殊之譏。抑未詳究。至如壁非玄武。軫屬蒼龍。瞻度察晷。實效咸然。元嘉厤法。壽星之初。亦在翼限。參校晉注。顯驗甚衆。天數差移。百有餘載。議者誠能馳辭騁辯。令南極非冬至。望不在衝。則此談乃可守耳。若使日遷次留。則無事屢顯。乃臣厤之良證。非難者

料當作科

所宜列也。尋臣所執。必據經史。遠考唐典。近徵漢籍。讖記碎言。不敢依述。竊謂循經之論也。月蝕檢日度。事驗昭著。史注詳論。文存禁閣。斯又稽天之說也。堯典四星。並在衛陽。今之日度。遠準元和。誣背之誚。實此之謂。法興議曰。夫日有緩急。故斗有闊狹。古人制章。立爲中格。年積十九。常有七閏。晷或盈虛。此不可革。沖之削閏壞章。倍減餘數。則一百三十九年二月。於四分之料。頓少一日。七千四百二十九年。輒失一閏。夫日少則先時。閏失則事悖。竊聞時以作事。事以厚生。此乃生民之所本。厤數之所先。愚恐非沖之淺慮。妄可穿鑿。沖之曰。按後漢書及乾象說。四分厤法。雖分章設部。創自元和。而晷儀衆數。定於嘉平三年。四分志。立冬中影長一丈。立春中影九尺六寸。尋冬至南極。日晷最長。二氣去至日數既同。則中影應等。而前長後短。頓差四寸。此厤景冬至後天之驗也。二氣中影。日差九分半弱。進退均調。略無盈縮。以率計之。二氣各退

二日十二刻。則晷影之數。立冬更短。立春更長。並差二寸。二氣中影俱長九尺八寸矣。即立冬立春之正日也。以此推之。麻置冬至後天亦二日十二刻也。嘉平三年。時麻丁丑冬至加時。正在日中。以二日十二刻減之。天定以乙亥冬至加時。在夜半後三十八刻。又臣測景麻紀。躬辨分寸。銅表堅剛。暴潤不動。光晷明潔。纖毫憭然。據大明五年十月十日。影一丈七寸七分半。十一月二十五日。一丈八寸一分太。二十六日。一丈七寸五分彊。折取其中。則中天冬至。應在十一月三日。求其蚤晚。令後二日影相減。則一日差率也。倍之爲法。前二日減以百刻乘之爲實。以法除實。得冬至加時。在夜半後三十一刻。在元嘉麻後一日。天數之正也。量檢竟年。則數減均同。異歲相課。則遠近應率。臣因此驗。考正章法。今以臣麻推之刻如前。竊謂至密。永爲定式。尋古麻法。並同四分。四分之數久則後天。經三百年。朔差一日。是以漢載四百。食率在晦。魏代已

來。遂革斯法。世莫之非者。誠有效於天也。章歲十九。其疏尤甚。同出前術。非見經典。而議云此法自古。數不可移。若古法雖疏。永當循用。謬論誠立。則法興復欲施四分於當今矣。理容然乎。臣所未譬也。若謂今所革趣。違舛失衷者。未聞顯據。有以矯奪臣法也。元嘉麻術。減閏餘二。直以襲舊分麤。故進退未合。至於棄盈求正。非爲乖理。就如議意。率不可易。則分無增損。承天置法。復爲違謬。節氣蚤晚。當循景初。二至差三日。曾不覺其非。橫謂臣麻爲失。知日少之先時。未悟增月之甚惑也。誠未覩天驗。豈測麻數之要。生民之本。諒非率意所斷矣。又法興始云窮識晷變。可以刊舊。今復謂晷數盈虛。不可爲準。互自違伐。罔識所依。若推步不得準天。功絕於心目。未詳麻紀何因而立。案春秋以來。千有餘載。以食檢朔。曾無差失。此則日行有恆之明徵也。且臣考影彌年。窮察毫微。課驗以前。合若符契。孟子以爲千歲之日至。可坐而知。斯言實矣。日有

緩急。未見其證。浮辭虛貶。竊非所懼。法興議曰。沖之既云冬至歲差。又謂虛爲北中。捨形責影。未足爲迷。何者。凡在天非日不明。居地以斗而辨。借令冬至在虛。則黃道彌遠。東北當爲黃鍾之宮。室壁應屬玄枵之位。虛宿豈得復爲北中乎。曲使分至屢遷。而星次不改。招搖易繩。而律呂仍往。則七政不以機衡致齊。建時亦非攝提所紀。不知五行何居。六屬安託。沖之曰。此條所嫌。前牒已詳。次改方移。虛非中位。繁辭廣證。自構紛惑。皆議者所謬誤。非臣法之違設也。七政致齊。實謂天儀。鄭王唱述。厥訓明允。雖有異說。蓋非實義。法興議曰。夫置元設紀。各有所尚。或據文於圖讖。或取效於當時。沖之云。羣氏糾紛。莫審其會。昔黃帝辛卯。日月不過。顓頊乙卯。四時不忒。景初壬辰。晦無差光。元嘉庚辰。朔無錯景。豈非承天者乎。沖之苟存甲子。可謂爲合以求天也。沖之曰。夫麻存效密。不容殊尚。合讖乖說。訓義非所取。雖驗當時。不能通遠。又臣所未安

也。元值始名。體明理正。未詳辛卯之說何依。古術詭謬。事在前牒。溺名喪實。殆非索隱之謂也。若以麻合一時。理無久用。元在所會。非有定歲者。今以效明之。夏殷以前。載籍淪逸。春秋漢史。咸書月蝕。正朔詳審。顯然可徵。以臣麻檢之。數皆協同。誠無虛設。循密而至。千載無殊。則雖遠可知矣。備閱曩法。疏越實多。或朔差三日。氣移七晨。未聞可以下通於今者也。元在乙丑。前說以爲非正。今值甲子。議者復疑其苟合。無名之歲。自昔無之。則推先者。將何從乎。麻紀之作。幾於息矣。夫爲合必有不合。願聞顯據。以核理實。法興曰。夫交會之元。則蝕既可求。遲疾之際。非凡夫所測。昔賈逵略見其差。劉洪粗著其術。至於疏密之數。莫究其極。且五緯所居。有時盈縮。即如歲星在軫。見超七辰。術家既追算以會今。則往之與來。斷可知矣。景初所以紀首置差。元嘉兼又各設後元者。其並省功於實用。不虛推以爲煩也。沖之既違天於改易。又設法以遂情。愚

謂此治厤之大過也。沖之曰。遲疾之率。非出神怪。有形可檢。有數可推。劉賈能述。則可累功以求密矣。議又云。五緯所居。有時盈縮。歲星在軫。見超七辰。謂應年移一辰也。案歲星之運。年恆過次。行天七帀。輒超一位。代以求之。厤凡十法。並合一時。此數咸同。史注所記。天驗又符。此則盈次之行。自其定準。非爲衍度濫徙。頓過其衝也。若審由盈縮。豈得常疾無遲。夫甄燿測象者。必料分析度。考往驗來。准以實見。據以經史。曲辯碎說。類多浮詭。甘石之書。互爲矛盾。今以一句之經。誣一字之謬。堅執偏論。以罔正理。此愚情之所未厭也。算自近始。衆法可同。但景初之二差。承天之元實。以奇偶不協。故數無同盡。爲遺前設後。以從省易。夫建言倡論。豈尙矯異。蓋令實以文顯。言勢可極也。稽元曩歲。羣數咸始。斯誠術體。理不可容譏。而議者以爲過謬之大者。然則元嘉置元。雖七率舛陳。而猶協甲子。氣朔俱終。此又過謬之小者也。必當虛立上元。假稱

厤始。歲違名初。日避辰首。閏餘朔分。月緯七率。並不得有盡。乃爲允衷之製乎。設法情寔。謂意之所安。改易違天。未覩理之譏者也。法興曰。日有八行。合成一道。月有一道。離爲九行。左交右疾。倍半相違。其一終之理。日數宜同。沖之通同與會周相覺九千四十。其陰陽七十九周有奇。遲疾不及一匝。此則當縮反盈。應損更益。沖之曰。此議雖游漫無據。然言迹可檢。按以日八行譬月九道。此爲月行之軌。當循一轍。環帀於天。理無差動也。然則交會之際。當有定所。豈容或斗或牛。同麗一度。去極應等。安得南北無常。若日月非例。則八行之說。是衍文邪。左交右疾。語甚未分。爲交與疾對。爲舍交即疾。若舍交即疾。即交在平率入厤七日及二十一日是也。値交蝕既。當在盈縮之極。豈得損益。或多或少。若交與疾對。則在交之衝。當爲遲疾之始。豈得入厤或深或淺。倍半相違。新故所同。復標此句。欲以何明。臣覽厤書。古今略備。至如此說。所未前聞。遠

乖舊準。近背天數。求之愚情。竊所深惑。尋遲疾陰陽不相生。故交會加時。進退無常。昔術著之久矣。前儒言之詳矣。而法興云日數同。竊謂議者未曉此意。乖謬自著。無假驟辨。既云盈縮失衷。復不備記其數。或自嫌所執。故汎略其說乎。又以全爲率。當互因其分。法興所列二數皆誤。或以八十爲七十九。當縮反盈。應損反益。此條之謂矣。總撿其議。豈但臣厤不密。又謂何承天法乖謬彌甚。若臣厤宜棄。則承天術益不可用。法興所見既審。則應革朸至非景極。望非日衝。凡諸新說。必有妙辨乎。宋書厤志下。

安邊論 南史七十二。沖之造安邊論。欲開屯田。廣農殖。已佚。

全齊文卷十六終

全齊文卷十七

烏程嚴可均校輯

柳世隆

世隆字彥緒。河東解人。宋尚書令元景弟之子。海陵王休茂辟爲雍州主簿。除西陽王撫軍法曹參軍。出爲武威將軍上庸太守。泰始初爲尚書儀曹郎。擢太子洗馬。歷巴西梓潼南泰山東海太守安西司馬。元徽末轉武陵前軍長史江夏內史行郢州事。昇明中徵爲侍中。遷尚書右僕射。封貞陽縣侯。出爲左將軍吳郡太守。齊受禪。爲平南將軍南豫州刺史。進爵爲公。尋進號安南將軍。出爲安北將軍南兗州刺史。武帝即位。加散騎常侍。入爲侍中護軍將軍。遷尚書右僕射。改左僕射。出爲鎮南將軍湘州刺史。復爲左僕射。轉尚書令左光祿大夫。永明九年卒。贈司空。諡曰忠武。有龜經祕要二卷。

奏省流寓民戶帖

尚書符下。土斷條格。并省僑郡縣。凡諸流寓。本無定憩。十家五落。各自星處。一縣之民。散在州境。西至淮畔。東屆海隅。今專罷僑邦。不省荒邑。雜居舛止。與先不異。離爲區斷。無革游濫。謂應同省。隨堺并帖。若鄉屯里聚二三百家。井甸可脩。區域易分者。別詳立。（南齊書州郡志上。永明元年。南兗州刺史柳世隆奏。）

與劉懷慰書

膠東流化。潁川致美。以今方古。曾何足云。（南齊書劉懷慰傳。兗州刺史柳世隆與懷慰書。）

丘巨源

巨源。蘭陵蘭陵人。宋孝武時舉丹陽郡孝廉。明帝即位。自南臺御史爲王景文鎮軍參軍。元徽中除奉朝請。歷佐諸王府。轉羽林監。齊受禪。爲尚書主客郎。領軍司馬。越騎校尉。除武昌太守。改餘杭令。以事見殺。有集十卷。

爲尚書符荊州

沈攸之出自壠畝。寂寥累世。故司空沈公。以從父宗臧。愛之若子。羽翼吹噓。得昇官次。景和昏悖。猜畏柱臣。而攸之凶忍。趨利樂禍。請銜詔旨。躬行反噬。又攸之與譚金童泰壹等。暴寵狂朝。並爲心膂。同功共體。世號三侯。當時親昵。情過管鮑。仰遭革運。凶黨懼戮。攸之反善圖全。用得自免。既殺從父。又虐良朋。雖呂布販君。酈寄賣友。方之斯人。未足爲酷。泰始開闢。網漏吞舟。略其凶險。取其搏噬。故階亂獲全。因禍興福。攸之稟性空淺。躁而無謀。濃湖土崩。本非己力。彭城下邳。望旗宵遁。再棄王師。久應肆法。值先帝宥其回溪之恥。冀有封崤之捷。故得幸會推遷。頻煩顯授。內端戎禁。外綏萬里。聖去鼎湖。遠須顧命。託寄崇深。義感金石。而攸之始奉國諱。喜形於顏。普天同哀。已以爲慶。累登蕃岳。自郢還荊。晉熙王以皇弟代鎮。地尊望重。攸之斷割候迎。肆意陵略。料擇士馬。簡弄器械。權撥精銳。並取自隨。郢城所畱。十不遺一。專恣鹵奪。罔顧國典。踐荊已來。恆用姦數。既懷異志。興造無端。乃迫脅羣蠻。騷擾山谷。揚聲討伐。盡戶發上。蟻聚郭邑。伺國衰盛。從來積年。永不解甲。遂四野百縣。路無男人。耕田載租。皆驅女弱。自古酷虐。未聞於此。昔歲桂陽內奰。宗廟阽危。攸之任官上流。兵彊地廣。勤王之舉。寔宜悉行。裁遣羸弱。不滿三千。至郢州稟受節度。欲令判否之日。委罪晉熙。招誘剟客。羈絆行旅。竄叛入境。輒加擁護。逋亡出界。必遣窮追。視吏若讎。遇民如草。峻太半之賦。暴參夷之刑。鞭箠國士。全用虜法。一人逃亡。闔宗捕逮。皇朝赦令。初不遵奉。曠蕩之澤。長隔彼州。人懷怨望。十室而九。今乃舉兵內侮。姦回外熾。斯寔惡熟罪成之辰。決癰潰疽之日。幕府過荷朝寄。義百常憤。董御元戎。龔行天罰。今遣新除使持節郢州司州之義陽諸軍事平西將軍郢州刺史聞喜縣開國侯黃回。員外散騎常侍輔國將軍驍騎將軍重安縣開國子軍主王敬則、屯騎校尉長壽縣開國男軍主王宜興、屯騎校尉陳承叔、右軍將軍葛陽縣開國男彭文之、驃騎行參軍振武將軍邵宰。精甲二萬。銜其首旆。又遣散騎常侍游擊將軍臨湘縣開國男呂安國、持節寧朔將軍越州刺史孫曇瓘、屯騎校尉寧朔將軍崔慧景、寧朔將軍左軍將軍新亭侯任候伯、龍驤將軍虎賁中郎將尹略、屯騎校尉南城令曹虎頭、輔國將軍驍騎將軍蕭纘、新除寧朔將軍游擊將軍下邳縣開國子桓崇祖等。舳艫二萬。駱驛繼邁。又遣屯騎校尉苟元賓、撫軍參軍郭文考、撫軍中兵參軍程隱雋、奉朝請諸葛襲先等。輕艓一萬。截其津要。驍騎將軍周盤龍、後將軍成買、輔國將軍王敕勤、屯騎校尉王洪範等。鐵騎五千。步道繼進。先據陸路。斷其走伏。持節督雍梁二州郢州之竟陵司州之隨郡諸軍事征虜將軍寧蠻校尉雍州刺史襄陽縣開國侯新除鎮軍將軍張敬兒。志節慷慨。卷甲樊鄧。水步俱馳。破其巢窟。持節

督司州諸軍事征虜將軍司州刺史領義陽太守范陽縣侯姚道和。義烈梗概。投袂方隅。風馳電掩。襲其輜重。萬里建旂。四方飛旆。莫不總率衆師。雲翔雷動。人神同憤。遠邇并心。今皇上聖明。將相仁愛。約法三章。寬刑緩賦。年登歲阜。家給人足。上有惠民之澤。下無樂亂之心。攸之不識天時。妄圖大逆。舉無名之師。驅讎怨之衆。是以朝野審其易取。含識判其成禽。彼土士民。罹毒日久。今復相逼迫。投赴鋒刃。交戰之日。蘭艾難分。去就在機。望思先曉。無使一人迷疑。而九族就禍也。弘宥之典。有如皦日。（南齊書柳世隆傳。按巨源傳云。太祖使巨源爲尚書符荊州。）

馳檄數沈攸之罪惡

夫彎弓射天。未見能至。揮戈擊地。多力安施。何則。逆順之勢定。殊禍福之驗易原也。是以違乎天者。鬼神不能使其成。會乎人者。聖哲不能令其毀。故劉濞賴七國連兵之勢。隗囂恃跨河據隴之資。毋丘儉伐其踰海越島之功。諸葛誕矜其待士愛民之德。彼四子者。皆當世雄傑。以犯順取禍。覆窟傾巢。爲豎子笑。況乎行陳凡才。斗筲小器。而懷問鼎之志。敢搆無君之逆哉。逆賊沈攸之。出自萊畝。寂寥累世。故司空沈公。以從父宗蔭。愛之若子。卵翼吹噓。得升官秩。廢帝昏悖。猜畏柱臣。攸之貪競乘機。凶忍趨利。躬行反噬。請銜誅旨。又攸之與譚金、童太壹等。並受寵任。朝爲牙爪。同功共體。世號三侯。當時親昵。情過管鮑。遭御華運。凶黨懼戮。攸之狡猾用數。圖全賣禍。既殺從父。又害良朋。雖呂布販君。酈寄賣友。方之斯人。未足爲酷。此其不信不義。言詐翻覆。諸夏之所未有。夷狄之所不爲也。泰始開闢。網漏吞舟。略其凶險。取其搏噬。故得階亂獲全。因禍保福。攸之空淺。躁而無謀。濃湖崩挫。本非己力。及北伐彭泗。望賊宵奔。重討下邳。一鼓而遁。再棄王師。久應肆法。先帝英聖。量深河海。宥其回谿之敗。冀收曲崤之捷。故得推遷幸會。頓升崇顯。

內端戎禁。外臨方牧。聖靈鼎湖。遠頒顧命。託寄崇深。義感金石。而攸之知奉國諱。喜見于容。普天同哀。己以爲慶。此其樂禍幸災。大逆之罪一也。又攸之累登蕃岳。自郢遷荊。晉熙殿下。以皇弟代鎮。地尊望重。攸之肆情陵侮。斷割候迎。料擇士馬。簡算器甲。精器銳士。並取自隨。郢城所留。十不遺一。專擅略虜。罔顧國典。此其苞藏禍志。不恭不虔。大逆之罪二也。又攸之踐荊以來。恒用姦數。既欲發兵。宜有因假。遂乃壓迫羣蠻。騷擾山谷。揚聲討伐。盡戶發上。蟻聚郭邑。伺國盛衰。從來積年。永不解甲。遂使四野百縣。路無男人。耕田載租。皆驅女弱。自古酷虐。未聞有此。其侮蔑朝廷。大逆之罪三也。去昔桂陽奇兵。闕起京師。內畏宗廟阽危。攸之任居上流。兵彊地廣。救援顛沛。寔宜悉力。國家倒懸。方思身慮。威遣弱卒三千。並皆羸老。使就郢州。稟受節度。欲令判否之日。委辠晉熙。何其平日輈張。實輕周邵。爾時恭謹。虛重皇威。此其伏慝藏詐。持疑兩端。

大逆之罪四也。又攸之累據方州。跋扈滋甚。招誘輕狡。往者咸納。羈紲行侶。過境必留。仕子窮困。不得歸其鄉。商人畢命。無由還其土。叛亡入境。輒加擁護。逋逃出界。必遣窮追。此其大逆之罪五也。又攸之自任專恣。悖行慘酷。視吏若讎。遇民如草。峻太半之賦。暴參夷之刑。鞭捶國士。全用虜法。一人逃亡。闔宗補代。毒徧嬰孩。虐加斑白。獄囚恆滿。市血常流。男不得耕。女不得織。奔馳道路。號哭動天。皇朝赦令。初不遵奉。欲殺欲擊。故曠蕩之澤。長隔彼州。此其無君陵上。大逆之罪六也。蒼梧狂凶。釁深桀紂。倩貳外蕃。鴟目西顧。留其長息元琰。以爲交質。父子分張。彌積年稔。賴社稷靈長。獨夫殞戮。攸之豫稟心靈。宜同歡幸。遂迷惑顛倒。深相嗟惜。舉言哀桀。揚聲吠堯。此其不辨是非。罔識善惡。違情背理。大逆之罪七也。廢昏立明。先代盛典。交廣先到。梁秦蚤及。而攸之密邇內畿。川塗弗遠。驛書至止。晏若不聞。末遣章表。奄積旬朔。防風後至。夏典所

誅。此其大逆之罪八也。昇明肇厤。恩深澤遠。中其父子之情。矜其骨肉之恩。馳遣元琰。銜使西歸。並加崇授。寵貴重疊。元琰達西。便應反命。攸之得此集聚。蒙誰之恩。不荷盛德。反生讎釁。此其大逆之罪九也。攸之以谿壑之性。含梟鴟之腸。直置天壤。已稱醜穢。況乃舉兵內侮。遏肆姦回。斯實惡熟罪成之辰。決癰潰疽之日。幕府過荷朝寄。義百常憤。董司元戎。龔行天罰。案此下南齊書多四百四十三字。宋書以與前符重複。故節去之。今皇上聖明。將相仁厚。約法三章。輕刑緩賦。年登歲阜。家給人足。上有惠和之澤。下無樂亂之心。攸之不識天時。妄圖姦逆。舉無名之師。驅怨讎之黨。是以朝野審其易取。含識判其成禽。熊羆厲爪。蓄攫裂之心。虎豹摩牙。起吞噬之憤。鼓怒則冰原激電。奮發則霜野奔雷。以此定亂。豈移晷刻。雖復衆徒梗陸。舉郄阻川。何足以抗沸海之濤。當燒山之焰。彼土士民。罹毒日久。逃竄無路。常所憫然。今復相逼。起接鋒刃。交戰之日。蘭艾難分。土崩倒戈。宜爲蚤計。無使一人迷昧。而九族就禍也。宏宥之典。有如皦日。宋書沈攸之傳。順帝昇明元年。攸之發兵反。攻郢城。齊王出頓新亭。馳檄數攸之罪惡。

與尚書令袁粲書

民信理推心。闇於量事。庶謂丹誠感達。賞報孱期。豈虞寂寥。怨爲三稔。議者必云筆記賤伎。非殺活所待。開勸小說。非否判所寄。然則先聲後實。軍國舊章。七德九功。將名當世。仰觀天緯。則右將而左相。俯察人序。則西武而東文。固非胥祝之倫伍。巫匠之流匹矣。去昔奇兵變起。呼吸雖凶。渠郎勦而人情更迷。茅恬開城。千齡出叛。當此之時。心膂胡越。奉迎新亭者。士庶塡路。投名朱雀者。愚智空閭。人惑而民不惑。人畏而民不畏。其一可論也。臨機新亭。獨能抽刃斬賊者。唯有張敬兒。而中書省獨能奮筆弗顧者。唯有丘巨源。文武相方。誠有優劣。就其死亡。以決成敗。當崩天之敵。抗不測之禍。請問海內。此膽何如。其二可論也。又爾時顛沛。普喚文士。黃

門中書。靡不畢集。摛翰振藻。非爲乏人。朝廷洪筆。何故假手凡賤。若以此賊彊盛。勝負難測。羣賢怯不染毫者。則民宜以勇獲賞。若云羽檄之難。必須筆傑。羣賢推能見委者。則民宜以才賜列。其三可論也。竊見桂陽賊賞不赦之條。凡二十五人。而李恆鍾爽同在此例。戰敗後出。罪並釋然。而吳邁遠族誅之罰。則操筆大禍。而操戈無害。論以賞科。則武人超越。而文人埋沒。其四可論也。且邁遠置辭。無乃侵慢。民作符檄。肆言詈辱。放筆出手。即就齏粉。若使桂陽得志。民若不轘裂軍門。則應腰斬都市。嬰孩脯膾。伊可熟念。其五可論也。往年戎旅。萬有餘甲。十分之中。九分冗隸。可謂衆矣。攀龍附鱗。翻焉雲翔。至若民狂夫。可謂寡矣。徒關敕旨。空然泥沈。詎其荷慰塵末。皆是白起操牘事始。必非魯連耶。民頃國獎。迅足馳烽旆之機。帝擇逸翰。赴尉羅之會。既能陵敵不殿。爭先無負。宜其微賜存在。少沾飲齕。遂乃棄之溝閒。如蜉如蟻。鄉之言外。如土如

伮。絓隸帖戰。無拳無勇。竝隨資峻級矣。凡豫臺內。不文不武。已坐拱淸階矣。撫骸如此。瞻例如彼。既非草木。何能弭聲。南齊書丘巨源傳。

袁彖

彖字緯才。小字史公。陳郡陽夏人。宋武陵太守覬子。大明中舉秀才。元徽中除安成王征虜參軍。主簿。尚書殿中郎。出爲廬陵內史。豫州治中。高帝太傅相國主簿。及受禪。以爲祕書丞。遷中書郎。兼太子中庶子。永明初兼御史中丞。轉黃門郎。兼中丞。免。尋補安西諮議。南平內史。轉長史。南郡內史。行荊州事。還爲太子中庶子。本州大中正。出爲冠軍將軍。監吳興郡事。免官。付東治。尋白衣行南徐州事。司徒諮議。衞軍長史。遷侍中。隆昌元年卒。謚靖子。有集五卷。

奏劾謝超宗

風聞征北諮議參軍謝超宗。根性浮險。率情躁薄。仕近聲權。務先諂狎。人裁疏黜。亟便詆賤。卒然面譽。旋而背毀。疑間台賢。每窮詭舌。訕貶朝政。必聲凶言。腹誹口謗。莫此之甚。不敬不諱。罕與爲二。輒攝白從王永先到臺辨問。超宗有何罪過。詣諸貴皆有不遜言語。竝依事列對。永先列稱。主人超宗恆行來詣諸貴要。每多觸忤。言語怨懟。與張敬兒周旋。許結姻好。自敬兒死後。恍歎忿慨。今月初詣李安民。語論張敬兒不應死。安民道。敬兒書疏。墨迹炳然。卿何忽作此語。其中多有不遜之言。小人不悉盡羅縷諳憶。如其辭列。則與風聞符同。超宗罪自已彰。宜附常準。超宗少無士行。長習民慝。狂狡之跡。聯代所疾。迷慠之釁。累朝兼纘。劉容掃藏。久埋世表。屬聖明廣愛。忍禍宣藏。捨之憲外。許以改過。野心不悛。在宥方驕。才性無親。處恩彌戾。遂遘扇非端。空生怨懟。恣囂毒於京輔之門。揚凶悖於卿守之席。此而不翦。國章何寄。此而可貸。孰不可容。請以見事免超宗所居官。解領記室。輒勒外收付廷尉法獄治罪。

超宗品第。未入簡奏。臣輒奉白簡以聞。南齊書謝超宗傳。永明元年上。積懷超宗輕慢。使兼中丞袁彖奏。

荀蔣之胡之罪議

夫迅寒急節。乃見松筠之操。危機迴構。方識貞孤之風。竊以蔣之胡之殺人。原心非暴。辯讞之日。友于讓生。事憐左右。義哀行路。昔文舉引謗。獲漏疎網。蔣之之心。迹同符古人。若陷以深刑。實傷爲善。南史二十六袁彖傳。南郡江陵縣人苟蔣之弟胡之婦爲曾口寺沙門所淫。夜入苟家。蔣之殺沙門。爲官司所檢。蔣之列實。已所殺。胡之列又如此。兄弟爭死。江陵令宗躬啓州。荊州刺史廬陵王求博議。彖曰。

駁檀超國史條例議

夫事關業用。方得列其名行。今栖遁之士。排斥皇王。陵轢將相。此偏介之行。不可長風移俗。故遷書未傳。班史莫編。一介之善。無緣頓略。宜列其姓業。附出他篇。齊書袁彖傳。彖爲祕書丞。時檀超掌史職。表上條例。立處士傳。彖駁。

垣崇祖

崇祖字敬遠。下邳人。宋豫州刺史護之弟子。爲州主簿。除新安王國上將軍。景和中轉義陽王征北參軍。泰始初。陷入魏。尋據朐山歸命。授輔國將軍。北琅邪蘭陵二郡太守。封下邳縣子。泰豫初行徐州事。歷盱眙平陽東海三郡太守。轉邵陵王南中郎司馬。復爲東海太守。昇明初除游擊將軍。尋督青冀二州。累遷冠軍將軍。兗州刺史。齊受禪。徙豫州刺史。封望蔡縣侯。進都督。號平西將軍。武帝卽位。加號安西。遷五兵尚書。領驍騎將軍。永明元年見殺。

啓宋明帝乞假名號

淮北士民。力屈胡虜。南向之心。日夜以冀。崇祖父伯。竝爲淮北州郡。門族布在北邊。百姓所信。一朝嘯咤。事功可立。名位尙輕。不足威衆。乞假名號。以示遠近。南齊書垣崇祖傳。崇祖爲朐山戍主。拒虜。因欲恢復淮北。啓明帝。以爲輔國將軍北琅邪蘭陵二郡太守。

劉休

休字弘明，沛郡相人。仕宋爲駙馬都尉，奉朝請。明帝湘東國常侍，襲祖徽爵南鄉侯。泰始中，爲吳喜輔師府錄事參軍，歷桂陽王征北參軍，除員外郎，累遷至黃門郎，前軍長史。齊臺散騎常侍。建元初，爲御史中丞，出爲豫章內史，加冠軍將軍。

請致仕啟

臣自塵榮南憲，星晷交春，謬聞弱奏，劾無空月。豈唯不能使蕃邦斂手，豪右屏氣，乃遺聽已暴之辜，替網觸羅之鳥，而猶以此里失鄉黨之和，朝絕比肩之顧，覆背騰其喉脣，武人厲其觜吻，怨之所聚，勢難久堪。議之所裁，孰懷其允。臣竊尋宋世載祀六十，歷職斯任者五十有三，校其年月，不過盈歲。於臣叨濫，宜請骸骨。（南齊書劉休傳）

與親知書

虞公散髮海隅，同古人之美，而東都之送，殊不藹藹。（南史四十七虞玩之傳。玩之告退東歸，王儉不出送，朝廷無祖餞者，中丞劉休與親知書。）

全齊文卷十七　劉休　九

劉悛

悛字士操，初名忱，彭城安上里人，宋司空勔子。大明中，辟司空從事，拜駙馬都尉，轉寧蠻主簿，司徒騎兵參軍，遷員外郎，太尉司徒二府參軍，尚書庫部郎，假寧朔將軍，累遷通直散騎侍郎，出爲安遠護軍，武陵內史。元徽初，除散騎侍郎，父喪服闋，除中書郎，昇明初，加輔國將軍，除黃門郎，行吳郡事，轉晉熙王撫軍中軍二府長史，行揚州事，出爲持節都督廣州廣州刺史，襲爵鄱陽縣侯。齊受禪，國除。進號冠軍將軍，遷太子中庶子，領越騎校尉。武帝即位，改領前軍將軍，歷竟陵王子良征北長史，廣陵太守，轉持節都督司州諸軍司州刺史，遷長兼侍中，冠軍將軍，司徒左長史，行北兗州事，徙始興王前軍長史，平蠻校尉，蜀郡太守，行益州事，改內史，隨府轉安西。尋代始興王爲益州刺史，鬱林即位，收付廷尉，見原。海陵即位，以白衣除兼左民尚書，尋除正。明帝即位，加領驍騎將軍，遷散騎常侍，右衛將軍，轉五兵尚書，領太子左衛率，未拜，東昏即位，改授散騎常侍，領驍騎將軍，尚書如故。卒，贈太常，謚曰敬。有集二十卷。

蒙山采銅啟

南廣郡界蒙山下，有城名蒙城，可二頃地，有燒鑪四所，高一丈，廣一丈五尺。從蒙城渡水南百許步，平地掘土，深二尺，得銅。又有古掘銅坑，深二丈，並居宅處猶存。鄧通，南安人，漢文帝賜通嚴道縣銅山鑄錢。今蒙山近在青衣水南，青衣左側，並是故秦之嚴道地。青衣縣文帝改名漢嘉。且蒙山去南安二百里，按此必是通所鑄。近喚蒙山獠出，云甚可經略。此議若立，潤利無極。并獻蒙山銅一片，又銅石一片，平州鐵刀一口。（南齊書劉悛傳。永明八年啟。上從之。南史三十九。）

全齊文卷十七　劉悛　劉繪　十

劉繪

繪字士章，悛弟。仕宋爲著作郎，行高帝太尉參軍，豫章王嶷左軍主簿，鎮西外兵曹參軍。齊受禪，隨府轉驃騎主簿，司空記室錄事，轉太子洗馬。永明中，復爲豫章王嶷大司馬諮議，領錄事。出爲南康相，徵還，爲安陸王護軍司馬，轉中書郎，隆昌中，爲明帝鎮軍長史，轉黃門郎，復爲明帝驃騎諮議，領錄事。及即位，遷太子中庶子，出爲寧朔將軍，撫軍長史，遷安陸王寶晊冠軍長史，長沙內史，行湘州事，又爲晉安王征北長史，南東海太守，行南徐州事。永元末，轉建安車騎長史，中興初，轉大司馬從事中郎，有集十卷。

爲豫章王嶷乞收葬蛸子響表

臣聞將而必戮，炳自春秋，罄於甸人，著於經禮，猶懷不忍之言，尙有如倫之痛，豈不事因法往，情以恩留。故庶人蛸子響，識懷靡樹，見淪不逞，肆憤一朝，致陷凶德，遂使迹鄰非孝，事近無君，身膏草野。未云蹇釁。但蘀矢倒戈。歸罪司戮。即理原心。亦既迷而知返。釁骨不收。辜魂莫赦。撫事惟往。載傷心目。昔閔榮伏痍。繪動壙園。思荆就辟。側懷丘墓。皆兩臣釁結於明時。二主議加於盛世。積代用之爲美。歷史不以云非。伏願一下天矜。爰詔蛸氏。使得安兆末郊。旋窆餘麓。微列葦輤之容。薄申封樹之禮。豈伊窮骸被德。實且天下歸仁。臣屬忝皇枝。偏留友睦。以臣繼別未安。子響言承出命。提攜鞠養。俯見成人。雖轂膺蕃條。歸體璇蕚。循執之念不移。傅訓之憐何已。敢冒宸嚴。布此悲乞。南齊書魚復侯子響傳。按劉繪傳云子響誅後。嶷欲求葬之。召繪言其事。使爲表。繪求紙筆。須臾便成。嶷足八字云。提攜鞠養。俯見成人。乃歎曰。禰衡何以過此。

難何佟之南北郊牲色議

語云。犂牛之子騂且角。雖欲勿用。山川其舍諸。未詳山川合爲陰祀。不若在陰祀。則與黝乖矣。南齊書禮志上。建武二年。何佟之奏南郊用騂牲。北郊用黝牲。前軍長史劉繪議。

與始安王遙光牋

智不及葵。南史四十一。

全齊文卷十七終

全齊文卷十八

烏程嚴可均校輯

虞玩之

玩之字茂瑤會稽餘姚人宋大明中爲東海王參軍烏程令泰始中除晉熙王國郎中令尚書起部郎通直郎元徽中爲右丞遷安成王車騎錄事轉少府高帝爲驃騎引爲諮議參軍遷驃騎將軍黃門郎領郡中正入齊至永明八年致仕

陳時事表

天府虛散垂三十年江荆諸州稅調本少自頃以來軍募多乏其穀帛所入折供文武豫兗司徐開口待哺西北戎將裸身求衣委輸京都蓋爲寡薄天府所資唯有淮海民荒財單不及曩日而國度引費四倍元嘉二衛臺坊人力五不餘一都水材官朽散十不兩存備豫都庫材竹俱盡東西二堨塼瓦雙匱敕令給賜悉仰交

市尚書省舍日就傾頹第宅府署類多穿毀視不遑救知不暇及尋所入定調用恆不周既無儲蓄理至空盡積弊累耗鍾於今日昔歲奉敕課以揚徐衆逋凡入米穀六十萬斛錢五千餘萬布絹五萬匹雜物在外賴此相贍故得推移即今所懸轉多興用漸廣深懼供奉頓闕軍器輟功將士飢怨百官騫祿署府謝雕麗之器土木停緹紫之容國戚無以贍勳求無以給如愚管所慮不日則歲矣經國遠謀臣所不敢言朝夕祗勤心存於匪懈起伏震遽事屬盲聞伏願陛下留須臾之鑒垂永代之計發不世之詔施必行之典則氓祇齊懽高卑同泰（宋書後廢帝紀元徽四年五月尚書右丞虞玩之表陳時事帝優詔荅之）

黃籍革弊表

宋元嘉二十七年八條取人孝建元年書籍衆巧之所始也元嘉中故光祿大夫傅隆年出七十猶手自書籍躬加隱校隆何必有石建之慎高柔之勤蓋以世屬休明服道脩身故耳今陛下日旰忘食未明求衣詔逮幽愚謹陳妄說古之共治天下唯良二千石今欲求治取正其在勤明令長凡受籍縣不加檢合但封送州州檢得實方卻歸縣吏貪其賂民肆其姧姧彌深而卻彌多賂愈厚而荅愈緩自泰始三年至元徽四年揚州等九郡四號黃籍共卻七萬一千餘戶於今十一年矣而所正者猶未四萬神州奧區尚或如此江湘諸部倍不可念愚謂宜以元嘉二十七年籍爲正民惰法既久今建元元年書籍宜更立明科一聽首悔迷而不反依制必戮使官長審自檢校必令明洗然後上州永以爲正若有虛昧州縣同咎今戶口多少不減元嘉而板籍頓闕弊亦有以自孝建以來入勳者衆其中操干戈衛社稷者三分殆無一焉勳簿所領而詐注辭籍浮遊世要非官長所拘錄復爲不少尋蘇峻平後庾亮就溫嶠求勳簿而嶠不與以爲陶侃所上多非實錄尋物之懷私無世不有宋末落紐此巧尤多又將位既衆舉卹爲祿實潤

甚微而人領數萬如此二條天下合役之身已據其太半矣又有改注籍狀詐入仕流苦爲人役者今反役人又生不長髮便謂爲道填街溢巷是處皆然或抱子并居竟不編戶遷徙去來公違土斷屬役無滿流亡不歸寧喪終身疾病長臥法令必行自然競反又四鎮戍將有名寡實隨才部曲無辨勇懦署位借給巫媼比肩彌山滿海皆是私役行貨求位其塗甚易募役卑劇何爲投補坊吏之所以盡百里之所以單也今但使募制明信滿復有期民無遷路則坊可立表而盈矣爲治不患無制患在不行不患不行患在不久（南齊書虞玩之傳又見通典三）

上表告退

臣聞負重致遠力窮則困竭誠事君智盡必傾理固然也四十仕進七十懸車壯則驅馳老宜休息臣生於晉長於宋老於齊世歷三代朝市再易臣以宋元嘉二十八年爲王府行佐於茲三十年

下當作丁

矣。自頃以來。衰耗漸篤。爲性不懶惰。而倦怠頓來。耳目本聰明。而聾憒轉積。腳不支身。喘不緒氣。晷刻不推。朝晝不保。大功兄弟四十有二人。通塞壽夭。唯臣獨存。朝露未光。豈堪長久。且知足不辱。臣已足矣。稟命飢寒。不求富貴。銅山由命。臣何恨焉。久甘之矣。直道事人。不免縲紲。屬遇聖明。知其非罪。臣之幸厚矣。授命於道消之晨。效節於百揆之日。臣忠之效也。慶降於文明之初。荷澤於天飛之運。臣命之偶也。不謀巧宦。而位至九卿。德慚李陵。而忝居門下。堯舜無窮。臣亦通矣。年過六十。不爲夭矣。榮期之三樂。東平之一善。臣俱盡之矣。絕昏踐亂。涉艱履危。仰聖德以求全。憑賢輔以申節。未嘗厭屈於勳權。長溺於狐鼠。臣立身之本。於斯不虧。在其壯也。當官不讓。及其衰也。豪露靡因。伏願慈臨。賜臣骸骨。非爲希高慕古。愛好泉林。特以下運孤貧。養禮多闕。風樹之感。夙自纏心。庶天假其辰。得二三年。開掃寺丘墓。以此歸全。始終之報遂矣。南齊書虞玩之傳

劉瓛

瓛字子珪。小名阿稱。沛國相人。晉丹楊尹惔六世孫。大明中舉秀才。除奉朝請。不就。除邵陵王郡主簿、安陸王國常侍、安成王撫軍參軍。免。除車騎參軍、南彭城郡丞、尚書祠部郎。並不拜。齊受禪。重拜彭城郡丞。除會稽郡丞步兵校尉。不拜。永明七年卒。天監元年。詔立碑。謚曰貞簡先生。有集三十卷。

與張融王思遠書

奉教使恭召會當停公事。但念生平素抱。有乖恩顧。吾性拙人間。不習仕進。昔嘗爲行佐。便以不能及公事免黜。此皆眷者所共知也。量己審分。不敢期榮。夙嬰貧困。加以疏懶。衣服容髮。有足駭者。中以親老供養。褰裳徒步。脫爾逮今。二代一紀。先朝使其更自修正。勉厲於階級之次。見其纜褸。或復賜以衣裳。袁褚諸公。咸加勸

勵。終不能自反也。一不復爲。安可重爲哉。昔人有以冠一免不重加於首。每謂此得進止之儀。古者以賢制爵。或有秩滿而辭老。以庸制祿。或有身病而求歸者。永瞻前良。在己何若。又上下年尊。益不願居官次廢晨昏也。先朝爲此。曲申從許。故得連年不拜榮授。而帶帖薄祿。既習此歲久。又齒長疾侵。豈宜攝齊河間之聽。廁迹東平之僚。本無絕俗之操。亦非能偃蹇爲高。此又諸賢所當深察者也。近奉初教。便自希得託迹於客遊之末。而固辭榮級。其故何耶。以古之王侯大人。或以此延四方之士。甚美者。則有輻湊燕路。慕君王之義。驤鑣魏闕。高公子之仁。繼有追申白而入楚。羨鄒枚而遊梁。吾非敢叨夫曩賢。庶欲從九九之遺蹤。既於聞道集泮不殊。而幸無職司拘礙。可得奉溫清展私計。志在此爾。南齊書劉瓛傳。永明初。竟陵王子良請爲司徒記室。瓛與張融王思遠書。

劉璡

璡字子璥。瓛弟。宋泰豫中爲明帝挽郎。建平王景素爲鎮軍。舉秀才。歷鎮北主簿、法曹參軍、邵陵王征虜安南參軍。齊受禪。爲武陵王曄冠軍、征虜參軍、豫章王太尉掾、文惠太子召入侍。尋署中兵、兼記室參軍、大司馬軍事射聲校尉。有集三卷。

上書理宋建平王景素

臣聞曾子孝於其親。而沈乎水。介生忠於其主。而焚於火。何則。仁也不必可依。信也不必可恃。昔者墨翟議雲梯於荊臺之下。宋人逐之。夷叔爲衛軍隱難於晉。公子殪之。李牧北逝強胡之旗。南拒全秦之卒。趙王不圖其功。賜以利劍。陳蕃白首固義。忘生事主。漢靈不明其忠。卒被刑戮。彼數子者。皆身栖青雲之上。而困於泥塵之裏。誠以危行不容於衰世。孤立聚尤於眾人。加讒諂蛆蟲其中。謫隙蜂飛而至故也。臣聞浸潤之行。骨肉離絕。疑似一至。君臣易心。此中山所以獻歎奏樂。孟博所以慷慨囊頭者也。臣每惟故舉

將宋建平王之禍。悲徹骨髓。氣凝霜霰。今璇鼎啟運。人神改物。生罪尙宥。死寃必申。臣誠不忍王之負謗而不雪。故敢明言其理。臣聞孝悌爲志者。不以犯上。曾子不逆薪而爨。知其不爲暴也。秦仁獲麑。知其可爲傅也。臣聞王之事獻太妃也。朝夕不違養。甘苦不見色。帳下進珍饌。太妃未食。王投箸輟飯。太妃起居有不安。王傷行蓬髮。臣聞求忠臣者於孝子之門。安有孝如王而不忠者乎。其可明一也。當泰始元徽中。王公貴人。無謁景寧陵者。王獨抗情而行。不以趨時捨義。出鎭入朝。必侻拜陵所。王尙不弃先君。豈背今君乎。其可明二也。王博聞而容衆。與諫而愛士。與人言呴呴若有傷。聞人之善。譽而進之。見人之惡。掩而誨之。李蔚之蓬廬之寒素也。王枉駕而訊之。何季穆等。宣簡王之舊也。王提挈以升之。王虔已以厚天下之士。尙不欲傷一人之心。何乃親戚圖相菹醢乎。其可明三也。臣昔以法曹參軍奉訊於聽朝之末。王每斷獄。降聲辭

和顏色。以待士女之訟。時見夏伯以童子縲縶。王愴然改貌。用不加刑。徐州嘗歲饑。王散秩粟俸帛。以繼民之乏。鍚理冤疑。咸息繇務。所在皆有愛於民。臣聞善人國之紀也。安有仁於民庶而虐其宗國者乎。其可明四也。王脩身潔行。言無近雜。內去聲酌之娛。外無田弋之好。每所臨踐。不加穿築。直衞不繁。第宅無改。荆州高齋。刻楹柏構。王廢而不處。昔朝廷欲賜王東陵甲第。又辭而不當。雨宮所遺珍玩。塵於笥篋。無他嬖私。不眈內寵。姬嬙數人。皆詔令所賜。王身食不踰一肉。器用瓦素。時有獻鏤玉器。王顧謂何昌㝢曰。我持此安所用哉。乃謝而反之。王恭已蹈義若此。其可明五也。王之在荆州也。時獻太妃初薨。宋明帝新棄天下。京畿諸王。又相繼非命。王乃徵入爲太常。楚下人士。竝勸勿下。王謂爲臣而距先皇之命。不忠。爲子不奉親之窀穸。不孝。於是棄西州之重。而匍伏北闕。王若志欲倔彊。便應高枕江漢。何爲屈折而受制於人乎。其可

鍚當作賜

明六也。王名高海內。義重太山。耆幼懷仁。士庶慕德。故從昏者忌明。同枉者毀正。摛弦爲鉤。張一作百。行坐欬嚏。皆生風塵。會王季符負辠流謗。事會讒人之心。權醜相扇。鴟梟奮翼。王雖遘愍離凶。而誠分彌款。散情中孚。揮府滿素。虞玩之銜使歸旋。世子入質京邑。續解徐州。請身東第。後求會稽。降階外撫。虞玩殷煥。實爲詮譯。誠心殷勤。備留聖聽。王若倂張跋扈。何事若斯。其可明七也。自是以後。日同殊論。蒼梧之衰德既彰。羣小之姦慝彌廣。下盈其毒。上不可依。時長王竝見誅鋤。公卿如蹈虎尾。衆人翕翕。莫不注仰於王。廂閤諸人。同謀異志。王心不從利。忠不背本。執周天錫而斬之。以距王宜與等。遣司馬孫謙歸款朝廷。王若欲擬非覬。盧當如此乎。其可明八也。又是年五月以後。道路皆謂阮佃夫等欲潛圖宮禁。因兵北襲。而黃回高道慶等。傳構其事。武人獎亂。更相恐脅。至六月而京師徵賦車徒。將講衆北壘。都鄙疑駭。僉言釁作。垣祇祖

因民情囂蕩。揚聲北奔。紿辭惑衆。窮亂極禍。會州人自都還。說掖門已閉。殊不知臺中安不。王既素籍異論。謂爲信然。收率疲弱。志在投散。冰炭在懷。但恐遲後。何圖兵以順出。翻爲逆動乎。夫往來之人。諠譁幻惑。皆出輦轂。非從徐州起也。且臺以六月晦夜無何呼北兵已至。皆登陴抽刃。而朱方七月朔。猶緩帶從容。其晚聞京都變亂。始乃鳩兵擐甲耳。王豈先造禍哉。其可明九也。王聞京室有難。坐不安。食不甘。言及太后。未嘗不交巾掩泣。又臨危之際。撫檻而歎曰。吾恐三才於斯絕矣。茲豈不誠在本朝。以天下爲憂乎。自非深忠遠槩。孰能身滅之不恤。獨眷眷國家安危哉。其可明十也。夫王起兵之日。止在匡救昏難。放殛姦盜。非它故也。請較言之。當時君臣之道。治亂云何。楊運長阮佃夫。爲有辠耶。無辠耶。若其無辠。何故爲戮。若其有辠。討之何辜。王將不知君親之無將乎。顧以救火之家。豈遑先白丈人。非不恭也。徒以運屬陵喪。智力無所

用之蹉跌傾覆此乃時也豈謂反乎果然今日王亡明日宋亡王何負於社稷何媿於天下哉臣聞武王克商未及下車而封王子之墓漢高定天下過大梁躡燕代脩信陵之祀存望諸之裔晉世受命亦追王陵之寃而詔其孫爲郎夫比干殷辛之罪人也無忌魏之疑臣也樂毅燕之逃將也彥雲齊之賊而晉害也適逢聖明之君革運創制昭功誠蕩嫌怨請議以天下之善也或殊世而相明故四賢咸濟其令問三后馳光於萬葉君子榮其輝小人服其義今陛下尊英雄之高軌振逸世之奇聲何至仍衰世之異議以掩賢人之名哉若王之中外不明終始慆德臣懼方今之人不復爲善矣且世之興衰何代無有今齊苗裔萬世之後其能無污隆乎苟前良可廢何以勸後之能者伏願上同周漢西晉之如彼下爲來脩垂範之如此儻能降明詔矯枉道使往王得洗謫議拯冥魂賜以王禮反葬則民之從義猶若回風之卷草也臣聞鶴鳴皐徑則降陰吐雨騰蛇聳躍而沈雲鬱冥但傷臣言輕落毛神高聽邈終爲莫省直欲內不負心庶將來知王之意耳宋書建平王宏傳

劉善明

善明平原人仕宋爲治中從事舉秀才泰始中爲鹽朔長史北海太守除尚書金部郎遷綏遠將軍冀州刺史除屯騎校尉出爲海陵太守還爲後軍將軍直閤元徽中爲輔國將軍西海太守行青冀二州刺史昇明初徵爲冠軍將軍高帝驃騎諮議南東海太守行南徐州事還散騎常侍領長水校尉黃門郎領後軍將軍太尉右司馬齊受禪爲征虜將軍淮南宣城二郡太守封新塗伯卒贈左將軍豫州刺史謚烈伯有集十卷

上表陳事

周以三聖相資再駕乃就漢值海內無主累敗方登魏挾主行令實踰二紀晉廢立持權遂歷四世景祚攸集如此之難者也陛下凝暉自天照湛神極育周萬品道洽無垠故能高嘯閶軒鯨鯢自翦垂拱雲衣九服載晏靡一戰之勞無半辰之棘苞池江海籠苑嵩岱神祇樂推普天歸奉二三年間允膺寶命胄臨皇極正位宸居開闢以來未有若斯之盛者也夫常勝者無憂恆成者好怠故雖休勿休姬旦作誥安不忘危尼父垂範今皇運草創萬化始基乘宋季葉政多澆苛億兆倒懸仰齊蘇振臣早蒙殊養志輸肝血徒有其誠曾闕埃露夙宵慙戰如墜淵谷不識忌諱謹陳愚管瞽言芻議伏待斧鉞

所陳事凡十一條其一以爲天地開創人神慶仰宜存問遠方宣廣慈澤其二以爲京師浩大遠近所歸宜遣醫藥問其疾苦年九十以上及六疾不能自存者隨宜量賜其三以爲宋氏赦令蒙原者寡愚謂下赦書宜令事實相副其四以爲匈奴未滅劉昶猶存秋風揚塵容能送死境上諸城宜應嚴備特簡雄略以待事機資實所須皆宜豫辦其五以爲宜除宋氏大明太始以來諸苛政細制以崇簡易其六以爲凡諸土木之費且可權停其七以爲帝子王姬宜崇儉約其八以爲宜詔百官及府州郡縣各貢讜言以弘唐虞之美其九以爲忠貞孝悌宜擢以殊階清儉苦節應授以民政其十以爲革命惟始天地大慶宜時擇才辯北使匈奴其十一以爲交州險夐要荒之表宋末政苛遂至怨叛今大化創始宜懷以恩德未應遠勞將士搖動邊氓且彼土所出唯有珠寶實非聖朝所須之急討伐之事謂宜且停南齊書劉善明傳

遺崔祖思書

昔時之遊于今邈矣或攜手春林或負杖秋澗逐清風於林杪追素月於園垂如何故人徂落殆盡足下方擁旄北服吾剖竹南甸相去千里間以江山人生如寄來會何時嘗覽書史數千年來略在眼中矣歷代參差萬理同異夫龍虎風雲之契亂極必夷之幾

古今豈殊。此實一揆。日者沈攸之擁長蛇於外。粲秉復爲異識所推。唯有京鎭。創爲聖基。遂乃擢吾爲首佐。授吾以大郡。付吾關中。委吾留任。既不辨有抽劍兩城之用。橫槊搴旗之能。徒以挈瓶小智。名參佐命。常恐朝露一下。深恩不酬。憂深責重。轉不可據。還視生世。倍無次緒。藿羹布被。猶篤鄙好。惡色憎聲。暮齡尤甚。出藩不與台輔別。入國不與公卿遊。孤立天地之閒。無猜無託。唯知奉主以忠。事親以孝。臨民以潔。居家以儉。足下今鳴船舊鄉。衣繡故國。宋季荼毒之悲。已蒙蘇泰。河朔倒懸之苦。方須救拔。遣遊辯之士。爲鄉導之使。輕裝啟行。經營舊壤。令泗上歸業。稷下還風。君欲誰讓邪。聊送諸心。敬申貧贈。南齊書劉善明傳

答釋僧巖書

莊篇有弱喪之謬。釋典有窮子之迷。每讀其書。爲之長慨。敬愼髮膚。揚名後史。仰顯既重。俯宏爲大。遠尋聖言。斯教爲最。近取諸身。實迷情理。瞿曇見此。亦當莫逆於心。況君辨破秋毫。識洞今古。裂冠不疑。拔本不惑。幽冥相駭。遐邇致歎。昔呂尚抱竿於八十之年。志鈎案志鈎上下有闕文由時未遇。君沈淪未及冀。能有美若人耳。如其不爾。豈不悲哉。僕忝蒞梓藩。庶在明仄。覲貢帝庭。必盡才懿。故欲通所未通。屈所未屈。如來告紛紜。有乖眞唱。苟爲誕說。豈所期邪。昔王祥樵採沂側。耳順始應州命。公孫弘牧豕海上。白首方充鄉舉。終能致位元台。朝天燮地。道暢當年。聲留萬載。君意何如。敬布腹心。想更圖之。劉君白答。弘明集十一

鈎當作釣

再答

重覆來徵。始見玄解。皎然之悟。可謂相視而笑矣。君識鑒衆流。智該理奧。每檢感應之源。窮尋分合之說。何常不句句破的。洞盡義宗。而苟自謙光。乖其側席。仍踵覆車。無毒敗散。非知之難。行之不易也。夫去國三年。見似家人者喜。作客日久。盍不悲心。今誓捨重

徵當作微

擔而安坐。乘鶴旅如還家。對孔懷之好。敦九族之美。趙門欣欣。爲樂已甚。況復文明御運。姬召協政。思賢讚道。日昃忘飧。以君之才。弘君之德。帶玉聲朝。披錦振遠。功濟世猷。名揚身後。與夫皃鶡之辱。鏁絕之苦。豈可同年而語哉。相與契闊久要。頗練深志。若隱展禽之賢。恐招臧氏不忠之責。故力疾題心。重敷往白。歲云暮矣。時不相待。君其勉之。勿有噬臍之悔。劉君白答。弘明集十一

三答

君談天語地。神情如鏡。抽毫拂簡。智思入淵。而幼失理根。蹭蹬皓髮。惜君之才。恆用歎息。君雖心在雲上。而形居坎下。既與黃雀爲羣。恐沒鸑鷟之美。故率弓帛之禮。屈賓主之舉。徽纊三枉。陋札再酬。苟自謙沖。固辭年耄。度君齒德。方享元吉。未能俯志者。正當遊翔擇木。待梧桐竹實耳。鄙命輕召。曷足降哉。敬揖清風。肅從所尚。本圖既乖。裁還悽惻。劉君白答。弘明集十一

呂安國

安國。廣陵廣陵人。宋大明末爲將領。泰始中爲建威將軍。封鍾武縣男。累遷至寧朔將軍義陽太守。改封湘南縣男。徙司州刺史。領義陽太守。遷右軍將軍。假輔師將軍。元徽中爲晉熙王征虜司馬。轉游擊將軍。出爲輔師將軍兗州刺史。進號冠軍將軍。加散騎常侍征虜將軍。昇明初爲湘州刺史。尋進號前將軍。齊受禪。轉右衞將軍。加給事中。改封湘鄉。武帝即位。授平西將軍司州刺史。領義陽太守。徙平北將軍南兗州刺史。復爲都督湘州刺史。徵爲光祿大夫。遷都官尚書。領太子左率。遷領軍將軍。又遷散騎常侍、金紫光祿大夫兗州中正。卒謚肅侯。

請置東平郡啓

北兗州民戴尚伯六十人訴。舊壤幽隔。飄寓失所。今雖創置淮陰。而陽平一郡。州無實土。寄山陽境內。竊見司徐青三州。悉皆新立。

並皆實郡。東平既是望邦，衣冠所係，希於山陽盱眙二界閒割小戶置此郡，始招集荒落，使本壤族姓有所歸依。臣尋東平郡既是此州本領，臣賤族桑梓，願立此邦。南齊書州郡志上，永明七年光祿大夫呂安國啟。

裴昭明

昭明，河東聞喜人，宋南中郎參軍駰子。泰始中太學博士，元徽中出為長沙郡丞。入齊，歷祠部通直郎，永明中為始安內史，建武初為安北長史、廣陵太守。有集九卷。

議皇太子納徵禮

按周禮納徵，玄纁束帛儷皮，鄭玄注云：皮為庭實，鹿皮也。晉太子納妃注：以虎皮二。太元中，公主納徵，以虎豹皮各一具。豈謂婚禮不辨王公之序，故取虎豹皮以尊革其事乎。虎豹雖文，而徵禮所不用；熊羆吉祥，而婚典所不及；珪璋雖美，或為用各異。今帝道弘明，徽則光闡，儲皇聘納，宜準經誥。凡諸僻謬，並合詳裁。雖禮代不同，文質或異，而鄭為儒宗，既有明說，守文淺見，蓋有惟疑。宋書禮志一，明帝泰始五年十一月，博士裴昭明議。又見南齊書裴昭明傳、南史三十三、通典五十八。

郊殷議

今年七月宜殷祠，來年正月宜南郊明堂，並祭而無配。南齊書禮志上，建元元年七月，曹郎中裴昭明、儀曹郎中孔逷議。

劉祥

祥字顯徵，東莞莒人，宋吳郡太守式之孫。仕宋為巴陵王征西參軍，歷驃騎中軍二府，高帝太尉東閤祭酒，驃騎主簿。齊受禪，為冠軍征虜功曹，除正員郎。永明初遷長沙王鎮軍諮議參軍，歷鄱陽王征虜、豫章王大司馬諮議，臨川王驃騎從事中郎，以連珠忤旨，徙廣州，卒。有集十卷。

對獄鞫辭

被問：少習狡異，長而不悛。頃來飲酒無度，輕議乘輿，歷貶朝望。每肆醜言，無避尊賤。迂答奉旨：囚出身入官二十餘年，沈悴草萊，無明天壤。皇運初基，便蒙抽擢，祭酒主簿，並皆先朝相府。聖明御寓，榮渥彌隆，諮議中郎，一年再澤，廣筵華宴，必參末例，朝半問訊，時奉天暉。囚雖頑愚，豈不識恩。有何怨望，敢生譏議。囚歷府以來，伏事四王：武陵功曹，凡涉二載；長沙諮議，故經少時；奉隸大司馬，並被恩拂；驃騎中郎，親職少日。臨川殿下，不遺蟲蟻，賜參辭華；司徒殿下，文德英明，四海傾屬，囚不涯卑遠，隨例問訊，時節拜覲，亦沾晒議。自餘令王，未被祗拜，既不經伏節，理無厚薄。敕旨製書，令有疑則啟，囚以天日懸遠，未敢塵穢私之疑事。衛將軍臣儉，宰輔聖朝，令望當世，囚自斷才短，密以諮儉，儉為折衷，紙迹猶存，未解此理云何，敢為歷貶朝望。云囚輕議乘輿，為向誰道。若向人道，則應有主甲，豈有事無髣髴，空見羅謗。囚性不耐酒，親知所悉，強進一升，便已迷醉。其餘事事自申。南齊書劉祥傳。

連珠十五首

蓋聞興教之道，無尚必同；拯俗之方，理貴袪弊。故揖讓之禮，行乎堯舜之朝；干戈之功，盛於殷周之世。清風以長物成春，素霜以凋嚴戒節。

蓋聞鼓鼙懷音，待揚桴以振響；天地涵靈，資昏明以垂位。是以俊乂之臣，借湯武而隆；英達之君，假伊周而治。

蓋聞懸饑在歲，式羨藜藿之飽；重炎灼體，不念狐白之溫。故才以偶時為劭，道以調俗為尊。

蓋聞習數之功，假物可尋；探索之明，循時則缺。故班匠日往，繩墨之伎不衰；大道常存，機神之智永絕。

蓋聞理定於心，不期俗賞；情貫於時，無悲世辱。故芬芳各性，不待汨渚之哀；明白為寶，無假荆南之哭。

蓋聞百仞之臺，不挺陵霜之木；盈尺之泉，時降夜光之寶。故理有大而乖權。物有微而至道。

蓋聞忠臣赴節。不必在朝。列士匡時。義存則幹。故包胥垂涕。不荷肉食之謀。王歜投身。不主廟堂之算。

蓋聞智出乎身。理無或困。聲繫於物。才有必窮。故陵波之羽。不能淨浪。盈岫之木。無以輟風。

蓋聞良寶遇拙。則奇文不顯。達士逢讒。則英才滅耀。故墜葉垂蔭。明月爲之隔輝。堂宇留光。蘭燈有時不照。

蓋聞跡慕近方。必勢遺於遠大。情係驅驅。固理忘於肥遯。是以臨川之士。時結羨網之悲。負肆之氓。不抱屠龍之歎。

蓋聞數之所隔。雖近則難。情之所符。雖遠則易。是以陟歎流霜。時獲感天之誠。泣血從刑。而無悟主之智。

蓋聞妙盡於識。神遠則遺。功接於人。情微則著。故鐘鼓在堂。萬夫傾耳。大道居身。有時不遇。

蓋聞列草深岫。不改先冬之悴。植松澗底。無奪後凋之榮。故展禽三黜。而無下愚之譽。千秋一時。而無上智之聲。

蓋聞希世之寶。違時則賤。偉俗之器。無聖必淪。故鳴玉黜於楚岫。章甫窮於越人。

蓋聞聽絕於聰。非疾響所達。神閉於明。非盈光所燭。故破山之雷。不發聾夫之耳。朗夜之輝。不開矇叟之目。南齊書劉祥傳

全齊文卷十八終

烏程嚴可均校輯

孔稚珪

稚珪字德璋。會稽山陰人。宋泰始中爲州主簿。舉秀才。除安成王車騎法曹參軍。轉尚書殿中郎。尋爲驃騎高帝記室參軍。還正員郎中書郎。入齊。爲尚書左丞司徒從事中郎、州治中別駕從事史、本郡中正。轉驍騎將軍。復領左丞。遷黃門郎。轉太子中庶子廷尉。轉御史中丞。遷驃騎長史輔國將軍。建武初。遷冠軍將軍、平西長史、南郡太守。徵侍中。不行。東昏卽位。爲都官尚書。遷太子詹事。加散騎常侍。永元三年卒。贈金紫光祿大夫。有集十卷。

爲王敬則讓司空表

故李通豪贍。以親寵登司。王基才勇。以聲華入選。先帝擢臣以榮華。陛下伸臣以富貴。遂得北帶五州。東跨六郡。內亞三鼎。外齊四嶽。蟬佩之暎。則左右交暉。龜組之華。則縱橫吐耀。輕輪徐動。則劍戟如雲。飛蓋暫停。則歌鐘成列。縱金龍吹鬱其前。鳴笳鳳管疊其後。鄧禹若不遭漢光。則南陽之掾吏。微臣若不逢明聖。則孤城之戍客。豈可加以正台之席。登以論道之寄。啟黃扉而變五緯。躡青雲而調四序。(藝文類聚四十七、御覽二百八)

讓詹事表

太子霞襟青殿。日光春宮。駕紫谷之英。振洛笙之響。自非器上白雲。韻同明月。何以延芳芝苑。插羽瓊條。竇嬰戚貴於西京。陸睢風素於東國。伊人之美。方曰可舉。臣亦何斯。而敢參冒也。(藝文類聚四十九)

上新定律注表

臣聞匠萬物者。以繩墨爲正。馭大國者。以法理爲本。是以古之聖王。臨朝思理。遠防邪萌。深杜姦軌。莫不資法理以成化。明刑賞以樹功者也。伏惟陛下。躡厤登皇。乘圖踐祚。天地更築。日月再張。五禮裂而復縫。六樂頹而爰緝。乃發德音。下明詔。降恤刑之文。申慎罰之典。敕臣與公卿八座。共刪注律。謹奉聖旨。諮審司徒臣子良。稟受成規。創立條緒。使兼監臣宋躬兼平臣王植等。抄撰同異。定其去取。詳議八座。裁正大司馬臣嶷。其中洪疑大議。衆論相背者。聖照玄覽。斷自天筆。始就成立律文二十卷。錄敘一卷。凡二十一卷。今以奏聞。請付外施用。宣下四海。臣又聞老子仲尼曰。古之聽獄者。求所以生之。今之聽獄者。求所以殺之。與其殺不辜。寧失有罪。是則斷獄之職。自古所難矣。今律文雖定。必須用之。用失其平。不異無律。律書精細。文約例廣。疑似相傾。故誤相亂。一乖其綱。枉濫橫起。法吏無解。既多謬僻。監司不習。無以相斷。則法書徒明於帙裏。冤魂猶結於獄中。今府州郡縣。千有餘獄。如令一獄歲枉一人。則一年之中。枉死千餘矣。冤毒之死。上干和氣。聖明所急。不可不防。致此之由。又非但律吏之咎。列邑之宰。亦亂其經。或以軍勳餘力。或以勞吏暮齒。獷情濁氣。忍幷生靈。昏心很態。吞剝氓物。虐理殘其命。曲文被其罪。冤積之興。復緣斯發。獄吏雖良。不能爲用。使于公哭於邊城。孝婦冤於遠外。陛下雖欲宥之。其已血濺九泉矣。尋古之名流。多有法學。故釋之定國。聲光（藝文類聚作著）漢臺。元常文惠。績暎魏闕。今之士子。莫肯爲業。縱有習者。世議所輕。良由空勤永歲。不逢一朝之賞。積學當年。終爲閭伍所蚩。將恐此書。永墜下走之手矣。今若弘其爵賞。開其勸慕。課業宦流。班習冑子。拔其精究。使處內局。簡其才良。以居外仕。方岳咸選其能。邑長並擢其術。則皋繇之謨。指掌可致。杜鄭之業。鬱焉何遠。然後姦邪無所逃其刑。惡吏不能藏其詐。如身手之相驅。若弦括之相接矣。臣以疏短。謬司大理。陛下發自聖衷。憂矜刑網。御延奉訓。遠照民瘼。臣謹仰述天官。伏奏雲陛。所奏謬允者。宜寫律上。國學置律助教。依五經

例國子監生有欲讀者策試上過高第即便擢用使處往職以勸士流（南齊書孔稚珪傳、藝文類聚五十四）

上和虜表

匈奴為患自古而然雖三代智勇兩漢權奇算略之要二塗而已一則鐵馬風馳奮威沙漠二則輕車出使通驛虜庭榷而言之優劣可覩今之議者咸以丈夫之氣恥居物下況我天威寧可先屈吳楚勁猛帶甲百萬截彼鯨鯢何往不碎請和示弱非國計也臣以為戎狄獸性本非人倫鴟鳴狼踞不足喜怒蜂目蠆尾何關美惡唯宜勝之以深權制之以遠筭弘之以大度處之以蟊賊豈足肆天下之忿捐蒼生之命發雷電之怒爭蟲鳥之氣百戰百勝不足稱雄橫尸千里無益上國而蟻聚蠶攢窮誅不盡馬足毛群難與競逐漢高橫威海表窘迫長圍孝文國富刑清事屈陵辱宣帝撫納安靜朔馬不驚光武卑辭厚禮寒山無霧是兩京四主英濟

中區輸寶貨以結和遣宗女以通好長轡遠馭子孫是賴豈不欲戰惜民命也唯漢武藉五世之資承六合之富驕心奢志大事匈奴遂連兵積歲轉戰千里長驅瀚海飲馬龍城雖斬獲名王屠走凶羯而漢之器甲十亡其九故衛霍出關千隊不反貳師入漠百旅頓降李廣敗於前鋒李陵沒於後陣其餘奔北不可勝數遂使國儲空懸戶口減半好戰之功其利安在戰不及和相去何若自西朝不綱東晉遷鼎群胡沸亂羌狄交橫荊棘攢於陵廟豺虎咆於宮闕山淵反覆黔首塗地逼迫崩騰開闢未有是時得失略不稍陳近至元嘉多年無事末路不量復挑彊敵遂乃連城覆徙虜馬飲江青徐州之際草木為人耳建元之初胡塵犯塞永明之始復結通和十餘年間邊侯且息陛下張天造曆駕日登皇聲雷寓宙勢壓河岳而封豕殘魂未屠劍首長蛇餘喘偷窺外甸烽亭不靜五載於斯昔歲蟻壞瘻食樊漢今茲蟲毒浸淫未已興師十萬

日費千金五歲之費寧可貲計陛下何惜匹馬之驛百金之賂數行之詔誘此凶頑使河塞息肩關境全命蓄甲養民以觀彼弊我策若行則為不世之福若不從命不過如戰失一隊耳或云遣使不受則為辱命夫以天下為量者不計細恥以四海為任者寧顧小節一城之沒尚不足惜一使不反曾何取慚且我以權取貴得我略行何嫌其恥所謂尺蠖之屈以求伸也臣不言遣使必得和自有可和之理猶如欲戰不必勝而有可勝之機耳今宜早發大軍廣張兵勢徵犀甲於岷峨命樓船於浦海使自青徂豫候騎星羅沿江入漢雲陣萬里據險要以奪其魂斷糧道以折其膽多設疑兵使精銷而計亂固列金湯使神茹而慮屈然後發衷詔馳輕驛辯辭重幣陳列吉凶北虜頑而愛奇貪而好古畏我之威喜我之賂畏威喜賂願和必矣陛下用臣之啟行臣之計何憂玉門之下而無款塞之胡哉彼之言戰既殷勤臣之言和亦慊悶伏願察

兩塗之利害檢二事之多少聖照玄省灼然可斷所表謬奏希下之朝省使同博議臣謬荷殊恩奉佐侯岳敢肆瞽直伏奏千里（南齊書孔稚珪傳）

薦杜京產表

竊見吳郡杜京產潔靜為心謙虛成性通和發於天挺敏達表於自然學遍玄儒博通史子流連文藝沈吟道奧泰始之朝掛冠辭世遁捨家業隱於太平葺宇窮巖採芝幽澗耦耕自足薪歌有餘確爾不群淡然寡欲麻衣藿食二十餘載雖古之志士何以加之謂宜釋巾幽谷結組登朝則岳谷含懽薜蘿起忭矣（南齊書杜京產傳：永明十年孔稚珪及光祿大夫陸澄祠部尚書虞悰太子右率沈約司徒右長史張融表薦京產不報）

奏劾王奐

雍州刺史王奐啟錄小府長史劉興祖虛稱興祖扇動山蠻規生逆謀誑言誹謗言辭不遜敕使送興祖下都奐慮所啟欺妄於獄

打殺興祖。詐啟稱自經死。止今體傷楗蒼黶。事暴聞聽。攝興祖門生劉倪到臺辨問。列興祖與奐共事。不能相和。自去年朱公恩領軍征蠻失利。興祖啟聞。以啟呈奐。奐因此便相嫌恨。若云興祖有罪。便應事在民間。民間恬然。都無事迹。至十年九月十八日。奐使仗身三十人來。稱救錄興祖。付獄。安定郡蠻先在郡贓私。興祖既知其取與。卽牒啟。奐不問。興祖後執錄。奐仍令蠻領仗身於獄守視。興祖未死之前。於獄以物畫漆柈子中出密報家。道無罪。令乞出都一辨。萬無恨。又云奐駐興祖。嚴禁信使。欲作方便殺以除口舌。又云。奐意乃可奐第三息彪。隨奐在州。凡事是非。皆干豫扇構。密除興祖。又云。興祖家餉糜中下藥。食兩口便覺。回乞獄子。食者皆大利。興祖大叫道。糜中有藥。近獄之家。無人不聞。又云。奐治著興祖日急。判無濟理。十一月二十一日。奐使獄吏來報興祖家。道興祖於獄自經死。尸出。家人共洗浴之。見興祖頸下有傷。肩胛烏黶。陰下破碎。實非興祖自經死。家人及門義共見。非是一人。重攝檢雍州都留田文喜。列與倪符同狀。興祖在獄。嗟苦望下。既蒙降旨。欣願始遂。豈容於此。方復自經。敕以十九日至。興祖以二十一日死。推理檢迹。灼然矯假。奪敕使送下。奐輒拒詔。所謗諸條。悉出奐意。毀故丞相若陳顯達。誹訕朝事。莫此之深。彪私隨父之鎮。敢亂王法。罪並合窮戮。南齊書王奐傳。奐爲雍州刺史。輒殺寧蠻長史劉興祖。上大怒。使御史中丞孔稚珪奏其事。

奏劾王融

融姿性剛險。立身浮競。動迹驚羣。抗言異類。近塞外微塵。苦求將領。遂招納不逞。扇誘荒傖。狡弄聲勢。專行權利。反覆脣齒之閒。傾動頰舌之內。威福自己。無所忌憚。誹謗朝政。歷毀王公。謂己才流。無所推下。事曝遠近。使融依源據答。南齊書王融傳。鬱林深忿疾融。卽位十餘日。收下廷尉獄。然後使中丞孔稚珪倚爲奏。又見南史二十一。

善萬當作萬善

眷下脫眷字

謝賜生荔枝啟

綠葉雲舒。朱實星映。離離昔聞。㬪㬪今覩。信西岷之佳珍。諒東鄙之未識。藝文類聚八十七。

答竟陵王啟三首

稚珪啟。民蚤奉明公提拂之仁。深蒙大慈弘引之訓。恩獎所驅。性命必盡。敢瀝肝髓。乞照神襟。民積世門業。依奉李老。以沖盡爲心。以素退成行。迹蹈善萬之淵。神期至順之宅。民仰攀先軌。自絕秋塵。而宗心所向。猶未敢墜。至於大覺明教。般若正源。民生平所崇。初不違背。常推之於至理。理至則歸一。置之於極宗。宗極不容二。自仰稟明公之訓。憑接明公之風。導之以正乘。引之以通戒。使民六滯頓祛。五情方旭。迴心頂禮。合掌顧持。民齊敬歸依。蚤自淨信。重律輕條。素已半合。所以未變衣鉢。眷黃老者。實以門業有本。不忍一日頓棄。心世有源。不欲終朝悔遁。既以二道大同。本不敢惜心迴向。實顧言稱先業。直不忍棄門志耳。豈不思樂方廣。勤志一乘。況仰資明公齊禮道德。加須奉誦明公清信。至制淨住子序。萬門朗奧。億品宣玄。言雖願違。心不覺醉。更未測明公善誘之妙。一至如此。博約紛綸。精暉照出。欲罷向其不能。欲背何以免向。而昔而前。民固不敏。而今而後。斯語請事。民之愚心。正執門範。情於釋老。非敢異同。始私追尋民門。昔嘗明一同之義。經以此訓張融。融乃著通源之論。其名少子。少子所明。會同道佛。融之此悟。出於民家。民家既爾。民復何疑。始乃遲遲執迹。今輒兼敬以心。一不空棄黃老。一則歸依正覺。不期一朝霍然大悟。悟之所導。舉自明公。不勝踴躍之至。謹啟。弘明集十一。

事以聞。復竊研道之異佛。止在論極。極未盡耳。道以論極。極在諸天。佛乃鄙此。不出三界。斯則精麤遠近。實有懸於大方矣。然尋道家此教。指設機權。其猶仲尼外典。極惟天地。蓋起百姓所見。二儀

目當作自

追當作退

而已。教本因心。取會萬物。用其所見。順而尊之。當其尊地。俱窮妙物。故老子之橐籥。維摩之無我。合德天地。易家有太極。所以因物之崇天。仍崇之以極妙。而至極終有地。固淵於天表。老子亦云。有物混成。先天地生。已是道在天外。猶不以天為道也。何異佛家羅漢。亦指極四果。方至勝鬘。目知有餘地。道之崇天極。猶佛有羅漢果。佛竟不止於羅漢。道亦於天不息。甫信道之所道。定與佛道通源矣。民今心之所歸。輒歸明公所一向。道家戒善。故與佛家同耳。兩同之處。民不苟捨道法。道之所異。輒婉輒入公大乘。請於今日。不敢復位異同矣。服膺之至。謹啟下誠。伏願採其末悔。亮其始位。追自悔始。自恭自懼。謹啟。十一弘明集

十一月二十九日。州民御史中丞孔稚珪啟。得示具懷。甚有欣然。理本無二。取捨多途。諍論云云。常所慨也。但在始通道。則宜然數而學者則未可君但廣尋諸經。不患淪滯其迹也。比面別一二。弘明集十一

北山移文

鍾山之英。草堂之靈。馳煙驛路。勒移山庭。夫以耿介拔俗之標。蕭灑出塵之想。度白雪以方絜。干青雲而直上。吾方知之矣。若其亭亭物表。皎皎霞外。芥千金而不眄。屣萬乘其如脫。聞鳳吹於洛浦。值薪歌於延瀨。固亦有焉。豈期終始參差。蒼黃翻覆。淚翟子之悲。慟朱公之哭。乍迴跡以心染。或先貞而後黷。何其謬哉。嗚呼。尚生不存。仲氏既往。山阿寂寥。千載誰賞。世有周子。儁俗之士。既文既博。亦玄亦史。然而學遁東魯。習隱南郭。偶吹草堂。濫巾北岳。誘我松桂。欺我雲壑。雖假容於江皋。乃纓情於好爵。其始至也。將欲排巢父。拉許由。傲百氏。蔑王侯。風情張日。霜氣橫秋。或歎幽人長往。或怨王孫不遊。談空空於釋部。覈玄玄於道流。務光何足比。涓子不能儔。及其鳴騶入谷。鶴書赴隴。形馳魄散。志變神動。爾乃眉軒席次。袂聳筵上。焚芰製而裂荷衣。抗塵容而走俗狀。風雲悽其帶憤。石泉咽而下愴。望林巒而有失。顧草木而如喪。至其紐金章。綰墨綬。跨屬城之雄。冠百里之首。張英風於海甸。馳妙譽於浙右。道帙長殯。法筵久埋。敲扑諠囂犯其慮。牒訴倥傯裝其懷。琴歌既斷。酒賦無續。常綢繆於結課。每紛綸於折獄。籠張趙於往圖。架卓魯於前籙。希蹤三輔豪。馳聲九州牧。使我高霞孤映。明月獨舉。青松落陰。白雲誰侶。磵石摧絕無與歸。石逕荒涼徒延佇。至於還飆入幕。寫霧出楹。蕙帳空兮夜鵠怨。山人去兮曉猨驚。昔聞投簪逸海岸。今見解蘭縛塵纓。於是南岳獻嘲。北隴騰笑。列壑爭譏。攢峯竦誚。慨遊子之我欺。悲無人以赴弔。故其林慙無盡。磵愧不歇。秋桂遺風。春蘿罷月。騁西山之逸議。馳東皋之素謁。今又促裝下邑。浪拽上京。雖情投於魏闕。或假步於山扃。豈可使芳杜厚顏。薜荔無恥。碧嶺再辱。丹崖重滓。塵游躅於蕙路。汙淥池以洗耳。宜扃岫幌。

折當作折

掩雲關。斂輕霧。藏鳴湍。截來轅於谷口。杜妄轡於郊端。於是叢條瞋膽。疊穎怒魄。或飛柯以折輪。乍低枝而埽跡。請迴俗士駕。為君謝逋客。文選

褚先生百玉碑

夫河洛摛寶。神道之功口傳。口華吐祕。仙靈之跡可覩。蓋事詳於玉牒。理煥於金符。雖冥默難源。顯晦異軌。測心觀古。可得而言焉。是以子晉笙歌。馭鳳於天海。王喬雲舉。控鶴於玄都。有羽化蟬蛻觸影遁形。神翥帝宮。迹留劍杖。遊瑤池而不返。宴玄圃以忘歸。永嘉惡道者。窮地之險也。歆靈遏日。折石橫波。飛浪突雲。奔湍急箭。先生攀途躋阻。宿棲涉折。而衝飆夜鼓。山洪暴激。忽乃崩舟墜壑。一倒千仞。飄地淪高。翻透無底。徒侶判其冰碎。舟子悲其霆散。危魂中夜。赴阻相尋。方見先生。恬然安席。銘曰。

闐闐西升妙。洛右飛英。鳳吹金闕。簫歌玉京。絕封萬戶。乃眡先生。先

生浩浩。唯神其道。泉石依情。煙霞入抱。祕影窮岫。孤栖幽草。心圖上玄。志通大造。藝文類聚三十七。

玄館碑

夫朋白兔而侶青鳥。啟銀函而講金字者。有道存焉。故能大叩玄宗。鬱爲物範。則天地而正六合。照日月而導蒼生。神道無門。陰陽不測。是故赤松家石室之下。神農行弟子之敬。廣成在崆峒之上。軒轅稟順風之禮。洛浦笙飛之秀。關山駕鳳之英。凡此之儔。希世間出。皆雍容以沐咸池。或蕭灑而開閶闔。藝文類聚七十八。

祭外兄張長史文

惟君之德。高明秀挺。浩汗深度。昂藏風韻。學不師古。因心則睿。筌蹄象繇。糠粃莊惠。吾與夫子。分協芳金。憑風共酒。藉月同琴。藝文類聚三十八。

何昌寓

昌寓字儼望。廬江灊人。宋司空尚之弟子。泰始中。建安王休仁辟爲揚州主簿。遷司徒參軍、太傅五官、司徒東閤祭酒、尚書儀曹郎。又爲建平王景素征北南徐府主簿。出爲湘東太守。尋爲高帝驃騎功曹。轉記室。遷司徒左西屬。齊受禪。爲中書郎。武帝卽位。爲王儉衞軍長史、竟陵王文學。轉揚州別駕。遷太子中庶子。出爲臨川內史。復爲太子中庶子。領屯騎校尉。遷吏部郎。轉侍中、臨海王西中郎長史、輔國將軍、南郡太守。行荆州事。明帝時入爲侍中。領長水校尉。轉吏部尚書。復爲侍中。領驍騎將軍。建武四年卒。贈太常。諡曰簡子。

與蕭驃騎啟理建平王景素

伏尋故建平王。因心自遠。忠孝基性。微和之譽。早布國言。勝素之情。夙洽民聽。世祖綢繆。太宗眷異。朝中貴人。野外賤士。雖聞見有殊。誰不悉斯事者。元徽之間。政關羣小。搆扇異端。共令傾覆。殷勤之非。古人所悼。況蒼梧將季。能無衘惑。一年之中。藉者再三。有必顚之危。無暫立之安。行路寒心。往來跼蹐。而王夷慮坦然。委之天命。惟謙惟敬。專誠奉國。閨無執戟之衞。門闕衣介之夫。此五尺童子所見。不假闊曲言也。一淪疑似。身名頓滅。寃結淵泉。酷貫穹旻。時經隆替。歲改三元。曠蕩之惠亟申。被枉之澤未流。俱沐溫光。獨酸霜露。明公鋪天地之施。散雲雨之潤。物無巨細。咸被慶渥。若今日不蒙照滌。則爲萬代寃魂。昌寓非敢慕慷慨之士。激揚當世。實義切於心。痛入骨髓。瀝腸紓憤。仰希神照。辯明枉直。亮王素行。使還名帝籍。歸靈舊塋。死而不泯。豈忘德於黃壚。分軀碎首。不足上謝。南齊書何昌寓傳。

與司空褚淵書理建平王景素

天下之可哀者有數。而埋寃於黃泉者爲甚焉。何者。百年之壽。同於朝露。揮忽去留。寧足道哉。政欲闔棺之日。不隕令名。竹帛傳芳烈。鐘石紀清英。是以昔賢甘心於死所者也。若懷忠抱義。而負枉冥冥之下。時主未之矜。卿相不爲言。良史濡翰。將被以惡名。豈不痛哉。豈不痛哉。竊尋故建平王。地屬親賢。德居宗望。道心淮沖。睿性天峻。散情風雲。不以塵務嬰矜。明發懷古。惟以琴書娛志。言忠孝。行惇愼。二公之所深鑒也。前者阮楊連黨。搆此紛紜。雖被明於朝貴。愈結怨於羣醜。覘察繼蹤。疑防重著。小人在朝。詩史所歎。少一句清識欲沸王每。永言終日。氣淚交橫。既推信以期物。故日去其備衞。朱門蕭條。示存典刑而已。求解徐州。以避北門要任。苦乞會稽。貪處東甌閑務。此竝彰於事迹。與公道味相求。期心有素。方共經營家國。劬勞王室。何圖時不我與。契闊屯昏。忠誠弗亮。惟此百殃。歲朔亟流。已經四載。皇命惟新。人沾天澤。而幽然深酷。未蒙照明。封殯卑雜。窮魂莫寄。昭穆不序。松栢無行。事傷行路。痛結幽顯。吾等叩心泣血。實有望於聖時。公以德佐世。欲物得其所。豈可令建平王枉直不分。邪田叔不言梁事。袁絲諫止淮南。以兩國釁禍尚回帝意。豈非親親之義。寔從敦厚。而今疑似未辨。爲世大戮。若使王心跡得申。亦示海内理冤枉。明是非。存亡國。繼絕世。周漢之通典。有國之所急也。昔叔向之理。恃祁大夫而獲亮。戾太子之冤。資車丞相而見察。幽靈有知。豈不眷眷於明顧。碎首抽脅。自謂不殞。南齊書何昌㝢傳。

全齊文卷十九終

烏程嚴可均校輯

徐孝嗣

孝嗣字始昌。小字遺奴。東海郯人。宋司空湛之孫。襲爵枝江縣公。泰始中拜駙馬都尉。除著作郎。爲司空太尉二府參軍、安成王文學。昇明中遷太祖驃騎從事中郎。領南彭城太守。隨府轉太尉諮議參軍。齊臺建。爲世子庶子。及受禪。國除。出爲晉陵太守。還爲太子中庶子。聞喜公子良征虜長史。遷尚書吏部郎。太子右衛率。轉長史。御史中丞。出爲吳興太守。徵五兵尚書。遷太子詹事。加右軍將軍。領太子左衛率。轉右僕射。隆昌初。遷散騎常侍、前將軍、丹楊尹。以廢立功封枝江縣侯。轉左僕射。明帝即位。加侍中、中軍大將軍。進爵爲公。轉尚書令。領本州中正、開府儀同三司。加中書監。永元初進司空。賜死。中興初贈太尉。謚曰

文忠。有集十卷。

表立屯田

有國急務。兵食是同。一夫輟耕。於事彌切。故井陌疆理。長轂盛於周朝。屯田廣置。勝戈富於漢室。降此以還。詳略可見。但求之自古。爲論則賒。即以當今。宜有要術。竊尋緣淮諸鎮。皆取給京師。費引既殷。漕運艱澀。聚糧待敵。每若不周。利害之基。莫此爲急。臣比訪之故老。及經彼宰守。淮南舊田。觸處極目。陂遏不脩。咸成茂草。平原陸地。彌望尤多。今邊備既嚴。戍卒增衆。遠資餽運。近廢良疇。士多飢色。可爲嗟歎。愚欲使刺史二千石。躬自履行。隨地墾闢。精尋灌溉之源。善商肥确之異。州郡縣戍。主帥以下。悉分番附農。今水田雖晚。方事菽麥。菽麥二種。益是北土所宜。彼人便之。不減粳稻。開創之利。宜在及時。所啟允合。請即使至徐兗司豫。爰及雍荊各當境規度。勿有所遺。別立主曹。專司其事。田器耕牛。臺詳所給。歲終。言殿最。明其賞罰。此功克舉。庶有弘益。若緣邊足食。則江南自豐。權其所饒。略不可計。（南齊書徐孝嗣傳）

奏劾蕭元蔚等

風聞山東羣盜。剽掠列城。雖匪日而殄。要鑿干王略。郡縣闕攻守之宜。倉府多侵秏之弊。舉善懲惡。應有攸歸。吳郡所領鹽官令蕭元蔚、桐廬令王天愍、新城令陸赤奮等。縣爲首劫破掠。竝不經格戰。委職散走。元蔚、天愍還臺。赤奮不知所在。又錢塘令劉彪、富陽令何洵、乃率領吏民相戰。不敵。未委歸臺。餘建德、壽昌在劫斷上流。不知被劫掠不。吳興所領餘杭縣被劫破。令樂琰乃率吏民徑戰。不敵。委走出都。會稽所領諸暨縣爲劫所破。令陵琚之不經格戰。委城奔走。不知所在。案元蔚等妄藉天私。作司近服。昧斯隱慝。職啟虔劉。會稽郡丞張思祖。謬因承乏。總任是尸。涓誠匆效。終焉無紀。平東將軍吳郡太守文季征虜將軍吳興太守西昌侯諱任屬關河。威懷是寄。輒下禁止彪、琰、洵、思祖、文季視事如故。諱等納贖論。（南齊書徐孝嗣傳）

諱當作鸞

諱當作鸞

嗣君廟見議

嗣君即位。竝無廟見之文。蕃支纂業。乃有虔謁之禮。（南齊書禮志上。永泰元年有司議應廟見不。尚書令徐孝嗣議）

冠婚禮議

夫人倫之始。莫重冠婚。所以尊表成德。結歡兩姓。年代汙隆。古今殊則。繁簡之儀。因時或異。三加廢於士庶。六禮限於天朝。雖因習未久。事難頓改。而大典之要。深宜損益。案士冠禮。三加畢。乃醴冠者。醴則唯一而已。故醴辭無二。若不醴。則每加輒醮以酒。故醮辭有三。王肅云。醴本古。其禮重。酒用時味。其禮輕故也。或醴或醮。二三之義。詳記於經文。今皇王冠畢。一酌而已。即可擬古設醴。而猶用醮辭。寔爲乖衷。尋婚禮。實僎以四爵。加以合巹。既崇尚質之理。

文象泮合之義。故三飯卒食。再酳用巹。先儒以禮成好合。事終於三。然後用巹。今儀注先酳巹以再以三。有違旨趣。又郊特牲曰。三王作牢用陶匏。言太古之時。無共牢之禮。三王作之。而用太古之器。重夫婦之始也。今雖以方樏示約。而彌乖昔典。又連巹以鏁。蓋出近俗。復別有牢燭。雕費采飾。亦虧曩制。方今聖政日隆。聲教惟穆。則古昔以敦風。存餼羊以愛禮。沿襲之規。有切治要。嘉禮實重。宜備舊章。謂自今王侯以下。冠畢一酌醴。以遵古之義。醴即用舊文。於事爲允。婚亦依古。以巹酌終酳之酒。並除金銀連鏁。自餘雜器。悉用埏陶。堂人執燭。足充燒燎。牢燭華侈。亦宜停省。庶斵雕可期。移俗有漸。南齊書禮志上。永泰元年。尚書令徐孝嗣議。又見通典五十八

周顒

顒字彥倫。汝南安成人。晉左光祿大夫顗七世孫。仕宋爲海陵國侍郎。蕭惠開臨益州。以爲厲鋒將軍。帶肥鄉成都二縣令。隨府轉輔國參軍。主簿。補安成王撫軍參軍。元徽初出爲剡令。還歷邵陵王南中郎參軍。昇明中轉齊臺殿中郎。高帝受禪。從長沙王後軍參軍。山陰令。還爲文惠太子中軍錄事參軍。隨府轉征北。永明初爲正員郎。始興王前軍諮議。轉太子僕。兼著作。遷中書郎。轉國子博士。有集十六卷。

言溪民於聞喜公子良

竊見溪民之困。困實極矣。役命有常。祇應轉竭。蹙迫驅催。莫安其所。險者或竄避山湖。困者自經溝瀆爾。亦有摧臂斮手。苟自殘落。販庸貼子。權赴急難。每至溪使發動。遵赴常促。輒有柤杖被錄。稽顙階垂。泣涕告哀。不知所振。下官未嘗不臨食罷箸。當書偃筆。爲之久之。愴不能已。交事不濟。不得不就加捶罰。見此辛酸。時不可過。山陰邦治。事倍餘城。然略聞諸縣。亦處處皆蹟。惟上虞以百戶一溪。大爲優足。過此列城。不無凋罄。宜應有以普救倒懸。設流開便。則轉患爲功。得之何遠。齊書周顒傳。建元初。顒爲山陰令。縣舊訂溪民以供雜使。顒言之於太守聞喜公子良。

駁伏曼容車旂尙色議

三代姓音。古無前記。裁音配尙。起自曼容。則是曼容善識姓聲。不復矯假吹律。何故能識遠代之宮商。而更迷皇朝之律呂。而云當今無知吹律。以定所尙。宜附漢以從闕邪。皇朝今以行運爲所尙。非關不定於音氏。如此。設有善律之知音。不宜遵聲以爲尙。南齊書輿服志。

與杜京產書

賢子學業清標。後來之秀。嗟愛之懷。豈知云已。所謂人之英彥。若已有之也。南齊書杜栖傳。中書郎周顒與京產書。

與何點書勸令菜食 點廣弘明集作胤

丈人之所以未極遐蹈。或在不近全菜邪。脫灑離析之討。鼎俎網罟之興。載策其來實遠。誰敢干議。觀聖人之設膳羞。仍復爲之品節。蓋以茹毛飲血。與生民共始。縱而勿裁。將無崖畔。善爲士者。豈不以恕已爲懷。是以各靜封疆。罔相陵軼。況乃變之大者。莫過死生。生之所重。無踰性命。性命之於彼極切。滋味之在我可賒。而終身朝晡。資之以味。彼就冤殘。莫能自列。我業久長。吁哉可畏。且區區微卵。脆薄易矜。歘彼弱麑。顧步宜愍。觀其飲啄飛行。人應憐悼。況可甘心撲褫。加復恣忍吞嚼。至乃野牧盛羣。閉豢重圈。量肉揣毛。以俟支剸。如土委地。僉謂常理。可爲愴息。事豈一塗。若云三世理誣。則幸矣良快。如使此道果然。而受形未息。則一往一來。一生一死。輪迴是常事。雜報如家。人天如客。遇客日尠。在家日多。吾儕信業。未足長免。則傷心之慘。行亦自及。丈人於血氣之類。雖無身踐。至於晨鳧夜鯉。不能不取備屠門。財貝之經盜手。猶爲廉士所棄。生性之一啟鸞刀。寧復慈心所忍。騶虞雖飢。非自死之草不食。

聞其風者。豈不使人多愧。衆生之稟此形質。以畜肌骨。皆由其積壅癡迷。沈流莫反。報受穢濁。懸若酸長。此甘與肥。皆無明之報聚也。何至復引此滋腴。自汙腸胃。丈人得此有素。聊復寸言發起耳。南齊書周顒傳。南史三十。又見廣弘明集三十。

答張融書難門律

周剡山茨歸書少子曰。周顒頓首。憼製來班。承復峻其門。則參子無踞。誠不待獎。敬尋同本有淵高心。雖神道所躡。吾知其主。然自釋之外。儒綱爲弘。過此而能與仲尼相若者。黄老實雄也。其教流漸。非無邪弊。素樸之本。義有可崇。吾取舍舊懷。粗有涇渭。與奪之際。不至朱紫。但蓄積懷抱。未及曆言耳。途軌乖順。不可謬同異之聞。文宜有歸。辨來旨謂致本則同。佀非吾所謂同。時殊風異。又非吾所謂異也。久欲此中微舉條裁。幸因雅趣。試共極言。且略如左。遲聞深況。

通源曰。道也與佛。逗極無二。寂然不動。致本則同。感而遂通。達迹誠異。周之問曰。論云。致本則同。請問何義。是其所謂本乎。言道家者。豈不以二篇爲主。言佛教者。亦應以般若爲宗。二篇所貴。義極虛無。般若所觀。照窮法性。虛無法性。其寂雖同。住寂南齊書顒傳作位寂之方。其旨則别。論所謂逗極無二。爲逗極於虛無。當無二於法性邪。將二塗之外。更有異本。儻虛無法性。其趣不殊乎。若有異本。思告異本之情。如其不殊。願聞不殊之說。

逗極無二下脫者字

通源曰。殊時故不同其風。異世故不一其義。吾見道士與道人戰儒墨。道人與道士獄是非。昔有鴻飛天道。積遠難亮。越人以爲鳧。楚人以爲乙。人自楚越耳。鴻常一鴻乎。夫澄本雖一。吾自俱宗其本。鴻跡既分。吾已翔其所集。周之問曰。論云。時殊故不同其風。是佛教之異。於道也。世異故不一其義。是道言之乖於佛也。道佛兩殊。非鳧則乙。唯足下所宗之本。一物爲鴻耳。驅馳佛道。無免二乖。

未知高鑒緣何識本。輕而宗之。其有旨乎。若猶取二教以位其本恐戰獄方興。未能聽訟也。若雖因二教同測教源者。則此教之源每沿教而見矣。自應鹿巾環杖。悠然目擊。儒墨闇聞。從來何議。苟合源共是。分跡雙非。則二跡之用。宜均去取。奚爲翔集所向。勤務唯佛。專氣抱一。無譏於道乎。言精旨遠。企聞後要。

通源曰。汝可專遵於佛跡。而無侮於道本。周之問曰。足下專遵佛跡。無侮道本。吾則心持釋訓。業愛儒言。未知足下雅意。佛儒安在。爲當本一末殊。爲本末俱異邪。既欲精探彼我。方相究涉。理類所關。不得無請。弘明集六。

重答張融書難門律

周顒頓首。夫可以運寄懷抱。非理何師。中外聲訓。登塗所奉。而使此中介介然去留無薄。是則怏怏失路。在我奚難。足下善欲言之。吾亦言之未已也。輒復往研。遲承來析。

通源曰。法性雖以即色圖空。虛無誠乃有外張義。所吕若下之翁且藏即色。順其所有。不震其情。尊其所無。斷情其順。周之問曰。若下之藏即色。信矣斯言也。更恐有不及於即色。容自託於能藏。則能藏者廣。或不獨出於厲鄉耳。夫有之爲有。物知其有。無之爲無。人識其無。老氏之署有題無。無出斯域。是吾三宗。鄙論所謂取舍驅馳。未有能越其度者也。佛教所以義奪情靈。言詭聲律。蓋謂即色非有。故檀絕於群家耳。此塗未明。在老何續。但紛紛橫沸。皆由著有之家。因俗茲焉。是患既患由有滯。而有性未明。矯有之家。因崇無術。有性不明。雖則巨蔽。然違謙御隸。涉累實微。是道家之所以有埤弘教。前白所謂黄老實雄者也。正何舊說。皆云老不及聖。若如斯論。不得影響於釋宗矣。吾之位老。不至乃然。大夫士應世其體無方。或爲儒林之宗。或爲國師道士。斯經教之成說也。乃至宰官長者。咸託身相。何爲老生獨非一跡。但未知涉觀淺深。品位

正當作王
大夫當作夫大

二當作一

高下耳。此皆大明未啟。權接二方。日月出矣。爝火宜廢。無餘既說。眾權自寢。足下猶欲抗遺燎於日月之下。明此火與日月通源。既情崇於日月。又無侮於火本。未知此火本者。將為名乎。將為實哉。名而已邪。道本安在。若言欲實之。日月為實矣。斯則事盡於一佛。不知其道也。通源之旨。源與誰通。

通源曰。當其神地悠悠。精和坐廢。登其此地。吾不見釋家之與老氏。陟其此意。吾孰識老氏之與釋家。又曰。今既靜而兩神。神靜而道二。吾未之前聞也。又曰。伯陽專氣致柔。停虛任魄。魄緒停虛。故融然自道也。又曰。心塵自拂。一舉形上。周之問曰。足下法性雖以卽色圖空。虛無誠乃有外。張義竊謂老釋重出。對分區野。其所境域。無過斯言。然則老氏之神地悠悠。自悠悠於有外。釋家之精和坐廢。每坐廢於色空。登老氏之地。則老異於釋。涉釋氏之意。則釋殊於老。神既靜而不兩。靜既兩而道二。足下未之前聞。吾則前聞之矣。苟然則魄緒停虛。是自虛其所謂虛。融然自道。亦非吾之所

塵心當作心塵

聞道。若夫塵心自拂。一舉形上。皆或未涉於大方。不敢目通源相和也。

通源曰。足下欲使伯陽不靜。寧可而得乎。使靜而不怕道。亦於何而不得。周之問曰。甚如來言。吾亦慮其未極也。此所謂得在於神靜。失在於物虛。若謂靜於其靜。非曰窮靜。魄於其魄。不云盡魄。吾所許也。無所間然。

通源曰。若卿謂老氏不盡乎無。則非想期於得意。若卿謂盡無而不盡有。得意復爽。吾所期。周之問曰。盡有盡無。非極莫備。知無知有。吾許其　道家。唯非有非無之一地。道言不及耳。非有非無。三宗所蘊。倘瞻餘慮。唯足下其眄之。念不使得意之相爽。移失於有歸耳。

通源曰。非鳧則乙。跡固然矣。跡固其然。吾不復答。又曰。吾與老釋相識正如此。正復是目擊道斯存。又曰。得意有本。何至取教。又曰。誠哉有是言。吾所以見道來一於佛。周之問曰。足下之所目擊道存。得意有本。想法性之真義。是其此地乎。佛教有之。足下所取非所以何至取教也。目擊之本。卽在教跡。謂之鳧乙。則其鴻安漸哉。諸法真性。老無其旨。目擊高情。無存老跡。旨跡兩亡。索宗無所。論所謂無侮於道本。當無侮於何地哉。若謂探道家之跡。見其來一於佛者。則是真諦實義。沿文可見矣。將沿於道章而得之乎。為沿

若下脫兩字

於德篇而遇之也。若無所沿。而玄德於方寸者。此自足下懷抱。與老釋而為三耳。或可獨樹一家。非老情之所敢逮也。

通源曰。虞芮二國之鬬田。非文王所知也。斯自鹿巾之空負頭上。環杖之自誣掌中。吾安能了之哉。周之問曰。足下謂苦下之且藏卽色。則虛空有闕矣。足下謂法性目卽色圖空。則法性為備矣。今

姓當作性

有人於此。操環杖而言法姓。鹿巾之士。執虛無而來。詣曰。爾不同

鬬當作闕　於閭中脫其字

我。吾與爾鬬。足下從容倚棘。聽斷於閭。曰。皆不可也。謂其鹿巾空負於頭上。環杖自誣於掌中。以足下之精明特達。而判訟若斯。豈虞芮之所於邑也。

通源曰。吾不翔翮於四果。卿何無疑其集佛。吾翮不翔於五通。而於集道復何晦。周之問曰。足下不翔翮於四果。猶勤集於佛教。翮不翔於五通。何獨棄於道跡乎。理例不通。方為彼訴。

通源曰。當欲列儒圍道。故先屬垣隙。周之問曰。足下通源。唯道源不及儒。吾因疑其闕。是以相訪。但未知融然自道。唯道能融。將道之融然。脩儒可會邪。雖非義本。縱言宜及。想釋本多暇。幸惠餘音。

弘明集六

抄成實論序

尋夫數論之為作也。雖製興於晚集。非出於一音。然其所以開家命部。莫不各有弘統。皆足以該領名教。陵讚方等。契闡顯益。不可

皆言至如成實論者，總三乘之秘數，窮心色之微闡，標因位果，解惑相馳，凡聖心樞，罔不畢見乎其中矣。又其設書之本，位論為家，抑揚含吐，咸有憲章，則優柔闕探，勤闡獎利，自發聚之初，首至道聚之末章，其中二百二品，鱗綵相綜，莫不言出於奧典，義溺於邪門，故必曠引條繩，碎陳規墨，料同洗異，峻植明塗，碑濟之功，寔此為著者也。既宣效於正經，無染乎異學，雖則近派小流，實乃有變方教，是以今之學眾，皆云志存大典，而發迹之日，無不寄濟此塗，乘津為永，本期長路，其書言精理贍，思味易耽，頃遂赴路，爭流重斷，相躡，又卷廣義繁，致功難盡，故貞往不旋，終妨正務，頃泥恒沙華，雖或時誦，雜以摩勝，頹參餘席，至於大品精義，師匠蓋疏，十住淵弘，世學將殄，皆由寢處於論家，永均於弱喪，是使大典榛蕪，義種行輟，興言悵悼，側寐忘安，成實既有功於正篆，事不可闕，學者又遂流於所赴，此患宜裁，今欲內全成實之功，外闢學士之慮，故詮引論本，備詳切緩，刊文在約，降為九卷，刪跡采要，取效本根，則方等之助，無虧學者之煩，半遣得使功歸至典，其道彌傳，波若諸經，無墜於地矣。業在心源，應無裁削之累，令典故全，豈有妨於好學，相得意於道，心可不謀而暗喜也。（釋藏百一，出三藏記集十一。）

王琰

琰，太原人。

冥祥記自序

此像常自供養，庶必永作津梁，循復其事，有感深懷，沿此徵觀，緣成斯記。夫鏡接近情，莫踰儀像，瑞驗之發，多自是興，經云：鎔鑄圖繢，獨形相者，爰能行動，及放光明，今西域釋迦彌勒二像，暉用若真，蓋得相乎。今東夏景模，神應亟著，亦或當年群生，因會所感，假憑木石，目見幽異，不必翻由容好，而能然也。故沈石浮深，寡臨開吳之化；塵金瀉液，用紓彰宋之祚。其餘銘示繁方，雖難由辨，率其大抵，允歸自從。若夫經塔顯效，旨證亦同，事非殊貫，故繼其末。（法苑珠林。）

劉虯

虯字靈預，一字德明，南陽涅陽人，晉豫州刺史喬七世孫。宋泰始中為晉平王驃騎記室，除當陽令，罷歸。齊建元初，豫章王尉荊州別駕，永明中徵通直郎，建武中徵國子博士，並不就。卒諡曰文範先生。有集二十四卷。

尉當作辟

答竟陵王子良書

虯四節卧病，三時營灌，暢餘陰於山澤，託暮情於魚鳥，寧非唐虞重恩，周邵宏施，虯進不研機入玄，無洙泗稷館之辯，退不凝心正累，非冢間樹下之節，遠澤既灑，仁規先著，謹收樵牧之嫌，敬加軾鼃之義。（南齊書劉虯傳。）

無量義經序

無量義經者，取其無相一法，廣生眾教，含義不貲，故曰無量。夫三界群生，隨業而轉，一極正覺，任機而通，流轉起滅者，必在苦而希樂，此叩聖之感也；順通示現者，亦施悲而用慈，即救世之應也。根異教殊，其階成七，先為波利等說五戒，所謂人天善根，一也；次為拘鄰等轉四諦，所謂授聲聞乘，二也；次為中根演十二因緣，所謂授緣覺乘，三也；次為上根舉六波羅蜜，所謂授以大乘，四也；眾教宜融，群疑須導，次說無量義經，既稱得道差品，復云未顯真實，使發求實之冥機，用開一極之由緒，五也；故法華接唱，顯一除三，順彼求實之心，去此施權之名，六也；雖權開而實現，猶掩常住之正義，在雙樹而臨崖，乃昜我淨之玄音，七也。過此以往，法門雖多，撮其大歸，數盡於此。亦猶眾聲不出五音之表，百氏並在六家之內。其無量義經，雖法華首載其目，而中夏未覩其說，每臨講肆，未嘗不廢談而歎，想見斯文。忽有武當山比丘慧表，生自羌胄，偽帝姚

二當作一

日當作因

其化卽二之二當作亡

昭從子園破之日。爲晉軍何澹之所得。數歲。聰黠。澹之字曰螟蛉。養爲假子。儀旣出家。便勤苦求道。南北遊尋。不擇夷險。以齊建元三年。復訪奇搜祕。遠至嶺南。於廣州朝亭寺遇中天竺沙門曇摩伽陀耶舍。手能隸書。口解齊言。欲傳此經。未知所授。表便慇懃致讀。心形俱至。淹歷旬朔。僅得一本。仍還嶠北。齋入武當。以今永明三年九月十八日。頂戴出山。見投弘通。奉覩眞文。欣敬兼誠。詠歌不足。手舞莫宣。輒虔訪宿解。抽刷庸思。謹立序注云。自極敎應世。與俗而差。神道救物。稱感成異。玄圃已東。號曰太一。罽賓已西。字爲正覺。東國明殃慶於百年。西域辯休咎於三世。希無之與修空。其揆一也。有欲於無者。旣無得無之分。施心於空者。豈有入空之照。而講求釋敎者。或謂會理可漸。或謂入空必頓。請試言之。以筌鳥寄。立漸者以萬事之成。莫不有漸。堅冰基於履霜。九成作於累土。學人之入空也。雖未圓符。譬如斬木。去寸無寸。去尺無尺。三空稍登。寧非漸耶。立頓者以希善之功。莫過觀法性。法性從緣。非有非無。忘慮於非有非無。理照斯二者。乃曰解空。存心於非有非無。境智猶二者。未免於有。有中伏結。非無日損之驗。空上論心。未有入理之效。而言納羅漢於一聽。判無生於終朝。是接誘之言。非稱實之說。妙得非漸。理固必然。旣二談分路。兩意爭途。一去一取。其之或正。尋得旨之匠。起自支安。支公之論無生。以七住爲道慧陰足。十住則羣方與能。在迹斯異。語照則一。安公之辯異觀。三乘者始簣之日。稱定慧者終成之實錄。此謂始求可隨根而三。入解則其慧不二。譬喻亦云。大難旣夷。乃無有三。險路旣息。其化卽二。此則名一爲三。非有三悟明矣。生公云。道品可以泥洹。非羅漢之名。六度可以至佛。非樹王之謂。斬木之喻。木存故尺寸可漸。無生之證。生盡故其照必頓。案三乘名教。皆以生盡照息。去有入空。日比爲道。不得取像於形器也。今無量義亦以無相爲本。若所證實異。豈曰無相。若入照必同。寧曰有漸。非漸而云漸。密筌之虛教耳。如來亦云。空拳誑小兒。以此度衆生。微文接麤。漸說或允。忘象得意。頓義爲長。聊舉大較。試者擇焉。（釋藏草九。又跡九。）

全齊文卷二十終

烏程嚴可均校輯

曹虎

虎字士威。本名虎頭。武帝改。下邳人。宋泰始末爲直廂。累遷屯騎校尉。領南城令。封羅江縣男。除前軍將軍。齊受禪。除寧朔將軍東莞太守。改封監利。除游擊將軍。武帝即位。除員外常侍。遷南中郎司馬。加寧朔將軍南新蔡太守。累遷至梁南秦二州刺史征虜將軍。鬱林即位。進號前將軍。還冠軍將軍雍州刺史。明帝即位。進右將軍。尋進平北將軍。爵爲侯。永泰初遷給事中右衛將軍。東昏即位。遷前將軍鎮軍司馬。轉散騎常侍右衛將軍。未及拜見殺。和帝即位。追贈安北將軍徐州刺史。

答魏主托跋宏書

自金精失道。皇居徙縣。喬木空存。茂草方鬱。七狄交侵。五胡代起。顧瞻中原。每用弔焉。知棄皋蘭。墮水瀍澗。伊川之象。爰在茲日。古人有云。匪宅是卜。而鄰是卜。樊漢無幸。咫尺殊風。折膠入塞。乘秋犯邊。親屬窮於斬殺。士女困於虔劉。與彼齊左。共爲唇齒。仁義弗聞。苛暴先露。乃復改易氈裘。妄自尊大。我皇闡運。光宅區夏。而式亂遁逃。棄同即異。每欲出車物旅。以征不庭。所冀干戚兩階。拔命咸格。遂復遊魂不戢。亂猾孔熾。孤總連率。任屬方邵。組甲十萬。雄戟千羣。以此戡難。何往不克。主上每矜率土。哀彼民黎。使不戰屈敵。兵無血刃。故部勒小戍。閉壁清野。抗威遵養。庶能懷音。若遂迷復。知進亡退。當金鉦戒路。雲旆北攜。長驅燕代。併羈名王。使少卿忽諸。頭曼不祀。兵交無遠。相爲憫然。南齊書曹虎傳

亡當作忘

虞悰

悰字景豫。會稽餘姚人。仕宋爲州主簿。建平王參軍。尚書儀曹郎。太子洗馬。領軍長史。正員郎。累至州治中。別駕。黃門郎。昇明中。武帝爲中軍。引爲諮議參軍。齊受禪。轉太子中庶子。遷後軍長史。領步兵校尉。鎮北長史。寧朔將軍。南東海太守。尋爲豫章內史。遷輔國將軍。始興王長史。平蠻校尉。蜀郡太守。轉司徒司馬。遷散騎常侍太子右衛率。轉侍中。遷祠部尚書。出爲冠軍將軍車騎長史。轉度支尚書。領步兵校尉。鬱林即位。改領右軍將軍揚州大中正。兼大匠卿。明帝即位。轉給事中光祿大夫。尋加正員常侍。永元元年卒。

引疾上表

臣族陋海區。身微稽士。猥屬興運。荷竊稠私。徒越星紀。終慙報答。衛養乖方。抱疾嬰固。寢瘵以來。倏踰旬朔。頻加醫治。曾未瘳損。惟此朽頓。理難振復。乞解所職。盡療餘辰。南齊書虞悰傳

胡諧之

諧之。豫章南昌人。仕宋爲州從事主簿。歷臨賀晉熙邵陵王諮議參軍。武帝江州別駕。北中郎征虜司馬。扶風太守。爵關內侯。齊受禪。爲給事中。驍騎將軍。本州中正。轉黃門郎。領羽林監。武帝即位。轉守衛尉。加給事中。遷散騎常侍太子右衛率。進左衛將軍。都官尚書。太子中庶子。改衛尉。轉度支尚書。卒。贈右將軍豫州刺史。謚曰簡。

上表乞解職

臣私門罪釁。早備荼苦。兄弟三人。共相撫鞠。嬰孩抱疾。得及成人。長兄臣諶之。復早殞沒。與亡第二兄臣謨之。銜戚家庭。得蒙訓長。情同極蔭。何圖一旦奄見弃放。吉凶分違。不獲臨奉。乞解所職。南齊書胡諧之傳

周山文

山文。元徽中太學博士。入齊爲助教。

皇弟訓爲養母服議

案庶母慈己者小功五月。鄭玄云。其使養之命。不爲母子。亦服庶母慈己之服。愚謂第七皇弟宜從小功之制。宋書禮志二。元徽二年七月。有司奏。第七皇弟訓養母鄭脩容喪。未詳服制。下禮官正議。太學博士周山文議。

祠孝武皇帝及昭皇太后親執爵議

竊禮尊者尊統上。卑者尊統下。孝武皇帝於至尊。雖親非正統。而祖宗之號。列於七廟。愚謂親奉之日。應執觴爵。昭皇太后既親非禮正。宜使三公行事。宋書禮志四。元徽二年十月。有司奏。至尊親祠太廟孝武皇帝及昭皇太后。未詳應親執爵與否。太學博士周山文議。

亥日藉田議

盧植云。元。善也。郊天。陽也。故以日。藉田。陰也。故以辰。蔡邕月令章句解元辰云。日。幹也。辰。支也。有事於天用日。有事於地用辰。南齊書禮志上。永明三年。助教周山文議。

裴叔業

叔業。河東聞喜人。宋元徽末爲羽林監。高帝爲驃騎。引爲參軍。及受禪。除屯騎校尉。寧朔將軍。永明中累遷廣平扶風太守。晉熙王冠軍司馬。延興初加寧朔將軍。建武中封武昌縣伯。持節冠軍將軍徐州刺史。徙輔國將軍豫州刺史。東昏侯即位。徙南兗州刺史。進冠軍將軍。懼誅。降於魏。尋卒。

上疏獻讜言

成都沃壤。四塞爲固。古稱一人守隘。萬夫趦趄。雍齊亂於漢世。譙李寇於晉代。成敗之迹。事載前史。頃世以來。綏馭乖術。地惟形勢。居之者異姓。國實武用。鎮之者無兵。致寇掠充斥。賦稅不斷。宜帝子之尊。臨撫巴蜀。總益梁南秦爲三州刺史。率文武萬人。先啟嶓漢。分遣郡戍。皆配精力。搜蕩山源。糾虔姦蠹。威令既行。民夷必服。南齊書裴叔業傳。

崔慧景

慧景字君山。清河東武城人。初爲國子學生。宋泰始中歷位至員外郎。遷長水校尉。寧朔將軍。昇明初。除前軍。出爲武陵王安西司馬。河東太守。遷豫章王鎮西司馬。兼諮議。齊受禪。封樂安縣子。轉平西府司馬。南郡內史。仍遷南蠻長史。加輔國將軍。進梁南秦二州刺史。武帝即位。進號冠軍將軍。還遷黃門郎。領羽林監。遷隨王東中郎司馬。出爲司州刺史。徵太子左率。加通直常侍。還右衛將軍。加給事中。出爲豫州刺史。鬱林即位。進號征虜將軍。徵還爲散騎常侍左衛將軍。建武中遷度支尚書。假節督雍州。加平北將軍。東昏即位。改領右衛將軍。還護軍將軍。加侍中。尋加平南將軍。改授平西將軍。征壽陽。回軍內向。敗死。

報薛淵

索在界首。遣信拘引。已得拔難。南齊書薛淵傳。淵母索氏。改嫁長安楊氏。淵私遣購贖。梁州刺史崔慧景報淵。

崔覺

覺。慧景子。永元初爲直閤將軍。慧景敗亡。命爲道人。見執伏誅。

臨刑與妹書

捨逆旅。歸其家。以爲大樂。況得從先君遊太清乎。古人有力扛周鼎。而有立錐之歎。以此言死。亦復何傷。平生素心。士大夫皆知之矣。既不得附驥尾。安得施名於後世。慕古竹帛之事。今皆亡矣。南齊書崔慧景傳。

崔偃

偃。慧景次子。建武初太學博士。歷始安內史。慧景敗。藏竄得免。和帝西臺立。目爲寧朔將軍。尋下獄死。

目當作自

上書理父冤

臣竊惟太祖高宗之孝子忠臣。而昏主之賊臣亂子者。江夏王與陛下。先臣與鎮軍是也。臣聞堯舜之心。惟以天下爲憂。而不以位爲樂彼子然之舜。壟畝之人。猶尚若此。況祖業之重。家國之切。江夏既行之於前。陛下又蹈之於後。雖成敗異術。而所由同方也。陛下初登至尊。與天合符。天下纖介之屈。尚望陛下申之。絲髮之冤。尚望陛下理之。況先帝之子。陛下之兄。所行之道。卽陛下所同哉。如此尚弗恤。其餘何幾哉。陛下德侔造化。仁育羣生。雖在昆蟲草木。有不得其所者。覽而傷焉。而況乎友愛天至。孔懷之深。夫豈不懷。將以事割。此實左右不明。未之或詳。惟陛下公聽並觀。以詢之芻蕘。羣臣有以臣言爲不可。乞使臣廷辯之。則天人之意塞。四海之疑釋。必若不然。倖小民之無識耳。使其曉然知此。相聚而逃陛下以責江夏之冤。朝廷將何以應之哉。若天聽沛然。回光發惻愴之詔。而使東牟朱虛東襃儀父之節。則荷戈之士。誰不盡死。愚臣之言。萬一上合。事乞留中。南齊書崔慧景傳。覺弟偃中興元年詣公車門上書。事寢不報

又上疏

近冒陳江夏之冤。定承聖詔。已有褒贈。此臣狂疏之罪也。然臣所以諮問者。不得其實。罪在萬沒。無所復云。但愚心所恨。非敢以父子之親。骨肉之間。而僥幸曲陛下之法。傷至公之義。誠不曉聖朝所以然之意。若以狂主雖狂。而實是天子。江夏雖賢。實是人臣。先臣奉人臣。逆人君。以爲不可。申明詔得矣。然未審陛下亦是人臣不。而鎭軍亦復奉人臣逆人君。今之嚴兵勁卒。方指於象魏者。其故何哉。臣所不死苟存。靦息非有他故。所以待皇運之開泰。申冤魂之枉屈。今皇運既已開泰矣。而死於社稷。盡忠反以爲賊。臣何用此生陛下世矣。臣聞王臣之節。竭智盡公。以奉其上。居股肱之任者。申理冤滯。薦達羣賢。凡此衆臣。夙興夜寐。心未嘗須臾之間。而不在公。故萬物無不得其理。而頌聲作焉。臣謹案鎭軍將軍臣穎冑。宗室之親。股肱之重。身有伊霍之功。荷陛下稷旦之任。中領軍臣衍。受帷幄之寄。副宰相之尊。皆所以棟梁朝廷。社稷之臣。天

下所當遑遑匪懈。盡忠竭誠。欲使萬物得理。而頌聲大興者。豈復宜踰此哉。而同知先臣股肱江夏。匡濟王室。天命未遂。王亡與亡。而不爲陛下瞥然一言。知而不言。是不忠之臣。不知而言。乃不智之臣。此而不知。將何所知。如以江夏心異先臣。受制臣力。則江夏同致死斃。聽可昏政淫刑。見殘無道。然江夏之異。已何爲明。孔呂二人。誰以爲戮。手御麾幢。言輒任公。同心共志。心若膠漆。而以爲異。臣竊惑焉。如以先臣遣使。江夏斬之。則征東之驛。何爲見戮。陛下斬征東之使。實詐山陽。江夏違先臣之情。實謀孔矜。天命有歸。故事業不遂耳。夫唯聖人乃知天命。守忠之臣。唯知盡死。安顧成敗。詔稱江夏遭時屯。故跡屈行令。內恕探情。無玷純節。今茲之旨。又何以處鎭軍哉。臣所言畢矣。乞就湯鑊。然臣雖萬沒。猶願陛下必申先臣。何則。惻愴而申之。則天下伏。不惻愴而申之。天下之人。北面而事陛下者。徒以力屈耳。先臣之忠。有識所知。南史之筆。千載可期。亦何待陛下屈申而爲褒貶。然小臣惓惓之愚。爲陛下計耳。臣之所言。非孝於父。實忠於君。唯陛下孰察。少留心焉。臣頻觸宸嚴。而不彰露。所以每上封事者。非自爲戇地。猶以春秋之義。有隱諱之意也。臣雖淺薄。然今日之事。斬足斷頭。殘身滅形。何所不能。爲陛下耳。臣聞生人之死。肉人之骨。有識之士。未爲多感。公聽並觀。申人之冤。秉德任公。理人之屈。則普天之人。爭爲之死。何則。理之所不可以已也。陛下若引臣冤。免臣兄之罪。收往失。發惻愴之詔。懷可報之意。則桀之犬實可吠堯。跖之客實可刺由。又何況由之犬。堯之客。臣非忘生。實爲陛下重此名於天下。已成之基。可惜之寶。莫復是加。寖明寖昌。不可不循。寖微寖滅。不可不慎。惟陛下熟察。詳擇其衷。若陛下猶以爲疑。鎭軍未之允決。乞下征東共詳可否。無以向隅之悲。而傷陛下滿堂之樂。何則。陛下昏主之弟。江夏亦昏主之弟。鎭軍受遺託之恩。先臣亦荷顧命之重。情節無

異所爲皆同殊者唯以成敗仰資聖朝耳臣不勝愚忠請使羣臣廷辯者臣乞專令一人精賜本語僥幸萬一天聽昭然則軻沈七族醢嬰妻子人以爲難臣豈不易（南齊書崔慧景傳假又上疏詔報可尋下獄死）

崔祖思

祖思字敬元慧景宗人漢末中尉琰七世孫仕宋爲州主簿歷武帝輔國主簿除奉朝請安成王撫軍參軍員外正員郎轉相國從事中郎遷齊國內史及受禪轉長兼給事黃門侍郎遷寧朔將軍冠軍司馬領郡太守遷冠軍將軍進號征虜將軍假節青冀二州刺史有集二十卷

國名啟

讖書云金刀利刃齊刈之今宜稱齊實應天命（南齊書崔祖思傳宋朝初議封太祖爲梁公祖思啟從之）

陳政事啟

禮誥者人倫之襟冕帝王之樞柄自古開物成務必以教學爲先世不習學民忘志義悖競因斯而興禍亂是焉而作故篤俗昌治莫先道教不得以夷禍革慮儉泰移業今無員之官空受祿力三載無考績之效九年闕登黜之序國儲以之虛匱民力爲之凋散能否無章涇渭混流宜太廟之南弘脩文序司農以北廣開武校臺州列國限外之職問其所樂依方課習各盡其能月供僮幹如先充給若有廢墮遣還故郡殊經奇藝待以不次士脩其業必有異等民識其和能無勉勵

漢文集上書囊以爲殿帷身衣弋綈以韋帶劍慎夫人衣不曳地惜中民十家之產不爲露臺劉備取帳鉤（南史作幔）銅鑄錢以充國用魏武遣女皁帳婢十人東阿婦以繡衣賜死王景興以淅米見誚宋武節儉過人張妃房帷（南史作帷帳）碧綃蚊幬三齊䓿席五盞盤桃花米飯殷仲文勸令畜伎答云我不解聲仲文曰但畜自解又答畏

解故不畜歷觀帝王未嘗不以約素興侈靡亡也伏惟陛下體唐成儉踵虞爲樸寢殿則素木卑構膳器則陶瓢充御瓊簪玉箸碎以爲塵珍裘繡服焚之如草斯實風高上代民偃下世矣然教信雖孚氓染未革宜加甄明以速歸厚詳察朝士有柴車蓬館高以殊等雕牆華輪卑其稱謂馳禽荒色長違清編嗜音酣酒守官不徙物識義方且懼且勸則調風變俗不俟終日

憲律之重由來尚矣故曹參去齊唯以獄市爲寄餘無所言路溫舒言秦有十失其一尚在治獄之吏是也實宜清置廷尉茂簡三官寺丞獄主彌重其選研習律令刪除繁苛詔獄及兩縣一月三訊觀貌察情欺枉必達使明慎用刑無忝大易寧失不經靡愧周書漢來治律有家子孫竝世其業聚徒講授至數百人故張于二氏絜譽文宣之世陳郭兩族流稱武明之朝決獄無冤慶昌枝裔槐袞相襲蟬紫傳輝今廷尉律生乃令史門戶族非咸弘庭缺于訓刑之不措抑此之由如詳擇篤厚之士使習律令試簡有徵擢爲廷尉僚屬苟官世其家而不美其績鮮矣廢其職而欲善其事未之有也若劉累傳守其業庖人不乏龍肝之饌斷可知矣

樂者動天地感鬼神正情性立人倫其義大矣按前漢編戶千萬太樂伶官方八百二十九人孔光等奏罷不合經法者四百四十一人正樂定員惟置三百八十八人今戶口不能百萬而太樂雅鄭元徽時校試千有餘人後堂雜伎不在其數糜廢力役傷敗風俗今欲撥邪歸道莫若罷雜伎王庭唯置鐘虡羽戚登歌而已如此則官充給養國反淳風矣

論儒者以德化爲本談法者以刻削爲體道教治世之粱肉刑憲亂世之藥石故以教化比雨露名法方風霜是以有恥且格敬讓之樞紐令行禁止爲國之關楗然則天下治者賞罰而已矣賞不事豐所病於不均罰不在重所困於不當如令甲勳少乙功多賞

甲而捨乙。天下必有不勸矣。丙罪重。丁眚輕。罰丁而赦丙。天下必有不悛矣。是賞罰空行。無當乎勸沮。將令見罰者寵習之臣。受賞者仇讎之士。戮一人而萬國懼。賞匹夫而四海悅。

籍稅以厚國。國虛民貧。廣田以實廩。國富民贍。堯資用天之儲。實極懷山之數。湯憑分地之積。以勝流金之運。近代魏置典農。而中都足食。晉開汝潁。而汴河委儲。今將掃闢咸華。題鏤龍漠。宜簡役敦農。開田廣稼。時罷山池之威禁。深抑豪右之兼擅。則兵民優贍。可以出師。

古者左史記言。右史記事。故君舉必書。盡直筆而不污。上無妄動。知如絲之成綸。今者著作之官。起居而已。述事之徒。褒諛為體。世無董狐。書法必隱。時闕南史。直筆未聞。又廢諫官。聽納靡依。雖課勵朝僚。徵訪芻輿。莫若推舉質直。職思其憂。夫越任干事。在言為難。當官而行。處辭或易。物議既以無言望己。己亦當以吞默慙人。中丞雖謝咸玄。未有全廢劾簡。廷尉誠非釋之。盜容都無訊牒。故知與其謬人。盜不廢職。目前之明效也。漢徵貢禹為諫大夫。矢言先策。夏侯勝狂直拘繫。出補諷職。伐柯非遐。行之即善。

天地無心。賦氣自均。寧得誕秀往古。而獨寂寥一代。將在知與不知。用與不用耳。夫有賢而不知。知賢而不用。用賢而不委。委賢而不信。此四者古今之通患也。今誠重郭隗而招劇辛。任鮑叔以求夷吾。則天下之士。不待召而自至矣。（南齊書崔祖思傳）

崔元祖

元祖。祖思從弟。為射聲校尉。歷驍騎將軍。出為東海太守。

請留蔣少游啟

少游臣之外甥。特有公輸之思。宋世陷虜。處以大匠之官。今為副使。必欲模範宮闕。豈可令氈鄉之鄙。取象天宮。臣謂且留少游。令使主反命。（南齊書魏虜傳。永明九年。）

卞彬

彬字士蔚。濟陰冤句人。晉中領軍嗣之孫。仕宋為西曹主簿。奉朝請員外郎。齊臺建。除右軍參軍。出為南康郡丞。除南海王國郎中令。尚書比部郎。安吉令。車騎記室。永元中為平越長史綏建太守。

蝦蟆賦

紆青拖紫。名為蛤魚。（南齊書卞彬傳。世謂比令僕也。又見南史七十二。御覽九百四十九。）

科斗唯唯。羣浮闇水。維朝繼夕。聿役如鬼。（同上。比令史諮事也。）

蚤蝨賦 序

余居貧布衣十年不製。一袍之縕。有生所託。資其寒暑。無與易之。為人多病。起居甚疏。縈寢敗絮。不能自釋。兼攝性懈惰。懶事皮膚。澡刷不謹。澣沐失時。四體䟽䟽。加以臭穢。故葦席蓬縷之間。蚤蝨猥流。淫癢渭濩。無時恕肉。探揣擭撮。日不替手。蝨有諺言。朝生暮

孫。若吾之蝨者。無湯沐之慮。絕相弔之憂。晏聚乎久袴爛布之裳。服無改換。掐齧不能加。脫略緩懶。復不勤於捕討。孫孫息息。三十五歲焉。（南齊書卞彬傳。又見南史七十二。御覽八百十九、九百五十一。）

禽獸決錄目

羊性淫而很。豬性卑而率。鵝性頑而傲。狗性險而出。（南齊書卞彬傳。南史卞彬傳。御覽八百八十九。）

全齊文卷二十一終

全齊文卷二十二

烏程嚴可均校輯

顧歡

歡字景怡，一字玄平，吳郡鹽官人。宋末徵爲揚州主簿，永明初爲太學博士，竝不就。有集三十卷。

獻治綱表

臣聞舉網提綱，振裘持領，綱領既理，毛目自張。然則道德綱也，物勢目也。上理其綱，則萬機時序；下張其目，則庶官不曠。是以湯武得勢師道則祚延，秦項忽道任勢則身戮。夫天門開闔，自古有之；四氣相新，絺裘代進。今火澤易位，三靈改憲，天樹明德，對時育物，按揚仄陋，野無伏言。是以窮谷愚夫，敢露偏管，謹刪撰老氏，獻治綱一卷。伏願稽古百王，斟酌時用，不以芻蕘棄言，不以人微廢道，則率土之賜也，微臣之幸也。幸賜一疏，則上下交泰，雖不求民而民悅，不祈天而天應。應天悅民，則皇基固矣。臣志盡幽深，無與榮勢，自足雲霞，不須祿養。陛下既遠見尋求，敢不盡言，言既盡矣，請從此退。（南齊書顧歡傳）

夷夏論

夫辯是與非，宜據聖典。尋二教之源，故兩標經句。道經云：老子入關之天竺維衛國，國王夫人名曰淨妙，老子因其晝寢，乘日精入淨妙口中。後年四月八日夜半時，剖右腋而生，墮地即行七步，舉手指天曰：天上天下，唯我爲尊，三界皆苦，何可樂者。於是佛道興焉。此出玄妙內篇。佛經云：釋迦成佛，有塵劫之數。出法華無量壽。或爲國師道士儒林之宗。出瑞應本起。歡論之曰：五帝三皇，不聞有佛；國師道士，無過老莊；儒林之宗，孰出周孔。若孔老非聖，誰則當之？然二經所說，如合符契，道則佛也，佛則道也。其聖則符，其跡則反。或和光以明近，或曜靈以示遠。道濟天下，故無方而不入；智周萬物，故無物而不爲。其入不同，其爲必異，各成其性，不易其事。是以端委搢紳，諸華之容；翦髮緇衣，羣夷之服。擎跽磬折，侯甸之恭；狐蹲狗踞，荒流之肅。棺殯槨葬，中夏之制；火焚水沈，西戎之俗。全形守禮，繼善之教；毀貌易性，絕惡之學。豈伊同人，爰及異物，鳥王獸長，往往是佛，無窮世界，聖人代興，或昭五典，或布三乘。在鳥而鳥鳴，在獸而獸吼，教華而華言，化夷而夷語耳。雖舟車均於至遠，而有川陸之節；佛道齊乎達化，而有夷夏之別。若謂其致既均，其法可換者，而車可涉川，舟可行陸乎？今以中夏之性，效西戎之法，既不全同，又不全異。下棄妻孥，上廢宗祀，嗜欲之物，皆以禮伸；孝敬之典，獨以法屈。悖德犯順，曾莫之覺，弱喪忘歸，孰識其舊。且理之可貴者道也，事之可賤者俗也。舍華效夷，義將安取？若以道邪，道固符合矣；若以俗邪，俗則大乖矣。屢見刻舷沙門，守株道士，交諍大小，互相彈射，或域道以爲兩，或混俗以爲一，是牽異以爲同，破同以爲異，則乖爭之由，淆亂之本也。尋聖道雖同，而法有左右。始乎無端，終乎無末。泥洹仙化，各是一術。佛號正眞，道稱正一，一歸無死，眞會無生。在名則反，在實則合。但無生之教賒，無死之化切。切法可以進謙弱，賒法可以退夸強。佛教文而博，道教質而精。精非麤人所信，博非精人所能。佛言華而引，道言實而抑。抑則明者獨進，引則昧者競前。佛經繁而顯，道經簡而幽。幽則妙門難見，顯則正路易遵。此二法之辨也。聖匠無心，方圓有體，器既殊用，教亦異施。佛是破惡之方，道是興善之術。興善則自然爲高，破惡則勇猛爲貴。佛跡光大，宜以化物；道跡密微，利用爲己。優劣之分，大略在茲。夫蹲夷之儀，婁羅之辯，各出彼俗，自相聆解，猶蟲讙鳥聒，何足述效。（南齊書顧歡傳、南史顧歡傳、弘明集七）

答袁粲駁夷夏論

案道經之作，著自西周；佛經之來，始乎東漢。年踰八百，代懸數十。

若謂黃老雖久。而濫在釋前。是呂尚盜陳恒之齊。劉季竊王莽之漢也。經云。戎氣強獷。乃復略人頰車邪。又夷俗長跽。法與華異。翹左跂右。全是蹲踞。故周公禁之於前。仲尼戒之於後。又舟以濟川。車以征陸。佛起於戎。豈非戎俗素惡邪。道出於華。豈非華風本善邪。今華風既變。惡同戎狄。佛來破之。良有以矣。佛道實貴。故戒業可遵。戎俗實賤。故言貌可棄。今諸華士女。氏族弗革。而露首偏踞。濫用夷禮。云於翦落之徒。全是胡人。國有舊風。法不可變。又若觀風流教。其道必異。佛非東華之道。道非西戎之法。魚鳥異淵。永不相關。安得老釋二教。交行八表。今佛既東流。道亦西邁。故知世有精麤。教有文質。然則道教執本以領末。佛教救末以存本。請問所異。歸在何許。若以翦落為異。則胥靡翦落矣。若以立像為異。則俗巫立像矣。此非所歸。歸在常住。常住之象。常道孰異。神仙有死。權便之說。神仙是大化之總稱。非窮妙之至名。至名無名。其有名者二十七品。仙變成真。真變成神。或謂之聖。各有九品。品極則入空寂。無為無名。若服食茹芝。延壽萬億。壽盡則死。藥極則枯。此修考之士。非神仙之流也。南史顧歡傳

題東府柱

三十年二月二十一日。南史顧歡傳。元嘉中出都寄住東府。忽題柱云云。因東歸後元凶弑逆。是其年月日也。

宗測

測字敬微。一字茂深。南陽人。宋徵士炳孫。州舉秀才。主簿。豫章王再辟參軍。永明中徵太子舍人。建武中徵司徒主簿。並不就。

荅府召

何為謬傷海鳥。橫斤山木。南齊書宗測傳。豫章王嶷徵為參軍。測荅。

又荅

性同鱗羽。愛止山壑。眷戀松筠。輕迷人路。縱宕巖流。有若狂者。忽不知老至。而今鬢已白。豈容課虛責有。限魚慕鳥哉。南齊書宗測傳。豫章王嶷復遣書請之。辟為參軍。測荅。

荅魚復侯子響

少有狂疾。尋山采藥。遠來至此。量腹而進。松朮。度形而衣。薜蘿。淡然已足。豈容當此橫施。南齊書宗測傳。子響為江州。厚遣贈遺。測曰云云。

陳文建

文建。宋末為將作匠太史令。入齊未詳。按天文志作文孝建陳天文南史作文建陳天

奏符命 符瑞今從高紀

六。亢位也。後漢自建武至建安二十五年。一百九十六年而禪魏。魏自黃初至咸熙二年。四十六年而禪晉。晉自太始至元熙二年。一百五十六年而禪宋。宋自永初元年至昇明三年。凡六十年。咸以六終六受。六。亢位也。驗往揆今。若斯昭著。敢以職任。備陳管穴。

伏願順天時。膺符瑞。南齊書高帝紀上。太史將作匠陳文建奏符命。又見南史四。

奏陳天文

自孝建元年至昇明三年。日蝕有十。虧上有七。占曰。有亡國失君之象。一曰國命絕。主危亡。孝建元年至昇明三年。太白經天五。占曰。天下革。民更王。異姓興。孝建元年至昇明三年。月犯房心四。太自犯房心五。占曰。其國有喪。宋當之。孝建元年至永光元年。奔星出入紫宮有四。占曰。國去其君。有空國徙王。大明二年至元徽四年。天再裂。占曰。陽不足。白虹貫日。人君惡之。孝建二年至大明五年。月入太微。太豫元年至昇明三年。月又入太微。孝建元年至元徽二年。太白入太微各八。熒惑入太微六。占曰。七曜行不軌道。危亡之象。貴人失權勢。主亦衰。當有王入為主。孝建二年至昇明二年。太白熒惑經羽林各三。占曰。國殘更世。孝建二年四月十三日。熒惑守南斗。成勾已。占曰。天下易正更元。孝建三年十二月一日。

自當作白

填星熒惑辰星合於南斗。占曰：改立王公。大明二年十二月二十六日，太白犯填星於斗。六年十一月十五日，太白填星合於危。占曰：天子失土。景和元年十月八日，熒惑守太微，成勾已。占曰：王者惡之，主命無期，有徙主若主王，天下更紀。泰始三年正月十七日，白氣見西南，東西半天，名曰長庚。六年九月二十七日，白氣又見東南，長二丈，並形狀長大，猛過彗星。占曰：除舊布新，易王之象。遠期一紀，至昇明三年，一紀訖。泰始四年四月二十四日，太白犯填星於胃。占曰：主命惡之。泰始七年六月十七日，太白歲星填星合於東井。占曰：改立王公。元徽四年十月十日，填星守太微宮，逆從行，歷四年。占曰：有亡君之戒，易世立王。元徽五年七月一日，熒惑太白辰星合於翼。占曰：改立王公。昇明二年六月二十日，歲星守斗建。陰陽終始之門，大赦昇平之所起，律麻七政之本源，德星守之，天下更年，五禮更興，多暴貴者。昇明二年十月一日，熒惑守輿鬼。三年正月七日，熒惑守兩戒閒，成勾已。占曰：尊者失朝，必有亡國去王。昇明三年正月十八日，辰星孟效西方。占曰：天下更王。昇明三年四月，歲星在虛危，徘徊玄枵之野，則齊國有福厚，為受慶之符。（南齊書天文志上。宋昇明三年，太史令將作匠陳文建陳天文奏。）

任遐

遐字景遠，樂安博昌人。仕宋，入齊，為尚書左丞。永明中為御史中丞，建武末為光祿大夫。

奏劾劉祥

祥少而狡異，長不悛徙，請謁絕於私館，反脣彰於公庭，輕議乘輿，歷貶朝望，肆醜無避，縱言自若。厥兄浮櫬，天倫無一日之悲；南金弗獲，嫂姪致其輕絕。孤舟負反，存歿相捐，遂令暴客掠奪，骸柩行路流歎。有識傷心，攜祥門生孫狷兒列，祥頃來飲酒無度，言語闕逸，道說朝廷，亦有不遜之語，不避左右，非可稱紙墨。兄整先為廣州，於職喪亡。去年啟求迎喪，還至大雷，聞祥與整妻孟爭計財物，瞋忿，祥仍委前還，後未至鵲頭，其夜遭劫，內人並為凶人所淫略。如所列與風聞符同，請免官付廷尉。（南齊書劉祥傳。有以祥連珠啟上者，上令御史中丞任遐奏。）

張欣泰

欣泰字義亨，竟陵竟陵人。宋左衛將軍興世子。辟州主簿，歷諸王府佐。入齊，歷官寧朔將軍，除尚書都官郎。武帝即位，以為直閣將軍，歷豫章王太尉參軍，安遠護軍，武陵內史，復為直閣步兵校尉，除正員郎，徙隨王子隆鎮西中兵，改領河東內史，免。明帝即位，為領軍長史，遷諮議參軍，出為永陽太守，東昏侯即位，除輔國將軍、廬陵王安東司馬，進雍州刺史，以謀廢立伏誅。

移魏廣陵侯

聞攻鍾離，是子之深策，可無謬哉。兵法云：城有所不攻，地有所不爭，豈不聞之乎？我國家舟舸百萬，覆江橫海，所以案甲於今不至，欲以邊城疲魏士卒。我且千里運糧，行留俱弊，一時霖雨，川谷涌溢，然後乘帆渡海，百萬齊進，子復奚以御之？乃令魏主以萬乘之重，攻此小城，是何謂歟？攻而不拔，誰之恥邪？假令能拔，子守之我將運舟千里，觸艫相屬，西過壽陽，東接滄海，仗不再請，糧不更取，士卒偃臥，起而接戰，乃魚鱉不通，飛鳥斷絕，偏師淮左，其不能守，皎可知矣。如其不拔，吾將假法於魏之有司，以請子之過。若挫兵夷衆，攻不卒下，驅士填隍，拔而不能守，則魏朝名士，其當別有深致乎？吾所未能量。昔魏之大武佛狸，傾一國之衆，攻千雉之城，死亡太半，僅以身返。既智屈於金墉，亦雖拔而不守，皆算失所為，至今為笑。前監未遠，已忘之乎？和門邑邑，戲載往意。（南齊書張欣泰傳。）

司馬憲

明上之無字衍

憲仕宋入齊爲殿中郎。

郊殷議

南郊無配。饗祠如舊。無明堂無配。宜應廢祀。其殷祠同用今年十月。南齊書禮志上。建元元年七月。

熊襄

襄。豫章人。

齊典序

尙書堯典。謂之虞書。則附所述。故通謂之齊。名爲河洛金匱。南齊書檀超傳。時豫章熊襄著齊典。上起十代。其序云云。又見南史檀超傳。

孔覬

覬。會稽人。建元中爲奉朝請。

上鑄錢均貨議建元四年

食貨相通。理勢自然。李悝曰。糴甚貴傷民。甚賤傷農。民傷則離散。農傷則國貧。甚賤與甚貴。其傷一也。三吳國之關閫。比歲被水潦。而糴不貴。是天下錢少。非穀穰賤。此不可不察也。鑄錢之弊。在輕重屢變。重錢患難用。而難用爲累輕。輕錢弊盜鑄。而盜鑄爲禍深。民所盜鑄。嚴法不禁者。由上鑄錢惜銅愛工也。惜銅愛工也者。謂錢無用之器。以通交易。務欲令輕而數多。使省工而易成。不詳慮其爲患也。自漢鑄五銖錢。至宋文帝。歷五百餘年。制度世有廢興。而不變五銖者。其輕重可法。得貨之宜也。以爲宜開置錢府。方收貢金。大興鎔鑄。錢重五銖。一依漢法。府庫以實。國用有儲。乃量奉祿。薄賦稅。則家給民足。頃盜鑄新錢者。皆效作翦鑿。不鑄大錢也。磨澤淄染。始皆類故。交易之後。渝變還新。良民弗售。淄染不復行矣。所賣鬻者。皆徒失其物。盜鑄者復賤買新錢。淄染更用。反復生詐。循環起姦。明主尤所宜禁而不可長也。若官錢已布於民。使嚴斷翦鑿。小輕破缺無周郭者。悉不得行。官錢細小者。稱合銖兩。銷以爲大。利貧良之民。塞姦巧之路。錢貨既均。遠近若一。百姓樂業。市道無爭。衣食滋殖矣。南齊書劉悛傳。建元四年。奉朝請孔覬上鑄錢均貨議。又見通典九。

蔡履

履。永明初爲祠部郎中。

南郊明堂異日議

郊與明堂。本宜異日。漢東宮禮儀志。南郊禮畢。次北郊明堂高廟世祖廟。謂之五供。蔡邕所據亦然。近世存省。故郊堂共日。來年郊祭。宜有定準。南齊書禮志。

全齊文卷二十二終

全齊文卷二十三

烏程嚴可均校輯

謝朓

朓字玄暉，陳郡陽夏人。永明初為豫章王太尉參軍，遷隨王東中郎府，轉王儉衞軍東閣祭酒，太子舍人，隨王鎮西功曹，轉文學，遷新安王中軍記室，尋兼尚書殿中郎。明帝輔政，以為驃騎諮議，領記室，及即位，轉中書郎，出為宣城太守，又為晉安王鎮北諮議、南東海太守，行南徐州事，遷尚書吏部郎。永元中，為始安王遙光所誅。有集十二卷，逸集一卷。

擬風賦奉司徒教作

起日域而搖落，集桂宮而迭清。開翠帳之影藹，響行珮之輕鳴。揚淮南之妙舞，發齊后之妍聲。下鴻池而蓮散，上雀臺而雲生。至於新虹明歲，高月照秋。睟儀乃豫，沖想雲浮。鄒馬之賓咸至，申穆之醴已酬。朝役登樓之詠，夕引小山之謳。厭朱邸之沈邃，思輕舉而遠遊。驕驪之馬魚躍，飄鑾車而水流。此乃大王之盛風也。若夫子雲寂寞，叔夜高張，煙霞潤色，荃蕙結芳。出礀幽而泉洌，入山戶而松涼。眇神玉於巨壑，獨起遠於孤觴。斯則幽人之風也。本集，又略見藝文類聚一。

玉當作王

七夕賦奉護軍命作

續當作纘

金祗司矩，火曜方流。素續登御，夷律鳴秋。朱光既斂，涼雲始浮。忿夕露之藹藹，升夜月之悠悠。步廣庭而延眺，屬天媛之淹留。嗟斯靈之淑景，招好仇於服箱。遇姮娥而擢質，淩瑤華而擅芳。曆白玉而為飾，霏丹霞而為裳。迴龍鶴之容裔，亂鳳管之淒鏘。膳燭光於西極，命二妃於瀟湘。軾帝車而捐玦，淩天津而上翔。悵漢渚之夕張，忻河靡之既梁。臨瑤席而宴語，綠含睇而蛾揚。嗟闃夜之難永，泣會促而怨長。忌纖阿之方馭，吝長庚之未光。撫鳴琴而修悅，浩安歌而自傷。歌曰：月殿清兮桂觴酬，雲幄靜兮香風浮。龍駕俟兮玉鑾整，睠星河兮不可留。分雙袂之一斷，何四氣之可周。斯乃嚮像恍惚，彷彿幽曖。耳之無聞，目之無續。故鍾鼓闃而延予，隱白日沈而季後對。豈形氣之所求，亦理將其如昧。君王壯思風飛，沖情雲上。顧楚詩而縱轡，瞻蘭書而競爽。實研精之多暇，瞬餘日之蹉蕩。賦幽靈以去惑，排觀聽而玄往。晒陽雲於荊夢，賦洛篇於陳想。乃澄心而閑邪，庶綢繆於茲賞。本集，又見藝文類聚四、初學記四。

予當作子

後當作后

臨楚江賦

爰自山南，薄暮江潭。滔滔積水，裊裊霜嵐。憂與憂兮竟無際，客之行兮歲已嚴。爾乃雲沈西岫，風動中川，馳波鬱素，駭浪浮天。明沙宿莽，石路相懸。於是霧隱行雁，霜眇虛林，迢迢落景，萬里生陰。列攢荊兮極浦，弭蘭鴇兮江潯。奉王鑣之未暮，償勝賞之芳音。願希光兮秋月，承永照於遺簪。本集，又見初學記四。

思歸賦并序

夫鑑之積也無厚，而納窮神之照；心之徑也有域，而懷重淵之深。余少而薄遊，身缺防方思俄然萬里，晚而自省，諒非一途。余菲薄以固陋，受靈恩而不訾。拖銀黃之沃若，剖金符之陸離。舟未濟而河廣，途方遙而馬疲。忽中寢而念鷹，魂申旦而九移。昔受教於君子，逢知己之隆盼。被名立之羽儀，沽宦成之藻納。羌服義而不怠，豈臨岐而喻變。勢方迅於轉圓，理好旋於奔電。援弱蔦而能升，踐重岡而不眩。信禍福之非己，寧悔禍其如見。大明廓以高臨，吹萬忻而同悅。跨神皋之沃衍，奉英藩之睿哲。承比屋之隆化，躡芳塵之餘烈。懷隴蜀之褊心，無夸毗之誕節。竟伊鬱而不怡，賴遐討於先哲。紛吾生之遊薄，彌一紀而歷茲。自下車於江海，涉青春於是時。睎崇岡而引領，望大廈而長思。離曲街之委陋，猶寤寐而見之。況神交而通夢，眇河漢於佳期。爾乃眷言興慕，南眺悠然。

沽當作沾

喻當作渝

離當作雖

夢當作甍
地當作池

方整歸鑾願受一廛考華城之直陌相洛浦之迴阡連飛夢於故友接問館以懷僊臨南場以蓺蓻寄北地而采蓮睇微英之霽靃望水葉之田田乃翦山木不日爲功非輸非奐去斲去礱夜索綯而繞繞旦乘屋而芃芃竹橘崎嶇而經北緬閑窈窕以臨東布菌蕭於疏榛織葵亂於迴欞於是籬插芳槿門拂長楊簷桃春發窗竹夏涼晨露晞而草馥微風起而樹香無芳菲以龔子空旖旎於都房恆離居以歲月痛銷落而徒傷我聞時命有殖無遷徵事或在求理未甄譬豐草之區別隨霜露而夭延背萱鮮於堂北向幽幽而不捐苟外物以能感亦在應而無騫況朝霞之采可嗽瓊扉之飾方宣養以虛白之氣悟以無生之篇豈加璧之贈可動執珪之位能遷歸來薄暮聊以永年本集又略見藝文類聚二十七

酬德賦并序

右衛沈侯以冠世偉才眷予以國士以建武二年予將南牧見贈五言予時病既以不堪莅職又不獲復詩四年予忝役朱方又致一首迫東偏寇亂良無暇日其夏還京師且事譴言未遑篇章之思沈侯之麗藻天逸固難以報章且欲申之賦頌得盡其體物之旨詩不云乎無言不酬無德不報言既未敢爲酬然所報者寡於德耳故稱之曰酬德賦其辭曰

悲夫四時游之代序六龍鶩而不息輕蓋靡於駿奔玉衡勞於捬翼嗟歲晏之斟歡留陰歇以悽惻玄武伏於重介宛虹潰以自匿覽斯物之用舍相羣芳之動植弔悴軀於華省理衣簪而自敕思披文而信道散忿懣於胸臆嗟民生之知用知莫深於知己彼知己之爲深信懷之其何已牽弱蔓之蔓延寄陵風於松杞指曲鑒之直遠固有憑於原泉彼排虛與躡實又相鳴於林沚輿伐木於友生詠承筐於君子矧景行之在斯方寄言於同恥求相仁於積習寓神心於名理惟敦牂之旅歲實興齊之三六奉武運之方昌

洎當作汨
幰當作憲

覩休風之未淑龍樓儼而洞開梁邸焕其重複君奉筆於帝儲我曳裾於皇穆藉風雲之化景申遊好於蘭菊結德言而爲佩帶芳猷而爲服援雅範以自綏懿前脩之所勖昔仲宣之發穎實中郎之倒屣及士衡之藉甚托壯武之高義有杞梓之貞心協丹采之不煇彼伊吾人之陋薄雖蘋藻之何寘惟風雅之未變知雲網之不廓譬層棟之將傾必華榱之先落翳明離以上賓屬傳體於纖蕚周二輝而分崩擠九鼎於重壑雖魚鳥之欲安駭風川而迴薄微天道之布新嗟員首其焉託子寤迹以多悔塊離尤而獨處君紆組於名邦貽話言於川渚悵分手於東濼望徂舟而延佇慮古今之爲隔豈山川之云阻賴先德之龍興奉英靈之電舉事紫泥之密勿腴青緺而容與沾後惠以朅來竟卒獲其笑語我艤舟以命徒將洎徂於南夏既勖予以炯戒又引之以風雅若坐贊之在騶雖舒憂而可假昔痁病於漳濱思繼歌而莫寫恩靈降之未已奉京枌而作傅臨邦途之永陌懷子馬於騏馵望平津而出宿登崇岡而興賦顧歸幰之南迴引行鑣而東騖何瓌才之博侈申贈辭於萱樹指代匠而切偲比治素而引喻方含毫而報章迫紛埃之東騖釋未位以言歸忽乘驛以南赴連篇章之莫訓欲寄言於往句類綴鬫之難矯似洞源之不注意搔搔以杼柚魂營營而馳騖爾腰戟於戎禁我拂劍於郎闈願同車以日夜城望昏而掩扉時遊盤以未極睠落景之徂煇苦清顏之倏忽悵歡賞之多違排重闈而休告知南館之有依參職門以右轉僕望路其如歸忘清漏之不綴惜曉露之方晞聞夫君之東守地隱蔚而懷僊登金華以問道得石室之名篇悟寰中之迫胥欲輕舉而舍旃離寵辱於毀譽去天伐於腥膻忽攜手以上征躋中皇之修迴巾帝車之廣軾棹河舟之輕艇歷星術之熠燿浮天潢之瀴溟璣九轉於玉漿鍊七明於神鼎吹萬化而不喧度千春之可並齊天地於倏忽安事

穗當作松

人間之紆婞哉。（本集又略見藝文類聚三十三。）

遊後園賦

積芳兮選木，幽蘭兮翠竹。上蕪蕪兮蔭景，下田田兮被谷。左蕙畹兮彌望，右芝原兮寫目。山霞起而削成，水積明以經復。於是敞風闈之藹藹，聳雲館之迢迢。周步檐以升降，對玉堂之泬寥。追夏德之方暮，望秋淸之始飈。藉宴私而遊衍，時寤語而逍遙。爾乃日棲榆檟，霞照夕陽。孤蟬已散，去鳥成行。惠氣湛兮帷殿肅，淸陰起兮池館涼。陳象設兮以玉瑱，紛蘭籍兮咀桂漿。仰微塵兮美無度，奉英軌兮式如璋。藉高文兮淸談，豫含毫兮握芳。則觀海兮爲富，乃游聖兮知方。（本集又略見藝文類聚六十五。）

高松賦奉竟陵王敎作

閱品物於幽記，訪叢育於祕經。巡汜林之彌望，識斯松之最靈。提於巖以群茂，臨於水而宗生。豈榆柳之比性，指冥椿而等齡。若夫修幹垂蔭，喬柯飛穎。望肅肅而旣閒，卽微微而方靜。懷風陰而送聲，當月露而留影。旣芊眠於廣隰，亦迢遞於孤嶺。集九儛之羽儀，棲五鳳之光景。固總木之爲選，貫山川而自永。爾乃靑春爰謝，雲物含明。江皋綠草，曖然已平。紛弱葉而凝照，競新藻而抽英。陵翠山其如翦，施懸羅而共輕。至於星迴窮紀，沙雁相飛，同雲泱其無色，陽光沈而滅暉。卷風飈之欻吸，積霰雪之嚴霏。豈彫貞於歲暮，不受令於霜威。若乃體同器制，質兼上才。夏書稱其岱畎，周篇咏其徂徠。乃屈己以弘用，構大壯於雲臺。幸爲玩於君子，留神心而顧懷。君王乃徙讌蘭室，解佩明椒。搴幽蘭於夕陰，詠聳幹於琴朝。陵高丘以致思，御風景而逍遙。夷徽冕之隆貴，懷汾陽之寂寥。邈道勝於千禩，蘊神理而自超。夫江海之爲大，實涓澮之所歸。瞻衡恆之峻極，不讓壤於塵微。嗟孤陋之無取，幸聞道於淸徽。理弱羽於九萬，愧不能兮奮飛。（本集又見藝文類聚八十八、初學記二十八。）

杜若賦奉隋王敎於坐獻

馮瑤圃而宣游，臨水木而延佇。柳含色於遠岸，泉鏡流於桂渚。蔭綠竹以淹留，藉幽蘭而容與。覽茲榮之悅茂，紛爲芳於淸蘋。觀夫結根擢色，發曜垂英。緣春巒以織布，蔭涼潭而影淸。景奕奕以四照，枝靡靡而葉傾。冒霜蹊以獨蒨，當春郊而逕平。搴汀洲以企子，懷后泉於幽情。嗟中巖之纖草，厠金芝於芳叢。夕舒榮於瀁露，旦發彩於春風。承羲陽之光景，庶無悲於轉蓬。（本集又見藝文類聚八十八。）

野鶩賦并序

有門人獘一野鶩，因以爲獻。予時命以登俎，用待賓客。客有愛其羽毛，請予爲賦。其詞曰。

大何羅人之伎巧，篤江海之逸禽。落摩天之迅羽，絶歸飛之好音。碎文錦之丹臆，裂雕綺之翠襟。孤雛驚以靡翼，餞雌叫而莫尋。越滄流以遠致，乃交留以兼金。因閽寺以傳請，排遂丘以重深。貴斆衽呂取愛，願登俎以甘心。（本集又略見藝文類聚九十一。）

爲錄公拜揚州恩敎

昔召南分陝，流甘棠之德。平陽好道，深獄市之寄。吾忝屬負荷，任總侯伯。受餞元戎，作牧中甸。此地五都雜會，四方是則，而向隅之矜，斯積納隍之歎。猶繁興念下車，無忘待旦。有齊禮導德，致之仁壽。弘漏網之寬，申在宥之澤。（藝文類聚五十。）

臨東海餉諸葛璩穀敎

昔長孫東組，降龍丘之節。文舉北轍，高通德之稱。所以激貪立懦，式揚風範。處士諸葛璩，高風所漸，結轍前修。豈懷珠被褐，韜玉待價。將幽貞獨往，不事王侯者邪。聞事親有啜菽之窶，就養寡藜蒸之給。豈得獨享萬鍾，而忘茲五秉。可餉穀百斛。（梁書諸葛璩傳。謝朓爲東郡太守敎）

爲宣城公拜章

惟天爲大，日星度其象。謂地蓋厚，河岳宣其氣。斯冕旒所以貞觀

袞職所以代終慙下穆而上尊豈南征而北怨何以克詠九歌載宣七德銘彼旗常勒斯鍾鼎 藝文類聚五十一

爲明帝拜錄尚書表

升降玉階對揚休命六轡在手千里何階司會天官之統尚書百僚之本弘之卽庶績惟凝替之則彝倫斯斁修身踐言本慙五美果行育德未階六正妄竊負圖之寄多謝五仁之績操檜檝於龍津荷梓梁於雲構無以輔佐明堂遺象麟閣 藝文類聚四十八

爲齊明帝讓封宣城公表

如其懸旌灞滻刷馬伊穀灑酒望屬車之塵整笏侍升平之禮陛下許謨玄覽欽若宏圖覽臣匪躬共中彝訓雖量能之請近遂微躬則弘長之風足軌來世 藝文類聚五十一

爲百官勸進齊明帝表

臣聞時乘在御必待先天之業神化爲皇乃叶應期之運況復湯孫有緒纂堯惟德舊邦伫新復禹歸祗大齊之權輿寶厤孕育前古昭假四海克酬三靈而嗣命疾威蕃鄙叛渙委裘御寓彝鼎如忽陛下文思體道徇齊作聖翦應龍於冀州戮長蛇於沮水榮光之瑞昭迴延喜之寶潤色天睠爰發人謀咸贊伏願陛下仰荅靈祇弘宣景命誕受多方奄宅萬國 藝文類聚十四

拜中軍記室辭隨王牋

故吏文學謝朓死罪死罪卽日被尚書召以朓補中軍新安王記室參軍朓聞潢汙之水願朝宗而每竭駑蹇之乘希沃若而中疲何則皋壤搖落對之惆悵岐路西東或以歔唈況迺服義徒擁歸志莫從邈若墜雨翩似秋蔕朓實庸流行能無筭屬天地休明山川受納襃采一介抽揚小善故捨耒場圃奉筆兔園東亂三江西浮七澤契闊戎旃從容讌語長裾日曳後乘載脂榮立府庭恩加顏色沐髮晞陽未測涯涘撫臆論報早蓄肌骨不悟滄溟未運波

臣自藹渤澥方春旅翮先謝清切藩房寂寥舊蓽輕舟反溯弔影獨留白雲在天龍門不見去德滋永思德滋深唯待青江可望候歸艎於春渚朱邸方開效蓬心於秋實如其簪履或存衽席無改雖復身塡溝壑猶望妻子知歸攬涕告辭悲來橫集不任犬馬之誠 文選南齊書謝朓傳南史十九

爲王敬則謝會稽太守啓

臣本布衣不謀遠大折衝之勤不與燮理之義何階常恐覆餗是貽咎徵斯應陛下纘厤勝統日月重光得以桓珪袞服拜奉歲時祼灌獻牲鞠躬郊廟而鴻恩妄假復授龜符玉節邁於雙璜表東侔於四履臨邊三事既謝張溫潁川再撫亦慙黃霸 藝文類聚六

謝隨王賜左傳啓

昭晰殺青近發中汗恩勸挾冊慈勖下帷朓未覩山筍早惜河籍業謝專門說非章句庶得既困而學括羽瑩其蒙心家藏賜書巖金遂其貽厥披覽神勝吟諷知厚 初學記二十一藝文類聚五十五

謝隨王賜紫梨啓

味出靈關之陰旨珍玉津之莖豈徒眞定歸美大谷慚滋將恐帝臺妙棠安期靈棗不得孤擅玉盤獨甘仙席雖秦君傳器漢后推滄望古可儔於今何荅 藝文類聚八十六初學記二十八

齊明皇帝謚冊文

維永泰元年九月朔日哀子嗣皇帝諱仰惟大行皇帝早棄萬邦聖烈方遠式遵帝世俾邑鴻猷咸已爲無名以化則言繁莫宣其道有求斯應則影響屢同 藝文類聚作圖 其功所以永言配命寄心宗極光昭令德允樹風聲伏惟大行皇帝合信四時齊明日月創光大 藝文類聚作保文 於登庸通神機 藝文類聚作機神 於受命因時以暢耤九萬而輕舉天保既定運四海而高臨及迺開物成務重維國綱 藝文類聚作紐 風行草化心往如神左賢右戚內樂外禮韜五材以敎民申三驅

褒當作裒

而在宥用能盛德殷薦。美善斯畢。皇矣之業既孚。蒸哉之道咸備。景化方遠。厥世在天。龜筮告期。遠日無改。仰則前王。俯詢百辟。累德彌睿。允極鴻名。謹命某甲奉太牢之奠。謹上尊謚曰明皇帝。廟號高宗。天人允協。神其尚饗。嗚呼哀哉。藝文類聚十四。文苑英華八百三十五。

齊敬皇后哀策文

惟永泰元年秋九月朔日。敬皇后梓宮啟自先塋。將祔於某陵。其日至尊親奉奠某皇帝。乃使兼太尉某設祖於行宮。禮也。翠帟舒皇。玄堂啟扉。俎徹三獻。筵卷六衣。哀子嗣皇帝懷屋衞而延首。想鸞輅而撫心。痛椒塗之先廓。哀長信之莫臨。身隔兩赴。時無二展。旋詔左言。光敷聖善。其辭曰。

帝唐遠胄。御龍遙緒。在秦作劉。在漢開楚。肇惟淑聖。克柔克令。清漢表靈。貿沙膺慶。爰定厥祥。徽音允穆。光華炤祉。榮曜中谷。媺始紘綖。敎先穜稑。睿問川流。神襟蘭郁。先德韜光。君道方被。於佐求賢。在謁無詖。顧史弘式。陳詩展義。厚下曰仁。藏往伊智。十亂斯俟。四教罔忒。思媚諸姑。貽我嬪則。化自公宮。遠被南國。軒曜懷光。素舒佇德。閔予不祐。慈訓早違。方年沖藐。懷宴靡依。家臻寶業。身嗣昌暉。壽宮寂遠。清廟虛歸。嗚呼哀哉。帝遷明命。民神胥悅。乾景外臨。陰儀內缺。空悲故劍。徒嗟金穴。瓊瓚奚獻。禕褕罔設。嗚呼哀哉。馮相告祲。宸居長往。貽厥遠圖。末命是獎。懷豐沛之綢繆兮。眷神京之弘敞。陋蒼梧之不從兮。遵鮒隅以同壤。嗚呼哀哉。陳象設於園寢兮。映輿鍐於松楸。望承明而不入兮。度清洛而南遊。繼池紼於通軌兮。接龍帷於造舟。迴塘寂其已暮兮。東川澹而不流。嗚呼哀哉。藉閟宮之遠烈兮。聞續女之遐慶。始協德於蘋蘩兮。終配祇而表命。慕方纏於賜衣兮。哀日隆於撫鏡。思寒泉之罔極兮。託彤管於遺詠。嗚呼哀哉。文選。藝文類聚十五。初學記十。

臨海公主墓志銘

官當作宮

長發有祥。瑤臺乃構。玄鳥歸飛。北音爰奏。聿來徐土。禎符爰授。帝體靈柯。穠華以秀。飾館東魯。言歸景族。有敎公官。無繫車服。既肅磐珥。亦崇湯沐。率禮衡門。降情雲屋。彼月斯望。在鈞維盈。瞻須配景。望燭齊神。霆華崑岫。滅采上春。慈纏雲陛。悲動外姻。鬱彼崇芒。曉然城蕭。輴翟按轡。龍旂徐轉。藝文類聚十六。

新安長公主墓志銘

氛氳長發。時惟睿文。誕茲明淑。玉振蘭芬。譽宣女師。德侔高行。肅穆嬪風。優游闈正。撫事成箴。臨圖作鏡。如何冥默。方春委盛。藝文類聚十六。

齊鬱林王墓誌銘

絲車旖旎。翠蘂掩映。癸貳戲艮。臨眺弛盛。毀德歸桐。棄尊君鄭。藝文類聚四十五。

齊海陵王墓銘

中樞誕聖。膺厤受命。於穆二祖。天臨海鏡。顯允世宗。溫文著性。三善有聲。四國無競。嗣德方衰。時崖介弟。景祚云及。多難攸啟。載驟軨獵。藝文類聚作載驅輶轢。高闢代邸。庶辟欣欣。威儀濟濟。亦既負扆。言觀帝則。正位恭己。臨朝淵默。虔思寶緒。負荷非克。敬順天人。高遜明德。西光已謝。東旭藝文類聚作東龜。又良。龍蠶夕儼。葆挽晨鏘。風搖草色。日照松光。春秋非我。晚夜藝文類聚作曉夜。何長。夢溪筆談十五。又見藝文類聚四十五。有刪節。

爲諸娣祭阮夫人文

婉婉嬪德。幽閒媜性。聽史弘箴。陳詩詠嘉。言足題清。暉可映契。闊未幾。音塵如昨。中景遽傾。芳木先落。疇日交觴。享也虛薦。帶上先結。握中遺扇。迸淚失聲。潺湲如霰。藝文類聚三十八。

爲隨王祭東耕文

轂躔星晷。穡表蜡先。八政奚首。六府茲宣。奠嗟非國。登頌有年。一夫或怠。望歲誰天。藝文類聚三十九。

祭大雷周何二神文

大過在運。小雅盡缺。璞鏡日淪。金車未晰。周生雷斷。神謨英冠。正因部奇。風斂雲散。晉德如燬。功資叶贊。山無猛獸。時曠忠賢。流王於彘。龜鼎忽焉。忠肅布衣。君親自然。驅狐上國。斬鯢中川。紛綸凱入。氛氳配天。藝文類聚七十九。

全齊文卷二十三終

全齊文卷二十四

烏程嚴可均校輯

王祐

祐，永明初太學博士。

南郊明堂異日議

來年正月上辛，宜祭南郊。次辛有事明堂，後辛饗祀北郊。（南齊書禮志上，永明二年。）

劉蔓

蔓，永明初兼博士。

南郊明堂異日議

漢元鼎五年，以辛巳行事，自後郊日，略無違異。元封元年四月癸卯，登封泰山，坐明堂。五年甲子，以高祖配。漢家郊祀，非盡天子之縣，故祠祭之月，事有不同。後漢永平以來，明堂兆于國南，而郊已

上丁，故供修三祀，得並在初月。雖郊有常日，明堂猶無定辰。何則？郊丁社甲，有說則從，經禮無文，難以意造。是以必算良辰，而不祭寅丑，且禮之奠祭，無同共者。唯漢以朝日合于報天，爾若依漢書五供，便應先祭北郊，然後明堂，則是地先天食，所未可也。（南齊書禮志上，永明二年。）

亥日藉田議

禮，孟春之月，立春迎春，又于是月以元日祈穀，又擇元辰，躬耕帝藉。盧植說禮通辰日。日，甲至癸也；辰，子至亥也。郊天，陽也，故以日。藉田，陰也，故以辰。陰禮卑後，必居其末，亥者辰之末，故記稱元辰，法曰吉亥。又據五行之說，木生于亥，以亥日祭先農，又其義也。（南齊書禮志上，永明三年。太學博士劉蔓議。）

蔡仲熊

仲熊，濟陽人，永明初兼太常丞，累官至尚書左丞。

南郊明堂異日議

鄭志云：正月上辛，祀后稷于南郊，還于明堂，以文王配。故宋氏創立明堂，郊還即祭，是用鄭志之說也。蓋爲志者失，非玄意也。玄之言曰：未審周明堂以何月，于月令則以季秋。案玄注月令季秋大饗帝云：大饗徧祭五帝。又云：大饗于明堂，以文武配。其時秋也。去啟蟄遠矣。又周禮大司樂：凡大祭祀，宿縣。尋宿縣之旨，以日出行事故也。若日闇而後行事，則無假預縣。果日出行事，何得方侵郊還？東京禮儀志不記祭之時日，而志云：天郊夕牲之夜，夜漏未盡八刻進熟；明堂夕牲之夜，夜漏未盡七刻進熟。尋明堂之在郊前一刻，而進獻奏樂，方待郊還。魏高堂隆表：九日南郊，十日北郊，十一日明堂，十二日宗廟。案隆此言，是審于時定制，是則周禮、二漢及魏，皆不共日矣。禮以辛郊，書以丁祀，辛丁皆合，宜臨時詳擇。（南齊書禮志上，永明二年。）

紀德眞

德眞，爵里未詳。

造釋迦石像記

齊永明二年，甲子太歲，甲子四月廿日，弟子紀德眞爲亡弟僧惠敬造釋迦石像，追往悼心，泣深友愛，願僧惠齊神離苦，永與福會，七世亡靈，同生淨土，見在眷屬，長保吉□，家門雍睦，子孫昌熾。願願果遂，亭善無窮。□□使蜀于涪陵，衷思寺就穎法師造。（古刻叢鈔。）

孔琇之

琇之，會稽山陰人，宋光祿大夫季恭孫。初爲國子生，舉孝廉，除衛軍參軍，員外郎，尚書三公郎，出爲烏程令，還遷通直郎，補吳令，還尚書左丞，轉前軍將軍，兼少府，遷驍騎將軍，出爲寧朔將軍，明帝冠軍征虜長史，江夏內史，還爲正員常侍，兼左民尚書、廷尉卿，出爲臨海太守，又爲輔國將軍、監吳興郡，尋拜太守，隆

昌初，遷寍朔將軍、晉熙王冠軍長史、江夏內史。

表王文殊

文殊性挺五常，心符三教。以父沒獯庭，抱終身之痛；專席恆居，銜罔極之䘏。服紵縞以經年，餌蔬菽以俟命。婚義滅于天情，官序空于素抱。儻降甄異之恩，牓其閭里。（南齊書孝義王文殊傳：文殊，吳興故鄣人。永明十一年，太守孔琇之表云云。鬱林詔牓門，改所居爲孝行里。）

庾杲之

杲之字景行，新野人。爲奉朝請，累遷尚書左丞、黃門郎、御史中丞、太子右衛率，加通直常侍。永明九年卒，諡曰貞子。

臨終上表

臣昨夜及旦，更背氣疾，自省綿痼，頃刻危殆，無容復臥，任居隆顯，玷塵明世，乞解所忝，待終私庭。臣以凡庸，謬徼昌運，奬擢之厚，千載難逢。且年踰知命，志事榮顯，脩夭有分，無所厝言。若天鑒微誠，暫借餘厤，傾宗殞元，陳力無遠。仰違庭闕，伏枕顫戀，送貂蟬及章。（南齊書庾杲之傳。）

爲竟陵王致書劉隱士

司徒竟陵王，懋于神睿，言象所絕，接乎事者，遠近所宗。鐘石非禮樂之本，纓紱豈朝野之謂。想闇投之懷，不以形骸爲阻。一日通籍梁邸，親奉語言，夢想清顏，爲歲已積。以丈人非羔雁所策，故息蒲帛之典，勝寄冥通，諒有風期之遲。君王卜居郊郭，縈帶川阜，顯不徇功，晦不標迹，從容人野之閒，以窮二者之致。且弘護爲心，廣敷真俗，思闡繁表，共剖衆妙。式筵山河，虛館川涘，實望賁然，少酬側遲。昔東平樂善，旌君大于東閣；哲王愛素，致吾子于西山。豈不盛歟！百齡飄驟，凝滯自物；千載一期，爲仁由己。且陵雪戒途，非滅跡之效；鴻鍾在御，豈銷聲之道。已標異人之迹，固有同物之勞。豈山水無情，應之以會；愛閒在我，觸地蕭條。衡嶽何親，鍾山何薄，想弘

河當作阿

思有在，不俟繁言。（廣弘明集十九。）

殷瀰

瀰，永明中爲南豫州別駕。

請以廬江屬南豫牒

潁川汝陽，荒殘來久，流民分散，在譙歷二境，多蒙復除，猶有郡名，租輸益微，府州絕無將吏，空受名領，終無實益，但寄治譙歷。于方斷之宜，實應屬南豫。二豫亟經分置，廬江屬南豫，濱帶長江，與南譙接境，民黎租帛，從流送州，實爲便利，遠踰西豫，非其所願。郡領灊、舒及始新、左縣，村竹產，府州採伐，爲益不少。府州新創，異于舊籓，資役多闕，實希得廬江，請依昔分置。（南齊書州郡志上：永明七年，南豫州別駕殷瀰稱云云。尚書參議宜依所牒，詔可。）

諲下脫之字

何諲之

諲，永明中爲太常丞。

亥日藉田議

鄭注云：元辰蓋郊後吉亥也。亥，水辰也。凡在墾稼，咸存灑潤。五行說，十二辰爲六合，寅與亥合，建寅月春耕，取月建與日辰合也。（南齊書禮志上：永明三年，太常丞何諲之議。）

祭用鮮槁魚議

今祭有生魚一頭，干魚五頭。少牢饋食禮云：司士升魚腊，膚魚用鮒十有五。上既云腊，下必是鮮，其數宜同。稱膚，足知鱗革無毀。記云：槁魚曰商祭，鮮曰脡祭。鄭注：商，量；脡，直也。尋商旨裁截，脡義在全。賀循祭義猶用魚十五頭。今鮮頓刪約，槁皆全用。謂宜鮮槁各二頭，槁微斷首尾，示存古義。（南齊書禮志上：永明六年，太常丞何諲之議。）

服章議

案周禮命數，改三公八旒，卿六旒。（南齊書輿服志：永明六年。）

功臣配饗坐板議

功臣配饗。累行宋世。檢其遺事。題列坐位。具書贈官爵謚及名。文不稱主。便是設板也。白虎通云。祭之有主。孝子以繫心也。揆斯而言。升配廟廷。不容有主。宋時板度。既不復存。今之所制。大小厚薄。如尚書召板。爲得其衷。有司攝太廟舊人亦云。見宋功臣配饗坐板。與尚書召板相似。事見儀注。南齊書禮志上永明十年詔褚淵王儉柳世隆王敬則陳顯達李安民六人配享太祖廟庭祠部郎何諲之議。

桑惠度

惠度。永明中爲國子助教。

亥日藉田議

尋鄭玄以亥爲吉辰者。陽生于子。元起于亥。取陽之元。以爲生物。亥又爲水。十月所建。百穀賴茲沾潤畢熟也。南齊書禮志上永明三年國子助教桑惠度議。

難何諲之祭用鮮槁魚議

記稱尚玄酒而俎腥魚。玄酒不容多。鮮魚理宜約。干魚五頭者。以其既加人功。可法于五味。以象酒之五齊也。今欲鮮槁各雙。義無所法。南齊書禮志上永明六年。

顧暠之

暠之字士明。吳人。永明中爲殿中郎。歷安西諮議。兼著作。建武初以疾歸。

亥日藉田議

鄭玄稱先郊後吉辰。而不說必亥之由。盧植明子亥爲辰。亦無常辰之證。漢世躬藉。肇發漢文。詔云。農天下之本。其開藉田。斯乃草創之令。未覩親載之吉也。昭帝癸亥耕于鉤盾弄田。明帝癸亥耕下邳。章帝乙亥耕定陶。又辛丑耕懷。魏之烈祖。實書辛未。不繫一辰。徵于兩代矣。推晉之革魏。宋之因晉。政是服膺康成。非有異見者也。班固序亥位云。陰氣應亡射。該藏萬物。而雜陽閡種。且亥既水長。含育爲性。播厥取吉。其在茲乎。班固序丑位云。陰大旅助黃鍾。宣氣而牙物。序未位云。陰氣受任助蕤賓君主種物。使長大茂盛。是漢朝迭選。魏室所遷。酌舊用丑。實兼有據。南齊書禮志上永明三年殿中郎顧暠之議。

王摛

摛。東海郯人。永明中爲秣陵令。累遷永陽太守。建武中進尚書左丞。永元中爲國子博士。

郊壇瓦屋議

埽地而祭于郊。謂無築室之議。南齊書禮志上建武三年兼左丞王摛議。

駁何佟之明堂配饗議

孝經。周公郊祀后稷以配天。宗祀文王于明堂以配上帝。不云武王。又周頌思文后稷。配天也。我將祀文王于明堂也。武王之文。唯執競云祀武王。此自周廟祭武王詩。彌知明堂無矣。南齊書禮志上永元二年國子博士王摛議。

陸厥

厥字韓卿。吳郡吳人。太常僩從子。永明中舉秀才。歷少傅王晏主簿。遷後軍法曹參軍。有集十卷。

與沈約書

范詹事自序。性別宮商。識清濁。特能適輕重。濟艱難。古今文人。多不全了斯處。縱有會此者。不必從根本中來。尚書亦云。自靈均以來。此祕未覩。或闇與理合。匪由思至。張蔡曹王。曾無先覺。潘陸顏謝。去之彌遠。大旨鈞使宮羽相變。低昂舛節。若前有浮聲。則後須切響。一簡之內。音韻盡殊。兩句之中。輕重悉異。辭既美矣。理又善焉。但觀歷代眾賢。似不都闇此。而云此祕未覩。近於誣乎。案范云不從根本中來。尚書云匪由思至。斯可謂揣情謬於玄黃。擿句差其音律也。范又云。時有會此者。尚書云。或闇與理合。則美詠清謳。

有辭章調韻者。雖有差謬。亦有會合。推此以往。可得而言。夫思有合離。前哲同所不免。文有闕塞。卽事不得無之。子建所以好人譏彈。士衡所以遺恨終篇。既曰遺恨。非盡美之作。理可詆訶。君子執其詆訶。便謂合理爲闇。豈如指其合理。而寄詆訶爲遺恨邪。自魏文屬論。深以清濁爲言。劉楨奏書。大明體勢之致。岨峿妥帖之談。操末續顛之說。與玄黃於律呂。比五色之相宣。苟此祕未覩。茲論爲何所指邪。故愚謂前英已早識宮徵。但未屈曲指的。若今論所申。至於掩瑕藏疾。合少謬多。則臨淄所云。人之著述。不能無病者也。非知之而不改。謂不改則不知。斯曹陸又稱竭情多悔。不可力彊者也。今許以有病有悔爲言。則必自知無悔無病之地。引其不了不合爲闇。何獨誣其一合一了之明乎。意者亦質文時異。古今好殊。將急在情物。而緩於章句。情物文之所急。美惡猶且相半。章句意之所緩。故合少而謬多。義兼於斯。必非不知明矣。長門上林。殆非一家之賦。洛神池雁。便成二體之作。孟堅精整。詠史無虧於東主。平子恢富。羽獵不累於憑虛。王粲初征。他文未能稱是。楊修敏捷。暑賦彌日不獻。率意寡尤。則事促乎一日。翳翳愈伏。而理賒於七步。一人之思。遲速天懸。一家之文。工拙壤隔。何獨宮商律呂。必責其如一邪。論者乃可言未窮其致。不得言曾無先覺也。南齊書陸厥傳。南史陸厥傳。又略見藝文類聚五十八。

綦毋珍之

珍之。鬱林時領中書通事舍人。封汝南縣侯。後謀誅蕭諶。事敗死。

自牒求封

當世祖晏駕之時。內外紛擾。珍之手抱至尊。口行處分。忠誠契闊。人誰不知。今希千戶侯。於分非過。南史。

李撝

撝。永明中爲博士。建武初爲祠部郎太常丞。

朝堂諱榜議

據周禮。凡有新令。必奮鐸以警衆。乃退以憲之於王宮。注。憲。表懸之也。南齊書王慈傳。

郊壇瓦屋議

周禮。凡祭祀。張其旅幕。張尸次。尸則有幄。鄭仲師云。尸次。祭祀之尸所居更衣帳也。凡祭之文。既不止於郊祀。立尸之言。理應關於宗廟。古則張幕。今也房屋。宗廟旅幕。可變爲棟宇。郊祀氊案。何爲不轉製繪甍。南齊書禮志上。建武二年祠部郎李撝議。通典四十二作李撝疑議。

泄哀儀議

尋尊號既追。重服宜正。但已從權制。故苴杖不設。至於鑽燧既同。天地亦變。容得無感乎。且晉景獻皇后崩。羣臣備小君之服。追尊之后。無違后典。追尊之帝。固宜同帝禮矣。雖臣子一例。而禮隨時異。至尊龍飛中興。事非嗣武。理無深衣之變。但王者體國。亦應弔服出正殿。舉哀百僚致慟。一如常儀。南齊書禮志下。建武二年正月太常丞李撝議。

全齊文卷二十四終

斷上脫取字

全齊文卷二十五

烏程嚴可均校輯

王植

植，永明中爲尚書刪定郎，從校籍郎，坐事免。

奏上撰定律章表

臣尋晉律文簡辭約，旨通大綱，事之所質，斷難釋。張斐、杜預同注一章，而生殺永殊。自晉泰始以來，唯斟酌參用，是則吏挾威福之勢，民懷不對之怨，所以溫舒獻辭於失政，絳侯忼慨而興歎。皇運革祚，道冠前王，陛下紹興，光開帝業。下車之痛，每惻上仁；滿堂之悲，有矜聖思。爰發德音，刪正刑律，敕臣集定張、杜二注。謹礪愚蒙，盡思詳撰，削其煩害，錄其允衷。取張注七百三十一條，杜注七百九十一條；或二家兩釋，於義乃備者，又取一百七條；其注相同者，取一百三條，集爲一書。凡一千五百三十二條，爲二十卷。請付外詳校，擿其違謬。（南齊書孔稚珪傳）

王僩之

僩之，永明中太常丞。

朝堂諱榻議

尊極之名，宜率土同諱。目可得覩，口不可言；口不可言，則知之者絕；知之者絕，則犯觸必衆。（南齊書王慈傳）

杜元懿

元懿，永明中爲西陵戍主。

乞官領攝牛埭稅格啟

吳興無秋，會稽豐登，商旅往來，倍多常歲。西陵牛埭稅，官格日三千五百，元懿如即所見，日可一倍，盈縮相兼，略計年長百萬。浦陽南北津及柳浦四埭，乞爲官領攝，一年格外長四百許萬。西陵戍前檢稅，無妨戍事，餘三埭自舉腹心。（南齊書陸慧曉傳，又見咸淳臨安志八十九。）

茍平

茍平（南史作茍丕），字令哲，潁川人。永明中爲鎮西隨王府西曹書佐，後上書忤武帝旨，下荊山獄賜死。

遺王秀之書

僕聞居謙之位，既刊於易；傲不可長，禮明其文。是以信陵致夷門之義，燕丹收荊卿之節，皆以禮而然矣。丈夫處世，豈可寂漠恩榮，空爲後代一丘土？足下業潤重光，聲居朝右，不修高世之績，將何隔於愚夫？僕耿介當年，不通羣品，饑寒白首，望物嗟來。成人之美，春秋所善；薦我寸長，開君尺短。故推風期德，規於相益，實非碌碌有求於平原者也。僕與足下同爲四海國士，夫盛衰迭代，理之恆數；名位參差，運之通塞，豈品德權行爲之者哉？第五之號，既無易於驃騎；西曹之名，復何推於長史？足下見答書題久之，以君若此非典，何宜施之於國士？如其循禮，禮無不答，謹以相還，亦何犯於逆鱗哉？君子處人以德，不以位；相如不見屈於澠池，毛遂安受辱於郢門。造敵臨事，僕必先於二子，未知足下之貴，足下之威，孰若秦楚兩王？僕以德爲寶，足下以位爲寶，各寶其寶，於此敬宜。常聞古人交絕不泄惡言，僕謂之鄙，無以相貽，故薦貧者之贈。（南齊書王秀之傳，又略見南史四十二王準之傳。）

與王儉書

足下建高世之名，而不顯高世之迹，將何以書於齊史哉？（南齊書王秀之傳）

崔慰祖

慰祖，字悅宗，清河東武城人。永明中爲奉朝請，歷始安王撫軍行墨曹參軍，轉刑獄，兼記室。

臨卒與從弟緯書

常欲更注遷、固二史，採史、漢所漏二百餘事，在廚簏，可檢寫之，以

朱當作未

存大意。海岱志良未周悉。可寫數本。付護軍諸從事人一通。及友人任昉、徐寅、劉洋、裴揆。令後世知吾微有素業也。（南齊書崔慰祖傳、南史七十二。）

又令

以棺親土。不須磚。勿設靈座。（南齊書崔慰祖傳。）

丘雄

雄。吳興烏程人。

詣闕上書

臣父執節如蘇武。守死如谷吉。遂不書之良史。甄之褒策。萬代之後。誰死社稷。建元四年。車僧朗銜使不異。抗節是同。詔贈正員外郎。此天朝舊準。臣父成例也。今僧朗反葬冢塋。臣父湮棄絕域。語忠烈則亦不謝車。論荼苦則彼優而此劇。名位不殊。禮數宜等。乞申哀贈。（南史七十三丘冠先傳。永明中使蠕蠕見殺。武帝以冠先不辱命。賜其子雄錢一萬。布三十匹。雄不受。詣闕上書云云。書奏不省。）

謝曇濟

曇濟。永明末為國子助教。

明堂配饗議

案祭法。禘郊祖宗。並列嚴祀。鄭玄注義。亦據兼饗。宜祖宗兩配。文武雙祀。（南齊書禮志上。隆昌元年。有司奏。參議明堂。咸以世祖配。國子助教謝曇濟議。又見通典四十四。雙祀作兼祀。）

泄哀儀議

夫喪禮一制。限節兩分。虞祔追亡之情。小祥抑存之禮。斯蓋至愛可申。極痛宜屈耳。文皇帝雖君德早凝。民化未洽。追崇尊極。實緣於性。今言臣則無實。論己則事虛。聖上馭寓。更奉天眷。祇禮七廟。非從三后。周忌祥禫。無所依設。（南齊書禮志下。建武二年正月。給事中領國子助教謝曇濟議。）

江祀

祀字景昌。濟陽考城人。永明末為南郡王國常侍。延興初。明帝引為驃騎東閤祭酒。兼祕書丞。建武中。出為晉安王寶義鎮北

長史南東海太守。行南徐州事。入為衛尉卿。永泰末。奉遺詔為侍中。東昏初。與兄祏及劉暄、始安王遙光、徐孝嗣、蕭坦之為六貴。謀廢立。與祏俱誅。中興初。贈散騎常侍太常卿。

薦諸葛璩於明帝

璩安貧守道。悅禮敦詩。未嘗投刺邦宰。曳裾府寺。如其簡退。可以揚清厲俗。請辟為議曹從事。（梁書諸葛璩傳。）

遺信報兄祏

劉暄似有異謀。今作何計。（齊書江祏傳。）

虞炎

炎。會稽人。初為博士。累遷散騎侍郎驍騎將軍。有集七卷。

郊壇瓦屋議

誠愨所施。止在一壇。漢之郊祀。饗帝甘泉。天子自竹宮望拜。息殿去壇場既遠。郊奉禮畢。旋幸於此。瓦殿之與帷宮。謂無簡格。（南齊書禮志上。建武二年。驍騎將軍虞炎議。又略見通典四十二。）

鮑照集序

鮑照字明遠。本上黨人。家世貧賤。少有文思。宋臨川王愛其才。以為國侍郎。王薨。始興王濬又引為侍郎。孝武初。除海虞令。遷太學博士。兼中書舍人。（一本云。時上多忌。以文自高。趨侍左右。深達風旨。以此賦述。不復盡其才思。）出為秣陵令。又轉永嘉令。大明五年。除前軍行參軍。侍臨海王鎮荊州。掌知內命。尋遷前軍刑獄參軍事。宋明帝初。江外拒命。及義嘉敗。荊土震擾。江陵人宋景因亂掠城。為景所殺。時年五十餘。身既遇難。篇章無遺。流遷人間者。往往見在。儲皇博採羣言。遊好文藝。片辭隻韻。罔不收集。照所賦述。雖乏精典。而有超麗。爰命陪趨。備加研訪。年代稍遠。零落者多。今所存者。儻能半焉。（宋本鮑照集。）

虞羲

羲字士光。會稽餘姚人。建武初為前軍參軍。卒於晉安王侍郎。

時公當作明公

有集十一卷。

與蕭令王僕射書爲袁彖求諡

袁侍中體高亮之宏姿。挺孤奇之逸操。孝友結於衡閭。忠正表於邦域。懷抱七經。該綜百氏。清文麗日。幾義窮神。言非義而不發。容導禮而後動。居貧無悶。事等安期。處顯不驚。道均無欲。兄弟親從。同居共財。怡怡雍穆。人所不聞。顧與善無徵。報施徒語。岱山委岫。崑岳摧峯。四海搢紳。誰不掩泣。時公德冠時宗。道高物表。若得橫議聖時。斟酌今古。採茂實於當年。標芳流於千載。馳徽諡於山道。潤貞氣於泉門。豈非體國之至公。典謨之盛軌者哉。藝文類聚四十。

陶韶

韶。建武初博士。

泄哀儀議

名立義生。自古之制。文帝正號。祖宗式序。昭穆祥忌禫日。皇帝宜服祭服。出太極泄哀。百僚亦祭服陪位。南齊書禮志下。建武二年正月博士陶韶議。

徐景嵩

景嵩。建武初國子助教。

郊壇瓦屋議

伏尋三禮。天地兩祀。南北二郊。但明祭取犧牲。器用陶匏。不載人君偃處之儀。今棟瓦之構。雖殊俱非千載成例。宜務因循。南齊書禮志上。建武二年。

庾弘遠

弘遠。潁川鄢陵人。宋吏部尚書炳之子。永元中爲江州長史。

爲陳顯達與朝貴書

諸君足下。我太祖高皇帝。叡哲自天。超人作聖。屬彼宋季。綱紀自頓。應禪從民。構此基業。世祖武皇帝。昭略通遠。克纂洪嗣。四關罷嶮。三河靜塵。鬱林海陵。頓孤負荷。明帝英聖。紹建中興。至乎後王。行悖三才。琴橫由席。繡積麻筵。淫犯先宮。穢興闈闥。皇陛爲市廛之所。雕房起征戰之門。任非華尚。寵必寒廝。江僕射兄弟。忠言屬薦。正諫繁興。覆族之誅。於斯而至。故乃犴噬之刑。四剽於海路。家門之釁。一起於中都。蕭劉二領軍。並升御座。共稟遺詔。宗戚之苦。諒不足談。渭陽之悲。何辜至此。徐司空歷葉忠榮。清簡流世。匡翼之功未著。傾宗之罰已彰。沈僕射年在懸車。將念几杖。歡歌園藪。絕影朝門。忽招陵上之罰。何萬古之傷哉。遂使紫臺之路。絕搢紳之儀。纓組之閣。罷金張之胤。悲哉蟬冕。爲賤寵之服。嗚呼皇陛。列劫豎之坐。且天人同怨。乾象變錯。往歲三州流血。今者五地自動。昔漢池異色。胥王因之見廢。吳郡暫震。步生以爲姦倖。況事隆於往怪。釁倍於前虐。此而未廢。孰不可興。王僕射王領軍崔護軍。中維簡正。逆念剖心。蕭衞尉蔡詹事沈左衞。各負良家。共傷時嶮。先朝遺舊。志在名節。同列丹書。要同義舉。建安殿下。秀德沖遠。實允神器。昏明之舉。往聖流言。今忝役戎驅。亟請乞路。須京塵一靜。西迎大駕。歌舞太平。不亦佳哉。裴豫州宿遺誠言。久懷慷慨。計其勁兵。已登淮路。申司州志節堅明。分見迎合。總勒偏率。殿我而進。蕭雍州房僧寄。並已纂邁旌鼓。將及。南兗州司馬崔恭祖。壯烈超羣。嘉驛屢至。佇聽烽諜。共成脣齒。荊郢行事蕭張二賢。莫不案劍滄風。橫戈待節。關畿蕃守之儔。孰非義侶。我太尉公。體道合聖。杖德修文。神武橫於七伐。雄略震於九綱。是乃從彼英序。還抗社稷。本欲鳴笳細錫。無勞戈刃。但忠黨有心。節義難遣。信次之閒。森然十萬。飛旍咽於九派。列艦迷於三川。此蓋捧海澆螢。烈火消凍耳。吾子其擇善而從之。無令竹帛空爲後人笑也。南齊書陳顯達傳。顯達舉兵。令長史庾弘遠司馬徐虎龍與朝貴書。

謝赫

赫。爵里未詳。

古畫品

夫畫品者。蓋眾畫之優劣也。圖繪者。莫不明勸戒。著升沈。千載寂寥。披圖可鑒。雖畫有六法。罕能盡該。而自古及今。各善一節。六法者何。一氣韻生動是也。二骨法用筆是也。三應物象形是也。四隨類賦彩是也。五經營位置是也。六傳移模寫是也。唯陸探微衛協備該之矣。然迹有巧拙。藝無古今。謹依遠近。隨其品第。裁成序引。故此所述不廣其源。但傳出自神仙。莫之聞見也。

第一品　五人。

陸探微　（事五代宋明帝。吳人。）

窮理盡性。事絕言象。包前孕後。古今獨立。非復激揚所能稱贊。但價重之極乎上上品之外。無他寄言。故屈標第一等。

曹不興　（五代吳時事孫權。吳興人。）

不興之迹。殆莫復傳。唯祕閣之內。一龍而已。觀其風骨。名豈虛成。（案御覽七百五十一歷代名畫記引謝赫云。不興之迹。代不復見。祕閣內一龍頭而已。觀其風骨。擅名不虛。在第一品矣。）

衛協　（五代晉時。）

古畫之略。至協始精。六法之中。迨爲兼善。雖不說備形妙。頗得壯氣。凌跨群雄。曠代絕筆。

張墨　荀勗

風範氣候。極妙參神。但取精靈。遺其骨法。若拘以體物。則未見精粹。若取之象外。方厭膏腴。可謂微妙也。

第二品　三人。

顧駿之

神韻氣力。不逮前賢。精微謹細。有過往哲。始變古則今。賦彩製形。皆創新意。若包犧始更卦體。史籀初改書法。嘗結構層樓。以爲畫所。風雨炎燠之時。故不操筆。天和氣爽之日。方乃染毫。登樓去梯。妻子罕見。畫蟬雀。駿之始也。宋大明中。天下莫敢競矣。

陸綏

體韻遒舉。風彩飄然。一點一拂。動筆皆奇。傳世蓋少。所謂希見卷軸。故爲寶也。

袁蒨

北方陸氏。最爲高逸。象人之妙。亞美前賢。但志守師法。更無新意。然和璧微玷。豈貶十城之價也。

第三品　九人。

姚曇度

畫有逸方。巧變鋒出。魑魅神鬼。皆能絕妙。同流真爲雅鄭。兼善莫不俊拔。出人意表。天挺生知。非學所及。雖纖微長短。往往失之。而輿皂之中。莫與爲匹。豈真棟梁蕭艾。可唐突璵璠者哉。

顧愷之　（五代晉時。晉陵無錫人。字長康。小字虎頭。）

格體精微。筆無妄下。但迹不逮意。聲過其實。

毛惠遠

畫體周贍。無適不該。出入窮奇。縱橫逸筆。力遒韻雅。超邁絕倫。其揮霍必也極妙。至於定質塊然。未盡其善。神鬼及馬。泥滯於體。頗有拙也。

夏瞻

雖氣力不足。而精彩有餘。擅名遠代。事非虛美。

戴逵

情韻連綿。風趣巧拔。善圖賢聖。百工所範。荀衛已後。實爲領袖。及乎子顒。能繼其美。

江僧寶

斟酌袁陸。親漸朱藍。用筆骨梗。甚有師法。像人之外。非其所長也。

吳暕

體法雅媚。製置才巧。擅美當年。有聲京洛。

張則

意思橫逸。動筆新奇。師心獨見。鄙於綜採。變巧不竭。若環之無端。景多觸目。謝題徐落云。此二人後不得預焉。

陸杲

體致不凡。跨邁流俗。時有合作。往往出人。點畫之間。動流恢服。傳於後者。殆不盈握。桂枝一芳。足懲本性。流液之素。難效其功。

第四品　五人。

遽道愍　章繼伯

並擅寺壁。兼長畫扇。人馬分數。毫釐不失。別體之妙。亦爲入神。

顧寶先

全法陸家。事事宗稟。方之袁蒨。可謂小巫。

王微　史道碩　五代晉時

並師荀衛。各體善能。然王得其細。史傳其眞。細而論之。景玄爲劣。

第五品　三人。

劉瑱

用意綿密。畫體纖細。而筆跡困弱。形製單省。其於所長。婦人爲最。但纖細過度。翻更失眞。然觀察詳審。甚得姿態。

晉明帝　諱紹元帝長子師王廙

雖略於形色。頗得神氣。筆跡超越。亦有奇觀。

劉紹祖

善於傳寫。不閑其思。至於雀鼠。筆跡歷落。往往出羣。時人爲之語。號曰移畫。然述而不作。非畫所先。

第六品　二人。

宋炳

炳明於六法。迄無適善。而含毫命素。必有損益。跡非準的。意足師放。

丁光

雖擅名蟬雀。而筆跡輕羸。非不精謹。乏於生氣。

全齊文卷二十五終

烏程嚴可均校輯

闕名

敕

未登黃門郎。不得畜女伎。（南史二十四）

奏得季子廟沸井

延陵令戴景度稱。所領季子廟。舊有涌井二所。廟祝列云。舊井北忽聞金石聲。卽掘。深三尺。得沸泉。其東忽有聲錚錚。又掘得泉。沸湧若浪。泉中得一銀木簡。長一尺。廣二寸。隱起文曰。廬山道人張陵再拜謁詣起居。簡木堅白。而字色黃。謹案瑞應圖。浪井不鑿自成。王者清靜。則仙人主之。孔氏世錄云。叶精帝道。孔書明巧。當在張陵。宋均注云。張陵佐封禪。一云陵仙人也。（南齊書祥瑞志。建元元年四月有司奏。）

奏請議郊殿禮

郊殿之禮。未詳郊在何年。復以何祖配郊。殿復在何時。未郊得先殿與不。明堂亦應與郊同年而祭不。若應祭者。復有配與無配。不祀者。堂殿職僚毀置云何。（南齊書禮志上。建元元年七月有司奏。）

奏祭明堂

明堂。尋禮無明文。唯以孝經爲正。竊尋設祀之意。蓋爲文王。有配則祭。無配則止。愚謂既配上帝。則以帝爲主。今雖無配。不應缺祀。徐邈近代碩儒。每所折衷。其云郊爲天壇。則堂非文廟。此實明據。內外百司。立議已定。如更詢訪。終無異說。傍儒依史。竭其管見。既聖旨惟疑。羣下所未敢詳。廢置之宜。仰由天鑒。（南齊書禮志上。建元元年七月議郊殿。詔可明堂可更詳。有司又奏。詔依舊。）

奏請議太子妃喪遇閏

皇太子穆妃以去年七月薨。其年閏九月。未審當月數閏。爲應以閏附正月。若用月數數閏者。南郡王兄弟便應以此四月晦小祥。

至於祥月不爲有疑不。（南齊書禮志下。建元三年有司奏。）

奏請議嗣位郊祀

尋前代嗣位。或於前郊年。或別始。晉宋以來。未有畫一。今年正月已郊。未審明年應南北二郊祀明堂與不。依舊通關八座丞郎博士議。（南齊書禮志上。建元四年世祖卽位。其秋有司奏。又見通典四十二。）

奏遷祔應無虞

昭皇后神主在廟。今遷祔葬。葬有虞以安神。神既已處廟。改葬出靈。豈應虞祭。鄭注改葬云。從廟之廟。禮宜同。從墓之墓。事何容異。前代謂應無虞。（南齊書禮志下。建元四年有司又奏。）

奏復宕昌王梁彌機等官爵

前使持節都督河涼二州軍事鎮西將軍東羌校尉河涼二州刺史隴西公宕昌王梁彌機。前使持節平北將軍西涼州刺史羌王像舒彭。並著勳西垂。寍安邊境。可復先官爵。（南齊書氐羌傳。永明元年八座奏。）

奏請議日蝕廢社

今月三日。臘祠太社稷。一日合朔。日蝕既在致齋內。未審於社祠無疑不。（南齊書禮志上。永明元年有司奏。）

奏定廟樂歌詩

太祖高皇帝廟神室。奏高德宣烈之舞。未有歌詩。郊應須歌辭。穆皇后廟神室。亦未有歌辭。案傅玄云。登歌。廟異其文。饗神十室同辭。此議爲允。又尋漢世歌篇。多少無定。皆稱事立文。並多八句。然後轉韻。時有兩三韻而轉。其例甚寡。張華夏侯湛亦同前式。傅玄改韻頗數。更傷簡節之美。近世王韶之顏延之並四韻乃轉。得賒促之中。顏延之謝莊作三廟歌。皆各三章。章八句。此於序述功業。詳略爲宜。今宜依之。郊配之日。改降尊作主。禮殊宗廟。穆后母儀之化。事異經綸。此二歌爲一章八句。別奏事御奉行。（南齊書樂志。永明二年尙書殿中曹奏。）

奏楊後起功狀

後起勤彰款塞。忠著邊城。（南齊書氐羌傳。永明二年。八座奏。）

奏請議釋奠釋菜

宋元嘉舊事。學生到。先釋奠先聖先師。禮又有釋菜。未詳今當行何禮。用何樂及禮器。（南齊書禮志上。永明三年正月有司奏。）

奏封楊集始母

集始驅狐翦棘。仰化邊服。母以子貴。宜加榮寵。除集始母姜氏太夫人。假銀印。（南齊書氐羌傳。永明五年。有司奏。）

奏魚復侯子響宜還本

子響體自聖明。出繼宗國。大司馬臣嶷昔未有胤。所以因心鞠養。陛下弘天倫之愛。臣嶷深猶子之恩。遂乃繼體扶疏。世祚垂改。茅蔣菴蔵。冢嗣莫移。誠欣惇睦之風。實虧立嫡之教。臣等參議。子響宜還本。（南齊書魚復侯子響傳。永明六年。有司奏。）

奏進楊炅位號

楊炅嗣勤西牧。馳款內昭。宜增戎章。用輝遐外。進號前將軍。（南齊書氐羌傳。永明九年。八座奏。）

奏定文惠太子喪服

御服朞。朝臣齊衰三月。南郡國臣齊衰朞。臨汝曲江國臣並不服。六宮不從服。（南史四十四。）

參議蠻封不應在解例

蠻封應在解例。參議以戎夷疏爵。理章列代。酋豪世襲。事炳前葉。今宸麻改物。舊冊杓降。而梅生等保落奉政。事須繩總。恩命升贊。有異常品。謂宜存名。以訓殊俗。（南齊書蠻東傳。太祖即位。有司奏蠻封應在解例。參議以云云。）

參議太子妃石誌

墓銘不出禮典。近宋元嘉中。顏延之作王球石誌。素族無碑策。故以紀德。自爾以來。王公以下。咸共遵用。儲妃之重。禮殊恆列。既有哀策。謂不須石誌。（南齊書禮志下。建元二年。有司奏。大明故事。太子妃玄宮中有石誌。參議。）

參議江斆子出繼

間世立後。禮無其文。荀顗無子立孫。墜禮之始。何期又立此論。義無所據。（南齊書江斆傳。初宋明帝敕斆出繼從叔愻爲從祖淳後。於是僕射王儉啟可以斆小兒繼愻爲孫。尚書參議云云。於是斆還本家。）

難何佟之社稷位向議

郊特牲又云。君之南向。荅陽也。臣之北向。荅君也。若以陽氣在南。則位應北向。陰氣在北。則位宜向南。今南北二郊。一限南向。皇帝黑瓚。階東西向。（通典作今一郊一社南向皇帝黑瓚東西向。）故知壇墠無繫於陰陽。設位當拘於南北。羣神小祠。類皆限南面。薦饗之時。北向行禮。蓋欲申靈祇之尊。表求幽之義。魏世秦靜使社稷別營。稱自漢以來相承南向。漢之於周。世代未遠。鄗上頹基。南巳餘樹。猶應尚存。迷方失位。未至於此。通儒達識。不以爲非。庾蔚之昔巳有此議。後徐爰

周景遠並不同。仍舊不改。（南齊書禮志上。永明十一年。何佟之議以爲社北向稷東向。儀曹郎治禮學士議。又見通典四十五。）

討始安王遙光符

逆順之數。皎然有徵。干紀亂常。刑茲罔赦。蕭遙光宗室蚩庸。才行鄙薄。緹裙可望。天路何階。受遇自昔。恩加猶子。禮絕帝體。寵越皇季。旗章車服。窮千乘之尊。闉隍爽闓。踰百雉之制。及聖后在天。親受顧託。話言在耳。德音猶存。侮蔑天明。罔畏不義。無君之心。履霜有日。遂乃稱兵內犯。竊發京畿。自古巨釁。莫斯爲甚。今便分命六師。弘宣九伐。皇上當親御戎軒。弘此廟略。信賞必罰。有如大江。（南齊書始安王遙光傳。尚書符遙光。）

移廣淮陽太守文

永明十年太歲某。淮陰太守某。移淮陽長。大齊乘乾。得一靖亂。今皇上體聖居震。績戎昌緒。仁澤之所瀸沾。惠風之所偃靡。威武之

所謄驟刑政之所宜暢浩浩乎其不可涯涘固能徽岷冥關夷海拓沙漭道零山八胤承嗣九垓禔福含齒戴髮其樂只且所以通歡魏境靜息邊民嗟爾黔氓共和優忝而魏主不篤我信誓侮弱我慈懷憑陵我南城寇擾我樊鄧元帥退梟鳶之心銳卒畜蜂蠆之毒蠅飛藩棘蟻附池隍我聊命偏將執而俘之連左衽於郊門頓編首於外闕有司將加誅焉天子弗之許也重謁而請天子又不許也更從請所以置之乃制詔曰昔虞帝欽明苗山記倒戈之陣夏君踵武鈞臺載不戰之兵今鋒鏑陵邊彤雲入候加討而後擒待征而知服此乃朕之涼德彼將何德徒哀其積習爲性因染遂變不識天時用干人事雖同濱率境自隔王臣直曰斯民獨爲係虜父母生乖妻兒則桑梓悠悠墳塋萬里情甚悲之可解綱改祝聽歸巢穴豈直鄰好足鄙特以哀矜自中以時資遣稱朕意焉已遵明詔部送所虜若干人即日在界宜速近護時施故堡使幽荒之外知皇王之德音故移（文苑英華六百五十。）

鼎銘

作寶鼎齊臣萬年子孫承寶（南齊書祥瑞志永明三年越州南高涼俚人海中網魚獲銅獸一頭銘曰云云。）

璽文

坤維聖帝永昌

外國

百濟王

牟大牟都孫宋末襲位

乞聽除所假姐瑾等封爵表

（上缺）報功勞勤實存名烈假行寧朔將軍臣姐瑾等四人振竭忠效攘除國難志勇果毅等威名將可謂扞城固蕃社稷論功料勤宜在甄顯今依例輒假行職伏願恩愍聽除所假寧朔將軍面中王姐瑾歷贊時務武功並列今假行冠軍將軍都將軍都漢王建威將軍八中侯餘古弱冠輔佐忠效夙著今假行寧朔將軍阿錯王建威將軍餘歷忠款有素文武烈顯今假行龍驤將軍邁盧王廣武將軍餘固忠效時務光宣國政今假行建威將軍弗斯侯（南齊書東夷傳。）

又表

臣所遣行建威將軍廣陽太守兼長史臣高達行建威將軍朝鮮太守兼司馬臣楊茂行宣威將軍兼參軍臣會邁等三人志行清亮忠款夙著往太始中比使宋朝今任臣使冒涉波險尋其至效宜在進爵謹依先例各假行職且玄澤靈休萬里所企況親趾天庭乃不蒙賴伏願天監特愍除正達邊效夙著勤勞公務今假行龍驤將軍帶方太守茂志行清壹公務不廢今假行建威將軍廣陵太守邁執志周密屢致勤效今假行廣武將軍清河太守（南齊書東夷傳。）

乞聽除所假沙法名等封爵表

臣自昔受封世被朝榮忝荷節鉞剋攘列辟往姐瑾等並蒙光除臣庶咸泰去庚午年獫狁弗悛舉兵深逼臣遣沙法名等領軍逆討宵襲霆擊匈犁張惶崩若海蕩乘奔追斬僵尸丹野由是摧其銳氣鯨暴韜凶今邦宇謐靜實名等之略尋其功勳宜在褒顯今假沙法名行征虜將軍邁羅王贊首流爲行安國將軍辟中王解禮昆爲行武威將軍弗中侯木於那前有軍功又拔臺舫爲行廣威將軍面中侯伏願天恩特愍聽除（南齊書東夷傳建武二年牟大遣使上表。）

謐當作謚

又表

臣所遣行龍驤將軍樂浪太守兼長史臣慕遺行建武將軍城陽太守兼司馬臣王茂兼參軍行振武將軍朝鮮太守臣張塞行揚武將軍陳明在官忘私惟公是務見危授命蹈難弗顧今任臣使

冒涉彼險。盡其至誠。實宜進爵。各假行署。伏願聖朝特賜除正。南齊書東夷傳

邢基祇羅迴

邢基祇羅迴。扶南國相。

奉表

夫四象稟政。二儀改度。而萬物生焉。斯蓋虧盈迭襲。曆數自然也。昔晉室將終。楚桓竊命。實賴宋武匡濟之功。故能扶衰定傾。休否以泰。祚流九葉。而國嗣不繼。今皇天降禍於上。宋室猜亂於下。臣雖荒遠。粗閱圖書。數難以來。星文改度。房心受變。虛危納祉。宋滅齊昌。此其驗也。水運遂屯。木德應運。子年垂劉穆之記。酪嶺有不祚之山。京房讖云。卯金十六。草肅應王。歷觀圖緯。休徵非一。皆云慶鍾蕭氏。代宋者齊。會有使力法度及閼此國使反。採訪聖德。彌驗天縱之姿。故能挾隆皇祚。光權定之業。翼亮天功。濟悖主之難。

樹勳京師。威振海外。仗義之功。侔蹤湯武。冥績既著。寶命因歸。受終之麻。歸於有道。況夫帝無常族。有德必昌。時來之數。惟靈是與。陛下承乾啟之機。因乘龍之運。計應符革祚。久已踐極。荒裔傾戴。莫不引領。設未龍飛。不宜沖挹。上違天人之心。下乖黎庶之望。皇芮承緒。肇自二儀。拓土載民。地越滄海。百代一族。大業天固。雖吳漢殊域。義同脣齒。方欲剋期中原。龔行天罰。治兵繕甲。俟時大舉。振霜戈於并代。鳴和鈴於秦趙。埽殄凶醜。梟翦元惡。然後皇輿遷幸。光復中華。永敦鄰好。侔蹤齊魯。使四海有奉。蒼生咸賴。荒餘歸仰。豈不盛哉。南齊書芮芮虜傳。宋昇明二年。太祖輔政。遣驍騎將軍王洪軌使芮芮。建元二年三年。芮芮頻遣使上書。

扶南王

王姓僑陳如。名闍耶跋摩。宋末襲位。

遣天竺道人釋那伽仙上表

扶南國王臣僑陳如闍耶跋摩叩頭啟曰。天化撫育。感動靈祇。四氣調適。伏願聖主尊體。起居康豫。皇太子萬福。六宮清休。諸王妃主。內外朝臣。普同和睦。鄰境士庶。萬國歸心。五穀豐熟。災害不生。土清民泰。一切安穩。臣及人民。國土豐樂。四氣調和。道俗濟濟。並蒙陛下光化所被。咸荷安泰。

臣前遣使齎雜物行廣州貨易。天竺道人釋那伽仙於廣州因附臣舶。欲來扶南。海中風漂到林邑。國王奪臣貨易。并那伽仙私財。具陳其從中國來此。仰序陛下聖德仁治。詳議風化。佛法興顯。眾僧殷集。法事日盛。王威嚴整。朝望國軌。慈愍蒼生。八方六合。莫不歸伏。如聽其所說。則化鄰諸天。非可為喻。臣聞之下情踴悅。若暫奉見尊足。仰慕慈恩。澤流小國。天垂所感。率土之民。並得皆蒙恩祐。是以臣今遣此道人釋那伽仙為使。上表問訊奉貢。微獻呈臣等赤心。并別陳下情。但所獻輕陋。愧懼唯深。伏願天慈曲照。鑒其丹款。賜不垂責。

臣有奴名鳩酬羅。委臣逃走。別在餘處。構結凶逆。遂破林邑。仍自立為王。永不恭從。違恩負義。叛主之愆。天不容載。伏尋林邑昔為檀和之所破。久已歸化。天威所被。四海彌伏。而今鳩酬羅守執奴凶。自專狼瘇。且林邑扶南鄰界相接。親人是臣奴。猶尚逆去。朝廷遙遠。豈復遵奉。此國屬陛下。故謹具上啟。伏聞林邑頃年表獻簡絕。便欲永隔朝廷。豈有師子坐而安大鼠。伏願遣軍將伐凶逆。臣亦自效微誠。助朝廷翦撲。使邊海諸國。一時歸伏。陛下若欲立餘人為彼王者。伏聽敕旨。脫未欲灼然興兵伐林邑者。伏願特賜敕在所隨宜以少軍助臣。乘天之威。殄滅小賊。伐惡從善。平蕩之日。上表獻金五婆羅。今輕此使送臣丹誠。表所陳啟。不盡下情。謹附那伽仙并其伴口具啟聞。伏願愍所啟。并獻金鏤龍王坐像一軀。白檀像一軀。牙塔二軀。古貝二雙。瑠璃蘇鉝二口。瑇瑁檳榔柈一枚。南齊書南夷扶南傳。永明二年。闍耶跋摩遣天竺道人釋那伽仙上表。

釋氏

那伽仙

那伽仙。天竺道人。永明二年。爲扶南國上表奉貢。

上書

吉祥利世間。感攝於羣生。所以其然者。天感化緣明。仙山名摩耽。吉樹敷嘉榮。摩醯首羅天。依此降尊靈。國王悉蒙祐。人民皆安寧。由斯恩被故。是以臣歸情。菩薩行忍慈。本迹起凡基。一發菩提心。二乘非所期。歷生積功業。六度行大悲。勇猛超劫數。財命捨無遺。生死不爲厭。六道化有緣。具修於十地。遺果度人天。功業旣已定。行滿登正覺。萬善智圓備。惠日照塵俗。衆生感緣應。隨機授法藥。佛化徧十方。無不蒙濟擢。皇帝聖宏道。興隆於三寶。垂心覽萬機。威恩振八表。國土及城邑。仁風化淸皎。亦如釋提洹。衆天中最超。陛下臨萬民。四海共歸心。聖慈流無疆。被臣小國深。（南齊書扶南傳。那伽仙詣京。師言其國事摩醯首羅天。神常降於摩耽山。土氣恆暖。草木不落。其上書云云。）

釋玄暢

玄暢。姓趙。河西金城人。涼州出家。宋元嘉中。達揚州。齊永明初。終於京師。

致傳琰書

貧道棲荆累稔。年衰疹積。厭毒人諠。所以遠託岷界。卜居斯阜。在廣陽之東。去城千步。逶迤長亙。連壘疊嶺。嶺開四澗。亙列五峯。抱郭懷邑。迴望三方。負巒背岳。遠矚九流。以去年四月二十三日。創功覆簣。前冬至此。訪承爾日。正是陛下龍飛之辰。蓋聞道配太極者。嘉瑞自顯。德同二儀者。神應必彰。所以河洛昞有周之兆。靈石表大晉之徵。伏謂茲山之符驗。豈非齊帝之靈應耶。檀越奉國情深。至使運屬時徵。不能忘心。豈能遺事。輒疏山讚一篇。以露愚抱。讚曰。巍巍齊山。誕自幽冥。潛瑞幾昔。帝號乃明。岑戴聖字。兆祚休名。巒根雲坦。擧岳霞平。規巖擬刹。度嶺締經。創工之日。龍飛紫庭。道侔二儀。四海均淸。終天之祚。岳德表靈。（釋藏騶二。高僧傳八。又尹八。）

訶梨跋摩傳

訶梨跋摩者。宋稱師子鎧。佛泥洹後九百年。出在中天竺。婆羅門子也。若人之生也。固亦命世而誕。幼則神期秀拔。長則思周變通。至若世典圍陀。並是陰陽奇術。提舍高論。又亦外語情辯。皆經耳而究其幽。遇心而盡其妙。直以世訓承習。未爲心要也。遇見梵志導以眞軌。遂抽簪革服。爲薩婆多部達摩沙門究摩羅陀弟子。其師旣器而非凡。即訓以名典。迦旃延所造大阿毗曇。乃有數千偈。而授之曰。此論蓋是衆經之統例。三藏之要目也。若能專精尋究。則悟道不遠。於是跋摩敬承鑽習。功不踰月。皆精其文義。乃慨然而歎曰。吾聞佛旨虛寂。非名相所議。神澄妙絕。罕常情攸測。故爲先達之所遵崇。我亦注心歸仰。如今之所稟。唯見浮繁妨情。支離害志。紛紜名相。竟無妙異。若以爲先聖應期。適時之漸。斯則教之流。非化之源矣。遂乃數載之中。窮三藏之旨。改九流之源。方知五部創流蕩之基。迦旃啟偏競之始。紛綸遺蹤。謀方百轍。由使歸宗者眛其緊文。尋教者惑其殊軌。夫源同末異。乃將衰之徵。然積綱不振。亦弘道者之憂也。遂抗言五異。辯正衆師。務遵洪範。當而不讓。至乃敏捷鋒起。苞籠羣達。辯若懸河。淸對無滯。于時衆師雷動。相視闕如。後以他日集而議曰。此子恃明。凌轢舊德。援言有本。未易可傾。邁年值此運也。如何。或有論者曰。豈唯此子才明過人。抑亦吾等經論易窮耳。意謂學無自足。闇則諮明。明昧之分。已自可知。何爲苟守偏識。不師廣見邪。諸耆德曰。相與誠復慕明。情深而忝世宗仰。於茲久矣。當不能忽廢舊業。問道少年明矣。何者。夫根同葉散。條數自然。五部之異。有自來矣。但當敦其素業。祇而行之。旣生屬千載之末。孰能遠執正法之初哉。且跋摩抽簪之始。受道吾黨中參異學。已自離羣。夫師祖不同。所以五部不雜。黜異之制。蓋先師舊典。幸可遮其獨見之明。以免雷同之衆。跋摩旣宏才放達。廣心遠度。雖衆請交誼。慠然容豫。深體忘懷。明遊常趣。神用閒邃。擇木改步。時有僧藏部僧住巴連弗邑。並遵奉大乘。云是五部之本。久聞跋摩才超羣彥。爲衆師所忌。相與慨然。要以同止。遂乃研心方等。銳意九部。采訪微言。搜簡幽旨。於是博引百家衆流之談。以撿經奧通塞之辯。澄汰五部。商略異端。攷覈迦旃延。斥其偏謬。除繁棄末。慕存歸本。造述明論。厥號成實。崇附三藏。準列四眞。大明至極。爲二百二品。志在會宗。先隆遺軌。庶廢乖競。共遵通濟。斯論旣宣。淵懿嚮萃。旬日之間。傾震摩竭。於時天竺有外道論師。云是優樓佉弟子。明鑒縱達。每述譏正之辯。歷國命訓。莫能制者。聞華氏王崇敬三寶。將阻其信情。又欲振名殊方。遂杖策恆南。直至摩竭。王聞不悅。卽宣募境內。有能辯屈之者。當奉爲國師。闔境豪彥。皆憚其高名。咸曰才非跋摩。孰堪斯舉。王聞甚悅。卽敕奉迎。跋摩旣至。王便請升論堂。令與外道決其兩正。於時外道志氣干雲。乃慠然而詠曰。吾大宗樓迦偉籍世師。繁文則六諦同貫。簡旨則知異於神。神爲知王。唯斷爲宗。敢有抗者。斬首謝焉。跋摩旣宏才邈世。覩之杪然。神期淩霄。容無改顏。乃慨然對曰。異哉子之談也。子所以跨遊殊方。將欲崇其神而長其知也。又以斷爲宗。而自誣其旨。子無知乎。神可亡乎。神旣非知。爲神知知神乎。若神知知。知神者誰。知若知神。知亦神乎。外道乃退自疑曰。理必若斷。我無知矣。知若知神。神非宗矣。於是沈惟謝屈。心形俱伏。王及臣民。慶快非恆。卽與率土奉爲國師。王乃譴其舊衆。昔忌名賢。本衆相視。懷愧闕然。咸共追遜。固請舊居。王又曰。夫制邪歸正。其德宏矣。但弘教之賢。業尙殊背。乖迕遺至。濁亂像軌。請以檢一。令謬昧欽明。王卽宣告。號爲像教大宗。由使八方論士。淵異之徒。感思舊決。

明契而萃。跋摩以絕倫之才。超羣之辯。每欲師聖附經。藉同黜異。遂博舉三藏開塞之塗。大壯五部乖競之路。難其所執。釋其所雜。明辯恢廓。苞羅衆說。理亂卯機。神王若無。於是羣方名儁。莫能異見。咸廢殊謀。受道眞軌。消化以之而隆。邪靄以之再騫。非夫神契實津。道參沖旨。孰能鑒定羣異。令廢我求通者哉。所以粗述始末。垂諸好事云爾。釋藏百一。

釋智林

智林。高昌人。宋泰始初入京。住靈基寺。齊永明末還本國。卒。

致周顒書

近聞檀越敘二諦之新意。陳三宗之取捨。聲殊恆律。雖進物不速。如貧道鄙懷。謂天下之理。唯此爲得焉。不如此非理也。是以相勸。遠著紙筆。比見往來者。聞作論已成。隨喜充徧。特非常重。又承檀越恐立異當時。干犯學衆。製論雖成。定不必出。聞之懼然。不覺悲悲。此義旨趣。似非初開。妙音中絕。六十七載。理高常韻。莫有能傳。貧道年二十時。便參得此義。常謂藉此微悟。可以得道。竊每歡喜。無與共之。年少見長安耆老。多云關中高勝。乃舊有此義。當法集盛時。能深得斯趣者。本無多人。旣犯越常情。後進聽受。便自甚寡。傳過江東。略無其人。貧道捉麈尾已來。四十餘年。東西講說。謬重一時。其餘義統。頗見宗錄。唯有此途白黑。無一人得者。貧道積年。乃爲之發病。旣衰痾未愈。加復旦夕西旋。顧唯此道。從今永絕。不言。檀越天機發緒。獨創方寸。非意此音。猥來入耳。且欣且慰。實無以況。建明斯義。使法燈有種。始是眞實行道第一功德。雖復國城妻子。施佛及僧。其爲福利。無以相過。旣幸已詮述。想便宜廣宣。使賞音者見也。論明法理。當仁不讓。豈得顧惜衆心。以失奇趣。邪若此論已成。遂復中寢。恐檀越方來。或以此爲巨障。往之懇也。然非戲論矣。想便寫一本爲惠。貧道齋以還西。使處處弘通也。比小可

牽曳故入山取斂。深企付之。高僧傳八、南齊書周顒傳、廣弘明集二十四、南史三十四

釋道盛

道盛俗姓朱。沛國人。宋明帝時入京。住天保寺。爲僧綱領。終於齊。

上蕭騎啟論檢試僧事 昇明元年，丹陽尹沈文季建議責僧屬籍，欲行沙汰，道盛啟。

天保寺釋道盛啟。昔者仲尼養徒三千。學天文者。則戴圓冠。學地理者。則履方屨。楚莊周詣哀公曰。蓋聞此國有知天文地理者不少。請試之。哀公卽宣令國內知天文者戴圓冠。知地理者著方屨。來詣門。惟有孔丘一人到。問無不對。故知餘者皆爲竊服矣。釋迦興世。說四諦六度。制戒威儀。舍利佛等皆得羅漢。故知大法。非爲無宗。但自爾已來。人根轉鈍。去道懸遠。習惑纏心。若能隔意。則合律科。不爾。皆是竊服者。伏願陛下聖明。深恕此理。弗就凡夫求聖人之道。昔鄭子產稱曰大賢。倘不能收失。爲申徒嘉所譏。況今末法比丘。寧能收失。若不收失。每起惡心。寺之三官。何以堪命。國有典刑。願敕在所。依罪治戮。幸可不亂聖聽。盛雖老病。遠慕詠木敢以陳聞。伏紙流汗。謹啟。宏明集十二。

釋弘充

弘充。涼州人。大明末過江。爲湘宮寺綱領。終于齊。

新出首楞嚴經序

首楞嚴三昧者。蓋神通之龍津。聖德之淵府也。妙物希微。非器像所表。幽玄冥湛。豈情言所議。冠九位以虛昇。果萬行而圓就。量種智以窮賢。絕殆庶而靜統。用能靈臺十地。扃鑰法雲。罔象環中。神圖自外。然心雖澄一。應無不周。定必凝泊。在感斯至。故明宗本則三達同寂。論善救則六度彌綸。辯威效則强魔懾淪。語眾變則百億星繁。至乃徵號龍上。晦跡塵光。像告諸乘。有盡無滅。斯皆參定之冥功。成能之顯事。權濟之樞綱。勇伏之宏要矣。羅什法師弼截言道。思通法門。昔紆步關右。譯出此經。自雲布已來。蔑辰而衍。中興啟運。世道載昌。宣傳之盛。日月彌懋。太宰江夏王。該綜羣籍。討論淵敏。每覽茲卷。特深遠情。充以管昧。嘗廁玄肆。預遭先匠。啟訓音軌。參聽儒緯。髣髴文意。以皇宋大明二年。歲次奄茂。於法言精舍略爲注解。庶勉不習之傳。敢慕我聞之義。如必紕謬。以俟君子。釋藏跡七。

釋慧琳

慧琳。未詳。案宋元嘉中有釋慧林。姓劉。徙交州卒。此誄云建武四年。則是一人也。廣宏明集云南齊釋慧琳。

新安寺釋玄運法師誄 并序

維建武四年五月八日甲午。沙門玄運右卧不興。神去危城。嗚呼哀哉。法師本譙邦右族。寓于敦煌。幼稟端明仁和之性。長樹宏懿沖間之德。眞粹天挺。夙鑒道勝。乃遺擯俗纓。超出塵礙。濯景玄津。棲習法道。率由儀律之絕。精學體微之妙。措仁晦名之行。散畜忘相之施。無得而稱者。日夜而茂焉。敷說架乎當時。理思冠乎中世。鑽仰之徒。自遠而來。虛至實歸。徧於轍跡。帝后儲貳之尊。藩英鼎宰之重。莫不揖道宗師。瞻猷結敬。而宏量寥奧。不以貴賤舛其顧眄。夷整淵深。不以寒暑品其懷抱。所以總綜象末。崇振頹流者。法師其人矣。然訓之緣有限。負手之歌會終。風火告徵。愈恬明於危識。靈聖滅現。屢恭悅於告漸。春秋六十九。嗚呼哀哉。外稟哽議。內諮慟魂。慕懸往迹。行實浮言。乃作誄曰。

世濟悠曠。苦海遐長。欲善修掩。愛網宏張。法燈不曜。慧日霾光。朽宅燔作。炎火浮揚。二儀構毀。貿其有歲。三轉廓遺。空劫誰計。從冥詎曉。淪川莫濟。接踵既疏。實資命世。日誕明哲。降靈自緣。涵徽蘊器。有表孩年。神機幼徹。凝鑒早宣。猶玉初瑩。若珠啟泉。挺厭塵滯。超悟玄微。試捨愚縛。澄翦情違。齠年植節。丱歲從師。承規檢敬。肅範儀威。秉躬清潔。淑慎心行。學辨祕源。問窮理奧。前隱用昭。往疑

斯鏡匠佚工倍。思高業盛。爰自中歲。緯奥宏廣。翰演法空。雲浙日朗。乘衞若夷。擁門似啟。悠悠品類。式是宗仰。右河振聞。左江標秀。聲因德宣。稱緣道富。提獎詢求。悅懌研授。仁厚循地。志高如岫。輟餐赴嗛。捨續衿寒。蓄無停日。財以施殫。盌賤傲色。匪貴愉顏。湛茲懿慶。均彼藉蘭。敘之所洽。晦識斯明。智之所誘。務以心成。挼昏茂貨。撫迷諒情。憑微請要。莫不咸亨。險路恆遠。開引有極。生滅相揮。念念匪息。徂年寡留。西光遽逼。雲變豈停。將運淨域。嗚呼哀哉。體深病苦。慮達四疾。鍼石醫巫。分劑貶失。端情法旅。正想慈律。不捨界勤。誓拯羣物。嗚呼哀哉。合既終離。假會應謝。同悲素林。寂然中夜。談人勸善。瞻天儼駕。即彼紺宮。去此塵舍。嗚呼哀哉。絕微言於永沒。毀舟航於遐滌。挨崇臺之嚴華。蕪峻堂之雕麗。捨形有其若遺。還情盡其何界。貧訓仰兮眷徒。空血淚兮感逝。嗚呼哀哉。廣宏明集二十三。

竺法眞

法眞住湘宮寺。見梁高僧傳八附僧宗傳。

登羅浮山疏

又有筋竹。色似黃金。齊民要術十。

越王鳥。狀似鳶。口句末可受二升許。南人以為酒器。珍於文螺。不踐地。不飲江湖。不唼百草。不餌蟲魚。唯噉木葉。糞似薰陸香。山人遇之。既以為香。又治雜瘡。御覽九百二十八。

五距鳥。足有重距。其音先顧。或謂之先顧鳥。似孔雀。背連錢文。同上。

荔枝。冬青。夏至日。子始赤。六七日可食。甘酸宜人。其細核者。謂之焦核。荔枝之最珍也。御覽九百七十一。

羅浮山有沙棠。華黃赤實。味甘如李。御覽九百七十二。

越王擣薰陸香。御覽九百八十一。

旃檀出外國。元嘉末。曾有人於山見一大樹。圓蔭數畝。三丈餘圍。辛芳酷烈。其間枯條數尺。援而刃之。乃白旃檀。御覽九百八十二。

沈香。葉似冬青。樹形崇竦。其木枯折。外皮朽爛。內乃香山。雖有此樹。而非香所出。新會高涼土人。斫之經年。肉爛盡心。則為沈香。出北景縣。樹極高大。土人伐之累年。須外皮消盡。乃割心得香。同上。

釋僧嚴

僧嚴俗姓趙。北海人。州舉秀才。不就。

與青州刺史劉善明書辭舉秀才

貧道弱齡出家。早違俗務。游心釋風。志乖孔教。雖復道場未卽。故亦洙訓緬矣。方將委質餓獸。庶超九劫之功。分肌哺鴿。情存乘雲之馭。豈能垂翼中田。反跡龍樊。捨夫途中之適。嬰茲廟堂之累哉。且夫官人以器。位必須才。未有叨越分之舉。終能保其榮也。今輒奉還板命。願收過恩。無令曹公重歎。王舟再慙。補秀之召。非所克堪。釋僧嚴呈。宏明集十一。

徽當作象

再與劉刺史書

紆辱還誨。優旨仍降。徽莊援釋。理據皎然。徒欲仗義辨情。未由也已。雖高義出衆。微言入神。鄙懷所執。猶或可曉。何者。夫知人者哲。自審者明。忘分昧進。貞所未安。昔成直應命。終獲減名之慙。遵祖聘能。卒招揚鵠之恥。若遣我欲效彼。追蹤王呂。恐騁緦龍津。點額衆矣。盜所盜器。與盜同罪。舉失其才。亦賓主交鄙。可不慎乎。又禮云非指王帛。孝乎豈止保膚。故剸肌無譏於前代。斷髮有加於曩辰。斯蓋斬手全軀。所全者大。夫何怪者。願貸愚執。賜遂陋襟。釋僧嚴呈。宏明集十一。

三與劉刺史書

比日之事。為可聊作一樂。不謂恩旨綢繆。芳音累居。勞誨之厚。一至於斯。伏讀未周。媿汗交集。然鄙志區區。已備前款。且嚴之壯也。猶後於人。今既老矣。豈能有為。夫以耄耋之年。指麾成務。此自蒼靈特授。假手天功協佐龍飛之英。翼贊革命之主。今欲以東畝之農夫。西園之杍叟。側景前光。參蹤古烈。無異策駑足以均騄驥。磐澤雉以雙鶩鶴。斯之不倫。甯俟深察。昔子泰伏命撫節。公孫豫報智伯。漆身靡悔。今日過賞。德粹兩賢。正恨年逼崦嵫。命急濛汜。呑炭倒戈。永與顧隔。臨紙惻愴。罔識所陳。幸收過眷。不復翻覆。釋僧巖呈。十一 宏明集

釋玄光

玄光。俗姓時代未詳。案論中引陸修靜事。修靜南齊人。宏明集此論編在梁劉勰之前。

辯惑論 并序

夫大道遐邈。萬化無際。塵遊夢境。染惑聲華。絲想增靄。奚識明政。由滄風瀉蕩。使衆魔紛競矣。若矯詐謀榮。必行五逆。威強導蒙。必施六極。蟲氣霾滿。致患非一。念東吳遭水仙之厄。西夷載鬼卒之名。閩藪留種民之穢。漢葉感思子之歌。忠賢撫歎。民治陵歎。攢地沙草。盜數其罪。滑流末學。莫知宗本。世教訛巃。詭蔽三寶。老鬼民等。詠差盈路。皆是炎山之煨燼。河雒之渣糝。淪滑險難。余甚悼焉。聊詮往迹。庶鏡未然。照迷童於互鄉。顯妙趣於塵外。休風冥被。彼我情判。豈是言聲。所能攄寫。

大下脫千字

差當作嗟

禁經上價一逆

夫言籍雲舒。貫空有之美。聖賢功績。何莫由斯。實學者之淵海。生民之日月。所以波崙菩薩。慈悲等照。震電光於炎塗。弭魔賊於險澤。汎靈舟於信風。拯浮生於苦海。闔道諸經。製雜凡意。教迹邪險。是故不傳。怪哉道化。空被禁錮。觀今學者。不顧嚴科。但得金帛。便與其經。貧者造之。至死不覩。貪利無慈。逆莫過此。又其方術穢濁不清。乃扣齒爲天鼓。咽唾爲醴泉。馬屎爲靈薪。老鼠爲芝藥。買此求道。焉能得乎。昔秦皇漢武。不獲輕身。使徐福公孫。遠冥雲波。祈侯通仙。彭響無陳。夫開心祗欲。則事與道鄰。豈假騄涉之勞。咽唾嗑齒者乎。

妄稱眞道二逆

夫質懋纁霞者。言神丹之功。開明淨智者。必礴花之氣。雖保此爲眞。而未能無終。況復張陵妄稱天師。既侮慢人鬼。卽身受報。漢與平末。爲蟒蛇所噏。子衡奔尋無處。畏負淸議之報譏。乃假設權方。以表靈化之迹。生縻鵠足。置石崖頂。謀事辦畢。剋期發之。到建安元年。遣使告曰。正月七日。天師昇玄都。米民山獠。蟻集闕外。雲臺治民等。稽首再拜言。伏聞聖駕玄都。臣等長辭蔭接。尸塵方享。九幽方夜。衡入。久之乃出。詭稱曰。吾旋駕辰華。爾各還所治。淨心持行。存師念道。衡便密抽遊罥。鶴直衝虛空。民獠愚戇。僉言登仙。販死利生。欺罔天地。

合氣釋罪三逆

夫臧淸去欲。則道心明眞。羣斯班姓。妄造黃書。呪癩無端。以伏輕誚。乃闢命門。抱眞人。嬰兒戲龍虎。作如此之勢。用消灾散禍。其可然乎。其可然乎。漢時儀君。行此爲道。魑魅亂俗。被斥敦煌。後至孫恩。佚蕩滋甚。士女溷漫。不異禽獸。夫色塵易染。愛結難消。況交氣丹田。延命仙穴。肆兵過玉門之禁。變態窮龍虎之勢。生無忠貞之節。死有青庭之苦。誠願明天。檢鏡斯蠹。物我端淸。莫負冥詔。

兒下脫道字

俠道作亂四逆

夫冥宗難曉。聲華易惑。緣累重淵嶽。德輕風露。如黃巾等。窺望漢室。反易天明。罪悉伏誅。次有子魯。復稱鬼道。神祇不佐。爲野麋所突。末後孫恩。復稱紫道。不以民賤之輕。欲圖帝貴之重。作雲響於幽竇。發妄想於空玄。水仙惑物。枉殺老稚。破國壞民。豈非兇逆。是以宋武皇帝惟之慨然。乃龍飛千里。虎步三江。掩撲羣妖。不勞浹辰。含識懷懽。草木春光。

章書代德五逆

夫至化餘風不可誣敝詮詭靈魂務依明德道無異體妄逐妖空輒言東行醉酒沒故如此頑嚚蓋非陋僻又遷達七祖文意淺滯乞兒猶沙石長作道鬼夫聖智窮微有念斯照何煩祭酒橫費紙墨若必須辭訴然後判者始知道君無玄鑒之能天曹無天眼之照三官嵌於謎案伺吏勞於討捕聞其奏章本擬急疾而戊辰之日上必不達不達太上則生民枉死嗚呼哀哉實爲五逆

畏鬼帶符妖法之極一

夫眞心履順者妖忤革其氣是以至聖高賢無情於萬化故能洞遊金石臥宿烟霞此純誠感通豈佩帶使然哉其經辭致婞慢鬼魅云左佩太極章右佩昆吾鐵指日則停暉擬鬼千里血若受黃書赤章言即是靈仙頓展入諸不朝太上至於使六甲神而跪拜圊廁愚癡顚倒豈識儀範聞其籌符昔時軍標張角黃符子魯戴絳虞悚紫標孫恩亦虛竝稱惑王師終滅人鬼

制民課輸欺巧之極二

夫五斗米教出自天師後生邪濫復立米民世人厭畏是以子明杜恭俱困麾蟒又塗炭齋者事起張魯氐夷難化故制斯法乃驢輾泥中黃鹵泥面擿頭懸抓埏埴使熱此法指在邊陲不施華夏至義熙初有王公其次貪饕懼苦竊省打拍吳陸修靜甚知源僞猶埿揆顙懸際而已癡僻之極幸勿言道

解廚纂門不仁之極三

夫開闢大施與物通美左道餘氣乃纂門解廚矜身與食懷嘬班之態昔張子魯漢中解廚大集祭酒及諸鬼卒酣進過常迷致醬逸醜聲遐布遺違岷方劉璋敕曰夫靈仙養命猶節松霞而厚身嗜味奚能尚道子魯聞之慚恥意深割其埽路世傳道士後會舉標以防斯弊兼制廚命酒限三升漢末已來謂爲制酒至王靈期創除豐目先王道民竝具賑錫雖有五利之貴更爲妖物之名

祭下脫酒字

度厄苦生虛妄之極四

夫貿危秋禁命薄春冰業風吹蕩遷迴化境所以景公任於緌命孫子記爲行尸迷徒淺學不識大方至有疾病衰耦妄甚妖祟之原淵鬼懼以爲災渡厄於退川詹鈞星於懸瀧雪丹章於華山乃還羅肩貌謨詔冥鬼云三官使者已送光歸逝者故然空喪辭貨斯實祭規巾棺之利饕食百姓公私竝費致使火宅驚於至聖歸歌動於人思矣

夢中作罪頑癡之極五

夫天屬化始乃識照爲原棄捨身命草木非數然大地丘山莫非我故塵滄川漏漫皆是我淚血以此而觀誰非親友或夢見先亡輒云變怪夫人鬼雖別生滅固同恩愛之情時復影響邪無狀不識逆順召食鬼吏兵奏章斷之割截幽靈單心誰照幸願未來勿倚迷言使天堂無餽食之思冰河靜災念之聲

輕作寒暑凶佞之極六

夫淵默心口者萬行之眞德而塵界衆生率無慈愛尪兒邪佞符章競作懸門貼兵以誑愚俗高賢有識未之安也造黃神越章用持殺鬼又制赤章用持殺人趣悅世情不計殃罪陰謀懷嫉經有舊準死入鐵鉗火獄生出喑啞瘖瘂精懷惛朽淪離永劫誰知斯乎老鬼民輩道相不然事之宜質夫諫刺雖苦智者甘聞故略致言幸試三思能拂迹改圖即與大化同風矣艮其不革請俟明德備照磬曲以曉長夜豈是今日弱辭所陳哉　弘明集八。

闕名

百句譬喻經記

永明十年九月十日中天竺法師求那毗地出修多羅藏十二部經中抄出譬喻聚爲一部凡一百事天竺僧伽斯法師集行大乘爲新學者撰說此經　釋藏跡九。

善見律毗婆沙記

齊永明十年歲次實沈三月十日。禪林比丘尼淨秀聞僧伽跋陀羅法師於廣州共僧禕法師譯出梵本善見毗婆沙律一部十八卷。京師未有。渴仰欲見僧伽跋陀羅其年五月還南。憑上寫來。以十一年歲次大梁四月十日得律還都。頂禮執讀。敬寫流布。仰惟世尊泥洹已來年載。至七月十五日受歲竟。於衆前謹下一點。年年如此。感慕心悲。不覺流淚。（釋藏百一）

僞道

孟景翼

景翼吳興人。爲道士。

正一論

寶積云。佛以一音廣說法。老子云。聖人抱一以爲天下式。一之爲妙。空玄絕於有境。神化贍於無窮。爲萬物而無爲。處一數而無數。

莫之能名。強號爲一。在佛曰實相。在道曰玄牝。道之大象。卽佛之法身。以不守之守守法身。以不執之執執大象。但物有八萬四千行。說有八萬四千法。法乃至於無數。行亦達於無央。等級隨緣。須導歸一。歸一曰回向。向正卽無邪。邪觀既遣。億善日新。三五四六。隨用而施。獨立不改。絕學無憂。曠劫諸聖。共遵斯一。老釋未始於嘗分。迷者分之而未合。億善徧修。修徧成聖。雖十號千稱。終不能盡。終不能盡。豈可思議。（齊書顧歡傳、南史顧歡傳）

全齊文卷二十六終

全梁文目錄

釋寶唱　釋法雲
釋智藏　釋僧順
釋僧果　釋智愷
釋曇斐已上卷七十四
大凡全梁文七十四卷。二百四人。

全梁文卷一

烏程嚴可均校輯

武帝一

帝姓蕭諱衍字叔達小名練南蘭陵武進中都里人齊高帝族孫永明初為巴陵王南中郎法曹行參軍歷衛將軍王儉東閤祭酒隨王鎮西諮議參軍隆昌初為寧朔將軍鎮壽春除太子庶子給事黃門侍郎明帝即位封建陽男歷右軍晉安王司馬進陵太守入為博士太子中庶子領羽林監鎮石頭尋拜輔國將軍雍州刺史永元末進征東將軍和帝即位為尚書左僕射加征東大將軍假黃鉞進中書監大司馬錄尚書驃騎大將軍揚州刺史都督中外諸軍事封梁公加九錫位相國進封梁王以中興二年四月受禪改元七天監普通大通中大通大同中大同太清在位四十八年謚曰武皇帝廟號高祖有周易講疏三十五卷尚書大義二十卷又十一卷毛詩發題序義一卷禮記大義十卷鍾律緯六卷孝經義疏十八卷孔子正言二十卷通史四百八十卷老子講疏六卷兵書鈔一卷兵書要鈔一卷金策三十卷圍棊品一卷棊法一卷集三十二卷詩賦集二十卷淨業賦三卷雜文集九卷別集目錄二卷

孝思賦 并序

想緣情生情緣想起物類相感故其然也每讀孝子傳未嘗不終軸輟書悲恨拊心嗚咽年未髫齔內失所恃餘喘跉竮嬭嫗相長齒過弱冠外失所怙限職荆蠻致闕晨昏江途遼敻家無指信髣髴行路先君體有不安晝則輟食夜則廢寢方寸煩亂容身無所便投刺解職以遵歸路于時齊隋郡王子隆鎮撫陝西頻煩信命令停一夕明當早出江津送別心慮迫切不獲承命止得小船望星就路夜冒風浪不遑寧處遂次定陵船又損壞于時門賓周仲連為鵲頭戍主借得一舸奔波兼行屢經危險僅而獲濟及至戾止已無逮及五內屠裂肝心破碎便欲歸身山下畢志墳陵長兄哀愍未說獨行續有北問狡虜寇邊朝廷以先君遺愛結民感思在昔故舊部曲猶有數千武慶宗將領畱防彼鎮時便有旨使扞壽春王事靡盬辭不獲免刺史崔慧景志懷翻覆遠招逋逃多聚姦俠大猾凶醜莫不雲集至如彭盆韓元孫等不可稱數倍道電邁奄至淮淝凶徒疑駭相引離散臺軍主徐玄慶房伯玉等欲襲取慧景乃固禁之方得止息是歲齊明作相疑論未決密馳表疏勸徵慧景折簡而召必不違拒即重遣還以安其心姦渠既出緣邊無虞旬朔之間慧景反鎮即便解甲以歸京師因爾驅馳不獲停息數鍾百六時會雲雷撥亂反正遂膺四海念子路見於孔丘曰由事二親之時常食藜藿之食為親負米百里之外親歿之後南遊於楚從

車百乘積粟萬鍾累茵而坐列鼎而食願食藜藿之食為親負米不可復得每感斯言雖存若亡父母之恩云何可報慈如河海孝若涓塵今日為天下主而不及供養譬猶荒年而有七寶饑不可食寒不可衣永慕長號何解悲思乃於鍾山下建大愛敬寺於青溪側造大智度寺以表罔極之情達追遠之心不能遺蓼莪之哀復於宮內起至敬殿竭工匠之巧盡世俗之奇水石周流芳樹雜沓限以國事亦復不能得朝夕侍食唯有朔望親奉饋奠雖復薦珍羞而無所瞻仰內心崩潰如焚如灼情切於衷事形於言乃作孝思賦云爾

感四氣之變易見萬物之化成受天和而異命稟地德而齊榮察蟭螟於蚊睫觀鵾鵬於北溟彼含識而異見同有色而殊形雖萬類之衆多獨在人而最靈禮義別於飛走言語異於鸚猩念過隙之儵忽悲逝川之不停踐霜露而悽愴懷燧穀而涕零掩此哀而

不去亦靡日而弗思仰由念枯魚而永慕吾丘感風樹而長悲雖
一志而捨生奉二親而何期思因情生情因思起導情源以流澍
引思心而無已既懷憂以終身亦銜恤而沒齒當閒居以永念獨
拊膺而自傷徒升岵而靡瞻空陟屺其何望涕縱橫以交流血沸
涌而沾裳覽地義以自咎懼滅性之乖方仰太極以長懷乃告哀
於昊蒼冀皇天之有感何報施之茫茫曉百碎於魏闕夜萬斷於
中腸心與心而相續思與思而未央晨孤立而縈結夕獨處而徊
徨氣塞哀其似噎念積心其若狂至如獻歲發暉春日載陽木散
百華草列衆芳對樂時而無歡乃觸目而感傷朱明啟節白日朝
臨木低甘果樹接清陰不娛悅於懷抱但罔極而纏心蒹葭蒼蒼
白露爲霜涼氣入衣淒風動裳心無迫而自切情不觸而獨傷若
乃寒冰已結寒條已折林飛黃落山積白雪旅雁鳴而哀哀朔風
鼓而颼颼目觸事而破碎心隨感而斷絕無一息而緩念與四時
而長切年揮忽而莫反時瞬睒其如電想慈顏之在昔哀不可而
重見痛生育之靡荅顧報復而無片悲與恨其俱興涕雜血其如
霰鵠青春而差池鴻素秋而翱翔去來候於節物飛鳴應於陰陽
何在我而不爾與二氣而乖張常茹酷而輪迴歷日夜而不忘既
覩丹而成綠亦見白而爲黃擾性情以翻覆汨神慮而迷荒想鳴
鵠而覓斷聽孤雛而心死慟終天而無怙號畢世而靡恃覿休屠
之日磾豈敎養之所及見甘泉之畫像每下拜而垂泣忽心動而
不安遽入侍於帝室值何羅之作難乃捨之以投瑟超王臣之稱
首冠誠勇而無匹士行己之多方見石他之有權身雖死而名揚
乃忠孝而兩全顧丁蘭其何人家河內之野王時舞象而方及始
成童而親亡刻木母以供事常朝夕而在傍劉鎮就養而不暇常
遠汲而力寡苦節感於幽靈醴泉生於竈下顧長沙之臨湘有古
初之道始時父歿而未葬遇鄰火之卒起乃伏棺而長號雨暴至

而火死又何琦其亦然獨樞屋而全止至如王祥黃雀入帳隗通
橫石特起盛彥之開母目郝渠之生父齒覽斯事而衆多亦難得
而具紀靈蛇銜珠以酬德慈烏反哺以報親在蟲鳥其尚爾況三
才之令人治本歸於三大生民窮於五孝置天地而德盈橫四海
而不撓履斯道而不行吁孔門其何教（釋藏兼七廣弘明集二十九上又略見藝文類聚二十初學記十七）

賦體

草迴風以照春木承雲以含化芳競飛於陽和花爭開於日夜樂
萬類之得所豈此心之云舍欣分竹其厲精慙戎車之屢駕（藝文類聚五十六）

淨業賦 并序

少愛山水有懷丘壑身羈俗羅不獲遂志舛獨往之行乖任縱
之心因爾登庸以從王事屬時多故世路屯蹇有事戎旅略無
寍歲上政昏虐下暨姦亂君子道消小人道長御刀應敕梅蟲
兒茹法珍俞靈韻豐勇之如是等多輩誌公所謂亂戴頭者也
誌公者是沙門寶誌形服不定示見無方于時羣小疑其神異
乃羇之華林外閣公亦怒而言曰亂戴頭亂戴頭各執權軸入
出號令威福自由生殺在口忠良被屠馘之害功臣受無辜之
誅服色齊同分頭各驅皆稱帝主人云尊極用其詭詐疑亂衆
心出入盤遊無忘昏曉屏除京邑不脫日夜屬續者絕氣道傍
子不遑哭臨月者行產路側母不及抱百姓懍懍如崩厥角長
沙宣武王有大功於國禮報無報酷害奄及至於弟姪亦羅其
禍遂復遣桓神與杜伯符等六七輕使以至雍州就諸軍帥欲
見謀害衆心不與故事無成後遣劉山陽灼然見取壯士貔虎
器甲精銳君親無校便欲束身待戮此之橫暴出自羣小畏壓
溺三不弔況復姦豎乎若默然就死爲天下笑俄而山陽至荆

宗上脫景字

州。爲蕭穎冑所執。郎遣馬驛傳道至雍州。乃赫然大號建牙豎旗。四方同心。如響應聲。以齊永元二年正月發自襄陽義勇如雲。舳艫翳漢。竟陵太守曹宗馬軍主殷昌等。各領騎步夾岸迎候。波浪逆流。亦四十里至朕所乘舫乃止。有雙白魚跳入艄前。義等孟津。事符冥應。雲動天行。雷震風馳。郢城剋定。江州降款。姑熟甲冑。望風退散。新亭李居士稽首歸降。獨夫既除。蒼生甦息。便欲歸志園林。任情草澤。下逼民心。上畏天命。事不獲已。遂膺大寶。如臨深淵。如履薄冰。猶欲避位。以俟能者。若其遜讓。必復魚潰。非直身死名辱。亦負累幽顯。乃作賦曰。日夜常思。惟循環亦已窮。終之或得離。離之必不終。負扆臨朝。冕旒四海。昧旦乾乾。夕惕若厲。朽索御六馬。方此非譬。世論者以朕方之湯武。然朕不得以比湯武。湯武亦不得以比朕。湯武是聖人。朕是凡人。此不得以比湯武。但湯武君臣義未絕。而有南巢白旗之事。朕君臣義已絕。然後掃定獨夫。爲天下除患。以是二途。故不得相比。朕布衣之時。唯知禮義。不知信向。烹宰衆生。以接賓客。隨物肉食。不識菜味。及至南面。富有天下。遠方珍羞。貢獻相繼。海內異食。莫不畢至。方丈滿前。百味盈俎。乃方食輟筯。對案流泣。恨不得以及溫凊。朝夕供養。何心獨甘此膳。因爾蔬食。不噉魚肉。雖自內行。不使外知。至於禮宴羣臣。餚膳案常。菜食味習。體過黃羸。朝中班班。始有知者。謝朏孔彥穎等。屢勸解素。乃是忠至。未達朕心。朕又自念有天下。本非宿志。杜恕有云。刳心擲地。數片肉耳。所賴明達君子。亮其本心。誰知我不貪天下。唯當行人所不能行者。令天下有以知我心。復斷房室。不與嬪侍同屋而處。四十餘年矣。於時四體小惡。問上省師劉澄之姚菩提疾候。所以劉澄之云。澄之知是飲食過所致。答劉澄之云。我是布衣。甘肥恣口。劉澄之云。官昔日食。那得及今日食。姚菩提含笑

搖頭云。唯菩提知官房室過多。所以致爾。於時久不食魚肉。亦斷房室。以其智非和緩。術無扁華。默然不言。不復詰問。猶令爲治。劉澄之處酒。姚菩提處丸。服之病逾增甚。以其無所知。故不復服。因爾有疾。常自爲方。不服醫藥。亦四十餘年矣。本非精進。既不食衆生。無復殺害障。既不御內。無復欲惡障。除此二障。意識稍明。內外經書。讀便解悟。從是已來。始知歸向。禮云。人生而靜。天之性也。感物而動。性之欲也。有動則心垢。有靜則心淨。外動既止。內心亦明。始自覺悟。患累無所由生也。乃作淨業賦云爾。

觀人生之天性。抱妙氣而清靜。感外物以動欲。心攀緣而成眚。過恆發於外塵。累必由於前境。若空谷之應聲。似遊形之有影。懷貪心而不厭。縱內意而自騁。目隨色而變易。眼逐貌而轉移。觀五色之玄黃。玩七寶之陸離。著華麗之窈窕。耽冶容之逶迤。在寢興而不捨。亦日夜而忘疲。如英媒之在摘。若駿馬之帶羈。類白日之麗天。乃歷年之不虧。觀耳識之愛聲。亦如飛鳥之歸林。既流連於絲竹。亦繁會於五音。經昏明而不絕。歷四時而相尋。或亂情而惑慮。或慆耳而堙心。至如香氣馞起。觸鼻發識。婉娩追隨。氤氳無極。蘭麝夾飛。如鳥二翼。若渴飲毒。如寒披棘。舌之嗜味。衆塵無有。大苦鹹酸。莫不甘口。噉食衆生。虐及飛走。唯日不足。長夜飲酒。悖亂明行。罔慮幽咎。身之受觸。以自安怡。美目清揚。巧笑蛾眉。細腰纖手。弱骨豐肌。附身芳潔。觸體如脂。狂心迷惑。倒想自欺。至如意識。攀緣。亂念無邊。靡懷善想。皆起惡筌。如是六塵。同障善道。方紫奪朱。如風靡草。抱惑而生。與之偕老。隨逐無明。莫非煩惱。輪迴火宅。沈溺苦海。長夜執固。終不能改。迷否相隨。災異互起。內懷邪信。外縱淫祀。排虛枉命。遮貫橫死。安生神祐。以招福祉。前輪折軸。後車覆軌。殃國禍家。亡身絕祀。初不內訟。責躬反己。皇天無親。唯與善人。

外清眼境內淨心塵。不與不取。不愛不嗔。如玉有潤。如竹有筠。如芙蓉之在池。若芳蘭之生春。淤泥不能汙其體。重昏不能覆其眞。霧露集而珠流。光風動而生芬。爲善多而歲積。明行動而日新。常與德而相隨。恒與道而爲鄰。見淨業之愛果。以不殺而爲因。離欲惡而自修。故無障於精神。患累已除。障礙亦淨。如久澄水。如新磨鏡。外照多像。內見衆病。既除客塵。又還自性。三途長乖。八難永滅。止善既修。行善無缺。清淨一道。無有異轍。唯有哲人。乃能披襟。如石投水。莫逆於心。心清冷其若冰。志皎潔其如雪。在欲結其既除。懷憂畏其亦滅。與恩愛而長違。顧生死而永別。覽當今之逸少。想後來之英童。懷荆玉而未剖。藏神器而存躬。修聖行其不已。信善積而無窮。永劫揚其美名。萬代流於清風。豈伏強而稱勇。乃道勝而爲雄。釋藏策七。廣宏明集二十九上。

圍棊賦

圍奩象天。方局法地。枰則廣羊文犀。子則白瑤玄玉。方目無斜。直道不曲。爾乃建將軍。布將士。列兩陣。驅雙軌。徘徊鶴翔。差池燕起。用忿兵而不顧。亦憑河而必危。癡無戒術而好鬭。非智者之所爲。運疑心而猶豫。志無成而必虧。今一棊之出手。思九事而爲防。敵謀斷而計屈。欲侵地而無方。不失行而致寇。不助彼而爲強。不讓他以增地。不失子而云亡。落重圍而計窮。欲佻巧而行促。劇疏勒之迍邅。甚白登之困辱。或龍化而超絕。或神變而獨悟。勿膠柱以調瑟。專守株而待兔。或有少棊。已有活形。失不爲悴。得不爲榮。若其苦戰。未必能平。用折雄威。致損令名。故城有所不攻。地有所不爭。東西馳走。左右周章。善有翻覆。多致敗亡。雖蓄銳以將取。必居謙以自牧。譬猛獸之將擊。亦俛耳而固伏。若局勢已勝。不宜過輕。禍起於所忽。功墜於垂成。至如玉壺銀臺。車廂井欄。既見知於曩日。亦在今之可觀。或非劫非持。兩懸兩生。局有衆勢。多不可名。或

方四聚五。花六持七。雖涉戲之近事。亦臨局而應悉。或取結角。或營邊鄙。或先點而亡。或先撇而死。故君子以之游神。先達以之安思。盡有戲之要道。窮情理之奧祕。藝文類聚七十四。

制旨解釋天象

金剛山自近天之南。黑山則近天之北。極準於金剛。爲偏而於南北爲一心。令上林館學士虞履及上林館倪徽仁、劉乂道等具其度數。開列於後。開元占經一。

明堂制

明堂准大戴禮九室八牖三十六戶。以茅蓋屋。上圓下方。鄭玄據援神契亦云上圓下方。又云八窗四達。明堂之義。本是祭五帝神。九室之數。未見其理。若五堂而言。雖當五帝之數。向南則背叶光紀。向北則背赤熛怒。東向西向。又亦如此。於事殊未可安。且明堂之祭五帝。則是總義。在郊之祭五帝。則是別義。宗祀所配。復應有室。若專配一室。則是義非配五。若皆配五。則便成五位。以理而言。明堂本無有室。

若如鄭玄之義。聽朔必在明堂。於此則人神混淆。莊敬之道有廢。春秋云。介居二大國之閒。此言明堂左右个者。謂所祀五帝堂之南。又有小室。亦號明堂。分爲三處。聽朔既三處。則有左右之義。在營域之內。明堂之外。則有个名。故曰明堂左右个也。以此而言。聽朔之處。自在五帝堂之外。人神有別。差無相干。隋書禮儀志一。

郊廟不宮懸制

先儒皆以宗廟宜設宮懸。案周官奏黃鍾。歌大呂。舞雲門。以祀天神。奏太蔟。歌應鍾。舞咸池。以祭地祇。奏夷則。歌小呂。舞大濩。以饗先妣。奏無射。歌夾鍾。舞大武。以享先祖。虞書云。戛擊鳴球。搏拊琴瑟以詠。祖考來格。下管鞉鼓。合止柷敔。笙鏞以閒。周禮則分樂享祀。虞書則止鳴四懸。求之於古。無宮懸之文。案所以不宮懸者。事

人禮縟。事神禮簡。禮器云。天子之堂九尺。而至敬不壇。天子龍袞。而至敬不文。觀天下物無可已稱其德者。則以少爲貴。郊特牲云。宗廟之器可用也。而不可使其利。所以交於神也。不可以同於所安樂之義也。王肅初不分析此前數旨。直言用天子之制。若郊廟既均其制。二神禮文。復何以同。今宜祀天地宗廟。逐所應須。便即設之。則非宮非軒。非判非特。直以致敬所應施用耳。（通典一百四十七。）

宗廟用迎送樂制

禮云。祭之日樂與哀半。樂以迎來。哀以送往。尙書有高宗肜日之文。詩著絲衣繹賓尸之作。故儒者說言今日之祭。明日又祭。殷曰肜。周以爲繹。肜繹之祭。在乎門側。名以爲祊。此豈不以神靈不測。於此庶或遇之。殷人求陽。周人求陰。今已經灌禘之禮。宜在求陽之義。尸非神。神非尸。今可得言主非神。神非主。以不若爾。主雖安於倉。至神則無所不之。送迎之樂。彌會陰陽不測之理。前儒之議。如似可安。今隨人所用。（通典一百四十七。）天監七年

安成始興二王爲慈母服制

二王在遠。諸子宜攝祭事。（梁書司馬筠傳。）

議皇子爲慈母服制　天監七年

禮言慈母凡有三條。一則妾子之無母。使妾之無子者養之。命爲母子。服以三年。喪服齊衰章所言慈母是也。二則嫡妻之子無母。使妾養之。慈撫隆至。雖均乎慈愛。但嫡妻之子。妾無爲母之義。而恩深事重。故服以小功。喪服小功章所以不直言慈母而云庶母慈己者。明異於三年之慈母也。其三則子非無母。正是擇賤者視之。義同師保。而不無慈愛。故亦有慈母之名。師保既無其服。則此慈亦無服矣。內則云。擇於諸母與可者。使爲子師。其次爲慈母。其次爲保母。此其明文。此言擇諸母。是擇人而爲此三母。非謂擇取兄弟之母也。何以知之。若是兄弟之母。其先有子者。則是長妾。長妾之禮。實有殊加。何容次妾生子。乃退成保母。斯不可也。又有多兄弟之人。於義或可。若始生之子。便應三母俱闕。邪由是推之。內則所言諸母。是謂三母。非兄弟之母明矣。子游所問。自是師保之慈。非三年小功之慈也。故夫子得有此對。豈非師保之慈母無服之證乎。鄭玄不辯三慈。混爲訓釋。引彼無服。以注慈己。後人致謬。實此之由。經言君子子者。此雖起於大夫。明大夫猶爾。自斯以上。彌應不異。故傳云。君子子者。貴人之子也。總言曰貴。則無所不包。經傳互文。交相顯發。則知慈加之義。通乎大夫以上矣。宋代此科。不乖禮意。便加除削。良是所疑。（梁書司馬筠傳。又南史司馬筠傳。）

唱斷肉經竟制

諸僧道諸小僧輩。看經未徧。互言無斷肉語。今日此經言何所道。所以唱此革屣文者。本意乃不在此。正爲此三十三日。法雲法師講涅槃斷肉事。於時僧正慧超法寵法師難云。若經文究竟斷一切肉。乃至自死不得食者。此則同尼乾。斷皮革。不得著革屣。若開皮革得著革屣者。亦應開食肉。法雲法師乃已有通釋。而二法師難意未了。於時自仍通云。若是聖人。故自不著此物。若中行人。亦不著此。著此皆是下行人。所以不同尼乾者。諸有所含。若無麻紵之鄉。亦有開皮革義。論有麻紵處。大慈者乃實應不著。但此事與食肉不得頓同。凡著一革屣。經久不壞。若食噉衆生。就一食中。便害無量身命。況日日餐咀。數若恆沙。亦不可得用革屣以並斷肉。於時諸僧乃無復往復。恐諸小僧執以爲疑。方成巨弊。所以唱此不受革屣文。正欲釋一日所疑。非關前制。凡噉肉者。是大罪障。經文道。昔與衆生。經爲父母親屬。衆僧那不思此。猶忍食噉衆生。已不能投身餓虎。割肉貿鷹。云何反更噉他身分。諸僧及領徒衆法師。諸尼及領徒衆者。各還本寺。宣告諸小僧尼。令知此意。（廣宏明集二十六。）

全梁文卷一終

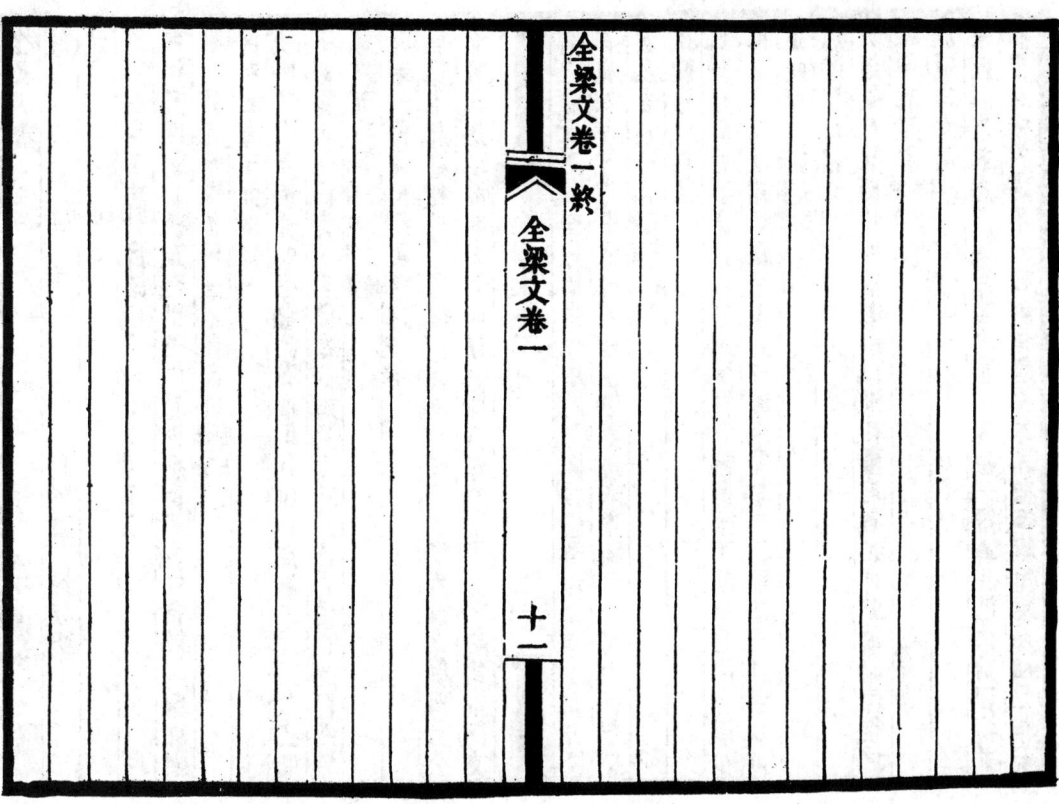

全梁文卷二

烏程嚴可均校輯

武帝二

降省齊世王侯封爵詔 天監元年四月丙寅

興運升降，前代舊章。齊世王侯，封爵悉皆降省。其有效著艱難者，別有後命。惟宋汝陰王不在除例。梁書武帝紀中。

降封豫章王元琳詔

褒隆往代，義炳彝則。朕當此樂推，思引前典。豫章王元琳，故巴陵王昭秀胄子，同齊氏宗國，高武嫡胤，宜祚井邑，以傳世祀。降新淦縣侯，五百戶。南齊書豫章王嶷傳。

降封王儉爲南昌侯詔 初受禪

庭堅世祀，靡輟於宗周；樂毅錫壤，乃昭於洪漢。齊故太尉南昌公含章履道，草昧興齊，謨明翊贊，同符在昔。雖子房之蔚爲帝師，文

若之隆比王佐，無以尚也。朕膺籙受圖，惟新寶命，莘莘玉帛，升降有典，永言前代，敬惟徽烈，匪直懋勳，義兼懷樹，可降封南昌縣公，爲侯，食邑千戶。梁書太宗王皇后傳。

追贈張弘籍詔

亡舅齊鎮西參軍素風雅猷，夙肩名輩，降年不永，早世潛輝。朕少離苦辛，情地彌切，雖宅相克成，輅車靡贈，興言永往，觸目慟心。可追贈廷尉卿。梁書太祖張皇后傳。

放還罪口詔 四月丙寅

大運肇升，嘉慶惟始，劫賊餘口，沒在臺府者，悉可蠲放。諸流徙之家，並聽還本。梁書武帝紀中。

放遣宮女詔 四月丁卯

宋氏以來，並恣淫侈，傾宮之富，遂盈數千。推算五都，愁窮四海，並嬰罹冤橫，拘逼不一。撫紱命筐，良家不被蠶織。室繁房幽，厄猶見役，弊國傷和，莫斯爲甚。凡後宮樂府、西解暴室，諸如此例，一皆放遣。若衰老不能自存，官給廩食。梁書武帝紀中。

分遣內侍省方詔 四月庚午

觀風省俗，哲后弘規；狩岳巡方，明王盛軌。所以重華在上，五品聿修；文命肇基，四載斯履。故能物色幽微，耳目屠釣，致王業於緝熙，被淳風於遐邇。朕以寡薄，昧於治方，藉代終之運，當符命之重，取監前古，懍若馭朽。思所以振民育德，去殺勝殘，解網更張，置之仁壽。而明慙照遠，智不周物，兼以歲之不易，未遑卜征，興言夕惕，無忘鑒寐。可分遣內侍，周省四方，觀政聽謠，訪賢舉滯。其有田野不闢，獄訟無章，忘公徇私，侵漁是務者，悉隨事以聞。若懷寶迷邦，蘊奇待價，蓄響藏真，不求聞達，並依名騰奏，罔或遺隱。使輶軒所屆，如朕親覽焉。梁書武帝紀中。

定贖刑條格詔 四月庚午

金作贖刑，有聞自昔，入縑以免，施於中代。民悅法行，莫尚乎此。永言叔世，偷薄成風，嬰愆入罪，厥塗匪一。斷弊之書，日纏於聽覽，鉗鈦之刑，歲積於牢犴。死者不可復生，生者無因自返，由此而望滋實，庸可致乎？朕夕惕思治，念崇政術，斟酌前王，擇其令典，有可以憲章邦國，罔不由之。庶愧心於四海，昭情素於萬物。俗僞日久，禁網彌繁。漢文四百，邈焉已遠。雖省事清心，無忘日用，而委銜廢策，事未獲從。可依周、漢舊典，有罪入贖，外詳爲條格，以時奏聞。梁書武帝紀中。又略見南史六。

置謗木肺石函詔 四月癸酉

商俗甫移，遺風尚熾，下不上達，由來遠矣。升中馭索，增其懍然。可於公車府謗木肺石傍各置一函。若肉食莫言，山阿欲有橫議，投謗木函；若從我江、漢，功在可策，犀兕徒弊，龍蛇方蟄，次身才高妙，擯壓莫通，懷傅呂之術，抱屈賈之歎，其理有皦然，受困包匭，夫大

政侵小。豪門陵賤。四民已窮。九重莫達。若欲自申。並可投肺石函。梁書武帝紀中。

平議治綱詔 四月甲戌

禮閣文閣宜率舊章。貴賤既位。各有差等。俯仰拜伏。以明王度。濟濟洋洋。具贍斯在。頃因多難。治綱弛落。官非積及。榮由幸至。六軍尸四品之職。青紫治白簿之勞。振衣朝伍。長揖卿相。趨步廣闥。並驅丞郎。遂冠履倒錯。珪甑莫辨。靜言疚懷。思返流弊。且玩法惰官。動成逋弛。罰以常科。終未懲革。夫檟楚申威。蓋代斷趾。笞捶有令。如或可從。外詳共平議。務盡厥理。梁書武帝紀中。

以兄子伯游爲會稽太守詔 四月

兄子伯游。雖年識未弘。意尚粗可。浙東奧區。宜須撫莅。可督會稽東陽新安永嘉臨海五郡諸軍事輔國將軍會稽大守。梁書永陽王伯游傳。

追封蕭穎胄詔 天監元年

念功惟德。歷代所同。追遠懷人。彌與事篤。齊故侍中丞相尚書令穎胄。風格峻遠。器宇淵邵。清猷盛業。問望斯歸。締構義始。肇基王迹。契闊屯夷。載形心事。朕膺天改命。光宅區宇。望岱瞻河。永言增慟。可封巴東郡開國公。食邑三千戶。本官如故。南齊書蕭穎胄傳。又見梁書蕭穎達傳。

贈謚蕭穎胄等詔

齊故侍中丞相尚書令穎胄。葬送有期。前代所加殊禮。依晉王導齊豫章王故事。可悉給。謚曰獻武。范僧簡贈交州刺史。南齊書蕭穎胄傳。

與何點手詔 初踐阼

昔因多暇。得訪逸軌。坐修竹。臨清池。忘今語古。何其樂也。暫別丘園。十有四載。人事艱阻。亦何可言。自應運在天。每思相見。密邇物色。勞甚山阿。嚴光排九重。踐九等。談天人。敘故舊。有所不臣。何傷於高。文先以皮弁謁子桓。伯況以縠綃見文叔。求之往策。不無前例。今賜卿鹿皮巾等。後數日望能入也。梁書何點傳。

加范述曾禮秩詔 初踐阼

中散大夫范述曾。昔在齊世。忠直奉主。往莅永嘉。治身廉約。宜加禮秩。以厲清操。可太中大夫。賜絹二十匹。梁書范述曾傳。

下詔徵何點

前徵士何點。高尚其道。志安容膝。脫落形骸。棲志窅冥。朕日昃思治。尚想前哲。況親得同時。而不與爲政。喉脣任切。必俟邦良。誠望惠然。屈居獻替。可徵爲侍中。梁書何點傳。案何點傳此下有復詔資給何點蓺文類聚以爲沈約作。

下釋保誌詔

誌公迹拘塵垢。神遊冥寂。水火不能燋濡。蛇虎不能侵懼。語其佛理。則聲聞以上。談其隱淪。則遁仙高者。豈得以俗士常情。空相拘制。何其鄙狹。一至於此。自今行來。隨意出入。勿得復禁。高僧傳十。

許風聞奏事詔 閏月壬寅

成務弘風。肅厲內外。實由設官分職。互相懲糾。而頃壹拘常式。見失方奏。多容違惰。莫肯執咎。憲綱日弛。漸以爲俗。今端右可以風聞奏事。依元熙舊制。梁書武帝紀中。

許曹郎奏事詔

自禮闈陵替。歷茲永久。郎署備員。無取職事。糠粃文案。貴尚虛閑。空有趨墀之名。了無握蘭之實。曹郎可依昔奏事。隋書。

贈謚張弘策詔 五月

亡從舅衛尉。慮發所忽。殞身祆豎。其情理清貞。器識淹濟。自藩升朝。契闊夷阻。加外氏凋衰。饗嘗屢絕。興感渭陽。情寄斯在。方賴忠勳。翼宣寡薄。報效無徵。永言增慟。可贈散騎常侍車騎將軍。給鼓吹一部。謚曰愍。梁書張弘策傳。

詔任昉

聊爲七夕詩五韻。殊未近詠歌。卿雖訥於言。而辯於才。可即制付使者。文選任彥昇奉荅敕示七夕詩啟注引任昉集。

定梁律詔 八月丁未

律令不一。實難去弊。殺傷有法。昏墨有刑。此蓋常科。易爲條例。至如三男一妻。懸首造獄。事非慮內。法出恆鈞。前王之律。後主之令。因循創附。良各有以。若游辭費句。無取於實錄者。宜悉除之。求文指歸。可適變者。載一家爲本。用衆家以附。景丁俱有。則去丁以存景。若景丁二事。注釋不同。則二家兼載。咸使百司。議其可不。取其可安。以爲標例。宜云某等如干人同議。以此爲長。則定以爲梁律。留尚書比部。悉使備文。若班下州郡。止撮機要。可無二門侮法之弊。隋書刑法志。案梁書武帝紀中云。詔中書監王瑩等八人參定律令。

訪百寮古樂詔 元年

夫聲音之道。與政通矣。所以移風易俗。明貴辨賤。而韶濩之稱空傳。咸英之實靡託。魏晉以來。陵替滋甚。遂使雅鄭混淆。鐘石斯謬。天人缺九變之節。朝讌失四懸之儀。歷年永久。將墮於地。二句從初學記補。朕昧旦坐朝。思求厥旨。而舊事匪存。未獲釐正。寤寐有懷。所爲歎息。卿等學術通明。可陳其所見。隋書音樂志上。武帝思弘古樂。天監元年。遂下詔訪百寮。又見初學記十五。

荅何佟之等請修五禮詔 元年

禮壞樂缺。故國異家殊。實宜以時修定。以爲永準。但頃之修撰。以情取人。不以學進。其掌知者。以貴總一。不以稽古。所以歷年不就。有名無實。此既經國所先。外可議其人。人定即便撰次。梁書徐勉傳。

敕諸州月一訊獄詔 二年正月甲寅

三訊五聽。著自聖典。哀矜折獄。義重前誥。蓋所以明慎用刑。深戒疑枉。成功致治。罔不由茲。朕自藩部。常躬訊錄。求理得情。洪細必盡。末運弛網。斯政又闕。牢犴沈壅。申訴靡從。朕屬當期運。君臨億兆。雖復齋居宣室。留心聽斷。而九牧遐荒。無因臨覽。深懼懷冤就

鞫。匪唯一方。可申敕諸州。月一臨訊。博詢擇善。務在確實。梁書武帝紀中。

贈范雲詔 五月

追遠興悼。常情所篤。況問望斯在。事深朝寄者乎。故散騎常侍尚書右僕射霄城侯雲。器範貞正。思懷經遠。爰初立志。素履有聞。脫巾來仕。清績仍著。燮務登朝。具瞻惟允。綢繆翊贊。義簡朕心。雖勤非負靮。而舊同論講。方騁遠塗。永毗庶政。奄致喪殞。傷悼於懷。宜加命秩。式備徽典。可追贈侍中衛將軍。僕射侯如故。并給鼓吹一部。梁書范雲傳。

下扶南王詔 七月

扶南王憍陳如闍邪跋摩。介居海表。世纂南服。厥誠遠著。重譯獻賝。宜蒙酬納。班以榮號。可安南將軍扶南王。梁書海南諸國傳。

荅袁昂詔 二年

朕遺射鉤。卿無自外。梁書袁昂傳。

遣使巡行詔 三年六月丙子

昔哲王之宰世也。每歲卜征。躬事巡省。民俗政刑。罔不必逮。末代風凋。久曠茲典。雖欲肆遠忘勞。究臨幽仄。而居今行古。事未易從。所以日晏踟躕。情同再撫。總總九州。遠近民庶。或川路幽遐。或貧羸老疾。懷冤抱理。莫由自申。所以東海匹婦。致災邦國。西土孤魂。登樓請訴。念此於懷。中夜太息。可分將命巡行州部。其有深冤鉅害。抑鬱無歸。聽詣使者。依源自列。庶以矜隱之念。昭被四方。遐聽遠聞。事均親覽。梁書武帝紀中。

贈蔡道恭詔 八月

持節都督司州諸軍事平北將軍司州刺史漢壽縣開國伯道恭。器幹詳審。才志通烈。王業肇構。致力陝西。受任邊垂。效彰所莅。寇賊憑陵。竭誠守禦。奇謀閒出。捷書日至。不幸抱疾。奄至殞喪。遺略所固。得移氣朔。自非徇國忘己。忠果並至。何能身沒守存。窮而後

屈。言念傷悼。特兼常懷。追榮加等。抑有恒數。可贈鎮西將軍。使持節都督刺史伯如故。并尋賻喪櫬。隨宜資給。（梁書蔡道恭傳。）

除贖罪科詔　十一月甲子

設教因時。淳薄異政。刑以世革。輕重殊風。昔商俗未移。民散久矣。嬰網陷辟。日夜相尋。若悉加正法。則赭衣塞路。並申弘宥。則難用爲國。故使有罪入贖。以全元元之命。今遐邇知禁。圄犴稍虛。率斯以往。庶幾刑措。金作權典。宜在蠲息。可除贖罪之科。（梁書武帝紀中。）

給賻何點詔　三年

新除侍中何點。棲遲衡泌。白首不渝。奄至殞喪。倍懷傷惻。可給第一品材一具。賻錢二萬。布五十匹。喪事所須。內監經理。（梁書何點傳。）

遷侍郎詔　三年

尚書郎在職清能。或人才高妙者。爲侍郎。（梁書到沆傳。）

齋日去廟二百步斷哭詔　三年

六門之內。士庶甚多。四時蒸嘗。俱斷其哭。若有死者。棺器須來。既許其大而不許其細也。到齋日宜去廟二百步斷哭。（隋書禮儀志二。何佟之議到齋日六門斷哭詔云云。）

定選格詔　四年正月癸卯

今九流常選。年未三十。不通一經。不得解褐。若有才同甘顏。勿限年次。（梁書武帝紀中。又見南史六。）

停止宮人觀禮詔　正月戊申

夫禋郊饗帝。至敬攸在。致誠盡慤。猶懼有違。而往代多令宮人。縱觀茲禮。幃宮廣設。輜軿耀路。非所以仰虔蒼昊。昭感上靈。屬車之間。見譏前世。便可自今停止。（梁書武帝紀中。）

置五經博士詔　四年

二漢登賢。莫非經術。服膺雅道。名立行成。魏晉浮蕩。儒教淪歇。風節罔樹。抑此之由。朕日昃罷朝。思聞俊異。收士得人。實惟醻獎。可置五經博士各一人。廣開館宇。招內後進。（梁書儒林傳序。）

北伐詔　十月丙午

門下。周文薄伐。實寧邊患。漢武命師。允恢王略。蕞爾犬羊。陵縱日久。宋氏云衰。乘釁逞暴。海岱彭鄒。翦焉淪覆。雖每存拯定。雄圖弗舉。齊末糾紛。復肆姦毒。宛葉淮肥。仍離內侮。僞曾惡稔。天誅自降。凶渠嗣虐。險慝彌流。殘鉏親黨。咀噬黔庶。繁役綿興。毒賦雲起。司冀餘華。中州舊族。緩足宛頸。載離塗炭。延首南雲。思沾王澤。鼎運啟基。大業草創。蠢彼戎心。仍窺疆埸。虔劉我口郡。侵擾我徐方。小豎道遷。乘隙背誕。凶醜貪愚。復相苞納。前以叛臣難長。彼此齊患。推心忖物。庶必闇同。故有移書。較陳往旨。而方加擁蔽。曾無反報。同惡相濟。市賈非匹。告舍既違。難以義奬。非威非力。制勝莫從。加以醜數云亡。幽顯咸應。訛謠表徵。災沴備兆。殄滅之期。皎如日月。左伊右瀍。實殷霜露。鴟梟是宅。非謂天道。一星已周。實爲冥數。取

亂之機。事協茲日。頃時和歲稔。政平人豫。華戎內款。表疏相屬。便宜廣命羣帥。赫然大舉。總一車書。混同禹迹。具位泉猷等。戎卒七萬。先定壽春。某等武旅五萬。揚旌濮峴。既清潁汝。口臨瀍澗。某等鐵騎二萬。超影絕羣。出自大徐。偏趨鞏洛。某等組甲四萬。霜鋒曜日。發自淮汭。直指金墉。某等率羽林遒勇五萬。某等率二兗剽猛熊羆十萬。同濟彭泗。經汴入河。某等海舸萬艘。徑掩臨淄。某等輕銳五萬。風偃齊岱。拂茲鉅野。況彼孟津。某等勒司郢之師。驍果六萬。步出義陽。橫轢熊耳。某等率三州武毅。劍客八萬。入自曾陽。傳檄崤陝。暫中嶽而解鞍。指浮橋而一息。並敕某等連旗五萬。水陸齊邁。具位泉藻帥徒七萬。雲飛靈關。北通棧路。澄廓隴右。凡此將帥。啟塗載路。魚麗後軍。駱驛繼軌。經啟中原。括囊九服。伐罪弔人。於是乎在。大衆外臨。宜有總一。自非密親英譽。風略兼遠。無以專任閫外。授律羣師。臨川王宏。可權進督南北兗徐青冀豫司霍八

州、郡督北討諸軍事。命將出車。咸有副貳。具位恢（當作恢。）可暫輟端右。參贊戎機。舟徒雷駭。熊武百萬。投石拔距之力。招關扛鼎之威。岳動川移。風馳電邁。鐵馬方原。戈船千里。百道并驅。同會洛邑。戡翦逋醜。藏掃鯨鯢。被仁風於兩周。撫遺黎於趙魏。將令溥天之下。於斯大同。偃伯靈臺。何遠之有。元恪若能率其徒屬。輿櫬軍門者。中軍府以時將送。當待以列侯之禮。（文館詞林。）

均選詔（五年正月丁卯）

在昔周漢。取士方國。頃代凋訛。幽仄罕被。人孤地絕。用隔聽覽。士操淪胥。因茲靡勸。豈其岳瀆縱靈。偏有厚薄。實由知與不知。用與不用耳。朕以菲德。君此兆民。而兼明廣照。屈於堂戶。飛耳長目。不及四方。永言愧懷。無忘旦夕。凡諸郡國舊族。邦內無在朝位者。選官搜括。使郡有一人。（梁書武帝紀中。）

遣官錄囚詔（四月甲寅）

朕昧旦齊居。惟刑是恤。三辟五聽。寢興載懷。故陳肺石於都封。增官司於詔獄。殷勤親覽。小大以情。而明慎未洽。囹圄尚擁。永言納隍。在予興愧。凡犴獄之所。可遣法官近侍。遞錄囚徒。如有枉滯。以時奏聞。（梁書武帝紀中。）

封當作街

祝史罪己詔（六年正月己卯）

夫有天下者。義非為己。凶荒疾癘。兵革水火。有一於此。責歸元首。今祝史請禱。繼諸不善。以朕身當之。永使災害。不及萬姓。俾茲下民。稍蒙寧息。不得為朕祈福。以增其過。特班遠邇。咸令遵奉。（梁書武帝紀中。）

革選詔（六年）

在昔晉初。仰惟盛化。常侍侍中。並奏帷幄。員外常侍。特為清顯。陸始名公之胄。位居納言。曲蒙優禮。方有斯授。可分門下二局。委散騎常侍尚書案奏。分曹入集書。通直常侍本為顯爵。員外之選。宜參舊準。人數依正員格。（隋書百官志上。）

元會應南面詔（六年）

頃代以來。元日朝畢。次會群臣。則移就西壁下。東向坐。求之古義。王者譬萬國。唯應南面。何更居東面。（隋書禮儀志四。又見通典七十。）

議元會受贄詔（六年）

元日受五等贄。珪璧並量所付。（隋書禮儀志四。又見通典七十。）

立學詔（七年正月乙酉）

建國君民。立教為首。不學將落。嘉植靡由。（儒林傳序作砥身礪行，由乎經術。）朕肇基明命。光宅區宇。雖耕耘雅業。傍闡藝文。而成器未廣。志本猶闕。非所以鎔範貴遊。納諸軌度。思欲式敦讓齒。自家刑國。今聲訓所漸。戎夏同風。宜大啟庠斅。博延胄子。務彼十倫。弘此三德。使陶鈞遠被。微言載表。（梁書武帝紀中。又見儒林傳序。僅異二語。張溥本重出。）

營建象闕詔（正月戊戌）

昔晉氏青蓋南移。日不暇給。而兩觀莫築。懸法無所。今禮盛化光。役務簡便。可營建象闕。以表舊章。（文選石闕銘注引劉璠梁典。）

將有事太廟詔（七年）

禮云。齋日不樂。今親奉。始出宮。振作鼓吹。外可詳議。（隋書音樂志上。通典一百四十二。）

下高驪王高雲詔（二月乙亥）

高驪王樂浪郡公雲。乃誠款著。貢驛相尋。宜隆秩命。式弘朝典。可撫東大將軍開府儀同三司。持節常侍都督王並如故。（梁書東夷高句驪傳。）

開山澤常禁詔（九月丁亥）

芻牧必往。姬文垂則。雉兔有刑。姜宣致貶。藪澤山林。毓材是出。斧斤之用。比屋所資。而頃世相承。並加封固。豈所謂與民同利。惠茲黔首。凡公家諸屯戍見封熂者。可悉開常禁。（梁書武帝紀中。）

詔詳定郊祀冕服（七年）

禮。王者祀昊天上帝。則大裘而冕。祀五帝亦如之。又云。莞席之安。而蒲越稾秸之用。斯皆至敬無文。貴誠重質。今郊用陶匏。與古不異。而大裘蒲秸。獨不復存。其於質敬。恐有未盡。且一獻爲質。其劍佩之飾。及公卿所著冕服。可共詳定。隋書禮儀志一。

贈謚鄭紹叔詔 七年

追往念功。前王所篤。在誠惟舊。異代同規。通直散騎常侍右衞將軍東興縣開國矦紹叔。立身清正。奉上忠恪。契闊藩朝。情績顯著。爰及義始。實立茂勳。作牧疆境。效彰所莅。方申任寄。協贊心膂。奄至殞喪。傷痛於懷。宜加優典。隆茲寵命。可贈散騎常侍護軍將軍。給鼓吹一部。東園祕器。朝服一具。衣一襲。凶事所須。隨由資給。謚曰忠。梁書鄭紹叔傳。

置陵令詔 七年

陵監之名。不出前誥。且宗廟憲章。既備典禮。園寢職司。禮不容易。諸王陵先立監者。改爲令。唐書官品志。

敍錄寒儒詔 八年五月壬午

學以從政。殷勤往哲。祿在其中。抑亦前事。朕思闡治綱。每敦儒術。軾閭闢館。造次以之。故負袠成風。甲科間出。方當置諸周行。飾以青紫。其有能通一經。始末無倦者。策實之後。選官可量加敍錄。雖復牛監羊肆。寒品後門。並隨才試吏。勿有遺隔。梁書武帝紀中。

報阮研言王敬胄遺命詔 八年

敬胄令其息崇素。氣絕便沐浴。藉以二蘆蓆。鑿地周身。歸葬忠矦。此達生之格言。賢夫玉匣石槨遠矣。然子於父命。亦有所從有所不從。今崇素若信遺意。土周淺薄。屬辟不施。一朝見侵狐鼠。戮屍已甚。父可以訓子。子亦不可行之。外內易棺。此自奉親之情。藉土而葬。亦通人之意。宜兩捨兩取。以達父子之志。棺周於身。土周於槨。去其牲奠。斂以時服。一可以申情。二可以稱家。禮教無違。生死無辱。此故當爲安也。南史四十九劉歊傳。

令皇太子王矦之子入學詔 九年三月乙未

王子從學。著自禮經。貴遊咸在。實惟前誥。所以式廣義方。克隆教道。今成均大啟。元良齒讓。自斯以降。並宜肄業。皇太子及王矦之子。年在從師者。可令入學。梁書武帝紀中。

下林邑王范天凱詔 四月

林邑王范天凱。介在海表。乃心款至。遠修職貢。良有可嘉。宜班爵號。被以榮澤。可持節督緣海諸軍事威南將軍林邑王。梁書海南諸國傳。

使內外官各陳損益詔 五月己亥

朕達聽思治。無忘日昃。而百司羣務。其途不一。隨時適用。各有攸宜。若非總會眾言。無以備茲親覽。自今臺閣省府州郡鎮戍應有職僚之所。時共集議。各陳損益。具以奏聞。梁書武帝紀中。

妙簡都令史詔 九年

尚書五都。職參政要。非但總領眾局。亦乃方軌二丞。頃雖求才。未臻妙簡。可革用士流。每盡時彥。庶同持領。秉此羣目。隋書百官志上。

全梁文卷二終

平當作乎

烏程嚴可均校輯

武帝三

罷鳳皇銜書詔

朕君臨南面。道風蓋闕。嘉祥時至。爲愧已多。假令巢侔軒閣。集同昌戶。猶當顧循寡德。推而不居。況於名實頓爽。自欺耳目。一日元會。太樂奏鳳皇銜書伎。至乃舍人受書。升殿跪奏。誠復與平前代。率由自遠。内省懷慙。彌與事篤。可罷之。隋書音樂志上。

贈謚呂僧珍詔 天監十年五月

思舊篤終。前王令典。追榮加等。列代通規。散騎常侍領軍將軍平固縣開國侯僧珍。器思淹通。識宇詳濟。竭忠盡禮。知無不爲。與朕契闊。情兼屯泰。大業初構。茂勳克舉。及居禁衞。朝夕盡誠。方參任台槐。式隆朝寄。奄致喪逝。傷慟於懷。宜加優典。以隆寵命。可贈驃騎將軍開府儀同三司。常侍鼓吹侯如故。給東園祕器。朝服一具。衣一襲。喪事所須。隨由備辦。謚曰忠敬侯。梁書呂僧珍傳。

求言詔 七月丙辰

昔公卿面陳。載在前史。令僕陛奏。列代明文。所以釐彼庶績。成茲羣務。晉氏陵替。虛誕爲風。自此相因。其失彌遠。遂使武帳空勞。無汲公之奏。丹墀徒闢。闕鄭生之履。三槐八座。應有務之。百官宜有所論。可入陳啟。庶藉周爰。少匡寡薄。梁書武帝紀中。

停將送老小詔 十一年正月壬辰

夫刑法悼耄。罪不收孥。禮著明文。史彰前事。蓋所以申其哀矜。故罰有弗及。近代相因。厥網彌峻。髫年華髮。同坐入諐。雖懲惡勸善。宜窮其制。而老幼流離。良亦可愍。自今逋謫之家。及罪應質作。若年有老小。可停將送。梁書武帝紀中。隋書刑法志。通典一百六十四。

收藏魏人戰亡者詔 四月戊子

去歲朐山。大殲醜類。宜爲京觀。用旌武功。但伐罪弔民。皇王盛軌。掩骼埋胔。仁者用心。其下青州。悉使收藏。梁書武帝紀中。

議南北二郊坎位詔 十一年

禮。祭月於坎。良由月是陰義。今五帝天神。而更居坎。又禮云。祭日於壇。祭月於坎。並是別祭。不關在郊。故得各從陰陽而立壇坎。兆於南郊。就陽之義。居於北郊。就陰之義。既云就陽。義與陰異。星月與祭。理不爲坎。隋書禮儀志一。

收斂道死詔 十二年二月丙寅

掩骼埋胔。義重周經。槥櫝有加。事美漢策。朕向隅載懷。每勤造次。收藏之命。亟下哀矜。而寓縣遐深。遵奉未洽。髐然路隅。往往而有。言愍沈枯。彌勞傷惻。可明下遠近。各巡境界。若委骸不葬。或蔡衣莫改。即就收斂。量給棺具。庶夜哭之魂斯慰。霑霜之骨有歸。梁書武帝紀中。

改建明堂詔 十月丁亥

明堂地勢卑濕。未稱乃心。外可量就埤起。以盡誠敬。梁書武帝紀中。又見南史六。

議盥及滌爵各一匜詔 十二年

祭祀用洗匜巾水盥。仍又滌爵。爵以禮神。宜窮精潔。而一器之內。雜用洗手。外可詳議。隋書禮儀志二。

贈謚柳慶遠詔 十四年

念往篤終。前王令則。式隆寵數。列代恆規。使持節都督雍梁南北秦四州郢州之竟陵司州之隨郡諸軍事安北將軍寧蠻校尉雍州刺史雲杜縣開國侯柳慶遠。器識淹曠。思懷通雅。爰初草昧。預屬經綸。遠自升平。契闊禁旅。重牧西藩。方弘治道。奄至殞喪。傷慟于懷。宜追榮命。以彰茂勳。可贈侍中中軍將軍開府儀同三司。鼓吹侯如故。謚曰忠惠。賻錢二十萬。布二百匹。梁書柳慶遠傳。

坊當作防

求賢詔 正月辛亥

朕恭祇明祀。昭事上靈。臨竹宮而登泰壇。服裘冕而奉蒼璧。柴望既升。誠敬克展。思所以對越乾元。弘宣德教。而缺於治道。政法多昧。實佇羣才。用康庶績。可班遠近。博採英異。若有確然鄉黨。獨行州閭。肥遯丘園。不求聞達。藏器待時。未加收採。或賢良方正。孝弟力田。並卽騰奏。具以名上。當擢彼周行。試以邦邑。庶百司咸事。兆民無隱。又世輕世重。隨時約法。前以劓墨。用代重辟。猶念改悔。其路已壅。並可省除。梁書武帝紀中。

贈謚王茂詔 四月

旌德紀勳。哲王令軌。念終追遠。前典明誥。故使持節散騎常侍驃騎將軍開府儀同三司江州刺史茂。識度淹廣。器宇凝正。爰初草昧。盡誠宣力。綢繆休戚。契闊屯夷。方賴謀猷。永隆朝寄。奄至薨殞。朕用慟於厥心。宜增禮數。式昭盛烈。可贈侍中大尉。加班劍二十人。鼓吹一部。謚曰忠烈。梁書王茂傳。

加孫謙優秩詔 十四年

光祿大夫孫謙。清慎有聞。白首不怠。高年舊齒。宜加優秩。可給親信二十人。并給扶。梁書孫謙傳。

務本詔 十五年正月己巳

觀時設教。王政所先。兼而利之。實惟務本。移風致治。咸由此作。頃因革之令。隨事必下。而張弛之要。未臻厥宜。民瘼猶繁。廉平尚寡。所以岣旒纖而載懷。朝玉帛而興歎。可申下四方。政有不便於民者。所在具條以聞。守宰若清潔可稱。或侵漁爲蠹。分別奏上。將行黜陟。長吏勸課。躬履堤坊。勿有不修。致妨農事。關市之賦。或有未允。外時參量。優減舊格。梁書武帝紀中。

卹民詔 十六年正月辛未

朕當扆思治。政道未明。昧旦劬勞。亟移星紀。今太皞御氣。勾芒首節。升中就陽。禋敬克展。務承天休。布茲和澤。尤貧之家。勿收今年三調。其無田業者。所在量宜賦給。若民有產子。卽依格優蠲。孤老鰥寡。不能自存。咸加賑䘏。班下四方。諸州郡縣。時理獄訟。勿使冤滯。並若親覽。梁書武帝紀中。

量代牲牢詔 四月

夫神無常饗。饗於克誠。所以西鄰禴祭。實受其福。宗廟祭祀。猶有牲牢。無益至誠。有累冥道。自今四時烝嘗。外可量代。隋書禮儀志二。通典四十九。

又詔 十月

今雖無復牲腥。猶有脯脩之類。卽之幽明。義猶未盡。可更詳定。悉薦時蔬。隋書禮儀志二。通典四十九。

以何遠爲給事黃門侍郎詔 十六年

何遠前在武康。已著廉平。復涖二邦。彌盡清白。政先治道。惠留民愛。雖古之良二千石。無以過也。宜升內榮。以顯外績。可給事黃門侍郎。梁書何遠傳。

聽流民還本詔 十七年正月丁巳朔

夫樂所自生。含識之常性。厚下安宅。馭世之通規。朕矜此庶氓。無忘待旦。亟弘生聚之略。每布寬恤之恩。而編戶未滋。遷徙尚有。輕去故鄉。豈其本志。資業殆闕。自返莫由。巢南之心。亦何能弭。今開元發歲。品物惟新。思俾黔黎。各安舊所。將使郡無曠土。邑靡游民。雞犬相聞。桑柘交畛。凡天下之民。有流移他境。在天監十七年正月一日以前。開恩半歲。悉聽還本。蠲課三年。其流寓過遠者。量加程日。若有不樂還者。卽使著土籍爲民。准舊課輸。若流移之後。本鄉無復居宅者。村司三老。及餘親屬。卽爲詣縣。占請村內官地官宅。令相容受。使戀本者還有所託。凡坐爲市埭諸職。割盜衰減。應被封籍者。其田宅車牛。是民生之具。不得悉以沒入。皆優量分留。

使得自止。其商賈富室。亦不得頓相兼併。遁叛之身。罪無輕重。並許首出。還復民伍。若有拘限。自還本役。並爲條格。咸使知聞。梁書武帝紀中。

以蕭景爲安右將軍監揚州詔 五月

揚州應須緝理。宜得其人。侍中領軍將軍吳平侯昺。才任此舉。可以安右將軍監揚州。并置佐史。侍中如故。梁書蕭景傳。

贈謚張惠紹詔 十八年

張惠紹志略開濟。幹用貞果。誠勤義始。績闡累任。爰居禁旅。盡心朝夕。奄至殞喪。惻愴於懷。宜追寵命。以彰勳烈。可贈護軍將軍。給鼓吹一部。布百匹。蠟二百斤。謚曰忠。梁書張惠紹傳。

旌表甄恬詔 天監中

朕虛己欽賢。寤寐盈想。詔彼羣岳。務盡搜揚。恬既孝行殊異。聲著邦壤。敦風厲俗。弘益茲多。牧守騰聞。義同親覽。可旌表室閭。加以爵位。梁書孝行甄恬傳。州將始興王憺表其行狀。

旌沈崇傃詔

前軍沈崇傃。少有志行。居喪踰禮。齋制不終。未得大葬。自以行乞淹年。哀典多闕。方欲以永慕之晨。更爲再朞之始。雖卽情可矜。禮有明斷。可便令除釋。擢補太子洗馬。旌彼門閭。敦茲風敎。梁書沈崇傃傳。

贈丘仲孚詔

豫章內史丘仲孚。重試大邦。責以後效。非直悔吝云亡。實亦政績克舉。不幸殞喪。良以傷惻。可贈給事黃門侍郎。梁書丘仲孚傳。

答蕭昱手詔

昱表如此。古者用人。必前明試。皆須績用既立。乃可自退之高。昔漢光武兄子章興二人。並有名宗室。就欲習吏事。不過章爲平陰令。興爲緱氏宰。政事有能。方遷郡守。非直政績見稱。卽是光武猶子。昱之才地。豈得比類焉。往歲處以淮南郡。既不肯行。續用爲招遠將軍。鎮北長史襄陽太守。又以邊外致辭。改除招遠將軍永嘉太守。復云內地非願。復問晉安臨川隨意所擇。亦復不行。解巾臨郡。事不爲薄。數有致辭。意欲何在。且昱諸兄遞居連率。相繼推轂。未嘗缺歲。其同產兄景今正居藩鎮。朕豈厚於景而薄於昱。正是朝序物議。次第若斯。於其一門。差自無愧。無論今日不得如此。昱兄弟昔在布衣。以處成長。於何取立。豈得任情反道。背天違地。孰謂朝廷無有憲章。特是未欲致之於理。既表解職。可聽如啟。梁書蕭昱傳。

答陶弘景解官詔

卿遣累卻粒。尚想清虛。山中閑靜。得性所樂。當善遂嘉志也。若有所須。便可以聞。仍賜帛十疋。燭二十鋌。又別敕朕月給上茯苓五斤。白蜜二斗。以供服餌。道藏本陶隱居集。

贈謚馮道根詔 普通元年正月

代當作伐

豫寧縣開國伯新除散騎常侍領左軍將軍馮道根。奉上能忠。有功不代。撫人留愛。守邊難犯。祭遵馮異。郭伋李牧。不能過也。奄致殞喪。惻愴於懷。可贈信威將軍左衞將軍。給鼓吹一部。賻錢十萬。布百匹。謚曰威。梁書馮道根傳。

給辦永陽太妃喪事詔 十一月己卯

永陽大太妃奄至薨逝。哀摧切割。不能自勝。便出敘哀。可給東園祕器。喪事所須。隨由口辦。祖行有辰。式弘茂典。古刻叢鈔徐勉撰永陽太妃墓誌銘。

謚永陽太妃詔

故永陽大太妃。禮數有殊。德行惟光。訓範蕃闈。式盛母儀。卽遠戒期。悲懷抽割。可詳典故。以隆嘉謚。同上。

以江革爲太尉臨川王長史詔

前貞威將軍鎮北長史廣陵太守江革。才思通贍。出內有聞。在朝正色。臨危不撓。首佐台鉉。實允僉諧。可太尉臨川王長史。梁書江革傳。

收養孤獨詔 二年正月辛巳

春司御氣。虔恭報祀。陶匏克誠。蒼璧禮備。思隨乾覆。布兹亭育。凡民有單老孤稚。不能自存。主者郡縣咸加收養。贍給衣食。每令周足。以終其身。又於京師置孤獨園。孤幼有歸。華髮不匱。若終年命。厚加料理。尤窮之家。勿收租賦。梁書武帝紀下。

徙籍田詔 四月丙辰

夫欽若昊天。厤象無違。躬執耒耜。盡力致敬。上協星鳥。俯訓民時。平秩東作。義不在南。前代因襲。有乖禮制。可於震方。簡求沃野。具兹千畝。庶允舊章。梁書武帝紀下。

停賀瑞詔 五月丁巳

王公卿士。今拜表賀瑞。雖則百辟體國之誠。朕懷良有多愧。若其澤漏川泉。仁被動植。氣調玉燭。治致太平。爰降嘉祥。可無慙德。而政道多缺。淳化未凝。何以仰叶辰和。遠臻冥貺。此乃更彰寡薄。重增其尤。自今可停賀瑞。梁書武帝紀下。

下百濟王餘隆詔 十一月

行都督百濟諸軍事鎮東大將軍百濟王餘隆。守藩海外。遠修貢職。迺誠款到。朕有嘉焉。宜率舊章。授兹榮命。可使持節都督百濟諸軍事寧東大將軍百濟王。梁書東夷百濟傳。

耕籍詔 四年二月乙亥

夫耕藉之義大矣哉。粢盛由之而興。禮節因之以著。古者哲王。咸用此作。眷言八政。致兹千畝。公卿百辟。恪恭其儀。九推畢禮。馨香靡替。兼以風雲叶律。氣象光華。屬覽休辰。思加獎勸。可班下遠近。廣闢良疇。公私畎畝。務盡地利。若欲附農而糧種有乏。亦加貸卹。每使優遍。孝悌力田。賜爵一級。預耕之司。尅日勞酒。梁書武帝紀下。

贈謚昌義之詔 十月

護軍將軍營道縣開國侯昌義之。幹略沈濟。志懷寬隱。誠著運始。效彰邊服。方申爪牙。寄以禁旅。奄至殞喪。惻愴於懷。可贈散騎常侍車騎將軍。并鼓吹一部。給東園祕器。朝服一具。賻錢二萬。布二百匹。蠟二百斤。謚曰烈。梁書昌義之傳。

以會稽太守武陵王紀爲東揚州刺史詔 五年六月

貞白儉素。是其清也。臨財能讓。是其廉也。知法不犯。是其慎也。庶事無畱。是其勤也。南史五十三武陵王紀傳。尋授揚州刺史。中書詔成。武帝加四句。

贈謚周捨詔 五年

太子詹事豫州大中正捨。奄至殞喪。惻愴於懷。其學思堅明。志行開敏。劬勞機要。多歷歲年。才用未窮。彌可嗟慟。宜隆追遠。以旌善人。可贈侍中護軍將軍。鼓吹一部。給東園祕器。朝服一具。衣一襲。喪事隨由資給。謚曰簡子。梁書周捨傳。

應接元法僧詔 六年正月己巳

廟謨已定。王略方舉。侍中領軍將軍西昌侯深藻。可便親戎。以前啟行。鎮北將軍南兗州刺史豫章王綜。董馭雄桀。風馳次邁。其餘衆軍。計日差遣。初中後師。善得嚴辦。朕當六軍雲動。龍舟濟江。梁書武帝紀下。

褒異周捨詔 六年

故侍中護軍將軍簡子捨。義該玄儒。博窮文史。奉親能孝。事君盡忠。歷掌機密。清貞自居。食不重味。身靡兼衣。終亡之日。內無妻妾。外無田宅。兩兒單貧。有過古烈。往者南司白渦之劾。恐外議謂朕有私。致此黜免。追愧若人。一介之善。外可量加褒異。以旌善人。梁書周捨傳。

答徐勉表上五禮詔 六年

經禮大備。政典載弘。今詔有司案以行事也。梁書徐勉傳。

又詔

勉表如此。因革允釐。憲章孔備。功成業定。於是乎在。可以光被八表。施諸百代。俾萬世之下。知斯文在斯。主者其案以遵行。勿有失墜。同上。

徙臨賀王正德詔 六年

汝以猶子。情兼常愛。故越先汝兄。剖符連郡。往年在蜀。昵近小人。猶謂少年。情志未定。更於吳郡。殺戮無辜。劫盜財物。雅然無畏。及還京師。專爲逋逃。乃至江乘要道。湖頭斷路。遂使京邑士女。早閉晏開。又奪人妻妾。略人子女。徐敖非直失其配匹。乃橫屍道路。王伯敖列卿之女。誘爲妾媵。我每加掩抑。冀汝自新。了無悛革。怨讎逾甚。遂匹馬奔亡。志懷反噬。遣信慰問。冀汝能還。果能來歸。遂我夙志。謂汝不好文史。志在武功。令汝杖節。董戎前驅。豈謂汝狼心不改。包藏禍胎。志欲覆敗國計。以快汝心。今當宥汝以遠。無令房累自隨。敕所在給汝稟餼。王新婦見理等當停太尉間。汝餘房累悉許同行。南史五十一臨賀王正德傳。六年爲輕車將軍。隨豫章王北伐。正德輒棄軍委走。爲有司所奏。下獄。帝復詔云云。於是免官削爵土。徙臨海郡。

贈謚臨川王宏詔 七年四月

侍中太尉臨川王宏。器宇沖貴。雅量弘通。爰初弱齡。行彰素履。逮於應務。嘉猷載緝。自皇業啟基。地惟介弟。久司神甸。歷位台階。論道登朝。物無異議。朕友于之至。家國兼情。方弘燮贊。儀刑列辟。天不慭遺。奄焉不永。哀痛抽切。震慟於厥心。宜增峻禮。秩式昭懋典。可贈侍中大將軍揚州牧。假黃鉞。王如故。并給羽葆鼓吹一部。增班劍爲六十人。給溫明祕器。斂以袞服。謚曰靖惠。梁書臨川王宏傳。

贈謚鄱陽王恢詔 九月

故使持節散騎常侍都督荊湘雍梁益寧南北秦八州諸軍事驃騎大將軍開府儀同三司荊州刺史鄱陽王恢。風度開朗。器情凝質。爰在弱歲。美譽克宣。洎於從政。嘉猷載緝。方入正論道。弘燮台階。奄焉薨逝。朕用傷慟於厥心。宜隆寵命。以申朝典。可贈侍中司徒。王如故。并給班劍二十人。謚曰忠烈。遣中書舍人劉顯護喪事。梁書鄱陽王恢傳。

徵庾詵庾承先詔 普通中

明敭振滯。爲政所先。旌賢求士。夢佇斯急。新野庾詵。止足栖退。自事卻埽。經史文藝。多所貫習。潁川庾承先。學道黃老。該涉釋教。並不競不營。安茲枯槁。可以鎮躁敦俗。詵可黃門侍郎。承先可中書侍郎。勒州縣時加敦遣。庶能屈志。方冀鹽梅。梁書庾詵傳。

俸祿給見錢并原失散官物詔 大通元年正月乙丑

朕思利兆民。惟日不足。氣象環回。每弘優簡。百官俸祿。本有定數。前代以來。皆多評准。頃者因循。未遑改革。自今已後。可長給見錢。依時即出。勿令逋緩。凡散失官物。不問多少。並從原宥。惟事涉軍儲。取公私見物。不在此例。梁書武帝紀下。

南郊恩詔 正月辛未

奉時昭事。虔薦蒼璧。思承天德。惠此下民。凡因事去土。流移他境者。並聽復宅業。蠲役五年。尤貧之家。勿收三調。孝悌力田。賜爵一級。梁書武帝紀下。

賜陳慶之手詔 元年

本非將種。又非豪家。覘望風雲。以至於此。可深思奇略。善克令終。開朱門而待賓。揚聲名於竹帛。豈非大丈夫哉。梁書陳慶之傳。

謚安成王機詔 二年

王好內怠政。可謚曰煬。梁書安成王秀傳。

贈謚裴子野詔 中大通二年

鴻臚卿領步兵校尉知著作郎兼中書通事舍人裴子野。文史足用。廉白自居。劬勞通事。多歷年所。奄致喪逝。惻愴空懷。可贈散騎常侍。賻錢五萬。布五十匹。即日舉哀。謚曰貞子。梁書裴子野傳。

立晉安王綱爲皇太子詔 三年五月丙申。武帝紀作七月乙亥。

非至公無以主天下，非博愛無以臨四海。所以堯禪舜讓，惟德是與；文王舍伯邑考而立武王，格于上下，光被四表。今岱宗牢落，天步艱難，淳風猶鬱，黎民未乂。自非克明克哲，允武允文，豈能荷神器之重，嗣龍圖之尊？晉安王綱文義生知，孝敬自然，威惠外宣，德行內敏，羣后歸美，率土宅心，可立綱為皇太子。庶百年勝殘，方流餘慶。畢（初學記作必。）世後仁，永固洪業。（梁書簡文帝紀。藝文類聚十六、初學記十多末四句。）

賜宗戚侯爵詔　七月庚寅

推恩六親，義彰九族，班以侯爵，亦曰惟允。凡是宗戚有服屬者，並可賜沐食鄉亭侯，各隨遠近以為差次。其有暱親，自依舊章。（梁書武帝紀下。）

贈謚孔休源詔　四年五月

慎終追遠，歷代通規；褒德疇庸，先王令典。宣惠將軍、金紫光祿大夫、監揚州孔休源，風業貞正，雅量沖邈，升榮建禮，譽重搢紳，理務神州，化覃歌詠。方與仁壽，移是彝倫，奄然永逝，倍用悲惻。可贈散騎常侍、金紫光祿大夫，賻第一材一具，布五十匹，錢五萬，蠟二百斤。剋日舉哀，喪事所須，隨便資給。謚曰貞子。（梁書孔休源傳。）

謚庾詵詔　四年

旌善表行，前王所敦。新野庾詵，荊山珠玉，江陵杞梓，靜侯南度，固有名德，獨貞苦節，孤芳素履，奄隨運往，惻愴於懷。宜謚貞節處士，以顯高烈。（梁書庾詵傳。）

贈謚南平王偉詔　五年三月

旌德紀功，前王令典；慎終追遠，列代通規。故侍中、中書大司馬南平王偉，器宇宏曠，鑒識弘簡，爰在弱齡，清風載穆，翼佐草昧，勳高樊沔，契闊艱難，劬勞任寄，及贊務論道，弘茲袞職，奄焉薨逝，朕用震慟於厥心。宜隆寵命，式昭茂典。可贈侍中、太宰，王如故。給羽葆鼓吹一部，並班劍四十人。謚曰元襄。（梁書南平王偉傳。）

全梁文卷三　武帝　十一

以臧盾兼領軍詔　四月

總一六軍，非才勿授。御史中丞、新除散騎常侍盾，志懷忠密，識用詳慎，當官平允，處務勤恪，必能緝斯戎政。可兼領軍，常侍如故。（梁書臧盾傳。）

詔答周弘正　中大通中

設卦觀象，事遠文高；作繫表言，辭深理奧。東魯絕編之思，西伯幽憂之作，事逾三古，人更七聖。自商瞿稟承，子庸傳授，篇簡湮沒，歲月遼遠。田生表菑川之譽，梁丘擅琅邪之學，代郡范生，山陽王氏，人藏荊山之寶，各盡玄言之趣。說或去取，意有詳略。近搢紳之學，咸有稽疑，隨答所問，已具別解。知與張譏等三百一十二人，須釋乾坤文言及二繫，萬機小暇，試當討論。（陳書周弘正傳。）

全梁文卷三終

全梁文卷三　武帝　十二

全梁文卷四

烏程嚴可均校輯

武帝四

求言詔（大同二年三月庚申）

政在養民。德存被物。上令如風。民應如草。朕以寡德。運屬時來。撥亂反正。倏焉三紀。不能使重門不閉。守在海外。疆埸多阻。車書未一。民疲轉輸。士勞邊防。徹田爲糧。未得頓止。治道不明。政用多僻。百辟無沃心之言。四聰闕飛耳之聽。州輟刺舉。郡忘其治。致使失理負謗。無由聞達。侮文弄法。因事生姦。肺石空陳。懸鍾徒設。書不云乎。股肱惟人。良臣惟聖。實賴賢佐。匡其不及。凡厥在朝。各獻讜言。政治不便於民者。可悉陳之。若在四遠。刺史二千石長吏。並以奏聞。細民有言事者。咸爲申達。朕將親覽。以紓其過。文武在位。舉爾所知。公侯將相。隨才擢用。拾遺補闕。勿有所隱。（梁書武帝紀下。）

檢括江子四等封事詔（五月癸卯）

古人有言。屋漏在上。知之在下。朕所鍾過。不能自覺。江子四等封事如上。尚書可時加檢括。於民有蠹患者。便即勒停。宜速詳啟。（南史六十四江子一傳作其令尚書詳擇施於時政）勿致淹緩。（梁書武帝紀下。先是尚書右丞江子四上封事極言得失。）

改南郊明堂陵廟等令班次詔（六月丁亥）

南郊明堂陵廟等令。與朝請同班。於事爲輕。可改視散騎侍郎。（梁書武帝紀下。）

贈蕭子顯詔（三年）

仁威將軍吳興太守子顯。神韻峻舉。宗中佳器。分竹未久。奄到喪殞。惻愴於懷。可贈侍中中書令。今便舉哀。（梁書蕭子顯傳。）

以李胥之得牙像赦詔（四年七月癸亥）

天慈普覆。義無不攝。方便利物。豈有方所。上虞縣民李胥之。掘地得一牙像。方減二寸。兩邊雙合。俱成獸形。其內一邊佛像一十二軀。一邊一十五軀。刻畫明淨。巧迹妙絕。將神靈所成。非人功也。中有眞形舍利六焉。東州昔經奏上。未以爲意。而胥之銜悲縲紲東冶。眞形舍利。降在中署。光明顯發。示希有相。大悲救苦。良有以乎。宜承佛力。弘茲寬大。凡天下罪無輕重。在今月十六日昧爽已前。皆赦除之。即日散出奉迎法身。還臺供養。（廣弘明集十五。）

幸阿育王寺赦詔（八月辛卯）

天地盈虛。與時消息。萬物不得齊其蠢生。二儀不得恆其覆載。故勞逸異年。懽慘殊日。去歲失稔。斗粟貴騰。民有困窮。遂臻斯濫。原情察咎。或有可矜。下車問罪。聞諸前誥。責歸元首。事在朕躬。若皆以法繩。則自新無路。書不云乎。與殺不辜。寧失不經。易曰。隨時之義大矣哉。今眞形舍利。復見於世。逢希有之事。起難遭之想。今出阿育王寺。設無礙會。耆年童齒。莫不欣悅。如積饑得食。如久別見親。幽顯歸心。遠近馳仰。士女霞布。冠蓋雲集。因時布德。允叶人靈。凡天下罪無輕重。皆赦除之。（廣弘明集十五。案五年正月以張纘爲尚書僕射。有詔見梁書及南史纘傳。今編入朱异集。）

使州郡縣進言詔（五年三月己未）

朕四聰既闕。五識多蔽。晝可外臨。或致紕繆。凡是政事不便於民者。州郡縣即時皆言。勿得欺隱。如使怨訟。當境任失。而今而後。以爲永準。（梁書武帝紀下。）

守護晉宋齊諸陵詔（六年四月癸未）

命世興王。嗣賢傳業。聲稱不朽。人代徂遷。二賓以位。三恪義在。時事浸遠。宿草榛蕪。望古興懷。言念愴然。晉宋齊三代諸陵。有職司者。勤加守護。勿令細民妄相侵毀。作兵有少。補使充足。前無守視。並可量給。（梁書武帝紀下。）

疑事先議後聞詔（八月辛未）

經國有體。必詢諸朝。所以尚書置令僕丞郎。旦旦上朝。以議時事。

前共籌懷然後奏聞頃者不爾每有疑事倚立求決古人有云主非堯舜何得發言便是是故放勳之聖猶咨四岳重華之叡亦待多士豈朕寡德所能獨斷自今尚書中有疑事前於朝堂參議然後啟聞不得習常其軍機要切前須諮審自依舊典。梁書武帝紀下。

贈袁昂詔 九月

侍中特進左光祿大夫司空昂奄至薨逝惻怛於懷公器寓凝素志誠貞方端朝燮理嘉猷載緝追榮表德實惟令典可贈本官鼓吹一部給東園祕器朝服一具衣一襲錢二十萬絹布一百匹蠟二百斤即日舉哀。梁書袁昂傳。

赦除民間營耗逋負詔 七年十一月丁丑

民之多幸國之不幸恩澤屢加彌長姦盜朕亦知此之為病矣如不優赦非仁人之心凡厥營耗逋負起今七年十一月九日昧爽以前在民間無問多少言上尚書督所未入者皆赦除之。梁書武帝紀下。

禁豪家占假公田詔 十一月丁丑

用天之道分地之利蓋先聖之格訓也凡是田桑廢宅沒入者公創之外悉以分給貧民皆使量其所能以受田分如聞頃者豪家富室多占取公田貴價僦稅以與貧民傷時害政為蠹已甚自今公田悉不得假與豪家已假者特聽不追其若富室給貧民種糧共營作者不在禁例。梁書武帝紀下。

禁守宰誅求及越界分斷詔 十二月壬寅

古人云一物失所如納諸隍未是切言也朕寒心消志為日久矣每當食投箸方眠徹枕獨坐懷憂憤慨申旦非為一人萬姓故耳州牧多非良才守宰獸而傳翼楊阜是故憂憤賈誼所以流涕至於民間誅求萬端或供廚帳或供廄庫或遣使命或待賓客皆無自費取給於民又復多遣遊軍稱為遏防姦盜不止暴掠繁多或求供設或責腳步又行劫縱更相枉逼良人命盡富室財殫此為

怨酷非止一事亦頻禁斷猶自未已外司明加聽採隨事舉奏又復公私傳屯邸冶爰至僧尼當其地界止應依限守視乃至廣加封固越界分斷水陸採捕及以樵蘇遂致細民措手無所凡自今有越界禁斷者禁斷之身皆以軍法從事若是公家創內止不得輒自立屯與公競作以收私利至百姓樵採以供煙爨者悉不得禁及以採捕亦勿訶問若不遵承皆以死罪結正。梁書武帝紀下。

贈謚顧協詔 八年

員外散騎常侍鴻臚卿兼中書通事舍人顧協廉潔自居白首不衰久在省闥內外稱善奄然殞喪惻怛之懷不能已已傍無近親彌足哀者大殮既畢即送其喪柩還鄉并營家槨並皆資給悉使周辦可贈散騎常侍令便舉哀謚曰溫子。梁書顧協傳。

幸蘭陵恩詔 十年三月壬寅

朕自違桑梓五十餘載乃眷東顧靡日不思今四方款關海外有

截獄訟稍簡國務小閑始獲展敬園陵但增感慟故鄉老少接踵遠至情貌孜孜若歸於父宜有以慰其此心並可錫位一階并加頒賚所經縣邑無出今年租賦監所責民蠲復二年并普賚內外從官軍主左右錢米各有差。梁書武帝紀下。

赦詔 十年九月己丑

今茲遠近雨澤調適其穫已及冀必萬箱宜使百姓因斯安樂凡天下罪無輕重已發覺未發覺討捕未擒者皆赦宥之侵割耗散官物無問多少亦悉原除田者荒廢水旱不作無常時文例應追稅者并作田不登公格者並停各備臺州以文最逋殿罪悉從原其有因饑逐食離鄉去土悉聽復業蠲課五年。梁書武帝紀下。

除省不便於民者 十一年三月庚辰

皇王在昔澤風未遠故端居玄扈拱默巖廊自大道既淪澆波斯逝動競日滋情偽彌作朕負扆君臨百年將半宵漏未分躬勞政

常當作當

事白日西浮不遑飧飯退居猶於布素含咀匪過藜藿寧以萬乘爲貴四海爲富唯欲億兆康寧下民安乂雖復三思行事而百慮多失凡遠近分置內外條流四方所立屯傳邸冶市埭桁渡津稅田園新舊守宰遊軍戍邏有不便於民者尚書州郡各速條上當隨言除省以舒民患梁書武帝紀下。

復開贖刑詔 十月己未

堯舜以來便開贖刑中年依古許罪身入貲吏下因此不無姦猾所以一日復敕禁斷川流難壅人心惟危既乖內典慈悲之義又傷外教好生之德書云與殺不辜寧失不經可復開罪身皆聽入贖梁書武帝紀下。

犯罪者父母祖父母勿坐詔 中大同元年七月甲子

禽獸知母而不知父無賴子弟過於禽獸至於父母並皆不知多觸王憲致及老人耆年禁執大可傷愍自今有犯罪者父母祖父母勿坐唯大逆不預今恩梁書武帝紀下。

禁用九陌錢詔 七月丙寅

朝四而暮三衆狙皆喜名實未虧而喜怒爲用頃聞外間多用九陌錢陌減則物貴陌足則物賤非物有貴賤是心有顛倒至於遠方日更滋甚豈直國有異政乃至家有殊俗徒亂王制無益民財自今可通用足陌錢令書行後百日爲期若猶有犯男子謫運女子質作並同三年梁書武帝紀下。又略見南史七。

答劉之遴上春秋義詔

省所撰春秋義比事論書辭微旨遠編年之教言闡義繁丘明傳洙泗之風公羊稟西河之學鐸椒之解不追瑕丘之說無取繼踵胡毋仲舒云盛因循穀梁千秋最篤張蒼之傳左氏賈誼之襲荀卿源本分鑣指歸殊致詳略紛然其來舊矣昔在弱年久經研味一從遺置迄將五紀兼晚冬晷促機事罕暇夜分求衣未遑搜括須待夏景試取推尋若溫故可求別酬所問也梁書劉之遴傳。又南史五十。

南郊大赦詔 太清元年五月辛酉

天行彌綸覆燾之功博乾道變化資始之德成朕沐浴齋宮虔恭上帝祗事槱燎高熛太一大禮克遂感慶兼懷思與億兆同其福惠可大赦天下九窮者無出即年租調清議禁錮並皆宥釋所討逋叛巧籍隱年闇丁匿口開恩百日各令自首不問往罪流移他鄉聽復宅業蠲課五年孝弟力田賜爵一級居局治事賞勞二年可班下遠近博採英異或德茂州閭道行鄉邑或獨行特立不求聞達咸使言上以時招聘梁書武帝紀下。

分改二豫等州詔 七月甲子

二豫分置其來久矣今汝潁剋定可依前代故事以懸瓠爲豫州壽春爲南豫改合肥爲合州北廣陵爲淮州項城爲殷州合州爲南合州梁書武帝紀下。

赦緣邊初附諸州詔 八月乙丑

今汝南新復嵩潁載清瞻言遺黎有勞鑒寐宜覃寬惠與之更始應是緣邊初附諸州部內百姓先有負罪流亡逃叛入北一皆曠蕩不問往僁并不得挾以私讎而相報復若有犯者嚴加裁問梁書武帝紀下。

賻陸雲公手詔 元年

給事黃門侍郎掌著作陸雲公風尚優敏後進之秀奄然殂謝良以惻然可尅日舉哀賻錢五萬布四十匹梁書陸雲公傳。

求賢詔 二年五月癸丑

爲國在於多士寧下寄於得人朕暗於行事尤闕治道孤立在上如臨深谷凡爾在朝咸思匡救獻替可否用相啟沃班下方岳傍求俊乂窮其屠釣書其巖穴以時奏聞梁書武帝紀下。

贈朱异詔 三年正月

凰當作風

故中領軍异器宇弘通。才力優贍。諮謀帷幄。多歷年所。方贊朝經。永申寄任。奄先物化。惻悼兼懷。可贈侍中尚書右僕射。給祕器一具。凶事所須。隨由資辦。梁書朱异傳。

手詔戲到溉　年月未詳

得無貽厥之力乎。南史。

以伏暅爲豫章內史詔　年月未詳

國子博士領長水校尉伏暅。爲政廉平。宜加將養。勿使恚望。致虧士凰。可豫章內史。梁書伏暅傳。

手詔勞問梁秦二州刺史修　年月未詳

犬牙不入。無以過也。南史五十二鄱陽王恢附傳。

光宅寺金像詔　年月未詳

銅初不送。何緣乃爾。豈不以眞相應感。獨表神奇乎。可鏤著花趺。以爲靈誌。釋藏兵口釋道宣集神州塔寺三寶感通錄。

詔答大士傅弘　年月未詳

大士爲度衆生。欲來隨意。續高僧傳。

敕答王珍國　中興

昔田子泰固辭絹穀。卿體國情深。良在可嘉。梁書王珍國傳。梁書何胤傳有高祖手敕載文類聚以爲沈約作。今編入沈約集。

手敕答張率　天監初

省賦殊佳。相如工而不敏。枚皋速而不工。卿可謂兼二子於金馬矣。梁書張率傳。率爲待詔賦奏之。甚見稱賞。手敕答。

手敕答劉孝綽

美錦未可便製。簿領亦宜稍習。梁書劉孝綽傳。孝綽遷太子舍人。俄以本官兼尚書水部郎。奉啟陳謝。手敕答。又見御覽二百十八。

敕何胤

頃者學業淪廢。儒術將盡。閭閻搢紳。尠聞好事。吾每思弘獎其風。未移。當晨興言爲歎。本欲屈卿暫出。開導後生。既屬廢業。此懷未遂。延佇之勞。載盈夢想。理舟虛席。須俟來秋。所望惠然。申其宿抱耳。卿門徒中經明行修。厥數有幾。且欲瞻彼堂堂。眞此周行。便可具以名聞。副其勞望。梁書何胤傳。

比歲學者。殊爲寡少。良由無復聚徒。故明經斯廢。每一念此。爲之慨然。卿居儒宗。加以德素。當敕後進有意向者。就卿受業。想深思誨誘。使斯文載興。同上。

敕答陸倕

太子中舍人陸倕所製石闕銘。辭義典雅。足爲佳作。昔虞丘辨物。邯鄲獻賦。賞以金帛。前史美談。可賜絹三十匹。梁書陸倕傳。

敕何點弟胤　天監三年

賢兄徵君。弱冠拂衣。華首一操。心遊物表。不滯近跡。脫落形骸。尋之遠理。性情勝致。遇興彌高。文會酒德。無際逾遠。朕膺籙受圖。思長聲教。朝多君子。既貴成雅俗。野有外臣。宜弘此難進。方賴清徽。式隆大業。昔在布衣。情期早著。資以仲虞之秩。待以子陵之禮。聽覽暇日。角巾引見。窅然汾射。茲焉有託。一旦萬古。良懷震悼。卿友于純至。親從殞亡。偕老之願。致使反奪。纏綿永恨。伊何可任。永矣奈何。梁書何點傳。

敕晉安王

孔休源人倫儀表。汝年尚幼。當每事師之。梁書孔休源傳。

敕徐勉

卿寒士。而子與王志子同迎。偃王以來。未之有也。南史六十徐勉傳。暘徐迎主簿。勉子崧充南徐選直。帝敕之。

手敕答沈衆

卿文體翩翩。可謂無忝爾祖。陳書沈衆傳。武帝令衆爲竹賦。賦成奏。帝善之。手敕答。案衆。沈約孫。

敕賜費昶

才意新拔。有足嘉異。昔邸惲博物。卞蘭巧辭。束帛之賜。實惟勸善。可賜絹十匹。南史七十二何思澄傳。江夏費昶作鼓吹曲。武帝重之。敕。

敕捨道事佛 天監三年四月

門下。大經中說道有九十六種。唯佛一道。是於正道。其餘九十五種。皆是外道。朕捨外道以事如來。若有公卿能入此誓者。各可發菩提心。老子周公孔子等。雖是如來弟子。而為化既邪。止是世間之善。不能革凡成聖。公卿百官侯王宗室。宜反偽就眞。捨邪入正。故經教成實論說云。若事外道心重。佛法心輕。即是邪見。若心一等。是無記。不當善惡。事佛心強。老子心弱者。乃是清信。言清信者。清是表裏俱淨。垢穢惑累皆盡。信是信正不邪。故言清信佛弟子。其餘諸信。皆是邪見。不得稱清信也。門下速施行。釋藏陪八。又篤八。

敕答邵陵王綸 四年四月

能改迷入正。可謂是宿植勝因。宜加勇猛也。同上。

仁當作神

敕有司禁斷蒐捕 十二年

近以仁實愛民。不責無識。所貴誠信。非尚血膋。凡有水旱之患。使歸咎在上。不同牲牢。止告知而已。而萬姓祈求。諂黷為事。山川小祇。難期正直。晴雨或乖。容市民怨。愚夫滯習。難用理移。自今祈請報答。可如俗法。所用以身塞咎。事自依前。廣弘明集二十六。唐釋道宣敘梁武斷殺絕宗廟犧牲事。

手敕報皇太子 大同中

頃年已來。處處之役。唯資徒謫。逐急充配。若科制繁細。義同簡約。均須之處。終不可得。引例興訟。紛紜方始。防杜姦巧。自是為難。更當別思。取其便也。隋書刑法志。

敕湘東王

到溉非直為汝行事。足為汝師。間有進止。每須詢訪。梁書到溉傳。

與劉之遴手敕

朕聞妻子具。孝衰於親。爵祿具。忠衰於君。卿既內足。理忘奉公之節。梁書劉之遴傳。

與江革手敕

世間果報。不可不信。豈得底突。如對元延明邪。梁書江革傳。

敕太子進食 普通七年十一月

聞汝所進過少。轉就羸瘵。我比更無餘病。正為汝如此。胷中亦圯塞成疾。故應強加饘粥。不使我恆爾懸心。梁書昭明太子傳。

敕答蕭子雲請改郊廟樂辭

此是主者守株。宜急改也。梁書蕭子雲傳。

敕蕭子雲撰定郊廟樂辭

郊廟歌辭。應須典誥大語。不得雜用子史文章淺言。而沈約所撰。亦多舛謬。同上。

敕雍州刺史蕭續

賀拔勝北間驍將。汝宜慎之。勿與爭鋒。魏書賀拔勝傳。又周書賀拔勝傳少末一句。

敕責賀琛

謇謇有聞。殊稱所期。但朕有天下四十餘年。公車讜言。見聞聽覽。所陳之事。與卿不異。常欲承用。無替懷抱。每苦倥偬。更增惽惑。卿珥貂紆組。博物洽聞。不宜同於闒茸。止取名字。宣之行路。言我能上事。明言得失。恨朝廷之不能用。或誦離騷。蕩蕩其無人。遂不御乎千里。或誦老子。知我者希。則我貴矣。如是獻替。莫不能言。正旦獸罇。皆其人也。卿可分別言事。啟乃心。沃朕心。卿云。今北邊稽服。政是生聚教訓之時。而民失安居。牧守之過。朕無則哲之知。觸向多弊。四聰不開。四明不達。內省責躬。無處逃咎。堯為聖主。四凶在朝。況乎朕也。能無惡人。但大澤之中。有龍有蛇。縱不盡善。不容皆惡。卿可分別顯出。某刺史橫暴。某太守貪殘。某官長凶虐。尚書蘭臺主書舍人。某人姦猾。某人取與。明言其事。得以黜陟。向令舜但聽公車上書。四凶終自不知。堯亦不爲闇主。卿又云。東境戶口空虛。良由使命繁多。但未知此是何使。卿云。駕囧邑宰。則拱手聽其漁獵。桀黠長吏。又因之而爲貪殘。並何姓名。廉平摯肘。復是何人。朝廷思賢。有如飢渴。廉平摯肘。實爲異事。宜速條聞。當更擢用。凡所遣使。多由民訟。或復軍糧。諸所飈急。蓋不獲已而遣之。若不遣使。天下枉直。云何綜理。事實云何濟辦。惡人日滋。善人日蔽。欲求安臥。其可得乎。不遣使而得事理。此乃佳事。無足而行。無翼而飛。能到在所。不威而伏。豈不幸甚。卿既言之。應有深見。宜陳祕術。不可懷寶迷邦。卿又云。宰守貪殘。皆由滋味過度。貪殘糜費。已如前荅。漢文雖愛露臺之產。鄧通之錢。布於天下。以此而治。朕無愧焉。若以下民飲食過差。亦復不然。天監之初。思之已甚。其勤力營產。則無不富饒。惰游緩事。則家業貧窶。勤修產業。以營盤案。自己營之。自己食之。何損於天下。無賴子弟。惰營產業。致於貧窶。無可施設。此何益於天下。且又意雖曰同富。富有不同。慳而富者。終不能設。奢而富者。於事何損。若使朝廷緩其刑。此事終不可斷。若急其制。則曲房密室之中。云何可知。若家家搜檢。其細已甚。欲使吏不呼門。其可得乎。更相恐脅。以求財帛。足長禍萌。無益治道。若以此指朝廷。我無此事。昔之牲牢。久不宰殺。朝中會同。菜蔬而已。意粗得奢約之節。若復減此。必有蟋蟀之譏。若以爲功德事者。皆是園中之所產育。功德之事。亦無多費。變一瓜爲數十種。食一菜爲數十味。不變瓜菜。亦無多種。以變故多。何損於事。亦豪芥不關國家。如得財如法而用。此不愧乎人。我自除公宴。不食國家之食。多歷年稔。乃至宮人。亦不食國家之食。積累歲月。凡所營造。不關材官。及以國匠。皆資雇借。以成其事。近之得財。頗有方便。民得其利。國得其利。我得其利。營諸功德。或以卿之心。度我之心。故不能得知。所得財用。暴於天下。不得曲辭辨論。卿又云。女妓越濫。此有司之

責。雖然。亦有不同。貴者多畜妓樂。至於勳附。若兩掖。亦復不問家有二八。多畜女妓者。此並宜具言其人。當令有司振其霜豪。卿又云。乃追恨所取爲少。如復傳翼。增其搏噬。一何悖哉。勇怯不同。貪廉各用。勇者可使進取。怯者可使守城。貪者可使捍禦。廉者可使牧民。向使叔齊守於西河。豈能濟事。吳起育民。必無成功。若使吳起而不重用。則西河之功廢。今之文武。亦復如此。取其搏噬之用。不能得不重更任。彼亦非爲朝廷爲之傅翼。卿以朝廷爲悖。乃自甘之。當思致悖所以。卿云。宜導之以節儉。又云。至治者必以淸素爲先。此言大善。夫子言。其身正。不令而行。其身不正。雖令不從。朕絕房室三十餘年。無有淫佚。朕頗自計。不與女人同屋而寢。亦三十餘年。至於居處不過一牀之地。雕飾之物。不入於宮。此亦人所共知。受生不飲酒。受生不好音聲。所以朝中曲宴。未嘗奏樂。此羣賢之所觀見。朕三更出理事。隨事多少。事少。或中前得竟。或事多。至日昃方得就食。日常一食。若晝若夜。無有定時。疾苦之日。或亦再食。昔腰腹過於十圍。今之瘦削。裁二尺餘。舊帶猶存。非爲妄說。爲誰爲之。救物故也。書曰。股肱惟人。良臣惟聖。向使朕有股肱。可得中主。今乃不免居九品之下。不令而行。徒虛言耳。卿今慊言。便罔知所荅。卿又云。百司莫不奏事。詭競求進。此又是誰。何者復是詭事。今不使外人呈事。於義可否。無人廢職。職可廢乎。職廢則人亂。人亂則國安乎。以咽廢飡。此之謂也。若斷呈事。誰尸其任。專委之人。云何可得。是故古人云。專聽生姦。獨任成亂。猶二世之委趙高。元后之付王莽。呼鹿爲馬。卒有閻樂望夷之禍。王莽亦終移漢鼎。卿云。吹毛求疵。復是何人所吹之疵。擘肌分理。復是何人乎。事及深刻繩逐。並復是誰。又云。治署邸肆。何者宜除。何者宜省。國容戎備。何者宜省。何者未須。四方屯傳。何者無益。何者妨民。何處興造。而是役民。何處費財。而是非急。若爲討召。若爲徵賦。朝廷從來。

無有此事。靜息之方。復何者宜各出其事。具以奏聞。卿云。若不及於時大息其民事至方圖知無及也。如卿此言。卽時便是大役其民。是何處所。卿云。國弊民疲。誠如卿言。終須出其事。不得空作漫語。夫能言之。必能行之。富國彊兵之術。急民省役之宜。號令遠近之法。並宜具列。若不具列。則是欺罔朝廷。空示頰舌。凡人有爲。先須內省。惟無瑕者可以戮人。卿不得歷詆內外。而不極言其事。佇聞重奏。當復省覽付之尚書。班下海內。庶亂羊永除。害馬長息。惟新之美。復見今日。梁書賀琛傳。時任職者皆緣飾姦諂深害時政。琛遂啟陳事條封奏。高祖大怒。召主書於前口授敕責琛。

敕貞陽侯淵明 太清元年八月

侯景志清鄴洛。以雪讎恥。其先率大軍。隨機撫定。汝等衆軍。可止於寒山。築堰引清水。以灌彭城。大水一沈。孤城自殄。愼勿妄動。南史五十一梁宗室傳。武帝既納侯景。大舉北侵。以明爲都督水陸諸軍。趣彭城大圖進取。敕

全梁文卷四 武帝 十三

全梁文卷四終

烏程嚴可均校輯

武帝五

荅皇太子請御講敕

省啟欲須吾講具汝等意書云一日二日惟日萬機今復過之年者根熟氣力衰耗荷此觽屐有踰重負日中或得一食或不得食周旦吐握未足爲勞楚君旰食方今非切未明求衣聿來弗休晝勞夜思精華已竭數術多事未獲垂拱兼國務靡寄豈得坐談須道行民安乃當講耳越敕廣弘明集十九

省重啟猶欲須吾講說具汝等所懷亦不異前荅緣邊未入國度多乏如是等事恆須經計其餘繁碎非可具言率土未寧菜食者衆兼款附相繼賞與未周怨望者多懷音者少漢世渾并賈誼亦且流慟魏室無虞楊阜猶云可悲況今爪牙腹心不貳之臣又論

道帷幄之士四聰不開八達路擁王侯雖多維城靡寄晝厲夕惕如履霜刃以朽索馭六馬豈足爲喻詩不云乎知我者謂我心憂不知我者謂我何求方今信非談日汝等必欲爾者自可令諸僧於重雲中講道義也越敕廣弘明集十九

省汝等啟復具所懷汝等未達稼穡之艱難安知天下負重庸主少君所以繼踵顛覆皆由安不思危況復未安者邪殷鑒不遠在於前代吾今所行雖異曩日但知講說不憂國事則與彼人異術同亡易言其亡繫于苞桑斯則乾乾夕惕謹而後免汝等思之一二具如前敕越敕廣弘明集十九

荅晉安王請開講啟敕

省啟具汝所懷法事既善豈不欣然吾內外衆緣憂勞紛總食息無暇廢事論道是所未遑汝便爲未體國也越敕廣弘明集十九

荅晉安王謝開講般若啟敕

省啟具之爲汝講金字般若波羅蜜經發題始竟四衆雲合華夷畢集連兩累日深慮廢事景物開明幽顯同慶實相之中本無去來身雖不到心靡不在善自調養慎勿牽勞尚有兩旬日數猶賒今雖不同後會未晚也吾始還臺不復多敕越敕廣弘明集十九

敕荅皇太子所上大法頌

皇帝問太子省表幷見所製大法頌詞義兼美覽以欣然廣弘明集二十

荅菩提樹頌手敕

省啟覽所上菩提樹頌裙採致佳辭味清淨仰讚法王稱歎道樹意思口說乃至手書極得三業之善但所言國美皆非事實不無綺語過也越敕廣弘明集十五

荅晉安王謝幸善覺寺啟敕

汝所營建慈悲寶剎諸佛威神不營多功纔欲運力卽便豎立幽顯欣仰我亦隨喜不得與汝同共瞻禮此以爲恨耳越敕廣弘明集十六

敕荅臣下神滅論

位現致論要當有體欲談無佛應設賓主標其宗旨辨其短長來就佛理以屈佛理則有佛之義既顯神滅之論自行豈有不求他意妄作異端運其隔心鼓其騰口虛畫瘡痏空致詆訶篤時之蟲驚疑於往來滯甃之鼃河漢於遠大其故何也淪蒙怠而爭一息抱孤陋而守井幹豈知天地之長久溟海之壯闊孟軻有云人之所知不如人之所不知信哉觀三聖設教皆云不滅其文浩博難可具載止舉二事試以爲言祭義云惟孝子爲能饗親禮運云三日齊必見所祭若謂饗非所饗見非所見違經背親言語可息神滅之論朕所未詳弘明集□□□

敕光祿大夫江蒨

純臣孝子往往感應晉世顏含遂見冥中送藥近見智者知卿弟二息感夢云飲慧眼水慧眼則是五眼之一號若欲造寺可以慧

眼爲名。（梁書孝行江紑傳。）

敕沈約撰佛記序

去歲令虞闡等撰佛記。幷令作序。序體不稱。頻治改。猶未盡致。尋佛教因三假以寄法。藉二諦以明理。達相求宗。不著會道。論其旨歸。似未至極。乃不應以此相煩。亦是一途善事。可得爲厝筆。不以故指敕闡等結序未體。又似小異。（廣弘明集十五。）

敕答沈約

記序始得看。今敕繕寫流布。（同上。）

敕答曹思文

所難二條。當別詳覽也。（弘明集九。）

具一二。纘既背經以起義。乖理以致談。滅聖難以聖責。乖理難以理詰。如此則言語之論。略成可息。（弘明集九。）

與周捨論斷肉敕五首

法寵所言。慚愧而食衆生。此是經中所明羅剎婦女云。我念汝。我食汝。法寵此心。即是經之羅剎。

僧辯所道自死肉。若如此說。鴟鴉鵃鴿。豺虎不死。那不見有一自死者。麞鹿雉兔。充滿野澤。亦不曾見有一自死者。而覓死肉。其就屠殺家。覓死魚必就罾網處。若非殺生。豈有死肉。經言買肉與自殺。此罪一等。我本不自爲。正爲諸僧尼作離苦因緣。

衆生所以不可殺生。凡一衆生。具八萬戶蟲。經亦說有八十億萬戶蟲。若斷一衆生命。即是斷八萬戶蟲命。自死衆生又不可食者。前所附蟲。雖已滅謝。後所附蟲。其數復衆。若煑若炙。此斷附蟲。皆無以復命。利舌端少味。害無量衆生。其中小者。非肉眼能覩。其中大者。灼然其見。滅慈悲心。增長惡毒。此實非沙門釋子所可應行。衆僧食肉。罪劇白衣。白衣食肉。乃不免地獄。而止是一罪。至於衆僧食肉。既犯性罪。又傷戒律。以此爲言。有兩重罪。若是學問衆僧

食肉者。此爲惡業。復倍於前。所以如此。既親達經教。爲人講說。口稱慈悲。心懷毒害。非是不知。知而故犯。言行既違。即成誑妄。論學問人食肉。則罪有三重。所以貴於解義。正爲如說修行。反復噉食魚肉。侵酷生類。作惡知識。起衆怨對。墜墮地獄。疾於穳矛。善惡報應。必也不亡。凡出家人。實宜深思。

聲聞受律儀戒。本制身口七支。一受之後。乃至睡眠悶等。律儀恆生。念念得未曾有律儀。所以爾者。睡眠等非起惡心。故不損不失。乃至常生。若起欲殺心。於聲聞法。雖不失身口戒。而於戒有損。非唯損不殺戒。亦兼汙餘戒。至於手挾齒齧。動身口業。則失身口戒。爾時律儀無作。即斷不續。既失不殺戒。亦損汙餘戒。所以爾者。旃陀羅人爲屠肉時。爲何等人殺。正爲食肉者。若食肉者。即有殺分。於不殺戒。即成有缺。若謂於善律儀。受殺生分。於不殺戒。無所缺者。是不善律儀人持八戒齋。是惡律儀猶應相續。若惡律儀人持八戒齋。惡律儀不復相續者。是知善律儀人受諸殺分。是不殺戒即時便缺。則解脫戒不復解脫。惡律儀人無論持八戒齋。但起一念善心。惡律儀即斷。若一念不斷。多念亦應不斷。若多念斷。是知一念時斷。善律儀人其事亦爾。無論受諸殺分。有少殺分。不殺律儀即時亦斷。菩薩人持心戒。故自無有食衆生理。若就聲聞戒。終不免地獄等苦。（廣弘明集二十六。）

喻智藏敕

求空自開。依空入慧。高蹈養神。實是勝樂。不違三乘。亦以隨喜。惟別之際。能無悵然。岐路贈言。古人所重。猶勸法師行無礙心。大悲爲首。方便利益。隨時用舍。不宜頓杜。以隔礙心。行菩薩道。無有是處。（續高僧傳。）

敕答釋明徹

省疏增其惡耿。人誰不病。何以遽終過甚。法師至性堅明。道行純

備。往來淨土。去留安養。方除四魔。理無五畏。惟應正念諸佛。不捨大願。與般若相應。直至種智。發菩提心。彼我相攝。方結來緣。敬如所及。菩薩行業。非千百年。善思至理。勿起亂想。覽筆悽懣。不復多云。續高僧傳。

敕答僧正南澗寺沙門慧超

法寵法師。造次舉動。不逾律儀。不使性欲。不事形勢。慈仁愷悌。雅有君子之風。匡政寺廟。信得其人矣。

策永陽王母爲國太妃

維天監二年六月甲午朔十日癸卯。皇帝遣宗室員外散騎侍郎兼散騎常侍蕭敬寶策命永陽王母王氏爲國太妃。曰。於戲。惟爾茂德內湛。粹範外昭。國序凝芬。藩庭仰訓。是用式遵舊典。載章徽服。往欽哉。肅茲休烈。可不慎歟。古刻叢鈔徐勉撰永陽王敬太妃墓誌銘。

諡始興王憺冊 普通三年十一月

咨故侍中司徒驃騎將軍始興王。夫忠爲令德。武謂止戈。於以用之。載在前志。王有佐命之元勳。利民之厚德。契闊二紀。始終不渝。是用方軌往賢。稽擇故訓。鴻名美義。允臻其極。今遣兼大鴻臚程爽。諡曰忠武。魂而有靈。歆茲顯號。嗚呼哀哉。梁書始興王憺傳。

璽書詰范縝 天監四年

亮少乏才能。無聞時輩。昔經冒入羣英。相與豈薄。晚節諂事江祏。爲吏部未協。附梅蟲兒茹法珍。遂執昬政。比屋罹禍。盡家塗炭。四海沸騰。天下橫潰。此誰之咎。食亂君之祿。不死於治世。亮協固凶黨。作威作福。靡衣玉食。女樂盈房。勢危事逼。自相吞噬。建石首題啟靡請罪。朕錄其白旗之來。貰其既往之咎。亮反覆不忠。姦賄彰暴。有何可論。妄相談述。具以狀對。梁書王亮傳。

宣旨張綰

爲國之急。惟在執憲。直繩用人。本不限升降。晉宋之世。周閔蔡廓並以侍中爲之。卿勿疑是左遷也。梁書張綰傳。

宣旨太子進食 普通七年十一月

毀不滅性。聖人之制。禮不勝喪。比於不孝。有我在。那得自毀如此。可即彊進飲食。梁書昭明太子傳。

敕司州下令軍中 建武二年

望麾而進。聽鼓而動。南史六。

入屯閱武堂下令

皇家不造。遭此昬凶。禍挻動植。虐被人鬼。社廟之危。蠢焉如綴。吾身籍皇宗。曲荷先顧。受任邊疆。推轂萬里。眷言瞻烏。痛心在目。故率其尊主之情。厲其忘生之志。雖寶麻重升。明命有紹。而獨夫醜縱。方煽京邑。投袂援戈。克弭多難。虐政橫流。爲日既久。同惡相濟。諒非一族。仰稟朝命。任在專征。思播皇澤。被之率土。凡厥負釁。咸與惟新。可大赦天下。唯王咺之等四十一人不在赦例。梁書武帝紀上。

夫樹以司牧。非役物以養生。視人如傷。豈肆上以縱虐。廢主棄常。自絕宗廟。窮凶極悖。書契未有。征賦不一。苛酷滋章。緹繡土木。菽粟犬馬。徵發閭左。以充繕築。流離寒暑。繼以疫厲。轉死溝渠。曾莫救恤。朽肉枯骸。烏鳶是厭。加以天災人火。屢焚宮掖。官府臺寺。尺椽無遺。悲甚黍離。痛兼麥秀。遂使億兆離心。彊徼侵弱。斯人何辜。離此塗炭。今明昬遞運。大道公行。思治之氓。來蘇茲日。猥以寡薄。屬當大寵。雖運距中興。艱同草昧。思闡皇休。與之更始。凡昬制謬賦。淫刑濫役。外可詳檢前源。悉皆除蕩。其主守散失。諸所損耗。精立科條。咸從原例。同上。

永元之季。乾維落紐。政實多門。有殊衞文之代。權移於下。事等曹恭之時。遂使閽尹有翁嫗之稱。高安有法堯之旨。鬻獄販官。錮山護澤。開塞之機。奏成小醜。直道正義。擁抑彌年。懷冤抱理。莫知誰訴。姦吏因之。筆削自己。豈直賈生流涕。許伯哭時而已哉。今理運惟新。政刑得所。矯革流弊。實在茲日。可通檢尚書衆曹東昏時諸諍訟失理。及主者淹停不時施行者。精加訊辨。依事議奏。同上。

義師臨陣致命。及疾病死亡者。並加葬斂。收恤遺孤。同上。

朱爵之捷。逆徒送死者。特許家人殯葬。若無親屬。或有貧苦。二縣長尉。即爲埋掩。建康城內。不達天命。自取淪滅。亦同此科。同上。

夫在上化下。草偃風從。世之澆薄。恆由此作。自永元失德。書契未紀。窮凶極悖。焉可勝言。既而璇室外構。傾宮內積。奇技異服。殫所未見。上慢下暴。淫侈競馳。國命朝權。政移近習。販官鬻爵。賄貨公行。並甲第康衢。漸臺廣室。長袖低昂。等和戎之賜。珍羞百品。同伐冰之家。愚人因之。浸以成俗。驕豔競爽。夸麗相高。至乃市井之家。貂狐在御。工商之子。緹繡是襲。日入之次。夜分未反。昧爽之朝。期之淸旦。聖明肇運。厲精惟始。雖曰纘戎。殆同創革。且淫費之後。繼以興師。巨橋鹿臺。凋罄不一。孤忝荷大寵。務在澄淸。思所以仰述皇朝大帛之旨。俯厲微躬鹿裘之義。解而更張。斲雕爲樸。自非可以奉粢盛。修紱冕。習禮樂之容。繕甲兵之備。此外衆費。一皆禁絕。御府中署。量宜罷省。掖庭備御妾之數。大予絕鄭衞之音。其中有可以率先卿士。准的甿庶。菲食薄衣。請自孤始。加羣才並軌。九官咸事。若能人務退食。競存約己。移風易俗。庶朞月有成。昔毛玠在朝。士大夫不敢靡衣偷食。魏武歎曰。孤之法不如毛尚書。孤雖德謝往賢。任重先達。實望多士。得其此心。外可詳爲條格。同上。

即梁王位赦令

孤以虛昧。任執國鈞。雖夙夜勤止。念在興治。而育德振民。邈然尚遠。聖朝永言舊式。隆此眷命。侯伯盛典。方軌前烈。嘉錫隆被。禮數昭崇。徒守愿節。終隔體諒。羣后百司。重茲敦獎。勉茲厚顏。當此休祚。望昆彭以長想。欽桓文而歎息。思弘政塗。莫知津濟。邦甸初啟。藩宇惟新。思覃嘉慶。被之下國。國內殊死以下。今月十五日昧爽以前。一皆原赦。鰥寡孤獨不能自存者。賜穀五斛。府州所統。亦同蠲蕩。梁書武帝紀上。

立選簿表

臣聞以言取士。士飾其言。以行取人。人竭其行。所謂才生於代。窮達惟時。而風流遂往。馳騖成俗。媒孼夸衒。利盡錐刀。遂使官人之門。肩摩轂擊。豈直暴蓋露冠。不避寒暑。遂乃戢屨杖策。風雨必至。良由鄉舉里選。不師古始。稱肉度骨。遺之管庫。加以山河梁畢。闕輿徵之恩。金張許史。忘舊業之替。吁可傷哉。且夫譜諜訛誤。詐僞多緒。人物雅俗。莫肯留心。是以冒襲良家。即成冠族。妄修邊幅。便爲雅士。負俗深累。遽遭寵擢。墓木已拱。方被徵榮。故前代選官。皆立選簿。應在貫魚。自有銓次。冑籍升降。行能臧否。或素定懷抱。或得之輿論。故得簡通賓客。無事掃門。頃代陵夷。九流乖失。其有勇退忘進。懷質抱眞者。選部或以未經朝謁。難於進用。或有晦善藏聲。自埋衡蓽。又以名不素著。絕其階緒。必須畫刺投狀。然後彈冠。則是驅迫廉撝。獎成澆競。愚謂自今選曹。宜精隱括。依舊立簿。使冠屨無爽。名實不違。庶人識崖涘。造請自息。且聞中間立格。甲族以二十登仕。後門以過立試吏。求之愚懷。抑有未達。何者。設官分職。惟才是務。若八元立年。居皂隸而見抑。四凶弱冠。處鼎族而宜甄。是則世祿之富。無意爲善。布衣之士。肆心爲惡。豈所以弘獎風流。希向後進。此實巨蠹。尤宜刊革。不然。將使周人有路傍之泣。晉臣興漁獵之歎。且俗長浮競。人寡退情。若限歲登朝。必增年就宦。故貌實昏童。籍已踰立。滓穢名教。於斯爲甚。臣總司內外。憂責是任。朝政得失。義不容隱。伏願陛下垂聖淑之姿。降聽覽之末。則彝倫自穆。憲章惟允。梁書武帝紀上。又略見南史六通典十四。

請徵謝朏何胤表

夫窮則獨善。達以兼濟。雖出處之道。其揆不同。用捨惟時。賢哲是蹈。前新除侍中太子少傅朏。前新除散騎常侍太子詹事都亭侯胤。羽儀世胄。徽猷冠冕。道業德聲。康濟雅俗。昔居朝列。素無宦情。賓客簡通。公卿罕預。簪紱未䘲而風塵擺落。且文宗儒肆。互居其長。淸規雅裁。兼擅其美。並達照深識。預覩亂萌。見庸質之如初。知貽厥之無寄。拂衣東山。眇絕塵軌。雖解組昌運。實避昏時。家膺鼎食。而甘玆橡艾。世襲靑紫。而安此懸鶉。自澆風肇扇。用南成俗。淳流素軌。餘烈頗存。誰其激貪功歸有道。康俗振民。朝野一致。雖在江海。而勳同魏闕。今泰運甫開。賤貧爲恥。況乎久蘊瑚璉。暫厭承明。而可得求志海隅。永追松子。臣負荷殊重。參贊萬機。實賴羣才。共成棟幹。思挹淸源。取鏡止水。思欲屈居僚首。朝夕諮諏。庶足以翼宣寡薄。式是王度。請並補臣府軍諮祭酒。（梁書謝朏傳。高祖平京邑。進位相國。表請朏、胤。）

孔傳舜典議

孔序稱伏生誤合五篇。皆文相承接。所以致誤。舜典首有曰若稽古。伏生雖昏耄。何容合之。（經典釋文敘錄。齊明帝建武中。吳興姚方興采馬王之注。造孔傳舜典一篇。云於大航頭買得。上之。梁武時爲博士。議云云。遂不行用。）

南郊明堂異日議

孝經鄭玄注云。上帝亦天別名。如鄭旨。帝與天亦言不殊。近代同辰。良亦有據。魏太和元年正月丁未。郊祀武皇帝以配天。宗祀文皇帝於明堂。以配上帝。此則已行之前准。（南齊書禮志上。永明二年。司徒西閤祭酒梁王議。）

移檄京邑

夫道不常夷。時無永化。險泰相沿。晦明非一。皆屯困而後亨。資多難以啟聖。故昌邑悖德。孝宣聿興。海西亂政。簡文升歷。並拓緒開基。紹隆寶命。理驗前經。事昭往策。獨夫擾亂天常。毀棄君德。姦回淫縱。歲月滋甚。挺虐於髫鬋之年。植險於髫丱之日。猜忌凶毒。觸

鬋當作鬌

途而著。暴戾昏荒。與事而發。自大行告漸。喜容前見。梓宮在殯。靦無哀色。讙娛遊宴。有過平常。奇服異衣。更極誇麗。至於選采妃嬪。姊妹無別。招侍巾櫛。姑姪莫辨。掖庭有稗販之名。姬姜被干殳之服。至乃形體宣露。褻衣顛倒。斬斮其間。以爲懽笑。騁肆淫放。驅屏郊邑。老弱波流。士女塗炭。行產盈路。輿尸竟道。母不及抱。子不遑哭。劫掠剽虜。以日繼夜。晝伏宵遊。曾無休息。淫酗酱肆。酣歌壚邸。寵恣愚豎。亂惑妖孽。梅蟲兒、茹法珍。臧獲廝小。專制威柄。誅翦忠良。屠滅卿宰。劉鎮軍舅氏之尊。盡忠奉國。江僕射外戚之重。竭誠事上。蕭領軍葭莩之宗。志存柱石。徐司空、沈僕射。搢紳冠冕。人望攸歸。或渭陽餘感。或勳庸允穆。或誠著艱難。或劬勞王室。並受遺託。同參顧命。送往事居。俱竭心力。宜其慶溢當年。祚隆後裔。而一朝齏粉。孩稚無遺。人神怨結。行路嗟憤。蕭令君忠公幹伐。誠貫幽顯。往年寇賊遊魂。南鄭危逼。拔刃飛泉。孤城獨振。及中流逆命。憑陵京邑。謀猷禁省。指授羣師。剋翦鯨鯢。淸我王度。崔慧景奇鋒迅駭。兵交象魏。武力喪魂。義夫奪膽。投名送款。比屋交馳。負糧景從。思智競赴。復誓旅江甸。奮不顧身。獎厲義徒。電掩彊敵。剋殲大憝。以固皇基。功出桓文。勳超伊呂。而勞謙省己。事昭心迹。功遂身退。不祈榮滿。敦賞未聞。禍酷遄及。預稟精靈。孰不冤痛。而羣孽放命。蜂蠆懷毒。乃遣劉山陽驅扇逋逃。招逼亡命。潛圖密構。規見掩襲。蕭右軍、夏侯征虜。忠斷夙舉。義形於色。奇謀宏振。應手梟懸。天道禍淫。罪不容戮。至於悖禮違教。傷化虐人。射天彈路。比之猶善。刳胎斮脛。方之非酷。盡寓縣之竹。未足紀其過。窮山澤之兔。不能書其罪。自草昧以來。圖牒所記。昏君暴后。未有若斯之甚者也。既人神乏主。宗稷阽危。海內沸騰。氓庶板蕩。百姓懍懍。如崩厥角。蒼生喁喁。投足無地。莫府荷眷前朝。義均休戚。上懷委付之重。下惟在原之痛。豈可臥薪引火。坐觀傾覆。至尊體自高宗。特鍾慈寵。明並

伐當作代

日月。粹昭靈神。祥啟元龜。符驗當璧。作鎮陝藩。化流西夏。謳歌攸奉。萬有樂推。右軍蕭穎冑。征虜將軍夏侯詳。並同心翼戴。即宮舊楚。三靈再朗。九縣更新。升平之運。此焉復始。康哉之盛。在乎茲日。然帝德雖彰。區宇未定。元惡未黜。大邑猶梗。仰稟宸規。率前啟路。即日遣冠軍竟陵內史曹景宗等二十軍主。長槊五萬。驥騄爲羣。鶚視爭先。龍驤並驅。步出橫江。直指朱雀。長史冠軍將軍襄陽太守王茂。率三十軍主。戈船七萬。乘流電激。推鋒扼險。斜趣白城。南中郎諮議參軍軍主蕭偉等三十九軍主。巨艦迅檝。衝波噎水。旗鼓八萬。焱集石頭。南中郎諮議參軍軍主蕭憺等四十二軍主。熊羆之士。甲楯十萬。沿波馳艓。掩據新亭。益州刺史劉季連、梁州刺史柳惔、司州刺史王僧景、魏興太守裴師仁、上庸太守韋叡、新城太守崔僧季。並肅奉明詔。龔行天罰。蜀漢果銳。沿流而下。淮汝勁勇。望波遄騖。幕府總率貔貅。驍勇百萬。繕甲燕弧。屯兵冀馬。從金

沸地。鳴鞞聒天。霜鋒曜日。朱旗絳寓。方舟千里。駱驛係進。蕭右軍訏謨上才。兼資文武。英略峻遠。執鈞匡世。擁荊南之眾。督四方之師。宣讚中權。奉衛輿駕。旍麾所指。威稜無外。龍驤獸步。並集建業。黜放愚狡。均禮海昏。廓清神甸。埽定京宇。譬猶崩泰山而壓螘壤。決懸河而注熛燼。豈有不殄滅者哉。今資斧所加。止梅蟲兒茹法珍而已。諸君或世冑羽儀。書勳王府。皆俛眉姦黨。受制凶威。若能因變立功。轉禍爲福。並誓河岳。永紆青紫。若執迷不悟。距逆王師。大眾一臨。刑茲罔赦。所謂火烈高原。芝蘭同泯。勉求多福。無貽後悔。賞罰之科。有如白水。（梁書武帝紀上。）

全梁文卷五終

烏程嚴可均校輯

武帝六

答蕭穎胄書

今坐甲十萬。糧用自竭。況所藉義心。一時驍發。事事相接。猶恐疑怠。若頓兵十旬。必生悔吝。童兒立異。便大事不成。今太白出西方。仗義而動。天時人謀。有何不利。處分已定。安可中息。昔武王伐紂。行逆太歲。復須待年月乎。□□□□□（案張溥本有武帝手書喻袁昂一篇見梁書袁昂傳又見南史二十六。今據江革傳編入江革文。）

與何胤書

想恆清豫。縱情林壑。致足懽也。既內絕心戰。外勞物役。以道養和。履候無爽。若邪擅美東區。山川相屬。前世嘉賞。是爲樂土。僕推遷簿官。自東徂西。悟言素對。用成睽闊。傾首東顧。曷日無懷。疇昔懽遇。曳裾儒肆。實欲臥遊千載。畋漁百氏。一行爲吏。此事遂乖。屬以世道威夷。仍離屯故。投袂數千。克黜釁禍。思得賜卷諸款。寓情古昔。夫豈不懷。事與願謝。君清襟素託。棲寄不近。中居人世。殆同隱淪。既俯拾青組。又脫屣朱黻。但理存用捨。義貴隨時。往識禍萌。實爲先覺。超然獨善。有識欽嗟。今者爲邦。貧賤咸恥。好仁由己。幸無凝滯。比別具白。此未盡言。今遣候承音息。矯首還翰。慰其引領。（梁書何胤傳。高祖霸府建。引胤爲軍謀祭酒。與書。）

與諸王及吳平侯景書稱周捨

弟捨立議。引武王周公故事。皆曰汝從之。（南史□□□□□□）

手書與蕭寶夤 天監十五年

謝齊建安王寶夤。亡兄長沙宣武王昔投漢中。値北寇華陽。地絕一隅。內無素畜。外絕繼援。守危疏勒。計踰田單。卒能全土破敵。以弱爲強。使至之日。君臣動色。左右相賀。齊明帝每念此功。未嘗不歎箸咨嗟。及至張永崔慧景事。大將覆軍於外。小將懷貳於內。事危累卵。勢過綴旒。亡兄忠勇奮發。旋師大峴。重圍累日。一鼓魚潰。克定慧景。功踰桓文。亡弟衛尉。兄弟戮力。盡心內外。大勳不報。翻罹茶酷。百口幽執。禍害相尋。朕於齊明帝。外有龕敵之力。內盡帷幄之誠。日自三省。曾無寸咎。遠身邊外。亦復不免。遂遣劉山陽輕舟西上。來見掩襲。時危事迫。勢不得已。所以誓衆樊鄧。會踰孟津。本欲翦除梅蟲兒茹法珍等。以雪冤酷。拔濟親屬。反身素里。屬張稷王珍國已建大事。寶晊子晉屢動危機。迫樂推之心。應上天之命。事不獲已。豈其始願。所以自有天下。絕棄房室。斷除滋味。正欲使四海見其本心耳。勿謂今日之位。是爲可重。朕之視此。曾不如一芥。雖復崆峒之蹤難追。汾陽之志何遠。而今立此堰。卿當未達本意。朕於昆蟲。猶不欲殺。亦何急爭無用之地。戰蒼生之命也。正爲李繼伯在壽陽侵犯邊境。歲月滋甚。或攻小城小戍。或掠一村一里。若小相酬答。終無寧日。邊邑爭桑。吳楚連禍。所以每抑鎮戍不與校計。繼伯既得如此。濫竊彌多。今修此堰。止欲以報繼伯侵盜之役。既非大舉。所以不復文移北土。卿幼有倜儻之心。早懷縱橫之氣。往日卿於石頭舉事。雖不克捷。亦丈夫也。今止河洛。眞其時矣。雖然爲卿計者。莫若行率此衆。襲據彭城。別當遣軍。以相應接。得捷之後。便遣卿兄子屏侍送卿國廟。并卿室家及諸姪從。若方欲還北。更設奇計。恐機事一差。難復重集。勿爲韓信。受困野雞。（魏書蕭寶夤傳。）

答陶弘景書 四首

近二卷欲少留。差不爲異。紙卷是出裝書。既須見前。所以付耳。無正可取備於此。及欲更須細書。如論箴例。逸少迹無甚極細書。樂毅論乃微麤健。恐非眞跡。太師箴小復方媚。筆力過嫩。書體乖異。二者已經至鑒。其外便無可付也。（道藏本陶隱居集。）

又省別疏云故當宜微以著賞此既勝事雖風訓非嫌云云然非所習聊試略言夫運筆邪則無芒角執手寬則書緩弱點掣短則法擁腫點掣長則法離斷畫促則字橫畫疏則形慢拘則乏勢放又少則純骨無媚純肉無力少墨浮澀多墨笨鈍比並皆然任意所之自然之理也若抑揚得所趣舍無違值筆連斷觸勢峯鬱揚波折節中規合矩分閒下注濃纖有方肥瘦相和骨力相稱婉婉曖曖視之不足稜稜凜凜常有生氣適眼合心便爲甲科衆家可識亦當復貫串耳六義可工亦當復由習耳一鬬能持一見能記且古且今不無其人大抵爲論終歸是習程邈所以能變書體爲之舊也張芝所以能善書工學之積也既舊既積方可以肆其談吾少來乃至不嘗畫甲子無論於篇紙老而言之亦復何謂正足見嗤於當今貽笑於後代遂有獨冠之言覽之背熱隱真於是乎累真矣此直一藝之工非吾所謂勝事此道心之塵非吾所謂無欲也。道藏本陶隱居集又略見御覽七百七十八

省區別諸書良有精賞所異同所可未知悉可否耳給事黃門二紙爲任竫書觀所送竫書諸字相附近二紙竫書體解離便當非竫書復當以點畫波撆論極諸家之致此亦非可倉卒運於毫紙且保拙守中也許任二迹并摹者並付反。道藏本陶隱居集

鍾書乃有一卷傳以爲真意謂悉是摹學多不足論有兩三行許似摹微得鍾體逸少學鍾的可知近有二十許首此外字細畫短多是鍾法今欲令人帖褒未便得付來月有竟者當遣送也。同上

答陶弘景書

知欲從上想諮請幽勝謀及蓍龜但遷徙之日爲當使人爲當使鬼猶躊躇因地其不滅也。同上

答陶弘景進周氏冥通記書

省疏并見周氏遺跡真言顯然符驗前誥二三明白益爲奇特四

卷今留之見淵文并具一二唯增降歎。同上

與某書

數朝腳氣轉動不得多有憂懸情也二謝處委曲復當有情故舊數有書問否可復有興也知何時再言話報之。淳化閣帖一

衆軍行人最今封如別曹郢州近遣樊士真領三百人猶在漁湖其應用行合應有四千人故指白蕭衍疏。淳化閣帖一

報侯景書　三首

大夫出境尚有所專況始創奇謀將建大業理須適事而行隨方以應卿誠心有本何假詞費

朕與公大義已定豈有成而相納敗而相棄乎今高氏有使求和朕亦更思偃武進退之宜國有常制公但清靜自居無勞慮也

朕爲萬乘之主豈可失信於一物想公深得此心不勞復有啟也

□□□□□□□□

復鄴人書

貞陽旦至侯景夕反。南史八十侯景傳景僞作鄴人書求以貞陽侯換景帝復書

爲手書與諸軍

確若不入者宜以軍法送之。魏書蕭衍傳蕭確趙威方爲景所得景乃謂衍曰召此二人入城者吾當解圍衍又爲手書與諸軍

答任昉奏郊廟備六代樂

周官分樂饗祀虞書止鳴兩懸求之於古無宮懸之議何事人禮縟事神禮簡也天子襲袞而致敬不文觀天下之物無可以稱其德者則以少爲貴矣大合樂者是使六律與五聲克諧八音與萬舞合節耳豈謂致鬼神祇用六代樂也其後即言分樂序之以祭以享此乃曉然可明謂則失其旨矣推檢載籍初無郊禋宗廟徧舞六代之文唯明堂位曰禘祀周公於太廟朱干玉戚冕而舞大武皮弁素積裼而舞大夏納夷蠻之樂於太廟言廣魯於天下也

夫祭尚於敬。無使樂繁禮黷。是以季氏逮闇而祭。繼之以燭。有司跛倚。其爲不敬大矣。他日祭。子路與焉。質明而始。晏朝而退。孔子聞之曰。誰謂由也不知禮乎。若依肅議。郊既有迎送之樂。又有登歌。各頌功德。徧以六代繼之。出入方待樂終。此則乖於仲尼韙晏朝之意矣。隋書音樂志上。

案言大合樂者。是使六律與五聲克諧。八音與舞蹈合節耳。豈謂致鬼神祇用六代樂也。其後卽言乃分樂而序之。以祭以享以祀。此則曉然已明。肅則失其旨矣。推檢記載。初無宗廟郊禋徧舞之文。唯明堂位云。以禘禮祀周公於太廟。朱干玉戚。冕而舞大武。皮弁素積。裼而舞大夏。納夷蠻之樂於太廟。言廣德於天下也。案所以舞大武大夏者。止欲備其文武二舞耳。非兼用六代也。夏以文受。周以武功。所以兼之。而不用濩者。濩武舞也。周監於二代。質文乃備。納蠻夷樂者。此明功德所須。蓋止施禘祭。不及四時也。今四海之祭。而不徧舞者何。夫祭尚於敬。不欲使樂繁禮縟。故季氏逮闇而祭。日不足。繼之以燭。雖有強力之容。肅敬之心。皆倦怠矣。有司跛倚以臨祭。其爲不敬大矣。他日祭。子路與焉。質明而始行事。晏朝而退。孔子聞之曰。誰謂由也而不知禮乎。儒者知子頹宴享猶舞六代。不知有司跛倚不敬已大。若依肅議用六代樂者。郊既有迎神之樂。又有登歌。各頌功德。徧以六代繼之。出入方待樂終。然後罷祭者。此則乖仲尼韙晏朝之旨。若三獻禮畢。卽便卒事。則無勞於徧舞也。通典一百四十七。

荅南司奏免臨川王宏

愛宏者兄弟私親。免宏者王者正法。所奏可。南史五十一臨川王宏傳。宏妾弟吳法壽殺人。南司奏免宏司徒驃騎揚州刺史。

荅皇太子啟諮降服大功行三吉

禮云。大功之末。可以冠子。父小功之末。可以冠子。嫁子取婦。已雖

小功。既卒哭。可以冠取妻。下殤之小功則不可。晉代蔡謨謝沈丁纂馮懷等遂云。降服大功。可以嫁女。宋代裴松之何承天又云。女有大功之服。亦得出嫁。范堅荀伯子等。雖復率意致難。亦未能折。太始六年。虞龢立議。大功之末。乃可取婦。於時博詢。咸同龢議。齊永明十一年。有大司馬長子之喪。武帝子女同服大功。左丞顧杲之議云。大功之末。非直皇女嬪降無疑。皇子聘納。亦在非礙。凡此諸議。皆是公背正文。務爲通耳。徐爰王文憲並云。朞服降爲大功。皆不可以婚嫁。於義乃爲不乖。而又不釋其義。天監十年。信安公主當出適。而有臨川長子大功之慘。具論此義。粗已詳悉。太子今又啟。審大功之末。及下殤之小功。行婚冠嫁三吉之事。案禮所言下殤小功。本是朞服。故不得有三吉之禮。況本服是朞。降爲大功。理當不可。人間行者。是用鄭玄逆降之義。雜記云。大功之末。可以冠子嫁子。此謂本服大功。子則小功。踰月以後。於情差輕。所以許有冠嫁。此則小功之末。通得取婦。前所云大功之末。可以冠子嫁子。此則踰出大功之身。不得取婦。後言小功之末。可以冠子嫁子。非直子得冠嫁。亦得取婦。故有出沒。婚禮國之大典。宜有畫一。今宗室及外戚。不得復輒有干啟。禮官不得輒爲曲議。可依此以爲法。隋書禮儀志三。大同六年。皇太子啟。帝云云。

天象論

自古以來。談天者多矣。皆是不識天象。各隨意造。家執所說。人著異見。非直毫釐之差。蓋失千里之謬。戴盆而望。安能見天。譬猶宅蝸牛之角。而欲論天之廣。彼懷蚌螺之殼。而欲測海之多少。此可謂不知量矣。繫辭云。易有太極。是生兩儀。元氣已分。天地設位。清浮升乎上。沈濁居乎下。陰陽以之而變化。寒暑用此而相推。辨尊卑貴賤之道。正內外男女之宜。在天成象。三辰顯曜。在地成形。五雲布澤。斯昏明于晝夜。榮落于春秋。大聖之所經綸。以合三才之

道清浮之氣升而爲天天以妙氣爲體廣遠爲量彌覆無不周運行來往不息一晝一夜圜轉一周彌覆之廣莫能測其邊際運行之妙無有見其始終不可以度數而知不可以形象而譬此天之大體也沈濁之氣下凝爲地地以土水爲質廣厚爲體邊際遠近亦不可知質常安伏寂而不動山岳水海育載萬物此地之大體天地之閒別有升降之氣資始資生以成萬物易曰大哉乾元萬物資始至哉坤元萬物資生資始之氣能始萬物一動一靜或此乃天之別用非卽天之妙體資生之氣能生萬物一翕一闢或此亦地之別用非卽地之妙體四大海之外有金剛山一名鐵圍山金剛山北又有黑山日月循山而轉周遶四口一晝一夜圍繞環帀於南則見在北則隱冬則陽降而下夏則陽升而高高則日長下則日短寒暑昏明皆由此作夏則陽升故日高而出山之道遠冬則陽降故日下而出山之道促出山遠故日長出山促故日短二分則合高下之中故半隱半見所以晝夜均等無有長短日照於南故南方之氣燠日隱在北故北方之氣寒南方所以常溫者冬日近南而下故雖冬而猶溫夏日近北而高故雖夏猶不熱北方所以常寒者日行繞黑山之北黑山之南日光常自不照積陰所聚熏氣遠而不及無冬無夏所以常寒故北風則寒南風則遠一歲之中則日夏升而冬降一日一夜則晝見而夜隱黑山之峯正當北南故夏日雖高而不能遡至寅而見至戌而隱春秋分則居高下之中朝至金剛山之外雖與山平而去山猶遠故爲金剛所障日未能出須至中然後乃見西方亦復如是冬則轉夏所障亦多朝至於辰則出金剛之上夕至於申則入金剛之西四面略齊黑山在北當北彌峻東西連峯近前轉下所以日在北而隱在南而見夫人目所望至遠則極二山雖有高下固不能揜三辰之體理繫陰陽或升或降隨時而動至於天氣清妙無所不同雖自

運動無端日月星辰遲疾各異晷度多不繫乎天金剛自近天之南黑山則近天之北極雖於金剛爲偏而於南北爲心（開元占經一）月體不全光星亦自有光非受命於日若是日曜月所以成光去日遠則光全去日近則光缺五星行度亦去日遠近五星安得不盈缺當知不然太陰之精自有光景但異於太陽不得渾赫星月及日體質皆圓非如圓鏡當如丸矣（開元占經一）

輿駕東行記

有覆船山酒罌山南次高驪山傳云昔有高驪國女來東海神乘船致酒禮聘之女不肯海神撥船覆酒流入曲阿故曲阿酒美也□□□□□□□□

立神明成佛義記

夫涉行本乎立信信立由乎正解解正則外邪莫擾信立則內識無疑然信解所依其宗有在何者願神明以不斷爲精精神必歸

願當作源

妙果妙果體極常住精神不免無常無常者前滅後生剎那不住者也若心用心於攀緣前識必異後者斯則與境俱往誰成佛乎經云心爲正因終成佛果又言若無明轉則變成明案此經意理如可求何者夫心爲用本本一而用殊殊用自有興廢一本之性不移一本者卽無明神明也尋無明之稱非太虛之目土石無情豈無明之謂故知識慮應明體不免惑惑慮不知故曰無明而無明體上有生有滅生滅是其異用無明心義不改將恐見其用異便謂心隨境滅故繼無明名下加以住地之目此顯無明卽是神明性不遷也何以知然如前心作無閒重惡後識起非想妙善善惡之理大懸而前後相去甚迴斯用果無一本安得如此相續是知前惡自滅惑識不侈後善雖生暗心莫改故經言若與煩惱諸結俱者名爲無明若與一切善法俱者名之爲明豈非心識性一隨緣異乎故知生滅遷變酬於往因善惡交謝生乎現境而心爲

其本未曾異矣。以其用本不斷。故成佛之理皎然。隨境遷謝。故生死可盡明矣。宏明集九。

注解大品經序

機事未形。六畫得其悔吝。玄象既運。九章測其盈虛。斯則鬼神不能隱其情狀。陰陽不能遁其變通。至如摩訶般若波羅蜜者。洞達無底。虛豁無邊。心行處滅。言語道斷。不可以數術求。不可以意識知。非三明所能照。非四辯所能論。此乃菩薩之正行。道場之直路。還源之眞法。出要之上首。本來不然。畢竟空寂。寄大不能顯其博。名慧不能庶其用。假度不能機其通。借岸不能窮其實。若談一相。事絕百非。補處默然。等覺息行。始乃可謂無德而稱。以無名相。作名相說。導涉求之意。開新發之眼。故有般若之字。彼岸之號。項者學徒。罕有尊重。或時聞聽。不得經味。帝釋誠言。信而有徵。此實賢衆之百慮。菩薩之魔事。故唱愈高。和愈寡。知愈希。道愈貴。致使正經沈匿於世。實由虛己情少。懷疑者多。虛己少。則是我之見深。懷疑多。則橫構之慮繁。然則雖繁慮紛紜。不出四種。一謂此經非是究竟。多引涅槃以爲碩訣。二謂此經未是會三。咸誦法華以爲盛難。三謂此經三乘通教。所說般若。卽聲聞法。四謂此經是階級行。於漸教中。第二時說。舊義如斯。乃無是非。較略四意。粗言所懷。涅槃是顯其果德。般若是明其因行。顯果則以常住佛性爲本。明因則以無生中道爲宗。以四諦言說。是涅槃。是般若。以第一義諦言說。豈可復得談其優劣。法華會三以歸一。則三遣而一存。一存未免乎相。故以萬善爲乘體。般若卽三而不三。則三遣而一亡。然無法之可得。故以無生爲乘體。無生絕於戲論。竟何三之可會。所謂百花異色。共成一陰。萬法殊相。同入般若。言三乘通教。多執二文。今復開五意。以增所疑。一。聲聞若智若斷。皆是菩薩無生法忍。二。三乘學道。宜聞般若。三。三乘同學般若。俱成菩提。四。三乘欲住欲

證不離是忍。五。羅漢辟支。從般若生。於此五義。不善分別。堅著三乘。教同一門。遂令朱紫共色。珉玉等價。若明瘵此說。深求經旨。連環既解。弄丸自息。謂第二時。是亦不然。人心不同。皆如其面。根性差別。復過於此。非可局以一教。限以五時。般若無生。非去來相。豈可以數量拘。寧可以次第求。始於道樹。終於雙林。初中後時。常說智慧。復何可得名爲漸教。釋論言。須菩提聞法華經中說於佛所作少功德。乃至戲笑。漸漸必當作佛。又聞阿鞞跋致品中有退不退。又復聞聲聞人皆當作佛。是故今問爲畢定。爲不畢定。以此而言。去之彌遠。夫學出離。非求語言。應定觀道。以正宗致。三乘不分。休何義說。相與無相。有如水火。二性相違。豈得共貫。雖一切聖人。以無爲法。三乘入空。其行各異。聲聞以壞緣觀。觀生滅空。緣覺以因緣觀。觀法性空。菩薩以無生觀。觀畢竟空。此則淄澠殊味。涇渭分流。非可以口勝。非可以力爭。欲及弱喪。去斯何適。值大寶而不取。遇深經而不求。亦何異窮子反走於宅中。獨姥掩目於道上。此迺惑行之常性。迷途之恆心。但好龍而觀畫。愛象而玩迹。荊山可爲流慟。法水所以大悲。經譬兔馬。論喻鹿犀。俱以一象。配成三獸。用渡河以測境。因圍鹿以驗智。格得空之淺深。量相心之厚薄。懸鏡在前。無待耳識。離婁既睇。豈勞相者。若無不思議之理。豈有不思議之事。放瑞光於三千。集奇蓮於十方。變金色於大地。嚴華臺於虛空。表舌相之不虛。證般若之眞實。所以龍樹道安童壽慧遠。咸以大權應世。或以殆庶救時。莫不服膺上法。如說修行。況於細人。可離斯哉。此經東漸。二百五十有八載。始於魏甘露五年。至自于闐。叔蘭開源。彌天導江。鳩摩羅什。澍以甘泉。三譯五校。可謂詳矣。龍樹菩薩。著大智論。訓解斯經。義旨周備。此實如意之寶藏。智慧之滄海。但其文遠曠。每怯近情。朕以聽覽餘日。集名僧二十人。與天保寺法寵等。詳其去取。靈根寺慧令等。兼以筆功。探采釋論。

以注經本。略其多解。取其要釋。此外或捃關河舊義。或依先達故語。時復間出。以相顯發。若章門未開。義勢深重。則參懷同事。廣其所見。使質而不簡。文而不繁。庶令學者有過半之思。講般若經者。多說五時。一往聽受。似有條理。重更研求。多不相符。唯仁王般若。具書名部。世既以為疑經。今則置而不論。僧叡小品序云。斯經正文。凡有四種。是佛異時適化之說。多者十萬偈。少者六百偈。略出四種。而不列名。釋論言般若部黨。有多有少。光讚放光道行。止舉三名。復不滿四。此土別有一卷。謂為金剛般若。欲以配數。可得為五。既不具得經名。復不悉時之前後。若以臆斷。易致譏嫌。此非義要。請俟多聞。今注大品。自有五段。非彼所言五時般若。勸說以不住標其始。命說以無教通其道。顯說以無得顯其行。信說以甚深歎其法。廣說以不盡要其終。中品所以累教。未章所以三屬。義備後釋。不復詳言。設乃時曠正教。處無法名。猶且苦辛草澤。經歷險遠。翹心遐聽。澍意希夷。冀遲玄應。想像空聲。輕生以重半偈。賣身以尊一言。甘釁血而不疑。欣出髓而無恪。況復龍宮神珠。寶臺金牒。難得之貨。難聞之法。遍布塔寺。充牣目前。豈可不伏心受持。虛懷鑽仰。使佛種相續。菩提不斷。知恩反覆。更無他道。方以雪山。匹以香城。竊得同日語其優劣。率書所得。懼增來過。明達後進。幸依法行。釋藏跡八。

寶亮法師涅槃義疏序

非言無以寄言。言即無言之累。累言則可以息言。言息則諸見競起。所以如來乘本願以託生。現慈力以應化。離文字以設教。忘心相以通道。欲使珉玉異價。涇渭分流。制六師而正四倒。反八邪而歸一味。折世智之角。杜異人之口。導求珠之心。開觀像之目。救灼爛於火宅。拯沈溺於浪海。故法雨降而燋種受榮。慧日升而長夜蒙曉。發迦葉之悱憤。吐真實之誠言。雖復二施等於前。五大陳於後。三十四問。參差異辯。方便勸引。各隨意答。舉要論經。不出兩途。佛性開其本有之源。涅槃明其歸極之宗。非因非果。不起不作。義高萬善。事絕百非。空空不能測其真際。玄玄不能窮其妙門。自非德均平等。心合無生。金牆玉室。豈易入哉。有青州沙門釋寶亮者。氣調爽拔。神用俊舉。少貞苦節。長安法忍。耆年愈篤。齠齒不衰。流通先覺。孳孳如也。後進晚生。莫不依仰。以天監八年五月八日敕亮撰大涅槃義疏。以九月二十日訖。光表微言。讚揚正道。連環既解。疑網云除。條流明悉。可得略言。朕從容暇日。將欲覽焉。聊書數行。以為記別云尒。高僧傳八。藝文類聚七十七。廣弘明集二十。

連珠

蓋聞水鏡不以妍蚩殊照。芝蘭竊為貴賤異芳。是以弘道歸於兼濟。至德由乎兩忘。

蓋聞一眚不足以掩德。五刑非可以妄加。是以徑寸之珍。有時而纇。盈尺之寶。不能無瑕。

蓋聞理漸其萌。豈須拔岳之力。物有易飭。不待凌雲之繳。是以微照積而山飄。虛弦動而隼落。藝文類聚五十七。

賜到溉連珠

研磨墨以騰文。筆飛毫以書信。如飛蛾之赴火。豈焚身之可吝。必耄年其已及。可假之於少蓋。梁書到溉傳。

凡百箴

凡百眾庶。爾其聽之。事無大小。先當孰思。思之不孰。致成反覆。其心不定。不可施令。是曰亂常。是曰敗政。弗止辱身。亦喪厥命。惟慈惟恕。惟孝惟敬。嚴惟率下。直惟厥正。如彼互鄉。如彼暴虎。家聲不建。有忝爾祖。思之既孰。決意而行。臨難必勇。見義忘生。門有賢良。家有忠貞。勿恃爾尊。驕慢淫昏。勿謂爾貴。長夜荒醉。日不恆中。月盈則虧。崇山落峯。高樹折枝。履邪念正。居安思危。莫言爾驍。而不受命君子小人本無定性莫言人微而以自輕張他爲卒李衡爲兵忠信孝友皆以揚名有黃叔度父牛醫者聲高海內名重天下伊尹負鼎太公屠肉甯戚飯牛傅說版築皆王霸師世受爵祿誠爾凡百勿戾勿昏人無貴賤道在則尊余重告爾莫自卑抑克家棟梁唯斯爲吉水清照淨表直影端近取諸身無假遠觀猗與哲人勿謂斯難□□□□□□又略見藝文類聚二十三

硯銘

音 [illegible] 藝文類聚五十八

論蕭子雲書

筆力勁駿心手相應巧踰杜度美過崔寔當與元常並驅爭先 梁書蕭子雲傳

觀鍾繇書法

子敬不迨逸少逸少不迨元常學子敬者如畫虎也學元常者比畫龍也 御覽七百四十八

草書狀

蔡邕云昔秦之時諸侯爭長簡檄相傳望鋒走驛以篆隸之難不能救速遂作赴急之書蓋今草書是也杜氏之變隸亦由程氏之改篆其先出自杜氏以張爲祖以衞爲父索范者伯叔也二王父子可爲兄弟薄爲庶息羊爲僕隸目而敘之亦不失倉公觀鳥迹之措意邪但體有疏密意有倜儻或有飛走流注之勢驚疏峭絕之氣滔滔閒雅之容卓犖調宕之志百體千形而呈其巧豈可一槩而論哉皆古英儒之撮撥豈羣小皁吏所能爲因爲之狀曰疾若驚蛇之失道遲若綠水之徘徊緩則鵶行急則鵲厲抽如雉啄點如兔擲乍駐乍引任意所爲或麤或細隨態運奇雲集水散風

迴電馳及其成也麤而有筋似蒲萄之蔓延女蘿之繁縈澤蛇之相絞山熊之對爭若舉翅而不飛欲走而還停狀雲山之有玄玉河漢之有列星厥體難窮其類多容婀娜如削弱柳聳拔如㩻長松婆娑而飛舞鳳宛轉而起蟠龍縱橫如結纏綿如繩流離似繡磊落如陵暐暐曄曄奕奕翩翩或臥而似倒或立而似顛斜而復止斷而還連若白水之遊羣魚藂林之挂騰猿狀眾獸之逸原陸飛鳥之戲晴天象烏雲之罩恆嶽紫霧之出衡山巉巖若嶺脈脈如泉文不謝於波瀾義不愧於深淵傳志意於君子報款曲於人閒蓋略言其梗概未足稱其要妙焉 古文苑

觀鍾繇書法十二意

平謂橫也 直謂縱也 均謂閒也 密謂際也 鋒謂端也 力謂體也 輕謂屈也 決謂牽掣也 補謂不足也 損謂有餘也 巧謂布置也 稱謂大小也

字外之奇文所不書世之學者宗二王元常逸迹曾不睥睨羲之有過人之論後生遂爾雷同元常謂之古肥子敬謂之今瘦今古既殊肥瘦頗反如自省覽有異眾說張芝鍾繇巧趣精細殆同機神肥瘦古今豈易致意眞跡雖少可得而推逸少至學鍾書勢巧形密及其獨運意疏字緩譬猶楚音昔夏不能無楚過言不悒未爲篤論又子敬之不迨逸少猶逸少之不迨元常學子敬者如畫虎也學元常者如畫龍也余雖不習偶見其理不習而言必慕之歟聊復自記以補其闕非欲明解強以示物也儻有均思思盈半矣 張彥遠法書要錄

昔當作習

菩提達磨大師碑

爲王甑久灰金言未剖誓傳法印化人天竺及乎杖錫來梁說無說法如暗室之揚炬若明月之開雲聲振華夏道邁古今帝后聞名欽若昊天

嗟乎見之不見逢之不逢今之古之悔之恨之朕雖一介凡夫敢

師之於後。〔傳法正宗記。達摩于普通八年由天竺至梁。與武帝語機緣不契。去梁渡江北止嵩山少林寺。至大通二年魏以其喪告。帝追慕爲碑。〕

即位告天文

皇帝臣衍。敢用玄牡。昭告於皇天后帝。齊氏以麻運斯既。否終則亨。欽若天應。以命於衍。夫任是司牧。惟能是授。天命不于常。帝王非一族。唐謝虞受。漢替魏升。爰及晉宋。憲章在昔。咸以君德馭四海。元功子萬姓。故能大庇甿黎。光宅區宇。齊代云季。世主昏凶。狡焉羣慝。是崇是長。肆厥姦回暴亂。以播虐於我有邦。俾溥天惴惴。將墜於深壑。九服八荒之內。連率岳牧之君。蹶角頓顙。匡救無術。臥薪待然。援天靡訴。衍投袂星言。摧鋒萬里。厲其挂冠之情。用拯兆民之切。銜膽誓衆。覆銳屠堅。建立人主。克翦昏亂。遂因時來。宰司邦國。濟民康世。實有厥勞。而晷緯呈祥。川岳效祉。朝夕坰牧。日月郊畿。代終之符既顯。革運之期已萃。殊俗百蠻。重譯獻款。人神遠邇。罔不和會。於是羣公卿士。咸致厥誠。並以皇乾降命。難以謙拒。齊帝脫屣萬邦。授以神器。衍自惟匪德。辭不獲許。仰迫上玄之睠。俯惟億兆之心。宸極不可久曠。民神不可乏主。遂藉樂推。膺此嘉祚。以茲寡薄。臨御萬方。顧求夙志。永言祇惕。敬簡元辰。恭茲大禮。升壇受禪。告類上帝。克播休祉。以弘盛烈。式傳厥後。用永保於我有梁。惟明靈是饗。〔梁書武帝紀中。又見南史六。〕

捨道事佛疏文

天監三年四月八日。梁國皇帝蘭陵蕭衍稽首和南十方諸佛。十方尊法。十方菩薩。伏見經文玄義。理必須詮。云發菩提心者。卽是佛心。其餘諸善。不得爲喩。能使衆生出三界之苦門。入無爲之勝路。標空寂理。淵玄微妙。就義立談。因用致顯。故如來漏盡。智凝成覺。至道通機。德圓取聖。發慧炬以照迷。鏡法流以澄垢。啟瑞迹於天中。爍靈儀於像外。度衆生於苦海。引含識於涅槃。登常樂之

去求當作去來

高山。出愛河之深際。言乖四句。語絕百非。應迹娑婆。示生淨飯王宮。誕相步三界而爲尊。道樹成光。普大千而流照。但以此土根情淺薄。好生厭怠。自期二月。當至雙林。亦是滿說圓常。且復潛輝鶴樹。闍王滅罪。婆藪除殃。若不逢遇大聖法王。誰能救接。在迹雖隱。其道無虧。弟子經遲迷荒。耽事老子。歷葉相承。染此邪法。習因善發。棄迷知返。今捨舊醫。歸憑正覺。願使未來世中。童男出家。廣弘經教。化度衆生。共取成佛。入諸地獄。普濟羣萌。寧可在正法中。長淪惡道。不樂依老子教。暫得生天。涉大乘心。離二乘念。正願諸佛證明。菩薩攝受。蕭衍和南。〔釋藏陪八。辨正論八。又廣弘明集四。〕

金剛般若懺文

菩薩戒弟子皇帝稽首和南十方諸佛。無量尊法。一切賢聖。如來以四十年中所說般若。本末次第。略有五時。大品小品。枝條分散。仁王天王。宗源派別。金剛道行。隨義制名。須眞法才。以人標題。雖復前說後說。應現不同。至理至言。其歸一揆。莫非無相妙法。悉是智慧深經。以有取之。旣爲殊失。就無求也。彌見深乖。義異去求。道非內外。遣之又遣之。不能得其眞空。之以空之。未足明其妙。眞俗同乘本迹。俱冥得之於心。然後爲法。是以無言童子。妙得不言之妙。不說菩薩。深見無說之深。弟子習學空無。修行智慧。早窮尊道。克己行法。方欲以家刑國。自近及遠。一念之善。千里斯應。一心之力。萬國皆歡。恒沙衆生。皆爲法侶。微塵世界。悉是道場。今謹於某處建如干僧如干日金剛般若懺。現前大衆。至心敬禮釋迦牟尼佛。金剛般若。禮長老須菩提。願諸佛菩薩。以般若因緣。同時集會。哀憐萬品。護念羣生。引入慧流。同歸佛海。得金剛之妙寶。見金牒之深經。頂戴奉持。終不捨離。速得己利。盡諸有結。心行自在。無復塵勞。稽首敬禮。常住三寶。〔釋藏兼六。廣弘明集二十八下。〕

摩訶般若懺文

菩薩戒弟子皇帝稽首和南。十方諸佛。及無量尊法。一切賢聖。觀夫常樂我淨。蓋眞常之妙本。無常苦空。乃世相之累法。而苦樂殊見。分別之路與。眞俗異名。計著之情反。顚倒我人之所。獨見愚癡取舍有無之閒。轉成專附。豈知妙道無相。至理絕言。實法惟一。眞如不二。諸佛以慈悲之力。開方便之門。教之以遣蕩。示之以冥滅。百非俱棄。四句皆亡。然後無復塵勞。解脫清淨。但般若之說。唯有五時。而智慧之旨。終歸一趣。莫非第一義諦。悉是無上法門。弟子頗學空無。深知虛假。王領四海。不以萬乘爲尊。攝受兆民。彌覺萬幾成累。每時丕顯。嗟三有之洞然。終日乾乾。歎四生之俱溺。常願以智慧燈。照朗世間。般若舟航。濟渡凡識。今謹於某處建如干僧如干日大品懺。現前大衆。至心敬禮。慧命須菩提。願諸衆生。離染著相。迴向法喜。安住禪悅。同到香城。共見寶臺。般若識諸法之無相。見自性之恆空。無生法忍。自然具足。稽首敬禮。常住三寶。釋藏第六

廣弘明集二十八下。

全梁文卷六終

全梁文卷七

烏程嚴可均校輯

武帝七

斷酒肉文 四首

弟子蕭衍敬白諸大德僧尼諸義學僧尼諸寺三官夫匡正佛法是黑衣人事迺非弟子白衣所急但經教亦云佛法寄囑人王是以弟子不得無言今日諸僧尼開意聽受勿生疑閉內懷忿異凡出家人所以異於外道者正以信因信果信經所明信是佛說經言行十惡者受於惡報行十善者受於善報此是經教大意如是若出家人猶嗜飲酒噉食魚肉是則爲行同於外道而復不及何謂同於外道外道執斷常見無因無果無施無報今佛弟子酣酒嗜肉不畏罪因此事與外道見同而有不及外道是何外道各信其師師所言是弟子言是師所言非弟子言非涅槃經言迦葉我

今日制諸弟子不得食一切肉而今出家人猶自噉肉戒律言飲酒犯波夜提猶自飲酒無所疑難此事違於師教一不及外道又外道雖復邪僻持牛狗戒既受戒已後必不犯今出家人既受戒已輕於毀犯是二不及外道又外道雖復五熱炙身投淵赴火窮諸苦行未必皆噉食衆生今出家人噉食魚肉是三不及外道又外道行其異學雖不當理各習師法無有覆藏今出家人噉食魚肉於所親者乃自和光於所疎者則有隱避如是爲行四不及外道又外道各宗所執各重其法乃自高聲大唱云不如我道眞於諸異人無所忌憚今出家人或復年時已長或復素爲物宗噉食魚肉極自艱難或避弟子或避同學或避白衣或避寺官懷挾邪志崎嶇覆藏然後方得一過噉食如此爲行五不及外道又復外道直情逕行能長已徒衆惡不能長異部惡今出家人噉食魚肉或爲白衣弟子之所聞見內無慚愧方飾邪說云佛教爲法本存遠因在於即日未督悉斷以錢買肉非已自殺此亦非嫌白衣居家聞是僧說謂眞實語便復信受自行不善增廣諸惡是則六不及外道又外道雖復非法說法法說非法各信經書死不違背今出家人噉食魚肉或云肉非已殺猶得自噉以錢買肉亦復非嫌如是說者是事不然涅槃經云一切肉悉斷及自死者自死者猶斷何況不自死者楞伽經云爲利殺衆生以財網諸肉二業俱不善死墮叫呼獄何謂以財網肉陸設罝罘水設網罟此是以網網肉若於屠殺人間以錢買肉此是以財網肉若令此人不以財網肉者習惡律儀捕害衆生此人爲當專自供口亦復別有所擬若別有所擬向食肉者豈無殺分何得云我不殺生此是灼然違背經文是七不及外道又復外道同其法者和合異其法者苦治令行禁止莫不率從今出家人或爲師長或爲寺官自開酒禁噉食魚肉不復能得施其教戒裁欲發言他即譏刺云師向亦爾寺官

亦爾心懷內熱默然低頭面赤汗出不復得言身既有瑕不能伏物便復摩何直爾止住所以在寺者乖違受道者放逸此是八不及外道又外道受人施與如已法受烏戒人受烏戒施受鹿戒人受鹿戒施烏戒人終不覆戒受鹿戒施鹿戒人終不覆戒受烏戒施今出家人云我能精進我能苦行一時覆相誑諸白衣出即飲酒開衆惡門入即噉肉集衆苦本此是九不及外道又外道雖復顛倒無如是衆事酒者是何臭氣水穀失其正性成此別氣衆生以罪業因緣故受此惡觸此非正眞道法亦非甘露上味云何出家僧尼猶生耽嗜僧尼授白衣五戒令不飲酒令不妄語云何翻自飲酒違負約誓七衆戒八戒齋五篇七聚長短律儀於何科中而出此文其餘衆僧故復可可至學律者彌不宜爾且開放逸門集衆惡本若白衣人甘此狂藥出家人猶當訶止云某甲汝就我受五戒不應如是若非受戒者亦應云檀越酒是惡本酒是魔事

檀越今日幸可不飲。云何出家人而應自飲。尼羅浮陀地獄。身如段肉。無有識知。此是何人。皆飲酒者。出家僧尼。豈可不深信經教自棄正法。行於邪道。長衆惡根。造地獄苦。習行如此。豈不內愧。猶服如來衣。受人信施。居處塔寺。仰對尊像。若飲酒食肉。如是等事。出家之人。不及居家。何故如是。在家人雖飲酒噉肉。無犯戒罪。此一不及居家人。在家人雖復飲酒噉肉。各有丘窟。終不以此仰觸尊像。此是二不及居家人。在家人雖復飲酒噉肉。終不吐泄寺舍。此是三不及居家人。在家人雖復飲酒噉肉。無有譏嫌。出家人若飲酒噉肉。使人輕賤佛法。此是四不及居家人。在家人雖復飲酒噉肉。門行井竈。各安其鬼。出家人若飲酒噉肉。臭氣薰蒸。一切善神。皆悉遠離。一切衆魔。皆悉歡喜。此是五不及居家人。在家人雖復飲酒噉肉。自破財產。不破他財。出家人飲酒噉肉。自破善法。破他福田。是則六不及居家人。在家人雖復飲酒噉肉。皆是自力所

辦。出家人若飲酒噉肉。皆他信施。是則七不及居家人。在家人雖復飲酒噉肉。是常業。更非異事。出家人若飲酒噉肉。衆魔外道。各得其便。是則八不及居家人。在家人雖復如此飲酒噉肉。猶故不失世業。大耽昏者。此則不得。出家人若飲酒噉肉。若多若少。皆斷佛種。是則九不及居家人。不及外道。不及居家。略出所以。各有九事。欲論過患。條流甚多。可以例推。不復具言。今日大德僧尼。今日義學僧尼。今日寺官。宜自警戒。嚴淨徒衆。若其懈怠。不遵佛教。猶是梁國編戶一民。弟子今日力能治制。若猶不依佛法。是諸僧官宜依法問。京師頃年講大涅槃經。法輪相續。便是不斷。至於聽受。動有千計。今日重令法雲法師爲諸僧尼講四相品四中少分。諸僧尼常聽涅槃經。爲當曾聞此說。爲當不聞。若已曾聞。不應違背。若未曾聞。今宜憶持佛經中究竟說。斷一切肉。乃至自死者。亦不許食。何況非自死者。諸僧尼出家。名佛弟子。云何不從師教。經言

食肉者。斷大慈種。何謂斷大慈種。凡大慈者。皆令一切衆生。同得安樂。若食肉者。一切衆生。皆爲怨對。同不安樂。若食肉者。是遠離聲聞法。若食肉者。是遠離辟支佛法。若食肉者。是遠離菩薩法。若食肉者。是遠離菩提道。若食肉者。是遠離佛果。若食肉者。是遠離大涅槃。若食肉者。障生六欲天。何況涅槃果。若食肉者。是障四禪法。若食肉者。是障四空法。若食肉者。是障戒法。若食肉者。是障定法。若食肉者。是障慧法。若食肉者。是障信根。若食肉者。是障進根。若食肉者。是障念根。若食肉者。是障定根。若食肉者。是障慧根。舉要爲言。障三十七道品。若食肉者。是障四眞諦。若食肉者。是障十二因緣。若食肉者。是障六波羅密。若食肉者。是障四弘誓願。若食肉者。是障四攝法。若食肉者。是障四無量心。若食肉者。是障四無礙智。若食肉者。是障三三昧。若食肉者。是障八解脫。若食肉者。是障九次第定。若食肉者。是障六神通。若食肉者。是障百八三昧。若

食肉者。是障一切三昧。若食肉者。是障海印三昧。若食肉者。是障首楞嚴三昧。若食肉者。是障金剛三昧。若食肉者。是障五眼。若食肉者。是障十力。若食肉者。是障四無所畏。若食肉者。是障十八不共法。若食肉者。是障一切種智。若食肉者。是障無上菩提。何以故。若食肉者。障菩提心。無有菩薩法。以食肉故。障不能得初地。以食肉故。障不能得二地。乃至障不能得十地。以無菩薩法。無菩薩法故。無四無量心。無四無量心。故無有大慈大悲。以是因緣。佛子不續。所以經言。食肉者斷大慈種。諸出家人。雖復不能行大慈大悲。究竟菩薩行。成就無上菩提。何爲不能忍此臭腥。修聲聞辟支佛道。鴟鴞嗜鼠。蝍蛆甘蟖。以此而推。何可嗜著。至於豺犬野犴。皆知嗜肉。人最有知。勝諸衆生。近與此等。同甘臭腥。豈直常懷殺心。斷大慈種。凡食肉者。自是可鄙。諸大德僧。諸解義者。講涅槃經。何可不慇懃此句。令聽受者。心得悟解。又有一種愚癡之人。云我止噉

魚。實不食肉。亦應開示。此處不殊水陸衆生同名爲肉。諸聽講者。豈可不審諦受持。如說修行。凡食肉者。如前說此皆是遠事。未爲近切。諸大德僧尼當知噉食衆生者是魔行噉食衆生。是地獄種。噉食衆生。是恐怖因。噉食衆生。是斷命因。噉食衆生。是自燒因。噉食衆生。是自煑因。噉食衆生。是自炮因。噉食衆生。是自炙因。噉食衆生。是自割因。噉食衆生。是自剝因。噉食衆生。是斷頭因。噉食衆生。是斷手因。噉食衆生。是斷足因。噉食衆生。是破腹因。噉食衆生。是破背因。噉食衆生。是刳腸因。噉食衆生。是碎髓因。噉食衆生。是抉目因。噉食衆生。是割鼻因。噉食衆生。是截耳因。噉食衆生。是貧窮因。噉食衆生。是下賤因。噉食衆生。是凍餓因。噉食衆生。是醜陋因。噉食衆生。是聾因。噉食衆生。是盲因。噉食衆生。是瘖因。噉食衆生。是瘂因。噉食衆生。是跛因。噉食衆生。是躄因。噉食衆生。是瘡因。噉食衆生。是瘍因。噉食衆生。是疥因。噉食衆生。是癬因。噉食衆生。

是瘤因。噉食衆生。是癭因。噉食衆生。是瘑因。噉食衆生。是疵因。噉食衆生。是癰因。噉食衆生。是瘺因。噉食衆生。是痔因。噉食衆生。是疽因。噉食衆生。是瘻因。噉食衆生。是癩因。噉食衆生。是致蚤因。噉食衆生。是致蝨因。噉食衆生。是致蚊因。噉食衆生。是致蝱因。噉食衆生。是遭毒蟲因。噉食衆生。是遭惡獸因。噉食衆生。是病瘦因。噉食衆生。是寒熱因。噉食衆生。是頭痛因。噉食衆生。是心痛因。噉食衆生。是腹痛因。噉食衆生。是胸痛因。噉食衆生。是背痛因。噉食衆生。是手痛因。噉食衆生。是足痛因。噉食衆生。是髓痛因。噉食衆生。是腸痛因。噉食衆生。是筋縮因。噉食衆生。是胃反因。噉食衆生。是脈絕因。噉食衆生。是血流因。噉食衆生。是咽塞因。噉食衆生。是喉痛因。噉食衆生。是風病因。噉食衆生。是水病因。噉食衆生。是四大不調適因。噉食衆生。是五臟不調適因。噉食衆生。是六腑不調適因。噉食衆生。是癲因。噉食衆生。是狂因。噉食衆生。乃至是四百四病。一切衆病因。噉食衆生。是熱因。噉食衆生。是惱因。噉食衆生。是受壓因。噉食衆生。是遭水因。噉食衆生。是遭火因。噉食衆生。是遭風因。噉食衆生。是遭偷因。噉食衆生。是遭劫因。噉食衆生。是遭賊因。噉食衆生。是鞭因。噉食衆生。是杖因。噉食衆生。是笞因。噉食衆生。是督因。噉食衆生。是罵因。噉食衆生。是辱因。噉食衆生。是繫因。噉食衆生。是縛因。噉食衆生。是幽因。噉食衆生。是閉因。噉食衆生。是生苦因。噉食衆生。是老苦因。噉食衆生。是病苦因。噉食衆生。是死苦因。噉食衆生。是怨憎會苦因。噉食衆生。是愛別離苦因。噉食衆生。是求不得苦因。噉食衆生。是五受陰苦因。噉食衆生。是行苦因。噉食衆生。是壞苦因。噉食衆生。是苦苦因。噉食衆生。是想地獄因。噉食衆生。是黑繩地獄因。噉食衆生。是衆合地獄因。噉食衆生。是叫喚地獄因。噉食衆生。是大叫喚地獄因。噉食衆生。是熱地獄因。噉食衆生。是大熱地獄因。噉食衆生。是阿鼻地獄因。噉食衆生。

是八寒八熱地獄因。乃至是八萬四千鬲子地獄因。乃至是不可說不可說鬲子地獄因。噉食衆生。乃至是一切餓鬼因。噉食衆生。乃至是一切畜生因。當知餓鬼有無量苦。當知畜生有無量苦。畜生暫生暫死。爲物所害。生時有無量怖畏。死時有無量怖畏。此皆殺業因緣。受如是果。若欲具列殺果。展轉不窮。盡大地草木。亦不能容受。向來所說。雖復多途。舉要爲言。同一苦果。但苦中自有輕重。所以今日致衆苦果。皆由殺業惱害衆生。略舉一隅。粗言少分。諸大德僧尼諸義學僧尼諸寺三官。復當應思一大事。若使噉食衆生父。衆生亦報噉食其父。若噉食衆生母。衆生亦報噉食其母。若噉食衆生子。衆生亦報噉食其子。如是怨對。報相噉食。歷劫長夜。無有窮已。如經說有一女人。五百世害狼兒。狼兒亦五百世害其子。又有女人五百世斷鬼命根。鬼亦五百世斷其命根。如此皆是經說。不可不信。其餘相報。推例可知。諸大德僧尼。諸義學僧尼

際當作察

諸寺三官。又有一大事。當應信受。從無始已來至於此生。經歷六道。備諸果報。一切親緣。遍一切處。直以經生歷死。神明隔障。是諸眷屬。不復相識。今日眾生。或經是父母。或經是師長。或經是兄弟。或經是姊妹。或經是兒孫。或經是朋友。而今日無有道眼。不能分別。還相噉食。不自覺知。噉食之時。此物有靈。卽生忿恨。還成怨對。向者至親。還成至怨。如是之事。豈可不思。暫爭舌端。一時少味。永與宿親長為怨對。可為痛心。難以言說。白衣居家。未可適道。出家學人。被如來衣。習菩薩行。宜應深思。諸大德僧尼。諸義學僧尼。諸寺三官。又復當思一事。凡噉食眾生。是一切眾生惡知識。是一切眾生怨家。如是怨家。遍滿六道。若欲修行。皆為障難。一。理中障難。二。事中障難。何者是理中障難。以業因緣。自生障難。令此行人。愚癡無慧。不知出要。無有方便。設値善知識。不能信受。設復信受。不能習行。此是理中障難。事中障難者。此諸怨對。或在惡鬼中。或在毒獸中。或在大力神中。或在大力龍中。或在魔中。或在天中。如是處處來作留難。設令修行。遇善知識。深心信受。適欲習行。便復難起。或引入邪道。或惱令心亂。修戒修定修慧。修諸功德。常不淸淨。常不滿足。皆是舊怨。起諸對障。此是事中障難。如是之事。又宜深思。但以一噉食眾生。因緣能遠離一切佛法。有如是種種過患。貪毒亦如是。瞋毒亦如是。癡毒亦如是。三毒等分。皆同過患。相與宜深自覺際。善思方便。廣弘明集二十六。

弟子蕭衍又復敬白。諸大德僧尼。諸義學僧尼。諸寺三官。北山蔣帝。猶且去殺。若以不殺祈願。輒得上教。若以殺生祈願。輒不得教。想今日大眾已應聞知。弟子已勒諸廟祝。及以百姓凡諸羣祀。若有祈報者。皆不得薦生類。各盡誠心。止修蔬供。蔣帝今日行菩薩道。諸出家人云何反食眾生。行諸魔行。一日北山為蔣帝齋。所以皆請菜食僧者。正以幽靈悉能鑒見。若不菜食僧。作菜食往。將恐

蔣帝惡賤佛法。怪望弟子。是諸法師。當見此意。同上。

弟子蕭衍又敬白。大德僧尼。諸義學者。一切寺三官。弟子蕭衍。於十方一切諸佛前。於十方一切尊法前。於十方一切聖僧前。與諸僧尼共伸約誓。今日僧眾還寺已後。各各檢勒。使依佛教。若復有飲酒噉肉不如法者。弟子當依王法治問。諸僧尼若被如來衣。不行如來行。是假名僧。與盜賊不異。如是行者。猶是弟子國中編戶一民。今日以王力足相治問。若為外司聽察所得。若為寺家自相糺舉。不問年時老少。不問門徒多少。弟子當令寺官集僧眾。鳴犍搥。捨戒還俗。著在家服。依涅槃經還俗策使。唯最老舊者。最多門徒者。此二種人。最宜先問。何以故。治一無行小僧。不足以改革物心。治如是一大僧。足以驚動視聽。推計名德大僧。不應有此。設令有此。當依法治問。其餘小僧。故自忘言。今日集會。此是大事因緣。非直一切諸佛在此。非直一切尊法在此。非直一切聖僧在此。諸天亦應遍滿虛空。諸仙亦應遍滿虛空。護世四王。亦應在此。金剛密迹。大辯天神。功德天神。韋馱天神。毗紐天神。摩醯首羅。散脂大將。地神。堅牢。迦毗羅王。孔雀王。封頭王。富尼跋陀羅迦王。阿修羅伽王。摩尼跋陀羅伽王。金毗羅王。十方二十八部夜叉神王。一切持呪神王。六方大護都使安國。如是一切有大神足力。有大威德力。如是一切善神遍滿虛空。五龍王。娑竭龍王。阿耨龍王。難陀龍王。跋難陀龍王。伊那滿龍王。如是一切菩薩龍王。亦應遍滿在此天龍夜叉。乾闥婆王。阿修羅王。迦樓羅王。緊那羅王。摩睺羅伽王。人非人等。如是一切有大神足力。有大威德力。八部神王。皆應在此。今日土地山川房廟諸神。亦應冗塞虛空。如是幽顯。莫不鑒觀。唯無瑕者可以戮人。唯自淨者可以淨人。弟子今日唱言此事。僧尼必當有不平色。設令刳心擲地。以示僧尼。丙數片肉。無以取信。古人有言。非知之難。其在行之。弟子蕭衍。雖在居家。不持禁戒。今

日當先自爲誓。以明本心。弟子蕭衍。從今已去。至於道場。若飲酒放逸。起諸婬欲。欺誑妄語。噉食衆生。乃至飲於乳蜜。及以酥酪。願一切有大力鬼神。先當苦治蕭衍身。然後將付地獄閻羅王。與種種苦。乃至衆生皆成佛盡。弟子蕭衍。猶在阿鼻地獄中。僧尼若有飲酒噉魚肉者。而不悔過。一切大力鬼神。亦應如此治問。增廣善衆。清淨佛道。若未爲幽司之所治問。猶在世者。弟子蕭衍。當如法治問。驅令還俗。與居家衣。隨時役使。願今日二部僧尼各還本寺。匡正佛法。和合時衆。皆令聽經法者。如說修行。不可復令斷大慈種。使佛子不續。若有犯法破戒者。皆依僧制。如法治問。若有容受不相舉治者。當反任罪。又僧尼寺。有事四天王迦毗羅神。猶設鹿頭及羊肉等。是事不可。急宜禁斷。若不禁斷。寺官任咎。亦同前科。別宜意。同上。

弟子蕭衍敬白。諸大德僧尼。諸義學僧尼。諸寺三官。向已粗陳魚肉障累。招致苦果。今重復欲通白一言。閻浮提壽云百二十。至於世間。罕聞其人。遷變零落。亦無宿少。經言以一念頃。有六十刹那。生老無常。謝不移時。暫有諸根。俄然衰滅。三途等苦。倏忽便及。欲離地獄。其事甚難。戒德清淨。猶懼不免。況於毀犯。安可免乎。雖復長齋菜食。不勤方便。欲免苦報。亦無是處。何以故爾。此生雖可不犯衆罪。後報業强。現無方便。三途等苦。不能遮止。況復飲酒噉食衆生。諸僧尼必信佛語。宜自力勵。若云菜食爲難。此是信心薄少。若有信心。宜應自强。有決定心。菜食何難。菜蔬魚肉。俱是一惑。心若能安。便是甘露上味。心若不安。便是臭穢下食。所以涅槃經言。受食之時。令作子肉想。如俱非惑。豈須此法。且置遠事。止借近喻。今已能蔬食者。厭惡血腥。其於不能蔬食者。厭惡菜茹。事等如此。宜應自力。迴不善惑。以爲善惑。就善惑中。重爲方便。食菜子想。以如是心。便得決定。凡不能離魚肉者。皆云菜蔬冷。令人虛乏。魚肉

溫於人補益。作如是說。皆是倒見。今試復粗言。其事不爾。若久食菜人。榮衞流通。凡如此人。法多患熱。榮衞流通。則能飲食。以飲食故。氣力充滿。則是菜蔬不冷。能有補益。諸苦行人。亦皆菜蔬。多悉患熱。類皆堅强。神明清爽。少於昏疲。凡魚爲生。類皆多冷。血腥爲法。增長百疾。所以食魚肉者。神明理當昏濁。四體法皆沈重。無論方招後報。有三途苦。卽時四大。交有不及。此豈非惑者。因心各有所執。甘魚肉者。便爲溫爲補。此是倒見。事不可信。復有一種人。食菜以爲冷。便復解素。此是行者未得菜意。菜與魚肉。如水與火。食菜纔欲得力。復噉魚肉。魚肉腥臊。能滅菜力。所以惑者云菜爲性冷。凡數解素人。進不得菜蔬之力。退不得魚肉邪益。法多羸冷。少有堪能。是諸僧尼。復當知一事。凡食魚肉。是魔境界。行於魔行。心不決定。多有留難。內外衆魔。共相嬈作。所以行者思念魚肉。酒是魔漿。故不待言。凡食魚肉嗜飲酒者。善神遠離。內無正氣。如此等

人。法多衰惱。復有一種人。雖能菜食。恃此憍慢。多於瞋恚。好生貪求。如是之人。亦墮魔界。多於衰惱。又有一種人。外行似熟。內心麤惡。見人勝己。常懷忿疾。所行不善。皆悉覆相。如是等人。亦行魔界。雖復菜蔬。亦多衰惱。若心力決正。蔬食苦到。如是等人。多爲善力所扶。法多堪能。有不直者。宜應思覺。勿以不決定心。期決定人。諸大德僧尼。有行業已成者。今日已去。善相開導。令未得者。今去皆得。皆若已習行。願堅志力。若未曾行。願皆改革。今日相與共爲菩提種子。勿怪弟子蕭衍向來所白。廣弘明集二十六。

鍾律緯

案律呂京馬鄭蔡。至蕤賓。並上生大呂。而班固律麻志。至蕤賓。仍以次下生。若從班義。夾鍾唯長三寸七分有奇。律若過促。則夾鍾之聲成一調。中呂復去調半。是過於無調。仲春孟夏。正相長養。其氣舒緩。不容短促。求聲索實。班義爲乖。鄭玄又以陰陽六位次第

相生。若如玄義。陰陽相逐。生者止是升陽。其降陽復將何寄。就筮數而論。乾主甲壬而左行。坤主乙癸而右行。故陰陽得有升降之義。陰陽從行者。眞性也。六位升降者。象數也。今鄭乃執象數以配眞性。故言比而理窮。云九六相生。了不釋十二氣所以相通。鄭之不思。亦已明矣。案京房六十。準依法推。乃自無差。但律呂所得。或五或六。此一不例也。而分焉上生。乃復遲內上生盛變。仍復上生分居。此二不例也。房妙盡陰陽。其當有以。若非深理難求。便是傳者不習。比較詳求。莫能辨正。聊以餘日試推其旨。參校舊器。及右夾鍾玉律。更制新尺。以證分豪。制爲四器。名之爲通。四器絃間九尺。臨岳高一寸二分。黃鍾之絃二百七十絲。長九尺。以次三分損益其一。以生十二律之絃絲數及絃長。各以律本所建之月五行生王終始之音。相次之理。爲其名義。名之爲通。通施三絃。傳推月氣。悉無差舛。卽以夾鍾玉律命之。則還相中。又制爲十二笛。以寫

通聲。其夾鍾笛十二調。以飲玉律。又不差異。山謙之記云。殿前三鍾。悉是周景王所鑄無射也。遣樂官以今無射新笛飲不相中。以夷則笛飲。則聲韻合和。端門外鍾。亦案其銘題。定皆夷則。其西廂一鍾。天監中移度東。以今笛飲。乃中南呂。驗其鐫刻。乃是太蔟。則下今笛二調。重敕太樂丞斯宣達。令更推校。鍾定有鑿處。表裏皆然。借訪舊識。乃是宋泰始中使張永鑿之。去銅既多。故其調啤下。以推求鍾律。便可得而見也。宋武平中原。使將軍陳傾致三鍾。小大中各一。則今之太極殿前二鍾。端門外一鍾是也。案西鍾銘則云清廟撞鍾。秦無清廟。此周制明矣。又一銘云。太蔟鍾徵則林鍾宮所施也。京房推用。似有由也。檢題既無秦漢年代。直云夷則大蔟。則非秦漢明矣。古人性質。故作僮僕字。則題而言爾驗非近。且夫驗聲改政。則五音六律。非可差舛。工守其音。儒執其文。歷年永久。隔而不通。無論樂奏。求之多缺。假使具存。亦不可用。周頌漢歌

各敘功德。豈容復施後王。以濫名實。今率詳論。以言所見。並詔百司。以求厥中。

祖沖之所傳銅尺。其銘曰。晉泰始十年。中書攷古器。揆校今尺。長四分半。所校古法有七品。一曰姑洗玉律。二曰小呂玉律。三曰西京銅望臬。四曰金錯望臬。五曰銅斛。六曰古錢。七曰建武銅尺。姑洗微強。西京臨臬微弱。其餘與此尺同。此尺者。勖新尺也。今尺者。杜夔尺也。雷次宗何胤之二人作鍾律圖。所載荀勖校量古尺文與此銘同。

主衣從上相承。有周時銅尺一枚。古玉律八枚。檢主衣周尺東昏用爲章信。尺不復存。玉律一口蕭餘定七枚。夾鍾有昔題刻。乃制爲尺。以相參驗。取細毫中黍。積次訓定今尺。最爲詳密。長祖沖之尺校半分。以新尺制爲四器。名爲通。又依新尺爲笛。以命古鍾。案刻夷則。以笛命飲和韻。夷則定合。

宋武平中原。送渾天儀土圭。云是張衡所作。驗渾儀銘題。是光初四年鑄。土圭是光初八年作。並是劉曜所制。非張衡也。已上四條並見隋書律厤志上。

全梁文卷七終

全梁文卷八

烏程嚴可均校輯

簡文帝一

帝諱綱。字世纘。小字六通。武帝第三子。天監六年封晉安王。歷南兗州刺史、丹陽尹、荆州刺史、江州刺史。加侍中。普通中歷南徐州刺史雍州刺史。中大通初徵爲揚州刺史。三年五月立爲皇太子。太清三年五月卽位。明年改元大寶。在位二年。爲侯景所廢。幽于永福省。遇弑。賊僞謚曰明皇帝。廟號高宗。明年。侯景伏誅。追謚曰簡文皇帝。廟號太宗。有毛詩十五國風義二十卷。長春義記一百卷。老子、私記十卷。莊子講疏二十卷。談疏六卷。竈經十四卷。集八十五卷。

晚春賦

待餘春於北閣。藉高讌於南陂。水篩空而照底。風入樹而香枝。嗟時序之迴斡。歎物候之推移。望初篁之傍嶺。愛新荷之發池。石憑波而倒植。林隱日而橫垂。見遊魚之戲藻。聽驚鳥之鳴嚶。樹臨流而影動。岩薄暮而雲披。旣浪激而沙游。亦苔生而徑危。初學記三。

秋興賦

秋何興而不盡。興何秋而不傷。傷二情之本背。更同來而匪方。復有登山望別。臨水送歸。洞庭之葉初下。塞外之草前衰。依征人與行子。必承臉而沾衣。紛吾閒居有怡。優游多暇。乃息書幌之勞。以命北園之駕。爾乃從玩池曲。遷坐林間。淹留而荅丹岫。徘徊而搴木蘭。爲興未已。升彼懸崖。臨風長想。馮高俯窺。察游魚之息澗。憐驚禽之換枝。聽夜籟之響殿。聞懸魚之扣扉。將據梧於芳杜。欲留連而不歸。藝文類聚三。案此賦與臨秋賦張溥編入元帝集誤。

閒當作間

臨秋賦

火歇兮秋氣生。風起兮秋潦淸。覽時興而自得。聊飛[illegible]而娛情。遵二條之廣路。背九仞之高城。爾乃登長阪。息余驥。攬筆舒情。沈吟屬思。草色雜而香同。樹影齊而花異。遙峯迢遞。縈沙斷絕。雲出山而相似。水含天而難別。藝文類聚三。

海賦

昔禹啟龍門。羣山旣鑿。高明澄氣而淸浮。厚載勢廣而盤礴。坎德洊臻。水源深博。灌注百川。控淸引濁。始乎濫觴。委輸大壑。瀰之渺而無際。望之杳而綿漠。鬱沸冥茫。往來日月。朏魄昏微。乍明乍沒。若夫長風鼓怒。涌浪砰磕。飈波於萬里之間。漂沫於扶桑之外。初學記六。

大壑賦

渤海之東。不知幾億。大壑在焉。其深無極。悠悠旣湊。滔滔不息。觀其浸受。狀其吞匯。歷詳衆水。異導殊名。江出濯錦。漢吐珠瑛。海逢時而不通。河遇聖而知淸。嗟乎。使夫懷山之水。積天漢之流。馳彭

潛與渭涇俱臻。四瀆與九河同至。余乃知巨壑之難滿。尾閭之爲異。藝文類聚九。

圍城賦

彼高冠及厚履。並鼎食而乘肥。升紫霄之丹地。排玉殿之金扉。陳謀謨之啟沃。宣政刑之福威。四郊以之多壘。萬邦以之未綏。問豺狼其何者。訪虺蜴之爲誰。梁書朱异傳。

述羈賦

奉明后之霑渥。將遠述於荆楚。歎雲霞之脊漫。對江山之遙阻。是時孟夏首節。雄風吹甸。晚解纜乎鄉津。泝涇涇其若霰。舟飄飄而轉遠。顧帝都而裁見。遠山碧。暮水紅。日旣晏。誰與同。雲嵯峩而出岫。江搖漾而生風。奉璽言而遄邁。改余玉於江隈。遵陽塗而中正。軫悲心其若頹。引領京邑。瞻望弗遠。戀逐雲飛。思隨蓬卷。觀江水之寂寥。願從流而東返。藝文類聚二十七。

崇當作祟

纏當作纓

阻歸賦 梁書劉杳傳作徂歸賦

觀建國之皇王選能官於前古元帝慈而布教豈齊聖而作輔伊吾人之固陋宅璇漢而自通躡九枝而耀景總六翮而搏鳳厲玄玦之啟異逢玉弩之相驚頓天羅於八表騰雲驅於四溟發伏鼈之雄氣耀策馬之高星地逈朔場疆鄰北極壠樹饒風胡天少色上月斜臨寒松遙直雲向山而欲斂雁疲飛而不息何愁緒之交加豈樹萱與折麻聞繁鉦之韻冰聽流風之入笳終知客遊之阻無解鄉路之賒 藝文類聚二十七

序愁賦

情無所治志無所求不懷傷而忽恨無驚猜而自愁玩飛花之入戶看斜暉之度寮雖復玉觴浮椀趙瑟含嬌未足以祛斯耿耿息此長謠 藝文類聚三十五

悔賦 并序

夫機難預知知機者上智智以運己迷己者庸夫故易曰吉凶悔吝生乎動者也又曰悔吝者憂虞之象也傳云九德不愆作事無悔是以鄭國盜多太叔之恨表衞風義失宣公之刺彰無將詠興璽事書作季文再思而未可南容三復而不暇余以固陋之資慎履冰之誡竊服楚王之對每徵后稷之詩觸類而長乃為賦曰

默默不怡恍若有遺四壁無寓三階寡趣月露澄曉風柳悲暮庭鶴雙舞檐烏獨赴懍林宗之巾憑南郭之几玄德之眊聊紫子安之嘯時起靜思悔吝鋪究前史弔古傷今驚憂嘆杞成敗之蹤得失之理莫不關此令終由乎謀始棄今言於頓丘重前非於蘧子蹟夫覆車之人豈止一途而已至如秦兼四海之尊握天下之富混一車書鞭笞宇宙胡亥之寄已危萬代之祀難構阿衡失責成之所趙高秉棟梁之授拒諫逞刑戮宰誅守矜上林之戲馬嘉長楊之射獸囁呫禁中之言欺侮山東之寇及其祠崇涇水作孽夷宮徒希與妻子伍下願與黔首同信殪絕於凶醜何前謀之不工至如下相項籍才氣過人拔山靡類扛鼎絕倫聲籠盛漢勢壓餘秦鉅鹿有動天之卒轅門有屈膝之賓既剋有功之印亦疑奇計之臣唱雞鳴於垓下泣悲歌於美人抱烏江之獨愧分漢騎之餘身郭君失位徒馭而亡尚悲殘糗獨飲餘漿枕春空臥伏軾懷傷魂飄原野骨餌豺狼楚王刻鶴播徙南地鐃管徒鳴才人空置豈輜車之足榮匪射獵之娛意幽泉斯即白日何冀霄喜納君恃功肆寵衞侯厭黷忠臣憤勇昏迷靡悟敗不虐踵商君被執李斯赴收身居闕下命尽秦囚追傷用法之弊還思不諫之尤亦何解於今酷終無追於昔謀伯卓跋扈豺目為輔弒君鴆子誅李害杜驕恩販寵怨庶虐人蔽朝政之聽察害上書之烈臣榮暱子於阿尹肆貪濁之淫威樹姦黨於宮禁察人主之纖微卒其膏鈇潤鉞寘纏逢徵壯武英逸才為時出陸離儒雅照爛文筆江東啟吞併之籌幽州著懷遠之術遐鍾毀冤時屬傾顛鋪鳴水鬬日黑山遷留下之謀不決忠良之戮已繼台燿之災雖啟鶡鸛之賦徒然士衡文傑綽有餘裕氣含珠璧情蘊雲霧志鬬沈隱心耽進趣倔茲猛衆臨此勁兵抗言孟玖肆此孤貞懸辭已切墨幔徒榮形殞河上心憶華亭若夫揚惲狂言灌夫失志卒其殞命埋軀傷形屬吏周君飲後裴子酣狂靳固紀瞻之妾眠卧季倫之房亦足以魂驚神爽悔結嫌彰已矣哉波瀾動兮昧前期庸夫蔽兮多自欺不遠而復幸無咥建功立德有常基智馳聽斷多失之前言往行可為師 文苑英華九十一

玄虛公子賦

有玄虛之公子輕滅喧俗保此大愚居榮利而不染豈聲色之能拘迴還四始出入三墳心溶溶於玄境意飄飄於白雲追寂圃而逍遙任文林而迭宕忘情於物我之表縱志於有無之上不為山

而自高。不為海而彌廣。藝文類聚三十六。

舌賦

奚茲先生問於何斯逸士曰。夫三端所貴。三寸著名。故微言傳乎往記。妙說表乎丹青。魯談笑而軍卻。王言詠而瑞隆。陸有千金之富。周為一說之功。復有構扇之端。讒謏之迹。黷紫凌朱。飛黃妒白。吾將欲廢便辟之交。遠巧佞之友。殄張儀之餘。殲蘇秦之後。粉虞卿之白璧。碎漢王之玉斗。然後浮僞可息。淳風不朽。藝文類聚十七。

舞賦

酌蒲桃。坐柘觀。命妙舞。徵清彈。丱髮初笄。參差俱集。信身輕而釵重。亦腰羸而帶急。響玉砌而遲前。度金扉而斜入。似斷霞之昭彩。若飛鸞之相及。既相看而縣視。亦含姿而俱立。於是徐鳴嬌節。薄動輕金。奏巴渝之麗曲。唱碣石之清音。扇纔移而動步。鞞輕宣而逐吟。爾乃優遊容豫。顧眄徘徊。彊紆顏而未笑。乍雜怨而成猜。或低昂而失侶。乃歸飛而相附。或前異而始同。乍初離而後赴。不遲不疾。若輕若重。眄鼓微吟。初學記作唱。迴巾自擁。髮亂難持。簪低易捧。牽福恃恩。懷嬌知寵。藝文類聚四十。初學記十五。

箏賦

江南之竹。弄玉有鳴鳳之簫焉。洞陰之石。范女有遊仙之磬焉。若夫排雲入漢之美。含商觸徵之奇。罷雍祠之麗響。絕漢殿之容儀。別有泗濱之梓。聳榦孤峙。負陰拂日。停雪棲霜。嶔崟岩崿。玄嶺相望。寄丹崖而茂采。依青壁而懷芳。奔電碭突而彌固。嚴風猗拔而無傷。途畏峯巘。人羣罕至。乃命夔班。翦而成器。隆殺得宜。修短合思。矩制端平。雕鏤綺媚。既而春桑已舒。暄風晻曖。丹黃成葉。翠陰如黛。佳人採掇。動容生態。值使君而有辭。逢秋胡而不對。里閭既返。伏食蠶飢。五色之縿雖亂。八熟之緒方治。異東垂之野繭。非山經之溫絲。於是制絃擬月。設柱方時。若夫鏗鏘奏曲。溫潤初鳴。或

徘徊而蘊藉。或慷慨而逢迎。若將連而類絕。乍欲緩而頻驚。陸離抑按。磊落縱橫。奇調間發。美態孤生。若將往而自返。似欲息而復征。聲習習而流韻。時怦怦而不盈。如浮波之遠鶩。若麗樹之爭榮。譬雲龍之無帶。如笙鳳之有情。學離鵾之弄響。擬翔鶩之妙聲。朱絃在手。擊重還輕。爾其曲也。雅俗兼施。諧雲門與四變。雜六列與咸池。王讚既工。阮賦亦奇。曹后聽之而歡讌。謝相聞之而涕垂。至若登山望別之心。臨流送歸之目。隴葉夜黃。關雲曉伏。覩獨雁之寒飛。望交河之水縮。聽鳴箏之弄響。聞茲絃之一彈。足使遊客戀國。壯士衝冠。若夫楚王怡蕩。楊生娛志。小國寡民。督郵無事。乃有燕餘麗妾。方桃譬李。本住南城。經移北里。納千金之重聘。擅專房之宴私。方美珥而不滅。擬甘橘而無嗤。聞削成於斜領。照玉纖於鉛脂。度玲瓏之曲閣。出翡翠之香帷。腕凝紗薄。珮重行遲。爾乃促筵命妓。藝文類聚初學記作命友。銜觴置酒。耳熱眼花之娛。千金萬年之壽。白日蹉跎。時淹樂久。翫飛花之度窗。看春風之入柳。命麗人於玉席。陳寶器於紈羅。撫鳴箏而動曲。譬輕薄之經過。黛眉如掃。曼睇成波。情長響怨。意滿聲多。奏相思而不見。吟夜月而怨歌。笑素彈之未工。疑秦宮之詎和。若夫鉤竿復發。蛺蝶初揮。動玉匣之餘怨。鳴陽烏之始飛。逐東趨於鄭女。和西舞於荊妃。足使長廊之瓦虛墜。梁上之塵染衣。鱣魚遊而不沒。白鶴至而忘歸。於是乎餘音未盡。新弄縈纏。參差容與。顧慕流連。落橫釵於袖下。歛垂衫於膝前。乍含猜而移柱。或斜倚而續絃。照瓊環而俯捻。度玉爪而徐牽。見微嚬之有趣。看巧笑之多妍。抗長吟之靡曼。雜新歌之可憐。歌曰。年年花色好。足侍愛君傍。影入著衣鏡。裙含辟惡香。鴛鴦七十二。亂舞未成行。故迺宋偉綠珠之好聲。文君慎女之清角。上掩面而不前。言翫輝而恥學。實獨立之麗人。乃入神之佳樂。文苑英華七十一。又略見藝文類聚四十四。初學記十六。

金錞賦 并序

舍弟西中郎致金錞一枚。周禮云。鼓人掌六鼓四金。以節聲樂。以和軍旅。以金錞和鼓。金鐲節鼓。注曰。錞。錞于也。圜如椎頭。大上小下。樂作。鳴之。與鼓相和。淮南云。兩軍相當。鼓錞相望。若古之禮器。飾軍和樂者矣。吾奇而賦之。其詞曰。

有錞于之麗器。實軍樂之兼珍。伊前古以爲美。成名都之匠人。採赤銎於蜀壘。求銅精於濩澮。若夫鼓以陽鑪。營之陰炭。是鐫是刻。載煇載煥。笑烏獲之奮槌。蹹嵇生之善鍛。實規形之可悅。以妙聲之遠聞。譬洪鍾之虎翎。學章鼎之龍文。至於簨簴先列。金石俱諧。八能效技。六變程才。觀雲龍之鬱郁。望威鳳之徘徊。沛縣留三日之飲。平樂有十千之杯。揮秦箏之慷慨。代晉鼓之嘽啍。皆能協宮和徵。節往適來。宣奏有序。度曲可觀。鄙金鏞之非德。嗤商鎩之易殫。應南斗之鳴琵。雜西漢之金丸。若夫伏波出討。貳師遠征。蒲昌對戰。孤竹臨兵。映似月之遙羽。飛如鳧之去旌。軍魚麗而齊上。陣龍滕而俱行。望鳥雲之臨蔽。聞條風之入營。壯士被犀。良馬絡鐵。野曠塵昏。星流電掣。日侵山而欲隱。霧陵空而不滅。望水色其如花。覩奔沙之似雪。咸聽響而先登。普聞鳴而爲節。當此時也。畫角恥吟。胡笳不思。刁斗暫捐。金鉦虛置。何資和之不營。而吐聲之雄異。制六師之進旅。驚三軍之武志。嗟吾弟之博物。實愛奇之已深。識且鑒於鳴石。既有踰於兼金。如陳器於柏寢。似出鼎於汾陰。豈寶玦之爲貴。非瑚璉之可欽。昔武都之一扇。乃銘功以述心。矧元常之五熟。又刻篆以書音。況茲賻之爲美。而古跡之可尋。聊染翰而操筆。終有愧於璆琳。文苑英華七十一。

列燈賦

何解凍之嘉月。值蓂莢之盡開。草含春而動色。雲飛采而輕來。南油俱滿。西漆爭然。蘇徵安息。蠟出龍川。斜暉交映。倒影澄鮮。九微

間吐。百枝交布。聚類炎洲。跡同大樹。競紅蕊之晨舒。蔑丹螢之昏鶩。蘭膏馥氣。芬炷擎心。寒生色淺。露染光沈。藝文類聚八十。

對燭賦

雲母窗中合花氈。茱萸幔裏鋪錦筵。照夜明珠且莫取。金羊燈火不須然。下弦三更未有月。中夜繁星徒依天。於是擣同心之明燭。施雕金之麗盤。眠龍傍繞。倒鳳雙安。轉辟邪而取正。推櫨窗而畏寬。綠炬懷翠。朱蠟含丹。豹脂宜火。牛脨耐寒。銅芝抱帶復纏柯。金藕相縈共吐荷。視橫芒之昭曨。見蜜淚之躇跑。漸覺流珠走。熟視絳花多。宵深色麗。焰動風過。夜久惟煩鋏。天寒不畏蛾。菖蒲傳酒座欲闌。碧玉舞罷羅衣單。影度臨長枕。烟生向果盤。迴照金屏裏。脈脈兩相看。藝文類聚八十。初學記二十五。

眼明囊賦 並序

俗之婦人。八月旦。多以錦翠珠寶爲眼明囊。因競凌晨取露以拭目。聊爲此賦。

爾乃裁茲金鏤。製此妖飾。緝濯錦之龍光。翦輕鶴之蟬翼。雜花勝而成疏。依步搖而相逼。明金亂雜。細寶交陳。義同厭勝。欣此節新。擬椒花於歲首。學夭桃於暮春。藝文類聚七十。

梅花賦

層城之宮。靈苑之中。奇木萬品。庶草千叢。光分影雜。條繁幹通。寒圭變節。冬灰徙筩。並皆枯悴。色落摧風。年歸氣新。搖雲動塵。梅花特早。偏能識春。或承陽而發金。乍雜雪而被銀。吐豔四照之林。舒榮五衢之路。既玉綴而珠離。且冰懸而雹布。葉嫩出而未成。枝抽心而插故。標半落而飛空。香隨風而遠度。挂靡靡之遊絲。雜霏霏之晨霧。爭樓上之落粉。奪機中之纖素。乍開花而傍巘。或含影而臨池。向玉階而結采。拂網戶而低枝。七言表柏梁之詠。三軍傳魏武之奇。於是重閨佳麗。貌婉心嫻。憐早花之驚節。訝春光之遣寒。

裓衣始薦。羅袖初單。折此芳花。舉茲輕袖。或插鬢而問人。或殘枝而相授。恨鬟前之大空。嫌金鈿之轉舊。顧影丹墀。弄此嬌姿。洞開春牖。四卷羅帷。春風吹梅長落盡。賤妾爲此歛蛾眉。花色持相比。恒愁恐失時。藝文類聚八十六。初學記二十八。

採蓮賦

望江南兮清且空。對荷花兮丹復紅。臥蓮葉而覆水。亂高房而出叢。楚王暇日之歡。麗人妖豔之質。且棄垂釣之魚。未論芳萍之實。唯欲迴渡輕船。共採新蓮。傍斜山而屢轉。乘橫流而不前。於是素腕舉。紅袖長。迴巧笑。墮明璫。荷稠刺密。亟牽衣而綰裳。人喧水濺。惜脂朱而壞妝。物色雖晚。徘徊未反。畏風多而榜危。驚舟移而花遠。詩曰。常聞蕖可愛。採擷欲爲裙。葉滑不留綖。心忙無假薰。千春誰與樂。唯有妾隨君。藝文類聚八十二。

修竹賦

有嬋娟之茂篠。寄江上而叢生。玉潤桃枝之麗。魚腸雲母之名。日映花靡。風動枝輕。陳王歎舊。小堂佇軸。今餞故人。亦賦修竹。伊嘉賓之獨劭。顧余躬而自恧。藝文類聚八十九。初學記二十八。

鴛鴦賦

朝飛綠岸。夕歸丹嶼。顧落日而俱吟。追清風而雙舉。時排荇帶。乍拂菱華。始臨涯而作影。遂蹙水而生花。亦有佳麗自如神。宜羞宜笑復宜嚬。既是金閨新入寵。復是蘭房得意人。見茲禽之棲宿。想君意之相親。藝文類聚九十三。

鵁鶄賦

飲三芝之清露。食六草之英芳。似金沙之符采。同錦質之報章。紅毛翠臆。聳鬣垂心。浴波涿渚。戲深臨高。舞闕映簇。弄音逐餘暉而顧景。乘清吹而微吟。藝文類聚九十三。

全梁文卷八　簡文帝　九

全梁文卷八終

全梁文卷八　十

烏程嚴可均校輯

簡文帝二

即位大赦詔 太清三年五月辛巳

朕以不造。夙丁閔凶。大行皇帝奄棄萬國。攀慕號躃。厝身靡所。猥以寡德。越居民上。煢煢在疚。罔知所託。方賴藩輔。社稷用安。謹遵先旨。顧命遺澤。宜加億兆。可大赦天下。梁書簡文帝紀。

原放北人爲奴婢者詔 太清三年五月壬午

育物惟寬。馭民惟惠。道著興王。本非隸役。或開奉國。便致擒虜。或任邊疆。濫被抄劫。二邦是競。黎元何罪。朕以寡昧。創承鴻業。既臨率土。化行宇宙。豈欲使彼獨爲匪民。諸州見在北人爲奴婢者。并及妻兒。悉可原放。梁書簡文帝紀。

營莊陵詔

簡皇后窀穸有期。昔西京霸陵。因山爲藏。東漢壽陵。流水而已。朕屬値時艱。歲饑民弊。方欲以身率下。永示敦樸。今所營莊陵。務存約儉。梁書太宗王皇后傳。

贈江子一子四子五詔

故戎昭將軍通直散騎侍郎南津校尉江子一。前尚書右丞江子四。東宮直殿主帥子五。禰故有聞。良以矜惻。死事加等。抑惟舊章。可贈子一給事黃門侍郎。子四中書侍郎。子五散騎侍郎。梁書江子一傳。

改元大寶大赦詔 大寶元年正月辛亥

蓋天下者至公之神器。在昔三五。不獲已而臨莅之。故帝王之功。聖人之餘事。軒冕之華。儻來之一物。太祖文皇帝含光大之量。啟西伯之基。高祖武皇帝道洽二儀。智周萬物。屬齊季薦瘥。彝倫剝喪。同氣離入苑之禍。元首懷無厭之欲。乃當樂推之運。因億兆之心。承彼掎角。雪茲讎恥。事非爲己。義實從民。故功成弗居。卑宮菲

食。大慈之業普薰。汾陽之詔屢下。於茲四紀。無得而稱。朕以寡昧。哀煢孔棘。生靈已盡。志不圖全。僶俛視陰。企承鴻緒。懸旌履薄。未足云喻。痛甚愈遲。諒闇彌切。方當玄默在躬。栖心事外。即王道未直。天步猶艱。式憑宰輔。以弘庶政。履端建號。仰惟舊章。可大赦天下。改太清四年爲大寶元年。梁書簡文帝紀。

解嚴詔 大寶元年二月丙戌

近東垂擾亂。江陽縱逸。上宰運謀。猛士雄奮。吳會肅清。濟兗澄謐。京師畿內無事。戎衣朝廷達官。齋內左右。並可解嚴。梁書簡文帝紀。

與湘東王令

王筠本自舊手。後進有蕭愷可稱。信爲才子。梁書蕭子顯傳。

爲孔休源舉哀令 中大通四年五月

金紫光祿大夫孔休源。立身中正。行己清恪。昔歲西浮渚宮。東泊枌壤。毗佐蕃政。實盡厥誠。安國之詳審。公儀之廉白。無以過之。奄至殞喪。情用惻怛。今須舉哀。外可備禮。梁書孔休源傳。

與劉孝儀令悼劉遵 大同元年

賢從中庶。奄至殞逝。痛可言乎。其孝友淳深。立身貞固。內含玉潤。外表瀾清。美譽嘉聲。流於士友。言行相符。始終如一。文史該富。琬琰爲心。辭章博贍。玄黃成采。既以鳴謙表性。又以難進自居。未嘗造請公卿。締交榮利。是以新沓其之舉。杜武弗之知。自阮放之官。野王之職。栖遲門下。已踰五載。同僚已陟。後進多升。而怡然清靜。不以少多爲念。確爾之志。亦何易得。西河觀寶。東江獨步。書籍所載。必不是過。吾昔在漢南。連翩書記。及忝朱方。從容坐首。良辰美景。清風月夜。鷁舟乍動。朱鷺徐鳴。未嘗一日而不追隨。一時而不會遇。酒闌耳熱。言志賦詩。校覆忠賢。搉揚文史。益者三友。此實其人。及弘道下邑。未申善政。而能使民結去思。野多馴雉。此亦威鳳一羽。足以驗其五德。比在春坊。載獲申晤。博望無通賓之務。司成

多節文之秋所賴故人時相媲偶而此子溘然實可嗟痛惟與善人此爲虛說天之報施豈若此乎想鄭痛悼之誠亦當何已往矣奈何投筆惻愴吾昨欲爲誌銘并爲撰集吾之劣薄其生也不能揄揚吹歔使得騁其才用今者爲銘爲集何益既往故爲痛惜之情不能已已耳（梁書劉遵傳）

與湘東王令悼王規　大同二年

威明昨宵奄復殂化甚可痛傷其風韻遒上神峯標映千里絕迹百尺無枝文辯縱橫才學優贍跌宕之情彌遠濠梁之氣特多斯實俊民也一爾過隙永歸長夜金刀掩芒長淮絕涸去歲冬中已傷劉子今茲寒孟復悼王生俱往之傷信非虛說（梁書王規傳又南史二十二）

停省婦見令

纓雁之儀既稱合於二姓酒食之會亦有因不失親若使榛栗腶脩贄饋必舉副笄編珈盛飾斯備不應婦見之禮獨以親闕頃者敬進醧醴已傳婦事之則而奉盤沃盥不行侯服之家是知繁省不同質文異世臨城公夫人於妃既是姑姪宜停省（隋書禮儀志四大同五年臨城公婚公夫人於皇太子妃爲姑姪進見之制議者不同令云云）

與衡山侯恭手令

彼士流骯髒有闕轎餘風黜首扞格但知重劍輕死降胡惟尙貪惏邊蠻不知禮讓懷抱不可皁白法律無所用施願充實邊戍無數遷徙諜候惟遠箱庾惟積長以控短靜以制躁早蒙爰念敢布腹心

甄異張景願復讎教

夫理感禽魚道均荆蘱亦有鄉因行孝江以孝移張景願自縛到郡稱其父爲韋法所殺今於公田揩斬法級祭墓訖束身歸官昔沂澤撫劍河南執戟遠符古義實足可嘉防廣刃讎赦其桎梏之罪丁蘭雪恥權以大夫之位（藝文類聚三十三）

賚追孔壽二女敎

夫恩人生至輕事惟悼往表閭式墓義匪字孤至如游殷之息見撫張既橋玄之子受託魏王斯故美在令終愛兼身後故無錫令孔壽經術弘長志履貞緊遊處積年一朝長往聞其在室二女並未有行可廣訪姻家務求偶對（藝文類聚四十御覽五百四十一）

臨雍州原減民間貲敎

誠欲投軀決隄曝身求雨九伐方弘三驅未息役繁之憂兵家斯急師興之費日用彌廣今春流既長艫舳爭前轉漕相追饋糧不闕義存矜急無俟多費（藝文類聚五十）

臨雍州革貪惰敎

壯夫疲於擐甲匹婦勞於轉輸蔾藿難充轉死溝壑春蠶不暖寒肌冬收不周夏飽胡寧斯忍復加貣削傷盜抵罪遂爲十一之貲金作贖刑翻成潤屋之產（藝文類聚五十）

圖雍州賢能刺史敎

冀州表朱穆之象太丘有陳寔之畫或有留愛士民或有傳芳史籍昔越王鑄金尙思范蠡漢軍染畫猶高賈彪矧彼前賢寧忘景慕可並圖象廳事以旌厥善（藝文類聚五十二）

罷雍州恩敎

析以片言事關往聖寄之勿擾傳彼昔賢故魁木不對畫獄無入吾自之雍矜懷圓犴幸得天無虛旱地歇怪蟲今軸車行塗舟艫且戒植柳官度倘或依然寄飯曹僖猶思恩宥況義化君民節離寒暑惘茲岐路宜留惠澤（藝文類聚五十）

復臨丹陽敎

昔越張倚猛用弘美績邊延善政實著民謠吾沖弱寡能未明理道猥以庸薄作守京河將恐五袴無謠兩岐難頌思立恩惠微宣風範（藝文類聚五十）

移市敎

臨淮作守。白鹿隨而忘反。蕭令解綬。黃雀從而不歸。況復衞卒遮車。追民擁榜。瞻言前古。眇愧弘多。吾旅泊東川。阻兹洄水。日中揔會。交貿遷移。雖樊無外取。要得所求。而旗亭舊體。自有常處。不容近違孔奮。遠逐曹參。正恐舊肆盈虛。或成彫廢。藝文類聚六十五。

下僧正敎

此州伽藍支提基列。雖多設莊嚴。盛修供具。觀其外迹。必備華侈。在乎意地。實有未弘。何者。凡鑄金刻木。鏤漆圖瓦。葢所以仰傳應身。遠注靈覺。羨龍瓶之始晨。追鶴林之餘慕。故祭神如在。敬神之道既極。去聖兹遠。懷聖之理必篌。此土之寺。止乎應生之日。則覽列形像。自斯巳後。封以篋笥。乃至棄服離身。尋炎去頂。或十尊五聖。共處一廚。或大士如來。俱藏一櫃。信可謂心與事背。貌是情非。增上意多。精進心少。昔塔裏紅函。止傳舍利。象頭白繖。非謂全身。

夫以畫像追陳。尙使吏民識敬。鎔金圖範。終令越主懷思。匹以龍阿。尙能躍鞘。方之虎兕。猶稱出柙。況復最大圖慈。無上善聚。聞名去煩。見形入道。而可慢此雕香。蘊斯木櫝。緘匿玉毫。封印金掌。既殊羅閱。久乁四天。又異祇洹。掩戶三月。寶殿空臨。瓊階虛敞。密帷不開。非仰舒之幽學。紅壁長掩。似邠卿之避雠。且廣夏雲垂。崇甍鳥跂。若施之玉座。飾以金鋪。必不塵露日姿。虧點月面。琉璃密窗。自可輕風難入。龍鬚細網。足使飛燕不過。兼得虔敬之理。必崇接足之心。彌重可即宣勅。永使準行。廣宏明集十六。

爲南平王拜大司馬章

臣度惠宸尊。地寔璿跗。王業權輿。夙奉締構。爰須盧綰。同贊密謀。豫均鄧禹。俱奉明詔。故摶飛九萬。實假扶搖之力。沖天百尺。無俟翩翮之勢。藝文類聚四十七。

爲王規拜吳郡太守章

[illegible]舊作式

臣今願斂衽後思。循牆所忝。示山河而形勝。顧牂橋而不見蒼鷹一遊。望仙掌而逾遠。然方當駕吉辯之車。入句吳之地。驅緹扇之馬。撫奉德之鄉。製錦何階。棼絲方始。藝文類聚五十。

謝賜新歷表

五司告肇。萬壽載光。琯叶璧輪。慶休寶歷。班和布政。懸闕徇道。或弘敬授之典。載闡波辰之敎。藝文類聚五。

又

璿籥環璣。鳳司肇律。觀斗辨氣。玉琯移春。萬福維新。剋固天保。藝文類聚五。

上南郊頌表

雖周郊南甸。宗伯之官徒設。漢興北畤。貴恪之道未隆。而體元含極。先後弗違。典盛望禋。理通孝敬。絜靜之禮。載光禘郊之風。斯洽。昔東平琅琊。著藻炎德。臨淄中山。摛文魏美。藝文類聚三十八。

求盜國臨城二公入學表

臣聞瞻彼緝孤。既次艮冶。相諸筍玉。猶符他山。故沮渙之水可居。鄒魯之鄉爲貴。下帷投斧。昔人以爲精力。弃竿委麥。先哲以爲美談。伏惟陛下。弘天德之微言。闡無爲之妙說。話郊講道。不勞賈生之議。就陽啟位。無待公玉之圖。願得齒年國冑。隨肩選造。藝文類聚三十八。

讓驃騎揚州刺史表

常願覲展就列。希同特進之班。角弓還第。不競龍驤之賞。而天牅無涯。名器總集。竊以驃騎之官。既爲上將。神州之重。實號中土。故以彈壓六戎。冠冕九牧。豈止司隸絳節。金吾緹騎。況復任總皇畿。位重連率。何則。驃騎之號。歷選爲重。元狩之中。始自去病。永平之建。特授劉蒼。齊憲爲公主所申。吳漢因羣臣之舉。藝文類聚四十八。御覽二百三十八。

讓鼓吹表

竟博爲善。不飾被於聲明。緣寵成功。未增榮於鐃管。豈宜響芳樹於西河。鳴朝飛於黑水。彼己之譏。何懼尸素之誠知懟。藝文類聚六十八。

在州羸疾自解表

昔遠紫複。曾不弱冠。今夢青蒲。逝將已立。願歸之謁。不逮宸矜。民請之書。遽降天允。屬上黨之雄。山西宜將。五校失道。八尉驕貪。一箭而解重圍。頃成戎咀。九戰而絕甬道。翻就喪師。雖王郭不追。朱買難嗣。實以褰襜明目。日夜厲精。地雜黠羌。民多獷俗。人非公孝。欲使任類汝南。勳異伯宗。必須榮踰戊己。州牧良才。實屬多士。無令菲薄。徒積妨賢。藝文類聚七十五。

謝爲皇太子表

伏見詔書。以臣爲皇太子。有命自天。實驚物聽。鴻名盛典。爰萃庸薄。勢舉千鈞。方茲未重。高摶九萬。比此非遙。臣本凡薇。實無取特以毓慶雲霄。憑暉璿極。鳴玉內侍。指麾外蕃。猶懼不任。尙疑廢職。況復監撫守從。道著前經。恭敬溫文。義彰昔記。震維禮絕。離景事尊。養德北宮。贊業東序。魏平非擬。漢莊靡繼。臣牧拙樊漢。始獲言歸。遂以下才。屬當上嗣。事異定陶之舉。有類膠東之冊。將何以著三善之德。延四皓之遊。屈叔譽之辭。繹卞蘭之頌。藝文類聚十六。

拜皇太子臨軒竟謝表

臣聞圜暉麗天。洊雷居震。必資合德。寔建賢明。臣本空薄。器業無取。已慙好儒之志。且乏豐下之姿。叨逢慈獎。事出希世。方將問安寢門。視膳天幄。察陳奏之章。示嚴警之書。出龍樓而祇召。息車馳道。侍鑾輿而巡幸。說經孔庭。足踐閶闔。風雲之勢斯近。飛陵倒景。神仙之舉超然。何以允副元良。和茲守器。逢師曠之褒。值史丹之述。藝文類聚十六。

上昭明太子集別傳等表

臣聞無懷有巢之前。書契未作。尊盧赫胥之氏。墳典不傳。若夫正少陽之位。主承祧之則。口實爲美。唯稱啟誦。自茲厥後。罕或聞焉。昭明太子稟仁聖之姿。縱生知之量。孝敬兼極。溫恭在躬。明月西流。幼有文章之敏。羽籥東序。長備元良之德。蘊茲三善。弘此四聰。非假二疏。寧勞四皓。虎賁恧其經學。智囊慙其諷議。豈止博望延賓。壽春能賦。問疑褱據。書戒馬陵而已哉。玉折何追。星頹靡續。地尊繼嗣。外陽之術無徵。位比周儲。緱山之駕不反。臣以不肖。妄作明離。初學記作明兩。出入銅龍。瞻仰故實。思所以揄揚盛軌。宣記德音。謹撰昭明太子別傳文集。請備之延閣。藏諸廣內。永彰茂實。式表洪徽。藝文類聚十六。又五十五。初學記十。

爲子大心讓當陽公表

日蝕之餘。無黃童之對。荷戟入榛。異子烏之辯。遂復早建茅社。夙開井賦。爵列五等。綬參四色。藝文類聚五十一。

爲子大款讓石城公表

詭對鶴書。俯羞鴉翼。臣生處深宮。未覩焦原之險。不出戶庭。豈觀砥柱之峻。臣闇均塘汎水。豈議大瀆之流。覆簣爲峯。終乖小魯之說。藝文類聚五十一。

爲長子大器讓宣城王表

褱野之辯。尙對軒君。弘羊之計。猶干漢主。徒以結慶璿源。乘蔭霄極。一日千里。困騏驥之馳。高陰百尺。藉雲崖之遠。熙祖流聰慧之稱。方建臨淮之國。元仲表岐嶷之姿。乃啟平原之封。南郡奥部。春穀名區。民化仲翔之俗。山峻陵陽之嶺。而緣車赤紱。文映緗囊。金璽銀券。炤灼光彩。藝文類聚五十一。

爲武陵王讓揚州表

臣延首青冥。傾心紫府。言非東里。誠譬北辰。而滔滔雲漢。不被霈然之澤。鬱鬱仙居。方隔下臣之奏。周任量力。請固所陳。明主理奪。

伏冀照訖。臣聞繫風捕影。徙求之路靡階。玉馬金舟。過遠之資無託。藝文類聚五十。

為南康王會理讓湘州表

絲言自天而忽委。玉刻披雲而下墜。浮舟千仞。呂梁之暢已深。總轡萬尋。懸車之懽非遠。藝文類聚五十。

請右將軍朱异奉述制旨易義表

臣聞仰觀俯察。定八卦之宗。河圖洛書。符三易之教。譬彼影圭。居四方之中極。猶彼黃鍾。總六律之殊氣。疑關永閟。踰弘農之洞啟。衛河既吐。邁龍門之已鑿。臣以庸蔽。竊尚名理。鑽仰幾深。伏惟舞蹈。冒欲請侍中右衛將軍臣异於玄圃宣猷堂奉述制旨易義。弘闡聖作。垂裕蒙求。謹以表聞。伏願垂允。藝文類聚五十五。

請尚書左丞賀琛奉述制旨毛詩義表

臣聞樂由陽來。性情之本。詩以言志。政教之基。故能使天地咸亨。人倫敦序。故東魯夢周。窮茲刪採。西河邵勝。著彼積述。叶星辰而建詩。觀斗儀而命篇。以為陳徐雅頌。齊育匪一。燕韓篇什。痾疾多端。北海鄭君。徒逢箋釋。南郡太守。空為異序。庶今中和永播。碩學知宗。大胥負師。國子咸紹。孝敬之德。化洽天下。多識之風。道行比屋。藝文類聚五十五。

上白兔表

瑞表丹陵。祥因舊流。四靈可嘉。既驗玉衡之精。千歲變采。有符明月之狀。豈殊丹岫之羽。不止帝梧。庶比素質之禽。得遊君圃。藝文類聚九十五。

上大法頌表

臣綱言。臣聞至理隱而德音闡。成功臻而頌聲作。在乎奕斯考甫。神雀嘉樹。或事止乎區中。慶昭乎一物。猶且手舞足蹈。傳式方來。況迺道出百王。義高三代。而可闕筆韜詠。聚歌不作者也。伏惟陛下。天上天下。妙覺之理獨圓。三千大千。無緣之慈普被。慧舟匪隔。法力無垠。躬紆尊極。降宣至理。澤雨無偏。心田受潤。是以九圍共溺。並識歸依。萬國均夢。一日俱曉。佛法之勝事。國家之至美。稽之上古。未有斯盛。雅頌之作。不可闕也。謹上大法頌一首。曹丕從征之賦。劉坦游侍之談。曾無連類。伏兼悚恧。不勝喜悅之誠。謹遣狀詣鍾超寶奉表獻頌以聞。釋藏輕五廣弘明集二十、藝文類聚七十七。

答穰城求和移文

屬彼數及悔亡。運逢瓦解。后言水鬭。實驗地凶。飛絮雨粟。還符天怪。故淪俗駁奔。遺黎南請。所以皇略北征。事同拯溺。愍百姓之未安。傷一物之失所。故餘民襁負。掃地來王。而向化之黨。忽覽今移。咸以陶茲禮樂。重覩衣冠。已變伊川之髮。兼削呼韓之衽。寧當生入玉關。死歸建業。民情若此。匪我求蒙。行人遠居。實亦勞止。想近察時機。遠詳圖緯。早去中原。遽反桑梓。旋地脈而北移。越天渠而南指。然後三姓二賢。可存十半。如其遂固守株。不達玄象。將恐衛將之師。復有狼居之戰。應侯之討。更覩陰山之哭。藝文類聚五十八。

全梁文卷九終

全梁文卷十

烏程嚴可均校輯

簡文帝二

上皇太子玄圃園講頌啟

竊以舜韶始唱，靈儀自舞；陳律纔暄，風心競蕚。輕禽短葉，尙識音光；沐善歡心，盜忘撫抃。伏惟殿下體高玄曉，義道春禁，年籠文囿，漁獵義河，注意龍宮，研心寶印。雲聚生什之材，並命應王之匠。校機析理，怡然不倦。朱華昊月，詎此忘罷；園素藏晚，節玄英初。氣霜竹浮陰，風梧散葉，從容雅論，貫會神衷。綢繆生多幸，屬此休世，蹄踰奉渥，得備磬籥，而貊蠅未拔，迷象不羈，寶沒醉衣，珠沈勇類。得聞勝善，盜忘歌詠，謹上玄圃園講頌一首。文慚綺發，思闕雕英，徒懷舞蹈之心，終愧清風之藻。冒昧呈聞，追深赧汗。謹啟。釋藏遙五、廣宏明集二十。

謝東宮賜裘啟

綱啟：蒙賚豹裘一領。降斯止謗，垂茲信服。物華雖毳，名高燕羽。綱才慙齊相，受白狐之飾；德謝漢蕃，均黑貂之賜。地卷朔風，庭流花雪，故以稀生惠氣，袖起陽春。荷澤知慙，承恩興感。不任下情，謹啟事謝聞。謹啟。藝文類聚六十七、初學記二十六。

謝東宮賜柰啟

懸霜照采，凌冬挺潤，甘清玉露，味重金液。雖復安邑秋獻，靈關晩實，無以足此嘉名，方茲擅美。藝文類聚八十六。

敘南康簡王薨上東宮啟

方當逸足長衢，克固藩屏，而峯摧璧毀，一朝云及。綱兄弟各從王役，東守西撫，常願陪承甲館，同奉畫堂，預得西苑賦文，北場旋食。豈謂不幸，偶隔昭世，異林有悲，飛鳴斯切。伏惟殿下愛睦恩深，常棣天篤。北海云亡，騎傳餘襄；東平告盡，驛問留書。嗚呼此恨，復在茲日。藝文類聚二十。

於事二字衍

謝邵陵王禁錮啟

臣綸習近宵人，不能改過，屢犯明憲，三入刑科。昔戀形掩扉，曹議著論，布衣昆弟，且相誡勖。以臣居長，終恥勸勵，仰負慈嚴，心顏戰慴。藝文類聚五十四。

因徒配役事啟

伏以明慎三典，寬簡八刑，宸鑒每以垂心，國誥是焉攸切。臣比時奉敕旨權視京師雜事，切見南北郊壇、材官、車府、太官、下省、左裝等處，並啟請四五歲以下輕囚，助充使役。自有刑均罪等，僁日不異，而甲付錢署，乙配郊壇。錢署三所，於事爲劇；郊壇六處，在役則優。令聽獄官詳其可否，於事無文之路，自此而生。公平難遇其人，流泉易啟其蔽，將恐玉科輕重，全關墨綬；金書去取，更由丹筆。愚謂宜詳立條制，以爲永準。藝文類聚五十四，又見隋書刑法志。通典一百七十。大同中皇太子上疏。

謝敕示苦旱詩啟

伏以九年之水，不傷堯政；七載之旱，無累湯朝。歲弘則公田已修，農勤則我庾惟億。今者亢陽以來，爲日未久，將恐督鄆不黜，失在汝南之守；曝皆未收，無傷河南之尹。而載勞興居，仰發歌詠，無愛珪璧，有事山川，菲飲食矣，加之以撤膳焉；中夜不寐，加之以申旦焉。此唐虞之所闕知，軒項之所不逮。藝文類聚一百。

慶洛陽平啟

自函洛榛曠，獯獫荐食，久絕正朔之風，不覩輶軒之使。乘此戰心，負斯戎足，每興燔燧之驚，常勞守障之民。自非聖略弘宣，天綱遐頓，豈能使漢地盡收，名王爭入。方令九服大同，萬邦齊軌，亭塞寢兵，關候罷柝。臣誠兼家國，倍深歡慶。藝文類聚五十九。

疑禮啟

謹案下殤之小功，不行婚冠嫁三嘉之禮，則降服之大功，理不得有三嘉。今行三嘉之禮。竊有小疑。隋書禮儀志三。大同六年。皇太子啓。

謝敕賚中庸講疏啓

若覩玄圭。如觀金版。洽日九披。流光照灼。慶雲五色。垂采氤氳。天經地義之宗。出忠入孝之道。實立教之關鍵。德行之指歸。自非千年有聖。得奉皇門。無以識九經之倫。稟二門之致。竊以周發上聖。問五行於箕子。宣尼照極。訪六儀於萇弘。未有懸鏡獨曉。仰均神鑒。方知始畫八卦。風義有慚。正名百物。軒轅爲陋。藝文類聚五十五。

謝敕賚方諸劒等啓

穠發紫函。初學記御覽作玉函雕奇溢目。始開泥檢。初學記御覽作牙檢麗飾交陳。已匹丹霞之暉。乍比青雲之制。身文自貴。器用惟宜。寒暑兼華。左右相照。藝文類聚六十。初學記二十二。御覽三百四十四。

謝敕賚善勝威勝刀啓

冰鍔含彩。雕琛表飾。名均素質。神號脱光。五寶初成。曹丕先荷其一。二勝今造。愚臣總被其恩。錫韓非之書。未足爲比。給博山之筆。方此更輕。藝文類聚六十。初學記二十二。御覽三百四十六。

謝敕賜玉珮啓

臣綱言。主衣裘智瑋奉宣敕旨。垂賚臣玉珮一具。藍田麗采。槐水纓文。飾以金關之珠。制以魯班之巧。故以稱端服色。影外生光。恩發內府。猥垂霑賜。臣方溫謝德。比振慙聲。沐浴深慈。欣荷交至。不任。藝文類聚六十七。初學記二十六。

謝賚扇啓

臣綱啓。傳詔饒僧明奉宣敕旨。垂賚細被大文畫棉蟬山扇一柄。文筠析縷。香發海檀。肅肅清風。即令象簟非貴。依依散彩。便覺翼室含霜。飲露青蝍。應三伏之修景。翥飛黃雀。送六月之蘭風。蔭日垂陰。薰澤慙采。浮涼滌暑。蘋末愧吹。聖人造物之巧。徘華膺薄。王府好玩之恩。於茲下被。頂戴曲私。伏增欣躍。謹奉啓事謝聞。謹啓。

初學記二十五。

謝賚碧慮棋子屏風啓

臣綱啓。宣詔王佛慧奉宣敕旨。垂賚碧慮棊子屏風二十牒。極班馬之巧。兼曹史之慮。均天台之翠壁。雜水華藝文類聚作葉之嘉名。使雲母之窗。慙其麗色。琉璃之扇。愧其含影。仰降聖慈。曲垂霑逮。嘉逐恩來。聽同鳳舞。言因謝盡。更類三緘。不任銘荷之誠。謹奉啓謝以聞。謹啓。藝文類聚六十九。初學記二十五。

謝敕賚織竹火籠啓

池水始浮。庭雪向飛。慈澤與涯。時錫香被。製此蘭枝。彫斯竿節。文華九折。用美十鑪。藝文類聚七十。

謝敕賚益州天門冬啓

逮自星橋。見珍玉壘。本草稱其輕身。延壽實爲上藥。姬晉之重丹桂。曹丕之愛落英。一家恩錫。竊幸往代。藝文類聚八十一。

謝敕賚貂坐褥席啓

東瀛美毳。不著馬鹿之儀。北朔文茵。豈問張敞所記。陰岸既重。寒井猶冰。特降殊私。溫華曲被。雖狐白千金。織成千種。李頌漢被。楊降曹畫。不足以髣髴洪慈。連類聖澤。藝文類聚九十五。

謝敕賜長生米啓

堯禾五尺。未足稱珍。漢苗九穗。方斯非擬。如隨瑞鹿。若降神烏。暮律向遒。獻春方始。食乃民天之貴。粒有延齡之名。藉此資身。因斯養性。藝文類聚七十二。

請幸重雲寺開講啓

臣綱、臣綸、臣紀言。臣聞紫宮麗天。著明玄象。軒臺在嶽。遊聽良書。是以道彌隆而禮愈縟。德彌溥而事愈泰。此蓋彰至治之尊。牧生民之本也。伏以大光殿。殿侔神垂。則沖天開宇。功深大壯。事協文明。儀辰建極。切靈敞構。照燭三光。含超百堵。咸謂心華所表。復非良匠之力。神通所現。不藉子來而成。實惟淨國。固絕董落之禮。高邁釋宮。理無鹿鳴之宴。竊惟妙勝之堂。本師於茲佛吼。摩尼之殿如來亦闡法音。伏希躬降睟容。施灑甘露。油然慧雲。霈然慈雨。光斯盛業。導彼蒼生。履天居而說無相。同眞也。建佛事而被率土。化俗也。同眞化俗。至矣哉。一舉而三美顯。豈不大乎。與彼陘山之上。傴巖之下。西都鳳皇。負陽鶯鷟。安足同日而語哉。敢露丹愚。伏待矜遂。輕干聽覽。流汗戰慄。謹啓。廣弘明集十九。

重請開講啓

臣綱、臣綸、臣紀言。一日輕最上闡。願垂法雨。天鑒凝遠。未蒙降遂。預均藥木。誠同器水。徒美春華。還憐秋蘀。伏惟陛下。德冠受圖。道隆言契。四三六五不能喻。十堯九舜無以方。而秋風動條。尙興未息之念。一物失所。猶起納隍之仁。方留衢室之情。未議石渠之講。竊以神通所現。一念萬機。大權所行。應時三密。猶處禪寂。影現十方。一起道場。已爲八會。豈與吹律之后。均能湘之勢。鑄鼎之君。切風雨之務。伏願以平等慧。行如來慈。爲度蒼生。際希有事。使朝滿一乘。情皆十善。智珠法炬。人人並持。四忍五明。家家可望。謹冒天威。重以聞啓。翹誠注仰。伏希允遂。使北冀無山。豈自高於曩日。南陽迴景。不獨隔於當今。謹啓。釋藏經四。廣弘明集十九。

三請開講啓

臣綱、臣綸、臣紀言。敢藉寵靈。頻干聽覽。再降神旨。未垂臨燭。伏以皇政廣覃。天覆悠遠。海河夷晏。日月貞明。洛水有稱蕃之胡。藁街有歸命之虜。舂戈已戢。秋塵不飛。槐棘均多士之詩。貂璫有得賢之頌。聖德沖謙。劬勞日昃。猶以時多再歎。未堯心。百辟慚惶。羣司聳蕩。臣等或三善靡聞。或一官不效。嗜飽逢宰相之請。學儉得參軍之譏。而自以結根天苑。竊高前載。是以匪懼塵黷。復敢上聞。伏願樂說大慈。特垂矜許。放光動地。不以法妨俗。隨機逗藥。不以人廢言。俾茲含生。凡厥率土。心花成樹。共轉六塵。鏡裏得珠。俱開三障。於其誠願。孰不幸甚。累冒宸嚴。倍增戰息。謹啓。廣弘明集十九。

請幸同泰寺開講啓

臣綱言。竊以眞如無說。非荃不悟。極果不應。注仰斯通。故器有水緣。方見圓曦之影。藥含長性。得墜慧雲之慈。伏惟陛下。玉鏡宸居。金輪馭世。應跡有爲。俯存利物。不違本誓。開導愚蒙。驅十方於大乘。運萬國於仁壽。豈止冶斤田粟。功侔造化。疏江決河。劇成天下。智高九舜。明出十堯。頻徙鑾蹕。降甘露雨。天人舞蹈。含生利益。是以背流知反。迷岸識歸。臣自叨預翹闡。渴仰無厭。一日冒陳丹款。伏希復轉法輪。未迴聽卑之恩。尙絕愚臣之願。慺慺寸志。重敢披祈。伏願將降一音。曲矜三請。被微言於王舍。集妙義於寶坊。聖心等視蒼生。猶如一子。遂臣之請。即是普被無邊。如蒙允許。衆望亦足。兩肩荷負。豈敢爲喻。不任下。願謹啓事以聞。廣弘明集十九。

冶當作治

徙當作徒

謝上降爲開講啓

臣綱啓。舍人徐儼奉宣敕旨。無礙大慈。不違本誓。來歲正月。開說三慧經。伏奉中詔。身心喜躍。饑蒙玉膳。比此未踰。貧獲寶珠。方斯非譬。伏以元正慶流。大蒐禮畢。慧雲續潤。法雨仍垂。出世洪恩。與陽春而布澤。俾茲含生。隨藥木而增長。權同萬國。福浹九圍。豈直愚臣。得未曾有。謹宣今敕。馳報綸紀。具爾相趣。無辭上謝。謹啓。廣宏明集十九。

重謝上降爲開講啓

臣綱啓。丹願懇誠。屢冒宸扆。實希降甘露雨。普被三千。天聽孔邈。未垂鑒遂。旱苗傾澗。豈比自憐。賜鳥思林。寧方渴仰。近因大僧正慧令。伏敢重祈降遠。敕旨垂許。來歲二月。開金字波若經題。殊特之恩。曲應愚請。稽拜恭聞。不勝喜躍。身心悅樂。如觸慈光。手足蹈舞。義非餘習。伏以香城妙說。實仰神文。潤方雲雨。明踰日月。能使迷途識正。大夢均朝。梵志懼來。天魔遙禮。提桓所聽。而今得聞。波崙所求。希世復出。其爲利益。深廣無邊。九圍獲悟。十方蒙曉。雖復識起初流。心窮後念。方當共捐五蓋。俱照一空。巍巍蕩蕩。難得爲喻。臣仍屈慧令。續宣此典。大乘普導。寔繇聖慈。伏筆罄言。寧宣戴荷。不任下情。謹啟事謝聞。廣宏明集十九。

謝開講般若經啟

臣綱言。伏承輿駕臨同泰寺。開金字般若波羅密經題。照迷生之慧日。導出世之長源。百華同陰。萬流歸海。幽顯讚揚。率土含潤。臣身礙已來。望舒盈闕。甘露普被。人天俱萃。波若魔事。獨在微躬。馳係法輪。私深懟責。不任下情。謹奉啟以聞。謹啟。廣宏明集十九。

答同泰寺立刹啟

竊以寶塔天飛。神龕地踊。豈惟昔代。復見茲辰。嘉彼百靈。欣斯十善。雖復紫煙旦聚。比此未儔。朱光夜上。方今知陋。藝文類聚七十七。

謝敕使監善覺寺起刹啟

臣綱啟。伏見敕旨。使監作舍人王曇明、材官將軍沈徽、御仗吳景等監看善覺寺起刹事。爰奉聖恩。曲降神力。命斯執事。修茲長表。寶塔雲構。無待喜園。水精特進。非差龍海。大龜持泥。未足爲盛。鷲引繩。方斯取埒。仰瞻慈渥。喜戴不勝。俯循宿願。私增涕噎。不任銘荷。謹奉啟謝聞。謹啟。廣宏明集十六。

謝御幸善覺寺看刹啟

臣綱言。即日輿駕幸善覺寺。威神所被。金表建立。槩泰清而特起。接庫樓而上征。既等堪然。長均淨土。方爲佛事。永利天人。頂荷之誠。臣百恆品。不任下情。謹奉啟事謝聞。謹啟。廣宏明集十六。

謝敕賚銅供造善覺寺塔露盤啟

臣綱啟。主書陳僧聰奉宣敕旨。垂賚銅一萬三千斤。供造善覺寺塔靈盤。是稱邪陽之珍。實亦昆吾之寶。爍溼無變。九布見奇。寒暑

差當作羞

得宜。六律成用。況復神龍負子。光斯妙塔。金烏銜帶。飾茲高表。函谷恥其詠歌。臨淄慙其祥應。陽燧含景。還譬日輪。甘露入盤。足稱天酒。辭林本闕。心辯又慚。徒戴重恩。終難陳謝。不任銘荷之誠。謹奉啟聞。謹啟。廣宏明集十六。

謝敕賚柏刹柱并銅萬斤啟

臣綱啟。傳詔呂文強奉宣敕旨。賚臣柏刹柱一口。銅一萬斤。供起天中天寺。九牧貢金。千尋挺樹。永曜梵輪。方興寶塔。夏差神鼎。晉愧相風。使福被域中。功踰無外。臣以庸愚。禀承勝善。樂受彌心。恩光動色。銘荷之誠。無詞啟謝。不任頂戴。謹奉啟謝聞。謹啟。廣宏明集十六。

謝敕賚錢并白檀香充法會啟

臣綱啟。傳詔奉宣敕旨。以臣明法會。垂賚錢二十萬。白檀薰陸綫香各十斤。黃紙詔書。先開泉府。青雲好氣。次集桂宮。貨重文龜。芳踰麗艸。散金廡下。止及軍吏。積穀充家。纔班親族。未若資此良田。方闢五蓋。入茲法度。長出四流。假詞敬祖。尙慙難述。借辯君卿。猶知非謝。不任荷戴。謹啟事以聞。釋藏輕一。廣宏明集十六。

謝敕賚苦行像并佛跡啟

臣綱啟。舍人顧虔奉宣敕旨。以金銅苦行佛并佛跡供養具等賚使供養。伏以六年道樹。超出四魔。千輻足輪。德圓萬善。故能聞見悟解。逢遇祛塵。天聽恩隆。曲垂獎被。謹修飾棡宇。齋潔身心。翹仰慈光。伏待照降。千唱四辯。尙不宣心。輕毫弱簡。豈能陳謝。不任下情。謹啟事謝聞。謹啟。廣宏明集十六。

奉阿育王寺錢啟

臣綱言。臣聞八國同斯。事高於法本。七區皆藴。理備於湧泉。故牙牀白氎。無因不覩。金瓶寶函。有緣斯出。伏惟陛下。懸天鏡於域中。運大權於宇內。三有均夢。則臨之以慧日。百藥同枯。則潤之以慈雨。動寂非己。行住因物。無能名矣。臣何得而稱焉。故以照光赤書。

則前史之爲瑞珥芝景玉蟾往代之爲珍難遇者乃如來眞形舍利照景密瓶浮光德水如觀鉤鏁似見龍珠自非聖德威神無以値斯希有天人頂戴遐邇歸心伏聞阿育王寺方須莊嚴施用萬金檀豐十藏寶陳河府泉出水衡比丘持土大廈方構羅漢引繩高塔將表不勝喜抃謹上錢一百萬雖誠等散華心荷不盡而微均滴瀝隨甚降空輕以塵聞伏啟悚汗謹啟釋藏輕一廣宏明集十六

謝敕賜解講錢啟

無勞礎石之火金貨猥臻非遊玉壘之川銅山可見舒王濟之埒猶覺有餘假劉寔之繩穿而不盡慧輪究竟爰降曲私福田成滿俯藉慈被榮光獨照自均若木負恩知重竊譬蓬萊藝文類聚六十六

謝賜錢啟

殊澤隆厚造次被蒙重彼八銖珍斯九法赤仄成采出自水衡之藏紺文委貫忽積銅扇之裏謹長充放生用擣合議發弘誓願等供無邊效彼薄枸均茲流水方使鯆鴿獲安窮魚永樂藝文類聚六十六

謝賚納袈裟啟四首

臣綱啟殿師吳苗奉宣敕旨垂賚鬱泥細納袈裟一緣分同妙葉界寫長縢拂石憖華裁金非重是曰新染厥惟田服方使幽貞芳杜恥緝芙蓉仙客排雲羞裳飛羽穢食凡軀無明暗識叨恩每重荷澤難勝不任銘戴之至謹奉啟事謝聞廣宏明集二十八上

又

臣綱啟蒙賚鬱泥納袈裟一緣茝緘秦纑因製緝而成文魯縞齊紈藉馨漿而受彩初開篋笥便覩含衞田疇不出戶庭坐覩南山塍陌竊以三銖輕煩稱美服於淨居千金巨麗得受用於迦葉而湛恩特被萃此愚躬霜降授衣曲澤便及喜溢心崖如從空中所隧忽不自知更謂寶支所出采穠四色事非麟甘鉤蘭兩葉殊澤寶隧不任荷戴之至謹啟事謝聞謹啟廣宏明集二十八上

又

臣綱啟宣傳左右俞景茂奉宣敕旨垂賚鬱泥眞納九條袈裟一緣精同織縷巧均結毳甕彼貝嚀成斯妙服雖複貴比千金輕踰二兩無以匹此洪恩方斯殊賚臣卧疾累旬未堪行踐不獲卽被新染陪侍寶坊塵篠穢體愧荷相集不任慙悚之至謹啟事謝聞謹啟廣宏明集二十八上

又

蒙賚鬱金泥細衲袈裟一緣忍辱之鎧安施九種功德之衣慙愧八法北戶錄注

謝敕聽從舍利入殿禮拜啟

臣綱啟舍人王景曜至奉宣敕旨曲垂違問并聽臣隨從舍利入殿禮拜謹奉秋色昭澄預表光瑞臣比身心得無障惱明陪寶函謹鞠躬恭到但不生羽翼無假神通身升淨土高排閶闔足踐蓮華方茲非喩行踏寶機比斯未重誘導殊恩實迴始望顧茲塵穢喜戴不勝謹啟廣宏明集卷十八藝文類聚七十七

謝敕使入光嚴殿禮拜啟

臣綱啟舍人王景曜奉宣敕旨曲垂勞問并使明入光嚴殿禮拜法身謹奉臣粗蒙恩造明守開恭到遂以勞屬升淨土風積水厚不足爲喩微心悚躍上謝無辭不任下情謹啟事謝聞廣宏明集十六

謝敕爲建涅槃懺啟

臣綱啟伏聞敕旨垂爲臣於同泰寺瑞應殿建涅槃懺臣障雜多災身穢饒疾鍼艾湯液每黷天覽重蒙曲慈降斯大福冀慧雨微垂卽滅身火梵風纔起私得清涼無事非恩伏枕何答不任下情謹奉啟謝聞廣宏明集二十八下

謝敕參迎佛啟

臣綱啟主書周昂奉宣敕旨曲賚恩參臣卽爾到建元寺奉候法

身。金山戾止。王人勞問。榮恩頻疊。啟謝無辭。不任下情。謹啟事謝聞。廣宏明集十六。

東宮上掘得慈覺寺鐘啟

竊以白亭舊宅。絕顯禎祥之氣。闕里故堂。暫聞鐘石之響。猶復存諸巨史。汗彼篆素。豈如杏梁遺飾。迴成紺殿。椒墀昔處。仍構寶階。啟彝鐘於殊里。記靈文於福地。雖魏廟出璽。魯祠現璧。固以推茲孝感。匹此禎契。將鄗令鄙其開金。羊田陋其產玉。豈宜季武庭樹愧韓起之譽。蜀相宅基。慙孝安之碣。伏惟覽啟增恩。撫端深悲。慟切覩奩。哀踰封篋。藝文類聚七十七。張溥誤入昭明集。

上菩提樹頌啟

臣綱言。臣聞擊轅小唱。有慕風雅。巴人淺曲。實仰陽春。是以封葵細葉。猶傾朝景。爝火微光。不能自息。伏惟陛下。至德欽明。玄猷廣運。乃神乃聖。道跨軒媯。正覺正眞。功符圖極。常住爲樂。法喜爲甘。慈雨被於無垠。睿化覃於幽顯。故八風調。四氣正。天下定。海外安。引龍窟之威。紹鷲山之法。無爲不住。實慰蒼生。無相乃宜。引歸眞域。製茲道樹。顯此金容。使誓願者結因。頂禮者增福。會途已一。古今誰二。伏以器表承露。東阿薦銘。瑞啟黃龍。中山興頌。臣雖不敏實有愚心。謹上菩提樹頌一首。學謝稽古。思非沈鬱。不足以光揚盛德。髣髴一隅。顧慙芻言。伏紙慙震。謹啟。釋藏肥九。廣宏明集十五。

全梁文卷十終

烏程嚴可均校輯

簡文帝四

誡當陽公大心書

汝年時尙幼，所闕者學，可久可大，其唯學歟。所以孔丘言：吾嘗終日不食，終夜不寢，以思無益，不如學也。若使牆面而立，沐猴而冠，吾所不取。立身之道，與文章異，立身先須謹重，文章且須放蕩。藝文類聚二十五。

與魏東荊州刺史李志書

卿門世英業，中州舊族，自金天失馭，帝鼎南遷，衣冠播越，不及俱邁，豈可屈志氊戎，久淪胡壤。今皇師外掃，天鉞四臨，海蕩雷飛，雲蒸雨合，所推所尅，是卿之具聞也。且僞國沸騰，四方幅裂，主虐臣姦，牝雞亂政，若能早識事機，翻歸有道，豈直圖形長樂，刻像鐘鼎。

時事易差，相思勉勵，但明月鬪投，昔人爲誡，隣藩贈藥，有可虛懷，密驛輕郵，側望歸簡。藝文類聚二十五。

答徐摛書

山濤有言，東宮養德而已。但今與古殊，時有監撫之務，竟不能黜邪進善，少助國章，獻可替不，仰裨聖政，以此慙惶，無忘夕惕。驅馳五嶺，在戎十年，險阻艱難，備更之矣。觀夫全軀具臣，刀筆小吏，未嘗識山川之形勢，介冑之勤勞，細民之疾苦，風俗之嗜好，高閣之間可來，高門之地徒重，玉饌羅前，黃金在握，浞訾栗斯，容與自憙，亦復言軒義以來，一人而已，使人見此，良足長歎。藝文類聚二十六。

與劉孝綽書

執別灞滻，嗣音阻闊，合璧不停，旋灰屢徙，玉霜夜下，旅雁晨飛，想涼燠得宜，時候無爽，既官寺務煩，簿領殷湊，等張釋之條理，同于公之明察，雕龍之才本傳，靈蛇之譽自高，頗得暇逸於篇章，從容於文詠。頃擁旄西邁，載離寒暑，曉河未落，拂桂棹而先征，夕鳥歸林，懸孤帆而未息，足使邊心憤薄，鄉思邅迴，但離闊已久，載勞寤寐，佇聞還驛，以慰相思。藝文類聚三十。

與蕭臨川書

零雨送秋，輕寒迎節，江楓曉落，林葉初黃，登舟已積，殊足勞止。解維金闕，定在何日。八區內侍，厭直御史之廬，九棘外府，且息官曹之務。應分竹南川，剖符千里，但黑水初旋，未申十千之飲，桂宮旣啟，復乖雙闕之宴，文雅縱橫，卽事分阻，清夜西園，眇然未尅，想征艫而結歎，望挂席而霑衿。若使弘農書疏，脫還鄴下，河南口占，儻歸鄉里，必遲青泥之封，且覯朱明之詩。白雲在天，蒼波無極，瞻之歧路，眷慨良深，愛護波潮，敬勗光彩。藝文類聚三十。

答安吉公主餉胡子書

方言異俗，極有可觀，山高水遠，宛在其邈，不使去來執轡，娩彼青

衣，正當出入燒香，還依丹轂，豈直王濟女奴，獨有羅袴，方使樂府行胡，羞論歌舞，垂賚新奇，伏增荷抃。藝文類聚三十五。

答張纘謝示集書

綱少好文章，於今二十五載矣。竊嘗論之，日月參辰，火龍黼黻，尙且著於玄象，章乎人事，而況文辭可止，詠歌可輟乎。不爲壯夫，揚雄實小言破道；非謂君子，曹植亦小辯破言。論之科刑，罪在不赦。至如春庭落景，轉蕙承風，秋雨且晴，初學記作朝晴。檐梧初下，浮雲生野，明月入樓，時命親賓，乍動嚴駕，車渠屢酌，鸚鵡驟傾。伊昔三邊，久留四戰，胡霧連天，征旗拂日，時聞塢笛，遙聽塞笳，或鄉思悽然，或雄心憤薄，是以沈吟短翰，補綴初學記作補綴。庸音，寓目寫心，因事而作。藝文類聚五十八，初學記二十一。

答新渝侯和詩書

垂示三首，風雲吐於行間，珠玉生於字裏，跨躡曹左，含超潘陸，雙

儒當作懦

鬢向光。風流已絕。九梁插花。步搖爲古。高樓懷怨。結眉表色。長門下泣。破粉成痕。復有影裏細腰。令與眞類。鏡中好面。還將畫等。此皆性情卓絕。新致英奇。故知吹簫入秦。方識來鳳之巧。鳴瑟向趙。始覩駐雲之曲。手持口誦。喜荷交幷也。藝文類聚五十八。

荅湘東王慶州牧書

雖心慕子文。申威涿郡。意存士雅。慷慨臨江。而不能遂封狼居之山。永空幕南之地。逐北聊城。追奔瀚海。必欲卷綬避賢。辭病收迹。藝文類聚五十九。

荅湘東王上王羲之書書

試筆成文。臨池染墨。疏密俱巧。眞草皆得。似望城扉。如瞻星石。不營雲飛之散。何待曲辱之丹。方當奉彼筐中。置之帳裏。乍楷桐鈎。時懸欹案。戢意之深。良不能已。藝文類聚七十四。

與湘東王書

吾輩亦無所遊賞。止事披閱。性既好文。時復短詠。雖是庸音。不能閣筆。有惠伎癢。更同故態。比見京師文體。儒鈍殊常。競學浮疏。爭爲闡緩。玄冬脩夜。思所不得。既殊比興。正背風騷。若夫六典三禮。所施則有地。吉凶嘉賓。用之則有所。未聞吟詠情性。反擬內則之篇。操筆寫志。更摹酒誥之作。遲遲春日。翻學歸藏。湛湛江水。遂同大傳。吾既拙於爲文。不敢輕有掎摭。但以當世之作。歷方古之才人。遠則楊馬曹王。近則潘陸顏謝。而觀其遣辭用心。了不相似。若以今文爲是。則古文爲非。若昔賢可稱。則今體宜棄。俱爲盍各。則未之敢許。又時有效謝康樂裴鴻臚文者。亦頗有惑焉。何者。謝客吐言天拔。出於自然。時有不拘。是其糟粕。裴氏乃是良史之才。了無篇什之美。是爲學謝則不屆其精華。但得其冗長。師裴則蔑絕其所長。惟得其所短。謝故巧不可階。裴亦質不宜慕。故胷馳臆斷之侶。好名忘實之類。方分肉於仁獸。逞郤克於邯鄲。入鮑忘臭。效

迣當作遊

尤致禍。決羽謝生。豈三千之可及。伏膺裴氏。懼兩唐之不傳。故玉徽金銑。反爲拙目所嗤。巴人下里。更合郢中之聽。陽春高而不和。妙聲絕而不尋。竟不精討錙銖。覈量文質。有異巧心。終愧妍手。南史作妍耳。是以握瑜懷玉之士。瞻鄭邦而知退。章甫翠履之人。望閩鄉而歎息。詩既若此。筆又如之。徒以煙墨不言。受其驅染。紙札無情。任其搖襞。甚矣哉。文之橫流。一至於此。至如近世謝脁沈約之詩。任昉陸倕之筆。斯實文章之冠冕。述作之楷模。張士簡之賦。周升逸之辯。亦成佳手。難可復遇。文章未墜。必有英絕領袖之者。非弟而誰。每欲論之。無可與語。思吾子建。一共商榷。辨茲清濁。使如涇渭。論茲月旦。類彼汝南。朱丹既定。雌黃有別。使夫懷鼠知慚。濫竽自恥。譬斯袁紹。畏見子將。同彼盜牛。遙羞王烈。相思不見。我勞如何。梁書庾肩吾傳。時太子與湘東王書論之。又略見藝文類聚七十七。

荅湘東王書

暮春美景。風雲韶麗。蘭葉堪把。沂川可浴。弟召南寡訟。時綴甘棠之陰。冀州爲政。藝文類聚作爲法。暫止褰襜之務。唐景薦大言之賦。安太迣連環之辯。盡游翫之美。致足樂耶。吾春初卧疾。極成委弊。雖西山白鹿。懼不能瘉。子預赤丸。尙憂未振。高卧六安。每思扁鵲之問。靜然四屋。念絕修都之香。豈望文殊之來。獨思吳客之辯。屬以皇上慈被率土。甘露聿宣。鳴銀鼓於寶坊。轉金輪於香地。法雷警夢。慧日暉朝。道俗輻湊。遠邇畢集。聽衆白黑。日可兩三萬。獨以疾障。致隔聞道。豈止楊僕有關外之傷。周南起留滯之恨。第十三日。始侍法筵。所以君長近還。未堪執筆。敬袒前邁。裁欲勝衣。每自念此。愍然失慮。江之遠矣。寤寐相思。每得弟書。輕痾遺疾。尋別有信。此無所伸。廣宏明集十六。又二十八。上藝文類聚七十五。

又

十八日晚。於華林閣外省中。得弟九月一日書。甚慰懸想。秋節淒

清比如常也州事多少無足疲勞豫梁之氣不異恆日差盡怡悅時有樂事游士文賓比得談賞終宴追隨何如近日注漢功夫轉有次第思見此書有甚飢愁吾蒙受菩薩禁戒簉預大士此十二日便於東城私懺十七日旦早入寶雲壁門照日銅龍吐霧紅泉含影青蓮吐芳法侶成羣金山滿坐身心快樂得未曾有昨旦平等寺法會中後無礙受持天儀臨席晬容親證拜伏雖多疲勞頓遣剃頂之時此心特至心口自謀併欲翦落無疑馬援遺兹之談不辭應氏赤壺之諷僧璡典議不異昔日竟日問璡殊均子路挨鉤取名名曰因理皇情印可今便奉行昨晡後方還所住徐摛庾吾羌恆日夕鏡遠在直時來左右但不得倜儻殊異盤下之時稍習節文欲避酒泉之職尹王相去既爾伸款對臨汝侯比多屬疾來宮小稀其間信使差得其簡暌兼膺事暕為洗馬時伸話言數語論辯句之侯東撫復成離闊衡山九嶷尋應引邁臨岐有歎望水興嗟但吾自至都已來意志忽悅雖開口而笑不得眞樂不復飲酒垂二十旬炎公醒狂自成無理知者艾數信述吾經過適憶途遵江夏路出西浮日月易來已涉秋暮而韋述有長沮之獎必笑之災循異葛僊形均荀序弟復資其糧餼特為經營轉禍為福事均北叟分別已來每增慨憶歎因月積想逐時旋每有西郵事同撫髀相見之期未知何日贈言玉嶺靜對金颷懷勞之深未常弭歇善自保惜及此不多綱疏（廣宏明集二十七上）

答蕭子雲上飛白書屏風書

得所送飛白書縑屏風十牒冠六書而獨美超二篆而擅奇乍寫星區時圖鳥翅非觀觸石已覺雲飛豈待金瑞便覩蟬翼閒諸衣帛前哲未巧懸彼帳中昔賢掩色（藝文類聚六十九）

答定襄侯餉臥簟書

筠篁多品篠簜雜名校色比奇獨此為貴自含蒼紫似久暴於柯亭乍舒黝素若屢露於湖水三伏餘炎九折成用便可旅食南館高臥北窗（藝文類聚六十九）

答南平嗣王餉舞簟書

濯龍之木文錦飾壇淮南之臺紫羅為薦未若五離九折出桃枝之翠筍綺爛霞舒制雲母之修竹南淵點淚喻此未奇東宮赤花擬之非妙（藝文類聚六十九）

答書

知康司馬卓以水淺未時發漢源冬涸理當有詠遄舟有及具意綱答（宣化閣帖一）

與廣信侯書

綱白闕絕音旨每用延結風嚴寒勁願比怡和伏承淨名法席親承金口辭珍鹿苑理愜鷲山微密祕藏於斯既隆莊嚴道場自茲彌盛豈止心燈夜炳亦乃意蕊晨飛況兄慧思孔明本長內教今陪十善之車開八正之路流般若之水洗意識之塵以此春翹方為秋實王每憶華林勝集亦叨末位終朝竟夜沐浴妙言至於席罷日餘退休務省攜手登臨兼展談笑仰望九層俛窺百尺金池動月玉樹含風當於此時足稱法樂今卷雌之部乘傳一隅聞慧雨滂流喜躍充徧徒揭懸河無伸承稟空無所有不挂情靈緣癡有愛自嗟難拔兼下車已來義言蓋少舊憶已盡新解未餐既懣口誦復非心辯永謝瀉瓶終慚染甄是則慈雲既擁智海亦泱彩末波餘希時釃拂但睽違轉積興言盈臉願加敬納言不宜意謹白（廣宏明集十六又二十一藝文類聚七十七）

又

王白仰承比往開善聽講涅槃縱賞山中游心人外青松白露處處可悅奇峯怪石極目忘歸加以法水晨流天華夜落往而忘反有會昔言王牽物從務無由獨往仰此高蹤寸心如結謹白（廣宏明集）

光當作差

二十一

與慧琰法師書

五翳消空。韶光表節。百華異色。結綵成春。道體何如。恆清宜也。對玩清虛。既在風雲之表。游心入理。光多定慧之樂。弟子俗務紛糺。勞倦特深。睠然北嶺。欽賢已積。會遇之期。庶必可俟。有緣之儔。事等饑渴。佇望來儀。一日三歲。想思弘利益。理當無爽。指遣此信。無述寸衿。綱和南。廣宏明集十六。又二十八上。

又

旦來雨氣。殊有初寒。攝衛已久。轉得其力。雖他方法界。略息化緣。祇洹之裏。恆有悟對。眷佇之深。無時不積。久因倩郗頒述方寸。不知巧笑之倩頒、為津及不耳。前昨已來。微事義聚。龍象畢同。應供皆集。慧炬開心。甘露入頂。聞之善讚。特盡歡怡。想味之懷。轉復無極。昔幼年經聞制旨。受道日淺。北面未深。雖異羅那。事同華水。今改酉下。特蓄本心。訪理質疑。屬在明德。不謂般若留難。現疾未瘳。問津無地。歎恨何已。伏承輿駕。焉尋幸伽藍。冀於此時。得一覩止。辯論青豆之房。遣惑赤花之舍。追往年之宿眷。述即日之寸心。此事必期冀非爽。指遣茲承問。佇有還書。綱和南。廣宏明集十六。又二十八上。

弔道澄法師亡書

省啟。承尊師昨夜涅槃。甚深悲怛。法師志業淹明。道風淯素。戒珠瑩淨。福翼該圓。加以識見冥通。心解遠察。記落雨而必然。稱黑牛而匪謬。服膺者無遠近。蒙益者兼道俗。弟子自言旋京輦。便伸結緣。豈謂一息不追。奄至乎此。然勝業本深。智刀久利。必應遊神實地。騰跡淨天。但語其乳地啟殯。香棺入室。不入空心。於何不慟。但如來降生之迹。因此而入。泥洹正當其生。住滅靡有定相。先聖後賢。何其形響。推校因緣。未始有例。上人等竝在三歲。積始終。禀道宜應共相策勉。弘導舊業。使道場無廢。利益不墜。所襯物輒如法供養。奈何奈何。廣宏明集二十四。

勸醫論初學記、大觀本草作勸醫文。

勸醫曰。天地之中。唯人最靈。人之所重。莫過於命。雖脩短有分。夭壽懸天。然而寒暑反常。嗜欲乖節。故虐寒痏首。致斃不同。伐性爛腸。摧年匪一。拯斯之要。實在良方。故祇域醫王。明於釋典。如大師乃以醫王為號。以如來能煩惱病。祇能治四大乖為故。亦有騷人之詠彭城。初學記作彭鏗。秦國之稱和緩。季梁之遇盧氏。虢子之值越人。爰至九市初學記作久視。飛仙。長生妙道。猶變六一於金液。改三七於銀丸。蓄玉匣之祕。初學記作玉字之精。研紫書之奧。桃膠何是。北斗靡遁其形。初學記作靡鑠其形。金鑿非遠。明珠還恥其價。能使業門之下。鼓響獨聞。痤祝初學記作獨傳痤祝。之傍。簫聲猶在。周禮疾醫掌萬民之疾。凡民之有病者。分而治之。歲終。則各書其所治而入於醫師。知其愈與不愈。以為後法之戒。至如研精玄理。考覈儒宗。盡日清談。終夜講習。始學則負墟尚謏。積功則為師乃著。日就月將。方稱碩學。專經之後。猶須劇談。網羅愈廣。鉤深理見。厭飫不寤。惟日不足。又若為詩。則多須見意。或古或今。或雅或俗。皆須寓目。詳其去取。然後麗辭方吐。逸韻乃生。豈有秉筆不訊。而能善詩。塞兒不談。而能善義。楊子雲言。讀賦千首。則能為賦。況醫之為道。九部之診甚精。百藥之品難究。察色辯聲。其功甚祕。秋辛夏苦。幾微難識。而比之術者。未嘗稽合。曾無討論。多以少壯之時。涉獵方疏。略知甘草為甜。桂心為辣。便是宴馭自足。經方泯棄。同庾㪚之讀莊子。異孔丘之好周易。然而疾者求我。又不能盡意攻治。假使不能為地。自可即為已益。所以然者。若無陽責賜精加消息。以前驗後。自可解之。日知所亡。坐成妙術。而又告以不能也。治疾者衆。必以縊痕酬塞惡之者多。愛之者鮮。初學記作必盃痕酬塞。譏人者多。愛人者鮮。是則日處百方。月為千治。未嘗不輕其藥性。任其死生。浮華之功。於何而得。及其愛深親屬。情切支服（初學記作友服）患起膏肓瘸興府俞雖欲盡其治功思無所出何以故然本不素習卒難改變故也周靡麻（衍周字初學記大觀本草二十四皆作胡麻）本鹿藿止欬頭痛之痾（初學記作欬頭痛之痾大觀本草十一亦作痾）麥麴茸蕤反救河魚之疾（初學記作暫止河魚之腹大觀本草七作纔止）思不出位事局轅下醫者忘志（初學記作欲求反止者止疑作死）於玄都揚己名於緣帙（初學記作緣籍）其可得乎術道困窮於斯實至誠當善思此意更興其美非直傳名於後亦是功德甚深比夫脫一鴿於權衡活萬魚於池水不可同日而論焉（文苑英華七百五又見初學記二十有刪節）

七勵

藏名外臣體道好異遁跡埋影刳心人事任性於蓼水之側放心於自得之場情苞六合德貫九方巖棲谷飲絕際遼梁於是寂鏡公子聞而往說乃飛車跨蓋翔鸞絳螭丹旌鳳轉碧幔雲移映玉軑之綺靡照銀車之陸離經九嶠之隩阻歷五曲之嶮危路入閬風道經通谷橋塗泱漭路林蕭肅石磴岧嶢松關重複羊腸望斷遂路迂餘攀林稅駕乃遇藏名之所居其居則蘚苔沒砌崛葉斜林千峯杳冥萬仞懸深南危碧流北陣芳林左紫重陸右背高岑煙霞罩日石澗龍陰聲音百變響弄千禽寂鏡公子曰蓋聞智者不懷道沒志遺俗埋名迷邦碎寶卻粒辭榮今欲說子以默語之術盍欲聞乎藏名曰僕雖幽棲遠紆名德盍忘潔己以受至言

公子曰夫怡情託體寔寄閑宮跨危樓於枍詣挂日景於迎風玩靈華於仙掌度窈窕於飛虹金枝照曜玉壁玲瓏文窗洞右飛閣陵東桂柱通光雄梁亘日壁鏡鈕懸抽荷并出中宿錦筵長廊周密青錢碧影金墀玉律冬闈溫煦夏室含霜圖以珍怪畫以禎祥瓊茅秋蘤綠蕙春香植宜男於粉閣樹君子於椒房迴風煙於璇題垂珠璣於玉箱文魚水宿錦鳥雲翔乃登陟遊矚望遠通疏擢素蘤於石鏡搴蔓草於康衢若荊山之琢玉似隨水之弄珠若斯宮之閑麗子能與我而共居外臣曰僕遊心蓬蓽未暇斯處

公子曰夫靚妝嚴服託體必嬴五絲擅美獨繭稱華組帷口絮綵緹含葩丹墀聚葉縷檻飛花至如稷下縫掖泗上章甫雉緝霜鮮秦絲團縷鳳色龍分鸞文鵠聚琱紛瑤席綺飾瓊琚齊都滑石南海瑇瑁散似綴珠離如並續蜘蛛弄巧越女調梭夏則桃笙竹席冬則青莞金綈溫麗瓊臺密華承曬當戶之轂大文之錦華蒲荷之綺委麗芬若之丹枕金蘇翠帳玉案象牀子能從我樂此芬芳外臣曰帶索披裘自得山性雕章麗服未敢攸同

公子曰五飪調和三芝輔性用庚仁壽以弘貞正乃使有伊之徒調營鼎味九州珍雜八方豐貴名廉天地之聲殺竭山海之味蟬鳴秋稻鸞領玉精雕紅之膾勺藥之羹蒙山擅重灌水傳聲桂蠹石瓊龍胎鳳脯四膳八珍五肉七菜累似轂雜切均鮮縷色若紫蘭紛如紅綷若乃越梅變實楚醴方滌陳晨鳧之美味薦鶖鷺之肥醲洗以三危之露水調以大夏之香鹽霜雄流烈露葵繁舒芳菰之菜白霜之茹澄瓊漿之素色雜金衍之甘蔗素醪浮氣鄒醪凝清獻三爵之喻雅等千日之芳醴酌玉斗之英麗照銀杯之輕蟻此亦天下之美味子能從我而享之乎外臣曰藜藿可甘薇蕨堪飡五味口爽盍假玉盤

公子曰若夫鈞臺之樂葛天之歌飛七盤之妙節動六變之清和絲綺麗琴丹山寶瑟襟器便雕孤枝倚律奏白雪之楚綬陳亭蔀之吳疾躍鳥追飛潛魚伴出將使漸離擊筑雍門鼓琴鳴繞梁之妙響發愁戶之清音至如五陵金穴六郡豪家遠流歌於東夏出祕舞於京華金鈿設翠步搖藏花遙同暮雨過似朝霞髮鬢如點纖睂成削玉齒笑容紅妝綽約疾趨巧步霧袖芬披舒蛾眉之窈窕委弱骨之逶迤戴金翠之婉嫕珥瑤璫之陸離芬芳於梧春之苑灼爍於長州之中於時斜光西委薄霧舒紅隋珠照影羅衣從

風觀者方堤觀者盈淇令二藝之綴翼使八鶴之增悲明君為之飲泣西施為之解眉於是蘭閨寂晚曲韻相和對輕風之落景望明月以清歌歌曰酣醑半兮樂既陳長歌促節綺羅人拂鏡弄影情未極迴簪轉笑思自親此亦聲音之盡妙子能從我而聽之乎

外臣曰淫聲亂耳未足入聽方追山雝永弄林泉

公子曰夫心遊百氏理奧六經樞機祕道陰陽窅冥昭玉牒於羊史覽石記而照情若夫鄒枚上客揚馬俊人揮金入趙易服歸秦賣舌彈劍買義追仁商榷萬古弋釣陶甄池中水黑席上稱珠判二氣之氛氳辨六爻之終始鳥變龍工鳳書雲紀辭弘八索辨崇三耳至如范雎折脅豫讓拉齒禮竭中心報深國士碎玉爭城藏圖解劍見碣石之金堤望楚都之揚塹美陳平之反間揖子房之智謀想秦君之傳器仁漢后之解裘此亦天下之奧籍德性之林圃子能同覽悅目以齊此心外臣於是色動清顏頓解高意曰僕

雖野陋頗悅帶經但負薪多疾未甘斯說

公子曰夫氛氳構象純雜不同共工折柱雖播英風自古而然曾何足道但吹沙役寇仰自犧年吐霧藏妖聞之堯日至於今者昌運天啟握麻寶年風猷駕層漢道德漏重泉至如玄蹄外境紫舌頑人悖而無禮不沬皇仁於是騰三泉之窅漫戴五旗之飄揚引玉車於西隴鳴金鼓於北邛拭龍泉之雄劍瑩魏國之寶刀銛踰巨闕利擬豪曹至如牽鈎壯氣斗膽豪心綠腰白玉帶珮黃金酬恩報死尅遠長岑驟褭白鷺耀躍青離五玉察善十相無遺連腰錦帶半足塵飛標威於鴈門之境振旅於龍突之鄉若乃驚沙絕岸苦霧綿長秋河曉碧落蕙山黃紅顏素改玄鬢斑霜征夫抵掌而飲膳壯士憤氣而沸腸迴雲鳥之密陣背卻月而相望旗才轉而漂杵鋒未至而驂傷前鋒紛其易幟後騎決其沙囊何湯雪之能比豈拾塵之可方於是呼韓頓顙蠡玆銜璧羊牽既袒熊山已

積九載同文八極齊軌帝曰念功班茅賜履青紫如拾賞歸詔美此亦天下之壯績子能從我而孜之乎

外臣曰葛伯不祀雖聞湯誥野叟力弱未敢振衣

公子曰堯舜垂拱煥彼前聞今惟聖麻萬代一君璧儀照氣玉井珠分德合天地道方華勳滄海碧徹黃河袋文愛人育德澤等春雲宣尼茂典周姬禮容黃裳進士清襟俊童邦知改俗國化移風賣藥無藏名之老河泗無洗耳之翁德星夜映慶雲晝色異草雙條靈禽比翼狐尾既九茅脊復三金船漾寶銀甕呈甘康歌壤笑悅禮樞談隆周謝德盛漢知慙慈照無生化湛靈覺散濟弘拯澆敦朴國被仁壽家欣教學三明鑒道六度弘風出塵照苦入冥觀空善識無盡因性必通天不愛寶地無隱瑞百神受職三苗奉義后策紫泥繩金玉刺或託諷梁甫權卧德而龍盤或纖箔渭濱恥藏名而鳳跂於是露點飴蜜瀋泓澄於玉掌雲垂五采覆旖旎

於仙樓漾醴泉於浪井拂垂楊於御溝或聯七葉一姓五侯外臣於是觀色內動神貌外移忽正山巾而言曰蓋聞幽居獨善見機往聖儻不遺瞭叟亦願順來命（文苑英華三百五十一）

全梁文卷十一終

烏程嚴可均校輯

簡文帝五

三月三日曲水詩序

竊以周城洛邑自流水以禊除晉集華林同文軌而高宴莫不禮具義舉沓矩重規昭動神明雍熙鐘石者也皇太子生知上德英明在躬智湛靈珠辯均河注騰茂實於三善振嘉聲於八區是節也上巳屬辰餘萌達壤倉庚應律女夷司候爾乃分階樹羽疏泉泛爵蘭觴沿泝蕙肴來往（御覽作杳來）賓儀式序盛德有容吹發孫枝聲流嶰谷舞豔七盤歌新（初學記御覽作歌深）六變游雲駐彩仙鶴來儀都人野老雲集霧會結軫方衢飛軒照日（藝文類聚四初學記四御覽三十）

昭明太子集序

竊以文之爲義大哉遠矣故孔稱性道堯曰欽明武有來商之功虞有格苗之德故易曰觀乎天文以察時變觀乎人文以化成天下是以含精吐景六衛九光之度方珠喻龍南樞北陵之采此之謂天文文籍生書契作詠歌起賦頌興成孝敬於人倫移風俗於王政道綿乎八極理浹乎九垓贊動神明雍熙鍾石此之謂人文若夫體天經而總文緯揭日月而諧律呂者其在茲乎昭明太子稟明離之極照履得一之休徵曰孝與仁窮神盡聖豐下表異垂髮應期若夫嵩霍之峻無以方其高滄溟之深不能比其大二曜朓蝕而疑明弗虧四氣猶爽而履信或一言出知乎微行立彰乎遠湛然玄默巍乎莊敬居身以約在滿必沖九德之保無以喻其審諭六行之傳豈可語其拾遺叔譽知窮師曠心服行一物而三善固無得稱焉至如翠幃晨興班輪曉鶩胡香翼蓋葆吹從風問安寢門之外視膳東廂之側三朝有則一日弗虧恭承宸扆陪贊顏色化闕梓於商庭既欣拜夢望直城而結軌有悅皇心此一德

河當作阿

也地德褰帷天雞掩色構傾椒殿診結堯門水漿不入圭溢罕進喪過乎哀毀幾乎滅灺緈既啟探擗標之慟陵園斯踐震中路之號率由至要之道以爲生民之則固巳事彰朱草理感圖雲此二德也垂慈豈弟篤此棠棣善誘無倦誨人弗窮躬履禮教俯示楷模羣藩戾止流連於終讌下國遠征殷勤於翰墨降明兩之尊匹姜肱之同被紆作貳之重弘臨菑而共館此三德也好賢愛善甄德與能曲閣命賓雙闕延士剖美玉於荊山求明珠於枯岸賞無繆實舉不失才巖穴知歸屠釣棄業左右正人巨僚端士丹轂交景長在鶴關之內花綬成行恆陪畫堂之裏雍容河曲竝富今之領袖侍從北場信一時之俊傑豈假問謝鯤於溫嶠謀黃綺於張良此四德也皇上垂拱巖廊積成庶務式總萬幾副是監撫山依搖彩地立少陽物無隱情人服睿聖此五德也罰慎其濫書有作則勝殘去殺孔著明文任刑遏威伋疵湑化終食不違理符道德故假約法於關中秦民胥悅感嚴刑於闕下漢后流名是以遠鑒前史垂恩獄犴仁同泣罪幽比推溝玉科歸理遺之恩金條垂好生之德黔首齊民亭育含養咸欣然不知所以然此六德也梧丘之首魂沈而靡託射聲之鬼曝骨而無歸起掩骼之慈被錫櫘之澤若使驄馬知歸感埋金於地下書生雖殞尚飛被於天上恩均西伯仁同姬祖此七德也玄冥戒節沍陰在歲雪號千里冰重三尺炎鑪吐色豐貂在御畱上人之重愍終窶之氓發於篇藻形乎造次輟宴心歡矜容動色嘆陋巷之無褐嗟負薪之屢亡發私藏之銅鳧散垣下之玉粒施周澤洽無幽不普銜命之人不告而足受惠之家滄恩之士咸謂櫟陽之金自空而墮南陽之粟自野而生此八德也陽河潒水奇音妙曲過雲繁手仰秣來風靡悅於胸襟非關於懷抱事等棄琴理均放鄭豈同魏兩作歌於長笛終嗤漢貳託賦於洞簫此九德也怪寶奇琛不畱於器服仙珠玉玦無取

八卷當作入卷

於浮玩。土木無禘。風宮殿靡磨鶩。此十德也。承華廣闈。肅成且厥。秋光洞入。春花洒樹。名僧結侶。長裾總集。吐納名理。從容持論。五稱匪辯。九言斯洽。如觀巨海。如見游龍。令羅折談。名儒稱疾。無勞攤經八卷。豈假羊車詣門。此十一德也。研精博學。手不釋卷。含芳腴於襟抱。揚華綺於心極。韋編三絕。豈直爻象。起先五鼓。非直甲夜。而欹案無休。書幌密倦。此十二德也。羣玉名記。洛陽素簡。西周東觀之遺文。刑名墨儒之旨要。莫不殫茲閱見。竭彼綈緗。總括奇異。徵求遺逸。命謁者之使。置籯金之賞。惠子五車。方茲無以比。文終所收。形此不能匹。此十三德也。借書治本。遠紀齊攸。一見自書。聞之闕澤。事唯列國。義止通人。未有降貴紆尊。躬刊手掇。高明斯辨。已亥無違。有識□風。長正魚魯。此十四德也。至於登高體物。展詩言志。金銑玉徽。霞章霧密。致深黃竹。文冠綠槐。控引解騷。包羅比興。銘及盤盂。贊通圖象。七高愈疾之旨。表有殊健之則。碑窮典正。每由則車馬盈衢。議無失體。纔成則列藩擊缶。近逐情深。言隨手變。麗而不淫。□□□□□□□□

由當作出

臨安公主集序

四德之美。成里仰以爲風。七行之奇。濯龍規以爲則。若夫託勾陳之貴。出玉臺之尊。鳳儀閑潤。神姿照朗。愛敬之道夙彰。柔嫺之才必備。鳳桐遐遠。清管遼亮。湘川寂寞。淚篠藏甤。北渚之句。尙傳仙靈之典。不泯況復文同積玉。韻比風飛。譴求散逸。貽厥於後。藝文類聚五十五。

馬槊譜序

馬槊爲用。雖非遠法。近代相傳。稍已成藝。鄧蔗索魏后之庭。武而猶質。桓馬入丹陽之寺。雄而未巧。聊以餘暇。復撰斯法。搜採抑揚。斟酌煩簡。至如春亭落景。秋皐晚淨。靑霜且盡。密雨初晴。驥騁沃若。天馬半漢。盼金精而轉態。交流汗血。愛連錢而息影。不畏衣香。

雕衡與白刃同暉。翠眊與紅塵俱動。足使武夫憤氣。觀者衝冠。巴童留玩。不待輕舟之檝。越女踟躕。無假如皐之箭。藝文類聚六十、御覽三百五十四。

彈棊譜序

觀夫模穹蒼而挺質。寫博厚而成形。峙五岳而標奇。停四海而爲量。協日月之數。應律呂之期。總玄黃之武略。校孫吳之應變。語其用心。壯哉之戲也。爾乃觀壯士之出師。望兵棊之式道。上昇則搏翼穹天。赴下則建瓴高屋。乘危則梯山航海。歷險則東馬懸車。完五億霸國之勳。全六想陳平之智。反八均高陽之數。四角思漢后之歌。飛九同晉侯之琴。徘徊異鄴中之輦。牽牛覺乘槎之來。織女擬雲軿之去。故古人或言之禮樂。或比之仁讓。或喻以修身。或齊諸道德。良有旨也。藝文類聚七十四。

詩序

余七歲有詩癖。長而不倦。梁書簡文帝紀。

莊嚴旻法師成實論義疏序

夫事兼文辭。理通氣象。涉之者尙迷。求之者或蹶。是以問玄經於揚子。且云不習。奏古樂於文侯。猶稱則睡。歷校清臺。壽王之課不密。氣現斗牛。南昌之地或爽。況乎慧門深邃。入之者固希。法海波瀾。汎之者未易。自使河濟混淆。魔塵紛糾。皎皎毒霜。童童苦樹。善田之苗不吐。意華之彩詎發。無常之樓互起。暗室之火無曈。是以飡蜜挫糟。俱珍異論。持牛臥棘。競起邪宗。自佛日圓空。正流蕩垢。手擎四鉢。始乎鹿園之教。身臥雙林。終於象喻之說。含生弗等。開塞之義因機。感受不同。淺深之言或異。處處散說。本應根緣。有不次第。各隨羣品。金棺已掩。旃檀之炭無追。乳池且涸。白氎之灰斯盡。迦葉入定。歡喜智滅。末地之報已終。優波之身且謝。於是五部橫流。八乾起執。尋源既舛。取著尤殊。四相乃無常之刃。三聚爲苦家之質。習積不斷。稱爲集諦。無爲有體。介然可求。等智能斷。羅漢猶退。豈啻千里之舛。義起毫釐。三豕之書。謬符晉史。北轅趨郢。木末搴蕙。譬乎服子論曰。利害不識。膠柱鳴瑟。燥溼無變。自佛滅之後。八百餘年。中天竺國婆羅門子名訶梨跋摩。梁云師子鎧。四種圍陀。在家必習。三品慧藏。入道彌通。師事達磨沙門。事均反啟。於是歎微言之已絕。傷頹風之不振。抗言動論。以朱紫爲先。發意吐詞。必涇渭緣己。於是標撮領會。商搉異端。刪夷浮詭。搜聚貞實。造百有二品。以爲斯論。成則據文實則明理。舉成對壞。稱實形虛。欲令毘曇外道。二途皆廢。如來論主。兩理兼興。若夫龍樹馬鳴。止筌大教。旃延法勝。縈縛小乘。兼而總之。無踰此說。故華氏之王。於茲頂戴。樓佉外道。結舌無辭。百流異出。同歸一海。萬義區分。總乎成實。豈止鼓腹涅槃。旗靡轍亂。雞鳴眞諦。喪精掩色。多歷年所。復寡英才。粵我大梁。炎圖啟運。皇帝含天包地之德。春生夏長之仁。以

本誓願。牽化斯土。梵輪常轉。三寶現前。甘露聿宣。四部無厭。有莊嚴旻法師。羽儀鸞鳳。負揭光景。深以通志。神以知來。其跡同凡。其源莫測。故以心包四忍。行合三空。慧比文殊。玄如善吉。總持均阿難之德。樂說有富樓之功。思媚我皇。起予正法。宣弘此論。大盛乎京師。負笈爭趨。懷鉛來遠。無勞冠軍之勢。自傾衞客。固有華陰之德。人歸成市。擬儀舍衞。超邁泗洙。西關自恥。南宮不競。湘官寺智蒨。筆札之功。不殊法汰之報安后。清辯之妙。何止道林之折子猷。凡如千卷。勒成一部。法師大漸。深相付囑。豈直田生之亡。獨卧施讎之手。馬公之學。方由鄭氏而陳其義云。廣宏明集二十。

八關齋制序

夫五宅易昏。四流不汨。業動心風。情漂愛燄。自非識達眞空。照靈珠於難曉。神緣妙境。蓄慈根於未化。無以卻此四魔。登茲十善。今列筵肅靜。高宇閒邃。香吐六銖。烟浮五色。目對金容。耳餐玉韻。無容使情緣異染。形不肅恭。類倚於鴛宮。同力於羊角。宜制此心蛇。祛斯醉象。立制如左。咸勉聽思。謹條八關齋制如左。睡眠籌至不覺。罰禮二十拜。擎香鑪聽經三契。一。出不請刹。罰禮十拜。二。出過三契經不還。罰禮十拜。三。鄰座睡眠。維那至而不語者。罰禮十拜。四。鄰座睡眠。私相容隱。不語維那者。罰禮十拜。五。維那不勤聽察。有犯制者。不卽糾舉。爲衆座所發覺者。維那罰禮二十拜。擎香鑪聽經三契。六。白黑維那。更相糾察。若有阿隱。罰禮二十拜。七。聽經契終。有不唱讚者。罰禮十拜。八。請刹無次第。罰禮十拜。九。請刹白黑。刹有誤者。罰禮十拜。十。廣宏明集二十八上。

幽縶題壁自序

有梁正士蘭陵蕭世纘。立身行道。終始如一。風雨如晦。雞鳴不已。弗欺暗室。豈況三光。數至於此。命也如何。梁書簡文帝紀。

南郊頌 并序

臣聞惟天爲大。聖人敬其德。知幾其神。聖人契其道。故龍宮弱言之后。合揆於蒼昊。鳥紀垂衣之君。昭格於上帝。莫不巍巍乎穆穆乎。渙汗於綠篇。氛氳於丹冊者矣。我梁皇帝之御天下也。乘熛祇之盛曜。卽璧日之遐照。等乾覆之燾養。合坤載之靈長。四三六五之意。十堯九舜之明。名與功偕。業將時並。自撥亂反正。伐罪弔民。馮玉几。握金鏡。君臨萬國。於今二十有二載也。緯天維理。地軸移澆風於末俗。反渲正於區中。化不言而先顯。教不嚴而已肅。流樂復雅。遠符雲韶之世。隆禮還章。非因忠信之薄。九垓同軌。四海無波。儲明變照。儀天作兩。三袞咸作。叶化台光。麴蘗王風。鹽梅帝載。塵清世晏。蒼兕無藝文類聚有所字。用其武功。運謠時平。藝文類聚作寧。鴟鷺咸藝文類聚有莊字。修其文德。桃林散甲。華山弢刃。玉門罷候。紫塞沈鋒。屠羊釣壑之士。厭洗耳而襲簪佩。版築藏巖之逸。去燥穀而紆珩組。異人俊乂。既闢出而在官。世鏡河仙。亦雍容而廊廟。蹇蹇同於多

士謌謌比乎得人五典三墨旣葳蕤於壁水九流八索亦繽紛於石渠晝一之政萬代表於時和三章之律百姓沐於仁壽於是龍光之地日浴之鄉紫舌黃支頭飛鼻飲自西自南無思不服款關質子稱臣內向珠樹素禽越火枝之地鉅䡾邛杖踰沈羽之涘出赤野而連翩度玄妙之泱漭於是嘉祥被衆瑞登藝文類聚作發金人澤馬丹甑玉雞三角九尾四眉藝文類聚作肩六足抽鋪地之九莖發端門之連理參差於郊藪布濩於宮闕藝文類聚作闕府無虛月史弗能記周稱黃鳥之旗夏有玄珪之錫無以踰此嘉祥方茲總萃道洽世昌國殷民阜鄉知辯讓邑比堯封委粟西畝神絲被澤可謂我化若風民應如草我靜如鏡物動猶煙天子猶未明求衣日昃不勸撤膳匪躬詢輿訪道鑾旗徐動棄千里而弗乘寶瑟無虞捐百金而不服廣行四等被慈雨於枯根大闡三朝驚法雷於羣夢曲成萬物去殺愛生幽蟄之民與蒼雷而共悅否滯之義同谷風而開杯昆蟲得性跂蠢欣生三驅有緩前之禽九門無餧獸之藥至德之事如此太平之風如彼乃以恭肅神祇理通孝敬江左以來爽塏未闢爰命將作揆日載營三靈叶響百工咸事宛如神造儼類仙居沖祕隱嶙跨千畝於晉日闢曠麗遠吞七里於漢年五達四通廓郊彌野藝文類聚作澤南瞻重嶽北眺芒嶺東臨灞滻西望舊豐紆餘委蛇巨陵起伏澎湃羗兇山川異態飛粱邃宇洞爓冗藝文類聚作爓空懸紫殿仙宮霞鶱鳥翥霧映倒粱日光疏飯玉桃卷葉銀樹抽芳百果千株三珠八柱朝葉與密露共鮮晚花與薰風俱落露禽乍聚望比翼之翺翔歸飛時宿聞同心之夜響故以熊熊灼灼炫兩明而仰七曜紛紛沐沐承五烟而帶三靈圓巨閑靜紫壇肅設五精之揚千神之位八堦引麗四維博敞宛若千仞狀懸流之仙館煥如五彩同瑤山之帝壇后牒神昌之瑞方臻金縷飛光之徵永固是雕是琢鄙茅茨之爲儉非珠非玉嗤甘泉之已奢望昔方今

灞下脫滻字

獨高千古沿襲異等質文斯中於是歲在單閼星次訾陬律中太簇日惟辛卯特有事於南郊甸師清野封人壝宮朱幕夕峙帷宮宿設曉漢斜陰挈壺升漏天子御玉輅動金根八騶揚衡雙龍翼蓋雲罕徐迴鳴鐃韻響風承豹尾日映鶡冠萬騎天行千乘雷動石鎧犀衣之士連七萃而雲屯珠旗日羽之兵互五營而星列鬱鬱阡阡震震填填充溢乎國都彌於鄗邑者也若乃迴輿降蹕薦禮帝儀揖太清秩羣望被大裘服山冕恭蒼璧之明祀穆靈壇之禋敬黍稷非馨明德惟馨日曜彤精天澄翠色百僚師師九官濟濟千神叶福萬億均慶六典斯備三禮必該焚柴告成罔不欽若翠烟升絳同河濱之瑞雲丹燎燭天若帝鄉之美氣雲門麗舞咸池廣樂已叶九部之曲復諧六列之奏金匏既動望蜿蟬之遊龍玉磬徐鳴覩參差之舞鳳桂轄縭肩士女塡噎接袂爲帷連袂猶堵鼓腹擊轅行歌舞抃然後紆玉輦而謝書生登靈臺而望雲物欽明美化跨萬古於茲日廣運愉樂表千載於當今方當巡云云之禮啟亭亭之業封天荅睠禮地徵靈南山之壽無極七百之基長固豈不懋哉豈不盛哉菲薄微臣謬與藩服馳心休禮秣馬之願無由徒馨褊辭清風之藻多愧敢敷庸理獻頌十章其辭曰

元始道一渾德氛氳邃哉遂古負矣初分磅礴地載清明天文大人觀物生民樹君虵驪龍準作樂垂衣皇圖炤灼帝篆葳蕤廓寥中代合聖與誰於鑠我后命世天飛玄默馭辯寂照秉眞就雲握麻望日臨民謙光履德義禮稱珍車書同軌天下歸仁期章孔備盛化弘道酌衢敬賓欽賢愛老變正是珍燭車非寶如海之深如日之杲肅恭明神遜聽前踵配天道尊迎陽義重玄酒陶匏燔柴雲聳跨舞初學記作蹐論韶籠堯稱拱赫矣郊宮載惟靜謐初學記作郊宮載靜紫壇薪閟肅肅禁圍陰陰仙室六戎列野八鸞照日架初學記作深殿星羅重宮霧出蒲萄金橘靈壽木難表禁開暑貞檜陵寒山池壯麗階

闘彤丹。葉垂疊雨。花落重巒。康哉盛德（初學記作德盛）美矣世（初學記作時）豐。三辰炳耀。七政永隆。五方來洎。四隩茲通。懸緯度管。駕鹿追風。旣隆懋化。復覩瑞滋。金車出野。玉露霑墀。紫柢（初學記作脫）神草。華平瑞芝。長愉汪濊。永固雍熙。照天漏泉。遠肅邇睦。惠靡齊民。恩徧比屋。式光惇史。踰斯郁郁。皇哉康哉。同斯景福。（文苑英華七百七十二。又見藝文類聚三十八。初學記十三。皆有刪節。）

馬寶頌（并序）

皇帝應百姓之心。副四海之願。復履玉衡。還臨億兆。天地交泰。日月貞明。至理惟新。隆平方始。遐邇壹體。中外禔福。含生欣欣。若耘藝之逢夏雨。懷情坎坎。譬草木之值春風。帝王之道。超邁開闢。睿聖之功。殫厤邃古。軒義不足變枘。堯舜不足憲章。至哉大哉。無得而稱也。五月丁酉朔。絲竹會於德陽之堂。於時日進內宮。星次鶉首。仲夏之晷。稍極陽城之圭。蕤賓之鍾。初應穎川之律。䌌雲旦卷。南風晚暑。惠氣入帷。淸陰周宇。玉輿雲罕。照日充庭。羽林中權。分階列校。簪紱成行。貂纓在席。昭天之樂。金石鏗鏘。報地之禮。威儀肅省。詔以馬寶示羣臣。太僕敷官。趣馬掌贊。三令五申。丞聯事舉。八麗四圍。紛役相趨。暉煜金鑣。陸離寶勒。天地無疆之德。禾星致遠之功。鸞晰善鳴。龍儀美稱。沸毅權奇之威。趨蹻抑揚之態。足轉驚電。眼流含燭。霧噴紛霏。流沫飄洒。數千爲壽。豈待原蠶之禁。萬里一息。不藉柱衡之草。王良不能控其衡策。伯樂不能辨其文機。方知總轡崑岑。周非吾馭。張樂大野。夏有慙德。豈止沇河用璧。獨有緣文之稱。盛德在木。偏受蒼龍之名。至於干將寶劍。遙服書鄭之軍。蓮花烏玉。騰威大海之際。況乎馬寶義實踰之。方當夙沙自歸。滑橋屈膝。款關入塞。偃武脩文。去病無出師之勞。充國罷議邊之略。五律成珍。九河如鏡。臣謹按瑞應經。彌勒成佛經。中阿含經。賢愚經。並稱第三之馬者。三千歲華子云。堯漢皆得馬者。堯漢皆

火德。正斗南方。乘德而至也。豈非聖德汪濊。皇風洋溢。研機洞元。備禮達義。是以天不愛道。白馬嘶風。王澤效祥。朱鬣降祉。比夫圓蹄方足。躑躅在郊。風嘯雷奔。聲遠處圃。五彩依樹。三雀登巢。安髣髴於當今。弗擬議於休應。百辟卿士。咸稱萬歲。伊臣不佞。結慶雲霄。親承詔旨。預覩寶瑞。手舞足蹈。贊揚不足。宴禮斯畢。退而作頌。其辭曰。

帝膺運。德欽明。儀郊升。道形聲。德爲軌。仁作經。璇璣正。太階平。割五禮。和六英。開四攝。行八政。轉輪皇。飛行聖。愍含識。賚惠命。引蒼生。歸法性。菩提眞。般若淨。七寶均。萬邦盛。逖惇史。觀陳詩。域中大。唯聖期。聞玄妙。復孝慈。解流澤。隨因時。刑已措。績咸熙。三農盛。九穀滋。萬祗悅。八神怡。律有節。厤得天。景星曜。慶雲連。珠爲月。醴爲泉。民何幸。値皇年。乾道應。坤馬來。度玉關。升玉臺。鏤錫煥。鸞鑣迴。槃雲轉。堞塵開。千天駟。百龍媒。永伏皁。埽騶駼。秣瑤粟。委芳芻。九夷款。四表淸。昛胥樂。與頌興。（文苑英華七百七十八。）

玄圃園講頌（并序）

竊以寶山峻極。駘足未窺。惠海遙波。輕舟詎泛。故以探沙亂妙。類杵迷形。百代同昏。千年誰啟。皇上託應金輪。均符玉鏡。俯矜苦習。續照慈燈。鶴禁還春。龍泉更曉。玄水躍祥。丹陵寫電。功韜火宅。德覆雲衢。智惠之光。猶初日照。忍辱之力。如明月珠。天成地平。遐肅邇穆。澤徧無底。化行靡外。滄河鏡淥。碧海調氛。停瑞氣於三辰。況祥煙於五節。鱗羽被解羅之澤。黎元沐至仁之道。正化潛通。法輪常轉。類空鏡之傳虛。猶懸河之瀉潤。儲君德彰妙象。體睿春瓊。覩膳問辰。遨遊心法。搦管摛章。旣便娟錦縟。淸談論辯。亦參差玉照。夏啟愧德。周誦慙風。乃於玄圃園栖聚德心之英。並命陳徐之士。摳談永日。講道終朝。賓從無聲。芳香動氣。七辯懸流。雙因俱感。情遊彼岸。理愜祇園。靈塔將涌。天花乍落。於時藏秋仲節。麗景妍辰。

氣冷金扉。（藝文類聚作氣合金扇。）霜浮玉宇。（藝文類聚作管。）聖慈沖口。獨幸勝地。朱堂玉砌。碧水銀沙。鳥弄翅（藝文類聚作鳴）於瓊音。樹葳（藝文類聚作蕆）蕤於妙葉。緌水穿流。蓬山寫狀。風生月殿。日照槐煙。綢叨籍殊。寵倍奉末。塵預入寶樓。竊窺妙簡。鳧藻喜怀。獨瑩心靈。敢作頌云。

皇儀就日。帝道昌雲。化隆垂拱。德蔓鴻芬。機乘八解。道照三墳。巍巍蕩蕩。萬代一君。重離照景。玉潤舒華。七淨標美。三善稱嘉。降茲法雨。普洽生芽。漣漪義水。照曜文花。芳園靉靆。天宮類寶。析論冥空。玄機入道。密宇浮清。（藝文類聚作清幽。）重關相藻。日映金根。（藝文類聚作雲。）風搖銀草。肩隨接武。握寶靈珠。皆抽四照。並按九衢。顧惟多勳。徒奉瑛瑜。終如燕筑。更似齊竽。（文苑英華七百七十二。又見藝文類聚七十六。廣宏明集二十。）

全梁文卷十二終

全梁文卷十三

烏程嚴可均校輯

簡文帝六

大法頌并序

皇帝以湛然法身。不捨本誓。神力示現。降應茲土。龍顔日角。參漏重瞳。衡表連珠。文爲玉斗。自納麓開基。天地之德已布。封唐啟跡。日月之照先明。百揆之序方彝。九河之導均禹。伯弘事殷之禮。且屈在田之則。自五昴朝飛。告赤文之瑞。其兩七日。受綠色之符。神器有歸。鼎運斯集。憔門厭棄德之君。鮪水發白旄之陣。然後受皇天之睠命。當四海之樂推。豈假祀蚩尤於沛庭。託河冰於王霸。於時鳳凰裂序。蒼蒼弁度。乃選五石以補之。坤軸傾斜。積冰發坼。乃縴九鼇而正之。陰兔兩重。陽烏三足。乃定王業以暉之。攝提乖方。孟陬失紀。乃置清臺而辨之。維冠冕於已頹。綴珩珮於既毀。自憑玉几。握天鏡。履璿璣而端拱。居巖廊而淵默。於今三十有二載也。是以天德一於上。地數二於下。復朗參辰。不易日月。兩曜如合璧。五精如連珠。禋宗類昊。虔巨禮澤。敬行五祀。功被百神。川嶽呈祥。鳳煙效祉。青雲干呂。黃氣出翼。驪山之威鳳。與大夏之貞筠。陽管叶春。蟲鐘應律。上林之課。匪疏相府之占。無謬奏六英於若水。張咸池於洞庭。秉翟勤和天之樂。建華宜易俗之奏。協律有渢渢之序。典樂致雍雍之節。詩書乃陳。緗縹斯備。蒲輪受伏生之誦。科斗薦魯宅之文。蒸栗殺青。玉牒后記。塡委廣內。暉煥麒麟。置台命袞。法河依嶽。建職樹司。區雲祥火。高山容與。赤徽邐迤。色麗文鼉。章研纖鳥。諫鼓高懸。芻言不棄。肺石通冤。書謗橋板。卿名指佞。便辟去朝。獄稱簡罪。竄回放驩。是以龍翔鳳集。河滌海夷。露下若飴。泉浮如醴。桂蘇不斧而丹。甑自熱。玉臯詎乘而銀甕斯滿。河光似羅。樹彩成車。氣氤四照。暉麗五色。神明昭落。徵祥布濩。金鱗鐵面。

貢碧砮之賝。航海梯山。奉白環之使。戴日戴斗。靡不來王。太平大蒙。無思不服。方叔邵虎之臣。均聲應鼓之將。秉龍虎之祕韜。握朱玄之異略。受脤於廟堂之上。揚威於關塞之下。出玉門而直指。度金城而奏策。蕩雜種之殘妖。匡中原之塗炭。北臨地脈。西出天渠。昆夷罷患。夙沙自服。獲犬戎之鹿。懸密須之鼓。蘂街有受纓之虜。詔水觀受降之首。四表無塵。六合共貫。皇德隆矣。太平之風浹乎無外矣。天子內韜無生之至慧。外應體乾之弘跡。將欲改權教。示實道。遣方便之說。導化城之迷。乃端扆神居。吁而言曰。若夫眇夢華胥。怡然姑射。服齊宮於玄扈。想至治於汾陽。輕九鼎於褰裳。視萬乘如脫屣。斯蓋示至公之要道。未臻於出世也。至於藏金玉於川岫。棄琴瑟乎大壑。卑宮菲食。茨堂土階。彤車非巧。鹿裘靡飾。斯蓋示物以儉。亦未階於出世也。解網放禽。穿泉掩骼。起泣辜之澤。行扇暍之慈。推溝之念。有如不足。納隍之心。無忘宿寤。蓋所以示物以爲仁。亦未階乎出世也。紫府青丘。陘山漳水。敦河上之道文。悅岐伯之章句。甘泉啟太一之壇。嵩山置奉高之邑。碣石刻茨門之誓。不期（藝文類聚作不夜）。作交門之歌。斯蓋止愛久齡。事存諸己。篤而爲論。彌有未弘。雖獲龍從之禪。終隨長生之難。徒階三清之樂。不祛八倒之境。豈若然智慧之炬。照生死之闇。出五陰之聚。升六度之舟。浮眾得之海。踐不至之岸。於是莊嚴國界。建立道場。廣行利益。開闡佛事。驅彼眾生。同躋仁壽。引茲具縛。俱入大乘。九有傾心。十方艸靡。如憑津濟。咸賴歸依。瞻乎若朝日之開眾華。霈乎若農夫之遇膏雨。功德之翼已圓。智慧之門必備。以爲般若經者。方等大法。峻極靡際。深邃無底。籠萬善乎無相。兆九垓而無邊。譬猶枝川派別。入大海而同味。眾芳雜彩。到須彌而一色。空空不著。如如俱會。不合不散。無去無來。種覺可生。允茲佛母。羣典弗逮。是號經王。乃欲震一音。雨法雨。示五眼。引重昏。昭暘紀。感玄樗。炎星夾鍾應乎仲春。甲申在乎吉日。將幸同泰。大轉法輪。茲寺者。我皇之所建立。改大理之署。成伽藍之所。化鐵繩爲金沼。變鐵網爲香城。照神光於熱沙。起清涼於炎火。千櫨疊欒。百栱穹窿。紅壁玄梁。華榱玉砌。三階齊列。四注周流。上玉翼而捫天。飛銀楹而蔽景。虹拖蜿垂。承甍繞檻。蓮抽井倒。冒宇臨窗。彤彤寶塔。既等法華之座。峩峩長表。更同意樂之國。下鑿白銀之塹。傍暉金薄之甎。高門洞啟。不因銅馬之飾。寶殿霞開。無假鳳皇之瑞。金輪耀日。妙臨淄之地。下層臺累鷰。蓮宛委之空。飛夏宇凝霜。温室含煖。雕樓之內。滴動而響生。洞扉之裏。鶴歸而氣激。幢號摩尼。旛懸金縷。盤徑十丈。鈴圍四斛。舒七寶之交枝。流八功之淨水。地芝候月。天華逆風。法鼓夜鳴。聲中聞法。瓊枝旦動。葉裏成音。妙德陽之宮。麗未央之闕。故銅櫚三丈。追嗤井幹。玉樓十二。遙恥神仙。譬彼清涼之臺。同符蘭臺之寺。忉利照園之東。帝釋天城之北。故以辛壬癸甲。綿蠻靈爵。吁哉其不可狀。嶙嶙旰旰。瓌譎雜錯。邈乎其不可名。於是璧日揚精。景雲麗色。薰風徐動。氤露微垂。後距屯威。前茅警列。武較星連。鴻鐘吐響。運天宮之法駕。啟天路之威神。百靈扶持。千乘雷動。六虬齊軫。七斗垂暉。雲罕乘空。勾陳翼駕。超光躡景。日被天迴。金蓋玉鑾。豹服驪鼓。驖驪沃若。天馬半漢。綠弓黃弩。象飾魚文。佽飛案節。不勞斬蛟之劍。虎賁發羽。豈假鳴烏之射。湛湛奕奕。轔轔赫赫。出乎大通之門。天子降雕輦之貴。行接足之禮。頂拜金山。歸依月面。如聞萬歲之聲。若覩六變之動。於是乃披如來之衣。登獅子之座。均百慮之紛總。愍三請之慇懃。啟眞慧之深宗。明度彼之弘敎。二諦現空有之津。一智包權實之底。大乘豁其靡礙。道心究其歸涯。因果之攝。不運而行。眞俗莫求。弗動斯到。不以二法。會乎中道。盡佛淵海。入佛法藏。極修妬之妙典。研龍宮之祕法。宣娑婆之奧旨。闡衆聖之微言。正水既沾。邪難自息。慧日普照。毒霜並消。除黑闇

於四生。遣無明於三界。巍巍乎若彌樓之在巨海。穆穆乎譬衆星之繞圓月。於時天龍八部。側塞空界。積衣成座。散華至膝。三千化穢土之質。火宅有離苦之期。惡道蒙休。泥犁普息。詵詵學侶。濟濟名僧。皆樂說如辯才。智慧如身子。踰乎青目黑齒。高彼廣膝赤髭。咸符寫瓶之思。並沾染氎之施。如金復冶。似玉更雕。聞所未聞。得未曾得。鬱搖動色。請益無倦。百司俱列。簪履相趨。豐貂焜煌。華綬葳蕤。謂舍衞之集。大林之講。無以過也。將令一一佛性。逢了因而俱出。一一佛土。咸遣二而除三。比夫歌南風。尙黃老。臨辟雍。講孔宅。幺麼安足而語哉。距於三月甲辰。法席圓滿。如來放大光明。現希有事。雄雄吐色。珠火非儔。曈曈上映。丹紫競發。榮河恥其祥。潤汾陰陋其暉。影掩入殿之紫雲。奪鴻門之妙氣。昔法華初唱。毫照普林。般若聿宣。通身盡笑。王城之瑞。千載更逢。豈非聖主。同諸佛身。降茲妙相。等諸佛力。若符契焉。猶秉謙默之謙虛。弘懍焉之至誠。爲而不宰。推而勿居。以百姓之心爲心。非關諸己。荷負無倦。攝受四生。皇太子臣綱。覩膳東廂。親承大法。以爲西巡東狩。讚頌以興。柴山望祀。詠歌斯作。況頂聞而受露。鞠躬而聞道。敢述盛德之形容。以爲頌曰。

玉牒悠負。青史綿長。道洽五勝。風殊百王。商巨命瑱。姬水開璜。河澄待聖。海謐期皇。方天譬地。功歸有梁。垂拱南面。克己巖廊。權輿教義。製造衣裳。九部革響。六樂改張。儀鳳婉婉。擊石鏘鏘。廣修璧水。洞啟膠庠。輕軺徵聘。旌帛搜揚。蘭臺且富。廣內斯藏。芸香蘭馥。綠字摛章。文功既被。武跡斯彰。題雕臆鏤。舌紫支黃。南街請質。北闕來王。飛旌集翰。勒跡書狼。銀車引附。黑節招荒。文同海截。化普龍鄉。西踰月窟。東漸扶桑。卑宮類禹。解網如湯。衢室納異。明臺引良。善旌弗卷。諫鼓其鏜。萬符集祉。百神啟祥。黑丹吐潤。朱草舒芳。珠懷鏡像。星含喜光。液弛下鶴。高梧集凰。赤熊旦繞。素雉朝翔。觀

王伯友訪道西王遊經建木巡指盛唐終非㳘出豈曰津梁我有無礙共向圓常玉鑾徐動金輪曉莊紫虬翼軑綠驥騰驤虎文駐蹕龍驂啟行闌干玉馬照曜天很玄旄映日翠鳳蹄陽前飛格澤後擁陸梁風移霆埽參差煜熿峩峩寶座郁郁名香法徒學侶塵沙堵牆慈雲吐澤法雨垂涼三密不限四辯難量猶茲海寶譬彼山王慧流總祓藥木開芭佛日出世同遣惑霜帝釋歌詠幽祇讚揚空華競下天琴自張山含影色地入毫光非煙繞氣陸藕開房澤普三界恩均八方巍巍堂堂爲舟爲航伊臣稽首萬壽無疆（廣弘明集二十、藝文類聚七十六）

菩提樹頌（并序）

竊以因緣假有衆生之滯根法本不然至人之妙理是以三界六趣逯業障而自迷八解十智導歸宗而虛豁是以能仁大師隨緣布道愍從宅之既焚傷欲流之永騖託白淨之宮照黃金之色居

茲三惑示畫餅之非眞出彼四門驚浮雲之易滅於是佛日啟法雷震設漸敎降權迹三寶現世一道知歸大接羣蒼救茲未度法雨法水之潤等世界於無邊智燈智炬之光同虛空於莫限物因難量化緣將息林開白樹日映青枝悲哉六識沈淪八苦不有大聖誰拯慧橋皇帝體乾元之叡德合天地之純誠照玉鏡之神握太平之運吞虞孕夏罩漢籠周御六氣而子蒼生扇二儀而布亭毒緯樂經禮偃武修文秋荼不設廢九律之嚴科春雨愛生解三驅之密網固以咸池之靈自失汾水之德知慚少陽懋善於元眞蕃臣燮和於槐衮八凱三座九棘四科之士內宣王事運策橫行專城推轂之將外守封疆一同文軌萬方共貫穿胸鏤膽之酋短身長臂之師南越鐵石北極天沙東邁日枝西踰月紀莫不梯峯挂迥越繩度之山航海跨深汎浮毛之浪奉方入貢進忠請職獻同心之鳥貢比肩之獸爾乃嘉祥競發寶瑞咸委靈芝涵露月莢

郊圓義鳳仁虎日聞郡國如珠如璧既照燭於中幾若雲非雲亦徘徊於宮雉於是驅黎民於仁壽濟動植於幽隍歲樂民殷家給戶足斑白不提挈童稚有謳歌從善如流應風猶草開農務本鑄刃銷鋒紅粒盈箱青蚨委貫上照天下徧泉天既成矣地既平矣天子乃均一子愍四先示正行之因標出要之路廣設道場大弘妙法涅槃寶棹接惑衆於背流慈悲光明照羣迷於未曉法輪徧平大千清涼被於小葉故天人舞鳳去照園而讚善菩薩飛象越香土而來儀五百寶蓋騰光自合十千纓絡懸空下墜龕室莊嚴國界殊特製三時之殿聳四柱之臺雖漢后望神之宮軒轅待仙之觀曾何足擬髣髴寶雲儀形等覺於是想成道之初建菩提之樹四海呈珍百工薦巧雕金縷碧綴鏡懸珠製似雪山形同飛蓋四面垂陰五面益物名高滿月德踰普覆竝豔千光之樹連英五色之華璧日垂彩玉蔕生烟微風徐動寶枝成樂儼然妙色蔭此

曲枝顯若金山尊如聚月信女百味之初諸天四鉢之狀散漫祥草遠馴青雀伏吐電之魔卻擔山之鬼奇姿瓌質不可勝言此實生善之妙緣進行之深福當今盛美曩代未聞方應照德不窮懸諸日月巍巍永樂萬萬斯年敢作頌曰

綿史載觀靈篇眇鏡寶冊蕆蘚帝圖掩映鳥紀稱祥龍書表慶九州布德五紘作詠蒸哉至矣有梁啟聖功覆終古業高受命金輪降道玉衡齊政無思不服有德斯盛一乘運出五眼清淨稟識康歌昆蟲得性舜廚靈蓮堯庭神莢豈如道樹覆潤弘液靡密垂光芬芳委曼時動百華乍開千葉現彼法身圖茲瑞牒海度六舟城安四攝惠澤四播涫風普叶休明智境清朗法泉百神嗟仰千佛稱傳榮光動照玉燭調年菩提永立波若長宣穆穆明后萬壽如天（廣弘明集十七）

連珠

吾聞有古富而今貧。可稱多而賑寡。是以度索藪下。獨有褎神。松柏橋南。空餘白社。廣宏明集三十上。

吾聞言可覆也。仁能育物。是以欲輕其禮。廣宏明集作死。有德必昌。兵賤於義。無思不服。御覽五百九十引三國典略梁簡文爲侯景所幽作連珠云云。又見廣宏明集三十上。

吾聞道行則五福俱湊。運閉則六極所鍾。是以麟出而悲。豈唯孔子。途窮則慟。寧止嗣宗。御覽廣宏明集同上。

行雨山銘

巖畔途遠。阿曲路深。猶云息駁。向且抽琴。茲峯獨擅。嶔崎千變。卻繞畫房。前臨寶殿。玉岫開華。紫水迴斜。谿間聚葉。澗裏縈沙。月映成水。人來當花。藤結如帷。磧起成基。芸香馥逕。石鏡臨墀。藝文類聚七。

明月山銘

迢遞峯長。威紆岳聚。既正書門。兼同天柱。非巍小山。寧諭大庾。豈學土龍。詎須石鼓。緅色斜臨。霞文橫豎。藝文類聚七。

書案銘

刻香鏤彩。御覽作木。纖銀卷足。照色黃金。迴花青玉。漆華映。御覽作曜。紫畫製舒綠。性廣知平。文雕非曲。廁質錦帷。承芳綺縟。敬客禮賢。恭思儼束。披古通今。察姦理。御覽作糾。俗。仁義可安。忠貞自燭。鑒矣勒銘。知微敬勖。藝文類聚六十九。御覽七百十。

錫杖銘

妙飾嘉光。遊聖振灼。排空霧轉。騰雲鳳躍。永異玉神。長踰金錯。藝文類聚六十九。

紗扇銘

[illegible]編[illegible][illegible]
風 藝文類聚六十九。
[illegible]匣[illegible]

鏡銘

金精玉英。冰輝沼清。高堂懸影。仁壽摛聲。雲開月見。水淨珠明。藝文類聚七十。

釋迦文佛像銘

至矣調御。行備智周。滿月爲面。青蓮在眸。心珠可瑩。智流方補。永變身田。長無沙鹵。藝文類聚七十七引二條。今合錄之。

彌陁佛像銘

玉蓮水開。銀花樹落。惟聖降神。拯彼沈漠。

維衛佛像銘

灼灼金容。巍巍滿月。永被人天。常留花窟。

式佛像銘

影生千葉。花成四柱。塔象單留。龕童雙舞。

迦葉佛像銘

慧雨自垂。仁風永扇。照曜白毫。半容月面。惡因有滅。善燈無變。藝文類聚七十七。

梁安寺釋迦文佛像銘

帝爲知仰。皆規面象。敬模螺髮。式圖輪掌。信根有五。覺枝云七。仰福靈祇。上生兜率。藝文類聚七十七。

秀林山銘 并序

神山本名秀林山。或稱辰山。在華亭西北二十餘里。列九峯第四。僻左一方。雖非巨麗。未經標品。而自古神仙往往託跡。實震旦之靈阜也。余以機暇。結駕游衍。覽茲佳勝。聊焉有懷。乃作銘曰。

閣號天井。山稱地維。碧雞金馬。越瀆梁池。懷靈蘊德。孕寶含奇。此亦仙岫。英名遠摛。昔有鶯窟。不燒淨土。邈彼高蹤。構茲法宇。引葉成帷。即樹爲柱。石砌危橫。崖階斜豎。白巘途遠。丹源路演。長林萬頃。偉木千尋。竹裏看博。松間聽琴。捐氛蕩累。散賞娛襟。

梁大寶元年歲次庚午春三月十五日題寫。文苑英華。

典上脫蟯字

大愛敬寺刹下銘

夫波若眞空。導大生於假域。涅槃有岸。引未度於無邊。應此十千。現茲權實。隨方攝受。孰能弘濟。皇帝照盡神原。心凝寂境。深慈降跡。下荅蚳蟓。握鏡斷鼇。經綸世祖。一作阻。故能天地貞觀。日月重光。業曠四弘。功侔十力。惠雲且聚。浸澤灑於遐外。法炬夜明。揚光燭於梵頂。因心孝愛。道契神明。昭事誠享。曰隆哀敬。金車荅瑞。追德慶於虞年。甘露登祀。比嘉祥於漢日。既而理局舜圖。事終典思。所以功超域外。道邁寰中。廣樹大緣。增隆勝善。事等淨名。齊方便於圓極。跡均妙掌。襲兩寶於冥因。乃於鍾山竹澗。奉爲皇考太祖文皇帝造大愛敬寺焉。惟茲神岳。勢負龍形。均太華之四成。狀彭門之雙起。曲澗推移。激水精之浪。淸風窈藹。散雲母之竹。顯帶皇邑。標地德之慶雲。彌望帝畿。矚神居之歊麗。昔雁泉之願。眞如所隱。鷲形之岳。大聖攸居。剏此伽藍。同符往跡。以普通三年歲次壬寅二月癸亥朔八日庚午。建七層靈塔。百旬既聳。千龕乃設。漸山啟基。踰於禁寂。國土金刹。長表邁於意樂世界。珠幡轉曜。寶鈴韻響。聞聲者入道。見形者除累。仙衣梵帶。去雁塔而來遊。天香風笙。辭鶴城而下集。靈祇叶贊。有識歸依。四將五龍。翹勤翼衞。八臂三目。頂帶護持。雖復劫盡恆沙。衣消巨石。儼如常住。妙相長存。作銘曰。

朕哉睿聖。至矣炎精。功昭鳳紀。德契雲名。冥符七覺。爰極四生。儀形憖典。道駿有聲。皇心閔睇。理篤天誠。八萬神構。二四雲井。懸梁浮柱。杳起飛檐。日輪下蓋。承露上擎。玉函藴色。珠髮韶明。花窟炎聚。石影光輕。天下欽仰。幽顯贊成。法舟斯濟。惠海方淸。淨界無毀。金地永貞。文苑英華七百八十五。

草堂傳

汝南周顒。昔經在蜀。以蜀草堂寺林壑可懷。乃於鍾嶺雷次宗學館立寺。因名草堂。亦號山茨。文選北山移文注。

司徒始興忠武王誄

皇源地闢。帝業天維。於穆忠武。光國之基。爰自弱齡。英明播越。玉潤冰鮮。山靜雲發。帝曰爾諧。僉議彼屬。推轂兩江。建旟三蜀。將旋上國。戀結四民。三緇表服。二鹿隨輪。方變正爽。永範時規。天弗報善。哲人其萎。響哀挽於北邙。去承明而不入。望參差之流影。聽潺湲之兩泣。藝文類聚四十七。

大同哀辭 并序

大同字仁洽。予之第十九子也。生於仲秋。殞於冬末。悲夫。潛慟結於心。愁眉慘於外。夕坐於是申旦。當食以之不甘。客有謂予曰。死生常也。天壽命也。陳蕃所慼之家。久傳紀錄藝文類聚作久記玄錄。之歲華歆所聞之語。已定北陵之期。上聖所以忘情。賢者所以達節。將何戚焉。予對之曰。觀其明眸豐下。玉色和聲。豈不登髫歲而擬觿。及紈綺而知藝文類聚作仰。折李靈心摧於毫末。慧識挫於跐藝文類聚作跬。步。庶方悟於來途。遂窮魂於短日。豈不傷哉。乃爲辭曰。

含精鬱抑。歎嗟何極。云誰之悲。悲予弱息。實天道之偏頗。覩賦命之殊舛。彼神蔡之靈長。獲萬春之攸緬。有舜華之照灼。寄一朝之浮命。藝文類聚作淺。始夢熊而兆吉。遂設弧而表慶。驗天蘭之所受。知地井之可映。愛萱草之有徵。欣赤莽之在詠。信歎慰之未幾。悼夭零之云及。乃變樂而爲悲。遂改笑而成泣。昔珠襁之交舒。又金香之相襲。藉綺茵於弱肌。隱孩笑於羅帷。今獨覩於玄壤。亦何痛其如之。憶餘態而心楚。想媚質而迴腸。藥尚殘而染地。衣猶襞而在牀。卷金屏之四葉。開銀函之九羊。忽徘徊而想象。曾何時而不傷。於是風景暮。鍾氣嚴。晚倏葉蔌蔌而走階。水淺淺而鳴澗。月半鏡而開河。雲羅柱而下岫。燈發焰而吐花。火含光而成就。金鹿之恨澥。沾衣金瓠之哀。還掩扉。猶茲紫山玥玉碎。譬彼西都芳草腓。終無逐流梟船反。何時復鬪龍種歸。文苑英華九百九十九。又見藝文類聚三十四。有刪節。

安成蕃王墓誌銘

許氏猶龍荀家鳴鶴豈如宗子分聯華萼對策雲臺觀書麟閣官美登朝文高入洛得意琴書忘言丘壑（藝文類聚四十五）

徵君何先生墓誌

先生履玉燭之禎氣應大賢之一期實生而知機撫塵斯庶敬非習起孝乃因心聚徒教習學侶成羣與沛國劉瓛汝南周顒爲友陸璉賀瑒之徒更道北面永明中王文憲儉受詔撰禮未竟而卒屬在司徒文宣王王以讓先生因廣加刊緝故以含文燕居說六典五恩之義或齊侯所不鎮孟嘉所未知皆折茲大物成此良教小人道長每諷考槃之詩君子道消便執天山之筮乃毁車挂冠拂衣東嶺始居若耶來從秦望今上經綸天地權輿鼎業始徵爲軍謀祭酒實允文若之舉且光彥先之選又徵特進右光祿大夫高尚其事確乎不拔玄纁徒往束帛虛歸而給白衣尚書祿固辭不受卒乎其山正衾在殯嗤鏤器與玉衣弃典入棺恥密章及書綬知與不知並懷悽愴咸以人亡業樸禮墜文章洙泗頹經扶風罷學關西疑聖之德自此長淪高松引風之氣於茲永息余昔在殊方亟枉翰迹欽風味道迄淹歲時既而位阻桂宮塗乖咫尺不獲擁經步至問春卿之病徐輪三反入杜夷之舍痛睢雲之滅采悲列曜之晞暉追勒高鄉乃爲銘曰

文範高世玄晏絕倫復有令德遠之與均誰與均此嗚呼哲人第五肥遯餘軌尚遵司空開學其風不泯傳茲孝敬曰悌且仁氣高瓊岳心虛谷神栝羽儒圃舟輿席珍既遊慧水兼引法輪談扇猶在鳴琴尚陳如何不憖德素長淪寂寥巖穴荒涼渭濱橋日隻雞徐稱醉素余欽夫子風期夙著蓄思含毫傳芳寫譽沉礎雖貞玄泉無曙（藝文類聚三十七）

華陽陶先生墓誌銘

維大同二年龍集景辰克明三月壬寅朔十二日癸丑巳時華陽洞陶先生蟬蛻於茅山朱陽館先生諱弘景字通明春秋八十有一屈伸如恆顏色不變有制贈以中散大夫謚曰貞白先生遣舍人主書監護喪事十四日巳時窆於雷平之山若夫眞以歸空爲美道以無形爲貴不知悅生大德所以爲生不知惡死谷神所以不死妙矣哉隱顯變化物莫能測既而岫開折后天墜玉棺銀書息簡琥珠罷寵九節麗於空中千和焚於地下仙官有得朋之喜受學振臨谷之悲余昔在枌壤早逢圯上之術今遣元良屢稟浮丘之教握罾符而惻愴思化杖而酸辛乃爲銘曰

無名曰道不死爲仙亦有元放兼稱稺川遁形解化自昔同然猗歟夫子受籙歸玄梨傳苑吏書因賈船虎車昭晃蜺拂凌烟餘花灼爍春澗潺湲鬱鬱茅嶺悠悠洞天三仙白鶴何時復旋（藝文類聚三十七）

仙當作山

戎昭將軍劉顯墓銘

繁弱挺質空桑吐聲分器見重播樂傳名誰其均之美有髦士禮著幼年業明壯齒厭飫典墳研精名理一見弗忘過目則記若訪賈逵如問伯始穎脫斯出學優而仕議獄既佐芸蘭乃握搏鳳池水椎羊太學內參禁中外相藩岳斜光已迫頹彼西浮百川到海還逐東流營營返魄汎汎虛舟白馬向郊丹旐背野埃興伏山雲輕重呂掩書墳揚歸玄冢爾其戒行途窮士壟弱葛方施叢柯日拱隧柳莫春禽寒歛毻長空常暗陰泉獨湧耐彼故塋流芬相璉

儀同徐勉墓誌銘

朱弓表瑞寶劍攸歸長瀾斯注瓜瓞含輝舉直斥僞校名責實朝有進賢野無遺逸違天即地歸幽去冥空谷傳古哀風送旂（藝文類聚四十七）

中書令臨汝靈侯墓誌銘

昔太祖時。其惟宣武。講道開天。儀嵩作鎮。是曰邢茅。藉規承矩。如康嗣衞。似禽居魯。息纓巖隱。途窮夜臺。靈檐永閟。松路方開。草茂故藏。松插新枝。月明泉暗。暑往寒來。藝文類聚四十八。

庶子王規墓誌銘

玉挺藍田。珠潤隋水。價重連城。聲同垂棘。偶應龍之翥影。等威鳳之羽儀。名理超於荀王。博洽侔於終賈。稍遷侍中。佩玉璽於文昌。珥金貂於武帳。文雅與綺縠相宣。逸氣並雲霞俱遠。副君取敬杜夷。時迴晉儲之駕。追嗟徐幹。亦降魏兩之書。爰發睿辭。爲銘云爾。七略百家。三藏九部。咸誦其心。談天其口。勝氣無儔。高塵誰偶。榮珪掩采。靈鏁摧鋒。宋郊淪鼎。洛水沈鐘。玄扉不晝。幽夜恆冬。藝文類聚四十九。

太子舍人蕭特墓誌銘

威鳳五色。朝陽千仞。孫枝發響。將雛流韻。猗哉若蘭。頌矣懷熊。瑾既誕子。恆乃惟肩。銀鉤之巧。重世遹傳。況此臨池。蟬輕露潤。丹旐輕飛。哀歌徐引。壠水春悲。山雲晚陣。藝文類聚四十九。

同泰寺故功德正智寂師墓誌銘

峯頹木朽。波逝江潭。山川若此。人何以堪。亦生亦滅。如壑如舟。千齡俱盡。萬古誰留。惟茲大士。才敏學優。幼捐蹈火。早去吞鉤。法雷能響。懸河必訓。辨才可匹。妙德難儔。

宋姬寺慧念法師墓誌銘

電逝生危。舟沈道滅。后拆亡儒。星開殞哲。是曰人龍。亦號僧象。慧氣素昭。英聲夙上。善疲愛河。能褰欲網。如彼高山。法徒斯仰。如彼澄波。不測深廣。

甘露鼓山寺敬脫法師墓誌銘

岌岌緣假。昏昏大夢。六塵遠飛。四流長控。猗嗟大士。慧舟法棟。早擅人龍。夙標威鳳。善堂開構。燈王布席。辯河流水。缾峯積石。寂寥兩樹。悠漫三泉。神明何託。暗石空傳。

湘宮寺智蒨法師墓誌銘

嗟爾名德。超然有暉。五塵夙離。三脩允依。戒珠靡缺。忍鎧無違。智燈含影。慧駕馳騑。若韜山金。如苞海寶。德邁西河。聲踰東道。伊時傾蓋。於彼朱方。不期而遇。襄水之陽。掩此方壙。悠哉泉下。鬱鬱翠微。邃邃平野。薪盡火滅。歸眞息假。

淨居寺法昂墓誌銘

篠簜含聲。蘭蓀表質。甘露已凝。智泉斯溢。頓轡中衢。息棹脩滄。隙漏白駒。藤絲黑鼠。同志酸傷。交朋哀楚。藝文類聚七十七。

全梁文卷十三終

烏程嚴可均校輯

簡文帝七

吳興楚王神廟碑

昔者武王詢於太公五神之禮正伊陟贊於巫咸三篇之義作抑又玄矩司於坎宮漢興北畤黃蜺感於通夢秦作西郊幽則鬼神其來已尙楚王既弘茲釋敎止獻車牛既舍黃駒安侯騂角掌攣無左獠之勞牧人止楅衡之務周房殷俎惟有玄澗芳芝玉斝瑤樽止陳丹桂清酌漸符不殺之敎方行大士之心比夫黃樹赤光紫衣朱髮茂矣哉王制云山川神祇有不舉者爲不敬太守元景仲稽諸古典於茲往烈永傳不朽式樹高碑翠后勒文事借神掌靈龜負字還擬洛書（藝文類聚七十九）按碑文當是東漢楚王英而題爲吳興楚王則項王矣謨改無疑

長沙宣武王北涼州廟碑

黃曲之祀九井尙懃洙水之堂七壁猶在豈非德含體氣神降空桑蒸民仰其立功太上懷其貴德公諱懿蘭陵人皇帝之長兄也命世降靈峻極開著宗百川而成海倍萬俊而爲英爲南梁北秦二州刺史華陽黑水改號雖堪加以岳牧遷迴軍民徙散同高闕以爲塞象玉門而置關三尉寢謀六屯罷業功同疏勒之守備甚卽墨之堅圍公臨危制變殷如敵國是以六角摧鋒兩賢釁鼓指撝則破勍敵叱咤而靜邊塵公德應大賢照惟殆庶如鍾資叩似鏄發聲含朝陽於千仞散風行於萬頃神武所固士卒忘水火之難簞醪所驅小大一死生之志微管之風餘芳無絕人畏其神德音不泯梁秦二州刺史宜封侯條剌舉漢陽覩覩遺愛有表請立碑置廟天子許焉反宇飛風伏檻含日參差丹桂周流紫房躞跜刻獸下臨綱戶菌苕荷華傍連屈屋庶使邊韶所立之石豈稱高於陳郡袁逢所勒之字非獨擅於華陽乃爲贊曰

帝圖開道皇源配天功書綠字事燭青編天漢之隊黑水惟梁如仁永播流詠盛忘扶風高碣召伯甘棠餘芳無泯望古可方構斯象室循茲洞房琉璃照戶璧玉開堂秋條下葉春卉含芳九微夜火百味朝漿（藝文類聚四十五）

丞相長沙宣武王碑

金表龍符絲地龜圖且稱瑞漢寔曰開虞於昭帝緒蟬聯厥初有徽玄水赤作司徒重檐偃蹇曲注逶迤重櫨鳳翥桂棟蓮披文榱晚麗采飾晨輝春藤絡戶寒菊臨池惟聲惟德無絕於斯（藝文類聚四十五）

招眞館碑

夫東瀛涤水三變成田西嶽靈桃千年未子尙以星起牽牛赫首迢遞律生甲子氣數杳冥況復上遊玉清損之又損高排金闕玄之又玄豈言象之能詮非時節之所辨海虞縣者則虞農都尉太

康置其宰境有虞山越絕書云巫咸之所出也高巖鬱起帶青雲而作峯瀑水懸流雜天河而俱灑雖日門採藥之地楚望懷椒之歌湯反流沙之魂綿飾汾陰之鼎無以喻焉其峯則有石城石門虛巘自然不度句吳之馬神功挺起豈似岡陵之畫魏后冰城夜陣權息長安慈后浴鐵晝流較跡比期優劣斯遠道士沛郡張君諱道裕字弘眞卽漢朝天師陵十二代孫天監二年來至此岫栖遁十有餘載夜忽夢見聖祖云峯下之地面勢閒寂宜立館宇可以卜居裕師潘洪隱始盛四明山無何有人耳長髮短云從虞山招眞治來言訖忽然不見潘馳信報君君因辭山舊居而以夢中所指峯下之地卽以爲治故號招眞高臺迴立有類玉臺之山長廊宛轉還如步廊之岫柱側芳桂豈侯關陽木飛材還擁檟無勞豫章神拔黃庭司命之府有類玲瓏米陵赤石之觀同符弘做遠望仲雍而高墳蕪沒旁臨齊女則喪壠蒼茫蘇尋千仞之木氣叶

星晷華飛五香之草形圖宮室雌葉飛花卷舒蹊逕陽桃候賨榮落巖崖樹息金烏簷依銀烏鳳將九子應吹能歌鶴生七歲逐節成舞旭日晨臨同逈若華之色夕陽斜影俱成拂鏡之暉玉礎徹潤應山雲於高爛鳴鐸徐響引和風於空谷方當專氣致柔入無爲之境周行不殆窮混成之致茅子負歸穀轡無已魏姬宴罷留鴐不還何止持節變淮南之金膏符時北鐘之稻明月蛟龍之駒驅之使鬪四銖七子之鏡引以成刀散季齋之羽起雄鳴之霧而已哉乃爲銘曰

玉龜二始金書八會道浹地心功浮天外故帝可小唯眞能大德起同塵善生塞兌物實自然人符交泰掩映綠蘿穹隆紫蓋仙治之美此焉爲最雄柱千步陽臺百丈水均下矚山踰高掌野寂雲興禽繁山響升虹夕棲豐雷朝上元陽作石竹龍成杖書藏玉匣藥蘊銀筒虒鉛雜鉀析桂和葱羽衣可服雲軿易通斧柯雖朽碑石無窮王鏊姑蘇志藝文類聚七十八

善覺寺碑

蓋聞在天成象倬彼雲漢在地成形嵩高惟岳蒼蒼靜運靈樣猶且去來巖巖峻極巫咸可以升降穆貴塡宿植達因已於恆沙佛所經受記莂有緣娑婆降跡斯土行邁英皇德降華附河南望浮雲之瑞新野表升天之祥光前絶後建茲福地乃於建康之太清里建善覺寺焉大通元年龍集己酉有令使立碑文未遑構撰居諸不息寒暑推移軒曜夙傾前星亦掩歲在諏訾始得補綴何言之陋何事之隆綸等仲由空悲負藥之哽復異恆良終無維山之日永言纏慕獨咽丹心銘曰

效彼毗城建斯福舍四柱浮懸九城壘架重欒交峙迴廊逶迤掩映花臺崔嵬蘭榭陽燧暉朝青蓮開夜藝文類聚七十六

神山寺碑

天地始終悠長不極劫數沙塵寂寥誰辯雖鐵界銅圍如影如紈補石擎金隨生焰滅獨有鷲岳靈境淨土不燒螺髻金質聲聞難覩故髮塔晝園流名天上耆山鴿苑布跡人中自非莊嚴妙土吉祥福地何以標茲淨域置此伽藍皇太子殿下幾圓上聖智周物外澄明離日照影春星長歆安勝表寥書之獨見馳道迴車驚斑騅而不絶藝文類聚七十六

闕號天井山稱地雌碧雞金馬越濆梁池懷靈蘊德孕寶含奇此亦仙岫英名遠播昔有驚猨不燒淨土邁彼高蹤構茲法宇引葉成帷郎樹爲柱石砌危橫崖階斜豎藝文類聚七

慈覺寺碑

羅以易表含貞記稱厚載龍星啟曜璧月儀暉是以河外黃雲沙傍崩鹿故能發緯伊緒重闡劉系亦有觀津美於西漢扶風盛彼東京未若樊川之邦宛葉之境休祥茂祉獨繁前跡莊姬流譽之所烈后業興之地南陽稱其何氏新野猶曰鄧家逖彼遐蹤復履今慶貴嬪金聲早振淑範增徽才實母師行爲女楷窮茲四德洞彼六經溫明內湛慈慧天發綢繆慶璇枝聯休紫漢幸得譽無負斧任重束薪實以契闊言提綢繆善誘事其從居義深則盼而叨恩作牧釁結幽祇一訣椒慈長違寶幄風枝弗靜陟屺何期祇奉儲訓謬茲刊撰夫道長業大遺範事隆嗟油素之可捐懼故老之難述藝文類聚七十六

相宮寺碑

眞人西滅洎羅漢東遊五明盛士並宣北門之教四姓小臣稍罷南宮之學超洙泗之濟濟比舍衞之洋洋是以高簷三丈乃爲祀神之舍連閣四周並非中官之宅雪山忍辱之草天宮陁樹之花四照芬吐五衢異色能令扶解說法果出妙衣鹿苑豈殊祇林何遠皇太子蕭綱自昔藩邸便結善緣雖銀藏蓋寡金地多闕有慙

四事久立五根洄川出鼎尙刻之衆之石嶒峨作鎭猶銘劒壁之山剏伊韜界螢無鐫刻銘曰

洛陽白馬帝釋天冠開基紫陌峻極雲端實惟爽塏棲心之地譬若淨土長爲佛事銀鋪曜色玉礎金光塔如仙掌樓疑鳳皇珠生月魄鍾應秋霜鳥依交露幡承杏梁㥁舒意蘂室度心香天琴夜下紺馬朝翔生臧可度離苦獲常相續有盡歸平道場（藝文類聚七十六）

吳郡石像碑

蓋聞軒后之圖載浮河洛秦王之璧更涌滄溟昭晢之洲乘濤瀕而西泛蓬萊之岫逐安流而南徙況夫道由慈善應起靈覺是以無方之迹隨機示現無緣之力因物成感晉建興元年癸酉之歲吳郡婁縣界淞江之下號曰滬瀆此處有居人以漁者爲業抑此瞻綸無甄小舩布斯九罭常待六鼇遙望海中若二人像朝視沈浮疑諸蜃氣夕復顯晦乍若潛火於是謂爲海神卽與巫祝同往祈候七盤圓鼓先奏盛唐之歌百味椒漿屢上東皇之曲遂乃風波駭吐光景晦明咸起渡河之悲竊有覆舟之懼相顧失色於斯而返又有受持黃老好尙神僊蹔在三洞身帶八景更竭丹款復共奉迎尊像沈軀沒而不見經歷旬日遐邇普聞吳縣華里朱膺清信士也獨謂大覺大慈將宏化迹乃沐浴清齋要請同志與東靈寺帛尼及胡伎數十人乘船至滬瀆口頂禮歸依歌唄贊德于時微風送棹淑景浮波雲舒蓋而未移浪開花而不噴雖舟子招招弗能遠騖而靈相峩峩漸來就浦仰覩神像疑然雙泛非因鵾首詎假龍橋豈藉銀蓮盜須玉軸背各有題一名維衞一名迦葉於是睎衆踊躍得未曾有復懼金僊之姿非凡所徙試就提捧豁爾勝舟指蒸宮而西歸望葑門而一息道俗傾塞人祇協慶膺家住近通玄寺遍孫權爲乳母陳氏之所立也亦一邦之勝地胥山之神塔乃還像於此寺武夫數百咸不能勝共怪曰朱膺帛尼二

人之力而能捧持不覺爲異今人工甚盛確乎不移此必精誠弗能致也乃復竭心同時稽顙然後乃動至自舟中故知據井夜飛實無以異石不能重有覺憑焉後有外國沙門釋法開來稱彼國衆聖所記云東方有二石像及阿育王塔若能恭往禮覲滅無量罪免離三塗禮已而去中大通四年歲在壬子臨汝靈侯奉敕更造銅光二枚其一高九尺其一高八尺五寸銅邁丹陽郡論劉向之術區選攻金無俟嵇康之鍛既鎔既鏤是磨是銑睟如光定湛似日輪亦當遠照三千普瞻色像遙覩十方俱聞說法豈止惜命小鳥欣人影中重罪衆生還逢愛日而已哉吳郡僧正慧法師深修五定淨持七支於三寶中盡力宏護立摩尼之勝殿製飛行之寶塔至於莊嚴妙色實有厥微夫魯聖云亡尙追儀於有若楚臣殞世亦託似於優孟放勳之后更圖長樂之畫文命之君不囗稽命之禋或傳諸往牘或布在前司或贊述盈耳或壽宮虛置況遠追應身近規靈迹不銘不勒何以稱揚乃爲銘曰

巍巍天像堂堂最勝慧日獨圓無生永證愍此魚鉤傷茲螺孕乍動慈舟時延寶乘留住待緣獨有傳應傳應伊何寶茲靈像履冰晨遊凌濤夜上七衆有憑九垓咸仰照此眞容開斯俗網千輪足起萬字胸書身橫五分衣刻三銖嗟爾末俗心王所驅穎浮水沫命役馳驅宜宏希嚮必盡勤劬覩相塵滅聞聲惑祛湛然神跡長處全吳（蘇州府志、藝文類聚七十七）

祭戰亡者文

降夫既旋功臣又賞班荷元勳蘇逢偏綱校尉霑榮屬國蒙獎獨念斷魂長畢灰壤膏原染刃委骨埋泉徒聞身沒詎辨名傳（藝文類聚三十八）

祭灰人文

積注奄旬祭在灰人俏茲歎炭焚此柱薪積如玉屑聚若遊塵庶

八之風不拂獄吏之慢盛陳當令金光小史侍使玉童奏雲師於執侏力水伯於天宮鎖星誅於電女貫索囚於雷公廓重氛於八極靜連絲於四空既曈曨於車蓋又赫赫於飛盤且疑威於趙盾寶望近於長安（藝文類聚一百）

六根懺文

今日此衆誠心懺悔六根障業眼識無明易傾朱紫一隨浮染則千紀莫歸雖復天肉異根法慧殊美故因見前境隨事起惡今願捨此肉眼俱瞬佛眼如抉目王見淨名方丈之室多寶踊塔之瑞牟尼鷲嶽之光彌勒龍華之始常遊淨土永步天宮耳根闇鈍多種衆惡悦染絲歌聞勝法善音昏然欲睡聽鄭衛淫靡聳身側耳知勝善之事樂之者希淫靡之聲欣之者衆願捨此穢耳得彼天聰聞開塔關鑰之聲彈指謦咳之響諸佛所説悉皆總持香風淨土之聲寶樹鏗鏘之響於一念中怳然入悟鼻根過患彌復頑嚚

耽染六塵流連百和鬱金易著薝蔔難排雖復一薰一蕕叶性難遣空中海上彌不自覺至如雕鑪在彼翠霧霏烟識染相牽彌生織累所以蝍蛆甘帶自謂馨香烏鴟嗜鼠不疑穢惡今願捨此鼻根得彼天受振裳躧步跨栴檀之迥林提囊拭鉢捧香積之寶飯長離穢濁永保清升舌根障重染惡尤深毒刺爭興惡虵競起既貪五黃六禽之旨又甘九鼎八珍之味所以焚山破卵涸水枯鱗藿臛不斷有染指之過羊羹不及致入陣之苦雖復鴿膜鹿胃猶不稱甘鳳肺龍胎更云不美雖羅鼎俎未必皆嘗在彼衆生於命已酷或復朋朋亂友破俗傷眞變紫奪朱反白爲黑所以讒言三至曾母投杼端木一説越霸吳亡故知三寸之舌未易可掉駟馬既出於事難追願斷煩惑入清淨境既同阿難乞乳之譏又等淨名寂默之致餐禪悦之六味服法喜之三德形恭心到永趣菩提身根頑觸唯貪細軟質體塵礙不重戈矛莫不愛我輕他陵人傲

物縱此祼蟲不羈醉象六塵四倒自此而生五蓋十纏因斯而致所以象寶清潤遨遊於夏室重衾狐白溫煦於冬房結駟廣廈動靜必安鵷首翠樓去來有託所以三業之過出自機關四大假成豈有眞我願捨此畫瓶得彼金色淨寶珠之法飾照瑠璃之慧體長歸五分永等十身意識攀緣其罪山積險同夢幻譬若猴猨懸鏡高堂一念難淨走丸索上百慮先馳至如二十五有紛繞不息九十八使驚鶩無已所以灰心滅智行拔于三乘風禪露飲道高於六度今願斷此意根祛累斯盡心當恬怕洞照無生一切衆罪悉滅俗門三界異途歸之眞域懺悔已竟誠心作禮（釋藏策六廣弘明集二十八下）

悔高慢文

弟子蕭綱又重至心歸依三寶竊聞禮稱弗傲表洙泗之遺文經云不慢驗踰闍之妙典故一遇恆神陵伽尚生餘習上賓天帝淮

南猶有誤辭亦有才日隱淪調惟高俗猶足座痺晉君立前齊主況復道隆三學法兼五衆如過前殿似出北門而不密室致恭遺弓接足敢藉勝緣願起弘誓從今日始乃至菩提於諸出家悉表虔敬方欲削除七慢折制六根賓頭下步庶無厭咎耆達棄車方思景慕幽顯大衆咸爲證明（廣弘明集二十八下）

唱導文

夫十惡緣巨易惑心塗萬善力微難感靈性是以摩鉗赴火立志道場薩埵投身必之妙覺衆生積染流很不歸苦海易流慈波空蕩渴愛與生死共門無明與結綱同路各趣百非纏茲四苦人思戮力昭彼三明是以如來因機致化如大醫王隨病施藥當今皇化之基格天綱地扇仁風於萬古改世季於百王覆載蒼生慈育黎首天涯海外奉道餐風抱噏吹脣含仁飲德民無賢肖愛均一子衆等宜各克己丹誠澄心懷到奉爲至尊敬禮娑婆世界釋迦

文佛。歡喜世界梅檀德尊。水精剎土月電如來。寶明世界山海慧
佛。奉願聖御與天地比隆。慈明與日月齊照。九有被康哉之澤。八
方延仁壽之恩。玉燭之美。日著遐方。擊壤之歌。徧聞天下。敬由心
起。五體所以外恭。情發於中。六識所以單到。故一善染心。萬劫不
朽。百燈曠照。千里通明。憑法致安。積善延慶。今日幸遇茲訓誘。豈
得不罄竭心塗。奉為皇太子。敬禮東方寶海。南方燈明。西方無量
壽。北方相德。奉願離明內映。合璧外和。玉震雲浮。金聲海鏡。日朝
顏色。四善流風。既擅溫文之德。實著監國之重。蒼生飲德。有識餐
仁。變和內化。事炳周經。讚德含章。訓高惇史。故以配正奉天。表七
教於仁德。宣風緝惠。闡六服於溫慈。各宜攝心。奉為貴嬪。歸命敬
禮五十三佛。三十五尊。當來賢劫千劫。在百七十。奉願月相與萬
善同休。金聲與四時竝祐。興七覺以炳照。岡十智於常樂。閨守奉
仁。宮儲欽德。暉同璺璧。煥若崑瓊。蓋聞嵩高惟嶽。作屏皇家。宗子
維城。克固磐石。所以戚均魯衛。任等蕭曹。三台正席。坐而論道。九
棘勤王。恪居連事。宜各運心。奉為臨川、安成、建安、鄱陽、始興、豫章、
及南康、廬陵、湘東、武陵諸王。家國戚屬。六司鼎貴。歸命敬禮舍利
形像。菩提妙塔。多寶踊現。釋迦碎身。奉願心鏡凝深。身清岳峙。克
隆帝祉。永茂皇枝。衆各一心。歸命三寶。三界異術。五道分逕。天人
植業。各歸一果。鬼神牽報。事炳冥途。上善華果。既乖正九。五濁煩
心。彌多惱累。雖復聰明正直。三牲之祀未虧。陰陽不測。六根之滯
猶染。衆等宜各露誠。遠為天龍八部。護塔善王。乃至修羅八臂。摩
醯三目。盡為敬禮。尊經正典。清淨波若。究竟涅槃。法華會一之文。
淨名不二之說。願一切善神。永斷無明。長遵正本。臥處寶宮。坐甘
香積。帝釋淵廣。泛般若之舟。淨居深沈。駕牛車之美。澤及三界。明
照四天。大悲拔苦。事炳前經。弘慈與樂。義高名訓。是以靈權降迹。
隱沒不同。菩薩位懷。顯晦多術。無邊劇惱。扇八苦於修途。有縛纏

情。繞六趣於危道。金鎖玉狀。猶念解脫。雕珠飾綺。不及塗中。至於
飄颻熱風。滄浪冰水。暗室千重。黑城百仞。鐵輪碎骨。銅柱焦腸。傷
出刀峯。橫抽劍鍔。如斯衆苦。尤為險脆。一息不追。則萬劫永別。剎
那暫斷。則千代長離。相與共託閻浮。泡生幻處。危脆之質。有險蜉
蝣。風電之馳。誠難可駐。況復三相併屢。二鼠攢危。毒箭惡蛇。尤為
可畏。庶憑正法。拔茲累染。長享百福。永斷六塵。對至無疆。唯佛可
恃。今為六道四生。三途八難。慈悲懇到。一心徧禮十住菩薩。三行
聲聞。禮救世觀音。獻蓋寶積。西方大勢。東國妙音。四辯淨名。二上
螺髻。珠頂善宿。彌勒文殊。金剛藏解脫月。棄陰蓋。常舉手。十大弟
子、五百羅漢。願囹圄空虛。疾惱消息。城中百縣。方外千城。凡在幽
執。一同寬蕩。人協覆蛇。俗化匡蟻。類服鴆之不死。同拔劍之無傷。
含生不縷。轉死自溫。滑橋日飽。翳桑無餓。打塞三塗。填碎地獄。破
魔兵衆。壞生死軍。閻羅發十善之心。牛傍啟五戒之業。如魚少水。
若雁窮林。上聽法音。卽捨穢質。人運五體。歸命三寶。（釋藏肥九。廣宏明集十五。）

四月八日度人出家願文

弟子蕭綱。以今日建齋設會。功德因緣。歸依十方盡虛空界一切
諸佛。歸依十方盡虛空界一切尊法。歸依十方盡虛空界一切聖
僧。竊聞涅槃經言。身如畫水。隨畫隨合。是身不淨。九孔常流。凡夫
愚人。常行味著。愚癡羅剎。止住其中。又如瑞應經言。沙門之為道
也。捨家妻子。捐棄愛欲。斷絕六情。守戒無為。其清淨得一心者。則
萬邪滅矣。一心之道。謂之羅漢。聲色不能染。榮位不能屈。難動如
地。以免憂苦。故知出恩愛獄。薄俗為難。善來比丘。其福深重。弟子
以此因緣。今日度人出家。願一切六道四生。常離愛欲。永拔無明
根。削遺闇惑心。修習般若慧。足踐輕輪之光。口說懸珠之辯。披忍
辱鎧。秉智慧刀。乘菩薩車。坐如來座。結纏披解。頂相光明。戒因清
白。後報尊重。所有果業。皆悉勝出。受持法藏。為佛眞子。一切道行。

皆悉能行一切大誓不休不息仰願十方盡虛空界一切諸佛仰願十方盡虛空界一切尊法仰願十方盡虛空界一切聖僧咸加證明又仰願十方盡虛空界一切諸天仰願十方盡虛空界一切諸仙仰願十方盡虛空界一切聰明正直守護一切善神又願今日見前幽顯大衆咸加證明今日誓願使弟子蕭綱得如所願滿菩提願一切衆生皆悉隨從得如所願（廣宏明集二十八上）

千佛願文

蓋聞九土區分四民殊俗昏波易染慧業難基故法身寂鑒有照斯感滌無明於欲海度蒼生於寶舩或輕慈導捨薄笑牽悲曲豔口宣斜光頂入自鹿樹表光金河匿曜故像法衆生希向有形雖千聖異跡一智同塗弟子某甲久沒迷波長流苦沫不生意樹未啟心燈而蓋生一念敬造千佛雖復無上無爲極相難辨非空非有妙智難覩而紺髮日光蓮眸月面庶可長表誠敬永寄心期（廣宏明集十六）

爲諸寺檀越願疏

菩薩戒弟子蕭綱歸依十方盡虛空界一切諸佛歸依十方盡虛空界一切尊法歸依十方盡虛空界一切聖僧積習長夜輪轉猶灰末劫易危煩流難拯不樹兩門豈修二翼常恐虛薰染惑永結駛河愛藤懸網長垂苦岸敢承三寶覺悟之力於幽顯前發弘誓願今願爲武當山太平寺并此鐘望楚白塔同安習善延明頭陀上鳳林下鳳林廣嚴等寺皆盡形壽永爲檀越雖七寶四事多謝往賢一念片言庶符般若方類不滅之燈終非起烟之竈以此功德仰福皇帝春宮冢國內外咸同此善乃至天龍八部六道四生普皆蒙福（廣宏明集二十八上）

爲人造丈八夾紵金薄像疏

比丘某甲敬白竊以慧日潛影慈輪罷應業逐惱飄愛隨情織徒

懸衣珠抱名珍而弗悟盼歎葉金惑空言而啼止自非表茲勝業樹彼妙緣何以去此心堂移茲身宅故水精龍塔永愴恨於遺髦明鏡石龕獨徘徊於留影某甲久發誓願徧爲六道四生造夾紵丈八佛像一軀年月已流因緣易奪常恐暫有之身忽隨畫水還無之報飄同電光今便建立誠心遂茲本誓使聚月見容金山表跡見形善發聞名惡捨拔六根之痛惱去五燒之焚灼但四寶屢空七財多匱仰雙蓮而獨慨覩萬字而無由儻能薄離五家微損四事結此冥慈共成因果則素氎之功非唯昔世散華之報方驗來緣語善無脅在言多忝謹疏（廣宏明集十六）

爲人作造寺疏

郢州某甲敬白竊以布金須達表精舍於給園影石仙人造伽藍於離越莫不事表區中心憑眞外但四纏惑惱去善源而無滌五濁重翳非慧刃而安揮故以懸彼溼薪傷茲滴器今於郢州某山爲十方僧建立招提寺紫負郊原面帶城雉枕倚巖壑吐納煙雲重門洞啟未創飛行之殿步櫚中露猶寡密石之功嚴飾之理雖階瓶鉢之資已罄道俗儻能微留善念薄獎勝緣則事等觀香義同錫乘昔人修檀手稱七寶前賢薄施掌出雙金福有冥移言無多遜謹疏（廣宏明集二十八上）

全梁文卷十四終

全梁文卷十五

烏程嚴可均校輯

元帝一

帝諱繹。字世誠。小字七符。武帝第七子。天監十三年封湘東王。歷會稽太守。入為侍中丹陽尹。普通中為荊州刺史。大同中為江州刺史。太清初復為荊州。及建康陷。奉密詔為侍中、假黃鉞、大都督中外諸軍事、司徒、承制。進位相國。總百揆。以大寶三年十一月即位於江陵。改元承聖。在位三年。為西魏所擒遇害。明年追尊曰孝元皇帝。廟號世祖。有漢書注一百十五卷。孝德傳三十卷。忠臣傳三十卷。顯忠錄三十卷。丹陽尹傳十卷。懷舊志九卷。全德志一卷。研神記十卷。同姓名錄一卷。補闕子十卷。湘東鴻烈十卷。金樓子十卷。玉韜十卷。連山三十卷。洞林三卷。集五十二卷。小集十卷。南史五十。劉𣪍字仲寶。隨湘東王在藩十餘年。當時文檄皆其所為。

春賦

洛陽小苑之西。長安大道之東。苔染池而盡綠。桃含山而併紅。露沾枝而重葉。網縈花而曳風。初學記三。案張溥本有秋興賦臨秋賦。今據藝文類聚編入簡文帝集

玄覽賦

歲次𦵏蒙。月建司空。變凌陰藝文類聚作蕤賓之呂。扇廣莫之風。肅子襄離九水。作牧三宮。乃旰衡而言曰。惟天惟藝文類聚作為大。惟堯則之。惟地惟藝文類聚作為厚。惟王國之㝢。我皇之握鏡。寶乃神而乃聖。陳六聯於八則。弘九職於三令。運璇樞而御宇。執玉衡而齊政。大矣廣矣。無德而稱。俯瞰斟於軒義。諒斗筲於子姒。包河圖與洛書。括龍官乎鳳紀。超大德於百王。高鴻名於萬祀。惟天縱於副后。踰啟誦而惟首。既倫備於蕭成。復斷獄於長壽。豈止丕莊。屈滕將令班鄉捧纓譬衡樽而待酌。若懸鍾之須扣。前踰繫象之外。聲高洙泗之右。伊俯己之闇愚。謬聯華於天衢。築東門而畫野。剖南國而分墟。詔伯宗以為儐。誥內史而策書。用分茲於茅社。從侯服而俾予。類金獸以封建。非桐珪以錫處。爾其湘水之東。郎我魍蒙。魏甘露藝文類聚作正元而分邑。吳太平而定中。鎮鱗山之崔嵬。傍龍跡其宵嶐。金城高而相屬。后燕起而依風。豈連鑣於分陝。羨追蹤於二公。彼琅臺之作守。有彭泗之嘉名。殊並海之分地。異魚石之所城。經沈子之高墉。蓋水運之堤封。謝禮樂之干櫓。閱武騎之轒衝。軾錦車而前驚。驅魚軒而繼蹤。無復鸞歌鳳舞。唯對綠柳青松。留吳宮之宿草。響平陵之夜鍾。飛余轡而西征。戍太真之舊營。鳴節鼓之金鐸。屯戎車於后城。戮滔天之封豕。斬橫海之長鯨。每輟書而歎息。景樹德之風聲。從王役於鏡中。浮文鷁而載鴻。經謝亭而帳飲。想彥伯之高風。度五城而騁望。見三冀之無窮。故以飛雲蒼準。白鱧青桐。金吾舍利。鳴鶴紫宮。眺方獄乎雲闕。望赤坂之珠殿。想真長之送別。懷思曠之還山。此檜櫟而方遠。彼松舟而未閑。倦旅泊於新丘。

同渭水之不流。或千人而並唱。作萬人而相鉤。毀橋由於瑗度。鑿空資於仲謀。睇三茅之靈祕。懷九轉之仙記。紫臺石室之文。青首銀函之字。獨有披霧之心。彌軫淩雲之志。捫殷碑之愴望。挹延州之高讓。井鬻沸而蛩蟺。勢崎嶇而低昂。見傳巴之度曲。開安歌之浩唱。想觀樂乎朝陽。憶紆衣乎夕張。迴途舲之美風。聳余棹乎雲陽。彼桑梓之必敬。況松榆之舊鄉。將遊目於五湖。乃浩藝文類聚作夕結覽於姑蘇。臨闔門之跨水。聳重關而開都。睇太伯之卜祀。爰避國於句吳。去西㵎之樂政。尊東夷之楷模。時渡谷水之陽。尚想嘉禾之方。壯慶亭於吳后。雄檇李於越王。觀泉亭之涌波。崖巍巍而巖峩。張素蓋而紫州。嶼驪白馬而越江。迤鼓洪濤於萬里。曾未動於纖羅。及戾止乎東甌。登玉笥與銅牛。山東武而遙集。雁南海而飛浮。巖亭亭其似蓋。飛苕苕其若樓。登舜橋而延首。瞰禹井而淹留。御史之狀猶在。督護之門不脩。雖濫同於偕寇。愧人襄之何求。皇

寰當作寰

寰撿余之忠誠詔入謁於承明既攝州於淮海且作尹乎中京慕張生之識伏挹邊延之勤精耳金貂而待問鳴玉佩而趨庭兼三河及三輔惣九緯乎九經揚王庭之俊選闡褒然於前則時濫假於中台掌邦教之觀國乍南宮而薦士且右鄉而表德判辟雍之樂語辯金馬之儒墨驅安居以騁望壯天居之麗極詳夫皇王爰處本無定所堯都平陽舜在冀方玄王居亳成周卜洛故知黃旗紫蓋域中爲大天地之所合風雨之所會蔭美氣之葱葱浮卿雲之靄靄從聳梁山而成闕縈長淮而似帶昔者甘泉暉章平樂未央俊霄飛雨麒麟鳳凰九華仁壽百福明光玉階紫闥雕柱錦牆木蘭爲棟文杏爲梁溫臺冬燠秋窗夏涼甲乙之帳庚辛之方未有祇園之右齊之仁壽用擬舟航長爲稱首日殿月宮金池珠叢七重迢遞千柱玲瓏虹橋左跨雁苑南通紫紺之堂臨水青蓮之臺帶風及夫曒光未旭更籌曙促猶然陽燧之火尙執驪龍之燭或帶桃花之綬乍響玄山之玉爰八命而建旟誠非親而勿居應鳴鞞於龍角覆緹幕於熊車開轅門於淮渚泛艅艎之容與吟紫騮之長歌奏玄雲之疊鼓開右座而納文設左廣而投武既風起而雲飛復摧班而拉虎泛樓船而鬱紆憶霸楚之雄圖悲騅馬之不逝忘鹿逐之長驅豈烏江之天險資赤帝之神符於是途經灌壘水分當利彼吾王之連和延魏后之交質趙將軍之建節辛侍中之奉使亮鼎足其何言限修江而爲二狛九井而問津蓋六服之都會方函谷之設險譬晉陽之襟帶覩棄繻之裂帛見高車之輔軾顧濡須之故壘每當食而忘飯鬬二虎於江干爭兩龍於修坂既凱捷而來旋遂鳴鐃而獨返彼銅山之可傷何驕容之無方已築長洲之苑復實海陵之倉遂稱兵而內侮宜朝起而夕亡原西陵以肇基始衝梯於士治載爲前茅之首實表勤王之師同薏苡之興謗成貝錦之深疑良弓藏而高鳥盡入不謙而出不辭遊雷

中而徜徉遇日吉而辰良祀公瑾以桂酒薦忠肅以椒漿賓討曹之英策蓋謀桓之祕方衣披披而屢舞神欣欣而樂康弔劉安於下雉聊載懷於悼吏或策杖而龍飛或叱石而羊起將雞鳴於天上遂埋魂於蒿里匪仙道之云僞蓋爲仁其由己經釣臺而高遁過鄂渚而西浮變靑門之三襲爲黃塵之一丘城逶迤而中斷階坡陁而半留分沙羨而啟鎭郎開藩於夏州星尙連於翼軫舍兼分於斗牛麗滄浪之水淸良信美乎濯纓嗟其釣而非釣復何慮而何營羌有願而不獲拂蘭橈而上征冬已謝而春辭聊方舟而水嬉看白沙而似雪望卻月而成眉臨后渚其如鏡玩弱柳其猶絲停赤壁而延佇聊愴望而方思吳水鄉之舟檝魏陸產之皋貔本吳長而魏短況地利與天時結櫝風而炎上燎原火於驚飈灰霧霏而擊馬箭參差而麗龜成班車之逸氣碎當途於鹿麇分銅庭於吳上限東益於巴丘如淄澠之相別似涇渭之分流雖滔滔而直瀉終耿耿而橫浮想蘭香之薦枕懷姮娥之夜遊若夫子瑜設險之記闞駰游湧之地既下車而踐境早詢求於方志曉泊鸚拳之津夕瞻荒谷之寺居柳下而布德坐棠陰而高視班六條於宰邑賢十部於從事每題輿於仲舉豈虛名乎叔治藉務隙於登臨乃紛吾之本志時復設羽蓋揚旌旆乘雕玉從貝帶浮雲起登高唐泛枉渚望涔陽荊棘生於龍門之下狐兔穴於馬牧之旁臨章華而流眄見舊楚之悽涼試極目乎千里何春心之可傷其舊藝文類聚無舊字渚宮也夾江帶阡布濩井田通逵交迸高門接連人要水心之劍家給火耕之田既追隨而得性實燕處而超然若乎臺之中觀閣相通雄梁渡水壯翼臨空金堤之路銅鞮之宮閣寫陵霄樓布麗譙橫走馬而爲觀擬牽牛而作橋爾乃樹之榛栗椅桐梓漆三色藝文類聚作巴黃甘千戶朱橘桃蔭井而成蹊蒔浮江而泛實蟬鳴枝而候稻菀飛冠而吐蜜復有水底石髮山筋地骨書帶新

梱屏風。牙發反魂長生。靈壽女貞金鹽玉豉。堯韭舜榮。交讓之目
代謝之名。忘憂長樂。桃杷鼓箏。竹則篔簹綠篆。交戰策皮。淚沾虞
后。龍還葛陂。便娟防露。檀欒夾池。聊右書而左琴。且繼踵於華陰。
彼門人之門道。各家求而有心。先鉛槧於魚魯。乃紛定於陶陰。識
三家之云謬。知五門之可尋。時仰禀於皇猷。討巴濮於禅儵。乃稜
威於華盟。出車檻之云脩。觀月窟之入附。覩日勸之來遊。既虎牙
而成號。又龍額而爲侯。仰皇德之洪深。疑朱離於侏任。見白題之
蹋鼓。看烏孫之學瑟。獻挂條之巨賮。奉桃枝之怪琛。嗤聚米於馬
援。哂畫地於臧旻。彼蠢爾之爲鯁。伊憑陵而未靜。異黃金於黑山
非綠林於青犢。余喟然以指蹤。實濟寛而持猛。負步光之文劍。驚
漢陽之夕景。麾靈珺之左轉。光玳簪而右參。白雲生而陣合。紅塵
起而軍暗。於是驅驌驦。命騕褭。張迴翠蓋之金爪。臨絳宮之玉堂。擬
都護之戊己。模荆尸之甲裳。作齊軍之減竈。斅燕師之臥牆。觀田
畯於虞澤。命車右而前驅。猶從戎於細柳。若驅馬於長楡。矜猿鳴
之抱木。傷兔走之依株。每愀然而作色。方載馳而轉軾。閱放麑而
興憫。對亂鱗而動惻。矧高宴於城隅。駐五馬而踟躕。乃有青琴碧
玉。絳樹綠珠。西河王豹。東野綿駒。蘭缸夕然。合璧斜天。照流風之
迴雪。映出水之初蓮。非吾心之所悅。曾未始而流連。濫叨榮於分
陝。踰一紀之星躔。子既生而冠字。嗟留滯以迴邅。罷臨邊之瑞節。
觀楚黎之臥轍。向秋野之蒼茫。對寒江之幽咽。散歸雲之鬱蔚。吐
長風之飄颺。聞羌笛之哀怨。聽胡笳之悽切。慘余袂兮淚成行。攀
余轅兮不忍別。奉信珪而入朝。驅驪馬(藝文類聚作驪駒)而乘軺。既總司
於戎旅。亦兼飾於豐貂。登蹕踞而目極。忽平原之已超。帶方遠之
九軌。接馳道之三條。彼重門之擊柝。馮霞起以建標。雜丹樓以藻
井。間青山於綺寮。者落星之嵸龍。覩爚火之迢遠。鬱如蓬萊之臨
滄海。憬如崑崙之出絳霄。函夏之所覲。江漢之所朝。若夫天不愛

道。地不愛寶。賓連紫達。華平朱草。麒麟五色。飛兔雙翼。集我君囿
之旁。遊我帝梧之側。於斯時也。天子郊禘於員丘。高玉簡於東漢。
邁金版於西周。奏蒼璧而服大裘。樂有雲翹之舞。牲非繭栗之牛。
設黃琮而禮地。望方澤乎神州。節會咸池之琯。冕無繁露之旒。觀
三農乎九穀。薦黍稷之穜稑。命甸師而清塵。詔封人而出宿。敬青
壇而致虔。動耒耜而耕穀。時季春之上巳。臨祓禊乎沼沚。杏花發
於露寒。棘實浮於濛汜。爰長久之御節。採日精於山趾。天策夜而
動星。鈎陳朝而按軌。予是時也。陪玉軑。飾金鸞。驅騄駬。曜翠羆。乘
倜儻。控權奇。寶劒昭晰。綵韔陸離。乍俯馬足。時仰月支。見靈烏之
占巽。觀司南之候離。習執鞭而珥筆。雖日夕而忘疲。奧重明堂地
景已乎正陽。乃八牖而四達。闢上員而下方。置陰鑒之明水。設珪
瓚而盈觴。諫天官乎冢宰。服端委而辯方。虔植物之蘊藻。鄙將饗
之牛羊。藉鴻私而置傳。復惟轂而懷方。泝蛟川於匯澤。沿鵠塞於
潯陽。何蠡川之浩浩。而匡岫之蒼蒼。其匡岫也。盤紆峭崪。嶮巇巒
律。峻極于天。干霄秀出。岑嶔崎嶬。烏兔蔽虧。蛤岈谾閬。背原面野。
墳飛流於天末。鼓雷霆於巖下。聳高館於雲中。聯蘂祠於星社。雕
甍綺閣。吁可畏其欲落。雲霧杳冥。紫萬嶺而俱青。照曜山莊。岩巉
石梁。雁門餘峰。隆安故脉。鏡臨江而分影。鑪銜花而共香。若乃羽
族徘徊。察風應雷。鴛鴦感夢。乾鵲知來。露華挾鳴而嘯侶。銜環帶
壟而含猜。孔接影而颺颺。鶴交頸而陪鰓。爾其彭蠡際天。用長百
川。沸渭淪溢。瀲淡漣延。大則浩汗滉瀁。細則澆濯潺湲。遇祈飆之
弗爽。彼所報之無愆。且搏搖以九萬。乍高風而三千。其中則有㺄
瀰嘉魚。藏羽龍鬚。戴星含石。蒲身雉軀。乍浮圓鏡。時泛明珠。報蕩
子之長信。送仙人之短書。恥觀魚而爲樂。解舒鴈於高繳。必冀孔
愉之龜。當如噲參之鶴。佩銜冠而發憤。嗟吾人之施薄。觀進退於
我生。每篤靖而居貞。羞爲金谷之富。不爲石闕之清。每鞠躬而遵

節。籍王道之既平。實靜者人所便。予得之於自然。非三百之不足。惜五十於豐年。笑犴斜之行樸。喜甘雨於后田。飛新梅於倡粉。拂輕絮於房綿。月芝抽而曉落。燈花開而夜然。菊從風而金散。荷帶水而珠員。已席歌於折栭。復行吟而採蓮。課七分與六月。推兩地與參天。夕章程而鉤股。亦剡注而參連。幼墳籍以自娛。迄方今而不渝。雲氣芝英之篇。懸針倒薤之書。緘乎蒸栗之帙。飾乎酸棗之珠。擬河獻之酉頁。希涫儒之席珍。笑彭聃之下士。聊重義而自欣。藝文類聚作希涫于之席珍。秋水之至樂。登春臺而自欣。臨繫戶牖而長望。混木鴈而兼陳。嗟今來而古往。方藝文類聚作聊絕筆於獲麟。文苑英華一百二十六。又見藝文類聚二十六。有刪節。

言志賦

天文既表。人文可觀。知負扆之來易。信握鏡之云難。羞立極而補天。驗璧合而珠連。有庖羲之八索。稱朱襄之五絃。聞夏王之鑄鼎。重農黃之播田。雖車軌之未同。寔彌娩於棟隆。戮封豕於海內。斬

長狄於區中。懷宿昔之璵璠。並來遊於菟園。悲元瑜之已逝。歎靈光之獨存。想延賓於北閣。因置酒於南軒。聞鶩鳴而懷友。聽長笛其何言。鳳有尙於淸靜。叨再入於鄢郢。東窺文命之穴。南望鵷崖之井。遂撫運而登庸。謬垂旒而卷領。雖有愧於前英。每求衣於未明。召司烜而照夜。觀執珪而備庭。誠雖休以勿休。實旨酒之忘憂。絕何楊之妙舞。廢緜駒之善謳。彼知止與知足。復何嘗而何欲。柱何用於黃金。案寧勞於青玉。爾乃高步北園。用暢煩憒。桂偃蹇而臨棟。后穹隆而架門。對灌木之修聳。觀激水之飛奔。瀾不風而自響。天無雲而晝昏。聞賓鴳之夜飛。想過沛而霑衣。況登樓而作賦。望懷海而思歸。藝文類聚二十六。

蕩婦秋思賦

蕩子之別十年。倡婦之居自憐。登樓一望。唯見遠樹含烟。平原如此。不知道路幾千。天與水兮相逼。山與雲兮共色。山則蒼蒼入漢。水則涓涓不測。誰復堪見鳥飛。悲鳴隻翼。秋何月而不淸。月何秋而不明。況乃倡樓蕩婦。對此傷情。於時露萎庭蕙。霜封階砌。坐視帶長。轉看腰細。重以秋水文波。秋雲似羅。日黯黯而將暮。風騷騷而渡河。妾怨迴文之錦。君思出塞之歌。相思相望。路遠如何。鬢飄蓬而漸亂。心懷愁而轉歎。愁縈翠眉斂。啼多紅粉漫。已矣哉。秋風起兮秋葉飛。春花落兮春日暉。春日遲遲猶可至。客子行行終不歸。藝文類聚三十二。

對燭賦

月似金波初映空。雲如玉葉半從風。恨九重兮夕掩。怨三秋兮不同。爾乃傳芳酴。揚清曲。長袖留賓待華燭。燭燼落。燭華明。花抽珠漸落。珠懸花更生。風來香轉散。風度焰還輕。本知龍燭應無偶。復訝魚燈有舊名。燭火燈光一雙炷。詎照誰人兩處情。藝文類聚八十。

採蓮賦

紫莖兮文波。紅蓮兮芰荷。綠房兮翠蓋。素實兮黃螺。於時妖童媛女。蕩舟心許。鷁首徐迴。兼傳羽杯。棹將移而藻挂。船欲動而萍開。爾其纖腰束素。遷延顧步。夏始春餘。葉嫩花初。恐沾裳而淺笑。畏傾船而斂裾。故以水濺蘭橈。蘆侵羅襪。菊澤未反。梧臺迥見。荇濕霑衫。菱長繞釧。泛柏舟而容與。歌採蓮於枉渚。歌曰。碧玉小家女。來嫁汝南王。蓮花亂臉色。荷葉雜衣香。因持薦君子。願襲芙蓉裳。藝文類聚八十二。

鴛鴦賦

靑田之鶴。晝夜俱飛。日南之鴈。從來共歸。雙飛兮不息。自憐兮何極。一別兮經年。相去兮幾千。雄飛入玄兔。雌去往朱鳶。豈如鴛鴦相逐。俱棲俱宿。勝林鳥之同心。邁池魚之比目。朝浮兮浪華。夜集兮江沙。萍隨流而傳岸。網因風而綴花。見虹梁之春色。復相鳴而戢翼。蘭渚兮相依。同盛兮同衰。魂上相思之樹。文生新市之機。金

雜玉鶴不成羣。紫鶴紅雉一生分。願學鴛鴦鳥。連翩恆逐君。藝文類聚九十二

秋風搖落

秋風起兮寒鴈歸。寒蟬鳴兮秋草腓。萍青兮水澈。葉落兮林稀。翠爲蓋兮玳爲席。蘭爲室兮金作扉。水周兮曲堂。花交兮洞房。樹參差兮稍密。紫荷紛披兮疏且黃。雙飛兮翡翠。並泳兮鴛鴦。神女雲兮初度雨。班妾扇兮始藏。光且淹留兮日云暮。對華燭兮歡未央。文苑英華三百五十八。又藝文類聚五十六引首四語。

全梁文卷十五

全梁文卷十六

烏程嚴可均校輯

元帝二

即位改元詔 承聖元年十一月丙子

夫樹之以君司牧黔首帝堯之心豈貴黃屋誠弗獲已而臨蒞之朕皇祖太祖文皇帝積德岐梁化行江漢道映在田具瞻司屬皇考高祖武皇帝明並日月功格區宇應天從民惟睿作聖太宗簡文皇帝地侔啟誦方符文景羯寇憑陵時難孔棘朕大拯橫流克復宗社羣公卿士百辟庶僚咸以皇靈睠命歸運斯及天命不可以久淹宸極不可以久曠粵若前載憲章令範畏天之威算隆寶厤用集神器于予一人昔虞夏商周年無嘉號漢魏晉宋因循以久朕雖云撥亂且非創業思得上繫宗祧下惠億兆可改太清六年為承聖元年逋租宿責並許弘貸孝子義孫可悉賜爵長徒鏁士特加原宥禁錮奪勞一皆曠蕩 梁書元帝紀

手詔封宗懍

昔扶椰開國止曰故人西鄉胙土本由賓客況事涉勳庸而無爵賞尚書侍郎宗懍亟有帷幄之謀誠深股肱之寄從我于邁多歷歲時可封信安縣侯邑一千戶 周書宗懍傳

勸農詔 承聖二年二月庚午

食乃民天農為治本垂之千載貽諸百王莫不敬授民時躬耕帝藉是以稼穡為寶周頌嘉其樂章禾麥不成魯史書其方冊秦人有農力之科漢氏開屯田之利頃歲屯否多難薦臻干戈不戢我則未暇廣田之令無聞於郡國載師之職有陋於官方今元惡殄殲海內方一其大庇黔首庶拯橫流一廛曠務勞心日昃一夫廢業爲齒無遺國富刑清家給民足其力田之身在所蠲免外即宜勤稱朕意焉 梁書元帝紀

將歸建鄴先遣軍東下詔 承聖二年八月庚子

夫爰始居亳不廢先王之都受命於周無改舊邦之頌頃戎旃既息關柝無警去魯興歎有感宵分過沛殞涕實勞夕寐仍以瀟湘作亂庸蜀阻兵命將授律指期克定今八表乂清四郊無壘宜從青蓋之興言歸白水之鄉江湘委輸方船連舳巴峽舟艦精甲百萬先次建鄴行實京師然後六軍遄征九旅揚旆拜謁塋陵修復宗社主者詳依舊典以時宣勒 梁書元帝紀

贈謚杜崱詔 承聖二年

崱京兆舊姓元凱苗裔家傳學業世載忠貞自驅傳江渚政號廉能推轂淺源實聞清靜奄致殞喪惻愴於懷可贈車騎將軍加鼓吹一部謚曰武 梁書杜崱傳

加王僧辯太尉車騎大將軍詔 承聖三年三月甲辰 案今傳作二月誤

贊俊遂賢稱于秦典自上安下聞之漢制所以仰協台曜俯佐弘圖使持節侍中司徒尚書令都督揚南徐東揚三州諸軍事鎮衞將軍揚州刺史永寧郡開國公僧辯器宇凝深風格詳遠行爲士則言表身文學貫九流武該七略頃歲征討自西徂東師不疲勞民無怨讟王業艱難實兼夷險宜其變此中台膺茲上將寄之經野匡我朝猷加太尉車騎大將軍餘悉如故 梁書王僧辯傳

追謚王僉詔 承聖三年

賢而不伐曰恭謚恭子 梁書王份附傳

敕杜龕 承聖初

卿年時尚少習讀未晚顏晃文學之士使相毗佐造次之間必宜諮稟 陳書顏晃傳承聖初杜龕爲吳興太守元帝使晃管其書翰仍敕龕

手敕報王僧辯

孔沈二士今且借公 陳書孔奐傳元帝於荆州即位徵奐及沈炯並令西上僧辯累表請留之帝手敕報僧辯

手敕報顏之儀

枚乘二葉，俱得游梁；應貞兩世，並稱文學。我求才子，鯁慰良深。（書顧之儀傳。之儀獻神州頌，辭致雅贍，元帝手敕報。）

別敕王僧辯 承聖三年十月

黑泰背盟，忽便舉斧。國家猛將，多在下流；荊陝之衆，悉非勁勇。公宜率貔虎，星夜就路，倍道兼行，赴倒懸也。（梁書王僧辯傳）

荅南平王恪等令 太清四年十一月

數鍾陽九，時惟百六。鯨鯢未翦，寤寐痛心。周粤天官，秦稱相國。東至於海，西至於河，南次朱鳶，北漸玄塞。率茲小宰，弘斯大德。將何用繼蹤曲阜，擬跡桓文？終建一匡，肅其五拜。雖義屬隨時，事無虛紀，傳稱皆讓，彖著鳴謙，瞻言前典，再懷哽恧。（梁書元帝紀）

與諸藩令

令郎日青鳧朽貫，紅粟盈倉，據有全楚，奄荒南服，舳艫萬計，鐵馬千羣。一丸之土，可封函谷；半紙之翰，能下聊城。而不以富貴為榮，不以妻孥為念，瀝血叩心，枕戈嘗膽，其何故哉？政欲掃蕩長蛇，誅鋤封豕。本非經略三夏，包羅二別，而中流未附，必鯁王師，弗見勤王之勳，且有親尋之辱。興言思此，載勞寤寐。政當浮舟水次，秣馬江陵，靜聽郢藩，若為消息。脫能前驅入討，同盟勤王，陝服景從，差為未晚。如其驅率市人，泝流西入，凡我腹心，人百其勇，判當待彼先舉，然後從事。兵非我始，幸各逡巡。其間小小應接，非今所議。（文館詞林）

荅王僧辯等勸進令 太清五年十月

孤以不德，天降之災，枕戈飲膽，扣心泣血。風樹之酷，萬始不追；霜露之哀，百憂總萃。甫聞伯升之禍，彌切仲謀之悲。若封豕既殲，長蛇即戮，方欲追延陵之逸軌，繼子臧之高讓，豈貪秋亭之壇，安事繁陽之石？侯景，項籍也；蕭棟，殷辛也。赤泉未賞，劉邦尚曰漢王；白旗弗懸，周發猶稱太子。飛龍之位，孰謂可躋；附鳳之徒，既聞來議。

羣公卿士，其諭孤之志，無忽。（梁書元帝紀）

又荅 太清五年十一月乙亥

省示，復具一二。孤聞天生蒸民而樹之以君，所以對揚天休，司牧黔首。播提合雒以前，粟陸驪連之外，書契不傳，未得稱也。自阪泉彰其武功，丹陵表其文德，有人民焉，有社稷焉，或歌謠所歸，或惟天所相。孤遭家多難，大恥未雪，國賊則蚩尤弗翦，同姓則有扈不賓，臥而思之，坐以待旦，何以應寶厤，何以嗣龍圖？庶一戎既定，罪人斯得，祀夏配天，方申來讓也。（梁書元帝紀）

下斷勸進表奏令

大壯乘乾，明夷垂翼，璿度亟移，玉律屢徙。四岳頻遣勸進，九棘比者表聞。譙沛未復，塋陵永遠，于居于處，寤寐疚懷，何心何顏，撫茲歸運？自今表奏，所由並斷。若有啟疏，可寫此令施行。（梁書元帝紀）

耕種令 大清六年正月甲戌

軍國多虞，戎旃未靜，青領雖熾，黔首宜安。時惟星鳥，表年祥於東秩；春紀宿龍，歌歲取於南畯。況三農務業，尚看夭桃敷水；四人有令，猶及落杏飛花。化俗移風，常在所急；勸耕且戰，彌須自許。豈直燕垂寒谷，積黍自溫；盛可隱此玄苗，坐滄紅粒。不植燕領，空候蟬鳴。可悉深耕溉種，安堵復業，無棄民力，並分地利，班勒州郡，咸使遵承。（梁書元帝紀）

又荅王僧辯等勸進令 太清六年三月己丑

省表，復具一二。羣公卿士，億兆夷人，咸以皇天睠命，歸運所屬，用集寶位於予一人。文叔金吾之官，事均往願；孟德征西之位，且符前說。今淮海長鯨，雖云授首；襄陽短狐，未全革面。太平玉燭，爾乃議之。（梁書元帝紀）

解嚴令 太清六年四月丁巳

軍容不入國，國容不入軍。畢子產獻捷，戎服從事；亞夫弗拜，義止將兵。今凶醜殲夷。逆徒殄潰。九有既截。四海乂安。漢官威儀。方陳盛禮。衞多君子。寄是式瞻。便可解嚴。以時宣勒。 梁書元帝紀

赦令 太清六年五月乙酉

君子赦過。著在周經。聖人解網。聞之湯令。自獫狁孔熾。長蛇荐食。赤縣阽危。黔黎塗炭。終宵不寐。志在雪恥。元惡稽誅。本屬侯景。王偉是其心膂。周石珍負背恩義。今並烹諸鼎鑊。肆之市朝。但比屯邅寇擾。爲歲已積。衣冠舊貴。被逼偷生。猛士勳豪。和光苟免。凡諸惡侶。諒非一族。今特闓以王澤。削以刑書。自太清六年五月二十日昧爽以前。咸使惟新。 梁書元帝紀

召學生教

閣下。昔楚王好詩。沛王傳易。猶且傳之不朽。以爲盛事。況吾親承天旨。聞禮聞詩。方欲化行南國。被於西楚。 藝文類聚三十八

下荊州辟韓懷明等教

處士河東韓懷明。南平韓望。南郡庾承先。河東郭麐。並脫落風塵。高蹈其事。兩韓之孝友純深。庾郭之形骸枯槁。或橡飯菁羹。惟日不足。或葭牆艾席。樂在其中。昔伯武貞堅。就仕河內。史雲孤砌。屈志陳留。豈曰場苗。實惟攻玉。可加引辟。并遣喻意。既同魏侯致禮之請。庶無辟彊三緘之歎。

上忠臣傳表

資父事君。寔曰嚴敬。求忠出孝。義兼臣子。是以冬溫夏凊。盡事親之節。進思將美。懷出奉之義。義軒改物。殷周受命。三能十亂。九棘五臣。靡不夙夜在公。忠爲令德。若使縉雲得姓之子。姬昌魯衞之臣。是知理合君親。孝忠一體。性與率由。因心 初學記作恩義 致極。臣連華霄漢。憑暉日月。三握再吐。夙奉紫庭之慈。春詩秋禮。早蒙丹扆之訓。宣尼𥟖德。麟閣畫充國之形。顯宗念功。雲臺圖仲華之象。 藝文類聚二十、初學記十七。

請於州立學校表

臣聞公宮之南。四術四教。司樂成均。六詩六律。韶濩既舞。羽籥之道行焉。黌塾茲備。離經之志辯焉。故不升嵩霍。豈識乾行之峻。不臨溟渤。安知地載之厚。洎乎秦焚金篆。周亡玉鏡。羣言爭亂。諸子相騰。書則夏侯歐陽。易則神輸道訓。詩乃齊魯毛韓。傳稱鄒左張夾。禮有曲臺王史之異。樂有寵德趙定之殊。伏惟陛下。撫五辰而建五長。播九德而導九州。容成爲麻。興景雲之瑞。伶倫吹律。應黃鍾之琯。撥亂反正。經武也。制禮作樂。緯文也。若非六經庖厨。百家異饌。三墳爲瑚璉。五典爲笙簧。豈能暴以秋陽。紆就望之晷。濯以江漢。播垂天之澤。 藝文類聚三十八。

薦顧協表

臣聞貢玉之士。歸之潤山。論珠之人。出於枯岸。是以芻蕘之言。擇於廊廟者也。臣府兼記室參軍吳郡顧協。行稱鄉閭。學兼文武。服膺道素。雅量邃遠。安貧守靜。奉公抗直。傍闕知己。志不自營。年方六十。室無妻子。臣欲言於官人。申其屈滯。協必苦執貞退。立志難奪。可謂東南之遺寶矣。伏惟陛下。未明求衣。思賢如渴。爰發明詔。各舉所知。臣識非許郭。雖無知人之鑒。若守固無言。懼貽蔽賢之咎。昔孔愉表韓績之才。庾亮薦翟湯之德。臣雖未齒二臣。協實無慙兩士。 梁書顧協傳。

薦鮑幾表

臣聞思皇多士。仄陋所以明揚。疇咨熙載。髦俊所以並作。斯固殷殿初基。拾龍淵之寶。虞祠始構。獻鳳管之玉。莛蒲出魯。賁帛歸齊。頌聲既興。盛業斯在。伏惟陛下。則天緯地。乘正馭才。沙汰八風。澄明六合。叶龜登夢之客。日賁於丘園。韋轂投釣之臣。相望於魏闕。故已物無遺寶。□□□振鷺。有充庭之謳。白駒空谷之詠。洋洋濟濟。無得而稱者焉。臣識謙愧知才。職非選舉。竊以進賢上賞。

敬賢顯義。敢緣斯義。用舉所知。伏見鮑幾門庭雍睦。立身貞退。博涉文史。頗閑刀筆。忠公抗直。出宰廉平。雅志弘深。安貧專靜。解巾入仕。三十餘年。自游臣府。一紀於茲。前宰東邑。實有二魯之風。近處南臺。欲尊兩鮑之則。伏揆天嚴。已當簡在。脫蒙顯居頁局。登以清貫。將齊毛玠古人之服。實同吳隱酌水之廉。昔丁隈牧州。陳顧翟之好禮。徐靖爲郡。薦袁渙之篤學。植範興傳。先舉管寧。朱則諭徉。亦稱董直。臣才非往哲。識愧前修。輕塵聽覽。伏待斧鉞。藝文類聚五十三。

遷荊州輸江州節表

周有掌節之職。漢有符節之令。所以子孫慷慨。忠肅勤王。無絕終古。有高前載。臣自擁旄鶴塞。執茲龍節。幸逢銀山自溢。玉燭調年。雖免茂弘之譏。竟微辛毗之勇。藝文類聚六十八。

高祖武皇帝謚議

臣聞翼善傳聖曰堯。仁聖盛明曰舜。受禪成功曰禹。除虐去殘曰湯。謚者行之跡。號者功之表。雖賤不誄貴。卑不誄尊。而彰乎名者。盛德之嘉號也。被於物者。治定之實錄也。斯所以聲明煥乎鐘石。昭晰備於絃管者焉。伏惟天縱欽明。惟睿作聖。功超三五。聲踰七十。仰之彌高。就之彌遠。載潛載躍。乃武乃文。先是木運告終。羣后改屬。乾維罔構。地紐如崩。祧祀阽危。公卿旰食。九牧有淪胥之悲。八表興橫流之歎。乃凝威黑水。表瑞丹陵。雲合景從。表裏龍福。受終文祖。允恭克讓。知黔首不可以無歸。蒼生不可以無主。降汾陽之遠志。不得已而臨之。於是類帝禋宗。革命創制。禘郊式展。殷薦斯潔。臨茲大寶。化與和氣俱宣。扇此王風。政與秋霜並肅。言懸日月。功格區宇。不以紫宸爲貴。不以黃屋爲尊。政謐刑措。民殷國阜。虹旌式卷。堡燧載清。胥象相因。環堵無曠。天徼亭泰。王道升平。南海候風。東溟奉貢。膏露凝枝。慶雲觸石。山開蒼璧。地出玄珪。騶騎

豬當作猶　猨當作侵

獸當作虎　傳當作傅

把鉞。則休屠款塞。太尉抗旌。則名王歷角。聲教所漸。浹罯蛇之都。威令所行。通燭龍之外。開庠建序。術濩於成均。正俗移風。氛氳於司樂。虛納十亂。引諒直之規。廣闢四門。弘招賢之德。青衿知擊壤之性。黃髮忘鼓腹之歡。加以鑽味微言。研精至道。文終所牧之典。史佚所讀之書。無輟萬機。日且千遍。駿郁郁之聲。表乾乾之德。允所謂皇哉君哉。日用而不知者矣。方且告成岱嶽。鏤升中之玉簡。昭事梁甫。祕禮首之金繩。而文王明夷。事侔往冊。黃帝橋山。痛深前典。萬有淪傷。三辰掩曜。人祇軫慕。山海含悲。慟切陟方。哀深遏密。煩冤荼毒。貫切心髓。風樹不靜。陟岵何期。思所以欽若九功。仰稽七德。藝文類聚十四。

馳檄告四方

夫剝極生災。乃及龍戰。師貞終吉。方制豬豕。豈不以猨腸蕩簿源之者亂階。定龕艱難。成之者忠義。故羿澆滅於前。莽卓誅於後。是故使桓文之勳。復興於周代。溫陶之績。彌盛於金行。粤若梁興五十餘載。平壹寓內。德惠悠長。仁育蒼生。藝文類聚作羣生。義征不服。左伊右瀍。咸皆仰化。濁涇清渭。靡不向風。建翠鳳之旗。則六龍驤首。擊靈鼉之鼓。則百神警肅。風牧方邵之賢。衞霍辛趙之將。羽林黃頭之士。獸賁緹騎之夫。叱咤則風雲興起。鼓動則嵩華倒拔。自桐柏以北。孤竹以南。碣石之前。流沙之後。延頸舉踵。交臂屈膝。胡人不敢牧馬。秦士不敢彎弓。叶和萬邦。平章百姓。十堯九舜。曷足云也。賊臣侯景。匈奴叛臣。鳴鏑餘噍。懸瓠空城。本非國寶。養爲要盟。不踰月。開海陵之倉。賑常平之米。撤九府之貲。錫三官之錢。冒于貨賄。不知紀極。敢與逆亂。梗我王畿。賊臣正德。阻兵安忍。日者結怨江羊。遠通單于。觴臏屢彰。彭生之魂未弭。聚斂無度。梟鄭之誚已及。爲獸傳翼。遠相招致。虔劉我生民。藝文類聚作人民。離散我兄弟。我是以董率梟貔。躬擐甲冑。霜戈照日。則晨離奪暉。龍騎徽野。則平

逐風當作遒風

原揜色信與江水同流氣與寒風俱憤凶醜畏威委命下吏乞活淮肥苟存徐兗渙汗既行綵綸爰被我是以班師凱歸休牛息馬賊猶不悛遂復矢流王屋兵曠象魏總章之觀非復聽訟之堂甘泉之宮永乖避暑之地坐召憲司臥制朝宰矯託天命僞作符書重增賦斂肆意裒剝生者逃竄死者暴尸道路以目庶僚鉗口刑戮失衷爵賞由心老弱波流士女塗炭臧獲之人五宗及賞搢紳之士三族見誅穀粟騰踴自相吞噬𢠽𢠽黔首路有銜索之哀蠢蠢黎民家有隕山之泣偃師南望無復儲胥露寒河陽北臨或有穹廬氊帳南山之竹未足言其愆西山之兔不足書其罪外監陳塋之至伏承先帝登遐宮車晏駕奉諱驚號五內摧裂州冤本毒無地容身景阻饑既甚民且狼顧遂侵軼我彭蠡憑凌我郡邑竊據我江夏掩襲我巴巳我是以義勇爭先忠貞盡力斬馘凶渠不可稱算沙同赤岸水若絳河任約泥首於安南化仁面縛於漢口

子仙乞活於鄢郢希榮敗績於柴桑侯景奔竄十鼠爭穴郭默清夷晉熙附義計窮力屈反殺後主畢原酆郇並離禍患凡蔣邢茅胙伏鈇鑕是可忍也孰不可容莫府據有上流是惟分陝投袂荷戈志在畢命昔周依晉鄭漢有虛牟彼惟末屬猶能如此況聯華日月天下不賤爲臣爲子兼國兼家者哉咸以義旗既建宜須總一共推莫府實用主盟粵以不佞謬董連率遠惟國艱不遑盬處中權後勁龔行天罰提戈蒙險隕越以之天馬千羣長戟百萬驅賁獲之士資智勇之力大楚踰荊山淺源度彭蠡舳艫汎水以掎其南輜軿委輸以衝其北華夷百濮贏糧影從雷震風駭直指建業按劍而叱江水爲之倒流抽戈而揮皎日爲之退舍方鑣長驅百道俱入夷山殄谷充原蔽野挾輈曳牛之侶拔距踰石之夫騎則逐日逐風弓則吟猿落雁捧崑崙而壓卵傾渤海而灌螢如鵰馬之載鴻毛若奔牛之觸魯縞以此衆戰誰能禦之脫復蜂蠆若

蠆獸窮則鬭謂山甚高則四郊多壘謂地甚遠則三千兆逵如彼怒蛙譬諸餓鼠豈費萬鈞無勞百溢加以日臨黃道兵起絳宮三門既啟五將咸發舉整整之旗掃亭亭之氣故以臨機密運非賊所解奉義而誅何罪不服今遣使持節大都督征東將軍開府儀同三司江州刺史尚書令長寧縣開國侯王僧辯率衆十萬直指金陵鳴鼓聒天縱金振地朱旗夕建如赤城之霞起戈船夜動若滄海之奔流計其同惡不盈一旅君子在野小人比周荷校滅耳匪朝伊夕舂長秋之喉繫郅支之頸今司寇明罰質鈇所誅止侯景而已黎元何辜一無所問諸君或世樹忠貞身荷寵爵羽儀鼎族書勳王府俛眉猾豎無由自效豈不下慙泉壤上愧皇天失忠與義難以自立想誠南風迺睠西顧因變立功轉禍爲福有能縛侯景及送首者封萬戶開國公絹布五萬匹有能率動義衆以應官軍保全城邑不爲賊用上賞方伯下賞剖符並裂山河以紆青

紫昔由余入秦禮同卿佐日磾降漢且珥金貂必有其才何隔無位若執迷不反拒逆王師大軍一臨刑茲罔赦孟諸焚燎芝艾俱盡宣房河決玉石同沈信賞之科有如皎日黜陟之制事均白水檄布遠近咸使知聞梁書元帝紀又略見藝文類聚五十八

慶南郊啟

大裘而冕陶匏以質黃鍾既奏雲門斯舞樂諧六變歌陳九德感天動神式展誠敬藝文類聚三十八

慶東耕啟

伏惟陛下敬授民時造幄籍田漢之元鳳未足捧羅晉之太始非堪扶轂但承明侍從郎事未由周南留滯伏深戀仰藝文類聚三十九

謝敕賜第啟

竊以漢錫五侯寔云淸吏魏寵衞臻用旌肅直未如靈光輪奐睢陽爽塏並連城闕有似甄侯之舍東望市廛榮深豫章之圃昔猥

望未平。冠軍縣宅。馬池猶隔。雍丘讓邸。臣慚霍曹遠志。但識君命無違。再思庸陋。九殞非答。藝文類聚六十四。初學記二十四。

為東宮薦石門侯啟

切以鳳鳴朝陽。必資藍田之寶。龍門點額。亦俟堂溪之珍。是以紫玉見稱。黃金爲貴。文傳夢鳥。學重靈蛇。點漆凝脂。事逾衛玠。渾金璞玉。才匹山濤。昔翟湯隱逸。見稱庾亮。陳平器局。被薦無知。以人廢言。誠增諫鼓。進賢上賞。伏待慈照。藝文類聚五十三。

謝東宮賜白牙鏤管筆啟

春坊漆管。曲降深恩。北宮象牙。猥蒙霑逮。雕鐫精巧。似遼東之仙物。圖寫奇麗。笑蜀郡之儒生。故知嵇賦非工。王銘未善。昔伯喈致贈。讀屬友人。葛龔所酬。止聞通識。豈若遠降鴻慈。曲覃庸陋。方覺瓌琦無識。隨珠過侈。但有羨卜商。無因則儀。徒懷曹植。恆願執鞭。藝文類聚五十八。

謝東宮賚貂蟬啟

挹婁之義。曲降鴻恩。麗水之珍。復蒙殊獎。東平紫貂之賜。非聞漢籍。中山黃金之錫。豈曰附蟬。坐對仲尼之容。增暉允南之貌。藝文類聚六十七。

謝東宮賜麈尾錦㡚團扇等啟

楊雄口訥。本貴談端。田蚡貌寢。終於麗飾。始興之扇。方斯非擬。鄴中之錦。匹此爲輕。方願弘此仁風。旣動承華之氣。服茲懷袖。復比文若之香。藝文類聚六十九。

謝東宮賚寶枕啟

泰山之藥。旣使延齡。長生之枕。能令益壽。黃金可化。豈直劉向之書。陽燧含火。方得葛洪之說。況復重安球琩。獨勝瑰材。方松非匹。稱禰未擬。藝文類聚七十。

謝敕賜縟啟

踨當作踪

鴻當作鵠

昔漢后賜貂。魏君送縟。未有玄兔來王。黃龍作貢。便覺肅昚非遙。挹婁無遠。藝文類聚七十。

謝東宮賚花釵啟

菩佩九彄。花含四照。田文之珥。慙於寶葉。王粲之詠。愧此乘蓮。九官之璫。豈直黃香之賦。三珠之釵。敢高崔瑗之說。況以麗玉澄暉。遠過玳瑁之飾。精金曜首。高踐翡翠之名。藝文類聚七十。

上東宮古跡啟

施宜八分之巧。元常三體之妙。史籀李斯之篆。梁鴻曹喜之書。莫不總萃桂宮。盈滿甲館。竊以鸞驚之勢。旣聞之於索靖。虎跱之巧。又顯之於蔡邕。是以遊霧重雲。傳敬禮之法。鳥頭魚頸。表揚泉之賦。頗好六文。多慙三體。尙方大篆。旣其牢落。柱下方書。何曾髣髴。空慕河間之聚書。竟微東平之獻表。齊紋尺牘。願已欽然。北海楷隸。終成難擬。藝文類聚七十四。

謝上畫蒙敕襃賞啟

臣簿領餘暇。竊愛丹青。雲臺之像。終微髣髴。宣室之圖。更難議擬。成蠅罕術。畫馬疏文。人非世將。恩深晉帝之賞。跡愧景山。寵踰魏皇之詔。

謝東宮賚陸探微畫啟

工踰畫馬。巧邁圖龍。試映玉池。卽看魚動。還傍金屏。復疑蠅集。史遷暫覩。懸識留侯之貌。漢帝一瞻。便見王嬙之像。藝文類聚七十四。

謝東宮賜彈棊局啟

繹本慙遊藝。彌愧拂巾。鳳峙鷹揚。信難議擬。鳥跂星懸。曾何髣髴。蓮花未易。玉屑不工。緣邊之法。庶遵細柿之陣。徘徊之勢。方希明月之樓。子桓有錫。聞於遂古。季緒蒙賜。卽事可傳。藝文類聚七十四。

上穀充軍糧啟

臣聞金城千仞。必資守粟。革車千乘。其在饋實。願武車綏旌。列飛

潙之行陳奉辭受脤揜摯獸於猛虎買逵渠水雖日難蹤梁習勸農竊知自勉 藝文類聚八十五

爲江夏王安豐謝東宮賚錦啓

舒將並后堪來暮雨縈持結纕剩可蕩舟秦川書字妙能八體鄴縣登高眞堪九日宋姬贈馬未足爲榮馮媛乘車方茲非寵

謝東宮賚辟邪子錦白褊等啓

江波可濯豈藉成都之水登高爲鹽取映鳳皇之文至如鮮潔脅紈聲高趙縠色方藍浦光譬靈山試以照花含銀燭之狀將持比月亂合璧之暉 藝文類聚八十五

謝東宮賚瓜啓

金縈始薦瓊蘂載珍味奪蔗漿甘踰石蜜 藝文類聚八十七

爲妾弘夜姝謝東宮賚合心花釵啓

未得投壺先應含笑不因鸞鳳自能歌舞夜姝昔往陽臺雖逢四

照曾遊澧浦慣識九衢未有仍代爵釵還勝翠羽飾以南金裝玆麗玉修靡夫人本分章華之寵中山孺子獨荷春宮之恩有志當熊無期投閣 藝文類聚八十八

謝晉安王賜馬啓

釋武媿仲都遂蒙大驪之錫儻謝春鵫空頒名馬之賚故以取方騁友自匹龍媒不待貰公媿如齊畫無勞馬援翻等漢鋗豈有滅沒黑龍連翩白馬錢文見重津名取貴相彼騂驖猶深戀主矧伊伏櫪彌結懷恩 藝文類聚九十三

謝東宮賚蒸粟牛啓

色似祕府之書毛類陳王之玉騂角未奇瑩蹄非貴 藝文類聚九十四

謝賚車螯蛤蜊啓

車螯味高食飢名陳物志蛤蜊聲重前論見珍若士並東海波臣西王母桑雀文始化燕羽猶在體潤珠胎形隨月減 藝文類聚九十七

謝賜功德淨饌一頭啓

瑤器自滿金鼎流味漿含都蔗味資后蜜 北戶錄注

又謝賚功德食一頭啓

天廚淨饌菴羅法果 北戶錄注

謝敕送齊王瑞像還啓

臣聞非晦非明法身凝寂有感有見渴仰赴機伏惟陛下百姓爲心宜觀種覺十方皆見普照王畿將使化行南國乃睠西顧江水安流大川利涉鮮雲騖轍暫掩晨離甘雨霏微猶藏宿霧高明可仰與天花而俱落清梵騰空雜填篪以相韻頂禮最勝敬謁法王瞻彼堵牆不足爲喻立處針鋒弗云易擬臣身持靜戒心抃法流接足道周膜拜路左得未曾有喜躍充遍 藝文類聚七十七

全梁文卷十六終

烏程嚴可均校輯

元帝三

與學生書

吾聞斲玉爲器。諭乎知道。惟山出泉。譬乎從學。是以執射執御。雖聖猶然。爲弓爲箕。不無以矣。抑又聞曰。漢人流麥。晉人聚螢。安有挾冊讀書。不覺風•雨已至。朗月章奏。不知爝火爲微。所以然者。豈有以夫。可久可大。莫過乎學。求之於己。道在則尊。藝文類聚二十三。

答晉安王敘南康簡王薨書

南康兄器宇沖貴。風神英挺。魏之中山。徒聞退讓。晉之扶風。雖號師範。用今方昔。若吞夢雲。及尋陽•私疾。孝感神明。殆不勝喪。扶而後起。猶冀天道可期。豈謂福善虛說。且分違易久。嘉會難逢。綢繆宮闈。不過紈綺之事。離羣作鎮。動迴星紀之厤。志異雙鸞之集。遽

切四鳥之悲。松茂柏悅。夙昔歡抃。芝焚蕙歎。今用嗚咽。藝文類聚二十二。

與劉孝綽書

君屏居多暇。差得肆意典墳。吟詠情性。比復稀數古人。不以委約而能不伎癢。且虞卿史遷。由斯而作。想摛屬之興。益當不少。洛地紙貴。京師名動。彼此一時。何其盛也。近在道務閑。微得點翰。雖無紀行之作。頗有懷舊之篇。至此已來。衆諸屑役。小生之詆。恐取辱於盧江。遮道之姦。慮興謀於從事。方且褰帷自厲。求瘼不休。筆墨之功。曾何暇豫。至於心乎愛矣。未嘗有歇。思樂惠音。清風靡聞。譬夫夢想溫玉。飢渴明珠。雖愧卞隨。猶爲好事。新有所製。想能示之。勿等清慮。徒虛其請。無由賞悉。遣此代懷。數路計行。遲還芳札。梁書劉孝綽傳。孝綽免官。時世祖出爲荆州。至鎮與孝綽書。

與蕭挹書

闊別清顏。忽焉已久。未復音息。勞望情深。暑氣方隆。恒保清善。握蘭雲閣。解絃龍樓。允膺妙選。良爲幸甚。想同僚多士。方駕連曹。雅步南宮。容與自玩。士衡已後。唯在茲日。惟昆與季。文藻相暉。二陸三張。豈獨擅美。比暇日無事。時復含毫。頗有賦詩。別當相簡。但衡巫峻極。漢水悠長。何時把袂。共披心腹。藝文類聚三十。

賜劉璠書

鄧禹文學。尚或執戈。葛洪書生。且云破賊。前修無遠。屬望良深。周書劉璠傳。元帝承制。授樹功將軍。鎮西府諮議參軍。賜書。

遺周弘直書

適有都信。賢兄博士平安。但京師搢紳。無不附逆。王克已爲家臣。陸緬身充卒伍。唯有周生。確乎不拔。言及西軍。潺湲掩淚。恒思吾至。如望歲焉。松柏後凋。一人而已。陳書周弘正傳。京城陷。弘直爲衡陽內史。元帝在江陵。遺弘直書。

與周弘正手書

獯醜逆亂。寒暑亟離。海內相識。零落略盡。韓非之智。不免秦獄。劉歆之學。猶弊亡新。音塵不嗣。每以耿灼。常欲訪山東而尋子雲。問關西而求伯起。遇有今信。力附相聞。遲比來卸。慰其延佇。陳書周弘正傳。王僧辯之討侯景也。弘正與弘讓自拔迎軍。僧辯得之。甚喜。即日啟元帝。元帝手書與弘正云云。仍遣使迎之。

卸當作郵

答劉緬求述制旨義書

學山學海。未臻其極。爲龍爲光。或從王事。所賴昔經陝服。頗足良書。憑几據梧。靜供遊目。枕中之記。即用爲枕。帷首之帳。仍可爲帷。對此自娛。敬而待命。叩而必應。已謝懸鍾。汲而無竭。復乖井養。藝文類聚五十八。

爲書責數鮑泉二十罪

面如冠玉。還疑木偶。鬚似蝟毛。徒勞繞喙。南史六十二。

答齊國雙馬書

名重桂條。形圖柳谷。襄陽地穴。近來未易。滇池水裏。遠訪猶難。價

匹龍媒，聲齊騄子，河精曜采，似伏波之鑄銅，震象飛文，笑東瀛之刻玉。加以控斯銀勒，利此金銜，鞍揭鏤衢，光含兩月，纓縈紫縷，色麗雙絲，方嗤晉后，恒乘鄭國之驄，更鄙曹君，經餉蜀王之馬。藝文類聚九十二。

又書

於戲，馬之為用，遠矣大矣，斯所以乾為脊馬，震為馵足，有是哉，有是哉。何則，泮渙而馳，可以及日，躊躇而蹀，可以追風，赤菟之騰聲，的顱之濟主，陳王有昭蹻之說，班生有韁絆之談，聊聞斯美，遠勞此賚，懷哉老生，不云乎，雖有拱璧，以先駟馬，良用此道，中心藏之，何日忘之。藝文類聚九十三。

與武陵王紀書止蜀軍東下

蜀中斗絕，易動難安，弟可鎮之，吾自當滅賊。南史五十三武陵王紀傳。紀總戎將發益鎮，繹使胡智監至蜀書止之。

又別紙

地擬孫劉，各安境界，情深魯衛，書信恆通。同上。

與西魏書

子糺親也，請君討之。

荅王僧辯書

昔文康獻楄，十有二子，用今方古，彼有慙色，今景之兇惡既稔，凱歌之聲已及，嘉瑞遠臻，但增歎慰。御覽九百六十六引三國典畧。

遣王僧辯書

賊既乘勝，必將西下，不勞遠擊，但守巴丘，以逸待勞，無慮不克。

與武陵王紀書

皇帝敬問假黃鉞太尉武陵王，自九黎侵軼，三苗寇擾，天長喪亂，獯醜憑陵，虔劉象魏，黍離王室，朕枕戈東望，泣血西浮，殞愛子於二方，無諸侯之八百，身被屬甲，手貫流矢，俄而風樹之酷，萬恨始纏，霜露之悲，百憂繼集，抑心飲膽，志不圖全，直以宗社綴旒，鯨鯢未翦，嘗膽待旦，龔行天罰，獨運四聰，坐揮八柄，雖復結壇待將，褰帷納士，拒赤壁之兵，無謀於魯肅，燒烏巢之米，不訪於荀攸，才智將殫，金貝殆竭，傍無寸助，險阻備嘗，遂得斬長狄於駒門，挫蚩尤於楓水，怨恥既雪，天下無塵，經營四方，專賁一力，方與岳牧同茲清靜，隆暑炎赫，弟比如何，文武具僚，當有勞弊，今遣散騎常侍光州刺史鄭安忠，指宣往懷。梁書武陵王紀傳。

又與武陵王紀書

甚苦大智，季月煩暑，流金爍石，聚蚊成雷，封狐千里，以茲玉體，辛苦行陣，乃眷西顧，我勞如何，自獯醜憑陵，羯胡叛換，吾年為一日之長，屬有平亂之功，膺此樂推，事歸當璧，儻遣使乎，良所遲也，如曰不然，於此投筆，友于兄弟，分形共氣，兄肥弟瘦，無復相代之期，讓棗推梨，長罷懽愉之日，上林靜拱，聞四鳥之哀鳴，宣室披圖，嗟萬始之長逝，心乎愛矣，書不盡言。梁書武陵王紀傳。

裂帛為書催王僧辯入援

吾忍死待公，可以至矣。南史。

與蕭諮議等書

蓋聞圓光七尺，上映眞珠之雲，面門五色，傍臨珊瑚之地，化為金案，奪麗水之珍，變同珂雪，高玄霜之彩，豈不有機則感，感而遂通，有神則智，智而必斷，故碧玉之樓，升堂未易，紫紺之殿，入室為難，必須五根之信，以信為首，六度之檀，以檀為上，故能捨財從信，去有即空，率斯而談，良可知矣。竊以瑞像放光，倏將旬日，蹈舞之深，形於寤寐，抃躍之誠，結於興寢，稍覺十字之蒸，嗤何曾之饌，五鼎之味，笑主偃之辭，黿羹麟脯，空聞其說，羊酪猩脣，曷足云也。困于酒食，未若過中不餐，螺蚳登俎，豈及春蔬為淨，欲吾于三 口齋，自寅至戌，一 中而已，自有米加王鋭，鹽類虎荀，紫夢之芹，遼東之

于當作子
口當作日
王當作玉
荀當作形

藻十斤之梨千樹之橘青笥紫薑囷桌霜棗適口充腸無索弗獲八功德水並入法流四土俱至偕讓弘道同志爲友豈不盛歟（廣宏明集二十七上）

與劉智藏書

菩薩蕭法車置鄭大士劉智藏侍者自林宗邈反玄度言歸以結元禮之心彌益眞長之歎故以臨風望美對月懷賢有勞寤寐無忘興寢方今玄冥在節歲聿云遒日似青緹雲浮紅藥清臺灰重北宮井溢想禪說爲娛將符九炎成誦之功轉探三密山間芳杜自有松竹之娛巖穴鳴琴非無薜蘿之致修德之暇差足樂也昔韓梅兩福求羊二仲鄭林騰名於馮翊周黨傳芳於太原或有百鎰可捐千金非貴松子爲餐蒲根是服未有高蹈眞儒歸宗法海梵王四鶴集林鷰而相鳴帝釋千馬經巨園而踴步有一於此猶或稱奇兼而總之何其盛也故知南臨之水已類呂梁之川北眺

之山彌同武安之嶺豈復還思漱浦佝想靈臺睎彼漢池載懷莬谷以此相求心可知矣僕久厭塵邦本懷人外加以服膺常住諷味了因彌用思齊每增求友常欲登卻月之嶺蔭偃蓋之松挹璇玉之源解蓮華之劍藩維有限脫屣無由每坐向謝之牀恆思管寧之榻夢匡山而太息想桓亭而延佇白雲間之蒼江不極未因抵掌我勞如何想無金玉數在郵示弱水雖航猶致書於青鳥流川弗遠佇芳音於赤玉鶴望還信以代萱蘇得志忘言此寧多述法車叩頭叩頭（廣宏明集二十八上）

鄭衆論

漢世銜命匈奴困而不辱者二人而已子卿手持漢節臥伏冰霜仲師固無下拜隔絕水火況復風生稽落日隱龍堆翰海飛沙皋蘭走雪豈不酸鼻痛心憶雒陽之宮陛屑泣橫悲想長安之城闕直以爲臣之道義不爲生事君之節生爲義盡豈望拔幽泉出重

仞經長樂抵未央及還望塞亭來依候火傍觀上郡側眺雲中雖在己之願自隆而於時之報未盡（藝文類聚五十三、御覽七百七十九）

全德志論

物我俱忘無貶廊廟之器動寂同遣何累經綸之才雖坐三槐不妨家有三徑接五侯不妨門垂五柳但使良園廣宅面水帶山饒甘菓而足花卉葆筠篁而玩魚鳥九月肅霜時饗田畯三春捧繭乍酬蠶妾酌升酒而歌南山烹羔豚而擊西缶或出或處並以全身爲貴優之游之咸以忘懷自逸若此衆君子可謂得之矣（藝文類聚二十一）

論詩

詩多而能者沈約文少而能者謝朓何遜（梁書何遜傳御覽五百九十九）

職貢圖序

竊聞職方氏掌天下之圖四夷八蠻七閩九貉其所由來久矣漢

氏以來南羌旅距西域憑陵創金城開玉關絕夜郎討日逐覩犀甲則建朱崖聞蒲陶則通大宛以德懷遠異乎是哉皇帝君臨天下之四十載垂衣裳而賴兆民坐巖廊而彰萬國梯山航海交臂屈膝占雲望日重譯至焉自塞以西萬八千里路之峽者尺有六寸高山尋雲深谷絕景雪無冬夏與白雲而共色冰無早晚與素石而俱貞踰空桑而歷昆吾度青邱而跨丹穴炎風弱水不革其心身熱頭痛不改其節故以明珠翠羽之珍細而弗有龍文汗血之驥卻而不乘尼邸乃聖猶有圖人之法晉帝君臨實聞樂賢之象甘泉寫閼氏之形後宮玩單于之圖臣以不佞推轂上游夷歌成章胡人遙集款開蹶角沿泝荊門瞻其容貌訊其風俗如有來朝京輦不涉漢南別加訪採以廣聞見名爲職貢圖云爾（藝文類聚五十五）

丹陽尹傳序

傳曰：大夫受郡。漢書曰：尹者，正也。及其用人，實難斯授。廣漢和穎接下，子高自輔經術，孫寶行嚴霜之誅，袁安留冬日之愛。自二京版蕩，五馬南渡，固乃上燭天文，下應地理。爾其地勢，可得而言。東以赤山爲成皋，南以長淮爲伊洛，北以鍾山爲芒阜，西以大江爲黃河。既變淮海爲神州，亦即丹陽爲京尹。雖得仁之盛，頗愧前賢，而晒遇之深，多用宰輔。皇上受圖負扆，寶曆惟新，制禮以告成功，作樂以彰治定。豈直四三皇六五帝，孕夏陶周而已哉。若夫位以德敘，德以位成，每念忝莅京河，茲焉四載，以入安后之門，思勤王之政，坐亘長之室，想清談之風，求瘼餘晨，頗多夏景。今綴采英賢，爲丹陽尹傳。藝文類聚五十。

懷舊志序

吾自北守琅臺，東探禹穴，觀濤廣陵，面金湯之設險，方舟宛委，眺玉笥之干霄，臨水登山，命儔嘯侶。中年承乏，攝牧神州，戚里英賢，南冠髦俊，蔭真長之弱柳，觀茂弘之舞鶴，清酒繼進，甘果徐行，長安群公，爲其延譽，扶風長者，刷其羽毛。於是駐伏熊，迴結駟，命鄒湛，召王祥。余顧而言曰：斯樂難常，誠有之矣。日月不居，零露相半，素車白馬，往矣不追，春華秋實，懷哉何已。獨軫魂交，情深宿草，故備書爵里，陳懷舊焉。藝文類聚三十四。

全德志序

老子言全德歸厚，莊周云全德不刑，呂覽稱全德之人，故以全德創其名也。此志隆大夫爲首，伊人有學有辯，不夭不貧，寶劍在前，鼓瑟從後，連環炙輠，雍容卒歲，駟馬高車，優遊宴喜，既令公侯踞掌，復使要荒蹶角，入室生光，豈非盛矣。若乃河宗九策，事等神鈞，陽雍雙璧，理歸玄感，南陽樊重，高閣連雲，北海公沙，門人成市，杳此八龍，各傳一藝，夾河兩郡，家有萬石。人生行樂，止足爲先，但使樽酒不空，坐客恆滿，寧與孟嘗聞琴，承睫淚下，中山聽息，悲不自禁，同年而語也。藝文類聚二十一。

孝德傳序

夫天經地義，聖人不加，原始要終，莫踰孝道。能使甘泉自涌，鄰火不焚，地出黃金，天降神女，感通之至，良有可稱。藝文類聚二十。

忠臣傳序

夫天地之大德曰生，聖人之大寶曰位。因生所以盡孝，因位所以立忠。事君事父，資敬之理寧異；爲臣爲子，率由之道斯一。忠爲令德，竊所景行。且孝子烈女，逸民咸有別傳，至於忠臣，曾無述製。今將發篋陳書，備加論討。藝文類聚二十。初學記十七。

忠臣傳死節篇序

自非識君臣之大體，鑒生死之弘分，何以能滅七尺之軀，殉一顧之感。然平路康衢，從容之道；進危塗險徑，忠貞之節。興登平路者易爲功，涉險塗者難爲力。從容之用，世不乏人；忠貞之槩，時難屢有。藝文類聚二十。

忠臣傳諫爭篇序

富貴寵榮，人所不能忘也；刑戮流放，人所不能甘也。而士有冒雷霆，犯顏色，吐一言，終知自投鼎鑊，取離刀鋸，而曾不避者，其故何也？蓋傷茫茫禹跡，毀於一朝；赫赫宗周，滅成禾黍。何者？百世之後，王化漸頹，欽若之信既盡，解網之仁已泯，徒以繼體所及，守器攸歸，出則清警傳路，處則憑玉負扆，事無暫舛，意有必從，所謂生於深宮之中，長於婦人之手，未嘗知憂，未嘗知懼。況惑褒人之巧笑，迷陽阿之妙舞，重之以剝斮，用之以遊逸，亦有傾天滅地，汙宮豬社之罪，拔本塞源，裂冠毀冕之釁。於是策名委質，守死不二之臣，以剛腸疾惡之心，確乎貞一之性，不忍見霜露麋鹿，栖於宮寢，麥穗黍離，被於宗廟，故瀝血抽誠，披胷見款，赴焦爛於危年，甘滅亡於昔日，冀桐宮有返道之明，望夷無不言之恨，而九重懸遠，百雉嚴絶。丹心莫亮。白刃先指。見之者掩目。聞之者傷心。然後鳴條有不收之魂。商郊致白旗之戮。藝文類聚二十四。

金樓子序

先生曰。余於天下。爲不賤焉。竊念臧文仲既殁。其言立於世。曹子桓云。立德著書。可以不朽。杜元凱言。德者非所企及。立言或可庶幾。故戶牖懸刀筆。而有述作之志矣。常笑淮南之假手。每嗤不韋之託人。由是年在志學。躬自搜纂。以爲一家之言。粤以凡庸。早賜茅社。祚土瀟湘。搴帷陝服。早攝神州。晚居外相。文案盈前。書幌未輟。俾夜作晝。勤亦至矣。其間屢事玄言。亟登講肆。外陳玉鉉之文。內宏金疊之典。從乎華陰之市。廢乎昌言之說。其事一也。六戒多務。千乘糾紛。夕望湯池。觀仰月之勢。朝瞻美氣。眺非烟之色。替於筆削。其事二也。復有西園秋月。岸幘舉杯。左海春朝。連章摛翰。雖有欣乎寸錦。而久棄於尺璧。其事三也。而體多羸病。心氣頻動。臥治終日。睢陽得善政之聲。足不跨鞍。聊城有卻兵之術。吾不解一也。常貴無爲。每嗤有待。閒齋寂寞。對林泉而握談柄。虛宇遼曠。玩魚鳥而拂叢蓍。愛靜之心。彰乎此矣。而候騎交馳。仍麾白羽之扇。兵車未息。還控蒼兕之軍。此吾不解二也。有三廢學。二不解。而著書不息。何哉。若非隱淪之愚谷。是謂高陽之狂生者也。竊重管夷吾之雅談。諸葛孔明之宏論。足以言人世。足以陳政術。竊有慕焉。老生有言。知我者希。則我者貴矣。有是哉。有是哉。裴幾原。劉嗣芳。蕭光侯。張簡憲。余之知己也。伯牙之琴。嗟綠綺之長廢。巨卿之驥。驟白馬其安歸。昔爲俎豆之人。今成介冑之士。智小謀大。功名其安在哉。蓋以金樓子爲文也。氣不遂文。文常使氣。材不值運。必欲師心。霞間得語。莫非撫臆。松石能言。必解其趣。風雲元感。儻獲見知。今纂開闢已來。至乎耳目所接。卽以先生爲號。名曰金樓子。蓋士安之玄晏。稚川之抱朴者焉。金樓子。永樂大典本。

洞林序

蓋聞元枵之野。鬼方難測。朱鳥之舍。神道莫知。而緹幔曉披。卽辯黃鍾之氣。靈臺夕望。便知玉井之色。復以談乎天者。雖絶名言之外。存乎我者。還居稱謂之中。余幼學星文。多歷歲稔。海中之書。略皆尋究。巫咸之說。偏得研求。雖紫微迢遞。如觀掌握。青龍顯晦。易乎窺覽。羨門五將。亟經玩習。韓終六王。常所寶愛。至如周王白雉之筮。殷人飛燕之卜。著名聚雪。非關地極之山。卦有密雲。能擁西郊之氣。爻通七聖。世經三古。山陽王氏。直解談元。河東郭生。纔能射覆。兼而兩之。竊自許矣。藝文類聚七十五。

追思張纘詩序

簡憲之爲人也。不事王侯。負才任氣。見余則申旦達夕。不能已已。懷夫人之德。何日忘之。梁書袁纘傳。

法寶聯璧序

竊以觀乎天文。日月所以貞麗。觀乎人文。藻火所以昭發。況復玉毫朗照。出天人之表。金牒空解。生文章之外。雖境智冥焉。言語斯絶。詠歌作焉。可略談矣。粤乃書稱湯誥。篇陳夢說。昔則王畿居亳。今則帝業維揚。功施天下。我之自出。豈與姚墟后紐。譙城溫縣。御龍居夏。唐杜入周而已哉。皇帝垂衣負扆。辨方正位。車書之所會同。南暨交趾。風雲之所沾被。西漸流沙。武實止戈。秉宜生之劍。樂彰治定。減庖犧之瑟。相兼二八。知微知彰。將稱四七。如貔如虎。謚俟容成。舉屋之遊。廣成石室之會。故以宗心者忘相。歸憑者常樂。昔轉輪獲法。南宮有金龍之瑞。梵天請道。東朝開寶蓋之祥。盡善盡美。獨高皇代。古者所以出師入保。冬羽秋籥。實以周須幼沖。用賓端士。漢盈末學。敢憑通議。大傅之論孟侯。小戴之談司業。山川珍異。俟郊迎而可知。帷幄後言。藉壁田而求驗。以今方昔。事則不然。我副君業邁宣尼。道高啟筮之作。聲超姬發。遺假卞蘭之頌。響

律當作津　沈濟當作濟沈

衡華之峻極。如渤澥之波瀾。顯忠立孝。行修言道。博施尙仁。動微成務。智察彝雞。爻分封蟻。爰初登仕。明試以功。德加三輔。威行九流。董師虎據。操鉞蟬冕。律鄉沈濟。物仰平分之恩。沂岱邛岷。民思後來之政。陳倉雷反裘之化。淮海高壘幘之聲。威漸黃支。化行赤谷。南通舜玉。北平堯楛。朝鮮航海。夜郎款塞。然後體道方震。雨施雲行。漢用戊申。晉維庚午。增暉前曜。獨擅元貞。恩若春風。惠如冬日。履道爲輿。策賢成駟。降意韋編。留神緗帙。許商算術。王圖射譜。南龜異說。東馳雜賦。任昆奕棊。羨門式法。箴興琴劍。銘自盤盂。無不若指諸掌。尋涇辯渭。重以鳳盤風飛。鸞文飄豎。織者入無倫。大者含元氣。韻調律呂。藻震玄黃。豈俟取讚彥先。詢間雅主。至於鹿苑深義。龍宮奧說。遠命學徒。親登講肆。詞爲憲章。言成楷式。往復王粲事。軼魏儲。酬答蔡謨。道高晉兩。似懸鍾之應響。猶衢尊之待酌。率邇者嚾武。遐聽者風聲。是使金堅開法。寶冥夕夢。無壞不滅華。胥夜感。自非建慧橋。明智劍。薰戒香。沐定水。何以空積忽微。塵賢劫而終現。黍累迴幹。蘊珠藏而方傳。加以大秦之籍。非符八體。康居之篆。有異六爻。二乘始闢。譬馬傳兔。一體同歸。棄犀崇象。潤業滋多。見思平積。本有凝邈。了正相因。雖談假績。不攝單影。卽此後心。還隴初焰。俱宗出倒。蓮華起乎淤泥。並會集藏。明珠曜於貧女。性相常空。般若無五時之說。不生煩惱。涅槃爲萬德之宗。無不酌其菁華。撮其旨要。採彼玳鱗。拾茲翠羽。潤珠曈水。抵玉崑山。每至鶴關旦啟。黃綺之儔朝集。魚燈夕爛。陳吳之徒晚侍。皆仰稟神規。躬承睿旨。爰錫嘉名。謂之聯璧。聯含珠而可擬。璧與日而俱升。以今歲次攝提。星在監德。百法明門。於茲總備。千金不刊。獨高斯典。合二百二十卷。號曰法寶聯璧。雖玉杯繁露。若傍蒹葭。金臺鑿楹。似吞雲夢。繹自伏櫪。西河攝官。南國十迴。鳳琯一奉。龍光筆削未勤。徒榮卜商之序。稽古盛則。文慙安國之製。謹抄纂爵位。陳諸

左右。

使持節平西將軍荊州刺史湘東王繹。年二十七。字世誠

侍中國子祭酒南蘭陵蕭子顯。年四十八。字景暢。

散騎常侍御史中丞彭城劉溉。年五十八。字茂灌。

散騎常侍步兵校尉東宮侍南琅邪王修。年四十二。字彥遠。

吳郡太守前中庶子南琅邪王規。年四十三。字威明。

都官尚書領右軍將軍彭城劉孺。年五十五。字孝稚。

太府卿步兵校尉河南褚球。年六十三。字仲寶。

中軍長史前中庶子陳郡謝僑。年四十五。字國美。

中庶子彭城劉遵。年四十七。字孝陵。

中庶子南琅邪王稺。年四十五。字孺通。

宣城王友前僕東海徐喈。年四十二。字彥邕。

前御史中丞河南褚澐。年六十。字士洋。

北中郎長史南蘭陵太守陳郡袁君正。年四十六。字世忠。

中散大夫金華宮家令吳郡陸襄。年五十四。字師卿。

中散大夫琅邪王藉。年五十五。字文海。

新安太守前家令東海徐摛。年六十四。字士績

前尚書左丞沛國劉顯。年五十三。字嗣芳。

中書侍郎南蘭陵蕭幾。年四十四。字德玄。

雲麾長史尋陽太守前僕京兆韋稜。年五十五。字威直。

前國子博士范陽張綰。年四十三。字孝卿。

輕車長史南蘭陵蕭子範。年四十九。字景則。

庶子吳郡陸罩。年十八。字洞元。

庶子南蘭陵蕭瑱。年四十。字文啟。

祕書丞前中舍人南琅邪王許。年二十五。字幼仁。

宣城王文學南琅邪王訓。年二十五。字懷範。

洗馬檔兼大府卿彭城劉孝儀。年四十九。字孝儀。
洗馬陳郡謝禧。年二十六。字休度。
中軍錄前洗馬彭城劉蘊。年三十三。字僧芳。
前洗馬吳郡張孝總。年四十二。字孝總。
南徐州治中南蘭陵蕭子開。年四十四。字景發。
平西中錄事參軍典書通事舍人南郡庾肩吾。年四十八。字子慎。
北中記室參軍潁川庾仲容。年五十七。字仲容。
宣惠記室參軍南蘭陵蕭滂。年三十二。字希傅。
舍人南蘭陵蕭清。年二十七。字元專。
宣惠主簿前舍人陳郡謝嘏。年二十五。字茂範。
尚書都官郎陳郡殷鈞。年三十。字弘善。
安北兵參軍彭城劉孝威。年三十九。字孝威。
前尚書殿中郎南蘭陵蕭愷。年二十九。字元才。廣弘明集二十

內典碑銘集林序

夫法性空寂。心行處斷。感而遂通。隨方引接。故鵲園善誘。馬苑弘宣。白林將謝。青樹已列。是宣金牒。方寄銀身。自象教東流。化行南國。吳主至誠。歷七霄而光曜。晉王畫像。經五帝而彌新。女道孝伯。嘉賓玄度。斯數子者。亦一代名人。或修理止於伽藍。或歸心盡於談論。銘頌所稱。興公而已。夫披文相質。博約溫潤。吾聞斯語。未見其人。班固碩學。尚云讚頌相似。陸機鉤深。猶聞碑賦如一。唯伯喈作銘。林宗無媿。德祖能誦。元常善書。一時之盛。莫得係踵。況般若玄淵。眞如妙密。觸言成累。係境非眞。金石何書。銘頌誰闡。然建塔紀功。招提立寺。或興造有由。或誓願所記。故鐫之玄石。傳諸不朽。亦有息心應供。是曰桑門。或謂智囊。或稱印手。高座擅名。預伊師之席。道林見重。陪飛龍之座。峨眉廬阜之賢。鄴中宛鄧之哲。昭哉史冊。可得而詳。故碑文之興。斯焉尚矣。夫世代亟改。論文之理非一。時事推移。屬詞之體或異。但繁則傷弱。率則恨省。存華則失體。從實則無味。或引事雖博。其意猶同。或新意雖奇。無所倚約。或首尾倫帖。事似牽課。或翻復博涉。體製不工。能使豔而不華。質而不野。博而不繁。省而不率。文而有質。約而能潤。事隨意轉。理逐言深。所謂菁華。無以間也。予幼好雕蟲。長而彌篤。遊心釋典。寓目詞林。頃常搜聚。有懷著述。譬諸法海。無讓波瀾。亦等須彌。同歸一色。故不擇高卑。唯能是與。倘未詳悉。隨而足之。名為內典碑銘集林。合三十卷。庶將來君子。或裨觀見焉。廣弘明集二十

全梁文卷十七終

全梁文卷十八

烏程嚴可均校輯

元帝四

職貢圖贊

北通玄菟。南漸朱鳶。交河悠遠。合浦迴邅。茲海無際。陰山接天。遐哉鳥穴。永矣雞田。藝文類聚七十四。

孝德傳皇王篇贊

天子之孝。曰聖與仁。重瞳表德。參漏通神。皇矣高祖。連蹤舜禹。天經地義。重規沓矩。道踰七十。聲超三五。

孝德傳天性篇贊

生之育之。長之畜之。顧我復我。荅施何時。欲報之德。不可方思。涓塵之孝。河海之慈。廢書歎息。泣下漣洏。藝文類聚二十。初學記十七。

忠臣傳記託篇贊

太眞英挺。投袂勤王。伯猷蹈節。身殞名揚。巍巍景倩。主亡與亡。嗟乎尚矣。惟國之良。

忠臣傳陳爭篇贊

子政鏗鏗。誠存社稷。朱雲折檻。遂其婞直。

忠臣傳執法篇贊

設官分職。咸曰師師。彼己之子。邦之直司。豺狼當路。安問狐狸。昏明有世。直道無時。藝文類聚二十。

東宮後堂仙室山銘

太華削成。本擅奇聲。峯如雪委。嶺若蓮生。雲除紫蓋。霞通赤城。金壇是築。玉記題名。鳳依桐樹。鶴聽琴聲。殿接南箕。橋連北斗。秋河從帶。春禽銜綬。朱鳥安窗。青龍作牖。藝文類聚七。

漏刻銘

玉衡稱物。金壺博施。司南司火。末符茲義。帝曰欽哉。納隍斯譬。寶惟簡在。窮神體智。宮槐晚合。月桂宵暉。清臺莫爽。解谷胥依。七分六日。五祀三徵。事齊幽贊。乃會通幾。碧海有乾。絳川猶竭。飛流五色。涓涓靡絕。龍首傍注。仙衣俯裂。箭不停晷。聲無暫輟。用天之貞。分地之平。如絃斯直。如涓斯清。藝文類聚六十八。

香鑪銘

蘇合氤氳。非烟若雲。時穠更薄。乍聚還分。火微難盡。風長易聞。孰云道力。慈悲所薰。藝文類聚七十。

梁安寺刹下銘

阿閣崔巍。洞房窈窱。似靈光之金扇。類景福之銀鋪。垂琬琰之文璫。飾瑱玕之仙寶。神童戾止。亟連翩於威鳳。薩埵來遊。屢徘徊於紺馬。有識之所虔仰。無著之所招提。觀慧樓而下拜。望天街而興善。辭曰。

塵沙無始。造色無先。飛蛾不息。縈蠶自纏。毒蛇未斷。藤鼠方緣。苦流長泛。愛火恒燃。髻珠孰曉。懷寶詎宣。挺茲靈覺。時惟天仙。眞籙表聖。化乳稱權。寶刹干道。高翻四懸。鳳樓含日。龍臺吐煙。紫山翠羽。紅水青蓮。雪宮月殿。晨暉夜圓。宵長梵響。風遠鍾傳。仙衣有拂。靈刹無邊。藝文類聚七十七。

庾先生承先墓誌

悠哉掌庾。興自陶唐。伯舅居晉。連鑣渭陽。爰斯厥後。世挺珪璋。乃登靈岳。言邅洞府。乃陟石山。將從輕舉。實惟貞吉。實惟退讓。皎皎不羣。超超高尚。本同壽夭。寧論得喪。諸方未遊。佳城已望。蹇生蔣徑。釣罷磻谿。櫝悲新壠。桃餘故蹊。風翻嶺背。月下松西。揚名不朽。高蹈夷齊。藝文類聚三十七。

特進蕭琛墓誌銘

山東流水。關西城市。義府辭鋒。風飛雲起。遊楚宦梁。桂馥蘭芳。蓮花可賦。迷造成章。學類五行。書倅三篋。已研金匱。兼探玉版。石詞既擬。欒社茲同。桃李成徑。松柏爲叢。天地長久。永扇高風。藝文類聚四十七。

侍中新渝侯墓誌銘

爰始降神。誕茲初載。方琮有燭。圓珠無類。義若聯環。文同藻繪。三分竹使。再徙建旟。朱軒自舉。白鹿隨車。武實威邊。文能懷遠。作歌去遠。時謠來晚。昔我往矣。千騎連軿。今茲旋斾。雙鴈隨舟。山迴素旐。水導丹旒。寂寥原野。搖落徂秋。藝文類聚四十八。

侍中吳平光侯墓誌

惟嶽降神。表山甫之德。敬如君所。顯成季之徵。潔靜精微。岐嶷天挺。學兼義府。談均理窟。歷太子洗馬。八人掌籍。爲崇賢之領袖。五日來朝。冠承華之楷模。遷豫章內史。法井鸞峯。甘露歲下。蕭崖鶴嶺。連理成陰。徵爲太子左衛率。遘疾。薨於道。頗類陶基。民號燕北。取譬羊祜。巷哭荆南。副君早垂隆眄。惆其石火。瞻斯畢蓋。忽變丹旐。方使桓侯。石椁載銘。盛夏隣令。佳城式鐫。韶濩。藝文類聚四十八。

黃門侍郎劉孝綽墓誌銘

蔡墨攸陳。有草有茵。梁荆世檟。或魏或秦。積善餘慶。時推儁民。孝乎惟孝。其德有鄰。曰風曰雅。文章動神。鶴開阮珥。鵬翥楊循。身茲惟屈。扶搖未申。人囧石火。山有楸檟。佳城無曙。寒野方春。藝文類聚四十八。

散騎常侍裴子野墓誌銘

幾原博聞。裁爲典墳。比良班馬。等麗卿雲。蓋爾既別。涇渭以分。聖皇御極。欽賢旰顧。儲后特聖。降情文苑。既匹嚴朱。復同徐阮。如何不憖。卜期不遠。藝文類聚四十八。

中書令庾肩吾墓誌

荆山萬里。地產卞和之玉。隋流千仞。水出靈蛇之珠。故能肩茲屈景。育斯唐宋。掌庾命族。世濟琳琅。遂昌開國。蟬聯冠冕。父易。高尚其道。遁肥貞吉。闕吏早逢。夙表眞人之氣。少徵晚映。還彰隱士之星。肩吾氣識淹通。風神閑逸。鍾鼓辭林。笙簧文苑。入爲度支尚書。任同北斗。錫韓稜之劍。朝此南宮。識鄭崇之履。余以其爲人也。瑚璉之器。無慚垂棘。杞梓之材。有均廊廟。故贈散騎常侍。蓋旌賢也。藝文類聚四十八。

太常卿陸倕墓誌銘

如金有鑛。如竹有筠。體二方擬。知十可鄰。兩升鳳詔。三侍龍樓。南皮朝宴。西園夜遊。詞峯飆豎。逸氣雲浮。日往月來。暑流寒襲。東燿方遠。北芒已及。隧露曉團。悲風暮急。藝文類聚四十九。

玄圃牛渚磯碑

竊以增城九重。仙林八樹。未有船如鳳鶴。時度宓妃。橋似牽牛。能分織女。丹鳳爲臺。紫柱成列。清風韻響。卽代歌仙。桂影浮池。仍爲月浦。璧月朝暉。金樓敞扉。畫船向浦。錦纜牽磯。花飛拂袖。荷香入衣。山林朝市。併覺忘歸。藝文類聚七。

廬山碑

夫日月麗天。皇穹所以貞觀。川嶽帶地。后土所以維盈。廬山者。亦南國之德鎭。雖林石異勢。而雲霞共色。長風夜作。則萬流俱響。晨鷄曉吟。則百嶺齊應。東瞻洪井。識曳帛之在茲。西望石梁。見指實之可拾。誠復慕類易悲。山中難久。攀蘿結桂。多見淹留。藝文類聚七。

隱居先生陶弘景碑

昔大和中。有許遠遊者。乃雲霄之勝賓。大虛之選客。先生規同矩合。實踵高步。曩基先搆。卽鶱胥宇。千尋危聳。邐孋以望奔星。百拱高懸。倚檻而觀朝日。飛流界道。似天漢之橫波。觸石起雲。若奇峯之出岫。銘曰。

肇彼冥默。翻成協贊。身託外臣。心同有亂。重道尊德。爰積叡衷。顧懷汾射。璺問遙通。朱楊鬱起。華搆方崇。靜臺冠月。經樹迎風。嶕嶢高棟育鸞。修櫳極望。山川周覽。京陸碧嶂。千嶺清流。萬谷。景落重崖。烟生岫複。藝文類聚三十七。

皇太子講學碑

皇太子游雷種德。重離作兩。業冠孟侯。道高上嗣。宮壇累仞。高山仰止。承華之闥。更似通德之門。博望之園。反類華陰之市。家丞庶子並入四科。洗馬後車。俱通六學。轉金路而下辟雍。睟玉裕而經槐市。詳其懸鏡高堂。衢樽待酌。瞻後忽前。博文約禮。將使東極長男之宮。不獨銘於銀牓。南皮太子之序。豈徒擅於金碑。藝文類聚五十五。初學記二十一。

荊州長沙寺阿育王像碑

蓋聞琁璣玉衡。穹昊所以紀物。金版玉文。肩精所以播氣。何則。咸秩社首。義盡於寰中。鑄鼎馮翊。未窮於系素。況復道冠萬靈。理超千聖。智周十地。行圓四等。變海成蘇。移山入芥。鉢鋒廣識。藕絲見道。惠音八種。面門五色。紺鉢生華。入青樓而吐曜。金牀照采。出紫殿而相輝。纔度蓮河。卽處天冠之寺。始遊羅衞。便居堅固之林。斯蓋俯應閻浮。未臻常樂。降情誘接。豈窮妄相。若乃埼無引汲。智生淺深。明同一體。惑起十重。七地初刃。方稱變易。三達後心。因窮智種。然俱冥四德。脫屣雙林。示表金棺。現焚檀椁。浩浩焉不可知已。御望五津。距青蓮之洞。傍臨三天。帶明月之流。藝文類聚七十六。

善覺寺碑

寫當作爲

金盤上疏。非求承露。玉寫前臨。寧資潤礎。飛軒絳屏。若丹氣之爲霞。綺井綠淺。如青雲之入呂。寶繩交映。無慙紫紺之宮。花臺照日。有跡白林之地。銘曰

聿遵勝業。代彼天工。四園枝翠。八水池紅。花疑鳳翼。殿若龍宮。銀城映沼。金鈴響風。露臺含月。珠幡拂空。藝文類聚七十六。

鍾山飛流寺碑

清梵夜闐。風傳百常之觀。寶鈴朝響。聲揚千秋之宮。同符上隴。望長安之城闕。有類偃師。瞻洛陽之臺殿。瞰連甍而如綺。雜卉木而成帷。銘曰。

雲聚峯高。清風鐘徹。月如秋扇。花疑春雪。極目千里。平原遊遊。藝文類聚七十六。

曠野寺碑

雲楣膠葛。桂棟陰崇。刻虬龍於洞房。倒蓮花於綺井。月殿朗而相暉。雪宮穆以華壯。巘巘琁題。虹梁生於暮雨。璨璨銀牓。飛觀入乎雲中。銘曰。

圓瑫旦暉。方諸夜朗。金盤曜色。寶鈴成響。藝文類聚七十六。

郢州晉安寺碑

鳳皇之嶺。芊綿映色。蓮花之洞。照曜增輝。山云黃鶴。疑釣天之夜響。城稱卻月。似輕雲之霄被。銘曰。

虹梁紫柱。螭桷丹墻。綺井飛棟。華榱璧璫。應龍若動。威鳳疑翔。玉舄霄潤。金池夕光。朱城卻倪。紫陌潛通。塹柳朝綠。江暉暝紅。落霞將暮。鮮雲夕布。峯下陽烏。林生陰兔。分珮陽浦。皇檣隱霧。俱聽法鐘。同觀寶聚。藝文類聚七十六。

揚州梁安寺碑

竊以陽之有宗者。莫擬於靈烏。夜之有光者。孰踰於陰兔。故以日門見義和之色。月殿望奔娥之象。而合璧迢遞。丈尺猶且莫量。朗鏡悠遠。積空之所不算。復有紫川青龍之水。卻月朝霞之山。白球玄璧。餞瑤池之上。銀闕金宮。出瀛洲之下。空臺四柱。隨仙衣而俱颺。寶塹三重。映瑞園而涵影。旃檀散馥。無復圓覺之風。地湧神翕。皆成多寶之塔。藝文類聚七十六。

攝山栖霞寺碑

金池無底。已通寶塹之側。玉樹生風。傍臨綵船之上。七重欄楯。七

寶蓮花。通風承露。含香映日。銘曰。

苔依翠屋。樹隱丹楹。澗浮山影。山傳澗聲。風來露歇。日度霞輕。三災不毀。得一而貞。藝文類聚七十六。

歸來寺碑

幡影麗於絳臺。梵聲依於應塔。三相不留。蕭然終壞。八苦遐長。燈蛾未已。銘曰。

鈴隨風振。盤依露泫。丹桂無枝。朱陽自翦。九苑萌枯。三昧葉卷。疏樹搖落。翻流淸淺。藝文類聚七十六。

莊嚴寺僧旻法師碑

夫宏才妙物。雲液之所降生。獨振孤標。倫類之所遠絕。是故隨光燭魏。非析水之恆珍。和璧入秦。豈潤山之常寶。僧旻法師。蓋天地之淯精。宇宙之瓌器。本姓孫氏。有吳開國大皇帝其先也。法師道講二儀。德充四海。含春夏之生長。抱日月之貞明。辭旨淸新。置言閑遠。千門萬戶。必臻其奧。九部五時。若指諸掌。坦然夷易。豁爾恫開。故緇素結轍。華戎延道。晨風之鬱北林。龍魚之趣深澤。哲人云逝。指南誰屬。銘曰。

永離百非。間之寂滅。苟云未樹。共歸今轍。方墳緒構。伽藍羅設。朱火一潛。青松長列。藝文類聚七十六。

光宅寺大僧正法師碑

昂昂千里。孰辯騏驥之蹤。汪汪萬頃。誰識波瀾之際。望之若披雲霧。視之如覩日月。至乃耆年宿望。蓄思構疑。懸鍾無盡。短兵有倦。猶若分旦望晨。履冰待日。莫不傾河注燭。虛往實歸。皇帝革命受圖。補天紉地。轉金輪於忍土。策紺馬於閻浮。逸翮方超。圖南斯軌。豈直晝茲相府。署彼義年。方當高步仙階。永鎭金牒。繁霜凝而且委。松風淒而暮來。悲馬鳴之不反。望龍樹而心哀。銘曰。

澄月夜虧。淸氣旦卷。曾巒遠岸。蒼江傍緬。藝文類聚七十六。

荆州放生亭碑

魚從流水。本在桃花之源。龍處大林。恆捻浮雲之路。豈謂陵陽垂釣。失雲失水。莊子懸竿。呑鉤呑餌。雖復玄龜夜夢。終見取於宋王。朱鷺晨飛。尙張羅於漢后。譬如黃雀伺蟬。不知隨彈應至。青鶴逐兔。詎識扛鼎方前。北海之飡鷗鴻。未始非人。西王之使傳信。誰云賤鳥。故知魚鳥一觀。俱在好生。欲使金牀之鴈。更及衡陽之侶。雪山之鹿。不充食萍之宴。藝文類聚七十七。

南岳衡山九貞館碑

簫鼓騰空。煙霞相接。星辰奪采。燈燭非明。風牖雲粱。千門萬戶。樓施九柱。已同賴鄉之地。山帶五城。復類玄洲之所。玉版之經猶蘊。金丹之處存焉。上月臺而遺愛。登景雲而忘老。欣欣然不知所以而然。日暉石瓦。東眺靈壽之峰。月蔭玉牀。西瞻華蓋之嶺。竹類黃金。旣葳蕤而防露。木似紅蓮。且芬披而拂日。杯傳九醞。隱淪之車晨至。堂開四扇。西楹之鐘夜響。

青谿山館碑

原夫法象莫過於天地。著明莫過於日月。鼓之以雷電。潤之以風雨。咸秩無文。所以名山致祭。峻極於天。青谿山者。荆南之中岳也。隱隱干霄。亭亭無際。雲蓋三層。如在帝臺之側。桂林八樹。非異景山之旁。輕霞旦起。影落照於陽谿。淸風遠至。響猿鳴於巫峽。西臨百丈之穴。南帶千仞之水。洪源湛淡。長波縈復。藝文類聚七十八。

釋奠祭孔子文

粤若宗師。猗歟乃聖。惟岳降神。惟天所命。上善如水。至人若鏡。

又祭顏子文

欽哉體一。亞彼至人。乍分介石。時知落鱗。不先稱寶。席上爲珍。致虛守靜。曲巷安貧。欽風味道。其德有鄰。藝文類聚三十八。

祭東耕文

三農九穀爲政所先萬箱億庾是日民天虋稱毀耜書美厥田花開杏樹凍解新泉當使黍稷莫莫民翳胥樂甘雨祈祈遂及我私我私之孰表裏禔福禔福中田歲取十千是薦是衮登頌有年 藝文類聚三十九

山水松竹格

夫天地之名造化爲靈設奇巧之體勢寫山水之縱橫或格高而思逸信筆妙而墨精由是設粉壁運神情素屏連隅山脈濺瀑首尾相映項腹相近丈尺分寸約有常程樹石雲水俱爲正形樹有大小叢貫孤平扶疎曲直聳拔凌亭乍起伏於柔條便同文字 或

或難合於破墨體向異於丹青隱隱半壁高潛入冥插空類劍陷地如坑秋毛冬骨夏蔭春英炎緋寒碧暖日涼星巨松沁水噴之蔚同褒茂林之幽趣割雜草之芳情泉源至曲霧破山明精藍觀宇橋約關城門人犬吠獸走禽驚高墨猶綠下墨猶赬水因斷而流遠雲欲墜而霞輕桂不疎於胡越松不難於弟兄路廣石隔天遙鳥征雲中樹石宜先點石上枝柯末後成高嶺最嫌林刻石遠山大忌學圖經審問既然傳筆法祕之勿泄於戶庭

敬帝

帝諱方智字慧相小字法眞元帝第九子太清三年封興梁侯承聖元年封晉安王三年十一月爲太宰承制四年七月貞陽侯入嗣以爲皇太子九月即位十月改元紹泰明年九月改元太平在位三年禪於陳封江陰王尋遇弒追謚曰敬皇帝

即位改元詔 紹泰元年十月己巳

王室不造嬰罹禍釁西都失守朝廷淪覆先帝梓宮播越非所王基傾弛率土罔戴朕以荒幼仍屬艱難泣血枕戈志復讐逆大恥未雪夙宵廢憤羣公卿尹勉以大義越登寡闇嗣奉洪業顧惟夙心念不至此庶仰憑元靈傍資將相克清元惡謝寃陵寢今墜命載新宗祊更祀慶流億兆豈予一人可改承聖四年爲紹泰元年大赦天下內外文武賜位一等 梁書敬帝紀

搜舉孔子後并繕廟堂詔 太平二年正月壬寅

夫子降靈體喆經仁緯義允光素王載闡玄功仰之者彌高誨之者不倦立忠立孝德被蒸民制禮作樂道冠羣后雖泰山頹峻一簣不遺而泗水餘瀾千載猶在自皇圖屯阻祀薦不修奉聖之門胤嗣殲滅敬神之寢簠簋寂寥永言聲烈實兼欽愴外可搜舉魯國之族以爲奉聖後并繕廟堂供備祀典四時薦秩一皆遵舊 梁書敬帝紀

置中正詔 太平二年正月壬寅

諸州各置中正依舊訪舉不得輒承單狀序官皆須中正押上然後量授詳依品制務使精實其荊雍青兗雖暫爲隔閡衣冠多寓淮海猶宜不廢司存會計罷州尚爲大郡人士殷曠可別置邑居至如分割郡縣新號州牧並係本邑不勞兼置其選中正每求耆德該悉以他官領之 梁書敬帝紀

宗室聽襲本爵詔

宗室在朝開國承家者今猶稱世子可悉聽襲本爵 梁書敬帝紀

全梁文卷十八終

疑上脫叙字

全梁文卷十九

烏程嚴可均校輯

昭明太子統

統字德施。小字維摩。武帝長子。天監元年十一月立爲皇太子。中大通三年四月薨。年三十一。諡曰昭明。宣帝建號。追尊爲昭明皇帝。廟號高宗。有正序十卷。文章英華二十卷。文選三十卷。集二十卷。

殿賦

覩華曬之美者。莫若高殿之麗也。高殿博敞。華色照朗。內備襍藻。外發珍象。延脰觀之。欣然俯仰。闌檻參差。榱宇齊舉。玄黃既具。鮮麗亦發。榱井散飾。若山若谷。或象翔鳥。或擬森竹。藻梲鮮華而粲色。山節珍形而曜目。旅視形則委累峯峩。彫丹文於簷際。鏤華形以列雜。若乃日照珠簾。彪炳灼爍。輕風吹幌。乍揚乍薄。接長棟之耿耿。簷垂霤於四隅。建廂廊於左右。造金墀於前廡。卷高帷於玉楹。且散志於琴書。□□□□□□□

銅博山香鑪賦

稟至精之純質。產靈嶽之幽深。經班倕之妙旨。御覽作指。運公輸之巧心。有蘂帶而巖隱。亦霓裳而昇仙。寫嵩山之巃嵸。象鄧林之芊眠。方夏鼎之瓌異。類山經之詭制。一器而備衆質。諒茲物之爲侈。于時青女司寒。紅光翳景。吐圓舒於東嶽。匿丹曦於西嶺。翠帷已低。蘭膏未屏。爨松柏之火。焚蘭麝之芳。熒熒藝文類聚作炎炎。內曜芬芬外揚。似慶雲之呈色。如景星之舒光。齊姬合歡而流盼。燕女巧笑而蛾揚。超公聞之見錫。粵文若之留香。信名嘉而器美。永服玩於華堂。藝文類聚七十。初學記二十五。御覽七百三。

扇賦

匠人之巧製。女工之妙織。九折翠竹之枝。直截飛禽之翼。雖復草木燋枯。金沙銷鑠。火山熾。寒泉涸。能使凄兮似秋。隆暑斯卻。藝文類聚六十九。

芙蓉賦

色兼列綵。體繁衆號。初榮夏芬。晚花秋曜。興澤陂之徽章。結江南之流調。藝文類聚八十二。

鸚鵡賦

有能言之奇鳥。每知來而發聲。乍青質而翠映。或體白而雪明。喙前鉤而趨步。翼高舞而翩翾。足若丹而三布。目如金而雙圓。藝文類聚九十一。

蟬賦

茲蟲清潔。惟露是餐。初學記三十。

議東宮禮絕傍親令

普通三年十一月。始興王憺薨。舊事。以東宮禮絕傍親。書翰並依

常儀。太子意以爲疑。命僕射劉孝綽議其事。孝綽議曰。案張鏡撰東宮儀記。稱三朝發哀者。踰月不舉樂。鼓吹寢奏。服限亦然。尋傍絕之義。義在去服。服雖可奪。情豈無悲。鐃歌輟奏。良亦爲此。既有悲情。宜稱兼慕。卒哭之後。依常舉樂。稱悲竟此。理例相符。謂猶應稱兼慕。至卒哭。僕射徐勉、左率周捨、家令陸襄、並同孝綽議。太子令曰。張鏡儀記云。依士禮。終服月。稱慕悼。又云。凡三朝發哀者。踰月不舉樂。劉僕射議云。傍絕之義。義在去服。服雖可奪。情豈無悲。卒哭之後。依常舉樂。稱悲竟此。理例相符。尋情悲之說。非止卒哭之後。緣情爲論。此自難一也。用張鏡之舉樂。棄張鏡之稱悲。一鏡之言。取捨有異。此自難二也。陸家令止云多歷年所。恐非事證。雖復累稔所用。意常未安。近亦常經以此問外由來立意。謂猶應有慕悼之言。張豈不知舉樂爲大。稱悲事小。所以用小而忽大。良亦有以。至如元正六佾。事爲國章。雖情或未安。而禮不可廢。鐃吹軍

樂比之亦然書疏方之事則成小差可緣心聲樂自外書疏自內樂自他書自己劉僕射之議卽情未安可令諸賢更共詳衷司農卿明山賓步兵校尉朱异議稱慕悼之解宜終服月於是令付典書遵用以爲永準（梁書昭明太子傳）

與晉安王綱令

明北兗到長史遂相係凋落傷怛悲惋不能已已去歲陸太常殂殁今茲二賢長謝陸生資忠履貞冰清玉潔文該四始學遍九流高情勝氣貞然直上明公儒學稽古淳厚篤誠立身行道始終如一儻値夫子必升孔堂到子風神開爽文義可觀當官莅事介然無私皆海內之俊乂東序之秘寶此之嗟惜更復何論但遊處周旋並淹歲序造膝忠規豈可勝說幸免祇悔實二三子之力也談對如昨音言在耳零落相仍皆成異物每一念至何時可言天下之寶理當惻愴近張新安又致故其人文筆（張率傳作才筆）弘雅亦足嗟惜隨弟府朝東西日久尤當傷懷也比人物零落特可傷惋（張率傳作潛惋）屬有今信乃復及之（梁書到洽傳又見張率傳又釋藏經五廣弘明集二十又略見羅願新安志九）

與明山賓令

明祭酒雖出撫大藩擁旄推轂珥金拖紫而恆事屢空聞構宇未成今送薄助幷貽詩（梁書明山賓傳）

與殷芸令

北兗信至明常侍遂至殞逝聞之傷怛此賢儒術該通志用稽古溫厚淳和倫雅弘篤授經以來迄今二紀若其上交不諂造膝忠規非顯外迹得之胸懷者蓋亦積矣攝官連率行當言歸不謂長往眇成疇日追憶談緒皆爲悲端往矣如何昔經聯事理當酸愴也（梁書明山賓傳）

與東宮官屬令

威明昨宵奄復殂化甚可痛傷其風韻遒上神峰標映千里絕迹

行當作不

百尺無枝文辯縱橫才學優贍跌宕之情彌遠濠梁之氣特多實俊人也一爾過隙永歸長夜金刀掩芒長淮絕涸去歲冬中已傷劉子今茲寒孟復悼王生俱往之傷信非虛說

荅玄圃園講頌啟令

得書幷所製講頌首尾可觀殊成佳作辭典文豔既溫且雅豈直斐然有意可謂卓爾不羣覽以迴環良同愈疾至於雙因八辯彌有法席之致銀草金雲殊得物色之美吾在原之意甚用欣懌遲回乃悉此不盡言（廣弘明集二十）

請停吳興等三郡丁役疏（中大通三年）

伏聞當發王弁（南史作弈）等上東三郡民丁開漕溝渠導泄震澤使吳興一境無復水災誠矜恤之至仁經略之遠旨暫勞永逸必獲後利未萌難覩竊有愚懷所聞吳興累年失收民頗流移吳郡十城亦不全熟唯義興去秋有稔復非常役之民卽日東境穀稼猶貴劫盜屢起在所有司不皆聞奏今征戍未歸彊丁疎少此雖小舉竊恐難合吏一呼門動爲民蠹又出丁之處遠近不一比得齊集已妨蠶農去年稱爲豐歲公私未能足食如復今茲失業慮恐爲弊更深且草竊多伺候民間虛實若善人從役則抄盜彌增吳興未受其益內地已罹其弊不審可得權停此功待優實以行聖心垂矜黎庶神量久已有在臣意見庸淺不識事宜苟有愚心願得上啟（梁書昭明太子傳）

謝敕賚地圖啟

漢氏輿地形茲未擬晉世方丈比此非妙匹之長樂唯畫古賢儔之未央止圖將帥未有洞該八藪混觀六合域中天外指掌可求地角河源戶庭不出豈問千秋目識烏桓之地脫逢壯武方謝博物之書（藝文類聚六初學記五）

謝敕賚水犀如意啟

臣統啓。應敕左右伯佛掌奉宣敕旨。垂賚水犀如意一柄。式是道義所須。白玉照采。方斯非貴。珊瑚挺質。匹此未珍。雕剖既成。先被庸薄。如蒙漢帝之賚。似獲趙堯之印。謹仰承威神。陳諸講席。方使歡喜羅漢。懷棄鉢之嗟。王式碩儒。忻驪駒之辨。熊節寶刀。子桓恧其大賚。犀牛輕拂。張敞慚其舊儀。殊恩特降。伏深荷躍。不任下情。謹啓事以聞。謹啓。（廣弘明集二十一。藝文類聚七十。案張溥本有謝敕賚廣州甌等啓謝敕賚銅造善覺寺塔露盤啓謝敕賚河南菜啓謝敕賚大菘啓謝敕賚魏國所獻錦等啓謝敕賚邊城橘啓藝文類聚以爲梁皇太子作今據之編入昭明集。）

謝敕賚廣州甌等啓

淮南承月之杯。豈均符彩。西國浮雲之椀。非謂瓌奇。臣南珍靡究。未讀奏曹之表。方物罕逢。不識議郎之書。（藝文類聚七十三。御覽七百五十九。案此啓梁皇太子作。張溥編入簡文帝集。非。）

謝敕賚銅造善覺寺塔露盤啓

是稱邪陽之珍。寶亦昆吾之琁。燥濕無變。九市見奇。寒暑是宜。六律成用。況復神龍負子。光斯妙塔。金烏銜帶。飾茲高表。函谷耽其詠歌。臨淄恧其祥應。陽燧含影。還辟日輪。甘露入盤。足稱天酒。餘林本闕。心辨又慙。徒戴重恩。終難陳謝。不任銘荷之至。謹奉啓聞。（略見藝文類聚七十七。張溥編入簡文帝集。非。案張溥本有東宮上爐得慈覺寺鐘啓。今據藝文類聚編入簡文帝集。）

謝敕賚河南菜啓

海水無波。來因九譯。周原澤洽。味備百羞。堯韭未儔。姬歜非喻。（藝文類聚八十二。引梁皇太子作。張溥編入簡文集。非。下同。）

謝敕賚大菘啓

吳愧千里之蓴。蜀慙七菜之賦。是知泮宮揉芹。空入魯詩。流火烹葵。徒傳豳曲。（藝文類聚八十二。）

謝敕賚魏國所獻錦等啓

山羊之毳。東燕之席。尚傳登高之文。北鄴之錦。猶見胡綾織大秦

之草。戎布紡玄莬之花。（藝文類聚八十五。引皇太子作。張溥誤入簡文集。）

謝敕賚邊城橘啓

結根龍首。垂陰斷土。甘踰石蜜。味重金衣。暉章縹李。豈止稱於晉世。上林美棗。非獨高於漢日。（藝文類聚八十六。張溥誤入簡文集。）

謝敕賚看講啓

臣某啓。主書管萬安奉宣敕旨。以臣今講竟。曲垂勞問。伏以正言深奧。總一群經。均斗杓以命四時。等太陽而照萬國。臣不涯庸淺。輕敢奉宣。莫測天文。徒觀玉府。慚悚交并。寢興無寘。仰降中使。俯賚光臨。榮荷殊慈。靡知啓處。不任下情。謹附啓事謝聞。謹啓。（廣弘明集二十一。）

謝敕參解講啓

臣某啓。主書周昂奉宣敕旨。垂參臣今解講。伏以至理希夷。微言淵奧。非所能鑽仰。遂以無庸。叨茲宣釋。將應讓齒。反降敦胄之恩。允宜尚學。翻荷說經之詔。竊以挾八威之策。則神物莫干。服九丹之華。則僊徒可役。臣仰承皇威。訓茲學侶。奉揚聖旨。同曉群儒。鼓冶異師。陶鈞久滯。方使惠施惡其短長。公孫罷其堅白。王生挫辯。郎盡神氣。佉開受屈。永隱東峯。中使曲臨。彌光函席。仰戴殊慈。不知啓處。無任下情。謹奉啓事謝聞。謹啓。（廣弘明集二十一。）

謝敕賚制旨大涅槃經講疏啓

臣某啓。後閣應敕木佛子奉宣敕旨。垂賚制旨大涅槃經講疏一部十帙。合目百一卷。寒鄉覩日。未足稱奇。採藥逢仙。曾何譬喜。臣伏以六爻所明。至邃窮於幾象。四書所總。施命止於域中。豈有牢籠因果。辨斯寶城之教。網羅眞俗。開茲月滿之文。方當道洽大千。化均百億。雲彌識種。雨徧身田。豈復論唐帝龜書。周王策府。何待刊寢盤盂。屛黜丘索。甘露妙典。先降殊恩。揣己循愚。不勝慶荷。不任頂戴之至。謹奉啓謝聞。謹啓。（釋藏經六。廣弘明集二十一。）

謝敕賚制旨大集經講疏啓

臣某啓。宣詔王慧寶奉宣敕旨。垂賚制旨大集經講疏二帙十六卷。甘露入頂。慧水灌心。似暗遇明。如饑獲飽。伏以非色非欲。二界同坊。匪文匪理。三詮雲集。四辯言而未極。八聲闡而莫窮。俯應天機。垂茲聖作。同眞如而無盡。與日月而俱懸。但觀寶春山。獲珠大海。臣實何能。恆蒙誘被。章奏俗筆。豈足陳心。抗袖長言。未伸歌舞。不任喜荷之至。謹奉啓謝聞。謹啓。釋藏經六。廣弘明集二十一。

錦帶書十二月啓

太簇正月

伏以北斗周天。送玄冥之故節。東風拂地。啓青陽之芳辰。梅花舒兩歲之裝。柏葉泛三光之酒。飄飄餘雪。入簫管以成歌。皎潔輕冰。對蟾光而寫鏡。想足下神遊書帳。性縱琴堂。談叢發流水之源。筆陣引崩雲之勢。昔時文會。長思風月之交。今日言離。永嘆參辰之隔。但某執鞭賤品。耕鑿庸流。沈形南畝之間。滯迹東皋之上。長懷盛德。聊吐愚衷。謹憑黃耳之傳。佇望白雲之信。□□□□□□□□

夾鍾二月

伏以節應佳辰。時登令月。和風拂迥。淑氣浮空。走野馬於桃源。飛少女於李徑。花明麗月。光浮竇氏之機。鳥哢芳園。韻響王喬之管。敬想足下。優游泉石。放曠煙霞。尋五柳之先生。琴尊雅興。謁孤松之君子。鸞鳳騰翩。誠萬世之良規。實百年之令範。但某蓽戶幽人。蓬門下客。三冬勤學。慕方朔之雄才。萬卷長披。習鄭玄之逸氣。既而風塵頓隔。仁智並乖。非無衰侶之憂。誠有離羣之恨。謹伸數字。用寫寸誠。

姑洗三月

伏以景逼徂春。時臨變節。啼鶯出谷。爭傳求友之音。翔蘂飛林。競散佳人之靨。魚遊碧沼。疑呈遠道之書。燕語雕梁。恍對幽閨之語。

雅當作牙

幣當作弊

鶴帶雲而成蓋。遙籠大夫之松。虹跨澗以成橋。遠現美人之影。對茲節物。寧不依然。敬想足下。聲馳海內。名播雲閒。持郭璞之毫鸞。詞場月白。吞羅含之彩鳳。辯囿日新。某山北逸人。牆東隱士。龍門退水。望冠冕以何年。鷁路頹風。想簪纓於幾載。既違語嘿。且阻江湖。聊寄八行之書。代申千里之契。

中呂四月

節屆朱明。暑鍾丹陸。依依聳蓋。俱臨帝女之桑。鬱鬱丹城。並挂陶潛之柳。梅花拂戶牖之內。麥氣擁宮闕之前。敬想足下。聲聞九皋。詩成七步。涵蚌胎於學海。卓爾超羣。蘊抵鵲於文山。儼然孤秀。但某窮途異縣。岐路他鄉。非無阮籍之悲。誠有楊朱之泣。每遇秋風振響。鶉驚子夏之衣。夜月流輝。鵲繞將軍之樹。既乖連璧之契。終隔斷金之情。中心藏之。卑誠至矣。今因去燕。聊寄芻蕘。如遇回鱗。希垂金玉。

蕤賓五月

麥隴移秋。桑律漸暮。蓮花泛水。豔如越女之腮。蘋葉漂風。影亂秦臺之鏡。炎風以之扇戶。暑氣於是盈樓。凍雨洗梅樹之中。火雲燒桂林之上。敬想足下。追涼竹徑。托蔭松閒。彈伯雅之素琴。酌嵇康之綠酒。縱橫流水。酩酊頹山。實君子之佳遊。乃王孫之雅事。某沈痾漳浦。臥病泉山。頓懷劉幹之勞。鎮抱相如之酷。是知枯榮莫測。生死難量。驗風燭之不停。如水泡之易滅。聊伸幣札。以代勞人。佇覩芳詞。希垂愈疾。

林鍾六月

三伏漸終。九夏將謝。螢飛腐草。光浮帳裏之書。蟬噪繁柯。影入機中之鬢。濯枝遷而潦溢。芳槿茂而發榮。山土焦而流金。海水沸而漂爍。敬想足下。藏形月府。遁跡冰牀。披莊子之七篇。逍遙物外。玩老明之兩卷。恍惚懷中。但某白社狂人。青緗末學。不從州縣之職。

二當作三

聊立松鶴之間，時假德以為鄰，或借書而取友。三千年之獨鶴，暫逐雞羣；九萬里之孤鵬，權潛燕侶。既非得意，正可忘言。諸不具伸。應俟面會。

夷則七月

素商驚辰，白藏屆節。金風曉振，偏傷征客之心；玉露夜凝，直泣遷人之掌。桂吐花於小山之上，梨翻葉於大谷之中。故知節物變衰，草木搖落。敬想足下時稱獨步，世號無雙。萬頃澄波，黃叔度之器量；千尋聳幹，嵇中散之楷模。但某一介庸才，二隅頑學，懷經問道，不遇披雲；負笈尋師，罕逢見日。俯仰興歎，形影自憐。不知龍前，不知龍後，鶤鵬雖異，風月是同。幸矣擇交，希垂影拂。

南呂八月

一歎分飛，三秋限隔，遐思盛德，將何以伸？白雲斷而音信稀，青山暝而江湖遠。敬想足下羽儀勝體，領袖嘉賓，傾玉醑於風前，弄瓊騶於月下。但某登山失路，涉海迷津，聞猿嘯而寸寸斷腸，聽鳥聲而雙雙下淚。當以黃花笑冷，白羽悲秋，既傳蘇子之書，更泛陶公之酌。聊因三鳥，略敘二難。面會取書，不能盡述。或助鳳念，不黜魚緘。

無射九月

宿昔親朋，平生益友，不謂窮通有分，雲雨將乖。既深伐木之聲，更問采葵之詠。屬以重陽變敘，節景窮秋，霜飽樹而攤柯，風拂林而下葉。金堤翠柳，帶星采而均調；紫塞蒼鴻，追風光而結陣。敬想足下秀標東箭，價重南金，才過吞鳥之聲，德邁懷蛟之智。但某衡門賤士，甕牖微生，既無白馬之談，且乏碧雞之辨。歎分飛之有處，嗟會面以無期。聊申布服之言，用述併糧之志。

應鍾十月

節屆玄靈，鍾應陰律。愁雲拂岫，帶枯葉以飄空；朔氣浮川，映危樓而疊迥。胡風起截耳之凍，趙日興曝背之思。敬想足下山嶽鍾神，星辰挺秀，潛明晦跡，隱於朝市之間；縱法化人，不混鄉閭之下。某陋巷孤遊，穿牆自活，終朝息爨若孔子之為貧，竟日停炊如范生之在職。牛衣當被，畏見王章；犢鼻親操，恐逢犬子。雖此慚賤，而不羞貧。綺服有時，此言何述。

黃鍾十一月

日往月來，灰移火變。暫乖語默，頓隔秦吳。既傳蘇李之書，更共范張之志。冷風盛而結鼻，寒氣切而凝脣。虹入漢而藏形，鶴臨橋而送語。彤雲垂四面之葉，玉雪開六出之花。敬想足下世號冰壺，時稱武庫，命長筵而留客，施大被以披賢。酌醇酒而據切骨之寒，溫獸炭而袪透心之冷。某攜戈日久，荷戟年深，揮白刃而萬定死生，引虹旗而千決成敗。退龍劍而卻步月下，開鸞進鯨鼓而橫行雲前。起陣徒勞，斬斫豈用功勳。諸不具陳，謹申微意。

大呂十二月

分手未遙，翹心且積，引領企踵，朝夕不忘。眷友思仁，行坐未捨。既屬嚴風極冷，苦霧添寒，冰堅漢地之池，雪積袁安之宅。敬想足下棲神鶴駕，眷想龍門，披玩之閒，願無捐德。某種瓜賤士，賣餅貧生，入爨竈以揚聲，不逢蔡子；駕鹽車而顯跡，罕遇孫陽。徒懷叩角之心，終想暴腮之患。既為久要，聊吐短章，紙盡墨窮，何能覼縷。

全梁文卷十九終

全梁文卷二十

昭明太子統二

烏程嚴可均校輯

與何胤書

某叩頭叩頭昔園公道勝漢盈屈節春卿明經漢莊北面況乃義兼乎此而顧揆不肖哉但經途千里眇焉莫因何嘗不夢姑胥而鬱陶想具區而杼軸心往神留於茲有年載矣方今朱明在謝清風戒寒想攝養得宜與時休適耽精義味玄理息囂塵翫泉石激揚碩學誘接後進志與秋天競高理與春泉爭溢樂可言乎豈與口厭芻豢耳聆絲竹者之娛同年語哉方今泰階端平天下無事修日養夕差得從容每鑽閱六經汎濫百氏研尋物理顧略清言既以自慰且以自警而才性有限思力匪長熱疾憒其神風眩弊其體多慙過目釋卷便忘是以蒙求之懷於茲彌軫聊遣典書陳顯宗申其蘊結敬想口宜此豈盡意某叩頭藝文類聚三十七

荅晉安王書

得五月二十八日疏并詩一首省覽周環慰同促膝汝本有天才加以愛好無忘所能日見其善首尾裁淨可爲佳作吟玩反覆欲罷不能相如奏賦孔璋呈檄曹劉異代並號知音發歎凌雲興言愈病嘗謂過差未以信然一見來章而樹諼忘痗方證昔談非爲妄作炎涼始貿觸興自高覩物興情更向篇什昔梁王好士淮南禮賢遠致賓遊廣招英俊非惟藉甚當時故亦傳聲不朽必能虛己自來慕義含毫屬意差有起予攝養得宜與時無爽耳既責成有寄居多暇日殺核墳史漁獵詞林上下數千年間無人致足樂也知少行遊不動亦靜不出戶庭觸地丘壑天遊不能隱山林在目中冷泉石鏡一見何必勝於傳聞松塢杏林知之恐有逾吾就靜然終日披古爲事況觀六籍襍玩文史見孝友忠貞之跡覩治亂驕奢之事足以自慰足以自言人師益友森然在目嘉言誠至無俟旁求舉而行之念同乎此但清風朗月思我友于各事藩維未克棠棣興言屆此夢寐增勞善護風寒以慰懸想指復立此促遲還書某疏

荅湘東王求文集及詩苑英華書

得疏知須詩苑英華及諸文製發函伸紙閱覽無斁雖事涉烏有義異擬倫而清新卓爾殊爲佳作夫文典則累野麗亦傷浮能麗而不浮典而不野文質彬彬有君子之致吾嘗欲爲之但恨未逮耳觀汝諸文殊與意會至於此書彌見其美遠兼邃古傍暨典墳學以聚益居焉可賞吾少好斯文迄茲無倦譚經之暇斷務之餘陟龍樓而靜拱掩鶴關而高臥與其飽食終日寧遊思於文林或日因春陽其物韶麗樹花發鶯鳴和春泉生暄風至陶嘉月而嬉遊藉芳草而眺矚或朱炎受謝白藏紀時玉露夕流金風多扇悟秋山之心登高而遠託或夏條可結倦於邑而屬詞冬雲千里覩紛霏而興詠密親離則手爲心使昆弟晏則墨以親露又愛賢之情與時而篤冀同市駿庶匪畏龍不如子晉而事似洛濱之遊多愧子桓而興同漳川之賞漾舟玄圃必集應阮之儔徐輪博望亦招龍淵之侶校覈仁義源本山川旨酒盈罍嘉肴溢俎曜靈既隱繼之以朗月高春既夕申之以清夜並命連篇在茲彌博又往年因暇搜採英華上下數十年間未易詳悉猶有遺恨而其書已傳雖未爲精覈亦粗足諷覽集乃不工而並作多麗汝既須之皆遣送也某啟

誡諭殷鈞手書

知比諸德哀頓爲過又所進殆無一溢甚以酸耿迥然一身宗奠是寄毀而滅性聖教所不許宜微自遣割俯存禮制饘粥果蔬少加勉彊憂懷既深指故有及并令繆道臻口具梁書殷鈞傳

與張緬弟纘書

賢兄學業該通莅事明敏雖倚相之讀墳典郤縠之敦詩書惟今望古蔑以斯過自列宮朝二紀將及義惟僚屬情實親友文筵講席朝遊夕宴何曾不同茲勝賞共此言寄如何長謝奄然不追且年甫強仕方申才力摧苗落穎彌可傷惋念天倫素睦一旦相失如何可言言及增哽揮筆無次（梁書張緬傳）

答雲法師請開講書

統覽近示知欲見令道義夫釋教凝深至理淵粹一相之道杳然難測不二之門寂焉無響自非深達玄宗精解妙義若斯之處豈易輕辨至於宣揚正教在乎利物耳弟子之於內義誠自好之樂之然鉤深致遠多所未悉為利之理蓋何足論諸僧並入法門遊道日廣至於法師彌不俟說云欲見參稟良所未喻想得此意不復多云統和南（廣弘明集二十一）

又答雲法師書

重覽來示知猶欲令述義不辯為利具如前言甘露之開彌慚未說若止是略標義宗無為不爾但媿以魚目擬法師之夜光耳統和南（廣弘明集二十一）

七契

客斯逸士肥遁棄榮蓬峯於焉剗跡濯水是用庇形口不悅於五味心不娛於八聲鄙巢父之稱哲笑蘇門之為英鶡蓋龍旂初不關意鳳吹鼉鼓終不屑情跨四海而擅美邁三古而振名居山林而不返終無慮而無營於是辯博君子詞若湧泉言踰御泰之魯辯超稷下之田欲抑則大鵬垂翅欲抗則尺鷃沖天聞逸士之懷寶乃拂衣而造焉駕兩驂之如手乘輕車之若流爰自畿甸徑造山阿傍瞻虹見俯眺雲浮鳴禽聒耳雺霧蔽睟唯一壑之為阻無三逕之可求於是披榛陟路援蘿踐崿雖跋涉而不休覩逸士之所託其為居也寂焉而靡所聽瞑然而無所瞻三春蔓戶八桂攢簷華門鳥宿圭竇狐潛風來室搖露下窗濡實人跡之罕至逸士於此而獨淹君子曰蓋聞智士不矜狷介仁者莫有迷邦傅說終受殷爵呂望遂啟齊封余敬吐誠而畢慮子能留志而見從乎逸士曰鄙人固陋自潛幽藪必枉話言敬聆金口

君子曰若夫夾鍾之節春景依遲碧樹初榮緑草含滋春臺之樂信矣熙熙於是百金之士萬鍾之家招搖隆富徵集豪華駕紫騮之馬乘青蓋之車出自高宇行無狹斜陶嘉月而結交遊藉芳辰而宴朋友望宜春以隨肩入長楊以攜手金盤薦美藉之珍玉杯沈縹清之酒義曰和神事非爽口於是娛樂未終留光將夕飛觴引滿奮袖舉白投轄安坐歡甚促席以會雕蟲之賓加有清談之客論同炙輠藻若陵雲戴憑不能高其說相如不能擅其文無玄不析無細不分搦管玉振下筆蘭芬乃亦六郡未擬非直三蜀蔑

聞屬虞泉氣晚朗月潛曜清戶未關宵景方照奇舞遝作名謳斯召約綽妍姿嬋嫣宜笑綺縠風吹珠璣星耀齊竽颺參差之響趙瑟奏鏗鏘之妙茲亦遊燕之至娛子能偕此而為樂乎逸士曰輕蕩遊觀非予所耽得性行樂從好山南

君子曰輔性和神實惟至味非直方今見重乃亦自古攸貴不周之和調腸補胃雜以龍肝鴞炙豹舌猩唇劉氏之醢范公之麟鮨出雲際歸來江岷蒲菹芬馥古聖所珍其酒則蒼梧九醞中山千日取譬湛露擬之飴蜜百味交馳三雅閒出若其珍異則脩筵斯溢千品萬類不可詳悉西母靈桃南楚萍實東陵之瓜北燕之栗湖畔之柿江陰之橘張掖白柰恆陽黃梨河東洗犬隴蜀蹲鴟並怡神甘口窮美極滋加以伊公調和易氏燔爨傳車渠之椀置青玉之案肴俎既已麗奇雕盤復為美玩子能與予而享之乎逸士曰甘膬腸腐五味口爽伊人素蓄無羨方丈

君子曰千里之駒出自余吾伯樂所選伏波所模通肩合相平腹鴈圖激電比速躡景競驅騰黃弗敢擬駿赤兔莫與爭途異態跇踶奇姿猗倚逸足驟反遊雲移馱形函遊華日不暇徙迺飾金羈之昭晰加以玉鞍之輝煥連乾麗靡輕蘇粲爛逸氣既爲勝矚美飾重成壯觀蹄蹶紅塵膺流絳汗風起龍驤灰聲鳥散自古迄今人誰不玩逸士能就予而乘之乎逸士曰遊逸輕俛策馬爭驅粤今樂靜豈能感娛

君子曰光形飾體莫過鮮衣冠鵕鸃之長纓若曾雲之零霏琅玕珩珮言飾于背飄颺輕裾是用曜軀方空之縠弱紈之蕉暑纖炎而已卻風未至而先搖既唯照麗兼以輕鏘似朝霞之發彩若夕景之舒光至夫杪秋既謝寒緒中人則輕狐稱美豐貂表珍斯乃赤也所以去魯孟嘗所以出秦步光之妙檑具之華君子武備所用欒邪標以珠玉飾以蓮花其任則百冶精銳利擬秋霜豈止在

身爲美服襲稱臧固乃龍躍於襄水見氣於南昌幽通神化其妙難詳將與逸士服之以相佯逸士曰紾絺避暑縕袍禦冬鮮麗綺靡未之或從

君子曰寶有喬桐抽葉青葱結根善地擢幹華嵩栖鳳曾山之側藏龍平陵之東拂崚嶸之高雲鼓梢殺之雄風若亭萬仞實造天中乃使匠石運斤班輸琢鏤製起玄修形踰綠綺與金石而鏗鏘共絲竹而曼靡托北方之佳人命高樓之杞氏間以巴隴才僮邯鄲妙妓騁歡爲之輟馳飛禽爲之不徙加以荆和之飾照耀柘絲之絃激揚三聲吐韻四結流唱辭高薰奏響溢芝房竹來嘯谷律寫歸昌再鼓而玄鶴集九成而儀鳳翔初音魚踊餘妙繞梁何止田文慨慷劉靖心傷而已哉中山靑曲若折而和揚美目以流眄啟玉齒而安歌歌曰陽阿奏兮激楚流望洛水兮有好仇縱輕櫂兮汎龍舟將與逸士陟彼華堂憩諸閑館玉宇明華文階燦爛璇題昭晰珠簾彪煥身託璿瑁之筵目寓瓊華之玩止以悅諸和性之樂豈非綺麗之觀哉逸士曰居茲四郭盈辨五音靡曼不極君子弗欽雖聞瞻辭之銳無會野人之心

君子曰白藏肅殺天高野清玉樹始落金藥初榮慕鷰北反沙雁南征實秋收之美節將校獵以娛情使騶無伏馬巷靡遺行執戈於芊眠之野彎弧於曠復之陰養由輕盼則林摧鷙獸蒲且教技則虛下翔禽騰猿歷其足虓虎不擇音掩兔麟鹿既蔑古之烏有填坑滿谷亦眇昔之上林至於輕繳纖飛則連鴻解羽微纖始放則並鱗失波豈論玄泉之則盈願將遨之歌弭節言旋禽不可算周旋眺覽足爲京觀子雖山栖其從此玩逸士曰解網垂仁殷王美則聞聲不食孔聖淑音害蠢類而爲樂豈君子之用心

君子曰蓋聞地美養禾君人愛士澤被無垠光照郊鄙蒲輪必鄒魯之儒宗紆靑必洛陽之才子大漢愧得人之盛有周慙以盈之

美萬國若翕從四海同使指刑措弗用囹圄斯虛既講禮於太學亦論詩於石渠戈有戢戢史無絕書銅律應度玉燭調和黃髮擊壤靑衿興歌元帥奇士庠序鳩生求禮儀之汲汲行仁義之明明隆采椽之義卻璿瑁之榮當朝有仁義之睦邊境無煙塵之驚信如四氣明並三光蔚莛挺茂皆其比芳瑞鹿擒素祥熊燿黃靈禽樂囿儀鳳栖堂太平之瑞寶鼎樂協之應玉羊丹烏表色玉露呈瀼野綠垂木嘉苗貫桑固以德苞子姒道邁虞唐六合盈泰四宇咸康不煩一戟東甌膜拜詎勞一卒西域獻琛鹿蠡稽顙以悛惡恩被遐方福比嵩岱道則穹蒼豈有聞若斯之化而藏其皮冠哉逸士曰鄙人寡識守節山隅不聞智士之教將自潛以糜軀請伏道而從命願開志以滌慮（文苑英華三百五十一）

陶淵明集序

夫白衒自媒者。士女之醜行。不忮不求者。明達之用心。是以聖人韜光。賢人遁世。其故何也。含德之至。莫踰於道。親己之切。無重於身。故道存而身安。道亡而身害。處百齡之內。居一世之中。倏忽比之白駒。寄寓謂之逆旅。宜乎與大塊而盈虛。隨中和而任放。豈能戚戚勞於憂畏。汲汲役於人間。齊謳趙女之娛。八珍九鼎之食。結駟連騎之榮。侈袂執圭之貴。樂既樂矣。憂亦隨之。何倚伏之難量。亦慶弔之相及。智者賢人居之。甚履薄冰。愚夫貪士競之。若泄尾閭。玉之在山。以見珍而終破。蘭之生谷。雖無人而自芳。故莊周垂釣於濠。伯成躬耕於野。或貨海東之藥草。或紡江南之落毛。譬彼鴛雛。豈競鳶鴟之肉。猶斯雜縣。寧勞文仲之牲。至于子常甯喜之倫。蘇秦衛鞅之匹。死之而不疑。甘之而不悔。主父偃言生不五鼎食。死則五鼎烹。卒如其言。豈不痛哉。又楚子觀周。受折於孫滿。霍侯驂乘。禍起於負芒。饕餮之徒。其流甚眾。唐堯四海之主。而有汾陽之心。子晉天下之儲。而有洛濱之志。輕之若脫屣。視之若鴻毛。而況於他人乎。是以至人達士。因以晦迹。或懷釐而謁帝。或被褐而負薪。鼓枻清潭。棄機漢曲。情不在於眾事。寄眾事以忘情者也。有疑陶淵明詩篇篇有酒。吾觀其意不在酒。亦寄酒為迹者也。其文章不羣。辭彩精拔。跌宕昭彰。獨超眾類。抑揚爽朗。莫之與京。橫素波而傍流。干青雲而直上。語時事則指而可想。論懷抱則曠而且真。加以貞志不休。安道苦節。不以躬耕為恥。不以無財為病。自非大賢篤志。與道汙隆。孰能如此乎。余素愛其文。不能釋手。尚想其德。恨不同時。故加搜校。粗為區目。白璧微瑕。惟在閑情一賦。揚雄所謂勸百而諷一者。卒無諷諫。何足搖其筆端。惜哉。亡是可也。并粗點定其傳。編之于錄。嘗謂有能觀淵明之文者。馳競之情遣。鄙吝之意祛。貪夫可以廉。懦夫可以立。豈止仁義可蹈。抑乃爵祿可辭。不必傍游泰華。遠求柱史。此亦有助於風教也。宋本陶淵明集

文選序

式觀元始。眇覿玄風。冬穴夏巢之時。茹毛飲血之世。世質民淳。斯文未作。逮乎伏羲氏之王天下也。始畫八卦。造書契。以代結繩之政。由是文籍生焉。易曰。觀乎天文。以察時變。觀乎人文。以化成天下。文之時義遠矣哉。若夫椎輪為大輅之始。大輅寧有椎輪之質。增冰為積水所成。積水曾微增冰之凜。何哉。蓋踵其事而增華。變其本而加厲。物既有之。文亦宜然。隨時變改。難可詳悉。嘗試論之曰。詩序云。詩有六義焉。一曰風。二曰賦。三曰比。四曰興。五曰雅。六曰頌。至於今之作者。異乎古昔。古詩之體。今則全取賦名。荀宋表之於前。賈馬繼之於末。自茲以降。源流寔繁。述邑居則有憑虛亡是之作。戒畋遊則有長楊羽獵之制。若其紀一事。詠一物。風雲草木之興。魚蟲禽獸之流。推而廣之。不可勝載矣。又楚人屈原。含忠履潔。君匪從流。臣進逆耳。深思遠慮。遂放湘南。耿介之意既傷。壹鬱之懷靡愬。臨淵有懷沙之志。吟澤有憔悴之容。騷人之文。自茲而作。詩者。蓋志之所之也。情動於中而形於言。關雎麟趾。正始之道著。桑間濮上。亡國之音表。故風雅之道。粲然可觀。自炎漢中葉。厥塗漸異。退傅有在鄒之作。降將著河梁之篇。四言五言。區以別矣。又少則三字。多則九言。各體互興。分鑣並驅。頌者。所以游揚德業。褒讚成功。吉甫有穆若之談。季子有至矣之歎。舒布為詩。既言如彼。總成為頌。又亦若此。次則箴興於補闕。戒出於弼匡。論則析理精微。銘則序事清潤。美終則誄發。圖像則讚興。又詔誥教令之流。表奏牋記之列。書誓符檄之品。弔祭悲哀之作。荅客指事之制。三言八字之文。篇辭引序。碑碣誌狀。眾制鋒起。源流間出。譬陶匏異器。並為入耳之娛。黼黻不同。俱為悅目之玩。作者之致。蓋云備矣。余監撫餘閑。居多暇日。歷觀文囿。泛覽辭林。未嘗不心遊目想。移晷忘倦。自姬漢以來。眇焉悠邈。時更七代。數逾千祀。詞人才子。

則名溢於縹囊。飛文染翰。則卷盈乎緗帙。自非略其蕪穢。集其清英。蓋欲兼功太半。難矣。若夫姬公之籍。孔父之書。與日月俱懸。鬼神爭奧。孝敬之準式。人倫之師友。豈可重以芟夷。加之翦截。老莊之作。管孟之流。蓋以立意爲宗。不以能文爲本。今之所撰。又以略諸。若賢人之美辭。忠臣之抗直。謀夫之話。辨士之端。冰釋泉涌。金相玉振。所謂坐狙丘。議稷下。仲連之卻秦軍。食其之下齊國。留侯之發八難。曲逆之吐六奇。蓋乃事美一時。語流千載。概見墳籍。旁出子史。若斯之流。又亦繁博。雖傳之簡牘。而事異篇章。今之所集。亦所不取。至於記事之史。繫年之書。所以褒貶是非。紀別同異。方之篇翰。亦已不同。若其讚論之綜緝辭采。序述之錯比文華。事出於沈思。義歸乎翰藻。故與夫篇什。雜而集之。遠自周室。迄于聖代。都爲三十卷。名曰文選云耳。凡次文之體。各以彙聚。詩賦體既不一。又以類分。類分之中。各以時代相次。文選

同泰寺僧正講詩序

大正以貞俗兼解。鬱爲善歌。璡師以行有餘力。緣情繼響。余自法席既闋。便思和寂。杼軸二年。濡翰兩器。大正今春復爲同泰建講。法輪將半。此作方成。所以物色不同。序事或異。本集

爾雅制法則贊

惟斯法則。信如四時。嚴此刑政。刑輕罪疑。霜威已振。民不敢欺。藝文類聚五十四。

弓矢贊

弓用筋角。矢製良工。亦以觀德。非止臨戎。楊葉命中。猿啼張空。藝文類聚六十。初學記二十二。御覽三百五十。

張當作長

蟬贊

玆蟲清潔。惟露是餐。寂寞秋序。咽嘶夏闌。定伊不美。曜彼華冠。藝文類聚九十七。

陶淵明傳

陶淵明字元亮。或云潛字淵明。潯陽柴桑人也。曾祖侃。晉大司馬。淵明少有高趣。博學善屬文。穎脫不羣。任眞自得。嘗著五柳先生傳以自況曰。先生不知何許人也。亦不詳姓字。宅邊有五柳樹。一本無樹字。因以爲號焉。閑靜少言。不慕榮利。好讀書。不求甚解。每有會意。欣然忘食。性嗜酒。而家貧不能恆得。親舊知其如此。或置酒招之。造飲輒盡。期在必醉。既醉而退。曾不恡情去留。環堵蕭然。不蔽風日。短褐穿結。簞瓢屢空。晏如也。嘗著文章自娛。頗示己志。忘懷得失。以此自終。時人謂之實錄。親老家貧。起爲州祭酒。不堪吏職。少日自解歸。州召主簿。不就。躬耕自資。遂抱羸疾。江州刺史檀道濟往候之。偃臥瘠餒有日矣。道濟謂曰。賢者處世。天下無道則隱。有道則至。今子生文明之世。柰何自苦如此。對曰。潛也何敢望賢。志不及也。道濟饋以粱肉。麾而去之。後爲鎭軍建威參軍。謂親朋曰。聊欲絃歌。以爲三徑之資。可乎。執事者聞之。以爲彭澤令。不以家累自隨。送一力給其子。書曰。汝旦夕之費。自給爲難。今遣此力。助汝薪水之勞。此亦人子也。可善遇之。公田悉令吏種秫。曰。吾常得醉於酒。足矣。妻子固請種秔。乃使二頃五十畝種秫。五十畝種秔。歲終。會郡遣督郵至。縣吏請曰。應束帶見之。淵明歎曰。我豈能爲五斗米折腰向鄉里小兒。卽日解綬去職。賦歸去來。徵著作郎。不就。江州刺史王弘欲識之。不能致也。淵明嘗往廬山。弘命淵明故人龐通之齎酒具於半道栗里之間邀之。淵明有腳疾。使一門生二兒舁。一作舉。籃輿。既至。欣然便共飲酌。俄頃弘至。亦無迕也。先是顏延之爲劉柳後軍功曹。在潯陽。與淵明情款。後爲始安郡。經過潯陽。日造淵明飲焉。每往。必酣飲致醉。弘欲邀延之坐。一作赴坐。彌日不得。延之臨去。留二萬錢與淵明。淵明悉遣送酒家。稍就取酒。

嘗九月九日，出宅邊菊叢中坐，久之，滿手把菊。忽值弘送酒至，即便就酌，醉而歸。淵明不解音律，而畜無絃琴（一作無絃素琴一）一張，每酒適，輒撫弄以寄其意。貴賤造之者，有酒輒設。淵明若先醉，便語客「我醉欲眠，卿可去」。其眞率如此。郡將常候之，值其釀熟，取頭上葛巾漉酒，漉畢，還復著之。時周續之入廬山，事釋惠遠，彭城劉遺民亦遁迹匡山，淵明又不應徵命，謂之潯陽三隱。後刺史檀韶苦請續之出州，與學士祖企、謝景夷三人，共在城北講禮，加以讎校。所住公廨，近於馬隊。是故淵明示其詩云：「周生述孔業，祖謝響然臻。馬隊非講肆，校書亦已勤。」其妻翟氏，亦能安勤苦，與其同志。自以曾祖晉世宰輔，恥復屈身後代，自宋高祖王業漸隆，不復肯仕。元嘉四年，將復徵命，會卒，時年六十三，世號靖節先生。（宋本陶淵明集）

祭達磨大師文

洪惟聖冑大師，荷十力之智印，乘六通而泛海，運悲智於梵方，拯顚危於華土。（釋藏續傳法正宗記：達磨以梁大通二年終於元魏，以其喪告梁武帝，帝即賜寶玉，詔以祭禮供養，太子爲文，其略云。）

全梁文卷二十終

全梁文卷二十一

烏程嚴可均校輯

昭明太子統 三

令旨解二諦義

二諦理實深玄自非虛懷無以通其弘遠明道之方其由非一舉要論之不出境智或時以境明義或時以智顯行至於二諦卽是就境明義若迷其方三有不絶若達其致萬累斯遣所言二諦者一是眞諦一名俗諦眞諦亦名第一義諦俗諦亦名世諦眞諦俗諦以定體立名第一義諦世諦以褒貶立目若以次第言說應云一眞諦二俗諦一與二合數則爲三非直數過於二亦名有前後於義非便眞既不因俗而有俗亦不因眞而生正可得言一眞一俗眞者是實義卽是平等更無異法能爲雜閒俗者卽是集義此法得生浮僞起作第一義者卽無生境中別立美名言此法最勝最妙無能及者世者以隔別爲義生滅流動無有住相涅槃經言出世人所知名第一義諦世人所知名爲世諦此卽文證褒貶之理二諦立名差別不同眞俗世等以一義說第一義諦以二義說正言此理德既第一義亦第一世既浮僞更無有義所以但立世名諦者以審實爲義眞諦審實是眞俗諦審實是俗眞諦離有離無俗諦卽有卽無卽有卽無斯是假名離有離無此爲中道眞是中道以不生爲體俗既假名以生法爲體

南澗寺慧超諮曰浮僞起作名之爲俗離於有無名之爲眞未審浮僞爲當與眞一體爲當有異令旨荅曰世人所知生法爲體出世人所知不生爲體依人作論應如是說若論眞卽有是空俗指空爲有依此義名不得別義

又諮眞俗既云一體未審眞諦亦有起動爲當起動自動不關眞諦令旨又荅眞諦寂然無起動相凡夫惑識自橫見起動

又諮未審有起動而凡夫橫見無起動而凡夫橫見令旨又荅若有起動則不名橫見以無動而自動所以是橫

又諮若法無起動則唯應一諦令旨又荅此理常寂此是一諦橫見起動復是一諦唯應有兩不得言一

又諮爲有橫見爲無橫見令旨又荅依人爲語又此橫見

又諮若依人語故有橫見依法爲談不應見動令旨又荅法乃無動不妨橫者自見其動

丹陽尹晉安王蕭綱諮曰解旨依人爲辨有生不生未審浮虛之與不生只是一體爲當有異令旨荅曰凡情所見見其起動聖人所見見其不生依人爲論乃是異體若語相卽則不成異具如向釋不復多論

又諮若眞不異俗俗不異眞豈得俗人所見生法爲體聖人所見不生爲體令旨荅卽俗知眞卽眞見俗就此爲談自誠無異約人辨見自有生不生殊

又諮未審俗諦之體既云浮幻何得於眞實之中見此浮幻令旨荅眞實之體自無浮幻惑者橫構謂之爲有無傷眞實體自玄虛

又諮聖人所見見不流動凡夫所見自見流動既流不流異愚爲不得爲一令旨荅不謂流不流各自一體正言凡夫於不流之中橫見此流以是爲論可得成一

又諮眞寂之體本自不流凡夫見流不離眞體然則但有一眞不成二諦令旨荅體恆相卽理不得異凡見浮虛聖覩眞寂約彼凡聖可得立二諦名

招提寺慧琰諮曰凡夫見俗以生法爲體聖人見眞以不生爲體未審生與不生但見其異復依何義而得辨一令旨荅曰凡夫於無稱有聖人卽有辨無有無相卽此談一體

又諮未審此得談一一何所名令旨荅曰正以有不異無無不異

有故名爲一更無異名
又諮若無不異有有不異無但見其一云何爲二令旨答凡夫見有聖人見無兩見既分所以成二
又諮聖人見無無可稱諦凡夫見有何得稱諦令旨答聖人見無在聖爲諦凡夫審謂爲有故於凡爲諦
棲玄寺曇宗諮曰聖人爲見世諦爲不見世諦令旨答曰聖知凡人見有世諦若論聖人不復見此
又諮聖人既不見世諦云何以世諦教化衆生令旨答聖人無惑自不見世諦無妨聖人知凡夫所見故曲隨物情說有二諦
又諮聖人知凡見世諦卽是凡夫不令旨答此凡卽是世諦聖人亦不此凡
又諮聖旣不見凡焉知凡見世諦令旨答聖雖自無凡亦能知有凡自謂爲有故曲赴其情爲說世諦

司徒從事中郎王規諮曰未審眞俗既不同豈得相卽之義令旨答聖人所得自見其無凡人所得自見其有見自不同無妨俗不出眞外
又諮未審既無異質而有二義爲當義離於體爲當卽義卽體令旨答更不相出名爲一體愚聖見殊自成異義
又諮凡夫爲見俗亦得見眞不令旨答止得見俗不得見眞
又諮體既相卽寧不覩眞令旨答凡若見眞不應覩俗覩俗既妄焉得見眞
靈根寺僧遷諮曰若第一以無過爲義此是讚歎之名眞離於俗亦應是讚歎之名令旨答曰卽此體眞不得言歎第一義諦旣更立美名所以是歎
又諮無勝我者旣得稱讚歎我體卽眞何故非歎令旨答無勝我者所以得稱讚歎我體卽眞亦是我眞故非讚歎

又諮我無過者所以得稱讚歎我是不僞何得非讚令旨答不僞直是當體之名如人體義謂之解義正足稽其實體豈成讚歎
又諮此法無能出者焉能卽是讚歎令旨答旣云無出非讚如何
羅平侯蕭正立諮曰未審俗諦是生法以不令旨答曰俗諦之體正是生法
又諮俗既橫見何得有生令旨答橫見爲有所以有生
又諮橫見爲有實是無法實既無法說何爲生令旨答卽此生法名爲橫見亦卽此橫見名爲生法
又諮若是橫見不應有生若必有生何名橫見令旨答既云橫見實自無生但橫見爲有有此橫生
衡山侯蕭恭諮曰未審第一義諦既有義目何故世諦獨無義名令旨答曰世旣浮俗無義可辨
又諮若無義可辨何以稱諦令旨答凡俗審見故立諦名

又諮若凡俗見有得受諦名亦應凡俗見有得安義字令旨答凡俗審見故諦名可立浮俗無義何得强字爲義
又諮浮俗雖無實義不無浮俗之義既有此浮俗何得不受義名令旨答正以浮俗故無義可辨若有義可辨何名浮俗
中興寺僧懷諮曰令旨解言眞不離俗俗不離眞未審眞是有相俗是有相有無不殊何得同體令旨答曰相與無相此處不同但凡所見有卽是聖所見無以此爲論可得無別
又諮旣是一法云何得見爲兩見既有兩豈是一法令旨答理乃不兩隨物所見故得有兩
又諮既見有兩豈不相違令旨答法若實兩可得相違法實不兩人見是兩就此作論焉得相乖
又諮人見有兩可說兩人理既是一豈得有兩令旨答理雖不兩而約人成兩

何不寄言辨體之體當作相

若無之無字衍

始興王第四男蕭暎諮曰第一義諦其義第一德亦第一不令旨荅曰義既第一德亦第一

又諮直言第一已包德義何得復加義字以致繁複令旨荅直言第一在義猶昧第一見義可得盡矣

又諮若加以義字可得盡美何不加以德字可得盡美令旨荅第一是德豈待復加但加義字則德義雙美

又諮直稱第一足見其美偏加義字似有所局令旨荅第一表德復加義字二美俱陳豈有所局

吳平世子蕭勵諮曰通旨云第一義諦世諦褒貶立名眞俗二諦定體立名尋眞諦之理既妙絶言慮未審云何有定體之旨令旨荅曰談其無相無眞不眞寄名相說以眞定體

又諮若眞無諦無體今寄言辨體未審眞諦無相何不寄言辨體令旨荅寄言辨體猶恐貶德若復寄言辨相則有累虛玄

又諮眞諦玄虛離於言說今既稱有眞豈非寄言辨相令旨荅寄有此名名自是相無傷此理無相虛寂

又諮未審此寄言辨體爲是當理爲不當理令旨荅無名而說名不合當理

又諮若寄言辨名名不當理未審此寄將何所說令旨荅雖不當理爲接引衆生須名相說

宋熙寺慧令諮曰眞諦以不生爲體俗諦以生法爲體而言不生卽生生卽不生爲當體中相卽爲當義中相卽令旨荅云體中相卽義不相卽

又諮義既不卽體云何卽令旨荅凡見其有聖覩其無約見成異就體恆卽

又諮體既無兩何事須卽令旨荅若無體無別兩緣見有兩見既兩異須明體卽

又諮若如解旨果是就人明卽令旨荅約人見爲二二諦所以名生就人見明卽此亦何妨

始興王第五男蕭曄諮曰眞諦稱眞是實眞不令旨荅曰得是實眞

又諮菩薩會眞之時爲忘俗忘眞不令旨荅忘俗忘眞故說會眞

又諮若忘俗忘眞故說會眞忘俗忘眞何謂實眞令旨荅若存俗存眞何謂實眞正由兩遣故謂實眞

又諮若忘俗忘眞而是實眞亦應忘眞忘俗而是實俗令旨荅忘俗忘眞所以見眞忘眞忘俗彌見非俗

又諮菩薩會眞既忘俗忘眞今呼實眞便成乖理令旨荅假呼實眞終自忘眞兩忘稱實何謂乖理

興皇寺法宣諮曰義旨云俗諦是有是無故以生法爲體未審有法有體可得稱生旣是無法而云何得有生義令旨荅俗諦有無相待而立既是相待故並得稱生

又諮若有無兩法並稱爲生生義旣一則有無無異令旨荅俱是凡夫所見故生義得同是有是無爲得不異

又諮若有無果別應有生不生令旨荅旣相待立名故同一生義

程鄉侯蕭祇諮曰未審第一之名是形待以不令旨荅正是形待

又諮第一無相有何形待令旨荅旣云第一豈得非待

又諮第一是待旣稱第一是諦待於第一何不名爲第二若俗諦是待而不稱第二亦應眞諦是待不名第一令旨荅若稱第一是待於義已足無假說俗第二方成相待

又諮若世諦之名不稱第二則第一之稱無所形待令旨答第一褒眞旣云相待知名是待直置可知

光澤寺法雲諮曰聖人所知之境此是眞諦未審能知之智是謂眞諦是謂俗諦令旨荅曰能知是智所知是境智來冥境得言卽

眞。
又諮。有智之人。爲是眞諦。爲是俗諦。令旨答。若呼有智之人。卽是俗諦。
又諮。未審俗諦之人。何得有眞諦之智。令旨答。聖人能忘於俗。所以得有眞智。
又諮。此人既冥無生。亦應不得稱人。令旨答。冥於無生。不得言人。寄名相說。常自有人。
靈根寺慧令諮曰。爲於眞諦中見有。爲俗諦中見有。令旨答曰。於眞諦中横見有有。
又諮。俗諦之有。爲實爲虛。令旨答。是虛妄之有。
又諮。爲當見妄。爲當見有。令旨答。見於妄有。
又諮。無名相中。何得見有名相。令旨答。於無名相見有名相。所以妄有。

又諮。於無名相妄見爲有。譬如火熱。惑者言冷。得就熱中有冷相不。若於無相而有名相。亦於火中應有此冷。令旨答。火自常熱。妄見有冷。此自惑冷。熱未常異。
湘宮寺慧興諮曰。凡夫之惑。爲當但於眞有迷。於俗亦迷。令旨答曰。於眞見有。此是迷眞。既見有俗。不成迷俗。
又諮。若使解俗便成解眞。若不解眞。豈得解俗。令旨答。眞理虛寂。惑心不解。雖不解眞。何妨解俗。
又諮。此心不解眞。於眞可是惑。此心既解俗。於惑應非惑。令旨答。實而爲語。通自是惑。辨俗森羅。於俗中各解。
莊嚴寺僧旻諮曰。世俗心中所得空解。爲是眞解。爲是俗解。令旨答。可名相似解。
又諮。未審相似爲眞爲俗。令旨答。習觀無生。不名俗解。未見無生。不名眞解。

又諮。若能照之智。非眞非俗。亦應所照之境。非眞非俗。若是非眞非俗。則有三諦。令旨答。所照之境。既卽無生。無生是眞。豈有三諦。
又諮。若境卽眞境。何不智卽眞智。令旨答。未見無生。故非眞智。何妨此智未眞。而習觀眞境。豈得以智未眞智。而使境非眞境。
宣武寺法寵諮曰。眞諦不生不滅。俗諦有生有滅。眞俗兩義。得言有異。談其法體。只得是一。未審體從於義。亦得有二不。令旨答曰。體亦不得合從於義。
又諮。未審就凡聖兩見得言兩義。亦就凡聖兩見得言兩體。令旨答。理不相異。所以云一。就凡聖兩見得有二體之殊。
又諮。若使凡者見有。聖人見無。便應凡夫但見世諦。有聖人應見太虛無。令旨答。太虛亦非聖人所見。太虛得名。由於相待。既由待生。並凡所見。
又諮。凡夫所見空。有得言是一不。令旨答。就凡爲語。有實異無。約

聖作談。無不異有。
建業寺僧愍諮曰。俗人解俗。爲當解參差而言解俗。爲當見俗虛假而言解俗。令旨答。只是見俗參差而言解俗。
又諮。俗諦不但參差。亦是虛妄。何故解參差而不解虛妄。令旨答。若使凡夫解虛妄。卽是解眞。不解虛妄。所以名爲解俗。
光澤寺敬脫諮曰。未審聖人見眞。爲當漸見。爲當頓見。令旨答。漸見。
又諮。無相虛懷。一見此理。萬相並寂。未審何故見眞得有由漸。令旨答曰。自凡之聖。解有淺深。眞是虛寂。不妨見有由漸。
又諮。未審一得無相。並忘萬有。爲不悉忘。令旨答。一得無相。萬有悉忘。
又諮。一得無相。忘萬有者。亦可一得虛懷。窮彼眞境。不應漸見。令旨答。如來會寂。自是窮眞。淺行聖人。恒自漸見。

是當作足

又諮。若見眞有漸。不可頓會。亦應漸忘萬有。不可頓忘。令旨答。解有優劣。故有漸見。忘懷無偏。故萬有並寂。廣弘明集二十四。

令旨解法身義

法身虛寂。遠離有無之境。獨脫因果之外。不可以知知。不可以識識。豈是稱謂。所能論辨。將欲顯理。不容嘿然。故隨從言說。致有法身之稱。天竺云達摩舍利。此土謂之法身。若以當體。則是自性之目。若以言說。則是相待立名。法者。軌則爲旨。身者。有體之義。軌則之體。故曰法身。略就言說。粗陳其體。是常住身。是金剛身。重加研覈。其則不爾。若定是金剛。卽爲名相。定是常住。便成方所。所謂常住。本是寄名。稱名金剛。本是譬說。及談實體。則性同無生。故云佛身無爲。不墮諸法。涅槃經說如來之身非身。是身無量無邊。無有是跡。無知無形。畢竟淸靜。無知淸靜。而不可爲無。稱曰妙有。而復非有。離無離有。所謂法身。

招提寺慧琰諮曰。未審法身無相。不應有體。何得用體。以釋身義。令旨答曰。無名無相。乃無體可論。寄以名相。不無妙體。

又諮。若寄以名相。不無妙體。則寄以名相。不成無相。令旨答。旣云寄以名相。足明理實無相。

又諮。若寄以名相而理實無相。理旣無相。云何有體。令旨答。寄言軌物。何得無體。

又諮。亦應寄言軌物。非復無相。令旨答。軌物義邊。理非無相。所言無相。本談妙體。

又諮。眞實本來無相。正應以此軌物。何得隱斯眞實。強生言相。令旨答。眞實無相。非近學所窺。是故接諸庸淺。必須寄以言相。

光澤寺法雲諮曰。未審法身常住。是萬行得否。令旨答曰。名道相道中萬行所得。

又諮。旣爲萬行所得。豈是無相。若必無相。豈爲萬行所得。令旨答。無名無相。何曾有得。寄以名相。假言有得。

又諮。實有萬行。實得佛果。安可以無相全無所得。令旨答。問者住心。謂實有萬行。今謂萬行自空。豈有實果可得。

又諮。見有衆生修習萬行。未審何故全謂爲無。令旨答。凡俗所見。謂之爲有。理而檢之。實無萬行。

又諮。經說常住。以爲妙有。如其假說。何謂妙有。令旨答。寄以名相。故說妙有。理絕名相。何妙何有。

莊嚴寺僧旻諮曰。未審法身絕相智。不能知絕相絕知。何得猶有身稱。令旨答曰。無名無相。曾有何身。假名相說。故曰法身。

又諮。亦應假名相說。是智所照。何得不可以知知。不可以識識。令旨答。亦得寄名相。慧眼所得。

又諮。若慧眼能見。則可以知知。若智不能知。則慧眼無見。令旨答。慧眼無見。亦無法可見。

又諮。若云無見。有何法身。令旨答。理絕聞見。實無法身。

又諮。若無法身。則無正覺。正覺旣有。法身豈無。令旨答。恆是寄言。故有正覺。正覺旣在寄言。法身何得定有。

宣武寺法寵諮曰。未審法身之稱。爲正在妙體。金姿丈六。亦是法身。令旨答曰。通而爲論。本跡皆是。別而爲語。止在常住。

又諮。若止在常住。不應有身。若通取丈六。丈六何謂法身。令旨答。常住旣有妙體。何得無身。丈六亦能軌物。故可通稱法身。

又諮。若常住無累。方稱法身。丈六有累。何謂法身。令旨答。衆生注仰。妄見丈六。丈六非有。有何實累。

又諮。若丈六非有。指何爲身。令旨答。隨物見有。謂有應身。

又諮。旣曰應身。何謂法身。令旨答。通相爲辨。故兼本跡。覈求實義。不在金姿。

靈根寺慧令諮曰。未審爲以極智名曰法身。爲以全相故曰法身。

令旨答、無名無相。是集藏法身、圓極智慧、是實相法身。

又諮、無名無相、則無身不身、既有法身、何謂無相。令旨答、正以無相、故曰法身。

又諮、若以無相、故曰法身、則智慧名相、非復法身。令旨答、既是無相智慧、豈非法身。

又諮、如其有身、何名無相。若是無相、何得有身。令旨答、於無名相、假說法身。

又諮、若假說法身、正存名相、云何直指無相、而謂法身。令旨答、既於無相、假立名相、豈得異此無相、而說法身。

靈味寺靜安諮曰、未審法身乘應以不。令旨答、法身無應。

又諮、本以應化、故稱法身、若無應化、何謂法身。令旨答、本以軌則之體、名爲法身、應化之談、非今所軌。

又諮、若無應化、云何可軌。既爲物軌、豈無應化。令旨答、衆生注仰、蒙益、故云能爲物軌。化緣已畢、何所應化。

又諮、若能益衆生、便成應化。若無應化、何以益物。令旨答、能生注仰、軌則自成、何勞至人、俯應塵俗。

又諮、既生注仰、豈無應化。若無應化、注仰何益。令旨答、正由世尊至極、神妙特深、但令注仰、自然蒙祐、若應而後益、何謂至神。不應而益、故成窮美、若必令實應、與菩薩豈殊。廣弘明集二十一。

全梁文卷二十一終

全梁文卷二十二

烏程嚴可均校輯

臨川王宏

宏字宣達，武帝第六弟。仕齊為北中郎桂陽王功曹史。武帝下建康，以為中護軍，領石頭戍事。及受禪，封臨川王，拜揚州刺史，遷司徒，領太子太傅，遷司空，進太尉，以公事左遷驃騎大將軍開府儀同三司。尋加司空，母憂去職，起為中書監，坐罪免，尋為司徒，遷太尉。普通七年薨，贈侍中大將軍揚州牧，謚曰靖惠。

令軍中

人馬有前行者斬。南史五十一。

答釋法雲書難范縝神滅論

得所送敕答神滅論，伏覽淵旨，理精辭詣，二教道叶，於當年三世棟梁，於今日足使迷途自反，妙趣愈光，遲近寫對，更具披析。蕭宏和南。弘明集十。

臨賀王正德

正德字公和，宏第三子。天監初封西豐侯，歷蜀郡吳郡太守。普通中為黃門侍郎，輕車將軍，奔魏，尋逃歸，除征虜將軍，從豫章王綜北侵，坐失軍徙臨海郡。中大通中除信武將軍，復為吳郡，徵侍中撫軍將軍，封臨賀王，後為左衛將軍，丹陽尹，遷南兗州，免。侯景反，立為皇帝，改元正平。臺城陷，降為大司馬，尋矯詔殺之。

與武帝啟

前為景所擒，使攝四海，辭不獲免，權總萬機。今景既入輔，乞解僭濫，以王還邸。魏書蕭衍傳，侯景還以為主，令正德通啟云。

安成王秀

秀字彥達，武帝第七弟。仕齊為著作佐郎，遷後軍法曹行參軍，太子舍人。武帝舉義，以為輔國將軍，晉熙王冠軍長史，南東海太守，授使持節南徐州刺史。及受禪，進號征虜將軍，封安成王，徵領石頭戍，加散騎常侍，進號右將軍，加領軍中書令，出為平南將軍江州刺史，遷平西將軍荊州刺史，遷號安西將軍，徵為侍中中衛將軍，復出為郢州刺史，遷鎮北將軍寧蠻校尉雍州刺史。天監十七年薨，贈侍中司空，謚曰康王。

臨江州下給船教

刺史不德，水潦為患，可利之，平給船而已。梁書安成王秀傳，南史安成王秀傳。

臨荊州下招隱逸教

夫鶉火之禽，不匿影於丹山；昭華之寶，乍耀采於藍田。是以江漢有羅纓之歌，空谷著來思之詠。弘風闡道，靡不由茲。處士河東韓懷明、南平韓望、南郡庾承先、河東郭麻，並脫落風塵，高蹈其事，兩韓之孝友純深，庾郭之形骸枯槁，或橡飯菁羹，惟日不足，或葭牆艾席，樂在其中。昔伯武貞堅，就仕河內；史雲孤劭，屈志陳留。豈曰場苗，實惟攻玉，可加引辟，并遣喻意。既同魏侯致禮之請，庶無辟彊三緘之歎。梁書安成王秀傳。

蕭欣

欣，秀孫，宣帝建號，襲封安成王，歷侍中中書令，尚書僕射，尚書令。天保二十三年卒，贈司空。有梁史百卷，集十卷。

謝賜甘露啟

臣欣啟：某奉宣敕旨，垂賚便殿桃葉甘露。拜受雀躍，載懷鳧抃。伏以聖德至大，和氣旁遠，是以神液甘流，靈滋膏被。求之前代，鏡諸終古，或降邑都，尚君臣動色，遐邇超慶，未有發瑞殿庭，呈祥甑甗，視聽罕聞，圖符絕代。臣與奉休明，曲蒙茲賜，獨深抃舞，實百常品。不任下情，謹以啟事以聞。臣欣言。初學記二。

南平王偉

偉字文達武帝第八弟仕齊歷晉安鎭北驃騎參軍和帝以爲雍州刺史鎭北將軍武帝受禪封建安王改封南平王累遷至中書令大司馬中大通五年薨贈侍中大宰謚曰元襄

荅釋法雲書難范縝神滅論

辱告惠示敕荅臣下審神滅論天識昭遠聖情淵察伏覽玄徽實曉庸昧猥能存示深承篤顧蕭偉和南弘明集十

南平王恪

恪偉子中大通五年嗣封

奉湘東王爲相國總百揆牋

竊以嵩嶽既峻山川出雲大國有蕃申甫惟翰豈非皇建斯極以位爲寶聖教辨方名與器是知太尉佐帝重華表黃玉之符司空相土伯禹降玄珪之錫伏維明公大王殿下命世應期挺生將聖忠爲令德孝實天經地切應韓奇深旦奭五品斯訓七政以齊志存社稷功濟屯險夷狄内侵枕戈泣血鯨鯢未掃投袂勤王能使遊魂請盟以屈膝醜徒銜璧而讋氣覲蕃外叛釁均吳楚義討伸威兵不血刃湘波自息非桀杜弢之壘峴山離貳不伐劉表之城九江致梗二別殊派纔命戈船底定灊霍泝流翦討路絕窺窬胡兵侵界鐵馬霧合神規獨運皆即梟懸翮同翅折遂修職貢梁漢合契肆犀利之兵巴漢俱下竭驍勇之陣南通五嶺北出力原東夷不怨西戎即序可謂上流千里持戟百萬天下之至貴四海之所推也今海水飛雲崑山起燎魏文悲樂推之歲韓宣歎成禮之日陽臺之下獨有冠蓋相趨夢水之傍尚致車輿結轍雙麥兩穗出於南平之邦甘露泥枝降乎當陽之境野蠶自績何謝歐絲閑田生稻盈殊雨粟莫非品物咸亨是稱文明光大豈可徽號不彰於彝典明試不陳乎車服者哉昔晉鄭入周尚作卿士蕭曹佐漢且居相國宜崇茲盛禮顯荅羣望恪等稽尋甲令博詢惇史謹

再拜上進位相國總百揆竹使符一別準恆儀杖金斧以翦逆暴乘玉輅而定社稷傍羅麗於日月貞明合於天地扶危翼治豈不休哉恪等不通大體自昧伏奏以聞梁書元帝紀太清四年十一月甲子南平王恪侍中臨川王大款桂陽王大成散騎常侍江安侯圓正侍中左衞將軍張綰司徒左長史蕭等府州國一千人奉牋

蕭映

映武帝第十一弟始興王憺之第四子天監初封廣信侯出爲吳興太守改封新渝侯遷北徐州刺史大同中遷廣州刺史卒官

荅晉安王書

廣信縣開國侯蕭映惶恐死罪信至奉誨淸言兼紙文采巨麗慰喻稠疊比日寒霜慘切伏願興居和悆民富重殷無過仰損下官智昏識闇學淺人凡遂得披卷旋階親奉教義耳餐甘露心承制說天恩淵深敍情廣奧三明一鑒釋滯義於久迷四辯旣陳闡難思而頓解豈漢皇夢迹而梵響復弘雖晉帝留心而微言始見每至夕趨瓊筵晨登朱陛不曾不憶芳林勝集玄圃法座殿下曳舄寶雲或從容而問道拖裾博望乍折角而解頤于時謬齒末筵預聞淸論親奉話言數陪顏色至於今者講席殿下限同分陝謬領天獎下官誰不欽仁盈無戀德傾心東注恆以係仰爲先下官蒙蔽久已仰慕雖聞妙義愚心難啟方欲馳騖枌鄉訪疑下席忽逢令旨垂覓波餘尋讀戰皇俯仰慙恧庶爲恩謗少泰下情正當慈雲智海翻以仰屬謝瓶慙甑實歸庸菲下官惑緣旣積塵累未消近攝衞乖方遂中途感疾不得參承究竟闕開末品徒自剋責終闕緣運不審比日何以怡神披閱儒史無乃損悆下官每訪西鄴備餐令德仰承覿矚於章華之上或聽訟於甘棠之下未嘗不文翰紛綸終朝不息淸論玄談夜分乃寐春華之客登座右而升堂秋實之賓應虛左而入室文宗義府於焉總萃惟此最樂實驗茲

下官上脫猶及二字

晨下官昔游梁苑，曲蒙眷顧，今者獨隔清顏，久暌接仰，傾心已結，興言涕欷，惟冀音旨，時錫沾及，伏願珍重，尋更下承，曲奉恩誨，用深銘荷，唉死罪死罪。（廣弘明集二十一）

長沙王淵業

淵業（梁書但作業，亦作深業，避唐諱），字靜曠，武帝長兄長沙王懿之子。天監二年襲封，歷祕書監、侍中、中書令、散騎常侍、金紫光祿大夫。普通二年薨，謚曰元。

答釋法雲書難范縝神滅論

惠示，敕答臣下審神滅論，睿旨淵凝，機照深邈，可以箜躡惑見，訓誘蒙心，鑽仰周環，洗滌塵慮，遂能存示，戢眷良深。蕭淵業和南。（弘明集十。）

衡陽王元簡

元簡字熙遠，武帝第四弟衡陽王暢子。天監三年襲封，歷會稽太守、廣州刺史，遷郢州刺史。天監十八年薨，謚曰孝。

上言得劒

餘姚縣掘地得劒二口，又於縣東江水中得劒一口，文漫若雌雄。（御覽三百四十二引梁書，天監七年，會稽太守衡陽王元簡上言。）

蕭昺（梁書作景，避諱。）

昺字子昭，武帝從父弟。齊建武中除晉安王國左常侍，遷永寧令，還為驃騎行參軍。永元中除步兵校尉。中興建，為寧朔將軍，行南兗州事，遷輔國將軍。武帝受禪，封吳平縣侯，授使持節、冠軍將軍、南兗州刺史，歷太子右衛率、衛尉卿，遷左驍騎將軍，兼領軍將軍，出為信武將軍、寧蠻校尉、雍州刺史，徵右衛將軍，領石頭戍事，復為信威將軍、南兗州刺史，又徵為領軍將軍，加侍中，從安右將軍、監揚州，出為安西將軍、郢州刺史。普通四年卒，贈侍中、中撫軍、開府儀同三司，謚曰忠。

上言得鏷麒麟

廣陵宣城內鑿井，得鏷麒麟一枚。□□□□。（案梅氏齊文紀有蕭日南，和帝中興二年，監南兗州上言云云。日南者昺之誤也。中興建，昺為南兗州。）

答從兄安成王書

奉告，清言溢目，眷逮周委，炎光已盛，願此勝宜，仰承發止，已次新林，引邁務殷，無妨怡賞，三湘奧區，九疑形勝，浮洲動浪，聞暝鷗之舊說，安流洞浦，憶採若之遺風，昔景伯出藩，風高振古，叔英之部，清約見稱，兄政譽平宣，威和兼濟，加以夏石奇雲，秋江迴月，翰飛紙落，理豐辭富，賞末興餘，時希逮憶，暌離方遠，川塗修曠，炎涼方改，願加珍勛，緣字可傳，白雲終閱，心傷淚灑，投筆無宣。（藝文類聚二十一。蕭此文于陸景後，案吳時諸陸無封安成王者，當是蕭昺之文，安成王者蕭秀也，于昺為從兄。）

答釋法雲書難范縝神滅論

辱告，并伏見詔答臣下審神滅論，夫三世雖明，一乘教遠，或有偏蔽，猶執異端，聖上探隱索微，凝神繫表，窮理盡性，包括天人，內外辨析，辭旨典奧，豈直羣生靡惑，實亦闡提即曉，方宣揚四海，垂範來世，惠使聞見，惟深佩服。孤子蕭昺頓首和南。（弘明集十，衛尉卿蕭昺答。按梁書蕭景傳，天監五年遷輔國將軍、衛尉卿，與弘明集正合，知蕭景即蕭昺也。）

蕭昂

昂字子明，景第三弟。天監初歷司徒右長史、豫章王行事，累遷至領軍將軍，封湘陰縣侯。大同元年卒，謚曰恭。

答釋法雲書難范縝神滅論

辱告，宣示敕答臣下審神滅論，聖旨披析，使惑者煥然，神之不滅，著於通誥，理既淵默，故致有迷，主上識照知來，鑒踰藏往，摘機外之妙思，攻異端之妄說，又引禮經，取驗虛實，孝敬之道，於此方弘。孤子蕭昂頓首和南。（弘明集十。）

蕭昱

消當作稍

昱字子眞，昺第四弟。天監初除祕書郎，歷太子舍人、洗馬、中書舍人、中書侍郎、給事黃門侍郎，免。普通中爲晉陵太守，卒，贈湘州刺史，謚曰恭。

請解職表

夏初陳啟，未垂採照，追懷慙懼，實戰胷心。臣聞暑雨祁寒，小人猶怨；榮枯寵辱，誰能忘懷。臣藉以往，因得預枝戚之重，緣報既雜，時逢坎壈之運。昔在齊季，義師之始，臣乃幼弱，粗有識慮，東西阻絕，歸赴無由。雖未能負戈擐甲，實銜淚憤懣，潛伏東境，備履艱危。首尾三年，亟移數處，雖復飢寒切身，亦不以凍餒爲苦。每涉驚疑，惶怖失魄，既乖致命之節，空有項領之憂。希望開泰，冀蒙共樂，豈期二十餘年，功名無紀，畢此身骸，方塡溝壑。丹誠素願，溘至長罷，俯自哀憐，能不傷歎。夫自媒自衒，誠哉可鄙；自譽自伐，實在可羞。然量己揆分，自知者審，陳力就列，寧敢空言。是以常願一試，屢成干請。夫上應玄象，實不易叨，錦不輕裁，誠難其製。過去業鄣，所以致乖，算測聖監，既謂臣愚短，不可試用，豈容久居顯禁，徒穢黃樞。忝竊消積，恐招物議，請解今職，乞屛退私門，伏願天照，特垂允許。臣雖叨榮兩宮，報効無地，方違省闥，伏深戀悚。（梁書蕭昱傳）

邵陵王綸

綸字世調，武帝第六子，小字六眞。天監十三年封邵陵王，出爲寧遠將軍、琅邪彭城二郡太守，還輕車將軍、會稽太守，徵爲信威將軍。普通初領石頭戍事，尋爲江州刺史，以西中郎將行南兗州刺史，坐事免，尋爲侍中。大通初加信威將軍，中大通初爲丹陽尹，遷宣威將軍、揚州刺史。大同中爲侍中、雲麾將軍，歷平西將軍、郢州刺史、安東將軍、南徐州刺史。太清中進中衞將軍，拜司空。大寶中假黃鉞、都督中外諸軍事，兵敗，爲西魏所殺。元帝追謚曰攜王，有集六卷。

贈言賦

㳅雲麾問望之美，作牧南蕃，維舟江漢，留連飲餞，發邁有期，會面無日，依依別袂，悢悢江干。古人贈別以言，聊爲贈言賦曰：

昔人有感於知己，深情投分，如斯已矣。相知勢利之間，實君子之所鄙；靜言神交之際，亦難得而具美。豈直鮮其令終，曾自聞其善始。日踰久而益敬，蓋惟一人者爾。語同志而好合，諒今古之皆然。苟託御而自說，徐因翳而請前。況其聲與茂實，乃絕後而光先。似臨潭而對鏡，若披霧而覩天。欽愛顧之罔已，良佩服之在旃。資淑美之上才，超羣雄而獨峻。德既深於萬頃，體有高乎數仞。思若神而泉湧，文如華而玉振。伊薄軀之固陋，謬攝官於夏汭。知美錦之難裁，處棼絲而易結。幸中途而遘止，仰旌旆之踟躕。似德星之東邁，類祥雲之西徂。亟留連於河渚，或終宴於城隅。賞既延於賓友，懽亦洽於僕夫。嗟灰琯之易遊，慨離袂之云促。惜日車之不駐，恨流影之難續。觀善誘而不倦，餐好音而未足。佇浮雲之可寄，願無比乎金玉。（藝文類聚三十一）

設無礙福會敎

僚紀大士，廣濟義，非爲己，道弘羣生，種種方便。所以虛己樂靜，表之內經；確乎難拔，著自外典。又加獨往斯意，足論隱不隔眞，乃爲菩薩。廬山東林寺禪房，皆表法師，德稱僧傑，實號人龍，懷道守素，多歷年所，不爲事屈，不爲時伸，上下無常，一相無相，遂能捨彼耆闍，來遊垢濁，興言一面，定交杵臼。余以薄德，謬臨大邦，敍義未聞，貴賢總至。昔綺季之出漢年，巢許之興唐日，茲迺聖主流慈，天澤滂被，異人間出，復在此辰，不勝舞蹈帝之恩普也。匆今月十日，於栖賢寺設無礙會，幷致敬開士，躬諮聖福，下逮餐道，凡厥民隸，爰及庶士，罔不率從，咸皆請業，上荅乾慈，永同彼岸，外依事宣行。（廣弘明集二十八上）

讓丹陽尹初表

臣進非民譽退異宗英尸居戎號已紊彝典況京兆五守西漢難追河南二尹東京罕繼審已循涯自知莫可街談巷議尤見不勝（藝文類聚五十御覽二百五十二）

遵敕捨老子受菩薩戒啟

臣綸啟臣聞如來端嚴相好巍巍架于有頂微妙色身的的顯乎無際假金輪而啟物託銀粟以應凡砥波若之利鐮收涅槃之碩果況生死之苦海濟常樂於彼岸故能降慈悲雲垂甘露雨七處八會教化之義不窮四諦五時利益之方無盡並水清日盛露豁雲除爝火斯光塵熱自靜可謂入俗化於朦底出世冥此真如使稠林邪徑之人異法門而無倦渴愛聾瞽之士慕探賾而知迴道樹始乎迦維德音盛於京洛恒星不見周鑒嫉徵滿月圓姿漢感宵夢五法用傳萬德方兆華俗潛啟競扇高風資此三明照迷途

之失憑茲七覺拔長夜之苦屬值皇帝菩薩應天御物負扆臨民含光宇宙照清海表垂無礙辨以接黎庶以本願力攝受眾生故能隨根逗藥示權因顯崇一乘之旨廣十地之基是以萬邦迴向俱稟正識幽顯靈祇皆蒙誘濟人興等覺之願物起菩提之心莫不翹勤歸宗之境悅懌還源之趣共保慈悲俱修忍辱所謂覆護饒益橋梁津濟皆矣道既光被民亦化之於是應真飛錫騰虛接影破邪外道堅持正國伽藍精舍寶剎相望講道傳經德音盈耳臣昔未達理源稟承外道如欲須甘果翻種苦栽欲除渴乏反趣鹹水今啟迷方粗知歸向受菩薩大戒戒節身心捨老子之邪風入法流之真教伏願天慈曲垂矜許謹啟天監三年四月十七日侍中安前將軍丹陽尹邵陵王臣蕭綸啟（釋藏隨八又鶩八）

答皇太子示大法頌啟

茲鋒鬱壯妙辯縱橫慧捨雨雪智包三藏故五時之說既陳七處之禮斯聚拼般若之妙源顯無生之真諦心注八流意舍五忍能使六地震動四花普雨析木蕋鱗開羅散馥香鳥步花馴遊於雲圃瑞雀飛環翔舞於風前高門洞啟不因銅馬之飾寶殿霞開假鳳皇之瑞雖復長卿壯辭曾何足數子雲妙句比此蔑如（藝文類聚七十七）

謝令賚馬啟

蓮翮絕景沃若追風超渥水之彤踰大宛之狀荷傳西蕃將達宮闈無任城之氣勇降東平之嘉錫何以揚名沙漠仰稱隆慈戀德銘心矚恩俯淚（藝文類聚九十三）

與湘東王書

伏以先朝聖德孝治天下九親雍睦四表無怨誠為國政實亦家風唯余與爾同奉神訓宏敦旨諭共承無改且道之斯美以和為貴況天時地利不及人和豈可手足肱支自相屠害日者聞譽專

情先訓以幼陵長湘峽之內遂至交鋒方等身遇亂兵斃於行陣殞於吳局方此非冤聞問號怛惟增摧慎念以兼悼當何可稱吾在州所居遙隔雖知其狀未喻所然及屆此藩備加覩訪咸云譽應接多替兵糧閉壅弟教亦不悛故興師以伐譽未識大體意斷所行雖存急難豈知竊思不能禮爭復以兵來蕭牆興變體親成敵一朝至此能不嗚呼既有書問雲雨傳流噂喈其間委悉無因詳究方今社稷危恥創巨痛深人非禽蟲在知君父即日大敵猶强天讎未雪余爾昆季在外三人如不匡難安用臣子唯應剖心嘗膽泣血枕戈感誓蒼穹憑靈宗祀晝謀夕計共思康復至於其餘小忿或宜寬貸誠復子憾須與將奈國冤未遑正當輕重相推小大易奪遺無益之情割下流之悼弘豁以理通識勉之今已喪鍾山復誅猶子將非揚湯止沸吞冰療寒若以譽之無道近遠同疾弟復效尤攸非獨罪孝寬於眾議忍以事盜如使外寇未除家

禍仍構。料今訪古。未或弗亡。夫征戰之理。義在克勝。至於骨肉之戰。愈勝愈酷。捷則非功。敗則有喪。勞兵損義。虧失多矣。侯景之軍。所以未窺江外者。正爲藩屏盤固。宗鎮強密。若自相魚肉。是代景行師。景便不勞兵力。坐致成效。醜徒聞此。何快如之。又莊鐵小豎。作亂久挾。觀釁懷安。二侯以爲名號。當陽有事。充製殊廢。備境第闕。征伐復致。分兵便是。自於瓜州至於湘雍。莫非戰地。悉以勞師。侯景卒承虛藉釁。浮江豕突。豈不表裏成虞。首尾難救。可爲寒心。其事已切。弟若苦陷洞庭。兵戈不戢。雍川疑迫。何以自安。必引進魏軍。以求形援。侯景事等內癰。西秦外同瘤腫。直置關中。已爲咽氣。況復貪狼難測。勢必侵吞。弟若不安。家國去矣。吾非有深鑒。獨能弘理。正是採藉風謠。博參物論。咸以爲疑。皆欲解體。故耳。自我國五十許年。恩格玄穹。德彌赤縣。雖有逆難。未亂邕熙。溥天率土。忠臣憤慨。比屋羅禍。忠義奮發。無不抱甲負戈。衝冠裂眥。咸欲剸

刃於侯景腹中。所須兵主唱耳。今人皆樂死。赴者如流。弟英略振遠。雄伯當代。唯德唯藝。資文資武。拯溺濟難。朝野咸屬。一匡九合。非弟而誰。豈得自違物望。致招鑾譏。其間患難。具如所陳。斯理皎然。無勞請箸。驗之以實。盟須確引。吾所以日聞關險道。出自東川。政謂上游諸藩。必連師狎至。庶以殘命。預在行間。及到九江。安北兄遂泝流更上。全由饑饉懸斷。卒食半菽。阻以菜色。無因進取。侯景方延假息。復緩誅刑。信增號憤。啟處無地。計蕭湘穀粟。猶當紅委。若阻弟嚴兵。唯事交切。至於運轉。恐無暇發遣。卽日萬心慊望。唯在民天。若遂等西河。時事殆矣。必希令弟豁照茲途。解汨川之圍。存社稷之計。使其運輸糧儲。應贍軍旅。庶叶力一舉。指日寧泰。宗廟重安。天下淸復。推弟之功。豈非幸甚。吾才懦兵寡。安能爲役。所寄令弟。庶得申情。朝聞夕死。萬殞何恨。聊陳鄙見。幸無怪焉。臨紙號迷。諸失次緒。梁書邵陵王綸傳。又藝文類聚載此。有刪節。未可互補。今別載于後。

先朝聖德。治天下。九親維睦。四表無怨。誠爲國政。實亦家風。弟弘識遠鑒。無俟傍說。事重情切。不能默已。勞兵損義。虧失多矣。可謂吞冰療寒。揚湯止沸。侯景所以未敢窺兵江外。正爲藩屏盤固。宗鎮強密。若自相魚肉。是爲代景行師。昔廉藺二虎。且猶不鬭。況弟與湘雍。方須叶力。唯親惟急。萬倍於斯。同怨同恥。尤甚昔事。豈得各恣目前。不思久遠。安卧積薪。日待焚爇。狂夫尚猶阻之。智者反致其惑。所冀聽識。一聞斯悟。藝文類聚二十五。

揚州僧正智寂法師墓志銘

綠城虛假。欲海漂深。三相難久。八風易侵。實惟上德。爲龍爲光。凝情內瑩。被采外揚。微言折角。精義解頤。有同商生。譬彼名騶。妙法方永。慧水停滋。五通軫慕。四衆增悲。藝文類聚七十七。

隱居貞白先生陶君碑

夫夜光結綠。非肚篋之恆珍。逸羽翔鱗。豈園池之近玩。蓋期心於

遠大。蓋不知其所以然也。是以潁陽高蹈。洗耳於唐朝。漢陰貞栖。滅迹於周代。盛德風流。有自來矣。應期而曜質者。其在茲乎。先生名弘景。字通明。本冀州平陽人也。其先自帝堯陶唐氏之後。肖堯治冀州平陽。故因居止。龍馬見五色之符。欽明表八彩之瑞。光宅於天下。允釐於庶職。洪源夐遠。系緒綿長。漢興。陶舍爲高祖右司馬。子靑翟位至丞相。後至漢末南渡。始居丹陽。七世祖濬。仕吳爲鎮南將軍荆州刺史。祖降。宋南中郎參軍事。父貞寶。司徒建安王國侍郎。並立履淸約。博涉文史。先生含元精之和氣。蓄陵飆之雅姿。兼宣七善。總脩九德。行仁蹈義。嶽峙淵渟。牆仞無以覩。淸濁不能測。道風與星漢同高。勝氣與煙霞共遠。六歲便解書。能屬文。七歲讀孝經毛詩論語數萬言。晏倩幼習典墳。公幹少誦詩賦。方之於古。彼有多慙。是以岐嶷流譽。黃中著稱。有鄉人得葛洪神仙傳。見淮南八公諸仙事。乃歎曰。讀此書便使人有淩雲之氣。於是寢

興諷誦。晨夜不輟。年二十七、爲宜都王侍讀、總知管記事。膀道求賢。焚林招士。朝難其選。是曰得人。阮瑀之書記、不足扶衡。孫楚之才辭、何以棒轂。齊代好治宮室、方脩苑圃、青溪舊觀、便就起築。仍奏表上頌。辭事兼美、邁彼樂職之篇、踰乎景福之製。帝省覽久之、益以爲善。除奉朝請。恪居官次。夙夜惟寅。春朝秋請。是棫樸者也。先生本不希榮。常欲辭退。乃與親友書曰。疇昔之意。不願處人閒。年登四十。志畢山藪。今三十六矣。時不我借。知幾其神乎、無爲自苦。明年。遂拜表解職。抽簪東都之外。解組北山之陽。同稷丘之栖眞。慕晉侯之御粒。便具舟檝。永言東邁。朝廷錫問。時賢餞別。祖以二疏。招茲四皓。超然輕舉。異世同符。爾乃杖策孤征。遊踐山嶽。既而到于句容。登於茅嶺。以此地神仙之宮府。靈異之栖託。往不能返。遂卜居焉。先生曰。夫子云。隱居以求其志。行義以達其道。吾聞其語。未見其人。我今義通無復其一。請同求志之業。故自稱隱居。

亦猶稚川之抱朴。士安之玄晏。倚巖栖隱。依林遁跡。交柯結宇。剗徑爲門。懸崖對澗。悲吟灌木。深壑絕藝文類聚作危峭。組織煙霞。枕石激流。水禽無撓。採藥耦耕。野獸不亂。逍遙閒曠。放浪陵山。嗒然若喪。確乎難拔。屬齊末道消。天命既否。水關穀洛。地震由辰。先生靜思冥數。預識徵兆。於是近遠書問。悉皆杜絕。昔乃聞之夏甫。今則見之先生。我大梁休運應期。受天明命。三辰開朗。四海盜諠。先生奉表稱慶。於是信問復通。天監以來。常有敕旨。供給藥餌。不乏歲時。渥澤湛恩。莫之與比。先生七年。暫游南嶽。茲山也。譬閬風之地軸。若崑陵之天鎮。八桂傍臨。九純開設。樹有琅玕。草生車騎。遺世獨往。是用忘歸。一十年。有敕遣左右司徒惠明徵還。先生茅山別給廨宇。軒后之降精。天老漢帝之致禮。河宗況於茲日。弗能尚也。養志山阿。多歷年所。攝生既善。冥祥亦降。猛獸不擄。魑魅莫逢。庭無荊棘。遠同闕里。階吐神泉。逕動疏勒。於是羽人徘徊。仙客上下。鸞鳳遊集。芝英豐潤。大造佛像。爰及寫經。起塔招僧。備諸供養。自誓道場。受菩薩法。夢登七地。又得嘉名。具以啟聞。蒙敕許可。葛玄之夢見開士。朱鸞之遠望尊儀。何以擬茲。通感匹此徵應。以大同三年歲次景辰三月壬寅朔十二日癸丑。告別年化。春秋八十有一。天子嗟惜。儲皇軫悼。有詔稱譽。追贈中散大夫。謚曰貞白先生。禮也。以其月十四日窆于丹陽郡句容縣雷平山。若軒轅之葬衣冠。如王喬之藏劒。鳥化於茲。亡可得偶焉。先生器宇凝深。思識精贍。含章貞吉。不脩廉隅。年將中壽。匪踰於矩。眉目疏朗。儀貌鮮潔。貫亡勸沮。多行德惠。惓惜光景。愛好墳籍。篤志勵節。白首彌至。若乃淮南鴻寶之訣。隴西地動之儀。太一遁甲之書。九章麻象之術。幼女俔鈞之敏。允南風角之妙。太倉素問之方。中散琴操之法。咸悉搜求。莫不精詣。爰及卜射。葥碁。蘇卜。管筮。一見便曉。皆不用心。張華之博物。馬鈞之巧思。劉向之知微。葛洪之養性。兼此數賢。一人

而已。門人恊法闍等。慕遂風於緱氏。繪遺像於橋陽。勒玄碑而相質。騰絳霄之流芳。乃爲銘曰。

畱鳥表化。棄劒凝神。徘徊紫氣。照耀丹鱗。厥跡猶在。餘風可遵。誰其嗣此。淵哉淑人。高行邁種。盛德日新。朗猶懸鏡。鬱似貞筠。身以弘道。行不違仁。昔游纓紱。頡頏搢紳。厭乎匡救。勞彼問津。亦既解組。乃襲山巾。遠尋巨壑。高蹈風塵。情無緬世。隱不隔眞。結宇依巖。貞棲茂草。木玉畱年。華精卻老。乃有令問。兼斯壽考。泉過危庭。峯臨窈洞。露凝蘭階。雲生桂棟。日斜欄帘。花落窗甕。尚平未反。王孫不旋。海桑交易。陵谷貿遷。豐碑有樹。遺烈無騫。文苑英華八百七十三。又略見藝文類聚三十七。

祀魯山神文

敬與魯君之靈祠。以首山鬱律。表二叔之淸風。趙國隱淪。權三公之靈迹。北坂祠城。流光夜起。東嶺叢室。甘雨晝零。故能徵應不褰。

介福無爽。金壇玉宇。是衆妙之遊遨。丹崖翠幄。信靈人之嚮俟。霓裳孔蓋。轉日車而競前。鸞象垂豹。載靈旗而總集。江妃漢女。含睇來趨。湘娥洛嬪。宜言在側。鳴璆撫劒。俠席徘徊。絳節陳竿。滿堂繁會。奠椒懷糈之歡。傳巵代舞之樂。桂醑溢於羽觴。蕙肴盈於黼藉。既醉既飽。景福攸同。不震不騰。神保是格。無載之薦。已畢慶報之澤攸先。願化昌而俗阜。俾多祐之在旂。同匪石之無轉。欣滯穗之有年。惟東皇兮戾止。等南山而不騫。藝文類聚七十九。

蕭圓照

圓照字明周。武帝第八子武陵王紀之長子。中大同初為益州東齋郎。宋寧永興二郡太守。紀建號。立為皇太子。

僞爲討侯景啟

侯景未平。急宜征討。已聞荊州鎮為景所滅。疾下天軍。南史五十三武陵王紀傳。

蕭方等

方等字實相。元帝長子。太清三年。討河東王譽。敗死。年二十二。贈侍中、中軍將軍、揚州刺史。謚曰忠壯世子。有三十國春秋三十一卷。

與湘東王啟

昔申生不愛其死。方等豈顧其生。梁書世祖二子傳。

散逸論

人生處世。如白駒過隙耳。一壺之酒。足以養性。一簞之食。足以怡形。生在蓬蒿。死葬溝壑。瓦棺石槨。何以異茲。吾嘗夢為魚。因化為鳥。當其夢也。何樂如之。及其覺也。何憂斯類。良由吾之不及魚鳥者遠矣。故魚鳥飛浮。任其志性。吾之進退。恆存掌握。舉手懼觸。搖足恐墮。若使吾終得與魚鳥同遊。則去人間如脫屣耳。梁書世祖二子傳。

全梁文卷二十二終

烏程嚴可均校輯

蕭子範

子範字景則。齊豫章王嶷第六子。永明十年封祁陽縣侯。除太子洗馬。梁受禪。例降爵爲子。歷後軍記室參軍、司徒主簿、丹陽尹丞、太子中舍人。出爲建安太守。還除大司馬南平王戶曹屬、從事中郎。遷宣惠諮議參軍、護軍臨賀王正德長史。隨府遷信威長史。領丹陽尹丞。除中散大夫。遷光祿廷尉卿。出爲戎昭將軍始興內史。還除太中大夫。遷祕書監。簡文帝卽位。召爲光祿大夫。不拜。卒。元帝追贈金紫光祿大夫。謚曰文。有千字文一卷、集十二卷。

家園三月三日賦

春亦暮止。田家上巳。時將禊於九門。節方郊於七里。扇習習之和風。照遲遲之華景。飛玄翮之士燕。奪丹胸之山雉。聊潔新而濯故。式東流之前軌。居兔上扇。樹非榛栗。既無擇於爽塏。曾不訪於凶吉。右瞻則青溪千仞。北覩則龍盤秀出。與歲月而荒茫。同林藪之蕪密。㩳茲嘉月。悅此時良。庭散花蘂。傍插筠篁。灑玄醪於沼沚。浮絳棗於泱泱。觀翠綸之出沒。戲青舸之低昂。藝文類聚四、初學記四

建安城門峽賦

原夫城門之所都。迺設險於闔區。艱難過於身勢。襟要甚於飛狐。長湍一流而沸涌。層山兩判而盤紆。對巘雙分千霄帶雲。怪石隨波而隱見。枯槎橫出而不拏。顧瞻左右重巒接阜。其隅如礪。其忽如斗。千乘馳輪。匹夫可守。龍嵸呀呷。蹴浪揚華。雁門飲羽。西施浣沙。瓌詭豐隆。質狀不同。斑黃綠采。玄紫潛通。水奔湍其如電。督疾烈其如風。樹低柯而翠鬱。潭隱日而青空。藝文類聚六

直坊賦并序

余以天監六年爲洗馬。十七年復直中舍之坊。感恩懷舊。悽然而作。

歲惟奄茂。清明送風。承恩從官。自府遊宮。信吾生之多幸。逢六合之大同。何坊禁之寥闃。對長庭之蕪永。門幽幽而重閉。室愔愔而內靜。應曉刻而坐朝。聽鳴鐘而自警。雖生風於蟻螟。終罕曜於陽景。頗留連於九思。恆懇勤於三省。於時也春果餘英。夏條垂實。殿穹窿而起陰。槐連拳而負日。傍高墉之邐迤。觀層扉之鬱律。寫學宮於洛都。摹書堂於漢室。臺榭千名。仙靈閒出。藝文類聚六十二

傷往賦

彼蘭菊之芳茂。及蕣槿之榮色。終於邑乎繁霜。俱飄颻於路側。引輕華之微珍。猶見嗟於有識。況獨立之妍媛。信盈盈而挺直。去倡家而來儀。承君子之宴息。擢麗容而思進。豈蛾眉之肯抑。詠美滕而自箴。歌忠妾而爲式。痛妖姿之不留。惜華年之中夭。冀熊祥之

永慶。忽從飆而先摽。魂一逝而莫追。夕有長而無曉。惟君侯之惆悵。覽遺物而霑巾。帷半垂而將下。尚仿像而疑眞。懷方士之良術。願有憑而致神。藝文類聚三十四

求撰昭明太子集表

臣聞姬旦云亡。播禮樂於百代。宣尼既歿。傳雅頌於千祀。夏啟之風。載傳樂野。周晉之迹。止在洛濱。入侍四公。西京見美。長壽一祭。東漢流名。魏擊之悟篋衣。事關戰國。孫登之愛田苗。義屬偏霸。各稱小善。靡擅雕蟲。子桓雖詩賦可嘉。矩範頓闕。貽議良史。取誚前載。備而爲論。發與允歸。自少陽潛位。震方緘采。神儀長往。銅龍毀構。音顏緬邈。舟壑遷移。若乃緣情體物。繁絃縟錦。縱橫豔思。籠蓋辭林。積練累素。盈車滿笈。金石有銷。斯文方遠。既異陳王之躬撰。又非當陽之自集。臣蟬翼輕身。未從塵露。而班輪嚴駕。永輟騑驂。戀主懷慈。伏深弟慕。冒乞銓次遺藻。勒成卷軸。藝文類聚十六

為兄宗正讓都官尚書表

納言之授。皇命所由。五星懸暉。差池紫宮之曲。百官根本。聯曹建禮之內。孔蔡該博。垂芳於兩京。陳鍾合才。比肩於魏世。遜望前英。俯循庸薄。義無尸素。禮絕祇奉。藝文類聚四十八、初學記十一。

為蔡令樽讓吳郡表

今吳興區地。迫都輦。譬彼西京。則扶風馮翊。方之洛下。則潁川河內。自非時雨之政。解繩之才。寧可奉共理之言。承河潤之旨。鄧攸廉白。酒著不留之歌。賀劭沈靜。猶致題門之責。藝文類聚五十。

到臨賀王信威府牋

上藩首佐。於茲再忝。河南雌伏。自此重昇。以老少異時。盛衰殊日。雖佩恩寵。還羞年鬢。梁書蕭子範傳。

七誘

幽遁公子。不遊義路。不入禮門。人主焉得為臣。公侯難以為客。有

暴勢大夫。驅美澤之車。策千里之馬。乃至公子之所居。

大夫曰。收苗山之鋌。採邪谿之銅。既云時吉。亦曰天中。金英內曜。銀精外通。均如屈楊之舒彩。粲若芙蓉之始紅。七星布而成列。五色變而無窮。寶兼千萬。聲重二都。邁茲巨闕。超彼鹿盧。呈形辟燭。表質風胡。

大夫曰。王饌方丈。薰肴果器。法馨吳章。妙窮伊摯。若乃豹胎之貴。鳳卵之珍。常山之果。醴水之鱗。

大夫曰。訪幼女於蔡邑。選佳人於趙都。或拾翠於神渚。或採桑於城隅。見者忘鋤而留矚。行者下擔而踟躕。女乃歌曰。井上李兮隨風摽。垂翠帷兮夜難曉。獨處廓兮心悄悄。懷素縷之雙針。願因之於三鳥。

大夫曰。若乃帝思啟土。命將朔方。守邊鄙而擁角節。集兵旅而馳牙璋。或埋輪於絕域。或縶馬於遐疆。功格宇宙。威振蠻荒。

大夫曰。逸態之赤兔。駿足之驪駒。龍文重於漢廄。魚目貴於西鄙。若乃似鹿之體。如龍之姿。纏以紫縷。繫以素絲。

大夫曰。冬軒陽木。夏伐殷材。剞劂之功咸至。鉤繩之妙並來。擬天文而特建。象地戶而高開。麗前脩之金屋。陋曩日之璜臺。若乃緹錦遍室。丹青被土。白珠之簾。水精之柱。綺井鏤而重葩。華桷煥而相距。文石之井。珊瑚之樹。紫複峻而連天。青綺高而干霧。

大夫曰。自五氣初運。二靈始分。虵身之帝。牛首之君。焉足道哉。若乃聖皇之馭國。得附枝而居位。陋重華之聰明。茂放勳之文思。通犀文角之獻。相繼於天府。金鸞銀鳥之錫。不絕於史書。當此之時。子能佩玉而侍乎。公子竦然曰。前靡靡之數說。皆非鄙性之所娛。如今之善誘。請就列於康衢。藝文類聚五十七。

冠子箴

是月惟令。敬擇良辰。式遵士典。諮筮于賓。嘉字爰錫。醮酒方陳。禮

莊爾質。德成爾身。永變童心。長移悼齒。朱錦辭髮。青絇在履。丹石為操。冰泉厲己。務簡明匹。由蘇遊止。在我尚謙。推物盡美。面諂退言。弗納于耳。直弦矢辭。斯為良士。藝文類聚四十、御覽五百四十。

蕭子顯

子顯字景陽。子範第八弟。建武二年封寧都縣侯。永元末為給事中。梁受禪。例降爵為子。歷安西外兵、仁威記室參軍、司徒主簿、太尉錄事、太子中舍人、建康令、邵陵王友、丹陽尹丞、中書郎、守宗正卿。出為臨川內史。還除黃門郎。遷長兼侍中。領國子博士。遷國子祭酒。加侍中。除吏部尚書。大同三年。出為仁威將軍吳興太守。卒。謚曰驕。有後漢書一百卷。晉史草三十卷。齊書六十卷。普通北伐記五卷。貴儉傳三十卷。集二十卷。

御講摩訶般若經序

庖犧遒神。八象所以成列。周文克聖。六虛所以廣陳。蓋導俗之偏

典。非通方之大訓。至如漢明自講。高以儒術。簡文談疏。復謝專經。猶靈若之觀井。聲雲夢之在胷中也。皇帝體至道而揚盛烈。聰明而作元后。十地斯在。俯應人王。八福是生。允歸世主。玄覽無際。眇塵劫之初。寂照所通。該六合之外。屈此無爲。示同有學。擅忽兼修。禪慧雙舉。超國城而大捨。既等王宮之時。量珍寶於四天。又同轉輪之日。輕之若鴻毛。去之如脫屣。故以道駕皇王。事高方冊。若非蘊生知之上德。蓄機神於懷抱。洞比三明。齊功二智。孰能與於此者哉。金字摩訶般若波羅蜜經者。蓋法部之爲尊。乃圓聖之極教。開宗以無相明本。發軫與究竟同流。奧義雲霏。深文海富。前世學人。鮮能堪受。皇上愛重大乘。遨遊法藏。道同意合。眷懷總持。親動玉言。妙論綸緘。導明心之遠筌。標空解之奇趣。乃摛以翠縑。刻爲金篆。衆具寶飾。品窮無價。芝英讓巧。金碧相輝。雖榮光之謝河圖。方此非瑞。靑玉之爲仙簡。於焉已劣。皇太子乘萬機之暇日。藉

聽朝之閒。覽譬彼蘭風。願聞弘說。懇勤奏請。然後獲從。以中大通七年太歲癸丑二月己未朔二十六日甲申。輿駕出大通門。幸同泰寺發講。設道俗無遮大會。萬騎龍趨。千乘雷動。天樂九成。梵音四合。震震塡塡。塵霧連天。以造於道場。而建乎福田也。既而龍袞輟御。法服尊臨。殿華紫紺。座延高廣。上界莫之擬。新學不能升。天容有穆。降詔音旨。弘捷疾之辯。騁無畏之辭。炙輠無窮。連環自解。恣所請問。渙然冰釋。滯義同遣。疑網皆除。亦猶懸鏡之不藏。衢樽之俟酌。加以長筵亙陛。冠冕千羣。充堂溢霤。僧侶山積。對別殿而重肩。環高廊而接坐。錐立不容。荆刺無地。承法雨之通潤。悅甘露而忘歸。如百川之赴巨海。類衆星之仰日月。自皇太子王侯已下。侍中司空袁昂等六百九十八人。其僧正慧令等義學僧鎭座一千人。晝則同心聽受。夜則更述制意。其餘僧尼及優婆塞優婆夷、衆男冠道士、女冠道士、白衣居士、波斯國使、于闐國使、北館歸化

人講肆所班。供帳所設。三十一萬九千六百四十二人。又二宮武衞。宿直之身。植葆戈。駐金甲。並蒙講餼。別錫泉府。復數萬人。不在聽衆之例。外國道人沙呵耶奢年將百歲。在檀特山中坐禪。聞中國應有大講。故自遠而至。機感先通。咫尺萬里。言語不達。重譯乃宣。三藏之解。聖情懸照。又波斯國使王安拘越荒服遠夷。列參近座。瞙拜露頂。欣受未聞。多種出家。聞義爲貴。即有四人同時落髮。先是寶誌法師者。神通不測。靈迹甚多。自有別傳。天監元年。上始光有天下。方留心禮樂。未遑汾陽之寄。法師以其年九月。自持一麈尾扇及鐵錫杖奉上。而口無所言。亦未取其意。于今三十餘年矣。其扇柄繫以小繩。常所縮捩指迹之處。宛然具存。至是御乃鳴錫升堂。執扇講說。故知震大千而吼法者。抑有冥符。是時歲云芳春。每夕雨注。法鼓晨鳴。輒便淸朗。時過兩旬。日盈三七。陽和協度。雲景禎祥。至解講之晨。四衆雲集。懺禮纔畢。而正殿十方大像。忽

放光明。起自毫間。遍於卍字。左右靈相炳發。金儀炫燿。俄而左邊十方菩薩像續復放光。起右腋下。達于肩上。聖御躬自虔禮。大衆咸所覩矚。故知覩此面門。證明義旨。若夫多聞弟子。內聖垂風。右史記言。實惟帝則。乃命近臣。纂錄時事。凡厥諸諏。罔不備舉。或通釋已遠。而疑審方來。或宗致未聞。而啟請先至。其追審者。皆是本習所懷。或隔日異辰。義成先後。或雖伸往復。終是一問。聖旨並隨方酬接。如響應聲。萬物爲心。事見乎此。後之學者。安曉斯趣。上弘法歲久。凡諸學僧遠近同集。並會京師。而僧家之學。師習相守。唯信口說。專仗耳功。鮮能尋究經文。依求了義。上每爲之通解。神彩意得。已在言先。裁引文句。便至數十。精詳朗贍。莫能追領。舊學耆僧。黯如撤燭。弛氣結舌。無人不然。萬衆仰觀。一時心喜。諸如此事。非翰墨所能述。又外國諸僧所論義者。不必開所立之義。直是素有心疑。止來求決。或發偈誦。然後諮疑。或請問。既罷。讚歎發願。或

語畢還坐。衆俱不識。或諮竟乃去。莫知所在。容服非常。凡聖難測。是講也。東儲始啟。止蒙七日。諸僧鑽仰。欲罷不能。重復伸請。更蒙二七。而請益之衆。顒顒不已。上以國務久擁。不允所祈。將欲解座。皇帝捨財。遍施錢絹銀錫杖等物二百一種。直一千九十六萬。皇太子奉親玉經格七寶經函等。仍供養經。又施僧錢絹直三百四十三萬。六宮所捨二百七十萬。上親臨億兆。躬自菲薄。司服所職。養人所掌。若非朝廷典章。止是奉身之費。則太宮一日將十萬。生衣歲出千金。上並不取。別自營給。服麤浣衣。器同土簋。日一蔬膳。過中不餐。寒暑被襲。莫非大布。所居便殿。不能方丈。昔之幄座。今為下牀。傍無侍衛。顧無玩物。左右唯經書卷軸。所對但見香罏錫杖。昧旦坐朝。日旰乃息。夜尋法寶。明發不寐。所利唯人。所約唯己。誠起居之恆事。禁中之實錄。又宮人常格。年給數千萬。悉從停省。無所為留。雖漢文衣不至地。光武穀數十斛。方之蔑如矣。所造寺

路及諸齋會。不藉子來之民。不同大酺之禮。皆是採山澤之地利。為如法之淨財。量入為出。資無外取。一役之勞。計限傭賚。故能構製等於天宮。設飯同於香積。國朝大禮。莫過三元。三元所設。衆止數萬。隔歲預營。僅而後舉。監督紛糾。以為巨費。至於此會。出自淨財。遠近百姓。願為邑節。欣欣請受。爭取厠分。不待號令。不須課率。黍稷馨香。如期即至。數十萬衆。饗之不盡。所以知是皇上化力之所到。百姓善根之有成。至如軍國恆度。府庫常富。固以天下為公器。則秋毫無所侵也。初上造十三種無盡藏。有放生布施二科。此藏利益。已為無限。而每月齋會。復於諸寺施財施食。又別敕至到張文休。日往屠肆。食切鼎俎。即時救贖。濟免億數。以此為常。文休昔先為運吏。輒散運米與貧民。應入大辟。上愍其一分。惻然不許。非唯赦其重辜。乃加以至到之目。既非沽緩之市義。又無汲黯之請罪。人微宥重。過於昔時。文休既荷嘉貸。未嘗暫息。日中或不得

食。而足不得息。周遍京邑。行步如飛。擊鼓揚幡。負擔馳逐。家禽野獸。彌四生之品。無不放捨焉。是時朝臣至于民庶。並各隨喜。又錢一千一百一十四萬。上區其心迹。列有十條。或捨財同今法事者。或捨財以供養者。或捨財行慈悲者。或捨財乞誦經者。或捨財入節供者。或捨財入放生者。或捨財入布施者。或捨身施大衆者。或燒指供養三寶者。或聞講啟求出家者。昔如來化導。獲悟不同。故法眼無生。根性非一。上並與其人同發大願。別見願文。小臣陪侍講筵。謹立今序。廣弘明集十九。

自序

余為邵陵王友。忝還京師。遠思前比。即楚之唐宋。梁之嚴鄒。追尋平生。頗好辭藻。雖在名無成。求心已足。若乃登高目極。臨水送歸。風動春朝。月明秋夜。早雁初鶯。開花落葉。有來斯應。每不能已也。前世賈傅崔馬邯鄲繆路之徒。並以文章顯。所以屢上歌頌。自比

古人。天監十六年。始預九日朝宴。稠人廣坐。獨受旨云。今雲物甚美。卿得不斐然賦詩。詩既成。又降帝旨曰。可謂才子。余退謂人曰。一顧之恩。非望而至。遂方賈誼何如哉。未易當也。每有製作。特寡思功。須其自來。不以力構。少來所為詩賦。則鴻序一作。體兼衆製。文備多方。頗為好事所傳。故虛聲易遠。梁書蕭子顯傳。

蕭子雲

子雲字景喬。子範第九弟。建武四年封新浦縣侯。梁受禪。例降爵為子。歷祕書郎、太子舍人、北中郎外兵參軍、晉安王文學、司徒主簿、丹陽尹丞、北中郎廬陵王諮議參軍、兼尚書左丞。除黃門郎。遷輕車將軍、兼司徒左長史。入為吏部。長兼侍中。出為貞威將軍、臨川內史。還除散騎常侍。復為侍中、國子祭酒、領南徐州大中正。出為仁威將軍、東陽太守。還除宗正卿。臺城陷。東奔晉陵。餓死。有晉書一百十二卷、東宮新記二十卷、集十九卷。

歲暮直廬賦

日躔女度。歲華云暮。衡輕炭燥。權重泉涸。藏玄武於太陰。蟄騰虵於高霧。日臨圭而易落。晷中杙而南傃。凝寒氣於廣庭。洞層陰於端庫。初學記作廡。風饕切而晚作。雲滄浪而晦景。霰的皪於彤庭。霙葳蕤於丹屏。韜眾恩之飛棟。沒屠蘇之高影。始飄舞於圓池。終停華於方井。藝文類聚三、初學記三。

玄圃園講賦

曰天監之十七。屬儲德之方宣。惟玉帛之光盛。信昌符之在焉。於是上照天下。漏泉輪囷之氣。吐煙日月之景。揚員乃聖武之龍飛。載爲家於天下。思承規於景數。遂長發而明社。若重光於有周。似二葉於皇夏。方前星而列曜。播洪鐘於肩雖。去茲永福。來即東朝。文物是紀。聲明是昭。發玄章於紛繢。靡青綏於翠翹。鑾紈那而垂藻。笳和鳴以承簫。載錫其光。令聞令望。察情幄帳。護齒虞庠。性與天道。言爲珪璋。詩史遙集。禮易翾翔。羲華洛水。文麗清漳。昔七覺之吐華。高人天而爲長。道西被乎日用。法東流而未朗。故授神萟於文昌。寄寶船於明兩。異昔談而同世。亦千年而影響。聞塡塡之法雷。見慧雲之初爽。眞如之軌既接。發揮之功已躡。開金泥。剖玉牒。削蒸栗之簡。採羅樹之葉。石室靈篇。南宮神篋。所以一音不已。而待規重矩疊者矣。惟至人之講道。必山林之閑曠。彼柰園與杏壇。深淨名與素王。模清遊之浩瀁。擬樂賢之隆壯。眷情杳然。是焉供帳。乃高談玄圃之苑。張樂宣猷之上。觀夫靈圖要妙。總禁林之叫窱。稟蓬道之三星。躔離宮之六曜。寫溟滄沼。方華作嶠。其山則峛崺崪峷。硱磳嵑嵬。坂堮巖嶭。夏含霜雪。下則谿壑泓澄。虹蜺降升。上則青霄丹氣。雲霞鬱蒸。金華琳碧。銀燭碝石。瑑玉摛白。丹瑕流赤。周以玉樹。灌叢紫桂。香楓蕙畜。含人桃枝。育蟲妙草。的皪靈果。垂璵長卿寒翠。蕭子秋紅。崖戴雲而吐雨。木鳴條而起風。中有

蘭渚華池。淥流瀾漫。漱水推移。瞻望杳溟。倒飛閣之崇峩。漾釣臺而浮迥。張翠帳於鴻船。泛羽旄於雀艇。鳥則杉雞繡質。木容錦章。戴勝吐綬。鸕鶿鷗香。璧鼊紫鼊。鵁鶄鴛鴦。風鳴日思。高廣浮長。內則錢荇菱華。菡萏散葩。硨磲巨石。璝琦碧砂。離蓰比目。累綺紅蝦。漂青綸之藝折。蕩碧組之鬖髿。銅龜受水而獨涌。石鯨吐浪而載華。所以藉園籞之壯觀。將髣像於毗耶。於是清宮廣闢。宿設宵張。華燈熠耀。火樹散芒。斂閃六尺。龍叢九光。顯若流金之出沙。爍若列宿之動天潢。朝曦朗而戒旦。雲依霏而卷簇。輕輦西闥。齊宮北郁。文衞濟濟。僧徒肅肅。法鼓朗而震音。眾香馥而流馥。亦有百獸吱吱。鴳鴳雲車。九層芝駕。四鹿吳姬。楚豔胡笳。燕筑常從谷倡。戲馬蹀鞠。巡少陽。渡紫復。繞崇賢。瞰承祿。揚散華之飄颻。響清梵於林木。燈王歸而贈筵。香積來而獻熟。似眾聖之乘空。若能仁之在日。既而俄軒有睟。肆筵授几。高殿肅而神嚴。微言欣而奏理。煥嘉語於丹青。得親承於音旨。智周物而爲心。情研幾而盡諦。言超超而出象。理亹亹而踰繫。類炙兩娛心之談。未足云。晉儲眞假之理。豈能逮。史臣乃載筆撰功。請事其職。賦金相玉式。世旣聞甘露之言。民已登仁壽之域矣。將奉瑤宮之軼。陪雲樓之軾。福穰穰委如山。長莫長。永無極。廣弘明集二十九上。

請改郊廟樂辭啟

伏惟聖敬率由。尊嚴郊廟。得西鄰之心。知孔子之迹。載革牢俎。德通神明。黍稷蘋藻。竭誠嚴配。經國制度。方懸日月。垂訓百王。於是乎在。臣比兼職齊官。見伶人所歌。猶用未革牲前曲。圓丘眡燎。尚言式備牲牷。北郊諴雅。亦奏牲云孔備。清廟登歌。而稱我牲以潔。三朝食舉。猶詠朱尾碧鱗。聲被鼓鐘。未符盛制。臣職司儒訓。意以爲疑。未審應改定樂辭以不。梁書蕭子雲傳。

答敕改撰郊廟樂辭

殷薦朝饗。樂以雅名。理應正採五經。聖人成教。而漢來此製。不全用經典。約之所撰。彌復淺雜。臣前所易約十曲。惟知牲牷既革。宜改歌辭。而猶承例不嫌流俗乖體。既奉令旨。始得發矇。臣夙本庸滯。昭然忽朗。謹依成旨。悉改約制。惟用五經爲本。其次爾雅周易尚書大戴禮。卽是經誥之流。愚意亦取兼用。臣又尋唐虞諸書。殷頌周雅。稱美是一。而復各述時事。大梁革服。偃武脩文。制禮作樂。義高三正。而約撰歌辭。惟浸稱聖德之美。了不序皇朝制作事。雅頌前例。於體爲違。伏以聖旨所定樂論。鍾律緯緒。文思深微。命世一出。方懸日月。不刊之典。禮樂之敎。致治所成。謹一二採綴。各隨事顯義。以明制作之美。覃思累日。今始克就。謹以上呈。（梁書蕭子雲傳）

答敕論書

臣昔不能拔賞。隨世所貴。規摹子敬。多歷年所。年二十六。著晉史。至二王列傳。欲作論草隸法。言不盡意。遂不能成。略指論飛白一

勢而已。十許年來。始見敕旨論書一卷。商略筆勢。洞澈字體。又以逸少之不及元常。猶子敬之不及逸少。自此研思。方悟隸式。始變子敬。全範元常。逮爾以來。自覺功進。（梁書蕭子雲傳）

全梁文卷二十三終

全梁文卷二十四

烏程嚴可均校輯

蕭子暉

子暉字景光一作景先子雲弟爲員外散騎侍郎遷南中郎出爲臨安令遷安西武陵王諮議帶新繁令隨府轉儀同從事中郎驃騎長史有集九卷

冬草賦

有閑居之蔓草獨幽隱而羅生對離披之苦節反蕤葳而有情若夫火山滅焰湯泉沸瀉日悠揚而少色天陰霖而四下於時直木先摧曲蓬多隕衆芳摧而萎絕百卉颯以徂盡未若茲草凌霜自保挺秀色於冰塗厲貞心於寒道已矣哉徒撫心其何益但使萬物之後凋夫何獨知於松柏藝文類聚八十一

反舌賦

彼陶嘉之盛月氣依遲於池沼眷霏霏之花落愛翹翹之令鳥無榮辱之可因弄樞機而自表爾其聲也嘹唳胃結鬱抑縈咽繁音瑣碎衆響攢蔵或急囀赴機或緩引趨節或洪纖其起或長短俱折意疑續而更斷謂當舉而忽垂瞽憑林而遊厲響因風而益危藝文類聚九十二

蕭眕素

眕素梁書作眎素南蘭陵人宋郢州刺史思話孫仕齊至太子洗馬入梁累遷丹陽尹丞南徐州治中徵爲中書侍郎辭不就天監八年卒親故私謚曰貞文先生

答釋法雲書難范縝神滅論

辱告并伏見敕答臣下審神滅論性與天道稱謂理絕縝𢭏多幸猥班妙訓接足頂受歎敬載懷竊謂神道寂寞法海難邊是以智積麻葦而未測識了色塵而猶昧豈其庸末所能激仰然自慧雲東漸寶舟南濟歲序綿長法育流遠明君良宰雖世能宗服至於躬挹玄源親體妙極者竟未聞焉是使兩諦八解獨闕皇言九部三藏偏蕪國學嗚呼可爲歎息者也竊尋神滅之起則人出橫伽經名衞世雖義冊提婆而餘俗未弭故使羣疑異學習以成見若不稟於先覺寶終染於後生道濟天下機洞無方虎觀與龍宮井閱至德與寶相齊導故能符俗教而諦眞道卽孝享以弘覺性照此困蒙拔茲疑網雖復牟尼之柔軟巧說孔丈之博約善誘曷以喻斯巍巍乎十善已行金輪何遠法師稟空慧於曠生習多聞於此運法輪轉而八部雲會微言發而天人攝受故能播誠香於鳳闈藻覺華於扆側信矣哉能以佛道聲令一切聞者也弟子無記識藏不逮孔門雖願朝聞終慙杳薄庶緣無盡之法兼利人我耳疾塞甫爾心慮惛悖謹力裁白不識詮次傾遲談展覲承至敎也弟子蕭眕素頓首和南弘明集十

蕭介

介字茂鏡眕素從弟齊永元末爲著作佐郎天監中除太子舍人遷尚書金部郎轉主客郎出爲吳令普通中爲湘東王諮議參軍大通中除給事黃門侍郎大同中爲武陵王府長史出爲始興太守徵爲少府卿加散騎常侍遷侍中都官尚書大同二年致仕就家授光祿大夫

諫納侯景表

臣抱患私門竊聞侯景以渦陽敗績隻馬歸命陛下不悔前禍復敕容納臣聞凶人之性不移天下之惡一也昔呂布殺丁原以事董卓終誅董而爲賊劉牢反王恭以歸晉還背晉以構妖何者狼子野心終無馴狎之性養獸之喻必見飢噬之禍侯景獸心之種鳴鏑之類以凶狡之才荷高歡翼長之遇位忝台司任居方伯然而高歡墳土未乾卽還反噬逆力不逮乃復逃死關西宇文不容

故復投身於我。陛下前者所以不逆細流，正欲以屬國降胡以討匈奴，冀獲一戰之效耳。今旣亡師失地，直是境上之匹夫。陛下愛匹夫而棄與國之好，臣竊不取也。若國家猶待其更鳴之晨，歲暮之效，臣竊惟侯景必非歲暮之臣。棄鄉國如脫屣，背君親如遺芥，豈知遠慕聖德，爲江淮之純臣。事跡顯然，無可致惑。一隅尚其如此，觸類何可具陳。臣朽老疾侵，不應輒干朝政。但楚囊將死，有城郢之忠；衞魚臨亡，亦有屍諫之節。臣忝爲宗室遺老，敢忘劉向之心。伏願天慈，少思危苦之語。（梁書蕭介傳）

蕭琛

琛字彥瑜，眕素族弟。齊永明中爲太學博士，歷郡主簿，舉秀才，遷司徒記室，進右長史，出爲晉熙王長史，行南徐州事，還兼少府卿、尚書左丞。中興初，爲驃騎諮議，領錄事，遷給事黄門侍郎。梁臺建，爲御史中丞。天監初遷左庶子，出爲宣城太守，徵爲衞尉卿，遷員外散騎常侍，除中庶子，出爲平西内史、江夏太守，遷安西長史、南郡太守，歷護軍長史、太尉長史，又出爲東陽太守，遷吳興太守。普通初，徵爲宗正卿，遷左民尚書，領南徐州大中正，太子右衞率，徙度支尚書、左驍騎將軍，領軍將軍，轉祕書監、後軍將軍，遷侍中。大通中爲金紫光祿大夫，加特進。中大通元年爲雲麾將軍、晉陵太守，改授侍中、特進。卒，謚曰平子。有皇覽抄二十卷。

嗣君廟見議

竊聞祗見厥祖，義著商書；朝于武宮，事光晉册。豈有正位居尊，繼業承天，而不虔敬祖宗，格于太室。毛詩周頌篇曰：烈文，成王卽政，諸侯助祭也。鄭注云：新王卽政，必以朝享之禮祭於祖考，告嗣位也。又篇曰：閔予小子，嗣王朝廟也。鄭注云：嗣王者，謂成王也。除武王之喪，將始卽政，朝於廟也。則隆周令典，焕炳經記，體嫡居正，莫若成王。又二漢由太子而嗣位者，西京七主，東都四帝，其昭、成、哀、和、順五君，並皆謁廟，文存漢史。其惠、景、武、元、明、章六君，前史不載謁事，或是偶有闕文，理無異說。議者乃云：先在儲宮，已經致敬，卒哭之後，卽親奉時祭，則是廟見，故無別謁之禮。竊以爲不然。儲后在宮，亦從郊祀，若謂前虔可兼後敬，開元之始，則無假復有配天之祭矣。若以親奉時祭，仍爲廟見者，自漢及晉，支庶嗣位，並皆謁廟，旣同有蒸嘗，何爲獨修繁禮。且晉成帝咸和元年改號，已謁廟；咸康元年加元服，又更謁。夫時非異主，猶不疑二禮相因，況位隔君臣，而追以一謁兼敬。宜遠纂周漢之盛範，近黜晉宋之乖義，展誠一廟，駿奔萬國。（南齊書禮志上：永泰元年，有司奏應廟見不，尚書令徐孝嗣以爲無廟見之文，左丞蕭琛議，奏可。）

郎官猶杖密啟

郎有杖，起自後漢，爾時郎官位卑，親主文案，與令史不異，故郎三十五人，令史二十八人，是以古人多恥爲此職。自魏晉以來，郎官稍重，今方參用高華，吏部又近於通貴，不應官高昔品，而罰遵曩科。所以從來彈舉，雖在空文，而許以推遷，或逢赦恩，或入春令，便得悉停。宋元嘉、大明中，經有被罰者，別由犯忤主心，非關常準。自泰始、建元以來，未經施行，事廢已久，人情未習。自奉敕之後，已行倉部郎江重欣杖督五十，皆無不人懷慙懼，兼有子弟成長，彌復難爲儀。適其應行罰，可特賜輸贖，使與令史有異，以彰優緩之澤。（南史十八蕭琛傳：齊明帝用法嚴峻，尚書郎坐杖罰者皆卽科行，琛乃密啟，帝從之。）

答釋法雲書難范縝神滅論

弟子琛和南。辱告，伏見敕旨所答臣下審神滅論，妙測機神，發揮禮教，實足使淨法增光，儒門敬業，物悟緣覺，民思孝道，人倫之本，於茲益明。詭經亂俗，不爲自壞。誦讀藻抃，頂戴不勝。家弟闇短，招愆，今在北埋，公私煎懼，情慮震越，無以仰讚洪謨，對揚精義。奉化

聞道伏用竦怍眷獎覃示銘佩仁誘弟子蕭琛和南（弘明集十）

難范縝神滅論（并序）

內兄范子縝著神滅論以明無佛自謂辯摧眾口日服千人予意有惑焉聊欲薄其稽疑詢其未悟論至今所持者形神所誦者精理若乃春秋孝享為之宗廟則以為聖人神道設教立禮防愚杜伯關弓伯有被介復謂天地之間自有怪物非人死為鬼如此便不得詰以詩書校以往事唯可於形神之中辯其離合脫形神一體存滅罔異則范子奮揚蹈厲金湯邈然如靈質分途興毀區別則予剋敵得儁能事畢矣又予雖明有佛而體佛不與俗同爾兼陳本意係之論左焉

問曰子云神滅何以知其滅邪答曰神即形也形即神也是以形存則神存形謝則神滅也問曰形者無知之稱神者有知之名知與無知即事有異神之與形理不容一形神相即非所聞也答曰形者神之質神者形之用是則形稱其質神言其用形之與神不得相異（凡問答並縝原論難為琛辭）

難曰今論形神合體則應有不離之證而直云神即形形即神形之與神不得相異此辯而無徵有乖篤喻矣予今據夢以驗形神不得共體當人寢時其形是無知之物而有見焉此神遊之所接也神不孤立必憑形器猶人不露處須有居室但形氣是穢闇之質居室是蔽塞之地神反形內則其識微惛惛故以見為夢人歸室中則其神暫壅壅故以明為昧夫人或夢上騰玄虛遠適萬里若非神行便是形往邪形既不往神又弗離復焉得如此若謂是想所見者及其安寐身似僵木氣若寒灰呼之不聞撫之無覺既云神與形均則是表裏俱勌既不外接聲音寧能內興思想此即形靜神馳斷可知矣又疑凡所夢者或反中詭遇（趙簡子夢童子倮歌而吳人入郢晉小臣夢負公登天而負公出諸廁之類是也）或理所不容（呂錡夢射月中之兔吳后夢腸出繞閶門之類是也）或先覺未兆（呂姜夢天名其子曰虞魯人夢眾君子謀欲亡魯之類是也）或假借象類（蔡茂夢禾失為秩王濬夢三刀為州之類是也）或即事所無（胡人夢舟越人夢騎之類是也）或乍驗乍否（殷宗夢得傅說漢文夢獲鄧通驗也否事眾多不復具載）此皆神化茫渺幽明不測易以約通難用理檢若不許以神遊必宜求諸形內恐塊爾潛靈外絕覲覿雖復扶以六夢濟以相因理亦不得然也

咎當作曹

問曰神故非質形故非用不得為異其義安在答曰名殊而體一也問曰名既已殊體何得一答曰神之於質猶利之於刃形之於用猶刃之於利利之名非刃也刃之名非利也然而捨利無刃捨刃無利未聞刃沒而利存豈容形亡而神在

難曰夫刃之有利砥礪之功故能水截蛟螭陸斷兕虎若窮利盡用必摧其鋒鍔化成鈍刃如此則利滅而刃存即是神亡而形在何云捨利無刃名殊而體一邪刃利既不俱滅形神則不共亡雖能近取譬理實乖矣

問曰刃之與利或如來說形之與神其義不然何以言之木之質無知也人之質有知也人既有如木之質而有異木之知豈非木有其一人有其二邪答曰異哉言乎人若有如木之質以為形又有異木之知以為神則可如來論也今人之質質有知也木之質質無知也人之質非木質也木之質非人質也安在有如木之質而復有異木之知問曰人之質所以異木質者以其有知耳人而無知與木何異答曰人無無知之質猶木無有知之形問曰死者之形骸豈非無知之質也邪答曰是無知之質也問曰若然者人果有如木之質而有異木之知矣答曰死者猶如木之質而無異木之知生者有異木之知而無如木之質問曰死者之骨骼非生者之形骸邪答曰生形之非死形死形之非生形區已革矣安有生人之形骸而有死人之骨骼哉問曰若生者之形骸非死者之骨骼死者之骨骼則應不由生者之形骸不由生者之形骸則

此骨骼從何而至答曰是生者之形骸變爲死者之骨骼也問曰生者之形骸雖變爲死者之骨骼豈不因生而有死則知死體猶生體也答曰如因榮木變爲枯木枯木之質寧是榮木之體問曰榮體變爲枯體枯體卽是榮體如絲體變爲縷體縷體卽是絲體有何咎焉答曰若枯卽是榮榮卽是枯則應榮時凋零枯時結實又榮木不應變爲枯木以榮卽是枯故枯無所復變也又榮枯是一何不先枯後榮要先榮後枯何也絲縷同時不得爲喻問曰生形之謝便應豁然都盡何故方受死形綿歷未已邪答曰生滅之體要有其次故也夫欻而生者必欻而滅漸而生者必漸而滅欻而生者飄驟是也漸而生者動植是也有欻有漸物之理也

難曰論云人之質有知也木之質無知也豈不以人識涼燠知痛痒養之則生傷之則死邪夫木亦然矣當春則榮在秋則悴樹之必生拔之必死何謂無知今人之質猶如木也神留則形立神去則形廢立也卽是榮木廢也卽是枯木子何以辯此非神知而謂質有知乎凡萬有皆以神知無以質知者也但草木蜫蟲之性裁覺榮悴生死生民之識則通安危利害何謂非有如木之質以爲形又有異木之知以爲神邪此則形神有二居可別也但木稟陰陽之偏氣人含一靈之精照其識或同其神則異矣骨骼形骸之論死生授受之說義既前定事又不經安用曲辯哉

問曰形卽神者手等亦是神邪答曰皆是神分問曰若皆是神分神應能慮手等亦應能慮也答曰手等有痛痒之知而無是非之慮問曰知之與慮爲一爲異答曰知卽是慮淺則爲知深則爲慮問曰若爾應有二慮慮既有二神有二乎答曰人體惟一神何得二問曰若不得二安有痛癢之知而復有是非之慮答曰如手足雖異總爲一人是非痛癢雖復有異亦總爲一神矣問曰是非之慮不關手足當關何也答曰是非之慮心器所主問曰心器是五

臟之心非邪答曰是也問曰五臟有何殊別而心獨有是非之慮答曰七竅亦復何殊而所用不均何也問曰慮思無方何以知是心器所主答曰心病則思乖是以知心爲慮本問曰何知不寄在眼等分中邪答曰若慮可寄於眼分眼何故不寄於耳分問曰慮體無本故可寄之於眼分眼自有本不假寄於他分答曰眼何故有本而慮無本苟無本於我形而可遍寄於異地亦可張甲之情寄王乙之軀李丙之性託趙丁之體然乎哉不然也

難曰論云形神不殊手等皆是神分此則神以形爲體體全卽神全體傷則神缺矣神者何識慮也今人或斷手足殘肌膚而智思不亂猶孫臏刖趾兵略愈明膚浮解腕儒道方謐此神與形離形傷神不害之切證但神任智以役物託器以通照視聽香味各有所憑而思識歸乎心器譬如人之有宅東閣延賢南軒引景北牖招風西櫺映月主人端居中霤以收四時之用焉若如來論口鼻耳目各有神分一目病卽視神毀二目應俱盲矣一耳疾卽聽神傷兩耳俱應聾矣今則不然是知神以爲器非以爲體也又云心爲慮本慮不可寄之他分若在於口眼耳鼻斯論然也若在於他心則不然矣耳鼻雖共此體不可以相雜以其所司不同器用各異也他心雖在彼形而可得相涉以其神理俱妙識慮齊功也故書稱啟爾心沃朕心詩云他人有心予忖度之齊桓師管仲之謀漢祖用張良之策是皆本之於我形寄之於他分何云張甲之情不可託王乙之軀李丙之性勿得寄趙丁之體乎

問曰聖人之形猶凡人之形而有凡聖之殊故知形神之異矣答曰不然金之精者能照穢者不能照能照之精金寧有不照之穢質又豈有聖人之神而寄凡人之器亦無凡人之神而託聖人之體是以八彩重瞳勛華之容龍顏馬口軒皞之狀此形表之異也比干之心七竅並列伯約之膽其大如拳此心器之殊也是以知

聖人區分每絕常品非惟道革羣生乃亦形超萬有凡聖均體所未敢安問曰子云聖人之形必異於凡敢問陽貨類仲尼項籍似虞帝舜項孔陽智革形同其故何邪答曰珉似玉而非玉鶡類鳳而非鳳物誠有之人故宜爾項陽貌似而非實似心器不均雖兒無益也問曰凡聖之殊形器不一可也聖人圓極理無有二而丘旦殊姿湯文異狀神不係色於此益明答曰聖與聖同同於聖器而器不必同也猶馬殊毛而齊逸玉異色而均美是以晉棘荊和等價連城驊騮盜驪俱致千里問曰形神不二既聞之矣形謝神滅理固宜然敢問經云爲之宗廟以鬼饗之何謂也答曰聖人之敎然也所以從孝子之心而厲偸薄之意神而明之此之謂矣問曰伯有被甲彭生豕見墳素著其事寧是設敎而已邪答曰妖怪茫茫或存或亡強死者衆不皆爲鬼彭生伯有何獨能然乍人乍豕未必齊鄭之公子也問曰易稱故知鬼神之情狀與天地相似而不違又曰載鬼一車其義云何答曰有禽焉有獸焉飛走之別也有人焉有鬼焉幽明之別也人滅而爲鬼鬼滅而爲人則吾未知也

難曰論云豈有聖人之神而寄凡人之器亦無凡人之神而託聖人之體今陽貨類仲尼項籍似帝舜卽是凡人之神託聖人之體也珉玉鶡鳳不得爲喩今珉自名珉玉實名玉鶡號鷄鶡鳳曰神鳳名既殊稱兒亦爽實今舜重瞳子項羽亦重瞳子非有珉玉二名唯覩重瞳相類又有女媧蛇軀皋陶馬口非直聖神入於凡器遂乃託於蟲畜之體此形神殊別明暗不同茲益昭顯也若形神爲一理絕前因者則聖應誕聖賢必產賢勇怯愚智悉類其本既形神之所陶甄一氣之所孕育不得有堯睿朱嚚瞍頑舜聖矣論又云聖同聖器而器不必同猶馬殊毛而齊逸今毛復是逸氣邪馬有同毛色而異駑駿者如此則毛非逸相由體無聖器矣人形

骸無凡聖之別而有貞脆之異故遐靈栖於遠質促神寓乎近體唯斯而已耳向所云聖人之體指直語近舜之形不言器有聖智非矛盾之說勿近於此惑也

問曰知此神滅有何利用答曰浮屠害政桑門蠹俗風驚霧起馳蕩不休吾哀其弊思拯其溺夫竭財以赴僧破產以趨佛而不恤親戚不憐窮匱者何也良由厚我之情深濟物之意淺是以圭撮涉於貧友吝情動於顏色千鍾委於富僧歡懷暢於容髮豈不以僧有多稌之期友無遺秉之報務施不關周給立德必於在己又惑以茫昧之言懼以阿鼻之苦誘以虛誕之辭欣以兜率之樂故捨逢掖襲橫衣廢俎豆列缾缽家家棄其親愛人人絕其嗣續至使兵挫於行間吏空於官府粟罄於惰游貨殫於土木所以姦宄弗勝頌聲尙擁惟此之故也其流莫已其病無垠若知陶甄稟於自然森羅均於獨化忽焉自有怳爾而無來也不禦去也不追乘夫天理各安其性小人甘其壟畝君子保其恬素耕而食食不可窮也蠶以衣衣不可盡也下有餘以奉其上上無爲以待其下可以全生可以養親可以爲己可以爲人可以匡國可以霸君用此道也

難曰佛之有無寄於神理存滅既有往論且欲略言今指辯其損益語其利害以弼夫子過正之談子云釋氏蠹俗傷化費貨損役此惑者爲之非佛之尤也佛之立敎本以好生惡殺修善務施好生非止欲繁育鳥獸以人靈爲重惡殺豈可得緩宥逋逃以哀矜斷察修善不必瞻丈六之形以忠信爲上務施不苟使殫財土木以周給爲美若惡絕嗣續則必法種不傳如並起浮圖又亦播殖無地凡人且猶知之況我慈氏寧樂爾乎今守株桑門迷瞀俗士見寒者不施之短褐遇餒者不錫以糠豆而競聚無識之僧爭造衆多之佛親戚棄而弗眄祭祀廢而弗修良緡碎於刹上丹金糜

于塔下。而謂爲福田。期以報業。此並體佛未深。解法不妙。雖呼佛爲佛。豈曉歸佛之旨。號僧爲僧。寧達依僧之意。此亦神不降福。予無取焉。夫六家之術。各有流弊。儒失於僻。墨失於蔽。法失於峻。名失於訐。咸由祖述者失其傳。以致泥溺。今子不以僻蔽誅孔墨。峻訐責韓鄧。而獨罪我如來。貶茲正覺。是忿風濤而毀舟檝也。今悖逆之人。無賴之子。上罔君親。下虐儔類。或不忌明憲。而乍懼幽司。憚閻羅之猛。畏牛頭之酷。遂悔其穢惡。化而遷善。此佛之益也。又罪福之理。不應殊於世教。背乎人情。若有事君以忠。奉親惟孝。與朋友信。如斯人者。猶以一眚掩德。蔑而棄之。裁犯蟲魚。陷於地獄。斯必不然矣。夫忠莫踰於伊尹。孝莫尙於曾參。若伊尹宰一畜以膳湯。曾子烹隻禽以養點。而皆同趨炎鑊。俱赴鋒樹。是則大功沒於小過。奉上反於惠下。昔彌子矯駕。猶以義弘免戮。嗚呼。曾爲蠹匠。不如衛君乎。故知此爲忍人之防。而非仁人之誡也。若能鑒彼

流宕。寧不在佛。觀此禍福。識悟教誘。思息末以尊本。不拔本以拯末。念忘我以宏法。不後法以利我。則雖曰未佛。吾必謂之佛矣。弘明集九。

蕭靡

靡。南蘭陵武進人。齊侍中尙書令行荆州刺史穎冑子。天監初襲巴東公。歷中書郎太子洗馬。早卒。

答釋法雲書難范縝神滅論

惠示敕答臣下審神滅論。披覽未周。情以抃悅。主上凝神天縱。將聖多能。文奧不刊。辭溢繁表。義證周經。孝治之情。爰著。旨該釋典。大慈之心彌篤。謹置之座隅。陳之机枕。寢興鑽閱。永用書紳。班示不遺。戢眷良厚。弟子蕭靡和南。弘明集十。

蕭和

和。爵里未詳。初學記以爲梁人。

嘲當作潮

螢火賦

聊披書以娛性。悅草螢之夜翔。乍依欄而回亮。或傍牖而舒光。或翔飛而暫隱。時淩空而更颺。竹依窗而度影。蘭因風而送香。此時逸趣方遒。良夜淹留。眺姮娥之澄景。觀熠燿之羣遊。類乾沙之飛火。若清漢之星流。入元夜而光淨。出明燈而色幽。時臨池而汎影。與列宿而俱浮。覺更籌之稍竭。見微光之漸收。爾其斜月西傾。獨照蓬楹。矚曙河之低漢。聞伺嘲之遠聲。望落星之掩色。見晨禽之曉征。悲扶桑之吐曜。驚微軀而不明。寫余襟其未盡。聊染翰以書情。初學記三十。

蕭綺

綺。爵里未詳。梅鼎祚以爲梁人。

拾遺記序

拾遺記者。晉隴西安陽人王嘉字子年所撰。凡十九卷。二百二十

篇。皆爲殘缺。當僞秦之季。王綱遷號。五都淪覆。河洛之地。沒爲戎墟。宮室榛蕪。書藏堙毀。荆棘霜露。豈獨悲於前王。鞠爲禾黍。彌深嗟於茲代。故使典章散滅。黌館焚埃。皇圖帝冊。殆無一存。故此書多有亡敗。文起羲炎已來。事訖西晉之末。五運因循。十有四代。王子年乃搜撰異同。而殊怪必舉。紀事存朴。愛廣向奇。憲章稽古之文。綺綜編雜之部。山海經所不載。夏鼎未之或存。乃集而記矣。辭趣過誕。音旨迂闊。推理陳迹。恨爲繁冗。多涉禎祥之書。博采神仙之事。妙萬物而爲言。蓋絕世而弘博矣。世德陵夷。文頗缺略。綺更刪其繁紊。紀其實美。搜刊幽祕。捃采殘落。言匪浮詭。事弗空誣。推詳往迹。則影徹經史。考驗眞怪。則叶附圖籍。若其道業遠者。則辭省朴素。世德近者。則文存靡麗。編言貫物。使宛然成章。數運則與世推移。風政則因時迴改。至如金繩鳥篆之文。玉牒蟲章之字。末代流傳。多乖曩跡。雖探研鐫寫。抑多疑誤。及言乎政化。訛乎禎祥。

隨代而次之。土地山川之域。或以名例相疑。草木鳥獸之類。亦以聲狀相惑。隨所在而區別。或因方而釋之。或變通而會其道。豈可采於一說。今搜檢殘遺。合爲一部。凡一十卷。序而錄焉。拾遺記

全梁文卷二十四終

全梁文卷二十五

烏程嚴可均校輯

沈約二

約字休文。吳興武康人。宋征虜將軍林子孫。孝建中爲奉朝請。歷安西外兵參軍。征西記室參軍。帶關西令。元徽末爲安西晉安王法曹參軍。轉外兵兼記室。入爲尚書度支郎。齊受禪。爲征虜記室。帶襄陽令。歷太子步兵校尉。遷家令。兼著作郎。進中書郎、本邑中正、司徒右長史、黃門侍郎。兼尚書左丞。尋爲御史中丞。轉車騎長史。隆昌初除吏部郎。出爲甯朔將軍。東陽太守。永元初遷左衛將軍。加通直散騎常侍。改冠軍將軍。司徒左長史。征虜將軍。南清河太守。義兵起。爲驃騎司馬。梁臺建。爲散騎常侍。吏部尚書。兼右僕射。及受禪。進尚書僕射。封建昌縣侯。遷尚書左僕射。兼領軍。加侍中。遭母憂。起爲鎮軍將軍。丹陽尹。進侍中。右光祿大夫。領太子詹事。揚州大中正。改尚書左僕射。領中書令。前將軍。遷尚書令。領太子少傅。轉左光祿大夫。加特進。天監十二年卒。年七十三。謚曰隱侯。有謚法十卷。四聲一卷。晉書一百十一卷。宋書一百卷。齊紀二十卷。高祖紀十四卷。宋世文章志三十卷。邇言十卷。俗說五卷。雜說二卷。袖中記二卷。袖中略集一卷。珠叢一卷。集鈔十卷。集一百一卷。

擬風賦

若夫搖玉樹。響金扉。拂九層之羽蓋。轉八鳳之珠旂。時卷瑤臺翠蓋。乍動佚女輕衣。此蓋羽客之仙風也。藝文類聚二

麗人賦

有客弱冠未仕。締交戚里。馳騖王室。遨遊許史。歸而稱曰。狹斜才女。銅街麗人。亭亭似月。嬿婉如春。凝情待價。思尚衣巾。芳逾散麝。色茂開蓮。陸離羽佩。雜錯花鈿。響羅衣而不進。隱明燈而未前。中步檐而一息。順長廊而迴歸。池翻荷而納影。風動竹而吹衣。薄暮延佇。宵分乃至。出闇入光。含羞隱媚。垂羅曳錦。鳴瑤動翠。來脫薄妝。去留餘膩。霑妝委露。理鬢清渠。落花入領。微風動裾。藝文類聚十八

傷美人賦

信美顏其如玉。咀清睡而度曲。思佳人而未來。望餘光而躑躅。拂螭雲之高帳。陳九枝之華燭。虛翡翠之珠被。空合歡之芳褥。言歡愛之可永。庶羅袂之空裁。曾未申其巧笑。忽淪軀於夜臺。伊芳春之仲節。夜猶長而未遽。悵徙倚而不眠。往徘徊於故處。藝文類聚三十四

愍途賦

結榜窮渚。思臨長嶼。情依舊越。身經故楚。彼長路之多端。伊客心之無緒。權因循而易失。悲由心而難拒。此江海之信遼。知余思之方阻。日掩長浦。風掃聯葭。疊雲凝積。廣水騰華。聽奔沸於洲嶼。望掩曖乎煙沙。依雲邊以知國。極鳥道以瞻家。免悽愴於羈離。亦殷勤於行路。歎余塗之屢蹇。奚前芳之可慕。藝文類聚二十七

憫國賦

余生平之無立。徒跅弛以自閑。處圍城之惵惵。得無用於行間。對僚友而不怡。咸悄顏而相顧。畏高衢之比擬。壯激矢之南度。駭潛師之夜過。驚躍馬之晨呼。矛森森而密豎。旗落落而疎布。時難紛其未已。歲功迫其將徂。育素幾於玄胄。垂秋髮於纓胡。藝文類聚五十九

郊居賦

惟至人之非己。固物我而兼忘。自中智以下洎。咸得性以爲場。獸因窟而獲騁。鳥先巢而後翔。陳巷窮而業泰。嬰居湫而德昌。僑棲仁於東里。鳳晦跡於西堂。伊吾人之褊志。無經世之大方。思依林而羽戢。願託水而鱗藏。固無情於輪奐。非有欲於康莊。披東郊之寥廓。入蓬蘽之荒茫。既從豎而橫構。亦風除而雨攘。昔西漢之標季。余播遷之云始。違利建於海昏。創惟桑於江汜。同河濟之重世。

踰班生之十紀。或辭祿而反耕。或彈冠而來仕。逮有晉之隆安。集艱虞於天步。世交爭而波流。民失時而狼顧。延亂麻於井邑。曝如莽於衢路。大地曠而靡容。旻天遠而誰訴。伊皇祖之弱辰。逢時艱之孔棘。違危邦而窘驚。訪安土而移卽。肇胥宇於朱方。掩閑庭而晏息。値龍顏之鬱起。乃憑風而矯翼。指皇邑而南轅。駕脩衢以騁力。遷華扉而來啟。張高衡而徙植。傍逸陌之脩平。面淮流之清直。芳塵浸而悠遠。世道忽其窊隆。綿四代於兹日。盈百祀於微躬。嗟微軀之難保。若霣籜之從風。或誅茅而翦棘。或旣西而復東。乍容身於白社。亦寄孥於伯通。迹平生之耿介。實有心於獨往。思幽人而軫念。望東皋而長想。本忘情於徇物。徒羈紲於天壤。應屢歎於牽絲。陸興言於世網。事滔滔而未合。志悁悁而無爽。路將殫而彌峭。情薄暮而逾廣。抱寸心其如蘭。何斯願之浩蕩。詠歸歟而躑躅。眷嶮阿而抵掌。逢時君之喪德。何凶昏之孔熾。乃戰牧所未陳。實

天當作大

升陑所不記。彼黎元之喋喋。將垂獸而爲餌。瞻穹昊而無歸。雖非牢而被㦸。始歎絲而未覩。終遒組而後値。尋貽愛乎上天。固非民其莫甚。授冥符於井翼。實靈命之所稟。當降監之初辰。値積惡之云稔。寍方割於下墊。廓重氛於上墋。躬靡暇於朝食。常求衣於夜枕。旣牢籠於嬀夏。又驅馳乎軒頊。德無遠而不被。明無微而不燭。鼓玄澤於天荒。播仁風於遐俗。闢終古而遐念。信王猷其如玉。値衢圖之盛世。遇興聖之嘉期。謝中涓於初日。叨光佐於此時。闕投石之猛志。無飛矢之麗辭。排陽鳥而命邑。方河山而啟基。翼儲光於三善。長王職於百司。兢鄙夫之易失。懼寵祿之難持。伊前世之貴仕。罕紆情於丘窟。譬叢華於楚趙。每驕奢以相越。築甲館於銅駝。並高門於北闕。闢重扃於華闥。豈蓬蒿所能沒。敎傳嗣於境壤。何安身於窮地。味先哲而爲言。固余心之所嗜。不慕權於城市。豈邀名於屠肆。詠希微以考室。幸風霜之可庇。爾乃傍窮野。抵荒郊。

著當作蓍

編霜菼。葺寒茅。構棲噪之所集。築町疃之所交。因犯檣而刋樹。由妨基而翦巢。決渟洿之汀濼。塞井甃之淪坳。藝芳枳於北渠。樹脩楊於南浦。遷甕牖於蘭室。同肩牆於華堵。織宿楚以成門。籍外扉而爲戶。旣取陰於庭樾。又因籬於芳杜。開閣室以遠臨。闢高軒而旁覩。漸沼沚於霤垂。周塍陌於堂下。其水草則蘋萍芡芰。菁藻蒹菰。石衣海髮。黃荇綠蒲。動紅荷於輕浪。覆碧葉於澄湖。飧嘉實而卻老。振羽服於清都。其陸卉則紫鼈綠葹。天著山韭。雁齒麋舌。牛脣彘首。布濩南池之陽。爛熳北樓之後。或幕渚而芘地。或紫窗而窺牖。若乃園宅殊製。田圃異區。李衡則橘林千樹。石崇則雜果萬株。並豪情之所侈。非儉志之所娛。欲令紛披蓊鬱。吐綠攢朱。羅窗映戶。接霤承隅。開丹房以四照。舒翠葉而九衢。抽紅英於紫蔕。衔素蘂於青跗。其林鳥則翻泊頡頏。遺音下上。楚雀多名。流嚶雜響。或班尾而綺翼。或綠衿而綷顙。好葉隱而枝藏。乍間關而來往。其

水禽則大鴻小雁。天狗澤虞。秋鷖寒鷁。脩鵁短鳧。曳參差之弱藻。戲瀺灂之輕蘋。翅抨流而起沫。翼鼓浪而成珠。其魚則赤鯉青魴。纖儵鉅鱯。碧鱗朱尾。脩顱偃頷。小則戲渚成文。大則噴流揚白。不興羨於江海。聊相忘於余宅。其竹則東南獨秀。九府擅奇。不遷植於淇水。豈分根於樂池。秋蜩吟葉。寒雀噪枝。來風南軒之下。負雪北堂之垂。訪往塗之軫跡。觀先識之情僞。每詠空而索有。皆指難以爲易。不自已而求足。並尤物以興累。亦昔士之所迷。而今余之所避也。原農皇之攸始。討厥播之云初。肇變腥以粒食。乃人命之所儲。尋井田之往記。考阡陌於前書。顏簞食而樂在。鄭高廩而空虛。頃四百而不足。畝五十而有餘。撫幽衷而躡念。幸取給於庭廬。緯東菑之故秬。浸北畝之新渠。無褰褻於曉蓐。不抱惄於朝蔬。排外物以齊遣。獨爲累之在余。安事千斯之積。不羡汶陽之墟。臨巽維而騁目。卽堆冢而流眄。雖兹山之培塿。乃文靖之所宴。驅四牡

之低昂贊繁笳之清囀羅方員而綺錯窮海陸而兼薦奚一權之足偉委千金其如綫試撫臆而爲言豈斯風之可扇將通人之遠旨非庸情之所見聊遷情而徙睇識方皐於歸津帶脩汀於桂渚肇舉鍾於疆秦路縈吳而款越塗被海而通閩懷三嶋以長念伊故鄉之可珍實褰期於晚歲非失步於芳春何東川之瀰瀰獨流涕於吾人謬參賢於昔代亟徒遊於茲所侍綵旄而齊轡陪龍舟而遡渚或列席而賦詩或班觴而宴語繐帷一朝冥漠西陵忽其蔥楚望商飆而永歎每樂愷於斯觀始則鍾石鏘鈜終以魚龍瀾漫或升降有序或浮白無筭賁則景魏蕭曹親則梁武周旦莫不共霸務而歇滅與風雲而消散眺孫后之墓田尋雄霸之遺武實接漢之後王信開吳之英主銜衡岳而作鎮包江漢而爲宇徙徵言於石椁遂延災於金縷忽蕪穢而不脩同原陵之膴膴寧知螻蟻之與狐兔無論樵芻之與牧豎睇東巘以流目心悽愴而不怡

蓋昔儲之舊苑實博望之餘基脩林則表以桂樹列草則冠以芳芝風臺累翼月榭重栭千櫨捷嶫百栱相持皐蘇林駕蘭樾水嬉踰三齡而事往忽二紀以歷茲咸夷漫以蕩滌非古今之異時回余眸於艮域覿高館於茲嶺雖混成以無跡實遺訓之可秉始飡霞而吐霧終陵虛而倒景駕雌蜺之連卷泛天江之悠永指咸池而一息望瑤臺而高騁匪爽言以自姱冀神方之可請惟鍾巖之隱鬱表皇都而作峻蓋望秩之所宗含風雲而吐潤其爲狀也則巍峩崇崒喬枝拂日嶤嶷岧嵉墜石堆星岑崟峍屼或坳或平盤堅枕臥詭狀殊形孤嶝橫插洞穴斜經千丈萬仞三襲九成亙繞州邑款跨郊坰素壁晚帶白霧晨縈近循則一巖異色遠望則百嶺俱青觀二代之塋兆覩摧殘之餘隧成顛沛於虐豎康斂衿於虛器穆恭己於巖廊偕遊衞於玄肆烈窮飲以致災安忘懷而受祟何宗祖之奇傑威橫天而陵地惟聖文之纘武殆隆平之可至

主當作業

余世德之所君仰遺封而掩涙翀寢匪一靈館相距席布騂駒堂流桂醑降主皇於天闕延二妃於湘渚浮蘭煙於桂棟召巫陽於南楚揚玉枹握椒糈俛臨風以浩唱折瓊茅而延佇敬惟空路邈遠神蹤遐闊念甚鷄飆生猶聚沫歸妙軫於一乘啟玄扉於三達欲息心以遣累必違人而後豁或結橑於巖根或開櫺於木末室闇蘿蔦簷梢松栝既得理於兼謝固忘懷於饑渴或攀枝獨遠或陵雲高蹈因葺茨以結名猶觀空以表號得忘己於茲日豈期心於來報天假余以大德荷茲賜之無疆受老夫之嘉稱班燕禮於上庠無希驥之秀質乏如珪之令望邀昔恩於舊主重匪服於今皇仰休老之盛則請微軀於夕陽勞蒙司而獲謝猶奉職於春坊時言歸於陋宇聊暇日以翺翔棲余志於淨國歸余心於道場獸依墀而莫駭魚牣沼而不綱旋迷塗於去轍篤後念於徂光晚樹開花初英落蘂或異林而分丹青乍因風而雜紅紫紫蓮夜發紅

塯當作埳

羅當作罹

荷曉舒輕風微動芬芳襲余風騷屑於園樹月籠連於池竹蔓長柯於簷桂發黃華於庭菊冰懸塯而帶坻雪縈松而被野鴨屯飛而不散雁高翔而欲下竝時物之可懷雖外來而非假實情性之所留滯亦忘之而不能捨也傷余情之頹暮羅憂患其相溢悲異軫而同歸嘆殊方而竝失時復託情魚鳥歸閑蓬蓽旁闕吳娃前無趙瑟以斯終老於焉消日惟以天地之恩不報書事之官靡述徒重於高門之地不載於良史之筆長太息其何言羌愧心之非一（梁書沈約傳又見藝文類聚六十四有刪節）

愍衰草賦

愍衰草衰草無容色憔悴荒徑中寒荄不可識昔時兮春日昔日兮春風銜華兮佩實垂綠兮散紅巖陬兮海岸冰多兮霰積布綿密於寒皐吐纖疏於危石彫芳卉之九衢賈靈茅之三脊風急崤道難秋至客衣單既傷簷下菊復悲池上蘭飄落逐風盡方知歲

早寒流螢暗明燭雁聲斷裁繽霜奪茎上紫風銷葉中綠秋鴻兮疏引寒烏兮聚飛徑荒寒草合草長荒徑微園庭漸無沒霜露日霑衣 藝文類聚八十一

高松賦

鬱彼高松栖根得地託北園於上邸依平臺而養翠若夫嶠株聳榦之懿含星漏月之奇經千霜而得拱仰百仞而方枝朝吐輕煙薄霧夜宿迷鳥羈雌露雖滋而不潤風未動而先知既梢雲於清漢亦倒景於華池輕陰蒙密喬柯布濩葉斷禽蹤枝通猨路聽騷騷於既曉望隱隱於將暮暖平湖而漾青綠拂增綺而籠丹素於時風急壟首寒浮塞天流蓬不息明月孤懸檀欒之竹可詠鄒枚之客存焉清都之念方遠孤射之想悠然擢柔情於蕙圃涌寶思於珠泉豈徒爲善之小樂離憂之短篇若此而已乎 藝文類聚八十八

桐賦

龍門之桐遼望青葱專巖擅嶺或孤或叢枝封暮雪葉映晝虹抗蘭橑以栖龍拂雕窗而鬭露宣密葉於鳳晨宿高枝於鸞暮合影陽崖標峯東陸俯結立陰仰成翠屋乍鷩鶡於行雨時徘徊於丹轂遠齊綵於碧林豈韜光於若木 藝文類聚八十八

天淵水鳥應詔賦

天淵池鳥集水漣漪單汎姿容與聳飛時合時離將騫復斂翩迴首望驚雌飄薄出孤嶼未宿斯渚飛飛忽云倦相鳴集池籞可憐九層樓光景水上浮本來暫止息過此遂淹留若夫旅浴清深朋翻迴曠翠鬣紫纓之飾丹冕綠襟之狀過波兮湛澹隨風兮迴淺竦臆兮開萍蹙水兮興漣 藝文類聚九十

反舌賦

咨玄造之大德播含靈於無小有反舌之微禽亦班名於庶鳥乏嘉容之可翫因繁聲以自表其聲也驚詭囀嚶繁紆離亂駢浮迴合岳危瑣散或發曲無漸或收音去半既含意於將曉亦流妍於始旦雜沓逶迤啾咷參差攢嬌動葉促囀縈枝分宮析徵爲矩千規因風起哢曳響生奇對芳辰於此月屬兮余之遑暮倦城守之誼疲愛田郊之閑素眷春物而懷之聞好音於庭樹 藝文類聚九十二

全梁文卷二十五終

烏程嚴可均校輯

沈約一

授蔡法度廷尉制

門下。民命所懸。繫乎三尺。止殺除殘。寔由乎此。是以皋陶作士。五刑惟明。于張莅官。世無冤獄。且漢代律書。出乎小杜。吳雄以三世法家。繼爲理職。郭恭以律學通明。仍業司士。爰及晉氏。此風未泯。叔則元凱。並各名家。自茲厥後。斯尚漸薄。迄至于今。損棄頓盡。衣冠士子。恥復用心。州郡姦吏。恣其取捨。舞文弄法。非止一塗。朕膺天受命。爲兆民主。每一念此。忘寢與食。尚書刪定左曹郎中蔡法度。少好律書。明曉法令。世之所廢。篤志不怠。至於章句蹐滯。名程乖礙。莫不斟酌厥衷。允得其門。方欲寄以國刑。開示後學。文才取士。豈有定方。自世道澆流。浮僞雲起。量計多少。辯校錐刀。若遵往從舊。守而勿失。豈所以軌儀上世。垂風于後。宜加褒擢。弗繫常階。可守廷尉卿。主者施行。（文苑英華三百九十七）

授王纘蔡約王師制

門下。冠軍將軍司徒左長史始平縣五等男纘。華宗冠冑。器質詳和。都官尚書約。清源素範。體業倫正。訓茲蕃國。僉議攸在。纘可臨郡王師。加散騎常侍。男如故。約可零陵王師。加給事中。主者速施行。（文苑英華四百五）

封徐世標制（一作詔）

門下。驍騎將軍彭城令徐世標。才略貞濟。志懷義烈。忠節內款。勳外著。禦侮折衝。任惟必胥。頃姦慝潛煽。危機驟發。夷凶弭難。實有力焉。宜命賞疇庸。錫茲土宇。可封開國縣子。食邑三百戶。（文苑英華四百十六）

授李居王等制（居王，南齊書崔慧景傳作居士。）

門下。新除太子左衛率軍主李居玉。志識開敏。器懷貞齊。盡力禁門。誠著夷險。新除太子右衛率軍主湖陽縣開國男胡松。性業詳固。才用果烈。新除節督青冀二州諸軍事寧朔將軍青冀二州刺史柏和。剛正款率。屢著勤效。新除左中將軍主鴻選。氣質強果。秉心壯直。並反旆南轅。以赴危難。身先士卒。翦此鯨鯢。功勤碩茂。宜隆賞典。居玉可封一千戶開國縣侯。松可增封爲七百戶。和可封五百戶開國縣伯。選可封三百戶開國縣男。新除持節刺史將軍主男並如故。主者施行。（文苑英華四百十六）

封左興盛等制

門下。逆豎王敬則縱兵內侮。陵斥畿甸。輔國將軍參軍將軍事左興盛。直閣將軍劉山陽。受律前驅。奮勇爭路。或衝至首旆。或陷懸中麾。元惡梟至。氛梗載廓。賞不踰時。義弘前典。可封開國男。食邑二百戶。并進位一階。主者速施行。（文苑英華四百十六）

麥當作爽

風當作夙

勸農訪民所疾苦詔（隆昌元年正月）

門下。執耜墾塞。則如懸比室。秉機或惰。則無褐終年。非怠非荒。雖由王道。不稂不莠。實寄民和。頃歲多稼。無麥遺秉。如積而三登之美。未臻萬斯之基。尚遠。且風土異宜。百民殊務。刑章治緒。未必同源。妨本害政。事非一揆。冕旒屬念。無忘風興。可嚴下州郡。務茲耕殖。相畝闢疇。廣開地利。深樹國本。克阜民天。又詢訪獄市。博聽謠俗。傷風損化。各以條聞。無使瘥瘼之苦。載興比屋。主者詳爲科格。稱朕意焉。（文苑英華四百六十二。又齊書鬱林王紀，略有刪節。墾塞作墾志。實寄作實賴。務茲作務滋。民天作天民。科格作條格。）

封申希祖詔（永泰元年）

門下。持節督司州諸軍事冠軍將軍司州刺史申希祖。志器沈隱。才略開濟。在昔多難。任參心膂。爰及中興。忠款彌著。契闊艱虞。盡其心力。遂獯獫侵斥。武節飆騰。殘寇外殄。危城獨固。休庸茂績。朕

有嘉焉宜錫茅土以疇勳烈可封開國伯食邑五百戶本官如故主者施行 文苑英華四百十六

南郊赦詔

門下朕昧旦夙興念茲治道而明不燭遠弘之未易仰尋先烈思致隆平日頃多故戎役代有軍政國容事緒非一刑禮參用未臻和簡向隅之情永言增歎今郊禋載洽幽明允從思隆嘉祉被之兆庶可大赦天下主者施行 初學記二十文苑英華四百二十四

為齊明帝遺詔

徐令可重申八命中書監本官悉如故沈文季可左僕射常侍護軍如故江祏可右僕射江祀可侍中劉暄可衛尉軍政大事委陳太尉內外眾事無大小委徐孝嗣遙光坦之江祏其大事與沈文季江祀劉暄參懷心膂之任可委劉悛蕭惠休崔慧景 南齊書明帝紀 案南史五十二沈約傳云明帝崩徐孝嗣使約撰定遺詔

立太子赦詔 永元元年四月

門下朕夙纘瑤祚君臨四方夕惕寅畏若寘淵谷思所以光闡洪基克隆鼎命王公卿士咸以為樹元立嫡有邦所先守器傳統於斯為重是用俾茲幼蒙體乾作貳永固宗祀以貞萬國元貞之寄非獨在余宜令嘉慶被之億兆可大赦天下賜民為父後者爵一級主者速施行 文苑英華四百三十二

赦詔 永元元年九月

門下朕肅纂乾統思弘祖業方欲克廣洪猷崇濟遐邇實賴群才共康世務至於股肱宗戚情委特隆垂拱責成緝熙是寄而各包藏禍心規縱醜逆朕每存容隱冀或能悛而靡懲前愆彌結後釁七百業艱宗廟事重不得不垂涕行戮以義斷恩或豬屬皇宗或睦姻近戚夫豈不懷社稷故也雖四門已穆群凶靡餘而泣辜之歎義兼自昔方勵精思治登賢任官隆平之化庶從茲始宜播嘉

惠咸與維新可大赦天下自今月二十日昧爽已前謀反大逆手殺人以下皆赦除之頃歲軍旅繁興叛征者眾其質繫家屬及同伍代役三署見徒詳所由原遣主者施行 文苑英華四百三十一

授王亮左僕射詔 案事在齊永元初梁書王亮傳作右僕射

門下朝端任重刑政斯出自非民望時宗莫諧茲舉通直散騎常侍吏部尚書領太子左衛率王亮器識夷遠風鑒清貞贊務釐朝庶績惟允宜崇名器以副具瞻可尚書左僕射主者速施行 文苑英華三百八十五

沈文季加侍中詔 永元元年

門下散騎常侍尚書左僕射西豐縣開國侯新除鎮軍將軍沈文季業宇流正鑒識超凡秉茲恭恪誠著匪躬艱起非慮密邇墉圻罄力盡勤萬雉增固寵服攸加實為朝典可侍中僕射新除侯如故主者速施行 文苑英華三百八十

崔慧景加侍中詔 永元元年

門下護軍將軍樂安縣開國子慧景志氣淹通識履詳正誠烈款盡義簡朕心加榮近侍抑惟彝序可加侍中子如故主者速施行 文苑英華三百八十

王亮王瑩加授詔 永元元年

門下京輔華實端副要重政首民經任切朝寄尚書左僕射亮濬哲淵深道風清邈時宗民譽僉望所歸中領軍南徐州大中正南鄉侯瑩德宇夷曠鑒識凝遠□□協隆內外允諧遊徒從慝躬衛時難氛祲既澄並宜光贊緝熙穆茲景化亮可侍中丹陽尹瑩可侍中尚書左僕射本官中正侯並如故主者速施行 文苑英華三百八十

臨川王子晉南康侯子恪遷授詔 永元元年

門下侍中臨川王子晉志業清敏器尚夷通祕書監右領軍南康縣開國侯子恪理識閑悟思懷韻警宜出闡朝政入侍帷幄子晉

可左民尚書，子恪可侍中，王侯並如故，主者速施行。文苑英華三百八十七。

大赦詔永元二年

門下：王室多難，禍沴相仍。昔歲紛阻，鋒交丸達；今茲狂熸，兵連萬雉。時事屯尼，罕有斯逆，故令迷疑互起，向背者多。元惡既懸，猜懼彌廣，奔亡草澤，自反莫因。近雖曲赦，與之更始，而愚昧之徒，猶多竄伏。且遏寇未夷，役連遐邇，刑政弛張，陷罪非一。思所以廣敷嘉惠，被之億兆。可大赦天下。凡與崔惠景協契同謀，首爲奸逆，爰及降叛，輸力盡勤，良由世道交喪，流源浸遠，風概靡立，以至如斯。悉皆蕩滌，一無所問。凡諸反側，咸與維新，並加宣慰，還復民伍。國信之明，皎如日月，揚勒戢要，咸使聞知。惟崔惠景諸子不在赦例。主者施行。文苑英華四百三十一。

授蕭重依左僕射詔

門下：尚書萬事之本，隆替是寄，總司頓闕，宜速有人。征虜將軍、吳興太守、建安縣開國子蕭重依，才學淹通，識裁詳允，內著嘉庸，外敷美政，入副朝端，僉議斯在，可守尚書左僕射，餘如故，主者施行。文苑英華三百八十五。

南郊恩詔

門下：朕肅膺乾貺，君臨率土，雖日晏劬勞，而仁恕未洽，星琯驟迴，履端告始，禋饗云備，誠敬兼申，宣和布澤，情深待旦。凡內外文武可各賜勞一年；叛亡未擒，若百日內自首，還役不問往罪；女子質繫，悉且散遣；文書輕重，坐罪並皆從原，主者詳爲條格，疾速施行。文苑英華四百二十四。

劉暄封侯詔

門下：南國是式，事昜與周；原鹿啟土，義昭洪漢。領軍舅親德之重，朝野式瞻，在昔中興，任推心膂，哀疚眇然，未堪多難，允賴徽猷，翊隆寶業。及釁起不虞，咫尺宮禁，內參嘉謨，外宣戎略，密勿劬勞，誠力備盡，宗社克固，寔倚高謨。無言不讎，無德不報，況忠勳至國，義兼於此者乎？宜錫圭裂壤，允副僉屬，可封開國縣侯，食邑二千戶。主者施行。□□□□□□

王亮等封侯詔

門下：尚書左僕射亮、中領軍南鄉侯南徐州大中正瑩、守吏部尚書志，竝時宗民秀，徽望允集，協贊朝機，彝倫是寄，秉文經武，任惟腹心，方賴嘉謨，克弼時難，宜疏爵建社，與國同休。亮、瑩可各封一千五百戶開國縣侯，本官中正如故；志封千戶開國縣侯，本官如故。主者速施行。□□□□□□□□

常僧景等封侯詔

門下：廬陵王中兵參軍事、宜闕將軍軍主、新除右軍常僧景，車騎江夏王參軍事、宜闕將軍、新除右軍中郎將辥元嗣，安東廬陵王參軍事、振武將軍徐元稱，假寧朔將軍、廬陵王國侍郎延明，主帥殷係宗，前軍將軍、宣闕格虎隊主馬廣，或氣略強果，或志識貞濟，或忘家奉國，誠著夷險，方寄戎昭，克濟時難，宜命爵啟土，以獎厥勞。可封一千戶開國縣侯，本官新除驛使悉如故，主者施行。□□□□□□□□

封三舍人詔

門下：輔國將軍、驍騎將軍、南高平太守、兼中書通事舍人沈徽孚，給事中、驍騎將軍、臨淮太守、兼中書通事舍人王咺之，寧朔將軍、南濮陽太守、兼中書通事舍人裴長穆，並以素冑清才，服勤禁省，契闊劬勞，自須多難，軍國務殷，內參帷幄，外濟師旅，忠規款志，義感朕心，宜錫茅社，同茲賞冊，可封三百戶開國縣伯，本官郡驛使並如故，主者速施行。文苑英華四百十六。

須當作頃

立左降詔

刑乖政失，其源已久，罰罪之爽，日聞於晉朝，弊獄之書，亟勞于晏

胯當作牒

寵免黜相係，補代紛紜，一歲屢回，乃彌歲月，非所以弄瑕錄用，隨分盡才者也。是故減秩居官，前代通則，貶職左遷，往朝繼軌。自今內外羣司有事者，可開左降之科。初學記二十。

降死罪詔

朕樹洪業，光宅區宇，而本枝之慶，未廣枝掖，勝衛之地，猶闕蕃屏。言念弓韣，不能忘懷，策三子始有盤石之資，於焉彌固，慶雖自己，恩加罩及。凡死罪可降一等，五歲刑降二等，三歲刑以下並悉原放。初學記二十。

改天監元年赦詔

門下：五精遞襲，皇王所以受命，四海樂推，殷周所以改物，雖禪代相外，遭會異時，而微明迭用，其流遠矣，莫不振民育德，光被黎元。朕以寡闇，命不先後，寧濟之功，屬當期運，乘此時來，因心萬物，遂振厥弛維，大造區夏，永言前蹤，義均慙德，齊氏以代終有徵，厤數云改，欽若前載，集大命于朕躬，顧惟菲德，辭不獲命，寅畏上靈，用膺景業，執禋柴之禮，當與能之祚，繼迹百王，君臨四海，若涉大川，罔知攸濟。洪基初兆，萬品權輿，思俾慶澤，覃被率土，可大赦天下，改齊中興二年為天監元年，賜民爵二級，文武加位二等，鰥寡孤獨不能自存者，人穀五斛，逋布口錢宿債勿復收，其有犯鄉論清議，贓汙淫盜，一皆蕩滌，洗除前注，與之更始。長徒敕繫之身，特皆原遣，亡官失爵，禁錮奪勞，一依舊典。文苑英華四百二十一，又梁書武帝紀中有刪節。

封授臨川等五王詔　天監元年四月丙寅

門下：神牧帝鄉，藝文類聚作神州帝城。冠冕列岳，渚宮樊鄧，形勝是歸，居中作衛，寔宜戎勳，藝文類聚作戎重。隆茲寵號，寔允舊章，並非親勿居，惟賢斯授。西中郎將護軍宏，朕之介弟，早宣德譽，董一藩政，緝是嘉庸，國禮家情，瞻寄隆重，使持節督南徐兗二州諸軍北中郎將南徐州刺史秀，風穎雋邁，識業標簡，任居藩翰，政以化成，使持節都督雍梁南北秦四州諸軍事安北將軍寧蠻校尉雍州刺史偉，體韻淹穆，神寓凝正，經綸夷雅，藝文類聚作夷儉。參贊王業，冠軍右衛將軍恢，神檢外洽，淵量內湛，奉職鉤陳，周衛以穆，使持節督荊湘益寧南北秦七州諸軍事安西將軍荊州刺史憺，秀識沖情，允文允武，經啟王業，寔有厥勳，並契闊綢繆，分形並氣，處家盡其匪躬，朕承運迭興，光宅四海，藩維廣樹，經朔攸屬，出納之宜，望實惟允，宏可使持節散騎常侍都督揚南徐州諸軍事後將軍揚州刺史，封臨川郡王；秀可進號征虜將軍，餘官如故，封安成郡王；偉可使持節散騎常侍都督雍梁荊寧南北秦六州郢州之竟陵司州之隨郡諸軍事寧蠻校尉雍州刺史將軍如故，封建安郡王；恢可侍中前將軍領石頭戍事領兵置佐，封鄱陽郡王；憺可使持節都督荊湘益寧四州諸軍事平西將軍荊州刺史，封始興郡王，食邑各二千戶。文苑英華四百四十四，又略見藝文類聚五十一，以為任昉作。

立太子詔　天監元年十一月甲子

朕屬當期運，係迹前王，思所以長世流祚，垂之萬葉，百辟咸以元良之寄，有國莫先，自昔哲后，降及近代，莫不立儲樹嫡，守器承祧，乃務挹羣議，遠惟七百，建茲蒙稚，仰副宗祊，承華肇開，崇基克永，無疆之慶，非獨在余，思覃渥澤，被之遐邇，可賜天下為父後者爵一級，王侯以下，量錫幣帛。藝文類聚十六，初學記十。

立內職詔

刑于垂訓，周文所以表德，壼闈失序，漢氏所以喪邦，並被諸方策，式昭戒勸。魏晉以來，雖云簡薄，而內職名號，參差不同，在宋太始，位置繁緟，遂設九品，且擬外朝，填委椒掖，徵費無已，自此相仍，蹤以成舊。昭陽九華，千門萬戶，朕受命自天，始基初學記作期運。七百，思所以立防自邇，貽厥方來，前代職品，所宜因革，外可詳議，務令該允。藝文類聚十五，初學記十。

搜訪隱逸詔

高尚其志義煥通爻山林不出訓光惇史朕聽朝晏罷尙想幽人蒲玉之禮佇聞峻節可班下州郡博訊巡遠若有道映丘園事浮高尙可以弼莅遷澆還風拯俗皆以名聞靡或遺漏朕將闢衞室而賓几杖開東序而授衮職庶令江海無遺異人必至 藝文類聚三十七

資給何點詔

遠趣高情前王所貴義兼昔款倍用興懷徵士何點居貞物表纓心塵外夷坦之風率由自遠往因素志頗申宴言眷彼子陵情兼惟舊昔仲虞邁俗受倖漢朝安道勉志不辭晉縣此蓋前代盛軌往賢所同可議加資給並出在所日契資須太官別給旣人高曜卿故事同垣下 梁書何點傳藝文類聚三十七

酬荆雍義士獻物者詔

昔義舉之初人懷自竭輸賦馨產同致厥誠言念一槩思有所酬其雍荆郢三州有獻物助軍國者外可詳加隨報焉 初學記二十

南郊恩詔 天監四年正月辛亥

門下卜日禋饗政道莫先厚下布澤哲王是務朕仰祗靈眷俯臨億兆歲象迴環恭事亡及牲玉必薦感敬備申升煙燎於穹昊致精誠於太一思霑飄潤惠茲窮生應天監三年內犯罪勞及左降可悉原降繼市職不充人身及家口質繫悉散還私家督備前歲三五犯逋因及隨曹景宗援司州委叛應謫役者並量所謫降尙書所檢巧陳淫辭普更開恩百日各聽自首不問往罪京師三縣尤窮之民詳加賑恤主者速條格施行 文苑英華四百二十四

使四方士民陳刑政詔 天監六年正月辛酉

徑寸之寶或隱沙泥以人廢言君子斯戒朕聽朝晏罷思闡政術雖百辟卿士有懷必聞而耆舊遐邇未臻魏闕或屈以貧賤或閒以山川頓足延首無因奏達豈所謂沈浮靡漏遠邇兼得者乎四方士民若有欲陳言刑政益國利民淪礙幽遠不能自通者可各詮條布懷於刺史二千石有可申採大小以聞 梁書武帝紀中初學記二十以爲沈約作

王茂加侍中詔 天監六年七月

門下居中作衞號望清重任總儲宮朝難其選望蔡縣開國公新除尙書右僕射茂器度淹弘志局詳穩契闊艱夷情深恆寄顧命載加允副僉屬可侍中衞將軍領太子詹事開國公如故給鼓吹一部主者施行 文苑英華三百八十

梁武帝踐祚後與諸州郡敕

欽惟邃古爰及近代雖禪代異時而成功一揆豈惟靜民寧亂實由符運總集故能啓業垂統光宅區夏齊氏遘茲昏詖斯亡奄及民命蠢蠢倒懸非喻朕大懼四海舟覆二象雲傾億兆與崑岡並燎縉紳與蕙崇共日永言悽悼發憤經營推鋒投袂電擊風掃藉上天之靈因能罷之用德未半古功倍前烈齊民旣欲若虞夏高揖萬邦兼以宜符先著樂推攸在幽顯宅心辭不獲命猥以虛寡君臨萬國川岳之懷寤寐盈慮方欲昧旦丕顯日昃忘勞思與賢能康濟世道鄉推萬里其治是寄當求民瘼留念獄市威斷以御強猾仁惠以撫貧孤使遠近幽深咸得其所方虛位欽能懸爵佇效勿令漢代璽書獨行於自古晉世班條靡用於茲日想加克勉副其側席 藝文類聚十四

爲武帝與謝朏敕

吾以菲德屬當期運鑒與吾言思隆治道而明不遠燭所蔽者多實寄賢能匡其寡闇嘗謂山林之志上所宜弘激貪厲薄義等爲政自居元首臨對百司雖復執文經武各修厥職羣才競爽以致和美而鎮風靜俗變教論道自非箕潁高人莫膺茲寄是用虛心側席屬想清塵不得不屈茲獨往同此濡足便望釋蘿襲衮出野

登朝必不以湯有慙德武未盡善不降其身不屈其志使璧帛虛往蒲輪空歸傾首東路望兼立表羲軒邈矣古今殊事不獲總駕崆峒依風問道今方復引領雲臺虛己宣室紆賢之愧載結寢興□□□□□□□□

又與何胤敕

吾猥當期運膺此樂推而顧己蒙蔽昧於治道雖復劬勞日昃思致隆平而先王遺範尙蘊方策息學之用存乎其人兼以世道澆暮爭詐繁起改俗遷風良有未易自非以儒雅弘朝高尙軌物則汨流所至莫知其限治人之與治身獨善之與兼濟得失去取爲用孰多吾雖不學頗好博古尙想高塵每懷擊節今世務紛紅憂責是當不得不屈道巖阿共成世美必望深達往懷不吝濡足今遣領軍司馬王果宣旨諭意遲而在近梁書何胤傳高祖踐祚詔爲特進右光祿大夫手敕云云又見藝文類聚三十七以爲沈約作

爲梁武帝除東昏制令

令夫樹以司牧非役物以養生視人如傷豈肆上以縱虐廢主弃常自絕宗廟窮凶極悖書契未有苛酷滋章征賦不一緹繡草木朝構夕毀撟梁易柱不待匠人徵發閭左以充繕築流離寒暑繼以疫厲轉死溝渠曾莫收恤朽肉枯骸烏鳶是厭加以天災人火屢焚宮掖官府臺寺尺椽無遺悲甚黍離痛兼麥秀遂使億兆離心疆徼侵弱壽春內地翦爲寇場辱及祖宗恥深諸夏斯人何辜離此塗炭今明昏遞運大道公行思化之萌來蘇茲日猥以寡薄屬當大寵雖運距中興艱同草昧思闡皇休與之更始凡昏制繆賦淫刑濫役外可詳檢前源悉皆蕩除其主守散失諸所逋耗精立科條咸從原例便施行文館詞林六百九十六

答詔訪古樂

竊以秦代滅學樂經殘亡至於漢武帝時河閒獻王與毛生等共採周官及諸子言樂事者以作樂記其內史丞王定傳授常山王禹劉向校書得樂記二十三篇與禹不同向別錄有樂歌詩四篇趙氏雅琴七篇師氏雅琴八篇龍氏雅琴百六篇唯此而已晉中經簿無復樂書別錄所載已復亡逸案漢初典章滅絕諸儒捃拾溝渠牆壁之閒得片簡遺文與禮事相關者即編次以爲禮皆非聖人之言月令取呂氏春秋中庸表記防記緇衣皆取子思子樂記取公孫尼子檀弓殘雜又非方幅典誥之書也禮既是行己經邦之切故前儒不得不補綴以備事用樂書事大而用緩自非逢欽明之主制作之君不見詳議漢氏以來主非欽明樂既非人臣急事故言者寡陛下以至聖之德應樂推之符實宜作樂崇德殷薦上帝而樂書淪亡尋案無所宜選諸生分令尋討經史百家凡樂事無大小皆別纂錄乃委一舊學撰爲樂書以起千載絕文以定大梁之樂使五英懷慙六莖興愧隋書音樂志上天監元年下詔訪百寮於是散騎常侍尙書僕射沈約奏答

全梁文卷二十六終

烏程嚴可均校輯

沈約三

為六宮拜章

蓬閣作闈。初學記 菲質嘉淑無算。越自幽衡。登龜宸漢。奉日月之華。侍巾櫛之末。何以肅鸞鷺之盛序。奉屬車之清塵。藝文類聚十五，初學記十。

為晉安王謝南兗州章

臣以菲劣。幼無秀業。依天宅照。藉海憑瀾。王爵早加。藩麾夙樹。進不能闡詩西楚。好禮北河。退無以振采六條。宣風萬里。懷慙起懼。載盈心顏。而皇明燀燭。照被彌遠。遂乃徙旆淮區。遷金濟服。朱驂出郢。青組臨方。瞻惟徽寵。俯仰忘屑。初學記十。

又為安陸王謝荊州章

臣託景宸區。早延休寵。身班帝穆。爵首蕃珪。好禮慙河。敦詩愧楚。懸旆出關。徒違絳闕。縱金入濟。識謝戎麾。而照臨彌廣。復叨匪服。紀南形勝。任總上游。西緯岷邛。北維崤陝。六轡在手。猶或稱難。羣牧棄威。茲道孰易。是以撫情陸白。而款幄垂霄。塗嚴遠事。隔披照。勝冒斯顏。膺此謬荷。祗奉兢懼。罔知攸託。初學記十。

謝賜新麻表

竊惟覩斗辨日。馭生為本。審時分地。稼政莫先。何則勝殺無舛。拘忌之理難忽。珠璧有徵。曆節之原攸序。藝文類聚五。

到著作省表

臣約言。即日被召。以本官兼今職。臣執不博古。學謝專家。之懷鉛之志。慙夢賜之術。聯事乖善。握蘭慙良。謬勒斷蛇之符。預刊冰河之業。路遙難騁。才弱未勝。而神工曲造。雕絢彌豐。珥筆史觀。記言文府。慈奉藏揚。臆懵交顏云云。初學記十二。案南齊書沈驎士傳，有永明六年吏部郎沈淵、中書郎沈約薦沈驎士義行表，當編入全齊，就淵文，故不錄。

薦沈驎士義行表

吳興沈驎士。英風夙挺。峻節早樹。貞粹稟於天然。綜博生乎篤習。家世孤貧。藜藿不給。懷書而耕。白首無倦。挾琴採薪。行歌不輟。長兄早卒。孤姪數四。攝佐鞠稚。吞苦推甘。年踰七十。業行無改。元嘉以來。聘召仍疊。玉質踰潔。霜操日嚴。若使聞政王庭。服道槐掖。必能孚朝規於邊鄙。播聖澤於荒垂。南齊書沈驎士傳，永明六年，吏部郎沈淵、中書郎沈約又表薦驎士義行。案此表當編入全齊沈淵文，張溥本有此，當刪。

薦劉杳表

陛下則天開業。冠帶要荒。輶軒畢轂。文軫於遐路。捨築投竿。相望於魏闕。或以關柝未採。管庫遺賢。執戟忘疲。倚轍不息。藝文類聚五十三。

舉胡元秀表

竊惟經邦御遠。雖待大賢。摧鋒犯鏑。亦資小用。伏見錢塘新戍主胡元秀。早歲驅馳。意幹強果。矛盾之用。氣凌百夫。若置之六師之間。處之一旅之上。必能前奮猛敵。卻沮強胡。臣實弱懦。不窺武節。昧妄輕言。伏懷悚懼。初學記二十。

讓僕射表

臣聞役壯休老。上典所優。晨行暮息。事身恆分。若夫玄黃未已。非狄駕之術。筋力為用。豈強飯之時。養老杖鄉。抑推前典。服戎告謝。親學匪任。循肉極其虛憊。歲制防其不辜。實所以獨假衰疾。收屏淪暮。藝文類聚四十八。

謝封建昌侯表

陛下投袂萬里。拯厥塗炭。臣雖心不吠堯。而迹淪桀犬。此則王業始基。臣所不與。徒荷日月之私。竟無烝燭之用。天命玄鳥。非止今日。受命作周。其來久矣。雖復備數樂推。與同謳頌。而誠微弱草。效闕纖塵。遂班山河之誓。叨佐命之賞。亦何以慰悅帷帳。酬報爪牙。藝文類聚五十一。

謝母封建昌國太夫人表

伏見詔書。以臣母封爲建昌國太夫人。慶溢蓬門。榮流素族。恭荷屏營。罔識攸寘。臣稟訓私闈。志塗靡立。勉以爲義。誠有由然。輸力致身。曾無萬一。天慈罔已。至德彌光。採其私志。降此洪澤。榮親之至。始自微臣。率斯道也。方流萬物。草卉輕命。罔莫云酬。藝文類聚五十一

爲長城公主謝表

奉策書封妾爲長城縣公主。徽命降臨。慙腆妄寘。妾膺靈禀氣。育景璇闈。弱志易淪。柔德難樹。雖復式脩姆保。莫敢或遑。而肅雍不著。穠華蓋闕。不悟宸暉曲漸。彝章夙賁。籍此恩加。遽延典策。湯沐光啟。珩綖昭被。藝文類聚五十一

爲柳世隆讓封公表

臣聞懸旌玉塞。貳師尚黜其功。伐鼓炎州。伏波猶懼其賞。徒以兼委之施。或難固辭。抽心之情。必無雙奪。是故俛容青閣。願還慈於裂壤。竊步丹墀。希收寵於開賦。昔竄鼠命窮。雉難迫勢。孤沈板未難。負戶非切。及顧溫凊之館。懼結尊慈之懷。累葉喁喁。舉門惴惴。臣事遇君親。理非外獎。實賴朝謨。讜肅宰略。遐震奔鯨。外剿臣何力焉。幸得扶老攜弱。重出幽堵。還軸歸驂。再踐鄉路。豈可資國眚以邀其功。因衆功而饗其報。遂使甘霜受霍之心。有同於飾譎。皎日大河之志。匪殊於貌謁。藝文類聚五十一

爲柳世隆上銅表

夫幣以周務。貨以賑民。阜國康治。莫尚乎此。周氏致平。始於圜法。漢世幾屑。資於貫朽。名鑪化金。良工盡藝。方將盈金中藏。收功上苑。南楚陋其方府。西京鄙其部內。藝文類聚八十四

拜尚書令到都上表

竊位之譏。允當斯責。王命私請。有事相傾。油雲湛露。徒降昊之德。弱篇輕蟬。不載丘嶽之重。登階望履。慨焉失步。藝文類聚四十八

爲太子謝初表

臣實蒙稚。溫文以闕。不閑三善之訓。未習四學之儀。雖問安內豎。因心自發。而視膳寢門。未任再至。乃降皇慈。夙膺盛典。貳體宸極。守器宗祧。顧循幼志。如臨冰壑。藝文類聚十六。初學記十。

爲南郡王讓中軍表

臣聞建侯茂則。非賢罔樹。分器爲典。惟懿實先。而臣抱道未弘。踐義多缺。徒升國彝。空襲宸寵。光珪華組。晚靄於闕垂。令采徽猷。寂寥於甸表。晨伸委帶。夕軫臨額。皇衢肇啟。鼎運始賚。魯衞兼啟。義邈周年。齊楚並建。禮高漢日。臣以末第。聯輝上序。祐履荊阿。懷璽夢曲。樹志惟熏。佩握如擣。初學記七

爲始興王讓儀同表

徒塵翠渥。方降紫泥。以茲上令。用隔下情。況高擬萬石。爰均八命。室等天黃。服加黼黻。出則高陪千乘。入則仰司百揆。陛下道苞九舜。明出十堯。萬徹必理。一物與念。有紆玄鏡。暫垂止水。藝文類聚四十七。

爲褚炫讓吏部尚書表

竊惟玄素未辨。必謬朱紫之察。規矩或昧。理喪方圓之功。東西兩漢。左雄孤絕於前。南北二晉。山濤莫嗣於後。良由性藏於貌。才隱乎心。楚越無以況其迴殊。山川未足方其險阻。雖復挫暗爲明。免愚生智。亦何以登奇收異。離渭分涇。藝文類聚四十八。初學記十一。

讓五兵尚書表

臣聞百舍之趙。非宿舂所資。千里之越。豈一葦能泝。何者。裝輕適于路遠。舟弱疲于濟深。醜貌悴容。不藉鑒于淄水。駑足蹇步。終取躓于鹽車。藝文類聚四十八。

上宋書表

臣約言。臣聞大禹刊木。跡炳虞書。西伯勘黎。功煥商典。伏惟皇基積峻。帝烈弘深。樹德往朝。立勳前代。若不觀風唐世。無以見帝媯

之美自非覩亂秦餘何用知漢祖之業是以掌言未記爰動天情曲詔史官追述大典臣實庸妄文史多闕以茲不才對揚盛旨是用夕惕載懷忘其寢食者也臣約頓首死罪竊惟宋氏南面承庥統天雖世窮八主年減百載而兵車亟動國道屢屯垂文簡牘事數繁廣若夫英主啟基名臣建績拯世夷難之功配天光宅之運亦足以勒銘鐘鼎昭被方策及虐后暴朝前王罕二國釁家禍曠古未書又可以式規萬葉作鑒於後宋故著作郎何承天始撰宋書草立紀傳止於武帝功臣篇牘未廣其所撰志惟天文律厤自此外悉委奉朝請山謙之謙之孝建初又被詔撰述尋值病亡仍使南臺侍御史蘇寶生續造諸傳元嘉名臣皆其所撰寶生被誅大明中又命著作郎徐爰踵成前作爰因何蘇所述勒爲一史起自義熙之初訖於大明之末至於臧質魯爽王僧達諸傳又皆孝武所造自永光以來至於禪讓十餘年內闕而不續一代典文始末未舉且事屬當時多非實錄又立傳之方取捨乖衷進由時旨退傷世情垂之方來難以取信臣今謹更創立製成新史始自義熙肇號終於昇明三年桓玄譙縱盧循馬魯之徒身爲晉賊非關後代吳隱謝混郗僧施義止前朝不宜濫入宋典劉毅何無忌魏詠之檀憑之孟昶諸葛長民志在興復情非造宋今並刊除歸之晉籍臣遠愧南董近謝遷固以閭閻小才述一代盛典屬辭比事望古慙良鞠躬跼蹐靦汗亡厝本紀列傳繕寫已畢合志表七十卷臣今謹奏呈所撰諸志須成續上謹條目錄詣省拜表奉書以聞臣約誠惶誠恐頓首頓首死罪死罪宋書自序藝文類聚五十五

注制旨連珠表

竊聞連珠之作始自子雲放易象論動模經誥班固謂之命世桓譚以爲絕倫連珠者蓋謂辭句連續互相發明若珠之結排也雖復金鑣互騁玉軑並馳妍蚩優劣參差相間翔禽伏獸易以心威

守株膠瑟難與適變水鏡芝蘊隨其所遇明珠燕石貴賤相懸藝文類聚五十七

爲柳兗州世隆上舊宮表

舊宮積靈千古合祥百代萬祇相趾八神警室事超齊甸義邁譙宮故能屬華道於天階命帝闕於霄路實宜樹闕疏壤寫極上宮克播徽塵永光盛烈藝文類聚六十二

上建闕表

恭惟哲后舊章必修眇矚前王復古爲貴伏惟陛下忻咨故實率由令典昔在有晉經創江左邦訓莫融遠圖多缺萬雉之外兩觀弗興空指南峯懸法無所世歷三代年將二百非所以經世成務垂業後昆天德圓應憲章自遠詔匠人建茲象闕俯藉愛禮之亡以申子來之願式表端闈儀刑萬國使觀風而至復閭延歲之典遐想之士少寄懷古之目藝文類聚六十二

謝立皇太子賜絹表

臣聞重離在天八紘之所共仰明兩作貳萬國所以咸寧太子體岐嶷載表睿沖茂典冊既升休祚方遠率土含歡遐邇均抃天情載洽慶賜必周幣帛嘉貺猥班庸劣藝文類聚八十五

致仕表

徒以桑榆無幾時制行及不朝之禮忽在今辰使反身徹廬待終窮巷臣又聞之懸車散髮其來舊矣昔廣德請骸義在量力二疏知止懼貽後悔數年以來稍就盡竭氣力衰耗不自支持若蒙天地大恩造物洪施拯其隆滿之切救其害盈之災譬彼日昃假榮終朝翔鵷夕景少覩盛化宅壤歸泉自無云幾祈仁仰澤事止寸陰藝文類聚十八

臨終遺表藝文類聚題作臨終勸加篤信啟

臣約言臣抱疾彌留迄今未化形神欲離月已十數窮楚極毒無

言以喻平日健時不言若此據刀坐劍比此為輕仰為深入法門厲茲苦節內矜外恕實本天懷伏願復留聖心重加推廣微臣臨塗無復遺恨雖慚也善庶等鳴哀謹啟（廣宏明集三十上藝文類聚七十七）

上疏論選舉 天監中

頃自漢代本無士庶之別自非仕宦不至京師罷公卿牧守並還鄉里小人瞻仰以成風俗且黌校棊布傳經授受皆學優而仕始自鄉邑本於小吏幹佐方至文學功曹積以歲月乃得察舉人才秀異始為公府所辟遷為牧守入作台司漢之得人於斯為盛今之士人並聚京邑其有守土不遷非直愚賤且當今士人繁多略以萬計常患官少才多無地以處秀才自別是一種任官非若漢代取人之例也假使秀才對五問可稱孝廉答一策能過此乃雕蟲小道非關理功得失以此求才徒虛語耳（通典十六）

上言宜校勘譜籍

晉咸和初蘇峻作亂版籍焚燒無餘此後起咸和三年以至于宋所書並皆詳實朱筆隱注紙連悉縫而尚書上省庫籍唯有宋元嘉中以來以為宜檢之日即事所須故也晉代舊籍並在下省左戶曹前廂謂之晉籍有東西二庫既不係尋檢主者不復經懷狗牽鼠齧雨溼沾爛解散於地又無扃縢此籍既並精詳實宜保惜位高官卑皆可依按宋元嘉二十七年始以七條徵發既立此科苟有迴避人姦互起偽狀巧籍歲月滋廣以至于齊患其不實于是東堂校籍置郎令史以掌之而簿籍于此大壞矣凡粗有衣食者莫不互相因依競行姦貨落除卑注更書新籍通官榮爵隨意高下以新換故不過用一萬許錢昨日卑微今日仕伍凡此姦巧並出愚下不辨年號不識官階或注義熙在寧康之前或以隆安在元興之後此時無此府此年無此國元興唯有三年而猥稱四年又詔書甲子不與長曆相應如此詭謬萬緒千端校籍諸郎亦所不覺不才令史更何可言且籍字既細難為眼力尋求巧偽莫知所在徒費日月未有實驗假令兄弟三人分為三籍卻一籍父祖官其二初不被卻同堂從祖以下固自不論諸如此例難可悉數或有應卻而不卻不須卻而卻所卻既多理無悉當懷冤抱屈非止百千投辭請訴充曹牣府既難領理交興人怨於是悉聽復注普停洗卻既蒙復注則莫不成官此蓋核籍不精之巨弊也臣謂宋齊二代士庶不分雜役減闕職由於此自元嘉以來籍多假偽景平以前既不係檢凡此諸籍得無巧換今雖遺落所存尚多宜有徵驗可得信實其永初景平籍宜移還上省竊以為晉籍所餘須加寶愛若不切心留意則還復散失矣不識冑胤非謂衣冠凡諸此流罕知其祖假稱高曾莫非巧偽質諸文籍姦事立露懲覆矯詐為益實弘又上省籍庫雖直郎題掌而盡日料校唯令史獨入籍既重寶不可輕委羣細若入庫檢籍之時直郎直都應共監視寫籍皆於郎都目前並加掌置私寫私換可以永絕事畢郎出仍自題名臣又以為巧偽既多並稱人士百役不及高臥私門致令公私闕乏是事不舉宜選史傳學士諳究流品者為左民郎左民尚書專共校勘所責卑姓雜譜以晉籍及宋永初景平籍在下省者對共讎校若譜注通籍有卑雜則條其巧謬下在所科罰（通典三又南史五十九王僧孺傳）

奏彈王源

給事黃門侍郎兼御史中丞吳興邑中正臣沈約稽首言臣聞齊大非偶著乎前誥辭霍不婚垂稱往烈若乃交二族之和辨伉合之義升降窳隆誠非一揆固宜本其門素不相奪倫使秦晉有匹涇渭無舛自宋氏失御禮教彫衰衣冠之族日失其序姻婭淪雜罔計廝庶販鬻祖曾以為賈道明目腆顏曾無愧畏若夫盛德之胄世業可懷欒郤之家前徽未遠既壯而室竊皆莫非卑隸結褵

以行箕箒感失其所志士聞而傷心舊老爲之歎息自宸庥御寓弘革典憲雖除舊布新而斯風未殄陛下所以負扆興言思清弊俗者也臣實儒品謬掌天憲雖埋輪之志無屈權右而狐鼠微物亦蠹大猷風聞東海王源嫁女與富陽滿氏源雖人品庸陋胄實參華曾祖雅位登八命祖少卿內侍帷幄父璿升采儲闈亦居清顯源頻叨諸府戎禁豫班通徽而託姻結好唯利是求玷辱流輩莫斯爲甚源人身在遠輒攝媒人劉嗣之到臺辯問嗣之列稱吳郡滿璋之相承云是高平舊族寵奮胄胤家計溫足見託爲息鸞覓婚王源見告窮盡即索璋之簿閥見璋之任王國侍郎鸞又爲王慈吳郡正閤主簿源父子因共詳議判與爲婚璋之下錢五萬以爲聘禮源先喪婦又以所聘餘直納妾如其所列則與風聞符同竊尋璋之姓族士庶莫辯滿奮身殞西朝胤嗣殄沒武秋之後無聞東晉其爲虛託不言自顯王滿連姻實駭物聽潘楊之睦有異於此且買妾納媵因聘爲資施衿之費化充牀笫鄙情贅行造次以之糾慝繩違允茲簡裁源即主臣謹案南郡丞王源忝藉世資得參纓冕同人者貌異人者心以彼行媒同之抱布且非我族類往哲格言薰蕕不雜聞之前典豈有六卿之胄納女於管庫之人宋子河魴同穴於輿臺之鬼高門降衡雖自己作蔑祖辱親於事爲甚此風弗翦其源遂開點世塵家將被比屋宜寘以明科黜之流伍使已汚之族永愧於昔辰方媾之黨革心於來日臣等參議請以見事免源所居官禁錮終身輒下禁止視事如故源官品應黃紙臣輒奉白簡以聞臣約誠惶誠恐云云（文選）

奏彈祕書郎蕭遙昌

謹按兼祕書郎臣蕭遙昌盛藏茂年升華祕館淑慎之迹未彰違情之容已及宜置徽綱以肅朝風請以見事免遙昌所居官（初學記十二）

奏彈太子中舍人王僧祐

肆情運氣不顧朝典揚眉闊步直轢高驅（南史二十一）

奏彈孔稚珪違制啟假事

臣聞禁憲有章士子攸慎守官有典彝綱斯及蓋所以崇威闡法下肅上尊謹案廷尉會稽品中正臣稚珪歷倖朝班頻登要近九棘之任理无休謁冒制干聞實虧恆典恩許雖降所制不關違犯之條猶合約黜且稚珪術自內轄作士下闈通制明文日陳几案自踰規矩莫斯爲甚臣等參議請以見事免稚珪所居官除中正官名輒下禁止（初學記二十）

奏彈奉朝請王希聃違假

謹案奉朝請臣王希聃幸齒朝班私敬蓋闕休請有期曾无遄及違弛之愆允膺裁糾臣等參議請以見事免所居官輒下禁止（初學記二十）

奏彈御史孔橐題省壁悖慢事

謹案奉朝請臺御史臣孔橐海斥無聞謬列華省假攝去來士子常務況東皋賤品非藉豐資旬日暫勞豈云卑辱而肆此醜言題勒禁省比物連類非所宜稱黜之流伍實允朝憲臣等參議請以見事免橐所居官輒下禁止（初學記二十四）

修竹彈甘蕉文

長兼淇園貞幹臣修竹稽首臣聞芟荑蘊崇農夫之善法無使滋蔓翦惡之良圖未有蠹苗害稼不加窮伐者也切尋蘇臺前甘蕉一叢宿漸雲露荏苒歲月擢本盈尋垂蔭含丈階緣寵渥銓衡百卉而予奪乖爽高下在心每叨天功以爲己力風聞藉聽非復一塗猶謂愛憎異說所以挂乎嚴網今月某日有臺西階澤蘭萱草到園同訴自稱雖慚杞梓頗異蒿蓬陽景所臨由來無隔今月某日巫岫斂雲秦樓開照乾光弘普罔幽不矚而甘蕉攢莖布影獨

見郭菽雖處臺閑。遂同幽谷。臣謂偏辭難信。敢察以情。登攝甘蕉左近杜若江蘺。依源辨覆。兩草各處。異列同款。既有證據。羌非風聞。切尋甘蕉出自藥草。本無芬馥之香。柯條之任。非有松柏後彫之心。蓋闕葵藿傾陽之識。馮籍慶會。稽絕倫等。而得人之譽。靡卽稱平之聲。寂寞遂使言樹之草。忘憂之用莫施。無絕之芳。當門之弊斯在。妨賢敗政。孰過於此。而不除戮。憲章安用。請以見事徙根翦葉。斥出臺外。庶懲彼將來。謝此衆屈。藝文類聚八十七。

全梁文卷二十七終

全梁文卷二十八

烏程嚴可均校輯

沈約四

齊武帝謚議

臣聞天德平分。而四時之名或異。聖功一揆。而皇王之稱不同。蓋跡因隨事。名由義立。堯臣禹佐。咸率茲典。伏惟晝寂窮微。含神獨照。德茂始裳之主。道冠初耜之君。含精靈於五緯。翳貞明於三象。初九勿用。英氣凌雲。負揭日月。抑揚霄漢。龍姿鳳采。煥若麗天。登庸在試。盛績雲舉。雖屈景濱汗。降情尺木。而拯世濟民。凌發懷抱。昔成湯百家。仁被比屋。文王十里。化先寡妻。前聖後賢。重規沓矩。震樵圖於九江。播靈威於夏汭。旌旆未麾。鯨鯢自殞。弗勞羌夷之長。無待六事之人。義等伐謀。功高善陣。建有國之符。成定鼎之業。會朝清明。事賓於牧野。受命作周。非止於西伯。觀瞻寢門。孝德光備。守器宗祧。元良載遠。嗣大賓以君百辟。敷景化以致隆平。守在四夷。威行海內。囹圄寂寞。禮讓交興。八柄馭下。九官咸事。臨朝凝默。尊嚴若神。風行日烜。無思不暢。至仁與造化爭流。靈威與雷霆齊軌。上貫蒼昊。下洞深泉。春無淒風。夏無苦雨。時若罔愆。多稔如積。三革不累。五刃不砥。庠塾大啟。儒雅雲集。訓閱得宜。蒐狩有序。丹徼青丘之野。跂踵反舌之民。浮深觸阻。迴首革面。北夷畏力。獻琛內款。不藉終軍之使。無假絕漠之威。嘉祥霧合。祕瑞泉涌。史不輟文。簡無虛日。方當垂七曜之旗。駕八龍之乘。望禮中嶽。肆覲羣后。造化不仁。穆卜徂應。慕切遺弓。哀同遏密。晦朔不居。殯宮將啟。勤茲大名。宜盡徽極。藝文類聚十四

齊明帝謚議

臣聞君德靡二。辟王之名不一。聖功無爽。堯禹之稱或殊。兼以拯世盜亂。致平未必同道。崇埤增祧。嘉號不可相襲。伏惟自天誕睿

英聖在躬。皇矣之符夙著。烝哉之謠早集。賓門納揆。天平地成。自南自北。無思不應。在屬負圖。導揚末命。值嗣主狂凶。人倫道盡。宗社阽危。瞻烏靡託。國難立長。亂極治刑。四海樂推。三靈以眷。東向而讓天下。功高代入。流涕而膺寶位。如蹈重負。日昃劬勞。躬親庶事。撫辜納隍之念。義同於罪己。振民厚下之情。無廢於終食。聰明神武。遐聽邇聞。萬目備張。紘綱靡漏。御轡不迷。靈耤聽於寥野。大川可濟。不待備於舟檝。崢嶸之下。澤靡不懷。寥廓之上。明無不燭。包以宇宙。潤以風雨。霜露所交。人跡所至。百姓仰之而不知其始。萬物用之而罔識其終。上庠啟業。忽焉已久。三載弗爲。淪弛將及。臨朝引領。思隆雅訓。貫遊胥之俊。造成羣方。將驅世反本。既仁且壽。告成東嶽。高宴汾陽。造化不仁。厭世云及。放勛之慕。不追負鄉之思。空遠殯宮將撤。輀軫難留。英聲茂實。於是乎在。藝文類聚十四

梁武帝郗后謚議

表號垂名。義昭不朽。先皇后應祥月德。比載坤靈。柔範陰化。儀形自遠。俔天作合。義先造舟。而神猷夙掩。所隔升遐。宜式遵景行。用昭大典。謹按謚法。忠和純備曰德。貴而好禮曰德。宜崇曰德皇后。梁書高祖郗皇后傳

正會乘輿議

正會儀注。御出乘輿至太極殿前。納舄升階。尋路寢之設。本是人君居處。不容自敬宮室。案漢氏則乘小車升殿。請自今元正及大公事。御宜乘小輿至太極階。仍乘版輿升殿。隋書禮儀志四。天監六年。尚書僕射沈約議。詔可。又見通典七十

謝勑賜冰啟

竊惟司寒殿響。自前代。皮室曠官。歷茲永久。聖功闡物。逸典備甄。窮深既採。園池靡用。有鑄羔祀。無災霜雹。藝文類聚九

謝賜甘露啟

約言。方右徐儼宣勑。垂賜法音寺松葉上甘露。臣往年經見。不過露條而已。時或疑結。纔若輕霧。未有玉聚珠聯。光粲若是。實由積仁上通。冥德下降。故能委華宵極。霽彼後彫。慈旨曲洽。頒此群賚。不任欣賀。謹以啟事謝以聞。臣約言。初學記二露五

賀齊明帝登祚啟

竊惟皇源浚遠。帝寶蓮暉。基深慶厚。道貫萬葉。而鬱林凶德早樹。行悖人經。逖聽之所未書。宗廟之殆如綴。百靈聳動。九服遑遑。結后來之望。思庇民之主。日月以冀。遐邇翹心。伏惟陛下大聖在躬。君德夙表。龍章日綵。煥若麗天。納麓賓門。道風遐被。眷化神行。無思不洽。獄訟允歸。天人載仰。屈飛龍之眇藹。紆汾陽之遠情。運堯心以臨億兆。敷舜烈以膺寶命。雖中宗之興殷道。宣后之隆漢德。異世同符。千載一揆。刑措之業方遠。隆平之基在焉。率土含欣。懷生戴賴。況臣早蒙獲潤。夙荷恩靈。踊躍外繼。心不勝慶。謹緝民和式流星澤。塗歌里抃。戴懷鳧藻。藝文類聚十四

謝齊竟陵王教撰高士傳啟

竊聞高尚其事。義光爻象。賢者避世。聲煥典墳。豈徒激貪勉競。澡身浴德而已。蓋乃大弘義訓。百代通風。是以梁鴻穌伯。記遠迹於前。叔夜士安。書高塵於後。雖去取異情。鞏略殊軫。而獨行必彰。斥言罔極。貞操與日月俱懸。孤芳隨山壑共遠。明公得一含道。體二居宗。迹屈巖廊之下。神遊江海之上。愛奇商洛。訪美東都。蓋欲隱顯高功。出處同致。巢由與伊旦並流。三辟與四門共軌。肅奉明規。思自磬勵。藝文類聚三十七

謝齊竟陵王示永明樂歌啟

鳳綵鸞章。霞鮮錦縟。覲覽河宗。未必比麗。觀樂帝所。遠有慙德。雖日月在天。理絕稱詠。而徘徊光景。不能自息。藝文類聚四十三

謝齊景陵王賚母赫國雲氣黃綾裙襦啟

竊以積絲成綵。散繭騰花。巧擅易水之閒。價貴叢臺之下。民受麻為養。露荷彌深。聖恩曲漸。自葉流根。覆袖縕褐。豈伊恆飾。榮新之寵。固難輕報。藝文類聚六十七

爲東宮謝勑賜孟嘗君劍啟

田文重氣徇名。四豪莫及。寶劍雄身。故能威陵秦楚。人高事遠。遺物足奇。謹加玩服。以深存古之懷。藝文類聚六十、御覽三百四十四

爲皇太子謝賜御所射雉啟

輕鑾徽動。密騎徐張。黃間所穀。矢無虛發。南皮之獲。未足稱工。臣任惟守器。事隔陪奉。天慈曲降。賜物頒禽。藝文類聚六十六

謝司徒賜北蘇啟

曠阻陰山之外。眇絕蒲海之東。自非神力所引。莫或輕至。聖慈普洽。遂遍芻薇。停鑣懼喘。既宏道於世務。方駕四衢。又輕言於俗表。藝文類聚七十二

謝賜軫調絹等啟

霜紈雪委。霧縠冰鮮。昔劉氏歸國。未聞漢儲之禮。曹植還蕃。非降魏兩之賜。恩愈枉[illegible]。賚深束帛。藝文類聚八十五

謝女出門宮賜絹綺燭啟

桓室金縷。本非所議。孟姬作具。獨若未周。慈澤曲臨。珍華兼重。製為美服。隻綺易儔。舉而不息。三夜有待。藝文類聚八十五

謝勑賜絹葛啟

素采冰華。絺文霜潔。變燠暑於閨閤。起涼風於襟袖。藝文類聚八十五

謝賜交州檳榔啟

龍編嘉實。厥包遐遺。□□□□□□□□

爲柳世隆謝賜樂遊胡桃啟

挺自禁園。味逾井絡。動物迴祇。在微必應。此乃胡羯奔迸。吉之先見者也。藝文類聚八十七

應詔進佛記序啟

臣約言。佛記序今謹以上呈。詞義無取。伏懷白恧。謹啟。（廣宏明集十五）

上錢隨喜光宅寺啟

伏惟中陽故里。舂陵舊居。夷漫滌蕩。曾無遺築。若使大教早流。法尊二代。開塔白水。樹剎枌榆。可以傳美垂跡。迄今不朽。（藝文類聚七十七）

送育王像幷上錢燭等啟

竊以無名無色。理絕應感。不身即身。猶觀願力。惟願燈明道成。長為八喜之侶。菩提無上。永廁千子之蹤。（同上）

謝齊竟陵王示華嚴瓔珞啟

竊以六詩雨散。百氏雲興。或事止褒刺。或義單小辨。莫不雕風煙之氣狀。流日月之英華。明公該玄體妙。凝神宙表。廕法雲於六合。揚慧日於九天。因果悟其初心。菩提證其後業。陟無生之遠岸。汎正水之安流。受三遠十號之尊。崇建四辨八聲之妙。極法身與金剛齊固。常住與至理俱存。（藝文類聚七十七）

答釋法雲書難范縝神滅論

神本不滅。久所服膺。神滅之談。良用駭惕。近約法師殿內出亦蒙敕答臣下一本。歡受頂戴。尋覽忘疲。豈徒伏斯外道。可以永摧魔衆。孔釋兼弘。於是乎在。實不刊之妙旨。萬代之舟航。弟子亦即彼論。微曆疑覈。比展具以呈也。沈約呈。（宏明集十）

答樂藹書

丞相風道引曠。獨秀生民。疑猷盛烈。方軌伊旦。愍遺之感。朝野同悲。承當刊石紀功。傳華千載。宜須盛述。實允來談。郭有道漢末之匹夫。非蔡伯喈不足以偶三絕。謝安石素族之台輔。時無麗藻。迄乃有碑無文。況文獻王冠冕彝倫。儀形寓內。自非一世辭宗。難或與此。約閭閈鄙人。名不入第。欻酬今旨。便是以禮許人。聞命慙顏。已不覺汗之沾背也。（南齊書豫章王嶷傳）

答庾光祿書

忌日制假。應是晉宋之間。其事未久。制假前止是不為宴樂。本不自封閉。如今世自處者也。居喪再周之內。每至忌日。哭臨受弔。無不見人之義。而除服之後。乃不見人。實由世人以忌日不樂。而不能竟日興感。以對賓客。故過自晦匿。不與外接。設假之由。實在於此。（封氏聞見記六）

答沈麟士書

獨往之業。雖聞前載。高塵逸軌。罕或共時。未嘗不撫衷興懷。望古遐矚。尊賢拔俗。邈然沈冥。自遠幽貞之操。義高篆筞。蔣詡不窺城市。鄭眞名動京師。何遠之有。名山既鄉內所豐。清川又坐臥可對。不出戶庭。而與禽尚齊美哉。約少不自涯。早愛蟲鳥。逐食推遷。未諧夙願。冀幽期可託。克全素履。與尊賢弋釣泉臯。以慰閑暮。則平生之心。於此遂矣。（藝文類聚三十七）

與范述曾論竟陵王賦書

夫聆汎滄流。則不識涯涘。雜陳鍾石。則莫辨宮商。雖復吟誦迴瓊。編離字滅。終無所辨。仰酬睿旨。微表寸長。（藝文類聚五十八。初學記二十一）

與陶弘景書

先生糠秕俗流。超然獨遠。烈電羽帶。攄鬱雲霞。方當名書絳簡。身遊玄闕。憑星夕臥。望日朝飡。而至理深微。暖焉難晤。惟欲下風問道。未知厥路。若夫棲遲閒遠。咀嚼瓊芝。出入清都。師友靈聖。循崖反跡。無缺惟心。（藝文類聚七十八）

報王筠書

覽所示詩。實為麗則。聲和被紙。光影盈字。夔牙接響。顧有餘慙。孔翠羣翔。豈不多愧。古情拙目。每伫新奇。爛然總至。權輿已盡。會昌昭發。蘭揮玉振。克諧之義。寧比笙簧。思力所該。一至乎此。歎服吟研。周流忘念。昔時幼壯。頗愛斯文。含咀之間。倏焉疲暮。不及後進。

誠非一人。擅美推能。實歸吾子。遲比閑日。清覯乃申。（梁書王筠傳）

報劉杳書

生平愛嗜。不在人中。林壑之歡。多與事奪。日暮塗殫。此心往矣。猶獲少存閑遠。徵懷清曠。結宇東郊。匪云止息。政復頗寄夙心。時得休偃。仲長遊居之地。休璉所述之美。望慕空深。何可髣髴。君愛素情多。惠以二贊。辭采妍富。事義畢舉。句韻之間。光影相照。便覺此地。自然十倍。故知麗辭之益。其事弘多。輒當置之閣上。坐臥嗟覽。別卷諸篇。並爲名製。又山寺既爲警策。諸賢從時復高奇。解頤愈疾。義兼乎此。遲比敘會。更共申析。（梁書劉杳傳）

答陸厥書

宮商之聲有五。文字之別累萬。以累萬之繁。配五聲之約。高下低昂。非思力所學。又非止若斯而已也。十字之文。顛倒相配。字不過十。巧厤已不能盡。何況復過於此者乎。靈均以來。未經用之於懷抱。固無從得其髣髴矣。若斯之妙。而聖人不尚。何邪。此蓋曲折聲韻之巧。無當於訓義。非聖哲立言之所急也。是以子雲譬之雕蟲篆刻。云壯夫不爲。自古辭人。豈不知宮羽之殊。商徵之別。雖知五音之異。而其中參差變動。所昧實多。故鄙意所謂此祕未覩者也。以此而推。則知前世文士。便未悟此處。若以文章之音韻。同弦管之聲曲。則美惡妍蚩。不得頓相乖反。譬猶子野操曲。安得忽有闡緩失調之聲。以洛神比陳思他賦。有似異手之作。故知天機啓則律呂自調。六情滯則音律頓舛也。士衡雖云炳若縟錦。寧有濯色江波。其中復有一片是衞文之服。此則陸生之言。卽復不盡者矣。韻與不韻。復有精麤。輪扁不能言。老夫亦不盡辨此。（南齊書陸厥傳）

與徐勉書

吾弱年孤苦。傍無朞屬。往者將墜於地。契闊屯邅。困於朝夕。崎嶇薄宦。事非爲己。望得小祿。傍此東歸。歲逾十稔。方忝襄陽縣。公私情計。非所了具。以身資物。不得不任人事。永明末。出守東陽。意在止足。而建武肇運。人世膠加。一去不反。行之未易。及昏猜之始。王政多門。因此謀退。庶幾可果。託卿布懷於徐令。想記未忘。聖道聿興。謬逢嘉運。往志宿心。復成乖爽。今歲開元。禮年云至。懸車之請。事由恩奪。誠不能弘宣風政。光闡朝猷。尚欲討尋文簿。時議同異。而開年以來。病增慮切。當由生靈有限。勞役過差。總此凋竭。歸之暮年。牽策行止。努力祗事。外觀傍覽。尚似全人。而形骸力用。不相綜攝。常須過自束持。方可僶俛。解衣一臥。支體不復相關。上熱下冷。月增日篤。取煖則煩。加寒必利。後差不及前差。後劇必甚前劇。百日數旬。革帶常應移孔。以手握臂。率計月小半分。以此推算。豈能支久。若此不休。日復一日。將貽聖主不追之恨。冒欲表聞。乞歸老之秩。若天假其年。還得平健。才力所堪。惟恩是策。（梁書沈約傳）

與約法師書悼周捨

周中書風趣高奇。志託夷遠。眞情素韻。水桂齊質。自接彩同栖。年逾一紀。朝夕聯事。靡日暫違。每受沐言休。逍搖寡務。何嘗不北茨游覽。南居宴酒。春朝聽鳥。秋夜臨風。匪設空言。皆爲實事。音容滿目。言笑在耳。宿草既陳。楸檟將合。眷往懷人。情不勝慟。此生篤信精深。甘此蔬食。至于歲時包篚。每見請求。凡厥菜品。必令以薦。弟子輒斬而後與。用爲歡謔。其事未遠。其人已謝。昔之諧調。倏成悲緒。去冬今歲。人鬼見分。石耳紫菜。愴焉興想。淚下不禁。指遣恭送。以充蔬僧一飯。法師與周情期契闊。非止恒交。覽物存舊。彌當楚切。痛矣如何。往矣奈何。弟子沈約和南。（釋藏策五廣宏明集二十八上）

書

今年殆差。故尒始得此事。至沈約白。十一月十六日。（淳化閣帖四）

全梁文卷二十八終

全梁文卷二十九

烏程嚴可均校輯

沈約五

辯聖論

聖人。蓋人中之含明德盡照精粹凝玄者。或三聖並時。或千載寂蔑。聖人遺情忘己。常以兼濟爲念。若不登九五之位。則其道不行。非以黃屋玉璽爲尊貴也。文王造周而未集。武王集之而未成。周公雖無王籙。而父兄二聖之烈。不可以不終。若不表示聖功。制禮作樂。則太平之業不著。二聖之美不彰。孔子當無籙之運。値自晦之時。而云河不出圖。洛不出書。吾已矣夫。欲以聖德示天下。垂來世。當仲尼在世之時。世人不言爲聖人也。伐樹削迹。干七十君。而不一値。或以爲東家丘。或以爲喪家犬。若不高歎鳳鳥。稱夢周公。樂正雅頌各得其所。則當世安知其聖人乎。藝文類聚二十、初學記十七。

七賢論

嵇生是上智之人。値無妄之日。神才高傑。故爲世道所莫容。風邈挺特。蔭映於天下。言理吐論。一時所莫能參。屬馬氏執國。欲以智計傾皇祚。誅鉏勝己。靡或有遺。玄伯太初之徒。並出嵇生之流。咸已就戮。嵇審於此時非自免之運。若登朝進仕。映邁當時。則受禍之速。過於旋踵。自非霓裳羽帶。無用自全。故始以餌朮黃精。終於假塗託化。阮公才器宏廣。亦非衰世所容。但容貌風神。不及叔夜。求免世難。如爲有塗。若率其恆儀。同物俯仰。邁羣獨秀。亦不爲二馬所安。故毀行廢禮。以穢其德。崎嶇人世。僅然後全。仲容年齒不懸。風力粗可。慕李文風尚。景而行之。彼嵇阮二生。志存保己。既託其迹。宜慢其形。慢形之具。非酒莫可。故引滿終日。陶瓦盡年。酒之爲用。非可獨酣。宜須朋侶。然後成歡。劉伶酒性既深。子期又是飲客。山王二公。悅風而至。相與莫逆。把臂高林。徒得其遊。故於野澤銜杯。舉樽之致。寰中妙趣。固冥然不睹矣。自嵇阮之外。山向五人。止是風流器度。不爲世匠所駭。且人本含情。情性宜有所託。慰悅當年。蕭散懷抱。非五人之與。其誰與哉。藝文類聚三十七。

晉書食貨志論

人生所資。曰食與貨。貨以通幣。食爲人天。是以九棘播於農皇。十朋興於上代。昔醇人未漓。情嗜疏寡。奉生贍己。事有異同。一夫躬耕。則餘餐委室。匹婦務織。則兼衣被體。雖貿遷之道。通用濟之。龜貝之益。爲功蓋輕。而事有譌變。姦弊大起。昏作役苦。故穡人去而從商。商工事逸。末業流而浸廣。泉幣所通。非復始造之意也。於是競收罕至之珍。遠蓄未名之貨。明珠翠羽。無足而馳。彩罽文犀。飛不待翼。天下蕩蕩。咸以棄本爲事。豐衍則同多稌之資。饑凶又減田家之蓄。錢雖盈尺。且不療饑於堯年。貝或如山。信無救渴於湯代。其爲疵病。亦已深矣。固宜一罷錢貨。專用穀帛。使人知役生之

路。非此莫由。夫千匹爲貨。事難於懷璧。萬斛爲市。未易於越鄉。斯可使末伎自禁。遊食知反。而年代推移。人事興替。或庫盈朽貫。而爲廩未充。或家有藏鏹。而良疇罕闢。若事改一朝。廢而莫用。交易所寄。朝夕無待。雖致平要術。而非可卒行。先宜削華止僞。還醇返古。抵璧幽峯。捐珠清壑。然後驅一代之人。反耕桑之路。縑粟羨溢。同於水火。既而蕩滌圜洪。銷鑄無遺。立制垂統。永傳於後。比屋稱仁。豈伊唐代。桓玄知其始而不覺其終。琳之覩其末而不統其本。豈慮開塞。將一往之談可然乎。前涼張軌太府參軍索輔言於軌曰。古以金貝皮幣爲貨。息穀帛量度之秏。二漢制五銖錢。通易不滯。晉太始中。河西荒廢。遂不用錢。裂匹以爲段數。縑布既壞。市易又難。徒壞女工。不任錢用。幣之甚也。今中州雖亂。此方全安。宜復五銖。以濟通變之會。軌納之。立制准布用錢。錢遂大行。人賴其利。通典八。

幣當作弊

晉書選舉志九品論

漢末喪亂。魏武時始創軍中倉卒。權立九品。蓋以人才優劣。非謂代族高卑。因此相沿。遂為成法。自魏至晉。莫之能改。州都郡正。以才品人。而舉代人才。升降蓋寡。徒以憑藉代資。用相陵駕。都正俗士。斟酌時宜。品目少多。隨事俯仰。劉毅所云下品無高門。上品無賤族也。歲月遷譌。斯化漸篤。凡厥衣冠。莫非二品。自此以還。遂成卑庶。周漢之道。以智役愚。臺隸參差。用成等級。魏晉以來。以貴役賤。士庶之科。較然有辨。夫人君南面。九重懸絕。陪奉朝夕。義隔鄉士。階闥之任。宜有司存。通典十六

均聖論

自天地權輿。民生攸始。遐哉邈乎。無得而言焉。無得而言。因有可言之象。至於太虛之空曠。無始之杳茫。豈唯言象莫窺。良以心慮事絕。及天地藏爾。來宅其中。毫端之泛巨海。方斯非譬。然則有此天地以來。猶一念也。我之所久。莫過軒羲。而天地之在彼太虛。猶軒羲之在彼天地。齷齪之徒。唯謂赫胥為遠。何其瑣瑣為念之局耶。世之有佛。莫知其始。前佛後佛。其道不異。法身湛然。各有應感。咸之所召。跨大千而咫尺。緣苟未應。雖踐跡而弗覩。娑婆南界。是曰閻浮。葱嶺以西。經塗密邇。緣運未開。自與理隔。何以言之。夏殷已前。書傳簡寡。周室受命。經典備存。象寄狄鞮。隨方受職。重譯入貢。總括要荒。而八蠻五狄。莫不懸鄙。文字靡識。訓義不通。咸納贄王府。登樂清廟。西國密邇。厥路非遠。雖葉書橫字。華梵不同。而深義妙理。於焉自出。唐虞三代。不容未有。事獨西限。道未東流。豈非區區中國。緣應未啟。求其會歸。尋其要旨。寧與四夷之樂。同日而語乎。非為姬公所遺。蓋由斯法宜隱故也。炎昊之世。未火未粒。肉食皮衣。仁惻之事。弗萌懷抱。非肉非皮。死亡立至。雖復大聖殷勤。思存救免。而身命是資。理難頓奪。實宜導之以漸。稍啟其源。故燧

咸當作感

人火化。變腥為熟。腥熟既變。蓋佛教之萌兆也。何者。變腥為熟。其事漸難。積此漸難。可以成著。迄乎神農。復垂汲引。嘉穀肇播。民用粒食。歆腹充虛。非肉可飽。則全命減殺。於事彌多。自此已降。矜護日廣。春蒐免其懷孕。夏苗取其害穀。秋獮冬狩。所害誠多。頓去之難。已備前說。周孔二聖。宗條稍廣。見其生不忍其死。聞其聲不食其肉。草木斬伐有時。麛卵不得妄犯。漁不竭澤。畋不燎原。釣而不綱。弋不射宿。肉食蠶衣。皆須耆齒。牛羊犬豕。無故不殺。此則戒有五支。又開其一也。逮於酣醟于酒。淫迷乎色。詭妄於人。攘濫自己。外典所禁。無待釋教。四者犯人。人為含靈之首。一者害獸。獸為生品之末。上聖開宗。宜有次第。亦由佛戒殺人。為業最重也。內聖外聖。義均理一。而蔽理之徒。封著外教。以為烹羊豢豕。理固宜然。惑者又云。若如釋氏之書。咸有緣報之業。則禹湯文武。並受刲剔。周公孔子。俱入鼎鑊。是何迷於見道若斯之篤耶。試尋斯證。可以有悟矣。廣弘明集五

荅陶隱居難均聖論

難云。釋迦之現。近在莊王。唐虞夏殷。何必已有。周公不言。恐由未出。非門宜隱。育王造塔。始敬王之世。閻浮有四。則東國不容都無。荅曰。釋迦出世年月。不可得知。佛經既無年曆注記。此法又未東流。何以得知是周莊之時。不過以春秋魯莊七年四月辛卯恆星不見為據。三代年既不同。不知外國用何曆法。何因知魯莊之四月。是外國之四月乎。若外國用周正耶。則四月辛卯。長曆推是五日。了非八日。若用殷正耶。周之四月。殷之三月。用夏正耶。周之四月。夏之二月。都不與佛家四月八日同也。若以魯之四月為證。則日月參差。不可為定。若不以此為證。則佛生年月。無證可尋。且釋迦初誕。唯空中自明。不云星辰不見也。瑞相又有日月星辰。停住不行。又云。明星出時。墮地行七步。初無星辰不見之語。與春秋恆

門當作闕

星不見。意趣永乖。若育王造塔。是敬王之世。閻浮有四。此道已流東國者。敬王以來。至於六國。記注繁密。曾無一槃。育王立塔。非敬王之時。又分明也。以此而推。則釋迦之興。不容在近周世。公旦之情。何得未有。

難云。夫子自以華禮興教。何宜乃說夷法。故歎中國失禮。求之四夷。亦更有別意。荅曰。弘教次第。前論已詳。不復重辨。

難云。四夷之樂。裁出要荒之際。投諸四裔。亦密邇危羽之野。禹跡所至。不及河源。越裳白雉。尚稱重譯。則天竺罽賓。久與上國殊絕。衰周已後。時或有聞。故鄒子以爲赤縣於宇內。止是九州中之一耳。漢初長安乃有浮圖。而經像眇昧。張騫雖將命大夏。甘英遠屆安息。猶弗能宣譯風教。必其發夢帝庭。乃稍興顯。此則似時有通礙。非關運有起伏也。荅曰。本以西域路近。而大法不被。此蓋由緣應未發。非謂其途爲遠也。其路既近。而此法永不東流。若非緣應未至。何以致此。及後東被。皆由緣應。宜發通礙。各有其時。前論已盡也。

難曰。若必以緣應有會。則昔之淯厚。羣生何辜。今之澆薄。羣生何幸。假使斯法本以救澆者。夫爲罪莫過於殺。肉食之時。殺孰甚焉。而方俟火粒甫爲教萌。於大慈神力。不有所躓乎。若秔糧未播。殺事難息。未審前時過去諸佛。復以何法爲教。此教之萌。起在何佛。兼四戒犯人。爲報乍輕。一殺害獸。受對更重。首輕末重。亦爲未達。夫立人之道。曰仁與義。周孔所云。聞聲不食。斬伐以時者。蓋欲大明仁義之道。于鳥獸草木。尚曰其然。況在乎人。而可悖虐。非謂內惕寡方。意在緣報。覘迹或似。論情顧乖。不審於內外兩聖。其事可得是均以不。此中參差。難用頓悟。請備以諸洗願具啟諸蔽。荅曰。民資肉食。而火粒未啟。便令不肉。教豈得行。前論言之已具。不復重釋。衆生緣果。所遭各有期會。當昔佛教未被。是其惡業盛時。後之聞法。是其善業萌時。善惡各有其時。何關淯厚之與澆薄。五支之戒。各有輕重。非殺戒偏重。四支並輕。且五業雖異。而互相發起。犯人之戒。人重故先出。犯獸之戒。獸輕故後被。訓戒之道。次第宜然。周公孔子。漸弘仁惻。前論已詳。請息重辨。若必以釋教乖方域之理。外此自一家之學。所不敢言。廣弘明集五

究竟慈悲論

釋氏之教。義本慈悲。慈悲之要。全生爲重。恕己因心。以身觀物。欲使抱識懷知之類。愛生忌死之羣。各遂厥宜。得無遺失。而俗迷日久。淪惑難變。革之一朝。則疑怪莫啟。設教立方。每由漸致。又以情嗜所深。甘腴爲甚。嗜深於情。尤難頓革。是故開設三淨。用伸權道。及涅槃後說。立言將謝。則大明隱惻。貽厥將來。夫肉食蠶衣。爲方未異。害命天生。事均理一。淪繭爛蛾。非可忍之痛。懸庖登俎。豈偏重之業。而去取異情。開抑殊典。尋波討源。良有未達。漁人獻鮪。肉食同有其緣。枲妾登絲。蠶衣共頒其分。假手之義未殊。通閉之詳莫辨。訪理求宗。未知所適。外典云。五畝之宅。樹之以桑。則五十者可以衣帛矣。雞豚犬彘。勿失其時。則七十者可以食肉矣。然則五十九年已前。所衣宜布矣。六十九年已前。所食宜蔬矣。輕煖於身。事既難遣。甘滋於口。又非易忘。對而爲言。非有優劣。宜枲麻果菜。事等義同。攘寒實腹。曾無一異。偏通繒纊。當有別途。請試言之。夫聖道隆深。非思不洽。仁被羣生。理無偏漏。拯蠢去甚。教義斯急。繒衣肉食。非已則通。及晚說大典。弘宣妙訓。禁肉之旨。載現於言。黜繒之義。斷可知矣。而禁淨之始。猶通蠶革。蓋是敷說之儀。各有次第。亦猶闡提二義。俱在一經。兩說參差。各隨教立。若執前迷後。則闡提無入善之途。禁淨通蠶。則含生無頓免之望。難者又以闡提入道。聞之後說。蠶革宜禁。曾無槃理。大聖弘旨。義豈徒然。夫常住密與。傳譯遐阻。泥洹始度。咸謂已窮。中出河西。方知未盡。關中晚

天當作夭

說厥義。譪暢。仰壽條流。理非備足。又案涅槃初說。阿闍世王。大迦葉阿難三部徒衆。獨不來至。既而二人竝來。唯無迦葉。迦葉佛大弟子。不容不至。而經無至文。理非備盡。昔涅槃未啟。十數年閒。廬阜名僧。已有蔬食者矣。豈非乘心闇踐。自與理合者哉。且一朝裂帛。可以終年。烹牢待膳。亙時引日。然則一歲八蠶。已驚其驟。終朝未肉。盡室驚嗟。極危濟苦。先其所急。敷說次序。義實在斯。外聖又云。一人不耕。必有受其饑者。故一人躬稼。亦有受其飽焉。桑野漁川。事雖非己。炮肉裂繒。咸受其分。自涅槃東度。三肉罷緣。服膺至訓。操槃躡遠。促命有殫。長蔬靡惓。秋禽夏卵。比之如浮雲。山毛海錯。事同於腐鼠。而竊衣績服。曾不懷疑。此蓋慮窮於文字。思迷於弘旨。通方深信之客。庶有鑒於斯理。斯理一悟。行迷克反。斷蠶肉之因。固蔬枲之業。然則含生之類。幾於免矣。二十六。廣宏明集

形神論

凡人一念之時。七尺不復關所念之地。凡人一念聖人則無念不盡。聖人無已。七尺本自若空。以若空之七尺。總無不盡之萬念。故能與凡夫異也。凡人一念忘彼七尺之時。則目廢於視。足廢於踐。當其忘目忘足。與夫無目無足。亦何異哉。凡人之暫無。本實有無。未轉瞬有已隨之。念與形乖。則暫忘。念與心謝。則復合。念在七尺之一處。則他處與異人同。則與非我不異。但凡人之暫無其無。其無甚促。聖人長無其無。其無甚遠。凡之與聖。其路本同。一念而暫忘。則是凡品。萬念而都忘。則是大聖。以此爲言。則形神幾乎惑人。疑因果相主。毫分不爽。美惡之來。皆有定業。而六度所修。咸資力致。若修此力。致復有前因。因熟果成。自相感召。則力致之功不復得立。六度所修。幾於廢矣。釋迦邁九劫。勇猛所成。勇猛之因。定於無始。本不資九。安得稱劫。余以爲因果情照。本是二物。先有情照。卻有因果。情照既動。而因果隨之。未有情照。因果何託。因識二塗。

於淺有上脫[illegible]字

未當作末

用合本異。其本既異。厥體不同。情照別起。於理非礙。六度九劫。差不足疑也。二十二。廣宏明集

神不滅論

含生之類。識鑒相懸。等級參差。千累萬沓。昆蟲則不逮飛禽。飛禽則不逮犬馬。犬馬明昭著。不得謂之不然。人品以上。賢愚殊性。不相窺涉。不相曉解。燕北越南。未足云匹。其愚者則不辨菽麥。悖者則不知愛敬。自斯已上。性識漸弘。班固九品。曾未槩其萬一。何者。賢之與愚。蓋由知與不知也。愚者所知則少。賢者所知則多。而萬物交加。羣方緬曠。情性曉昧。理趣深玄。由其塗求其理。既有曉昧之異。遂成高下之差。自此相傾。品級彌峻。窮其原本。盡其宗極。互相推仰。應有所窮。其路既窮。無微不盡。又不得謂不然也。且五情各有分域。耳目各有司存。心運則形忘。目用則耳廢。何則。情靈淺弱。心慮雜擾。一念而兼。無由可至。既不能兼。紛糾遞襲。一念未成。他端互起。互起衆端。復同前矣。不相兼之由。由於淺惑。惑淺爲病。於滯有。不淺不惑。出於兼忘。以此兼忘。得此兼照。始自凡夫。至於正覺。始惑於不惑。不兼至能兼。又謂不然也。又昆蟲夭促。含靈靡二。或朝生夕殞。或不識春秋。自斯而進。修短不一。既有其短。豈得無長。虛用損年。善福增壽。善而又善。焉得無之。又不得謂之不然也。生既可夭。則壽可無夭。既無矣。則生不可極。形神之別。斯既然矣。形既可養。神寧獨異。神妙形麤。較然有辨。養形可至不朽。養神安得有窮。養神不窮。不生不滅。始未相較。豈無其人。自凡及聖。含靈義等。但事有精麤。故人有凡聖。聖既長存。在凡獨滅。本同末異。義不經通。大聖貽訓。豈欺我哉。二十二。廣宏明集

難范縝神滅論

來論云。形卽是神。神卽是形。又云。人體是一。故神不得二。若如雅論。此二物不得相離。則七竅百體。無處非神矣。七竅之用。既異百

體所營不一神亦隨事而應則其名亦應隨事而改神者對形之名而形中之形各有其用則應神中之神亦應各有其名矣今舉形則有四肢百體之異屈伸聽受之別各有其名各有其用言神唯有一名而用分百體此深所未了也若形與神對片不可差何則形之名多神之名寡也若如來論七尺之神神則無處非形形則無處非神矣刃則唯刃獨利非刃則不受利名故刀是舉體之稱利是一處之目刀之與利既不同矣形之與神豈可妄合邪又昔日之刀今鑄爲劒劒利卽是刀利而刀形非劒形於利之用弗改而質之形已移與夫前生爲甲後生爲丙夫人之道或異往識之神猶傳與夫劒之爲刀刀之爲劒有何異哉又一刀之質分爲二刀形已分矣而各有其爲利今取一半之身而剖之爲兩則飲齕之生卽謝任重之爲不分又何得以刀之爲利譬形之與神邪來論謂刀之與利卽形之有神刀則舉體是一利形則舉體是一神神用於體則有耳目手足之別手之用不爲足用耳之用不爲眼用而利之爲用無所不可亦可斷蛟蛇亦可截鴻雁非一處偏可割東陵之瓜一處偏可割南山之竹若謂利之爲用亦可得分則足可以執物眼可以聽聲矣若謂刀背亦有利兩邊亦有利但未鍛而銛之耳利若遍施四方則利體無處復立形方形直並不得施利利之爲用正存一邊毫毛處耳神之與形舉體若合又安得同乎刀若舉體是利神用隨體則分若使刀之與利其理若一則脚下亦可安眼背上亦可施鼻可乎不可也若以此譬爲盡邪則不盡若謂本不盡邪則不可以爲譬也若形卽是神神卽是形二者相資理無偏謝則神亡之日形亦應消而今有知之神亡無知之形在此則神本非形形本非神又不可得强令如一也若謂總百體之質謂之形總百體之用謂之神今百體各有其分則眼是眼形耳是耳形眼形非耳形耳形非眼形則神亦隨百體而分

則眼有眼神耳有耳神耳神非眼神眼神非耳神也而偏枯之體其半已謝已謝之半事同木石譬彼僵尸永年不朽此半同滅半神既滅半體猶存形神俱謝彌所駭惕若夫二負之尸經億載而不毀單開之體尚餘質於羅浮神形若合則此二士不應神滅而形存也來論又云欻而生者欻而滅者漸而生者漸而滅者請借子之衝以攻子之城漸而滅謂死者之形骸始乎無知而至於朽爛也若然則形之與神本爲一物形既病矣神亦告病形既謝矣神亦云謝漸之爲用應與形俱形以始亡末朽爲漸神獨不得以始末爲漸邪來論又云生者之形骸變爲死者之骨骼案如來論生之神明生之形骸既化爲骨骼矣則生之神明獨不隨形而化乎若附形而化則應與形同體若形骸卽是骨骼則死之神明不得異生之神明矣向所謂死定自未死也若形骸非骨骼則生神化爲死神生神化爲死神卽是三世安謂其不滅哉神若隨形形既無知矣形既無知神本無質無知便是神亡神亡而形在又不經通若形雖無知神尚有知形神既不得異則向之死形翻復非枯木矣　廣弘明集二十二

述僧設會論

夫修營法事必有其理今世召請衆僧止設一會當由佛在世時常受人請以此擬像故也而佛昔在世佛與衆僧僧伽藍內本不自營其食具也至時持鉢往福衆生今之僧衆非唯持中者少乃有腆恣甘腴廚膳豐豪者今有加請召並不得已而後來以滋腴之口進蔬菽之具延頸懸領固不能甘既非樂受不容設福非若在昔不得自營非資四輩身口無託者也此以求福不其反乎篤而論之其義不爾何者出家之人本資行乞戒律昺然無許自立廚帳并畜淨人者也今既取足寺內行乞事斷或有持鉢到門便呼爲僧徒鄙事下劣既是衆所鄙恥莫復行乞悠悠後進求理者

寡。便謂乞食之業。不可復行。白淨王子。轉輪之貴。持鉢行詣。以福施者。豈不及千載之外。凡庸沙門。躬命僕豎。自營口腹者乎。今之請僧。一會既可髣像行乞。行乞受請。二事不殊。若以今不復行乞。又不請召。則行乞求法。於此永冥。此法既冥。則僧非佛種。佛種既離。則三寶墜於地矣。今之爲會者。宜追想在昔四十九年。佛率比丘入城乞食。威儀舉止。動目應心。以此求道。道其焉適。若以此運心。則爲會可矣。廣宏明集二十四。

述僧中食論

人所以不得道者。由於心神昏惑。心神所以昏惑。由於外物擾之。擾之大者。其事有三。一則勢利榮名。二則妖妍靡曼。三則甘旨肥濃。榮名雖日用於心。要無晷刻之累。妖妍靡曼。方之已深。甘旨肥濃。爲累甚切。萬事云云。皆三者之枝葉耳。聖人知不斷此三事。求道無從可得。不得不爲之立法。使簡而易從也。若直云三事惑本。並宜禁絕。而此三事。是人情所甚惑。念慮所難遣。雖有禁約之旨。事難卒從。譬於方舟濟河。豈不欲直至彼岸。河流既急。會無直濟之理。不得不從流邪靡。久而獲至。非不願速。事難故也。禁此三事。宜有其端。何則。食之於人。不可頓息。其於情性。所累莫甚。故推此晚食。併置中前。自中之後。淸虛無事。因此無事。念慮得簡。在始未專。在久自習。於是束以八支。紆以禁戒。靡曼之欲。無由得前。榮名衆累。稍隨事遣。故云往古諸佛。過中不餐。此蓋是遣累之筌蹄。適道之捷徑。而或咸謂止於不食。此乃迷於向方。不知厥路者也。廣宏明集二十四。

全梁文卷二十九終

烏程嚴可均校輯

沈約六

湘州枳園寺刹下石記

佛教東流。適未尤著。始自洛京。盛於江左。晉故車騎將軍瑯琊王邵。立悟獨曉。信解淵微。於太祖文獻公清廟之北。造枳園精舍。其始則芳枳樹籬。故名因事立。雖房殿嚴整。而瓊刹未樹。邵玄孫尚書僕射南徐州大中正奐。深達法相。洞了宗極。勤誠外著。仁隱內弘。食不過中者。一十一載。雖翼務朝端。而事隣柰園。日者作翰湘州。樹麾蠡服。位與年升。秩隨歲厚。顧惟恩隆主盼。寵結皇情。任處東方。寄深外屏。徒欲盡能竭慮。知無不爲。下被民和。上宣聖澤。而自以力弱途遠。終慚短效。且義止今生。報褰來果。非所以酬鴻貺於冥津。暢丹誠於遐劫。自乘傳衡皋。辭簪派渚。誓於舊寺。光樹五

層。捐割藩俸。十遺其一。凡厥所收。三十有六萬。齊之永明六年六月三日。蓋木運將啟之令辰。上帝步天之嘉日。乃抗崇表於蒼雲。植重扃於玄壤。仰願宸居納祜。福履攸歸。八神擎室。萬祇翼體。寶祚隆遐。比固須彌。靈算遐永。齊軌常住。諸聖延祥。抱天和於少極。藩王傾茂。播宗英於梁楚。羣后流克讓之風。庶民垂可封之德。含生愷樂。物不夭性。嘉穀年登。餘糧棲畝。夷荒內附。邊域解柝。家備十善。人懷六度。魔衆稽顙。外道屈膝。抽薪止火。折刃摧鋒。拯幽酸於無擇。陟神化於有頂。三界五道。咸同斯願。刊石重壤。式昭厥志。廣宏明集十六

竟陵王造釋迦像記

夫理貴空寂。雖鎔範不能傳。業動因應。非形相無以感。是故日華月彩。炤曜天外。方區散景。咫尺塵方。太祖皇帝濯襟慧水。凝神淨域。厭世珍陛。遷靈寶地。竟陵王諱泣明臺之下。臨慟高山之方遠。慕遊王鑾。情殷雙樹。永惟可以炳發神功。崇高妙業。莫若式金寫好。資巧傳儀。以皇齊之四年日子。敬制釋迦像一軀。尊麗自天。工非世造。色符蜜影。妙越檀香。俾轂林之思。永旌於萬劫。用刊徽迹。式垂不朽云爾。廣宏明集十六

武帝集序

文思安安。欽明所以光宅。日月光華。南風所以興詠。白角之主。出自諸生。銳頂之君。少明古學。漢高宋武。雖闕章句。歌大風以還沛。好清談於暮年。夫成天地之大功。膺樂推之寶運。未或不文武兼資。能事斯畢者也。我皇誕縱自天。生知在御。清明內發。疏通外典。爰始貴遊。篤志經術。究淹中之雅旨。盡曲臺之奧義。莫不因流極源。披條振藻。若前疑往滯。舊學罕通。而超然直詣。妙拔終古。善發談端。精於持論。置壘難踰。推鋒莫擬。有同成誦。無假含毫。與絕節於高唱。振清辭於蘭畹。至於春風秋月。送別望歸。皇王高宴。心期

促賞。莫不超挺睿興。濬發神衷。及登庸歷試。辭翰繁蔚。牋記風動。表議雲飛。雕蟲小藝。無累大道。懷君人之大德。有事君之小心。爲下奉上。形於辭旨。雖密奏忠規。遺藁必削。而國謨藩政。存者猶多。逮乎俯應歸運。仰修乾錄。載筆握簡。各有司存。如綸之旨。時或染翰。暨於設簴靈囿。愷樂在鎬。鹿鳴四牡。皇華棠棣之歌。伐木采薇。出車杕杜之讌。皆詠志摛藻。廣命羣臣。上與日月爭光。下與鍾石比韻。事同觀海。義等窺天。觀之而不測。遊之而不知者矣。竊惟左史記言。右史記事。君舉必書。無論大小。況乎感而後思。思而後積。積而後滿。滿而後言。若斯而已哉。謹因事立名。隨源編次。藝文類聚十四

碁品序

奕之時義大矣哉。體希微之趣。含奇正之情。靜則合道。動必適變。若夫入神造極之靈。經武緯文之德。故可與和樂等妙。上藝齊工。支公以爲手談。王生謂之坐隱。是以漢魏名賢。高品間出。晉宋盛

士逸思爭流雖復理生於數研求之所不能涉義出乎幾爻象未之或盡聖上聽朝之餘因日之暇迴景紆情降臨小道以爲凝神之性難限入玄之致不窮今撰錄名氏隨品詳書俾粹理深情永垂芳於來葉（藝文類聚七十四）

內典序

尙矣哉羣生之始也義隱三藏之外事非二乘所窺自竝識同奔隨緣受業八天異軌翾動殊貫苦樂翻回愚智相襲莫不宅火輪驚擾儵（藝文類聚作人壽）飆遷以寸陰之短晷馳永劫之延路精靈起伏萬緒千名如來發源隨品蓋亦含生之一至於竝首爭馳斯固未或異也至於覆簣無始之初成功斷籌之末塗遙業遠妙軫遐長累明積慧靈覺獨曉巨相四八照曜於大千尊法二九包籠乎無外六度之業既深十力之功自遠濟物以權降魔匪力妙法輪轉甘露啟霏舟與六趣津梁五道登四衢之長陌遊一乘之廣路斯既已事盈方等義滿神宣遠於大權協化對揚宗極御物兆於慈悲亡身著乎非己行符四等道昇十地若乃靈性特達得自懷抱神功妙力無待學成孤策獨騖莫知所限結習紛綸一隨理悟又有捐情屏慮身心靡欲厭生死之長勤眷寂滅而投軫遙然自得漏累塵銷且津心適道功非一業雖會理共源而萌情或異是故高心邈行分路同趣忘懷屏欲殊塗一致或草礫身體投骸林澤內忘形相外馴兕虎或坐臥行立迹不違衆禪業定門造次無爽安忍與金石同固戒行與寶珠等色雖秋禽年至春鮪時登而耿介長疏忡怛在念妙迹匪遐神塗密邇有悟必通由之斯至故能藉智探虛乘心照理區區懷抱融然靡執俱處三界獨與神遊包括四天卷舒萬劫聞片議而陟道場受一言而升彼岸長夜未開必關自曉淹迴聖迹寢息神光既負囊以從師亦棲林以綜業足蹈慧門學通龍藏妙吼遐徹鸞音自遠若夫叉蹝運心期誠匪迹而導達神功照啟未悟唱說之美義兼在斯暨九土殊風八方外俗遊化所包事出弘獎皆足以遷光淨域登儀寶地竝黜華翦飾破愛辭親鼓椎無生之流方軌俗表之路固已千佛摩頂七住齊功至夫清信士女植緣曠劫雖復容服未改而戒德內弘瞻眦邪而鶩轡望彼斯而迴軫駕四禪之眇眇汎八解之悠悠若乃十號尊崇三達靡礙雖法身非有而常住在躬能仁權迹四門既非悟道之始假滅雙樹寧有薪盡之窮而天人瞻慕髣髴與情雕金範玉圖容寫狀靈儀炫日寶刹臨雲或役鬼神之功或資髓腦之力製非人匠寶以合成莫不龍章八彩瓊華九包至乃齒髮傳靈衣履遺證聖迹彪炳日煥於閻浮神光陸離星繁於淨刹若乃乘此直心推誠闇往則半息可追一念斯至感降參差雲霏霧委此又昭被象譯輝映縑圖夫秉牘書事其流已遠蓋所以彪著往迹煥述遐聲雖篆籀異文胡華舛則至於叶暢心靈抑揚訓義固亦內外同規人神一揆墳典丘索域中之史策本起下生方外之紀傳統而爲言未始或異也而經記繁廣條流舛散一事始末㸦異卷分或詞義離斷或文字互出（藝文類聚作片出）甫涉後條已昧前覽尋源討流未知攸適雖精理瑩心止乎句偈而初悟始學致惑者多且中外羣聖咸載訓典雖教有殊門而理無異趣故眞俗兩書遞相扶奬孔發其端釋窮其致撤網去綱仁惠斯在變民遷俗宜以漸至精粗抑引各有由然是故曲辯情靈棲心妙典伏膺空有之說博綜兼忘之書該括羣流集成茲典事以例分義隨理合功約悟廣莫尙於斯可以理求證成妙果若乃載司南之車猶稱靡惑服回照之草得用不迷況乎六馬同鑣萬流共貫日月經天方斯未已河海帶地夫豈足云蓋人道之筌蹄羣生有悟於此也（廣宏明集十九藝文類聚七十七）

佛記序

何當作開

含靈萬品。既非記牒所窮。物物稟生。豈伊積塵能計。莫不起乎無理。而至乎無生者也。雖要終有地。而原始莫聞。自非靈照特達。宗極斯在。則理閉機初。鑽仰事絕。非唯四果不議。固亦十地罔窺。邈乎悠負。有之而莫知所從者也。如來覆蕢爰始。言登永路。超滅迴還。馳驟不息。去來五道。大千比之毫蔵。往復三界。祇劫未足稱遠。積明累照。念念不休。離此生滅。證成妙果。因已空有兼謝。豈徒齊還脅變而已哉。旻昊區區。猶秉何言之稱。至人無已。寧以詞義爲珍。蓋由萬感相扇。昧明代起。業假緣何。事須曉達。一音所吐。無思不服。義在徇物。動非爲己。法吼震於無外。甘露炳煥於龍宮。開宗闡教。致之有漸。標四諦於鹿園。辯百非於雙樹。廓不二之法門。廣一乘之長陌。行迷復路。弱喪知歸。而因應回舛。厥塗不一。白毫所照。遍剎土於恒沙。七步降蹤。璧龍堆而依被。推極神道。原本心靈。感之所召。跨無邊而咫尺。緣之所乖。面法城而不覩。及像教云末。經紀東流。熱坂鄯長。寒山峻阻。橫書左字。累萬方通。貝葉成文。重譯未曉。自此迄今。千祀過半。靈迹稍啟。名僧間出。律藏方等。行來漸至。蘊乎西國。未至者多。雖法身常住之奧遠。二諦三假之淵曠。悟道求宗。於斯可足。而能仁體茲大聖。實爲本師。悠悠羣品。精靈所係。迄於前因往業。多所昧略。然神化應感。參差互見。又世胄名氏。本國俗緣。散析衆部。卒難討究。神功妙力。同出異名。降胎求道。寧止一相。託生迦維。本由權迹。出自北門。非悟法之始。遍照東方。豈道化之極。適道已來。四十九載。妙應事多。宜加總緝。共成區畛。至於經像舊錄。境剎遺記。開勸之功。於斯自遠。大權弘曠。亡身以濟物。應眞耿介。標心非爲己。分蹤或異。適末必同。神塗詭互。難以矚辨。靈怪倜儻。言語斯絕。圖澄之龍見趙魏。羅什之鳳集關輔。犍陀近遊京洛。單開遠適羅浮。雖迹與俗同。而意無可察。塗出玉門。法座不遠。七處九會。峨然在目。靈應肸蠁。徧富延澤以西。光景

葳蕤。多見天山之表。有志奇僧。每經遊歷。神迹昭然。咸有文注。繁蕪舛雜。實須裁整。分五道於人天。設重牢於厚地。各隨業力。的焉不差。此皆卷舒眞俗。終始名相。其玄塗幽遠。大則直至道場。其徵證切近。小則開勸晚學。斯實兼濟之方舟。大悲之廣路。雖復智昏視肉。形窮尺棰。緣動必應。又況進於此者乎。是以至聖慇懃。每存汲引。垂文見意。貽厥將來。皇帝行成無始。道承曠劫。十號在躬。三達靡礙。屈茲妙有。同此轉輪。傷昏愍惑。久迷正路。悱發之徒。空懷鑽仰。條流緬曠。事難總一。志淺業勞。迄用無就。非可以闢彼四衢。出之火宅者也。乃詔中書侍郎虞闡、太子洗馬劉溉、後軍記室周捨。博尋經藏。搜採注說。條別流分。各以類附。日少功多。可用譬此。名曰佛記。凡三十篇。其有感應之流。事類相似。止取其一。餘悉不書。或後死而更生。陳說經見。事涉杳冥。取驗無所。亦皆靡載。同之闕疑。或憑人以言。託想成夢。尤難信曉。一無所錄。若夫欲遐適者。必遠記所從。欲悟道者。必妙識所宗。然後能允得其門。親承音旨。未有不知厥路。莫辨伊人。瞑目闇踐。自與理合。所以引彼衆流。歸之一源。可令莘莘含識。望塗知往。案砥矢而言歸。不迴邅於岐路。俾厥淸信之士。亦有取於此云。廣弘明集十五。

佛知不異衆生知義

佛者覺也。覺者知也。凡夫之與佛地。立善知惡。未始不同也。但佛地所知者。得善之正路。凡夫所知者。失善之邪路。凡夫得正路之知。與佛之知不異也。正謂以所善非善。故失正路耳。故知凡夫之知。與佛之知不異。由於所知之事異。知不異也。凡夫之所知。不謂所知非善。在於求善而至於不善。若積此求善之心。會得歸善之路。或得路。則至於佛也。此衆生之爲佛性。實在其知性常傳也。廣弘明集二十二。

六道相續作佛義

一切種智與五道六趣衆生其有受知之分無分異也問曰受知非知邪答曰非也問此以何爲體答曰相續不滅是也相續不滅所以能受知若今生陶練之功漸積則來果所識之理轉精轉精之知來應以至於佛而不斷不絕也若今生無明則來果所識轉闇轉闇之知亦來應以至於六趣也受知之具隨緣受知知之美惡不關此受知之具也問曰知非知既聞命矣受知知自是相續不滅知自然因緣中來與此受知之具從理而相關答曰有此相續不滅自然因果中來有因有果何得無美無惡乎廣宏明集二十二

因緣義

凡含靈之性莫不樂生求生之路參差不一一兩流遷塗徑各異一念之間衆緣互起一因一果内有差忒好生之性萬品斯同自然所稟非由緣立固知樂生非因緣因緣非樂生也雖然復俱宅形骸而各是一物一念既召衆緣衆緣各隨念起善惡二念誠有不同俱資外助事由一揆譬諸非水非土穀芽不生因緣性識其本既異因果不惑雖則必然善惡獨起亦有受礙雖云獨起起便成因内因外緣實由乎此也廣宏明集二十二

齊丹徒故宮頌

聖祖神傑堯蹤漢烈岳峻雄圖天張武節寳命既升霸略將騁清渭走烽濁河獻警特初學記作恃峭劒關憑深桂嶺彝章委闕禮樂沈河拯墜傾構引溺危波盡物稱瑞窮靈委和玄精翼日丹羽巢阿藝文類聚六十二初學記二十四

雪贊

火競乃上炎陰矯亦下潤獨有凝雨姿貞晼而無胤排雲竄自高晞光本非恡委谷不辭深因巖豈知峻潔貌雖同賞英心共誰振藝文類聚二

高士贊

余之所謂高士者悠悠皆是請試言之聖人莅天下則賢人贊務爲益皋陶是也自中智以下莫有不學以從政佐國安民者也易曰聖人之大寶曰位非學則不得也學所以行其志孝悌慈仁信義是也雖誦先王之典謨而不行其志聖人之大寶亦不可得也要須學行兼有然後取之悠悠之徒莫不攘袂而議進取怒目而爭權利悅愚諂闇苟得忘廉若斯人者豈入國士之塗動衣冠之眄藉此而登高位未或有也贊曰

亦有哲人獨執高志避世遊言不友不事耻從汙祿靡惑守餌心安藜藿口絕炮胾取足落毛豈懷組織如金在沙顯然自異猶玉在泥湼而不緇身標遠迹名重前記有美高尚處知若無少哉羣品事靜心躁苟能立志爭此匹夫進忘隕穫退守恬愉曰仁與義其徑不迂爲之則至非物所拘宦成名立陟彼高衢藝文類聚三十六

又銘贊

寂矣棲魂非海非樂若人焉往斯理空存天標已曖絕羽孤騫堯逢豈讓札值奚言藝文類聚七十六

千佛贊

道有偕適理無二歸寂照同是形相俱非千覺存應迹如冥機七尊緬矣感謝先違既過已滅未來無象一利靡停［利當作刹］三念齊想不常不住非今非曩賢劫踰邈修焉如響棲林籍樹背室違家前佛後佛跡同隆寂或游堅固或蔭龍華能達斯道可類恆沙帝萃羣聖均此妙極先後參差各隨願力密迹弘道數終乃陟誓視來運永傳令識初學記二十三廣宏明集十六

繡像贊并序

維齊永明四年歲次丙寅秋八月己未朔二日庚申第三皇孫所生陳夫人含徽宅理炳慧臨空結言實位騰心淨覺敬因樂林寺主比丘尼釋寶願造繡無量壽尊像一軀乃爲讚曰

天當作夫

瓌當作瓌

表相異儀，傳彤匪壹。鏤玉圖光，雕金寫質。亦有淑人，含芳上律。絢發綺情，幽禱實術。縟文內炳，靈姿外溢。水耀金沙，樹羅瓊寶。現符淨果，來膺妙貌。繢藻震閻，騰華梵室。有億斯年，於萬茲日。（廣宏明集十六）

彌勒贊

乘教本一，法門不二。鄴基累明，功由積地。眇眇長津，遙遙遐轡。道有常尊，神無恒器。脫屣王家，來承寶位。慧日晨開，香雨宵墜。藉感必從，憑緣斯至。曰我聖儲，儀天作貳。尚想龍柯，瞻言思媚。鐫石圖微，雕金寫祕。望極齊工，舉光等邃。超矣福臻，融然理備。敬勒玄蹤，式傳遐懿。（廣宏明集十六）

連珠

臣聞烈風雖震，不斷蔓草之根；巧壤誠微，遂霣嵩山之峭。是以一夫不佳威（文苑英華作經威），於赫怒；千乘必致亡於巧笑。

臣聞鳴籟受響，非有志於要風；涓流長邁，寧厝心於歸海。是以萬竅怒號，不叩而咸應；百川是納，用卑而爲宰。（藝文類聚五十七，文苑英華七百七十一）

瑞石像銘（并序）

夫靈應徵遠，無迹可追，心路照通，有感斯順。我皇體神御極，挹睿臨乾，幽顯咸袞，無思不服。若天二儀叶德，五精翼化，下洞淵泉，上達蒼昊。天無息瑞，地不降祥，十佳髮髴於林衡，應眞肸蠁於清夜。素毫月晏，騰光於梵室；妙趾神行，布武於椒殿。至於事符緗牒，既表禎圖，無不雲霏霧委，盈簡被策。莫黑三陁，眇千齡而再現；曷露濱臉，望鳳蓋而沾陛。此皆舜日未書，堯年罕降，豈直朱鳥動色，玄秬相趣而已哉。嘉玉遠自比戎，粱弱水而委質。稱徽瓌奇，曠世之所不覩。白金近發東山，剖幽巖而啟瑞。倚破崖巇，瀉靈之所未刊。雖復素瓌之絕貺，燭銀之瑤寶，方斯蔑如也。若夫金石具剛，非游泳之質；目非霈德潛衍，感極迴靈，豈變堅沈之體，頓輕浮之相。雖永明七年某月，爰有祥石，眇發天津，浮海因潮，翻流迴至。表異漸河。獻奇禁園，瑱瑜等潤，精金比色。帝上眷幽關之易啟，咨玄應之無方。雖栴事寂寥，而因心咫尺。愛其貞恒之性，嘉其可久之姿，莫若圖妙像於檀香，寫遺影於祇樹。乃詔名工，是鐫是琢。靈相瑞華，煥同神造。至於雕削之餘，遠刊委晰，方圓小大，觸水斯沈，駐罕停躍。親加臨試，良由法身是託，不溺沈弱之淵；剖析既離，方須浮金之水。至矣哉，禎符若斯之妙也。敢銘寶貺，永福天人。其詞曰：

邈哉上覺，曠矣神功。四禪無像，三達皆空。表靈降世，演露開蒙。惟聖仁宇，實化潛融。道非迹應，事以感通。沈精浮質，遠自河葱。悠悠亙水，眇眇因風。泛彼遼碣，瑞我國東。有符皇德，乃眷宸衷。就言營室，棲誠梵宮。載雕載範，寫好摛工。藉茲妙力，祚闡業隆。冕旒南面，比壽華嵩。（廣宏明集十六）

光宅寺刹下銘（并序）

光宅寺，蓋上帝之故居，行宮之舊兆。揚州丹陽郡秣陵縣某鄉某

里之地。自去茲郊亳，來儀京輔，拓宇東第。思武城閭，聖心留愛。閉素遷負南郭，義等去豐，事均從鎬。及勉濟橫流，膺斯寶運，命帝閽以廣闢，郎太微而爲宇。既等漢高流連於豐沛，亦同光武眷戀於南陽。思所以永流聖迹，垂之不朽，令事與須彌等固，理與天地無窮。莫若光建寶塔，式傳於後。乃以大梁之天監六年，歲次星紀，月旅黃鍾，閏十月二十三日戊寅，仲冬之節也，乃樹剎玄壤，表峻蒼雲，下洞淵泉，仰迫星漢。方當銷巨石於賢劫，極未來於忍土。若夫朱光所燿，彤雲所臨，非止天眷，兼因地德。皇帝乃啟扉闥，造舟淮涘，接神飆而動驂，越浮梁而遷度。芝蓋容與，翠華葳蕤，下輦停蹕，躬展誠敬。廣集四部，撥景同蔬，弘此廣因，被之無外，同由厥路，俱至道場。乃作銘曰：

八維悠闊，九服荒茫。靈聖底止，咸表厥祥。壽丘驟電，繞樞光周。原膴膴，五緯入房。自茲遐奐，在處弗亡。安知若水，寧辨窮桑。自天

迴當作迥

克當作光

耿當作眇

攸縱。於我惟皇。郎基昔兆。為世舟航。重檐累構。迴刹高驤。土為淨國。地即金牀。因斯太極。溥被翱翔。豈徒三界。寍止十方。濡足萬古。援手百王。一念斯答。萬壽無疆。如日之久。如天之長。廣宏明集十六、藝文類聚七十七。

彌陀佛銘

法身無象。常住非形。理空反應。智滅為靈。覺寂震響。大夜開冥。眇哉遐壽。非歲非齡。物愛雕彩。人樂寶儀。事以欲興。情克累息。至矣淵聖。流仁動悧。順彼世心。成茲願力。於惟淨土。既麗且莊。琪路異色。林沼焜煌。靡胎靡孕。化自餘方。託生在焉。紫蔕青房。眷言安養。興言遐適。報路雖長。由心咫尺。幽誠易寄。刊靈表迹。髣髴尊儀。圖金寫石。遺光玉妙。乍來乍往。玲瓏寶樹。因風韻響。願遊彼國。晨翹暮想。七珍非羨。三達斯仰。廣宏明集十六

釋迦文佛像銘

積智成朗。積因成業。能仁奚感。降唯妙法。駐景上天。降生右脇。始出四門。終超九劫。耿求靈性。曠追玄軫。道雖有門。迹無可朕。物我兼謝。心行同泯。一去復心。百非寍盡。式資理悟。悟以言陳。言不自布。出之者身。有來必應。如泥在鈞。形酬響答。且物且人。應我以形。而余曚瞽。才茲大夜。焉披斯苦。仰尋靈相。法言攸吐。不有尊儀。蔓焉誰覩。廣宏明集十六、初學記二十二。

棲禪精舍銘 并序

此寺征西蔡公所立。昔廟番尾預班經創之始。今重遊踐。覽舊興懷。故為此銘。以傳芳迹。在郢州永徽三年。歲次某時某月某朔某日子。

巖靈旅逸。地遠棲禪。蘭房背蕙。嶠壁架煙。南瞻巫野。北望淮天。遙哉林澤。曠矣江田。空心觀寂。慧相涓荃。眷惟斯踐。愴屬遐年。游仁廁遠。宅賞懸旟。頻刱神苑。陪構靈椽。瞻禁柘圖。望鷲疏山。製石調響。棲理凝玄。曠移羽旆。眇別松泉。委組東國。化景西蓮。巒隰夷改。塗轍粗遷。重依漢遠。復逐旌懸。往辭妙幄。今承梵筵。八翻海鶴。九噪巖蟬。珮華長掩。戀迹空傳。式籍雲拱。敢告群緣。廣宏明集十六

齊明帝哀策文

龍蓋既徹。備物已陳。殯宮無夜。夕燎終晨。撫瑤輗。懼攀標。應路容衞。弗改軒檻。如故。望東川而不追。仰昊天而自訴。列聖同軌。謚法樹聲。爰詔掌檳。式播遺英。其辭曰。

五曜在天。遞作民主。赫矣帝高。蒸哉嗣武。多難固業。隆憂啟聖。時惟我皇。功符受命。爰始濡足。坐運機深。鵬逝風舉。龍動雲陰。之郢南泝。卽豫西臨。體茲大德。懷此小心。賓于四門。四門穆穆。納于百揆。百揆肅肅。德浸草萊。仁被比屋。何遠何邇。無思不服。鬭君喪道。不式典謨。神器業懷。事等瞻烏。民懷興主。后來其蘇。皇天眷命。授以鎮圖。臨朝凝晬。昧旦丕顯。斟酌前王。擇其令典。不言斯應。不行斯踐。路臺靡營。讎宮弗宴。眷言膠塾。弘啟上庠。軌儀四代。祖述三王。德暉內動。英華外揚。禮行簠俎。義及幽荒。仰庶天德。降年永久。北極齊光。南山獻壽。滄溟奄竭。嵩岱皆朽。沴非昊穹。惟余之咎。攀龍詎幾。大隧玄玄。厭世崇陛。卽宮下泉。殯階已遠。素幕高褰。轜闈洞啟。蜃紼徐前。背朱闕以南轉。乘翠龍而東度。經原野之荒涼。歷西成之云暮。伐金鼓以清道。揚悲笳而啟路。極厚地而不追。終蒼天而永慕。蓊梧晦遠。眷徽不泯。紀事寂寞。龜書可循。哲王違世。克播遺塵。猶與萬古。暉光日新。藝文類聚十四

丞相長沙宣武王墓誌銘

山岳鎮地。日月麗天。鄰幾者庶。亞極稱賢。戩穀哲人。實惟天縱。德基內美。功成日用。亦既東轅。寔拯朝難。迅鋒雷駭。霜戈電斷。震主必危。功高不賞。哀動上晉。痛銘玄壤。聖武爰發。後恥申冤。大禮空備。幽駕莫援。藝文類聚四十五

合當作台

齊太尉文憲王公墓志銘

德被九官。功苞十亂。帝圖必舉。皇猷俗煥。斯謂國楨。是惟民翰。翊翊禮園。優游文館。祕義烟涵。初學記作涵 環辭雨散。撫路揚輝。合庭改觀。方翊隆平。變茲天網。福履每衍。降年多爽。微言永謝。庶僚誰長。初學記作仰 鐃吹罷音。松風代響。藝文類聚四十六初學記十一

齊太尉徐公墓誌

公美風儀。善言笑。愛重琴棊。流連情賞。柘宇東郊。曖然閑素。榮貴之來。無緊懷抱。任居端揆。萬務同歸。彌領盈前。冪塵滿席。直舉枉錯。虛來實反。天道不仁。與善蔑應。藝文類聚四十六

司徒謝朏墓誌銘

嶽神昔降。和氣今鍾。以彼天爵。鬱爲人龍。崇基往峻。世德今重。漢車作傳。靈位攸待。我君應符。非公莫宰。華袞既襲。轉羅自改。形雖廟堂。心猶江海。經邦已備。皇情迴屬。素驊輟御。玄雲罷曲。藝文類聚四十七

尚書右僕射范雲墓誌銘

合契興王。匪勞物色。乘風鬱起。化成龍翼。乃作喉脣。帝猷必舉。乃作銓衡。彝倫有序。北京徂峻。東川迴薄。蘊吾名臣。終天靡作。藝文類聚四十八

太常卿任昉墓誌銘

天才俊逸。文雅弘備。心爲學府。辭同錦肆。含華振藻。鬱焉高致。川谿望歸。巖阿待闕。幽光忽驚。窮鐙滅。留有令問。蘭薰無絕。藝文類聚四十九

全梁文卷三十終

全梁文卷三十一

烏程嚴可均校輯

沈約七

善館碑

至道玄妙。無迹可尋。寄言立稱。已乖宗極。神宇靈房。於義非取。九仙緬邈。等級參差。或藏形洞府。或棲志靈岳。達人獨往之事。志非易立。滄松飲澗之情。理難輕樹。止欲漸去喧囂。稍離塵雜。於是旣加擊蓍。營建堂宇。北負崇岳。南枕修衢。迥託人表。雞犬相絕。庭旒松響。戶接雲根。指瓊樹而朝飡。就瑤臺而夜息。霓裳不反。鳧舄忘歸。朝九星。謁羣帝。悠哉邈乎。與天地相畢矣。藝文類聚七十八

桐柏山金庭館碑

夫生靈爲貴。有識斯同。道夭云及。終天莫反。故仙學之祕。上聖攸尊。啟玉笈之幽文。貽金壇之妙訣。駐景濛谷。還光上枝。吐吸煙霞。

變煉丹液。出沒無方。升降自己。下棲洞室。上賓羣帝。觀靈岳之縣啟。見蒼波之屢竭。望玄洲而駿驅。指蓬山而永騖。芝蓋三重。鸞螭龍之婉蟺。雲車萬乘。載旌旆之逶迤。此蓋棲靈五嶽。未暨夫三清者也。若夫上玄與遠。言象斯絕。金簡玉字之書。玄霜絳雪之寶。俗士所不能窺。學徒不敢輕慕。且禁書嚴重。志業艱劬。自非天稟上才。未易可擬。自惟凡劣。識鑒鮮方。徒抱出俗之願。而無致遠之力。早尚幽棲。屏棄情累。留愛巖壑。託分魚鳥。塗愈遠而靡倦。年旣老而不衰。高宗明皇帝以上聖之德。結宗玄之念。忘其菲薄。曲賜提引。末自夏汭。固乞還山。權憩汝南縣境。固非息心之地。聖主纘曆。復蒙縶維。永泰元年。方遂初願。遠出天台。定居茲嶺。所憩之山。實惟桐柏。靈聖之下都。五縣之餘地。仰出星河。上參倒景。高崖萬沓。邃澗千迴。因高建壇。憑巖考室。飾降神之宇。置朝禮之地。桐柏所在。厥號金庭。事昺靈圖。因以名館。聖上曲降幽情。留信彌密。置

道士十人。用祈嘉祉。約以不才。首膺斯任。永棄人羣。竄景窮麓。結懇志於玄都。望霄容於雲路。仰宣國靈。介茲景福。延吉祥於清廟。納萬壽於神躬。又願道無不懷。澤無不至。幽荒屈膝。戎貊稽顙。息鼓韜烽。守在海外。因此自勉。兼遂微誠。日久勤劬。自強不已。懇心屬念。晚臥晨興。飡正陽於停午。念孔神於中夜。採三芝而延佇。飛九丹而宴息。乘鳧輕舉。留舄忘歸。以茲丹款。表之玄極。無曰在上。日鑒非遠。銘石靈館。以旌厥心。其辭曰。

道無不在。若存若亡。於惟上學。理妙羣方。用之日損。言則非常。脩焉靈化。羽衣霓裳。九重嶤岏。三山璀璨。日爲車馬。芝成宮觀。虹旌拂月。龍軿漸漢。萬春方華。千齡始旦。伊余菲薄。竊慕隱淪。尋師講道。結友問津。東探震澤。西遊漢濱。依稀靈眷。髣髴幽人。帝明紹厤。惟皇纂位。屬心鼎湖。脫屣神器。降命凡底。仰祈靈祕。瞻彼高山。輿言稽首。啟基桐柏。厥號金庭。喬峰迥峭。壁漢分星。臨雲置墠。駕岳

開檽。澗塗寒產。林祈慈青。誰謂應遠。神道微密。慶集宮闈。祥流寀畢。其久如地。其恆如日。壽同南山。與天無卒。藥生變煉。外示無功。少君飛轡。密與神通。因資假力。輕舉騰空。庶憑嘉誘。永濟微躬。藝文類聚七十八

法王寺碑

昔周師集於孟津。漢兵至於垓下。夷商肇乎茲地。殪楚由乎斯域。慧雲匪由觸石。法雨起乎悲心。驅之仁壽。度之彼岸。濟方割於有頃。撲旣燎於無邊。陸旗風靡。水陣雲披。崇山爲堞。失其九天之險。負壑爲隍。曾無一葦之闕。昏師反接。攜收泥首。掬指則河舟尚虛。委甲則熊嶺非峻。乃按兵江漢。誓衆商郊。因斯而運斗樞。自茲而廓天步。業隆於夏。功高代殷。齊橫流而亘九服。提乾綱而子萬姓。眷言四海。莫不來王。此惟余宅。宣止西顧。臨朝夕之濬池。帶長洲之茂苑。藉離宮於漢舊。因林光於秦餘。迴廊敞市。複殿重起。連房

極睇。周堵如雲。銘曰。
往劫將謝。災難孔多。炎炎烈火。淼淼洪波。衆爲巨岳。散成江河。俗緣浮詭。眞諦遐長。匪因希向。曷寄舟梁。標功顯德。事歸道場。祁祁法衆。同茲無我。振錫經行。祇林宴坐。或期寂滅。或念薪火。惆悵三明。徘徊四果。藝文類聚七十六

齊太尉王儉碑

瞻日爽而齊軫。軼夔龍而長騖。百辟翹首。譬列宿之仰望舒。千里結轍。若派流之宗江漢。及宋道盛運。鼎命將改。而瞻烏所集。未知適歸。公高臥閑宇。獨咤虛室。眷龍顏以託夢。詠日角以興言。佇傳巖之下。懷滋水之上。慨深版蕩。念在濡足。霸君亦虛屬一匡。情降三顧。卜匪熊羆。唯人是與。公深覩興廢。妙識人英。察榮光於河渚。攀龍翼於雲漢。傾方寸以奉國。忘七尺以事君。殊文共會。異軫同歸。堆案盈几。充庭滿室。隨方引應。斷決如流。辭不輟響。紙無停筆。精明外朗。神彩傍映。曬曯接其光景。風雲溢乎帷席。囂喧總至。大薄相塡。齊鑣共軫。竝而不雜。銘曰。
悵公赫矣。世載經綸。四彼三傑。六茲五臣。德參世命。道亞如仁。屣步金門。濯纓蘭畤。激水上征。倍帆鬱起。藝文類聚四十六

齊故安陸昭王碑

公諱緬。字景業。南蘭陵人也。稷契身佐唐虞。有大功於天地。商武姬文。所以膺圖受籙。酇曹扶翼漢祖。滅秦項以盬亂。魏氏乘時。於前。皇齊握符於後。靈源與積石爭流。神基與極天比峻。祖宣皇帝雄才盛烈。名蓋當時。考景皇帝。含道居貞。眷懷前代。公含辰象之秀德。體河岳之上靈。氣蘊風雲。身負日月。立行可模。置言成範。英華外發。淸明內昭。天經地義之德。因心必盡。簡久遠大之方。率由斯至。挹其源者。游泳而莫測。懷其道者。日用而不知。昭昭若三辰之麗於天。滔滔猶四瀆之紀於地。六幽允洽。一德無爽。萬物仰之而彌高。千里不言而斯應。若夫彈冠出仕之日。登庸莅事之年。軍麾命服之序。監督方部之數。斯固國史之所詳。今可得略也。水德方衰。天命未改。太祖龍躍侯時。作鎭淮泗。如仁夕惕之志。中夜九迴。龕世拯亂之情。獨用懷抱。深圖密慮。衆莫能窺。公陪奉朝夕。從容左右。蓋同王子洛濱之歲。實惟辟疆內侍之年。起予聖懷。發言中旨。始以文學遊梁。俄而入掌綸誥。蘭桂有芬。淸暉自遠。帝出於震。日衣靑光。方軌茅社。俾侯安陸。受瑞析珪。遂荒雲野。式掌儲命。帝難其人。公以宗室羽儀。允膺嘉選。協隆三善。仰敷四德。博望之苑載曜。龍樓之門以峻。獻替帷扆。實掌喉脣。奉待漏之書。銜如絲之旨。前暉後光。非止恆受。公以密戚上賢。俄而奉職。出納惟允。劒璽增華。伊昔帝唐。九官咸事。熊豹臨戟。納言是司。自此迄今。其任無爽。爰自近侍。式贊樞衡。而皇情眷眷。慮深求瘼。姑蘇奧壤。任切關河。都會殷負。提封百萬。全趙之袪服叢臺。方此爲劣。臨淄之擁汗成雨。曾何足稱。乃鴻騫舊吳。作守東楚。弘義讓以勖君子。振平惠以字小人。撫同上德。綏用中典。疑獄得情而弗喜。偏訟兩讓而同歸。雖春申之大啓封疆。鄧攸之緝熙萌庶。不能尙也。夏首藩要。任重推轂。衿帶中流。地殷江漢。南接衡巫。風雲之路千里。西通鄢郢。水陸之塗三七。是惟形勝。閫外莫先。建麾作牧。明德攸在。乃暴以秋陽。威以夏日。澤無不漸。蠰蟻之穴靡遺。明無不察。容光之微必照。由近而被遠。自己而及物。惠與八風俱翔。德與五才竝運。遠無不懷。邇無不肅。邑居不聞夜吠之犬。牧人不覩晨飲之羊。譽表六條。功最萬里。還居近侍。兼饗戎秩。候府寄隆。儲端任顯。東西兩晉。茲選特難。羊琇願言而匪獲。謝琰功高而後至。升降二宫。令績斯侯。禁旅尊嚴。主器彌固。禹穴神皋。地埒分陝。江左已來。常遜斯任。東渚鉅海。南望秦稽。淵藪胥萃。萑蒲攸在。貨殖之民。千金比屋。邪鄽之內。雲屋萬家。刑政繁舛。舊難詳一。南山羣盜。未足云多。渤

恐當作怨

揚當作場

海亂繩。方斯易理。公下車敷化。風動神行。誠恐既孚。鈞距靡用。不待赭汙之權。而姦渠必翦。無假里端之籍。而惡子咸誅。被以哀矜。孚以信順。南陽葦杖。未足比其仁。潁川時雨。無以豐其澤。公攬轡升車。牧州典郡。感達民祇。非待朞月。老安少懷。塗歌里詠。莫不懽若親戚。芬若椒蘭。麾旆每反。行悲道泣。攀車臥轍之戀。爭塗忘遠去思一借之情。愈久彌結。方城漢池。南顧莫重。北指崤潼。平塗不過七百。西接嶢武。關路曾不盈千。蠻陬夷徼。重山萬里。小則俘民略畜。大則攻城剽邑。晉宋迄今。有切民患。烽鼓相望。歲時不息。帷理穿掘之黨。阡陌成羣。慠法侮吏之人。曾莫禁禦。異藩咸受其弊歷政所不能裁。加以戎羯窺窬。伺我邊隙。北風未起。馬首便以南向。塞草未衰。嚴城於焉早閉。永明八載。疆揚大駭。天子乃心北眷聽朝不怡。揚旆漢南。非公莫可。於是驅馬原隰。卷甲遄征。威令首塗。仁風載路。軌躅清晏。車徒不擾。牛酒日至。壺漿塞陌。失義犬羊。其來久矣。徵賦嚴切。唯利是求。首鼠彊界。災蠹彌廣。公扇以廉風。孚以誠德。盡任棠置水之情。弘郭伋待期之信。金如粟而弗覩。馬如羊而靡入。雞雉必懷。豚魚不爽。由是傾巢舉落。望德如歸。稚髫墾首。日拜門闕。卉服滿塗。夷歌成韻。禮義既敷。威刑具舉。强民猾俗。反志遷情。風塵不起。囹圄寂寞。富商野次。宿秉停菑。蟓蝗弗起。豺虎遠迹。北狄懼威。關塞謐靜。偵諜不敢東窺。駝馬不敢南牧。方欲振策燕趙。席卷秦代。陪龍駕於伊洛。侍紫蓋於咸陽。而遘疾彌留。歘焉大漸。耕夫釋耒。桑婦下機。參請門衛。竝走羣望。維永明九年夏五月三十日辛酉薨。春秋三十有七。城府颯然。庶寮如賓。男女老幼。大臨街衢。接響傳聲。不踰時而達於四境。夷羣戎落。幽遠必至。望城拊膺。震動郛邑。竝求入奉靈櫬。藩司抑而不許。雖鄧訓致劈面之哀。羊公深罷市之慕。對而爲言。遠有慚德。神駕東還。號送踰境。奉觴奠以望靈。仰蒼天而自訴。震響成雷。盈塗咽水。公臨

危審正。載遺話言。楚囊之情。惟幾而彌固。衛魚之心。身亡而意結。二宮軫慟。遐邇同哀。追贈侍中領衛將軍。給鼓吹一部。謚曰昭侯。時皇上紼纜在辰。登庸伊始。允副朝端。兼掌屯衛。聞凶哀震。感絕移時。因遘沈痾。縣留氣序。世祖日夜憂懷。尚盡寬譬。勉膳禁哭。中使相望。上雖外順皇旨。內殷私痛。獨居不御酒肉。坐臥泣涕霑衣。若此移年。癯瘠改貌。天倫之愛。振古莫儔。及俯膺天眷。入纂絕業。分命懿親。台牧竝建。對縈弱以流涕。望曲阜而含悲。改贈司徒。因謚爲郡王。禮也。惟公少而英明。長而弘潤。風標秀舉。淸暉映世。學徧書部。特善玄言。盤帨之麗。篆籀之則。窮六義於懷抱。究八體於毫端。弈思之微。秋儲無以競巧。取睞之妙。流睇未足稱奇。至公以奉上。鳴謙以接下。撫僚庶盡盛德之容。交士林忘公侯之貴。虛懷博約。幽關洞開。宴語談笑。情瀾不竭。譽滿天下。德冠生民。葢百代之儀表。千年之領袖。曾不慭留。梁摧奄及。豈唯衢絲寒謝。輿謠輟相而已哉。凡我僚舊。均哀共戚。怨天德之無厚。痛棠陰之不留。思所以克播遺塵。傚之穹壤。乃刊石圖徽。寄情銘頌。其辭曰。

天命玄鳥。降而生商。是開金運。作始玉筐。三亡去國。五曜入房。亦曰其馬。侯服周王。本枝派別。因菜命氏。涉徐而東。義均梁徙。自玆以降。懷青拖紫。崇基巖巖。長瀾瀰瀰。惟聖造物。龍飛天步。載鼎載革。有除有布。高皇赫矣。仰膺乾顧。景皇蒸哉。實啟洪祚。喬嶽峻峙。命世興賢。膺期誕德。終後光前。幾以成務。覺在民先。位非大寶。爵乃上天。爰始濯纓。淸猷浚發。升降文陛。逶迤魏闕。惠露沾吳。仁風扇越。涉夏踰漢。政成朞月。用簡必從。日新爲盛。在上哀矜。臨下莊敬。草木不夭。昆蟲得性。我有芳蘭。民胥攸詠。羣夷蠢蠢。巖別嶂分。傾山盡落。其從如雲。挈妻荷子。負戴成羣。迴首請吏。曾何足云。昔聞天道。仁罔不遂。彼蒼如何。與山止簣。四牡方馳。六龍頓轡。斯民曷仰。邦國殄瘁。齊殞晏平。行哭致禮。趙徂昌國。列邦揮涕。況我君

斯皇之介弟。哀感徒庶。慟與雲陛。階毀留攢。川沉歸軸。覲羞野奠。爭攀去轂。遵洛號追。臨波望哭。無絕終古。惟蘭與菊。塗由帝渚。朱軒靡駕。東首塋園。卽宮長夜。逝川無待。黄金難化。鍾石徒刊。芳猷永謝。文選。藝文類聚四十五

齊丞相豫章文獻王碑

世載冠冕之暉。家開配天之業。洪源邈於委水。雲峯冠於側成。公自天攸縱。非待河岳。道亞生知。德備藏往。摩赤霄而理翰。望閶闔以上馳。迴風飆於襟袖。宅山川於懷抱。爰初弱冠。藏器俟時。康莊廣闢。飾禮賢之館。杞梓備收。馨滋蘭之畹。既駕朱驂。又敷袞職。升降斯陛。率由孝敬。謙以備物。貴以在身。再握勵己。三吐忘倦。公德惟民望。位冠朝首。儀表瑰雄。風神秀傑。每至三元首旦。華裔在庭。執玉端闈。冠冕百辟。外夷震聳。猶單于之懼王商。羣后瞻慕。若衆星之俯日月。雖復以周公之親。居周公之任。道格皇天。光被四海。而小善靡失。輶德必從。譬由畎澮匪讓。所以淼致江河。土壤同歸。故能鬱成嵩岱。保翼三善。弘正九伐。銘彼太常。懸諸日月。銘曰。

大德風邈。其美雲從。事貴僉貶。禮峻彌恭。且有厚命。車服以庸。羽儀列辟。冠冕羣龍。周實多祜。漢有餘慶。奕奕皇族。於斯爲盛。公之綏之。終和且敬。是惟宗國。庶邦作詠。藝文類聚四十五

比丘尼僧敬法師碑

立言道往。標情妙覺。置想依空。練心成學。緼日悠長。疏年緬邈。風遷電改。斯理莫違。神有殊適。形無異歸。臨泉結慟。有愴徂暉。松飆轉蓋。山雨披衣。載刊貞軌。永播餘徽。藝文類聚七十六

齊臨川王行狀

公遵玄源於陵壑。稟黃中之正氣。其性逸。其神凝。端華表美。弱齒弘貴。著乎將立。雲虛景曖。岳秀川渟。蘭桂不踰其質。珪璋未究其美。幼而悅學。業茂從師。洽貫書場。該綜文圃。清暉祕譽。焯野光朝。

藝文類聚四十五

齊司空柳世隆行狀

公稟靈華嶽。幼挺珪璋。清襟素履。發乎齠丱。及長。風質洞遠。儀止祥華。動容合矩。吐言被律。時沈攸之很據陝西。氣陵物上。而太祖登庸作宰。天厤在躬。攸之播封豕之情。總全荆之力。兕甲十萬。鐵馬千羣。水陸長騖。志窺皇邑。公抗威川涘。勇略紛紜。顯晦有方。出沒無緒。攸之乃反旆亙圍。親受矢石。增櫓乘埤。嚴衝駕雉。雲輣俯闞。地穴斜通。半藏晩飧。負戶晨汲。公乃綏衆以武。厲敵以奇。靈鋒電曜。威策雲舉。事切三版之危。氣損九天之兢。殘寇外老。逆黨內摧。焚舟委甲。掬指宵遁。公風標秀徹。器範弘潤。茂乎辭彩。雅善鼓琴。摛純蔡之高芬。纂鍾嵇之妙曲。雖嬰拂世務。而素業無改。臨姑蘇而想八桂。登衡山而望九疑。七紆邦組。三臨蕩甸。五職瑞扇。一司百揆。固可以齊衡八凱。方駕五臣。藝文類聚四十七

齊禪林寺尼淨秀行狀

比丘尼釋淨秀。本姓梁氏。安定烏氏人也。其先出自少昊。至伯翳佐禹治水。賜姓嬴氏。周孝王時。封其十六世孫非子於秦。其曾孫秦仲。爲宣王侯伯。平王東遷。封秦仲少子於梁。是爲梁伯。漢景帝世。梁林爲太原太守。徙居北地烏氏。遂爲郡人焉。自時厥後。昌胄卓世。名德交暉。蟬冕疊映。漢元嘉元年。梁景爲尚書令。少習韓詩。爲世通儒。魏時。梁爽爲司徒左長史祕書監。博極羣書。善談玄理。晉太始中。梁闡爲涼雍二州刺史。卽尼之迺祖也。闡孫據。晉苑陽王虓驃騎參軍事漁陽太守。遭永嘉蕩析。淪於僞趙。爲祕書監征南長史。後得還晉。爲散騎侍郎。子疇。字道度。征虜司馬。子粲之。仕宋征虜府參軍事。封龍川縣都亭侯。尼卽都亭侯之第四女也。挺慧悟於曠劫。體妙解於當年。而性調和綽。不與凡孩孺同數。弱齡便神情峻徹。非常童稚之伍。行仁尚道。洗志法門。至年十歲。慈念

彌篤。絕粉黛之容。棄錦綺之飾。誦經行道。長齋蔬食。年十二。便求出家。家人苦相禁抑。皆莫之許。於是心祈冥感。專精一念。乃屢獲昭祥。亟降瑞相。第四叔超。獨爲先覺。開譬內外。故雅操獲遂。上天性聰叡。幼而超羣。年至七歲。自然持齋。家中請僧行道。聞讀大涅槃經。不聽食肉。於是卽長蔬不噉。二親覺知。若得魚肉。輒便棄去。昔有外國普練道人。出於京師。往來梁舍。便受五戒。勤翹奉持。未嘗違犯。日夜恆以禮拜讀誦爲業。更無餘務。及手能書。常自寫經。所有財物。唯充功德之用。不營俗好。少欲入道。父母偶障。遂推流歲月。至年二十九。方獲所志。落髮青園。服膺寺主。上事師虔孝。先意承旨。盡身竭力。猶懼弗及。躬修三業。夙夜匪懈。僧使衆役。每居其首。精進劬勤。觸事爾涉。有開士馬先生者。於青園見上。卽便記云。此尼當生兜率天也。又親於佛殿內坐禪。同集三人。忽聞空中有聲。狀如牛吼。二尼驚怖。迷悶戰慄。上恢然自若。徐起下牀。歸房

執燭。檢聲所在。旋至枸欄。二尼便聞殿上有人相語云。各自避路。某甲師還。復又於禪房中坐。伴類數人。二尼鼾眠。此尼於睡中見有一人。頭屆於屋。語云。勿驚某甲師也。此尼於是不敢復坐。又以一時坐禪。同伴一尼有小緣事。暫欲下牀。見有一人抵掌止之曰。莫撓某甲師。於是閉氣徐出。歎未曾有。如此之事。比類甚衆。既不卽記。悉多遺忘。不得具載。性愛戒律。進止俯仰。必欲遵承。於是現請曜律師講。內自思惟。但有直一千。心中憂慮。事不辦。夜卽夢見鸚鵡鴝鴿雀子各乘車。車竝安軒。車之大小。還稱可鳥形。同聲唱言。我助某甲尼講去。既寤歡喜。知事當成。及至就講。乃得七十檀越。設供果食。皆精。後復又請穎律師開律。卽發講日。淸淨甖水。自然香如水園香氣。深以爲欣。既而坐禪得定。至夜中方起。更無餘伴。便自念言。將不犯獨。卽諮律師。律師荅云。無所犯也。意中猶豫。恐違失。且見諸寺尼僧。多有不如法。乃喟然歎曰。嗚呼。鴻徽未遠。

睡當作埵

靈精相隱。自非引咎責躬。豈能導物。卽自懺悔。行摩挪睡。於是京師二部。莫不咨嗟。云如斯之人。律行明白。規矩應法。尙爾思愆。何況我等。動靜多過。而不慚愧者哉。遂相率普懺。無有孑遺。又於南園就穎律師受戒。卽受戒日。淨甖水香。還復如前。青園諸尼及以餘寺。無不更受戒者。律師於是亦次第詣寺。敷弘戒品。闡揚大敎。故憲軌還流。迄屆於今。穎律師又令上約語諸寺尼。有高牀俗服者。一切改易。上奉旨制勒。無不祗承。律藏之興。自茲更始。後又就三藏法師受戒。淸淨水香。復如前。青園徒衆。既廣。所見不同。師已遷背。更無覲侍。於是思別立住處。可得外嚴聖則。內窮宴默者。以宋大明七年八月。故黃修儀及南昌公主。深崇三寶。敬仰德行。初置精舍。上麻衣弗溫。藿食忘饑。躬執泥瓦。盡勤夙夜。以宋泰始三年。明帝賜號曰禪林。蓋性好閑靜。冥感有徵矣。而制龕造像。無不畢備。又寫集衆經。皆令具足。裝潢染成。悉自然有娑羅伽龍王兄

弟二人現迹。彌日不滅。知識往來。竝親瞻覩。招納同住十有餘人。訓化獎率。皆令禪誦。每至奉請聖僧。果食之上。必有異迹。又於一時虔請聖衆。七日供養。禮懺始訖。攝心運想。卽見兩外國道人。舉手共語。一云呿羅。一云毗呿羅。所著袈裟。色如桑椹之熟。因卽取泥。以壞衣色。如所見倣。於是遠近尼僧。竝相倣傚。改服澗色。故得絕於五大之過。道俗有分者也。此後又請訶耨達池五百羅漢。日日凡聖無遮大會。已近二旬。供設既豐。復更請罽賓國五百羅漢。足上爲千。及請凡僧。還如前法。始過一日。見有一外國道人。衆僧悉皆不識。於是試相借問。自云從罽賓國來。又問來此幾時。荅云來此一年也。衆僧覺異。令人守門。觀其動靜。而食畢。乃於宋林門出。使人逐視。見從宋林門去。行十餘步。奄便失之。又嘗請聖僧浴。器盛香湯。及以雜物。因而禮拜。內外寂默。卽聞器桸杓作聲。如用水法。意謂或是有人。出便共往看。但見水杓自然搖動。故知神異

又曾夜中忽見滿屋光明。正言已曉。自起開戶見外猶闇。卽更閉戶。還牀復寢。久久方乃明也。又經違和極篤。忽自見大光明遍於世界。山河樹木。浩然無礙。欣爾獨笑。傍人怪問。具陳所見。卽能起行。禮拜讀誦。如常無異。又於一時復違和。亦甚危困。忽舉兩手。狀如捧物。語傍人不解。問言爲何所捧。荅云。見寶塔從地出。意欲接之。旛花伎樂。無非所有。於是疾恙豁然而除。都無復患。又復違和。數日中亦殊綿惙。恆多東向。祇合掌向空。於一時中。急索香火。移時合掌。卽自說云。見彌勒佛及與舍利佛目連等諸聖人。亦自見諸弟子。數甚無量。滿虛空中。須臾彌勒下生翅頭末城。云有人持旛華伎樂及三臺來迎於此。上旛華伎樂。非世間比。半天而住。一臺已在半路。一臺未至半路。一臺未見。但聞有而已。爾時已作兩臺。爲此兆故。卽更作一臺也。又云。有兩樹寶華在邊。人來近牀。語莫壞我華。自此之後。病卽除損。前後遇疾。恆有瑞相。或得涼風。或得妙藥。或聞異香。病便卽愈。疾瘵之爲理。都以漸豁然而去。如此其數不能備記。又天監三年一夏違和。於晝日眠中。見虛空藏菩薩。卽自圍繞誦唄。唄聲徹外。眠覺所患卽除。又白日臥。開眼見佛入房。旛蓋滿屋。語傍人令燒香。了自不見。上以天監五年六月十七日得病。苦心悶。不下飲。彭城寺令法師。以六月十九日夜得夢見一處。謂是兜率天上。住止嚴麗。非世間比。言此是上住處。卽見上在中。於是法師有語上。上得生好處。當見將接上是法師。小品檀越。勿見遺棄。上卽荅云。法師丈夫。又弘通經教。自應居勝地。某甲是女人。何能益。法師又云。不如此也。雖爲丈夫。不能精進。持戒不及上。時體已轉惡。與令法師素疏。不堪相見。病既稍增。飲粥日少。爲治無益。漸就綿惙。至七月十二日。爾時天雨清流。閙勢如小退。自云夢見迎來至佛殿西頭。人入提旛竿。𨊥車在地。旛之爲理。不異世間隊撻鼓旗旛也。至二十日。便絕不復進飲粥。至二十二日。令請相識衆僧設會。意似分別。至二十五日。云見十方諸佛。遍滿空中。至二十七日中後。泯然而臥。作兩欸。久方復動轉。自云上兜率天。見彌勒及諸菩薩。皆黃金色。上手中自有一琉璃清淨甖。可高三尺許。以上。彌勒卽放光明。照於上身。至兜率天。亦不見飲食。自然飽滿。故不復須人間食也。但聞人間食皆臭。是以不肯食。於彼天上。得波利麨。將還意欲與令法師。有人問何意將麨去。荅云。欲與令法師。是人言令法師是人中果報。那得食天上食。不聽將去。既而欲見令法師閒居。上爲迎法師來相見。語法師。可作好菜食。以餉山中坐禪道人。若修三業。方得生兜率天耳。法師不坐禪。所以令作食餉山上道人者。欲使與坐禪人作因緣也。自入八月。體中亦轉惡。不復說餘事。但云有三十二童子。一名功德天。二名善女天。是迦毗羅所領。恆來在左右。與我驅使。或言得人餉飲食。令衆中行之。復云空中晝夜作伎樂。聞人耳也。廣宏明集二十三

全梁文卷三十一終

烏程嚴可均校輯

沈約八

冠子祝文

酌茲令日。元服肇加。成德既舉。(御覽作學)童心自化。行之則至。無謂道賒。敎以秋實。食以春華。無恥下問。乃致高車。子孫千億。廣樹厥家。(初學記十四。御覽五百四十。)

賽蔣山廟文

我皇體天御宇。望日表尊。備樂變乎笙鏞。鬱禮華於俎豆。遐無不懷。邇無不肅。烏革玄素之容。草移丹綠之狀。泉露改味。日月重光。仰惟大王年踰二百。世兼四代。揚王桴。布瑤席。秦梁楚趙之巫。把瓊茅而延佇。燕衛宋鄭之音。結流風而成曲。九疑之求薇日。三山之駕若雲。(藝文類聚七十九)

懺悔文

弟子沈約稽首上白諸佛眾聖。約自今生已前。至於無始。罪業參差。固非詞象所算。識昧往緣。莫由證舉。爰始成童。有心嗜慾。不識慈悲。莫辯罪報。以爲毛羣鮐品。事充庖廚。無對之緣。非惻隱所及。晨剉暮爚。亘月隨年。嗛腹塡虛。非斯莫可。兼曩昔蒙稚。精靈靡達。遨戲之間。恣行夭暴。蠢動飛沈。罔非登俎。儻想逢値。橫加剿撲。卻數追念。種彙實蕃。遠憶相間。難或詳盡。又暑月寢臥。蚊虻噆膚。忿之於心。應之於手。歲所殲殞。略盈萬計。手因怒運。命因手傾。爲殺之道。事無不足。迄至於今。猶未頓免。又嘗竭水而漁。躬事網罟。牽驅士卒。懽娛賞會。若斯等輩。眾夥非一。黨隸賓遊。從告交互。或盜人園實。或偷人芻豢。弱性蒙心。隨喜讚悅。受分吞贓。皎然不昧。性愛墳典。苟得忘廉。取非其有。卷將二百。又綺語者眾。源條繁廣。假妄之愆。雖免大過。微觸細犯。亦難備陳。又追尋少年。血氣方壯。習累所纏。事難排豁。淇水上宮。誠無云幾。分桃斷袖。亦足稱多。此實生死牢穽。未易洗拔。灌志慘舒。性所同稟。遷怒過嗔。有時或然。厲色嚴聲。無日可免。又言謔行止。曾不尋研。觸過斯發。動淪無紀。終朝紛擾。薄暮不休。來果昏頑。將由此作。前念甫謝。後念復興。尺波不息。寸陰驟往。愧悔攢心。罔知云厝。今於十方三世諸佛前。見在眾僧大眾前。誓心剋己。追自悔責。收遜前愆。洗濯今慮。校身諸失。歸命天尊。又尋七尺所本。八微是構。析而離之。莫知其主。雖造業者身。身隨念滅。而念念相生。離續無已。往所行惡。造既由心。行惡之時。其心既染。既染之心。雖與念滅。往之所染。卽成後緣。若不本諸眞諦。以空滅有。則染心之累。不卒可磨。今者興此愧悔。磨昔所染。所染得除。卽空成性。其性既空。庶罪無所託。布髮頂禮。幽顯證成。此念一成。相續不斷。日磨歲瑩。生生不休。迄至道場。無復退轉。又彼惡加我。皆由我昔加人。若不滅此重緣。則來惡彌遘。當今斷絕。永息來緣。道無不在。有來斯應。庶達今誠。要之咸達。(廣宏明集二十八下。)

目當作日

末當作未

千僧會願文

弟子沈約上白十方諸佛。十方諸大聖。今目見前眾僧。三界非有。五陰皆無。四倒十纏。共相和合。一切如電。揮萬劫於俄頃。丘井易淪。終漂沈於苦岸。迷塗遂遠。弱喪忘歸。區區七尺。莫知其假。耳目之外。謂爲空談。靡依靡歸。不信不受。生靈一謝。再得無期。約所以撫心自惻。臨踐非譬者也。至聖凝寂。無迹可尋。緣應所感。事惟拯物。持鉢安行。出彼祇樹。不逾停午。以福眾生。芳塵餘法。巍然末改。約以往夏遘羅痾疾。帝上哀矜。深垂愍慮。以月炎徂暑。日在丙寅。仰會千僧於其私宅。隆茲重施。弗知所限。既已奉祇洪德。又思自罄家財。一舉盈千。力難私辦。稍而後備。事或易充。草堂約法師於所住山寺。爲營八集。其一仰憑上定林寺祐法主。今月二十九日。第十會集百僧於所創田廬。福不唐捐。聞之經訓。心路皎然。又過

於此。凡有涓毫。應證來業。無巨無細。咸歸聖主。仰願十方。共明此誓。豈足少酬天眷。蓋以徵奇誠心云爾。廣宏明集二十八上

為文惠太子禮佛願疏

維年月朔日。皇太子某稽首和南十方諸佛。一切賢聖。夫至理可祈。必憑誠於正覺。極妙有感。乃歸仰於眞如。然後取證現前。獲驗茲日。去歲皇帝暫虧御膳。小廢乾行。四海震惶。百司戰悚。諱歷劫多幸。夙世善緣。忝生王家。叨守儲嗣。臣子心地。倍用焦迫。禁門旦啟。欣問豎之安。寢扉早闢。訪膳夫之宰。祇樹獨園。伏膺下拜。伽藍精舍。繞足頂禮。百神警衞。萬福具臻。曾不信宿。聖躬和愈。豈非三寶之弘慈。十號之法力。既而天從心欲。誠願克果。今於崇正殿奉還法會千僧。仍齎百僧八關行道。又度二十人。同日出家。惟願藉此功德。奉資皇帝陛下。壽與南山共久。年將北極俱長。道懋農軒。德高堯舜。上界八萬之劫可期。下方七百之祚未擬。元良之位。長守

膝下之懽。上嗣之所。永保懷袖之愛。以茲法田。奉中宮皇后殿下。福履攸善。無思不屆。天母之德。厚載不能加。任姒之盛。坤儀詎足匹。末及諸王妃主。宮掖嬪房。未來因緣。過去眷屬。並同茲辰。預此慈善。又普為積苦餓鬼。受辜畜生。三塗八難。六道十惡。水陸蠢動。山藪潮飛。溼生化生。有想無想。皆藉今日慈悲。咸遵浣濯。人天攝受。幽顯證明。庶憑眾力。共相津濟。謹疏。廣宏明集二十八上

為文惠太子解講疏

皇太子以建元四年四月十五日。集大乘望僧於玄圃園安居。寶地禁苑。皆充供具。珍臺綺榭。施佛及僧。震玄音於六宵。暢微言於永劫。三達宣其妙果。十住讚其祥緣。踐二氣而業升。離九旬而功就。暨七月既望。乃敬捨寶軀。爰及輿冕。自纓已降。凡九十九物。願以此力。普被幽明。帝室有嵩華之固。蒼黔饗仁壽之福。若有淪形苦海。得隨理悟。墜體劇塗。不遠斯復。十方三世。咸證伊言。茲誓或

末當作未

騫。無取正覺。釋藏輕四。廣宏明集十九

為齊竟陵王發講疏 并頌

大矣哉。妙覺之為妙也。無相非色。空不可極。而立言垂訓。以汲引為方。慈波慧水。雖可溉而莫知其源者也。靈篇寶籍。遠探龍藏。蓋無得而言焉。至於義指天山之表。文隱交河之外。又非斷籌所能算也。逮於祇樹巷園之妙吼。四諦一乘之正說。重譯而通中土。莫不恆沙之一焉。而詞源海廣。理塗靈奧。雖字流附響。萬軫同起。分條散葉。離文析句。末或暨其萬一也。竟陵王殿下。神超上地。道冠生知。樹寶業於冥津。凝正解於沖念。若夫方等之靈。遂甘露之深玄。莫有不遊其塗而啟其室也。祕藏之被東國者。靡不畢集。皆繕以寶縟。文以麗篆。凝光瓊笥。炫彩瑤縢。思欲敷震微言。昭感未悟。乃以永明元年二月八日。置講席於上邸。集名僧於帝畿。皆深辨眞俗。洞測名相。分微靡滯。臨疑若曉。同集於邸內之法雲精廬。演

玄音於六宵。啟法門於千載。濟濟乎。實曠代之盛事也。自法王已降。暨於聽僧。條載如左。以記其事焉。乃作頌曰。

十號神寂。三達空玄。迹由聖隱。教以慈宣。氤氳緒法。昭晰遺筌。標聲妙住。騰華寶蓮。文摛龍藏。義溢中天。惟王稟照。道冠增睿。星羅寶幄。雲開梵筵。思馳春馬。理析秋蟬。靈場絢彩。正水興蓮。乘茲上果。永導芳緣。廣宏明集十九

為齊竟陵王解講疏

夫憑形稱化。必由委氣之途。因方導理。必同肖天之質。是以表靈遂瑞。誕聖王宮。駐彩辰緯。停華日月。故能積慈成聖。累妙成空。坦照路於道場。拔迷根於苦岸。弟子蕭子良。滌盥煩襟。棲情正業。肅萃僧英。敬敷慧典。密藏奧文。雲開雨散。今魄首冉遼。日弦上朔。止步凝想。空明屬念。雖神迹稍緬。而遺塵在茲。乃飾筵藻殿。張帷盛邸。潔誠祇事。建斯寶集。蘭泉波涌。芳飆雲迴。祕理探微。玄況悠邈

宗條既舉窮功允就論堂卷坐義鼓停音乘此芳緣將升上住十方三世有證無爽（廣宏明集十九）

又

夫妙極衆象湛思必通理冠羣方有感斯應自鸞音輟唱圓光寢輝委華之相不傳蹄地之符已遠行言入道事難於造次一悟階空劾隔於俄頃若非積毫成仭累辯爲明無以方軌慧門維舟法岸弟子是用夕惕載懷惟日不足者也故敬集名僧演敷奧籍震微起滯輪動雲迴月殿含呂魄弦上日甘露既窮輟言寶座卷文罷席衣屣相趨仰惟先后稟靈娥德叶景軒度道載華嶽化洽汾陰早棄蘭宮夙違椒掖千乘不追萬鍾靡及終天之慕不適於短年欲報之誠思隆于永劫敬捨軀服以充供施藉此幽通控情妙覺仰願聖靈速登寶位越四天之表記十號之尊惟茲三世咸證于此敢誓丹衷庶符皎日（廣宏明集十九）

為南郡王捨身疏

弟子蕭王上白諸佛世尊道德僧衆夫色固無象觸必歸空三世若假八微終散雖復迴天震地之威窮於寂滅齊冠楚組之麗靡致埃壤而嗜慾易繁每疚心術捨施難弘用迷假照弟子樹因曠劫徼報茲生託景中璇聯華日彩玉組夙紆蕃麾早建蘭池紫燕之乘褰於外閑黼帳翠帷之飾光於中寢徒以心源尚滯情路未昭識謝兼忘理慚獨悟不能叶調五氣緩御六神霜暑或愆風露時舛是以敬襟上寶栖誠妙覺敬捨肌膚之外凡百一十八種嘗令經衛夙理府絡時順萬祉雲翔百妖窮滌望北極而有恆瞻南山而同永又願宸居納祜則天均慶少陽介福儷日承休儲妃闡膺祥之符皇枝廣惟祺之祚敬飾崇營嚴置齋候仰延息心旁旅清信勵茲弘誓謚其幽疑庶可以感降禎和招對靈應玄塗匪昧要之無爽（廣宏明集二十八上）

陀彌陀當作阿彌陀

捨身願疏

優婆塞沈君敬白十方三世諸佛本師釋迦如來安養陀彌陀世尊云云一切衆聖今日道俗諸大賢德夫形非定質衆緣所聚四微不同風火亦異析而離之本非一物燕肝越膽未足爲譬靜念求我無時可得而積此淪昏生生不已一念儻值曾未移時障習相蔓旋迷厥路橫指空呼名之爲有豐己傷物日夜靡休蓄身外之財以充其慾攘非己之分用成其侈豈直溫肌啗腹若此而已哉至於積篋盈藏未嘗登體溢俎充庖既飫斯棄曾不知粟帛所從事非因己悠悠黔首同有其分離多共寡猶或未均我若有餘物何由足仁者之懷不應若此侵他之財世稱爲盜盜之甚者孰過於斯幽顯推求無〻或可君仰藉時來久乘休運玉粒晨炊華燭夜炳自此迄今歷年三十遂乃服冕榮國裂土承家潤盈身己慶流僕妾室非懸磬侔有兼金救寒止於重裘而笥委餘襲冬夜

既蒙泉靈而櫝有羸金自斯已上侈長非一雖等彼豪家其陋已甚方諸窶室所邁寔多悟此非常事由諸佛有懷捨散宜光道場饑寒困苦爲患乃切布滿州縣難悉經緣其當稱力因事一旦隨年頭目髓腦誠難輕慕虧己贍物未易頓行誓欲廣念深恩積微成著施路櫝門冀或能踐以大梁天監之八年年次玄枵日殷鳥度夾鍾紀月十八在於新所創蔣陵皇宅請佛及僧髣髴祇樹息心上士凡一百人雖果謝菴園飡非香國而野粒山蔬可同屬饜兼捨身資服用百有一十七種微自損撤以奉現前衆僧夫室家患苦刀俎非切制除蕭散形質超然蠢彼羣生咸有佛性不因翦削此路莫由緣業舛互世諦煩記變形改飾即事爲難故關以八支導彼清信一日一夜同佛出家本弘外教事非僧法而世情乖舛同迷斯路招屈名僧置之虛室主人高卧取逸閒堂呼爲八關去之實遠雖有供施之緣而非斷漏之業約今謹自即朔至于明

旦。排遣俗累。一同善來。分𠭗上德。勖成微志。藉此輕因。庶諧來果。功德之言。非所敢及。廣宏明集二十八上

全梁文卷三十二終

全梁文卷三十三

烏程嚴可均校輯

江淹一

淹字文通。濟陽考城人。宋泰始中爲南徐州從事。轉奉朝請。舉秀才對策上第。轉巴陵王國左常侍。元徽中爲建平王南徐州參軍。領南東海郡丞。左遷建安吳興令。昇明初入爲尚書駕部郎驃騎參軍。齊臺建。補記室參軍。建元初爲建安王記室。帶東武令。遷中書侍郎。永明中遷驍騎將軍。出爲建武將軍廬陵內史。還爲驍騎將軍兼尚書左丞。領國子博士。少帝初兼御史中丞。建武初爲車騎臨海王長史。除廷尉卿。加給事中。遷冠軍長史。加輔國將軍。出爲宣城太守。還爲黃門侍郎。領步兵校尉。進祕書監。東昏末兼衞尉。武帝舉義。以爲冠軍將軍兼司徒左長史。中興建。遷吏部尚書。轉相國右長史。梁受禪。爲散騎常侍左衞將軍。封臨沮縣伯。引疾。遷金紫光祿大夫。改封醴陵侯。天監四年卒。謚曰憲。有齊史十二卷。集二十卷。後集十卷。

赤虹賦

東南嶠外。爰有九石之山。乃紅壁千里。青莽百仞。苔滑臨水。石險楙溪。自非巫咸采藥。羣帝上下者。皆斂意焉。於時夏蓮始舒。春蓀未歇。肅舲波渚。緩枻汀潭。正逢巖崖照雨。雲烟爛色。俄而雄虹赫然。暈光曜水。偃蹇山頂。舄奕江湄。僕迫而察之。實日（集作實雨日）陰陽之氣。信可觀也。又憶昔登鑪峯上。手接白雲。今行九石下。親弄絳蜺。二奇難并。感而作賦曰。

邅迤碕礒兮。不極之連山。嵎鏞虎豹兮。玉虺騰軒。孟夏茵藍兮。荷葉涵漣。悵何意兮容與。冀暫緩此憂年。失世上之異人。遲山中之靈跡。掇仙草於危峯。鐫神丹於崩石。覩鱣岫之吐噏。看黿梁之交積。於是紫霧上河。絳氣下漢。白日無際。碧雲捲半。殘雨蕭索。光烟豔爛。水學金波。石似瓊岸。錯鼉鱗之崚崚。繞蛟色之漫漫。俄而赤蜺電出。蚴虯神驤。曖昧以變。依稀不常。非虛非實。乍滅乍光。赩赫山頂。照燎水陽。雖圓緯之有載。曠世識而未逢。既咨嗟而躑躅。聊周流而從容。相番禺之廣野。意丹山之喬峯。騎傅說之一星。乘夏后之兩龍。彼靈物其詎幾。寂火滅於山紅。餘形可擥。殘色未去。曜葳蕤而在草。映青葱而結樹。昏青苔於丹渚。曖朱草於石路。霞晃朗而下飛。日通籠而上度。俯形命之窘局。哀時俗之不固。定赤鳥之易遺。乃鼎湖之可慕。既以爲騂鬐四毳之駕。方瞳一角之人。帝臺北荒之際。弇山西海之濱。流沙之野。析木之津。雲或怪彩。烟或異鱗。必雜虹霓之氣。陰陽之神焉。（本集。藝文類聚二。初學記二。）

四時賦

北客長欷。深壁寂思。空牀連流。圭窬淹滯。網絲蔽月。青苔繞梁。春華虛豔。秋月徒光。臨飛鳥而魄絕。視浮雲而意長。測代序而饒感。知四時之足傷。若乃旭日始暖。蕙草可織。園桃紅點。流水碧色。思舊都兮心斷。憐故人兮無極。至若炎雲峯起。芳樹未移。皋蘭生坂。朱荷出池。憶上國之綺樹。想金陵之蕙枝。及夫秋風一至。白露團團。明月生波。螢火迎寒。眷庭中之梧楸。念機上之羅紈。至於冬陰北邊。永夜不曉。平蕪際海。千里飛鳥。何嘗不夢帝城之阡陌。憶故都之臺沼。是以軫琴情動。戛瑟涕落。逐長夜而心殞。隨白日而形削。故秦人秦聲。楚音楚奏。聞歌更泣。見悲已疚。實由魂氣愴斷。外物非救。寥四時而皆難。況僕人之末陋也。（本集。藝文類聚三引夏秋冬三條。）

江上之山賦

潺湲瀕溶兮。楚水而吳江。刻劃嶆崒兮。山雲而碧峯。挂青蘿兮萬仞。豎丹石兮百重。百重兮嵒嶨。如斵兮如削。嵬嶷兮尖出。品岸兮穴鑿。波潮兮吐納。嶄崖兮積沓。鯛鱅兮赤尾。黿鼉兮匼而見紅草之交生。眺碧樹之四合。草自然而千華。樹無情而百色。嗟世道之異哉。牽憂患而來逼，懷爐炭於片景，抱絲緒於一息，每憶遠而生短，恆輪平而路仄，信懸天兮窈昧，豈繫命於才力，既羣龍之咸疑焉，衆狀之所極，俗逐事而變化，心應物而迴旋，既歔欷以未悟，亦緯繣而已遷，伊人壽兮幾何，譬流星之霣天，悵日暮兮吾有念，臨江上之斷山，雖不敏而無操，願從蘭芳兮與玉堅，亂曰，折芙蓉兮蔽日，蕡以蠡夫憂心，不共愛此氣質，何獨嗟乎景沉。本集，藝文類聚七，初學記五。

井賦

穿重壤之千仞兮，構玉甃之百節，嘗之不日，既汲既渫。御覽百八十九。

麗色賦

楚臣既放，魂往江南，弟子曰，玉釋珮解，蒙蒙漾水，褭褭青衫，乃召巫史，茲憂何止，史曰，臣野陋學蔽，理臣之所知，獨有麗色之說耳，夫絕代獨立者，信東鄰之佳人，既翠眉而瑤質，亦盧瞳而赬脣，灑金花於珠履，颯綺袂與錦紳，色練練而欲奪，光炎炎其若神，非氣象之可譬，奚影響而能陳，故仙草靈葩，冰華玉儀，其始見也，若紅蓮鏡池，其少進也，如綵雲出崖，五光徘徊，十色陸離，寶過珊瑚同樹，價值瓊草共枝，雖玉堂椒姬，后室素女，張烟霧於海際，耀光影於河渚，乘天梁而皓蕩，叫帝閽而延佇，猶比之無色，方之非侶，於是雕臺繡戶，當衢橫術，椒庭承月，碧幌延日，架虬柱之嚴麗，亙虹梁之峻密，錦幔垂而香寂，桂烟起而清謐，女乃耀邯鄲之躧步，媚北里之鳴瑟，若夫紅華舒春，黃鳥飛時，紺蕙初軟，赬蘭始滋，不擥蘅帶，無倚桂旗，摘芳拾蕊，含詠吐辭，笑月出於陳歌，感蔓草於衛詩，故氣炎日永，離明火中，槿榮任露，蓮花勝風，後欄丹柰，前軒碧桐，笙歌畹右，琴舞池東，嗟楚王之心悅，怨漢女之情空，至乃西陸始秋，白道月弦，金波照戶，玉露曖天，綢繆挂牆，縈紆繞梁，氣已淒兮曉未半，星雖流兮夜何央，憶雜珮兮且一念，憐錦衾兮以九傷，及涸陰凋時，冰泉凝節，軒疊厚霜，庭澄積雪，烏封魚斂，河凝海結，紫帷鈴帀，翠屏環合，麝密周彰，燈爐重沓，恥新臺之青樓，想上宮之邃閣，若乃水炤景而見底，烟尋風而無極，霞出奐而綺章，雲堆趙而碧色，霧辭楚而容裔，風去燕而悽惻，莫不轂鏡徙倚，擊瑟心息，於是帳必藍田之寶，席必蒲陶之文，館圖明月，室畫浮雲，春蠶度綱，綺地應紋，秋梭鳴機，織爲裂衣，象奩瓊盤，神瀝仙丹，彫柱綵瑟，九華六出，翠蕤羽斂，綠秀金枝，言必入媚，動必應規，有光有豔，如合如離，氣柔色靡，神凝骨奇，經秦歷趙，既無其雙，尋楚訪蔡，不覿其容，亦可駐髮還質，驂星馭龍，竭憂怠死，保其家邦，非天下之至麗，孰能與於此哉，宋大夫耀影沐迹，紫魂灑與，賞以雙珠，賜以合璧，拂巫鑑祝，永爲上客。本集，藝文類聚十八。

待罪江南思北歸賦

伊小人之薄伎，奉君子而輸力，接河漢之雄才，摩日月之英色，絕雲氣而厲響，負青天而撫翼，德被命而不渝，恩潤身而無極，何規矩之守任，信愚陋而不肖，愧金碧之琳瑯，慙丹臒之照曜，樊天網而自離，徒夜分而誰弔，遭大道之隆盛，雖草木而勿履，謬銜造於遠國，出顛沛之願始，去三輔之臺殿，辭五都之城市，惟江南兮丘墟，遙萬里兮長蕪，帶封狐兮上景，連雄虺兮蒼梧，當青春而離散，方仲冬而遂徂，寒蒹葭於余馬，傷霧露於農夫，跨金峯與翠嶺，涉桂水與碧湍，雲清泠而多緒，風蕭條而無端，猨之吟兮日光迥，狖之嘯兮月色寒，究烟霞之繚繞，具林石之巑岏，於是臨虹蜺以築室，鑿山楹以爲柱，上皛皛以臨月，下淫淫而愁雨，奔水潦於遠谷，汩木石於深嶼，鷹隼戢而橧巢，黿鼉怖而穴處，若季冬之嚴月，風搖木而騷屑，玄雲合而爲凍，黃烟起而成雪，虎踡跼而斂步，蛟夔尼而失穴，至江蘺兮始秀，或杜衡兮初滋，桂含香兮作葉，藕生蓮兮吐絲，俯金波兮百丈，見碧沙兮來往，霧蓋藍兮半出，雲雜錯兮飛上。石炤爛兮各色。峯近遠兮異象。及迴風之搖蕙。天潭潭而下。露。木蕭梢而可哀。草林離而欲暮。夜燈光之寥迴。歷隱憂而不去。心湯湯而誰告。魄寂寂而何語。情枯槁而不反。神翩覆而亾據。夫以雄才不世之主。猶儲精於沛鄉。奇略獨出之君。尙婉戀於樊陽。潘去洛而掩涕。陸出吳而增傷。況北州之賤士。爲炎土之流人。共魍魎而相偶。與蠨蛸而爲鄰。秋露下兮點劒舄。靑苔生兮綴衣巾。步庭廡兮多蕭棘。顧左右兮絕親賓。憂而塡骨。思兮亂神。願歸靈於上國。雖坎軻而不惜身。本集。藝文類聚二十七。

恨賦

試望平原。蔓草縈骨。拱木斂魂。人生到此。天道寧論。於是僕本恨人。心驚不已。直念古者。伏恨而死。至如秦帝按劒。諸侯西馳。削平天下。同文共規。華山爲城。紫淵爲池。雄圖既溢。武力未畢。方架黿鼉以爲梁。巡海右以送日。一旦魂斷。宮車晚出。若乃趙王既虜。遷

於房陵。薄暮心動。昧旦神興。別豔姬與美女。喪金輿及玉乘。置酒欲飲。悲來塡膺。千秋萬歲。爲怨難勝。至如李君降北。名辱身冤。拔劒擊柱。弔影慙魂。情往上郡。心留鴈門。裂帛繫書。誓還漢恩。朝露溘至。握手何言。若夫明妃去時。仰天太息。紫臺稍遠。關山無極。搖風忽起。白日西匿。隴鴈少飛。代雲寡色。望君王兮何期。終蕪絕兮異域。至乃敬通見抵。罷歸田里。閉關卻埽。塞門不仕。左對孺人。顧弄稚子。脫略公卿。跌宕文史。齎志沒地。長懷無已。及夫中散下獄。神氣激揚。濁醪夕引。素琴晨張。秋日蕭索。浮雲無光。鬱靑霞之奇意。入脩夜之不暘。或有孤臣危涕。孽子墜心。遷客海上。流戍隴陰。此人但聞悲風汨起。血下霑衿。亦復含酸茹歎。銷落湮沈。若迺騎疊跡。車屯軌。黃塵帀地。歌吹四起。無不煙斷火絕。閉骨泉裏。已矣哉。春草暮兮秋風驚。秋風罷兮春草生。綺羅畢兮池館盡。琴瑟滅兮丘壟平。自古皆有死。莫不飲恨而吞聲。文選

別賦

黯然銷魂者。唯別而已矣。況秦吳兮絕國。復燕宋兮千里。或春苔兮始生。乍秋風兮蹔起。是以行子腸斷。百感悽惻。風蕭蕭而異響。雲漫漫而奇色。舟凝滯於水濱。車逶遲於山側。櫂容與而詎前。馬寒鳴而不息。掩金觴而誰御。橫玉柱而霑軾。居人愁臥。怳若有亾。日下壁而沈彩。月上軒而飛光。見紅蘭之受露。望靑楸之離霜。巡曾楹而空揜。撫錦幕而虛涼。知離夢之躑躅。意別魂之飛揚。故別雖一緒。事乃萬族。至若龍馬銀鞍。朱軒繡軸。帳飲東都。送客金谷。琴羽張兮簫鼓陳。燕趙歌兮傷美人。珠與玉兮豔暮秋。羅與綺兮嬌上春。驚駟馬之仰秣。聳淵魚之赤鱗。造分手而銜涕。感寂漠而傷神。乃有劒客慙恩。少年報士。韓國趙廁。吳宮燕市。割慈忍愛。離邦去里。瀝泣共訣。抆血相視。驅征馬而不顧。見行塵之時起。方銜感於一劒。非買價於泉裏。金石震而色變。骨肉悲而心死。或乃邊

郡未和。負羽從軍。遼水無極。鴈山參雲。閨中風暖。陌上草薰。日出天而耀景。露下地而騰文。鏡朱塵之照爛。襲靑氣之煙熅。攀桃李兮不忍別。送愛子兮霑羅裙。至如一赴絕國。詎相見期。視喬木兮故里。決北梁兮永辭。左右兮魂動。親賓兮淚滋。可班荊兮贈恨。唯罇酒兮敘悲。值秋鴈兮飛日。當白露兮下時。怨復怨兮遠山曲。去復去兮長河湄。又若君居淄右。妾家河陽。同瓊珮之晨照。共金爐之夕香。君結綬兮千里。惜瑤草之徒芳。慙幽閨之琴瑟。晦高臺之流黃。春宮閟此靑苔色。秋帳含茲明月光。夏簟淸兮晝不暮。冬釭凝兮夜何長。織錦曲兮泣已盡。迴文詩兮影獨傷。儻有華陰上士。服食還山。術既妙而猶學。道已寂而未傳。守丹竈而不顧。鍊金鼎而方堅。駕鶴上漢。驂鸞騰天。蹔遊萬里。少別千年。惟世間兮重別。謝主人兮依然。下有芍藥之詩。佳人之謌。桑中衛女。上宮陳娥。春草碧色。春水淥波。送君南浦。傷如之何。至乃秋露如珠。秋月如珪。

徙當作徒

明月白露。光陰往來。與子之別。思心徘徊。是以別方不定。別理千名。有別必怨。有怨必盈。使人意奪神駭。心折骨驚。雖淵雲之墨妙。嚴樂之筆精。金閨之諸彥。蘭臺之羣英。賦有淩雲之稱。辯有雕龍之聲。誰能摹暫離之狀。寫永訣之情者乎。文選、藝文類聚三十

去故鄉賦

日色暮兮。隱吳山之丘墟。北風析兮絳花落。流水散兮翠茆疏。愛桂枝而不見。悵浮雲而離居。迺湊大壑。越滄淵。泫茲積水。崚嶒斷山。窮陰匝海。平蕪帶天。於是泣故關之已盡。傷故國之無際。出汀洲而解冠。入溆浦而捐袂。聽蒹葭之蕭瑟。知霜露之流滯。對江臯而自憂。弔海濱而傷歲。撫尺書而無悅。倚樽酒而不持。去室宇而遠客。遵蘆葦以爲期。情嬋娟而未罷。愁爛漫而方滋。切趙瑟以橫涕。唫燕笳而坐悲。少歌曰。芳洲之草行欲暮。桂水之波不可渡。絕世獨立兮。報君子之一顧。是時霜翦蕙兮風摧芷。平原晚兮黃雲起。盍歸骨於松柏。不買名於城市。若濟河無梁兮。沈此心於千里。重曰。江南之杜蘅兮色已陳。願使黃鵠兮報佳人。橫羽觴而淹望。撫玉琴兮何親。瞻眉山而蔽日。流餘涕以沾巾。恐高臺之易晏。與螻蟻而爲塵。本集、藝文類聚三十。

哀千里賦

蕭蕭江陰兮。荊山之岑。北繞琅邪碣石。南馳九疑桂林。山則異嶺奇峯。橫嶼帶江。雜樹億尺。紅霞萬重。水則遠天相逼。浮雲共色。沄沄無底。溶溶不測。其中險如孟門。豁若長河。參差亙石。縱橫鼇鼉。若乃夏后未鑿。秦皇未闢。嶄巖生岸。迤邐成迹。馳湍走浪。漂沙擊石。伊孟冬之初立。出首夏以歸來。自出國而辭友。永懷慕而抱哀。魂終朝以三奪。心一夜而九摧。徙望悲其何及。銘此恨於黃埃。於時鴻雁既鳴。秋光亦窮。水黯黯兮蓮葉動。山蒼蒼兮樹色紅。思雲車兮沅北。望蜺裳兮澧東。惜重華之已沒。念芳草之坐空。既而悄

愴成憂。惆悵自憐。信規行之未曠。知矩步之已難。雖河北之爽塏。猶橘柚之不遷。及年歲之未晏。願匡坐於霸山。本集

泣賦

秋日之光。流兮以傷。霧離披而殺草。風清冷而繞堂。視左右而不䁖。具衣冠而自涼。默而登高谷。坐景山。倚桐柏。對石泉。直視百里。處處秋煙。闃寂以思。情緒留連。江之永矣蓮葉紅。南有喬木葉已窮。心蒙蒙兮恍惚。魄漫漫兮西東。詠河兗之故俗。眷徐揚之遺風。眷徐揚兮阻關梁。詠河兗兮路未央。雖尺折而寸斷。魂十逝而九傷。欲潺湲兮沫袖。泣嗚咽兮染裳。若夫齊景牛山。荊卿燕市。孟嘗聞琴。馬遷廢史。少卿悼躬。夷甫傷子。皆泣緒如絲。詎能仰視。鏡終古而若斯。況余輩情之所使哉。本集、御覽四百八十八

倡婦自悲賦并序

漢有其錄。而亡其文。泣蕙草之飄落。憐佳人之埋暮。迺爲辭焉。

興自趙東。來舞漢宮。辭序金陳。桂枝嬌風。素壁翠樓。明月徒秋。誦聲忽散。傷人復愁。君王更衣。露色未晞。侍青鑾以雲聳。夾丹輦以霞飛。顧南山之無隙。指壽陵以同歸。俄而綠衣坐奪。藝文類聚作奮白華臥進。屑骨不憐。抵金誰忝。九重已閉。高門自蕪。青苔積兮銀閣澁。網羅生兮玉梯虛。度九冬而廓處。經十秋以分居。傷營魂之已盡。畏松柏之無餘。歸故鄉之末光。實夫君之晼滅。去柏梁以掩袂。出桂苑而斂眉。視朱殿以再暮。撫嬪藝文類聚作嬪華而一疑。於是怨帝闕之遂阻。悵平原之何極。霜繞衣而葭冷。風飄輪而景昃。御思趙而不顧。馬懷燕而未息。泣遠山之異峯。望浮雲之雜色。若使明鏡前兮。碎孤雁之錦翼。迺爲詩曰。幽臺歌未徙。黃壤哭已親。玉玦歸無色。羅衣會生塵。驕才雄力君何怨。徒念薄命之苦辛。本集、藝文類聚三十二

知己賦

陳國之華者。故吏部郎殷孚。其人也。博而能通。學無不覽。雅賞文

章尤愛奇逸。雖志隱巖石。而名動京師矣。才多深見。氣有遠度。雖安期千里。不能尙焉。始於北府相值。傾蓋無已。僕乃得罪嶠外。遐路窮然。始還舊都。會君尋卒。故爲玆賦。以寄深哀。

顧慚玆實。濱靈會昌。時兩鍾祉。山雲降祥。承瑤葉之餘暖。系金枝之末光。聳孤韻以風邁。纂逸氣以烟翔。故學不常師。而心鏡羣籍。理不啟閫。而情炤諸密。探圖辨緯。遊機訪麻。潛志百氏。沈神六經。冥撥義象。該洽性靈。儒不隱迹。墨無遁形。既含道潤。亦發才華。采爍秋月。文麗冬霞。有體有豔。光國光家。識包上仁。義兼高行。如彼清波。可挹可鏡。又象沖室。惟情惟淨。氣擬北海。情方中散。風流未輟。盛名猶纂。英馳芬激。響流聲滿。我筠心而松性。君金采而玉相。伊邂逅之未遇。爰契闊於朱方。丹瓊譬而非寶。綠蘭比而無芳。每賞矜其如契。實懷允而不怠。亟開席兮惆悵。屢綴帶而從容。論十代兮興毀。訪五都兮異同。談天理之開基。辯人道之始終。蟠龍圖

及鳳書。傾蓍冊與篆字。儲西國之闕文。採東京之逸記。閱歆向之舊旨。闢鍾王之新意。對楚漢之騁墨。覽魏晉之鴻策。校遠近之眞假。辯古今之名實。每齊韻而等逕。輒同懷而共術。吐情志而深賞。忘年齒而隆眷。擬余才兮前華。比余文兮後彥。余結袂於山石。君憑神於寒霰。何遠期之未從。痛戢景其如電。堂酒兮一塵。暮燈兮萬春。繁草兮永祕。朱丹兮何晨。聞瑤質兮可變。知余采兮易奪。唯華名與芳暉兮。爭日月而無沫。本集

傷友人賦

僕之神交者。嘗有陳郡之袁炳焉。有逸才。有妙賞。博學多聞。才明敏而識奇異。僕以爲天下絕倫。黯與秋草同折。今不復見矣。既而陳書有念。橫琴無從。雖乏張范通靈之感。庶同嵇向篤徒之哀。乃爲辭曰。

泣然沾衣兮。悲袁友之英秀。系神緒而作氏。肩靈枝而啟胄。鑠四

代而式昌。洎十葉而克茂。友人之生。川岫降明。峻調迥韻。蕙志聰情。偶儻遠度。寂寥靈素。文攀淵卿。史類遷固。譬如冬雪。既華既潔。將似秋月。至麗至徹。乃上代而少雙。故叔世而曠絕。弔蕙若之暫芳。慟琬琰之永缺。余幼好於斯人。乃神交於一顧。邈曠年之纏綿。窮生平之遊遇。既遊遇兮可尋。乃協好兮契心。懷愛重於素璧。結分珍於黃金。捨一代而笑淺。訪古人而來深。固齊術而共徑。豈異袖而同襟。爾凝情於霜柏。我發志於冬桂。擘千品之消散。鏡百條之衰替。帶揃玉而爭光。握隨珠而比麗。披圖兮炤籍。抽經兮閱史。共檢兮洛書。同析兮河紀。既思遊兮百說。亦窮精兮萬里。愛詩文之綺發。賞賦豔兮錦起。罄古今之寶賁。殫竹素之琛奇。信朝日之徒戾。屬夜星之空移。覽秋實於西苑。摘春華於東池。丞同歲於上京。未滿年於下國。爾湘水兮深沈。我前山兮眇默。惟音華與書酒。伊楚越兮南北。余結誼兮梁門。復從宦兮朱藩。何人徑之亟阻。而

天道之匪存。凋碧玉之神樹。銷紫芝之靈根。永遠書於江濰。結深痛於爾魂。魂綿昧其若絕。泣縈盈其若結。去妙賞之不留。悼知音之已逝。金雖重而見鑠。桂徒芳而被折。百年一盡兮。貴揚蕤於後烈。本集。藝文類聚三十四

傷愛子賦并序

江艽字肩卿。僕之第二子也。生而神俊。必爲美器。惜哉遘閔。涉歲而卒。悲至躑躅。乃爲此文。

惟秋色之顥顥。心結縎兮悲起。曾憫憐之慘悽。痛掌珠之愛子。形惸惸而外施。心切切而內圮。日月可銷兮悼不滅。金石可鑠兮念何已。緬吾祖之赫羲。帝高陽之玄胄。揩衰宗之淪沒。恐余人之弗構。覬三靈之見祐。芒弱子之擢秀。酷奈何兮肩卿。邢逢天兮不祐。爾誕質於靑春。稟提貞乎孟陬。謂比方於右列。望齊英於前修。蹬高行之美迹。弘盛業之淸猷。白露奄被。此百草。爾同凋於梧楸。憶

朱明之在節。顧岐嶷之可貴。眡鑪帳而多怊。瞻戶牖而有慰。奚在今之寂寞。失音容之髣髴。姊目中而下泣。兄嗟季而飲淚。感木石而變哀。激左右而隕欷。奪懷袖之深愛。爾母氏之麗人。屑丹泣於下壤。傺愁憂於上旻。覩往端而噼慄。踐遺緒而苦辛。就深悼而誰弭。歸末命兮何陳。我過幸於時私。叨守官於江濆。悲薄暮而增甚。思曛黃而不禁。月接日而爲光。霞合雲而成陰。霧籠籠而帶樹。月蒼蒼而架林。嗟奈何兮弱子。我百艱兮是尋。驗纖帶之夜緩。察葆鬢之朝侵。惟人生之在世。恆歡寡而戚饒。雖十紀之空名。豈百齡之能要。迅朱光之映夜。湛白露之凝朝。指茲譬而取兔。排此理以自銷。然則生之樂兮親與愛。內與外兮長與稚。傷弱子之冥冥。獨幽泉兮而永閟。余無愆於蒼祇。亦何怨於厚地。信釋氏之靈果。歸三世之遠致。願同升於淨刹。與塵習兮永棄。本集。釋藏策人廣宏明集二十九下

學梁王兔園賦 并序

或重古輕今者。僕曰何爲其然哉。無知音則已矣。聊爲古賦。以奪枚叔之製焉。

碧山倚巇崎兮。象海水碣石。朝日晨霞兮絕紅壁。仰望沇寥兮數千尺。陸硬嵺愀。汨湿成峪。谽呀而窟竇。嵉嵑礫確。紫蕪丹駮。苔點綺縟。若斷若續。如此者百有十處。奔水激集。瀵潰潔渠。潏湟吐吸。跳波走浪。濺沫而相及。滿漾長驚。澆灌遠注。無時息焉。青樹玉葉。彌望成林。亦有輪囷礫硊。一枝百頃。萬葉共陰。縹草丹衡。江離蘪荊。酷郁交布。原滿隰平。於是金塘涌濱。綠竹被坂。縹繞青翠。若近復遠。白砂如積雪者焉。碧石如圓玦者焉。水鳥鴛鶄鷫鷞鴻雁。上飛衡陽。下宿沅漢。十十五五。忽合而復散。乃有綺雲之館。頹霞之臺。其樂足以棄國釋位。遺死忘歸也。若夫墨翟商瞿之倫。學兼師術。才參道真。方駕連軫。于沼之濱。乃射宿餌魴。前纖鷫鵝。青黏黃粱。臛鼈鱐羹。驕犺柘漿。窮嬉極娛。雲翻兮烟翔。超然左覽蒼梧。右

眡鄧林。背石梧岸。前芳藏陰。逮至山頂。丹壁四平。靈木夾道。神草列生。俯瞰太一。下視流星。既投冠而棄劍。亦抗魄而凝靈。於是大夫之徒。稱詩而歸。春陽始映。朱華未希。卒逢邯鄲之女。蕙色玉質。命知其麗。攢連映日。綺裳下見。錦衣上出。雖復守禮。令人意失。遂謠曰。碧玉作椀。銀爲盤。一刻一鏤化雙鸞。乃報歌曰。美人不見紫錦衾。黃泉應至何所禁。妃因別曰。見上客兮心歷亂。送短詩兮懷長歎。中人望兮蠶既饑。躞蹀暮兮思夜半。本集。藝文類聚六十五。初學記二十四

橫吹賦 并序

驃騎公以劍卒十萬。禦荊人於外郊。鐵馬頗而瞀色。綵旄耀而士銜威。軍容有橫吹。僕感而爲之賦云。謹案瞀色上脫一字

北陰之竹兮。百尺而不見日。石硿礲而成象。山沓合而爲一。雲逕逕而孤去。風時時而寒出。木斂柯而攢杌。草騫葉而蕭瑟。故左崎巇。右硐磳。樹嵒寧。水泓澄。鎮雄蛟及雌虺。飀獨鵾與單鷹。白山巔。赤山巔。帀流沙。經西極。原陸窮。灌莽深。人聲絕。馬迹沈。寂然四顧。增欷累唫。雖欲止而不能禁。此竹方可爲器。逦出天下之英音。於是帶以珉色。扣以瓊文。潤如沈水。華若浮雲。赤瑕紫駁。星含露分。其聲也。則鬱鬱有意。摧萃不羣。迢遞衡山。崎曲抱津。綿霧順序。周流銜呂。故西骨秦氣。悲憾如對。北質燕聲。酸極無已。斷絕百意。繚繞萬情。唫黃烟及白草。泣虜軍與漢兵。於是海外之雲。處處而秋色。河中之雁。一一而學飛。素野黯以風暮。金天颯以霜威。衣袂動兮霧入冠。弓刀勁兮馬毛寒。五方軍兮出不及。雜色騎兮往來還。旃如雲兮幟如星。山可動兮石可銘。功一豎兮迹不奪。魂既英兮鬼亦靈。奏此吹兮有曲。和歌盡而淚續。重一命而若烟。知半氣之如燭。美人戀而嬋媛。壯夫去而躑躅。故感魂傷情。獲賞彌倍。妙器奇製。見貴歷代。所以韻起西國。響流東都。浮江繞泗。歷楚傳吳。故函夏以爲寶飾。京闕以爲戎儲。至于貝胄象弭之威。織文魚服之

容。鄣山錫刃。耶溪銅鋒。皆陸斷犀象。水斬蛟龍。載雲旗之逶迤。扈屯騎之溶溶。啾寥亮於前衡。嘈陸離於後陣。視聆眩而或近。聽嘹嘈而遠震。奏白登之二曲。起關山之一引。吐哀也則瓊瑕失綵。銜樂也則鉛堊生潤。採菱謝而自罷。綠水慚而不進。代能識此聲者。長滅淫而何忝。本集

全梁文卷三十三終

烏程嚴可均校輯

江淹二

扇上綵畫賦

臨淄之稗女，宋鄭之妙工。織素麗於日月，傳畫明於綵虹。洛陽之佼極，江南之巧窮。故飾以赤野之玉，文以紫山之金。空青出峨嵋之陽，雌黃出嶓冢之陰。丹石發王屋之岫，碧髓挺青蛉之岑。粉則南陽之鉛澤，墨則上黨之松心。山乃嶃巖鬱嵂，路必嵚崟崎嶔。驅龍所不逮，至鷫鳳未之前。尋乃雜族以爲此扇，爲君翳素女與玉琴。玉琴兮散聲，素女兮弄情。旻天兮舒纈，暮雲兮含頳。窗中暖兮霧始歇，池上凝兮月又明。玉琴兮珠徽，素女兮錦衣。促織兮始鳴，秋蛾兮初飛。識桂蛬之就罷，知蘭葉之行衰。願解珮而捐玦，指黃壚而先歸。重曰：碧臺寂兮無人，蔓丹草與朱塵。度俄然如一代，經半景若九春。命幸得爲綵扇兮，出入玉帶與綺紳。本集，藝文類聚六十九，初學記二十五。

丹砂可學賦 并序

咸曰：金不可鑄，僕不信也。試爲此辭，精思云爾。

惟雲埸之少抗，乃人逕之多憂。雖瑤笙及金瑟，雜翠帳與丹幬。吞悲欣于得失，銜哀樂於春秋。煥如星絕，黯如火滅。星絕難光，火滅不可傷。故從師而問道，冀幽路之或晹。測神宗之無緩，踐雲極之不驗。信名山及石室，驗青頌與丹砂。搗五難之重滯，擧九仙之輕華。故抱魄寂處，凝神空居。泯邈深晝，窈鬱重虛。覘炫燿而可見，聽泬寥而有餘。於是乘河漢之光氣，騎列星之綵色。輟陰陽於形有，傳變化於心識。浮恍惚而無涯，泛靈怪而未極。架日月之精照，驂蛟龍之毛翼。遂乃氣穆肅而神奔，骨窈窈而鬼怪。綴葳蕤而成冠，點雜錯而爲珮。出佪泣而遐騖，貫冢鴆而上厲。鳳之來兮蔽日，鸞之

舍當作含

集兮爲羣。左昆吾之炎景，右崦嵫之卿雲。爛七采之熠燿，漫五色之絪縕。非世俗之智見，焉鬼神之嘗聞。既而曖碧臺之錯落，燿金宮之瓏玲。幻蓮花於繡闥，化蒲萄於錦屏。赩丹光而電烻，颳翠氛而杳冥。軒㠔惘於長虹，階侘傺於奔鯨。惑龍宮之殿稱，迷忉利之宮名。故靈偃蹇兮姣服，女嬋娟焉可觀。秀青色之泯靡，嫚美目之波瀾。襞日月之纂組，襲星宿之羅紈。百味酒兮靈之集，河供鯉兮靈之安。御交甫之玉質，笑陳王之妙顏。所以樂精玄於太一，妙宮徵於清都。簫含聲而遠近，琴吐音而有無。奏神鼓於玉袂，舞靈衣於金裾。嚬蹙躕躅而易變，律參差而難圖。非南風之能擬，詎檏水之敢模。於是旒旒不一，遨曹無邊。蛾眉既散，鍾鼓都捐。乘綵霞於西海，驅行雨於丹淵。山差池而鏡壑，水淸明而抱天。山舍玉以永歲，水藏珪以窮年。擬若木以寫意，拾瑤草而悠然。遂乃凝虛斂一，守仙閉方。智寂術盡，魄兀心亡。白生不能闡其說，惠子無以挫其芒。

原其恥市朝之失道，疾議黨之不鮮。御文采之燒冶，去利劍之鏗鏘。憐生死於半氣，惜百年於一光。故以鑄金爲器，丹砂爲漿。暫丕既盡，妖怨當亾。吾師以爲可學，而公子謂之不良歟。本集，藝文類聚七十八。

水上神女賦

江上丈人，遊宦荆吳。首衞圉，望燕途。歷秦關，出宋都。還覽下蔡之女，具悅淇上之姝。未有粉白黛黑，鬼神之所無也。迺造南中，渡炎洲。經玉淵，越金流。路逶迤而無軌，野忽漭而鬱儵。山反覆而參錯，水澆灌而縈薄。后五采而橫峯，雲千里而承萼。日炯炯而舒光，雨屑屑而稍落。紫莖繞逕，始參差。紅荷緣水，纔灼爍。忽而精飛視亂，意徙心移。綺靡菱蓩，悵望蕙枝。一麗女兮碧渚之崖，曖曖也非雲非霧，如煙如霞。諸光諸色，雜卉雜華。的的也象珪象璧，若虛若實。綾綿其文，瑤貝合質。遂乃紅脣寫朱，眞眉學月。美目豔起，秀色爛發。窈窕暫見，偃蹇還沒。治異絕俗，奇麗不常。青琴羞豔，素女慙光。

汲當作沒

笑李后於漢主。恥西施於越王。神飄覆而愉悅。志離合而感傷。女遂俯整玉軑。仰肅金鑣。或采丹葉。或拾翠條。守明璣而爲誓。解琨玗而相要。情乍合而還散。色半親而復嬌。眷軿車於水際。停雲霓於山椒。奄人祇之彷像。共光氣而寂寥。於時也。采霞繞繞。卿雲縵縵。后瓊文而翕艴。山龍鱗而熠爛。苔綠根而攢集。草紅葩而舒散。日炫晃以朧光。樹葳蕤而葱粲。無西海之浩蕩。見若木之千尋。非丹山之赫曦。聞琴瑟之空音。理洞徹於俗聽。物驚怪於世心。悵精影之不滯。悼光晷之難惜。閱有無於俄頃。驗變化於咫尺。覗空同而失貌。察倏忽而亾迹。野田田而虛翠。水湛湛而空碧。迺唱桂櫂淩衝波。背橘浦。向椒阿。碑砐木石。洪澿蛟鼉。顧御僕而情饒。巡左右而怨多。弔后渚而一欷。悵沙洲而少歌。苟懸天兮有命。永離決兮若何。妙聲無形。奇色非質。麗於嬪嬙。精於琴瑟。尋漢女而空佩。覯湘角而無匹。嬪楊不足聞。知嫫母爲能委悉。何如明月之忌玄雲。秋露之慙白日。愁知形有之留滯。非英靈之所要術也。本集。藝文類聚七十九。

燈賦

淮南王。信自華。淫命綵女兮餌丹砂。餌丹砂。學鳳音。紫霞汲白日沈桂明燈。散玄陰。顧謂小山儒士。斯可賦乎。於是泛瑟而言曰。若大王之燈者。銅華金檠。錯質鏤形。碧爲雲氣。玉爲仙靈。雙盌百枝。豔帳充庭。熠錦地之文席。映繡柱之明筝。恣靈修之浩盪。釋心疑而永平。茲侯服之誇詡。而處士所莫營也。若庶人之燈者。非銀非珠。無藻無縟。心不貴麗。器窮於樸。是以露夼帷幔。風結羅紈。螢已別桂。蛾欲辭蘭。秋夜如歲。秋情如絲。怨此懷抱。傷此秋期。必然燈坐歎。停說忘餐。至夫霜封園橘。冰裂池蘋。雲雪無際。河海方昏。冬膂既凝。冬箭未度。悄連冬心。寂歷冬暮。亦復朱燈空明。但爲君故。乃知燈之爲寶。信可賦也。王遂讚善。澄意斂神。屈原才華。宋玉英

千當作于

雖上脫心字

人。恨不得與之同時。結佩其紳。今子擬章挺秀。近出嘉賓。吐衛吐薰。含瓊含珉。璀璨彫華。以愛國之有臣焉。本集。藝文類聚八十。初學記二十五。

空青賦

夫赤瓊以熠燎爲光。碧石以葳蕤爲色。咸見珍於東國。竝被貴於西極。況空青之麗寶。亦挺山海之不測。其所處則峻巘層石。嵌穴龍壁。素岸成雲。頳砂如磧。外隱青苔丹草。內伏玉枝瑪瑙。銅鉛合生。磪磪堅英。自非索險覓危。乘鸞履螭。倦春厭秋。踹異鑴奇。能得廁於軒宇。接君子之光儀。於是寫雲圖氣。學靈狀仙。寶彼麗水。華峯豔山。陽谷之樹。崦嵫之泉。西海之草。炎州之烟。銀臺之鳥。穆王之馬。都廣之國。番禺之野。皆咫尺八極。鏡見四荒。雲烟始出。日月既張。若夫邃古之世。汗漫窈微。惟此青墨。所以造之。至乃翠燦軒室。葱鬱臺殿。雜蛟龍之文章。發麟鹿之炳絢。騁神形於鍾簴。舒怪物與雷電。亦有曲帳畫屏。素女綵扇。錦色窈鬱。綺質蔓衍。點拂濃薄。如隱如見。山水萬象。丹青四變。咸百鎰之可珍。亦千金而不賤。雖楚之夏姬。越之西施。趙妃燕后。秦娥吳娃。溺愛靡意。魂飛離條。青䨼爲藻飾。方絕紅華與素儀。冠衆寶而獨立。信求之而無虧。本集。藝文類聚八十一。

蓮華賦 幷序

余有蓮華一池。愛之如金。宇宙之麗。難息絕氣。聊書竹素。儻不滅焉。

檢水陸之具品。閱山海之異名。珍爾秀之不定。乃天地之精英。植東國以流詠。出西極而擅名。方翠羽而結葉。比碧石而爲莖。蕊金光而絕色。藕冰折而玉清。載紅蓮以吐秀。披絳華以舒英。故香氛感俗。淑氣參靈。躑躅人世。茵藍祇冥。青桂羞烈。沈水慙馨。千是生乎澤陂。出乎江陰。見綠霞之夕照。覿雕雲之晝臨。既翕艴千洲。振亦映曖於川潯。奪夜月及熒光。掩朝日與艴火。出金沙而延曜。被

緑波而覃拖。冠百草而絕羣。出異類之衆夥。故先聖傳圖。英隱流記。一爲道珍。二爲世瑞。發青蓮於王宮。驗奇花于陸地。若其江淡澤芬。則照電爍日。池光沼綠。則明璧洞室。曜長洲而瓊文。映青崖而火質。或憑天淵之清峭。或植疏圃之蒙密。故河北擢歌之姝。江南採菱之女。春水厲兮楫潺湲。秋風駛兮舟容與。看縹芰兮出波。擥湘蓮兮映渚。迎佳人兮北燕。送上客兮南楚。知荷華之將晏。惜玉手之空佇。迺爲謠曰。秋雁度兮芳草殘。琴柱急兮江上寒。願一見兮道我意。千里遠兮長路難。若其華實各名。根葉異辭。既號芙蕖。亦曰澤芝。麗詠楚賦。豔歌陳詩。非獨瑞草。爰兼上藥。味靈丹砂。氣驗青雘。乃可棄劍海岫。龍舉雲嶠。畫臺殿兮霞蔚。圖綈縞兮炳爍。永含靈於洲渚。長不絕兮川壑。本集。藝文類聚八十二

青苔賦并序

余鑿山楹爲室。有青苔焉。意之所之。故爲是作云。

嗟青苔之依依兮。無色類而可方。必居閒而就寂。似幽意之深傷。故其處石。則松栝交陰。泉雨長注。橫磵俯視。崩壁仰顧。悲凹嶮兮。唯流水而馳騖。遂能崎屈上生。斑駮下布。異人貴其貞精。道士悅其迴趣。咀松屑以高想。奉丹經而永慕。若其在水。則鏡帶湖沼。綿亓池林。春塘秀色。陽鳥好音。青郊未謝兮。白日照路。貫初學記千作貫里兮綠草深。迺生水而搖蕩。遂出波而沈淫。假青條兮總翠。借黃花兮舒金。遊梁之客。徒馬疲而不能去。兔園之女。雖蠶饑而不自禁。至于修臺廣廡。幽閣閒楹。流黃之織。琴瑟且鳴。戶牖衹兮不可見。履袂動兮覺人聲。迺蕪階翠地。繞壁點牆。春禽悲兮蘭莖紫。秋蟲唫兮蕙實黃。晝遙遙而不暮。夜永永以空長。零露下兮在梧楸。有美一人兮欲以傷。若迺崩隍十仞。毀冢萬年。當其志力雄俊。才圖驕堅。錦衣被地。鞍馬燿天。淇上相送。江南採蓮。妖童出鄭。美女生燕。而頓死豔氣於一旦。埋玉玦於窮泉。寂兮如何。苔積網羅。視青蘼之杳杳。痛百代兮恨多。故其所詣必感。所感必哀。哀以情起。感以怨來。魂慮斷絕。情念徘徊者也。彼木蘭與豫章。既中繩而獲天。及薜荔與蘼蕪。又懷芬而見表。至哉青苔之無用。吾孰知其多少。本集。藝文類聚八十二。初學記二十七

金燈草賦

山華綺錯。陸葉錦名。金燈麗草。鑄氣含英。若其碧莖凌露。玉根升霜。翠葉暮媚。紫榮晨光。非鈞蜀之可學。詎瓊瑾之能方。迺御秋風之獨秀。值秋露之餘芬。出萬枝而更明。冠衆葩而不羣。既豔溢於時暮。方照麗於霜分。是以移馥蘭畹。徙色曲池。輳長洲兮杜若。跨幽渚兮芳蘺。映霞光而爍爚。懷風氣而參差。故植君玉臺。生君椒室。炎萼燿天。朱英亂日。永緒恨於君前。不遺風霜之蕭瑟。藉綺帳與羅袿。信草木之願畢。本集

靈丘竹賦

登崎嶇之碧巘。入朱宮之瓏玲。臨曲江之迴盪。望南山之葱青。鬱春華於石岸。絕夏采於沙汀。遠亙紫林祕埜。近而玉苑禁垌。於是綠筠繞岫。翠篁縣嶺。參差黛色。陸離紺影。上謠謠而留閒。下微微而停靖。蒙朱霞之丹氣。暖白日之素景。故非英非蕊。非香非馥。珍跨仙草。寶踰靈木。夾池水而檀欒。繞園塘而樠矗。既聞霜而無獨。亦中暑而增肅。每冠名於華戎。將擅奇於水陸。況有朝雲之館。行雨之宮。窗崢嶸而綠色。戶蜘躕而臨空。綺疏薇而停日。朱簾閉而留風。被篔簹之窈蔚。結篠簜之溟濛。或產鵷鶵之左。或植露寒之東。此皆金輿之所出入。瑤輦之所周通。初學記二十八

翡翠賦

彼二鳥之奇麗。生金洲與炎山。映銅陵之素氣。濯碧磴之紅泉。石綿質而入海。雲綺色而出天。峯炎邑而蔽日。樹靜暝而臨泉。霞輕重而成采。煙尺寸而作緒。熱風翕而起濤。丹氣赫而爲暑。對滲流

之蛟龍銜汝潒之霧雨耀綠葉於冬岫鏡朱華於寒渚斂慧性及驕心騫赬翼與青羽終絕命於虞人充南琛於祕府備寶帳之光儀登美女之麗飾雜白玉以成文糅紫金而爲色專妙采於五都擅精華於八極傳貴質於竹素晦深聲於百億嗟乎雖騖以稻粱致憂燕雀以堂構貽愁既銜利之情近又遁害之無由今乃依搬火之絕垠出赤縣之紘州逭人迹而獨立望天倪而爲儔竟同獲於河雁不俱怨於海鷗必性命兮有當孰能合兮可求（本集藝文類聚九十二）

石劫賦并序

海人有食石劫一名紫虁（藝文類聚作蘢）蚌蛤類也春而發華有足異者戲書爲短賦

我海若之小臣具品色於滄溟既鑪天而鑄物亦翕化而染靈比文豹而無恤方珠蛤而自寧冀湖濤之蔽迹願洲渚以淪形故其所巡左委羽右窮髮日照水而東昇山出波而隱沒光避伏而不燿智埋冥而難發何弱命之不禁遂永至於夭閼已矣哉請去海人之仄陋充公子之嘉客儻委身於玉盤從風雨其何惜（本集藝文類聚九十七）

應謝主簿騷體

山櫺靜兮悲凝涼澗軒掩兮酒涵霜曾風激兮綠蘋斷積石閉兮紫苔傷芝原寂少色筠庭黯無光沐予冠於極浦馳予佩兮江陽弔秋冬之已暮憂與憂兮不忘使杜衡可翦而棄夫何貴於芬芳（本集）

劉僕射東山集學騷

含秋一顧眇然山中檀欒循石便娟來風木瑟瑟兮氣芬蒀石戔戔兮水成文擿江崖之素草窺海岫之青雲願芙蓉兮未晦遵江波兮待君（本集）

詘當作誳

山中楚辭五首

青春素景兮白日出之藹藹吾將弭節於江夏見杜若之始大結瑪璘以成車懸雜羽而爲蓋草色綠而馬聲悲歙沿袖以流帶予將禮於太一乃雄劍兮玉鉤日華粲於芳閣月金披於翠樓舞燕趙之上色激河淇之名詘薦西海之異品傾東岳之庶羞乘文魚兮錦質要靈人兮中洲

入橘浦兮容與心憺惘兮迷所識視烟霞而一色深秋窈以虧天上列星之所極桂之生兮山之橋紛可愛兮柯團團谿崎嶬兮石架阻颸颸颸兮木道寒烟色閉兮喬木撓嵐氣闇兮幽篁難忌蟪蛄之晝吟惜王孫之晚還信於邑兮白露方夭病兮秋蘭

石徙徙兮蔽泉雪曡曡兮薄樹車蕭條兮山逼舟容與兮水路愍晨夜之摧挫感春秋之欲暮征夫轂而在傷御者蹁而載顧

魂兮歸來異方不可以親蝮蛇九首雄虺載鱗炎穴一光骨爛魂傷玄狐曳尾赤象爲梁至日歸來無往此異方（並本集）

雜三言五首并序

予上國不才黜爲中山長史待罪三載究識烟霞之狀既對道書官又無職筆墨之勢聊爲後文

構象臺

日上妙兮道之精道之精兮俗爲名名可宗兮聖風立立聖風兮茲教生寫經記兮寄圖刹畫影象兮在丹青起淨法兮出西海流梵音兮至素溟綱紫宙兮洽萬品冠璇寓兮濟羣生余汨阻兮至南國迹已徂兮心未扃立孤臺兮山岫架半空兮江汀累青杉於瀾構積紅石於林櫺雲八重兮七色山十影兮九形金燈兮江籬環軒兮帀池相思兮豫章載雪兮抱霜裁異木而同秀鍾雜草而一香苔蘚生兮繞石戶蓮花舒兮繡池梁伊日月之寂寂無人音與馬迹眈禪情於雲還守息心於端石永結意於鷲山長憔悴而

綿當作錦

不惜

訪道經

百學兮異文。綿派兮綺分。珍君之言兮儼無際。倪子之道兮迴不羣。憺深韻於白水。儼高意於浮雲。軌賢豪於後學。軼望識於前文。兹道兮可傳。可傳兮皓然。挾茲心兮赴絕國。懷此書兮坐空山。空山隱轔兮窮翠粤。水散漫兮涵素壑。海外陰兮氣疊雲。江上月兮光灼灼。東南出兮是一山。西北來兮乃雙鶴。池中蓮兮千色紅。窗前樹兮萬葉落。四壁深兮乃炊瀫。左右虛兮如寂寞。寂寞兮山室。德經兮道養。鑑魂兮刷氣。掩憂兮靜疾。信若人兮先覺。聊與子兮如一。

鏡論語

巡青史之殘誥。覽朱管之遺冊。惟魯濱之一叟。信衛道而探寂。世艱險而多阻。君英明而不革。講業兮齊衛。論精兮洙泗。子之說兮義已祕。成賈鄭之雄理。考黃何之壯思。惜古人之取才。瞰青雲而靖意。意惆悵兮有端。才嶒峻兮可觀。憲嬀禹而析法。襲仁誼而求安。不嬿婉而成施。盜璀踔於馬蘭。俾後生之庶士。鑒明德之音翰。惟山中兮寂寞。沈憂思兮無從。石紅青兮百疊。山濃淡兮萬重。日下兮口口。月出兮銅峯。竹色兮拂戶。水氣兮繞窗。咏哲人之遺珍。析片句兮忘老。嘉石門之埋名。憐柳子之沈道。書吳伯於衣裾。鏤顏子於心抱。篤出處之叔仲。酌言默之多少。若妙行與上靈。非積學之所紹。至游夏以升降。幸厎心而勿夭。

悅曲池

北山兮黛柏。南江兮頳石。頳峯兮若虹。黛樹兮如畫。暮雲兮十里。朝霞兮千尺。千尺兮綿綿。青氣兮往旋。桐之葉兮蔽日。桂之枝兮刺天。百谷多兮瀉亂波。雜磵饒兮驚叢泉。竟長洲兮帀東島。縈曲嶼兮繞西山。山巑岏兮水環合。水環合兮石重沓。林中電兮雨冥冥。江上風兮水颯颯。盟清泠兮瘞潺湲。白雲起兮弔石蹬。悲子思兮心斷絕。心斷絕兮愁無閑。步東池兮夜未艾。臥西窗兮月向山。引一息於魂內。擾百緒於眼前。意春蘭與秋若。願不絕於江邊。

愛遠山

伯鸞兮已遠。名山兮不返。逮紺草之可結。及朱華之未晚。紲余馬於椒阿。漾余舟於沙衍。臨星嶼兮樹闇。看日爍兮霞淺。淺霞兮駮雲。一合兮一分。映壑兮爲飾。綴澗兮成文。碧色兮婉轉。丹秀兮葐蒀。深林寂以窈窕。上猨狖之所羣。羣猨兮聒山。大林兮蔽天。楓岫兮筠嶺。蘭畹兮芝田。紫蒲兮光水。紅荷兮豔泉。香枝兮嫩葉。翡累兮翠疊。非郢路之遼遠。實寸憂之相接。欲美人於心底。願山與川之可涉。若溘死於汀潭。哀時命而自愜。並本集

遂古篇 并序

僕嘗爲造化篇。以學古制。今觸類而廣之。復有此文。兼象天問。以遊思云爾。

聞之遂古。大火然兮。水亦溟涬。無涯邊兮。女媧煉石。補蒼天兮。共工所觸。不周山兮。河洛交戰。寧深淵兮。黃炎共鬬。涿鹿川兮。女岐九子。爲氏先兮。蚩尤鑄兵。幾千年兮。十日並出。堯之間兮。羿乃斃日。事豈然兮。姮娥奔月。誰所傳兮。豐隆騎雲。爲靈仙兮。夏開乘龍。何因緣兮。傅說託星。安得宜兮。夸父鄧林。義亦艱兮。建木千里。鳥易論兮。穆王周流。往復旋兮。河宗王母。可與言兮。青鳥所解。路誠亶兮。五色玉石。出西偏兮。崑崙之墟。海此間兮。去彼宗周。萬二千兮。山經古書。亂編篇兮。郭釋有兩。未精堅兮。上有剛氣。道家言兮。日月五星。皆虛懸兮。倒景去地。出雲烟兮。九地之下。如有天兮。土伯九約。寧若先兮。西方蓐收。司金門兮。北極禺強。爲常存兮。帝之二女。遊湘沅兮。霄明燭光。向熄煌兮。太一司命。鬼之元兮。山鬼國殤。爲遊魂兮。迦維羅衛。道最尊兮。黃金之身。誰能原兮。恆星不見。

頗可論兮。其說彬炳。多聖言兮。六合之內。心常渾兮。幽明詭性。令智惛兮。河圖洛書。爲信然兮。孔甲豢龍。古共傳兮。禹時防風。處隅山兮。春秋長狄。生何邊兮。臨洮所見。又何緣兮。蓬萊之水。淺於前兮。東海之波。爲桑田兮。山崩邑淪。蓋幾千兮。后生土長。必積年兮。漢鑿昆明。灰炭全兮。魏開濟渠。螺蚌堅兮。白日再中。誰使然兮。北斗不見。藏何間兮。建章鳳闕。神光連兮。未央鐘簴。生華鮮兮。銅爲兵器。秦之前兮。丈夫衣綵。六國先兮。周時女子。出世間兮。班君絲履。遊太山兮。人鬼之際。有隱淪兮。四海之外。孰方圓兮。沃沮肅愼。東北邊兮。長臂兩面。亦乘船兮。東南倭國。皆文身兮。其外黑齒。次裸民兮。侏儒三尺。並爲鄰兮。西北丁零。又烏孫兮。車師月支。種類繁兮。馬蹄之國。善騰奔兮。西南烏弋。及罽賓兮。天竺于闐。皆胡人兮。條支安息。西海濱兮。人迹所極。至大秦兮。珊瑚明珠。銅金銀兮。琉璃瑪瑙。來雜陳兮。硨磲水精。莫非眞兮。雄黃雌石。出山垠兮。青

白蓮華。被水濱兮。宮殿樓觀。並七珍兮。窮陸滄海。又有民兮。長股深目。豈君臣兮。丈夫女子。及三身兮。穿胷反舌。一臂人兮。跂踵交脛。與羽民兮。不死之國。皆何因兮。茫茫造化。理難循兮。聖者不測。況庸倫兮。筆墨之暇。爲此文兮。薄暮雷電。聊以忘憂。又示君兮。宣城本醴陵集五。釋藏鶩七。廣宏明集三

全梁文卷三十四終

烏程嚴可均校輯

江淹三

遣大使巡詔

門下。昔明王馭世。巡嶽采政。睿后司朝。觀俗調化。故生無鬱滯。物獲修通。蠲風拯患。於茲為急。朕以輶薄。昧於大道。因璿璣之厤。道三德之運。緬鑒前哲。寤寐永歎。思所以闢訪治聽。諏求民瘼。才寡務殷。若無津際。故以情深危薄。心疚夙夜矣。可普遣大使。分行四方。推賢薦能。問疾舉滯。若其采野不闢。犴訟有虧。妨氓利害。擾黷政經者。具以奏聞。如其讜言嘉話。眞士智才。亦依名騰上。隨事均量。務取厥中。朕將親覽。以弘遠化。本集

賜赦交州詔

門下。交部昔值時誠。負海不朝。因迷遂往。歸款莫由。今創制萬寓。

烟煴造物。原刑四裔。澤洽中畿。眷彼邊氓。未均王化。宜弘遠仁。蕩以更始。可曲赦彼州統內。咸同曠泰。李叔獻一人。即撫南土。其殷賦文武。詳材選推。并遣大使。宣揚朝旨。本集

斷募士詔

門下。設募取將。懸賞購士。茲出權宜。非日恆制。頃者民罹氛藹。世襲艱阻。因時流故。淩以成俗。斯風蕩而未返。且滋長遁逸。闢罪山湖。遂乃黥刑不辱。草竊無咎。平政察治。蒴合甄革。自今已後。可悉斷眾募。本集

封江冠軍等詔

門下。締基肆業。序功攸急。開庥闢祚。酬庸為先。故以式霸彝書。載炳前執。文仲假等。或誠亮艱危。效彰屯蔽。皆績幹兩宜。勳圖兼立。宜各分珪社。以酬厥勞謐。本集

大赦詔

門下。朕思弘風教。而刑囹猶積。永言前烈。兢歎載懷。今履端告始。肇后執贄。治洽樂郊。華夷同泰。雖謌慙擊后。采愧卿雲。然景業初基。義深恆典。慶動玄靈。歡溢都縣。憫彼幽黠。猶隔茲澤。思我兆民。共熙至化。本集

北伐詔

門下。朕統厤馭政。志包函夏。庶總文軌。無思不服。而逖焉狡虜。久為邊虞。及宋末不庭。授篋乖律。北州外淪。威風內毀。鑒彼隆替。慨歎盈懷。曩旒濟河。翦彼凶狄。咸秩中岳。望祀汾陰。則聲教暨矣。猶以經綸惟始。思化甫洽。勞民擾眾。為政所重。故方輟六師。按經九伐。今淮泗告警。羽書馳聞。醜羯妖燼。送死北垂。徵天人之數。撫自來之會。無勞遠兵。剿撲為易。蓋因茲大號。蕩其巢藪。可遣使某官。組甲十萬。鐵騎千馬。斜趣潁洛。衝其要津。某官某虎旅八萬。舳艫數千。沿淮長驅。稜威清汴。某官某舟師五萬。直出淮泗。某官控江

右之銳。絡繹繼進。某官某率羽林勁勇。為水陸形援。某官某等並率義勇之眾。互制犄角之機。戎車戒路。事宜總一。使持節都督南徐兗二州諸軍事後軍將軍南徐州刺史長沙王晃出次江都。為眾軍節度。驍雄競奮。火烈風掃。剋定中原。肅清河洛。便可內外纂嚴。以時備辦。本集

王僕射為左僕射詔

門下。端貳樞祕。實惟國禎。緝典宜機。所寄時彥。尚書右僕射領吏部尚書南昌縣開國公儉。器懷明亮。風情峻遠。業積瑾瑤。才兼經緯。況乃節亮帷幄。譽敷端揆。升授之宜。蓋允具瞻。可左僕射。本集

王僕射領太子詹事詔

門下。管司東朝。歷代所重。自非國華。莫允斯任。侍中尚書左僕射南昌縣開國公儉。鑒識清瞻。理懷秀澈。績亮朝端。譽敷僉議。贊業攸光。物聽斯緝。宜總二宮。以穆彝序。本集

其當作共

王撫軍爲安東吳興詔

門下。震澤殷奧。撫馭須才。都官尚書撫軍潯陽郡開國公敬則。志幹貞烈。秉情開敏。忠勤之至。形乎出內。必能綏懷大邦。剋隆美政。可安東將軍吳興太守。本集

曲赦丹陽等四郡詔

門下。朕興言民瘼。昧旦求政。所以庶存簡惠。緝茲治道。而玉燭未調。祥風尚鬱。京輔及三吳。昔歲水災。秋登既罕。今茲厲疾。罹患者多。納隍之歎。爲矜良深。可曲赦揚州所統丹陽吳興。南徐州所統義興等四郡。其遭水尤劇之縣。自今年以前。三調未充。而虛例已畢。官長局吏。應其備償者。雖即事爲愆。情在可亮。外詳所除。以弘優澤。本集

何詹事爲吏部尚書詔

門下。官人之職。實難其選。所以弼諧彝品。謨明庶績。今思治惟急。

彌不可曠。侍中太子詹事戩。業履修平。體識詳隱。自升宮闈。美譽咸聞。必能無懈於位。燮茲流序。本集

王侍中爲南蠻校尉詔

門下。荆楚殷曠。任重寄深。毗佐之選。非良勿授。侍中領祕書監驍騎將軍奐。秉心貞元。志局開亮。績譽之美。在公屢彰。必能贊政南紀。播惠西夏。本集

王光祿爲征南湘州詔

門下。衡岳名區。荆湘奧壤。自頃凋弊。綏撫須賢。侍中光祿大夫丹陽尹僧虔。德履淹邃。識局詳正。沖素之行。朝望攸歸。歷職之庸。載懷僉聽。往任沅湘。餘惠在民。今宜重敷善政。申此懿績。本集

柳僕射爲南兗州詔

門下。河兗衡要。維扞中畿。司牧之任。宜詳其授。後將軍領軍新除尚書左僕射湞陽郡國公世隆。業體淹濟。思情通敏。功書王府。績彰累任。必能宣弘恩政。威懷萬里。雖哀疾毀頓。而禮有權奪。本集

王僕射加兵詔

門下。散騎常侍尚書左僕射太子詹事南昌縣開國公儉。忠款昭著。任寄隆深。既光朝猷。允屬民聽。宜增威飾。以崇望實。可加兵二百。本集

立學詔

門下。夫膠庠之典。彝倫攸先。所以昭振才端。啟發性緒。弘字黎氓。納之軌義。是故五禮之迹可傳。六樂之容不泯。朕自膺歷受圖。志闡經訓。且有司羣僚。奏議橫集。以戎車屢警。文教未敷。思樂辟雍。永言多慨。今關燧無虞。時和歲稔。遠邇同風。華夷慕義。便可式遵前準。修建斆學。精選儒官。廣延國冑。本集。案南齊書高紀有此詔。

王鎭軍爲中書令右光祿詔

門下。綸言要密。歷選爲難。優秩崇顯。允在舊德。使持節都督江州

豫州之新蔡晉熙二郡諸軍事鎭南將軍江州刺史延之。業履沖約。秉情閑素。譽彰頻試。績著累朝。自居南服。徽庸剋舉。宜升寵章。管兼樞祕。本集

張令爲太常領國子祭酒詔

門下。庠議既敷。縉紳攸屬。師氏之任。宜歸儒素。散騎常侍中書令驍騎將軍揚州大宗正緒。器識清簡。理懷恬約。譽洽朝閒。聲緝民聽。必能闡揚玄宗。式範冑子。兼掌宗伯。望實惟宜。本集

蕭冠軍進號征虜詔

門下。維翰之重。實資名品。使持節都督郢州司州之義陽諸軍事冠軍將軍郢州刺史南昌縣開國侯鸞。體局弘濟。器操端敏。自莅任夏首。美政殷流。必能聿宣國化。以庇人瘼。宜崇顯秩。允茲聲望。本集

褚侍中爲征北長史詔

外當作內

門下蕃佐須才非良莫寄侍中領步兵校尉炫識業清悟思懷淹暢出外之譽日聞其美宜彌諧親屏以申茂績本集

慰勞雍州詔

皇帝謝鎭軍盛蠻二府雍州文武士庶等夫忠爲令德或感慨殺軀信實美行或殉義蹈節而沈攸之小豎反覆稱逆西藩袁粲劉秉潛使相扇遂擁據后頭並圖廟社粲秉既從王憲蒼黎同慶攸之孤州蟻聚勢必燼滅刺史張敬義氣雲騰秣馬星驅全羽十萬殄茲氛鯨曾不旋踵彼州南陽白水將相遺風忠義之士霜戈電發但戎車暫勤念原未盛冬寒鄉皆無恙本集

爲宋建平王聘隱逸教

府州國紀綱夫嬀夏已沒大道不行雖周惪之富猶有漁潭之士漢敎之隆亦見樓山之夫迹絕雲氣意負青天皆待絳螭驤首翠虬來儀是以清風扇百代餘烈激後生斯乃王敎之助古人之意焉吾稅駕舊楚憩乘汀潭挹於陵之操想漢陰之高而山川遐久流風無沫養志數人並未徵采善操將爽良用慨然宜速詳舊禮各遣纁招庶暢此幽襟以旌蓬蓽本集藝文類聚三十七

建平王散五刑教

府州國紀綱吾謬總朝組乃班恩命重握華藩踐寵懋甸永言政惠良攬情䘏況舊楚地曠前郢岷殷水帶枉渚山市魯陽自頃田邑榛故封井萊蕪財賦方屈犴獄實繁思所以厚風整俗變琵改調自五歲刑已下未連臺者一皆原遣文武彈坐亦悉復職主局依舊施散薄紓此懷本集

蕭驃騎發徐州三五教

州府紀綱沈攸之背慢靈極稽誅之日久矣況稱兵江漢之上圖竄廟闕之下惡熾罪盈民靈所絕朝廷已剋辰纂嚴今與夙駕吾仕先責遠義兼常慨挺刃投袂信見其時方當水斬蛟龍陸斷犀

兵當作岳

兕雖烈士銜志壯夫投槩然雲羅既張宜廣威防禦所統郡縣便普三五咸依舊格以赴戎麾主者飛火施行本集

蕭驃騎築新亭壘埋枯骨教

府州綱紀夫攸南稱慈諒由掩胔廣漢流仁實存殯朽近表制茲塋崇搆峻壍古墟曩遂時有湮移深松茂草或致刊薙憑軒動懷巡隍增愴宜並爲收改葬奠祀主局詳辦施行本集

蕭太傅東耕教

三府二州綱紀夫寶農賤貨綵昭周滕巡耕去販光炎漢籙故能業滋都野產殷紘縣吾任屬弘寄思闡治源慮以晨感情以宵歎今玄司調氣青祇佇節陳郎柔服方秀電爍有期桐萌無遠便當躬遂紺耦道先列辟事均暫勞迹在永豫可剋日備辦詳典施行本集

尚書符

侍御史大夫尊冠賤履君臣斯位愛順惡逆成敗可曉未有憑陵我江永使軔我河縣而不流魂漂骨丹宗血祀考也沈攸之寂寥無聞起自甲卒邀我百戰之軍乘彼一捷之幸鑄山裂地紐紫要金擁旗藩伯便無北面之禮受符方屏即有專征之釁貧賦深斂毒被南郢枉墨矯繩害著西荊鬼怪其性故從始而遂終狼戾其志乃始少而得老山陵不崩移殃爲慶踐祚無賀按劍稱予遂乃闕馳送書亭焰妖火此而可赊孰不可宥今遣陳承叔彭文之等敢勁三萬前驅電耀呂安國任侯伯桓崇祖曹虎頭等樓艦二萬射蛟中流茍元賓郭文孝程隱儁等輕艓二萬高旌蔽日周盤龍張文憘胥道淵等鐵馬五千龍驤後陣凡此諸帥莫不氣薄日月精變虹蜺或飲羽后梁或超踰亭樓索鐵拔距鷹瞵鶚視顧眄則前後生風喑嗚則左右激電然後鑾戎薄臨驍虎百萬六軍徐軌五輅遲旆丹艦發焰素甲生波樓煩白羽投鞍成兵漁陽黑騎浴

鐵爲雲於是高山與深谷共湮紫芝與白艾同滅不亦惜乎符至之日幸加三省其驅逼寢手之人鋒陣塢壁之主若有投命軍門一無所問或能因罪立績賞不示私斬祛射玦唯功是與購募之科具列於上信如白水皦然無二臺明詳訂飛火普加宣下文書千里馳驛（本集宋書沈攸之傳）

始安王拜征虜將軍丹陽尹章

既耀軒禮涵蘩龔恩爽迴覥歔臣少識猶晦哀辛方襲籍以毓釆上霄摶華中漢歆惠延光佪爵假息不悟𥨪離降映繩何低文遂翊言闕禁徙第京部進寵蒙淺塵黍徙盈還迷慷倲風製罔樹循伏憂歔滅慮燋衷不勝荷佩之情（本集）

始安王拜征虜將軍南兗州刺史章

絢服騰炤戀冊凝芬銜對迷墜歔泣交集臣職右南陽謝蒲鞭之政任重臨淄無遣獄之化自分金帝闕參風尹訟璧緯裁復圭露

諓淹不悟旻靈拂采霄景怢色復交書河楚置傳江吳環章淸潤旂文肅路龍豔內維榮炫外圉方梗名慮有陋孳識沖生覥氣安以輸識不勝荒震屏營之情（本集）

建平王拜右衞將軍翔州刺史章

珪冊停徽車旗寫曜龔禮炫衷迎恩震色臣闇爵以能黍命以績降亦有玄雲結吹匽成爃之厚朱籍累轍崇試宰之高而臣紆組領守要玉備政績廢江區聲隘河部浮榮曠年叨光賒日諒以具祭興歌取鏡民謠不悟皇德至凝亭物帷幬復使承官楚封祇秩漳土任班河冀事亞崤陝横術輻輳殷氓訟積𥁑日明哲疇克勝寄雖瀝丹局終懼蒙咎不任銘戴匪處之情（本集）

建平王慶少帝登祚章

上書皇帝陛下伏承肇嗣天震雲飛璿極戎夏歸服民靈以戴臣聞黃旗紆藻瑞㳟於姬帝紫雲垂蓋效異於劉后實乃深賜天衷

廣映祇迹伏唯陛下𪚱英篤聖涵靈縱睿執心明哉繼道喆蹤逌裔洛符雜沓河紀是以膺符寶宮紺命珍殿誼洗雲密德徽嬀夏濬發鴻原長綿偉業方絢聲金圖勝華玉扆波淪下氓炎蹕上漢臣沿孳締寵識兼親屏禮升之日守官楚甸不獲勉躬儲外奉顯行閭魂泣江郊心遊京國不任悲仰哽慰之情（本集）

建平王慶王太后正位章

上書王太后殿下伏承以令日淑辰曾光樞景慶芬祇外禮蔚寰中臣聞道懋第昌業廣祉盛藻秩攸臻憲章斯飾伏唯殿下柔明固天夙資龔懿芬蕙翔聲端簡散譽冠采摯任騰燿徽姒丹陵蘊德玄丘棲聖烟熠國胼衍溢民聽涵道席教且詠且給臣忝任蕃圉無由隨例闕廷不勝荒情（本集）

建平王慶江皇后正位章

上書皇后殿下伏承以嘉月惠時膺曜宸正翬珩炤品褕組在飾

岳當作光

休遏面夏譽殷靈昧伏唯殿下岳曜靜德式懷龢順升降圖傳左右詩史夙鍾茂資早摛芳訓故以騰馥祕闈寫問中帷今靈緯載升崇正輝典衍教紫庭麗軌華屋聲徼綺組風偃家邦黎玄凑仁雲祇宅慶遠邇有聞莫不傾遲臣限外任無由恭列軒扆不勝荒情（本集藝文類聚十五初學記十）

蕭領軍拜侍中刺史章

上書皇帝陛下即日詔書以臣爲侍中驃騎大將軍開府儀同三司班劍三十人等持節都督如故峻命在庭光冊充軒虹驂譽服朱轎佇蓋貧對以懅心影若傾臣功乏至道不足以匱象魏績非振民無可以書廟閣半漏未晏中鐘而驚實忌徽庸超乘盛服竊寐國寵頓萃末躬今寰海頓典瓊都咸光調御惟新鎔製就始良宜整變憲經詮明典緯九河式燿三辰載曠不悟陛下皇靈曲溢大賚斯降而鴻賞之行乃於臣施非所以騰振遙風徽昂品流與

人之誦。具聞其。蹔猶露慊慚未叨鑒順。今便虔禮青軒。謹躬丹墀。叅符怵惕。慙屬兼軫。不任屏營之情。本集

讓拜相國齊公十郡九錫章

殊命賓典。鬱降雲天。采昭軒騎。光流城闕。震驚華禮。神氣交越。臣才謝深英。器慙遠度。進寡兵車召陵之盟。退靡朝謁河內之會。無柬馬山戎之績。懸車流沙之功。故望寵未安。踐榮加懼。況納陛朱戶。事絕羣班。金璽朱紱。儀參鴻典。聞命屏營。以憂以墜。近申微款。日月之鑒既阻。方懼難嫌。蘭芳之旨愈峻。遂致百辟卿后。踟躕於魏闕。鑾輅旗旒。方幸於臣府。悵然遙慮。將貽厚戾。文章徒畢。迄無獨省。而天威咫尺。丹懷罔固。輒肅恭文物。翹拜榮禮。違距以深。追增怵迫。德輶寵盛。於斯爲徵。非臣鄙虛。所能酬對。本集

全梁文卷三十五終

全梁文卷三十六

烏程嚴可均校輯

江淹四

建平王讓右將軍荆州刺史表

茂寵乃臨。炫奪彝典。巡恩鏡飾。撫情震慮。臣聞該秩詔序。匪賢莫能孚其職。端維裂陝。非功無或濫其選。所以輪轂國典。繙結民紐。五威咸平。四犄或訓者也。臣踐行迷方。試業敝穢。徒以纖采宗荽承渥帝席。執圭戴筆。函荷出內。至乃曳組河縣。蔑馴羽之化。鳴環京轂。謝批鱗之政。聲績兩無。風化雙缺。而寵紛未剔。璽書頻降。復改冊湘區。分瑞衡服。竟無賈琮交部之廉。終乏郭伋幷壤之信。固以雜沓民明。湫隘身飄。不悟皇靈再煇。河海重渥。遂踰恆采。姿賁巽等。荆門務要。方城任積。水交沅澧。山通岷峨。襟帶百縣。縈抱七州。上德懋勳。匙居斯地。蠢臣膠固。所宜膺荷。是以燋蕭魂色。驚迫

心影。謹刷睿倩。置露弱志。伏願陛下停旒弛琪。暫炤頊曲。則繙才式弘。練物惟遠。王度旣清。蒙識以泰。不勝慙懅屏營之情。本集

建平王慶明帝疾和禮上表

臣聞慶動至玄。則昌衢敦序。敘乎上靈。則紫寓交泰。故祈寒溽暑。無以變其和。沴火凝陰。不能徙其氣。伏惟陛下至德遐穆。實天縱聖仁。鑄蒼岳。道括寰海。故丹陵之君。款金泥而謝賢。嬀墟之后。眷龍圖而愉德。頌聲藏遠。歌思而道。而望景暫虧。輪光少曖。玉燭違和。金晲輟念。百祠未遑。四嶽匪處。吉禮爲慶。珊御方休。瑞廣文齒祚深武日。具爲謡敎。倡愉兼薦。臣班戚奉慈。實自慶舞。不勝悅豫之情。本集

建平王慶安城王拜封表

麗采繩河。映韓瓚圖。漱問夙孚。令儀早晰。撰告候辰。昭膺耀序。國維崮體。皇塗凝衞。具生罔慶。懷識戴躍。臣涵悅楚邊。魂馳闕闕。不任下情。本集

建平王之南徐州刺史辭闕表

臣聞承寵靈閔。默假日徒。抱皇慈無充。横草而品第乃崇。軒服逾峻。顧茲醜躬。彌覯尨昧。今便奉宣外甸。卷迹徐山。託慕宸嚴。載維感戀。哀疾不獲詣闕。不任窮鰹之情。本集

蕭驃騎讓封第二表 藝文類聚作爲齊高帝讓司空表

臣某言。寫瀝愚丹。已續前表。猥降前詔。未垂鏡恕。一省驚慙。再悸魂府。靜躬自察。敢居匪地。臣聞日薄星迴。昊天無以爽其節。山盈川沖。厚地不能虧其度。豈不靈籥言限。神極無失。況世道恆淪。人參剽奪。數滿必汰。虛飾小故。亂大臣才。非右賢。任鈞左戚。祚開山河。兼金璽組。爵侈常班。寵溢前達。以榮以渥。且慙且醜。雖嘉銘鼎之恭。更懼循牆之速。矧乃三司業貴。上將地崇。總錄務廣。河汾寄深。珪寓方啟。劍衞增肅。旣驚朝野。足震城邑。殷周富士。猶難其人。

漢魏多才。亦罕兼職。且麟閣之臣。尚有位不及鉉。全器之侯。猶或任不竝台。名爵無假。前世之雄規。車旗勿濫。中葉之英軌。況鴻誥鬱集。懋冊頻翠。諒非虛薄。輙所膺符。今殷夏旣臀。封國式固。故天地燀耀。日月更輝。陛下停若鏡之明。流如雲之愛。藝文類聚作曖方求士於版巖。宜思賢於屠肆。而私臣以闈廊。寵臣以帷鼎。位兼文武。職總內外。非所以發夢渭濱。儲精河上。鐫金刻后。旣不可詮輿歌里誦。其謂臣何。仰係大道方行。蒼祇宅氣。威靈所燭。九功咸詠。寔於庸臣。獨隔恩耀。誓守愚衷。重扣雲日。如蒙恩宥。實生之幸。不任懇款之至。本集藝文類聚四十七

第三表

臣某言。臣再抽懷請。辭僞理屈。側守圭扃。伏望衷鑑。而宸緯嚴祕悰悰徒懸。優獎之降。非復常旨。肅奉驚懷。曠曉如失。臣炤冊訪古誦史稽昔。以爲數道之寄。管物成務。總錄之重。匡績毗風。莫不下

協河岳。上睡光緯。先王所以長世。後睿所以字氓。纘金圖之要。輔樞麻之機者也。臣本瑣姿。不慕聞達。昔值英世。頻遘時來。感激光私。未能自返。烏可超乘厚任。妄據高圖。天道既平。鬼神好謙。臣亦何人。而獨斯處。所以不恤色怍。頻犯鴻威者。正以方圓之景已滿。丹彩之色難加。政能緯俗。匪務傷職。坐而變道。必在其人。若臣武未屬囊鞬之分。文不藉樽俎之閒。德非時秀。道乖物宗。虛飾疲伍。空貽上位。則天變彰於飛流。地眚見于震壓。驚蕩民聽。蕪沮物議。綸言之出不追。金后之謬已遠。豈唯敗錦傷經。毀鼎覆餗而已哉。自非西京上績。東都名勳。河右羣賢。江左諸彥。盛有諲叨天爵。以爲己功者也。昔南楚偏君。鄢郢小政。執珪柱國。尚不輕授。況車軌共文。四溟同宅。而以鄙薇。超居金鉉。殊任鬱起。臣心憂魄悚。視丹如緣。伏願陛下暫停晃纊。少察愚賢。鑒臣覼情。愍臣孤志。廣天下之惠。可匹夫之諒。則圖步永清。陛下永無謬悵。不任憂駭之情。本集

蕭驃騎錄尚書事到省表

臣某言。臣自妄蒙異寵。輕荷殊爵。晝戾獨聳。夜艾方驚。誠以設器瑤陛。取監冲滿。懸魄金波。徵驗虧闕。茲乃天數去盈。人經好退。后所以裁成萬品。下所以各愼百司。未有違才易貫。克負永業者也。且量力之語。實炯前書。辭科之誨。且照昔牒。況臣徒竭弱質。忠貞未對。猶叨今恩。山岳非重。故皆屬交喪。頻煩表疏。必謂巡崖之慊不忽。氣亮之請可期。不悟皇明神邈。鴻獎彌深。雖守丹愚。競絕纓懇。今輒耀纓上序。鏘佩中軒。德輕施重。左右生譁。志盡輸謝。終愧報效。不任下情。本集

蕭驃騎謝甲仗入殿表

臣某言。臣即日被敕。賜給甲仗五十人入禁。儀武殿飾。冠幘典局。此盛恩。五情銘載。臣聞國之利器。在祀與戎。蘭錡之設。實允儲方。故官騎宸居。羽林天部。瞰城龍塞。言伏鬼方。臣股肱之力。不足以

沾當作沾

染丹青。橫草之勤。詎可以鏤金石。而魚服象弭。一旦虛授。誕錫金珪。方茲爲絢。黃河如帶。比今非賞。故異寵之襲。心魄共驚。不世之服。蒼祇同輝。雖攀霊河漢。駿奔明哲。靦迹駭衷。無情以處。本集

蕭驃騎讓豫司二州表

臣某言。臣傾心駐氣。不蒙睿感。憂讋交纏。中寐再驚。臣聞國麻惟耀。則藩伯緝其才。朝緯伊序。則方牧司其度。用能彝紐弗虧。民敎可變者也。臣自少器業無聞弘大。謨燮燕梟。超憑吳舟。託翰負組。假翼要瓊。質圖玄素。文寫青縢。爵富諸公。任高羣彥。銓梁既失。輻諮所湊。匯仄影。吡道衡身。贊德朝徽。不昭民聽。具溢。豈非性力知限。鑒度有崖。乘茲而處。猶懼黍辱之恥。況此以任。何堪湧溢之賜。且董督條興。蓋非盛古。至乃河襄初授。或體兼上才。江表廣任。或功爲物首。臣積陋於國。不勤睿朝。寵集若是。非所克取。終抱寸襟。重露愚見。伏願天鑄廣栽。地靈厚載。特垂彌渥。使不矜盈。則藿質瓛性。庶無矯奪。不任匪晏之情。本集

蕭驃騎上頓表

臣某言。伏見明詔。鑾輿便親御六師。臣又謬總羣帥。竊聞金火告耀。昏明代卷。雲電潺湊。經綸相襲。所以草昧縣寓。昭晰區宙。況乃逆徒阻兵。器掩西服。雖蟻衆鼠竊。勢必覆散。然尋仞難貸。原燗易滅。臣受算內樞。稜威外闡。按甲視夕。沾襟待旦。剪此凶渠。庶匪曠旬。但遂玉輅躬臨。雲蹕親駕。悚慨交心。實百常憤。今便嚴牽所統。尅此月二十六日出次戎郊。故已望江源以軫歎。想荆山而增厲矣。進止之宜。更聽敕旨。不任悚企匪遑之心。本集

蕭驃騎謝被侍中慰勞表

臣某言。即日侍中祕書監臣戩至。奉宣詔旨慰勞。便受轂中帷。練甲外壘。旍麾蔽景。輿徒競氣。人懷秋嚴。士蓄霜斷。晦魂已掩。氛暨未懸。稽鉞芒威。寢虞震慨。今王人臨郊。皇華降庭。輝耀望實。將激

咸武誠鴞之夫迎光踐恩投后之師攀炤竦惠楚籍越應方茲鄭濶臣忝篤同私彌抱漸洽不任下情本集

蕭驃騎慶平賊表

臣某言狂賊沈佽之稟天犯紀毀禮滅經外陵南畿內吳西夏稟血凶氣咸百雠憤賴皇威遐制璿圖廣敷四海競順其會如林仰緩宗稷之靈俯壽士民之效故嚴數義交妖鋒折首凱期既屆欽至在晨斯乃紫扉方永蒼氓同慶臣備符寵私時深抃舞不任踴躍之情本集

蕭驃騎解嚴輸黃鉞表

臣某言逆沴電熾凶妖霧舒志未逞天情已類社故乃馳羽江郊鶩燧山甸雖藏智審其黠毅涵識判其奔沮然兵恩難輕義險宜備故磨寵無辭奉鉞不諱今元凶既殪醜徒自紊祓霧方卷鄧氛已肅樂琯登肆禮衣曳朝不宜復假殊服取鈇彝則輒上還王府永誐廞館本集

蕭驃騎讓太尉增封第二表

臣某言以銓司崇貴寵位攸嚴非德非功無忝無濫故晉魏肆請舒吏仰諷不能幽流慙炤遂乃徒洽恩獎周覽末交霾爽以懼臣歷古沿亂循遠訪繪未嘗不屣蹤台衡妙簡槐采者也魯鄭之賢咸曹蕭之勳彥吳鄧之盛功王鍾之表業孔明之居蜀茂弘之在晉僉曰伊人是以處無愧色臣官逢昌世運屬時明頻煩紫渥綢繆璿命身薄施厚感厲愈深遂負機紐之託猥集衡梁之任風軌不樹徽猷罕宣無以式萬寇光載弭姦義致虹沴阻於上京蜺妖扇於下國實賴藉伯樹旅侯甸入宇機槍旬殲烟祲霧卷故皇道威稜之由神謨昭昌之效臣豈有探篁察幽之智攻城野戰之力哉今迹無小功事貽大賞愧寤終朝慚夢流夜咨此庸弱何以任忝伏惟淮泗猶梗趙魏未賓中原久蕪神州方翳思樂盛猷願厲

降當作隆
冶當作治

聲須將陪雲喙以比狩扈朝服以濟師乃爲少雪庸誠微謝天眷耳寵容遽稱茂爵輕頒鴻名者乎伏願聖渥還覃賜以矜宥需焉垂仁穆然惠德血祈且亮慊志夕滿雖蹈兢戾猶深忭躍本集

蕭驃騎讓太尉增封第三表

臣某言撰心求私精衷請亮情不慼神理無動天詔節既降辭表是絕朱紱方臻金鉉未宥愧慮再馳說然改席臣局志久戰淺槩已領具知寸管備觀尺史曠旬浹景斯指寔宣循謂設品分職實以仰銓璧緯列寵懸榮故乃俯酌瑤陛迹聯盈缺道協興降上睿所以僉舉前英所以詳能今若第隆私貴爵與私富柰鴞邦經斷圻民紀豈可還風中葉迷聽退代者也臣才乏往賢績謝古烈妖鋒孽火將炎天地幸郊甸或靜江山以閑文軒華繝既榮既晙庚封桂食又盈又滿祿高謂厚任重責深弱節兼誠誓思不淺伏願降慈特垂明愍臣奉國猶家處公若私秉軸之鈞心希在治不任懇懇之情本集

蕭驃騎讓油幢表

臣某言奉詔賜車一乘竊以國容方穆旗章式序朝禮永清儀服咸貫故象革鏤鑣尙炯明圖朱輜玄蓋猶炤漢策皆旌羽勿差功庸匪濫臣忝爵山重蒙榮海深獎恩滌冊已憖初筮浮祿素位方疚心路鑒古以惕巡世罔然不宜假文丹幰空飾阜轄仰思至道俯恤物僭伏願聖遠特停華渥書愚上請追深累懼不任下情本集

蕭太尉上便宜表

臣公言臣聞經邦緯治去華爲急體國治民循素乃安聖誥遺風典謨丹冊賢言流誄備宣青史何嘗不翦削浮奢銷遺文繪然後頌音載興澤洽式廣楚駕百馬民雜國凋秦修萬騎敖亾業墜刻桷丹楹禮有常序朱輪阜蓋古無濫秩縹衣綸綬漢置前制奇服怪物周駭常刑皆飾俗紛詭反樸還風肅政黎心耋二民志故禮

寗當作晏

未之當作未知

奢寗儉宣尼之高風以義止利孟軻之宏規若乃文彩利劒道鑒其元彫蟲篆刻世炤其淺雖儒墨異學名法各治至於遵本捨末其槩一也故申韓之立典管晏之制書賈陸之鴻筆嚴徐之博辯食貨興志鹽鐵生論莫不異說而同倫乖議而共治然世淪物起道缺事遷蠹源起西秦波被東漢一魏不變二晉未革所從來者遠矣洎高祖武皇帝業高縣寓化格區宙菲躬謙度方追重華納麓之勤約情撝操乃取文命卑宮之義去金錦之巧無帷帳之飾唯修遠圖綏國之術祈勸力耕請世之規是以政平刑偃紫階斯廓太祖文皇帝恭已明臺之上聽政舊室之下九宮咸靜萬績惟凝亦復務抑華詡思栽參大輿馬翠翟之麗慰登乎外禁瑤碧綺組之玩罕設於內宮故大德立而五路謐鴻名建而四民寧者也自頃政敎日替敦厖月虧雖惟歷稔亦日淹紀至乃帝臺傾海外之寶王城盡天下之祕象牀珠履一踐而卽收鐘琴笙瑟再撫而

已損褻衣隨塵而麗羅從風而棄百民染其聲奢萬姓被其馳驀故闤闠之里富者竊梁楚之乘伎巧之家豪者襲王公之服於是有文靡虛麗驕邪不典之器精巧空飾妙盡非常之玩農夫勤稼不充浮伎之資蠶女務織無給黜刺之費將恐去實就華未之所屆背源從流不識其止求國富兵強寧可得乎今江南所宅正漢魏兩州之地戶口所檢裁文景三郡之民舊齊故魯觸爲茂草全趙盛魏豺狼所嗥陛下方欲鳴鑾中土朝服濟河不改斯術則未見其可也臣謬屬大任竊同憂泰日旰宵分實忘饑寢苗治其莠職此爲先輒具條便宜可以安邦利民者事事如右率以闇見謹觸聖聽若其咸允請敕付外施行（本集）

讓太傅揚州牧表

崇絕之寵降自白日殊甚之禮墜於青雲祗畏驚蹙若奪魂墜逖聽無容當軒改色臣聞天地之大德曰生聖人之大寶曰位將以啟廟靈緯崇樹神紀百司備列貴賤之分既炳九官咸賛升降之際可明故皇極不爽國步斯泰雖金嬀各政姬華異治未有革序變倫而能流英發耀者也臣才慙右賢功愧上烈平趙夷魏之氣無宜於國書濟河登山之威未亮於左史既罕龍韜金匱之效又乏楹間帷中之績衛主寧謂提橫流匡危不足生細民故小節時顯於艱難大勳無紀乎廊廟而乘軺服冕荷蕭張之賞開城裂域受馮鄧之爵不能翊敎綱政匡濟氓隱贊邦弘化飾整朝輝是以德少寵多輿人立規才薄位厚處士興議故玉燭未調道治猶鬱者臣之爲媿也不悟陛下復停日月之華凝煙露之潤擢臣瑣姿鑒臣陋識前恩未曠後寵已襲上公祕鉞聲振都鄙文劍彫舄禮殊軒殿深褒之遠方今爲絕大賚之降比古爲超臣亦何功當處斯忝伏願道邈先帝理鏡衆寂被氣順方涵生獲慶特輟策書時停鴻冊則人歌愈平物抱至歡（本集）

蕭重讓揚州表

臣公言臣以功狹賞峻世誥所讓才弱寵隆道經所譏故寫魂誓膽麻函天聽圖驕庶滿獲守私吝不能青蘋引風暘燧要景復降綸冊徽采兼明彫迹交戰水烟相薄竊聞周夏異章玄素各禮儒道二宗名墨兩敎咸以馭俗爲急以得人爲實於是尊官上品乃貽五振之賢鴻等懋烈爲取金璧之彥或有濟世夷難之略燿熠內岷導江疏山之勤鬱結中寓深德衍溢大功振舊然後超居圖右鬱處朝端故九職惟宜六典式序丹青所以傳其謙磬瑣所以揚其音也臣才蔽識淺非集譽於鄉曲榮降寵臻乃假翼於皇極遂事等誥言之寄任鈞符負圖之重職總表裏地識機務位班昔良知闕前修居官不聞其風處秩焉見其政寰域之治未緝街縣之訟方興縉販之士無薦管庫之家寂寞四維不闕五敎罕敷安可以底慎財賦交正庶士者也今穆和叱道仄身贊業倘操晦

曉。獲蔽棄國。況異禮更飾。褒命復崇。名超列辟。爵擬羣后。上亡居之猶靦慚德。臣實空儒。伊何以勝。既誣人文。將黷玄緯。凌歷飛流之眚。爆失正和。晦裂蜺霧之災。且濫庶物。臣是以痡瘝永歎。憂國慮私者也。伏聞陛下裁天賦品。制地平施。使曠世之典。不遂臻於末躬。迥代之軌。無頓被於茲日。素心丹魄。皦然靡疚矣。不任憂迫之情。本集

後讓太傅揚州牧表

臣公言。臣再辭非謙。重讓靡飾。實以爵高中世。歷古所難。寵冠上台。緜代誰易。詳圖辨籙。如鏡如水。檢崖覽志。匪彫匪文。魂祈夢請。駐心挂氣。陛下猶降以璽書之榮。被以丹碧之采。頓然變容。一慮九逝。臣以爲寒暑緣乎平分。晦明驗乎天道。咎譽起於微薄。得吝生於小疵。故銓衡既陳。緒髮之異必覈。鍼墨咸設。分撮之殊已傾。聖哲不能爽。鬼神莫由避。況臣鄙棄早盈。陋才久溢。第超庶后。禮

絕羣班。仰贊東序之賓。平參南宮之政。窮盈極滿。於斯爲甚。鑒茲隆替。淵冰非譬。所以坐洞房而不悟。下輕帷而歎息也。古之馭教。當有道焉。量能而受賞。擇智而錫位。深乃裂組。遠故分珪。前人以爲稱首。昔賢以爲美談。自非上德橫乎天地。高績格于區宇。烈譽馥於一時。茂名鬱乎當世者。豈有降今日而莫先哉。臣爰蒙疢寄。六稔遂交。及椅總任。二燿忽周。未能塞謫生民。獲免僮訟。何盛勳之足題。詎深烈之可銘乎。而因委忝籤。踰溢倫等。朱軒躍馬。光出電入。紹冠紫綬。寵藹霞炤。臣聞闕宗奉國。猶非報來。方將身侍鑾蓋。雪齊魯之侵地。手執羈靮。蕩燕趙之遠郊。然後追迹范張。濯纓汾射。臣之志也。華爵盛典。非所敢安。伏炤古道。將施聖察。無使匹槃血誠。不諒於階扆。寵芬英猷。遂隸於里聽。豈伊廟臣獨蒙其疵。亦曰海隅咸被其利焉。本集

全梁文卷三十六終

烏程嚴可均校輯

江淹五

蕭被侍中敦勸表

臣公言。即日侍中臣惠基給事黃門侍郎臣僧珍至。朱蓋乘雲。玄軒肅霧。墜高天之旨。集微臣之軀。神爽矍然。斂影無地。臣初長血心。未啟素槩。辭從意空。言隨事盡。不能降陛下一時之恩。借俄頃之炤。遂枉近侍。貂礬軾庭。臣自亮無庸。何以集此。退咎慊誠。悲枉

蹲當作躑

垂光進戒。朝訓。虧茲盛序。感慮蹲躅。縈結夢寐。臣檢古少例。巡今逾疑。豈有妄叨天功。虛竊上賞。近謬國華。坐取隆貴。人見其過。外惜皇猷。內畏私責。昔西京鼎秩。漢世權家。丹墀網戶。擊鐘連騎。何嘗不以驕滿貽戾。謙沖要福者哉。臣不能遵烟洲而謝支伯。迎雲

捐當作揖

山而捐許由。激昂榮華之間。沈潛印組之內。光飾既超。寵靈亦遠。

江左已來。罕見其倫。今位冠朝端。通侯萬戶。結象弭於前衡。奏金管於後陳。都野宗其榮盛。視聽敬其炎貴。臣一旦居之。誰以爲不忝者乎。而陛下猶崇以異禮者。是增臣之戾也。況復肅延華勸。實深窘迫。伏願俯矜單志。賜遂前請。則世寢橫議。臣蒙緩責。本集

蕭被尚書敦勸重讓表

臣公言。臣五竊丹翹。宜蒙凝炤。一降王人。遂無遺察。復遣尚書臣僧兼侍中臣奐等奉宣慈靈。重賜勉誨。鏡伏迴環。惘然失圖。心魄交懷。淵谷匪譬。臣自初被詔。迄于今時。載懃載疑。以悚以厲。豈非深懼鴻典。永憂末躬。故琴瑟徒鳴。不傳廣樂之響。燈爐空舉。焉續景星之耀。何則。卓乎小者。不足以任大。守於祓者。不可以語通。臣器乏淵源。識暗機務。倫濟夷險。每慙璿麻之遠。戡折氛蜺。輒貧鑿才之效。臣豈有采奇鑿隱之能。綱圖提民之功乎。不謂過延渥洽。謬攀河漢。榮宗葢茲。寵華暐映。籍譽採議。共知其幸。況傳保之崇。

殷周特貴。牧司之寄。魏晉稱重。上品妙德。允凝英勳。有踰茲序。匙不忝裂。今陛下方闢金門之聽。調繡扆之政。何得去禮廢雅。近於臣始。既無前章。孰表後世。臣才孤位峻。待罪無日矣。情哀理感。事盡於斯。伏願一運天景。微見葵心。則物不逃形。臣何恨焉。不勝憔憂狼狽之至。本集

蕭讓劒履殊禮表

臣公言。近仰賜威靈。辭移理奪。故欲冒忝傳譏。必避殊禮。不悟復凝令詔。雕飾非常。鏡睇未周。金火交處。臣聞寵以昭賢。不濫才外之華。榮以麗身。豈謀分表之渥。哲后所以僉授。貞臣所以愼猗。故行珪行玉。尚無輕須。一爵一號。猶宜詳品。況劒舃升陛。贊唱異儀。殆爲對越神體。抗禮天極。漢魏舊載。唯斯稱重。雖英衮籌朝。賢武

豪當作蒙

滿世。豪此典者。乃曠古時降耳。諒由功饒賞結。名高器深。金蟬綠綬。未能議其采。瓊珮朱紱。不足宣其榮。方加以履殿。優以勿趨。雖

至第爲上公。貴爲皇王。佇望茲禮。猶邈如也。臣何燁業。得兼昔人。且今所慮。受以懼覆。悔豈有及。復聞殊旨。增其憂迮。抱此愚疑。以

疑當作款

殯爲請。伏願天鑒。順臣所守。則雖沒九幽。傳榮萬葉。本集

蕭拜太尉揚州牧表

玄文既降。雕牒增輝。禮藹前英。寵華昔典。仰震威容。俯慙陋識。心魂讖慄。若殞若殯。臣景能驗才。無假外鏡。撰已練志。久測內涯。故讓不飾迹。辭非謙距。寸亮尺素。頻觸瑤績。丹情實理。備塵殊冕。而宸居寂阻。九重嚴絕。徒懷漢臣伏闕之誠。競無魯人迴日之感。所以迴懼鴻威。後奔殊令者也。既而永鑒隆愍。緬思宏晉國之大政。在功與位。故治民細亂。不處輿臺之下。去勳捨德。豈班袞司之上。咸以休對性業。裁成器靈。詎有移風變俗。克耀倫序者乎。臣積不炤勒。忠豈宣國。名辭赫曦。備俛偃忝。陛下久超以異禮之榮。遂欠殊常之秩。雖寢寐矜戢。曲垂哀亮。而璽冊沖正。愈賜感厲。今便肅

顧天謙恭閑睿與器躬酌私必威危德將恐氓俗由此方擾軌謂以之交慧臣豈不勉智辭忠未知所以報奉淵聖輸感霄極取諸微躬晨爲懸荷本集

蕭太傅謝追贈父祖表

臣公言即日兼謁者僕射姓名奉宣詔書追贈臣亾祖某太常卿亾父某爲散騎常侍特進左光祿大夫寵煇泉扃恩凝松石奉渥銘心祗光慟慮臣行阻祇玄躬早荼棘如鼠之痛昊日不追終身之恤霜露彌感雖慙曾與喬木之敬實抱仲路華轂之哀自謬籍珪金空貽組紱爵侈於公祿盈於私何嘗不静欷其結默慕交深不悟睿孝動天昭性曠古惠被遠紀澤演虧世丹情靡訴啜冊愈疑大榮集身尚鶩異施況寵浴山柏特振殊造銷骨瀝命猶不勝謝不任飮泗荷珮之誠本集

蕭太傅辭輿傷親幸表

潛當作僭

臣公言近以神輿將降昌啟丹辭重被還旨未垂鬭允讓尊彌光衰偃愈臨懸疚旣積敢忘謙請臣乘幸籍私豈曰無潛攀霞鏡月非復常所此必議德信在於玆但恩隆交洎國宇莫從兔默恭典伊榮加威靈容爰枉鸞僞式驚臣府訪心驗已謬以不夷求物校述誓無此義且古今異飾紫靑變禮取諸臣躬未覩其安伏願陛下賜止冕輅時停雲蹕則俗踐知方臣蹈厚泰本集

蕭讓前部羽葆鼓吹表

臣聞國容軍禮旌羽昭其華品騎第乘藝文類聚作車騎品第鸞樂謳其節所以炎耀仙都崇麗神境世欽以之垂彩民聽以之流文故勒巘銘海之功粹華寫其詠龕雖夷邦之業簫管凝其聲朱鸞玄雲旣錫上德華山芳樹以須奇勳藝文類聚作至山芳樹以被奇勳爰及台賢位高藩戚名沿恩紹寵垂私賞皆爲發吹後陣豈曰兼秦前軒玆典罕行此禮實曠臣竊服已弘叨光無限才局狹遠常銜惆懼安可二祿

塵當作懸

同整雙弄頻繁寬躬惕然特貽厚謬伏願明燦日月塵忘情鑑將停盛飾遂臣悚心則涵惠旣饒恭錫多矣本集　藝文類聚六十八

謝開府辟召表

臣公言近被詔旨賜今臣府自辟僚賢竊閑治以才爲實教以人爲貴激風揚樂實資山東之英凝華重馥良在關西之彥近以關耀世經發麗朝序今州策郡聘玆禮尚壇台召鉉辟斯文亟曖豈非盛美雖嗣旅曠寂先芬者哉臣謬贊國機職宜冰鑒未能澄形照藝薦品任官旣乖稷契彌塵深寄仰屬皇心遠覃察政洞俗弘此懿典崇臣遠寵輔祗睿恩謙宣嚴密庶幽居之士藏薜可卷奇武異文無絕於古本集

蕭上銅鐘芝草衆瑞表

臣公言臣聞象際懸遠豈以明昧咀遷幽崖遙鏡不以人靈異謀威書璧誥旣信其綵綠鱗丹字彌驗其文是以業譸鴻經則烟霞

東太守當作南東海太守

腦當作腦

呈矯精昭景緯則川岳發華故實鼎白雲瑞集軒世芝房赤雁祥委漢年玄后鴻鍾遠炳晉室玉璧彝器近耀皇宗自大明乘規泰始纂矩朱爵素蟲之至史不絕書奇葉珍柯之獻府無虛月今樾麻啟圖靈基再固頃歲以來禎應四塞近獲豫州刺史劉懷珍解稱所統建寧郡建寧縣昌村民於萬山中採藥忽聞異響從后上得銅鐘一枚長二尺一寸遠象古鑄近乖今製又州界之內樹生連理二木隔澗脁枝相通遙盤跨水合爲一幹方之舊說彌復爲貴宣城所統臨城縣山中獲草一株交柯攢莖紫蓋黃裒貞潤暉暎自然天華采掇歷時質色不變柄葉有徵近獲吳興太守臣王奐云十一月二十九日解所統長城縣令臣張播解稱其月二十五日甘露降縣東界下山之陰又東太守臣腦解所統武進令臣紀法宗云十一月十日解稱其月二十四日甘露降於彭山松樹至九日又降如初臣以祥緯雜沓星燭波連斯乃靈迹深覃睿衷

敻感理應爲順。祇無脩祕。稽往徵古。僉庶弁泰。瑤光日闡。玉燭永休。謹拜表遣兼長史參軍臣姓名奉銅鐘芝草以聞。本集

蕭讓太傅相國齊公十郡九錫表

備九錫之禮。非常之冊。分天而降。冠古之典。闢河而出。邈然以懃魂。交渙魏。臣聞日月權輿。二儀所以克靈。君臣設極。三統所以式固。惟生與位。謂之大寶。辨諸文而尊卑既炳。觀蠡龍而貴賤可正。雖復殷因於夏。王眘於帝。至乎建侯分職。體國經野。其揆一焉。是以二周之始。山河愈廣。兩漢之初。封賞彌盛。然表東海者。實牧野之日。贍魯邦者。乃負圖之辰。西都英相。信命世之功。關中上宰。亦龕亂之力。秬鬯彤弓。本西伯之賞。虎賁戎路。又晉公之典。若乃衣裳盟會。九合一匡。猶慙其德。斯禮也。藝文類聚作猶慙於斯禮也 臣實鄙才。靡識大體。徒以忠貞爲槩。而勢不足銘。雖以丹素爲誠。而功無可勒。豈有經天緯地之略。探隱炤寂之智哉。抑亦何術以堪盛休。是以

覽雲際而懷古。憑軒幌而未盥也。伏惟陛下。神華馭世。理無不鏡。賜臣待諭今職。守其私滿。則天下有道。庶人不疑矣。本集藝文類聚五十三

第二表

臣公言。臣近屬心馨辭。爲情畢議。眇望神藻。譬見丹襟。而帝闕以祕。綸誥方明。中庶卷容。左右軫慮。臣以爲麗天秉經。君上之彝憲。儀地執緯。臣下之恆軌。故皇極載凝。庶士交慎。昔者重黎勤官。裁居炎冥之職。羲叔能任。方掌日月之序。至乎御龍勤夏。未聞冠俗之爵。大彭翼商。豈見超世之典。以古先哲后。如茲之慎賞也。臣乃謬貽國寄。志在靖難。若夫野戰虹蜺。伏順者易爲威。城攻飆厲。奉國者理必全。雲氣薄蝕。下民咸貴其明。特險與馬。舟中皆可異議。故昌邑有歸邸。咲楚無旋師。斯擻芬揚糵。物同其幸。焚惡去醜。世共其庇。實爲仰憑俯順之效。臣亦何力之有焉。竊謂藤爲十郡。必侯禹迹之勤。錫以九命。乃須周公之美。況臣梁不盭而器重玄珪。

疑當作款

趙裳未獻。而賦擬千乘。京爾識其崇貴。幾殷知其忝冒。鏡前修而慙形。覿往德而發慮。豈崖之請。取譬深水。審量之祈。呈炤嶶景。伏願陛下遠牽雄範。近覽英規。憑霞停詔。臨風輟恩。豈伊愚臣。方被昌化。具日遺氓。咸蒙其賴矣。本集藝文類聚五十三

被百僚敦勸受表

臣公言。臣疑誠素履。頻載纖翰。天飾高奬。累降史筆。郎日尚書臣某等至。重宣詔旨。猥辱百僚。省睇未交。心靈已悸。臣聞旻宰謀朝。不必借威。貞臣衛主。修已則足。故驕滿之失。取鏡函關。謙衝之美。見炤伊闕。臣本庸人。識無遠度。藉開闢之辰。遭欃槍之運。薙同內興。則戮力瓊都。諸侯放命。則抗節瑤祀。秉號仗義。幸不辱威。皆爲覓旒遙鑒之命。羣士畫圖之助。臣盜望伊摯。叔旦之爵。呂牙申伯之賞哉。方欲謝響東都。濯冠汾陽。不悟盛禮華典。復臻於茲。靜獸迥環。祗畏躑躅。猶謂遇聰明之朝。當時雍之世。陛下詠堯風之化。

歌卿雲之詩。日月華采。萬方獲性。疊慮仰祈。必蒙題品。而威靈竊絕。斯冀遂阻。鑾輿玉鑣。復許敦幸。重臣愆悔。無地自安。便當謹恭鴆命。竭身爲限。本集

蕭相國讓進爵爲王第二表

臣結慮歸請。三辰未鏡。傾魂仰覸。九天彌阻。重炳徽策。再晰光誥。理晦淸霞。若涉嚴淵。臣業不出世。績未逮古。謬藉明政。陳力就列。艱多智寡。翊贊罔樹。若乃洪範不修。鍾綴旒之日。九黎亂政。當攙輔之辰。雖歷命奉時。禍提下亟。防明之陋。貽慙昔人。杜險之藏。取愧前英。故十萬之師。無集槀街之邸。千金之貴。恆單白暮之府。戈船發於江湖。戎車出於后城。然後雲徹席卷。虔劉巨禍。臣實謭薄。不悟上賞亟降。華爵必集。雖延首紫扃。翹意宸居。執爲守約之志。旣謝簡鑒。避賢辭智之請。終無開允。故受任專征。遠邇知寵。舉封四履。侯甸推禮。昔虞思勤夏。不列殊物之錫。晉叔匡周。豈須上公

睟當作隆

之典。蕭蒨懿親。我蒙冢帛之榮。梁國戚屬。方忝旌旗之寘。而臣包括庶揆。總納儀刑。蓋出近古。非三代之遠體也。今復乃踰九命。爰超五等。域中之稱。麗天作則。採情顧抱。豈所允安者哉。伏願陛下一檢丹崖。遂臣懾心。無使怵迫。深貽疵戾。本集。藝文類聚五十一。

蕭相國拜齊王表

臣無佐夏匡殷之功。咸晉服楚之績。業不題於宗器。聲靡記於彝典。而超居上禮。遂乘峻爵。靜念降替。焦原非譬。臣以爲眾官咸事。赤讓所以式序。羣后克讓。王猷所以載穆。況臣訪德語勳。未洎伊稷之能。藉靈懷寵。仍濫周邵之秩。故踟魂仰誚。瀝意歸聞。理竭素牒。事罄丹史。具徽太微。備飾玉軺。而才軸志淺。隔景絕炤。朱輪之使。日月亟紆。金鑾之尊。旦夕將拂。巡情覽識。豈伊盜處。今便肅典內軒。恭服外屏。大夫有命。古或無違。王假有廟。今臣爲叨。三省空懦。震懍於心。本集

齊王謝冕旒諸法物表

臣王言。以軒冕雲蹕。既非常之飾。宮懸玉戚。乃配天之禮。故至襟效慮。必期獨亮。重被遠一且勞訊愈越。鏡休殊私。情影遠震。昔大啟營巨。赤備樹舸之賞。光亡曲阜。姬兼龍旂之貴。況臣道狹慶隆。身薄器尊。粉璽爭輝。藻火並耀。夫太常圖列星之采。華蓋觀古人之情。所以繼絕百縣。崇隔萬寓。鳳闕因此而神。璽都由茲而麗。故愧功懟德。違儀蹤榮。誠不遙乎。理無曷遠。遂貽嚴誚。爰斷儀表。驚慄遲迴。祈鑒何地。便當肅對王休。敬昭異寵。佩服盛文。以愧以懼。本集。藝文類聚六十七。

齊王讓禪表

陛下遠規唐虞。永樹之典。近謨漢魏。高樹之禮。既覽藝文類聚作鑒。金水昏明之數。又協雲雷隆替之徵。激風太上。扇采至公。聞命驚爽。心靈癀越。臣聞天地草昧而樹之君。所以平對二儀。顯臨萬國。膺符

詎當作謳

受厤總明。司幽軒轅。陟祚首出庶物。顓頊登庸作。爲民紀。雖五德迭興。十代繼運。非賢非睿。莫預斯位。若乃與能之交。禪錫之會。豈伊虛薄。所可塵擬。昔傅巖佐商。稷終上公。磻溪翼周。名極列伯。臣才非半古。功愧逮聖。獄訟不往。詎歌盈歸。河乏馬圖之寶。天無乘龍之錫。元首股肱。舊不可異。而曠乘之軌。忽臻於慈。慙慨憂灼。罔識其際。伏願陛下遠存禹之心。俾臣守巢由之節。則道燿日月。澤浸飛泳。聲振開闢。仁動今古。四三王而六五帝。不亦休哉。本集。藝文類聚十四。

拜正員外郎表

臣遘鄉遠迹。由學末徒。不堂雕龍之采。盜照玄豹之飾。自過被光私。濫蒙恩幸。屢度經冬。亟移春序。皇綍如紐。慙飛塵之效。瑨基方峻。謝寒露之勤。故宜伏影軒間。卷氣衡下。猶蒙供事紫楹。奉役丹殿。巡魄攀榆。榮渥不悟。震離徹邃。何景洞幽。復昇官清闈。列版嚴

臣上脫伊字

闥。蔵識何算。爰忝叔則之仕。菲質焉樹。迺謬仲容之職。猥枉青騰。增光空質。心懍末塵。情懟洞戶。仡首矯迹。以銘以奏。本集

拜中書郎表

榮轡兩臨。恩徼交鏡。悄然擊魂。迺懼迺逝。臣聞汝潁之金。或揚采於四豪。江淮之珠。已馳光於七貴。皆聲不矣美。第豈虛立。未有伎慙美輿。蒙迭目之賞。工謝縧輪。竊歸風之價。臣幼乏篆刻。長睽圖史。智罕效官。志闕從政。方遠求振風。長憂淩雨。不悟遭社鳴之世。屬河清之會。玄雲素霞。必駕蓬萊。白毳騂麟。或蒙解縶。仕通物任。官登郎掾。此實曜靈之私照。而微臣之厚幸也。仰惟皇獨大融。氣品呈觀。西傾棧山。東鯷航海。故奇士端威。異人辭折。皆相望北闕。待詔南宮。而臣學無利博。文有妨害。迺彩裙頓屣。伏黃扉之右。曳纓轉笏。居青瑣之前。訪德於姑射。聞道於崆峒。臣之願過爲信矣。昔望都才麗。爵乏上庭。長岑閩靡。身終下秩。愚臣方古。悠然已泰。

內燭徘徊眇不識屆。本集

南郊明堂異日議

郊旅上天。堂祀五帝非爲一日再黷之謂無俟釐革。南齊書禮志上。永明二年，驍騎將軍江淹議

全梁文卷三十七終

烏程嚴可均校輯

江淹六

詣建平王上書

昔者賤臣叩心。飛霜擊於燕地。庶女告天。振風襲於齊臺。下官每讀其書。未嘗不廢卷流涕。何者。士有一定之論。女有不易之行。信而見疑。貞而爲戮。是以壯夫義士。伏死而不顧者。以此也。下官聞仁不可恃。善不可依。謂徒虛語。乃今知之。伏願大王暫停左右。少加憐察。下官本蓬戶桑樞之人。布衣韋帶之士。退不飾詩書以驚愚。進不買名聲於天下。日者謬得升降承明之闕。出入金華之殿。何嘗不局影凝嚴。側身扃禁者乎。竊慕大王之義。復爲門下之賓。備鳴盜淺術之餘。豫三五賤伎之末。大王惠以恩光。顧以顏色。實佩荊卿黃金之賜。竊感豫讓國士之分矣。常欲結纓伏劍。少謝萬一。剖心摩踵。以報所天。不圖小人固陋。坐貽謗缺。迹墜昭憲。身限幽圄。履影弔心。酸鼻痛骨。下官聞虧名爲辱。虧形次之。是以每一念來。忽若有遺。加以涉旬月。迫季秋。天光沈陰。左右無色。身非木石。與獄吏爲伍。此少卿所以仰天槌心。泣盡而繼之以血者也。下官雖乏鄉曲之譽。然嘗聞君子之行矣。其上則隱於簾肆之間。臥於巖石之下。次則結綬金馬之庭。高議雲臺之上。退則虜南越之君。係單于之頸。俱啟丹冊。並圖青史。寧當爭分寸之末。競錐刀之利哉。下官聞積毀銷金。積讒磨骨。遠則直生取疑於盜金。近則伯魚被名於不義。彼之二子。猶或如是。況在下官。焉能自免。昔上將之恥。絳侯幽獄。名臣之羞。史遷下室。至如下官。當何言哉。夫魯連之智。辭祿而不返。接輿之賢。行歌而忘歸。子陵閉關於東越。仲蔚杜門於西秦。亦良可知也。若使下官事非其虛。罪得其實。亦當鉗口吞舌。伏匕首以殞身。何以見齊魯奇節之人。燕趙悲歌之士乎。

舍當作含

刺當作敕

方今聖麻欽明。天下樂業。青雲浮雒。榮光塞河。西洎臨洮狄道。北距飛狐陽原。莫不浸仁沐義。照景飲醴而已。而下官抱痛圜門。舍憤獄戶。一物之微。有足悲者。仰惟大王少垂明白。則梧丘之魂。不愧於沈首。鵠亭之鬼。無恨於灰骨。不任肝膽之切。敬因執事以聞。此心既照。死且不朽。文選。梁書江淹傳多末二語。又南史五十九。藝文類聚五十八

建平王謝賜石硯等啟

臣言。奉敕賜石硯及法書五卷。天旨又以臣書小進。更使勤習。敬閱籀篆。側觀硯功。張衞懸奇。金瓊垂麗。臣夙乏翰能。素謝篇伎。空賁恩輝。徒隆慈飾。方停烟墨。永砥學玩。仰結聖造。伏銘私荷。不任下情。本集

建平王謝玉環刀等啟

奉刺賜玉環刀等五種珍器賾。伏蒙猥降飾軼。采朱跨影。懸魄崑岡。歸琛闕山。漸寶謹藝。緹素以充。握睇垂光。既深銘佩。更積不任下情。本集

建平王慶改號啟

竊以皇衢永謐。則玉麻惟禎。國慶方東。則渑澤式茂。故五鳳協年。甘露應號。况今道潤衍溢。頌馳載繫。嘉生縟慶。風雲瑞飾。既覩昭晨。方儔昌化。延守一隅。無以自居。不勝荒情。本集

建平王讓鎮南徐州刺史啟

臣言。臣誓惟殃釁頻臻。寫曲折慊慊。狂愚冀蒙哀弔。而聖旨懸嚴。便賜斷表。神乖意失。音影何地。吞悲茹號。情膽載絕。臣荒昧神氣。爰自幼稟。分踰鼎貴。秩高外州。臣乏素能。或所不任。況在憂年。必取黜辱。特爲開非常之恩。借權製之義。柔禮滅經。實藉治本。臣又能身祈命請。一感天地。蹐蹋表啟。心容已靦。猶疑大道之行。墨縗不興。孝治天下。通喪獲遂。陛下覆被仁明。品物無漏。豈於微臣。獨不燭鑒。燋鰓在躬。輒復塵觸。伏願暫輟聽覽。少憐苦草。則臣死之日

猶生之年臨啟恍惚魂識無主不勝殞越慌息之心（本集）

蕭領軍讓司空并敦勸啟

臣某言臣沿心之請丹識以傾詔旨沖挹便賜斷表伏聞當遣王人猥垂獎勸仰天光休俯增驚厲臣以爲槐鉉之任百王攸先具司是屬冠冕式瞻化曜昌輝運基政務事深崇替迹豫興衰故道富一時則風行明令才乏適權則山摧河泣既澆汨蒼祇將紊毀身國臣進退惟疑再三自顧實以慚情非忘寵極但畏軼超衰伍迺參鼎軸無德而貴豈敢偷存才怯任重物所不恕故弱識禍槩頫希前辭枯木朽株永隔鍧恕豈特大車方塵小雅有廢而已哉將據致寇之悔取鑒於玆矣且皇華之命居上之鴻私鳳皋之招爲下之殊榮國勳必書史不謬嘛況臣連牧圍岳董司職方既鑠近古垂耀中葉揆望揣實爲泰已甚而迺復降朱輪之使方枉青冊之勸寤寐悄灼諒無以任輒重素誠冒覬神炤伏願皇靈特垂開愍賜停正台之職并免敦勸之使餘所榮忝誓不敢辭肅忝外屏祈迴恩授則於臣慊款復爲惠造不任憂戴匪遑之情（本集）

蕭太尉子姪爲領軍江州兗州豫州淮南黃門謝啟

臣公言臣頻結崇寵亟延上爵休恩動俗烈榮振古鴻品清飾已譪金圖秀鼎號銘共茂瑤篆永言戚慮鑒寐殷心況乃秩洽朝門慶霑國珮弱息臣諱嶷映晃等文不昭典武不定功出內帷闥升降貂綬或振迹領侯聯贊禁錡或騰光江甸任鈞屏翼河兗衝要既監北門之管淮豫險捍又謬西偏之寄兄子臣鸞忝守近畿嫡孫臣某軾華省闥皆倏忽晷景頻煩升荷雖感罄愚識恪居匪替豈足以少塞神遲裁酬皇眷黷一丞慙厲彌積談天之辨不能爲臣陳辭彫龍之文無以爲臣飾愧靜然肅念徘徊交集不任憂感沐浴之情（本集）

被黜爲吳興令辭牋詣建平王

淹本遷徙之徒非有儒墨之能亦以轉命溝閒待殞巖下誤得步修梘循高軒伏層檻坐曲池承洛河之潤降璇日之光載筆奉后盛飾立朝於山東百姓亦已殊甚雖蓐螻蟻抵黃泉不足以塞惠而小人狼狽爲鬼爲蜮山淵所容衣劍不貸點緒幽圄皆非報責仰遭大道之行草本勿踐轂鏤斂火吹魂拾骨濯以河漢之流曝以秋陽之景叢然黔首豈不戴天竊思伏皁九載禽錄八年以春以秋且思且顧竟不能抑黑質揚赤文抽精賾報慈光而自爲擁腫之畀木卒成踴躍之妖金所謂孽由已作匪降自天猶沐造化餘靈宥以遐邑方蒙被霜露裹糧洲島攀山樞爲室永與黿鼉爲羣猶躄者不忘起盲者不忘視況罪溢朔方尚軫一等之刑咎過朱崖猶綏再重之施金石無知何以識答昔河濟荊吳必獲陪從京輔關畿長奉帷席德音在耳話言如昨淹迺梁昌自投東極晨鳥不飛遷骨何日一辭城濠旦夕就遠白雲在天山川間之眷然西顧涕下若屑（本集）

到功曹參軍牋詣驃騎竟陵王

竊惟明使君鉞下道耀神源德鑄靈極誕涵天聽資河炤聖譽拂紘外芳激寰中故衡梁孕秀璿璣流品變瑤光之暉贊玉燭之色功邁翊殷績超匡漢是以赤瑕瓊寶之文晞影而彙集青龍遺風之乘希光而遠至如民者蓋不足算所志不出緇販所學不遺祝筮業異儒墨行乖曾史既乏修短之術又慙啟塞之辨不能伏軾蹲衡驚燕趙之郊黃金橫帶馳淄澠之鄉語默卒緒圓方靡樹謬以一氣之微徵百載之會躬奉英睿身褫青襪故以潤厚累璧恩重兼金不啻懸黎降寶靈河瀉燭復穢執爵蘭陳迎芴桂序漏越之琴竊莊文之價鋏蹈之劍盜瑣裒之名心羞秦滕志慮楚嬪艷魄踊躍憂集如燻鐫感何日銘報焉期（本集）

奏記詣南徐州新安王

伏惟明公殿下。列譽椒壁。蜚聲沖漢。爰求儒雅。傍招異人。削赤野之玉。翦燕山之金。至如淹者。東國之徒步耳。方欲影逃形匿。坐編蓬之下。遂遭烟露餘彩。日月末光。惟恩知泰。變色薰心。淹聞齊右既撫。無待巴人之唱。柏臺已構。寍俟不才之木。淹幼乏鄉曲之譽。長匱芹藻之德。豈宜炫璞鄭氏。獻鳳楚門哉。願避職吏。緩其召書。本集

到主簿日牋詣右軍建平王

淹乃庸人。素非奇士。既慙鄒魯儒生之德。又謝燕趙俠客之節。徒以結髮衛次。暫聞仁義。常欲永辭冠劍。弋釣畎壟。而身輕恩重。猥奉末光。枉白璧之惠。降黑貂之私。因兹感激。未能自反。負金羈於淮吳。從後車於河楚。竟不能曜丹臒。騰英聲。絕白雲。負蒼梧。至可知矣。不謂咸池再暉。瑤光重照。開高天之慈。布厚地之施。承命以驚。巡走且失。淹聞古人爲報。常有意焉。至迺一說之效。齊王動色。一劍之感。趙王解衣。孤心迴槩。有殞自天。本集

勅爲朝賢答劉休範書

不下脫道字

昔媯道鼎昌。干羽未能戢。姬德昭宣。長旌猶卷舒。焚衣毀冕。有自來矣。皇宋靈武誕命。聖道鬱宏。三后運光。四聖沓軌。或經天緯地。構紫靈之符。調風偃海。隆黃旗之祚。莫不頌滿金石。聲彰宇宙者也。暨我太宗明皇帝。惟岳降聖。重耀函夏。延禮璧臺。訪道衢室。平陽之后。卷迹慙靈。崆峒之君。斂功謝德。是以彩雲祥風之瑞。布濩區中。梯山棧火之俗。款徼請吏。跨商軼夏。洗周滌漢。道澤優衍。猶不封禪。遐靈在天。餘惠無泯。主上文明。金相穆然。玉色履璧之禎。獲珪之應。著在紀歲。仁浸汙河。惠愛秋草。想亦君之所聞也。重以先帝靈略。潛通英轡。遠馭受話。言必忠貞。方肅之臣。奉風聲必虔。恭匪懈之士。明時琴瑟鼎鉉之盛。且被於寍世。而忽覿來書。以惋以慨。君爲齊梁楚越之主。鼎貴一時。金玉滿堂。文馬千駟。爵授湯沐。冠蓋於道。惟名尊崇。誰與爲雄。而出言放尤。吐音入戾。舉旗類社。志竊神禁。稱兵斂衆。遂窺外關。今朝無闕政。頓構凌上之節。室無發璽。坐生莫大之釁。鴟梟猜衣。號興徒黨。主莽淵藪。盜滋之甚。不臧不軌。不忠不義。未有若斯者也。宗枝之釁。遠則吳楚見禽於一壁。盤石之變。近則江荊面縛於小將。此成敗蘭艾之鑒。又亦君之所知也。聞彼蟲飲鼠舞之異。早見物徵。河北隴上之謠。已露童詠。所謂妖由人作。孼不可逃。然桓侯之患。良助寒心。今羽林黃頭。絡繹爭引。熊渠佽飛。首尾雷發。伏波樓船。掩江蔽汜。渡遼甲卒。充野布隰。加以先天蓋世之略。蕩海拔山之威。任輔沛陳。羽林鷁舟。露動龍驤。精騎風驅。然後六師雲起。九軍星連。蜺旌外江。虹艦中水。金甲映平陸。鐵馬熠長原。蹙南嶽而永慨。瞰九疑而懷恐。伐罪弔民。復驗於兹。甫刑三千。唯此爲大。僕才等不羈。志遲丹款。故奏禍福。行矣悵然。袁楷劉蕭等疏。本集

楷當作稭

報袁叔明書

僕知之矣。高皋爲別。執手未期。浮雲色曉。悵然魂飛。前辱贈書。知命僕息心越地。采藥稽山。友人幸甚。去歲迫名茂才。冬盡不獲有報。引領於邑。情詎可及。足下推僕者不一二談也。僕聞狂士之行有三。竊嘗志之。其奇者則以紫天爲宇。環海爲池。倮身大笑。被髮行歌。其次則堅坐崩岸。偃卧深寵。朝飡松屑。夜誦仙經。其下則辭榮城市。退耕巖谷。塞遷絕賓。杜牆不出。然者皆養爲西山之餓夫。東國之黜臣。而況其鄉黨乎。或有社稷之士。入而忘歸。則爭論南宮之前。衛主於邪。伏身北闕之下。納君於治。至乃一說之奇。驚畏左右。一劍之功。震慄鄰國。夫能者唯橫議漢庭。怒髮燕路。且猶不數。而況於鄰里乎。若僕之行止。已無可言矣。材不肖文。質無所直。徒以結髮游學。備聞士大夫言曰。在國忠。處家孝。敢與廉。交友義。故拂衣於梁齊之館。抗手於楚趙之門。且十年矣。容貌不能動人。

保當作促

智謀不足自遠竟慙君子之恩卒離饑寒之禍近親不言左右莫教涼秋陰陰獨立閑館輕塵入戶飛鳥無迹命保琴書而守妻子其可得哉故國史小官也而子長爲之執戟下位也而子雲居之僕非有輕車驃騎之略六河雲險之功幸以盜竊文史之末因循卜祝之間故俛首求衣斂眉寄食耳若十口之隸去於饑寒從疾舊里斥歸故鄉箕坐高視舉酒極望雖五侯交書羣公走幣僕亦在南山之南矣此可爲智者道難與俗士言也方今仲秋風飛平原彩色水鳥立於孤洲蒼葭變於河曲寂然淵視憂心辭矣獨念賢明蚤世英華殂落僕亦何人以堪久長一旦松柏被地墳壟刺天何時復能銜杯酒者乎忽忽若狂願足下自愛也本集

與交友論隱書

淹者海濱窟穴弋釣爲伍自度非奇力異才不足聞見於諸侯每承梁伯鸞臥於會稽之墅高伯達坐於華陰之山心嘗慕之而未能及也嘗感子路之言不拜官而仕無靑組紫紱龜紐虎符之志但欲史歷巫卜爲世俗賤事耳而影然十載竟不免衣食之敗何則性有所短不可韋絃者有五一則體本疲緩臥不肯起二則人間應修酷嬾作書三則賓客相對口不能言四則性甚畏動事絕不行五則愚婞妄發輒被口語有五短而無一長豈可處人間耶知短而不可易者所謂輪椎分定也猶如雞鶩之有毛不能得鸞鳳之光采矣況今年已三十白髮雜生長夜輾轉亂憂非一以遠至之命如星殞天保光半路不攀長意徒自欺耶筋骸髓冷殊多災恙心頑質堅偏好冥默既信神農服食之言久固天竺道士之說守情淨煉神丹心甚愛之行善業度一世意甚美之今但願拾薇藿誦詩書樂天理性斂骨折步不踐過失之地耳猶以妻孥未奪桃李須陰望在五畝之宅半頃之田鳥赴簷上水帀階下則請從此隱長謝故人若乃登巖眉度流沙餐金石讀仙經嘗聞其驗

非今日之所言也誰謂難知靑鳥明之貫布筆墨然亦焉足道哉本集

雜體詩序

夫楚謠漢風既非一骨魏製晉造固亦二體譬猶藍朱成彩雜錯之變無窮宮商爲音靡曼之態不極故蛾眉詎同貌而俱動於魄芳草寧共氣而皆悅於魂不其然歟至于世之諸賢各滯所迷莫不論甘則忌辛好丹則非素豈所謂通方廣恕好遠兼愛者哉乃及公幹仲宣之論家有曲直安仁士衡之評人立矯抗況復殊於此者乎又貴遠賤近人之常情重耳輕目俗之恆蔽是以邯鄲託曲於李奇士季假論於嗣宗此其效也然五言之興諒非敻古但關西鄴下既已罕同河外江南頗爲異法故玄黃經緯之辨金璧浮沉之殊僕以爲亦各具美兼善而已初學記二十一今作三十首詩斅其文體雖不足品藻淵流庶亦無乖商榷云爾文選雜體詩注

草木頌十五首并序

僕一命之微遭萬代之幸不能鏤心礪骨以報所事耀翼驤首自至丹梯爰乃恭承嘉惠守職閩中且僕生人之樂久已盡矣所愛兩株樹十莖草之間耳今所鑿處前峻山以蔽日後幽晦以多阻饑猨搜索石瀨戔戔庭中有故池水常決雖無魚梁釣臺處處可坐而葉饒冬榮花有夏色茲赤縣之東南乎何其奇異也結莖吐秀數千餘類心所憐者十有五族焉各爲一頌以寫勞魂本集

金荊

江南之山疊嶂連天既抱紫霞亦漱絳烟金荊嘉樹涵露藝文類聚作雲宅仙婷飾詎及幽意誰傳本集藝文類聚八十九

相思

竦枝碧澗臥根石林日月斷色霧雨恆陰綠秀八炤丹實四臨公子不至山客徒尋本集

豫章

伊南有材。匪桂匪椒。下貫金壤。上籠赤霄。盤薄廣結。捎瑟曾喬。七年乃識。非日終朝。本集

栟櫚

異木之生。疑竹疑草。攢叢石逕。森蓰山道。烱岫相珍。雲壑共寶。不華藝文類聚作綠不縟。何避工巧。本集藝文類聚八十九

杉

桐梓舊麗。松栝稱奇。焉如茲品。獨秀青崖。羣木斂望。雜卉不竊。長入烟氛。永參鸞螭。本集藝文類聚八十九

檉

木貴冬榮。檉實寒色。停黛峰頂。插翠石側。碧葉灌藹。頳柯翕絶。方陋筠檟。遠笑荆棘。本集藝文類聚八十九

楊梅

寶跨荔枝。芳軼木蘭。懷蘂挺實。涵黃糅丹。鏡日繡壑。炤霞綺巒。爲我羽翼。委君玉盤。本集藝文類聚八十七御覽九百七十二

山桃

椎園有實。惟山有叢。丹藹擎露。紫榮繞風。引霧如電。映烟成虹。伊春之秀。乃華之宗。本集藝文類聚八十六

石榴

美木豔樹。誰望誰待。縹葉翠萼。紅華絳采。炤烈泉石。芬披山海。奇麗不移。霜雪不改。本集藝文類聚八十六

木蓮

迸采泉壑。騰光淵丘。細麗碧鮮。紅豔桂洲。山人結侶。靈俗共遊。時至不採。爲子淹留。本集

石上菖蒲

藥實靈品。爰乃輔性。却痾衛福。蠲邪養正。縹色外妍。金光內映。草經所珍。仙圖是詠。本集藝文類聚八十一

黃連

黃連上草。丹砂之次。禦孽辟妖。長靈久視。驂龍行天。馴馬市地。鴻飛以儀。順道則利。本集藝文類聚八十九大觀本草七

藷蕷

華不可炫。葉非足憐。微根儻餌。棄劍爲仙。黃金共壽。青腰爭妍。藝文類聚作年君謂無妄。我驗衡山。本集藝文類聚八十一

杜若

山中杜若。嘉實翠質。不奇不俗。載華載實。同銜夕露。共炯朝日。夷險無二。沈冥如一。本集藝文類聚八十一

藿香

桂以過烈。麝以太芬。摧阻藝文類聚作粗天壽。夭折人文。詎及藿香。微馥微薰。攝靈百仞。養氣青雰。本集藝文類聚八十一作青靄

全梁文卷三十八終

烏程嚴可均校輯

江淹七

雪山讚四首 并序

雪當作雲

壁上有雜畫。皆作山水好勢。仙者五六。雲氣生焉。悵然會意。題爲小讚云。

王太子喬

子喬好輕舉。不待煉銀丹。控鶴去窈窕。學鳳對巑岏。山無一春草。谷有千年蘭。雲衣不躑躅。龍駕何時還。

陰長生

陰君惜靈骨。珪璧詎爲寶。日夜名山側。果得金丹道。憂傷永不至。光顏如碧草。若度西海時。致意三青鳥。

白雲

紫烟世不覿。赤鱗庖所捐。白雲亦海外。茲蓋起三山。蕭瑟玉池上。容裔帝臺前。欲知清都裏。乘此乃登天。

秦女

青琴既曠世。綠珠亦絕羣。猶不及秦女。十五乘綵雲。璧質人不見。瓊光俗詎聞。願使洛靈往。藝文類聚作靈修往爲我道奇芬。並本集、藝文類聚七十八

銅劍讚 并序

官當作宮

永明初。始造舊官。盤東北之地。皆平岡迴隴。尤多古冢墓。有人得銅劍。長尺五寸。余既借看。歎其古異。客有謂余曰。古時乃以銅爲兵乎。其可得而聞不。余笑而應曰。此證據甚多。殆不俟言。卿既欲知。輒具言之。余案山海經曰。昆吾之山。其上多赤銅。郭璞注曰。此山出金如火。以之切玉。如割泥也。周穆王時。西戎獻之。尸子所謂昆吾之劍也。越絕書曰。赤堇之山。破而出錫。若耶之谿。涸而出銅。歐冶鑄以爲純鈎之劍。又汲冢中得一銅劍。長三尺五。及今所記干將者。亦皆非鐵。明古者以銅錫爲兵器也。周書稱穆王時征犬戎。得昆吾之劍。火浣布。長尺有咫。又有練鋼赤刀。割玉如泥焉。又左傳僖公十八年。鄭伯始朝於楚。楚賜之金。既而悔之。盟曰。無以鑄兵。故以鑄三鐘。杜預注云。楚金利故也。古者以銅爲兵。故禹貢云。荊揚貢金三品。余以爲古者語質而難解。今者語文而易了。獨詩云。元龜象齒。其實象牙也。書云。厥包橘柚。乃黃柑也。金品上則黃。中則赤。下則黑。黑金是鐵。赤金是銅。黃金是金。黃金可爲寶。赤金可爲兵。黑金可爲器。韓子稱昔智伯繇之伐趙襄子。初晉陽襄子金將盡。問於張孟談。孟談對曰。吾聞董安于治晉陽也。公室悉以銅爲柱質。君可發而用之。於是發之。有餘金矣。謂此據證可知焉。又昔夏后氏使九牧貢金。鑄九鼎於荊山之下。于昆吾氏之墟。白若甘攙之地。圖其山川奇怪。以彤于鼎。使民知神姦。不逢其害。以定其祥。鼎成三足而方。不炊而自沸。不舁而自藏。不遷而自行。

九鼎既成。定之國都。桀有昏德。鼎遷於商殷。紂暴虐。鼎遷於周。每人主休明。鼎雖小而重。其姦回昏亂。雖大而輕。及周顯王三十二年。姬德大衰。乃淪入泗水。秦始皇之初。見於彭城。二十七年。始皇東遊。大發徒出之。而不能得焉。後漢武帝賓禮百神。于汾陰得大鼎。時人以爲九鼎。其詳不可得而審也。且荊軻刺秦王之日。匕首擊銅柱。銅柱火出。則古者非直以銅爲匕首。亦以爲殿柱也。且始皇之世。長狄十二。見於臨洮。身長三丈。足跡六尺。於是始皇斂天下之兵。鑄而象之。故西京賦云。高門有閌。列坐金狄是也。又造阿房之宮。其門悉用磁石。磁石吸鐵。以防外兵之入焉。以此推之。明知春秋迄於戰國。戰國至於秦時。攻爭紛亂。兵革互興。銅既不充給。故以鐵足之。鑄銅既難。求鐵甚易。是故銅兵轉少。鐵兵轉多。年甚一年。歲甚一歲。漸染流遷。遂成風俗。所以鐵工比肩。而銅工稍絕。二漢之世。逾見其微。及漢建安二十四年。魏文帝爲太子時。鑄

三寶刀二七首天下百鍊之精利而悉是鑄鐵不能復鑄銅矣按
張華博物志亦稱鑄銅之工不復可得唯蜀地羌中時有解者由
此言之斯妙久絶余謂不復能鑄銅者正當不能使利如霜雪光
如雲霞陸斬犀兕水斷蛟龍豈復不能鑄銅鑪鋺燈耶然今太極
殿前兩大銅鏡卽周景王鑄也製作精巧獨絶晚世今之作必不
及古猶今鏡不及古鏡今鐘不及古鐘矣昔余爲吳興令登池又
獲銅箭鏑數十枚時有人復於彼山中伐木得銅斧一口古銅鑄
爲兵豈爲一據故備言其詳以發子之蒙矣古貴銅賤鐵非獨此
事按皇覽帝王冢墓記稱吳王闔閭冢銅槨三重汞池六尺玉鳧
之流扁諸之劍三盤郢魚腸之劍在焉秦始皇冢亦以銅槨水銀
爲江河闢東賊發之至銅槨而取銅深大不可多得因此穴墓漢
恩王冢時奢侈皆生葬取愛幸奴婢著殺爲銅窗以通殉葬者氣
息兼以水火守冢給呼召數十年乃不復聞聲矣晚世之葬無復
此例然猶自大奢大富大威或傾一國之財或竭一家之寶或爭
爲宏麗或競相高尚前漢奢於後漢魏時富於晉世中原既夷至
於江左時天下凋喪制度日衰富貴之家猶或厚葬然論古論棺
亦減損千萬倍矣世愈貧狹喪禮愈薄又往古之事棺皆不用釘
悉用細腰其細腰之法長七寸廣三寸厚二寸五分狀如木秤兩
頭大而中央小仍鑿棺際而安之因普漆其外一棺凡用細腰五
十四枚大略如此亦可謂至巧矣其法既絶亦有銅釘銅釘之體
皆如今柘釘形也銅釘既滑多被發掘自義熙以來乃以柘代銅
爰及明器之屬亦多滅省必不得已乃用烏牙焉相與皆用素棺
不得施漆及自棺之外一無所設既由貧富之懸兼以避患之及
耳故爲此識以明古今銅鐵之兵刃葬送之事焉乃咸讚曰
悠悠開闢或聖或賢蚩尤鑄銅爲兵幾年天生五才實此爲先既
古既襲誰僞誰傳紛綸百代事無不異況適金鐵國之利器風胡

專精歐冶妙思於昔則出於今則祕問之釋經萬物澹薄在古必
厚在今必疏徒侈徒異徒飾徒俏聊舉一槩以明鴻略。本集

袁友人傳

友人袁炳字叔明陳郡陽夏人其人天下之士幼有異才學無不
覽文章俶儻清澹出一時任心觀書不爲章句之學其篤行則信
義惠和意磬如也常念蔭松柏詠詩書志氣跌蕩不與俗人交俛
眉暫仕歷國常侍員外郎府功曹臨湘令粟之入者悉散以贍親
其爲飾也如此數百年未有此人焉至迺好妙賞文獨絶於世也
又撰晉史奇功未遂不幸卒官春秋二十有八與余有青雲之交
非直銜盃酒而已嗟乎斯才也斯命也天之報施善人何如哉何
如哉本集

無爲論并序

吾嘗迴向正覺歸依福田友人勸吾仕吾志不改故著無爲論焉
有奕葉公子者聯蟬七代冠冕組綬多素執黼衣繡裳貫長劍而
耿耿佩鳴玉而鏘鏘時遊梁下或客於梁聞英雄而豹變聽利害
以龍驤乃動朱履而馳寶馬振玉勒而曜金羈之無爲先生之門
問曰先生智德光融蔚華無得以方其峻道義清遠溟海不足以
喻其深無學不窺無事不達容儀閑靜言笑溫雅至如釋迦三藏
之典李君道德之書宣尼六藝之文百氏兼該之術靡不詳其津
要而采摭沖玄煥乎若視於繞中炳乎若明於掌內余聞天地之
大德曰生何以聚人曰財是故老聃以爲柱史莊周以爲園吏東
方持戟而不倦尼父執鞭而不恥實萬古之師範一時之高士先
生嘉遁卷迹養德不仕乃列子之所待非遍天下之至理雖江海
以爲榮蓋搢紳之所鄙先生倏爾笑而應之曰富之與貴誰不欲
哉乃運而不通也夫忠孝者國家之急務也申生伍員不得志也
懷道抱德玄風之所尚楊雄東方其職未高也其大學者不過儒

墨亦栖栖遑遑多有不遂也子所引之士者情雖欲之志不行也憂喜不移其情故可爲道者也過此已往焉足言哉吾聞大人降迹廣樹慈悲破生死之樊籠登涅槃之彼岸關三乘以誘物去一相以歸眞有智者不見其去來有心者莫知其終始使得湛然常住永絶殊塗無變無遷長袪百慮恬然養神以安志爲業欲使自天祐之吉無不利舒卷隨取進退自然逍遥無悶幽居永貞亦何榮乎亦何鄙乎子其得之吾何失之塵内方外於是乎著公子恧然而有慚德逡巡而退（本集廣宏明集二十九下）

齊太祖高皇帝誄

日月鬱華風雲黯色傷動紫微悲帀璇極嗚呼哀哉粤夏四月辛卯將遷座於泰安陵龍鑾既整羽衞以陳深酸舊物掩咽故臣嗣皇帝永訣丹掖叫號青墀攀神光之一絶慟遠邇之何期弓劍有慕纂徽寫辭僉曰若稽古聖睿圖靈鏡星樞發祚雷光啟命誕惟弱齡惠志聰情如金如璧爰秀爰英於鑠冠歲騰華流藝允文允武克明克睿聿尚登學嚴道尊師宣敷五禮優游六詩上炫舊滯旁鏡前疑才磬鬱采筆盡麗辭在友斯悌于親伊孝險泰共色夷阻一貌遊情思矩縱心蹈教鄉術式慕州閭是效業優登仕先哲攸懋翔乃寥廓淵規邃構官府天地舟輿宇宙龍靜鳳戢斂奇掩秀昔在帝劉玉室放命狡焉僞誕晦朔陵正鋒車北軼爟火南咸太祖時乘爰兹發迹塞井滅勳夷竈龕敵賞鏤王圖功彝帝册乃厲中葉天未斂難兵百袁曹禍十楚漢吳地前崩越壤首亂銜號爟威火列金斷聚甲如陵獻俘爲觀北楚偏强曾未屈膝雲屯被野魚麗互日廟勇既消國圖方匱神册天開雄略世出凶劍鱗沈醜戈羽逸隻騎不返蹄輪無匹厥庸戾止雜珮委佗榮鬱閶闔寵董山河皇彝有文朝采方藹頻煩金紐左右緹萱毘戎肅禁參聳侍旃饗復區中道藝岷外河濟國險淮泗邦壓要藩重設匪賢則

親亦既稚載擁土庇民聲稜絶俗威瞻殊鄰宋圭陵遐紫殿遏密話言之訊貽在英粹寅亮大寶敷綸妙祕世議機璧物宗淵懿無負匪練靡奧不洎三階既馴五精惟至彭蠡九江地盡襟製亦有剗籤衣纓是絶躍馬山岫泛舟河澨縞鏞星流紅旗電結嬀翼兢扇貅牙爭礪禍纏紫禁兵交丹衞瑤祀若旃金扆如綴朝野傾儀咸歸上德實頼至公濡家提國嶮險實恭衰危必克機篋朝旦功定曛黑妙物更亂具章重則深居攜外遙棲綵墅高秩方臻元禮有序王曰念哉煒寵是與賦藝宮闈任卷文武飾華麗貂榮金璽組宏猷溢裕曾芬冠古慄彼朱方亦惟宗秩陰圖食舄潛謀貫日征輪未警偏旗御律原燎既寂世囂伊謐爰崇爰貴以望以賓雁縣告龢象郡無虞杳鬱遠域清麗瓊都國墳岷負朝委事虛實斁哲相嶽曜神居功美既積道富去岔再紐契訓重匡禹迹方周范張濯纓汾射散轡山郊解珮松石顏霞彿朝蒼烟懵夕韻属玄經恩流金液靈厥霸德少帝告釁滅慈滅養抵仁抵信枉獄炎鑪淫刑霜刃剸忠翦義樊稚斲櫬朕謀萬岷曰怨曰震妖銳將崩災裂昊蒼況乃鼎國資滌資匡臨朝闕命遏晷立綱事縣毗漢義締翼商既綏地職亦懋天工權與輿縣俾作司空黼黻琱戈祐宇升庸徒腸先衮爰永渥沖實曰驃騎卷跡辭功褰寓睦政畿甸綸風沈氏滔天勃逆舊楚氣蹂黃池志樂柏舉裂禮紊度毁經棄序黑騎彭山朱旗擁漢鉏兵相接長鐵爲羣顯如海岸蠱似蒸雲合乃霧激離則霰分剝國既軼郢黎方熒衷劉二戾豕斂爆發聯謀制外儲兵襲内釁激瓊殿勢崩金闕志乘玄壟圖矯祕鉞鴻妖逆星高祲棄月惟時諸侯上脫下藏圖服消蕩實綴仁聖煒燿國靈導暢主命曾規近晰深謀追鏡左輪朱輻表搴斯定七德飾歌九功肆詠乃陟上鉉寵文方輝誕錫有秩紩吹旌旗賁玫瑤光錫教太微賓曰太傅爰登相國緌岷以禮綜祇以德景福咸湊芳猷允塞羽

贖當作讀

泳式遣。盆蟄是賜。金湯無險。軌書攸同。迴迴寵跡。窈窈容功。寶珪黛壤。偉玉于東。絢册是敷。戀物既崇。設業設簴。丹懸碧鏞。於穆顯祖。黎元時邕。冰州炎徼。來獻其琛。雁海龍關。亦柔好音。梁鼂棧鶴。越險浮深。遠戎皆觀。上靈弘臨。山吐后青。野降密露。瑞芝麗草。珍柯擢樹。人崩俗縞。玄緯幽敷。睨此妙德。踐我王度。遘滯炎旻。既變至公。葵裳婉華。文祖受終。大宋有順。高禱萬邦。容豫慶雲。遊衍南風。正服實位。圓光玉繩。御繡懷古。負黼夙興。巨凝必靜。淵漪咸澄。勛展有作。黔黎其義。矜卑廣慈。合賤兼愛。綴機剗賊。輕章削罰。跡去繁奢。情歸素一。戟靡龍刻。楹無丹寀。越賤申椒。楚輟靈橘。陵寢起邑。池藥誰縣。遙館罕御。離房空薦。悖教路宮。淹神正殿。斟酌信義。左右律禮。瑩彼皇維。煁茲國體。胄業既樹。璧流方啟。漢求金軸。吳實銅璽。盛若睿德。驥馴卻鄉。實才為貴。唯功是念。火職咸允。雲官亦熙。既泉乃益。匪稷伊夔。無缺巡風。寧謨辨詩。玉燭調文。玄英最節。乘山呈瑞。航海歸閩。不曠景册。靡空歲月。受緯機衡。兼甄書史。孫韓各辯。莊墨異理。昭政往謨。洗鑠前軌。逍遥星斗。徙倚涼雲。春飆方駕。秋鴻初分。式謠式詠。載績載文。邈哉我后。淪泳賢聖。磬品作號。壹物歸政。蒼彖洪曜。玄靈副慶。永哉嘉祉。方寅景命。締詳有文。鼎沛將掩。理昧人誠。道懸世險。夐略遺圖。忌華徇儉。文闈陳几。翌明告漸。蜺鶴闕食。日月朏精。翔在乘輿。宇拆宙傾。祕緹鸞旆。悲趍紫扃。去璇臺之照曜。襲珠殯之冥冥。嗚呼哀哉。帷宮低景。輦路斂光。倒柏門之騑驂。泣松帳之菀菀。上宮撫而詔御。咽羣后慕而侍衞。儀僕靈既儼。遠日以登。鬱岧既奠。龍醉己徹。素月夜横。翠烟曉結。縱虛金而下欷。吟空簫而增絕。嗚呼哀哉。於是颯天觴而從綺輿。遊軿行而撫文。篆傍建春而南躍。徑宣陽而東蹕。尚釜茔而未散。乍盼默而不轉。睇千乘之共啜。盼萬騎之相泫。嗟魏后之戀譙。惻漢主之懷沛。辭金陵之舊義。降雲陽之杳藹。風奇響而駐軒。烟

異色而低旒。怨街邑之綵驂。弔原野之縞蓋。挽夫愴而征馬凝。痛紫盈其如帶。嗚呼哀哉。複林油雲。重山滅日。御房清淒。神路冥謐。照徒肅肅。幽祇竦蹕。攀光灑慟。臨泉擗泗。璅座長嚴。雕宮永閟。寂帳寂兮寂已遠。夜釭夜兮夜何邃。嗚呼哀哉。本集。

宋故尚書左丞孫緬墓銘

光靈維周。肇祀伊衞。紹芬上代。鏡華中世。睿諟降明。秀芳嗣烈。學惟物範。行實士節。容與書林。優游史藝。素巾巖冠。朱紱累轍。采訪詩逸。人徇禮缺。麗名文質。齊影儒喆。慶履匪舒。沴氣遽結。殯帷兮既晦。泉火兮已閉。曖遺波於遙緒。颯流馨於遠歲。本集。

宋故安成王右常侍劉喬墓銘

丹陽韞聖。豐鄉降賢。玉葉既積。金徽方傳。乃毓伊人。克廣克宣。騰芬中闈。飛藻上年。杳杳虛素。永永沖閑。雲意霜拍。瓊立冰堅。家寶以塋。國才未甄。參錯報善。祕昧雲玄。歛魂幽石。委氣空山。膚若流波。身如絕烟。芳菲一逝。美戀徒鐫。本集。

宋故銀青光祿大夫孫夐墓銘

川祇效鏡。岳祥獻明。君葉獨秀。瑤源自淸。紛炳器譽。夙燿才名。體兼遷雲。學備儒史。紫闥咸趣。朱軒既履。貴交慕壓。素遊企軌。騰藻上京。振彩下國。如彼綠蘭。秉芬四塞。歛人遐之不平。歎天路之冥默。貴夫君之為美。播靈均與正則。本集。

齊故御史中丞孫詵墓銘

筠以霜蕭。蘭以風薰。深哉若人。實好斯文。系緒承冑。激蘤騖芬。才基魏粲。學參漢雲。覽志上載。洽鏡前聞。騰名冠俗。揚采絕羣。方纓明世。式贊睿君。如何不淑。天道難分。敢雕窆石。永晰幽墳。本集。

齊故司徒右長史檀超墓銘

惟金有銑。惟玉有瑤。君實淵哉。行為世標。高志灑落。逸氣寂寥。奧學內溢。深文外照。嘉采籍譽。登國振朝。亦既有美。筠傷蕙凋。人遐

運曠。世促道遐。永矣仁矣。流芳無澆。本集

宋建平王太妃周氏行狀

竊聞侯服之譽。非黃冠能敷。玉食之門。盛皁衣所述。諒畏褒虛美於君后。被空名於鼎貴。然昔有漢臣誄行。晉史書德者。亦云實而已焉。伏見國太妃禀靈惟岳。集慶自遠。世擅淮汝。族冠嚋代。故以戴曜聲書。式炳滕牒矣。太妃誕粟離之正和。涵雲露之中氣。凝朵齠歲。賁章笄年。若迺彤管女圖之學。纂組綺縞之工。升降虔謙之儀。柔靜嘉順之節。莫不中道若性。不嚴而成。故譽滿閨閫。聲聞軒殿。以元嘉某年。歸于故司徒宣簡王。既而第高恆倫。秩踰外品。青軒華轂。用光國輝。素璧丹墀。實隆家貴。其惟婣嬿。靡不式瞻。而居尊以簡。訓卑以弘。躬謹蘭闈。身撝椒第。若衞姬之炯行。樊嬴之英操。方之蔑如也。大明二年。宣簡王薨。太妃藉悲用禮。撫孤用慈。柔懿之德愈彰。肅敬之問日被。雖文伯之母。言不踰閾。莒相之主。行存乎勤。無以過也。大明某年。拜建平王太妃。是時今王春秋方富。德業未隆。藉茲金響。終能玉播。故綺襦出宰。弱冠升朝者。亦太妃劬勞之訓也。謂天蓋高降年不永。以太豫元年二月三日薨于荆州之內寢。凡厥遠邇。以哀以歎。今祖行有期。泉穸無遠。素旐望路。綵旌思歸。所以垂宣徽容。影響金石者。謹詳牒行狀。具以申言。本集

蕭驃騎祭石頭戰亡文

咸告忠貞之魂曰。義惟行首。雄實士節。嗟爾驍驚。稟才蹈烈。守玉不渝。懷冰可折。氣彰摩旗。情激亂轍。高墉摧堅。巨醜挫鋭。深痛克矜。寃靈及雪。隆恩殊悼。臨爾以訣。千秋同盡。百齡一世。魂而有知。藝文類聚十五

感無遠邇。嗚呼哀哉。本集

蕭太傅東耕祝文

敬祝先穡曰。攝提方春。黍稷未華。灼爍發雲。昭曜開霞。地煦景暖。山豔水波。側聞農政。實惟民天。競秬獻歲。務畝上年。有渰朕潤。興雨導泉。崇耕巡索。均逸共勞。命彼倌人。税于青皋。羽旗銜麱。雄戟耀毫。呈典緇耦。獻禮翠壇。宜民宜稼。克降祈年。願靈之降。解佩停鑾。神之行兮氣爲軷。神之坐兮烟爲蓋。使嘉穀與玄邑。永爭光而無沫哉。本集

自序傳

淹字文通。濟陽考城人。幼傳家業。六歲能屬詩。十三而孤。邈過庭之訓。長遂博覽羣書。不事章句之學。頗留精於文章。所誦詠者。蓋二十萬言。而愛奇尚異。深沈有遠識。常慕司馬長卿梁伯鸞之徒。然未能悉行也。所與神遊者。唯陳留袁叔明而已。弱冠以五經授宋始安王劉子眞。略傳大義。爲南徐州新安王從事奉朝請。始安之薨也。建平王劉景素聞風而悅。待以布衣之禮。然少年嘗倜儻不俗。或爲世士所嫉。遂誣淹以受金者。將及抵罪。乃上書見意而免焉。尋舉南徐州桂陽王秀才。對策上第。轉巴陵王左常侍。右軍建平王主簿。實待累年。雖以文章見遇。而宋末多阻。宗室有憂生之難。王初欲羽檄徵天下兵。以求一旦之幸。淹嘗從容曉諫。言人事之成敗。每曰。殿下不求宗廟之安。如信左右之計。則復見麋鹿霜棲露宿於姑蘇之臺矣。終不以納。而更疑焉。及王移鎭朱方也。又爲鎭軍參軍事。領東海郡丞。於是王與不逞之徒。日夜搆議。淹知禍機之將發。又賦詩十五首。略明性命之理。因以爲諷。王遂不悟。乃憑怒而黜之。爲建安吳興令。地在東南嶠外。閩越之舊境也。爰有碧水丹山。珍木靈草。皆淹平生所至愛。不覺行路之遠矣。山中無事。專與道書爲偶。及悠然獨往。或日夕忘歸。放浪之際。頗著文章自娛。在邑三載。朱方竟敗焉。復還京師。値世道已昏。守志閑居。不交當軸之上。俄皇帝始有大功於四海。聞而訪召之。爲尚書駕部郎驃騎竟陵公參軍事。當沈攸之起兵西楚也。人懷危懼。高

帝嘗顧而問之。曰。天下紛紛若是。君謂如何。淹對曰。昔項彊而劉弱。袁衆而曹寡。羽號令諸侯。竟受一劍之辱。紹跨躡四州。終爲奔北之虜。此所謂在德不在鼎。公何疑焉。帝曰。聞此言者多矣。其試爲我言之。淹曰。公雄武有奇略。一勝也。寬容而仁恕。二勝也。賢能畢力。三勝也。民望所歸。四勝也。奉天子而伐逆叛。五勝也。彼之志鋭而器小。一敗也。有威而無恩。二敗也。士卒解體。三敗也。搢紳不懷。四敗也。懸兵數千里。而無同惡相濟。五敗也。故豺狼十萬。而終爲我獲焉。帝笑曰。君談過矣。是時軍書表記。皆爲草具。逮東霸城府。猶掌筆翰。相府始置。仍爲記室參軍事。及讓齊王九錫備物。凡諸文表。皆淹爲之。受禪之後。又爲驃騎豫章王記室參軍。鎮東武令。參掌詔冊。並典國史。既非雅好。辭不獲命。尋遷正員散騎侍郎中書侍郎。淹嘗云。人生當適性爲樂。安能精意苦力。求身後之名哉。故自少及長。未嘗著書。惟集十卷。謂如此足矣。重以學不爲人交不苟合。又深信天竺緣果之文。偏好老氏清淨之術。仕所望不過諸卿二千石。有耕織伏臘之資。則隱矣。常願幽居築宇。絕棄人事。苑以丹林。池以綠水。左倚郊甸。右帶瀛澤。青春爰謝。則接武平皋。素秋澄景。則獨酌虛室。侍姬三四。趙女數人。不則逍遙經紀。彈琴詠詩。朝露幾間。忽忘老之將至云爾。淹之所學。盡此而已矣。本集又略見藝文類聚五十五。

全梁文卷三十九終

全梁文卷四十

烏程嚴可均校輯

孫謙

謙字長遜。東莞莒人。宋元嘉中。豫州刺史趙伯符引爲左軍行參軍。歷江夏王義恭大司馬太宰二府參軍。出爲句容令。泰始初。建安王休仁以爲司徒參軍。遷明威將軍巴東建平二郡太守。還爲撫軍中兵參軍。元徽初遷越騎校尉征北司馬府主簿。進左軍將軍。齊初爲寧朔將軍錢塘令。永明初爲冠軍長史江夏太守。免。爲中散大夫。明帝將廢立。出爲南中郎司馬。入梁爲輔國將軍零陵太守。徵拜光祿大夫。天監十五年卒。年九十二。

誡外孫荀匠

主上以孝治天下。汝行過古人。故發明詔。擢汝此職。非唯君父之命難拒。故亦揚名後世。所顯豈獨汝身哉。（梁書荀匠傳）

臨終遺命

吾少無人間意。故自不求聞達。而仕歷三代。官成兩朝。如我資名。或蒙贈謚。自公體耳。氣絕即以幅巾就葬。每存儉率。比見轜車過精。非吾志也。士安東以蘧蒢。王孫倮入后地。雖是匹夫之節。取于人情未允。今使棺足周身。壙足容棺。旒書爵里。無曰不然。旒表命數。差可停息。直儭轜牀。裝之以蘐。以常所乘者爲魂車。他無所用。（南史孫謙傳）

王當作王

沈麟士

麟士（一作驎士）字雲禎。吳興武康人。宋侍中懷文族子。元嘉末訪舉學士。縣以應選。尋稱疾歸。終宋至齊。累徵不就。梁受禪。與何點同徵。又不就。天監二年卒。年八十五。（齊書作年八十六。今從南史。案祖德碑云。天監癸未。蓋碑文作于臨卒之年也。）有集六卷。

與沈約書辭表薦

名者實之賓。本所不庶。中央無心。空勤南北。爲惠反凶。將在於斯。（南史七十六沈麟士傳）

荅張永使者辭功曹

明府德履沖素。留心山谷。民是以被褐負杖。忘其疲病。必欲飾混沌以蛾眉。冠越客以蟬冕。走雖不敏。請附高節。有蹈東海而死耳。未忍受此黥劓。（引沈麟士別傳）

沈氏述祖德碑

沈莫盛于吳興。始吾祖戎。建大勳。辭顯秩。䌛江北避地。居吳之餘不鄉。其卒也。於永平元年。葬鄉之金鼇山。時有金鶩飛集。三鳴而去。童謠曰。金鶩鳴。沈氏興。代代出公卿。遂更名其山曰金鶩。夫天發物祥。人應歌詠。䌛來之數。厥非偶然。蓋由沈氏積善累行。肇基既遠。而戎祖盛德大業。足以纘先緒。光祖宗。感天祐。昌後嗣。故吉祥之事。動而先見耳。沈本姬姓。自帝嚳之妃姜嫄。踐巨人跡而生

后稷。樹藝五穀。開粒食之源。貽萬世之利。書曰。后稷播種。蒸民而粒是也。傳棄璽叔望喬不窋生鞠。鞠生公劉。復修后稷之業。百姓懷之。子慶節國于豳。繼皇僕差弗毀隃公非辟方高圉侯牟亞圉雲都組紺諸盩及古公亶父。篤于仁義。避狄遷岐。民皆舍故土而歸之。古公傳王季文王。聖化普被。歸命者四十國。孔子曰。周之德其可謂至德也已矣。迨武王受命。其同母弟聃季載。乃文王十子也。有才德。爲司空。封于汝南平輿之沈亭。爲沈子國。沈氏得姓實始諸此。聃季卒。子伯栢立。伯栢卒。子同立。同卒。子采立。采卒。子乙初立。乙初卒。子蘇立。蘇卒。無嗣。弟杼承統。杼之子庚向壬局。而庚向入爲周卿。勤于王事。仍封其子忽于沈。忽卒。子不離立。不離卒。子辛生立。辛生卒。子已濟立。已濟卒。子遇立。遇卒。子楫立。楫卒。子德肩立。德肩卒。子鱒立。鱒卒。子逞立。年尚幼。周敬王元年。吳伐之。奔楚。子嘉立。以不赴召陵之會。晉怒。使蔡人滅其國。自聃季至嘉

歷世十八國雖小弱然率忠厚鮮有兵革之釁嘉生尹丙尹戊戊才略傑出精於兵機入楚爲令尹戊生諸梁字子高有五虎之威九牛之力怒髮强鬚摧鋒敢戰楚封爲葉公生茂春及尹射尹文茂春襲葉爵傳葉氏族尹射生尹赤尹未隱華山尹文生踰楚内史司戶參軍隨生永中乙奇永中生猶行受業於曾子之門仕齊衞大夫猶行生安仁安仁生同俱齊大夫居武城同生郢有才名秦始皇併天下詔封丞封辭徙江南郢生平平生祖祖生保漢文帝以征蠻功封竹邑侯保生遵太子太傅敷德侯家九江之壽春遵生逵及逵逵爲驃騎將軍生乾拜尚書令乾生南陽太守弘弘生河南郡守昂及勖昂生御史中丞奮奮生將作大匠子恪恪生尚書關内侯諫及議議生靖濟陰太守諫生戎字威卿初爲光祿勳以九江從事遷濟陽太守時尹良逆命戎不煩兵甲往諭降之光武錫茅海昏侯辭不受因居吳興子孫蕃衍毓秀產靈凡金鶩鄉

之沈皆出于祖戎德文並著輝映後先戎子酆字聖通零陵太守有善政芝草生黃龍見次曰禮尚書令酆子侍御史景字孟高安平相辭字仲高帝以景端鯁倩直遷相河閒王捕諸奸佞導王以禮帝賜衣一襲以嘉之景子荆州刺史彥彥子湘東守文淶淶子海陽令夔夔子爛爛子充充子勁官揚威將軍死節不屈朝廷嘉其忠贈東陽太守勁子大長秋赤黔及吏部尚書嘉赤黔長子膺期晉大中大夫中子叔任益州刺史少子說道梓潼太守嘉子發散騎常侍次子同車騎將軍膺期生四子長慶之累建大功加始興公贈司空次虔之爲樂安令居官清素民皆德之次嶽次峻並文名冠世峻爲西臺學士其他支派咸昌名人代有照耀史策然而舉之或遠引高蹈或致君澤民或立言垂範或折衝禦侮或孝友于家庭或忠節殉國難沈氏之興莫是過也斯豈非戎祖盛德垂統之所致歟宋元嘉三年伯父叔兄輩侍中懷文貞公演之襄公慶之樂安令虔之參軍瑛之新淦男融之吏部尚書曇慶五兵尚書懷明光祿大夫孟迺征西長史叔仁等念祖德不忘表請于朝詔曰東漢故臣沈戎沈國嫡系世有善行才智兼長忠義自矢遂敢身入虎穴諭以至誠一矢不加逆子格面茅社之錫用以旌功乃國難既夷掛冠遠遯捨故宅爲佛寺棄封侯如脫屣進不爲身退不爲名忠上潔己邦家之光沈氏積善唯戎流之可追封爲述善侯併敕其所捨寺曰懷德寺嗚呼戎祖之德久而彌彰矣夫人于利害之關富貴之際見不透決不力避難苟免死無得稱以視戎祖爲何如邪是知叶祥于天人而昭顯于胤裔贈爵于後王皆繇德也麟士自愧固陋雅志林泉補古人之遺書考先世之德業竊恐前徽或墜後昆罔繼故述其大凡勒之墓側以志不忘云旹大梁天監癸未春三月吉旦（湖錢金石考四）

終制遺令

氣絕剔被取三幅布以覆屍及斂仍移布於屍下以爲斂服反被左右兩際以周上不復製覆被不須沐浴唅珠以米帬衫先著褌凡二服上加單衣幅巾履枕棺中唯此依士安用孝經既殯不復立靈座四節及祥權鋪席於地以設玄酒之奠人家相承漆棺今不復爾亦不須旐成服後即葬作冢令小後祔便作小冢於瀕口合葬非古也冢不須聚土成墳使上與地平王祥終制亦爾不須轜車靈舫魌頭也不得朝夕下食祭奠之法至於葬唯清水一盃（南史七十六沈麟士傳）

顧憲之

憲之字士思吳郡吳人宋鎭軍將軍覬之孫孝建初舉秀才歷太子舍人尚書比部郎撫軍主簿元徽中爲建康令遷車騎功曹晉熙王友齊高帝執政以爲驃騎錄事參軍太尉西曹掾齊臺中書侍郎及受禪除衡陽内史永明初爲太尉從事中郎歷

隨王東中郎長史行會稽太守遷巴陵王南中郎長史行婺州事歷給事黃門侍郎兼尚書吏部郎中出行南兗州事建武中遷太子中庶子出爲晉陵太守永元初歷豫章太守中興末徵爲揚州別駕從事未拜梁受禪引疾歸天監二年就家授太中大夫八年卒年七十四

南郊明堂異日議

春秋傳以正月上辛郊祀禮記亦云郊之用辛尚書獨云丁巳用牲于郊先儒以爲先甲三日辛後甲三日丁可以接天神之日後漢永平二年正月辛未宗祀光武皇帝於明堂既是常郊之日郊又在明堂之前無容不郊而堂則理應郊堂上（南齊書禮志上永明二年）

牛埭稅格議

尋始立牛埭之意非苟逼僦以納稅也當以風濤迅險人力不捷屢致膠溺濟急利物耳既公私是樂所以輸直無怨京師航渡即其例也而後之監領者不達其本各務己功互生理外或禁遏別道或空稅江行或撲船倍價或力周而猶責凡如此類不經埭煩牛者上詳被報格外十條並蒙停寢從來諠訴始得暫弭案吳興頻歲失稔今茲尤饉去之從豐良由饑棘或徵貨（咸淳臨安志作齎貨）貿粒還拯親累或提攜老弱陳力餬口埭司責稅依俗弗降舊格新減尚未議登格外加倍將以何術皇慈恤隱振廩蠲調而元懿幸災搉利重增困瘼人而不仁古今共疾且比見加格置市者前後相屬非惟新加無贏並皆舊格猶闕愚恐元懿今啟亦當不殊若事不副言懼貽譴詰便百方侵苦爲公貢怨元懿稟性苛刻已彰往效任以物土譬以狼將羊其所欲擧腹心亦當虎而冠耳書云與其有聚斂之臣寧有盜臣此言盜公爲損蓋微斂民所害乃大也今雍熙在運草木含澤其非事宜仰如聖旨然掌斯任者應簡廉平廉則不竊於公平則無害於民矣愚又以便宜者蓋謂便於公宜於民也竊見頃之言便宜者非能於民力之外用天分地者也率皆卽日不宜於民方來不便於公名與實反有乖政體凡如此等誠宜深察山陰一縣課戶二萬其民貲不滿三千者殆將居半刻又刻之猶且三分餘一凡有貲者多是士人復除其貧極者悉皆露戶役民三五屬官蓋惟分定百端輸調又則常然比衆局檢校首尾尋續橫相質累者亦復不少一人被攝十人相追一緒裁萌千孽互起蠶事弛而農業廢賤取庸而貴擧責應公贍私日不暇給欲無爲非其可得乎死且不憚矧伊刑罰身且不愛何況妻子是以前檢未窮後巧復滋網辟徒峻猶不能悛竊尋民之多僞實由宋季軍旅繁興役賦殷重不堪勤劇倚巧祈優積習生常遂迷忘反四海之大黎庶之衆心用參差難卒澄一化宜以漸不可疾責誠存不擾藏疾納汙實增崇曠務詳寬簡則稍自歸淳又被簡符前後年月久遠其事不存符旨旣嚴不敢闇信縣簡送郡郡簡呈使殊形詭狀千變萬源聞者忽不經懷見者實足傷駭兼親屬里伍流離道路時轉寒涸事方未已其士人婦女彌難厝衷不簡則疑其有巧欲簡復未知所安愚謂此條宜委縣簡保擧其綱領略其毛目囊漏不出貯中庶嬰疾沈痼者重荷生造之恩也又永興諸暨離唐㝢之寇擾公私殘燼彌復特甚儻値水旱實不易思俗謠云會稽打鼓送卹吳興步擔令史會稽舊稱沃壤今猶若此吳興本是瘠土事在可知因循餘弊誠宜改張治元懿今啟敢陳管見（南齊書陸慧曉傳永明六年憲之爲隨王東中郎長史行會稽郡太守時西陵戍主杜元懿啟牛埭稅格乞爲官領攝世祖敕示會稽郡此詎是事宜可訪察即啟憲之議並從之又見南史三十五咸淳臨安志八十九）

之當作乏

洽當作治

終制

夫出生入死理均晝夜生旣不知所從來死亦安識所往延陵所云精氣上歸於天骨肉下歸於地魂氣則無所不之良有以也雖復茫昧難徵要若非妄百年之期迅若馳隙吾今豫爲終制瞑目

之後。念竝遵行。勿違吾志也。莊周澹臺。達生者也。王孫士安。矯俗者也。吾進不及達。退無所矯。常謂中都之制。允理愜情。衣周於身。示不違禮。棺周於衣。足以蔽臭。入棺之物。一無所須。載以輴車。覆以麤布。爲使人勿惡也。漢明帝天子之尊。猶祭以杅水脯糗。范史雲烈士之高。亦奠以寒水乾飯。況吾卑庸之人。其可不節衷也。喪易寧戚。自是親親之情。禮奢寧儉。差可得由吾意。不須常施靈筵。可止設香燈。使致哀者有憑耳。朔望祥忌。可權安小牀。暫設几席。唯下素饌。勿用牲牢。蒸嘗之祠。貴賤罔替。備物難辦。多致疏怠。祠先人自有舊典。不可有闕。自吾以下。祠止用蔬食時果。勿同於上世也。示令子孫。四時不忘其親耳。孔子云。雖菜羹瓜祭。必齊如也。本貴誠敬。豈求備物哉。（梁書顧憲之傳。臨終爲制以敕其子。）

夏侯詳

詳字叔業。譙郡人。仕宋爲郡主簿。太始中除新汲令。轉治中從事史。遷別駕。出爲征虜長史、義陽太守。齊建武末歷游擊將軍、南新蔡太守。遷西中郎司馬、新興太守。梁臺建。以爲中領軍。加散騎常侍、南郡太守。遷侍中、尚書右僕射。梁受禪。封寧都縣侯。授右光祿大夫。改封豐城縣公。加特進。遷車騎將軍、湘州刺史。徵爲侍中、尚書右僕射、金紫光祿大夫。未至。卒。年七十四。贈右光祿大夫、開府儀同三司。謚曰景。

圍郢城議

竊壁易守。攻取勢難。頓甲堅城。兵家所忌。誠宜大弘經略。詢納羣言。軍主以下。至於匹夫。皆令獻其所見。盡其所懷。擇善而從。選能而用。不以人廢言。不以多罔寡。又須量我衆力。度賊樵糧。窺彼人情。權其形勢。若使賊人衆而食少。故宜計日而守之。食多而力寡。故宜悉衆而攻之。若使糧力俱足。非攻守所屈。便宜散金寶。縱反閒。使彼智者不用。愚者懷猜。此魏武之所以定大業也。若三事未

可宜思變通。觀於人情。計我糧穀。若德之所感。萬里同符。仁之所懷。遠邇歸義。金帛素積。糧運又充。乃可以列圍寬守。引以歲月。此王翦之所以剋楚也。若圍之不卒降。攻之未可下。聞道不能行。金粟無人積。天下非一家。人情難可豫。此則宜更思變計矣。變計之道。實資英斷。此之深要。難以紙宣。輒布言於席衞尉。特願垂採。（梁書夏侯詳傳。）

伏曼容

曼容字公儀。平昌安丘人。晉著作郎滔曾孫。宋泰始中爲驃騎行參軍。遷司徒參軍。歷江寧令。入拜尚書外兵郎。昇明末爲輔國長史、南海太守。齊初爲通直散騎侍郎。永明初爲太子步兵校尉。率更令。遷中書侍郎、大司馬諮議參軍。出爲武昌太守。建武中拜中散大夫。梁臺建。召拜司徒司馬。出爲臨海太守。天監元年卒官。年八十二。有周易注八卷。

車旗議

齊德尚青。五路五牛及五色幡旗。竝宜以先青爲次。軍容戎事之所乘。犧牲麟握之所薦。竝宜悉依尚色。三代服色。以姓音爲尚。漢不識音。故還尚其行運之色。今既無善律。則大齊所尚。亦宜依漢道。若有善吹律者。便應還取姓尚。（南齊書輿服志。永明初太子步兵校尉伏曼容議。）

齊德尚青。車旗先青。次赤。次白。次黑。軍容戎事。宜依漢道行運之色。因宋金根車而脩玉輅。畫輪。金塗兩箱上望板前優游。通緣金塗鏤鍱。碧紋箱。鑿鏤金薄帖。兩箱外織成衣。兩箱裏金塗鏤回釘。玳瑁帖。望板箱上帖金博山。優游上和鑾立花趺銜鈴。銀帶。玳瑁帖箱。優游下隱漆裏施金塗鏤回花釘。織成文。優游橫前施玳瑁帖金塗花釘。金塗倒龍。後梢鑿銀玳瑁龜甲。金塗花沓。望板金塗受福。望龍諸校飾。輗及諸末皆螭龍首。龍形板在車前。銀帶花獸金塗受福。椽裏邊鏤鍱。玳瑁。織成衣。裏金塗鏤回花釘。外金塗博山。

辟邪障。鳳凰銜花。升蓋。金塗鏤鍱。二十八爪支子花黃綿升（一本作外）衣複碧絹漆布絲油頂絳絲織成顏苑豬舌孔雀毛複綿絲緻隨陰懸諸珠蜯佩。金塗鈴。雲珠結絲綬雜色。眞孔雀毦。一蘗漆畫車衡。銀花瓚。衡上金塗博山。四鸞鳥立花趺銜鈴。龍首銜軛。插翟尾上下花沓絳綠絲的望繩八丈。（一本作枚）旗有十二斿。畫升龍。竿首金塗龍銜大鄣幡。眞毦。槊戟織成衣。金塗沓駐織成衣（此三字一本作及受氅）金塗雁鏤鍱。漆安立牀在車中。錦複黃紋爲安立衣。錦複黃紋障泥八幅。長九尺。絲紅錦苑帶。織戊花。五輅江左丞相駕駟。左右騑爲大。施絳絲遊銜繩。其重轂貳轄。飛輪幡。赤油金紫眞毦。左纛置左騑馬軛上。金鍐。方釳。繁纓。金塗紫皮帶。眞毦。橫在馬膺前。其鏤錫皆如古制。初加玉輅爲重蓋。棲寶鳳凰。綴金鐸珠璫玉蜯珮。四角金龍銜五采毦。又麒麟頭加以絲畫。馬首戴之。（通典六十四）

伏暅

暅字玄耀。曼容子。起家齊奉朝請。至尚書都官郎。入梁。歷中書郎、永陽內史、東陽太守、豫章內史。徵爲給事黃門郎。

答釋法雲書難范縝神滅論

猥垂班示至尊所答臣下審神滅論。伏奉淵旨。頓祛羣疑。天情獨照。妙鑒懸覽。故非凡愚所可鑽仰。然常師曾見。亦竊懷往求。今復稟承教義。遠尋經旨。重規疊矩。信若符契。法師宣揚叡理。弘讚聖言。方使二教同歸。眞俗一致。預得餐咏誨誘。陶染至化。抃擊下風。實兼舞蹈。遲比詣覿。乃盡襟誠。臨白欣佩。不知裁述。伏暅呈。（宏明集十）

伏挺

挺字士標。（南史作士操）暅子。齊末舉秀才。對策第一。武帝舉義。引爲征東行參軍。天監初除中軍參軍。遷建康令。入爲尚書儀曹郎。遷西中郎記室參軍。歷晉陵武康令。罷歸。除南臺治書。以罪亡匿。變服爲道人。遇赦還俗。徵入爲京尹。有邇說十卷。集二十卷。

致徐勉書

昔士德懷顧。戀興數日。輔嗣思友。情勞一旬。故知深心所係。貴賤一也。況復恩隆世親。義重知己。道庇生人。德弘覆盎。而朝野懸隔。山川邈殊。雖咳唾時沾。而顏色不覯。東山之歎。豈云旋復。西風可懷。孰能無思。加以靜居廓處。顧影莫酬。秋風四起。園林易色。涼野寂寞。寒蟲吟叫。懷抱不可直置。情慮不能無託。時因吟詠。動輒盈篇。楊生沈鬱。且猶覆瓿。惠子五車。彌多踳駁。一日聊呈小文。不期過賞。還逮隆遇。累瀆兼翰。紙縟字磨。誦復無已。徒恨許與過當。有傷弊的。昔子建不欲妄贊陳琳。恐見嗤哂後代。今之過奢。餘論將不有累清談。挺竄迹草萊。事絕聞見。藉以謳謠。得之輿牧。仰承有事砭石。仍成簡通。娛腸悅耳。稍從擯落。宴處榮觀。務在滌除。綺羅絲竹。二列頓遣。方丈員案。三梧僅存。故以道變區中。情沖域外。操彼絃誦。賁茲觀摸。追軒侯之御粒。念韓卿之辭榮。睠想東都。屬懷南岳。鑽仰來睨。有符下風。雖云幸甚。然則未喻。雖復帝道康盛。走馬行卻。由庚得所。寅亮有歸。悠悠之人。展氏猶且攘袂。浩浩白水。甯叟方欲褰裳。是知君子拯物。義非狗己。思與赤松子遊。誰其克遂。顧驟之仁壽。綏此多福。雖則不言。四時行矣。然後黔首有庇。薦紳靡奪。白駒不在空谷。屠羊豫蒙其賚。豈不休哉。豈不休哉。昔杜眞自閉深室。郎宗絕迹幽野。難矣。誠非所希。井丹高潔。相如慢世。尚復遊涉權門。雍容鄉邑。常謂此道爲泰。每竊慕之。方念擁篲延思。以陳侍者。請至農隙。無待邀求。挺誠好屬文。不會今世。不能促節局步。以應流俗。事等昌菹。謬彼偏嗜。是用不羞固陋。無憚龍門。昔敬通之賞景卿。孟公之知仲蔚。止乎通人。猶稱盛美。況在時宗。彌爲未易。近以蒲槧勿用。箋素多闕。聊效東方獻書。丞相須得善寫。更請潤訶。儻逢子侯。比復削牘。（梁書伏挺傳）

樂藹

藹字蔚遠，南陽淯陽人，晉尚書令廣六世孫。宋泰始中，建平王景素辟爲荆州主簿，隨府轉征北刑獄參軍，遷龍陽相。齊初爲豫章王嶷驃騎行參軍，領荆州主簿，參知州事。永明初，隨府入爲太尉刑獄參軍，遷枝江令。又隨府爲大司馬中兵參軍，出爲荆州治中，累遷車騎平西錄事參軍、步兵校尉、南康王西中郎諮議參軍。梁臺建，遷鎮軍司馬、中書侍郎、尚書左丞、給事黄門侍郎、衞尉卿。天監初，遷驍騎將軍，領少府卿，進御史中丞，領本州大中正，出爲持節、冠軍將軍、平越中郎將、廣州刺史，進號征虜將軍。

奏定朝直

敕旨以軍旅務殷，且停朝直。竊謂匪懈于位，義昭夙興，國容舊典，不可頓闕。與兼右丞江詮等參議，八座丞郎以下，宜五日一朝，有事即坐侍下鼓，無事許從實還外。（南齊書蕭穎冑傳，和帝西臺郎位左丞樂藹奏。）

與竟陵王子良牋

道德以可久傳聲，風流以浸遠揚稱。雖復青簡締芳，未若玉石之不朽；飛翰圖藻，豈伊雕篆之無沫。丞相沖粹表於天眞，淵照殆乎機象。經邦緯民之範，體國成務之規，故以業茂惟賢，功高則哲。謝輝眇邈，斂算不追，感纏奉車，恨百留滯。下官夙稟名節，思義軫慕，塋隧結哀，竊欲率荆江湘三州僚吏，建碑壟首，庶徽猷有述，茂則方存。昔子香淯德，留銘江介；鉅平遺烈，墮淚漢南。況道尊前往，惠積聯綿者哉。下官今便反假，無由躬事刊斲，須至西州鳩集所資，託中書侍郎劉繪營辦。（南齊書豫章王嶷傳）

與右率沈約書請撰豫章文獻王碑文

夫道宣餘烈，竹帛有時先朽，德孚遺事，金石更非後亡。丞相獨秀生民，傍照日月，標勝丘園，素履穆於忠義，譽應華衮，功迹著於弼諧。無得而稱，理絕照載。若夫日用闃寂，雖無取於錙銖，歲功宏達，諒有寄於衡石。竊承貴州士民，或建碑表，俾我荆南，閱感無地，且作紀江漢，道基分陝，衣冠禮樂，咸被後昆。若其望碑盡禮，我州之舊俗；傾塵罷肆，鄙士之遺風。庶幾前烈，或不泯墜。荆江湘三州，策名不少，並欲各率毫釐，少申景慕。斯文之託，歷選惟疑，必待文蔚辭宗，德僉茂履，非高明而誰？豈能騁無愧之辭，訓式瞻之望？吾西州窮士，一介寂寥，恩周榮譽，澤遍衣食，永惟道廕，日月就遠，緬尋遺烈，觸目崩心，常謂福齊南山，慶鍾仁壽，吾儕小人，貽塵帷蓋。豈圖一旦遂投此請！（南齊書豫章王嶷傳）

何點

點字子晳，廬江灊人，宋司空尚之孫。泰始末，徵太子洗馬，齊初，累徵中書郎、太子中庶子，梁受禪，徵侍中，並不就。天監三年卒，年六十八。

齊書褚淵王儉贊

淵既世族，儉亦國華，不賴舅氏，遑恤國家。（梁書何點傳）

何胤

胤字子季，更字胤叔，點弟。仕齊爲祕書郎，遷太子舍人，出爲建安太守，遷司徒主簿、中書郎、員外散騎常侍、太尉從事中郎、司徒右長史、給事黄門侍郎、太子中庶子，領國子博士、丹陽邑中正。永明末，遷侍中，領步兵校尉，轉國子祭酒，鬱林即位，遷民部尚書，領驍騎、中書令，領臨海巴陵王師，致仕。永元中，徵太常、太子詹事，並不就。梁臺建，引爲軍謀祭酒，不至。及受禪，授特進、右光祿大夫，給白衣尚書祿，又月給庫錢五萬，並不受。中大通三年卒，年八十六。有周易注十卷、毛詩總集六卷、毛詩隱義十卷、禮記隱義二十卷、禮答問五十五卷、注百法論、十二門論各一卷。

答皇太子啟

胤性愛山泉情篤魚鳥而從鷗未狎入獸相驚兼年齒衰暮荒徑
榛梗既無語稼之賓寧有論書之客緘默欿歔栖息巨壑秀水清
潭於兹永已伏惟明察之德誕縱自天忠孝之規不待因習猶復
留神六經降意百代同仁博古等物節聞闢承華而延儒雅掃黃
閣而列文學嘉美聿宣無思不勸胤無解歸之談屢蒙獎飾之重
匪南皮之舊每荷存問之恩銜兹污朽罔知攸置（藝文類聚三十七）

何炯

炯字士光點季弟解褐揚州主簿舉秀才累遷尚書兵庫部二
曹郎出爲永康令還治書侍御史

答釋法雲書難范縝神滅論

炯和南辱所賜書幷垂示答臣下審神滅論竊聞神其如在求前
王而未測往其不移從伏膺而□曉鑽仰淵祕渙爾冰開故知紛
綸聖跡不由一道參差動應本自因時今澆流已息無明將啟物

有其機敎惟斯發篤孝治之義明覺者之旨預有靈識誰不知慶
豈炎昊所謂爭衡非軒唐所能競爽巍巍至德莫或可名昭然大
道於斯爲極何炯和南（宏明集十庫部郎中何炯答）

何敬容

敬容字國禮胤從弟齊吏部尚書昌寓子尚齊武帝女長城公
主拜駙馬都尉天監初爲祕書郎歷太子舍人、尚書殿中郎、太
子洗馬、中書舍人、祕書丞遷揚州治中出爲建安內史還除黃
門郎累遷太子中庶子、散騎常侍、侍中司徒左長史普通中復
爲侍中領羽林監又領本州大中正守吏部尚書出爲招遠將
軍吳郡太守大通中復爲吏部領右軍將軍加侍中中大通初
改太子中庶子尋遷尚書右僕射轉左僕射加宣惠將軍大同
中遷中權將軍丹陽尹入爲尚書令坐事免中大同初起爲金
紫光祿大夫未拜加侍中太淸初遷太子詹事三年卒于圍中

□□□當 徐曹景宗

贈仁威將軍

入學無齒胄議

參點並事宣尼回路同諮泗水鄒魯稱盛洙汶無譏師道既光得
一資敬無虧亞貳況於兩公而云不可（隋書禮儀志四大同七年皇太子表其子寧國臨城公入學時議者以與太子有齒胄之義疑之侍中尚書令何敬容等以爲云云制曰可）

曹景宗

景宗字子震新野人宋元徽中爲奉朝請員外遷尚書左民郎
齊時積功至冠軍將軍竟陵太守入梁進右衞將軍遷左將軍
郢州刺史以破楊大眼功拜侍中領軍將軍天監七年遷江州
刺史道卒年五十二贈征北將軍謚曰壯

答弟義宗書

買猶未得云何已賣（南史□□□第九弟義宗年少未有位宦居在雍州市邊富人姓向以見錢百萬欲與義宗以妹適之義宗遣人送書竟陵諮景宗景宗題書後答之義宗貪錢遂成婚焉）

答釋法雲書難范縝神滅論

枉告所宣答神滅敕理周萬古旨包三世六趣長迷於此永悟五
道恆疑曉若發蒙自非鑿窮八解照侔十號排罔逸俗安得如此
奉佩書紳敢遺寢食法師識踰有境學詣無生揄揚之善煥如東
里披翫周環用忘所疾曹景宗白答（宏明集十）

劉思效

思效宋末爲員外散騎侍郎齊受禪稍遷入梁爲太僕卿

上齊高帝表陳讜言

宋自大明以來漸見凋敝徵賦有增於往天府尤貧於昔兼軍警
屢興傷夷不復戍役殘丁儲無半菽小民嗷嗷無樂生之色貴勢
之流貨室之族車服伎樂爭相奢麗亭池第宅競趣高華至于山
澤之人不敢採飲其水草貧富相輝捐源尚末陛下宜發明詔吐
德音布惠澤禁邪僞薄賦斂省傜役絕奇麗之賂塞鄭衞之倡變

庥運之化，應質文之用，不亦大哉。又彰沛有鴟梟之巢，青丘爲狐兔之窟，虐害踰紀，殘暴日滋，鬼泣舊泉，人悲故壤，童孺覩編髮而憗生，耆老看左衽而恥沒。陛下宜仰答天人引領之望，下弔昨黎傾首之勤，授鉞衛霍之將，遣策蕭張之師，萬道俱前，窮山蕩谷，此即恆山不足指而傾，渤海不足飲而竭，豈徒殘寇塵滅而已哉。（南齊書顧歡傳）

范述曾

述曾字子玄，吳郡錢唐人，仕宋爲晉熙王國侍郎，入齊至南郡王國郎中令，遷尚書主客郎、太子步兵校尉，帶開陽令，拜中散大夫。明帝即位，除游擊將軍，出爲永嘉太守，東昏時以中散大夫致仕。梁受禪，授太中大夫。天監八年卒，年七十九。

牓郡門

諸縣有疑滯者，可就永寧令決。（梁書蕭景傳：齊建武中，遷永寧令，政爲百城最。永嘉太守范述曾雅服景爲政，乃牓郡門。）

全梁文卷四十終

全梁文卷四十一

烏程嚴可均校輯

任昉

昉字彥昇。小名阿堆。樂安博昌人。齊光祿大夫遙之兄子。宋元徽末辟丹陽尹主簿。入齊爲奉朝請。舉兗州秀才。拜太常博士。遷征北行參軍。永明初復爲丹陽主簿。遷司徒刑獄參軍。入爲尚書殿中郎。轉司徒記室參軍。歷太子步兵校尉。永泰末遷中書侍郎。永元末爲司徒右長史。中興初爲驃騎記室參軍。梁受禪。拜黃門侍郎。遷吏部郎中。掌著作。出爲義興太守。重除吏部郎中。轉御史中丞祕書監。領前軍將軍。出爲寧朔將軍新安太守。天監七年卒。贈太常卿。謚曰敬子。有雜傳二百四十七卷。地記二百五十二卷。集三十四卷。

答陸倕感知己賦

原知己之時義。故相知之信然。乃貪廉之異貫。奈勇怯之相懸。貪在物而成累。怯在我而可蠲。既自得於爲御。又甘心於執鞭。矧相知其如此。獨攬涕而孱湲。雖有望於已知。更非謂其知己。（已上十二句梁書無藝文類聚有。）信偉人之世篤。本侯服於陸鄉。緬風流與道素。襲袞衣與繡裳。遠伊人而世載。並三駿而龍光。過龍津而一息。望鳳條而載翔。彼白玉之雖潔。此幽蘭之信芳。思在物之取譬。非斗斛而能量。匹方（梁書作雞）峙於東嶽。比凝厲於秋霜。不一飯以忘過（梁書作每妄過）。三錢以投渭。匪蒙袂之敢嗟。豈溝壑之能衣。既蘊藉其有餘。又淡然而無味。得意同乎卷懷。違方似乎仗氣。類平叔而靡雕。似子臺而不朴。冠衆善而貽操。綜群言而名學。折高戴於后臺。異鄒顏乎董幄。採三詩於河間。訪九師於淮曲。術兼口傳之書。藝廣鏗鏘之樂。時坐睡而梁懸。裁據梧而錐握。既文過而意深。又理勝而辭縟。咨余生之荏苒。追歲暮而傷情。獨徂陰於堂下。聽鳴鐘於洛城。（已上六句藝文類聚無梁書有。）唯忘年之陸子。定一遇於班荊。余獲田蘇之價。爾得海上之名。信落魄而無產。終長勤於短生。飢虛表於徐步。逃責顯於疾行。子比我於叔則。又方余於耀卿。心照情交。流言靡惑。萬類闇求。千里懸得。言象可廢。蹇蹄自默。居非連棟。行待同車。冬夜不足。夏日靡餘。肴核非餌。絲竹豈娛。我未捨駕。子已迴輿。中飲相顧。悵然動色。邦壤雖殊。離會難測。存異山陽之居。沒非要離之側。以膠投漆中。離婁豈能識。（梁書陸倕傳。藝文類聚三十一。）

賦體

傲征侶兮艤行舟。奉君命兮不俟駕。屬軒軌之易循。值堯民之可化。慙孺雛之聲朝。惡細魚之在夜。奉玉檢之陸離。侍金罍之云舍。（藝文類聚五十六。）

靜思堂秋竹應詔

靜思堂。連洞房。臨曲沼。夾脩篁。竹宮豐麗於甘泉之右。竹殿弘敞於神嘉之傍。綠條發丹楹。翠葉映雕梁。入戶掃文石。傍簷拂象牀。常生偶蘭桂。結實值鸞皇。逢性與之至道。偶斯文之在茲。歡柏梁之有賦。恨相如之異時。（藝文類聚八十九。）

封梁公詔

夫日月麗天。高明所以表德。山岳題地。柔博所以成功。故能庶物出而資始。河海振而不洩。二象貞觀。代之者人。是以七輔四叔。致無爲於軒昊。韋彭齊晉。靖衰亂於殷周。大司馬攸縱自天。體茲齊聖。文洽九功。武苞七德。欽惟厥始。徽猷早樹。誠著艱難。功參帷幙。錫賦開壤。式表厥庸。建武升歷。邊隙屢啟。公釋書輟講。經營四方。司豫懸切。樊漢危殆。覆強寇於沔濱。僵胡馬於鄧汭。永元肇號。難結群醜。專威擅虐。毒被含靈。溥天惴惴。命懸晷刻。否終有期。神謨載挺。首建大策。惟新鼎祚。投袂勤王。沿流電舉。魯城雲撤。夏汭霧披。加湖群盜。一鼓殄拔。姑孰連旍。焉冰泮。取新壘其如拾芥。撲朱爵其猶掃塵。遷電外駭。省闥內傾。餘醜纖蠹。蚳蝝必盡。援彼已溺。解此倒懸。塗懽里抃。自近及遠。讖詢夷穆。方外肅寧。解茲虐網。被以寬政。積弊窮昏。一朝載廓。聲教遐漸。無思不被。雖伊尹之執茲壹德。姬旦之光於四海。方斯蔑如也。昔呂望翼佐聖君。猶享四履之命。文侯立功平后。衎荷二弓之錫。況於盛德元勳。超邁自古。黔首惵惵。待以爲命。救其已然。拯其方斮。式閭表墓。未或能比。而大輅渠門。輟而莫授。眷言前訓。無忘終食。便宜敬升大典。式允羣望。其進位相國。總百揆。揚州刺史。封十郡爲梁公。備九錫之禮。加璽紱遠遊冠。位在諸王上。加相國綠綟綬。其驃騎大將軍如故。依舊置梁百司。梁書武帝紀上。○案任昉傳梁臺建禪讓文誥多昉所具。丘遲傳時勸進梁王及殊禮皆遲文也。沈約傳高祖命草其事。約乃出懷中詔書幷諸選置。高祖初無所改。今據之以禪讓文誥編入昉集中。

進梁公爵爲王詔

嵩高惟岳。配天所以流稱。大啟南陽。霸德所以光闡。忠誠簡帝。番君膺上爵之尊。勤勞王室。姬公增附庸之地。前王令典。布諸方策。長祚字甿。罔不由此。相國梁公。體茲上哲。齊聖廣淵。文教內洽。武功外暢。推轂作藩。則威懷被於殊俗。治兵教戰。則霆雷赫於萬里。道喪時昏。讒邪孔熾。豈徒宗社如綴。神器莫主而已哉。至於兆庶殲亡。衣冠殄滅。餘類殘喘。指命崇朝。含生業業。投足無所。遂乃山川反覆。草木塗地。與夫仁被行葦之時。信及豚魚之日。何其遼夐相去之遠歟。公命師鞠旅。指景長騖。而本朝危切。樊鄧遐遠。凶徒盤據。水陸相望。爰自姑孰。屆於夏首。嚴城勁卒。憑川爲固。公沿漢浮江。電激風掃。舟徒水覆。地險雲傾。藉茲義勇。前無強陣。拯危京邑。淸我帝畿。撲既燎於原火。免將誅於比屋。悠悠兆庶。命不在天。茫茫六合。咸受其賜。匡俗正本。人不失職。仁信並行。禮樂同暢。伊周未足方軌。桓文遠有慚德。而爵後藩牧。地終秦楚。非所以式酬光烈。允答元勳。實由公履謙爲本。形於造次。嘉數未申。晦朔增佇。

傾宜崇斯禮秩。允副遐邇之望。可進梁公爵爲王。以豫州之南譙廬江。江州之尋陽郢州之武昌西陽。南徐州之南琅邪南東海晉陵。揚州之臨海永嘉十郡。益梁國。幷前爲二十郡。其相國揚州牧驃騎大將軍如故。梁書武帝紀上。

禪位詔

夫五德更始。三正迭興。馭物資賢。登庸啟聖。故帝跡所以代昌。王度所以改耀。革晦以明。由來尚矣。齊德淪微。危亡薦襲。隆昌凶虐。實違天地。永元昏暴。取紊人神。三光再沈。七廟如綴。鼎業幾移。含識知泯。我高明之祚。眇焉將墜。永惟屯難。冰谷載懷。相國梁王。天誕睿哲。神縱靈武。德格玄祇。功均造物。止宗社之橫流。反生人之塗炭。扶傾頹構之下。拯溺逝川之中。九區重緝。四維更紐。絕禮還紀。崩樂復張。文館盈紳。戎亭息警。浹海宇以馳風。罄輪裳而稟朔。八表呈祥。五靈效祉。豈止鱗羽禎奇。雲星瑞色而已哉。勳茂於百

王。道昭乎萬代。固以明配上天。光華日月者也。河嶽表革命之符。圖讖紀代終之運。樂推之心。幽顯共積。謌頌之誠。華裔同著。昔水政既微。木德升緒。天之曆數。實有所歸。握鏡璇樞。允集明哲。朕雖庸藐。闇於大道。永鑒崇替。爲日已久。敢忘列代之高義。人祇之至願乎。今便敬禪於梁。卽安姑孰。依唐虞晉宋故事。梁書武帝紀上。

梁武帝初封諸功臣詔

草昧權輿。事深締構。康俗成務。義在庇民。自非羣才並軌。文武宣翼。將何以啟茲景祚。弘此帝圖。或運籌帷帳。經啟王業。或攻城略野。殉義忘生。或腹心爪牙。折衝禦侮。忠勤茂德。夷險一致。並宜建國開宇。藩屏王室。山河之誓。永永無窮。藝文類聚五十一。

武帝追封永陽王詔

亡兄德履冲粹。識業深通。徽聲善譽。風流籍甚。道長世短。淸塵緬邈。感惟既往。永慕慟心。可追封永陽郡王。藝文類聚五十一。

追封丞相長沙王詔

夫褒崇名器，率由舊章，光昭德祀，永世作則。亡兄道被如仁，功深微管，懸諸日月，久而彌新，故能拯黿玉於已毀，道洄源於將塞。今理運惟新，賢戚並建，感惟永遠，觸目崩心。可追封長沙郡王。（藝文類聚五十一）

追封衡陽王桂陽王詔

亡弟暢，風標秀物，器體淹弘，朱方之役，盡勤王事，策出無方，物惟不賞。亡弟融，業行清簡，風度閑綽，蚤優名輩，夙廣令聞。朕應天紹命，君臨萬寓，祚啟郇滕，感興魯衞，事往運來，永懷傷切。暢可追封衡陽郡王，融可追封南陽郡王。（藝文類聚五十一）

封臨川安興建安等五王詔

神州帝城，冠冕列岳，渚宮樊鄧，形勝是歸，居中作衛，翼宣戎重。隆茲寵號，寔允舊章，並非親勿居，惟賢斯授。宏朕之介弟，早富德譽，董一藩政，緝是嘉肅，國禮家情，瞻奇隆重。秀風穎儁邁，誠業標簡，任居藩翰，政以化成。偉體韻淹穆，神寓凝正，經綸夷險，參贊王業。（藝文類聚五十一。○案文苑英華四百四十四有全文，以爲沈約作。）

求薦士詔

夫進賢茂賞，蔽善明罰，前王盛則，咸必由之。朕纂統洪業，寘旻大寶，思求俊異，協贊雍熙，歷聽九工，物色輿皁，而白駒空谷，長楚未刈。所以臨朝永歎，日昃伊佇。便可博詢卿士，各舉所知，將量才授能，擢以不次，庶同則哲之明，稱朕急賢之旨。（藝文類聚五十三。初學記二十。）

策梁公九錫文

二儀寂寞，由寒暑而代行；三才並用，資立人以爲寶。故能流形品物，仰代天工，允茲元輔，應期挺秀，裁成天地之功，幽協神明之德，撥亂反正，濟俗寧人，盛烈光於有道，大勳振於無外，雖伊陟之保乂王家，姬公之有此丕訓，方之蔑如也。今將授公典策，其敬聽朕命。上天不造，難鍾皇室，元帝（南史作世祖。案卽武帝。此云元帝，當考。）以休明早崩，簡文（南史作世宗。案卽文惠太子。）以仁弱不嗣，高宗纂統，宸居弗永，雖夙夜劬勞，而隆平不洽。嗣君昏暴，書契弗覩，朝權國柄，委之羣孽，剿戮忠賢，誅殘台輔，含冤抱痛，噍類靡餘，實繁非一。並專國命，嚬笑致災，睚眦及禍，嚴科毒賦，載離比屋，溥天熬熬，置身無所，冤頸引決，道樹相望，無近無遠，號天靡告。公藉昏明之期，因兆人之願，援帥（南史作爰率）聖后，翊成中興，宗社之危已固，天人之望允塞，此實公紐我絕綱，大造皇家者也。永明季年，邊隙大啟，荆河連率，招引戎荒，江淮擾逼，勢同履虎。公受言本朝，輕兵赴襲，縻以長算，制之環中，排危冒險，彊柔遞用，坦然一方，還成藩服，此又公之功也。在昔隆昌，洪基已謝，高宗慮深社稷，將行權道，公定策帷帳，激揚大節，廢帝立王，謀猷深著，此又公之功也。建武闡業，厥猷雖遠，戎狄內侵，憑陵關塞，司部危逼，淪陷指期，公治兵外討，卷甲長鶩，接距交綏，電激風掃，摧堅覆銳，咽水塗原，執俘象魏，獻馘海渚，焚廬毀帳，號哭言歸，此又公之功也。樊漢阽切，羽書續至，公星言鞠旅，稟命徂征，而軍機戎統，事非己出，善策嘉謀，抑而莫允，鄧城之役，胡馬卒至，元帥潛及，不相告報，棄甲捐師，餌之虎口，公南收散卒，北禦雕騎，全眾方軌，案路徐歸，拯我邊危，重獲安堵，此又公之功也。漢南迥弱，咫尺勍寇，兵糧蓋闕，器甲靡遺，公作藩爰始，因資靡託，整兵訓卒，蒐狩有序，俾我危城，翻爲彊鎮，此又公之功也。永元紀號，瞻烏已及，雖廢昏有典，而伊霍稱難，公首建大策，爰立明聖，義踰邑綸，勳高代入，易亂以化，俾昏作明，此又公之功也。文王之風，雖被江漢，京邑蠢動，湮爲洪流，句吳於越，巢幕匪喻，公投袂萬里，事惟拯溺，義聲所覃，無思不韙，此又公之功也。魯城夏汭，梗據中流，乘山置壘，縈川自固，公御此烏集，陵茲地險，頓兵坐甲，寒往暑移，我行永久，士忘歸願，經以遠圖，御以長策，費無遺矢，戰未窮兵，踐華之固相望俱拔。此又公之功也。惟此羣凶。同惡相濟。緣江負險。蟻聚加湖。（南史作淮湖）水陸盤據。規援夏首。桴檜一臨。應時褫潰。此又公之功也。猋豎震皇。復懷舉斧。蓄兵九派。用擬勤王。公棱威直指。勢踰風電。旌旆未臨。全州稽服。此又公之功也。姑熟衝要。密邇京畿。凶徒熾聚。斷塞津路。公偏師啟塗。排方繼及。兵威所震。望旗自駭。焚舟委壁。卷甲宵遁。此又公之功也。羣豎猖狂。志在借一。豕突淮涘。武騎如雲。公爰命英勇。因機騁銳。氣冠版泉。勢踰洹水。追奔逐北。奄有通津。熊耳比峻。未足云擬。睢水不流。曷其能及。此又公之功也。琅邪石首。襟帶岨固。新壘東墉。金湯是埒。憑險作守。兵食兼資。風激電駭。莫不震壘。城復於隍。於是乎在。此又公之功也。獨夫昏狠。憑城靡懼。鼓鐘鞺鞳。慠若有餘。狎是邪孽。忌斯冠冕。凶狡因之。將逞孥戮。公奇謨密運。盛略潛通。（南史作威略潛回）忠勇之徒。得申厥效。白旗宣室。未之或比。此又公之功也。公有拯億兆之勳。重之以明德。

爰初厲志。服道儒門。濯纓來仕。清猷映代。時運艱難。宗社危殆。崐岡已燎。玉石同焚。驅率貔貅。抑揚霆電。義等南巢。功齊牧野。若夫禹功寂寞。微管誰嗣。拯其將魚。驅其被髮。解茲亂網。理此棼絲。復禮衽席。反樂河海。永平故事。聞之者歎息。司隸舊章。見之者隕涕。請我民命。還之斗極。憫憫搢紳。重荷戴天之慶。哀哀黔首。復蒙履地之恩。德踰嵩岱。功隣造物。超哉邈矣。越無得而言焉。朕又聞之。疇庸命德。建侯作屏。咸用剋固四維。永隆萬葉。是以二南流化。九伯斯征。王道淯洽。刑措罔用。覆政弗興。歷茲永久。如燬既及。晉鄭靡依。惟公經綸天地。寧濟區夏。道冠乎伊稷。賞薄於桓文。豈所以憲章齊魯。長轡宇宙。敬惟前烈。朕甚懼焉。今進授相國。改揚州刺史為牧。以豫州之梁郡歷陽。南徐州之義興。揚州之淮南宣城吳興會稽新安東陽十郡。封公為梁公。錫茲白土。苴以白茅。爰定爾邦。用建冢社。在昔旦奭。入居保佑。逮於畢毛。亦作卿士。任兼內外。

禮實宜之。今命使持節兼太尉王亮授相國揚州牧印綬。梁公璽紱。使持節兼司空王志授梁公茅土。金虎符第一至第五。左竹使符第一至第十。左相國位冠羣后。任總百司。恆典彝數。宜與事革。其以相國總百揆。去錄尚書之號。上所假節侍中貂蟬中書監印中外都督大司馬印綬。建安公印策。驃騎大將軍如故。又加公九錫。其敬聽後命。以公禮律兼脩。刑德備舉。哀矜折獄。罔不用情。是用錫公大輅戎輅各一。玄牡二駟。公勞心稼穡。念在八天。丕崇本務。惟穀是寶。是用錫公袞冕之服。赤舄副焉。公鎔鈞所被。變風以雅。易俗陶民。載和邦國。是用錫公軒縣之樂。六佾之舞。公文德廣覃。義聲遠洽。椎髻髽首。夷歌請吏。是用錫公朱戶以居。公揚清抑濁。官方有序。多士聿興。棫樸流詠。是用錫公納陛以登。公正色御下。以身軌物。式遏不虞。折衝惟遠。是用錫公虎賁之士三百人。公威同夏日。志清姦宄。放命圮族。刑茲罔赦。是用錫公鈇鉞各一。公

跨躡嵩溟。陵厲區宇。譬諸日月。容光必至。是用錫公彤弓一。彤矢百。盧弓十。盧矢千。公永言惟孝。至感通神。恭嚴祀典。祭有餘敬。是用錫公秬鬯一卣。圭瓚副焉。梁國置丞相以下。一遵舊式。欽哉。其敬循往策。祗服大禮。對揚天眷。用膺多福。以弘我太祖之休命。（梁書武帝紀上。又見南史六。）

禪位梁王策

咨爾梁王。惟昔邃古之載。肇有生人。皇雄大庭之辟。赫胥尊盧之后。斯並龍圖鳥跡以前。怳忽杳冥之世。固無得而詳焉。洎乎農軒炎皞之代。放勳重華之主。莫不以大道君萬姓。公器御八紘。居之如執朽索。去之若捐重負。一駕汾陽。便有窅然之志。暫適箕嶺。即動讓王之心。故知戴黃屋。服玉璽。非所以示貴稱尊。乘大輅。建旂旌。蓋欲令歸趣有地。是故忘己而宇兆人。殉物而君四海。及於精華內竭。畚橇外勞。則撫茲歸運。惟能是與。況兼乎笙管革文。威圖

欽璣。攝提夜朗。熒光晝發者哉。四百告終。有漢所以高揖。黃德既謝。魏氏所以樂推。爰及晉宋。亦弘斯典。我太祖握河受厤。應符啟運。二葉重光。三聖係軌。嗣君喪德。昏棄紀度。毀紊天綱。凋絕地紐。茫茫九域。翦為仇讎。溥天相顧。命懸晷刻。斮涉刳孕。於事已輕。求雞徵杖。曾何足譬。是以谷滿川枯。山飛鬼哭。七廟已危。人神無主。惟王體茲上哲。明聖在躬。稟靈五緯。明並日月。彝倫攸序。則端冕而協邕熙。時難孔棘。則推鋒而拯塗炭。功踰造物。德濟蒼生。澤無不漸。仁無不被。上達蒼昊。下及川泉。文教與鵬翼齊舉。武功與日車並運。固以幽顯宅心。謳訟斯屬。豈徒桴鼓播地。卿雲叢天而已哉。至如晝覩爭明。夜飛枉矢。土淪彗刺。日既星亡。除舊之徵必顯。更姓之符允集。是以義師初踐。芳露凝甘。仁風既被。素文自擾。北闕藁街之使。風車火徽之民。膜拜稽首。願為臣妾。鍾石畢變。事表於遷虞。蛟魚並出。義彰於事夏。若夫長人御衆。為之司牧。本同己於萬物。乃因心於百姓。寶命無常。帝王非一族。今仰祇乾象。俯藉人願。敬禪神器。授帝位於爾躬。大祚告窮。天祿永終。於戲。王允執其中。式遵前典。以副昊天之望。禋上帝而臨億兆。格文祖而膺大業。以傳無疆之祚。豈不盛歟。（梁書武帝紀上。南史六。）

禪位梁王璽書

夫生者天地之大德。人者含生之通稱。並首同本。未知所以異也。而稟靈造化。愚賢之情不一。託性五常。彊柔之分或舛。羣后靡一。爭犯交興。是故建君立長。用相司牧。非謂尊驕在上。以天下為私者也。兼以三正迭改。五運相遷。綠文赤字。徵河表洛。在昔勳華。深達茲義。眷求明哲。授以蒸人。遷虞事夏。本因心於百姓。殷化為周。實受命於蒼昊。爰自漢魏。罔不率由。降及晉宋。亦遵斯典。我高皇所以格文祖而撫歸運。畏上天而恭寶厤者也。至於季世。禍亂薦臻。王度紛糾。姦回熾積。億兆夷人。刀俎為命。已然之逼。若綴之危。

踊天蹐地。逃形無所。羣凶挾煽。志逞殘戮。將欲先殄衣冠。次移龜鼎。衡保周召。並列宵人。巢幕累卵。方此非切。自非英聖遠圖。仁為己任。則鴟梟厲吻。翦焉已及。惟王崇高則天。博厚儀地。鎔鑄六合。陶甄萬有。鋒馹交馳。振靈武以遐略。雲雷方扇。鞠義旅以勤王。揚旆於遠路。戮姦宄於魏闕。德冠往初。功無與二。弘濟艱難。緝熙王道。懷柔萬姓。經營四方。舉直措枉。較如畫一。待旦同乎殷后。日昃過於周文。風化肅穆。禮樂交暢。加以赦過宥罪。神武不殺。盛德昭於景緯。至義感於鬼神。若夫納彼大麓。膺此歸運。烈風不迷。樂推攸在。治五韙於已亂。重九鼎於既輕。自聲教所及。車書所至。革面回首。謳吟德澤。九山滅祲。四瀆安流。祥風扇起。淫雨靜息。玄甲遊於芳荃。素文馴於郊苑。躍九川於清漢。鳴六象於高岡。靈瑞雜沓。玄符昭著。至於星孛紫宮。水效孟月。飛鴻滿野。長彗橫天。取新之應既昭。革故之徵必顯。加以天表秀特。軒狀堯姿。君臨之符。諒非一揆。書云。天鑒厥德。用集大命。詩云。文王在上。於昭于天。所以二儀乃眷。幽明允叶。豈惟宅是萬邦。緝茲謳訟而已哉。朕是用擁璇沈首。屬懷聖哲。昔水行告厭。我太祖既受命代終。在日天祿云謝。亦以木德而傳於梁。遠尋前典。降惟近代。百辟遐邇。莫違朕心。今遣使持節兼太保侍中中書監兼尚書令汝南縣開國侯亮。兼太尉散騎常侍中書令新吳縣開國侯志。奉皇帝璽紱。受終之禮。一依唐虞故事。王其陟茲元后。君臨萬方。式傳洪烈。以答上天之休命。（梁書武帝紀上。）

全梁文卷四十一終

全梁文卷四十二

烏程嚴可均校輯

任昉二

爲齊宣德皇后令

西詔至。帝憲章前代。敬禪神器于梁。明可臨軒。遣使恭授璽紱。未亾人便歸於別宮。梁書武帝紀上、南史六。

齊宣德皇后荅梁王令

承固茲謙揖。未膺大典。敬復雅旨。良有憮然。夫至寂難原。言象所絕。叡思有律。感通斯在。所以異人者神明。同人者用舍。王誕茲上睿。對越天行。德冠二儀。化周羣動。生民以來。一人而已。但達節弘道。每濡跡於中庸。神照惟幾。不抑心於鑽仰。范宣既讓。其下取則。況聖圖睿範。歌思是歸。廉約雖弘。慶賞遂替。誠賢者悅義。長難進之風。不肖者矜功。沮竭力之效。勸沮之間。所差已遠。王何得不暫

紆熊伺。允荅天人。使朕夜艾以安。早朝有頹。今遣率茲百辟。申薦誠款。萬致一塗。煩言可略。藝文類聚十四。

宣德皇后敦勸梁王令

宣德皇后敬問具位。夫功在不賞。故庸勳之典蓋闕。施侔造物。則謝德之途已寡。藝文類聚作冥。也。要不得不彊爲之名。使荃藝文類聚作銓。宰有寄。公藝文類聚作王。實天生德。齊聖廣淵。不改作藝文類聚重。構參辰。而九星仰止。不易日月。而二儀貞觀。在昔晦明。隱鱗戢翼。博通羣籍。而讓齒乎一卷之師。劒氣凌雲。而屈迹於萬夫之下。辯折天口。而似不能言。文擅彫龍。而成輒削藁。爰在弱冠。首應弓旌。客游梁朝。則聲華籍甚。薦名宰府。則延譽自高。隆昌季年。勤王始著。建武惟新。締構斯在。功隆賞薄。嘉庸莫疇。一馬之田。介山之志愈厲。六百之秩。大樹之號斯存。及擁旄司部。代馬不敢南牧。推轂樊鄧。胡塵罕嘗夕起。惟彼狡僮。窮凶極虐。衣冠泯絕。禮樂崩喪。既而翦旅誓衆。言謀

王室。白羽一麾。黃鳥底定。甲既鱗下。車以藝文類聚作亦。瓦裂。致天之屆。拱揖羣后。豐功厚利。無得而稱。是以祥光總至。休氣四塞。五老游河。飛星入昴。元功茂勳。若斯之盛。而地狹乎四履。勢卑乎九伯。帝有恧焉。輶軒莘止。今遣某位某甲等。率茲百辟。人致其誠。庶匪席之旨。不遠而復。文選、藝文類聚十四。

又重敦勸梁王令

朕聞疋夫好仁。義在磨踵。君子行道。達斯兼濟。未有盡器窮神。蘊徽章乎天植。高鎮中樞。覩傾罍而弗極。惟王德冠往初。功無與二。四時等契。兩曜齊明。擬度天行。取則乾健。而運距難季。道極百王。援義而起。一戎大定。羅山革草。罔不率從。用使商庭產蕤。周闕樹梓。傾宮既散。鹿臺靡舊。盛德大業。巍巍若此。日者事岐之號。爰發帝言。殊物備禮。率由寡昧。雖復雲竿載路。清蹕啟行。昭德報功。未臻其極。而高揖天休。遠存克讓。俾予未亾。與懃日昃。今遣率茲百

辟。人致誠請。庶有感睿心。霈然降志。藝文類聚十四。

爲梁武帝集墳籍令

令。近災起柏梁。遂延渠閣。青編素簡。一同煨燼。緗囊縹袠。蕩然無餘。故以痛深秦末。悲甚漢季。求之天道。昭然有徵。豈不以昏嗣作孽。禮樂崩壞。及聖人有作。更俟茲辰。今雖百度草創。日不暇給。而下車所務。非此孰先。便宜選陳農之才。採河閒之覼。懷鉛握素。汗簡殺青。依秘閣舊錄。速加繕寫。便施行。文館詞林。

爲梁武帝斷華侈令

令。夫在上化下。草偃風從。俗之澆淳。恆由此作。自永元失德。書契未紀。窮昏極悖。焉可勝言。既而璇室外構。傾宮內積。奇伎異服。殫所未見。上慢下暴。淫侈競馳。國命朝權。改移近習。販官鬻爵。賄貨公行。並甲第康衢。漸臺廣夏。長袖低昂。等和戎之錫。珍羞百品。同伐冰之家。愚人因之。浸以成俗。驕豔競爽。夸麗相高。至乃市井之

家。貂狐在御。工商之子。緹繡是襲。日入之次。夜艾未反。昧爽之朝。期之清旭。今聖明肇運。厲精惟始。雖曰纘戎。殆同創革。且淫費之後。繼以興師。巨橋鹿臺。彫罄不一。孤忝荷寵任。務在澄清。思所以仰贊皇朝大帛之旨。俯厲微躬鹿裘之義。解而更張。斲彫爲樸。自非可以奉粢盛。修紱冕。習禮樂之容。繕甲兵之備。此外衆費。一皆禁絕。御府中署。量宜罷省。掖廷備御妾之數。大予絕鄭衛之音。仰度朝旨。闇同此意。其中有可以率先卿士。準的庶萌。非食薄衣。請自孤始。加以羣才竝軌。九官咸事。若能人務退食。競存約己。移風易俗。庶期月有成。昔毛玠在朝。士大夫不敢靡衣偷食。魏武歎曰。孤之法不如毛尚書。孤雖德謝往賢。任重先達。實望多士。得其此心。外可詳爲條格。以時施行。（文館詞林）

天監三年策秀才文

問秀才。朕長驅樊鄧。直指商郊。因藉時來。秉此厤運。當扆永念。猶懷慙德。何者。百王之弊。齊季斯甚。衣冠禮樂。掃地無餘。斲彫刓方。經綸草昧。採三王之禮。冠履粗分。因六代之樂。宮判始辨。而百度草創。倉廩未實。若終畝不稅。則國用靡資。百姓不足。則惻隱深慮。每時入芻稾。歲課田租。愀然疚懷。如憐赤子。今欲使朕無滿堂之念。民有家給之饒。漸登九年之畜。稍去關市之賦。子大夫當此三道。利用賓王。斯理何從。佇聞良說。

問。朕本自諸生。弱齡有志。閉戶自精。開卷獨得。九流七略。頗常觀覽。六藝百家。庶非牆面。雖一日萬機。早朝晏罷。聽覽之暇。三餘靡失。上之化下。草偃風從。惟此虛寡。弗能動俗。昔紫衣賤服。猶化齊風。長纓鄙好。且變鄒俗。雖德慚往賢。業優前事。且夫搢紳道行。祿利然也。朕傾心駿骨。非懼眞龍。輜軿青紫。如拾地芥。而惰游廢業。十室而九。鳴鳥蔑聞。子衿不作。弘獎之路。斯既然矣。猶其寂寞。應有良規。

問。朕立諫鼓。設謗木。於茲三年矣。比雖輻湊闕下。多非政要。日伏青蒲。罕能切直。將齊季多諱。風流遂往。將謂朕空然慕古。虛受弗弘。然自君臨萬寓。介在民上。何嘗以一言失旨。轉徙朔方。睚眦有違。論輸左校。而使直臣杜口。忠讜路絕。將恐弘長之道。別有未周。悉意以陳。極言無隱。（文選）

爲齊竟陵王世子臨會稽郡教

富室兼并。前史共蠹。大姓侵威。往哲攸嫉。而權豪之族。擅割林池。勢富之家。專利山海。至乃水稱峻。（藝文類聚五十。案水稱峻下舊有巖巖我君十句。當是碑頌之文。誤跳在此耳。今刪歸不知時代文中。）

吏部郎表

郎官之重。千金非譬。爰在前世。實光選造。清通爲首。終遂弗居。深識爲度。累薦無獲。承乏攝官。顧知其望。方今皇明御宇。昇長咸亨。涇渭搢紳。無謬衡石。抑揚庶品。亦自能官。顧己循涯。孰用祗荷。唯知死所。未識所報。（藝文類聚四十八）

爲齊明帝讓宣城郡公第一表

臣鸞言。被臺司召。以臣爲侍中中書監驃騎大將軍開府儀同三司揚州刺史錄尚書事。封宣城郡開國公。食邑三千戶。加兵五千人。臣本庸才。智力淺短。太祖高皇帝篤猶子之愛。降家人之慈。世祖武皇帝情等布衣。寄深同氣。武皇大漸。實奉話言。雖自見之明。庸近所蔽。愚夫一至。偶識量己。實不忍自固於綴衣之辰。拒違於玉几之側。遂荷顧託。導揚末命。雖嗣君棄常。獲罪宣德。王室不造。職臣之由。何者。親則東牟。任惟博陸。徒懷子孟社稷之對。何救昌邑爭臣之譏。四海之議。於何逃責。且陵土未乾。訓誓在耳。家國之事。一至於斯。非臣之尤。誰任其咎。將何以肅拜高寢。虔奉武園。悼心失圖。泣血待旦。寧容復徼榮於家恥。宴安於國危。驃騎上將之元勳。神州儀刑之列岳。尚書古稱司會。中書實管王言。且虛飾寵章委成禦侮臣知不愜物誰謂宜但命輕鴻毛責重山岳存沒同歸毀譽一貫辭一官不減身累增一職已黷朝經便當自同體國不爲飾讓至於功均一匡賞同千室光宅近甸奄有全邦殞越爲期不敢聞命亦願曲留降鑒卽垂順許鉅平之懇誠必固永昌之丹慊獲申乃知君臣之道綽有餘裕苟曰易昭敢守難奪故可庶心弘議酌己親物者矣不勝荷懼屏營之誠謹附某官某甲奉表以聞臣諱誠惶誠恐（文選、梁書任昉傳、藝文類聚五十一）

為范尙書讓吏部封侯第一表

臣雲言被尙書召以臣爲散騎常侍吏部尙書封霄城縣開國侯食邑千戶奉命震驚心顏無措臣雲頓首頓首死罪死罪臣素門凡流輪翮無取進謝中庸退慙狂狷固嘗獎厲求學而一經不治篆刻爲文而三冬靡就負書燕魏空彈菽粟躡屩齊楚徒失貧賤旣而分虎出守以囊被見嗤持斧作牧以薏苡興謗楮衣爲虜見獄吏之尊除名爲民知井臼之逸百年上壽旣曰徒然如其誠說亦以過半亂離斯瘼欲以安歸閉門荒郊再離寒暑兼以東皋數畝控帶朝夕關外一區悵望鐘阜雖室無趙女而門多好事祿微賜金而權同嫉老折芰燔枯此焉自足陛下應期萬世接統千祀三千景附八百不謀臣纍箋雜心功慙同德泥首在顏輿棺未毀締構草昧敢叨天功獄訟謳謌示民同志而隆器大名一朝總集顧己反躬何以臻此正當以接閑白水列宅舊豐慫捨講之尤存諸公之費俯拾靑紫豈待明經臣雲頓首頓首死罪死罪夫銓衡之重關諸隆替遠惟則哲在帝猶難漢魏已降遠識纔軌雅俗所歸惟稱許郭拔十得五尙曰比肩其餘得失未聞僞察童幼天機晉發顧無足算在魏則毛玠公方居晉則山濤識量以臣況之一何遼落齊季陵遲官方淆亂鴻都不綱西園成市金章有盈筲之談華貂深不足之歎草創惟始義存改作恭己南面責成斯在豈

宜矣加寵私以乏王事附蟬之飾空成寵章求之公私授受交失近世侯者功緒參差或足食關中或成軍河內或制勝帷幄或門人加親或與時抑揚或隱若敵國或策定禁中或功成野戰或盛德如卓茂或師道如桓榮或四姓侍祠已無足紀五侯外戚且非舊章而臣之所附惟在恩澤旣義異疇庸實榮乖儒者雖小人貪幸豈獨無心臣本自諸生家承素業門無富貴易農而仕乃祖玄平道風秀世爰在中興儀刑多士位裁元凱任止牧伯高祖少連夙秉高尙所富者義所乏者時薄宦東朝謝病下邑先志不忘愚臣是庶且去歲冬初國學之老博士耳今茲首夏將亞冢司雖千秋之一日九遷苟爽之十旬遠至方之微臣未爲速達臣雖無識惟利是視至於虧名損實爲國爲身知其不可不敢妄冒陛下不棄菅蒯愛同絲麻儻平生之言猶在聽覽宿心素志無復貳辭矜臣所乞特迴寵命則彝章載穆微物知免臣今在假不容詣省不任荷懼之至謹奉表以聞臣雲誠惶以下（文選、藝文類聚四十八、初學記十二）

為蕭揚州薦士表

臣王言臣聞求賢暫勞垂拱永逸方之疏壤取類導川伏惟陛下道隱旒纊信充符璽六飛同塵五讓高世白駒空谷振鷺在庭猶懼隱鱗卜祝藏器屠保物色關下委裘河上非取製於一狐諒求味於兼采五聲倦響九工是詢寢議廟堂借聽輿皁臣位任隆重義兼家邦實欲使名實不違僥倖路絕勢門上品猶當格以淸談英俊下僚不可限以位貌竊見祕書丞琅邪臣王暕年二十一字思晦七葉重光海內冠冕神淸氣茂允迪中和叔寶理遣之談彥輔名敎之樂故以暉映先達領袖後進居無塵雜家有賜書辭賦淸新屬言玄遠室邇人曠物疏道親養素丘園台階虛位庠序公朝萬夫傾望豈徒荀令可想李公不亡而已哉前晉安郡候官令東海王僧孺年三十五字僧孺理尙棲約思致恬敏旣筆耕爲養

亦傭書成學。至乃集螢映雪。編蒲緝柳。先言往行。人物雅俗。甘泉遺儀。南宮故事。畫地成圖。抵掌可述。豈直鼮鼠有必對之辯。竹書無落簡之謬。暕坐鎮雅俗。弘益已多。僧孺訪對不休。質疑斯在。並東序之祕寶。瑚璉之茂器。誠言以人廢。而才實世資。臨表悚戰。猶懼未允。不任下情云云。文選

為褚諮議蓁讓代兄襲封表

臣蓁言。昨被司徒符。仰稱詔旨。許臣兄賁所請。以臣襲封南康郡公。臣門籍勳蔭。光錫土宇。臣賁世載承家。允膺長德。而深鑒止足。脫屣千乘。遂乃遠謬推恩。近萃庸薄。能以國讓。弘義有歸。匹夫難奪。守以勿貳。昔武始迫家臣之策。陵陽感鮑生之言。張以誠請。丁為理屈。且先臣以大宗絕緒。命臣出纂傍統。稟承在昔。理絕終天。永惟情事。觸目崩殞。若使賁高延陵之風。臣忘子臧之節。是廢德舉。豈曰能賢。陛下察其丹款。特賜停絕。不然投身草澤。苟遂愚誠耳。不勝丹懇之至。謹詣闕拜表以聞。臣誠惶誠恐以下。文選

一日被司徒符印。稱詔旨許臣兄賁所請。以臣紹封南康郡公。臣世屬啟聖。運偶時來。尚德嗜庸。先錫土宇。臣賁載世承家。兄居長德。而量己夙退。內事園蔬。以臣行達幽明。早嚼荼苦。賁天倫契至。友愛甯深。非直引嗜推溫。故故逃迹讓位。昫育提養。以及人次。事死慕生。尚均脫屣。取信十室。本若錙銖。乃遠謬推恩。近需庸薄。能以國讓。弘義有歸。匹夫難奪。守以勿二。昔武始迫家臣之策。陵陽感鮑矛之言。張以誠請。丁為理屈。且大宗絕緒。命臣出纘傍統。稟承在昔。理絕終天。永懷情事。觸感崩裂。伏惟陛下俯權孤門哀榮之重。爰奪臣賁一至之輕。察其丹款。特賜停絕。至公允穆。微臣剋幸。藝文類聚五十一。案此表較文選所載多出百餘字

又表

近冒澈款。庶蒙哀亮。奉被還詔。未垂矜允。伏讀周遑。罔寘心誠。臣本凡劣。身名不限。標一善不足以驗風流。存一讓不足以弘進止。若乃富埒千駟。貴有邦家。二者之來。不期而至。中人猶其趑趄。凡近固宜勉勵。直以門緒有歸。長德無二。若使賁高延陵之風。臣忘子臧之節。是廢德舉。豈曰能賢。陛下留心孤門。特深追遠。故臣窮必呼天。憑咸咫尺。賁嬰疾沈固。公私廢禮。逢不世之恩。遂良已之志。確然難奪。有理存焉。臣既承先旨出纘傍統。受命有資。反身何奉。牧心感悼。勉義追躬。臣賁息霽。年將志學。禮及趨拜。且私門世適。二三攸序。若天眷無已。必降殊私。乞以臣霽奉膺珪社。伏願陛下聖慈。曲垂矜愼。如蒙哀允。施重含育。藝文類聚五十一

為范始興作求立太宰碑表

臣雲言。原夫存樹風猷。沒著徽烈。既絕故老之口。必資不刊之書。而藏諸名山。則陵谷遷貿。府之延閣。則青編落簡。然則配天之迹。存乎泗水之上。素王之道。紀於沂川之側。由是崇師之義。擬迹於西河。尊主之情。致之於堯禹。故構廬妄啟。必窮鐫勒之盛。君長一城。亦盡刊刻之美。況乎甄陶周召。孕育伊顏。故太宰竟陵文宣王臣某。與存與亡。則義刑社稷。嚴天配帝。則周公其人。體國端朝。出藩入守。進思必告之道。退無苟利之專。五教以倫。百揆時序。若夫一言一行。盛德之風。琴書藝業。述作之茂。道非兼濟。事止樂善。亦無得而稱焉。人之云亡。忽移歲序。鳴鵠東徙。松檟成行。六府臣僚。三藩士女。人蓄油素。家懷鉛筆。瞻彼景山。徒然望慕。昔晉氏初禁立碑。魏舒之亡。亦從班列。而阮略既泯。故首冒嚴科。為之者竟免刑戮。致之者反蒙嘉歎。至於道被如仁。功參微管。本宜在常均之外。故太宰淵。丞相嶷。親賢並軌。即為成規。乞依二公前例。賜許刊立。豈容使長想九原。樵蘇罔識其禁。駐驛長陵。輶軒不知所適。臣里閭孤賤。才無可甄。值齊網之弘。弛賓客之禁。策名委質。忽焉二紀。慮先犬馬。厚恩不荅。而斂帷毀蓋。未導螻蟻。殊禮玉匣。遠飾幽

玉粲當作王粲

泉。陛下弘獎名教。不隔微物。使臣得駿奔南浦。長號北陵。既曲逢前施。實仰覬後澤。儻驗杜預山頂之言。庶存馬駿必拜之感。臨表悲懼。言不自宣。臣誠惶已下。文選。

爲皇太子求一日一入朝表

臣聞内豎告安。姬昌怡色。鳴雞戒旦。周發冠履。或以涼燠之候。晨昏異宜。膳羞之和。鼎飪殊節。一辰三朝。稱情猶簡。終日承顔。在理斯愜。且長壽之對。撫循無已。馳道未窮。顧懷不輟。豈直下動天至。固亦上結慈衷。自頃半旬乃朝。遂爲通制。事踰信次。義乖晨省。一日萬幾。不敢三塵御省。每旦改寢。侍乞一至寢門。藝文類聚十六。

爲王思遠讓侍中表

行則六尺之内。陪接天光。語則親奉申命。誠信區宇。獻可替否。出納惟幾。敷奏於金華之上。進讓於玉堂之下。金璫七貴之茂。玉粲二公之孫。雖復仲蔚孤緒。元卿末裔。不階民譽。奚承典私。初學記作曲知者也。藝文類聚四十八。初學記十二。

爲蕭侍中拜襲封表

詔書拜臣襲封竟陵郡王。臣以凡庸。素乏才植。皇朝尚德。詔爵惟賢。遂復出修職貢。入須卿士。但有道之守。海外重扃。蕃籬近甸。無勞擊柝。仰閲舊章。俯增私感。報國承家。豈云萬一。藝文類聚五十。

爲梁公請刊改律令表

臣聞湻源既遠。天討是因。畫衣象服。以致刑厝。草纓艾韠。民不能犯。及湻德下衰。運距澆季。湯刑禹政。不足禁姦。九法三章。無以息訟。所以赭衣塞路。圄犴成市。凝脂已疏。秋荼非苦。姦吏爲市。生殺並用。可謂慟哭。豈徒一緒。夫肖貌天地。稟靈川岳。受體愛敬。髮膚爲重。流矢影風。顧有憂色。而當矣加劓斲。金木爲伍。且夫刻木不對。畫地不入。畏避若是。而動貽非命。王道爲虧。良在於此。法開二門。爲政之蠹。生殺多緒。誰其適從。藝文類聚五十四。

烏程嚴可均校輯

任昉三

奏請郊廟備六代樂

據魏王肅議。周禮賓客皆作備樂。況天地宗廟。事之大者。周官以下六律六呂五聲八音六舞大合樂。致鬼神以和邦國。請依王肅祀祭郊廟備六代樂。（通典一百四十七。太常任昉奏。）

奏彈曹景宗

御史中丞臣任昉稽首言。臣聞將軍死綏。咫步無卻。顧望避敵。逗橈有刑。至乃趙母深識。乞不爲坐。魏主著令。抵罪已輕。是知敗軍之將。身死家戮。爰自古昔。明罰斯在。臣昉頓首頓首。死罪死罪。竊尋獯獫侵軼。暫擾疆陲。王師薄伐。所向風靡。是以淮徐獻捷。河兗凱歸。東關無一戰之勞。塗中罕千金之費。而司部懸隔。斜臨寇境。

故使狡虜憑陵。淹移歲月。故司州刺史蔡道恭。率厲義勇。奮不顧命。全城守死。自冬徂秋。猶有轉戰無窮。亟摧醜虜。方之居延。則陵降而恭守。比之疏勒。則耿存而蔡亡。若使郢部救兵。微接聲援。則單于之首。久懸北闕。豈直受降可築。涉安啟土而已哉。寔由郢州刺史臣景宗。受命致討。不時言邁。故使蝟結蟻聚。水草有依。方復按甲盤桓。緩救資敵。遂令孤城窮守。力屈凶威。雖然。猶應固守三關。更謀進取。而退師延頸。自貽虧衄。疆埸侵駭。職是之由。不有嚴刑。誅賞安寘。景宗卽主。臣謹案使持節都督郢司二州諸軍事左將軍郢州刺史湘西縣開國矦臣景宗。擢自行閒。遘茲多幸。指蹤非擬。獲獸何勤。賞茂通矦。榮高列將。負擔裁弛。鐘鼎遽列。和戎莫效。二八已陳。首頂至踵。功歸造化。潤草塗原。豈獲自已。且道恭云逝。城守累旬。景宗之存。一朝棄甲。生曹死蔡。優劣若是。惟此人斯。有靦面目。昔漢光命將。坐知千里。魏武置法。案以從事。故能出必以律。錙銖無爽。伏惟聖武英挺。略不出世。料敵制變。萬里無差。奉而行之。實弘廟算。惟此庸固。理絕言提。自逆胡縱逸。久患諸夏。聖朝乃顧。將一車書。憖彼司氓。致辱非所。早朝永歎。載懷矜惻。致茲虧喪。何所逃罪。宜正刑書。肅明典憲。臣謹以劾。請以見事免景宗所居官。下太常削爵土。收付廷尉法獄治罪。其軍佐職僚。偏裨將帥。絓諸應及咎者。別攝治書侍御史隨違續奏。臣謹奉白簡以聞。云云。（文選。）

出世當作世出

奏彈劉整

御史中丞臣任昉稽首言。臣聞馬援奉嫂。不冠不入。氾毓字孤。家無常子。是以義士節夫。聞之有立。千載美談。斯爲稱首。臣昉頓首頓首。死罪死罪。謹案齊故西陽內史劉寅妻范。詣臺訴。列稱出適劉氏。二十許年。劉氏喪亡。撫養孤弱。叔郎整常欲傷害。侵奪分前奴教子。當伯。並已入眾。又以錢婢姊妹弟溫。仍留奴自使。伯又奪

寅息逡婢綠草。私貨得錢。並不分逡。寅第二庶息師利。去歲十月往整田上。經十二日。整便責范米六斗哺食。米未展送。忽至戶前。隔箔攘拳大罵。突進房中。屏風上取車帷準米去。二月九日夜。婢采音偷車欄夾杖龍牽。范問失物之意。整便打息逡。整及母並奴婢等六人。來至范屋中。高聲大罵。婢采音舉手查范臂。求攝檢如訴狀。輒攝整亡父舊使奴海蛤到臺辯問。列稱整亡父興道先爲零陵郡。得奴婢四人。分財以奴教子乞大息寅。亡寅後第二弟整仍奪教子。云應入眾。整便留自使。婢姊及弟各準錢五千文。不分逡。其奴當伯先是眾奴。整兄弟未分財之前。整兄寅以當伯貼錢七千。其眾作田。寅罷西陽郡還。雖未別火食。寅以私錢七千贖當伯。仍使上廣州去。後寅喪亡。整兄弟後分奴婢。唯餘婢綠草入眾。整復云寅未分財贖當伯。又應屬眾。整意貪得當伯。推綠草與逡。整規當伯還。擬欲自取。當伯遂經七年不返。整疑已死亡。不迴更

亡寅當作寅亡

奪取婢綠草貨得錢七千。整兄弟及姊共分此錢。又不分逡寅妻。范云當伯是亡夫私贖。應屬息逡。當伯天監二年六月從廣州還至。整復奪取。云應充衆。准雇借上廣州四年夫直。今在整處使。進責整婢采音。劉整兄寅第二息師利。去年十月十二日忽往整墅停住十二日。整就兄妻范求米六斗哺食。范未得還。整怒。仍自進范所住屏風上取車帷為質。范送米六斗。整即納受。范今年二月九日夜失車欄子夾杖龍牽等。范及息逡道是采音所偷。整聞聲仍打逡。范喚問何意打我兒。整母子爾時便同出中庭。隔箔與范相罵。婢采音及奴教子楚玉法志等四人。于時在整母子左右。整語采音。其道汝偷車校具。汝何不進裏罵之。既進。爭口舉手誤查范臂。車欄夾杖龍牽。實非采音所偷。進責寅妻范奴苟奴。列孃去二月九日夜失車欄夾杖龍牽。疑是整婢采音所偷。苟奴與郎逡往津陽門糴米。遇見采音。在津陽門賣車欄龍牽。苟奴登時欲捉

取。逡語苟奴。已爾不須復取。苟奴隱僻少時。伺視人買龍牽。售五千錢。苟奴仍隨逡歸宅。不見度錢。並如采音苟奴等列狀粗與范訴相應。重覈當伯教子。列孃被奪。今在整處使。悉與海蛤列不異。以事訴法。令史潘僧尚議。整若輒略兄子逡分前婢貨賣。及奴教子等私使。若無官令。輒收付近獄測治。諸所連逮。往應洗之源委之獄官。悉以法制從事。如法所稱。整即主。臣謹案新除中軍參軍臣劉整。閭閻闒茸。名教所絕。直以前代外戚。仕因紈袴。惡積釁稔。親舊側目。理絕通問。而妄肆醜辭。終夕不寐。而謬加大杖。辭包分財。取其老弱。高鳳自穢。爭訟寡嫂。未見孟嘗之深心。唯斅文通之僞迹。昔人睦親。衣無常主。整之撫姪。食有故人。何其不能折契鍾庾。而稽帷交質。人之無情。一何至此。實教義所不容。紳冕所共棄。臣等參議。請以見事免整所除官。輒勒外收付廷尉法獄治罪。諸所連逮。應洗之源。委之獄官。悉以法制從事。婢采音不款偷車龍

牽。請付獄測實。其宗長及地界職司。初無糾舉。及諸連逮。請不足申盡。臣昉云云。誠惶誠恐以聞。文選。

奏彈蕭穎達

臣聞貧觀所取。窮視不為。在於布衣窮居。介然之行。尚可以激貪厲俗。惇此薄夫。況乎伐冰之家。爭雞豚之利。衣繡之士。受賈人之服。風聞征虜將軍臣蕭穎達啟乞魚軍稅。輒攝穎達宅督彭難當到臺辨問。列稱尋生魚典稅。先本是鄧僧琰啟乞限訖。今年五月十四日。主人穎達于時謂非新立。仍啟乞接代僧琰。即蒙降許登稅。與史法論一年收直五十萬。如其列狀。則與風聞符同。穎達即主。臣謹案征虜將軍太子左衞率作唐縣開國侯臣穎達。備位大臣。預聞執憲。私謁亟陳。至公寂寞。屑中之志。異乎鮑肆之求。魚飧之資。不俟潛有之數。遂復申茲文二。追彼十一。風體若茲。準繩斯在。陛下弘惜勳良。每為曲法。臣當官執憲。敢不直繩。臣等參議。請

以見事免穎達所居官。以侯還第。梁書蕭穎達傳。

奏彈范縝

臣聞息夫歷詆。漢有正刑。白褒一奏。晉以明罰。況乎附下訕上。毀譽自口者哉。風聞尚書左丞臣范縝。自晉安還。語人云。我不詣餘人。惟詣王亮。不餉餘人。惟餉王亮。輒收縝白從左右萬休到臺辨問。與風聞符同。又今月十日。御餞梁州刺史臣珍國。宴私既洽。羣臣並已謁退。時詔留侍中臣昂等十八人。訪以政道。縝不答所問。而橫議沸騰。遂貶裁司徒臣朏。褒舉庶人王亮。臣於時預奉恩留。肩隨並立。耳目所接。差非風聞。竊尋王有遊豫。親御軒陛。義深推轂。情均湛露。酒闌宴罷。當扆正立。記事在前。記言在後。軫早朝之念。深求瘼之情。而縝言不遜。妄陳褒貶。傷濟濟之風。缺側席之望。不有嚴裁。憲准將頹。縝即主。臣謹案尚書左丞臣范縝。衣冠緒餘。言行舛駁。誇諧里落。喧詬周行。曲學諛聞。未知去代。弄口鳴舌。祗足

飾非乃者義師近次縝丁罹艱棘曾不呼門墨線景附頗同先覺實奉龍顏而今黨協釁餘醜爲矛楯入而無怙成茲姦詖日者飲至策勳功微賞厚出守名邦入司管轄苞篚罔遺而假稱折轅衣裙所弊譏激失所許與疵廢廷辱民宗自居樞憲糾奏寂寞顧望縱容無至公之議惡直醜正有私訐之談宜置之徽纆肅正國典臣等參議請以見事免縝所居官輒勒外收付廷尉法獄治罪應諸連逮委之獄官以法制從事縝位應黃紙臣輒奉白簡（梁書王亮傳）

朝堂諱榜議

攜取證明之文僩之即情惟允宜班諱之典爰自漢世降及有晉歷代無爽今之諱榜兼明義訓邦之字國實爲前事之徵名諱之重情敬斯極故懸諸朝堂搢紳所聚將使起伏晨昏不違耳目禁避之道昭然易從此乃敬恭之深旨何情典之或廢尊稱霍氏理例乖方居下以名故以不名爲重在上必諱故以班諱爲尊因心則理無不安即事則習行已久謂宜式遵無所創革（南齊書王慈傳永明中儀曹郎任昉議）

齊明帝謚議

窮神之跡無繼於成名敎思所宗言歸於有稱是以則天爲大義盡於翼善武功受命理貫於斯文伏惟功高五讓道冠三極愛敬始於揚名孝饗終乎嚴配寥廓大度誕君人之符閨庭小節應執物之訓歷試允諧納揆時序貽厥之寄義均負圖榱棟惟新壓焉將及於是承制宣德定策公卿登嗣后於西鍾戾獨夫於族服既而主幼時艱仍離屯蹇應當璧之祥注息肩之願立德以長紹開中興擬度天行取則乾健日昃罷朝幽枉必達官曹寂寞圄犴空虛虎門肆義大足協律巖廊有搢紳之談鄉塾無橫議之士旣富而敎弘此孝治遂使家無蕩子野有棲畝寘天下於掌握覽八荒於戶牖寵微金穴之家恩絕椒風之館天應民和祥符總暨故能上變雲物下漏深泉若乃靑丘丹陵之國黃銀紫玉之瑞幽符遠萃詢德報功方將馳道日觀淸宮鳴澤爲而不恃高揖成功百川所以朝宗參辰於焉取正豈所謂中衢均奠懸衡共軌者歟（藝文類聚十四）

到大司馬記室牋

記室參軍事任昉死罪死罪伏承以今月令辰肅膺典策德顯功高光副四海含生之倫庇身有地況昉受敎君子將二十年咳唾爲恩眄睞成飾小人懷惠顧知死所昔承嘉宴屬有緒言提挈之旨形乎善謔豈謂多幸斯言不渝雖情謬先覺而迹淪驕餌湯沐具而非弔大廈構而相賀明公道冠二儀勳超遂古將使伊周奉轡桓文扶轂神功無紀作物何稱府朝初建俊賢翹首惟此魚目唐突璵璠顧己循涯寔知塵忝千載一逢再造難答雖則殞越且知非報不勝荷戴屏營之情謹詣廳奉白牋謝聞昉死罪死罪（文選）

爲府僚勸進梁公牋（梁書任昉傳）

伏承嘉命顯至佇策明公逡巡盛禮斯實謙尊之旨未窮遠大之致何者嗣君棄常自絕宗社國命民生翦爲仇讎折棟崩榱壓焉自及卿士懷脯斮之痛黔首懼比屋之誅明公亮格天之功拯水火之切再躔日月重綴參辰反龜玉於塗泥濟斯民於阬岸使夫匹婦童兒羞言伊呂鄉校里塾恥談五霸而位卑乎阿衡地狹於曲阜慶賞之道尚其未洽夫大寶公器非要非距至公至平當任誰讓明公宜祗奉天人允膺大禮無使後予之歌同彼胥怨兼濟之仁飜爲獨善（梁書武帝紀上又見藝文類聚十四以爲任昉作）

又牋

近以朝命蘊策冒奏丹誠奉被還命（梁書南史藝文類聚作令）未蒙虛受搢紳顒顒深所未達蓋聞受金於府通人之弘致高蹈海隅匹夫之小

節是以履乘后而周公不以爲疑增玉璜而太公不以爲讓況世哲纘軌先德在民經綸草昧歎深微管加以朱方之役荆河是依班師振旅大造王室雖復累繭救宋重胝存楚居今觀古曾何足云而惑甚盜鍾功疑不賞皇天后土不勝其酷是以玉馬駿犇表微子之去金版出地告龍逢之怨（梁書南史作冤）明公據鞍輟哭厲三軍之志獨居掩涕激義士之心故能使海若登祇罄圖效祉山戎孤竹束馬景從伐罪弔民一匡靖亂匪叨天功實勤濡足且明公本自諸生取樂名教道風素論坐鎮雅俗不習孫吳遘茲神武驅盡誅之氓濟必封之俗龜玉不毀誰之功歟獨爲君子將使伊周何地某等不達通變實有愚誠不任悾款悉（藝文類聚作懇）心重謁伏願時膺典冊式副民望（文選梁書武帝紀上南史六藝文類聚十四）

爲王金紫謝齊武帝示皇太子律序啓

臣聞化澄上業草纓垂典教清中世艾服懲刑自禮失宗周俗反炎漢張馮導其迹貫杜浚其流仲舒之得情孔子之博約故以義該往哲盡美前王而年世浸遠篇牘訛謬朽編落簡見誣前淑侮文體議取弊後昆立不倚衡途均鴻毛之頌傷足居憂忘貽髮膚之痛豈所以臨河永歎台育最靈者也伏惟陛下施博天地澤深禹湯溫舒之策優游虛授衛展之議寧失弗經削秋荼之法解凝脂之網（藝文類聚五十四）

奉答敕示七夕詩啓

臣昉啓奉敕幷賜示七夕五韻竊惟帝迹多緒俯同不一託情風什希世罕工雖漢在四世魏稱三祖寧足以繼想南風克諧調露性與天道事絕稱言豈其多幸親逢旦暮臣早奉龍潛與賈馬而入室晚屬天飛比嚴徐而待詔惟君知臣見於訥言之旨取求不疵表於辯才之戲謹輒牽率庸陋式訓天獎拙速雖效蚩鄙已彰臨啓慚恧罔識所寘謹啓（文選）

爲卞彬謝脩卞忠貞墓啓

臣彬啓伏見詔書并鄭義泰宣敕當賜脩理臣亡高祖晉故驃騎大將軍建興忠貞公壺墳塋臣門緒不昌天道所昧忠遘身危孝積家禍名教同悲隱淪惆悵而年世貿遷孤裔淪塞遂使碑表蕪滅巨樹荒毀狐兔成穴童牧哀歌感慨自哀日月纏迫陛下弘宣教義非求效於方今壹餘烈不泯固陳力於異世但加等之渥近闕於晉典樵蘇之刑遠流於皇代臣亦何人敢謝斯幸不任悲荷之至謹奉啓事以聞謹啓（文選）

啓蕭太傅固辭奪禮

昉啓近啓歸訴庶諒窮款奉被還旨未垂哀察悼心失圖泣血待旦君於品庶示均鎔造干祿祈榮更爲自拔虧教廢禮豈關視聽所不忍言具陳茲啓昉往從末宦祿不代耕飢寒無甘旨之資限役廢晨昏之半膝下之懽已同過隙几筵之慕幾何可憑且奠酹不親如在安寄晨暮寂寥闃若無主所守既無別理窮咽豈及多喻明公功格區宇感通有塗若霈然降靈賜寢嚴命是知孝治所被爰至無心錫類所及匪徒教義不任崩迫之情謹奉啓事陳聞謹啓（文選）

求爲劉瓛立館啓

昔在魏中爰及晉始書貴虛玄人悅陶縱瑚璉廢泗上之容樽俎忽林下之適春干秋羽委曠而弗陳西序東膠寂寥而誰仰所以金雞忘曉玉羊失馭神器毀於獯戎寶麻遷於干越豈不悲歟劉瓛澡身浴德修行明經賤珪璧於光陰競松筠於歲晚貧不隕穫其心窮不二三其操而困無居止浮寓親遊垣棟傾鑽室衢墊側有朋自遠無用栖憑皆負笈擔簦櫛風沐露瓛之器學無謝前修輒欲與之周旋開館招屈臣第西偏官有閑地北拒晉山南望通邑雖曰人境實少浮喧廣輪裁盈數畝布以施立黌塾薄蓺桑麻

粗創茨宇。藝文類聚三十八。

與江革書

此段雍府妙選英才，文房之職，總卿昆季，可謂馭二龍於長途，騁騏驥於千里。梁書江革傳。

與沈約書

范僕射遂不救疾，范侯淳孝睦友，在家必聞，直道正色，立朝斯著，一金之俸，必徧親倫，鍾庾之秩，散之故舊，佐命興王，心力俱盡，謀猷忠允，諒誠匪躬，破產而字死友之孤，開門而延故人之殯，則惟其常，無得而稱矣。器用車馬，無改平生之憑，素論款對，不易布素之交。若斯人者，豈云易遇。昉將莅此邦，務在遄速，雖解駕流連，再貽款顧，將乖之際，不忍告別，無益離悲，秖增今悵，永念平生，忽焉疇曩，文選任昉哭范僕射詩注引劉璠梁典作永念生平，忽爲疇昔。追尋笑緒，皆成悲端。藝文類聚三十四。

弔樂永世書

永世孝友之至，發自天眞，皎潔之操，曾非矯飾，意有所固，白刃不移，理有所託，緇澠自辨，餘息惟存，視陰無幾，終始之託，方寄祁侯。豈謂樂生反先朝露，以理遣滯，鄙識未曉，以事尋悲，哀楚交至。宿草易滋，傷恨不滅，松價可朞，悲緒無窮。藝文類聚三十四。

爲昭明太子答何胤書

得書，知便遠追疏董，超然高蹈，雖朝旨殷勤，而輕棹已遠，供餞莫申，瞻言增慨。善保嘉猷，比致音息，懷人望古，潸然久之。藝文類聚三十七。

爲庾杲之與劉居士虯書

自別荊南，迄將二紀，杲之牽滯形有，推遷物役，丈人沒志外身，超然獨善，雖心路咫尺，而事阻山河，悠悠白雲，依然有道，金涼佇運，想恆納宜，沖明在襟，履候無爽，體道爲用，蹈理則和，杲之牽綴疲朽，愧心已多，訪德則山林窅然，觀道則風雲自遠，歲暮之期，指塗衡岳，神虛氣懋，無待怡和，江湖相望，安事行李，司徒竟陵王懋於神者，言象所絕，接乎士者，遐邇所宗，鍾石非禮樂之本，纓紱豈朝野之謂，想闇投之懷，不以形體爲阻，一日通籍梁邸，親奉話言，夢想清塵，爲歲已積，以丈人非燕雁所樂，故息蒲軺之典，勝奇冥邈，諒有風期之遲，君王卜居郊郭，縈帶川阜，顯不徇功，晦不標迹，從容平人野之間，以窮二者之致，且弘護爲心，廣孚眞俗，思闡繫表，共剖衆心，妙域延山河，虛館帶川渙，實望賁然，少酬側遲，昔東平樂善，旌君大於東閣，今王愛素，致吾子於西山，豈不盛歟，百齡飄驟，凝滯自物，千載一朝，爲仁由己，且凌雪戒塗，非臧迹之郊，鴻鍾在御，豈銷聲之道，已標異人之迹，故有同物之勞，夫山水無情，應之以會，愛閑在我，觸目蕭條，衡岳何親，鍾嶺何薄，想弘思有在，不俟繁言。藝文類聚三十七。

全梁文卷四十三終

全梁文卷四十四

烏程嚴可均校輯

任昉四

文章緣起序

六經素有歌詩書誄箴銘之類。尚書帝庸作歌。毛詩三百篇。左傳叔向貽子產書。魯哀孔子誄。孔悝鼎銘。虞人箴。此等自秦漢以來。聖君賢士。沿著爲文章名之始。故因暇錄之。凡八十四題。以新好事者之目云爾。

王文憲集序

公諱儉。字仲寶。琅邪臨沂人也。其先自秦至宋。國史家牒詳焉。晉中興以來。六世名德。海內冠冕。古語云。仁人之利。天道運行。故呂虔歸其佩刀。郭璞誓以淮水。若離翦之止殺。吉駿之誠感。蓋有助焉。公之生也。誕授命世。體三才之茂。踐得二之機。信乃昴宿垂芒。

德精降祉。有一於此。蔚爲帝師。況乃淵角殊祥。山庭異表。望衢罕窺其術。觀海莫際其瀾。宏覽載籍。博游才義。若乃金版玉匱之書。海上名山之旨。沈鬱澹雅之思。離堅合異之談。莫不總制清衷。遞爲心極。斯固通人之所包。非虛明之絕境。不可窮者其唯神用者乎。然檢鏡所歸。人倫以表。雲屋天構。匠者何自。咸洛不守。憲章中輟。賀生達禮之宗。蔡公儒林之亞。闕典未補。大備茲日。至若齒危髮禿之老。含經味道之生。莫不北面人宗。自同資敬。性託夷遠。少屏塵雜。自非可以弘奬風流。增益標勝。未嘗留心。期歲而孤。叔父司空簡穆公。早所器異。年始志學。家門禮訓。皆折衷於公。孝友之性。豈伊橋梓。夷雅之體。無待韋弦。汝郁之幼挺淹至。黃琬之早標聰察。曾何足尚。年六歲。襲封豫寧侯。拜日。家人以公尚幼。弗之先告。既襲珪組。對揚王命。因便感咽。若不自勝。初宋明帝居蕃。與公毋武康公主素不協。及卽位。有詔廢毀舊塋。投棄棺柩。公以死固

請。誓不遵奉。表啟酸切。義感人神。太宗聞而悲之。遂無以奪也。初拜祕書郎。遷太子舍人。以選尚公主。拜駙馬都尉。元徽初。遷祕書丞。於是采公曾之中經。刊弘度之四部。依劉歆七略。更撰七志。嘗賦詩云。稷契匡虞夏。伊呂翼商周。自是始有應務之跡。生民屬心矣。時司徒袁粲。有高世之度。脫落塵俗。見公弱齡。便望風推服。歎曰。衣冠禮樂在是矣。時粲位亞台司。公年始弱冠。勢不侔。公與之抗禮。因贈粲詩。要以歲暮之期。申以止足之戒。粲答詩曰。老夫亦何寄。之子照清襟。服闋。拜司徒右長史。出爲義興太守。風化之美。奏課爲最。還除給事黃門侍郎。旬日。遷尚書吏部郎。參選。昔毛玠之公清。李重之識會。兼之者公也。俄遷侍中。以懸疾。始終之職。固辭不拜。補太尉右長史。時聖武定業。肇基王命。寤寐風雲。實資人傑。是以宸居膺列宿之表。圖緯著王佐之符。俄遷左長史。齊臺初建。以公爲尚書右僕射。領吏部。時年二十八。宋末艱虞。百王

澆季。禮紊舊宗。樂傾恆軌。自朝章國紀。典彝備物。奏議符策。文辭表記。素意所不蓄。前古所未行。皆取定俄頃。神無滯用。太祖受命。以佐命之功。封南昌縣開國公。食邑二千戶。建元二年。遷尚書左僕射。領選如故。自營部分司。盧欽兼掌。譽望所歸。允集茲日。尋表解選。詔加侍中。又授太子詹事。侍中僕射如故。固辭侍中。改授散騎常侍。餘如故。太祖崩。遺詔以公爲侍中尚書令鎮國將軍。永明元年。進號衞將軍。二年。以本官領丹陽尹。六輔殊風。五方異俗。公不謀聲訓。而楚夏移情。故能使解劍拜仇。歸田息訟。前郡尹溫太眞劉眞長。或功銘鼎彝。或德標素尚。臭味風雲。千載無爽。親加弔祭。表薦孤遺。遠協神期。用彰世祀。時簡穆公薨。以撫養之恩。特深恆慕。表求解職。有詔不許。國學初興。華夷慕義。經師人表。允資望實。復以本官領國子祭酒。三年。解丹陽尹。領太子少傅。餘悉如故。挂服捐駒。前良取則。卧轍棄子。後予胥怨。皇太子不矜天姿。俯同

人範師友之義穆若金蘭又領本州大中正頃之解職四年以本號開府儀同三司餘悉如故謙光愈遠大典未申六年又申前命七年固辭選任帝所重違詔加中書監猶參掌選事長輿追專車之恨公曾甘鳳池之失夫奔競之塗有自來矣以難知之性協易失之情必使無訟事深弘誘公提衡惟允一紀于茲拔奇取異興微繼絕望側階而容賢候景風而式典春秋三十有八七年五月三日薨于建康官舍皇朝軫慟儲鉉傷情有識銜悲行路掩泣豈直舂者不相工女寢機而已哉故以痛深衣冠悲纏教義豈非功深砥礪道邁舟航沒世遺愛古之益友道贈太尉侍中中書監如故給節加羽葆鼓吹增班劍六十人謚曰文憲禮也公在物斯厚居身以約玩好絕於耳目布素表於造次室無姬姜門多長者立言必雅未嘗顯其所長持論從容未嘗言人所短弘獎風流許與氣類雖單門後進必加善誘勖以丹霄之價弘以青冥之期公銓品人倫各盡其用居厚者不矜其多處薄者不怨其少窮涯而反盈量知歸皇朝以治定制禮功成作樂思我民譽緝熙帝圖雖張曹爭論於漢朝荀摯競爽於晉世無以仰模淵旨取則後昆每荒服請罪遠夷慕義宣威授指寔寄宏略理積則神無忤往事感則悅情斯來無是己之心事隔於容謟罕愛憎之情理絕於毀譽造理常若可干臨事每不可奪約己不以廉物弘量不以容非攻乎異端歸之正義公生自華宗世務簡隔至於軍國遠圖刑政大典既道在廊廟則理擅民宗若乃明練庶務鑒達治體懸然天得不謀成心求之載籍翰牘所未紀訊之遺老耳目所不接至若文案自環主者百數皆深文爲吏積習成姦蓄筆削之刑懷輕重之意公乘理照物動必研幾當時嗟服若有神道豈非希世之雋民瑚璉之宏器昉行無異操才無異能得奉名節迄將一紀一言之譽東陵侔於西山一眄之榮鄭璞踰於周寶士感知己懷此何極出

入禮闈朝夕舊館瞻棟宇而興慕撫身名而悼恩公自幼及長述作不倦固以理窮言行事該軍國豈直彫章縟采而已哉若乃統體必善綴賞無地雖楚趙羣才漢魏衆作曾何足云曾何足云昉嘗以筆札見知思以薄技效德是用綴緝遺文永貽世範爲如干帙如干卷所撰古今集記今書七志爲一家言不列于集集錄如左（文選藝文類聚五十五。）

王貴嬪哀策文

游衣戒節轜車命服永去椒華長辭嘉福筍緘遺組筵委塵鞠將命啟期寔惟嘉數珮空響其何節姆下當其誰傳殯宮既毀祖饋斯撤爰命史臣宣美來裔坤載既厚內德云助軒五有弘姬十斯豫誕容邦淑選自良家爰登六列象服委蛇青絇丹縞辰文素紈肅雍婦職僉曰俞往贊景望舒方娠明兩心前軌慶軒中增朗與括不衒朏魄無爽式陪璽觀有事蠶宮降輿訪道基我王風宣禮徹豆綿樂房中居貴能降在盈思沖仁者必壽彼蒼者穹如何不淑萬化齊終薦車告途殯穸既辨黼翣璀以陸離帷帐紛其舒卷出桂宮而北行經未央以西轉池綿顧而徐前服馬嘶而不踐霜霏微而初破野空籠而始彫促虞泉於薤露撫悲翁於短簫毋以子貴義弘前哲申褒齊削以從疑革麻𦈏之輕殺達副君之夭至賦白華之無缺庶清廟之微徽非壽原之未騭（藝文類聚十五。）

丞相長沙宣武王碑

玉映藍田金鉉之望已集木秀鄧林輪轅之用先表值戎寇貪惏覊縻失道憑陵雉堞逼迫濠湟都護之威既弛副尉之策已謝斧松晨析易子朝飡乞師援絕飛書路阻公內定不戰之奇外騁必勝之略神功倏忽有同拾遺南下牧馬既寢折膠之術北逝燕然將空漠南之地加以廣平簡惠信賞必罰增賞就賦夷歌成章（藝文類聚四十五。）

桓宣城碑
君器量高濬神明披朗商略雅俗隱括眞僞權奇取異不軌常流固以準的當時擬議郭許矣處身立朝不峻功名俯仰顯默之際優遊可否之閒迹卑而道不污身屈而志不屑矣銘曰於穆我后稟茲純爽虛懿高暢蕭條邁上風任外舒卓鑒內朗神栖沖愼形同俯仰將登槐棘宏振綱網令儀早徂德音永響藝文類聚五十

撫軍桂陽王墓誌銘
於昭帝緒檀美前王綠圖丹紀金簡玉筐世載台鼎地居魯衞沛易且傳楚詩將說桐圭誰戲甘棠何憩藝文類聚四十五

劉先生夫人墓誌銘
旣稱萊婦亦曰鴻妻復有令德一與之齊實佐君子簪蒿杖藜欣欣負戴在冀之畦居室有行亟聞義讓稟訓丹陽弘風丞相藉甚二門風流遠尚肇允才淑閫德斯諒蕪沒鄭鄉寂寥揚冢參差孔

樹毫末成拱暫起荒埏長扃幽隴夫貴妻尊匪爵而重文選

齊竟陵文宣王行狀
祖太祖高皇帝　父世祖武皇帝
南徐州南蘭陵郡縣都鄉中都里蕭公年三十五行狀公道亞生知照鄰幾庶孝始人倫忠爲令德公實體之非毀譽所至天才博贍學綜該明至若曲臺之禮九師之易樂分龍趙詩析齊韓陳農所未究河閒所未輯有一於此罔不兼綜者與昔沛獻訪對於雲臺東平齊聲於塌史淮南取貴於食時陳思見稱於七步方斯蔑如也初沈攸之跋扈上流稱亂陝服宋鎭西晉熙王南中郎邵陵王並鎭盆口世祖毗贊兩藩而任總西戎公時從在軍鎭西府版寧朔將軍軍主南中郎版補行參軍署法曹于時景燭雲火風馳羽檄謀出股肱任切書記遷左軍邵陵王主簿記室參軍旣允棼林之求實兼儀形之寄刀筆不足宣功風體所以弘益除邵陵王友又爲安南邵陵王長史東夏形勝關河重複選衆而舉敦悅斯在除使持節都督會稽東陽臨海永嘉新安五郡諸軍事輔國將軍會稽太守太祖受命廣樹藩屏公以高昭武穆惟戚惟賢封聞喜縣開國公食邑千戶又奏課連最進號冠軍將軍越人之巫覡正風而化俗篁竹之酋感義讓而失險邪叟忘其西吳龍巨狹其東皋會武穆皇后崩公星言奔波泣血千里水漿不入於口者至自禹穴逮衣裳外除心哀內疚禮屈於厭降事迫於權奪而茹戚肌膚沈痛創鉅故知鐘鼓非樂云之本縗麤非隆殺之要改授征虜將軍丹陽尹民家入徙戚里內屬政非一軌俗備五方公內樹寬明外施簡惠神皋載穆轂下以淸武皇帝嗣位進封竟陵郡王食邑加千戶復授使持節都督南徐兗二州諸軍事鎭北將軍南徐州刺史遷使持節侍中都督南兗徐北兗靑冀五州諸軍事征北將軍南兗州刺史兗徐接壤素漸河潤未及下車仁聲先洽玉

關靖柝北門寢扃朝旨以董司岳牧敷興邦教方任雖重比此爲輕徵護軍將軍兼司徒侍中如故又授車騎將軍兼司徒侍中如故卽授司徒侍中又如故上穆三能下敷五典闢玄闈以闡化寢鳴鐘以體國翼亮孝治緝熙中教奪金恥訟蹊田自默不雕其朴用晦其明聲之有倫繫公是賴庠序肇興儀形國胄師氏之選允師人範以本官領國子祭酒固辭不拜八座初啓以公補尚書令式是敷奏百揆時序夫國家之道互爲公私君親之義遞爲隱犯公二極一致愛敬同歸亮誠盡規謀猷弘遠矣又授使持節都督揚州諸軍事揚州刺史本官悉如故舊惟淮海今則神牧編戶殷阜萌俗繁滋不言之化若門到戶說矣頃之解尚書令改授中書監餘悉如故獻納樞機絲綸允緝武皇晏駕寄深負圖公仰惟國典俛遵遺託擗摽天倫踊絕于地居處之節復如居武穆之憂聖主嗣興地居旦奭有詔策授太傅領司徒餘悉如故坐而論道動

以觀德。地尊禮絕。親賢莫貳。又詔加公入朝不趨。讚拜不名。劍履上殿。蕭傅之賢。曹馬之親。兼之者公也。復以申威重道。增崇德統。進督南徐州諸軍事。餘悉如故。並奏疏累上。身歿讓存。天不愸遺。梁岳頹峻。某年某月日薨。春秋三十有五。詔給溫明祕器。斂以袞章。備九命之禮。遣大鴻臚監護喪事。朝夕奠祭。太官供給。禮也。故以慟極津門。感充長樂。豈徒春人不相。傾壓罷肆而已哉。乃下詔曰。發崇庸德。前王之令典。追遠尊戚。治情之所隆。故使持節都督揚州諸軍事中書監太傅領司徒揚州刺史竟陵王新除進督南徐州。體睿履正。神監淵邈。道冠民宗。具瞻惟允。肇自弱齡。孝友光備。爰及贊契。協升景業。燮和台曜。五教克宣。敷奏朝端。百揆惟穆。寄重先顧。任均負圖。諒以齊徽二南。同規往哲。方憑保祐。永翼雍熙。天不愸遺。奄見薨落。哀慕抽割。震動于厥心。今先遠戒期。龜謀襲吉。茂崇嘉制。式弘風猷。可追崇假黃鉞侍中都督中外諸軍事

太宰領大將軍揚州牧。綠綟綬。具九錫服命之禮。使持節中書監王如故。給九旒鑾輅。黃屋左纛。轀輬車。前後部羽葆鼓吹。挽歌二部。虎賁班劍百人。葬禮一依晉安平獻王孚故事。公道識虛遠。表裏融通。淵然萬頃。直上千仞。僕妾不覩其喜慍。近侍莫見其傾弛。他人之善。若己有之。民之不臧。公實貽恥。誘接恂恂。降以顏色。方於事上。好下規己。而廉於殖財。施人不倦。帝子儲季。令行禁止。國網天憲。諸掌握。未嘗鞠人於輕刑。錮人於重議。人有不及。內恕諸己。非意相干。每爲理屈。任天下之重。體生民之俊。華袞與縕緒同歸。山藻與蓬茨俱逸。良田廣宅。符仲長之言。邙山洛水。協應叟之志。巨園東國。錙銖軒冕。乃依林構宇。傍巖拓架。清猨與壺人爭旦。緹幕與素瀨交輝。置之虛室。人野何辨。高人何點。躡屩於鍾阿。徵士劉虯。獻書於衡岳。贈以古人之服。弘以度外之禮。屈以好事之風。申其趨王之意。乃知大春屈己於五王。君大降節於憲后。致之有由也。其卉木之奇。泉石之美。公所製山居四時序言之已詳。文皇帝養德東朝。同符作者。爰造九言。實該百行。導衿褵於未萌。申炯戒於玆日。非直旦暮千載。故乃萬世一時也。命公注解。衞將軍王儉綴而序之。山宇初構。超然獨往。顧而言曰。死者可歸。誰與入室。尚想前良。俾若神對。乃命畫工圖之軒牖。旣而緬屬賢英。傍思才淑。匹婦之操。亦有取焉。有客游梁朝者。從容而進曰。未見好德。愿竊惑焉。卽命刊削。投杖不暇。公以爲出言自口。驥騄不追。聽受不謬。差以千里。所造箴銘。積成卷軸。門階戶席。寓物垂訓。先是震于外寢。匠者以爲不祥。將加治葺。公曰。此天譴也。無所改脩。以記吾過。且令戒懼不怠。從諫如順流。虛己若不足。至於言窮藥石。若味滋旨。信必由中。貌無外悅。貴而好禮。怡寄典墳。雖牽以物役。孜孜無怠。乃撰四部要略淨住子。並勒成一家。懸諸日月。弘洙泗之風。闡迦維之化。大漸彌留。話言盈耳。黜殯之請。至誠懇惻。豈古

人所謂立言於世。沒而不朽者歟。易名之典。請遵前烈。謹狀。（文選。藝文類聚四十五。）

齊司空曲江公行狀

公稟靈景宿。擅氣中和。一匱初登。東嶽之功可監。珽埴在器。瑚璉之姿先表。豈惟荆南有聖童之目。襄城著孔甫之稱而已哉。故以羽儀宗家。冠蓋後進。路叔之一日千里。北海之稱美共治。方斯蔑如也。志學之年。偏治經記。登隆十載。網羅百氏。藻鑑瞻逸。蔚爲詞宗。延賈誼而升堂。攜相如而入室。加以翰牘精辯。發言有章。持論從容。辭無矜尚。自河洛丘墟。歷載二百。俾我逢掖。遂淪左衽。晉宋所以遺恨。祖宗是用顧懷。公自荷方任。志在剋復。將欲使功遂之日。身退有所。爰乃卜宇金陵。縈帶林壑。用辭聊城之賞。以爲疏韓之館。人謝遷往。遂輟遠圖。（藝文類聚四十七。）

弔劉文範文

余與先生。雖年世相接。而荆吴數千。未嘗膝行下風。稟承餘論。豈直發憤當年。固亦恨深終古。然叔夜之敍黔婁。韓卓之慕巨卿。未必接光塵。承風彩。正復希向遠理。長想千載。然其人自高。假使橫經擁帚。日夜掃門。曾不覩千仞之一咫。萬頃之涓滴。終於對面萬古莫能及門。故以此弭千載之恨。□□□□□□

全梁文卷四十四終